Völkerrecht I/3

Völkerrecht

Begründet von Georg Dahm

2., völlig neu bearbeitete Auflage von

Jost Delbrück und Rüdiger Wolfrum

Band I/3

Die Formen des völkerrechtlichen Handelns;
Die inhaltliche Ordnung der internationalen Gemeinschaft

RECHT

2002

De Gruyter Recht · Berlin

Professor em. Dr. Dr. h. c. Jost Delbrück, LL.M., LL.D. h. c., ehem. Direktor des Walther-Schücking-Instituts für Internationales Recht an der Universität Kiel

Professor Dr. Dr. h.c. Rüdiger Wolfrum, Direktor am Max-Planck-Institut für ausländisches öffentliches Recht und Völkerrecht in Heidelberg

ISBN 3-89949-024-X

Bibliografische Information Der Deutschen Bibliothek

Die Deutsche Bibliothek verzeichnet diese Publikation in Der Deutschen Nationalbiografie; detaillierte bibliografische Daten sind im Internet über <http://dnb.ddb.de> abrufbar.

Printed in Germany
Satz und Datenkonvertierung: jürgen ullrich typosatz, Nördlingen
Druck und Bindung: Kösel GmbH & Co KG, Kempten

Inhaltsverzeichnis

Band I, Teilband 3

Inhaltsverzeichnis

Band I, Teilband 2

Gliederung für Band II

Abkürzungsverzeichnis

Zur Systematik der Abkürzungen der Vereinten Nationen wird verwiesen auf:
United Nations Document Series Symbols 1946–1996, Cummulative List with Indexes, UN Doc. ST/LIB/SER.B/5/Rev. 4, Rev. 5.

A. A.	anderer Ansicht
aaO	am angegebenen Ort
Abs.	Absatz
Add.	Addendum
AFDI	Annuaire Français de droit international
AJCL	American Journal of Comparative Law
AJIL	American Journal of International Law
Anh.	Anhang
Anm.	Anmerkung
Annuaire de l'A. A. A.	Annuaire de l'Association des auditeurs et anciens auditeurs de l'Academie de Droit International de La Haye
AöR	Archiv des öffentlichen Rechts
ARSPh	Archiv für Rechts- und Sozialphilosophie
Art.	Artikel
ASEAN	Association of South-East Asian Nations
Aufl.	Auflage
AusYBIL	Australian Yearbook of International Law
AVR	Archiv des Völkerrechts
AWD	Außenwirtschaftsdienst
Az.	Aktenzeichen
BayVBl	Bayerische Verwaltungsblätter
Bd(e).	Band/Bände
Berichte DGVR	Berichte der Deutschen Gesellschaft für Völkerrecht
BFH(E)	Bundesfinanzhof (Entscheidungen)
BGBl.	Bundesgesetzblatt
BGE	Entscheidungen des schweizerischen Bundesgerichtshofs
BGH (Z, St)	Bundesgerichtshof
BSozG(E)	Bundessozialgericht(sentscheidungen)
BT Drs.	Bundestagsdrucksache
BT Sten.Ber.	Stenographische Berichte des Bundestages
BVerfG(E)	Bundesverfassungsgericht(sentscheidungen)
BVerWG(E)	Bundesverwaltungsgericht(sentscheidungen)
BYIL	British Yearbook of International Law
bzw.	beziehungsweise
C.	Case
CanYBIL	The Canadian Yearbook of International Law
C. E. E.	Communaute economique europeenne
Cir.	Circuit (Gerichtsbezirk)
CLP	Current Legal Problems
Clunet	Journal de droit international, begründet von *E. Clunet*

COMECON	Council of Mutual Economic Assistance
Corr.	Corrigendum
Dall.	Dallas' Pennsylvania and United States Reports
DDR	Deutsche Demokratische Republik
ders.	derselbe
dgl.	dergleichen
DGVR	Deutsche Gesellschaft für Völkerrecht
d. h.	das heißt
dies.	dieselbe
Div.	Division
DJZ	Deutsche Juristen-Zeitung
DVBI.	Deutsches Verwaltungsblatt
EA	Europa-Archiv
ebd.	ebenda
ECOSOC	Economic and Social Councii
ed(s).	editor(s)/edition
EEC	European Economic Community
EEZ	Exclusive Economic Zone
EG	Europäische Gemeinschaft(en)
EGBGB	Einführungsgesetz zum Bürgerlichen Gesetzbuch
EGKS	Europäische Gemeinschaft für Kohle und Stahl
EMRK	Europäische Menschenrechtskonvention
EPIL	Encyclopedia of Public International Law
etc.	et cetera
ETS	European Treaty Series
EuGH SIg.	Sammlung der Entscheidungen des Europäischen Gerichtshofes
EuGRZ	Europäische Grundrechte-Zeitschrift
EuR	Europa-Recht
EWG	Europäische Wirtschaftsgemeinschaft
EWGV	Vertrag zur Gründung der Europäischen Wirtschaftsgemeinschaft vom 25. März 1957
f(ff)	folgende
F2d	Federal Reporter
F Supp	Federal Supplement
frz.	französisch
GA (OR)	General Assembly (Official Records)
GATT	General Agreement on Tariffs and Trade
GBl. DDR	Gesetzblatt der DDR
gem.	gemäß
GG	Grundgesetz für die Bundesrepublik Deutschland
ggf.	gegebenenfalls
G. m. b. H.	Gesellschaft mit beschränkter Haftung
GMBl.	Gemeinsames Ministerialblatt (Herausgeber Bundesministerium des Inneren)
GSZ	Großer Senat für Zivilsachen
GWB	Gesetz gegen Wettbewerbsbeschränkungen
GVB1.	Gesetz- und Verordnungsblatt
GVG	Gerichtsverfassungsgesetz
GYIL	German Yearbook of International Law (ab 1977; zuvor „Jahrbuch für Internationales Recht“)

Harvard ILJ	Harvard International Law Journal
h. L.	herrschende Lehre
HLKO	Haager Landkriegsordnung
HLR	Harvard Law Review
HRLJ	Human Rights Law Journal
Hrsg.	Herausgeber
IAEA	International Atomic Energy Agency
ICAO	International Civil Aviation Organisation
ICJ	International Court of Justice
ICLQ	International and Comparative Law Quarterly
IGH	Internationaler Gerichtshof
IJIL	Indian Journal of International Law
ILA	International Law Association
ILC	International Law Commission
ILM	International Legal Materials
ILO	International Labour Organization
ILQ	The International Law Quarterly
ILR	International Law Reports
IMO	International Maritime Organization
IMT	International Military Tribunal
IO	International Organization
IPR	Internationales Privatrecht
i. (e.) S.	im (engeren) Sinne
ItalYBIL	Italian Yearbook of International Law
i. V. m.	in Verbindung mit
IWF	Internationaler Währungsfonds
JAIL	Japanese Annual of International Law
JBl.	Justizblatt
JIR	Jahrbuch für Internationales Recht (von 1948–1976; ab 1977 „German Yearbook of International Law")
JMLC	Journal of Maritime Law and Commerce
JöR (N. F.)	Jahrbuch des öffentlichen Rechts der Gegenwart (Neue Folge)
JuS	Juristische Schulung
JW	Juristische Wochenschrift (bis 1939)
JWTL	Journal of World Trade Law
JZ	Juristenzeitung
KG	Kammergericht (Berlin)
L.	Limited
LG	Landgericht
lit.	litera (Buchstabe)
LNTS	League of Nations Treaty Series
LoN Doc.	League of Nations, Document
MDR	Monatsschrift des Deutschen Rechts
Mill.	Millionen
mwN	mit weiteren Nachweisen
NATO	North Atlantic Treaty Organisation
N. F.	Neue Folge
NILR	Netherlands International Law Review
NIOC	National Iranian Oil Company

NJW	Neue Juristische Wochenschrift (ab 1947/48)
No.	number, numero
NRdT	Nouveau Recueil de Traités (Hrsg. *de Martens*, fortgesetzt von *Saalfeld)*
NRG	Nouveau recueil général de traités (Hrsg. *de Martens*, fortgesetzt von *Triefel)*
NRJ	Natural Resources Journal
NRL	Natural Resources Lawyer
NYIL	Netherlands Yearbook of International Law
NTIR	Nederlands Tijdschrift voor Internationaal Recht
NZIR	Niemeyers Zeitschrift für Internationales Recht
o. ä.	oder ähnliche(s)
OAS	Organisation of American States
OAU	Organisation of African Unity
ODILA	Ocean Development and International Law
OECD	Organisation for Economic Cooperation and Development
OGHZ	Oberster Gerichtshof für die britische Zone, Entscheidungen in Zivilsachen
ÖJZ	Österreichische Juristenzeitung
OLG	Oberlandesgericht
ONUC	Opérations des Nations Unies au Congo
OR.	Official Records
OVG(E)	Oberverwaltungsgericht (Entscheidungen)
OWiG	Gesetz über Ordnungswidrigkeiten
ÖZöR	Österreichische Zeitschrift für öffentliches Recht und Völkerrecht
para(s)	paragraph(s)
PCIJ	Permanent Court of International Justice
PLO	Palestinian Liberation Organisation
PolYBIL	Polish Yearbook of International Law
PrGS	Preußische Gesetzessammlung
PVS	Politische Vierteljahresschrift
RabelsZ	Rabels Zeitschrift für ausländisches und internationales Privatrecht
RBDI	Revue belge de droit international
RCDIP	Revue critique de droit international privé
RdC	Recueil des Cours
RDI	Revue de droit international, des sciences diplomatiques, politiques et sociales
RDILC	Revue de droit international et de legislation comparee
Rép.	*Lapradelle/Niboyet* (Hrsg.), Répertoire de droit international, 1929 ff.
Rdn.	Randnummer
RevEgypt	Revue Egyptienne de droit international
RFH	Reichsfinanzhof
RGDIP	Revue générale du droit international public
RGSt(E)	Reichsgericht in Strafsachen
RGW	Rat für gegenseitige Wirtschaftshilfe
RGZ	Reichsgericht in Zivilsachen
RHellDI	Revue Hellenique de droit International
RIAA	Reports of International Arbitral Awards (UN-Publication)
Riv.	Rivista di diritto internazionale
RIW/AWD	Recht der Internationalen Wirtschaft, Außenwirtschaftsdienst des Betriebsberaters
RMC	Revue du marché commun
Rs.	Rechtssache

s.	siehe
S.	Seite
SchwJIR	Schweizer Jahrbuch für Internationales Recht
sec.	section (Paragraph)
Ser.	Serie, Series, Serie
Slg.	Sammlung der Entscheidungen des EuGH
sm.	Seemeile(n) (1 sm = 1,852 km)
spec.	special
sog.	sogenannt(e)
SRÜ	Seerechtsübereinkommen vom 10. Dezember 1982
StGB	Strafgesetzbuch
StIGH	Ständiger Internationaler Gerichtshof
StISchH	Ständiger Internationaler Schiedshof
supp.	Supplement (Ergänzungsband)
TIAS	United States Treaties and other international Acts Series
u. a.	unter anderem; und andere(s)
U. K.	United Kingdom
UN	United Nations
UNAMIC	United Nations Advance Mission in Cambodia
UNAMSIL	United Nations Mission in Sierra Leone
UNAVEM I	United Nations Angola Verification Mission I
UNAVEM II	United Nations Angola Verification Mission II
UNAVEM III	United Nations Angola Verification Mission III
UNCLOS	United Nations Conference on the Law of the Sea
UN Doc.	United Nations Document
UNEF	United Nations Emergency Force
UNEP	United Nations Environmental Programme
UNESCO	United Nations Educational, Scientific and Cultural Organization
UNFICYP	United Nations Peace-Keeping Force in Cyprus
UNIFIL	United Nations Interim Force in Lebanon
UNIIMOG	United Nations Iran-Iraq Military Obersver Group
UNIKOM	United Nations Iraq-Kuwait Observation Mission
UNMA	United Nations Mission in Angola
UNMEE	United Nations Mission in Ethiopia and Eritrea
UNMIBH	United Nations Mission in Bosnia and Herzegovina
UNMIK	United Nations Interim Administration Mission in Kosovo
UNMRIWS	United Nations Mission for the Referendum in Western Sahara
UNO	United Nations Organisation
UNOA	United Nations Office in Angola
UNOMA	United Nations Observer Mission in Angola
UNOMIL	United Nations Observer Mission in Liberia
UNOMSIL	United Nations Observer Mission in Sierra Leone
UNOSOM I	United Nations Operation in Somalia I
UNOSOM II	United Nations Operation in Somalia II
UNPROFOR	United Nations Protection Force
UNTAC	United Nations Transitional Authority in Cambodia
UNTAET	United Nations Transitional Administration in East Timor
UN ST/LEG/SER.B	United Nations Legislative Series
UNTS	United Nations Treaty Series
UNYB	United Nations Yearbook
US.	United States Report (Sammlung der U. S. Supreme Court-Entscheidungen)
US Digest	Digest of United States Practice of International Law

UST	United States Treaty Series
usw.	und so weiter
u. U.	unter Umständen
VG	Verwaltungsgericht
vgl.	vergleiche
VJIL	Virginia Journal of International Law
VN	Vereinte Nationen (Zeitschrift)
vol(s).	volume(s)
VRÜ	Verfassung und Recht in Übersee
VVDStRL	Veröffentlichungen der Vereinigung der Deutschen Staatsrechtslehrer
WEU	Westeuropäische Union
WHG	Wasserhaushaltsgesetz
WPM	Wertpapiermitteilungen
WRV	Weimarer Reichsverfassung
WVK	Wiener Vertragsrechtskonvention
YB	Yearbook
YBWA	Yearbook of World Affairs
ZaöRV	Zeitschrift für ausländisches öffentliches Recht und Völkerrecht
z. B.	zum Beispiel
ZfP	Zeitschrift für Politik
ZfR	Zeitschrift für Rechtspolitik
Ziff.	Ziffer
ZIR	Zeitschrift für Internationales Recht
ZöffR	Zeitschrift für öffentliches Recht
ZPO	Zivilprozeßordnung
ZRP	Zeitschrift für Rechtspolitik

4. TEIL
Die Formen des völkerrechtlichen Handelns

1. ABSCHNITT
Das Recht der völkerrechtlichen Verträge

Schrifttum: *G. Jellinek*, Die rechtliche Natur der Staatsverträge, 1880; *S. B. Crandall*, Treaties, Their Making and Enforcement, 1916; *C. de Visscher*, La codification du droit international, RdC 6 (1925), 329 ff; *M. Mastny/M. Rundstein*, League of Nations, Committee of Experts for the Progressive Codification of International Law, AJIL 20 (1926, Special Supp.), 204 ff; *O. Hoijer*, Les traités internationaux, 1928; *C. Rühland*, System der völkerrechtlichen Kollektivverträge als Beitrag zur Kodifikation des Völkerrechts, 1929; *A. D. McNair*, The Functions and Differing Legal Character of Treaties, BYIL 11 (1930), 100 ff; *P. Chailley*, La nature juridique des traités internationaux selon le droit contemporain, 1932; *A. F. Frangulis*, Théorie et pratique des traités internationaux, 1934; *M. Houlard*, La nature juridique des traités internationaux et son application aux théories de la nullité de la caducité et de la révision des traités, 1936; *W. C. Jenks*, Les instruments internationaux à caractère collectif, RdC 69 (1939); *J. L. Kunz*, The Meaning and the Range of the Norm Pacta Sunt Servanda, AJIL 39 (1945), 180 ff; *Ph. C. Jessup*, Modernization of the Law of International Contractual Agreements, AJIL 41 (1947), 378 ff; *J. E. S. Fawcett*, La convenzione codificatrice di Vienna des 23 maggio 1969, BYIL 30 (1953), 381 ff; *S. Rosenne*, United Nations Treaty Practice, RdC 86 (1954), 281 ff; *M. Lachs*, Le développement et les functions des traités multilatéraux, RdC 92 (1957), 229 ff; *C. Rousseau*, La théorie générale des traités internationaux, 1958; *A. D'Amato*, Treaties as a Source of General Rules of International Law, Harvard International Law Club Bulletin, 3 (1961/62), No. 2, 1 ff; *A. D. McNair*, The Law of Treaties, 1961; *J. F. Triska/R. M. Slusser*, The Theory, Law and Policy of Soviet Treaties, 1962; *I. Detter Delupis*, Essays on the Law of Treaties, 1967; *M. Lachs*, The Law of Treaties. Some General Reflections on the Report of the International Law Commission, in: FS Guggenheim, 1968, 391 ff; *T. Schweisfurth*, Der internationale Vertrag in der modernen sowjetischen Völkerrechtstheorie, 1968; *C. Parry*, The Law of Treaties, in: *M. Sørensen (ed.)*, Manual of Public International Law, 1968, 175 ff; *F. Capotorti*, Convenzione di Vienna sul diritto dei trattati, 1969; *M. Virally*, Sur la classification des traités, Comun. e Stud. 13 (1969), 15 ff; *A. Maresca*, Il diritto dei trattati. La convenzione codificatrice di Vienna des 23 maggio 1969, 1971; *G. Haraszti*, Some Fundamental Problems of the Law of Treaties, 1973; *T. O. Elias*, The Modern Law of Treaties, 1974; *E. Martens*, Probleme der Entwicklung des Völkerrechts durch multilaterale internationale Verträge und Kodifikationen, Friedens-Warte 1976, 189 ff; *A. N. Talalajew*, Das Recht der internationalen Verträge, (deutsch) 1977; *P. K. Menon*, The Law of Treaties with Special Reference to the Vienna Convention of 1969, R. D. I. 56 (1978), 133 ff und 213 ff; *R. G. Wetzel/D. Rauschning* (eds.), Vienna Convention on the Law of Treaties, 1978; *R. Y. Jennings*, Treaties as „Legislation", in: Festschrift für Friedmann, 1979, 159 ff; *S. P. Sharma*, Treaties as a Source of International Law, IJIL 19 (1979), 500 ff; *R. Bilder*, Managing the Risks of International Agreement, 1981; *B. Simma*, Consent: Strains in the Treaty System, in: *R. St. J. Macdonald/D. M. Johnston* (eds.), The Structure and Process of International Law, 1983, 485 ff; *I. M. Sinclair*, The Vienna Convention on the Law of Treaties, 1984; *S. Rosenne*, Developments in the Law of Treaties 1945–1986, 1989; *P. Reuter*, Introduction au droit des traités, 3. Aufl. 1995; *A. Bleckmann*, General Theory of Obligations under Public International Law, GYIL 38 (1995), 26 ff; *ders.*, Zur Wandlung der Strukturen der Völkerrechtsverträge. Theorie des multipolaren Vertrages, AVR 34 (1996), 218 ff; *J. Klabbers*, The Concept of Treaty in International Law, 1996; *M. E. Villiger*, Customary International Law and Treaties: a Manual on the Theory and Practice of the Interrelation of Sources, 2nd edition, 1997; *J. B. Mus*, Conflicts Between Treaties in International Law,

NILR 45 (1998), 208 ff; *Ch. Tietje*, The Changing Legal Structure of International Treaties as an Aspect of an Emerging Global Governance Architecture, GYIL 42 (1999), 26 ff.

Völkerrechtliche Verträge bilden – dies wurde bereits ausgeführt[1] – im gegenwärtigen internationalen System die Hauptquelle des modernen Völkerrechts. Das hat mehrere Gründe: Zunächst einmal entspricht es dem herkömmlichen Selbstverständnis souveräner, d. h. im Prinzip selbstbestimmter (autonomer) Staaten, die gegenseitigen Beziehungen im Wege der Übereinkunft nach ihrem Gutdünken zu regeln. Namentlich unter der Geltung des Prinzips der Vertragsfreiheit liegt es nahe, daß sich Staaten bei der Gestaltung ihrer Beziehungen vorzugsweise des Vertrages als Regelungsinstrument bedienen und sich nicht durch ggf. von Dritten gesetzte oder objektiv geltende Normen leiten lassen wollen. Zielen Verträge, die aus der vorgenannten Perspektive vorrangig zwischen zwei oder wenigen Staaten geschlossen werden, in der Regel auf einen Austausch von Leistungen oder die gegenseitige Einhaltung von vereinbarten Verhaltensregeln[2], so sind vor allem mehrseitige Verträge im Laufe der Zeit auch zu einem bedeutenden Instrument für begrenzte ordnungsrechtliche oder „objektive" Regelungen geworden. So sind Grenzfestlegungen, die Bestimmung des internationalen Status von Territorien oder Gewässern, aber auch die Gründung und Definition des internationalen Status z. B. von zwischenstaatlichen Organisationen heute weitverbreitete Regelungsgegenstände völkerrechtlicher Verträge. Ein dritter Grund für die große Bedeutung, die die völkerrechtlichen Verträge im Laufe der Geschichte erlangt haben, liegt schließlich darin – auch das wurde bereits betont[3] –, daß es dem Völkerrecht im wesentlichen noch einer zentralen Legislative ermangelt. Auf der anderen Seite gibt es aber in dem immer komplexer werdenden internationalen System ein wachsendes Bedürfnis nach Schaffung von umfassenden Ordnungen auf bestimmten Sachgebieten, die die wesentlichen Interessen der Staaten und Völker betreffen. Der Vertrag ist ein geeignetes Instrument, solche umfassenden Ordnungen zu schaffen, auch und gerade weil sich am Vertragsschluß eine Vielzahl von Staaten, aber auch internationale Organisationen beteiligen können. Der Vertrag kann somit als ein Surrogat der fehlenden internationalen Legislative wirken.[4]
Dieser erste Blick auf die vielfältigen Zwecke, denen völkerrechtliche Verträge dienen, macht es verständlich, daß völkerrechtliche Verträge in unterschiedlichster Form, Funktion und Wirkung in Erscheinung treten, es also nicht genügt, allgemein vom völkerrechtlichen Vertrag zu sprechen. Vielmehr ist im Hinblick auf die Vielfalt der völkerrechtlichen Verträge sowohl auf die allen Verträgen gemeinsamen Grundregeln über den Abschluß, die Anwendung und die Beendigung als auch auf die spezifischen rechtsdogmatischen Aspekte einzelner Vertragstypen einzugehen. Zuvor ist jedoch auf den Begriff des völkerrechtlichen Vertrages einzugehen; denn nicht jede Übereinkunft zwischen vertragsschlußfähigen Völkerrechtssubjekten ist ein Vertrag im Sinne des völkerrechtlichen Vertragsrechts.[5]

---

[1] Vgl. oben Bd. I/1, S. 49 ff.

[2] Darauf weist zutreffend *K. Zemanek*, Das Völkervertragsrecht, in: *Neuhold/Hummer/Schreuer* (Hrsg.) Österreichisches Handbuch des Völkerrechts, Bd. 1, 2. Aufl. 1991, Rdn. 272, hin.

[3] Vgl. oben Bd. I/1, S. 50 f.

[4] Dazu näher *Zemanek*, in: *Neuhold/Hummer/Schreuer* (Anm. 2), Rdn. 270 ff; zur Problematik einer internationalen Legislative vgl. näher *K. Dicke*, Völkerrechtspolitik und internationale Rechtsetzung: Grundlagen, Verfahren, Entwicklungstendenzen, ZG 3 (1988), 193 ff; zum Ganzen auch oben Bd. I/1, S. 49 ff.

[5] Dazu näher unten § 144.

1. KAPITEL
Begriff, Erscheinungsformen und Grundlagen des völkerrechtlichen Vertrages

§ 143 Der Begriff und die Erscheinungsformen des völkerrechtlichen Vertrages

Schrifttum: wie zu Abschnitt 1; ferner *D. P. Myers*, The Name and Scope of Treaties, AJIL 51 (1957), 574 ff; *J. Dehaussy*, Le problème de la classification des traités et le projet de convention établi par la Commission du droit international des Nations Unies, in: FS *Guggenheim*, 1968, 305 ff; *S. Verosta*, Die Vertragsrechts-Konferenz der Vereinten Nationen 1968/69 und die Wiener Konvention über das Recht der Verträge, ZaöRV 29 (1969), 655 ff; *H. Blix/J. H. Emerson* (eds.), The Treaty Maker's Handbook, 1973; *J. H. W. Verzijl*, International Law in Historical Perspective, Vol. VI, 1973, 142 ff; *K. Widdows*, What is an Agreement in International Law?, BYIL 50 (1979), 117 ff; *E. Klein*, Statusverträge im Völkerrecht, 1980; *K. Marek*, Contribution à étude de l'histoire du traité multilatéral, in: FS Bindschedler, 1980, 17 ff; *E. W. Vierdag*, The Law Governing Treaty Relations between Parties to the Vienna Convention on the Law of Treaties and States not Party to the Convention, AJIL 76 (1982), 779 ff; *ders.*, Some Problems Regarding the Scope of International Instruments on the Law of Treaties, AVR 23 (1985), 409 ff; *ders.*, Some Remarks on the Relationship between the 1969 and the 1986 Vienna Conventions on the Law of Treaties, AVR 25 (1987), 82 ff; *J. Klabbers*, Informal Agreements in International Law: Towards a Theoretical Framework, FYBIL 5 (1994), 267 ff.

I. 1. Während Verträge einerseits Quelle immer wieder neuen Völkerrechts sind, so sind sie andererseits im Hinblick auf die rechtlichen Erfordernisse für das Zustandekommen, die Auslegung, Erfüllung und Beendigung ihrerseits seit langem Gegenstand rechtlicher Regelung geworden. Dies gilt auch für den Begriff des völkerrechtlichen Vertrages selbst. So enthalten die gewohnheitsrechtlichen Regeln zum Völkervertragsrecht, die mit zu den ältesten Völkergewohnheitsrechtsregeln überhaupt gehören[1], und, seit dem Inkrafttreten der Wiener Konvention über das Recht der Verträge von 1969 (WVK)[2], auch das kodifizierte Völkervertragsrecht Kriterien bzw. eine Legaldefinition des völkerrechtlichen Vertrages, die in den Kernelementen miteinander identisch sind, im Detail jedoch voneinander abweichen. Nach dem gewohnheitsrechtlichen Völkervertragsrecht ist der völkerrechtliche Vertrag eine Übereinkunft zwischen zwei oder mehreren Staaten oder anderen vertragsfähigen Völkerrechtssubjekten, die in rechtlich bindender Weise auf die Begründung, Änderung oder Aufhebung von Rechten und Pflichten der Vertragsparteien abzielt und von ihnen dem Völkerrecht unterstellt ist.[3] Nach gewohnheitsrechtlichem Völkervertragsrecht gehört es nicht zu den konstitutiven Kriterien des völkerrechtlichen Vertrages, daß dieser einer bestimmten Form – etwa der Schriftform – genügt oder eine bestimmte Bezeichnung aufweist. Nach allgemeinem Völkerrecht war von jeher für das Vertragsrecht die Formfreiheit ein charakteristisches Merkmal.[4] Insoweit ist die in der WVK niedergelegte Legaldefinition des völkerrechtlichen Vertrages enger: sie erklärt die Schriftform zu einem

[1] Zur Geschichte des Völkervertragsrechts, insbesondere zur Entwicklung der gewohnheitsrechtlichen Regeln vgl. *Verzijl*, Vol. VI, 112 ff.

[2] Fundstelle: UNTS 1155. 331; offizielle deutsche Fassung BGBl. 1985 II, 926.

[3] *R. Bernhardt*, Treaties, EPIL IV, 926 (927).

[4] Zur allgemeinen Bestimmung des Begriffs des völkerrechtlichen Vertrages vgl. *Heintschel v. Heinegg*, in: *Ipsen* (Hrsg.), 4. Aufl., 96; *Oppenheim/Jennings/Watts*, Vol. I/2, 1199 f; *Verdross/Simma*, 337; *Verzijl*, Vol. VI, 112 ff.

konstitutiven Kriterium. Aber auch in anderer Hinsicht ist diese Legaldefinition enger bzw. strenger in den Anforderungen. Ein den Regeln der Wiener Konvention unterliegender Vertrag kann nur ein solcher sein, der zwischen Staaten geschlossen wird. Somit bedeutet im Sinne der Wiener Konvention von 1969

> „‚Vertrag' eine in *Schriftform* geschlossene und vom Völkerrecht bestimmte internationale Übereinkunft zwischen *Staaten*, gleichviel ob sie in einer oder in mehreren zusammengehörigen Urkunden enthalten ist und welche besondere Bezeichnung sie hat; ...".[5]

Da mit dieser gegenüber dem gewohnheitsrechtlichen Völkervertragsrecht engeren Definition auch nicht für die Parteien der WVK festgelegt werden sollte, daß Verträge, die dieser Definition nicht entsprechen, keine völkerrechtlichen Verträge sind, sondern vielmehr nur besondere Voraussetzungen für die Anwendbarkeit der WVK auf bestimmte, von den WVK-Parteien geschlossene Verträge festgelegt werden sollten[6], bleibt die völkergewohnheitsrechtliche Bestimmung des Begriffs des völkerrechtlichen Vertrages neben der kodifizierten Legaldefinition weiterhin gültig, wie überhaupt für das gesamte gewohnheitsrechtliche Völkervertragsrecht neben der WVK ein weites Anwendungsfeld bestehen bleibt. So bildet das Gewohnheitsrecht weiterhin die rechtliche Grundlage für Verträge zwischen Staaten, die nicht Parteien der WVK geworden sind, zwischen Staaten und internationalen Organisationen, zwischen solchen Organisationen[7] und zwischen Staaten und weiteren vertragsfähigen Völkerrechtssubjekten, aber auch für alle Verträge, die vor dem Inkrafttreten der WVK geschlossen wurden.[8] Doch ist die Unterscheidung zwischen dem gewohnheitsrechtlichen und dem kodifizierten Völkervertragsrecht in der Praxis nicht so scharf, wie die vorstehenden Bemerkungen vermuten lassen könnten. Da die WVK weithin das bis dahin geltende gewohnheitsrechtliche Völkervertragsrecht kodifiziert hat, kann diese in vielen Fällen als Nachweis des Gewohnheitsrechts dienen, so etwa die Regeln der WVK zur Auslegung von Verträgen.[9] Darüber hinaus gilt Völkergewohnheitsrecht für völkerrechtliche Beziehungen generell, soweit diese vom Anwendungsbereich der WVK nicht erfaßt werden.

Den gewohnheitsrechtlichen und in der WVK kodifizierten Kriterien zur Begriffsbestimmung eines völkerrechtlichen Vertrages kommt im einzelnen folgende Bedeutung zu.

2. a) Der internationale Vertrag ist eine Übereinkunft zwischen vertragsfähigen Völkerrechtssubjekten, d. h. der völkerrechtliche – wie der innerstaatliche – Vertrag setzt die Willensübereinstimmung zwischen zwei oder mehreren Völkerrechtssubjekten voraus.[10] Die Parteien geben wechselseitige und dem übereinstimmenden Willen der Parteien entsprechende Erklärungen ab, von denen jede den jeweils anderen Parteien zugehen muß. Die Erklärungen mögen inhaltlich übereinstimmen (mehrere Staaten errichten eine internatio-

[5] Hervorhebungen durch den Verf.; in der englischen Fassung lautet der entsprechende Teil der Definition „... *an international agreement concluded between States in written form and governed by international law*" (BGBl. 1985 II 926/UNTS 1155, 331). Siehe zur WVK-Definition *Klabbers*, Concept of Treaty, 1996, 37 ff.

[6] Vgl. Art. 1 WVK („Dieses Übereinkommen findet auf Verträge zwischen *Staaten* Anwendung" – Hervorhebung durch den Verf.) und Art. 3 WVK („Der Umstand, daß dieses Übereinkommen weder auf die zwischen Staaten und anderen Völkerrechtssubjekten oder zwischen solchen anderen Völkerrechtssubjekten geschlossenen internationalen Übereinkünfte noch auf nicht schriftliche internationale Übereinkünfte Anwendung findet, berührt nicht a) die rechtliche Gültigkeit solcher Übereinkünfte ...").

[7] Für diese hat die ILC eine besondere Vertragsrechtskonvention erarbeitet, die im Jahre 1986 von einer Staatenkonferenz in Wien angenommen worden ist, die jedoch bis heute die für das Inkrafttreten erforderliche Zahl von Ratifikationen nicht erreicht hat; ob und wann diese Zahl erreicht wird, ist ungewiß. Vgl. dazu unten § 147.

[8] Zu den mit dieser differenzierten Rechtslage verbundenen Schwierigkeiten vgl. *Rauschning*, in: *Wetzel/Rauschning*, 7 ff; vgl. im übrigen näher unten § 145.

[9] Dazu näher unten § 153.

[10] Siehe hierzu *Klabbers*, Concept of Treaty, 1996, 65 ff.

nale Organisation) oder sich inhaltlich unterscheiden (Staat A tritt ein Gebiet ab, Staat B nimmt es an), stets müssen sie und muß der erstrebte Gesamterfolg dem übereinstimmenden Willen aller entsprechen. Sonst entsteht kein Vertrag. Aber auch für den denkbaren Fall, daß die Erklärungen mehrerer Parteien sich äußerlich decken, aber beide Verschiedenes wollen (versteckter Dissens), kommt ein Vertrag nicht zustande. Auf der anderen Seite kann eine zunächst einseitige Erklärung zum Abschluß eines Vertrages führen, wenn der Erklärende sich binden will und der Erklärungsempfänger sich später ausdrücklich oder durch schlüssiges Verhalten damit einverstanden erklärt.[11] Möglich ist auch die vertragliche Verpflichtung durch mehrere einseitige aufeinander abgestimmte Erklärungen.[12]

b) Soll ein Vertrag vorliegen, so muß auch im Völkerrecht gelten, daß der Wille der vertragschließenden Parteien auf eine rechtliche Bindung untereinander gerichtet sein muß. Die Definition des völkerrechtlichen Vertrages in der WVK enthält ein entsprechendes Kriterium nicht ausdrücklich. Dies bedeutet aber nicht eine Abkehr von diesem im Gewohnheitsrecht von jeher anerkannten Merkmal. Vielmehr sah die ILC dieses Kriterium als von der Formel umfaßt, daß nur dem Völkerrecht unterstellte Übereinkünfte Verträge im Sinne des Völkerrechts sind.[13] Es gehört zu einem Vertrage, daß wenigstens einer Partei rechtliche Verpflichtungen auferlegt, oder daß Verpflichtungen aufgehoben oder geändert werden sollen. Nicht notwendig müssen sich die Parteien zu Leistungen gegenüber der Gegenseite verpflichten. Der Vertragsinhalt kann auch darin bestehen, daß die Parteien sich gemeinsam zur Beachtung allgemeiner Regeln für ihr zukünftiges Verhalten verpflichten.[14] Immer aber muß eine rechtliche Bindung beabsichtigt sein. Eine gemeinsame Erklärung über die in Zukunft zu befolgende Politik oder ein Bekenntnis zu Grundsätzen der internationalen Moral, etwa im Rahmen einer von einem internationalen Forum verabschiedeten Deklaration, ist kein Vertrag.[15] Aber auch der Text eines Vertrages kann Erklärungen oder Klauseln enthalten, mit denen die Parteien keine rechtlichen Bindungen eingehen wollten. So pflegen

---

[11] Zu den einseitigen Rechtsakten allgemein siehe näher unten 2. Abschnitt des 4. Teiles. Eine vertragliche Bindung aufgrund einseitiger, jedoch nach gegenseitiger Konsultation erfolgter Erklärungen ist dagegen wohl nicht zustande gekommen, als im Frühjahr 1964 die nuklearen Großmächte USA, UdSSR und das Vereinigte Königreich weitgehend gleichlautende Erklärungen über die Beschränkung der Produktion spaltbaren Materials abgaben. Dies hätte angesichts der vorangegangenen Konsultation durchaus als ein Vertragsschluß gedeutet werden können, den Beteiligten jedoch fehlte der Wille für eine vertragliche Bindung: Sie gaben diese Erklärungen gerade in dem Bewußtsein ab, keine vertragliche Regelung treffen, sondern nur – im Sinne der Technik des sog. gegenseitigen Beispiels – zur politischen Entspannung beitragen zu wollen. Politische Beobachter teilten seinerzeit einhellig die Meinung, daß ein Vertrag des Inhalts der Erklärungen nicht zustandegekommen wäre. Dazu näher *E. Menzel*, Die Technik des „gegenseitigen Beispiels", in: Abschreckung und Entspannung – fünfundzwanzig Jahre Sicherheitspolitik zwischen bipolarer Konfrontation und begrenzter Kooperation, Bd. 76 der Veröffentlichungen des Instituts für Internationales Recht an der Universität Kiel, 1977, 756 ff.

[12] Z. B. die Kopenhagener Erklärung zu Minderheiten in Schleswig-Holstein bzw. Nordschleswig (Staatsvertrag), Deutsch-Dänische Wirtschaftszone Vereinbarung.

[13] Vgl. den ILC Kommentar para. 6 zum Final Draft Art. 2, Abs. 1 a, Yearbook of the ILC 1966, 189; auch abgedruckt bei *Wetzel/Rauschning*, 83: *„The Commission concluded that, in so far as it may be relevant, the element of intention* [*„to create obligations under international law"* – Einfügung durch den Verf.] *is embraced in the phrase „governed by international law", and it decided not to make any mention of the element of intention in the definition.*" Vgl. dazu auch *Oppenheim/Jennings/Watts*, Vol. I/2–4, 1202.

[14] Zutreffend in diesem Sinne *Zemanek*, in: *Neuhold/Hummer/Schreuer* (Anm. 2), 270 f.

[15] So stellt etwa die Allgemeine Erklärung der Menschenrechte vom 10. 12. 1948 nicht nur deshalb keine rechtsverbindliche Regelung dar, weil sie in Form einer unverbindlichen Resolution der Generalversammlung der Vereinten Nationen angenommen wurde; vielmehr ist das in dieser Resolution zum Ausdruck gebrachte Bekenntnis zu den allgemeinen Menschenrechten auch materiell, das heißt von der Form unabhängig, nicht auf eine rechtliche Bindung der Verfasser der Erklärung gerichtet gewesen. Allerdings ist anzunehmen, daß die Allgemeine Erklärung der Menschenrechte im Laufe der Zeit völkergewohnheitsrechtlich verbindlich geworden ist; vgl. *Verdross/Simma*, 822 f mwN.

die Parteien in den Präambeln oder Vorsprüchen zu einzelnen Teilen ihrer Verträge im allgemeinen keine zusätzlichen Verpflichtungen zu übernehmen. Die rechtliche Bedeutung von Erklärungen in solchen Präambeln besteht vielmehr darin, daß sie als Auslegungshilfe für den Vertragstext dienen können.[16]

Keine völkerrechtlichen Verträge stellen die gerade in der jüngeren Vergangenheit zu großer Bedeutung gelangten rechtlich unverbindlichen Vereinbarungen über das künftige Verhalten internationaler Akteure dar.[17] Derartige Übereinkünfte werden mit den unterschiedlichsten Bezeichnungen belegt. So finden sich in der – bisher, abgesehen vom internationalen wirtschaftlichen Bereich[18], immer noch nicht sehr umfangreichen – Literatur Begriffe wie „nichtvölkerrechtliche Abmachungen"[19], *„non-binding agreements"*[20], *„gentlemen's agreements"*[21] oder „außerrechtliche *(non-legal)* zwischenstaatliche Abmachungen"[22] für derartige Übereinkünfte. Beispiele finden sich in der älteren Praxis noch eher vereinzelt, dagegen recht zahlreich und im Einzelfall von großer politischer Bedeutung in der jüngeren Staatspraxis.[23]

Eine intensive völkerrechtliche Diskussion entspann sich gegen Ende der 70er Jahre um die zutreffende Charakterisierung der Schlußakte der Konferenz für Sicherheit und Zusammenarbeit

[16] So etwa schon das Rechtsgutachten im Fall *Competence of the International Labour Organization to Regulate Incidentially the Personal Work of the Employer*, PCIJ, Series B 13 (1926), 14f, wo das Gericht den Vorspruch zu Teil XIII des Versailler Friedensvertrages für die Auslegung des Vertrages heranzog; auch der IGH hat sich zu diesem methodischen Vorgehen bekannt, vgl. etwa den Fall *Rights of Nationals of the United States of America in Morocco*, ICJ Reports 1952, 176 (196); vgl. auch den *Golder-Case*, ILR 5 J (1980), 201 (216f).

[17] Siehe hierzu eingehend *Klabbers*, Concept of Treaty, 1996. Dazu auch schon allgemein oben Bd. I/1, S. 76.

[18] Hier ist zum Beispiel auf die zahlreichen Untersuchungen zur Funktion und Normativität sog. Internationaler Verhaltenskodices *(codes of conduct)* hinzuweisen; vgl. den Überblick hierzu bei *E.-U. Petersmann*, Codes of Conduct, EPIL I (1992), 627ff mwN.

[19] So etwa *W. Wengler*, Rechtsvertrag, Konsensus und Absichtserklärung im Völkerrecht, JZ 31 (1976), 193ff; *ders.*, Die Abgrenzung zwischen völkerrechtlichen und nichtvölkerrechtlichen Normen im internationalen Verkehr, in: FS *Castberg*, 332ff.

[20] Vgl. *F. Münch*, Comments on the 1968 Draft Convention on the Law of Treaties, ZaöRV 29 (1969), 1ff mwN; sowie *ders.*, Unverbindliche Abmachungen im zwischenstaatlichen Bereich, in: FS *Andrassy*, 214ff.

[21] So *Dahm* in der Vorauflage, Bd. III, 7.

[22] So *M. Rotter*, Die Abgrenzung zwischen völkerrechtlichem Vertrag und außerrechtlicher zwischenstaatlicher Abmachung, in: FS *Verdross*, 413ff.

[23] Ein Beispiel aus dem frühen 20. Jahrhundert ist das *Lansing-Ishii* Abkommen zwischen den Vereinigten Staaten und Japan vom 2. 11. 1917, das die Einwanderung von Japanern in die Vereinigten Staaten zum Gegenstand hatte, *G. v. Haeften*, Gentlemen's Agreement, in: *Strupp/Schlochauer*, 659f. Auch die gemeinsame Erklärung von *Hitler* und *Chamberlain* vom 30. 9. 1938 (ebd.) über die friedliche Regelung von Streitigkeiten zwischen dem Vereinigten Königreich und Deutschland und die Fortsetzung der gemeinsamen Bemühungen um den Frieden in Europa kann als Beispiel für eine außerrechtliche zwischenstaatliche Abmachung genannt werden. Eine außerrechtliche zwischenstaatliche Abmachung von großer politischer Tragweite für den Ausgang des 2. Weltkrieges und die Nachkriegsordnung stellt die *Atlantik-Charta* von 1941 dar, *Declaration of Principles, Known as the Atlantic Charter, by the Prime Minister of the United Kingdom and the President of the United States, August 14th*, 1941, British and Foreign State Papers 144 (1952), 683ff; auch Documents on American Foreign Relations IV (1941–1942), 10f. Ob aber alle Abkommen der Alliierten über die Nachkriegszeit *non-binding agreements* sind, ist umstritten; vgl. zu einer kurzen Darstellung mwN *M. Bothe*, Legal and Non-Legal Norms – A Meaningful Distinction in International Relations?, NYIL 11 (1980), 65 (70) mwN; ferner *H.-J. Schlochauer*, Atlantic Charter, EPIL I (1992), 288ff mwN. Ferner sind hier die Erklärungen der Alliierten Mächte von Teheran (1943) und Jalta (1945) zu nennen. Dazu näher *H.-J. Schlochauer*, Tehran Conference (1943), EPIL IV, 789ff, und *ders.*, Yalta Conference (1945), EPIL IV, 1554ff, jeweils mwN. Zahlreiche ausdrücklich oder konkludent vereinbarte Verhaltensmaßregeln entstanden während des Kalten Krieges, namentlich unter dem Einfluß der gegenseitigen nuklearen Bedrohung der Super- und Großmächte. Siehe dazu *J. Delbrück*, Die Entwicklung außerrechtlicher internationaler Verhaltensnormen unter den Bedingungen nuklearer Abschrekkung, in: *U. Nerlich/T. Rendtorff*, Nukleare Abschreckung – Politische und ethische Interpretationen einer neuen Realität, 1989, 353ff. Zu Abgrenzungsschwierigkeiten im Bereich der Vertragsänderung, insbes. im Hinblick auf das Strategische Konzept der NATO von 1999 vgl. § 155.

in Europa (KSZE).[24] Wiewohl schriftlich und im Vertragsstil niedergelegt sowie in feierlicher Zeremonie von den Staats- und Regierungschefs der Konferenzteilnehmerstaaten unterzeichnet, ist diese Schlußakte von den Unterzeichnern nicht als verbindlicher völkerrechtlicher Vertrag gewollt gewesen. Dies ergibt sich sowohl aus den in diesem Sinne abgegebenen Erklärungen der teilnehmenden Staats- und Regierungschefs[25] als auch aus der Tatsache, daß die Schlußakte selbst den Hinweis enthält, daß sie nicht als Vertrag nach Art. 102 Charta der VN registrierbar sein solle. Da die Mitgliedstaaten der Vereinten Nationen zur Registrierung ihrer Verträge durch den Generalsekretär verpflichtet sind und die KSZE-Staaten auch damals schon Mitglieder der Vereinten Nationen waren, kann der Hinweis auf die Nichtregistrierbarkeit der Schlußakte nur bedeuten, daß die Unterzeichnerstaaten sie nicht als einen völkerrechtlichen Vertrag ansahen.[26]

Diesen – wie vielen anderen außerrechtlichen – Übereinkünften ist gemeinsam, daß sie in den meisten Fällen sowohl die engen als auch die weiten formalen Kriterien erfüllen, die nach den Regeln der WVK bzw. des gewohnheitssrechtlichen Völkervertragsrechts einen völkerrechtlichen Vertrag auszeichnen. Was diesen Übereinkünften jedoch fehlt, ist der rechtliche Bindungswille der beteiligten Parteien untereinander. Das heißt zwar nicht, daß derartige Abmachungen und Absichtserklärungen jeder Verbindlichkeit entbehren. Im Gegenteil, die Parteien treffen diese Übereinkünfte durchaus in dem Bewußtsein, untereinander gewisse Verpflichtungen einzugehen. Jedoch handelt es sich bei diesen Verpflichtungen um solche der Moral oder um „weiche Verpflichtungen", deren Verletzung zwar politische Nachteile für den Verletzer nach sich ziehen kann, die jedoch keine Verletzung des Völkerrechts darstellt. Gerade in dieser Folgewirkung liegt der (politische) Sinn der Schaffung „weicher Verpflichtungen" oder von sog. *„soft law"*. Insoweit die Begründung rechtsverbindlicher Verpflichtungen noch nicht konsensfähig ist, soll mit den außerrechtlichen Regelungen Vertrauensbildung vorgenommen werden, um spätere verbindliche Regelungen treffen zu können. Aus dieser Perspektive sind außerrechtliche Übereinkünfte oder Verhaltensregeln auch als „vorrechtlich" oder als *„emerging international law"* eingeordnet worden.[27] Im einzelnen sind die Grenzen zwischen rechtsverbindlichen und außerrechtlichen Übereinkünften oft fließend. Allgemeine Kriterien, nach denen die Rechtsverbindlichkeit oder Unverbindlichkeit zwischenstaatlicher Übereinkünfte bestimmt werden kann, gibt es nach allgemeiner Auffassung nicht. Vielmehr muß die Intention der beteiligten Staaten bzw. ihrer Vertreter jeweils aus den Umständen erschlossen werden.

Grenzfälle bilden Vereinbarungen, nach denen die letzte Entscheidung über das Ob und Wie der rechtlichen Bindung dem Willen der Parteien anheimgestellt bleibt.[28] Das gleiche gilt z. B. für wirtschaftsrechtliche Verträge, in denen den Parteien z. T. sehr vage „Pflichten" auferlegt werden, so daß Zweifel an der rechtlichen Verbindlichkeit der entsprechenden Regelungen aufkommen mögen.[29] Wie dem im einzelnen auch sei: in derartigen Fällen wird man doch wohl eine verbindliche

[24] Dazu näher *Th. Schweisfurth*, Zur Frage der Rechtsnatur, Verbindlichkeit und völkerrechtlichen Relevanz der KSZE-Schlußakte, ZaöRV 36 (1976), 681 ff; *H.-J. Schütz*, Probleme der Anwendung der KSZE-Schlußakte aus völkerrechtlicher Sicht, in: *J. Delbrück/N. Ropers/G. Zellentin*, Grünbuch zu den Folgewirkungen der KSZE, 1977, 155 ff; *J. Delbrück*, Die völkerrechtliche Bedeutung der Schlußakte der Konferenz über Sicherheit und Zusammenarbeit in Europa, in: *R. Bernhardt/I. v.Münch/W. Rudolf* (Hrsg.), Drittes deutsch-polnisches Juristenkolloquium, 1977, 31 ff; *K. Skubiszewski*, Der Rechtscharakter der KSZE-Schlußakte, in: *Bernhardt/v.Münch/Rudolf*, 13 ff.

[25] Siehe dazu die ausführliche Dokumentation der KSZE von *H. Volle/W. Wagner* (Hrsg.), KSZE-Konferenz über Sicherheit und Zusammenarbeit in Europa. Beiträge und Dokumente aus dem Europa-Archiv, 1976.

[26] Vgl. dazu die in Anm. 24 angegebenen Nachweise.

[27] So etwa *Verdross/Simma*, 342: „... zwischenstaatliche außerrechtliche Abmachungen wie z. B. die Schlußakte der Konferenz über Sicherheit und Zusammenarbeit in Europa ... [sind] im Vorfeld völkerrechtlicher Vertragsverpflichtungen angesiedelt ..."; zu diesem Aspekt näher *Delbrück*, in: *Nerlich/Rendtorff* (Anm. 23), 370 ff.

[28] Beispiele für Verträge, durch die den Parteien ganz unbestimmte Verpflichtungen auferlegt werden, bei *H. Lauterpacht*, ILC-Report, UN Doc. A/CN.4/87, 5 f, auch YBILC 1954 II, 123 (124 f).

[29] Vgl. dazu den Hinweis bei *Verdross/Simma*, 343 auf

Rechtspflicht insoweit annehmen müssen, als den Parteien jedenfalls die Pflicht zur Erfüllung der entsprechenden Vertragsregelungen nach Treu und Glauben obliegt.[30] Ein Vertragsstaat, der das ihm durch solche „weichen“ Klauseln eingeräumte weite Ermessen willkürlich ausübt – also etwa den ausschließlichen nationalen Zuständigkeitsbereich unverhältnismäßig und sachwidrig weit bestimmt –, würde sich zum Vertrag in Widerspruch setzen. Eine vergleichbare Problematik kann auch bei einseitigen Rechtsakten entstehen, so z. B. wenn die Unterwerfungserklärung unter die Jurisdiktion des IGH dergestalt durch Vorbehalt eingeschränkt wird, daß diese Unterwerfungserklärung letztlich vom Willen des sich Unterwerfenden abhängt.

c) Ein völkerrechtlicher Vertrag liegt schließlich nur dann vor, wenn die Parteien diesen Vertrag und die durch ihn begründeten Rechtsverhältnisse dem Völkerrecht unterstellen. Nach dem Text der WVK wird dieses Erfordernis mit der Wendung umschrieben, daß ein Vertrag im Sinne der Konvention „eine... vom Völkerrecht bestimmte internationale Übereinkunft“ sein muß. Das ist keineswegs so selbstverständlich wie es scheinen mag. So wie Einzelpersonen und nichtstaatliche Verbände unter Umständen mit Staaten oder Organisationen internationale oder doch jedenfalls „transnationale“ Verträge eingehen können, so können umgekehrt auch Staaten und Organisationen privatrechtliche Verträge abschließen.

Die Staatenpraxis liefert immer wieder Beispiele, die zeigen, daß sich die Staaten für ihre Zwecke in weitem Umfang der Rechtsformen des Privatrechts bedienen und sich auch in ihren Beziehungen untereinander und zu internationalen Organisationen in den Formen des Privatrechts bewegen. Wenn z. B. ein Staat einem anderen Gebäude zur Errichtung einer diplomatischen Vertretung vermietet oder eine Anleihe aufnimmt, so sind die beteiligten Staaten möglicherweise nicht in Ausübung ihrer Hoheitsgewalt, sondern als Privatrechtssubjekte beteiligt. Dann sind solche Verträge im Sinne des Privatrechts des einen oder des anderen Staates geschlossen, und Rechtsstreitigkeiten aufgrund solcher Verträge gehören dann möglicherweise zur Zuständigkeit der Gerichte, die für die Entscheidung zivilrechtlicher Streitigkeiten zuständig sind. Ebenso können sich internationale zwischenstaatliche Organisationen auf den Boden des Privatrechtsverkehrs begeben.[31] Andererseits ist aber nicht ausgeschlossen, daß die Staaten und Organisationen über Gegenstände der oben angedeuteten Art auch völkerrechtliche Verträge abschließen.

Angesichts der Möglichkeit, daß Staaten und internationale Organisationen Verträge nach unterschiedlichen Rechtsordnungen abschließen können, stellt sich die Frage, wie die jeweils einschlägige Rechtsordnung zu bestimmen ist. Wiederum sind allgemeine Regeln oder Kriterien für die Entscheidung über die einschlägige, den Vertrag regelnde Rechtsordnung nicht vorhanden. Vielmehr kommt es immer auf den Willen der Beteiligten, nämlich darauf an, ob die Parteien auf ihre Verträge die Regeln des Völkerrechts oder die des Privatrechts

---

das Beispiel der *„Coopération européenne dans le domaine de la Recherche Scientifique et Technique“* (COST) zwischen den europäischen Mitgliedstaaten der OECD, deren „gemeinsame Absichtserklärungen“ in ihrer Wirkung (rechtlich verbindlich oder *soft law)* umstritten waren. Erst eine klare Entscheidung zugunsten des *soft law*-Charakters hat den Streit beendet.

[30] Das gilt auch für die von den außerrechtlichen Abmachungen und Absichtserklärungen zu unterscheidenden *pacta de negotiando* oder den *pacta de contrahendo*, die jedenfalls den Beteiligten Pflichten dergestalt auferlegen, daß im ersten Falle die Parteien zur *bona fide* Führung von Vertragsverhandlungen, im zweiten Falle zum Abschluß eines Abkommens über einen bestimmten Gegenstand verpflichtet sind; vgl. dazu *Verdross/Simma*, 344 f.

[31] So auch *K. Zemanek*, Das Vertragsrecht der internationalen Organisationen, 1957, 54; *I. Seidl-Hohenveldern/G. Loibl*, Das Recht der Internationalen Organisationen einschließlich der Supranationalen Organisationen, 6. Aufl. 1996, 44; anders dagegen *C. Parry*, der den internationalen Organisationen die Möglichkeit des Abschlusses zivilrechtlicher Verträge i. S. des nationalen Rechts abspricht. Nicht nur widerspricht dem die Praxis des Rechtsverkehrs zwischen internationalen Organisationen und ihrem Sitzstaat. Auch hat die vielen internationalen Organisationen z. B. in den Gründungsinstrumenten ausdrücklich zugebilligte Rechts- und Geschäftsfähigkeit ihren Sinn gerade darin, ihnen den Abschluß privatrechtlicher Verträge zu ermöglichen. Zur Rechts- und Geschäftsfähigkeit von internationalen Organisationen siehe oben § 107 in diesem Band.

anwenden wollen. Soweit dieser Wille nicht ausdrücklich niedergelegt ist, ist er aus den Umständen, etwa der Bezeichnung, der Form des Abkommens, der Verfahren zur Streitbeilegung usw., zu erschließen. Ein aussagekräftiger Hinweis wäre etwa auch eine Regelung, die die Registrierung des Vertrages durch den UN Generalsekretär vorsieht.

d) Keine Verträge sind schließlich die Beschlüsse von Organen internationaler Organisationen.[32] Sie unterliegen hinsichtlich ihrer Entstehung einem je besonderen Verfahrensreglement und ihre Wirkung richtet sich nach den einschlägigen Satzungsbestimmungen. Nicht ausgeschlossen erscheint es jedoch, daß jedenfalls zwischen Staaten, die nicht Mitglieder der beschließenden Organisation sind, sich aber deren Beschluß unterwerfen, Vertragsbeziehungen entstehen.[33]

II. Wie eingangs betont, gibt es Verträge unterschiedlichster Art bzw. unterschiedlichsten Inhalts. Damit verbunden ist, daß Verträge auch in ihrer Wirkung von unterschiedlicher Art sind. Es gibt also keinen *numerus clausus* der Verträge und ebensowenig einen Typenzwang. Doch weist die Staatenpraxis eine gewisse Regelmäßigkeit in der Ausgestaltung von Verträgen, bezogen zum Beispiel auf die durch den Vertrag angestrebte Regelung, namentlich auch bezogen auf deren Reichweite und Funktion, auf, so daß immerhin eine Klassifikation[34] der Erscheinungsformen internationaler Verträge möglich ist.

1. Eine weitverbreitete und auch von der WVK – wenn auch nicht ausdrücklich, so doch der Sache nach – übernommene Einteilung der Verträge ist die nach der Zahl der Vertragsbeteiligten: So wird zwischen zweiseitigen (bilateralen) und mehrseitigen (multilateralen) Verträgen unterschieden. Darüber hinaus wird in der Gruppe der mehrseitigen Verträge zwischen multilateralen und plurilateralen (oder beschränkt multilateralen) Verträgen unterschieden.

Die WVK erwähnt die Gruppe der bilateralen Verträge nicht ausdrücklich, jedoch bezieht sie sich in einzelnen Vorschriften auf „mehrseitige“ Verträge und nimmt damit der Sache nach die Unterscheidung von bi- und multilateralen Verträgen auf, so etwa im Abschnitt über die Modifikation und Änderung von Verträgen, wo die Art. 40 und 41 Vorschriften über die Änderung mehrseitiger Verträge enthalten. Darüber hinaus findet sich in Art. 20 Abs. 2 WVK eine Vorschrift, die den Typus des „beschränkt mehrseitigen“ (plurilateralen) Vertrages[35] aufnimmt. Letztere sollen sich dadurch auszeichnen, daß sie ihrem Inhalt und Ziel nach nur eine beschränkte Zahl von Vertragsparteien zulassen, was dann z. B. auch – wie in Art. 20 Abs. 2 WVK vorgesehen – die Folge hat, daß die wirksame Erklärung eines Vorbehaltes nur möglich ist, wenn alle Vertragsparteien zustimmen.[36]

---

[32] Dazu näher oben Bd. I/1, S. 70 ff.

[33] Weitergehend, weil auch auf Mitglieder des Völkerbundes bezogen, das Rechtsgutachten des StIGH im Falle *Railway Traffic between Lithuania and Poland*, 1931, PICJ, Series A/B No. 42, 116, wo der StIGH entschied, durch die Annahme der Entschließung des Völkerbundsrates vom 10. 12. 1927 seien Litauen und Polen gebunden und somit rechtlich verpflichtet, über die Aufnahme nachbarlicher Beziehungen zu verhandeln. Diese Verpflichtung beinhaltet aber nicht, daß die Parteien in ihren Verhandlungen auch zu einer Einigung gelangen müssen.

[34] Von der Klassifikation, d. h. der Einteilung der unterschiedlichen Vertragsarten in bestimmte Sachgruppen ist die Frage der unterschiedlichen Bezeichnungen für Verträge (Abkommen, Übereinkünfte usw.) zu unterscheiden. Auf sie ist unten unter § 146 einzugehen.

[35] Zum Begriff des plurilateralen Vertrages auch *L. Wildhaber*, EPIL IV, 949 (950); auch *Verdross/Simma*, 339 f mwN.

[36] Diese Unterscheidung gab in der ILC Anlaß zu einer Auseinandersetzung zwischen afro-asiatischen und kommunistischen Staaten einerseits und der übrigen Staatenwelt andererseits; erstere wollten damit multilateralen Verträgen, die die universale Staatengemeinschaft betreffende Regelungsgegenstände behandeln, also den Charakter „legislativer“ Akte haben, von den ihrem Ziel und Zweck nach enger begrenzten mehrseitigen Verträgen abheben und unter Berufung auf die sog. „All-Staaten-Doktrin“ auch *de facto*-Regimen Zugang zu den universalen Verträgen verschaffen. Dieser Vorstoß fand keine Mehrheit und wurde nicht in die WVK aufgenommen; hierzu *Verdross/Simma*, 340, sowie zur Diskussion in der ILC Commentary (Treaties), Art. 12, Yearbook ILC 1966 II, 199 f. Wohl aber findet sich – wie oben

Zu erwähnen ist schließlich in diesem Zusammenhang eine weitere besondere Erscheinungsform des mehrseitigen Vertrages, die sich in der Mitte zwischen bilateralen und multilateralen Verträgen bewegt: der sog. *traité mi-collectif*.[37] Es handelt sich hier um Verträge, bei denen auf der einen Seite eine Mehrzahl von Vertragsparteien mit einem übereinstimmenden Regelungsinteresse einer einzelnen Vertragspartei auf der anderen Seite gegenübersteht.

Eine solche Konstellation ergab sich zum Beispiel bei den Friedensvertragsverhandlungen von Paris 1919, die der Text des Vorspruches zum Vertrag von Versailles widerspiegelt, in dem es heißt, daß der Vertrag zwischen den alliierten und assoziierten Mächten einerseits und Deutschland auf der anderen Seite geschlossen werde.[38]

Diese Unterscheidung hat in der Praxis bisher – so weit ersichtlich – keine wesentliche Rolle gespielt. Sie kann aber im Hinblick auf diejenigen Regeln des völkerrechtlichen Vertragsrechts von Bedeutung sein, die sich speziell auf mehrseitige Verträge beziehen, so wie etwa die oben genannten Art. 40 und 41 WVK.

2. a) Eine Klassifizierung von völkerrechtlichen Verträgen kann auch nach der Art der eingegangenen Verpflichtungen oder nach den Wirkungen vorgenommen werden, die von den vertraglichen Regelungen ausgehen. So wurden namentlich in der älteren Völkerrechtslehre die Austauschverträge oder, man darf auch sagen, die gegenseitigen Verträge, die auch „rechtsgeschäftliche" Verträge *(traités-contrats, contractual treaties)* genannt werden[39], solchen Verträgen gegenübergestellt, in denen sich die Parteien durch übereinstimmende, gleichsam parallel gerichtete Willenserklärungen zu einem bestimmten gemeinsamen Verhalten in der Zukunft verpflichten. Diese Verträge werden als rechtsetzende Verträge *(law-making treaties, traités-lois)*, aber auch als „Vereinbarungen" bezeichnet.[40] Damit soll zum Ausdruck gebracht werden, daß die rechtsetzenden Verträge im Gegensatz zu den Austauschverträgen nicht auf einen gegenseitigen Interessenausgleich, sondern auf die Gemeinsamkeit der Interessen an übergreifenden, der Staatengemeinschaft dienenden Regelungen[41] gerichtet sein sollen. An dieser schroffen Gegenüberstellung von Austausch- und rechtsetzenden Verträgen wurde in der Lehre namentlich in der zweiten Hälfte des 20. Jahrhunderts deutliche Kritik geübt.[42] An dieser Kritik ist richtig, daß die Unterscheidung zwischen den rechtsetzenden und den Austauschverträgen in der Tat in grundsätzlicher, rechtsdogmatischer Hinsicht keinen Bestand haben kann: Nicht nur enthalten auch die Austauschverträge Elemente der Rechtsetzung, sondern es kann auch aus rechtssoziologischer Sicht schwerlich bestritten werden, daß auch die Gestaltung der rechtsetzenden

---

betont – die Kategorie des beschränkt mehrseitigen Vertrages in Art. 20, Abs. 2.

[37] Vgl. dazu näher *J. Basdevant*, La conclusion et la rédaction des traités et des instruments diplomatiques autres que les traités, RdC 15 (1926), 535 (555 f); Hinweis auch bei *Verdross/Simma*, 339 Anm. 18 a. E.

[38] RGBl. 1919 II, Nr. 140.

[39] Siehe auch *Bernhardt*, EPIL IV, 928; *Verdross/Simma*, 339.

[40] Zu dieser Unterscheidung vgl. *Oppenheim/Jennings/Watts*, Vol. I/2–4, 1203 mit umfangreichen Hinweisen auf die ältere Literatur; zur Diskussion und Bewertung dieser Kategorien in der ILC vgl. *Dehaussy*, in: FS *Guggenheim*, 305 ff; *Virally*, Comunicazioni e studi, 13 (1969), 15 ff.

[41] Auf den „legislativen" Charakter solcher übergreifender, multilateraler Verträge weisen ausdrücklich *Oppenheim/Jennings/Watts*, Vol. I/2–4, 1204 hin. Sie sprechen anschaulich davon, daß u. a. die Vielzahl der Parteien und der gewichtige, übergreifende Inhalt *„give such a treaty something of the complexion of a legislative instrument"*.

[42] So stellen *Verdross/Simma*, 339, fest, diese Unterscheidung werde „heute zu Recht als fragwürdig abgelehnt, da die meisten völkerrechtlichen Verträge sowohl Züge eines Rechtsgeschäfts als auch Vereinbarungselemente enthielten". Bedenken meldet auch *Bernhardt*, EPIL IV, 928, an, da es an einer klaren Abgrenzbarkeit zwischen beiden Vertragstypen fehle. *Oppenheim/Jennings/Watts*, Vol. I/2–4, 1204, sehen diese Unterscheidung nicht nur als kontrovers, sondern auch als theoretisch fehlerhaft an. *Kelsen*, Principles, 319 f, lehnt eine solche Unterscheidung grundsätzlich als falsch ab.

Verträge von gegenseitigen, nicht nur von parallelen Interessen geprägt ist.[43] Auch ist nicht erkennbar, daß sich aus der Unterscheidung zwingend rechtliche Konsequenzen im Hinblick auf die Anwendung des völkerrechtlichen Vertragsrechts ergäben. Bei näherem Zusehen ist jedoch eine differenzierte Betrachtung der Unterscheidung zwischen rechtsetzenden Verträgen (Regelungsverträgen) und Austauschverträgen geboten.

Zunächst ist hervorzuheben, daß selbst unter denjenigen, die der Unterscheidung von Regelungsverträgen und Austauschverträgen skeptisch oder gar kritisch gegenüberstehen, anerkannt wird, daß jedenfalls im Hinblick auf Auslegung und Anwendung die speziellen Charakteristika eines Vertrages im Sinne dieser Unterscheidung Bedeutung erlangen können.[44] Darüber hinaus aber gewinnt die Kategorie der Regelungsverträge aufgrund der allgemeinen Tendenz des Völkerrechts, sich zu einer stärker objektiven Rechtsordnung zu entwickeln, eine größere Bedeutung, wiewohl die Kritik an der Unterscheidung von rechtsetzenden und Austauschverträgen die auch früher schon durchaus vorhandene Praxis, Regelungsverträge zur Ordnung der internationalen Beziehungen abzuschließen, in ihrem Ausmaß und ihrer Bedeutung unterschätzt hat.

Spätestens seit dem Wiener Kongreß von 1815 sind zunehmend Regelungsverträge von oft weltweiter Bedeutung angenommen worden, die insbesondere den Rechtsstatus von Gebieten, Städten oder Gewässern sowie die Gründung internationaler Organisationen mit einer über die Vertragsparteien hinausreichenden objektiven Wirkung zum Gegenstand hatten.[45] Neben der Wiener Schlußakte – u. a. mit der Schaffung der Freien Stadt Krakau[46] und der Errichtung der Rheinkommission im Rahmen der Rheinschiffahrtsakte[47] – sind im 19. Jahrhundert weitere Beispiele die Verträge von London (1831, 1839), die die Neutralisierung Belgiens betreffen[48], die verschiedenen territorialen Statusregelungen im Friedensvertrag von Paris (1856), die Errichtung der Internationalen Telegraphen-Union (ITU – 1865) und des Weltpostvereins (UPU – 1874)[49], der Vertrag von Berlin (1878), der die territoriale Regelungen auf dem Balkan betrifft, und die Schlußakte der Haager Friedenskonferenz (1899).[50]

In der Staatspraxis des 20. Jahrhunderts setzt sich der Einsatz des Regelungsvertrages als Instrument zur Umsetzung übergreifender Ordnungsvorstellungen verstärkt fort. Neben die wachsende Zahl von Gründungsverträgen für internationale Organisationen[51] und die weiterhin aktuellen Statusregelungen[52] traten nunmehr auch immer häufiger umfassende Verträge mit materiellrechtlichen, wertorientierten Verhaltensnormen, die – anders als die Normen des klassischen zwischenstaatlichen Völkerrechts – nicht allein auf das internationale, sondern auch auf das nach innen gerichtete, nationale Verhalten der Normadressaten, also vornehmlich der Staaten, zielen.

Beginnend mit den ersten, auf weltweite Akzeptanz ausgerichteten Verträgen zum humanitären Recht *(ius in bello)*[53] im ausgehenden 19. Jahrhundert, entstand namentlich in der 2. Hälfte des

43 Unter Betonung des rechtssoziologischen Aspekts zutreffend *Verdross/Simma*, 339.

44 So etwa *Bernhardt*, EPIL IV, 928.

45 Dazu näher unten § 152.

46 Näheres dazu *E. Klein*, Free Cities, EPIL II (1995), 465 (467); vgl. aber auch unten.

47 Dazu schon oben § 106.

48 Näher *Oppenheim/Lauterpacht*, Vol. I, 246 ff.

49 Dazu schon oben § 106.

50 Zum Ganzen *Rühland*, 41 ff.

51 Zur Entwicklung der internationalen Organisationen im 20. Jahrhundert und dem Verhältnis dritter Staaten zum durch die Gründungsverträge gesetzten Recht vgl. näher oben §§ 106 f.

52 Dazu im einzelnen *Klein*, passim; vgl. aber auch unten § 154.

53 Den Anfang der Konventionen zum humanitären Recht bildet das Genfer Abkommen von 1864, betreffend die Linderung des Loses der im Felddienst verwundeten Militärpersonen, *De Martens*, NRG, 1ère Série, XVIII, 607 ff. Dieses wurde ergänzt durch das Abkommen von 1906 zur Verbesserung des Loses der Verwundeten und Kranken bei den im Felde stehenden Heeren – beide ersetzt durch das I. Genfer Abkommen von 1949; für eine umfassende Aufstellung aller Abkommen und Erklärungen zum heute so genannten humanitären Recht siehe *D. Fleck* (Hrsg.), Handbuch des humanitären Völkerrechts in bewaffneten Konflikten, 1994.

20. Jahrhunderts ein umfassendes vertragliches Regelwerk, das den Schutz der Grund- und Menschenrechte allgemein[54] und in spezifischen Kontexten – z. B. im Rahmen des Berufs- und Arbeitslebens sowie des Bildungswesens[55] – zum Ziel hat. So schufen der Völkerbund 1926 die schon erwähnte, von den Vereinten Nationen 1953 erneuerte Konvention gegen die Sklaverei[56] und die ILO umfassende Konventionen zum Schutze der Rechte der Arbeitnehmer – so zum Verbot der Zwangsarbeit[57] –, insbesondere aber auch gegen Diskriminierung aufgrund der Rasse, des Geschlechts, der Sprache oder vergleichbarer Merkmale in verschiedenen Bereichen des Arbeitslebens.[58]

Auch diesen Verträgen, namentlich den umfassenden vertraglichen Kodifikationen der Grund- und Menschenrechte, aber auch solchen Spezialkonventionen wie die über das Verbot der Sklaverei, der Apartheidpolitik, der Rassendiskriminierung usw., kommt – jedenfalls in den ganz grundlegenden Rechtsverbürgungen – wie den zuvor genannten Regelungsverträgen nach einer wachsenden Überzeugung eine über den Kreis der unmittelbaren Vertragsparteien hinausreichende Ordnungsfunktion im internationalen System zu. Das unterscheidet sie von den Austauschverträgen, aber auch von den plurinationalen Verträgen.[59] Die Unterscheidung zwischen multilateralen, rechtsetzenden oder Austauschverträgen und bilateralen und plurinationalen Verträgen ist also nicht nur eine Frage der Praktikabilität, sondern sie ist jedenfalls auf der Ebene der Wirkung und Anwendung konkreter Verträge auch von normativer Bedeutung.

b) Das bunte Bild von Verträgen, die der Kategorie der Regelungsverträge zugeordnet werden können, läßt weitere Unterscheidungen zu. So werden die Gründungsverträge für internationale Organisationen im Unterschied zu anderen multilateralen Regelungsverträgen auch als institutionelle Verträge bezeichnet. Damit soll der Charakter dieser Verträge als Grundlage der Errichtung von Institutionen hervorgehoben werden, die als juristische Personen des Völkerrechts nach den Regeln des Gründungsvertrages, d. h. ihrer „Verfassung“ einen eigenen Willen bilden und nach außen handeln.[60] Neben den institutionellen Verträgen sind als weitere Kategorie von Regelungsverträgen die bereits erwähnten Statusverträge[61] zu nennen. So wird man heute annehmen dürfen, daß multilaterale Abkommen u. U. die Rechtsstellung eines Staates, eines Gebiets, einer internationalen Wasserstraße als eine für alle verbindliche Ordnung zu definieren vermögen. Diese Wirkung, d. h. die Schaffung eines auch objektiv geltenden Status ist allerdings keine exklusive Eigenschaft multilateraler Verträge. Auch die sog. Verfügungsverträge, etwa ein bilateraler Vertrag über die Abtretung eines Gebietsteiles seitens eines Vertragspartners an den anderen, haben eine solche objektive Wirkung. Hat eine solche Abtretung stattgefunden, so haben auch dritte Staaten dieses Gebiet als Gebiet des Zessionars zu behandeln und ist andererseits der Zessionar nicht nur gegenüber dem Zedenten, sondern auch dritten Staaten gegenüber für das verantwortlich,

---

[54] Als Beispiele sind hier der Internationale Pakt über bürgerliche und politische Rechte, der Internationale Pakt über wirtschaftliche, soziale und kulturelle Rechte – beide von 1966 – (UNTS 999, 171/BGBl. 1973 II, 1533; und UNTS 992, 3/BGBl. 1973 II, 1569) und die Konvention zur Beseitigung jeder Form von Rassendiskriminierung von 1966 (UNTS 660, 194/BGBl. 1969 II, 961) zu nennen.

[55] So z. B. die ILO-Konvention über das Verbot der Diskriminierung in Beruf und Beschäftigung von 1958, UNTS 362, 31; und die UNESCO Konvention gegen Diskriminierung im Erziehungswesen von 1960, UNTS 429, 93.

[56] Vgl. die Konvention gegen die Sklaverei von 1926, LNTS 60, 253, und die durch Protokoll von 1953 betreffend die Übernahme der nach der Sklaverei-Konvention bestehenden Verantwortlichkeiten des Völkerbundes durch die Vereinten Nationen angepaßte Konvention gegen die Sklaverei von 1953, UNTS 212, 17; ferner das Zusatzübereinkommen über die Abschaffung der Sklaverei, des Sklavenhandels und Sklavenähnlicher Einrichtungen und Praktiken von 1956, UNTS 266, 3.

[57] Vgl. Konvention über die Abschaffung der Zwangsarbeit von 1957 (ILO-Übereinkommen Nr. 105), UNTS 320, 291.

[58] Vgl. die Angaben oben in Fn 55.

[59] Im einzelnen zu dieser erweiterten Wirkungsweise rechtsetzender oder Regelungsverträge siehe unten § 152.

[60] Vgl. dazu oben §§ 106 und 107.

[61] Dazu näher *Klein*, passim.

was auf dem abgetretenen Territorium geschieht. Aber auch etwaige vertraglich zwischen zwei Staaten vereinbarte Staatsservituten sind für dritte Staaten verbindlich, obwohl sie keine Vertragspartner sind.[62]

Schließlich läßt sich in der Gruppe der Regelungsverträge ein dritter Typ unterscheiden, die sog. Ordnungsverträge. Auch ohne daß sich aus einem multilateralen Vertrag allgemein verbindliches Gewohnheitsrecht bildet[63], kann ein solcher Regelungsvertrag ein objektive, allgemein geltende Ordnung schaffen. Das ist namentlich der Fall, wenn der betreffende Vertrag nach Auffassung der großen Mehrheit unter Einschluß der im internationalen Leben führenden Staaten dem Interesse der Staatengemeinschaft oder dem internationalen öffentlichen Interesse entspricht.[64] Verträge, an denen eine große Mehrheit von Staaten beteiligt ist und die zumindest in Teilen Normen enthalten, die Ausdruck des internationalen öffentlichen Interesses sind, können Verbindlichkeit auch gegenüber dritten Staaten beanspruchen, sie gelten *erga omnes,* wenn dies so gewollt und vom Ziel des wirksamen Schutzes internationaler Interessen – z. B. Schutz von lebenswichtigen natürlichen Ressourcen – her geboten ist.

So gebietet etwa der effektive Schutz von durch Überfischung bedrohten Fischarten, daß multilaterale Verträge, die Fangverbote oder zumindest Fangquoten für solche Fischbestände festlegen, auch von dritten Staaten beachtet werden. Von dieser Vorstellung geht z. B. die *Convention on Straddling Fish Stocks and Highly Migratory Fish Stocks* von 1995 aus.[65] Die sich aus dieser Konvention für dritte Staaten ergebenden Pflichten lassen sich dogmatisch vernünftig nur aus dem *public interest*-Charakter und der daraus abzuleitenden *erga omnes*-Wirkung der einschlägigen Vertragsnormen erklären. Entsprechendes gilt auch für die fundamentalen Menschenrechtsverbürgungen, wie sie etwa in den Internationalen Pakten über bürgerliche und politische sowie wirtschaftliche, soziale und kulturelle Rechte niedergelegt sind[66], und zwar unabhängig davon, daß diesen teilweise auch der Rang von *ius cogens*-Normen zuerkannt wird.[67]

3. Vom Inhalt her können weitere, durch eine lange Staatspraxis zu einer gewissen Typik entwickelte Vertragskategorien unterschieden werden. Freundschafts- und Schiffahrtsver-

---

[62] Dazu schon oben Bd. I/1, S. 332 ff; und kurz auch ebd., S. 53.

[63] Dazu schon oben Bd. I/1, S. 52 f mwN.

[64] Zum Begriff des internationalen öffentlichen Interesses *(international public interest, interest of the international community)* und seiner Bedeutung für die Reichweite der Geltung völkerrechtlicher Normen vgl. *J. Delbrück* (ed.), New Trends in International Lawmaking – International ‚Legislation' in the Public Interest, 1997; auch schon *ders.*, The Impact of the Allocation of International Law Enforcement Authority on the International Legal Order, in: *J. Delbrück* (ed.), Allocation of Law Enforcement Authority in the International System, 1995, 135 ff.

[65] Siehe *Agreement for the Implementation of the Provisions of the United Nations Convention on the Law of the Sea of 10 December 1982 Relating to the Conservation and Management of Straddling Fish Stocks and Highly Migratory Fish Stocks*, 8 September 1995, A/CONF.164/37; auch in ILM 34 (1995), 1542 ff; dazu etwa *B. Oxman*, The International Commons, the International Public Interest and New Modes of International Lawmaking, in: *Delbrück*, New Trends (Anm. 64), 21 (56 ff), und die anschließende Diskussion, ebd. 99 ff; zum Grundsatzproblem von Verpflichtungen, die dritten Staaten ohne oder gegen ihren Willen entstehen, siehe *Ch. Tomuschat*, Obligations Arising for States without or against Their Will, RdC 241 (1993), 195 ff.

[66] Die Konzeption einer *erga omnes*-Wirkung völkerrechtlicher Normen ist nicht unumstritten. Sie hat sich – wenn auch schon früher der Sache nach vertreten – insbesondere im Anschluß an das *obiter dictum* des IGH im Fall *Barcelona Traction*, ICJ Reports 1970, 3 (32), entwickelt; vgl. dazu *J. A. Frowein*, Die Verpflichtungen erga omnes im Völkerrecht und ihre Durchsetzung, in: FS Mosler 1983, 241 ff; *W. Kälin*, Menschenrechtsverträge als Gewährleistung einer objektiven Ordnung, Berichte DGVR 33 (1994), 9 ff; *B.-O. Bryde*, Verpflichtungen Erga Omnes aus Menschenrechten, Berichte DGVR 33 (1994), 165 ff; kurz auch *L. Henkin*, Human Rights, EPIL II (1995), 886 (891); *Delbrück*, in: *Delbrück*, Allocation (Anm. 64), 149 f; *M. Ragazzi*, Obligations erga omnes, 1997; *J. Delbrück*, „Laws in the Public Interest" – Some Observations on the Foundations and Identification of erga omnes Norms in International Law, in: FS Jaenicke, 1998, 17 ff, sowie unten § 152.

[67] Zum *ius cogens*-Rang von Menschenrechtsnormen näher *S. Kadelbach*, Zwingendes Völkerrecht, 1992, 256 ff (zu Gruppenrechten) und 286 ff (zu Individualrechten).

träge *(treaties of friendship and commerce)*, Konzessions- und Investitionsabkommen, Handelsverträge, militärische Allianzverträge, Kulturabkommen – und in diesem Zusammenhang speziell Konkordatsverträge – sowie Verträge über Verfahren friedlicher Streitbeilegung (Schiedsverträge, *treaties on arbitration and conciliation)* sind nur die wichtigsten dieser inhaltlich bestimmten und durch lange Staatspraxis geprägten Vertragskategorien. Die Typik dieser Verträge ist im Hinblick auf die allgemeinen Regeln des völkerrechtlichen Vertragssrechts von eher geringer Bedeutung. Wohl aber kann eine besonders signifikante Praxis der Gestaltung solcher „typischer" Verträge für die Existenz, mehr noch aber für die Entstehung eines dem Inhalt der Verträge entsprechendes Gewohnheitsrecht relevant sein.[68]

§ 144 Die Vertragsfähigkeit und die Vertragsabschlußkompetenz

Schrifttum: wie zu Abschnitt 1 und zu § 144; ferner C. *Parry*, The Treaty-Making Power of the United Nations, BYIL 26 (1949), 108 ff; *J. Huber*, Le droit de conclure des traités internationaux, 1951; *J. Carroz/Y. Probst*, Personnalité juridique international et capacité de conclure des traités de l'ONU et des institutions specialisées, 1953; *S. Rosenne*, United Nations Treaty Practice, RdC 86 (1954), 275 ff; *T. Meron*, Repudiation of *Ultra Vires* State Contracts and the International Responsibility of States, ICLQ 6 (1957), 273 ff; *R. Bernhardt*, Der Abschluß völkerrechtlicher Verträge im Bundesstaat, 1957; *K. Zemanek*, Das Vertragsrecht der internationalen Organisationen, 1957; *A. Verdross*, Die Sicherung von ausländischen Privatrechten aus Abkommen zur wirtschaftlichen Entwicklung mit Schiedsklauseln, ZaöRV 18 (1957–58), 635 ff; *J. W. Schneider*, Treaty-Making Power of International Organizations, 1959; *B. Kasme*, La capacité de l'organisation des Nations Unies de conclure des traités, 1960; *K. G. Borchers*, Verträge von Staaten mit ausländischen Privatpersonen, 1966; *H. Chiu*, The Capacity of International Organizations to Conclude Treaties and the Special Legal Aspects of the Treaties, 1966; *H. Steinberger*, Constitutional Subdivisions of States or Unions and their Capacity to Conclude Treaties, ZaöRV 27 (1967), 411 ff; *O. J. Lissitzyn*, Territorial Entities other than Independent States in the Law of Treaties, RdC 125 (1968), 90 ff; *I. I. Lukashuk*, Parties to Treaties – The Right of Participation, RdC 135 (1972), 231 ff; *K. Zemanek*, Agreements of International Organizations and the Vienna Convention on the Law of Treaties, 1971; *R. Geiger*, Die völkerrechtliche Beschränkung der Vertragsschlußfähigkeit von Staaten, 1979; *C. W. Vedder*, Die auswärtige Gewalt des Europa der Neun, 1980; *J. P. Regli*, Contrats d'Etat et arbitrage entre Etats et personnes privés, 1983; *E. Klein*, Das Vertragsrecht internationaler Organisationen, 1983; *H. Isak/G. Loibl*, United Nations Conference on the Law of Treaties between International Organizations, ÖZöR 38 (1987), 49 ff; *P. K. Menon*, The Law of Treaties between States and International Organizations or between International Organizations with Special Reference to the Vienna Conventions of 1986, RDI 65 (1987), 255 ff; *I. Pernice*, Völkerrechtliche Verträge internationaler Organisationen – Tendenzen und mögliche Grundlagen einer Assimilierung von internationalen Organisationen und Staaten im Lichte der Wiener Konvention über das Vertragsrecht internationaler Organisationen, ZaöRV 48 (1988), 229 ff; *K. Zemanek*, The United Nations Conference on the Law of Treaties between States and International Organizations: The Unrecorded History of its „General Agreement", in: Völkerrecht. Recht der Internationalen Organisationen. Weltwirtschaftsrecht, Festschrift für I. Seidl-Hohenveldern, 1988, 665 ff; *P. K. Menon*, The Law of Treaties between States and International Organizations, 1992; *D. McGoldrick*, International Relations Law of the European Union, 1997; *C. Kaddous*, Le droit des relations extérieures dans la jurisprudence de la Cour de justice des Communautés européennes, 1998.

I. 1. Wie eingehend dargelegt[1], kennt das moderne Völkerrecht heute neben dem Staat eine Reihe weiterer – allerdings abgeleiteter und beschränkter – Völkerrechtssubjekte. Nicht jedem Völkerrechtssubjekt kommt jedoch die gleiche Handlungsfähigkeit zu. Wie im

---

[68] Zum Umschlag von Vertrags- in Gewohnheitsrecht schon oben Bd. I/1, S. 52.

[1] Vgl. oben §§ 106 ff.

Privatrecht ist auch im Völkerrecht zwischen Rechtsfähigkeit und Handlungsfähigkeit sowie – als einer Unterart der Handlungsfähigkeit – der Fähigkeit zur Abgabe rechtswirksamer Willenserklärungen und damit zum Abschluß von Verträgen zu unterscheiden. Im älteren Völkerrecht gab es, etwa in Gestalt von Protektoraten, Wirkungseinheiten, die zwar Träger einer eigenen Rechtspersönlichkeit waren, allerdings keine Verträge abschließen konnten.[2] Dasselbe galt für internationale zwischenstaatliche Organisationen, selbst zu einem Zeitpunkt, als die Frage ihrer Rechtspersönlichkeit als solche nicht mehr umstritten war.[3]

2. a) Zum Abschluß völkerrechtlicher Verträge sind in erster Linie die Staaten imstande. Im Rahmen und nach den Vorgaben der Völkerrechtsordnung haben souveräne Staaten ein im Prinzip freies Vertragsschlußrecht. Ihre Vertragsschlußfähigkeit ist auch dann nicht beschränkt, wenn sie sich vertraglich verpflichten, keine neuen Verträge zu schließen, die zu älteren Verträgen im Widerspruch stehen. Die Verträge, die sie gleichwohl eingehen mögen, sind nicht etwa nichtig.

Das gilt allerdings nicht im Verhältnis von Verträgen von Mitgliedstaaten der Vereinten Nationen – sei es mit Drittstaaten oder untereinander – zur Charta der VN: Art. 103 Charta der VN, der seine rechtspolitische und rechtsdogmatische Legitimation aus dem Charakter der Charta der VN als „Verfassung" der internationalen Staatengemeinschaft herleitet[4] besagt, daß für den Fall eines Widerspruchs zwischen Verpflichtungen der Mitglieder der Vereinten Nationen aus der Charta und solchen aus anderen internationalen Übereinkünften, die Verpflichtungen aus der Charta Vorrang genießen. Dieser Vorrang bedeutet, soweit den betroffenen Chartaregelungen *ius cogens*-Charakter zukommt, heute wohl unstreitig die Nichtigkeit der Verpflichtungen aus den anderen internationalen Übereinkünften.[5] Soweit es sich aber bei dem kollidierenden Chartarecht um solches ohne *ius cogens*-Charakter handelt, bleibt es zwar beim Vorrang des Chartarechts, aber auch bei der Gültigkeit der anderen internationalen Übereinkünfte.[6] Nach einer Ansicht sind deren Bestimmungen nicht durchsetzbar, nach einer anderen sind sie als suspendiert anzusehen.[7] Während dies bei Verträgen von Mitgliedstaaten der Vereinten Nationen untereinander unumstritten ist, wird im Fall von Verträgen von Mitgliedstaaten mit dritten Staaten unter Hinweis auf den *pacta tertiis*-Grundsatz angenommen, daß Art. 103 Charta der VN für diese dritten Staaten ohne Bedeutung sei, ein Widerspruch mit dem einfachen Chartarecht sich also nicht auf die Gültigkeit von Verträgen

[2] In der Praxis gehört das Protektorat weltweit der Vergangenheit an. In Europa besteht allerdings heute noch ein abgeschwächtes Protektoratsverhältnis zwischen Frankreich und Monaco. Bis zur Unabhängigkeitserklärung von 1993 war Andorra ein Kondominium und wurde gemeinsam von dem Staatsoberhaupt Frankreichs und dem spanischen Bischof von Seo de Urgell regiert. Zwar gelten diese noch heute als Staatsoberhäupter Andorras. Andorra wurde allerdings am 3. 6. 1993 durch Frankreich und Spanien als souveräner Staat anerkannt. Die Verfassung Andorras von 1993 schränkt die Befugnisse des Ko-Prinzipats ein und schuf die Grundlage für eine eigene Regierung. Umstritten ist nach wie vor die Stellung Tibets: während die Volksrepublik China Tibet seit dem Einmarsch der chinesischen Roten Armee als Teil der Volksrepublik betrachtet – wie auch wiederholt in der Kaiserzeit und nach der Revolution von 1911 –, wird diese Annexion von dritter Seite bis heute überwiegend nicht anerkannt; vgl. dazu den Überblick von *A. D. Hughes/D. Lentz*, Tibet, EPIL IV (2000), 858 ff. Zur Stellung der Protektorate allgemein *Oppenheim/Jennings/Watts*, Vol. I/1, 266 ff; auch die Vorauflage, Bd. II, 129 ff.

[3] Dazu oben §§ 106 f.

[4] So zutreffend *R. Bernhardt*, in: *Simma*, Charter, Art. 103, para. 6.

[5] Dies beruht aber nicht, oder jedenfalls nicht allein, auf der Wirkung des Art. 103; vielmehr führt bereits der *ius cogens*-Charakter der jeweils betroffenen Chartaregelungen zur Nichtigkeit der dagegen verstoßenden anderen Verträge; vgl. *R. Bernhardt*, in: *Simma*, Charter, Art. 103, para. 12.

[6] So z. B. noch die Vorauflage, Bd. III, 61 f, allerdings mit der Begründung, daß Art. 103 Charta der VN insoweit einem zwingenden Satz des Völkergewohnheitsrechts, nämlich dem *pacta tertiis*-Grundsatz, widerspreche.

[7] Zu dieser Diskussion vgl. näher *Cot/Pellet (Flory)*, 1374: *„Le traité incriminé devient inapplicable et inopposable, mais il reste valide."* Siehe ferner *J. Combaceau*, Le pouvoir de sanction de l'ONU, 1974; *C. Cadoux*, La supériorité du droit des Nations Unies sur le droit des Etats Membres, RGDIP 63 (1959), 649 ff; *E. Sciso*, On Article 103 of the Charter of the United Nations in the Light of the Vienna Convention on the Law of Treaties, ÖZöR 38 (1987), 161.

von Mitgliedstaaten mit dritten Staaten auswirken könne.[8] Richtiger Ansicht nach ist jedoch davon auszugehen, daß alle Verträge von Mitgliedstaaten – gleichviel, ob sie mit anderen Mitgliedstaaten oder mit dritten Staaten vor oder nach dem Inkraftreten der Charta der VN geschlossen wurden – ungültig werden oder *ab initio* ungültig sind, soweit sie den Verpflichtungen der Mitgliedstaaten aus dem Chartarecht widersprechen.[9] Lediglich Verträge von Nichtmitgliedstaaten untereinander bleiben von Art. 103 Charta der VN unberührt.[10] Diese Ansicht wird allein dem Verfassungscharakter der Charta der VN gerecht. Einzuräumen ist, daß der praktische Unterschied zwischen Ungültigkeit und Nichtdurchsetzbarkeit solcher Verträge gering ist.

b) Dagegen genießen Staaten, die sich in einem Abhängigkeitsverhältnis zu einem Gesamtstaat – oder wie in älterer Zeit das Protektorat zu einem Oberstaat – befinden, keine umfassende Vertragsschlußfähigkeit. Vielmehr sind für das „ob" und gegebenenfalls das „wie" ihrer Vertragsschlußfähigkeit im ersten Falle die gesamtstaatliche oder Bundesverfassung oder in anderen Fällen die jeweilige Vertragsgrundlage maßgebend.

Manche Bundesverfassungen räumen den Gliedstaaten überhaupt keine Vertragsschlußfähigkeit ein wie etwa die Verfassung Australiens oder Kanadas.[11] Andere Bundesstaaten – wie etwa Deutschland, Österreich oder die Schweiz[12] – sehen in ihrer Verfassung vor, daß die Gliedstaaten, in der Regel mit dem Vorbehalt der Zustimmung des Gesamtstaates, mit ausländischen Staaten Verträge schließen können. Insoweit werden diese Gliedstaaten als partielle, abgeleitete Völkerrechtssubjekte mit völkerrechtlicher Vertragsschlußfähigkeit ausgestattet.[13] Allerdings kann die Zustimmung des Gesamtstaats unter Umständen zur Bindung auch des Gesamtstaats an die von den Gliedstaaten geschlossenen Verträge führen.[14]

Selbst Teilgebieten eines Staates kann ein beschränktes Vertragsschlußrecht zukommen. Zwar genießen Provinzen, Gemeinden oder andere territoriale Einheiten im allgemeinen

[8] Siehe dazu die Angaben in Anm. 7.

[9] Wie hier zutreffend *R. Bernhardt*, in: *Simma*, Charter, Art. 103, para. 16 ff. Im Falle von neuen Verpflichtungen, die sich aus der Charta ergeben, hält es *R. Bernhardt* jedoch für zweifelhaft, ob sich dritte Staaten diese entgegenhalten lassen müssen. Zwar müßten auch dann die Mitgliedstaaten den Chartaverpflichtungen nachkommen, aber den dritten Staaten könnten dann Schadensersatzleistungen nicht abgeschlagen werden. Diese Lösung wird einerseits den praktischen Bedürfnissen besser gerecht als ein radikales Festhalten an der objektiven Wirkung des Chartavorrangs, zeigt aber auch, daß die – zumindest theoretisch – allein zutreffende Lehre vom Verfassungsrang der Charta in der Praxis noch als problematisch empfunden wird.

[10] Insofern wird dem *pacta tertiis*-Grundsatz Rechnung getragen; vgl. in diesem Sinne *R. Bernhardt*, in: *Simma*, Charter, Art. 103, para. 26. Allerdings sind auch diese Verträge ungültig oder nicht durchsetzbar, wenn sie gegen *ius cogens* verstoßen, so daß auch Chartarecht diesen Ranges Verträge von Nichtmitgliedstaaten ungültig macht oder werden läßt.

[11] *B. Opeskin*, Federal States in the International Legal Order, NILR 43 (1996), 353 ff.

[12] Nach Art. 56 der neuen schweizerischen Bundesverfassung, die am 1. 1. 2000 in Kraft getreten ist, können die Kantone in ihren Zuständigkeitsbereichen mit dem Ausland Verträge schließen, sofern diese Verträge dem Recht und den Interessen des Bundes sowie den Rechten anderer Kantone nicht zuwiderlaufen. Während für solche Verträge nach der alten Bundesverfassung noch die Genehmigung des Bundes erforderlich war, sind die Kantone nach der neuen Bundesverfassung lediglich verpflichtet, den Bund vor Abschluß des Vertrages zu informieren. Eine Genehmigungspflicht besteht nur ausnahmsweise, wenn der Bundesrat gemäß Art. 186 Abs. 3 „Einsprache" erhebt. Allerdings können die Kantone direkt, d. h. ohne Vermittlung des Bundes, nur mit untergeordneten Behörden verhandeln. Vgl. hierzu ausführlich *M. Kayser/D. Richter*, Die neue schweizerische Bundesverfassung, ZaöRV 59 (1999), 985 (1012 f, 1053 f). Etwas anderes gilt nach Art. 16 des österreichischen Bundesverfassungsgesetzes. Die Länder können in Angelegenheiten, die in ihren selbständigen Wirkungsbereich fallen, Staatsverträge mit an Österreich angrenzenden Staaten oder deren Teilstaaten abschließen (Abs. 1). Allerdings muß die Bundesregierung der Aufnahme der Verhandlungen zustimmen (Abs. 2). Abgeschlossen wird der Vertrag durch den Bundespräsidenten in Vertretung des Landes. Der Bund behält ein weitreichendes Überwachungsrecht bezüglich der Vertragsdurchführung (Abs. 3–5; er kann z. B. Vertragskündigung verlangen und ist subsidiär für die Durchführung der Verträge zuständig); vgl. die Kommentierung zu Art. 16 B-VG in *H. Mayer*, Das österreichische Bundes-Verfassungsrecht, 1997.

[13] Vgl. dazu näher oben § 105.

[14] Vgl. dazu *A. Aust*, Modern Treaty Law and Practice, 2000, 49 ff mit Beispielen aus der völkerrechtlichen Praxis.

keine völkerrechtlich anerkannte Rechtsstellung, obwohl etwa kommunale Gebietskörperschaften in der Gegenwart in zunehmendem Maße grenzüberschreitende Verträge schließen.[15] Es bleibt dann dem Staat überlassen, Verträge einzugehen, die sich ausdrücklich nur auf eines oder mehrere seiner Teilgebiete erstrecken sollen.[16] Doch gibt es Ausnahmen von der Regel, daß Teilgebiete keinen völkerrechtlichen Status einnehmen. Manchmal werden diese mit einer gewissen Handlungsfähigkeit und zugleich mit einer beschränkten Vertragsschlußfähigkeit ausgestattet. Die völkerrechtliche Einordnung solcher Erscheinungen differiert. So wird der Fall, daß ein Teilgebiet einen internationalen Vertrag schließt, nicht als Ausdruck einer beschränkten eigenen Vertragsfähigkeit dieser Einheit angesehen, sondern eher als Ausübung einer vom Gesamtstaat delegierten Vertragsabschlußkompetenz betrachtet.[17] Das mag in einzelnen Fällen stimmen, trifft jedoch nicht die wesentlichen Fälle der Ausübung eines Vertragsschlußrechtes von Teilgebieten, namentlich Fälle, wo solche Teilgebiete internationalen zwischenstaatlichen Organisationen beitreten. Beispiele dieser Art finden sich zahlreich in der Völkerrechtspraxis.

So konnten bereits in der Frühzeit der Gründung internationaler zwischenstaatlicher Organisationen Gebiete oder Gruppen von Gebieten, die für ihre internationalen Beziehungen selbst nicht verantwortlich waren, z. B. nach Art. 1 Abs. 4 der ersten Verfassung der ITU[18] und später nach Art. 2 Abs. 3 der UNESCO-Verfassung[19] und Art. 8 der WHO-Verfassung[20] assoziierte (im Fall der ITU außerordentliche) Mitglieder werden, sofern der für sie im internationalen Rechtsverkehr verantwortliche Staat ihre Aufnahme beantragte. Wo das zutraf, wurden solche Gebiete durch eigene Repräsentanten vertreten. Auch die WMO (Art. 3 lit. d-f)[21] ließ eine eigene Mitgliedschaft von Gebieten und Gebietsgruppen und Treuhandgebieten mit eigenem Wetterdienst zu, desgleichen die UPU[22], die überseeische Besitzungen der Staaten und Gruppen von ihnen mit eigener Postverwaltung als selbständige Mitglieder akzeptierte. Der Beitritt von assoziierten Staaten mit Selbstregierung ist nach Art. 305 des Seerechtsübereinkommens der Vereinten Nationen[23] erlaubt, sofern sie für die in dem Übereinkommen geregelten Angelegenheiten zuständig sind. Die WTO schließlich sieht die selbständige Mitgliedschaft von Zollgebieten vor (Art. XII Abs. 1; vgl. auch Art. XXVI Abs. 5 c und Art. XXXIII des GATT 1947)[24].

c) Eine besondere Problematik besteht im Hinblick auf die Vertragsfähigkeit von Mitgliedstaaten supranationaler Organisationen[25], namentlich der EG. Die Frage ist nämlich,

---

[15] Man denke an die vertragliche Gründung von Einrichtungen wie EUREGIO, dazu *A. Gaggermeier-Scheugenpflug*, Die verfassungsrechtliche Zulässigkeit der grenzüberschreitenden regionalen Zusammenarbeit mit ausländischen Gemeinden, 1998; *U. Beyerlin*, Rechtsprobleme der lokalen grenzüberschreitenden Zusammenarbeit, 1988; *Ch. v. Unruh*, EUREGIO, Programm und Realität einer grenzüberschreitenden Kooperation, in: Recht im Dienst des Friedens, Festschrift für Eberhard Menzel, 1975, 607 ff. Siehe auch Art. 24 Abs. 1a GG und dazu *O. Rojahn*, in: *I. v. Münch/P. Kunig (Hrsg.)*, Grundgesetz-Kommentar, Bd. II, 1995, Art. 24 GG, Rdn. 80 ff; *C. D. Classen*, in: *H. v. Mangoldt/F. Klein/C. Starck (Hrsg.)*, Das Bonner Grundgesetz, Bd. 2, 2000, Art. 24 GG Rdn. 70 ff; *A. Randelzhofer*, in: *T. Maunz/G. Dürig (Hrsg.)*, Kommentar zum Grundgesetz, Bd. III, 1999, Art. 24 GG, Rdn. 195 ff.

[16] Vgl. hierzu *Aust*, 52 f (Anm. 14).

[17] *„In such cases the territory is probably to be regarded as not exercising a treaty-making power in its own right but as exercising as a delegate the treaty-making power of the parent state which remains ultimately responsible in international law"*, so *Oppenheim/Jennings/Watts*, Vol. I/2–4, 1218.

[18] CTS 130, 198.

[19] UNTS 4, 275; 575, 252; 767, 324.

[20] UNTS 14, 185.

[21] UNTS 77, 143.

[22] UNTS 611–13; 809–10.

[23] BGBl. 1994 II, 1799.

[24] BGBl. 1994 II, 1625.

[25] Die Charakterisierung als „supranational" trifft im strengen Sinne nur auf die heute in der Europäischen Union (EU) zusammengefaßten drei Integrationsgemeinschaften EGKS, EG und EAG zu. Doch haben die hier zu treffenden Aussagen über diese supranationalen Organisationen hinaus Bedeutung im Hinblick darauf, daß auch anderwärts sich als Integrationsgemeinschaften nach dem Modell der EG verstehende Staatenverbindungen bilden, so etwa der sog. Anden-Pakt *(Andean Common Market)* im Rahmen der Lateinamerikanischen Freihandelsorganisation (LAIA, früher LAFTA); vgl. dazu *H. J. Leu/J. Polakiewicz*, Andean Common Market, EPIL I (1995), 155 ff. Deshalb wird im Text allgemein

ob mit der Übertragung von Kompetenzen auf die EG[26] auch die Fähigkeit der Mitgliedstaaten endet, auf dem von der Kompetenzübertragung erfaßten Sachgebiet mit dritten Staaten völkerrechtliche Verträge zu schließen. Zur Beantwortung dieser Frage muß zwischen ausschließlichen und konkurrierenden Vertragsschlußkompetenzen der EG unterschieden werden. Während es den Mitgliedstaaten grundsätzlich verwehrt ist, im Sachbereich einer ausschließlichen Vertragsschlußkompetenz der EG völkerrechtliche Verträge zu schließen, führt die konkurrierende Vertragsschlußkompetenz der EG dazu, daß sowohl die EG als auch die Mitgliedstaaten tätig werden können.[27] Während die meisten ausdrücklich im EGV geregelten Vertragsschlußkompetenzen ausschließlicher Natur sind, handelt es sich bei den durch die Rechtsprechung des EuGH entwickelten impliziten, d. h. im EGV nicht vorgesehenen und von den Innenkompetenzen der EG abgeleiteten, Vertragsschlußkompetenzen regelmäßig um konkurrierende.[28] In diesen Fällen verlieren die Mitgliedstaaten ihre auswärtige Gewalt im allgemeinen erst, wenn die EG in den von den Kompetenzen betroffenen Sachbereichen sekundäres Gemeinschaftsrecht erlassen oder völkerrechtliche Verträge abgeschlossen hat und ihre Vertragsschlußkompetenzen insoweit zu ausschließlichen geworden sind.[29] Die Rechtsfolge für den Fall, daß ein Mitgliedstaat kompetenzwidrig einen Vertrag mit einem Drittstaat abschließt, ist allerdings nicht die Nichtigkeit dieses Vertrages. Vielmehr ist er im Verhältnis zu dem Dritten gültig[30], doch kann der Vertrag wegen des Vorrangs des Gemeinschaftsrechts innerstaatlich nicht durchgeführt werden, so daß ein solcher kompetenzwidriger Vertrag den Mitgliedstaat völkerrechtlich gegenüber dem Dritten verantwortlich und gegebenenfalls schadensersatzpflichtig machen kann.

3. Ob Staatenverbindungen mit eigener Rechtspersönlichkeit ausgestattet sind und ob diese

---

auf supranationale Gemeinschaften Bezug genommen.

[26] Nach wohl herrschender Meinung besitzt die Europäischen Union im Gegensatz zu den Gemeinschaften bisher keine Völkerrechtssubjektivität; vgl. dazu *M. Pechstein/C. Koenig*, Die Europäische Union: die Verträge von Maastricht und Amsterdam, 2000, 28 ff; *H.-E. Folz*, Was ist die Europäische Union rechtlich?, in: *Die EU und ihre Mitgliedstaaten im internationalen Wirtschaftsverkehr*, 1998; *McGoldrick*, 36 ff; *M. Pechstein*, Rechtssubjektivität für die Europäische Union?, EuR 31 (1996), 137 ff; a. A. *A. v. Bogdandy/M. Nettesheim*, Die Europäische Union: Ein einheitlicher Verband mit eigener Rechtsordnung, EuR 31 (1996), 3 (23 ff). Allerdings weisen die durch die Verträge von Amsterdam und Nizza erfolgten Änderungen des EUV zunehmend auf eine Völkerrechtssubjektivität der Europäischen Union hin, vgl. *R. A. Wessel*, Revisiting the International Status of the EU, European Foreign Affairs Review 5 (2000), 507 (527 ff; 537). Nach Art. 24 EUV (Amsterdam) kann die Europäische Union völkerrechtliche Verträge im Bereich der Gemeinsamen Außen- und Sicherheitspolitik und der polizeilichen und justitiellen Zusammenarbeit schließen. Nach Art. 24 Abs. 6 EUV (Nizza; der Vertrag von Nizza (ABl. EG C 80 vom 10. 3. 2001, 1 ff) ist noch nicht in Kraft getreten) werden die Organe der Union durch die Verträge der EU in diesen Bereichen gebunden. Am 25. 4. 2001 hat die Europäische Union ihren ersten Vertrag auf der Grundlage von Art. 24 EUV mit der Bundesrepublik Jugoslawien unterzeichnet (ABl. EG L 125 v. 5. 5. 2001, 1 ff).

[27] Vgl. z. B. *H. D. Jarass*, Die Kompetenzverteilung zwischen der Europäischen Gemeinschaft und den Mitgliedstaaten, AöR 121 (1996), 173 (186 ff); *R. Geiger*, Vertragsschlußkompetenzen der Europäischen Gemeinschaft und auswärtige Gewalt der Mitgliedstaaten, JZ 50 (1995), 973 (976).

[28] Die EG besitzt z. B. eine ausschließliche Vertragsschlußkompetenz im Bereich der gemeinsamen Handelspolitik nach Art. 133 Abs. 1 EGV (vgl. EuGH Slg. 1973, 897 ff, *Massey-Ferguson)*. Vgl. zur Rechtsprechung des EuGH zu den impliziten Vertragsschlußkompetenzen zunächst das insoweit grundlegende AETR-Urteil (EuGH Slg. 1971, 263 ff), aber auch *Kaddous*, Le droit des relations extérieures, 240 ff; *A. Dashwood*, The Implied Internal Competence, in: *M. Koskenniemi* (ed.), International Law Aspects of the European Union, 1998, 113 ff; *McGoldrick*, International Relations Law, 48 ff; *O. Dörr*, Die Entwicklung der ungeschriebenen Außenkompetenzen der EG, EuZW 7 (1996), 39 ff.

[29] Vgl. zur umfangreichen Rechtsprechung des EuGH zur nachträglichen Ausschließlichkeit konkurrierender (impliziter) Vertragsschlußkompetenzen der EG EuGH Slg. 1971, 263 ff *(„AETR")*; Slg. 1976, 1279 ff *(„Kramer")*; Slg. 1977, 741 ff *(„Gutachten 1/76")*; Slg. 1993, I-1061 ff *(„Gutachten 2/91")*; Slg. 1994, I-5267 ff *(„Gutachten 1/94")*; Slg. 1995, I-521 ff *(„Gutachten 2/92")*.

[30] So zutreffend statt anderer *R. Streinz*, Europarecht, 1999, Rdn. 599.

auch die Fähigkeit einschließt, völkerrechtliche Verträge zu schließen, ergibt sich wiederum aus ihrer Verfassung, das heißt aus den Verträgen, die ihre Grundlage bilden. Staatenbünde etwa können Träger eines eigenen – neben dem der Mitgliedstaaten bestehenden – Vertragsschlußrechts sein.[31] In der Gegenwart stehen die organisierten Verbände, zwischenstaatliche und supranationale Organisationen verschiedenster Art, im Vordergrund der Betrachtung. Die meisten von ihnen sind Träger eines eigenen Vertragsschlußrechts.[32] Auch wenn die Gründungsverträge nichts darüber sagen, kann sich das Recht zum Abschluß völkerrechtlicher Verträge aus den Umständen, zum Beispiel aus der allgemeinen Erwägung ergeben, daß die Organisation ihre Funktionen ohne ein Recht, Verträge zu schließen, offensichtlich nicht sinnvoll oder effektiv ausüben könnte. In Fällen dieser Art ist der Schluß vom Zweck auf die Mittel erlaubt, kommt der *„implied powers"*-Grundsatz zum Zuge.[33] Daß zwischenstaatliche Organisationen mit eigener Rechtspersönlichkeit ein Vertragsschlußrecht haben, ist so gut wie unbestritten.[34] Aber dieses Recht zum Vertragsschluß ist von anderer Qualität als das der souveränen Staaten. Es ist ein inhärent beschränktes Recht, denn es besteht nur im Rahmen und nach Maßgabe der jeweiligen Verfassung der Organisationen.[35] Dementsprechend wurden Verträge, mit denen sie ihre Zuständigkeiten überschreiten, zunächst als rechtlich nicht verbindlich angesehen.[36] Nach eingehender Diskussion dieser Problematik im Rahmen der Kodifikation des Rechts der Verträge zwischen internationalen Organisationen und Staaten und zwischen internationalen Organisationen untereinander setzte sich jedoch die Auffassung durch, internationale Organisationen in Fällen eines *ultra vires* Handelns beim Abschluß eines Vertrages nicht anders als Staaten in vergleichbarer Situation zu behandeln. Art. 46 Abs. 2 der Wiener Konvention über das Recht der Verträge zwischen Internationalen Organisationen und Staaten und zwischen Internationalen Organisationen von 1986 (WVKIO)[37] sieht daher vor, daß internationale Organisationen sich auf die Ungültigkeit eines Vertrages nur berufen können, wenn der Abschluß auf einer Verletzung einer grundlegenden Kompetenznorm beruhte und diese Verletzung offenkundig war.[38] Auch wenn die Konvention von 1986 noch nicht in Kraft getreten ist, darf diese Regelung als Ausdruck einer allgemein akzeptierten Auffassung angesehen werden.[39] Auf andere Besonderheiten von Verträgen internationaler Organisationen, so etwa im Hinblick auf das Abschlußverfahren, ist unten näher einzugehen.[40]

---

[31] Vgl. dazu oben näher § 105.

[32] Dazu näher oben § 106 f.

[33] Näher oben § 107, II.3.

[34] Grundlegend dazu das Gutachten des IGH im *Reparations for Injuries*-Fall, ICJ Reports 1949, 174.

[35] Im Gemeinschaftsrecht wird dies mit dem Prinzip der begrenzten Einzelermächtigung umschrieben, vgl. Art. 5 Abs. 1 EGV.

[36] So noch die Vorauflage, Bd. III, S. 12.

[37] *Vienna Draft Convention on the Law of Treaties between States and International Organizations or between International Organizations of* 21. 3. 1986, A/CONF. 129/15 vom 20. 3. 1986, abgedruckt in ILM 25 (1986), 543 ff; die Konvention ist bisher nicht in Kraft getreten.

[38] Art. 46 Abs. 2 lautet: „An international organization may not invoke the fact that its consent to be bound by a treaty has been expressed in violation of the rules of the organization regarding competence to conclude treaties as invalidating its consent unless *that violation was manifest and concerned a rule of fundamental importance.*" (Hervorhebung durch den Verfasser); dazu näher *T. Stein*, Law of Treaties, in: *Wolfrum/Philipp (ed.)*, United Nations: Law, Policies and Practice, Vol. II, 1995, 1248 (1255 f) mwN; siehe auch *I. Seidl-Hohenveldern*, in: *Simma*, Charter, Art. 104, para. 18 ff; *K. Zemanek*, International Organizations, Treaty-Making Power, EPIL II (1995), 1343 ff; *M. Schröder*, Die Kodifikation des Vertragsrechts internationaler Organisationen, AVR 23 (1985), 385 ff; *E. Lauterpacht*, The Legal Effect of Illegal Acts of International Organizations, in: *R. Y. Jennings (ed.)*, Cambridge Essays in International Law, 1965, 111 ff.

[39] Da der Fall einer manifesten und schwerwiegenden Überschreitung der Kompetenzen beim Vertragsschluß durch eine internationale Organisation angesichts der in der Regel kollektiven Zusammensetzung der abschlußbefugten Organe nicht nur eher unwahrscheinlich, sondern praktisch auch noch nicht vorgekommen ist, kann eine für die gewohnheitsrechtliche Geltung erforderliche Praxis nicht nachgewiesen werden.

[40] Vgl. unten § 147.

4. a) Neben den Staaten und internationalen zwischenstaatlichen (und supranationalen) Organisationen haben auch solche Völkerrechtssubjekte, die – wie der Heilige Stuhl und der Malteser Orden – traditionell als solche anerkannt sind oder – wie einzelne nichtstaatliche internationale Organisationen – etwa das IKRK – die Stellung eines Völkerrechtssubjektes aufgrund völkerrechtlicher Vertragsregelung zuerkannt erhalten haben, ein beschränktes Vertragsschlußrecht.[41] An anderer Stelle wurde ebenfalls bereits dargestellt, daß unter bestimmten Umständen auch Aufständischen oder nationalen Befreiungsbewegungen ein begrenztes Vertragsschlußrecht zukommen kann.[42] Schließlich können nach der hier vertretenen Auffassung zur Rechtsstellung von nichtstaatlichen internationalen Organisationen diesen im Einzelfall dem Völkerrecht unterliegende Vertragsschlußrechte eingeräumt werden. Mit der wachsenden Bedeutung solcher NGOs werden auch die Interaktionen zwischen diesen und zwischenstaatlichen Organisationen und Staaten immer intensiver. Gewiß ist es rechtlich möglich und in der Praxis auch vielfach üblich, Verträge namentlich zwischen NGOs und Staaten dem jeweils einschlägigen oder vereinbarten nationalen Recht zu unterstellen.[43] Insoweit aber NGOs zum Beispiel aufgrund völkerrechtlicher Übereinkunft zur Implementation von Verträgen herangezogen werden und zu diesem Zweck weitere Abkommen zu schließen sind[44], können jedenfalls grundsätzliche rechtsdogmatische Bedenken gegen eine Einstufung solcher Verträge als völkerrechtliche nicht mehr überzeugend erhoben werden. Der Kreis der Völkerrechtssubjekte ist prinzipiell nicht mehr als ein geschlossener anzusehen[45]. Das heißt aber auch, daß die mit der Völkerrechtssubjektivität verbundene Handlungsfähigkeit keine fest umrissene Größe ist, sondern den jeweiligen Erfordernissen des Tätigkeitsfeldes, in dem bestimmte Völkerrechtssubjekte agieren, angepaßt und ausgestaltet werden kann. Mithin ist es theoretisch auch nicht ausgeschlossen, davon auszugehen, daß nicht nur spezielle NGOs, die aus besonderen, namentlich historischen Gründen, den Status von abgeleiteten, beschränkten Völkerrechtssubjekten einnehmen, ein entsprechend begrenztes Vertragsschlußrecht eingeräumt erhalten können, sondern daß dies – wenn die Staaten dies so wollen – auch bei anderen NGOs der Fall sein kann.

b) Einigkeit herrscht wiederum darin, daß dem Individuum trotz der ihm nach überwiegender Lehre heute zuerkannten begrenzten Völkerrechtsstellung eine Teilhabe am internationalen Rechtsetzungsprozeß nach wie vor verwehrt ist. Theoretisch stünde einer solchen Teilhabe an völkerrechtlicher Rechtsetzung angesichts der prinzipiellen Offenheit des Kreises der Völkerrechtssubjekte nichts entgegen. Staaten könnten daher durchaus auch übereinkommen, Individuen eine das Vertragsschlußrecht umfassende Völkerrechtsstellung einzuräumen und Verträge zwischen ihnen und privaten Individuen dem Völkerrecht zu unterstellen. Doch zeigt die Staatspraxis bis heute, daß angesichts der Beschränkung der völkerrechtlichen Stellung des Individuums auf das humanitäre Recht (Menschenrechte und Genfer Recht) von einer Beteiligung des Individuums an der Völkerrechtssetzung durch Vertrag nicht die Rede sein kann. Das Individuum besitzt bisher kein dem Völkerrecht unterliegendes Vertragsschlußrecht.[46]

---

[41] Vgl. dazu oben §§ 114 ff.

[42] Dazu näher oben §§ 112 f.

[43] Dazu schon oben Bd. I/1, S. 25, mwN; zu dieser Problematik anhand des Beispiels der Investitionsverträge näher *M. Herdegen*, Internationales Wirtschaftsrecht, 1995, 205 ff.

[44] Vgl. dazu etwa Art. 71 Charta der VN, der den Auftrag an den Wirtschafts- und Sozialrat zur Zusammenarbeit mit NGOs regelt, näher *R. Lagoni*, in: *Simma*, Charter, Art. 71; interessant auch Art. 25 der *United Nations Convention to Combat Desertification in those Countries Experiencing Serious Draught and/or Desertification, Particularly in Africa* (1994), UNGA Doc. A/AC. 241/15/Rev. 7, abgedruckt auch in ILM 33 (1994), 1328 (1353), der die Heranziehung von NGOs zur Durchführung der Konvention regelt.

[45] Vgl. dazu näher oben Bd. I/1, S. 22 f.

[46] Dazu statt anderer *H. Mosler*, Subjects of International Law, EPIL IV (2000), 710 (725 ff) zur Rechts-

Eine Besonderheit bilden allerdings die Verträge, die internationale zwischenstaatliche Organisationen mit ihren Bediensteten abschließen. Die Dienst- und Arbeitsverträge unterliegen nicht dem privaten Recht, sei es der Heimatstaaten der Bediensteten, sei es des Sitzstaates der anstellenden Organisation. Vielmehr bildet die Grundlage solcher Verträge das interne Dienstrecht der jeweiligen Organisation, das richtigerweise – wie im Falle anderen, durch Rechtssetzung durch die Organe geschaffenen internen Rechts – als sekundäres Völkerrecht einzuordnen ist. So kann insoweit bezüglich der Bediensteten internationaler zwischenstaatlicher Organisationen gesagt werden, daß sie – wie unter bestimmten Bedingungen nichtstaatliche Organisationen (NGOs) – Völkerrechtssubjekte sekundären Rechts sind, denen ein funktionell begrenztes Vertragsschlußrecht zukommt.[47]

Anders – allerdings noch stark umstritten – steht es um die Frage, ob juristische Personen privaten Rechts ein völkerrechtliches Vertragsschlußrecht besitzen. Hier geht es vornehmlich um die sog. multinationalen Unternehmen, die in der Praxis zahlreiche Verträge mit Staaten schließen, z.B. über Investitionen, aber auch über sog. BOT-Projekte (*„Build-Operate-Transfer"*-Projekte).[48] Obwohl derartige Verträge in den meisten Fällen einer von den Parteien vereinbarten nationalen Rechtsordnung unterstellt werden, sich die Frage einer völkerrechtlich begründeten Vertragsfähigkeit der beteiligten nichtstaatlichen Wirkungseinheiten also nicht stellt, so sind doch Fälle vorgekommen, in denen ein solcher Vertragsschluß sich nach dem Willen der Parteien auf der Grundlage des Völkerrechts vollzogen hat, so daß als nichtstaatlicher Partei einem beteiligten multinationalen Unternehmen nicht nur implizit eine beschränkte Völkerrechtsstellung, sondern auch eine entsprechend beschränkte Vertragsschlußfähigkeit zuerkannt wurde.[49] Einen Mittelweg gehen diejenigen Autoren, die Verträgen zwischen privaten Rechtssubjekten und Staaten zwar einen internationalrechtlichen, aber eben nicht völkerrechtlichen Charakter zuerkennen.[50] Nach der hier vertretenen Auffassung, daß juristischen Personen des privaten Rechts, namentlich den multinationalen Unternehmen unter bestimmten Umständen, insbesondere bei einer entsprechenden Absicht der Staaten, eine beschränkte Völkerrechtssubjektivität zukommen kann, steht auch der Anerkennung einer Vertragsschlußfähigkeit solcher Wirkungseinheiten nichts im Wege: Diese Vertragsschlußfähigkeit zu schaffen, ist in der Regel gerade das Motiv für die Einräumung einer beschränkten Völkerrechtssubjektivität.

---

stellung des Individuums im Völkerrecht insgesamt oben § 110.

[47] Das Dienstrecht internationaler zwischenstaatlicher Organisationen als vom Völkerrecht getrenntes Sonderverbandsrecht einzuordnen, erscheint heute angesichts der gewachsenen Rolle des sekundären Organisationsrechts und der kaum möglichen strikten Abgrenzung des Dienstrechts von anderem sekundären Organisationsrecht nicht mehr vertretbar; anders aber noch die 1. Aufl., Bd. II, 73 f; zur Frage der Rechtsstellung von NGOs jedenfalls als Völkerrechtssubjekte sekundären Völkerrechts siehe oben § 108.

[48] Dazu näher *Herdegen*, 208 f mwN (Anm. 43); zu der einschlägigen Vertragspraxis vgl. *P. Fischer (ed.)*, A Collection of International Concessions and Related Instruments, 12 Vols., 1976 ff. Zur Rechtsstellung multinationaler Unternehmen im übrigen schon oben § 109.

[49] Siehe dazu den Schiedsspruch im Falle *TOPCO/CALASIATIC – Texas Overseas Petroleum Co. & California Asiatic Oil Co. v. Libyan Arab Republic*, ILM 17 (1978), 1; auch oben § 109. Ablehnend gegenüber einer Völkerrechtssubjektivität von multinationalen Unternehmen und einer Einordnung von Verträgen zwischen juristischen Personen des Privatrechts und Staaten (oder internationalen zwischenstaatlichen Organisationen) *W. Heintschel von Heinegg*, in: *Ipsen* (Hrsg.), 4. Aufl., 99 ff.

[50] Dazu etwa *J. Stoll*, Vereinbarungen zwischen Staat und ausländischem Investor. Rechtsnatur und Bestandsschutz, 1982; *H.-W. Rengeling*, Privatvölkerrechtliche Verträge, 1971; *F. A. Mann*, Die Verträge der Völkerrechtssubjekte und die Parteiautonomie, in: Ius et Lex, FS Gutzwiller, 1959, 487 ff. *A. Verdross*, Die Sicherung von ausländischen Privatrechten aus Abkommen zur wirtschaftlichen Entwicklung mit Schiedsklauseln, ZaöRV 18 (1957–58), 635 (635 f; 639 f) spricht im Anschluß an *Schwarzenberger* von quasivölkerrechtlichen, *Ph. C. Jessup*, The Universality of the Human Problems, Transnational Law (1956), 1 (13 f) von übernationalen Verträgen.

II. Nach dem vorstehenden Befund sind die Wirkungseinheiten, denen eine völkerrechtlich anerkannte Vertragsschlußfähigkeit zukommt, Körperschaften, d. h. juristische Personen. Sie handeln im internationalen Rechtsverkehr durch ihre Organe. Deren Stellung und Zuständigkeiten werden im Falle der Staaten durch das nationale Verfassungsrecht, im Falle internationaler Organisationen durch deren Satzung, in den übrigen Fällen durch das interne Recht der betreffenden Wirkungseinheiten bestimmt.[51] Doch enthält auch das Völkerrecht sowohl auf der Ebene des Völkergewohnheitsrechts als auch des völkerrechtlichen Vertragsrechts[52], d. h. in der WVK und der noch nicht in Kraft getretenen WVKIO, einige Regeln, die bestimmen, wer nach Völkerrecht zum Abschluß von völkerrechtlichen Verträgen berechtigt ist.

1. a) Nach Art. 7 WVK gilt zunächst einmal die Grundregel, daß eine Person „hinsichtlich des Annehmens des Textes eines Vertrages oder der Festlegung seines authentischen Textes oder der Abgabe der Zustimmung eines Staates, durch einen Vertrag gebunden zu sein" (Ratifikation) als Vertreter eines Staates gilt, „wenn sie eine gehörige Vollmacht vorlegt" oder „wenn aus der Übung der beteiligten Staaten oder aus anderen Umständen hervorgeht, daß sie Absicht hatten, diese Person als Vertreter des Staates für die genannten Zwecke anzusehen und auch keine Vollmacht zu verlangen." Das heißt, daß das Völkerrecht im Regelfall davon ausgeht, daß das nationale Recht über die Kompetenz von staatlichen Organwaltern entscheidet. Die vom nationalen Recht bestimmte Kompetenz muß dann international durch eine „gehörige" Vollmacht nachgewiesen werden. Von dieser Pflicht, eine Vollmacht zum Nachweis der Vertragsschlußkompetenz eines Staatenvertreters in einem konkreten Vertragsschlußverfahren vorzuweisen, macht Art. 7 Abs. 2 lit. a) WVK in Übereinstimmung mit dem Gewohnheitsrecht hinsichtlich der Staatsoberhäupter, Regierungschefs und Außenminister eine Ausnahme. Sie werden kraft Amtes von Völkerrechts wegen als Vertreter ihres Staates angesehen, „ohne eine Vollmacht vorlegen zu müssen." Wohl über das vor der Ausarbeitung der WVK geltende Gewohnheitsrecht hinaus sieht Art. 7 Abs. 2 lit. b) und c) WVK vor, daß auch die Chefs diplomatischer Missionen für den speziellen Fall der Annahme des Textes eines Vertrags zwischen Entsende- und Empfangsstaat ohne Vorlage einer Vollmacht als Vertreter ihres jeweiligen Staates angesehen werden (Art. 7 Abs. 2 lit. b) WVK). Dasselbe gilt für die „von Staaten bei einer internationalen Konferenz oder bei einer internationalen Organisation oder einem ihrer Organe beglaubigten Vertreter", soweit es um die Annahme eines Vertragstextes im Rahmen der Konferenz, der Organisation oder des Organs geht (Art. 7 Abs. 2 lit. c) WVK).[53]

Die Notwendigkeit einer gehörigen Vollmacht für eine Person, die mit verbindlicher Kraft für ihren Staat einen Vertrag abschließen will, wurde u. a. im *Barcelona Traction-Fall (Preliminary Objection)*[54] vom IGH betont. Obwohl die Form und der Inhalt der gehörigen Vollmacht von der Verfassung sowie der Praxis eines Staates abhängt, muß sie nach Art. 2 Abs. 1 lit. c) WVK von einem zuständigen Organ eines Staates ausgestellt werden. Ferner muß sie eine bestimmte Person unzweideutig zu einer bestimmten Handlung, z. B. der Unterzeichnung eines bestimmten Vertrages, ermächtigen.[55] Auf der anderen Seite zeigt die Praxis auch eine gewisse Großzügigkeit im Hinblick

[51] So zutreffend der Special Rapporteur der ILC, *Waldock*, in seinem Kommentar zu den Anmerkungen einzelner Mitgliedstaaten zu seinem IV. Bericht, in: *R. G. Wetzel/D. Rauschning (eds.)*, The Vienna Convention on the Law of Treaties, 1978, 101.

[52] Der die Vollmacht zum Vertragsabschluß regelnde Art. 7 WVK enthält im wesentlichen das bis dahin schon geltende Gewohnheitsrecht; vgl. dazu *Verdross/Simma*, 442 f.

[53] Zur Frage der Vollmacht allgemein *McNair*, 120 ff; auch *Oppenheim/Jennings/Watts*, Vol. I/2–4, 1220 ff.

[54] *Barcelona Traction*, ICJ Reports 1964, 22 f.

[55] Vgl. *Aust*, 62 f (Anm. 14), der als notwendige Bestandteile der gehörigen Vollmacht nennt: (1) den vollen Namen der bevollmächtigten Person; (2) den vollen Titel des Vertrages; (3) eine Unterschrift aus dem Kreis der in Art. 7 Abs. 2 lit. a) WVK genannten Personen (Staatsoberhaupt, Regierungschef, Außenminister); (4) das Datum und den Ort der Unter-

auf die Vorweisung einer Vollmacht, die mit der modernen Kommunikationstechnologie zusammenhängt. Wo diese fehlt, kann sie in dringenden Fällen etwa telegraphisch übermittelt werden. Liegt aber eine gehörige Vollmacht z. B. für einen Missionschef vor, so kann sich der Entsendestaat nicht darauf berufen, eine solche Vollmacht sei nicht erteilt.[56]

Eine gewisse Flexibilisierung dieser strikten Regeln des Art. 7 WVK wird auch durch Art. 8 WVK bewirkt. Falls nämlich eine Person ohne die erforderliche ausdrückliche oder von Völkerrechts wegen bestehende Vollmacht eine sich auf den Abschluß eines Vertrages beziehende Handlung vornimmt und diese Handlung deswegen ohne Rechtswirkung wäre, kann diese Handlung nachträglich von dem Staat, den die Person vertritt, bestätigt werden. Eine solche Bestätigung kann sowohl in der Ratifikation des Vertrages durch den Staat als auch in jedem anderen Verhalten des Staates liegen, das die Annahme des Vertrages unter Beweis stellt, wie etwa die Veröffentlichung oder die Umsetzung des Vertrages.[57] Aber auch jenseits dieser ausdrücklichen Auflockerung der im Prinzip strikten, formalen Regelungen des Vollmachterfordernisses zeigt die moderne Praxis Tendenzen zu einer flexiblen Anpassung an die Bedürfnisse des zwischenstaatlichen Verkehrs. So kann im Einzelfall bei weniger wichtigen Vertragsabschlüssen (z. B. Verwaltungsabkommen, *„executive agreements"*)[58] auf die Vorlage einer förmlichen Vollmacht auch für Staatsvertreter ohne besonderen diplomatischen Rang verzichtet werden. Grundlage solcher Lockerungen ist Art. 7 Abs. 1 lit. b) WVK, der den Verzicht auf eine förmliche Vollmacht zuläßt, wenn eine solche nach den Vorstellungen der Parteien nicht erforderlich ist. Festzuhalten bleibt aber, daß das Fehlen einer für notwendig gehaltenen gehörigen Bevollmächtigung die Äußerungen und Rechtshandlungen des vollmachtlosen Vertreters rechtsunwirksam macht. Nur die bereits erwähnte nachträgliche Billigung dieser Handlungen durch den Heimatstaat des betreffenden Vertreters kann diese Wirkung ausschließen.

b) Nicht in die WVK übernommen ist die völkergewohnheitsrechtliche Regel, nach der hochrangige militärische Befehlshaber kraft Amtes befugt sind, im Kriege Abmachungen über eine temporäre Waffenruhe oder eine Kapitulation anzunehmen. Auf die Annahme eines allgemeinen Waffenstillstandsvertrages soll sich diese Befugnis jedoch nicht erstrecken.[59]

---

schrift; gebräuchlich, wenn auch nicht zwingend, sei ein offizielles Siegel.

[56] So entschieden im Falle *Attorney General of Israel v. Kamiar*, ILR 44 (1966–68), 197 (262); zum Vorstehenden *Oppenheim/Jennings/Watts*, Vol. I/2–4, 1221 mwN.

[57] Vgl. *Aust*, 64 f (Anm. 14). Ist die Ermächtigung eines Vertreters, die Zustimmung seines Staates auszudrücken, durch einen bestimmten Vertrag gebunden zu sein, allerdings beschränkt, so kann die Nichtigkeit der Zustimmung wegen Nichtbeachtung der Beschränkung nach Art. 47 WVK nur dann geltend gemacht werden, wenn die Beschränkung den anderen Verhandlungsstaaten notifiziert worden war, bevor der Vertreter die Zustimmung zum Ausdruck brachte. Auch kann kein Staat sich auf Art. 46 WVK berufen und geltend machen, daß seine Zustimmung, durch einen bestimmten Vertrag gebunden zu sein, unter Verletzung des innerstaatlichen Rechts ausgedrückt wurde, wenn die Zustimmung von dem Staatsoberhaupt, dem Regierungschef oder dem Außenminister ausgedrückt wurde. Denn nach Art. 7 Abs. 2 lit. a) WVK besitzt jeder von ihnen die Kompetenz, die Zustimmung auszudrücken.

[58] Es gibt aber auch Ausnahmen von dieser Regel. So sind z. B. das Litwinow-Abkommen von 1933, das die Beziehungen zwischen den Vereinigten Staaten und der UdSSR auf eine neue Grundlage stellte, der Vertrag der Vereinigten Staaten und Großbritannien über den Austausch von Zerstörern gegen die Verpachtung einer Reihe von Stützpunkten im Jahre 1940, der die entscheidende Abwendung der Vereinigten Staaten von ihrer Neutralitätspoliltik im Kriege enthielt, das Jalta- und Potsdamer Abkommen von 1945 oder der Londoner Vertrag von 1945 über die Bestrafung der Kriegsverbrecher in Gestalt formloser *„executive agreements"* zustandegekommen. Die Häufung dieser Ausnahmen in den Jahren 1940 bis 1945 legt die Vermutung nahe, daß es die besonderen Umstände des Krieges waren, die die Vereinigten Staaten und Großbritannien veranlaßten, trotz der großen politischen Bedeutung der Abkommen von der sonst für diese Art von Verträgen vorgesehenen Form und dem entsprechenden Abschlußverfahren abzuweichen.

[59] So zutreffend *Verdross/Simma*, 443.

2. a) Auch die internationalen Organisationen – wie auch die ihnen insoweit gleichstehenden supranationalen Organisationen – handeln durch ihre Organe. Wie bereits angedeutet, sind es auch hier die für die Bestimmung der Zuständigkeiten der Organe maßgeblichen internen Ordnungen (Satzungen, Verfassungen), die Auskunft darüber geben, welches Organ oder welche Organe – allein oder im Zusammenwirken – zum verbindlichen Abschluß von Verträgen mit anderen internationalen Organisationen, mit Staaten oder anderen vertragsfähigen Wirkungseinheiten befugt sind. Doch wie bei den Staaten gibt es mittlerweile auch für die internationalen Organisationen völkerrechtliche Regeln über die Abschlußkompetenz ihrer Organe, die allerdings wegen des noch ausstehenden Inkrafttretens der WVKIO allein im Völkergewohnheitsrecht angesiedelt sind. Die WVKIO stimmt in ihren Regelungen jedoch mit dem Gewohnheitsrecht in vielen Punkten überein, so daß die Konvention als Nachweis des einschlägigen, geltenden Gewohnheitsrechts dienen kann. Indes ist diese Feststellung von geringer praktischer Bedeutung, da das für die internationalen Organisationen geltende gewohnheitsrechtliche Völkervertragssrecht weitgehend dem der WVK entspricht und nur diejenigen Anpassungen enthält, die sich aus den strukturellen Besonderheiten der internationalen Organisationen ergeben. So sieht Art. 7 Abs. 3 WVKIO[60] abweichend von Art. 7 Abs. 2 WVK keine Ausnahme von der Pflicht zur Vorlage einer gehörigen Vollmacht für die Vertreter internationaler Organisationen vor. Der Grund ist einsichtig, entbehrt doch eine internationale Organisation der in Art. 7 Abs. 2 WVK genannten staatlichen Amtsträger. Zwar kann im Einzelfall etwa der Generalsekretär einer internationalen Organisation als deren mit Vertragsschlußkompetenz ausgestatteter, hochrangiger Vertreter von der Organisation entsandt werden. Nachdem dies nur im Einzelfall geschehen kann und keine generelle Tradition dieser Art besteht, ist es unmöglich, eine dem Art. 7 Abs. 2 WVK entsprechende Regelung zu treffen. Deutlich wird an der im übrigen mit der WVK übereinstimmenden Regelung des Art. 7 WVKIO, daß auch hier das Völkerrecht wie bei den Staaten im Grundsatz von den durch die internen Ordnungen festgelegten Organkompetenzen ausgeht.[61]

b) Wie in der Staatspraxis tritt auch in internationalen Organisationen das Bedürfnis auf, ihre Vertretung beim Abschluß relativ formloser, eher technischer Abkommen abweichend von den im Satzungsrecht festgelegten Grundregeln zu gestalten. Diese Möglichkeit eröffnen in vielen Fällen die Satzungen und Verträge selbst, indem sie den Generalsekretär oder sonst ein Organ unterhalb der Spitze der Organhierarchie ausdrücklich ermächtigen, Abkommen ausführenden, ergänzenden oder technischen Inhalts abzuschließen.

So ist nach Art. 12, Abschnitt 2 (b) (iv) des IWF-Abkommens[62] und nach Art. V, Abschnitt 2 (b) (5)

---

[60] Art. 7 WVKIO lautet in den relevanten Passagen im englischen Originaltext: „1. A person is considered as representing a State for the purpose of adopting or authenticating the text of a treaty or for the purpose of expressing the consent of the State to be bound by a treaty if: (a) that person produces full powers; or (b) it appears from the practice or from other circumstances that it was the intention of the States and international organizations concerned to consider that person as representing the State for such purposes without having to produce full powers." Art. 7 Abs. 2 WVKIO nimmt dann – wie die entsprechende Vorschrift der WVK – Staatsoberhäupter usw. von der Notwendigkeit, eine Vollmacht vorzuweisen, aus. In Art. 7 Abs. 3 fährt dann die WVKIO fort: „A person is considered as representing an international organization for the purpose of adopting or authenticating the text of a treaty, or expresssing the consent of that organization to be bound by a treaty if (a) that person produces appropriate full powers; or (b) it appears from the circumstances that it was the intention of the States and international organizations concerned to consider that person as representing the organization for such purposes, in *accordance with the rules of the organization* without having to produce full powers." – zitiert nach ILM 25 (1986), 549 f (Hervorhebung durch den Verfasser).

[61] Zur Kompetenzordnung internationaler Organisationen im Bereich internationaler Beziehungen vgl. im einzelnen Bd. II.

[62] Text in UNTS 2, 39 ff, 606, 294, 726, 266; deutsch in BGBl. 1978 II, 13.

des Weltbank-Abkommens[63] das Recht zum Abschluß von Abkommen über die Zusammenarbeit mit anderen Organisationen jeweils dem Gouverneursrat vorbehalten, in dem alle Mitglieder repräsentiert sind. Doch machen beide Abkommen eine Ausnahme für „formlose Abmachungen zeitweiligen oder administrativen Charakters". Nach Art. 13 Abs. 1 der Abkommen beider Organisationen mit den Vereinten Nationen[64] sollen der UN-Generalsekretär auf der einen und der geschäftsführende Direktor des IWF bzw. der Präsident der Weltbank auf der anderen Seite befugt sein, ergänzende Vereinbarungen zur Durchführung des Vertrages zu schließen.[65]

3. Auch die weiteren – in ihrer Rechts- und Handlungsfähigkeit beschränkten – Völkerrechtssubjekte, die jedoch auch über eine beschränkte Vertragsschlußfähigkeit verfügen, sind hinsichtlich der Abschlußkompetenz ihrer Organe auf das jeweilige interne Recht verwiesen. Insoweit gilt das zuvor zu den Staaten und internationalen Organisationen Gesagte entsprechend.

§ 145 Die Vertragsfreiheit und ihre Grenzen

Schrifttum: wie vor § 143; ferner *H. Aufricht*, Supersession of Treaties in International Law, CornellLQ 37 (1951–52), 655 ff; *C. W. Jenks*, The Conflict of Law-Making Treaties, BYIL 30 (1953), 401 ff; *F. Nozari*, Unequal treaties in international law, 1971; *R. Gilbert*, The Unequal Treaties: China and the Foreigner, 1976; *L. Hannikainen*, Peremptory Norms (Jus Cogens) in International Law: Historical Development, Criteria, Present Status, 1988; *S. Kadelbach*, Zwingendes Völkerrecht, 1992; *J.-H. Conrad*, Die Geschichte der ungleichen Verträge im neueren Völkerrecht, 1999; *S. W. Morvay*, Unequal Treaties, EPIL IV (2000), 1008 ff; *M. Schröder*, Treaties, Validity, EPIL IV (2000), 992 ff.

I. 1. Das völkerrechtliche Vertragsrecht war weitgehend – und ist dies auch heute noch – vom Grundsatz der Vertragsfreiheit bestimmt. Das hängt unmittelbar mit dem Prinzip der Souveränität der Staaten zusammen. Grundsätzlich ist es das Recht des souveränen Staates zu entscheiden, mit wem und worüber er einen Vertrag schließt. Mit der namentlich in der zweiten Hälfte des 20. Jahrhunderts zunehmenden rechtlichen Verfaßtheit des internationalen Systems kann jedoch nicht übersehen werden, daß dem Grundsatz der Vertragsfreiheit nicht mehr uneingeschränkt Rechnung getragen werden kann. Die Staatengemeinschaft erkennt mittlerweile eine Reihe von fundamentalen, für das friedliche Zusammenleben der Staaten und Völker unverzichtbaren Rechtsprinzipien und -grundsätzen an, mit denen eine schrankenlose Vertragsfreiheit nicht vereinbar ist. Auch schon die ältere Völkerrechtslehre kannte einige Einschränkungen der Vertragsfreiheit, wenngleich diese ihrer Natur nach von den heute anerkannten *Schranken* der Vertragsfreiheit verschieden sind. So ließen sich etwa die schon vom gewohnheitsrechtlichen Völkervertragsrecht vorgesehenen, im einzelnen zum Teil umstrittenen, Sanktionen für den Abschluß von Verträgen durch einen Staat, die mit von ihm zuvor mit einem Dritten abgeschlossenen Verträgen unvereinbar sind, mittelbar durchaus als eine Beschränkung der Vertragsfreiheit verstehen. Knüpfte man nämlich an diesen Tatbestand die Rechtsfolge, daß der spätere Vertrag wegen Verstoßes gegen den früheren unwirksam ist, so wäre in Ansehung der Unwirksamkeit des späteren Vertrages der abschließende Staat in seiner Freiheit, diesen späteren Vertrag schließen zu können, in der Tat beschränkt. Abgesehen davon, daß diese Rechtsfolge vom geltenden Recht keineswegs generell vorgesehen ist, handelt es sich hier jedoch allenfalls um eine mittelbare Beschrän-

[63] Text in UNTS 2, 134 ff; deutsch in BGBl. 1952 II, 664.

[64] Text des IWF-UN-Abkommens in IMF Summary Proceedings 1947, 49.

[65] Entsprechende Klauseln finden sich auch in anderen Abkommen zwischen den Vereinten Nationen und ihren Sonderorganisationen; vgl. dazu Art. 20 des Abkommens mit der WHO (UNTS 19, 193), Art. 14 des Abkommens mit der UPU (UNTS 19, 219), Art. 20 des Abkommens mit der UNESCO (UNTS 1, 238), Art. 16 des Abkommens mit der WMO (UNTS 123, 415).

kung der Vertragsfreiheit. Vorrangig geht es in diesen Fällen von miteinander unvereinbaren oder auch konkurrierenden Verträgen um die *Wirkungen* von an sich wirksamen Verträgen für die durch den mehrfachen Vertragsschluß betroffenen dritten Staaten oder das Schicksal der etwa durch eine anfängliche objektive Unmöglichkeit betroffenen Leistungspflichten.[1] Bei den Schranken oder Grenzen der Vertragsfreiheit geht es dagegen darum, daß Verträge bestimmten Inhalts kraft der unmittelbaren Wirkung völkerrechtlicher Schrankennormen nicht geschlossen werden dürfen bzw. nicht wirksam geschlossen werden können.

2. Mit Vertragsfreiheit wird hier – wie bereits oben angedeutet – die Abschlußfreiheit, also die freie Wahl des Vertragspartners und des Zeitpunktes eines Vertragsschlusses, sowie die Freiheit der inhaltlichen Gestaltung, also die Freiheit der Wahl des Vertragsgegenstandes gemeint. Damit wird nach dem hier vertretenen Verständnis des Begriffs der Vertragsfreiheit die Frage der bereits behandelten Vertragsfähigkeit nicht als Teil der Vertragsfreiheit eingeordnet.[2] Gewiß beschränkt das Fehlen der vollen Vertragsfähigkeit die Möglichkeit einer internationalen Wirkungseinheit, nach freier Wahl völkerrechtliche Verträge zu schließen. Jedoch ist dies keine Folge einer beschränkten Vertragsfreiheit, sondern einer von Rechts wegen von vornherein fehlenden Vertragsfähigkeit. Wer seiner völkerrechtlichen Rechtsstellung nach nur eine beschränkte Vertragsfähigkeit besitzt, erleidet keine Einschränkung einer ihm an sich zustehenden vollen Vertragsfreiheit, wenn er Verträge nur im Rahmen seiner auf bestimmte Sach- und Handlungsfelder begrenzten völkerrechtlichen Handlungsfähigkeit schließen kann. Gerade diese eingeschränkte Handlungsfähigkeit unterscheidet eben das partielle Völkerrechtssubjekt vom voll handlungsfähigen souveränen Staat. Auf der anderen Seite heißt dies nun allerdings nicht, daß nicht auch eine Wirkungseinheit mit beschränkter Vertragsfähigkeit in der ihr in den Grenzen ihrer Handlungsfähigkeit zustehenden Vertragsfreiheit, also der Freiheit der Wahl des Vertragspartners oder der Freiheit der Wahl des Vertragsgegenstandes, wie ein voll vertragsfähiges Völkerrechtssubjekt völkerrechtlichen Schrankennormen unterliegen kann.

So könnte etwa eine partiell völkerrechtsfähige regionale Sicherheitsorganisation mit einem Mitgliedstaat keinen wirksamen Vertrag über die Durchführung einer militärischen Intervention in einem anderen Staat schließen, wenn diese Intervention ohne Autorisierung durch den VN Sicherheitsrat (Art. 53 Charta der VN) erfolgen würde. Sie verstieße gegen das Gewalt- und das Interventionsverbot. Zwar läge der Vertragsgegenstand im Rahmen der Vertragsfähigkeit der Organisation. Aber die insoweit an sich bestehende Vertragsfreiheit wäre durch Schrankennormen des Völkerrechts beschränkt.

3. Das gewohnheitsrechtliche völkerrechtliche Vertragsrecht kennt ebenso wie das in der WVK kodifizierte Recht die Regelung, daß Vertragsfreiheit an Normen, die für das friedliche Zusammenleben in der Staatengemeinschaft von grundlegender Bedeutung sind, Grenzen findet.[3] Diese auch als Verfassungsprinzipien der internationalen Rechtsgemeinschaft bezeichneten Normen[4] sind Normen zwingenden Rechts *(ius cogens)*. Sie stehen nicht zur Disposition der Staaten und anderer vertragsfähiger Völkerrechtssubjekte, d. h. diese Normen können nicht durch vertragliche Regelungen abbedungen werden, es sei denn, die beabsichtigten Vertragsnormen erhalten gleichfalls den Rang von zwingendem Völker-

---

[1] Dazu näher unten § 158. Auch im innerstaatlichen Recht ist es sehr umstritten, ob die z. B. im deutschen Recht vorgesehene Nichtigkeit eines auf eine anfänglich objektiv unmögliche Leistung gerichteten Vertrages die angemessene Rechtsfolge ist; vgl. dazu beispielhaft die Kommentierung zu § 306 von *H. Heinrichs*, in: O. *Palandt*, Bürgerliches Gesetzbuch, 2001.

[2] Anders insoweit noch die Vorauflage, Bd. II, 57 ff.

[3] Die Geltung von *ius cogens* Normen im Gewohnheitsrecht war allerdings lange umstritten; insbesondere war die rechtsdogmatische Grundlage des zwingenden Charakters dieser Normen Gegenstand von intensiven Auseinandersetzungen; vgl. dazu näher unten § 162.

[4] Dazu schon oben Bd. I/1, S. 46 mwN.

recht.[5] Die Existenz von Normen dieser Art ist heute im Vertrags- und Gewohnheitsrecht allgemein anerkannt. Umstritten ist allerdings, welche Normen (oder auch Rechtsgrundsätze) hierzu zu zählen sind. Doch kann heute jedenfalls von einem Kernbestand anerkannter *ius cogens*-Normen und -Grundsätze ausgegangen werden.

So stellt das umfassende Verbot der gegen die territoriale Unversehrtheit oder die politische Unabhängigkeit eines Staates gerichtete oder sonst mit den Zielen der Vereinten Nationen unvereinbare Anwendung oder Androhung von Gewalt in den internationalen Beziehungen eine Grundnorm des Gewohnheitsrechts, vor allem aber als zentrale Norm der Charta der VN (Art. 2 Ziff. 4) einen konstitutiven Teil der institutionellen Friedensordnung als Rechtsordnung dar. Nach der Rechtsprechung des IGH gehören neben dem Gewaltverbot und dem damit eng verbundenen Interventionsverbot vor allem Normen aus dem Bereich des Schutzes fundamentaler Menschenrechte zum *ius cogens:* so das Verbot des Völkermordes, das Verbot der Folter, das Verbot der Sklaverei und des Sklavenhandels[6], aber auch die im Urteil zum *Barcelona-Traction*-Fall als Grundsätze mit *erga omnes*-Wirkung aufgeführten Verbote der Rassendiskriminierung und der Apartheid-Politik[7], denen ebenfalls *ius cogens*-Charakter zugesprochen werden kann. Darüber hinaus werden auch grundlegende Normen des humanitären Völkerrechts *(ius in bello)* zumindest als *erga omnes*-Normen eingestuft[8], den *„basic considerations of humanity"* sogar *ius cogens*-Charakter zugesprochen.[9]

Verträge, die Absprachen oder Verpflichtungen enthalten, die gegen diese Normen und Grundsätze verstoßen, sind nichtig (Art. 53 WVK), beschränken also die Vertragsfreiheit im Sinne der Freiheit der Wahl des Vertragsgegenstandes.

II. Weitere Schranken der Vertragsfreiheit, die über die begrenzte Zahl von Normen des zwingenden Rechts hinausgehen, sind vielfach diskutiert worden, haben aber keine allgemeine Anerkennung im geltenden Recht gefunden.[10] So enthält die WVK zwar eine Regelung für den Fall, daß einem Vertragspartner die Erfüllung seiner Verpflichtungen nachträglich unmöglich wird – ein Fall, der in den Bereich der Leistungsstörungen einzuordnen ist. Eine Regelung aber, welches Schicksal einem Vertrag zuteil wird, der auf die Erbringung von schon bei Vertragsschluß unmöglichen Leistungen gerichtet ist, enthält die WVK dagegen nicht. Für diese Fälle wollen einige Autoren – einer Analogie zu einzelnen nationalen Rechtsordnungen folgend – eine Unwirksamkeit des Vertrages annehmen und sehen in einem entsprechenden Rechtssatz eine Schranke der Vertragsfreiheit.[11] Aber eine generelle gewohnheitsrechtliche Norm dieses Inhalts ist im geltenden Recht nicht auszumachen.

---

[5] So Art. 53 WVK, der besagt, daß „[i]m Sinne dieses Übereinkommens... eine zwingende Norm des allgemeinen Völkerrechts eine Norm [ist], die von der internationalen Staatengemeinschaft in ihrer Gesamtheit angenommen und anerkannt wird als eine Norm, von der nicht abgewichen werden darf und die nur durch eine spätere Norm des allgemeinen Völkerrechts derselben Rechtsnatur geändert werden kann."

[6] So zutreffend *W. Heintschel von Heinegg*, in: *Ipsen* (Hrsg.), 4. Aufl., 163 f, unter Hinweis auf die Entscheidungen des IGH im *Corfu Channel*-Fall, ICJ Reports 1949, 22, und im *Nicaragua*-Fall, ICJ Reports 1986, 112, 114.

[7] Die Aufzählung in diesem Fall enthält ebenfalls das Völkermord-Verbot, die Verbote der Sklaverei und der Rassendiskriminierung sowie das Gebot der Achtung elementarer Menschenrechte, *Barcelona-Traction*-Fall, ICJ Reports 1970, 32.

[8] Dazu näher *D. Schindler*, Die erga omnes-Wirkung des humanitären Völkerrechts, in: Völkerrecht – Europarecht – Staatsrecht, FS Bernhardt, 1995, 199 ff.

[9] *W. Heintschel von Heinegg*, in: *Ipsen* (Hrsg.), 4. Aufl., 163 f.

[10] Eine deutlich über die bisher als *ius cogens* anerkannten Fundamentalnormen hinausgehende Zahl weiterer Normen zwingenden Charakters sieht *L. Hannikainen*, Peremptory Norms. Eine vernünftige Beschränkung auf fundamentale, weite Anerkennung als *ius cogens* findende Normen und Grundsätze nimmt *Kadelbach*, 210 ff vor.

[11] So die ältere Lehre, vgl. dazu *A. D. McNair*, The Law of Treaties, 1938, 135 ff; *A. Verdross*, ZöffR 15 (1935), 294 ff und auch die Vorauflage, Bd. III, 59 ff mwN. Interessant ist, daß *A. D. McNair* diese Problematik in der 2. Auflage seines Werkes (1961) gar nicht mehr erwähnt.

Ob im einzelnen Fall, in denen das Festhalten an einem Vertrag, dessen Leistungspflichten für eine Partei von Anfang an *praktisch* unmöglich zu erfüllen waren und wo der Versuch einer zwangsweisen Durchsetzung zu einer existenziellen Gefährdung des Schuldnerstaates führen würde (Erreichen der Opfergrenze), eine Grenze hin zur Unwirksamkeit eines solchen Vertrages zu ziehen ist, könnte im Hinblick auf Grundsätze internationaler Moral oder eines internationalen *ordre public* (hier: Verletzung eines Mindeststandards der Gerechtigkeit) in Betracht zu ziehen sein. Dem ist jedoch entgegenzuhalten, daß bei den Beratungen der ILC zum Vertragsrecht entsprechende Vorschläge, auch die internationale Moral (die *boni mores)* zu einer Schranke der Vertragsfreiheit zu machen, unter Hinweis auf die Unbestimmtheit eines solchen Kriteriums verworfen worden sind.[12] Dem ist zuzustimmen. Die Problematik kann indessen wohl in den allermeisten Fällen anhand der bereits angeführten *ius cogens*-Normen gelöst werden, da Szenarios wie das angeführte in aller Regel auch Verstöße gegen das Gewalt- und Interventionsverbot aufweisen würden.[13]

Keine allgemeine völkerrechtliche Anerkennung hat auch die schon von *Grotius* und anderen großen Völkerrechtstheoretikern diskutierte und auch heute noch verschiedentlich erhobene Forderung gefunden, sog. ungleichen Verträgen die Wirksamkeit zu versagen. Namentlich im Kontext der Kolonialisierung wurden zahlreiche Verträge zwischen den Kolonialmächten einerseits und örtlichen Regenten oder indigenen Völkern andererseits geschlossen, die – wie immer weit oder eng der Begriff der Ungleichheit bestimmt wird – als ungleiche Verträge anzusehen sind.[14]

Insbesondere die ungleichen Verträge, die im 19. Jahrhundert von Großbritannien, den Vereinigten Staaten, Frankreich und Rußland mit China geschlossen wurden, haben besondere Bedeutung bis in die Gegenwart gehabt. So kam es gegen Ende der sechziger Jahre zwischen der VR China und der damaligen Sowjetunion aufgrund von seit langem schwelender Auseinandersetzungen über den chinesisch-sowjetischen Grenzverlauf zu einem bewaffneten Konflikt, in dem sich die Pekinger Regierung u. a. auf die zu korrigierenden „Ungleichen Verträge“ zwischen dem Zaren und dem chinesischen Kaiser aus den Jahren 1858 und 1860 berief.[15] Die auf der Höhe der politischen Auseinandersetzungen geltend gemachten Gebietsansprüche Chinas über 1,5 Millionen qkm wurden von der Sowjetunion als absurd zurückgewiesen, doch haben die Sowjetunion und heute Rußland kleinere Grenzkorrekturen zugunsten Chinas anerkannt.[16]

Auch die übrige Staatspraxis gibt keine Hinweise, daß Forderungen auf Annullierung ungleicher Verträge oder auf Entschädigungen durch solche Verträge erlittener Nachteile anerkannt worden sind. Die Ungleichheit von Verträgen – sei sie in einer starken Machtasymmetrie der beteiligten Parteien oder in einer Asymmetrie der gegenseitigen Leistungen begründet – ist kein Unwirksamkeitsgrund für einen völkerrechtlichen Vertrag und damit auch keine Schranke der Vertragsfreiheit. Härten können im Einzelfall in aller Regel – wie schon im Falle der praktischen Leistungsunmöglichkeit – durch andere (zwingende) Völkerrechtsprinzipien und -regeln ausgeglichen werden.[17] Hinzuweisen ist jedoch darauf, daß etwa im Falle der VR China die Insistenz auf einer vertraglichen Revision der alten ungleichen Verträge Erfolg hatte, so etwa mit der vertraglichen Einigung vom 19. 12. 1984[18] und deren Vollzug am 1. 7. 1997 über die Rückkehr Hongkongs unter chinesische Herrschaft.[19]

---

[12] So auch *Oppenheim/Jennings/Watts*, Vol. I/2–4, 1216; dazu näher auch *Schröder*, 993.

[13] So zutreffend *Schröder*, ebd.; *Oppenheim/Jennings/Watts*, Vol. I/2–4, 1217.

[14] *Morvay*, 1008 ff; hier auch Verweis auf zahlreiche weitere sog. ungleiche Verträge. Vgl. zur Geschichte der ungleichen Verträge im neueren Völkerrecht *Conrad*, Ungleiche Verträge.

[15] Vgl. zu diesen Vorgängen und ihrem Hintergrund *G. Jost*, in: *F. R. Pfetsch* (Hrsg.), Konflikte seit 1945. Daten – Fakten – Hintergründe (Teilband Asien/Australien/Ozeanien), 1991, 158 ff.

[16] *Jost*, ebd.

[17] *Morvay*, 1010.

[18] Text dieses Übereinkommens vom 19. 12. 1984 in ILM 23 (1984), 1366 ff.

[19] Zu dem Verlauf des Konflikts zwischen der VR China und Großbritannien über Hongkong siehe *R. Horlemann*, Die Rückgabe Hongkongs und seine neue Verfassung: Grenzen der Autonomie, 1999; *G.*-

III. Eine besondere Schrankenproblematik wird durch die Vorschrift des Art. 103 Charta der VN aufgeworfen. Wie bereits ausgeführt[20], schreibt dieser Artikel vor, daß für den Fall eines Widerspruchs zwischen den Verpflichtungen von Mitgliedern der Vereinten Nationen aus der Charta und ihren Verpflichtungen aus anderen internationalen Übereinkünften die Verpflichtungen aus der Charta Vorrang haben. Entsprechend besagt Art. 30 Abs. 1 WVK, daß die dort niedergelegten Regeln für den Fall von Konflikten zwischen Verpflichtungen verschiedener Verträge nicht auf Konflikte zwischen der Charta der Vereinten Nationen und anderen Verträgen anwendbar sind. Obwohl internationale Organisationen nicht Parteien der Charta der Vereinten Nationen werden können – nur Staaten können Mitglieder werden (Art. 4 Charta der VN) – enthält auch die WVKIO eine Regelung bezüglich des Vorrangs der Charta gegenüber Verträgen, die internationale Organisationen schließen (Art. 30 Abs. 6 WVKIO).[21] Diese in der *ratio legis*, nicht aber im Wortlaut mit Art. 30 Abs. 1 WVK übereinstimmende Vorschrift verdeutlicht, daß es weder bei Art. 30 Abs. 1 WVK noch bei Art. 30 Abs. 6 WVKIO allein um die Lösung der eher technischen Frage geht, welches Schicksal welchen Vertrag im Fall eines Konfliktes zwischen aufeinanderfolgenden Verträgen mit zumindest teilweise identischen Vertragsparteien und über denselben Gegenstand erwartet, wie der Wortlaut des Art. 30 Abs. 1 WVK zunächst vermuten läßt. Heißt es doch dort, daß sich „[v]orbehaltlich des Artikels 103 der Charta der Vereinten Nationen…, die ***Rechte und Pflichten von Staaten, die Vertragsparteien aufeinanderfolgender Verträge über denselben Gegenstand sind***“[22], nach den folgenden Absätzen des Art. 30 WVK bestimmen. Durch den in Art. 30 Abs. 1 WVK festgelegten Vorbehalt wird – so scheint es zunächst – nur die Kollision von Verträgen von Mitgliedern der Vereinten Nationen mit der Charta von der Geltung der Regeln des Art. 30 WVK ausgenommen. Doch bedeutet der Verweis auf Art. 103 Charta der VN mehr als nur die Nichtanwendbarkeit der Regeln der WVK auf den Fall der Kollision von Verträgen zwischen Mitgliedern der Vereinten Nationen (und anderen Staaten) mit der Charta. Mit dieser Verweisung auf Art. 103 Charta der VN wird vielmehr der Vorrang des Chartarechts gegenüber allen Verträgen, die Mitglieder vor oder nach ihrem Beitritt zur Organisation untereinander oder mit Dritten oder die an der Mitgliedschaft in den Vereinten Nationen gehinderte internationale Organisationen geschlossen haben, zum Tragen gebracht. Lediglich Verträge zwischen Nichtmitgliedern untereinander bleiben von der Regel des Art. 103 Charta der VN ausgenommen.[23] Darin zeigt sich, daß Art. 103 Charta der VN auf die Gewährleistung der Durchsetzung des Chartarechts als gegenüber anderem Vertragsrecht stärkeren Recht zielt. Der konstitutionelle Charakter der Charta wird damit unterstrichen und die Funktion des Art. 103 Charta der VN als eine materielle, der Vertragsfreiheit inhaltliche Schranken setzende Norm deutlich. Dies gilt jedenfalls dann, wenn der zutreffenden Auffassung gefolgt wird, daß Verträge im Sinne des Art. 103 Charta der VN, die der Charta widersprechen, unwirksam sind.[24] Die praktische Bedeutung dieser für die Vertragsfreiheit schrankensetzenden Wirkung des Art. 103 Charta der VN ist allerdings relativ gering, da die wesentlichen Normen der Charta, die die Freiheit der Staaten zur inhaltlichen Gestaltung ihrer Verträge beschrän-

---

H. Gornig, Hongkong: von der britischen Kronkolonie zur chinesischen Sonderverwaltungszone, 1998; *Jost*, 234 ff (237) (Anm. 15).

20 Siehe oben, § 145, 2a).

21 Art. 30 Abs. 6 WVKIO lautet: „*The preceding paragraphs are without prejudice to the fact that, in the event of a conflict between obligations under the Charter of the United Nations and obligations under a treaty, the obligations under the Charter shall prevail.*“

22 Zitiert nach der amtlichen deutschen Übersetzung der WVK, BGBl. 1985 II, 927 ff; Hervorhebungen durch den Verfasser.

23 So zutreffend *R. Bernhardt*, in: *Simma*, Charter, art. 103, para. 20.

24 So *Bernhardt*, in: *Simma*, Charter, art. 103, para. 16 ff unter Hinweis auf den Verfassungscharakter der Charta der Vereinten Nationen. Anders *Cot/Pellet (Flory)*, 1384.

ken können, den Charakter von *ius cogens* besitzen. Verträge, die solchen Chartanormen widersprechen, sind allein deshalb nach den Art. 53 und Art. 64 WVK unwirksam.

2. KAPITEL
Abschluß völkerrechtlicher Verträge; Vertragsschlußarten und Verfahren im einzelnen

§ 146 Formen und Entstehung des Vertrages

Schrifttum: wie vor § 143 und zu § 144; ferner *F. S. Hamzeh*, Agreements in Simplified Form – Modern Perspective, BYIL 43 (1968/69), 179 ff; *B. Simma*, Das Reziprozitätselement im Zustandekommen völkerrechtlicher Verträge, 1972; *F. Hassan*, Good Faith in Treaty Formation, VJIL 21 (1981), 443 ff; *Council of Europe* (ed.), Expression of Consent by States to be Bound by a Treaty, 1987; *E. Vierdag*, The Time of the „Conclusion" of a Multilateral Treaty: Art. 30 of the Vienna Convention on the Law of Treaties and Related Provisions, BYIL 59 (1988), 75 ff; *ders.*, The International Court of Justice and the Law of Treaties, in: Festschrift für Sir Robert Jennings, 1996, 145.

I. 1. Als Ausfluß der Vertragsfreiheit lässt sich die Freiheit der Wahl der Form und der Bezeichnung eines Vertrages begreifen. Diese Freiheit wird auch nicht durch das Erfordernis der Schriftform nach Art. 2 Abs. 1 a) WVK eingeschränkt, denn die WVK verbietet ihren Vertragsstaaten nicht, nicht schriftliche Verträge zu schließen, sondern knüpft lediglich ihre Anwendbarkeit an die Schriftlichkeit einer zwischenstaatlichen Übereinkunft. Im übrigen läßt Art. 2 Abs. 1 WVK auch darüber hinaus auch für die Parteien der Konvention, in Übereinstimmung mit dem allgemeinen gewohnheitsrechtlichen Vertragsrecht, die Freiheit der Form und Bezeichnungswahl. So zeigt die völkerrechtliche Praxis seit jeher eine Vielzahl von Bezeichnungen für internationale Übereinkommen: Vertrag *(treaty, traité)*, Vereinbarung *(arrangement, agrément)*, Abkommen *(agreement, accord)*, Konvention *(convention, convention)*, Erklärung *(declaration, déclaration)*, Protokoll *(protocol, protocole)*, Statut *(statute, statut)*, Satzung, Akte *(act, acte)* oder Generalakte *(general act)*, Charta *(charter, charte)* und Pakt *(covenant, pacte)* sind die üblichsten Bezeichnungen, die für völkerrechtliche Verträge benutzt werden. In der Staatenpraxis haben sich gewisse Regelmäßigkeiten bei der Wahl der Bezeichnung von Verträgen herausgebildet, ohne daß diese allerdings eine rechtliche Bedeutung erlangt hätten.

Für die Gründungsverträge internationaler zwischenstaatlicher Organisationen finden sich Bezeichnungen, die den institutionellen Charakter oder auch ihre besondere Bedeutung unterstreichen sollen. So wählten die Gründerstaaten für den Völkerbund die Bezeichnung *„Covenant"*, die der Vereinten Nationen die Bezeichnung *„Charter"*. Gründungsverträge anderer internationaler Organisationen, aber auch der Vertrag über die Einrichtung des IGH, tragen die Bezeichnung „Statut", wieder andere die Bezeichnung „Verfassung".[1] Manche multilaterale Verträge, denen eine besondere ordnungspolitische Bedeutung beigemessen wurde, erhielten die Bezeichnung „Akte" oder „Generalakte", so beispielsweise die Übereinkünfte der großen Staatenkongresse im Ausgang des 19. Jahrhunderts (z. B. Generalakte des Berliner Westafrika Kongresses von 1884/85, Kongo-Akte

[1] Der Gründungsvertrag der Internationalen Atomenergiebehörde trägt z. B. in den authentischen englischen, französischen und spanischen Texten die Bezeichnung *„Statute" (Statut, Estatuto)*, die amtliche deutsche Übersetzung spricht allerdings auch hier von *„Satzung"*. Dasselbe gilt für das Gründungsdokument des Europarates *(Council of Europe)*, das im Englischen und Französischen als *„Statute"* bzw. *„Statut"*, im Deutschen als „Satzung" bezeichnet wird. – Der Gründungsvertrag der UNESCO wird dagegen im Englischen und Französischen als *„Constitution"* bzw. *„Constitution"*, im Deutschen wiederum als „Satzung" bezeichnet.

und Niger-Akte als Teil der Generalakte[2]). Für Verträge, die von Organen internationaler Organisationen und unter ihrer Schirmherrschaft von Staatenkonferenzen zu Kodifikationen von Teilgebieten des Völkerrechts oder sonst in rechtsetzender Absicht *(law-making treaties*[3]) angenommen wurden, findet sich vorwiegend die Bezeichnung „Konvention", aber auch die Bezeichnung „Protokoll" (z. B. Genfer Giftgas-Protokoll[4]) kommt vor.

Auf die rechtliche Verbindlichkeit der Übereinkommen hat diese unterschiedliche Wahl der Bezeichnung keinen Einfluß[5].

Diese Auffassung ist wiederholt in der internationalen Rechtsprechung geäußert worden. So hat der IGH im *South West Africa (Prelimiary Objections)*-Fall erklärt, daß „[t]erminology is not a determinant factor as to the character of an international agreement or undertaking. In the practice of States and international organisations and in the jurisprudence of international courts, there exists a great variety of usage; there are many different types of acts to which the character of treaty obligations has been attached".[6] Ähnlich äußerte sich auch der Ständige Internationale Gerichtshof (StIGH) im Rechtsgutachten im Fall der deutsch-österreichischen Zollunion.[7]

Da in der Praxis nicht selten Fälle vorkommen, in denen Staaten für ihre Willenserklärungen entweder Bezeichnungen wählen, die auf die Verbindlichkeit ihrer Äußerung hinweisen, während sich ihre Intentionen in Wirklichkeit auf eine unverbindliche politische Absichtserklärung richten, oder – entgegen einer unverbindlichen Bezeichnung – eine verbindliche Abmachung intendieren, ist es erforderlich, jeweils den Parteiwillen durch Auslegung unter Berücksichtigung der Umstände, unter denen die Erklärung erfolgte, zu ermitteln.

Die Helsinki-Schlußakte der Konferenz über Sicherheit und Zusammenarbeit in Europa von 1975 scheint nicht nur in der äußeren Gestaltung (Schriftform), sondern auch mit der Bezeichnung *„Final Act"* auf den Abschluß eines verbindlichen völkerrechtlichen Vertrages hinzudeuten. Jedoch zeigen sowohl die Erklärungen der Konferenzstaaten als auch der Hinweis in der Akte selbst, sie sei nicht nach Art. 102 Charta der VN registrierfähig, daß ein verbindliches völkerrechtliches Abkommen nicht beabsichtigt war.[8] Andererseits war etwa mit der „Pariser Erklärung" von 1856 aus Anlaß der Beendigung des sog. Krimkrieges zwischen Russland und der Türkei der Abschluß eines verbindlichen Vertrages gewollt.[9] Auch unter der Bezeichnung „Protokoll" können sich selbständige Verträge, unselbständige, d. h. von einem Vertrag abhängige Teilvereinbarungen oder auch lediglich die Aufzeichnungen über den tatsächlichen Verhandlungsverlauf verbergen.[10]

---

[2] Vgl. dazu näher *F. Münch*, Berlin West Africa Conference (1884/85), EPIL I (1992), 389 ff und *G. Ofosu-Amaah*, Niger River Régime, EPIL 12 (1990), 247 ff. – Ein Beispiel für die Wahl der Bezeichnung „Generalakte" als Ausdruck der wesentlichen Bedeutung, die dem Instrument beigemessen wurde, ist die Genfer Generalakte für die friedliche Streitbeilegung *((Revised) General Act for the Pacific Settlement of International Disputes* von 1928/1949), LNTS 93, 344 ff/UNTS 71, 101 ff.

[3] Siehe dazu oben § 144.

[4] *Geneva Protocol for the Prohibition of the Use in War of Asphyxiating, Poisonous or other Gases, and of Bacteriological Methods of Warfare* vom 17. 6. 1925, LNTS 94, 65 ff.

[5] Statt anderer *Oppenheim/Jennings/Watts*, Vol. I/2, 1208.

[6] *South West Africa (Preliminary Objections)*, ICJ Reports 1962, 319 (331).

[7] StIGH, *Customs Régime Between Germany and Austria*, Series A/B 41 (1931), 47: *„From the standpoint of the obligatory character of international engagement it is well known that such engagements may be taken into form of treaties, conventions, declarations, agreements, protocols or exchanges of notes."*

[8] Dazu schon oben § 143 mwN in Anm. 24.

[9] Die *„Déclaration de Paris"* vom 16. 4. 1856 zum Seekriegsrecht (Prisenrecht – Text bei *L. Friedmann*, The Law of War, A Documentary History, Vol. 1 (1972), 156 f), die von den Unterzeichnerstaaten des Friedensvertrages von Paris vom 30. 3. 1856 (CTS 114, 409; auch *De Martens*, NRG, 1ère Série XV (1857), 770 ff) unterzeichnet wurde, sollte jedenfalls für die Unterzeichnerstaaten verbindlich sein, obwohl die Hoffnung gehegt wurde, daß sie wegen der in ihr enthaltenen allgemeinen Prinzipien weitergehende Akzeptanz finden würde; vgl. dazu *D. H. Johnson*, Prize Law, EPIL III, 1122 ff.

[10] So wurden die Verhandlungen über den Friedensschluß von Paris im Jahre 1856 als *„Protocoles du congrès de Paris"* vom 25. 2.–16. 4. veröffentlicht, siehe *De Martens*, NRG, 1ère Série XV (1857), 700 ff; auf der anderen Seite aber gibt es immer wieder als Verträge intendierte Protokolle; vgl. dazu als ein Beispiel von vielen das Genfer Giftgas-Proto-

2. Wie bereits eingangs erwähnt, fordert Art. 2 Abs. 1 a) WVK für die Anwendbarkeit der WVK auf eine Übereinkunft zwischen Staaten die Schriftform. Das Schriftformerfordernis entspricht der rechtspolitischen Vernunft. Indes wurde bereits darauf hingewiesen, dass Art. 2 Abs. 1 WVK die bisher schon immer gewohnheitsrechtlich geltende Formfreiheit für die Vertragsparteien der Konvention keineswegs außer Kraft setzt. Zwar wäre eine *inter partes* wirkende Derogierung des Gewohnheitsrechts durch die Konvention durchaus möglich gewesen; doch ergibt sich eine solche Derogierung von Gewohnheitsrecht weder aus dem Wortlaut des Art. 2 Abs. 1 WVK, noch lag sie in der Absicht der Vertragsparteien bzw. der ILC. Art. 3 a) WVK stellt sogar ausdrücklich klar, dass das Schriftformerfordernis des Art. 2 die rechtliche Gültigkeit nicht schriftlicher internationaler Übereinkünfte unberührt läßt.
Die völkerrechtliche Praxis zeigt eine signifikante Zahl von Fällen – auch aus der jüngeren Vergangenheit – in denen mündliche Vereinbarungen als völkerrechtlich verbindlich anerkannt wurden[11].

Der StIGH hat z. B. in dem Streit zwischen Dänemark und Norwegen über die Rechtsstellung von Ostgrönland[12] einer mündlichen Erklärung des norwegischen Außenministers *Ihlen* gegenüber dem dänischen Gesandten eine Verpflichtung Norwegens entnommen, der Ausdehnung der dänischen Souveränität auf Ostgrönland keinen Widerstand entgegenzusetzen. Auch im Verfahren vor internationalen Gerichten können sich verbindliche Abreden aus den mündlichen Erklärungen der Parteivertreter ergeben.[13]

Schließlich ist es sogar möglich, daß Verträge durch schlüssiges Verhalten zustandekommen. Zwar könnten sich Bedenken gegen diese weitgehende Annahme aus dem Wortlaut des Art. 38 Abs. 1 IGH-Statut ergeben, weil nach dieser Vorschrift der IGH nur Abkommen

---

koll von 1925; zum Ganzen prägnant auch *Oppenheim/Jennings/Watts*, Vol. I/2, 1208 f und dortige Anm. 2.

[11] So schon die vor dem Abschluß der WVK ganz herrschende Meinung; vgl. aus der älteren Literatur etwa, *Fauchille*, Tome I 3ième partie, 297 (306); *Guggenheim*, Tome I, 60; *Balladore Pallieri*, 279, 284 f; *McNair*, 47, jeweils mit weiteren Belegen aus der Praxis. Lediglich das interamerikanische Havanna-Abkommen über Verträge von 1928 (AJIL 22 (1928), 138 Annex) sah die Schriftform verbindlich vor (Art. 2), aber selbstverständlich nur für die Vertragspartner. Im Fall *Emeric Kulin père c. Etat roumain*, Entscheidung des ungarisch-rumänischen gemischten Schiedsgerichts, TAM 7, 138 (147 f), scheint weniger die Rechtswirksamkeit mündlicher Abreden überhaupt als das Vorliegen einer verbindlichen Abrede im konkreten Fall verneint worden zu sein; der rumänische Richter hat in seiner abweichenden Meinung ausdrücklich die mündliche Abrede als zulässige und wirksame Vertragsschlußform hervorgehoben (aaO. 156). Daß mündliche Abreden auch heute wirksame völkerrechtliche Verpflichtungen auslösen können, ist allgemein anerkannt; vgl. statt anderer *Oppenheim/Jennings/Watts*, Vol. I/2, 1207 mwN.

[12] StIGH, *Legal Status of Eastern Greenland*, Series A/B 53 (1933), 71; zur *Ihlen*-Erklärung auch *E. Hambro*, The Ihlen Declaration Revisited, in: FS *Spiropoulos* (1957), 227 f; dagegen stellte die *Ihlen*-Erklärung nach *Schwarzenberger*, International Law, Vol. I, 158, nur eine einseitige, allerdings verbindliche Erklärung dar. Wird über eine mündliche Vereinbarung ein Protokoll gefertigt, so hat dies nur deklaratorische, keine konstitutive Bedeutung, es liefert nur den – möglicherweise widerlegbaren – Beweis für das, was vorher verabredet war; vgl. dazu *C. Parry*, Some Recent Developments in the Making of Multipartite Treaties, Grotius Society 36 (1950), 149 (173). Ein Beispiel ist wohl auch das „Verständigungsabkommen" zwischen Italien, Jugoslawien, Großbritannien und den Vereinigten Staaten über Triest vom 5. 10. 1954. Das darüber aufgenommene, nur paraphierte „*Memorandum of Understanding*" ist wohl nur als ein Gedächtnisprotokoll, das den Inhalt des mündlich Vereinbarten festlegt, einzustufen; dazu näher *M. Udina*, Juristische Betrachtungen zur Triester Frage, JIR 6 (1956), 101 (110 f), der weitere interessante Aspekte aufzeigt, die Form der einzelnen Teile des Gesamtvertragskomplexes zur Lösung der Triestfrage betreffend.

[13] Ein Beispiel bietet das Urteil des StIGH über die *Mavrommatis*-Konzessionen in Palästina, das dem mündlichen Vortrag der Parteivertreter den gemeinsamen Willen zur Ausdehnung der Zuständigkeit des Gerichtshofes auf die Prüfung gewisser Fragen entnahm; vgl. StIGH, *Mavrommatis Palestine Concessions*, Series A 2 (1924); IGH, *Qatar v. Bahrain, Jurisdiction and Admissibility*, ICJ Reports, 1994, 112 (120 f) zur Entbehrlichkeit einer bestimmten Form für eine rechtlich bindende Einräumung der Zuständigkeit des IGH; vgl. dazu *Vierdag*, FS *Jennings*, 145 (163 ff).

anwenden darf, die von den Parteien *ausdrücklich* anerkannte Regeln enthalten.[14] Eine solche strikte Auslegung des Art. 38 Abs. 1 a) entspricht jedoch nicht den Bedürfnissen der Praxis und war auch wohl von den ursprünglichen Vertragsparteien nicht so verstanden worden. Man hat mit der Formulierung des Art. 38 Abs. 1 a) den Vertragsschluß durch sozialtypisches Verhalten, etwa die stillschweigende Annahme eines Angebotes, nicht ausschließen wollen.

Aus der älteren Staatspraxis ist etwa an den Eintritt des Deutschen Reiches in das zwischen Frankreich und dem Heiligen Stuhl geltende Konkordat, soweit das annektierte Gebiet Elsaß-Lothringen betroffen war, zu erinnern. Das Reich hatte die Fortdauer dieses Konkordates für Elsaß-Lothringen stillschweigend geduldet und damit die Übernahme des Vertrages insoweit gebilligt.[15] Das Reichsgericht hat in einer Entscheidung angenommen, daß die Aufhebung des Vertrages von Brest-Litowsk bereits im Herbst 1918 dadurch erfolgt sei, daß sich die neue Sowjetregierung öffentlich von dem Vertrage losgesagt hatte und die deutsche Regierung dagegen keine Verwahrung eingelegt, sondern im Gegenteil keine Rechte aus dem Vertrag geltend gemacht sowie durch die Räumung der russischen Gebiete und ihr sonstiges Verhalten ihr Einverständnis mit der Vertragsaufhebung erklärt habe.[16]

In der Gegenwart ist die Frage des stillschweigenden Vertragsschlusses insbesondere im Rahmen einiger internationaler zwischenstaatlicher Organisationen und umfassender multilateraler Verträge aktuell geworden. So finden sich in den entsprechenden Verträgen Klauseln des Inhalts, daß das Schweigen zu Vorschlägen für eine Abänderung des Vertrages gegenüber Empfehlungen oder geplanten Maßnahmen unter gewissen Bedingungen als Zustimmung aufgefaßt werden darf.

So sieht etwa Art. 16 des Londoner Übereinkommens zur Verhütung der Verschmutzung der See durch Öl vom 12. 5. 1954[17] vor, daß Abänderungsvorschläge der Parteien als angenommen gelten, wenn sie allen Vertragsstaaten zugeleitet worden sind und nicht eine der Parteien ihren Dissens innerhalb einer bestimmten Frist ausdrücklich kundtut. Entsprechendes gilt sogar für die Vertragsrevision, für die vorgesehen ist, daß eine mit 2/3-Mehrheit beschlossene Revisionsempfehlung nach Mitteilung an alle Parteien für diese in Kraft tritt, sofern sie nicht innerhalb einer bestimmten Frist ihre Zustimmung verweigern. Das Schweigen wird also als Zustimmung zur Vertragsrevision gewertet. Solche *„opting out (contracting out)*-Klauseln" kennen z. B. auch die ICAO und die WHO.[18]

3. Hat somit die Formfreiheit trotz der Regelung des Art. 2 Abs. 1 a) WVK über die Schriftform auch in der Praxis ihre Bedeutung durchaus bewahrt, so spielt diese Freiheit auch im Hinblick auf die äußere Gestaltung der Verträge im übrigen nach wie vor eine bedeutende Rolle. Art. 2 Abs. 1 a) WVK selbst stellt fest, daß es für die Existenz eines Vertrages im Sinne der Konvention unerheblich ist, ob die Vereinbarung in einem einzigen

[14] Der einschlägige Text des Art. 38 IGH-Statut lautet in der amtlichen deutschen Fassung (BGBl. 1973 II, 505 ff): „(1) Der Gerichtshof, dessen Aufgabe es ist, die ihm unterbreiteten Streitigkeiten nach dem Völkerrecht zu entscheiden, wendet an a) internationale Übereinkünfte allgemeiner oder besonderer Natur, in denen von den streitenden Staaten *ausdrücklich anerkannte Regeln* festgelegt sind; ..." (Hervorhebung durch den Verfasser).

[15] *H. Wagnon*, Concordats et Droit International (1935), 395.

[16] Dazu RGZ 111, 40.

[17] UNTS 327, 3 ff, ergänzt durch Zusatzabkommen von 1962 (UNTS 600, 332 ff), von 1969 und von 1971 *(W. E. Burhenne* (Hrsg.), Internationales Umweltrecht, Multilaterale Verträge, Bd. II 954:36 bzw. Bd. IV 971:78).

[18] Vgl. Art. 90 (a) Satzung der ICAO, Art. 22 der Satzung der WHO (abgedruckt in *I. Knipping/H. v. Mangoldt/M. Rittberger*, Das System der Vereinten Nationen und seine Vorläufer, Bd. I/2, 129 bzw. 116); zu diesen „quasi-legislativen" Vertragsübereinkommen vgl. allgemein *M. Virally*, in: *Sørensen*, 163 f, der hier den institutionellen Aspekt der Rechtsetzung betont und von „regulatory acts" spricht, sowie *B. Oxman*, The International Commons, the International Public Interest and New Modes of International Lawmaking, in: *J. Delbrück* (ed.), New Trends in International Lawmaking – International ‚Legislation' in the Public Interest, 1996, 21 (43 ff).

oder in zwei oder mehreren Dokumenten niedergelegt ist. Verträge können somit nach der WVK und dem völkergewohnheitsrechtlichen Vertragsrecht nicht nur in Gestalt eines einzigen Vertragsdokuments, sondern auch durch den Austausch von Noten[19], Briefen[20] oder Telegrammen, durch korrespondierende Erklärungen der Regierungen[21] und selbst von Parlamenten[22] entstehen. Ein Vertrag kann auch dadurch zustandekommen, daß mehrere Staaten Entschließungen internationaler Organe annehmen, die ihnen bestimmte Verpflichtungen auferlegen, es sei denn, die Entschließungen der internationalen Organe sind als solche verbindlich; dann ist für eine vertragliche Übernahme der Entschließungsinhalte kein Raum – jedenfalls nicht in einem konstitutiven Sinne.

So hat etwa der StIGH in seinem Rechtsgutachten über den Eisenbahnverkehr zwischen Litauen und Polen[23] festgestellt, daß zwischen Polen und Litauen mit deren Annahme der Entschließung des Völkerbundsrates vom 10. 12. 1927 ein Vertrag, nämlich ein *pactum de negotiando* zustande gekommen sei. Mit der Annahme der Vorschläge der UN-Kommission für die Abhaltung einer Volksabstimmung in Jammu und Kaschmir gingen Indien und Pakistan die Verpflichtung ein, sich um die Abhaltung eines solchen Plebiszites zu bemühen.[24] Zweifelhaft ist die Interpretation der Situation im Irak im Jahre 1991: Wegen der schweren Menschenrechtsverletzungen, die durch die irakische Regierung an der kurdischen Minderheit im Norden des Landes begangen wurden, beschloß der Sicherheitsrat nach Kapitel VII Charta der VN die Errichtung einer Schutzzone, die vor allem durch – nur mit Selbstverteidigungswaffen ausgerüstete – amerikanische, französische und britische Truppen gesichert werden sollte. In Ausführung dieses Beschlusses führte der Generalsekretär der Vereinten Nationen *Perez de Cuellar* ein *Memorandum of Understanding* mit der Regierung des Irak herbei, das die Modalitäten der Durchführung der Schutzmaßnahmen regelte. Nach irakischer Auffassung stellte diese Übereinkunft die Rechtsgrundlage der Aktion dar, die also dieser Auffassung nach nur mit irakischer Zustimmung erlaubt war. Dem steht jedoch entgegen, daß bereits der entsprechende Beschluß des Sicherheitsrates gem. Art. 25 Charta der VN verbindlich war

[19] Daß ein Notenaustausch als internationales Übereinkommen angesehen werden kann, war in den dreißiger Jahren (vgl. z. B. Draft Convention on the Law of Treaties Art. 1 (b) Harvard Research, AJIL 29 part III (1935), 657, noch umstritten, ist aber seit dem Beginn der Arbeiten der ILC an der Kodifikation des Vertragsrechts allgemein anerkannt; vgl. dazu den Kommentar der ILC zum endgültigen Entwurf, Abs. 7 zu Art. 2, bei *Wetzel/Rauschning*, The Vienna Convention on the Law of Treaties – Travaux Préparatoires, 1978, 83, mit Hinweisen auf die Praxis insbesondere *H. Lauterpacht*, Entwurf von 1953, UN Doc. A/CN.4/63 und 87, 41 f; zur Praxis auch *J. L. Weinstein*, Exchanges of Notes, BYIL 29 (1952), 205 f.

[20] *Reuter*, Droit des traités, 51 f; ein Beispiel aus jüngster Zeit ist die Anerkennung von inhaltlich übereinstimmenden Briefen als bindende internationale Übereinkunft *(binding international agreement)* durch den IGH im Fall *Qatar v. Bahrain (Jurisdiction and admissibility)*, ICJ Reports, 1994, 112 (120): Als Vermittler hatte Saudi Arabien identische Briefe an die Streitparteien Qatar und Bahrein des Inhalts gesandt, daß für die Lösung des langjährigen territorialen Streits eine gerichtliche Streitbeilegung in Frage komme. Beide Parteien bestätigten gegenüber Saudi Arabien schriftlich, daß sie dessen Vorschlag annähmen. Der IGH entschied: *„The parties agree that the exchanges of letters of December 1987 constitute an international agreement with binding force in their mutual relations"* (at 120, para. 22); hierzu auch *Klabbers*, 212 f.

[21] Siehe etwa das Moratorium zur Einstellung der Produktion spaltbaren Materials von 1964; vgl. hierzu *E. Menzel*, Die Technik des „gegenseitigen Beispiels", in: Institut für Internationales Recht an der Universität Kiel (Hrsg.), Abschreckung und Entspannung, 1977, 756 ff (764 ff). Doch ist die Abgrenzung zum Fall der Abgabe nur einseitiger, verschieden lautender Erklärungen ohne die Intention einer Verpflichtung einerseits und der bloß akzidentiellen Parallelität von gleichlautenden Äußerungen von Regierungen andererseits in der Praxis nicht einfach, wie der Fall des Moratoriums von 1964 zeigt.

[22] So haben die Mitglieder des Nordischen Rates keinen Vertrag unterzeichnet, sondern die Satzung des Rates ist durch Beschlüsse der nationalen Parlamente verbindlich geworden. Trotzdem bestand doch wohl schon damals eine vertragliche Bindung; vgl. dazu *M. Sørensen*, Le Conseil Nordic, RGDIP 59 (1955) 63 ff. Seit dem 1. 7. 1971 besteht eine vertragliche Grundlage in Gestalt des revidierten Vertrages von Helsinki vom 23. 3. 1962 über die Zusammenarbeit von Dänemark, Finnland, Island, Norwegen und Schweden; vgl. dazu *A. Berg*, Nordic Council and Nordic Council of Ministers, EPIL III, 639 ff.

[23] *Railway Traffic Between Lithuania and Poland*, Series A/B 42 (1931), 116.

[24] UNYB 1948–49, 279 ff.

und damit die konstitutive Rechtsgrundlage der Aktion bildete. Die irakische Akzeptanz des Memorandums stellt sich so gesehen als deklaratorischer Natur dar.[25]

Schließlich stellt auch der Abschluß eines Vergleiches vor einem internationalen Gericht nicht nur einen Verfahrensakt dar, sondern der Vergleich enthält zugleich den Abschluß eines internationalen Vertrages.

4. Beherrscht somit das Prinzip der Formfreiheit den Abschluß völkerrechtlicher Verträge, so haben sich in der Praxis namentlich für bedeutende Vertragswerke gewisse Gestaltungsformen entwickelt, denen die Staaten im Sinne von rechtlich unverbindlichen Konventionalregeln folgen. So werden viele Verträge von einer Nennung der beteiligten Parteien und ggf. der Bevollmächtigung der Verhandlungsführer und einer Präambel eingeleitet, in der die Parteien ihre politischen Absichten und Motive für den Vertragsschluß niederlegen.[26] Die Präambeln sind nicht Teil des verbindlichen Vertragstextes, jedoch können sie ein wichtiges Element der Vertragsinterpretation bilden.[27] Der Präambel folgt der eigentliche Vertragstext, der in der Regel in Artikelform formuliert wird. Bei umfassenden Kodifikationsverträgen hat sich unter dem Einfluß der ILC die Praxis durchgesetzt, daß den materiellen Regelungen ein Definitionsartikel vorangestellt wird, in dem die Vertragsparteien ihr normalerweise den allgemein üblichen Begriffen folgendes Begriffsverständnis festlegen. Den Schlußteil des Vertrages bilden – soweit erforderlich – bestimmte Übergangsregelungen, Vorschriften über das Inkrafttreten, die Kündigungsmöglichkeit, die Geltungsdauer und ähnliches. In vielen Fällen werden in diesem Schlußteil – oder einem zum Vertragstext gehörenden Annex – Regelungen über die Beilegung von Streitigkeiten, die sich aus der Anwendung des Vertrages ergeben, aufgenommen.[28]

II. Verträge sind – mit Ausnahme von Fällen, in denen sie das Resultat eines Vergleiches vor internationalen Gerichten oder der Annahme von Entschließungen oder Vorschlägen internationaler Organe sind – das Ergebnis von Verhandlungen. Auch für diese gilt, wie schon erwähnt, im Grundsatz das Prinzip der Vertragsfreiheit und von diesem abgeleitet die Formfreiheit. Die Vertragsfreiheit bedeutet im Hinblick auf die Aufnahme und Durchführung von Vertragsverhandlungen, daß es den Staaten freisteht, ob und mit wem sie Verhandlungen mit dem Ziel eines Vertragsschlusses aufnehmen. Doch gibt es von diesem Grundsatz Ausnahmen. Staaten können nämlich aufgrund eines (Vor-)Vertrages zur Aufnahme von Vertragsverhandlungen *(pactum de negotiando)* oder sogar durch eine vorangegangene Vereinbarung zum Abschluß eines Vertrages über bestimmte Sachfragen *(pactum de contrahendo)*[29] verpflichtet sein. Während im ersten Fall die Verpflichtung dahingeht, die

[25] Vgl. zu den tatsächlichen Vorgängen AdG 1991, 35563 ff; zur rechtlichen Würdigung des Memorandums *J. Delbrück*, Staatliche Souveränität und die neue Rolle des Sicherheitsrates der Vereinten Nationen, VRÜ 1993, 6 ff mwN.

[26] *Oppenheim/Jennings/Watts*, Vol. I/2, 1210 f.

[27] So z. B. der IGH im *Rights of United States Nationals in Morocco*-Fall, wo das Gericht sich auf die Präambel von Verträgen beruft, die Ziel und Zweck des Vertrages aufzeigten, ICJ Reports 1952, 176 ff (196). Zur Funktion von Präambeln auch *G. Fitzmaurice*, The Law and Procedure of the International Court of Justice 1951–4: Treaty Interpretation and other Treaty Points, BYIL 33 (1957), 203 (227 ff); *Oppenheim/Jennings/Watts*, Vol. I/2, 1210 Anm. 3 sowie 1273 und dortige Anm. 14; s. auch Art. 31 Abs. 2 WVK und art. 27 para. 2 *Resolution of the Institute of International Law* (1956) (abgedruckt in: *S. K. Agrawala* (ed.), Essays on the Law of Treaties, 1972, 55 (63), *R. Geiger*, Grundgesetz und Völkerrecht, 2. Aufl. 1994, 110. Speziell zur Präambel der Charta der VN *Hobe* (Hrsg.), Die Präambel der Charta der VN im Lichte der aktuellen Völkerrechtsentwicklung, 1997.

[28] *Oppenheim/Jennings/Watts*, Vol. I/2, 1211.

[29] Vgl. *Oppenheim/Jennings/Watts*, Vol. I/2, 1224; *Heintschel v.Heinegg*, in: *Ipsen* (Hrsg.), 4. Aufl., 97. Aus der internationalen Rechtsprechung dazu das Urteil im *North Sea Continental Shelf*-Fall, ICJ Reports 1969, 3 (47 ff); auch der Schiedsspruch im Schiedsverfahren zwischen *Kuwait and the American Independent Oil Company (AMINOIL)*, ILM 21 (1982), 976 ff (1014): „(1) A scrutiny of the negotiations fails to reveal any conduct on either side that would constitute a shortcoming in respect... of the general principles that ought to be observed in car-

Verhandlungen aufzunehmen und nach Treu und Glauben zu führen, ist die Verpflichtung im zweiten Fall darüber hinausgehend auf die tatsächliche Herbeiführung eines Vertrages zu dem in Rede stehenden Sachverhalt gerichtet. Solche auf den Abschluß von Verträgen zielenden Vorvereinbarungen sind in der Praxis gar nicht so selten.

So hat sich die Bundesrepublik Deutschland im sog. Zwei-Plus-Vier-Vertrag dazu verpflichtet, als vereintes Deutschland in einem völkerrechtlich verbindlichen Vertrag mit Polen die zwischen den beiden Staaten bestehende Grenze zu bestätigen (Art. 1 Abs. 2).[30] In Art. 5 Abs. 2 desselben Vertrages verpflichtet sich die Bundesrepublik Deutschland auch dazu, daß die Regierung des vereinten Deutschlands „mit den Regierungen der Staaten, die Streitkräfte in Berlin stationiert haben, Verträge zu gerechten Bedingungen unter Berücksichtigung der zu den betreffenden Staaten bestehenden Beziehungen" abschließt.[31] Auch in der älteren Staatspraxis finden sich Beispiele für derartige Vorverträge.[32] In seinem Atomwaffen-Gutachten aus dem Jahre 1996 hat der IGH Art. VI des Atomwaffensperrvertrages eine Verpflichtung der Staaten nicht nur zur Aufnahme von Verhandlungen über die nukleare Abrüstung entnommen, sondern darüber hinausgehend eine Pflicht, diese Verhandlungen auch zu einem Ende zu bringen.[33]

Eine bloße Verhandlungspflicht ergibt sich dagegen etwa aus Art. 43 Abs. 1 Charta der VN[34]. Danach sind die Mitgliedstaaten der Vereinten Nationen verpflichtet, Verhandlungen über den Abschluß von Sonderabkommen zu führen, mit denen dem Sicherheitsrat auf sein

---

rying out an obligation to negotiate, – that is to say, good faith as properly understood, sustained upkeep of the negotiations over a period appropriate to the circumstances; and a persevering quest for an acceptable compromise." In diesem Sinne auch schon das Rechtsgutachten über *Railway Traffic Between Lithuania and Poland*, Series A/B 42 (1931), 116, das feststellt, die beiden Staaten seien zum Verhandeln, aber nicht zum Abschluß des Vertrages verpflichtet; ferner der Schiedsspruch des amerikanischen Präsidenten *Coolidge* in dem Streit zwischen Chile und Peru um das Gebiet von *Tacna und Arica* (1925), RIAA 2, 921. Danach mußten die Parteien über die Modalitäten des zwischen ihnen im Prinzip vereinbarten Plebiszites nach Treu und Glauben und ernsthaft verhandeln.

30 Vertrag zwischen der Bundesrepublik Deutschland, der Deutschen Demokratischen Republik, Frankreich, Großbritannien, der Sowjetunion und den Vereinigten Staaten über die abschließende Regelung der Deutschland-Frage, vom 12. 9. 1990, BGBl. 1990 II, 1318 ff. Daß die Bundesrepublik Deutschland diese Verpflichtung für das vereinte Deutschland abgab, steht der Annahme eines zwischen ihr und Polen geschlossenen *pactum de contrahendo* nicht entgegen. Der Beitritt der das Gebiet der Deutschen Demokratischen Republik umfassenden Länder zur Bundesrepublik Deutschland ließ nämlich deren Identität als Völkerrechtssubjekt unberührt. Art. 1 Abs. 2 stellte also nicht etwa einen das vereinte Deutschland nicht verpflichtenden Vertrag zu Lasten Dritter dar.

31 Für die nach Art. 5 Abs. 2 Zwei-Plus-Vier-Vertrag abzuschließenden Stationierungsverträge gilt das zum deutsch-polnischen Vertrag Gesagte; vgl. den Hinweis in der vorstehenden Anm. 30.

32 Zum Beispiel erkennt Art. 435 Abs. 2 Versailler Friedensvertrag (abgedr. in: Auswärtigen Amt (Hrsg.), Materialien betreffend die Friedensverhandlungen, Teil VIII, 1919, 229) an, daß die älteren Verträge über die Freizonen von Hochsavoyen und das Gebiet von Gex überholt seien und es Sache Frankreichs und der Schweiz sei, die Rechtslage im Wege der Vereinbarung so zu regeln, wie sie es für zweckmäßig hielten; eine Bestimmung, durch die jedenfalls Frankreich eine Verpflichtung zur Aufnahme von Verhandlungen auferlegt wurde. Japan hat sich in Art. 9 des Friedensvertrages von San Francisco (abgedruckt in: *Conference for the Conclusion and Signature of the Treaty of Peace with Japan*, San Francisco, 4.-8. 9. 1951, Record of Proceedings, The Department of State, 1951, 313 (317 f)) zur Aufnahme von Verhandlungen über den Abschluß von Hochseefischereiabkommen mit den Mächten, die dies wünschen, und in Art. 12 (a) zu Verhandlungen mit den Alliierten über den Abschluß von Handelsverträgen verpflichtet. Beispiele bieten auch die Revisionsklauseln mancher Verträge, nach denen die Parteien etwa bei wesentlichen Veränderungen der Verhältnisse oder nach Ablauf einer gewissen Zeit an die anderen Parteien zum Zwecke der Abänderung des Vertrages herantreten dürfen.

33 IGH, *Legality of the Threat or Use of Nuclear Weapons, Advisory Opinion*, ICJ Reports 1996, 226 (267): *„There exists an obligation to pursue in good faith and bring to a conclusion negotiations leading to nuclear disarmement in all its aspects under strict and effective international control."* Vgl. zu dem Gutachten jetzt ausführlich *Tischler*, Der Internationale Gerichtshof zwischen Politik und Recht: Problemanalyse anhand des Gutachtens vom 8. 7. 1996 zum Einsatz von Nuklearwaffen, 2001.

34 *Frowein*, in: Simma (Hrsg.), Charta der Vereinten Nationen, 1991, Art. 43 Rdnr. 9.

Ersuchen Streitkräfte zur Verfügung gestellt werden. Verpflichtungen, Verhandlungen aufzunehmen, können sich ferner auch aus der generellen Pflicht zur friedlichen Streitbeilegung ergeben, wie sie in Art. 33 Charta der VN für alle Mitglieder der Vereinten Nationen niedergelegt ist, aber heute angesichts der Universalität der Vereinten Nationen und der grundlegenden Bedeutung der Friedenspflicht auch gewohnheitsrechtlich für alle Staaten besteht.[35]

2. a) Hinsichtlich der Art und Weise, wie die Verhandlungen im einzelnen geführt werden, enthält weder das in der WVK kodifizierte, noch das allgemeine Völkervertragsrecht irgendwelche Regeln. Namentlich können die Verhandlungen nicht-öffentlich geführt werden, was bei bilateralen und nur einen engen Kreis von Staaten betreffenden multi- oder plurinationalen Verträgen in der Regel der Fall ist. In der Zeit nach dem 1. Weltkrieg, insbesondere von dem amerikanischen Präsidenten *Wilson* geäußerte Einwände gegen sog. Geheimdiplomatie[36] haben sich weder politisch noch rechtlich durchsetzen können. Namentlich die Idee, daß Verträge, die im Wege der Geheimdiplomatie zustande gekommen sind und auch nach Abschluß nicht öffentlich gemacht wurden, unwirksam sein sollten, ist aus guten Gründen nicht zu einer Regel des geltenden Völkerrechts geworden.[37] Daran ändert auch die Vorschrift des Art. 102 Charta der VN – der einzigen Norm, die auf die Kritik an Geheimdiplomatie und -verträgen zurückgeht –, wonach die Mitgliedsstaaten der Vereinten Nationen die von ihnen geschlossenen Verträge beim Generalsekretär der Vereinten Nationen registrieren lassen sollen, nichts. Zwar wird die Wirksamkeit von nicht registrierten Verträgen insofern eingeschränkt, als sich die Vertragsparteien auf sie vor einem Organ der Vereinten Nationen nicht berufen können; ihre rechtliche Geltung wird hierdurch jedoch nicht in Frage gestellt.[38]

b) Verhandlungen können informell über diplomatische Vertretungen, anläßlich des Treffens der Außenminister oder *ad hoc* bevollmächtigter Regierungsvertreter geführt werden.[39] Sie können aber auch – und dies ist namentlich bei umfassenden multilateralen Vertragsprojekten heute die Regel – auf Staatenkongressen/-konferenzen oder in den Plenarorganen internationaler Organisationen durchgeführt werden. Das Verfahren solcher förmlicher Vertragskonferenzen wird in der Regel durch vorangehende Vereinbarungen, z. B. über das Beschlußfassungsverfahren (Mehrheiten, Einstimmigkeit, etc.) festgelegt. Die WVK sieht für das Abstimmungsverfahren – sofern nichts anderes vereinbart ist – eine 2/3-Mehrheit als Voraussetzung der Annahme eines Vertragstextes vor.[40] Abweichend dazu hat sich auf großen internationalen Kodifikationskonferenzen das sog. *Consensus*-Verfahren durchgesetzt. Nach diesem Verfahren gelten Vertragstexte oder Teile von diesen als angenommen,

---

[35] In diesem Sinne *Oppenheim/Jennings/Watts*, Vol. I/1, 1182 f.

[36] Im ersten Punkt seiner sog. 14-Punkte-Erklärung vom 8. 1. 1918 stellte *Wilson* die Forderung auf, daß es in Zukunft nur noch *„open covenants of peace openly arrived at"* geben solle und daß *„diplomacy shall proceed always frankly and in the public view"*, *A. S. Link* (ed.), The Papers of Woodrow Wilson, Vol. 45 (1917–1918), 1984, 534 (536). Auch *Leo Trotsky* hatte sich seinerzeit für die Abschaffung der Geheimdiplomatie ausgesprochen, siehe *U. Knapp*, in: *Simma*, Charter (engl.), art. 102, para. 1. Vgl. auch: The Registration and Publication of Treaties as Prescribed Under Art. 18 of the Covenant of the League of Nations, Memorandum approved by the Council of the League of Nations, May 19, 1920, LNTS 1, 7 ff.

[37] Vgl. dazu *G. E. do Nascimento e Silva*, Diplomacy, Secret, EPIL I (1992), 1033 (1033 f).

[38] Vgl. dazu *Knapp*, in: *Simma*, Charter (engl.), art. 102, para. 3, sowie dazu näher unten § 151.

[39] Dazu unten näher § 147.

[40] Art. 9 Abs. 2 WVK lautet in der amtlichen deutschen Fassung (BGBl. 1985 II, 927 (931): „Auf einer internationalen Konferenz wird der Text eines Vertrages mit den Stimmen von zwei Dritteln der anwesenden und abstimmenden Staaten angenommen, sofern sie nicht mit der gleichen Mehrheit die Anwendung einer anderen Regel beschließen." Die Wiener Konvention über das Recht der Verträge zwischen Staaten und Internationalen Organisationen von 1986 enthält in Art. 9 Abs. 2 eine entsprechende Regelung; Text in: ILM 25 (1986), 543 (551).

wenn sich nach Abschluß der Diskussion auf die Frage des jeweiligen Vorsitzenden kein ausdrücklicher Widerspruch ergibt. Eine förmliche Abstimmung findet nicht statt.[41]

§ 147 Vertragsschlußarten: das einfache und das zusammengesetzte Verfahren; die Ratifikation und die Annahme

Schrifttum: wie vor § 143; ferner *G. Fitzmaurice*, Do Treaties Need Ratification?, BYIL 15 (1934), 113 ff; *J. S. Camara*, The Ratification of International Treaties, 1949; *H. Blix*, The Requirement of Ratification, BYIL 30 (1953), 352 ff; *M. Frankowska*, De la Prétendue Présomption en Faveur de la Ratification, RGDIP, 73 (1969), 62 ff; *S. Rosenne*, Treaties, Conclusion and Entry into Force, EPIL 7 (1984), 465.

I. 1. Das Vertragsschlußverfahren beginnt mit der Aufnahme von Vertragsverhandlungen. Sie werden von jedenfalls verhandlungsbefugten, im übrigen von ausdrücklich bevollmächtigten Vertretern der Vertragsparteien oder von solchen Staatenvertretern geführt, die von Völkerrechts wegen zur Verhandlung und zum Abschluß von Verträgen berechtigt sind[1]. Die Form und die Durchführung der Verhandlungen unterliegen keinen besonderen Regeln. Sie können mündlich im Rahmen von *ad hoc* vereinbarten Treffen oder im Falle komplexer Verhandlungsgegenstände von mit entsprechender Expertise ausgestatteten Delegationen aufgenommen und durchgeführt werden. Sie können aber auch zunächst durch den Austausch von schriftlich niedergelegten Verhandlungspositionen eingeleitet werden.[2] Letztlich hängt die Wahl der Verhandlungsmodalitäten von der Bedeutung und dem Umfang des Verhandlungsgegenstandes ab. So wird ein sogenanntes Verwaltungsabkommen *(executive agreement)* in vielen Fällen schriftlich verhandelt und gegebenenfalls auch nur im Wege des Austausches von übereinstimmenden Schriftstücken abgeschlossen werden.[3]

Als Beispiel können etwa die zahlreichen Verwaltungsabkommen der Bundesrepublik Deutschland mit den Vereinigten Staaten von Amerika zur Regelung von Fragen im Bereich der militärischen Zusammenarbeit, aber auch auf anderen Gebieten, etwa der inneren Sicherheit in der Bundesrepublik Deutschland angeführt werden.[4]

Die Vertragsform des Verwaltungsabkommens findet in Artikel 59 Abs. 2 Satz 2 GG ihre verfassungsrechtliche Basis.

Die Verhandlungen dienen zum einen der umfassenden Diskussion des Vertragsgegenstandes und der inhaltlichen Konsensfindung. Zum anderen wird im Laufe der Verhandlungen auch der Text des Vertrages aufgrund von Formulierungsvorschlägen der Parteien erarbeitet. Die Verhandlungsphase endet mit der Festlegung des Vertragstextes. Es hängt von dem Umfang der Vollmacht der Verhandlungsführer oder von besonderen Vereinbarungen der Parteien ab, ob diese Festlegung des Vertragstextes endgültig oder nur vorläufig sein soll. Im ersten Fall folgt die Unterzeichnung durch die nicht nur verhandlungs-, sondern auch

---

[41] Dazu näher unten § 147, II 36.

[1] Vgl. dazu oben § 144, II.

[2] Die Vielfalt der Möglichkeiten, Vertragsverhandlungen zu führen, betont auch *Rosenne*, EPIL IV, 933.

[3] Vgl. *Chayet*, Les accords en forme simplifiée, A. F. D.I, 1957, S. 3–13.

[4] Vgl. etwa *Exchange of Notes Constituting an Agreement between the United States of America and the Federal Republic of Germany Relating to Training of German Navy Personnel* vom 12. 12. 1956, UNTS 280, 71; *Exchange of Notes Constituting an Agreement between the United States of America and the Federal Republic of Germany Relating to the Release of Air Bases and the Training of German Air Force Personnel* vom 10. 12. 1957, UNTS 307, 59 und das Verwaltungsabkommen zum gleichen Gegenstand vom 24. 5. und 6. 7. 1977, TIAS 9081, in: United States Treaties and other International Agreements 29, part 5, 4859 ff; *Exchange of Notes Constituting an Agreement between the Unites States of America and the Federal Republic of Germany Relating to the Release of Equipment and Materials for Internal Police Use in the Federal Republic of Germany* vom 23. 11. 1953, UNTS 224, 107.

abschlußbefugten Verhandlungsführer unmittelbar der Festlegung des Textes. Soweit weitere Staaten am Vertrag interessiert sind, steht einer Unterzeichnung des Vertrages durch diese Staaten rechtlich nichts im Wege, auch wenn sie nicht an den Verhandlungen teilgenommen haben. Im zweiten Fall wird der Vertragstext entweder aufgrund entsprechender Vereinbarung oder wegen Fehlens der Abschlußbefugnis von den Verhandlungsführern nur paraphiert, d. h. jede Seite des Vertragstextes wird von den Verhandlungsführern mit ihren Initialen (Paraphen) abgezeichnet. Der Vertragstext ist damit zwar noch nicht endgültig bestätigt, kann aber von keiner Vertragspartei einseitig und ohne weitere Verhandlung geändert werden. An die Stelle der Paraphierung kann auch die sog. Unterzeichnung *ad referendum* treten, die ebenfalls noch nicht zur endgültigen Festlegung des Vertrages führt. Zwar wird mit der Unterzeichnung *ad referendum* der Vertragstext von dem Unterzeichnenden angenommen, doch erfolgt diese Annahme unter dem Vorbehalt der endgültigen Billigung des Vertrags durch eine übergeordnete Instanz (Regierung als Kollektivorgan, Außenminister). Sowohl Paraphierung als auch Unterzeichnung *ad referendum* sind fakultativ, ihre Funktion ist im Wesentlichen die Authentifizierung des Vertragstextes. Zusätzlich zu diesen Verfahrensweisen sieht Art. 10 WVK für internationale Konferenzen die Möglichkeit vor, daß an die Stelle der Paraphierung des Vertragstextes die Paraphierung einer den Vertragstext enthaltenden Schlußakte treten kann.[5]

2. Im Hinblick auf das weitere Vertragsschlußverfahren nach Beendigung der Verhandlungsphase unterscheidet das völkerrechtliche Vertragsrecht zwischen dem sogenannten einfachen und dem zusammengesetzten Verfahren.[6] Diese Unterscheidung beruht nicht auf entsprechenden, ausdrücklichen Regeln des völkerrechtlichen Vertragsrechts.[7] Sie ergibt sich vielmehr mittelbar aus Art. 11 WVK, der als Formen der Zustimmung, durch einen Vertrag gebunden zu sein, „Unterzeichnung, Austausch von Urkunden, die einen Vertrag bilden, Ratifikation, Annahme, Genehmigung oder Beitritt oder (...) andere vereinbarte" Verfahren nennt.[8] Während die Unterzeichnung (Art. 12 WVK) oder der Austausch von Urkunden (Art. 13 WVK) sich als jeweils ein Verfahrensschritt darstellen, sind die Ratifikation (Art. 14 Abs. 1 WVK) und die Annahme oder Genehmigung (Art. 14 Abs. 2 WVK)[9] ein jeweils zur Unterzeichnung hinzutretender Verfahrensschritt. Im Fall der Ratifikation ist – je nach innerstaatlicher Verfassungslage[10] – auch der Zwischenschritt der Einholung der Zustimmung der gesetzgebenden Körperschaften erforderlich. Die Unterscheidung zwischen einfachem und zusammengesetztem Verfahren stellt also darauf ab, ob ein Vertrag nach Abschluß der Vertragsverhandlungen und der Unterzeichnung unmittelbar in Kraft treten soll, oder ob nach Vereinbarung der Parteien dem Abschluß der Verhandlungen und der Unterzeichnung noch ein weiterer Verfahrensschritt, nämlich die Ratifikation oder die Annahme/Genehmigung einschließlich der Erfüllung der innerstaatlichen Voraussetzungen für diese, erforderlich sein soll. Im einzelnen ergibt sich folgendes.

---

[5] *Reuter*, Droit des traités, 60 f.

[6] Vgl. dazu die anschauliche tabellarische Darstellung der im einfachen und im zusammengesetzten Verfahren zu durchlaufenden Verfahrensphasen bei *Heintschel v. Heinegg*, in: *Ipsen* (Hrsg.), 4. Aufl., 106 f.

[7] Die Begriffe sind unterschiedlich: während deutschsprachige Autoren vielfach die hier gebrauchten Begriffe des einfachen und des zusammengesetzten Verfahrens benutzen, findet man in der englischsprachigen Literatur Bezeichnungen wie *„long or short procedure"* (so etwa *Detter*, 15 ff – dort auch sogar *„very short procedure"* (26 f)) oder *„treaty and treaty in simplified form"* – so etwa die ILC –; vgl. dazu *K. Holloway*, Modern Trends in Treaty Law, 1967, 69; den Begriff *„agreement in simplified form"* benutzen auch *Oppenheim/Jennings/Watts*, Vol. I/2, 1207, n. 5.

[8] *Rosenne* weist zutreffend darauf hin, daß für *„newly independent states"* nach dem Recht der Staatensukzession in Verträge als weitere Form, die Bindung an einen Vertrag auszudrücken, die einseitige Erklärung dieser Staaten ausreicht; vgl. *Rosenne*, EPIL IV, 934.

[9] Vgl. zu diesen beiden Verfahrensformen näher unten III.

[10] Siehe dazu näher *Holloway* (Anm. 7), 105 ff (insbesondere 151 ff).

II. 1. Wie jedes Vertragsschlußverfahren beginnt auch das sogenannte einfache Verfahren mit der Phase der Verhandlungen. Ist ein für die künftigen Vertragsparteien akzeptabler Vertragstext zustandegekommen, so wird dieser entweder paraphiert und nach Billigung durch die jeweilig zuständigen nationalen Instanzen unterzeichnet oder aber unmittelbar nach Festlegung des endgültigen Vertragstextes von den dazu bevollmächtigten Verhandlungsführern unterzeichnet. Wie bereits erwähnt, ist die Paraphierung fakultativ und entfällt in der Regel im Falle von Verträgen, die im schriftlichen Verfahren und im Wege des Austausches von Urkunden, die den Vertrag bilden, geschlossen werden. Die Paraphierung wird im einfachen Verfahren in der Regel dann angewandt, wenn es den Verhandlungsführern an der Abschlußvollmacht mangelt oder – allgemeiner gesagt – Verhandlungsführer und Unterzeichner verschieden sind.[11] Mit der Unterzeichnung tritt der Vertrag in Kraft, sei es unmittelbar oder zu dem im Vertrage festgelegten Zeitpunkt (Art. 24 Abs. 1 und 2 WVK).

2. Das zusammengesetzte Verfahren besteht gegenüber dem maximal drei Verfahrensschritte erfordenden einfachen Verfahren aus mindestens vier, höchstens fünf Verfahrensschritten. Es beginnt wiederum mit den Verhandlungen. Nach der Einigung auf einen Vertragstext folgt – wiederum fakultativ – die Paraphierung des Textes. Wird der paraphierte Text von den zuständigen staatlichen Organen, in der Regel von der Regierung, gebilligt, erfolgt die Unterzeichnung des Vertrages. Je nach der beabsichtigten Reichweite des Vertrages (geschlossener Kreis von Vertragsparteien oder offener Vertrag[12]) steht es dann auch solchen Staaten, die nicht an den Vertragsverhandlungen teilgenommen haben, frei, den Vertrag zu unterzeichnen.

Beim zusammengesetzten Verfahren führt nun allerdings die Unterzeichnung zwar wie beim einfachen Verfahren zur endgültigen Festlegung des Vertragstextes, jedoch noch nicht zu dessen Inkrafttreten. Dieses hängt im zusammengesetzten Verfahren vielmehr von zwei weiteren Verfahrensschritten ab: entweder der Ratifikation einschließlich der innerstaatlichen Zustimmung oder der Annahme oder Genehmigung (Art. 14 WVK).[13]

3. a) Gelten die vorstehenden Ausführungen zum Vertragsschlußverfahren allgemein und zum zusammengesetzten Verfahren im besonderen selbstverständlich auch für pluri- und multinationale Verträge, so ist doch im einzelnen eine Besonderheit zu beachten. Diese betrifft das Verfahren der endgültigen Festlegung des Vertragstextes bzw. der Annahme des Verhandlungsergebnisses. Auch wenn kein Zweifel daran bestehen kann, daß – wie beim bilateralen Vertrag – auch beim beschränkt multi- oder plurinationalen Vertrag die volle Übereinstimmung der Vertragsparteien über den Vertragsinhalt bestehen muß, weil andernfalls keine für das Entstehen eines Vertrages erforderlichen übereinstimmenden Willenserklärungen vorlägen (Art. 9 Abs. 1 WVK),[14] so ist es schon aus praktischen Gründen einleuchtend, daß das Einstimmigkeitsprinzip bei der Annahme des Verhandlungsergebnisses und damit des erarbeiteten Vertragstextes bei multilateralen Verträgen, die auf internationalen Konferenzen abgeschlossen werden sollen, wenig zweckmäßig ist. So sieht denn Art. 9 Abs. 2 WVK auch vor, daß auf einer „internationalen Konferenz der Text eines Vertrages mit den Stimmen von zwei Dritteln der anwesenden und abstimmenden Staaten angenommen [wird], sofern sie nicht mit der gleichen Mehrheit die Anwendung einer

---

[11] Siehe dazu auch *Heintschel v.Heinegg*, in: *Ipsen* (Hrsg.), 4. Aufl., 106 f (Übersicht) und 111; auch *Oppenheim/Jennings/Watts*, Vol. I/2, 1223 f.

[12] Dazu näher unten § 149.

[13] Zu Ratifikation, Annahme oder Genehmigung unten III.; zu den in der Staatenpraxis gebräuchlichen Formeln siehe die zahlreichen Beispiele bei *H. Blix/J. H. Emerson*, The Treaty Maker's Handbook, 1973, 51 ff.

[14] So zutreffend *Sinclair*, 33 f.

anderen Regel beschließen." Die Beschränkung der für die Annahme des Vertragstextes erforderlichen Mehrheit auf zwei Drittel ist rechtspolitisch sicherlich zu begrüßen, weil diese Regelung einerseits im Hinblick auf die erschwerte Konsensfindung auf einer großen internationalen Konferenz mehr Flexibilität einräumt als sie bei dem Einstimmigkeitserfordernis besteht, andererseits aber dem anzunehmenden Vertrag doch eine immer noch gewichtige Zustimmung sichert. So fand der in Art. 9 Abs. 2, 1. Halbsatz formulierte Vorschlag der ILC weithin Zustimmung, der die Zweidrittelmehrheit für die Annahme des Vertragstextes vorsieht. Dagegen war der in Art. 9 Abs. 2, 2. Halbsatz enthaltene weitere Vorschlag, eine von der jeweiligen Konferenz gegebenenfalls zu beschließende Änderung der zur Annahme erforderlichen Mehrheit müsse ebenfalls mit einer Zweidrittelmehrheit angenommen werden, lebhaft umstritten. Sowohl in der ILC als auch auf der Wiener Vertragsrechtskonferenz wurde die Auffassung vertreten, für die Änderung des Mehrheitserfordernisses – einer Verfahrensentscheidung – sei die einfache Mehrheit ausreichend. Diese Auffassung hat sich zurecht nicht durchgesetzt. Der dem Erfordernis einer Zweidrittelmehrheit zugrundeliegende Gedanke des Minderheitenschutzes wurde schließlich – insbesondere im Hinblick auf die Gefahr, daß die Anwendung der einfachen Mehrheit zu einer Aushöhlung des Erfordernisses der Zweidrittelmehrheit für die Vertragsannahme führen könnte – für so gewichtig erachtet, daß der ILC-Mehrheitsvorschlag, wie er in Art. 9 Abs. 2, 2. Halbsatz WVK enthalten ist, Eingang in die Konvention gefunden hat.[15]

b) In der jüngeren Staatenpraxis hat sich allerdings auf internationalen Konferenzen – vor allem solchen unter der Schirmherrschaft der Vereinten Nationen – zunehmend eine von Art. 9 Abs. 2 WVK abweichende Praxis der Annahme von Vertragstexten durchgesetzt. Die Rede ist vom sog. Konsensusverfahren.[16] Dieses wird weitgehend übereinstimmend definiert als Verfahren zur Annahme von Vertragstexten, Resolutionen oder auch Beschlüssen durch internationale Konferenzen oder Organe internationaler Organisationen[17] ohne förmliche Abstimmung, sofern nicht von einem Konferenzteilnehmer oder einem Mitglied eines Organs ein Einwand erhoben wird, den dieser als Hindernis für die Beschlußfassung qualifiziert.[18] Das Konsensusverfahren geht auf eine von der VN-Generalversammlung zu Beginn der 60er Jahre zur Umgehung der rechtlichen Konsequenzen des Art. 19 Charta der VN eingeführte Praxis zurück.[19] Nach dieser Bestimmung sind Mitgliedstaaten der Vereinten Nationen, die mit ihren Mitgliedsbeiträgen in der in Art. 19 bestimmten Höhe in Rückstand geraten sind, vom Stimmrecht ausgeschlossen. Um dennoch wesentliche Entscheidungen wie die Verabschiedung des Budgets trotz des Umstandes zu ermöglichen, daß sich seinerzeit unter den Beitragsschuldnern politisch wichtige Staaten befanden, einigten sich die Mitglieder der Gerneralversammlung darauf, die Verabschiedung wichtiger Be-

---

[15] Dazu näher *Sinclair*, 34 f; auch *Wetzel/Rauschning*, 109 ff.

[16] Hierzu näher *E. Suy*, Consensus, EPIL I (1992), 759 ff mwN; ausführlich *M. Schmans*, Einstimmigkeitsprinzip, Mehrheitsprinzip und Konsensverfahren auf Vertragskonferenzen zur universellen völkerrechtlichen Rechtsetzung, 1984.

[17] Hinzuweisen ist allerdings auf die Anwendung des Konsensusverfahrens auch im Rahmen der Europäischen Union/Europäischen Gemeinschaft, vgl. dazu *I. v.Seidl-Hohenveldern*, Consensus in den Vereinten Nationen und in den europäischen Gemeinschaften, in: Rechtsvergleichung, Europarecht und Staatenintegration: GS *Constantinesco*, 1983, 695 ff.

[18] Zu den Definitionen im einzelnen *Suy*, EPIL I (1992), 759; *Heintschel v.Heinegg*, in: *Ipsen* (Hrsg.), 4. Aufl., 108; *R. Wolfrum*, Konsens im Völkerrecht, in: *H. Hattenhauer/W. Kaltefleiter* (Hrsg.), Konsens und Verfassung, 1986, 79 ff.

[19] Soweit ersichtlich, hat der Weltraumausschuß der VN-Generalversammlung als erstes VN-Organ das Konsensusverfahren angewandt und seiner Arbeit als „Verhandlungsforum" das Einverständnis darüber zugrundegelegt, daß diese in einer Weise erfüllt wird, die es dem Ausschuß ermöglicht, Einvernehmen zu erzielen, ohne abstimmen zu müssen, vgl. UN Doc.A/AC.105/SR 2, S. 5; hierzu auch *G. M. Danilenko*, Law-Making in the International Community, 1993, 277 ff; *Heintschel v.Heinegg*, in: *Ipsen* (Hrsg.), 4. Aufl., 108.

schlüsse ohne förmliche Abstimmung zuzulassen. Dieses Verfahren der Beschlußfassung ohne Abstimmung hat dann als eine allgemeine Übung Eingang in die Praxis verschiedener VN-Organe und namentlich der großen Kodifikationskonferenzen gefunden.

So wurde z. B. die politisch und völkerrechtlich bedeutsame *„Friendly Relations Declaration"* von der VN-Generalversammlung im Wege des Konsensusverfahrens verabschiedet.[20] Das wohl bisher bedeutsamste Beispiel für eine Vertragskonferenz, die – wenn auch nicht ausschließlich – nach dem Konsensusverfahren abgewickelt wurde, bietet die 3. VN-Seerechtskonferenz. Diese Konferenz hat das Konsensusverfahren auch erstmals in einem internationalen Vertrag, der 3. VN-Seerechtskonvention, als Entscheidungsverfahren für den Rat der Meeresbodenbehörde verbindlich vorgeschrieben (Art. 161 Abs. 8 lit. (d), (f) und (g) i. V. m. lit. (e) UNCLOS).[21] Buchstabe (e) enthält zugleich eine – allerdings nur die Vertragsstaaten bindende – Legaldefinition des Konsensusverfahrens: „Im Sinne der Buchstaben d, f und g bedeutet „Konsens" das Fehlen jedes förmlichen Einspruchs."[22]

Wie das Beispiel der VN-Seerechtskonferenz zeigt, werden die Modalitäten der Annahme von Vertragstexten auf großen Konferenzen nicht lupenrein angewandt, es sei denn, es existiert im Einzelfall eine verbindliche und nicht abdingbare Verfahrensregel. Vielmehr kommt es zu Mischungen von Mehrheitsentscheidungen, Konsensverfahren und ggf. Einstimmigkeit – ein Ausdruck der letztlich bei den beteiligten Staaten liegenden Freiheit der Gestaltung des Verhandlungs- und Entscheidungsmodus.

III. Wie bereits deutlich gemacht, bilden Ratifikation und Annahme oder Genehmigung[23] die beiden Verfahren, mit denen nach einer Unterzeichnung, die dem jeweiligen Willen der Parteien entsprechend nur vorläufige Bindungswirkung besitzt, die endgültige Bindung an den Vertrag herbeigeführt wird. In Art. 2 Abs. 1 lit. b enthält die WVK eine Legaldefinition sowohl der Ratifikation als auch der Annahme bzw. Genehmigung: „(1) Im Sinne dieses Übereinkommens bedeutet ‚Ratifikation', ‚Annahme', ‚Genehmigung' . . . jeweils die so bezeichnete völkerrechtliche Handlung, durch die ein Staat im internationalen Bereich seine Zustimmung bekundet, durch einen Vertrag gebunden zu sein." Diese Verfahren können von den Vertragsparteien jeweils verbindlich vereinbart werden. Ohne eine solche Vereinbarung ist es – wie schon betont – den Parteien freigestellt, ob sie die Ratifikation bzw. die Annahme oder Genehmigung vornehmen wollen.[24] Das war hinsichtlich der Ratifikation nicht immer so.

1. a) Historisch gesehen bildete die Ratifikation eines Vertrages die Regel. Dies hängt damit zusammen, daß die Ratifikation ursprünglich einen anderen Sinn hatte als heute: Die Ratifikation bedeutete die Bestätigung der Vollmacht, die der Monarch seinem Repräsentanten erteilt hatte, womit zugleich anerkannt wurde, daß dieser mit der Aushandlung des Vertrages sich innerhalb der Vollmacht bewegt hatte.[25] Aus dieser Sicht war die Ratifikation zwar nur ein Formalakt, der sich nicht direkt auf die Billigung des Vertragstextes richtete, aber nach der Rechtsansicht der Zeit ein wesentlicher Formalakt.

---

20 GA Res. 2625 (XXV) vom 24. 10. 1970, Text in UNYB 1970, 788 ff.

21 Vgl. dazu schon Bd. I/1, S. 60 und dortige Anm. 51; ferner *Suy*, EPIL I (1992), 759; *Heintschel v. Heinegg*, in: *Ipsen* (Hrsg.), 4. Aufl., 108.

22 UN Doc. A/Conf.62/122 vom 7. 10. 1982 (englisch); BGBl. 1994 II, 1799.

23 Annahme *(acceptance)* und Genehmigung *(approval)* unterscheiden sich lediglich darin, daß die Genehmigung die vorhergehende Unterzeichnung eines Vertrages voraussetzt, was bei der Annahme nicht notwendig der Fall ist, wie hier *Reuter*, Droit des traités, 61; *Holloway*, 91, n. 31 (Anm. 7); nach *Oppenheim/Jennings/Watts*, Vol. I/2–4, 1236 mit Anm. 4, können sowohl Annahme als auch Genehmigung sowohl nach als auch ohne Unterzeichnung erfolgen. Der Sonderberichterstatter zum Entwurf der WVK stellte fest, daß beide Begriffe in der internationalen Praxis nicht in eindeutigem Sinne verwendet werden, s. *Wetzel/Rauschning*, 79–80.

24 So statt anderer auch *Rosenne*, EPIL IV, 934: *„There is no absolute rule in international law requiring that a treaty should be subject to ratification"*.

25 Vgl. *Elias*, 23 f; *Rosenne*, EPIL IV, 932 f.

So entschied z. B. Lord Stowell im Fall *The Eliza Ann*[26], daß die Kaperung eines britischen Kriegsschiffes am 11. 8. 1812 nicht als in neutralen Gewässern vorgenommen beanstandet werden konnte, weil die Ratifizierung des Friedensvertrages mit Schweden, der bereits am 18. 7. 1812 unterzeichnet worden war, von beiden Parteien erst am 17. 8. des Jahres vorgenommen worden war. In diesem Zusammenhang sprach Lord Stowell von der Ratifikation als *„a form but... an essential form."*[27]

Im Laufe des 19. Jahrhunderts trat insoweit ein Wandel ein. Die wachsende Zahl von Verträgen, ihr komplexerer Inhalt, der vermehrt auch der Umsetzung im innerstaatlichen Bereich durch Gesetzgebung bedurfte, sowie im Laufe der Zeit auch der Gesichtspunkt der parlamentarischen Kontrolle der auswärtigen Angelegenheiten führten zu einem Verständniswandel. Nunmehr wurde die Zustimmung zum Inhalt des Vertrages Gegenstand der Ratifikation, den noch einmal gründlich zu prüfen der Zeitraum zwischen Unterzeichnung und Ratifikation Gelegenheit gab.[28] Aber der Bedeutungswandel änderte nichts daran, daß die Ratifikation als Regelfall angesehen wurde. Erst als es mit der rapiden Erweiterung der internationalen Beziehungen und ihrer Ausdehnung auf den wirtschaftlich-technischen Bereich zu einer starken Vermehrung internationaler Abkommen kam, ergab sich ein Bedürfnis nach einer Lockerung des strikten Ratifikationserfordernisses und einer flexiblen und vor allem zeitsparenden Form der endgültigen Zustimmung zu Verträgen[29]. So lag es nahe, diese Zustimmung rechtlich auch in der bloßen Unterzeichnung zu sehen. In diesem Sinne entwickelte sich daher das völkerrechtliche Vertragsrecht. Allerdings blieb die Frage, ob die Ratifikation weiterhin den Regelfall bilden sollte, also immer dann zur Anwendung kommen müsse, wenn keine abweichende Regelung getroffen wurde, oder ob sie nur dann vorzunehmen sei, wenn dies von den Parteien ausdrücklich vereinbart wurde, bis in die Zeit nach dem 2. Weltkrieg umstritten. So stellte *Blix* im Jahre 1953 – wie schon *Fitzmaurice* im Jahre 1934 – fest, die Staatspraxis zeige, daß eine Ratifikation nur erforderlich sei, wenn die Parteien dies vereinbart hätten. Im Zweifel reiche die Unterzeichnung aus, um die volle Bindungswirkung eines Vertrages auszulösen.[30] Auf der anderen Seite forderte *McNair* noch im Jahre 1961, daß mangels anderer Bestimmung durch die Parteien die Ratifikation erforderlich sei.[31] Doch ist nicht nur die Praxis der einzelnen Staaten über diese Forderung hinweggegangen. Die ILC und ihr folgend die Staatengemeinschaft haben sich auf der Wiener Vertragsrechtskonferenz der Auffassung und entsprechenden Staatenpraxis angeschlossen, die das Erfordernis der Ratifikation in die freie Entscheidung der Vertragsparteien stellt. Art. 14 WVK sieht vor, daß „die Zustimmung eines Staates, durch einen Vertrag gebunden sein", (nur) dann durch die Ratifikation ausgedrückt wird, wenn der Vertrag diese vorsieht, wenn „anderweitig feststeht, daß die Verhandlungsstaaten die Ratifikation einvernehmlich für erforderlich hielten, wenn der Vertreter des Staates den Vertrag unter Vorbehalt der Ratifikation unterzeichnet hat oder wenn die Absicht des Staates, den Vertrag unter Vorbehalt zu unterzeichnen, aus der Vollmacht seines Vertreters hervorgeht oder während der Verhandlungen zum Ausdruck gebracht wurde."

b) Mit dem Begriff der Ratifikation verbindet sich heute in aller Regel die vom innerstaatlichen Recht her bestimmte Praxis, daß die Ratifikation nicht vom Staatsoberhaupt oder von der jeweiligen Regierung allein ausgesprochen werden kann. Vielmehr hat sich in den Verfassungsordnungen vieler Staaten die Regelung durchgesetzt, daß – insoweit eine Ratifikation erforderlich ist – diese nur mit der Zustimmung oder zumindest Mitwirkung

---

[26] Dodson's Admiralty Reports, 244; dazu auch *Parry*, in: *Sørensen* (ed.), 191.

[27] Dodson's Admiralty Reports 248.

[28] *Parry*, 192 (Anm. 26), spricht anschaulich davon, daß die Vertragsparteien *„breathing-space"* brauchten, um den Vertragsinhalt zu prüfen.

[29] So auch *Rosenne*, EPIL IV, 933.

[30] Vgl. *Blix*, BYIL 30 (1953), 380; *Fitzmaurice*, BYIL 15 (1934), 129.

[31] *McNair*, 133.

der gesetzgebenden Körperschaften erfolgen kann. In demokratischen Verfassungsstaaten kommt in dieser Regelung das Anliegen zum Ausdruck, daß auch in auswärtigen Angelegenheiten die vom Volk unmittelbar gewählten Abgeordneten eine nachhaltige Mitsprache haben müssen, daß also die Außenpolitik nicht mehr die Prärogative der Exekutive sein kann. Die Ratifikation ist somit kein rein formelles Erfordernis mehr.

So sieht etwa das deutsche Grundgesetz vor, daß die gesetzgebenden Körperschaften gemäß Art. 59 Abs. 2 zu Verträgen, die die politischen Beziehungen des Bundes regeln oder sich auf Gegenstände der Bundesgesetzgebung beziehen, ihre Zustimmung geben müssen. Dies geschieht durch Verabschiedung eines sog. Vertrags- oder Zustimmungsgesetzes, das zugleich auch die Anordnung zur innerstaatlichen Anwendung des Vertrages enthält.[32] Auch die französische[33] und die niederländische[34] Verfassung sehen für bestimmte Verträge die Zustimmung der gesetzgebenden Körperschaften vor. In den Vereinigten Staaten erfordern Verträge – nicht die sog. *„executive agreements"* – den Rat *(„advice")* und die Zustimmung einer Zweidrittelmehrheit des Senates.[35]

Der Staatspraxis nach erscheint die Ratifikation ihrer Funktion und Gestaltung ganz überwiegend gefestigt: es handelt sich um eine völkerrechtliche Handlung, mit der ein Staat seine Zustimmung bekundet, durch einen Vertrag gebunden zu sein. Eine ausdrückliche Formvorschrift enthält die WVK nicht. Allerdings setzen die Art. 14 und 16 die Schriftform voraus. Auch hatte die Staatspraxis vor Abschluß der WVK bereits bestimmte, sich wiederholende Formen der Beurkundung entwickelt.[36] Obwohl der Begriff der „völkerrechtlichen Handlung" im Rechtssinne auch die konkludente Zustimmung nicht ausschließt, so scheint uns doch die Formulierung, wonach der Staat durch die Ratifikationshandlung seine Zustimmung „bekundet", eher darauf hinzudeuten, daß die WVK die in früherer Zeit vertretene Auffassung, wonach eine Ratifikation auch stillschweigend erfolgen könne, nicht teilt.[37] Auch der nach der WVK (Art. 16 lit. a) vorgesehene Austausch oder die Hinterlegung (Art. 16 lit. b) der Ratifikationsurkunden spricht gegen die Möglichkeit einer stillschweigenden Ratifikation. Insoweit ein Staat durch sein Verhalten implizit seine Zustimmung zu einem Vertrag erkennen läßt, so dürfte dies ein Fall der Annahme sein, die jedenfalls nicht notwendig der parlamentarischen Zustimmung oder Mitwirkung bedarf. Von einer stillschweigenden Ratifikation im Sinne des modernen Völkervertragsrechts zu sprechen, führt zu einer begrifflichen Verwirrung und ist mit dem Begriff der Ratifikation als einem Akt, der innerstaatlich nach den Verfassungen einer großen Zahl von Staaten der Mitwirkung der gesetzgebenden Körperschaften bedarf, unvereinbar.[38]

---

[32] Vgl. dazu statt anderer *Maunz*, in: *T. Maunz/G. Dürig*, Kommentar zum Grundgesetz, Bd. II, 1996, Rdn. 13 ff zu Art. 59 (2); zum Ganzen auch Bd. I/1, S. 118 f.

[33] Art. 53 der Verfassung von 1958; dazu nähere Nachweise Bd. I/1, S. 114; vgl. auch *Sur*, in: *Combacau/Sur*, Droit international public, 4. Aufl., 2000, 121 ff.

[34] Art. 91 der niederländischen Verfassung von 1983, Text in englischer Sprache in *A. P. Blaustein/G. H. Flanz*, Constitutions of the Countries of the World, Binder XIII, Release 1996–1.

[35] Art. II. Sec. 2 (2) der Verfassung, weitere Nachweise Bd. I/1, S. 110.

[36] Vgl. dazu schon Harvard Research, AJIL 29 part III (1935), 739, im Kommentar zu Art. 6 des Harvard Entwurfes sowie die Beispiele bei *McNair*, 144 ff; Beispiele auch bei *Blix/Emerson* (Anm. 13), 57 ff.

[37] Ausdrückliche Hinweise hierauf finden sich in den Berichten der ILC nicht, jedoch wird aus der Kontroverse über die korrekte Definition der Begriffe Ratifikation, Annahme, Genehmigung und Beitritt in Art. 2 WVK deutlich, daß sich die ILC über den unterschiedlichen Gebrauch der Begriffe im Klaren war, deswegen keine Möglichkeit sah, in Art. 2 zu einer jeweils präziseren, aber dennoch die Vielfalt der Bedeutungen widerspiegelnden Definition zu kommen, und deshalb die Präzisierung den Verfahrensvorschriften der Art. 12 ff überließ. Die Art. 14–16 WVK machen dann aber deutlich, daß mit Ratifikation der ausdrückliche, förmliche Begriff gemeint sein muß. Zur Diskussion in der ILC siehe *Wetzel/Rauschning*, 79 f.

[38] Vgl. zu den Auseinandersetzungen über diese Frage *Holloway* (Anm. 7), 80 f; zur Haltung der ILC oben Anm. 37; wie hier *Oppenheim/Jennings/Watts*, Vol. I/2, 1231 n. 2, mit der Begründung, eine stillschweigende Ratifikation werde selten, wenn überhaupt, in Übereinstimmung mit den Anforderungen eines Vertrages sein, der der Ratifikation unterliegen soll. Weitergehend, aber wohl im Hinblick auf die ältere

2. Eine Verwendung des Begriffes der Ratifikation in einem weiten Sinne, der auch die stillschweigende „Ratifikation" umfaßt, ist über die vorstehenden Überlegungen hinaus auch nicht erforderlich, weil die Staatspraxis – und ihr folgend die WVK (Art. 14 Abs. 2) – der Ratifikation die Annahme oder Genehmigung eines Vertrages als Alternativen, die Zustimmung zu einem Vertrag ausdrücken, an die Seite gestellt hat. Hat zum Beispiel der Vertreter eines Staates einen Vertrag *ad referendum* unterzeichnet, so kann der Staat den Vertrag nachfolgend annehmen oder genehmigen. Ob dies mit Zustimmung weiterer innerstaatlicher Instanzen geschehen muß, hängt von dessen Verfassungslage ab. Völkerrechtlich besagt Art. 14 Abs. 2 WVK lediglich, daß die Annahme oder die Genehmigung unter ähnlichen Bedingungen ausgedrückt wird wie die Ratifikation, womit völkerrechtliche Bedingungen gemeint sind, nicht innerstaatliche. Formvorschriften für die Annahme oder Genehmigung sehen weder das Gewohnheits- noch das Vertragsrecht der Wiener Konvention vor. Anders als bei der Ratifikation im hier verstandenen Sinne kann die Annahme oder Genehmigung eines Vertrages allerdings auch stillschweigend – also etwa durch Erfüllung – erfolgen.
Der Unterschied zwischen Annahme und Genehmigung besteht darin, daß bei letzterer nach Annahme des Textes eine nochmalige Bestätigung erfolgen muß.[39]

IV. Das Vertragsschlußverfahren für Verträge zwischen internationalen Organisationen sowie zwischen diesen und Staaten weicht in wenigen Punkten von den Regeln ab, die für Verträge zwischen Staaten gelten. Da sich die Vertretungsbefugnis der Organträger internationaler Organisationen ausschließlich nach dem jeweiligen Gründungsvertrag richtet, enthält die WVKIO keine dem Art. 7 Abs. 2 WVK entsprechende Vorschrift, wonach bestimmte Staatsorgane kraft Amtes Vertragsabschlußbefugnis besitzen. Bei Vertragsverhandlungen hat ein Vertreter einer internationalen Organisation entweder Vollmacht vorzuweisen oder aber es muß nach den Umständen ersichtlich die Absicht der beteiligten Staaten und Organisationen gewesen sein, die infrage kommende Person auch ohne Vorlage einer Vollmacht als für die anstehende Aufgabe in Übereinstimmung mit dem Recht der Organisation bevollmächtigten Vertreter der Organisation anzusehen (Art. 7 Abs. 3 WVKIO). Eine andere Besonderheit besteht darin, daß für internationale Organisationen die Vornahme einer Ratifikation, wie sie für Verträge zwischen Staaten vorgesehen ist, jedenfalls in der für Staaten gebotenen Form nicht möglich ist. Hieraus wurde in der Praxis zunächst geschlossen, daß die Ratifikation für Verträge zwischen oder mit internationalen Organisationen von Rechts wegen nicht möglich sei. Verträge zwischen oder mit internationalen Organisationen traten daher mit der Unterschrift in Kraft.[40] Doch zeigte sich in der Praxis dann doch ein so großes Interesse daran, auch im Fall von Verträgen zwischen oder mit internationalen Organisationen eine der Ratifikation entsprechende Erklärung von internationalen Organisationen zu erhalten, daß die WVKIO in Art. 14 Abs. 2 diesem Bedürfnis der Praxis Rechnung getragen hat.[41] In Aufnahme der bereits geübten Praxis sieht diese Vorschrift vor, daß in Fällen, in denen ein Vertrag als ratifikationsbedürftig angesehen wird, die Organisation in einer förmlichen Erklärung ihre Zustimmung kundtun kann, nunmehr an den Vertrag endgültig gebunden zu sein.[42]

Praxis nicht ganz zutreffend *Heintschel v.Heinegg*, in: *Ipsen* (Hrsg.), 4. Aufl., 110, der davon spricht, die „[f]ormlose oder konkludente Ratifikation [sei] dem Völkerrecht fremd." Zuzustimmen ist aber der Aussage, daß im gegenwärtigen Völkerrecht für eine stillschweigende Ratifikation kein Platz ist.

[39] *Sur*, in: *Combacau/Sur*, Droit international public, 4. Aufl., 120.

[40] *Heintschel v.Heinegg*, in: *Ipsen* (Hrsg.), 4. Aufl., 110; *Blix*, 364; vgl. Development Credit Agreement between the International Development Association and India vom 12. 5. 1987, UNTS 1483, 31; Memorandum of Understanding on Cooperation in the Agricultural Sector between the United Nations, Mexico and the Central American Bank for Economic Integration vom 13. 10. 1988, UNTS 1515, 147.

[41] Vgl. dazu den Kommentar der ILC zu ihrem Entwurf, Yearbook ILC 1982 II/2, 19.

[42] Zum Ganzen auch *Heintschel v.Heinegg*, in: *Ipsen* (Hrsg.), 4. Aufl., 110 f.

§ 148 Der Vorbehalt und die Grenzen seiner Zulässigkeit

Schrifttum: wie vor § 143; ferner *K. Holloway*, Les réserves dans les traités internationaux, 1958; *D. Kappeler*, Les réserves dans les traités internationaux, 1958; *O. Schachter*, The Question of Treaty Reservations at the 1959 General Assembly, AJIL 54 (1960), 372 ff; *W. W. Bishop*, Reservation to Treaties, RdC 103 (1961) 245 ff; *D. R. Anderson*, Reservations to Multilateral Conventions: A Re-Examination, ICLQ 13 (1964), 450 ff; *A. Cassese*, Una nuova clausula sulle riserve, Riv. 50 (1967), 584 ff; *ders.*, A New Reservation Clause (Art. 20 of the United Nations Convention on the Elimination of All Forms of Racial Discrimination), in: FS Guggenheim, 1968, 266 ff; *C. Tomuschat*, Admissibility and Legal Effects of Reservations to Multilateral Treaties, ZaöRV 27 (1967) 463 ff; *K. Holloway*, Modern Trends in Treaty Law, 1967; *T. Schweisfurth*, Vorbehalte zu internationalen Verträgen unter besonderer Berücksichtigung der östlichen Vertragstheorie, IRuD 1970 II, 46 ff; *M. H. Mendelson*, Reservations to the Constitutions of International Organizations, BYIL 45 (1971), 137 ff; *J. Nisot*, Les réserves aux traités et la Convention de Vienne du 23 mai 1969, RGDIP 77 (1973), 20 ff; *M. Ruda*, Reservations to Treaties, RdC 146 (1975), 95 ff; *H. D. Jarass*, Die Erklärung von Vorbehalten zu völkerrechtlichen Verträgen, DÖV 28 (1975), 117 ff; *D. Bowett*, Reservations to Non-Restricted Multilateral Treaties, in BYIL 48 (1976–1977), 67 ff; *C. Pilloud*, Les réserves aux Conventions de Genève de 1949, Revue de la Croix-Rouge 48 (1976), 131 ff u. 195 ff; *J. Sztucki*, Some Questions Arising from Reservations to the Vienna Convention on the Law of Treaties, GYIL 20 (1977), 277 ff; *P. H. Imbert*, Les réserves aux traités internationaux, 1979; *J. K. Gamble*, Reservations to Multilateral Treaties. A Macroscopic View of State Practice, AJIL 74 (1980), 372 ff; *J. K. Koh*, Reservations to Multilateral Treaties: How International Legal Doctrine Reflects World Vision, Harvard ILJ 23 (1982), 71 ff; *K. Zemanek*, Unresolved Questions Concerning Reservations in the Vienna Conventions on the Law of Treaties, in: FS Lachs, 1984, 323 ff; *R. Kühner*, Vorbehalte zu multilateralen völkerrechtlichen Verträgen, 1986; *F. Horn*, Reservations and Interpretative Declarations to Multilateral Treaties, 1988; *R. W. Edwards*, Reservations to Treaties, MichJIL 10 (1989), 362 ff; *C. Redgwell*, Some Reflections on reservations to general multilateral treaties, BYIL, 64 (1993), 245 ff; *D. N. Hylton*, Default breakdown: The Vienna Convention on the Law of Treaties' Inadequate Framework on Reserverations, in Vand. J. - Transnat'l. L. 27 (1994), 419 ff; *L. Lijnzaad*, Reservations to UN Human Rights Treaties – Ratify or Ruin?, 1995; *T. Giegerich*, Vorbehalte zu Menschenrechtsabkommen: Zulässigkeit, Gültigkeit und Prüfungskompetenzen von Vertragsgremien, ZaöRV 55 (1995), 713 ff; *G. Cohen-Jonathan*, Les réserves dans les traités institutionelles relatifs aux droit de l'homme. Nouveaux aspects européens et internationaux, RGDIP 92 (1996), 915 ff; *B. Graefrath*, Vorbehalte zu Menschenrechtsverträgen, HumV-I 9 (1996), 68 ff; *P. Hilpold*, Das Vorbehaltsregime der Wiener Vertragskonvention, AVR 34 (1996), 376 ff; *J. A. Frowein*, Reservations and the International Ordre Public, in: Theory of International Law at the Threshold of the 21st Century, Festschrift für Skubiszewski, 1996, 403 ff; *L. Sucharipa-Behrmann*, The Legal Effects of Reservations to Multilateral Treaties, Austr. Rev. Int'l & Eur. L. 1 (1996), 67 ff; *M.-F. Lücker-Babel*, Les réserves à la Convention des Nations Unies relative aux droits de l'enfant et la sauvegarde de l'objet et du but du traité international, EJIL 8 (1997), 664 ff; *C. Redgwell*, Reservations to Human Rights Treaties, ICLQ 46 (1997), 390 ff; *J. P. Gardner* (Hrsg.), Human Rights as General Norms and a State's Right to Opt out: Reservations and Objections to Human Rights Conventions (1997); *N. Ando*, Reservations to multilateral human rights treaties: the general comment of the Human Rights Committee and the critique of the comment, in: Trilateral perspectives on international legal issues, 1998, 111 ff; *B. Simma*, Reservations to Human Rights Treaties – Some Recent Developments, in: Festschrift für *I. Seidl-Hohenveldern*, 1998, 659 ff.; *J. Klabbers*, State Succession and Reservations to Treaties, in: Essays on the Law of Treaties, 1998, 107 ff; *F. Cede*, European Responses to Questionable Reservations, in: Development and Developing International and European Law, 1999, 21 ff; *S. S. Akermark*, Reservations: breaking new ground in the Council of Europe, ELR 24 (1999), 499 ff;.*R. Baratta*, Should Invalid Reservations to Human Rights Treaties be Disregarded?, EJIL 11 (2000), 413 ff; *R. W. Edwards Jr.*; Reservations to Treaties: The Belilos Case and the Work of the International Law Commission, UTLR 31 (2000), 195 ff; *A. E. Montalvo*, Reservations to the American Convention on Human Rights: a new approach, AUILR 16 (2000), 269 ff; *C. Stahn*, Vorbehalte zu Menschenrechtsverträgen, EuGRZ 2001, 607 ff.

I. 1. Nicht immer gelingt es, bei Vertrags-, aber auch bei Beitrittsverhandlungen einen totalen Konsens zwischen den Vertragsparteien herbeizuführen. Sind Meinungsverschiedenheiten zwischen den Parteien von der Art, daß zwar im wesentlichen Einigkeit unter ihnen über den Vertragsinhalt besteht, in bezug auf einzelne Vorschriften dagegen Differenzen geblieben sind, so sah schon das völkergewohnheitsrechtliche Vertragsrecht die Möglichkeit vor, daß die partiell dissentierende Partei einen sogenannten Vorbehalt anbringen konnte. Das gilt auch heute für das Gewohnheitsrecht, und die Wiener Konvention sieht ebenfalls diese Möglichkeit vor. Art. 2 Abs. 2 lit. d WVK definiert den Vorbehalt als „eine wie auch immer formulierte oder bezeichnete, von einem Staat bei der Unterzeichung, Ratifikation, Annahme oder Genehmigung eines Vertrags oder bei dem Beitritt zu einem Vertrag abgegebene einseitige Erklärung, durch die der Staat bezweckt, die Rechtswirkung einzelner Vertragsbestimmungen in der Anwendung auf diesen Staat auszuschließen oder zu ändern; ...". Die WVK läßt die Frage offen, ob Vorbehalte prinzipiell nur bei multilateralen, nicht aber bei bilateralen Verträgen angebracht werden können. Gegen die rechtliche Möglichkeit von Vorbehalten bei bilateralen Verträgen wird angeführt, daß im Zweierverhältnis kein Raum für Vorbehalte sei: Wann immer ein Vorbehalt in einer solchen Vertragsbeziehung erklärt werde – ob bei der Unterzeichnung oder der Ratifikation –, in jedem Falle werde mit der Erklärung des Vorbehaltes der Inhalt des Vertrages im Verhältnis zu dem einzigen Vertragspartner in Frage gestellt. Damit lägen übereinstimmende Willenserklärungen nicht mehr vor. Solle dennoch ein Vertrag zustande kommen, so sei dies nur möglich, wenn der andere Teil die Vorbehaltserklärung als ein neues Angebot zum Abschluß des Vertrags in geänderter Fassung verstehe und annehme. Diesem Argument ist aus vertragstheoretischer Sicht wenig hinzuzufügen. Doch gibt es immerhin sowohl aus alter Zeit wie auch in der jüngeren Vertragspraxis zahlreiche Beispiele, in denen Vertragsparteien von bilateralen Verträgen nicht nur einseitige Erklärungen zu ihrem Verständnis der richtigen Auslegung einer Vertragsvorschrift (sog. *interpretative declarations)* abgegeben, sondern dem Wortlaut nach echte Vorbehalte erklärt haben.

So kann eine Erklärung zum sog. *Jay*-Vertrag von 1795 zwischen den Vereinigten Staaten und Großbritannien als ein Vorbehalt gelesen werden.[1] In jüngerer Zeit bildet der Vertrag zwischen den Vereinigten Staaten und Panama betreffend den Panama-Kanal von 1977 ein Beispiel, wo der amerikanische Senat seiner von jeher geübten Praxis[2] folgend, auch bei bilateralen Verträgen Vorbehalte anzubringen, im Rahmen des Ratifizierungsverfahrens Vorbehalte geltend machte, die in das Protokoll über den Austausch der Ratifikationsurkunden aufgenommen wurden. Es blieb offen, ob diese „Vorbehalte", die vom panamesischen Präsidenten akzeptiert wurden, einen integralen Bestandteil des durch die panamesische Annahme der amerikanischen „Vorbehalte" geänderten Vertrages bildeten – dies war die vom amerikanischen Senat bevorzugte Version – oder einen selbständig zu bestätigenden Vorbehalt darstellten.[3]

---

[1] Vgl. dazu *Horn*, 7 mwN; der Autor geht davon aus, daß dieser Vorbehalt nicht nur ein Beispiel für einen Vorbehalt zu einem bilateralen Vertrag ist – wenn man solche Vorbehalte als echte ihrer Art akzeptiert –, sondern überhaupt eines der ersten Beispiele für die beginnende Vorbehaltspraxis darstellt. Einigkeit besteht darin, daß in größerem Umfang eine Vorbehaltspraxis erst gegen Ende des 19. Jahrhunderts – genauer seit den Haager Konferenzen von 1899 und 1907 – zu beobachten ist.

[2] *M. Owen*, Reservations to Multilateral Treaties, Yale LJ 38 (1929), 1086 (1091) mwN, berichtet, daß nach einigen Untersuchungen der amerikanische Senat seit 1800 Vorbehalte zu mindestens 66, nach anderen Angaben zu 87 Verträgen erklärt hat.

[3] Dazu näher *Horn*, 4 und dortige Anm. 10. Nachweise insbesondere der amerikanischen Praxis, auch bei bilateralen Verträgen Vorbehalte auszusprechen – wofür nahezu ausnahmslos der Senat ursächlich war und ist, der bei der Erteilung seines *„advice and consent"* zur Ratifikation von Verträgen durch den Präsidenten von der Möglichkeit Gebrauch macht, diese Zustimmung von der Ausbringung von Vorbehalten gegenüber dem Vertragspartner durch die Exekutive abhängig zu machen; vgl. dazu die zahlreichen Beispiele bei *D. H. Miller*, Reservations to Treaties: Their Effect, and the Procedure in Regard Thereto, 1919, 1 ff.

Im folgenden wird die Problematik der Vorbehalte nur in bezug auf multilaterale Verträge behandelt. Praktisch gesehen bietet nämlich die Frage der Wirkung von Vorbehalten bei bilateralen Verträgen keine ernsthaften Probleme, ist es doch in jedem Fall erforderlich, daß der Empfänger der „Vorbehaltserklärung" dieser zustimmen muß, der vertragliche Konsens also in vollem Umfang so oder so hergestellt werden muß.[4]

2. a) Wie bereits soeben angedeutet, dient die Möglichkeit, einen Vorbehalt anzubringen, dazu, daß Staaten trotz Meinungsunterschieden in einzelnen Punkten Parteien eines Vertrags werden können. Dieser rechtspolitische Aspekt des Rechtsinstituts des Vorbehaltes kommt allerdings nur bei umfassenden multilateralen Verträgen voll zum Tragen, weil diese Verträge – wie etwa die bedeutenden Kodifikationsvorhaben, die insbesondere seit dem Ende des 2. Weltkrieges auf der Tagesordnung der Arbeit der ILC und der Vereinten Nationen stehen – dazu dienen sollen, allgemeine Ordnungen zu errichten und damit die in der Völkerrechtsordnung fehlende internationale Legislative[5] bis zu einem gewissen Grade zu ersetzen. Diese „legislative" Ordnungsfunktion können solche multilateralen Verträge aber nur erfüllen, wenn eine möglichst große Zahl von Staaten Partner dieser Verträge wird. Da es jedoch bei einer wachsenden Zahl von Staaten, die sich an einem Vertrag beteiligen, immer schwieriger geworden ist, die Interessen aller auf einen Nenner zu bringen, soll hier die Möglichkeit der Erklärung von Vorbehalten Abhilfe schaffen, indem die umfassenden Ordnungsverträge im wesentlichen von der größtmöglichen Zahl angenommen werden, wenn auch eben unter Inkaufnahme von verbleibenden Differenzen in einzelnen Punkten.

b) Gerade an diesem Punkt setzt aber auch die Kritik an einer großzügigen Hinnahme von Vorbehalten an. Diese bedeuteten nichts anderes, als daß für einzelne Vertragspartner der Vertrag in unterschiedlicher Fassung gelte, somit weniger Rechtsklarheit und Rechtssicherheit bestehe[6] und damit der Vertrag die beabsichtigte Ordnungsfunktion gerade nicht erfüllen könne. Darüber hinaus wird aber zumindest an einer zu liberalen Handhabung des Vorbehaltes auch deswegen Kritik geübt, weil die Anbringung von Vorbehalten dem Grundprinzip des Vertragsschlusses, nämlich der Zusammenführung übereinstimmender Willenserklärungen, zuwiderlaufe. Aus dieser Sicht dürften Vorbehalte deshalb nur dann wirksam werden, wenn sie von allen Vertragsstaaten angenommen werden. Dieses sog. Einstimmigkeitsprinzip stand verständlicher Weise am Anfang der Praxis, Vorbehalte anzubringen. Die Auseinandersetzungen über die unterschiedlichen Positionen – Einstimmigkeitsprinzip oder großzügige Hinnahme von Vorbehalten im Interesse einer größtmöglichen Zahl von Vertragsparteien – haben die Geschichte der Entwicklung des Rechtsinstituts des Vorbehaltes geprägt. Sie soll hier zunächst zum besseren Verständnis der

---

[4] Die ILC hat die grundsätzliche Frage der Möglichkeit von Vorbehalten bei bilateralen Verträgen offen gelassen bzw. nicht prinzipiell ausgeschlossen; vgl. dazu *Horn*, 4 mwN; wie hier *Holloway*, Modern Trends, 477, die auf *Miller* (Anm. 3), 76 f, verweist, der schon 1919 feststellte: „*One conclusion supported by all of the foregoing precedents is that the declaration, whether in the nature of an explanation, an understanding, an interpretation, or reservation of any kind, must be agreed by the other party to the treaty. In default of such acceptance the treaty fails...*": Wenn der Vorbehalt akzeptiert wird „*[the reservation] becomes virtually a part of the treaty*". Bei einem Vertrag zwischen zwei Staaten „*the difference between a reservation of any nature and an amendment is purely a matter of form*"; ebenso der Harvard-Entwurf, AJIL 29 (1935), supp., 870 („*in the case of bipartite treaties, the distinction between a reservation and an amendment is one of form only*"). Wie hier auch *Reuter*, Droit des traités, 72 und *Aust*, Modern Treaty Law and Practice, 106.

[5] Dazu schon oben Bd. I/1, 46 ff; zur Frage der internationalen Gesetzgebung auch *K. Dicke*, Völkerrechtspolitik und internationale Rechtsetzung. Grundlagen, Verfahren, Entwicklungstendenzen, ZG 3 (1988), 193 (198 ff).

[6] Vgl. z. B. *O. Hoijer*, Les traités internationaux, 1928, 46, der kritisch von „*un élément de trouble et d'incertitude*" spricht; auch *M. Owen*, Yale LJ 38 (1929), 1086 (1087 ff).

ungeschriebenen und der in der WVK kodifizierten *lex lata* im folgenden kurz nachgezeichnet werden.

II. 1. Als ein erstes Beispiel für die Erklärung von Vorbehalten zu einem bedeutenden, die europäischen Staaten umfassenden Vertrag wird die Wiener Schlußakte von 1815 genannt.[7] Eine kontinuierlich wachsende Staatspraxis von Vorbehaltserklärungen zu multilateralen Verträgen beginnt allerdings erst gegen Ende des 19. Jahrhunderts.

Beispiele: 1885 machte Rußland einen Vorbehalt zum Abkommen zur Regelung finanzieller Fragen betreffend Ägypten[8]. Im Jahr 1888 erklärten Belgien, Brasilien, Dänemark und Frankreich Vorbehalte zum Londoner Zuckerabkommen[9]; Großbritannien brachte im selben Jahr einen Vorbehalt zur Konvention von Konstantinopel an.[10] Frankreich machte vom Recht, einen Vorbehalt zu erklären, gegenüber der Brüsseler Generalakte zur Unterdrückung des Sklavenhandels von 1890 Gebrauch.[11] Zum Madrider Ergänzungsabkommen zum Schutze des industriellen Eigentums von 1891[12] erklärten die Vereinigten Staaten einen Vorbehalt und im Jahr 1892 unternahmen Deutschland und die Niederlande denselben Schritt gegenüber dem Abkommen zur Regelung gesundheitspolizeilicher Fragen im Suez-Kanal[13], sowie 1893 Großbritannien gegenüber dem Dresdener Gesundheitspolizei-Abkommen.[14]

Eine große Zahl von Vorbehaltserklärungen gab es – wie erwähnt – anläßlich der Kodifikation des humanitären Rechts auf den Haager Friedenskonferenzen von 1899 und 1907.[15] Obwohl es im Hinblick auf die Einordnung von Erklärungen, die zu Verträgen abgegeben werden, schwierig ist, genaue Zahlen im Hinblick auf echte Vorbehaltserklärungen anzugeben, so kann man doch ein ungefähres Bild von der Verbreitung der Vorbehaltspraxis gewinnen, wenn man die Zahlen, die ältere und jüngere Untersuchungen nennen, betrachtet. Während die Zahl der Vorbehalte zu multilateralen und plurinationalen (geschlossenen) Verträgen bis zum Beginn der Haager Friedenskonferenzen kaum mehr als ein Dutzend ausmacht, liegt die Zahl der Vorbehalte allein zu den Haager Konventionen von 1899 und 1907 – je nach Einordnung und Auflösung komplexer Erklärungen in die einzelnen Vorbehalte – zwischen 66 und 73.[16] Die Zahlen zur Vorbehaltspraxis zwischen den beiden Weltkriegen und insbesondere nach dem 2. Weltkrieg zeigen einen allgemeinen Anstieg der Häufigkeit von Vorbehalten. Allerdings liegt dieser im Verhältnis zum Anstieg der Zahl der Staaten – absolut gesehen – deutlich niedriger, als zu erwarten gewesen wäre.[17] Jedenfalls erscheint das Ausmaß der rechtspolitischen Diskussion über die Notwendigkeit der Zulassung von Vorbehalten im Interesse einer umfassenden Annahme eines bestimmten Vertrages, auch wenn nicht alle Vertragsparteien diese annehmen, nicht mit den tatsächlichen Be-

---

[7] Vgl. dazu die Nachweise bei *Horn*, 7 und dortige Anm. 1; zur historischen Entwicklung der Vorbehaltspraxis *Verzijl*, Vol. 6, 1973, 221 ff; auch *Bishop*, RdC 103 (1961), 245 ff.

[8] *Convention pour la garantie d'un emprunt égyptien* vom 18. 3. 1885, in: *de Clerq*, Recueil des Traités de la France, Tome 14, 488 ff; CTS 166, 49 (55).

[9] *Convention sur le régime des sucres* vom 30. 8. 1888, in: *de Clercq*, Recueil des Traités de la France, Tome 18, 92 ff.

[10] *Convention destinée à garantir en tous temps et à toutes les puissances le libre usage du canal maritime de Suez* vom 29. 10. 1888, in: *De Martens*, NRG, 2ème Série, XV (1891), 557.

[11] Vertrag vom 2. 7. 1890, Text in: *W. M. Malloy*, Treaties Between the United States and Other Powers, Vol. 2, 1910, 1964 ff; Text des Vorbehaltes in 1990 f; Text mit Ratifikationsprotokoll und mit dem Wortlaut des französischen Vorbehalts auch bei *Miller* (Anm. 3), 94 ff.

[12] *Supplementary Industrial Convention* vom 15. 4. 1891, Text in: *W. M. Malloy* (Anm. 11), 1943 f.

[13] *Convention internationale concernant le régime sanitaire pour le Canal de Suez*, in: *De Martens*, NRG, 2ème Série, XIX (1895), 260.

[14] *Sanitary Convention of Dresden* vom 15. 4. 1893; CTS 178, 369 ff.

[15] Oben Anm. 1; siehe dazu näher *J. B. Scott*, The Hague Peace Conferences of 1899 and 1907, Vol. II, 160 ff und 528 ff.

[16] Vgl. dazu *Horn*, 8, der hier auf die Gründe für die Schwierigkeit, genaue Zahlen anzugeben, hinweist.

[17] Zu den Zahlen und der hier wiedergegebenen Einschätzung *Gamble*, AJIL 74 (1980), 372 (376 ff mit Tabellen).

dürfnissen in Einklang zu stehen. Weder ist die Zahl der insgesamt angebrachten Vorbehalte in absoluten Zahlen besonders hoch, noch ist diese Zahl hoch im Verhältnis zu den insgesamt von den Staaten in diesem Zeitraum eingegangenen Verpflichtungen. Unübersehbar ist allerdings auch der signifikante Anstieg von Vorbehalten nach dem 2. Weltkrieg, das heißt in einer Zeit, in der eine Lockerung des Einstimmigkeitsprinzips eintrat.

2. a) Das Einstimmigkeitsprinzip, das zentral auf die Achtung des Konsenses als Grundlage des Völkerrechts allgemein, insbesondere aber als Grundlage des Vertrages ausgerichtet ist, bestimmte die Vorbehaltspraxis im 19. und bis weit in das 20. Jahrhundert. Die einschlägigen Vertragsdokumente einschließlich der Ratifikationserklärungen und der Protokolle zum Austausch der Ratifikationsurkunden zeigen einhellig, daß die Staaten die Annahme von Vorbehalten durch alle Vertragspartner als notwendige Voraussetzung für das Zustandekommen des Vertrages im Verhältnis des den Vorbehalt erklärenden Staates zu den anderen Vertragsparteien ansehen.[18] Dies zeigt sich auch in der Handhabung von Vorbehalten im Rahmen des Registrierungsverfahrens unter der Geltung der Satzung des Völkerbundes, dessen Generalsekretär die Wirksamkeit von Vorbehalten von der Zustimmung aller Vertragsparteien abhängig machte[19] – eine Praxis, die auch durch den Generalsekretär der Vereinten Nationen zunächst weitergeführt wurde, allerdings mit der Einschränkung, daß die stillschweigende Akzeptanz ausreichte.[20]

b) Auch die Lehre vertrat diese Auffassung jedenfalls im europäischen Raum ganz überwiegend bis in das erste Jahrzehnt nach dem Ende des 2. Weltkrieges.[21] Die in der Literatur in diesem Sinne entwickelte, zunächst herrschende sog. absolute Theorie besagt, daß der einen Vorbehalt anbringende Staat nur dann Partei eines Vertrages werden kann, wenn dieser Vorbehalt von allen Vertragsparteien angenommen wird.[22] Als Begründung wird zweierlei angeführt. Zum einen könne es einem Staat, der einem multilateralen Vertrag als Partei in der Erwartung anzugehören bereit ist, die anderen Staaten nähmen dieselben Verpflichtungen auf sich wie er selbst, nicht zugemutet werden, daß ein anderer Staat durch einseitige Erklärung seine Verpflichtungen aus dem Vertrag abändert. Zum anderen wird aber auch das rechtspolitische Argument angeführt, daß bei Zulassung von Vorbehalten, ohne daß alle Vertragsstaaten diesen zugestimmt haben, andere Vertragsstaaten sich von dem Vertrag lösen oder von der Ratifikation Abstand nehmen könnten. Mit anderen Worten, das rechtspolitische Argument der Befürworter eines liberalen Vorbehaltsregimes, das darauf hinzielt, durch eine großzügige Zulassung von Vorbehalten ohne die Zustimmung aller Vertragsparteien die Zahl der Vertragsparteien zu erweitern, wird hier umgekehrt vorgebracht: Die großzügige Vorbehaltszulassung werde die Zahl der Vertragsstaaten eher

---

18 Vgl. dazu näher *Horn*, 15, 170 ff; auch *I. M. Sinclair*, Vienna Conference on the Law of Treaties, ICLQ 19 (1970), 47 (54).

19 Dies geschah auf Anweisung des Völkerbundsrates, siehe *Hilpold*, AVR 34 (1996), 376 (385); ferner *Kühner*, 60. Zur Praxis des Völkerbundes näher *Holloway*, Modern Trends, 481 ff mwN, zur frühen Praxis des VN-Generalsekretärs kurz *Horn*, 20. Zur Staatspraxis aus der Sicht des Völkerbundes siehe auch den Bericht des Kodifikationsausschusses zur Frage der Zulässigkeit von Vorbehalten zu umfassenden Verträgen, der dem Völkerbundsrat im Jahre 1927 vorgelegt wurde *(Report by the League Codification Committee on the ‚Admissibility of Reservations to General Conventions‘* – League Doc.C/357/M/130/1927/V/16).

20 So auch *Kühner*, 66; *Hilpold*, AVR 34 (1996), 376 (387).

21 Auch die neu errichtete ILC stellte anläßlich ihrer zweiten Sitzungsperiode im Jahr 1950 im Hinblick auf Vorbehalte einmütig fest, *„that a reservation requires* at least *consent of all parties in order to become effective“*, so der Bericht in UNYB 1950, 862 (Hervorhebung durch den Verfasser).

22 Siehe die Zusammenfassung dieser Ansicht im Harvard-Entwurf, AJIL 29 (1935), supp., 870 f; zum Ganzen auch *Holloway*, Modern Trends, 476 ff.

verringern, weil die Schwächung des Gesamtkonsenses aller Vertragsparteien durch die Vorbehalte Anlaß für Staaten sein kann, sich vom Vertrage zurückzuziehen, ihn nicht zu ratifizieren oder ihm nicht beizutreten.[23]

3. Im Laufe der 20er und 30er Jahre zeichnete sich im regionalen völkerrechtlichen Vertragsrecht eine Abwendung vom vor allem in Europa vertretenen Einstimmigkeitsprinzip ab. Kern der namentlich in Lateinamerika entwickelten sog. relativen Theorie war es, dem einen Vorbehalt erklärenden Staat nicht schon dann den Status einer Vertragspartei zu versagen, wenn auch nur einer der übrigen Vertragsstaaten den Vorbehalt ablehnt. Vielmehr sollte nach dieser Auffassung die Rechtsfolge eines Widerspruchs gegen einen Vorbehalt nur sein, daß zwischen dem den Vorbehalt erklärenden Staat und dem diesem Vorbehalt widersprechenden Staat keine vertragliche Beziehung entsteht, daß aber zwischen dem einen Vorbehalt erklärenden Staat und den Vertragsstaaten, die den Vorbehalt annehmen, der Vertrag in der durch den Vorbehalt modifizierten Gestalt zustandekommen sollte. Im übrigen sollte der Vertrag in seiner ursprünglichen Gestalt zwischen den übrigen Vertragsstaaten und dem einem Vorbehalt widersprechenden Staat gelten.

Beispiel: Die Staaten A, B, C und D schließen einen Vertrag. Staat A erklärt einen Vorbehalt zu einem bestimmten Artikel des Vertrages. Staat B widerspricht dem Vorbehalt mit der Folge, daß zwischen Staat A und Staat B der Vertrag nicht zustandekommt. Die Staaten C und D nehmen den Vorbehalt von Staat A an. Es gilt damit der Vertrag zwischen Staat A und den Staaten C und D in der durch den Vorbehalt modifzierten Gestalt. In seiner ursprünglichen Fassung gilt der Vertrag zwischen den Staaten B, C und D. Der Widerspruch von Staat B führt also nicht dazu, daß Staat A überhaupt nicht Vertragsstaat werden kann wie dies bei Anwendung der absoluten Theorie der Fall wäre.

Nach dem Ende des 2. Weltkrieges gewann die Auflockerung des Einstimmigkeitsprinzips an Boden. In seinem Rechtsgutachten zur Frage der Vorbehalte zum Völkermordabkommen[24] stellte der IGH mit einer Mehrheit von 7 zu 5 Richtern fest, daß die bisher überwiegend vertretene absolute Theorie – Wirksamkeit des Vorbehalts nur bei Annahme durch alle Parteien – keine Regel des allgemeinen Völkerrechts geworden sei und in jedem Falle nicht ohne Ausnahme gelten könne.

Anlaß für das Rechtsgutachten gab der Widerspruch von Ecuador gegen gewisse Vorbehalte, mit denen dem damaligen Ostblock zugehörige Staaten die Annahme des Völkermordabkommens eingeschränkt hatten. Zunächst bezogen allein auf dieses Abkommen, das seinem Regelungsgegenstand nach auf eine möglichst universale Geltung abzielt, hat der IGH in seiner abschließenden Würdigung der Rechtslage erklärt, „that a State which has made and maintained a reservation which has been objected to by one or more of the parties to the Convention but not by others, can be regarded as being a party to the Convention if the reservation is compatible with the object and purpose of the Convention: otherwise, that State cannot be regarded as being a party to the Convention."[25]

Der Schluß, der aus dieser Formulierung gezogen werden darf, ist, daß zulässige Vorbehalte jedenfalls nicht immer zum Ausschluß einer einen Vorbehalt erklärenden Partei führt. Mit anderen Worten, das Gericht schließt die Anwendung der relativen Theorie nicht aus oder, positiv gewendet, es gibt diesem Ansatz Raum in der Staatspraxis.[26] Die darin liegende

[23] So zusammenfassend der Harvard-Entwurf, AJIL 29 (1935), supp., 871. Ausführlich referiert und diskutiert *Horn*, 22 ff, die Argumente für und wider das Einstimmigkeitsprinzip. Zur gleichen Frage siehe auch *O. Schachter/M. Nawaz/J. Fried*, Toward Wider Acceptance of UN Treaties, 1971, 147 ff, mit empirischen Erhebungen.

[24] *Reservations to the Convention on the Prevention and Punishment of the Crime of Genocide*, ICJ Reports 1951, 13; dazu *McNair*, Law of Treaties, 164 ff.

[25] ICJ Reports 1951, 29.

[26] Ausführlich zu diesem Gutachten neuerdings *Hilpold*, AVR 34 (1996), 376 (389 ff), der zutreffend darauf verweist, daß trotz aller Kritik, die das Gutachten seinerzeit erfahren hat, der IGH im Grundsatz

Relativierung des Einstimmigkeitsprinzips hatte deutliche Auswirkungen[27] unter anderem deswegen, weil die sozialistischen Staaten nun unter Führung der damaligen Sowjetunion Auftrieb erhielten, der namentlich von der sowjetischen Völkerrechtslehre entwickelten sog. erweiterten relativen Theorie[28] zur allgemeinen Anerkennung zu verhelfen. Inhalt der erweiterten relativen Theorie ist es, daß der Widerspruch eines Vertragsstaates gegen einen von einem anderen Vertragsstaat erklärten Vorbehalt nicht nur nicht zu dessen völligem Ausschluß vom Vertrag führen soll, sondern daß vielmehr auch zwischen dem einen Vorbehalt erklärenden Staat und dem widersprechenden Staat der Vertrag zustandekommen soll, allerdings unter Ausschluß der von dem Vorbehalt betroffenen Vorschriften.[29]

4. Die von der ILC seit ihrer Errichtung im Jahre 1949 in Angriff genommene Kodifikation des völkerrechtlichen Vertragsrechts bot die Gelegenheit, die erweiterte relative Theorie in die internationale Diskussion einzubringen. Die Frage der Wirkung von zulässigen Vorbehalten auf das Verhältnis der Vertragsstaaten untereinander war Gegenstand intensiver, sehr kontroverser Auseinandersetzungen in der ILC.[30] Die Meinungen reichten von der Verfechtung des Einstimmigkeitsprinzips über die Propagierung der relativen bis zur Forderung nach Annahme der erweiterten relativen Theorie. Entwürfe, die diese Positionen jeweils unter Verwerfung der anderen Positionen enthielten, wurden angenommen und dann wieder verworfen. Der Entwurf der ILC, der schließlich zur Beratung auf der Wiener Vertragsrechtskonferenz vorgelegt wurde, entschied sich für die von den lateinamerikanischen Staaten favorisierte relative Theorie, indem mangels ausdrücklicher Regelung der möglichst uneingeschränkten Geltung des Vertrages der Vorzug gegenüber einem Vorbehalt gegeben werden sollte: Widerspricht ein Staat einem Vorbehalt, so sollte zwischen diesem und dem den Vorbehalt erklärenden Staat keine vertragliche Bindung zustande kommen.[31] Auf der Wiener Vertragsrechtskonferenz entbrannte der Streit erneut, und es kam wiederum zur Annahme und erneuten Verwerfung verschiedener Entwürfe, die jeweils die oben genannten theoretischen Ansätze zur Grundlage hatten. Das Ergebnis der Beratungen war schließlich ein Kompromiß, der sowohl für bestimmte Verträge, nämlich die auf einen kleinen Kreis von Staaten beschränkten oder „geschlossenen" Verträge, das Einstimmigkeitsprinzip aufrechterhält, als auch die relative und schließlich auch die erweiterte relative Theorie anerkennt.

III. 1. Mit der Annahme der Wiener Vertragsrechtskonvention im Jahre 1969 und ihrem Inkrafttreten im Jahre 1980[32] ist die Entwicklung des völkerrechtlichen Vertragsrechts ein

---

das Bedürfnis nach einem liberaleren Vorbehaltsregime als richtig erkannte (393).

27 Die über den Einzelfall – Vorbehalte zum Völkermordabkommen – hinausgehende Bedeutung des Rechtsgutachtens für die Entwicklung des Gewohnheitrechts betonen auch *Oppenheim/Jennings/Watts*, Vol. I/2, 1245.

28 Dazu näher Akademie der Wissenschaften der UdSSR, Lehrbuch, 1960, 279; Arbeitsgemeinschaft für Völkerrecht, Lehrbuch, Bd. I, 1981, 187f; siehe auch *Schweisfurth*, IRuD 1970 II, 46 (60f).

29 Begründet wurde diese Position mit dem Prinzip der Souveränität der Staaten, das verlange, daß jeder souveräne Staat aus eigenem Entschluß und einseitig Vorbehalte erklären kann und unter solchen Vorbehalten Partei eines Vertrages werden kann, unabhängig davon, ob eine andere Vertragspartei den Vorbehalten widerspricht. In diesem Sinne äußerte sich etwa der sowjetische Delegierte auf der Wiener Vertragskonferenz: „... *the right to formulate reservations, moreover, derived from the sovereign right of States to defend the peculiarities of their individual legal system*", zitiert aus United Nations Conference on the Law of Treaties, O. R., First sess., 21st Meeting; vgl. auch *Sinclair* (Anm. 18), 56f.

30 Siehe dazu *Tomuschat*, ZaöRV 27 (1967), 463; neuerdings auch *Hilpold*, AVR 34 (1996), 376 (395ff).

31 Vgl. den letzten Entwurf der ILC (Document A/6309/Rev.1 Report of the international Law Commission on the Work of its Eighteenth Session, 4.5.–19.7.1966), der wiederum von dem Berichterstatter *Sir Humphrey Waldock* vorbereitet wurde, Text des endgültigen Entwurfs in YBILC 1966 II, 177ff; Text des VI. Berichts von *Waldock* in Yearbook ILC 1966 II, 51ff.

32 Die Konvention wurde am 22.5.1969 von der Konferenz verabschiedet und am 23.5.1969 zur Unterzeichnung aufgelegt. Die Unterzeichnung konnte bis

gutes Stück vorangekommen. Jedoch ist damit das Ziel der angestrebten Vereinheitlichung noch nicht erreicht. Abgesehen davon, daß bisher nicht einmal alle Unterzeichnerstaaten – darunter die Vereinigten Staaten – die Konvention ratifiziert haben, ist auch die Gesamtzahl der Vertragsstaaten noch unbefriedigend, liegt sie doch noch deutlich unter der Hälfte der zur internationalen Staatengemeinschaft zählenden Staaten.[33] Doch ist zu beachten, daß die Wirksamkeit der Konvention nicht allein von der Zahl der formell zu den Vertragsparteien gehörenden Staaten abhängt. Schon bei den Vorarbeiten zur Wiener Konvention in der ILC vertrat der dritte Berichterstatter, *Sir Gerald Fitzmaurice,* mit Zustimmung einer Reihe weiterer namhafter Mitglieder der ILC die Auffassung, daß es nicht ratsam sei, das völkerrechtliche Vertragsrecht selbst in die Form eines Vertrages zu gießen. Vielmehr sei es rechtspolitisch vernünftiger, lediglich einen Kodex des Vertragsrechts zu entwickeln, der – ggf. unterstützt durch einen Beschluß der VN-Generalversammlung – aufgrund seiner Überzeugungskraft und der Autorität der ILC in der Praxis befolgt werden würde, auch, ohne die formelle Bindung der Staaten an einen Vertrag.[34] Blickt man auf die Erfahrungen der fast zwei Jahrzehnte seit dem Inkrafttreten der Wiener Konvention zurück, so läßt sich feststellen, daß auch die Konvention trotz der noch fehlenden Ratifikation durch die Mehrheit der Staaten eine Wirkung erzielt hat, wie sie der von *Fitzmaurice* ins Auge gefaßte Kodex hätte haben sollen. So orientiert sich die Praxis – einschließlich der des IGH – häufig an den Vorschriften der WVK auch dann, wenn Streitfragen entweder zwischen Nichtvertragsparteien oder aber in Fällen auftreten, die sich auf Verträge beziehen, die vor dem Inkrafttreten der WVK geschlossen wurden, also wegen des Ausschlusses ihrer Rückwirkung nicht unter die Regeln der WVK fallen (Art. 4 WVK). Der ursprüngliche Grund für diese Praxis lag zweifellos darin, daß die WVK – wie eingangs betont – in weitem Maße bereits geltendes Gewohnheitsrecht kodifiziert hat. Aber die Orientierung an der Konvention geht doch wohl bereits darüber hinaus. Da einzelne Artikel, die kodifiziertes Gewohnheitsrecht wiedergeben, oft – wie im Falle der Vorschriften über das Recht der Vorbehalte – zugleich auch solche Regeln enthalten, die eine Fortentwicklung, also neues Recht darstellen, bleibt es nicht aus, daß diese neuen Regelungen auf die Gestaltung der Praxis einwirken und so zu einer allgemeinen, gewohnheitsrechtlichen Bindungswirkung gelangen.

2. Für das geltende Recht der Vorbehalte zu multilateralen Verträgen bedeutet dies, daß heute die Regeln der WVK von vorrangiger Bedeutung sind. Gewiß bleiben die einschlägigen Regeln des Gewohnheitsrechts für die Erklärung von Vorbehalten in allen Fällen bestimmend, in denen die WVK nach Art. 3 nicht anwendbar ist, d. h. wenn Nichtvertragsstaaten, Verträge mit internationalen Organisationen oder vor dem Inkrafttreten der WVK geschlossene Verträge betroffen sind. Im Hinblick auf die prägende Kraft der WVK über die Vertragsparteien hinaus ist jedoch in jedem Fall nicht nur zu prüfen, inwieweit die WVK-Vorschriften Gewohnheitsrecht widerspiegeln, sondern auch ob und inwieweit sich das bis dahin geltende Gewohnheitsrecht an die durch die WVK neu eingeführten Regeln angepaßt

---

zum 30. 11. 1969 im Bundesministerium für Auswärtige Angelegenheiten der Republik Österreich, danach bis zum 30. 4. 1970 am Sitz der Vereinten Nationen in New York erfolgen (Art. 81 WVK). Nach diesem Datum können Staaten im Wege des Beitritts Vertragspartei der Wiener Vertragsrechtskonvention werden (Art. 83 WVK). Die Zahl der Unterzeichnerstaaten belief sich am 30. 4. 1970 auf 46 Staaten. Bis zum 31. 12. 2001 hatten insgesamt 94 Staaten die Konvention verbindlich akzeptiert. Die Konvention trat am 27. 1. 1980 in Kraft; vgl. dazu die Angaben in: Multilateral Treaties deposited with the Secretary General of the United Nations, UN Doc. ST/LEG/SER. E/20 (2001), vol. II, 279.

[33] Die Staatengemeinschaft zählt derzeit 189 Mitgliedstaaten der Vereinten Nationen sowie 2 souveräne Staaten außerhalb der Organisation der Vereinten Nationen, zusammen also 191 Staaten.

[34] *Fitzmaurice*, First Report of 14 March 1956, UN Doc. A/CN.4/101, YBILC 1956 II, 104 (107); zusammenfassend hierzu *Wetzel/Rauschning*, 9 ff.

hat. Nach Maßgabe dieser Überlegungen darf von folgender Rechtslage ausgegangen werden.

a) Was zunächst die Form und das Verfahren zur wirksamen Anbringung eines Vorbehaltes angeht, so sieht Art. 23 Abs. 1 WVK die Schriftform vor. Dasselbe gilt auch für die ausdrückliche Annahme eines Vorbehaltes sowie für den Einspruch gegen einen Vorbehalt. Abgesehen von der Schriftform gilt weitgehende Gestaltungsfreiheit. Der Vorbehalt kann auf der unterzeichneten Vertragsurkunde, der Ratifikations-, der Beitritts- oder Annahmeurkunde angebracht, zu Protokoll gegeben werden oder die Gestalt einer selbständigen Erklärung annehmen. Nach Völkergewohnheitsrecht erkannte die Staatenpraxis sogar die nur teilweise Ratifikation eines Vertrages als Vorbehalt an.[35] Man mag angesichts der formstrenger gewordenen Praxis der Vorbehaltserklärung daran zweifeln, daß diese Praxis heute noch den Rang einer gewohnheitsrechtlichen Regelung einnimmt. Sowohl der Vorbehalt als auch die Annahme und der Einspruch sind den Vertragsstaaten und sonstigen Staaten mitzuteilen, die berechtigt sind, Vertragsparteien zu werden. Da Art. 23 Abs. 1 nur für die ausdrückliche Annahme eines Vorbehaltes die Schriftform vorsieht, ist die stillschweigende Annahme – wie schon immer im Gewohnheitsrecht – weiterhin zulässig.[36] Die Regelung des Zeitpunktes der Erklärung eines Vorbehaltes ist in Übereinstimmung mit der traditionellen, gewohnheitsrechtlichen Praxis auch in der WVK liberal gestaltet. Der Vorbehalt kann bei der Unterzeichnung, der Ratifikation, der Annahme oder Genehmigung eines Vertrages oder beim Beitritt angebracht werden (Art. 19). Sofern allerdings ein Staat einen Vertrag vorbehaltlich der Ratifikation, Annahme oder Genehmigung unterzeichnet und zu dieser Zeit einen Vorbehalt erklärt, so ist dieser Vorbehalt zu dem Zeitpunkt, in dem der den Vorbehalt anbringende Staat seine Zustimmung ausdrückt, durch den Vertrag gebunden zu sein, förmlich zu bestätigen. Der Vorbehalt gilt dann auch als erst im Zeitpunkt seiner Bestätigung angebracht (Art. 23 Abs. 2 WVK). Die ausdrückliche Annahme eines Vorbehalts und der Einspruch gegen einen Vorbehalt bedürfen nach Art. 23 Abs. 1 WVK der Schriftform.

b) Was die Zulässigkeit von Vorbehalten angeht, so ist für das geltende Gewohnheitsrecht von den Aussagen des IGH in seinem Rechtsgutachten zum Völkermordabkommen auszugehen, das – zunächst speziell auf das Abkommen bezogen – doch das traditionelle Gewohnheitsrecht, das Vorbehalte ohne inhaltliche Einschränkungen zuließ, sofern ein Vorbehalt die ausnahmslose Zustimmung der anderen Vertragspartner fand, deutlich verändert hat. Von dieser einerseits im Hinblick auf den Inhalt der Vorbehalte offenen, andererseits im Hinblick auf das Erfordernis einstimmiger Annahme jedes Vorbehalts aber strikten Regel kann nicht mehr ausgegangen werden. Es erscheint weder angesichts der in weitem Umfang zur relativen Theorie neigenden Staatenpraxis noch angesichts der Akzeptanz, die die WVK auch bei Nichtvertragsstaaten gefunden hat, vertretbar, anzunehmen, daß nach Gewohnheitsrecht jeder Vorbehalt zulässig ist, wenn er nur die Zustimmung aller

---

[35] Zu der entsprechenden älteren Praxis vgl. *Oppenheim/Lauterpacht*, Vol. I, 1948, 820 ff.

[36] Diese Feststellung mag als widersprüchlich erscheinen, weil das Gebot der Schriftform für die ausdrückliche Annahme eines Vorbehalts angesichts der zugleich rechtlich möglichen stillschweigenden Annahme eines Vorbehalts (vgl. Art. 20 Abs. 5 WVK) an normativem Gehalt verliert. Diese Spannung zwischen Art. 23 Abs. 1 WVK und der zugleich bestehenden Möglichkeit der stillschweigenden Annahme wurde schon von dem Berichterstatter *Waldock* in seinem Kommentar zu Art. 18 des abschließenden Entwurfs der ILC gesehen und wegen der großen Bedeutung der stillschweigenden Annahme in der Staatspraxis hingenommen. *Waldocks* Kommentar zu Art. 18 Abs. 1 Final Draft der ILC lautet: „Paragraph 1 merely provides that a reservation, an express acceptance of a reservation and an objection to a reservation must be in writing and communicated to the other States entitled to become parties. In the case of acceptance the rule is limited to *express* acceptance, because tacit consent to a reservation plays a large role in the acceptance of reservations, as is specifically recognized in paragraph 5 of the previous article" (heute Artikel 20 Abs. 5 WVK), zitiert nach *Wetzel/Rauschning*, 193.

Vertragspartner findet. Allerdings kennt auch das Gewohnheitsrecht inhaltliche Grenzen für Vorbehalte für den Fall, daß Vorbehalte gegenüber einer Vertragsnorm erklärt werden, die eine Regel des zwingenden Rechts *(ius cogens)* oder eine Regel des Gewohnheitsrechts zum Gegenstand hat. Verstößt ein Vorbehalt gegen *ius cogens*, so ist er nichtig, betrifft er eine Vertragsnorm, die Gewohnheitsrecht wiedergibt, so kann sich der Vorbehaltsstaat von deren Bindung nicht allgemein durch den Vorbehalt dispensieren, wenngleich der Vorbehalt insofern noch eine Bedeutung behalten kann, als er seine Wirkung im Vertragskontext – etwa im Hinblick auf im Vertrag vorgesehene Streitbeilegungsregelungen – trotz der fortbestehenden allgemeinen Bindung an die Gewohnheitsrechtsregel entfalten kann.[37] Im übrigen hat sich das geltende Gewohnheitsrecht an die Regelungen der WVK zwar weitgehend angepaßt, stimmt jedoch nicht in jeder Hinsicht mit den Regelungen der WVK zur Zulässigkeit von Vorbehalten überein. So kann man etwa zweifeln, ob das Kriterium, daß Vorbehalte, um zulässig zu sein, mit dem Ziel und Zweck des Vertrages vereinbar sein müssen, auch gewohnheitsrechtlich gilt. Dieser Zweifel besteht, weil auch unter der Geltung der WVK die Auffassung vertreten wird, Vertragsparteien könnten einverständlich auch solche Vorbehalte annehmen, die nach diesem – oder anderen – in der WVK festgelegten Kriterien unzulässig sind.

So neigt etwa *Redgwell*[38] zu der Auffassung, daß unter der Geltung der WVK nach Art. 19 unzulässige Vorbehalte nicht von den anderen Vertragsstaaten angenommen werden können. Solche Vorbehalte seien nichtig. Sie räumt allerdings ein, daß diese Auslegung der WVK letztlich nicht zweifelsfrei bleibe. Das läge daran, daß die Art. 19 und 20 WVK unterschiedliche Grundpositionen reflektierten: Art. 19 trage dem Anliegen des IGH im Rechtsgutachten zur Völkermordkonvention Rechnung, indem das Recht zur Anbringung von Vorbehalten im Allgemeininteresse als unzulässig angesehen würden, während Art. 20 auf die souveräne Entscheidungsfreiheit der Vertragsstaaten abstelle. Andere Autoren[39] halten dagegen aus dem Gesichtspunkt der souveränen Entscheidungsfreiheit der Vertragsstaaten die Annahme an sich unzulässiger Vorbehalte für rechtlich möglich, da Art. 19 lit. c WVK lediglich eine Leitlinie für die Vertragsstaaten hinsichtlich der Annahme von Vorbehalten enthalte. *Oppenheim/Jennings/Watts*[40] sehen in Art. 21 WVK ein Argument für die These der Unzulässigkeit der Annahme von unzulässigen Vorbehalten und halten es auch für unwahrscheinlich, daß unzulässige Vorbehalte von den anderen Vertragsstaaten einhellig angenommen würden, aber die theoretische Möglichkeit sei nach dem Vorbehaltsregime der WVK doch wohl nicht auszuschließen.

D. h., daß bisher nicht einmal im Rahmen des kodifizierten Vertragsrechts eine einheitliche Rechtsüberzeugung hinsichtlich der Reichweite der einschlägigen Norm der WVK (Art. 19 lit. c)) besteht.

Die WVK ihrerseits hat in Art. 19 die Frage der Zulässigkeit von Vorbehalten neu geregelt. Nach dieser Vorschrift, die sich zum Teil eng an den Darlegungen des IGH im Völkermordgutachten orientiert, sind Vorbehalte unzulässig, wenn die Anbringung von Vorbehalten von den Vertragsparteien ausdrücklich ausgeschlossen wird (Art. 19 lit. a)). Unzulässig sind Vorbehalte aber auch dann, wenn der Vertrag zwar bestimmte, im einzelnen bezeichnete Vorbehalte erlaubt, aber der in Rede stehende Vorbehalt nicht zu den erlaubten Vorbehalten zählt (Art. 19 lit. b)). Und schließlich ist ein Vorbehalt unzulässig, wenn er gegen Ziel und Zweck des Vertrages, zu dem er angemeldet wird, verstößt (Art. 19 lit. c)). Diese Regelungen erscheinen auf den ersten Blick vernünftig und klar. Sie geben dem liberalen rechtspolitischen Anliegen Raum, durch Zulassung von Vorbehalten eine möglichst große Zahl von Vertragsparteien zu gewinnen. Andererseits wird durch den Ausschluß von Vorbehalten im

---

[37] Zu dieser Problematik vgl. *Oppenheim/Jennings/Watts*, Vol. I/2, 1244 und dortige Anm. 6; ferner *Hilpold*, AVR 34 (1996), 376 (401 f).

[38] *Redgwell*, BYIL 64 (1993), 245 (257 ff).

[39] So z. B. *Ruda*, RdC 146 (1975), 95 (190).

[40] Oppenheim/Jennings/Watts, Vol. I/2, 1243 f.

Einzelfall nach dem Willen der Vertragsparteien oder aufgrund ihrer Unvereinbarkeit mit Ziel und Zweck des Vertrages dem Anliegen der Erhaltung der Einheit des Vertrages bis zu einem gewissen Grade ebenfalls Rechnung getragen. Doch sind die Kriterien der Regeln des Art. 19 lit. b) und c) nur scheinbar klar und eindeutig. Was in Art. 19 lit. c) wie ein objektives Kriterium der Zulässigkeit bzw. Unzulässigkeit erscheint, ist in Wahrheit ein subjektives Kriterium. Denn die WVK selbst sieht kein Verfahren vor, durch das objektiv die Vereinbarkeit (Kompatibilität) von Vorbehalten mit dem Ziel und Zweck eines Vertrages festgestellt werden könnte.[41]

Art. 19 WVK ist insoweit ein Kompromiß aus verschiedenen Vorschlägen, die in der ILC zur Lösung der Frage vorlagen, wie die Kompatibilität von Vorbehalten mit dem Ziel und Zweck eines Vertrages festgestellt werden könnte. Solche Vorschläge sahen zum Beispiel vor, daß eine gegebenenfalls qualifizierte (2/3-) Mehrheit der Vertragsparteien innerhalb einer bestimmten Frist die Kompatibilität eines Vorbehaltes sollte beschließen können, oder daß die Entscheidung hierüber einem unabhängigen Gremium, etwa dem IGH übertragen werden sollte.[42] Eine Einigung in die eine oder andere Richtung war weder in der ILC noch auf der Wiener Vertragsrechtskonferenz zu erzielen.[43] So blieb es bei dem Kompromiß, daß eine vom Wortlaut her auf eine objektive Kompatibilitätsprüfung abzielende, der Sache nach jedoch eine die subjektive Einschätzung der Vertragsparteien erfordernde Regelung getroffen wurde.

Nach der *lex lata* also obliegt es den Vertragsparteien einzuschätzen, ob ein Vorbehalt zu einem Vertrag, der keine ausdrücklichen Regelungen über die Zulässigkeit von Vorbehalten enthält, zulässig ist oder nicht. Dies ist nicht nur rechtspolitisch, sondern auch für das geltende Vertragsrecht allgemein problematisch und bringt auch ganz praktische Nachteile mit sich. Die Frage der Kompatibilität von Vorbehalten mit Ziel und Zweck eines Vertrages stellt sich nämlich im Hinblick auf die Entwicklung der Regelungsgegenstände und der ordnungsrechtlichen Komponente moderner multilateraler Verträge in einem ganz neuen Licht.[44] Gewiß weist schon das Rechtsgutachten des IGH zum Völkermordabkommen auf die Problematik hin, indem das Gericht seine Revision des damals vorherrschenden Einstimmigkeitsprinzips auf den besonderen, fundamentale Wert- und Ordnungsvorstellungen artikulierenden Gehalt des Völkermordabkommens stützte, der Vorbehalte zu einem solchen Regelungsvertrag als im Prinzip unzulässig erscheinen lassen mußte. Nachdem in der Zwischenzeit die Zahl namentlich menschenrechtlicher, aber auch die Überlebensfähigkeit der Menschheit betreffender, umweltrechtlicher Verträge und die Zahl sog. institutioneller

---

[41] Die in der WVK in Art. 66 vorgesehen Streitschlichtungsverfahren betreffen nur Streitigkeiten über die Auslegung von Vorschriften des V. Teiles der Konvention (Ungültigkeit von Verträgen). *Roberto Ago* hat die Problematik zutreffend kritisch beleuchtet, indem er sagte, es handele sich um ein objektives Kriterium, das subjektiv anzuwenden sei, vgl. YBILC 1965 I, 161; zu diesem Problem kritisch auch *Hilpold*, AVR 34 (1996), 376 (408). Zutreffend hebt *Redgwell*, BYIL 64 (1993), 245 (264), hervor, daß in Ermangelung eines unabhängigen Verfahrens zur Feststellung der Vereinbarkeit eines Vorbehalts mit Zweck und Ziel des Vertrages die Parteien diese Entscheidung treffen müßten. Sie verweist in diesem Zusammenhang in Übereinstimmung mit *Bowett* darauf, daß diese Vereinbarkeitsfeststellung nichts mit der Frage der Annahme oder Zurückweisung eines Vorbehalts durch die anderen Vertragsparteien zu tun habe. Die Frage der Annahme oder Ablehnung eines Vorbehalts stelle sich erst, nachdem über dessen Zulässigkeit entschieden sei; dazu *Bowett*, BYIL 48 (1976–77), 67 (88).

[42] Siehe Nachweis bei *Hilpold*, AVR 34 (1996), 376 (408 f); auch *Redgwell*, BYIL 64 (1993), 245 (257 f).

[43] Die Gründe dürften in der politischen Unmöglichkeit gelegen haben, zu jener Zeit den IGH in diese Schiedsrichterposition zu berufen, weil auf der einen Seite die sog. sozialistischen Staaten, namentlich die Sowjetunion, die Unterwerfung unter ein unabhängiges Gericht als mit der Souveränität nicht vereinbar ansahen, und auf der anderen Seite namentlich von den Staaten der wachsenden Dritten Welt dem Gericht generell eine erhebliche Skepsis entgegengebracht wurde, so etwa *Redgwell*, BYIL 64 (1993), 245 (258 mwN).

[44] *Frowein*, in: FS *Skubiszewski*, 1996, 403 (411 ff) sieht einen Zusammenhang zwischen der neueren Praxis zur Unzulässigkeit von Vorbehalten und dem Trend zu verstärkter internationaler Gesetzgebung.

Verträge erheblich zugenommen hat, stellt sich die Frage nach der Zulässigkeit von Vorbehalten zu derartigen multilateralen Verträgen heute mit besonderer Dringlichkeit. Ein Blick auf die jüngere Staatspraxis der Anbringung von Vorbehalten gegenüber Menschenrechtsverträgen unterstreicht dies eindrucksvoll.

So ist die Zahl von Vorbehalten von Staaten aus dem islamischen Kulturkreis, aber auch aus dem nichtislamischen asiatischen Bereich gegenüber Menschenrechtsverträgen unübersehbar gestiegen.[45] Die z. T. weitreichenden Vorbehalte werden vor allem damit begründet, daß die vornehmlich europäisch geprägten Menschenrechtsgarantien mit wesentlichen Wertvorstellungen dieser Kulturen unvereinbar seien.[46] Inhaltlich betreffen diese Vorbehalte materielle Menschenrechtsgarantien (z. B. solche, die sich auf die Rechte der Frau beziehen), aber auch prozedurale Regelungen, die der Durchsetzung der materiellen Rechte dienen. Hier ist es namentlich der Schutz der staatlichen Souveränität, der Anlaß für derartige Vorbehalte gibt, wobei zu bedenken ist, daß das Bestreben, die nationale Souveränität zu schützen, eng mit der in den Vorbehalten zum Ausdruck kommenden Sorge um die die Bewahrung der kulturellen Identität zusammenhängt. Aber auch innerhalb der westlich geprägten Staatenwelt stoßen unterschiedliche Wertvorstellungen im Rahmen des internationalen Menschenrechtsschutzes aufeinander. So haben zum Beispiel die Vereinigten Staaten von Amerika, die ohnehin so bedeutende Menschenrechtskonventionen wie das Völkermordabkommen (1948) und den Internationalen Pakt über bürgerliche und politische Rechte (1966) erst in jüngster Zeit ratifiziert haben, gegenüber einer Reihe elementarer Menschenrechtsgarantien, namentlich zum Recht auf Leben (Art. 6 IPBürg) im Hinblick auf die Todesstrafe, weitreichende Vorbehalte erklärt.[47] Es ist zutreffend bemerkt worden, daß aus dem ursprünglich ideologisch geprägten Ost-West-Konflikt über das Wesen und die Reichweite von Menschenrechten nach dem Ende des Ost-West-Konfliktes ein Erste Welt/Dritte Welt-Konflikt, aber auch ein transatlantischer Konflikt geworden ist.[48] Aber die Problematik reicht weiter. Auch grundlegende umweltrechtliche Verträge stellen Vertragsregimes dar, die ihrem Inhalt nach eine liberale Handhabung des Rechts auf Vorbehaltserklärung als gegen Ziel und Zweck dieser Verträge gerichtet erscheinen lassen.

Kann angesichts solcher wichtigen, ordnungsrechtlichen Verträge die großzügige Zulassung von Vorbehalten beibehalten werden und kann die Frage der Kompatibilität von Vorbehalten der subjektiven Einschätzung einzelner Staaten überlassen bleiben?[49] Lehre und Praxis haben auf verschiedenen Ebenen und mit unterschiedlichem Ansatz versucht, diese Frage zu beantworten.

Grob zusammengefaßt, lassen sich heute zwei Gruppen von Lösungsansätzen unterscheiden. Auf der einen Seite wird unter Bezugnahme auf die schon von Richter *Alvarez* in seinem Minderheitsvotum[50] zum Rechtsgutachten zum Völkermordabkommen angesprochene Konstitutionalisierung der Staatengemeinschaft – regional und universal – eine restriktive Handhabung des Instruments des Vorbehaltes propagiert. Es soll dies durch eine Objektivierung der Zulässigkeitskriterien auf der Basis des geltenden Rechts (Charta der VN, Menschenrechts- und vergleichbare Regelungsverträge) geschehen. Ggf. sollen in diesem Sinne Sonderregimes für die Regelung der Zulässigkeit von Vorbehalten zu derartigen

[45] Dazu näher *Giegerich*, ZaöRV 55 (1995), 713 (714 mwN).

[46] Ebd.

[47] Siehe Vorbehalte Nr. 2 und 3, *Multilateral Treaties Deposited with the Secretary General*; UN Doc. ST/LEG/SER. E/15 (1996), 130; auch in BGBl. 1994 II, 1218.

[48] So *Giegerich*, ZaöRV 55 (1995), 713.

[49] Daß im Hinblick auf allgemeine multilaterale Konventionen „*of a humanitarian or sociological type ... which possess ‚markedly non-contractual elements as to their substance and are not „reciprocal“ in their mode of application‘* eine gewisse Modifikation des Einstimmigkeitsprinzips angezeigt sei, hat *Fitzmaurice* bereits 1957 unter Bezugnahme auf das Rechtsgutachten des IGH zur Genozidkonvention eingeräumt; vgl. *ders.*, The Law and Procedure of the International Court of Justice 1951–4: Treaty Interpretation and other Points, BYIL 33 (1957), 203 (277).

[50] *Reservations to the Convention on the Prevention and Punishment of the Crime of Genocide*, ICJ Reports 1951, 13 (49); zusammenfassend hierzu auch *Hilpold*, AVR 34 (1996), 376 (393 ff).

multilateralen Verträgen geschaffen werden.[51] Auf der anderen Seite werden solche Sonderregimes abgelehnt mit der Begründung, die Universalität der Mitgliedschaft in den umfassenden Regelungsverträgen müsse Vorrang genießen. Auch sei der spezielle Charakter von multilateralen Verträgen, der Vorbehalte in der Regel nicht zulasse, keineswegs leicht zu bestimmen. Wenn es auch zutreffe, daß Menschenrechtsverträge, die dem Schutz der klassischen Freiheitsrechte, aber auch anerkannter wirtschaftlicher, sozialer und kultureller Rechte dienen sollen, mit relativer Eindeutigkeit als solche erkennbar seien, so sei das doch nicht immer der Fall.[52] So wiesen zum Beispiel umweltrechtliche Regelungsverträge ebenfalls eine menschenrechtliche Dimension auf (zum Beispiel in Gestalt des Rechts auf eine saubere Umwelt).[53] Mißbräuchlicher Vorbehaltspraxis im Hinblick auf derartige Verträge solle mit ausdrücklichen Zulässigkeitsvorschriften in den Verträgen selbst entgegengewirkt werden.[54] Im übrigen sei eine Revision der Vorbehaltsregelungen der WVK anzustreben.[55]
In der Staatspraxis ist eine klare Linie hinsichtlich der Zulässigkeit von Vorbehalten zu Menschenrechtsverträgen bisher nicht ersichtlich.[56] Von der Möglichkeit, in den jeweiligen Verträgen ein spezifisches Vorbehaltsregime vorzusehen, wurde eher selten Gebrauch gemacht. Die Gründe hierfür dürften darin liegen, daß die Staaten die ohnehin häufig sehr komplexen und schwierigen Verhandlungen über multilaterale Verträge nicht auch noch mit der Problematik der Ausarbeitung einer Vorbehaltsregelung belasten wollen.[57]

Eine bedeutsame Ausnahme bildet das Übereinkommen zur Beseitigung jeder Form von Rassendiskriminierung von 1966, das in Art. 20 Abs. 2 eine Regelung über zulässige bzw. unzulässige Vorbehalte enthält, die sich an Art. 19 lit. c (Unvereinbarkeit mit Zweck und Ziel der Konvention) anlehnt. Neben der Unvereinbarkeit mit Zweck und Ziel des Übereinkommens wird als Grund für die Unvereinbarkeit eines Vorbehalts mit dem Übereinkommen auch der Fall angeführt, daß Vorbehalte „die Wirkung hätten, die Arbeit einer auf Grund dieses Übereinkommens errichteten Stelle zu behindern", womit praktisch die Arbeit des CERD *(Committee on the Elimination of Racial Discrimination)*[58] gemeint ist. Die bedeutsamste Regelung enthält Art. 20 Abs. 2 letzter Satz, wonach ein Vorbehalt als „unvereinbar oder hinderlich" gilt, wenn mindestens zwei Drittel der Vertragsstaaten Einspruch dagegen erheben.[59] Auf die bloße Wiederholung der Zweck- und Zielformel des Art. 19 lit. c WVK beschränken sich hingegen das Übereinkommen zur Beseitigung jeder Form von Diskriminierung der Frau von 1980 (Art. 28 Abs. 2) und die Konvention über die Rechte des Kindes von 1989 (Art. 51 Abs. 2).[60]

Doch weist die Praxis auch Beispiele dafür auf, daß sich die Vertragsstaaten auf präzise Vorbehaltsregelungen eingelassen haben.

---

[51] Diese Auffassung wird von der ILC geteilt, die das Thema „Recht und Praxis bezüglich Vorbehalten zu völkerrechtlichen Verträgen" auf ihre Tagesordnung gesetzt hat. Zum Berichterstatter wurde 1994 das französische Mitglied der ILC *A. Pellet* ernannt; vgl. dazu *Hilpold*, AVR 34 (1996), 376 (378 ff mwN); zustimmend *B. Simma*, From Bilateralism to Community Interests, RdC 250 (1994), 217 (348 f).

[52] So etwa *Redgwell*, BYIL 64 (1993), 245 (278).

[53] So zutreffend *Redgwell*, ebd.

[54] Dafür hatte sich schon *Bishop* in seiner Haager Vorlesung nachdrücklich eingesetzt; vgl. *ders.*, RdC 103 (1961), 325. Dazu auch *Hilpold*, AVR 34 (1996), 376 (400 mwN).

[55] Als dafür besonders geeignet hält *Redgwell* die ILC, aber auch die VN-Generalversammlung oder der IGH könnten geeignete Instanzen sein, die das Problem der Vorbehalte zu Regelungsverträgen wie Menschenrechtsverträgen einer Klärung zuführen könnten; vgl. *dies.*, BYIL 64 (1993), 245 (279 f).

[56] Darauf weist zutreffend *Redgwell*, BYIL 64 (1993), 245 (279), hin.

[57] So zutreffend angemerkt von *Hilpold*, AVR 34 (1996), 376 (401).

[58] Der Ausschuß für die Beseitigung der Rassendiskriminierung wurde gemäß Art. 8 des Rassendiskriminierungsübereinkommens errichtet; vgl. dazu Übereinkommen vom 7. 3. 1966, UNTS 660, 195 ff; auch BGBl. 1969 II, 962 ff.

[59] Siehe dazu näher *Giegerich*, ZaöRV 55 (1995), 713 (733 f mwN); zu dem Mehrheitsentscheidungsmodell – auch Kollegialsystem *(collegiate system)* genannt – auch schon oben unter III. 2. b).

[60] Vgl. Übereinkommen über die Beseitigung jeder Form von Diskriminierung der Frau vom 18. 12. 1979, UNTS 1249, 13; auch BGBl. 1985 II, 648; Übereinkommen über die Rechte des Kindes vom 20. 11. 1989, ILM 28 (1989), 1448/BGBl. 1992 II, 122.

Auf die Verwendung der unbestimmten Zweck- und Zielformel verzichtet etwa die Konvention über die Rechtsstellung der Flüchtlinge von 1951. Sie listet sechzehn Artikel auf, zu denen die Erklärung von Vorbehalten unzulässig ist. Im übrigen sind Vorbehalte zulässig (Art. 42 Abs. 1).[61]

Das aktuelle Problem der Zulässigkeit von Vorbehalten zu multilateralen Verträgen, die dem Schutz fundamentaler Menschenrechte und Grundwerte der Staatengemeinschaft dienen, wird an einer Reihe von jüngeren Abkommen zum Menschenrechtsschutz deutlich.

So bildet die VN-Konvention gegen Folter und andere grausame, unmenschliche oder erniedrigende Behandlung oder Strafe von 1984[62] ein Beispiel, bei dem der Zusammenhang zwischen der grundlegenden Bedeutung des Inhalts eines Vertrages und der Zulässigkeit bzw. Unzulässigkeit von Vorbehalten sehr plastisch zutage tritt. In Art. 28 Abs. 1 wird lediglich ein Vorbehalt, der die Ablehnung der in Art. 20 vorgesehenen Zuständigkeit des Ausschusses gegen Folter zum Gegenstand hat, für zulässig erklärt. Im übrigen sind Vorbehalte ausgeschlossen – eine vom Regelungsgegenstand dieser Konvention her unmittelbar einleuchtende Beschränkung des Vorbehaltsrechts.[63] Noch strikter nehmen sich insoweit das Protokoll Nr. 6 zur Europäischen Menschenrechtskonvention über die Abschaffung der Todesstrafe (Art. 4)[64] und das Europäische Übereinkommen zur Verhütung von Folter und unmenschlicher oder erniedrigender Behandlung oder Strafe (Art. 21)[65] aus. Hier wird jeglicher Vorbehalt ausgeschlossen, womit diese Verträge über die entsprechenden VN-Übereinkommen hinausgehen. Hinsichtlich der Todesstrafe ist dieser radikale Ausschluß daraus zu erklären, daß jedenfalls die überwältigende Mehrheit der Europaratsmitglieder die Todesstrafe seit langem abgeschafft hatte, so daß der Ausschluß von materiellenVorbehalten insoweit auf keine nennenswerten politischen Einwände stieß. Daß zudem aber auch jedweder Vorbehalt gegenüber den Durchsetzungsverfahren ausgeschlossen ist, dürfte damit zu erklären sein, daß – anders als im internationalen Bereich – die Annahme der Durchsetzungsverfahren für die Europaratsstaaten, die diese Abkommen geschlossen haben, im Laufe der erfolgreichen Anwendung dieser Verfahren zu einem zentralen, unverzichtbaren Element des europäischen Menschenrechtsschutzsystems geworden ist.

Im übrigen aber erkennt die Europäische Konvention zum Schutze der Menschenrechte und Grundfreiheiten in Art. 64 die Möglichkeit an, zu einzelnen Artikeln Vorbehalte anzumelden. Allerdings ist diese Möglichkeit auf einige Artikel der Konvention beschränkt. Und selbst Vorbehalte, die hierauf gerichtet sind, unterliegen noch zusätzlichen strengen formalen Anforderungen. Allgemeine Vorbehalte sind darüber hinaus gänzlich ausgeschlossen.[66]

Wie eng die Kriterien der Zulässigkeit von Vorbehalten zur EMRK auszulegen sind, hat der Europäische Gerichtshof für Menschenrechte (EGMR) 1988 im Fall *Belilos* deutlich gemacht. In diesem Fall ging es um die Wirkung einer von der Schweiz bei der Ratifikation der EMRK abgegebene „interpretative Erklärung" *(interpretative declaration)*. Der Gerichtshof legte diese Erklärung als Vorbehalt aus und stellte sodann fest, daß dieser nicht den Anforderungen des Art. 64 EMRK entsprach. Während die Schweiz die Auffassung vertrat, die Gültigkeit eines Vorbehalts könne nur bis zum Ende der für die Erhebung von Einwendungen gesetzten Frist überprüft werden,

---

61 Konvention über die Rechtsstellung der Flüchtlinge vom 28. 7. 1951, UNTS 189, 137/BGBl. 1953 II, 560; eine weniger strikte Vorbehaltsregelung enthält Art. 7 des Protokolls über die Rechtsstellung der Flüchtlinge vom 31. 1. 1961, UNTS 606, 267; auch BGBl. 1969 II, 1249; hierzu *Giegerich*, ZaöRV 55 (1995), 713 (732) mit weiteren Beispielen und Hinweisen.

62 Konvention vom 12. 12. 1984, UN Doc. A/39/51, GAOR, 39th sess., resolutions, supp. 51, 197; auch BGBl. 1990 II, 247.

63 Dagegen ist das 2. Fakultativprotokoll zum IPBürg zur Abschaffung der Todesstrafe vom 15. 12. 1989 (UN Doc. A/44/49, GAOR, 44th sess., supp. 49, Vol. I, 206; auch BGBl. 1992 II, 391) weniger strikt: Art. 2 Abs. 1 erlaubt einen materiellenVorbehalt des Inhalts, daß sich Vertragsstaaten für Kriegszeiten das Recht der Anwendung der Todesstrafe für im Zuge der Kriegshandlungen begangene Kapitalverbrechen als Ausnahme vom Verbot einräumen lassen können; hierzu *Giegerich*, ZaöRV 55 (1995), 713 (733).

64 BGBl. 1988 II, 662.

65 Text des Übereinkommens vom 26. 11. 1987 in: *J. Meyer-Ladewig/G. Uhink* (Hrsg.), Völkerrechtliche Übereinkommen und andere Dokumente des Europarates und der Vereinten Nationen, 37 ff.

66 So zutreffend *Giegerich*, ZaöRV 55 (1997), 713 (730).

ging der Gerichtshof davon aus, daß seine Überprüfungskompetenz als Teil der umfassenden Kontrollbefugnis im Hinblick auf die Erfüllung der Konventionspflichten der Vertragsparteien zu sehen sei. Auch die stillschweigende Hinnahme der schweizerischen Erklärung durch die übrigen Vertragsparteien könne den Gerichtshof als Konventionsorgan nicht dahingehend binden, daß er nunmehr kein Recht zur Überprüfung der Gültigkeit des schweizerischen Vorbehalts mehr besitze.[67]

Die Amerikanische Menschenrechtskonvention von 1969 wiederum beläßt es bei dem Hinweis in Art. 75, daß Vorbehalte „nur nach Maßgabe der Bestimmungen der am 23. 5. 1969 unterzeichneten Wiener Vertragsrechtskonvention" gemacht werden können.[68]
Versucht man aus dem vorstehenden Befund das Fazit hinsichtlich der geltenden Regeln zur Zulässigkeit von Vorbehalten gegenüber solchen multilateralen Verträgen zu ziehen, die ihrem Gegenstand, aber auch ihrer Erfüllungsstruktur nach[69] eher als vorbehaltsfeindlich einzustufen sind wie zum Beispiel Verträge zum Schutz von Menschenrechten, so wird man folgendes festzuhalten haben. Von einer bereits geltenden, gewohnheitsrechtlichen Abdingung der Kriterien des Art. 19 WVK für die Zulässigkeit bzw. Unzulässigkeit von Vorbehalten bei multilateralen Regelungsverträgen, d. h. Verträgen konstitutionellen Charakters, kann angesichts der uneinheitlichen Staatspraxis bisher nicht gesprochen werden. Vielmehr scheint sich in der Praxis der Ansatz durchzusetzen, das Problem der Zulässigkeit von Vorbehalten bei derartigen Verträgen entweder über ausdrückliche Regelungen in den jeweiligen Verträgen – wie etwa im Falle der EMRK – und deren am Regelungsgegenstand orientierte restriktive Auslegung zu lösen[70], oder aber bei Fehlen ausdrücklicher Regelungen die Zulässigkeit oder Unzulässigkeit von Vorbehalten *ad hoc* aus Ziel und Zweck des jeweiligen Vertrages (Art. 19 lit. c) WVK) unter gleichzeitiger Heranziehung konstitutioneller Prinzipien des Völkerrechts, etwa der Leitprinzipien der Charta der Vereinten Nationen zu bestimmen. Die Kompetenz zur Entscheidung über die Zulässigkeit eines Vorbehalts soll dann bei den durch die betroffenen Verträge geschaffenen Kontrollorganen liegen. Mit dieser Maßgabe ergibt sich aber auch, daß dort, wo es solcher Organe ermangelt, die geschilderte zweite Lösung des Zulässigkeitsproblems an ihre Grenzen stößt. Insoweit bleibt es bei der unbefriedigenden Rechtslage, daß es die Vertragsparteien sind, die über die Zulässigkeit von Vorbehalten bestimmen. Sie sind im Falle von Verträgen konstitutionellen Charakters gehalten, mit Zweck und Ziel unvereinbare Vorbehalte nicht zuzulassen und als nichtig zu behandeln. Mit *Oppenheim/Jennings/Watts* wird man jedoch einräumen müssen, daß es sich in der Praxis nicht wird ausschließen lassen, daß das Prinzip der Herrschaft der souveränen Vertragsparteien über die Vertragsgestaltung in einzelnen Fällen die Oberhand behält.[71] Eine Alternative zum Vorbehaltsregime ist der Ausbau von Revisionsklauseln. Mit der Vorlage des zweiten Berichts durch den französischen ILC-Berichterstatter *Pellet* ist ein

---

[67] Vgl. hierzu die Ausführungen des EGMR in *Belilos v. Switzerland*, Urteil vom 29. 4. 1988, Publications of the ECHR, Series A, No. 132; dazu *Hilpold*, AVR 34 (1996), 376 (421 ff); näher zum Urteil *I. Cameron/F. Horn*, Reservations to the European Convention on Human Rights: The Belilos Case, GYIL 33 (1990), 69 (87 ff); *S. Marks*, Reservations Unhinged: The Belilos Case before the European Court of Human Rights, ICLQ 29 (1990), 300 ff; *R. W. Edwards*, Reservations to Treaties: The Belilos Case and the Work of the International Law Commission, UTLR 31 (2000), 195 ff.; kritisch zum Urteil *Redgwell*, BYIL 64 (1993), 245 (266).

[68] *American Convention on Human Rights* vom 22. 11. 1969, in: *R. B. Lillich* (ed.), International Human Rights, Documentary Supplement, 1991, 148 ff.

[69] So auch *Simma*, RdC 250 (1994), 217 (343); dazu näher unten § 155.

[70] Hier ist auf das Beispiel des *Belilos*-Falles (Anm. 67) hinzuweisen.

[71] Vgl. dazu schon oben; die Zulässigkeit der Annahme verbotener Vorbehalte bejaht *Kühner*, 145; ebenso *Heintschel v. Heinegg*, in: *Ipsen* (Hrsg.), 4. Aufl., 144 f; daß die Staaten als „Herren der Verträge" auch insoweit über den Vertragsinhalt disponieren können, hebt *Vitzthum*, Völkerrecht, 123, Anm. 290, hervor. Aus den oben angeführten Gründen kann dem so uneingeschränkt nicht gefolgt werden.

erster Schritt auf eine Revision und Präzisierung des Vorbehaltsregimes getan worden.[72] Allerdings zeigten sich bei der Diskussion des Berichts im 6. Ausschuß der VN-Generalversammlung erhebliche Widerstände gegen die vorläufigen Vorschläge des Berichterstatters und der Mehrheit der ILC-Mitglieder.[73]

In seinem Bericht kommt *Pellet* zu dem vorläufigen Ergebnis, in dem ihm die ILC weitgehend folgte, daß im Grundsatz die Vorbehaltsregelungen der WVK in ihrer Flexibilität sowohl dem Gedanken der Einheit multilateraler Regelungsverträge (*„normative treaties"*) als auch dem der Universalität angemessen Rechnung trügen. Deshalb sei weder eine grundlegende Änderung der WVK noch die Schaffung einer das WVK-Vorbehaltsregime derogierenden Sonderregelung für Regelungsverträge allgemein oder Menschenrechtsverträge speziell erforderlich. Klärungsbedarf bestehe allerdings hinsichtlich der Definition des Vorbehalts, namentlich in Abgrenzung zur interpretativen Erklärung, in der Frage der Rechtsfolgen unzulässiger Vorbehalte und im Hinblick auf das Verfahren bei der Entscheidung über die Zulässigkeit oder Unzulässigkeit von Vorbehalten. Der Berichterstatter sprach sich, ebenso wie weitere Mitglieder der ILC dafür aus, daß die in einzelnen Verträgen errichteten Kontrollorgane diese Aufgabe wahrnehmen sollten, und zwar auch dann, wenn diese Kompetenz nicht ausdrücklich vorgesehen sei, was aber vorzugsweise durch die Verträge geschehen sollte. Im übrigen obliege es in erster Linie den Staaten, die einen unzulässigen Vorbehalt ausgesprochen haben, diesen zurückzuziehen oder in einer den Rechtsanforderungen entsprechenden Gestalt erneut einzubringen. Im 6. Ausschuß der Generalversammlung stießen insbesondere die Vorschläge zur Rolle der Kontrollorgane bei der Entscheidung über die Zulässigkeit von Vorbehalten auf zum Teil entschiedene Kritik. An eine Entscheidung durch solche Organe könne allenfalls gedacht werden, wenn diese Kompetenz in den betreffenden Verträgen ausdrücklich normiert sei. Alles andere verstoße gegen das souveräne Recht der Vertragsstaaten, über die Annahme oder die Ablehnung von Vorbehalten zu entscheiden. Hierbei fällt auf, daß bei dieser Kritik – jedenfalls nicht in allen Fällen – nicht zwischen der Frage der Unzulässigkeit von Vorbehalten und der Frage der Annahme zulässiger Vorbehalte unterschieden wurde, obwohl diese Problematik in der Grundsatzdiskussion der ILC während ihrer 47. Sitzungsperiode[74] als zentrale Frage angesprochen und der Berichterstatter in seinem einführenden Bericht darüber Ausführungen gemacht hatte.[75]

c) Ebenfalls noch weitgehend ungeklärt sind die Rechtsfolgen eines unzulässigen Vorbehalts zu einem Menschenrechtsabkommen. Problematisch ist insbesondere die Frage der Trennbarkeit des Vorbehalts von dem völkerrechtlichen Vertrag, so daß der den Vorbehalt erklärende Staat trotz der Ungültigkeit des letzteren den Verpflichtungen des Vertrages im vollem Umfange unterworfen ist – ein Ergebnis, welches im Bereich der Menschenrechte besonders wünschenswert erscheint. Denn lehnt man eine Trennbarkeitslösung ab, so verliert das Individuum mit der Bejahung des unzulässigen Vorbehalts in der Praxis *ex tunc* den menschenrechtlichen Schutz und läßt dem ursprünglich erklärtermaßen beitrittswilligen Staat freie Hand im Umgang mit den seiner Staatsgewalt ausgesetzten Menschen.
In dem international Aufsehen erregenden Fall *Belilos* des Europäischen Gerichtshofes für Menschenrechte hat zum ersten Mal ein internationales Gericht nach Feststellung der Ungültigkeit eines Vorbehalts eine volle und uneingeschränkte Bindung des den Vorbehalt erklärenden Staates an den Vertrag angenommen.[76]

---

[72] Vgl. UN Doc. A/CN.4/477/Add.1 vom 13. 6. 1996.

[73] Vgl. dazu die Kurzberichte über die Ausschußdiskussion in: Press Release GA/L/3049 vom 27. 10. 1997; 3053 vom 3. 11. 1997; 3054 vom 4. 11. 1997; 3055 vom 5. 11. 1997 und 3058 vom 7. 11. 1997.

[74] Vgl. dazu Zusammenfassung der Diskussion durch den Berichterstatter in: UN Doc. A/CN.4/470, chapter II, para. 477–482 sowie die Zusammenfassung der Diskussion in: UN Doc. A/50/10, GAOR, 50th sess., supp. 10, para. 477–482.

[75] Vgl. dazu *Preliminary Report of the Special Rapporteur* in: UN Doc. A/CN.4/470, para. 100–107; dazu ferner UN Doc. A/CN.4/477, para. 10 mwN zu einzelnen Diskussionsbeiträgen *(Tomuschat, Bowett, Elaraby, Kabatsi, Yamada)*.

[76] Vgl. oben Anm. 67; bestätigt durch die Entscheidung des EGMR in *Loizidou v. Türkei*, vom 23. 3. 1995, HRLJ 16 (1995), 15 ff; siehe ferner: EKMR, Entscheidung vom 4. 3. 1991, *Chrysostomos v. u. a. Türkei*, EuGRZ 1991, 254 ff, dazu: *J. Polakiewicz*, Anmerkung zur Zulässigkeitsentscheidung der Europäi-

In Ausübung des vom Gericht bejahten Überprüfungsrechts hatte der Gerichtshof – angesichts des Schweigens der WVK bezüglich der Rechtsfolgen eines ungültigen Vorbehalts – eine grundsätzliche Entscheidung zu dieser Frage zu treffen. Er kam zu dem Ergebnis, daß die Schweiz mit der Ratifikation der EMRK die grundsätzliche Bereitschaft erklärt habe, Vertragspartei zu werden. Wenn nun der seinerzeit erklärte Vorbehalt sich als nichtig erweise, sei die Schweiz an die Konvention in vollem Umfange gebunden. Damit verwarf der Gerichtshof einerseits die Möglichkeit, wegen der Ungültigkeit des Vorbehalts die Ratifikation der EMRK als ganze für ungültig anzusehen. Andererseits verwarf der Gerichtshof aber auch die Möglichkeit, die von der schweizerischen Erklärung betroffene Konventionsvorschrift (Art. 6 EMRK) insoweit für gegenüber der Schweiz unanwendbar zu erklären, als der Vorbehalt inhaltlich reichte. Diese letzte Möglichkeit verwarf das Gericht, weil damit genau die Wirkung erzielt worden wäre, die die Schweiz mit ihrer Erklärung hatte erreichen wollen.[77]

Allerdings konnte sich der Gerichtshof in seinem Urteil auf das Argument stützen, daß die Schweiz sich unabhängig von einer etwaigen Unzulässigkeit der Erklärung an die Europäsichen Menschenrechskonvention gebunden sah.[78]

Wie groß die Versuchung – angesichts der Vorbehaltspraxis einiger Vertragsstaaten – für Menschenrechtsgremien ist, trotz der erkennbaren Absicht des Staates, bei Unzulässigkeit des Vorbehalts nicht den Verpflichtungen des Menschenrechtsvertrages unterworfen sein zu wollen, eine solche Bindung – unvereinbar mit dem Konsensprinzip – zu bejahen, zeigt die Entscheidung des VN-Ausschusses für Menschenrechte im Fall *R. Kennedy gegen Trinidad und Tobago*.[79]

In dem Verfahren *Guerra v. Trinidad und Tobago* sah das *Privy Council* der *Commonwealth*-Staaten in der Vollstreckung von Todesurteilen, die mehr als fünf Jahre nach Verkündung des Urteiles erfolgen, eine unmenschliche oder erniedrigende Bestrafung oder Behandlung, welche gemäß Art. 5 Abs. 2 der Verfassung von Trinidad und Tobago verboten sei. Um die Todesstrafe in der Zukunft innerhalb der 5-Jahres-Frist ausführen zu können, kündigte Trinidad und Tobago das Fakultativprotokoll zu dem Internationalen Pakt über bürgerliche und politische Rechte und trat diesem am selben Tag erneut bei – jedoch nicht ohne einen Vorbehalt zu erklären, der die Prüfungskompetenz des Menschenrechtsausschusses für Beschwerden von Todeszelleninsassen ausschließt. Aufgrund des Antrags des Todesstrafen-Häftlings *R. Kennedy* hatte der Menschenrechtsausschuß über die Zulässigkeit der Beschwerde zu entscheiden. Das VN-Gremium beurteilte den Ausschluß der Prüfungskompetenz hinsichtlich einer bestimmten Gruppe, nämlich den zum Tode verurteilten Gefangenen als eine Diskriminierung, welche mit dem Ziel und Zweck des Fakultativprotokolls (Art. 19 lit. c) WVK) nicht vereinbar sei, um lapidar die uneingeschränkte Bindung an das Fakultativprotokoll und die Zulässigkeit der Beschwerde festzustellen. Damit knüpfte der Ausschuß an die bereits in der Allgemeinen Bemerkung Nr. 24 aus dem Jahre 1994 getroffene Lösung an,[80] welche von den USA, dem Vereinigten Königreich und Frankreich heftig kritisiert worden ist.[81]

Als Reaktion hat Trinidad und Tobago das Fakultativprotokoll, mit der Begründung, es lasse sich keine Verpflichtungen auferlegen, denen es nicht zugestimmt habe, gekündigt.[82]

In der Literatur stehen sich zwei grundsätzliche Position gegenüber. Eine Ansicht stellt das Konsensprinzip in den Mittelpunkt: Da die Bindung eines Staates an einen völkerrechtlichen Vertrag nur kraft seiner Zustimmung zu der Übereinkunft möglich sei,[83] führe die Tren-

---

schen Kommission für Menschenrechte im Fall Chrysostommos, ZaöRV 1991, 145 ff.

77 Vgl. oben Anm. 67.

78 Vgl. oben Anm. 67, Ziff. 60 der Entscheidung.

79 Entscheidung des Menschenrechtsausschusses vom 31. 12. 1999, Beschwerde Nr. 845/1999, abgedruckt in: EuGRZ 2001, 615; dazu C. *Stahn*, EuGRZ 2001, 607 ff.

80 *General Comment* No. 24 *on issues relating to reservations made upon ratification or accession to the Covenant or the Optional Protocols thereto, or in relation to declarations under article* 41 *of the Covenant*, UN-Doc. CCPR/C/21/Rev.1/Add.6 vom 11. 11. 1994.

81 Vgl. HRLJ 1995, 422, 425; UN-Doc. A/51/40 Annex VI (1996).

82 Abgedruckt in: EuGRZ 2001, 671.

83 *Mc Nair*, The Law of Treaties, 162.

nungslösung zu einer mit dem allgemeinen Völkervertragsrecht nicht in Einklang zu bringenden Konzeption.[84] Sie arbeite mit einer nicht vorhandenen Einwilligung des Staates in eine unbeschränkte Vertragsbindung und könne nur mit dieser Fiktion eine Vereinbarkeit mit dem Konsensprinzip behaupten. Folglich sei zu untersuchen, ob eine spezielle Regel des Völkergewohnheitsrechts existiere, nach der die Unzulässigkeit des Vorbehalts die Vertragsbindung unberührt läßt. Dies sei mangels entsprechender Staatenpraxis jedenfalls auf universeller Ebene zu verneinen. Daher sei im Fall der Unzulässigkeit der Erklärung der betreffende Staat befugt, den von ihm ausgesprochenen Vorbehalt entweder den Rechtsanforderungen entsprechend zu modifizieren, zurückziehen oder sich dafür entscheiden, dem Menschenrechtsabkommen überhaupt nicht beizutreten.[85]

Demgegenüber werden die Menschenrechtsabkommen als Teilverfassungsdokumente organisierter Staatengemeinschaften auf regionaler und universeller Ebene angesehen.[86] So würden die parallel entstandenen und angenommenen internationalen Pakte über bürgerliche und politische Rechte und über wirtschaftliche, soziale und kulturelle Rechte die in der Allgemeinen Erklärung der Menschenrechte verankerten universellen Menschenrechte in vertraglicher Form gewährleisten und zusammen mit der Allgemeinen Erklärung des öfteren als die *International Bill of Rights* bezeichnet werden.[87] Durch die zunehmende Übernahme der Gesetzgebungsfunktion der Staaten im System der Vereinten Nationen habe die Welt die Lehren aus den großen Verbrechens des letzten Jahrhunderts gezogen – die am reinen Souveränitätspanzer ausgerichtete Völkerrechtsdogmatik gehöre der Vergangenheit an. Demzufolge ergebe sich aus dem Charakter der Menschenrechtsverträgen als Teilelemente einer objektiven, internationalen Wertordnung der Vorrang der Vertragsbindung gegenüber dem Durchschlagen der Ungültigkeit des Vorbehalts auf die Zustimmung zum Vertrag als Ganzem, so daß der Reservarstaat an den Vertrag in vollem Umfange gebunden sei.[88]

Richtig scheint eine vermittelnde Lösung zu sein, welche einerseits die Staatenpraxis berücksichtigt und andererseits der normativen Struktur menschenrechtlicher Verträge gerecht wird. Zuerst und vor allem ist die Erklärung des Staates daraufhin auszulegen, ob ein Ratifikationswille auch bei Ungültigkeit des Vorbehalts anzunehmen ist. Davon kann bei bedeutenden multilateralen Verträgen ausgegangen werden. Weiterhin drängt sich die Trennungslösung auf, wenn und soweit die streitige vertragliche Verpflichtung *ius cogens* kodifiziert.

Darüber hinaus ist nach der Verbindlichkeit der Entscheidung des Menschenrechtsgremiums zu differenzieren: Internationalen Gerichten wie dem Europäischen Gerichtshof für Menschenrechte oder dem Internationalen Gerichtshof, deren Aufgabe es ist, einen Rechtsstreit verbindlich zu entscheiden, sollte das Recht zustehen, eine Bindung an die durch den Vorbehalt ausgeschlossenen Bereich zu judizieren, denn die Endgültigkeit und Bindungswirkung ihrer Urteile macht den hohen Grad der internationalisierten Institutionalisierung der durch die Menschenrechtsabkommen kodifizierten objektiven Werteordnung deutlich. Dies legt eine Unterwerfung des Reservarstaates unter das Vertragsregime auch für den Fall der Unwirksamkeit des Vorbehalts nahe.

Demgegenüber können Menschenrechtsgremien wie der VN-Menschenrechtsausschuß, deren Entscheidungen einer juristischen Bindungswirkung ermangeln, Staaten hinsichtlich

---

[84] *Baratta*, EJIL 2000, 412 (419 f).

[85] Vgl. Ziff. 10 der *Preliminary Conclusions*, Report of the International Law Commission on the work of its forty-ninth session, UN Doc. A/52/10, GAOR, 52th sess., supp. 10.

[86] *Giegerich*, ZaöRV 55 (1997), 713 (744); wohl auch *C. Stahn*, EuGRZ 2001, 607 (614).

[87] Vgl. die Ausführungen des VN-Menschenrechtsausschusses in: *General Comment No. 26 on issues relating to reservations made upon ratification or accession to the Covenant or the Optional Protocols thereto, or in relation to declarations under article* 41 *of the Covenant*, UN-Doc. CCPR/C/21/Rev.1/Add.6 vom 11. 11. 1994.

[88] *C. Stahn*, EuGRZ 2001, 607 (614).

der Frage der Abtrennbarkeit des Vorbehalts nicht festlegen. Solange aber der Aktivismus der Menschenrechtsgremien mit dem großen Schweigen der Mehrheit der Staaten gegenüber einer zum Teil höchst bedenklichen Vorbehaltspraxis korreliert,[89] sind auch diese unverbindlichen Ausführungen durch den Reservarstaat bei der Entscheidung, den Vorbehalt entweder in unveränderter Form zu belassen, zu modifizieren, zurückzuziehen oder sich dafür entscheiden, dem Menschenrechtsabkommen überhaupt nicht beizutreten, in angemessener Weise in die Überlegungen miteinzubeziehen.[90]

d) Von der Frage der Zulässigkeit *(permissibility, admissibility)* von Vorbehalten, d. h. der Frage, ob sie mit Ziel und Zweck des Vertrages vereinbar sind, ist die weitere Frage der Annahme und der Wirkungen oder Rechtsfolgen von zulässigen Vorbehalten zu unterscheiden. Erst wenn die Zulässigkeit eines Vorbehalts festgestellt ist, erhebt sich für die Vertragsparteien die Frage, ob sie einen solchen zulässigen Vorbehalt annehmen wollen.[91] Für die Wirksamkeit eines Vorbehalts bilden somit sowohl die Zulässigkeit (Art. 19 WVK) als auch die Annahme eines Vorbehalts die Voraussetzung.[92] Die Grundregel über die Wirkung der Annahme enthält Art. 20 Abs. 4 lit. a) i. V. m. Art. 21 Abs. 1 lit. a) WVK, die dahin geht, daß in „den nicht in den Absätzen 1 bis 3 bezeichneten Fällen und sofern der Vertrag nichts anderes vorsieht... die Annahme eines Vorbehalts durch einen anderen Vertragsstaat den den Vorbehalt anbringenden Staat zur Vertragspartei im Verhältnis zu jenem anderen Staat [macht], sofern der Vertrag für diese Staaten in Kraft getreten ist oder sobald er für sie in Kraft tritt; ...", allerdings dann in der durch den Vorbehalt modifizierten Gestalt.[93] Im Verhältnis der übrigen Vertragsparteien untereinander ändert ein Vorbehalt die Vertragsbestimmungen nicht (Art. 21 Abs. 2 WVK). Keiner Annahme bedürfen Vorbehalte, die von einem Vertrag ausdrücklich zugelassen sind (Art. 20 Abs. 1 WVK). Diese Regel dürfte auch dem geltenden Gewohnheitsrecht entsprechen. Ebenfalls stimmen das Gewohnheitsrecht und das Recht der WVK insoweit überein, als die Annahme eines Vorbehalts von allen Vertragsparteien erforderlich ist, wenn die begrenzte Zahl der Vertragsparteien (Fall des sog. geschlossenen Vertrages) und Ziel und Zweck des Vertrages anzeigen, daß „die Anwendung des Vertrags in seiner Gesamtheit zwischen allen Vertragsparteien eine wesentliche Voraussetzung für die Zustimmung jeder Vertragspartei ist, durch den Vertrag gebunden zu sein" (Art. 20 Abs. 2 WVK). Die WVK hat sich mit dieser Regelung den Vorgaben der absoluten Theorie angeschlossen. Der relativen sowie der erweiterten relativen Theorie folgt die WVK in Art. 20 Abs. 4 lit. b): ein Einspruch eines Vertragsstaates gegen einen Vorbehalt „schließt das Inkrafttreten des Vertrags zwischen dem den Einspruch

---

[89] *Simma*, in: FS *Seidl-Hohenveldern*, 659 (664) betont zu Recht die Tatsache, daß die große Mehrheit der Staaten auf problematische Vorbehalte anderer Staaten überhaupt keine Reaktion zeigt.

[90] Vermittelnd auch *R. W. Edwards Jr.*, UTLR 31 (2000), 195 (206).

[91] Vgl. dazu *Bowett*, BYIL 48 (1976–77), 67 (88); *Horn*, 121. Dieser Auffassung, die darauf hinausläuft, daß für unzulässig befundene Vorbehalte *ab initio* nichtig sind, steht die Meinung gegenüber, daß das einzige Kriterium für die Wirksamkeit eines Vorbehalts die Haltung der übrigen Vertragsparteien, d. h. ihre Bereitschaft ist, einen Vorbehalt anzunehmen oder abzulehnen; vgl. dazu *Pellet* in: UN Doc. A/CN.4/477, para. 10, no. 15.

[92] So unserer Auffassung nach zutreffend *Bowett*, BYIL 48 (1976–77), 67 (88); dazu auch *Horn*, 121. Unterstützung findet diese Auffassung in einer systematischen Auslegung des Artikels 21 Abs. 1 WVK i. V. m. den Artikeln 19, 20 und 23 WVK. Art. 21 Abs. 1 sieht vor, daß ein „nach den Artikeln 19, 20 und 23 bestehender Vorbehalt" die dann nachstehend genannten Rechtswirkungen entfaltet. Wie *Redgwell*, BYIL 64 (1993), 245 (261), zutreffend darlegt, ist Art. 21 Abs. 1, wenn ein nach Art. 19 unzulässiger Vorbehalt ausgebracht wird und dieser somit nicht in Übereinstimmung mit Art. 19 erklärt ist, auf diesen Vorbehalt nicht anwendbar.

[93] Art. 21 Abs. 1 beschreibt diese modifizierende Wirkung des angenommenen Vorbehalts etwas umständlich wie folgt: „Ein... bestehender Vorbehalt a) ändert für den den Vorbehalt anbringenden Staat im Verhältnis zu der anderen Vertragspartei die Vertragsbestimmungen, auf die sich der Vorbehalt bezieht, in dem darin vorgesehenen Ausmaß und b) ändert diese Bestimmungen für die andere Vertragspartei im Verhältnis zu dem den Vorbehalt anbringenden Staat in demselben Ausmaß.".

erhebenden und dem den Vorbehalt anbringenden Staat nicht aus" (erweiterte relative Theorie), „sofern nicht der den Einspruch erhebende Staat seine gegenteilige Absicht eindeutig zum Ausdruck bringt" (relative Theorie). Für den Fall, daß ein Staat gegen einen Vorbehalt Einspruch erhoben, aber dem Inkrafttreten des Vertrages zwischen ihm und dem den Vorbehalt anbringenden Staat nicht widersprochen hat, finden die Bestimmungen, auf die sich der Vorbehalt bezieht, in dem darin vorgesehenen Ausmaß zwischen den beiden Staaten keine Anwendung (Art. 21 Abs. 3 WVK).
Wird ein Vorbehalt als Teil einer Handlung, „mit der die Zustimmung eines Staates, durch den Vertrag gebunden zu sein, ausgedrückt wird", erklärt, so wird diese Handlung wirksam, „sobald mindestens ein Vertragsstaat den Vorbehalt angenommen hat" (Art. 20 Abs. 4 lit. c WVK). Um den Zustand der Rechtsunsicherheit, der durch die Anbringung eines Vorbehalts bis zum Zeitpunkt seiner Annahme besteht, zeitlich zu begrenzen, bestimmt Art. 20 Abs. 5 WVK, daß „[i]m Sinne der Absätze 2 und 4 und sofern der Vertrag nichts anderes vorsieht, ... ein Vorbehalt als von einem Staat angenommen [gilt], wenn dieser bis zum Ablauf von zwölf Monaten, nachdem ihm der Vorbehalt notifiziert worden ist, oder bis zu dem Zeitpunkt, wenn dies der spätere ist, in dem er seine Zustimmung ausgedrückt hat, durch den Vertrag gebunden zu sein, keinen Einspruch gegen den Vorbehalt erhebt." Diese Frist erscheint im Hinblick auf die in der Praxis eher schwerfällige Reaktion von Staaten auf Vorbehalte recht knapp bemessen, ist aber unter dem Gesichtspunkt der möglichst raschen Herstellung von Rechtssicherheit gerade wegen der oft zögerlichen Haltung der Staaten rechtspolitisch geboten. Gewohnheitsrechtlich kann allerdings von einer solchen Ausschlußfrist nicht ausgegangen werden. Sie gilt allein zwischen den Parteien der WVK.

d) Anders als bei der Wirksamkeit der Anbringung eines Vorbehalts ist die Zustimmung der anderen Vertragsparteien, namentlich derjenigen, die einen Vorbehalt angenommen haben, für die Wirksamkeit der Rücknahme eines Vorbehalts nicht erforderlich. Der Vorbehalt kann gemäß Art. 22 Abs. 1 WVK jederzeit einseitig zurückgezogen werden. Das gleiche gilt hinsichtlich eines Einspruches gegen einen Vorbehalt. Auch dieser kann, sofern der Vertrag nichts anderes vorsieht, jederzeit und einseitig zurückgenommen werden (Art. 22 Abs. 2 WVK). Rücknahme eines Vorbehalts bzw. eines Einspruches gegen einen Vorbehalt werden jedoch im Verhältnis zwischen Vorbehaltsstaat und anderen Staaten bzw. zwischen dem einen Einspruch erhebenden Staat und Vorbehaltsstaat erst wirksam, wenn die anderen Staaten bzw. der Vorbehaltsstaat im Fall des Einspruches von der Rücknahme von Vorbehalt oder Einspruch notifiziert worden sind (Art. 22 Abs. 3 WVK). Ebenso wie die ausdrückliche Annahme eines Vorbehalts und der Einspruch gegen einen solchen bedarf nach Art. 23 Abs. 4 WVK die Rücknahme eines Vorbehaltes oder des Einspruchs gegen denselben der Schriftform. Diese Regel dürfte auch dem geltenden Gewohnheitsrecht entsprechen. Sie entspricht dem Grundsatz, daß in der Regel der *actus contrarius* in der Form dem vorausgegangenen Akt entsprechen muß.

3. Die Vorschriften der WVK zur Anbringung, Zulässigkeit und Wirkung von Vorbehalten und Einsprüchen gegen Vorbehalte sowie zur Rücknahme derselben sind in der WVKIO entsprechend geregelt. Für die Annahme eines Vorbehaltes gilt allerdings die besondere Regelung, daß ein Vorbehalt gegenüber einem Vertrag zwischen internationalen zwischenstaatlichen Organisationen oder zwischen solchen und einzelnen Staaten der Annahme durch das zuständige Organ der Organisation bedarf (Art. 20 Abs. 3 WVK im Falle von Gründungsverträgen internationaler zwischenstatlicher Organisationen und Art. 20 Abs. 3 WVKIO in den übrigen Fällen). Entsprechend erfordert die Wirksamkeit einer Rücknahme deren Notifizierung gegenüber dem zuständigen Organ der betroffenen internationalen Organisation (Art. 22 Abs. 3 WVKIO).

III. Keine Vorbehalte stellen die sog. interpretativen Erklärungen dar, die Staaten anstelle von Vorbehalten häufig abgeben. Die Abgrenzung zwischen echten Vorbehalten und interpretativen Erklärungen ist allerdings fließend. Insoweit Staaten bei Abschluß oder Ratifikation von Verträgen Erklärungen hinsichtlich der von ihnen ihrem Vertragsschluß zugrundegelegten Auslegung des Vertrages abgeben, sind diese trotz ihrer Bezeichnung als „interpretative Erklärung" möglicherweise Vorbehalte im technischen Sinne.[94] Denn durch diese Erklärungen sollen andere Auslegungen jedenfalls für den erklärenden Staat ausgeschlossen werden und – mindestens ebenso wichtig – sollen Wirkungen des Vertrages auf eine möglicherweise im Vertrag selbst nicht vorgesehene Weise eingeschränkt werden. Diesen Wirkungen der interpretativen Erklärung entspricht aber gerade die Zielsetzung des echten Vorbehalts.[95]

Dagegen enthalten Erklärungen, durch die eine Partei Rückwirkungen auf ihre Beziehungen zu nicht am Vertrag beteiligten Staaten ausschließen will, keinen Vorbehalt. So erklärte z. B. der Senat der Vereinigten Staaten von Amerika seine Zustimmung zur Ratifikation des Friedensvertrages mit Japan 1952 mit dem „Vorbehalt", daß der Vertrag keine Aufgabe der Rechte Japans auf Südsachalin, die Kurilen und andere Gebiete im Besitz Japans vor Ausbruch des Krieges zugunsten der Sowjetunion beinhalte, und daß der Vertrag und die Zustimmung des Senats keine Anerkennung des sog. Jalta Abkommens *(„so-called Yalta Agreement")* zugunsten der UdSSR darstellen solle.[96] Durch Erklärungen dieser Art werden die Verpflichtungen der Parteien untereinander nicht weiter eingeschränkt, als es ohnehin nach dem Vertrage der Fall ist. Es liegt daher kein echter Vorbehalt vor, der daher auch nicht der Annahme durch die anderen Parteien des Vertrages bedarf.

Doch so relativ einfach und klar liegen die Dinge in der Staatspraxis im allgemeinen nicht. Vielfach wird eine zu einem Vertrag abgebene Erklärung als interpretative Erkärung deklariert, um die formellen und materiellen Anforderungen an eine wirksame Vorbehaltserklärung sowie die gegebenenfalls mit der Anbringung eines Vorbehalts verbundenen politischen Auswirkungen zu vermeiden. Zutreffend – aber auch inhaltlich nicht wesentlich weiterführend – ist in negativer Abgrenzung von echtem Vorbehalt und interpretativer Erklärung beobachtet worden, daß eine solche auslegende Erklärung nicht mehr vorliegt, wenn mit ihr der Rahmen einer zulässigen Auslegung des betroffenen Vertrages überschritten wird.[97]

Vielmehr ist für die Abgrenzung von Vorbehalten im technischen Sinne einerseits und bloßen interpretativen Erklärungen andererseits die (Rechts-) Wirkung, die mit der Erklärung des Staates bezweckt wird, entscheidend.[98] Mit der Formulierung eines Vorbehalts bezweckt der Staat eine Rechtswirkung zu erzielen, d. h. die Anwendung einzelner Vorschriften des Vertrages oder die Anwendung des Vertrages als Ganzem im Hinblick auf gewisse Umstände jedenfalls für den erklärenden Staat auszuschließen. Demgegenüber besteht die Funktion einer interpretativen Erklärung lediglich darin, den (genauen) Anwendungsbereich oder die Bedeutung des Vertrages oder einzelner Vorschriften desselben zu spezifizieren oder zu erläutern, ohne andere Staaten an dieser bestimmten Auslegung festhalten zu wollen. Die Tatsache, daß in der Praxis des Völkervertragsrechts, insbesondere im Bereich der multilateralen Verträge, mit einer geradezu unübersichtlich wirkenden großen Anzahl von Verhandlungspartnern verschiedene Auslegungen eines Vertragstextes des öfteren gut vertretbar und begründbar sind, macht die Abgrenzung so schwierig, denn selbstverständlich wird

---

94 Vgl. Art. 310 VN-Seerechtsübereinkommen.

95 Vgl. zu dieser Problematik den oben genannten *Belilos*-Fall, (Anm. 67).

96 Vgl. den Text des „Vorbehalts" in: AJIL 46 (1952), supp. 96 f.

97 So *Heintschel v. Heinegg*, in: *Ipsen* (Hrsg.), 4. Aufl., 141.

98 Vgl. *Report of the International Law Commission on the work of ist fifty-first session*, UN Doc. A/54/10 (1999), GAOR, 54th sess., supp. 10, sec. 1.3 der *Draft Guidelines* und die dazugehörige Kommentierung, 252 ff.

auch durch eine bloße Interpretation innerhalb der Grenzen des Wortlauts eine Rechtswirkung erzielt, wenn und insoweit andere – weitergehende oder restriktivere Möglichkeiten der Interpretation – ausgeschlossen werden. Ausschlaggebend muß daher im Zweifelsfall sein, ob der erklärende Staat durch sein Statement lediglich ein mögliche Interpretation des Vertrages bzw. einzelner Vorschriften propagiert oder anbietet oder ob er die anderen Staaten jedenfalls im Verhältnis zu ihm im Ernstfall an diese Interpretation binden will.

So entschied das Schiedsgericht im Streit zwischen Frankreich und dem Vereinigten Königreich über die Abgrenzung des Festlandsockels in der Entscheidung vom 30. 6. 1977 zur Auslegung französischer Erklärungen zum Festlandsockel: „The Court thinks it sufficient to say that, although the third reservation doubtless has within it elements of interpretation, it also appears to constitute a specific condition imposed by the French Republic on its acceptance of the delimitation regime… This condition, according to its terms, appears to go beyond mere interpretation; for it makes the application of that regime dependent on acceptance by the other State of the French Republic's designation of the named areas… Art. 2 (1) (d) of the Vienna Convention on the Law of Nations…, provides that it means [by the term reservation] „a unilateral statement, however phrased or named, made by a State… whereby it purports to exclude or modify the legal effect of certain provisions of the treaty in its application to that State." This definition does not limit reservations to statements purporting to exclude or modify the actual terms of the treaty; it also covers statements purporting to exclude or modify the legal effects of certain provisions in their application to the reserving State. This is precisely what appears to the Court to be the purport of the French third reservation and it, accordingly, concludes that the „reservation" is to be considered a „reservation" rather than an „interpretative declaration".[99]

Wegen der in der Praxis wiederholt aufgekommenen Abgrenzungsprobleme zwischen echten Vorbehalten und interpretativen Erklärungen – und entsprechend auch anderen Gestaltungen staatlicher Erklärungen zu Verträgen wie Rechtsverwahrung, politischer Absichtserklärung aus Anlaß eines Vertragsschlusses o. ä.[100] – hat sich die ILC entschlossen, im Rahmen der erneuten Befassung mit dem völkerrechtlichen Vorbehaltsregime sich auch diesen Abgrenzungsproblemen zuzuwenden.[101]

Im Bericht über ihre 51. Sitzung hat die ILC eine neue Kategorie zwischen einfacher interpretativer Erklärung und echtem Vorbehalt eingeführt, ohne bereits die Frage der rechtlichen Folgen einer solchen Klassifizierung zu erörtern. Nach der Definition des Sonderberichterstatters *Pellet* ist „konditionale interpretative Erklärung" eine von einem Staat oder einer internationalen Organisation bei der Unterzeichnung, Ratifikation, Annahme oder Genehmigung eines Vertrages oder bei dem Beitritt zu dem Vertrag oder bei der Notifizierung der Nachfolge eines Staates in einen Vertrag abgebenene einseitige Erklärung, womit der Staat oder die internationale Organisation seine Bindung an den Vertrag eine bestimmte Auslegung des Vertrages oder einer bestimmten Vorschrift desselben abhängig macht.[102] Folglich ist im Falle einer konstitutiven interpretativen Erklärung notwendige Voraussetzung für eine Bindung an den Vertrag eine spezifische Interpretation desselben. Aufgrund der intendierten Rechtswirkung ist die Anwendung der Regeln hinsichtlich echter Vorbehalte sachgemäß. Die Definition scheint so gewählt, als ob die Kommission im Falle der

---

[99] Zitiert nach der Wiedergabe des Schiedsspruchs in: ILM 18 (1979), 397 (418).

[100] Zu diesen Erklärungsformen *Kühner,* 31 ff; kurz dazu auch *Vitzthum*, Völkerrecht, Rdn. 122 und dortige Anm. 288. Als ein Beispiel für eine Rechtsverwahrung läßt sich der im Jahre 1970 anläßlich der Unterzeichnung des Moskauer Vertrages zwischen der UdSSR und der Bundesrepublik Deutschland von dieser im Moskauer Außenministerium übermittelten sog. Brief zur deutschen Einheit nennen, in dem die Bundesrepublik Deutschland ihre Auffassung bekräftigt, daß die Regelungen des Vertrages nicht im Widerspruch zu dem von der Bundesrepublik Deutschland verfolgten Ziel der Wiederherstellung der deutschen Einheit stehe; vgl. den Text des Briefes im Bulletin der Bundesregierung Nr. 109 vom 17. 8. 1970, 1094.

[101] Vgl. den zweiten Bericht des Berichterstatters *Pellet*, in: UN Doc. A/CN.4/477, para. 10.

[102] Vgl. den dritten Bericht des Berichterstatters *Pellet*, in: UN Doc A/CN, 4/491/Add. 4.

Ungültigkeit von konditionalen interpretativen Erklärungen in der Regel eine Trennbarkeit vom Vertrag und damit die Vertragsbindung verneinen will.[103]

§ 149 Der Beitritt; offene und geschlossene Verträge

Schrifttum: wie vor § 143; ferner *J. M. Jones*, Full Powers and Ratification, 1949; *Y. Liang*, Notes on Legal Questions Concerning the United Nations, AJIL 44 (1950), 333 ff; *C. Chayet*, Les accords en forme simplifiée, AFDI 3 (1957), 3 ff; *H. Alexy*, Die Beteiligung an multilateralen Konferenzen, Verträgen und internationalen Organisationen als Frage der individuellen Anerkennung von Staaten, ZaöRV 26 (1966), 495 ff; *H. F. Köck*, Der Beitritt zu völkerrechtlichen Verträgen, ÖZöR 20 (1970), 217 ff; *E. Satow*, A Guide to Diplomatic Practice, 5th ed. by *Lord Gore-Booth*, 1979.

Ist es einem Staat aus irgendeinem Grund nicht möglich, einen Vertrag zu unterzeichnen, sei es beispielsweise, daß er an den Verhandlungen zur Ausarbeitung des Vertrages nicht teilgenommen hat oder daß es ihm nicht möglich gewesen ist, den Vertrag innerhalb der durch den Vertrag gesetzten Frist zu unterzeichnen, so heißt das nicht, daß ein solcher Staat nicht dennoch Vertragspartei werden kann. Er gehört unter den genannten Umständen zwar nicht zu den sog. ursprünglichen Vertragsparteien, er kann jedoch dem Vertrag später beitreten. Dies gilt nach den Regeln des allgemeinen Vertragsvölkerrechts. Der Beitritt ist aber auch – unter der Voraussetzung der Erfüllung bestimmter Bedingungen – in Art. 15 WVK vorgesehen. Eine Legaldefinition des Beitrittsbegriffes enthält die WVK hingegen nicht. Und auch im gewohnheitsrechtlichen Vertragsrecht war und ist zumindest terminologisch – etwa im anglo-amerikanischen und französischen Sprachgebiet – eine volle Übereinstimmung über den Inhalt bzw. die Reichweite des Begriffs des Beitritts noch nicht erreicht.

I. 1. Beispiele für die Rechtsfigur des Beitritts gibt es in der Staatenpraxis seit dem 15. Jahrhundert.[1] Grund für die Einräumung der Möglichkeit des Beitritts zu einem Vertrage war damals wie heute, Staaten, die am Abschluß eines Vertrages nicht beteiligt waren bzw. sind, die Möglichkeit zu geben, im nachhinein dennoch Partei des Vertrages zu werden. Eine umfangreichere Beitrittspraxis entwickelte sich allerdings erst nach dem Münsteraner Friedensschluß von 1648, der den Reichsterritorien das Bündnisrecht einräumte, so daß sich nun die Zahl der vertragsfähigen internationalen Wirkungseinheiten ganz erheblich erhöhte und damit einhergehend auch die Beitrittspraxis deutlich zunahm.[2]

Beispielsweise enthielten der Vertrag über die Große Allianz vom 12. 5. 1689[3] und der Vertrag über die Quadrupel-Allianz vom 22. 7./2. 8. 1718[4] eine jeweils vielfach genutzte Beitrittsregelung. Das 18. Jahrhundert sah eine weiter ansteigende Zahl von Beitritten, so z. B. im Präliminarfriedensvertrag und dem endgültigen Friedensvertrag von Paris vom 10. 2. 1763[5] zur Beendigung des

---

[103] Da die ILC die Erklärung der Schweiz im *Belilos* Fall eher als konditionale interpretative Erklärung denn als Vorbehalt einstufen will, vgl. *Report of the International Law Commission on the work of its fifty-first session*, UN Doc A/54/10 (1999), GAOR, 54. sess., supp. 10, sec. 1. 2. 1, para. 12, scheint sie die Lösung des EGMR als generellen Ansatz abzulehnen. Es bleibt der weitere Fortschritt der Arbeiten der ILC abzuwarten.

[1] So berichtet *Jones*, 124, n. 4, über einen Vertrag von 1498 zwischen *Heinrich* VII. und *Isabella von Spanien*, in dem sich beide Parteien vorbehalten, jedem künftigen Vertrag der jeweils anderen Seite beizutreten; dazu und zur historischen Entwicklung des Rechtsinstituts des Vertragsbeitritts *Köck*, ÖZöR 20 (1970), 217 (218 ff).

[2] Zu der zahlenmäßigen Entwicklung siehe *Köck*, ÖZöR 20 (1970), 217 (218 mwN).

[3] Vgl. den Text des Vertrages in *J. Du Mont*, Corps universel diplomatique du droit des gens, Tome VII/II, 229 ff.

[4] Vgl. den Text des Vertrages in *Du Mont* (Anm. 3), Tome VIII/I, 531 ff.

[5] Vgl. den Text des Präliminarfriedens in *De Martens*, RdT, 1ère Série, I, 92 ff sowie den Text des Hauptvertrages ebd., 104 ff.

siebenjährigen Krieges (Beitritt Portugals am selben Tag) und im Freundschafts-, Garantie- und Handelsvertrag zwischen Spanien und Portugal vom 1.3.1778[6] (Beitritt Frankreichs am 15.7.1783).[7] Eine intensive Beitrittspraxis entfaltete sich sodann während und im Gefolge der napoleonischen Ära. So sah die Rheinbundakte[8] die Möglichkeit des Beitritts für weitere Staaten vor, desgleichen die verschiedenen Allianzverträge, die nach der Niederlage Napoleons im Rußlandfeldzug 1812/1813 geschlossen wurden[9]. Auch die auf dem Wiener Kongreß abgeschlossene deutsche Bundesakte[10], die Heilige Allianz[11] und weitere Verträge sahen die Beitrittsmöglichkeit vor. Von diesen Beitrittsregelungen über die ersten Verträge zur Begrenzung zwischenstaatlicher Gewaltanwendung (Pariser Seerechtsdeklaration von 1856 zum Prisenrecht[12], Konvention von 1864 zur Verbesserung des Loses der Verwundeten und Kranken im Felde[13], Haager Konventionen von 1899 und 1907[14]) läßt sich bis in die Gegenwart eine kontinuierliche Beitrittspraxis verfolgen.[15]

2. Kann somit schon früh von einer allgemein akzeptierten, kontinuierlichen Beitrittspraxis gesprochen werden, so ist doch festzustellen, daß nicht nur das Beitrittsverfahren als solches, sondern auch die dabei verwandten Bezeichnungen für die Beitrittsakte im Laufe der Zeit einem deutlichen Wandel unterworfen waren.[16]
Die älteste Praxis ging davon aus, daß für den Beitritt ein Vertragsschluß zwischen den Beitretenden und den ursprünglichen Vertragsparteien erforderlich ist. Diese Praxis machte sodann in einer zweiten Phase einem modifizierten Konsensverfahren Platz, in dem nunmehr der Beitritt durch den Austausch von Beitritts- und Annahmeerklärungen vorgesehen wurde, die jeweils der nachfolgenden Ratifikation bedurften. In einer dritten Phase wurde dieses Verfahren dahingehend modifiziert, daß der Austausch von Beitritts- und Annahmeerklärung nurmehr zwischen dem beitretenden Staat und einem von den übrigen Vertragsstaaten bestimmten Mandatar mit und ohne Ratifikation erfolgen mußte. Diese Entwicklungen mündeten schließlich in die moderne Praxis, daß der Beitritt durch eine einseitige Erklärung des Beitretenden ohne das Erfordernis einer Ratifikation bewirkt werden kann.[17]

3. Terminologisch können ebenfalls bestimmte Entwicklungsphasen festgestellt werden, die jedoch über den unterschiedlichen Sprachgebrauch hinaus Verschiedenheiten im rechtsdogmatischen Verständnis des Beitritts verdeutlichen. Allerdings sind diese terminologischen – und dogmatischen – Unterschiede nicht in allen üblichen Vertragssprachen auszumachen. In der Frühzeit, als noch das Lateinische die *lingua franca* in der europäischen Welt war, ist die allgemein übliche Bezeichnung für den Beitritt *„accessio"* gewesen. Da der Beitritt verfahrensmäßig durchweg als Vertrag zwischen den ursprünglichen Vertragsstaaten und dem beitretenden Staat ausgestaltet war, bestand auch keine Notwendigkeit für eine terminologische Differenzierung. Mit dem zu Beginn des 19. Jahrhunderts einsetzenden Wandel des Beitrittsverfahrens hin zum Austausch von Beitritts- und Annahmeerklärungen begann namentlich die französische Völkerrechtswissenschaft zwischen der *„accession"* und der *„adhésion"* zu unterscheiden.[18] Dabei wurde im Unterschied zur *„accession"*, die dem

[6] Vgl. den Text in *De Martens*, RdT, 1ère Série, II, 612 ff (zum französischen Beitritt ebd., 625).

[7] Zum ganzen *Köck*, ÖZöR 20 (1970), 217 (218 f mwN).

[8] Art. XXXIX der Rheinbundakte vom 12.7.1806, *De Martens*, RdT 1ère Série, VIII, 480 (491).

[9] Traités d'alliance signées à Toeplitz entre les quatre puissances alliées. *De Martens*, NRdT 1ère Série, I, 596 ff.

[10] *De Martens*, NRdT, 1ère Série, II, 353 ff.

[11] *De Martens*, NRdT, 1ère Série, II, 656 ff.

[12] *De Martens*, NRdT, 1ère Série, XV, 791 ff/ PrGS 1856, 585.

[13] *De Martens*, NRdT, 1ère Série, XVIII, 607 ff.

[14] Haager Landkriegsordnung vom 29.7.1899, RGBl. 1901, 423; I. Haager Abkommen zur friedlichen Erledigung internationaler Streitfälle vom 18.10.1907, RGBl. 1910, 5; II. Haager Abkommen betreffend die Beschränkung der Anwendung von Gewalt bei der Eintreibung von Vertragsschulden vom 18.10.1907, RGBl. 1910, 59.

[15] Im einzelnen dazu *Köck*, ÖZöR 20 (1970), 217 (226 ff).

[16] Dazu *Köck*, ÖZöR 20 (1970), 217 (218 ff mwN).

[17] Vgl. beispielsweise *Heintschel v. Heinegg*, in: *Ipsen* (Hrsg.), 4. Aufl., 111; *Brownlie*, 612, *McNair*, 152 f.

[18] Vgl. *Köck*, ÖZöR 20 (1970), 217 (233 ff).

Beitretenden den vollen Vertragsstatus vermittelte, unter der „adhésion" ein noch unvollkommener Beitritt verstanden, der noch weiterer Ausgestaltung bedurfte, um für den beitretenden Staat zur vollen Stellung als Vertragspartei zu führen.[19] Doch hat sich diese Unterscheidung, die schon in der zeitgenössischen Staatenpraxis keine klare Basis fand, nicht durchzusetzen vermocht.[20] Führende französische Völkerrechtler wie *Scelle* wiesen schon in den dreißiger Jahren darauf hin, daß die Unterscheidung zwischen *„accession"* und *„adhésion"* in der Praxis keine Entsprechung finde, sondern beide Begriffe synonym verwandt würden. Eine der französischen Auseinandersetzung über die Begriffe *„accession"* und *„adhésion"* entsprechende Diskussion fand sich auch in der englischsprachigen Völkerrechtsliteratur. Dabei wurde ebenso den Begriffen eine unterschiedliche rechtliche Bindungswirkung zuerkannt, wobei *„accession"* den vollständigen Eintritt eines beitretenden Staates in alle Pflichten einer Vertragspartei bedeutete, während *„adhesion"* sich auf einen teilweisen Beitritt, also auf die Übernahme von Teilen des Vertrages durch den beitretenden Staat bezog.[21] Auch im englischsprachigen Raum hat sich allerdings eine wie auch immer geartete Unterscheidung zwischen den Begriffen *„accession"* und *„adhesion"* nicht durchsetzen können. Namentlich in der amerikanischen Völkerrechtsliteratur wurde schon in den dreißiger Jahren eine solche Unterscheidung als nicht der Praxis entsprechend verworfen.[22] Allerdings bevorzugt bis heute die amerikanische Völkerrechtslehre den Begriff der *„adherence"* gegenüber dem der *„accession"* oder *„adhesion"*[23], während in der britischen Lehre vorrangig der Begriff der *„accession"* verwendet wird.[24] Eine inhaltliche Differenzierung ist mit dieser Wortwahl nicht verbunden. Es handelt sich insoweit lediglich um eine unterschiedliche Sprachgewohnheit. Die deutschsprachige Lehre hat die vorgenannten terminologischen Differenzierungen im allgemeinen nicht nachvollzogen. Hier ist der Begriff „Beitritt" die übliche Bezeichnung für den Eintritt eines Staates in einen Vertrag, an dessen Ausarbeitung er nicht beteiligt war, geblieben. Daneben für einen Teilbeitritt den Begriff der „Adhäsion" zu verwenden,[25] hat sich nicht durchgesetzt.[26]

II. 1. Nach heute ganz überwiegender Auffassung ist der Beitritt als ein einseitiger Rechtsakt des beitrittswilligen Staates einzuordnen. Damit ist allerdings noch nicht viel darüber gesagt, in welcher Weise und zu welchem Zeitpunkt der beitretende Staat zur Vertragspartei wird. Namentlich bleibt mit der bloßen Feststellung, der Beitritt sei ein einseitiger Akt des beitretenden Staates, offen, wie durch diese einseitige Erklärung zwischen den ursprünglichen Vertragsstaaten und dem beitretenden Staat eine vertragliche Bindung hergestellt wird. Nach der älteren Lehre gab es insoweit keine rechtsdogmatischen Probleme, weil der

---

[19] Vgl. dazu *P. Pradier-Fodéré*, Cours de droit diplomatique, Tome 2, 1881, 445.

[20] *G. Scelle*, Manuel élémentaire de droit international public, 1943, 478; ganz deutlich dann zu Beginn der fünfziger Jahre *Ch. Rousseau*, Droit international public, 1953, 37, wo er formuliert: *„L'adhésion ou accession est l'acte juridique par lequel un Etat qui n'est pas partie à un traité international se place sous l'empire des dispositions de ce traité."*; vgl. auch *McNair*, 148.

[21] *Oppenheim*, International Law, Vol. I, 3rd ed., 1920, 684 f; ebenso *M. P. Tandon*, Public International Law, 11th ed., 1966, 412; vgl. auch *G. H. Hackworth*, Digest of International Law, Vol. V, 1943, 75 und *J. G. Starke*, An Introduction to International Law, 1947, 224.

[22] Vgl. schon *M. O. Hudson*, International Legislation, 1931, Vol. I, § 23, XLVII, der darauf hinwies, daß *„adhesion"* und *„accession"* im allgemeinen Sprachgebrauch begrifflich austauschbar seien. *Oppenheim/Jennings/Watts*, Vol. I/2, 1236, Anm. 1, stellen fest, daß *„occasionally ‚adhesion' or ‚adherence' is used either as a synonym for ‚accession', or as equivalent to partial accession or acceptance."* Dazu auch *McNair*, 148 und *Satow*, 276 ff.

[23] Vgl. dazu *Aust*, 91 f; *Brownlie*, 612.

[24] *Aust*, 88; *McNair*, 148.

[25] So z. B. die Vorauflage, Bd. III, 87 Anm. 2, wobei einschränkend festgestellt wird, daß ein sicherer Sprachgebrauch wohl nicht bestehe. Beide Begriffe würden nicht klar unterschieden. In diesem Sinne auch *Berber*, Völkerrecht, Bd. I, 464.

[26] Zur Terminologie im Spanischen und Russischen vgl. *I. Paenson*, Manual of the Terminology of Public International Law (Law of Peace) and International Organizations, 1983, 288 ff.

Beitritt als Abschluß eines Vertrages zwischen den ursprünglichen Vertragsstaaten und dem beitretenden Staat verstanden wurde. Mit dem Übergang zu einem neuen Verständnis des Beitritts als einseitige Erklärung bedurfte es jedoch auch neuer rechtlicher Deutungen des Beitrittsvorganges. Die radikalste Position nahm *Scelle* ein, indem er die Beitrittserklärung als Unterwerfung des beitretenden Staates unter das als objektives Recht verstandene Vertragsrecht charakterisierte. Für den Beitretenden stellte sich dieser Ansicht nach der Vertrag als eine vorgegebene Rechtssetzung dar, die zu ändern dem Beitrittsstaat nicht möglich sei.[27] Die einseitige Beitrittserklärung sei im Grunde eine Bedingung, mit deren Eintritt die von den ursprünglichen Vertragsstaaten geschaffenen Rechtsregeln auf den Beitrittsstaat Anwendung fänden. Durch den Beitritt komme also kein Vertrag zwischen den ursprünglichen Vertragsstaaten und dem beitretenden Staat zustande. Vielmehr werde der durch den Vertrag geschaffene Teil der internationalen Ordnung auf den Beitrittsstaat ausgedehnt. Dagegen ist jedoch zweierlei einzuwenden. Das Verständnis von Verträgen als objektive Ordnungen trifft gewiß auf eine Reihe gerade multilateraler Verträge zu. Auf der anderen Seite aber gibt es nach wie vor eine Fülle von mehrseitigen Verträgen, denen diese objektive Dimension nicht eigen ist.[28] Zum andern ist einzuwenden, daß *Scelles* Konstruktion den Charakter des Beitritts als Form der Erlangung der Stellung einer Vertragspartei nicht hinreichend erfaßt. So kann etwa der Auffassung *Scelles* nicht gefolgt werden, der beitretende Staat könne den Vertrag nicht verändern. Denn der Beitrittsstaat ist wie jeder andere Vertragsstaat im Rahmen der allgemeinen Zulässigkeit von Vorbehalten befugt, aus Anlaß des Beitritts Vorbehalte anzubringen. Allein diese Möglichkeit weist bereits auf ein vertragliches Element des Beitritts hin. Der beitretende Staat wird also durch den Beitritt – mit Ausnahme des Falles eines partiellen Beitritts – eine voll berechtigte Vertragspartei, nicht nur ein dem objektiven Vertragsrechtsregime Unterworfener.[29] Genau betrachtet, schließt aber die von *Scelle* vertretene Einordnung des Beitritts als einseitiger Akt die Anerkennung des Zustandekommens einer echten vertraglichen Beziehung zwischen den ursprünglichen Vertragsstaaten und dem beitretenden Staat nicht kategorisch aus. Dies zeigt auch eine Betrachtung anderer Deutungsansätze des Beitrittsvorganges. Diese sehen in der einseitigen Beitrittserklärung die Annahme eines von den ursprünglichen Vertragsparteien allen oder nur bestimmten Staaten gemachten Angebots, den Vertrag mit ihnen – den ursprünglichen Vertragsstaaten – abzuschließen. Diese Annahme erfolge gegenüber einem ursprünglichen Vertragsstaat, der alle Vertragsstaaten vertrete.[30] Dieser Deutung steht allerdings entgegen, daß das Angebot der ursprünglichen Vertragsstaaten nicht unbedingt ist und die den Beitritt anbietenden Vertragsstaaten nicht bindet. Sie können es jederzeit aufheben oder modifizieren. Eine in einem Vertrag enthaltene Beitrittsklausel stellt somit auch keine vertragliche Regelung zugunsten Dritter dar.[31]

---

[27] *Scelle*, Precis de Droit des gens, 1ère Partie, 1932, 380 ff.

[28] Siehe oben. So konnte bereits auf den frühen Fall verwiesen werden, daß ein ursprünglich bilateraler Freundschafts-, Garantie- und Handelsvertrag durch den Beitritt eines dritten Staates zu einem mehrseitigen wurde, ohne damit jedoch den Charakter einer objektiven Ordnung anzunehmen. Mit anderen Worten, die Konstruktion von *Scelle* kann nicht auf alle mehrseitigen Verträge übertragen werden und taugt damit nicht als eine generelle Deutung des rechtlichen Vorgangs eines Beitritts.

[29] So zutreffend *Köck*, ÖZöR 20 (1970), 217 (275, Anm. 341).

[30] Diese Auffassung wurde bereits Ende der zwanziger Jahre sehr nachdrücklich von *Anzilotti*, 329 vertreten. In der 4. Auflage seines Corso, 356 f, rückte *Anzilotti* insofern von der Angebotslehre ab, als er hier erklärte, daß der zum Beitritt zugelassene Staat aus der Beitrittsklausel für sich allein keine Rechte erlange.

[31] So schon der Harvard Research-Entwurf, AJIL (1935), Supp. III, Law of Treaties, 830 f (comment on Art. 12 (b) of the draft convention). *Anzilotti*, Corso, 356 f; anders dagegen *H. Ballreich*, Völkerrechtliche Verträge zu Lasten Dritter, in: FS Bilfinger, 1 (7 f); auch *Guggenheim*, Traité, Tome I, 161 f.

2. Heute ist von folgender Deutung des Beitrittsvorganges auszugehen. Der Beitritt setzt zunächst seitens der ursprünglichen Parteien die Gestattung des nachträglichen Beitritts dritter, am Vertrage bisher nicht beteiligter Staaten voraus. Diese Einräumung der Beitrittsmöglichkeit geschieht in der Regel durch eine entsprechende Vertragsvorschrift, die sog. Beitrittsklausel. Diese hat einen doppelten Sinn: Sie enthält zum einen eine Vereinbarung der ursprünglich beteiligten Staaten untereinander, bestimmten Staaten den Beitritt zu gestatten (Innenwirkung der Klausel); zum anderen beinhaltet sie die an die Adresse der zum Beitritt bestimmten Staaten gerichtete Beitrittsermächtigung oder -gestattung (Außenwirkung der Klausel), die bis zu ihrem Vollzug durch die Abgabe der einseitigen Beitrittserklärung von den ursprünglichen Vertragsparteien aufhebbar oder änderbar bleibt.[32] Die Beitrittserklärung bringt ihrerseits keinen neuen Vertrag zwischen den ursprünglichen Parteien und dem beitretenden Staat zustande, sondern sie *bewirkt* auf der Grundlage des zuvor oder gleichzeitig erzielten Einverständnisses der ursprünglichen Parteien den Eintritt des beitretenden Staates in das bestehende Vertragsverhältnis.[33] Die Beitrittserklärung ist – worauf *Köck*[34] zutreffend hinweist – akzessorisch, d. h. von der Gültigkeit des Vertrages, dem sie gilt, abhängig.

III. 1. Art. 15 WVK sieht die Möglichkeit des Beitritts unter drei alternativen Bedingungen vor. „Die Zustimmung eines Staates, durch einen Vertrag gebunden zu sein, wird durch Beitritt ausgedrückt, a) wenn der Vertrag vorsieht, daß die Zustimmung von diesem Staat durch Beitritt ausgedrückt werden kann", das heißt also, wenn der Vertrag ausdrücklich eine entsprechende Beitrittsklausel enthält. Die Zustimmung eines Staates zur Bindung an einen Vertrag wird aber auch durch den Beitritt ausgedrückt, „b) wenn anderweitig feststeht, daß die Verhandlungsstaaten vereinbart haben, daß die Zustimmung von diesem Staat durch Beitritt ausgedrückt werden kann". Hier wird an Fälle gedacht, in denen entweder in Zusatzprotokollen seitens der ursprünglichen Vertragsparteien die Bereitschaft, dritte Staaten beitreten zu lassen, ausgedrückt worden ist oder – und dies sind die eigentlich kritischen Fälle im Sinne der lit. b des Art. 15 WVK – in denen aus dem Wesen bzw. dem Sinn und Zweck eines multilateralen Vertrages, zum Beispiel aus seinem auf Universalität angelegten Charakter, hervorgeht, daß die Parteien dem späteren Beitritt dritter Staaten nichts haben in den Weg legen wollen. Eine solche Vermutung ist jedoch widerleglich: Wenn einer der ursprünglichen Parteien dem Beitritt eines dritten Staates widerspricht, so ist ein Beitritt ausgeschlossen. Die ursprünglichen Parteien müssen sich den Beitritt unerwünschter Staaten nicht aufdrängen lassen. Art. 15 WVK sieht die Möglichkeit, die Zustimmung, durch einen Vertrag gebunden zu sein, durch eine Beitrittserklärung auszudrücken, zudem noch für den Fall vor, „c) wenn alle Vertragsparteien nachträglich vereinbart haben, daß die Zustimmung von diesem Staat durch Beitritt ausgedrückt werden kann". Darüber hinaus kann nach gewohnheitsrechtlichem Vertragsrecht der Beitritt auch weiterhin durch einen besonderen Beitrittsvertrag herbeigeführt werden.[35]

---

[32] Da die Beitrittsklausel selbst eine Vereinbarung aller ursprünglichen Vertragsparteien ist, kann sie nur mit Zustimmung aller aufgehoben oder verändert werden.

[33] Anders noch die Vorauflage, die von dem Zustandekommen eines Vertrages durch die einseitige Beitrittserklärung als Annahme des zuvor im Vertrage niedergelegten oder implizit enthaltenen Angebots ausging. Der neue Vertrag führte dann zur Ausdehnung der bestehenden Vertragsordnung auf den Beitretenden. Der durch die einseitige Beitrittserklärung bewirkte Eintritt in den bestehenden Vertrag erscheint uns aber im Hinblick auf die Regelung des Art. 15 WVK heute angemessener, da dieser zwar vor dem Beitritt die Vereinbarung der ursprünglichen Parteien über die Gestattung des Beitritts voraussetzt, nicht jedoch auf einen vertraglichen Beitrittsvorgang hinweist.

[34] ÖZöR 20 (1970), 217 (276).

[35] Vgl. *McNair*, 151.

2. Verträge, die den Beitritt gestatten, werden heute weithin – im Gegensatz zu den sog. geschlossenen Verträgen, die keinen Beitritt erlauben – als offene Verträge bezeichnet. Die offenen Verträge sind wiederum von verschiedener Art, je nachdem, wieweit sie den Beitritt gestatten. Außer bei Verträgen mit einer sog. Allstaatenformel[36] bleibt das Recht des Beitritts auf bestimmte, in der Beitrittsklausel genannte Staaten begrenzt. So werden entweder bestimmte Staaten genannt, denen der Beitritt eingeräumt wird, oder – und das ist der häufigere Fall – die zum Beitritt zugelassenen Staaten werden durch allgemeine Kriterien bestimmt, wie etwa ihre geographische Lage (z. B. europäische Staaten) oder ihre Zugehörigkeit zu einer Staatengruppe, die sich zu bestimmten Werten (z. B. Rechtsstaatlichkeit und die demokratische Staatsform) bekennt.

So sieht Art. 4 Charta der VN vor, daß nur friedliebende Staaten Mitglieder der Organisation der Vereinten Nationen werden können.[37] Ähnlich sieht die Satzung des Europarates in Art. 4 vor, daß nur solche Staaten Mitglieder werden können, die „für fähig und gewillt befunden [werden], die Bestimmungen des Art. 3 [Anerkennung des Grundsatzes der Vorherrschaft des Rechts, der Menschenrechte und Grundfreiheiten] zu erfüllen". Zusätzlich sieht Art. 4 allerdings vor, daß der Beitritt nur auf Einladung des Ministerkomitees möglich ist.[38] Eine Verbindung von Eröffnung des Beitritts durch die Einfügung einer Beitrittsklausel mit dem Erfordernis der besonderen Einladung ist auch im Völkermordabkommen von 1948 vorgesehen (Art. XI Abs. 3).[39] Diese Regelung sieht vor, daß nach dem 1. Januar 1950 „jedes Mitglied der Vereinten Nationen und jeder Nicht-Mitgliedstaat, der eine Aufforderung gemäß Absatz 1 erhalten hat, beitreten" kann. Eine ähnliche Regelung enthalten auch das Abkommen über die Rechtsstellung der Flüchtlinge von 1951 (Art. 39)[40] und das Abkommen über die Rechtsstellung staatenloser Personen von 1954 (Art. 35).[41]

Heftig umstritten war während der Kodifikationsarbeiten zur WVK die Frage, ob multilaterale Verträge, die auf die Errichtung umfassender Ordnungen (Regelungs- oder rechtsetzende Verträge) abzielen, grundsätzlich für den Beitritt aller Staaten offen sein sollten. Namentlich die Vertreter der damaligen sog. sozialistischen Staaten traten dafür ein, weil sie das Recht zum Beitritt als Ausfluß der staatlichen Souveränität ansahen. Eine Einigung über diese Frage konnte weder in der ILC noch auf der Wiener Vertragsrechtskonferenz erzielt werden. Schließlich wurden alle diesbezüglichen Vorschläge abgelehnt, so daß nach gegenwärtiger Rechtslage eine solche Offenheit von Regelungsverträgen nicht gegeben ist. Es bleibt also bei den allgemeinen Regeln über den Beitritt.[42]

IV. 1. Der Beitritt wird gemäß Art. 16 WVK – soweit der Vertrag nichts anderes vorsieht – durch Notifikation an die Vertragsstaaten oder den Verwahrer oder aber durch Hinterlegung der Beitrittsurkunde bei dem Verwahrer vollzogen. Er bedarf also der Schriftform. Diese Form ist im Regelfall auch nach gewohnheitsrechtlichem Vertragsrecht zu fordern.[43] Denn selbst wenn man auch von den genannten Verfahren des Beitritts abweichende, informelle Verfahren für möglich hält – etwa die Erlangung des Status einer Vertragspartei dadurch, daß die Vertragsstaaten die Vertragserfüllung durch einen nicht formell beigetretenen Staat stillschweigend hinnehmen –, so setzt auch dieser Weg des „Beitritts" voraus, daß die

---

[36] Zu den *„all states formulas"* und ihrer Modifizierung durch die *„Vienna formulas"*, wie beispielsweise Art. 81 WVK, *Aust*, 92 f.

[37] Dazu näher *K. Ginther*, in: *Simma*, Charter (engl.), art. 4, para. 3 ff.

[38] Hier handelt es sich jedoch schon nicht mehr um den reinen Fall des Beitritts im technischen Sinne.

[39] Konvention über die Verhütung und Bestrafung des Völkermordes, UNTS Vol. 78, 277 (284)/BGBl. 1954 II, 729 (732).

[40] UNTS Vol. 189, 150 (179 f)/BGBl. 1953 II, 559 (573).

[41] UNTS Vol. 360, 117 (154 ff)/BGBl. 1976 II, 473 (485).

[42] Siehe *Wetzel/Rauschning*, 150 f; allerdings ist der Beitritt zu einem Vertrag, der die Gründungsurkunde einer Internationalen Organisation bildet, nach den besonderen Vorschriften des jeweiligen Organisationsrechts zu vollziehen, vgl. *Verdross/Simma*, 457 Rn. 713.

[43] So auch *McNair*, 152.

Vertragsstaaten seitens des beitretenden Staates von seiner Absicht, Vertragspartei sein zu wollen, in Kenntnis gesetzt werden. Daß die bloße Einhaltung des Vertrages durch einen Nichtvertragsstaat ausreicht, um den Status einer Vertragspartei zu erlangen, läßt sich schwerlich nachweisen.[44]

2. Nach der älteren Lehre setzte der Beitritt voraus, daß der Vertrag, dem ein Staat beitreten will, in Kraft getreten ist.[45] Nach der heute ganz herrschenden Lehre und in Übereinstimmung mit der Staatspraxis entspricht dies jedoch nicht mehr der gegenwärtigen Rechtslage. Gehört ein Staat – sei es, weil er überhaupt nicht an den Vertragsverhandlungen beteiligt war, sei es, daß er zwar an diesen Verhandlungen beteiligt, jedoch nicht in der Lage war, den Vertrag innerhalb der festgesetzten Frist zu unterzeichnen – nicht zum Kreis der ursprünglichen Vertragsstaaten, so kann er dem Vertrag auch schon vor dessen Inkrafttreten beitreten.[46] In der Praxis sind Fälle gar nicht selten, in denen ein Vertrag überhaupt erst durch den Beitritt weiterer Staaten in Kraft treten konnte, weil erst durch diesen Beitritt das für das Inkrafttreten erforderliche Quorum erreicht wird.[47]

Beispiele: Gemäß Art. 308 Abs. 1 der VN-Seerechtskonvention[48] trat die Konvention 12 Monate „nach Hinterlegung der sechzigsten Ratifikations- oder Beitrittsurkunde in Kraft." Hier war also bereits vor Inkrafttreten ein Beitritt möglich. Im Gegensatz dazu differenziert die Minderheitenkonvention des Europarates[49] : Art. 27 erlaubt „[b]is zum Tage des Inkrafttretens" die „Unterzeichnung" des Übereinkommens durch hierzu eingeladene Nichtmitgliedstaaten. Nach Art. 29 Abs. 1 können „[n]ach Inkrafttreten dieses Rahmenübereinkommens" weitere Staaten eingeladen werden, „dem Übereinkommen beizutreten."

3. Der durch Abgabe und Notifikation der einseitigen Beitrittserklärung vollzogene Beitritt wird häufig als Form eines vereinfachten Vertragsschlußverfahrens eingeordnet. Aus dem Gedanken der Vereinfachung heraus wird in der Praxis im Regelfall nicht die Ratifikation der Beitrittserklärung verlangt. Dem steht allerdings namentlich in parlamentarischen Regierungssystemen entgegen, daß der Beitritt zu einem Vertrage verfassungsrechtlich einem Vertragsschluß gleichgestellt wird und somit auch auf den Beitritt die verfassungsrechtlichen Vorschriften zum Vertragsschluß zur Anwendung kommen, einschließlich derer, die sich auf die parlamentarische Zustimmung zur Ratifikation beziehen.

Dies entspricht der Rechtslage und Praxis nach dem deutschen Grundgesetz (Art. 59 Abs. 2),[50] nach der französischen Verfassung von 1958 (Art. 53),[51] der niederländischen Verfassung von 1987

---

[44] So zutreffend *Oppenheim/Jennings/Watts*, Vol. I/2, 1237; dazu auch der *North Sea Continental Shelf*-Fall, ICJ Reports 1969, 3 (25 f). Siehe zur Frage der Information der ursprünglichen Vertragsparteien über die Absicht eines Nichtvertragsstaates, deren Vertrag auf der Basis der Gegenseitigkeit anwenden zu wollen, den Fall *Molefi v. Principal Legal Adviser*, ILR 39 (1970), 415 f.

[45] So etwa der Harvard Research-Entwurf (Art. 12 (b)), AJIL (1935), Supp. III, Law of Treaties, 659 *(draft convention)*, 822 ff *(comment)*; zur früheren Lehre auch die Berichte der Sonderberichterstatter *Brierly*, YBILC 1951 II, 73; *Fitzmaurice*, YBILC 1956 II, 125 f; kritisch *Lauterpacht*, YBILC 1953 II, 120; *Waldock*, YBILC 1962 II, 53 ff.

[46] Vgl. nur *Aust*, 88; *Brownlie*, 612; *McNair*, 149 f; *Verdross/Simma*, 457 Rn. 713.

[47] Darauf weisen *Oppenheim/Jennings/Watts*, Vol. I/2, 1237 n. 6, und *McNair*, 150, zutreffend hin.

[48] Seerechtsübereinkommen der Vereinten Nationen vom 10. 12. 1982, UN Doc. A/CONF.62/122 and Corr., ILM 21 (1982), 1261/BGBl. 1994 II, 1799.

[49] Rahmenübereinkommen zum Schutz nationaler Minderheiten vom 10. 11. 1994, ETS No. 157/deutscher Text in EuGRZ 22 (1995), 268 ff.

[50] Vgl. dazu *O. Rojahn*, in: *I. v.Münch/Ph. Kunig*, Grundgesetzkommentar, 3. Aufl., 1995, Rdn. 45; *U. Fastenrath*, Kompetenzverteilung im Bereich der auswärtigen Gewalt, 1986, 230; für eine analoge Anwendung des Art. 59 Abs. 2 GG auf den Beitritt *M. Zuleeg*, Alternativkommentar, Rdn. 79 zu Art. 59 GG. Anders dagegen noch *A. Bleckmann*, Grundgesetz und Völkerrecht, 1975, 225 (allgemein zu einseitigen Rechtsakten).

[51] *A. P. Blaustein/G. H. Flanz*, Constitutions of the Countries of the World, Binder VII, Release 1997. Nach dieser Vorschrift müssen bestimmte, aufgezählte Arten von Verträgen durch ein Gesetz ratifiziert oder genehmigt werden. In der Praxis stimmt

(Art. 91 Abs. 1)[52] und der belgischen Verfassung in der konsolidierten Fassung von 1994 (Art. 167 Abs. 2 und 3).[53]

Soweit ein Beitritt auch heute noch durch besonderen Vertrag erfolgt, finden auf diesen die allgemeinen Regeln über den Vertragsschluß Anwendung. Wird der Vertragsweg gewählt, so spricht allerdings viel dafür, daß in solchen Fällen die Ratifikation erforderlich ist, es sei denn, die Parteien vereinbaren etwas anderes. Es versteht sich von selbst, daß auch der Beitrittsvertrag akzessorisch, also von der Gültigkeit des ursprünglichen Vertrages abhängig ist.[54] Der Beitritt wird, wenn nichts anderes vereinbart ist, mit der Hinterlegung der Beitrittsurkunde oder – wenn dies der spätere Zeitpunkt ist – mit dem Inkrafttreten des Vertrages wirksam.

V. Nicht unter den Begriff des Beitritts fällt die Unterzeichnung und Ratifikation, die der Annahme von multilateralen Verträgen durch internationale Konferenzen, durch die Generalversammlung der Vereinten Nationen oder durch die Plenarorgane anderer internationaler Organisationen nachfolgt. Die Tatsache, daß derartige Verträge zuvor von dem Plenum – namentlich von unter der Schirmherrschaft der Vereinten Nationen zusammengetretenen Konferenzen oder auch von der Generalversammlung selbst – „angenommen" werden, hat wiederholt zur falschen Bezeichnung der nachfolgenden Unterzeichnung und Ratifikation der betreffenden Verträge als „Beitritt" geführt.[55]

Ein Beispiel ist die Konvention über das Verbot der gegen Menschen gerichteten Minen[56], die von einer Konferenz unter Beteiligung von über einhundert Staaten ausgearbeitet wurde. Nachdem die Konvention mehrheitlich gebilligt – „angenommen" – worden war, wurden die Konferenzteilnehmer zur feierlichen Unterzeichnungszeremonie nach Ottawa geladen. Die Berichte hierüber sprachen davon, daß über einhundert Staaten mit der Unterzeichnung dem Vertrage „beigetreten" seien.[57] In Wahrheit handelt es sich um das übliche, zusammengesetzte Vertragsschlußverfahren. Die Unterzeichnerstaaten der Anti-Personenminen-Konvention gehören zu den ursprünglichen Vertragsstaaten. Sie sind nicht Beitrittsstaaten im Sinne des Art. 15 WVK.

---

das Parlament auch dem Beitritt zu bereits bestehenden Verträgen zu, so etwa im Falle des Beitritts zu den VN-Menschenrechtspakten im Jahre 1980. *F. Luchaire/G. Conac*, La constitution de la république française, 2. éd. 1987, 1049.

[52] Text in: *Blaustein/Flanz* (Anm. 51), Binder XIII, Release 1996. Aufgrund des Wortlauts („... ist nicht durch den Vertrag gebunden ...") wird davon ausgegangen, daß hierunter auch die Bindung durch späteren Beitritt fällt. *P. W. C. Akkermans/A. K. Koekoek*, De Grondwet, 2. Aufl. 1992, Art. 91, Nr. 6 *(M. G. Boekhorst)*. Dies entspricht der früheren Rechtslage unter Art. 64 der Verfassung von 1972, nach dem die Zustimmungsvorschriften der Verfassung ausdrücklich auch auf Beitritt und Kündigung Anwendung fanden.

[53] Text in: *Blaustein/Flanz* (Anm. 51), Binder VII, Release 1994. Ausdrücklich für die Anwendbarkeit von Art. 167 Abs. 2 und 3 auch für den späteren Beitritt *G. J. E. M. Craenen*, De staatsrechtlijke regeling van aanvaarding en invoering van verdragen in Belgie, praedvies, Vereniging voor de verglijkende studie van het recht van Belgie en Nederland, 1996, 18.

[54] Dazu oben.

[55] Anders *Brownlie*, 612, und *McNair*, 149; letzterer unterscheidet zwei Arten des Beitritts, wobei „accession as a secondary process", den Vertragsbeitritt im hier verwendeten engen Sinne bezeichnet und *„accession as a primary process"* weitergehend die Fälle umfaßt, *„whereby a State becomes a party to an instrument intended to become a treaty, the text of which has been drafted under the auspicies of an international organization"*.

[56] Übereinkommen über das Verbot des Einsatzes, der Lagerung, der Herstellung und der Weitergabe von Antipersonenminen und über deren Vernichtung, ILM 36 (1997), 1507/BGBl. 1998 II, 779.

[57] So schreibt *P. Dansend*, Schritt vom Minenfeld, Die Welt Nr. 283–49 vom 4. 12. 1997, 4, über die Unterzeichnung: „Daß zahlreiche afrikanische Länder – bisher die Hauptabnehmer – dem Ottawa-Vertrag *beigetreten* sind, nährt die Hoffnung auf ein Ende der Minenplage" (Hervorhebung durch den Verfasser).

§ 150 Inkraftreten, Registrierung und Veröffentlichung von Verträgen

Schrifttum: wie zum 1. Abschnitt; ferner *M. O. Hudson*, The Registration and Publication of Treaties, AJIL 19 (1925), 273 ff; *ders.*, Legal Effect of Unregistered Treaties in Practice under Article 18 of the Covenant, AJIL 28 (1934), 546 ff; *M. Brandon*, The Validity of Non-Registered Treaties, BYIL 29 (1952), 186 ff; *ders.*, Analysis of the Terms „Treaty" and „International Agreement" for Purposes of Registration under Article 102 of the United Nations Charter, AJIL 47 (1953), 49 ff; *A. Broches/ S. Boskey*, Theory and Practice of Treaty Registration with Particular Reference to Agreements of the International Bank, NedTIR 4 (1957), 159 ff, 277 ff; *F. Boudet*, L'enregistrement des accords internationaux, RGDIP 64 (1960), 596 ff; *W. K. Geck*, Die Registrierung und Veröffentlichung völkerrechtlicher Verträge, ZaöRV 22 (1962), 113 ff; *ders.*, Völkerrechtliche Geheimverträge und Verfassungssrecht, in: Festschrift für Gebhard Müller (1970), 77 ff; *R. B. Lillich*, The Obligation to Register Treaties and International Agreements with the United Nations, AJIL 65 (1971), 771 ff; *T. Modeen*, The Deposit and Registration of Treaties of International Organizations (1971); *B. Conforti*, Sulla registrazione degli accordi internazionali presso le Nazioni Unite, in: Studi in memoria di Enrico Guicciardi (1975), 491 ff; *M. Tabory*, Recent Developments in United Nations Treaty Registration and Publication Practices, AJIL 76 (1982), 350 ff; *ders.*, Registration of the Egypt-Israel Peace Treaty: Some Legal Aspects, ICLQ 32 (1983), 981 ff; *E. Roucounas*, Uncertainties Regarding the Entry into Force of Some Multilateral Treaties, in: International Law: Theory and practice, Festschrift für Eric Suy, 1998, 179 ff.

I. 1. Haben die Vertragsparteien dem Vertrag sei es allein durch die Unterzeichnung (Art. 12 WVK), sei es durch Austausch der einen Vertrag bildenden Urkunden (Art. 13 WVK), oder durch Ratifikation, Annahme oder Genehmigung (Art. 14 WVK) zugestimmt, so tritt dieser zu dem von den Parteien vereinbarten Zeitpunkt und in der vorgesehenen Weise in Kraft (Art. 24 Abs. 1 WVK). Fehlen entsprechende Bestimmungen, tritt der Vertrag in Kraft, sobald die Zustimmung aller Vertragsparteien vorliegt, durch den Vertrag gebunden zu sein (Art. 24 Abs. 2 WVK).[1] Die Vertragsparteien können allerdings abweichende Bestimmungen über die Bedingungen, unter denen ein Vertrag in Kraft treten soll, vereinbaren, da Art. 24 Abs. 1 WVK vorsieht, daß der Vertrag zum vereinbarten Zeitpunkt und in der *vorgesehenen* Weise in Kraft tritt. Von dieser Möglichkeit wird in der Praxis häufig Gebrauch gemacht.

So sehen multilaterale Verträge vielfach vor, daß sie nicht erst in dem Zeitpunkt in Kraft treten sollen, in dem alle am Vertragsschluß beteiligten Parteien ihre Zustimmung gegeben haben, durch den Vertrag gebunden zu sein. Zusätzlich werden häufig bestimmte Quoren von Ratifikationen festgelegt, bei deren Erreichung der Vertrag in Kraft tritt. Als Beispiel kann auf die Wiener Vertragskonvention selbst verwiesen werden, die in Art. 84 Abs. 1 regelt, daß die Konvention am 30. Tag nach der Niederlegung der 35. Ratifikation (oder Beitritt) in Kraft treten soll. Gleichlautende Regelungen enthalten die beiden VN-Menschenrechtspakte von 1966, wobei hier die Frist nach Hinterlegung der 35. Ratifikations- oder Beitrittsurkunde drei Monate beträgt.[2] Ein höheres Quorum, nämlich die Hinterlegung von 60 Ratifikations- oder Beitrittsurkunden verlangt Art. 308 der VN-Seerechtskonvention von 1982[3], nur 27 Ratifikations- oder Beitrittsurkunden das VN-Abkommen von 1966 über die Eliminierung jeglicher Form von Rassendiskriminierung.[4]

Wie schon aus diesen Beispielen ersichtlich, gibt es keine festen Regeln für die Zahl der für das Inkrafttreten erforderlichen Ratifikationen.[5] Kriterien für das notwendige Quorum sind zum einen, daß mit der Bemessung eines hohen Quorums einem multilateralen Vertrag eine

---

1 Siehe dazu näher schon oben § 147.

2 Art. 27 des VN-Paktes über wirtschaftliche, soziale und kulturelle Rechte und Art. 49 des VN-Paktes über politische und bürgerliche Rechte sehen vor, daß die Pakte am 30. Tag nach der Hinterlegung der 35. Ratifikations- oder Beitrittsurkunde in Kraft treten. Texte der Pakte in den authentischen Sprachen und in der amtlichen deutschen Übersetzung, in: BGBl. 1973 II, 1534 u. 1570; ILM 6 (1967), 360 und 368.

3 Text in den authentischen Sprachen und in amtlicher deutscher Übersetzung in: BGBl. 1994 II, 1799; ILM 21 (1982), 1261; UN Doc. A/Conf.62/122.

4 Text in: BGBl. 1969 II, 961; UNTS 660, 195.

5 Darauf weist auch hin *Roucounas*, in: FS *Suy*, 190.

solide Basis gegeben werden soll, indem von vornherein eine größere Zahl von Ratifikationen vorliegen muß, ehe der Vertrag in Kraft tritt.[6] Namentlich wichtige Regelungsverträge verlangen aus diesem Grund eine besonders große Zahl von Ratifikationen, wie etwa das VN-Seerechtsübereinkommen von 1982 mit 60 (Art. 308), das Übereinkommen über das Verbot der Entwicklung, Herstellung, Lagerung und des Einsatzes chemischer Waffen und über die Vernichtung solcher Waffen vom 13. 1. 1993 mit 65 (Art.XXI)[7] und das Rahmenübereinkommen der Vereinten Nationen über Klimaänderungen vom 9. Mai 1992 mit 50 (Art. 23)[8] Ratifikationen. Die Kehrseite dieser Überlegung ist allerdings, daß es oft sehr lange dauert, bis das Quorum erreicht wird. Zum Beispiel dauerte es rund zwölf Jahre bis das VN-Seerechtsübereinkommen von 1982 in Kraft trat, rund elf Jahre bis die Wiener Vertragskonvention von 1969 in Kraft treten konnte (1980), und zehn Jahre bis die VN-Menschenrechtspakte von 1966 dieses erreichten (1976).[9]
Schlimmstenfalls tritt ein Vertrag eben wegen des hohen Quorums mangels hinreichender Ratifikationen überhaupt nicht in Kraft – ein Schicksal, das allerdings auch solchen multilateralen Verträgen nicht erspart geblieben ist, die eine weit geringere, manchmal so gar nur eine marginale Zahl von Ratifikationen für das Inkrafttreten verlangen.

So hat die am 8. 3. 1983 in Wien unterzeichnete Konvention über die Staatennachfolge in Staatsvermögen, Staatsarchive und Staatsschulden, die nach Art. 50 lediglich 15 Ratifikationen für das Inkrafttreten forderte, dieses Ziel bis heute nicht erreicht.[10] Besonders geringe Ratifikationsquoren mit drei bis fünf Ratifikationen sehen eine Reihe der vom Europarat ausgearbeiteten und zur Zeichnung und Ratifikation aufgelegten Konventionen vor. Dennoch ist die Zahl der bis heute noch nicht in Kraft getretenen Konventionen aus den Jahren 1966-1988 erheblich.[11]

Dabei kann das Quorum ausschließlich an einer bestimmten Zahl von Ratifikationen, an der Ratifikation durch namentlich genannte Staaten oder durch Staaten, die bestimmte, mit Blick auf den konkreten Vertragsinhalt relevante Kriterien erfüllen, orientiert sein.

Beispielsweise forderte die Regelung des Inkrafttretens des Vertrages über die Nichtverbreitung von Nuklearwaffen von 1968[12] die Ratifikation durch die drei Depositare Sowjetunion, Vereinigtes Königreich und Vereinigte Staaten sowie durch weitere 40 Signatarstaaten.
Nach Art. 57 des Abkommens über den Gemeinsamen Rohstoff-Fonds[13] sollte dieses Abkommen erst in Kraft treten nach Eingang beim Depositar der Ratifikations-, Annahme- oder Bestätigungsinstrumente von 90 Staaten, deren Zeichnung für die direkten Kapitaleinlagen (Art. 9 Abs. 1 lit. a) in den Fonds mindestens zwei Drittel der gesamten direkten Einlagen (nach Anhang A) betragen mußten, wobei zugleich Zusicherungen für freiwillige Leistungen in Höhe von mindestens 50 % der in Art. 13 Abs. 2 genannten Zielsumme von 280 Mio. US $ vorzuliegen hatten.

Die Wahl eines bestimmten Quorums an Ratifikationen für das Inkrafttreten eines multilateralen Vertrages ist abhängig davon, in welche Richtung das Spannungsverhältnis zwischen

---

[6] Erfahrungsgemäß dauert es drei bis fünf Jahre nach der Unterzeichnung bis multilaterale Verträge, die im Rahmen oder unter der Schirmherrschaft internationaler Organisationen geschlossen wurden, in Kraft treten, vgl. dazu *Roucounas*, in: FS *Suy*, 185.

[7] Englischer Text in: ILM 32 (1993), 800 ff; deutscher Text in: BGBl 1994 II, 807 ff.

[8] Englischer Text in: ILM 31 (1992), 849 ff; deutscher Text in: BGBl 1993 II, 1783 ff.

[9] Hierzu mit weiteren Beispielen für multilaterale Verträge, die erst lange Zeit nach der Unterzeichnung in Kraft traten *Roucounas*, in: FS *Suy*, 185.

[10] Siehe UN Doc.A/Conf.117/14 vom 1. 4. 1983, abgedruckt in ILM 22 (1983), 306 ff. Die fünf Jahre früher unterzeichnete Konvention über die Staatennachfolge in Verträge vom 23. 8. 1978 – UN Doc.A/Conf.80/31 vom 22. 8. 1978, abgedruckt in ILM 17 (1978), 1488 ff –, die ebenfalls nur 15 Ratifikationen für das Inkrafttreten vorsieht, ist schließlich am 6. 11. 1996 in Kraft getreten; sie weist 17 Ratifaktionen auf (Stand 31. 12. 2000).

[11] Zu den Einzelheiten und Zahlen siehe *Roucounas*, in: FS Suy, 185 f, der im übrigen bei der ganz überwiegenden Zahl der Europaratskonventionen eine Frist von nur ein bis drei Jahren feststellt.

[12] Art. IX Abs. 3 *Treaty on the Non-Proliferation of Nuclear Weapons* (NPT), 729 UNTS 161.

[13] Agreement establishing the Common Fund for Commodities, ILM 19 (1980), 896.

dem Wunsch nach einem möglichst baldigen Inkrafttreten und dem Erreichen einer möglichst großen Effizienz des Vertrages aufgelöst wird. Hierbei soll einem Abkommen durch die Wahl eines niedrigen Quorums ein baldiges Inkrafttreten oder durch die Wahl eines hohen Quorums eine breite Akzeptanz in der Staatengemeinschaft gesichert werden.

2. Vor dem Inkrafttreten eines völkerrechtlichen Vertrages besteht aber auch die Möglichkeit, diesen vorläufig anzuwenden.[14] Gemäß Art. 25 WVK setzt dies voraus, daß der Vertrag selbst seine vorläufige Anwendung vorsieht oder die Verhandlungsstaaten dies auf andere Weise vereinbaren. Die Pflicht, einen Vertrag vorläufig anzuwenden, kann dabei nur diejenigen Verhandlungsstaaten treffen, die ihre Zustimmung hierzu gegeben haben. Die Zustimmung kann in der Beteiligung an der Annahme des Vertragstextes oder der Verabschiedung einer entsprechenden Erklärung liegen.

Prominentes, wenn auch untypisches, Beispiel für die langjährige vorläufige Anwendung eines völkerrechtlichen Vertrages ist das Allgemeine Zoll- und Handelsabkommen (General Agreement on Tariffs and Trade – GATT) von 1947, das bis zum 31. 12. 1995 auf der Grundlage eines Protokolls über die vorläufige Anwendung[15] angewandt wurde. Eine weitere interessante Regelung zur vorläufigen Anwendung findet sich in Art. 7 des Durchführungsübereinkommens zu Teil XI des Seerechts-Übereinkommens.[16] Diese sah vor, daß das Durchführungsabkommen, sollte es bis zum 16. 11. 1994 nicht in Kraft getreten sein, von den Staaten, die in der Generalversammlung seiner Annahme zugestimmt oder die das Übereinkommen unterzeichnet hatten, vorläufig angewandt werden sollte, es sei denn, diese Staaten notifizierten vor diesem Datum ihre Ablehnung der vorläufigen Anwendung (*„opt-out“*-Modell). Andere Staaten konnten durch eine entsprechende Notifikation oder den Beitritt zu dem Übereinkommen dasselbe für sich vorläufig anwendbar machen.

3. Nach dem Inkrafttreten eines völkerrechtlichen Vertrages gilt für dessen Anwendungsbereich *ratione tempore* der Grundsatz des Verbots der rückwirkenden Anwendung der Vertragsbestimmungen.[17] Dieser Grundsatz, der in Art. 28 WVK festgeschrieben wurde, wurde von dem Internationalen Gerichtshof im *Ambatielos*- Fall[18] ausdrücklich anerkannt, in welchem der Internationale Gerichtshof das Vorbringen Griechenlands, aus einem Vertrag von 1926 berechtigt zu sein, eine Klage einzubringen, die sich auf Geschehnisse aus den Jahren 1922 und 1923 bezog, abwies mit der Begründung, andernfalls erhalte der Vertrag von 1926 eine rückwirkende Geltung. Allerdings steht dieses Rückwirkungsverbot nach Art. 28 WVK zur Disposition der Vertragsparteien, die vereinbaren können, daß der Vertrag auch auf bereits abgeschlossene Sachverhalte Anwendung finden soll.[19]

Im Fall *Bosnia-Herzegovina v. Yugoslavia*[20] wählte der Internationale Gerichtshof bezüglich der Frage der Anwendbarkeit der Genozid-Konvention[21] gegenüber Jugoslawien für Ereignisse, die vor dem Inkrafttreten der Konvention für Jugoslawien stattgefunden hatten, allerdings einen anderen Ansatz. Mit dem Hinweis darauf, daß die Genozid-Konvention, insbesondere Art. IX, keine zeitliche Begrenzung des Anwendungsbereichs enthalte und daß die Streitparteien auch keinen diesbezüg-

[14] Siehe im einzelnen *R. Lefeber*, The provisional application of treaties, in: *J. Klabbers/R. Lefeber*, Essays on the law of treaties, 1998, 81 ff.

[15] *Protocol of the Provisional Application of the* GATT, 55 UNTS 308.

[16] Vgl. auch oben § 128, VII.4.

[17] Man kann hier wie im nationalen Recht unterscheiden zwischen Fällen der *echten* Rückwirkung, die in der Vergangenheit begonnene und abgeschlossene Sachverhalte umfassen, und Fällen *unechter* Rückwirkung, die in der Vergangenheit begonnene, aber zum Zeitpunkt des Inkrafttretens des Vertrages noch nicht abgeschlossene Sachverhalte betreffen. Das Rückwirkungsverbot des Art. 28 WVK erfaßt nur die *echte* Rückwirkung. Vgl. *Heintschel v. Heinegg*, in: *Ipsen* (Hrsg.), 4. Aufl., 129.

[18] *Ambatielos*-Fall, Judgement *(preliminary objection)* ICJ Reports 1952, 26 (40 ff).

[19] Ein Beispiel für die ausdrückliche Vereinbarung einer Rückwirkung findet sich in Art. 147 des Versailler Vertrages vom 28. 6. 1919, 112 BFSP 1.

[20] *Bosnia-Herzegovina v. Yugoslavia*, Judgement *(preliminary objections)*, ICJ reports 1996 II, 595.

[21] *Convention on the Prevention and Punishment of the Crime of Genocide* of 9. 12. 1948, 78 UNTS 277.

lichen Vorbehalt erklärt hätten, bejahte der Internationale Gerichtshof seine Zuständigkeit, ohne allerdings eindeutig zu klären, ob er hier einen Fall unechter Rückwirkung für gegeben hielt, der im Gegensatz zur echten Rückwirkung möglich ist, sofern die Parteien nichts anderes vereinbaren, oder ob er mit Blick auf Gegenstand und Zweck der Genozid-Konvention eine echte rückwirkende Anwendung für möglich hielt.[22]

II. 1. Das moderne Völkerrecht läßt es jedoch bei diesen Anforderungen an das Zustandekommen internationaler Abkommen nicht bewenden. Vielmehr ist heute ein weiteres Erfordernis hinzugetreten, nämlich das der Registrierung und Veröffentlichung der Verträge.[23] Das sog. klassische Völkerrecht kannte eine international verbindliche Regel des Inhalts, daß Verträge öffentlich zu machen seien, noch nicht. Zwar pflegten Staaten auch in älterer Zeit die von ihnen geschlossenen Verträge in den staatlichen Publikationsorganen (Gesetzblätter, Journaux officiels, Foreign and State Papers, Treaty Series) bekannt zu machen. Aber dies geschah nicht aufgrund einer internationalen Pflicht, sondern entweder aufgrund nationalen (Verfassungs-)Rechts oder freiwilliger Entscheidung.[24] Vor allem aber war eine solche Publikation internationaler Abkommen schon deswegen keineswegs die Regel, weil vielfach solche Abkommen im Wege der sogenannten Geheimdiplomatie geschlossen und dementsprechend geheim gehalten wurden. Nach dem Ende des Ersten Weltkrieges[25] und unter dem Einfluß des demokratischen Gedankens formulierte sich jedoch in der öffentlichen Meinung eine starke Abneigung gegen die „Kabinettspolitik" und „Geheimdiplomatie" vergangener Zeiten, die als friedlichen internationalen Beziehungen abträglich angesehen wurde.[26] Namentlich der amerikanische Präsident Wilson propagierte einen neuen demokratischen Stil der internationalen Politik, das Ideal der *„open covenants of peace openly arrived at, after which there shall be no private understanding of any kind but diplomacy shall always proceed frankly and in the public view."*[27] Der Gedanke war, daß

---

[22] *Bosnia-Herzegovina v. Yugoslavia*, Judgement *(preliminary objections)*, ICJ Reports 1996 II, 595 (para. 34): „In this regard, the Court will confine itself to the observation that the Genocide Convention, and in particular Article IX, does not contain any clause the object or effect of which is to limit in such manner the scope of its jurisdiction *ratione temporis*, and nor did the Parties themselves make any reservation to that end, [...]. The Court thus finds that it has jurisdiction in this case to give effect to the Genocide Convention with regard to the relevant facts which have occured since the beginning of the conflict which took place in Bosnia-Herzegovina. This finding is, moreover, in accordance with the object and purpose of the Convention [...]." Hierzu *A. Chua/R. Hardcastle*, Retroactive Application of Treaties Revisted: Bosnia-Herzegovina v. Yugoslavia, Netherlands International Law Review 44 (1997), 414.

[23] Von der Registrierung und Veröffentlichung ist die Niederlegung von Verträgen bei einem von den Vertragsparteien *ad hoc* oder generell, z. B. durch die Satzung einer internationalen Organisation bestimmten Depositar zu unterscheiden. Hier geht es um die Bewahrung der Originalvertragsurkunden im Interesse der Vertragsparteien, dort um die Erfassung und Publikation des geltenden Vertragsrechts im Interesse der Staatengemeinschaft insgesamt, vgl. dazu näher, *Geck*, ZaöRV 22 (1962), 113 (114 ff).

[24] So auch *Tabory*, AJIL 76 (1982), 350.

[25] Vorschläge für eine Veröffentlichung der Verträge hatte es allerdings auch schon zuvor gegeben, vgl. *Tabory*, AJIL 76 (1982), 350, der dort auch auf die Bemühungen des Institut de Droit International um eine systematische Veröffentlichung der Verträge und die entsprechenden Resolutionen von 1885, 1891 und 1892 hinweist. U. a. hat das Institut de Droit International seinerzeit Entwürfe für die Errichtung einer *Union internationale pour la publication des traités entre Etats* vorgelegt und die Veröffentlichung der Verträge zur Pflicht machen wollen, vgl. TGR (Institut de droit international. Tableau général des résolutions 1873–1956), 133 ff (Art. 5); *Walther Schücking* machte 1918 den Vorschlag, alle Staatsverträge von seiten des seines Erachtens auf der Grundlage der Haager Friedenskonferenzen und des Ständigen Schiedshofs aufzubauenden Staatenverbands amtlich zu publizieren und eine beglaubigte Abschrift im Archiv des Staatenverbands zu deponieren, vgl. *W. Schücking*, Internationale Rechtsgarantien – Ausbau und Sicherung der zwischenstaatlichen Beziehungen, 1. Aufl. 1918, 81 ff; dazu auch *Geck*, ZaöRV 22 (1962), 113 (123).

[26] Zur Vorgeschichte siehe ausführlich *Geck*, ZaöRV 22 (1962), 113 (122 ff).

[27] So der Text des ersten der 14 Punkte, die Präsident *Wilson* im Januar 1918 verkündete, Text in: Congressional Records, Vol. 56, 680; nur wenige Monate früher hatte *Leo Trotski* ebenfalls der Geheimdiplomatie eine Absage erteilt, vgl. dazu *Knapp*, in: *Sim-*

eine transparente, sich vor den Augen der Öffentlichkeit vollziehende internationale Politik einen wichtigen Beitrag zur Verhinderung von Kriegen leisten könne.[28] Darüber hinaus wird die Registrierung und Veröffentlichung angesichts der wachsenden Bedeutung des materiellen Völkerrechts, also der internationalen Rechtsetzung vornehmlich durch multilaterale Regelungsverträge als eine Unterstützung der Arbeit sowohl der Praktiker als auch der Wissenschaftler gesehen.[29]

2. Im Rahmen der Verhandlungen über die Errichtung des Völkerbundes wurde die Idee der offenen Diplomatie und Publizität der Verträge aufgegriffen und in Art. 18 VBS aufgenommen. Nach dieser Vorschrift mußte jeder von einem Mitglied des Völkerbundes geschlossene Vertrag beim Generalsekretariat des Bundes registriert und von diesem veröffentlicht werden. Erst nach der Registrierung sollte der Vertrag verbindliche Geltung erlangen. Ihrem Wortlaut nach wurden von dieser Vorschrift nur die Mitglieder des Völkerbundes verpflichtet, ihre Verträge registrieren zu lassen. Doch hat der Völkerbund auch Verträge von Nichtmitgliedstaaten registriert und veröffentlicht, wenn sie ihm zu diesem Zweck eingereicht wurden, was vielfach geschah.[30]

Zum Beispiel haben Deutschland, als es nicht Mitglied war, und die Vereinigten Staaten von Amerika,[31] die dem Völkerbund ferngeblieben waren, ihre Verträge registrieren lassen. Insgesamt hat das Völkerbundssekretariat 4834 Verträge registriert und veröffentlicht.[32]

Die Tragweite und rechtliche Bedeutung der Registrierung nach Art. 18 VBS war lebhaft umstritten.[33] Nach seinem Wortlaut war kaum ein Zweifel darüber möglich, daß ein Vertrag, um wirksam zu werden, der Registrierung bedurfte.[34] Lehre und Praxis scheuten sich jedoch, so weitgehende Folgerungen zu ziehen. Im einzelnen wurden verschiedene Meinungen vertreten, doch überwog die Meinung derer, die Art. 18 VBS dahin auslegten, daß nicht registrierte Verträge rechtswirksam seien, den Mitgliedstaaten des Völkerbundes es aber versagt sei, sich auf solche Verträge vor den Organen des Bundes zu berufen.[35]

---

ma, Charter (engl.), Art. 102, para. 1; nach *Hackworth*, Vol. V (1943), 87, hatten die Vereinigten Staaten von Amerika seit 1790 bis zum Zeitpunkt der Veröffentlichung des Digest of International Law keine Geheimverträge geschlossen. Feststeht allerdings, daß die Vereinigten Staaten von dieser Praxis in der Zeit nach dem 2. Weltkrieg Ausnahmen gemacht haben: im AFDI II (1956), 719 f, wurde ein durch Verrat bekannt gewordenes französisch-amerikanisches Geheimabkommen vom 17. 11. 1953 über den Bau einer strategisch wichtigen Ölleitung angeführt und im Jahr 1959 berichtete *Le Monde* (vom 12./13. 7. 1959, Nr. 4500, 4) von einem am 18. April 1954 zwischen den Vereinigten Staaten und Frankreich abgeschlossenen Geheimabkommen über die Nutzung amerikanischer Luftstützpunkte in Frankreich, zu diesen Fällen und zwischen anderen Staaten getroffenen Abkommen vgl. *Geck*, in: FS *G. Müller*, 78 f. Daß die Geheimdiplomatie heute wieder an Bedeutung gewonnen hat, stellen auch *Seidl-Hohenveldern/Stein*, Rdn.278 fest.

28 So *Lillich*, AJIL 65 (1971), 771.

29 *Lillich*, ebd.

30 In dem Memorandum des Generalsekretariats des Völkerbundes zu Verfahrensregeln für die Anwendung des Art. 18 VBS, vom Völkerbundsrat gebilligt am 19. Mai 1920, war die freiwillige Registrierung von Verträgen von Nichtmitgliedern unter Punkt 13 vorgesehen, Text des Memorandums in League of Nations O. J. (1920), 154, auch wiedergegeben in LNTS 1, 8–13; dazu auch *Oppenheim/Jennings/Watts*, vol. I/2, 1314; *Knapp*, in: *Simma*, Charter (engl.), Art. 102, para. 2.

31 Vgl. den Notenaustausch zwischen dem Völkerbund und den Vereinigten Staaten über die Registrierung von deren Verträgen von 1934, in: *de Martens*, NRG 3ème série, XXX, 144; ferner dazu *Hackworth*, Vol. V, 91 f. Zum ganzen auch ausführlich *Geck*, ZaöRV 22 (1962), 113 (150 ff); kurz auch *Oppenheim/Jennings/Watts*, vol. I/2, 1314 n.3; aus der älteren Literatur *Hudson*, AJIL 19 (1925), 273 ff und *ders.*, AJIL 28 (1934), 546 ff.

32 Dazu *Knapp*, in: *Simma*, Charter (engl.), Art. 102, para. 2.

33 Vgl. dazu *Hyde*, vol. II, § 491; *MM Adatchi/Ch. De Visscher*, Examen de l'Organisation et des Status de la Societé des Nations, AIDI 30 (1923), 23 (63); *Schükking/Wehberg*, Die Satzung des Völkerbundes, 2. Auflage 1924, 651. Die Frage der Rechtsfolgen mangelnder Registrierung von Verträgen unter der Geltung der VBS wird auch vom IGH im *South West Africa*-Fall erörtert, ICJ Reports 1962, 319 (332 ff).

34 So auch *Geck*, ZaöRV 22 (1962), 113 (162); vgl. Ziff. 5 des vom Völkerbundsrat gebilligten Memorandums (Anm. 19).

35 Vgl. die Angaben in Anm. 25; zu dem Meinungsstreit

3. Diese Meinung hat sich bei der Beratung des dem Art. 18 VBS entsprechenden Art. 102 Charta der VN durchgesetzt. Nachdem in San Francisco anfänglich daran gedacht wurde, die Vorschrift des Art. 18 VBS in die Charta zu übernehmen, konnten sich dann doch diejenigen Delegierten durchsetzen, die eine an der Völkerbundspraxis orientierte und entsprechend modifizierte Regelung befürworteten. So stellt Art. 102 Charta der VN einen Kompromiß zwischen der rechtspolitisch durchaus vertretbaren Forderung nach strikter Sanktion der Unterlassung der Registrierung eines Vertrages, nämlich seiner Unwirksamkeit, und einer liberaleren und pragmatischen Regelung der Rechtsfolgen einer Nichtregistrierung dar.[36] Dieser Vorschrift nach müssen Verträge und internationale Vereinbarungen (Art. 102 Charta der VN formuliert: *„every treaty and every international agreement"*), die von den Mitgliedern der Vereinten Nationen nach dem Inkrafttreten der Charta geschlossen werden, so bald wie möglich bei dem Sekretariat der Vereinten Nationen registriert und von diesem veröffentlicht werden. Diese nur den Grundsatz der Registrierung und Veröffentlichung enthaltende Vorschrift ist von der Generalversammlung durch die Verabschiedung von materiellen und Verfahrensregeln für die Registrierung und Veröffentlichung von Verträgen ausgelegt und präzisiert worden.

Bereits während der ersten Sitzungsperiode verabschiedete die Generalversammlung mit Resolution 97 (I) vom 14. 12. 1946 die genannten Verfahrensregeln[37], die bisher dreimal geändert wurden. Diese Änderungen, die sowohl materielle als auch Verfahrensaspekte betrafen, wurden von der Generalversammlung mit Resolution 364 (IV) vom 1. 12. 1949[38], Resolution 482 (V) vom 12. 12. 1950[39] und – von besonderer Bedeutung – mit Resolution 33/141 A vom 19. Dezember 1978[40] beschlossen. Mit dieser letzten Resolution wurde dem Sekretariat der VN die Möglichkeit eröffnet, bestimmte Kategorien von bilateralen Verträgen (z. B. Abkommen über gegenseitige Hilfe und Zusammenarbeit) nicht in vollem Umfang zu veröffentlichen (Art. 12 der Regeln).

Aus diesen Bestimmungen und der Praxis des Sekretariats der VN ergibt sich für das Verfahren der Registrierung und Veröffentlichung sowie im Hinblick auf die materiellrechtlichen Fragen, die sich für die Vornahme dieser Akte stellen, folgendes Bild:

a) Zu registrieren sind die Verträge und internationalen Abkommen der Mitglieder der Vereinten Nationen von dem Zeitpunkt ihres Inkrafttretens an[41] mit allen Bedingungen, Vorbehalten und Änderungen, die sich später ergeben.[42] Art. 102 Charta der VN gibt keine

---

und der sich schließlich ausprägenden Praxis und Lehre vgl. ausführlich *Geck*, ZaöRV 22 (1962), 113 (162 ff mwN).

[36] Zur Entstehungsgeschichte des Art. 102 Charta der VN vgl. näher *Geck*, ZaöRV 22 (1962), 113 (131 ff mwN); kurz auch *Knapp*, in: *Simma*, Charter (engl), Art. 102, para. 3 f.

[37] Text der Resolution 97 (I) und der Verfahrensregeln in: UNTS 1, XX ff; auch in: UNYB 1946–47, 252 ff.

[38] Text der Resolution 364 (IV) B mit der darin aufgeführten Änderung in: UNTS 44, XII; auch in: UNYB 1948–49, 971.

[39] Text der Resolution 482 (V) mit der beschlossenen Änderung in: UNTS 76, XVIII; dort auch im Anschluß der vollständige, revidierte Text der Verfahrensregeln. Der Text der ursprünglichen Resolution findet sich in UNYB 1950, 869 f.

[40] Text der Resolution 33/141 A in: UNTS 859, VIII ff; der vollständige revidierte Text findet sich ebd., XII ff; Text der Neufassung des Art. 12 auch in: Repertory of Practice of United Nations Organs, Supplement No. 5, Vol. V, 163.

[41] Auch wenn der Vertrag vorläufig in Kraft gesetzt wird, von nur kurzer Geltungsdauer ist oder sogar schon außer Kraft getreten ist, ist er zu registrieren; vgl. dazu *Knapp*, in: *Simma*, Charter (engl.), Art. 102, para. 9; auch *Geck*, ZaöRV 22 (1962), 113 (146).

[42] Zutreffend weist *Knapp*, in: *Simma*, Charter (engl.), Art. 102, para. 13, daraufhin, daß die Registrierungspflicht nicht mit der Registrierung des ursprünglichen Dokuments endet. Vielmehr sieht Art. 2 der Verfahrensregeln vor, daß „a certified statement regarding any subsequent action which effects a change in the parties thereto, or the terms, scope or application thereof shall also be registered with the Secretariat." Siehe auch Repertory of Practice of UN Organs, Vol. V, 283. Wenn jedoch das nachfolgende Instrument einen selbständigen Vertrag darstellt, muß dieser wie jeder andere Vertrag in einem mit dem ursprünglichen Vertrag nicht verbundenen Verfahren registriert werden.

Definition der Begriffe „Vertrag" und „internationales Abkommen".[43] Man mag die Hinzufügung des Begriffs des internationalen Abkommens zu dem des Vertrages als bloßen Pleonasmus verstehen.[44] Angesichts des Fehlens einer Legaldefinition des Begriffs des Vertrages im Sinne des Art. 102 Charta der VN erscheint es jedoch einleuchtender, die zusätzliche Erwähnung des internationalen Abkommens in Art. 102 Charta der VN als einen Hinweis darauf aufzufassen, daß die Vorschrift von einem weiten Vertragsbegriff ausgeht.[45] Dies entspricht schon der Praxis des Völkerbundes, die ebenfalls im Interesse einer möglichst vollständigen Erfassung der von den Mitgliedstaaten geschlossenen Verträge von einem weiten Vertragsbegriff ausging. Versuche, die Zahl der zu registrierenden und zu veröffentlichenden Verträge durch eine einschränkende Auslegung des Begriffs des Vertrages zu vermindern, fanden keine Akzeptanz.[46] Der Registrierung unterliegen auch einseitige Erklärungen, wenn deren Empfänger sie angenommen hat.

So hat das Sekretariat der VN die ägyptische Erklärung vom 24. 4. 1957 zum Suezkanal und dessen Betrieb 1957 in der Annahme registriert, daß die ägyptische Regierung diese Erklärung als international verbindlich ansah.[47] Diesem Verständnis entsprechend, werden auch Erklärungen, mit denen Staaten sich gemäß Art. 36 Abs. 2 IGH-Statut der Jurisdiktion des IGH unterwerfen, nach Art. 102 Charta der VN registriert. Auch der Ausschuß IV/2 der Konferenz von San Francisco ging schon davon aus, daß einseitige, internationale Verpflichtungen unter die Vorschrift des Art. 102 Charta der VN fallen, wenn sie von anderer Seite angenommen sind.[48]

b) Registriert werden nur internationale Verträge. Verträge anderer Art, z. B. solche zwischen Gliedstaaten eines Bundesstaates oder zwischen dem Bund und seinen Gliedstaaten oder Verträge zwischen Staaten und nichtstaatlichen internationalen Organisationen werden nicht registriert.[49] Es kommt also auf die Rechtsnatur bzw. auf die Rechtsstellung der Parteien eines Vertrages an oder – anders gesagt – es muß sich bei dem registrierenden Instrument um einen völkerrechtlichen Vertrag oder ein solches Abkommen handeln. Die Frage, ob nach diesem Kriterium ein registrierungsfähiges Instrument vorliegt, ist vom Sekretariat der VN zu prüfen, da es sich um ein Kriterium zur Bestimmung der Zulässigkeit einer Registrierung handelt. Jedoch übt das Sekretariat der VN – auch insoweit in der Nachfolge des Sekretariats des Völkerbundes – seine Prüfungskompetenz nur zurückhaltend aus. Es orientiert sich weitgehend an der Einschätzung der Rechtsnatur der zur Registrierung vorgelegten Dokumente seitens der vorlegenden Parteien, was jedoch nicht heißt, daß das Sekretariat der VN ganz auf eine eigene Einschätzung verzichtet. Vielmehr nimmt es durchaus eine eigene rechtliche Prüfung der Rechtsnatur der zur Registrierung eingereichten Instrumente vor, nämlich, ob diese einen Vertrag oder ein internationales Abkommen im Sinne des Art. 102 Charta der VN darstellen. Die Zurückhaltung bei dieser Prüfung bedeutet nicht mehr, aber auch nicht weniger, als daß das Sekretariat der VN anhand der Regeln des völkerrechtlichen Vertragsrechts und der entsprechenden Staatspraxis prüft, ob ein Instrument im Sinne von Art. 102 Charta der VN vorliegt, dabei aber die Auffassung der Parteien

---

43 Zu der Diskussion über die Begriffe *„treaty"* und *„agreement"* („Verträge" und „sonstige Übereinkünfte") siehe *Brandon*, AJIL 47 (1953), 49 ff; *S. Rosenne*, United Nations Treaty Practice", RdC 86 (1954), 281 ff (425 ff).

44 So die Vorauflage, Bd. III, 93, Anm. 6.

45 Davon ging auch der Special Rapporteur *Waldock* in seinem Report IV aus, abgedruckt bei *Rauschning/Wetzel*, 810; in diesem Sinne auch *Geck*, in: FS G. *Müller*, 81.

46 Vgl. zur Völkerbundspraxis in diesem Sinne und zu den Auseinandersetzungen über diese Frage *Geck*, ZaöRV 22 (1962), 113 (136 ff); auch *Knapp*, in: *Simma*, Charter (engl.), Art. 102, para. 5 f.

47 Vgl. *Repertory of Practice of UN Organs*, Supplement No. 2, Vol. III, 506.

48 Siehe UNCIO XIII, 705; auch Hinweis des Sekretariats der VN in UNTS 1, XVI.

49 Letzteres bedarf im Hinblick auf die auch völkerrechtlich erstarkende Rolle nichtstaatlicher internationaler Organisationen neuer Überlegung; siehe dazu oben § 108. Zur bestehenden Praxis vgl. auch *Knapp*, in: *Simma*, Charter (engl.), Art. 102, para. 9.

maßgeblich berücksichtigt und im Fall von streitigen Auffassungen, z. B. über die Vertragsfähigkeit einer Partei oder die Registrierungsfähigkeit eines vorgelegten Instruments eine eher neutrale Haltung einnimmt.

So hat das Sekretariat der VN 1955 erklärt, daß „the Secretariat acts in accordance with the position of a Member State submitting an instrument for registration that so far as the party is concerned the instrument is a treaty or an international agreement within the meaning of Art. 102. Registration of an instrument submitted by a Member State, therefore, does not imply judgement by the Secretariat on the nature of the instrument, the status of a party, or any similar question.“[50] Doch hat das Sekretariat der VN in den ersten Jahren nach Aufnahme seiner Arbeit in einigen Fällen die Registrierungspflicht wegen der Rechtsstellung einer Vertragspartei verneint. Dies ist keine Abweichung von der zuvor erwähnten zurückhaltenden Praxis, geht es doch in diesen zuletztgenannten Fällen nicht um die Anerkennung der Registrierungsfähigkeit, sondern um die Registrierungspflichtigkeit.[51] Streitig war im Fall des Friedensvertrages zwischen Ägypten und Israel, ob das Sekretariat der VN berechtigt war, die von den Parteien vorgelegten Vertragsdokumente getrennt, also doppelt zu registrieren. Das Sekretariat der VN rechtfertigte sein Vorgehen damit, daß es sich um zwei getrennte Übereinkommen handelte und es zwischen den Parteien streitig war, welche Dokumente die Gesamtheit des Friedensvertrages ausmachten.[52]

c) Die Pflicht zur Registrierung bleibt auf Verträge beschränkt, die nach dem Inkrafttreten der Charta der Vereinten Nationen zustandegekommen sind.[53] Ältere Verträge bedürfen keiner nachträglichen Registrierung, und die Parteien können sich vor den Organen der Vereinten Nationen auf sie berufen, auch wenn sie nicht registriert worden sind. Insoweit kommt Art. 102 Charta der VN keine rückwirkende Kraft zu. Doch stellt sich die Frage, ob Verträge, die nach dem Inkrafttreten der Charta zwischen Nichtmitgliedstaaten geschlossen wurde, in dem Zeitpunkt registrierungspflichtig werden, in dem zumindest eine der Parteien Mitglied der Vereinten Nationen wird. Eine solche Auslegung des Art. 102 Charta der VN, die während der Beratungen der ILC zur Wiener Vertragskonvention erwogen wurde, hat keine Anerkennung gefunden. Neben Bedenken, die sich auf die Frage der Zweckmäßigkeit gründeten, wurde zutreffend gegen eine Rückwirkung des Art. 102 Charta der VN für Vertragsparteien, die später Mitglieder der Vereinten Nationen geworden sind, angeführt, daß eine Rückwirkung auch nicht für die ursprünglichen Mitgliedstaaten der Organisation angenommen wurde.[54] Doch steht es den Parteien, die Mitglieder geworden sind, frei, von der Möglichkeit freiwilliger Registrierung ihrer vor dem Beitritt geschlossenen Verträge Gebrauch zu machen.[55]

d) Die Mitglieder der Vereinten Nationen sind verpflichtet, alle Verträge, auch solche, die mit Nichtmitgliedstaaten oder internationalen zwischenstaatlichen Organisationen geschlossen werden, registrieren zu lassen. Die Registrierung durch eine Partei, sei es auch durch die freiwillige Registrierung durch einen Nichtmitgliedstaat, oder die Registrierung von Amts wegen befreit jedoch die anderen Parteien von ihrer Registrierungspflicht.[56] Dies

---

[50] Vgl. das Vorwort zu UN Doc. ST/LEG/Ser. A (1955). Zur näheren Einschätzung dieser Äußerung vgl. *Knapp*, in: *Simma*, Charter (engl.), Art. 102, para. 7.

[51] Vgl. *Geck*, ZaöRV 22 (1962), 113 (148).

[52] Vgl. dazu ausführlich *Tabory*, ICLQ 32 (1983), 981 ff.

[53] Vgl. dazu *Knapp*, in: *Simma*, Charter (engl.), Art. 102, para. 10.

[54] Dazu *J. Barabé*, Le service juridique des Nations Unies et les traités internationaux, 1975, 108; *Knapp*, in: *Simma*, Charter (engl.), Art. 102, para. 12.

[55] So *Geck*, ZaöRV 22 (1962), 113 (156).

[56] So Art. 3 und Art. 4 Abs. 2 der Verfahrensregeln für die Registrierung von Verträgen und internationalen Abkommen; dazu *Geck*, ZaöRV 22 (1962), 113 (153); die von *Kelsen*, The Law of the United Nations, 696 f, gegen die in dieser Regelung liegende Entlassung der Parteien aus ihrer Verpflichtung vertretenen Argumente können nicht überzeugen. Nicht nur spricht für diese Regelung der Gesichtspunkt der Ersparnis überflüssiger Registrierungsschritte, sondern auch, daß mit der Registrierung durch ein Partei oder von Amts wegen dem rechtspolitischen Anliegen des Art. 102 entsprochen wird, nämlich der Sicherstellung der Publizität des Vertrages.

gilt allerdings nur, wenn die Registrierung tatsächlich vollzogen ist, was im Hinblick auf die Sanktion des Art. 102 Abs. 2 Charta der VN von Bedeutung sein kann.[57] Die bereits erwähnte Registrierung von Amts wegen, d. h. die Registrierung von Verträgen durch den Generalsekretär, gilt für solche Verträge, an denen die Organisation der Vereinten Nationen selbst beteiligt ist, ferner für Verträge, die den Generalsekretär zur Registrierung ermächtigen oder für die der Generalsekretär als Depositar bestimmt ist. Dasselbe gilt auch für Verträge, an denen Sonderorganisationen der Vereinten Nationen beteiligt sind.[58]

4. Durch die von der Generalverammlung angenommenen Verfahrensregeln über die Registrierung der internationalen Verträge ist die Registrierungspraxis über die vom Wortlaut des Art. 102 Charta der VN gesetzten Grenzen hinausgegangen. Es könnte daher zweifelhaft sein, ob nicht diese Verfahrensregeln der Charta widersprechen.[59] In der Tat könnte die Tatsache, daß die Verfahrensregeln u. a. einen weiteren Kreis von registrierungsfähigen Instrumenten erfassen, zu einer von Art. 102 Charta der VN rechtlich nicht gedeckten Ermächtigung des registrierenden Sekretariats der VN geführt haben. Doch diese Zweifel sind letztlich nicht begründet. Die Erweiterungen entsprechen dem rechtspolitischen Anliegen des Art. 102 Charta der VN. Darüber hinaus ist aber entscheidend, daß die Verfahrensregeln ihrem Status nach am Regelungsinhalt des Art. 102 Charta der VN nichts ändern können. So bleiben die Mitgliedstaaten nur in den Grenzen des Art. 102 Charta der VN, und – dem Wortlaut dieser Vorschrift nach – sind die Nichtmitgliedstaaten, die Vereinten Nationen selbst und ihre Sonderorganisationen überhaupt nicht zur Registrierung ihrer Verträge verpflichtet.[60] Auch bleibt die Sanktion des Art. 102 Abs. 2 Charta der VN auf die nach Art. 102 Abs. 1 Charta der VN registrierungspflichtigen Verträge der Mitgliedstaaten beschränkt. Andererseits ist dem Sekretariat der VN die Registrierung auch anderer als der in Art. 102 Charta der VN bezeichneten Verträge schon nach dem Wortlaut der Vorschrift nicht geradezu untersagt. Sie entspricht – wie gesagt – dem Sinn und Zweck des Art. 102 Charta der VN, der den internationalen Verträgen eine möglichst weitgehende Publizität sichern will, und sie hält sich im Rahmen der Aufgaben und Zwecke der Vereinten Nationen. Unter diesen Umständen aber muß die Generalversammlung den Generalsekretär nach Art. 98 Charta der VN über die Grenzen des Art. 102 Charta der VN hinaus mit der Registrierung internationaler Verträge beauftragen können.

III. 1. An die Registrierung schließt sich die Veröffentlichung an. Anders als im Falle der Registrierung, für die die Parteien verantwortlich sind, fällt die Verantwortung für die Veröffentlichung auf das Sekretariat der VN.[61] Gemäß Art. 12 der Verfahrensregeln, hat das Sekretariat der VN jeden registrierten oder sonst zu den Akten genommenen[62] Vertrag und jedes internationale Abkommen so schnell wie möglich in der Originalsprache und mit einer englischen und französischen Übersetzung in einer Vertragsserie zu veröffentlichen. Diese

---

[57] Vgl. dazu *Geck*, ZaöRV 22 (1962), 113 (175); auch *Knapp*, in: *Simma*, Charter (engl.), Art. 102, para. 17.

[58] Siehe Art. 4 Abs. 1 und 2 der Verfahrensregeln.

[59] Diese Ansicht wurde etwa von *Kelsen*, The Law of the United Nations, 696 f, vertreten. Zur Diskussion über die Rechtmäßigkeit der Verfahrensregeln im 6. Ausschuß der Generalversammlung siehe Repertory of Practice of UN Organs, Vol. V, 300.

[60] Eine Verpflichtung der Nichtmitgliedstaaten kann auch nicht – wie allerdings von *Kelsen*, The Law of the United Nations, 697, angenommen – über Art. 2 Abs. 6 Charta der VN konstruiert werden. Dies gäbe selbst die weiteste Auslegung des Art. 2 Abs. 6 nicht her. Wie hier auch *Zemanek*, Das Vertragsrecht der internationalen Organisationen (1957), 78 f.

[61] Zu den einzelnen Verfahrensschritten der Registrierung und Veröffentlichung der Verträge durch das Sekretariat der VN vgl. im einzelnen auch *Knapp*, in: *Simma*, Charter (engl.), Art. 102, para. 23 ff.

[62] Dieses Verfahren kommt für Verträge aus der Zeit vor dem Inkrafttreten Charta der Vereinten Nationen und für Verträge, die von Nichtmitgliedstaaten abgeschlossen und bei dem Sekretariat eingereicht werden, in Betracht (Art. 10 der Verfahrensregeln), dazu *Knapp*, in: *Simma*, Charter (engl.), Art. 102, para. 30.

Regelung, die an die Praxis des Völkerbundes anknüpft, läßt dem Sekretariat der VN einen gewissen Spielraum, da die zeitliche Vorgabe („so bald wie möglich", *„as soon as possible"*, *„le plus tôt possible")* wenig präzise ist.[63] Nicht jedoch diese offene zeitliche Vorgabe, sondern die schier unübersehbare Fülle von registrierten Verträgen hat zu einem ganz erheblichen Rückstau bei der Veröffentlichung geführt, so daß zu Beginn der neunziger Jahre Verträge zur Publikation in der United Nations Treaty Series kamen, die fast zehn Jahre zuvor geschlossen und registriert wurden. Versuche, der Flut der zu publizierenden Verträge und Abkommen – auch unter Einsatz der inzwischen möglichen elektronischen Datenerfassung[64] – Herr zu werden, haben nur begrenzte Wirkung gezeigt. Immerhin ist – wie bereits erwähnt – mit der Änderung des Art. 12 der Verfahrensregeln dem Sekretariat der VN die Möglichkeit eingeräumt worden, bestimmte Kategorien von bilateralen Verträgen (z. B. Abkommen über gegenseitige Hilfe und Zusammenarbeit) nicht in vollem Umfang zu veröffentlichen.[65]

2. Das Sekretariat der VN hat nicht nur für die Veröffentlichung der Verträge und Abkommen in der Vertragsserie Sorge zu tragen, sondern es ist auch seine Aufgabe, monatlich eine Liste mit den im Vormonat registrierten Verträgen und Abkommen und deren Anzahl herauszugeben (Art. 13 der Verfahrensregeln). Diese Liste enthält keine Vertragstexte oder inhaltliche Wiedergabe der Verträge, sondern lediglich den Titel, Hinweise auf die Vertragsparteien sowie Angaben zu Ort und Zeitpunkt der Unterzeichnung und dazu, ob zusätzliche Dokumente wie Anhänge vorliegen oder Vorbehalte erklärt wurden.[66] Trotz Einführung veröffentlichungstechnischer Verbesserungen ist der Rückstau bei der Veröffentlichung der monatlichen Liste ebenfalls erheblich und betrug in den frühen neunziger Jahren zwischen 2 und 2 ½ Jahren.[67]

IV. Obwohl – wie die Flut von zur Registrierung vorgelegten Verträgen zeigt – die große Mehrzahl der Mitgliedstaaten der Vereinten Nationen der Verpflichtung zur Registrierung ihrer Verträge nachkommt, gibt es doch Fälle, in denen eine Registrierung nicht vorgenommen wird. In solchen Fällen stellt sich die Frage, was die Rechtsfolgen einer unterlassenen Registrierung sind. Art. 102 Charta der VN sieht für den Fall der pflichtwidrigen Nichtregistrierung eine Sanktion vor. Bis zur Registrierung – genauer bis zum Eingang des Vertrages beim Sekretariat der VN zum Zwecke der Registrierung – kann keine Partei sich auf den Vertrag vor einem Organ der Vereinten Nationen berufen. Diese Regelung ist im Vergleich zu Art. 18 VBS zurückhaltender. Die Forderung, die Art. 18 VBS enthielt[68], daß Verträge und Abkommen bis zu ihrer Registrierung keine Rechtswirksamkeit erlangen konnten, hat die Charta der Vereinten Nationen nicht übernommen. Die Erfahrung der Völkerbundspraxis hatte hinreichend gezeigt, daß die Staaten nicht willens waren, die Rechtswirksamkeit eines Vertrages von dessen vorheriger Registrierung abhängig zu machen.[69] Unter der Geltung des Art. 102 Charta der VN also treten Verträge auch der

[63] Dazu auch *Geck*, ZaöRV 22 (1962), 113 (192).

[64] Siehe dazu näher *Tabory*, AJIL 76 (1982), 353 ff.

[65] Die Vorschrift des Art. 12 der Verfahrensregeln lautet in dem entscheidenden Passus: „2. The Secretariat will, however, have the option not to publish *in extenso* a bilateral treaty or international agreement belonging to one of the following categories: (a) Assistance and co-operation agreements of limited scope concerning financial, commercial, administrative or technical matters; (b) Agreements relating to the organization of conferences, seminars or meetings; (c) Agreements that are to be published otherwise than in the series mentioned...", zitiert nach UNTS 859, XVIII; zu dieser Methode der selektiven Publikation *Tabory*, AJIL 76 (1982), 355 ff.

[66] Dazu näher *Knapp*, in: *Simma*, Charter (engl.), Art. 102, para. 36.

[67] Zu diesem Problem *Tabory*, AJIL 76 (1982), 352 f; auch *Knapp*, in: *Simma*, Charter (engl.), Art. 102, para. 36 f.

[68] Art. 18 VBS sah vor, daß Verträge und Abkommen vor ihrer Registrierung nicht rechtswirksam werden konnten, vgl. dazu *Geck*, ZaöRV 22 (1962), 113 (162 ff).

[69] Siehe dazu oben II. 4 und dortige Nachweise.

Mitglieder der Vereinten Nationen mit ihrer Unterzeichnung und/oder Ratifizierung, mit dem Beitritt oder der förmlichen Annahme des Vertrages, in Kraft.[70] Die Sanktion, die Art. 102 Charta der VN trotz der Abmilderung der früheren Vorschrift des Art. 18 VBS nach dem Willen der Konferenz von San Francisco dennoch vorsehen sollte, besteht nunmehr darin, daß sich keine Partei vor den Organen der Vereinten Nationen, also auch nicht vor dem IGH, auf solche Verträge berufen kann, wenn nicht die Registrierung so bald wie möglich erfolgt. Nach richtiger Auffassung gilt dies auch für Nichtmitgliedstaaten, die Partei von nicht registrierten Verträgen mit Mitgliedstaaten sind. Auch ihnen ist die Berufung auf solche Verträge vor den Organen der Vereinten Nationen versagt.[71] Die gegenteilige Auffassung[72] verkennt den objektiven Charakter der Vorschrift des Art. 102 Abs. 1 Charta der VN. Es geht in dieser Vorschrift um die möglichst umfassende Publizität der geschlossenen Verträge, nicht um die Konstituierung eines Rechte-Pflichtenverhältnis oder um die Konstruktion eines Pflicht-Sanktionverhältnisses. Die in Art. 102 Abs. 2 Charta der VN vorgesehene Rechtsfolge einer unterlassenen Registrierung ist aus einem objektiven Verständnis des Art. 102 Abs. 1 Charta der VN weniger Sanktion einer Pflichtverletzung, sondern die teilweise Invalidierung der nichtregistrierten Verträge im Verhältnis zu den Organen der Vereinten Nationen. Die Parteien eines nichtregistrierten Vetrages sind gehindert, sich auf einen solchen Vertrag vor den Organen der Vereinten Nationen zu berufen. Die Organe ihrerseits sind verpflichtet, dafür Sorge zu tragen, daß eine solche Berufung auf nichtregistrierte Verträge keine Berücksichtigung findet. Nähme man Nichtmitgliedstaaten, die mit einem Mitgliedstaat der Vereinten Nationen einen Vertrag geschlossen haben, der nicht registriert wurde, von der Rechtsfolge des Art. 102 Abs. 2 Charta der VN aus, so würde die ohnehin nicht große Durchsetzbarkeit der Vorschrift zusätzlich geschwächt.[73] Der Nichtmitgliedstaat könnte im Verhältnis zu dem beteiligten Mitgliedstaat und zu den Organen der Vereinten Nationen das Verbot der Berufung auf einen nichtregistrierten Vertrag unterlaufen. Das Verständnis, daß Art. 102 Charta der VN nicht nur eine die Mitgliedstaaten individuell treffende Verpflichtung, sondern vielmehr Ausdruck eines objektiven Prinzips ist, findet seinen Niederschlag auch darin, daß die Organe der Vereinten Nationen an das Verbot der Berufung auf nichtregistrierte Verträge gebunden sind.

Zwar ist einzuräumen, daß der Internationale Gerichtshof gelegentlich entgegen der hier vertretenen Auffassung die Berufung auf einen nichtregistrierten Vertrag hingenommen hat.[74] Diese Abweichung von dem in Art. 102 Charta der VN verankerten Prinzip, daß nichtregistrierte Verträge vor Organen der Vereinten Nationen keine Wirksamkeit haben, kann jedoch nicht dazu führen, diese Praxis als verbindliche Modifikation der Vorschrift einzuordnen.

Die Regel des Art. 102 Abs. 1 Charta der VN darf also auch nicht dadurch umgangen werden, daß sich die Organe der Vereinten Nationen – also auch nicht der IGH – auf

[70] So die heute ganz herrschende Meinung, vgl. nur *Geck*, ZaöRV 22 (1962), 113 (166); *Knapp*, in: *Simma*, Charter (engl.), Art. 102, para. 40.

[71] So *Geck*, ZaöRV 22 (1962), 113 (176); *Jacqué*, in: *J. Cot/A. Pellet* (eds.), 1379. Diese Regelung des Art. 102 stellt eine sinnvolle Reaktion auf die Unterlassung der den Vertragsparteien als Mitglieder der Vereinten Nationen durch Art. 102 Charta der VN aufgegebene Registrierung. Doch ist zutreffend kritisch angemerkt worden, daß die Beschränkung des Ausschlusses einer Berufung auf einen nichtregistrierten Vertrag nur vor den Organen der Vereinten Nationen wenig überzeugend ist. So betonen *Oppenheim/Jennigs/Watts*, vol. I/2, 1316 n.4 zurecht, daß es schwer einzusehen ist, warum ein nicht registrierter Vertrag dann von rechtlicher Wirkung und berufungsfähig sein soll, wenn er in einem Verfahren vor einem Schiedsgericht im Rahmen des Internationalen Schiedshofes eingeführt wird, nicht aber in einem Verfahren vor dem IGH. Ohne Bewertung weisen auch *Seidl-Hohenveldern/Stein*, Rdn. 278, auf diese Diskrepanz hin.

[72] So etwa *Knapp*, in: *Simma*, Charter (engl.), Art. 102, para. 41, mwN.

[73] Vgl. *Geck*, ZaöRV 22 (1962), 113 (176).

[74] The *Corfu Channel* Case, ICJ Reports 1949, 8 (15); *Aegean Sea Continental Shelf* Case, ICJ Reports 1978, 3 (45).

nichtregistrierte Verträge von Amts wegen berufen.[75] Andererseits können sich Staaten, die nicht zu den Parteien eines nicht registrierten Vertrages gehören, Nichtmitglieder, die untereinander einen Vertrag geschlossen haben oder internationale Organe außerhalb der Vereinten Nationen auf nicht registrierte Verträge berufen, zum Beispiel vor internationalen Schiedsgerichten.

Diese nach dem Wortlaut des Art. 102 Charta der VN wohl unabweisbare Folgerung begegnet rechtspolitisch erheblichen Bedenken. So weisen *Jennings* und *Watts*- wie schon erwähnt – zutreffend daraufhin, daß es schwer verständlich ist, wenn ein nicht registrierter Vertrag etwa vor einem Tribunal im Rahmen des Ständigen Internationalen Schiedshofes den Status eines rechtlich wirksamen Vertrags einnehmen kann und zur gleichen Zeit vor dem IGH als rechtlich nicht bestehend zu gelten hat.[76]

Wird der Vertrag rechtzeitig registriert, so haben die Organe der Vereinten Nationen ihn als von Anfang an rechtswirksam zu behandeln. Das gilt aber nicht, wenn die Registrierung mit Verspätung erfolgt. Sie soll nach Art. 102 Abs. 2 Charta der VN „so bald wie möglich" erfolgen, ein Erfordernis, über dessen Erfüllung die Organe der Vereinten Nationen nach ihrem Ermessen entscheiden, wenn diese Frage sich vor ihnen ergibt. Dagegen ist die Veröffentlichung des registrierten Vertrages keine Vorbedingung der Rechtswirksamkeit oder auch nur für die Berücksichtigung durch diese Organe.

V. Art. 102 Charta der VN enthält eine Sonderregelung für die Mitglieder der Vereinten Nationen. Ähnliche Vorschriften finden sich aber auch in anderen multilateralen Verträgen. Die generelle Regelung, daß Verträge bei den Vereinten Nationen zu registrieren sind, enthält Art. 80 WVK, der damit die Regelung des Art. 102 Charta der VN aufnimmt und unterstreicht. In manchen älteren Verträgen ist die Registrierung der Verträge – damals beim Sekretariat des Völkerbundes – zur Pflicht, nicht aber zur Vorbedingung für die Rechtswirksamkeit der Verträge gemacht.

Ein Beispiel bietet das Havannaübereinkommen über die Verträge von 1928 (Art. 4). In der OAS waren die Verträge der Staaten der Region untereinander bei dem Generaldirektor der damaligen Panamerikanischen Union zu registrieren. In dem Abkommen über die internatonale Zivilluftfahrt (ICAO) von 1944 ist eine Registrierung aller Verträge, die den internationalen Luftverkehr zum Gegenstand haben, beim Rat der ICAO vorgesehen (Art. 81, 83).

VI. Dem allgemeinen Völkerrecht kann trotz der Bedeutung, die der Publizität der Verträge im Rahmen des Rechts der Vereinten Nationen und anderer internationaler Organisationen beigemessen wird, ein Verbot von Geheimverträgen nicht entnommen werden. Positivrechtliche Bestimmungen über die Publizität von Verträgen, wie sie vorstehend behandelt wurden, lassen sich nicht verallgemeinern. Auch die Bekräftigung des Publizitätsprinzips durch die Verpflichtung der Parteien der Wiener Vertragsrechtskonvention in Art. 80 läßt nicht den Schluß zu, daß diese Vorschrift nur eine allgemeine, das heißt gewohnheitsrechtliche Pflicht zur Registrierung und Publikation von Verträgen wiedergibt. Schon die Tatsache, daß bisher immer noch weniger als die Hälfte aller Staaten Parteien der WVK geworden sind, spricht dagegen.[77] Hinzu kommt, daß die Beachtung des Art. 102 Abs. 2

---

[75] Anderer Auffassung *Geck*, ZaöRV 22 (1962), 113 (177), der annimmt, daß Organe der Vereinten Nationen unter Umständen nicht registrierte Verträge selbst dann anwenden dürfen, wenn sich die Parteien nicht auf sie berufen. Das ist mit Wortlaut, Sinn und Zweck der Vorschrift des Art. 102 Charta der VN nicht vereinbar. Zum Verhalten des IGH in dieser Hinsicht vgl. auch *Knapp*, in: *Simma*, Charter (engl.), Art. 102, para. 52 f, der allerdings auch deutlich macht, daß das Vorgehen des IGH weder im *Corfu Channel* Case noch im *Aegean Sea Continental Shelf* Case eindeutige Hinweise auf das Verständnis des Art. 102 Abs. 2 Charta der VN auf der Seite des Gerichts gibt. Wie hier *Oppenheim/Jennings/Watts*, Vol. I/2–4, 1316.

[76] *Oppenheim/Jennings/Watts*, Vol. I/2–4, 1316 und dortige Anm. 3.

[77] Siehe Multilateral Treaties deposited with the Secre-

Charta der VN in der Praxis noch zu wünschen übrig läßt, auch wenn die beeindruckende Zahl von über 40 000 beim UN Generalsekretär registrierten Verträgen die Wirksamkeit der bestehenden positivrechtlichen Vorschriften (Art. 102 Charta der VN und Art. 80 WVK) unterstreicht.[78]

---

tary-General, UN Doc. ST/LEG/Ser. E/19, Vol II, 263 (Stand 31. 12. 2000).

[78] Vgl. dazu die Hinweise auf Fälle der Bezugnahme auf nicht registrierte Verträge durch den IGH bei *Knapp*, in: *Simma*, Charter (engl.), Art. 102, para. 49 ff; auch Repertory of Practice of UN Organs, das seit geraumer Zeit wegen mangelnder Praxis zu Art. 102 Abs. 2 keine separate Eintragung mehr vornimmt. Zum älteren Stand der Praxis *Broches/Boskey*, NedTIR 4 (1957), 272 ff.

3. KAPITEL:
Verbindlichkeit und Geltungsbereich der Verträge

§ 151 Die Wirkung des Vertrages für die Parteien: die Pflicht zur *bona fide*-Erfüllung; der zeitliche und räumliche Geltungsbereich; besondere, aus der Vertragsnatur erwachsende innerstaatliche Umsetzungspflichten

Schrifttum: wie zu Teil 4 vor § 143; ferner *H. Mosler*, Die völkerrechtliche Wirkung bundesstaatlicher Verfassungen, in: Festschrift *Richard Thoma*, 1950, 129 ff; *Y. L. Liang*, Colonial Clauses and Federal Clauses in United Nations Multilateral Instruments, AJIL 45 (1951), 108 ff; *J. M. Hendry*, Treaties and Federal Constitutions, 1955; *R. Bernhardt*, Der Abschluß völkerrechtlicher Verträge im Bundesstaat, 1957; *W. Morvay*, The Obligation of a State Not to Frustrate the Object of Treaty Prior to its Entry into Force, ZaöRV 27 (1967), 451 ff; *O. J. Lissitzyn*, Territorial Entities other than Independent States in the Law of Treaties, RdC 125 (1968), 1 ff; *M. Waelbroeck*, Traités internationaux et juridictions internes, 1969; *A. Bleckmann*, Die Nichtrückwirkung völkerrechtlicher Verträge, ZaöRV 32 (1973), 38 ff; *E. Zoller*, La Bonne Foi en Droit International Public, 1977; *A. Byrnes/H. Charlesworth*, Federalism and the International Legal Order: Recent Developments in Australia, AJIL 79 (1985), 622 ff; *S. Bastid*, Les traités dans la vie internationale, 1985; *J. F. O'Connor*, Good Faith in International Law, 1991; *C. R. Symmons*, International Treaty Obligations and the Irish Constitution, The *McGimpsey* Case, ICLQ 41 (1992), 311 ff; *T. Maluwa*, Succession to Treaties in Post-Independence Africa: A Retrospective Consideration of Some Theoretical and Practical Issues with Special Reference to Malawi, African Journal of International and Comparative Law 4 (1992), 791 ff; *C. A. Bradley*, The Treaty Power and American Federalism, Michigan Law Review 97 (1997), 390 ff; *D. Papenfuß*, Die Behandlung der völkerrechtlichen Verträge der DDR im Zuge der Herstellung der Einheit Deutschlands – Ein Beitrag zur Frage der Staatennachfolge in völkerrechtliche Verträge, 1997; *T. Healy*, Is Missouri v. Holland [405 (382 (1920))] Still Good Law? Federalism and the Treaty Power, Columbia Law Review 98 (1998), 1726 ff; *A. Zimmermann*, Staatennachfolge in völkerrechtliche Verträge, 2000; *R. Kolb*, La bonne foi en droit international public (1), RBDI 31 (1998), S. 661–732.

I. Ist ein Vertrag in Kraft getreten, so ist er für die Vertragsparteien verbindlich und ist von ihnen nach Treu und Glauben zu erfüllen (Art. 26 WVK) – eine Selbstverständlichkeit, die aber zum Beispiel auch in Art. 2 Ziff. 2 UN-Charta ausdrücklich im Hinblick auf die Erfüllung der Mitgliedschaftspflichten durch die Mitgliedstaaten als Vertragsparteien betont wird.[1] Die Verbindlichkeit des Vertrages beruht – wie schon zuvor ausge-

[1] Der Grundsatz von Treu und Glauben als Leitprinzip des gesamten völkervertragsrechtlichen und -gewohnheitsrechtlichen Vertragsrechts findet auch in weiteren Vorschriften der Wiener Konvention von 1969 Ausdruck, so in Art. 31 Abs. 1, Art. 46 und Art. 69, wie in zahlreichen Entscheidungen internationaler Gerichte, vgl. etwa *Nuclear Tests*-Fälle *(Australia v. France)*, ICJ Reports 1974, 253 (268), *Nicaragua v. United States*, ICJ Reports 1986, 392 (418) und das Gutachten im Fall *Legality of the Threat or Use of Nuclear Weapons*, ICJ Reports 1996, 224 (264)/(ILM 35 (1996), 809 (830, para. 102); dieser Grundsatz wurde auch in der *Friendly Relations between States*-Deklaration (GA Res. 2625/XXV vom 24. 10. 1970) und in der KSZE-Schlußakte vom 1. 8. 1975 (abgedruckt in *H. Volle/W. Wagner* (Hrsg.), KSZE – Konferenz über Sicherheit und Zusammenarbeit in Europa in Beiträgen und Dokumenten aus dem Europa-Archiv, Bonn 1976), 237 ff) bekräftigt. Zum *bona fide*-Grundsatz im Vertragsrecht siehe näher *E. Zoller*, La bonne foi en droit international public, 1977, 78 ff und passim; *O'Connor*, Good Faith in International Law, 107 ff; *H. Thirlway*, The Law and Procedure of the International Court of Justice 1960–1989, Part One, BYBIL 60 (1989), 4 (7 ff); kurz, aber prägnant auch *Aust*, Modern Treaty Law, 144.

führt[2] – auf dem zum Grundnormenbestand, dem *ius necessarium*, gehörenden Satz *pacta sunt servanda*, ohne dessen Geltung das internationale Leben dem Chaos und der Anarchie anheimfallen müßte. Verträge begründen zwischen den Parteien ein Rechtsverhältnis, aus dem sich Rechte und Verpflichtungen ableiten.[3] Daß Verträge im Regelfall allein die Parteien berechtigen und verpflichten – wie dies Art. 34 WVK klar zum Ausdruck bringt –, erscheint im Hinblick auf die konsensuale Natur des Vertrages als ebenso selbstverständlich wie der Grundsatz, daß die Vertragspflichten *bona fide* zu erfüllen sind. Die nach der Wiener Vertragsrechtskonvention eröffnete Möglichkeit, daß die Vertragsparteien Verträgen eine Wirkung zugunsten oder zu Lasten Dritter beilegen können, stellt keine Ausnahme zu der Grundregel des Art. 34 WVK dar, weil eine solche Drittwirkung nach den Artikeln 35 und 36 WVK nur mit Zustimmung der betroffenen Dritten eintreten soll. Indes ist bereits hier anzumerken, daß die völkerrechtliche Vertragspraxis über diese Regelungen hinausgegangen ist. So können Vertragsparteien Gruppen oder Individuen aufgrund des Vertrages unmittelbar Rechte und Pflichten übertragen, wenn sie dies ausdrücklich oder durch die Gestaltung des Vertrages und die Art der Rechte klar zum Ausdruck bringen. Aber auch dritte Staaten können durch Verträge, die für sie in der Regel als eine *res inter alios acta* keine belastende oder begünstigende Wirkung haben, aufgrund der in ihnen geregelten besonderen, im internationalen öffentlichen Interesse liegenden Materien verpflichtet und berechtigt werden.[4]

1. Verträge, an denen Staaten beteiligt sind, berechtigen und verpflichten nicht nur die jeweilige Regierung. Da die Identität des Staates auch bei einem Wechsel der Regierung, ja des Verfassungssystems unberührt bleibt,[5] ist jede spätere Regierung, auch die, die durch einen revolutionären Umsturz an die Macht gelangt ist, an die von der früheren Regierung geschlossenen Verträge gebunden, darf aber auch die Rechte geltend machen, die sich daraus ergeben (Grundsatz der Kontinuität der Staaten). Anders freilich ist die Rechtslage dann, wenn der Vertrag nach dem Willen der Parteien das Bestehen eines bestimmten Regimes zur Voraussetzung hat, z. B. darauf angelegt ist, ein bestimmtes System zu erhalten. Wo das der Fall ist, wird der Vertrag mit dem Wechsel von Regierung und System u. U. gegenstandslos, aber nicht, weil er nur der Regierung, sondern weil er dem Staat nur in einer bestimmten Begrenzung Rechte gewährt oder Pflichten auferlegt. In Ausnahmefällen kommt eine Anwendung der *clausula rebus sic stantibus* in Betracht.[6]

Dieser Sicht des Grundsatzes der Kontinuität der Staaten versuchte sich nach der Revolution von 1917 die Regierung der damaligen Sowjetunion entgegenzustellen. Der marxistisch-leninistischen Lehre folgend, daß der Staat als die Organisation der jeweils herrschenden Klasse zu verstehen ist, hielt sich die durch die Revolution zur Macht gekommene Regierung für nicht an die im Interesse des kapitalistischen Systems von der zaristischen Regierung geschlossenen Verträge gebunden. Der Umsturz habe eine neue herrschende Klasse an die Macht gebracht und damit sei ein neuer Staat zur Entstehung gelangt. Das sollte zwar keine grundsätzliche Absage an den Grundsatz der Kontinuität

---

[2] Vgl. dazu Bd. I/1, 41 ff.

[3] Die Ausgestaltung der Rechte und Pflichten und deren Verteilung auf die Parteien ist vielseitig. Dementsprechend werden verschiedene Vertragstypen unterschieden; vgl. dazu näher oben § 143.

[4] Vgl. dazu näher unten § 152.

[5] Vgl. dazu ausführlich Bd. I/1, § 13; *Oppenheim/Jennings/Watts*, Vol. I/2, 1253 f; ferner *Zimmermann*, Staatennachfolge, 37 ff; *Fastenrath*, Das Recht der Staatensukzession, in: Berichte der Deutschen Gesellschaft für Völkerrecht, Bd. 35 (1996), 9 ff (18 ff) umschreibt in diesem Sinne staatliche Kontinuität als Subjektsidentität; zur staatlichen Kontinuität trotz interner Umwälzungen auch *Papenfuß*, Die Behandlung der völkerrechtlichen Verträge der DDR, 4 f.; zum Problem der staatlichen Kontinuität bestimmter Staaten wie Deutschland nach dem 2. Weltkrieg, Österreich, der baltischen Staaten vgl. *B. Meissner/G. Zieger* (Hrsg.), Staatliche Kontinuität unter besonderer Berücksichtigung der Rechtslage Deutschlands, Staats- und völkerrechtliche Abhandlungen der Studiengruppe für Politik und Völkerrecht, Bd. 1, 1983.

[6] Zur allerdings gebotenen, sehr restriktiven Anwendung der *clausula* in einer solchen Situation siehe *Case Concerning the Gabčíkovo-Nagymaros Project*, ICJ Reports 1997, 7 (64 f).

der Staaten bedeuten, sondern diese Lehre sollte nur für den revolutionären Wechsel der herrschenden Klasse gelten und auch hier nur für solche Verträge, die ihrem Inhalt nach mit der neuen Ordnung unvereinbar waren. Aber selbst in dieser Modifikation hat die Praxis der Sowjetunion dieser Lehre nicht immer entsprochen, wurden auch Verträge der zaristischen Regierungen akzeptiert, wenn dies dem Interesse des Landes entsprach.[7] Gegenwärtig ist deshalb davon auszugehen, daß der Grundsatz der Kontinuität der Staaten gilt, Regierungswechsel welcher Art auch immer also keinen Einfluß auf die Vertragsbindung der Staaten haben, die von einem Regierungswechsel betroffen sind.[8]

2. Die Vertragsstaaten haben – wie gesagt – den Vertrag nach Treu und Glauben zu erfüllen.[9] Diese Verpflichtung bezieht sich allerdings nicht nur auf die ausdrücklich im Vertrag niedergelegten Verpflichtungen. Denn aus einem Vertrag ergeben sich neben den primären, im Vertrag bezeichneten Verpflichtungen auch Nebenpflichten, sekundäre Pflichten mannigfaltiger Art. Das Gebot von Treu und Glauben bestimmt das Verhalten der Parteien in seiner Gesamtheit, läßt neben den eigentlichen Leistungspflichten weitere Verhaltenspflichten entstehen, neben positiven Pflichten wie zum Beispiel die Pflicht zur Erteilung von Auskünften oder zum Schadensersatz, wenn der Vertrag nicht erfüllt werden sollte[10], namentlich auch Pflichten zum Unterlassen. Die Parteien dürfen nicht den Zweck des Vertrages vereiteln (Art. 18 WVK)[11] Auch dürfen sie zum Beispiel keine neuen Verträge abschließen, die zu älteren Verträgen im Widerspruch stehen,[12] und sie müssen die Gegenpartei konsultieren, wenn die Vereinbarkeit der neuen mit den älteren Verpflichtungen zweifelhaft ist. Wenn der Vertrag den Eintritt einer Rechtsfolge von dem Eintritt einer Bedingung abhängig macht, darf die Partei, die daran interessiert ist, nicht den Eintritt der Bedingung gegen Treu und Glauben herbeiführen, die Gegenseite nicht den Eintritt auf diese

---

[7] Nach der Völkerrechtsdarstellung der Akademie der Wissenschaften der damaligen UdSSR von 1957 (257) betrachtete sich die Sowjetunion durch Verträge auch des vorrevolutionären Rußlands als gebunden, „die den Grundsätzen der Außenpolitik des sozialistischen Staates nicht widersprechen". Ob das der Fall war, sollte offensichtlich allein die Sowjetunion entscheiden, womit letztlich die Verbindlichkeit der Verträge verneint wurde. Diese Auffassung war und ist mit dem geltenden Völkerrecht nicht vereinbar. Zur sowjetischen Lehre und zum Problem des Schicksals völkerrechtlicher Rechte und Pflichten nach Revolutionen allgemein siehe *M. Geistlinger*, Revolution und Völkerrecht: völkerrechtsdogmatische Grundlegung der Voraussetzungen und des Inhalts eines Wahlrechts in bezug auf vorrevolutionbäre völkerrechtliche Rechte und Pflichten, Wien/Köln/Graz 1991, 151 ff und passim.

[8] So auch die ganz herrschende Lehre; vgl. nur *Oppenheim/Jennings/Watts*, Vol. I/1, 204 f, Vol. I/2, 1310; *Verdross/Simma*, 230 ff; *Brownlie*, Principles of Public International Law, 80; *Dahm/Delbrück/Wolfrum*, Bd. I/1, § 13 II mwN; *Zimmermann*, Staatennachfolge, 37; *Aust*, 48, 145.

[9] So müssen die Vertragsparteien gegebenfalls die zur Erfüllung des Vertrages erforderlichen nationalen Gesetze erlassen. Es kommt allerdings vor, daß die Vertragsstaaten sich von vornherein nur zur Erfüllung ihrer Verträge im Einklang mit ihrer Verfassung verpflichten. Wo das der Fall ist, kann der verpflichtete Staat, zum Beispiel der Bundesstaat, sich auf die ihm durch seine Verfassung gesetzten Schranken berufen (dazu näher unten IV.). So versprachen die Vertragsstaaten des NATO-Vertrages von 1949 (Art. 11), des Kairo-Paktes der Arabischen Liga von 1945 (Art. 7 Abs. 2) die Erfüllung, im Falle des Manila-Vertrages von 1954 (Art. 4) und des ANZUS-Paktes von 1951 (Art. 4) die Leistung von Beistand nur nach Maßgabe ihrer Verfassung. Zur Frage besonderer Pflichten der Vertragsstaaten bei der Umsetzung von bestimmten Kategorien von Verträgen, so etwa Regelungsverträgen wie Menschenrechtsverträgen oder Rechtsvereinheitlichungsverträgen im Bereich des Internationalen Privatrechts siehe näher unten unter V.

[10] So schon der StIGH *Chorzow*-Fall, StIGH A 9 (1927).

[11] So auch *Oppenheim/Jennings/Watts*, Vol. I/2, 1206 und dortige Anm. 2; *Vitzthum*, in: *ders.*(Hrsg.), Völkerrecht, 64; zur Bedeutung des Grundsatzes von Treu und Glauben für die Verhaltenspflichten der Vertragsparteien siehe die in Anm. 1 genannten Hinweise sowie, etwa bei der Auslegung, auch *A. D'Amato*, Good Faith, EPIL II (1995), 599; auch *M. Lachs*, Some Thoughts on the Role of Good Faith in International Law, FS *Röling*, 47 ff (50); ferner auch der Kommentar der ILC zu Art. 26 WVK, YBILC (1966), Vol. II, 211; dazu *D. Rauschning/R. G. Wetzel*, The Vienna Convention on the Law of Treaties, 1978, 211. Zur Frage der auf dem Grundsatz von Treu und Glauben beruhenden vorvertraglichen Pflichten der Vertragsparteien (Art. 18 WVK) vgl. unten unter II. 3.

[12] Dazu näher unten § 156.

Weise behindern. Wird der Eintritt der Bedingung gegen Treu und Glauben herbeigeführt, so muß sie als nicht eingetreten gelten. Wird ihr Eintritt gegen Treu und Glauben verhindert, so hat sie als gleichwohl eingetreten zu gelten.
Wie andere subjektive Rechte, so sind auch die aus den Verträgen erwachsenden Rechte an immanente Schranken gebunden. Sie dürfen nicht mißbräuchlich ausgeübt werden.[13] Durch den Grundsatz von Treu und Glauben werden die Parteien zu loyalem, rücksichtsvollem Verhalten verpflichtet. Zur Rücksichtnahme gehört auch die Nachsicht gegenüber Schwächen des Vertragspartners. Obwohl in der Regel zum Bestehen auf der Erfüllung des Vertrages berechtigt, dürfen die Parteien doch ihre Rechte nicht mit übertriebener Härte geltendmachen und Notlagen der anderen Parteien nicht unberücksichtigt lassen. Durch die Mißachtung der Pflicht zur Rücksichtnahme und Nachsicht kann die Ausübung des Rechts mißbräuchlich sein und zur unzulässigen Rechtsausübung werden.

II. Die Rechtswirkungen, die sich an den Vertrag anknüpfen, treten zum Zeitpunkt der Wirksamkeit des Vertrages ein. Allerdings können sie auch abweichend von dieser Regel zu einem späteren Zeitpunkt beginnen. Nach Art. 28 WVK gelten Verträge in der Regel nicht rückwirkend.[14] Allerdings können die Parteien etwas anderes vereinbaren. Fehlt es an einer solchen abweichenden Regelung und kann die Absicht, dem Vertrag eine rückwirkende Geltung zuzuschreiben, auch nicht anderweitig festgestellt werden, so „binden seine Bestimmungen eine Vertragspartei nicht in bezug auf eine Handlung oder Tatsache, die vor dem Inkrafttreten des Vertrages hinsichtlich der betreffenden Vertragspartei vorgenommen wurde oder eingetreten ist, sowie in bezug auf eine Lage, die vor dem genannten Zeitpunkt zu bestehen aufgehört hat" (Art. 28 WVK).[15] Damit ist allein die sog. echte Rückwirkung von dieser Vorschrift erfaßt. Sie gilt daher nicht für die sog. unechte Rückwirkung, das heißt nicht für solche Fälle, in denen es um in der Vergangenheit eingetretene, aber bei Inkrafttreten des Vertrages noch bestehende Lagen geht.[16]

1. Die Rechtswirkungen eines Vertrages treten erst zu einem späteren Zeitpunkt als dem seines Wirksamwerdens ein, wenn die Parteien den Eintritt bestimmter Rechtsfolgen oder ihren Fortfall von dem Eintritt eines zukünftigen Ereignisses abhängig machen. Im ersteren Fall ist ihr Eintritt aufschiebend, im letzteren ihr Fortbestehen auflösend bedingt.

Es ist heute gängige Praxis, daß in multilateralen Verträgen das Inkrafttreten vom Vorliegen einer bestimmten Zahl von Ratifikationen abhängig gemacht wird. Damit soll erreicht werden, daß wichtige Regelungsverträge erst dann in Kraft treten, wenn zumindest eine größere Zahl von Staaten sich endgültig an den Vertrag gebunden haben. Doch gab es auch Fälle, in denen ein Staat einen Vertrag unter der Bedingung ratifiziert, daß dieser für ihn erst mit der Ratifizierung durch einen

---

[13] Ob die mißbräuchliche Ausübung eines vertraglichen Rechts unter dem Gesichtspunkt des Rechtsmißbrauchs *(abuse of rights/abus de droit)* als Verletzung eines eigenständigen Rechtsprinzips oder als Verstoß gegen den Grundsatz von Treu und Glauben zu bewerten ist, wird streitig diskutiert, vgl. dazu *A. Kiss*, Abuse of Rights, EPIL I (1992), 4 ff (5 f). Überwiegend wird jedoch in Fällen auf das Verbot des Rechtsmißbrauchs Bezug genommen, in denen es um die Beschränkung der staatlichen Handlungsfreiheit, etwa bei der Durchführung von die Umwelt gefährdenden Projekten, geht; vgl. dazu *Oppenheim/Jennings/Watts*, Vol. I/1, 407 ff.

[14] So die ganz herrschende Lehre, vgl. *Oppenheim/Jennings/Watts*, Vol. I/2, 1234 f; auch *Damrosch/Henkin/Pugh/Schachter/Smit*, International Law, 4. Aufl., 498 ff, die die Frage der Rückwirkung von Verträgen im Licht der intertemporalen Rechtsanwendungsregeln betrachten; in diesem Sinne auch *Verdross/Simma*, 419 und 459; siehe auch *Bleckmann*, ZaöRV 23 (1973), 38 ff.

[15] Siehe dazu auch das Urteil des IGH im *Ambatielos*-Fall, ICJ Reports 1952, 40.

[16] So die herschende Lehre, vgl. *Oppenheim/Jennings/Watts*, Vol. I/2, 1248; *Shaw*, International Law, 4. Auflage, Cambridge/UK 1997, 650; *Heintschel v. Heinegg*, in *Ipsen* (Hrsg.), 4. Aufl., 129; ablehnend gegenüber der unechten Rückwirkung auch die International Law Commission, vgl. YBILC 1966 II, 212 f; siehe ferner auch die Entscheidung im *Mavrommatis Palestine Concessions*-Fall, PCIJ, Series A, No. 2 (1924).

bestimmten anderen Staat in Kraft treten soll.[17] Oder es wurde im Fall einer vertraglich vereinbarten Gebietsabtretung deren Wirksamkeit davon abhängig gemacht, daß eine Volksabstimmung den Gebietswechsel mehrheitlich bestätigt.[18]

Eine Verbindung von aufschiebender und auflösender Bedingung kann sich aus den weit verbreiteten Verträgen mit Meistbegünstigungsklauseln ergeben. Dann ist die Entstehung des Anspruchs auf gewisse Vorteile dadurch bedingt, daß der Vertragspartner solche Vorteile anderen Staaten gewährt. Sind aber einmal Vorteile auf diese Weise gewährt, so ist auch ihre Fortdauer durch das Fortbestehen der anderen Staaten gegenüber gewährten Privilegien bedingt. Wenn diese Vorrechte später entfallen, so entfällt auch das Vorrecht des meistbegünstigten Staates.

Das heute wohl bedeutsamste Beispiel für eine solche unbedingte[19] Meistbegünstigungsklausel bietet Art. I des General Agreement on Tariffs and Trade (GATT). Sie lautet im Auszug: „*With respect to customs, duties and charges of any kind imposed on... importation or exportation..., any advantage... granted by any contracting party to any product... shall be accorded immediately and unconditionally to the like product... of all other contracting parties.*“[20]

2. Andererseits kann der Eintritt der Rechtswirkungen des Vertrages von dem Eintritt eines bestimmten Zeitpunktes abhängig sein. Dann ist der Vertrag schon perfekt und nur seine Ausführung ist aufgeschoben. Umgekehrt kann es sein, daß der Vertrag sofort ausgeführt werden soll, daß er aber mit dem Eintritt eines bestimmten Zeitpunktes wieder erlischt. In diesen Fällen ist von einer Befristung zu sprechen.

Ein Beispiel für die Aufschiebung der vollen Wirkung einer Verpflichtung enthielt der Vertrag zur Gründung der Europäischen Gemeinschaft vor Inkrafttreten des Amsterdamer Vertrages.[21] Er sah in Art. 7 Abs. 1 EGV vor, daß „[d]er Gemeinsame Markt... während einer Übergangszeit von zwölf Jahren schrittweise verwirklicht“ wird. „Die Übergangszeit besteht aus drei Stufen von je vier Jahren; die Dauer jeder Stufe kann nach Maßgabe der folgenden Bestimmungen geändert werden.“ Art. 7 Abs. 3 fuhr fort: „Der Übergang von der ersten zur zweiten Stufe hängt von der Feststellung ab, daß die in diesem Vertrag für die erste ausdrücklich festgelegten Ziele im wesentlichen tatsächlich erreicht und daß vorbehaltlich der in diesem Vertrag vorgesehenen Ausnahmen und Verfahren die Verpflichtungen eingehalten worden sind.“ Ein weiteres Beispiel für die Aufschiebung der Erfüllung einer Vertragspflicht bietet der Vertrag zwischen dem Vereinigten Königreich und der Volksrepublik China über die Rückgabe der Kronkolonie Hong Kong vom 26. September 1984, in dem die Rückgabe für den 1. Juli 1997 vereinbart wurde.[22] Ein Beispiel für die Befristung der Vertragsdauer – allerdings mit einer Bedingung verknüpft – enthält die Völkermordkonvention vom 9. Dezember

---

[17] Dieser Fall ist zu unterscheiden von einer Ratifikation eines Vertrages, die nach dem Willen des ratifizierenden Staates erst wirksam werden soll, wenn andere Vertragsstaaten bestimmte Änderungen des Vertrages akzeptiert haben. Hier liegt keine wirksame Ratifikation und damit kein wirksamer Vertragsschluß vor, sondern das impizite Angebot an die anderen Vertragsstaaten, einen veränderten Vertrag abschließen zu wollen. Keine von vornherein zur Unwirksamkeit eines Vertragsschlusses führende Bedingtheit einer Ratifikation liegt in dem Fall vor, wo der ratifzierende Staat mit der Ratifikation einen Vorbehalt erklärt. Vgl. hierzu auch *Oppenheim/Jennings/Watts*, Vol. I/2, 1232 ff mwN.

[18] Zu dieser historischen Praxis siehe *A. Rivier*, Principes du droit des gens (1896), Tome I, 210; auch kurz *Oppenheim/Jennings/Watts*, Vol. I/2, 683–684.

[19] Zur Unterscheidung von in älterer Zeit gebräuchlichen bedingten und heute vorherrschenden unbedingten Meistbegünstigungsklauseln vgl. näher *E. Ustor*, Most-Favored- Nation Clause, EPIL III (1997), 469. Zu diesen Klauseln auch *Oppenheim/Jennings/Watts*, 9. Aufl., Vol. I/2, 1326 ff mwN.

[20] Abgedruckt in: Welthandelsorganisation (WTO), Textausgabe, hrsg. und eingeführt von *C. Tietje*, 2000, 16 f; *WTO* (Hrsg.), The Results of the Uruguay Round of Multilateral Trade Negotiations, The Legal Texts, 1994, 468 f. Zur Praxis, in Handelsverträgen Bedingungen zu vereinbaren, siehe den Überblick bei *Ustor*, EPIL III, 4468 ff (470).

[21] Vertrag zur Gründung der Europäischen Gemeinschaft vom 25. 3. 1957 in der Fassung des Vertrages über die Europäische Union vom 7. 2. 1992, BGBl. 1992, 1253. Mit Inkrafttreten des Vertrages von Amsterdam (BGBl. 1998 II, 387) wurde Art. 7 EGV aufgehoben.

[22] Text des Vertrages in ILM 23 (1984), 1366. Der Vertrag trat am 27. 5. 1985 in Kraft.

1948.[23] In Art. XIV sieht die Konvention vor, daß diese „für die Dauer von zehn Jahren vom Zeitpunkt ihres Inkrafttretens an in Kraft" bleibt. „Danach bleibt sie für die Dauer von jeweils weiteren fünf Jahren für diejenigen vertragschließenden Parteien in Kraft, die sie nicht mindestens sechs Monate vor Ablauf der laufenden Frist gekündigt haben."

3. Von dem Grundsatz, daß die Rechtswirkungen eines Vertrages erst mit dem Zeitpunkt seines Wirksamwerdens eintreten, sieht Art. 24 Abs. 4 WVK eine Ausnahme insoweit vor, als die „Vertragsbestimmungen über die Festlegung des authentischen Textes, die Zustimmung von Staaten, durch den Vertrag gebunden zu sein, die Art und den Zeitpunkt seines Inkrafttretens sowie über Vorbehalte, die Aufgaben des Verwahrers und sonstige sich notwendigerweise vor dem Inkrafttreten des Vertrages ergebende Fragen... von dem Zeitpunkt an [gelten], zu dem sein Text angenommen wird".[24] Darüber hinaus sieht Art. 25 WVK eine weitere Ausnahme insofern vor, als die Vertragsstaaten im Vertrag seine vorläufige Anwendung bis zu seinem Inkrafttreten ausdrücklich vorsehen können oder die Verhandlungsstaaten dies auf andere Weise vereinbart haben.[25]

Die völkerrechtliche Vertragspraxis weist eine Fülle von Beispielen auf, in denen die jeweiligen Vertragsparteien Vereinbarungen über die vorläufige Anwendung eines zwischen ihnen abgeschlossenen Vertrages getroffen haben. Das wohl bekannteste Beispiel ist die Vereinbarung über die vorläufige Anwendung des am 30. Oktober 1947 von 23 Staaten unterzeichneten, ein Teilstück der umfassenderen *„Havana Charter"* bildenden *„General Agreement on Tariffs and Trade"* (GATT).[26] Am 15. November 1947 unterzeichneten acht Signatare des GATT ein Protokoll über die vorläufige Anwendung des GATT (Teile I und III insgesamt und Teil II *„to the fullest extent not inconsistent with existing legislation")* ab dem 1. Januar 1948, dem vierzehn der verbliebenen 15 Signatare am 30. Juni 1948 beitraten.[27] Andere Beispiele sind die Vereinbarung über die vorläufige Anwendung des Internationalen Kaffee Übereinkommens (1968)[28], des Internationalen Weizenabkommens vom 29. März 1971[29] und das Übereinkommen über die vorläufige Anwendung der *International Civil Aviation Convention*[30] *(Interim Agreement on International Civil Aviation)*, die am 7. Dezember 1944 unterzeichnet wurde.[31]

Von der Pflicht zur vorläufigen Anwendung eines noch nicht in Kraft getretenen Vertrages ist die Verpflichtung der Parteien zu unterscheiden, die daraus resultiert, daß sie unter Vorbehalt der Ratifikation, Annahme oder Genehmigung einen Vertrag unterzeichnet oder ratifiziert haben. In diesem Fall haben sie sich aller Handlungen zu enthalten, die Ziel und Zweck dieses Vertrages vereiteln würden, es sei denn, sie haben bereits ihre Absicht klar zu erkennen gegeben, nicht Vertragspartei zu werden, oder es hat sich das Inkrafttreten ungebührlich verzögert.[32] Während die vorläufige Anwendung auf die Verpflichtung zur Vertragserfüllung insgesamt zielt, stellt die vorvertragliche Pflicht, in der Zeit bis zum Inkrafttreten des Vertrages dessen Ziel und Zweck nicht zu vereiteln, eine wiederum auf dem

---

23 Konvention über die Verhütung und Bestrafung des Völkermordes, UNTS 78, 277; deutscher Text in BGBl. 1954 II, 730.

24 Siehe dazu auch die Urteile des IGH im *Arbitral Award made by the King of Spain*-Fall, ICJ Reports 1960, 192 (207 ff), und des StIGH im Fall *Mavrommatis (Jurisdiction)*, PCIJ, Series A, No. 2, 34 (1924).

25 Siehe dazu statt anderer *Oppenheim/Jennings/Watts*, Vol. I/2, 1238 f; *Aust*, 93 ff.

26 Text in UNTS 55, 94 ff; deutscher Text in BGBl 1951 II, 173 ff.

27 Vgl. dazu dazu näher United States Library of Congress Report on the Law of the Sea Treaty: Alternative Approaches to Provisional Application, 93d Congress, 2d Session, Committee Print of the House Committee on Foreign Affairs, March 4, 1974, Text wiedergegeben in ILM XIII (1974), 457 f.

28 Text in: UNTS 647, 3 ff.

29 Text in: UNTS 203, 179 ff.

30 Text in: UNTS 15, 295 ff.

31 Vgl. dazu Report (Anm. 27), 460 f; zum Vorstehenden insgesamt dort 454 ff mit weiteren Beispielen.

32 Vgl. dazu *Verdross/Simma*, 280 f; *Oppenheim/Jennings/Watts*, Vol. I/2, 1239; *Shaw*, 639; *Heintschel v. Heinegg*, in: *Ipsen* (Hrsg.), 4. Aufl., 114, 130; *Aust*, 93 ff; Auskunft des *US State Department* v. 30. 6. 1980 (Mark B. Feldman, Deputy Legal Adviser) auf Anfrage des Senators *Jacob K. Javits*, AJIL 74 (1980), 931 ff (933).

Gedanken von Treu und Glauben beruhende Unterlassungspflicht der Parteien dar, nicht eine Pflicht zur positiven Vertragserfüllung (Art. 18 WVK).[33]

III. 1. Was den räumlichen Geltungsbereich eines Vertrages angeht, so bestimmt Art. 29 WVK, daß – sofern keine abweichende Regelung getroffen ist – der Vertrag jede Vertragspartei hinsichtlich ihres gesamten Hoheitsgebietes bindet, das heißt im Hinblick auf alle Gebiete, auf die sich ihre Hoheitsgewalt im Einklang mit dem Völkerrecht jeweils erstreckt.[34] Denn auch der Gebietswechsel läßt die Identität des Vertragsstaates unberührt. Daher muß der Grundsatz der beweglichen Vertragsgrenzen gelten (Art. 15 Konvention über die Staatennachfolge in Verträgen[35] – Wiener Konvention von 1978).[36] So müssen etwa die Beistandsleistung auf Grund eines Bündnisvertrages oder die Vorteile, die ein Handelsvertrag den Angehörigen des anderen Staates gewährt, auf Gebiete ausgedehnt werden, die dieser später erwirbt.

So sieht Art. 11 des Vertrages zwischen der Bundesrepublik Deutschland und der Deutschen Demokratischen Republik über die Herstellung der Einheit Deutschlands (Einigungsvertrag) vom 31. 8. 1990[37] vor, daß „völkerrechtliche Verträge und Vereinbarungen, denen die Bundesrepublik Deutschland als Vertragspartei angehört [...] sich [...] auch auf das in Art. 3 genannte Gebiet (d. h. die fünf neuen Bundesländer, d.Verf.) beziehen".[38] Die darin zum Ausdruck kommende Anwendung des Grundsatzes der beweglichen Vertragsgrenzen fand ganz überwiegend die Billigung der Staatengemeinschaft. Dagegen bestanden die Niederlande unter Berufung auf Art. 31 der Wiener Konvention über die Staatennachfolge von 1978, den die Niederlande als Ausdruck bestehenden Völkergewohnheitsrecht ansahen, darauf, daß die Erstreckung der Verträge der Bundesrepublik mit den Niederlanden auf das Beitrittsgebiet der Einigung der Vertragsparteien bedürfte. Dementsprechend einigten sich beide Staaten auf ein Protokoll, wonach einerseits die in einer Anlage aufgeführten Verträge der Bundesrepublik Deutschland sich auf das Gebiet der ehemaligen DDR erstreckten, andererseits aber ein bestimmtes Abkommen, nämlich das deutsch-niederländische Sozialversicherungsabkommen von 1956 erst nach Zahlung einer Geldsumme seitens Deutschlands sich auch auf das Beitrittsgebiet erstrecken konnte.[39] Ausnahmen vom Grundsatz der beweglichen Vertragsgrenzen wurden im Einigungsvertrag ausdrücklich vereinbart, so daß zum Beispiel die aus der besonderen Nachkriegssituation der Bundesrepublik Deutschland entstandenen Verträge und die Verträge über die Stationierung von NATO-Streitkräften sich nicht für die automatische Erstrekkung auf das Beitrittsgebiet nach dem Prinzip der beweglichen Vertragsgrenzen eigneten.[40]

---

[33] Dazu *Aust*, 94, der allerdings den Verstoß gegen die vorvertraglichen Pflichten objektiv bewerten und nicht an den Nachweis einer Treu und Glauben widersprechenden Handlung gebunden sehen will; wie hier *Oppenheim/Jennings/Watts*, Vol. I/2, 1239. Den dem Art. 18 zugrundeliegenden Gedanken von Treu und Glauben betonte schon der StIGH im *Certain German Interests in Polish Silesia*-Fall (PCIJ (1926, Series A, NO.7, 30), auf den sich auch die ILC in Vorbereitung des späteren Art. 18 WVK stützte, vgl. *Rauschning/Wetzel*, 166. Siehe in diesem Sinne auch die Entscheidungen *Megalidis v. Turkey*, in Recueil TAM, t.8, 390/AD Vol. 4 (1927–28, No. 272), 386.

[34] So sah das 3. Protokoll über den innerdeutschen Handel und die damit zusammenhängenden Fragen vom 25. 3. 1957 (BGBl. 1957 II, 984) zum EWG-Vertrag „unter Berücksichtigung der zur Zeit infolge der Teilung Deutschlands gegebenen Verhältnisse" vor, daß „der Handel zwischen den deutschen Gebieten innerhalb des Geltungsbereiches des Grundgesetzes für die Bundesrepublik Deutschland und den deutschen Gebieten außerhalb dieses Geltungsbereiches Bestandteil des innerdeutschen Handels ist" und damit „die Anwendung dieses Vertrages in Deutschland keinerlei Änderung des bestehenden Systems dieses Handels" erfordert.

[35] Text in ILM 17 (1978), 1488 ff; siehe auch *Akehurst*, 165.

[36] Dazu näher oben Bd. I/1, 162 f.

[37] BGBl. 1990 II, 889.

[38] Vgl. dazu die interessanten Überlegungen in der Vorauflage zu der Frage, wie sich das Schicksal der Verträge der Bundesrepublik und der DDR im Falle einer Wiedervereinigung gestalten würde. Nach Ansicht von *Dahm* würden die Verträge der Bundesrepublik wie der DDR nicht ohne weiteres auf den neuen gesamtdeutschen Staat ausgedehnt werden können. Jedenfalls im Hinblick auf die differenzierten Regelungen zur Fortgeltung oder Nichtfortgeltung der Verträge der DDR (Art. 12 Einigungsvertrag) trafen diese Überlegungen teilweise zu. Weitere Einzelheiten: *M. Herdegen*, in: *J. Isensee/P. Kirchhof* (Hrsg.), Handbuch des Staatsrechts Bd. IX, § 214.

[39] Zum Vorstehenden näher *Zimmermann*, 247 ff; auch *Papenfuß*, 69 ff, beide mwN.

[40] Dazu *Zimmermann*, 252 f.

2. Mit der fast vollständigen Dekolonisierung hat sich die Frage der Anwendbarkeit eines Vertrages der jeweiligen Kolonialmacht auf die überseeischen oder sonst abhängigen Gebiete heute erledigt. Ohnehin ließ die sehr unterschiedliche Praxis der Kolonialmächte den Schluß auf eine allgemeine Regel nicht zu. Von Fall zu Fall wurde die Ausdehnung von Verträgen der Kolonialmacht auf deren überseeische Gebiete vereinbart oder ausgeschlossen. Bei multilateralen Verträgen setzte sich jedoch die Aufnahme der sog. Kolonialklausel durch, die die Entscheidung über die Ausdehnung des Vertrags auf die Kolonien der jeweiligen Partei übertrug.[41]

Im Rahmen der Europäischen Gemeinschaft wird dem besonderen Verhältnis der ehemaligen Kolonialgebiete zu einigen Mitgliedstaaten durch ein System der Assoziierung der AKP-Staaten (Lomé-Abkommen), dem überwiegend ehemalige Kolonien, aber auch ursprünglich selbständige Staaten angehören, Rechnung getragen. Nicht unmittelbar diesem System unterstellt, aber im Ansatz parallel dazu behandelt werden die überseeischen Länder und Hoheitsgebiete gem. Art. 182 und 183 EGV, die von den ehemaligen Kolonialmächten als nichtkoloniale Bestandteile der „Mutterländer" angesehen werden.[42]

Andererseits entfallen die Vertragswirkungen für Gebiete, die später aus dem Staatsverband ausscheiden. Über diese Regelungen hinaus sieht Art. 15 der Wiener Konvention von 1978 aber auch die Möglichkeit vor, die Erstreckung der Geltung eines früher vom Nachfolgestaat geschlossenen Vertrages auf das Gebiet, in das er nachfolgt, durch besondere Vereinbarungen auszuschließen. Dies gilt namentlich dann, wenn die Veränderungen des Gebiets, etwa der Verlust oder der Zuwachs großer Territorien und die damit verbundene Änderung der Wirtschaftsstruktur eines der beteiligten Staaten, auch den Vertragszweck vereiteln, die Erfüllung des Vertrages unmöglich oder unzumutbar oder jedenfalls eine Anpassung an die neuen Verhältnisse notwendig machen.

So wurde die Anwendung des Prinzip der beweglichen Vertragsgrenzen auf die Verträge der DDR nicht *ipso iure* vorgesehen. In Art. 12 legt der Einigungsvertrag das Schicksal der DDR-Verträge nicht selbst fest, sondern regelt, wie mit je einzelnen Verträgen verfahren werden soll, ob sie also als nach Völkergewohnheitsrecht erloschen betrachtet werden konnten oder – dann mit Zustimmung der anderen Vertragspartner – weitergelten oder angepaßt werden sollten.[43] In jedem Falle waren Konsultationen mit den anderen Vertragspartnern durchzuführen und bei der Behandlung der Verträge der Vertrauensschutz zugunsten der Vertragspartner zu berücksichtigen.[44]

IV. 1. Soweit Bundesstaaten internationale Verträge abschließen, sind sie die alleinigen Träger der daraus folgenden Rechte und Pflichten, gleichgültig, wie sich das Innenverhältnis zwischen dem Bund und den Gliedstaaten gestaltet.[45] Der Bundesstaat ist dafür verantwortlich, daß die Gliedstaaten die etwa zur Erfüllung des Vertrages erforderlichen Gesetze erlassen und sonst alles tun, was zur Erfüllung notwendig ist. Er kann sich gegenüber dem Vertragspartner nicht etwa darauf berufen, daß seine Verfassung ihm die zur Erfüllung des Vertrages erforderlichen Zuständigkeiten versage, diese vielmehr bei den Gliedstaaten lägen. Diese schon im völkerrechtlichen Gewohnheitsrecht bestehende Regel ist heute in Art. 27 WVK kodifiziert.[46] Wie jeder Staat ist also auch der Bundesstaat verpflichtet, seine Verfassung im Einklang mit seinen internationalen Verpflichtungen zu halten.

---

[41] Vgl. dazu *Akehurst*, 164 f.

[42] Vgl. dazu *Th. Oppermann*, Europarecht, 2. Aufl., 1999, Rdn. 1755; *C. Tietje*, Art. 131 a. F. in: *Grabitz/Hilf* (Hrsg.), Das Recht der Europäischen Union, Teil I.

[43] Näher *Zimmermann*, 257 ff.

[44] *Zimmermann*, ebd.; *Papenfuß*, 76 ff und 103 ff.

[45] Dazu näher *Bernhardt*, Der Abschluß völkerrechtlicher Verträge im Bundesstaat, 12 ff; *Lissitzyn*, RdC 125 (1968), 1 (24 ff); kurz auch *Oppenheim/Jennings/Watts*, Vol. I/1, 248 ff; *Verdross/Simma*, 436 f.

[46] Allerdings verweist Art. 27 WVK seinerseits auf Art. 46 WVK, in dem zwar der Grundsatz bestätigt wird, daß sich ein Staat nicht auf die Verletzung seiner Verfassung als Grund für die Ungültigkeit

2. Will der Bundesstaat den Schwierigkeiten entgehen, die aus der Verteilung der Zuständigkeiten zwischen dem Bund und seinen Gliedstaaten hervorgehen können, so muß er sich durch einseitige Vorbehalte bei der Annahme des Vertrages[47] oder durch die entsprechende Gestaltung seiner Abkommen sichern. Diesem Zweck dient etwa die Klausel, daß der Vertrag nur im Einklang mit der Verfassung der Parteien erfüllt werden solle.[48] Ihm sollen aber auch die in der internationalen Praxis vorkommenden Bundesstaats- oder Föderativklauseln *(federal clauses)*[49] dienen. Diese Klauseln lauten dahingehend, daß der Bundesstaat unbedingt aus dem Vertrag verpflichtet sei, soweit er nach seiner Verfassung die zur Erfüllung erforderlichen Gesetze zu erlassen vermag. Soweit ihm aber das Recht der Gesetzgebung fehlt, sei er nur dazu verpflichtet, den Gliedstaaten den Vertrag zum Zwecke des Erlasses der entsprechenden Gesetze vorzulegen und ihren Erlaß zu empfehlen.[50] Namentlich die Vereinigten Staaten von Amerika suchen auf diese Weise ihre Verpflichtungen mit ihrer Verfassung in Einklang zu halten.

Heute stellt die bundestaatliche Struktur der Bundesrepublik Deutschland ein Problem für die Erfüllung ihrer Verpflichtungen aufgrund von Richtlinien der Europäischen Gemeinschaft dar. In verschiedenen Fällen ist die Bundesrepublik wegen des Versäumnisses, Richtlinien fristgerecht und ordnungsgemäß umzusetzen, von der Europäischen Kommission gerügt und in nachfolgenden Verfahren vor dem Europäischen Gerichtshof unterlegen. Der Einwand mangelnder Bundeskompetenz oder anderer nationaler Schwierigkeiten der Mitgliedstaaten bei der Umsetzung der betroffenen Richtlinien wird regelmäßig nicht akzeptiert.[51]

V. 1. Vertragsstaaten treffen – wie oben bereits angedeutet[52] – neben der Pflicht zur Erfüllung der vertraglichen Primärpflichten auch sich aus der Natur eines Vertrages ergebende Neben-

---

seiner Zustimmung, durch einen Vertrag gebunden zu sein, berufen kann, dort aber die Einschränkung gemacht wird, daß der Grundsatz bei offenkundigen Verletzungen, die zudem innerstaatliche Vorschriften von grundlegender Bedeutung betreffen, keine Geltung hat.

[47] So etwa die Praxis der Vereinigten Staaten von Amerika, insbesondere des Senats, der z. B. seine Zustimmung zur Ratifikation der Charta der Organisation Amerikanischer Staaten (OAS) nur mit dem Vorbehalt erteilte, daß keine Bestimmung des Vertrages im Sinne einer Erweiterung der Zuständigkeiten der Bundesgewalt oder einer Beschränkung der Rechte der Gliedstaaten in den ihnen verfassungsmäßig vorbehaltenen Angelegenheiten aufgefaßt werden dürfe; vgl. dazu: *Original Charter of the OAS signed at the ninth Conference held in Bogotá in 1948; as amended by the 1967 Buenos Aires Protocol, which entered into force in* 1970 (OAS, serie sobre tratados, No. 1-E).

[48] Vgl. dazu die für die Praxis der amerikanischen Staaten charakteristische Regelung in Art. 1 des Havana Abkommens vom 20. 2. 1928 über das Recht der Verträge, wonach Verträge von den zuständigen Organen der Staaten im Einklang mit dem nationalen Recht abzuschließen sind und auch die Ratifizierung in Übereinstimmung mit der Gesetzgebung der ratifizierenden Staaten erfolgen muß (Art. 6 I S. 2); Text in: AJIL 29 (1935), Spec. Supp., Part. III, Appendix 1.

[49] Dazu *L. Kos-Rabczewicz-Zubkowski*, Federal Clause, Collonial Clause, EPIL II (1995), 359 ff; aus der älteren Literatur *R. B. Looper*, „Federal State" Clauses in Multilateral Instruments, BYIL 32 (1955–1956), 162 ff; *Y. L. Liang*, AJIL 46 (1951), 108 (121 f).

[50] Zu einem solchen Beispiel *Kos-Rabczewicz-Zubkowski*, EPIL II, 359 (360); solche Regelungen enthalten Art. 28 *of the American Convention on Human Rights* (OAS, serie sobre tratados, No. 36), ILM 9 (1970), 99; Art. 37 *of the Convention Relating to the Status of Stateless Persons* (1954) (UN Doc. E/CONF. 17/5), abgedruckt in: *A. Blix/T. Emerson* (eds.), The Treaty Makers Handbook (1973), 164 f; Art. 41 *of the Convention Relating to the Status of Refugees*, 28. 7. 1951 (UNTS 189, 137); *Convention on the Recovery Abroad of Maintenance*, 20. 6. 1956 (UN Doc. E/CONF. 21/5); Art. 11 *of the Convention on the Recognition and Enforcement of Foreign Arbitral Awards*, 10. 6. 1958 (UN Doc. E/CONF. 26/8/Rev. 1); dazu auch *Y. Liang*, AJIL 45 (1951), 108 ff; *R. B. Looper*, Federal State Clauses in Multilateral Instruments, BYIL 32 (1955/56), 162 ff; *Verdross/Simma*, § 1275; *R. Bernhardt*, Föderale Klausel, in: *K. Strupp/H.-J. Schlochauer* (Hrsg.), Wörterbuch des Völkerrechts I, 1960, 548 ff; *L. Kos-Rabczewicz-Zubkowski*, EPIL II, 359 ff; *H. A. Leal*, Federal State Clauses and the Conventions of the Hague Conference on Private International Law, Lecture at Dalhousie Law School, 1983.

[51] Vgl. dazu *H. Krück*, in: *Groeben/Thiesing/Ehlermann* (Hrsg.), EU-/EG-Vertrag, Bd. 4, Art. 169 EGV a. F. Rn. 59; *R. Streinz*, in: *J. Isensee/P. Kirchhof* (Hrsg.), Handbuch des Staatsrechts, Bd. VII, § 182 Rn. 13; EuGH, *Kommission v. Italien*, Rs. 280/83, Slg. 1984, 2361 ff.

[52] Oben unter I.2 und dortige Anm. 9.

pflichten. Hier stellt sich ein besonderes Problem für bestimmte, heute immer größere Bedeutung erlangende Kategorien von Verträgen im Hinblick auf die Übernahme des Vertrages bzw. seines Inhalts in das nationale Recht der Vertragsparteien. So wird seit längerer Zeit die Frage diskutiert, ob zum Beispiel internationale oder auch regionale Verträge zum Schutz der Menschenrechte und Grundfreiheiten durch die Vertragsparteien in ihrem nationalen Recht nicht nur unmittelbar zur Anwendung bringen müssen, sondern dem Vertragsrecht auch einen der Bedeutung von Menschenrechtsverträgen entsprechenden Vorrang jedenfalls vor dem einfachgesetzlichen nationalen Recht einzuräumen haben.[53] Im Zusammenhang mit der staatsvertraglichen Kodifikation zur Vereinheitlichung von zumindest Teilen des internationalen Privatrechts[54] stellte sich das Problem, ob sich aus dem Ziel solcher Verträge eine Pflicht für die Vertragsstaaten ergibt, solche Verträge als solche in die nationalen Rechtsordnung einzuführen (Inkorporation), um das Ziel der Rechtsvereinheitlichung abzusichern. Überließe man die Modalitäten der Übernahme solchen Vertragsrechts der freien Entscheidung der Vertragsparteien etwa dahingehend, daß sie den Inhalt des rechtsvereinheitlichenden Vertrages durch eine innerstaatliche Gesetzgebung umsetzen, also den Vertragsinhalt losgelöst von seiner völkerrechtlichen Grundlage in Form eines nationalen Gesetzes übernehmen – so wird argumentiert –, ergebe sich die Gefahr, daß durch die Übertragung des Vertragsinhalts in die Systematik und Terminologie des jeweiligen nationalen Rechts das Ziel der vertraglich vereinbarten Rechtsvereinheitlichung verfehlt wird.[55]

In der Bundesrepublik Deutschland entzündete sich die Diskussion über die Frage besonderer Erfüllung von Staatsverträgen zur Kodifikation internationalprivatrechtlicher Regeln im Zuge des Ratifikationsverfahrens für das EuSVÜ. Abweichend von der sonst in Deutschland üblichen Übernahme von unmittelbar anwendungsfähigen *(self-executing)* Verträgen als solchen in das innerstaatliche Recht gemäß Art. 59 Abs. 2 GG wurde die unmittelbare Geltung des EuSVÜ in Deutschland ausgeschlossen und stattdessen die Einstellung der Regelungen des EuSVÜ in die seinerzeit neugestaltete Kodifikation des deutschen internationalen Privatrechts im Einführungsgesetz zum Bürgerlichen Gesetzbuch (EGBGB) vorgenommen.[56] Die für Deutschland ungewöhnliche Form der Übernahme des EuSVÜ-Rechts wurde noch dadurch besonders deutlich, daß andere Staaten – wie etwa Großbritannien und Dänemark – ihrerseits abweichend von ihrer sonst üblichen Praxis dem EuSVÜ unmittelbare Geltung in der nationalen Rechtsordnung einräumten. Sie begründeten diesen Schritt mit dem besonderen Charakter des EuSVÜ als Rechtsvereinheitlichungsvertrag.[57]

---

[53] Vgl. zu dieser Frage etwa *E. Menzel*, Verfassungsrang für die Normen der Europäischen Menschenrechtskonvention nach dem Recht der Bundesrepublik Deutschland?, in: FS *Guggenheim*, 1968, 573 ff; ausführlich hierzu auch unter Einbeziehung rechtsvergleichender Bezüge *C. Tomuschat*, International Law: Ensuring the Survival of Mankind on the Eve of a New Century, Rdc 281 (1999), 9 (360 ff). Eine Übersicht über die Praxis bei menschenrechtlichen Verträgen findet sich bei *F. G. Jacobs/J. Roberts*, The Effect of Treaties in Domestic Law, 1987 sowie bei *Polakiewicz*, Treaty-Making in the Council of Europe, 1999.

[54] Grundlegend zu dieser Thematik *J. Kropholler*, Internationales Einheitsrecht – Allgemeine Lehren, 1975.

[55] Siehe dagegen die Begründung des deutschen Gesetzgebers, der sich dafür entschied, das Europäische Abkommen über das auf Schuldvertragsverhältnisse anzuwendende Recht (EuSVÜ) vom 19. 6. 1980 (Text des Abkommens im Amtsblatt der Europäischen Gemeinschaften Nr. L.266/1 ff; BGBl 1986 II, 810) nicht als solches in das deutsche Recht zu übernehmen, sondern in das neu zu gestaltende IPR-Gesetz einzustellen, vgl. BT Drs. 10/503, 5. Von „Gesetzesästhtetik" spricht auch *G. Nolte* in seiner Bewertung des deutschen Vorgehens, vgl. *ders.*, Zur Technik der geplanten Einführung des EG-Schuldvertragsübereinkommens, IPRax 1985, 71 ff.

[56] Siehe dazu näher *Delbrück*, Multilaterale Staatsverträge *erga omnes* und deren Inkorporation in nationale IPR-Kodifikationen – Vor- und Nachteile einer solchen Rezeption, in Berichte DGVR, Heft 27, 1986, 147 (148 ff); dazu auch *G. Nolte* (Anm. 55), 71 (76 ff); *E. Jayme/Ch. Kohler*, Zum Stand des internationalen Privat- und Verfahrensrechts der Europäischen Gemeinschaft, IPRax 1985, 65 ff (68 ff); *B. v. Hoffmann*, Empfiehlt es sich, das EG-Übereinkommen über das auf vertragliche Schuldverhältnisse anzuwendende Recht in das IPR-Gesetz zu inkorporieren?, IPRax 1984, 10 ff.

[57] Siehe die Angaben in Anm. 56.

Aus völkerrechtlicher Perspektive stellt sich die Frage, ob das deutsche Vorgehen rechtmäßig oder als Verstoß gegen die Pflicht anzusehen ist, den Vertrag *bona fide* zu erfüllen. Nach der damals wie heute bestehenden völkerrechtlichen Rechtslage kann von einer generellen Pflicht von Vertragsstaaten, unmittelbar anwendbaren Verträgen unmittelbare Geltung in ihrem innerstaatlichen Recht zu verleihen, nicht die Rede sein.[58] Doch geht es nicht um die Frage, ob und gegebenenfalls in welchem Umfang eine solche generelle Pflicht zur Anwendung eines spezifischen Übernahmeverfahrens besteht. Vielmehr geht es darum, ob sich aus der Natur ganz bestimmter, vor allem einzelner der hier als Regelungsverträge[59] bezeichneten, multilateralen Verträge aus dem Gesichtspunkt einer wirksamen Erfüllung des Regelungszieles – im Falle des EuSVÜ der Sicherung des Zieles der Rechtsvereinheitlichung – und unter Berücksichtigung des spezifischen Kontextes eines Vertragsschlusses, so etwa die besonders enge Verbundenheit der Vertragspartner – eine Pflicht zur Beachtung eines bestimmten, die einheitliche Anwendung des Vertragsrechts im innerstaatlichen Bereich sichernden Rezeptionsverfahrens abzuleiten ist[60] – eine Pflicht, die ihre Rechtsgrundlage im Prinzip der *bona fide*-Vertragserfüllung finden könnte.

2. In Beantwortung der Frage, ob für bestimmte Kategorien von Verträgen eine aus dem Prinzip der *bona fide*-Vertragserfüllung abzuleitende Pflicht der Vertragsparteien besteht, solchen Verträgen unmittelbare Anwendung im innerstaatlichen Recht einzuräumen, ist zunächst festzuhalten, daß es im Interesse der Rechtsklarheit sicher zweckmäßig ist, eine solche Pflicht ausdrücklich in den jeweiligen Verträgen zu verankern.[61] Da aber auch in Zukunft nicht davon ausgegangen werden kann, daß die Staaten Regelungen zum anzuwendenden Rezeptionsverfahren in jedem Fall in ihren Verträgen ausdrücklich vorsehen, bleibt die Frage zu beantworten, ob auch mangels ausdrücklicher Regelung eine Pflicht besteht, durch das gewählte Verfahren zur Übernahme des Vertragsrechts die Anwendung als unmittelbar geltendes Recht sicherzustellen. Wie bereits dargelegt, ist weiterhin davon auszugehen, daß ein allgemeines Gewohnheitsrecht, das eine solche Pflicht konstitutiert, noch nicht besteht.[62] Vielmehr kann eine derartige Pflicht – wenn überhaupt – nur aus dem Ziel und Zweck bestimmter Kategorien von Verträgen sowie aus den Umständen, unter denen sie geschlossen werden, auf der Basis des Prinzips der *bona-fide*-Vertragserfüllung, wie es in Art. 26 WVK und Art. 18 WVK zum Ausdruck kommt, aber auch gewohnheitsrechtlich anerkannt ist, abgeleitet werden. Von diesem Ansatz her darf angesichts der gerade in den letzten Jahrzehnten stark gewachsenen Bedeutung von Regelungsverträgen unter den folgenden Voraussetzungen von einer Pflicht zur Rezeption von völkerrechtlichen Verträgen mit unmittelbarer innerstaatlicher Geltung angenommen werden. Zum ersten, muß es sich um Verträge handeln, die insgesamt oder in einem substantiellen Maß Vorschriften enthalten, die unmittelbarer Anwendung fähig *(self-executing)* sind; zum zweiten muß es sich um multilaterale Verträge mit legislativem Charakter handeln, also um Regelungsverträge im hier bezeichneten Sinne, deren Ziel und Zweck *(object and purpose* im Sinne der Art. 18 und 19 WVK) die Regelung bzw. der Schutz von wichtigen Staatengemeinschaftsinteressen *(international public interests)*[63] sind, und die damit auch einer rechtsvereinheitlichenden Funktion im weiteren Sinne dienen.

---

[58] Statt anderer *Verdross/Simma*, 539 f; jedoch sind die Vertragsstaaten verpflichtet, ihre innerstaatlichen Gesetze so auszugestalten, daß den Parteien die Erfüllung des Vertrages möglich ist, vgl. dazu das Gutachten des StIGH zu *Exchange of Greek and Turkish Populations*, PCIJ, Series B 10, 20.

[59] Zu diesem Begriff vgl. oben § 143 II 2.a.

[60] In diesem Sinne die Ausführungen von R. *Bernhardt*, BDGVR Heft 27 (1986), 199 f.

[61] Eine solche ausdrückliche Festlegung im Vertrag wird von *Nolte* (Anm. 55), 72 befürwortet.

[62] Vgl. die Hinweise in Anm. 58.

[63] Zu diesen Begriffen näher unten § 152.

Als Beispiel für derartige Verträge kann die Europäische Konvention zum Schutz der Menschenrechte und Grundfreiheiten von 1950 (EMRK) dienen. Der Aufgabe des Europarates, „eine engere Verbindung zwischen seinen Mitgliedern zum Schutze und zur Förderung der Ideale und Grundsätze, die ihr gemeinsames Erbe bilden, herzustellen..." (Art. 1 der Satzung des Europarates)[64] entsprechend, hat sich dieser durch die Ausarbeitung zahlreicher Abkommen auch der Rechtsangleichung in den mitgliedstaatlichen Rechtsordnungen angenommen.[65] Besondere Bedeutung hat in Wahrnehmung dieser Aufgabe die Ausarbeitung der EMRK erlangt, die als völkerrechtlicher Vertrag Eingang in die innerstaatlichen Rechtsordnungen der Vertragsparteien gefunden hat. – Der Etablierung eines einheitlichen Standards des Menschenrechtsschutzes in den innerstaatlichen Rechtsordnungen dienen aber auch die Menschenrechtspakte von 1966.[66]

Zu den Regelungsverträgen, die der Rechtsvereinheitlichung im engeren Sinne dienen, sind solche zu zählen, die etwa im Bereich des internationalen Privatrechts die Vereinheitlichung der nationalen Kollisionsrechte[67] oder auch des materiellen Kaufrechts[68] zum Ziel haben. Für die Übernahme von Verträgen der genannten Art, deren wesentliches Ziel die Rechtsvereinheitlichung ist, muß die im übrigen im Völkerrecht angenommene Freiheit der Vertragsstaaten, die Art und Weise der Rezeption von Verträgen selbst zu bestimmen, dem Interesse an der effektiven Sicherung des Rechtsvereinheitlichungszieles – sei es im weiteren, sei es im engeren Sinne – weichen.[69] Dieser Grundsatz bedarf besonderer Beachtung in Fällen, wo die rechtsvereinheitlichenden bzw. Gemeinschaftsinteressen durch Rechtsangleichung schützenden Verträge innerhalb von regionalen Integrationsgemeinschaften oder in anderer Weise eng verbundener Staatengruppierungen geschlossen werden. Hier ist die Gewährleistung der präzisen Rezeption des Vertragstextes und der Einheitlichkeit der innerstaatlichen Vertragsanwendung von besonderer Bedeutung, weil diese herbeizuführen gerade eines der bestimmenden Motive für den Vertragsschluß durch die der Integrationsgemeinschaft oder einer sonst eng verbundenen Staatengruppierung angehörigen Staaten ist.

Am Beispiel des EuSVÜ mag dies belegt werden. Unterstellt, das EuSVÜ sei in engem Bezug auf das Europäische Gerichtsstands- und Vollstreckungsabkommen von 1968[70] von den Mitgliedstaaten der Europäischen Gemeinschaft geschaffen worden,[71] um der internationalverfahrensrechtlichen

---

[64] Satzung des Europarates vom 5.5.1949, deutscher Text in BGBl 1950, 263.

[65] Statt anderer *Th. Oppermann*, Europarecht, 2. Aufl. 1991, Rdn.61.

[66] IPBürg vom 19.12.1966, Text in: UNTS, Vol. 999, 171, deutscher Text in: BGBl 1973 II, 1534; IPWirt vom 19.12.1966, Text in UNTS Vol. 992, 3; deutscher Text in: BGBl 1973 II, 1570. Die Staatspraxis zur Rezeption dieser Pakte ist unterschiedlich, tendiert aber in Richtung einer unmittelbaren Anwendung unmittelbar anwendungsfähiger Vorschriften, so *M. Nowak*, in *CP*, 54; dagegen haben die Vereinigten Staaten von Amerika – entgegen ihrer sonstigen Praxis, aber im Einklang mit ihrer deutlichen Zurückhaltung gegenüber einer Beteiligung an Menschenrechtsverträgen – die unmittelbare innerstaatliche Anwendung des bisher allein ratifizierten IPBürg ausdrücklich ausgeschlossen: *„The United States declares that the provisions of Articles 1–27 of the Covenant are not self-executing."*, vgl. dazu die ausführliche Darstellung der Vorgeschichte und des Ratifikationsverfahrens im Senat der Vereinigten Staaten von Amerika bei *H. J. Steiner/Ph. Alston*. International Human rights in Context – Law, Politics, Morals, 2nd. edition, 2000, 1029 ff.

[67] Vgl. dazu zum Beispiel das oben erwähnte Europäische Übereinkommen über das auf vertragliche Schuldverhältnisse anzuwendende Recht vom 19.6.1980 (Anm. 55).

[68] *UN Convention on Contracts for the International Sale of Goods* vom 11.4.1980, Text in: BGBl 1989 II, 588.

[69] In diesem Sinne auch dezidiert *C. Kohler*, Kein Weg zur Rechtsvereinheitlichung – Zur Übernahme des EG-Übereinkommens vom 19. Juni 1980 über das auf vertragliche Schuldverhältnisse anzuwendende Recht, EuR 19 (1984), 155 ff; auch das Hamburger Max-Planck-Institut für ausländisches und internationales Privatrecht (RabelsZ 47 (1983), 603), hält im konkreten Fall die Art und Weise, in der die Bundesrepublik Deutschland das EuSVÜ rezipiert hat, für völkerrechtlich bedenklich.

[70] EWG-Übereinkommen über die gerichtliche Zuständigkeit und die Vollstreckung gerichtlicher Entscheidungen in Zivil- und Handelssachen von 1968, Text in: BGBl 1972 II, 774 i. d. F. des Beitrittsübereinkommens von 1989, BGBl 1994 II, 518.

[71] Dieser enge Bezug ist umstritten gewesen, vgl. dazu die Ausführungen von *Bülow*, seinerzeit Ministerialdirektor im deutschen Bundesjustizministerium, der

Rechtsvereinheitlichung die materiellrechtliche folgen zu lassen und damit mögliche Störungen des Gemeinsamen Marktes zu verhindern, so kann es kaum zweifelhaft sein, daß die Vertragsparteien verpflichtet waren, wenn nicht ein bestimmtes, so doch ein Rezeptionsverfahren zu wählen, daß in allen innerstaatlichen Rechtsordnungen die vertraglichen Regelungen in identischem Wortlaut und gleicher Systematik zur unmittelbaren Anwendung kommen konnten. Andernfalls wäre nicht nur das Anliegen des EuSVÜ der Rechtsvereinheitlichung gefährdet, sondern auch die Förderung der Integration in Frage gestellt.[72]

Daß die Rechtsentwicklung in den vergangenen Jahren jedenfalls regional in Richtung auf eine Pflicht der Vertragsstaaten gegangen ist, zeigt die Staatenpraxis bezüglich der EMRK, deren unmittelbare Anwendbarkeit – soweit ersichtlich – mit Ausnahme Irlands und Norwegens in allen Vertragsstaaten herbeigeführt worden ist, wobei in einer überwiegenden Zahl von Staaten zusätzlich den Bestimmungen der EMRK zumindest Geltung vor dem einfachen innerstaatlichen Gesetzesrecht, in einem Fall, nämlich in den Niederlanden, sogar Vorrang vor der nationalen Verfassung eingeräumt worden ist.[73]

In der Bundesrepublik Deutschland besitzt die EMRK nach ganz herrschender Meinung nur den Rang eines einfachen Gesetzes (Art. 59 Abs. 2 GG). Doch wird vom Bundesverfassungsgericht die EMRK bei der Auslegung der innerstaatlichen Grundrechte herangezogen und die an sich nach dem Status der EMRK als einfaches Gesetzesrecht mögliche Derogation durch nachfolgendes nationales Gesetzesrecht abgelehnt.[74] Dies ist zwar nicht der ideale Weg der Erfüllung der sich aus der EMRK aus ihrem Inhalt und ihrer einen gemeinsamen europäischen Standard des Menschenrechtsschutzes sichernden Zielsetzung, aber immerhin auch ein Anzeichen dafür, daß der traditionelle Rezeptionsweg über Art. 59 Abs. 2 GG bei bestimmten, grundlegenden Regelungsverträgen nicht mehr angemessen ist.

3. Will man eine aus dem Ziel und Zweck eines Vertrages und dem Prinzip der *bona fide*-Vertragserfüllung abzuleitende Pflicht, die unmittelbare Anwendbarkeit von bestimmten Regelungsverträgen im innerstasatlichen Recht sicherzustellen, als zu weitgehend nicht annehmen, so ist bei gleichem Ausgangspunkt jedenfalls von einer Vermutung auszugehen, daß die Vertragsstaaten zur Erreichung des Vertragszieles in diesem Sinne verfahren wollten. Nähme man eine solche Vermutung an, so müßte man den Vertragsstaat, der ein abweichendes Rezeptionsverfahren einschlägt, also die unmittelbare Anwendbarkeit des Vertrages in seiner nationalen Rechtsordnung ausschließen will, als dafür gegenüber den anderen Vertragsparteien begründungspflichtig ansehen und ihn gegebenenfalls als völkerrechtlich verantwortlich betrachten, wenn der von ihm eingschlagene Weg der Rezeption des Vertrages zu einer Diskrepanz zwischen Vertragsrecht und nationalem Recht führen würde.[75]

---

diesen Bezug verneinte, einerseits, und von *Ch. Kohler*, der diesen deutlich hervorhebt, BDGVR Heft 27 (1986), 177 ff und 198 f.

[72] Dazu die Hinweise in Anm. 69 und 71.

[73] Vgl. dazu im einzelnen *Grabenwarter*, Europäisches und nationales Verfassungsrecht, 4. Bericht, VVDStRL 60 (2001), 292 (299 ff).

[74] Vgl. dazu BVerfGE 74, 358 (370) sowie BVerfGE 82, 106 (120); dazu *Grabenwarter* (Anm. 73), 305 f; ferner *J. A. Frowein*/*W. Peukert*, Die Europäische Menschenrechtskonvention, 2. Aufl. 1996, Einführung Rdn. 6; *K.-P. Sommermann*, Völkerrechtlich garantierte Menschenrechte als Maßstab der Verfassungkonkretisierung – Die Menschenrechtsfreundlichkeit des Grundgesetzes, AöR 114 (1989), 391 (410 ff); *P. Kirchhof*, Verfassungsrechtlicher Schutz und internationaler Schutz der Menschenrechte: Konkurrenz oder Ergänzung?, EuGRZ 1994, 16 (31 ff); *V. Schlette*, Les interactions entre les jurisprudences de la Cour européenne des droits de l'homme et des la Cour constitutionnelle fédérale allemande, RFDC 1996, 747 (751).

[75] Dazu im einzelnen *Delbrück* (Anm. 56), 155 mwN für IPR-Kodifikationsverträge; ablehnend *Nolte* (Anm. 55).

§ 152 Verträge zugunsten und zu Lasten Dritter; insbesondere Verträge mit *erga omnes*-Wirkung

Schrifttum: wie zu Abschnitt 4 und vor § 143: *R. F. Roxburgh*, International Conventions and Third States, 1917; *C. H. Winkler*, Verträge zu Gunsten und zu Lasten Dritter im Völkerrecht, 1932; *A. D. McNair*, L'Application et l'Interpretation des Traités d'après la Jurisprudence Britannique, RdC 43 (1933), 247 ff; *H. Ballreich*, Völkerrechtliche Verträge zu Lasten Dritter, in: Völkerrecht und staatsrechtliche Abhandlungen, FS *Bilfinger*, 1954, 1 ff; *I. Detter*, Essays on the Law of Treaties, 1967, 100 ff; *R. L. Bindschedler*, Das Problem der Beteiligung der Schweiz an Sanktionen der Vereinten Nationen, besonders im Falle Rhodesiens, ZaöRV 28 (1968), 1 ff; *H. Mosler*, The International Society as a Legal Community, RdC 140 (1974), 1 ff; *P. Cahier*, Le Problème des Effets des Traités à l'égard des Etats Tiers, RdC 143 (1974), 589 ff; *C. L. Rozakis*, Treaties and Third States: A Study in the Reinforcement of the Consensual Standards in International Law, ZaöRV 35 (1975), 1 ff; *E. Klein*, Statusverträge im Völkerrecht, 1980; *J. A. Frowein*, Die Verpflichtungen *erga omnes* und ihre Durchsetzung im Völkerrecht, in: FS *Mosler* (1983), 241 ff; *G. Barile*, Obligationes *erga omnes* e individui nel diritto internazionale umanitario, Riv. 68 (1985), 5 ff; *R. St. J. McDonald*, Fundamental Norms in Contemporary International Law, CanYBIL 25 (1987), 115 ff; *Ch. Tomuschat*, Völkerrechtlicher Vertrag und „Drittstaaten", BDGVR 28 (1988), 9 ff; *H.-P. Neuhold*, Völkerrechtlicher Vertrag und Drittstaaten, BDGVR 28 (1988), 51 ff; *J. Charney*, Third State Remedies in International Law, MichJIL 10 (1989), 57 ff; *J. A. Frowein*, Das Staatengemeinschaftsinteresse – Probleme bei Formulierung und Durchsetzung, in: FS *Doehring*, 1989, 219 ff; *D. Schindler*, Kollektive Sicherheit der Vereinten Nationen und dauernde Neutralität der Schweiz, Revue suisse de droit international et de droit européen 2 (1992), 435 ff; *Ch. Chinkin*, Third Parties in International Law, 1993; *Ch. Tomuschat*, Obligations Arising for States without or against Their Will, RdC 241 (1993), 195; *C. Annacker*, Die Durchsetzung von *erga omnes* Verpflichtungen vor dem Internationalen Gerichtshof, 1994; *B.-O. Bryde*, Verpflichtungen *erga omnes* aus Menschenrechten, BDGVR 33 (1994), 165 ff; *J. A. Frowein*, Reactions by Not Directly Affected States to Breaches of Public International Law, RdC 248 (1994), 345 ff; *B. Simma*, From Bilateralism to Community Interest in International Law, RdC 250 (1994), 229 ff; *C. Annacker*, The Legal Régime of *Erga Omnes* Obligations in International Law, Austr.JPIL 46 (1994), 131 ff; *D. Schindler*, Die *erga omnes*-Wirkung des humanitären Völkerrechts, in: FS Bernhardt, 1995, 199 ff; *M. Ragazzi*, The Concept of International Obligations *Erga Omnes*, 1997; *J. Delbrück*, „Laws in the Public Interest" – Some Observations on the Foundations and Identification of *erga omnes* Norms in International Law, in: FS Jaenicke, 1998, 15 ff.

Verträge begründen für einen Drittstaat weder Rechte noch Pflichten, es sei denn, der Drittstaat stimmt dem zu. Dieser seit langem im Völkergewohnheitsrecht unumstrittene Rechtssatz, der Ausfluß des dem Vertragsrecht zugrundeliegenden Konsensprinzips, des Souveränitätsprinzips sowie des mit ihm verbundenen Prinzips der Staatengleichheit ist,[1] hat in der Wiener Vertragsrechtskonvention in den Artikeln 34–38 Ausdruck gefunden. Doch dieser selbstverständlich erscheinende Grundsatz kann heute nicht mehr uneingeschränkt aufrechterhalten werden. In dem Maße wie namentlich multilaterale Verträge zunehmend als Surrogate für die noch immer fehlende internationale Legislative dienen, weil die zusammenwachsende Staatengemeinschaft mehr und mehr darauf angewiesen ist, objektive Ordnungen zum Schutze lebensnotwendiger öffentlicher Güter – wie eine saubere Umwelt, das Klima, Frieden und internationale Sicherheit – zu schaffen,[2] in demselben Maße steigt

[1] Zur Souveränität der Staaten als Grundlage sowohl der Vertragsfreiheit als auch des speziellen Satzes *pacta tertiis nec prosunt nec nocent* schon *Roxburgh*, 6; *Chinkin*, 25 ff; *Reuter*, Droit des traités, 66; *Tomuschat*, RdC 241 (1993), 195 ff (242); *Neuhold*, BDGRV 28 (1988), 51 (53); auch *H. Ballreich*, Treaties, Effect on Third States, EPIL IV (2000), 945 ff.

[2] Die wachsende Bedeutung multilateraler Verträge als Substitut für die fehlende internationale Legislative unterstreichen auch *Simma*, RdC 250 (1994), 217 (322 f); *Tomuschat*, RdC 241 (1993), 195 (240) und *passim*; dazu auch schon *Dahm/Delbrück/Wolfrum*, Bd. I/1, 52 ff, und oben § 143.

das internationale Interesse daran, die so geschaffenen Ordnungen auch gegenüber solchen Staaten zur Geltung zu bringen, die nicht Parteien der entsprechenden Verträge, also Drittstaaten im hier gebrauchten Sinne sind.[3]

I. 1. Der Satz, daß Verträge allein für die Parteien Rechte und Pflichten begründen, nicht aber für am Vertrag nicht beteiligte dritte Staaten *(pacta tertiis nec nocent nec prosunt)*, ist seit langem tief im völkergewohnheitsrechtlichen Vertragsrecht verankert. Verträge sind für Drittstaaten eine *res inter alios acta*. Rechte und Pflichten für Drittstaaten können aus einem Vertrag, der zwischen anderen Staaten geschlossen wurde, nur dann entstehen, wenn diese Drittstaaten dem zugestimmt haben. Diese allgemeine Regel ist in Art. 34 WVK übernommen worden, wo es heißt, daß ein „Vertrag... für einen Drittstaat ohne dessen Zustimmung weder Pflichten noch Rechte [begründet]". In den Artikeln 35 und 36 WVK wird diese allgemeine Regel sodann getrennt nach Verträgen zu Lasten und zugunsten von Drittstaaten näher ausgeführt. Nach Art. 35 WVK wird ein Drittstaat durch eine Vertragsbestimmung verpflichtet, wenn zwei Voraussetzungen erfüllt sind: Zum einen müssen die Vertragsparteien eine solche Verpflichtung des Drittstaates beabsichtigt haben, was im Einzelfall durch Interpretation festgestellt werden muß. Keinesfalls kann eine solche Absicht der Parteien vermutet werden, und zwar weder im Falle eines Vertrages zugunsten noch zu Lasten des Drittstaates:[4]

So hat bereits der Ständige Internationale Gerichtshof in seinem Urteil über die deutschen Interessen in Polnisch-Oberschlesien[5] ausgeführt: *„A treaty only creates law as between the States which are parties to it; in case of doubt, no right can be deduced from it in favour of third States."* Demzufolge wollte das Gericht den 1918 abgeschlossenen Waffenstillstandsvertrag nicht als Vertrag zugunsten Polens ansehen, das nicht daran beteiligt war. Ebenso entschied dasselbe Gericht im *Free Zones Case*[6]: *„It cannot be lightly presumed that stipulations favorable to a third State have been adopted with the object of creating an actual right in its favour. There is however nothing to prevent the will of sovereign States from having this object and effect."* Insbesondere dann, wenn der Vertrag dritten Staaten die Unterzeichnung, die Annahme oder den Beitritt gestattet, ist nicht anzunehmen, daß er dritten Staaten Rechte auch ohne die Vornahme solcher Akte habe einräumen wollen.

Zum anderen muß der Drittstaat die Verpflichtung aus einem Vertrag, dem er nicht angehört, ausdrücklich und in Schriftform angenommen haben. Diese Forderung nach einer ausdrücklichen und schriftlichen Annahme der Verpflichtung durch den Drittstaat dürfte nicht dem zur Zeit der Kodifikation der Wiener Konvention geltenden Gewohnheitsrecht entsprochen haben, stellt also eine Weiterentwicklung des bis dahin geltenden Rechts dar. Ihr rechtspolitisches Ziel, Drittstaaten vor Verpflichtungen durch Verträge anderer Staaten – etwa durch ein Diktat der mächtigen Staaten – durch strenge Formvorschriften zu schützen, entspricht dem das Vertragsrecht bisher maßgeblich bestimmenden Souveränitätsprinzip.[7] Dieses verlangt, daß jeder Staat frei darüber entscheiden kann, ob und in welchem Umfang er sich vertraglich binden will.

---

[3] Die zunehmende Notwendigkeit, auch Drittstaaten an Verträge zu binden, die im Interesse des Gemeinwohls geschlossen werden, sehen auch *Oppenheim/Jennings/Watts*, Vol. I/2–4, 1264.

[4] Die Bedeutung der klaren Absicht der Vertragsparteien, eine Verpflichtung oder ein Recht für Dritte zu begründen, hebt *Ballreich*, EPIL IV, 945 (947) hervor; siehe auch den Kommentar der ILC zu Art. 32 des endgültigen Entwurfs der WVK; ferner dazu auch das Restatement III, Vol. 1, 1914 und die Anmerkung des Berichterstatters ebd., 195 f.

[5] Urteil im *Case Concerning Certain German Interests in Polish Upper Silesia*, PCIJ, Series A 7 (1926), 29.

[6] Urteil im *Case of the Free Zones of Upper Savoy and the District of Gex*, PCIJ, Series A/B 46 (1932), 147.

[7] So wird ganz allgemein angemerkt, daß die Wiener Vertragskonvention eine nachhaltige Bestätigung des Konsens- und des Souveränitätsprinzips bedeute, vgl. hierzu *Rozakis*, ZaöRV 35 (1974),1 ff, der dies insbesondere auf den Einfluß der Staaten des seinerzeitigen sozialistischen Lagers und der Staaten der Dritten Welt zurückführt; zur Bedeutung des Konsens- und des Souveränitätsprinzips auch *Tomuschat*,

Die bisherige Staatenpraxis und internationale Rechtsprechung beinhalten zahlreiche Beispiele, die diese Grundregel bestätigen. So vermochte der Londoner Vertrag vom 10. 3. 1883, der die Befugnisse der Europäischen Donaukommission erweiterte, die Souveränität des nicht am Vertrag beteiligten Rumänien nicht zu beschränken.[8] Auch internationale Schiedsgerichte haben diese Regel immer wieder bestätigt, vgl. etwa den Schiedsspruch des ungarisch-rumänischen Schiedsgerichts im Fall *Ungarische Erdgas A. G. c. État roumain*[9], wonach sich Österreich und Ungarn die Verträge von Trianon und St. Germain nicht entgegenhalten lassen mußten, weil sie nicht an diesen Verträgen beteiligt waren.[10] Ebensowenig konnten die Bestimmungen des Versailler Friedensvertrages die Rechte der nicht am Vertrag beteiligten Schweiz und der Niederlande verändern.[11] Nach dem 2. Weltkrieg ist die Wirkung von Abkommen zu Lasten Dritter im Zusammenhang mit den Abkommen der alliierten Mächte von Jalta und Potsdam von 1945[12] im Hinblick auf Deutschland intensiv diskutiert worden. Soweit diese Abmachungen zwischen den drei allierten Mächten Vereinigte Staaten von Amerika, Großbritannien und Sowjetunion und, später hinzugetreten, Frankreich überhaupt als völkerrechtlich verbindliche Übereinkommen und nicht nur als politische Absichtserklärungen *(gentlemen's agreements)* angesehen werden, besteht mehrheitlich Einvernehmen darüber, daß sie für Deutschland, das an den Konferenzen nicht teilnehmen konnte bzw. durfte, als *res inter alios actae* keine rechtlichen Verpflichtungen entfalten konnten.[13]

Daß über den Willen eines Drittstaates, sich durch einen Vertrag (oder einzelne seiner Vorschriften) zu binden, den andere Staaten geschlossen haben, keine Unklarheiten entstehen, soll die Schriftform und damit die Ausdrücklichkeit der Annahme einer Verpflichtung aus einem von anderen geschlossenen Vertrag sichern. Kritisch ist jedoch anzumerken, daß diese Formerfordernisse den praktischen Bedürfnissen der Staaten kaum entsprechen.[14] Jedenfalls dann, wenn etwa multilaterale Regelungsverträge mittelbare Pflichten für Drittstaaten konstitutieren,[15] wäre es eine Überspannung des Schutzgedankens, von jedem Drittstaat die ausdrückliche und schriftliche Annahme dieser mittelbaren Pflichten – etwa

---

BDGVR 28 (1988), 10; *Neuhold*, ebd., 52 f, der allerdings hinzufügt, daß mit der Aufnahme von Regelungen zum *ius cogens* der Gedanke des Gemeinschaftsinteresses und damit der Beschränkung der Souveränität der Staaten eine gewisse Anerkennung gefunden habe. Versuche zum Beispiel vom Special Rapporteur *Sir Humphrey Waldock*, jedenfalls für bestimmte Statusverträge Lockerungen bezüglich des Konsensprinzips einzufügen, scheiterten, vgl. dazu YBILC 1964, Vol. 2, 26; auch *I. Sinclair*, The Vienna Convention on the Law of Treaties, 1984, 98 ff.

8 Vertrag von London vom 10. 3. 1883 zwischen Großbritannien, Österreich-Ungarn, Frankreich, Rußland, Italien, Deutschland und der Türkei, Text in: *de Martens*, NRG 2ème Série, IX, 393 ff; auch CTS 161, 353 ff.

9 Annual Digest of Public International Law Cases 1929, 383.

10 Weitere einschlägige Schiedssprüche sind zu finden etwa im Streit über die Überlassung von Donauschiffen und -schleppern, *Cession of Vessels and the Tugs for Navigation on the Danube* (1921), RIAA Vol. 1, 97 (112); im Grenzstreit zwischen Kolumbien und Venezuela, *Affaire des Frontières Colombo-Vénézuéliennes* (1922), RIAA Vol. 1, 223 (262); im *Corfu Channel Case* trug der IGH Bedenken, eine Bindung Albaniens aufgrund eines von Großmächten vereinbarten Abkommens über Räumung der Minenfelder vor der albanischen Küste anzunehmen, weil Albanien bei Abschluß des Vertrages nicht konsultiert worden war, ICJ Reports 1949, 34; im Urteil des IGH über den Luftzwischenfall zwischen Israel und Bulgarien kam das Gericht zu dem Ergebnis, daß Bulgarien *„as a stranger to the Charter and to the Statute"* an die in San Francisco vereinbarte Auslegung des Statuts des IGH nicht gebunden sei, *Case Concerning the Aerial Incident of July 27th, 1955*, ICJ Reports 1959, 123 (143).

11 Für die Schweiz siehe BGE 46 II, 423: „Da die Schweiz am Friedensvertrag von Versailles nicht als Kontrahentin beteiligt ist, haben seine Bestimmungen für ihr Staatsgebiet keine Gesetzeskraft." Ebenso BGE 51 I, 420.

12 Texte des Potsdamer Abkommens, in: Department of State Bulletin 13 (1945), 153; Text der Abmachungen auf der Konferenz von Yalta in: United States Senate (ed.), A Decade of American Foreign Policy, Basic Documents 1941–1949, rev. ed., 1985, 23 ff.

13 Eine zusammenfassende Einordnung und Bewertung der Potsdamer Übereinkommen gibt *J. A. Frowein*, Potsdam Agreements on Germany (1945), EPIL III (1997), 1087 ff; *Verdross/Simma*, 342, qualifizieren diese Abkommen wie etwa auch die Atlantik-Charta von 1941 als *gentlemen's agreements*.

14 In diesem Sinne auch der Änderungsvorschlag der Vereinigten Staaten von Amerika zum *Waldock*-Entwurf der Wiener Vertragsrechtskonvention, vgl. YBILC 1966, Vol. 2, 69 f.

15 Dazu näher unten unter II.

Handlungen zu unterlassen, die das Ziel eines Regelungsvertrages zum Schutz von Gemeinschaftsinteressen *(international public interest)* vereiteln können – zu verlangen.[16]

2. Etwas anders lauten die Vorschriften der Wiener Vertragsrechtskonvention für den Fall, daß durch einen Vertrag (oder durch eine seiner Bestimmungen) einem Drittstaat oder einer Staatengruppe, der er angehört, oder allen Staaten eine Berechtigung eingeräumt wird (Vertrag zugunsten Dritter). Art. 36 Abs. 1 WVK sieht als Voraussetzung für eine solche Drittstaatenberechtigung – wie Art. 35 Abs. 1 beim Vertrag zu Lasten Dritter – vor, daß eine solche Einräumung einer Berechtigung zugunsten des Drittstaates oder einer Staatengruppe, der er angehört, oder zugunsten aller Staaten von den Vertragsparteien beabsichtigt worden sein muß, was wiederum durch Auslegung zu ermitteln ist. Außerdem ist Voraussetzung einer solchen Drittberechtigung, daß der Drittstaat dem zustimmt (Art. 34 WVK). Abweichend von Art. 35 Abs. 1 WVK sieht Art. 36 Abs. 1 allerdings vor, daß – sofern der Vertrag nichts anderes bestimmt – diese Zustimmung seitens des begünstigten Drittstaates vermutet wird, „solange nicht das Gegenteil erkennbar ist". Das heißt aber auch, daß die Zustimmung stillschweigend, etwa durch die Ausübung des eingeräumten Rechts[17], erfolgen kann. Vom Standpunkt einer strikten Anwendung des Souveränitätsprinzips aus gesehen, ist diese Lokkerung der Form der Zustimmung nicht konsequent. Denn einem souveränen Staat kann auch ein Recht aus einem von anderen Staaten geschlossenen Vertrag nicht aufgedrängt werden.[18] Zwar bleibt das Letztentscheidungsrecht des begünstigten Drittstaates auch nach Art. 36 Abs. 1 WVK insofern erhalten, als er die Begünstigung ablehnen kann. Allerdings wird dem begünstigten Drittstaat doch eine Reaktionspflicht auferlegt, die dem Grundsatz *pacta tertiis nec nocent nec prosunt* in letzter Konsequenz nicht Rechnung trägt. Dies gilt umsomehr, als Art. 36 Abs. 2 WVK klarstellt, daß einem Drittstaat, der das ihm durch den Vertrag eingeräumte Recht ausübt, auch die Pflicht obliegt, die für diese Rechtsausübung im Vertrag niedergelegten oder mit ihm aufgestellten Bindungen einzuhalten. Die Rechtfertigung dieser Abweichung von der für Verträge zu Lasten Dritter nach Art. 35 Abs. 1 WVK bestehenden Regel im Falle von Verträgen zugunsten Dritter ist wohl darin zu sehen, daß man davon ausgeht, ein Vertrag zugunsten eines Drittstaates werde eben für diesen von Vorteil sein, so daß die mit der widerleglichen Vermutung der Zustimmung des Drittstaates und den mit der Rechtsausübung einhergehenden Pflichten verbundene geringfügige Belastung hingenommen werden kann.[19] Rechte, die einem Drittstaat zuerkannt werden, genießt dieser als Inhaber wirklicher und eigener Rechte, die er wie andere Rechte im eigenen Namen geltend machen kann.

---

[16] In diesem Sinne begründen manche derjenigen Autoren, die von der Möglichkeit jedenfalls mittelbarer Verpflichtungen von Drittstaaten durch Regelungsverträge mit Wirkung *erga omnes* ausgehen, die Bindung der Drittsstaaten mit deren stillschweigender Zustimmung, vgl. dazu etwa das Sondervotum von Richter *McNair* im *Case Concerning the International Status of South West Africa*, ICJ Reports 1950, 146 (153), wo er davon spricht, daß ein durch Vertrag im internationalen öffentlichen Interesse geschaffener Status für seine allgemeine Geltung über das in ihm verkörperte öffentliche Interesse hinaus ein gewisses Maß an Akzeptanz und Dauerhaftigkeit außerhalb des Kreises der Vertragsstaaten aufweisen muß *(„a degree of acceptance and durability extending beyond the limits of the actual contracting parties")*. Näher dazu *Klein*, Statusverträge, passim; *Dahm/Delbrück/Wolfrum*, Bd. I/1, 52 ff; auch *Delbrück*, Laws in the Public Interest, in: FS *Jaenicke*, 15 (20 ff).

[17] Gegen die Notwendigkeit einer formellen Zustimmung durch den begünstigten Staat Richter *Jessup* im *South West Africa-Fall (Preliminary Objections)*, ICJ Reports 1962, 319 (401–411); zur vermuteten Zustimmung und zur Zustimmung durch Ausübung des dem Drittstaat eingeräumten Rechts siehe *Rozakis*, ZaöRV 35 (1975), 1 (18 f).

[18] So *Schwarzenberger*, Bd. I, 464 f; auch das Havanna-Abkommen von 1928 sah eine entsprechende Regelung in Art. 9 vor; vgl. dazu auch *Harvard Research* in: AJIL 29 (1935), 936.

[19] Diesen Grundgedanken der nur geringfügigen Belastung eines begünstigen Drittstaates betont auch *Cahier*, RdC 143 (1974), 589 (730).

Nach der Entscheidung des aufgrund des Londoner Abkommens vom 9. 8. 1924 eingesetzten Schiedsgerichts im Rechtsstreit zwischen der Reparationskommission und dem Deutschen Reich (1926)[20] sollte die in den Verträgen zwischen Deutschland und der Reparationskommission enthaltene Regelung gewisser Sozialversicherungen auch den nicht an den Verträgen beteiligten alliierten und assoziierten Mächten und damit auch Polen zugute kommen. Die Entstehung eines Rechts unmittelbar aufgrund des Vertrages zugunsten Dritter wird vom StIGH auch im *Case Concerning Certain German Interests in Polish Upper Silesia* und im *Case of the Free Zones in Upper Savoy and the District of Gex*[21] angenommen.[22]

In der Staatenpraxis finden sich Bestimmungen zugunsten Dritter nicht selten in Friedensverträgen. Die ehemaligen Kriegführenden können etwa den am Friedensvertrag nicht beteiligten Neutralen Rechte gewähren.

Bestimmungen dieser Art waren zum Beispiel im Versailler Friedensvertrag[23] zugunsten Dänemarks (Art. 109 f), der Schweiz (Art. 358, Abs. 3 Ziff. 2), Luxemburgs (Art. 41) und Rußlands (Art. 116) enthalten. Auch der Friedensvertrag mit Japan aus dem Jahre 1951[24] enthält gewisse Klauseln zugunsten von China und Korea (Art. 21). Solche Bestimmungen zugunsten Dritter finden sich aber nicht nur in Friedensverträgen. Durch die Verträge zum Schutze der Minderheiten zwischen den Alliierten und Assoziierten Hauptmächten und Polen, der damaligen Tschechoslowakei, dem serbokroatisch-slowenischen Staat (Jugoslawien), Rumänien und Griechenland[25] nach dem 1. Weltkrieg und dem Lausanner Vertrag von 1923[26] (Art. 44) wurden dem Völkerbundsrat und den nicht am Vertrage beteiligten Mitgliedern des Völkerbundsrates gewisse Rechte zum Schutze der Minderheiten gewährt. Ein Beispiel aus jüngerer Zeit bietet das Zusatzprotokoll I von 1977 zu den Genfer Konventionen von 1949, das Dritten, nämlich der Führung von Befreiungsbewegungen, das Recht einräumt, auch ohne Beitritt zu den Konventionen durch einseitige Erklärung die Anwendung des humanitären Rechts in einem gewaltsamen Konflikt herbeizuführen.[27]

3. a) Von den echten Verträgen zugunsten Dritter oder Verträgen zugunsten Dritter im technischen Sinne, also solchen Verträgen, die dem Dritten eigene Rechte einräumen, sind solche Verträge zu unterscheiden, die nicht am Vertrag beteiligten Staaten Vorteile bieten, aber keine Rechte gewähren. Ein solcher Vertrag übt nur eine dem Begünstigten vorteilhafte Reflexwirkung aus.

Ein historisches Beispiel für diese Art von Verträgen bietet der Prager Frieden von 1866.[28] In Art. 5 vereinbarten Preußen und Österreich, daß in Nordschleswig eine Volksabstimmung über die etwaige Zugehörigkeit dieses Gebietes zu Dänemark stattfinden solle, doch wurde diese Klausel im Jahr 1878 in einem neuen Vertrag zwischen dem Deutschen Reich und Österreich fallen gelassen. Dagegen bestanden nach der damaligen völkerrechtlichen Lage keine Bedenken, weil der Prager Frieden dem an diesem Vertrag nicht beteiligten Dänemark zwar einen möglichen Vorteil, aber keine

---

20 Vgl. RGDIP 35 (1928), 507 f.

21 Vgl. *Case Concerning Certain German Interests in Polish Upper Silesia*, PCIJ, Series A 7 (1926); *Case of the Free Zones in Upper Savoy and the District of Gex*, PCIJ, Series A/B 46 (1930), wobei es in dieser Entscheidung nur um ein *obiter dictum* ging, dazu ebd., 147 ff.

22 Aus der Zeit nach dem 2. Weltkrieg ist auf die Entscheidung *Restitution of Household Effects Belonging to Jews deported from Hungary*, ILR 44, 301 (314 f) hinzuweisen, in der ebenfalls die Entstehung eines Rechts zugunsten eines Drittstaates unmittelbar aufgrund eines Vertrages zugunsten Dritter angenommen wurde, dazu auch *Chinkin*, 28.

23 CTS 225, 189 ff; RGBl. 1919, 687 ff.

24 UNTS 136, 45 ff.

25 Verträge zwischen den alliierten Hauptmächten und assoziierten Mächten sowie mit Polen vom 28. 6. 1919, de Martens, NRG 3ème Série, XIII, 504, Rumänien vom 9. 12. 1919, NRG 3ème Série, XIII, 529, Serbo-Kroatien-Slowenien vom 10. 9. 1919, NRG 3ème Série, XIII, 521, mit der Tschechoslowakei vom 10. 9. 1919, NRG 3ème Série, XIII, 512 und mit Griechenland vom 10. 8. 1920 (Sèvres), NRG 3ème Série, XII, 801.

26 Vertrag von Lausanne vom 24. 7. 1923 zwischen Großbritannien, Frankreich, Griechenland, Italien, Rumänien und der Türkei, LNTS 28, 12.

27 Vgl. Art. 96 Abs. 3 des Zusatzprotokolls I zu den Genfer Abkommen vom 12. 8. 1949 über den Schutz der Opfer internationaler bewaffneter Konflikte, Text in: UNTS 1125, 3.

28 Friedensvertrag von Prag vom 23. 8. 1866, Text in: *de Martens*, NRG 1ère Série, XVIII, 344.

eigenen Rechte einräumte. Ein weiteres Beispiel stellt der 1901 zwischen den Vereinigten Staaten von Amerika und Großbritannien abgeschlossene *Hay Pauncefote*-Vertrag[29] dar. Der Vertrag regelt die Nutzung des Panamakanals in Friedenszeiten durch Schiffe fremder Staaten. Den Staaten werden jedoch keine subjektiven Rechte eingeräumt, vielmehr dulden die Vereinigten Staaten von Amerika lediglich die Durchfahrt von Schiffen dritter Staaten.[30]

b) Keine Verträge zugunsten Dritter im technischen Sinne sind im Zweifelsfall auch Verträge, die den nicht am Vertrag beteiligten Staaten einen gewissen Schutz zukommen lassen, zum Beispiel Garantieverträge, in denen die Vertragsstaaten die Unabhängigkeit oder territoriale Integrität eines nicht am Vertrag beteiligten Staates zu erhalten versprechen. Hier kann von Verträgen mit Schutzwirkung zugunsten Dritter gesprochen werden.

Ein Beispiel für diese Art von Verträgen aus älterer Zeit bietet der Vertrag zwischen Österreich, Frankreich und dem Vereinigten Königreich vom 15. 4. 1856, in dem sie vereinbarten, daß sie die Verletzung der Unabhängigkeit der Türkei zukünftig als Kriegsgrund ansehen würden.[31] Doch ergaben sich aus diesem Vertrag, an dem die Türkei nicht beteiligt war, keine eigenen Rechte.[32] Nach dem 2. Weltkrieg finden sich in manchen der in dieser Zeit geschaffenen regionalen Sicherheitsabkommen Verpflichtungen der Vertragsstaaten auch für den Fall, daß es zu einem Angriff nicht auf ihr eigenes, sondern auf das Gebiet nicht am Vertrag beteiligter Staaten innerhalb der geschützten Region kommen sollte, dem angegriffenen Staat Beistand zu leisten. So gilt nach Art. 4 der Interamerikanische Beistandspakt von Rio de Janeiro vom 2. 9. 1947[33] für eine Zone, die auch die Gebiete von Kanada und Grönland, d. h. auch von nicht am Vertrag beteiligten Staaten, umfaßt. Auch nach dem Manila-Vertrag vom 8. 9. 1954[34] verpflichteten sich die Parteien, Angriffe auf das Gebiet von Kambodscha, Laos und Vietnam als Gefährdung der eigenen Sicherheit gelten zu lassen (Art. 4 mit Zusatzprotokollen). Auch aus diesen Verträgen konnten die Staaten, die keine Vertragsstaaten sind, keine eigenen Rechte herleiten.

c) Keine Verträge zugunsten Dritter im technischen Sinne sind auch solche, die die sog. *most favoured nation*-Klausel enthalten. Zwar entsteht für den begünstigten Staat, also der Staat, dem die Behandlung nach dem Standard des Meistbegünstigten vom Vertragspartner zugesagt wird, ein eigenes Recht. Doch beruht dieses nicht auf einem Vertrag zwischen dem die Meistbegünstigung zusagenden Staat und einem Drittstaat, sondern auf dem Vertrag zwischen dem die Meistbegünstigung zusagenden Staat und dem begünstigten Staat. Ein Vertrag zugunsten eines Dritten liegt schon in der Vertragskonstellation nicht vor.[35]

d) Aus internationalen Verträgen zwischen Staaten und Organisationen können auch Einzelpersonen oder Verbände von Einzelpersonen Rechte erlangen. Wo etwa Handels-, Schifffahrts-, Niederlassungsverträge oder Fischereiabkommen den einzelnen Vorteile bieten, entstehen doch in der Regel Rechte nur für die an den Verträgen beteiligten Staaten. Nur diese sind dazu befugt, die Rechte geltend zu machen. Die einzelnen erlangen Rechte in der Regel nicht unmittelbar aus den Verträgen, sondern erst auf dem Umweg über die nationalen Gesetze, die der Staat zur Erfüllung seiner Verpflichtungen erläßt, oder sonst aufgrund von Regeln des innerstaatlichen Rechts, zum Beispiel der Regel, daß internationale Verträge im innerstaatlichen Recht als solche Geltung erlangen und von den Staatsorganen anzuwenden sind bzw. den einzelnen Rechte gewähren, die von den Staatsorganen zu beachten sind. Doch sind auch insoweit Ausnahmen möglich. Wenn es dem Willen der Parteien entspricht,

---

29 Text bei *Berber*, Dokumente I, 1450 ff.

30 US Digest 1978, 700 ff.

31 Text in: *de Martens*, NRG 1ère Série, XV, 790 ff.

32 Darauf wird in einer Äußerung des damaligen britischen Ministers Lord *Derby* hingewiesen, vgl. die Angaben bei *Rousseau*, Principes généraux 1944, 469.

33 UNTS 21, 117 ff.

34 UNTS 209, 23 ff.

35 Vgl. dazu *Oppenheim/Jennings/Watts*, Vol. I/2–4, 1327 n. 4. Siehe auch die Definition der *most favoured nation*-Klausel der ILC, YBILC 1978, Vol. 2, part 2, 27, sowie das Urteil im *Anglo-Iranian Oil Co. Case*, ICJ Reports 1952, 109.

können Einzelpersonen durch völkerrechtliche Verträge unmittelbar in den Genuß von Rechten gelangen, die vor nationalen Gerichten und, wenn die Parteien das wollen, auch vor internationalen Instanzen durchgesetzt werden können.[36]

So sehen die vier Genfer Abkommen von 1949 vor, daß die durch die Verträge geschützten Personen die in den Abkommen gewährten Vorteile genießen, solange die Abkommen auf sie anwendbar sind, und sie „können in keinem Fall ... auf die Rechte verzichten, die ihnen das vorliegende Abkommen und ... Sonderabkommen verleihen" (Art. 6 und 7 des I., II. und III., Art. 7 und 8 des IV. Abkommens). In Art. 1 lit. b des Wiedergutmachungsabkommens zwischen der Bundesrepublik Deutschland und Israel vom 10. 9. 1952 verpflichtet sich die Bundesrepublik zu Zahlungen zugunsten der *Conference on Jewish Material Claims against Germany*, eines privaten Verbandes, der dadurch im Völkerrecht wurzelnde eigene Rechte erlangte. Typischerweise können Einzelpersonen auch nach den Regelungen der regionalen und universalen Menschenrechtskonventionen eigene, im Völkerrecht wurzelnde Rechte erlangen, die sie vor internationalen Gerichten oder Überwachungsorganen geltend machen können, wenn auch nur unter der Bedingung, daß sich die Vertragsstaaten der Jurisdiktion der entsprechenden Gerichtshöfe oder Überwachungsorgane – sei es durch Vertragsbeitritt allgemein, sei es durch spezielle Erklärungen – unterworfen haben (zum Beispiel Art. 34 EMRK[37] einerseits und Art. 1 des Fakultativprotokolls zum Internationalen Pakt über bürgerliche und politische Rechte von 1966[38] andererseits).

Doch auch wenn in den genannten Fällen durch völkerrechtlichen Vertrag Rechte für außenstehende Personen begründet werden, so ist dieser Vertrag nicht im engeren Sinne der Wiener Vertragsrechtskonvention ein Vertrag zugunsten Dritter. Namentlich entsteht bei einem solchen Vertrag nicht das für den echten Vertrag zugunsten Dritter typische Problem der Souveränität und des daraus fließenden Konsensprinzips, um die es der Wiener Konvention in den Artikeln 34–38 geht. Zwar wird nach ganz überwiegender Meinung den Einzelpersonen, die unmittelbar aus völkerrechtlichem Vertrag Rechte erlangen, insbesondere, wenn sie diese auch selbst vor internationalen Instanzen durchsetzen können, eine partielle Völkerrechtssubjektivität eingeräumt. Sie sind damit jedoch nicht den Staaten gleichgeordnet, so daß diese nur im weiteren Sinne als Verträge zugunsten Dritter einzuordnenden Übereinkommen nicht unter die Vorschriften der Wiener Konvention über die Wirksamkeit von Gewährungen von Rechten an Dritte fallen.

II. Sind Verträge zugunsten Dritter im Rahmen des nach Völkergewohnheitsrecht und den Regelungen der Wiener Vertragsrechtskonvention Zulässigen und Verträge zu Lasten Dritter nach den – strengeren – Vorschriften der Konvention in gewissem Umfang möglich, wenn auch in jedem Fall nur mit der Zustimmung des Drittstaates, so stellt sich gegenwärtig in zunehmendem Maße die Frage, ob angesichts wachsender Regelungsbedürfnisse der internationalen Gemeinschaft zur Sicherung von essentiellen Gemeinschaftsinteressen (internationalen öffentlichen Interessen, *international public or community interests*[39]) nicht auch Verpflichtungen zu Lasten Dritter durch internationale Verträge „ohne oder sogar gegen den

[36] Vgl. dazu das Rechtsgutachten des StIGH in *Jurisdiction of the Courts of Danzig*, PCIJ, Series B 15; BGHZ 17, 313; *T. Buergenthal*, Self-Executing and Non-Self-Executing Treaties in National and International Law, RdC 235 (1992), 303 (326 ff mwN).

[37] UNTS 213, 221; ETS No. 45; BGBl. 1952 II, 686, in der Fassung der Protokolle 3, 5, 8 und 11 (ETS No. 45, 55, 118 und 155). Vgl. ferner Art. 44 der *American Convention on Human Rights* von 1969, ILM 9 (1970), 673; Art. 2 des Fakultativprotokolls zum Internationalen Pakt über bürgerliche und politische Rechte von 1966, UNTS 999, 171.

[38] UNTS 999, 171.

[39] Die Bezeichnungen sind unterschiedlich; so spricht etwa *Simma*, RdC 250 (1994), 217 (229 ff), vom *„Community Interest"*, *Tomuschat*, RdC 241 (1993), 195 ff (269) von *„basic interests of the international community"*, andere sprechen von fundamentalen Normen der internationalen öffentlichen Ordnung (*H. Mosler*, The International Society as a Legal Community, RdC 140 (1974) 1 ff), von der öffentlichen Ordnung bzw. *„public order"* (*G. Jaenicke*, International Public Order, EPIL II (1995), 1348 (1349)) oder vom *„general interest"* (*Waldock*, in: YBILC 1964, Vol. 2, 31 ff (para. 13 und 18)).

Willen einzelner Staaten"[40] geschaffen werden können. Nach dem oben dargestellten Befund und nach der klaren Absage der ILC und der Wiener Konferenz zur Kodifizierung des Völkervertragsrechts an jedwede Verpflichtung von Drittstaaten durch von anderen Staaten geschlossene Verträge, es sei denn mit der Zustimmung der Drittstaaten, erscheint eine positive Antwort von vornherein ausgeschlossen.[41] Das bisher gezeichnete Bild – orientiert an der traditionellen Sicht des Problems – gibt jedoch nicht die ganze Wirklichkeit wieder. Der Gedanke, daß gewisse Ordnungsvorstellungen, die sich völkerrechtlich niedergeschlagen haben, über den engen Kreis der Vertragsparteien hinaus Geltung jedenfalls in dem Sinne verlangen, daß Drittstaaten die getroffenen Regelungen respektieren müssen, ist durchaus auch schon früher artikuliert und rechtlich umgesetzt worden, wenn auch in den meisten Fällen eine zumindest mittelbare Bindung der an bestimmten Regelungsverträgen nicht beteiligten Staaten durch Konstruktionen gesucht wurde (und wird), die den traditionellen Vorstellungen über den Konsens als Grundlage vertraglicher Bindungen und damit dem Prinzip der Souveränität Genüge tun.[42] Es ist deshalb angezeigt, zunächst einmal die Vorläufer einer *erga omnes*-Wirkung von im Interesse des internationalen Gemeinwohls geschlossenen Regelungsverträgen näher zu beleuchten.

1. a) Drittwirkungen durch Verträge sind im Völkerrecht von jeher insofern anerkannt, als sog. Verfügungsverträge oder Realverfügungen, das heißt Verträge über Gebietszessionen oder die Einräumung von Servituten oder über Grenzfestlegungen Außenwirkungen gegenüber am Vertrag nicht beteiligten Dritten haben. Diese haben das abgetretene Gebiet als das des Erwerbers gelten zu lassen. Der Rechtsgrund hierfür wird überwiegend nicht in einer *erga omnes*-Wirkung des Verfügungsvertrages selbst gesehen, sondern in den Normen des allgemeinen völkerrechtlichen Gewohnheitsrechts, die darüber entscheiden, ob und welche „Tatbestandswirkung solchen rechtsgeschäftlich herbeigeführten dinglichen Rechtsänderungen zukommt".[43]

---

[40] Vgl. den Titel der Haager Vorlesung von *Tomuschat*, „Obligations Arising for States without or against their Will", RdC 241 (1993), 195 ff.

[41] So stellt *Chinkin*, 35 eher kritisch fest: „Articles 34–38 specify no exceptions to the *pacta tertiis* rule; such exceptions must either be fitted into the Articles or they must be accepted as prescribing only the general framework of the law. For example, if objective regimes are to be regarded as creating rights *erga omnes* they must be incorporated within Articles 34–38, or the principle with respect to these be regarded as *sui generis*", dort auch kurzer Hinweis auf theoretische Ansätze zur Erklärung von Regimen *erga omnes*.

[42] Siehe dazu die noch immer bedeutsame Monographie von *Roxburgh*, passim; von besonderem Interesse die zusammenfassende Darstellung des Meinungsstandes während der Beratungen der ILC über die Kodifikation des Vertragsrechts bei *Waldock*, Bericht des Special Rapporteurs, Yearbook ILC 1964, Vol. 2, 29 ff; dazu zusammenfassend *Chinkin*, 29 ff; zum neueren Diskussionsstand vgl. auch *Tomuschat*, RdC 241 (1993), 195 (244 ff).

[43] So etwa *Tomuschat*, Völkerrechtlicher Vertrag und Drittstaaten, BDGVR 28 (1988), 13. Dagegen glaubte *v. d.Heydte*, 73 ff, diese Wirkung für Dritte zwar ebenfalls nicht dem Vertrag, aber doch dem durch den Vertrag getroffenen Rechtszustand zuschreiben zu können. Erst dieser Zustand wirke „unabhängig von seinem Entstehungsgrund *erga omnes*". Diese Erklärung ist insofern problematisch, als die Akzessorietät von Verfügungsvertrag und drittwirkendem Rechtszustand entweder dazu führt, daß bei Ungültigkeit des Verfügungsvertrages kein drittwirkender Rechtszustand entsteht oder bei Gültigkeit der drittwirkende Rechtszustand *ipso iure* mit dem Inkrafttreten des Verfügungsvertrages entsteht. So besteht für die Unterscheidung zwischen Verfügungsvertrag und dem durch ihn geschaffenen Rechtszustand keine Notwendigkeit. Dies gilt um so mehr, wenn man bedenkt, daß diese Konstruktion den kritischen Fall nicht erklären kann, der dann eintritt, wenn der Verfügungsvertrag zwar aus Rechtsgründen ungültig ist, der durch ihn angestrebte drittwirkende Rechtszustand sich jedoch erhält. Hier wäre dann doch wieder entweder auf das Gewohnheitsrecht zurückzugreifen oder an den noch näher auszuführenden Gedanken anzuknüpfen, daß die Wirkung des durch den Verfügungsvertrag geschaffenen Rechtstatbestandes auf ein übergreifendes Prinzip, das internationale öffentliche Interesse, zurückzuführen ist, dazu näher unten III 1 b), c).

b) Diese die Rechtswirkung von Verfügungsverträgen über deren Parteien hinaus begründende Argumentation ist weniger überzeugend, wenn es um die Erklärung geht, ob und gegebenenfalls warum Regelungs- oder Ordnungsverträge *(lawmaking treaties, traités-lois,* legislative oder rechtsetzende Verträge) objektives Recht setzen. Beispiele dieser Konstellation sind auf den verschiedensten Gebieten der internationalen Beziehungen zu finden.

So erheben Verträge, mit denen bestimmte geographische Zonen, Gebiete oder Gebietsteile oder Räume außerhalb staatlicher Souveränität vollständig oder teilweise, also etwa auf einzelne Waffenarten begrenzt, demilitarisiert werden, Anspruch auf Achtung seitens dritter Staaten.[44] Ein vielzitiertes klassisches Beispiel aus älterer Zeit ist die Demilitarisierung der Aalandinseln durch den Vertrag zwischen Frankreich, Großbritannien und Rußland aus dem Jahre 1856, der Teil des Pariser Friedens aus demselben Jahr bildete.[45] Beispiele aus jüngerer Zeit sind die Errichtung einer atomwaffenfreien Zone in Lateinamerika durch den Vertrag von Tlatelolco von 1967[46], die Demilitarisierung des Meeresbodens durch den Meeresbodenvertrag von 1971[47] oder die Demilitarisierung des Weltraums durch den Weltraumvertrag von 1967[48]. Obwohl der Antarktisvertrag von 1959[49] deutliche Merkmale eines objektiven Regimes – etwa in Gestalt der Demilitarisierungsbestimmung in Art. 1 – aufweist, ist seine Einordnung als ein objektives, *erga omnes* geltendes Regime umstritten.[50] Der wesentliche Einwand ist, daß es nicht in der Absicht der ursprünglichen Vertragsstaaten lag, ein solches Regime zu schaffen, ein Kriterium, das auch in den Regelungsvorschlägen zum Thema Drittwirkung von Verträgen eine wichtige Rolle gespielt hat.[51] Darüber hinaus wurde die Kompetenz der Vertragsstaaten zur Errichtung eines objektiven Regimes bestritten, etwa deswegen, weil diese Staaten keine anerkannte territoriale Kompetenz für sich in Anspruch nehmen konnten.[52] Ohne eine solche Kompetenz müsse die Errichtung eines objektiven Regimes als eine Anmaßung internationaler Rechtsetzung angesehen werden.

Den Verträgen über eine Demilitarisierung von Gebietsteilen oder Zonen vergleichbar sind solche, die wichtige natürliche oder künstliche Wasserstraßen internationalisieren.

Beispiele bieten die Internationalisierungen des Rheins durch die Wiener Kongreßakte[53] und der unteren Donau durch den Pariser Friedensvertrag von 1856 (Art. XV und XVI)[54] sowie des Kieler Kanals durch Art. 380 des Versailler Friedensvertrages von 1919[55], denen eine allgemeine, über die

---

[44] Zu objektiven geographisch bestimmten Regimen siehe auch *McDonald*, CYIL 25(1987), 142 f.

[45] *Traité général de paix entre l'Autriche, la France, la Grande Bretagne, la Prusse, la Russie, la Sardaigne et la Porte Ottomane*, vom 30. 3. 1856, in: *de Martens*, NRG 1ère Série, XV, 770 ff, sowie die *Convention annexée au traité de paix de Paris*, in: *de Martens*, NRG 1ère Série, XV, 788. Kritisch zu der Auffassung, die Demilitarisierungsregelungen für die Aaland Inseln hätten aufgrund ihrer Bedeutung für das europäische Gemeininteresse objektive Geltung, *Cahier*, RdC 143 (1974), 589 (730 ff), der einerseits bemerkt, die vom Juristenkomitee gefundene Lösung hätte auch über Regeln der Staatensukzession erreicht werden können, andererseits aber feststellt, daß – selbst wenn der von den fünf Mächten im Vertrag von Paris ein drittverpflichtendes objektives Regime geschaffen worden wäre, dies nur historische Bedeutung hätte: objektive Rechtsetzung durch eine Gruppe von Großmächten sei heute nicht mehr akzeptabel.

[46] UNTS 634, 281 ff.

[47] UNTS 995, 115 ff.

[48] *Treaty on Principles Governing the Activities of States in the Exploration and Use of Outer Space Including the Moon and Other Celestial Bodies* vom 27. 1. 1967, UNTS 610, 205.

[49] Antarktis-Vertrag vom 1. 12. 1959, UNTS 402, 71; dem Vertrag gehören 43 Staaten als Parteien an.

[50] Zum älteren Streitstand *Tomuschat*, BDGVR 28 (1988), 14 mwN; *R. Wolfrum*, Die Internationalisierung staatsfreier Räume, 1984, 96 und dortige Anmerkung 253. Den Status eines *erga omnes* geltenden, objektiven Regimes sprechen *S. Bastid*, Les traités dans la vie internationale, 1985, 153, und *Subedi*, GYIL 37 (1994), 162 (184), dem Antarktis-Vertrag zu; ablehnend *Cahier*, RdC 143 (1974), 589 (663 ff); zu Verträgen mit *erga omnes*-Wirkung siehe neuerdings kurz auch *Aust*, 208 sowie *Graf Vitzthum*, in: *ders.* (Hrsg.), Völkerrecht, 2. Aufl., 66 (Rdn. 120), 413, 467 (Rdn. 165), und *M. Schröder*, ebd., 557 (Rdn. 15 ff), 567 (Rdn. 39 ff).

[51] Siehe dazu unten Anm. 69.

[52] Vgl. dazu *Wolfrum* (Anm. 50), 96; *F. M. Auburn*, Antarctic Law and Politics, 1982, 117 f.

[53] *Réglement pour la libre Navigation des Rivières*, Anhang zur Generalakte des Wiener Kongresses vom 24. 3. 1815, in: *de Martens*, NRdT 1ère Série, II, 434 ff.

[54] In: *de Martens*, NRG 1ère Série, XV, 770.

[55] CTS 225, 189 ff; RGBl. 1919, 687 ff.

Vertragsparteien hinausgehende Wirkung zukommen sollte und die auch international respektiert wurde.[56]

Zu den objektive Wirkung beanspruchenden Verträgen gehören auch solche über die Errichtung von sog. freien Städten, denen ein internationaler Status verliehen wurde, der von Dritten zu respektieren war.

So sollte die Errichtung der Freien Stadt Krakau durch den Wiener Kongreß der Intention der vertragschließenden Parteien nach objektive, d.h. über die Vertragsparteien hinaus wirkende Geltung haben und hat diese auch bis zur Einverleibung der Stadt in Österreich-Ungarn im Jahre 1846 gehabt.[57] Gleiches gilt für die Erklärung der Stadt Danzig zur Freien Stadt durch den Versailler Friedensvertrag von 1919 (Art. 100 ff)[58] und die – allerdings durch Beschluß des Sicherheitsrates der VN getroffene – Errichtung des Freien Territoriums Triest[59], wiewohl in den beiden letzten Fällen der Status von nur geringer zeitlicher Dauer war, weil einerseits Danzig unter Verletzung des durch den Versailler Vertrag geschaffenen Status durch das nationalsozialistische Regime bei Kriegsausbruch dem Deutschen Reich einverleibt wurde und andererseits das Gebiet von Triest durch ein Abkommen zwischen Jugoslawien und Italien aufgeteilt wurde.[60]

Einschlägige Fälle bieten auch die Festlegungen dauernder Neutralität, die ebenfalls gegenüber allen Staaten, also *erga omnes* Geltung beanspruchen.

Beispiele bieten die 1815 durch den Wiener Kongreß für die Schweiz erklärte dauernde Neutralität[61], sowie die durch die Verträge von 1831 und 1839 festgelegte Neutralität Belgiens.[62] Im Hinblick auf letztere prägte *de Visscher* 1916 den Begriff der *objective rule of international law.*[63] Aus neuerer Zeit ist die Neutralität Österreichs ein Beispiel für eine zwar einerseits einseitig erklärte, aber andererseits durch ein Netz bilateraler, jedenfalls vertragsähnlicher Beziehungen weltweit abgesicherte Neutralitätsregelung, die österreichischer Ansicht nach ausreichte, um auch für nichtbeteiligte Dritte ohne weitere Notifikation die Neutralität als vorgegeben anzusehen.[64]

Eine letzte Kategorie von Verträgen, die auf die Errichtung einer objektiven Ordnung zielen und als solche auch Anerkennung gefunden haben, sind die sog. institutionellen Verträge, das heißt die Organisationsstatute, mit denen die Staatengemeinschaft internationale Organisationen mit eigener Rechtspersönlichkeit *erga omnes* gründet.

So hat der IGH in seinem Gutachten im *Reparations for Injuries Case* entschieden, daß die Vereinten Nationen, die durch die *„vast majority of the members of the international community"* errichtet wurden, nach dem Willen der Gründungsstaaten nicht nur eine eigene Rechtspersönlichkeit besitzen sollten, sondern daß diese objektiv gelten solle auch gegenüber solchen Staaten, die nicht Mitglieder

---

[56] Vgl. zum Kieler Kanal und der Wirkung für Drittstaaten näher *A. Böhmer,* One Hundred Years: the Kiel Canal in International Law, GYIL 38 (1995), 325 ff; kurz auch *Waldock,* YBILC 1964, Vol. 2, 29 f.

[57] Vgl. *Strupp-Schlochauer,* Bd. 2, 588.

[58] CTS 225, 189 ff; RGBl. 1819, 687 ff.

[59] Durch den Friedensvertrag für Italien von 1947, UNTS 49, 3 ff, war Triest zunächst unter die direkte Kontrolle durch den Sicherheitsrat gestellt worden, der dann für das Freie Territorium Triest die Einzelregelungen diese Status festlegte und die Garantie hierfür übernahm, siehe dazu Art. 4 und Art. 21 des Friedensvertrages sowie Art. 2 des Annex VI zum Friedensvertrag, UNTS 49, 187. Zur Behandlung der Triestfrage durch den Sicherheitsrat im Zusammenhang mit dem Friedensvertrag vgl. UNYB 1946–47, 381 ff und 1947–48, 352 ff.

[60] Vgl. dazu näher *M. Panebianco,* Trieste, EPIL IV (2000), 1003 ff.

[61] Erklärung der Schweiz vom 20. 3. 1815, in: *de Martens,* NRdT 1ère Série, II, 157; CTS 64, 5 ff.

[62] Art. 7 des Vertrages vom 15. 11. 1831, in: *de Martens,* NRdT 1ère Série, XI, 390 (394); Art. 7 des Vertrages vom 19. 4. 1839, in: *de Martens* NRdT 1ère Série, XVI, 773 (777).

[63] *Ch. de Visscher,* Belgium's Case: A Juridical Enquiry, 1916, 17, der solche objektiven Normen wie folgt beschreibt: *„... conventions which promulgate law are the result of a collaboration (Vereinbarung) of States; one which is founded on the consciousness of common and permanent juridical interests. Their basis and their raison dêtre concern the permanent welfare of the community of nations."*; dazu näher auch *Subedi,* GYIL 37 (1994), 162 (168).

[64] Dazu näher *Neuhold,* BDGVR 28 (1988), 51 (93 f).

der Organisation seien.[65] Die Begründung beruht nicht nur vordergründig auf der Tatsache, daß die Errichtung der Vereinten Nationen durch die überwältigende Mehrheit der Mitglieder der internationalen Staatengemeinschaft erfolgte, sondern daß diese Gründung der Durchsetzung der grundlegenden Prinzipien und Ziele der Staatengemeinschaft dienen soll, wozu dann auch notwendigerweise die Ausstattung der Organisation mit einer eigenen Rechtspersönlichkeit gehöre.[66]

2. a) Diesen auf verschiedensten Gebieten geschaffenen Regimes und/oder Status ist eines gemeinsam: Ihnen liegt – ausgesprochen oder unausgesprochen – der Gedanke des Schutzes oder der Durchsetzung eines internationalen öffentlichen Interesses zugrunde. Und dieser Gedanke des öffentlichen Interesses, der sich in den genannten und vielen anderen[67] Verträgen niedergeschlagen hat, ist es, der die Sonderberichterstatter der ILC, *Fitzmaurice*[68] und *Waldock*[69], veranlaßt hat, in den Beratungen der ILC zur Kodifikation des Vertragsrechts besondere Regelungen für derartige „objektive" Vertragsregime oder Statusverträge vorzuschlagen, allerdings ohne mit ihren Vorschlägen Anklang zu finden.[70] Doch führen auch diese Autoren die Drittwirkung der objektiven Ordnungen letztlich nicht oder zumindest nicht allein auf das in diesen Ordnungen manifestierte öffentliche Interesse zurück.

So verweist *Fitzmaurice* im Falle internationalisierter Wasserstraßen auf eine konkludente Zustimmung dritter Staaten als Bindungsgrund, die er darin sieht, daß dritte Staaten sich des jeweiligen Vertragsregimes durch Nutzung der betroffenen Wasserstraße bedienen.[71] In Fällen vertraglicher Demilitarisierungen sah *Fitzmaurice* die Bindung dritter Staaten nicht im entsprechenden Vertrag selbst, sondern in einer allgemeinen völkerrechtlichen Pflicht der Staaten, die Folgen und Wirkungen rechtmäßiger und gültiger internationaler Akte, die andere Staaten vorgenommen haben und die keine Rechte dritter Staaten im Rechtssinne beeinträchtigen, zu respektieren, anzuerkennen und im Rechtssinne zu akzeptieren.[72] *Waldock* hat sich als Nachfolger von *Fitzmaurice* als Sonderberichterstatter der ILC von dessen Ansätzen der Begründung von Drittwirkungen bestimmter Verträge distanziert und seinerseits den Gedanken verfolgt, daß bestimmte Vertragstypen *„do appear to create objective régimes, if not at once, at least after only a brief interval"*, wenn er auch Zweifel hegte, ob die Staaten schon bereit seien, Verträge als automatisch verbindlich für sie anzusehen, unabhängig davon, ob sie ihnen zugestimmt haben oder nicht. *Waldock* stellt dagegen die rhetorische Frage, ob dieser Einwand nicht auch gegenüber dem Konzept der allgemeinen völkerrechtlichen Pflicht zur Achtung bestimmter Vertragsregimes gelten muß. In Verfolgung seines Grundgedankens knüpft *Waldock* die Entstehung einer objektiven Ordnung an zwei wesentliche Kriterien: Zum einen

---

[65] ICJ Reports 1949, 185: *„Fifty States, representing the vast majority of the members of the international community, had the power, in conformity with international law, to bring into being an entity possessing objective international personality and not merely personality recognized by them alone, together with capacity to bring international claims."* In diesem Sinne begründet auch *McDonald* (Anm. 44), 119 ff, den höheren, konstitutionellen Rang der Charta der VN; siehe auch *Frowein*, RdC 248 (1994), 345 ff.

[66] ICJ Reports 1949, 178; zur *ratio decidendi* des IGH in diesem Gutachten im Hinblick auf die objektive Wirkung der Rechtspersönlichkeit der Vereinten Nationen siehe näher *Delbrück*, Laws in the Public Interest, in: FS *Jaenicke*, 15 (24 f). Kritisch zur Position des IGH und zugleich zum Gedanken der Legitimation von objektiven Regimes durch Repräsentation der Staatengemeinschaft *Klein*, Statusverträge, 45 ff und 102 ff mwN.

[67] Siehe die Hinweise bei *Subedi*, GYIL 37 (1994), 162 (168 ff); zahlreiche Beispiele auch in den Berichten der Sonderberichterstatter *Fitzmaurice* und *Waldock*, YBILC 1960, Vol. 2, 72 ff, und 1964, Vol. 2, 26 ff.

[68] *Fitzmaurice* stellte in seinem Bericht unter Hinweis auf den Status internationaler Wasserstraßen fest, daß die entsprechenden Verträge *„are valid as against third States because the latter actively avail themselves of the treaty"*, YBILC 1960, Vol. 2, 98.

[69] *Waldock* schlug einen Artikelentwurf (Art. 63) vor, der wie folgt lautete: *„A treaty establishes an objective regime when it appears from its terms and from the circumstances of its conclusion that the intention of the parties is to create in the general interest general obligations and rights relating to a particular region, State, territory, locality, river, waterway, or to a particular area of sea, sea-bed, or air-space, provided that the parties include among their number any State having territorial competence with reference to the subject-matter of the treaty, or that any such State has consented to the provision in question."*

[70] Vgl. dazu *Subedi*, GYIL 37 (1994), 162 (168 ff); auch *Tomuschat*, BDGVR 28 (1988), 10.

[71] Vgl. Anm. 68.

[72] *Fitzmaurice*, Yearbook ILC 1960, 2, 98.

müssen die Vertragsparteien klar ihre Absicht dargetan haben, allgemeine Rechte und Pflichten im allgemeinen Interesse hinsichtlich einer bestimmten Region, eines bestimmten Staates, Territoriums usw. schaffen zu wollen. Zum anderen muß die Gruppe der Vertragsparteien einen Staat oder mehrere Staaten umfassen, die die Gebietshoheit über den vom Vertrag betroffenen Bereich besitzen. Zumindest müssen die Gebietshoheit innehabenden Staaten den das Regime schaffenden Vorschriften zugestimmt haben.[73] Mit dieser letzten Forderung wollte *Waldock* dem Vorwurf begegnen, daß sein Regelungsvorschlag der Gefahr der Unterwerfung der betroffenen Staaten durch ein Diktat Dritter Vorschub leisten könnte.[74]

b) Rechtsdogmatisch gesehen, basierte *Waldocks* Vorschlag nicht auf der von *Fitzmaurice* und Teilen der Lehre vertretenen Auffassung, daß die Drittwirkung letztlich auf dem Völkergewohnheitsrecht beruhe. Vielmehr sieht er die Drittwirkung als von den Vertragsbestimmungen selbst ausgehend an. Dieser Ansatz ist aus rechtspolitischer Sicht zu begrüßen – wird damit doch das im Vertrag verfolgte Ziel des Schutzes von öffentlichen Interessen, also der Vertragsinhalt – zum Anknüpfungspunkt der Drittbindungswirkung. Dieser Bindungsgrund wird dann aber doch wieder ergänzt und traditionell abgesichert durch ein Element des Konsenses, indem jedenfalls diejenigen Staaten, die Gebietshoheit über die vom Vertragsregime betroffene Gebietseinheit besitzen, den entsprechenden Vertragsvorschriften zugestimmt haben müssen.[75] Einen ähnlichen Ansatz verfolgt *Klein* in seinem grundlegenden Werk über Statusverträge im Völkerrecht. Auch für ihn ist die Verfolgung eines öffentlichen oder Staatengemeinschaftsinteresses durch einen Vertrag notwendige Voraussetzung für die Entstehung einer Wirkung dieses Vertrages *erga omnes*. Doch ist zusätzlich die positive Haltung der Drittstaaten gegenüber dem geschaffenen Status erforderlich, wobei diese positive Haltung sich im Nichtwiderspruch ausdrücken kann. *Klein* spricht in diesem Zusammenhang sogar von einer Obliegenheit der Drittstaaten, ihren Widerspruch kundzutun. Unterbleibt dieser, unterliegen sie den Wirkungen des Statusvertrages.[76] Annahme oder zumindest stillschweigende Hinnahme *(acquiescence)* forderte auch *Mosler* als Kriterium für die wirksame Entstehung eines auf Dauer angelegten, dem allgemeinen Interesse dienenden, objektiven internationalen Regimes für die Stellung eines Territoriums, die Nutzung von Wasserflächen einschließlich der Hohen See und des Meeresbodens sowie des Luftraumes und des Weltraumes.[77]

c) Demgegenüber weist die Rechtsprechung eine Reihe von Beispielen auf, in denen die Drittbindung eines objektiven Regimes unmittelbar auf das durch sie artikulierte internationale öffentliche Interesse – im Gutachten des IGH im *Reparations for Injuries Case*[78] zusammen mit der Heranziehung des Gedankens der Repräsentation der Staatengemeinschaft – zurückgeführt wird.

So hat es das vom Völkerbund zur Begutachtung des *Aaland Island Case* berufene internationale Juristenkomitee abgelehnt, den schwedischen Anspruch gegenüber Finnland auf Einhaltung des Demilitarisierungsstatus der Inseln aufgrund des Vertrages von 1856[79], an dem Schweden nicht als Partei beteiligt war, auf eine Auslegung des Vertrages als einem zugunsten Dritter geschlossenen zu stützen. Vielmehr hob das Komitee darauf ab, daß die Vertragsstaaten Frankreich, Großbritannien und Rußland mit der Demilitarisierung der strategisch wichtigen Aaland-Inseln ein objektives Regime im Interesse der europäischen Staaten geschaffen hätten, das Finnland als Drittstaat zu achten und zu befolgen habe.[80] Im *Wimbledon Case* entschied der Ständige Internationale Gerichts-

[73] Siehe Yearbook ILC 1964, Vol. 2, 33.

[74] Ebd.

[75] Ebd.

[76] *Klein*, Statusverträge, 210 ff.

[77] *Mosler*, RdC 140 (1974), 11 (235).

[78] Vgl. Anm. 65.

[79] Vgl. die *Convention annexée au traité de paix de Paris*, in: *de Martens*, NRG 1ère Série, XV, 788; der Friedensvertrag von Paris vom 30. 3. 1856 zwischen Österreich, Frankreich, Großbritannien, Preußen, Rußland, Sardinien und dem Ottomanischen Reich ist wiedergegeben bei *de Martens*, NRG 1ère Série, XV, 770.

[80] Siehe *Report of the International Committee of Ju-*

hof, daß Deutschland trotz seiner Neutralität im polnisch-russischen Krieg die britische, im Auftrag einer französischen Gesellschaft fahrende *Wimbledon* den Kieler Kanal passieren lassen mußte, obwohl das Schiff Kriegsmaterial für Polen als Ladung mit sich führte. Das Gericht gab dem durch Art. 380 des Versailler Vertrages im Interesse der Staatengemeinschaft geschaffenen internationalen Kanalregime den Vorrang vor der deutschen Neutralität.[81] Die Frage des Rechtsstatus von Südwestafrika gab dem IGH eine weitere Gelegenheit, sich mit dem Gedanken eines im Interesse der Staatengemeinschaft geschaffenen objektiven Regime auseinanderzusetzen. Nach der Auflösung des Völkerbundes, unter dessen Autorität Südwestafrika die Stellung eines Mandatsgebietes unter südafrikanischer Mandatsverwaltung erhalten hatte, stellte sich die Frage, ob damit das Mandat über Südwestafrika ebenfalls erloschen war, oder ob Südafrika als Mandatsmacht weiterhin verpflichtet war, seine Aufgaben gegenüber der Staatengemeinschaft – nunmehr repräsentiert durch die Vereinten Nationen – wahrzunehmen und von seinen Annexionsplänen für Südwestafrika Abstand zu nehmen. Im ersten Urteil über den *International Status of South West Africa* vom 11. 7. 1950[82] entschied das Gericht einstimmig, daß ein internationales Mandat, errichtet unter der Autorität des Völkerbundes, *„an international institution with an international object"* und einen *„international status for the Territory recognized by all the Members of the League of Nations"*[83] darstellt.

Die Schlußfolgerung aus den vorstehenden zahlreichen Beispielen von Verträgen, die in der Vergangenheit und bis in die Gegenwart Regimes und Rechtsstatus begründet haben und begründen, die objektive Wirkungen auslösen, und aus den zitierten Judikaten kann nicht sein, daß schon seit langem das Konzept einer *erga omnes*-Wirkung von Verträgen bestanden hat.[84] Was aber aus dem Gesagten hervorgeht, ist, daß die Vorstellung eines internationalen Gemein- oder internationalen öffentlichen Interesses auch schon früher eine bedeutende Rolle in der Staatenpraxis sowie in den Erwägungen internationaler Gerichte und anderer Spruchkörper gespielt hat, wenn diese Wirkungen von Verträgen über den Kreis der Vertragsstaaten hinaus begründet haben.

III. Mit dem aufgrund globaler Gefahrenlagen und Herausforderungen wachsenden Bedürfnis der internationalen Gemeinschaft nach umfassenden Ordnungen im Sinne objektiv geltenden Rechts gewinnt auch die Frage erneut an Aktualität, ob und gegebenenfalls wie die objektive Geltung umfassender Regelungsverträge, die nicht territorial gebunden sind, wie Internationalisierungen von Wasserstraßen oder Demilitarisierungen von Regionen, Gebietsteilen von Staaten oder von staatsfreien Räumen, rechtsdogmatisch begründet werden kann. Vorab ist darauf hinzuweisen, daß für solche Verträge, zum Beispiel universale oder regionale Menschenrechtskonventionen, wie für andere multilaterale Ordnungsverträge mit territorialem Bezug, die Möglichkeit besteht, über den Kreis der Vertragsparteien hinaus Geltung zu erlangen, indem sie Bestandteil des Völkergewohnheitsrechts werden. Diese in Literatur und Rechtsprechung anerkannte Möglichkeit, daß multilaterale Verträge durch Staatenpraxis und entsprechende Rechtsüberzeugung über den Kreis der Parteien hinaus Rechtsgeltung erlangen können,[85] ist im Falle der hier angesprochenen, nicht territorial

---

rists entrusted by the Council of the League of Nations with the task of giving an advisory opinion upon the legal aspects of the Aaland Islands Question, League of Nations Official Journal, Special Supplement No. 3 (October 1920); dazu näher *Delbrück*, Laws in the Public Interest, in FS Jaenicke, 15 (21 ff); kurz auch *Subedi*, GYIL 37 (1994), 162 (175). Kritisch zu der Position des Juristenkomitees *Cahier*, RdC 143 (1974), 589 (665 ff und 730 ff).

81 PCIJ, Series A 1 (1923), 22.

82 ICJ Reports 1950, 128.

83 ICJ Reports 1950, 132.

84 So zutreffend *Ragazzi*, 18 ff; ablehnend *Cahier*, RdC 143 (1974), 589 (730 ff), der – sollte es sich bei den angeführten Fällen um solche mit *erga omnes*-Wirkung gehandelt haben – solche „Legislativakte" durch eine (mächtige) Staatengruppe als historisch bedingt und heute nicht mehr zeitgemäß verwirft. Diese in der Mitte der siebziger Jahre vertretene Auffassung läßt die schon seinerzeit erkennbare Notwendigkeit objektiver Geltung von Verträgen im internationalen öffentlichen Interesse außer Acht.

85 Vgl. dazu etwa das Urteil des IGH im *North Sea Continental Shelf*-Fall, ICJ Rep. 1969, 41 f. Zum Umschlag von multilateralen Verträgen in Völkerge-

bezogenen Konventionen von besonderer Bedeutung, da diese Verträge in der Regel eine große Zahl von Vertragsparteien aufweisen, was eine prägende Kraft auf die Haltung dritter Staaten haben kann. Auch wenn diese es vorziehen, nicht Vertragspartei zu werden, so können sie doch dazu veranlaßt werden, bestimmten Regelungen durch deren praktische Anwendung in Rechtsüberzeugung die gewohnheitsrechtliche Geltung der betreffenden Vertragsteile (oder im Idealfall der Verträge insgesamt) zu fördern. Diese Möglichkeit der Erstreckung der Geltung von multilateralen Verträgen über den Kreis der Vertragsparteien hinaus liegt jedoch außerhalb des hier anstehenden Untersuchungsgegenstandes. Hier geht es um einen wirksamen Ersatz für die fehlende internationale, institutionell verfaßte Legislative zur Durchsetzung von vertraglichen Normen, die im internationalen öffentlichen oder Gemeinschaftsinteresse gesetzt werden. Eine solche vertragliche Rechtsetzung ist unter bestimmten Bedingungen heute rechtspolitisch und politisch nicht nur als eine Bedingung der Möglichkeit des Überlebens der Menschheit notwendig, sondern sie ist auch unter Wahrung der Grundelemente der Völkerrechtsordnung – Wahrung der heute ohnehin in vielfacher Weise stark relativierten Souveränität der Staaten und der prinzipiell gleichrangigen Mitwirkung der Staaten an der Gestaltung der Rechtsordnung der Staatengemeinschaft – in Grenzen möglich und zulässig.

1. a) Ausgangspunkt einer rechtsdogmatischen Begründung der Zulässigkeit der vertraglichen Setzung von Normen mit Wirkung *erga omnes* ist, daß diese Wirkung solcher Normen nicht einer irgendwie gearteten Besonderheit ihrer Entstehung entspringt. Die *erga omnes* wirkenden Normen stellen keine neue Rechtsquelle neben Vertrags- und Gewohnheitsrecht dar. Ihre Geltung *erga omnes* beruht vielmehr darauf, daß sie ein internationales öffentliches Interesse zum Gegenstand haben, worunter hier nicht ein aufgrund der begrenzten Erkenntnisfähigkeit des Menschen gar nicht objektiv bestimmbares öffentliches Interesse verstanden werden soll, sondern das je konkret aus der Situation heraus angenommene öffentliche Interesse, zu dessen Schutz die Normen dienen. Es ist also ihr Inhalt, nicht der Modus ihrer Entstehung, der den Normen öffentlichen Interesses eine erweiterte Wirkungskraft verleiht.[86] Diese Eigenschaft teilen die *erga omnes*-Normen mit den Regeln des zwingenden Rechts *(ius cogens)*, den Normen also, die eine höhere Geltungskraft gegenüber anderen Normen des Völkerrechts besitzen. Auch diese stellen keine eigene Kategorie unter den Rechtsquellen dar. Ihnen kommt höherer Rang aufgrund ihres Inhalts zu: Sie sind konstitutionelle Bausteine der Rechtsordnung der Staatengemeinschaft und haben insofern ebenfalls die Regelung des internationalen öffentlichen Interesses zum Gegenstand. Die Normen mit *ius cogens*-Charakter besitzen aus eben diesem Grund ebenfalls eine Wirkung *erga omnes*, ja sie machen einen wesentlichen Teil der *erga omnes* geltenden Normen aus, sind jedoch nicht identisch mit diesen.[87]

---

wohnheitsrecht siehe auch schon ausführlich oben Bd. I/1, 52 f mwN. Auch die Wiener Vertragskonvention bringt dies in Art. 38 zum Ausdruck, in dem dort bestimmt wird, daß die Regeln der Art. 34 bis 37, also die Regeln über die Begründung von Rechten und Pflichten Dritter, nicht ausschließen, daß eine vertragliche Bestimmung als ein Satz des Völkergewohnheitsrechts, der als solcher anerkannt ist, für einem Drittstaat verbindlich wird. Ein Beispiel aus der jüngeren Vergangenheit für die Befolgung des durch Dritte gesetzten Vertragsrechts ist der „autonome Nachvollzug" des Rechts der EG/EU durch die Schweiz, aber auch durch die mittel- und osteuropäischen Staaten, die in Antizipation ihrer Mitgliedschaft in der EG/EU weite Teile des Europarechts übernehmen.

[86] Der Sonderberichterstatter *J. Crawford* unterscheidet in seinem 3. Bericht zur Staatenverantwortlichkeit (UN Doc. A/CN.4/507, 10 March 2000, 48 ff) zwischen *„obligations to the international community as a whole (erga omnes)"* und *„obligations owed to all parties to a particular regime (erga omnes partes)"*.

[87] So auch *McDonald* (Anm. 44), 138; zum Verhältnis von *ius cogens*- und *erga omnes*-Normen siehe ausführlich *Ragazzi*, 48 ff.

Beispiele für Normen, denen *erga omnes* Wirkung zugesprochen wird, nennt der IGH im *Barcelona Traction*-Fall. Danach zählen dazu das Aggressionsverbot, das Verbot des Völkermordes, das Verbot des Sklavenhandels und der Sklaverei, der Rassendiskriminierung und der Apartheid.[88] Diese Verbote werden weithin auch als *ius cogens* angesehen. Darüber hinaus werden aber auch fundamentale Menschenrechtsnormen, die vom IGH nicht genannt wurden, sowie Normen des internationalen Umweltschutzrechts (etwa solche zum Schutz der Ozonschicht)[89] und des Diplomatenschutzes zu den *erga omnes* geltenden Normen gezählt, die jedoch nicht alle zum *ius cogens* gehören.[90]

b) Die *erga omnes*-Geltung bestimmter Normen leitet sich also von ihrem Inhalt ab, der als Ausdruck des internationalen öffentlichen Interesses von so überragender Bedeutung ist, daß ein Abweichen von diesen Normen in Verfolgung eines partikularen Interesses nicht hingenommen werden kann. Schon bisher ist anerkannt, daß zum Beispiel gegenüber gewohnheitsrechtlich entstandenem *ius cogens* für die Anerkennung des – ohnehin nicht unumstrittenen – *„persistent objector"* kein Raum ist.[91] Auf den Bereich vertraglich zustandegekommener *erga omnes*-Normen übertragen, heißt das, daß etwa Grundregeln zum Schutze der Ozonschicht – gewiß Normen, die ein internationales öffentliches Interesse zum Ausdruck bringen bzw. die ein hochrangiges öffentliches Rechtsgut schützen – von dritten Staaten nicht mit dem Hinweis auf ein zuwiderlaufendes partikulares oder nationales Interesse als unverbindlich zurückgewiesen werden dürfen.[92]

c) Ist entscheidende Voraussetzung für die *erga omnes*-Geltung eines Vertrages oder einzelner seiner Normen, daß sie ein internationales öffentliches Interesse artikulieren bzw. ein diesem Interesse dienendes Gemeinschaftsgut schützen, so stellen sich allerdings zwei weitere, schwierige Fragen, wie sie sich auch schon im Hinblick auf die zuvor diskutierten objektiven Vertragsregime gestellt haben. Zunächst geht es darum, ob es in einer heterogenen Staatengemeinschaft im Prinzip so etwas wie ein internationales öffentliches Interesse geben kann. Die andere Frage ist die danach, wer zur Bestimmung des internationalen öffentlichen Interesses berechtigt ist und unter welchen Bedingungen.

Was die erste Frage angeht, nämlich ob es auch in der Staatengemeinschaft ein rechtlich faßbares öffentliches Interesse geben kann, so können Zweifel deswegen bestehen, weil schon im nationalen Recht die Bestimmung des öffentlichen Interesses ein theoretisch schwer zu lösendes Problem ist, das nur in der Staatspraxis durch den Gesetzgeber in Gestalt der demokratisch gewählten Parlamente, namentlich aber auch durch die Rechtsprechung, zunächst fallbezogene, im Laufe der Zeit jedoch verallgemeinerbare Antworten erfahren hat.[93] In beiden Fällen – der Bestimmung des öffentlichen Interesses durch den parlamentarischen Gesetzgeber und im Einzelfall durch die Gerichte – beruht die Akzeptanz der durch diese Organe vorgenommenen Festlegung des (angenommenen) öffentlichen Interesses letztlich auf dem geordneten Verfahren, in dem diese Festlegung erfolgt, sowie in dem durch das Verfahren ermöglichten öffentlichen Diskurs. Entscheidend für die bedeutende Rolle, die das öffentliche Interesse in der Praxis des öffentlichen Rechts spielt, ist nicht dessen theoretische Ableitung bzw. Fundierung, sondern die Entwicklung von Verfahren zu einer Akzeptanz ermöglichenden Bestimmung des öffentlichen Interesses. Die

---

[88] ICJ Reports 1970, 3 (33).

[89] Dazu *Ragazzi*, 154 ff.

[90] *McDonald* (Anm. 44), 138 zum *erga omnes*-, nicht aber *ius cogens*-Charakter des Prinzips der Unverletzlichkeit diplomatischer Vertreter; zur *erga omnes*-Wirkung von Menschenrechten siehe auch das Restatement 3rd, sec.702.

[91] Ausführlich dazu *Ragazzi*, 67 ff und 189 ff mwN. *J. Charney*, Universal International Law, AJIL (1993) 87, 529 (541).

[92] Zutreffend weist allerdings *Tomuschat* daraufhin, daß eine Bindung von Drittstaaten an solche Grundregeln sich auf eben diese, nicht aber auf alle Einzelheiten des Vertrages, in dem sie enthalten sind, erstrecken kann; vgl. *Tomuschat*, RdC Vol. 241 (1993), 195 (271).

[93] Dazu näher *Delbrück*, Laws in the Public Interest, in: FS *Jaenicke*, 15 (29 ff mwN).

Haltbarkeit der Begründung einer *erga omnes*-Geltung von völkerrechtlichen Vertragsnormen hängt also entscheidend nicht von theoretischen Begründungen, sondern davon ab, ob auch im Völkerrecht Verfahren vorhanden sind, die eine Konsensbildung über das ermöglichen, was als das internationale öffentliche Interesse gelten soll. Die hier gestellte Frage ist die im Zusammenhang mit den objektiven, territorial bezogenen Vertragsregimen in anderer Formulierung bereits aufgeworfene Frage danach, wem die Kompetenz zur Errichtung solcher objektiven Regime bzw. hier der Festlegung des internationalen öffentlichen Interesses zukommt. Hierauf wird im folgenden zurückzukommen sein. Vorerst gilt es festzuhalten, daß keine prinzipiellen Gründe dagegen sprechen, daß es auch in der internationalen Staatengemeinschaft ein – hier völkerrechtlich, d. h. normativ erfaßbares – internationales öffentliches oder Staatengemeinschaftsinteresse geben kann. Dieses Ergebnis wird bestätigt durch die schon Jahrhunderte alte Staatenpraxis, die – wie ausführlich gezeigt – Regelungen aufweist, die nach Meinung der Schöpfer dieser Regelungen im öffentlichen Interesse bestimmter Staatengruppen oder der Staatengemeinschaft insgesamt lagen bzw. liegen.

d) Es bleibt somit die Frage danach zu beantworten, wer gegebenenfalls zur normativen Festlegung des internationalen öffentlichen Interesses und damit auch zur Setzung entsprechender Normen rechtlich kompetent ist. In der älteren Vergangenheit ist diese Frage zwar nicht explizit gestellt worden, doch der Sache nach dahin entschieden worden, daß es Gruppen sachlich besonders betroffener Staaten oder – häufiger – schlicht die Großmächte der Zeit als die führenden Ordnungsmächte sind, die Setzungen dieser Art vornehmen durften.

Dieser Befund hat seine heute schon als klassisch zu bezeichnende Beschreibung in der *dissenting opinion* des Richters *McNair* im ersten *Southwest Africa*-Fall gefunden: *„From time to time a group of great Powers, or a large number of States both great and small, assume a power to create by a multilateral treaty some new international régime or status ... This power is used when some public interest is involved.“*[94]

In jüngerer Zeit wurde dieser Ansatz mit dem nicht unberechtigten Hinweis auf die Gefahren eines Großmächtediktats verworfen und stattdessen auf den Gedanken der Repräsentation der Staatengemeinschaft verwiesen.[95]

So spricht der Internationale Gerichtshof im Zusammenhang mit der objektiven Wirkung des Völkerbundmandates für Südwestafrika davon, daß dieses von allen Mitgliedern des Völkerbundes anerkannt worden sei,[96] im Hinblick auf die objektive Rechtspersönlichkeit der Organisation der Vereinten Nationen davon, daß diese Organisation von der *„vast majority of the members of the international community“*[97] errichtet worden sei. Dieser Ansicht nach war es das Prinzip der Repräsentation zusammen mit dem Prinzip der Mehrheitsentscheidung, das den objektiven Charakter des Chartaregimes legitimieren konnte. Indessen ist hiergegen zutreffend eingewandt worden, daß die Begründung des objektiven Charakters des Chartaregimes insofern unbefriedigend ist, als unerklärt bleibt, woher die repräsentative Mehrheit der Staaten ihre Kompetenz herleiten konnte, ein Regime mit Wirkungen zu schaffen, die sich auf Staaten erstrecken, die nicht Parteien des dem Regime zugrundeliegenden Vertrages sind. Jedoch ist bei genauerer Betrachtung die Entscheidung des IGH nicht allein auf das Repräsentationsprinzip und das Mehrheitsprinzip gestützt. Denn in einer den zitierten Formulierungen vorangehenden Passage stellte das Gericht die Errichtung der

[94] ICJ Reports 1950, 153; Judge *McNair* hat allerdings hinzugefügt, daß die Wirkungen eines solchen Regimes zu einem gewissen Grade der Akzeptanz und der Dauerhaftigkeit, die über den Kreis der Vertragsparteien hinausgehen, zuzuschreiben ist.

[95] So etwa der IGH im ersten Urteil im *Southwest Africa*-Fall, ICJ Reports 1950, 128, sowie im Gutachten im *Reparations for Injuries*-Fall, vgl. ICJ Reports 1949, 174.

[96] ICJ Reports 1950, 128.

[97] ICJ Reports 1949, 185.

Vereinten Nationen und deren objektive Rechtspersönlichkeit in den Zusammenhang der Ziele und Prinzipien der Organisation, wie sie in der Charta niedergelegt sind: „The subjects of law in any legal system are not necessarily identical in their nature or in the extent of their rights, and their nature depends on the *needs of the community*. Throughout its history, the development of international law has been influenced by the *requirements of international life*, and the progressive increase in the collective activities of States. This development *culminated* in the establishment in June 1945 of an international organization whose *purpose and principles* are specified in the Charter of the United Nations. But to achieve these ends the attribution of international personality is indispensable ...".[98] Das Gericht war sich also offensichtlich des besonderen Auftrags der Organisation bewußt. Aus dieser Sicht ist es nicht zu weit gegriffen, wenn man annimmt, daß auch in den Augen des Gerichts die Legitimität der Errichtung der Vereinten Nationen und ihrer objektiven Natur nicht allein auf dem Repräsentations- und Mehrheitsprinzip beruhte, sondern das in der Charta verankerte Gemeininteresse die gesamte Argumentation des Gerichts unterfing.

In den vergangenen Jahrzehnten haben die Vereinten Nationen und andere internationale Foren, die die rasch anwachsende internationale Gemeinschaft repräsentieren – teils unter der Schirmherrschaft der Vereinten Nationen, teils aber auch außerhalb –, eine führende Rolle[99] bei der Bestimmung dessen eingenommen, was in der je konkreten Lage dem internationalen öffentliche Interesse entspricht, so etwa auf dem Gebiet des internationalen Menschenrechtsschutzes, des internationalen Umweltschutzes und der Verwaltung und des Schutzes staatsfreier Räume.

So war die Generalversammlung der Vereinten Nationen in Ausübung ihres Satzungsauftrages der Weiterentwicklung des Völkerrechts (Art. 13 lit. a Charta der VN) die treibende Kraft bei der Entfaltung des Prinzips des gemeinsamen Erbes der Menschheit *(common heritage of humankind)*. Beispiele sind hier die zahlreichen Deklarationen und Verträge zum Verbot der militärischen Nutzung des Weltraums[100], des Tiefseebodens und des Meeresuntergrundes[101], die Seerechtskonvention der VN[102] und zum Verbot der nationalen Aneignung auch nur eines Teils der *„global commons"*[103], die deutlich das Prinzip des *„common heritage of humankind"* artikulierten. Diese Bemühungen mündeten schließlich trotz des Widerstrebens bedeutender Staaten in den internatio-

---

[98] ICJ Reports 1949, 178 (Hervorhebungen durch den Verf).

[99] Vgl. dazu *J. Charney*, Universal International Law, in AJIL 87 (1993), 538 ff; siehe auch *Frowein*, in: FS Doehring, 219 ff, der vor allem auch auf die Bedeutung der Resolutionen und Deklarationen der Generalversammlung der Vereinten Nationen für die Bildung eines internationalen Konsenses über Staatengemeinschaftsinteressen betont.

[100] Siehe die *Declaration of Legal Principles Governing the Activities of States in the Exploration and Use of Outer Space*, UN GA Res. 1962 (XVIII) vom 13. 12. 1963 sowie den der *Declaration* folgenden sog. Weltraumvertrag *(Treaty on Principles Governing the Activities of States in the Exploration and Use of Outer Space, including the Moon and Other Celestial Bodies)* vom 27. 1. 1967, UNTS 610, 205; sowie den sog. Mondvertrag *(Agreement Governing the Activities of States on the Moon and Other Celestial Bodies)* vom 5. 12. 1979, ILM 18 (1979), 1434.

[101] Vgl. den sog. Meeresbodenvertrag *(Treaty on the Prohibition of the Emplacement of Nuclear Weapons and Other Weapons of Mass Destruction on the Sea-Bed and the Ocean Floor and the Subsoil thereof)* vom 11. 2. 1971, UNTS 955, 115 ff.

[102] Die *United Nations Convention on the Law of the Sea* von 1982 (A/CONF.62/122 and Corr.), die sich in der Präambel auf die Resolution der Generalversammlung der VN vom 17. 12. 1970 (UN GA Res. 2749 (XXV)) bezieht, wo es heißt: *„... the sea-bed and the ocean floor, and the subsoil thereof, beyond the limits of national jurisdiction ..., as well as the resources of the area, are the common heritage of mankind"*, hat diesen Gedanken namentlich im Zusammenhang mit dem in ihr geregelten Tiefseebodenregime näher ausgeführt. Vgl. dazu *R. Wolfrum*, Common Heritage of Mankind, EPIL I (1992), 692.

[103] Siehe etwa Art. II des Weltraumvertrages: „Der Weltraum einschließlich des Mondes und anderer Himmelskörper unterliegt keiner nationalen Aneignung durch Beanspruchung der Hoheitsgewalt, durch Benutzung oder Okkupation oder durch andere Mittel.", zitiert nach dem deutschen Text des Vertrages in BGBl 1969 II, 1969 ff; entsprechend für den Tiefseeboden Art. 133 Abs. 1 Seerechtsübereinkommen der VN, der jede Okkupation oder zivilrechtliche Aneignung des Tiefseebodens ausschließt, dazu *R. Wolfrum*, Die Internationalisierung staatsfreier Räume, 1984, 343 ff; auch *J. Delbrück*, The Role of the United Nations in Dealing with Global Problems, Indiana Journal of Global Legal Studies 4 (1996/97), 277 (285 ff).

nalen Konsens, daß diese Räume zum *„common heritage of humankind“* gehören und damit als objektive Regime im internationalen Interesse anerkannt worden sind. Weitere Beispiele für die bedeutende Rolle, die internationale Foren bei der Bestimmung des internationalen öffentlichen Interesses in jüngerer Zeit gespielt haben, sind die Stockholmer Konferenz zum Schutz der Umwelt von 1972[104], der Erdgipfel der VN *(Rio Conference on the Environment and Development*, 1992)[105] und die Konferenz zum Verbot von Landminen (1997)[106], die zu umfassenden Verträgen geführt haben, von denen zumindest Teile als potentielle Normen mit *erga omnes*-Wirkung angesehen werden bzw. von einigen Autoren schon jetzt als solche angesehen werden. Ein wichtiger Faktor bei der Bestimmung des internationalen öffentlichen Interesses war bei diesen Konferenzen die aktive Mitwirkung von nichtstaatlichen Organisationen *(non-governmental organizations)*, die nicht nur durch ihre kritische Begleitung der Staatenkonferenzen, sondern durch eigene Vorschläge und die Entfachung einer intensiven öffentlichen Diskussion prägenden Einfluß auf die Meinungsbildung auf diesen Konferenzen ausübten.[107]

2. Aufgrund des vorstehenden Befundes läßt sich sagen, daß sich eine internationale Praxis herausgebildet hat, Regelungsverträge im internationalen öffentlichen Interesse auf breiter Basis unter größtmöglicher Beteiligung der Mitglieder der Staatengemeinschaft vorzubereiten und nach intensiver öffentlicher Debatte das Vertragsschlußverfahren förmlich einzuleiten. Dagegen ist die frühere Praxis, objektive Regime auch von kleineren Staatengruppen unter Einschluß der territorial betroffenen Staaten oder schlicht den Großmächten zu überlassen, in den Hintergrund getreten. Unter Berücksichtigung dieser Praxis wird man die Kompetenz internationaler Organe wie der Generalversammlung der VN, vor allem auch *ad hoc* berufener internationaler Foren, nicht territorial gebundene Regelungsverträge mit *erga omnes*-Geltung zu beschließen und dem förmlichen Vertragsschlußverfahren zuzuleiten, annehmen dürfen. Weiter ist unter den folgenden Bedingungen die *erga omnes*-Geltung solcher Verträge als schon mit dem geltenden Völkerrecht vereinbar anzusehen: ein *erga omnes*-Geltung beanspruchender Vertrag muß ein klar – in den Grenzen des vorhandenen Wissens – definiertes internationales öffentliches Interesse bestimmen oder ein diesem Interesse dienendes hochrangiges Rechtsgut schützen. Die Vertragsparteien müssen die objektive Geltung des Vertrages beabsichtigt haben. An der Ausarbeitung des Vertrages müssen möglichst viele Staaten mitwirken – darunter vor allem die von der Regelungsmaterie her besonders betroffenen – und alle Staaten müssen die Chance erhalten haben, an der Vertragserarbeitung teilzunehmen. Die selbst verantwortete Nichtteilnahme

[104] Dazu zusammenfassend *P. M. Dupuy*, United Nations Environment Programme, EPIL IV (2000), 1101 ff mwN.

[105] Die Literatur zur Rio-Konferenz *(UN Conference on the Environment and Development-* UNCED) ist kaum noch übersehbar. Einen vorzüglichen Ein- und Überblick mit besonderem Bezug der hier behandelten Thematik siehe *E. Riedel*, International Environmental Law – A Law to Serve the Public Interest? – An Analysis of the Scope of the Binding Effect of Basic Principles (Public Interest Norms), in: *J. Delbrück* (Hrsg.), New Trends in International Lawmaking – International ‚Legislation‘ in the Public Interest, Proceedings of an International Symposium of the Kiel Walther-Schücking-Institute of International Law, March 6 to 8, 1996, 1997, 61 ff.

[106] Siehe dazu die *UN Convention on the Prohibition of the Use, Stockpiling, Production and Transfer of Anti-Personnel Mines and on Their Destruction*, ILM 36 (1997), 1507 ff. Zumindest als einen Vorläufer von Verträgen mit *erga omnes*-Wirkung, die durch eine umfassende Staatenkonferenz geschaffen wurden, bilden die vier Genfer Konventionen von 1949, vgl. dazu *Schindler*, in: FS *Bernhardt*, 199 ff; zu den Vorläufern von *erga omnes* wirkenden Verträgen vgl. auch *Ragazzi*, 18 ff; *Delbrück*, Laws in the Public Interest, in: FS Jaenicke, 15 (20 ff).

[107] Vgl. dazu näher *S. Hobe*, Global Challenges to Statehood: The Increasingly Important Role of Non-Governmental Organizations, Indiana Journal of Global Legal Studies 5 (1997/98), 191 ff; *W. Schoener*, Non-Governmental Organizations and Global Activism: Legal and Informal Approaches, Indiana Journal of Global Legal Studies 4 (1996/97), 537 ff; speziell bezogen auf die Rolle von NGOs im Bereich des internationalen Umweltschutzes *S. Riedinger*, Die Rolle nichtstaatlicher Organisationen bei der Entwicklung und Durchsetzung internationalen Umweltrechts, 2001, 133 ff und *passim*; auch *J. Delbrück*, The Role of the United Nations in Dealing with Gobal Problems, Indiana Journal of Global Legal Studies 4 (1996/97), 277 (291 f und 294 f).

unter diesen Bedingungen berechtigt nicht, die *erga omnes*-Geltung des Vertrags später zurückzuweisen. Die Mitwirkung von sachkundigen nichtstaatlichen Organisationen ist keine Bedingung der *erga omnes*-Geltung eines dem internationalen öffentlichen Interesse dienenden Regelungsvertrages; sie ist jedoch ein wichtiger Legitimationsfaktor, der den objektiven Geltungsanspruch des Regelungsvertrages stärkt.[108] Die *erga omnes*-Geltung von Regelungsverträgen der hier gemeinten Art beschränkt sich allerdings auf die grundlegenden Prinzipien und Regeln.[109] Eine Drittbindung durch Regelungsverträge derart, daß dritte Staaten auch an die Detailregelungen gebunden sein sollen, läßt sich auch auf der Grundlage des von diesen Verträgen geschützten oder bestimmten internationalen öffentlichen Interesses nicht legitimieren, da diese Detailregeln im Zweifel nur für die Verwirklichung des öffentlichen Interesses instrumental, nicht aber Ausdruck des Interesses selbst sind.

Beispiele für dieses Modell finden sich bereits in der jüngsten internationalen Vertragspraxis. So wurde mit der *UN Convention Straddling Fish Stocks and Highly Migratory Fish Stocks*[110] ein objektives Schutzregime für bestimmte Fischarten geschaffen, das die Vertragsparteien auch gegenüber Nichtvertragsparteien – gegebenenfalls mit Gewalt – durchzusetzen ermächtigt werden.[111] Ein anderes Beispiel bietet die Seerechtskonvention der VN von 1982, die in Art. 218 einem Hafenstaat das Recht einräumt, gegen Schiffe, die sich freiwillig in seinem Hafen oder vor seiner Küste befinden, Untersuchungen einzuleiten, wenn der Verdacht der Meeresverschmutzung außerhalb der Territorialgewässer und der ausschließlichen Wirtschaftszone dieses Staates besteht. Das heißt, der Hafenstaat ist zur Durchsetzung des Verbots der Meeresverschmutzung berechtigt, obwohl er nicht selbst unmittelbar in seinem Staatsgebiet von der Verschmutzung betroffen ist. Der Hafenstaat darf so vorgehen, weil er als Vertreter der Staatengemeinschaft ein objektiv geltendes Staatengemeinschaftsinteresse schützt.[112] Weitere Beispiele der Artikulation des internationalen öffentlichen Interesses in Gestalt von multilateralen „legislativen" Verträgen finden sich im internationalen Umweltrecht, die dem Gemeinschaftsinteresse insofern noch eine umfassendere Dimension verleihen, als sie den Gedanken der Verantwortung für künftige Generationen besonders hervorheben.[113]

IV. Wenn Verträge Rechte oder Pflichten Dritter begründen, werden diese noch nicht zu Parteien gemacht. Damit stellt sich die Frage, ob die Vertragsparteien ihrerseits als Herren des die Drittrechte oder -pflichten begründenden Vertrages ohne die Zustimmung des

---

[108] Zwar kann dieser Auffassung entgegengehalten werden, daß nichtstaatliche Organisationen ihrerseits häufig einer besonderen, namentlich einer demokratischen Legitimation entbehren. Dem ist jedoch mit dem Hinweis zu begegnen, daß die – auch von Kritikern einer Mitwirkung von NGOs anerkannte – Expertise der NGOs die Vielfalt und damit auch die Qualität des öffentlichen Diskurses über das internationale öffentliche Interesse erhöhen und damit die Akzeptanz und Legitimität der Ergebnisse internationaler Entscheidungsfindung stärken; vgl. dazu *Riedinger*; *Delbrück*, Structural Changes in the International System and its Legal Order in an Era of Globalization, SZIER 1/2001, 1 (21 ff und 26 ff).

[109] So auch *Tomuschat*, RdC 241 (1993), 195 (271).

[110] Der vollständige Titel der Konvention lautet: *Agreement for the Implementation of the Provisions the United Nations Convention on the Law of the Sea of 10 December 1982 Relating the Conservation and Management of Straddling Fish Stocks and Highly Migratory Fish Stocks*, 28. 7. 1994, GA Res. 48/263, Annex.

[111] Vgl. dazu ausführlich *J. Ziemer*, Die gemeinsamen Interessen an einer Regelung der Hochseefischerei – Dargestellt am Beispiel des Fish Stocks Agreements, 2000, 187 ff; zurückhaltend gegenüber einer Drittwirkung der Straddling Fish Stocks-Konvention *B. H. Oxman*, The International Commons, the International Public Interest and New Modes of International Lawmaking, in: *J. Delbrück* (Hrsg.), New Trends in International Lawmaking, 1997, 21 (56 ff); zur Thematik auch die ausführlichen Diskussionsbeiträge ebd.

[112] Vgl. dazu näher *D. König*, Durchsetzung internationaler Bestands- und Umweltschutzvorschriften auf Hoher See im Interesse der Staatengemeinschaft, 1990, 227 ff.

[113] Aus der Fülle einschlägiger Instrumente sei hier als Beispiel lediglich auf die *Convention on Biodiversity* von 1992, ILM 31 (1992), 818 verwiesen. Einen Überblick über weitere einschlägige Verträge oder Vertragsentwürfe im Bereich des internationalen Umweltrechts geben *P. Sands/R. G. Tarasofsky/ M. Webb* (eds.), Documents in International Environmental Law, Vol. 1, 1994, 189 ff, 352 ff, 472 ff, 502 and 514 ff, 673. Zur Generationen übergreifenden Dimension von Umweltschutznormen siehe näher *Riedel*, International Environmental Law, in: *Delbrück* (Hrsg.), 61 ff.

begünstigten (oder belasteten) Dritten wieder aufheben oder abändern können und damit die Rechte oder Pflichten dem Dritten wieder entziehen können. Geht man davon aus, daß die Rechte oder Pflichten Dritter auf dem Willen der Parteien des Vertrages beruhen, so läge es nahe, anzunehmen, daß – soweit nichts anderes verabredet ist – den Parteien des Vertrages die Verfügung über diesen erhalten bleibt. Das hieße, daß Verträge zugunsten und zu Lasten Dritter im Zweifel nur widerrufliche Rechtspositionen für den Dritten schaffen. Nach dem bis zum Inkrafttreten der WVK geltenden Gewohnheitsrecht war die Rechtslage in dieser Hinsicht nicht ganz einheitlich. Einerseits wurde – wie soeben dargestellt – die freie Widerrufbarkeit der Rechte Dritter aus dem Gesichtspunkt angenommen, daß ohne eine anderslautende Regelung nicht vermutet werden könne, daß die Vertragsparteien die Vertragsänderung und die damit einhergehende Aufhebung von Rechten Dritter haben von der Zustimmung des Dritten abhängig machen wollen.

So läßt sich durchaus argumentieren, daß die Klauseln in den Satzungen internationaler Organisationen, die Nichtmitgliedstaaten gewisse Rechte, etwa Rechte auf Anhörung oder Beteiligung an der Erörterung, bieten, als Vertragsregeln zugunsten Dritter anzusehen sind.[114] Mangels entgegenstehender Regelungen in diesen Satzungen gälte somit nach Völkergewohnheitsrecht, daß Satzungsänderungen keiner Zustimmung Dritter bedürfen. Der Fall ist in der Praxis der Organisationen nicht aktuell geworden.

Auf der anderen Seite hat etwa der Ständige Internationale Gerichtshof im *Free Zones*-Fall sich für die Zustimmungspflichtigkeit einer Vertragsänderung ausgesprochen, die Rechte eines Dritten – hier der Schweiz – beeinträchtigen.

Der Ständige Internationale Gerichtshof entschied, daß die Parteien der Verträge von 1815 nicht befugt seien, der Schweiz die darin gewährten Rechte ohne deren Zustimmung zu entziehen: „*It cannot be lightly presumed that stipulations favourable to a third State have been adopted with the object of creating an actual right in its favour. There is however nothing to prevent the will of sovereign States from having this object and this effect.*“ Das Gericht fährt fort, daß „*[a]ll the instruments above mentioned and the circumstances in which they were drawn up establish, in the Court's opinion, that the intention of the Powers was ... to create in favour of Switzerland a right, on which that country can rely.... In the Court's opinion, the French Government's submission that, as Switzerland has no right to the free zones, the latter can be suppressed without her consent, is untenable.*“[115]

Die Wiener Vertragskonvention ist ebenfalls diesen Weg gegangen. Art. 37 sieht für die Aufhebung oder Änderung sowohl von Verpflichtungen Dritter als auch von Rechten Dritter vor, daß sie nur mit Zustimmung der verpflichteten oder berechtigten Dritten vorgenommen werden dürfen, es sei denn etwas anderes ist vereinbart,[116] etwa im Falle eines einem Dritten eingeräumten Rechts, daß diese Rechtsgewährung unwiderruflich oder uneinschränkbar sein soll, sofern der Drittstaat dem Widerruf oder der Beschränkung seiner Rechte nicht zustimmt.

---

[114] So etwa *H. Kelsen*, The Law of the United Nations, 86; *Berber*, Bd. I, 432.

[115] PCIJ, Series A/B 46 (1932), 147 and 148 f. Kritisch zu der Annahme, es bedürfe für die Änderung eines Drittrechte begründenden Vertrages der Zustimmung des Begünstigten, der *Harvard Research*, der die Ausführungen des Gerichts nicht als generelle Wiedergabe des geltenden Rechts, sondern nur als eine auf den speziellen Fall bezogene Feststellung lesen will, AJIL 29 (1935) Suppl., 929 ff; dort auch nähere Darlegungen zu den abweichenden Meinungen einiger Richter, die die Forderung einer Zustimmung für gefährlich und abträglich halten.

[116] Dazu näher auch *Rozakis*, ZaöRV 35 (1975), 1 (21 ff).

§ 153 Die Vertragsauslegung

Schrifttum: wie vor Abschnitt 4 und zu § 144; ferner *P. Duez*, L'interprétation des traités internationaux, RGDIP 32 (1925), 429 ff; *L. Ehrlich*, L'interprétation des traités, RdC 24 (1928), 5 ff; *C. C. Hyde*, The Interpretation of Treaties by the Permanent Court of International Justice, AJIL 24 (1930), 1 ff; *Yi-Ting Chang*, The Interpretation of Treaties by Judicial Tribunals, 1933; *A. D. McNair*, L'application et l'interprétation des traités d'après la jurisprudence britannique, RdC 43 (1933), 251 ff; *H. Lauterpacht*, Les travaux préparatoires et l'interprétation des traités, RdC 48 (1934), 713 ff; *C. H. Cheng*, Essai critique sur l'interprétation des traités dans la doctrine et la jurisprudence de la Cour Permanente de Justice, 1941; *H. Lauterpacht*, Restrictive Interpretation and the Principle of Effectiveness in the Interpretation of Treaties, BYIL 26 (1949), 48 ff; L'interprétation des traités (Rapporteur *H. Lauterpacht)*, IDI 43 I (1950), 366 ff, 44 I (1952), 197 ff, 45 I (1954), 225 ff, 46 (1956), 358 f, 364 f; *E. Hambro*, The Interpretation of Multilateral Treaties by the International Court of Justice, TransAGrS 39 (1953), 235 ff; *L. M. Bentivoglio*, La funzione interpretativa nell'ordinamento internazionale, 1958; *S. Neri*, Sull'interpretazione dei Trattati nel diritto internazionale, 1958; *J. Soubeyrol*, L'interprétation internationale des traités et la considération de l'intention des parties, Clunet 85 (1958), 686 ff; *E. P. Hexner*, Interpretation by Public International Organizations of their Basic Instruments, AJIL 53 (1959), 341 ff; *R. Bernhardt*, Die Auslegung völkerrechtlicher Verträge insbesondere in der neueren Rechtsprechung internationaler Gerichte, 1963; *C. D. de Visscher*, Problèmes d'interprétation judiciaire en droit international public, 1963; *O. Schachter*, Interpretation of the Charter in the Political Organs of the United Nations, in: *S. Engel/R. A. Nitall* (eds.), Law, State, and International Legal Order, Essays in Honor of *Hans Kelsen*, 1964, 269 ff; *S. Rosenne*, Interpretation of Treaties in the Restatement and the International Law Commission's Draft Articles, ColJTransL 5 (1966), 205 ff; *R. Bernhardt*, Interpretation and Implied (Tacit) Modification of Treaties, Comments on Articles 27, 28, 29 and 38 of the ILC's 1966 Draft Articles on the Law of Treaties, ZaöRV 27 (1967), 491 ff; *M. S. McDougal/ H. D. Lasswell/J. C. Miller*, The Interpretation of Agreements and World Public Order, 1967; *R. A. Falk*, On Treaty and the New Haven Approach, VJIL 8 (1968), 323 ff; *G. Schwarzenberger*, Myths and Realities of Treaty Interpretation, Articles 27–29 of the Vienna Draft Convention on the Law of Treaties, VJIL 9 (1968), 1 ff; *S. P. Sharma*, The ILC Draft and Treaty Interpretation, IndJIL 8 (1968), 367 ff; *F. G. Jacobs*, Varieties of Approach to Treaty Interpretation: With Special Reference to the Draft Convention on the Law of Treaties before the Vienna Diplomatic Conference, ICLQ 18 (1969), 318 ff; *C. C. Morrisson*, Restrictive Interpretation of Sovereignty-Limiting Treaties: The Practice of the European Human Rights Convention System, ICLQ 19 (1970), 361 ff; *H. W. Briggs*, The Travaux Préparatoires of the Vienna Convention on the Law of Treaties, AJIL 65 (1971), 705 ff; *C. Schreuer*, The Interpretation of Treaties by Domestic Courts, BYIL 45 (1971), 255 ff; *I. Seidl-Hohenveldern*, Internationale Präjudizentscheidungen zur Auslegung völkerrechtlicher Verträge, in: FS Verdross, 1971, 479 ff; *M. Hilf*, Die Auslegung mehrsprachiger Verträge, 1973; *W. Lang*, Les règles d'interpretation codifiées par la Convention de Vienne sur le Droit des Traités et les divers types des traités, ÖZöR 24 (1973), 113 ff; *H. F. Köck*, Vertragsinterpretation und Vertragsrechtskonvention, 1976; *L. B. Sohn*, Settlement of Disputes Relating to the Interpretation and Application of Treaties, RdC 150 (1976), 195 ff; *W. Karl*, Vertragsauslegung, Vertragsänderung, in: *C. Schreuer* (Hrsg.), Autorität und internationale Ordnung, 1979, 9 ff; *M. Bos*, Theory and Practice of Treaty Interpretation, NILR 27 (1980), 135 ff; *G. Ress/C. Schreuer*, Wechselwirkungen zwischen Völkerrecht und Verfassung bei der Auslegung völkerrechtlicher Verträge, BDGVR 23 (1982), 7 ff, 61 ff; *F. Matscher*, Vertragsauslegung durch Vertragsrechtsvergleichung in der Judikatur internationaler Gerichte, vornehmlich vor den Organen der EMRK, in: FS *Mosler*, 1983, 545 ff; *S. Rosenne*, The Meaning of ‚Authentic Text' in Modern Treaty Law, in: FS *Mosler*, 1983, 759 ff; *E. S. Yambrusic*, Treaty Interpretation: Theory and Reality, 1987; *J. C. Wolf*, The Jurisprudence of Treaty Interpretation, UCDavisLR 21 (1988), 1023 ff; *K. Skubiszewski*, Implied Powers of International Organizations, in: FS *Rosenne*, 1989, 855 ff; *M. Ris*, Treaty Interpretation and ICJ Recourse to Travaux Préparatoires: Towards a Proposed Amendment of Articles 31 and 32 of the Vienna Convention on the Law of Treaties, BCIntCompLR 14 (1993), 111 ff; *M. Sato*, An Emerging Doctrine of the Interpretative Framework of Constituent Instruments as the Constitutions of International Organizations, HiotsubashiJLPol, 21 (1993), 1 ff.; *C. F. Amerasinghe*, Interpretation of texts in open international organizations, BYIL 65 (1994), 175 ff; *G. Distefano*, La pratique subséquente des parties à un traité, AFDI 40 (1994), 41 ff; *V. Crnic-Grotic*, Object and Purpose of Treaties in the Vienna Convention on the Law of Treaties, Asian YBInt'l.L 7 (1997), 141 ff; *D. Shelton*, Reconcilable differences? The interpretation of multilingual treaties, Hastings internat.and comp. L Rev.20 (1997), 611 ff; *H. Köck*, Zur Interpretation völkerrechtlicher Verträge, Austr.JIL 53 (1998), 217; *S. Torres Bernárdez*, Interpretation of treaties by the International Court of Justice following the adoption of the 1969 Vienna Convention on the Law of Treaties, in: FS Seidl-Hohenveldern, 1998, 721 ff; *F. Reindl*, Auslegung menschenrechtlicher Verträge, 1998; *R. Bernhardt*, Evolutive Treaty Interpretation, Especially of the European Convention on Human Rights, GYIL 42 (1999), 11 ff; *J. M. T. Labuschagne*, Interpretation of multilingual treaties, South African YBIL 24 (1999), 323 ff; *R. Sapienza*, Les déclarations interprétatives unilatérales et l' interprétation des traités, RGDIP 103 (1999), 60 ff; *D. J. Bederman*, Classical Canons: Rhetoric, Classicism and Treaty Interpretation, 2001.

I. 1. Der Inhalt eines Vertrages bestimmt den Umfang und die Grenzen der Rechte und Pflichten der am Vertrage beteiligten Parteien. Dieser Inhalt ergibt sich aus dem Text, wie ihn die Parteien niedergelegt haben. Das bedeutet, daß der Inhalt des Vertrages aus dem Vertragstext erschlossen werden muß, mit anderen Worten, die Bestimmungen des Vertrages müssen ausgelegt werden. Diese scheinbaren Selbstverständlichkeiten werfen wie in jeder praktischen Rechtsanwendung so auch bei der Vertragsanwendung eine Reihe von Problemen auf, in deren Mittelpunkt die Frage nach den Regeln der Auslegung des völkerrechtlichen Vertrages steht. Sie sind – wenn auch nicht im Detail[1] – in der Wiener Vertragskonvention von 1969 niedergelegt.[2] Weiter muß auch geklärt werden, wer für die Auslegung eines Vertrages zuständig ist und ob allein der innere Wille der Vertragsparteien für die Erschließung des Vertragsinhalts maßgeblich sein soll oder vielmehr der Vertragstext objektiv, also nach seinem objektiven Erklärungswert ausgelegt werden muß.

2. a) Verträge sind das Ergebnis der Einigung zweier oder mehrerer Parteien. Es ist deshalb konsequent, daß völkerrechtliche Lehre und Praxis davon ausgehen, daß die Auslegung der Verträge zuvörderst in die Zuständigkeit der Vertragsparteien und damit auch deren nationalen Gerichten fällt.[3] Sie haben die Formulierung des Vertragstextes bestimmt. Sie sind es, die am ehesten wissen, was sie mit den vertraglichen Regelungen beabsichtigt haben. Auch entspricht es dem Charakter des Vertrages als auf dem Konsens der Parteien beru-

[1] So kritisch *Doehring*, Völkerrecht, Rdn. 390, der von „recht spärlichen Regeln" spricht; daß die von der ILC und dann auch von der Wiener Vertragsstaatenkonferenz vorgenommene Kodifizierung der Auslegungsregeln auch nach ihrer Annahme weiterhin kritischer Diskussion ausgesetzt sind, betont auch *Jacobs*, ICLQ 18 (1969), 318; doch wohl übertrieben scharf *Köck*, 19. Es mag im übrigen bezweifelt werden, ob eine detailliertere Kodifikation die Kritiker eher befriedigt hätte. Der Gewinn der Wiener Kodifikation auch auf dem Gebiet der Vertragsauslegung liegt jedenfalls darin, daß es – trotz der starken ideologischen Zerklüftung der Staatenwelt zur Zeit der Kodifikation – gelungen ist, die Auslegungsregeln einmütig zu akzeptieren und damit den wesentlichen Grundregeln eine breite Basis in der Staatenwelt zu geben. Die Spruchpraxis des IGH und anderer internationaler Spruchkörper auf der Grundlage der Art. 31–33 WVK unterstreicht diese Einschätzung.

[2] Die Frage, ob die Regeln über die Auslegung völkerrechtlicher Verträge überhaupt kodifiziert werden sollten, war stark umstritten. Vgl. dazu *Rosenne*, ColJTransn.'l Law 5 (1966), 205 (216 ff), der diese Diskussion in der ILC und die parallel zur Arbeit der ILC verlaufende Arbeit am *Restatement (Second) Foreign Relations Law of the United States* (1965) analysiert; zusammenfassender Überblick über die Entwicklung der Interpretationsmethodik im Völkerecht sowie über die einzelnen Interpretationsmethoden, an denen sich der Streit über das Für und Wider der Kodifikation festmachen läßt, bei *R. Bernhardt*, Interpretation in International Law, EPIL II (1993), 1416 ff; auch *ders.*, Auslegung völkerrechtlicher Verträge; über die verschiedenen Schulen bezüglich der Auslegung; vgl. auch *Fitzmaurice*, The Law and Procedures of the International Court of Justice 1951–1954: Treaty Interpretation and Other Treaty Points, BYIL 33 (1957), 204 ff.

[3] Allerdings ist darauf hinzuweisen, daß die Auslegung von Verträgen, etwa der sog. institutionellen, als Satzung bzw. Verfassung internationaler Organisationen dienenden Verträge, von den Organen der Organisationen vorgenommen wird, in denen dann aber auch wieder die Vertreter der Mitgliedstaaten an der Willensbildung mitwirken. Vgl. dazu im Überblick *Bernhardt*, EPIL II, 1416 (1417); *ders.*, Auslegung, 43 ff. Zur Auslegung von völkerrechtlichen Verträgen durch nationale Gerichte die noch immer grundlegende Abhandlung von *Schreuer*, BYIL 45 (1971), 255 ff.

hendes Regelungsinstrument, daß die beteiligten Parteien auf der Grundlage des von ihnen gefundenen Konsenses auch im Anwendungsfall in erster Linie zuständig sind, festzustellen, wie eine bestimmte Vertragsvorschrift zu verstehen ist.[4] Dieser Grundsatz mag klar erscheinen, ist jedoch nicht ohne Probleme. So ist zu fragen, was geschieht, wenn eine Partei den Vertrag einseitig in einer bestimmten Weise auslegt. Ist diese Auslegung für die andere Partei oder die anderen Parteien damit maßgeblich? Das dem Vertrag zugrunde liegende Konsensprinzip verbietet es, eine einseitige oder individuelle Auslegung als für die andere Partei oder die anderen Parteien als verbindlich anzusehen, es sei denn, daß die einseitige Auslegung im nachhinein von den anderen Parteien ausdrücklich oder stillschweigend – etwa durch eine mit der von der einen Partei vorgegebenen Auslegung übereinstimmende Praxis der anderen Parteien – gebilligt wird.[5] Die mit dieser Praxis, namentlich der stillschweigenden Billigung von einseitigen Auslegungen, verbundenen Unsicherheiten – so kann es im Einzelfall immer wieder zweifelhaft sein, ob wirklich eine stillschweigende Billigung vorliegt – werden dadurch vermieden, daß die Vertragsparteien gemeinsam, sei es durch Aufnahme von Legaldefinitionen in den Vertrag selbst, sei es durch eine ausdrückliche nachfolgende Vereinbarung oder durch eine übereinstimmende nachfolgende Vertragsanwendung, dem Vertrag eine sog. authentische Interpretation geben.[6]

Von der Möglichkeit, sozusagen präventiv durch die Aufnahme von Legaldefinitionen Auslegungsprobleme zu vermeiden, hat z. B. die Wiener Vertragsrechtskonvention in Art. 2 umfänglich Gebrauch gemacht, ebenso Art. 1 der VN-Seerechtskonvention von 1982[7], Art. 1 des Montrealer Protokolls über Stoffe, die zu einem Abbau der Ozonschicht führen, von 1987[8], Art. 1 der Genfer Flüchtlingskonvention von 1951[9] u. v. a. Beispiele für eine ausdrückliche authentische Auslegung durch die Parteien sind der Notenaustausch zwischen der Bundesrepublik Deutschland und Chile zur Auslegung des deutsch-chilenischen Kulturabkommens vom 20. November 1956[10] und die Deklaration der britischen und der griechischen Regierung zur Auslegung des zwischen ihnen 1926 geschlossenen Handels- und Schiffahrtsvertrages[11], nach der für Streitigkeiten über Ansprüche von Einzelpersonen eine schiedsrichterliche Beilegung vorsah, und zwar auch für solche Streitigkeiten, die unter dem älteren Vertrag von 1886 entstanden, vgl. dazu das Urteil des IGH im *Ambatielos Case*[12].

Die Möglichkeiten einer ausdrücklichen Vereinbarung der Parteien über die Auslegung des Vertrages *(accord interprétatif)* oder einer stillschweigenden Einigung über die Vertragsauslegung durch nachfolgende übereinstimmende Praxis sieht auch die Wiener Vertragsrechtskonvention vor. In Art. 31 Abs. 3 heißt es, daß außer dem Zusammenhang in gleicher Weise „jede spätere Übereinkunft zwischen den Vertragsparteien über die Auslegung des Vertrags oder die Anwendung seiner Bestimmungen" (lit. a) und „jede spätere Übung bei der Anwendung des Vertrags, aus der die Übereinstimmung der Vertragsparteien über seine

---

[4] So etwa *Brownlie*, 631: „*Obviously the parties have competence to interpret a treaty,...*"; siehe auch *Heintschel v. Heinegg*, in: *Ipsen* (Hrsg.), 4. Aufl., 115.

[5] Vgl. statt anderer *Oppenheim/Jennings/Watts*, Vol. I/2–4, 1268; *Seidl-Hohenveldern/Stein*, Völkerrecht, 10. Auflage, 2000, Rdn. 361; *Heintschel v. Heinegg*, in: *Ipsen* (Hrsg.), 4. Aufl., 115 f.

[6] Die Parteien können dies informell durch eine entsprechende Anwendungspraxis oder durch formelle Schritte tun, wie zum Beispiel durch die Abgabe einer gemeinsamen Auslegungserklärung in einem zum Vertrag gehörigen Protokoll oder durch andere Formen nachträglicher Übereinkunft, vgl. dazu *Oppenheim/Jennings/Watts*, Vol. I/2–4, 1268; in diesem Sinne auch schon der StIGH in seinem Gutachten im Fall *Jaworzina* (Series B 8, 37). Daß die Übereinstimmung der Parteien nicht die Gestalt eines förmlichen Abkommens annehmen muß, betont auch der Schiedsspruch im *Beagle Channel Case*, vgl. AFDI 23 (1977), 429.

[7] Englischer Text in: ILM 21 (1982), 1271; deutscher Text in: BGBl. 1994 II, 1798 ff.

[8] Englischer Text in: UNTS 1522, 3 ff; deutscher Text in: BGBl. 1988 II, 1015 ff.

[9] UNTS 189, 150 ff; deutscher Text in: BGBl. 1953 II, 560 ff.

[10] BGBl 1959 II, 549 und BGBl 1959 II, 1017.

[11] British Treaty Series 1927, No. 2.

[12] ICJ Reports 1953, 10 ff.

Auslegung hervorgeht" (lit. b), zu berücksichtigen sind.[13] Auch diese Wege sind in der Praxis oft mit Unsicherheiten verbunden.

Ein anschauliches Beispiel dafür bietet der Rechtsstreit zwischen Namibia und Botswana über den Verlauf der Grenze zwischen beiden Ländern im Grenzfluß Tschobe im Bereich der Insel Kasikili/Sedudu.[14] Namibia hat hier vorgetragen, daß der Talweg des Hauptlaufes des Tschobeflusses im Sinne des Art. III des deutsch-britischen Vertrages von 1890 (sog. Helgoland-Vertrag) südlich der Insel verlaufe und damit die Insel Namibia zustehe. Namibia hat sich dabei auf eine seit der Inbesitznahme des Caprivizipfels durch die deutsche Kolonialverwaltung zu Beginn des Jahres 1909 ununterbrochene Praxis seitens der deutschen und der britischen Autoritäten sowie später Südafrikas und Botswanas berufen, aus der hervorgehe, daß beide Seiten davon ausgingen, die Grenze zwischen Betschuanaland/Botswana verlaufe im Talweg des südlich der Insel fließenden Hauptlaufes des Tschobe. Botswana seinerseits berief sich darauf, daß sowohl zur Zeit der südafrikanischen Mandatsverwaltung mit der Kolonialverwaltung von Britisch-Betschuanaland als auch später zwischen Südafrika und Botswana Abmachungen getroffen worden seien, nach denen beide Seiten den Verlauf der Grenze im Talweg des nördlich der Insel gelegenen Zweiges des Tschobe, dem Hauptlauf nach dieser Ansicht, angenommen und damit die Zugehörigkeit der Insel zu Botswana anerkannt hätten.[15] Der IGH hat den von Namibia vertretenen Ansatz akzeptiert, aber die von Namibia behauptete Praxis, die unbestritten zum Teil von der einheimischen Bevölkerung des Caprivizipfels getragen worden war, als nicht rechtlich relevant, weil nicht *à titre de souverain* erfolgt, eingestuft.[16]

b) Namentlich bei multilateralen und hier vor allem bei den sog. Regelungsverträgen *(traités lois, lawmaking treaties)* besteht angesichts der geschilderten Unsicherheiten bei der Auslegung allein durch die Parteien ein Bedürfnis, die Auslegung zu objektivieren[17], zumal zum Beispiel einem solchen Vertrag später beitretende Parteien an die frühere authentische Interpretation durch die anderen Parteien nicht gebunden wären, es sei denn sie akzeptieren diese beim Beitritt. Als geeignetes Mittel zur Vermeidung der genannten Probleme greifen die Parteien daher zunehmend dazu, im Vorhinein Vorkehrungen für eine friedliche Beilegung von Auslegungsstreitigkeiten in Gestalt von Vereinbarungen über die Anrufung internationaler Gerichte oder Schiedsgerichte zu treffen.[18]

So sieht die Völkermordkonvention von 1948[19] in Art. IX vor, daß „Streitfälle zwischen den Vertragschließenden Parteien hinsichtlich der Auslegung, Anwendung oder Durchführung dieser Konvention auf Antrag einer der an dem Streitfall beteiligten Parteien dem Internationalen Gerichtshof unterbreitet" werden. Die wohl bisher umfänglichste Regelung über die Beilegung von Streitfällen über die Auslegung einer ein umfassendes Ordnungsregime schaffenden Konvention enthält die VN-Seerechtskonvention von 1982.[20] In Teil XV und dort in den Artikeln 279 ff werden umfängliche Regelungen sowohl hinsichtlich außergerichtlichen als auch gerichtlichen Streitbeilegungen über die Auslegung oder Anwendung der Vorschriften der Seerechtskonvention getroffen.[21]

---

[13] Zur nachfolgenden Praxis als Mittel der Auslegung völkerrechtlicher Verträge vgl. *Distefano*, AFDI 40 (1994), 41 ff; *W. Karl*, Vertrag und spätere Praxis im Völkerrecht, 1983, 123 ff; *G. Ress*, in: *Simma*, Charter (engl.), Interpretation, para. 27 ff.

[14] *Case concerning Kasikili/Sedudu Island* (Botswana/Namibia), Judgment of 13 December 1999, ICJ Reports 1999, General List No. 98.

[15] ICJ Reports 1999, para. 71 ff.

[16] ICJ Reports 1999, para. 74 f, dazu auch *J. Delbrück*, An Opportunity Lost or an Opportunity Seized? Some Observations on the Case conerning Kasikili/Sedudu Island (Botswana/Namibia), in: Festschrift *Rudolf*, 23 (26 ff).

[17] Vgl. dazu die eingehende Analyse von *Lang*, ÖZöR 24 (1973), 113 ff, ob bestimmte Verträge – in seinem Sinne „objektive Verträge" *(traités objectifs)* – vorrangig nach Ziel und Zweck *(object and purpose, objet et but)* zu interpretieren sind, was bejaht wird, ebd., 171 f.

[18] Vgl. zu der weitverbreiteten Praxis Regelungen zur judiziären Beilegung von Auslegungsstreitigkeiten ausführlich *Sohn*, RdC 150 (1976), 195 ff.

[19] UNTS 78, 277 ff; deutscher Text in: BGBl. 1954 II, 730 ff.

[20] Deutscher Text in: BGBl. 1994 II, 1799 ff.

[21] Vgl. zu diesem Streitschlichtungssystem *Th. Mensah*, The Dispute Settlement Regime of the 1982 United

3. Neben der Frage nach der Zuständigkeit zur Auslegung eines Vertrages hat sich von jeher die Frage gestellt, was der Gegenstand der Auslegung sein soll: der Wille der Parteien oder der Text des Vertrages. Während *Grotius*[22] und die ihm folgende Lehre des 17. und 18. Jahrhunderts der Erschließung des Parteiwillens entscheidende Bedeutung beimaßen, stellte *Vattel*[23] vorrangig auf die Auslegung des Textes ab. Der Parteiwille sollte nur dann herangezogen werden, wenn der Text nicht klar oder dunkel ist. Entsprechend ist die Auffassung vertreten worden, für eine Auslegung sei kein Raum, wenn der Text bereits klar und unmißverständlich sei.[24] Dem ist zutreffend entgegengehalten worden, diese Auffassung übersehe, daß die Entscheidung, ob ein Text klar und unmißverständlich ist, ihrerseits erst das Ergebnis einer Interpretation sein könne.[25] Auf der anderen Seite steht eine sich allein auf den Parteiwillen stützende Auslegung nicht nur vor dem Problem, daß oft Hinweise auf diesen Parteiwillen nur spärlich oder gar nicht vorhanden sind,[26] sei es, weil es an Vertragsmaterialien *(travaux préparatoires)* fehlt, sei es, daß solche in dem Sinne gar nicht vorhanden sind, weil der Vertrag – wie heute viele multilaterale Regelungsverträge – in einem Verhandlungsmodus erarbeitet wurde, der nicht zu Materialien führt, aus denen sich im einzelnen der Parteiwille der Delegierten, Regierungen oder der Konferenz als Gesamtheit erschließen läßt.

So wurde zum Beispiel die VN-Seerechtskonvention zwar in unzähligen Ausschüssen, Unterausschüssen und Arbeitsgruppen erstellt, deren Arbeit auch in der Regel dokumentiert wurde. Doch erlauben diese Dokumentationen es angesichts der schließlich im sog. Konsensverfahren angenommenen Kompromisse kaum, im einzelnen den Willen der Parteien jenseits des erarbeiteten Textes zu erschließen.[27]

Nations Convention on the Law of the Sea, Max Planck Yearbook of United Nations Law 2 (1998), 307 ff; *J. G. Merrils*, International Dispute Settlement, 3rd ed., 1998, 170 ff.

22 Vgl. *H. Grotius*, De Jure Belli ac Pacis, Amsterdam 1680, 2. Buch, Kapitel 16 I 2, wo es heißt: *„Rectae interpretationis mensura est collectio mentis ex signis maxime probabilibus. Ea signa sunt duum generum, verba & conjecturae aliae: quae aut seorsim considerantur, aut conjunctim“*. („Der Maßstab der richtigen Auslegung ist die Ableitung des Sinnes aus den wahrscheinlichsten äußeren Zeichen. Diese Zeichen sind zweifache, Wörter und andere Zeichen; sie können für sich oder in Verbindung in Betracht kommen“. – zitiert nach der deutschen Übersetzung von *Walter Schätzel*, H. Grotius, De jure belli ac pacis, drei Bücher des Krieges und Friedens, Paris 1625, neuer deutscher Text und Einleitung, Tübingen 1950).

23 *E. de Vattel*, Le droit des gens ou principes de la loi naturelle, Livre II § 263: *„La prémière maxime générale sur l'interprétation est, qu'il n'est pas permis d'interpréter ce qui n'a pas besoin d'interprétation. Quand un Acte est concû en termes clais et précis, et quand sens en est manifeste et ne conduit à rien d'absurde; on n'a aucune raison de se refuser au sens que cet Acte présente naturellement“*.

24 Vgl. zum Beispiel das Urteil im *Case of the S. S. „Wimbledon“*, PCIJ, Series A 1 (1923), 22 ff (23); das Gutachten desselben Gerichts *Polish Postal Service in Danzig*, PCIJ, Series B 11 (1925), 39; *Competence of the General Assembly for the Admission of a State to the United Nations*, ICJ Reports 1950, 8: *„If the relevant words in their natural and ordinary meaning make sense in their context, that is an end of the matter“*. Mit denselben Worten hat sich der IGH geäußert im *Case Concerning the Arbitral Award of 31 July 1989*, ICJ Reports 1991, 53, 69 ff (72). Zum Streit um die Frage des Vorrangs des Textes ausführlich *Bernhardt*, Auslegung, 58 ff, sowie *ders.*, Interpretation in International Law, EPIL II, 1416 ff, jeweils mwN; auch *Sharma*, IndJIL 8 (1968), 367 ff.

25 So *Oppenheim/Jennings/Watts*, Vol. I/2–4, 1267; auf den in diesem Ansatz enthaltenen Zirkelschluß weisen auch hin *Seidl-Hohenveldern/Stein*, Völkerrecht, 10. Auflage, 2000, Rdn. 333; dezidiert auch schon *Anzilotti*, in *Interpretation of the Convention of 1919 concerning Employment of Women during the Night*, PCIJ, Series A/B 50 (1932), 383: *„Mais je ne vois pas comment il est possible de dire qu'un article d'une convention est clair avant d'avoir déterminé l'objet et le but de la convention, car c'est seulement dans cette convention et par rapport à cette convention que l'article assume sa véritable signification.“*; auch *Bos*, NILR 27 (1980), 15 mwN.

26 So zutreffend *Oppenheim/Jennings/Watts*, Vol. I/2–4, 1267; *I. Sinclair*, The Vienna Convention on the Law of Treaties, 130; *Crnic-Grotic*, Asian YBInt'lL 7 (1997), 159.

27 Zum Verfahren und zur Arbeitsweise der UN Seerechtskonferenz siehe näher z. B. UN Doc. UN/A/Conf. 62; *J. Sebenius*, Negotiating the Law of the Sea, 1984; *J. Evensen*, Working Methods and Procedures in the Third United Nations Conference on the Law of the Sea, RdC 199 (1986), 415 ff.; *R. Platzöder*,

Die allein auf den Parteiwillen abstellende Auslegung muß – konsequent gedacht – vielmehr auch bereit sein, sich gegebenenfalls über den Text des Vertrages hinwegzusetzen, wenn Parteiwille und Wortlaut des Vertrages voneinander abweichen.[28] Für beide Positionen – den sog. subjektiven, also an den Parteiwillen anknüpfenden Ansatz und den sog. objektiven, primär am Text orientierten Ansatz – finden sich zahlreiche Belege in Literatur und Rechtsprechung.

So haben seit der Jahrhundertwende bis weit in die sechziger Jahre führende Völkerrechtler wie *C. C. Hyde*[29], *C. Calvo*, *G. Balladore Pallieri*[30], *A. D. McNair*[31] und *H. Lauterpacht*[32] den Vorrang des Parteiwillens als Gegenstand der Auslegung befürwortet, wobei aber sowohl *Balladore Pallieri* als auch *Lauterpacht* diese grundsätzliche Position bis zu einem gewissen Grade in dem Sinne relativierten, daß der Wortlaut des Vertrages dann heranzuziehen sei, wenn der Parteiwille unklar bliebe.[33] Auf der anderen Seite haben zum Beispiel *P. Guggenheim*[34], *A. Verdross/K. Zemanek*[35] sowie *C. D. de Visscher*[36] deutlich der strikt am Text orientierten Auslegung den Vorrang eingeräumt. Eine vermittelnde Position nahm das *Institut de droit international* in seiner Resolution von 1956 ein und wies damit bereits in die Richtung, die die Kodifikationsarbeiten der ILC nahmen und die in den heutigen Artikeln 31 und 32 WVK ihren Niederschlag gefunden haben. Auch in der Rechtsprechung spiegeln sich die unterschiedlichen Ansätze wider. Doch sind Entscheidungen, die primär auf den Parteiwillen abstellen, in der Minderzahl.[37] Insbesondere in der Rechtsprechung schon des Ständigen Internationalen Gerichtshofs und erst recht in der des Internationalen Gerichtshofs überwiegen die Hinweise darauf, daß diese für die Völkerrechtsentwicklung bedeutendsten Gerichte vorrangig auf den Text des auszulegenden Vertrages oder eines anderen Instruments (zum Beispiel einer einseitigen Deklaration[38]) abstellen. Allerdings ist darauf hinzuweisen, daß weder der StIGH noch der IGH sich einer extremen textorientierten Auslegung bedienen, sondern nur die oft standardmäßige Formulierung angeführt haben, daß zum einen dann vom Wortlaut abzuweichen sei, wenn die Wortlautauslegung zu unvernünftigen oder absurden Ergebnissen führt, und zum anderen, wenn sie auch anderen Faktoren wie den Vertragsmaterialien und dem Kontext des Vertragsschlusses u. ä. Raum gibt.[39]

Third United Nations Conference on the Law of the Sea Documents, 1982 ff.

[28] Zu den sich in diesem Sinne stellenden kritischen Fragen vgl. *Bernhardt*, Auslegung, 15.

[29] *C. C. Hyde*, International Law, Vol. II, 2. Aufl., 1947, 1468 ff.

[30] *G. Balladore Pallieri*, Diritto internazionale pubblico, 8. Aufl., 1962, 306 f.

[31] *A. D. McNair*, Law of Treaties, 1961, 365 ff.

[32] *H. Lauterpacht* als Rapporteur d'Institut de droit international, IDI 43 I (1950), 366 ff, 44 I (1952), 197 ff und 46 (1956), 358 f, 364 f; ferner *ders.*, Les travaux préparatoires, RdC 48 (1934), 713 ff.

[33] Dazu näher *Bernhardt*, Auslegung, 21, der auch *Dahm* in der Vorauflage (Bd. 3, 43 ff) zu den Befürwortern des Vorrangs des Parteiwillens zählt, aber einräumt, daß *Dahm* diese Position im Hinblick auf multilaterale Verträge eingeschränkt habe. Doch gehen *Dahms* Einschränkungen wohl weiter, indem er grundsätzlich betont, daß sich die Willenserklärung an die Adresse anderer richtet, die „irgendwie darauf reagieren. Es kommt also nicht nur auf den inneren Willen des Erklärenden, sondern zugleich auf den objektiven Erklärungswert und darauf an, wie der Erklärungsempfänger die Erklärung versteht".

[34] *P. Guggenheim*, Traité, Bd. I, 2. Aufl., 250 ff.

[35] *A. Verdross*, 5. Aufl. 1964, 173.

[36] *C. D. de Visscher*, Problèmes, 17 f.

[37] Vgl. dazu etwa *Jurisdiction of the Courts of Danzig*, PCIJ, Series B 15 (1928), 18, wo der StIGH feststellte, „*The intention of the Parties is decisive*". In seiner abweichenden Meinungsäußerung erklärte der Richter *Read* im *Asylum Case*, ICJ Reports 1950, 320: „*There is ... a principle of international law which is truly universal.... It is the principle that, in matters of treaty interpretation, the intention of the parties must prevail*". Aus der Rechtsprechung der internationalen Schiedsgerichte bieten etwa die Schiedssprüche des Königs von England im Streit zwischen Argentinien und Chile über die *Kordillerengrenze* von 1902 (*The Cordillera of the Andes Boundary Case*, RIAA 9, 40) und des StSchH im Streit zwischen den Niederlanden und Portugal über die *Insel Timor* (abgedruckt in *J. B. Scott* (ed.), The Hague Court Reports, 1916, 574 ff) Beispiele dafür, daß man bei der Auslegung internationaler Verträge auf die Absicht der Parteien zurückgehen muß.

[38] Siehe dazu den *Case Concerning the Temple of Preha Vihear* (Preliminary Objections), ICJ Reports 1961, 32, 34, wo es um die Auslegung einer einseitigen Erklärung ging.

[39] Vgl. dazu *Polish Postal Service in Danzig*, PCIJ, Series B 11 (1925), 39; auch die Gutachten des IGH, *Competence of the General Assembly for the Admission of a State to the United Nations*, ICJ Reports 1950, 8, und *Constitution of the Maritime Safety Committee of the Inter-Governmental Mari-*

Dieser Auslegungsansatz, der vorrangig vom Vertragstext ausgeht, aber auch der Aufklärung des Parteiwillens Raum gibt, soweit dies erforderlich ist, entspricht der ganz überwiegenden Lehre[40] und auch den praktischen Bedürfnissen. Die Art und Weise, wie eine Auslegung angegangen wird, ist nicht nur von den jeweiligen Umständen, unter denen ein Vertrag geschlossen wurde, von der Situation, in der die Auslegung vorgenommen wird und nicht zuletzt auch vom Vertragstypus und damit auch von Ziel und Zweck des Vertrages bestimmt.[41] So wird bei einem bilateralen Austauschvertrag bei nicht hinreichend klarem Vertragstext dem Rekurs auf den Parteiwillen eine größere Bedeutung zukommen müssen als bei einem multilateralen Regelungs- oder Ordnungsvertrag, dessen Ziel die Errichtung einer internationalen (regionalen oder universalen) Ordnung im Sinne objektiven Rechts ist. Auch wenn es keine durchgängige Praxis der internationalen Gerichte gibt, zum Beispiel institutionelle Verträge wie die Satzungen internationaler zwischenstaatlicher Organisationen grundsätzlich anders auszulegen als zweiseitige oder auch mehrseitige Austauschverträge, so ist doch unverkennbar, daß jenseits des Textes Ziel und Zweck von Regelungsverträgen/institutionellen Verträgen ein besonderes Gewicht zugemessen wird.[42] Insbesondere der Schluß von den Aufgaben auf entsprechende Kompetenzen internationaler Organisationen, die nicht ausdrücklich in ihren Satzungen genannt sind, beweist, daß die Auslegung solcher Instrumente von der Anerkennung einer gewissen Eigendynamik der Satzungen (Verfassungen) internationaler Organisationen geleitet wird.[43] Die Artikel 31 und 32 WVK, die dem hier nachgezeichneten gemäßigt objektiven Ansatz folgen, enthalten allerdings zur Frage einer nach Vertragstypen differenzierten Auslegung keine Aussagen.[44]

4. Wie noch zu zeigen sein wird, beschränken sich die Artikel 31 und 32 WVK auf einige Grundregeln bzw. Prinzipien der Vertragsauslegung – so die Auslegung nach Treu und Glauben *(bona fide)*, die primäre Orientierung am Vertragstext, die Beachtung von Ziel und

---

time Consultative Organization, ICJ Reports 1960, 159 f; das Urteil in den *South West Africa Cases*, ICJ Reports 1962, 319 ff (336); aus jüngster Zeit das Urteil des IGH im *Case Concerning the Arbitral Award of 31 July 1989*, ICJ Reports 1991, 69 ff. (72); *Oppenheim/Jennings/Watts*, Vol. I/2–4, 1269 ff; zum ganzen näher *Bernhardt*, Auslegung, 75 ff, der aber auch darauf hinweist, daß sich jedenfalls gelegentlich „hinter der Feststellung, ein unklarer Wortlaut mache die Beiziehung anderer Auslegungsmittel notwendig, die (bewußte oder unbewußte) Einstellung verbergen kann, in jedem Fall sei das wirklich Gewollte entscheidend" (65); und *ders.*, EPIL II, 1416 (1425).

[40] Vgl. nur *Oppenheim/Jennings/Watts*, Vol. I/2–4, 1271 ff; *Verdross/Simma*, 491 ff; *Seidl-Hohenveldern/Stein*, Völkerrecht, 10. Aufl., 2000, Rdn. 343; *Bernhardt*, EPIL II, 1416 (1421); *Doehring*, Völkerrecht, Rdn. 393; *Brownlie*, 634; *Heintschel v. Heinegg*, in: *Ipsen* (Hrsg.), 4. Aufl., 116.

[41] Zur Frage des Interpretationsansatzes im Hinblick auf den Vertragstypus vgl. näher *Lang*, ÖZöR 24 (1973), 113 ff; zur notwendigen Berücksichtigung von Ziel und Zweck eines Vertrages bei der Auslegung, die auch Art. 31 Abs. 1 WVK vorsieht, auch *Verdross/Simma*, 492; *Brownlie*, 634.

[42] Die ILC stand dem Gedanken einer unterschiedlichen Behandlung verschiedener Typen von Verträgen generell kritisch gegenüber, und es sind deswegen auch keine diesbezüglichen Sonderregelungen – etwa für objektive Regime o. ä. – vorgesehen worden. Die Praxis sieht insoweit jedoch anders aus, vgl. dazu die schon etwas ältere Analyse bei *Lang*, ÖZöR 24 (1974), 113 ff; zur an Ziel und Zweck orientierten Auslegung von institutionellen Organisationen *Brownlie*, 637 f und 687 ff; ebenso *Oppenheim/Jennings/Watts*, Vol. I/2–4, 1273 und dortige Anm. 13; *E. Klein*, in: *Vitzthum* (Hrsg.), Völkerrecht, 287 f (Rdn. 39); *Doehring*, Völkerrecht, Rdn. 394 (für rechtsetzende Verträge); mit etwas anderer Terminologie auch *Seidl-Hohenveldern/Stein*, Völkerrecht, 10. Auflage, 2000, 353 ff (für internationale Organisationen); kurz auch *Neuhold/Hummer/Schreuer*, Handbuch, Bd. 1, Rdn. 347 i. V. m. Rdn. 262; *Skubiszewski*, in: FS *Rosenne*, 855 ff. siehe zu dieser Frage näher unten IV.2.

[43] Vgl. dazu beispielhaft das Gutachten des IGH, *Reparation for Injuries Suffered in the Service of the United Nations*, ICJ Reports 1949, 174 ff; auch das Gutachten des IGH, *Certain Expenses*, ICJ Reports 1962, 151 ff. Im Sinne der hier vertretenen Auffassung schon *Bernhardt*, Auslegung, 43. Für einen objektiven Ansatz bei multilateralen Verträgen auch *Rousseau*, 748 f; *G. Jaenicke*, Die Aufnahme neuer Mitglieder in die Organisation der Vereinten Nationen, ZaöRV 13 (1950–51), 291, 295 f, und *Seidl-Hohenveldern/Stein*, Völkerrecht, 10. Aufl. 2000, Rdn. 352 ff.

[44] Kritisch dazu *Doehring*, Völkerrecht, Rdn. 396.

Zweck eines Vertrages –, die auch schon vor dem Inkrafttreten der WVK im Völkergewohnheitsrecht ihren festen Platz einnahmen. Von ihnen werden jedoch eine Reihe weiterer Auslegungsregeln oder -hilfen abgeleitet, auf die im folgenden näher einzugehen ist. Hier gilt es kurz zu der Frage Stellung zu nehmen, ob und in welchem Umfang diese Auslegungsregeln Teil der Völkerrechtsordnung sind. Soweit sie sich unmittelbar aus den auch in den Artikeln 31 und 32 WVK anerkannten Regeln ableiten und in der Anwendungspraxis der internationalen Gerichte weithin Anerkennung gefunden haben, besitzen sie deren rechtlichen Status als Gewohnheitsrecht. Andere Regeln formallogischer Art dürften dagegen eher als sekundäre Richtlinien, Auslegungshilfen zu betrachten sein, denen je nach Entscheidungslage zu folgen zweckmäßig, aber nicht *strictu sensu* rechtlich geboten ist.[45]

II. 1. Nach Art. 31 WVK ist ein Vertrag „nach Treu und Glauben in Übereinstimmung mit der gewöhnlichen, seinen Bestimmungen in ihrem Zusammenhang zukommenden Bedeutung und im Lichte seines Zieles und Zweckes auszulegen". Obwohl Art. 31 WVK, der im wesentlichen auch Ausdruck des geltenden Völkergewohnheitsrechts ist,[46] bewußt als eine einheitliche Regel formuliert worden ist, enthält er doch einzelne voneinander verschiedene Prinzipien und Auslegungsregeln, die jedoch – und darin liegt der Sinn der einheitlichen Formulierung – unter sich nicht in einer festen Rangordnung stehen.[47] Lediglich dem Grundsatz, daß Verträge nach Treu und Glauben auszulegen sind, mag man eine vorrangige Bedeutung beimessen, da das *bona fide*-Prinzip insgesamt das Verhalten der Vertragsparteien zu bestimmen hat (Art. 26 WVK).[48]

a) Ausgangspunkt der Auslegung ist nach Art. 31 Abs. 1 WVK der Wortlaut des Vertrages. Art. 31 folgt damit dem objektiven Auslegungsansatz.[49] Der Inhalt des Textes ist dabei nach

---

[45] Vgl. dazu in diesem Sinne näher *Bernhardt*, Auslegung, 27 ff mwN; *ders.*, EPIL II, 1418 f, 1421; auch *Oppenheim/Jennings/Watts*, Vol. I/2–4, 1269 f, 1275 ff, sowie *Verdross/Simma*, 491, die darauf hinweisen, daß durch Art. 31–33 jedenfalls die dort kodifizierten Auslegungsregeln nunmehr unstreitig als Rechtsnormen ausgewiesen sind; die allgemein anerkannten Regeln der Vertragsauslegung zählt *Doehring*, Völkerrecht, Rdn. 390, zum Gewohnheitsrecht und merkt kritisch an, diese hätten in der WVK umfassender kodifiziert werden sollen. An der rechtlichen Verbindlichkeit der Auslegungsprinzipien und -regeln zweifelt dagegen *Köck*, 75 f, 95 ff; kritisch zum Wert von Auslegungsregeln insgesamt *Brownlie*, 632.

[46] So die wohl überwiegende Lehre, vgl. nur *Bernhardt*, EPIL II, 1416 (1419) (zu Art. 31 und 32 speziell); *ders.*, GYIL 42 (1999), 11 (13); *Oppenheim/Jennings/Watts*, Vol. I/2–4, 1271 und dortige n.3; *Shaw*, 656; *Vitzthum*, in: *ders.* (Hrsg.), Völkerrecht, 67 (Rdn. 123); nach *Seidl-Hohenveldern/Stein*, Völkerrecht, 10. Auflage, 2000, Rdn. 196, gelten die Regelungen der WVK jedenfalls heute über den Kreis der Parteien hinaus weitgehend als Gewohnheitsrecht, wofür spricht, daß die Regelungen der Art. 31–33 schon vor dem Inkrafttreten der WVK eine wichtige Rolle gespielt haben, darauf weisen zutreffend hin *Verdross/Simma*, 491 n.5. Der IGH hat verschiedentlich bestätigt, daß Art. 31 WVK zuvor geltendes Gewohnheitsrecht widerspiegelt, so im *Libya/Chad Case*, ICJ Reports 1994, 6 ff (21 f), im *Qatar v. Bahrain Case*, ICJ Reports 1995, 6 (18) und im *Kasikili/Sedudu Island Case* (Botswana/Namibia), ICJ Reports 1999, para. 18.

[47] Vgl. YBILC 1966 Vol. II, 219 f; *Oppenheim/Jennings/Watts*, Vol. I/2–4, 1272; auch *Heintschel v. Heinegg*, in: *Ipsen* (Hrsg.), 4. Aufl., 118 f.

[48] *Seidl-Hohenveldern/Stein*, Völkerrecht, 10. Auflage, 2000, Rdn. 334, sprechen von dem Treu und Glauben-Grundsatz als dem „obersten Auslegungsgrundsatz". Zur Bedeutung des *bona fide*-Grundsatzes für die Auslegung ausführlich schon *Bernhardt*, Auslegung, 23 ff; zur Bedeutung des *bona fide*-Prinzips im völkerrechtlichen Vertragsrecht allgemein siehe auch schon oben § 151 I mwN.

[49] So zutreffend *Bernhardt*, EPIL II, 1416 (1419 f); *Verdross/Simma*, 492; *Vitzthum*, in: *ders.*, Völkerrecht, 68 (Rdn. 123); nach anderen ist davon zu sprechen, Art. 31 Abs. 1 WVK fordere die Ermittlung des Willens der Parteien *„as expressed in the text"*, was aber dem objektiven Ansatz entspricht: nicht der Wille der Parteien als unabhängige Basis der Auslegung ist Ausgangspunkt, sondern eben der Text bzw. der in diesem objektivierte Parteiwille, so etwa *Brownlie*, 632; auf diesen stellt auch *Doehring*, Völkerrecht, Rdn. 391 ab, und zwar so wie er von den Vertragspartnern verstanden werden kann, der dies jedoch einen subjektiven Ansatz nennt. Der Text eines Vertrages als Grundlage der Auslegung betont auch die Rechtsprechung, vgl. *Libya/Chad Case*, ICJ Reports 1994, 21 f (para. 41): *„Interpretation must be based above all upon the text of the treaty."*; *Admission of State to Membership in United Nations*, Advisory Opinion, ICJ Reports 1950, 8; *Polish*

der gewöhnlichen Bedeutung der verwendeten Begriffe zu erschließen. Dabei ist nach wohl überwiegender Auffassung von der gewöhnlichen Wortbedeutung zum Zeitpunkt des Vertragsabschlusses auszugehen.[50] Dieser Regel kann aber im Hinblick auf den über die Jahrzehnte nicht selten zu beobachtenden Bedeutungswandel von Begriffen insbesondere bei auf Dauer angelegten Regelungsverträgen keine absolute Geltung beigemessen werden.[51] Es liegt in der Konsequenz des objektiven Auslegungsansatzes, daß solche Verträge Anpassungen im Wege einer dynamischen Auslegung über die Zeit erfahren müssen, um dem Ziel und Zweck wirksam gerecht werden zu können. Die Grenze solcher Berücksichtigung eines Wandels der gewöhnlichen Bedeutung einzelner Begriffe liegt allerdings dort, wo die Anpassung sich vom Vertragsinhalt so weit entfernt, daß sie nicht mehr mit einer Auslegung nach Treu und Glauben im Licht der Vertragsziele und -zwecke vereinbar ist. Es stellt sich dann die Frage nach einer förmlichen Vertragsänderung.[52]

Von dieser gewöhnlichen Bedeutung der im Vertragstext gewählten Begriffe ist nur dann abzuweichen und ihnen eine besondere Bedeutung beizumessen, wenn die Parteien dies beabsichtigt haben (Art. 31 Abs. 4 WVK).[53]

Ein besonderes Problem stellt in diesem Zusammenhang die Verwendung sog. technischer Begriffe dar, die zugleich aber auch eine „gewöhnliche" Bedeutung haben und bei deren Auslegung ein Dissens zwischen den Parteien dahingehend deutlich wird, in welchem Sinne der betreffende Begriff zu verstehen ist. Im *Kasikili/Sedudu Case* (Botswana/Namibia)[54] stritten sich die Parteien über die Bedeutung des im deutschen Text des deutsch-britischen Vertrages von 1890 (Helgoland-Vertrag) gebrauchte Begriff „Thalweg" im technischen Sinne gebraucht wurde, also die Linie entlang der

---

Postal Service in Danzig, Advisory Opinion, PCIJ, Series B 11 (1925), 39.

50 So etwa *Brownlie*, 634; *Seidl-Hohenveldern/Stein*, Völkerrecht, 10. Auflage, 2000, Rdn. 335; aus der älteren Literatur *G. G. Fitzmaurice*, The Law and Procedure of the International Court of Justice 1951–54: Treaty Interpretation and Other Treaty Points, BYIL 33 (1957), 203 ff (225 ff); aus der Rechtsprechung auch *U.S. Nationals in Morocco Case*, ICJ Reports 1952, 176 ff (189).

51 Vgl. dazu ausführlich *Bernhardt*, GYIL 42 (1999), 11 ff, der von „evolutiver Auslegung" spricht – ein Begriff, den er zutreffend dem der „dynamischen Auslegung" vorzieht, weil er darauf hinweist, daß die Vertragsauslegung den sich entwickelnden Tendenzen in Staat und Gesellschaft folgen kann oder muß (12), und die Zulässigkeit einer evolutiven Auslegung auch in Art. 31 selbst sieht, der in Abs. 3 sowohl nachfolgende Übereinkünfte als auch nachfolgende Praxis der Parteien, also eine Weiterentwicklung des Vertragsregimes, als Auslegungsmittel anerkennt (15 f); in diesem Sinne auch *Oppenheim/Jennings/Watts*, Vol. I/2–4, 1268, 1282; *Doehring*, Völkerrecht, Rdn. 394 f, der allerdings von einer bei Regelungsverträgen notwendigen „extensiven" Auslegung spricht, die aber der Sache nach eine evolutive oder dynamische, nämlich die Anpassung an im Laufe der Zeit erfolgte Veränderung der politischen und sozialen Lage ermöglichende Auslegung ist. Aus der schon etwas älteren Literatur hierzu *Lang*, ÖZöR 24 (1973), 113 ff; zu diesem Fragenkomplex auch unten unter IV.

52 So zutreffend *Verdross/Simma*, 498. Mit Recht weist zwar *Karl*, in: *Schreuer* (Hrsg.), Autorität, 15, darauf hin, daß Auslegungen immer auch ein Element der Vertragsänderung enthalten, jedoch geht es dabei nur um eine Modifzierung des Vertragsinhalts, eben um eine Anpassung, nicht aber um eine förmliche Vertragsänderung; zu den Grenzen einer evolutiven (dynamischen) Auslegung *Doehring*, Völkerrecht, Rdn. 395 f.

53 Dieser auch schon im Völkergewohnheitsrecht geltenden Regelung ist namentlich im anglo-amerikanischen Rechtskreis nicht von ungefähr vor allem eine prozessuale Bedeutung beigemessen worden. So enthalte diese Regelung vorrangig eine Beweislastregel, nach welcher derjenige, der eine besondere Bedeutung eines im Vertrage verwendeten Begriffs behauptet, diese Bedeutung auch beweisen müsse (dazu *H. Lauterpacht*, IDI 45 I (1954), 225, sowie *ders.*, RdC 48 (1934), 719 (790). Im Einzelfall – so im Rahmen einer gerichtlichen Auseinandersetzung – mag dies die Folge der Regelung des Art. 31 Abs. 4 sein. Indes gilt diese Vorschrift ihrem Wortlaut nach gerade nicht nur für die gerichtliche Auslegung eines Vertrages, sondern ganz allgemein, und sie zielt auch nicht auf die Verteilung einer Beweislast, sondern zunächst einmal lediglich darauf, daß dem Parteiwillen Rechnung getragen werden muß, wenn sich aus diesem die Verwendung eines Begriffs in einer besonderen Bedeutung ergibt, also die gewöhnliche Bedeutung desselben Begriffs hinter die beabsichtigte besondere Bedeutung zurückzutreten hat. Zur prozessualen Sicht der Regel schon kritisch *Bernhardt*, Auslegung, 19 f.

54 *Case Concerning Kasikili/Sedudu Island* (Botswana/Namibia), Judgment, 13. Dezember 1999, General List No. 98 (ICJ Reports 1999).

tiefsten schiffbaren Rinne des Tschobe Flusses bezeichne und damit *ipso facto* den Hauptlauf des Flusses bestimme oder ob er im untechnischen Sinne gemeint war und deshalb gemäß Art. III Abs. 2 des Vertrages[55] zunächst der Hauptlauf des Tschobe und dann in diesem Hauptlauf der Verlauf des „Thalwegs" zu bestimmen sei. Das Gericht entschied sich für die zweite Alternative, weil andernfalls die im deutschen Text zusätzlich zum Begriff „Thalweg" gebrauchten Worte „des Hauptlaufes" ohne Not als überflüssig anzusehen wären. Solange aber eine Auslegung eines Vertrages sinnvoll ist, die den Text, so wie er steht, berücksichtigen kann, ist dieser Auslegung der Vorzug zu geben, eine Entscheidung, die im Einklang mit der Rechtsprechung auch schon des StIGH steht.[56]

Jedoch wird diesem – allgemein als wörtlicher oder grammatikalischer bezeichneten – Ansatz sogleich der sog. systematische an die Seite gestellt, indem die Bedeutung der Bestimmungen des Vertrages in ihrem Zusammenhang zu ermitteln ist. Bei der Auslegung ist also nicht am einzelnen Wort zu hängen, sondern der Text ist als Ganzes zu lesen, als Ausdruck eines Sinnzusammenhangs zu verstehen und jede Bestimmung so aufzufassen, wie sie ein vernünftiger Beurteiler in ihrem Zusammenhang mit anderen Bestimmungen auffassen würde.[57]

b) Dieser Zusammenhang *(context)* wird in Art. 31 Abs. 2 WVK dahingehend näher bestimmt, daß er „außer dem Vertragswortlaut samt Präambel und Anlagen" (zum Beispiel Karten als Anlagen) auch „a) jede sich auf den Vertrag beziehende Übereinkunft, die zwischen allen Vertragsparteien anläßlich des Vertragsabschlusses getroffen wurde" (zu solchen Übereinkünften sind zum Beispiel auch sog. authentische Interpretationen *(accord interprétatif)* zu zählen), und „b) jede Urkunde, die von einer oder mehreren Vertragsparteien anläßlich des Vertragsabschlusses abgefaßt und von den anderen Vertragsparteien als eine sich auf den Vertrag beziehende Urkunde angenommen wurde" berücksichtige. Die in neuerer Zeit zunehmende Tendenz, außer dem Zusammenhang auch spätere, also nach Vertragsschluß, von den Parteien getroffene Übereinkünfte über die Auslegung des Vertrages oder die Anwendung seiner Bestimmungen sowie spätere Praxis der Vertragsparteien bei der Anwendung des Vertrages zu berücksichtigen, die Aufschluß über die übereinstimmende Auslegung des Vertrags gibt, hat in Art. 31 Abs. 3 lit. a und b WVK ihren Niederschlag gefunden. Hiernach sind außer dem Kontext in gleicher Weise jede spätere Übereinkunft[58]

---

[55] Art. III Abs. 2 lautet: „...[die Linie] läuft dann in östlicher Richtung diesem Breitengrad entlang, bis er den Tschobe-Fluss erreicht und setzt sich dann im *Thalweg des Hauptlaufes dieses Flusses* bis zu dessen Mündung in den Zambese fort, wo sie ihr Ende findet". Im englischen Text des Vertrages lautet dieselbe Passage: „... [the line] runs eastward along that parallel till it reaches the River Chobe; and descends *the centre of the main channel of that river* to its junction with the Zambesi, where it terminates". zitiert nach dem amtlichen Text des Anglo-German Agreement relating to Africa and Heligoland, 1 July 1890, PRO FO, 881/6146, Inclosure in No. 161, 6 (8) (Hervorhebungen durch die Verfasser).

[56] ICJ Reports 1999, para. 23–27; zur Rechtsprechung in diesem Sinne vgl. *Polish Postal Service in Danzig*, Advisory Opinion, PCIJ, Series B 11 (1925), 39; *Admission of a State to Membership in the United Nations*, Advisory Opinion, ICJ Reports 1950, 8; *Anglo-Iranian Oil Co Case*, ICJ Reports (1952), 105, wo das Gericht feststellt, daß die Auslegung eines Vertrages so zu erfolgen hat, daß jedem Wort des Textes eine vernünftige inhaltliche Bedeutung gegeben wird; siehe auch *Bernhardt*, EPIL II, 1416 (1420). Dieses Prinzip geht schon auf *H. Grotius* und insbesondere auf *E. de Vattel*, Droit des Gens ou Principes de la Loi Naturelle, livre II, § 283, zurück.

[57] So schon das Rechtsgutachten des StIGH zur *Competence of the International Labour Organisation*, PCIJ, Series B 2 (1922), 23: „... *it is obvious that the Treaty must be read as a whole, and that its meaning is not to be determined merely upon particular phrases which, if detached from the context, may be interpreted in more than one sense*". Siehe auch *Constitution of the Maritime Safety Committee of the Inter-Governmental Maritime Consultative Organization,* ICJ Reports 1960, 158 f.

[58] Zutreffend weisen *Oppenheim/Jennings/Watts*, Vol. I/2–4, 1274, darauf hin, daß in der Rechtsprechung vielfach auch vorangegangene Verträge zwischen den Vertragsparteien oder zwischen einer von diesen mit dritten Staaten, namentlich wenn diese einen gleichen Vertragsgegenstand haben, zur Auslegung herangezogen worden ist, um das zeitgenössische Begriffsverständnis zu erhellen, so etwa im *German Settlers in Poland Case*, PCIJ, Series B 6 (1923), 25 f, und im *German Interests in Polish*

und jede spätere Übung im soeben beschriebenen Sinne bei der Auslegung zu berücksichtigen.[59] Auch diese Regeln gehören heute zu den allgemein anerkannten Auslegungsregeln, sind also auch als gewohnheitsrechtlich anerkannt anzusehen. Die Begründung für die Berücksichtigung auch der nachfolgenden Übung seitens der Vertragsstaaten wurde zutreffend von der ILC darin gesehen, daß in ihr ein sicherer und verifizierbarer Hinweis darauf liegt, wie die Vertragsstaaten übereinstimmend den Vertragstext verstehen und anwenden.[60]

c) Art. 31 Abs. 3 lit. c WKV sieht ferner vor, daß außer dem Zusammenhang in gleicher Weise auch „jeder in den Beziehungen zwischen den Parteien anwendbare einschlägige Völkerrechtssatz" zu berücksichtigen ist. Dieser auch schon das allgemeine Völkerrecht beherrschende Grundsatz ist früher allein so verstanden worden, daß die Auslegung das zur Zeit des Vertragsschlusses geltende Völkerrecht zu beachten habe. Aber in dieser Allgemeinheit kann dieser Satz heute nicht mehr gelten. So sieht die Wiener Vertragskonvention selbst vor, daß ein nach dem Vertragsschluß entstehendes *ius cogens* auf den Vertrag zurückwirkt (Art. 64), so daß jede Vorschrift des Vertrages oder dieser insgesamt, wenn sie einem solchen neuen zwingenden Recht widersprechen, nichtig sind. Aber auch darüber hinaus kann die Auslegung eines Vertrages nicht von der Entwicklung des Völkerrechts unbeeinflußt bleiben.

So hat der IGH im Rechtsgutachten *Legal Consequences for States of the Continued Presence of South Africa in Namibia* festgestellt, daß „interpretation cannot remain unaffected by the subsequent development of law.... Moreover, an international instrument has to be interpreted and applied within the framework of the entire legal system prevailing *at the time of the interpretation*".[61]

Auch wenn diese Formulierung des Gerichts über den Text des Art. 31 Abs. 3 lit.c WVK hinausgeht, so ist doch entgegen der hiergegen geäußerten Kritik daran festzuhalten, daß angesichts des heute dichten Netzwerks völkerrechtlicher Verträge die Einschränkung des Art. 31 Abs. 3 lit.c WVK, daß nur die „in den Beziehungen der Vertragsparteien" anwendbaren einschlägigen Völkerrechtssätze zu berücksichtigen sind, in der Praxis von nur

---

Upper Silesia Case, PCIJ, Series A 7 (1926), 25 ff; auch *Rights of United States Nationals in Morocco Case*, ICJ Reports 1952, 176 ff (189) sowie *Rights of Passage Case*, ICJ Reports 1960, 6 (38).

59 Dazu *Distefano*, La pratique subséquente des Etats parties à un traité, AFDI 40 (1994), 41 ff; *Oppenheim/Jennings/Watts*, Vol. I/2–4, 1274; *Bernhardt*, EPIL II, 1416 (1421).

60 So sehr deutlich *Fitzmaurice* (Anm. 50), BYIL 33 (1957), 223 ff; siehe dazu auch YBILC 1966 II, 221; *Oppenheim/Jennings/Watts*, Vol. I/2–4, 1274; *Brownlie*, 653; *Heintschel v. Heinegg*, in: *Ipsen* (Hrsg.), 4. Aufl., 119 f; aus der Rechtsprechung siehe das Gutachten zur *Competence of the ILO to Regulate Agricultural Labour*, PCIJ, Series B, 2 (1922), 39; *Corfu Channel Case*, ICJ Reports 1949, 25; *Admission of Members to the UN Case* ICJ Reports 1950, 9; *Arbitral Award by the King of Spain Case*. ICJ Reports 1960, 206; *Temple of Prehar Vihear Case*, ICJ Reports 1962, 34 f; neuestens *Case Concerning Kasikili/Sedudu Island* (Botswana/Namibia), ICJ Reports 1999, para. 73 ff.

61 *Legal Consequences for States of the Continued Presence of South Africa in Namibia*, ICJ Reports 1971, 16 ff (31); dazu *Oppenheim/Jennings/Watts*, Vol. I/2–4, 1282, kritisch zu der sehr weitgehenden Formulierung des IGH, die über den Wortlaut des Art. 31 Abs. 3 lit. c. insofern hinausgeht, als von der Berücksichtigung „within the framework of the *entire legal system*" die Rede ist, während Art. 31 Abs. 3 lit. c. von jedem „in den Beziehungen der Vertragsparteien *anwendbare[n] einschlägige[n]* Völkerrechtssatz" spricht. Die Frage der Berücksichtigung völkerrechtlicher Entwicklungen nach Abschluß eines Vertrages hat heute erhebliche Bedeutung zum Beispiel bei Auslieferungsabkommen erlangt, deren Auslegung dem gewachsenen Gewicht von regionalen und universalen Menschenrechtsschutzverträgen und der heute auch schon gewohnheitsrechtlich anerkannten fundamentalen Menschenrechte (Folterverbot, Verbot unmenschlicher und grausamer Behandlung usw.) Rechnung tragen muß, vgl. dazu etwa die Entscheidung des EGMR im *Soering Case* (1989), EGMR Slg. Series A, Vol. 161; zu dieser Problematik siehe auch *J. Dugard/Ch. Van den Wyngaert*, Reconciling Extradition with Human Rights, AJIL 92 (1998), 187 ff.

geringer Bedeutung ist. Zutreffend hat *Köck*[62] ausgeführt, „daß die Normen des Völkerrechts – seien sie die des allgemeinen, seien es solche regionalen Gewohnheitsrechts, seien es sonstige Völkerrechtsnormen –, die auf die Vertragsmaterie Bezug haben (gleichsam deren juristischen Sitz im Leben ausmachen), für die Auslegung eines Vertrags von Bedeutung sind. Eine vertragliche Regelung besteht ja nicht in einem sonst und an und für sich rechtsfreien Raum, sondern ist (und kann nur sein) ein Teil der größeren, zwischen den Mitgliedern der internationalen Gemeinschaft wirksamen Rechtsordnung".[63]

2. Der Vertrag ist nach Art. 31 Abs. 1 WVK nicht nur nach Treu und Glauben und in seinem Kontext auszulegen, sondern auch im „Lichte seines Zieles und Zweckes" *(object and purpose)*. Diese sog. teleologische Auslegung ist das dritte wesentliche Element einer den Sinnzusammenhang der Regelungen eines Vertrages erschließenden Auslegung. Dabei geht es wiederum nicht um eine den Vertragstext überspielende, auf den „wirklichen" Parteiwillen abstellende Auslegung.[64] Vielmehr geht es darum, unter den möglichen Auslegungen des Textes durch die Berücksichtigung der ebenfalls dem Vertragstext in seiner Gesamtheit zu entnehmenden Ziele und Zwecke diejenige zu bestimmen, die der Erreichung der Vertragsziele am besten dient. In diesem Sinne spricht *Bernhardt*[65] zutreffend davon, daß die teleologische Auslegung in der hier angedeuteten restriktiven Handhabung, d. h. in der Anbindung an Text und Kontext des Vertrages, einen notwendigen Auslegungsansatz darstellt.

3. In engem Zusammenhang mit der teleologischen Auslegung steht eine Regel, die zwar nicht in die Wiener Vertragsrechtskonvention aufgenommen wurde, die jedoch von wichtiger und zunehmender Bedeutung ist: der Effektivitätsgrundsatz *(effet utile*-Regel, *ut res magis valeat quam pereat*-Maxime)[66]. Diese Regel besagt, negativ formuliert, daß eine Auslegung den Vertrag weder in Teilen noch im Ganzen unwirksam machen darf. Positiv formuliert heißt das, es ist diejenige Auslegung vorzuziehen, die Ziele und Zweck eines Vertrages am wirksamsten zum Tragen bringt. Allerdings kann diese Regel keinen absoluten

---

62 *Köck*, 41.

63 *Köck* verweist in diesem Zusammenhang auf die Entscheidung des Schiedsrichters *Borel* vom 18. 7. 1932 in den Fällen *Kronprins Gustav Adolf* und *Pacific*, AJIL 26 (1932), 839 ff.

64 Vor dieser vermeintlichen Gefahr einer Auslegung nach Ziel und Zweck des Vertrages warnend *Heintschel v. Heinegg*, in: *Ipsen* (Hrsg.), 4. Aufl., 120; die ganz einhellige Anerkennung der teleologischen Auslegung in Lehre und Praxis zeigt allerdings, daß solche Befürchtungen kaum geteilt werden. Namentlich die Formulierung des Art. 31 Abs. 1 WVK selbst, die die Einbindung der teleologischen Auslegung in Text und Zusammenhang des Vertrages vorsieht und an den Grundsatz von Treu und Glauben bindet, ist eine hinreichende Gewähr dafür, daß diese Auslegungsmethode nicht zu einer den Text verlassenden Deutung des Vertrages führt; in diesem Sinne betonen zahlreiche Autoren, daß die Grenze der an Ziel und Zweck ausgerichteten, also der teleologischen Auslegung dann erreicht ist, wenn sie mit dem Text des Vertrages schlicht unvereinbar wird *(interpretatio contra verbum)*, vgl. etwa *Doehring*, Völkerrecht, Rdn. 395; *Verdross/Simma*, 494; *Neuhold/Hummer/Schreuer*, Handbuch, Bd. 1, Rdn. 357; aus der Rechtsprechung siehe den *Interpretation of Peace Treaties with Bulgaria, Hungary and Romania Case* (Advisory Opinion), ICJ Reports 1950, 221 (229).

65 *Bernhardt*, EPIL II, 1416 (1420); ausführlich zur Auslegung nach Ziel und Zweck siehe auch *Crnic-Grotic*, AsianYBInt.'IL 7 (1997), 141 ff (155 ff); *I. Buffard/K. Zemanek*, The „Object and Purpose" of a Treaty: An Enigma?, AustrianRIEL 3 (1998), 311 ff.

66 Teilweise werden die teleologische Auslegung und die vom *effet utile*-Prinzip geleitete Auslegung als dasselbe betrachtet bzw. als Ausprägung desselben Auslegungsansatzes behandelt, so etwa *Seidl-Hohenveldern/Stein*, Völkerrecht, 10. Auflage, 2000, Rdn. 348 ff; vgl. zu dem Verhältnis von teleologischer und *effet utile* geleiteter Auslegung ausführlich *Bernhardt*, Auslegung, 88 ff; kritisch zu den in Lehre und Praxis verwandten Ansätzen bei der Auslegung und den Problemen, die sich bei der Unterscheidung dieser Ansätze ergeben, *Bos*, NILR 27 (1980), 135 ff; überwiegend werden die beiden Ansätze jedoch getrennt dargestellt, so bei *Oppenheim/Jennings/Watts*, Vol. I/2–4, 1273 einerseits, 1280 andererseits; *Brownlie*, 636 f; kurz auch *Vitzthum*, in: *ders.* (Hrsg.), Völkerrecht, Rdn. 123. Wie immer man sich zu der Unterscheidung oder Nichtunterscheidung der beiden Ansätze stellt, in der Praxis dienen beide demselben Ziel, nämlich dem Vertrag zur Wirksamkeit zu verhelfen.

Geltungsanspruch erheben. Zunächst einmal ist es selbstverständlich, daß eine am Effektivitätsgrundsatz ausgerichtete Auslegung nicht gegen den Wortlaut und Sinn des Vertrages verstoßen darf.[67] Dies ergibt sich sowohl aus dem übergreifenden Grundprinzip des Vertragsrechts *pacta sunt servanda* sowie aus dem jede Auslegung bestimmenden Grundsatz von Treu und Glauben. Ferner ist auf der einen Seite zu berücksichtigen, daß etwa bei bilateralen Verträgen die Beachtung der Souveränität der Staaten es verbietet, die Vertragsparteien oder eine von ihnen in maximaler Weise zu verpflichten.[68] Eine auf die Effektivität des Vertrages zielende Auslegung muß also eine Balance zwischen der den Vertragsparteien zumutbaren Beschränkung ihrer Souveränität und der Wirksamkeit des Vertrages suchen. Auf der anderen Seite verliert der Einwand der Souveränität der Vertragsparteien an Gewicht, wenn es darum geht, durch Auslegung einem Regelungsvertrag zu möglichst wirksamer Umsetzung zu verhelfen. Staaten etwa, die einen Vertrag zur Gründung einer internationalen Organisation oder zur Schaffung eines umfassenden Regelungsregimes schließen oder einem solchen beitreten, müssen sich bewußt sein, daß sie sich mit diesem Schritt einer erheblichen Beschränkung ihrer Souveränität unterwerfen.[69]

4. a) Vertragstexte – wie innerstaatliche Normen – können oft auch unter Anwendung der wörtlichen, systematischen und teleologischen Auslegung keiner klaren Deutung zugeführt werden. Deshalb sieht Art. 32 WVK als ein allerdings nur subsidiäres Auslegungsmittel den Rückgriff auf die Vertragsmaterialien, die *travaux préparatoires*[70], aber auch auf die Umstände bei dem Vertragsabschluß vor. In Art. 32 heißt es, daß „[e]rgänzende Auslegungsmittel, insbesondere die vorbereitenden Arbeiten und die Umstände des Vertragsabschlusses, herangezogen werden [können], um die sich unter Anwendung des Artikels 31 WVK ergebende Bedeutung zu bestätigen oder die Bedeutung zu bestimmen, wenn die Auslegung nach Art. 31 lit. a die Bedeutung mehrdeutig oder dunkel läßt oder lit. b zu einem offensichtlich sinnwidrigen oder unvernünftigen Ergebnis führt". Dieser Rückgriff auf die vorbereitenden Arbeiten, der auch als historischer Auslegungsansatz bezeichnet wird[71], gehört heute überwiegend zur Praxis der internationalen Gerichte, allerdings mit der

[67] Vgl. dazu die Entscheidung des StIGH im *Case of the S. S. „Wimbledon"*, PCIJ, Series A 1 (1923), 24 f und das Rechtsgutachten *Acquisition of Polish Nationality*, PCIJ, Series B 7 (1923), 17, sowie die Entscheidung des IGH im Gutachten zur *Interpretation of Peace Treaties with Bulgaria, Hungary and Romania (Second Phase)*, ICJ Reports 1950, 221 (229); siehe auch die Angaben in Anm. 64.

[68] Statt anderer *Bernhardt*, EPIL II, 1416 (1420) unter Hinweis auf das Gutachten des IGH im *Interpretation of Peace Treaties with Bulgaria, Hungary and Romania Case*, ICJ Reports 1950, 229; sehr dezidiert auch *Seidl-Hohenveldern/Stein*, Völkerrecht, 10. Auflage, 2000, Rdn. 351: „Es ist nämlich beim heutigen Stand des Völkerrechts zu vermuten, daß eine Respektierung ihrer Souveränität (wenn auch mit den oben erwähnten Einschränkungen ...) von den Parteien gewollt ist."

[69] So zutreffend *Doehring*, Völkerrecht, Rdn. 396, unter Bezugnahme auf die auf dem Effektivitätsprinzip beruhende *implied powers*-Lehre, dazu näher unten IV.

[70] Zur Diskussion über die Bedeutung der Vertragsmaterialien für die Auslegung in der ILC siehe *Sharma*, IndJIL 8 (1968), 367 ff; auch *Rauschning/Wetzel*, 247 f. Der Streit ging vornehmlich darum, ob der Rückgriff auf die Vertragsmaterialien denselben Rang wie andere Auslegungshilfen einnehmen und nicht an die Erfüllung enger Kriterien gebunden sein oder ob die im VI. Waldock-Entwurf genannten Kriterien eher noch enger gefaßt werden sollten und dieser Rückgriff dann gänzlich unzulässig sein sollte, wenn der Text klar und unzweideutig ist.

[71] Statt anderer siehe nur *Bernhardt*, EPIL II, 1416 (1420 f), der aber auch auf den eher begrenzten Einfluß der vorbereitenden Arbeiten auf die Entscheidungsfindung hinweist. Vielfach dient der Rückgriff auf die Vertragsmaterialien dem Zweck, das zuvor gefundene Auslegungsergebnis zu bestätigen, so etwa der StIGH im *Convention of 1919 concerning the Work of Women at Night*, PCIJ, Series A/B 50 (1932), 380, und der IGH in seinem Gutachten zur *Constitution of the Maritime Safety Committee of the Inter-Governmental Maritime Consultative Organization*, ICJ Reports 1960, 150 (161 f), wo der IGH sein durch Wortauslegung des Art. 28 der Satzung gefundenes Ergebnis durch eine genaue Prüfung der Entstehungsgeschichte bestätigt sah; auch *Case concering Kasikili/Sedudu Island* (Botswana/Namibia), ICJ Reports 1999, para. 46.

Maßgabe, daß bei multilateralen Verträgen diese Materialien nur verwandt werden dürfen, wenn sie den Parteien bekannt oder zumindest allgemein zugänglich sind.[72]

So hat der Ständige Internationale Gerichtshof, nachdem er in einem Gutachten[73] zunächst nur bezweifelt hatte, ob im Hinblick auf spätere Beitritte von Staaten zur Satzung der ILO auf die Vorarbeiten zu dieser zurückgegriffen werden könne, in einem 1929 erlassenen Beweisbeschluß unter Hinweis darauf, daß die Parteien in dem betreffenden Verfahren nicht an der Versailler Friedenskonferenz teilgenommen hatten, die Berücksichtigung der Vorarbeiten wohl eindeutig ausschließen wollen.[74] Ganz klar in diesem Sinne hat sich das Schiedsgericht im *UNESCO-Constitution Case* entschieden: „In any event the Tribunal could not have taken the verbatim record of the Conference of Allied Ministers in London into consideration, as certain States which signed the Constitution did not participate in that Conference".[75] Dagegen hat der IGH in *Aerial Incident* die Vorarbeiten zum IGH-Statut auf der Konferenz von San Francisco herangezogen, obwohl die Prozeßparteien daran nicht teilgenommen hatten, dies aber wohl deswegen, weil diese Vorarbeiten allgemein zugänglich sind.[76]

Bei der Bestimmung dessen, was zu den Vertragsmaterialien gehört, ist von einem weiten Begriff auszugehen. Dazu gehören alle offiziellen Erklärungen der beteiligten Vertragsstaaten, die Verhandlungsprotokolle und – wenn auch von begrenzter Verwertbarkeit – auf den Vertrag bezogene innerstaatliche Erklärungen wie zum Beispiel auf den Vertrag bezogene Erklärungen bzw. Resolutionen von Parlamenten. Nicht eingeschlossen sind solche Äußerungen oder das Verhalten von Staaten, die zwar im weiteren (historischen) Zusammenhang mit dem Vertragsschluß – so etwa die einem späteren Vertragsschluß vorangegangenen Streitigkeiten zwischen den Vertragsparteien – stehen, sich jedoch nicht konkret auf den Vertrag und seine Formulierung beziehen.[77]

b) Neben der Berücksichtigung der Vorarbeiten sieht Art. 32 WVK auch die Einbeziehung der Umstände des Vertragsabschlusses als subsidiäres Hilfsmittel für die Auslegung vor. Es kann in der Tat zur Erhellung des Vertragsinhaltes hilfreich sein, wenn man die historische Gesamtsituation, insbesondere auch die tatsächlichen Verhältnisse, Bedürfnisse und Interessen betrachtet, die zur Zeit des Vertragsschlusses bestanden und die die Vertragsparteien geleitet haben.

So hatte der StIGH in seinem *Urteil über die Wasserableitung aus der Maas*[78] die Verhältnisse ins Auge zu fassen, die bei dem Abschluß des in seinem Wortlaut nicht eindeutigen, nach der Behauptung beider Parteien verletzten Vertrages von 1863 bestanden. Der Vertrag sollte gewisse Schwierigkeiten beheben, die damals für die Wasserversorgung der Kanäle unterhalb Maastrichts bestanden. Daraus ließ sich entnehmen, daß die Errichtung von Schleusenanlagen und die Ableitung des Wassers nur insoweit zulässig seien, als der Zweck des Vertrages, nämlich die Sicherung der Wasserzufuhr zu den Kanälen unterhalb Maastrichts und die Aufrechterhaltung der Schiffahrt in diesen Gewässern, nicht beeinträchtigt wurde. In seinem Urteil über die *Freizonen von Hochsavoyen und Gex* zog der StIGH die Vorgeschichte der bestehenden Rechtslage und die Verhältnisse in Betracht, die die Mächte

[72] *Verdross/Simma*, 492 f und dortige Anm. 8; zu dieser Problematik ausführlich *Bernhardt*, Auslegung, 117 ff mwN.

[73] Rechtsgutachten zur *Competence of the ILO for Agriculture*, PCIJ, Series B 2/3 (1922), 41.

[74] *International Commission of the River Oder*, PCIJ, Series A 23 (1929), 42.

[75] Vgl. dazu *United Nations Educational, Scientific and Cultural Organization (Constitution) Case*, ILR 16 (1949), 331 (337).

[76] *Case concerning the Aerial Incident of July 27th, 1955*, ICJ Reports 1959, 127 ff (140 f); dazu ebenso *Bernhardt*, Auslegung, 119, siehe dazu auch *Oppenheim/Jennings/Watts*, Vol. I/2–4, 1278. Noch weitergehend, aber ebenfalls von dem Gedanken der Kenntnis der Prozeßparteien ausgehend, die Schiedskommission für Güter, Rechte und Interessen in Deutschland in ihrer Entscheidung vom 14. 11. 1959 *(Republik Italien gegen Bundesrepublik Deutschland*-Fall), Entscheidungen Bd. III, Nr. 70, 56 (73 ff).

[77] Dazu näher *Bernhardt*, Auslegung, 110 f; *Oppenheim/Jennings/Watts*, Vol. I/2–4, 1277 f.

[78] *The Diversion of Water from the Meuse*, PCIJ, Series A/B 70 (1937), 21.

seinerzeit dazu veranlaßt hatten, die Freizonen zugunsten der Schweiz zu errichten.[79] Der IGH hatte sich z. B. im Zusammenhang mit dem Grenzstreit zwischen Botswana und Namibia zur *Kasikili/Sedudu-Insel* mit den historischen Umständen zu befassen, die für die Auslegung des Deutsch-Englischen Vertrages vom 1. 7. 1890 relevant waren.[80]

Die Problematik der Berücksichtigung der Umstände bei Vertragsschluß ist allerdings, daß hier eine Grenze insofern zu ziehen ist, als es – will man nicht in eine subjektive, nach dem Parteiwillen fragende Auslegung zurückfallen – nur um die objektiven Umstände gehen kann, nicht aber um die Vorstellungen, die die Vertragsparteien von den obwaltenden Umständen hegten. Diese können durchaus auseinanderfallen.

Beispielsweise gingen das Vereinigte Königreich und das Deutsche Reich beim Abschluß des sog. Helgoland-Vertrages vom 1. 7. 1890, der in wesentlichen Teilen Regelungen über die Grenzen ihrer Einflußzonen in Afrika enthielt, bei der Grenzziehung zwischen dem britischen Betschuanaland und Deutsch-Südwestafrika entlang des Tschobeflusses davon aus, dieser sei ein schiffbarer Fluß, der namentlich Deutschland Zugang zum Zambesi und damit Anschluß an die Verkehrswege nach Ostafrika gewähren werde. In Wirklichkeit aber ist der Tschobe niemals für größere Handelsschiffe schiffbar gewesen.[81]

Solche keineswegs untypischen Schwierigkeiten lassen den Wert der Berücksichtigung der Umstände bei Vertragsschluß eher gering erscheinen.[82] Jedoch können die Erkenntnisse über die Umstände zur Zeit des Vertragsschlusses Anlaß geben zu einer vorsichtigen ergänzenden oder berichtigenden Auslegung.

III. Jenseits der vorstehend erörterten Auslegungsregeln stehen dem Interpreten – wie schon angedeutet – weitere Regeln oder Auslegungsansätze zur Verfügung, die nicht in den Artikeln 31–33 WVK aufgenommen worden sind, aber auch nicht den Anspruch erheben können, Bestandteil des geltenden Völkergewohnheitsrechtes zu sein. Dennoch gehören sie – wie im innerstaatlichen Recht – sozusagen auch zum juristischen Handwerkszeug bei der Auslegung völkerrechtlicher Verträge und Erklärungen, wie es die – allerdings keineswegs einheitliche – Praxis der internationalen Gerichte und Schiedsgerichte unterstreicht.[83] Hinzuzufügen ist, daß die Anwendung dieser Regeln oder Richtpunkte sich – wenn überhaupt – nur im Rahmen der in Art. 31 WVK bzw. der entsprechenden gewohnheitsrechtlichen Regeln vollziehen kann, also hilfsweise mit dem Ziel erfolgt, der nach Art. 31 WVK vorzunehmenden Auslegung zu dienen.[84] Im einzelnen handelt es sich um folgende Regeln:

---

[79] *The Free Zones of Upper Savoy and the District of Gex Case*, PCIJ, Series A/B 46 (1932), 148.

[80] *Case Concerning Kasikili/Sedudu Island* (Botswana/Namibia), Judgment of 13 December 1999, ICJ Reports 1999, General List No. 98.

[81] Vgl. dazu *Case conerning Kasikili/Sedudu Island* (Botswana/Namibia), Dissenting Opinion by Judge *Fleischauer*, ICJ Reports 1999, para. 9.

[82] Kritisch gegenüber dem Wert sowohl der Vertragsmaterialien als auch der Umstände bei Vertragsschluß *Bernhardt*, EPIL II, 1416 (1420 f). Vorsichtigen Umgang mit den Vertragsmaterialien mahnt an auch *Brownlie*, 636, der darauf hinweist, daß deren Gebrauch von der Textauslegung ablenken kann; auch *Oppenheim/Jennings/Watts*, Vol. I/2–4, 1277 betonen, daß die Vertragsmaterialien nur von Fall zu Fall von Wert sind, da sie oftmals unvollständig sind und vor allem Einigungen außerhalb des Konferenztisches nicht erfassen.

[83] So *Verdross/Simma*, 493; kritisch im Hinblick auf eine allgemeine Anerkennung solcher vielfach aus der vornehmlich europäischen Rechtstradition stammenden rechtstechnischen Auslegungsregel dagegen *Bernhardt*, Auslegung, 175 ff; zusammenfassend *ders.*, EPIL II, 1416 (1421). Ohne Wertung der Bedeutung dieser Auslegungsregeln werden dagegen diese dargelegt bei *Oppenheim/Jennings/Watts*, Vol. I/2–4, 1278 f mit ausführlichen Rechtsprechungsnachweisen; kurz auch *Vitzthum*, in: *ders.*, Völkerrecht, 68 (Rdn. 124), der auf die Problematik der Anerkennung dieser Regeln hinweist.

[84] Vgl. dazu in diesem Sinne *Heintschel v. Heinegg*, in: *Ipsen* (Hrsg.), 4. Aufl., 122, wo – wie bei *Bernhardt* (Anm. 83) – betont wird, daß zumindest manche der technischen Auslegungsregeln von den eindeutig anerkannten Regeln umfaßt werden, ihnen eine eigenständige Bedeutung insoweit nicht zukommt.

1. Bleibt eine Vertragsvorschrift unklar, so ist sie zu Lasten der Vertragspartei auszulegen, die die Formulierung der Vorschrift vorgeschlagen hat (Auslegung *contra proferentem*). Dies ergibt sich letztlich aus dem Grundsatz von Treu und Glauben, da es nicht angehen kann, daß die vorschlagende Partei auf einer Auslegung beharrt, die die andere Partei belasten würde.[85]

2. Wie schon in anderem Zusammenhang erwähnt, wird verschiedentlich auch auf die Regel abgestellt, daß ihrem Inhalt nach zweifelhafte Vertragsvorschriften, die Beschränkungen der Souveränität der Parteien enthalten, restriktiv auszulegen sind *(in dubio mitius)*. Dies bedeutet, daß im Falle mehrerer zulässiger Auslegungen diejenige zu wählen sein soll, die die geringsten Verpflichtungen der Vertragsparteien bewirken würde.[86] Indes liegt es im Wesen jeden Vertrages, daß sich die Parteien in ihrer Entscheidungsfreiheit beschränken. Deshalb kann diese Regel nur dann zum Zuge kommen, wenn sie die Wirksamkeit des Vertrages nicht gegen dessen Ziel und Zweck erheblich beeinträchtigt. Denn vorrangig ist zu vermuten, daß die Parteien beabsichtigen, einen effektiven Vertrag zu schließen.[87] Darüber hinaus kann diese Regel bei der Auslegung multilateraler Regelungsverträge, die auf die Errichtung dauerhafter internationaler Ordnungen abzielen, also ein Surrogat für die fehlende internationale Legislative darstellen, keinen Platz haben. Hier muß der Effektivität des Vertrages Vorrang eingeräumt werden.[88]

3. Weitere Regeln wie der Satz *expressio unius est exclusio alterius*, der Schluß *a minore ad minus* und sein Gegenstück – der Schluß *a minore ad maius* – sowie die Sätze *lex specialis derogat legi generali* und *lex posterior derogat legi priori* haben in der internationalen Rechtsprechung Anwendung gefunden, obwohl sich bei ihrer Anwendung Schwierigkeiten deswegen ergeben, weil es zum Beispiel nicht immer leicht ist zu bestimmen, welche Norm die allgemeinere bzw. speziellere ist.[89] Insgesamt ist noch einmal darauf hinzuweisen, daß es sich namentlich bei dieser letzten Gruppe von Auslegungsregeln um solche handelt, die nur hilfsweise zur Anwendung kommen und bei denen es zweifelhaft ist, ob sie eine allgemeine Anerkennung gefunden haben.[90]

IV. 1. Wie bereits mehrfach erwähnt, ist bei der Anwendung der Auslegungsansätze in bestimmten Fällen auf Besonderheiten einzelner Vertragstypen differenziert einzugehen. So wird bei bilateralen Austauschverträgen dem im Text niedergelegten Parteiwillen, aber auch

---

[85] *„C'est une règle bien connue... que, là où l'on constate une ambiguïté, il faut les prendre contra proferentem"*, *Brazilian Loans Case*, PCIJ, Series A 20–21 (1929), 114; *Pension of Officials of the Saar Territory Case* (1934), RIAA 3, 1564; *Lusitania Claim* (1923), RIAA 7, 33; ablehnend dagegen *Young Loan Arbitration*, ILR 59, 494 (549).

[86] So etwa der StIGH im *Mossul (Article 3, Paragraph 2, of the Treaty of Lausanne – Frontier between Turkey and Iraq) Case*, PCIJ, Series B 12 (1925), 25; ausführlich dazu *Bernhardt*, Auslegung, 143 ff; zur *in dubio mitius*-Regel auch *Oppenheim/Jennings/Watts*, Vol. I/2–4, 1278 f mit weiteren Hinweisen auf einschlägige Rechtsprechung; *Brownlie*, 636, weist allerdings zutreffend darauf hin, daß in der Zeit nach dem 2. Weltkrieg diese Regel in der Rechtsprechung an Bedeutung verloren hat. Dagegen betonen *Seidl-Hohenveldern/Stein*, Völkerrecht, 10. Auflage, 2000, Rdn. 344, die souveränitätsschützende Funktion der *in dubio mitius*-Regel. Für Austauschverträge *(traités contrats)* nimmt auch *Doehring*, Völkerrecht, Rdn. 393 die Geltung dieser Regel an.

[87] So *Oppenheim/Jennings/Watts*, Vol. I/2–4, 1279; vgl. dazu das Urteil im *Case of the S. S. „Wimbledon"*, PCIJ, Series A 1 (1923), 24 f; ein vorsichtiger Umgang mit der *in dubio mitius*-Regel zeigt sich auch in Entscheidungen zur *Lake Lanoux Arbitration* (ILR 24 (1957), 101 (120)) und zur *Italy-United States Air Transport Arbitration* (ILR 45 (1965), 393 (411)).

[88] So *Doehring*, Völkerrecht, Rdn. 394 f, der sich ausdrücklich dafür ausspricht, daß rechtsetzende Verträge extensiv auszulegen sind; siehe dazu auch schon oben II.3.

[89] So *Oppenheim/Jennings/Watts*, Vol. I/2–4, 1280 mit Hinweisen auf die Rechtsprechung, so etwa *Rights of Passage over Indian Territory Case*, ICJ Reports 1960, 44; *INA Corporation v. Government of the Islamic Republic of Iran*, ILR 75, 596 (602).

[90] Zutreffend in diesem Sinne *Bernhardt*, EPIL II, 1416 (1421); vgl. auch schon dessen ausführliche kritische Analyse, in *ders.*, Auslegung, 175 ff.

wie er aus den Vorarbeiten ersichtlich ist, ein stärkeres Gewicht zukommen als bei der Auslegung multilateraler, namentlich multilateraler Regelungs- oder Ordnungsverträge, deren auf Dauer gerichtete und ein „zukünftiges gemeinsames Verhalten der Partner zur Erreichung eines gemeinsamen Zieles" sichernde Wirkung in besonderer Weise eine objektive, der Interpretation innerstaatlicher Gesetze oder Verfassungsnormen vergleichbare Auslegung erfordern. Verfassungsnormen etwa können nicht orientiert an den Vorstellungen des historischen Verfassungsgebers ausgelegt werden, sollen sie nicht „versteinern".[91] Vielmehr muß die Verfassungsauslegung im Laufe der Zeit tatsächliche Veränderungen in den Anschauungen, namentlich den Wertvorstellungen, aber auch in den ökonomischen und technologischen Bedingungen, in sich aufnehmen, soll die Verfassung auch unter den veränderten Bedingungen ihre Wirkung behalten.[92] Entsprechendes hat auch für institutionelle Verträge und Regelungsverträge zu gelten. Auch sie sind dynamisch auszulegen.[93] Dies soll an zwei Beispielen näher aufgezeigt werden.

2. Die dynamische Auslegung hat namentlich bei der Interpretation der Charta der Vereinten Nationen durch die Organe der Vereinten Nationen Bedeutung erlangt,[94] insbesondere durch den Sicherheitsrat und die Generalversammlung einerseits und den IGH andererseits.

So hat die Generalversammlung angesichts der durch die wiederholte Ausübung des Vetorechts durch die damalige Sowjetunion bewirkten Handlungsunfähigkeit des Sicherheitsrates zu Beginn des Koreakrieges im Jahre 1950 in der sog. *Uniting for Peace* Resolution vom 3. 11. 1950[95] für sich das Recht in Anspruch genommen, Zwangsmaßnahmen, die verbindlich zu beschließen nach dem Wortlaut der Charta dem Sicherheitsrat nach Kapitel VII vorbehalten ist, zu *empfehlen*. Wiewohl die Empfehlung von Zwangsmaßnahmen durch die Generalversammlung in der Charta nicht ausdrücklich vorgesehen ist, argumentierte die Generalversammlung, daß der Sicherheitsrat nur die Hauptverantwortung *(primary responsibility)* innehabe, während ihr eine subsidiäre Verantwortung *(subsidiary responsibility)* zukomme, die im Interesse der Erfüllung der den Vereinten Nationen aufgegebenen zentralen Aufgabe der Friedenssicherung von ihr wahrzunehmen sei. Der Sache nach hat der IGH in seinem Rechtsgutachten *Certain Expenses* diese Auslegung gebilligt.[96] Ebenso deutlich hat der IGH in seinem Rechtsgutachten im o. g. *Reparation for Injuries Case* von den Aufgaben der Vereinten Nationen auf die zu deren effektiver Erfüllung erforderlichen Kompetenzen der Organisation geschlossen.[97]

Diese Auslegungsmethode, die u. a. auch auf die Praxis in föderalen Verfassungsordnungen, namentlich der Vereinigten Staaten von Amerika, zurückgeht, ist heute weithin anerkannt und wird plastisch als „*implied powers*"-Lehre[98] oder „teleologisch-funktioneller"[99] Auslegungsansatz bezeichnet. Die dynamische (extensive) Auslegung der Charta der VN hat in

---

91 So *Doehring*, Völkerrecht, Rdn. 394.

92 So zutreffend *Doehring*, Völkerrecht, Rdn. 394; ähnlich, auf die *effet utile*-Regel gestützt, *Seidl-Hohenveldern/Stein*, Völkerrecht, 10. Auflage, 2000, Rdn. 349.

93 Dazu auch *Verdross/Simma*, 494 f; *Brownlie*, 687 ff; *Doehring*, Völkerrecht, Rdn. 394 f; *Heintschel v. Heinegg*, in: *Ipsen* (Hrsg.), 4. Aufl., 122 f; für institutionelle Verträge, also Satzungen/Verfassungen internationaler Organisationen eingehend auch *Skubiszewski*, in: FS Rosenne, 855 ff; grundlegend in diesem Sinne das Gutachten im *Reparation for Injuries Suffered in the Service of the United Nations Case*, ICJ Reports 1949, 174 ff.

94 Dazu statt anderer näher *Ress*, in: *Simma*, Charter (engl.), Interpretation, para. 19 ff; 36.

95 GA Res. 377(V), UN GAOR, 5th Session, Supp. 20, UN Doc. A/1775 (1950).

96 Rechtsgutachten *Certain Expenses of the United Nations*, ICJ Reports 1962, 151 ff.

97 Rechtsgutachten *Reparation for Injuries Suffered in the Service of the United Nations*, ICJ Reports 1949, 174 ff.

98 Dazu *Ress* (Anm. 94); *Brownlie*, 687 ff; *Seidl-Hohenveldern/Stein*, Völkerrecht, 10. Auflage, 2000, Rdn. 352 ff; *Skubiszweski*, in: FS *Rosenne*, 855 ff; grundlegend noch immer *Bernhardt*, Auslegung, 97 ff; aus der Rechtsprechung dazu die in Anm. 96 und 97 genannten Entscheidungen.

99 So zum Beispiel *Verdross/Simma*, 494.

jüngerer Zeit eine besondere Bedeutung erlangt[100] im Zusammenhang mit den militärischen Einsätzen der Vereinten Nationen zum Schutze elementarer Menschenrechte zum Beispiel im ehemaligen Jugoslawien und in Somalia sowie – ein bisher einmaliger Vorgang – in Haiti zur Wiedereinsetzung einer durch einen Putsch aus dem Amt vertriebenen demokratischen Regierung.

Das diesen Einsätzen zugrundeliegende Auslegungsproblem war, ob die massive Verletzung elementarer Menschenrechte eine Bedrohung des Friedens im Sinne des Art. 39 Charta der VN darstellt – eine für die legale Durchführung von Zwangsmaßnahmen nach Kapitel VII Charta der VN notwendige Bedingung. Nachdem der Sicherheitsrat der VN im Fall der kurdischen und schiitischen Minderheiten im Irak[101] und des ehemaligen Jugoslawien[102] zunächst noch darauf abstellte, daß die schweren Menschenrechtsverletzungen durch ihre grenzüberschreitenden Auswirkungen zu einer Bedrohung des internationalen Friedens wurden, hat er im Falle Somalias allein auf die (innerstaatliche) menschliche Katastrophe abgestellt, diese in weiter Auslegung als Friedensbedrohung im Sinne des Art. 39 Charta der VN bewertet[103] und damit die Voraussetzung geschaffen, daß mit Zwangsmaßnahmen interveniert und so der von Charta der VN als Aufgabe gestellte Schutz der Menschenrechte umgesetzt werden konnte. Insbesondere mit der Autorisierung der Intervention in Haiti[104] zur Wiederherstellung der demokratisch gewählten Regierung hat der Sicherheitsrat möglicherweise die Grenze einer mit dem Wortlaut der Charta der VN zu vereinbarenden Auslegung erreicht. Die inzwischen zu beobachtende größere Zurückhaltung gegenüber der in den genannten Fällen Auslegungspraxis ist jedoch weniger auf die in der Lehre geübte Kritik[105] als darauf zurückzuführen, daß zum einen der politische Konsens unter den ständigen Mitgliedern des Sicherheitsrates brüchig geworden ist,[106] zum anderen aber auch die Einsicht gewachsen ist, daß eine weltweite Fortsetzung des eingeschlagenen Weges die Vereinten Nationen politisch und finanziell überfordern würde.[107] Die Resolution des Sicherheitsrates,[108] wonach die Terroranschläge vom 11. 9. 2001 eine Angriffshandlung und einen Bruch des Friedens darstellen, belegt aber erneut die Interpretationsmöglichkeiten in bezug auf Art. 39 Charta der VN.

3. Ein anderes herausragendes Beispiel für die dynamische Auslegung von Regelungsverträgen bilden die universalen und regionalen Konventionen zum internationalen Schutz der Menschenrechte. Die Anerkennung von Menschenrechten ist u. a. eine Reaktion der Gesell-

---

100 Dazu und zum folgenden näher *H. Gading*, Der Schutz grundlegender Menschenrechte durch militärische Maßnahmen des Sicherheitsrates – das Ende staatlicher Souveräniät?, 1996, mwN; auch *J. Delbrück*, Wirksameres Völkerrecht oder neues „Weltinnenrecht“? Perspektiven der Völkerrechtsentwicklung in einem sich wandelnden internationalen System, in: *W. Kühne* (Hrsg.), Blauhelme in einer turbulenten Welt, 1993, 101 ff.

101 SC Res. 688 (1991) vom 5. 4. 1991.

102 SC Res. 713 (1991) vom 25. 9. 1991.

103 Die in diesem Sinne wichtigste unter den zahlreichen in der Somalia-Krise beschlossenen Resolutionen ist SC Res. 794 (1992) vom 3. 12. 1992, in der der Sicherheitsrat ausdrücklich feststellte, „daß *das Ausmaß der durch den Konflikt in Somalia verursachten menschlichen Tragödie*, die noch weiter verschärft wird durch die Hindernisse, die der Verteilung der humanitären Hilfsgüter in den Weg gelegt werden, *eine Bedrohung des Weltfriedens und der internationalen Sicherheit* darstellt“, deutscher Text zitiert nach EA 484 (1992), D 185 ff (Hervorhebung durch die Verfasser).

104 SC Res. 940 (1994) vom 31. 7. 1994, interessanterweise findet sich in dieser Resolution wiederum ein Hinweis darauf, daß der Sicherheitsrat nicht allein die innere Situation in Haiti zur Grundlage seiner Feststellung einer Friedensbedrohung gemacht hat, sondern auch eine internationale Dimension der Situation ausmachte, indem er auf die verzweifelte Lage der Haitischen Flüchtlinge abhob, vgl. dazu *R. Lillich/H. Hannum*, International Human Rights – Problems of Law, Policy and Practice, 3rd ed., 1995, 662 f.

105 Vgl. dazu *F. Tesón*, Collective Humanitarian Intervention, Mich. J. Intl L. 17 (1996), 323 (344 (Irak), 359 (Haiti)); *A. Stein*, Der Sicherheitsrat der Vereinten Nationen und die Rule of Law, 1999, 310 ff; kritisch zur Legitimation des Sicherheitsrates zur Durchführung von Zwangsmaßnahmen bei innerstaatlichen Konflikten *D. Caron*, The Legitimacy of of the Collective Authority of the Security Council, AJIL 87 (1993), 552 ff.

106 Dazu *J. Delbrück*, Effektivität des UN-Gewaltverbots – Bedarf es einer Modifikation der Reichweite des Art. 2(4) UN-Charta?, FW 74 (1999), 139 (147 f).

107 *Delbrück*, ebd., 148.

108 SC Res. 1368 (2001) vom 12. 9. 2001 und SC res. 1373 (2001) vom 28. 9. 2001.

schaft auf erfahrenes Unrecht auf Seiten des Individuums oder auch einer Gruppe von Menschen.[109] Diese Unrechtserfahrung ist ihrerseits das Ergebnis eines Prozesses des Sich-Bewußtwerdens, daß eine bestimmte Behandlung des Menschen gegen seine Würde und körperliche wie seelische Integrität verstößt. Mit anderen Worten, die Erkenntnis einer Menschenrechtsverletzung setzt einen Mindestgrad von Emanzipation des Individuums bzw. von Gruppen von tradierten und als naturgegeben angesehenen Behandlungen durch die staatliche oder eine andere übergeordnete Autorität voraus. Damit ist aber dem Prozeß der Entfaltung des Menschenrechtsbewußtseins und des Konzeptes des Menschenrechtsschutzes ein Element der Dynamik immanent, das sich notwendigerweise auf die Auslegung auch der menschenrechtlichen Kodifikationen im Bereich des Völkerrechts auswirken muß.

So hat der Europäische Gerichtshof für Menschenrechte im Fall *Tyrer*[110] ausgeführt, die EMRK sei *„a living instrument which... must be interpreted in the light of present-day conditions"*. Dementsprechend prüfte der Gerichtshof anhand der inzwischen allgemein in den Mitgliedstaaten des Europarates anerkannten Standards, ob der Vollzug der Prügelstrafe, wie er auf *Isle of Man* üblich sei, mit Art. 3 der EMRK vereinbar sei und dies verneint. Desgleichen ließ sich derselbe Gerichtshof im Fall *Marckx*[111] davon leiten, daß zwar zur Zeit der Entstehung der EMRK in vielen europäischen Staaten die Rechtstellung des nichtehelichen Kindes von der des ehelichen unterschiedlich (zu Lasten des nichtehelichen Kindes) ausgestaltet war, daß sich aber zwischenzeitlich die innerstaatlichen Rechtsordnungen der großen Mehrheit der Mitglieder des Europarates dahin entwickelt haben und sich noch weiter entwickeln, in Übereinstimmung auch mit internationalen Regelungen die volle Gleichstellung der nichtehelichen Kinder vorzusehen.

Dies bedeutet nichts anderes, als daß das Gericht sich angesichts der Entwicklung des Menschenrechtsverständnisses in den Vertragsstaaten zu einer dynamischen Auslegung der EMRK entschlossen hat, um das übergreifende Ziel – die Durchsetzung der Menschenrechte – zu gewährleisten.[112]

Die im Vorstehenden entwickelten Auslegungsansätze bei institutionellen und Regelungsverträgen können heute als allgemein zulässig angesehen werden. Dies hängt u. a. auch damit zusammen, daß sich das allgemeine Bewußtsein eingestellt hat, daß derartige Verträge solche sind, die ein internationales öffentliches Interesse *(international public interest, international community interest)* verfolgen.[113]

---

[109] Vgl. dazu *H. Arendt*, Es gibt nur ein einziges Menschenrecht, in: Die Wandlung, Jg. IV, 1949, 754 ff; in gleichem Sinne *J. Schwartländer*, Rückblickende Einführung, 7 (7 ff), und Demokratie und Menschenrechte im Horizont sittlich-autonomer Freiheit, 36 (36 ff), in: *ders.* (Hrsg.), Modernes Freiheitsethos und christlicher Glaube, 1981; auch *E. Riedel*, Vom Grund des Grundgesetzes – zu den Möglichkeiten normativer Begründung durch Menschenrechte, Grundrechte und Grundwerte, in: *H. Bielefeldt/ W. Brugger/K. Dicke* (Hrsg.), Würde und Recht des Menschen, FS *J. Schwartländer*, 1992, 111 (116); *J. Delbrück*, Die Universalisierung des Menschenrechtsschutzes: Aspekte der Begründung und Durchsetzbarkeit, in: *A. Zunker* (Hrsg.), Weltordnung oder Chaos – Beiträge zur internationalen Politik – FS Klaus Ritter, 1993, 551 (554); *E. R. Mbaya*, Zur Universalität der Menschenrechte – ein Erlebnisbericht mit Martin Kriele, in: Staatsphilosophie und Rechtspolitik, Festschrift für Martin Kriele, 1997, 49 ff; *H. Bielefeldt*, Ein „von allen Völkern und Nationen zu erreichendes gemeinsames Ideal", Der Streit um die Universalität der Menschenrechte, in: *H. Alefsen*, Menschenrechte im Umbruch, 1998, 31 ff.

[110] *Tyrer v. United Kingdom*, EGMR Slg. Series A, Vol. 26 (1978), 4 (15 f).

[111] *Marckx v. Belgium*, EGMR Slg. Series A, Vol. 31 (1979), 4 (19).

[112] Zur Auslegungsmethode der Organe der EMRK vgl. *Frowein/Peukert*, EMRK-Kommentar, Einführung, Rdn. 7; zur Thematik der Auslegung von Menschenrechtsverträgen insgesamt *Verdross/Simma*, 498 f mwN; *Reindel*, passim; *Bernhardt*, GYIL 42 (1999), 11 ff.

[113] Zur Entwicklung des Völkerrechts hin zur Anerkennung eines übergreifenden *„community interest"* im Gegensatz zum klassischen Bilateralismus vgl. *B. Simma*, From Bilateralism to Community Interest in International Law, RdC 250 (1994), 217 ff; *Ch. Tomuschat*, Obligations Arising for States without or against Their Will, RdC 241 (1993), 195 (269 ff); zu neuen Entwicklungen in der internationalen Rechtsetzung siehe *J. Delbrück* (ed.), New

V. 1. Ein Problem für die Auslegung eines Vertrages stellt sich schließlich, wenn dieser Vertrag in mehreren Sprachen abgefaßt ist und die Parteien keine Entscheidung darüber getroffen haben, welche sprachliche Fassung die authentische sein soll oder aber sich dafür entschieden haben, daß der Vertragstext in mehreren Sprachen authentisch, die unterschiedlichen Fassungen also gleichberechtigt nebeneinander stehen sollen.[114] Art. 33 Abs. 1 WVK regelt die sich aus der Mehrsprachigkeit eines Vertrages möglicherweise ergebenden unterschiedlichen Auslegungen dahingehend, daß wenn „ein Vertrag in zwei oder mehr Sprachen als authentisch festgelegt worden ist, ... der Text in jeder Sprache in gleicher Weise maßgebend [ist], sofern nicht der Vertrag vorsieht oder die Vertragsparteien vereinbaren, daß bei Abweichungen ein bestimmter Text vorgehen soll."
Darüber hinaus sieht Art. 33 Abs. 2 WVK vor, daß eine „Vertragsfassung in einer anderen Sprache als einer der Sprachen, deren Texte als authentisch festgelegt wurde, ... nur dann als authentischer Wortlaut [gilt], wenn der Vertrag dies vorsieht oder die Vertragsparteien dies vereinbaren." Das Problem, das Art. 33 Abs. 2 WVK lösen will, ergibt sich dann, wenn ein Vertrag nicht in allen Sprachen, die von den Vertragsstaaten repräsentiert werden, abgefaßt wird. Wenn dann die bei der Abfassung sprachlich nicht berücksichtigten Staaten eigene Fassungen des Vertrages (sog. amtliche Übersetzungen) erstellen, hätten diese keinen Anspruch auf Authentizität. Sie kann ihnen aber gemäß Art. 33 Abs. 2 WVK im Vertragstext oder durch Vereinbarung der Vertragsparteien verliehen werden.[115]

2. Die Anerkennung der verschiedensprachigen Vertragstexte als authentische löst jedoch das Auslegungsproblem keineswegs. Denn wenn es schon bei in nur einer Sprache abgefaßten Verträgen zu erheblichen Meinungsverschiedenheiten über die Bedeutung der verwandten Begriffe kommen kann, so erhöht sich diese Möglichkeit beträchtlich, wenn nicht nur über die Bedeutung der Begriffe innerhalb einer Sprache, sondern nun auch sprachübergreifend gestritten werden kann.[116] Art. 33 Abs. 3 WVK will es den Parteien erleichtern,

Trends in International Lawmaking – International ‚Legislation' in the Public Interest (1997); zum Gedanken der internationalen Rechtssetzung im öffentlichen Interesse der Staatengemeinschaft siehe näher *J. Delbrück*, „Laws in the Public Interest" – Some Observations on the Foundations and Identification of *erga omnes* Norms in International Law, in: FS *Jaenicke*, 17 ff.

[114] Zur Auslegung mehrsprachiger Verträge grundlegend noch immer *Hilf*, Die Auslegung mehrsprachiger Verträge; ferner *Verdross/Simma*, 500 f; *Oppenheim/Jennings/Watts*, Vol. I/2–4, 1283 f; *Heintschel v.Heinegg*, in: *Ipsen* (Hrsg.), 4. Aufl., 123; *Seidl-Hohenveldern/Stein*, Völkerrecht, 10. Auflage, 2000, Rdn. 367 ff; *Vitzthum*, in: *ders.* (Hrsg.), Völkerrecht, 68 (Rdn. 123); *Aust*, 202 ff; *Shelton*, Hastings Int'l & Comp. L. Rev. 20 (1997), 611 ff.

[115] So sieht das Fundamental Agreement zwischen dem Heiligen Stuhl und Israel vom 30. 12. 1993, das in englischer und hebräischer Sprache abgefaßt wurde, in Art. 15 vor, daß beide Sprachen gleich authentisch sind, im Fall von Unterschieden jedoch der englische Text vorgehen soll, vgl. den Text des Abkommens in englischer Sprache in ILM 33 (1994), 154 (158); eine entsprechende Regelung enthält der israelisch-jordanische Friedensvertrag vom 26. 10. 1994 in Art. 30, wonach die drei Vertragssprachen Hebräisch, Arabisch und Englisch gleich authentisch sind, bei Auslegungsunterschieden aber der englische Text den Vorrang haben soll; dazu *Aust*, 202; grundlegend zur Freiheit der Parteien, die Vertragssprachen zu wählen und den sie dabei leitenden Motiven und Überlegungen *Hilf*, 27 ff; die Wahlfreiheit der Vertragsparteien wird jedenfalls dann relativiert, wenn im Streitfalle die Auslegung eines im Streit stehenden Vertrages dem IGH übertragen wird, da dieses Gericht nur die englischen und französischen Texte heranzieht, da dies die offiziellen Sprachen des Gerichts sind, vgl. dazu *Aust*, 206, unter Hinweis auf einen Streitfall zwischen Qatar und Bahrain, in dem für die Frage der Zuständigkeit des IGH nach übereinstimmender Auffassung der Parteien der arabische Text maßgeblich war, das Gericht aber sich nur auf die englischen und französischen Übersetzungen stützte.

[116] Darauf weist für multilaterale Verträge *Hilf*, 30 ff, zutreffend hin und zeigt, daß bei multilateralen Verträgen eine Beschränkung durch die Auswahl einiger authentischer Vertragssprachen Praxis geworden ist – mit der Tendenz zu einer größeren Anzahl von Vertragssprachen –, wobei die Verbreitung der Sprachen und die Bedeutung einzelner Vertragsparteien (z. B. Großmächte) eine Rolle spielen. So hat sich für umfassende Verträge, die im Rahmen der Vereinten Nationen geschlossen werden, die Wahl von fünf authentischen Vertragssprachen durchgesetzt (Chinesisch, Französisch, Englisch, Russisch, und Spanisch).

solchen Problemen zu begegnen, indem eine Vermutung dahingehend aufgestellt wird, daß die in jedem authentischen Text verwandten Ausdrücke dieselbe Bedeutung haben, womit gleichzeitig noch einmal die Gleichrangigkeit aller authentischen Texte betont wird.[117] Diese Regel bedeutet aber auch, daß zunächst unter Anwendung der anerkannten Auslegungsregeln versucht werden muß, zu einem allen authentischen Texten gerecht werdenden Ergebnis zu gelangen.[118]

3. Stellt sich beim Vergleich der authentischen Texte ein Bedeutungsunterschied heraus und ist keine Vereinbarung darüber getroffen, daß bei Abweichungen ein bestimmter Text vorgehen soll (Art. 33 Abs. 1 letzter Halbsatz WVK), und kann der aufgedeckte Bedeutungsunterschied auch nicht unter Anwendung der Auslegungsregeln der Art. 31 und 32 WVK ausgeräumt werden, so ist nach Art. 33 Abs. 4 WVK diejenige Bedeutung zugrundezulegen, „die unter Berücksichtigung von Ziel und Zweck des Vertrags die Wortlaute am besten miteinander in Einklang bringt." In der Vergangenheit sollte in solcher Situation gelten, daß diejenige Bedeutung zu wählen sei, die die Parteien am geringsten verpflichtet.[119] Diese Regel ist von der WVK nicht übernommen worden, sondern Art. 33 Abs. 4 stellt darauf ab, daß einerseits eine möglichst große Annäherung im Verständnis der verschiedenen Texte erreicht, andererseits aber die Verwirklichung von Ziel und Zweck des Vertrages in die Auslegung einbezogen wird, womit dem Gedanken der Effektivität des Vertrages Rechnung getragen wird.[120]
Auf eindrucksvolle Weise kam Artikel 33 Abs. 4 der WVK im Fall *LaGrand* zur Anwendung, als der IGH über die Frage der Bindungswirkung von einstweiligen Maßnahmen (Art. 41 IGH-Statut) zu befinden hatte.[121] Da die Bundesrepublik Deutschland unter anderem vorgebracht hatte, die Vereinigten Staaten von Amerika hätten durch die Hinrichtung *Walter LaGrands* einen völkerrechtswidrigen Akt begangen, mußte darüber entschieden werden, ob die Vereinigten Staaten von Amerika sich auf die fehlende Bindungswirkung der einstweiligen Maßnahmen stützen konnten. Dabei hatten sich die Vereinigten Staaten von Amerika sowohl auf den englischen Wortlaut des Artikel 41 IGH-Statut als auch auf den Wortlaut der einstweiligen Maßnahme selbst berufen.[122] Der Internationale Gerichtshof stellte zunächst fest, daß der Vergleich beider authentischer Texte zu keinem übereinstimmenden Ergebnis führte.[123] Auf diese Weise griff er auf die Auslegungsmethode des Art. 33 Abs. 4 WVK zurück und erkannte in seinen folgenden Ausführungen – erstmals in der Geschichte des Internationalen Gerichtshofs – den rechtsverbindlichen Charakter der einstweiligen Maßnahmen an.[124] Dabei legte er Artikel 41 des IGH-Statuts systematisch aus und stellte einen Zusammenhang mit Artikel 59 des Statuts her. Der Internationale Gerichtshof folgerte, da es die primäre Aufgabe des Internationalen Gerichtshofs sei,

---

[117] So auch *Heintschel v. Heinegg*, in: *Ipsen* (Hrsg.), 4. Aufl., 123.

[118] Vgl. *Oppenheim/Jennings/Watts*, Vol. I/2–4, 1283, die bei dieser Klärung auch auf die Ermittlung der Absichten der Parteien abstellen wollen; *Aust*, 205.

[119] Die Begründung für die Wahl der geringsten Verpflichtung, wurde vom StIGH darin gesehen, daß nur der sog. kleinste Nenner mit allen authentischen Texten vereinbar sei, vgl. *The Mavrommatis Palestine Concessions*, PCIJ, Series A 2 (1924), 19.

[120] Zum Ganzen *Verdross/Simma*, 500 f; *Oppenheim/Jennings/Watts*, Vol. I/2–4, 1283 f; immer noch grundlegend dazu *M. Hilf*, Die Auslegung mehrsprachiger Verträge, 1973, 20 ff, 101 ff.

[121] IGH vom 27. 6. 2001, *LaGrand (Germany v. United States of America)*, § 101; über www.icj-cij.org.

[122] Ebd., § 96.

[123] Ebd., §§ 100–101. In der englischen Version lautet Artikel 41 Abs. 1 IGH Statut: *„The Court shall have the power to indicate (...) any provisional measures which ought to be taken to preserve the respective rights of either parties"*. Wohingegen die französische Version ungleich stärkere Wendungen gebrauchte: *„La Cour a le pouvoir d'indiquer (...) quelles mesures conservatoires doivent être prises à titre provisoire."*.

[124] ebd., § 102: *„The contention that provisional measures indicated under Article 41 might not be binding would be contrary to the object and purpose of that Article"*

Streitigkeiten durch bindende Urteile beizulegen, müsse der Internationale Gerichtshof, um diese Aufgabe erfüllen zu können, gleichzeitig gewährleisten, daß die Rechte der Parteien bis zum Zeitpunkt des Urteils in der Hauptsache nicht berührt werden. Nach Ansicht des Internationalen Gerichtshofs käme diese Funktion vorrangig Artikel 41 zu, der seine volle Wirkung nur entfalten könne, wenn den einstweiligen Maßnahmen eine bindende Wirkung zugesprochen würde.[125] Unterstützend fügte der Internationale Gerichtshof hinzu, daß es ein allgemeiner Grundsatz der internationalen Rechtsprechung sei, daß die Parteien von jeglicher Maßnahme abzusehen haben, die vor Verkündung des Urteils in der Hauptsache eine nachteilige Wirkung für die andere Partei entfalten könnte.[126] Und obwohl diese Ausführungen schon ausgereicht hätten, um die bindende Wirkung der einstweiligen Maßnahmen gemäß Artikel 41 des IGH-Statuts zu begründen, berief sich der Internationale Gerichtshof abschließend noch auf die *travaux préparatoires*, die die vorangegangenen Überlegungen unterstützten.[127]

§ 154 Verfahren zur Sicherung der Vertragserfüllung

Schrifttum: Vor § 8 Bd. I/1 sowie §§ 143 und 151; ferner: *R. Fisher*, Improving Compliance with International Law, 1981; *G. Handl*, Controlling Implementation of and Compliance with International Environmental Commitments: The Rocky Road from Rio, Colorado Journal of International Environmental Law and Policy, 5 (1994), 305; *A. Chayes/A. Handler Chayes*, The New Sovereignty – Compliance with International Regulatory Agreements, 1995; *M. Bothe*, The Evaluation of Enforcement Measures in International Environmental Law, in: *R. Wolfrum* (ed.), Enforcing Environmental Standards: Economic Mechanisms as Viable Means?, 1996, 13; *J. Cameron/J. Werksman/P. Roderick* (eds.), Improving Compliance with International Environmental Law, 1996; *R. Wolfrum*, Means of Ensuring Compliance with and Enforcement of International Environmental Law, RdC 272 (1998), 9; *S. Riedinger*, Die Rolle nichtstaatlicher Organisationen bei der Entwicklung und Durchsetzung internationalen Umweltrechts, 2001.

I. 1. Traditionell geht das Völkerrecht davon aus, daß alle Staaten ihre vertragsvölkerrechtlichen Verpflichtungen einhalten, indem sie die Maßnahmen, die der betreffende Vertrag von ihnen zur Durchsetzung verlangt, ergreifen.[1] Das allgemeine Völkerrecht stellt in beschränktem Umfang Mechanismen bereit, mittels derer Vertragsparteien des betreffenden Vertrages dessen Einhaltung durch andere Vertragsparteien einfordern können. Dabei handelt es sich um die Möglichkeit, ein Verfahren der Streitbeilegung[2] einzuleiten, Staatenverantwortlichkeit geltend zu machen,[3] bzw. den Vertrag wegen Vertragsverletzung zu beenden oder zu suspendieren.[4] Diese Mechanismen werden als konfrontative Mechanismen zur Durchsetzung eines Vertrages bezeichnet. Daneben bestehen Möglichkeiten, auf politischer und diplomatischer Ebene auf Vertragstreue hinzuwirken. In aller Regel müssen die letztgenannten Möglichkeiten ausgeschöpft sein, bevor die genannten konfrontativen

[125] Ebd.

[126] Hier greift der IGH auf die Rechtsprechung des StIGH zurück; vgl. *Compagnies d'électricité de Sofia et de Bulgarie*, ordonnance du 5 décembre 1939, C. P. J. I. Séries A/B n. 79, 199.

[127] Dafür sprechen Protokolle der Verhandlungen zu Artikel 39 des Entwurfs des StIGH-Statuts von 1920, der später wortgleich als Artikel 41 in den IGH-Statut übernommen wurde. Dabei wird deutlich, daß der Terminus *„indiquer"* nur deshalb dem stärkeren *„ordonner"* vorgezogen wurde, weil der Gerichtshof über keine Mittel verfügt, die einstweilige Maßnahmen durchzusetzen, nicht jedoch, weil den Maßnahmen eine bindende Wirkung abgesprochen würde. Dies gilt gleichermaßen für die Wortwahl im englischen Text. Vgl. IGH vom 27. 6. 2001, *LaGrand* (Anm. 121), §§ 105–107.

[1] Vgl. dazu § 151. Für das Völkergewohnheitsrecht gilt das Gesagte noch in verstärkter Form; es hat naturgemäß keine Mechanismen zur Durchsetzung oder deren Überwachung entwickelt.

[2] S. § 170.

[3] S. §§ 173 ff.

[4] S. § 159.

Maßnahmen ergriffen werden können. Letztlich liegt also die Überwachung der Einhaltung und die Durchsetzung der Verträge bei den Vertragsparteien selbst[5] bzw. geht auf deren Initiative zurück. Insofern ist das System zur Durchsetzung völkervertraglicher Verpflichtungen dezentralisiert.

Es besteht allerdings die Möglichkeit, spezielle Regeln zur Überwachung der Erfüllung eines völkerrechtlichen Vertrages in diesem oder einem Zusatzabkommen aufzunehmen und dabei Gemeinschaftsorgane der Vertragsparteien mit entsprechenden Funktionen auszustatten. Einzelne Verträge haben hiervon Gebrauch gemacht. Aber auch in diesen Fällen liegt das alles entscheidende Initiativrecht bei den Vertragsstaaten. Nur in wenigen Ausnahmefällen können Gemeinschaftsorgane aus eigener Initiative gegen eine Vertragsverletzung tätig werden. Diesem Ansatz folgt u. a. Kapitel VII der Charta der VN,[6] auch wenn in der Realität Aktionen des Sicherheitsrats von einem seiner Mitglieder angestoßen wird.

Nur wenige völkerrechtliche Verträge stellen Verfahren zur Verfügung, über die eine Einhaltung der vertraglich übernommenen Pflichten überprüft werden kann.[7] Entsprechende Vorschriften finden sich in erster Linie in Abrüstungsverträgen bzw. Verträgen zur Rüstungsbeschränkung, in Abkommen zum Schutze von Menschenrechten und Verträgen zum Schutze der Umwelt. Insgesamt handelt es sich aber bei der vertraglichen Schaffung von Kontroll- und Durchsetzungsmechanismen um eine Tendenz jüngeren Datums. Sie beruht auf zwei Phänomenen. Zum einen hat die Zahl völkervertraglicher Pflichten in einem Umfang zugenommen, der eine unkontrollierte einzelstaatliche (autonome)[8] Durchsetzung durch die Vertragsparteien als nicht mehr ausreichend erscheinen läßt. Entscheidender ist aber, daß Staaten sich vertraglich nicht nur in Bezug auf die internationalen Beziehungen binden, sondern vor allem Verträge beispielsweise zum Schutze von Menschenrechten oder zum Schutze der Umwelt innerstaatlich Maßnahmen auf der legislativen und der exekutiven Ebene erforderlich machen.

In einzelnen Verträgen finden sich auch Regelungen, wie die innerstaatliche Umsetzung zu erfolgen hat, also ob entsprechende gesetzgeberische Maßnahmen zu ergreifen sind – bis hin zu der Aussage, daß die Aufnahme eines bestimmten Straftatbestandes in das Strafgesetzbuch erforderlich ist[9] und welche Maßnahmen auf exekutiver Ebene erforderlich bzw. ausreichend erscheinen. Die Feststellung, ob Staaten insoweit den völkervertraglichen Pflichten genügen, ist daher außerordentlich komplex. Sie erfordert nicht nur eine Analyse der nationalen Gesetzgebung, sondern auch der Verwaltungspraxis. Der Verzicht auf eine entsprechende Kontrolle würde die Effektivität dieser Vertragsregime wesentlich beeinträchtigen. Insofern sind Verfahren zur Überwachung der Einhaltung von Staaten übernommener Pflichten möglicherweise gekoppelt mit Regelungen, welche Möglichkeiten im Falle einer Nichterfüllung bestehen, Mechanismen zur Effizienzsicherung des Völkerrechts. Gleichzeitig leisten sie im Einzelfall einen Beitrag zur Vermeidung von Rechtsstreitigkeiten zwischen Staaten.

2. Das Völkervertragsrecht enthält keine konkrete Aussage darüber, wann ein völkerrechtlicher Vertrag erfüllt ist bzw. erfüllt wird. Art. 26 des Wiener Übereinkommens über das Recht der Verträge (WVK)[10] spricht lediglich von der Verbindlichkeit des Vertrages und der Verpflichtung, ihn nach Treu und Glauben zu erfüllen.[11] Insoweit wird den Staaten ein weites – allerdings nicht uneingeschränktes – Ermessen eingeräumt, soweit der betreffende Vertrag

---

[5] Zum typischen Beispiel der hafenstaatlichen Kontrolle Band I/1, 97.

[6] Vgl. Band II/1.

[7] *Ch. Tomuschat*, International Law: Ensuring the Survival of Mankind on the Eve of a New Century, RdC 281 (1999), 9 (359).

[8] *Tomuschat* (Anm. 5), 359.

[9] Art. 4 des Internationalen Übereinkommens zur Beseitigung jeder Form der Rassendiskriminierung, BGBl. 1996 II, 283.

[10] BGBl. 1985 II, 927.

[11] Vgl. dazu § 151.

keine konkreten Aussagen zur Umsetzung in nationales Recht macht.[12] Von einer Vertragserfüllung ist dann auszugehen, wenn die vertraglich übernommenen Verpflichtungen in der Praxis des betreffenden Staates in vollem Umfang verwirklicht werden.[13]
Als Durchsetzung von völkervertraglichen Verpflichtungen sind alle Maßnahmen von Staaten oder Maßnahmen internationaler Organisationen zu verstehen, die Staaten oder andere Völkerrechtssubjekte zwingen oder dazu anreizen, den übernommenen internationalen Verpflichtungen nachzukommen. Insofern sind Durchsetzungsmaßnahmen Reaktionen auf eine festgestellte Nichterfüllung einer völkerrechtlichen Verpflichtung. Insbesondere den Anreizen kommt unter dem modernen Völkerrecht eine zunehmende Bedeutung zu. Sie scheinen sich in der Praxis als effektiver zu erweisen als die konfrontativen Formen der Durchsetzung wie Verfahren der Streitbeilegung oder Maßnahmen im Rahmen des Systems der Staatenverantwortlichkeit.

3. a) Trotz aller Versuche, internationale Verfahren und Mechanismen zu entwickeln, mittels derer die Einhaltung völkervertraglich eingegangener Verpflichtungen überwacht und gegebenenfalls durchgesetzt wird, kann über diese bislang keine Rechtsdurchsetzung gesichert werden, die mit der Rechtsdurchsetzung im nationalen Recht vergleichbar wäre. Dies beruht auf verschiedenen Gründen. Grundsätzlich bleibt die Überwachung einer Einhaltung völkerrechtlicher Verpflichtungen und damit deren Durchsetzung dezentralisiert. D. h., die Durchsetzung liegt bei den Vertragsstaaten des entsprechenden vertraglichen Regimes. Sie müssen entweder durch Gegenmaßnahmen oder durch Rückgriff auf die Möglichkeiten unter dem System der Staatenverantwortlichkeit die Rechtsdurchsetzung in die eigene Verantwortung nehmen oder zumindest die Initiative ergreifen, damit Staatengemeinschaftsorgane oder internationale Organisationen entsprechende Maßnahmen ergreifen. Die Durchsetzung von Völkervertragsrecht erfolgt damit wesentlich unter Einschaltung von denjenigen, die ihrerseits Rechtsunterworfene sind. Deren Interesse an einer strikten Verwirklichung vereinbarter vertraglicher Verpflichtungen erlahmt in dem Moment, in dem sie selbst an einer Lockerung der vertraglichen Verpflichtungen interessiert sind.[14] Ein weiterer Grund, der einer mit dem nationalen Recht vergleichbaren Rechtsdurchsetzung entgegensteht, ist die teilweise weniger ausgeprägte Präzisierung völkerrechtlicher Verpflichtungen. Insoweit sind völkerrechtliche Durchsetzungsmechanismen nur im Kontext mit den konkret eingegangenen Verpflichtungen zu sehen und zu bewerten.

3. b) Grundsätzlich werden im Völkerrecht zwei Typen von Verpflichtungen unterschieden, ergebnisorientierte Verpflichtungen und Verhaltenspflichten.[15] Verhaltensorientierte Verpflichtungen begründen danach lediglich die Pflicht, bestimmte z. B. gesetzgeberische Maßnahmen zu erlassen, ohne daß der angestrebte Erfolg im eigentlichen Sinne geschuldet

[12] Zur Frage, ob der besondere Inhalt oder die besondere Rechtsnatur eines völkerrechtlichen Vertrages dessen unmittelbare Anwendung im nationalen Recht (möglicherweise mit Vorrang vor den nationalen Gesetzen) fordert vgl. § 151.

[13] *Wolfrum*, 29; *P. Sands*, Compliance with International Environmental Obligations: Existing Legal Arrangements, in: *J. Cameron/J. Werksman/P. Roderick* (eds.), 48 (49).

[14] Daraus kann allerdings nicht der Schluß gezogen werden, völkerrechtliche Verpflichtungen würden nur erfüllt, wenn ein staatliches Interesse hieran bestünde. Vertreter dieses Ansatzes, vgl. dazu *K. W. Abbott*, International Relations Theory, International Law, and the Regime Governing Atrocities in International Conflicts, AJIL 93 (1999), 361 ff (364), verkennen, daß konkrete und abstrakte Interessen eines Staates bestehen und einander widerstreiten können, nämlich das konkrete Interesse an der Vertragserfüllung und das Interesse an der Achtung völkerrechtlicher Normen schlechthin. Abgesehen davon ist die Identifikation des Staatsinteresses in pluralistischen Staaten durchaus problematisch.

[15] So noch Art. 20 und 21 *Draft Articles on State Responsibility*, ILM 37 (1998), 440; Kritisch insoweit der *Special Rapporteur J. Crawford*, Second Report on State Responsibility, UN Doc. A/CN.4/4/498, 17 March 1999, 27 ff. Diese Unterscheidung wurde für den endgültigen Entwurf der ILC (vgl. dazu §§ 173 ff) aufgegeben.

wird. Vielmehr kann ein Staat in diesem Falle einer Verantwortlichkeit entgegenhalten, er habe alles Erforderliche getan.[16] Wird demgegenüber ein Erfolg geschuldet, so steht dem betreffenden Staat zwar frei, wie er das erstrebte Ziel erreicht; er kann sich aber nicht darauf berufen und damit der Staatenverantwortlichkeit ausweichen, alles Erforderliche getan zu haben. Internationale Verpflichtungen sind viel komplexer, als daß sie einerseits als Verhaltenspflichten oder als erfolgsorientierte Pflichten beschrieben werden könnten. Vor allem gibt es völkerrechtliche Verträge, die lediglich ein allgemeines Ziel formulieren. Bei diesen haben Staaten ein Ermessen sowohl hinsichtlich des Ergebnisses als auch hinsichtlich des einzuschlagenden Verhaltens. Deswegen kommt der Unterscheidung zwischen verhaltensorientierten und ergebnisorientierten völkerrechtlichen Pflichten nur ein begrenzter Erkenntniswert zu.

4. Die Beachtung völkerrechtlicher Verpflichtungen hängt von der Berücksichtigung verschiedener Komponenten ab, die sich teilweise einer juristischen Bewertung entziehen. Wesentlich ist Begründung und Erhalt des Bewußtseins, daß rechtliche, einschließlich völkerrechtlicher Verpflichtungen eingehalten werden. Dieses Bewußtsein muß nicht nur in Exekutive und Legislative, sondern auch bei den gesellschaftlich relevanten Gruppen verankert sein. Vor allem nichtstaatlichen Organisationen kommt hinsichtlich der Durchsetzung des Völkerrechts eine zunehmend stärker werdende Bedeutung zu.[17] Allerdings gilt für das Völkerrecht eine Besonderheit. Es ist ein Recht, das auf einem Rechtssetzungsakt der Rechtsunterworfenen beruht und in erster Linie durch die Rechtsunterworfenen durchgesetzt wird. Es ist daher stärker auf die Rückkoppelung zu den Rechtsunterworfenen, d. h. den Vertragsparteien angewiesen als dies für das nationale Recht gilt.[18] Dies ist bei der Konzeption sowie der Beurteilung von völkerrechtlichen Überwachungs- und Durchsetzungsmechanismen zu bedenken.

II. Grundsätzlich – wie bereits angesprochen – wird zwischen konfrontativen und nichtkonfrontativen völkerrechtlichen Durchsetzungsmechanismen unterschieden, wobei letztere nicht mit Zwang, sondern mit ökonomischen oder anderen Anreizen arbeiten, über die die Bereitschaft von Staaten gefördert wird, sich vertragstreu zu verhalten.[19] Eine Mittelstellung nimmt das Berichtssystem ein. Es kann Elemente von Durchsetzung mit reiner Informationsgewinnung für die Durchsetzung vereinen.

Bis vor kurzem dominierten die konfrontativen Durchsetzungsmechanismen (Sanktionen, Gegenmaßnahmen,[20] Maßnahmen nach dem System der Staatenverantwortlichkeit[21] und die verschiedenen Formen der friedlichen Streitbeilegung).[22] Diese haben sich in der Praxis bei internationalen Übereinkommen, in denen die wirtschaftliche und technische Leistungsfähigkeit der Staaten für die Vertragserfüllung von Bedeutung ist, also insbesondere bei Abkommen zum Schutze der Umwelt, als wenig adäquat erwiesen. Denn letztlich wirken sie in diesen Fällen abschreckend und sie verhindern eine breite Mitgliedschaft, auf die diese Abkommen im Interesse ihrer Effektivität angewiesen sind. Außerdem geht man davon aus, daß nicht-konfrontative Durchsetzungsmaßnahmen eher den verschiedenen Gründen Rech-

---

[16] Siehe z. B. Art. 4 Abs. 4 Annex III des VN Seerechtsübereinkommens, BGBl. 1994 II, 1799.

[17] Dazu näher: *Chayes/Chayes*, 250 ff; *Riedinger*.

[18] *T. M. Franck*, The Power of Legitimacy Among Nations, 1990; *J. Brunnée/S. J. Toope*, International Law and Constructivism: Elements of an Interactional Theory of International Law, Columbia Journal of Transnational Law 39 (2000), 18 ff.

[19] *E. Brown Weiss*, Strengthening National Compliance with International Environmental Agreements, Environmental Policy and Law, 4 (1997), 297 (298 f); *Wolfrum*, 30; *J. Delbrück*, Perspectives for a „World (Internal) Law"? Legal Developments in a Changing International System, IJGLS 10 (2002) (im Erscheinen).

[20] Vgl. dazu im einzelnen § 188.

[21] Vgl. dazu im einzelnen §§ 173 ff.

[22] Vgl. dazu im einzelnen § 170.

nung tragen können, aus denen heraus Staaten sich nicht vertragskonform verhalten.[23] Schließlich erfolgte die Entwicklung der angesprochenen neuen Verfahren mit Rücksicht auf die Komplexität der übernommenen Verpflichtungen.[24]

III. 1. Das Berichtssystem ist eines der ältesten Verfahren des Völkerrechts mit Hilfe dessen das vertragskonforme Verhalten von Staaten evaluiert wird. Es wurde bereits durch die Völkerbundssatzung für die Mandatsgebiete[25] entwickelt und dann für das Treuhandsystem übernommen. Es ist Bestandteil aller internationaler Übereinkommen zum Schutze der Menschenrechte.[26] Im Laufe der Zeit hat es weitreichende Entwicklungen und Verfeinerungen erfahren und immer stärker den Charakter eines nicht-konfrontativen Durchsetzungsmechanismus angenommen.[27] Die Durchsetzungswirkung des Berichtssystems liegt darin, daß Staaten durch die Berichtspflicht gezwungen werden, sich selbst zu evaluieren. Dieses Ergebnis wird dann mit dem betreffenden Vertragsgremium diskutiert. Im Idealfall entsteht ein ständiger Diskurs zwischen dem betreffenden Staat und dem Vertragsgremium und den Vertragsstaaten sowie eine Diskussion dieses Diskurses in den Vertragsstaaten selbst. Voraussetzung dafür ist die Transparenz dieses Diskurses und die Möglichkeit für eine Beteiligung von nichtstaatlichen Organisationen. Seit der Umweltkonferenz von Stockholm 1972, hat das Berichtssystem auch Eingang in das internationale Umweltrecht gefunden. Hier ist es im Vergleich zum Berichtssystem der internationalen Abkommen zum Schutze der Menschenrechte teilweise als Vorstufe zu einem Durchsetzungsverfahren umformuliert worden.[28] Allerdings entfällt dann der in dem Berichtssystem angelegte Dialog zwischen dem berichtenden Staat und dem Gremium, das die Berichte entgegen nimmt, der bereits für sich gesehen einen besonderen Wert hinsichtlich einer Sicherung des vertragskonformen Verhaltens der Staaten darstellt.[29]

2. Ein reines Überwachungssystem stellt das Inspektionssystem dar. Es ist typisch für Abrüstungsverträge, Rüstungskontrollverträge, zur Kontrolle der friedlichen Nutzung von Kernenergie, für die Nutzung der Antarktis und die Kontrolle von Schiffahrt und Fischfang.[30] Dabei kann die Inspektion durch internationale, also einer internationalen Organisation verantwortliche Inspekteure, erfolgen; der Regelfall sind aber nationale Inspekteure, die allerdings unter internationaler Verantwortung arbeiten.

Ein Beispiel für ein Inspektionssystem bildet Art. 14 des Protokolls über Umweltschutz von 1991 zum Antarktisvertrag.[31] Danach kann jede Konsultativpartei Beobachter bestimmen, die Stationen, Schiffe, Expeditionen, Flugzeuge oder Ausrüstungsgegenstände in der Antarktis auf Verstöße gegen das Umweltschutzregime oder die Demilitarisierungsvorschriften inspizieren können. Nach dem Vertrag zwischen den USA und der UdSSR *on the Elimination of their Intermediate-Range and Shorter Range Missiles* (INF-Vertrag)[32] kann jeder der Vertragsparteien entsprechende Inspektionen

---

[23] Vgl. dazu allgemein *R. B. Mitchell*, Compliance Theory: An Overview, in: *Cameron/Werksman/Roderick*, 1 (11); *Bothe*, 14; *H. K. Jacobsen/E. Brown Weiss*, Strengthening Compliance with International Environmental Accords: Preliminary Observations from a Collaborative Project, Global Governance 1 (1995), 119 (124 ff).

[24] Vgl. die Darstellung bei *Chayes/Chayes*, 109 ff.

[25] *C. J. Partsch*, Reporting Systems in International Relations, EPIL II (1995), 191 sowie Bd. I/1, 93 f.

[26] C. *Tomuschat*, Human Rights, States Reports, in: R. *Wolfrum* (ed.), United Nations: Law, Policies and Practice, 1995, 628 ff.

[27] R. *Wolfrum*, The Committee on the Elimination of Racial Discrimination, Max Planck UN YB 3 (1999), 489 ff (505 ff); vgl. für das Berichtssystem der Vertragsgremien des VN Menschenrechtsschutzsystems den Alston Report (UN Doc. A/44/668).

[28] Vgl. dazu im einzelnen *Wolfrum*, 37 ff.

[29] Vgl. dazu beispielsweise für das Berichtssystem zum Ausschuß zur Beseitigung von Rassendiskriminierung, *R. Wolfrum*, The Committee on the Elimination of Racial Discrimination, Max Planck UNYB 3, 1999, 489 (505 ff).

[30] Vgl. dazu insbesondere *S. Oeter*, Inspection in International Law Monitoring Compliance and the Problem of Implementation of International Law, NYIL 28 (1997), 101 ff.

[31] ILM 30 (1991), 1461, vgl. dazu im einzelnen § 141.

[32] ILM 27 (1988), 90; vgl. dazu *Tomuschat* (Anm. 5), 380.

in dem jeweiligen anderen Staat oder in Staaten durchführen, wo Raketen der anderen Vertragspartei stationiert sind. Schließlich ist in diesem Kontext auf den *Open Skies*-Vertrag von 1992[33] zu verweisen, der eine Luftüberwachung militärischer Aktivitäten ermöglichen soll.[34]

Die Inspektionen führen generell zu Berichten entweder an eine internationale Organisation oder an Staaten – bzw. Staatengemeinschaftsgremien, die dann die vorgesehenen Maßnahmen treffen. Die Möglichkeit für internationale Organisationen oder Staatengemeinschaftsorgane[35] aktiv zu werden, ist allerdings die Ausnahme. Die Regel ist eine Verpflichtung der betroffenen Staaten zum Tätigwerden.
In diesem Zusammenhang kann auch auf die Regelungen des INF-Vertrages[36] verwiesen werden, Verifikationsmaßnahmen nicht zu beeinträchtigen bzw., wie es u. a. Art. VII des Antarktisvertrages[37] oder der Chemiewaffenvertrag[38] verlangen, den Vertragspartnern bestimmte Informationen zur Verfügung zu stellen. In beiden Fällen handelt es sich nicht um Inspektionen, sondern um die Generierung von Informationen, die Rückschlüsse auf die Vertragstreue erlauben.

3. Internationale Organisationen und Staatengemeinschaftsorgane sind bislang nur begrenzt in die konkrete Durchsetzung von völkerrechtlichen Verpflichtungen eingeschaltet, obwohl dies immer wieder gefordert wird. Staaten sind zurückhaltend, ihnen entsprechende Funktionen zu übertragen.[39] Letztlich wären sie aber auch mit dieser Aufgabe überfordert. Stattdessen übernehmen diese Gremien die Aufgabe einer Feststellung, ob der betreffende Vertrag sein Vertragsziel insgesamt erreicht, als sich mit der Vertragserfüllung durch einzelne Staaten auseinanderzusetzen. Dieser Befund gilt jedoch nicht durchgängig; einzelne Organe von internationalen Abkommen zum Schutze der Umwelt haben u. a. die Kompetenz, Informationen über Vertragsverletzungen zu sammeln und ein spezielles Vertragsverletzungsverfahren vorzubereiten oder ein entsprechendes Verfahren einzuleiten.[40] Einen Sonderfall stellen insoweit die Regelungen zum Tiefseebergbau dar.[41]

4. a. Eine Innovation im internationalen Umweltrecht stellt die Entwicklung nicht-konfrontativer Mechanismen zur Vertragsdurchsetzung dar. Bei aller Verschiedenheit im Ansatz und der Ausgestaltung des Verfahrens beruhen alle derartigen Mechanismen auf der Überlegung, daß zunächst die Gründe für die Nichtbeachtung der vertraglich übernommenen Verpflichtung evaluiert und danach Maßnahmen erwogen werden, wie das Erfüllungsdefizit ausgeglichen wird.

Ein derartiges Verfahren wurde unter dem Protokoll von Montreal zum Schutze der Ozonschicht[42] eingerichtet. Es beruht auf jährlich vorzulegenden Berichten der Vertragsstaaten.[43] Das Verfahren

---

33 BGBl. 1993 II, 2047.

34 Weitere Beispiele Bd. I/1, 95 f.

35 Gemeint sind damit in erster Linie Versammlungen der Vertragsstaaten, die weitreichende Funktionen übernehmen; vgl. dazu *R. R. Churchill/G. Ulfstein*, Autonomous Institutional Arrangements in Multilateral Environmental Agreements: A Little Noticed Phenomenon in International Law, AJIL 94 (2000), 623 (insbesondere 643 ff).

36 Vgl. Anm. 28.

37 UNTS 402, 71; BGBl. 1978 II, 1517.

38 BGBl. 1994 II 806.

39 *Wolfrum*, 49.

40 Vgl. Art. XIII des Washingtoner Artenschutzabkommens (BGBl. 1975 II 773), sowie Resolution 8. 4. der Konferenz der Vertragsstaaten; siehe auch die Regelungen zum Schutz der Ozonschicht, dazu *W. Lang*, Compliance Control in International Environmental Law: Institutional Necessities, ZaöRV 56 (1996), 385 ff; die Kommission gemäß dem Übereinkommen zum Schutze des Nordostatlantiks hat das Recht Informationen zu sammeln und Schritte einzuleiten, um die Einhaltung des Übereinkommens sicherzustellen (Art. 23 lit.a).

41 Art. 162 Abs. 2 (a), (2) des Seerechtsübereinkommens, vgl. dazu *A. E. Boyle*, Saving the World? Implementation and Enforcement of International Institutions, Journal of Environmental Law 3 (1991), 229 (240).

42 BGBl. 1988 II, 1014.

43 Eingerichtet durch Entscheidung IV/5 der Versammlung der Vertragsstaaten, abgedruckt in: Environmental Policy and Law, 1994, 133; vgl. dazu *M. Koskenniemi*, Breach of Treaty or Non-Compliance?

kann durch einen oder mehrere Vertragsstaaten in Gang gesetzt werden, einschließlich des Vertragsstaats, der seine vertraglichen Pflichten nicht erfüllt hat und des Sekretariats. Die Entscheidung wird in einem ‚*Implementation Committee*' vorbereitet, wobei dieses eine einvernehmliche Lösung zwischen den Vertragsstaaten und dem betroffenen Staat anstrebt. Kommt in dem Ausschuß keine Einigung zustande, so erfolgt eine Berichtsempfehlung an die Versammlung der Vertragsstaaten. Diese kann verschiedene Maßnahmen ergreifen, die in der nicht abschließend formulierten „*Indicative List of Measures that might be taken by the Meeting of Parties in respect of non-compliance with the Protocol*"[44] genannt sind.
Entsprechende Verfahren sind unter der Konvention gegen weiträumige und grenzüberschreitende Luftverschmutzung[45] und deren Protokolle[46] vorgesehen. Das entsprechende Verfahren unter der Klimarahmenkonvention[47] ist weniger stringent. Es betont stärker den Aspekt der Kooperation und der Hilfestellung zur Vertragserfüllung.

4. b. Die angesprochenen *non-compliance* Verfahren sind teilweise durchaus kritisch gewürdigt worden. So wurde argumentiert, derartige Verfahren berücksichtigten zu stark die Interessen der betroffenen Staaten und vernachlässigten das Interesse der Staatengemeinschaft an der Erfüllung völkerrechtlicher Abkommen.[48] Außerdem wird ihnen vorgeworfen, sie ließen die Grenzen zwischen Streitbeilegung und Vermittlung verschwimmen. Dem ist entgegenzuhalten, daß erst durch die Einführung derartiger Verfahren die Übernahme der vertraglichen Verpflichtungen durch eine große Anzahl von Staaten mit unterschiedlichem wirtschaftlichen und technischen Niveau möglich wurde. Den Gemeinschaftsinteressen, die diese Verträge verfolgen, ist durch diesen Ansatz besser gedient als durch Abkommen mit rigidem konfrontativen Durchsetzungsverfahren.
Problematisch ist allerdings die Einbettung dieser *non-compliance* Verfahren in die Mechanismen, die das allgemeine Völkerrecht zur Durchsetzung zur Verfügung stellt. Gegenmaßnahmen[49] können nach allgemeinem Völkerrecht nur ergriffen werden – und das gleiche gilt für weitere Maßnahmen nach dem Recht der Staatenverantwortlichkeit,[50] wenn die Möglichkeiten, die unterschiedlichen Anschauungen über die Vertragserfüllung einvernehmlich beizulegen, ausgeschöpft sind. Die hier skizzierten *non-compliance* Verfahren stellen aber Formen für eine einvernehmliche Lösung zur Verfügung, so daß der Weg über diese Verfahren zunächst gesucht werden muß. Alles andere würde auch Sinn und Zweck dieser Verfahren, sowie dem Grundgedanken der ihnen zu Grunde liegenden Verträge widersprechen, die auf Kooperation angelegt sind.

Reflections on the Enforcement of the Montreal Protocol, Yearbook of International Environmental Law 3 (1992), 123 (128 ff).

[44] UNEP/O L. Pro.4/15, Annex V, 48.

[45] BGBl. 1982 II, 373.

[46] BGBl. 1985 II, 1183; 1990 II, 1278; 1993 II, 986.

[47] ILM 26, 1529.

[48] C. *Chinkin*, Alternative Dispute Resolution Under International Law, in: *M. Evans* (ed.), Remedies in International Law: The Institutional Dilemma, 1998, 123 (128 ff).

[49] Vgl. dazu § 188.

[50] Vgl. dazu §§ 186, 187.

4. KAPITEL
Vertragsänderung und Vertragskonkurrenz

§ 155 Änderung und Modifikation von Verträgen; die Vertragsrevision

Schrifttum: wie vor § 143; ferner *G. Scelle*, Théorie juridique de la révision des traités, 1936; *P. H. v. Escher*, Die Revision der internationalen Vereinbarungen, 1947; *G. Scelle*, La révision dans les conventions générales, Annuaire de l'Institut de Droit International 42 (1948), 1 ff; *R. Yakemtchouk*, La révision des traités multilateraux en droit international, RGDIP 60 (1956), 337 ff; *E. C. Hoyt*, The Unanimity Rule in the Revision of Treaties, 1959; *J. Leca*, Les techniques de révision des conventions internationales, 1961; *I. F. H. Stabreit*, Die Revision multilateraler völkerrechtlicher Verträge durch eine begrenzte Anzahl der Vertragsparteien, 1964; *R. Bernhardt*, Interpretation and Implied (Tacit) Modification of Treaties, ZaöRV 27 (1967), 491 ff; *G. Guarino*, La revisione dei trattati, 1971; *R. K. Dixit*, Amendment or Modification of Treaties, IJIL 10 (1970), 37 ff; *W. Karl*, Vertragsauslegung, Vertragsänderung, in: *C. Schreuer* (Hrsg.), Autorität und internationale Ordnung, 1979; *W. Karl*, Vertrag und spätere Praxis, 1983; *D. W. Bowett*, Treaty Revision in the Light of the Evolution of Customary International Law, Afr.JIC 5 (1993), 84 ff; *N. Kontou*, The Termination and Revision of Treaties in the Light of New Customary International Law, 1994; *M. J. Bowman*, The Multilateral Treaty Amendment Process – A Case Study, ICLQ 44 (1995), 540 ff; *J. A. Frowein*, Are there Limits to the Amendment Procedures in Treaties Constituting International Organisations?, in: FS *Seidl-Hohenveldern*, 1998, 201 ff; *W. G. Grewe*, Treaties, Revision, EPIL IV (2000), 980 ff.

I. Aus politischen Gründen, aus Gründen tatsächlicher und rechtlicher Veränderungen[1] außerhalb des Vertrages oder aus Gründen einer Verbesserung seiner Wirksamkeit kann es notwendig werden, einen Vertrag zu ändern.[2] Die Vertragsänderung kann dabei verschiedene Erscheinungsformen annehmen und auch aus ganz unterschiedlichen Änderungsverfahren hervorgehen, ohne daß dies notwendigerweise zu einem grundsätzlichen Unterschied in den Auswirkungen der gewählten Änderungsmodalitäten führt. Die Wiener Vertragsrechtskonvention sieht dabei für das Verfahren einer förmlichen Vertragsänderung mit Ausnahme der Vertragsmodifikation keine besonderen Bestimmungen vor. Vielmehr finden dispositiv, d. h. sofern der betroffene Vertrag selbst keine eigene Regelung enthält, die für den Abschluß von Verträgen in Teil II der Konvention festgelegten Regeln auch auf den Abschluß einer Vertragsänderungsübereinkunft der Parteien Anwendung (Art. 39 Satz 2

[1] Ein besonders eindrucksvolles Beispiel hierfür ist die über Jahre hinweg verhandelte Änderung des *Hay-Varilla* Vertrages vom 18. 11. 1903 betreffend den Bau und Betrieb des Panama-Kanals durch die Vereinigten Staaten von Amerika, CTS 194, 263 ff, durch zwei am 7. 9. 1977 schließlich unterzeichnete Änderungsverträge, UNTS 1280, 3 ff; UNTS 1161, 177 ff, die das seit 1903 bestehende Regime betreffend die Verwaltung des Panamakanals und seinen internationalen Status zugunsten Panamas änderten. Obwohl keine rechtlichen Gründe für eine Änderung vorlagen, willigten die Vereinigten Staaten von Amerika aufgrund des wachsenden politischen Drucks, unter anderem auch begründet in dem Anspruch Panamas auf volle nationale Selbstbestimmung, in die Vertragsänderung ein, vgl. dazu kurz *Grewe*, EPIL IV, 980.

[2] Zutreffend weist *Grewe*, EPIL IV, 980, darauf hin, daß die Vertragsänderung unter politisch-diplomatischem Aspekt einen Teil des übergreifenden Problems des *„peaceful change"* bildet; ebenso *Verdross/Simma*, 510; *Brownlie*, 630; zur Bedeutung der Vertragsänderung oder -anpassung im Kontext des *„peaceful change"* *J. Delbrück*, Peaceful Change, in: *R. Wolfrum* (ed.), United Nations: Law, Policies, and Practice, 1995, Vol. 2, 970 (978).

WVK). Insofern unterliegt dann die Vertragsänderung den allgemeinen Vorgaben zum Vertragsschluß.[3] Im Hinblick auf einige dennoch auftretende Besonderheiten, zum Beispiel bei der Änderung von multilateralen Verträgen oder bei der Vertragsrevision, sind jedoch – wenn auch nicht theoretisch zwingend – einige begriffliche Vorklärungen vorzunehmen, ehe auf die Regelungen der Wiener Vertragsrechtskonvention bzw. des gewohnheitsrechtlich geltenden Völkervertragsrechts eingegangen wird.

1. a) Ausgangsbegriff für eine nachträgliche Ausweitung oder auch Eingrenzung bestehender Vertragspflichten durch die Vertragsparteien ist der Begriff der Vertragsänderung *(amendment)*. Die Wiener Vertragsrechtskonvention unterscheidet vom Grundfall der Vertragsänderung den besonderen Fall der Vertragsmodifikation. Während die Vertragsänderung die Änderung oder Ergänzung eines Vertrages durch Übereinkunft aller Vertragsparteien meint (Art. 39 und Art. 40 WVK), bezieht sich die Vertragsmodifikation auf den speziellen Fall, daß einzelne Parteien eines multilateralen Vertrages untereinander *(inter se)* eine Änderung der zwischen ihnen geltenden Vertragslage herbeiführen, der ursprüngliche multilaterale Vertrag jedoch zwischen den die Modifikation vornehmenden Parteien und den übrigen Parteien unberührt bleibt (Art. 41 WVK).[4]

b) Von der Vertragsänderung ist nach verbreiteter Ansicht die Vertragsrevision zu unterscheiden, auch wenn diese Unterscheidung keinen Niederschlag in den Bestimmungen der Wiener Vertragsrechtskonvention gefunden hat. Während die Vertragsänderung auf die Umgestaltung einzelner Vertragsvorschriften abzielt, soll die Vertragsrevision nach verbreiteter Ansicht und Praxis Änderungen des ursprünglichen Vertrages insgesamt zum Ziel haben.[5] Aus rechtsdogmatischer Sicht vermag diese Unterscheidung nicht wirklich zu überzeugen. Selbst wenn eine Vertragsänderung im gegebenen Fall auch nur einzelne Vorschriften eines Vertrages betreffen mag, so kann die Änderung doch so wichtige Einzelvorschriften umgestalten, daß die Änderung den Gesamtcharakter bzw. die Grundrichtung des Vertrages verändert. Auf der anderen Seite kann eine Vertragsrevision im Einzelfall letztlich im Gegensatz zur Absicht der die Vertragsrevision betreibenden Parteien zu nur marginalen Veränderungen des Vertrages führen. Dennoch ist aus rein praktischen Gründen diese Unterscheidung brauchbar und soll deshalb auch hier beibehalten werden – eine Unterscheidung, die auch die Charta den VN getroffen hat, indem sie in Art. 108 ein Änderungsverfahren vorsieht, aber in Art. 109 ein von dem des Art. 108 kaum unterscheidbares, im wesentlichen eine andere Sperrminorität vorsehendes Chartarevisionsverfahren für eine grundlegende Überarbeitung der Charta festlegt.[6]

---

[3] Siehe oben § 146.

[4] Dazu *Verdross/Simma*, 509; *Oppenheim/Jennings/Watts*, Vol. I/2–4, 1256 f; *Brownlie*, 631; *Grewe*, EPIL IV, 980 (981); *Dixit*, IndJIL 10 (1970), 37 (43 f); zur Vertragsmodifikation näher unten II.3.e).

[5] Vgl. dazu *Verdross/Simma*, 509; *Brownlie*, 630, der betont, daß zwischen Vertragsänderung und Vertragsrevision kein prinzipieller Unterschied *(„no distinction of quality")* besteht, jedoch die Unterscheidung dahin, daß die Vertragsänderung einzelne Vorschriften, die Vertragsrevision den Vertrag als ganzen betreffen soll, anführt; in diesem Sinne auch *Grewe*, EPIL IV, 980 (981); ferner *Dixit*, IndJIL 10 (1970), 37 f; zur Terminologie ähnlich wie hier auch die ILC, vgl. YBILC 1966 II, 232, die aber letztlich keinen wesentlichen rechtlichen Unterschied zwischen *„amendment"* und *„revision"* sehen mochte und sich für die Verwendung allein des Begriffs *„amendment"* entschied; abweichend von der ganz überwiegenden Begriffsbildung will *Stabreit*, 14 f, neben der Vertragsänderung, die er Modifizierung nennt, auch die Vertragsaufhebung unter den Begriff der Revision fassen. Es mache keinen Unterschied, ob eine Vertragsvorschrift durch eine andere ersetzt wird oder ersatzlos wegfällt. Das mag für einzelne Vorschriften eine vertretbare Ansicht sein, dann wäre aber allenfalls von einer „partiellen Aufhebung" zu sprechen, weil die Vertragsrevision nicht auf den Wegfall des revidierten Vertrages, sondern auf seine Fortgeltung als ganzer mit verändertem Inhalt abzielt. Was endgültig wegfällt, kann schwerlich als ein „revidierter" Vertrag angesehen werden.

[6] Siehe dazu *Frowein*, in: FS Seidl-Hohenveldern, 201 (207); *Karl/Mützelburg*, in: *Simma* (ed.), Charter (engl.), art. 109, para. 1.

2. Nach der gewählten Form der Vertragsänderung läßt sich eine weitere, nicht unwichtige Unterscheidung treffen danach, ob die Vertragsänderung förmlich, das heißt durch ausdrückliche, in der Regel schriftliche Übereinkunft, vorgenommen wurde oder ob sie formlos, vielfach allein durch eine dem Vertragsschluß nachfolgende Praxis der Parteien erfolgte.[7] Dieser Freiheit der Form von Vertragsänderungen wird auch in der Wiener Vertragsrechtskonvention Rechnung getragen, indem Art. 39 WVK durch die bewußte Verwendung des weiten Begriffes „Übereinkunft" jede Form des Einvernehmens der Vertragsparteien über eine Vertragsänderung im Grundsatz genügen läßt.
Jedoch können sich im Falle der Änderung eines Vertrages durch die nachfolgende Praxis der Vertragsstaaten Abgrenzungsprobleme gegenüber der nachfolgenden Praxis als Instrument der Vertragsinterpretation (Art. 31 Abs. 3 WVK) ergeben.[8]

3. Abgrenzungsprobleme bestehen auch zwischen der Vertragsänderung einerseits und der Vertragsbeendigung andererseits. Genau betrachtet, bedeutet jede Vertragsänderung die Bildung eines neuen Konsenses zwischen den Parteien, so daß zurecht gesagt worden ist, durch eine Vertragsänderung komme im Grunde ein neuer Vertrag zustande und werde der alte Vertrag beendet.[9] So richtig dies vom Standpunkt formaler Logik sein mag, so ist unter praktischen Gesichtspunkten die Unterscheidung zwischen einer Vertragsänderung und der Vertragsbeendigung doch aufrechtzuerhalten. Stellt man auf den Willen der Parteien ab, so liegt bei der Vertragsänderung der Schwerpunkt auf der Kontinuität des ursprünglichen, nur in Einzelheiten zu ändernden Vertrag. Auch wenn die Parteien bezüglich der Änderungen einen neuen Konsens untereinander begründen, so ist ihr Wille doch darauf gerichtet, an dem alten Vertrag festzuhalten, diesen auch nicht für eine logische Sekunde zu beenden.[10] Daß auch die Wiener Vertragsrechtskonvention von der klaren Trennung von Vertragsänderung und Vertragsbeendigung ausgeht, zeigt sich darin, daß sie beide Vorgänge in der Konvention deutlich von einander getrennt behandelt.[11]

II. 1. Da Verträge auf dem übereinstimmenden Willen der Parteien beruhen, können sie auch von den Parteien durch eine Übereinkunft zwischen ihnen geändert werden. Diesen Grundsatz des Völkergewohnheitsrechts bringt auch Art. 39 WVK zum Ausdruck: „Ein Vertrag kann durch Übereinkunft zwischen den Vertragsparteien geändert werden." Diese Übereinkunft kann zwar grundsätzlich sowohl förmlich als auch formlos erfolgen.[12] Jedoch wird man der Regelung des Art. 39 Satz 2 WVK, nach der für Änderungen von Verträgen, welche keine eigenen Änderungsregelungen enthalten, auf die Bestimmungen von Teil II WVK (Abschluß und Inkrafttreten von Verträgen) verwiesen wird, entnehmen dürfen, daß nach der Wiener Vertragsrechtskonvention hier von Änderungen in schriftlicher Form, also

---

[7] *Reuter*, Droit des traités, 140, Rdn. 204, weist zutreffend darauf hin, daß die ILC schon während der Beratungen des *Waldock*-Berichts mit der Verwendung des Begriffs *„agreement"* in Art. 35 des Entwurfs die Absicht verband, für Vertragsänderungen Raum für möglichst flexible Formen und Gestaltungen zu lassen; zu den Beratungen siehe YBILC 1966 II, 232.

[8] Zu den formlosen Vertragsänderungen näher unten IV.

[9] So etwa *A. Verdross*, Völkerrecht, 5. Auflage, 1964, 183, der zwar zwischen Aufhebung und Änderung eines Vertrages unterscheidet, dennoch den geänderten Vertrag als einen den alten Vertrag ersetzenden ansieht. Dazu auch kurz *Grewe*, EPIL IV, 980 (981).

[10] In diesem Sinne auch *Reuter*, Droit des traités, 120; für das Fortbestehen des Vertrages bei Änderung auch *Dixit*, IndJIL 10 (1970), 37; die ILC hat sich zur Frage, ob durch den Abschluß eines Änderungsvertrages ein oder zwei Verträge bestehen, nicht eindeutig geäußert, vgl. Yearbook ILC 1966 II, 234.

[11] So auch *Grewe*, EPIL IV, 980 (981); die Vertragsänderung sowie die Vertragsrevision als Sonderfall der Vertragsänderung wird in Teil IV, die Beendigung des Vertrages im Rahmen des Teils V der WVK behandelt, der die Ungültigkeit, die Beendigung und die Suspendierung von Verträgen betrifft.

[12] Siehe oben I.2.

förmlichen Änderungen, ausgegangen wird, da der Teil II WVK zugrundeliegende Vertragsbegriff im Sinne einer schriftlichen Übereinkunft (Art. 2 Abs. 1 lit. a WVK) insoweit auch auf Änderungsübereinkünfte ausstrahlt.
Die grundsätzliche Geltung des Teiles II der WVK auch für Änderungsverträge bedeutet aber auch, daß dann, wenn der zu ändernde Vertrag ratifikationsbedürftig ist, auch der Änderungsvertrag von den Parteien ratifiziert werden muß, um wirksam zu werden.

2. Der übereinstimmende Wille der Parteien, auf dem Vertragsänderungen beruhen, muß allerdings auch schon im Vorfeld in dem Sinne bestehen, daß überhaupt einvernehmlich eine Änderung angestrebt werden muß. Aus dem Grundsatz *pacta sunt servanda* ergibt sich, daß, wenn der zu ändernde Vertrag über die Vornahme einer Änderung keine Regelung enthält, keiner der Vertragsparteien ein Recht auf Änderung zusteht und diese an die eingegangenen vertraglichen Verpflichtungen gebunden sind. Die Zustimmung zu einer Vertragsänderung liegt im politischen Ermessen der Parteien.[13] Allerdings kommt es in der Praxis häufig vor, daß die Parteien zwar nicht ausdrücklich die Zulässigkeit einer Vertragsänderung oder gar ein Recht darauf vorsehen, wohl aber eine Vorschrift in ihren Vertrag aufnehmen, die das Verfahren im Falle einer Änderung regelt.[14] Dennoch kann man auch in diesem Falle nicht von einem Recht auf die Annahme der gewünschten Änderung sprechen. Jedoch wird man der Aufnahme einer Änderungsklausel[15] auch die Pflicht der Vertragsparteien entnehmen dürfen, sich ernsthaft auf die Herbeiführung der gewünschten Änderung einzulassen und *bona fide,* über die allgemeine Treuepflicht hinaus, darüber zu verhandeln.[16] Denkbare Grundlage für ein wirkliches Recht auf Änderung könnte aber möglicherweise die dem Vertragsschluß nachfolgende Entstehung von denselben Lebenssachverhalt regelnden Gewohnheitsrecht sein.[17]

3. a) Im übrigen ist die Regelung des Art. 39 WVK zur Änderung von Verträgen völlig unproblematisch, soweit sie auf bilaterale Verträge Anwendung findet.[18] Es liegt auf der Hand, daß bei diesen Verträgen die beiden Vertragsparteien eine wirksame Änderung des Vertrages nur durch eine übereinstimmende Willensbildung herbeiführen können oder aber – soweit der ursprüngliche Vertrag dies seinem materiellen Inhalt nach zuläßt – auch durch stillschweigende Hinnahme einer den Vertrag verändernden Vertragsanwendungspraxis der einen Partei durch die andere Vertragspartei bewirken können.

b) Anders liegen die Dinge hingegen bei multilateralen Verträgen. Zwar galt und gilt nach den Regeln des völkergewohnheitsrechtlichen Vertragsrechts auch noch heute der Grundsatz, daß die Änderung des multilateralen Vertrags der Zustimmung aller Vertragsparteien bedarf, und davon geht auch die WVK (Art. 39) aus.[19] Doch ist es bei diesen Verträgen ungleich schwieriger, den erforderlichen Konsens für eine Vertragsänderung im Hinblick auf die größere bzw. große Zahl der Vertragsparteien herbeizuführen. Zwar wird nach der

[13] So stellt auch *McNair*, Law of Treaties, 534, lapidar fest: *„As question of law, there is not much to be said upon the revision of treaties.... Accordingly, treaty revision is a matter for politics and diplomacy, and has little, if any, place in this book.“* *McNair* spricht hier von der Vertragsänderung allgemein, nicht nur von der Vertragsrevision im oben definierten Sinne; zurückhaltend auch *Grewe*, EPIL IV, 980.

[14] Zu den Revisionsklauseln im einzelnen näher unten III.

[15] Nicht ohne Bedeutung ist hierbei jedoch die jeweilige Formulierung der Änderungsklausel, die sehr unterschiedlich ausfallen kann. Im Einzelfall kann beispielsweise die in einer Änderungsklausel enthaltene Fristbestimmung so auszulegen zu sein, daß die Vertragsparteien vor Ablauf dieser Frist keine Änderungswünsche zulassen wollten. Auch kann eine Änderungsklausel Änderungswünsche an bestimmte Gründe binden, so daß damit Änderungswünsche aus anderem Grund ausgeschlossen werden.

[16] Die Vorauflage, Bd. III, 143, spricht insoweit von einem *pactum de negotiando*; zustimmend *Detter*, 72.

[17] Zum Verhältnis von Vertragsrecht und nachfolgend entstehendem Gewohnheitsrecht zueinander siehe unten V.

[18] *McNair*, 534.

[19] In diesem Sinne *Aust*, 212 und 219.

allgemeinen Änderungsvorschrift des Art. 39 WVK auch auf Art. 9 Abs. 2 WVK verwiesen, der es internationalen Konferenzen ermöglicht, Vertragstexte mit Zweidrittelmehrheit anzunehmen. Jedoch erfordert – falls keine andere Regelung besteht – das Inkrafttreten eines mit Zweidrittelmehrheit beschlossenen Änderungsvertrages dessen Annahme durch alle Vertragsparteien (Art. 24 WVK), es sei denn, es handelt sich von vornherein um eine auf einzelne Vertragsstaaten begrenzte Vertragsmodifikation nach Art. 41 WVK.[20] Infolgedessen enthalten multilaterale Verträge seit geraumer Zeit zumeist gesonderte Änderungsregelungen, nach denen – etwa bei institutionellen Verträgen wie den Satzungen internationaler Organisationen – Vertragsänderungen auch aufgrund von – meist qualifizierten – Mehrheitsentscheidungen verbindlich zustande kommen können.[21]

So sieht etwa die UN Charta in Art. 108 vor, daß Änderungen der Charta für alle Mitglieder der Vereinten Nationen in Kraft treten, wenn sie mit Zweidrittelmehrheit der Mitglieder der Generalversammlung angenommen und von zwei Dritteln der Mitglieder der Vereinten Nationen einschließlich aller ständigen Mitglieder des Sicherheitsrates nach Maßgabe ihres Verfassungsrechts ratifiziert worden sind.[22] Eine ähnliche Regelung enthält Art. 41 der Satzung des Europarates.[23] Danach können Vorschläge zur Änderung der Satzung dem Ministerkomitee oder unter bestimmten Bedingungen auch der Beratenden Versammlung unterbreitet werden. Das Komitee empfiehlt die von ihm für wünschenswert erachteten Änderungen und läßt diese in ein Protokoll fassen. Das Protokoll tritt in Kraft, sobald zwei Drittel der Mitglieder seine Ratifikation vorgenommen haben.[24] Weitere Beispiele für Vertragsänderungen aufgrund von Mehrheitsentscheidungen sind Art. 30 der Satzung der *Universal Postal Union*[25], Art. 28 der Satzung der *World Meteorological Organization*[26], Art. 7 *der International Finance Corporation.*[27] Andere Organisationen wie die *World Health Organization* erlauben Vertragsänderung mit Mehrheitsentscheid, sehen aber für die Mitgliedstaaten die Möglichkeit des *„opting out"* vor.[28]

c) Der Sonderlage bei Änderungen multilateraler Verträge hat auch die Wiener Vertragsrechtskonvention besondere Regelungen gewidmet. Art. 40 WVK sieht eine Reihe von Verfahrensregeln vor, die sicherstellen sollen, daß alle Parteien des multilateralen Vertrages bei einer von einer einzelnen oder von mehreren Parteien vorgeschlagenen Änderung rechtzeitig beteiligt werden können. Allerdings steht die Anwendung des Art. 40 nach dessen Absatz 1 unter dem Vorbehalt, daß der zu ändernde Vertrag keine eigenen Regeln über seine Änderung enthält: „Sofern der Vertrag nichts anderes vorsieht, richtet sich die Änderung mehrseitiger Verträge nach den folgenden Absätzen" (Art. 40 Abs. 1 WVK).[29]

---

20 Dazu näher unten unter II.3.e).

21 Einen Trend in Richtung auf vermehrte Vertragsänderungen durch Mehrheitsentscheidungen betonen auch *Starke/Shearer*, 426; keine völkergewohnheitsrechtliche Regel, die die Zustimmung aller Parteien verlangt, erkennen aus der Staatenpraxis *Oppenheim/Jennings/Watts*, Vol. I/2–4, 1255, die aber auch auf die Probleme der Verfahren unter Verzicht auf das Einstimmigkeitserfordernis hinweisen; aufgrund eingehender Analyse der Staatenpraxis kommt auch *Hoyt*, 246 und passim, zu dem Ergebnis, daß das Erfordernis der Einstimmigkeit bei Vertragsänderungen weder von Rechts wegen besteht noch sinnvoll ist. Zu den Revisionsklauseln näher unten III.

22 Dazu im einzelnen *Karl/Mützelburg*, in: *Simma* (ed.), Charter (engl.), art. 108; *M. Schröder*, Amendment to and Review of the Charter, in: *R. Wolfrum* (ed.), United Nations Law, Policies and Practice, Vol. 1, 20 ff.

23 Text der Satzung des Europarates vom 5. 5. 1949 in: UNTS 87, 103; 614, 296; 777, 322 und 793, 350.

24 Die weiteren Detailvorschriften des Art. 41 lit. d sind in diesem Zusammenhang nicht von Belang.

25 BGBl 1998 II, 2085.

26 UNTS 77, 143.

27 BGBl 1992 II, 1228; BGBl 1993 II, 1862; 1995 II, 568.

28 Siehe dazu z. B. Art. 30 der *Convention on Biological Diversity*, ILM 31 (1992), 822 ff; zum *„opting out"* siehe *C. Tietje*, The Changing Legal Structure of International Treaties, GYIL 42 (1999), 26 (51 f); eine Fülle weiterer Beispiele von Änderungsklauseln bieten *H. Blix/J. H. Emerson*, The Treaty Maker's Handbook, 1973, 225 ff.

29 Von der Möglichkeit, eigene Verfahrensregeln für die Änderung in multilaterale Verträge aufzunehmen, wird heute vielfach Gebrauch gemacht. Insbesondere im Bereich von multilateralen Umweltschutzverträgen, die oft in ihrer ursprünglichen Fassung – meist aus Gründen der Erleichterung der Konsensbildung, aber auch aus Gründen noch bestehender Unsicherheiten bezüglich des wissenschaftlichen Erkenntnis-

Nach Absatz 2 des Art. 40 sind Vorschläge zur Änderung eines mehrseitigen Vertrages mit Wirkung zwischen allen Vertragsparteien allen Vertragsstaaten zu notifizieren. Jeder von ihnen ist berechtigt, an Beschlüssen über das hinsichtlich des Änderungsvorschlages zu Veranlassende teilzunehmen und an den Verhandlungen und am Abschluß der Vereinbarung der Vertragsänderung mitzuwirken. Damit wird sichergestellt, daß die Willensbildung im Hinblick auf die Änderung alle Vertragsparteien von Anfang an einschließt.

d) Haben nach den Regelungen des ursprünglichen Vertrages Staaten das Recht, dem mehrseitigen Vertrag beizutreten, so steht ihnen dieses Recht auch bezüglich des geänderten Vertrages zu (Art. 40 Abs. 3 WVK). Das Souveränitäts- und Konsensprinzip findet im Verfahren zur Änderung eines mehrseitigen Vertrages in Art. 40 Abs. 4 WVK Berücksichtigung, indem dort klargestellt wird, daß die Änderungsübereinkunft keinen Staat bindet, der Partei des ursprünglichen Vertrages ist, nicht jedoch Partei der Änderungsübereinkunft geworden ist. Auf einen solchen Staat findet die Vorschrift des Art. 30 Abs. 4 lit. b WVK Anwendung (Art. 40 Abs. 4 WVK). Das heißt, daß zwischen einem Staat, der sowohl Partei des ursprünglichen Vertrages und der Änderungsübereinkunft ist, und einem Staat, der nur Partei eines der beiden Verträge – in diesem Fall nur des ursprünglichen Vertrages – ist, der Vertrag, dem beide Parteien angehören, hier also der ursprüngliche Vertrag, die gegenseitigen Rechte und Pflichten regelt.
Schließlich regelt Art. 40 Abs. 5 WVK das Verhältnis zwischen einem dem geänderten Vertrag beigetretenen Staat zu einer Vertragspartei, die nicht durch die Änderungsübereinkunft gebunden ist. Zunächst stellt Art. 40 Abs. 5 lit. a WVK klar, daß der nach dem Inkrafttreten der Änderungsübereinkunft beigetretene Staat Partei des geänderten Vertrages wird. Der beigetretene Staat gilt aber auch – und zwar im Verhältnis zu einem nicht an den Änderungsvertrag gebundenen Vertragsstaat des ursprünglichen Vertrages – als Partei des nicht geänderten, d. h. des ursprünglichen Vertrages, so daß dieser die Beziehungen zwischen dem beigetretenen Staat und dem nicht an die Änderungsübereinkunft gebundenen Vertragsstaat regelt. Die Existenz dieser unterschiedlichen Vertragsbereiche – der Vertrag in geänderter Form zwischen allen Parteien, die der Änderung zugestimmt haben und der alte Vertrag zwischen den Parteien, die sich der Änderung nicht angeschlossen haben – ist das Ergebnis der Berücksichtigung der Souveränität der Vertragsparteien einerseits und der Notwendigkeit flexibler Vertragsanpassung unter den obwaltenden politischen und technischen Bedingungen andererseits.[30] In der Praxis kann diese Regelung jedoch zu erheblichen Problemen führen.

Aust führt als ein drastisches Beispiel für die aus der unterschiedlichen Annahme von Änderungsübereinkünften, Zusatzprotokollen und Ergänzungsverträgen durch die Parteien eines Vertrages entstehenden Schwierigkeiten das Schicksal des Warschauer Abkommens zur Vereinheitlichung bestimmter Regeln für den internationalen Lufttransport vom 12. 10. 1929[31] an, das nach dem 2. Weltkrieg mehrfach durch Protokolle (1955, 1971)[32], durch weitere Zusatzprotokolle (1975)[33]

---

standes – offene oder vage Vorschriften enthalten (häufig auch als im Laufe der Zeit ausfüllungsbedürftige sog. Rahmenkonventionen abgeschlossen) und deshalb besonders auf angemessene Änderungsverfahren angewiesen sind, vgl. dazu die aufschlußreiche Fallstudie zur Schaffung eines Änderungsmechanismus für die Ramsar Convention bei *Bowman*, ICLQ 44 (1995), 540 ff.

[30] So zutreffend *Reuter*, Droit des traités, 121.

[31] *Convention for the Unification of Certain Rules Relating to International Carriage by Air*, LNTS 137, 11 ff; RGBl 1933 II, 1039.

[32] *Protocol to Amend the Convention for the Unification of Certain Rules Relating to International Carriage by Air Signed at Warsaw on October 12, 1929 (Hague Protocol)*, 28. 9. 1955, UNTS 478, 371; *Protocol to Amend the Convention for the Unification of Certain Rules Relating to International Carriage by Air Signed at Warsaw on October 12, 1929 as Amended by the Protocol Done at the Hague on September 28, 1955 (Guatemala City Protocol)*, 8. 3. 1971, ILM 10 (1971), 813 ff.

[33] *Additional Protocol No. 1 to Amend the Convention for the Unification of Certain Rules Relating to*

und ein ergänzendes Abkommen vom 18. 9. 1961[34] geändert und damit an gewandelte Bedingungen angepaßt wurde. Da einige Staaten Parteien allein der ursprünglichen Konvention blieben, andere als Parteien der Konvention eines oder mehrere Protokolle und andere der einschlägigen Instrumente annahmen und wieder andere Staaten nur Parteien der späteren Abkommen, also nicht der ursprünglichen Konvention, wurden, ist das Ziel der Warschauer Konvention, ein einheitliches Regime zu schaffen, nicht erreicht worden, wobei anzumerken ist, daß das Protokoll von 1971 und das Montreal-Protokoll Nr. 3 nicht in Kraft getreten sind. Die verwirrende Lage bereitet insbesondere nationalen Gerichten erhebliche Schwierigkeiten, die in besonderem Maße für die Durchsetzung der Abkommen zuständig sind.[35]
Als weiteres Beispiel für mögliche, aus der unterschiedlichen Annahme von Änderungsabkommen entstehende Komplikationen läßt sich die Änderung des UN Seerechtsübereinkommens durch das Durchführungsübereinkommen zu dessen Teil XI[36] nennen.[37] Zwar stellt seit dem 28. 7. 1994 – dem Tag der Annahme des Durchführungsübereinkommens durch die UN Generalversammlung[38] – jede Ratifikations- oder Beitrittsurkunde zum Seerechtsübereinkommen gleichzeitig eine verbindliche Zustimmung zu dem Durchführungsübereinkommen dar (Art. 4 Abs. 1 des Durchführungsübereinkommens). Schwierigkeiten bestehen aber hinsichtlich des Verhältnisses zwischen den Staaten, die vor dem 28. 7. 1994 (allein) das Seerechtsübereinkommen ratifiziert haben und jenen, für die aufgrund späterer Ratifikation bzw. späteren Beitritts sowohl das Seerechtsübereinkommen als auch das Durchführungsübereinkommen verbindlich ist.[39]

e) Wie einführend erwähnt, unterscheidet die Wiener Vertragsrechtskonvention zwischen der Vertragsänderung und der Vertragsmodifikation. Letztere bezieht sich auf den Fall einer Vertragsänderung, die einzelne Parteien eines multilateralen Vertrages untereinander zur Änderung des Vertrages vornehmen, diese Änderung jedoch nur sie, nicht aber die übrigen Parteien des multilateralen Vertrages bindet.[40]

Ein interessantes Beispiel für eine solche vertragsändernde Übereinkunft nur einzelner an einem multilateralen Vertrag beteiligter Staaten ist das am 5. 10. 1954 zwischen Italien, den Vereinigten Staaten von Amerika, dem Vereinigten Königreich und Jugoslawien vereinbarte *Memorandum of Understanding* über Triest, das eine weitgehende Änderung des Friedensvertrages mit Italien von 1947 enthielt. Das Abkommen wurde nur dem mit der Verwaltung des Gebietes von Triest betrauten Sicherheitsrat der Vereinten Nationen notifiziert. Doch teilte die damalige Sowjetunion als Partei des Friedensvertrages mit, daß sie das Abkommen zur Kenntnis genommen habe. Proteste anderer

---

International Carriage by Air Signed at Warsaw on October 12, 1929 (Montreal Protocol No. 1), 25. 9. 1975, British Command Papers Cmnd. 6480, Misc. (1976) und die Zusatzprotokolle von Montreal 2–4 vom gleichen Tage, British Command Papers Cmnd. 6481–6483, Misc. 15–17.

[34] *Convention, Supplementary to the Warsaw Convention for the Unification of Certain Rules Relating to International Carriage by Air Performed by a Person other than the contracting Carrier (Guadalajara Convention)*, 18. 9. 1961, UNTS 500, 1 ff.

[35] So zutreffend *Aust*, 213, zu dieser speziellen, aber nicht untypischen Problematik siehe auch *R. Gardiner*, Revising the Law of Carriage by Air: Mechanisms in Treaties and Contract, ICLQ 47 (1998), 278 ff; *N. Pickelman*, Draft Convention for the Unification of Certain Rules for International Carriage by Air: The Warsaw Convention Revisited for the Last Time, Journal of Air Law and Commerce 64 (1998), 273 ff.

[36] BGBl. 1994 II, 2566.

[37] Siehe hierzu auch *Aust*, 222 f.

[38] GA Res. 48/263.

[39] Siehe dazu *Gloria*, in: *Ipsen* (Hrsg.), 4. Aufl., 716 f.; sowie *R. Platzöder*, Substantive Changes in a Multilateral Treaty Before its Entry into Force: The Case of the 1982 United Nations Convention on the Law of the Sea, EJIL 4 (1993), 390 ff.

[40] Besonderheit der Modifikation im Sinne der Wiener Vertragsrechtskonvention ist, daß es sich um den Fall einer Vertragsänderung handelt, bei dem die die Änderung anstrebenden Vertragsparteien *ab initio* nicht alle Vertragspartner in die Änderung einzubeziehen beabsichtigen. In der Wirkung ähnlich ausfallen kann eine zunächst für alle Vertragsparteien geplante Änderung, die dann nicht von allen Vertragsparteien angenommen wird oder die per Mehrheitsbeschluß angenommen wird, einige Vertragsparteien aber von einer im Vertrag vorgesehenen *opt out*-Möglichkeit Gebrauch machen. In beiden Fällen liegen im Ergebnis – ähnlich der Wirkung von Vorbehalten zu Verträgen – zwischen den an die Modifikation bzw. an die Änderung gebundenen Vertragspartnern und den an den ursprünglichen Vertrag gebundenen Vertragsparteien unterschiedliche Vertragsregimes vor.

Friedensvertragsstaaten gab es nicht.[41] Weitere Beispiele sind das deutsch-britische Flottenabkommen vom 18. 6. 1935, mit dem die beiden Vertragsparteien unter sich Teil V des Versailler Friedensvertrages von 1919 modifizierten[42] und die abweichende Übereinkunft zwischen Italien und Frankreich bezüglich des zwischen den Alliierten Mächten und Italien geschlossenen Friedensvertrages von 1947.[43]

Die Modifikation eines multilateralen Vertrages hat den Vorteil, daß eine von den betreffenden Parteien für erforderlich gehaltene Änderung erleichtert wird, weil nicht der Konsens der Gesamtheit der Vertragsparteien herbeigeführt werden muß, was nicht nur zeitraubend, sondern auch unter Umständen nur um den Preis erheblicher Kompromisse möglich sein kann. Auf der anderen Seite erscheint die Möglichkeit, daß einzelne Parteien eines multilateralen Vertrages sozusagen auf dem Boden dieses Vertrages ein Sonderregime, eine Übereinkunft *inter se*, begründen, dem Gedanken der Vertragseinheit und letztlich dem Konsensprinzip zuwiderzulaufen. So kann auch nach allgemeinem Völkerrecht nicht davon ausgegangen werden, daß Parteien ohne weiteres eine den Gesamtvertrag modifizierende Übereinkunft herbeiführen dürfen. Diesen Bedenken trägt Art. 41 WVK dahingehend Rechnung, daß zwei oder mehr Vertragsparteien eines mehrseitigen Vertrages nur dann unter sich eine Änderungsübereinkunft schließen dürfen, wenn „a)...die Möglichkeit einer solchen Modifikation in dem Vertrag vorgesehen ist", d. h. also, wenn über die grundsätzliche Möglichkeit einer solchen Modifikation Konsens unter allen Parteien des multilateralen Vertrag herrscht, oder „b) wenn die betreffende Modifikation durch den Vertrag nicht verboten ist" und – kumulativ – „die anderen Vertragsparteien in dem Genuß ihrer Rechte auf Grund des Vertrags oder in der Erfüllung ihrer Pflichten nicht beeinträchtigt sind" sowie die Modifikation „sich nicht auf eine Bestimmung bezieht, von der abzuweichen mit der vollen Verwirklichung von Ziel und Zweck[44] des gesamten Vertrags unvereinbar ist." Nach der hier zur Unvereinbarkeit von Vorbehalten zu Verträgen vertretenen Auffassung[45] ist von einem objektiven Maßstab auszugehen. Nicht welche Modifikation nach Ansicht der modifizierenden oder der nicht-modifizierenden Vertragsparteien mit Ziel und Zweck des Gesamtvertrages vereinbar oder unvereinbar ist, kann darüber entscheiden, ob eine Übereinkunft zur Modifikation des Vertrages zulässig ist oder nicht. Vielmehr muß gerade im Hinblick darauf, daß mehrseitige Verträge zunehmend objektive Geltung entfalten, auch bei der Bestimmung der Vereinbarkeit von Modifikationsübereinkünften ein objektiver Maßstab herangezogen werden.

Verletzt ein *inter se* Abkommen die Vorschriften des Art. 41 Abs. 1 WVK oder eine in dem betroffenen Vertrag enthaltene Modifikationsregel, so führt dies im Grundsatz nicht zur Nichtigkeit der Modifikationsübereinkunft, welche nur gegeben ist, wenn diese zugleich gegen zwingendes Recht verstößt. Jedoch sind die Parteien eines solchen Modifikationsabkommens wegen Vertragsverletzung völkerrechtlich verantwortlich.[46]

Für den Fall, daß die Möglichkeit der Modifikation eines mehrseitigen Vertrages in diesem vorgesehen ist, haben die Vertragsparteien, die die Modifikation beabsichtigen, den anderen

---

[41] Vgl. zum Ganzen und in Sonderheit zur sowjetischen Haltung UNYB 1954, 100.

[42] Notenwechsel über die Begrenzung der Seerüstungen, LNTS 161, 9; British Treaty Series, No. 22 (1935).

[43] Dazu *The Frontier (Local Authorities) Award*, ILR 20 (1953), 63 ff (70 f).

[44] Zur Bedeutung von Ziel und Zweck des betroffenen Vertrages im Rahmen von Vertragsmodifikationen siehe *V. Crnic-Grotic*, Object and Purpose of Treaties in the Vienna Convention on the Law of Treaties, AsianYIL 7 (1997), 141 ff (149 f).

[45] Siehe oben § 148 III 2 b.

[46] So zutreffend *Verdross/Simma*, 508, die auf die auch im Falle des Abschlusses aufeinanderfolgender Verträge bestehende Pflicht hinweisen, alles zu tun, „um die Kollision der Vertragspflichten zugunsten der Parteien des verletzten Vertrages aufzulösen". Daß ein mit dem Ziel und Zweck des zu modifizierenden Vertrages unvereinbares *inter se* Abkommen zur Staatenverantwortlichkeit führen kann, merkt auch *Waldock* in seinem Kommentar zu Art. 37 des Final Draft der ILC an, vgl. dazu *Rauschning/Wetzel*, 303.

Vertragsparteien diese Absicht sowie den Inhalt der Modifikation zu notifizieren (Art. 41 Abs. 2 WVK). Zwar könnte diese Pflicht zur Information der anderen Vertragsparteien darauf hinweisen, daß diese ihre Einwände geltend machen und damit ihre subjektive Meinung über die Zulässigkeit der Modifikation zum Ausdruck bringen können sollen. Doch ist dies keineswegs zwingend. Vielmehr ist die Information der an der Modifikation nicht beteiligten Vertragsparteien die Voraussetzung dafür, daß überhaupt über die Zulässigkeit der Modifikation gesprochen werden kann. Über den dabei anzuwendenden Zulässigkeitsmaßstab sagt Art. 41 Abs. 2 WVK nichts aus.[47]

4. In der Regel genügt die Übereinstimmung der Vertragsparteien zur Änderung eines Vertrages. Doch gibt es insoweit auch Ausnahmen, nämlich dann, wenn die Parteien nicht allein über den Gegenstand des Vertrages verfügen, etwa deswegen, weil sie die wirksame Ausübung des Rechts zur Vertragsänderung von der Zustimmung Dritter abhängig machen.

Eine ausdrückliche Bestimmung dieser Art war in den Abkommen zwischen den Alliierten und Assoziierten Hauptmächten auf der einen und Polen, der Tschechoslowakei, Rumänien und Griechenland auf der anderen Seite zum Schutze der Minderheiten nach dem 1. Weltkrieg enthalten. Danach bedurfte die Änderung der Abkommen der Zustimmung der Mehrheit des Völkerbundrates.[48]

Eine Beschränkung des Rechts zur Änderung eines Vertrages durch die Vertragsparteien ist möglicherweise auch dann gegeben, wenn durch diesen eine objektive Ordnung oder sonstige *erga omnes* wirkende Verpflichtungen geschaffen werden.[49]

III. 1. In einer Zeit, in der multilaterale Verträge sowohl als Regelungsverträge *(lawmaking treaties)* als auch als institutionelle Verträge, als Satzungen oder Verfassungen internationaler Organisationen eine immer größere Rolle spielen, wächst der Bedarf nach effizienten Möglichkeiten auch grundlegender Änderungen solcher Verträge. Das Instrument, das die Staatspraxis hierfür entwickelt hat, ist die bereits erwähnte Vertragsrevision. Zahlreiche multilaterale Verträge weisen sog. Revisionsklauseln auf, die allerdings unterschiedlicher Natur sind. Auf der einen Seite gibt es die weit verbreiteten, speziell auf den Vertrag ausgerichteten Revisionsklauseln, also Regeln, die jenseits der Vertragsänderung, eine umfassende Überprüfung und gegebenenfalls Änderung eines bestimmten Vertrages enthalten. Auf der anderen Seite stehen die der Sache nach sich ebenfalls als Revisionsklauseln darstellenden Vorschriften, die nicht jeweils einen bestimmten Vertrag im Auge haben, sondern generell als Instrumente des „friedlichen Wandels" *(peaceful change)* gedacht sind.[50]

---

[47] Daß mit der Vereinbarkeit des *inter se* Abkommens mit Ziel und Zweck des zu modifizierenden Vertrages ein objektiver Maßstab gemeint ist, zeigt das Beispiel, das *Waldock* in seinem Kommentar zu Art. 37 des Final Draft der ILC gibt: ein *inter se* Abkommen, das die Vorschriften eines Abrüstungs- oder Neutralisierungsabkommens modifiziert, würde mit dessen Ziel und Zweck unvereinbar sein, vgl. dazu *Rauschning/Wetzel*, 303.

[48] So zum Beispiel die Verträge vom 28. 6. 1919 (Polen), *de Martens*, 3ème Série, NRG XIII, 504 (Art. 12); vom 10. 9. 1919 (CSSR), ebd. 512 (Art. 14); vom 10. 9. 1919 (Jugoslawien), ebd., 521 (Art. 11); vom 9. 12. 1919 (Rumänien), ebd., 529 (Art. 12); vom 10. 8. 1920 (Griechenland), *de Martens*, 3ème Série, NRG XII, 801 (Art. 16).

[49] Zur Frage einer Beschränkung des Änderungsrechts der Vertragsparteien bei Verträgen mit *erga omnes*-Wirkung siehe oben § 152 IV.

[50] Zur Vertragsrevision als Instrument des „friedlichen Wandels *(peaceful change)*" siehe auch *Verdross/Simma*, 510; *W. Vitzthum*, Friedlicher Wandel durch völkerrechtliche Rechtsetzung – Zur Problematik des Verfahrens und der inhaltlichen Konsensbildung internationaler Kodifikationskonferenzen, dargestellt am Beispiel der 3. UN Seerechtskonferenz, in: *J. Delbrück* (Hrsg.), Völkerrecht und Kriegsverhütung – Zur Entwicklung des Völkerrechts als Recht friedenssichernden Wandels, 1979, 123 ff sowie die Angaben in Anm. 1.

So sah Art. 19 VBS vor, daß die Völkerbundversammlung von Zeit zu Zeit die Überprüfung von Verträgen anraten kann, die unanwendbar geworden sind, und von internationalen Situationen, die den Weltfrieden gefährden können. Da diese Vorschrift allerdings von den ehemaligen Kriegsgegnern Deutschlands nicht so verstanden wurde, daß sie auch auf eine mögliche Revision des Versailler Friedensvertrages anwendbar war, diese Revision aber ein ganz wesentlicher Beitrag zur Stabilisierung der internationalen Ordnung nach dem 1. Weltkrieg gewesen wäre, hat Art. 19 VBS als „Sicherheitsventil"[51] gegen die wachsenden Spannungen in Europa weitgehend versagt und keine ernsthafte Rolle gespielt. Deshalb haben auch die Gründer der Vereinten Nationen davon abgesehen, eine dem Art. 19 VBS entsprechende Norm in die Charta aufzunehmen. Art. 14 Charta der VN ist zwar wie Art. 19 VBS als eine generelle Revisionsklausel anzusehen, doch ist sie insofern wesentlich schwächer formuliert als Art. 19 VBS als sie nicht mehr speziell auf die Revision von Verträgen gerichtet ist. Nach Art. 14 Charta der VN kann die Generalversammlung der Organisation allgemein Maßnahmen zur friedlichen Bereinigung jeder Situation empfehlen, gleichviel wie sie entstanden ist, wenn sie nach Auffassung der Generalversammlung geeignet ist, das allgemeine Wohl oder die freundschaftlichen Beziehungen zwischen Nationen zu beeinträchtigen. Diese weit gefaßte Formel schließt die Empfehlung zur Anpassung von Verträgen an veränderte Umstände mit ein. In ihrer wenig präzisen Formulierung hat diese Vorschrift in der Praxis der Vereinten Nationen kaum eine Rolle als Instrument des friedlichen Wandels gespielt.[52]

2. a) Von der Möglichkeit, je spezifisch für einzelne multilaterale Verträge Revisionsklauseln vorzusehen, ist in der Staatenpraxis von jeher reger Gebrauch gemacht worden. Diese Klauseln erlauben den Parteien – sei es jederzeit, sei es nach einer bestimmten Frist oder unter bestimmten Bedingungen – den Vertragspartnern den Wunsch nach einer Überprüfung oder Revision *(review or revision)* vorzutragen.

Beispielsweise bestimmte das Washingtoner Flottenabkommen vom 6. 2. 1922[53] in Art. 21, daß die Vertragsparteien, wenn die Sicherheitsbedürfnisse einer Partei nach deren Ansicht durch eine Veränderung der Verhältnisse wesentlich beeinträchtigt würden, auf Antrag dieser Partei eine Konferenz zum Zwecke der Überprüfung oder Änderung des Vertrages berufen würden. Eine ähnliche Revisionsklausel war in den deutsch-britischen Flottenabkommen vom 18. 6. 1935[54] enthalten. Danach wurde das Verhältnis der deutschen zur britischen Flotte auf 35:100 festgesetzt, aber hinzugefügt, daß, wenn das Gleichgewicht der Flotten in Zukunft durch ungewöhnliche Bauten dritter Mächte aufgehoben werden sollte, Deutschland das Recht haben solle, die britische Regierung um eine Überprüfung der Lage zu bitten.[55] Nach Art. XVI der Völkermordkonvention von 1948[56] kann jede Vertragspartei einen Antrag auf Revision der Konvention durch eine schriftliche Mitteilung an den Generalsekretär der Vereinten Nationen stellen. In Art. 12 des NATO Vertrages vom 4. 4. 1949[57] ist eine Konsultation der Parteien über die Revision des Vertrages nach Ablauf von mindestens 10 Jahren auf Wunsch einer Partei vorgesehen. Ähnliche Klauseln enthalten das Statut der *Universal Postal Union* (UPU) i. d. F. von 1957[58] (Art. 11) und das Statut der *International Atomic Energy Agency* (IAEA) von 1956[59] (Art. 18).[60]

---

[51] So spricht *Grewe*, EPIL IV, 980, von Revisionsklauseln als *„safety valves"*.

[52] Vgl. dazu *Kimminich*, in: *Simma*, Charter (engl.), art. 14, para. 20 ff; *Delbrück*, Peaceful Change, in: *Wolfrum* (ed.), United Nations Law, Policies and Practice, Vol. 2, para. 13 ff mwN.

[53] LNTS 25, 201.

[54] Notenwechsel über die Begrenzung der Seerüstungen, LNTS 161, 9; British Treaty Series, No. 22 (1935).

[55] Ob es sich hierbei tatsächlich um ein „Recht" handelte, das über allenthalben bestehende Möglichkeiten, den Vertragspartner im Hinblick auf Änderungswünsche um eine Überprüfung der Lage zu bitten, hinausging, kann allerdings in Anbetracht des geringen Verpflichtungsgehalts dieser Klausel angezweifelt werden.

[56] Konvention über die Verhütung und Bestrafung des Völkermordes, UNTS 78, 277; BGBl 1954 II, 730.

[57] UNTS 34, 243; BGBl 1955 II, 289.

[58] BGBl 1998 II, 2085, zur aktuellen Rechtslage siehe die Homepage der UPU (http://www.upu.int); zum Verfahren der Satzungsänderung bei internationalen Organisationen siehe auch *Seidl-Hohenveldern/Loibl*, Internationale Organisationen, Rdn. 1527 ff.

[59] UNTS 276, 3; BGBl 1957 II, 1357 in der Fassung des BGBl 1971 II, 849.

[60] Zahlreiche weitere Beispiele bei *Blix/Emerson*, 240 ff.

Das Revisionsverfahren im Rahmen internationaler Organisationen ist in besonderem Maß dadurch geprägt, daß deren Gründungsverträge den Organisationen als Verfassungen dienen. Ihr Charakter als von souveränen Staaten geschlossene multilaterale Verträge tritt demgegenüber bis zu einem gewissen Grade zurück. Zwar bedürfen im Zuge einer Vertragsrevision vorgenommene Umgestaltungen des Gründungsvertrages – ebenso wie bloße Vertragsänderungen – der Annahme und Ratifikation der Mitgliedstaaten. Doch sehen die Gründungsverträge insofern eine Abweichung vom grundsätzlich für multilaterale Verträge geltenden Grundsatz vor, daß alle Vertragsparteien der Revision (oder Änderung) zustimmen müssen, als Revisionsvorschläge mit qualifizierter Mehrheit der Mitgliedstaaten angenommen und wiederum nur von derselben Mehrheit ratifiziert werden müssen, um die Vertragsrevision für alle Mitglieder verbindlich zu machen. Das Verfahren hat damit einen legislativen Charakter, wie er im innerstaatlichen Bereich bei der Verfassungsänderung oder -ergänzung üblich ist.

So bestimmt Art. 109 Charta der VN, daß zur Revision der Charta eine Allgemeine Konferenz der Mitglieder der Vereinten Nationen zusammentreten kann, wobei Zeitpunkt und Ort durch einen mit Zweidrittelmehrheit angenommenen Beschluß der Generalversammlung und einen Beschluß von neun beliebigen Mitgliedern des Sicherheitsrates festgelegt werden. Wird von der Konferenz mit Zweidrittelmehrheit eine Änderung der Charta empfohlen, so tritt diese für alle in Kraft, sobald sie von wiederum zwei Dritteln der Mitglieder der Vereinten Nationen einschließlich aller ständigen Mitglieder des Sicherheitsrats ratifiziert worden ist.[61]

b) Damit stellt sich allerdings für grundlegende Revisionen von Satzungen internationaler Organisationen das Problem, ob es rechtliche Grenzen für die Ausübung der Revisionskompetenz durch die (Zweidrittel-)Mehrheit gibt. Würde doch die unterliegende Minderheit gegebenenfalls an einen grundlegend geänderten Gründungsvertrag der betroffenen Organisation gegen ihren Willen gebunden – eine mit dem Vertragscharakter des Gründungsdokuments schwerlich vereinbare Konsequenz. In diesem Sinne hat etwa *Frowein* zutreffend gefordert, daß Revisionsvorhaben, die den Charakter und die Struktur einer internationalen Organisation grundlegend verändern, nicht durch eine Mitgliedermehrheit – gleich ob einfach oder qualifiziert – mit Verbindlichkeit für die unterlegene Minderheit beschlossen werden dürfen.[62] Dem ist zuzustimmen. Das Argument, den Mitgliedstaaten, die die Revision des Gründungsvertrages ablehnen, stünde es frei, die Organisation zu verlassen, kann nicht überzeugen. Dies zu akzeptieren, hieße, daß die Mehrheit der Mitgliedstaaten andere Mitglieder praktisch dazu zwingen kann, die Organisation zu verlassen – eine Konsequenz, die mit der Souveränität und Gleichheit der Staaten unvereinbar wäre.[63]

---

[61] Ist eine solche Allgemeine Konferenz nicht vor der zehnten Jahrestagung der Generalversammlung zusammengetreten, so wird das Verfahren zur Einberufung einer Allgemeinen Konferenz durch eine Lokkerung der Abstimmungsmehrheiten in Generalversammlung und Sicherheitsrat erleichtert (Art. 109 Abs. 3 UN Charta); dazu im einzelnen *Karl/Mützelburg*, in: *Simma* (ed.), Charter (engl.), Art. 109; *M. Schröder* (Anm. 22), der zutreffend darauf hinweist, daß der in Art. 109 (bzw. auch in Art. 108 für die Chartaänderung) getroffene Verfahrensmodus, nämlich der Einschluß aller ständigen Mitglieder in den Kreis der ratifizierenden Staaten, für diese ein absolutes Veto einräumt, weil der sonst im Sicherheitsrat geübten Praxis, die Stimmenthaltung oder Abwesenheit eines ständigen Mitgliedes nicht als Veto zu werten, nicht greifen kann. Mit der Unterlassung der Ratifikation der Chartarevision kommt diese vertragliche Regelung gar nicht zustande. Umfassende Chartarevisionen stoßen damit in der Praxis auf kaum überwindbare Hindernisse.

[62] Siehe *Frowein*, in: FS *Seidl-Hohenveldern*, 201 (215 ff); in diesem Sinne auch *Tomuschat*, RdC 241 (1993), 195 (266); *Dahm*, Völkerrecht Bd. 2, 64 ff allgemein zu den Grenzen des Mehrheitsprinzips bei Beschlüssen internationaler Organisationen sowie ebd., 120, zu Änderungen der Charta der VN.

[63] In diesem Sinne auch *Frowein*, in: FS Seidl-Hohenveldern, 201 (217 f).

3. a) In manchen Fällen sehen solche Klauseln vor, daß Revisionsbegehren von einem bestimmten Quorum der Vertragsparteien eingebracht und dann Gegenstand gemeinsamer Beratung seitens der Vertragsparteien werden müssen.

Solche Regelungen enthalten etwa das Übereinkommen über das internationale Regime der Seehäfen vom 9.12.1923 (Art. 10)[64], das Lissabonner Abkommen über die Seezeichen vom 23.10.1930 (Art. 8)[65] und das Londoner Abkommen zur Verhütung der Verschmutzung der See durch Öl vom 12.5.1954 (Art. 16).[66]

In einzelnen Fällen kann aber auch ein in dem zu revidierenden Vertrag vorgesehenes Organ die Einberufung einer Revisionskonferenz beantragen.

So fordert Art. XII der *Copyright Convention* von 1952[67], daß eine Revisionskonferenz von dem in der Konvention vorgesehenen *Intergovernmental Committee*[68] entweder auf dessen eigene Initiative oder auf Antrag von mindestens zehn Vertragsparteien oder, falls es weniger als 20 Vertragsparteien gibt, auf Antrag der Mehrheit der Vertragsparteien einberufen wird. Insofern wird also unterschieden zwischen der Kompetenz zur Einberufung der Revisionskonferenz, die allein dem *Committee* zukommt, und dem Initiativrecht zur Einberufung, das sich *Committee* und Vertragsstaaten teilen.

Eine auf eine (mögliche) ständige Vertragsrevision hinauslaufende Kumulation der verschiedenen Möglichkeiten, eine Vertragsrevision zu initiieren, enthält das SRÜ der VN von 1982[69] für das Tiefseebergbauregime. Jedoch wurden diese Revisionsregeln durch die Bestimmungen des Durchführungsübereinkommens zu Teil XI SRÜ[70] deutlich verändert.

Ursprünglich sah das Seerechtsübereinkommen einerseits alle fünf Jahre nach dem Inkrafttreten eine Überprüfung des Tiefseebergbauregimes durch die Versammlung vor (Art. 154 SRÜ).
Andererseits sollte 15 Jahre nach dem 1. Januar des Jahres, in dem der kommerzielle Abbau von Tiefseebodenschätzen nach den Vorgaben von Teil XI SRÜ begonnen wurde, durch die Versammlung eine Überprüfungskonferenz einzuberufen sein, deren Prüfungsgegenstände im einzelnen in Art. 155 Abs. 1 SRÜ aufgeführt wurden. Änderungen sollten im Rahmen dieser Überprüfungskonferenz möglichst im Wege des Konsenses vereinbart werden (Art. 155 Abs. 3 SRÜ), jedoch sollten Änderungen mit Dreiviertelmehrheit der Vertragsstaaten beschlossen werden können, sofern fünf Jahre nach Beginn der Konferenz noch keine Einigung erzielt werden konnte; diese Änderungen wären – für alle Vertragsstaaten – zwölf Monate nach Ratifikation durch ebenfalls drei Viertel der Vertragsstaaten in Kraft getreten (Art. 155 Abs. 4 SRÜ).
Nach Abschnitt 4 der Anlage zum Durchführungsübereinkommen zu Teil XI SRÜ finden jedoch die Bestimmungen von Art. 155 Abs. 1, 3 und 4 SRÜ keine Anwendung.
Nicht geändert wurde durch das Durchführungsübereinkommen die Regelung in Art. 314 Abs. 1 SRÜ, nach welcher der schriftliche Änderungsvorschlag nur eines Vertragsstaates genügt, um ein Änderungsverfahren betreffend das Tiefseebergbauregime anzuregen. Der Änderungsvorschlag wird allen Vertragsstaaten zugeleitet und bedarf der Genehmigung durch Beschlüsse des Rates und der Versammlung der Internationalen Meeresbodenbehörde, um als angenommen zu gelten.[71]
Allerdings sieht Abschnitt 4 der Anlage zum Durchführungsübereinkommen zusätzlich vor, daß die Versammlung auf Empfehlung des Rates jederzeit eine Überprüfung der in Art. 155 Abs. 1 SRÜ bezeichneten Angelegenheiten vornehmen kann.
Das Inkrafttreten solcher Änderungen – für alle Vertragsstaaten – erfordert nach Art. 316 Abs. 5 SRÜ die Ratifikation durch drei Viertel der Vertragsstaaten.

---

64 LNTS 58, 285 ff.

65 LNTS 135, 96 ff.

66 UNTS 327, 3 ff.

67 Welturheberrechtsabkommen *(Universal Copyright Convention)* vom 6. September 1952, UNTS 216, 132.

68 Zu den Aufgaben des *Intergovernmental Committee* siehe Art. XI der *Universal Copyright Convention* (Anm. 67).

69 UN Doc. A/Conf. 62/122 vom 7.10.1982; BGBl 1994 II, 1799; siehe dazu auch *Verdross/Simma*, 510 f.

70 Siehe Abschnitt 4 der Anlage zum Durchführungsübereinkommen zu Teil XI SRÜ (Anm. 36).

71 Art. 314 Abs. 1 Satz 2 und 5 SRÜ.

Betreffend das Seerechtsübereinkommen insgesamt, kann zehn Jahre nach Inkrafttreten desselben jeder Vertragsstaat durch eine an den Generalsekretär der Vereinten Nationen gerichtete schriftliche Mitteilung Änderungen vorschlagen, woraufhin der Generalsekretär eine Änderungskonferenz einzuberufen hat, sofern das Ersuchen des Vertragsstaates die Unterstützung mindestens der Hälfte der Vertragsstaaten gefunden hat (Art. 312 Abs. 1 SRÜ). Nach Art. 316 Abs. 1 SRÜ treten diese Änderungen nach Ratifikation von zwei Dritteln der Vertragsstaaten in Kraft und zwar nur für diese, so daß es sich hierbei um eine Modifikationsklausel im Sinne der einleitend genannten Begriffsunterscheidungen handelt.

b) Rechtsdogmatisch sind alle derartigen Revisionsklauseln als *pacta de negotiando* einzuordnen, als Vereinbarungen, in Verhandlungen über eine Vertragsrevision einzutreten. Einen Rechtsanspruch auf Herbeiführung eines bestimmten Ergebnisses gewähren diese Revisionsvereinbarungen nicht. Wohl aber sind die Parteien verpflichtet, an den Verhandlungen über eine Revision teilzunehmen, und sie sind auch verpflichtet, nach Treu und Glauben und im Rahmen des Sachgemäßen dem Revisionsbegehren entgegenzukommen.[72]

IV. 1. Wie bereits angedeutet, kann die Vertragsänderung auch formlos, namentlich durch eine dem Vertragsschluß folgende Vertragspraxis, herbeigeführt werden.[73] Formlose Änderungsübereinkünfte, insbesondere durch nachfolgende Praxis der Vertragsstaaten, werden auch nicht etwa durch den in Art. 39 WVK enthaltenen Verweis auf Teil II WVK unzulässig, da die Gültigkeit formloser Übereinkünfte im Grundsatz in Art. 3 WVK anerkannt wird.[74] Jedoch wird man bei formlosen Änderungen die Vorgaben von Teil II WVK nur partiell und sinngemäß anwenden können, beispielsweise nur demjenigen formlosen Verhalten eine änderungsrelevante Bedeutung zumessen können, welches nicht nur eine stillschweigende Zustimmung erkennen läßt,[75] sondern auch den jeweils zuständigen Organen der betroffenen Vertragsstaaten zugerechnet werden kann. Andernfalls könnten unzuständige untergeordnete Organe auf diese Weise Einfluß auf Vertragsinhalte nehmen.[76]

2. Erfolgt die formlose Vertragsänderung durch eine entsprechende nachfolgende Vertragspraxis der Vertragsparteien, so spielt diese Praxis wie bei der Interpretation von Verträgen auch bei Änderungen eine vertragsgestaltende Rolle.[77] Das bedeutet, daß ein und dieselbe Vertragspraxis sowohl der Interpretation als auch der Änderung eines Vertrages dienen, ja

[72] Siehe dazu auch oben II.2. und *E. Zoller*, La bonne foi en droit international public, 1977, 59 ff (Rz. 51 ff); *Rosenne*, Developments in the Law of Treaties, 135 ff; *Kontou*, 152 f; zum Umfang und Inhalt solcher Pflichten zu kooperativem Verhalten der Staaten innerhalb von Vertragsgemeinschaften und in Streitbeilegungsverfahren grundlegend auch *J. Delbrück* (ed.), The International Law of Co-operation and State Sovereignty, 2002, with papers by *L. Fisler Damrosh*, Obligations to Co-operate in the Context of International Treaties, 15 ff; *C. Tietje*, The Duty to Cooperate in International Economic Law and Related Areas, 45 ff; *A. Peters*, Cooperations in International Dispute Settlement, Summary and Comments, 163 ff and *C. Schreuer*, State Sovereignty and the Duty of States to Cooperate – Two Incompatible Notions? 107 ff.

[73] Siehe oben I.2.

[74] So auch die Stellungnahme von *Sir Humphrey Waldock* als Berichterstatter der *International Law Commission* bei der Ausarbeitung der Wiener Vertragsrechtskonvention, zu der Frage, ob die Änderung eines der Wiener Vertragsrechtskonvention unterfallenden Vertrages durch eine mündliche Übereinkunft zulässig ist, obwohl diese Konvention nur auf schriftliche Übereinkünfte als Verträge im Sinne der Konvention anwendbar ist, YILC 1966 II, 232 (233); siehe auch *Sinclair*, 107.

[75] Dies setzt insbesondere voraus, daß, sofern nicht alle Vertragsparteien ihr vertragsbezogenes Verhalten ändern, die anderen Vertragsparteien Gelegenheit hatten, Widerspruch gegen das nicht-vertragskonforme Verhalten einzulegen, *Aust*, 213. Aus dem dauerhaften Schweigen in einem Fall, in dem die andere Vertragspartei eine Reaktion der schweigenden Vertragspartei erwarten darf, kann gegebenenfalls auf die Zustimmung der letzteren im Sinne der *acquiescence* geschlossen werden.

[76] *Verdross/Simma* § 793.

[77] Dazu umfassend *Karl*, Vertrag und spätere Praxis, passim; zur Rolle des *bona fides*-Grundsatzes im Rahmen der nachfolgenden Vertragspraxis *R. Kolb*, La bonne foi en droit international public, Revue Belge de Droit International 31 (1998), 661 ff (693 ff).

daß eine klare Unterscheidung jedenfalls zwischen authentischer (bindender) interpretierender und vertragsändernder Praxis nicht getroffen werden kann. Die Grenzen zwischen diesen Funktionen der Vertragspraxis sind fließend.[78] Auch wenn man sagen könnte, daß ein Unterschied zwischen beiden Vorgängen in ihrem unterschiedlichen Verhältnis zum Vertrag liegt, daß nämlich die authentische Interpretation den Vertragstext bestätigt, während die Vertragsänderung durch nachfolgende Praxis auf eine vom Text des Vertrages abweichende Festlegung des Vertragsinhalts zielt, so wäre dies doch eine verkürzte Sicht des Vorgangs der Interpretation. Denn gerade die (verbindliche) authentische Interpretation ist ihrer Wirkung nach, das heißt durch ihre den Vertrag in einer bestimmten Weise auslegende, andere Deutungen ausschließende Festlegung, auch eine Form der Vertragsänderung.[79]

Die Frage der Abgrenzung einer formlosen Vertragsänderung von sonstigem formlosen Verhalten der Vertragsparteien spielte auch eine entscheidende Rolle in dem Organstreitverfahren vor dem BVerfG zur Bedeutung des Strategischen Konzepts der NATO von 1999.[80] Die Bundestagsfraktion der PDS hatte gerügt, dieses Konzept stelle eine formlose Änderung des NATO-Vertrages[81] dar, weshalb die Bundesregierung zu dessen Annahme der Zustimmung des Bundestages gemäß Art. 24 Abs. 2 i. V. m. Art. 59 Abs. 2 GG bedurft habe. Jedoch hatte die Antragstellerin mit ihrem Vorbringen keinen Erfolg. Das BVerfG entschied, daß es sich bei dem Strategischen Konzept nicht um einen völkerrechtlichen Vertrag, auch nicht um einen formlosen, handelt, da einerseits kein Wille der Mitglieder erkennbar geworden sei, den Vertrag förmlich abzuändern, und auch der Inhalt des Konzeptes nicht als objektive Änderung des bestehenden Vertrages anzusehen sei.[82] Andererseits könne zwar ein Organakt einer internationalen Organisation zugleich einen Vertrag zwischen Mitgliedern der Organisation darstellen und eine Vertragsänderung auch konkludent abgeschlossen werden,[83] jedoch sei der Inhalt der Festlegungen des Strategischen Konzeptes auch nicht als konkludente Vertragsänderung anzusehen, da dieser mangels eines unüberwindbaren und deutlich erkennbaren Widerspruchs zu den bestehenden Bestimmungen des NATO-Vertrages oder einer Erweiterung des Vertrags über den bisherigen Rahmen keinen Abänderungswillen der Vertragsparteien habe erkennen lassen.[84] Das Strategische Konzept enthalte insofern lediglich eine Fortentwicklung des NATO-Vertrages auf Grundlage des im NATO-Vertrag verankerten sicherheitspolitischen Ansatzes des Bündnisses, die sich nicht als Änderung oder Erweiterung des Vertrages deuten ließe.[85] Obwohl das BVerfG in den „Krisenreaktionseinsätzen" im Rahmen der NATO eine neue Funktion der NATO erkannte,[86] sah es die Grenze zwischen Fortentwicklung und Konkretisierung bestehender Bestimmungen des NATO-Vertrages zu einer Änderung desselben nicht überschritten. Die Frage, ob das Strategische Konzept nun aber als verbindliche Konkretisierung des Vertragsinhalts, als authentische Interpretation des NATO-Vertrages oder als außervertragliche gemeinsame Verstärkung einer völkerrechtlichen Übung anzusehen ist und ob völkerrechtliche Bindungen für die Bundesrepublik Deutschland aus der Zustimmung zum Strategischen Konzept entstanden sein können, wurde jedoch vom BVerfG offengelassen.[87]

In der Praxis spielt allerdings die Schwierigkeit einer klaren Abgrenzung von authentischer Interpretation durch nachfolgende Praxis und Vertragsänderung durch solche Praxis keine entscheidende Rolle.

So hat der IGH im *Southwest Africa (Namibia)*-Fall (1971) die im Sicherheitsrat der VN geübte

[78] So die ganz herrschende Meinung, vgl. nur *Oppenheim/Jennings/Watts*, Vol. I/2–4, 1254 f (n. 5), 1274; *Verdross/Simma*, 506; *Brownlie*, 631; *Karl* (Anm. 60), 205 ff; *ders.*, in: *Schreuer* (Hrsg.), Autorität, 14 f; *Bernhardt*, ZaöRV 27 (1967), 499; siehe auch aus der Rechtsprechung den *Case concerning the Arbitral Award Made by the King of Spain on 23 December 1906 (Honduras v. Nicaragua)*, ICJ Reports 1960, 192 (206 ff), sowie *Case Concerning the Temple of Prehar Vihear (Cambodia v. Thailand)*, ICJ Reports 1962, 6 (23, 30 ff).

[79] *Karl*, in: *Schreuer* (Hrsg.), Autorität, 15.

[80] BVerfG, 2 BvE 6/99 vom 22. 11. 2001.

[81] BGBl 1955 II, 298.

[82] BVerfG, 2 BvE 6/99, Rz. 131 f.

[83] BVerfG, 2 BvE 6/99, Rz. 133; BVerfGE 90, 286 (359).

[84] BVerfG, 2 BvE 6/99, Rz. 139.

[85] BVerfG, 2 BvE 6/99, Rz. 139.

[86] BVerfG, 2 BvE 6/99, Rz. 145.

[87] BVerfG, 2 BvE 6/99, Rz. 148.

Praxis im Hinblick auf Art. 27 Abs. 3 UN Charta, wonach die Abwesenheit oder Enthaltung eines ständigen Ratsmitgliedes nicht als Veto gewertet wird,[88] als Auslegung akzeptiert, obwohl diese Praxis mit dem Wortlaut der Vorschrift nicht übereinstimmt, also die Annahme nicht einer Auslegung, sondern einer Vertragsänderung durch nachfolgende Praxis nahegelegen hätte.[89] Entsprechendes gilt auch für die Urteile des IGH im *Arbitral Award*-Fall und im *Temple of Prehar Vihear*-Fall, wo das Gericht die spätere Praxis als „Auslegung" gewürdigt hat, obwohl auch hier die Annahme einer Vertragsänderung durch nachfolgende Praxis durchaus gerechtfertigt gewesen wäre.[90]

Die Entscheidung, ob nachfolgende Praxis als authentische Interpretation oder als Vertragsänderung einzuordnen ist, hängt – wie die genannten Fälle zeigen – maßgeblich von der Einschätzung des Einzelfalles durch Gerichte oder andere spätere Interpreten ab. Eine durchaus zweckmäßige Richtschnur kann dabei sein, daß von einer Vertragsänderung durch nachfolgende Praxis zu sprechen ist, wenn diese zu einer Vertragserweiterung führt, also den bestehenden Vertrag ergänzt, ohne ihn in seiner ursprünglichen Wirkung zu beeinträchtigen, oder zu einer Vertragsbeschränkung, durch die vertragliche Rechte eingeschränkt werden oder der Anwendungsbereich eingeengt oder gar durch neue Regeln ersetzt wird. Andernfalls liegt eine präzisierende oder klarstellende Interpretation durch nachfolgende Praxis vor.[91]

V. Vertragsänderungen können – wie zuvor erwähnt – durch entsprechende förmliche Übereinkünfte der Parteien oder durch deren stillschweigend akzeptierte Praxis herbeigeführt werden. Es bleibt der Frage nachzugehen, ob und mit welcher Wirkung die Entstehung neuen Völkergewohnheitsrechts bestehende Verträge, die denselben Lebenssachverhalt betreffen wie das neue Gewohnheitsrecht, beeinflußt, mit anderen Worten, ob Verträge durch neu entstandenes Gewohnheitsrecht ebenfalls geändert werden können.[92]

1. Die WVK hat einen Sonderfall dieser Problematik in Art. 64 aufgegriffen und festgelegt, daß nach dem Inkrafttreten eines Vertrages entstandenes Gewohnheitsrecht mit *ius cogens*-Charakter den Vertrag nichtig werden läßt.[93] Sofern das nachträglich entstandene *ius cogens* jedoch nur Teilen des vorgängigen Vertrages entgegensteht, kann in diesem Fall eine Änderung des bestehenden Vertrages durch nachträglich entstandenes Gewohnheitsrecht eintreten, falls die Regelung des Art. 44 Abs. 2 und 3 WVK eingreift. Anders als bei von Anfang an bestehendem Verstoß eines Vertrages gegen *ius cogens*, bei dem gemäß Art. 44 Abs. 5 WVK i. V. m. Art. 53 WVK[94] der gesamte Vertrag für nichtig erklärt werden muß, wirkt sich nachträglich entstandenes *ius cogens* nicht zwangsläufig auf den gesamten Vertrag aus. In Anwendung von Art. 44 Abs. 2 und 3 WVK kann die nachträgliche Nichtigkeit von Vertragsbestimmungen wegen neu entstandenen zwingenden Gewohnheitsrechts nach Art. 64 WVK auf einzelne Bestimmungen eines Vertrages beschränkt werden, falls nur

---

[88] Vgl. dazu ICJ Reports 1971, 14 (22).

[89] So zahlreiche Stimmen im Schrifttum, vgl. etwa: *C. A. Stavropoulos*, The practice of voluntary abstentions by permanent members of the Security Council under article 27, paragraph 3 of the Charter of the United Nations, AJIL 61 (1967), 737 (752); *A. Verdross*, Die Quellen des universellen Völkerrechts, 1973, 36; *M. Herdegen*, The „Constitutionalization" of the UN Security System, Vand. J. Transnat'l L. 27 (1994), 135 (155); *Karl*, 234; *Seidl-Hohenveldern/Loibl*, Rdn. 1150, der einer gewohnheitsrechtlichen Verankerung der Übung, die ausdrückliche Stimmenthaltung oder durch Nichtteilnahme an der Abstimmung nicht als Veto zu bewerten, ausgeht. Zur Praxis des Sicherheitsrates zu Art. 27 Abs. 3 Charta der VN siehe im einzelnen *Simma/Brunner* in: *Simma*, Charter (engl.), art. 27, para. 46 ff; *B. Fassbender*, UN Security Council Reformand the Right of Veto – A Constitutional Perspective, 1998, 177 ff.

[90] Näher zum Ganzen *Karl*, 204 ff.

[91] In diesem Sinne ausführlich *Karl*, 215 f.

[92] Zur Frage des Verhältnisses verschiedener Verträge, die denselben Lebenssachverhalt betreffen, zueinander siehe unten § 156.

[93] Birgt die betroffene Vertragsregelung allerdings die Möglichkeit einer völkerrechtskonformen, d. h. *ius cogens*-konformen Auslegung in sich, so bewahrt dies den Vertrag vor Nichtigkeit, welche insofern nur als *ultima ratio* wirkt, vgl. unten § 156 II.

[94] Siehe hierzu auch unten § 156 II.

diese dem *ius cogens* widersprechen und sie (a) von den übrigen Vertragsbestimmungen getrennt angewendet werden können, (b) keine wesentliche Grundlage für die Zustimmung der Vertragsparteien, an den gesamten Vertrag gebunden zu sein, war, sowie (c) die Weiteranwendung der übrigen Bestimmungen des Vertrages nicht unbillig ist.

2. Weit häufiger als die nachträgliche Entstehung von gewohnheitsrechtlichen Normen mit *ius cogens*-Charakter dürfte aber die Entstehung einfachen Gewohnheitsrechtes betreffend einen zuvor durch völkerrechtlichen Vertrag geregelten Lebenssachverhalt sein. Hier stellt sich die Frage, ob neues Gewohnheitsrecht auch eine unterhalb der Schwelle der Beendigung eines zuvor geschlossenen Vertrages durch Nichtigkeit liegende, den älteren Vertrag verändernde Wirkung haben kann. Dafür könnte sprechen, daß Verträge nicht in einem rechtsfreien Raum, sondern von den Parteien vor dem Hintergrund des geltenden Gewohnheitsrechts und sonstiger Umstände entweder mit dem Ziel geschlossen werden, das geltende Gewohnheitsrecht ihren Interessen entsprechend zu präzisieren, eine abweichende Regelung zwischen sich zu schaffen oder vom Gewohnheitsrecht nicht erfaßte Bereiche zu regeln. Der geschlossene Vertrag hat also in jedem Fall einen mehr oder minder engen Bezug zur im Zeitpunkt des Vertragsschlusses bestehenden Rechtslage. Ändert sich diese, so kann sich die weitere Ausübung der Rechte und Erfüllung der Pflichten aus dem Vertrag als mit der neuentstandenen Rechtslage unvereinbar darstellen. Solange diese neue Rechtslage nicht durch Normen des *ius cogens* konstituiert wird, ist diese Unvereinbarkeit von neuem Gewohnheitsrecht und vorgängigem Vertrag *per se* keine Erscheinung, die vertragsändernde Wirkungen haben kann, weil die Vertragsparteien ohnehin jederzeit eine das Gewohnheitsrecht derogierende Übereinkunft treffen können.[95]
Jedoch kann das neu entstandene Gewohnheitsrecht sich so radikal vom vorher geltenden Recht unterscheiden, daß sich die neue Rechtslage als eine „grundlegende Änderung der beim Vertragsabschluß gegebenen Umstände" im Sinne des Art. 62 WVK darstellt.[96]

In der internationalen Rechtsprechung finden sich durchaus Fälle, in denen die Gerichte die grundsätzliche Möglichkeit angenommen haben, daß eine einem Vertrag nachfolgende Gewohnheitsrechtsbildung eine grundlegende Änderung im Sinne der *clausula rebus sic stantibus*-Regel bzw. im Sinne des Art. 62 WVK bilden kann, aber im konkreten Fall das Vorliegen der entsprechenden Voraussetzungen verneinten.[97]

---

[95] So zutreffend *Kontou*, 139; vgl. dazu auch die Bemerkungen des Special Rapporteur *Waldock* zu Art. 68 lit. c. des ILC Draft von 1964, wiedergegeben bei *Rauschning/Wetzel*, 308: „*The very object of a bilateral or of a treaty between a small group of States is not infrequently to set up a special legal régime between the States concerned and sometimes a régime which derogates from the existing customary law.*"

[96] *Oppenheim/Jennings/Watts*, Vol. I/2–4, 1304, schreiben in diesem Sinne, daß „*a treaty is concluded against the background* of all kinds *of circumstances*" (Hervorhebung durch die Verf.); daß die grundlegende Änderung der Umstände auch solche rechtlicher Art umfassen kann, betonen auch *Bowett*, Afr.JIL 5 (1993), 87, und *Kontou*, 149, letztere weist allerdings wohl zutreffend darauf hin, daß bei der Ausarbeitung der WVK nicht vorausgesehen wurde, daß Art. 62 auch in Fällen anwendbar sein würde, in denen die gewandelten Umstände rechtlicher Art sind. Zu den Voraussetzungen einer zulässigen Berufung auf eine grundlegende Änderung der bei Vertragsabschluß gegebenen Umstände *(clausula rebus sic stantibus)* siehe näher unten § 161. Zu beachten ist, daß Art. 62 WVK nur eine Regelung zu Rücktritt und Beendigung eines Vertrages wegen grundlegender Änderung der beim Vertragsabschluß gegebenen Umstände enthält, nicht jedoch eine Regelung zu einer Änderung des betroffenen Vertrages. Inwieweit eine Vertragspartei bei einer grundlegenden Änderung der Umstände anstelle von Rücktritt oder Beendigung eine Änderung des Vertrages verlangen kann, muß wohl in Anwendung des *bona fides*-Grundsatzes dahingehend entschieden werden, daß der (oder die) Vertragspartner, zu dessen (deren) Gunsten die Regelung des Art. 62 WVK nicht greift, sich dem Änderungsverlangen der betroffenen Vertragspartei nicht wird (werden) verschließen dürfen und die Änderung der Umstände zu Lasten des Vertragspartners nicht wird (werden) dazu nutzen dürfen, auf die Beendigung zu drängen, um sich vorzeitig seiner (ihrer) Vertragsverpflichtungen zu entledigen.

[97] So der IGH im *Fisheries Jurisdiction Case* (United Kingdom v. Iceland), ICJ Reports 1973, 3 (17, para.

Einen Vertrag überlagerndes Gewohnheitsrecht kann also unter der – nur selten eintretenden – Bedingung, daß das überlagernde Recht eine grundlegenden Wandel der Rechtslage darstellt und die übrigen von Art. 62 WVK bestimmten Voraussetzung erfüllt sind, zu einer Beendigung dieses Vertrages führen. Auf der anderen Seite wird man feststellen dürfen, daß in dem Falle, in dem die Parteien eines Vertrages, der von neuem, auch stark verändertem Gewohnheitsrecht überlagert wird, im Vergleich ihrer Rechte und Pflichten unter dem überlagernden Recht mit denjenigen aufgrund des zwischen ihnen bestehenden Vertrages gleich dastehen, der unveränderten Weitergeltung dieses Vertrages nichts im Wege steht, eine Änderung des Vertrages wegen überlagernden Gewohnheitsrechts nicht erforderlich ist. In dieser Situation steht es den Parteien frei, den Vertrag zu beenden oder fortgelten zu lassen.[98]

3. In dem Bereich zwischen den Fällen, in denen eine Berufung auf grundlegend veränderte Umstände (neues Gewohnheitsrecht) im Sinne des Art. 62 WVK zumindest theoretisch möglich ist, und denjenigen Konstellationen, in denen zwar neues überlagerndes Völkergewohnheitsrecht entsteht, die Parteien eines vorgängigen Vertrages dadurch in ihrer spezifischen Rechtslage aber nicht beeinträchtigt werden, sind nun allerdings Situationen denkbar, wo die durch einen bestehenden Vertrag gegebene Rechtsstellung einer Partei durch überlagerndes Gewohnheitsrecht erheblich beeinträchtigt wird, während die andere Partei in ihrer Rechtsstellung nicht nur nicht beeinträchtigt, sondern möglicherweise sogar gestärkt wird. Wie bereits festgestellt, führt neu entstandenes Gewohnheitsrecht, das nicht zum *ius cogens* zählt, nicht *ipso iure* zu einer Änderung des betroffenen Vertrages.[99] Auch stehen der benachteiligten Partei in dieser Konstellation die Rechte aus Art. 62 WVK nicht zur Verfügung. Die Aufnahme besonderer Regelungen für diese Situation in die WVK ist jedoch bewußt nicht erfolgt.[100] So fragt sich, ob es andere aus dem Vertragsrecht abzuleitende Mittel gibt, die es der benachteiligten Partei erlauben, dennoch eine Lesart oder Änderung des Vertrages herbeizuführen, die der neuen gewohnheitsrechtlichen Lage Rechnung trägt, zugleich aber auch das Kernprinzip des völkerrechtlichen Vertragsrechts, den Satz *pacta sunt servanda*, beachten.[101]

Eine erste Möglichkeit ist, dort, wo der Wortlaut des Vertrages dies erlaubt und dies nicht dem erklärten Willen und den Erwartungen der Parteien zuwiderläuft, den Vertrag im Lichte des neuen Gewohnheitsrechts auszulegen, also keine ausdrückliche oder stillschweigende

---

32): „... changes in the law *may under certain conditions constitute valid grounds for invoking a change of cirsumstances affecting the duration of a treaty.*“ Vgl. auch den Schiedsspruch in der *United Kingdom-France Continental Shelf Arbitration*, ILM 18 (1979), 397 (417), para. 47 des Urteils: „... *and as the Parties agree, the rules of international law to be applied by the Court under this rubric are unquestionably the rules in force today. At the same time, the Court recognises both the* importance of the evolution of the law of the sea which is now in progress *and the possibility that* a development in customary law may, *under certain conditions, evidence the assent of the States concerned to the* modification, or even termination, of previously existing treaty rights and obligations.“ (Hervorhebungen durch die Verf.). Zu einer eingehenden Analyse der einschlägigen Rechtsprechung siehe *Kontou*, 109 ff.

98 So zutreffend *Bowett*, Afr.JIL 5 (1993), 85.

99 So aber etwa *G. J. Tunkin*, RdC 147 (1975), 1 (136), aufgrund seiner Prämisse, daß Gewohnheitsrecht wie Vertragsrecht auf dem Willen der Staaten beruht und bei einer nachfolgenden Änderung des Gewohnheitsrechts dieses dem Willen der Vertragsparteien als *lex posterior* vorgehen muß; vgl. dazu näher *Kontou*, 23; im Ergebnis aber auch schon *K. Strupp*, Les règles générales du droit de la paix, RdC 47 (1934), 259 (315); *S. Séfériades*, Aperçus sur la coutume juridique internationale, RGDIP 43 (1936), 129 (195).

100 Der Entwurf einer entsprechenden Regelung (in Art. 68 im ILC Draft von 1964), abgedruckt bei *Rauschning/Wetzel*, 304 f, lautete: „*The operation of a treaty may also be modified... (c) By the subsequent emergence of a new rule of customary law relating to matters dealt with in the treaty and binding upon the parties.*“ Dieser Entwurf wurde nach vielfacher Kritik von Berichterstatter *Waldock* zurückgezogen, weil die mit diesem Regelungsvorschlag angestrebte Regelung seinerzeit als zu komplex und außerhalb der Aufgabenstellung der ILC liegend angesehen wurde.

101 So zu Recht *Kontou*, 36.

Änderung des Vertrages vorzunehmen – ein Weg, der zu dem bereits behandelten Problem der Grenzziehung zwischen einer weiten, gewandelte Umstände zur Zeit der Vertragsanwendung berücksichtigenden Auslegung und einer Vertragsänderung durch nachfolgende Praxis führt, von der Rechtsprechung jedoch mehrfach eingeschlagen wurde.[102] Betrachtet man die relativ engen Grenzen, die in diesen Entscheidungen einer solchen – so könnte man sagen – korrigierenden Auslegung gezogen werden, indem diese nur dann zulässig ist, wenn es um offene, ausfüllungsfähige Begriffe in den von neuem Gewohnheitsrecht überlagerten Verträgen geht,[103] so bietet dieser Weg, den Konflikt zwischen vorgängigem Vertrag und nachfolgender Gewohnheitsrechtsänderung zu lösen, nur begrenzte Handlungsspielräume.

Zu denken wäre aber auch an ein Kündigungs- oder Rücktrittsrecht der benachteiligten Partei. Doch stehen dem erhebliche rechtliche Hindernisse entgegen. Der Rücktritt einer Partei kann nach Art. 54 WVK nur nach Maßgabe entsprechender Vertragsbestimmungen oder im Einvernehmen der Parteien erfolgen. In Ermangelung solcher Vertragsbestimmungen sind Kündigung und Rücktritt ausgeschlossen, es sei denn, es kann aufgezeigt werden, daß die Parteien beabsichtigt hatten, die Kündigung oder den Rücktritt zuzulassen, oder – als Alternative dazu – daß sich ein Kündigungs- oder Rücktrittsrecht aus der Natur des Vertrages ableiten läßt (Art. 56 Abs. 1 WVK). Abgesehen davon, daß die Klärung der „Natur“ des Vertrages in der Praxis ähnliche Probleme aufwerfen würde wie die hinreichende Darlegung einer „grundlegenden Änderung der Umstände“[104], wird es vielfach nicht das Interesse auch einer benachteiligten Partei sein, den vom neuen Gewohnheitsrecht überlagerten Vertrag – sei es durch Rücktritt, sei es durch Kündigung – zu beenden. Vielmehr wird es im Sinne des Satzes *pacta sunt servanda* in erster Linie darum gehen, eine der neuen Rechtslage entsprechende Änderung bzw. Anpassung des im übrigen fortgeltenden Vertrages herbeizuführen. Da ein entsprechendes Recht auf Änderung in der hier angenommenen Konstellation in der WVK nicht verankert worden ist, bleibt zu fragen, ob ein solches Recht sich aus dem Völkergewohnheitsrecht herleiten läßt.

4. Die Tatsache, daß ein Recht auf Vertragsänderung für den Fall der Entstehung neuen Gewohnheitsrechts *(„subsequent emergence of a new rule of customary law“)* nicht in die WVK aufgenommen wurde, heißt nicht, daß damit auch gesagt wurde, daß ein solches Recht nicht existiert. In den Beratungen der ILC, die auch die hier gestellte Frage nach einem Recht auf Vertragsänderung zum Gegenstand hatten, wurde die Aufnahme einer entsprechenden Regelung in die Vertragskonvention deswegen abgelehnt, weil hierfür das sehr komplexe Problem des Verhältnisses von Gewohnheitsrecht und Vertragsrecht hätte geklärt werden müssen – eine Thematik, die nach Auffassung der ILC außerhalb ihrer Kodifikationsaufgabe liegt.[105] Die Frage, ob es auf gewohnheitsrechtlicher Basis ein Recht auf Vertragsänderung im Hinblick auf neu entstandenes Gewohnheitsrecht gibt, ist aber unabhängig von der Nichtaufnahme einer entsprechenden Vorschrift in die WVK zu beantworten. In der Staatenpraxis finden sich eine Reihe von Fällen – namentlich im internationalen See- und Fischereirecht –, in denen die Entstehung neuen Gewohnheitsrechts als Grund für die Änderung vorgängiger Verträge angesehen und akzeptiert wurde.

Im Zuge der um sich greifenden Praxis von Küstenstaaten, die Zonen festzulegen, in denen sie ausschießliche oder jedenfalls bevorzugte Fischereirechte in Anspruch nahmen, kam es zu Kon-

[102] Vgl. nur *Advisory Opinion on the Legal Consequences for States of the Continued Presence of South Africa in Namibia*, ICJ Reports 1971, 31; *Aegean Sea Continental Shelf Case*, ICJ Reports 1978, 32; auch der EGMR im *Marckx Case*, Slg., Series A, Vol. 31 (1979), 19 f.

[103] So die in Anm. 78 genannten Entscheidungen des IGH.

[104] Dazu *Bowett*, Afr.JIL 5 (1993), 86.

[105] Dazu *Kontou*, 139 unter Verweis auf den Kommentar zum *Final Draft* der ILC, YBILC 1966 II, 236; *Bowett*, Afr.JIL 5(1993), 89.

flikten zwischen dieser neuen Praxis und älteren Fischereiabkommen, die dritten Staaten Fischereirechte im Küstenbereich der Anliegerstaaten gewährt hatten. Im *Fisheries Jurisdiction Case* (United Kingdom v. Iceland/Federal Republic of Germany v. Iceland)[106] schloß der IGH aus der bereits allgemein verbreiteten Festlegung einer 12-Seemeilenzone – als ausschließliche Fischereizone –, daß diese gewohnheitsrechtliche Geltung erlangt hatte.[107] Insoweit dadurch die traditionellen, aber auch durch Abkommen aus dem Jahre 1961[108] in eingeschränktem Maße weiterbestehenden Fischereirechte des Vereinigten Königreiches und der Bundesrepublik Deutschland beeinträchtigt wurden, wies das Gericht die isländische Position zurück, daß Island berechtigt sei, die älteren Abkommen aufgrund der jüngeren Gewohnheitsrechtsentwicklung einseitig aufzukündigen. Das Gericht verwies die Kontrahenten aber auch auf den Weg, durch Verhandlungen zu einem Ausgleich der Interessen zu kommen. In einem ähnlich gelagerten Fall stritten Frankreich und Kanada darüber, ob Kanada das Recht hatte, die auf einem 1904 geschlossenen Fischereiabkommen zwischen dem Vereinigten Königreich und Frankreich[109] beruhenden Fischereirechte vor den Küsten Kanadas einseitig aufzuheben durch die Errichtung einer ausschließlichen 12-Seemeilen Fischereizone. Im Ergebnis willigte Frankreich in einem Abkommen von 1972[110] ein, auf seine Rechte aus dem Vertrag von 1904 zu verzichten. Ein der Sache nach ganz ähnlicher Streit entstand, als die damalige EWG im Jahre 1976 die Fischereizonen der Mitgliedstaaten auf 200 Seemeilen ausdehnte[111] und dadurch auch spanische Fischereirechte, die einerseits durch das 1964 abgeschlossene Europäische Fischereiabkommen[112] und anderseits durch ein spanisch-französisches Abkommen von 1967[113] eingeräumt waren, beeinträchtigte. Die EWG stützte sich bei ihrer Maßnahme auf die inzwischen durch die Beratungen der III. UN-Seerechtskonferenz deutlich gewordene neue Rechtsentwicklung, während Spanien auf seinen vertraglichen Rechten beharrte. Im Ergebnis kam es zu einem Abkommen, das die zuvor bestehenden Abkommen, die zwischen Spanien und EWG-Mitgliedstaaten bestanden, nunmehr ersetzte.[114]

Aus dieser Praxis kann mit aller Vorsicht auf ein Recht von Vertragsparteien geschlossen werden, aufgrund einer einem Vertrag nachfolgenden neuen Gewohnheitsrechtsbildung eine Änderung bzw. Anpassung des vorgängigen Vertrages zu verlangen. Allerdings setzt die Anerkennung eines solchen Rechts voraus, daß die Folgen des neuen Gewohnheitsrechts für die betroffenen Vertragsparteien von erheblicher – jedoch unterhalb der Schwelle einer grundlegenden Änderung der Umstände im Sinne des Art. 62 WVK liegender – Bedeutung und mit dem Inhalt des betroffenen Vertrages unvereinbar sind. Auch muß das neu entstandene Gewohnheitsrecht für alle Vertragsparteien verbindlich sein.[115] Es ist allerdings auch anzumerken, daß die Anerkennung eines solchen beschränkten Rechts auf Vertragsänderung nur dann von Wert ist, wenn die Bereitschaft bei den Vertragsparteien besteht, in *bona fide* geführten Verhandlungen zu einer Vertragsänderung zu gelangen oder die Lösung des Konflikts einer Schlichtung durch Dritte (Schiedsgerichtsbarkeit, Anrufung des Internationalen Gerichtshofs) zuzuführen.[116]

---

106 ICJ Reports 1974, 3 und ICJ-Reports 1974, 175.

107 ICJ Reports 1974, 3 (23, para. 52); dazu *G. Jaenicke*, Fisheries Jurisdiction Cases, EPIL II (1995), 386 (388).

108 Abkommen zwischen Island und dem Vereinigten Königreich vom 11. 3. 1961, UNTS 397, 275; Abkommen zwischen Island und der Bundesrepublik Deutschland vom 19. 7. 1961, UNTS 409, 47.

109 British Foreign State Papers 97, 31.

110 Canadian Treaty Series No. 37 (1979).

111 Entschließung des Rates 3. 11. 1976, Abl. 81/C 105/1.

112 European Fisheries Convention vom 9. 3. 1964, UNTS 581, 57.

113 UNTS 712, 365.

114 Weitere Beispiele für die jeweils auf eine zunächst einseitig geforderte Vertragsänderung wegen neu entstandenen Gewohnheitsrechts dann im Ergebnis einvernehmlich erfolgte Regelung der Konflikte durch eine neue oder angepaßte vertragliche Regelung bei *Bowett*, Afr.JIL 5 (1993), 95; auch *Kontou*, 40 ff für weitere das internationale Fischereirecht betreffende Fälle.

115 Die von *Kontou*, 147, genannte Ausnahme für den *persistent objector* hat nur Bedeutung, so weit dieses Rechtsinstitut überhaupt noch anerkannt ist, was namentlich bei Gewohnheitsrecht, das Regelungen im Interesse der Staatengemeinschaft trifft, nicht anzunehmen ist.

116 So auch *Bowett*, Afr.JIL 5 (1993), 96; *Kontou*, 155 f.

§ 156 Die Vertragskonkurrenz

Schrifttum: wie vor und zu § 143; ferner *H. Aufricht*, Supersession of Treaties in International Law, CornellLQ 37(1951–1952), 655 ff; *C. W. Jenks*, The Conflict of Law-Making Treaties, BYIL 30 (1953), 401 ff; *P. Modinos*, Coexistence de la Convention européenne des droits de l'homme et du Pacte des droits civils et politiques des Nations Unies, RDH-HRJ 1 (1968), 41 ff; *M.-A. Eissen*, Convention européenne des droits de l'homme et Pacte des Nations Unies relatif aux droits civils et politiques: problèmes de ‚coexistence', ZaöRV 30 (1970), 237 ff; *F. Majoros*, Die verschiedenen Fassungen der Urheberrechtskonvention im Lichte der Wiener Vertragsrechtskonvention, UFITA 61/62 (1971), 109 ff; *M. Akehurst*, The Hierarchy of Sources of International Law, BYIL 47 (1974–1975), 273 ff; *K. N. Dahl*, The Application of Successive Treaties Dealing with the Same Subject-Matter, IndYBInt.Aff. 17 (1974), 279 ff; *N. Quoc Dinh*, Evolution de la jurisprudence de la Cour Internationale de la Haye relative au problème de la hiérarchie des normes conventionelles, in: Mélanges offerts à Marcel Waline: le juge et le droit public, 1974, Tome 1, 215 ff; *F. Majoros*, Les conventions internationales en matière de droit privé, Abrège théorique et traité pratique, Tome I, 1976; *M. Zuleeg*, Vertragskonkurrenz im Völkerrecht, Teil I: Verträge zwischen souveränen Staaten, GYIL 20 (1977), 246 ff; *F. Majoros*, Partie spéciale 1: Le droit des conflits de convention, 1980; *H. Pazarci*, Problèmes d'incompatibilité des accords conclus par la C. E. E., in: *D. Bardonnet* (ed.), Mélanges offerts à Paul Reuter: le droit international, unité et diversité, 1981, 391 ff; *M. Zuleeg*, Vertragskonkurrenz im Völkerrecht, Teil II: Verträge zwischen beliebigen Völkerrechtsubjekten, GYIL 27 (1984), 367 ff; *W. Barfuß* (Hrsg.), FS für Karl H. Neumeyer zum 65. Geburtstag, 1985; *E. Sciso*, On Article 103 of the Charter of the United Nations in the Light of the Vienna Convention on the Law of Treaties, ÖZöR 38 (1987), 161 ff; *E. Roucounas*, Engagements parallèles et contradictoire, RdC 206 (1987), 9 ff; *E. W. Vierdag*, The Time of the Conclusion of a Multilateral Treaty: Article 30 of the Vienna Convention on the Law of Treaties and Related Provisions, BYIL 59 (1988), 75 ff; *W. Czaplinski/G. M. Danilenko*, Conflict of Norms in International Law, NYBIL 21 (1990), 3 ff; *W. H. Wilting*, Vertragskonkurrenz im Völkerrecht, 1996; *J. B. Mus*, Conflicts Between Treaties in International Law, NILR 45 (1998), 208 ff; *D. Falk*, Vertragskonkurrenz und Vertragskonflikt im Recht der WTO: Erste Erfahrungen der Rechtsprechung 1995–1999, ZEuS 3 (2000), 307 ff.

I. 1. Wie in nationalen Rechtsordnungen kann es auch im Völkerrecht zu einer Normkonkurrenz kommen.[1] Von Normkonkurrenz ist allgemein zu sprechen, wenn mehrere Rechtsnormen zusammentreffen, die auf denselben Lebenssachverhalt bezogen sind. Im innerstaatlichen Recht, das an sich darauf angelegt ist, eine möglichst widerspruchsfreie Rechtsordnung zu sichern, kommt es dennoch, namentlich in föderalen Staatsordnungen, zu Normkonkurrenzen. Diese können aber – sei es durch ausdrückliche Regelungen zur Auflösung von Normkonkurrenzen, sei es durch präventive Koordinierung des Rechtsetzungsprozesses, zum Beispiel in Bundesstaaten durch Abstimmungen zwischen Bundes- und Landesgesetzgeber – gelöst bzw. vermieden werden.[2] Im Völkerrecht stellt sich das Problem der Normkonkurrenz deshalb verstärkt, weil es hier keinen zentralen Träger der Rechtsetzungsgewalt gibt, dem die Aufgabe der Sicherung einer möglichst widerspruchsfreien internationalen Rechtsordnung zufallen könnte.[3] Aus diesem Grunde ist sogar bezweifelt worden, ob es sich beim Völkerrecht überhaupt um eine Rechtsordnung handelt, die zu einer widerspruchsfreien Rechtsbildung fähig ist und damit eben als Rechtsordnung angesehen werden kann. Dem ist entgegenzuhalten, daß selbst für den innerstaatlichen Bereich, für den das Postulat der Widerspruchsfreiheit und Einheit der Rechtsordnung als deren *conditio sine qua non* erhoben worden war, diese Forderung nicht aufrechterhalten

[1] Zur Normkonkurrenz, auch als Normkollision bezeichnet, aus rechtstheoretischer Sicht allgemein *K. Larenz*, Methodenlehre der Rechtswissenschaft, 6. Aufl. (1991), 266 ff; *R. Zippelius*, Juristische Methodenlehre, 7. Aufl. 1999, 36 ff; einen informativen Überblick gibt *Wilting*, 1 ff.

[2] Vgl. dazu *Zuleeg*, GYIL 20 (1977), 246; *Wilting*, 19 ff mwN.

[3] Auf die Bedeutung der Normkonkurrenz im Völkerrecht wegen des ihm eigenen besonderen Charakters des Rechtsschöpfungsprozesses weist auch *Rousseau*, Droit international public, 152, hin.

werden kann und die Widerspruchsfreiheit der Rechtsordnung allenfalls noch als ein anzustrebendes Ideal anzusehen ist.[4] Ob nun aus grundsätzlichen oder aus rechtspraktischen Gründen, die Aufgabe, Normkonkurrenzen zu vermeiden oder aufzulösen, stellt sich sowohl für den innerstaatlichen Bereich als auch im Rahmen des internationalen Systems – hier allerdings in zunehmendem Maße, weil sich die Zahl der völkerrechtlichen Verträge durch die erhebliche Steigerung der Zahl der vertragsfähigen Völkerrechtssubjekte (im wesentlichen Staaten, internationale und supranationale Organisationen) einerseits und die wachsende Bedeutung des völkerrechtlichen Vertrags als heute bedeutendstes Instrument internationaler Rechtsetzung andererseits dramatisch zugenommen hat.[5] Normkonkurrenz gehört also zur Realität auch des Völkerrechts. Es kann sie allerdings nicht nur zwischen einander nachfolgenden Verträgen geben, sondern auch zwischen Normen des Völkergewohnheitsrechts sowie zwischen diesen und völkerrechtlichen Verträgen.[6] Diesem umfassenderen Aspekt der Normkonkurrenz im Völkerrecht ist in diesem Zusammenhang nicht weiter nachzugehen.[7] Hier geht es allein um die Konkurrenz miteinander unvereinbarer Verträge, also um die Vertragskonkurrenz als Unterfall von Normkonkurrenzen im Völkerrecht.

Nun ist Vertragskonkurrenz als solche nicht notwendigerweise ein Problem für die Rechtsanwendung. Wenn die Parteien eines Vertrags unter sich einen weiteren Vertrag schließen, der sich auf denselben Lebenssachverhalt bezieht wie der zuvor geschlossene und nur konkretisierende oder auch weitergehende Regelungen enthält, so steht der Anwendung beider Verträge nichts im Wege.

Als Beispiel für eine derartige Vertragskonkurrenz kann auf die Regelungen der Völkerbundssatzung (VBS)[8] einerseits und auf den von den meisten Völkerbundsmitgliedern mit den Vereinigten Staaten von Amerika 1928 abgeschlossenen Briand-Kellogg-Pakt (Art. I)[9] andererseits verwiesen werden. Während durch Art. 12 und 15 VBS nur ein partielles Kriegsverbot ausgesprochen wurde, indem nur nach erfolgloser Durchführung bestimmter Streitbeilegungsverfahren und Einhaltung einer „cooling off period" zum Kriege geschritten werden konnte, verpflichteten sich die Vertragsparteien in Art. I des Briand-Kellogg-Paktes, auf den Krieg als Instrument nationaler Politik zu verzichten. Für die Parteien des Briand-Kellogg-Paktes blieb die Anwendung der Streitbeilegungsregelung der VBS weiterhin möglich mit der Einschränkung, daß ihnen der Schritt zum Krieg genommen wurde, der seinerseits aber auch nicht notwendige Folge der Anwendung von Art. 12 und 15 VBS war. Diejenigen Völkerbundsmitglieder, die sich nicht dem Briand-Kellogg-Pakt angeschlossen hatten, konnten ihrerseits weiterhin ihren Verpflichtungen aus der VBS nachkommen.[10]

Weiter können Art. 19 der Pariser Verbandsübereinkunft zum Schutz des gewerblichen Eigentums und Art. 20 der Revidierten Berner Übereinkunft zum Schutz von Werken der Literatur und Kunst[11]

---

4 Vgl. dazu *H. Kelsen*, Reine Rechtslehre, 2. Aufl. (1960), 211; hierzu auch *Wilting*, 10.

5 Auf diesen Aspekt weist auch *Aust*, 173 hin. Während zwischen 1920 und 1946 durch das Völkerbundssekretariat 4834 Verträge registriert wurden (vgl. dazu *Knapp*, in: *Simma*, Charter (engl.), Article 102, para. 2), wurden von den Vereinten Nationen bis Ende 1998 über 40 000 Verträge registriert, davon in den Jahren 1988 bis 1998 im Schnitt 1 200 pro Jahr, vgl. zu diesen Zahlen auch *Aust*, 275 und mit älteren Daten auch *Dahl*, IndYBInt.Affairs 17 (1974), 279 ff (283).

6 Siehe *McNair*, 214 ff: auch dazu *Akehurst*, BYIL 47 (1974–1975), 273.

7 Das gilt auch für das Zusammentreffen einseitiger Erklärungen eines Staates und vorangehenden völkerrechtlichen Verträgen. So handelte es sich bei der einseitigen Okkupationserklärung Norwegens vom 10. Juli 1931 betreffend die Inbesitznahme des in Ostgrönland gelegenen Eirik-Raudes-Landes und älteren Verträgen wie dem Kieler Vertrag vom 14. Januar 1814 (CTS 63 (1813–1814), 33 ff/45 ff), dem Stockholmer Vertrag vom 1. September 1819 (CTS 70 (1819–1820), 379 ff) und der Kopenhagener Vereinbarung vom 9. Juli 1924 (LNTS 27, 203 ff) nicht um einen Fall der Vertragskonkurrenz, vgl. *F. Klein*, Vertragskonkurrenz, in: WVR Bd. III, 555 ff (555).

8 Text der Völkerbundssatzung, die Teil I des Versailler Friedensvertrags von 1919 bildete, in RGBl. 1919, 717 ff.

9 Text des Briand-Kellogg-Paktes in RGBl. 1929 II, 97 ff.

10 Dazu auch *Rousseau*, Droit international public, 153 f; *Klein*, 556; *Wilting*, 5 f.

11 Text der Revidierten Berner Übereinkunft zum

angeführt werden, die das Recht der Verbandsländer zum Abschluß von Sonderabkommen ausdrücklich vorsehen. Die Sonderabkommen können entweder Rechte verleihen, die über das in der Revidierten Berner Übereinkunft genannte Maß hinausgehen oder sonstige Bestimmungen enthalten, sofern diese nicht den in der Revidierten Berner Übereinkunft genannten Vorschriften widersprechen. Damit wird eine Verbesserung des Schutzniveaus auf dem Gebiet des geistigen Eigentums nicht nur durch Revisionen der Übereinkünfte, sondern auch durch den Abschluß anderer völkerrechtlicher Verträge ermöglicht.[12] Diejenigen Verbandsländer, die kein Sonderabkommen unterzeichnet und ratifiziert haben, sind nur an die Bestimmungen der Pariser Verbandsübereinkunft bzw. der Revidierten Berner Übereinkunft gebunden.

Auch können Verträge konkurrieren, ohne damit zu einem Normkonflikt zu führen, wenn sie zum Beispiel ihrem Anwendungsbereich nach zu unterschiedlichen Zeiten oder unter unterschiedlichen Umständen zur Anwendung kommen sollen, so etwa in Kriegs- oder Friedenszeiten, oder einander nur ergänzen.[13]

Wenn jedoch alle oder einzelne Parteien unter sich oder mit Dritten weitere auf denselben Lebensachverhalt gerichtete Verträge schließen, die zu dem ursprünglichen Vertrag in Widerspruch stehen, kommt es nicht nur zu einer Konkurrenz der Verträge oder einzelner ihrer Normen, sondern zu einem Vertrags- bzw. Normkonflikt.[14] Gegenstand des völkerrechtlichen Vertragsrechts zur Vertragskonkurrenz ist somit die Frage, welche Rechtsfolgen sich aus dem Konflikt zwischen miteinander unvereinbaren Verträgen oder einzelnen Regelungen ergeben. Vertragskonkurrenz ist aus der Sicht des völkerrechtlichen Vertragsrechts somit zu definieren als das „Zusammentreffen von Bestimmungen in mehreren völkerrechtlichen Verträgen, [...] die ein Völkerrechtssubjekt in Bezug auf denselben Sachverhalt mit demselben anderen Völkerrechtssubjekt oder mit denselben oder auch mit verschiedenen anderen Völkerrechtssubjekten abgeschlossen hat“[15] und die miteinander unvereinbare Regelungen in dem Sinne enthalten, daß deren gleichzeitige Anwendung nicht möglich ist.[16] Voraussetzung für die Annahme eines solchen Normkonflikts oder einer solchen Normkollision ist allerdings, daß zum einen die solche Bestimmungen enthaltenden Verträge wirksam sind und zum anderen keine Auslegung möglich ist, welche die auf den ersten Blick bestehende Unvereinbarkeit der kollidierenden Normen auflösen kann.[17]

Schutz von Werken der Literatur und Kunst in der neuesten Fassung vom 24. Juli 1971 (Paris) in BGBl. 1973 II, 1071 ff.

[12] Vgl. dazu *P. Buck*, Geistiges Eigentum und Völkerrecht, Beiträge des Völkerrechts zur Fortentwicklung des Schutzes von geistigem Eigentum, 1994, S. 176 f. Diese Bestimmungen der Pariser Verbandsübereinkunft bzw. der Revidierten Berner Übereinkunft gelten durch die Bezugnahme in Art. 2 Abs. 1 und Art. 9 Abs. 1 des TRIPs-Übereinkommens auch für Streitbeilegungsverfahren im Rahmen der WTO (vgl. *D. Gervais*, The TRIPS Agreement, Drafting History and Analysis, 1998, S. 45 f).

[13] *W. Karl*, Treaties, Conflicts between, EPIL IV (2000), 936 ff.

[14] Zutreffend sagt *Klein*, 555, daß nur diejenigen Vertragskonkurrenzen praktisch bedeutsam sind, „in denen sich die Vertragsverpflichtungen in zwei oder mehreren völkerrechtlichen Verträgen formal unauflösbar widersprechen (Kollisions- oder Konflikts-Vertragskonkurrenz)“.

[15] *Klein*, 555; kritisch zu dem Begriff *„the same subject matter“ Oppenheim/Jennings/Watts*, vol. I/2, 1212 (n. 2), die anmerken, daß dieser Begriff im Hinblick auf die sich im Laufe der Zeit verändernden Umstände keine klare Begrenzung der Reichweite des Art. 30 WVK bieten kann.

[16] In diesem Sinne auch die Definition der Unvereinbarkeit von einander nachfolgenden Verträgen von *H. Lauterpacht* im Report on the Law of Treaties (UN Doc. A/CN.4/63, in Art. 16 („[...] if its performance involves a breach of a treaty obligation previously undertaken by one or more of the contracting parties“), Yearbook of the ILC 1953 II, 156, ebenso Yearbook of the ILC 1954 II, 133; ferner in diesem Sinne auch *Klein*, 555; *Karl*, EPIL IV, 936; *Wilting*, 4.

[17] So *Brownlie*, Principles, 625; auch *Karl*, EPIL IV, 936; *Aufricht*, CornellLQ 37 (1951–52), 655 (659): „However, whether an *alleged* conflict is tantamount to a *real* conflict will in the last analysis depend on the wording of the allegedly conflicting treaties as well as on their interpretation and application by the parties concerned.“ Im *Free Zones of Upper Savoy and the District of Gex Case* (PCIJ Series A/B, No. 46 (1932) stellten sowohl die Mehrheitsentscheidung als auch die abweichende Meinung von Richter *Dreyfus* auf die Interpretation des Wortlautes der kollidierenden Verträge ab, um die Absichten der Parteien und damit die Existenz oder Nichtexistenz eines Konfliktes zwischen den Verträgen festzustellen, ibid., 17 und 48

Die Völkerrechtsgeschichte weist eine Fülle von Fällen auf, in denen derartige Vertragskollisionen Gegenstand von vor allem politischen, aber eben auch vertragsrechtlichen Auseinandersetzungen waren.[18] So stellte sich im Hinblick auf den Abschluß des Vertrags zwischen Österreich, Preußen und Rußland vom 3./15. 4. 1846[19], in dem die Annexion Krakaus durch Österreich vorgesehen wurde, die Frage seiner Vereinbarkeit mit der Schlußakte des Wiener Kongresses von 1815.[20] Ebenso wurde streitig, ob der Vertrag von San Stefano vom 19. 2/3. 3. 1878[21] mit dem Vertrag von Paris vom 30. 3. 1856[22] vereinbar war – eine Frage, die u. a. zur Einberufung des Berliner Kongresses von 1878 führte.[23] Mehrere Probleme von Vertragskollisionen stellten sich um die Wende vom 19. zum 20. Jahrhundert im Hinblick auf die Vereinbarkeit verschiedener Verträge, die die Vereinigten Staaten von Amerika mit Kolumbien und Panama abschlossen[24], mit dem am 19. 4. 1850 von den Vereinigten Staaten von Amerika mit dem Vereinigten Königreich abgeschlossenen Clayton-Bulwer-Vertrag[25] und dem am 18. 11. 1901 abgeschlossenen Hay-Pauncefote-Vertrag[26]; entsprechende Fragen stellten sich im Hinblick auf den von Deutschland und Rußland am 16. 11. 1922 geschlossenen Rapallo-Vertrag[27] und den Friedensvertrag von Versailles[28] und den französisch-russischen Allianzvertrag vom 2. 5. 1935[29] mit dem Locarno-Vertrag vom 16. 10. 1925[30] (auf den Abschluß dieses Allianzvertrags berief sich Deutschland als Rechtfertigung seiner Aufkündigung des Locarno-Vertrags).[31] In der Nachkriegszeit wurde die Vereinbarkeit des NATO-Vertrags[32] mit der Charta der Vereinten Nationen kontrovers diskutiert.[33]

2. In der Völkerrechtslehre ist jenseits grundsätzlicher rechtstheoretischer Einwände gegenüber der Möglichkeit von Normkonflikten[34] das Problem von Vertragskonkurrenzen und Vertragskonflikten, namentlich während der Beratungen der ILC zur Wiener Vertragsrechtskonvention, sehr kontrovers diskutiert worden. Die Frage der Vertragskonkurrenz wurde bereits früh von *Grotius*, *Pufendorf* und *Vattel* behandelt,[35] fand dann aber weder in der Staatenpraxis noch in der Völkerrechtslehre besondere Aufmerksamkeit. Erst zu Beginn des 20. Jahrhunderts wurde das Thema wieder aufgegriffen. Anlaß dazu bot der Rechtsstreit zwischen Costa Rica und Nicaragua, in dem es um die Frage der Vereinbarkeit des Bryan

---

(Mehrheitsentscheidung) und 110 (abweichende Meinung des Richters *Dreyfus*).

18 In Ergänzung zu den folgenden Beispielen siehe die ausführliche Auflistung von einschlägigen weiteren Fällen *Jenks*, BYIL 30 (1953), 401 (407 f), speziell im Hinblick auf multilaterale Regelungsverträge (410 ff) und Kollisionen internationaler mit regionalen Verträge (412 ff); ferner *Rousseau*, Droit international public, 152 ff.

19 CTS 99 (1845–1846), 411 ff.

20 Siehe den Zusatzvertrag bezüglich Krakau zwischen Österreich, Rußland und Preußen vom 21. April/3. Mai 1815 (CTS 64 (1815), 154 ff).

21 Vorläufiger Friedensvertrag von San Stefano zwischen Rußland und der Türkei vom 19. Februar/3. März 1878 (CTS 152 (1877–1878), 395 ff).

22 CTS 114 (1855–1856), 409 ff.

23 Dazu *Jenks*, BYIL 30 (1953), 401 (407).

24 Siehe dazu den Hay-Herran-Vertrag vom 22. Januar 1903 (CTS 192 (1902–1903), 324 ff) und den Hay-Varilla-Vertrag vom 6. November 1903 (CTS 194 (1903–1904), 263 ff).

25 *Martens*, NRG, Bd. 15, 187 ff.

26 CTS 190 (1901–1902), 215 ff.

27 RGBl. 1922 II, 677 ff.

28 Friedensvertrag von Versailles vom 28. Juni 1919, Text in RGBl. 1919, 688 ff.

29 LNTS 167, 395 ff.

30 LNTS 54, 289 ff; RGBl. 1925 II, 977 ff.

31 Siehe dazu Documents on International Affairs, 1936, 1 ff; *Jenks*, BYIL 30 (1953), 401 (408); dazu auch die zeitgenössische völkerrechtliche Einschätzung dieses Allianzvertrags durch *L. Reitzer*, Le Traité franco-soviétique est-il compatible avec le pacte de Locarno?, Revue de droit international et de législation comparé 1937, 545 ff; *B. von Stauffenberg*, Die Vorgeschichte des Locarno-Vertrages und das russisch-französische Bündnis, ZaöRV 6 (1936), 215 ff; *C. G. Fenwick*, The Relation of the Franco-Soviet Pact to the Locarno Treaty, AJIL 30 (1936), 265 ff; *G. Scelle*, Rechtmäßigkeit des französisch-russischen Pakts, in: *Deutsche Gesellschaft für Völkerbundfragen* (Hrsg.), Völkerbund und Völkerrecht, Band 2 (1935/36), 222 ff.

32 Vertrag über die Gründung der Nordatlantischen Verteidigungsgemeinschaft vom 4. April 1949 (UNTS 34, 243 ff; BGBl. 1955 II, 289 ff).

33 Dazu *W. E. Beckett*, The North Atlantic Treaty, the Brussels Treaty and the Charter of the United Nations, 1950; siehe auch Documents on International Affairs 1949–1950, 179 ff und 268 ff.

34 Siehe dazu ausführlich *Wilting*, 1 ff mwN.

35 Siehe *Grotius*, De iure belli ac pacis, 1680, Liber II, cap. XVI, § XXIX; *Pufendorf*, De iure naturae et gentium, 1704, Libri V, cap. XII, §XXIII; *Vattel*, Le droit des gens, (Hrsg. *A. de Lapradelle*), 1964, Buch II, XVII, paras. 311–22; dazu auch *Mus*, NILR 45 (1998), 208 (212).

Chamorro-Vertrags von 1914 zwischen den Vereinigten Staaten von Amerika und Nicaragua[36] mit dem Grenzvertrag zwischen Costa Rica und Nicaragua aus dem Jahre 1858[37] ging.

In diesem Grenzvertrag hatte sich Nicaragua verpflichtet, ohne vorherige Konsultation mit Costa Rica in bestimmten Teilen seines Staatsgebietes dritten Staaten keine Konzessionen einzuräumen. Unter Verletzung dieser Regelung gewährte Nicaragua im Bryan Chamorro-Vertrag den Vereinigten Staaten von Amerika solche Konzessionen. In dem anschließenden Rechtsstreit vor dem Zentralamerikanischen Gerichtshof verlangte Costa Rica, den Bryan Chamorro-Vertrag vom 5. 8. 1914 u. a. deswegen für null und nichtig zu erklären, weil „when it was signed both contracting parties well knew of Nicaragua's lack of legal capacity to sign unrestrictedly". Das Gericht ließ die Frage, ob der Bryan Chamorro-Vertrag nichtig sei, offen, weil es sich im Hinblick darauf, daß die Vereinigten Staaten von Amerika nicht der Jurisdiktion des Gerichts unterlagen, insoweit für unzuständig hielt.[38]

In der sich an diese Entscheidung anschließenden wissenschaftlichen Diskussion wurde u. a. von *Quincey Wright* die Auffassung vertreten, daß die Staaten durch den Abschluss von völkerrechtlichen Verträgen in ihrer Vertragsfähigkeit dahingehend beschränkt werden, daß sie keine Verpflichtungen eingehen können, die ihren früheren Vertragsverpflichtungen widersprechen. Solche späteren Verpflichtungen können nach dieser Auffassung wegen der insoweit fehlenden Vertragsfähigkeit gar nicht erst entstehen.[39] In diesem Sinne argumentierte auch *H. Lauterpacht* in einem 1936 veröffentlichten Artikel, in dem er davon ausging, daß frühere vertragliche Bindungen nicht nur das Verhalten der Parteien, sondern auch ihre Vertragsfähigkeit definieren,[40] mit der Folge, daß der spätere, mit dem früheren unvereinbare Vertrag nicht zur Entstehung gelangt. In demselben Artikel entwickelte *H. Lauterpacht* einen im Ergebnis gleichen, aber in der dogmatischen Herleitung anderen Ansatz zur Lösung von Vertragskonflikten. Danach sollen Verträge, die die Parteien eines Vertrags nachfolgend untereinander oder mit Dritten zu demselben Sachverhalt schließen, zwar nicht an der

---

36 Vertrag zwischen Nicaragua und den Vereinigten Staaten über den Bau eines interozeanischen Kanals vom 5. April 1914 (CTS 220 (1914–1915), 215 ff; *Martens*, 3ème Série, IX, 350 ff).

37 Grenzvertrag zwischen Costa Rica und Nicaragua vom 15. 4. 1858 (CTS 118 (1857–1858), 439 ff).

38 Text der Entscheidung in englischer Übersetzung im Fall *Costa Rica v. Nicaragua* in AJIL 11 (1917), 181 ff (der spanische Originaltext in La Gazeta, Costa Rica vom 7. Oktober 1916); kurz dazu auch *Klein*, 556; *Dahl*, IndYBInt.Affairs 17 (1974), 290 f; auch *Wilting*, 38. Auch im *Austro-German Custom Union Case* ist die Frage, ob der spätere Vertrag (hier das Abkommen zwischen Österreich und Deutschland über die Bildung einer Zollunion) mit dem früheren Friedensvertrag von St. Germain unvereinbar und deswegen nichtig war, offengelassen worden. Der StIGH entschied in seinem im Auftrag der Völkerbundsversammlung erstatteten Rechtsgutachten lediglich, daß der Vertrag über die Zollunion mit dem Friedensvertrag von St.Germain unvereinbar war (PCIJ Series A/B, No. 41); dazu näher *Aufricht*, CornellLQ 37 (1951–52), 655 (677 ff).

39 So stellte *Quincey Wright* fest, daß *„[s]tates do not enjoy unlimited freedom of contract, but limitations [may be] imposed by their prior acts [...]"*; *ders.*, Conflicts between International Law and Treaties, AJIL 11 (1917), 566 (579); ähnlich *P. M. Brown*, Costa Rica v. Nicaragua, AJIL 11(1917), 156 ff.

40 *H. Lauterpacht*, The Covenant as „Higher Law", BYIL 17 (1936), 54 (54); noch 1974 vertrat *Dahl*, IndYBInt.Affairs 17 (1974), 285, die Auffassung, daß eine Vertragskonkurrenz nicht auftreten könne, wenn zwar zwei Verträge miteinander unvereinbare Regelungen enthalten, eine der Vertragsparteien des früheren oder späteren Vertrags aber *„lacked the international capacity to conclude one of the treaties"*, wobei aber unklar bleibt, ob die mangelnde Vertragsfähigkeit auf der Verpflichtung durch frühere Verträge der Parteien oder durch andere Verträge beruht. Die Lehre von der beschränkten Vertragsfähigkeit ist im Rahmen der Europäischen Gemeinschaften wieder aufgelebt, wonach die Mitgliedstaaten durch ihren Beitritt insoweit in ihrer Vertragsfähigkeit beschränkt werden, als in bestimmten Bereichen entsprechende Kompetenzen auf die Gemeinschaften übertragen werden, so etwa *A. Bleckmann*, Der gemischte Vertrag im Europarecht, EuR 11 (1976), 301 ff (308); anders dagegen *Krück*, 116 ff. *H. P. Ipsen*, Europäisches Gemeinschaftsrecht, 58 ff, sieht die Vertragsfähigkeit der Mitgliedstaaten insoweit als beschränkt an, als sie sich durch ihren Beitritt verpflichtet haben, ihre bisherigen Kompetenzen nicht auszuüben, insofern diese auf die Gemeinschaften übertragen wurden.

insoweit fehlenden Vertragsfähigkeit scheitern. Wohl aber seien sie aufgrund der Verpflichtung der Parteien, ihre bestehenden Verträge einzuhalten und sich jeder Handlung zu enthalten, die diesen bestehenden Verpflichtungen zuwiderlaufen,[41] als nichtig anzusehen. Dies sei ein allgemeines Rechtsprinzip, das auch im Völkerrecht gelte.[42] Die Nichtigkeit sei hier aber keine rechtsdogmatisch zwingende Rechtsfolge wie die Nichtentstehung des späteren Vertrags aufgrund fehlender Vertragsfähigkeit, sondern eine notwendige Sanktion, um die Staaten davon abzuhalten, ihre Vertragsfreiheit dazu zu mißbrauchen, bestehende Verträge zu verletzen.[43]

Sowohl die Theorie der aufgrund vorheriger vertraglicher Verpflichtung eingeschränkten Vertragsfähigkeit als auch die Nichtigkeitstheorie wurden von *H. Lauterpacht* in seiner Eigenschaft als Berichterstatter der ILC – wie zuvor auch schon von *Brierly*[44] – in die Beratungen der ILC zur Kodifikation des völkerrechtlichen Vertragsrechts eingebracht,[45] konnten sich dort aber trotz mehrerer Modifikationen in Gestalt von zahlreichen Ausnahmen von der Nichtigkeitsfolge, die u. a. unter dem Einfluß von Beiträgen von *Aufricht* und *Jenks*[46] vorgenommen wurden, nicht durchsetzen.[47] In den weiteren Beratungen der ILC legte *Fitzmaurice* als Berichterstatter einen Entwurf vor, in dem er die Nichtigkeit eines nachfolgenden Vertrags wegen Unvereinbarkeit mit einem vorherigen Vertrag derselben oder einiger derselben Parteien zum gleichen Sachverhalt im Prinzip ablehnte. Eine Ausnahme wollte er insoweit zulassen, als der vorherige Vertrag ausdrücklich den Abschluß eines mit diesem Vertrag unvereinbaren nachfolgenden Vertrags verbietet oder der nachfolgende Vertrag unmittelbar zu einem Handeln verpflichtet, das unmittelbar zum Bruch des früheren Vertrags führt.[48] *Waldock* als Berichterstatter der ILC lehnte des Konzept der Nichtigkeit von Verträgen wegen Unvereinbarkeit mit einem früheren Vertrag ohne jede Ausnahme ab. Auftretende Normkollisionen konkurrierender Verträge müßten nach den Regeln der Auslegung und Anwendung sowie der Änderung und Beendigung von Verträgen aufgelöst werden.[49]

3. a) Für die Auflösung von Vertragskonkurrenzen, die zu Vertragskonflikten bzw. -kollisionen führen, hat die Staatenpraxis und die nicht sehr umfangreiche internationale Rechtsprechung, aber auch die Lehre auf einige – auch im innerstaatlichen Recht – bekannte Regeln zurückgegriffen, deren Status im Völkerrecht, aber auch im innerstaatlichen Recht, nicht unumstritten ist. Einerseits wurde ihre Geeignetheit zur Auflösung von Vertragskonflikten in Zweifel gezogen, mit der Folge, daß sie auch nicht als verbindliche Rechtsnormen angesehen werden könnten,[50] andererseits wurde die Geeignetheit solcher Regeln jedenfalls in einzelnen Fällen anerkannt, jedoch gibt es auch nach diesen Auffassungen keine einheitliche Einordnung. So wird von diesen Regeln als Grundsätzen oder Regeln der Interpretation gesprochen; sie werden aber auch als nicht unmittelbar anwendbare bloße Indizien eingestuft. Sie gehörten in den Kreis von in der juristischen Praxis entwickelten handlungsleitenden Maximen.[51]

---

[41] *Oppenheim/Lauterpacht*, International Law, 8th ed. 1955, vol. I, 894; in der von *Jennings* und *Watts* besorgten 9. Auflage wird hierzu gesagt, daß „[t]he question of invalidity is by no means settled", *Oppenheim/Jennings/Watts*, vol. I/2, 1214.

[42] *Lauterpacht*, BYIL 17 (1936), 54 (54).

[43] *Lauterpacht*, BYIL 17 (1936), 54 (63 f).

[44] Siehe Third Report on the Law of Treaties, UN Doc. A/CN.4/54, Yearbook of the ILC 1952 II, 50 ff.

[45] Vgl. Yearbook ILC 1953 II, 90 ff (156 ff); 1954 II, 123 ff (133 ff).

[46] *Aufricht*, CornellLQ 37 (1951–52), 655 ff; *Jenks*, BYIL 30 (1953), 401 ff;.

[47] So wohl zutreffend *Wilting*, 38 ff.

[48] Siehe Third Report on the Law of Treaties by *G. G. Fitzmaurice*, Draft Article 18, para. 8, Yearbook of the ILC 1958 II, 20 ff (27).

[49] Siehe Second Report on the Law of Treaties by *Sir Humphrey Waldock*, Document A/Cn.4/156 and Add. 1–3, Yearbook of the ILC 1963 II, 53 ff; und Third Report on the Law of Treaties, Document A/CN.4/167 and Add. 1–3, Yearbook of the ILC 1964 II, 34 ff.

[50] In diesem Sinne etwa *Schwarzenberger*; International Law, 3rd. ed., 1957, 472 f; obwohl die Relevanz der verbreitet Anwendung findenden Kollisionsregeln anerkennend, beklagen *Nguyen Quoc Dinh/Daillier/Pellet*, Droit international public, 264, daß diese Regeln nicht ganz zureichend seien.

[51] So bezeichnet etwa *G. Kegel*, Internationales Privatrecht, 6. Aufl. 1987, 31 f, die *lex specialis*-Regel nicht

Mit der doch wohl überwiegenden Lehre und auch der Rechtsprechung kann davon ausgegangen werden, daß die Regeln zur Auflösung von Normkollisionen im allgemeinen und von Vertragskonflikten im Völkerrecht im speziellen Rechtsregeln darstellen und damit auch Bestandteil des Völkerrechts sind. In der rechtsdogmatischen Begründung der rechtlichen Verbindlichkeit dieser Regeln finden sich Nuancierungen, die aber letztlich auf eine gewohnheitsrechtliche Grundlage hinauslaufen. So wird – wie dies auch im innerstaatlichen Recht etwa vom Bundesverwaltungsgericht vertreten wird[52] – von der gewohnheitsrechtlichen Geltung der Kollisionsregeln ausgegangen, ohne daß die Frage einer entsprechenden einheitlichen Staatenpraxis näher problematisiert wird.[53] Unterstützung findet dieser Begründungsansatz in der internationalen Rechtsprechung.[54]
Ähnlich, aber nicht ausdrücklich auf eine gewohnheitsrechtliche Basis abhebend, geht *Kelsen* angesichts der weitverbreiteten Anwendung dieser Kollisionsregeln in der innerstaatlichen und völkerrechtlichen Rechtspraxis davon aus, daß die Geltung dieser Regeln allseits als selbstverständlich vorausgesetzt wird.[55] Es kann dahinstehen, ob diese Argumentation auf eine gewohnheitsrechtliche Geltungsgrundlage der Kollisionsregeln abzielt oder auch so verstanden werden kann, daß damit diesen Regeln ein Status im Sinne der allgemeinen Rechtsprinzipien gemäß Art. 38 Abs. 1 lit. c) des Status des Internationalen Gerichtshofs eingeräumt wird.[56] In der Rechtspraxis kommt diesen unterschiedlichen Begründungsansätzen keine entscheidende Bedeutung zu, zumal einzelne Regeln – wie die *lex posterior*-Regel – Eingang in die Wiener Vertragsrechtskonvention gefunden haben.[57]

b) Wie soeben schon erwähnt, gehört zu den – auch aus dem innerstaatlichen Recht bekannten – Kollisionsregeln der Satz, daß das spätere Recht dem früheren Recht vorgeht *(lex posterior*-Regel). Hinzu kommt der umgekehrte Satz, daß das frühere Recht das stärkere Recht ist und somit dem späteren vorgeht *(prior in tempore, potior in iure*-Regel), und der weitere Satz, daß das speziellere dem allgemeineren Recht vorgeht *(lex specialis*-Regel) – Regeln, die bereits dem Römischen Recht bekannt waren[58] und von *Grotius*, *Vattel* und *Pufendorf* im Rahmen ihrer völkerrechtlichen Arbeiten näher behandelt wurden. Ein vierter Satz, daß der ranghöhere Vertrag dem nachrangigen vorgeht (das hierarchische Prinzip), entwickelte sich erst mit dem Aufkommen der Vorstellung eines *ius publicum Europaeum* als einer durch bedeutende, im wesentlichen die europäische Staatengemeinschaft umfassende Friedensverträge gesetzten Friedensordnung, wie es zum Beispiel die vom Wiener Kongress im Jahre 1815 geschaffene Europäische Friedensordnung war.[59] Diese Annahme der Existenz eines „higher law“ fand dann Eingang in die Völkerbundssatzung (Art. 20) und schließlich in die Charta der Vereinten Nationen (Art. 103). Im gegenwärtigen Völkerrecht, das nach inzwischen gefestigter Auffassung einem Konstitutionalisierungs- und Hierarchi-

---

als Rechtssatz, sondern als Faustregel; weitere Nachweise zur Diskussion der Rechtsnatur der Kollisionsregeln bei *Wilting*, 14 ff.

[52] BVerwGE 85, 289 ff (292 f).

[53] So *Karl*, EPIL IV, 936 (936 f), der kritisch anmerkt, daß die Staatenpraxis eher Ausdruck politischer als rechtlicher Überlegungen ist. Das mag in subjektiver Hinsicht häufig der Fall sein, ändert jedoch nichts daran, daß diese Staatenpraxis in vielen Fällen objektiv den Kollisionsregeln entsprochen hat und nicht bloße Konvention ohne begleitende Rechtsüberzeugung war; siehe auch *Jenks*, BYIL 30 (1953), 401 (436 ff); auch *Mus*, NILR 45 (1998), 208 ff.

[54] Siehe dazu *Jenks*, BYIL 30 (1953), 401 (420 ff) und die im folgenden angeführte Rechtsprechung.

[55] *Kelsen*, Allgemeine Theorie der Normen, 1979, 103.

[56] So *Aufricht*, CornellLQ 37 (1951–52), 655.

[57] Schon der Harvard-Entwurf einer Konvention über das Recht der Verträge hatte die *lex posterior*-Regel in Art. 22 lit. a aufgenommen, vgl. AJIL 29 (1935) Suppl., 653 und 1009.

[58] Näher *F. Wieacker*, Römische Rechtsgeschichte, Erster Abschnitt, in: Handbuch der Altertumswissenchaft, Zehnte Abteilung, Dritter Teil, 1. Band, 1988, 427 f; weitere Nachweise bei *Wilting*, 16 ff.

[59] Vgl. dazu näher *W. Grewe*, Epochen der Völkerrechtsgeschichte, 1984, 502 ff; auch *W. Baumgart*, Vom Europäischen Konzert der Mächte zum Völkerbund, 1974, 1 ff.

sierungsprozeß unterliegt,[60] gewinnt das hierarchische Prinzip auch über seine Kodifizierung in der Charta der Vereinten Nationen hinaus weiter an Bedeutung.[61]

II. Nicht alle der hier zuvor behandelten Regeln und Ansätze zur Auflösung von konflikthaften Vertragskonkurrenzen haben Eingang in die Wiener Vertragsrechtskonvention gefunden. Die gegenwärtige Rechtslage, wie sie sich unter Berücksichtigung der Vorschriften dieser Konvention darstellt, ist im folgenden näher aufzuzeigen.

1.a) Die Wiener Vertragsrechtskonvention hat das sog. hierarchische Prinzip auf zwei Wegen aufgenommen. Auf der einen Seite legt Art. 30 Abs. 1 WVK einen Vorbehalt zugunsten von Art. 103 der Charta der Vereinten Nationen fest und anerkennt damit den Vorrang der als höherrangig eingeordneten Charta der Vereinten Nationen. Auf der anderen Seite sieht die WVK vor, daß Verträge, die gegen zwingendes Recht *(ius cogens)* verstoßen, nichtig sind. Hier ist jedoch zu differenzieren. Insoweit gemäß Art. 53 WVK Verträge, die gegen bereits bestehendes *ius cogens* verstoßen, von Anfang an nichtig sind,[62] so hat diese Regelung keine Bedeutung für die Frage der Auflösung von Vertragskonkurrenzen, weil die in Art. 53 WVK angesprochene Fallkonstellation aus zwei Gründen nicht zu einer Vertragskonkurrenz führt. Soweit das dem Vertragsschluss entgegenstehende zwingende Recht Teil des Völkergewohnheitsrechts ist, liegt schon deshalb keine Vertragskonkurrenz vor. Soweit das bestehende zwingende Recht in einem Vertrag niedergelegt ist, wie im Fall der Charta der Vereinten Nationen (Art. 2), so kommt der spätere Vertrag ebenfalls nicht zur Entstehung. Für die Frage der Vertragskonkurrenz ist hingegen Art. 64 WVK von Bedeutung.[63] Nach dieser – wegen ihrer Rückwirkung stark umstrittenen – Vorschrift werden bestehende Verträge durch später entstehendes zwingendes Recht vom Zeitpunkt der Entstehung des neuen *ius cogens* an nichtig. Auch hier besteht nicht notwendigerweise eine Vertragskonkurrenz, weil auch das neue zwingende Recht Teil des Völkergewohnheitsrechts sein kann. Für den Fall jedoch, daß das neue *ius cogens* auf vertraglicher Basis entsteht, etwa durch Menschenrechtsverträge, liegt eine echte Vertragskonkurrenz vor, die durch Art. 64 WVK zugunsten des zwingendes Recht enthaltenden Vertrags entschieden wird.[64]

Das hierarchische Prinzip geht in seiner Intensität nicht über das *ius cogens* hinaus, hat aber einen umfassenderen Geltungsanspruch. Nach diesem Prinzip gehen generell Verträge höheren Ranges[65] niederrangigem Vertragsrecht vor, unabhängig vom Zeitpunkt ihres Inkrafttretens. Wie erwähnt, hat die Entstehung dieser Kollisionsregel erst mit dem Aufkommen der Vorstellung eines *ius publicum Europaeum* begonnen. Dieses Konzept beruhte

---

[60] Vgl. dazu näher *J. Delbrück*, Structural Changes in the International System and its Legal Order: International Law in the Era of Globalization, SZIER/SRIEL 1/2001, 1 ff (35 f); *J. A. Frowein*, Konstitutionalisierung des Völkerrechts, in: *K. Dicke* (Hrsg.), in: Völkerrecht und Internationales Privatrecht in einem sich globalisierenden internationalen System: Auswirkungen der Entstaatlichung transnationaler Beziehungen, BDGVR, 2000, 427 ff; *S. Oeter*, Europäische Integration als Konstitutionalisierungsprozeß, ZaöRV 59 (1999), 901 ff; *G. Nolte*, Kosovo und Konstitutionalisierung: zur humanitären Intervention der NATO-Staaten, ZaöRV 59 (1999), 941 ff; *C. Walter*, Die Europäische Menschenrechtskonvention als Konstitutionalisierungsprozeß, ZaöRV 59 (1999), 961 ff; *B. Simma*, From Bilateralism to Community Interest in International Law, RdC 250 (1994), 217 ff; *J. Delbrück*, Laws in the Public Interest – Some Observations on the Foundations and Identification of *erga omnes* Norms in International Law, in: *V. Götz* u. a. (Hrsg.), Liber amoricum Günther Jaenicke – zum 85. Geburtstag, 1998, 17 ff.

[61] Näheres dazu unten II. 1.

[62] Vgl. dazu § 157.

[63] Vgl. dazu § 157.

[64] Die Aufnahme des hierarchischen Prinzips in die WVK betont auch *Karl*, EPIL IV, 936 (938), differenziert jedoch nicht hinreichend zwischen dem Zusammentreffen von Verträgen mit gewohnheitsrechtlichem zwingendem Recht und neuem, in Verträgen enthaltenem *ius cogens*. Zur Möglichkeit, daß *ius cogens* auch durch Verträge geschaffen werden kann und der daraus folgenden Höherrangigkeit von Verträgen auch *Nguyen Quoc Dinh/Daillier/Pellet*, 271 f.

[65] Zur Hierarchie der Normen und Rechtsquellen im Völkerrecht siehe *Lauterpacht*, BYIL 17 (1936), 54 (54 ff); allgemein auch *Akehurst*, BYIL 47 (1974–1975), 273 ff.

seinerseits auf dem wachsenden Bewußtsein der europäischen Staatengemeinschaft, daß die Gewährleistung von Frieden und Sicherheit in Europa eine gemeinsame Verantwortung der Staaten ist und nicht allein auf dem am nationalen Interesse ausgerichteten Verhalten der Staaten beruhen könne.

In diesem Sinne stellte das auf dem Wiener Kongress von 1815 geschaffene Vertragswerk, insbesondere in der in ihm angelegten Entwicklung zum „Europäischen Konzert der Mächte", eine grundlegende Friedensordnung für Europa dar, die in ihrem in gewissem Sinne schon objektiven Geltungsanspruch als eine frühe Form konstitutioneller Ordnung angesehen werden kann. Das gilt dann auch für einzelne der Friedensregelungen von 1856 zur Beendigung des Krimkrieges,[66] aber auch für die auf dem Berliner Kongress von 1885 beschlossenen Akte, so für die Kongoakte, die von den Richtern des StIGH *Schücking* und *van Eysinga* in diesem Sinne interpretiert wurden.[67]

Eingang fand diese Vorstellung von höherrangigen Regelungs- oder Ordnungsverträgen dann erstmals ausdrücklich in der Völkerbundssatzung. Dort wurde in Art. 20 vorgesehen, daß im Falle eines Konfliktes zwischen den Verpflichtungen der Völkerbundsmitglieder aus der Völkerbundssatzung und aus anderen von ihnen abgeschlossenen Verträgen die Verpflichtungen aus der Satzung vorgehen.[68] Diese Regelung wurde in Art. 103 der Charta der Vereinten Nationen übernommen, dabei geht die Regelung in der Charta der Vereinten Nationen aber in ihrer sachlichen Reichweite über die in der Satzung des Völkerbundes hinaus. Die Kollision von Verträgen der Mitglieder mit der Charta der Vereinten Nationen hat zur Folge, daß letztere Vorrang genießt, mit anderen Worten, daß die Mitglieder der Vereinten Nationen in jedem Fall den *Verpflichtungen* aus der Charta nachzukommen haben – und das heißt auch den verbindlichen Beschlüssen des Sicherheitsrates –, selbst dann, wenn diese Handlungen gebieten, die den Verpflichtungen der Mitglieder aus anderen Verträgen zuwiderlaufen.[69]

Die Frage, ob sich der Vorrang der Charta auch auf Verträge erstreckt, die die Vereinten Nationen in Erfüllung ihrer Aufgaben schließen, stellte sich im Hinblick auf das *Headquarters Agreement* von 1947, das zwischen den Vereinigten Staaten von Amerika und den Vereinten Nationen geschlossen wurde. Soweit ersichtlich, wird der Vorrang auch solcher Verträge gegenüber anderen von Mitgliedern geschlossenen Verträgen einhellig angenommen.[70] Dagegen wird zutreffend die Ausdehnung des Anwendungsbereiches des Art. 103 der Charta der Vereinten Nationen auf unverbindliche Empfehlungen und Deklarationen der Organe der Vereinten Nationen abgelehnt. Sie schaffen keine unmittelbaren Verpflichtungen im Sinne des Art. 103 Charta der Vereinten Nationen[71] jenseits der

---

[66] So etwa der als Teil der Friedensregelung zur Beendigung des Krimkrieges (Vertrag vom 30. 3. 1856 zwischen Österreich, Frankreich, dem Vereinigten Königreich, Preußen, Rußland, Sardinien und der Türkei, Text in CTS 114 (1855–1856), 409 ff) zwischen dem Vereinigten Königreich, Frankreich und Rußland geschlossene Vertrag über die Entmilitarisierung der Aaland-Inseln (CTS 114 (1855–1856), 405 ff), der Jahrzehnte später von der vom Völkerbund eingesetzten Juristenkommission im *Aaland*-Streitfall als im gemeinsamen Interesse der europäischen Staaten geschlossen eingeordnet wurde (so auch die Präambel des Vertrags), vgl. dazu *Delbrück*, in: FS Jaenicke, 17 (21 f).

[67] Siehe dazu den *Oscar Chinn-Case*, PCIJ Series A/B, No. 63, separate opinions von Richter *van Eysinga* (70 ff) und *Schücking* (87 ff).

[68] Vgl. dazu *W. Schücking/H. Wehberg*, Die Satzung des Völkerbundes, 2. Aufl. 1924, 667 ff.

[69] So die ganz überwiegende Meinung, siehe nur *Bernhardt*, in: *Simma* (ed.), UN Charter (engl.), Article 103, para. 10; *Roucounas*, RdC 206 (1987), 9 ff (67 f); *J. Combacau*, Le pouvoir de sanction de l'O. N. U., 1994, 281 ff; deutlich auch der Sicherheitsrat im Golfkonflikt (Irak ./. Kuwait) in der Resolution SC Res. 670 (1990).

[70] So *Bernhardt*, in: *Simma* (ed.), UN Charter (engl.), Art. 103 para. 11; *Aust*, 175, der allerdings angesichts der nur noch ganz geringen Zahl von Staaten, die nicht Mitglieder der Vereinten Nationen sind, auf die nur geringe praktische Bedeutung dieser weiten Auslegung des Art. 103 der Charta der Vereinten Nationen hinweist; auch *Mus*, NILR 45 (1998), 208 (216), der sich jedoch gegen die Nichtigkeit der mit der Charta der Vereinten Nationen kollidierenden Verträge ausspricht; ebenso *Sciso*, ÖZÖRV 38 (1987), 169.

[71] *Bernhardt*, in: *Simma* (ed.) UN Charter (engl.), Art. 103 para. 13; *Combacau*, 284; *Wilting*, 56.

aus der Mitgliedschaft folgenden Pflicht, die Frage der Befolgung von Empfehlungen *bona fide* zu prüfen.[72]

Umstritten war und ist die Frage, welche Rechtsfolgen sich aus der Vorschrift des Art. 103 der Charta der Vereinten Nationen für die von Mitgliedern abgeschlossenen, mit der Charta unvereinbaren Verträge ergeben. Da Art. 103 nur davon spricht, daß die Charta „shall prevail", bleibt die Rechtsfolge offen.[73] Nach verbreiteter Auffassung sollen solche Verträge von Mitgliedern untereinander oder auch mit Nichtmitgliedern nichtig sein.[74] Zur Begründung wird dabei zum einen auf die gerade in Art. 103 besonders deutlich zum Ausdruck kommende Höherrangigkeit der Charta allein,[75] und zum anderen auf die durch den Beitritt zu den Vereinten Nationen eingeschränkte Vertragsschlußfähigkeit, also auf die sonst abgelehnte Nichtigkeitstheorie abgehoben, deren Anwendung hier wiederum aus der Höherrangigkeit der Charta begründet wird.[76]

Geht man von der Höherrangigkeit der Charta der Vereinten Nationen aus – und dies erscheint heute angesichts der sich verfestigenden Tendenz des modernen Völkerrechts zu einer Konstitutionalisierung seiner grundlegenden Normen mehr denn je geboten –, so ist jenen Auffassungen zu folgen, nach denen jedenfalls Verträge, die von Mitgliedern der Vereinten Nationen vor oder nach dem Inkrafttreten der Charta bzw. vor oder nach dem Beitritt zur Organisation geschlossen wurden und die mit der Charta unvereinbar sind, als beendet bzw. nichtig anzusehen sind. Für Lösungen von Vertragskonflikten zwischen der Charta und mit ihr unvereinbaren Verträgen von Mitgliedern nach den allgemeinen, in Art. 30 WVK niedergelegten Kollisionsregeln – unter der Annahme, Art. 103 der Charta der Vereinten Nationen stelle eine übliche Derogationsklausel dar[77] – bleibt im Hinblick auf den

---

[72] Diese Pflicht, die Frage der Befolgung einer unverbindlichen Empfehlung jedenfalls *bona fide* zu prüfen, ergibt sich aus der grundsätzlichen Pflicht, Verträge, also auch die Charta der Vereinten Nationen, nach Treu und Glauben zu erfüllen. Eine nach dieser Prüfung getroffene Entscheidung, der Empfehlung nicht zu folgen, ist dann aber rechtens, so daß sich die Vorrangfrage im Sinne des Art. 103 nicht stellt.

[73] *Bernhardt*, in: *Simma* (ed.), UN Charter (engl.), Art. 103 para. 2, 6; dazu auch *Wilting*, 55 ff.

[74] So nachdrücklich *Oppenheim/Jennings/Watts*, vol. I/2, 1216; auch *Bernhardt*, in: *Simma* (ed.), UN Charter (engl.), Art. 103 para. 16 ff, der allerdings insoweit differenziert, als Verträge, deren Erfüllung durch verbindliche Entscheidung des Sicherheitsrates verboten wird, im übrigen aber mit der UN Charta vereinbar sind, nur als suspendiert anzusehen sind, sie also wieder voll anwendungsfähig werden, wenn die Maßnahmen des Sicherheitsrates beendet sind (para. 16); generell anders *CP-Flory*, 1374 *(„traité [...] inapplicable et inopposable, mais [...] valide")*; ebenso auch *Mus*, NILR 45 (1998), 208; zu dieser Frage siehe auch den *Aerial Incident at Lockerbie-Case*, ICJ Reports 1992, 3 (114).

[75] So etwa *Bernhardt*, in: *Simma* (ed.), UN Charter (engl.), Art. 103, para. 10 f und 25 (hier: *„the Charter as the ‚constitution' of the international community"*); dazu auch *McNair*, 218; *Kelsen*, The Law of the United Nations, 113, nimmt Nichtigkeit nachfolgender Verträge an und begründet dies damit, daß solche Verträge auf den Versuch einer Änderung oder Abschaffung der Charta im Verhältnis zu den Parteien des mit der Charta kollidierenden Vertrags hinausliefen, die jedoch nur im Verfahren nach den Artikeln 108 und 109 der Charta der Vereinten Nationen zulässig ist, was wiederum auf der Höherrangigkeit der Charta beruht.

[76] So etwa *H. Lauterpacht* im [First] Report on the Law of Treaties, UN Doc. A/CN.4/63 (1953), Yearbook ILC 1953 II, 90 ff (157); schon für die Völkerbundssatzung *ders.*, BYIL 17 (1936), 55. Zu einem ähnlichen Ergebnis kommt auch *Karl*, EPIL IV, 936 (938), der Verträge, die mit der Charta unvereinbar sind, aufgrund des höheren Ranges der Charta für beendet oder nichtig ansieht. Dieses Ergebnis leitet er aber an anderer Stelle nicht allein aus der Höherrangigkeit der Charta bzw. aus Art. 103 der Charta, der seiner Auffassung lediglich den Charakter einer üblichen Derogationsklausel trägt, sondern aus der Tatsache, daß Art. 30 Abs. 1 WVK die Regelung des Art. 103 der Charta in das Völkervertragsrecht inkorporiert und damit Konflikte von Verträgen mit der Charta der Behandlung nach den allgemeinen Regeln entzieht, der Charta also damit indirekt die Höherrangigkeit einräumt, vgl. *ders.*, Vertrag und spätere Praxis im Völkerrecht, 70; auf die Beschränkung der Vertragsfähigkeit aufgrund des Beitritts zur UN Charta hebt *McNair*, 218 ab; zum Vorstehenden auch *Wilting*, 63.

[77] Vgl. dazu *Karl*, Vertrag und spätere Praxis, 70; *Wilting*, 62 f.

konstitutionellen Status der Charta[78] kein Raum, zumal Art. 30 Abs. 1 WVK einen klaren Vorbehalt zugunsten von Art. 103 der Charta der Vereinten Nationen festlegt.

Problematischer ist die Beantwortung der Frage, ob die hier vertretene Auffassung auch auf solche mit der Charta unvereinbaren Verträge zutrifft, die von Mitgliedern der Vereinten Nationen mit Nichtmitgliedern geschlossen werden. Insoweit könnte eingewandt werden, daß die Rechtsfolge der Nichtigkeit solcher Verträge aufgrund von Art. 103 der Charta der Vereinten Nationen mit dem zum festen Bestandteil des völkerrechtlichen Vertragsrechts gehörenden *pacta tertiis nec nocent nec prosunt*-Prinzip nicht vereinbar ist. Wie jedoch zuvor gezeigt, unterliegt die Anwendung des *pacta tertiis*-Prinzips seit geraumer Zeit in solchen Fällen einem Wandel, in denen es um die Gewährleistung und Durchsetzung von Staatengemeinschaftsinteressen *(international public interests)* geht.[79] Genau dieser Gedanke der Gewährleistung der Beachtung und Durchsetzung von Staatengemeinschaftsinteressen liegt der Vorschrift des Art. 103 der Charta der Vereinten Nationen zugrunde. In den Beratungen der Charta im Jahre 1945 wurde die mögliche Kollision zwischen Art. 103 der Charta der Vereinten Nationen und dem *pacta tertiis*-Prinzip durchaus gesehen. Jedoch wurde nachdrücklich betont, daß es nicht hinnehmbar sei, daß von Mitgliedsstaaten durch den Abschluß von Verträgen mit Nichtmitgliedern die Durch- und Umsetzung der Ziele und Aufgaben der Vereinten Nationen unterlaufen wird.[80] Dies erhellt, daß es die Absicht der Gründerstaaten der Vereinten Nationen war, den Anwendungsbereich des Art. 103 der Charta der Vereinten Nationen jedenfalls auch auf solche Verträge zu erstrecken, die Mitglieder mit Nichtmitgliedern schließen oder geschlossen haben. Das *pacta tertiis*-Prinzip ist insoweit als durch Art. 103 der Charta der Vereinten Nationen modifiziert anzusehen.

Ob diese Schlußfolgerung auch für mit der Charta der Vereinten Nationen unvereinbare Verträge von Nichtmitgliedern untereinander gilt, ist fraglich. Nach herkömmlichem Recht ist die Charta der Vereinten Nationen als eine *res inter alios acta* anzusehen, die für Nichtmitgliedsstaaten keine Rechte oder Pflichten begründen kann. Jedoch erhebt die Charta schon in Art. 2 Abs. 6 den Anspruch, daß die Organisation dafür Sorge tragen darf und soll, „daß Staaten, die nicht Mitglieder der Vereinten Nationen sind, insoweit nach diesen Grundsätzen [den in Art. 2 genannten] handeln, als dies zur Wahrung des Weltfriedens und der internationalen Sicherheit erforderlich ist." Es ist nach wie vor streitig, ob diese Vorschrift eine echte Drittverpflichtung enthält,[81] die dann eine weitere Ausnahme zum *pacta tertiis*-Prinzip darstellt, oder ob sie nur eine Ermächtigung für die Organisation enthält, die für Drittstaaten ohnehin geltenden Fundamentalnormen des Völkerrechts (Respektierung der Souveränität, Pflicht zur friedlichen Streitbeilegung, Verbot der Anwendung und Androhung von Gewalt in den internationalen Beziehungen und Achtung der territorialen Integrität der Staaten) durchzusetzen. Nach der hier vertretenen Auffassung[82] enthält Art. 2 Abs. 6 der Charta der Vereinten Nationen eine echte drittwirkende Norm, die aus den zuvor schon benannten Gründen der Gewährleistung und Durchsetzung wesentlicher Staatengemeinschaftsinteressen das *pacta tertiis*-Prinzip einschränkt. Folgt man dieser Auslegung des Art. 2 Abs. 6, so wäre es nur folgerichtig, auch Art. 103 auf mit der Charta unvereinbare Verträge von Nichtmitgliedsstaaten zu erstrecken.[83] Dem folgt die wohl ganz

---

[78] Hierauf stellte *Aufricht*, CornellLQ 37 (1951–52), 655 ff nachdrücklich schon im Jahre 1952 ab.

[79] Siehe oben § 152.

[80] Vgl. UNCIO 13, 686.

[81] Vgl. dazu die eingehende Diskussion der verschiedenen Ansichten bei *Ch. Tomuschat*, Völkerrechtlicher Vertrag und Drittstaaten, in: *Ch. Tomuschat/H. Neuhold/J. Kropholler* (Hrsg.), Völkerrechtlicher Vertrag und Drittstaaten, BDGVR, 1988, 9 ff; *ders.*, Obligations Arising for States without or against their Will, RdC 241 (1993), 195 ff (252) mit ablehnder Stellungnahme; ferner ebenfalls *Vitzthum*, in: *Simma* (ed.), UN Charter (engl.), Art. 2(6), paras. 18 ff (23).

[82] Siehe dazu oben § 152.

[83] So *Ph. Cahier*, Le probléme des effets des traités à l'egard des Etats tiers, RdC 143 (1974), 589 ff (718 f).

herrschende Lehre nicht.[84] Die Gründe dafür sind nicht recht überzeugend, jedoch sind die praktischen Folgen der Auffassung, daß mit der Charta unvereinbare Verträge von Nichtmitgliedern nicht in den Anwendungsbereich des Art. 103 einbezogen sind, gering. Zum einen ist die Zahl der Nichtmitglieder mittlerweile nur noch marginal. Auch kann die Bindung von Nichtmitgliedern an Art. 103 der Charta der Vereinten Nationen auch dadurch herbeigeführt werden, daß diese Nichtmitglieder Parteien der WVK werden oder sind und damit über Art. 30 Abs. 1 WVK die Bindungswirkung des Art. 103 der Charta der Vereinten Nationen für sich anerkennen.[85] Zum andern zählen die Völkerrechtsprinzipien, die die Charta in Art. 2 als Kernaufgaben und Ziele der Organisation auflistet, zum auch außerhalb der Charta geltenden Völkergewohnheitsrecht im Range von zwingendem Recht *(ius cogens)*, dessen Verletzung durch Verträge von Nichtmitgliedsstaaten zu deren Nichtigkeit (Art. 53 WVK) führt.

b) Das hierarchische Prinzip kann aber auch jenseits von Art. 103 der Charta der Vereinten Nationen bzw. Art. 30 Abs. 1 WVK in einem eher technischen Sinn dadurch zur Anwendung gelangen, daß die Parteien eines Vertrags die Höherrangigkeit eines Vertrags gegenüber einem früher oder später geschlossenen Vertrag festlegen können, und zwar unabhängig vom inhaltlichen Gewicht des für höherrangig erklärten Vertrags. Das wird einerseits in Art. 30 Abs. 2 WVK deutlich, wo bestimmt ist, daß die Vertragsparteien vorsehen können, daß der betreffende Vertrag einem früher oder später geschlossenen Vertrag „untergeordnet" ist, mit der Folge, daß der andere Vertrag Vorrang vor diesem genießt. Solche sog. Vorrangklauseln sind in der Staatenpraxis nicht selten.[86] Das zentrale rechtsdogmatische Problem stellt sich jedoch im Hinblick darauf, ob auch anderen multilateralen Verträgen als der Charta der Vereinten Nationen im Hinblick auf ihren grundlegenden ordnungsrechtlichen Gehalt – auch ohne entsprechende Vorrangklausel – eine Höherrangigkeit zukommt oder zukommen kann. Wie bereits erwähnt, ist die Frage der Höherrangigkeit eines multilateralen Vertrags aufgrund seiner grundlegenden ordnungsrechtlichen Bedeutung bzw. seines im internationalen öffentlichen Interesse liegenden Regelungsgegenstandes schon in der älteren Staatpraxis, Rechtsprechung und Literatur ernsthaft erwogen worden.

Namentlich umfassende Friedensverträge wie die Schlußakte des Wiener Kongresses, die Pariser Friedensregelung von 1856 zur Beendigung des Krimkrieges und die Friedensverträge von Versailles (1919), St. Germain (1919) und von Lausanne (1923) nach dem Ende des 1. Weltkrieges wurden als anderen, späteren Verträgen vorgehende, höherrangige Konventionen nicht nur diskutiert, sondern auch in einzelnen Fällen als solche anerkannt. Aber auch der umgekehrte Fall, daß multilaterale Konventionen durch nachfolgende, mit den bestehenden Konventionen in zentralen Regelungen unvereinbare Verträge ohne Zustimmung aller ursprünglichen Parteien revidiert oder geändert wurden, weil die nachfolgenden Verträge als im internationalen Interesse liegend und damit als höherrangig betrachtet wurden, ist vorgekommen.[87]

---

[84] Siehe *Bernhardt*, in: *Simma* (ed.), Charter (engl.), Art. 103, para. 20.

[85] Nach der Auffassung von *Sciso*, ÖZÖRV 38 (1987), 169 ff werden Nichtmitgliedsstaaten als Parteien der WVK in der Tat über Art. 30 Abs. 1 WVK an Art. 103 der Charta der Vereinten Nationen gebunden, allerdings nur im Rahmen des zeitlichen Geltungsbereichs der WVK (Art. 4), wonach deren Regelungen nur für Verträge gelten, die nach ihrem Inkrafttreten bzw. nach dem Zeitpunkt des Beitritts der Vertragsparteien geschlossen werden, weil Art. 103 nicht als deklaratorischer Ausdruck von bestehendem Völkergewohnheitsrecht anzusehen sei; so auch *Wilting*, 63 f, der zudem einschränkend der Ansicht ist, daß der Vorrang des Art. 103 der Charta der Vereinten Nationen – vermittelt über Art. 30 Abs. 1 WVK – sich nur auf die Verpflichtungen bezieht, „die sich *unmittelbar* aus der Charta der Vereinten Nationen ergeben, da Art. 30 WVK allein die Anwendung aufeinanderfolgender *Verträge* über denselben Gegenstand regelt." (64). Diese Auslegung des Art. 30 Abs. 1 WVK überzeugt nicht, weil die Bezugnahme auf „aufeinanderfolgende Verträge" auf die Konkurrenz von Verträgen jenseits des in dieser Vorschrift ausgesprochenen Vorbehalts zugunsten Art. 103 der Charta der Vereinten Nationen gerichtet ist.

[86] Zu dieser Praxis siehe unten II. 4.

[87] So im Hinblick auf die Praxis nach dem 2. Weltkrieg,

Im gegenwärtigen Völkerrecht kommt eine entsprechende, in besonderem Maße dem Interesse der internationalen Gemeinschaft dienende Ordnungsfunktion neben institutionellen Verträgen wie der Charta der Vereinten Nationen und den Verfassungen weiterer wichtiger internationaler Organisationen auch solchen multilateralen Verträgen zu, die auf den Schutz überragender Gemeinschaftsgüter und -werte zielen, wie zum Beispiel die internationalen Konventionen zum Schutze der Menschenrechte und der Umwelt. Es sind dies Verträge, denen – wie an anderer Stelle bereits dargelegt – eben wegen ihres dem Schutz überragender Gemeinschaftsinteressen dienenden Zieles *erga omnes*-Wirkung zukommt[88]. Diese *erga omnes*-Wirkung, die eine Erweiterung der Reichweite der Bindung dieser Verträge bedeutet, ist jedoch eben deswegen nicht der Grund für ihre Höherrangigkeit, sondern sie ist ein Indikator dafür, daß es sich bei derartigen Regelungsverträgen um Verträge handelt, die eine grundlegende Ordnungsfunktion im internationalen System haben. In der Praxis ist diese Unterscheidung bei Regelungsverträgen, die entweder zwingendes Recht deklaratorisch wiedergeben oder neu schaffen, nicht relevant, weil sie aufgrund ihres *ius cogens*-Charakters sowohl höherrangig sind als auch *erga omnes* wirken. Bei Regelungsverträgen, die *erga omnes* wirken, nicht aber zwingendes Recht darstellen, ist ihre Höherrangigkeit – fehlt eine dahingehende Bestimmung durch die Vertragsparteien – durch Auslegung und Gewichtung ihres Inhalts im Einzelfall zu ermitteln. Ihre *erga omnes*-Wirkung ist dafür ein Indiz. Die Rechtsfolge für konkurrierende Verträge, die mit einem höherrangigen Vertrag unvereinbar sind, ist im Falle, daß der höherrangige Vertrag *ius cogens* enthält, die Nichtigkeit des niederrangigen Vertrags. In anderen Fällen hat der höherrangige Vertrag Vorrang, das heißt, der niederrangige Vertrag ist unanwendbar.[89]

2. Im Falle einer zwischen einem älteren und einem jüngeren Vertrag auftretenden Normkollision – sei es der Verträge insgesamt oder einzelner Vorschriften – gehen die jüngeren Normen den älteren vor. Diese *lex posterior*-Regel ist – wie bereits dargelegt – Bestandteil der seit langer Zeit bestehenden Kollisionsregeln und ist namentlich in der internationalen Rechtsprechung angewandt worden.[90]

Die allerdings nicht sehr umfangreiche internationale Rechtsprechung hat auf die *lex posterior*-Regel zurückgegriffen, so etwa der StIGH im *Mavrommatis Concessions Case*[91] und im Rechtsgutachten im *Jurisdiction of the European Commission of the Danube Case.*[92]

Art. 30 Abs. 2 WVK übernimmt die *lex posterior*-Regel mittelbar in der Form, daß die Parteien eines Vertrags festlegen können, daß, wenn dieser „einem [...] später geschlossenen Vertrag untergeordnet ist oder als mit diesem unvereinbar anzusehen ist", der andere Vertrag Vorrang hat, daß sie aber auch das Gegenteil bestimmen können, nämlich daß ein früherer Vertrag unter den genannten Bedingungen Vorrang haben kann (*lex prior*-Regel). Die WVK

Vorkriegskonventionen auch ohne die Zustimmung aller Parteien dieser Konventionen zu revidieren oder zu ändern, *Starke/Shearer*, International Law, 11th ed., 1994, 428.

[88] Zur *erga omnes*-Wirkung von Regelungsverträgen und zu entsprechenden Beispielen vgl. oben § 152; noch keine allgemeine Höherrangigkeit von Menschenrechtsverträgen sieht dagegen *Kälin*, BDGVR, 1994, 9 ff (24 ff) gegeben.

[89] So auch *Karl*, EPIL IV, 936 (938), hinsichtlich *ius cogens* enthaltender Verträge, die Rechtsfolge für niederrangige Verträge, die mit dem höherrangigen, aber nicht *ius cogens* enthaltenden Vertrag unvereinbar sind, wird hier nicht benannt. Sie folgt aber aus dem durch die Höherrangigkeit begründeten Vorrang.

[90] Kritisch zur Übertragbarkeit der Regel auf das Völkerrecht *Wilting*, 78 f; dagegen betonen andere Autoren, daß die *lex posterior*-Regel durch Aufnahme in die WVK nun zweifelsfrei als eine Rechtsregel anerkannt ist, vgl. etwa *Verdross/Simma*, 501; *Nguyen Quoc/Daillier/Pellet*, 248; *Karl*, EPIL IV, 936 (937); *Zuleeg*, GYIL 20 (1977), 246 (256); *Roucounas*, RdC 206 (1987 VI), 93.

[91] PCIJ Series A. No. 2 (1924), 31.

[92] PCIJ Series A/B, No. 77 (1927), 23. Siehe auch die abweichende Meinung von Richter *Anzilotti* im *Electricity Company of Sofia Case*, PCIJ Series A/B (1939), 92; wie erwähnt, hat auch der Harvard-Entwurf von 1935 diese Regel aufgenommen.

anerkennt damit die Freiheit der Vertragsparteien, durch bestimmte Kollisionsregelungen (Vertragsklauseln) eine potenzielle Vertragskonkurrenz aufzulösen.[93] Voraussetzung für die Anwendbarkeit der *lex posterior*-Regel im völkerrechtlichen Vertragsrecht ist, daß wenigstens eine Partei der aufeinander folgenden Verträge Partei beider Verträge ist. Anderenfalls ist eine Vertragskollisions-Konkurrenz nicht möglich.[94] Angesichts dessen wäre eine ausdrückliche Regelung über die für eine Vertragskollisionslage notwendige Überlappung der Parteien der konkurrierenden Verträge eigentlich entbehrlich gewesen. So enthält denn die WVK in Art. 30 Abs. 3 und 4 auch nicht nur die Wiederholung von Selbstverständlichem, sondern regelt differenzierte Kollisionslösungen für die Fälle der vollständigen Parteiidentität,[95] das heißt für die Fälle, in denen alle Vertragsparteien Parteien der konkurrierenden Verträge sind (Abs. 3), und für die Fälle einer nur partiellen Parteiidentität (Abs. 4).

Wenn vollständige Parteiidentität besteht und der frühere Vertrag durch den späteren nach Art. 59 WVK weder beendet noch suspendiert ist – was ausdrücklich oder stillschweigend geschehen kann[96] –, so wird nach Art. 30 Abs. 3 WVK der frühere Vertrag nur insoweit angewandt, als dieser mit dem späteren vereinbar ist. Damit wird die *lex posterior*-Regel dahingehend konkretisiert, daß sie nicht notwendigerweise zur vollständigen Verdrängung des älteren Vertrags führen muß, wie der im Falle der Kündigung, des Rücktritts oder der Suspendierung von Verträgen geltende Grundsatz der Untrennbarkeit der Bestimmungen eines Vertrags (Art. 44 WVK) vermuten lassen könnte. Darüber hinaus wird aus Art. 30 Abs. 3 WVK auch deutlich, daß diese Vorschrift nur subsidiär zum Zuge kommt, nämlich dann, wenn feststeht, daß die Parteien durch den Abschluß des späteren Vertrags keine Beendigung des früheren Vertrags beabsichtigt haben oder die Beendigung dadurch herbeigeführt wird, daß der spätere Vertrag mit dem früheren in solchem Maße unvereinbar ist, daß die gleichzeitige Anwendung beider Verträge unmöglich ist (Art. 59 WVK). Mit anderen Worten, Art. 30 Abs. 3 WVK setzt die Wirksamkeit sowohl des früheren als auch des späteren Vertrags voraus.[97] Allerdings läßt Art. 30 Abs. 3 WVK die Frage offen, nach welchen Kriterien zu entscheiden ist, welche der kollidierenden Normen die ältere oder jüngere ist. Denkbar ist, daß der Zeitpunkt der Annahme des Vertragstextes durch die Vertragsparteien ausschlaggebend ist, jedoch bietet sich auch der Tag des Inkrafttretens als kritisches Datum an.[98] Ist es im konkreten Fall nicht ohne weiteres feststellbar, was die Parteien insoweit angenommen haben, hängt die Anwendbarkeit der *lex posterior*-Regel von einer vorgehenden Ermittlung der entscheidenden Daten aus den Vertragsmaterialien und anderen relevanten Staatsdokumenten ab.

---

[93] Die in Art. 30 Abs. 2 angeführten Kollisionsregeln sind nicht als abschließend anzusehen, vielmehr steht es den Parteien frei, auch andere Regelungen zu treffen, vgl. zur inhaltlichen Gestaltung von Vertragsklauseln unten II.

[94] *Aufricht*, CornellLQ 37 (1951–52), 655 (655 f); dazu auch *Kelsen*, UnivPittsburghLR 10 (1949), 284 (285); dazu auch *E. W. Vierdag*, BYIL 59 (1988), 75 (95 f); *Wilting*, 80.

[95] Art. 30 Abs. 3 WVK gilt auch für den Fall, daß dem späteren Vertrag weitere Parteien angehören, weil in diesem Fall die Voraussetzung, daß alle Parteien des früheren Vertrags auch dem späteren angehören, weiterhin erfüllt ist; so zutreffend *Wilting*, 79.

[96] Art. 59 WVK spricht davon, daß die „Absicht" der Parteien, den früheren Vertrag zu beenden oder zu suspendieren, aus dem späteren Vertrag „hervorgeht" oder „anderweitig feststeht" – eine Formulierung, die auch die stillschweigende Zustimmung zur Beendigung oder Suspendierung des früheren Vertrags einschließt, so auch *Wilting*, 81; vgl. dazu §§ 158, 163.

[97] So auch statt anderer *Oppenheim/Jennings/Watts*, vol. I/2, 1214 (n. 12).

[98] Für den Zeitpunkt der Annahme des nachfolgenden Vertrags sprach sich *Waldock* auf der 91. Sitzung der Wiener Vertragsrechtskonferenz (Official Records, vol II, 222) aus, weil mit der Annahme des neuen Vertrags die Parteien eine neue Rechtsetzungsabsicht (*„new legislative intention"*) ausdrücken. Dies sei auch die Vorstellung der ILC gewesen. Der Text des Art. 30 Abs. 3 WVK gibt jedoch – wie gesagt – auf diese Vorstellungen keinen Hinweis; kritisch zu den Ansätzen zur Bestimmung des entscheidenden Zeitpunktes *Vierdag*, BYIL 59 (1988), 75 (94 f). Zum Ganzen siehe auch näher *Wilting*, 81 ff.

Für den Fall der nur teilweisen Parteiidentität sieht Art. 30 Abs. 4 WVK Regelungen für zwei Fallkonstellationen vor. Gehören nicht alle Vertragsparteien des früheren Vertrags auch zu den Vertragsparteien des späteren Vertrags, so wird für diejenigen Vertragsparteien, die Parteien beider Verträge sind und für die damit insoweit Parteiidentität besteht, auf die in Art. 30 Abs. 3 WVK für diese Konstellation getroffene Regelung verwiesen (Art. 30 Abs. 4 lit. a) WVK). Steht fest, daß der frühere Vertrag nicht gemäß Art. 59 WVK beendet oder suspendiert ist, so findet zwischen diesen Vertragsparteien der frühere Vertrag nur insoweit Anwendung, als er mit dem späteren vereinbar ist. Insoweit gilt das zuvor zu Art. 30 Abs. 3 WVK Gesagte auch hier. Auf den ersten Blick unproblematisch erscheint auch die Regelung für die zweite Fallkonstellation, die Art. 30 Abs. 4 lit. b) WVK im Auge hat. Gehören nicht alle Vertragsparteien des früheren Vertrags auch zu den Parteien des späteren, „so regelt zwischen einem Staat, der Vertragspartei beider Verträge ist, und einem Staat, der Vertragspartei nur eines der beiden Verträge ist, der Vertrag, dem beide Staaten als Vertragsparteien angehören, ihre gegenseitigen Rechte und Pflichten." Es versteht sich von selbst, daß diese Regel natürlich auch für den Fall gilt, daß mehrere Staaten auf der einen oder anderen Seite der Vertragsbeziehungen vorhanden sind. Art. 30 Abs. 4 lit. b) WVK ist insoweit Ausdruck des *pacta sunt servanda*-Grundsatzes (Art. 26 WVK).[99]

Bei genauerer Analyse dieser Vorschrift zeigt sich jedoch, daß sie sehr grundsätzliche Probleme aufwirft. Mit der Formulierung, daß der Vertrag, „dem beide Vertragsparteien angehören, ihre *gegenseitigen* Rechte und Pflichten" regelt, wird die Anwendung des Art. 30 Abs. 4 lit. b) WVK auf solche multilateralen Verträge beschränkt, die sich in jeweils voneinander unabhängige bilaterale Beziehungen bzw. Verpflichtungen aufspalten lassen, mit anderen Worten auf multilaterale Verträge, die sich als Zusammenfassung einer Mehrzahl bilateraler, reziproker Vertragsbeziehungen darstellen.[100] Fehlt es an dieser Aufspaltbarkeit der Vertragsbeziehungen, hält Art. 30 Abs. 4 lit. b) WVK keine Kollisionsregelung bereit. Das hieße, daß es der Entscheidung des Staates, der Partei beider Verträge ist, vorbehalten bleibt, welchen der Verträge er anwenden will (sog. Grundsatz der politischen Entscheidung).[101] Vorschläge, dieses Ergebnis für bestimmte Vertragsarten, die aufgrund ihres Regelungsgehalts keine Aufspaltung in bilaterale Beziehungen zulassen, zu vermeiden und diese Vertragsarten von dem Grundsatz der politischen Entscheidung auszunehmen, fanden in der ILC keine Zustimmung. Gedacht wurde dabei an Regelungsverträge *(lawmaking treaties)* und Verträge, die sog. objektive Regime schaffen (z. B. Statusverträge).[102] Dem kann jedoch angesichts der Entwicklung des Völkerrechts seit der Kodifikation des Völkervertragsrechts nicht gefolgt werden. Wie bereits bei der Behandlung der Frage der Höherrangigkeit bestimmter Regelungsverträge dargelegt,[103] hat die völkerrechtliche Rechtsetzung durch umfassende multilaterale Verträge die Funktion einer internationalen Legislative jedenfalls insoweit übernommen, als es um den vertraglichen Schutz überragender Staatengemeinschaftsinteressen geht. Bei solchen Verträgen kann es bei der durch die einschränkende Formulierung des Art. 30 Abs. 4 lit. b) WVK entstandenen Regelungslücke, die zur Anwendung des Grundsatzes der „politischen Entscheidung" führt, nicht bleiben. Regelungsverträgen dieser Art ist gemäß dem hierarchischen Prinzip der Vorrang einzuräumen mit der Folge, daß nachfolgende Verträge – außer im Falle der Kollision mit einem Regelungsvertrag im Range von *ius cogens* – zwar nicht nichtig, wohl aber nicht anwendbar

---

[99] So auch zutreffend *Wilting*, 99.

[100] Zum Begriff der Reziprozität in diesem Sinne siehe *B. Simma*, Das Reziprozitätselement im Zustandekommen völkerrechtlicher Verträge, 1972, *passim*; zur Frage der Verpflichtungs- bzw. Erfüllungsstruktur völkerrechtlicher Verträge vgl. § 154.

[101] So *Zuleeg*, GYIL 20 (1977), 246 (267); *Karl*, EPIL IV, 936 (938); dazu auch näher *Wilting*, 100.

[102] Vgl. dazu *Wilting*, 100 ff.

[103] Vgl. oben II. 1.

sind.[104] Diese Folgerung ist allerdings im Hinblick auf die Staatenpraxis weniger dramatisch, als es den Anschein haben mag, weil – wie noch zu zeigen sein wird[105] – in den allermeisten Fällen Regelungsverträge dieser Art durch entsprechende Vertragsklauseln mögliche Vertragskollisionen auflösen bzw. vermeiden.
Art. 30 Abs. 5 WVK stellt klar, daß die Regelungen des Abs. 4 „unbeschadet des Artikels 41 sowie unbeschadet aller Fragen der Beendigung oder der Suspendierung eines Vertrags nach Artikel 60 und aller Fragen der Verantwortlichkeit, die sich für einen Staat aus Abschluß oder Anwendung eines Vertrags ergeben können, dessen Bestimmungen mit seinen Pflichten gegenüber einem anderen Staat auf Grund eines anderen Vertrags unvereinbar sind", gelten. Das bedeutet im einzelnen, daß – wie oben schon angedeutet – für den Fall der Anwendung des Grundsatzes der politischen Entscheidung derjenige Staat, der sich für die Anwendung des einen oder anderen der konkurrierenden Verträge entscheidet und damit seine Verpflichtungen gegenüber der oder den Parteien des anderen Vertrags verletzt, dafür haftet. Art. 30 Abs. 5 WVK stellt aber durch die Bezugnahme auf Art. 60 WVK klar, daß den in ihren Rechten verletzten Staaten die in Art. 60 WVK genannten Rechte, auf die Vertragsverletzung zu reagieren, zustehen. Mit der Feststellung, daß Art. 30 Abs. 4 WVK „unbeschadet des Artikels 41" gilt, wird auch verdeutlicht, daß die den Parteien eines multilateralen Vertrags in Art. 41 WVK eingeräumte Möglichkeit, unter bestimmten Bedindungen sog. *inter se*-Verträge zur Modifikation des multilateralen Vertrags abzuschließen, durch Art. 30 Abs. 4 WVK nicht beeinträchtigt wird.[106]

3. Probleme wie bei der Anwendung der *lex posterior*-Regel im Hinblick auf die Bestimmung, welches der frühere bzw. ältere der konkurrierenden Verträge ist, können auch bei der Anwendung der nicht in die WVK aufgenommenen, aber in der Praxis angewandten *lex specialis*-Regel auftreten, wonach die speziellere der kollidierenden Normen Vorrang vor der allgemeineren Norm genießt. Auch hier ist es eine Frage der Auslegung, welche der Normen die speziellere ist – eine Aufgabe, die nicht immer einfach zu beantworten sein kann. Nicht zuletzt aus diesem Grund sind Zweifel an der Effektivität dieser Regel geäußert worden.[107] Doch können diese Einwände die grundsätzliche Geeignetheit dieser Kollisionsregel nicht in Frage stellen. So sind Konstellationen nicht selten, wo die Spezialität von Normen gegenüber allgemeineren Normen ganz offensichtlich ist, etwa dann, wenn die speziellere Norm die Aussetzung der allgemeineren unter bestimmten Bedingungen anordnet.

So kann die Anwendbarkeit von Normen in Freundschafts- und Handelsverträgen durch spezielle Normen dergestalt ausgeschlossen sein, daß die allgemeinen Normen eines solchen Vertragstyps in Kriegszeiten als suspendiert gelten. Die Entscheidung zugunsten der spezielleren Norm kann dadurch erleichtert werden, daß diese Norm zugleich auch die spätere ist. Im *Mavrommatis Palestine Concessions Case* entschied der StIGH, daß das Protokoll XII des Friedensvertrags von

---

104 Die ILC hat dagegen – außer in Fällen von *ius cogens* – die Folgen des Abschlusses auch eines späteren, mit einem Regelungsvertrag mit integraler oder interdependenter Verpflichtungsstruktur unvereinbaren Vertrag im Bereich des Rechts der Staatenverantwortlichkeit angesiedelt, was dem seinerzeit, aber allgemein auch dem gegenwärtig geltenden Völkerrecht – abgesehen von dem hier angesprochenen Problem der Regelungsverträge – entspricht, Yearbook of the ILC 1966 II, 217; auch *Oppenheim/Jennings/Watts*, vol. I/2, 1215.

105 Unten III.

106 Zu *inter se*-Verträgen vgl. § 155.

107 Kritisch zur *lex specialis*-Regel *Jenks*, BYIL 30 (1953), 401 (446 f); ebenso *Rousseau*, Droit international public, 156; auf das Problem der Feststellung des früheren bzw. des späteren Rechts weist auch *Akehurst* hin, bezieht dies allerdings ausdrücklich nur auf die Schwierigkeit, den Zeitpunkt der Entstehung von späterem Gewohnheitsrecht zu bestimmen, *ders.*, BYIL 47 (1974–1975), 273.

Lausanne von 1923[108] als die nachfolgende und speziellere Vereinbarung Vorrang vor dem Vertrag über das Mandat für Palästina von 1922[109] genießt.[110]

Die Bedenken gegenüber der Geeignetheit der *lex specialis*-Regel haben jedoch letztlich den Ausschlag dafür gegeben, daß diese Regel nicht in die Wiener Vertragsrechtskonvention aufgenommen wurde.[111] Das gilt auch für die umgekehrte Regel, daß das frühere Recht als das stärkere dem späteren Recht vorgehen soll *(lex prior*- Regel).

Diese Regel wollten die Richter *Schücking* und *van Eysinga* im *Chinn Case* anwenden.[112] Hier ging es um den Konflikt zwischen dem Friedensvertrag von Saint Germain von 1919[113] und der Kongoakte von 1885. Als objektiver Regelungsvertrag sollte nach Ansicht beider Richter der Vertrag von Saint Germain gegenüber der Kongoakte als dem früheren und stärkeren Recht als nichtig anzusehen sein. Dem folgte die Mehrheit der Richter des StIGH nicht und lehnte es ab, den Vertrag von Saint Germain als nichtig anzusehen.[114]

Auch sonst fand die *lex prior*-Regel in neuerer Zeit keine nennenswerte Anerkennung.[115] Allerdings stellt es die WVK in Art. 30 Abs. 2 den Vertragsparteien frei, auch den Vorrang eines früher abgeschlossenen Vertrags zu bestimmen. Unter dem Gesichtspunkt einer qualitativen, das heißt, einer inhaltlichen Höherrangigkeit gerade auch vorgängiger Verträge, ist jedoch der den abweichenden Meinungen von *Schücking* und *van Eysinga* zugrundeliegende Gedanke, daß Regelungsverträge objektiven Charakter tragen und deshalb gegebenenfalls Vorrang vor nachfolgendem Vertragsrecht genießen können, heute wieder in Gestalt des schon erwähnten hierarchischen Prinzips aktuell geworden.

4. Wie geeignet die zuvor vorgestellten Regeln zur Auflösung von Konflikten zwischen konkurrierenden Verträgen auch sein mögen, so wird dennoch in der Lehre immer wieder nachdrücklich gefordert,[116] daß die Staaten beim Abschluß von Verträgen nicht nur intensive Beratungen und Koordinationsbemühungen pflegen, sondern auch von der Möglichkeit der Aufnahme von Vertragsklauseln Gebrauch machen sollen, die das Verhältnis des abzuschließenden Vertrags zu schon bestehenden oder später abzuschließenden Verträgen regeln. In den Verhandlungen der ILC zur Kodifikation des Vertragsrechts wurde das Thema erst spät aufgenommen, weil die Vertragskonkurrenz zunächst vorrangig unter dem Gesichtspunkt der Nichtigkeit kollidierender Verträge behandelt wurde. Ein weiterer Grund mag darin zu finden sein, daß die Praxis, solche Vertragsklauseln in Verträge aufzunehmen, sich erst in der Zeit nach dem 2. Weltkrieg mehr und mehr durchgesetzt hat.[117]
Die verwandten Vertragsklauseln sind unterschiedlichen Inhalts. Grob gegliedert, lassen sich vier inhaltlich unterschiedene Typen von Vertragsklauseln ausmachen.[118] Einen ersten Typus

[108] Friedensvertrag von Lausanne vom 24. 7. 1923, Text in LNTS 28, 12 ff.
[109] Text des Mandats-Vertrags vom 24. 7. 1922 in Société des Nations – Journal Officiel 1922, 1007 ff.
[110] PCIJ Series A, No. 2 (1924), 30 ff.
[111] Dazu *Karl*, EPIL IV, 936 (937).
[112] Siehe die seperate opinions von *Schücking* und *van Eysinga*, PCIJ Series A/B, No. 63 (1934), 70 ff *(Eysinga)* und 87 ff *(Schücking)*; dazu auch *Aufricht*, CornellLQ 37 (1951–52), 655 (671 f).
[113] LNTS 8, 26 ff.
[114] PCIJ Series A/B, No. 63 (1934).
[115] So wohl zutreffend *Karl*, EPIL IV, 936 (937).
[116] So besonders nachdrücklich *Jenks*, BYIL 30 (1953), 401 (431 f); *Waldock*, Yearbook ILC 1964 II, 37; auch *Wilting*, 66 f, der die Aufnahme von Vertragsklauseln das „wirkungsvollste Mittel zur Lösung von Vertragskonkurrenzen" nennt und zugleich darauf hinweist, daß Vertragsklauseln auch ein hilfreiches Mittel für die Vertragsinterpretation darstellen. Einschränkend weist er aber auch darauf hin, daß die Vertragsklauseln ihrerseits nicht vor Fehlern und Widersprüchen gefeit sind, ebd. mit Beispielen für solche fehlerhaften Vertragsklauseln.
[117] So wohl zutreffend *Wilting*, 65, der dabei auf die Festellung von *Waldock* als Berichterstatter verweist, der in seinem Third Report, Yearbook of the ILC 1964 II, 37, schrieb: „The practice of inserting a clause in a treaty for the purpose of determining the relation of its provisions to those of other treaties entered into by the contracting States appears to be on the increase [...]"; zur älteren Praxis vgl. *Rousseau*, Principes généraux, 765 ff.
[118] Vgl. zum Folgenden *Wilting*, 67 ff.

bilden die *Vereinbarkeitsklauseln* (Nichtberührungsklauseln). Durch sie wird von den Vertragsparteien die Vereinbarkeit des Vertrags mit anderen Verträgen festgestellt mit der Folge, daß diese Verträge parallel angewandt werden können.

Als Beispiel sind zunächst die Bestimmungen des Vertrags zur Gründung der Europäischen Gemeinschaft zu nennen, die das Verhältnis des EGV zu (früheren) völkerrechtlichen Verträgen der Mitgliedstaaten regeln (insbesondere Art. 307 Abs. 1, aber auch Art. 305 und 306 EGV). Art. 307 Abs. 1 EGV besagt, daß „die Rechte und Pflichten aus Übereinkünften, die vor dem 1. Januar 1958 oder, im Falle später beigetretener Staaten, vor dem Zeitpunkt ihres Beitritts zwischen einem oder mehrerem Mitgliedstaaten einerseits und einem oder mehreren dritten Ländern andererseits geschlossen wurden, durch diesen Vertrag nicht berührt [werden]". Eine vergleichbare Vereinbarkeitsklausel enthält Art. 21 des EWG-Übereinkommens über das auf vertragliche Schuldverhältnisse anzuwendende Recht (ESVÜ) vom 19. 6. 1980.[119] In anderen Klauseln wird festgestellt, daß die Anwendung eines bestimmten Vertrags der Anwendung anderer nicht entgegensteht[120], oder die Gültigkeit anderer Verträge nicht berührt wird.[121] In einzelnen Fällen wird statt der Nichtberührungsklausel auch eine Auslegungsregel dahingehend festgelegt, daß der Vertrag nicht so ausgelegt werden darf, daß er andere Übereinkommen in ihrer Geltung[122] bzw. Anwendung beeinträchtigt oder einschränkt.[123]

Zum Teil werden die Vereinbarkeitsklauseln auch dahingehend präzisiert, daß sie entweder nur auf andere Verträge, die nach einem bestimmten Datum in Kraft treten, beschränkt werden oder ihre Geltung nur auf Verträge bestimmter anderer Staaten bezogen wird. Schließlich wird auch – so namentlich in Konventionen zum Schutze von Menschenrechten – in entsprechenden Vertragsklauseln bestimmt, daß durch den Vertrag andere Verträge, die einen weitergehenden Schutz zusichern, nicht berührt werden.

Ein Beispiel für eine zeitlich spezifierte Klausel enthält der Vertrag zwischen der Bundesrepublik Deutschland und der Republik Österreich auf dem Gebiet des Konkurs- und Vergleichs-(Ausgleichs-) rechts vom 25. 5. 1979 (Art. 31).[124] Beispiele für auf bestimmte Staaten bzw. auf bestimmte Verträge bezogene Klauseln enthalten der Vertrag zur Gründung der Europäischen Atomgemeinschaft vom 25. 3. 1957 (Art. 202)[125] und das Zusatzprotokoll zu den Genfer Abkommen vom 12. 8. 1949 über den Schutz der Opfer internationaler bewaffneter Konflikte (Protokoll I) vom 8. 6. 1977, wo die Nichtberührungsklausel spezifisch auf die Haager Konvention vom 14. Mai 1954 zum Schutz von Kulturgut bei bewaffneten Konflikten und andere einschlägige Übereinkünfte bezogen wird.[126] Beispiele für Klauseln, die Verträge unberührt lassen, die einen weitergehenden Schutz zusichern, sind das Europäische Übereinkommen zur Verhütung von Folter und unmenschlicher oder erniedrigender Behandlung oder Strafe vom 26. 11. 1987 (Art. 17 Abs. 1 und 2)[127] sowie die Übereinkommen zur Verringerung von Staatenlosigkeit bzw. von Mehrstaatigkeit und Abkommen zur Rechtsstellung von Flüchtlingen.[128] Entsprechende Klauseln sind aber auch in Verträgen auf anderen

---

119 BGBl. 1986 II, 810 ff.

120 So Art. 18 Abs. 1 des Haager Übereinkommens über die Anerkennung von Ehescheidungen und Ehetrennungen vom 1. 6. 1970 (Abdruck bei *E. Jayme/ R. Hausmann*, Internationales Privat- und Verfahrensrecht, 10. Auflage 2000, 333).

121 Zum Beispiel Art. 21 des Römischen EWG-Übereinkommens über das auf vertragliche Schuldverhältnisse anzuwendende Recht vom 19. Juni 1980, BGBl. 1986 II, 810.

122 So Art. X Abs. 7 des Genfer Europäischen Übereinkommens über die internationale Handelsschiedsgerichtsbarkeit vom 21. April 1961, BGBl. 1964 II, 426 ff.

123 Vgl. dazu Art. II Abs. 2 des Internationalen Übereinkommens über den Such- und Rettungsdienst auf See vom 27. April 1979, BGBl. 1982 II, 486 ff und Art. VIII des Übereinkommens über das Verbot der Entwicklung, Herstellung und Lagerung bakteriologischer (biologischer) Waffen und Toxinwaffen sowie über die Vernichtung solcher Waffen vom 10. April 1972, BGBl. 1983 II, 133 ff.

124 BGBl. 1985 II, 411 ff.

125 BGBl. 1957 II, 1014.

126 BGBl. 1990 II, 1551 ff.

127 BGBl. 1989 II, 947 ff.

128 Vgl. Art. 13 des Übereinkommens zur Verringerung der Staatenlosigkeit vom 30. 8. 1961 (BGBl. 1977 II, 598 ff); Art. 5 des Übereinkommens zur Verringerung der Fälle von Staatenlosigkeit vom 13. 9. 1973 (BGBl. 1977 II, 613 ff); Art. 4 des Übereinkommens zur Verringerung der Mehrstaatigkeit und über die Wehrpflicht von Mehrstaatern vom 6. 5. 1963 (BGBl. 1969 II, 1954 ff); Art. 6 des Europäischen

Rechtsgebieten wie dem Schutz der Umwelt, der Kulturgüter und des geistigen Eigentums zu finden.[129]

Mit dem Begriff der *Vorrangklausel* werden Vertragsbestimmungen erfasst, die im Fall einer Vertragskollision festlegen, welchem der konkurrierenden Verträge der Vorrang eingeräumt wird. Mit der Vorrangigkeit eines der Verträge kann zugleich auch die teilweise Änderung oder Aufhebung (Derogation) des nachrangigen Vertrags verbunden werden. Auch bei diesen Klauseln finden sich Spezifizierungen, die auf die Anwendung der Vorrangklausel auf Verträge, die zu einem bestimmten Zeitpunkt abgeschlossen bzw. ratifiziert sind oder zur Unterzeichnung, Ratifikation oder zum Beitritt aufgelegt sind, aber auch auf bestimmte inhaltliche Kriterien abheben.

Derartige Vorrangklauseln enthalten beispielsweise das Europäische Übereinkommen zur Befreiung der von diplomatischen oder konsularischen Vertretern errichteten Urkunden von der Legalisation vom 7. 6. 1968 (Art. 5)[130] und das Übereinkommen über die zivilrechtlichen Aspekte internationaler Kindesentführung vom 25. 10. 1980 (Art. 34).[131] Während diese Verträge eher auf formale Kriterien abstellen, knüpft das Internationale Übereinkommen über die zivilrechtliche Haftung für Ölverschmutzungsschäden vom 29. 11. 1969 in Art. XII ausdrücklich an das zusätzliche inhaltliche Kriterium des Widerspruchs anderer Verträge zu diesem Übereinkommen an: „Dieses Übereinkommen geht allen internationalen Übereinkommen vor, die an dem Tag, an dem das vorliegende Übereinkommen zur Unterzeichnung aufgelegt wird, in Kraft sind oder zur Unterzeichnung, zur Ratifikation oder zum Beitritt aufgelegt sind, *soweit solche Übereinkünfte mit dem vorliegenden in Widerspruch stehen*; dieser Artikel läßt jedoch die Verpflichtungen von Vertragsstaaten gegenüber Nichtvertragsstaaten auf Grund solcher internationalen Übereinkünfte unberührt."[132]
Vorrangklauseln sind auch in einigen völkerrechtlichen Verträgen zum Schutz des geistigen Eigentums, insbesondere im Welturheberrechtsabkommen,[133] enthalten.[134] Als die Vereinigten Staaten von Amerika der Revidierten Berner Übereinkunft zum Schutz von Werken der Literatur und Kunst noch nicht beigetreten waren und das TRIPs-Übereinkommen noch nicht abgeschlossen war, galt das Welturheberrechtsabkommen als Brückenschlag zu den amerikanischen Staaten. Viele Staaten waren deshalb sowohl der Revidierten Berner Übereinkunft als auch dem Welturheberrechtsabkommen beigetreten. In Art. XVII Welturheberrechtsabkommen i. V. m. der hierzu vereinbarten Zusatzerklärung (lit. c)) ist das Verhältnis des Welturheberrechtsabkommens zur Revidierten Berner Übereinkunft, in Art. XVIII Welturheberrechtsabkommen das Verhältnis des Welturheberrechtsabkommens zu interamerikanischen Abkommen und in Art. XIX Welturheberrechtsabkommen das Verhältnis des Welturheberrechtsabkommens zu sonstigen Abkommen im Sinne von Vorrangklauseln geregelt. Danach findet das Welturheberrechtsabkommen im Hinblick auf Staaten, die auch der Revidierten Berner Übereinkunft angehören, nur dann Anwendung, wenn es um das Verhältnis von Verbandsländern der Revidierten Berner Übereinkunft und Staaten geht, die nur Partei des Welturheberrechtsabkommens, nicht aber der Revidierten Berner Übereinkunft, sind. Im Verhältnis des Welturheberrechtsabkommens zu interamerikanischen Abkommen wird auf den Grundsatz *lex*

Übereinkommens über die Aufhebung des Sichtvermerkzwangs für Flüchtlinge vom 20. 4. 1959 (BGBl. 1961 II, 1098 ff).

[129] Vgl. z. B. Art. 21 des Übereinkommens über den Schutz der Meeresumwelt des Ostseegebietes vom 22. 3. 1974 (BGBl. 1979 II, 1230 ff); Art. 21 des Übereinkommens zum Schutz des architektonischen Erbes Europas vom 3. 10. 1985 (BGBl. 1987 II, 624 ff); Art. 19 der Pariser Verbandsübereinkunft zum Schutz des gewerblichen Eigentums (BGBl. 1970 II, 391 ff) und Art. 20 der Revidierten Berner Übereinkunft zum Schutz von Werken der Literatur und Kunst (BGBl. 1973 II, 1071 ff); für Nachweise auf anderen Rechtsgebieten siehe *Wilting*, 71 ff.

[130] BGBl. 1971 II, 86 ff.

[131] BGBl. 1990 II, 207 ff.

[132] BGBl. 1988 II, 825 ff (Hervorhebung v. Verf.).

[133] Welturheberrechtsabkommen vom 6. September 1952 (BGBl. 1955 II, 102 ff), revidiert in Paris am 24. 7. 1971 (BGBl. 1973 II, 1111 ff).

[134] *Buck*, Geistiges Eigentum und Völkerrecht, S. 177 ff. Eine weitere Vorrangklausel enthält z. B. Art. 150 Abs. 2 des Europäischen Patentübereinkommens vom 5. 10. 1973 (BGBl. 1976 II, 826 ff), wonach bei einer widersprüchlichen Regelung im EPÜ und im Patentzusammenarbeitsvertrag vom 19. 6. 1970 (BGBl. 1976 II, 664 ff) dem PCT der Vorrang zukomme.

posterior derogat legi priori abgestellt. Im übrigen geht das Welturheberrechtsabkommen sonstigen älteren Abkommen vor, selbst dann, wenn sie einen weitergehenderen Schutz vorsehen.

Einen dritten Typus von Vertragsklauseln bilden die sog. Verpflichtungsklauseln, mit denen die Parteien eines Vertrags sich für den Fall eines bereits bestehenden oder auch nur möglichen Konfliktes mit anderen Verträgen verpflichten, einen solchen Konflikt so weit wie möglich zu vermeiden oder aufzuheben. Die Erfüllung dieser Verpflichtung kann in einem positiven Tun oder Unterlassen bestehen,[135] wobei diese Verpflichtungen unterschiedlich strenge Anforderungen an die Parteien stellen.[136]

Ein Beispiel für eine Verpflichtungsklausel, die hohe Anforderungen stellt, ist Art. 82 des Abkommens über die internationale Zivilluftfahrt,[137] der vorsieht, daß die Vertragsstaaten dieses Abkommen mit der Maßgabe annehmen, „daß es alle zwischen ihnen bestehenden Verpflichtungen und Absprachen, die mit den Bestimmungen dieses Abkommens unvereinbar sind, aufhebt" und sich verpflichten, „derartige Verpflichtungen oder Absprachen nicht einzugehen" (Satz 1). Im folgenden Satz 2 sieht Art. 82 dann weiter vor, daß „ein Vertragsstaat, [der,] ehe er Mitglied der Organisation wurde, gegenüber einem Nichtvertragsstaat [...] irgendwelche mit den Bestimmungen dieses Übereinkommens unvereinbare Verpflichtungen übernommen [hat]", sofort Schritte unternehmen wird, „um seine Befreiung von den Verpflichtungen herbeizuführen". Ähnlich hohe Anforderungen, nämlich die Beseitigung des Vertragskonflikts, stellt Art. 307 Abs. 2 des Vertrags zur Gründung der Europäischen Gemeinschaft, der für den Fall der Unvereinbarkeit (früherer) völkerrechtlicher Verträge der Mitgliedstaaten mit dem EGV verlangt, daß die Mitgliedstaaten alle geeigneten Mittel anwenden, um die festgestellten Unvereinbarkeit zu beheben.[138] In anderen Fällen wird dagegen von den Vertragsstaaten nur verlangt, ihre Verpflichtungen aus anderen Verträgen, soweit diese mit dem betroffenen Vertrag in Widerspruch stehen, zu überprüfen, um sicherzustellen, daß diese Verträge und ihre Verpflichtungen aus dem betroffenen Vertrag nicht im Widerspruch zueinander stehen, so Art. 5 Abs. 2 des Übereinkommens über die Ausbildung von Seeleuten vom 7. 7. 1978.[139]

Ein vierter Typus von Vertragsklauseln ist in sog. *Ergänzungsklauseln* zu sehen, die aber insofern von den anderen Vertragsklauseln verschieden sind, als sie nicht notwendig eine Vertragskollision voraussetzen. Das primäre Ziel einer solchen Ergänzungsklausel ist vielmehr, unter bestimmten Umständen die ergänzende Funktion des Vertrags klarzustellen. Soweit aber in einzelnen Fällen die Vertragskonkurrenz zu einem Vertragskonflikt wird, übernimmt auch die Ergänzungsklausel die Funktion einer Kollisionsnorm mit dem Inhalt, daß der spätere, ergänzende Vertrag nunmehr zurücktritt.

Ein Beispiel für diese Gestaltung einer Vertragsklausel weist das Abkommen über die Behandlung der Kriegsgefangenen vom 27. 7. 1929 auf, das in Art. 89 vorsieht: „In den Beziehungen zwischen den Mächten, die durch das Haager Abkommen betreffend die Gesetze und Gebräuche des Landkrieges, sei es das Abkommen vom 29. 7. 1899 oder das Abkommen vom 18. 10. 1907, gebunden sind und die an dem vorliegenden Abkommen teilnehmen, ergänzt das zweite Kapitel der dem genannten Haager Abkommen beigefügten Ordnung".[140]

---

135 Siehe dazu *Wilting*, 75.

136 Dazu *Wilting*, ebd.

137 BGBl. 1956 II, 421 ff; siehe auch Art. 4 des *Pact of Mutual Cooperation* vom 24. Februar 1955, abgedruckt in: *F. Berber*, Völkerrecht, Dokumentensammlung, Band I, Friedensrecht, 1967, 803 ff, und Art. VI des Southeast Asia Collective Defense Treaty vom 8. September 1954, abgedruckt in: *Berber*, 797 ff.

138 Siehe zur Frage der Anpassungspflicht der Mitgliedstaaten der EG gemäß Art. 307 EGV näher *P. Manzini*, The Priority of Pre-Existing Treaties of EC Member States within the Framework of International Law, EJIL 12 (2001), 781 ff; *Krück*, 131 ff; zur Vereinbarkeit von Verträgen, die von der EG geschlossen werden, auch *Pazarci*, in: FS Reuter, 391 ff; ähnlich wie Art. 307 EGV insoweit Art. 62 des *Treaty Establishing a Free Trade Area and Instituting the Latin American Free-Trade Association* vom 18. Februar 1960.

139 BGBl. 1982 II, 297 ff.

140 RGBl. 1934 II, 207 ff.

Generell ist allerdings anzumerken, daß die genannten unterschiedlichen Vertragsklauseln in der Vertragspraxis nicht immer präzise den hier aufgezeigten Merkmalen entsprechen. Namentlich zwischen den Vereinbarkeits- und Vorrangklauseln, aber auch zwischen diesen und den Verpflichtungsklauseln sind die Grenzen fließend.

So bestimmt Art. III des Übereinkommens über die Erhaltung der lebenden Meeresschätze der Antarktis vom 20. Juli 1982, daß „die Vertragsparteien, gleichviel ob sie Vertragsparteien des Antarktisvertrags sind oder nicht, [übereinkommen], daß sie im Gebiet des Antarktisvertrags keine Tätigkeiten entgegen den Grundsätzen und Zielen jenes Vertrags aufnehmen und daß sie in ihren Beziehungen untereinander durch die Verpflichtungen der Art. I und V des Antarktisvertrags gebunden sind".[141] Neben die Verpflichtung, keine mit dem Antarktisvertrag unvereinbaren Tätigkeiten aufzunehmen – eine Verpflichtung, die sowohl dem Typus der Verpflichtungsklausel als auch dem der Vereinbarkeitsklausel entsprechen kann – tritt die Bestimmung vom Vorrang des Antarktisvertrags, der diesem Vertrag als einem Ordnungsvertrag zukommt, hier aber auf dem Konsens der Vertragsparteien des „living resources"-Vertrags beruht.
Ein neueres Beispiel stellen die Bestimmungen im TRIPs-Übereinkommen vom 15. 4. 1994[142] dar, die das Verhältnis des TRIPs-Übereinkommens zu den bestehenden Übereinkommen auf dem Gebiet des geistigen Eigentums regeln. Soweit Art. 2 Abs. 1 und Art. 9 Abs. 1 S. 1 des TRIPs-Übereinkommens verlangen, daß die WTO-Mitglieder die Art. 1 bis 12 sowie 19 der Pariser Verbandsübereinkunft bzw. die Art. 1 bis 21 der Revidierten Berner Übereinkunft befolgen, enthalten sie eine Verpflichtungsklausel. Die WTO-Mitglieder sind verpflichtet, die notwendigen Schritte zu ergreifen, um ihr nationales Recht in Einklang mit den neuesten Fassungen der Pariser Verbandsübereinkunft und der Revidierten Berner Übereinkunft zu bringen.[143]
Soweit Art. 2 Abs. 2 des TRIPs-Übereinkommens dagegen davon ausgeht, daß die Bestimmungen der Pariser Verbandsübereinkunft, der Revidierten Berner Übereinkunft, des Rom-Abkommens und des IPIC-Vertrages durch die Teile I bis IV des TRIPs-Übereinkommens nicht außer Kraft gesetzt werden, handelt es sich um eine Vereinbarkeitsklausel.

III. Die Fülle von multilateralen Verträgen, die die Staatspraxis der Gegenwart kennzeichnet, bringt es mit sich, daß Vertragskonkurrenzen in verstärktem Maße auftreten. Dies ist insbesondere der Fall im Bereich der Kodifikation von Menschenrechten und Grundfreiheiten in universalen und regionalen Konventionen und in Konventionen zum Schutze spezieller Individual-, aber auch Kollektivrechte, zum Beispiel auf dem Gebiet des Schutzes von Arbeitnehmerrechten. Vertragskonkurrenzen treten aber auch verstärkt im Bereich des internationalen Wirtschaftsrechts sowie bei den Bestrebungen zur Vereinheitlichung des Internationalen Privatrechts auf. Aber nicht allein die große Zahl von multilateralen Verträgen ist für die vielfältigen Fälle von Vertragskonkurrenzen verantwortlich, sondern auch die Tatsache, daß Konventionen der genannten Art und Thematik von verschiedenen internationalen und regionalen Organisationen erarbeitet werden, die je nach Zusammensetzung ihrer Mitgliedschaft und politischen Konsensfähigkeit die inhaltliche Gestaltung der Konventionen angehen.

So überlagern sich regionale und internationale Menschenrechtsverträge, die zu unterschiedlichen Zeitpunkten entstanden, wie die Europäische Menschenrechtskonvention von 1950, die Internationalen Pakte über bürgerliche und politische Rechte und über wirtschaftliche, soziale und kulturelle Rechte von 1966 und die Amerikanische Menschenrechtskonvention von 1969. Diese Verträge überlagern teilweise die schon in der Zwischenkriegszeit von der ILO erarbeiteten Konventionen zum Schutze von menschenrechtlich dimensionierten Rechten von Arbeitnehmern und werden ihrerseits wiederum in einzelnen Rechtsgewährungen von weiteren ILO-Abkommen überlagert. Entsprechendes gilt für die Europäische Sozialcharta im Verhältnis zu ILO-Konven-

---

[141] BGBl. 1982 II, 421 ff.

[142] BGBl. 1994 II, 1730 ff; ABl. EG L 336 vom 23. 12. 1994, 3 ff.

[143] *Gervais*, The TRIPS Agreement, S. 45.

tionen. Schließlich weist die schrittweise Entfaltung einer – nunmehr auch verstärkt institutionell ausgestalteten – Weltwirtschaftsordnung vielfältige Vertragskonkurrenzen auf, die insbesondere mit der Errichtung der World Trade Organization (WTO) eine neue Dimension erreicht haben. Daneben ist auch das zunehmend völkervertragsrechtlicher Regelung unterliegende Internationale Privatrecht von einer zunehmenden Zahl konkurrierender Verträge betroffen.

Wie zuvor erwähnt, ist die Staatenpraxis in den hier angeführten Bereichen weniger von der Problematik des Art. 30 Abs. 4 lit. b) WVK als von dem Bemühen geprägt, durch Vertragsklauseln, aber auch durch harmonisierende Auslegung konkurrierender Verträge mögliche Vertragskollisionen zu vermeiden bzw. aufzulösen.

1. Vertragskonkurrenzen treten im Bereich der zahlreichen Kodifikationen von Menschenrechten nicht nur zwischen internationalen (universalen) Menschenrechtskonventionen untereinander, sondern auch zwischen diesen und regionalen Menschenrechtsverträgen auf, die die im innerstaatlichen Verfassungsrecht seit Jahrhunderten entwickelten Menschenrechte und Grundfreiheiten kodifizieren. Da sich diese Konventionen auf dieselben Rechte beziehen, liegt die Annahme nahe, daß es zwar durch die verschiedenen Kodifikationen zu Vertragskonkurrenzen, nicht aber zu Vertragskonflikten kommt.[144] Dies ist jedoch weder theoretisch zwingend noch in der Praxis der Fall, weil die inhaltliche Ausgestaltung des Schutzumfangs der zu unterschiedlichen Zeiten und von unterschiedlichen Vertragsparteien vertraglich niedergelegten Rechte differiert.[145] Hinzu kommt, daß einzelne Menschenrechte zusätzlich in Spezialkonventionen inhaltlich und prozedural eingehender geregelt werden.

So findet sich das Menschenrecht auf Leben sowohl im Internationalen Pakt über bürgerliche und politische Rechte von 1966 (IPBürg. – Art. 6), als auch in der Europäischen Menschenrechtskonvention von 1950 (EMRK – Art. 2) und in der Amerikanischen Menschenrechtskonvention von 1969 (AMRK – Art. 4). Das Verbot der Folter sowie unmenschlicher oder grausamer oder erniedrigender Strafe oder Behandlung enthalten Art. 7 IPBürg, Art. 3 EMRK und Art. 5 Abs. 2 AMRK. Darüber hinaus ist das Verbot der Folter oder der unmenschlichen oder erniedrigenden Strafe oder Behandlung auf internationaler Ebene spezieller Gegenstand des internationalen Übereinkommens gegen Folter und andere grausame, unmenschliche oder erniedrigende Behandlung oder Strafe von 1984[146] und des Europäischen Übereinkommens zur Verhütung von Folter und unmenschlicher oder erniedrigender Behandlung oder Strafe von 1987.[147] Das Diskriminierungsverbot ist im IPBürg (Art. 26 und speziell als Gleichbehandlungsgebot vor Gericht Art. 14), in der EMRK (Art. 14, bezogen auf den Genuß der in der EMRK gewährleisteten Rechte), in der AMRK (Art. 24), sowie u. a. in den Übereinkommen zur Beseitigung jeder Form von Rassendiskriminierung von 1966[148], zur Beseitigung der Diskriminierung der Frau von 1979[149], in der ILO-Konvention gegen die Diskriminierung im Arbeitsleben von 1958[150] und in der UNESCO-Konvention gegen die Diskriminierung im Unterrichtswesen von 1960[151] niedergelegt.

---

144 Vgl. zur durchaus möglichen Koexistenz der EMRK und den Internationalen Pakten über politische und bürgerliche Rechte sowie wirtschaftliche, soziale und kulturelle Rechte die eingehende Untersuchung von *Eissen*, ZaöRV 30 (1970), 237 ff; auch *Modinos*, RDH-HRJ 1 (1968), 41 ff.

145 Diese durch die wiederholten Kodifikationen derselben Rechte entstehenden Differenzen haben zu Kritik an den teilweise redundanten Kodifikationsvorhaben geführt, weil durch diese Wiederholungen die betroffenen Rechte Gefahr laufen, im öffentlichen Bewußtsein eine Abwertung zu erfahren. Zur Problematik der Inflation menschenrechtlicher Kodifikationen vgl. *R. Wolfrum*, The Progressive Development of Human Rights: A Critical Appraisal of Recent UN Efforts, in: *J. Jekewitz* u. a. (Hrsg.), Das Menschenrecht zwischen Freiheit und Verantwortung, Festschrift für Karl Josef Partsch zum 75. Geburtstag, 1989, 67 ff.

146 UNTS 1465, 85 ff; BGBl. 1990 II, 247 ff.

147 ETS No. 126; ILM 27 (1988), 1157 ff; BGBl. 1989 II, 946 ff.

148 UNTS 660, 195 ff; BGBl. 1969 II, 961 ff.

149 UNTS 1249, 13 ff; BGBl. 1985 II, 648.

150 UNTS 362, 31 ff; BGBl. 1961 II, 97.

151 UNTS 429,362 ff; BGBl. 1968 II, 355.

Trotz dieser sich zeitlich und inhaltlich überschneidenden und in der Formulierung sowie Ausgestaltung zum Teil divergierenden Kodifikationen treten Vertrags- bzw. Normkonflikte weit weniger auf, als dies zu vermuten wäre. Dies rührt daher, daß viele Divergenzen zwischen Rechtsgewährungen in der Weise auftreten, daß die Kodifikation eines Rechtes in dem einen Vertrag einen engeren Schutzbereich aufweist als in einem anderen, daß aber keine Regelung dahingehend getroffen wird, daß die Partei des Vertrags, der die engere Rechtsgewährung enthält, durch diesen Vertrag verpflichtet wird, diese engere Fassung des Rechtes zur Anwendung zu bringen, also etwa entgegen der Regelung des weitergehenden Vertrags, dem diese Partei ebenfalls angehört, die eigene Rechtsordnung anzupassen.[152] Entscheidend für die Praxis ist aber, daß in den genannten Verträgen – und nicht nur in diesen – etwaige Normkonflikte durch Vertragsklauseln gelöst werden.

So enthält etwa Art. 5 Abs. 2 IPBürg die Regelung, daß die „in einem Vertragsstaat durch Gesetze, Übereinkommen, Verordnungen oder durch Gewohnheitsrecht anerkannten oder bestehenden grundlegenden Menschenrechte [...] nicht unter dem Vorwand beschränkt oder außer Kraft gesetzt werden [dürfen], daß dieser Pakt derartige Rechte nicht oder nur in einem geringerem Maße anerkenne." Und Art. 53 EMRK sieht vor, daß keine „Bestimmung der Konvention [...] als Beschränkung oder Minderung eines der Menschenrechte und grundsätzlichen Freiheiten ausgelegt werden [darf], die in den Gesetzen eines Hohen Vertragschließenden Teils oder einer anderen Vereinbarung, an der er beteiligt ist, festgelegt sind."

Diese Klauseln sind insoweit Vereinbarkeitsklauseln, als sie die gleichzeitige Anwendung divergierender Vorschriften konkurrierender Verträge (und anderer Normen) ermöglichen. Sie sind aber auch zugleich Klauseln, die die Wirkung der Gewährleistung eines Mindeststandards des Menschenrechtsschutzes sichern.[153]

Entsprechende Vereinbarkeitsklauseln enthalten auch das internationale Übereinkommen zur Beseitigung jeder Form von Diskriminierung gegenüber Frauen (Art. 23 – *„Nothing in the present Convention shall affect any provisions that are more conducive to the achievement of equality between men and women which may be contained [...] (b) In any other international convention, treaty or agreement in force for that State."*), das Übereinkommen gegen Folter und andere grausame, unmenschliche oder erniedrigende Behandlung oder Strafe (Art. 1 Abs. 2) und das Europäische Übereinkommen zur Verhinderung von Folter und unmenschlicher oder erniedrigender Behandlung oder Strafe (Art. 17 Abs. 1 und 2). Dagegen begnügt sich das internationale Übereinkommen zur Beseitigung jeder Form von Rassendiskriminierung mit dem Hinweis in der Präambel, daß die Vertragsschließenden Parteien bei Abschluß des Übereinkommens *„[bear] in mind the Convention concerning Discrimination in respect of Employment and Occupation adopted by the International Labour Organisation in 1958, and the Convention against Discrimination in Education adopted by the United Nations Educational, Scientific and Cultural Organization in 1960"*. Auf eine verbindliche Vereinbarkeitsklausel konnte hier wohl wegen der in dem entscheidenden Punkt – dem den Konventionen zugrundeliegenden Diskriminierungsbegriff – bestehenden Übereinstimmung der in Bezug genommenen Konventionen mit dem Übereinkommen zur Beseitigung jeder Form der Rassendiskriminierung einerseits und der im übrigen gegenständlichen Unterschiedlichkeit der drei Konventionen verzichtet werden.

Die in den genannten menschenrechtlichen Verträgen getroffenen Vereinbarkeitsregelungen und Festlegungen von Mindeststandards sowie die Praxis harmonisierender Auslegung ist ganz im Sinne der Zielsetzung dieser Regelungsverträge, einen umfassenden Schutz der

[152] Vgl. dazu näher *Wilting*, 133 ff.

[153] Vgl. in diesem Sinne zu Art. 60 EMRK die entsprechende Kommentierung von *J. A. Frowein*, in: *J. A. Frowein/W. Peukert*, Europäische Menschenrechtskonvention, EMRK-Kommentar, 2. Auflage 1996, und zu Art. 5 Abs. 2 IPBürg *K. J. Partsch*, Vor- und Nachteile einer Regionalisierung des internationalen Menschenrechtsschutzes, EuGRZ 16 (1989), 1 ff (5); dazu auch *Wilting*, 140 ff.

Menschenrechte zu gewährleisten. Angesichts dessen ist – jenseits der rechtsdogmatischen Einwände – für die Anwendung des „Prinzips der politischen Entscheidung" kein Raum.

2. Mit der Gründung der Welthandelsorganisation (WTO) ist ein umfassendes Welthandelsregime geschaffen worden, das eine große Zahl von teils bereits bestehenden und angepaßten, teils neu abgeschlossenen Handelsverträgen in sich vereinigt. Das WTO-Abkommen vom 15. April 1994[154] bildet dabei das Rahmenabkommen, unter dessen Dach die weiteren Übereinkommen und Vereinbarungen zusammengefügt werden, die in den Anlagen zum WTO-Abkommen aufgeführt sind (Art. II Abs. 1 des WTO-Abkommens).[155] Im einzelnen handelt es sich um die umfassenden, für alle WTO-Mitglieder verbindlichen multilateralen Handelsübereinkommen (Art. II Abs. 2 des WTO-Übereinkommens), so in Anlage 1A um die multilateralen Abkommen zum Warenhandel, darunter das *General Agreement on Tariffs and Trade* (GATT) in der Fassung von 1994,[156] in Anlage 1B um das *General Agreement on Trade in Services (*GATS),[157] in Anlage 1C um das *Agreement on Trade-Related Aspects of Intellectual Property Rights* (TRIPs),[158] in Anlage 2 um das *Understanding on Rules and Procedures Governing the Settlement of Disputes*[159] und in Anlage 3 um die Regelung des *Trade Policy Review Mechanism.*[160] Anlage 4 des WTO-Abkommens enthält die nicht für alle WTO-Mitglieder verbindlichen, sog. plurilateralen Handelsübereinkommen (Art. II Abs. 3 des WTO-Abkommens).
Die Vielzahl der letztlich auf denselben Sachgegenstand – die Sicherung eines liberalen Welthandelssystems – gerichteten Verträge und die daraus möglichen Vertragskonkurrenzen machen es in der Praxis erforderlich, das Verhältnis der Verträge zueinander im Sinne der Vermeidung von Vertragskonflikten bzw. einer Auflösung von Konflikten zu klären. Namentlich die *Panels* und der *Appellate Body* sind im Rahmen des obligatorischen Streitbeilegungsverfahrens[161] aufgerufen, an dieser Klärung mitzuwirken. Die Spruchpraxis der letzten Jahre zeigt eine deutliche Tendenz, im Sinne der Vereinbarkeit aller Verträge, das heißt ihrer gleichzeitigen Anwendbarkeit, zu entscheiden und dabei das Prinzip der effektiven Auslegung *(effet utile)* besonders zu berücksichtigen. Grundlage dieser Entscheidungspraxis ist die schon in der Präambel des WTO-Abkommens angeführte Zielsetzung, eine Gesamtordnung für den Welthandel zu schaffen. Daraus wird abgeleitet, daß die einzelnen Verträge, die diese Gesamtordnung ausmachen, nicht von einander getrennte, in sich geschlossene Regelwerke sind, sondern als einander ergänzende und komplementierende Verträge anzusehen sind und dementsprechend auch als eine einheitliche Ordnung angewandt werden müssen.

So hat der *Appellate Body* in einer Reihe von Fällen nachdrücklich betont, daß *„[i]t is now well established that the WTO Agreement is a ‚Single Undertaking' and therefore all WTO obligations are generally cumulative and Members must comply with all of them simultaneously [...].*"[162]

---

[154] BGBl. 1994 II, 1625 ff; ABl. EG L 336 vom 23. 12. 1994, 3 ff; für eine deutsche Textausgabe siehe *C. Tietje*, Welthandelsorganisation, Textausgabe mit Sachregister und einer Einführung, 2000, und für eine synoptische Gegenüberstellung des englischen Originaltextes mit der deutschen Übersetzung siehe *M. Hilf/F. Schorkopf* (Hrsg.), WTO-Recht, 2. Auflage 2001.

[155] Siehe dazu *Falke*, ZEuS 3 (2000), 308.

[156] Allgemeines Zoll- und Handelsabkommen 1994 vom 15. April 1994 (BGBl. 1994 II, 1625 ff; ABl. EG L 336 vom 23. 12. 1994, S. 11 ff).

[157] Allgemeines Übereinkommen über den Handel mit Dienstleistungen vom 15. April 1994 (BGBl. 1994 II, 1643 ff; ABl. EG L 336 vom 23. 12. 1994, S. 190 ff).

[158] Übereinkommen über handelsbezogene Aspekte der Rechte des geistigen Eigentums (BGBl. 1994 II, 1730 ff; ABl. EG L 336 vom 23. 12. 1994, 215 ff).

[159] Vereinbarung über Regeln und Verfahren zur Beilegung von Streitigkeiten (BGBl. 1994 II, 1749 ff.; ABl. EG L 336 vom 23. 12. 1994, 234 ff).

[160] Mechanismus zur Überprüfung der Handelspolitik (ABl. EG L 336 vom 23. 12. 1994, 251 ff).

[161] *Falke*, ZEuS 3 (2000), 308 ff.

[162] So der Appellate Body in der Entscheidung WT/DS 98/AB/R *(Korea – Definitive Safeguard Measure on Imports of Certain Dairy Products)*, para. 74; ebenso schon zuvor der Panel Report WT/DS 98/R, para. 7. 38.

Die sich aus diesem grundsätzlichen Ansatz ergebenden Auslegungsprobleme – die gleichzeitige Anwendung von mehreren Verträge bzw. deren Vorschriften erfordert, daß diese so auszulegen sind, daß sie nicht bedeutungslos werden – werden durch die am Prinzip der Effektivität ausgerichtete Auslegung der konkurrierenden Normen gelöst.

In der bereits zitierten Entscheidung des *Appellate Body* heißt es in diesem Sinne: „*In light of the interpretative principle of effectiveness, it is the duty of any treaty interpreter to ‚read all applicable provisions of a treaty in a way that gives meaning to all of them, harmoniously'. An important corollary of this principle is that a treaty should be read as a whole. Art. II:2 of the WTO Agreement expressly manifests the intention of the Uruguay Round negotiators that the provisions of the WTO Agreement and the Multilateral Trade Agreements included in its Annexes 1, 2 and 3 must be read as whole.*"[163]

Aus dieser Spruchpraxis ergibt sich insbesondere, daß die Regelungen des GATT im Konkurrenzfall nicht – etwa unter dem Gesichtspunkt der *lex specialis*-Regel – hinter den neuen Abkommen GATS and TRIPs zurückstehen müssen.[164] Die Spruchpraxis der *Panels* und des *Appellate Body* weist bisher keine Entscheidungen auf, in denen ein Konflikt zwischen den Verpflichtungen aus den verschiedenen Übereinkommen angenommen und entsprechend der *lex specialis*-Regel gelöst wurde.[165] Insgesamt stellt sich in der Rechtsanwendungspraxis der WTO angesichts der auf das gleichberechtigte Nebeneinander und die gegenseitige Ergänzung von GATT 1994, GATS und TRIPs und den anderen multilateralen Handelsabkommen abstellenden Auslegungspraxis die Frage nach der Anwendung des Prinzips der politischen Entscheidung nicht.[166]

3. Eine wichtige Rolle spielt das Problem der Vertragskonkurrenz auch im Bereich des Internationalen Privatrechts aufgrund der seit längerer Zeit zunehmenden Praxis, durch völkerrechtliche Verträge eine Vereinheitlichung nicht nur der nationalen Kollisionsrechte, sondern auch von materiellrechtlichen oder Sachnormen in einzelnen Rechtsgebieten, so des Kaufrechts[167] und des geistigen Eigentums[168] sowie einzelner Materien des internationalen Zivilprozeßrechts[169] herbeizuführen. Namentlich hinsichtlich der Konventionen zum Schutz des geistigen Eigentums, die wiederholt neu gefaßt wurden,[170] stellen sich zum Teil komplizierte Fragen der Vertragskonkurrenz *(Majoros*[171] spricht in Zusammenhang der urheberrechtlichen Konventionen anschaulich von „Fassungskonkurrenz"). Obwohl diese Staatsverträge materiell-privatrechtlichen und internationalprivatrechtlichen Inhalts völkerrecht-

[163] WT/DS 98/AB/R, para. 81.

[164] Vgl. dazu die Entscheidung des Appellate Body WT/DS 31/AB/R *(Canada – Certain Measures Concerning Periodicals)* zum Verhältnis von GATT und GATS: „*The entry into force of the GATS, as Annex 1 B of the WTO Agreement, does not diminish the scope of application of the GATT 1994*"; zuvor hatte schon das Panel in dieser Sache ausgeführt: „*The ordinary meaning of the texts of GATT and GATS as well as Article II:2 of the WTO Agreement, taken together, indicates that obligations und GATT 1994 and GATS can co-exist and that one does not override the other*", WT/DS 31/R, para. 5. 17. Dasselbe dürfte für das Verhältnis von TRIPs und GATT gelten, weil auch das TRIPs Abkommen zwar eine engere, spezielle Materie betrifft, jedoch dennoch kein in sich geschlossenes, abschließendes Vertragswerk darstellt, so zutreffend *Falke*, ZEuS 3 (2000), 308 (317 ff); anderer Meinung *M. Bronckers*, The Exhaustion of Patent Rights under WTO Law, Journal of World Trade 32 (1998), 137 ff (143 ff).

[165] Diese Regel ist in der sog. Allgemeinen Auslegungsregel zu Anhang 1 A des WTO-Abkommens enthalten, vgl. dazu *Falke*, ZEuS 3 (2000), 308 (326).

[166] So zutreffend *Falke*, ZEuS 3 (2000), 308 (334).

[167] Vgl. dazu *K. Zweigert*/*U. Drobnig*, Einheitliches Kaufgesetz und Internationales Privatrecht, RabelsZ 29 (1965), 146 ff; allgemein dazu *J. Kropholler*, Internationales Einheitsrecht, 1975, 43 ff.

[168] Vgl. zum Urheberrecht u. a. *Majoros*, UFITA 62 (1971), 109 ff.

[169] Näher zu einzelnen Problemkreisen *P. Volken*, Konventionskonflikte im internationalen Privatrecht, 1977, 53 ff (Bestimmung der direkten internationalen Zuständigkeit) und 72 ff (Anerkennung und Vollstreckung von ausländischen Urteilen) mwN.

[170] Vgl. dazu näher *H. Schack*, Urheber-und Urhebervertragsrecht, 1997, 351, Rdn. 834 ff.

[171] *Majoros*, UFITA 62 (1971), 109 (119).

liche Verträge sind und es damit nahegelegen hätte, die Frage der Vertragskonkurrenz jedenfalls auch auf der Grundlage des einschlägigen völkerrechtlichen Vertragsrechts anzugehen,[172] ist dieser völkerrechtliche Ansatz im Zuge der zunehmenden Spezialisierung der einschlägigen Konventionen und der wachsenden Zahl von Kodifikationen von Sachnormen längere Zeit in den Hintergrund getreten. Unter anderem angeregt durch die Kodifikation des völkerrechtlichen Vertragsrechts wurde die Diskussion über die jedenfalls auch völkerrechtliche Behandlung der Vertragskonkurrenzen der materiellrechtlichen und kollisionsrechtlichen Konventionen in den letzten Jahrzehnten wieder belebt, ohne daß allerdings eine einheitliche Auffassung hierzu gefunden werden konnte.

So vertrat *Volken* in den späten 70er Jahren die Auffassung, daß – soweit die auch in den Staatsverträgen üblichen Vertragsklauseln keine Lösung von Vertrags- bzw. Normkonflikten bieten – auch das Völkerrecht keine Konfliktlösung bereithält.[173] Dagegen sehen *Zweigert* und *Drobnig*[174] in den völkervertragsrechtlichen Lehren zur Vertragskonkurrenz Ansatzmöglichkeiten zur Konfliktlösung, wenngleich auch sie die unmittelbare Anwendung der völkerrechtlichen Regeln wegen ihrer Ausrichtung auf „politische" Verträge nicht für möglich halten. Als eine ihrem Grundgedanken nach anwendbare Regel nehmen diese Autoren das hierarchische Prinzip an, wonach einer staatsvertraglich vereinheitlichten Sachnorm unbedingter Vorrang vor konkurrierenden Kollisionsnormen zukommt, weil den materiellen Abkommen als den weit gewichtigeren der Vorrang gebührt.[175]

Einen wesentlichen Beitrag zu einer integrierten oder auch interdisziplinär orientierten völkerrechtlich-/international-privatrechtlichen Behandlung des Problems der Vertragskonkurrenz im Bereich der international-privatrechtlichen und materiellrechtlichen Vereinheitlichungsverträge hat *Majoros* geleistet. Die Besonderheit solcher Verträge sieht er darin, daß sie einerseits zwischenstaatliche, also völkerrechtliche Verträge darstellen, die andererseits aber die Rechtsbeziehungen zwischen privaten Rechtssubjekten regeln, zudem aber auch sowohl spezifisch völkerrechtliche als auch international-privatrechtliche und materielle oder Sachnormen enthalten. Als völkerrechtliche Verträge sind diese Verträge durchaus den völkerrechtlichen Regelungen zur Vertragskonkurrenz unterworfen, jedoch ihrem besonderen Charakter entsprechend nicht ausschließlich.[176] Im einzelnen ist dieser Ansatz hier nicht weiterzuverfolgen. Im vorliegenden Zusammenhang ist es allein wichtig hervorzuheben, daß die von *Majoros* vorgeschlagenen und auch gelegentlich in der Rechtsprechung angewandten Lösungen von Vertragskonflikten etwa im Rahmen der Pariser und Berner Union im wesentlichen an Kriterien ausgerichtet sind, die mit den Regeln der WVK übereinstimmen, jedoch, wenn auch nicht immer, stärker materiell ausgerichtet sind als diejenigen der WVK.

Majoros entwickelte drei völkerrechtliche und international-privatrechtliche Aspekte berücksichtigende Konfliktregeln, so die Regel der maximalen Wirksamkeit[177], nach der im Konfliktfall der Staatsvertrag angewandt wird, der die in den verschiedenen Staatsverträgen erkennbaren gemeinsamen Ziele und Zwecke am wirksamsten umsetzt; ferner die Regel der Spezialität der Materie[178], die

[172] Eine solche interdisziplinäre Behandlung der Problematik war zur Zeit der Schaffung der ersten Konventionen zum Schutz des geistigen Eigentums bzw. der Pariser und Berner Union durchaus noch üblich, vgl. dazu *Majoros*, UFITA 62 (1971), 109 (112).

[173] Vgl. *Volken*, 274 ff.

[174] *Zweigert/Drobnig*, RabelsZ 29 (1965), 146 (148).

[175] *Zweigert/Drobnig*, RabelsZ 29 (1965), 146 (161).

[176] In diesem Sinne geht es *Majoros* gerade um die Überwindung der Trennung von völkerrechtlicher und international-privatrechtlicher Betrachtungsweise, Conventions, Tome 1, 17 ff; auch *ders.*, UFITA 62 (1971), 109 (111 ff).

[177] *Majoros*, Les conventions, Bd. 1, 253 ff; *ders.*, Konflikte zwischen Staatsverträgen auf dem Gebiet des Privatrechts, RabelsZ 46 (1982), 84 ff; *ders.*, Das Kollisionsrecht der Konventionskonflikte etabliert sich: Die Regel der maximalen Wirksamkeit in der *doctrine* des Schweizer Bundesgerichts (Entscheidung *Densysiana* vom 14. März 1984) in: *W. Barfuß* (Hrsg.), FS H. Neumeyer, 1985, 431 ff; zum vorstehenden auch *Wilting*, 126 ff.

[178] *Majoros*, RabelsZ 46 (1982), 84 (99); kritisch dazu *Wilting*, 127.

darauf abstellt, welcher der konkurrierenden Verträge den Vertragsgegenstand am eingehendsten regelt und damit geeigneter ist als ein allgemeiner gehaltener Vertrag; schließlich greift *Majoros* auch auf die *lex posterior*-Regel zurück[179], die er jedoch als vielfach mit den zuvor genannten Regeln zusammenfallend sieht, weil eine Tendenz bestehe, immer wirksamere und auch spezifischere Kodifikationen auf dem Gebiet der Vereinheitlichung von Sachnormen und international-privatrechtlichen Normen zu schaffen, denen dann nach den Regeln der maximalen Wirksamkeit oder der materialen Spezialitätsregelung der Vorrang gebührt.[180]

Dieser Lösungsansatz für Vertragskonkurrenzen im Bereich des Internationalen Privatrechts und der Vereinheitlichung von materiell-privatrechtlichen Normen beruht zu einem wesentlichen Teil auf einer Anwendung des Art. 30 WVK sowie weiterer Vorschriften der WVK. Ihre für die besonderen Regelungsziele im international-privatrechtlichen Bereich vorgenommene Modifikation steht mit den Vorschriften der WVK in Einklang und vermeidet – wie die besondere Konfliktvermeidungspraxis im Rahmen der WTO – den in der Fassung des Art. 30 Abs. 4 lit. b) WVK angelegten Rückgriff auf das Prinzip der politischen Entscheidung.

179 *Majoros*, Les conventions, Bd.I, 401 ff.

180 Zum Vorstehenden siehe ausführlich *Wilting*, 124 ff.

5. KAPITEL
Unwirksamkeit und Beendigung völkerrechtlicher Verträge

§ 157 Nichtigkeit wegen Verstoßes gegen *ius cogens*

Schrifttum: *A. Verdross*, Jus Dispositivum and Jus Cogens in International Law, AJIL 60 (1966), 55 ff; *M. Virally*, Réflexions sur le „jus cogens", AFDI 12 (1966), 5 ff; *U. Scheuner*, Conflict of Treaty Provisions with a Peremptory Norm of General International Law and its Consequences, ZaöRV 27 (1967), 520 ff; *H. Mosler*, Jus Cogens im Völkerrecht, SchJIR 25 (1968), 9 ff; *F. de Visscher*, Positivisme et jus cogens, RGDIP 75 (1971), 5 ff; *F. A. Mann*, The Doctrine of Jus cogens in International Law, Festschrift U. Scheuner, 1973, 399 ff; *C. Rozakis*, The Concept of Jus Cogens in the Law of Treaties, 1976; *N. Ronzitti*, La disziplina dello jus cogens nella Convenzione di Vienna sul diritto die trattati, Communicazioni e studi, 1978, 241 ff; *L. A. Alexidze*, Legal Nature of Jus cogens in Contemporary International Law, RdC 172 (1981 III), 219 ff; *A. Gomez Robledo*, Le jus cogens international: sa genèse, sa nature, ses fonctions, RdC 172 (1981 III), 9 ff; *G. A. Christenson*, The World Court and Ius cogens, AJIL 81 (1987), 93 ff; *G. A. Christenson*, Jus cogens: Guarding Interests Fundamental to International Society, VJIL 28 (1988), 585 ff; *L. Hannikainen*, Peremptory Norms (jus cogens) in International Law: Historical Development, Criteria, Present Status, 1988; *K. Parker*, Ius cogens: Compelling the Law of Human Rights, Hastings International and Comparative Law Review 12 (1989), 411 ff; *G. M. Danilenko*, International Jus cogens, Issues of Law-Making, EJIL 2 (1991), 42 ff; *A. J. Hoogh*, The Relationship between Jus Cogens, Obligations Erga Omnes and International Crimes: Peremptory Norms in Perspective, Austrian Journal of Public International Law 42 (1991), 183 ff; *S. Kadelbach*, Zwingendes Völkerrecht, 1992, 36 ff; *E. C. Baptista*, Jus Cogens em Direito Internacional, 1997; *J. A. Frowein*, Jus Cogens, EPIL III (1997), 65 ff; *E. M. Kornicker Uhlmann*, State Community Interest, jus cogens and Protection of the Global Environment: Developing Criteria for Peremptory Norms, Georgetown International Environmental Law Review 11 (1998), 101 ff; *R. Cassado Raigón*, Notars Subrel ius cogens internazional, 1999; *R. Kolb*, Théorie du ius cogens international: essai de relecture du concept, 2001.

I. 1. Gemäß Art. 53[1] des Wiener Übereinkommens über das Recht der Verträge (WVK)[2] ist ein Vertrag nichtig, wenn er zum Zeitpunkt seines Abschlusses im Widerspruch zu einer zwingenden Norm des allgemeinen Völkerrechts steht. Zudem statuiert Art. 64 WVK[3], daß jeder völkerrechtliche Vertrag nichtig wird, wenn er zu einer neu entstandenen zwingenden Norm des allgemeinen Völkerrechts im Widerspruch steht.
Diese Normen zeigen die besondere Bedeutung, die den zwingenden Normen des Völkerrechts, dem sogenannten *ius cogens*, als Ordnungsprinzip im Völkerrecht zukommt. Da eine Abweichung von den zwingenden Normen ausgeschlossen sein soll, muß konsequenterweise

[1] Art. 53: „A treaty is void if, at the time of its conclusion, it conflicts with a peremptory norm of general international law. For the purposes of the present Convention, a peremptory norm of general international law is a norm accepted and recognized by the international community of States as a whole as a norm from which no derogation is permitted and which can be modified only by a subsequent norm of general international law having the same character."

[2] BGBl 1985 II, 927.

[3] Art. 64: „If a new peremptory norm of general international law emerges, any existing treaty which is in conflict with that norm becomes void and terminates."

gegen *ius cogens* verstoßendes anderes Völkerrecht nichtig sein. Dies gilt nicht nur für völkerrechtliche Verträge, sondern für Völkerrecht allgemein.[4]

2. a. Art. 53 WVK enthält den Versuch einer Definition von *ius cogens*, wobei diese Definition in ihrer Bedeutung über das Völkervertragsrecht hinausweist. Es ist daher systematisch durchaus problematisch, das *ius cogens* im Rahmen der Unwirksamkeit und Beendigung völkerrechtlicher Verträge zu behandeln, obwohl die Wirkungen einer *ius cogens* Norm sich gerade in der Unwirksamkeit ihr entgegenstehender Verträge äußert.[5]

b. Art. 53 Satz 2 WVK benennt vier Kriterien für die Identifikation von *ius cogens* Normen: es handelt sich um Normen des allgemeinen Völkerrechts; sie müssen von der internationalen Staatengemeinschaft in ihrer Gesamtheit angenommen worden sein; sie müssen als Normen anerkannt sein, von denen nicht abgewichen werden kann; eine Änderung dieser Norm ist nur durch eine Norm gleichen Charakters möglich. Bei genauerer Würdigung wird allerdings erkennbar, daß nur die ersten drei Punkte Kriterien für die Identifikation von *ius cogens* Normen enthalten, während Punkt vier eine Konsequenz aus den vorgenannten Kriterien ist. Auch Punkt drei (Anerkennung als Normen, von denen nicht abgewichen werden kann) enthält einen Hinweis auf die Konsequenz der *ius cogens* Natur einer Norm und benutzt diesen zu ihrer Qualifikation.
Der Wortlaut von Art. 53 WVK, vor allem seine Bedeutung, erhellt sich nur vor den unterschiedlichen Ansätzen, die zur Existenz von *ius cogens* Normen und ihrer Begründung vertreten werden.

c. Einige Autoren gingen von der Existenz eines Rechts aus, das nicht abdingbar war und das dem gesetzten Recht überstellt wurde.[6] *Vattel* spricht insoweit von einem *droit des gens nécessaire, weil alle Nationen absolut verpflichtet sind, es zu beachten.*[7] *Nach Bluntschli* ist ein Vertrag, der „... den Inhalt der allgemeinen anerkannten Menschenrechte oder die Binnengesetze des Völkerrechts verletzt [... ungültig]."[8] Auch andere Autoren sind diesem Ansatz gefolgt.[9] Grundlage dieses Ansatzes ist die Vorstellung einer alle Staaten umfassenden Gemeinschaft.
Eine Lösung von dem naturrechtlichen Ansatz erfolgte bei denjenigen Autoren, für die *ius cogens* Normen für die Staatengemeinschaft als Ganzes von grundlegender Bedeutung sind und von daher ihre Legitimation gegenüber dem gesetzten Völkerrecht beziehen.[10] Verstanden wurden darunter die Normen einer unabhängigen Wertordnung, insbesondere allgemeine Grundsätze des Rechts, die außerrechtliche allgemeingültige Prinzipien reflektieren. Die Gegenposition nahmen Vertreter der positivistischen Rechtsschule ein. Soweit für sie der Geltungsgrund des Völkerrechts ausschließlich auf dem Willen der Staaten beruht

[4] Vgl. hierzu allerdings *Heintschel von Heinegg*, in: *Ipsen* (Hrsg.), 4. Aufl., 161 f.

[5] So aber auch *H. Kelsen*, Principles of International Law, 2nd ed. 1967, 483.

[6] So auch *H. Grotius*, De jure belli ac pacis, Libri Tres, editio nova, 1670, Cap. I, XIII wo es heißt: „Alteram juris speciem esse diximus jus volentarium, quod ex voluntate originem ducit: estque vel humanum vel divinum."

[7] *E. de Vattel*, Le droit des gens on Principes de la loi naturelle, 1758, Einl., §§ 7 ff.

[8] Nach *Bluntschli*, Modernes Völkerrecht, § 410, werden davon erfaßt Verträge, die die Sklaverei erlauben, die Freiheit der Meere einschränken, die Freunde rechtlos stellen, eine religiöse Verfolgung ermöglichen oder auf die Vernichtung eines friedlichen Staates zielen.

[9] *G. Jellinek*, Die rechtliche Natur der Staatenverträge, 1880, 59 f argumentiert, daß die Möglichkeit eines Staates, sich völkerrechtlicher vertraglicher Verpflichtungen gegenüber einem Staat durch Verträge mit einem anderen Staat entledigen zu können, das System des Völkervertragsrechts *ad absurdum* führe. Daraus schließt er, daß es unmoralische und damit nichtige Verträge geben müsse; ausgehend von allgemein gültigen Prinzipien des Völkerrechts, *W. E. A. Hall*, Treaties on International Law, 7th ed., 1917, 337 f; vgl. dazu insgesamt *Kadelbach*, 36 ff.

[10] *Sztucki*, 59 ff; *Verdross*, 58.

und sie die Ansicht vertraten, es gebe keine inhaltlichen Restriktionen für den Abschluß eines völkerrechtlichen Vertrages, leugneten sie die Existenz von *ius cogens*,[11] bzw. führen diesen auf einen entsprechenden Willen der Staaten zurück und sehen in dem Willen der Staaten auch die einzig mögliche Legitimationsgrundlage. Insofern bedingt ein positivistischer Ansatz nicht zwangsläufig die Leugnung der Existenz von *ius cogens* Normen. Zudem räumen Vertreter dieses Ansatzes die Nichtigkeit eines völkerrechtlichen Vertrages ein, wenn dieser gegen die guten Sitten bzw. den *ordre public* verstößt.[12] Dabei sind Anleihen an das nationale Recht erkennbar. Vor allem auf den *ordre public* verweist *Mosler*,[13] wobei er diesen aber von dem *ordre public* des nationalen Rechts unterschieden wissen will. Dieser völkerrechtliche *ordre public* umfasse einen begrenzten Bestand von Normen, die dem Schutz bedeutender, für die Existenz der Staatengemeinschaft unabdingbarer sozialer und ethischer Werte dienten.[14]

d. In der völkerrechtlichen Literatur ist die Existenz von *ius cogens* Normen dem Grunde nach anerkannt.[15] Dies gilt auch für die Staatspraxis. Urteile nationaler Gerichte haben die Existenz von *ius cogens* Normen angesprochen bzw. vorausgesetzt, ohne sich allerdings hinsichtlich des Entstehungsgrunds festzulegen.[16] Der Internationale Gerichtshof hat das Verbot des Völkermords sowie das Gewaltverbot dem *ius cogens* zugeordnet.[17] Von der Existenz von *ius cogens* gehen die bereits angesprochenen Art. 53 und 64 WVK sowie die gleichlautenden Normen des Wiener Übereinkommens über das Recht der Verträge zwischen Staaten und Internationalen Organisationen[18] sowie zwischen diesen aus.

3. Der Kodifikationsentwurf, den die *International Commission of American Jurists* 1927 vorlegte, enthielt bereits eine Bestimmung, daß völkerrechtliche Verträge, die gegen Grundnormen des Völkerrechts verstoßen, nichtig sind. Diese hat Eingang in die *Interamerican Convention on Treaties* vom 28. 2. 1928 gefunden.[19] Die ILC hat sich mit dieser Frage von Anfang an beschäftigt, folgte allerdings einem anderen Ansatz als später die Wiener Vertragsrechtskonvention. In dem Bericht des zweiten Sonderberichterstatters, *Lauterpacht*, findet sich ein Vorschlag, demzufolge ein Vertrag nichtig sein sollte, wenn dessen Erfüllung einen Akt zur Folge haben würde, der nach Völkerrecht illegal sei. Voraussetzung war allerdings eine Ungültigkeitserklärung durch den Internationalen Gerichtshof.[20] Offenbar herrschte die Befürchtung, daß Staaten sich von ihren vertraglichen Pflichten durch eine Berufung auf *ius cogens* entziehen könnten.
Deutlich weiter ging bereits der Entwurf des dritten Sonderberichterstatters, *Fitzmaurice*.[21] Dieser differenzierte zwischen ungültigen und nicht durchsetzbaren Verträgen: Während die gegen zwingendes Recht verstoßenden Verträge ungültig sein sollten, waren unethische Verträge lediglich nicht durchsetzbar. Wichtiger noch ist, daß sein Vorschlag von der konstitutiven gerichtlichen Nichtigkeitserklärung durch den Internationalen Gerichtshof abrückte. Statt dessen wurden in dem Entwurf

---

[11] *Guggenheim*, Lehrbuch des Völkerrechts, Bd. I, 126 ff.

[12] Vgl. z. B. *A. W. Heffter*, Droit international public de l'Europe, 1883, 192, der Verträge als nichtig bezeichnet „... contraire à l'ordre moral du monde et notamment aussi à la mission des Etats de contribuer au développement de la liberté humaine ...".

[13] *The International Society as a Legal Community 1980, 19 f.*

[14] Vgl. dazu *Frowein, 66.*

[15] Einen Literaturüberblick gibt *A. Gómez* Robledo, 70 ff, sowie *Kolb, 33 ff.*

[16] BVerfGE 18, 449; nationale Gerichte haben vor allem das Verbot der Folter dem *ius cogens* zugeordnet (Filartiga v. Pena-Irala, 630F, 2d, 876 (2dCir.)).

[17] *Application of the Convention on the Prevention and Punishment of the Crime of Genocide, Provisional Measures,* Order of 13 September 1993, ICJ Reports 1993, 325 (439 f, para. 100); im Fall *Military and Paramilitary Activities (Nicaragua v. United States of America),* Merits, Judgment 27 June 1986, ICJ Reports 1986, 14 (100 f) wurde das Gewaltverbot gem. Art. 2 Ziff. 4 VN Charta als *ius cogens* eingestuft.

[18] BGBl. 1990 II, 1415.

[19] Abgedruckt in: AJIL, 22 Supplement (1928), 138.

[20] Yearbook ILC, 1953 II, 154: „A treaty or any of its provisions, is void if its performance involves an act which is illegal under international law and if it is declared so by the International Court of Justice." (Art. 15).

[21] Yearbook ILC, 1956 II, 109, 119; 1957 II, 29 f, 51 (2nd Report); 1958 II, 22 ff, 39 ff (3rd Report); 1959 II, 37, 49, 71, (4th Report).

die Parteien angehalten, eine einvernehmliche Klärung zu suchen. Ein Staat sollte die Nichtigkeit erst einseitig erklären können, wenn keine Einigung zustande gekommen war und er den Streit zur Vorlage an den Internationalen Gerichtshof angeboten hatte. Auch dieser Vorschlag setzte sich letztendlich nicht durch.

Der vierte Sonderberichterstatter der ILC zum Recht der Verträge, Sir *Humphrey Waldock*, erarbeitete einen weiteren Ansatz.[22] Er führte die tautologische Definition von *ius cogens* ein, wie sie auch für Art. 53 WVK gilt. Danach sind *ius cogens* Normen diejenigen, von denen eine Abweichung unmöglich ist. Letztlich war es der ILC nicht möglich, die verschiedenen Ansätze zum *ius cogens* zu überbrücken, und sie einigte sich auf eine sehr allgemeine Formulierung.[23]

Auch für die Wiener Vertragsrechtskonvention wurden unterschiedliche Ansätze diskutiert. Dabei war nicht die Existenz von *ius cogens* generell Gegenstand der Differenzen, sondern dessen Einbettung in das System völkerrechtlicher Verträge.[24] Dabei stand im Vordergrund der Wunsch einer verfahrensrechtlichen Sicherung, so daß die Berufung auf den *ius cogens* Charakter einer Norm nicht einseitig dazu benutzt werden kann, sich von vertraglichen Verpflichtungen zu lösen.

II. 1. Wie bereits angesprochen umschreibt Art. 53 Satz 2 WVK Kriterien für die Identifikation von Normen als Bestandteil von *ius cogens*.

Danach müssen derartige Normen von der Staatengemeinschaft in ihrer Gesamtheit angenommen worden sein. Indem Art. 53 WVK auf die Akzeptanz der Normen abhebt, folgt sie einem überwiegend positivistisch determinierten Begriff des *ius cogens*. Entscheidend ist der Wille der Staaten.[25] Bei den Normen des *ius cogens* handelt es sich demgemäß nicht um Bestandteile einer unabhängigen Werteordnung, sondern um Völkerrechtsnormen, die auf dem Willen der Mitglieder der Staatengemeinschaft beruhen. Dabei muß die Akzeptanz der Mitglieder der Staatengemeinschaft zweierlei umfassen, nämlich den Gehalt der betreffenden Rechtsnormen einerseits und deren Anerkennung als unabdingbar andererseits.[26]

Der Verweis auf die konsensuale Begründung des zwingenden Völkerrechts besagt allerdings nicht, daß auch inhaltliche Anforderungen an diese zu stellen sind. Das voluntative Element beinhaltet eine Einschränkung für die Entstehung von zwingendem Völkerrecht. Hierüber wird sichergestellt, daß nicht einer Staatengruppe die Wertvorstellungen einer anderen aufgezwungen werden dürfen. Insofern besteht eine enge Verbindung zwischen der Notwendigkeit der Annahme überhaupt und der Annahme durch die Staatengemeinschaft in ihrer Gesamtheit. Zwischen dieser inhaltlichen und der formalen Qualifikation besteht insoweit ein Zusammenhang, als man nur bei Normen, die fundamentale Wertvorstellungen der Staatengemeinschaft reflektieren, davon ausgehen kann, daß sie von der Staatengemeinschaft in den Kanon des *ius cogens* aufgenommen wurden.

Nach Art. 53 Satz 2 WVK muß es sich bei den Normen um solche des allgemeinen Völkerrechts handeln. Dies schließt – zieht man die Entstehungsgeschichte dieser Norm zu ihrer Interpretation mit heran – die Existenz von regionalem *ius cogens* aus.[27]

Schließlich verlangt Art. 53 Satz 2 die Annahme als Norm und Anerkennung als zwingend „durch die internationale Staatengemeinschaft in ihrer Gesamtheit". Die Entstehungsge-

---

[22] Yearbook ILC, 2nd Report, Art. 13, para. 1: „A treaty is contrary to international law and void if its object or its execution involves the infringement of a general rule or principle of international law having the character of ius cogens."

[23] „A treaty is void, if it conflicts with a peremptory norm of general international law from which no derogation is permitted and which can be modified only by subsequent norm of general international law having the same character." Yearbook ILC, 1963 I, 213 (291).

[24] Vgl. dazu *Kadelbach*, 44 f; *Hannikainen*, 166 ff; *S. R. Rosenne*, Developments in the Law of Treaties, 1945–1986, 1989, 286 f.

[25] *Heintschel von Heinegg*, in: *Ipsen* (Hrsg.), 4. Aufl., 159.

[26] Kritisch zur Formulierung dieser Normen als *ius cogens Sztucki*, 103. Seiner Meinung nach kann die Qualifikation als *ius cogens* nicht vom Willen der Völkerrechtssubjekte abhängig sein. Es wäre insoweit besser gewesen von *peremptory norms* zu sprechen. *Sztucki* unterscheidet also konzeptionell *ius cogens* und *peremptory norms*.

[27] *Sztucki*, 106; *Heintschel von Heinegg* (Anm. 225); a.A. *Verdross/Simma*, § 531.

schichte belegt, daß damit deutlich gemacht werden sollte, daß nicht die Zustimmung eines jeden einzelnen Mitglieds der Staatengemeinschaft erforderlich ist.[28] Notwendig, aber auch ausreichend, ist die Zustimmung einer großen Mehrheit, die auch repräsentativ für die Pluralität ihrer Mitglieder ist.
Ius cogens Normen sind für alle Staaten verbindlich; dies gilt selbst dann, wenn einzelne Staaten ihrer zwingenden Rechtsnatur oder ihnen überhaupt widersprochen haben.[29] Dies läßt sich nicht aus der Zustimmung der Staatengemeinschaft als Ganzes herleiten, sondern allein aus dem Inhalt der betroffenen Normen, die, wie gesagt, Grundwerte der internationalen Gemeinschaft reflektieren.

2. Die Wiener Vertragsrechtskonvention geht von der Möglichkeit einer dynamischen Entwicklung des *ius cogens* aus; andernfalls wären die parallelen Regelungen in Art. 53 und 64 WVK überflüssig. An der Möglichkeit für die Entwicklung weiterer Normen des *ius cogens* bestand auf der Wiener Vertragsrechtskonferenz kein Zweifel. Der Hinweis auf Zustimmung und Anerkennung in Art. 53 WVK bestätigt diesen Gesichtspunkt.

3. Mit der Anerkennung der Unabdingbarkeit erhält eine Norm zwar eine besondere Qualität; dies heißt aber nicht, daß *ius cogens* Normen, vergleichbar dem Verhältnis von Verfassungsrecht und einfachem Recht nach den nationalen Rechtsordnungen, ein besonderer Rang zukäme. Im Vergleich zu dem sonstigen, dispositiven Recht haben *ius cogens* Normen lediglich eine verfestigte Geltungskraft.[30]

III. 1. Nach Art. 53 WVK sind Verträge, die gegen existierendes *ius cogens* verstoßen, nichtig. Diese Rechtsfolge der Nichtigkeit von Verträgen, die gegen zwingende Normen des allgemeinen Völkerrechts verstoßen, ist gewohnheitsrechtlich verankert.[31] Dabei ist allerdings zu berücksichtigen, daß die ILC in ihrem Kommentar feststellte, daß das Prinzip von *ius cogens* Normen verhältnismäßig jungen Charakters sei.[32] Es hätte durchaus auch andere „Sanktionen“ für einen Verstoß gegen zwingendes Recht gegeben. So hatte der Sonderberichterstatter der ILC, *Sir Gerald Fitzmaurice*, zwischen Nichtigkeit und Unmöglichkeit ihrer Durchsetzung unterschieden.[33] Letztlich ist aber die Nichtigkeit des betreffenden Vertrages die konsequente Rechtsfolge eines Verstoßes gegen zwingendes Recht.

2. Art. 53 WVK regelt auch, wann die Rechtsfolge der Nichtigkeit eintritt. Schon dem Wortlaut der Norm nach („is void if, at the time of its conclusion, it conflicts with a peremptory norm of general international law...“) tritt die Nichtigkeit sofort ein. Völkerrechtliche Verträge, die *ius cogens* verletzen, sind also von Anfang an nichtig. Folge der Nichtigkeit ist gemäß Art. 69 WVK, daß die Verträge keine rechtliche Wirkung entfalten. Art. 71 Abs. 1 WVK enthält Regelungen zur Nichtigkeit eines Vertrages. Das Verhältnis beider Regelungen zueinander ist nicht ganz klar. Art. 69 und 71 WVK behandeln an sich zwei unterschiedliche Sachverhalte. Art. 69 WVK regelt die Konsequenzen der Ungültigkeit. Dabei enthält der Wortlaut dieser Norm („A treaty the invalidity of which is established...“) einen Verweis auf die Verfahren zur Feststellung der Ungültigkeit. Demgegenüber regelt Art. 71 WVK den Fall der Nichtigkeit eines Vertrages nach Art. 53 WVK. Dieser Norm fehlt

---

[28] Chairman of the Drafting Committee of the Vienna Conference on the Law of Treaties, A/Conf.39/11 (1968), 472; so auch *Gaja*, 283; *Alexidze*, 246 f; *Ronzitti*, 255 f; *Hannikainen*, 211 f; zweifelnd *Rozakis*, 77 ff.

[29] *Gaja*, 283; *Rozakis*, 77 ff; *Hannikainen*, 213; *Alexidre*, 246 f; *Mosler*, 19; *Sztucki*, 138.

[30] *Heintschel von Heinegg*, in: *Ipsen* (Hrsg.), 4. Aufl. 160.

[31] *Kadelbach*, 324.

[32] ILC Report 1966, YBILC 1966 II, 76; kritisch, wenn auch wohl im Ergebnis zustimmend, *Hannikainen*, 162.

[33] Yearbook ILC 1958 II, 28; der Hintergrund war das Fehlen einer autoritativen Entscheidung über den Verstoß.

der Verweis auf das Verfahren zur Feststellung der Nichtigkeit. Dagegen unterscheidet sie zwischen den Verträgen, die nach Art. 53 WVK nichtig sind, und solchen, die gemäß Art. 64 WVK) nichtig werden. Da Art. 65 und 66 lit.a WVK ein besonderes Verfahren in Fällen behaupteter Nichtigkeit eines Vertrages vorsehen, muß Art. 71 WVK auch so gelesen werden, daß er auf die Feststellung der Nichtigkeit verweist.

Art. 71 WVK regelt insbesondere die Frage der Rückabwicklung in dem Fall, in dem die Feststellung der Nichtigkeit erst nach teilweiser oder gänzlicher Umsetzung des Vertrags erfolgt. Insofern verlangt Art. 71 Abs. 1 WVK die Rückabwicklung, soweit diese noch möglich ist.

Grundsätzlich bestehen folgende Unterschiede zwischen Art. 69 und 71 WVK als der Ungültigkeit eines Vertrages generell und der Ungültigkeit und Nichtigkeit im Falle von Art. 53 WVK. Nur bei wichtigen, aber teilweise erfüllten, Verträgen besteht eine Pflicht zur Rückabwicklung. Im Falle der Ungültigkeit besteht eine derartige Pflicht nur, wenn eine Partei dies verlangt. In beiden Fällen wird aber nur Mögliches geschuldet. Nur im Falle der Ungültigkeit eines Vertrages sind Handlungen, die im Vertrauen auf die Gültigkeit des Vertrages vor Geltendmachung der Ungültigkeit vorgenommen worden sind, nicht schon durch die Ungültigkeit rechtswidrig. Dies gilt nicht für den Fall der Nichtigkeit.

Der Grund für diese Unterschiede liegt darin, daß der Verstoß gegen zwingende Normen des Völkerrechts als besonders schwerwiegend angesehen wurde.[34]

3. Bei Verträgen, die nichtig werden („becomes void.", Art. 64 WVK) tritt die Nichtigkeit mit der Entstehung der *ius cogens* Norm ein. Die Gültigkeit der Verträge vor diesem Zeitpunkt wird durch die Entstehung der neuen zwingenden Norm nicht berührt. *Ius cogens* hat also keine rückwirkende Bedeutung. Dies zeigt auch der für die Rechtsfolgen des Art. 64 WVK maßgebliche Art. 71 Abs. 2 WVK, der in lit.b die vor der Beendigung des Vertrages begründeten Rechte und Pflichten unberührt läßt.

4. Auf den Verhandlungen der Wiener Vertragsrechtskonvention bestand die Befürchtung, die Entstehung einer *ius cogens* Norm könne rückwirkende Bedeutung haben. Die Formulierung von Art. 64 WVK macht an sich deutlich, daß dies nicht der Fall ist.

Davon zu unterscheiden ist die rückwirkende Bedeutung der Wiener Vertragsrechtskonvention selbst. Zwar stellt Art. 4 WVK fest, daß die Konvention keine rückwirkende Bedeutung hat. Allerdings ist fraglich, ob nicht die in der Wiener Vertragsrechtskonvention enthaltenen Regeln zum *ius cogens* bereits nach allgemeinem Völkerrecht galten. Die Antwort hierauf muß differenzieren zwischen dem Konzept und seinen Folgen. Bereits als die Wiener Vertragsrechtskonvention erarbeitet wurde, bestand Einigkeit über die Existenz von *ius cogens* Normen. Keine Einigkeit bestand aber über deren Konsequenzen im einzelnen. Das heißt, insoweit hat die Wiener Vertragsrechtskonvention Völkerrecht geschaffen und nicht nur kodifiziert. Art. 53 und 64 WVK finden daher nur auf Verträge Anwendung, die nach Inkrafttreten der Wiener Vertragsrechtskonvention geschlossen worden sind.[35]

Wichtigste Folge der Nichtigkeit des Vertrages ist, daß seine Erfüllung nicht geschuldet wird. Der Schuldner einer vertraglichen Leistung kann diese verweigern, ohne daß Sekundärpflichten auf Schadensersatz wegen Vertragsbruchs entstünden. Ein nichtiger Vertrag kann auch nicht bestätigt werden.[36]

5. a. Bei der Bestimmung der Folgen eines Verstoßes gegen zwingendes Völkerrecht ist zu berücksichtigen, daß die Nichtigkeit eines Vertrages die *ultima ratio* ist. Fälle, in denen

[34] Kritisch *Sztucki*, 146.

[35] So im Ergebnis auch *Sztucki*, 152 f; a.A. *A. Bleckmann*, Die Nichtrückwirkung völkerrechtlicher Verträge, ZaöRV 33 (1973), 38 (52 f).

[36] *Rozakis*, 126 ff.

Vertragsklauseln völkerrechtskonform ausgelegt werden können, und lediglich eine bestimmte Interpretation *ius cogens* verletzt, sind daher nicht nichtig.[37] Aus diesem Grunde muß zunächst stets versucht werden, einen völkerrechtlichen Vertrag so auszulegen, daß er zwingendem Völkerrecht entspricht.[38] Das gleiche gilt, falls lediglich die Durchführung eines Vertrages gegen *ius cogens* verstößt, aber andere Durchführungsformen in Betracht kommen. Auch in diesen Fällen besteht lediglich ein Anspruch darauf, die völkerrechtswidrige Durchführung abzustellen und die legale Erfüllung des Abkommens zu sichern.

b. Gemäß Art. 44 Abs. 5 WVK wird bei Verstoß eines Teiles eines völkerrechtlichen Vertrages gegen *ius cogens* der ganze Vertrag nichtig. Dies gilt, obwohl die Wiener Vertragsrechtskonvention die Teilbarkeit eines völkerrechtlichen Vertrages anerkennt (Art. 44 Abs. 3 und 4; Art. 60). Die Unteilbarkeit hinsichtlich der Nichtigkeit wurde nicht durchgängig vertreten. *Sir Hersch Lauterpacht*[39] und *Sir Humphrey Waldock*[40] sahen beispielsweise auch die Teilnichtigkeit vor; *Sir Gerald Fitzmaurice* hingegen ging von der vollständigen Nichtigkeit des Vertrages aus.[41] Letztlich hat sich aber auch in der Völkerrechtskommission die Ansicht durchgesetzt, daß ein nichtiger Vertrag vollständig nichtig sei. Allerdings bleibt es den Parteien unbenommen, einen nichtigen Vertrag zu revidieren, indem die Regeln, die zur Nichtigkeit geführt haben, eliminiert oder geändert werden. Ganz konsequent ist die Wiener Vertragsrechtskonvention an diesem Punkt zudem nicht. Denn nach Art. 71 Abs. 1a sind „... die Handlungen ..., die auf eine zu der zwingenden Norm des allgemeinen Völkerrechts im Widerspruch stehende Bestimmung vorgenommen wurden ..." auch in ihren Folgen zu beseitigen. Bei einer vollständigen Nichtigkeit des Vertrages wäre nur die vollständige Rückabwicklung konsequent.

Nicht von einer vollständigen Nichtigkeit ist auszugehen, wenn die Norm des *ius cogens* erst nach Abschluß des Vertrages entsteht. Art. 44 Abs. 5 WVK verweist lediglich auf Art. 53, nicht aber auch auf Art. 64 WVK, der das nachträgliche Entstehen von *ius cogens* behandelt.[42]

Der Grund für die Regelung der vollständigen Nichtigkeit ist, daß durch das Herausbrechen einer Vertragsverpflichtung das dem Vertrag zu Grunde liegende Austauschverhältnis gestört wird und daher ganz entfallen soll. Bei nachträglichem Entstehen von *ius cogens* überwiegt dagegen das Interesse am Fortbestand des Restvertrages. Allerdings ist gegenüber der von der Wiener Vertragsrechtskonvention gewählten Lösung generell einzuwenden, daß ein Interesse des Völkerrechts am Bestand von Verträgen besteht. Die Praxis des Völkerrechts deutet mehr in die Richtung auf eine Abtrennbarkeit einzelner vertraglicher Regelungen.[43] Zumindest für den Folgenbeseitigungsanspruch ist – wie bereits angesprochen – die Wiener Vertragsrechtskonvention dieser in der Praxis üblicheren Lösung gefolgt. Gemäß Art. 71 Abs. 1 lit. a WVK müssen die Parteien eines nichtigen, aber schon erfüllten, Vertrages nur die Konsequenzen beseitigen, die durch die Durchführung der zu einer zwingenden Norm in Widerspruch stehenden Bestimmung entstanden. Der Folgenbeseitigungsanspruch erfaßt also nicht den ganzen Vertrag.[44]

---

[37] *Kadelbach*, 326; *Heintschel von Heinegg*, in: *Ipsen* (Hrsg.), 4. Aufl. 161.

[38] Siehe dazu IGH im *Passage over Indian Territory Judgment*, ICJ Reports, 1957, 142: „It is a rule of interpretation that a text emanating from a government must, in principle, be interpreted as producing and as intending to produce effects in accordance with existing law and not in violation of it." Siehe auch *Bernhardt*, Auslegung, 136 ff; a.A. *Haraszti*, 157.

[39] Yearbook ILC 1953 II, 93 und 155.

[40] Yearbook ILC 1963 II, 52 (Art. 13, para. 3).

[41] Yearbook ILC 1958 II, 28 (alternative version of article 22).

[42] Kritisch hierzu *Scheuner*, 528 ff; *Schwelb*, AIJL 61 (1967), 972; *Rozakis*, 125 f.

[43] *Case of the S. S. „Wimbledon"*, PCIJ, Series A 1 (1923), 22; *Genfer Freizonenfall*, PCIJ, Series A/B, 46 (1932), 140.

[44] *Kadelbach*, 327.

IV. 1. Nach Art. 42 WVK kann die Gültigkeit eines Vertrages nur in Anwendung der Verfahren angefochten werden, die die Wiener Vertragsrechtskonvention zur Verfügung stellt. Dabei ist der Begriff des Anfechtens nicht rechtstechnisch im Sinne deutscher Rechtsdogmatik zu verstehen; gemeint ist das Geltendmachen der Ungültigkeit. Dies schließt eine einseitige Berufung auf die Ungültigkeit mit konstitutiver Wirkung aus.[45]
Das Verfahren der Geltendmachung regelt Art. 65 WVK; verlangt wird eine Notifikation unter Angabe von Gründen. Widerspricht der Adressat dieser Notifikation nicht innerhalb einer zu setzenden Frist von mindestens drei Monaten – in dringenden Fällen kann die Frist verkürzt werden –, so kann der Vertrag für ungültig erklärt werden. Widerspricht die Gegenpartei,[46] muß die Lösung des Rechtsstreites im Wege der friedlichen Streitbeilegung gesucht werden. Antragsteller können nur Vertragsparteien sein.
Das Problem dieser Regelung liegt darin, daß die Wiener Vertragsrechtskonvention keine Suspendierung des Vertrages bis zum Abschluß des Verfahrens vorsieht. D.h. der Vertrag, dessen Nichtigkeit behauptet wird, muß erfüllt werden. Die Regelungen über die Rückabwicklung (Art. 71 WVK) versprechen keinen ausreichenden Ausgleich. Der Interessenlage der Parteien entspräche es daher eher, wenn die Vertragserfüllung bis zur Entscheidung des Rechtsstreits ausgesetzt würde.[47] Ein weiteres entscheidendes Defizit dieser Regelung liegt darin, daß zwei Staaten ganz bewußt einen Vertrag schließen können, der gegen *ius cogens* verstößt, aber weder für andere Staaten, noch nicht einmal die Staaten der Wiener Vertragsrechtskonvention die Möglichkeit besteht, auf die Nichtigkeit dieses Vertrages hinzuwirken. Dies widerspricht dem Charakter der *ius cogens* Normen als Normen, die die grundlegenden Werte der Staatengemeinschaft sichern.[48]

2. Für Verträge zwischen Staaten und internationalen Organisationen bzw. zwischen internationalen Organisationen sind Art. 65, 66 WVK modifiziert worden. Da internationale Organisationen nicht als Streitparteien vor dem Internationalen Gerichtshof auftreten können, tritt an die Stelle eines Urteils ein Gutachten des Internationalen Gerichtshofs.

V. 1. Die Verletzung von zwingenden Normen des Völkerrechts ist vor internationalen Gerichten vorgetragen worden; bislang stützten sich aber Gerichtsentscheidungen nur begrenzt auf die Anwendung dieses Rechtsinstituts. So waren Costa Rica und El Salvador in Rechtsstreitigkeiten mit Nicaragua der Meinung, das *Bryan Chamorro*-Abkommen von 1914 verstoße gegen zwingendes Völkerrecht und verletze Costa Rica in seinen Rechten. Diese Argumentation wurde von dem Zentralamerikanischen Gerichtshof in seinen Entscheidungen von 1916 und 1917 aber nicht aufgegriffen.[49] Im *Wimbledon*-Fall maß der Ständige Internationale Gerichtshof Art. 380 Versailler Vertrag den Charakter einer zwingenden Norm zu, die das Neutralitätsrecht Deutschland außer Kraft setzte.[50] Im *Oscar Chinn*-Fall vertrat Richter *Eysinga* die Meinung, die Berliner Generalakte von 1885[51] sei *ius cogens* gegenüber Art. 1 der Konvention von St. Germain-en-Laye.[52]

2. Als zwingendes Völkerrecht hat das amerikanische Militärtribunal im Verfahren gegen *Alfried Felix Alwyn Krupp von Bohlen und Halbach et al.* das Verbot des Haager und des

---

[45] *Kadelbach*, 331.

[46] Der in Art. 65 verwandte Begriff „Vertragspartei" („party") bezieht sich auf den möglicherweise nichtigen Vertrag; so auch *Gaja*, 304.

[47] Vgl. *Heintschel von Heinegg*, in: *Ipsen* (Hrsg.), 4. Aufl. 151, der auf ein Verfahren zur Geltendmachung der Nichtigkeit gänzlich verzichten will. Dem ist im Hinblick auf den Wortlaut des Art. 42 WVK zu widersprechen.

[48] Kritisch *Rozakis*, 193; *Sztucki*, 188 f; *Hannikainen*, 294 f.

[49] *Costa Rica v. Nicaragua*, AJIL 11 (1917), 181; *El Salvador v. Nicaragua*, AJIL 11 (1917), 674; dazu *Kadelbach* 109.

[50] PCIJ, Series A 1 (1923), 3 (25); siehe aber auch *Dissenting Opinion* von Richter *Schücking*, ebd., 43.

[51] *Martens* NRGT, Sér. 2, Bd. X, 419.

[52] PCIJ, Series A/B, 63 (1934), 63 (133 f).

Genfer Rechts,[53] Kriegsgefangene für die Rüstungsproduktion einzusetzen, bezeichnet.[54] In seinem ersten Gutachten zum *International Status of South West Africa* bezeichnete der Internationale Gerichtshof den Schutz der Mandatsbevölkerung vor Sklaverei, Zwangsarbeit und Drogenhandel, die Garantie der Religionsfreiheit und das Verbot des Mißbrauchs zu militärischen Zwecken als essentielle Bestandteile des Völkerrechts, die von dem Bestand des Völkerbundes und seinem Mandatssystem unabhängig seien.[55] Im Fall *Diplomatic and Consular Staff in Teheran* sprach der Internationale Gerichtshof von dem *imperative character* der Verpflichtungen gegenüber Diplomaten,[56] vermied aber den Hinweis auf das möglicherweise Vorliegen zwingender Normen des Völkerrechts.[57] In dem Urteil des Internationalen Gerichtshofs im Fall *Military and Paramilitary Activities in and against Nicaragua*, wurde der Begriff des *ius cogens* referierend erwähnt,[58] ohne daß ihn sich der Internationale Gerichtshof voll zu eigen gemacht hätte.[59] Im Urteil zum Fall *Gabčíkovo Nagymaros Project*[60] sprach der Internationale Gerichtshof zwar an, daß Normen des internationalen Umweltrechts zwingender Natur sein könnten, ohne daß dem jedoch eine tragende Bedeutung in der Begründung zukam. In dem IGH-Gutachten über *die Rechtmäßigkeit der Drohung mit und des Einsatzes von Nuklearwaffen* vom 8. Juli 1996 werden bestimmte Prinzipien des humanitären Völkerrechts dem *ius cogens* zugeordnet.[61] In diesem Zusammenhang ist auch das Urteil des Internationalen Gerichtshofs im *Barcelona Traction* Fall[62] zu erwähnen, obwohl der Begriff des *ius cogens* nicht angesprochen wird. Der Internationale Gerichtshof betont hier, daß es Rechtspflichten gegenüber der Staatengemeinschaft als Ganzes gibt, die er von den Pflichten gegenüber einzelnen Völkerrechtssubjekten abgrenzt. Nach seiner Ansicht zählen zu diesen Pflichten gegenüber der Staatengemeinschaft das Aggressionsverbot, das Verbot des Völkermords, die Prinzipien und Regeln über den Schutz grundlegender Menschenrechte einschließlich des Schutzes vor Sklaverei und Rassendiskriminierung. Wenn auch – wie gesagt – diese nicht ausdrücklich dem *ius cogens* zugeordnet werden, sind aus diesem Urteil doch Rückschlüsse auf die Normen zulässig, die als *ius cogens* qualifiziert werden können.
Das Prinzip selbst, daß zwingendes Völkerrecht entgegenstehende Normen des Völkerrechts nichtig werden läßt, wird allerdings in Sondervoten und abweichenden Meinungen zu Urteilen des Internationalen Gerichtshofs gelegentlich argumentiert.[63]

3. Insgesamt ist festzuhalten, daß in der Judikatur bislang kein völkerrechtlicher Vertrag unter Berufung auf das Bestehen oder das Entstehen von einer *ius cogens* Norm des Völkerrechts für nichtig erklärt worden ist. Auch in der Literatur ist unklar, welche Normen unter den Begriff des *ius cogens* fallen sollen. Angesprochen werden z. B. das Gewaltverbot gem. Art. 2 Ziff. 4 VN-Charta, das Verbot völkerrechtlicher Verbrechen, des Sklavenhandels, der Piraterie sowie des Völkermordes. Dem zwingenden Völkerrecht werden teilweise

[53] Art. 6 Anl. zum Abkommen, betreffend die Gesetze und Gebräuche des Landkriegs (Haager Landkriegsordnung) (RGBl. 1910, 107); Art. 31 des Genfer Abkommens vom 27. Juli 1929 über die Behandlung der Kriegsgefangenen (RGBl. 1934 II, 207).

[54] U.S. Military Tribunal, Law Reports of Trials of War Criminals, selected and prepared by the UN War Crimes Commission, Vol. X, 17 November–30 June 1948, 141.

[55] ICJ Reports 1950, 126 (132).

[56] ICJ Reports 1980, 1 (41).

[57] Vgl. dazu *Kadelbach*, 118.

[58] ICJ Reports 1986, 14 (100 f).

[59] Vgl. dazu *Christenson*, 93 f.

[60] ICJ Reports 1997, 7.

[61] ICJ Reports 1996, 226 (258).

[62] ICJ Reports 1970, 3 (32).

[63] *Jugde Moreno Quintana*, *Case Concerning the Application of the Convention of 1902 Governing the Guardianship of Infants*, ICJ Reports 1958, 54 (106 f); *Judge ad hoc Fernandes*, *Passage over Indien Territory*, ICJ Reports 1960, 5 (135 f); *Judge Tanaka*, *South West Africa Cases, Second Phase*, ICJ Reports 1966, 2 (252 ff); *President Nagendra Singh*, *Judge Sette Camara*, *Nicaragua case* (Anm. 28), 153 bzw. 199 f.

die Achtung elementarer Menschenrechte, der Grundsatz der Gleichheit aller Staaten und das Selbstbestimmungsrecht zugeordnet.[64]

VI. 1. Es ist durchaus umstritten, welche Normen des Völkerrechts dem *ius cogens* zuzurechnen sind. Es kann dies für das Gewaltverbot, die Achtung elementarer Menschenrechte, das Verbot des Völkermords, das Sklavereiverbot sowie Normen des humanitären Völkerrechts als gesichert gelten. Einen Hinweis in diese Richtung gibt die Normierung von Straftatbeständen in den Statuten internationaler Strafgerichtshöfe, insbesondere des Internationalen Strafgerichtshofs.[65] Wenn schon – unter Durchbrechung bzw. Ergänzung der Strafkompetenz der Staaten – das völkerrechtswidrige Verhalten von Einzelpersonen international verfolgt werden kann, so ist zumindest der Beleg dafür gebracht, daß die Staatengemeinschaft dieses Verhalten nicht nur als unvereinbar mit ihren grundlegenden Wertvorstellungen ablehnt, sondern auch eine strafrechtliche Ahndung für gerechtfertigt erachtet. Ausgehend von einer inhaltlichen Bestimmung von *ius cogens* spricht dann alles dafür, die diesen Straftatbeständen zu Grunde liegenden Wertvorstellungen und Verpflichtungen dem *ius cogens* zuzuordnen.

2. Es gibt Tendenzen in der Literatur, weitere Normen als Bestandteil des *ius cogens* zu qualifizieren. *Hannikainen* zählt dazu die Freiheit der See, das Pirateriεverbot sowie das Verbot der einseitigen Aneignung der Hohen See.[66] Trotz der weiten Anerkennung, die diese Grundsätze bzw. Verpflichtungen erfahren haben, deutet nichts in diese Richtung. Die 3. Seerechtskonferenz der Vereinten Nationen hätte diese Aussage durchaus machen können, hat hiervon aber bewußt Abstand genommen. Das gleiche gilt für die Prinzipien, die das Tiefseebodenregime determinieren, insbesondere das Prinzip des gemeinsamen Erbes der Menschheit.[67] Die 3. Seerechtskonferenz der Vereinten Nationen hat zwar vertragliche Abweichungen von dem *common heritage* Prinzip ausgeschlossen;[68] es hat es aber bewußt nicht als *ius cogens* qualifiziert. Ebenfalls nicht dem *ius cogens* zuzuordnen ist das Selbstbestimmungsrecht, die Prinzipien der Souveränität, der souveränen Gleichheit der Staaten und der Verpflichtung zur Kooperation. Hierbei handelt es sich um Strukturnormen des Völkerrechts,[69] welche wegen ihrer inhaltlichen Unbestimmtheit nicht als *ius cogens* Normen eingestuft werden können. Gleiches gilt für Funktionsnormen,[70] wie den Grundsatz, Verträge nach Treu und Glauben zu erfüllen, und den Grundsatz der Billigkeit.

3. Grundsätzlich ist festzuhalten, daß jeder Versuch, den Umfang von *ius cogens* Normen auszudehnen, zwei Bedenken begegnet. Es wird dadurch die Bedeutung der Normen, wie des Gewaltverbots bzw. des Verbots des Völkermords, abgewertet. Zum anderen wird durch den Versuch einer Bestandssicherung von Prinzipien, wie dem der Freiheit der See, die Gestaltungsmöglichkeit der Staatengemeinschaft eingeschränkt. Gerade die Entwicklung des Seerechts zeigt, daß die Staatengemeinschaft für neue ökologische und wirtschaftliche Erkenntnisse offen bleiben und auf diese flexibel reagieren muß. Dem darf nicht durch den Versuch, *ius cogens* Normen zu entwickeln, entgegengewirkt werden.

§ 158 Die Beendigung völkerrechtlicher Verträge

Schrifttum: vor § 143; ferner *E. M. Satow*, Pacta sunt servanda, Cambridge Historical Journal 1925, 292 ff; *A. McNair*, La terminaison et la dissolution des traités, RdC 22 (1928), 459 ff; *H. Tobin*, The

[64] Vgl. *Heintschel von Heinegg*, in: *Ipsen* (Hrsg.), 4. Aufl. 161.
[65] Vgl. dazu § 198.
[66] *Hannikainen*, 522 ff; so auch *Scheuner*, 33.
[67] Vgl. dazu § 128.
[68] Siehe Art. 311 Abs. 6 SRÜ.
[69] Vgl. dazu *Mosler*, 33.
[70] Vgl. dazu *Mosler*, 30.

Termination of Multipartite Treaties, 1933; *H. Aufricht*, Supersession of Treaties in International Law, Cornell Law Quarterly 37 (1951–52), 655 ff; *M. Lachs*, Jahrbuch für Internationales Recht 8 (1959), 23 ff; *E. Giraud*, Modification et terminaison des traités collectifs, AFDI 49 (1961), 5 ff; *H. W. Briggs*, Procedures for Establishing the Invalidity or Termination of Treaties under the International Law Commissions's 1966 Draft Articles on the Law of Treaties, AJIL 61 (1967), 976 ff; *S. Rosenne*, Terminaison des traités collectifs, Rapport provisoire und Rapport définitif an das Institut de Droit International, Annuaire 52 I (1967), 5 ff; *F. Capotorti*, L'Extinction et la suspension des traités, RdC 134 (1971), 427 ff; *G. Haraszti*, Some Fundamental Problems of the Law of Treaties,1973; *J. E. de Arechaga*, International Law in the Past Third of a Century, RdC 159 (1978), 69 ff; *B. Simma*, Termination and Suspension of Treaties: Two recent Austrian Cases, GYIL 21 (1978), 74 ff; *K. Widdows*, The Unilateral Denunciation of Treaties Containing no Denunciation Clause, BYIL 53 (1982), 83 ff; *I. Sinclair*, The Vienna Convention on the Law of Treaties, 2nd edition 1984, 292 ff; *A. Vamvoukos*, Termination of Treaties in International Law: The Doctrines of Rebus Sic Stantibus and Desuetudo, 1985; *R. Plender*, The Role of Consent in the Termination of Treaties, BYIL 57 (1986), 133 ff; *N. Kontou*, The Termination and Revision of Treaties in the Light of New Customary International Law, 1994; *M. Akehurst*, Treaties, Termination, EPIL IV (2000), 987 ff; *C. Feist*, Kündigung, Rücktritt und Suspendierung von multilateralen Verträgen, 2001.

I. 1. Die Regeln des Völkerrechts über die Beendigung von Verträgen, d. h. die Regeln des Wiener Übereinkommens über das Recht der Verträge von 1969 (Wiener Vertragsrechtskonvention – WVK –)[1] sowie die Regeln des Völkergewohnheitsrechts,[2] sind vor dem Hintergrund zu sehen, daß das Völkerrecht grundsätzlich den Fortbestand jedes einzelnen völkerrechtlichen Vertrages anstrebt. Dies ergibt sich aus folgenden grundsätzlichen Überlegungen: Völkerrechtliche Verträge sind das entscheidende Mittel für eine Fortentwicklung des Völkerrechts und für eine entsprechende fortschreitende Verrechtlichung der internationalen Beziehungen. Es ist anerkannt, daß eine derartige Verrechtlichung der internationalen Beziehungen einen wesentlichen Beitrag zur Friedenssicherung leisten kann.[3] Zudem verbietet das jeder Rechtsordnung inhärente Postulat nach Rechtssicherheit, das für völkerrechtliche Verträge seinen Ausdruck in dem Prinzip *pacta sunt servanda* findet,[4] völkerrechtliche Verträge zur unbeschränkten Disposition ihrer Parteien zu stellen. Dies gilt in besonderem Umfang für Verträge über die Gründung oder den Beitritt zu internationalen Organisationen.[5] Schließlich beruhen völkerrechtliche Verträge auf einer konsensual getroffenen Entscheidung der beteiligten Vertragsparteien; dies steht zumindest einer einseitigen Lösung bzw. Beendigung von völkerrechtlichen Verträgen grundsätzlich entgegen. Es gilt daher eine Vermutung zu Gunsten der Bestandskraft völkerrechtlicher Verträge und gegen die Möglichkeit ihrer einseitigen Beendigung.

2. Als Ausdruck konsensual getroffener Entscheidungen stehen Verträge allerdings stets zur einvernehmlichen Disposition ihrer Vertragsparteien. Vereinbarte Restriktionen in dieser Hinsicht hindern eine spätere, anderslautende Vereinbarung nicht.

---

1 BGBl. 1985 II, 97 ff, Teil V, Abschnitt 3.

2 Der IGH hat mehrfach darauf verwiesen, daß die entsprechenden Regeln der Wiener Vertragsrechtskonvention Völkergewohnheitsrecht kodifizieren: *Legal Consequences for States of the Continued Presence of South Africa in Namibia (South-West Africa) notwithstanding Security Council Resolution* 276 (1970), Advisory Opinion, ICJ Reports 1971, 47; *Fisheries Jurisdiction (United Kingdom v. Iceland)*, Jurisdiction of the Court, Judgment, ICJ Reports 1973, 18; Interpretation of the Agreement of 25 March 1951 between the WHO and Egypt, Advisory Opinion, ICJ Reports, 1980, 95/96; *Gabčíkovo-Nagymaros Project (Hungary/Slovakia)*, Judgment, ICJ Reports 1997, 7.

3 *J. Delbrück*, Die Konstitution des Friedens als Rechtsordnung, 1996, 275 ff.

4 Vgl. dazu § 151.

5 Der Austritt Indonesiens aus den Vereinten Nationen 1965 wurde von diesen letzlich als ein Aussetzen der Kooperation mit den Vereinten Nationen verstanden. Der Wiedereintritt wurde nicht als Neuaufnahme aufgefaßt, vgl. dazu *T. Ginther*, in: *B. Simma* (ed.), The Charter of the United Nations: A Commentary, 1994, Art. 4, para. 40.

II. 1. Völkerrechtliche Verträge haben in der Regel besondere Bestimmungen über ihre Beendigung. Soweit sie Beendigungsklauseln enthalten, sind diese in ihrer Ausgestaltung verschiedenartig; diese Klauseln entziehen sich teilweise einer Differenzierung.[6] So können Verträge zum Beispiel für eine befristete Zeit geschlossen werden oder können die Möglichkeit der Kündigung oder des Rücktritts vorsehen. Derartige vertragliche Beendigungsklauseln gehen den Regeln des Völkergewohnheitsrechts bzw. der Wiener Vertragsrechtskonvention über die Beendigung völkerrechtlicher Verträge vor.[7]

2. In ihrem Vertrag können die Parteien die Geltungsdauer ihres Vertrages von vornherein festsetzen: Sie können den Vertrag für eine befristete Zeit (mit oder ohne Verlängerungsklausel)[8] schließen.[9] Die entsprechenden Klauseln variieren. Es kann sich um reine Fristbestimmungen handeln. Diese Fristen rangieren in der Praxis von wenigen Jahren[10] bis zu 99 Jahren.[11] Andere Beendigungsklauseln sehen vor, daß ein Vertrag für eine bestimmte Zeit in Kraft bleibt, seine Geltungsdauer sich aber verlängert, wenn er nicht zu einem bestimmten Zeitpunkt gekündigt wird oder von ihm der Rücktritt erfolgt. Technisch kann die Klausel so formuliert werden, daß der Vertrag weiter besteht, wenn er nicht beendet wird oder daß er beendet ist, aber stillschweigend oder ausdrücklich verlängert werden kann.[12]
Ist ein Vertrag nur für befristete Zeit geschlossen und wird er nicht stillschweigend[13] oder ausdrücklich verlängert, so erlischt er automatisch, es sei denn, die Parteien vereinbaren seine Weitergeltung.[14]
Die Parteien können ihren Vertrag auch unter einer Bedingung schließen,[15] die nach dem

---

[6] Vgl. dazu die Übersicht im *Handbook of Final Clauses*, UN Doc. ST/LEG/6, 54 ff sowie *H. Blix*, The Treaty Maker's Handbook, 1973; *Aust*, 225 ff.

[7] Siehe Art. 42 Abs. 2 und Art. 54 lit. a WVK.

[8] Der Brüsseler Pakt von 1948, 8 UNTS (19, 51), eröffnet beispielsweise ein Austrittsrecht nach 50 Jahren. Eine kürzere Austrittssperre sieht der NATO-Vertrag von 1949 vor (BGBl. 1955 II, 289). Nach Art. 13 dieses Vertrages kann ein Mitgliedstaat nach 20 Jahren des Bestehens des NATO-Vertrages aus diesem austreten. Dagegen ist ein Rücktritt von dem Übereinkommen über weiträumige grenzüberschreitende Luftverunreinigung von 1979 (BGBl. 1982 II, 374; 1302 UNTS, 218), bereits nach Ablauf von fünf Jahren nach dem Zeitpunkt möglich, zu dem das Übereinkommen für den betreffenden Staat in Kraft getreten ist. Einem anderen Ansatz folgt beispielsweise der Antarktisvertrag (402 UNTS 71); gemäß Art. XII Abs. 2 kann jede Konsultativpartei die Einberufung einer Revisionskonferenz nach 30 Jahren veranlassen. Diese Regelung darf keinesfalls mit einer Beendigungsklausel gleichgesetzt werden.

[9] Ein Beispiel für eine ausdrücklich unbefristete Geltungsdauer eines Vertrages formuliert Art. IV des Vertrages über das Verbot von Kernwaffenversuchen in der Atmospäre, im Weltraum und unter Wasser (Moskauer Atomteststoppabkommen) von 1963 (BGBl. 1964 II, 907). Eine Besonderheit stellt insoweit der Vertrag über die Nichtverbreitung von Kernwaffen von 1968 dar (729 UNTS, 161). Sein Art. X sah eine Revisionskonferenz nach 25 Jahren vor, in der festgestellt werden sollte, ob der Vertrag um eine bestimmte Frist verlängert werden oder ob er unbegrenzt in Kraft bleiben sollte. Die Vertragsparteien haben am 11. 5. 1995 im Konsens entschieden, daß der Vertrag auf unbegrenzte Zeit in Kraft bleibt (Bekanntmachung BGBl. 1995 II, 984).

[10] Russisch-Deutscher Rückversicherungsvertrag, 1887, gemäß Art. IV Geltungsdauer von 3 Jahren (Pribam Secret Treaties, vol. I, 274).

[11] Gemäß Deutsch-Chinesischem Vertrag Pachtvertrag über Kiautschou sollte die Pachtdauer 99 Jahre betragen *(Martens*, NRG, 2ième série, 326).

[12] Vgl. Art. 29 Abs. 2 *Agreement between the Government of the Kingdom of the Netherlands and the Government of the United Kingdom of Great Britain and Northern Ireland Concerning a Scottish Trial in the Netherlands*, ILM 38 (1999), 926.

[13] Zu eng *Harvard Research*, AJIL 29 (1935), 977 ff., (1169), der eine ausdrückliche Verlängerung fordert; vgl. insoweit den Vertrag über gute Nachbarschaft, Partnerschaft und Zusammenarbeit zwischen der Bundesrepublik Deutschland und der Union der Sozialistischen Sowjetrepubliken von 1990, BGBl. 1991 II, 703. Er ist für 20 Jahre geschlossen; danach verlängert er sich stillschweigend um jeweils weitere fünf Jahre, soweit er nicht von einer der Vertragsstaaten unter Einhaltung einer einjährigen Kündigungsfrist gekündigt wird.

[14] Auch wenn ein Vertrag außer Kraft getreten ist, können die Parteien vereinbaren, sich weiter an das formell außer Kraft getretene Übereinkommen zu halten. *R. Bilder*, Managing the Risks of International Agreement, 1981, 28 und 238 erwähnt *Parallel unilateral policy declarations* der USA und der UdSSR nach Ende der Laufzeit von SALT I am 3. 10. 1977, wonach dessen Bestimmungen weiter angewendet werden sollten.

[15] Eine auflösende Bedingung sah Art 11 des Warschauer Paktes (Vertrag über Freundschaft, Zusammenar-

Willen der Parteien das Vertragsverhältnis auflöst (auflösende Bedingung). Dabei kann diese Bedingung an den Eintritt oder auch an den Nichteintritt eines bestimmten Ereignisses geknüpft sein.[16] Die Beendigung des Vertrages tritt automatisch ein. Möglich ist es auch, einen Vertrag nur für die zeitlich nicht näher bestimmte Dauer eines Ereignisses zu schließen (z. B. für die Zeit einer Truppenstationierung). Dieser Vertrag ist dann beendet, wenn das bestimmte Ereignis eingetreten ist.[17]
Verträge können auf unbestimmte Zeit oder gar für immer geschlossen werden. Aber auch dies schließt eine spätere einvernehmliche Änderung nicht aus.[18]
Wo ein Vertrag keine Klausel über seine Geltungsdauer enthält, gilt die, allerdings widerlegbare, Vermutung, daß der betreffende Vertrag auf unbestimmte Zeit geschlossen ist[19], d. h. so lange, bis er im Einvernehmen aller Parteien aufgehoben wird oder auf andere Weise erlischt.[20]

Friedens- oder Grenzregelungsverträge bzw. Verträge, die Staatenverbindungen errichten, sehen in der Regel keine zeitliche Begrenzung vor.[21] Gleiches gilt auch für die Satzungen der meisten internationalen Organisationen.[22] Sie enthalten aber in der Regel Bestimmungen über die Rück-

---

beit und gegenseitigen Beistand zwischen der Volksrepublik Albanien, der Volksrepublik Bulgarien, der Ungarischen Volksrepublik, der Deutschen Demokratischen Republik, der Volksrepublik Polen, der Rumänischen Volksrepublik, der Union der Sozialistischen Sowjetrepubliken und der Tschechoslowakischen Republik von 1955, UNTS Vol. 219, 3). Die auflösende Bedingung war die Schaffung eines kollektiven Sicherheitssystems für Europa.

16 C. *Rousseau*, Droit International Public, Tome I, 1970, 208.

17 Vertrag zwischen der Volksrepublik Polen und der UdSSR vom 17. 12. 1956 über den Status der sowjetischen Truppen in Polen (Art. 21), UNTS Vol. 266, 179.

18 Der Panama Kanal Vertrag von 1903 *(Hay-Bunau-Varilla Treaty)*, AJIL 3 (1909), Suppl. 130 überließ den Vereinigten Staaten von Amerika z. B. „... in perpetuity the use, occupation and control of a zone ...". Der Vertrag wurde in der Folgezeit mehrfach modifiziert. 1973 befaßte Panama den Sicherheitsrat mit dieser Frage und argumentierte, dieser sei unvereinbar „... with the principles of international law concerning friendly relations and cooperation among States ..." (SC OR (1973), 1684th Mtg., at 4). Auf der Basis dieser Diskussion willigten beide Staaten, Panama und die Vereinigten Staaten vn Amerika ein, den Vertrag zu modifizieren.

19 Typisch ist insoweit die Charta der Vereinten Nationen, die noch nicht einmal die Möglichkeit der Kündigung vorsieht bzw. hierfür institutionelle Vorkehrungen schafft. Die Konferenz von San Francisco hat diese Entscheidung bewußt und in Abkehr von der Regelung in der Satzung des Völkerbundes (Art. 1 Abs. 3; 26 Abs. 2) getroffen, um eine Universalität der Mitgliedschaft in den Vereinten Nationen auf Dauer zu sichern. Die Konferenz war allerdings der Überzeugung, daß in außerordentlichen Situationen ein Kündigungsrecht gegeben sei – vgl. dazu die interpretative Deklaration des Plenums der Konferenz (UNCIO Vol. I, 616, 631). Zur Bedeutung dieser interpretativen Deklaration siehe *W. Karl/B. Mützelburg*, in: *B. Simma* (ed.), The Charter of the United Nations, 1994, Art. 108 Rdn. 42.

20 Vgl. insoweit Art. 56 WVK; dazu *Jimenez de Aréchaga*, RdC 159 (1978), 69 (70 f); *Sinclair*, 186 ff; *Plender*, 147; *ICJ Advisory Opinion on the Interpretation of the Agreement of 25 March 1951 between WHO and Egypt*, ICJ Reports 1980, 73 (94 ff); *H. Mosler*, Separate Opinion, ebd., 128/9; *Ago*, Separate Opinion, ebd., 159–162; *Sette-Camara*, Separate Opinion, ebd., 184 ff.

21 Dies entspricht dem völkerrechtlichen Grundsatz, daß Grenzen endgültig festgelegt sein sollen; vgl. *Advisory Opinion of the PCIJ of 21 November 1925 concerning the Interpretation of Article 3, Paragraph 2 of the Treaty of Lausanne*, PCIJ Series B, No. 12, 20; *Judgements of the ICJ in the Sovereignty over Certain Frontier Land*, ICJ Reports 1959, 209 (221 f) und in dem *Temple of Preah Vihear Case*, ICJ Reports 1962, 6 (34). Etwas anderes galt aber für den Vertrag zwischen Frankreich und dem Vereinigten Königreich von Libyen vom 10. 8. 1955, dessen Art. 3 und Annex I eine für Libyen und den Tschad relevante Grenzregelung enthielten. Art. 11 dieses Vertrages sah eine Geltungsdauer von 20 Jahren vor, nach dessen Ablauf der Vertrag von jeder Seite einseitig nach Ablauf eines Jahres für beendet erklärt werden konnte. Dennoch zweifelte der IGH nicht an der Endgültigkeit der Grenzziehung, *Case Concerning The Territorial Dispute* (Libyan Arab Jamahiriya/Chad), 3 February 1994, ICJ Reports 1994, 6 (36); a.A. *Dissenting Opinion Sette-Camara*, ebd. 93, (96), der allerdings darauf hinweist, daß der Tschad zwar die Beendigung des Vertrages geltend machte, davon aber die Grenzregelung nicht erfaßt sah.

22 Der Gründungsvertrag der EGKS demgegenüber ist nur für die Dauer von 50 Jahren abgeschlossen worden. Gemäß Art. 97 endet die Geltungsdauer des Vertrages am 23. 7. 2002. Die Abwicklung der EGKS und die Übertragung ihres Vermögens auf die EG ist

trittsmöglichkeiten für die Mitglieder, d. h. Vorschriften, die die Voraussetzungen und das Verfahren für eine Beendigung der Mitgliedschaft regeln.

3. Neben oder statt einer Befristung können völkerrechtliche Verträge eine Kündigungsmöglichkeit vorsehen.[23] Eine Kündigungsklausel ist allerdings nicht zwingend. Fehlt eine derartige Kündigungsklausel, schließt dies eine spätere Kündigung nicht aus. Ist eine Kündigung vertraglich vorgesehen, kann die Klausel die Kündigung einschränken. So kann beispielsweise eine Kündigung erst nach Ablauf einer bestimmten Frist möglich sein. Oft wird der Rücktritt oder die Kündigung auch von der Erfüllung bestimmter Pflichten abhängig gemacht. Für internationale Organisationen typisch ist die Klausel, daß ein Rücktritt die Erfüllung der eingegangenen finanziellen Verpflichtungen voraussetzt.[24] Vor allem menschenrechtliche Abkommen enthalten die Aussage, daß eine Kündigung ohne Relevanz für laufende Verfahren ist. Dies ist technisch keine Einschränkung der Kündigung oder des Rücktritts, sondern eine Einschränkung von deren Wirkung.

4. Verträge enden des weiteren, dem Willen der Parteien entsprechend, wenn ihr Zweck erreicht ist. Der Beendigungsgrund der Zweckerfüllung ist in der Wiener Vertragsrechtskonvention nicht geregelt; seine völkergewohnheitsrechtliche Geltung ist umstritten.[25] Für eine Beendigung durch Zweckerfüllung spricht – soweit der Vertrag nichts anderes vorsieht –, daß das von den Parteien konsentierte Ziel erreicht und der Wille der Vertragsparteien auf keine weiteren Rechtswirkungen gerichtet ist.[26] Allerdings behalten auch erfüllte und damit beendete Verträge insoweit ihre rechtliche Relevanz, als sie eine Legitimationsbasis für die auf ihrer Grundlage erfolgten Handlungen bleiben (z. B. Gebietszession).[27]

III. 1. Das Völkerrecht hat Regeln entwickelt, die es den Vertragsparteien erlauben, sich abweichend von den vereinbarten Beendigungsregeln von den vertraglichen Pflichten und Rechten zu lösen. Die wesentlichen Regelungen hierzu finden sich in der Wiener Vertragsrechtskonvention.[28] Nicht erfaßt wird von der Wiener Vertragsrechtskonvention der Einfluß der Auflösung eines Staates oder des Zusammenschlusses mehrerer Staaten auf die von diesen Staaten geschlossenen völkerrechtlichen Verträge.[29] Auch Fragen bezüglich der Folgen des Ausbruchs von Feindseligkeiten zwischen den Vertragsparteien schließt Art. 73 WVK ausdrücklich aus dem Anwendungsbereich der Wiener Vertragsrechtskonvention aus.[30] Die Wiener Vertragsrechtskonvention wird insoweit durch Völkergewohnheitsrecht ergänzt.

---

in Art. 1 Abs. 1 EGKS-Protokoll zum Vertrag von Nizza vorgesehen; vgl. *K. Fischer*, Der Vertrag von Nizza, 2001, 217 f.

[23] Gemäß Art. 25 der Klimarahmenkonvention von 1992 (Rahmenübereinkommen der Vereinten Nationen über Klimaänderungen, BGBl. 1993 II, 1784; ILM 31 (1992), 849 ff) kann eine Vertragspartei jederzeit von der Konvention zurücktreten; dieser Rücktritt gilt auch für die Protokolle unter der Konvention.

[24] Siehe Art. 19 der Satzung der FAO bzw. Art. 1 (5) der Satzung der ILO.

[25] Vgl. dazu *Capotorti*, 525.

[26] A. A. Art. 17 Abs. II lit. A Pkt (xi) des Zweiten Berichts von *Fitzmaurice* über das Recht der Verträge, Yearbook ILC 1957 II, 30 sowie *Verdross/Simma*, 524.

[27] Vgl. unten VII 3, Anm. 31.

[28] Urteil des IGH im Fall *Gabčíkovo-Nagymaros Project*, ICJ Reports 1997, 7 (62 f, para. 100).

[29] Siehe Art. 73 WVK. Vgl. zu diesem Komplex *A. Zimmermann*, Staatennachfolge in völkerrechtlichen Verträge, 2000. Die Frage der Weitergeltung bzw. Nichtfortgeltung völkerrechtlicher Verträge nach Auflösung eines Staates oder nach dem Zusammenschluß von mehreren Staaten regelt die Wiener Konvention über das Recht der Staatennachfolge in Verträge von 1978, ILM 17 (1978), 1488, die allerdings noch nicht in Kraft getreten ist. Diesen Komplex hatte die ILC nach Abschluß ihrer Arbeiten an der Wiener Vertragsrechtskonvention aufgegriffen. Der Sonderberichterstatter Sir *Humphrey Waldock* ging in seinem ersten Bericht davon aus, daß eine etwaige Kodifikation am besten als Anhang oder Zusatzprotokoll zu der Wiener Vertragsrechtskonvention zu entwickeln sei, Yearbook ILC 1968 II, 87 (89). Dies hat sich nicht durchgesetzt.

[30] Vgl dazu § 162; Zur Staatennachfolge in Verträgen s. auch schon Bd I/1, § 16.

2. Die überwiegende Teil der Regeln der Wiener Vertragsrechtskonvention zur Beendigung, zur Kündigung bzw. zum Rücktritt von Verträgen (Teil V, Abschnitt 3, Art. 54–64) stellen eine Kodifikation des Völkergewohnheitsrechts dar, wie der Internationale Gerichtshof mehrfach festgestellt hat.[31] Belege für eine gewohnheitsrechtliche Verankerung der Regeln über Beendigung, Kündigung und Rücktritt von Verträgen ergeben sich aus der Stellungnahme der Staaten zu diesem Komplex.[32] Für die Existenz einer entsprechenden *opinio iuris* spricht aber auch die Übernahme der entsprechenden Regelungen der Wiener Vertragsrechtskonvention in die Konvention über das Recht der Verträge internationaler Organisationen (WVKIO), 1986.[33]

3. Bei der Beendigung von völkerrechtlichen Verträgen ist grundsätzlich zwischen bilateralen und multilateralen Verträgen zu unterscheiden.[34] Die Möglichkeiten und Verfahren für eine Beendigung sind für beide Vertragstypen in einzelnen, aber wesentlichen, Punkten unterschiedlich. Dies gilt insbesondere für die Konsequenzen einer Kündigung eines bilateralen Vertrages im Vergleich zum Rücktritt von einem multilateralen Vertrag.[35]

4. Auch terminologisch bestehen für bilaterale und multilaterale Verträge Unterschiede bzw. sollten solche Unterschiede beachtet werden. Bei bilateralen Verträgen wird von Kündigung und bei multilateralen von Rücktritt *(withdrawal)* gesprochen. Wegen der Behandlung von bilateralen und multilateralen Verträgen in einer Vorschrift ist die Wiener Vertragsrechtskonvention terminologisch auf den ersten Blick nicht immer völlig schlüssig. Die Überschrift von Abschnitt 3 zu Teil V lautet: „Beendigung und Suspendierung von Verträgen“.[36] Dies legt den Schluß nahe, daß es sich bei dem Begriff „Beendigung“ um den Oberbegriff handelt, der Rücktritt und Kündigung mit umfaßt. Jedoch behandelt Art. 54 WVK die Beendigung eines Vertrages und den Rücktritt von einem völkerrechtlichen Vertrag als Alternativen. Dies erklärt sich daraus, daß sich – wie angesprochen – der Begriff „Rücktritt“ auf multilaterale Verträge bezieht und der Rücktritt eines Staates von einem multilateralen Vertrag eine andere Wirkung als die Kündigung eines bilateralen Vertrages hat.[37] Der Begriff „Beendigung“ in Art. 54 WVK meint also Kündigung. Nur auf der Basis einer derartigen Lesart ist eine Harmonisierung von Art. 54 und 56 WVK möglich.

---

[31] Siehe Rechtsgutachten des IGH in *Legal Consequences for States of the Continued Presence of South Africa in Namibia (South West Africa) notwithstanding Security Council Resolution 276* (1970), ICJ Reports 1971, 16 (47); Urteil des IGH in *Fisheries Jurisdiction Case (United Kingdom v. Iceland)*, Jurisdiction of the Court, ICJ Reports 1973, 3 (18); Rechtsgutachten zur *Interpretation of the Agreement of 25 March 1951 between WHO and Egypt*, ICJ Reports 1980, 73 (95 f); Urteil im Fall *Concerning the Gabčíkovo-Nagymaros Project*, ICJ Reports 1997, 7 (38); *Vitzthum* (Hrsg.), Völkerrecht, 2. Aufl. 2001, 63.

[32] GA, Official Records, 20th session, 1965, 6th Committee, 5–81; 21st session, 1966, 6th Committee, 11–109.

[33] ILM 25 (1986), 543; noch nicht in Kraft.

[34] Insofern weicht der hier verfolgte Ansatz von dem der Wiener Vertragsrechtskonvention ab, die nicht grundsätzlich zwischen bilateralen und multilateralen Verträgen unterscheidet.

[35] *Rousseau* (Anm. 19), 212.

[36] Die englische Fassung ist genauer, da sie von *„Termination and Suspension of the Operation of Treaties“* spricht und damit bereits deutlich macht, daß die Beendigung eines völkerrechtlichen Vertrages – falls nicht anders vereinbart – *ex nunc* eintritt und ein Vertrag auch nach seiner Beendigung noch Folgewirkungen haben kann.

[37] A. A. zur Auslegung dieses Begriffs *Heintschel von Heinegg*, in: *Ipsen* (Hrsg.), 4. Aufl., 165, *Feist*, 133; danach erfaßt die Kündigung *(denunciation)* nur die Fälle, in denen sich ein entsprechendes Recht aus dem betreffenden Vertrag selbst ergibt, während „Beendigung“ auf einen völkergewohnheitsrechtlichen Aufhebungsgrund verweist. Dabei beruft er sich auf die Entstehungsgeschichte der Wiener Vertragsrechtskonvention (UN Doc. A/CONF. 39/11 Add. 2, 275). Dem steht aber entgegen, daß Art. 54 Abs. 1 (a) WVK die Lösung von einem Vertrag nach den dort vorgesehenen Regeln als „Rücktritt“ qualifiziert sowie Art. 56 WVK vertraglich vereinbarte Beendigungsklauseln sowohl als Rücktritt wie auch als Kündigung bezeichnet. Rousseau (Anm. 19), 210 unterscheidet zwischen *„dénonciation“* und der *„renonciation“*; erstere bezieht sich auf Verträge letztere auf Rechte oder Ansprüche.

IV. Eine Beendigung von vertraglichen Pflichten und Rechten kann konsensual oder einseitig erfolgen. Für eine einseitige Beendigung sehen die Wiener Vertragsrechtskonvention und das Gewohnheitsrecht Einschränkungen vor.[38] Diese machen das Hauptgewicht der Regelungen zur gewillkürten Beendigung (Kündigung oder Rücktritt) von völkerrechtlichen Regelungen aus.

V. **1.** Nach Art. 54 lit. b WVK ist die Beendigung eines Vertrages, gleichgültig, ob er bilateraler oder multilateraler Art ist, jederzeit durch Einvernehmen zwischen den Vertragsparteien möglich. Dies gilt auch dann, wenn der Vertrag für einen bestimmten Zeitraum geschlossen worden und dieser noch nicht abgelaufen ist oder wenn der Vertrag keine Beendigungsklausel oder eine, die ein bestimmtes Verfahren für die Vertragsbeendigung vorschreibt, enthält. Insoweit ist allein der Wille der Vertragsparteien entscheidend. Sie können über die bisher eingegangenen vertraglichen Verpflichtungen – vorausgesetzt es handelt sich nicht um solche zwingenden Rechts – einvernehmlich frei disponieren.

2. Als einzige prozedurale Voraussetzung fordert Art. 54 lit. b WVK die vorherige Konsultation der Vertragsparteien *(parties)* mit anderen Vertragsstaaten *(contracting states)*. Durch die Konsultation mit anderen Vertragsstaaten *(contracting states)* werden auch diejenigen Staaten eingebunden, für die der betreffende Vertrag verbindlich ist, ohne daß diese aber selbst Vertragspartei sind.[39]

Dagegen verlangt die Wiener Vertragsrechtskonvention nicht, daß die Beendigung eines Vertrages in Vertragsform erfolgt. Den Parteien steht vielmehr die Entscheidung über die Form der Beendigung des Vertrages frei. Dies ergibt sich aus der Verwendung des Wortes „Einvernehmen“ *(consent)* in Art. 54 lit. b WVK.[40] Die Parteien können ihren Willen zur Aufhebung eines Vertrages somit auf jede beliebige Weise bekunden, sei es ausdrücklich, z. B. durch den Abschluß eines Aufhebungsvertrages,[41] oder sei es durch schlüssiges Verhalten, soweit dieses auf eine konsensuale Modifikation der vertraglichen Beziehungen hinweist.[42]

Nicht ausreichend für eine Beendigung ist der Bruch der vertraglichen Verpflichtungen durch beide Vertragsparteien, es sei denn, die Parteien beschließen einvernehmlich, den Vertrag zu beenden.[43]

Auch wenn der Wortlaut von Art. 54 lit.b WVKnur von der Beendigung eines Vertrages insgesamt spricht, können die Vertragsparteien auch nur einen Teil eines Vertrages für beendet erklären.[44] Dies kommt letztlich einer Vertragsänderung gleich.

3. Ein Fall von gewillkürter Vertragsbeendigung ist auch die *desuetudo* eines Vertrages.[45] Hierbei handelt es sich um die Beendigung eines Vertrages durch dauerhafte Nichtanwen-

---

[38] Vgl. dazu unter V.

[39] Siehe die Differenzierung zwischen *„party“* und *„contracting party“* in Art. 2 der WVK.

[40] Dies war Gegenstand der Beratungen in der ILC; vgl. Yearbook ILC 1966, II, 177 ff. Kommentar zu Art. 51 Abs. 3. Hier wird darauf verwiesen, daß die *acte contraire*-Theorie ihre Grundlage im Verfassungsrecht verschiedener Staaten hat, aber keine Basis im Völkerrecht findet.

[41] Wird der Aufhebungsvertrag seinerseits aufgehoben, so kann sich die Frage ergeben, ob die Beendigung des Aufhebungsvertrages den alten Vertrag wieder aufleben läßt, eine Frage, die in der Regel wohl verneint werden muß. Dazu auch *McNair,* 478 f.

[42] Siehe Gutachten des Eidgenössischen Politischen Departments vom 12. 3. 1979, Schweizerisches Jahrbuch für Internationales Recht 36 (1980), 166 ff.

[43] Urteil des IGH in *Case Concerning the Gabčíkovo-Nagymaros Project*, ICJ Reports 1997, 7 ff (68).

[44] *Aust*, 232.

[45] Vgl. dazu *McNair,* 516 ff; *Oppenheim/Jennings/Watts*, I/2, 1297; *Verdross/Simma*, 523; ÖVfGH vom 13. 3. 1973, Clunet 1974, 627 zum Österreichisch-Deutschen Handelsvertrag vom 12. 4. 1930. Nach *Seidl-Hohenveldern/Stein*, Völkerrecht, 10. Aufl., 2000, handelt es sich um einen Fall der Aufhebung eines Vertrages durch entgegenstehendes Gewohnheitsrecht. Dies erscheint problematisch, da in aller Regel das Vertragsrecht gegenüber dem Gewohnheitsrecht *lex specialis* ist; so wie hier *Haraszti*, 291 f; offen lassend *Heintschel von Heinegg*, in: *Ipsen* (Hrsg.), 4. Aufl., 179.

dung. Die *desuetudo* hat Berührungspunkte mit dem Rechtsinstitut des Wegfalls der Geschäftsgrundlage, denn in beiden Fällen wirkt die Faktenlage auf die Rechtsverbindlichkeit der Vereinbarung zurück.[46]

In der Literatur ist durchaus umstritten, warum die *desuetudo* eines Vertrages zu dessen Beendigung führt und wann die Voraussetzungen hierfür vorliegen. Es wurde vertreten, daß entscheidend der Zeitablauf an sich sei, soweit er mit einem Verhalten der Vertragsparteien einhergehe, das mit dem Vertrag nicht vereinbar ist.[47] Die Mehrzahl der Autoren vertritt demgegenüber einen anderen Ansatz.[48] Danach ist die Beendigung eines bilateralen oder multilateralen Vertrages durch *desuetudo* entweder ein Fall einer stillschweigenden Vereinbarung oder, bei einem bilateralen Vertrag, der Kündigung durch eine Vertragspartei und die stillschweigende Akzeptanz der Kündigung durch die Gegenseite. Entsprechend können auch die vertraglichen Beziehungen einer Vertragspartei im Verhältnis zu den übrigen Vertragsparteien eines multilateralen Vertrags durch stillschweigenden Rücktritt und dessen Akzeptanz seitens der anderen Vertragsparteien erfolgen. Von *desuetudo* kann dann nicht gesprochen werden, wenn die anderen Vertragsparteien der Nichtanwendung eines Vertrages widersprochen oder rechtswahrende Erklärungen abgegeben haben. 1990 hat Österreich erklärt, daß bestimmte Regeln des Staatsvertrages von 1955 obsolet geworden seien. Ein Widerspruch hierzu wurde nicht geltend gemacht.[49]

Die Wiener Vertragsrechtskonvention wie auch der entsprechende Entwurf der ILC enthalten keine Aussage zur *desuetudo* oder zum Veraltenlassen eines Vertrages *(obsolescence)*,[50] da sie diese Fälle als von den Regeln der konsensualen Vertragsauflösung erfaßt sehen.[51]
Das Veraltenlassen eines Vertrages allein führt noch nicht zu dessen Beendigung; daher kommt ihr *(obsolescence)* in diesem Kontext keine eigenständige Bedeutung zu.[52] Es gibt eine Vielzahl alter Verträge, deren Fortgeltung unbestritten ist. Es ist auch nicht ausreichend, daß nur eine Vertragspartei bei einem bilateralen Vertrag oder eine beschränkte Anzahl der Vertragsparteien eines multilateralen Vertrages einen Vertrag unangewendet läßt. Vielmehr muß aus dem Verhalten aller Vertragsparteien belegbar sein, daß eine Fortführung des Vertrages nicht gewollt ist.[53]

Ein derartiger Nachweis ist beispielsweise erbracht, wenn eine Partei sich über einen längeren Zeitraum weigert, einen Vertrag noch als gültig anzusehen und dies von den anderen Vertragsparteien akzeptiert bzw. hingenommen wird.
Das Schiedsgericht im *Festlandsockelstreit Großbritannien/Frankreich* hat, wenn auch in einer etwas anders gelagerten Situation formuliert: „only the most conclusive indication of intention of the parties to the 1958 Convention to regard it as terminated could warrant this Court in treating it as obsolete and inapplicable as between the parties".[54]

---

[46] Vgl. dazu § 161.

[47] *G. Scelle*, Précis de Droit des Gens, 1934, 417 f.

[48] *Brownlie*, Principles, 622; *McNair*, 465 ff; *O'Connell*, 266; *Rousseau*, 217 f; *Sibert*, 344 f; *Haraszti*, 291; *Vamvoucos*, 262.

[49] Vgl. dazu *D. Kennedy/L. Specht*, Austrian Membership in the European Communities, Harv. Inter'l Law Journal, 31 (1990), 407 ff.

[50] Nach *Caportorti*, 517 handelt es sich bei *obsolescence* nur um eine andere Bezeichnung für *desuetudo*.

[51] ILC- Kommentar, Art. 39, Yearbook ILC 1966 II, 237; dort heißt es: „... while ‚obsolescence' or ‚desuetudo' may be a factual cause of the termination of a treaty, the legal basis of such termination, when it occurs, is the consent of the parties to abandon the treaty, which is to be implied from their conduct in relation to the treaty".

[52] Anders noch *Dahm*, 1. Aufl., Bd. III, 172.

[53] Die Bedeutung von *desuetudo* und von Zeitablauf sind in der völkerrechtlichen Praxis gering. In der *Joint Dissenting Opinion* der Richter *Onyeama*, *Dillard*, *Jiménez de Aréchaga* und *Waldock* im *Nuclear Test Case*, ICJ Reports 1974, 253 (311 ff, 337 ff) wird ausgeführt, daß bislang in keinem Fall auf *desuetudo* eines Vertrages entschieden worden sei. Frankreich hatte in dem Verfahren *desuetudo* in bezug auf die Generalakte über die friedliche Beilegung internationale Streitigkeiten von 1928 geltend gemacht. Der IGH hat zu dem Vortrag nicht Stellung genommen. Der Registrar des Gerichts ist allerdings von der fortbestehenden Geltung der Generalakte ausgegangen und hat hierauf die Notifikation gemäß Art. 63 IGH-Statut der anderen Vertragsparteien der Generalakte gestützt.

[54] *UK-France Continental Shelf Arbitration*, ILR 54, 6 (47).

In der Rechtsprechung internationaler Gerichte und Schiedsgerichte hat das Rechtsinstitut der *desuetudo* eine geringe Rolle gespielt. Im *Nuclear Test Case* vor dem Internationalen Gerichtshof *(Australia v. France)* 1974 hat der Generalanwalt von Australien zu der Frage der *desuetudo* des *Règlement pacifique des differends internationaux, Acte générale* von 1928[55] Stellung genommen und betont, daß der Zeitablauf alleine einen Vertrag nicht beendige.[56] In dem *Yuille-Shortridge and Company Claims Case (United Kingdom v. Portugal)* hat der Senat der Freien und Hansestadt Hamburg entschieden,[57] daß es für Portugal, das sich auf *desuetudo* berufen hatte, nicht ausreichend sei, nachzuweisen, daß britische Bürger mehrfach keine Ansprüche aus dem Vertrag zwischen dem Vereinigten Königreich und Portugal von 1654 hergeleitet hätten. Entscheidend sei allein eine Willensäußerung der Regierung. In seiner Entscheidung vom 13.3.1973 im Fall *Amend v. Land Tirol* hat der österreichische Verfassungsgerichtshof das Außerkrafttreten von Bestimmungen eines deutsch-österreichischen Handelsvertrages aus dem Jahre 1930 durch *desuetudo* angenommen, weil „sowohl seitens der Republik Österreich als auch der Bundesrepublik Deutschland Akte gesetzt und ein Verhalten gepflegt [wurde], die erkennen lassen, daß beide Staaten die den Grundstücksverkehr betreffenden Bestimmungen des Handelsvertrages ... für nicht anwendbar halten."[58]

4. Der Wille zur Aufhebung eines Vertrages kann sich auch aus dem Abschluß eines neuen Vertrages ergeben (sog. Substitution). Gemäß Art. 59 WVK liegt eine Substitution vor, wenn die Vertragsparteien einen späteren Vertrag schließen, der sich auf denselben Gegenstand bezieht wie der frühere Vertrag, und wenn aus dem späteren Vertrag oder aus den Umständen hervorgeht, daß die Vertragsparteien beabsichtigen, den Gegenstand durch den späteren Vertrag neu zu regeln (Art. 59 Abs. 1 lit. a WVK). Eine Beendigung des früheren Vertrages erfolgt auch dann, wenn die Bestimmungen eines späteren Vertrages mit denen des früheren in solchem Maße unvereinbar sind, daß eine gleichzeitige Anwendung beider Verträge ausgeschlossen ist (Art. 59 Abs. 1 lit. b WVK).[59] Diese Möglichkeit der Vertragsbeendigung ist von den Regeln der Wiener Vertragsrechtskonvention (Art. 30) über die Anwendung aufeinander folgender Verträge über denselben Gegenstand zu unterscheiden.[60] Der entscheidende Unterschied liegt darin, daß Art. 30 WVK eine Normenhierarchie zwischen zwei bestehenden völkerrechtlichen Verpflichtungen statuiert, Art. 59 WVK hingegen von der Beendigung der früheren vertraglichen Verpflichtung ausgeht. In der Praxis lassen sich die Anwendungsbereiche der beiden Normen nur dadurch abgrenzen, daß festgestellt wird, ob die Parteien beabsichtigen, den früheren Vertrag zu beendigen. Wird dies bejaht, kommt Art. 59 WVK zur Anwendung, in allen übrigen Fällen Art. 30 WVK.[61]

Ein typischer Fall für die Herstellung einer hierarchischen Ordnung findet sich in Art. 311 Abs. 1 SRÜ. Danach geht das Seerechtsübereinkommen den Genfer Seerechtsabkommen vor, soweit die Parteien beiden Abkommen angehören.

5. Eine Vereinbarung der Vertragsparteien zur Aufhebung eines Vertrages ist allerdings nicht ausreichend, wenn die Parteien nicht allein über den Gegenstand des Vertrages verfügen können. Eine derartige Einschränkung ihrer Verfügungsberechtigung kann eine vertragsrechtliche oder eine gewohnheitsrechtliche Grundlage haben.

---

55 LNTS Vol. 93, 344; *F. Berber* (Hrsg.), Völkerrecht, Dokumentensammlung 1967, Bd. 2, 1734.

56 *Oral Arguments on the Request for the Indication of Interim Measures of Protection*, ICJ Pleadings I, 184 ff., (222); dies wurde in den *Dissenting Opinions* der Richter *Onyeama*, *Dillard*, *Jimenez de Aréchaga* und *Waldock*; *The Nuclear Test Case (Australia v. France)*, ICJ Reports 1974, 253 (312) bestätigt.

57 *Lapradelle/Politis*, Vol. II, 101.

58 Sammlung der Entscheidungen des Verfassungsgerichtshofs Nr. 7014/1973; vgl. dazu insbesondere *Simma*, 90 ff sowie *Verdross/Simma*, 524.

59 Die beiden Alternativen beruhen auf der *Separate Opinion* von *Anzilotti* im *Electricity Company of Sofia and Bulgaria Case*, PCIJ, Series A/B 77 (1939), 92; vgl. auch die *Dissenting Opinion* von *Basdevant* im *The Minquiers and Ecrehos Case*, ICJ Reports 1952, 25 (66 ff, 71).

60 Vgl. zu letzterem *W. H. Wilting*, Vertragskonkurrenz im Völkerrecht, 1996 und oben § 156.

61 Kommentar der ILC, Yearbook ILC 1966 II, 253.

Beispiel: Die Parteien können das Recht zur Aufhebung ihres Vertrages in dem Vertrag von der Zustimmung anderer abhängig machen. Eine ausdrückliche Bestimmung dieser Art war in den Abkommen zwischen alliierten und assoziierten Hauptmächten auf der einen und Polen, der Tschechoslowakei, Rumänien und Griechenland auf der anderen Seite zum Schutze der Minderheiten nach dem ersten Weltkrieg enthalten. Danach bedurfte die Änderung der Abkommen der Zustimmung der Mehrheit des Völkerbundrates.[62]

Einschränkungen bestehen für Vertragsparteien eines multilateralen Vertrages, wenn eine begrenzte Anzahl von ihnen den Vertrag zwischen sich verändern will *(inter-se* Modifikationen). Diese Einschränkungen ergeben sich aus der Tatsache des Eingebundenseins in den multilateralen Vertrag mit einer größeren Anzahl von Vertragsparteien. Die grundlegenden Regelungen hierzu enthält Art. 41 WVK.

Die Problematik von *inter-se* Modifikationen multilateraler Verträge ist an sich bekannt. In der *Havanna Convention on the Law of Treaties* hieß es hierzu: „Two or more States may agree that their relations are to be governed by rules other than those established in general conventions celebrated by them with other States."[63] Die gleiche Regelung fand sich in dem Kodifikationsentwurf der *International Commission of American Jurists* von 1925 (Art. 17).[64] Beide Kodifikationsvorschläge stellten übereinstimmend fest, daß dadurch der Vertrag im übrigen, d. h. die Rechtsstellung der übrigen Vertragsparteien, nicht berührt werden dürfe. Im Harvard Entwurf von 1935 war eine Regelung für *inter-se* Modifikationen vorgesehen. Eine Abweichung war danach nur eingeschränkt vorgesehen.[65] Die Wiener Vertragsrechtskonvention folgt dem im wesentlichen. Die Frage wurde auch von dem Ständigen Internationalen Gerichtshof in seinem Rechtsgutachten zum Falle der *Kompetenz der Donaukommission für das Gebiet zwischen Galats und Braila* aufgegriffen.[66] Ebenso relevant wurde diese Frage im *Oscar Chinn* Fall.[67] Die Mehrheit des Gerichtshofs hielt die *inter-se* Modifikation des Vertrages von Saint Germain für zulässig.[68] Die Frage wurde auch in einem Rechtsgutachten der britischen Regierung vom 18. 5. 1958 aufgeworfen. Dort wurde argumentiert, die Schweiz dürfe nicht mit einzelnen Staaten abweichende Vereinbarungen über ihre Neutralität treffen denn dies berühre ein „public interest of Europe".

Art. 41 WVK[69] ähnelt in seiner Struktur den entsprechenden Regelungen des Harvard Entwurfs. Danach haben Parteien eines multilateralen Vertrages zwar grundsätzlich das Recht zu *inter-se* Modifikationen, unterliegen aber verfahrensrechtlichen und materiellrechtlichen Pflichten. Die Modifikation ist den anderen Vertragsparteien zu notifizieren. Zudem dürfen die Abweichungen nicht die Rechte und Pflichten der anderen Vertragsparteien berühren, und es darf nicht von den Bestimmungen des Vertrages abgewichen werden, ohne deren Geltung Ziel und Zweck des Vertrages vereitelt würde.[70] Die Regelung ist mit derjenigen zu Vorbehalten (Art. 19 WVK) zu vergleichen. Auch durch diese können gesonderte Rechtsbeziehungen im Rahmen eines multilateralen Vertrages geschaffen wer-

[62] Vgl. Art. 12 des Abkommens zur Anerkennung der Unabhängigkeit Polens und zum Schutz von Minderheiten vom 28. 7. 1919, AJIL 13 (1919) 423; Art. 14 des Abkommens zur Anerkennung der Unabhängigkeit der Tschechoslowakei und zum Schutz von Minderheiten vom 10. 9. 1919, AJIL 14 (1920) 311; Art. 11 des Abkommens zur Anerkennung der Unabhängigkeit Jugoslawiens und zum Schutz von Minderheiten vom 10. 9. 1919, AJIL 14 (1920) 333; Art. 12 des Abkommens zum Schutz von Minderheiten in Rumänien vom 9. 12. 1919, AJIL 14 (1929) 324; Art. 16 des Abkommens zum Schutz von Minderheiten in Griechenland vom 10. 8. 1920, AJIL 15 (1921) 161.

[63] Abgedruckt in: Research in International Law, vol. III, Law of Treaties, AJIL 29 (1935), Suppl., 1203 ff.

[64] Abgedruckt in: Research in International Law, vol. III, Law of Treaties, AJIL 29 (1935) Suppl., 1222 (1224).

[65] Abgedruckt in: Research in International Law, vol. III, Law of Treaties, AJIL 29 (1935), Suppl., 1016 (Art. 22 Abs. 2).

[66] PCIJ Ser. B, No. 14.

[67] PCIJ Ser. A/B, No. 63 (1934).

[68] A. A. *United Kingdom v. Belgium, Dissenting Opinion* Richter *van Eysinga*, PCIJ Ser. A/B, No. 63, 131 (134).

[69] Vgl. dazu umfassend *Feist*, 194 f.

[70] Die Regelung im Entwurf der ILC war inhaltlich identisch. Yearbook ILC 1966 II, 172 (233).

den. *Inter-se* Modifikationen, die hiergegen verstoßen, sind nicht nichtig.[71] Sie stellen allerdings eine Verletzung des multilateralen Vertrages dar und begründen insofern eine Staatenverantwortlichkeit.
Die Regelungen von Art. 41 WVK sind Bestandteil geltenden Völkergewohnheitsrechts.[72] Problematisch ist die Feststellung, welche Modifikation gegen Ziel und Zweck eines Vertrages verstößt. Eine diese Frage beantwortende Regelung findet sich in Art. 311 Abs. 3 SRÜ,[73] der allerdings ohne Beispiel ist. Danach sind seerechtliche Abkommen zwischen den Vertragsparteien des Seerechtsübereinkommens möglich, selbst wenn diese die Anwendung des Seerechtsübereinkommens suspendieren oder modifizieren. Voraussetzung ist aber, daß derartige Abkommen *de facto* und *de jure* lediglich *inter partes* wirken und sich nicht auf Vorschriften beziehen, von denen eine Abweichung nicht mit Sinn und Zweck des Seerechtsübereinkommens in Einklang stünde. Internationale Verträge, die durch andere Vorschriften des Seerechtsübereinkommens ausdrücklich zugelassen oder gewahrt sind, sind von der Regel des Art. 311 Abs. 3 SRÜ nicht betroffen (Art. 311 Abs. 5 SRÜ). Ausdrücklich ausgeschlossen sind Modifikationen des Prinzips des gemeinsamen Erbes der Menschheit (Art. 311 Abs. 6 SRÜ).[74] Ein weiteres Beispiel für eine Einschränkung konkurrierender Verträge findet sich in Art. 282 SRÜ. Danach können Staaten auf universeller, regionaler oder bilateraler Ebene ein eigenes seerechtliches Streitbeilegungssystem entwickeln, wenn dieses – ebenso wie das Streitbeilegungssystem unter dem Seerechtsübereinkommen – obligatorisch ist.[75] Letztlich sind diese Regelungen des Seerechtsübereinkommens spezielle Konkretisierungen des Art. 41 WVK.

V. 1. Anders als die konsensuale Beendigung eine Vertrages ist die einseitige Beendigung (Kündigung oder Rücktritt) von vertraglichen Rechten und Pflichten bei Fehlen einer Regelung im Vertrag durch das Völkerrecht eingeschränkt. Grundsätzlich besteht, worauf schon verwiesen wurde, ein Interesse des Völkerrechts daran, eingegangene vertragliche Rechte und Pflichten gegen eine einseitige Beendigung zu schützen. Die entscheidenden Regelungen finden sich in Art. 56 WVK, der sowohl die Kündigung als auch den Rücktritt erfaßt.

2. Grundsätzlich läßt Art. 56 WVK deutlich werden, daß die Kündigung eines Vertrages bzw. der Rücktritt von einem Vertrag möglich ist, selbst wenn dieser keine ausdrückliche Kündigungsklausel enthält. Hierin liegt die primäre Bedeutung dieser Norm, auch wenn Kündigung und Rücktritt als Ausnahmefall dargestellt werden. Art. 56 WVK ist negativ gefaßt, d. h. er geht von der Nichtkündbarkeit von Verträgen aus, die keine Kündigungs- bzw. Rücktrittsklausel enthalten. Daraus ergibt sich, daß der Nachweis für das Vorliegen einer der beiden Ausnahmen des Art. 56 WVK von der Partei erbracht werden muß, die ein Kündigungs- bzw. Rücktrittsrecht für sich in Anspruch nimmt. Art. 56 WVK sieht die

---

[71] A. A. *Schücking*, *Dissenting Opinion* im *Oscar Chinn* case, PCIJ, Ser. A/B, No. 63, 148 f; so wie hier *Verdross/Simma*, 508; *M. Zuleeg*, Vertragskonkurrenz im Völkerrecht, Teil I, Verträge zwischen souveränen Staaten, GYIL 20 (1977), 246; zweifelnd *Feist*, 197, der für eine Nichtigkeit eintritt.

[72] *Brownlie*, Principles, 625; *Shaw*, International Law, 3rd ed., 583; *Verdross/Simma*, 508; *Reuter*, 136 f; *Feist*, 195.

[73] BGBl 1994 II, 1799.

[74] Nach *H. Nordquist*, United Nations Convention on the Law of the Sea: A Commentary, Vol. V, 1989, Art. 311, 242/243, hat Artikel 311 Abs. 3 SRÜ die Aufgabe, den *lex specialis* Charakter des Seerechtsübereinkommens gegenüber weiteren seerechtlichen Abkommen festzuschreiben. Demgegenüber sichert Abs. 6 den Vorrang des *common heritage* Prinzips, ohne es allerdings als *ius cogens* zu definieren.

[75] Vgl. dazu die Ausführungen Japans vor dem Schiedsgericht in den *Southern Bluefin Tuna Cases*, ILM 39 (2000), 1359 ff, n° 38 h), i). Die Order des Seegerichtshofes (ILM 38 (1999), 1624 ff) sowie die Entscheidung des Schiedsgerichtes in dieser Sache nehmen jedoch allein auf Art. 281 SRÜ Bezug. Zur Auslegung des Art. 282 vgl. ITLOS, *Mox Plant Case* vom 3. 12. 2001, n° 49 ff, sowie die *separate opinions* der Richter Wolfrum, Treves und Jesus (www.itlos.org).

Möglichkeit der Beendigung des Vertrages in folgenden Fällen vor: Die Parteien haben bei Vertragsschluß beabsichtigt, eine Kündigung bzw. einen Rücktritt zuzulassen (Art. 56 Abs. 1 lit. a oder die Kündigungs- bzw. Rücktrittsmöglichkeit ergibt sich aus der Natur des betreffenden Vertrages (Art. 56 Abs. 1 lit. b).

3. Art. 56 Abs. 1 lit. a WVK geht von einem stillschweigenden Parteikonsens über die Kündbarkeit des Vertrages aus. Dieser ist, in der Regel unter Rückgriff auf die Entstehungsgeschichte des Vertrages, von der Vertragspartei nachzuweisen, die sich auf den entsprechenden Konsens beruft. Diese Möglichkeit der Kündigung ist gewohnheitsrechtlich anerkannt.[76] Angesichts dessen, daß eine Vielzahl von Kündigungsmöglichkeiten enthalten sind, ist der Nachweis, daß die Parteien eine Kündigung vorsehen wollten, schwierig zu führen.[77]
Die Einfügung der durch Art. 56 Abs. 1 lit. b WVK eröffneten Möglichkeit zur Kündigung, die sich aus der Natur des Vertrages ergeben kann, in die Wiener Vertragsrechtskonvention war dagegen umstritten. Sie wurde von der Wiener Vertragsrechtskonferenz auf der Basis von Lehrmeinungen entwickelt;[78] gedacht war an Bündnis- und Handelsverträge, deren befristete Geltung sich aus der Natur dieser Verträge ergebe.[79]
Der Begriff „Natur des Vertrages“, wie ihn Art. 56 WVK verwendet, erzeugt wegen seiner Unbestimmtheit Rechtsunsicherheit. So sieht beispielsweise das Seerechtsübereinkommen die Möglichkeit der Kündigung vor, nicht dagegen die Genfer Seerechtsübereinkommen. Diese Unsicherheit wird in der Praxis nur dadurch abgemildert, daß es dem sich auf die Kündbarkeit eines Vertrages ohne Kündigungsklausel berufenden Staat obliegt, den Nachweis für die Kündbarkeit zu erbringen. Dieser Nachweis kann nicht angetreten werden, wenn sich beispielsweise aus der Entstehungsgeschichte des Vertrages ergibt, daß eine Kündigung nicht vorgesehen werden sollte. Zum Teil wird das Charakteristikum der beispielhaft genannten Handels- und Bündnisverträge darin gesehen, daß sie jeweils nur die Partikularinteressen der an ihnen beteiligten Staaten betreffen und keine Wirkungen über die Vertragsparteien hinaus haben. Auf der Grundlage dieser Feststellung wird dann verallgemeinernd von einem Kündigungsrecht aus der Natur des Vertrages ausgegangen, wenn sich ein Vertrag in einer reinen Austauschbeziehung zwischen den Vertragsparteien beschränkt, ohne daß der Schutz eines besonderen Gemeinschaftsinteresses bezweckt wird.[80] Mit diesem Argument wird die ablehnende Haltung gegenüber der Möglichkeit eines Austrittes eines Staates aus internationalen Organisationen, die keine Austrittsmöglichkeit vorsehen, dogmatisch begründet.[81]

4. Einen Sonderfall stellt der einseitige Verzicht einer Vertragspartei auf die Rechte aus einem Vertrag dar. Es ist umstritten, ob ein Vertrag, der nur einer Partei Verpflichtungen auferlegt, durch den einseitigen Verzicht des Berechtigten, der damit die Verpflichtungen des anderen Teils aufhebt, auch den Vertrag selbst zum Erlöschen bringt[82]. In diesem theo-

---

[76] Siehe Kommentierung der ILC, Yearbook ILC 1966 II, 250 f, Abs. 2; *Briggs*, 63; *Widdows*, 87 et seq.

[77] Hierauf weist *Aust*, 233 f zutreffend hin.

[78] *McNair*, RdC 22 (1928), 528 ff.

[79] Sir *G. Fitzmaurice*, Second Report on the Law of Treaties, Yearbook ILC 1957 II, 22, hat diese Möglichkeit angesprochen, sich damit aber in der ILC nicht durchgesetzt; wie er *Verdross/Simma*, 513; *Widdows*, 83 ff; *E. Triggiani*, La denuncia dei trattati fondata sulle loro natura, C&S 15 (1978), 469 ff.

[80] *McNair*, 505; zustimmend *Feist*, 208.

[81] Zur Staatenpraxis vgl. *Feist*, 202 ff.

[82] Havanna Abkommen von 1928, Art. 14 E. So *Balladore Pallieri*, 300 und Art. 14 E; *Verdross/Simma*, 523. Anders z. B. *Harvard Research*, AJIL 29 (1935), 977 (1161 f) und *Berber*, Bd. I, 454, die die Zustimmung der anderen Partei für notwendig halten. Diese Konstellation lag für den Friedensvertrag von Brest-Litowsk zwischen dem Deutschen Reich und der UdSSR vom 3. 3. 1918 (RGBl. 1918, 77) vor; das Deutsche Reich hat in Art. 116 Versailler Vertrag, AJIL 16 (1922), Suppl., 207, auf die Rechte aus dem Vertrag von Brest-Litowsk verzichtet. Gemäß Art. 259 Versailler Vertrag hat das Deutsche Reich auch auf die Rechte aus dem Friedensvertrag von

retischen Fall spricht die Struktur der Verpflichtung dafür, daß von ihrem Fortbestand die weitere Existenz des Vertrages abhängig ist. Allerdings ist zu berücksichtigen, daß möglicherweise Gründe für den Abschluß eines derartigen Vertrages auch auf seiten des Belasteten bestanden haben. Ist dies der Fall, läßt der Verzicht auf die Erfüllung der vertraglichen Verpflichtung das möglicherweise noch bestehende Interesse des Verpflichteten nicht entfallen. In einer derartigen Konstellation erlischt der Vertrag also nur, wenn auch die Zustimmung des Verpflichteten hierfür vorliegt.[83]

VI. 1. Die Wiener Vertragsrechtskonvention enthält nur begrenzt Regeln über das Verfahren der Kündigung eines Vertrags bzw. über einen Rücktritt. Ausschlaggebend sind daher die Verfahrensregeln in den betreffenden Verträgen. Diese können z. B. Notifikationsfristen oder die Notwendigkeit vorheriger Verhandlungen vorsehen oder bestimmen, daß bei einem multilateralen Vertrag ein Rücktritt bei dem Depositar hinterlegt werden muß. Hierbei handelt es sich um Standardformeln.

2. Nach Art. 65 Abs. 1 WVK[84] muß eine Vertragspartei, die Gründe für die Beendigung eines Vertrages bzw. für einen Rücktritt von diesem geltend macht, diese Gründe allen anderen Vertragsparteien notifizieren. Diese Notifikation bedarf der Schriftform.[85] Erhebt keine der Vertragsparteien Einspruch innerhalb einer gesetzten Frist, die außer in dringenden Fällen nicht weniger als drei Monate betragen darf, so kann der betreffende Staat die angekündigte Maßnahme durchführen, d. h. er kann die Beendigung des Vertrages bzw. seinen Rücktritt den anderen Vertragsparteien mitteilen. Es handelt sich also um ein zweistufiges Verfahren.[86] Hat dagegen eine andere Partei Einspruch erhoben, so wird dies als zwischenstaatliche Streitigkeit im Sinne von Kapitel VI der Charta der VN verstanden und die Parteien müssen sich um deren Beilegung gemäß Art. 33 Charta der VN bemühen.[87] Ist nach zwölf Monaten keine Einigung über die Beendigung des Vertrages bzw. den Rücktritt erzielt worden, so kann gemäß Art. 66 WVK von jeder Partei die Einleitung eines Vergleichsverfahrens in Anwendung des Anhangs zur WVK beantragt oder das Verfahren vor den Internationalen Gerichtshof gebracht werden.[88] Die Frage nach der Notwendigkeit einer obligatorischen Streiterledigung war auf der Vertragskonferenz umstritten.[89] So sind dann auch gegen die Regelungen des Art. 66 WVK und insbesondere gegen die Möglichkeit der Einschaltung des Internationalen Gerichtshofs durch eine Partei ohne die Zustimmung der anderen Partei verschiedene Vorbehalte eingelegt worden.[90]

3. Die Kündigung ist ebenso wie der Rücktritt eine einseitige, empfangsbedürftige Willenserklärung. Sie bedarf, wenn nichts anderes vereinbart ist, keiner besonderen Form. Welches nationale Organ für die Entscheidung über die Kündigung zuständig ist, bestimmt nicht das Völkerrecht, sondern das Verfassungsrecht des betreffenden Staates. In der Regel wird das Organ zuständig sein, das den Vertrag abgeschlossen hat. Das nationale Verfassungsrecht muß auch die Frage entscheiden, ob das zur Abgabe der Kündigungserklärung befugte

---

Bukarest vom 7.5.1918 gegen Rumänien, British Foreign State Papers Vol. 123, 727, verzichtet. Siehe dazu auch das Urteil des Reichsgerichts vom 23.5.1925, RGZ 111, 40 ff, in dem das Gericht dies als Erledigung betrachtete, dazu 44.

[83] A. A. 1. Aufl., Bd. 3, 125.

[84] Eine Sonderregel enthält Art. 56 Abs. 2 WVK. Danach muß eine Kündigung mindestens zwölf Monate im voraus notifiziert werden.

[85] Art. 67 Abs. 1 WVK.

[86] Die Notifikation und die spätere Erklärung können jederzeit zurückgenommen werden, bevor sie wirksam werden (Art. 68 WVK).

[87] Art. 65 Abs. 3 WVK.

[88] Diese Regelung gilt auch für einen behaupteten Verstoß gegen später entstandenes *ius cogens* (Art. 66 lit. a i.V.m. Art. 64 WVK), der die betreffende Norm nichtig werden läßt; vgl. dazu § 155.

[89] Vgl. dazu *B. Simma*, Das Reziprozitätselement im Zustandekommen völkerrechtlicher Verträge, 1972, 245 ff.

[90] Vgl. United Nations, Multilateral Treaties deposited with the Secretary-General, Vol. II, 266 ff.

Organ der Exekutive der Mitwirkung anderer Organe bedarf. Auch in den Staaten, nach deren Verfassung die Exekutive zum Abschluß internationaler Verträge der Mitwirkung des Parlaments oder anderer Organe bedarf, ist die Kündigung der Verträge oft in das Ermessen der Regierung gestellt; es bedarf dazu also – wenig folgerichtig – nicht der Zustimmung des Parlaments.[91]

4. Die Kündigung bzw. der Rücktritt ist nur wirksam, wenn sie den Regelungen des betreffenden Vertrages entspricht oder die Gegenpartei bzw. -parteien sich mit der Kündigung bzw. dem Rücktritt stillschweigend oder ausdrücklich einverstanden erklärt hat bzw. haben. Wenn ein Staat den Vertrag kündigt oder von ihm zurücktritt, obwohl dieser diese Möglichkeit nicht vorsieht und kein Fall des Art. 56 WVK vorliegt, oder wenn er die Kündigung bzw. den Rücktritt vor dem dafür bestimmten Zeitpunkt erklärt, so sind Kündigung oder Rücktritt nichtig und der Vertrag behält seine Geltung.[92] Ist die Rechtslage jedoch nicht eindeutig, müssen die anderen Parteien erklären, daß sie die Kündigung bzw. den Rücktritt nicht als wirksam betrachten. Anderenfalls kann der Schluß gerechtfertigt sein, daß der Erklärungsgegner stillschweigend in die Kündigung bzw. den Rücktritt eingewilligt hat. Selbst ein Protest des Kündigungsgegners bzw. der anderen Parteien reicht nicht aus, wenn dieser bzw. diese durch späteres Verhalten den Eindruck erwecken, daß sie den Vertrag als nicht mehr bestehend betrachten.[93]

VII. 1. Die Kündigung bewirkt die Aufhebung des Vertrages, der Rücktritt von einem multilateralen Vertrag beendet lediglich die Vertragsbeziehungen zwischen dem austretenden Staat und den anderen Parteien. Grundsätzlich kann nach Art. 44 WVK nur der gesamte Vertrag gekündigt bzw. beendet werden. Etwas anderes gilt nur dann, wenn einzelne Teile des Vertrages abtrennbar sind und aus dem Vertrag hervorgeht, daß die Bestimmungen, die gekündigt werden sollen, nicht die wesentliche Grundlage für die Zustimmung der anderen Vertragspartei/en war und wenn die Weiteranwendung der übrigen Vertragsbestimmungen nicht unbillig ist (Art. 44 Abs. 3). Sinn dieser Regelung ist es, daß sich eine Vertragspartei nicht nur von den für sie belastenden Vertragsbestimmungen löst und damit das im Vertrag angelegte synallagmatische Verhältnis von Rechten und Pflichten gefährdet. Zudem wird so der Tatsache Rechnung getragen, daß völkerrechtliche Verträge – dies gilt auch für Regelungsverträge – insgesamt einen Ausgleich der verschiedenen Interessen, die mit einem

[91] Dazu auch *H. Mosler*; Internationale Organisation und Staatsverfassung; in: FS *Wehberg*, 1956, 278; *R. Wolfrum*, Kontrolle der auswärtigen Gewalt, VVdStRL 56 (1997), 38 (50); *J. Kokott*, Art. 59 Abs. 2 GG und einseitige völkerrechtliche Akte, in: FS Doehring, 1989, 503 (512). Die Verfassung von Dänemark (Art. 19 Abs. 1) sowie diejenige der Niederlande (Art. 64) verlangt eine parlamentarische Mitwirkung an der Kündigung völkerrechtlicher Verträge.

[92] *McNair*, 504, vertritt allerdings die Ansicht, daß Handelsverträge auch ohne Kündigungsklausel stets gekündigt werden können. Es könne keine Bindung an einen wirtschaftlich überholten Handelsvertrag postuliert werden. Diese Ansicht hat keine nachhaltige Unterstützung in der Praxis oder Lehre gefunden. Die Anwendung der *clausula rebus sic stantibus* erscheint eher angebracht, vgl. dazu *D. P. O'Connell*, International Law, Vol. I, 1965, 285.

[93] Diese Frage stellte sich in Bezug auf die einseitige Kündigung der Vorschriften des Versailler Vertrages über die Internationalisierung deutscher Wasserstraßen durch das Deutsche Reich 1936 (RIIA Docs., 1936, 906). Niederländische Gerichte gingen allerdings von der Fortgeltung der Mannheimer Rheinschiffahrts Akte von 1868 aus, die durch diese Erklärungen in Frage gestellt war *„Since the Rhine Convention is a treaty which can not be denounced unilaterally...“*; vgl. *Nederlandsche Rynvaartvereeniging v. Damco Scheepvaart Maatschapij*, ILR 1954, 276; *The De Meeuw*, Annual Digest, 1919–42, Case No. 124; Verzekerring-Maatschappij N. V., *Rotterdam v. Franz Haniel & Cie. G.m.b.H. of Duisburg Ruhrort*, ibidem 1946, Case No. 22; der Oberste Deutsche Gerichtshof der Britischen Zone *(Kiel Kanal Collision Case*, ILR 1950, 134) warf allerdings in Bezug auf den Nordostsee Kanal die Frage auf, ob nicht die einseitige Kündigung der entsprechenden Artikel des Versailler Vertrages nicht deswegen wirksam geworden sei, weil ihr die Vertragsparteien des Versailler Vertrages nicht energisch genug widersprochen hätten.

Vertrag verfolgt werden, anstreben. Besonders deutlich wird dies bei dem Seerechtsübereinkommen von 1982;[94] insoweit wurde von einem *package deal* gesprochen.[95]

2. Es kann vereinbart werden, daß der Vertrag erst eine gewisse Zeit nach der Kündigung seine Geltung verliert bzw. die Rechtsbeziehungen erst eine bestimmte Zeit nach Erklärung des Rücktritts beendigt werden. Dies ist bei Satzungen internationaler Organisationen in der Regel der Fall.

3. Gemäß Art. 70 Abs. 1 lit. a WVK befreit die Beendigung eines Vertrages die Vertragsparteien von der Verpflichtung, den Vertrag weiterhin zu erfüllen. D.h., die Beendigung eines Vertrages bzw. das Erlöschen vertraglicher Beziehungen wirkt *ex nunc*; die vorher vertraglich begründeten Rechte und Pflichten sowie ihre dadurch geschaffene Rechtslage bleiben unberührt. Dies entspricht Völkergewohnheitsrecht.[96]

a. Wird z. B. ein Vertrag, auf dessen Grundlage ein Gebiet von einem Staat an einen anderen abgetreten wird, später gekündigt, so bleibt das abgetretene Gebiet Territorium des Staates, an den es abgetreten wurde. Der Vertrag bleibt also als Rechtsgrund erhalten. Fälle, in denen die Wirkungen des Vertrages *ex tunc* aufgehoben werden, stellen im internationalen Rechtsleben Ausnahmen dar. Die Parteien bleiben aufgrund des Vertrages verpflichtet, die neu entstandenen Titel zu achten und Handlungen zu unterlassen, die auf eine Rückgängigmachung der Wirkungen des Vertrages gegen den Willen der anderen Seite hinauslaufen könnten.
b. Art. 70 Abs. 1 lit. b WVK spricht diesen Gesichtspunkt an, indem er formuliert, daß die Beendigung eines Vertrages nicht die vor Beendigung begründeten Rechte und Pflichten und die dadurch geschaffene Rechtslage berührt. Die Worte „durch dessen Durchführung begründeten Rechte und Pflichten“ bzw. „ihre dadurch geschaffene Rechtslage“ verhindern aber nicht nur, daß den auf der Basis des Vertrages erfolgten Handlungen oder Entwicklungen nachträglich die Legitimation entzogen wird. Diese Formulierungen sollen auch die Anerkennung von Rechten Dritter, insbesondere von Individuen, aus dem Vertrag über dessen Geltung hinaus verhindern.[97]
c. Verträge können aber Regelungen enthalten, wonach sie auch nach Beendigung der Vertragsbeziehungen für den ausgeschiedenen Staat Pflichten begründen. Typisch sind derartige ausdrücklichen Feststellungen der Folgen der *ex nunc* Wirkung für menschenrechtliche Abkommen, damit sichergestellt ist, daß sich Staaten nicht durch einen Rücktritt ihren menschenrechtlichen Pflichten während der Vertragsgültigkeit entziehen. Nach Art. 58 Abs. 2 EMRK[98] z. B. soll der Rücktritt nicht von den Verpflichtungen, die aufgrund von vor der Wirksamkeit der Kündigung begangenen Verletzungen des Vertrages entstanden sind, befreien. Eine entsprechende Klausel findet sich in Art. 31 Abs. 2 des Übereinkommens gegen Folter und andere grausame, unmenschliche oder erniedrigende Behandlung oder Strafe von 1984,[99] nicht aber in dem Übereinkommen über die Rechte des Kindes von 1989.[100] Von dem diesen Regelungen zugrundeliegenden Prinzip gehen auch die Satzungen internationaler Organisationen aus, soweit diese den Rücktritt eines Mitglieds an die Erfüllung seiner Verbindlichkeiten gegenüber der Organisation knüpfen.[101] Soweit die Erbringung gewisser Leistungen auch nach dem Erlöschen des Vertrages vereinbart wurde, setzen sich die Parteien durch die schuldhafte Nichterfüllung dieser Pflichten der Staatenverantwortlichkeit aus *(culpa post contractum finitum)*.
d. Nicht tangiert werden schließlich von der Beendigung eines Vertrages etwaige Rechte und Pflichten nach Völkergewohnheitsrecht.[102] Die Beendigung der vertraglichen Beziehungen kann

---

[94] BGBl. 1994 II, 1799.
[95] *T. Koh*, Negotiating Procress of the Third United Nations Conference on the Law of the Sea, in: *M. H. Nordquist* (ed.), United Nations Convention on the Law of the Sea: A Commentary, Vol. 1, 1985, 29 ff.
[96] Vgl. *McNair*, 531 f.
[97] Siehe Kommentar der ILC zum Entwurf der Wiener Vertragsrechtskonvention, Art. 66, Yearbook ILC 1966 II, 177 (265, para.3).
[98] Europäische Konvention zum Schutze der Menschenrechte und Grundfreiheiten, 1950, BGBl. 1954 II, 14.
[99] BGBl. 1990 II, 246, Art. 31 Abs. 2.
[100] BGBl. 1992 II, 21.
[101] Dort aber als Rücktrittsvoraussetzung.
[102] Art. 43 WVK.

zudem nach Völkergewohnheitsrecht Nachwirkungen, z. B. Schadensersatzpflichten, auslösen, die auch nach dem Erlöschen des Vertrages erfüllt werden müssen[103].

VIII. 1. Von der Beendigung der vertraglichen Rechte und Pflichten einer aus einem Vertrag ausscheidenden Vertragspartei ist die Beendigung des betreffenden Vertrages zu unterscheiden. Bei bilateralen Verträgen beendigt die Kündigung einer Vertragspartei den Vertrag, während der Rücktritt einer Partei von einem multilateralen Vertrag nicht notwendig zu dessen Beendigung führt.
Letzteres ergibt sich aus Art. 55 WVK. Danach bringt der Rücktritt einer Vertragspartei von einem multilateralen Vertrag diesen nicht zwangsläufig zum Erlöschen; der Rücktritt beendigt nur die vertraglichen Beziehungen zwischen dem ausscheidenden und den verbleibenden Mitgliedern. Der Vertrag besteht in der Regel zwischen den verbleibenden Vertragsparteien weiter.

Dieser Grundsatz gilt allerdings in der Praxis nicht uneingeschränkt. Es gibt Regelungen in völkerrechtlichen Verträgen, nach denen ein multilateraler Vertrag erlischt, wenn seine Mitgliederzahl unter ein bestimmtes Minimum fällt.
Beispiel: Das Übereinkommen über die politischen Rechte der Frau von 1953[104] sieht vor, daß das Übereinkommen außer Kraft tritt, wenn durch Rücktritte die Zahl der Mitglieder unter sechs sinkt.

Dagegen erlischt gemäß Art. 55 WVK ein multilateraler Vertrag grundsätzlich nicht bereits dann, wenn durch Rücktritte seine Mitgliederzahl unter die Zahl sinkt, die zu seinem Inkrafttreten erforderlich war, soweit der Vertrag nicht etwas anderes vorsieht. Hinter dieser Regelung steht die Praxis der Staaten in multilateralen Verträgen unterschiedliche Zahlen für das Inkrafttreten und das Außerkrafttreten festsetzen.
Nicht ausdrücklich geregelt wird allerdings in der Wiener Vertragsrechtskonvention, bei welcher Mitgliederzahl ein multilateraler Vertrag außer Kraft tritt. Die ILC hatte darauf verzichtet, hierzu Vorschläge zu machen. Sie verwies darauf, daß es den verbleibenden Parteien offen stehe, den Vertrag konsensual zu beendigen. Auf jeden Fall erlischt aber ein multilateraler Vertrag, wenn seine Mitgliederzahl unter drei fällt, da in einem derartigen Fall nicht mehr von einem multilateralen Abkommen zu sprechen ist.[105]

§ 159 Die Nichterfüllung und Beendigung eines Vertrages aufgrund von Rechtsverletzungen der Gegenpartei

Schrifttum: vor § 158; ferner *B. P. Sinha*, Unilateral Denunciation of Treaty Because of Prior Violations of Obligations by Other Party, 1966; *Q. Wright*, The Termination and Suspension of Treaties, AJIL 61 (1967), 1000 ff; *E. Schwelb*, Termination or Suspension of the Operation of a Treaty as the Consequence of its Breach, IJIL 7 (1967), 309 ff; *J. Nisot*, L'exception „non adimpleti contractus" en droit international, RGDIP 74 (1970), 668 ff; *B. Simma*, Reflections on Article 60 of the Vienna Convention on the Law of Treaties and Its Background in General International Law, ÖZöR 20 (1970), 5 ff; *H. W. Briggs*, Unilateral Denunciation of Treaties. The Vienna Convention and the International Court of Justice, AJIL 68 (1974), 51; *E. Duckwitz*, Rechtsfolgen bei Verletzung völkerrechtlicher Verträge, 1975; *B. Simma*, Zum Rücktrittsrecht wegen Vertragsverletzung nach der Wiener Konvention von 1969,

[103] Einen Sonderfall behandelte das Rechtsgutachten des IGH über die *Rechtsstellung von Südwestafrika*, ICJ Reports 1950, 128 ff. Es kam zu dem Ergebnis, daß die durch das Mandat begründete Verpflichtung zur treuhänderischen Verwaltung des Gebiets auch nach dem Erlöschen des Mandats fortdauern müsse.

[104] BGBl. 1969 II, 1929.

[105] A. A. *Verdross/Simma*, 513, und *B. Simma*, Das Reziprozitätselement im Zustandekommen völkerrechtlicher Verträge, 1972, 55 f, für die zwei verbleibende Mitglieder ausreichen.

in: *H. Kipp*, FS von der Heydte, 1977, 615 ff; *P. Mazzechi, Risoluzione e sospenione dei tratti per inadempimento, 1984; B. G. Ramcharan*, State Responsibility in Respect of the Violation of Treaty Rules in General and of the Creating on „Objective Regime" in Particular, IJIL 26 (1985), 1 ff; *S. Rosenne*, Breach of Treaty, 1985; *L. A. Sicilianos*, The Relationship between Reprisals and Denunciation or Suspension of a Treaty, EJIL 4 (1993), 341 ff; *A. Yahi*, La violation d'un traité: l'articulation du droit des traités et du droit de la responsabilité, RBDI 26 (1993), 437 ff; *M. M. Gomaa*, Suspension or termination of treaties on grounds of breach, 1996; *J. K. Setear*, Responses to Breach of a Treaty and Rationalist International Relation Theory: The Rules of Release and Remediation in the Law of Treaties and the Law of State Responsibility, Va. L. Rev. 83 (1997), 1 ff.

I. 1. Es ist völkergewohnheitsrechtlich anerkannt, daß eine erhebliche Verletzung eines Vertrages die vertragstreue Partei oder Parteien berechtigt, den Vertrag zu beendigen oder zu suspendieren. Dieses Prinzip beruht auf dem Gedanken, daß es einer vertragstreuen Partei nicht zugemutet werden kann, ihre vertraglichen Verpflichtungen zu erfüllen, wenn die Gegenseite ihren vertraglichen Pflichten offensichtlich nicht nachkommt *(inadimplenti non est adimplendum, exceptio non adimpleti contractus)*.[1] Das entspricht dem Gegenseitigkeitsprinzip.[2] Allerdings ist zu berücksichtigen, daß völkerrechtliche vertragliche Verpflichtungen nicht nur in bilateralen Beziehungen bestehen. In zunehmendem Umfang werden multilaterale völkerrechtliche Verträge geschlossen. Diese schaffen ein Ordnungssystem, das den Interessen der ganzen in ihnen zusammengeschlossenen Staatengemeinschaft zu dienen bestimmt ist. Beide Gesichtspunkte, die Gegenseitigkeit der völkerrechtlichen Pflichten und die Verpflichtung auf die Achtung von Staatengemeinschaftsinteressen, haben ihren Niederschlag in den Regeln der Wiener Vertragsrechtskonvention zur Beendigung völkerrechtlicher Verträge aufgrund von Rechtsverletzungen einer Vertragspartei[3] gefunden. Sie regeln die Voraussetzungen und das Verfahren der Geltendmachung der Einrede der Vertragsverletzung sowie die Fälle, in denen diese Einrede keine Anwendung finden kann. Einschränkungen für die Geltendmachung einer Vertragsverletzung als Berechtigung für die Beendigung eines Vertrages ergeben sich aus der Natur des Vertrages bzw. der betreffenden vertraglichen Verpflichtung sowie insbesondere aus dem Wunsch der Staatengemeinschaft, ein bestimmtes Ordnungssystem zu errichten. Die Möglichkeit einer Beendigung eines derartigen Systems bei Verletzung des multilateralen Vertrags durch eine Partei würde dem Sinn und Zweck derartiger Ordnungssysteme widersprechen. Deshalb spezifizieren eine Reihe von derartigen Verträgen Reaktionsmöglichkeiten der vertragstreuen Parteien – einzeln oder in Gemeinschaft – gegenüber der Vertragsverletzung durch eine Partei. Derartige Reaktionsmöglichkeiten sind Mechanismen zur Durchsetzung eines Vertrages.[4] In der Regel erlauben sie die Suspendierung bestimmter vertraglicher Rechte ausschließlich gegenüber der Partei, die den Vertrag verletzt hat.[5]

2. Die Beendigung eines Vertrages wegen Vertragsbruchs ist von der Vertragsbeendigung als Gegenmaßnahme gegen eine Völkerrechtsverletzung[6] zu unterscheiden. Erstere ist auf die

---

[1] *Verdross/Simma*, 515; *Simma*, ÖZöR 20 (1970), 51, 19 ff.

[2] Vgl. *B. Simma*, Das Reziprozitätselement im Zustandekommen völkerrechtlicher Verträge, 1972.

[3] Vgl. Art. 60 WVK.

[4] Vgl. dazu § 154.

[5] Zur Suspendierung vgl § 163.

[6] Vgl. dazu *Duckwitz*, 68 ff; *Rosenne*, 45 ff, *W. Riphagen*, State Responsibility: New Theories of Obligations in Interstate Relations, in: *R. St.J. MacDonald/ D. M. Johnston* (eds.), The Structure and Process of International Law, 1983, 580 (601). Der IGH hat hierzu in seinem Urteil zum *Gabčíkovo-Nagymaros-Project*, ICJ Reports 1997, 7 (38, paras. 47 f) Stellung genommen und die beiden Rechtsbereiche wie folgt abgegrenzt: „... A determination of whether a convention is or is not in force, and whether it has or has not been properly suspended or denounced, is to be made pursuant to the law of treaties. On the other hand, an evaluation of the extent to which the suspension or denunciation of a convention, seen as incompatible with the law of treaties, involves the responsibility of the State which proceeded to it, is to be made under the law of State responsibility. Thus the Vienna Convention of 1969 on the Law of Treaties confines itself to defining – in a limitative manner – the

Wiederherstellung des vertraglichen Gleichgewichts, das durch die Vertragsverletzung gestört ist und der Anpassung bedarf, letztere als Beugemittel zu verstehen, um den Verletzer zum rechtmäßigen Verhalten zu bewegen.[7] Da die beiden Maßnahmen ihre Grundlage in verschiedenen völkerrechtlichen Rechtsregimen finden und vor allem unterschiedlichen Zielen dienen, sind die Voraussetzungen jeweils unterschiedlich.[8]

II. Das Recht, einen Vertrag als Reaktion auf eine Vertragsverletzung zu beenden, wurde im völkerrechtlichen Schrifttum stets anerkannt; internationale Gerichte haben sich hingegen nur in wenigen Fällen mit diesem Komplex beschäftigt. Die Berufung auf eine Vertragsverletzung als Legitimation für eine Vertragsbeendigung ist in der Praxis häufiger nachzuweisen. Dabei ist allerdings in vielen Fällen unsicher, ob die behauptete Vertragsverletzung nicht nur vorgeschoben ist und andere Motive maßgeblich für den Versuch waren, sich von den vertraglichen Verpflichtungen einseitig zu lösen.

Wolff,[9] *Grotius*[10] und *de Vattel*[11] vertraten übereinstimmend, daß die Verletzung eines Vertrages durch eine Partei die andere davon entbindet, ihre vertraglichen Pflichten einzuhalten. Dabei differenzierten sie aber nicht zwischen wesentlichen und unwesentlichen Vertragsbrüchen. Eine derartige Differenzierung und damit Einschränkung des Rechts, sich auf eine Vertragsverletzung der Gegenseite zur Rechtfertigung für die Beendigung eines Vertrages berufen zu können, hielten *Wheaton*,[12], *Moore*,[13] *Brierly*[14] und *Fitzmaurice*[15] unter Berufung auf den Grundsatz *pacta sunt servanda* für notwendig. Es hat Versuche gegeben, die Entscheidung, ob eine Vertragsverletzung stattgefunden hat, nicht der Entscheidung des verletzten Staates zu überlassen, sondern sie durch Einschaltung einer Streitbeilegungsinstanz zu verobjektivieren. Typisch ist insoweit Art. 27a des *Harvard Draft*.[16] Demnach sollte ein Staat die Frage, ob dessen Vertragspartner einen zwischen ihnen bestehenden Vertrag verletzt hatte, einer Streitbeilegungsinstanz vorlegen, bevor er selbst Konsequenzen aus der Vertragsverletzung ziehen konnte. Eine ähnliche Regelung hatte schon der Kodifikationsentwurf der *International Commission of American Jurists vorgesehen*.[17] Dieser Ansatz hat sich nicht durchzusetzen vermocht.[18] Ein Kündigungsrecht als Reaktion auf den Bruch eines völkerrechtlichen Vertrags ist in der Literatur allgemein anerkannt und wird nicht in Frage gestellt.[19]
In dem Rechtsstreit zwischen Belgien und den Niederlanden im Fall *Diversion of Water from the Meuse*[20] hat Belgien eine Verletzung des Vertrages von 1863 durch die Niederlande vorgetragen und das Recht geltend gemacht, eine Bestimmung dieses Vertrages zu suspendieren. Da der Ständige Internationale Gerichtshof nicht von einer Vertragsverletzung durch die Niederlande ausging, brauchte er zu dieser Frage nicht Stellung zu nehmen. *Anzilotti* sprach allerdings in seinem

---

conditions in which a treaty may lawfully be denounced or suspended; while the effects of a denunciation or suspension seen as not meeting those conditions are, on the contrary, expressly excluded from the scope of the Convention by operation of Art. 73. It is moreover well established that, when a State has committed an internationally wrongful act, its international responsibility is likely to be involved whatever the nature of the obligation it has failed to respect (cf. *Interpretation of Peace Treaties with Bulgaria, Hungary and Romania*, Second Phase, Advisory Opinion, ICJ Reports 1950, p. 228; and see Art. 17 of the Draft Articles on State Responsibility provisionally adopted by the International Law Commission on first reading, Yearbook of the Internationally Law Commission, 1980, Vol. II, Part 2, p. 32)."

7 Vgl. dazu *Simma*, ÖZöR 20 (1970), 51, 52 ff.

8 Dies wird von *Gomaa*, 95 ff verkannt, der Art. 60 WVK als Kodifikation des Repressalienrechts versteht; wie hier aber die International Law Commission, Yearbook ILC 1966 II, 172 (255).

9 *C. von Wolff*, Jus Gentium Methodo Scientifica Pertractatum, Vol. II, 1934.

10 *H. Grotius*, De Jure Belli ac Pacis, Libri Tres, Vol. II, 1995, c.15, § 15.

11 *E. de Vattel*, The Law of Nations, 1839, 214.

12 *H. Wheaton*, Elements of International Law, edited by *A. Berriedale Keith*, Vol. I, 1929, 515.

13 *J. Basset Moore*, A Digest of International Law, Vol. V, 1906, 319.

14 *Sir H. Waldock*, The Law of Nations, 6th edition, 1963, 327–328.

15 *G. Fitzmaurice*, Ex Injuria Non Oritur Jus, RdC 92 (1957), 120 ff.

16 AJIL 29 (1935), Suppl. III, 662.

17 Art. 15, AJIL 29 (1935), Suppl. III, 1222.

18 Kritisch *Fauchille*, Traité de droit international public, 1923, 338.

19 *Rosenne*, 43; *Feist*, 138; *Shearer*, Starke's International Law, 11th ed., 1994, 430.

20 PCIJ, Series A/B (1937), 70.

abweichenden Votum davon, dieser Anspruch Belgiens sei „... so just, so equitable, so universally recognized that it must be applied in international relations also ...".[21] In die gleiche Richtung zielte die *Dissenting Opinion of Judge Hudson* in demselben Fall „... that where two parties have assumed an identical or a reciprocal obligation, one party which is engaged in a continuing non-performance of that obligation should not be permitted to take advantage of a similar non-performance."[22] Im Schiedsspruch im Fall *Tacna-Arica* (1925) argumentierte Peru, daß Chile *durch den* Verstoß gegen den Vertrag von Ancon vom 20. 10. 1883 über den Status der Peruanischen Provinzen Tacna und Arica, die Durchführung eines Plebiszits verhindert habe und daher Peru an diesen Vertrag nicht mehr gebunden sei. Der Schiedsrichter, Präsident *Coolidge* der Vereinigten Staaten von Amerika, ging grundsätzlich von der Anwendbarkeit des Grundsatzes aus, daß Vertragsverletzungen die Gegenpartei berechtigen, sich ihrerseits von den vertraglichen Verpflichtungen zu lösen. Er schränkte diese Möglichkeit aber auf schwerwiegende Verstöße gegen den Vertrag ein.[23] Gleichzeitig wird aus dem Schiedsspruch deutlich, daß ein Vertrag nach einer Vertragsverletzung nicht automatisch beendigt wird, sondern lediglich beendet werden kann.[24] Der Internationale Gerichtshof hat diese Grundsätze in seinem Rechtsgutachten *Legal Consequences for States of the Continued Presence of South Africa in Namibia (South West Africa) notwithstanding Security Council Resolution 276* (1970)[25] bestätigt; dies gilt auch für das schiedsgerichtliche Urteil im Falle *BP Exploration Co (Libya) Ltd. v. Government of the Libyan Arab Republic* (1974).[26]

Es gibt eine Vielzahl von Fällen, in denen sich ein Staat auf angebliche Vertragsverletzungen berufen hat, um sich selbst von seinen vertraglichen Verpflichtungen zu befreien.[27] So erklärte Rußland einseitig die Beendigung der Bestimmungen des Friedensvertrages von Paris von 1856[28] über das Schwarze Meer. Tatsächlich lag allerdings in dem Fall keine Vertragsverletzung vor, die einen solchen Schritt gerechtfertigt hätte. Ebensowenig gerechtfertigt war die Erklärung des Deutschen Reichs vom 16. 3. 1935, daß es sich nicht mehr an die Rüstungsbeschränkungen von Art. 160 des Versailler Vertrages für gebunden halte, da die anderen Vertragsparteien ihrerseits die Vorschriften über Abrüstung nicht beachtet hätten.[29] Am 7. 3. 1936 kündigte das Deutsche Reich den Locarno-Vertrag, mit dem die Demilitarisierung des Rheinlands gemäß Art. 42 und 43 Versailler Vertrag garantiert wurde, mit der Begründung, daß der Vertrag zwischen Frankreich und der UdSSR vom 2. 5. 1935[30] dem Locarno-Vertrag widerspreche.[31] Das Deutsche Reich weigerte sich allerdings, die Frage der behaupteten Rechtsverletzung dem Ständigen Internationalen Gericht oder einem anderen internationalen Gericht zu unterbreiten. Letztlich stellte der Völkerbundrat einen Rechtsbruch des Deutschen Reiches in beiden Fällen fest.[32] In einem weiteren Fall erklärten Großbritannien und Frankreich den sog. Vertrag von München vom 29. 9. 1938 durch den deutschen Einmarsch für verletzt und beendet.[33] 1956 kündigte Ägypten den Vertrag zwischen Ägypten und Großbritannien unter Hinweis auf die britische Intervention in der Suez-Krise.[34] Die UdSSR erklärte 1958 einseitig die Beendigung des Viermächteabkommens vom 12. 9. 1944 und 1. 5. 1945 in Bezug auf Berlin unter

---

[21] PCIJ Série A/B (1937), No. 70, 50, *Anzilotti* sah in dem Grundsatz *inadimplenti non est adimplendum* einen allgemeinen Rechtsgrundsatz im Sinne von Art. 38 des Statuts des StIGH.

[22] PCIJ (Anm. 16), 76 f.

[23] RIAA Vol. II, 929 (943/944); „... It is manifest that if abuses of administration could have the effect of terminating such an agreement, it would be necessary to establish such serious conditions as the consequences of administrative wrongs as would operate to frustrate the purpose of the agreement, and, in the opinion of the Arbitrator, a situation of such gravity has not been shown ...".

[24] Weitere Angaben über nationale Gerichtsentscheidungen über die Beendigung eines völkerrechtlichen Vertrages wegen seiner Verletzung vgl. *Sinha*, 42 ff.

[25] ICJ Reports 1971, 16 (46 f).

[26] ILR 53, 297 ff (332–355) unter Berufung auf *McNair*, 571.

[27] Vgl. dazu vor allem *Sinha*, 104.

[28] *Basdevant* 3, 695 (extracts).

[29] Text bei *Sinha*, 146/147; zu einer völkerrechtlichen Analyse vgl. *V. Bruns*, Schriften der Akademie für Deutsches Recht, No. 3, 1934 sowie *J. W. Garner/V. Jobst III*, AJIL 29 (1935), 569. Das Deutsche Reich hatte vergeblich versucht, während der Friedensverhandlungen seine Abrüstung mit der Abrüstung der Alliierten zu verbinden.

[30] LNTS Vol. 167, 395 ff.

[31] J. O. 1936, 312.

[32] J. O. 1935, 551; 1936, 340; vgl. hierzu auch *C. G. Fenwick*, The Relation of the Franco-Soviet Pact to the Locarno Treaty, AJIL 30 (1936) 265; *B. Schenk Graf v. Stauffenberg*, Die Vorgeschichte des Locarno-Vertrages und das russisch-französische Bündnis, ZaöRV 6 (1936), 215.

[33] *Sinha*, 159/160.

[34] AJIL 51 (1957), 672.

Berufung auf länger zurückliegende Vertragsverletzungen;[35] 1986 ergriff Großbritannien Maßnahmen gegen Syrien.[36] Ebenfalls 1986 suspendierten die Vereinigten Staaten von Amerika ihre Pflichten gegenüber Neuseeland aus dem *Treaty Concerning Security Between the Governments of New Zealand, Australia and the United States* (ANZUS). Dabei beriefen sie sich darauf, daß Neuseeland sich unter Verletzung des ANZUS-Vertrags zur nuklearwaffenfreien Zone erklärt und einem Zerstörer der Vereinigten Staaten von Amerika die Hafeneinfahrt unter Berufung hierauf verweigert habe.[37]

III. 1. Nach Art. 60 Abs. 1 WVK rechtfertigt allein eine erhebliche *(„material")* Verletzung eines Vertrages dessen Beendigung durch einseitige Erklärung.[38] Dies ergibt sich daraus, daß nur so dem Gesichtspunkt eines möglichst weitgehenden Bestandsschutzes völkerrechtlicher Verträge Rechnung getragen wird. Es muß eine Abwägung zwischen diesem Grundsatz und dem enttäuschten Interesse der Vertragspartei stattfinden, dessen Rechte durch den Vertragsbruch verletzt wurden. Die Notwendigkeit für eine derartige Abwägung mit der Folge, daß nur schwere Vertragsverletzungen eine Kündigung rechtfertigen, war von der herrschenden Meinung in der Literatur bereits vor Schaffung der Wiener Vertragsrechtskonvention anerkannt.[39]

Eine Vertragsverletzung kann in unterschiedlichen Formen erfolgen. Sie kann durch legislative, judikative oder administrative Maßnahmen eines Staates oder durch ein Unterlassen ausgelöst werden, die zu den Regeln des betreffenden Vertrages im Widerspruch stehen. Eine Vertragsverletzung kann auch darin liegen, daß ein von dem Vertrag angestrebter Zustand nicht erreicht wird. Eine Vertragsverletzung liegt möglicherweise selbst dann vor, wenn die Zweckerfüllung eines Vertrages vereitelt wird bzw. nationale Maßnahmen seinem Sinn und Zweck zuwiderlaufen.[40] Entscheidend sind stets die konkreten eingegangenen vertraglichen Verpflichtungen.[41]

Keine Vertragsverletzung liegt vor, wenn die Nichterfüllung vertraglicher Verpflichtungen darauf beruht, daß ein Staat von seinen Rechten nach Art. 46–53 und 60 WVK Gebrauch gemacht hat. Keine Voraussetzung für das Vorliegen einer Vertragsverletzung ist deren Vorwerfbarkeit. Dies entspricht den Regeln über die Staatenverantwortlichkeit, die ebenfalls keine Vorwerfbarkeit verlangen.[42]

2. Eine erhebliche Verletzung eines Vertrages liegt nach Art. 60 Abs. 3 WVK in einer nach der Wiener Vertragsrechtskonvention nicht zulässigen Ablehnung des Vertrags oder in der Verletzung einer für die Erreichung des Vertragsziels oder Vertragszwecks wesentlichen Bestimmung.[43] Es ist also eine doppelte Prüfung erforderlich. Zunächst ist festzustellen, ob eine Vertragsverletzung vorliegt. Danach ist zu untersuchen, ob diese schwerwiegend ist. Dabei ist eine leichte Verletzung von wesentlichen Bestimmungen bzw. eine schwerwiegende

---

35 Vgl. dazu *Sinha*, 184 ff.

36 BYIL 57 (1986), 626 ff.

37 *G. Harrington*, International Agreements: United States Suspension of Security Obligations toward New Zealand, Harv. Int'l L. J. 28 (1987), 139 ff.

38 Übereinstimmend damit Art. 60 des Wiener Übereinkommen über das Recht der Verträge zwischen Staaten und Internationalen Organisationen oder zwischen Internationalen Organisationen (BGBl. 1990 II, 1441); vgl. dazu *Rosenne*, 29.

39 *Feist*, 138 vertritt, daß die Notwendigkeit einer erheblichen Vertragsverletzung schon aus dem Grundsatz *„pacta sunt servanda"* folgt. Dies erscheint zweifelhaft. Der Grundsatz des *pacta sunt servanda* richtet sich zunächst gegen den Vertragsbruch.

40 *Simma* (Anm. 7), 10.

41 *R. Wolfrum*, Means of Ensuring Compliance with and Enforcement of International Environmental Law, RdC 272 (1998), 13 ff.

42 Vgl. dazu § 173.

43 Diskutiert wurde in der ILC auch der Begriff *„fundamental"*. Mit der Wahl des Begriffes *„material"* sollte deutlich werden, daß nicht allein die Verletzung von Vorschriften, die eine unmittelbare Beziehung zur Verwirklichung des zentralen Vertragszwecks haben, zur Suspendierung oder Vertragsbeendigung herangezogen werden kann (vgl. Yearbook ILC 1966 II, 255). Ausreichend, aber auch notwendig, ist die Verletzung von Vorschriften, die für die Parteien beim Beitritt wichtig waren.

Verletzung von Randbestimmungen nicht ausreichend. Den Nachweis, ob eine wesentliche Verletzung vorliegt, hat derjenige Staat zu erbringen, der sich hierauf berufen will.

3. Art. 60 Abs. 4 WVK stellt klar, daß im jeweiligen Vertrag selbst enthaltene Regelungen im Hinblick auf eine Verletzung denen aus der Wiener Vertragsrechtskonvention vorgehen. Darunter fallen vor allem Vorschriften zur Streitbeilegung sowie Suspendierungsmöglichkeiten bei Vertragsbruch, wie sie für Satzungen internationaler Organisationen oder das internationale Wirtschaftsrecht typisch sind, sowie Regelungen zum *non-compliance* Verfahren internationaler Umweltabkommen.[44]

4. Eine erhebliche Verletzung eines Vertrages durch eine Partei beendet diesen nicht automatisch, sondern sie gibt der anderen Vertragspartei lediglich das Recht, die Beendigung oder Suspendierung des Vertrages oder von Teilen hiervon geltend zu machen.[45]
Macht eine Vertragspartei von dieser Möglichkeit Gebrauch, so darf sie nach dem Grundsatz der Verhältnismäßigkeit nur die Erfüllung derjenigen vertraglichen Verpflichtungen verweigern, die mit der verletzten Vertragspflicht in einem Gegenseitigkeitsverhältnis stehen.[46]

5. Macht eine Vertragspartei die Beendigung eines Vertrages unter Berufung darauf geltend, die Gegenseite habe den Vertrag verletzt, so ist das Verfahren gem. Art. 65 und 66 WVK einzuhalten. Dies hat zur Konsequenz, daß sie bis zum Abschluß dieses Verfahrens ihre vertraglichen Leistungen zu erbringen hat.[47] Möglich ist aber eine vorläufige Suspendierung[48] der eigenen Vertragspflichten, allerdings unter der Gefahr, daß diese als Vertragsverletzung zu bewerten ist, wenn keine Vertragsverletzung der Gegenseite vorgelegen hatte.

6. Zudem hat die verletzte Partei sich innerhalb angemessener Zeit zu erklären. Zögert sie die Erklärung über die Vertragsbeendigung oder -suspendierung trotz Kenntnis der Rechtsverletzung hinaus, so darf der andere Teil sich auf die Fortdauer des Vertrages verlassen und das Beendigungs- und Suspendierungsrecht geht durch Verwirkung verloren.[49]

IV. 1. Sonderregelungen gelten für die Kündigung multilateraler Verträge wegen ihrer Verletzung. Diese Frage wurde bereits von der Wiener Vertragsrechtskonvention kontrovers diskutiert. Im wesentlichen wurden vier Positionen vertreten. Eine Lehrmeinung hat die Ansicht verfochten, daß jede Vertragspartei eines multilateralen Vertrages berechtigt sei, die Vertragsbeziehungen gegenüber dem Verletzerstaat auszusetzen oder zu beendigen.[50] Dahinter stand die Überlegung, daß jedes Mitglied des betreffenden Vertrages ein Interesse an dessen Einhaltung habe. Diese Kündigung tritt nach diesem Ansatz nur gegenüber dem Verletzerstaat ein. Nach einer anderen Lehrmeinung, für die die Bestandskraft völkerrechtlicher Verträge im Vordergrund steht, kann ein Staat einen multilateralen Vertrag nur dann kündigen, wenn ihn alle anderen Parteien verletzt haben.[51] Demgegenüber stellte eine weitere Gruppe von Autoren darauf ab, wer durch den Bruch des multilateralen Vertrages in

---

[44] Vgl. dazu *Wolfrum* (Anm. 41).

[45] Vgl. dazu *Simma* (Fn. 7), 44 ff.

[46] *Simma* (Anm. 7), 21 f, 78 f; *Heintschel von Heinegg*, in: *Ipsen* (Hrsg.), 4. Aufl., 168.

[47] Kritisch *J. de Aréchaga*, International Law in the Past Third of a Century, RdC 159 (1978), 69 (81); *Heintschel von Heinegg*, in: *Ipsen* (Hrsg.), 4. Aufl., 170.

[48] Vgl. hierzu das Schiedsgutachten zum *Air Services Agreement of 27 March 1946*, ILR 54 (1979), 339.

[49] *Sinha*, 32; *McNair*, 571.

[50] *Harazsti*, 316 f, bei Verträgen, die internationale Organisationen errichten, soll allerdings nur ein Organ dieser Organisation kündigungsberechtigt sein; *Sinha*, 66; ebenso Art. 20 Abs. 4 und 5 des Entwurfs von Sir *H. Waldock*, Second Report on the Law of Treaties, ILCYb 1963 II, 36 (72 f).

[51] *Guggenheim*, Lehrbuch des Völkerrechts Bd. II, 1948, 50; *Delbez*, Les principes généraux du droit international public, 3ième ed., 1964, 339; *Dahm*, Völkerrecht III, 1. Aufl., 137.

seinen Rechten verletzt wurde. Nur diesen Staaten stehe das Recht zu, ihre vertraglichen Beziehungen zu dem Verletzerstaat zu lösen.[52]

Schließlich wurde die Kündigung eines multilateralen Vertrages wegen Verletzung durch ein oder mehrere Vertragsmitglieder grundsätzlich in Frage gestellt.[53] Dabei wird darauf verwiesen, das Kündigungsrecht wegen einer Verletzung des Vertrages sei darauf angelegt, das durch die Verletzung gestörte Gleichgewicht zwischen den Vertragsparteien wieder herzustellen. Von einer derartigen Verletzung – vergleichbar derjenigen bei bilateralen Verträgen – könne nicht ausgegangen werden.

In der ILC wurden zu dieser Frage verschiedene Ansätze vertreten. *Sir Fitzmaurice* unterschied danach, ob es sich bei den betreffenden multilateralen Verträgen lediglich um eine Bündelung bilateraler Rechtsbeziehungen handelt – hier sollte die Kündigung durch einen durch die Verletzung betroffenen Staat möglich sein – und integralen Verträgen, wo er eine einseitige Lösung eines Staates unter Berufung auf die Vertragsverletzung ausschloß.[54] Diese Differenzierung zwischen verschiedenen Idealtypen wurde von *Sir Waldock*, dem *Sir Fitzmaurice* folgenden Sonderberichterstatter der ILC für das Recht der Verträge aufgegeben.[55] Danach sollten alle Staaten eines multilateralen Vertrages grundsätzlich das Recht haben, diesen wegen Vertragsverletzung gegenüber dem Verletzerstaat zu beenden. Außerdem sah er die dann auch in der Wiener Vertragsrechtskonvention realisierte Möglichkeit vor, daß die Parteien eines multilateralen Vertrages diesen gemeinsam gegenüber einem Verletzerstaat beenden. Dieser Ansatz bildete die Grundlage für die von der ILC vorgeschlagene Regelung.[56] Wesentlich ist, daß die ILC unterschiedliche Rechtsfolgen an eine gemeinsame Reaktion der Vertragsparteien auf der einen und das Verhalten einer einzelnen Vertragspartei auf der anderen Seite knüpften. Insoweit unterschied sich der Vorschlag der ILC von dem von *Sir Waldock* befürworteten Ansatz. Dabei stellte die ILC eine Parallelität zwischen der Kündigung eines bilateralen Vertrages und der Kündigung eines multilateralen Vertrages durch einen Vertragsstaat her. Damit wurden die Kündigungsmöglichkeiten einzelner Staaten stark eingeschränkt. Sie sollten den Vertrag zunächst nur suspendieren können. Dies sollte auch nur dann möglich sein, wenn sie in eigenen Rechten betroffen waren. War es dagegen unmöglich, einen multilateralen Vertrag zu bilateralisieren, so bestand für einen einzelnen Staat nicht die Möglichkeit, seine Rechtsbeziehungen zu dem Verletzerstaat zu suspendieren. Sonderregelungen sollten gelten, wenn durch die Verletzung durch einen Staat die Vertragserfüllung durch den anderen Staat sinnlos geworden ist.

2. Die Staatenpraxis zur Kündigung multilateraler Verträge wegen einer Vertragsverletzung durch eine Vertragspartei ist begrenzt und läßt Schlüsse auf Völkergewohnheitsrecht nicht zu.[57] In bezug auf den Kellogg-Briand Pakt, 1928, hat der amerikanische Außenminister *Kellogg* die Meinung geäußert, daß bei einer Verletzung durch einen Vertragsstaat alle anderen Vertragsstaaten einzeln das Recht der Kündigung hätten.[58] In bezug auf den Vertrag zur Beendigung oberirdischer Atomwaffenversuche haben die Vereinigten Staaten von

---

52 *Rousseau*, 539 f; *McNair*, 580; *H. Kelsen*, Principles of International Law, 1952, 358.

53 *Scelle*, Précis de droit des gens, principles et systématique, deuxième partie, 1934, 338; *Berber*, 457; *Wengler*, 538.

54 Second Report on the Law of Treaties, Yearbook ILC 1957 II, 16 ff (54). Dort heißt es: „[The] character of the treaty is such that, neither juridically, nor from the practical point of view, is the obligation of any party dependent or a corresponding performance by others. The obligation has an absolute rather than reciprocal character [...]. Such obligations may be called self-existent, as opposed to corresponding, reciprocal or independent obligations." Vgl. dazu *Feist*, 50 ff.

55 Second Report on the Law of Treaties, Yearbook ILC 1963 II, 36 (72 f).

56 Report of the ILC on its Eighteenth Session, Yearbook ILC 1966 II, 172 (Art. 57).

57 A. A. *Feist*, 146.

58 Vgl. dazu *Sinha*, 142, der auf die Zustimmung anderer Außenminister verweist.

Amerika die Ansicht vertreten, eine Verletzung durch die UdSSR berechtige sie und die anderen Vertragsstaaten einzeln, vom Vertrag zurückzutreten.[59]
Im eigentlichen Sinne einschlägige internationale Judikatur gibt es zur Kündigung multilateraler Verträge vor der Zeit der Wiener Vertragsrechtskonvention nicht.

3. Art. 60 Abs. 2 WVK enthält spezielle Regelungen zum Rücktritt von multilateralen Verträgen wegen ihrer Verletzung durch eine Vertragspartei. Bei diesen berechtigt eine Vertragsverletzung die anderen Vertragsstaaten in einer gemeinsam ohne den Verletzerstaat getroffenen Entscheidung ihr Verhältnis zum Verletzerstaat zu beenden oder zu suspendieren. Diese Vertragsbeendigung kann sich auf das Verhältnis zwischen dem Verletzerstaat und den anderen Staaten beschränken oder aber im Verhältnis aller untereinander erfolgen. Der erstgenannte Fall stellt einen Vertragsausschluß dar. Die zweite Fallvariante wird dann zur Anwendung kommen, wenn die Fortführung des Vertrages ohne den Verletzerstaat nicht sachgerecht ist.[60] In diesem Falle kommen die Verfahrensvorschriften von Art. 65 WVK nicht zur Anwendung, da die Parteien Herren des Vertrages bleiben.[61]
Neben einer gemeinsamen Entscheidung der Vertragspartner des Verletzerstaates sieht Art. 60 Abs. 2 lit. b WVK Maßnahmen vor, die eine besonders betroffene Partei treffen kann. Eine solche Partei kann die Verletzung des multilateralen Vertrages als Grund für eine gänzliche oder teilweise Suspendierung des Vertrages zwischen ihr und dem Verletzerstaat geltend machen. Nicht möglich ist ihr nach dieser Vorschrift jedoch eine Beendigung. Die Verwendung des Begriffes „besonders betroffene" Vertragspartei – *specially affected* – läßt einen Interpretationsspielraum bei der Bestimmung der berechtigten Partei zu.[62] Diese Vorschrift ist auf solche multilaterale Verträge zugeschnitten, die im Grunde genommen bilaterale Beziehungen zwischen den Vertragsparteien begründen. Damit kehrt die Wiener Vertragsrechtskonvention zu einer Klassifizierung multilateraler Verträge zurück, wie sie *Sir Fitzmaurice* in der ILC vertreten hatte.[63]

4. Für sog. integrale Verträge[64] eröffnet die Wiener Vertragsrechtskonvention in Art. 60 Abs. 2 lit. c WVK die Möglichkeit für jede Vertragspartei („... entitles ... to invoke") außer dem vertragsbrüchigen Staat, den Vertrag in Bezug auf sich selbst gegenüber den anderen Vertragsparteien ganz oder teilweise zu suspendieren. Integrale Verträge sind solche, bei denen ein erheblicher Vertragsbruch einer Partei die Lage jeder Vertragspartei hinsichtlich der weiteren Erfüllung ihrer Vertragsverpflichtungen grundlegend ändert. Bei den hier in Frage stehenden Verträgen – die ILC nennt in diesem Zusammenhang Abrüstungsverträge[65] – wäre einer Vertragspartei mit einer nur einvernehmlich zu erzielenden Suspendierung des Vertrages insgesamt nicht gedient, wenn das Einvernehmen nicht zu erreichen ist. Ebensowenig wäre ihr mit einer bloßen Suspendierung gegenüber dem Vertragsverletzer gedient, wenn sie weiter ihre Leistungen gegenüber den anderen Vertragsparteien erbringen muß und diese auch dem Vertragsverletzer zugutekommen. Dies wäre bei Abrüstungsverträgen der Fall, denn eine Suspendierung der Vertragsverpflichtungen gegenüber dem Verletzerstaat entbindet den betreffenden Staat nicht von der Ausführung dieser Verpflichtungen gegenüber den anderen Parteien; sie läuft also ins Leere.[66]
Art. 60 Abs. 2 lit. c WVK weicht in einem wesentlichen Punkt von Art. 57 des ILC-Entwurfs ab. Denn sie gibt nur das Recht, die Vertragsverletzung als Grund für eine Suspendierung

[59] Vgl. dazu *Briggs*, 663 f, Zu früheren Hinweisen auf Staatenpraxis vgl. *Feist*, 145.
[60] Staatspraxis existiert zu Art. 60 Abs. 2 lit. a WVK nicht.
[61] Kritisch *I. Sinclair*, The Vienna Convention on the Law of Treaties (1984), 189.
[62] Kritisch *Verdross/Simma*, 68 ff.
[63] Vgl. Anm. 15.
[64] Begriff nach *Verdross/Simma*, 518.
[65] Yearbook ILC 1966 II, 255.
[66] Für diese Alternative gelten die Verfahrensvorschriften Art. 65 und 66 WVK.

geltend zu machen. Damit wird auf das Verfahren gem. Art. 65 WVK verwiesen.[67] Danach muß die Vertragspartei, die die Aussetzung begehrt, ihr Verlangen den anderen Parteien unter Angabe von Gründen mitteilen. Eine Suspendierung des Vertrages kann erst nach Ablauf einer dreimonatigen Frist erfolgen, wenn die anderen Parteien keine Einwendungen geltend machen. Werden Einwendungen erhoben, so besteht eine Verpflichtung, diesen Streit – gegebenenfalls durch Einschaltung des Internationalen Gerichtshofs – friedlich beizulegen.[68]

5. Der Internationale Gerichtshof hat in dem Gutachten *Legal Consequences for States of the Continued Presence of South Africa in Namibia (South West Africa) notwithstanding Security Council Resolution* 276 (1970), obwohl Art. 60 WVK nicht direkt anwendbar war, diesen als Kodifikation von Völkergewohnheitsrecht bezeichnet.[69]

V. 1. Die Vorschriften über die Beendigung eines Vertrages wegen Vertragsverletzung sind gemäß Art. 60 Abs. 5 WVK auf Bestimmungen über den Schutz der menschlichen Person in Verträgen humanitärer Art nicht anwendbar. Diese Vorschrift wurde in die Wiener Vertragsrechtskonvention erst durch die Wiener Vertragsrechtskonferenz eingefügt. Sie erfaßt alle menschenrechtlichen Abkommen. Diese werden als sog. Ordnungsverträge[70] nicht von dem Reziprozitätsprinzip erfaßt – der Schutz der Menschenrechte in einem Staat kann nicht davon abhängig gemacht werden, daß die Menschenrechte in gleicher Weise auch in einem anderen Staat geschützt werden.[71] Eine Vertragsbeendigung unter Berufung auf eine Vertragsverletzung der Gegenseite kann aber auch nicht für andere dem Schutz von Personen dienenden Bestimmungen verlangt werden. Art. 60 Abs. 5 WVK selbst nennt als Beispiel insbesondere Bestimmungen zum Verbot von Repressalien. Dabei sind in erster Linie die Genfer Rotkreuzabkommen und ihre beiden Zusatzprotokolle gemeint.[72] Art. 60 Abs. 5 WVK ist weit auszulegen; er bezieht sich auf alle Abkommen zum Schutz der Menschenrechte sowie auf das humanitäre Völkerrecht.[73] Die Begründung hierzu ergibt sich zum einen aus der Entstehungsgeschichte dieser Norm, zum anderen aber aus dem Sinn und Zweck von Art. 60 Abs. 5 im Vergleich zu Art. 60 Abs. 1–4 WVK. Sinn von Art. 60 Abs. 5 WVK ist es, diejenigen Verträge von der Möglichkeit einer Suspendierung in Reaktion auf eine Vertragsverletzung auszunehmen, bei denen die Rechte und Pflichten nicht in einem synallagmatischen Verhältnis stehen. Dies trifft für Abkommen zum Schutze der Menschenrechte zu. Dies trifft nicht zu für das humanitäre Völkerrecht, das auf eine Reziprozität von Rechten und Pflichten ausgerichtet ist.[74] Allerdings ist zu berücksichtigen, daß Art. 60 Abs. 5 letzter Halbsatz WVK gerade auf dieses humanitäre Völkerrecht verweist, soll er nicht bedeutungslos bleiben. D.h. Art. 60 Abs. 5 WVK ist umfassend in dem Sinne zu verstehen, daß

---

[67] *Briggs*, 56; *Feist*, 156.

[68] Vgl. Art. 66 WVK.

[69] ICJ Reports 1971, 16 (48); der IGH ging davon aus, daß der ursprünglich zwischen dem Völkerbundes und Südafrika geschlossene Vertrag nach Auflösung des Völkerbundes zwischen den Mitgliedern der Vereinten Nationen und Südafrika fortbestehe. Damit war aus einem ursprünglich bilateralen ein multilateraler Vertrag geworden. Dieses Mandat sei durch GA Res. 2145 (XXI), d. h. durch kollektive Aktion, gekündigt worden.

[70] Vgl dazu § 146; *Sinclair*, 74 f vertritt allerdings die Meinung, die Sonderbehandlung von menschenrechtlichen Abkommen sei lediglich rechtspolitisch bedingt.

[71] Laut *Feist*, 82 soll dies allerdings nur auf Menschenrechtsverträge zutreffen, nicht aber auf Konventionen des humanitären Völkerrechts, bei denen die Erfüllung gerade an die Gegenseitigkeitserwartung geknüpft sei. *Verdross/Simma*, 519 hingegen vertreten die Ansicht, daß sich Art. 60 Abs. 5 WVK nur auf Abkommen des humanitären Völkerrechts, d. h. auf das Genfer Rotkreuzabkommen, bezieht.

[72] Alle Texte siehe *D. Schindler/J. Toman*, The Laws of Armed Conflicts, 1988.

[73] *G. Barile*, The Protection of Human Rights in Article 60, paragraph 5 of the Vienna Convention on the Law of Treaties, in: Istituto di Diritto Internazionale e della Navigazione, Le droit international à l'heure de sa codification, Etudes en l'honneur de *Roberto Ago*, Tome 3, 1987, 2 (4); *Gomag*, 109 ff; *R. Reuter*, Introduction to the Law of Treaties, 1995, 200 f, *Feist*, 158.

[74] Vgl. Art. 2 Abs. 1 Erste Genfer Rotkreuzkonvention.

hierunter alle Abkommen fallen, die primär dem Schutz von Individuen dienen mit der Konsequenz, daß Verletzungen dieser Abkommen nicht dazu berechtigen, den Vertrag in Bezug auf den Verletzerstaat zu suspendieren.

2. Die Zahl der Ordnungsverträge hat sich in der Vergangenheit deutlich vermehrt; hierunter fallen nunmehr auch internationale Umweltabkommen. Der enge Wortlaut von Art. 60 Abs. 5 WVK verbietet aber die Erstreckung dieser Vorschrift auf eine andere als die genannte Vertragskategorie. Dies erscheint nicht sachgerecht. Es bietet sich eine analoge Anwendung von Art. 60 Abs. 5 WVK an. Es ist nicht verwunderlich, daß diese Verträge in Art. 60 Abs. 5 WVK keine Berücksichtigung fanden. Denn ihre Bedeutung insbesondere auch für die Dogmatik des Völkervertragsrechts ist erst eine Entwicklung, die nach Verabschiedung der Wiener Vertragsrechtskonvention eingesetzt hat.

3. Eine Beendigung eines Vertrages kann schließlich auch nicht geltend gemacht werden, wenn dieser Vertrag *ius cogens* kodifiziert.[75] Eine solche Vertragsbeendigung würde ihrerseits gegen Völkerrecht verstoßen.

VI. Zusammenfassend ist festzuhalten, daß die Kündigung eines bilateralen Vertrages und der Rücktritt von einem multilateralen Vertrag wegen Vertragsbruchs unterschiedliche Fragen aufwerfen. Nur insoweit multilaterale Verträge Bündel von bilateralen Beziehungen darstellen, besteht eine Parallelität. Im übrigen schränkt der Ordungscharakter multilateraler Verträge den Rücktritt wegen Vertragsbruchs durch einen Staat ein.

§ 160 Die Nichterfüllung und Beendigung des Vertrages aufgrund nachträglicher Unmöglichkeit der Erfüllung

Schrifttum: vor §§ 157 und 158.

I. 1. Gemäß Art. 61 WVK kann eine Vertragspartei die Unmöglichkeit der Vertragserfüllung als Grund für eine Kündigung des betreffenden Vertrages oder den Rücktritt von diesem geltend machen, wenn sich die Unmöglichkeit aus dem endgültigen Verschwinden oder der Vernichtung eines zur Ausführung des Vertrags unerläßlichen Gegenstands ergibt. Gemeint ist von der Norm nur eine nach Vertragsschluß eintretende tatsächliche Unmöglichkeit der Vertragserfüllung. Von dieser zu unterscheiden ist die rechtliche Unmöglichkeit. Der Wortlaut des Art. 61 WVK erfaßt lediglich die tatsächliche Unmöglichkeit („... disappearence or destruction of an object indispensable for the execution of the treaty...“). Da Art. 42 Abs. 1 WVK die Aufzählung der Gründe für die Beendigung eines Vertrages als abschließend festlegt, kann eine rechtliche Unmöglichkeit der tatsächlichen Unmöglichkeit nicht gleichgestellt werden.[1]

2. Die völkerrechtliche Praxis liefert nur wenige Beispiele für eine Vertragsbeendigung wegen tatsächlicher nachträglicher Unmöglichkeit.

Als Beispiele für die Norm werden die Beendigung eines Zessionsvertrages in bezug auf eine Insel, nachdem diese untergegangen ist, genannt, die Vernichtung eines Bildes oder der Tod einer Person, dessen Übergabe bzw. deren Auslieferung vertraglich zugesichert war. Diskutiert wurde die nach-

---

[75] *Verdross/Simma*, 518.

[1] A. A. Dahm, 1. Aufl. Für eine Gleichstellung von rechtlicher und tatsächlicher Unmöglichkeit besteht aber auch kein Raum; der Fall der Entstehung einer neuen *ius cogens* Regelung hat in Art. 64 WVK eine Sonderregelung erfahren. Auf Gründe des nationalen Rechts kann eine Vertragsbeendigung oder Kündigung nicht gestützt werden (Art. 46 WVK).

trägliche Unmöglichkeit in den *Serbian and Brazilian Loan Cases* (1929),[2] im *Aerial Incident Case*,[3] im *Temple of Preah Vihear Case*[4] sowie im *Military and Paramilitary Activities Case (Jurisdiction)*.[5] In dem Rechtsgutachten *on the International Status of South West Africa*[6] und in den *South West Afrika Cases*[7] mußte sich der IGH mit der Frage auseinander setzen, welche Bedeutung die Auflösung des Völkerbundes auf das Mandatssystem hatte. In seinem Urteil zum *Gabčíkovo-Nagymaros Project (Hungary v. Slovakia)* hat sich der Internationale Gerichtshof mit der Frage der nachträglichen Unmöglichkeit gem. Art. 61 WVK beschäftigt. Ungarn hatte argumentiert, der Vertragszweck sei auf ein wirtschaftlich gemeinschaftlich durchzuführendes Projekt gerichtet gewesen und dieses könne nicht mehr erreicht werden. Das Gericht hat dahingestellt, ob dies unter den Begriff *„object"* subsumierbar ist. Es hat darauf abgehoben, daß Ungarn die von ihm behauptete Unmöglichkeit selbst herbeigeführt habe.[8]

3. Die Unmöglichkeit der Erfüllung kann gemäß Art. 61 Abs. 2 WVK allerdings nicht geltend gemacht werden, wenn diese durch die Verletzung einer gegenüber der betreffenden Partei bestehenden vertraglichen oder sonstigen völkerrechtlichen Pflicht selbst herbeigeführt wurde. Damit soll vermieden werden, daß der Rechtsbruch „prämiert" wird.

4. Ist die Unmöglichkeit lediglich temporärer Natur, so scheidet eine Beendigung des Vertrages aus; möglich ist lediglich eine Suspendierung.[9]

Als ein Beispiel hierfür wird in der Literatur der Verlust aller Zelte im Falklandkrieg angeführt. Dadurch sei Art. 22 der III. Genfer Konvention über die Rechtsstellung von Kriegsgefangenen suspendiert worden, wonach Kriegsgefangene nicht auf Schiffen untergebracht werden könnten. Dies sei aber die einzige Möglichkeit gewesen, die Kriegsgefangenen vor den Unbilden des Winters zu schützen.

5. Nicht von Art. 61 WVK erfaßt wird der Untergang eines Vertragspartners; insoweit greifen die Regeln des Völkergewohnheitsrechts ein.[10]

II. Der Grundsatz der nachträglichen Unmöglichkeit nach Art. 61 WVK erfaßt nicht den Staatsnotstand. Von einem Staatsnotstand könnte insbesondere in den Fällen gesprochen werden, in denen die noch zu erbringende Leistung einen Staat übermäßig belastet, so daß seine Existenz gefährdet ist.[11] Für solche Fälle enthalten die Regelungen zur Staatenverantwortlichkeit den Grundsatz des Notstandes.[12] Systematische Erwägungen sprechen dafür, den Staatsnotstand im Vertragsrecht und im Recht der Staatenverantwortlichkeit gleich zu behandeln; ein Rückgriff auf das Prinzip des Staatsnotstands für den Komplex der Kündigung oder der Beendigung eines Vertrages ist daher nur auf der Basis des Völkergewohnheitsrechts möglich.[13]

III. Nach Art. 61 Abs. 1 WVK läßt die nachträgliche tatsächliche Unmöglichkeit den Vertrag nicht automatisch entfallen; vielmehr gibt sie lediglich ein Recht zum Rücktritt oder zur Beendigung des Vertrages. Konsequent wäre allerdings eine automatische Beendigung gewesen. Die ILC hat es jedoch aus pragmatischen Erwägungen vorgezogen, lediglich ein Beendigungsrecht zu konstituieren. Dahinter stand die Überlegung, daß die Fälle einer einseitigen Beendigung von Verträgen begrenzt werden sollten.[14]

---

[2] PCIJ, Series A, No. 20, 21, 40, 120.
[3] ICJ Reports 1959, 127 (137).
[4] ICJ Reports 1961, 17 et seq., (32).
[5] ICJ Reports 1984, 392 ff.
[6] ICJ Reports 1950, 128 ff.
[7] ICJ Reports 1962, 319 (332 ff).
[8] ICJ Reports 1997, 7 (62 ff, paras. 102 ff).
[9] Art. 61 Abs. 1 letzter Satz WVK.
[10] Kommentierung der ILC zu Art. 58, Yearbook ILC 1966 II, 256, para. 6.
[11] A. A. *Verdross/Simma*, 522, die diesen Fall unter nachträglicher Unmöglichkeit subsumieren.
[12] Vgl. dazu § 180.
[13] Vgl. dazu Entscheidung des Schiedsgerichts im Falle *Indemnité russe*, RIAA Vol. XI, 443.
[14] Kommentar der ILC zu Art. 58, Yearbook ILC 1966 II, 256, para. 5.

IV. Das Verfahren der Vertragsbeendigung oder Kündigung nach Art. 61 WVK richtet sich nach Art. 65 und 66 WVK.[15]

§ 161 Die Nichterfüllung oder Beendigung eines Vertrages wegen des Wegfalls der Geschäftsgrundlage (*clausula rebus sic stantibus*)

Schrifttum: vor §§ 158, 159; ferner *E. Kaufmann*, Das Wesen des Völkerrechts und die clausula rebus sic stantibus, 1911; *L. H. Woolsey*, The Unilateral Termination of Treaties, AJIL 20 (1926), 346 ff; *G. W. Garner*, The Doctrine of rebus sic stantibus and the Termination of Treaties, AJIL 21 (1927), 509 ff; *Sir J. Williams*, The Permanence of Treaties, AJIL 22 (1928), 89 ff; *R. Genet*, Le problème de la clause rebus sic stantibus, RGDIP 37 (1930), 287 ff; *E. Reut-Nicolussi*, Zur Problematik der Heiligkeit der Verträge: Eine Studie über die Clausula rebus sic stantibus im Völkerrecht, 1931; *A. Werth-Regendanz*, Die clausula rebus sic stantibus im Völkerrecht, insbesondere in ihrer Anwendung auf den Young-Plan, 1931; *H. J. Schlochauer*, Zum Thema „Vertragstreue und Vertragsrevision", ZVR 16 (1932), 826; *W. Burckhardt*, La clausula rebus sic stantibus en Droit International, RDILC 60 (1933), 5 ff; *C. Hill*, The Doctrine of rebus sic stantibus in International Law, 1934; *C. G. Tenekides*, Le principe rebus sic stantibus, ses limites rationnelles et sa recente evolution, RGDIP 41 (1934), 273 ff; *C. Fairman*, Implied Resolutive Conditions in Treaties, AJIl 29 (1935), 219 ff; *O. Fusco*, La clausula rebus sic stantibus nel diritto internazionale, 1936; *C. Lipartiti*, La clausula rebus sic stantibus nel diritto internazional, 1939; *P. Berger*, Zur Klausel „rebus sic stantibus", ÖZöR 4 (1952), 27 ff; *W. Schaumann*, Clausula rebus sic stantibus, Wörterbuch des Völkerrechts I (1960), 289 ff; *J. H. Verzijl*, Le principe rebus sic stantibus en droit international Public, in: *E. Bruel* (Hrsg.), Festschrift für *Schätzel*, 1960, 515 ff; *J. L. Brierly*, The law of Nations, 1963; *E. van Bogaert*, Le sens de la clause „rebus sic stantibus" dans le droit des gens actuel, RGDIP 70 (1966), 49 ff; *A. Poch de Caviedes*, De la clause „rebus sic stantibus" à la clause de révision dans les conventions internationales, RdC 118 (1966), 109 ff; *O. J. Lissitzyn*, Treaties and Changed Circumstances (Rebus Sic Stantibus), AJIL 61 (1967), 895 ff; *E. Schwelb*, Fundamental Change of Circumstances, ZaöRV 29 (1969), 39 ff; *J. P. Müller*, Vertrauensschutz im Völkerrecht, 1971; *G. Haraszti*, Treaties and the Fundamental Change of Circumstances, RdC 146 (1975), 1 ff; *A. F. Köck*, Altes und Neues zur Clausula rebus sic stantibus, in: *P. Fischer et al.*, Festschrift *Verosta*, 1980, 79 ff; *R. Köbler*, Die „clausula rebus sic stantibus" als allgemeiner Rechtsgrundsatz, 1990; *R. Bilder*, Managing the Risks of International Agreement, 1981; *J. E. Berríos Herrera*, Cláusula Rebus Sic Stantibus: un estudio de derecho internacional público, 1987; *W. Rohls*, Die Voraussetzungen der Clausula Rebus Sic Stantibus im Völkerrecht, 1989; *H. Pott*, Clausula rebus sic stantibus: Ein Versuch ihres Wesens, ihrer Voraussetzungen und ihrer Rechtsfolgen (Art. 62 WVK), 1992; *J. Roldán Barbero*, La costumbre internacional, la cláusula rebus sic stantibus y el Derecho comunitario: A propósito de la sentencia Racke dictada por el TJCE el 16. 6. 98, Revista española de derecho internacional 50 (1998), 9 ff.

I. 1. Es ist im Völkerrecht dem Grundsatz nach anerkannt, daß eine grundlegende Änderung der Umstände, die bei dem Vertragsabschluß gegeben und die für den Vertragsabschluß von Relevanz waren, von einer Vertragspartei dazu genutzt werden kann, sich von der Erfüllung der eingegangenen vertraglichen Verpflichtungen einseitig zu lösen *(omnis conventio intellegitur clausula rebus sic stantibus)*.[1] Die Zulässigkeit einer einseitigen Lösung von den vertraglichen Verpflichtungen wegen einer Veränderung der bei Vertragsabschluß vorliegenden Umstände steht allerdings im Widerspruch zu dem Rechtsprinzip *pacta sunt servanda*.[2] Denn dessen strikte Anwendung steht einer einseitigen Lösung von eingegangenen vertraglichen Verpflichtungen entgegen. Aus rechtspolitischer Sicht besteht zudem die Befürchtung, daß eine Anerkennung der *clausula rebus sic stantibus* den Vertrag als eine der

[15] Vgl. dazu § 158.

[1] *Oppenheim/Jennings/Watts*, Bd. I/2, 1305; *Verdross/Simma*, 526.

[2] Vgl. dazu § 151.

Grundlagen der internationalen Beziehungen zu entwerten droht und damit die Rechtssicherheit in Frage gestellt wird. Dies gilt um so mehr, als die Beurteilung der Frage, ob die Veränderung der bei Vertragsabschluß vorliegenden Verhältnisse von einer Qualität ist, die zu einer einseitigen Aussetzung oder Beendigung der vertraglichen Pflichten legitimiert, anders als die Feststellung der objektiven Unmöglichkeit[3] einer objektiven Nachprüfung kaum zugänglich ist. Zudem ist zu berücksichtigen, daß völkerrechtliche Verträge in dem Bewußtsein der wirtschaftlichen, politischen und technischen Entwicklung verhandelt und abgeschlossen werden. In einer großen Zahl von Fällen erfolgt der Abschluß völkerrechtlicher Verträge gerade im Hinblick auf zukünftige Entwicklungen, die über diesen Vertrag gesteuert oder doch zumindest beeinflußt werden sollen. Dies gilt für Rüstungsbeschränkungsabkommen, soweit sie noch nicht realisierte militärische Entwicklungen einschränken, Umweltübereinkommen, Abkommen zur Regelung des internationalen Wirtschaftsverkehrs u. a. Insbesondere galt dies für den Abschluß von Teil XI des VN-Seerechtsübereinkommens, dessen Ziel es war, den Tiefseebergbau zu regeln, bevor er technisch und wirtschaftlich realisierbar war. Sollte der Nichteintritt bestimmter Entwicklungen, d. h. ein Prognoseirrtum, zur Möglichkeit führen, sich von diesen Verträgen zu lösen, wäre die Stabilität dieser Verträge grundsätzlich in Frage gestellt. Andrerseits ist zu berücksichtigen, daß die Durchsetzung völkerrechtlicher Verträge, stärker als innerstaatliches Recht, von der Akzeptanz der durch sie Verpflichteten abhängig ist. Die Entstehung von Völkervertragsrecht, das erklärtermaßen nicht durchgesetzt wird, und dessen Durchsetzung nicht erzwungen werden kann, stellt aber die Frage der rechtlichen Verbindlichkeit völkerrechtlicher Verträge generell in Frage und ist daher unter dem Gesichtspunkt des Erhalts der Rechtssicherheit zu vermeiden. Aus diesem Grund enthalten eine Vielzahl völkerrechtlicher Verträge Revisionsklauseln,[4] die ihre Anpassung an veränderte Verhältnisse erlauben. Wird die *clausula rebus sic stantibus* vor allem unter dem Gesichtspunkt der Vertragsrevision bzw. Vertragsanpassung gesehen, verringern sich die rechtspolitischen Einwände gegen sie. Die Zulässigkeit der einseitigen Lösung von Verträgen, soweit er sich in eng gezogenen Grenzen hält, entspricht zudem einem in der Kulturwelt anerkannten Grundsatz des Rechts.[5] Privatrechtsordnungen geben der betroffenen Partei in Fällen dieser Art in der Regel die Möglichkeit des Rücktritts, der Kündigung oder zur Umgestaltung des Vertrages.[6] Wenn aber schon der einzelne sich ausnahmsweise von seinen Verträgen zu lösen vermag und das im Vergleich zum Völkerrecht eher statische bürgerliche Recht einen Wandel der Umstände nicht unberücksichtigt läßt, muß ein wesentlicher Wandel der Umstände auch für die Anwendung völkerrechtlicher Verträge von Bedeutung sein.[7]

2. Trotz der grundsätzlichen Anerkennung dieses Rechtsinstituts der *clausula rebus sic stantibus*[8] bestanden lange Zeit Meinungsunterschiede hinsichtlich der Voraussetzungen,

---

[3] Vgl. dazu § 160.

[4] Vgl. dazu § 158.

[5] Das englische Recht etwa bietet einen Anknüpfungspunkt in der Lehre von der Frustration (vgl. dazu *Oppenheim/Jennings/Watts*, Bd. I/2, 1306, note 6 und *Brierly*, 11), das französische in der Lehre von der *imprévision* (vgl. dazu *Rousseau*, 584 f, 590 f). Rechtsvergleichend zur *clausula rebus sic stantibus* im europäischen Rechtskreis *P. Abas*, Rebus sic stantibus. Eine Untersuchung zur Anwendung der clausula rebus sic stantibus in der Rechtssprechung einiger europäischer Länder, 1993.

[6] Ferner ist auch dem öffentlichen Recht die *clausula rebus sic stantibus* nicht unbekannt, vgl. etwa § 60 BVwVfG.

[7] Auf diesen Gesichtspunkt verweist *Giraud*, in: Scritti di diritto internazionale in onore di *T. Perassi I*, 1957, 479 f: „les gouvernements qui concluent des conventions ne peuvent prétendre régler que le proche avenir... il faut se rendre compte qu'une génération ne peut imposer sa volonté aux générations futures". Allerdings ist zu berücksichtigen, daß die Ansicht, die *clausula* sei nur auf langfristig laufende Verträge anzuwenden, sich nicht durchgesetzt hat.

[8] Zu den Befürwortern zählten frühzeitig etwa *Scelle*, Précis II, 416 f; *G. Jellinek*, Allgemeine Staatslehre, 1929, 741 f. Eine gegenteilige Position vertraten vor allem *H. Triepel*, Völkerrecht und Landesrecht, 1892, 98 f; *H. Lauterpacht*, Private Law Sources and Analogies of International Law, 1927, 170;

unter denen sich Staaten auf die *clausula rebus sic stantibus* berufen können, sowie hinsichtlich der Konsequenzen einer Berufung auf den Grundsatz. Umstritten war auch die dogmatische Einordnung der Klausel. Diese Meinungsunterschiede sind durch Art. 62 WVK im wesentlichen ausgeräumt worden.

II. 1. Die *clausula rebus sic stantibus* hat ihre Ursprünge im kanonischen[9] oder im Zivilrecht[10] und ist nach überwiegender Meinung von *Gentili*[11] in das Völkerrecht eingeführt worden.[12] *Grotius*[13] schränkte den Anwendungsbereich der Klausel deutlich ein, wohingegen *Bynkershoek*[14] sie völlig ablehnte. Nach seiner Ansicht ist ein Vertrag auch dann zu erfüllen, wenn er die Existenz des betreffenden Staates in Gefahr brachte. Eine dogmatische Begründung für die, wenn auch restriktive, Anwendung der *clausula rebus sic stantibus* lieferte *Vattel*.[15] Er verstand das weitere Vorliegen der ursprünglichen Geschäftsgrundlage als stillschweigende Bedingung des Vertragsschlusses. Im 19. und beginnenden 20. Jahrhundert fand die *clausula rebus sic stantibus* besondere Aufmerksamkeit im Schrifttum; sie wurde als Ausdruck des grundlegenden Rechts der Staaten auf Existenz, Selbsterhaltung und freie Entfaltung erachtet. So formulierte *Jellinek*: „Dass alle Verträge mit der... Klausel *rebus sic stantibus* gelten, folgt aus der Natur des Staates als der höchsten menschlichen Organisation, die wie alles Höchste erhalten werden muss um jeden Preis."[16] Ebenso pointiert formulierte *E. Kaufmann*: „... das Selbsterhaltungsrecht bezeichnet die Grenze, die allen völkerrechtlichem Vertragsrechte gezogen ist... Alle Staatsverträge haben als Verträge des Koordinationsrechts eine immanente Grenze; sie sollen und wollen nur binden, solange die Macht- und Interessenlage, die zur Zeit des Abschlusses bestand, sich nicht so ändert, daß wesentliche Bestimmungen des Vertrages mit dem Selbsterhaltungsrecht der kontrahierenden Staaten unvereinbar werden."[17]

2. Zur dogmatischen Einordnung der Klausel wurden verschiedene, nicht immer ganz eindeutig trennbare Ansätze, vertreten.[18]

a. Bis zur Verabschiedung der Wiener Vertragsrechtskonvention dominierte die sog. subjektive Theorie. Nach dieser Theorie wird ein völkerrechtlicher Vertrag unter der stillschweigenden Bedingung geschlossen, daß keine grundlegende Änderung in den Umständen eintritt, welche die Parteien zum Vertragsabschluß veranlaßt haben.[19]
Dieser Ansatz wurde beispielsweise von Frankreich vor dem Ständigen Internationalen Gerichtshof in dem Rechtsstreit mit der Schweiz über die *Freizonen von Hochsavoyen und Gex* (1932) vertreten.[20] Nach Ansicht Frankreichs beinhaltete Art. 435 Abs. 2 des Versailler Vertrages einen Anwendungsfall der *clausula rebus sic stantibus*,[21] indem er fest-

---

H. Kelsen, Principles of International Law, 1967, 359 f. Nach der Anerkennung des Grundsatzes durch die Wiener Vertragsrechtskonvention (Art. 62) wird dessen Existenz nicht mehr in Frage gestellt.

[9] *O. Fritze*, Clausula rebus sic stantibus, AdV 17 (1900), 20 ff; *A. Nussbaum*, Geschichte des Völkerrechts, 1960, 106.

[10] *R. Redslob*, Histoire des grands principes du droit des gens, 1923, 22; *A. Vamvoukos*, Termination of Treaties, 1985, 5 ff zu entsprechenden Ansätzen im griechischen und römischen Recht.

[11] De jure belli, libri tres, 1598.

[12] *Nussbaum* (Anm. 9), 106; *Haraszti*, 10; *Sinclair*, 192.

[13] De jure belli et pacis, libri tres, 1625, lib. II, cap. 16 § 25 No. 2.

[14] Questionum juris publici libri duo, 1737, lib. II, cap. X, p.253, 255.

[15] Le droit des gens ou principes de la loi naturelle, 1758, 490.

[16] *G. Jellinek*, Die Lehre von den Staatenverbindungen, 1882, 102.

[17] *Kaufmann*, 204. Vgl. zu den in der klassischen Völkerrechtslehre vertretenen Ansichten zur *clausula rebus sic stantibus* zuletzt *Feist*, 166 f.

[18] Vgl. zusammenfassend zuletzt *Feist*, 167 f.

[19] *Kaufmann*, 59; *Jellinek* (Anm. 8), 62; *W. Schücking*, Die Frage der Kündigung des belgisch-chinesischen Handelsvertrages von 1865, in: Die Reichsgerichtspraxis im deutschen Rechtsleben, Festgabe der juristischen Fakultäten zum 50-jährigen Bestehen des Reichsgerichts, 1929, 72 ff, (85); *W. Wengler*, Völkerrecht, Bd. I, 1964, 372; *Oppenheim/Jennings/Watts*, International Law, Vol. I, 8th. edition, 1955, 939, wohingegen eine Stellungnahme hierzu in der Folgeauflage *Oppenheim*'s International Law, Vol. I, 9th ed., 1992 fehlt; *P. Fauchille*, Traité de droit international public, Tome I, 3ième partie, 1926, 383.

[20] Frankreich, PCIJ Série C. No. 17-I, Vol. I, 88.

[21] „... clause que l'on peut considérer comme une règle générale et constante du droit international public, règle évidemment sous-entendue dans tous les traités

stellte, daß die Bestimmungen der Verträge von 1815 zu diesen Freizonen nicht mehr den aktuellen Umständen entsprachen. Diese Feststellung zog aus französischer Sicht automatisch die Aufhebung der betroffenen Verträge nach sich, so daß der widersprechende Vorbehalt der Schweiz zu Art. 435 Abs. 2 des Versailler Vertrags wirkungslos sein sollte. Ebenso wurde der subjektive Ansatz von Belgien in dem Rechtsstreit vor dem Ständigen Internationalen Gerichtshof mit China über den *belgisch-chinesischen Vertrag zur Konsulargerichtsbarkeit von 1865* (1929) anerkannt.[22] Belgien sah zwar die *clausula rebus sic stantibus* als stillschweigende Bedingung aller unbefristet abgeschlossenen internationalen Verträge an,[23] wehrte sich jedoch dagegen, daß der Vertragspartner sich einseitig von seiner Vertragsbindung unter Berufung auf eine grundlegende Änderung der vertragsrelevanten Umstände lösen könne.

b. Von der subjektiven Theorie nicht immer eindeutig trennbar ist der Ansatz von Autoren, wonach ein Vertrag nur solange bindet, wie es aus dem Parteiwillen ableitbar ist, daß er noch Gültigkeit haben soll.[24] Danach wird die Beendigung des Vertrages nicht durch die Veränderung der Umstände bedingt, sondern eine Fortgeltung des Vertrages unter geänderten Umständen würde nicht mehr von dem Willen der Vertragsparteien erfaßt. Hierin liegt allerdings auch eine Einschränkung der Klausel; denn nur wenn der Nachweis gelingt, daß bestimmte Umstände bei Vertragsabschluß für die Parteien von Bedeutung waren, kann eine Berufung auf die *clausula rebus sic stantibus* Erfolg haben.[25]

c. Das Problem der beiden genannten Auffassungen liegt darin, daß die sog. subjektive Theorie mit einer Fiktion arbeitet und der interpretatorische Ansatz in denjenigen Fällen scheitern muß, in denen sich die Parteien, was die Regel sein dürfte, keine Gedanken über die Änderung der beim Vertragsabschluß bestehenden Umstände gemacht haben. Diese Schwierigkeiten versucht ein Ansatz zu vermeiden, wonach es sich bei der Anwendung der Klausel nicht um eine Interpretation des Parteiwillens, sondern um eine ergänzende Vertragsauslegung auf der Basis eines hypothetischen Parteiwillens handelt. Entscheidend ist danach, welche Erwartungen die Parteien vernünftigerweise und nach Treu und Glauben unter Berücksichtigung von Sinn und Zweck des Vertrages mit dem Vertragsabschluß verbinden durften.[26]

d. Mit Verabschiedung der Wiener Vertragsrechtskonvention hat sich in der Lehre die objektive Theorie von der *clausula rebus sic stantibus* durchgesetzt.[27] Maßgeblich ist danach nicht der wirkliche, vermutete oder unterstellte Parteiwille. Entscheidend ist vielmehr, ob bei einer objektiven Beurteilung der Sachlage angenommen werden kann, daß sich die Ver-

internationaux à durée illimitée, même si elle n'était pas inscrite dans les dispositions spéciales ...".

[22] Belgien, PCIJ Série C No. 16, 22.

[23] „... clause tacite contenue dans les conventions internationales conclues sans limitation de durée ...".

[24] *Anzilotti*, 356; *Lissitzyn*, 896; *Ténékides*, 277; *Brierly*, 336; so auch Art. 28 der *Draft Convention on the Law of Treaties* der Harvard Law School, :„A treaty entered into with reference to the existence of a state of facts the continued existence of which was envisaged by the parties as a determining factor moving them to undertake the obligations stipulated ...". In diesem Sinne auch die Entscheidung des schweizerischen Bundesgerichts im Falle *Kanton Thurgau gegen Kanton Sankt Gallen*, ZaöRV 1. Teil 2 (1929), 815 et seq., (817). Hier wird unter Bezugnahme auf ein früheres Urteil im Falle *Luzern gegen Aargau* (BGE 8, 43) erwogen, ob unter analoger Anwendung völkerrechtlicher Prinzipien auf interkantonale Beziehungen ein Rücktrittsrecht angenommen werden kann, „wenn eine Veränderung solcher Umstände eingetreten ist, die nach dem erkennbaren Willen der Parteien die stillschweigende Bedingung ... bilden"; vgl. dazu *Verdross/Simma*, 527 Anm. 67.

[25] Dennoch erscheint es nicht zulässig, die Vertreter dieses Ansatzes in die Nähe derjenigen zu stellen, die die Anwendung der *clausula rebus sic stantibus* ablehnen; a. A. aber *Pott*, 40.

[26] *Müller*, 213 ff m. w. N.; *Dahm*, Völkerrecht, Bd. III, 1962, 145; *McNair*, 436.

[27] *Haraszti*, 47; *Vamvoukos* (Anm. 10), 188; *Schaumann*, 290; *Verdross/Simma*, 528; *Pott*, 44 f; *Feist*, 168. Die ILC hat die subjektiven Theorien zur Begründung der *clausula rebus sic stantibus* abgelehnt; vgl. dazu den zweiten Bericht von *Fitzmaurice*, YBILC 1957 II, 58 f sowie den Kommentar der ILC, YBILC 1966 II, 258; sie verwendet sogar den Begriff selbst nicht, um Assoziationen mit der Theorie der stillschweigenden Bedingung zu vermeiden.

tragsparteien auch für den Fall des Eintritts solcher Umstände verpflichtet hätten, wenn die inzwischen erfolgte Änderung der Umstände bei Vertragsschluß als möglich in Erwägung gezogen worden wäre. Entscheidend ist also, ob sich die Umstände nach Vertragsabschluß so geändert haben, daß den Parteien oder einer von ihnen die Erfüllung des Vertrages nicht mehr oder so nicht mehr zugemutet werden kann.[28]

III. 1. Es hat in der Staatenpraxis verschiedentlich Versuche von Staaten gegeben, sich unter Berufung auf die *clausula rebus sic stantibus* von vertraglichen Bindungen zu lösen. Ein solches Handeln ist durchaus verbreitet,[29] doch bieten die Staatenpraxis bzw. die Rechtssprechung kein eindeutiges Bild. In der Regel handelt es sich um einseitige Aktionen von Staaten, denen die Anerkennung durch die Gegenpartei versagt blieb.[30]

Beispiele: Während des deutsch-französischen Krieges von 1870 versuchte Rußland sich von bestimmten Klauseln des Pariser Vertrages von 1856 (Art. 11, 13 und 14) zu befreien und stützte die Kündigung dieser Bestimmungen auf die Veränderung der politischen Verhältnisse seit Abschluß des Vertrages.[31] Es stieß damit aber bei Großbritannien und anderen Mächten auf Widerspruch.[32] Die anschließenden Verhandlungen führten zwar zum Abschluß eines Vertrages, in dem die Parteien des Pariser Friedens sich mit der von Rußland gewünschten Revision einverstanden erklärten. Im Anhang zu dem Protokoll der Londoner Konferenz vom 17. 1. 1871 bekannte sich aber auch Rußland zu dem Prinzip, daß die einseitige Kündigung von Verträgen nicht zulässig sei.[33] 1886 kündigte Rußland Art. 59 des Berliner Vertrages von 1878,[34] der Batum zu einem Freihafen erklärte, mit der Begründung, Batum habe seinen Wert als Stapelplatz für den Handel mit Persien verloren, und damit sei der Vertrag insoweit sinnlos geworden. Auch gegen diese Kündigung protestierte Großbritannien.[35] In den Jahren 1881 und 1882 kam es zu einer Auseinandersetzung zwischen der britischen Regierung und der Regierung der Vereinigten Staaten von Amerika, die behauptete, der *Clayton-Bulwer* Vertrag[36] zwischen beiden Staaten habe infolge einer Veränderung der Verhältnisse seine Geltung verloren. Dieser Auffassung wurde von Großbritannien widersprochen und die amerikanische Regierung schloß sich schließlich dieser Auffassung an. Im Jahre 1908 suchte Österreich-Ungarn die Änderung der politischen Verhältnisse auf dem Balkan seit dem Berliner Kongreß geltend zu machen, um die Annexion von Bosnien und der Herzegowina begründen zu können. Nach anfäng-

---

[28] So auch BVerfGE 34, 232: „Nur wenn sich die Verhältnisse, die im Zeitpunkt des Vertragsabschlusses bestanden haben, mittlerweile grundlegend geändert haben und angesichts dieser Veränderung das Festhalten am Vertrag oder an einer Einzelvereinbarung innerhalb des Vertrags für den Verpflichteten unzumutbar geworden ist, ist Raum für [die Anwendung der *clausula rebus sic stantibus*]".

[29] Belege neben den hier genannten bei *Rousseau*, 594 f; *Oppenheim*, 1306/7; *J. Stone*, Legal Controls of International Conflict, 1954, 127. Letzterer verweist auf die einseitige Einschränkung der Erklärung zur Unterwerfung unter die Jurisdiktion des StIGH gemäß Art. 36 Abs. 2 des Statuts des StIGH bei Ausbruch des Zweiten Weltkriegs durch Großbritannien, Frankreich und andere Staaten unter Berufung auf die grundlegende Veränderung der Verhältnisse seit Unterzeichnung der Klausel. *Hackworth V*, 353 f weist auf die einseitige Aussetzung des internationalen Freibordabkommens durch die Vereinigten Staaten von Amerika im Jahre 1941 unter Berufung auf die *clausula rebus sic stantibus* hin. Siehe schließlich die Entscheidung der französischen Deputiertenkammer vom 13. 12. 1932, ZaöRV 4 (1934), 139 et seq., (145 f). Diese verweist auf das Prinzip des *rebus sic stantibus* als „un principe reconnu du droit international public", um nach der Einstellung der deutschen Reparationszahlungen auch die Nichtbegleichung der französischen Kriegsschulden gegenüber den Vereinigten Staaten zu begründen. Eine gedrängte Zusammenfassung der im internationalen Rechtsleben praktisch gewordenen Fälle bietet *Verzijl*, 519 f. Zur völkerrechtlichen Praxis bezüglich der Anwendung der *clausula* insbesondere auch auf multilaterale Verträge vgl. *Feist*, 168 ff.

[30] *Anzilotti*, Corso, 411 f kommt nach eingehender Prüfung der Anwendungsfälle dabei zu dem Ergebnis, es habe der protestierende Teil jeweils nur die Anwendbarkeit des Prinzips *in concreto*, nicht aber die Geltung des Prinzips generell bestritten.

[31] Die Note des Fürsten *Gortschakov* berief sich auf die „altérations successives qu'ont subies, durant ces dernières années, les transactions considérées comme le fondement de l'équilibre de l'Europe". Einzelheiten bei *Kaufmann*, 12 f.

[32] Vgl. die Depesche des britischen Staatssekretärs *Earl Granville* an den britischen Botschafter bei *McNair*, 352 f.

[33] NRG XVIII, 273.

[34] 69 BFSP 749.

[35] Dazu *McNair*, 355 f, *Kaufmann*, 19 f.

[36] Vom 19. 4. 1850, BFSP 38, 4.

lichen Protesten fanden die Mächte sich damit ab.[37] 1914 berief sich die Türkei, in den 20er Jahren des 20. Jahrhunderts beriefen sich Persien und China auf die Klausel, um das Erlöschen der Kapitulationsverträge glaubhaft zu machen, und die Türkei vertrat diesen Standpunkt auch auf der Lausanner Konferenz des Jahres 1923.[38] Kurz nach Ausbruch des zweiten Weltkrieges haben Frankreich und Großbritannien dem Generalsekretär des Völkerbundes mitgeteilt, daß sie die Zuständigkeit des Ständigen Internationalen Gerichtshof für Streitigkeiten, die im Zusammenhang mit dem Krieg entstehen könnten, nicht mehr anerkennen wollten. Sie haben sich dabei auf den Zusammenbruch des Friedenssicherungssystems des Völkerbundes berufen.[39] Die Vereinigten Staaten von Amerika suspendierten 1941 die *International Loadline Convention* unter Berufung auf die durch den Krieg veränderten Umstände.[40] 1947 hat Ägypten das Erlöschen seines Bündnisvertrages mit Großbritannien von 1936 mit der Veränderung der Weltlage seit dem Inkrafttreten des Vertrages zu begründen versucht. Dem hat Großbritannien widersprochen, und auch der damit befaßte Sicherheitsrat der Vereinten Nationen hat sich diese Auffassung nicht zu eigen gemacht.[41] 1946 kam es zu einem Streit zwischen Panama und den Vereinigten Staaten von Amerika um die Weitergeltung eines Vertrages über die Verpachtung von Stützpunkten aus dem Jahre 1942. Nach den Absprachen der Parteien sollte der Vertrag bis zum Ablauf eines Jahres nach dem Abschluß eines Friedensvertrages rechtswirksam bleiben. Panama machte geltend, durch das Ausbleiben des damals vorausgesetzten Friedensvertrages habe sich eine neue Lage ergeben. Die Vereinigten Staaten von Amerika gaben ihre Rechte aus dem Vertrag schließlich unter Wahrung ihres abweichenden Rechtsstandpunktes freiwillig auf.[42] 1969 kündigte der Iran seinen Rücktritt von dem am 4. 7. 1937 mit dem Irak geschlossenen Grenzvertrag für den Schatt-al-Arab. Dabei berief sich der Iran nicht ausdrücklich auf die *clausula rebus sic stantibus*, machte aber deren Gründe geltend.[43] Die Vereinigten Staaten von Amerika haben sich zur Rechtfertigung auf die Einbehaltung ihrer Beitragszahlungen für die Vereinten Nationen u. a. auf die Gründe der Klausel berufen.[44] Schließlich hat Frankreich bei seinem Rückzug aus der integrierten Kommandostruktur der NATO die Gründe der *clausula* geltend gemacht.[45] Aus der neueren Staatenpraxis kann auf eine Erklärung der Niederlande gegenüber Surinam vom 16. 12. 1982 verwiesen werden, derzufolge die Niederlande die Erfüllung eines zwischen den beiden Staaten bestehenden Vertrages über Entwicklungszusammenarbeit aussetzen würde, da die innerstaatlichen Verhältnisse in Surinam, insbesondere die fortdauernde Mißachtung der Menschenrechte, eine Entwicklungszusammenarbeit für die Niederlande unzumutbar mache.[46]

2. Die internationalen Gerichte[47] haben gegenüber dem Rechtsgrundsatz der *clausula rebus sic stantibus* in der Regel im Ergebnis Zurückhaltung geübt.[48]

---

[37] Dazu *Kaufmann*, 31 f; *Rousseau*, 594 f.

[38] Dazu *McNair*, 377 f, *L. H. Woolsey*, Chinas Termination of unequal Treaties, AJIL 21 (1927), 289 f.

[39] J. O. 20 (1939), 408; dadurch sollten Klagen dritter Staaten gegen Neutralitätsverletzungen ausgeschlossen werden.

[40] *Lissitzyn*, 908.

[41] Vgl. UNYB 1947–1948, 356 f und *H. W. Briggs*, Rebus sic stantibus before the Security Council, AJIL 43 (1949), 762 ff. Der Vertrag wurde 1954 im Einvernehmen der Parteien durch den Abschluß eines neuen Vertrages beendigt.

[42] Dazu *Berger*, 31 f.

[43] Vgl. dazu die Deklaration in ILM 8 (1969), 478 ff.

[44] *E. Zoller*, The „Corporate Will" of the U. N. and the Rights of Minorities, AJIL 81 (1987), 610 (626–629).

[45] *E. Stein/D. Carreau*, Law and Peaceful Change in a Subsystem: Withdrawal of France from the NATO, AJIL 62 (1968), 577 (614–622).

[46] Vgl. ausführlich *H. H. Lindemann*, Die Auswirkungen der Menschenrechtsverletzungen in Surinam auf die Vertragsbeziehungen zwischen den Niederlanden und Surinam, ZaöRV 44 (1984), 64 ff.

[47] Vgl. auch das Urteil des StGH für das Deutsche Reich in dem *Streit zwischen Bremen und Preußen über die Bremischen Fischereirechte*, RGZ 112, Anh., 21 f. Darin wird grundsätzlich eingeräumt, „... daß die Aufhebung oder Abänderung von Staatsverträgen ... wegen durchgreifender Veränderung der den Verträgen zugrundeliegenden tatsächlichen Verhältnisse rechtlich möglich ist ..." (29). Siehe auch die Entscheidung des schweizerischen Bundesgerichtshofs BGE 8 (1882), 43 ff (57). In einem *Streit zwischen den Kantonen Luzern und Aargau* hielt das Gericht Verträge für kündbar „... wenn ihr Fortbestand mit den Lebensbedingungen des verpflichtenden Staates als selbständigem Gemeinwesen oder dessen wesentlichen Zwecken unvereinbar ist, oder wenn eine Veränderung solcher Umstände eingetreten ist, welche nach der erkennbaren Absicht der Parteien zur Zeit ihrer Begründung die stillschweigende Bedingung ihres Bestandes bildeten"; unter Verweis hierauf ebenfalls BGE 54 I, 188 *(Kanton Thurgau gegen Kanton St. Gallen)*.

[48] Vgl. auch die Belege aus der Praxis der nationalen und internationalen Gerichte bei *Oppenheim*, 1306/7 sowie in der Kommentierung der ILC zu Art. 59 der damaligen Draft Articles, YBILC 1966 II, 257.

In dem Rechtsstreit zwischen Großbritannien und Frankreich über die *Staatsangehörigkeitsdekrete in Tunis und Marokko* (1923) hat Frankreich vor dem Ständigen Internationalen Gerichtshof geltend gemacht,[49] die vor Errichtung des Protektorats abgeschlossenen Verträge Großbritanniens mit Tunis und Marokko hätten durch die Errichtung des Protektorats und die hieraus resultierende Änderung der Verhältnisse ihre Geltung verloren. Das Gericht hat zu dieser Frage keine Stellung genommen.[50] In dem Rechtsstreit vor dem Ständigen Internationalen Gerichtshof zwischen Frankreich und der Schweiz über die *Freizonen von Hochsavoyen und Gex* (1932) berief sich Frankreich auf die Klausel, um das Erlöschen der Verträge von 1815 zu begründen. Bei deren Abschluß, so machte es geltend, habe man den Kanton Genf als Freihandelsgebiet angesehen und die Freizonen mit Genf zu einer Handelseinheit verbunden. Seit 1849 sei Genf in das schweizerische Zollgebiet mit einbezogen und damit die 1815 vorausgesetzte Einheit zwischen Genf und der Freizone aufgehoben worden. Das Gericht war indessen der Meinung, Frankreich sei den Nachweis für eine grundlegende Veränderung der bei Abschluß des Vertrages vorausgesetzten Verhältnisse schuldig geblieben und konnte daher eine Entscheidung über die *clausula rebus sic stantibus* dahingestellt sein lassen.[51] In dem nach dem ersten Weltkrieg anhängigen Streit um die *Barcs-Pakrac-Eisenbahn* kam das vom Völkerbundsrat eingesetzte Schiedsgericht bei der Auslegung des ihm vorliegenden Konzessionsvertrages zwischen der Eisenbahngesellschaft und der ungarischen Regierung als Rechtsvorgängerin Jugoslawiens zu dem Ergebnis, daß man bei Abschluß des Vertrages die durch den Krieg und den Vertrag von Trianon geschaffenen Verhältnisse nicht habe voraussetzen können und der Konzessionsvertrag den neuen Verhältnissen angepaßt werden müsse[52] Der Internationale Gerichtshof hat die *clausula rebus sic stantibus* in den *Fischereistreitigkeiten*[53] als Rechtsinstitut anerkannt. Island hatte argumentiert, daß sich die rechtliche Situation hinsichtlich der Fischereizonen grundsätzlich geändert hätte und damit auch die isländische Unterwerfung unter die Jurisdiktion des Internationalen Gerichtshofs entfallen sei.[54] Der Internationale Gerichtshof erkannte an, „... that a fundamental change in the circumstances which determined the parties to accept the treaty, if it has resulted in a radical transformation of the extent of the obligations imposed by it, may, under certain conditions afford the party affected a ground for invoking the termination or suspension of the treaty."[55] Entscheidender Gesichtspunkt für den Internationalen Gerichtshof ist, daß als Folge der Umstandsänderung „... must have increased the burden of the obligations to be executed to the extent of rendering the performance something essentially different from that originally undertaken."[56] Der Internationale Gerichtshof verneinte jedoch das Vorliegen einer Umstandsänderung hinsichtlich der Unterwerfung unter die Gerichtsbarkeit des Internationalen Gerichtshofs.[57] Hierauf nahm der Internationale Gerichtshof im Urteil zum *Gabčíkovo-Nagymaros Project*[58] Bezug. Der Gerichtshof hält weder die politischen oder wirtschaftlichen Veränderungen noch neuere ökologische Erkenntnisse für ausreichend, um von einer Änderung der Umstände zu sprechen.[59] Besondere Aufmerksamkeit verdient in diesem Zusammenhang eine Entscheidung des Europäischen Gerichtshofes. Um die Sicherheitsratsresolution 713 (1991) umzusetzen, kündigte die EG Handelsverträge mit Jugoslawien unter Nichtbeachtung der Kündigungsfristen. Dabei machte der Rat u. a. geltend,

[49] PCIJ Series C No. 2, additional volume, p. 250 f.

[50] StIGH B 4, 29; vgl. auch die französische Beweisführung StIGH C 2, 187 f.

[51] PCIJ Serie A/B, No. 46, 157 f. Diese Entscheidung ist dazu herangezogen worden, daß der StIGH die *clausula rebus sic stantibus* dem Grunde nach anerkannt hat; vgl. dazu u. a. *Haraszti*, 40, a. A. *Verzijl*, 526. Immerhin hat sich der StIGH mit der Klausel inhaltlich auseinandergesetzt.

[52] Vgl. auch die Angaben über einen ähnlichen Spruch desselben Gerichts in der Note der Herausgeber dazu.

[53] *Fisheries Jurisdiction Case (United Kingdom v. Iceland)*, ICJ Reports 1973, 3 ff und *Germany v. Iceland*, ICJ Reports 1973, 49 ff.

[54] *ICJ Pleadings*, Fisheries Jurisdiction, Vol. I p. 25; *ICJ Pleadings*, Fisheries Jurisdiction, Vol. II p.17.

[55] ICJ Reports 1973, 3 (18).

[56] ICJ Reports 1973, 3 (21).

[57] Ein Fall der Anwendung der Klausel ist auch die Revaluierung von zwischenstaatlichen Schulden; vgl. dazu *F. A. Mann*, Money in Public International Law, BYIL 26 (1949), 259 ff, (286).

[58] ICJ Reports 1997, 7 (64 f, para. 104).

[59] Richter *Negulesco* hielt die Klausel im Freizonenfall für anwendbar (PCIJ Serie A, No. 2, 28 (39); Richter *Dreyfus* hielt ihre Anwendung immerhin für möglich, (PCIJ Serie A, No. 2, 41); für Richter *Winiarski* ist sie Ausdruck von Treu und Glauben zwischen den Staaten, Rechtsgutachten, ICJ Reports 1950, 4 (94). Grundsätzlich positiv äußerten sich auch Richter *Alvarez*, ICJ Reports 1949, 4 (41) sowie in dem Rechtsgutachten ICJ Reports 1950, 4 (17); Richter *Azevedo* ICJ Reports 1950, 266 (345), und Richter *Moreno Quintana* ICJ Reports 1960, 6 (93).

die Fortsetzung der Feindseligkeiten und ihre Auswirkungen auf die wirtschaftlichen und handelspolitischen Beziehungen sowohl der einzelnen Republiken Jugoslawiens untereinander als auch mit der Gemeinschaft stellten eine grundlegende Veränderung der Umstände dar, unter denen das Abkommen geschlossen worden. Der Sache nach berief sich der Rat damit auf die *clausula rebus sic stantibus*. Ob die Voraussetzungen dieses Rechtsinstituts zum damaligen Zeitpunkt tatsächlich erfüllt waren und die Aussetzungsverordnung daher gültig war, hatte der Europäische Gerichtshof in einem Vorlageverfahren[60] zu entscheiden. Er beschränkte sich in seiner Prüfung auf die Frage, ob der Rat die Voraussetzungen der *clausula rebus sic stantibus* offensichtlich falsch beurteilt hatte. In diesem Zusammenhang stellte der Europäische Gerichtshof die Ziele des Kooperationsabkommens dar – im Abkommen war von der Förderung der „[...] Entwicklung und Diversifizierung der wirtschaftlichen, finanziellen und handelspolitischen Zusammenarbeit [...]", von der „[...] Schaffung harmonischer Wirtschafts- und Handelsbeziehungen [...]" und von der Förderung einer „[...] globalen Zusammenarbeit [...]" zwischen den Vertragsparteien die Rede – und schloß daraus:[61] „Angesichts eines derart umfassenden Zieles stellten der Fortbestand einer friedlichen Lage in Jugoslawien, die für gutnachbarliche Beziehungen unabdingbar ist, und die Existenz von Einrichtungen, die die Umsetzung der mit dem Abkommen angestrebten Kooperation in ganz Jugoslawien sicherstellen können, eine wesentliche Bedingung für die Aufnahme und Fortsetzung der im Abkommen vorgesehenen Kooperation dar." Auch was die grundlegende Änderung der Umstände infolge der Feindseligkeiten innerhalb Jugoslawiens anbelangte, konnte der Europäische Gerichtshof keinen offensichtlichen Beurteilungsfehler es Rates erkennen, da, wie er ohne nähere Begründung feststellte, die Begünstigung Jugoslawiens zur Förderung des Handels „sinnlos" geworden sei. Der Europäische Gerichtshof kam daher zu dem Ergebnis, dass die Aussetzungsverordnung den durch das Völkergewohnheitsrecht aufgestellten Voraussetzungen der *clausula rebus sic stantibus* genügte und daher gültig war.

Abgesehen davon haben Richter sowohl des Ständigen Internationalen Gerichtshofs als auch des Internationalen Gerichtshofs in Sondervoten oder abweichenden Voten zur *clausula rebus sic stantibus* Stellung genommen.

IV. 1. Art. 62 WVK normiert eine Reihe positiver oder negativer Voraussetzungen für die Berufung auf die *clausula rebus sic stantibus*. Bei deren Auslegung ist zu berücksichtigen, daß Art. 62 WVK insgesamt negativ formuliert ist, d. h. grundsätzlich davon ausgeht, daß auch eine grundlegende Änderung der Umstände nicht zur möglichen Beendigung, Anpassung oder Suspension eines völkerrechtlichen Vertrages führt. Damit liegt die Pflicht zum Nachweis dafür, daß die Voraussetzungen für eine Berufung auf die Klausel vorliegen, bei dem, der sie geltend macht. Gelingt dieser Nachweis nicht, so ist eine Beendigung, Suspension oder Abänderung unter Berufung auf eine grundlegende Änderung durch ein mit dieser Frage befaßtes Gericht abzulehnen.

2. Die in Art. 62 WVK formulierten Voraussetzungen finden grundsätzlich auf zwischenstaatliche Verträge sowie, wie sich aus der Wiener Konvention über das Recht der Verträge zwischen Staaten und internationalen Organisationen und zwischen internationalen Organisationen von 1986[62] ergibt, auch auf Verträge letzteren Typs Anwendung.[63] Die Konvention von 1986 ist zwar noch nicht in Kraft getreten, aber Art. 62 WVK kann inzwischen als Kodifikation von Völkergewohnheitsrecht verstanden werden.[64] Nicht anwendbar ist die Klausel auf Verträge, die eine Grenze *(boundary)* festlegen.[65] Grund für den Ausschluß dieser

---

[60] EuGH, Rs. C-162/96, Racke ./. Hauptzollamt Mainz, Urteil vom 16. 6. 1998, Slg. 1996, S. I-3655.

[61] EuGH, ebd., S. I-3707.

[62] ILM 25 (1986), 543 ff.

[63] Zur Anwendbarkeit der *clausula* auf multilaterale Verträge *Feist*, 178 ff. (dort auch zum Sonderfall des Europarechts).

[64] Vgl. dazu unten V.

[65] Vgl. Art. 62 Abs. 2 lit. a WVK; der Vorspann spricht zwar nur von „Beendigung" oder „Rücktritt", ausgeschlossen ist aber auch eine Vertragsanpassung. Denn auch Art. 62 Abs. 1 WVK erwähnt die Vertragsanpassung nicht. Insofern ist die Anwendung der Klausel auf die in Art. 62 Abs. 2 lit. a WVK angesprochenen Verträge generell ausgeschlossen. A. A. *K. H. Böckstiegel*, Wegfall der Geschäftsgrund-

Kategorie von Verträgen[66] von einer Anwendung der Klausel ist das Bedürfnis nach Rechtssicherheit in Bezug auf den Umfang eines staatlichen Territoriums[67] und der Wunsch, vertraglich geregelte Grenzstreitigkeiten nicht wieder aufleben zu lassen.

a. Die Verwendung des Wortes *„boundary"* an Stelle von *„frontier"* ist darauf angelegt, die Regelung von Art. 62 Abs. 2 lit. a WVK nicht lediglich auf klassische Verträge zur Festsetzung von Grenzen zu erstrecken.[68] Entscheidend ist, ob mit der in Frage stehenden Grenze die territoriale Jurisdiktion eines Staates begrenzt wird.

b. Keine Probleme wirft Art. 62 Abs. 2 lit. a WVK hinsichtlich von staatlichen Landgrenzen auf entsprechende Grenzfestsetzungsverträge werden erfaßt; das gleiche gilt für Gebietsabtretungsverträge.[69] Enthält ein Vertrag Regelungen zur Grenzfestsetzung im Sinne von Art. 62 Abs. 2 lit. a WVK, so bezieht sich diese Vorschrift nur auf diese Teile des Vertrages, auf die übrigen Teile des Vertrages bleibt die *clausula rebus sic stantibus* theoretisch anwendbar.[70] Nicht erfaßt werden allerdings von Art. 62 Abs. 2 lit. a WVK Verträge über den territorialen Status eines Gebietes (Einräumung von Stationierungsrechten bzw. Servituten); hier fehlt es an dem Merkmal der Grenzfestlegung.[71] Problematisch erscheint die Anwendung von Art. 62 Abs. 2 lit. a WVK auf die vertragliche Festlegung von Grenzen für Festlandsockel und ausschließliche Wirtschaftszonen. Soweit es sich hierbei um die Grenzziehung zu benachbarten oder gegenüberliegenden Staaten handelt, steht diese Grenzziehung der Fixierung einer Landgrenze gleich. Auch insoweit besteht ein Bedürfnis nach Rechtssicherheit.[72] Die Abgrenzung zur hohen See erfolgt in aller Regel durch Erklärung des betreffenden Staates; insoweit ist für die Anwendung der *clausula* kein Raum. Sollte es doch zu einer vetraglich vereinbarten Grenzziehung kommen, findet Art. 62 Abs. 2 lit. a WVK aus den genannten Gründen keine Anwendung.

3. Voraussetzung für eine mögliche Anwendung der *clausula rebus sic stantibus* ist, daß sich Umstände grundlegend geändert haben, die bei Vertragsschluß vorgelegen haben und diese Änderung das Ausmaß der noch zu erbringenden vertraglichen Leistung tiefgreifend umgestaltet.[73] Nicht ausreichend ist der Nichteintritt bestimmter Erwartungen (Expektanzen).

---

lage und clausula rebus sic stantibus im Staats- und Völkerrecht, JuS 13 (1973), 759 (762).

[66] Es handelt sich hierbei um den Ausschluß einer bestimmten Kategorie von Verträgen; nicht entscheidend ist, daß diese Verträge bereits erfüllt sind.

[67] Diesen Gesichtspunkt hat der IGH im *Temple of Preah Vihear Case*, ICJ Reports 1962, 6 (34) angesprochen.

[68] In dem Kommentar der Völkerrechtskommission zu dem Entwurf über das Recht der Verträge zwischen Staaten und internationalen Organisationen und zwischen zwei oder mehreren Organisationen (Yearbook ILC 1982 II, Teil 2, 60) heißt es hierzu: „The term boundary customarily denotes the limit of the land territory of a state, but it could conceivably be taken more broadly to designate the various lines which fix the spatial limits of the exercise of different powers. Customs lines, the limits of the territorial sea, continental shelf and exclusive economic zone and also certain armistice lines could be considered as boundaries in this sense. But it is important to be quite clear about the effects attaching to the classification of a particular line as a „boundary"; some of the lines may be „boundaries" for one purpose (opposability to other States, for example) and not for others (totality of jurisdiction). In regard to article 62, the effect of the quality of „boundary" is a stabilizing one. To say that a line is a „boundary" within the meaning of article 62 means that it escapes the disabling effect of that article."

[69] Der englische Text spricht nicht von *„fixing a boundary"*, sondern bewußt von *„establishing a boundary"*; Kommentar der ILC zu Art. 59 des Entwurfs, Yearbook LC 1966 II, 259, para. 11. Nicht entscheidend ist, ob eine neue Grenze festgesetzt wird, ausreichend ist, daß eine alte Grenze verschwindet. Deswegen wird die Aufgabe von Enklaven von Art. 62 Abs. 2 lit. a WVK erfaßt.

[70] Sonderberichterstatter *Sir H. Waldock*, Yearbook ILC 1966 II, 43, para. 7.

[71] Diese Auslegung wird durch die Entstehungsgeschichte der Norm bestätigt. Die Vereinigten Staaten von Amerika konnten sich mit ihrem Antrag (Doc. UN A/CONF. 39/C.1/L335 (1968)), auch derartige Verträge einzubeziehen, nicht durchsetzen, vgl. dazu *Schwelb*, 55; Pott, 105.

[72] A. A. *Pott*, 107 f; die von ihm vertretene Gleichstellung mit der Einräumung von Servituten wird der Rechtsnatur dieser Meereszonen jedoch nicht gerecht. Auch die Entstehungsgeschichte der Norm spricht für die hier vertretene Auffassung.

[73] Art. 62 Abs. lit. a und lit. b WVK.

Diese sind nicht mit Umständen gleichzusetzen, die objektiv bei Vertragsschluß gegeben waren.[74]

a. Von einer Änderung der Umstände ist immer dann zu sprechen, wenn unter objektiver Betrachtung die Umstände zur Zeit des Vertragsabschlusses und zu einem späteren Zeitpunkt differieren. Grundsätzlich kommen dafür alle denkbaren Umstände in Betracht (wirtschaftliche, rechtliche, soziale).[75] Umstritten war, ob auch politische Änderungen ausreichend sein können.[76] Art. 62 WVK enthält keine diesbezüglichen Einschränkungen; die Vertragsmaterialen belegen aber, daß ein Ausschluß von politischen Änderungen nicht gewollt war.[77]

b. Ob eine Änderung der Umstände grundlegend ist, läßt sich nur im Einzelfall bestimmen, wobei objektive Kriterien anzulegen sind. Auf jeden Fall müssen die Änderungen außergewöhnlicher und nicht vorhersehbarer Natur sein. Nicht notwendig ist allerdings das Vorliegen einer Notstandssituation, denn diese kann unter Umständen die Erfüllung des Vertrages unmöglich machen. So beschränkt bestünde für die Klausel kein eigenständiger Regelungsraum. Daneben aber können sich Notstände gleichsam zweiten Grades ergeben, in denen die Erfüllung nicht geradezu unmöglich wäre, aber doch in einer bei Vertragsschluß nicht vorhersehbaren Weise wesentliche Interessen des überforderten Staates zu gefährden droht und die Erfüllung unter Berücksichtigung der konkreten Situation nicht mehr zumutbar wäre. Im Grunde genommen verlangt die Beantwortung der Frage, ob eine grundlegende Veränderung der Umstände vorliegt, eine doppelte Prüfung. Es muß zunächst festgestellt werden, worin die Umstandsänderung liegt und sodann, wie sich dies zu dem ursprünglichen Ziel und Zweck des betreffenden Vertrages verhält.[78] Eine derartige grundlegende Umstandsänderung kann daher vor allem bei einer signifikanten Äquivalenzstörung[79] gegeben sein. Voraussetzung ist allerdings, daß das Vorhandensein der geänderten Umstände eine wesentliche Grundlage für die Zustimmung der Parteien gebildet hat, durch den Vertrag gebunden zu sein.[80] Entscheidend ist insoweit die Testfrage, ob der Vertrag ohne das Vorliegen der nunmehr entfallenen oder geänderten Umstände geschlossen oder in dieser Form geschlossen worden wäre.[81]

c. Die Erheblichkeit der Umstandsänderung kann sich darüber hinaus auch daraus ergeben, daß durch sie das Ausmaß der noch zu erfüllenden vertraglichen Pflichten tiefgreifend umgestaltet wird (vgl. Art. 62 Abs. 2 lit. b WVK). Hier kommt der Grundsatz der Billigkeit zum Ausdruck, der bei der Diskussion der *clausula rebus sic stantibus* vor Verabschiedung der Wiener Vertragsrechtskonvention thematisiert wurde.[82]

d. Die Änderung der bei Vertragsabschluß vorliegenden Umstände darf von den Vertragsparteien nicht vorausgesehen worden sein. Dabei kommt es auf den objektivierbaren Kenntnisstand der Partien bei Vertragsabschluß an. Dagegen ist nicht notwendig, daß die Änderung der Umstände generell nicht vorhersehbar war. Hier schwingen noch Elemente des Ansatzes mit, die die *clausula rebus sic stantibus* als Frage der Interpretation des Parteiwillens konzipierten.

---

[74] Zweiter Bericht von *Fitzmaurice* Yearbook ILC 1957 II, 63.

[75] Von der *clausula rebus sic stantibus* ist der Fall der nachträglich eintretenden Unmöglichkeit zu trennen. Die Anwendung der Klausel ist auf den Fall zu beschränken, daß die Erfüllung des Vertrages an sich möglich wäre, dies aber durch grundlegende Veränderungen in Frage gestellt wird.

[76] Dagegen *Köck*, 93; *Poch de Caviedes*, 170; dafür *Vamvoukos*, 192.

[77] Vgl. dazu Kommentar der ILC zu Art. 59 des Entwurfs, Yearbook ILC 1966 II, 259, para. 9.

[78] So zweiter Bericht von Sir *Fitzmaurice*, Yearbook ILC 1957 II, 60, para. 150.; zweiter Bericht des Sonderberichterstatters Sir *Waldock*, Yearbook ILC 1963 II, 84, para. 12; Restatement, 219.

[79] Vgl. dazu etwa die Entscheidung des StSchH in dem zwischen Frankreich und Griechenland streitigen *Leuchtturmfall*, IGH 1956, 342 (345 f). Danach hätte der an dem Konzessionsvertrag beteiligte Staat (Griechenland), die durch die Entwertung seiner Währung nachträglich herbeigeführte Störung des finanziellen Gleichgewichts von Leistung und Gegenleistung aufgrund des Konzessionsvertrages nach Treu und Glauben durch geeignete Maßnahmen, etwa eine Erhöhung der Leuchtturmgebühren, ausgleichen müssen.

[80] Art. 62 Abs. 1 lit. b WVK.

[81] *F. Capotorti*, L'extinction et la suspension des traités, RdC 134 (1971), 427 (543); im Grunde so auch der StIGH im *Freizonenfall*, PCIJ Serie A/B, No. 46, 157 f.

[82] Art. 62 Abs. 1 lit. b WVK; Abs. 1 lit. a und 1 lit. b stellen Alternativen dar, wie sich aus dem Wortlaut der Vorschrift ergibt.

e. Die Veränderung der Verhältnisse darf von der Partei, die sich darauf beruft, nicht auf eine Weise herbeigeführt worden sein, die sie völkerrechtlich verantwortlich macht (Art. 62 Abs. lit. b WVK.[83] Eine völkerrechtsgemäße Umstandsveränderung schließt eine Berufung auf die Klausel nicht aus.[84]

V. Die Rechtsnatur der *clausula rebus sic stantibus* war in der Vergangenheit durchaus umstritten. Unter Rückgriff auf die Entwicklung der Klausel aus dem nationalen Recht wurde die Auffassung vertreten, daß es sich bei ihr um ein Rechtsprinzip im Sinne von Art. 38 Abs. 1 lit. c IGH-Statut handele.[85] Seit dem Urteil des Internationalen Gerichtshofs im *Fisheries Jurisdiction Case*[86] in dem dieser die Regelung von Art. 62 WVK als Kodifikation von Völkergewohnheitsrecht charakterisiert hat,[87] dominiert allerdings dieser Ansatz.[88] Dafür spricht auch das Verhalten der Staaten in bezug auf Art. 62 WVK und die Übernahme dieser Vorschrift in das Übereinkommen über das Recht der Verträge zwischen Staaten und internationalen Organisationen oder zwischen zwei und mehr internationalen Organisationen.[89]

VI. Versteht man die *clausula rebus sic stantibus* nicht als stillschweigende Bedingung des Vertragsschlusses bzw. als Einschränkung des Bindungswillens der Vertragsparteien,[90] so endet ein Vertrag keinesfalls mit dem Vorliegen der Voraussetzung für die Klausel. Auch das Gebot der Rechtssicherheit verbietet es, von einer automatischen Beendigung eines Vertrages auszugehen. Vielmehr handelt es sich bei der Klausel um ein außervertragliches Recht einer Vertragspartei, dieses geltend zu machen.[91] Diesem Ansatz folgt auch Art. 62 Abs. 1 WVK. Da es sich bei der Klausel um ein Recht einer Vertragspartei handelt, die Beendigung oder Änderung des Vertrages zu verlangen, ist dieses Recht auch verzichtbar. Dieser Verzicht kann ausdrücklich, aber auch implizit erfolgen.[92] Er muß sich allerdings konkret auf die Veränderung der Umstände beziehen.

VII. 1. Das Verfahren für die Geltendmachung der *clausula rebus sic stantibus* ergibt sich aus Art. 65 und 66 WVK. Die Vertragspartei, die sich auf die Klausel berufen will, muß dies der oder den anderen Vertragsparteien notifizieren. Widerspricht die andere Seite innerhalb der gesetzten Frist[93] nicht, so kann die Vertragspartei die in der Notifikation angekündigten Maßnahmen ergreifen, d. h. sie kann die Beendigung des Vertrages, seine Suspension oder Änderung mitteilen. Durch das Schweigen der Gegenseite nimmt diese die vorher angekündigte Maßnahme an. Ist innerhalb von zwölf Monaten keine Einigung zustande gekommen, so liegt eine Rechtsstreitigkeit zwischen den Parteien vor und es kommt das Verfahren gemäß Art. 66 WVK zur Anwendung.

2. Sinn und Zweck der Klausel als Mechanismus zur Anpassung von Verträgen nach einer grundsätzlichen Änderung der Umstände legen es nahe, daß die Vertragsbeendigung bzw. Modifikation im Wege der Einigung zwischen den Parteien erfolgt.[94] Aus Art. 65 WVK läßt

83 Dies ergibt sich aus dem Grundsatz von Treu und Glauben; vgl. dazu *Haraszti*, 56; *Hill*, 78.

84 Vor der Wiener Vertragsrechtskonvention, wurde teilweise ein weitergehender Ausschluß der Klausel vertreten; vgl. dazu *Pott*, 111.

85 *Oppenheim*, 1306; so auch *M. Leigh*, Questech Inc. v. Ministry of National Defence of the Republic of Iran Case, AJIL 80 (1986), 362.

86 ICJ Reports 1973, 3 (18).

87 Bestätigt im *Gabčíkovo-Nagymaros*-Fall (Anm. 58).

88 *Pott*, 45 f.; vgl. zuletzt etwa *Feist*, 168: „Der Blick auf die Praxis vermag die Annahme zu rechtfertigen, daß die ‚*clausula*' eine Regel des Völkergewohnheitsrechts darstellt."

89 Vgl. dazu die Kommentierung der YBILC 1982 II, Part 2, 60.

90 Siehe oben II.2.

91 *Verzijl* 528; *Vamvoukos*, 213; zweiter Bericht von Sir *Waldock*, YBILC 1963, 83, para. 8.

92 *Vamvoukos*, 187; *Oppenheim/Jennings/Watt*, 1308, note 12; a. A. *Haraszti*, 58, nach dessen Ansicht die Klausel *ius cogens* darstellt. Dies ist angesichts des Wortlauts und des Sinns und Zwecks der Klausel nicht vertretbar.

93 Gemäß Art. 65 Abs. 2 WVK im Regelfall nicht weniger als drei Monate.

94 So auch *Haraszti*, 84; *Vamvoukos*, 210 f; *Schücking*, 104 f.

sich eine entsprechende Verhandlungspflicht der Partei herleiten, die sich auf die Veränderung der Umstände beruft. Die Pflicht der Gegenseite zur Verhandlung ergibt sich aus der Existenz der vertraglichen Beziehungen zwischen den Parteien. Diese Verhandlungen müssen so strukturiert und geführt werden, daß sie zu einer Einigung führen können. Nicht ausreichend sind reine Formalverhandlungen.[95]

VIII. 1. Als Rechtsfolgen der erfolgreichen Berufung auf die *clausula rebus sic stantibus* nennt Art. 62 Abs. 1 WVK die Beendigung des Vertrages sowie den Rücktritt von diesem; gemäß Art. 62 Abs. 3 WVK kann auch eine Suspension geltend gemacht werden.[96] Die Existenz bestehender vertraglicher Beziehungen verlangt allerdings, daß der Vertrag primär nicht beendet bzw. die vertraglichen Beziehung zwischen einem Staat und den übrigen Staaten gelöst, sondern der Vertrag den veränderten Verhältnissen angepaßt wird. Verträge sind, soweit möglich, unter allen Umständen aufrechtzuerhalten. In der Anpassung an die veränderte Lage ist eine Berichtigung des Vertrages enthalten. Sie muß sich im Einklang mit dem vernünftig interpretierten Willen der Parteien unter Berücksichtigung der von ihnen anerkannten Wertgrundlagen und ihrer Interessen vollziehen.[97] Ist die Änderung der Umstände nur vorübergehender Art, so können die Verpflichtungen des betroffenen Teils zeitweise ausgesetzt werden. Ist nur die Erfüllung der ganzen Leistung erschwert, so können die Verpflichtungen auf ein angemessenes Maß herabgesetzt werden. Eine Beendigung der vertraglichen Beziehungen ist die *ultima ratio*.

2. Die Folgen einer Vertragsbeendigung bzw. eines Rücktritts bestimmen sich nach Art. 70 WVK. Die *clausula rebus sic stantibus* wirkt *ex nunc* und bezieht lediglich auf die noch ausstehenden vertraglichen Verpflichtungen, wie sich aus Art. 62 Abs. 1 lit. b WVK ergibt.[98] Das heißt, ihre Rechtsfolgen treten zum Zeitpunkt der Umstandsänderung ein, wenn sich die Parteien darauf geeinigt haben, daß die Voraussetzungen für eine Geltendmachung der Klausel gegeben sind bzw. ein entsprechendes internationales Urteil vorliegt.

IX. Trotz der Regelungen der WVK zur *clausula rebus sic stantibus* und deren Akzeptanz durch die Staaten wirft ihre Anwendung doch noch eine Vielzahl interpretatorischer Probleme auf. Erst mit einer Einführung der obligatorischen Gerichtsbarkeit wird es möglich sein, das Ausmaß von Rechtssicherheit zu erreichen, das einen effektiven Einsatz der Klausel als Mechanismus der Vertragsrevision erlaubt.

§ 162 Ausbruch eines internationalen bewaffneten Konflikts bzw. Abbruch diplomatischer Beziehungen und ihr Einfluß auf Verträge

Schrifttum: *C. J. B. Hurst*, The effect of war on treaties, BYIL 2 (1921–1922), 37; *C. Rühland*, Zur Theorie und Praxis des Einflusses des Kriegsbeginns auf Staatsverträge, Niemeyers Zeitschrift für Internationales Recht 32 (1924), 74; *A. D. MacNair*, Les effets de la guerre sur les traités, RdC 59 (1937 I), 523; *ders.*, War and treaties, 1941; *P. de La Pradelle*, ILQ 2 (1948), 555; *R. Ränk*, Die Einwirkungen

[95] *ICJ Continental Shelf Case* ICJ Reports 1969, 3 (47); PCIJ Serie A/B No. 42, 116.

[96] Zur Suspendierung völkervertraglicher Verpflichtungen unten § 163.

[97] Eine solche Anpassung ist nicht immer möglich, vgl. etwa die Entscheidung des StIGH in dem *Streit zwischen Bremen und Preußen über die Bremischen Fischereirechte* (Anm. 47). Darin wird die von Bremen gewünschte Anpassung des Staatsvertrages an die durch den Versailler Vertrag veränderte Lage abgelehnt, weil die beantragte Streichung der Fischereiklausel die Grundlage des ganzen Vertrages zuungunsten von Preußen aufheben würde.

[98] So bereits die Entscheidung des schweizerischen Bundesgerichts im Falle *Thurgau gegen St. Gallen* (Anm. 47), die die *clausula* nicht annehmen will, weil der Vertrag schon konkrete Rechtsverhältnisse geschaffen habe, die sich nicht auf dem Wege über die *clausula* nachträglich wieder beseitigen ließen.

des Krieges auf die nichtpolitischen Staatsverträge, 1949; *P. de La Pradelle*, Une solution jurisprudentielle de „Droit des Gens" du problème de l'effet de la guerre sur les Traités, in: La technique et les principes du droit public: études en l'honneur de *Georges Scelle*, Tome II 1950, 463 ff; *F. Klein*, Kriegsausbruch und Staatsverträge, JIR 3 (1950/51), 26 ff; *M. Brandon/A. Leriche*, Suspension of Rights and Obligations under Multilateral Conventions between Opposing Belligerents on account of War, AJIL 46 (1952), 532 ff; *R. Ränk*, Modern War and the Validity of Treaties: A Comparative Study, Cornell Law Quarterly 38 (1953), 321 ff, 511 ff; *K. Doehring*, Das Gutachten des Generalsekretärs der Vereinten Nationen über die Fortgeltung der nach dem ersten Weltkrieg eingegangenen Minderheitenschutzverpflichtungen, ZaöRV 15 (1953/54), 521 ff; *L. Erades*, De invloed, die de Nederlandse rechtspraak met betrekking tot verdragen aan de oorlog toekende, NTIR 3 (1956), 105 ff; *U. Leanza*, Intorno agli effetti della guerra sui trattati, Rivista di diritto internazionale 40 (1957), 226 ff; *O. McIntyre*, Legal Effect of World War II on Treaties of the U. S., 1958; *St. H. McIntyre*, Legal Effects of World War II on Treaties of the United States, 1958; *C. Gialdino*, Gli effeti della guerra sui trattati, 1959; *A. D. McNair/A. D. Watts*, The Legal Effects of War, 4th ed, 1966; *S. E. Nahlik*, The Grounds of Invalidity and Termination of Treaties, AJIL 65 (1971), 736 ff; *B. Broms*, The Effects of Armed Conflicts on Treaties – Provisional Report and Proposed Draft Resolution, AIDI 59 I (1981), 201 ff; 59 II (1982), 175; 61 II (1986), 199 ff; *C. M. Chinkin*, Crisis and the Performance of International Agreements: The Outbreak of War in Perspektive, Yale Journal of World Public Order 7 (1981), 177 ff; *J. Delbrück*, War, Effect on Treaties, EPIL 4 (1982), 310 ff; *H. J. Wolff*, Kriegserklärung und Kriegszustand nach klassischem Völkerrecht, 1990; *M. K. Prescott*, How War Affects Treaties between Belligerents: A Case Study of the Gulf War, Emory International Law Review 7 (1993), 197 ff; *S. Vöneky*, Die Fortgeltung des Umweltvölkerrechts in internationalen bewaffneten Konflikten, 2001, 193 ff, 239 ff.

I. 1. Zu den Ereignissen, die das Schicksal eines Vertrages nach seinem Abschluß beeinflussen können, gehört auch der Ausbruch eines internationalen bewaffneten Konflikts. Dieser Komplex ist nicht in der Wiener Vertragsrechtskonvention geregelt;[1] inwieweit völkergewohnheitsrechtliche Regelungen bestehen, ist im einzelnen umstritten.

2. Eine ältere Völkerrechtslehre und -praxis ging davon aus, ein Krieg beendige alle Verträge zwischen den Kriegführenden automatisch: *inter arma silent leges*;[2] diese Theorie wurde aber bereits im 19. Jahrhundert modifiziert.[3] Dem entgegengesetzt ist die Theorie, wonach die automatische Beendigung von völkerrechtlichen Verträgen die Ausnahme und nicht die Regel darstellt.[4]

3. Seit dem Ersten Weltkrieg wurde von beiden dargestellten Positionen immer mehr Abstand genommen. Einerseits ging mit der zunehmenden Verrechtlichung der internationalen Beziehungen und der Ausweitung multilateraler völkerrechtlicher Verträge die Tendenz einher, die Auswirkung von internationalen bewaffneten Konflikten auf die Bestands-

---

[1] Vgl. Art. 73 WVK. Die ILC war bei dem Entwurf des Übereinkommens über das Recht der Verträge davon ausgegangen, daß der Ausbruch eines Kriegerischen Konflikts eine abnormale Situation darstellt. Dieser Ansatz wurde bei der Beratung des ILC-Berichts über die Konvention über das Recht der Verträge bereits kritisiert; Working Paper of the Secretariat: Analytical Compilation of Comments and Observations made in 1966 and 1967 with respect to the final draft articles on the law of treaties, Doc. A/CONF.39/5. Vgl. dazu im einzelnen *Vöneky*, 193 f.

[2] Die ältere Auffassung findet ihren klassischen Ausdruck bei *E. de Vattel*, Le Droit des Gens ou Principes de la Loi Naturelle, 1758, Tome III, Chapitre X, § 175: „Les Conventions, les Traités faits avec une Nation, sont rompus ou annulés par la Guerre qui s'élève entre les Contractants; soit parce qu'elles supposent tacitement l'état de paix, soit parce que chacun pouvant dépouiller son ennemi de ce qui lui appartient, il lui ôte les droits, qu'ils lui avait donnés par les Traités." Vgl. auch *F. v. Liszt*, Völkerrecht, 1881, 167 f., 288; *W. G. F. Phillimore*, Commentaries upon International Law, 1857, Vol. III, 660 ff. Belege aus der älteren britischen Praxis bei *McNair*, Effets de la guerre, 532 f.

[3] *Wheaton*, §§ 268–276 äußert sich schon im Sinne einer differenzierenden Betrachtungsweise, geht aber noch davon aus, daß Verträge in der Regel erlöschen.

[4] Vgl. etwa *J. C. Bluntschli*, Das moderne Völkerrecht der civilisirten Staaten, 1872, §§ 461, 538, 718; Harvard Draft Convention on the Law of Treaties, AJIL 29 (1935), Special Suppl., Part III, 664, Art. 35. Dazu *Vöneky*, 221 ff mwN.

kraft völkerrechtlicher Verträge einzuschränken;[5] andererseits wurde aber auch die These von der grundsätzlichen Weitergeltung völkerrechtlicher Verträge als zu weitgehend abgelehnt. Durchgesetzt hat sich in Wissenschaft und Praxis die Ansicht, daß die Frage nach der Bedeutung des Ausbruchs eines internationalen bewaffneten Konflikts auf Verträge nicht generell, sondern für einzelne Vertragskategorien[6] gesondert zu beantworten ist;[7] innerhalb ein und desselben Vertrages ist zwischen verschieden Bestimmungen des Vertrages[8] zu unterscheiden. Dieser vermittelnde Ansatz beruht auf pragmatischen Erwägungen und versucht sowohl den Interessen der Konfliktparteien als auch denjenigen der Staatengemeinschaft an einem möglichst weitgehenden Bestandsschutz für völkerrechtliche Verträge Rechnung zu tragen.[9] Für eine Unterscheidung ist dabei zunächst vom Sinn und Zweck des durch den Konfliktausbruch betroffenen Vertrages auszugehen und davon, ob der Mitgliederkreis des – bilateralen oder multilateralen – Vertrages auf die miteinander kriegführenden Staaten beschränkt ist oder nicht.[10]

II. 1. Im bewaffneten Konflikt bleiben die Verträge bestehen, die, sei es ausdrücklich, sei es dem Sinne nach, auch und gerade für den Kriegsfall geschlossen sind. Dies gilt sowohl für bilaterale und multilaterale Verträge zwischen den Kriegführenden als auch für andere multilaterale Verträge. Hier ist in erster Linie an Verträge wie die Haager Abkommen von 1899 und 1907[11] oder die Genfer Abkommen vom 1949 einschließlich der beiden Zusatzprotokolle von 1977 zu denken, die eine Humanisierung des Krieges bezwecken. Verträge dieser Art werden durch den Ausbruch des Krieges weder aufgehoben, noch suspendiert.[12] Gleiches gilt für Verträge, die die Kriegführenden während des Konflikts abschließen, z. B. Abkommen über den Austausch von Gefangenen, Waffenstillstandsverträge und Kriegsverträge vergleichbarer Art.[13]

2. Desgleichen gelten Verträge fort, die zwar nicht unmittelbar auf die Regelung von Lebenssachverhalten während eines internationalen Konflikts abzielen, den internationalen

---

[5] Dies gilt bis heute; vgl. Art. 2 der Resolution des *Institut du Droit International* vom 28. 8. 1985: „The outbreak of an armed conflict does not ipso facto terminate or suspend the operation in force between the parties to the armed conflict." Annuaire Institut du Droit International 61 II, 1986, 281; vgl. auch *Greenwood*, in: *Fleck* (Hrsg.), Handbuch des humanitären Völkerrechts, 35.

[6] Vgl. etwa den Schiedsspruch des StSchH über die Fischereirechte im Nordatlantik, 1910, Reports of International Arbitral Awards (RIAA) XI, 167 ff, 181: „International law in its modern development recognizes that a great number of treaty obligations are not annulled by war, but at most suspended by it". In den Vereinigten Staaten von Amerika ist die führende Entscheidung das Urteil des *Supreme Court* im Falle *The Society for the Propagation of the Gospel v. The Town of New Heaven and Wheeler*, Wheaton 8 (1823), 464 und das hervorragende, von dem Richter *Cardozo* begründete Urteil des *Court of Appeal* New York in *Techt v. Hughes*, 1920, 229 N. Y., 222, bestätigt vom *Supreme Court*, 254 U. S., 454. Vgl. auch die Entscheidung des *California Court of Appeal*, ILR 1954, 432 ff. In allen diesen Entscheidungen kommt eine differenzierende Betrachtungsweise zum Ausdruck. So auch die beiden Resolutionen des *Institut de Droit International*, 1912 und 1985. Über den allmählichen Wandel der Auffassungen etwa *Rousseau*, 559 f. mit Belegen sowie *Delbrück* EPIL 4, 310 (311) und *Vöneky*, 204 ff, 218 ff.

[7] Vgl. nur *McNair*, 702 ff; *ders.*, RdC Bd. 22 (1928 II), 461 ff; *Guggenheim*, Lehrbuch des Völkerrechts, Bd. I, 1953, 126 ff; *Oppenheim/Lauterpacht*, International Law II, 303; *Stone*, Legal Controls, 447; *Ränk*, Einwirkungen des Krieges, 32; *Klein*, JIR 3 (1950/51), 43 ff; *Detter de Lupis*, Law of War, 300 ff; *Chinkin*, Yale Journal of World Public Order 7 (1981), 177 (191 ff); *Delbrück* EPIL 4, 310 (311); *Fischer*, in: *Ipsen* (Hrsg.), 4. Aufl., 1106.

[8] So ausdrücklich Harvard Entwurf Art. 35 lit. c. Vgl. auch die Entscheidung des *California Court of Appeal*, ILR 1954, 432; eine Unterscheidung innerhalb eines Vertrages spricht die Resolution des Institut de Droit International von 1985 nicht an.

[9] *Delbrück* EPIL 4, 310 (311) ausführlich zu den einzelnen Kategorien, *Vöneky*, 239 ff.

[10] Die im folgenden vertretene Zweiteilung entspricht im Grundgedanken der Resolution des Institut de Droit International von 1985; vgl. insoweit Art. 5.

[11] Siehe in *D. Schindler/J. Toman*, The Laws of Armed Conflict, 1988.

[12] Statt anderer *McNair*, 696, 704; Art. 3 Resolution des Institut de Droit International von 1985.

[13] Über Verträge zwischen Kriegführenden *R. Monaco*, Les conventions intro belligérants, RdC 75 (1949), 277 ff.

Konflikt in ihren Regelungsbereich aber mit einbeziehen.[14] Dazu gehören beispielsweise die Charta der Vereinten Nationen sowie regionale Abmachungen gemäß Kapitel VIII VN Charta. Dazu gehört aber auch die Wiener Vertragsrechtskonvention; ihre Regelungen bleiben im Konfliktfall zwischen den Konfliktparteien gültig.[15]

3. Neben Verträgen, die speziell für den Kriegsfall abgeschlossen werden, bleiben auch diejenigen Verträge zwischen den Konfliktparteien erhalten, die permanente Rechte oder ein permanentes Regime begründen. Dazu gehören insbesondere Verträge, die eine dauernde territoriale Ordnung errichten, wie Verträge über Gebietsabtretungen, Grenzziehungen oder vergleichbare Verträge.[16] Der Grund dafür ist, daß Abtretungs- und Grenzverträge einmalig *(by an act done once for all)* eine Zustandsänderung herbeiführen und bereits in der Vergangenheit zwischen den Gegnern ausgeführte Verträge durch den Ausbruch eines bewaffneter Auseinandersetzungen nicht mehr berührt werden können.[17]

4. Dies gilt auch für Rechte, die den Staatsangehörigen der anderen Vertragsparteien durch Verträge des Fremdenrechts gewährt wurden und die bereits vor dem Kriegsausbruch vollständig begründet worden waren, seien es Eigentums-, Besitz- oder Staatsangehörigkeitsrechte.[18]

5. Bestehen bleiben auch Handelsverträge oder Verträge über den Flugverkehr. Sie werden allerdings für die Dauer des kriegerischen Konflikts suspendiert. D.h. sie werden mit Beendigung der Feindseligkeiten automatisch wieder angewandt.[19] Dagegen erlöschen mit Ausbruch des internationalen bewaffneten Konflikts die sog. politischen Verträge, deren Mitgliedschaft auf die Kriegsparteien beschränkt ist, wenn diese gegeneinander Krieg führen. Hierunter fallen Bündnis-, Beistands-, Freundschafts-, Garantieverträge usw.[20] Sie erlöschen automatisch mit dem Ausbruch des Konflikts und treten auch nach seiner Beendigung nicht wieder in Kraft.[21]

III. 1. Sonderregeln gelten für multilaterale Verträge, deren Mitgliederkreis über den der Konfliktparteien hinausgeht. An der Aufrechterhaltung dieser Abkommen zumindest zwischen den Parteien, die nicht Konfliktparteien sind, besteht ein Interesse der ganzen internationalen Gemeinschaft. Nach herrschender Ansicht verlieren sie daher – mit Ausnahme politischer Verträge – durch den Ausbruch eines Konflikts nicht ihre Geltung.[22] Sie

---

[14] Art. 3 Resolution des Institut de Droit International von; *Fischer*, in: *Ipsen* (Hrsg.), 4. Aufl., 1107.

[15] Der Abschluß völkerrechtlicher Verträge zwischen den Konfliktparteien regelt sich beispielsweise nach der Wiener Vertragsrechtskonvention.

[16] *McNair*, 704; *Wolff*, 88; einschränkend aber *Fischer*, in: *Ipsen* (Hrsg.), 4. Aufl., 1107; a. A. *Detter de Lupis*, 303, für den Fall, daß Zessions- oder Grenzverträge selbst Ursache des Krieges sind.

[17] Ausdrücklich *Wolff*, 88; vgl. dazu *Vöneky*, 269 mwN.

[18] Vgl. *McNair*, 714; US-Supreme Court, *The Society for the Propagation of the Gospel v. The Town of New Heaven and Wheeler*. Anderes gilt jedoch für die Geltung dieser Verträge während des Krieges selbst; vgl. dazu unten bei Anm 24.

[19] *Aust*, 244.

[20] Der Supreme Court der Vereinigten Staaten nahm im Falle *Karnuth v. U. S. ex rel. Albro* (1929), 279 U.S. 231, an, es habe Art. 3 des *Jay Treaty* von 1794 zwischen Großbritannien und den Vereinigten Staaten, der den freien Grenzverkehr zwischen den Vereinigten Staaten und Kanada erlaubte, durch den Ausbruch des Krieges von 1812 seine Geltung verloren. Dagegen sollte Art. 9 des gleichen Vertrages betreffend die wohlerworbenen Rechte der Staatsbürger beider Parteien noch weiterhin gelten. Dem Urteil im Falle *Karnuth* folgt auch die Entscheidung des *Exchequer Court* im Fall *Francis v. The Queen*, ILR 1955, 591. Kritisch Harvard Resolution, 1187.

[21] Ebenso Institut de Droit International 1912, Art. 2 (1); anders die Resolution des Instituts von 1985, die den Begriff des politischen Vertrages nicht kennt. Anders ebenso (nur Suspendierung sogar dieser Verträge), so scheint es, Harvard Entwurf Art. 35 (b).

[22] Übereinstimmend *A. D. Oppenheim's* International Law, Vol. II, 7th ed., 1952, 304; das Urteil *Scotland, Court of Session, Outer House, Lord Keith Masinimport v. Scottish Mechanical Light Industries Ltd.* vom 30. 1. 1976, ILR 74, 559 (560) verweist zutreffend darauf, daß deswegen auch eine Wiederanwendungserklärung nicht notwendig bzw. das Fehlen einer solchen nicht schädlich sei.

können aber zwischen den Konfliktparteien suspendiert sein. Auch insoweit sind verschiedene Kategorien von Verträgen zu unterscheiden.

2. Bei Verträgen, deren Mitgliedschaft nicht auf die kriegsführenden Parteien beschränkt ist, ist zum einen entscheidend, ob und inwieweit ihre Fortgeltung und Erfüllung sich mit den Zwecken und Bedürfnissen der Kriegführung vereinbaren läßt. Soweit das der Fall ist, sie also mit der Kriegführung kompatibel sind, gelten sie – auch für die kriegführenden Staaten – fort.[23] Nationale Gerichte haben beispielsweise übereinstimmend den Standpunkt vertreten, daß Verträge, soweit sie die bürgerliche Rechtsstellung der feindlichen Staatsangehörigen auf dem Gebiet des anderen Teils zum Gegenstand haben, sofern sie mit der Kriegführung vereinbar sind, grundsätzlich ihre Geltung auch im Konflikt behalten.[24]
Etwas anders gilt für multilaterale Verträge, die die Konfliktparteien während des Konflikts nicht erfüllen können. Ihre Anwendung wird während der Dauer des Konflikts zwischen den Konfliktparteien suspendiert.[25] Vorbehaltlich gewisser Modifikationen, die sich unter dem Gesichtspunkt der *clausula rebus sic stantibus* rechtfertigen lassen, gelten sie zwischen den Neutralen und zwischen den Neutralen und den Kriegführenden unbeschränkt weiter. Nach Beendigung des Konflikts erhalten sie wieder volle rechtliche Wirksamkeit.[26]

So ist z. B. die Erfüllung von Auslieferungsverträgen[27] während des Krieges unmöglich. Soweit sich durch den Krieg eine grundlegende Veränderung der Verhältnisse auch im Hinblick auf derartige

---

23 So auch Institut de Droit International 1912, Art. 4; vgl. *Vöneky*, 243 ff, 249.

24 Zur weitgehenden Rechtsprechung der US-Gerichte, die von der Fortgeltung der Verträge ausgehen, die den Erwerb von Eigentum durch ausländische Staatsangehörige regeln, vgl. die Entscheidung *Techt v. Hughes* in der der *Court of Appeal* New York entschied, daß die Bestimmungen eines Vertrages zwischen den Vereinigten Staaten und Österreich-Ungarn von 1848, der den Staatsangehörigen beider Länder den Erwerb von Grundbesitz im Erbgang erlaubte, auch nach dem Ausbruch des Krieges zwischen beiden Ländern weiterbestehe; vgl. auch *Supreme Court of* Nebraska in *Meier v. Schmidt*, AJIL 43 (1949), 184. Letzterer formulierte wie folgt: „The general rule is that treaties which are reasonably practicable to execute after the outbreak of hostilities must be given effect. They may be disregarded only to the extent and for the time required by the necessities of war, or when they conflict with policies established by the Chief Executive or the Congress". Ausführlich zur US-amerikanischen Rechtsprechung, *Ränk*, 511. Dagegen ging die französische Rechtsprechung seit *Artel c. Seymond* (Journal de Droit International 77 (1950), 123) und dem durch das Plenum der *Cour de Cassation* entschiedenen Fall *Lovera c. Rinaldi* (Journal de Droit International 77 (1950), 125) davon aus, daß fremdenrechtliche Verträge, die den Erwerb von Eigentum betreffen, durch den Ausbruch bewaffneter Auseinandersetzungen suspendiert oder beendet werden, allerdings nur, wenn es sich nicht um multilaterale Verträge handelt, an denen auch andere Staaten außer den Kriegsparteien beteiligt sind, vgl. dazu *Ränk*, 527 f. Eine Unterscheidung zwischen mit der Kriegführung kompatiblen Verträgen und anderen haben auch deutsche Gerichte teilweise vertreten. So wird in RGZ 85, 374 angenommen, es werde das Pariser Abkommen zum Schutze des gewerblichen Eigentums von 1883 durch den Kriegsausbruch nicht berührt, und es blieben namentlich die wohlerworbenen Rechte der feindlichen Staatsangehörigen im Kriege erhalten. Für weitere Belege zur italienischen gerichtlichen Praxis, vgl. die Hinweise der *Harvard Resolution*, 1187 f. und die Belege aus der nationalen Rechtsprechung bei *de la Pradelle*, ILQ 2 (1948), 555 f; zur britischen Praxis *McNair*, 542 f.

25 Vgl. zur Suspension des Madrider Markenabkommens, BGHZ 31, 374 ff., (381); das Bundespatentgericht hat in seinem Urteil vom 27. 9. 1967 die entsprechende Erklärung der Bundesregierung vom 9. 11. 1949 (Bl. f.PMZ 1950, 102) als rein deklaratorisch angesehen.

26 Reiches Material zu dieser Frage im Kommentar zu Art. 35 des Harvard Entwurfs. Vgl. vor allem auch die Denkschrift, die dem Verwaltungsrat der ILO zu dieser Frage vorgelegt wurde, wiedergegeben – International Labour Code 1951 I, S. XCVI f. So ist auch die Praxis im Hinblick auf die Abkommen der ILO. Zu Beginn des Jahrhunderts entstand ein Streit zwischen Großbritannien und den Vereinigten Staaten über die Frage, ob die im Friedensvertrag von 1783 enthaltenen Bestimmungen über die Fischereirechte amerikanischer Staatsbürger vor den Küsten von Neufundland und Labrador durch den Krieg von 1812 beseitigt, so Großbritannien – oder nur suspendiert – so die Vereinigten Staaten – worden seien; näheres bei *Wheaton*, §§ 269–274. Die Frage wurde vertraglich geregelt.

27 Dazu auch die AJIL 50 (1956), 140 wiedergegebene Entscheidung des *District Court* Ohio sowie die Entscheidung des *Supreme Court* der Seychellen vom 16. 10. 1973 im Falle *R. v. Meroni* (ILR 91, 386), in der davon ausgegangen wird, daß der während des zweiten Weltkriegs suspendierte Ausliefe-

Verträge ergeben sollte, wäre diese unter dem Gesichtspunkt der *clausula rebus sic stantibus* geltend zu machen und könnte Anlaß zur Anpassung oder Rücktritt geben.

3. Verträge, die ein internationales Regime oder einen territorialen Status begründen, gelten nach Ausbruch eines internationalen Konflikts auch zwischen den Konfliktparteien fort.[28] Hierzu gehören Verträge über die Internationalisierung, Demilitarisierung oder Neutralisierung von Gebieten oder Wasserwegen.[29] Dies ist ausdrücklich geregelt für die Antarktis, obwohl diese demilitarisiert ist.[30]

4. Gründungsverträge Internationaler Organisationen sollen nach Ansicht einiger während eines internationalen bewaffneten Konfliktes auch für die Konfliktparteien fortgelten.[31] Dies läßt sich mit Blick auf die Staatenpraxis aber nur für die Verträge solcher Internationaler Organisationen belegen, die der Erfüllung wirtschaftlicher, sozialer, kultureller und damit verwandter „nicht-politischer" Aufgaben dienen, wie beispielsweise die *International Labour Organization*, die *World Health Organization*, die Weltbank etc., im Unterschied zu Allianz- und Bündnisverträgen, die – wie die NATO – Internationale Organisationen errichten.[32]

5. Allgemein anerkannt ist auch die grundsätzliche Weitergeltung von multilateralen Menschenrechtsverträgen, wie die Europäischen Konvention zum Schutze der Menschenrechte und Grundfreiheiten, der Internationale Pakt für bürgerliche und politische Rechte, der Internationale Pakt über wirtschaftliche, soziale und kulturelle Rechte,[33] auch zwischen den gegnerischen Konfliktparteien.[34] Dies ergibt sich schon aus den Notstandsklauseln in den meisten Menschenrechtsverträgen, die im Kriegsfall die Derogation bestimmter Rechte erlauben, aber von der Notstandsfestigkeit anderer ausgehen.[35] Die Fortgeltung des Paktes über bürgerliche und politische Rechte in bewaffneten Konflikten wurde zuletzt vom Internationalen Gerichtshof im *Gutachten zur Rechtmäßigkeit des Einsatzes von Atomwaffen* bestätigt.[36]

IV. Wegen des Grundsatzes der Gleichbehandlung aller Kriegsparteien gelten nach richtiger Ansicht alle bisher genannten Regeln unabhängig davon, ob eine Konfliktpartei als Aggressorstaat gegen das *ius ad bellum* verstoßen hat oder nicht.[37]

---

rungsvertrag zwischen Italien und Großbritannien nach Kriegsende wieder anwendbar geworden ist.

[28] *E. Klein*, Statusverträge im Völkerrecht, 1980, 298 f; *Wolff*, 88; *Delbrück*, EPIL 4, 311 (312); *Vöneky*, 255 ff; noch vorsichtig *McNair*, 720;.

[29] Wie der Vertrag über die Aaland Inseln; umstritten ist dies jedoch für den Antarktisvertrag, den Weltraumvertrag und das Seerechtsübereinkommen. Vgl. zu letzterem *R. Wolfrum*, Military Activities on the High Seas: What are the Impacts of the U. N. Convention on the Law of the Sea?, in: *M. N. Schmitt/ L. C. Green*, The Armed Conflict: Into the Next Millenium, 1998, 501.

[30] Vgl. dazu § 137.

[31] Nicht ganz eindeutig aber Art. 6 Resolution des Institut de Droit International von 1985, nach deren Wortlaut zunächst ein Suspensionsrecht der Konfliktparteien nicht ausgenommen scheint: „A treaty establishing an international organization is not affected by the existence of an armed conflict between any of its parties", vgl. dazu *Vöneky*, 250.

[32] Zur Staatenpraxis, vgl. *Vöneky*, 251 ff; Art. 6 der Resolution des Institut de Droit International von 1985 bleiben Gründungsverträge für internationale Organisationen durch einen Kriegsausbruch zwischen einzelnen ihrer Mitglieder unberührt.

[33] Zu den Menschenrechtsverträgen werden die Verträge gezählt, die dem Individuum als solchem gerade auch gegenüber seinem Heimatstaat Garantien verleiht; sie sind daher von den völkerrechtlichen Verträgen des Fremdenrechts (vgl. zu diesen oben bei Anm. 18, 20) zu unterscheiden; vgl. *Verdross/Simma*, 797.

[34] Vgl. Art. 4 Resolution des Institut de Droit International von 1985; *Draper*, San Remo Proceedings, 1970, 141 ff; *Partsch*, EPIL 8, 293; *A. Eide*, in: *C. Swinarski* (Ed.), Etudes et essais sur le droit international humanitaire et sur les principes de la Croix-Rouge in l'honneur de Jean Pictet. 1984, 675 (695), *Vöneky*, 280 mwN. und schon *J. C. Bluntschli*, Das moderne Völkerrecht der civilisierten Staaten, 1878, § 529.

[35] Vgl. nur Art. 15 EMRK.

[36] ICJ Reports, 1996, 240 para. 25.

[37] Vgl. *Chinkin*, Yale Journal of World Public Order 7 (1981), 177 (183, 200); *Brownlie*, 617; dazu auch

V. 1. Die Frage der Fortgeltung internationaler Verträge in und nach dem Kriege wird nicht selten von den Parteien besonders geregelt.

Beispiele: Nach der Berliner Kongoakte vom 26.2.1885 blieben die Bestimmungen der Schifffahrtsakte für Kongo und Niger auch im Kriege verbindlich (Art. 25, 33), eine Regel, die sich allerdings im Ersten Weltkrieg nicht durchgesetzt hat. In anderen Verträgen sind Klauseln enthalten, die den Parteien im Konfliktfall die Aktionsfreiheit sichern. Bestimmungen dieser Art sind im Zweifel so zu verstehen, daß der Vertrag zwar fortbesteht, aber die Verpflichtungen der Parteien während des Krieges vorübergehend entfallen. Nach der Barcelona-Konvention vom 20.4.1921 und anderen Verträgen etwa soll der Vertrag zwar seine Geltung auch im Kriege behalten, aber nur soweit sich dies mit den Rechten und Pflichten der Kriegführenden und Neutralen vereinbaren läßt (Art. 18).[38] Andere Verträge bestimmen, daß die Parteien mit Kriegsausbruch ihre Aktionsfreiheit wiedererlangen. Dazu gehört das Brüsseler Abkommen zur einheitlichen Feststellung von Regeln über die Immunitäten der Staatsschiffe vom 10.4.1926,[39] nach dessen Art. 7 im Kriege jede Partei die Anwendung des Abkommens durch Erklärung gegenüber der anderen Seite aussetzen darf. Nach Art. 6 lit. a des Abkommens zum Schutze des menschlichen Lebens auf See vom 10.6.1948[40] sollen im Kriegsfall Kriegführende sowie Neutrale alle oder einzelne Bestimmungen des Abkommens außer Kraft setzen dürfen.[41] Nach Art. 89 des Abkommens über die internationale Zivilluftfahrt vom 7.12.1944 sollen die Bestimmungen des Abkommens die Aktionsfreiheit der Vertragsstaaten unberührt lassen, seien sie am Krieg beteiligt oder neutral.[42]

2. Häufig werden in Friedensverträgen diejenigen Abkommen bestimmt, die nach Beendigung des Konflikts wieder aufleben sollen oder die als beendet gelten. Im diesem Zusammenhang sind die Friedensverträge nach den beiden Weltkriegen von Interesse.

In den Pariser Vorortverträgen von 1919 wurden die multilateralen Verträge mit Deutschland und seinen ehemaligen Verbündeten, die nach dem Kriege fortgelten sollten, ausdrücklich bezeichnet.[43] Für bilaterale Verträge wurde bestimmt, daß jede der alliierten und assoziierten Mächte Deutschland (bzw. seinen Verbündeten) die Verträge mitteilen werde, deren Aufrechterhaltung sie wünschten.[44] Diese Bestimmungen könnten dahin ausgelegt werden, daß man von dem Erlöschen der Verträge als Regel ausging. Ein positiveres Bild ergibt sich nach dem Zweiten Weltkrieg für die multilateralen Verträge. Der Friedensvertrag mit Italien[45] schweigt hierzu, obwohl er eine Klausel für bilaterale Verträge enthält. Dies läßt den Schluß zu, daß diese Abkommen nach dem Willen der Parteien weiterbestehen sollten.[46] Japan hat die Frage der Fortgeltung multilateraler Abkommen im Einvernehmen mit den Vereinten Nationen zum Gegenstand einer Erklärung im Anschluß an den Friedensvertrag von San Francisco gemacht.[47]

Vöneky, 299 ff. Anders aber Art. 9 der Resolution des Institut de Droit International von 1985, nach der Aggressorstaaten an alle die Verträge gebunden bleiben müssen, von deren Suspendierung sie einen Vorteil hätten.

38 Ebenso ist das Statut über die Wasserwege von internationaler Bedeutung, Art. 15 und über den Durchgangsverkehr, Art. 8, ferner Genfer Seehafenstatut vom 9.12.1923, Art. 18, Genfer Abkommen über die Entwicklung der Wasserkraft, soweit diese mehrere Staaten berührt, vom 9.12.1923 (LNTS Vol. 36, 76), Art. 9.

39 LNTS Vol. 120 No. 2765 p. 187.

40 UNTS Vol. 164 No. I, 2163 p. 113.

41 Eine entsprechende Bestimmung ist z. B. in Art. 19 des Londoner Abkommens zur Verhütung der Verschmutzung der See durch Öl vom 12.5.1954 enthalten, ILM 9 (1970), 1.

42 UNTS Vol. 15 No. 102.

43 Verträge von Versailles, Art. 282 f., St. Germain, Art. 234 f., Trianon Art. 217 f., Neuilly Art. 167 f. Ebenso Friedensvertrag von Lausanne von 1923, Art. 99.

44 Verträge von Versailles, Art. 289; St. Germain Art. 241, Trianon Art. 224, Neuilly Art. 168; dazu *Vöneky*, 206 mwN. Nach dem Urteil des *Supreme Court Kansas*, AD 1919–1942, Suppl. C. 132, soll die Bestimmung nicht für Verträge gelten, die ihre Geltung durch den Krieg nicht verloren haben, sondern nur für solche, die annulliert oder suspendiert worden sind. Ebenso der *District Court of Appeal California*, AJIL 46 (1952), 573; vgl. zu den Regelungen der Pariser Vorortverträge *A. Curti Gialdino*, Gli effetti della guerra sui trattati, 1959, 140.

45 Vgl. Art. 44, AJIL 42 (1948), Suppl. 47 ff, 61; das gleiche gilt für die Friedensverträge mit Rumänien; Bulgarien; Ungarn und Finnland; vgl. dazu *Ränk*, 35.

46 Dies scheint auch die Ansicht der Delegierten auf der Pariser Friedenskonferenz gewesen zu sein; näheres bei *M. Brandon/A. Leriche*, AJIL 46 (1952), 533 f. sowie *Oppenheim's* International Law, Vol. II, 7th ed., 1952.

47 Vgl. den Text der Erklärung AJIL 46 (1952), Suppl.

3. Auf Grund von Kapitel VII der VN-Charta kann ein Staat durch den Sicherheitsrat dazu verpflichtet werden, seine vertraglichen Beziehungen zu einem Staat abzubrechen oder zu suspendieren.[48] Diese Rechtsfolge tritt allerdings nicht mit Beschluß des Sicherheitsrates überein, sondern mit den Aktionen der Staaten, die durch diesen Beschluß verpflichtet werden. Die Beendigung oder Suspendierung findet ihre Legitimation in dem Beschluß des Sicherheitsrates. Denkbar ist aber auch, daß der Sicherheitsrat bestimmte Verträge für beendet erklärt, wenn dies zu Wahrung des Weltfriedens beiträgt. Eine Beschränkung enthält Kapitel VII der VN-Charta insoweit nicht.

VI. Geht eine Vertragspartei eines bilateralen Vertrages unter, so erlöschen alle mit dieser Partei abgeschlossenen Verträge. Dies gilt auch für Verträge, die einen besonderen Status für ein Territorium begründen.[49] Nur wenn dessen Inhalt inzwischen zu Gewohnheitsrecht erstarkt ist, wird der Status des Gebietes von dem Erlöschen des Vertrages nicht berührt.[50]

VII. Ein Abbruch der diplomatischen oder konsularischen Beziehungen läßt die geltenden Verträge bestehen, kann aber bewirken, daß Verträge, zu deren Erfüllung das Bestehen solcher Beziehungen erforderlich ist, bis zur Wiederherstellung der Beziehungen ruhen.[51] In der Praxis werden die diplomatischen Beziehungen über dritte Staaten aufrechterhalten.

§ 163 Suspendierung

Schrifttum: vor §§ 156ff.

I. 1. Neben der Beendigung kennt die Wiener Vertragsrechtskonvention (WVK) die Möglichkeit der Suspendierung eines Vertrages. Hierbei handelt es sich um die Aussetzung der vertraglichen Rechte und Pflichten, ohne dass die Fortgeltung des Vertrages selbst in Frage gestellt wird.[1] Nach Beendigung des Suspendierungsgrundes finden die vertraglichen Regelungen *ipso iure* wieder Anwendung; eine entsprechende Erklärung ist nicht notwendig, in der Praxis aber aus Gründen der Rechtsklarheit üblich. Die Regeln der Wiener Vertragsrechtskonvention über die Suspendierung entsprechen denjenigen über die Beendigung eines Vertrages. Eine Sonderregelung existiert lediglich für die Suspendierung eines multilateralen Vertrages zwischen einzelnen Vertragsparteien[2].

2. In bezug auf die Suspendierung sind vier Fälle zu unterscheiden:

- die Suspendierung eines Vertrages auf Grund seiner Bestimmungen bzw. durch Einvernehmen (Art. 57 WVK) oder durch einen späteren Vertrag zwischen sämtlichen oder einzelnen Vertragsparteien (Art. 58f WVK);
- die Suspendierung wegen Vertragsverletzung (Art. 60 WVK), der als Sanktionsmittel in multila-

86f.; soweit sich nicht das Gegenteil aus dem Vertrage ergebe, so heißt es darin, erkenne Japan die Fortgeltung aller multilateraler Abkommen an, an denen es am 1.9.1939 beteiligt war. Nur wo die Beteiligung an solchen Abkommen die Mitgliedschaft in internationalen Organisationen voraussetze, solle die Fortgeltung von Japans Wiederzulassung zu diesen Organisationen abhängig sein.

[48] Die Resolution des Institut de Droit International von 1985 weist auf diese Möglichkeit ausdrücklich hin.

[49] A. A. *Verdross/Simma*, 525, der von der Fortgeltung derartiger Verträge auszugehen scheint.

[50] Vgl. dazu RGSt 70, 286; *Dissenting Opinion* der Richter *Spender* und *Fitzmaurice* im Urteil *South West Africa*, Preliminary Objections, ICJ Reports 1962, 319ff, 495; *Verdross/Simma*, 525.

[51] Ebenso Harvard Entwurf Art. 25; so ausdrücklich Art. 63 WVK; *Aust*, 243; vgl. dazu auch das Konkordatsurteil, BVerfGE 6, 337f.

[1] Zu den Rechtsfolgen der Suspendierung eines Vertrags Art. 72 WVK; zutreffend spricht C. *Feist*, Kündigung, Rücktritt und Suspendierung von multilateralen Verträgen, 2001, 133, insoweit davon, daß die Folgen einer Suspendierung im wesentlichen denen eines zivilrechtlichen Leistungsverweigerungsrechtes entsprechen.

[2] Vgl. Art. 58 WVK; dazu unten II.3.

teralen Verträgen oder in bezug auf internationale Organisationen besondere Bedeutung zukommt;
- die Suspendierung wegen grundlegender Änderung der Umstände (Art. 62 Abs. 3 WVK); und
- die Suspendierung von Verträgen wegen Ausbruchs eines internationalen bewaffneten Konflikts.

Die beiden letztgenannten Fälle weisen im Vergleich zu den entsprechenden Regeln über eine Beendigung von Verträgen keine Besonderheiten auf.[3]

II. 1. Gemäß Art. 57 lit. a WVK kann ein Vertrag gegenüber allen oder einzelnen Vertragsparteien suspendiert werden, soweit der Vertrag dies vorsieht. Eine Vielzahl von Verträgen enthält Klauseln, nach denen die Vertragsverpflichtungen in bestimmten Situationen suspendiert werden können. Sinn dieser Klauseln ist eine temporäre Anpassung der vertraglichen Verpflichtungen an geänderte Situationen. In der Regel handelt es sich um Notstands- und Ausweichklauseln, die den Parteien nicht nur bei unmittelbarer Gefährdung ihrer staatlichen Existenz, sondern auch darüber hinaus in anderen Not- und Krisenlagen Erleichterungen gewähren, indem sie ihnen etwa die Aussetzung der Erfüllung gestatten, solange die Notlage andauert. Im Grunde genommen handelt es sich hierbei um eine Institutionalisierung der *clausula rebus sic stantibus* für den Fall, dass die Veränderung der Umstände als von lediglich vorübergehender Art angesehen wird.

Beispiele: Die Vertragsstaaten des Statuts über die internationalen Schiffahrtswege (Art. 19)[4] und des Statuts für den Durchgangsverkehr (Art. 7) vom 20. 4. 1921[5] sollen in Ausnahmefällen und für eine möglichst beschränkte Zeit die Maßnahmen treffen dürfen, die sie bei dem Eintritt schwerwiegender, ihre Sicherheit oder Lebensinteressen berührender Notlagen für erforderlich halten; eine vergleichbare Regel findet sich in Art. 16 des Internationalen Seehafenstatuts vom 9. 12. 1923[6]. Auch nach dem Abkommen über die internationale Zivilluftfahrt vom 7. 12. 1944[7] erlangen die Parteien ihre Handlungsfreiheit wieder, wenn sie einen nationalen Notstand erklären und dies dem Rat der ICLO mitgeteilt wird (Art. 89). Nach Art. 36 der UPU-Satzung[8] können „außergewöhnliche Umstände" ein Recht zur Einstellung des Postdienstes geben, es besteht allerdings auch in diesem Fall eine Mitteilungspflicht. Besonders differenziert sind insoweit die Regelungen in Art. XII und XVIII GATT. Gemäß Art. 15 EMRK schließlich kann eine Vertragspartei im Falle eines Krieges oder eines anderen öffentlichen Notstandes Verpflichtungen aus der EMRK außer Kraft setzen, soweit dies die Lage unbedingt erfordert, eine vergleichbare Notstandsklausel enthält Art. 4 IPbpR.

2. Verträge, sowohl bilaterale als auch multilaterale, können durch Einvernehmen zwischen den Vertragsparteien nach Konsultationen mit den Vertragsstaaten suspendiert werden.[9] Eine vertragliche Vereinbarung ist nicht notwendig. Möglich ist auch die Suspendierung eines Vertrages durch Abschluß eines späteren Vertrages.[10] Diese Suspendierung kann ausdrücklich erfolgen; möglich ist aber auch eine konkludente Suspendierung.

3. Eine Sonderregelung gilt für die vertragliche Suspendierung eines multilateralen Vertrages zwischen einzelnen Vertragsparteien. Gemäß Art. 58 WVK ist diese zulässig, wenn eine derartige Suspendierungsmöglichkeit in einem Vertrag vorgesehen ist oder, soweit eine derartige Suspendierung nicht ausgeschlossen ist, diese nicht die Rechte der anderen Vertragsparteien beeinträchtigt und nicht mit Sinn und Zweck des Vertrages unvereinbar ist. Art. 58 WVK entspricht seiner Zielsetzung nach Art. 41 WVK,[11] obwohl dessen Voraussetzungen durch die Wiener Vertragsstaatenkonferenz etwas anders formuliert worden sind. Beide Bestimmungen dienen dem Zweck, die Vertragsparteien multilateraler Abkom-

---

[3] Es kann insoweit auf die diesbezüglichen Ausführungen in den §§ 158 ff verwiesen werden.
[4] LNTS Vol. 7 No. 172, S. 35.
[5] LNTS Vol. 7 No. 171, S. 11.
[6] LNTS Vol. 58 No. 1379, S. 285.
[7] BGBl.1956 II, 411 ff.
[8] BGBl. 1965 II, 1633 ff.
[9] Art. 57 lit. b WVK; vgl. dazu §§ 18 ff.
[10] Art. 59 WVK.
[11] Vgl. *Feist*, 198.

men davor zu schützen, daß einzelne Vertragsparteien sich durch *inter se*-Abkommen den vertraglichen Bindungen entziehen und so die anderen Unterzeichnerstaaten benachteiligen. Dabei war Art. 58 WVK (im Entwurf Art. 55) zunächst anders formuliert als Art. 41 WVK (im Entwurf Art. 37);[12] wegen der einheitlichen Zielrichtung wurde aber später der Wortlaut der beiden Artikel weitgehend aneinander angepaßt.[13] Art. 58 WVK will der Tatsache Rechnung tragen, daß die Vertragsbeziehungen aus manchen multilateralen Verträgen sich in bilateralen Vertragsverpflichtungen erschöpfen können.[14]

4. Die Verfahren zur Suspendierung eines Vertrags weisen gegenüber den übrigen Beendigungsverfahren keine Besonderheiten auf.[15]

II. 1. Die Satzungen internationaler Organisationen sehen vor, daß sämtliche oder auch nur einzelne Rechte eines Mitglieds suspendiert werden, das gegen Bestimmungen aus der Satzung verstößt. Hierbei handelt es sich um ein Beugemittel, mit dem versucht wird, das Mitglied zu einem satzungskonformen Verhalten zu zwingen.

Ein Beispiel hierfür ist die Regelung von Art. 5 Charta der VN.[16] Danach können die Rechte eines Mitgliedes suspendiert werden, gegen das der Sicherheitsrat Vorbeugungs- oder Zwangsmaßnahmen getroffen hat.[17] Weniger weit gehen die Maßnahmen nach Art. 19 Charta der VN. Danach wird das Stimmrecht eines Mitglieds ausgesetzt, wenn dieses mit seinen Beitragszahlungen in Rückstand gerät.[18] Diese Bestimmung hat Eingang in die Satzungen auch anderer internationaler Organisationen gefunden.[19] Eine vom Ansatz her vergleichbare Sanktionsvorschrift findet sich in Art. 7 des Vertrages über die Europäische Union, der Reaktionen auf schwerwiegende und anhaltende Verletzungen fundamentaler Grundsätze durch einen Mitgliedstaat vorsieht.

Das Verfahren für eine derartige Suspendierung regelt sich nach der Satzung der jeweiligen Organisation.

2. Eine besondere Bedeutung erhält die Suspendierung von Rechten im Rahmen des internationalen Wirtschaftsrechts. Art. XXIII Abs. 2 GATT sah die Möglichkeit vor, daß die Konzessionen oder Verpflichtungen gegenüber einer Vertragspartei, die ihre vertraglichen Verpflichtungen verletzt hatte, ausgesetzt wurden. Es handelte sich insoweit um eine Gegenmaßnahme, die sowohl Beuge – als auch Strafcharakter hatte. In der Praxis hat sich dieser Mechanismus allerdings nicht als effektiv erwiesen.[20] Er wurde daher durch Art. 22 DSU modifiziert. Danach kann im Regelfall eine Vertragspartei seine Konzessionen oder Verpflichtungen gegenüber einer vertragsbrüchigen Partei suspendieren, soweit eine derartige Maßnahme nicht von dem *Dispute Settlement Body* im Konsens abgelehnt wird.[21] Vom

---

[12] Siehe UN Doc. A/Conf.39/11/Add. 2, 71 u. 54.

[13] Vgl. UN Doc. A/Conf.39/11/Add. 2, 178 f und UN Doc. A/Conf.39/11, 347 ff.

[14] Vgl. die Anmerkung der ILC hierzu in UN Doc. A/Conf.39/11/Add. 2, 71 f; Art. 311 Abs. 3 SRÜ übernimmt den Wortlaut dieser Regelung.

[15] Vgl. § 158.

[16] Vgl. zu den Einzelheiten *H. J. Schütz*, in: *B. Simma* (ed.), The Charter of the United Nations: A Commentary, 1994, Art. 5.

[17] Nach Art. II der Satzung der UNESCO kann sich die Suspendierung eines VN Mitgliedes auch auf die Mitgliedschaft in der UNESCO erstrecken.

[18] Vgl. zu den Einzelheiten *C. Tomuschat*, in: *B. Simma* (Hrsg.), The Charter of the United Nations: A Commentary, 1994, Art. 19, Rdn. 3 ff; *H. J. Schütz*, Membership, in: *R. Wolfrum* (ed.), United Nations: Law, Policies and Practice, 1995, 877 ff.

[19] Vergleichbare Regelungen finden sich in den Satzungen von UN-Sonderorganisationen, z. B. bei FAO (Art. 3 Abs. 4 Satz 2), ICAO (Art. 62), ILO (Art. 13 Abs. 4), IMO (Art. 42), UNESCO (Art. 4 Abs. 8b), UNIDO (Art. 5 Abs. 2) und WHO (Art. 7); zu finden ist eine solche Bestimmung aber auch in der Satzung des Europarats (Art. 9) oder bei der IAEA (Art. 19 A); zu den verschiedenen Formen der Suspendierung vgl. *Schermers/Blokker*, §§ 1455 ff.

[20] Vgl. dazu *P. T. Stoll/A. Steinmann*, WTO Dispute Settlement: The Implementation Stage, Max Planck UNYB 3 (1999), 407 (419).

[21] Zu den Einzelheiten vgl. *Stoll/Steinmann*, Max Planck UNYB 3 (1999), 407 (421) mit weiteren Nachweisen.

Ansatz her gleichartige Möglichkeiten bestehen unter einzelnen internationalen Umweltabkommen.[22]

3. Diese Möglichkeiten bestehen neben den Möglichkeiten einer Vertragssuspendierung nach Art. 60 WVK wegen einer schwerwiegenden Vertragsverletzung.[23] Allerdings sind die Regelungen von Art. 60 Abs. 2 WVK zur Suspendierung von vertraglichen Rechten aus einem multilateralen Vertrag nicht darauf zugeschnitten, hierüber effektiv die Vertragstreue einer vertragsbrüchigen Partei zu erzwingen.[24] Das gleiche gilt für Art. 60 Abs. 2 des Übereinkommens über das Recht der Verträge zwischen Staaten und internationalen Organisationen und zwischen internationalen Organisationen von 1986[25]. Denn Art. 60 Abs. 2 WVK erlaubt nur die Suspendierung der Rechte einer vertragsbrüchigen Partei durch die anderen Vertragspartner einvernehmlich sowie durch eine Partei, die besonders betroffen ist. Soll dieser Mechanismus effektiv eingesetzt werden, bedarf es eines Verfahrens, innerhalb dessen die Vertragsparteien bzw. ein Organ des betreffenden multilateralen Vertrages über die Suspendierung entscheiden kann.

III. Die Regelung der Wiener Vertragskonvention über die Suspendierung völkerrechtlicher Verträge werden der Bedeutung, die dieses Rechtsinstitut in der Praxis hat, nicht gerecht. Die Suspendierung dient entweder als Beugemittel oder zur Aufrechterhaltung eines rechtlichen Schwebezustandes. Im letztgenannten Fall stellt die Suspendierung gegenüber dem Abbruch der vertraglichen Beziehungen das mildere Mittel, die Bestandskraft völkerrechtlicher Verträge stärker achtende Rechtsinstitut dar.

---

[22] Unter der *Non-Compliance Procedure* unter dem Montreal-Protokoll können im Falle der Vertragsverletzung bestimmte Mitgliedschaftsrechte suspendiert werden; vgl. dazu *R. Wolfrum*, Means of Ensuring Compliance with and Enforcement of International Environmental Law, RdC 272 (1998), 9 (57). Der Ständige Ausschuß des Washingtoner Artenschutzabkommens hat beispielsweise empfohlen, daß die Vertragsstaaten von einem vertragsbrüchigen Staat keine Herkunftszertifikate mehr annehmen. Damit würde der Export aus diesen Staaten eingeschränkt (vgl. *Review of Alleged Infractions and Other Problems of Implementation of the Conventions*, CITES, Report of the Secretariat, 9th Meeting of the Conference of Parties, Doc. 9.22, Annex, Summaries of Alleged Infractions (1994)).

[23] Siehe dazu §§ 157, 162.

[24] Vgl. *Wolfrum*, RdC 272, (1998), 9 (56).

[25] ILM 25 (1986), 543.

2. ABSCHNITT
Einseitige Rechtsakte

§ 164 Einseitige Rechtsakte

Schrifttum: *E. Brüel*, La protestation en droit international, Acta scandinavia juris gentium 3 (1932), 75 ff; *F. Pfluger*, Die einseitigen Rechtsgeschäfte im Völkerrecht, 1936; *G. Cansacchi*, La notificazione internazionale, 1943; *F. Hoch*, Die völkerrechtliche Verpflichtung der Staaten durch Regierungsakte, 1947, *G. Biscottini*, Contributo alla teoria degli atti unilaterali nel diritto internazionale, 1951; *A. Tommasi di Vignano*, La Rinuncia in Diritto Internazionale, 1960; *A. Ch. Kiss*, Les actes unilatéraux dans la pratique française du droit international, RGDIP 65 (1961), 317 ff; *E. Suy*, Les actes juridiques unilatéraux en droit international public, 1962; *G. Venturini*, La portée et les effets juridiques des attitudes et des actes unilatéraux des États, RdC, Bd. 112 (1964 II), 363 ff; *J. Dehaussy*, Les actes juridiques unilatéraux en droit international public, Clunet 92 (1965), 41 ff; *A. Miaja de la Muela*, Los actos unilaterales en las relaciones internacionales, Rev. Espan. de Derecho Internacional 20 (1967), 429 ff; *J. P. Müller*, Vertrauensschutz im Völkerrecht, 1971; *B. Stern*, L'affaire des essais nucléaires fançais devant la Cour Internationale de Justice, AFDI 1974, 299 ff.; *S. Sur*, Les affaires des essais nucléaires, RGDIP 1975, 972 ff.; *J. Verhoeven*, La reconnaissance internationale dans la pratique contemporaine, 1975; *W. Fiedler*, Zur Verbindlichkeit einseitiger Versprechen im Völkerrecht, GYIL 19 (1976), 35 ff; *A. P. Rubin*, The International Legal Effects of Unilateral Declarations, AJIL 71 (1977), 1 ff; *J. Leutert*, Einseitige Erklärungen im Völkerrecht, 1979; *J. D. Sicault*, Du caractère obligatoire des engagements unilatéraux en droit international public, RGDIP 83 (1979), 633 ff; *J.-P. Jaqué*, A propos de la promesse unilatérale, Mélanges *P. Reuter*: le droit international, unité et diversité, 1981, 327 ff; *W. Fiedler*, Unilateral Acts, EPIL 7 (1984), 517 ff; *U. Fastenrath*, Lücken im Völkerrecht, 1991, 104 ff; *W. Graf Vitzthum*, in: *W. Graf Vitzthum* (Hrsg.), Völkerrecht, 2001, 1 ff; *I. Breutz*, Der Protest im Völkerrecht, 1997; *K. Zemanek*, Unilateral acts revisited, International Law: Theory and Practice, Essays in Honour of *E. Suy*, 1998, 209 ff; ILC-Report 1999 (A/54/10), §§ 485–597; *V. Rodríguez Cedeño*, Second report on unilateral acts 1999 (A/CN.4/500).

I. 1. Völkerrechtliche Rechte und Pflichten können außer durch Verträge, Gewohnheitsrecht, allgemeine Rechtsgrundsätze und Akte internationaler Organisationen[1] auch durch einseitige Rechtsakte begründet werden.[2] Einseitige Rechtsakte sind Willenserklärungen einzelner oder mehrerer Staaten oder einer – oder mehrerer – internationalen Organisation, durch welche die von diesen Rechtssubjekten beabsichtigten Rechtsfolgen im Rahmen des allgemeinen Völkerrechts ausgelöst werden.[3]
Der Völkerrechtswissenschaft ist es wegen der Vielfalt der einseitigen Rechtsakte bislang nicht gelungen, für diese eine allgemeingültige Systematik zu entwickeln. Unterschieden

[1] Akte internationaler Organisationen können auch einseitige Rechtsakte darstellen, unterscheiden sich aber durch ihre Eigenschaft als abgeleitetes Recht/Sekundärrecht von den staatlichen einseitigen Rechtsakten; vgl. dazu *J. Combacau/S. Sur*, Droit International Public, 95; sowie Band II/2.

[2] Vgl. *Nuclear Tests* Fälle, ICJ Reports 1974, 253 (267) und 457 (472): „It is well recognized that declarations made by way of unilateral acts, concerning legal or factual situations, may have the effect of creating legal obligations"; gegen eine Qualifizierung einseitiger staatlicher Akte als Rechtsquellen *Bos*, 71 f, er bewertet sie statt dessen als „sources of obligations" (72), unklar in dieser Hinsicht *Oppenheim*, Bd. I/2, 9. Aufl., 1190, der davon spricht, daß „(...) a declaration directly confers rights or imposes obligations on other states (...)".

[3] *Verdross/Simma*, Universelles Völkerrecht, § 662; *Rousseau*, 417; *Fastenrath*, 104 f.

werden einseitige Rechtsakte im Rahmen des Vertragsabschlußverfahrens, einseitige Akte, die auf die Entstehung von Gewohnheitsrecht einwirken, und selbständige einseitige Rechtsakte.[4] Zu selbständigen einseitigen Rechtsakten, d. h. solchen, die nicht mit von dem Recht der Verträge erfaßt werden, gehören: Anerkennung, Protest, Notifizierung, Verzicht und möglicherweise das Versprechen bzw. die Zusicherung. Diese werden von *Fiedler* als standardisierte oder typisierte *unilateral transactions* bezeichnet.[5]
Konstitutives Merkmal der einseitige Rechtsakte ist, daß sie rechtliche Wirkung haben und haben sollen. Umstritten ist allerdings, worauf die Rechtsverbindlichkeit einseitiger Rechtsakte beruht, und welches die Voraussetzungen hierfür sind.[6] Die Wirkung kann allerdings unterschiedlicher Natur sein. Nur insoweit, als sie selbständig Rechte und Pflichten im Völkerrecht erzeugen, können einseitige Rechtsakte Völkerrechtsquellen darstellen, obwohl sie, ebenso wie Akte internationaler Organisationen, nicht in dem Katalog von Art. 38 IGH-Statut enthalten sind.[7]

2. Einseitige Rechtsakte abhängiger Natur sind akzessorisch zu anderen völkerrechtlichen Rechtshandlungen (Beispiele: Kündigung, Vorbehalt), oder sie erzeugen die volle Rechtswirkung erst zusammen mit Rechtsgeschäften anderer Art (Beispiel: das Zusammentreffen von Angebot und Annahme beim Vertrag).[8] Ihre Rechtswirkung ergibt sich aus dem Zusammenhang mit den in Art. 38 Abs. 1 IGH-Statut genannten Rechtsquellen. Insofern unterscheiden sie sich, was ihre Rechtsgrundlage angeht, von den selbständigen einseitigen Rechtsakten.

3. Die einseitigen Rechtsakte sind von einseitigen Hoheitsakten zu unterscheiden.[9] Einseitige Hoheitsakte,wie z. B. die Okkupation[10] oder die Dereliktion[11], entfalten Rechtsfolgen, die im allgemeinen Völkerrecht vorgesehen sind. Demgegenüber ergeben sich die Rechtsfolgen eines einseitigen Rechtsaktes aus dem Gestaltungswunsch des betreffenden Völkerrechtssubjekts. Der entscheidende Unterschied zwischen einseitigen Rechtsakten und einseitigen Hoheitsakten liegt also darin, daß bei ersteren die Rechtsfolge des Aktes von dem Völkerrechtssubjekt frei bestimmt wird, während sich seine Gestaltungsfreiheit bei einseitigen Hoheitsakten darauf reduziert, ob ein derartiger Hoheitsakt erlassen werden soll oder nicht. Die völkerrechtliche Wirkung, die durch solche Hoheitsakte entfaltet wird, bestimmt sich jedoch aus den Regeln des Völkerrechts und liegt nicht im freien Ermessen des Staates.

II. 1. Die rechtliche Bindungswirkung selbständiger einseitiger Rechtsakte beruht auf dem Grundsatz des allgemeinen Völkerrechts, wonach Staaten einseitig Verpflichtungen eingehen können.[12]

2. Aus frühen Entscheidungen des Ständigen Internationalen Gerichtshofs[13] ist vereinzelt der Schluß gezogen werden, einseitigen Erklärungen der Staaten komme keine völkerrechtliche Relevanz zu.[14] Dabei wurde übersehen, daß es sich hierbei um rechtswidrige einseitige Erklärungen handelte, die gegen vorrangiges Vertragsrecht verstießen. Im Fall über den *Legal Status of Eastern Greenland* hat der Ständige Internationale Gerichtshof zwar die Erklärung des norwegischen Außenministers *Ihlen* für verbindlich gehalten,[15] jedoch die Rechtsgrundlage für die Verbindlichkeit nicht offengelegt.[16] Im

---

[4] Differenzierung nach *Zemanek*, 210 ff.
[5] *Fielder*, 518.
[6] Vgl. hierzu *Graf Vitzthum*, in: *Graf Vitzthum* (Hrsg.), 80.
[7] So *Rousseau*, 418; *Fastenrath*, 104; a. A. *Verdross/Simma*, § 662 Anm. 2 unter Berufung auf *Bos*, 71.
[8] Dazu *Pfluger*, 65.
[9] *Verdross/Simma*, § 663; *F. Berber*, Lehrbuch des Völkerrechts Bd. I, 2. Aufl. 1975, 434; *Venturini*, 410.
[10] Vgl. dazu Band I/1, § 54.
[11] Vgl. dazu Band I/1, § 60.
[12] *Verdross/Simma*, § 662; *Venturini*, 394 f.
[13] *S. S. Wimbledon* Fall, PCIJ Series A 1 (1923), 7 (29).
[14] Vgl. dazu *Rousseau*, 418.
[15] *Legal Status of Eastern Greenland Case*, PCIJ Series A/B 53 (1933), 22 (71).
[16] In der Literatur wird die *Ihlen*-Erklärung in der Regel allerdings nicht als einseitiges Versprechen, sondern

Fall *Mavrommatis Jerusalem Concessions*[17] und im Fall der *Certain German Interests in Polish Upper Silesia*[18] hat der Ständige Internationale Gerichtshof die Verbindlichkeit einseitiger Rechtsakte anerkannt. Schließlich sieht auch das Statut des Nürnberger Militärtribunals[19] einseitige Rechtsakte als verbindlich an. Denn nach seinem Art. 6 lit. a werden auch solche Angriffskriege als strafbar erklärt, die unter Verletzung einseitiger Zusicherungen *(assurances)* unternommen wurden.[20] Die Zusicherungen, die Südafrika am 9. April 1946 gegenüber der Generalversammlung der Vereinten Nationen und später gegenüber einzelnen Organen der Vereinten Nationen über die Weiterführung des Mandats in Südwestafrika gemacht hatte, wurden von dem Internationalen Gerichtshof als rechtsverbindlich angesehen.[21] Hinzuweisen ist ebenfalls auf die gemäß Art. 102 VN-Charta registrierte Erklärung Ägyptens vom 24. April 1957 über seine Verpflichtung bezüglich des Suez-Kanals.[22]

3. Über die Begründung der Bindungswirkung selbständiger einseitiger Rechtsakte bestand bis zu der Entscheidung des Internationalen Gerichtshofs in den *Nuclear Tests*-Fällen[23] keine völlige Einigkeit. Teils wurde die Bindungswirkung auf den Grundsatz *pacta sunt servanda* gestützt, teils wurden der Grundsatz von Treu und Glauben bzw. das *estoppel*-Prinzip zur Begründung herangezogen.[24]

4. Nach der Rechtsprechung des Internationalen Gerichtshofs in den *Nuclear Tests*-Fällen hängt die Verbindlichkeit eines einseitigen Versprechens davon ab, ob ein entsprechender Bindungswillen auf Seiten des versprechenden Staates und Vertrauensschutz bei dem Empfänger des Versprechens besteht. Die entscheidende Formulierung des Internationalen Gerichtshofs[25] hierzu lautet:

> „When it is the intention of the State making the declaration that it should become bound according to its terms, that intention confers on the declaration the character of a legal undertaking, the State being thenceforth legally required to follow a course of conduct consistent with the declaration. An undertaking of this kind, if given publicly, and with the intent to be bound, even though not made within the context of international negotiations, is binding. In these circumstances, nothing in the nature of a quid pro quo nor any subsequent acceptance of the declaration, nor even any reply or reaction from other States, is required for the declaration to take effect, since such a requirement would be inconsistent with the strictly unilateral nature of the juridical act by which the pronouncement of the State was made."

Für die in der Praxis schwierige Unterscheidung zwischen einer Erklärung mit rechtlichem Bindungswillen und bloßen politischen Erklärungen ist nicht nur auf den Text der Erklärung, sondern auch auf die Umstände abzustellen, in denen eine derartige Erklärung abgegeben worden ist.[26] Diesen Gesichtspunkt hat der Internationale Gerichtshof in seiner Entscheidung im *Grenzstreit zwischen Burkina Faso und Mali*[27] angesprochen und damit seine Aussage zu den einseitigen Rechtsakten in dem *Nuclear Tests*-Fall weiter präzisiert:

> „In the particular circumstances of those cases, the French Government could not express an intention to be bound otherwise than by unilateral declarations. It is difficult to see how it could have

als vertragsbegündende Handlung qualifioziert; vgl. dazu *Suy*, 124; *Verdross/Simma*, § 669.

[17] PCIJ Series A 5 (1925), 6.

[18] PCIJ Series A 6 (1925), 4.

[19] Art. 6 lit. a Charter of the International Military Tribunal, UNTS 82 II, 284 ff.

[20] Vgl. dazu *Suy*, 131 f.

[21] *South West Africa, Preliminary Objections*, ICJ Reports 1962, 319 (340); *Legal Consequences for States of the Continued Presence of South Africa in Namibia (South West Africa) notwithstanding Security Resolution 276 (1970), Advisory Opinion*, ICJ Reports 1971, 16 (39).

[22] Vgl. dazu *Rubin*, 6 f.

[23] Anm. 1.

[24] Vgl. dazu *Fiedler*, EPIL 7, 520; *Heintschel v. Heinegg*, in: *Ipsen* (Hrsg.), 4. Aufl., 203.

[25] *Nuclear Tests*-Fälle (Anm. 2), 267 und 472.

[26] Kritisch zu der Rechtsprechung des IGH daher *Rubin*, 24 ff; *Sur*, 1003; *W. Wengler*, Der Internationale Gerichtshof und die Atombombenversuche im Pazifik, NJW 1975, 1063 ff; *T. Marauhn*, Der deutsche Chemiewaffen-Verzicht: Rechtsentwicklungen seit 1945, 1994, 231 f.

[27] *Frontier Dispute* Fall, ICJ Reports 1986, 554.

accepted the terms of a negotiated solution with each of the applicants without thereby jeopardizing its contention that its conduct was lawful. The circumstances of the present case are radically different. Here, there was nothing to hinder the Parties from manifesting an intention to accept the binding character of the conclusions of the Organization of African Unity Mediation Commission by the normal method: a formal agreement on the basis of reciprocity. Since no agreement of this kind was concluded between the Parties the Chambers find that there are no grounds to interpret the declaration made by Mali's head of State (...) as a unilateral act with legal implications in regard to the present case."[28]

Der Internationale Gerichtshof verweist in seiner Entscheidung im *Nuclear Tests*-Fall weiterhin auf die Bedeutung des Vertrauensschutzes. Danach können interessierte Staaten von der Erklärung Kenntnis nehmen und auf dieser Basis verlangen, daß die in der Erklärung enthaltene Verpflichtung auch erfüllt wird.[29]
Die Notwendigkeit, daß die Empfängerseite in die Rechtsverbindlichkeit der Erklärung vertraut haben mußte und in diesem Vertrauen schutzwürdig war, gilt allerdings nicht uneingeschränkt als Voraussetzung für die Verbindlichkeit aller einseitigen Erklärungen. Bei abhängigen einseitigen Rechtsakten und einseitigen Hoheitsakten, bei denen sich die Rechtsfolge unmittelbar aus allgemeinem Völkerrecht ergibt, ist, wegen der typisierten Rechtswirkung, der Erklärende stets an seine Erklärung gebunden.[30] Bei den einseitigen abhängigen Rechtsakten wie Anerkennung, Protest, Notifizierung und Verzicht bedarf es daher des Rückgriffs auf Vertrauensschutz nicht.[31]
Staatenpraxis und Rechtsprechung verlangen zudem als Verbindlichkeitsvoraussetzung, daß dem Empfängerstaat die Erklärung zur Kenntnis gebracht wird, ohne für die Art des Erklärungszugangs bestimmte Kriterien zu benennen.[32] In der Regel wird die Übermittlung im diplomatischen zwischenstaatlichen Verkehr erfolgen. Zwingend ist dies nicht, da ein einseitiger Rechtsakt nicht notwendigerweise einen fest umrissenen Adressatenkreis hat.[33] Die Erklärung auf einer internationalen Konferenz steht der Übermittlung im diplomatischen Verkehr insoweit gleich.

III. 1. Die in den vorangehenden Paragraphen entwickelten Regeln zum Vertragsrecht gelten im Grundsatz auch für einseitige Rechtsakte, soweit sich nicht Modifikationen aus der Natur der einseitigen Rechtsakte ergeben. Im einzelnen gilt folgendes:
Einseitige Rechtsakte sind grundsätzlich an keine Form gebunden, sie können mündlich wie schriftlich erfolgen.[34] Die Wirksamkeit einseitiger Rechtsakte setzt die völkerrechtliche Handlungsbefugnis des Organs voraus; die Erklärung muß von dem zuständigen Organ abgegeben werden und dessen wirklichem Willen entsprechen[35]. Ein Protest z. B., der nicht von dem zuständigen Erklärungsorgan, sondern etwa von einem Parlament ausgesprochen wird, hat nicht die Rechtsfolgen, die ein Protest sonst auszulösen vermag.[36] Wenn das Organ

[28] *Frontier Dispute* Fall, ICJ Reports 1986, 554 (554 ff, 573 f).

[29] *Nuclear Tests* Fälle (Anm. 2), 268 und 473; vgl. dazu auch *Suy*, 151.

[30] So auch *Fiedler*, EPIL, 520.

[31] A. A. *Heintschel v. Heinegg*, in: *Ipsen* (Hrsg.), 4. Aufl., 203 f.

[32] *Fiedler*, GYIL 19 (1976), 35 (66).

[33] A. A. *Fiedler*, GYIL 19 (1976), 35 (66).

[34] Str., so Urteil des StIGH im Fall des *Legal Status of Eastern Greenland*, PCIJ Series A/B 53 (1933), 22 (71); a. A. Gemischtes Rumänisch-Ungarisches Schiedsgericht, Urteil vom 10. Januar 1927 *(Ungarischer Optantenstreit)*, Recueil des Decisions des Tribunaux Arbitraux Mixtes VII, 38.

[35] *Gulf of Maine Area*-Fall, IGH, 12. 10. 1984; ICJ-Reports 1984, 307 (139), „The Chamber considers that the terms of the „Hoffmans letter" cannot be invoked against the United States Government. (...) This situation however, being a matter of United States internal administration, does not authorize Canada to rely on the contents of a letter from an official of the Bureau of Land managment of the Department of the Interior, which concerns a technical matter, as though it were an official declaration of the United States Government on that country's international maritime boundaries."

[36] Übereinstimmend *Rousseau*, 427.

an sich zuständig ist, aber seine Zuständigkeit im Einzelfall überschreitet, gelten die Regeln, die in der Verantwortung für das Handeln von Organen[37] dargestellt sind.[38]

2. Die Regeln für die Auslegung völkerrechtlicher Verträge[39] sind auf einseitige Rechtsakte nur begrenzt anwendbar, denn es handelt sich hier nicht um ein Produkt aufeinander abgestimmter Willenserklärungen, sondern um einen Akt, der auf einer einseitigen Willenskundgebung eines Völkerrechtssubjektes beruht.[40]

Im *Anglo-Iranian-Oil* Fall[41], in dem eine Erklärung des Irans gem. Art. 36 Abs. 2 IGH-Statut zur Diskussion stand, hat der Internationale Gerichtshof zur Interpretation der Erklärung ausgeführt: „(...) the Court cannot base itself on a purely grammatical interpretation of the text. It must seek the interpretation which is in harmony with a natural and reasonable way of reading the text, having due regard to the intention of the Government of Iran at the time when it accepted the compulsory jurisdiction of the Court".

3. Die Rechtsfolgen von Willenserklärungen, die einseitige Rechtsakte begründen, entstehen in der Regel unmittelbar mit dem Zugang der Willenserklärung bei dem betreffenden Völkerrechtssubjekt.[42] Doch können die Rechtswirkungen der einseitigen Erklärung auch durch Bedingungen, Befristungen oder Vorbehalte eingeschränkt werden.[43]

4. Der Erklärende ist im allgemeinen nicht mehr zu einer einseitigen Zurücknahme seiner Erklärung befugt, soweit andere Staaten oder sonstige Rechtssubjekte durch einseitige Willenserklärungen Rechte erlangen.[44] Die einseitige Zurücknahme der Erklärung kann jedenfalls dann gegen Treu und Glauben verstoßen und damit ein unzulässiges *venire contra factum proprium* sein, wenn andere auf die Endgültigkeit und Verbindlichkeit der Erklärung vertrauen dürfen und sich in ihrem eigenen Handeln darauf einrichten.[45]

Unter Umständen kann die unwirksame Zurücknahme einer einseitigen Willenserklärung unter anderen Gesichtspunkten Bedeutung erlangen. Wird z. B. die Kündigung eines Vertrages zurückgenommen, so liegt darin das Angebot der Erneuerung des alten, genauer, des Abschlusses eines dem alten entsprechenden neuen Vertrages mit rückwirkender Kraft. Wird der Beitritt zu einem Vertrag widerrufen, so stellt der Widerruf möglicherweise eine Kündigung dar. Ist das Rechtsgeschäft, so wie es vorliegt, nichtig, so kann es doch die Merkmale eines anderen Rechtsgeschäfts aufweisen und dann als ein solches rechtswirksam sein. Mithin ist auch im Völkerrecht für eine Umdeutung Raum.

IV. 1. Die Anerkennung[46] ist im internationalen Rechtsleben ein einseitiger Rechtsakt von großer Bedeutung;[47] ihr kommt rechtliche Wirkung zu. Mittels der Anerkennung kann ein

---

[37] Vgl § 175.

[38] Vgl. dazu *Legal Status of Eastern Greenland*, PCIJ Series A/B 53 (1933), 22 (71).

[39] S.o. § 153.

[40] So wohl auch *Heintschel v. Heinegg*, in: *Ipsen* (Hrsg.), 4. Aufl., 204.

[41] ICJ Reports 1952, 93 (104).

[42] Einseitige Rechtsgeschäfte sind nicht annahmebedürftig, aber empfangsbedürftig, *Verdross/Simma*, § 665.

[43] Ein Beispiel enthält Art. 1 des III. Haager Abkommens von 1907, das ein Ultimatum mit bedingter Kriegserklärung als genügende Voraussetzung für den Beginn der Feindseligkeiten gelten läßt; dazu auch *Pfluger*, 96 f, 101; vgl. auch den bei *G. H. Hackworth*, Digest of International Law, Bd. V (1943), 316 f mitgeteilten Fall einer bedingten Rücknahme einer Vertragskündigung durch die Regierung der Vereinigte Staaten.

[44] Übereinstimmend *Pfluger* 125 f; *Berber*, 407. Doch kann der Staat sich durch den Vorbehalt des Widerrufs die Freiheit des Handelns bewahren. Andererseits ist der Widerrufsvorbehalt nicht immer möglich. Wohl zutreffend *Pfluger*, 126, der einen Verzicht unter dem Vorbehalt des Widerrufs ausschließen will.

[45] In diesem Sinne wird man *G. Schwarzenberger*, RdC, Bd. I (1955), 312 f, zustimmen können; a.A. offenbar *Marauhn*, 160, wenn auch ohne nähere Begründung.

[46] Vgl. dazu *J. Charpentier*, La reconnaissance internationale et l'évolution du droit des gens, 1956; *G. Venturini*, Il riconoscimento nel diritto internazionale, 1946; *R. L. Bindschedler*, Die Anerkennung im Völkerrecht, AVR (1961/62), 377 f; *Suy*, 191 ff, *J. Verhoeven*, La reconnaissance internationale dans la pratique contemporaine, 1975.

[47] Hinsichtlich einzelner Sonderfälle der Anerkennung,

Staat das Bestehen einer Situation, die Rechtmäßigkeit eines Anspruchs oder die Legitimität einer Rechtslage außer Streit stellen,[48] vorausgesetzt, diese Situation oder dieser Anspruch stellen keinen Verstoß gegen *ius cogens* dar.[49] Abgesehen von dem letztgenannten Punkt ist der Anwendungsbereich der Anerkennung unbeschränkt. Anerkennungen sind an keine Form gebunden; sie können durch konkludente Handlungen[50] oder auch *acquiescence*[51] erfolgen. Letztere ist eine spezielle Form der Anerkennung und nicht ein eigener einseitiger Rechtsakt, da ihr die Handlungsqualität fehlt.

2. Das Gegenstück zur Anerkennung ist der Protest.[52] Mit ihm wird zum Ausdruck gebracht, daß der Protestierende sich mit einer Situation oder einem Anspruch, den ein anderer erhebt, nicht abfinden will. Seine Wirkung ist negativer Natur; ihm kommt keine rechtserzeugende Wirkung zu. Der Protest dient der Wahrung von Rechten, die durch das Verhalten anderer Völkerrechtssubjekte in Frage gestellt werden.[53] Er verhindert, daß das Schweigen für den verletzten Teil nachteilige Rechtsfolgen hat, etwa als Anerkennung oder Verzicht gedeutet wird, bzw. eine Verjährung oder Verwirkung seiner Rechte herbeiführt.[54] Diese negative Wirkung ist rechtsgestaltender Art, so daß es konsequent ist, den Protest unter die selbständigen einseitigen Rechtsakte einzureihen. Ein Protest ist nur notwendig, wenn eine Stellungnahme erwartet werden kann.[55] Dann können weitgehende Folgen aus dem Fehlen eines Protests gezogen werden.[56] Seine Wirkungen entfaltet der Protest allerdings nur, wenn der Protest effektiv war, d. h. mit Nachdruck vorgetragen und wiederholt wurde.[57] Der Protest unterliegt keinen Formerfordernissen.[58]

---

wie Anerkennung von Staaten und Regierungen, vgl. Band I/1, § 19–22.

[48] Nach *G. Schwarzenberger*, International Law Bd. I, 3. Aufl. 1957, 553: „The typical minimum effect of unilateral acts is to create an estoppel".

[49] Vgl. hierzu Art. 40, 41 ILC-Draft Articles on State responsibility vom 26.7.2001, A/CN.4/L.602/ Rev.1.

[50] Vgl. dazu Urteil des IGH im Fall des *Right of Passage over Indian Territory*, ICJ Reports 1960, 6 (39) „... the sovereignty over the villages was recognized ... in fact and by implication"; ähnlich das Urteil des IGH im Fall des *Temple Preah Vihear*, ICJ Reports 1962, 6 (33): „Both Parties, by their conduct, recognized the line ...".

[51] Im *Anglo-Norwegian Fisheries* Fall hat der IGH das Schweigen der Staaten zu der norwegischen Basislinie als Zustimmung gewertet, ICJ Reports 1951, 116 (139); vgl. dazu *I. C. Mac Gibbon*, The Scope of Acquiescence im International Law, BYIL 31 (1954), 143.

[52] *I. Breutz*, Der Protest im Völkerrecht, 1997, 25.

[53] Vgl. auch *Breutz*, 106 ff.

[54] Im *Chamizal*-Fall drangen die Vereinigten Staaten von Amerika mit der Einrede der verspäteten Geltendmachung nicht durch, weil Mexiko gegen die amerikanischen Maßnahmen Protest eingelegt hatte; vgl. AJIL 5 (1911), 807.

[55] Vgl. den Schiedsspruch im Falle der *Island of Palmas* (1928), RIAA II, 843; *Verdross/Simma*, § 667.

[56] Im *Oscar Chinn* Fall (1934) hat sich der StIGH über die gegen die Rechtswirksamkeit des Vertrages von St. Germain sprechenden Bedenken mit der Begründung hinweggesetzt, daß die an dem neuen Vertrag nicht beteiligten Parteien der älteren Kongoakte die Rechtsgültigkeit des neuen Vertrages nicht in Frage gestellt hätten (PCIJ Series A/B 63 (1934), 65). In dem *Anlgo-Norwegian Fisheries* Fall hat der IGH entscheidend darauf abgestellt, daß das Vereinigte Königreich gegen die Abgrenzung des norwegischen Küstenmeeres nicht protestiert hatte, obwohl die Abgrenzungsmethode bereits seit 1869 praktiziert wurde, ICJ Reports 1951, 116 (139); a.A. Richter *McNair* in seiner dissenting opinion, 176–180; ebenso die Argumentation des Gerichts im *Temple of Preah Vihear Case*, ICJ Reports 1962, 6 (22 f und 27 ff), sowie im Fall *Military and Paramilitary Activities in and against Nicaragua* (Jurisdiction), ICJ Reports 1984, 392 (408 ff); aus der schiedsgerichtlichen Praxis s. *Air Transport Services Agreement* (1964), ILR 38, 182 (249 f); *Canton of Valais v. Canton of Tessin* (1980), ILR 75, 114; auch *Oppenheim*, Bd. I/2, 9. Aufl., 1194 mwN aus dem Schrifttum.

[57] Vgl. Schiedsspruch des amerikanisch-mexikanischen Schiedsgerichts im Falle *Chamizal*, Anm. 54; weitere Beispiele bei *J.-P. Ferrier*, Le conflict des îles inhabités, AFDI 21 (1975), 175 ff, 185 f. A. A: *Breutz*, 108 f, unterscheidet zwischen Rechtswahrung und Rechtsdurchsetzung am Beispiel Berliner Mauer, deren Bau nicht den Rechtsverlust aus Viermächteabkommen bedeutet.

[58] Allerdings ist der Ansicht von *Brüel*, La protestation en droit international, Acta scandinavia juris gentium 3 (1932), 75, nicht zuzustimmen, wonach der Beginn von Feindseligkeiten oder eine Kriegserklärung als eine extreme Form des Protestes zu sehen ist.

3. Mit der Notifizierung informiert ein Völkerrechtssubjekt andere Völkerrechtssubjekte oder die Öffentlichkeit über eine bestimmte Aktion oder seine Auffassung über das Bestehen oder Nichtbestehen gewisser Rechte und Ansprüche. Ein Völkerrechtssubjekt kann hieran interessiert sein, um klare Verhältnisse zu schaffen und die Stellungnahme anderer Völkerrechtssubjekte zu provozieren, um so die Vorteile zu erlangen, die sich aus der Untätigkeit der anderen Staaten ergeben. Nach erfolgter Notifizierung können die Empfänger der Mitteilung sich nicht mehr auf Unkenntnis berufen. Sie haben dann die Möglichkeit, wollen sie den Verlust oder die Einschränkung ihrer Rechte verhindern, ihren Dissens zum Ausdruck zu bringen (Protest). Ob das Schweigen diese Wirkung hat, hängt von der Art der in Frage stehenden Rechte und Umständen ab.[59] Die Notifizierung – soweit dies von ihrem Gegenstand im Einzelfall möglich ist – bindet zudem das erklärende Völkerrechtssubjekt selbst. Insofern können Notifizierungen entsprechende Pflichten begründen.
Im einzelnen kann eine Notifizierung deklaratorischer oder konstitutiver Natur sein.[60] In der Regel ist sie nur eine Mitteilung über eine schon bestehende Lage oder ein schon existierendes Recht; sie ist kein notwendiger Bestandteil der Rechtshandlung oder des Rechtsgeschäfts, die Gegenstand der Mitteilung sind.

Die Wirksamkeit von Okkupation, Annexion und Dereliktion sind nicht von einer förmlichen Mitteilung darüber abhängig. Allerdings können die Vereinbarungen zwischen Völkerrechtssubjekten der Notifizierung einen konstitutiven Charakter verleihen. Nach Art. 34 der Kongoakte von 1885 bedurfte z. B. die Okkupation afrikanischer Gebiete einer förmlichen, an die Adresse der Vertragsstaaten gerichteten Notifizierung. Nach Art. 1 des III. Haager Abkommens von 1907 etwa bedarf es zum Beginn der Feindseligkeiten einer förmlichen Erklärung des Krieges. Nach Art. 4 Abs. 2 des VIII. Abkommens muß unter bestimmten Umständen das Legen von Kontaktminen,[61] nach Art. 3 des IX. Abkommens die geplante Beschießung von Küstenplätzen förmlich angekündigt oder mitgeteilt werden.[62] Die Entsendung von Expeditionen in die Antarktis und die Errichtung von Stationen bedarf der Notifizierung gem. Art. 7 Abs. 5 des Antarktisvertrages.

4. Ein einseitiger Rechtsakt ist auch der Verzicht.[63] Ein Verzicht ist die Manifestation des Willens, ein bestimmtes Recht, eine Möglichkeit oder einen Anspruch nicht verfolgen oder realisieren zu wollen und diese existierende oder behauptete Rechtsposition zum Erlöschen zu bringen. Dabei kann ein derartiger Verzicht im Rahmen eines Vertrages oder einseitig erfolgen.

So hat die Türkei im Lausanner Vertrag von 1923[64] auf ihre Hoheitsrechte über Ägypten und Zypern, Japan im Vertrag von San Francisco 1951[65] auf seine Souveränität über Korea und Formosa verzichtet. Verzichte dieser Art muß man von dem hier erörterten einseitigen Verzicht unterscheiden.[66]

---

[59] So auch der Schiedsspruch im *Island of Palmas Case* (1928), RIAA II, 843. Dort wird angenommen, daß das Schweigen der Niederlande auf die Mitteilung von dem Abschluß des Pariser Friedens zwischen Spanien und den Vereinigten Staaten keinen Verlust ihrer territorialen Hoheitsrechte herbeigeführt habe; ebenso *Oppenheim*, Bd. I/2, 9. Aufl., 1193.

[60] Dazu *Pfluger*, 229; *Rousseau*, 421; *Suy*, 81 ff.

[61] Vgl. auch Art. 5 Abs. 2.

[62] Vgl. auch Art. 6.

[63] Eine Unterart des Verzichts, ein Verzicht nämlich auf die Gebietshoheit, ist die Dereliktion; vgl. Bd. I/1 § 60; über die Rückgabe von Stadt und Hafen von Kehl durch einseitigen Hoheitsakt Frankreichs, vgl. BVerfGE 2, 375 f.

[64] LNTS, 28, 11.

[65] UNTS 136, 45.

[66] Der in einem Vertrag vereinbarte Verzicht zugunsten nicht am Vertrag beteiligten Staaten ist dagegen ein echter Verzicht. Dann vermag sich der Begünstigte gleichwohl erhobener Ansprüche möglicherweise unter einem doppelten Gesichtspunkt, dem des Vertrages zugunsten Dritter und dem des Verzichts, zu erwehren; vgl. z. B. Art. 23 Abs. 3 und 24 Abs. 3 des österreichischen Staatsvertrages v. 15. 5. 1955, in dem Österreich auf gewisse Ansprüche gegenüber Deutschland und auch anderen als den am Vertrage beteiligten Vereinten Nationen verzichtet.

Im Prinzip können die Völkerrechtssubjekte auf alle Rechte – auf umfassende Rechte wie auf einzelne Ansprüche daraus – verzichten, soweit ihnen das Verfügungsrecht zusteht. Nicht verzichten kann ein Völkerrechtssubjekt auf seine die Völkerrechtssubjektivität konstituierenden Elemente.[67] Zwar kann ein Staat sich auflösen oder sich seiner Existenz durch den Abschluß eines Vertrages begeben, aber er kann nicht durch einseitige Willenserklärung z. B. auf seine Souveränität oder sein Territorium verzichten und im übrigen weiterbestehen. Ein Staat kann nicht nur auf seine eigenen Rechte, sondern kraft seiner Personalhoheit auch auf die Rechte seiner Angehörigen gegenüber fremden Staaten verzichten.
Unzulässig und ohne rechtliche Wirkung ist der Verzicht auf Rechtsstellungen, mit denen sich zugleich eine Pflichtenstellung verbindet. Wenn der Verzicht einen unmittelbaren Eingriff in die Rechte dritter Völkerrechtssubjekte enthält, ist er nur wirksam, wenn diese zugestimmt haben.[68] Verletzt ein Verzicht vertragliche Verpflichtungen gegenüber dritten Staaten, so begründet dies eine völkerrechtliche Verantwortlichkeit des Verzichtenden.
Der Verzicht bringt das Recht, auf das verzichtet wird, zum Erlöschen. Der Wille dazu ist allerdings nicht zu vermuten.[69] Wird in einem Rechtsstreit darüber gestritten, liegt die Beweislast hinsichtlich des Vorliegens, bzw. Nichtvorliegens des Willens bei der Partei, die entsprechende Rechte daraus herleiten will. Die bloße Nichtausübung von Rechten allein läßt den Schluß auf einen Verzicht noch nicht zu. Soweit ein Verzicht vorliegt, ist er eng zu interpretieren.

5. Die Einordnung des Versprechens unter die einseitigen Rechtsakte ist umstritten,[70] obwohl weitgehende Einigkeit über die rechtsgestaltende Kraft des Versprechens besteht.[71] Durch ein Versprechen verpflichtet sich ein Völkerrechtssubjekt gegenüber einem oder mehreren anderen Völkerrechtssubjekten zu einem bestimmten Verhalten.[72] Dabei war lange Zeit strittig, ob sich die Verbindlichkeit aus dem Versprechen als selbständigem einseitigen Rechtsakt ergibt oder ob es sich dabei um eine vertragsbegründende und damit annahmebedürftige Handlung handelt. Die Völkerrechtspraxis war insoweit nicht immer völlig eindeutig.

Der Ständige Internationale Gerichtshof hat im Fall über den *Legal Status of Eastern Greenland* die Erklärung des norwegischen Außenministers *Ihlen*: „I told the Danish Minister today that the Norwegian Government would not make any difficulty in the settlement of this question"[73], als bindendes Versprechen gewertet. Das Schrifttum hat diese Erklärung teilweise als Vertrag gewertet, da sie auf Anfrage von Seiten Dänemarks ergangen war.[74] Die Versprechungen, die Südafrika am 9. April 1946 gegenüber der Generalversammlung der Vereinten Nationen und später gegenüber

---

[67] Im wesentlichen ebenso *A. Cavaglieri*, Riv. 12 (1918), 31 f; *Pfluger*, 258 f, 266.

[68] Vgl. auch *M. Sibert*, Traité de Droit International Public Bd. II, 1951, 345; *P. Fauchille*, Traité de Droit International Public Bd. I.3, 1926, 3, 353, 379 f sowie RGZ 131, Anh. 1, 46 f.

[69] So u. a. der Schiedsspruch des Hamburger Senats im Fall *Yuille etc.* (1861), Recueil des Arbitrages internationaux, Bd. II, 105, Schiedsspruch in dem zwischen Großbritannien und Portugal streitigen Fall *Campbell* (1931), RIAA II, 1156, Schiedsspruch Borel im Streit zwischen Schweden und den Vereinigten Staaten im Fall der *Kronprins Adolf* (1932), RIAA II, 1254, 1299: „A renunciation to a right or a claim is not to be presumed". Ebenso der Schiedsspruch im *Island of Palmas* Fall (1928), RIAA II, 829. Danach blieben die Rechte der Niederlande trotz ihres Schweigens zu dem Abschluß des Vertrages zwischen Spanien und den Vereinigten Staaten von Amerika über ihnen gehörendes Gebiet unberührt (S. 843); vgl. auch das Urteil des IGH im *Certain Norwegian Loans* Fall, ICJ Reports 1957, 9 (26): *„Abandonment cannot be presumed or inferred; it must be declared expressly"*.

[70] Vgl. dazu *W. Wengler*, Völkerrecht Bd. I, 1964, 307; *Fiedler*, GYIL 19 (1976), 35 ff; *Rubin*, AJIL 71 (1977), 1.

[71] A. A. noch *Dahm* Bd. 3, 168 f; so aber *Suy*, 110; *S. M. Carbone*, Promessa e affidamento nel diritto internazionale, 1967; *Sicault*, 686; *Rousseau*, I, 423 f; *Verdross/Simma*, 669; *Heintschel v. Heinegg*, in: *Ipsen* (Hrsg.), 4. Aufl., 206.

[72] *Heintschel v. Heinegg*, in: *Ipsen* (Hrsg.), 4. Aufl., 206.

[73] Anm. 13, S. 71.

[74] *Suy*, 124; *Verdross/Simma*, § 669; *I. v. Münch*, Eastern Greenland Case, in: EPIL II (1981), 81 (83).

einzelnen Organen der Vereinten Nationen über die Weiterführung des Mandats in Südwestafrika gemacht und die der IGH als rechtsverbindlich erklärt hat,[75] waren verlangt und wurden angenommen. Die ägyptische Erklärung vom 24. April 1957 über den Status des Suez-Kanals erfolgte in Erfüllung des Abkommens von Konstantinopel von 1988, wurde aber von dem Generalsekretär der Vereinten Nationen als einseitige Erklärung gem. Art. 102 der VN-Charta registriert. Diese Versprechen werden von *Suy*[76] als *„déclarations de volonté pseudo-promissoires"* oder als *„promesses confirmations"* bezeichnet, deren Bedeutung sich in der Bestätigung einer schon bestehenden Rechtspflicht erschöpfe. Das gleiche gilt seiner Meinung nach für die von den Prozeßvertretern im *Mavrommatis Jerusalem Concessions* Fall[77] bzw. im Falle *Certain German Interests in Polish Upper Silesia*[78] abgegebenen und von ihren als verbindlich angesehenen Erklärungen. Im *Mavrommatis Jerusalem Concessions Case* erklärte der Vertreter des Vereinigten Königreichs *„... that we intend to carry out whatever obligations, if any, the Court says are upon us by the terms of the Lausanne Protocol..."*. Im Fall *Certain German Interests in Polish Upper Silesia* (Merits) hat der StIGH festgestellt, daß „... The representative before the Court of the respondent Party in addition to the declarations above mentioned regarding the intention of his Government not to expropriate certain parts of the estates in respect of which notice had been given, has made similar declarations...; the Court can be in no doubt as to the binding character of all these declarations". Denn sie wiederholten nur bereits übernommene Verpflichtungen der Regierungen, obwohl der Ständige Internationale Gerichtshof offenbar die Einseitigkeit dieser Verpflichtungen anerkannt hat.

Ein deutlicher Hinweis auf die selbständige Verpflichtungswirkung von Versprechen findet sich allerdings in Art. 6 lit. a des Statuts des Nürnberger Militärtribunals.[79] Danach wurden auch diejenigen Angriffskriege für strafbar erklärt, die unter Verletzung von Zusicherungen zustande gekommen waren.[80] Selbständige Versprechen dieser Art enthalten z. B. die sog. „negative Sicherheitsgarantie" von den Vereingten Staaten von Amerika und der UdSSR zugunsten der Nichtkernwaffenstaaten im Verlauf der 10. Außerordentlichen Tagung der Generalversammlung der Vereinten Nationen.[81] Auf der 12. Außerordentlichen Tagung der Generalversammlung der Vereinten Nationen erklärte der sowjetische Staats- und Parteichef *Breshnev* die völkerrechtliche Verpflichtung der UdSSR, nicht als erste Kernwaffen einzusetzen, wobei dieser Erklärung vom Augenblick der Verkündung Verbindlichkeit zukommen sollte.[82]

Aus der deutschen Praxis zu einseitigen Erklä#rungen ist u. a. auf die Erklärung von Bundeskanzler *Adenauer* vom 1. Oktober 1954 über den Verzicht auf die Herstellung von ABC-Waffen bei gleichzeitiger Bereitschaft, die Einhaltung dieser Verpflichtung durch eine zuständige Behörde der WEU kontrollieren zu lassen,[83] die Erklärung der Bundesregierung vom 10. April 1972 zum B-Waffen-Übereinkommen betreffend B- und C-Waffen,[84] die Erklärung von Außenminister *Genscher* vor den Teilnehmern der vierten Konferenz zur Überprüfung des Nichtverbreitungsvertrages vom 22. August 1990[85] sowie der Erklärung der Bundesregierung vom 30. August 1990 auf den Wiener Verhandlungen über konventionelle Streitkräfte in Europa hinzuweisen.[86] Ein selbständiges

---

[75] *South West Africa Preliminary Objections*, Anm. 18, 340 und *Legal Consequences (South West Africa) Advisory Opinion*, Anm. 18, 39.

[76] *Suy*, 135, 140.

[77] Anm. 17, S. 37.

[78] Anm. 18, S. 13.

[79] Vgl. Anm. 19.

[80] *Suy*, 131; *Verdross/Simma*, § 669.

[81] UN Doc. A/S-10/AC.1/30 – USA: „The United States will not use nuclear weapons against any non-nuclear-weapon State party to the Treaty on the Non-Proliferation of Nuclear Weapons or any comparable internationally binding commitment not to acquire nuclear explosive devices, except in the case of an attack on the United States, its territory or armed forces, or its allies, by such a State allied to a nuclear-weapon State, or associated with a nuclear-weapon State in carrying out or sustaining the attack". – UdSSR: „... our country declares that the Soviet Union will never use nuclear weapons against those States which renounce the production and acquisition of such weapons and do not have them on their territories"; (vgl. dazu *A. Rosas*, Negative Security Assurances and Non-Use of Nuclear Weapons, GYIL 25 (1982), 199 ff).

[82] UN Doc. A/S-12.

[83] Vgl. dazu *Marauhn*, 152 ff, der hierin keinen einseitigen Rechtsakt sieht, da die Verzichtserklärung Bestandteil der Londoner Schlußakte vom 3. 10. 1954 und von den WEU-Staaten zustimmend zur Kenntnis genommen wurde.

[84] BT Drs. 11/8024, 22; vgl. dazu *Marauhn*, 227 ff, der allerdings das Vorliegen eines einseitigen Rechtsaktes verneint (239).

[85] Bulletin des Presse- und Informationsamtes der Bundesregierung Nr. 102 vom 25. 8. 1990, 863.

[86] Text in: Art. 3 Abs. 2 des Zwei-plus-Vier-Vertrages, BGBl. 1990 II, 1318; *Marauhn*, 289 sieht hierin einen

Versprechen enthielt schließlich die gemeinsame Erklärung der Volkskammer der DDR und des Deutschen Bundestages vom 21. 6. 1990 über die Grenze zwischen dem vereinigten Deutschland und Polen.[87].

Die Entscheidungen des Internationalen Gerichtshofs in den *Nuclear-Tests*-Fällen[88] hat nunmehr ausdrücklich anerkannt, daß aus dem Gesichtspunkt des Vertrauensschutzes Versprechungen, unabhängig von der Annahme durch den betroffenen Staat, verbindlich sind, wenn sich aus der Erklärung ein Verpflichtungswille ergibt.[89]
Seit 1996[90] beschäftigt sich die *International Law Commission* mit der Kodifizierung des Rechts der einseitigen Rechtsakte.[91]

---

einseitigen Rechtsakt, da der entsprechende Bindungswille bestehe, die Erklärung aber nicht Bestandteil vertraglicher Verpflichtungen geworden sei.

[87] rchiv der Gegenwart, 1990, 34632 f.

[88] ICJ Reports 1974, 253 (267) und 457 (472).

[89] *J. P. Müller*, Vertrauensschutz im Völkerrecht, 1971, 20; *Venturini*, 20; sowie die in Anm. 44 angeführten Nachweise.

[90] Mandat der GA Res. 51/160 vom 16. Dezember 1996.

[91] Vgl. A/CN.4/500 Draft articles; ILC Report A/54/1999, ch. VIII.

5. TEIL
Die inhaltliche Ordnung der internationalen Gemeinschaft

1. ABSCHNITT
Die Grundrechte und -pflichten von Staaten

Schrifttum: *G. Jellinek*, System der öffentlichen Rechte, 2. Aufl., 1905; *A. Cavaglieri*, I diritti fondamentali degli stati nella societa internazionale, 1906; *G. Gidel*, Droits et devoirs des nations. La théorie classique des droits fondamentaux des Etats, RdC 10 (1925 V), 537 ff; *R. Knubben*, Subjekte des Völkerrechts, 1928; *K. Günzer*, Die Grundrechte des Völkerrechts, 1938; *K. B. Graf*, Die Grundrechte der Staaten im Völkerrecht, 1948; *G. Barile*, I diritti assoluti nel ‚ordinamento internazionale, 1951; *K. Loewenstein*, Sovereignty and International Cooperation, AJIL 48 (1954) 222 ff; *R. J. Alfaro*, The Rights and Duties of States, RdC 97(1959 II), 91 ff; *B. V. A. Röling*, International Law in an Expanded World, 1960; *W. G. Friedman*, The Changing Structure of International Law, in: *R. Falk/F. Kratochwil/S. H. Mendlovitz* (eds.), International Law: A Contemporary Perspective, 1985, 142 ff; *E. McWhinney*, The „New" Countries and the „New" International Law: The United Nations' Special Conference on Friendly Relations and Co-operation Among States, AJIL 60 (1966), 1 ff; *P.-H. Houben*, Principles of International Law concerning friendly relations and cooperation amongst states, AJIL 61 (1967), 703 ff; *R. Rosenstock*, The Declaration of Principles of International Law concerning friendly relations: a survey, AJIL 65 (1971), 713 ff; *R. M. Witten*, The Declaration on Friendly Relations, Harvard International Law Journal 12 (1971), 509 ff; *G. Arangio-Ruiz*, The normative role of the General Assembly of the United Nations and the Declaration of Principles of Friendly Relations, RdC 137 (1972 III), 419 ff; *M. Sahovíc* (ed.), Principles of International Law Concerning Friendly Relations and Cooperation, 1972; *M. Sahovíc*, Codification des principes du droit international des relations amicales de la coopération entre les Etats, RdC 137 (1972 III), 243 ff; *B. zu Dohna*, Die Grundprinzipien des Völkerrechts über die freundschaftlichen Beziehungen und die Zusammenarbeit zwischen den Staaten, 1973; *J. A. Frowein*, Freundschaft und Zusammenarbeit unter den Staaten. Die UN Resolution über freundschaftliche Beziehungen als Ausdruck wichtiger Strömungen im heutigen Völkerrecht, EA 28 (1973), 70 ff; *U. Scheuner*, Solidarität unter den Nationen als Grundsatz in der gegenwärtigen internationalen Gemeinschaft, in: Festschrift für *E. Menzel*, 1975, 251 ff; *I. M. Sinclair*, Principles of International Law Concerning Friendly Relations and Co-operation Among States, in: Festschrift für *Krishna Rao*, 1976, 107 ff; *U. Scheuner*, Zur Auslegung der Charta durch die Generalversammlung. Die Erklärung über freundschaftliche Beziehungen und Zusammenarbeit der Staaten, VN 26 (1978), 111 ff; *E. Jiménez de Aréchaga*, International Law in the past third of a century, RdC 159 (1978 I), 1 ff; *G. Arangio-Ruiz*, The UN Declaration on Friendly Relations and the System of Sources of International Law, 1979; *H.-E. Folz*, Die unmittelbaren Rechte der Staaten, in: Festschrift für *A. Verdross*, 1980, 403 ff; *H. Mosler*, The International Society as a Legal Community, 1980; *H. Neuhold*, Die Pflicht zur Zusammenarbeit zwischen den Staaten: moralisches Postulat oder völkerrechtliche Norm, in: Festschrift für *A. Verdross*, 1980, 575 ff; *M. Sahovíc*, Quinze Années de mise en œuvre de la Déclaration relative aux Principes du Droit International touchant les Relations Amicales et la Coopération des Etats, AFDI 31 (1985), 527 ff; *Th. M. Franck*, The Power of Legitimacy Among Nations, 1990; *R. L. Barsh*, A Special Session of the UN General Assembly Rethinks the Economic Rights and Duties of States, AJIL 85 (1991), 192 ff; *J. A. Frowein*, Die Staatengemeinschaft als Rechtsbegriff im Völkerrecht, LJZ (1991), 141 ff (zit. Staatengemeinschaft); *R. Lapidoth*, Sovereignty in Transition, Journal of International Affairs 45 (1992), 325 ff; *K. Ipsen*, Auf dem Weg zur Relativierung der inneren Souveränität bei Friedensbedrohung. Zur Libyenresolution des Sicherheitsrats, VN und Österreich 40 (1992), 41 ff; *B. Simma*, From Bilateralism to Community Interest, RdC 250 (1994 VI), 219 ff; *Ch. Tomuschat*,

Die internationale Gemeinschaft, AVR 33 (1995), 1 ff; *L. Henkin*, International Law, Politics and Values, 1995; *M. Byers*, Conceptualising the Relationship between Ius logens and Erga Omnes Rules, Nordic Journal of International Law 66 (1997), 211 ff; *B. Simma/A. L. Paulus*, The „International Commanity" – Facing the Challenge of Globalization, EJIL 9 (1998), 266 ff; *P. Allott*, The True Function of Law in the International Community, Indiana Journal of Global Studies 5 (1998), 391 ff (zit.: the Function of Law); *P. Allott*, The Concept of International Law 10 EJIL (1999), 31 ff; *A. L. Paulus*, Die internationale Gemeinschaft im Völkerrecht, 2001, *D. Thürer*, Recht der internationalen Gemeinschaft und Wandel der Staatlichkeit, in: *D. Thürer/J.-F. Anbert/J. P. Müller* (Hrsg.), Verfassungsrecht der Schweiz, 2001, 37 ff.

§ 165 Vorbemerkung

I. 1. Das Nebeneinander unabhängiger, in einer Rechtsgemeinschaft miteinander verbundener Staaten setzt die Geltung gewisser elementarer Normen voraus, die für den Erhalt der Rechtsgemeinschaft insgesamt und den ihrer Mitglieder strukturell notwendig sind. Über die Existenz derartiger Grundrechte und – pflichten, nicht aber über deren Herleitung, bestand bis zum Ende des 19. Jahrhunderts Einigkeit in der Völkerrechtslehre.[1] So zählte man die Rechte auf Gleichheit, Existenz, Unabhängigkeit, auf Selbstverteidigung, Souveränität, Teilnahme am zwischenstaatlichen Verkehr und auf den Schutz der Ehre zu diesen Grundrechten. Schon in ihrer Formulierung beziehen sich solche Grundrechte und -pflichten ausschließlich auf die einzelnen Staaten und die Sicherung ihrer Existenz und Rechtspersönlichkeit. Es ist die Frage, ob dieser staatenbezogene Ansatz noch sachgerecht ist und das Konzept der Grundrechte und -pflichten der Staaten so erfaßt werden kann. Ist es zutreffend angesichts der vielfältig beschriebenen Wandlungen des Völkerrechts[2] und der Beziehungen der Staaten zueinander bzw. zu den anderen internationalen Akteuren lediglich auf die Bestands- und Statussicherung einzelner Staaten abzuzielen? Müssen nicht die Grundrechte und -pflichten der Staaten auch auf die Staatengemeinschaft, insbesondere die ihr zu Grunde liegenden Werte bezogen werden?

2. Hinsichtlich der Herleitung der Grundrechte und -pflichten der Staaten wurden und werden in der Lehre verschiedene Begründungsansätze vertreten.
Ein naturrechtlicher Ansatz entwickelte die Grundrechte der Staaten aus einer Analogie zu den Grundrechten des Individuums.[3] Aus dieser Sicht handelt es sich somit bei den Grundrechten der Staaten um Rechte metarechtlicher Natur. Eng damit verwandt ist der Gedanke, Staaten seien Rechtssubjekte, denen kraft Natur der Sache Grundrechte, insbesondere das Recht auf Selbsterhaltung und weitere hieraus fließende Rechte, zustehen.[4] Konsequenz beider und ähnlich fundierter Ansätze ist naturgemäß, daß diese so verstandenen Grundrechte ausschließlich auf den Schutz von Bestand und Status von Staaten zielen. Dagegen ist eine Interpretation der Grundrechte als Ausdruck einer Wertegemeinschaft eingeschränkt, soweit diese Wertegemeinschaft auch auf den Schutz von Gemeinschaftswerten abzielt.
Verfochten wurde der Gedanke, daß Staaten Grundrechte zustehen, auch von Autoren, die einem naturrechtlichen Ansatz eher ablehnend gegenüber standen. Sie vertraten die Ansicht,

---

[1] Vgl. die Aufstellung bei *Knubben*, 203 ff.

[2] Vgl. dazu vor allem *Simma*, 234 ff; *Tomuschat*, 5; *Thürer*, 37 ff; *Paulus*, 225 ff; *Simma/Paulus*, 266 ff jeweils mwN.

[3] Typisch insoweit *E. de Vattel*, Le droit des gens ou principes de la loi naturelle: appliqués à la conduite et aux affaires des nations et des souverains, 1758, Préliminaires § 18: „... *puisque les hommes sont naturellement égaux, ... les nations composées d'hommes, ... sont naturellement égales et tiennent de la nature les mêmes droits* ..."; *Ch. Wolff*, Institutiones iuris naturae et gentium, 1750, § 1109; *Sir R. Phillimore*, Commentaries upon international law, 1879, IIIrd Part, sec. 114.

[4] *H. Wheaton*, Elements of International Law, §§ 60 f; *P. Fauchille*, Traité de droit international public, 1922.

daß Staaten Grundrechte zustünden, da sie ohne deren Geltung außerstande seien, die vernünftigen Zwecke des internationalen Lebens, d. h. die friedliche und allseitige Entwicklung der Völker bei Bewahrung der vollen Achtung vor den nationalen Interessen der Staaten, zu erreichen.[5]
Im 20. Jahrhundert ist die Annahme, Staaten stünden Grundrechte zu, nicht ohne Kritik geblieben;[6] z. T. verzichten moderne Lehrbücher des Völkerrechts ganz auf eine Auseinandersetzung mit diesem Thema.

3. a. Geht man von der Existenz einer Staatengesellschaft aus, so haben Grundrechte und -pflichten der Staaten die Aufgabe, die staatliche Eigenständigkeit eines jeden Mitglieds dieser Gesellschaft zu schützen. Typisch ist insoweit der von *Henkin* in seiner Haager Vorlesung verfolgte Ansatz. Danach ist das Völkerrecht als Recht eines politischen Systems unabhängiger Staaten zu verstehen, dessen primärer Wert die Sicherung staatlicher Autonomie ist. Tragendes Prinzip jener Ordnung seien die staatliche Souveränität und, daraus abgeleitet, die Gleichheit der Staaten, ihre Immunität und das Interventionsverbot.[7] Das Völkerrecht sichere danach den Fortbestand dieses Systems.[8] An Staatenwerten werden genannt: Souveränität, Autonomie und Gleichheit der Staaten, der Vorrang nationaler Interessen[9] und die Aufrechterhaltung von Recht und Ordnung zwischen den Staaten. Demgegenüber versteht *Mosler* das Völkerrecht nicht als formale Regelung der internationalen Beziehungen, sondern als eine diese Beziehungen steuernde Ordnung. Nach *Mosler* wird eine internationale Rechtsgemeinschaft durch die faktische Existenz mehrerer unabhängiger Staaten und das Element der Überzeugung der Gebundenheit an gegenseitige allgemeine Regeln, die Rechte und Pflichten bewirken, gekennzeichnet.[10] Der entscheidende Punkt für die Existenz einer Gemeinschaft ist danach die Schaffung und Fortentwicklung einer gemeinsamen Rechtsordnung. Während *Mosler* von der Entwicklung einer Rechtsordnung auf die Entstehung einer Rechtsgemeinschaft schließt, sieht *Franck* das Bestehen einer internationalen Gemeinschaft als Voraussetzung für eine internationale Rechtsordnung.[11] Diese Unterschiede sollen hier aber nicht vertieft werden. Entscheidend ist die Existenz einer Staatengemeinschaft und deren Bedeutung für die Grundrechte und -pflichten der Staaten.[12]
Das Völkerrecht beschränkt sich nicht mehr darauf, das Nebeneinander unabhängiger, gleichgestellter Akteure durch negative Kompetenzabgrenzung von staatlichen Jurisdiktionsbereichen zu regeln.[13] Vielmehr hat die Erkenntnis, daß Anliegen aller Staaten und Völker nur gemeinschaftlich zu lösen sind, zu einer substantiellen Erweiterung des Völkerrechts geführt und gleichzeitig neue Anforderungen an die Interaktionen der Staaten gestellt. Die inhaltliche Ausdehnung des Völkerrechts manifestiert sich darin, daß nunmehr Bereiche, die ursprünglich in die ausschließliche Zuständigkeit der einzelnen Staaten fielen, in den Regelungsbereich des Völkerrechts miteinbezogen sind.[14] Infolgedessen müssen die Staaten

---

[5] *G. F. von Martens*, Völkerrecht, das internationale Recht der civilisierten Staaten, 1886, Band 1, 205, 293.

[6] Vgl. Nachweise hierzu bei *Graf*, 42 ff; *Oppenheim/Jennings/Watts*, 331; *Gloria*, in: *Ipsen* (Hrsg.), 4. Aufl., 326.

[7] Vgl. dazu *Allott*, 35.

[8] *Henkin*, 4 f.

[9] Nach *Henkin* gilt *„State egotism, selfishness, is the hallmark of the international State system. The ‚national interest' is deemed to be not only the sole motivation of States but also the greatest virtue"* (S. 106).

[10] *Mosler*, 18.

[11] *Franck*, 39. *„The function of this community is to legitimate or withhold legitimacy, from members, institutions, rules and modes of conduct, thereby affecting both the rights and duties of members and institutions, as well as the rules' capacity to obligate and secure the community's compliant behaviour."*

[12] Vgl. *Paulus*, 99 ff; zu eng daher *Gloria*, in: *Ipsen* (Hrsg.), 4. Aufl., 326.

[13] Vgl. *Mosler*, 15 f.

[14] *Mosler*, 136; *Friedman*, 148; *Tomuschat*, 57; I. *Simonovic*, State sovereignty and globalization: Are some states more equal?, Georgia Journal of International and Comparative Law 28 (2000) 381 (393).

bei der Ergreifung nationaler Maßnahmen auch die Belange anderer Staaten sowie die Belange der Gesamtheit der Staaten berücksichtigen. Die dafür notwendige stärkere Zusammenarbeit vollzieht sich zwischen den Staaten und innerhalb internationaler Organisationen.[15]

3. b. Diese Entwicklung zu einer Staatengemeinschaft ist in der Literatur intensiv behandelt worden. Dabei wird auf verschiedene Gesichtspunkte verwiesen, auf die Vergrößerung der Zahl der Akteure für die Gestaltung der internationalen Beziehungen, die verstärkten völkerrechtlichen Bindungen für Staaten und auf die völkerrechtliche Determinierung von Bereichen, die traditionell zu den inneren Angelegenheiten der Staaten gehörten. In dem hier behandelten Kontext ist aber vor allem die Anerkennung, Verfestigung und Verbreiterung von Gemeinschaftsinteressen, d. h. von gemeinsamen Werten, von Bedeutung, d. h. von Interessen nicht einzelner Staaten, einer Staatengruppe oder der Summe der Einzelstaaten, sondern der Staatengemeinschaft.[16] Diese Gemeinschaftsinteressen bestehen neben den traditionellen zwischenstaatlichen Verpflichtungen bilateraler Natur bzw. gestalten diese inhaltlich um.

3. c. Die hier angesprochenen Gemeinschaftsinteressen werden im zunehmenden Umfang in Präambeln internationaler Verträge oder in Resolutionen der Vereinten Nationen angesprochen.
Z. B. proklamiert die Präambel der Allgemeinen Erklärung der Menschenrechte vom 10. 12. 1948,[17] daß „die Völker der Vereinten Nationen in der Charta ihren Glauben an die grundlegenden Menschenrechte, an die Würde und den Wert der menschlichen Person und an die Gleichberechtigung von Mann und Frau erneut bekräftigt und beschlossen haben ...“. Eine vergleichbare Formulierung findet sich in der Präambel zum Internationalen Pakt für bürgerliche und politische Rechte, 1966.[18] Die Präambel der VN-Charta spricht von „dem Glauben an die Grundrechte des Menschen, an Würde und Wert der menschlichen Persönlichkeit, an die Gleichberechtigung von Mann und Frau“, Art. 55 VN-Charta verweist auf die Gleichberechtigung der Völker als Grundlage der internationalen Beziehungen. Eine Reihe von Abkommen sprechen die Staatengemeinschaft direkt an. Hierzu zählt die UNESCO-Konvention zum Schutz des Natur- und Kulturerbes der Welt vom 17. 11. 1972.[19] Diese stellt fest, daß die zunehmende Zerstörung von Natur- und Kulturgütern eine beklagenswerte Schmälerung des Erbes aller Völker darstelle und daß es Aufgabe der Staatengemeinschaft als Gesamtheit sei, sich am Schutz von Kultur- und Naturgütern zu beteiligen. Auf Gemeinschaftsinterssen verweisen das Seerechtsübereinkommen der Vereinten Nationen[20] durch Einführung des Prinzips, daß die Ressourcen des Tiefseebodens ein gemeinschaftliches Erbe der Menschheit sei, die Konvention zum Schutz der biologischen Vielfalt[21] sowie das Rahmenübereinkommen über Klimaänderungen[22]

---

[15] *Mosler*, 15 ff; vgl. dazu *G. Abi-Saab*, La Communauté internationale saisie par le droit – Essai de radioscopie juridique, in: *B. Boutros Ghali* Amicorum Discipulorumque Liber, vol. I, 1998, 81 ff; *I. I. Lukashuk*, The Law of the International Community, in: International Law on the Eve of the Twenty-first Century. Views from the International Law Commission, 1997, 51 ff; *Simma*, 219 ff (243 ff); *Tomuschat*, 1 ff; *Paulus*, 162 ff.

[16] Auf diesen Unterschied verweist *C. Tomuschat*, Obligations Arising for States without or against their Will, RdC 241 (1993 IV), 195 (222): *„It would be wrong to assume that States as a more juxtaposition of individual units constitute the international community. Rather, the concept denotes an overarching system which embodies a common interest of all States and, indirectly, of all mankind.“*; so auch *J. Delbrück*, Laws in the public interest – Some Observations on the Foundations and the Identification of erga omnes Norms in International Law, Festschrift, in: *G. Jaenicke*, 1998, 17 ff.

[17] GA Res. 217 (III); Sartorius II, Nr. 19.

[18] GA Res. 2200 A (XXI) vom 16. 12. 1966; UNTS 999, 171; BGBl. 1973 II, 1534.

[19] UNTS 1037, 151.

[20] Vgl. dazu § 128.

[21] ILM 31 (1992), 818 ff, BGBl. 1993 II, 1742.

[22] ILM 31 (1992), 849 ff, BGBl. 1993 II, 1784.

sprechen von Gemeinschaftsinteressen. Schließlich setzt sich das Statut des Internationalen Strafgerichtshofs[23] zum Ziel, „... die Achtung und die Durchsetzung der internationalen Rechtspflege dauerhaft zu gewährleisten ...“

4. Ausgehend von der Existenz einer Staatengemeinschaft erhalten die Grundrechte und -pflichten der Staaten eine erweiterte Zielsetzung. Sie dienen dem Erhalt der Staatengemeinschaft, wobei sie sich aus der Realität dieser Staatengemeinschaft definieren. Außerdem schützen die Grundrechte und -pflichten der Staaten die Interessen der einzelnen Staaten als Mitglieder und Träger dieser Rechtsgemeinschaft. Grundrechte und -pflichten der Staaten haben insofern eine Doppelfunktion: Schutz der Staatengemeinschaft als Werte- und Rechtsgemeinschaft und Schutz der einzelnen Staaten als Mitglieder dieser Staatengemeinschaft. Dabei ist die zweite Funktion auf die erste mitbezogen. Nicht geschützt wird nur ein Staat in seiner Individualität, sondern als Mitglied und Träger der Staatengemeinschaft, die durch gemeinsame Werte verbunden ist. Hinzutritt eine zweite (horizontale) Ebene. Nur Staaten vermögen letztlich Völkerrecht durchzusetzen. Ihre Achtung dient damit auch der Verwirklichung der Rechtsgemeinschaft.
Auf dieser Basis sind Grundrechte und -pflichten der Staaten wie folgt allgemein zu definieren: Jeder Staat hat die Existenz und die Rechte anderer Staaten um ihrer selbst willen und als gleichberechtigte Mitglieder der Rechtsgemeinschaft zu achten; jeder Staat ist zu einem an den Bedürfnissen der anderen Staaten und der Rechtsgemeinschaft orientierten, d. h. zu gemeinschaftsverträglichem und gemeinschaftsförderlichem Handeln verpflichtet. Jeder Staat ist zur Achtung der Gemeinschaftsrechte verpflichtet. Jeder Staat hat das Recht, die Einhaltung dieser Pflichten zu fordern. Wenn von Gemeinschaftswerten in diesem Kontext gesprochen wird, sind damit nicht nur die Interessen anderer Staaten angesprochen, sondern diejenigen Werte, die sich auch an den Interessen einzelner Menschen oder Gruppen oder der Menschheit (Völker) als Ganzes orientieren. Besondere Bedeutung kommt insoweit der Sicherung des Friedens, der Achtung der Menschenrechte[24] und dem Schutz der natürlichen Lebensgrundlagen zu.

II. 1. Selbst soweit anerkannt wird, daß die Grundrechte und -pflichten der Staaten für die Existenz einer Rechtsgemeinschaft strukturell notwendig sind,[25] besteht doch Unsicherheit über den Umfang des Kanons der Grundrechte und -pflichten sowie über deren Reichweite im einzelnen.

2. Die Pflicht zur Respektierung der Existenz anderer Staaten umfaßt im einzelnen etwa die Verpflichtung, die territoriale Unversehrtheit und die politische Unabhängigkeit eines Staates zu achten sowie jede hiergegen gerichtete Androhung oder Anwendung von Gewalt zu unterlassen. Bestandteil dieser Pflicht ist es ebenfalls, andere Staaten nicht in der Ausübung ihrer Staatsgewalt zu beeinträchtigen und nicht in die anderen Staaten vorbehaltenen Angelegenheiten zu intervenieren, die ihrem Wesen nach zu den inneren Angelegenheiten eines Staates gehören. Es besteht schließlich auch die Verpflichtung, fremde Staaten und ihre Organe achtungsvoll zu behandeln. Mit diesen Pflichten korrespondiert auf der anderen Seite das Recht, von anderen Staaten pflichtgemäßes Verhalten fordern zu können bzw. sich gegen Eingriffe in diese Rechte im Rahmen der vom Völkerrecht für Gegenmaßnahmen gezogenen Grenzen zu wehren. Das Völkerrecht enthält Regelungen für die unterschiedlichen Möglichkeiten von Völkerrechtssubjekten, sich gegen Verletzungen eigener Rechte oder von Rechten einer Staatengemeinschaft zu wehren; diese reichen von der

[23] BGBl. 2000 II, 1394.

[24] Zu der Anerkennung der Menschenrechte als Gemeinschaftswert in diesem Sinne vgl. u. a. *Paulus*, 254 ff.

[25] Vgl. z. B. *Gloria*, in: *Ipsen* (Hrsg.), 4. Aufl., 326 f.; *Oppenheim/Jennings/Watts*, 331.

Retorsion über Gegenmaßnahmen[26] und der Forderung nach Schadensersatz[27] bzw. nach Wiederherstellung des ursprünglichen Zustandes bis hin zur individuellen oder kollektiven Selbstverteidigung[28] gegen einen rechtswidrigen bewaffneten Angriff.

3. Auch die Pflicht zu gemeinschaftsverträglichem und gemeinschaftsförderlichem Handeln enthält ein Bündel konkreter Verhaltenspflichten. Gerade in diesem Bereich haben im Völkerrecht entscheidende Wandlungen stattgefunden. Der einzelne Staat ist Mitglied einer sich immer stärker integrierenden internationalen Gemeinschaft, in die er sich einfügen muß. So erklärt sich das Gebot rücksichtsvollen Verhaltens gegenüber anderen Staaten, die Pflicht, im internationalen Verkehr nach Treu und Glauben zu handeln[29] und Verträge einzuhalten sowie die Pflicht zur Teilnahme am internationalen Verkehr mit anderen Staaten. Verboten ist gemeinschaftswidriges Verhalten, das bei der Ausübung eigener Rechte die berechtigten Interessen anderer Staaten bzw. der Staatengemeinschaft nicht im gebotenen Umfang berücksichtigt, namentlich der Mißbrauch eigener Rechte zum Schaden anderer Staaten oder der internationalen Gemeinschaft. Insofern ist es berechtigt, von der Pflicht zu einem auf die Staatengemeinschaft bezogenen sozialen Verhalten zu sprechen. Die Pflicht zum sozialen Verhalten umfaßt unter anderem auch das Gebot, sich im Falle von Konflikten friedlich und um Ausgleich bemüht zu verhalten, also die Pflicht, Streitigkeiten friedlich beizulegen. Soweit die Probleme der internationalen Sicherheit und des internationalen Wirtschafts- und Soziallebens nicht ohne die Zusammenarbeit zwischen den Staaten gelöst werden können, sind diese zur Zusammenarbeit mit anderen Staaten und namentlich auch mit zwischenstaatlichen Organisationen verpflichtet. Ein Staat, der sich dieser Pflicht zur Kooperation prinzipiell und ohne ausreichende Gründe entzieht, handelt völkerrechtswidrig. Letztlich kann die Pflicht zum gemeinschaftsverträglichen und gemeinschaftsförderlichen Verhalten zu einer Solidarpflicht erstarken.[30]

II. 1. Die angesprochenen Grundrechte und -pflichten der Staaten ergeben sich unmittelbar aus der Struktur der Völkerrechtsordnung, an der nur gleichgeordnete und voneinander unabhängige Rechtssubjekte teilnehmen, und der rechtlichen Verbundenheit der Staaten in der internationalen Staatengemeinschaft. Die Grundrechte und -pflichten der Staaten brauchen nicht durch Verträge oder Gewohnheitsrecht geschaffen zu werden.[31] Sie stellen vielmehr grundlegendes, sich unmittelbar aus den strukturellen Notwendigkeiten der Staatengemeinschaft ergebendes Recht dar, ohne dessen Geltung ein geordnetes Zusammenleben der Staaten nicht möglich ist.[32] Die Grundrechte und Pflichten der Staaten sind somit strukturlogisch und deduktiv nachweisbar.[33] Diesem Ansatz folgt auch die *Declaration on Principles of International Law Concerning Friendly Relations and Co-operation Among States in Accordance with the Charter of the United Nations* (Prinzipiendeklaration).[34] Sie führt sieben Grundsätze auf, die man als Grundrechte und -pflichten qualifizieren kann, und bezeichnet sie in ihrem letzten Abschnitt als *„basic principles of international law"*. Die Bezeichnung *„basic principles"* bringt zum Ausdruck, daß es sich um wesentliche Grundsätze handelt, deren Befolgung die wichtigste Voraussetzung zur Erreichung der Ziele der Staatengemeinschaft bildet. In diesem Sinne kann man von einer „Verfassung der Völkerrechtsgemeinschaft" sprechen.[35] Die unmittelbar auf ihr beruhen-

---

[26] Vgl. dazu § 188.

[27] Vgl. dazu §§ 173–184.

[28] Vgl. dazu Bd. II/1.

[29] Vgl. dazu Art. 2 Ziff. 2 Charta der VN sowie Art. 5 (c) Satzung der OAS. Siehe dazu auch *Schwarzenberger*, The fundamental principles of international law, RdC 87 (1955 I), 290 sowie *Verdross*, in: FS *Laun*, 1953, 29.

[30] Vgl.dazu § 172.

[31] A. A. *Kelsen*, Principles, 152.

[32] *Oppenheim/Jennings/Watts*, 331; *Gloria*, in: *Ipsen* (Hrsg.), 4. Aufl., 326.

[33] *Folz*, 405.

[34] GA Res. 2625 (XXV) vom 24. 10. 1970.

[35] *Verdross*; von Kelsen wird dieser Begriff in einem anderen Sinne verstanden. Er versteht unter ‚*Consti-*

den Grundrechte und -pflichten der Staaten sind von Rechten und Pflichten anderer Art zu unterscheiden.

Im Schrifttum werden die Rechte und Pflichten der Staaten in zwei Gruppen geteilt. Man kann einerseits absolute, ursprüngliche, wesentliche, unmittelbare und unveräußerliche Rechte, sog. Grundrechte und Grundpflichten und andererseits relative, abgeleitete, mittelbare, sekundäre, zufällige und bedingte Rechte und Pflichten unterscheiden.[36] Namentlich Autoren, die unter dem Einfluß naturrechtlichen Gedankenguts stehen, neigen dieser Begriffsbildung zu. In Parallele zu der Idee vor- und überstaatlicher Grundrechte und -pflichten des Individuums wird hier die Vorstellung von Grundrechten und -pflichten der Staaten, die diesen unabhängig vom positiven Völkerrecht zukommen soll, entwickelt.[37]

2. Begriffe wie die des Völkerverfassungsrechts und der Grundrechte und -pflichten der Staaten geben allerdings leicht zu Mißverständnissen Anlaß. Sie können den Anschein erwecken, es handele sich hier in Analogie zum nationalen Verfassungsrecht um Völkerrecht höheren Ranges, dem eine stärkere Geltungskraft als den Regeln des sonstigen Völkerrechts zukomme. Dies ist jedoch nicht der Fall, da das Völkerrecht eine dem innerstaatlichen Recht vergleichbare Normenhierarchie mit Ausnahme der *ius cogens*-Normen nicht kennt. Ebensowenig lassen sich die Grundrechte der Staaten mit den überstaatlichen Rechten vergleichen, die dem Individuum als unveräußerliche Rechte zustehen:[38] Anders als Individuen können aber Staaten wie auf ihre Existenz überhaupt auch auf ihre Grundrechte wirksam verzichten. Zudem fehlt auf der internationalen Ebene aufgrund der Tatsache, daß die Staaten gleichzeitig Regelungsadressat und Rechtssetzungsorgan sind, der im innerstaatlichen Bereich vorgeprägte Konflikt zwischen individueller und übergeordneter Rechtssphäre. Von einem Völkerverfassungsrecht und von Grundrechten und -pflichten der Staaten ist daher in einem anderen Sinne zu sprechen, als es im nationalen Recht üblich ist. Es handelt sich um Prinzipien allgemeiner Natur, denen allerdings eine besondere rechtliche, politische und moralische Bedeutung zukommt und die sich unmittelbar aus der Existenz der Staatengemeinschaft als Rechtsgemeinschaft ergeben.

III. 1. Im Zusammenhang mit den Bemühungen um eine Kodifizierung des Völkerrechts ist versucht worden, die Grundrechte und -pflichten der Staaten zu formulieren und nach dem Modell der Allgemeinen Erklärung der Menschenrechte von 1948[39] eine Erklärung über die Grundrechte und -pflichten der Staaten zu verfassen.

Zu erwähnen sind etwa die Entwürfe des *American Institute of International Law* von 1916,[40] der *Union Juridique Internationale* von 1919,[41] der Interparlamentarischen Union von 1928[42] und der Entwurf, den *de Lapradelle* 1921 dem *Institut de Droit International* vorgelegt hat.[43] Im Jahre 1927 entwickelte die *International Commission of Jurists* einen Kanon von *„Fundamental Rights and Duties of American Republics"*, der in einen Konventionsentwurf der Konferenz von Havanna[44] Eingang fand. Er scheiterte jedoch an dem Widerstand gegen das darin enthaltene strikte Interventionsverbot. 1936 beschäftige sich auch die *International Law Association* mit diesem Problemkreis. Anknüpfend an zahlreiche Entschließungen vorangehender Konferenzen beschloß die 7. interamerikanische Konferenz in Montevideo am 26. 12. 1933 eine Konvention über die Rechte und Pflichten

---

tution of the International Community' den Inbegriff der Regeln, die die Schaffung völkerrechtlicher Normen zum Gegenstand haben.

36 *Sibert*, Bd. I, Kap. IV, Droits et devoirs fondamentaux des Etats, 226; *Knubben*, 205.

37 Dagegen *Triepel*, Völkerrecht und Landesrecht, 1899, 211; *Brierly*, Le fondement du caractère obligatoire du droit international, RdC 23 (1928 II), 474; *Quadri*, 383; *Kelsen*, Principles, 148 f; *Gloria*, in: *Ipsen* (Hrsg.), 4. Aufl., 326.

38 *Gloria*, in: *Ipsen* (Hrsg.), 4. Aufl., 326 f.

39 GA Res. 217 A (III) vom 10. 12. 1948.

40 Text in: AJIL 10 (1916), 212.

41 Abgedruckt bei *Graf*, 122 f.

42 Vgl. dazu *V. Bruns*, ZöV 1 (1929), 14 ff.

43 Annuaire de l'Institut de Droit International 1921, 217/8.

44 AJIL 22 (1928), Special Suppl., 311 f.

der Staaten,[45] deren Inhalt im wesentlichen in das 3. Kapitel der Satzung der OAS *(Bogotá*-Charta) übernommen worden ist. Betont wird die Gleichheit vor dem Recht und der Anspruch auf gleiche Behandlung und gleiche Teilhaberrechte. Dabei wird ausdrücklich hervorgehoben, daß der Anspruch auf Gleichheit unabhängig davon ist, welche Macht der betreffende Staat auszuüben vermag. Angesprochen wird ebenfalls das Interventionsverbot sowie die Verpflichtung, Konflikte im Wege der friedlichen Streitbeilegung zu lösen. Schließlich bestätigt die Konvention den Grundsatz der Unverletzlichkeit des Staatsgebiets und wiederholt in diesem Zusammenhang die *Stimson*-Doktrin.[46]

2. Auch auf der Konferenz von San Francisco gab es Bemühungen um die Aufnahme einer Erklärung über die Rechte und Pflichten der Staaten in die Charta der Vereinten Nationen.[47] Sie sind an dem Widerstand der Großmächte gescheitert. Einige Grundpflichten und damit korrespondierende Rechte der Staaten lassen sich aber aus der Präambel sowie aus Art. 1, 2, 55 und 56 der Charta der VN entnehmen. Diese gliedern sich in konkrete Handlungs- und Unterlassungspflichten (Art. 2 und 25 Charta der VN) sowie in die Verpflichtung der Staaten, einzeln, gemeinsam und in Zusammenarbeit mit den Vereinten Nationen auf die Erreichung bestimmter Ziele hinzuarbeiten (Art. 55 und 56 Charta der VN). Sie umfassen folgende Grundsätze: die Pflicht, die souveräne Gleichheit der Staaten zu achten (Präambel, Art. 1 Ziff. 2; Art. 2 Ziff. 1; 55 Charta der VN); die Pflicht, alle aus der Charta der Vereinten Nationen sich ergebenden Pflichten nach Treu und Glauben zu erfüllen (Art. 2 Ziff. 2 Charta der VN); die Pflicht zur friedlichen Austragung aller Streitigkeiten (Art. 1 Ziff. 1; 2 Ziff. 3 Charta der VN) und das Gewaltverbot (Art. 2 Ziff. 4 Charta der VN) sowie die Pflicht zur Achtung der Menschenrechte. Lediglich die Entwicklung der Pflichten zur Achtung der natürlichen Lebensgrundlagen sind neueren Ursprungs.

3. Die Versuche einer Kodifikation der Grundrechte und -pflichten der Staaten im Rahmen der Vereinten Nationen sind bislang nur bedingt erfolgreich gewesen.

Panama brachte auf der ersten Tagung der Generalversammlung der Vereinten Nationen einen Entwurf für eine Erklärung der Grundrechte und -pflichten der Staaten ein, der den Mitgliedstaaten zur Stellungnahme zugeleitet wurde.[48] Auf ihrer zweiten Tagung beauftragte die VN-Generalversammlung die ILC mit der Vorbereitung eines Entwurfs;[49] dieser wurde in veränderter Gestalt durch die Resolution 375 (IV) vom 6. 12. 1949 den Staaten zur Stellungnahme zugeleitet.[50] Dieser Entwurf, der vier Rechte und zehn Pflichten regelte, stieß auf Kritik der Mitgliedstaaten, und die Arbeiten hieran wurden eingestellt.[51] Der Gedanke einer Kodifizierung derartiger Rechte und Pflichten wurde 1963 mit der Errichtung eines *„Special Committee on Principles of International Law Concerning Friendly Relations and Co-operation Among States"* wieder aufgenommen.

Einige der genannten Grundrechte sind in der am 25. Jahrestag des Inkrafttretens der Charta von der Generalversammlung angenommenen Prinzipiendeklaration[52] enthalten. Die Char-

---

45 LNTS 165, 19.

46 Vgl. dazu Bd. I/1, 361.

47 UNYB 1946–47, 176 f.

48 Einen Überblick über diese Bestrebungen vermittelt die der ILC übermittelte Denkschrift des Generalsekretärs der Vereinten Nationen, UN Doc. A/CN.4/2 von 1948.

49 GA Res. 178 (II) vom 21. 11. 1947.

50 Kritisch zu den Kodifikationsbemühungen *Dahm*, 1. Aufl., Bd. I, 194.

51 Vgl. hierzu Yearbook ILC 1949, 286; *Ruda*, EPIL IV, 673 (676 f).

52 Vgl. Anm. 20; folgende Prinzipien werden genannt: (a) The principle that States shall refrain in their international relations from the threat or use of force against the territorial integrity or political independence of any State, or in any other manner inconsistent with the purposes of the United Nations, (b) The principle that States shall settle their international disputes by peaceful means in such a manner that international peace and security and justice are not endangered, (c) The duty not to intervene in matters within the domestic jurisdiction of any State, in accordance with the Charter, (d) The duty of States to co-operate with one another in accordance with the Charter, (e) The principle of equal rights and self-determination of peoples, (f) The principle of sovereign equality of States, (g) The principle that States shall fulfil in good faith the obligations assumed by them in accordance with the Charter, so as to secure

ta über die wirtschaftlichen Rechte und Pflichten der Staaten[53] nennt ebenfalls eine Reihe von Prinzipien, die die wirtschaftlichen, aber auch die politischen und sonstigen Beziehungen der Staaten zueinander regeln. Die beiden Kataloge sind nicht deckungsgleich; die Charta über die wirtschaftlichen Rechte und Pflichten der Staaten betont die Gesichtspunkte der zwischenstaatlichen Kooperation und der Pflicht zum Ausgleich der bestehenden Entwicklungsunterschiede zwischen den Staaten stärker als die Deklaration.

4. Ein Versuch der Kodifizierung von Grundrechten und -pflichten der Staaten erscheint aussichtslos. Diese Grundrechte und -pflichten sind nicht statisch, sondern entwickeln sich dynamisch mit der Entwicklung der Staatengemeinschaft. Ihr Bestand reflektiert den sich entwickelnden Wertekonsens in dieser Gemeinschaft. Insofern würde eine Kodifizierung gerade dieser Entwicklung entgegenstehen. Von wesentlicher Bedeutung ist aber, daß sich die Zielsetzung der Grundrechte und- pflichten von einem Schutz individueller Staatenrechte hin auf eine Sicherung von Gemeinschaftswerten verschiebt. Dies ist eine dynamische Entwicklung, die aus der sich verstärkenden Integration der Staatengemeinschaft resultiert. Eine derartige Entwicklung würde eine Kodifizierung von Staatenrechten und- pflichten zweifelsohne behindern.

§ 166 Achtung der souveränen Gleichheit der Staaten

Schrifttum: vor § 165; *E. D. Dickinson*, The Equality of States in International Law, 1920; *J. Goebel*, The Equality of States, 1923; *H. Mosler*, Die Großmachtstellung im Völkerrecht, 1949; *J. F. Fiedler*, Das Problem der Staatengleichheit in der Organisation der Völkergemeinschaft, 1950; *W. Schaumann*, Die Gleichheit der Staaten, Ein Beitrag zu den Grundprinzipien des Völkerrechts, 1957; *B. Boutros-Ghali*, Le principe d'égalité des Etats et les Organisations internationales, RdC 100 (1960 II), 1 ff; *P. H. Kooijmans*, The Doctrine of the Legal Equality of States, 1964; *C.A. Colliard*, Egalité ou spécificité des Etats dans le droit international public actuel, 1970; *J. Gibson*, The Conceptual System of Sovereign Equality Among States, 1970; *R. A. Klein*, Sovereign Equality Among States, 1974; *D. M. Johnston*, The Foundations of Justice in International Law, in: *R. St.J. Macdonald/D. M. Johnston/G. L. Morris* (Hrsg.), The International Law and Policy of Human Welfare, 1978, 111 ff; *R. P. Anand*, Sovereign Equality of States in International Law, RdC 197 (1986 II), 9 ff; *W. M. Reisman*, Old Wine in New Bottles: The Reagan and Brezhnew Doctrines in Contemporary International Law and Practice, Yale International Law Journal 13 (1988), 171 ff; *K. M. Meessen*, Souveränität, in: *R. Wolfrum* (Hrsg.), Handbuch Vereinte Nationen, 1991, 788 ff; *G. Abi-Saab*, Whither the International Community, EJIL 9 (1998), 248 ff; *B. Kingsbury*, Sovereignty and Inequality, EJIL 9 (1998), 599 ff; *C. Tomuschat*, International Law: Ensuring the Survival of Mankind on the Eve of a New Century, General Course on Public International Law, RdC 281 (1999), 9 ff.

I. 1. Staatliche Souveränität als Rechtsgrundsatz formuliert besagt, daß Staaten in den Grenzen des Völkerrechts die höchste Gewalt zukommt.[1] Dieser Grundsatz stellt als solcher

their more effective application within the international community, would promote the realization of the purposes of the United Nations.

[53] GA Res. 3281 (XXIX) vom 12. 12. 1974; Kapitel I: Economic as well as political and other relations among States shall be governed, inter alia, by the following principles: (a) Sovereignty, territorial integrity and political independence of States; (b) Sovereign equality of all States; (c) Non-aggression; (d) Non-intervention; (e) Mutual and equitable benefit; (f) Peaceful coexistence; (g) Equal rights and self-determination of peoples; (h) Peaceful settlement of disputes; (i) Remedying of injustices which have been brought about by force and which deprive a nation of the natural means necessary for its normal development; (j) Fulfilment in good Faith of international obligations; (k) Respect for human rights and fundamental freedoms; (l) No attempt to seek hegemony and spheres of influence; (m) Promotion of international social justice; (n) International co-operation for development; (o) Free access to and from the sea by land-locked countries within the framework of the above principles.

[1] Vgl. dazu Bd. I/1, 215 f.

nur begrenzt eine operable Rechtsnorm dar; aus ihm resultieren jedoch eine Reihe von Grundrechten und -pflichten der Staaten wie das Verbot der Intervention und das Gewaltverbot, die darauf abzielen, die Existenz der Mitglieder der Staatengemeinschaft zu sichern. Aus diesem Grundsatz ergeben sich aber auch weitreichende institutionelle Grundsätze für die Struktur internationaler Organisationen.[2] Schließlich bildet der Grundsatz der souveränen Gleichheit der Staaten eine der Grundnormen, auf denen die Staatengemeinschaft beruht.[3] Insgesamt erschließt sich der Inhalt des völkerrechtlichen Gebots zur Achtung der souveränen Gleichheit der Staaten nur vollständig, wenn anerkannt wird, daß jeder einzelne Staat Mitglied der Staatengemeinschaft ist und sich hieraus für ihn Rechte, aber auch Pflichten ergeben. Es wurde bei der Einführung der Begriffe Grundrechte und Pflichten der Staaten darauf hingewiesen, daß idealtypisch zwischen Pflichten gegenüber einzelnen Staaten und solchen gegenüber der internationalen Gemeinschaft bzw. den korrespondierenden Rechten (Staatenrechte bzw. Gemeinschaftsrechte) unterschieden werden kann und muß.[4] Insbesondere die Pflicht zur Achtung der souveränen Gleichheit der Staaten belegt, daß eine derartige trennscharfe Unterscheidung nicht möglich ist. Auch wenn die Verpflichtung zur Achtung der souveränen Gleichheit Existenz und Handlungsspielräume jedes einzelnen Staates zu sichern sucht, liegt die Pflicht zur Achtung einzelstaatlicher Souveränität – wie zu zeigen sein wird – auch im Interesse der Staatengemeinschaft.

2. Der Grundsatz der souveränen Gleichheit ergibt sich formallogisch daraus, daß nicht nur ein Staat, sondern alle Staaten in gleichem Maße Träger souveräner Hoheitsgewalt sind.[5] Der souveräne Staat übt seine Herrschaftsgewalt im Rahmen seiner Jurisdiktion aus, muß dabei aber nicht nur anerkennen, sondern auch berücksichtigen, daß andere Staaten die gleichen Kompetenzen für sich in Anspruch nehmen und auch in Anspruch nehmen können. Das heißt, ein Staat ist verpflichtet, die Hoheitsbereiche anderer Staaten und die Ausübung staatlicher Hoheitsgewalt durch sie, in eben der Form zu achten, wie er sie für sich in Anspruch nimmt. Hieraus resultieren das Gewaltverbot[6] und das Verbot der Intervention[7] als logische Konsequenz sowie das Gebot zur Streitbeilegung durch friedliche Mittel[8] als Korrelat zum Gewaltverbot und dem Interventionsverbot. Ohne diese Beschränkung der Ausübung von Souveränität, die in dem Wort Gleichheit angelegt ist, würden die internationalen Beziehungen von einigen wenigen Staaten dominiert. Dies hätte eine Systemänderung zur Folge, die mit der Existenz einer Staatengemeinschaft unvereinbar wäre. Hierauf beruht die Orientierung der Pflicht zur Achtung der souveränen Gleichheit auch in Bezug auf die internationale Gemeinschaft. Deren Existenz setzt das Bestehen und die Handlungsfähigkeit von gleichberechtigten Staaten im Sinne eines Staatenpluralismus voraus. Die Sicherung eines Staatenpluralismus und damit die Sicherung einer Fortexistenz einer plural konstituierten Staatengemeinschaft ist damit gleichfalls Ziel der Verpflichtung, die souveräne Gleichheit der Staaten zu achten.

Die Pflicht zur Achtung der souveränen Gleichheit der Staaten hat zwar ihren Niederschlag in der Charta der Vereinten Nationen, einer Vielzahl von Verträgen und vor allem in einer Reihe von Deklarationen und Resolutionen der Generalversammlung der Vereinten Nationen gefunden. Dennoch sind weder Verträge noch das Gewohnheitsrecht Rechtsgrundlage dieses Prinzips; sie haben insoweit lediglich deklaratorischen Charakter. Der Grundsatz der souveränen Gleichheit der Staaten ergibt sich vielmehr zwangsläufig aus der Struktur einer plural verfaßten Staatengemeinschaft, die aus einzelnen gleichberechtigten, den

---

[2] *Tomuschat*, 161, unterscheidet demgemäß überzeugend zwischen der vorrangigen Grundnorm der souveränen Gleichheit der Staaten und den sekundären, hieraus abgeleiteten Prinzipien.

[3] *Tomuschat*, 161.

[4] § 165.

[5] *Meessen*, 790; *Abi-Saab*, 254; Bd. I/1, 216.

[6] Vgl. dazu § 169.

[7] § 168.

[8] § 170.

anderen Mitgliedern der Staatengemeinschaft und der Staatengemeinschaft selbst verpflichteten Akteuren besteht.
Es ist nicht tautologisch zu verstehen, wenn die Pflicht zur Achtung der souveränen Gleichheit der Staaten sowohl dazu dient, die Staatengemeinschaft in ihrer Pluralität zu erhalten und gleichzeitig als strukturell notwendige Konsequenz aus der Existenz einer internationalen Gemeinschaft hergeleitet wird. Dies verdeutlicht nur den – in bezug auf die Existenz der internationalen Gemeinschaft – strukturbildenden Charakter der Verpflichtung zur Achtung der souveränen Gleichheit der Staaten. Wird dieser Grundsatz als Strukturelement der bestehenden Staatengemeinschaft verstanden, so ist es nur konsequent, wenn aus ihm Pflichten in Bezug auf die anderen Mitglieder dieser Gemeinschaft und in Bezug auf die Gemeinschaft selbst deduziert werden.

3. Der Grundsatz der souveränen Gleichheit der Staaten ist in Art. 2 Ziff. 1 VN-Charta kodifiziert und wird durch die Deklaration der Vereinten Nationen über die Prinzipien des Völkerrechts über die freundschaftlichen Beziehungen und die Zusammenarbeit zwischen den Staaten[9] weiter konkretisiert. Danach haben alle Staaten gleiche Rechte und Pflichten und sind gleichberechtigte Mitglieder der Staatengemeinschaft ungeachtet ihrer wirtschaftlichen, sozialen, politischen oder anderen Unterschiede. Folgende Elemente des Gleichheitsgrundsatzes werden genannt, ohne daß diese Aufzählung als abschließend zu verstehen ist: Gleichheit vor dem Recht; Möglichkeit der Ausübung durch die Staaten der ihrer Souveränität inhärenten Rechte; Verpflichtung, die Völkerrechtssubjektivität anderer Staaten anzuerkennen; Unverletzlichkeit der staatlichen Integrität und politischen Unabhängigkeit; das Recht jedes Staates, sein politisches, soziales, wirtschaftliches und kulturelles System frei zu wählen und zu entwickeln sowie die Verpflichtung jedes Staates, seine völkerrechtlichen Pflichten zu erfüllen und mit anderen Staaten in Frieden zu leben.[10]

4. Das Prinzip der souveränen Gleichheit der Staaten setzt seiner Natur nach eine Gemeinschaft voraus, die in einer internationalen juristischen Ordnung organisiert ist. Hieraus resultieren mehrere Konsequenzen. Zweck dieser Staatengemeinschaft ist es zunächst, den Freiheitsraum jedes einzelnen Mitglieds im Rahmen der gegebenen Rechtsordnung zu sichern. Dieses Anliegen kann nur dann erfüllt werden, wenn der gegenseitige Freiheitsraum der Staaten respektiert und anerkannt wird. Ebenso ist Voraussetzung, daß die von der Gemeinschaft geschaffenen Regeln, die das Zusammenleben der Mitglieder dieser Gemeinschaft determinieren, von ihnen beachtet werden. Hieraus resultiert eine Limitierung der staatlichen Handlungsfreiheit, die ihren Grund in der Interessengemeinschaft der Staaten und in den Verpflichtungen hat, die die Staaten in freier Entscheidung auf sich genommen haben. Es besteht also ein Zusammenhang zwischen den Prinzipien der souveränen Gleichheit der Staaten und der Verpflichtung der Staaten, eingegangene völkerrechtliche Verpflichtungen zu erfüllen. Erst die Achtung des Völkerrechts ermöglicht die Existenz gleicher und souveräner Staaten.
Das Völkerrecht, verstanden als Staatengemeinschaftsrecht, beschränkt sich aber nicht darauf, die einzelstaatliche Souveränität mit Blick auf die Souveränität anderer Staaten einzuschränken. In zunehmendem Umfang erfolgt nämlich eine Einschränkung der einzelstaatlichen Souveränität mit dem Ziel, Werte und Belange der Staatengemeinschaft zu sichern. Insofern steht der Schutz von Gemeinschaftswerten neben dem Schutz einzelstaat-

---

9 GA Res. 2625 (XXV) vom 24. 10. 1970 (Prinzipiendeklaration).

10 Die ersten vier Punkte wurden bereits auf der Konferenz von San Francisco diskutiert, vgl. Bericht des Berichterstatters von Kommission I, Doc. 944, UNCIO Vol. VI, 446 (457).

licher Interessen, wie sie im bilateralen Beziehungsgefüge des Völkerrechts traditionell gesichert werden.[11]

Insgesamt wird über den Grundsatz der souveränen Gleichheit der Staaten deren Platz in einer Gemeinschaft definiert, die von der Gleichheit ihrer Mitglieder und der Verbindlichkeit von Gemeinschaftswerten geprägt wird.

5. a. Bei der Interpretation des Begriffs der Staatengleichheit sind zwei Aspekte zu unterscheiden: gleicher Schutz durch das Recht (Gleichheit vor dem Recht) und Gleichheit der Rechte und Pflichten (Gleichheit im Recht).[12] Der erste Aspekt ist prozeduraler Natur und ein wesentliches Element einer auf der Gleichheit ihrer Mitglieder aufbauenden Rechtsgemeinschaft. Zwischen ihm und dem zweiten Aspekt, der angesichts der bestehenden faktischen Ungleichheiten zwischen den Staaten einen systemverändernden Ansatz beinhaltet, besteht kein formallogischer Zusammenhang. Der zweite Aspekt der Staatengleichheit beschreibt ein von der Rechtsgemeinschaft der Staaten möglicherweise anzustrebendes Ziel.[13]

5. b. Nach dem Grundsatz der Gleichheit vor dem Recht haben alle Staaten den Anspruch auf unterschiedslose Anwendung des Völkerrechts. Das heißt, unter gleichen rechtlichen Voraussetzungen kommen allen Staaten gleiche Rechte und Pflichten zu. Von der politischen Bedeutung der Staaten wird insoweit abstrahiert.[14] Dies hat eine Reihe von faktischen Konsequenzen zur Folge. So steht bei universellen Verträgen ebenso wie bei auf Universalität angelegten internationalen Organisationen die Mitgliedschaft allen Staaten offen, die die hieraus resultierenden Pflichten zu erfüllen bereit sind. Dies heißt allerdings nicht, daß alle internationalen Abkommen bzw. internationalen Organisationen als universell in dem Sinne konzipiert werden müssen, daß sie allen Staaten offen zu stehen haben.[15] Es ist durchaus möglich, Verträge und internationale Organisationen in einer Weise zu gestalten, daß in ihnen nur Staaten Aufnahme finden, die einen Beitrag zur Förderung des mit diesem Vertrag oder mit dieser internationalen Organisation verfolgten Ziels leisten können. Allerdings würde es der Pflicht zur Achtung der Staatengleichheit widersprechen, Ziel und Zweck eines Vertragsregimes in einer Weise zu formulieren, durch die bestimmte Staaten von einer Mitwirkung in willkürlicher Weise ausgeschlossen werden. Ebenso würde es der Pflicht zur Beachtung dieses Grundsatzes widersprechen, wenn Staaten in einem Vertragssystem keine Berücksichtigung finden, obwohl sie die betreffenden Kriterien erfüllen. Die Grenzlinie wird hier nicht immer einfach zu ziehen sein. Zulässig ist die Beschränkung der Mitgliedschaft eines völkerrechtlichen Vertrags auf Staaten einer geographischen Region. Eine derartige Beschränkung geht von der Vorstellung aus, daß die Staaten dieser Region ein gesteigertes Bedürfnis der Zusammenarbeit besitzen und diese am effektivsten in einem von seiner Mitgliedschaft her beschränkten Vertrag verwirklichen können. Ebenso zulässig ist eine Beschränkung der Mitgliedschaft, wenn eine Verwaltung von Ressourcen angestrebt wird,

---

[11] Vgl. dazu § 165.

[12] *D. M. Johnston*, 122; *R. P Anand*, 305; Der StIGH formulierte im Fall der *Minority Schools in Albania*: *„It is perhaps not easy to define the distinction between the notions of equality in fact and equality in law; nevertheless, it may be said that the former notion excludes the idea of merely formal equality... Equality in law precludes discrimination of any kind; whereas equality in fact may involve the necessity of different treatment in order to attain a result which establishes an equilibrium between different situations"*, PCIJ, Series A/B, No. 64 (1935), 19.

[13] *Tomuschat*, 189.

[14] *Kelsen*, 51; *Jessup*, 27; *Brierly*, 132; *O'Connell*, 347; *Kewenig*, Der Grundsatz der Nichtdiskriminierung im Völkerrecht der Handelsbeziehungen, Bd. 1, 36; *Oppenheim/Jennings/Watts*, 339 f.; Grundsätzliche Kritik bei *Kingsbury*, der in dem Konzept der souveränen Gleichheit die Gefahr sieht, daß einige Formen der Ungleicheit nicht berücksichtigt werden, 602.

[15] Vgl. dazu C. *Warbrick*, The Principle of Sovereign Equality, in: *V. Lowe/C. Warbrick* (eds), The United Nations and the Principles of International Law. Essays in Memory of *M. Akehurst*, 1994, 204 ff (207).

die diesen Staaten zugeordnet werden (z. B. internationale Flußregime). Problematisch sind dagegen vom Gesichtspunkt der Staatengleichheit her völkerrechtliche Verträge oder internationale Organisationen zum Management von natürlichen Ressourcen, obwohl diese theoretisch allen Staaten offen stehen. Typische Beispiele sind insoweit Abkommen zur Regelung der Fischerei auf hoher See. Derartige Organisationen widersprechen nur dann nicht der Pflicht zur Achtung der souveränen Gleichheit der Staaten, wenn neu hinzutretende Staaten nicht ausgeschlossen werden *(straddling fish stocks)*.

5. c. Der Grundsatz der souveränen Gleichheit der Staaten hat eine besondere Bedeutung bei der Mitwirkung in internationalen Organisationen.[16] Im Grundsatz kommen danach allen Staaten gleiche Mitwirkungsrechte zu. Allerdings gilt dieser Grundsatz nicht ohne Einschränkungen.[17] Nicht geschlossen werden kann von der souveränen Gleichheit auf die Notwendigkeit zur einstimmigen oder konsensualen Entscheidung.[18] Fast durchgängig verfügen internationale Organisationen über ein Gremium, in dem nur ein Teil der Mitgliedstaaten vertreten ist und in dem bestimmte Staaten öfter Aufnahme finden als andere, oder sogar faktisch oder vertraglich abgesichert über einen ständigen Sitz verfügen. Beispiele hierfür sind der Sicherheitsrat der Vereinten Nationen aber auch der Rat der Internationalen Meeresbodenbehörde. Die Berücksichtigung von besonderen Interessen, aber auch des besonderen praktischen oder wirtschaftlichen Gewichts bei der Zusammensetzung von Organen mit beschränktem Mitgliederkreis, entspricht einer weit verbreiteten Tendenz im Recht internationaler Organisationen.[19] Die hierin liegende Ungleichbehandlung anderer Staaten wird aus der Aufgabenzuweisung an dieses Organ[20] gerechtfertigt. Bis zu einem gewissen Grade wird sie dadurch kompensiert, daß alle internationalen Organisationen über ein Plenarorgan verfügen, in dem alle Mitgliedstaaten in formal gleicher Weise vertreten sind und das formal die Position eines obersten Organs einnimmt. In der Regel vermag dies das in der Zusammensetzung des Organs mit beschränkter Mitgliedschaft liegende Gleichheitsdefizit nicht auszugleichen. Es ist dann im Einzelfall danach zu fragen, ob sich die Zusammensetzung des Organs aus bestimmten Sachgründen rechtfertigen läßt. Auf jeden Fall entsteht ein Spannungsverhältnis zwischen dem Gebot einer Achtung der souveränen Gleichheit der Staaten und dem Ziel, durch die besondere Berücksichtigung bestimmter Staaten die Effektivität der betreffenden Regime zu verbessern. Dies belegt, daß die Verpflichtung zur Achtung der souveränen Gleichheit der Staaten nicht absolut zu verstehen ist. Eine Modifikation aus dem Gesichtspunkt der Effektivität ist zulässig, wenn alle Staaten in gleicher Weise an der Formulierung der Politik einer internationalen Organisation mitwirken können.
Einen Beitrag zur Sicherung der Beachtung des Grundsatzes der souveränen Gleichheit – wenn auch nur mittelbar – erfolgt durch die sog. Regionalgruppen. Hierüber wird eine Vorklärung der Positionen und – auf dieser Ebene – eine Meinungsbildung auf der Basis von gruppengeprägten Verhandlungen erreicht. Da diese Gruppen im Verhältnis von Gleichen zueinander agieren, wird der Anspruch der Gruppenmitglieder auf Achtung der souveränen Gleichheit durch die Zugehörigkeit zu einer bestimmten Gruppe mediatisiert.[21]

5. d. Schließlich ist zu berücksichtigen, daß nicht nur die bereits angesprochenen faktischen Unterschiede zwischen den Staaten bestehen, sondern daß auch das Völkervertragsrecht sowie das Recht der internationalen Organisationen teilweise eine Ungleichbehandlung von

---

[16] Zur Frage der Gleichheit in Internationalen Organisationen vgl. *R. A. Klein*, 109 ff.

[17] Vgl. Bd. II/1.

[18] *A. A. Vitzthum*, in: *Vitzthum*, 28.

[19] Vgl. *J. Seidl-Hohenfeldern/G. Loibl*, Das Recht der Internationalen Organisationen, 7. Aufl., 2000, 152 ff.

[20] Vgl. dazu Bd. II/2.

[21] Vgl. dazu Bd. II/2.

Staaten vorsieht. Diese Regelungen können unterschiedlichen Zielen dienen. Sie können den Zweck haben, die Vorrangstellung eines Staates oder einer Staatengruppe festzuschreiben – wie z. B. hinsichtlich der Mitgliedschaft oder der Abstimmung im Sicherheitsrat der Vereinten Nationen – oder sie versuchen, einen Ausgleich für eine faktische wirtschaftliche oder finanzielle Unterlegenheit eines Staates oder einer Staatengruppe zu bilden. Dies kann ausdrücklich geschehen durch Sonderregelungen für eine bestimmte Staatengruppe (z. B. für Entwicklungsländer)[22] oder indem bestimmte Verpflichtungen an die wirtschaftliche oder finanzielle Leistungsfähigkeit geknüpft werden.[23] Eine entsprechende Ungleichbehandlung bedarf der sachlichen Rechtfertigung. Sie kann sich für die betreffenden Staaten positiv wie negativ auswirken. So werden beispielsweise an die Entwicklungsländer und die Staaten in wirtschaftlichem Umbruch hinsichtlich des Umweltrechts geringere Anforderungen gestellt als an die Industriestaaten.

II. 1. Es ist durchaus der Versuch unternommen worden, den Grundsatz der souveränen Staatengleichheit im Sinne einer Gleichheit im Recht zu verstehen und daraus Ansprüche mit dem Ziel auf Herstellung einer faktischen Gleichheit der Staaten herzuleiten.[24] Dieser Ansatz hat sich in seiner generellen Form nicht durchgesetzt. Er hat allerdings seinen Niederschlag in einer Reihe von speziellen Regimen gefunden; von dort strahlt er inzwischen auf das allgemeine Völkerrecht zurück.

2. In diesem Sinne zielt auf eine Herstellung substantieller Gleichheit der Staaten das moderne internationale Umweltrecht. Die Vertragsregime zum Schutze des Klimas vor allem geht von einer *common but differentiated responsibility* aus.[25] Hierüber soll u. a. sichergestellt werden, daß die Industriestaaten besondere Verpflichtungen zum Klimaschutz übernehmen, damit den Entwicklungsländern Raum für eine besondere wirtschaftliche Entwicklung verbleibt. Das heißt, es soll letztlich eine materielle Gleichstellung bezüglich der Nutzung der Atmosphäre erreicht werden. Ein weiteres Beispiel in dieser Hinsicht bietet das Tiefseebodenregime des Seerechtsübereinkommens. Es ist – zumindest von seinem Ansatz her – darauf angelegt, die Entwicklungsunterschiede zwischen Industriestaaten und Entwicklungsländern in diesem Bereich auszugleichen. Schließlich enthalten die völkerrechtlichen Normen zum internationalen Wirtschaftsrecht Sonderregelungen für Entwicklungsländer bzw. Staaten, die sich in einem wirtschaftlichen Umbruch befinden. So haben nach Art. 2 Abs. 3 des Internationalen Paktes über wirtschaftliche, soziale und kulturelle Rechte von 1966[26] Entwicklungsländer die Möglichkeit, auf der Basis ihres Entwicklungsstandes zu entscheiden, ob sie die im Pakt enthaltenen wirtschaftlichen Rechte auch auf Personen erstrecken, die nicht ihre Staatsangehörigkeit besitzen. Eine Berücksichtigung der wirtschaftlichen Situation dieser Staaten kann auch durch Generalklauseln, wie z. B. Art. XX lit. g oder (i) und (j) GATT erfolgen.

III. 1. Staaten haben das Recht, ihr politisches, soziales, wirtschaftliches und kulturelles System frei zu bestimmen. Dieses Recht weist eine inhaltliche Nähe zum Selbstbestim-

---

[22] Vgl. z. B. Art. 2 Abs. 3 des Internationalen Paktes über wirtschaftliche, soziale und kulturelle Rechte, BGBl. II 1973, 1570, wonach es den Entwicklungsländern freigestellt wird, diese Rechte auch auf Ausländer auszudehnen.

[23] Viele internationale Umweltabkommen verpflichten zu Maßnahmen nur im Rahmen des wirtschaftlich oder finanziell Möglichen und nehmen daher auf die individuelle Leistungsfähigkeit der Staaten Rücksicht.

[24] Vgl. in diesem Sinne u. a. *M. Virally*, Vers un droit international du développement, AFDI 11 (1965), 3 ff, sowie *M. Kaltenborn*, Entwicklungsvölkerrecht und Neugestaltung der internationalen Ordnung, 1998 m.w.N.

[25] *Rio Declaration on Environment and Development*, 14. December 1992, Principle 7, ILM 31 (1992), 874 ff; *UN Framework Convention on Climate Change*, 1992, ILM 31 (1992), 851, Art. 4; vgl. dazu im einzelnen Band II/1.

[26] BGBl. 1973 II, 1570.

mungsrecht der Völker auf; es ist allerdings angesichts der intensiver gewordenen völkerrechtlichen Bindungen auf einen bloßen Kernbestand reduziert worden. Insbesondere der Beitritt zu den universellen oder regionalen Menschenrechtsübereinkommen determiniert die Ausgestaltung des nationalen politischen, sozialen, wirtschaftlichen und kulturellen Systems wesentlich.[27]

Es kann nicht Aufgabe dieses Abschnitts sein, die Implikationen des internationalen Menschenrechtsregimes,[28] des Regimes für das internationale Wirtschaftsrecht[29] sowie für das internationale Umweltrecht[30] auf die einzelstaatliche Souveränität nachzuzeichnen, zumal bereits dargelegt wurde, daß die Kodifikation der Menschenrechte – bei allen Kontroversen im Detail – als Wert der internationalen Gemeinschaft Anerkennung gefunden hat. Der Schutz der Menschenrechte als ein Element der Friedenssicherung ist in den Ziel- und Kooperationsbestimmungen der Charta der Vereinten Nationen enthalten und zumindest insoweit für die Mitglieder der internationalen Gemeinschaft verbindlich. Ihre erste Konkretisierung fanden sie in der Allgemeinen Erklärung der Menschenrechte von 1948,[31] die sich weiterhin größter Akzeptanz in der internationalen Staatengemeinschaft erfreut. Mit dem Inkrafttreten der beiden internationalen Menschenrechtspakte, des Paktes über bürgerliche und politische Rechte und des Paktes über wirtschaftliche, soziale und kulturelle Rechte sind die entscheidenden Menschenrechtsverbürgungen für die Mehrheit der Mitglieder der internationalen Gemeinschaft völkerrechtlich verbindlich geworden. Trotz der unterschiedlichen Ansätze und Interpretationen wie sie vor allem im Vorfeld der Wiener Menschenrechtskonferenz von 1993[32] zum Ausdruck gebracht wurden, sind doch zumindest drei Gesichtspunkte unumstritten, nämlich die die Staatsgewalt verpflichtende und damit in ihrer Handlungsfreiheit einschränkende Wirkung von Menschenrechten, deren Herleitung aus der Natur des Menschen sowie das Recht der internationalen Gemeinschaft, gegen Verletzungen der Menschenrechte einzuschreiten.

Die Gemeinschaftswerte bildende und damit die individuelle staatliche Handlungsfreiheit einschränkende Funktion des internationalen Menschenrechtsschutzes wird durch die Entwicklung des internationalen materiellen Strafrechts bestärkt. Insofern ist das internationale materielle Strafrecht als Ausdruck eines minimalen Wertekonsenses der internationalen Gemeinschaft zu qualifizieren.[33] Dies hat der Internationale Strafgerichtshof für das frühere Jugoslawien in dem Falle *Prosecutor v. Tadić*[34] mit folgenden Worten zum Ausdruck gebracht:

> *„The impetuous development and propagation in the international community of human rights doctrines, particularly after the adoption of the Universal Declaration of Human Rights in 1948, has brought about significant changes in international law, notably in the approach to problems besetting the world community. A State – sovereignty – oriented approach has been gradually supplanted by a human – being oriented approach...“*

---

27 *Verdross/Simma*, 275; *Tomuschat*, 165 f; kritisch insoweit *Gloria*, in: *Ipsen* (Hrsg.), 4. Aufl., 331, in Bezug auf GA Res. 39(I) vom 12. 12. 1946 mit der Spanien die Aufnahme in die Vereinten Nationen bis zu der Abhaltung freier Wahlen verweigert wurde; zur Frage eines völkerrechtlichen Demokratiegebots vgl. T. M. *Franck*, The emerging right to democratic governance, AJIL 86 (1992), 46 ff.

28 Vgl. dazu Bd. II/1.

29 Vgl. dazu Bd. II/1.

30 Vgl. dazu Bd. II/1.

31 GA Res. 217 A (III) vom 10. 12. 1948; zur rechtlichen Verbindlichkeit der Menschenrechtsbestimmungen in der Charta und in der universellen Erklärung vgl. u. a. *United States Diplomatic and Consular Staff in Tehran*, ICJ Report, 1980, 42, para. 91; *Legal Consequences of the Continued Presence of South Africa in Namibia*, ICJ Reports 1971, 37, para. 131; aus der reichhaltigen Literatur zu diesem Komplex *Verdross/Simma*, § 1234 f.

32 Vgl. die sog. *Bangkok- Declaration* vom 2. 4. 1993, UN Doc. A/CONF. 157/ASRM/7e.

33 *Paulus*, 261.

34 Case No. IT-94-1-AR72, 2. 10. 1995, *Decision on the Defence Motion for Interlocutory Appeal on Jurisdiction*, 352.

3. Es besteht Einigkeit in der internationalen Gemeinschaft – zumindest seit der Konferenz über Umwelt und Entwicklung von Rio de Janeiro (1992) –, daß die Erhaltung der Umwelt in der Form der nachhaltigen Entwicklung einen Gemeinschaftswert darstellt. Auch wenn ein operables internationales Umweltregime noch nicht in allen Sektoren entwickelt und für manche Sektoren zwar entwickelt, aber nicht allgemein als verbindlich akzeptiert ist, bestehen keine Zweifel an der souveränitätseinschränkenden Wirkung des internationalen Umweltrechts. Diese Einschränkungen dienen sowohl dem Schutz anderer Mitglieder der Staatengemeinschaft als auch dem Schutz von Gemeinschaftsinteressen. Vor allem die Regime zum Schutz der Ozonschicht,[35] der biologischen Vielfalt,[36] des Klimas,[37] der Luft[38] und der Meere[39] belegen, daß in zunehmendem Umfang der Schutz von Gemeinschaftswerten in eine Einschränkung staatlicher Handlungsfreiheit umgemünzt wird.
Schließlich ist in diesem Kontext auf die Entwicklung des internationalen Wirtschaftsrechts zu verweisen.[40] Die Einhaltung dieses Systems, das auf den Abbau tarifärer und nichttarifärer Handelshemmnisse angelegt ist, schränkt die Freiheit der Staaten in Bezug auf die Ausgestaltung ihres nationalen Wirtschaftssystems deutlich ein. Diese Einschränkungen dienen der Verwirklichung eines Gemeinschaftsziels, wie es bereits in Art. 55 VN-Charta formuliert ist, nämlich der wirtschaftlichen Entwicklung schlechthin sowie des Lebensstandards der Bevölkerung in allen Staaten.

IV. Aus dem Grundsatz der souveränen Gleichheit wird schließlich auch der Grundsatz der staatlichen Immunität abgeleitet: Da alle Staaten gleichberechtigt nebeneinander stehen, kann ein Staat nicht über den anderen richten *(par in parem non habet iudicium)*.[41] Gerade hier sind aber deutliche Veränderungen im Völkerrecht zu konstatieren. Durch die Entwicklung von Grundwerten, die für die internationale Gemeinschaft konstituierend sind, unterliegen die Mitglieder Verpflichtungen gegenüber der Gemeinschaft und gegenüber jedem einzelnen ihrer Mitglieder. Dies kommt – wenn auch nicht in vollem Umfang – in den Regeln zur Staatenverantwortlichkeit zum Ausdruck,[42] deutlicher jedoch bei der Durchsetzung des internationalen materiellen Strafrechts.[43]

V. Die gegenseitige Achtung der Persönlichkeit der Staaten umfaßt auch die Pflicht zur Achtung der staatlichen Ehre. Diese Pflicht wurde früher allgemein unter den staatlichen Grundrechten angeführt. Zwar wird sie weder von der Charta der Vereinten Nationen noch von der Prinzipiendeklaration erwähnt, wohl aber findet sie sich in den Worten „... *recognition of the inherent dignity... of all members of the human family*" der früheren Deklaration der Generalversammlung über das Interventionsverbot.[44] Hieraus ergibt sich die Pflicht jedes Staates, das Eigentum und die Symbole anderer Staaten sowie deren Oberhäupter zu achten. Daraus folgt allerdings nicht die Pflicht, soweit dies nicht vertraglich geboten ist,[45] Einrichtungen eines fremden Staates und seine Symbole vor Angriffen von Zivilpersonen zu schützen. Einzelne Staaten haben aber entsprechende Gesetze erlassen.[46]

---

[35] *Vienna Convention for the Protection of the Ozone Layer*, ILM 26 (1987), 1529 ff.

[36] *Convention on Biological Diversity*, ILM 31 (1992), 818 ff.

[37] *Framework Convention on Climate Change*, ILM 31 (1992), 849 ff.

[38] *Convention on Long Range Transboundary Air Pollution*, ILM 18 (1979), 1442 ff.

[39] *UN Convention on the Law of the Sea*, A/CONF.62/122; ICM 21 (1982), 950, BGBl. 1994 II, 1799.

[40] Vgl. dazu Bd. II/1.

[41] Vgl. dazu Bd. I/1 §§ 71–73.

[42] Siehe § 173 ff.

[43] Siehe § 189 ff.

[44] *Verdross/Simma*, 276.

[45] Vgl. dazu Wiener Übereinkommen über diplomatische Beziehungen, 1961 (BGBl. 1964 II, 958), dessen Art. 22 ausdrücklich von der Pflicht des Empfangsstaates spricht, „... die Räumlichkeiten der Mission vor jedem Eindringen und jeder Beschädigung zu schützen ... zu verhindern, daß der Friede der Mission gestört oder ihre Würde beeinträchtigt wird." Vgl. dazu den IGH in seinem Urteil *United States Diplomatic and Consular Staff in Teheran (United States of America v. Iran)*, ICJ Reports 1980, 3 ff.

[46] Vgl. dazu *Oppenheim/Jennings/Watts*, 380; *A. Ver-*

VI. Insgesamt ist festzuhalten, daß die Pflicht zur Achtung der souveränen Gleichheit der Staaten vom Ansatz her formal zu verstehen ist, das Völkerrecht aber auf die faktischen Unterschiede bei der Definition der Pflichten der Staaten Rücksicht nimmt. Zudem gibt es sektoral Ansätze, die auf die Herbeiführung einer verstärkten substantiellen Gleichstellung der Staaten zielen. Insoweit liegt in dem Grundsatz der souveränen Gleichheit der Staaten ein Element, über das eine Umstrukturierung der staatlichen Beziehungen angestrebt wird.

§ 167 Achtung der territorialen Integrität

Schrifttum: vor § 165 sowie *D. Demissie*, Self-Determination Including Secession vs. the Territorial Integrity of Nation-States: A Prima Facie Case for Secession, Suffolk Transnational Law Review 20 (1997) 165 ff; *P. C. Szasz*, The Irresistible Force of Self-Determination meets the Impregnable Fortress of Territorial Integrity, Georgia Journal of International and Comparative Law 28 (1999), 1 ff; *M. W. Zacher*, The Territorial Integrity Norm: International Boundaries and the Use of Force, International Organization 55 (2001), 215 ff.

I. 1. Der Grundsatz, daß die territoriale Integrität von Staaten zu achten ist, ist allgemein anerkannt. Er wurde in der Vergangenheit primär auf den Schutz der Grenzen bezogen.[1] Insoweit korrespondiert der Grundsatz mit dem Gewaltverbot. Inzwischen ergeben sich aber auch weitere und vor allem anders gelagerte Probleme in bezug auf den Schutz territorialer Integrität. Ziel und Zweck eines Schutzes territorialer Integrität ist die Erhaltung der einzelnen Mitglieder der Staatengemeinschaft um ihrer selbst willen sowie im Interesse der Staatengemeinschaft, die auf die gesicherte Existenz von Wirkungseinheiten angewiesen ist.
Art. 2 Ziff. 4 Charta der VN sichert die territoriale Integrität von Staaten und bezieht sich damit auf die Staatsgrenzen der bestehenden Staaten. Im Dekolonisierungsprozeß[2] schützten die Vereinten Nationen die territoriale Integrität der früheren Kolonien, womit eine Neudefinition von Staatsgrenzen, möglicherweise unter Berücksichtigung von ethnischen oder religiösen Grenzen ausgeschlossen war. Dem gleichen Ansatz folgte die Deklaration über die Prinzipien des Völkerrechts für Kooperation und Zusammenarbeit von Staaten (Prinzipiendeklaration).[3] Diese Deklarationen der Vereinten Nationen liegen auf der gleichen Linie wie die Aussagen der Charten der *Arab League*,[4] der *Organization of American States*,[5] und der *Organization of African Unity*.[6] Es enthält auch die Schlußakte von Helsinki eine Klausel zum Schutz der territorialen Integrität und der Unverletzlichkeit staatlicher Grenzen.[7] Diesem Ansatz entspricht es, daß die EU sowie die NATO von potentiellen neuen Mitgliedern verlangen, daß diese Grenzverträge mit ihren Nachbarn haben.[8] Schließlich bekräftigt auch das Statut des Internationalen Strafgerichtshofs (ICC-Statut)[9] das Recht der Staaten, ihre territoriale Integrität zu wahren.

2. Der Grundsatz der Achtung der territorialen Integrität der Staaten berührt sich mit dem

---

dross, Die Quellen des universellen Völkerrechts, 1973, 20 f; *Tomuschat*, 162.

[1] Vgl. Bd. I/1, § 23.

[2] *Declaration on the Granting of Independence to Colonial Countries and Peoples* GA Res. 1514 (XV) vom 14. 12. 1960 sprach von „... *the integrity of their national territory*...".

[3] *Declaration on Principles of International Law Concerning Friendly Relations and Co-operation Among States in Accordance with the Charter of the United Nations*; GA Res. 2625 (XXV) vom 24. 10. 1970, Annex.

[4] UNTS 70, 237.

[5] UNTS 199, 48.

[6] UNTS 479, 39.

[7] ILM 14 (1975), 1292.

[8] *Zacher*, 222; vgl. auch *Charter of Paris*, 1990.

[9] ILM 37 (1998), 1002, Art. 8 Abs. 3.

noch zu behandelnden Gewaltverbot,[10] dem Interventionsverbot[11] und vor allem umweltrechtlichen Verpflichtungen gegenüber Nachbarstaaten.[12]
Darüber hinaus verbietet das Gebot zur Achtung der territorialen Integrität ganz allgemein alle Staatshandlungen im Ausland, durch die in die Gebietshoheit des Territorialstaates ohne dessen Einwilligung und ohne Vorliegen eines entsprechenden völkerrechtlichen Rechtstitels[13] eingegriffen wird. In der völkerrechtlichen Praxis wurden z. B. das Eindringen von staatlichen Flugzeugen oder Schiffen in fremde Hoheitsräume mit oder ohne Spionageauftrag,[14] Grenzverletzungen zur Festnahme oder Entführung einer Person im Ausland durch Geheimagenten,[15] die Zustellung amtlicher Schriftstücke durch die Post an Privatpersonen im Ausland mit Ausnahme von bloßen Mitteilungen ohne rechtsgestaltende Wirkungen[16] oder die amtliche Einholung auch von nicht verbotenen Auskünften[17] als unzulässiger Eingriff in die Gebietshoheit des Territorialstaates angesehen. Auch das Tragen fremder Uniformen kann als symbolische Ausübung der Staatsgewalt verstanden und als Beeinträchtigung der Gebietshoheit verstanden werden.[18] Als zulässig erachtet werden dagegen die Unterzeichnung von Staatsverträgen oder Gesetzesbeschlüssen im Ausland, eine Ordensverleihung im Ausland etc., weil sich derartige Handlungen im Gebiet des Aufenthaltsstaates in keiner Weise auswirken.[19] Sowohl der Ständige Internationale Gerichtshof als auch der Internationale Gerichtshof haben die Pflicht zur Achtung der territorialen Integrität bestätigt.[20]

---

[10] Vgl. § 169.

[11] Vgl. § 168.

[12] Vgl. dazu Bd. I/1, § 70 sowie *P.-T. Stoll*, Transboundary Pollution, in: *F. L. Morrison/R. Wolfrum*, International, Regional and National Environmental Law, 2000, 169 ff.

[13] Vgl. dazu Bd. I/1, § 49.

[14] Vgl. etwa den Abschuß eines amerikanischen Aufklärungsflugzeugs vom Typ U 2 über der Sowjetunion im Jahre 1960; dazu *Wright*, Legal Aspects of the U2 Incident, AJIL 54 (1960), 842 ff; *Hailbronner*, Der Schutz der Luftgrenzen im Frieden, 1972; *Bentzien*, Der unerlaubte Einflug von Luftfahrzeugen in fremdes Staatsgebiet in Friedenszeiten und seine Rechtsfolgen, 1982; *A. Majid*, Aspects of Unauthorized Entry into Foreign Airspace, NILR 32 (1985), 251 ff; vgl. dazu ferner das Eindringen des sowjetischen Unterseebootes U 137 in schwedische Hoheitsgewässer Ende 1981, dazu *A. Manin*, L'échouement de Whiskey „137" et le droit de la mer, AFDI 27 (1989), 689.

[15] Vgl. darüber *Bauer*, Die völkerrechtswidrige Entführung, 1968; aus der Praxis vgl. den Notenwechsel zwischen der Schweiz und Italien in der Angelegenheit *Cesaro Rossi*, ZaöRV 1, II (1922), 280 sowie die Auseinandersetzung der Schweiz mit dem Deutschen Reich wegen der Entführung von *Berthold Jakob*, RGDIP 43 (1936), 638; ferner die Entführungsfälle *Adolf Eichmann*, RGDIP 64 (1960), 772, SC Res. 138 (1960) vom 23. 6. 1960 und *Argoud*, ZaöRV 25 (1965), 295; 27 (1967), 188; schließlich die versuchte Entführung des südkoreanischen Oppositionsführers *Kim Dae Jung* in Tokio am 8. 8. 1973, RGDIP 78 (1974), 1112; JAIL 25 (1982), 84 ff, vgl. dazu *Verdross/Simma*, 277; zum Entführungsfall *Alvarez-Machain*, vgl. *W. Aceves*, The legality of transborder abductions: a study of *United States v. Alvarez-Machain*, Southwestern Journal of Law and Trade in the Americas 3 (1996), 101 ff. Eine Verletzung der territorialen Integrität von Panama stellte der Einmarsch U. S.-amerikanischer Truppen dar, mit dem Ziel General *Noriega* zu verhaften. Der entsprechende Vortrag wurde mit der Begründung abgelehnt, Panama habe nicht formell dagegen protestiert, F. Supp. 1506 (1990); 117 F.3d 1206 (1997).

[16] So das Eidgenössische Department am 22. 8. 1975 über die per Einschreiben erfolgte Zustellung und Mitteilung der EG-Kommission an schweizerische Pharmazieunternehmen wegen Verletzung des EWG-Wettbewerbsrechts, Schweizer Jahrbuch Internationales Recht 33 (1977), 203, ebenso der *US Court of Appeals for the District of Columbia* vom 17. 11. 1980 im Falle *Federal Trade Commission v. Compagnie de Saint-Gobain-Pont-A-Mousson*, No. 78–2160, ILM 20 (1981), 597. In seinem Beschluß vom 22. 3. 1983 über den deutsch-österreichischen Rechtshilfevertrag von 1970 hat das deutsche Bundesverfassungsgericht es als durchaus fraglich bezeichnet, ob die Zustellung zweier Steuerbescheide des Zollamts Innsbruck in der Bundesrepublik Deutschland mittels eingeschriebener Briefe mangels vertraglicher Ermächtigung völkerrechtlich zulässig war: „Zustellungen dieser Art stellen Hoheitsakte auf fremden Staatsgebieten dar und bedürfen der Zustimmung des betroffenen Staates", BVerfGE 63, 372.

[17] Vgl. dazu *Nordmann*, Die Beschaffung von Beweismitteln aus dem Ausland durch staatliche Stellen, 1979; *Verdross/Simma*, 277.

[18] *Seidl-Hohenveldern/Stein*, 279.

[19] *Seidl-Hohenveldern/Stein*, 279; *Verdross/Simma*, 277.

[20] *Lotus-Fall*, PCIJ A 10 (1927), 18: ... *„La limitation primordiale qu'impose le droit international à l'Etat est celle d'exclure ... tout exercice de sa puissance sur le territoire d'un autre Etat ...*"; vgl. dazu auch die

II. Im einzelnen lassen sich folgende Maßnahmen unterscheiden, durch die die territoriale Integrität eines anderen Staates verletzt werden kann: das Setzen von Hoheitsakten auf fremdem Staatsgebiet und die physische Einwirkung auf ein fremdes Staatsgebiet. Letzteres ist unter dem Gesichtspunkt des internationalen Umweltschutzrechts von besonderer Bedeutung.[21] Argumentiert wird teilweise auch, daß die gezielte Sendung von Radiowellen in einen anderen Staat dessen territoriale Integrität verletzte.[22]

III. 1. Der Grundsatz der territorialen Integrität verbietet es Staaten, Hoheitsmaßnahmen mit Wirkung für Personen vorzunehmen, die sich auf dem Staatsgebiet eines anderen Staates aufhalten. Dabei ist unbeachtlich, ob diese Personen die Staatsangehörigkeit des Aufenthaltsstaates, des handelnden oder eines dritten Staates besitzen. Ebenso unbeachtlich ist es, ob die betreffende Handlung gewaltsam durchgeführt wurde. Die Verletzung der territorialen Integrität liegt bereits darin, daß sich der handelnde Staat anmaßt, Rechtsakte auf dem Gebiet eines fremden Staates, die dort unmittelbare Wirkungen entfalten, durchzuführen.[23]
Es ist anerkannt, daß Staaten eine Verletzung ihrer territorialen Integrität – insbesondere das unbefugte Eindringen von Flugzeugen und Schiffen – abwehren können. Allerdings sind den Staaten hinsichtlich ihrer Abwehrmaßnahmen unter dem Gesichtspunkt der Verhältnismäßigkeit Grenzen gesetzt. Danach ist der Einsatz von Waffengewalt gegenüber Flugzeugen oder Schiffen, die erkennbar ziviler Natur sind, ausgeschlossen.[24] Auch der Abschuß militärischer Flugzeuge ist nur zulässig, wenn das Flugzeug der Aufforderung zur Landung nicht nachkommt oder das Feuer eröffnet.[25]

2. Ebensowenig ist ein Staat befugt, Maßnahmen gegen Sachen und Rechte in einem anderen Staat zu ergreifen und dort durchzusetzen. Er muß sich dafür der Durchsetzungsmechanismen des Staates bedienen, in dem die betreffenden Sachen bzw. Rechte belegen sind.[26]

IV. 1. Das Gebot der Achtung der territorialen Integrität anderer Staaten verbietet Maßnahmen oder Unterlassungen auf dem eigenen Staatsgebiet, durch die die Umwelt in einem anderen Staatsgebiet schwerwiegend beeinträchtigt wird. In welchem Umfang eine grenzüberschreitende Umweltbelastung durch das Völkergewohnheitsrecht untersagt wird, ist im einzelnen umstritten;[27] das Völkervertragsrecht hat aber in zunehmendem Umfang Kriterien und Verfahren für einen Interessenausgleich zwischen den betroffenen Staaten entwickelt.[28] Diese gelten für den Umweltschutz; sie gelten aber auch im gleichen Umgang für die Nutzung gemeinsamer Ressourcen, wie z. B. Grenzflüssen im Ober- Unterliegerverhältnis oder Seen, die sich über die Staatsgrenzen erstrecken (internationale Seen). Hier kann es zweifelhaft sein, ob im Einzelfall ökologische Interessen der Nachbarstaaten oder – durch diese – Gemeinschaftsinteressen geschützt werden.

2. Ebenfalls verbietet der Grundsatz der Achtung der territorialen Integrität anderer Staaten, daß das eigene Staatsgebiet zur Ausgangsbasis für gewaltsame oder subversive

---

Aussage des IGH im *Corfu Channel* Fall, ICJ Reports 1949, 4 (35) sowie den Schiedsspruch im *Island of Palmas*-Fall vom 4. 4. 1928, RIAA II, 829 (839).

21 Vgl. *Seidl-Hohenveldern/Stein*, 282 ff. Siehe dazu unter IV.1.

22 Vgl. dazu §§ 134–136 sowie im einzelnen Bd. II/1.

23 *Seidl-Hohenveldern/Stein*, 279; zu eng *Gloria*, in: *Ipsen* (Hrsg.), 4. Aufl., 332.

24 *J. Bentzien*, Der unerlaubte Einflug von Luftfahrzeugen in fremdes Staatsgebiet und seine Rechtsfolgen, 1982, 182 f (263); *O. Lissitzyn*, The treatment of aerial intruders in recent practice and international law, AJIL 47 (1953), 559 (587); *L. Horn*, Die Anwendung militärischer Gewalt auf zivile Passagierflugzeuge im Friedensvölkerrecht und ihre Rechtsfolgen, 1992, 188 f; *K. Park*, La protection de la souveraineté aérienne, 1991, 332.

25 *Bentzien*, 82, 92; *Park*, 315.

26 Inwieweit der Belegenheitsstaat derartige Maßnahmen umsetzt – d. h. die Hoheitsakte eines fremden Staates anerkennt – hängt von verschiedenen Faktoren ab; vgl. dazu Bd. I/1, § 75.

27 Vgl. dazu im einzelnen Band II/1, § 70.

28 Vgl. dazu Bd. I/1, § 70.

Aktivitäten von Privatpersonen auf dem Gebiet eines anderen Staates genutzt wird. Dies gilt auch dann, wenn sich der betreffende Staat die terroristischen oder subversiven Aktivitäten nicht zu eigen macht, sondern diese lediglich toleriert. Eine Grenzziehung zwischen einer bewußten Tolerierung oder einem Nichteinschreiten aus Unkenntnis oder Unvermögen kann in derartigen Fällen schwierig sein.[29] Ebenso problematisch ist in Einzelfällen eine Grenzziehung zwischen kritischen Äußerungen oder Propaganda Privater bezüglich eines fremden Staates, die noch von der Meinungsfreiheit gedeckt sind, und einer die territoriale Integrität verletzenden grenzüberschreitenden subversiven Tätigkeit. Verboten ist aber auf jeden Fall jede grenzüberschreitende gewaltsame Tätigkeit und deren Vorbereitung, gleichgültig, ob sie politische Ziele (Umsturz) verfolgt oder sich in kriminellen Aktivitäten erschöpft.[30] Es hat verschiedene Versuche gegeben, diesen Tatbestand näher zu konkretisieren. Die Generalversammlung verabschiedete 1989 die *International Convention against the Recruitment, Use, Financing and Training of Mercenaries*.[31] Danach wird das Anwerben, Ausbilden, Finanzieren und der Einsatz von Söldnern als feindlicher Akt qualifiziert. Die Staaten werden verpflichtet, derartige Aktivitäten zu bestrafen. In der Prinzipiendeklaration[32] wird festgestellt, daß jeder Staat verpflichtet ist, sich der Organisation von irregulären Streitkräften oder bewaffneten Banden, einschließlich von Söldnern zu enthalten, die in einen anderen Staat eindringen. Auch die Ermutigung solcher Aktivitäten ist untersagt. Ebenso formulierte Art. 4 des Entwurfs der ILC für eine *Declaration on the Rights and Duties of States*[33] that *„every State has the duty to refrain from formenting civil strife in the territory of another State, and to prevent the organization in its territory of activities calculated to forment such civil strife."* Eine vergleichbare Formulierung findet sich in GA Res. 2131 (XX) vom 21. 12. 1965, aus der sie in die Prinzipiendeklaration übernommen wurde. Schließlich formulierte Art. 2 des Entwurfs der ILC für einen *Code of Offences against the Peace and Security of Mankind*[34] einen Straftatbestand, der die Bildung bewaffneter Banden, die grenzüberschreitend operieren, verbietet.[35] Diese Regelung hat – letztlich – keinen Niederschlag im Statut des Internationalen Strafgerichtshofs[36] gefunden, ist aber Völkergewohnheitsrecht.[37]

In seinem Urteil im Fall *Military and Paramilitary Activities*[38] hat der Internationale Gerichtshof die US-Unterstützung der sog. *Contras*, die versuchten, die Regierung Nicaraguas zu stürzen, als Verstoß gegen das gewohnheitsrechtliche Gewaltverbot und gegen das Verbot der Intervention gewertet. Zu dem gleichen Ergebnis käme man bei Anwendung des weiter gefaßten Zurechnungskriteriums des Internationalen Strafgerichtshofes für Jugo-

---

[29] Vgl. dazu *Oppenheim/Jennings/Watts*, 397 Anm. 16 mit Nachweis aus der früheren Praxis sowie §§ 168 und 169.

[30] Dies gilt insbesondere für terroristische Aktivitäten wie die Prinzipiendeklaration betont; vgl. dazu *Oppenheim/Jennings/Watts*, 400 f. Der VN-Sicherheitsrat hat Maßnahmen gemäß Kapitel VII gegen Afghanistan ergriffen mit dem Ziel die Taliban dazu zu zwingen *„... cease the provision of sanctuary and training for international terrorists and their organizations, take appropriate effective measures to ensure that the territory under is control is not used for terrorist installations and camps, or for the preparation or organization of terrorist acts against other States or their citizens ..."*, SC Res. 1333 (2000) vom 19. 12. 2000; zur neueren Entwicklung SC Res. 1368 (2001) vom 12. 9. 2001, SC Res. 1373 (2001) vom 28. 9. 2001, vgl. dazu auch § 169.

[31] GA Res. 44/34 (1989) vom 4. 12. 1989.

[32] Anm. 3, ebenso bereits GA Res. 290 (IX) vom 1. 12. 1949, Essentials of Peace, para. 3.

[33] Yearbook ILC 1949, 286.

[34] Yearbook ILC 1954 II, 149.

[35] *„The organization, or the encouragement of the organization, by the authorities of a State, of armed bands within its territory or any other territory for incursions into the territory of another State, or the toleration of the organization of such bands in its own territory, or the toleration of the use by such armed bands of its territory as a base of operations or as a print of departure for incursion into the territory of another State, as well as direct participation in or support of such incursions."*

[36] ILM 37 (1998), 1002, Art. 8 Abs. 3; vgl. dazu § 193.

[37] Anders noch *der Draft Code of Crimes against the Peace and Security of Mankind*, ILC Report, 41st session, article 14.

[38] ICJ Reports 1986, 118/9; 124/5; 136.

slawien, der anders als der Internationale Gerichtshof keine spezischen Befehle des Staates *(effective control)*, sondern nur eine globale Kontrolle *(overall control)* fordert, im Rahmen derer der Staat eine Rolle bei der Organisation, Koordination oder Planung der Aktionen paramilitärischer Gruppen spielt[39].

Obwohl Einigkeit über den hier behandelten Grundsatz bestand, daß die grenzüberschreitende Unterstützung von Aufständischen, die versuchen, die Regierung durch Einsatz von Gewalt zu stürzen, einen Verstoß gegen die territoriale Integrität bedeutet, hat es mehrfach Vorfälle dieser Art gegeben, die zu Verurteilungen durch die Vereinten Nationen geführt haben.[40]

V. Ein Spannungsverhältnis besteht zwischen dem Gebot zur Achtung der territorialen Integrität und dem Prinzip der Selbstbestimmung der Völker.[41] Im Unterschied zu den vorgenannten Fallkonstellationen droht ihr eine Beeinträchtigung der territorialen Integrität nicht von außen, sondern – u. U. mit Unterstützung von außen – durch Kräfte aus dem betreffenden Land selbst. Trotz der Betonung des Prinzips der Achtung der territorialen Integrität hat es, vor allem in jüngster Vergangenheit, das Auseinanderbrechen von Staaten und die Bildung neuer staatlicher Einrichtungen gegeben, die letztlich als Mitglieder der Staatengemeinschaft anerkannt wurden. Als Hauptbeispiel sind das Auseinanderbrechen der UdSSR und Jugoslawiens sowie die Trennung von Eritrea und Äthiopien[42] zu nennen.[43] Die genannten Fälle weisen aber wesentliche Unterschiede auf, die für die Frage, ob die Sezession mit dem Grundsatz einer Achtung der territorialen Integrität zu vereinbaren war, von Bedeutung sind.

Im Prinzip ist festzuhalten, daß zwar das Recht auf Selbstbestimmung als kollektives Recht von Völkern von der Charta der Vereinten Nationen[44] sowie dem Internationalen Pakt über Bürgerliche und Politische Rechte[45] und dem Internationalen Pakt über Wirtschaftliche, Soziale und Kulturelle Rechte[46] sowie u. a. der *African Charter on Human and Peoples' Rights (Banjul Charter)*[47] anerkannt ist. Ob und unter welchen Umständen das Selbstbestimmungsrecht ein Recht auf Sezession einschließt, und damit die territoriale Integrität eines Staates begrenzt, ist umstritten.[48] Nach der wohl herrschenden Meinung kann ein Sezessionsrecht – abgesehen von Dekolonisierungsfällen – nur in Extremfällen aus dem Recht auf Selbstbestimmung hergeleitet werden.[49] Sogar im Falle des Kosovo, dessen mehrheitliche Bevölkerung über einen langen Zeitraum einer systematischen Diskriminierung ausgesetzt war, hat der Sicherheitsrat auf einem Erhalt Jugoslawiens bestanden.[50] Diese Haltung ist eher aus dem Eigeninteresse einzelner Mitglieder des Sicherheitsrates zu erklären als aus einer begründeten Rechtsüberzeugung. Man wird vielmehr davon ausgehen können, daß ein Sezessionsrecht bestimmter Bevölkerungsgruppen existiert, wenn ihnen eine Mit-

---

39 Berufungskammer im Fall *Tadic*, Urteil vom 15.7.1999, ILM 38 (1999), 1518 ff, paras. 99 f, 131, 145; s. dazu auch *K. Ambos*, NStZ 1999, 226 (227).

40 GA Res. 109 (II) vom 21.10.1947, 193 (III) vom 27.11.1948, 288 (IV) vom 18.11.1949, 382 (V) vom 1.12.1950 zur Unterstützung durch Jugoslawien, Albanien und Bulgarien von gegen Griechenland operierende bewaffneten Gruppen; GA Res. 707 (VII) vom 23.4.1953 zur Unterstützung feindlicher Gruppen in Burma durch China.

41 Vgl. dazu § 82.

42 Vgl. dazu eingehend *D. Demissie*, 177 ff.

43 Bei Osttimor liegt die Situation anders, da Osttimor von Indonesien unter Bruch des Selbstbestimmungsrechts annektiert worden war.

44 Art. 1 Ziff. 2.

45 BGBl. 1973 II, 1534 (Art. 1).

46 BGBl. 1973 II, 1570 (Art. 1).

47 ILM 21 (1982), 58 et seq., (Art. 20).

48 Vgl. dazu im einzelnen *C. Tomuschat*, Self-Determination in a Post-Colonial World, in: *C. Tomuschat* (ed.), Modern Law of Self-Determination, 1993; vgl. dazu auch *D. Murswiek*, The Issue of a Right of Secession – Reconsidered, in: *C. Tomuschat* (ed.), Modern Law of Self-Determination, 1993.

49 Vgl. dazu § 83.

50 Vgl. dazu *C. Tomuschat*, Kosovo under Security by the United Nations, Die Friedens-Warte, 73 (1998), 512 ff.

wirkung an der politischen Gestaltung eines Staates versagt wird, ihre Menschenrechte beharrlich verletzt wurden oder wenn ein unversöhnlicher Konflikt zwischen den Bevölkerungsteilen besteht.[51] Dann weicht die territoriale Integrität des einzelnen Staates den Grundwerten der Staatengemeinschaft.

VI. Man könnte die Meinung vertreten, daß die Verpflichtung der Achtung der territorialen Integrität dem Schutz einzelstaatlicher Interessen allein dient. Dies wäre nicht zutreffend. Wie bereits angesprochen, wird der einzelne Staat auch wegen seiner Mitgliedschaft in der plural verfaßten Staatengemeinschaft geschützt und als notwendige Wirkungseinheit zur Durchsetzung des Völkerrechts. Davon abgesehen belegt das internationale Umweltrecht, daß Staaten unter Berufung auf ihre territoriale Integrität auf die Erfüllung von Staatengemeinschaftsinteressen drängen können. Insofern ordnet sich die Pflicht zur Achtung territorialer Integrität in ein System von Grundrechten und -pflichten ein, das sowohl dem Schutz von Individualinteressen als auch dem von Gemeinschaftsinteressen dient.

§ 168 Verbot der Intervention

Schrifttum: wie vor § 165 sowie *H. Mosler*, Die Intervention im Völkerrecht, 1937; *A. van Wynen Thomas/A. J. Thomas*, Non-Intervention: The Law and its Import in the Americas, 1956; *J. E. Fawcett*, Intervention in International Law, RdC 103 (1961 II), 343; *R. J. Stanger* (Hrsg.), Essays on Intervention, 1964; *A. Gerlach*, Die Intervention. Versuche einer Definition, 1967; *H. Kipp*, Zum Problem der gewaltsamen Intervention einer derzeitigen Entwicklungsphase des Völkerrechts, in: Gedächtnisschrift *Hans Peters*, 1967, 393; *A. R. Scott*, Nonintervention and Conditional Intervention, Journal of International Affairs 22 (1968), 208–216; *Th. Oppermann*, Nichteinmischung in innere Angelegenheiten, AVR 14 (1969/70), 321; *N. G. Onuf*, The Principle of Non-Intervention: The United Nations and the International System, International Organization 25 (1971), 209–227; *R. J. Vincent*, Nonintervention and International Order, 1974; *H. Neuhold*, Internationale Konflikte: Verbotene und erlaubte Mittel ihrer Austragung, 1977; *D. C. Dicke*, Die Intervention mit wirtschaftlichen Mitteln im Völkerrecht, 1978; *R. Wehser*, Die Intervention nach gegenwärtigem Völkerrecht, in: *B. Simma/Blenk-Knocke* (Hrsg.), Zwischen Intervention und Zusammenarbeit, 1979, 23; *U. Scheuner*, Intervention und Interventionsverbot, VN 28 (1980), 149 f; *B.-O. Bryde*, Die Intervention mit wirtschaftlichen Mitteln, Festschrift Schlochauer, 1981, 227; *P. Kunig*, Das völkerrechtliche Nichteinmischungsprinzip. Zum Prinzip der Organisation der afrikanischen Einheit (OAU) und des afrikanischen Staatenverkehrs, 1981; *J. Noel*, Le principe de non-intervention: Théorie et pratique dans les relations inter-américaines, 1981; *E. David*, Portée et limite du principe de non-intervention, RBDI 1990, 350 ff; *M. Esman/S. Telhami* (eds.), International Organizations and Ethnic Conflicts, 1995; *M. Bettati*, Le Droit d'ingérence, 1996; *S. Hofmann* et al., The Politics and Ethics of Humanitarian Intervention, 1996; *F. K. Abiew*, The Evolution of the Doctrine and Practice of Humanitarian Intervention, 1999; *G. Nolte*, Eingreifen auf Einladung, 1999; International Development Research Centre, The Responsibility to Protect: Research, Bibliography, Background, 2001.

I. 1. Das Interventionsverbot ist neben dem Gewaltverbot[1] und der Garantie der territorialen Integrität[2] der Staaten ein völkerrechtlicher Schutzmechanismus für die einzelstaatliche Souveränität. Im Kontext der Grundrechte und Pflichten des Staates sichert das Interventionsverbot daher die Pluralität der Mitglieder der Staatengemeinschaft sowie deren Handlungsfähigkeit als gleichberechtigte Mitglieder in eben dieser Gemeinschaft. Es ist allerdings bereits an dieser Stelle darauf zu verweisen, daß durch die zunehmende Verrechtlichung der internationalen Beziehungen Staaten – auch in Angelegenheiten, die traditionell als innere eingestuft wurden – einem Homogenisierungsdruck ausgesetzt sind.

---

[51] Vgl. dazu § 83.

[1] Vgl. § 169.

[2] Vgl. § 167.

Dies kann nicht ohne Einfluß auf den Aussagegehalt des Interventionsverbots bleiben. Obwohl der Inhalt des Interventionsverbots im einzelnen umstritten ist, kann allgemein formuliert werden, daß es den Staaten grundsätzlich untersagt ist, sich in die inneren oder in die äußeren Angelegenheiten eines anderen Staates und damit in dessen Souveränität einzumischen.[3]

Die Gründe für die Intervention in die Angelegenheiten eines anderen Staates sind vielfältiger Natur. Nicht nur der Machtwille der Staaten, sondern auch revolutionäre Ideen totalitären Gepräges und die von ihnen beherrschten Staaten neigen zur Ausbreitung des politischen „Glaubens" über die Grenzen hinaus. Die französische wie die russische Revolution haben mit massiven Mitteln jenseits ihrer staatlichen Grenzen interveniert. Wie die Revolution, so neigt aber auch die legitimistische Reaktion zum Eingriff in das Verfassungsleben der Staaten, in denen die Revolution ihre Ursprünge hat. Die Kampagne in Frankreich, 1792, die Heilige Allianz, die alliierte Intervention in Rußland, 1918–19, die der Sowjetunion in Ungarn 1956 und in der Tschechoslowakei 1968 mit dem Ziel der kommunistischen Restauration sind Beispiele für diese Erscheinung der Gegenrevolution und den Versuch, eine Homogenität der politischen und gesellschaftlichen Systeme der Staaten in einer Region zu bewahren oder wieder herzustellen. Die Vereinigten Staaten von Amerika haben ihre Interventionen in Kuba (1961), in Grenada (1983) und in Panama (1989) mit dem Wunsch nach einer Stabilisierung der Region zu rechtfertigen versucht.[4] Dabei haben sie aber existierende regionale Mechanismen für diesen Zweck nicht instrumentalisiert. Insgesamt ist festzustellen, daß die Intervention ein häufig zu beobachtendes Phänomen in allen geographischen Regionen der Welt ist.

2. Das Prinzip der Nichtintervention haben im 19. Jahrhundert im scharfen Gegensatz zur Heiligen Allianz[5] namentlich der englische Liberalismus und die Vereinigten Staaten von Amerika vertreten.[6] Der Einmischung der europäischen Staaten in die Verhältnisse Amerikas auch in den Befreiungskampf der lateinamerikanischen Staaten mit Spanien suchte die berühmte Botschaft des Präsidenten *Monroe* vom 2. 12. 1823 entgegenzutreten.[7]

Vor allem aber die Betonung des Prinzips der Nichtintervention durch das Vereinigte Königreich war weniger grundsätzlicher als pragmatischer Natur wie die britische Beteiligung an der kollektiven Intervention der europäischen Mächte zur Unterstützung des griechischen Aufstands gegen die türkische Oberhoheit belegte. Ebenso beteiligte sich das Vereinigte Königreich an der Quadrupleallianz zur Bekämpfung von Aufständen in Spanien und Portugal (1834). Insgesamt setzte sich im 19. Jahrhundert die Überzeugung durch, daß eine Intervention und zwar auch eine militärischer Art grundsätzlich zulässig sei.[8]

3. Die Diskussion über die Völkerrechtmäßigkeit bzw. -widrigkeit von Interventionen leidet darunter, daß in Literatur und Praxis keine Einigkeit über den Begriff der Intervention besteht, und daß nicht zwischen Interventionen von Staatengemeinschaftsorganen (internationale Organisationen) und von einzelnen Staaten unterschieden wird. Letzteres verkennt, daß den Aktionen von Staatengemeinschaftsorganen eine höhere Legitimation zukommen kann als einzelstaatlichen Maßnahmen. Diese ergibt sich daraus, daß das bei Gemeinschaftsaktionen notwendige Zusammenwirken verschiedener Staaten in aller Regel mäßigend wirkt.[9]

---

[3] *Vincent*, 3 ff; *Scheuner*, 149 ff; *Verdross/Simma*, 300; *Oppenheim/Jennings/Watts*, 428; IGH, *Military and Paramilitary Case*, ICJ Reports 1986, 14 (106 f).

[4] Zwischen 1812 und 1932 haben die Vereinigten Staaten in 31 Fällen mit militärischen Mitteln in den Staaten Lateinamerikas interveniert; Department of State Bulletin vom 31. 7. 1950, 178.

[5] Vgl. dazu *Nolte*, 41.

[6] *Vincent*, 70.

[7] Vgl. dazu *P. Malanczuk*, Monroe Doctrine, EPIL III, 460 ff; *Nolte*, 42.

[8] Nachweise bei *Nolte*, 44 ff.

[9] Diesen Gesichtspunkt diskutiert *B. Simma*, NATO, the UN and the Use of Force: Legal Aspects, EJIL 1999, 1 ff (19). Er argumentiert, die NATO könne keine weitergehenden Kompetenzen als der einzelne Staat in ihr haben. Dabei ist allerdings zu berücksichtigen, daß das Völkerrecht bestimmte Kompetenzen Gemeinschaftsorganen anvertraut (z. B. dem

4. Die Charta der Vereinten Nationen enthält kein ausdrückliches zwischenstaatliches Interventionsverbot, da sich Art. 2 Ziff. 7 Charta der VN lediglich an die Organisation selbst richtet.[10] Das gleiche galt für die Völkerbundsatzung, die in Art. 15 Abs. 8 das Prinzip in vergleichbarer Weise wie in Art. 2 Ziff. 7 Charta der VN formulierte. Es ist allerdings zu berücksichtigen, daß das Verbot der Intervention auch ein Element zur Sicherung des in Art. 2 Ziff. 1 Charta der VN statuierten Prinzips der souveränen Gleichheit aller Staaten ist. Denn diese Gleichheit ist nur bei strikter gegenseitiger Achtung der Souveränität der Staaten gewährleistet. Daher schließt das Prinzip der souveränen Gleichheit der Staaten eine zwischenstaatliche – nicht aber notwendigerweise eine Intervention seitens einer internationalen Organisation – aus. Auf dieser Basis läßt sich Art. 2 Ziff. 1 Charta der VN ein allgemeines Interventionsverbot entnehmen.[11]

5. Ein ausdrückliches an die Mitgliedsstaaten gerichtetes Interventionsverbot enthalten aber die Konvention über die Rechte und Pflichten der Staaten vom 26. 12. 1933 (Montevideo-Konvention),[12] die Satzung der Organisation amerikanischer Staaten,[13] die Charta der Organisation für Afrikanische Einheit vom 25. 5. 1963[14] und der Pakt der Arabischen Liga vom 22. 3. 1945.[15] Allerdings wird das Interventionsverbot durch Art. 2d der OAS Charta relativiert. Danach läßt sich die Solidarität der amerikanischen Staaten und ihrer gemeinsamen Ziele nur auf der Grundlage der repräsentativen Demokratie in den amerikanischen Staaten verwirklichen. Dies ermöglicht es den Parteien, auf die Einhaltung dieser Verpflichtung durch eine entsprechende Gestaltung der Verfassung zu dringen. Problematisch allerdings ist, in welcher Form dies geschehen kann. Während die OAU-Satzung das Interventionsverbot lediglich in allgemeiner Form anspricht, wird in Art. 8 des Paktes der Arabischen Liga als Schutzgut des Einmischungsverbots speziell die Regierungsform eines anderen Staates genannt und es werden Maßnahmen verboten, die auf eine Änderung der Regierungsform eines anderen Staates abzielen. Allerdings steht dieses Einmischungsverbot unter dem Vorbehalt der Vereinbarkeit der betreffenden Regierungsform mit dem panarabischen Gedanken (Präambel), so daß bei einem Verstoß hiergegen eine Einmischung seitens der Satzung nicht grundsätzlich ausgeschlossen wird.[16]

Sicherheitsrat), wobei dahinter auch die organisationspolitische Erwägung steht, daß nur so eine ausbalancierte Entscheidung entsteht. Das heißt, einem Staatengemeinschaftsorgan können Kompetenzen zugebilligt werden, die einzelnen Staaten nicht zustehen.

[10] Allerdings zählt GA Res. 1815 (XXVII) vom 18. 12. 1962 das Verbot der Intervention zu den fundamentalen Aussagen der Charta.

[11] *Blesinger*, Die sogenannte vereinbarte und erbetene Intervention, 53 ff, 83 f; *Onuf*, 224; *Scott*, 208; C. E. *Ritterband*, Universeller Menschenrechtsschutz und völkerrechtliches Interventionsverbot, 1982, 325; Separate Opinion von *Sette-Camara* im Fall *Military and Paramilitary Activities (Nicaragua/United States of America)*, ICJ Reports 1986, 14 (199 f).

[12] Vgl. § 165.

[13] Art. 18 Bogotá-Charta vom 30. 4. 1948 in der Fassung des Protokolls von Buenos Aires von 1967, UNTS 199, 48, lautet: „*No State or group of States has the right to intervene, directly or indirectly, for any reason whatever, in the internal or external affairs of any other State. The foregoing principle prohibits not only armed force but also any other form of interference or attempted threat against the personality of the State or its political, economic, and cultural elements.*" Außerdem statuiert Art. 19, daß „*No State may use or encourage the use of coercive measures of an economic or political character to force the sovereign will of another State and obtain from it advantages of any kind.*"

[14] UNTS 479, 39; Art. III: „*The Member States, in pursuit of the purposes stated in Art. II, solemnly affirm and declare their adherence to the following principles:... 2. non-interference in the internal affairs of States; 3. respect for the sovereignty and territorial integrity of each State and for its inalienable right to independent existence;... 5. unreserved condemnation, in all its forms, of political assassination as well as subversive activities on the part of neighbouring States or any other States;...*"

[15] UNTS 70, 237.

[16] So zumindest die Haltung einiger arabischer Staaten; *Boutros-Ghali*, La Ligue des Etats Arabes, RdC 137 (1972 III), 1 (26).

6. a. Die Generalversammlung der VN hat versucht, durch Resolutionen die Bildung eines allgemeinen Interventionsverbots zu fördern und insoweit das Art. 2 Ziff. 1 Charta der VN zu entnehmende Interventionsverbot zu präzisieren.[17] Zu nennen sind in dieser Hinsicht die *,Essentials of Peace*'-Resolution,[18] die *Peace Through Deeds*-Resolution,[19] die Resolution über *Peaceful and Neighbourly Relations Among States*,[20] die *Declaration on the Inadmissibility of Intervention in the Domestic Affairs of States and the Protection of Their Independence and Sovereignty*,[21] die Prinzipiendeklaration,[22] die Charta über wirtschaftliche Rechte und Pflichten der Staaten,[23] die Erklärung über die Unzulässigkeit von Interventionen und Einmischung in die inneren Angelegenheiten von Staaten[24] und die Deklaration über eine Steigerung der Effektivität des Grundsatzes, sich der Androhung oder Ausübung von Gewalt in den internationalen Beziehungen zu enthalten.[25]

b. Von der *Declaration on the Inadmissibility of Intervention in the Domestic Affairs of States and the Protection of Their Independence and Sovereignty* wird jede direkte oder indirekte Intervention in die inneren oder äußeren Angelegenheiten irgendeines anderen Staates verboten. Dies gilt nicht nur für die bewaffnete Intervention, sondern *,all other forms of interference or attempted threats against the personality of the State or against its political, economic, and cultural elements*'. Inhaltlich weist der Text von GA Res. 2131 (XX) in wesentlichen Teilen Ähnlichkeiten mit Art. 18 der OAS-Charta auf.
Die Prinzipiendeklaration[26] übernimmt diesen Ansatz in vollem Umfang. Der Text der Prinzipiendeklaration zum Verbot der Intervention enthält drei Komponenten, eine allgemeine Definition in Absatz 1; nähere Spezifikationen in den Absätzen 2 bis 4, wobei bestimmte Verhaltensformen als Intervention benannt werden[27] und schließlich eine Einschränkungsklausel in Absatz 5, der, da sie lediglich, wie Art. 2 Ziff. 7 Charta der VN, Maßnahmen zur Erhaltung und Wiederherstellung des Friedens von dem Interventionsbegriff ausnimmt, in der Praxis eine geringe Bedeutung zukommt.[28] Absatz 1 Satz 1 ist so weit gefaßt, daß damit praktisch jeder Versuch, die Innen- oder Außenpolitik eines anderen Staates zu beeinflussen als Intervention dargestellt wird. Denn letztlich fallen danach unter das Interventionsverbot auch alle nichtgewaltsamen Maßnahmen und entsprechenden Drohungen, soweit sie sich gegen die Persönlichkeit eines Staates oder seine politischen, wirtschaftlichen oder kulturellen Charakteristika richten.[29] Der zweite Satz hebt dies allerdings wieder auf, indem er die mit militärischen Mitteln vorgenommene Intervention als völkerrechtswidrig qualifiziert. Auch der zweite Absatz geht in seinem zweiten Teil in diese Richtung.

c. Die Charta über wirtschaftliche Rechte und Pflichten der Staaten[30] erwähnt in Kapitel 1 das Verbot der Intervention als ein allgemeines Prinzip, das neben anderen die Ausgestaltung der

---

[17] Vgl. zur Anfangsphase *P. Neuhold*, 37 ff.

[18] GA Res. 290 (IV) vom 1. 12. 1949; diese Resolution forderte die Staaten auf, „*... to refrain from any threats or acts, direct or indirect, aimed at impairing the freedom, independence or integrity of any State, or at fomenting civil strife and subverting the will of the people in any State ...*".

[19] GA Res. 380 (V) vom 17. 11. 1950; diese Resolution verurteilte die „*... intervention of a State in the internal affairs of another State for the purpose of changing its legally established government by the threat or use of force ...*"

[20] GA Res. 1236 (XII) vom 14. 12. 1957; diese Resolution unterstreicht die Verpflichtung der Staaten, Beziehungen zu unterhalten, die „*... based on mutual respect and benefit, non-aggression, respect for each other's sovereignty, equality and territorial integrity and non-intervention in one another's internal affairs ....*"

[21] GA Res. 2131 (XX) vom 21. 12. 1965.

[22] *Declaration on Principles of International Law Concerning friendly Relations and Cooperation among States*; GA Res. 2625 (XXV) vom 24. 10. 1970.

[23] GA Res. 3281 (XXIX) vom 12. 12. 1974.

[24] GA Res. 36/103 vom 9. 12. 1981.

[25] GA Res. 42/22 vom 18. 11. 1987.

[26] siehe Anm. 22: „No State or group of States has the right to intervene, directly or indirectly, for any reason whatever, in the internal or external affairs of any other State. Consequently, armed intervention and all other forms of interference or attempted threats against the personality of the State or against its political, economic and cultural elements, are in violation of international law.

[27] Der dritte Absatz bezieht sich eigentlich auf das Selbstbestimmungsrecht; Absatz 4 ist im Grunde genommen eine Wiederholung gegenüber Absatz 1.

[28] Kritisch von daher *Arangio-Ruiz*, 120; ebenso *Kelsen*, The Draft Declaration, 268, gegenüber Art. 3 der *Draft Declaration on the Right and Duties of States*. Art. 3 lautete: „*Every State has the duty to refrain from intervention in the internal or external affairs of any other State.*"

[29] *Arangio-Ruiz*, 128.

[30] Vgl. Anm. 23.

wirtschaftlichen, politischen und sonstigen Beziehungen zwischen den Staaten bestimme. Eine nähere Begriffsbestimmung für das Interventionsverbot ergibt sich hieraus nicht, wenn man davon absieht, daß das Aggressionsverbot und das Interventionsverbot nebeneinander genannt werden und insofern von zwei gegeneinander abzugrenzenden Prinzipien auszugehen ist. Eine Abgrenzung ergibt sich auch nicht aus Art. 32 der Charta über wirtschaftliche Rechte und Pflichten, die als Ziel des Interventionsverbots – und insoweit enger als die Prinzipiendeklaration – den Schutz vor einer zwangsweisen Unterwerfung hinsichtlich der Ausübung von Hoheitsrechten bezeichnet.[31]

d. Durch die Deklaration über die Unzulässigkeit der Intervention und der Einmischung in die inneren Angelegenheiten von Staaten[32] wird, gegenüber den früheren Deklarationen und Resolutionen der Generalversammlung der Vereinten Nationen, das Interventionsverbot um eine Reihe politischer Anliegen der Entwicklungsländer erweitert. Schutzzweck dieser Deklaration ist neben der staatlichen Souveränität, der politischen Unabhängigkeit und der territorialen Integrität, die nationale Einheit und Sicherheit der Staaten sowie die nationale Identität und das kulturelle Erbe des jeweiligen Staatsvolks. Nach dieser Deklaration, die dem Begriff der Nichtintervention *(non-intervention)* dem der Nichteinmischung *(non-interference)* zur Seite stellt, sollen etwa die Stärkung bestehender Militärblöcke, die Schaffung neuer Militärbündnisse oder die Errichtung neuer Militärstützpunkte in Zusammenhang mit der Konfrontation der Großmächte, die Ausbildung, Finanzierung und Rekrutierung von Söldnern, der Einsatz außenwirtschaftlicher Hilfsprogramme als politische Druckmittel oder die Ausbeutung und verzerrte Darstellung von Menschenrechtsproblemen Formen verbotener Einmischung darstellen. Die Staaten sind danach verpflichtet, die Unterminierung der politischen, wirtschaftlichen und gesellschaftlichen Stabilität anderer Staaten von ihrem Hoheitsgebiet aus, oder die Verbreitung falscher und verzerrter Nachrichten über das Ausland zu verhindern. Diese Deklaration ist außerordentlich umstritten; ihr fehlte bei ihrer Verabschiedung die Unterstützung der meisten westlichen Staaten. Es ist nicht davon auszugehen, daß diese Deklaration geltendes Gewohnheitsrecht widerspiegelt,[33] bzw. zu dessen Entwicklung beiträgt.

e. Die Deklaration über eine Steigerung der Effektivität des Grundsatzes, sich der Androhung oder Ausübung von Gewalt in den internationalen Beziehungen zu enthalten,[34] bezieht sich primär auf die Durchsetzung des Gewaltverbots gemäß Art. 2 Ziff. 4 VN-Charta. Betont wird aber auch das Recht der Staaten, frei und ohne Einflußnahme von außen über ihren politischen Status zu entscheiden und eine unabhängige Politik in wirtschaftlichen, sozialen und kulturellen Angelegenheiten zu verfolgen. Des weiteren verbietet die Deklaration „bewaffnete Einmischung oder den Versuch von Drohungen gegen die Rechtspersönlichkeit eines Staates oder deren politischen, wirtschaftlichen oder kulturellen Elemente".

7. Schließlich hat das Interventionsverbot auch Eingang in Prinzip VI der KSZE-Schlußakte vom 1. 8. 1975 gefunden.[35] Geschützt werden danach, ebenso wie in der Deklaration über die Unzulässigkeit der Intervention[36] und der Prinzipiendeklaration diejenigen äußeren und inneren Angelegenheiten, die in die innerstaatliche Zuständigkeit eines Teilnehmerstaates fallen. Dieses Prinzip ist allerdings durch eine Weiterentwicklung des KSZE/OSZE substantiell verändert worden. Weite Bereiche des Staatsorganisationsrechts können danach nicht mehr als interventionsfest angesehen werden.

8. Der Internationale Gerichtshof hat sich mehrfach mit dem Verbot der Intervention befaßt; die entsprechenden Entscheidungen belegen, daß er von der grundsätzlichen Existenz des völkerrechtlichen Interventionsverbots als einer Norm des Völkergewohnheitsrechts ausgeht. Eine vollständige begriffliche Eingrenzung des Interventionsbegriffs erfolgt jedoch durch diese Entscheidungen nicht.

---

[31] Vgl. dazu *Berstermann*, 68.

[32] Vgl. oben Anm. 21.

[33] Kritisch dazu *Tomuschat*, Neuformulierung der Grundregeln des Völkerrechts durch die Vereinten Nationen: Bewegung, Stillstand oder Rückschritt?, EA 38 (1983), 729 ff.

[34] Vgl. oben Anm. 25.

[35] ILM 14 (1975), 1292.

[36] Siehe Anm. 21.

Im *Corfu-Channel Case*[37] wurde ein Recht auf Intervention verneint. Die Aussage zum Interventionsverbot bezog sich allerdings nur auf Eingriffe in die territoriale Souveränität mit Mitteln der militärischen Gewalt. Konkretere Ausführungen erfolgten im *Nicaragua*-Fall *(Nicaragua/United States of America)*.[38] Danach verbietet das Interventionsverbot Staaten oder Staatengruppen, direkt oder indirekt in die inneren oder äußeren Angelegenheiten eines Staates zu intervenieren, vorausgesetzt das Verhalten des Staates, gegen den sich die Intervention richtet, entspricht dem Völkerrecht. Zu den Angelegenheiten, über die ein Staat frei entscheiden kann, gehören die Entscheidung über das politische, wirtschaftliche, soziale und kulturelle System sowie die Formulierung der Außenpolitik. Eine Intervention ist nach Aussage des Internationalen Gerichtshofes rechtswidrig, wenn sie Zwang hinsichtlich der Entscheidung in solchen Angelegenheiten ausübt, die den Staaten zur freien Entscheidung überlassen bleiben sollen. In diesem Zusammenhang wird die Ausübung von Zwang als ein wesentliches Element der rechtswidrigen Intervention bezeichnet. Dabei kann Zwang in einer direkten militärischen Aktion oder in deren Unterstützung bestehen. Die Ausführungen des Internationalen Gerichtshofes sind allerdings nicht absolut zu verstehen. Er läßt nämlich offen, ob die Unterstützung interner Oppositionsgruppen, selbst mit militärischen Mitteln, möglicherweise aus moralischen Gründen oder politischen Gründen, die diese Gruppen verfolgen, gerechtfertigt sein kann. Ebensowenig klärt der Internationale Gerichtshof aber, ob neben der Ausübung militärischen Zwangs oder einer Unterstützung hierzu weitere Formen von Zwang ebenfalls den Tatbestand einer verbotenen Intervention erfüllen. Der die Argumentation tragende Verweis auf die Prinzipiendeklaration deutet allerdings in diese Richtung.

Nach Ansicht des Internationalen Gerichtshofs ist das Interventionsverbot Bestandteil des geltenden Völkergewohnheitsrechts. Zur Unterstützung hierfür verweist der Gerichtshof auf die bereits genannten hierzu ergangenen Resolutionen und Deklarationen der Generalversammlung. Hieraus – insbesondere aus der Prinzipiendeklaration – entwickelte der Internationale Gerichtshof auch seine Aussagen zu dem Inhalt des Interventionsverbots.

II. 1. Im völkerrechtlichen Schrifttum besteht keine völlige Einigkeit über den Gehalt des Begriffs der Intervention.[39] Er wird sowohl für rechtswidrige[40] als auch für rechtmäßige[41] Maßnahmen verwendet. Der letztgenannte Ansatz hat seinen Ursprung im diplomatischen Sprachgebrauch. Danach ist eine Intervention nahezu jede außenpolitisch relevante Tätigkeit eines Staates; ihre negative Wertung erhält die Intervention dann erst durch den Zusatz rechtswidrig. Diesem letztgenannten Ansatz widerspricht vor allem der Sprachgebrauch der Vereinten Nationen. Die Resolutionen und Deklarationen der Generalversammlung belegen, indem sie ein Interventionsverbot statuieren, daß sie von einer Völkerrechtswidrigkeit der Intervention ausgehen.

2. Einen wesentlichen Schwerpunkt der traditionellen Diskussion um den Inhalt des Interventionsverbotes bildet die Frage, ob der Tatbestand der Intervention nur bei Anwendung militärischer oder ihr im Zwangscharakter gleichstehender Gewalt *(vis absoluta)* erfüllt ist. Dies wird von den Vertretern des sog. klassischen Interventionsbegriffs bejaht. Dem steht die Position gegenüber, daß auch andere als militärische Zwangsmittel existieren, mit denen der betroffene Staat so beeinflußt werden kann, daß von einer Beeinträchtigung seiner eigenen Angelegenheiten und damit von einer Intervention zu sprechen ist (weiter Interventionsbegriff). Der entscheidende Unterschied zwischen den Vertretern des sog. klassischen und

---

37 ICJ Reports 1949, 25 (35).

38 ICJ Reports 1986, 14 (106 ff).

39 Vgl. dazu *E.-O. Czempiel/W. Link* (Hrsg.), Interventionsproblematik aus politikwissenschaftlicher und völkerrechtlicher und wirtschaftswissenschaftlicher Sicht, 1984; einen interessanten Überblick über verschiedene Interventionsbegriffe im rechtlichen und außerrechtlichen gibt *G. Brauch*, Sozialwissenschaftliche Interventionsbegriffe und externe Einwirkungsphänomene im Bereich der internationalen Beziehungen, in: *Simma/Blenk/Knocke*, 58.

40 So wohl heute die überwiegende Ansicht: vgl. *B.-O. Bryde*, 228; *Gerlach*, 127; *W. Kewenig*, Die Anwendung wirtschaftlicher Zwangsmaßnahmen im Völkerrecht, Berichte DGVR 22 (1982), 7 (14).

41 Siehe dazu *P. H. Winfield*, The History of Intervention in International Law, BYIL 3 (1922–23), 130; *Neuhold*, Internationale Konflikte, 269 f.

denen eines weiten Interventionsbegriffes liegt in der unterschiedlichen Definition des Schutzgutes.

Nach dem sog. klassischen Interventionsbegriff wird die Intervention als *'dictatorial interference by a state in the affairs of another state'*[42] bzw. als autoritative Einmischung eines fremden Staates in die Angelegenheit eines anderen unabhängigen Staates[43] definiert, wobei dem betroffenen Staat die Entscheidungsfreiheit genommen wird. Ein so verstandenes Interventionsverbot deckt sich zum wesentlichen Teil mit dem Gewaltverbot. Schutzgut des Interventionsverbots ist bei diesem Ansatz vor allem die Souveränität der Staaten.

Der weite Interventionsbegriff[44] geht davon aus, daß das Schutzgut des Interventionsverbotes, die einzelstaatliche Souveränität, nicht nur mit militärischer Gewalt und deren Androhung, sondern auch mit anderen Mitteln beeinträchtigt werden kann. Während die Vertreter des klassischen Interventionsbegriffes sich einseitig an dem Respekt vor der territorialen Integrität der Staaten ausrichten und deren Schutz vor gewaltsamen militärischen Maßnahmen von außen verfolgen, verweisen die Vertreter des weiten Interventionsbegriffs darauf, daß zwar die territoriale Integrität ein wesentliches Element der Souveränität bilde, der hinter dem Begriff 'Souveränität' stehende Anspruch auf Selbstbestimmung der eigenen Angelegenheiten aber auch den schützenswürdigen Anspruch auf Entscheidungsgewalt in eigenen Angelegenheiten beinhalte. Dieser Anspruch auf nationale Entscheidungsgewalt könne allein durch die Regeln des Völkerrechts und die eingegangenen völkerrechtlichen Vertragspflichten begrenzt werden.[45] Ein derart verstandener Anspruch auf Selbstbestimmung kann nicht nur durch Mittel militärischer Gewalt oder deren Androhung, sondern auch durch eine Vielzahl von anderen Methoden beeinträchtigt werden.[46]

3. Eine Inhaltsbestimmung des Interventionsbegriffs darf sich jedoch nicht ausschließlich an dem Schutzgut „Souveränität" bzw. „Selbstbestimmungsrecht in eigenen Angelegenheiten" orientieren. Vielmehr ist das Interventionsverbot in Zusammenhang mit der Struktur des Völkerrechts und seinem Verhältnis zum innerstaatlichen Recht zu sehen. Dabei ist zu berücksichtigen, daß das Völkerrecht nur im begrenzten Umfang über Mechanismen verfügt, die eine Durchsetzung völkerrechtlicher Pflichten bzw. staatlicher Rechte ermöglichen.[47] Insofern erfüllt die Möglichkeit eines Staates oder einer Staatengruppe, auf das Verhalten eines Staates einwirken zu können, einen, strukturell gesehen, positiven und vom Völkerrecht vorausgesetzten Effekt. Es ist nicht Aufgabe des Völkerrechts, jede zwischenstaatliche Einflußnahme auszuschließen, sondern sicherzustellen, daß diese im Einklang mit dem Prinzip der souveränen Gleichheit der Staaten steht.[48] Die ständig sich vollziehende Verfestigung und Weiterentwicklung des Völkerrechts hat zudem den Bereich reduziert, der

---

[42] *Oppenheim-Lauterpacht*, 8. Aufl., 305; einen etwas weiteren Interventionsbegriff verwendet *Oppenheim/Jennings/Watts*, 432 („... *the interference must be forcible or dictatorial, or otherwise coercive in effect depriving the state intervened against of control over the matters in question* ..."); siehe dazu auch *Nolte*, 169 ff.

[43] *Bluntschli*, 269; nach *Heyde*, Bd. I, 246 liegt eine Intervention vor bei *'the interference by a state in the domestic or foreign affairs of another in opposition to its will'*; bzw. das Eingreifen in die inneren oder äußeren Angelegenheiten eines fremden Staates; *Mosler*, 8, bzw. „... ist das unter Anwendung oder Androhung des Einsatzes der staatlichen Macht erfolgende Eingreifen eines Staates in die inneren oder äußeren Angelegenheiten eines Staates". „Die von Zwangsandrohung begleitete Einmischung in die 'inneren' Angelegenheiten eines anderen Staates." *Strupp*, Grundzüge des positiven Völkerrechts, 1932, 98, ebenso *T. Farer*, 185. Für den Bereich der humanitären Intervention „... *the threat or use of force by one state against another for the purpose of terminating the latter's abuse of its own nations* ...".

[44] *Kewenig*, 15; *Bryde*, 230; *Neuhold*, Internationale Konflikte, 272 ff; *ders.*, 33; *Wehser*, 48; *Gerlach*, 66; *Dicke*, 177.

[45] *v. Wyenen/A. J. Thomas*, Non-Intervention, 68.

[46] *Dohna*, 130; *W. Friedman*, The Changing Structure of International Law, 1964, 270; kritisch zu dieser Unterscheidung *Bockslaff*, 32 ff.

[47] Siehe Bd. I/1, § 8 sowie Bd. I/2, § 154.

[48] So ausdrücklich der englische Delegierte A/AC.125/SR. 114 bei der Abschlußberatung in dem Sonderausschuß.

den Staaten zur eigenständigen Regelung vorbehalten ist. Darüber hinaus ist zu berücksichtigen, daß in einer Staatengemeinschaft bei wachsender Interdependenz zwischen ihren Mitgliedern eine gegenseitige Beeinflussung nicht nur unvermeidbar, sondern auch erwünscht ist, soweit damit Gemeinschaftsziele durchgesetzt oder Gemeinschaftsbelange geschützt werden. Schließlich ist in diesem Zusammenhang auf die verstärkten völkerrechtlichen Kooperationspflichten[49] zu verweisen. Mit einer faktisch existierenden und teilweise auch rechtlich gebotenen engeren Kooperation der Staaten untereinander wäre ein Interventionsverbot unvereinbar, das die Staaten als völlig unabhängig nebeneinander bestehende Einheiten begreift. Kooperation und wechselseitige Beeinflussung bedingen einander, so daß die Verstärkung von Kooperationspflichten zwangsweise zu einer inhaltlichen Aushöhlung und Modifikation eines weit verstandenen Interventionsverbots führen muß.

Werden diese Gesichtspunkte berücksichtigt, so entsprechen die Deklarationen der Vereinten Nationen zum Interventionsverbot nicht geltendem Völkerrecht[50] und können daher auch nicht dazu herangezogen werden, Inhalt und Tragweite eines gewohnheitsrechtlichen Interventionsverbots zu bestimmen. Das Interventionsverbot der Prinzipiendeklaration[51] beschreibt dessen Reichweite – indem es sich an der militärischen Intervention orientiert – zu eng.[52] Im Vordergrund steht nicht die Entscheidungsfreiheit der Staaten, sondern die Sicherung der territorialen Integrität. Hingegen führt die Deklaration der Vereinten Nationen über die Unzulässigkeit von Interventionen in die inneren Angelegenheiten der Staaten[53] dazu, daß das Interventionsverbot praktisch jede Form der Einflußnahme auf einen anderen Staat erfaßt. Angesichts der juristischen und faktischen engen Verflechtung zwischen Staaten wird dies weder den Realitäten noch, vor allem, den strukturellen Bedürfnissen einer Staatengemeinschaft gerecht, die sich als Rechtsgemeinschaft konstituiert hat. Vielmehr ist ein Rückgriff auf Sinn und Zweck des Interventionsverbots unter Berücksichtigung des Standes der internationalen Beziehungen und der strukturellen Bedürfnisse, die sich aus der Existenz einer Staatengemeinschaft ergeben, erforderlich.

4. Auf dieser Basis kann sich ein Unwerturteil der Völkerrechtswidrigkeit über die Einflußnahme eines Staates in die Angelegenheiten eines anderen aus drei Gesichtspunkten ergeben, wobei diese die Schutzgüter des Interventionsverbots und die Funktion der Intervention bei der Durchsetzung des Völkerrechts reflektieren: Aus der Art des angewandten Mittels, einschließlich der Mittel-Zweck-Relation; aus der Tatsache, daß die Einwirkung in einem Bereich erfolgte, der dieser entzogen war und schließlich aus dem mit der Einflußnahme verfolgten Zweck. Allerdings besteht die Möglichkeit, daß, obwohl eines der drei Kriterien zutrifft, das Völkerrecht eine *prima facie* verbotene Intervention zuläßt, sei es, sie ist vertraglich vereinbart oder ihr wurde im Einzelfall zugestimmt, womit der Tatbestand der Intervention entfällt, sei es, sie ist im Einzelfall gerechtfertigt.

III. 1. Völkerrechtlich verboten ist eine Intervention, wenn bereits die Handlungsform der Einflußnahme gegen eine völkerrechtliche Verbotsnorm verstößt. Darunter fallen z. B. alle Formen der Gewaltanwendung, die unter Art. 2 Ziff. 4 Charta der VN zu subsumieren sind. In einem derartigen Fall ergibt sich die Unzulässigkeit der Einmischung nicht erst aus dem

---

[49] Vgl. dazu § 172.

[50] *Dohna*, 134; *Berstermann*, 65; *Ritterbund*, 337; *Bryde*, 231 f.

[51] Vgl. oben Anm. 22.

[52] *„Consequently, armed intervention and all other forms of interference or attempted threats against the personality of the State or against ist political, economic and cultural elements, are in violation of international law...*"; so auch *Oppenheim/Jennings/Watts*, 432, Anm. 10.

[53] GA Res. 36/103 vom 9. 12. 1981.

Interventionsverbot, sondern sie beruht bereits auf der von dem Völkerrecht für unzulässig erklärten Handlungsform,[54] dem Gewaltverbot.[55]

2. Aber selbst wenn keine vom Völkerrecht verbotene Handlungsform eingesetzt wird, kommt der Art und Weise der Handlung, mit der Einfluß genommen wird, für die Qualifikation der Einwirkung auf andere Staaten eine wesentliche Bedeutung zu. Da die gegenseitige Einflußnahme der Staaten durch die internationalen Beziehungen strukturell bedingt ist, ist nur diejenige Einflußnahme als potentielle Intervention anzusehen, die auf den Adressaten Druck ausübt und diesen in seiner Entscheidungsfreiheit deutlich beeinträchtigt.[56] Nur unter dieser Voraussetzung widerspricht die Einwirkung eines Staates auf ein anderes Mitglied der Staatengemeinschaft dem Prinzip, daß die Staatengemeinschaft aus gleichberechtigten Mitgliedern besteht, die in der Wahrnehmung ihrer Angelegenheiten grundsätzlich voneinander unabhängig sind. Insofern ist die Ausübung von Druck, gleich welcher Art, eine Voraussetzung für das Vorliegen einer Intervention.[57] Die Ausübung von Druck kann auch durch wirtschaftliche Maßnahmen erfolgen. Allerdings ist Druckausübung zwar ein notwendiges aber allein noch kein ausreichendes Indiz für das Vorliegen einer Intervention, wenn berücksichtigt wird, daß die Intervention ein Instrument zur Durchsetzung von Völkerrecht darstellt und – wie dargelegt – darstellen muß.[58] Voraussetzung ist vielmehr, daß der Druck in dem konkreten Fall völkerrechtlich mißbilligt wird.

3. Eine derartige völkerrechtliche Mißbilligung kann sich aus dem Zweck ergeben, der mit der Einflußnahme auf einen anderen Staat verfolgt wird. Eine völkerrechtswidrige Intervention liegt dann vor, wenn der Zweck des Eingriffs darin besteht, den Adressaten der Einflußnahme zu einem völkerrechtswidrigen Verhalten zu veranlassen.[59] Zu denken wäre beispielsweise an den Druck auf einen Staat, sich einem Angriffsbündnis anzuschließen.

Allerdings ist es problematisch, die Absichten des handelnden Staates zum Maßstab dafür zu machen, ob die Einflußnahme auf die Angelegenheit eines anderen Staates völkerrechtswidrig ist. Es fehlt dem Völkerrecht an einer geeigneten Instanz, die Motive für einen derartigen Eingriff objektiv festzustellen.

4. Unter der Voraussetzung, es wurde Druck ausgeübt, kann sich die Völkerrechtswidrigkeit einer Einflußnahme auf einen anderen Staat daraus ergeben, daß der Eingriff in Bereiche erfolgt, die nach Völkerrecht der alleinigen Regelung des anderen Staates überlassen sind *(domaine réservé)*.
Entscheidend ist damit die Definition des inneren, den Staaten vorbehaltenen Hoheitsbereichs. Dieser muß mit Hilfe objektiver Maßstäbe bestimmt werden,[60] nicht entscheidend ist das subjektive Ermessen des intervenierenden Staates bzw. des Adressaten der Intervention.
Zu dem Bereich des *domaine réservé* gehört derjenige Komplex, in dem der Staat keinen völkerrechtlichen Bindungen unterliegt. Das heißt, der Umfang des *domaine réservé* ist nicht feststehend, sondern Wandlungen unterworfen. Ob eine aus der Staatensouveränität erwachsende Begrenzung für eine fortschreitende Einschränkung des *domaine réservé* existiert, ist umstritten,[61] derzeit aber noch von eher theoretischer Bedeutung, wenn von der Entwicklung innerhalb der Europäischen Gemeinschaft abgesehen wird.

---

[54] *Bryde*, 230 hat nachgewiesen, daß bereits kraft historischer Entwicklung die Institute Gewaltverbot und Interventionsverbot zu unterscheiden sind.

[55] Vgl. dazu § 169, Ziffer 8.

[56] Zu weitgehend *Oppenheim/Jennings/Watts*, 432, soweit darauf abgestellt wird, daß dem betroffenen Staat tatsächlich die Entscheidungsfreiheit genommen wird.

[57] *Ritterband*, 353 f;.

[58] So auch *Oppermann*,1437/8; *Bockslaff*, 83; einschränkend *van Wynen Thomas/Thomas*, 74 ff.

[59] *Gerlach*, 211; *Wengler*, Bd. 2, 1049.

[60] StIGH B 4, 25.

[61] *Guggenheim*, Völkerrecht und Landesrecht, und *J. H. Kaiser*, Internationale und nationale Zuständigkeit im Völkerrecht der Gegenwart, in: Berichte

5. Auf den ersten Blick läge es nahe, den Maßstab dafür, was zu dem *domaine réservé* gehört, durch eine Bewertung der Interessenlage zu gewinnen. Zum *domaine réservé* gehörend, und damit vom Interventionsverbot geschützt, wären danach solche Bereiche, an denen kein politisches, wirtschaftliches oder sonstiges Interesse anderer Staaten besteht. Angelegenheiten, deren Gestaltung internationale Rückwirkungen haben, wären demnach solche internationalen Charakters. Angesichts der starken Verflechtungen der Staaten würde ein derartiger Ansatz den Bereich der inneren, den Staaten vorbehaltenen Angelegenheiten stark reduzieren, so daß es kaum noch innere Angelegenheiten in diesem Sinne gäbe.

Beispiel: Länder mit höheren Bevölkerungsdruck sind daran interessiert, ob und in welchem Umfang andere Staaten die Einwanderung zulassen. Die Währungspolitik und die Außenhandelspolitik eines Staates können das Wirtschaftsleben anderer Staaten beeinflussen. Dennoch gehören diese Angelegenheiten, zumindest *a priori*, zu dem vorbehaltenen Hoheitsbereich.

Abzustellen ist also nicht auf die Interessenlage, sondern auf die Rechtslage. Es ist nicht das berechtigte, sondern das rechtliche Interesse zugrundezulegen. Eine Angelegenheit ist dann nicht mehr ausschließlich interner Natur, wenn sie Gegenstand internationaler Rechtsnormen ist.[62] Dies ist im Einzelnen weiter darzulegen. Bevor dies geschieht, soll aber noch auf einen Einwand eingegangen werden, dem angesichts der modernen Entwicklungen im Völkerrecht und angesichts der strukturellen Konsequenzen, die aus der Existenz der Staatengemeinschaft zu ziehen sind, historische Bedeutung zukommt.

6. Ausgehend von der Überlegung, daß das Völkerrecht grundsätzlich keinen Einfluß auf Angelegenheiten nimmt, die zu den Verfassungsangelegenheiten der Staaten zählen, wurde in der älteren völkerrechtlichen Literatur grundsätzlich auf ein Verbot der Einwirkung auf das Verfassungsleben der Staaten geschlossen.[63] Es wurde argumentiert, das Völkerrecht akzeptiere ein gleichberechtigtes Nebeneinander der verschiedenen nationalen politischen Systeme und nehme daher allenfalls punktuell auf deren Ausgestaltung Einfluß. Es verlange lediglich, daß die Verfassungen die Organe bestimme, die den Staat nach außen vertreten und die es ihm ermöglichen, seine internationalen Verpflichtungen zur erfüllen. Im übrigen lasse das Völkerrecht den Staaten bei der Ausgestaltung ihrer politischen Grundordnung freie Hand. Es gebe keine völkerrechtliche Regelung, die ein bestimmtes Verfassungssystem vorschriebe, oder bestimmte Verfassungssysteme verböte.[64] Daraus folge, daß die Einmischung anderer Staaten in das Verfassungsleben der Staaten dem Völkerrecht wider-

---

DGVR, 1 (13) verneinen dies; a.A. *Mosler/Bräutigam*, Staatliche Zuständigkeit, *Strupp/Schlochauer* (Hrsg.), Wörterbuch des Völkerrechts, Bd. 2, 317 f; *W. Schaumann*, Der völkerrechtliche Schutz der Menschen- und Freiheitsrechte in seiner Verwirklichung durch die Vereinten Nationen, JIR 13 (1977), 133.

[62] So das Rechtsgutachten des StIGH über die Staatsangehörigkeitsdekrete in Tunis und Marokko, B 4, 23 f. Es seien ausschließlich innere Angelegenheiten im Sinne des Art. 15 (8) Völkerbundssatzung, *„certain matters which may though they very closely concern the interests of more than one State, or not, in principle, regulated by international law. As regards such matters each State is sole judge"*, allerdings wird später ausgeführt (24) *„... the question of whether a certain matter is or is not solely within the jurisdiction of a state is an essentially relative question, it depends on the development of international relations ..."*. Ebenso die im Schrifttum überwiegende Lehre, z. B. *Verdross*, Die Verfassung der Völkerrechtsgemeinschaft, 1926, 173; *Kelsen*, The Law of the United Nations, 1951, 776 f; *ders.*, Principles, 197 f; *Wehberg*, AVR 2 (1950) 263, 289 f.

[63] Unter Berufung auf diesen Grundsatz weigerte sich etwa der IGH im *Asyl (Haya de la Torre)*-Fall, ICJ Reports 1950, 284 f, das interamerikanische Asylabkommen von 1928 so auszulegen, daß Botschaften politische Flüchtlinge des Aufenthaltsstaates aufnehmen können; *Mosler*, 51; *E. C. Stowell*, Intervention in International Law, 1921, 150; *H. Wheaton*, Elements of International Law, 4th English edition, 1904, 122.

[64] Vgl. insoweit Atlantik-Charta vom 14. 8. 1941, wonach die beteiligten Mächte *„respect the right of all the peoples to choose the form of government under which they will live"*.

spreche. Diese Auffassung wurde wesentlich durch die negativen Erfahrungen mit Interventionen im 19. Jahrhundert begründet.[65]

Ausnahmen von diesem Grundsatz sind jedoch stets anerkannt worden. Dies gilt vor allem für diejenigen Fälle, in denen die Verfassungsänderung unter Bruch einer Völkerrechtsnorm erfolgte. Damit verlor dieser Vorgang seine rein interne Natur und eine Intervention wurde möglich. Die völkerrechtlichen Entwicklungen in Regelungsbereichen, die seinerzeit typischerweise der Verfassungsautonomie der einzelnen Staaten vorbehalten waren, hat die Möglichkeiten für eine Intervention erweitert. Dies gilt insbesondere für den Bereich des internationalen Menschenrechtsschutzes.

Insoweit besteht für die Staaten nicht mehr die Möglichkeit, durch Regelung einzelner Angelegenheiten in der Verfassung diese uneingeschränkt dem *domaine réservé* zuzuordnen und damit einer internationalen Einflußnahme zu entziehen. Entscheidend ist nicht, welche Angelegenheit gegebenenfalls in einer Verfassung eine Regelung gefunden hat, sondern ob hierfür eine internationale Regelung vorliegt.

Eine weitere Ausnahme bilden diejenigen Fälle, in denen völkerrechtliche Verträge die Einmischung in das Verfassungsleben anderer Staaten vorsehen.[66]

7. Eine Verschiebung im Verhältnis zwischen dem vorbehaltenen Hoheitsbereich und der internationalen Sphäre ergibt sich vor allem aus internationalen Verträgen. Durch sie kann jeder Gegenstand des nationalen Rechts in einen solchen des internationalen Rechts verwandelt und damit das Interventionsverbot eingeschränkt werden.

Dies wird bereits in dem Rechtsgutachten des Ständigen Internationalen Gerichtshofs über die Staatsangehörigkeitsdekrete in Tunis und Marokko 1922 ausgeführt.[67] In diesem Falle handelte es sich um die Frage, ob gewisse von der französischen bzw. der marokkanischen und tunesischen Regierung erlassene Dekrete rechtswirksam waren, die die französische bzw. marokkanische und tunesische Staatsangehörigkeit auf in Marokko und Tunesien geborene und von dort geborenen Eltern abstammende Personen übertrugen. Gegenüber dem Protest der britischen Regierung berief sich die französische Regierung auf Art. 15 Abs. 8 Völkerbundssatzung, nach dem der Völkerbund mit der Frage als einer solchen der ausschließlichen nationalen Jurisdiktion nicht befaßt werden dürfe. Der Ständige Internationale Gerichtshof ging in seinem Rechtsgutachten davon aus, daß eine Frage dann ausschließlich innerer Natur sei, wenn sie keinen völkerrechtlichen Normen, sondern ausschließlich solchen des innerstaatlichen Rechts unterliege. Zu diesen gehöre an sich auch die Regelung der Staatsangehörigkeit. Anders sei die Rechtslage, wenn ein Staat sich auf diesem Gebiet durch internationale Verträge anderen Staaten verpflichtet habe. Hier kam nun in Betracht, daß britischen Untertanen durch gewisse Verträge zwischen dem Vereinigten Königreich einerseits und Tunis und Marokko andererseits eine Art Extraterritorialität in beiden Ländern eingeräumt worden war. Die Fortgeltung dieser Verträge, auch nach Errichtung des französischen Protektorats, war zwischen den Parteien allerdings umstritten. Es wurde zu Recht angenommen, daß eben diese Frage der Fortgeltung der Verträge eine solche des Völkerrechts sei, für die Frankreich keine ausschließ-

---

[65] So z. B. *Mosler*, 51.

[66] Vgl. dazu im einzelnen unten Ziff. 8.

[67] StIGH B 4. In seinem Rechtsgutachten über die Auslegung der Friedensverträge hat sich der IGH dahin geäußert, daß die Auslegung der in den Verträgen enthaltenen Vorschriften über die Streitschlichtungsverfahren eine Rechtsfrage sei, auf die sich das Interventionsverbot von Art. 2 Ziff. 7 Charta der VN nicht anwenden lasse, die vielmehr bei *„its very nature, lies within the competence of the Court"*, ICJ Reports 1950 (65, 70 f); ebenso im Fall *Right of Passage*, ICJ Reports 1960, 32; im Falle der *Anglo-Iranian Oil Company* berief sich der Iran allerdings auf Art. 2 Ziff. 7 Charta der VN, um die Unzuständigkeit des Gerichts zu begründen. Dieses stützt seine Entscheidung aber nicht auf Art. 2 Ziff. 7 Charta der VN, sondern auf die Auslegung der Erklärung durch die der Iran seine Unterwerfung unter die Zuständigkeit des IGH eingeschränkt hatte, vgl. ICJ Reports 1952, 93. Im Fall *Norwegian Loans* wurde der Einwand des vorbehaltenen Hoheitsbereichs von Norwegen geltend gemacht, jedoch entschied das Gericht, ohne zu dieser Frage Stellung zunehmen, ICJ Reports 1957, 9.

liche Jurisdiktion beanspruchen könne. Dieser Ansatz ist von dem Internationalen Gerichtshof in der einstweiligen Anordnung im *Teheran Hostages Case*[68] und in seinem Urteil im Falle *Aegean Sea*[69] bestätigt worden.

8. Die Entwicklung des Völkerrechts seit 1945 hat weite Bereiche dessen erfaßt, was ursprünglich zu dem den Staaten vorbehaltenen Bereich zählte und traditionell in deren Verfassungen geregelt wird. Hierzu gehört in erster Linie der internationale Menschenrechtsschutz, wie er in der Präambel und Art. 1 Ziff. 3 Charta der VN angelegt und in den internationalen Instrumenten zum Schutze der Menschenrechte ausformuliert ist. Anstrengungen, dessen Einhaltung zu sichern, einschließlich von Einwirkungen auf andere Staaten stellen keine verbotene Intervention dar. Insoweit ist eine humanitäre Intervention – zumindest soweit sie nicht gegen das Gewaltverbot verstößt[70] völkerrechtlich zulässig. Von dem Vorliegen eines entsprechenden Satzes im Völkergewohnheitsrecht ist auszugehen.[71]

Vergleichbares gilt für den internationalen Umweltschutz sowie das internationale Handels- und Wirtschaftsrecht. Insgesamt ist festzustellen, daß die ständig sich erweiternde und verfestigende internationale Regelung von neuen Sachverhaltskomplexen – im Sinne einer Verwandlung der internationalen Beziehungen der Staaten zu einem Weltinnenrecht – die Zahl der Lebenssachverhalte verringert, die interventionsfest sind.

Die völkerrechtliche Entwicklung erfaßt inzwischen über den Menschenrechtsschutz aber auch Teile des Staatsorganisationsrechts. Art. 2 der Allgemeinen Erklärung der Menschenrechte von 1948 erwähnte bereits das Recht der Bürger auf Teilnahme an allgemeinen, gleichen, geheimen und periodisch wiederkehrenden Wahlen. Gemäß Art. 25 des Internationalen Paktes über bürgerliche und politische Rechte[72] haben alle Bürger das Recht, sich an den öffentlichen Angelegenheiten und an demokratischen Wahlen zu beteiligen. Die Auflösung der Ost-West-Konfrontation und die verfassungsrechtlichen Änderungen in den ehemaligen Staaten des Ostblocks eröffneten der Staatengemeinschaft die Möglichkeit, auf dieser Basis auf die Binnenstruktur der Staaten Einfluß zu nehmen. Dies geschah auf universeller sowie auf regionaler Ebene. Dabei würde es zu weit gehen, würde gesagt werden, daß das Völkerrecht oder die internationale Staatengemeinschaft eine Demokratisierung fordere.[73] Verlangt wird allerdings die Abhaltung periodischer allgemeiner Wahlen.[74] Soweit Demokratisierungsbestrebungen gefordert bzw. gefördert werden, geschieht dies unter dem Gesichtspunkt einer Verbesserung des Menschenrechtsschutzes allgemein.[75]

---

[68] ICJ Reports 1979, 15 f; der IGH führt aus: „*It is no doubt true that the Islamic Revolution of Iran is a matter ‚essentially and directly within the national sovereignty of Iran'; whereas, however, a dispute which concerns diplomatic and consular premises and the detention of internationally protected persons, and involves the interpretation or application of multilateral conventions codifying the international law governing diplomatic and consular relations, is one which by its very nature falls within international jurisdiction.*"

[69] ICJ Reports 1978, 33; der IGH weist darauf hin, daß das *domaine réservé* eine „*essentially correlative question*" sei, deren Umfang von der Entwicklung der internationalen Beziehungen abhänge.

[70] Vgl. dazu § 169.

[71] Vgl. dazu *Esman*, in: *Esman/Telhami* (eds.), 21(47); *Hoffmann*, in: *Hoffmann* et al., 12 ff; *Levine/Weller*, 32 ff; *Abiew*, 224 f.

[72] BGBl. 1973 II, 1534.

[73] Anders allerdings *K. Vasak*, Democracy, Political Parties and International Human Rights Law, IsrYBHR 26 (1996), 15 ff (21), wonach Wahlen als Basis der Demokratie und als „*synthesis of all human rights*" angesehen werde. Dies scheitert bereits daran, daß kein universeller Konsens über die Wesensmerkmale der Demokratie besteht, vgl. dazu *Farer*, in: *Delbrück* (Hrsg.), The Future of International Law Enforcement, 1993, 53.

[74] Vgl. dazu *J. A. Frowein*, Demokratie im Völkerrecht, FS Zemanek, 1994, 365 ff.

[75] Vgl. dazu *Working Paper on the Promotion and Protection of Human Rights by the Exercise of Democracy and the Establishment of a Democratic Society*, UN Doc. E/CN.4/Sub.2/1997/30, para. 15, Berichterstatter *Osman El-Hajjé*.

In der Resolution der Generalversammlung der Vereinten Nationen „*Enhancing the Effectiveness of the principle of periodic and genuine elections*“[76] wird die besondere Bedeutung demokratischer Wahlen für die volle Verwirklichung der Menschenrechte betont. Dieser Gesichtspunkt wurde in der folgenden Sitzung (1991) erneut hervorgehoben und für die Durchführung von Wahlen die technische Hilfe der Vereinten Nationen angeboten.[77] Bereits früher haben die Vereinten Nationen die Abhaltung von Wahlen und Plebisziten in ehemaligen Kolonien oder Treuhandgebieten überwacht.[78] Mit der Entsendung von UNTAG nach Namibia,[79] deren Auftrag es war, die letzten Monate südafrikanischer Verwaltung und die Durchführung der Wahlen zu überwachen, gaben die Vereinten Nationen die Beschränkung auf Kolonial- und Treuhandgebiete auf. Vergleichbare Funktionen übernahmen die Vereinten Nationen für die Westsahara,[80] Nicaragua,[81] Haiti[82] und Kamputschea[83] und in Ost Timor. Die Verletzung von Wahlrechtsgrundsätzen blieb allerdings bislang folgenlos. Vor allem wurde hieraus nicht ein Recht auf Intervention hergeleitet. Was die Einführung bzw. Wiedereinführung demokratischer Staatsformen betrifft, ist die Haltung der Staatengemeinschaft zwiespältig. Deutlich wird das Bestreben der Staatengemeinschaft, auf innerstaatliche politische Vorgänge Einfluß zu nehmen, in dem Sanktionsbeschluß des Sicherheitsrats gegenüber Haiti,[84] mit dem die Rückkehr des frei gewählten Präsidenten erzwungen werden sollte.[85] Dagegen hat die Staatengemeinschaft die Maßnahmen zum Schutze Kuwaits nicht genutzt, um dort auf eine wirkliche Demokratisierung zu dringen.

Auf regionaler Ebene sind diese Ansätze teilweise weiter verfestigt. Gemäß Art. 2 lit. b OAS Charta[86] besteht eine Pflicht der Mitgliedstaaten, eine „*... effective exercise of representative democracy...*“ zu fördern. Die Außenminister der OAS Staaten und der Rat der Organisation haben eine Reihe von diesen Grundsatz bestätigenden Resolutionen erlassen und Verletzungen kritisiert.[87] Die OAS hat in Nicaragua, Haiti, Surinam, El Salvador, Paraguay und Panama Wahlbeobachtungen durchgeführt.[88]

Eine entsprechende Entwicklung ist für die Region des Europarats festzustellen. Gemäß Art. 3 des 1. Zusatzprotokolls zur Europäischen Menschenrechtskonvention[89] besteht eine Verpflichtung, demokratische Wahlen durchzuführen. In dem Staatenbeschwerdeverfahren gegen Griechenland unter der Regierung der Obristen hat der Europäische Gerichtshof für Menschenrechte diese Vorschrift dahingehend ausgelegt, daß sie die Wahl eines repräsentativen Gesetzgebers in regelmäßigen Abständen verlange.[90] Nicht gefordert werden kann jedoch die Einführung des Mehr-

---

[76] GA Res. 45/150 vom 21. 2. 1991. Dort heißt es: „*... periodic and genuine elections are a necessary and indispensable element of sustained efforts to protect the rights and interests of the governed and that, as a matter of practical experience, the right of everyone to take part in the government of his or her country is a crucial factor in the effective enjoyment by all of a wide range of other human rights and fundamental freedoms...*“.

[77] Mit GA Res. 46/137 vom 17. 12. 1991 verabschiedete die Generalversammlung Richtlinien für Beobachtungskommissionen.

[78] Vgl. dazu die Einzelheiten bei *T. M. Frank*, The Emerging Right to Democratic Governance, AJIL 86 (1992) 46 (69 ff); *T. Farer*, Collectively Defending Democracy in a World of Sovereign States: The Western Hemisphere Prospect, 1993.

[79] Vgl. hierzu *P. T. Stoll*, Namibia, in: *R. Wolfrum* (ed.), United Nations: Law, Policies and Practice, 1995, 904 ff.

[80] SC Res.690 (1991) vom 29. 4. 1991.

[81] UN Doc. A/44/375 (1989); SC Res. 637 (1989) vom 27. 7. 1989.

[82] GA Res. 46/7 vom 11. 10. 1991; in dieser Resolution verurteilte die Generalversammlung einen Staatsstreich und verlangte die sofortige Rückkehr zu einer demokratischen Regierungsform; diese Resolution wurde zunächst von einzelnen Mitgliedern der Vereinten Nationen aus der Dritten Welt unter Berufung auf Art. 2 Ziff. 7 Charta der VN abgelehnt; vgl. dazu *T. Frank*, Intervention Against Illegitimate Regimes, in: *Damrosch/Scheffer* (Hrsg.), 159 (164).

[83] Vgl. hierzu *A. Rapp/C. Philipp*, Conflicts, Cambodia, Kampuchea, in: *R. Wolfrum* (ed.), United Nations law Policies and Practice, 1995, 200 ff.

[84] SC Res. 940 (1994) vom 2. 7. 1994.

[85] Maßgeblich für das Einschreiten waren nach der Resolution des Sicherheitsrats die Verschlechterung der humanitären Lage, die systematische Verletzung der Grundrechte, die Lage der Flüchtlinge und die Verletzung des Governors-Islands-Übereinkommens (UN Doc. S/26063 zwischen militärischen Machthabern und den Vereinigten Staaten. Nur in diesem wird die Wiederherstellung der Demokratie verlangt).

[86] http://www.oas.org.

[87] Vgl. dazu *Franck*, 65 f.

[88] Siehe dazu *Franck*, 74.

[89] BGBl 1968 II, 1111.

[90] *The Greek Case*, Yearbook of the European Convention on Human Rights 12 (1969) 179; Fall *Mathien-Mohin*, European Court of Human Rights (Ser. A) 113 (1987) 22.

heitswahlrechts.[91] Weitergehende staatsorganisationsrechtliche Konsequenzen des Rechts auf demokratische Wahlen wurden vor allem im Rahmen der KSZE/OSZE herausgearbeitet. Auf dem Treffen in Kopenhagen im Juni 1990[92] betonten die Mitglieder, daß die Demokratie ein integraler Bestandteil des Rechtsstaats sei und dem Pluralismus bei politischen Organisationen eine besondere Bedeutung zukomme. Zu den unveräußerlichen Menschenrechten gehöre der Anspruch auf Durchführung und Beteiligung aus demokratischen Wahlen sowie der Anspruch auf eine dem Parlament verantwortliche Regierung.[93] Die Legitimation der Regierung beruhe, so wurde hervorgehoben, darauf, daß der Volkswille in freien und periodisch wiederkehrenden Wahlen seinen Ausdruck finden könne.[94] Auf dem KSZE-Treffen der Staats- und Regierungschefs in Paris (1990) wurde eine Charta von Paris verabschiedet, in der sich die Staaten verpflichten, „... *to build, consolidate and strengthen democracy as the only system of government of our nations*".[95] Die Basis der Charta von Paris, die zwar keinen völkerrechtlichen Vertrag darstellt, aber als Ausdruck einer Rechtsüberzeugung zu verstehen ist, besteht darin, daß die Verpflichtung zur Abhaltung demokratischen Wahlen nicht nur gegenüber der eigenen Bevölkerung, sondern ebenfalls gegenüber den übrigen Staaten besteht.[96] Dies ist dazu angetan, den Bereich des *domaine réservé* massiv einzuschränken; damit wird die staatsinterne Organisation, zumindest was ihre Grundzüge anbelangt, zu einer internationalen Angelegenheit.[97] Auf dem Treffen der KSZE-Vertreter über die humanitäre Dimension der KSZE in Moskau (1991) wurde dieser Gesichtspunkt ausdrücklich betont. In dem Abschlußdokument heißt es, die Teilnehmerstaaten „... *categorically and irrevocably declared that the commitments undertaken in the field of the human dimension of the CSCE are matters of direct and legitimate concern to all participating States and do not belong exclusively to the internal affairs of the State concerned*".[98] Gleichzeitig haben sich die Mitgliedstaaten verpflichtet, eine legitim gewählte Regierung gegen undemokratische Machtübernahme zu unterstützen. Daß hier eine ganz wesentliche Einschränkung des den Staaten traditionell vorbehaltenen Bereichs erfolgt, wird durch die Entwicklung von KSZE-Kontroll- und Einflußmechanismen belegt.[99] Diese Entwicklung wurde durch die Gipfelerklärung von Helsinki vom 10. 7. 1992[100] sowie die Gipfelerklärung von Budapest vom 6. 12. 1994[101] bestätigt.

9. Zusammenfassend ist festzuhalten, daß die vorbehaltenen Angelegenheiten eines Staates keinen festen Kern darstellen, sondern variabel sind. Inhalt und Umfang hängt von dem jeweiligen Stand des Völkerrechts ab. Es gibt keinen Gegenstand, der sich seinem Wesen *a priori* nach der völkerrechtlichen Normierung entzieht.[102] Jede Angelegenheit, die zunächst ausschließlich nationaler Natur ist, kann durch eine spätere Änderung des Völkerrechts diesen nationalen Charakter verlieren. Es gehört zu den Kennzeichen der völkerrechtlichen Entwicklung, daß immer weitere Bereiche des nationalen Lebens zu internationalen Anliegen und zu Gegenständen völkerrechtlicher Regelungen werden. Entsprechend ändert sich auch der Umfang des Interventionsverbotes. Sein Schutzbereich nimmt in dem Umfang ab, in dem weitere Bereiche aus den inneren Angelegenheiten der Staaten ausscheiden. Aber auch wenn eine Interventionsmöglichkeit besteht, heißt dies nicht, daß sie mit allen Mitteln vorgenommen werden könnte. Grenzen ergeben sich insoweit insbesondere aus dem Gewaltverbot.

---

91 Beschwerde 7140/75, European Commission on Human Rights 7 (1977), 95, 97.

92 Text des Schlußdokuments in ILM 29 (1990), 1305 (1308, para. 3).

93 Ebd., para. 5.

94 Vgl. dazu *T. Meron*, Democracy and the Rule of Law, World Affairs 153 (1990) 23, 24; *Steiner*, Political Participation as a Human Right, Harvard Human Rights Yearbook 1 (1988), 77; *T. Buergenthal*, The Copenhagen CSCE Meeting: A New Public Order for Europe, Human Rights Law Journal 11 (1990), 217 (221 f).

95 Text in: ILM 30 (1991), 190 (193).

96 *Franck*, 67 f.

97 Vgl. dazu *Franck*, 68 f;.

98 *Conference on Security and Co-operation in Europe*, Document of the Moscow Meeting of the Conference on the Human Dimension of the CSCE, 3. 10. 1991, Text in: ILM 30 (1991), 1670.

99 Vgl. dazu *Franck*, 68 f.

100 Bulletin des Presse- und Informationsamtes der Bundesregierung Nr. 82, 777 ff, vom 23. 7. 1990.

101 Bulletin des Presse- und Informationsamtes der Bundesregierung Nr. 120, 1097 ff, vom 23. 12. 1994.

102 Ebenso *Kelsen*, Principles, 191 f, 196 f, 201.

IV. 1. Wie noch zu zeigen sein wird,[103] ist die humanitäre Intervention einzelner Staaten mit militärischen Mitteln wegen der Form der Einwirkung völkerrechtswidrig. Dies besagt jedoch noch nichts über die völkerrechtliche Zulässigkeit einer humanitären Intervention mit Mitteln unterhalb der Schwelle des Gewaltverbots. Grundsätzlich gilt hierfür, daß, soweit völkerrechtliche Verträge das *domaine réservé* einschränken, die Vertragspartner die Einhaltung der entsprechenden völkerrechtlichen Regeln fordern und auch deren Beachtung durch Ausübung von Druck durchsetzen können. Den Nachweis der Verletzung eigener Interessen bedarf es hierfür nicht. Handelt es sich um völkerrechtliche Normen mit *erga omnes* Wirkung[104] so haben alle Staaten das Recht einzugreifen, wenn ein anderer Staat diese Regeln verletzt und dadurch die Interessen der internationalen Gemeinschaft in ihrer Gesamtheit berührt.[105] Konkret bezogen auf den Schutz von Menschenrechten heißt dies, daß der von einer Vertragspartei ausgeübte politische oder wirtschaftliche Druck auf einen anderen Vertragsstaat, um der Forderung nach Erfüllung eines völkerrechtlichen Übereinkommens zum Schutze der Menschenrechte *a priori* keinen völkerrechtswidrigen Eingriff in dessen innere, ihm vorbehaltene Angelegenheiten darstellt.[106] Auch bei Annerkennung dieses Grundsatzes ist allerdings problematisch, ob sich nicht möglicherweise Einschränkungen für eine derartige einseitige Intervention eines Staates oder einer beschränkten Gruppe aus dem vertraglichen Durchsetzungsinstrumentarium der betreffenden internationalen Instrumente zum Schutze der Menschenrechte[107] ergeben *(self-contained regimes)*.[108] Soweit diese Ansicht generell vertreten wird, geschieht dies mit der Begründung,

[103] Vgl. dazu § 169.

[104] Vgl. dazu unten sowie *J. A. Frowein*, Die Verpflichtungen erga omnes im Völkerrecht und ihre Durchsetzung, in: FS Mosler, 1983, 241 ff.

[105] Vgl. dazu *Wengler*, Bd. I, 579 f; *Bindschedler*, Der Schutz der Menschenrechte und das Verbot der Einmischung, in: FS Schlochauer, 1981, 179 (182).

[106] Vgl. dazu speziell *O. Schachter*, Les aspects juridiques de la politique américaine en matière de Droits de l'Homme, AFDI 23 (1977), 53 f; *L. Henkin*, Human Rights and Domestic Jurisdiction, in: *T. Buergenthal* (ed.), Human Rights, International Law and the Helsinki-Accord, 1977; *B. Simma*, Souveränität und Menschenrechtsschutz nach westlichem Völkerrechtsverständnis, EuGRZ 4 (1977), 235 f; *G. Arangio-Ruiz*, Human Rights and Non-Intervention in the Helsinki Final Act, RdC 157 (1977 IV), 195 f; *T. Buergenthal*, Jurisdiction, Intervention and Human Rights: the International Law Perspective, in: *P. G. Brown* (ed.), Human Rights and US Foreign Policy, 1979, 111 ff; *Geck*, Internationaler Schutz von Freiheitsrechten und nationale Souveränität, JZ 1980, 73 ff; *C. Rumpf*, Der internationale Schutz der Menschenrechte und das Interventionsverbot, 1981; *R. B. Lillich*, Forcible Self-Help by States to Protect Human Rights, Iowa Law Review 53 (1967–68), 325; *F. Ermacora*, Human Rights and Domestic Jurisdiction (Article 2(7) of the Charter), RdC 124 (1968 II), 371; *R. B. Lillich*, Intervention to Protect Human Rights, McGill Law Journal 15 (1969), 205; *P. Wera*, La protection d'humanité internationale, RBDI 5 (1969), 402; *T. M. Franck/N. S. Rodley*, After Bangladesh: The Law of Humanitarian Intervention by Military Force, AJIL 67 (1973), 275; *R. B. Lillich* (ed.), Humanitarian Intervention and the United Nations, 1973; *J. N. Moore* (ed.), Law and Civil War in the Modern World, 1974; *R. Chilstrom*, Humanitarian Intervention under Contemporary International Law, Yale Studies in World Public Order 1 (1974), 93; *T. Farer*, Foreign Intervention in Civil Armed Conflict, RdC 42 (1974 II), 291; *R. Weisberg*, Humanitarian Intervention: Lessons from the Nigerian Civil War, Human Rights Journal (1974), 61; *U. Beyerlin*, Die humanitäre Aktion zur Gewährleistung des Mindeststandards in nichtinternationalen Konflikten, 1975; *L. Henkin*, Human Rights and Domestic Jurisdiction, in: *T. Buergenthal* (ed.), Human Rights, International Law and the Helsinki Accord, 1977, 21; *T. E. Behuniak*, The Law of Unilateral Intervention by Armed Force: A Legal Survey, Military Law Review 79 (1978), 157; *R. B. Lillich*, United States Policy of Humanitarian Intervention and indecession, in: *D. Kommers/G. D. Löscher* (eds.), Human Rights and American Foreign Policy, 1979, 278; *U. Beyerlin*, Menschenrechte und Intervention. Analyse der west-östlichen Menschenrechtskontroverse von 1977/78, in: *B. Simma/E. Blenk-Knocke* (Hrsg.), Zwischen Intervention und Zusammenarbeit, Interdisziplinäre Arbeitsergebnisse zu Grundfragen der KSZE, 1979, 157; *B. Simma*, Zur bilateralen Durchsetzung vertraglich verankerter Menschenrechte, in: *C. Schreuer* (Hrsg.), Autorität und internationale Ordnung, 1979, 129.

[107] Diese Problematik könnte gleichfalls hinsichtlich der Durchsetzung derjenigen völkerrechtlichen Normen diskutiert werden, die gleichfalls über ein eigenständiges institutionalisiertes Durchsetzungsverfahren verfügen, vgl. dazu die Ausführungen des IGH im *Teheraner Geiselfall*, ICJ Reports 1979, 7 ff.

[108] Vgl. dazu allgemein *A. Marschik*, Subsysteme im Völkerrecht, 1997.

daß die in den jeweiligen Verträgen vorgesehenen Durchsetzungsverfahren abschließender Natur seien und die Zustimmung der Vertragsstaaten zu ihnen nur unter der Bedingung eines Verzichts auf einseitige Durchsetzungsmaßnahmen nach allgemeinem Völkerrecht erfolgte.[109] Dieser Ansatz erscheint lediglich dann vertretbar, wenn das betreffende völkerrechtliche Regime zum Schutze der Menschenrechte über ein vollständiges Durchsetzungsverfahren verfügt, dem sich die Staaten ohne Einschränkungen unterworfen haben. Dies ist z. B. für den Internationalen Pakt über Bürgerliche und Politische Rechte[110] nicht der Fall, da sowohl das Staatenbeschwerdeverfahren wie auch das Individualbeschwerdeverfahren einer besonderen Unterwerfung bedürfen.[111] Aber selbst wenn das betreffende Abkommen zum Schutze der Menschenrechte, wie das Übereinkommen zur Beseitigung jeder Form von Rassendiskriminierung,[112] die Konvention über Verhütung und Bestrafung des Völkermords[113], das Übereinkommen über Folter[114] und vor allem die Europäische Konvention zum Schutze der Menschenrechte und Grundfreiheiten[115] ein institutionalisiertes Verfahren zur Durchsetzung der in diesen Abkommen verbürgten Rechte und Pflichten enthalten, kann hieraus nicht auf einen Ausschluß der nach allgemeinem Völkerrecht vorgesehenen Durchsetzungsverfahren[116] geschlossen werden. Denn die Aufgabe derartiger Menschenrechtsregime besteht darin, die Durchsetzung von Menschenrechten durch Schaffung entsprechender Verfahren zu verbessern, nicht aber bestehende Durchsetzungsmöglichkeiten abzubauen. Deshalb ist aus der Existenz spezieller Durchsetzungsverfahren zum Schutze von Menschenrechten allein[117] nicht darauf zu schließen, daß damit die Verfahren des allgemeinen Völkerrechts unanwendbar sind. Allerdings dürfte im Regelfall eine zwangsweise Durchsetzung von Menschenrechten – unterhalb der Schwelle von Art. 2 Ziff. 4 Charta der VN – unverhältnismäßig sein, solange die speziell in dem betreffenden Vertrag vorgesehenen institutionalisierten Verfahren nicht ausgeschöpft sind, denen sich der Adressat möglicher Zwangsmaßnahmen unterworfen hat.[118]

---

[109] So *B. Graefrath*, Internationale Zusammenarbeit und Menschenrechte, Neue Justiz 27 (1973) 683 (688); *F. Ermacora*, Human Rights and Domestic Jurisdiction (Article 7, para. 2 of the Charter), RdC 124 (1968 II), 371 (396 f); a. A. *B. Simma*, Fragen der zwischenstaatlichen Durchsetzung vertraglich vereinbarter Menschenrechte, in: FS Schlochauer, 1981, 635 ff.

[110] BGBl. 1973 II, 1534.

[111] Art. 41 des Paktes; auf diesen Gesichtspunkt verweist *Simma* (Anm. 109), 640.

[112] Art. 11 der Konvention (Text in: BGBl. 1969 II 961) sieht ein Staatenbeschwerdeverfahren vor, dessen Anwendung keine vorherige Unterwerfung voraussetzt.

[113] Art. VIII der Konvention (Text: BGBl. 1954 II, 730) eröffnet die Möglichkeit für eine Vertragspartei, ein zuständiges Organ der Vereinten Nationen damit zu befassen, um gemäß der Charta der VN zur Verhütung und Bekämpfung von Völkermordhandlungen zu ergreifen; vgl. dazu *Case Concerning Application of the Convention on the Prevention and Punishment of the Crime of Genocide, Bosnia and Herzegovina v. Yugoslavia (Serbia and Montenegro)*, ICJ Reports 1993, 3 (22 ff).

[114] Art. 20, BGBl. 1990 II, 247.

[115] Text in: BGBl. 1952 II, 686, in der Fassung der Protokolle Nr. 3 vom 6. 5. 1963, BGBl. 1968 II, 1111; Nr. 4 vom 16. 9. 1963, BGBl. 1968 II, 422; Nr. 5vom 20. 1. 1966, BGBl. 1968 II, 1120; Nr. 6 vom 28. 4. 1983, BGBl. 1988 II, 662; Nr. 8 vom 19. 3. 1985, BGBl. 1989 II, 546, Nr. 9 vom 6. 11. 1990, BGBl. 1994 II, 3623 und Nr. 11 vom 11. 5. 1994, BGBl. 1995 II, 578.

[116] Vgl. dazu im einzelnen Bd. I/1, § 8.

[117] In eine andere Richtung tendieren möglicherweise die Ausführungen der Europäischen Menschenrechtskommission im Falle *Pfunders* (Beschwerde Österreichs gegen Italien), Annuaire de la Convention européenne des Droits de l'Homme 1961, 117 (139); *Simma* (Anm. 109), 639, sieht hier keine Notwendigkeit, auf die allgemeinen Verfahren zurückzugreifen. Zu berücksichtigen ist allerdings, daß Art. 62 EMRK zumindest einen Ansatzpunkt dafür liefert, um von einer Exklusivität des speziellen Durchsetzungsverfahrens auszugehen (daran zweifelt allerdings *J. A. Frowein*, The Interrelationship Between the Helsinki Final Act, the International Covenants on Human Rights, and the European Convention on Human Rights, in: *T. Buergenthal* (ed.), Human Rights, International Law and the Helsinki Accord, 1977, 71 (79)). Dieser Ansatzpunkt fehlt anderen internationalen Instrumenten.

[118] So wohl auch *J. A. Frowein* (Anm. 117), 78 ff.

V. Selbst wenn, nach der Art des Vorgehens und des damit verfolgten Zwecks und unter Berücksichtigung des Bereichs, in den eingegriffen wird, die Einflußnahme eines Staates auf die Angelegenheiten eines anderen Staates zulässig ist, so kann sich deren Völkerrechtswidrigkeit doch aus einer Verletzung der Mittel-Zweck-Relation (Proportionalität) ergeben.[119] Das Gebot der Proportionalität ist verletzt, wenn ein Eingriff seiner Intensität nach nicht der Schwere der Einwirkung der Völkerrechtsverletzung entspricht, bzw. weniger gravierende aber ebenfalls effektive Einwirkungsmöglichkeiten zur Verfügung stehen (Verhältnismäßigkeit der Mittel). In derartigen Fällen werden die Grenzen zum Interventionsverbot überschritten. Vor allem erscheint es notwendig, daß, bevor wirtschaftlicher Druck ausgeübt wird, die politischen Möglichkeiten einer Einflussnahme ausgeschöpft wurden. Auch die Nichtinanspruchnahme von vorgesehenen Verfahren – wie z. B. dem Staatenbeschwerdeverfahren – können sich als eine Verletzung des Proportionalitätsgrundsatzes darstellen.

VI. 1. Der Tatbestand einer Intervention ist nicht erfüllt, soweit und in dem Umfang diese mit Einwilligung der Regierung des betroffenen Staates erfolgt. Über die Gültigkeit dieses Grundsatzes besteht Einigkeit[120] in Praxis[121] und Lehre[122]; er gilt jedoch nicht ohne Einschränkung. Eine Einschränkung der angesprochenen Art kann vor allem darauf beruhen, daß die Regierung keine volle Kontrolle über das Staatsgebiet mehr ausübt und daher keine Intervention zu legitimieren vermag.[123] Dies gilt vor allem für Bürgerkriege, in denen die Aufständischen bereits eine internationale Anerkennung erhalten haben. Damit reduziert sich die vom Völkerrecht zugelassene Intervention auf Ersuchen auf Fälle interner Unruhen, die die Kontrolle der Regierung über das Staatsgebiet noch nicht eingeschränkt haben und auf Angriffe von außen.[124] Ein Ersuchen der Opposition vermag dagegen eine Intervention nicht zu legitimieren.[125]
Der Internationale Gerichtshof scheint im *Nicaragua*-Fall andeuten zu wollen, daß eine Intervention auf Seiten und Ersuchen einer Kolonialregierung keine legitimierende Wirkung entfalten soll.[126] Dies ist völkergewohnheitsrechtlich nicht abgesichert.

Ob eine die Intervention legitimierende Einwilligung vorliegt bzw. ob eine derartige Einwilligung noch abgegeben werden konnte, ist in der Praxis häufig umstritten. So wurde beispielsweise bei der

---

[119] *Gerlach*, 212; *Oppermann*, 334; *Delbrück*, EPIL III, 1140 ff.

[120] *H. Lauterpacht*, ICLQ 7 (1958), 102 ff; *I. Brownlie*, International Law and the Use of Force by States 1963, 321 ff; *R. Higgins*, International war and International Law, in: The Future of the International Legal Order, Bd. 3, *R. Falck* (ed.), 1971, 81 (93 ff); vgl. dazu umfassend, auch auf die historischen Wurzeln eingehend *Nolte*, 29 ff.

[121] Beispielsfälle sind die Intervention britischer Streitkräfte in Maskat und Oman, 1957, ICLQ 7 (1958), 92 ff; die Landung britischer und amerikanischer Streitkräfte in Jordanien und im Libanon, UNYB 1958, 36 ff; UK Contemporary Practice VII, 148 ff; die Intervention britischer Streitkräfte in Uganda, Kenia und Tanganjika, 1964, BPIL 1964, 22 f und in Sambia, 1965, BPIL 1965. Diese Interventionen erfolgten jeweils auf Bitten der Regierung. Dies gilt ebenfalls für die Interventionen der Vereinigten Staaten in Vietnam, BPIL 1964, 20 f sowie BPIL 1965, 2–11, die Interventionen Frankreichs im Tschad, 1968, 1969, 1983, Yearbook of World Affairs 1972, 152 ff bzw. AFDI 30 (1984), 1023–1027 bzw. in Zaire, 1978, RGDIP 83 (1989), 202 ff; die Intervention einer deutschen Einheit in Somalia, 1977, die Intervention indischer Streitkräfte in Sri Lanka, 1987 (vgl. das entsprechende Abkommen ILM 26 (1987), 1175) und auf den Malediven, 1988. Vgl. dazu *Oppenheim/Jennings/Watts*, Bd. I, 435 f. Vergleiche auch die Fälle Ruanda, Tschad, Zentralafrikanische Republik, im einzelnen dazu Nolte, 334 ff, 310 ff, 324 ff und 326 ff.

[122] *Dupuy*, 76 f.

[123] *Q. Wright*, United States Intervention in the Lebanon, AJIL 53 (1959), 112 (120); *I. Brownlie*, International Law and the Use of Force by States, 1963, 321 ff; *Pinto Leurdijk*, NILR 24 (1977), 143 ff, *Oppenheim/Jennings/Watts*, Bd. I, 438.

[124] Vgl. *Nolte*, 543 ff.

[125] Vgl. dazu oben I.6.

[126] ICJ Reports 1986, 108, kritisch *Schwebel*, Dissenting Opinion, 273. Für eine Hilfe gegenüber Befreiungsbewegungen GA Res. 2918 (XXVII) vom 14. 11. 1972; 3034 (XXVII) vom 18. 12. 1972; 31/146 vom 20. 12. 1976.

Intervention der Streitkräfte der UdSSR in Ungarn 1956[127] und in Afghanistan 1979[128], bzw. bei der Intervention US-amerikanischer Truppen in der Dominikanischen Republik 1983,[129] Grenada 1965[130] und in Panama 1989[131], das Vorliegen einer die Intervention legitimierenden Einwilligung der betreffenden Regierung bestritten. Auch die Frage, ob die entsprechende Einwilligung nur unter unangemessenem Druck zustande gekommen ist, erfordert, wie *Nolte* es nennt, die Klärung des „einfachen" Gehalts des Interventionsverbots.[132] So stehen materielle Grundprinzipien des Völkerrechts der Zulässigkeit eines Eingreifens auf Einladung unabhängig von ihrer *ius cogens* Qualität entgegen, wenn die Regierung nach Sinn und Zweck der Norm nicht allein darüber disponieren kann.

Zusammenfassend ist zu sagen, daß die Einwilligung einer Regierung eine Intervention nur dann zu legitimieren vermag, wenn die Regierung über eine volle Kontrolle über das Staatsgebiet verfügt.[133]

2. Nicht zulässig ist eine Intervention auf Ersuchen von Aufständischen, selbst wenn diese ein ethisch vertretbares Ziel verfolgen, wie z. B. den Sturz einer diktatorischen Regierung. Der Internationale Gerichtshof hat in dem *Case Concerning Military and Paramilitary Activities in and Against Nicaragua (Nicaragua v. United States of America)*[134] hierzu Stellung genommen und das Vorliegen eines Gewohnheitsrechtssatzes des Völkerrechts, der eine solche Intervention erlaubt, verneint.

3. Problematisch ist schließlich, ob und unter welchen Voraussetzungen ein Staat vorher vertraglich in eine militärische Intervention zur Aufrechterhaltung einer bestimmten Regierungsform einwilligen kann.[135]
Zu Beginn dieses Jahrhunderts haben namentlich die Vereinigten Staaten von Amerika eine Reihe von mittelamerikanischen Staaten durch Interventionsverträge gebunden, in denen ihnen das Recht zur Intervention ausdrücklich unter von ihnen selbst zu bestimmenden Voraussetzungen eingeräumt wurde. So errichtete der Vertrag zwischen den Vereinigten Staaten und Kuba vom 22. 5. 1903, das sog. *Platt Amendment*, ein Protektorat der Vereinigten Staaten über Kuba. In Art. 3 des Vertrages wurde den Vereinigten Staaten das Recht der Intervention *(„right to intervene")* zur Erhaltung der Unabhängigkeit von Kuba, zur Aufrechterhaltung der Ordnung und zum Zwecke der Erfüllung des Vertrages von 1898 gewährt.[136] Auch in Kuba wurde den Vereinigten Staaten durch den Hay-Varilla-Vertrag vom 18. 11. 1903[137] und die Verfassung vom 16. 2. 1904[138] ein weitgehendes Recht der Intervention eingeräumt. Diese Verträge sind inzwischen obsolet geworden.

Ein Interventionsrecht besteht namentlich auch dort, wo die innere Ordnung eines Staates durch Vertrag unter der Garantie eines anderen Staates oder einer internationalen Organisation gestellt

---

[127] Vereinigtes Königreich, SCOR 746th Mtg., 28. 10. 1956; Iran, ebd., GA Res. 1004 (ESII) vom 4. 11. 1956.

[128] Pakistan, SCOR 2186 Mtg.; China ebenfalls, Vereinigtes Königreich, ebd., USA, ebd.; Spanien ebd., Frankreich ebd.; Portugal ebd.; die ablehnende Haltung der Staatengemeinschaft kam in GA res. ES 6/2 vom 14. 1. 1980 zum Ausdruck.

[129] Uruguay, SCOR 1198th Mtg., 6. 5. 1965.

[130] Vgl. dazu *Joyner*, AJIL 78 (1984), 131 ff; *Moore*, ebd., 145 ff; *Vagts*, ebd., 169 ff; *Levitin*, HILJ 27 (1986), 621 (642 ff); *J. Weiler*, Armed Intervention in a Dichotomized World: The Case of Grenada, in: *A. Cassese* (ed.), The Current Legal Regulation of the Use of Force, 1986, 241 ff; *S. J. Davidson*, Grenada, 1987.

[131] Die Intervention erfolgte mit dem Einverständnis des gewählten Präsidenten *Guillermo Endara*, der kurz nach Landung der amerikanischen Streitkräfte offiziell in sein Amt eingesetzt wurde. Die Generalversammlung verurteilte die Intervention (GA Res. 44/240 vom 29. 12. 1989). Vgl. zu der Bewertung der Intervention, *T. Farer*, AJIL 84 (1990), 549 ff; *Nanda*, ebd., 494 ff; *D'Amato*, ebd., 516 ff.

[132] *Nolte*, 139.

[133] So bereits *Mosler*, 54; *Bluntschi*, 269.

[134] ICJ Reports 1986, 14 (108).

[135] Vgl. dazu uneingeschränkt positiv *Oppenheim*, Bd. I, 1 446 f.

[136] NRG XXXII, 79; dieser Vertrag wurde durch einen weiteren Vertrag vom 29. 5. 1934 ergänzt; vgl. NRG 3ème serie XXIX, 326.

[137] NRG 2ème serie XXXI, 599.

[138] NRG 2ème serie XXXI, 641.

worden ist. Durch den Londoner Vertrag vom 4. 5. 1832[139] wurde Griechenland als ein „unabhängiger monarchischer Staat“ (Art. 4) unter der Garantie des Vereinigten Königreichs und von Frankreich und nach dem Ersten Weltkrieg die Freie Stadt Danzig durch Art. 102 des Versailler Vertrages unter den Schutz des Völkerbundes gestellt sowie nach Art. 103 ihre Verfassung vom Völkerbund garantiert. Daraus wurde z. B. in dem Rechtsgutachten des Ständigen Internationalen Gerichtshof über die Behandlung der polnischen Staatsangehörigen in Danzig 1932[140] und über die Vereinbarkeit gewisser Rechtsordnungen mit der Verfassung der Stadt Danzig, 1932[141] geschlossen, daß der Völkerbund als Garant der Verfassung berechtigt und verpflichtet sei, im Falle einer fehlerhaften Anwendung der Verfassung zu intervenieren.

a. Die internationale Praxis bietet auch Beispiele für die – wenn auch modifizierte – Beibehaltung dieser Praxis nach dem Zweiten Weltkrieg. So war es eines der erklärten Ziele der Alliierten nach dem Zweiten Weltkrieg die Voraussetzungen für ein demokratisches Deutschland zu schaffen.[142] Nach dem Zweiten Weltkrieg wurden Italien und die anderen Verbündeten Deutschlands durch Friedensverträge von 1947 dazu verpflichtet, die Wiederherstellung faschistischer oder sonstiger undemokratischer Organisationen zu unterbinden. Im Staatsvertrag vom 15. 5. 1955 hat Österreich gewisse Verpflichtungen hinsichtlich der Gestaltung seiner inneren Verfassung übernommen (Art. 8, 9, 10 Abs. 2). Auch diese Fälle sind zwar nunmehr von historischer Bedeutung, belegen aber einen durchgängigen Trend, daß Staaten die Verantwortung – einschließlich von Eingriffsrechten – dafür übernehmen, daß in anderen Staaten keine diktatorischen oder Regierungen ohne demokratische Legitimation entstehen.

b. Zu erwähnen ist aus neuerer Zeit in diesem Zusammenhang auch die französische Praxis, mit den ehemaligen afrikanischen Kolonien Kooperationsverträge abzuschließen, auf deren Grundlage eine Intervention möglich ist oder zumindest erleichtert wird. So sieht beispielsweise der Vertrag über militärisch technische Hilfe zwischen Frankreich und Côte d'Ivoire vor: *„A la demande de la République de Côte d'Ivoire, la République française s'engage à apporter à la République de Côte d'Ivoire l'assistance de personnels militaires français pour l'organisation, l'encadrement et l'instruction des forces armées.“*[143] Deutlicher sind die entsprechenden Regelungen in einem Vertrag vom 17. 8. 1960 zwischen Frankreich und Gabun: *„La République gabonaise a la responsabilité de sa défense intérieure. Elle peut demander à la République française une aide dans des conditions définies par des accords spéciaux.“*[144] Andere Verträge vergleichbarer Art schließen eine Intervention ausdrücklich aus.[145] Aufschlußreich ist in diesem Zusammenhang auch die

---

139 NRG 2ème serie XXXI, 641.

140 StIGH A/B 44, 21.

141 StIGH A/B 65, 49 f.

142 Erklärung von Potsdam, dazu *I. Lukashuk*, The United Nations and Illegitimate Regimes: when to Intervene to Protect Human rights, in: *Damrosch/Scheffer* (ed.), 143 (144).

143 Vom 24. 4. 1961, Recueil des Traités et Accords de la France, Année 1962, 82, Art. 1; ähnlich, wenn auch nicht beschränkt auf eine Ausbildungshilfe der Vertrag zwischen Frankreich und Kamerun vom 21. 2. 1974, Recueil des Traités et Accords de la France, Année 1975, Tome II, 88 (1601), Art. 1.

144 Recueil des Traités et Accords de la France, Année 1960, Tome II, 650, Art. 3.

145 Beispielsweise Vertrag zwischen Frankreich und Togo vom 29. 4. 1965, Recueil Général des Traités de la France, Deuxième Série, Accords bilatéraux non publiés, 1958–1974, Deuxième Volume, 476; vgl. dazu auch die Erklärung des französischen Außenministers vom 3. 5. 1975 vor der französischen Nationalversammlung, die die Prinzipien für eine Intervention in Afrika formuliert: „- L'intangibilité des frontières existantes, même lorsqu'elles ne correspondent pas entièrement aux réalités ethniques, tribales ou religieuxes; – L'autonomie de chaque Etat dans le choix de son système politique ou idéologique; – L'indépendance envers toutes les ingérences, à commencer par celles qui trouvent leur origine à l'extérieur du continent.“ (Il a ajouté) „Si le gouvernement est intervenu militairement, avec une détermination que chacun aujourd'hui reconnaît, c'est pour répondre à la demande d'Etats faibles et désarmés, contraints de faire face à des attaques déclenchées ou soutenues de l'extérieur. Ces actions, limitées dans leur ampleur et dans leur durée, n'ont jamais eu d'autre but que de permettre à des solutions politiques, librement débattues, de mettre un terme aux tensions et aux conflits.

Russische und GUS Praxis.[146] Auf völkerrechtliche Vorgaben für die Ausgestaltung von Verfassungen durch regionale Organisationen wurde bereits verwiesen.[147]
Vom Völkervertragsrecht her gesehen ist der Abschluß derartiger Verträge zulässig, soweit nicht Art. 51 bzw. 52 Wiener Vertragsrechtskonvention (Zwang gegen einen Staatenvertreter oder gegen einen Staat durch Androhung oder Anwendung von Gewalt) eingreift. Allerdings vermögen sie in denjenigen Fällen, in denen die Einwilligung der Regierung keine legitimierende Kraft mehr entfaltet, eine Intervention ebenfalls nicht zu rechtfertigen. Etwas anderes gilt, wenn sich Staaten innerhalb eines Systems der kollektiven Sicherheit wechselseitig einer Intervention unterwerfen, soweit die Voraussetzungen von Kapitel VIII Charta der VN erfüllt werden.[148]

VII. Zusammenfassend ist festzustellen, daß die völkerrechtspolitische Bedeutung des Interventionsverbotes abzunehmen scheint. Ausdruck dieser Entwicklung ist das deutlich verringerte Interesse der Vereinten Nationen an einer Konkretisierung oder Kodifizierung dieses Prinzips. Die Deklaration der Generalversammlung[149] ist von ihr nur bis zum Jahr 1988 bekräftigt worden.[150] Signifikant ist auch die im Jahr 1995 erfolgte Streichung des Tatbestandes der „Intervention" im Entwurf eines Kodex zu den Verbrechen gegen den Frieden und die Sicherheit der Menschheit.[151]
Mehrere Gründe sind für diese Entwicklung ursächlich. In erster Linie ist dafür entscheidend, daß der Bereich der internen Angelegenheiten, über die die Staaten frei entscheiden, geschrumpft ist. Dies ergibt sich aus der zunehmenden Interdependenz der Staaten sowie aus den wirtschaftsrechtlichen, menschenrechtlichen und umweltrechtlichen Regeln in internationalen Verträgen und der regionalen Integration von Staaten. Maßgeblich für diese Entwicklung sind aber auch entsprechende Maßnahmen der Vereinten Nationen, wie z. B. Wahlbeobachtungen oder die Übernahme von Verwaltungsfunktionen, wie z. B. in Osttimor,[152] die zu einem entsprechenden Bewußtseinswandel der Staaten geführt haben.[153] Allerdings hat dies noch nicht zur Intervention in Notfällen (Naturkatastrophen, Hilfe für Opfer von Bürgerkriegen etc.) geführt. Verschiedene Anstrengungen oder Vorstöße sind in dieser Richtung in den Vereinten Nationen unternommen worden.[154] Zwar hat der Sicherheitsrat in einzelnen Fällen Staaten aufgefordert, Opfern Zugang zu einer lebenserhaltenden Versorgung zu gewähren. Damit kann aber nicht der Nachweis erbracht werden, dritte Staaten oder Hilfsorganisationen hätten gegen den Willen der betroffenen Staaten einen Zugang zu den Opfern.[155]

Les résultats ont été conformes aux intentions: – Le Zaïre a maintenu son unité, engagé un redressement politique et économique, noué avec l'Angola, à l'initiative de la France, des relations de bon voisinage; – Au Tchad, les deux réunions de Kano, sans parvenir encore à surmonter tous les obstacles résultant de la diversité ethnique et religieuse de ce vaste pays, ont, comme la France l'a toujours souhaité, rassemblé toutes les parties dans un cadre africain. Aussi le gouvernement a-t-il estimé le moment venu de rapatrier les forces françaises. Mais il ne procédera à cette opération qu'en accord avec les autorités tchadiennes et en veillant aux transitions nécessaires; – Au Sahara occidental, la Mauritanie a été rassuré et les voies se sont ouvertes à la recherche d'un règlement pacifique. Sans y être mêlée, la France souhaite que les parties à ce conflit trouvent entre elles une solution politique, car rien de ce qui concerne l'Afrique du Nord ne peut la laisser indifférente." (RGDIP 83 (1979), 1036); hinsichtlich der Intervention im Tschad vgl. C. *Hibert*, L'Affaire du Tchad, 1980–1985, RGDIP 90 (1986), 367–406; die Intervention wurde auf ein Ersuchen der Regierung des Tschad sowie auf den Kooperationsvertrag vom 6. 3. bzw. 19. 6. 1976 (Recueil des Traités et Accords de la France, Année 1987, Tome I, 32 (596)) gestützt, obwohl dieser lediglich eine technische Hilfe, nicht aber eine Unterstützung bei Kampfhandlungen vorsieht.

[146] Vgl. hierzu sehr ausführlich *Nolte*, 439 ff.

[147] Siehe oben III.8.

[148] Vgl. dazu Bd. II, § 26.

[149] *Declaration on the Strenghtning of International Security*, GA Res. 2734 (XXV) vom 16. 12. 1970.

[150] GA Res. 43/88 vom 7. 12. 1988.

[151] Report of the ILC on the Work of its 47th Session, GAOR 50th Sess., 1995, Suppl. No. 10, 66 f.

[152] Siehe hierzu unter www.un.org/peace/etimor.

[153] So auch *Nolte*, 183 f.

[154] Vgl. dazu im einzelnen *Bettati*, 100 ff.

[155] Vgl. dazu *Bettati*, 114 ff.

§ 169 Gewaltverbot

Schrifttum: wie vor §§ 165, 168 sowie *I. Brownlie*, International Law and the Use of Force by States, 1963; *S. M. Schwebel*, Aggression, Intervention and Self-Defence in International Law, RdC 136 (1972 II), 411 ff; *T. Bruha*, Die Definition der Aggression, 1980; *H. S. Fairlie*, State Actors, Humanitarian Intervention and International Law: Re-opening of Pandera's Box, Georgia Journal of International and Comparative Law 10 (1980), 29 ff; *Imozurike*, Tanzanian Intervention in Uganda, AVR 20 (1982), 301; *C. Westerdiek*, Humanitäre Intervention und Maßnahmen zum Schutz eigener Staatsangehöriger im Ausland, AVR 21 (1983), 383 ff; *L. Doswald-Beck*, The Legality of the US-Intervention in Grenada, NILR 31 (1984), 355; *C. Joyner*, The United States Action in Grenada: Reflections on the Lawfulness of Invasion, AJIL 78 (1984), 131; *J. N. Moore*, Grenada and the International Double-Standard, AJIL 78 (1984), 145; *J. N. Singh*, Use of Force under International Law, 1984; *A. Power*, Die humanitäre Intervention, 1985; *N. Ronzitti*, Rescuing Nationals Abroad Through Military Coercion and Intervention on Grounds of Humanity, 1985; *W. D. Verweg*, Humanitarian Intervention under International Law, NILR 31 (1985), 357 ff; *D. Schindler*, Die Grenzen des völkerrechtlichen Gewaltverbots, Berichte der Deutschen Gesellschaft für Völkerrecht 26 (1986), 11 ff; *K. Hailbronner*, Die Grenzen des völkerrechtlichen Gewaltverbots, Berichte der Deutschen Gesellschaft für Völkerrecht 26 (1986), 49 ff; *R. Sadurska*, Threats of Force, AJIL 82 (1988), 239 ff; *F. R. Teson*, Humanitarian Intervention: An Enquiry into Law and Morality, 1988; *W. E. Butler* (ed.), The Non-Use of Force in International Law, 1989; *K. A. Feste* (ed.), American and Soviet Intervention: Effects on World Stability, 1990; *H. Michael*, Covert Involvement in Essentially Internal Conflicts: United States Assistance to the Contras under International Law, Vanderbilt Journal of Transnational Law 23 (1990), 539 ff; *J. Miller*, International Interventions: The United States Invasion of Panama, HJIL 31 (1990) 633; *V. P. Nanda, T. J. Farer, and A. d'Amato*, Agora: US-Forces In Panama: Defenders, Aggressors or Human Rights Activists, AJIL 84 (1990), 495; *M. Rogoff/E. Collins*, The Caroline Incident and the Development of International Law, Brooklyn Journal of International Law 16 (1990), 493 ff; *D. W. Alberts*, The United States Invasion of Panama: Unilateral Military Intervention to Effectuate a Change in Government – A Continuing of Lawfulness, Transnational Law and Contemporary Problems 1 (1991), 262 ff; *J. Berstermann*, Das Einmischungsverbot im Völkerrecht, 1991; *M. Bettati*, Un droit d'ingérence? RGDIP 95 (1991), 639 ff; *L. Fisler Damrosch/D. J. Scheffer* (eds.), Law and Force in the New International Order, 1991; *L. Henkin*, The Invasion of Panama under International Law: A Gross Violation, Columbia Journal of Transnational Law 29 (1991), 293 ff; *I. Lukashuk*, The Principle of Non-Intervention, Osteuropa-Recht 37 (1991), 227 ff; *P. Malanczuk*, The Kurdish Crisis and Allied Intervention in the Aftermath of the Second Gulf War, EJIL 2 (1991), 114 ff; *J. Mayall*, Non-Intervention, Self-Determination and the „New World Order", International Affairs 67 (1991), 431 ff; *J. H. Anderson*, New World Order and State Sovereignty: Implications for Unsponsored Intervention, Fletcher Forum on World Affairs 16 (1992), 127 ff; *B. M. Benjamin*, Note: Unilateral Humanitarian Intervention: Legalizing the Use of Force to Prevent Human Rights Atrocities, Fortham International Law Journal 16 (1992–1993), 120; *J. Delbrück*, A Fresh Look at Humanitarian Intervention under the Authority of the United Nations, Indiana Law Journal 67 (1992), 887; *V. P. Nanda*, Tragedies in Northern Irak, Liberia, Yugoslavia, and Haiti – Revisiting the Validity of Humanitarian Intervention – Part I, Denver Journal of International Legal Problems 20 (1992), 305; *N. S. Rodley* (ed.), To Loose the Bands of Wickedness – International Intervention in Defense of Human Rights, 1992; *A. C. Arend/R. J. Beck*, International Law and the Use of Force, 1993; *T. Ehrlich/M. E. O'Connell*, International Law and the Use of Force, 1993; *P. Malanczuk*, Humanitarian Intervention and the Legitimacy of the Use of Force, 1993; *V. S. Mani*, Humanitarian Intervention and International Law, The Indian Journal of International Law 33 (1993), 1 ff; *K.-K. Pease/D. P. Forsythe*, Humanitarian Intervention and International Law, Austrian Journal of Public and International Law 45 (1993), 1 ff; *M. E. Tzartzouras*, The Law of Humanitarian Intervention After Somalia, RHDI 46 (1993), 197 ff; *Y. Dinstein*, War, Aggression and Self-Defence, 2nd ed. (1994); *C. Kreß*, Gewaltverbot und Selbstverteidigungsrecht nach der Satzung der Vereinten Nationen bei staatlicher Verwicklung in Gewaltakte Privater, 1995; *R. A. Falk*, The Complexities of Humanitarian Intervention: A New World Order Challenge, Michigan Journal of International Law 17 (1996), 491; *O. Ramsbotham/T. Woodhouse*, Humanitarian Intervention in Contemporary Conflict, 1996; *F. R. Tesón*, Collective Humanitarian Intervention, Michigan Journal of International Law 17 (1996), 323 ff; *C. Antonopoulos*, The Unilateral Use of Force by States in International Law = Le recours à la force par les états en droit international, 1997; *A. M. Weisburd*, Use of Force: The Practice of States since World War II, 1997; *J. L. Jesus*, Intervention in the Domestic Affairs on Humanitarian Grounds and International Law, in Festschrift für *G. Jaenicke*, 1998, 149 ff; *F. K. Abiew*, The Evolution of the Doctrine and Practice of Humanitarian Intervention, 1999; *J. J. Charney*, Anticipatory Humanitarian Intervention in Kosovo, AJIL 93 (1999), 834; *J. Delbrück*, Effektivität des UN-Gewaltverbots: Bedarf es einer Modifikation der Reichweite des Art. 2(4) UN-Charta, Die Friedenswarte 74 (1999), 139 ff; *J. C. Duursma*, Justifying NATO's Use of Force in Kosovo, Leiden Journal of International Law 12 (1999), 287 ff; *L. Henkin*, Kosovo and the Law of „Humanitarian Intervention", AJIL 93 (1999), 824 ff; *B. Simma*, NATO, the UN and the Use of Force: Legal Aspects, European Journal of International Law 10 (1999), 1 ff; *T. M. Franck*, When, If Ever, May States Deploy Military Force Without Prior Security Council Authorisation, Singapore Journal of International and Comparative Law 4 (2000), 362 ff; *E. MacWhinney*, The United Nations and the New World Order for a New Millenium: Self-determination, State Succession and Humanitarian Intervention, 2000; *W. M. Reisman*, Unilateral Action and the Transformations of the World Constitutive Process: The Special Problem of Humanitarian Intervention, European Journal of International Law 11 (2000) 3 ff; *S. Chesterman*, Just War or Just Peace?: Humanitarian Intervention and International Law, 2001.

I. Für jede Rechtsordnung ergibt sich als ein Problem von zentraler Bedeutung die Frage, ob und unter welchen Voraussetzungen Krieg und überhaupt Gewaltanwendung zulässig ist. In der Beurteilung dieser Fragen spiegeln sich die Grundanschauungen der Zeit vom Wesen des Menschen, von seinem Verhältnis zum Staat und von den Funktionen und der Bedeutung des Staates wieder. Dementsprechend haben die Anschauungen über die Zulässigkeit der Gewaltanwendung im Laufe der Jahrhunderte vielfach gewechselt. Die mittelalterliche Rechts- und Staatslehre war geneigt, den Krieg in Schranken zu halten. Mit dem Aufkommen des souveränen Nationalstaats sind diese Schranken im Verhältnis der Staaten zueinander allmählich gefallen, und schließlich wird dem Staat im Prinzip das Recht über Krieg und Frieden gewährt *(ius ad bellum)*. Seit dem Ersten Weltkrieg hat wieder eine rückläufige Bewegung eingesetzt, dem *ius ad bellum* werden Grenzen gesetzt. In der Gegenwart ist die Beschränkung der Gewalt und die Überwindung des Krieges zur Kernfrage des Völkerrechts im ganzen geworden; das Gewaltverbot stellt die zentrale Verpflichtung der Staaten der geltenden Ordnung der Staatengemeinschaft dar.

II. Die Lehre der mittelalterlichen Theologie und Jurisprudenz vom Kriege geht auf *Augustin*, der wieder von der Stoa beeinflußt war, und die Kirchenväter und auf die Kanonisten *(Decretum Gratiani)* zurück.[1] Sie ist von *Thomas von Aquin* (1225–1274) zu voller Klarheit entwickelt und später von *Francisco de Vitoria* (1480–1546), *Balthazar Ayala* (1548–1584) und *Francisco Suárez* (1548–1617) weiter ausgebaut worden.[2] Ihr liegt als Grundprinzip die Unterscheidung zwischen dem gerechten und dem ungerechten Krieg, dem *bellum iustum* und *bellum iniustum*, zugrunde. Als erlaubt wurde der gerechte Krieg angesehen, d. h. die Kriegshandlung, die aus legitimem Grunde, *ex iusta causa*, und in rechter Absicht, *intentio recta*, erfolgte. Diese Lehre urteilte also nicht über den Krieg in seiner Gesamtheit, sondern sie unterschied zwischen der Kriegführung des moralisch Schuldigen und der Reaktion des anderen Teils. Bei einem *bellum iniustum* war die Kriegführung ein völkerrechtliches Delikt, der Gegenkrieg der anderen Seite aber ein zulässiger Akt, mit dem das Recht etwa durch die Bestrafung des Schuldigen oder die Rückerlangung des rechtswidrig Fortgenommenen wiederhergestellt werden sollte. Zu diesem Zweck, etwa zum Zweck der Bestrafung des Rechtsbrechers unternommen, war selbst ein Angriffskrieg als *bellum iustum* gestattet. Wo eine Ungleichheit der Parteien vom Standpunkt des Sittengesetzes nicht nachweisbar war, sollte der Krieg nicht zulässig sein. Wo eine moralische Ungleichheit aber bestand, war den nicht am Streit beteiligten Staaten die Unterstützung des Rechtsbrechers verboten. Für die Vorstellung der Gleichbehandlung

[1] Dazu auch *Reibstein*, Völkerrecht I (1957–58), 121 f; *W. G. Grewe*, Epochen der Völkerrechtsgeschichte, 241 f; *Dinstein*, 62 f.

[2] Einzelheiten und weitere Hinweise bei *Wehberg*, die Ächtung des Krieges (1930), 1 f und RdC (1951 I) 11 f; *Kelsen*, General Theory of Law and State (1949), 331 f; *Nussbaum*, A Concise History of the Law of Nations (RevEd. 1954), 79 f.

beider Kriegführenden, eines auf beide gleichmäßig anwendbaren Kriegsrechts oder einer wirklichen Neutralität war somit kein Raum.

Mit der Zeit hat sich der moralische Rigorismus dieser Lehre gelockert. Schon *Ayala*, obwohl an der Unterscheidung zwischen *bellum iustum* und *iniustum* festhaltend, vertritt ein allgemein verbindliches Kriegsrecht für beide Parteien. Und weiter setzt sich, etwa bei *Alberico Gentili* (1552–1608), die Auffassung durch, daß ein Krieg auch als gerechter Krieg auf beiden Seiten, als *bellum iustum ex utraque parte*, vorstellbar sei.[3] Damit wird die Kriegführung auf beiden Seiten moralisch gerechtfertigt und zugleich moralisch indifferent, und damit dann auch die Rechtsfigur der Neutralität, die Annahme einer Pflicht zu unparteiischer, gleichmäßiger Behandlung beider Kriegführenden, sinnvoll. Seit *Gentili* und anderen gewinnt mit der Anerkennung des Staatengleichgewichts als eines neuen völkerrechtlichen Prinzips auch der Gedanke des gerechten Krieges zur Erhaltung des Gleichgewichts weiter an Boden.

Die alte diskriminierende Rechtsanschauung, die zwischen gerechtem und ungerechtem Krieg unterschied, war noch bei *Hugo Grotius* (1583–1645) lebendig. Er erkannte etwa den Rekuperationskrieg oder Strafkrieg als gerechten Krieg an[4] und gestattete ein neutrales Verhalten nur dann, wenn, wer Recht und wer Unrecht hat, zweifelhaft ist.[5] Jedoch war die alte Lehre vom Kriege und das christliche Naturrecht, das ihr zugrunde lag, schon in einem Prozeß der Auflösung begriffen. Ihre Schwäche lag darin, daß es keine allgemein anerkannte Autorität gab, die über die Gerechtigkeit oder Ungerechtigkeit des Kriegsgrundes zu entscheiden vermochte. Mit der Durchsetzung der Souveränitätsidee wird die Möglichkeit einer außerhalb des Staates existierenden, ihm überlegenen Ordnung in Abrede gestellt. Das Handeln eines Staates läßt sich nun nicht mehr vom Standpunkt einer höheren Wahrheit oder Gerechtigkeit beurteilen und damit entfällt die Möglichkeit, den Krieg zum Gegenstand einer moralischen oder rechtlichen Wertung zu machen. *Niccolò Macchiavelli* (1469–1527) und *Thomas Hobbes* (1588–1679) sahen im Krieg in erster Linie ein politisches Faktum, ein Werkzeug der Machtpolitik, dessen sich die Fürsten nach Belieben zu bedienen vermochten. Nach ihnen findet die staatliche Souveränität Grenzen nur noch in der Macht anderer Staaten und jeder Krieg ist gerecht, der zum Zwecke der Erhaltung und Erweiterung der staatlichen Macht erforderlich ist. Auch *Cornelis van Bynkershoek* (1673–1743) und *Emer de Vattel* (1714–1767) gaben den diskriminierenden Kriegsbegriff auf und fragten nicht mehr ernstlich danach, ob der Krieg gerecht oder ungerecht sei.[6]

III. Im 18. und 19. Jahrhundert kam das an die Stelle der mittelalterlichen Universalordnung tretende System der Nationalstaaten zu voller Entfaltung. Der Krieg, auch der Angriffs- und Eroberungskrieg, wurde nun – insbesondere auf dem europäischen Kontinent – vollends zum legitimen Mittel staatlicher Machtpolitik. Das unbeschränkte *ius ad bellum* im Sinne eines Rechts der souveränen Staaten Krieg zu führen, wurde als wesentlichstes Souveränitätsrecht betrachtet. Auf diese Weise kam ein eigenartiges Völkerrechtssystem zur Entstehung. In den Zeiten des Friedens waren die Staaten einerseits verpflichtet, einander zu achten; sie mußten insbesondere ihre politische Unabhängigkeit und territoriale Souveränität respektieren. Andererseits hatte es jeder Staat in der Hand, zum Kriege zu schreiten und nunmehr den Gegner so weit zu schädigen, wie das Kriegsrecht *(ius in bello)* es zuließ.[7]

---

[3] Vgl. auch *Nussbaum*, 97 und über die Lehre vom Kriege bei *Gentilis* und *Grotius Simmonds*, JIR 8 (1959), 85 f.

[4] *Grotius*, De iure belli ac pacis libri tres, 1. II, c. I § II 2.

[5] *Grotius*, De iure belli ac pacis libri tres, 1. III, c. XVII § III: *„Eorum qui a bello abstinent officium est nihil facere, quo validior fiat is qui inmprobam fovet causam, aut quo iustum bellum gerentis motus impediantur… in re vero dubia aequos se praebere utrisque…"*.

[6] Von diesem Standpunkt aus gelangte schon *Bynkershoek* zur eindeutigen Bejahung der Neutralität unter Verwerfung jeder Unterscheidung zwischen Kriegführenden, deren Sache gerecht und anderen, deren Sache ungerecht ist. Vgl. z. B. Quaestionum iuris publici libri duo l. I, c. IX: *„Si recte iudico, belli iustitia vel iniustitia nihil quicquam pertinet ad communem amicum, eius non est, inter utrumque amicum, sibi invicem hostem, sedere iudicem, et ex causa aequiore vel iniquiore huic illive plus minusve tribuere vel negare"*. Über *de Vattel*, der in diesen Fragen allerdings noch nicht zu voller Klarheit gelangt zu sein scheint, *Nussbaum*, 158 f.

[7] Vgl. dazu *Delbrück*, 141 f.

Diese Anschauungen haben sich im wesentlichen bis zum Ersten Weltkrieg erhalten. Gegen die Jahrhundertwende entwickelten sich zwar Gegenströmungen, die zur Einberufung der beiden Haager Friedenskonferenzen von 1899 und 1907 führten. Ihr Ziel war aber nicht die Ächtung des Krieges, sondern eine Einschränkung der Kriegsführung aus humanitären Erwägungen und damit eine Neubestimmung der Regeln des *ius in bello*. Lediglich für den Bereich der Eintreibung von Vertragsschulden sah die *Drago-Porter*-Konvention vom 18. 10. 1907 eine Einschränkung der Ausübung von Waffengewalt vor.[8]

IV. Erst mit dem Ersten Weltkrieg hat sich in der Beurteilung des Krieges ein Wandel angebahnt. In den Regelungen des Vertrages von Versailles von 1919[9] werden Vorstellungen des „gerechten" bzw. „ungerechten" Krieges wiederbelebt und damit die Vorstellung des unbeschränkten, den Staaten kraft ihrer Souveränität zustehenden *ius ad bellum* fallen gelassen.

V. Der erste große Versuch einer umfassenden Friedensordnung nach dem Ersten Weltkrieg war die Völkerbundsatzung, die 1919 als Art. 1 bis 26 des Versailler Friedensvertrages in Kraft trat.[10] Auch das schließliche Scheitern des Völkerbundes in den dreißiger Jahren ändert nichts daran, daß er in die Vorstellungen des klassischen Kriegsrechts eine Bresche geschlagen und seine Satzung Gedanken ausgesprochen hat, die bis in die Gegenwart dauern. In Art. 11 (1) der Völkerbundsatzung war zwar das vom Standpunkt des klassischen Völkerrechtsdenkens revolutionäre Prinzip ausgesprochen, daß jeder Krieg und jede Kriegsdrohung den Völkerbund im ganzen berühre, und daß der Völkerbund die Schritte tun werde, die zur Erhaltung des Weltfriedens notwendig seien. Die Völkerbundsatzung sprach aber kein absolutes Kriegsverbot aus, sondern belastete die Mitglieder, wie es in der Präambel hieß, nur mit „gewissen Verpflichtungen, nicht zum Kriege zu schreiten".[11]

VI. Bereits in den ersten Jahren nach der Errichtung des Völkerbundes wurde der Versuch unternommen, das Recht der Staaten, Krieg zu führen, einzuschränken. Das Ergebnis dieser Bemühungen war das Genfer Protokoll vom 2. 10. 1924.[12] Dessen Präambel erklärt den Angriffskrieg zum internationalen Verbrechen und in Art. 2 wird ein umfassendes Kriegsverbot aufgestellt. Danach sollten sich die Parteien verpflichten, nicht gegeneinander und nicht gegen Staaten zum Kriege zu schreiten, die sich den Verpflichtungen auf Grund des Protokolls unterwerfen. Art. 2 ließ nur zwei Ausnahmen zu, nämlich den Verteidigungskrieg und den Krieg, der in Übereinstimmung mit dem Willen des Völkerbundrats oder der Völkerbundversammlung nach der Völkerbundsatzung und im Einklang mit dem Protokoll geführt werden sollte. Damit war die Bahn eingeschlagen, in die alle Bemühungen um die Beschränkung des Krieges auch in der Folgezeit einmünden sollten. Politisch ist das Genfer Protokoll allerdings gescheitert.

VII. Den nächsten Schritt auf ein Kriegsverbot, wenn auch nur partieller Natur, markieren die Locarno-Verträge von 1925.[13] Der Kern des Vertragswerks war in einem Sicherheits- und Garantievertrag zwischen Deutschland, Belgien, Frankreich, Großbritannien und Italien (sog. Westpakt) enthalten. Ergänzend traten vier Schiedsabkommen zwischen Deutschland einerseits und andererseits Frankreich, Belgien, Polen und der Tschechoslowakei hinzu. Auf diese Weise kam ein regionales Sicherheitssystem außerhalb des Völkerbundes zustande. Insgesamt bot der Locarno-Vertrag eine Teilgarantie für die territoriale Unversehrtheit der

---

[8] RGBl. 1910, 59.

[9] RGBl. 1919, 717.

[10] RGBl. 1919, 717.

[11] *Dinstein*, 77 f; *Delbrück*, 142; vgl. dazu im einzelnen Bd. II/1.

[12] Protokoll für die friedliche Erledigung internationaler Streitigkeiten, vgl. AJIL 1925, 9. Dazu auch *Ray*, 305 f und *Toynbee*, 36 f.

[13] RGBl. 1925 II, 975, 1926 II, 583. Vgl. auch *Ray*, 308 f.

daran beteiligten Staaten. Weiter verpflichteten sich Deutschland, Frankreich und Belgien, in keinem Fall zu einem Angriff, zu einem Einfall oder zu einem Kriege gegeneinander zu schreiten (Art. 2 Abs. 1). Dieser Gewaltverzicht ging über die Kriegsverbote der Völkerbundsatzung hinaus. Er bezog sich auch auf Fälle, in denen die Völkerbundsatzung den Krieg gestattete und schloß insbesondere neben dem Krieg im technischen Sinne zwar nicht jede Gewaltanwendung, aber den Angriff und Einfall mit ein. Im Verhältnis der drei beteiligten Staaten war der Gewaltverzicht nach Art. 2 Abs. 2 durch zwei Gruppen von Ausnahmen beschränkt: Einmal sollte die Selbstverteidigung zulässig bleiben; und zum anderen blieb die Teilnahme an den Sanktionen und Aktionen nach Art. 16 Völkerbundsatzung und solche auf Grund einer Entscheidung der Völkerbundversammlung oder des Völkerbundrates oder auf Grund des Art. 15 (7) Völkerbundsatzung gestattet.

VIII. 1. Die Völkerbundsatzung, das Genfer Protokoll[14] und die Locarno-Verträge[15] waren Versuche, dem Recht der Staaten, Krieg zu führen, Schranken zu setzen. Eine verbreitete Stimmung drängte auf eine noch weitergehende Ausschaltung bzw. Ächtung des Krieges. Die Bestrebungen mündeten in den sog. Kellogg-Briand-Pakt vom 27. 8. 1928.[16] Er war als ein umfassend offenes Abkommen allen anderen Staaten zum Beitritt geöffnet (Art. 3). Von dieser Möglichkeit haben nahezu alle der damals existierenden Staaten Gebrauch gemacht.[17] Auch die Sowjetunion, die einzige an der Unterzeichnung nicht beteiligte Großmacht, hat ihren Beitritt erklärt. Gerade der Kellogg-Briand-Pakt ist ein Beispiel dafür, daß auch Vertragsrecht allgemeines Völkerrecht sein kann.

Die Verpflichtungen der Parteien sind in nur zwei Artikeln zusammengefaßt. In Art. 1 erklären die Parteien, daß sie den Krieg als Mittel zur Lösung internationaler Konflikte „verurteilen" und auf ihn als Werkzeug nationaler Politik in ihren gegenseitigen Beziehungen verzichten. Eine förmliche Ächtung des Krieges ist in dem Pakt nicht enthalten, ist aber Sinn und Zweck des Vertrages. Und in Art. 2 vereinbaren die Parteien, die Regelung ihrer Streitigkeiten ohne Ausnahme nur mit friedlichen Mitteln anstreben zu wollen.

Auf den ersten Blick scheint Art. 1 des Paktes den Krieg schlechthin und ohne Einschränkung zu untersagen. Doch ergibt sich aus dem Text des Vertrages eine Beschränkung in dreifacher Richtung: Wie in der Satzung des Völkerbundes und im Genfer Protokoll und im Gegensatz zum Locarno-Vertrag ist nur der Krieg im eigentlichen Sinne des Wortes, aber nicht die Gewaltanwendung in anderen Formen, insbesondere nicht die Repressalie, verboten.[18] Damit war eine Lücke im System des Gewaltverbots eröffnet. Die zweite Einschränkung ist darin enthalten, daß die Parteien erklären, auf den Krieg nur als Werkzeug nationaler, also nicht internationaler Politik verzichten zu wollen.[19] Endlich bleibt der Verzicht auf die gegenseitigen Beziehungen zwischen den Parteien beschränkt. Er bezieht sich also nicht auf den Krieg zwischen nicht am Vertrage beteiligten Staaten oder zwischen Vertragsstaaten und nicht daran beteiligten Staaten. Weitere Einschränkungen sind aus den Vorbehalten ersichtlich, die die Parteien in ihren dem Vertragsschluß vorangehenden Noten zum Ausdruck gebracht haben. Dennoch geht der Kellogg-Briand Pakt weiter als die Satzung des Völkerbundes. Das Kriegsverbot in Art. 1 des Vertrages hat die in Art. 15 (6), (7) und (8) Völkerbundsatzung gelassenen Lücken geschlossen und die relativen Kriegsverbote der Art. 12 (1), 13 (4) und 15 (7) Völkerbundsatzung in sich aufgenommen.

---

[14] Teilweise abgedruckt in: *J. Delbrück* (Hrsg.), Friedensdokumente aus fünf Jahrhunderten, Bd. I, 1984, 54.

[15] RGBl. 1925 II, 976.

[16] RGBl. 1929 II, 97; zum Kellogg-Briand Pakt vgl. auch § 193.

[17] Eine Ausnahme gilt für vier südamerikanische Staaten, die durch den sog. Saavedra-Lamas-Vertrag vom 10. 10. 1933, LNTS, Vol. CLXIII, 393, ähnlichen Verpflichtungen unterworfen waren.

[18] Zutreffend *Kelsen*, Principles 44, 60 und *Waldock*, RdC 1952 II, 474. Anders *Wright*, 52.

[19] Dazu namentlich *Kelsen*, Principles 42 f.

2. Der Kellogg-Briand-Pakt ist auf unbestimmte Zeit geschlossen. Das entspricht auch dem Sinn des Vertrages, der mit dem Verbot des Krieges ein allgemein geltendes Grundprinzip des Völkerrechts schaffen will. Der Pakt gilt daher noch in der Gegenwart fort. Seine Verletzung in den dreißiger Jahren hat zur Folge gehabt, daß die Mehrzahl der Vertragsstaaten sich ihrerseits nicht mehr an das Kriegsverbot hielten, aber ein Wille, den Vertrag im ganzen obsolet werden zu lassen, ist nicht erkennbar geworden. Für die Mitglieder der Vereinten Nationen allerdings ist er durch die weitergehenden Bestimmungen der Charta der VN überholt. Das Verbot der Gewaltanwendung in Art. 2 Ziff. 4 Charta der VN geht über das Kriegsverbot in Art. 1 des Kellogg-Briand-Pakts hinaus.

3. In der Zeit nach dem Inkrafttreten des Kellogg-Briand-Pakts wurden die Grundsätze, die in Art. 1 und 2 ausgesprochen sind, zu einem Bestandteil der allgemeinen internationalen Rechtsüberzeugung. Sie stellen in der Gegenwart Regeln, und zwar zwingende Normen des allgemeinen Völkerrechts dar, die unabhängig von vertraglicher Bindung Geltung für alle Völkerrechtssubjekte beanspruchen.

IX.1. Maßgeblich für das gegenwärtige Völkerrecht ist das Gewaltverbot, wie es Art. 2 Ziff. 4 Charta der VN formuliert:

„Alle Mitglieder unterlassen in ihren internationalen Beziehungen jede gegen die territoriale Unversehrtheit oder die politische Unabhängigkeit eines Staates gerichtete oder sonst mit den Zielen der Vereinten Nationen unvereinbare Androhung oder Anwendung von Gewalt."

Die Formulierung ist vor dem Hintergrund des Versagens des Völkerbundes zu verstehen, den Frieden zu sichern, vor allem den Ausbruch des Zweiten Weltkrieges zu verhindern. Sie ist, wie sich aus der Präambel der Charta der Vereinten Nationen ergibt, von dem Wunsch getragen, eine Ächtung des Krieges zu erreichen, wobei diese Ächtung des Krieges in ein umfassendes System der Friedenssicherung eingebettet ist.[20]

Nicht durchzusetzen vermochte sich die Theorie von *Kelsen* u. a. wonach ein Krieg dann völkerrechtsgemäß ist, wenn er eine Sanktion, oder besser Gegenmaßnahme, gegen eine Völkerrechtsverletzung seitens des Gegners darstellt.[21] Ursprünglich war dies auf Völkerrechtsverletzungen generell zugeschnitten, später – unter dem Eindruck von Art. 2 Ziff. 4 VN-Charta – bezog sich dieser Ansatz auf den Gegenkrieg.[22] Die Problematik des Ansatzes von *Kelsen* liegt darin, daß es an einer völkerrechtlichen Instanz fehlt, die autoritativ darüber entscheiden könnte, ob ein Krieg von seinem Anlaß bzw. der Motivation des Kriegführenden her gerecht war.[23]

Ausnahmen von diesem absoluten Gewaltverbot sind lediglich das Selbstverteidigungsrecht im Falle eines bewaffneten Angriffs, die kollektiven Zwangsmaßnahmen nach Kapitel VII der Charta der VN[24] und die Ausübung von Sonderrechten gegenüber ehemaligen Feindstaaten, die inzwischen als obsolet anzusehen sind.[25]
Die Auslegung der Verpflichtungen unter Art. 2 Ziff. 4 Charta der VN[26] wird durch Resolutionen der VN-Generalversammlung[27] und die Rechtsprechung des Internationalen

[20] Vgl. dazu Bd. II/1.

[21] *Kelsen*, Principles of International Law, 1952, 33 f; *ders.*, General Theory of Law and State, 1945, 331.

[22] *Kelsen*, Principles (Anm. 21), 28 f.

[23] An sich handelt es sich nicht um die Frage der Gerechtigkeit, sondern der Rechtmäßigkeit; *J. L. Kunz*, Bellum Justum and Bellum Legale, AJIL 45 (1951), 528 (532).

[24] Vgl. dazu Bd. II/1.

[25] Vgl. hierzu *Ress* zu Art. 53, Anm. 48 ff and Art. 107, Anm. 11 ff, in: *B. Simma* (Hrsg.) The Charter of the United Nations: A Commentary, 1994; *Cassese*, 101.

[26] Vgl. dazu im einzelnen Bd. II/1.

[27] Von Bedeutung ist insoweit u. a. die Deklaration über die Grundsätze des Völkerrechts betreffend die freundschaftlichen Beziehungen und die Zusammenarbeit zwischen Staaten in Übereinstimmung mit der Satzung der Vereinten Nationen, Annex, GA Res. 2625 (XXV), 24. 10. 1970 (Prinzipiendeklaration) sowie die Resolution der Generalversammlung der Vereinten Nationen über die Definition der Aggression, GA Res. 3314 (XXIX), 14. 12. 1974. Weiter zu berücksichtigen sind die *Declaration on the Enhancement of the Effectiveness of the Principle of Re-*

Gerichtshofs beeinflußt.[28] In diesem Zusammenhang soll aber auf das Gewaltverbot nur insoweit eingegangen werden, wie es notwendig ist, um seinen Umfang im Sinne einer Staatenverpflichtung zu konkretisieren. Vor allem das Verhältnis zum Selbstverteidigungsrecht soll hier ausgeklammert bleiben.[29]

2. Anders als nach der Völkerbundsatzung und dem Kellogg-Briand-Pakt müssen sich die Mitglieder der Vereinten Nationen jeglicher Anwendung oder Androhung von Gewalt enthalten. Diese Verpflichtung gilt auch gegenüber Nichtmitgliedern der Vereinten Nationen. Das Gewaltverbot ist umfassend.[30] Verboten ist auch Gewalt zur Durchsetzung von Rechtsansprüchen. Art. 2 Ziff. 4 VN-Charta ist kein bloßer Programmsatz, sondern ein unmittelbar zu befolgendes Verhaltensgebot.[31] Verboten ist allerdings nur die Gewaltanwendung im Verhältnis von Völkerrechtssubjekten zueinander. Staaten können daher mit Gewalt, einschließlich militärischer Gewalt, gegen Rebellenbewegungen vorgehen.

3. Die überwiegende Literaturmeinung qualifiziert das Gewaltverbot in der Form, die es in Art. 2 Ziff. 4 der Charta der VN gefunden hat, als Völkergewohnheitsrecht,[32] dem zudem zwingender Charakter *(ius cogens)*[33] zukommt. Der völkergewohnheitsrechtliche Charakter des Gewaltverbots wird von dem Internationalen Gerichtshof im *Nicaragua-Fall*[34] im einzelnen begründet. Dies gilt ungeachtet der Tatsache, daß Unsicherheit hinsichtlich des konkreten Schutzumfangs besteht und in der Praxis gegen das Gewaltverbot immer wieder verstoßen wird.[35] Die allgemeine Geltung des Gewaltverbots beruht auf einer entsprechenden Rechtsüberzeugung der Staaten von seiner objektiven Unentbehrlichkeit. Dies gilt unabhängig davon, ob die Staaten im Falle einer Verletzung des Gewaltverbots bereit sind, darauf mit Mitteln nach Kapitel VII der VN-Charta zu reagieren.

4. Das Gewaltverbot schützt den territorialen Bestand der Staaten sowie ihre Entscheidungsfreiheit. Eine Beeinträchtigung der Entscheidungsfreiheit ist in der Form der Beschränkung der freien Willensentschließung oder Willensausübung denkbar. Als verbotenes Mittel zur Beeinträchtigung der territorialen Integrität bzw. der Entscheidungsfreiheit nennt Art. 2 Ziff. 4 VN-Charta die Androhung oder Anwendung von Gewalt.
Umstritten ist die Auslegung des Begriffs „Gewalt". Zweifellos fällt hierunter jede Form der militärischen, d. h. physischen Gewalt oder von Waffengewalt.[36] Eine derartige Auslegung gebieten die Präambel der VN-Charta (Abs. 7) sowie Art. 44 der VN-Charta. D.h. Art. 2 Ziff. 4 VN-Charta verbietet es also nicht nur, zum „Krieg" im Rechtssinne zu schreiten, sondern verbietet die Anwendung und Androhung physischer Gewalt schlechthin.[37]

---

fraining from the Threat or Use of Force in International Relations, GA Res. 42/22, 18. 3. 1987.

28 Vgl. insbesondere das Urteil des IGH im *Nicaragua*-Fall, 27. 6. 1986, ICJ Reports 1986, 14 ff, sowie das Urteil im *Corfu Channel* Fall, ICJ Reports 1949, 4 ff.

29 Vgl. dazu Bd. II/1.

30 So ausdrücklich der U. S.-amerikanische Delegierte auf der Konferenz von San Francisco, UNICO VI, 355; *Derpa*, 15.

31 *Derpa*, 16.

32 *Akehurst*, 86; *Brownlie*, 113; kritisch *E. N. Luttwak*, Give War a Chance, Foreign Affairs 78 (1999), 36 ff.

33 Vgl. IGH im *Nicaragua*-Fall (Anm. 28), 100; statt anderer *Ipsen*, 943 f. Zu *ius cogens* allgemein oben bei § 157.

34 IGH (Anm. 28), 147.

35 Vgl. *T. M. Franck*, Some Observations on the ICJ's Procedural and Substantive Innovations, AJIL 81 (1987), 116 (119); *Mullerson*, Sources of International Law: New Tendencies in Soviet Thinking, AJIL 83 (1989), 494 (AJIL 1989, 507 mwN).

36 *A. Randelzhofer* zu Art. 2 Ziff. 4, Anm. 13 ff, in: *B. Simma*, The Charter of the United Nations: A Commentary, 1994, mwN. Er weist zu Recht darauf hin, daß sich der Umfang von Art. 2 Ziff. 4 nur aus seinem Kontext erschließt.

37 *Dinstein*, 84 mwN; für eine Relativierung des Gewaltverbots plädieren letztlich Autoren wie *M. Reisman*, New Scenarios of Threats to International Peace and Security: Developing Legal Capacities for Adequate Responses, in: The Future of International Law Enforcement, New Scenarios – New Law?, *J. Delbrück* (ed.), 1993, 13 ff mwN.

Unter physische Gewalt fallen u. a. militärische Kampfhandlungen, die militärische Besetzung mit und ohne Kriegserklärung, die militärische Unterstützung von Aufständischen, die Entsendung von Freiwilligen zur Teilnahme an militärischen Aktionen,[38] auch die Unterstützung von terroristischen Aktivitäten,[39] das völkerrechtswidrige Belassen von Truppen auf fremdem Gebiet, die gewaltsame Behinderung eines Staates an der Ausübung der Hoheitsgewalt auf seinem Gebiet, die Beschießung fremden Gebiets mit Flugzeugen oder Raketen, die Blockierung fremder Küsten oder Häfen oder eine Landblockade, wie beispielsweise die Berliner Blockade von 1948. Herkömmlich wird zwischen einer direkten Ausübung von Gewalt (z. B. militärischer Angriff) und seiner indirekten Form (z. B. Unterstützung terroristischer Akte) unterschieden, ohne daß hieraus rechtliche Konsequenzen zu ziehen wären. Auch indirekte Formen der Gewaltausübung sind grundsätzlich mit Art. 2 Ziff. 4 VN-Charta unvereinbar.[40] Entscheidend ist im Einzelfall deren Intensität. Eine Interpretationshilfe bietet in diesem Punkt die Prinzipiendeklaration über freundschaftliche Beziehungen zwischen den Staaten.[41]

5. Art. 2 Ziff. 4 VN-Charta verbietet die Anwendung von Gewalt gegen die territoriale Unversehrtheit und die politische Unabhängigkeit anderer Staaten. Sowohl im Schrifttum als auch in der Staatenpraxis[42] ist versucht worden, diese Worte zu einer restriktiven Interpretation des Gewaltverbots heranzuziehen.[43] Der Versuch einer einschränkenden Interpretation des Gewaltverbots verkennt, daß diese Worte eingefügt wurden, um besonders schwerwiegende Verstöße gegen das Gewaltverbot als solche zu qualifizieren.[44] Die beiden angesprochenen Formen der verbotenen Gewaltausübung erfassen jede Form grenzüberschreitender militärischer oder ihnen gleichkommender Gewaltausübung. Dabei ist die Zielsetzung, unter der diese Gewaltausübung erfolgt, unerheblich. Geschützt ist die Unverletzlichkeit des Territoriums.[45]
Versuche, Art. 2 Ziff. 4 der VN-Charta mit Blick auf die dort verwendeten Begriffe territoriale Unversehrtheit bzw. politische Unabhängigkeit eines Staates einschränkend auszulegen, übersehen, daß diese Norm als Einheit zu lesen ist. Vor allem der Verweis darauf, daß jede mit den Zielen der Vereinten Nationen unvereinbare Androhung oder Anwendung von Gewalt verboten ist, verbietet eine einschränkende Interpretation.[46] Dieser letztgenannte Gesichtspunkt ist von zentraler Bedeutung. Das Verbot der Gewaltanwendung erstreckt sich danach auf alle Formen der Gewaltanwendung und alle damit verfolgten Intentionen, die im Widerspruch zu Ziel und Zweck der Vereinten Nationen, d. h. zu Art. 1 und 2 sowie der Präambel der VN-Charta stehen.[47]

---

[38] Im *Nicaragua*-Fall (Anm. 28, 104) hat der IGH es für möglich gehalten, daß die Unterstützung bewaffneter Banden und Rebellengruppen durch Waffenlieferungen, logistische Unterstützung oder andere Unterstützungshandlungen als Gewaltausübung i.S. des Gewaltverbots angesehen werden können.

[39] Dies gilt jedoch nur, sofern die terroristischen Gewalttaten einem Staat zugerechnet und damit staatlicher Gewalt gleichgesetzt werden können. Keinem Staat zurechenbare „private" Gewalt ist vom Gewaltverbot hingegen nicht erfaßt; vgl. dazu unten 5.

[40] *Randelzhofer* (Anm. 36), Rdn. 23.

[41] Anm. 27.

[42] Indien argumentierte im Goa-Konflikt wie Argentinien im Falklandkrieg und der Irak bei der Besetzung Kuwaits, daß – da nur eigenes Territorium zurückgewonnen werden sollte – kein Verstoß gegen das Gewaltverbot vorliege; vgl. dazu hinsichtlich des Falkland Konfliktes, *Dolzer*, Falkland Islands, EPIL 12 (1990), 103 ff, zum Zweiten Golfkrieg *U. Fink*, Der Konflikt zwischen dem Irak und Kuwait und die internationale Friedensordnung, AVR 9 (1991), 452 ff.

[43] *Kreß*, 174; *A. D'Amato*, International Law: Process and Prospect, 1987, 58 f.

[44] *Randelzhofer* (Anm. 36) mwN, Anm. 34 und 35; C. *Walter*, Vereinte Nationen und Regionalorganisationen, 1996, 245 ff mwN; Delbrück, 150.

[45] *Randelzhofer* (Anm. 36), Rdn. 35; *Oppenheim/Lauterpacht*, Bd. II.

[46] So ausdrücklich *Dinstein*, 85.

[47] So auch der IGH, der im *Case Concerning Military and Paramilitary Activities and against Nicaragua* von dem *„principle of the prohibition of the use of force"* in den internationalen Beziehungen allgemein spricht (ICJ Reports 1986, 14 (100)).

6. Verboten ist neben der Gewaltanwendung gegen die territoriale Unversehrtheit und politische Unabhängigkeit auch jede andere Form, die sich mit den Zwecken der Vereinten Nationen nicht vereinbaren läßt. Es ist davon auszugehen, daß die Anwendung physischer Gewalt gegen die Angehörigen anderer Staaten, daß militärische Gewalt gegen Schiffe oder Flugzeuge anderer Staaten zu den Zwecken der Charta der Vereinten Nationen im Widerspruch stehen. Auch solche Gewaltakte sind daher nach Art. 2 Ziff. 4 Charta der VN verboten.[48]

7. Nicht unter das Gewaltverbot fällt nach überwiegender Meinung die Anwendung wirtschaftlichen und politischen Drucks, auch wenn nicht zu verkennen ist, daß dessen Intensität auf die politische Willensbildung eines Staates vergleichbar sein kann mit der Ausübung physischer Gewalt. Der Versuch, das Verbot wirtschaftlichen und politischen Drucks mit in der Schutzbereich von Art. 2 Ziff. 4 Charta der VN aufzunehmen, ist auf der Konferenz von San Francisco gescheitert.[49] Auch der Versuch, wirtschaftlichen Druck einer Aggression gleichzustellen, hatte keinen Erfolg,[50] ebensowenig gelang ein Verbot unter der Prinzipiendeklaration.[51] Der Internationale Gerichtshof hat im *Nicaragua*-Fall[52] wirtschaftliche Maßnahmen der Vereinigten Staaten gegen Nicaragua, wie die Beschränkung des Zukkerimports und des Handelsembargos nicht unter dem Gesichtspunkt des Gewaltverbots geprüft. Letztlich geht die absolut überwiegende Meinung, gestützt auf die Entstehungsgeschichte der Charta der VN und die spätere Praxis von Organen und Institutionen der Vereinten Nationen, dahin, daß wirtschaftliche und politische Maßnahmen möglicherweise Interventionen darstellen können, nicht aber unter das Verdikt des Gewaltverbots fallen.[53]

8. Mit der Anwendung ist die Androhung von Gewalt auf gleiche Stufe gestellt. So kann eine Mobilmachung, eine Truppenkonzentration oder Flottendemonstration,[54] die Ankündigung eines Raketenbeschusses als Androhung von Gewalt einen Verstoß gegen Art. 2 Ziff. 4 Charta der VN enthalten. Gemeint ist auch hier die Androhung militärischer Gewalt, nicht etwa jede Bedrohung des Friedens, die etwa nach Art. 39 Charta der VN dem Sicherheitsrat ein Recht zum Einschreiten gäbe.

9. Es ist zumindest nach den Terroranschlägen vom 11. 9. 2001 keine akademische Frage mehr, ob und unter welchen Umständen von privaten Gruppen getragene Terroranschläge als verbotene Gewalt im Sinne von Art. 2 Ziff. 4 Charta der VN angesehen werden können. Es besteht Übereinstimmung darüber, daß die Unterstützung, sogar lediglich die Tolerierung von terroristischen Aktionen, die sich gegen einen anderen Staat richten, völkerrechtswidrig ist.[55] Entscheidend ist insoweit die Auslegung von Art. 2 Ziff. 4 VN-Charta. Nur wenn man mit der herrschenden Meinung davon ausgeht, daß jede auf dem Gebiet eines anderen Staates ausgeübte physische Gewalt unter das Verdikt des Art. 2 Ziff. 4 VN-Charta fällt, können terroristische Aktivitäten den Tatbestand dieser Norm erfüllen.[56] Des weiteren ist

---

[48] So verstieß die Blockade des Suezkanals für israelische und nach Israel bestimmte Schiffe durch Ägypten nach Abschluß des Waffenstillstands von 1948 gegen das Verbot der Anwendung von Gewalt. Vgl. auch die Resolution des Sicherheitsrats vom 1. 9. 1951.

[49] UNICO III, 237; VI, 334 f.

[50] Vgl. Nachweise bei *Antonopoulos*, 113.

[51] Vgl. Anm. 31. Vgl. Nachweise bei *Antonopoulos*, 114 f; Aus der Prinzipiendeklaration ergibt sich aber, daß wirtschaftlicher Druck den Tatbestand einer verbotenen Intervention erfüllen kann, vgl. dazu § 168.

[52] Siehe Anm. 28.

[53] *Randelzhofer* (Anm. 36), Anm. 18; *Brownlie*, 362; *Dinstein*, 84.

[54] Im *Corfu Channel Case* (Anm. 22), 33 f, etwa hat der IGH die durch die vorangehende Rechtsverletzung Albaniens provozierte britische Flottendemonstration vor der albanischen Küste als völkerrechtswidrig bezeichnet.

[55] Vgl. dazu die Prinzipiendeklaration (Anm. 27) sowie GA Res. 2131 (XX) vom 21. 12. 1965.

[56] A. A. offenbar *Kreß*, 172.

Ziel und Zweck von Art. 2 Ziff. 4 VN-Charta zu berücksichtigen. Danach ist es ihre Zielsetzung, die zwischenstaatliche Anwendung von Gewalt bzw. die Anwendung von Gewalt von Völkerrechtssubjekten zu verbieten. Demgemäß kann nur dann von einer Verletzung des Gewaltverbots gesprochen werden, wenn es sich bei dem Träger der Gewaltaktion um ein Völkerrechtssubjekt handelt (z. B. Staat oder z. B. eine anerkannte Aufständischenbewegung), oder wenn diese Aktivitäten einem Staat bzw. einem anderen Völkerrechtssubjekt zuzurechnen ist. Letzteres ist zumindest dann der Fall, wenn dieses Völkerrechtssubjekt der terroristischen Bewegung aktive Unterstützung gewährt.[57] Dabei ist nicht erforderlich, daß die terroristischen Aktivitäten einer Gruppe von diesem Völkerrechtssubjekt im eigentlichen Sinne gesteuert werden.[58] Es ist hier nicht der Platz für eine Diskussion über den Rechtsstatus der Taliban und ob bzw. inwieweit die terroristischen Attacken vom 11. 9. 2001 ihnen zuzuordnen sind. Grundsätzlich sind drei Ebenen zu unterscheiden: Wem sind die Attacken zuzuordnen, welche Reaktionen rechtfertigen sie, vor allem gegen wen und sind die ergriffenen Maßnahmen verhältnismäßig? Dies wird im Schrifttum nicht immer getrennt.[59]

X. 1. Auch wenn Übereinstimmung darüber besteht, daß die innerstaatliche Verwirklichung von internationalen Menschenrechtsstandards nicht mehr zu dem den Staaten vorbehaltenen Bereich gehört[60] und daher Maßnahmen von Staatengemeinschaftsorganen oder Einzelstaaten zu ihrer Verwirklichung keine völkerrechtswidrigen Interventionen darstellen,[61] so ist doch zweifelhaft, ob und gegebenenfalls unter welchen Umständen militärische Maßnahmen zur Beendigung schwerwiegender Menschenrechtsverletzungen in einem anderen Staat ergriffen werden dürfen, wann also eine humanitäre Intervention mit militärischen Mitteln zulässig ist. Insoweit ist zwischen humanitärer Intervention mit militärischen Mitteln und humanitärer Intervention unterhalb dieser Schwelle strikt zu trennen.[62]

Für die Beantwortung der Frage, ob humanitäre Interventionen mit militärischen Mitteln völkerrechtlich zulässig sind, sind wiederum Maßnahmen zum Schutze fremder und zum Schutze eigener Staatsangehöriger zu unterscheiden.[63] Ebenso ist zwischen unilateralen humanitären Maßnahmen und solchen durch internationale Organisationen, insbesondere die Vereinten Nationen, zu differenzieren. Grundsätzlich kommt der humanitären Intervention, die durch internationale Organisationen oder nach einer besonderen Genehmigung einer internationalen Organisation durchgeführt wird[64] eine erhöhte Legitimation

---

[57] Zu eng der IGH im Case *Concerning United States Diplomatic and Consular Staff in Teheran*, United States v. Iran *(Teheran Hostages* case); ICJ Reports 1980, para. 58: „*Their conduct might be considered as itself imputable to the Iranian State only if it were established that, in fact on the occasion in question the militants acted on behalf of the State, having been charged by some competent organ of the Iranian State to carry out a specific operation...*" Nach dem Urteil des IGH im *Nicaragua*-Fall *(Case concerning military and paramilitary activities in and against Nicaragua)* muß die Kontrolle bzw. Unterstützung des betreffenden Staates dominant bzw. ausschlaggebend sein: „*... the Court has not been able to satisfy itself that the respondent State ‚created' the contra force in Nicaragua. Nor does the evidence warrant the finding that the United States gave direct and critical combat support... or that all contra operations reflected strategy and tactics wholly devised by the United States...*" (ICJ Reports 1986, 61 (para. 108)).

[58] *Appeal Chamber* des Jugoslawien-Gerichtshofs im *Tadiæ*-Fall unter ausdrücklicher Zurückweisung der Rechtsprechung des IGH im *Nicaragua*-Fall; International Criminal Tribunal for the Former Yugoslavia, *The Prosecutor v. Duško Tadic*, Urteil vom 2. 10. 1995, ILM 35 (1996), 43.

[59] Siehe z. B. *P.-M. Dupuy*, The Law after the Destruction of the Towers, EJIL, http://www.ejil.org/forum_WTC/ny-dupuy.html.

[60] Vgl. dazu § 168 sowie im Detail Band II/1.

[61] Vgl. dazu im einzelnen § 168.

[62] Zur humanitären Intervention unterhalb dieser Schwelle vgl. § 168.

[63] Vgl. dazu Bd. II/1.

[64] Wie die humanitären Interventionen aufgrund einer Genehmigung des Sicherheitsrates in den Fällen Somalia 1992, Ruanda 1994, Haiti 1994 und ehemaliges Jugoslawien 1993, vgl. SC Res. 794 (1992) vom

zu.[65] Im Rahmen der hiesigen Ausführungen zum zwischenstaatlich geltenden Gewaltverbot soll ausschließlich die Problematik der unilateralen militärischen Maßnahmen aus humanitären Gründen behandelt werden.[66]

2. Die Problematik, ob und unter welchen Voraussetzungen Staaten militärisch in anderen Staaten eingreifen können, wenn diese Menschenrechte wie zum Beispiel die Religionsfreiheit unterdrücken, hat das Völkerrecht seit Anbeginn beschäftigt.[67] Nach Ansicht von *Grewe* wurde das Interventionsrecht im 16. Jahrhundert jedoch lediglich unter dem Gesichtspunkt eines Schutzes von religiösen Gruppen entwickelt.[68] Die Betonung des Souveränitätsgedankens führte zu einer Einschränkung des humanitären Interventionsrechts und im 19. Jahrhundert war das Interventionsverbot als Prinzip anerkannt.[69] Dem entsprach die Praxis nicht; eine Vielzahl von Interventionen im 19. Jahrhundert wurde auf humanitäre Gründe gestützt.[70] Allerdings erfolgten derartige humanitäre Interventionen in aller Regel durch ein Staatenkollektiv;[71] zudem war fraglich, ob die humanitären Gründe wirklich für das Eingreifen ausschlaggebend waren.[72] Bei einer Analyse der Staatenpraxis des 19. Jahrhunderts erscheint es daher zweifelhaft, ob wirklich von einer gewohnheitsrechtlichen Anerkennung der humanitären Intervention ausgegangen werden kann.[73]

3. a. Unter der Geltung der Charta der Vereinten Nationen steht nunmehr das Gewaltverbot von Art. 2 Ziff. 4 Charta der VN einer humanitären Intervention mit militärischen Mitteln entgegen, ganz unabhängig davon, ob vor Inkrafttreten der Charta der Vereinten Nationen ein Recht auf humanitäre militärische Intervention völkergewohnheitsrechtlich anerkannt war. Dem kann nicht entgegengehalten werden, daß Art. 2 Ziff. 4 Charta der VN lediglich die Anwendung und Androhung von Gewalt verbiete, soweit sie sich gegen die territoriale Unversehrtheit oder die politische Unabhängigkeit eines Staates richtet und folglich temporäre militärische Eingriffe zu humanitären Zwecken nicht ausschließe.[74] Diese Argumentation verkennt, daß der in Art. 2 Ziff. 4 Charta der VN verwandte Begriff „territoriale

---

3. 12. 1992, SC Res. 929 (1994) vom 22. 6. 1994, SC Res. 940 (1994) vom 31. 7. 1994, SC Res. 836 (1993) vom 10. 6. 1993.

[65] Vgl. dazu Bd. II/1; a.A. wohl aber *B. Simma*, NATO, the UN and the Use of Force: Legal Aspects, EJIL 10 (1999), 1 (19).

[66] Im übrigen vgl. Bd. II/1.

[67] Vgl. hierzu die Untersuchungen von *H. Lauterpacht*, The Grotian Tradition in International Law, BYIL 23 (1946), 46; *T. Meron*, The Common Rights of Mankind in Gentili, Grotius and Suarez, AJIL 85 (1991), 112 ff; *ders.*: Commentary on Humanitarian Intervention, in: *L. F. Damrosch/H. J. Scheffer* (Hrsg.), Law and Force in the New International Order, 1992, 212 (213/214).

[68] *Grewe*, Epochen der Völkerrechtsgeschichte, 1984, 211 (215): „Auch die Interventionslehre des Grotius, die im allgemeinen als frühestes Beispiel der Lehre von der Humanitätsintervention betrachtet wird, ist in Wahrheit doch nicht anderes als eine naturrechtliche Formulierung der Lehre von der Intervention aus religiösen Gründen."

[69] *Grewe* (Anm. 50), 573 ff.

[70] Zu verweisen ist u. a. auf die Intervention der europäischen Mächte zur Unterstützung des griechischen Aufstandes gegen die Türkei (1827), vgl. dazu *J. L. Fonteyne*, The Customary International Law Doctrine of Humanitarian Intervention: Its Current Validity under the United Nations Charter, Cal. West. ILJ 4 (1974), 203 (207 ff); die Intervention von Frankreich und dem Vereinigten Königreich in Sizilien (1856), vgl. dazu *Grewe* (Anm. 50), 577; die Intervention des Vereinigten Königreichs, Frankreichs, Rußlands, Österreichs und Preußens in Syrien (1860–61), vgl. dazu *Grewe* (Anm. 50), 578 sowie *I. Pogany*, Humanitarian Intervention in International Law: The French Intervention in Syria Re-Examined, ICLQ 5 (1986), 182 ff; die Interventionen der europäischen Mächte in Kreta (1866), Bosnien (1875), Bulgarien (1877) und in Mazedonien (1887), vgl. dazu *Fonteyne*, 210 ff.

[71] Hierauf verweisen *Verdross/Simma*, 291.

[72] *J. Brownlie*, International Law and the Use of Force by States, 1963, 339 ff; *Malanczuk* 10 mwN; *Pogany* (Anm. 70), 190.

[73] So vor allem *Fonteyne* (Anm. 70), 235; ebenso *Beyerlin*, Humanitarian Intervention, EPIL II, 926; zweifelnd aber *P. Malanczuk*, 11.

[74] So aber *Reisman*, Coercion and Self-Determination: Construing Charter Article 2 (4), AJIL 74 (1984), 642; *Lillich*, Humanitarian Intervention through the United Nations, ZaöRV 53 (1993), 557 (560 ff); *D'Amato*, International Law: Process and Prospects, 1987, 226; *ders.*, Agora: U.S. Forces in Panama, AJIL 84 (1990), 494; *T. Farer*, The Future of International Law Enforcement under Chapter VII: Is There Room for New „Scenarios", in: *J. Delbrück* (Hrsg.), The Future of International Law Enforcement, New Scenarios – New Law?, 1993, 39 (45 f) mwN.

Unversehrtheit“ nicht isoliert steht, sondern diese Vorschrift auch die Androhung oder Anwendung von Gewalt, die sich gegen die politische Unabhängigkeit eines Staates richtet, untersagt. Damit wird auch die politische Entscheidungsfreiheit der Staaten geschützt,[75] selbst wenn sie zu konkret völkerrechtswidrigen Ergebnissen gelangt. Insofern fallen selbst zeitlich beschränkte militärische Maßnahmen unter das Verbot von Art. 2 Ziff. 4 Charta der VN, denn auch diese schränken die politische Entscheidungsfreiheit ein.[76]
Der Hinweis auf das Gewaltverbot des Art. 2 Ziff. 4 Charta der VN läßt sich nicht mit dem Hinweis darauf entkräften, die Charta der Vereinten Nationen verpflichte die Mitgliedstaaten zum Schutz der Menschenrechte, so daß sich eine Rechtfertigung der humanitären Intervention mit militärischen Mittel aus den Worten „... oder sonst mit den Zielen der Vereinten Nationen unvereinbaren...“ des Art. 2 Ziff. 4 Charta der VN ergebe.[77] Abgesehen davon, daß diese Worte bereits, rein vom Text her gesehen, das Gewaltverbot qualifizieren und nicht eine Ermächtigung zur Gewaltanwendung autorisieren, wird bei dieser Argumentation nicht hinreichend die Dominanz des Gewaltverbots als Prinzip der Charta der VN beachtet.[78] Schließlich wird argumentiert, daß eine humanitäre Intervention mit militärischen Mitteln Ausdruck eines Zielkonflikts sei. Art. 2 Ziff. 4 VN Charta schütze lediglich die räumliche Dimension der Rechtspersönlichkeit von Staaten. Dieses Ziel sei aber nicht absolut, ebenso gebe die Charta den Schutz von Menschenrechten auf.[79] Insofern verlange der Zielkatalog der VN-Charta die Herstellung einer Wertekonkordanz und konsequenterweise die Relativierung des Gewaltverbots. Dabei wird verkannt, daß – wie bereits ausgeführt – sich Art. 2 Ziff. 4 VN-Charta nicht auf die territorialen Bestandssicherung für Staaten reduzieren läßt. Gleichrangig steht daneben der in dieser Norm zum Ausdruck kommende Grundwert der Staatengemeinschaft einer Ablehnung von militärischer Gewalt als Mittel zur Durchsetzung von Politik.

b. Dennoch läßt sich nicht leugnen, daß das alleinige Abstellen auf das Gewaltverbot unter Hintanstellung, daß der Schutz der Menschenrechte, ein fundamentales Ziel auch der Charta der Vereinten Nationen, dem Sinn und Zweck der Charta der Vereinten Nationen nicht vollständig gerecht wird und insoweit dem Wertesystem der Staatengemeinschaft widerspricht. Der Generalsekretär der Vereinten Nationen hat dieses Dilemma in seiner Stellungnahme zum Kosovo-Konflikt angesprochen:

> „To those for whom the greatest threat to the future of the international order is the use of force in the absence of a Security Council Mandate, one might ask, not in the context of Kosovo but in the context of Rwanda, if in those dark days... leading up to genocide, a coalition of States had been prepared to act in defence of the Tutsi population, but did not receive prompt Council authorisation, should such coalition have stood aside and allow the horror to unfold? To those for whom the

---

[75] Eine militärische Intervention zu humanitären Zwecken oder zur Bekämpfung diktatorischer Regime lehnen ab: M. *Akehurst*, Humanitarian Intervention, in: H. *Bull* (ed.), Intervention in World Politics, 1984; V. *Karatshkin*, Human rights and Humanitarian Intervention, in: *Damrosch/Scheffer* (Hrsg.), 202 (209); *Beyerlin*, 931; O. *Schachter*, The Legality of Pro-Democratic Invasion, AJIL 78 (1984) 645; *Nanda*, 494. Zumindest skeptisch war 1986 auch noch das Foreign and Commonwealth Office, Foreign Policy Document No. 148, BYIL 57 (1986), 614: „... But overwhelming majority of contemporary legal opinions comes down against the existence of a right of humanitarian intervention, for three main reasons: First, the UN Charter and corpus of modern international law do not seem specifically to incorporate such a right; secondly, state practice in the part two centuries, and especially since 1945, at best provides only a handful of genuine cases of humanitarian intervention, and, on most assessments, none at all; and finally, on prudential grounds, that the scope for abusing such a right argues strongly against its creation“.

[76] Vgl. dazu oben bei Anm. 36 ff.

[77] M. *Reisman*/M. *McDougal*, Humanitarian Intervention to protect the Ibos, in: *Lillich* (Hrsg.), 167 (175); *Fonteyne*, Forcible Self-Help by States to Protect Human Rights: Recent Views from the United Nations, in: *Lillich* (Hrsg.), 197.

[78] *Farer*, in: *Damrosch/Scheffer* (Hrsg.), 190.

[79] So K. *Ipsen*, Relativierung des absoluten Gewaltverbots? Festschrift für K. *Dau*, 1999, 103 ff.

Kosovo action heralded a new era when States and groups of States can take military action outside the established mechanisms for enforcing international law, one may ask: is there not a danger of such interventions undermining the imperfect, yet resilient, security system created after the Second World War ...“[80]

c. Die Frage nach der Zulässigkeit einer humanitären Intervention mit militärischen Mitteln ist an sich – auch unter der Geltung der Charta der Vereinten Nationen – nicht neu, da bei militärischen Interventionen immer wieder humanitäre Gründe vorgeschoben oder reale geltend gemacht wurden. Die Reaktion der Staatengemeinschaft war durchaus unterschiedlich.[81]

Anzusprechen sind in dieser Hinsicht die Intervention Belgiens im Kongo, 1960[82] und 1964;[83] die US-amerikanische Intervention in der Dominikanischen Republik,[84] 1965; die Intervention Indiens in Ostpakistan (Bangladesh), 1971;[85]die Intervention von Vietnam in Kampuchea, 1978/79;[86] die Intervention Tansanias in Uganda, 1979;[87] die US-amerikanische Intervention in Grenada, 1983[88] und diejenigen in Panama 1989 und 1990;[89] die Intervention Frankreichs gegen Kaiser Bokassa, 1979[90] und vor allem die Intervention von Staaten von ECOMOG in Liberia, 1990–1997[91] und in Sierra Leone, 1997 ff. Während beispielsweise die US-amerikanische Intervention in Grenada kritisiert wurde, wurde die ECOMOG Intervention nachträglich von dem Sicherheitsrat gebilligt.[92] Ebenso wurde der Versuch unterbunden, den NATO-Kosovo-Einsatz im Sicherheitsrat zu verurteilen.[93]

d. Im Zusammenhang mit der Bewertung des NATO-Einsatzes zu Gunsten des Kosovo[94]

---

[80] GAOR 54, 4th Plenary Meeting, 20. 9. 1999, A/54/PV.4, 2; diese Frage wird von *Oppenheim/Jennings/Watts*, 442, wie folgt beantwortet: „*When a State commits cruelties against and persecution of its nationals in such a way as to deny their fundamental human rights and to shock the conscience of mankind, the matter ceases to be of sole concern to that State and even intervention in the interest of humanity might be legally permissible* ....“

[81] *T. M. Franck*, When, If Ever, May States Deploy Military Force Without Prior Security Council Authorisation, Singapore Journal of International and Comparative Law 4 (2000), 362 (371 ff); *Hippold* Humanitarian Intervention: Is There a Need for a Legal Reappraisal?, EJIL 12 (2001), 437, 442 ff.

[82] Belgien berief sich ausdrücklich auf das Prinzip der humanitären Intervention und wurde darin von westlichen Staaten unterstützt, vgl. dazu UN Doc. S/PV 873, 13 July 1960, 34 f.

[83] Die Reaktion war primär negativ, auch wenn westliche Staaten Belgien im Sicherheitsrat unterstützten, vgl. dazu UN Doc. S/PV. 1173; vgl. dazu *Abiew*, 103 f.

[84] Vgl. dazu *B. Asrat*, Prohibition of Force under the UN Charter, 1991, 163 ff; *Abiew*, 108; umfassend hierzu *F. Lowenthal*, The Dominican Intervention, 1985. Hier war zunächst eine dominante Motivation die Rettung eigener Staatsangehöriger.

[85] Vgl. dazu *R. Sisson/L. E. Rose*, War and Secession: Pakistan, India and the Creation of Bangladesh, 1990.

[86] *Asrat* (Anm. 84), 169 f; *Abiew*, 127 ff.

[87] Vgl. dazu *Abiew*, 120 ff; *Imozurike*, 301 ff; die Aktion Tansanias wurde letztlich toleriert.

[88] *Joyner*, 131 ff; *Moore*, 145 ff; *R. J. Beck*, The Grenada Invasion, 1993; *L. Doswald Beck*, The Legality of the United States Intervention in Grenada, NILR 31 (1984), 355 ff.

[89] *Miller*, 633 ff; *D'Amato*, 495; *Alberts*, 262 ff; trotz der teilweisen Unterstützung in der Literatur, sind diese Interventionen nicht aus humanitären Gründen zu rechtfertigen.

[90] Vgl. dazu *T. O'Toole*, The Central African Republic, 1986, 48 ff.

[91] Vgl. dazu *Walter* (Anm. 44), 96 ff und 340 ff; *A. Alao*, The Burden of Collective Goodwill: The International Involvement in the Liberian Civil War, 1998. Zum Einsatz in Sierra Leone vgl. *K. Nowrot/E. Scharbacker*, The Use of Force to Restore Democracy in Sierra Leone, American University of International Law Review 14 (1998), 321 ff; *J. Levitt*, Humanitarian Intervention by Regional Actors in International Conflicts, and the Cases of ECOWAS in Liberia and Sierra Leone, Temple International and Comparative Law Journal 1998, 333 (347 f).

[92] SC Res. 788, 19. 11. 1992.

[93] UN Doc. S/PV 3989 (1999), 26. 3. 1999; siehe allerdings die als *obiter dicta* formulierten Aussagen des IGH *Legality of the Use of Force (Yugoslavia v. Belgium), Request for the Indication of Provisional Measures*, ICJ Reports 1999, para. 17. Vgl. auch den Bericht des *Review Committee on the NATO Bombing Campaign and the Decision Not to Start an Investigation* (http://www.un.org/icty/pressreal/nato061300.htm). Dieser Bericht kommt nicht zum Ergebnis, das Bombardement sei rechtmäßig gewesen, sondern stellt nur fest, es läge keine ausreichende Basis für eine strafrechtliche Verfolgung vor.

[94] Vgl. dazu *P. Hippold*, (Anm. 81) (438 ff); *B. Simma*, NATO, the UN and the Use of Force: Legal Aspects,

sind verschiedene Ansätze in der Literatur entwickelt worden, über die versucht wurde, eine praktische Konkordanz zwischen dem Gewaltverbot und dem Schutz gegen gravierende Menschenrechtsverletzungen herzustellen.

Verschiedentlich ist zur Rechtfertigung der militärischen Gewalt aus humanitären Gründen der Gesichtspunkt der Nothilfe bemüht worden,[95] ebenso wurde auf eine analoge Anwendung des Prinzips der kollektiven Selbstverteidigung verwiesen.[96] Beiden Ansätzen liegt die Überlegung zu Grunde, daß eine vom Sicherheitsrat autorisierte Maßnahme rechtlich möglich und angesichts der Schwere der Menschenrechtsverletzungen auch geboten gewesen sei und daß die militärischen Aktionen einer Gruppe von Staaten sich aus der politisch motivierten Blockade des Sicherheitsrats rechtfertigen. Letztlich wird damit argumentiert, das Verbot der Gewaltanwendung gelte nur solange, solange das System der kollektiven Sicherheit funktioniere.[97] Dieser Ansatz widerspricht – zumindest in dieser allgemeinen Form – Sinn und Zweck der Charta der VN.[98] Zu berücksichtigen ist allerdings, daß die Bedeutung des Menschenrechtsschutzes als ein elementarer Bestandteil der völkerrechtlichen Wertordnung ständig zugenommen hat. Eine Abschwächung der Verpflichtung aus Art. 2 Ziff. 4 Charta der VN läßt sich daraus aber noch nicht allein begründen.[99]

Insgesamt ist nach gegenwärtigem Völkerrecht noch nicht davon auszugehen, daß sich eine von einer entsprechenden Rechtsüberzeugung getragene Staatenpraxis herausgebildet hat, wonach nicht vom Sicherheitsrat autorisierte unilaterale militärische humanitäre Interventionen zum Schutz gegen gravierende Menschenrechtsverletzungen begangen an den Staatsangehörigen des Staates, gegen den vorgegangen werden soll, zulässig sind.[100] Es ist eine andere Frage, ob sich das Völkerrecht in diese Richtung entwickeln wird bzw. entwickeln soll.[101] Die Reaktion der blockfreien Staaten auf einem Außenministertreffen vom 23. 9. 1999 bzw. des Gipfels der Gruppe der 77 vom April 2000 sprechen dagegen.[102] Die zunehmende Wertorientierung des Völkerrechts, die ohne Durchsetzungsmöglichkeit ineffektiv bleiben muß, spricht möglicherweise dafür.[103] Von der Entwicklung des entsprechenden neuen Gewohnheitsrechts, kann noch nicht ausgegangen werden. Als Präzedenzfälle werden genannt: Das indische Eingreifen im seinerzeitigen Ostpakistan, das zur Schaffung des Staates Bangladesh führte (1971), die tansanische Intervention in Uganda, die zum Sturz des Regimes von *Idi Amin* führte (1979), die Hilfeleistungen für die Kurden im

---

EJIL 10 (1999), 1; *Currie*, NATO's Humanitarian Intervention in Kosovo: Making or Breaking International Law?, Canadian Yearbook of International Law 36 (1999), 303 ff.

[95] *Doehring*, 435; *Delbrück*, 152.

[96] *Doehring*, 435; *A. Randelzhofer*, Article 51, in: *B. Simma* (ed.), The Charter of the United Nations: A Commentary, 1995, 672, para. 37, so auch *Wedgwood*, NATO's Campaign in Yugoslavia, AJIL 93 (1999), 828 ff (833); kritisch *Hippold* (Anm. 81), 450 f.

[97] Vgl. dazu allgemein *Stone*, Aggression and World Order, 1968, 86; *T. M. Franck*, Who Killed Article 2(4)?, AJIL 64 (1970), 809 ff; *M. Reisman*, Coercion and Self-Determination: Construing Charter Article 2(4), AJIL 78 (1984), 642 ff; kritisch *Hippold* (Anm. 94), 451.

[98] So ausdrücklich *B. Simma*, NATO, the UN and the Use of Force: Legal Aspects, EJIL 10 (1999), 1(5 f); *V. Nanda*, Legal Implications of NATO's Armed Intervention in Kosovo, in: *M. N. Schmitt* (ed.), International Law Across the Spectrum of Conflict: Essays in Honor of Professor L. C. Green on the Occasion of his Eightieth Birthday, 2000, 313 (328 ff). Vgl. dazu im einzelnen Band II/1.

[99] Vgl. dazu aber die von *Delbrück*, 152 f, entwickelten Kriterien.

[100] So *H.-P. Neuhold*, Die Operation „Allied Forces" der NATO: rechtmäßige humanitäre Intervention oder politisch vertretbarer Rechtsbruch, in: *Reiter* (Hrsg.), Der Krieg um das Kosovo 1998/1999, 2000, 193 ff.

[101] Vgl. dazu *Cassese*, Ex Iniuria Ius Oritur: Are we Moving Towards International Legitimation of Forcible Humanitarian Countermeasures in teh World Community? EJIL 10 (1999), 21 ff; *Kritsiotis*, Reappraising Policy Objections to Humanitarian Intervention, Michigan Journal of International Law 19 (1998), 1005 ff.

[102] In beiden Fällen wurde formuliert: *We reject the so-called ‚right of humanitarian intervention' which has legal no legal basis in the UN Charter or in the general priniciples of international law*; s. http://www.nam.-gov.za/minmeet/newyorkcom.htm, para 171, http://www.nam.gov.za/documentation/southdecl.htm, para 54.

[103] *M. Bedjaoui*, The New World Order and the Security Council: Testing the Legality of its Acts, 1994, 177 deutet in diese Richtung.

Nordirak nach der Niederlage *Sadam Husseins* im Kuweit-Konflikt (1991) und der Einsatz von Truppen westafrikanischer Staaten in den internen Konflikten in Liberia und Sierra Leone. Es ist aber fraglich, ob dies Fälle von humanitären Interventionen waren. Abgesehen davon haben weder Indien noch Tansania noch die westafrikanischen Staaten sich bei der juristischen Rechtfertigung ihrer Aktionen auf ein Recht zur humanitären Intervention berufen.[104] Es gibt aber auch Fälle, wo entsprechende Interventionen als völkerrechtswidrig behandelt wurden. Dies gilt z. B. für die Behandlung des *Pol Pot* Regimes in den Vereinten Nationen. Der Internationale Gerichtshof hat zwar in seinem Beschluß vom 2. 10. 1999 nicht ausdrücklich zu der Frage Stellung genommen, inwieweit eine humanitäre Intervention mit militärischen Mitteln völkerrechtlich vertretbar ist. Seine Aussagen belegen aber die Besorgnis des Gerichtshofs über die Anwendung militärischer Gewalt.[105] Insgesamt ist festzuhalten, daß zumindest *de lege lata* ein militärisches unilaterales, nicht von dem Sicherheitsrat der Vereinten Nationen mandatiertes Eingreifen gegen auch schwerwiegende Menschenrechtsverletzungen nach Völkergewohnheitsrecht nicht zulässig ist. Ob sich gewohnheitsrechtlich ein Recht zur militärischen humanitären Intervention in Zukunft entwickeln wird, ist noch nicht abzusehen. Gegen diese Möglichkeit spricht, daß das Gewaltverbot als *ius cogens* Norm eingestuft wird und insoweit nur durch eine *ius cogens* Norm modifiziert werden kann. Nichts deutet aber darauf hin, daß es rechtfertigen würde, die Möglichkeit der unilateralen humanitären Intervention als *ius cogens* einzustufen. Auf keinen Fall kann der militärische Einsatz in Jugoslawien wegen schwerwiegender Menschenrechtsverletzungen als Berufungsfall angesehen werden; dies haben die Parteien teilweise ausdrücklich betont.
Schließlich ist ein weiterer Gesichtspunkt zu berücksichtigen. Im Regelfall steht einer humanitären Intervention mit militärischen Mitteln zur Bekämpfung selbst von schwerwiegenden Menschenrechtsverletzungen das Prinzip der Unverhältnismäßigkeit entgegen.[106] Es gibt vielfältige Möglichkeiten zu einem Tätigwerden unterhalb der Schwelle einer militärischen Intervention. Auch diejenigen Autoren, die als Ausnahme eine humanitäre Intervention mit militärischen Mitteln für gerechtfertigt halten, gehen von einer Geltung des Proportionalitätsgrundsatzes aus.[107] Dieses Prinzip bestimmt aber nicht nur Art und Ausmaß militärischer Maßnahmen, sondern ist mitentscheidend, ob diese überhaupt ergriffen werden können.

4. Weitergehende Eingriffsrechte bestehen auch dann nicht, wenn Ziel der Eingriffsmaßnahme nicht die Beendigung gravierender Menschenrechtsverletzungen bei dem Adressaten, sondern die Rettung eigener Staatsangehöriger aus einem anderen Staat ist. Militärische Maßnahmen gegen einen anderen Staat sind seit dem Zweiten Weltkrieg immer wieder damit begründet worden, daß dies der Rettung eigener Staatsangehöriger diene. Dabei können sich diese Maßnahmen gegen einen anderen Staat, gegen Gruppierungen auf fremdem Staatsgebiet oder gegen örtliche Machthaber in Gebieten richten, in denen die Ausübung von Staatsgewalt zum Erliegen gekommen ist *(failed states)*.

Als klassischer Fall dieser Art ist der sog. *Entebbe*-Fall (1976)[108] zu nennen, in dem israelische Einheiten israelische Staatsangehörige aus der Gewalt palästinensischer Terroristen befreiten, wobei sie auch in Konflikt mit Streitkräften aus Uganda gerieten. Weitere Fälle mit vergleichbarer

---

[104] Vgl. dazu *K. Hailbronner*, in: *D. Schindler/K. Hailbronner*, Die Grenzen des völkerrechtlichen Gewaltverbots, Berichte DGVR 26 (1986), 26 ff.

[105] ICJ, Case *Concerning Legality of Use of Force (Yugoslavia v. Belgium/, Request for the Indication of Provisional Measures)*. Der *Final Report to the Prosecutor by the Committee Established to Review the NATO Bombing Compaign Against the Federal Republic of Yugoslavia* hält eine Anklage von Personen wegen der Bombardierung für nicht aussichtsreich.

[106] Prinzip der Proportionalität, vgl. *J. Delbrück*, Proportionality, in: *R. Bernhardt* (ed.), EPIL III, 1140.

[107] *Delbrück*, 153.

[108] Vgl. zu dem Fall *U. Beyerlin*, 213 ff.

Problematik sind das belgische Eingreifen im Kongo (1960) zum Schutz eigener Staatsangehöriger, die amerikanische Intervention in Grenada (1983)[109] und in Panama (1989) und der Rettungsversuch für amerikanische Staatsangehörige im Iran (1980)[110] sowie die Rettung deutscher und anderer Staatsangehöriger aus Albanien (1997).[111]

Es gibt verschiedene Ansätze mit denen versucht wird, die völkerrechtliche Zulässigkeit derartiger Maßnahmen zu begründen. Es wird vor allem argumentiert, in der Bedrohung der eigenen Staatsangehörigen liege ein bewaffneter Angriff, der Selbstverteidigungsmaßnahmen rechtfertigt.[112] Diese Argumentation scheint schwerlich vertretbar. Es ist nicht möglich, den Angriff auf eine Gruppe von Staatsangehörigen mit einem Angriff auf ein Staatsgebiet gleichzusetzen, denn damit ist keine Gefährdung der territorialen Integrität bzw. der politischen Handlungsfreiheit des Heimatstaates verbunden.[113] Diese ist Voraussetzung für die Inanspruchnahme des Selbstverteidigungsrechts.
Vereinzelt ist argumentiert worden, ein Recht zum Eingriff ergebe sich aus dem gewohnheitsrechtlich anerkannten Notstandsrecht.[114] Diese Argumentation verkennt, daß das gewohnheitsrechtlich anerkannte Notstandsrecht durch das Gewaltverbot überlagert wird und daher militärische Maßnahmen nicht zu rechtfertigen vermag. Es ist eine andere Frage, ob und inwieweit er Maßnahmen unterhalb der Schwelle militärischer Gewalt rechtfertigt.
Nicht durchzusetzen vermochte sich die Ansicht, das Völkergewohnheitsrecht gewähre, neben dem klassischen Selbstverteidigungsrecht, ein Recht zum Schutze eigener Staatsangehöriger im Ausland militärisch tätig zu werden.[115] Hierfür ergibt sich kein wirklich überzeugender Beleg aus der Staatenpraxis. Auch ein Rückgriff auf historische Fälle vermag angesichts des umfassenden Gewaltverbots diesen Ansatz nicht oder zumindest nicht mehr zu stützen. Vor allem ist nicht argumentierbar, derartige Maßnahmen hätten lediglich punktuellen Charakter und bedeuteten dabei keine Gefahr für die „territoriale Unversehrtheit oder politische Unabhängigkeit" des betroffenen Staates. Denn das Gewaltverbot schützt nicht nur diese, sondern auch die politische Entscheidungsfreiheit, soweit die Schwelle des zulässigen Drucks überschritten ist.[116]
Schließlich läßt sich der militärische Einsatz zu Gunsten eigener Staatsangehöriger im Ausland nicht unter Hinweis auf den Menschenrechtsschutz rechtfertigen.[117] Die Verpflichtung zum Schutz von Menschenrechten bezieht sich auf Maßnahmen und Unterlassungen unter der eigenen Jurisdiktion; sie kann nicht in ein Eingriffsrecht unter Verstoß gegen das Gewaltverbot umgemünzt werden.

5. Völkerrechtlich unzulässig sind militärische Maßnahmen, um eine diktatorische Regierung abzulösen.[118] Sie stehen in Widerspruch zu Art. 2 Ziff. 4 Charta der VN, da sie in die

---

[109] Vgl. *Antonopoulos*, 435; *Henkin*, RdC 216 (1989 IV), 19 ff (153).

[110] Vgl. dazu das Schreiben des US-Repräsentanten an den Präsidenten des Sicherheitsrates VN Doc. S/13908 in dem diese Aktion als Selbstverteidigungsmaßnahme qualifiziert wurde.

[111] Der Deutsche Bundestag hat diesem Einsatz zugestimmt, vgl. BT-Drucks. 13/7233.

[112] *Doswald-Beck*, 361; *Dinstein*, 212 ff; *Jeffrey*, The American Hostages in Teheran: The ICJ and the Legality of Rescue Missions, ICLQ 30 (1981), 717 (724 ff); so auch der Vertreter Israels vor dem Sicherheitsrat zur Rechtfertigung des Eingreifens im *Entebbe*-Fall SC OR 31st year 1939th mtg., para. 101, 106 ff, zustimmend der US-Vertreter 1941st mtg., para. 77.

[113] *Ronzitti*, 11; *Beyerlin*, 220; *Westerdiek*, 383 ff; *Akehurst*, 107 f; *Neuhold*, 146.

[114] *Fitzmaurice*, The General Principles of International Law, RdC 92 (1957 II), 5 (173). Belgien hat ein Notstandsrecht zu rechtfertigen versucht, vgl. dazu *Ronzitti*, 30.

[115] Die Vereinigten Staaten haben die Aktion in Grenada auf diese Weise zu rechtfertigen versucht und nicht auf das Selbstverteidigungsrecht verwiesen, vgl. Nachweise bei *Antonopoulos*, 435; siehe dazu *Henkin*, RdC 216 (1989 IV), 19 (153).

[116] Vgl. dazu oben bei Fn. 36 ff.

[117] *T. Schweisfurth*, Operations to Rescue Nationals in Third States Involving the Use of Force in Relating to the Protection of Human Rights, GYIL 23 (1980), 159 (174 ff).

[118] A. A. *W. M. Reisman*, Coercion and Self-Determina-

territoriale Unversehrtheit eines Staates und auf jeden Fall in dessen politische Unabhängigkeit eingreifen. Auch wenn das internationale System des Menschenrechtsschutzes dazu geführt hat, daß selbst das Staatsorganisationsrecht nicht mehr einschränkungslos dem *domaine reservé* und daher der freien Selbstentscheidung der Staaten zuzuordnen ist, eröffnet dies noch nicht die Möglichkeit militärischer Aktionen einzelner Staaten, um eine bestimmte Regierungsform auf diese Art und Weise zu erzwingen. Die völkerrechtliche Praxis stützt diese Bewertung. Die Regierungen haben in der Regel, selbst wenn mit ihrer militärischen Intervention die Ablösung einer diktatorischen oder die Menschenrechte verletzenden Regierung verbunden war, nicht dies, sondern den Schutz eigener Staatsangehöriger als Legitimationsgrund geltend gemacht.[119]

XI. Insgesamt bleibt festzuhalten, daß das Gewaltverbot auf den Erhalt der Staaten bzw. die Gewährleistung ihrer politischen Handlungsfreiheit zielt. Dies geschieht sowohl im Individualinteresse dieser Staaten als auch im Staatengemeinschaftsinteresse an dem Erhalt einer, im Rahmen eines Wertesystems, plural verfaßten Gemeinschaft. Versuche, das Gewaltverbot dahin umzudeuten bzw. zu modifizieren, daß es einzelstaatlichen militärischen humanitären Interventionen Raum gibt, haben sich – bislang zumindest – nicht durchzusetzen vermocht.

§ 170 Verpflichtung zur friedlichen Beilegung von Streitigkeiten

Schrifttum: *J. W. Foster*, Arbitration and the Hague Court, 1904, Neuaufl. 1980; *J. B. Scott*, The Judicial Settlement of International Disputes, 1927; *H. Wehberg*, Das Genfer Protokoll betreffend die friedliche Erledigung von internationalen Streitigkeiten, 1927; *J. L. Simpson/H. Fox*, International Arbitration, 1959; *L. L. Randolph*, Third-party Settlement of Disputes in Theory and Practice, 1973; *P. J. I. M. de Waart*, The Element of Negotiation in the Pacific Settlement of Disputes Between States: An Analysis of Provisions made and/or applied since 1918 in the Field of the Pacific Settlement of International Disputes, 1973; Judicial Settlement of International Disputes: International Court of Justice, other Courts and Tribunals, Arbitration and Conciliation: An International Symposium, Max Planck Institute for Comparative Public Law and International Law, 1974; *K. W. Raman*, Dispute Settlement Through the United Nations, 1977; *T. O. Elias*, The International Court of Justice and Some Contemporary Problems, 1983; *R. Jennings*, The Judicial Enforcement of International Obligations, ZaöRV 47 (1987), 3 ff; *T. Treves*, La prévention des conflits internationaux dans la Déclaration adoptée en 1988 par l'Assemblée Générale des Nations Unies, RGDIP 34 (1988), 436 ff; *N. Singh*, The Role and Record of the International Court of Justice, 1989; *R. Higgins*, International Law and the Avoidance, Containment and Resolution of Disputes, RdC 230 (1991-V 9 ff); *E. McWhinney*, Judicial Settlement of International Disputes: Jurisdiction, Justiciability and Judicial Law-Making of the Contemporary International Court, 1991; *W. Davies* (ed.), The Settlement of Disputes in early medieval Europe, 1992; *H. Miall*, The Peacemakers: Peaceful Settlements of Disputes since 1945, 1992; in: Handbook on the Peaceful Settlement of Disputes between States, 1992; *I. Brownlie*, The Peaceful Settlement of International Disputes in Practice, Pace International Law Review 7 (1995), 257 ff; *D. D. Caron/G. Shinkaretskaya*, Peaceful Settlement of Disputes through the Rule of Law, in: *L. F. Damrosch* (ed.), Beyond Confrontation, 1995, 309 ff; *L. B. Sohn*, The importance of the peaceful settlement of disputes provisions of the United Nations Convention on the Law of the Sea, in: *M. H. Nordquist* (ed.), Entry into force of the Law of the Sea Convention, 1995, 265 ff; *A. G. Koroma*, The Peaceful Settlement of International Disputes, Netherlands International Law Review 43 (1996), 227 ff; *V. Lowe/M. Fitzmaurice*, Fifty Years of the International Court of Justice, 1996; *C. Bala*, International Court of Justice: Its Functioning and Settlement of International Disputes, 1997; *M. Bothe* (ed.), The OSCE in the

---

tion. Constructing Charter Article 2 (4), AJIL 78 (1984), 642 ff; wie hier *O. Schachter*, The Legality of Pro-Democratic Invasion, AJIL 78 (1984), 645 ff.

[119] *Schachter*, ebd., 649.

Maintenance of Peace and Security: Conflict Prevention, Crisis Management, and Peaceful Settlement of Disputes, 1997; *P. Couvreur*, The Effectiveness of the International Court of Justice in the Peaceful Settlement of International Disputes, in: *A. S. Muller*, The International Court of Justice, 1997, 83 ff; *K. O. Kufuor*, From the GATT to the WTO: The Developing Countries and the Reform of the Procedures for the Settlement of International Trade Disputes, Journal of World Trade 31 (1997), 117 ff; *T. A. Mensah*, The Place of the International Tribunal for the Law of the Sea in the International System for the Peaceful Settlement of Disputes, The Indian Journal of International Law 37 (1997) 466 ff; *S. Rosenne*, The Law and Practice of the International Court 1920–1996, 1997, Vol. I–IV; *K. Savitri*, The United Nations Charter Framework for Conflict Resolution: Procedures and Practice of Pacific Settlement of Disputes, in: India Quarterly 53 (1997), 61 ff.; *L. B. Sohn*, Peaceful Settlement of Disputes, EPIL III (1997), 971 ff; *T. Treves*, Recent trends in the settlement of international disputes, Cursos euromediterraneos bancaja de derecho internacional 1 (1997), 395 ff; *L. Caflisch* (ed.), Règlement pacifique des différends entre Etats: perspectives universelles et européenne, 1998; *G. Hafner*, Should one fear the proliferation of mechanisms for the peaceful settlement of disputes? in: *L. Caflisch*, Règlement pacifique des différends entre Etats, 1998, 25 ff; *J. G. Merrills* (éd.), International Dispute Settlement, 1998; *N. J. Seeberg-Elberfeldt*, The settlement of disputes in deep seabed mining: access, jurisdiction and procedure before the Seabed Disputes Chamber of the International Tribunal for the Law of the Sea, 1998; *M. Snippe*, The United Nations Decade of International Law and the Peaceful Settlement of Disputes: The Guatemala Proposal on United Nations Rules for the Conciliation of Disputes between States, Thesaurus Acroasium of the Institute of Public International Law and International Relations of Thessaloniki, 23 (1998), 377 ff; *R. Bernhardt*, Le règlement judiciaire et arbitral des différends internationaux impliquant plus de deux Etats (Onzième Commission) = Judicial and Arbitral Settlement of International Disputes Involving More than two States, Annuaire Institut de Droit International 68 (1999), 185 ff; *J. G. Collier/V. Lowe*, The Settlement of Disputes in International Law: Institutions and Procedures, 1999; *K. Nakamura*, The Convention for the Pacific Settlement of International Disputes in Historical Perspective: In Commemoration of the Centennial of the First Hague Peace Conference, The Japanese Annual of International Law, 43 (2000), 3 ff; *A. Peters*, Cooperation in International Dispute Settlement, in: *J. Delbrück* (ed.), International Law of Cooperation and State Sovereignity, 2002, 107 ff.

I. 1. Die Verpflichtung zur friedlichen Beilegung internationaler Streitigkeiten ist Bestandteil des Völkergewohnheitsrechts.[1] Es ist das notwendige Korrelat zu den völkerrechtlichen Einschränkungen in Bezug auf eine einseitige staatliche Selbsthilfe, insbesondere durch Anwendung militärischer Gewalt.[2] Die zumindest noch im 19. Jahrhundert dominierende Doktrin, wonach Staaten das Recht hatten, ihre Streitigkeiten auch mit militärischen Mitteln beizulegen, ist durch das Gewaltverbot obsolet geworden. Es muß aber den Staaten neben einseitiger staatlicher Selbsthilfe ein alternativer Mechanismus zur Beilegung von Streitigkeiten zur Verfügung stehen. Dies sind die verschiedenen Formen und Institutionen, in denen Staaten einen Ausgleich ihrer divergierenden Interessen suchen können. Die VN-Charta stellt diese Komplementarität von Gewaltverbot und Verpflichtung zur friedlichen Beilegung von Streitigkeiten sowohl in der Abfolge von Art. 2 Ziff. 3 (Verpflichtung zur friedlichen Beilegung von Streitigkeiten) und Art. 2 Ziff. 4 (Gewaltverbot), als auch in dem Wortlaut von Art. 2 Ziff. 3 VN-Charta selbst deutlich her. Auch Kapitel VI und VII der VN-Charta sind aufeinander bezogen. Denn in beiden Kapiteln ist der Ausgangspunkt, daß eine Streitigkeit bzw. ein Konflikt vorliegt, dessen Fortdauer geeignet ist, die „Wahrung des

[1] ICJ, *Case Concerning Military and Paramilitary Activities in and against Nicaragua – Merits* (Nicaragua v. USA), ICJ Reports 1986, 14, para. 290. Streitig ist, ob das Gesetz zur friedlichen Streitbeilegung dem *ius cogens* zuzuordnen ist. *C. Tomuschat*, zu Art. 2 Ziff. 3, Rnd. 14, in: *B. Simma* (ed.), The Charter of the United Nations: A Commentary, 1994, bezeichnet dies als eine eher akademische Frage.

[2] So ausdrücklich *Singh*, 1, unter Verweis auf die Inschrift über dem Friedenspalast in Den Haag „*Pacis tutela apud judicem*"; *Daillier/Pellet*, 787 f; *J. Gonzalez Campos*, Remarques Introductives, in: International Legal Issues Arising under the United Nations Decade of International Law, *N. Al-Nauimi/R. Meese* (eds.), 1995, 589.

Weltfriedens" und der „internationalen Sicherheit" zu gefährden.[3] Besonders betont wird dieser Zusammenhang zwischen Streitbeilegung und Wahrung des Weltfriedens schließlich auch in Art. 1 Ziff. 1 der VN-Charta.

Die Komplementarität[4] von Gewaltverbot und der Verpflichtung, Konflikte durch Mittel der friedlichen Streitbeilegung zu lösen, wurde erst in der Charta der Vereinten Nationen in dieser Form zum Ausdruck gebracht. Dieser Komplementarität kommt völkerrechtspolitisch eine wesentliche Bedeutung zu. Denn wie die Versuche vor dem Zweiten Weltkrieg belegen, vermindert die Trennung des Gewaltverbots von einem System friedlicher Streitbeilegung (Protokoll für die friedliche Beilegung internationaler Streitigkeiten, 1924, sog. Genfer Protokoll einerseits und Kellogg-Briand-Pakt, 1928 andererseits)[5] dessen Effektivität, obwohl die Generalakte für die friedliche Beilegung von Streitigkeiten, 1928,[6] die Komplementarität von Gewaltverbot und Pflicht zur friedlichen Streitbeilegung bereits deutlich formulierte.

Die friedliche Streitbeilegung hat schließlich Vorrang vor allen Formen von einseitiger Selbsthilfe, beispielsweise Gegenmaßnahmen. Solange ein Verfahren der Streitbeilegung schwebt, können Gegenmaßnahmen nicht ergriffen werden. Die Regeln zur Staatenverantwortlichkeit belegen diese Nachrangigkeit von Gegenmaßnahmen gegenüber einer friedlichen Beilegung von Streitigkeiten deutlich.[7]

2. Dem Gebot zur friedlichen Beilegung von Streitigkeiten als Grundpflicht der Staaten kommt aber noch eine weitere grundlegende Bedeutung für das Völkerrecht zu. Das Völkerrecht ist als Rechtssystem konzipiert und die zunehmende Kodifikation und Entwicklung völkerrechtlicher Regeln führt konsequent zu einer stetigen Verrechtlichung der internationalen Beziehungen.[8] Die logische Konsequenz dieser Entwicklung ist der Aufbau eines Systems zur Beilegung von Rechtsstreitigkeiten, das gleichzeitig der Interpretation von völkerrechtlichen Regeln und deren Rechtsfortbildung dient, in dem Umfang, in dem dies zu den Aufgaben von internationalen Gerichten bzw. anderen Formen der Streitbeilegung gehört.[9] Dabei sind Interpretationen und Rechtsfortbildung nicht scharf zu trennen; bereits in einer Interpretation liegt ein Element der Rechtsfortbildung. Die internationalen Gerichtshöfe, in erster Linie der Internationale Gerichtshof, formulieren in ihren Urteilen in nicht geringem Umfang *obiter dicta*. Auch hierbei handelt es sich um Interpretationen von völkerrechtlichen Normen. Ihre Bedeutung liegt aber darin, daß diese Interpretationsaussagen unabhängig von den durch einen Fall aufgeworfenen Rechtsfragen erfolgen. Eines der bekanntesten *obiter dicta* ist der Hinweis auf *erga omnes* Verpflichtung in dem Urteil des Internationalen Gerichtshofs *Barcelona Traction Light and Power Company*,[10] das die völkerrechtliche Entwicklung wesentlich beeinflußt hat.

---

[3] Vgl. Art. 33 Abs. 1 bzw. Art. 39 VN-Charta; vgl. dazu N. Singh, 11.

[4] Diese Komplementarität scheinen *Collier/Lowe*, 1 zu leugnen, wenn sie *‚disputes'* und *‚conflicts'* einander entgegen setzen und eine rechtliche Beilegung nur von *‚disputes'* für möglich halten. Dem folgt offenbar *Peters*, 107. Dies übersieht, daß eine derartige Trennung nicht mit Sicherheit zu ziehen ist. Auch wenn es möglicherweise Konflikte gibt, die nicht für eine gerichtliche Beilegung auf der Basis geltenden Rechts geeignet sind, sind die Mechanismen der Streitbeilegung doch flexibel genug, um auch eine Bewältigung von politischen Konflikten zu erlauben; wie hier *C. Tomuschat*, International Law: Ensuring the Survival of Mankind on the Eve of a New Century, General Course on Public International Law, RdC 281 (1999), 9 (391); *Daillier/Pellet*, 790 lehnen die Unterscheidung zwischen juristischen und politischen Streitfällen ab.

[5] Vgl. dazu oben § 169.

[6] LNTS 93, 344; vgl. dazu *Koroma*, 231.

[7] § 188.

[8] Die Präambel der Charta der Vereinten Nationen spricht von der Achtung vor den Verpflichtungen aus Verträgen und den anderen Quellen des Völkerrechts; *McWhinney*, 8 ff verweist zu Recht darauf, daß die zunehmende Entwicklung der Verfassungsgerichtsbarkeit auf der nationalen Ebene eigentlich eine Förderung der internationalen Gerichtsbarkeit mit sich bringen müßte.

[9] Vgl. dazu im einzelnen Bd II/1.

[10] ICJ Reports 1970, 3 .

Allerdings ist kritisch anzumerken, daß die Rolle des Internationalen Gerichtshofs zur Entwicklung oder Förderung der Entwicklung von Völkerrecht durch die Konzentration auf die zur Entscheidung anstehende Rechtsstreitigkeit und die Bindung an die Parteianträge begrenzt ist.

Zusammenfassend gesagt, zielt die Verpflichtung zur friedlichen Beilegung von internationalen Streitigkeiten auf einen doppelten Zweck. Sie ist die Alternative zur unilateralen Selbsthilfe, insbesondere zur Selbsthilfe mit militärischen Mitteln und sie ist gleichzeitig ein notwendiges Element für die Qualifikation des Völkerrechts als Rechtsordnung und dessen ständige Fortentwicklung. Auf diesem doppelten Zweck weist bereits Art. 2 Ziff. 3 der VN-Charta hin. Denn danach ist Ziel und Zweck der friedlichen Streitbeilegung nicht nur Frieden und internationale Sicherheit, sondern auch Gerechtigkeit *(justice)*.[11]

Im folgenden soll nicht das komplexe System der internationalen Streitbeilegung vorgestellt werden – dies ist Band II/1 vorbehalten –, sondern nur dessen Grundzüge, insoweit, um die entsprechende Pflichten und die damit korrespondierenden Rechte der Staaten zu verdeutlichen.

3. Das Völkerrecht verfügt über kein dem nationalen Recht vergleichbares System der Streitbeilegung. Es beruht in starkem Umfang auf der Bereitschaft der Staaten, sich bestimmter Verfahren zur Streitbeilegung zu bedienen oder zu unterwerfen. Die Anwendung eines Systems der Streitbeilegung, mit Hilfe dessen Rechtsstreitigkeiten mit verbindlicher Wirkung für die Parteien entschieden werden, setzt die vorherige Zustimmung durch die betroffenen Staaten voraus. Es ist dies ein Axiom, auf dessen Gültigkeit der Internationale Gerichtshof mehrfach hingewiesen hat.[12] Eine Verpflichtung der Staaten, sich konkreter Formen internationaler Streitbeilegung zu bedienen, existiert nur in Ausnahmefällen. Grundsätzlich besteht aber eine Tendenz im Völkerrecht, diese Verpflichtung zu intensivieren.[13] Es ist grundsätzlich zwischen der Verpflichtung der Staaten zu unterscheiden, Streitigkeiten friedlich beizulegen und der Verpflichtung, dafür bestimmte Formen der Streitbeilegung in Anspruch zu nehmen.

Die existierenden Verfahren zur Streitbeilegung lassen sich in zwei Gruppen einteilen, solche die die Streitparteien dazu anhalten oder ihnen dabei helfen, eine Lösung zu erreichen (sog. politische Verfahren) und solche, in denen die Lösung der Streitigkeit von dritter Seite (ein Gericht oder Schiedsgericht) formuliert wird (juristische Verfahren). Während erstere den Streitparteien die weitgehende Entscheidung darüber belassen, wie ein konkreter Rechtsstreit beigelegt werden soll, legen letztere die Entscheidung in die Verantwortung Dritter. Hierin liegt ein wesentlicher Souveränitätsverzicht für die beteiligten Staate. Deswegen bevorzugen sie politische Verfahren zur Lösung von Rechtsstreitigkeiten. In der weitaus überwiegenden Zahl der Fälle werden Rechtsstreitigkeiten im Wege von Verhandlungen beigelegt.

4. Das Institut der friedlichen Streitbeilegung wird in der Charta der Vereinten Nationen an verschiedenen Stellen angesprochen, insbesondere in Art. 2 Ziff. 3 sowie im VI. Kapitel. Die Vereinten Nationen haben versucht, dieses Institut weiter auszudifferenzieren. Dazu besteht Anlaß, denn in der Praxis werden nur eine geringe Zahl von Streitigkeiten Streitbeilegungsinstitutionen vorgelegt. Vor allem ist die Zahl der Staaten gering, die sich generell der Rechtsprechung des Internationalen Gerichtshofs unterworfen haben. Eine große Zahl von

---

[11] So auch *A. Peters*, 109, wenn auch diese mehr auf einen erweiterten Friedensbegriff abhebt.

[12] *Case Concerning Military and Paramilitary Activities in and Against Nicaragua* (Anm. 1), 32; *Land, Island and Maritime Frontier Dispute Judgment*, El Salvador/Honduras; Nicaragua (intervening), 11. 9. 1992, ICJ Reports 1992, 351 (585); vgl. dazu *N. Singh*, 22.

[13] *R. Higgins* 243, spricht davon, daß die Zustimmung zunehmend genereller Natur sei.

Fällen sind dem Internationalen Gerichtshof nicht auf der Basis einer allgemeinen Unterwerfung unter die Jurisdiktion des Internationalen Gerichtshofs, sondern auf der Grundlage einer Unterwerfungsklausel in einem allgemeinen völkerrechtlichen Vertrag oder auf der Basis eines *compromis* unterbreitet worden.

Bei den Maßnahmen der Vereinten Nationen, die versuchen das Institut der friedlichen Streitbeilegung zu verstärken, handelt es sich vor allem um die Prinzipiendeklaration,[14] die Manila-Erklärung der friedlichen Beilegung von internationalen Streitigkeiten,[15] die Erklärung über die Verhütung und Beseitigung von Streitigkeiten und Situationen, die den Weltfrieden und die internationale Sicherheit bedrohen können und die Rolle der Vereinten Nationen auf diesem Gebiet[16] sowie die *United Nations Model Rules for the Conciliation of Disputes Between States*[17]. Eine wesentliche Verstärkung der Verpflichtung zur friedlichen Streitbeilegung erfolgte durch die Vereinten Nationen jedoch nicht, da die Einwilligung der Staaten als Grundlage der Streitbeilegung betont – sogar teilweise überbetont – wird.

II. Die Verpflichtung zur friedlichen Beilegung von Streitigkeiten enthält mehrere Komponenten. Zunächst impliziert sie, daß – wie bereits angesprochen – Streitigkeit nicht mit militärischen Mitteln ausgetragen werden dürfen. Anders als das Gewaltverbot verlangt dieses Prinzip aber nicht nur ein Unterlassen – keine Anwendung von Gewalt –, sondern ein positives Tun,[18] d. h. daß die Parteien konkrete Schritte zur Streitbeilegung einleiten müssen; sie müssen sich aktiv um die Beilegung der internationalen Streitigkeit bemühen.[19] Dies bedeutet allerdings nicht, daß die Parteien verpflichtet wären, ein bestimmtes Mittel der Streitbeilegung zu wählen, es sei denn, dieses wäre vertraglich vorgesehen.[20] Die Verpflichtung zur friedlichen Streitbeilegung ist strikt von der Frage zu trennen, welcher Mechanismus in Anspruch genommen wird. Die Parteien können sich der traditionellen, in Art. 33 Abs. 1 VN-Charta genannten Mittel bedienen; sie können aber auch andere Mittel vereinbaren.

III. 1. Die Pflicht zur Streitbeilegung greift nur dann ein, wenn es sich um eine internationale Streitigkeit handelt. Dies wird in der Regel bei allen zwischenstaatlichen Konflikten der Fall sein.[21] Nicht erfaßt werden rein nationale Streitigkeiten. Sind allerdings zwei Völkerrechts-

---

[14] *Declaration on Principles of International Law Concerning Friendly Relations and Cooperation Among States in Accordance with the Charter of the United Nations* (Prinzipiendeklaration), GA Res. 2625 (XXV), Annex 24. 10. 1970.

[15] GA Res. 37/10, Annex, 15. 11. 1982; sie betont die Freiheit der Staaten hinsichtlich der Auswahl bestimmter Verfahren.

[16] GA Res. 43/51, Annex, 5. 12. 1988.

[17] GA Res. 50/50, Annex, 11. 12. 1995.

[18] Dies wurde von dem IGH in the *Continental Shelf Cases* betont, ICJ Reports 1969, 47; ebenso in den Urteilen zu den *Fisheries Jurisdiction Cases*, ICJ Reports 1974, 32, 201. Im *Aegean Sea Continental Shelf Case* hat der IGH hervorgehoben, daß Verhandlungen zwischen den Konfliktparteien kein Hindernis für die Fortführung von Verhandlungen darstellen, ICJ Reports 1978, 12; vgl. auch Urteil des IGH im *Case Concerning United States Diplomatic and Consular Staff in Tehran*, ICJ Reports 1980, 23. Insgesamt dazu *Verdross/Simma*, 283.

[19] C. *Tomuschat* (Anm. 1), Rdn. 14. Es heißt in der Prinzipiendeklaration: *„States shall... seek early and just settlement of their international disputes"*. Dies wird in der Manila-Declaration (Anm. 15) bestätigt und betont, daß dies in *‚good faith and in the spirit of co-operation'* zu geschehen habe.

[20] *Tomuschat* (Anm. 1) Rdn. 18; hierauf beschränkt sich die Prinzipiendeklaration (Anm. 14).

[21] Der StIGH hat in seinem Urteil vom 30. 8. 1924 im Falle *Mavrommatis Palestine Concessions*, 1924, PCIJ Ser. A, No. 2, 11, den Begriff wie folgt definiert: *„... a dispute is a disagreement on a point of law or fact, a conflict of legal views or interests between two persons."* Diese Definition ist zu weit. Die Standarddefinition des IGH ist: *„a disagreement on a point of law or fact, a conflict of legal views or of interests and it must be shown that the claim of one party is positively opposed by the other"*. South-West Africa, Preliminary Objections, Judgment, ICJ Reports 1962, 328.; ICJ, *Case Concerrning Questions of Interpretation and Application of the 1971 Montreal Convention from the Aerial Incident at Lockerbie*, - Preliminary Objection *(Libyan Arab Jamahiriya v. USA)*, Judgement of 27th February 1998, ILM 37 (1998), 587 f. So auch der Internationale Seegerichtshof, Order 27. 8. 1999, *Southern Bluefin Tuna Cases*, New Zealand v. Japan; Australia v. Japan, para. 44.

subjekte einig, daß eine internationale Streitigkeit vorliegt, so ist dies für ein mit dieser Streitigkeit befaßtes Internationales Gericht verbindlich. Es besteht durchaus die Möglichkeit, daß aus einem Rechtsstreit zwischen Privaten ein solcher zwischen Staaten wird.[22] Nach Art. 33 VN-Charta besteht an sich nur die Verpflichtung zur friedlichen Streitbeilegung für Streitigkeiten „deren Fortdauer geeignet ist, die Wahrung des Weltfriedens und der internationalen Sicherheit zu gefährden". Dieses Tatbestandsmerkmal ist in Einklang mit Art. 24 und 39 VN-Charta auszulegen. Allerdings ist jede zwischenstaatliche Streitigkeit per se friedendsgefährdend; eine abstrakte Unterscheidung zwischen „friedensgefährdenden" und „nicht-friedensgefährdenden" Streitigkeiten erscheint unmöglich. Die Prinzipiendeklaration,[23] die bei der Verpflichtung der Staaten auf die Streitbeilegung, auf diese Passage verzichtet, hat insofern für die Interpretation von Art. 33 VN-Charta klarstellende Wirkung. Erfaßt werden von der Verpflichtung aber auch Streitigkeiten mit und zwischen anderen Völkerrechtssubjekten und nach der Deklaration von Manila zwischen Staaten und Völkern in Bezug auf die Ausübung des Selbstbestimmungsrechts. Hierin liegt eine Erweiterung des Kreises derer, die Parteien einer internationalen Streitigkeit sein können. Die Manila-Deklaration kann sich insoweit auf die Praxis des Sicherheitsrates stützen.[24]

IV. Es gibt eine Vielzahl unterschiedlicher Verfahren zur Beilegung von internationalen Streitigkeiten. Detaillierte Regelungen zur Streitbeilegung enthalten die *Hague Convention on the Pacific Settlement of Disputes*, 1899,[25] das Genfer Protokoll für die friedliche Beilegung von Streitigkeiten, 1924[26] und die Generalakte für die friedliche Beilegung von Streitigkeiten, 1928.[27]

1. a. Die Mehrzahl aller internationaler Streitigkeiten wird im Wege der Verhandlungen unmittelbar zwischen den Streitparteien ohne Einschalten eines Staates oder einer internationalen Institution beigelegt.[28] Art. 33 VN-Charta nennt Verhandlungen als eine der Streitbeilegungsmethoden. Diese Qualifikation ist nicht zwingend. Streitbeilegungsklauseln in völkerrechtlichen Verträgen setzen teilweise voraus, daß vorherige Verhandlungen stattgefunden haben oder erfolglos geblieben sind, bevor ein formalisiertes Streitbeilegungsverfahren eingeleitet werden kann, verstehen Verhandlungen also als – teilweise notwendiges – Vorverfahren, nicht aber als Streitbeilegungsmethode im eigentlichen Sinn.[29] Die Unterscheidung ist im Einzelfall schwer zu ziehen. Es ist dies aber durchaus von praktischer Relevanz. Nur wenn Verhandlungen als Vorverfahren zu verstehen sind, ist die Einleitung eines formalisierten Streitbeilegungsverfahrens möglich, obwohl die Verhandlungen noch nicht abgeschlossen wurden. Die internationale Rechtsprechung zeigt insoweit eine gewisse Flexibilität. Sie hat es durchaus für zulässig gehalten, daß ein formalisiertes Streitbeilegungsverfahren eingeleitet wird, während Verhandlungen noch stattfinden.[30] Entscheidend

---

[22] So der Ständige IGH im Fall *Mavrommatis Palestine Concessions* (Anm. 21), 12.

[23] Anm. 15; im Ergebnis zustimmend, *Savitri*, 67.

[24] So hat der Sicherheitsrat die Niederlande, zu einer Zeit als Indonesien noch nicht als unabhängiger Staat anerkannt war, aufgefordert, den Konflikt mit Indonesien *„by arbitration or other means"* beizulegen (SC Res. 27 (1947).

[25] Modifiziert und ergänzt durch die Konvention gleichen Namens von 1907, RGBl. 1910, 5.

[26] AJIL 19 (Supp. 1925), 9 ff.

[27] LNTS 93, 344 ff.

[28] ICJ, *North Sea Continental Shelf* case, Judgment ICJ Reports 1969, 3 (48); PCIJ, *Mavrommatis Palestine Concessions* case, Judgment Ser. A. No. 2, 11–13; vgl. dazu *De Waart*, *N. E. Ghozali*, La négociation diplomatique dans la jurisprudence internationale, Revue belge de droit international, 1992, 323 ff; C. *Tomuschat* (Anm. 4), 394 f; *Brownlie*, 262.

[29] *Land and Maritime Boundary between Cameroon and Nigeria*, Preliminary Objections, ICJ Reports 1998, 275 (303);.

[30] Beschluß des IGH im Falle *(Cameroon v. Nigeria)*, ICJ Reports, para. 56; im *Nicaragua case (Military and Paramilitary Activities in and Against Nicaragua*, Nicaragua v. United States), ICJ Reports 1984, 440, para. 106 wird festgestellt: *„the Court considers that even the existence of active negotiations in which both parties might be involved should not prevent both the Security Council and the Court from exer-*

ist die vertragliche Regelung im Einzelfall. Danach entscheidet sich, ob und in welchem Umfang Verhandlungen vor Einleitung eines juristischen Verfahrens stattgefunden haben müssen. Weitergehend ist in dieser Hinsicht Art. 283 SRÜ, wonach Verhandlungen vor Einleitung eines Streitbeilegungsverfahrens zwingend vorausgesetzt werden. Hier handelt es sich bei den Verhandlungen um einen eigenen Streitbeilegungsmechanismus. Aber auch insoweit ist keine Streitpartei verpflichtet, Verhandlungen fortzusetzen, die sich als fruchtlos erweisen.

Die Flexibilität der Regeln zur friedlichen Streitbeilegung in dieser Hinsicht entspricht dem Grundsatz, daß die Parteien bei der Ausgestaltung eines konkreten Streitbeilegungsverfahrens weitgehende Freiheit besitzen. Diese Flexibilität reflektiert ihre Soveränität trotz der generellen Pflicht, Streitigkeiten friedlich beizulegen.

Die Pflicht zur Verhandlung ist substantieller nicht nur formeller Natur. Die Parteien müssen Verhandlungen mit der Intention, einen Ausgleich zu finden, geführt haben. Die Verpflichtung zur Verhandlung besteht allerdings nicht unbegrenzt. Wenn die Verhandlungen nicht mehr aussichtsreich sind, d. h. keine Wahrscheinlichkeit für eine Einigung besteht, brauchen die Verhandlungen nicht fortgesetzt zu werden.[31] Sind die Verhandlungen erfolglos geblieben, so sind die Parteien weiterhin verpflichtet nach einem Ausgleich zu suchen. Eine Reihe von Abkommen verpflichtet sie dann dazu, einen weiteren Schritt hinsichtlich des Verfahrens der friedlichen Streitbeilegung zu machen.[32]

b. Möglich ist es, daß die Streitparteien durch eine gerichtliche Entscheidung verpflichtet werden, Verhandlungen aufzunehmen. Dies kann der Fall sein, wenn die Jurisdiktion des angerufenen Gerichts auf die Entscheidung von bestimmten prinzipiellen Aussagen beschränkt war, auf deren Basis dann weitere Verhandlungen zwischen den Parteien erfolgen. Dies war im *North Sea Continental Shelf* case der Fall.[33] Möglich ist aber auch, daß sich das Gericht zur Entscheidung einer bestimmten Frage außerstande sah bzw. die Verhandlungen als den adäquaten Streitbeilegungsmechanismus erachtete und deswegen Verhandlungen verlangt. Schließlich ist von dieser Möglichkeit, wenn auch in vorsichtiger Form, Gebrauch gemacht worden, wenn sich das Gericht für unzuständig hielt, den Streitfall selbst zu entscheiden.[34]

c. Neben der Beilegung von Streitigkeiten im Verhandlungswege besteht die Möglichkeit, eine Lösung des Streits im Rahmen von internationalen Organisationen anzustreben. Sowohl der Sicherheitsrat wie auch die Generalversammlung der Vereinten Nationen verfügen z. B. über entsprechende Kompetenzen.[35]

---

cising their separate functions under the Charter and the Statute of the Court." Vgl. dazu *Collier/Lowe*, 21; C. *Tomuschat* (Anm 4.), 397. Die schiedsgerichtliche Entscheidung im *Bluefin Tuna Case* (Award on Jurisdiction and Admissibility, 4th August 2000, ILM 39 (2000)), 1359 (1389) führte hierzu aus: „*It is true that every means has not been tried; indeed the applicants have not accepted proposals of Japan for mediation or for arbitration* [...] *because Japan was unwilling to suspend persuance of is unilateral Experimental Fishing Program during the pedency of such resource* [...] *In the view of the Tribunal, this provision does not require the parties to negotiate indefenitely.*"

31 Es wird dann dem angerufenen Gericht obliegen, festzustellen, ob die Verhandlungsmöglichkeiten ausgeschöpft wurden.

32 Beispiele s. Handbook on the Peaceful Settlement of Disputes, 21 f.

33 ICJ Reports 1969, 3 (47): „*parties are under an obligation so to conduct themselves that negotiations are meaningful, which will not be the case when either of them insists upon its own position without contemplating any modifications of it.*" Ebenso im Falle *Gabčíkovo-Nagymaros Project (Hungary/Slovakia)*, ICJ Reports 1997, 7 (83).

34 *Southern Bluefin Tuna* case (Australia and New Zealand v. Japan), Jurisdiction and Admissibility, ILM 39 (2000), 1359 (1392): „*The Tribunal recalls that* [...] *prescribes that failure to reach agreement on reference to arbitration shall not absolve the parties to the dispute from the responsibility of continuing to seek to resolve it by any of the various peaceful means referred to* ... ."

35 Vgl. dazu *Tomuschat* (Anm. 4), 400 ff m.w.Nachw; *Daillier/Pellet*, 803 ff; *Brownlie*, 263 f.

2. Untersuchung bzw. *„fact finding"* haben in der völkerrechtlichen Praxis der Streitbeilegung eine verhältnismäßig geringe praktische Bedeutung. Es gibt aber Versuche, diesen Mechanismus stärker umzusetzen.[36] Die Praxis deutet nicht auf einen Erfolg hin.[37] Sinn dieses Verfahrens ist es, die Faktenlage aufzuklären in der Erwartung, daß die Streitparteien auf dieser Basis den Streitfall eigenständig beilegen.[38] Gerade im letzten Punkt unterscheiden sich Tatsachenermittlungen, wie sie gelegentlich national oder international vorgenommen werden.[39]

Der bekannteste Fall für die Einsetzung einer Untersuchungskommission ist der *Doggerbank* Zwischenfall von 1904.[40] Rußland und Großbritannien akzeptierten den Bericht, womit der Streitfall beigelegt war.
Eine Reihe von völkerrechtlichen Verträgen sehen die Einrichtung von Untersuchungskommissionen im Falle einer rechtlichen Streitigkeit vor.[41] In mehreren Fällen wurden internationale Organisationen als Untersuchungsauschüsse eingesetzt.[42]

Sinn dieses Verfahrens ist es, den Streitparteien zu überlassen, wie sie den Streit beenden bzw. ihren Interessenkonflikt ausgleichen. Hierin liegt der „souveränitätsschonende Aspekt" des Untersuchungsverfahrens.[43] Dennoch wird von diesem Institut, wie schon angedeutet, nur in sehr begrenztem Umfang Gebrauch gemacht.

3. Die Verfahren der Guten Dienste und der Vermittlung[44] haben in der völkerrechtlichen Praxis eine lange Tradition. Auf sie wird bereits in den beiden Haager Konventionen zur friedlichen Beilegung internationaler Streitigkeiten von 1899 und 1904[45] verwiesen. Da-

---

[36] Vgl. *Permanent Court of Arbitration Optional Rules for Fact Finding*, Commissions of Inquiry, Permanent court of Arbitration (ed.), Basic Documents, 1999, 177; Art. 90 Erstes Zusatzprotokoll zu den Genfer Konventionen, 1977, ILM 16 (1977), 1391; vgl. dazu *L. Condorelli*, La Commission internationale humanitaire d'établissement des faits: un court obsolète ou un moyen utile de mise en oeuvre du droit humanitaire?, IRRC 83 (2001), 393 ff; Art. 33 Abs. 3–9 *United Nations Convention on the Law of Non-Navigational Uses of International Water-Courses*, 1997, ILM 36 (1997), 700.

[37] A. A. *Peters*, 114 f.; die von ihr zitierten Beispiele, die Gründung der Wahrheits-Kommission und die *Historical Clarification Commission for Guatemala* (abgeschlossen zwischen Guatemala und der *UNIDAD Revolucionaria Nacional Guatemalteca*, 1994, ILM 36 (1997), 283) haben nationalen Charakter; vgl. hierzu C. *Tomuschat*, Between National and International Law: Guatemnala's Historical Clarification Commission, in: FC Jaenicke, 1998, 991 ff. Auch der Verweis auf die Zusammenstellung der Fakten im Rahmen des Streitbeilegungssystems erfüllt nicht alle Kriterien des *fact-finding*. Es fehlt, daß die Tatsachenermittlung deren juristische Bewertung ersetzt.

[38] Vgl. dazu *Resolution and Declaration on Fact-Finding by the UN* (GA Res. 46/59) 9th December 1991. Sie definiert *fact-finding* wie folgt: *„... any activity designed to obtain detailed knowledge of the relevant facts of any dispute or situation which the competent United Nations organs need in order to exercise effectively their functions in relation to the maintenance of international peace ..."*; vgl. dazu Handbook on the Settlement of Disputes between states, 24 ff.

[39] Vgl. die Beispiele in Anm. 40, 60; gleiches gilt für die Untersuchungskommission, die eingesetzt worden war, den Mord an dem Präsidenten von Burundi zu untersuchen (UN Doc. S/1996/682).

[40] AJIL 1907, 929; weitere Fälle sind der *Tavignano* Zwischenfall (vgl. *J. B. Scott*, The Hague Court Reports, First Series, 1916, Bd. 7, 413 ff) der *Tubani* Zwischenfall (*J. B. Scott*, The Hague Court Reports, Second Series, 1932, 135 ff).

[41] Dazu gehören u. a. die *Bryan-Verträge*, Verträge zwischen den Vereinigten Staaten und anderen Staaten (vgl. dazu *H. J. Schlochauer*, EPIL I, 509 ff.). Der Vertrag mit Chile von 1914 (U.S. Treaty Series 621) bildete die Grundlage für die Beilegung des *Letelier and Moffit* Falles (ILR 88 (1993), 27). Die Aufgabe des Ausschusses war es allein, die Schadensersatzsumme zu fixieren.

[42] Vgl. die Fälle des Völkerbundes und der Vereinten Nationen die von *Collier/Lowe*, 26, genannt werden, sowie im Handbook on the Peaceful Settlement of Disputes, 26.

[43] Die meisten Verträge, die ein Untersuchungsverfahren vorsehen, datieren aus der ersten Hälfte des 20. Jahrhunderts; vgl. dazu *Daillier/Pellet*, 800 f. Neueren Datums ist das Erste Zusatzprotokoll zu den Genfer Konventionen (Art. 90).

[44] In der Regel werden hierin zwei unterschiedliche Verfahren gesehen, *Merrils*, 27, *Tomuschat* (Anm. 4), 398; so auch die Manila Deklaration (Anm. 15), Abs. 5, sowie GA Res.43/51, vom 5. 12. 1988 sowie Art. IX–XIV Pact of Bogotá, UNTS 30, 55.

[45] *J. B. Scott* (ed.), The Hague Conventions and Declarations of 1899 and 1907, 1915.

gegen nimmt Art. 33 Abs. 1 VN-Charta auf sie keinen Bezug. Gute Dienste bestehen darin, daß ein unbeteiligter Dritter die Streitparteien zur Aufnahme von Verhandlungen bewegt, an denen er nicht selbst teilnimmt.[46] Ein Vermittler dagegen ist Teil der Verhandlungen und hat das Recht, eigene Vorschläge zu unterbreiten. In der Praxis ist die Unterscheidung zwischen Guten Diensten und Vermittlung schwer zu ziehen. Besonders der Generalsekretär der Vereinten Nationen ist in dieser Form an der Beteiligung von internationalen Streitigkeiten beteiligt gewesen.[47] Das Vermittlungsverfahren wird auch, und zwar verstärkt, für die Lösung von Streitigkeiten eingesetzt an dem Staaten und Privatpersonen beteiligt sind.[48]
Insgesamt liegt der Vorzug der Verfahren der Guten Dienste bzw. der Vermittlung darin, daß die Lösung der Streitigkeit letztlich auf einer Einigung der Streitparteien beruht und diesen nicht ein bestimmtes Ergebnis von Dritten vorgegeben wird. Denn sie haben völlige Freiheit, die angebotenen Lösungsvorschläge anzunehmen oder zu verwerfen. Die Besonderheit von Guten Diensten liegt dabei im Vergleich zur Vermittlung darin, daß derjenige, der die Guten Dienste anbietet, stärker verfahrensbezogen wirkt, während der Vermittler auch substantiell Einfluß nimmt. Auch diese Verfahren respektieren damit die Souveränität der Streitparteien.[49]

4. Das Vergleichsverfahren ist demgegenüber stärker formalisiert, dennoch stellt es ebenfalls einen flexiblen Mechanismus zur Lösung von Streitigkeiten dar. Ebenso wie die vorgenannten Verfahren wird nicht eine juristische, von dritter Seite formulierte Lösung angestrebt, sondern eine, die auf einer entsprechenden Einigung der Streitparteien beruht. Verfahrensrechtlich ähnelt das Vergleichsverfahren einem gerichtlichen Verfahren. In einem Vergleichsverfahren wird eine Streitigkeit an eine von den Parteien bestellte Kommission oder eine Einzelperson verwiesen. Diese nimmt eine Bewertung der Sach- und Rechtslage vor und unterbreitet eine nicht-verbindliche Empfehlung.[50]
Eine Vielzahl völkerrechtlicher Verträge sieht das Vergleichsverfahren als Möglichkeit für die Beilegung internationaler Rechtsstreitigkeiten vor. Unter den internationalen Übereinkommen zur friedlichen Beilegung von Streitigkeiten sind insoweit die Genfer Generalakte für die friedliche Beilegung von Streitigkeiten, 1928[51] (revidiert 1949),[52] die Europäische Konvention für die friedliche Beilegung von Streitigkeiten, 1957[53], der Bogotá Pakt, 1948,[54] das Protokoll zu der *Charta der Organization of African States*, 1964,[55] sowie das Abkommen zur Gründung der *Organization of Eastern Caribbean States*, 1981[56] zu nennen. Vorgesehen ist dieses Verfahren auch u. a. zur Beilegung von Streitigkeiten über die Ungültigkeit, Beendigung oder Suspendierung eines völkerrechtlichen Vertrages gem. Art. 66 lit.b WVK,[57] für bestimmte Streitigkeiten im Rahmen des Streitbeilegungssystems des Seerechts-

---

[46] Eine umfassende Definition enthält Art. 4 der *Convention for the Pacific Settlement of International Disputes*: *„The Part of the mediator consists in reconciling the opponing claims aand appeasing the feelings of resentment which may have arisen between the states at variance.“* Besondere Bedeutung hatte die erfolgreiche Vermittlung des Papstes im *Beagle Channel dispute*, ILM 24 (1985), 7; vgl. dazu *G. R. Moncayo*, La médiation pontificale dans l'affaire du Canal Beagle, RdC 244 (1993), 197.

[47] *T. M. Franck*, The Secretary-General's Role in Confict Resolution: Past, Present and Pure Conjecture, EJIL 6 (1995), 360 ff; vgl. dazu generell *S. Touval/ J. W. Zartmann* (eds.), International Mediation in Theory and Practice, 1985; Handbook on the Peaceful Settlement of Disputes between States, 1992, 35 f.; *Savitri*, 83.

[48] *C. Bühring-Uhle*, Arbitration and Mediation in International Business, 1996.

[49] *Dallier/Pellet*, 799.

[50] Vgl. dazu *J.-P. Cot*, International Conciliation, 1972, 9; *R. L. Bindschedler*, Conciliation and Mediation, EPIL I, 721 (723 ff); *Merrils*, 79; *Collier/Lowe*, 29.

[51] Anm. 4.

[52] UNTS 71, 101.

[53] UNTS 320, 243; BGBl. 1961 II, 82.

[54] Anm. 44.

[55] ILM 3 (1964), 1116.

[56] ILM 20 (1981), 1166.

[57] Vgl. dazu §§ 157–163.

übereinkommens,[58] sowie im Rahmen der OSZE.[59] In der Praxis wird das Vergleichsverfahren aber eher selten angewendet.
Es hat 1947 eine *Franco-Siamese Conciliation Commission* gegeben, die auf der Basis der Generalakte von Genf errichtet wurde sowie Kommissionen zwischen Belgien und Dänemark (1952), zwischen Frankreich und der Schweiz (1955) sowie zwischen Italien und der Schweiz (1956) jeweils auf der Basis bilateraler Verträge. Jüngeren Datums ist die Vergleichskommission zwischen Norwegen und Island (1981) hinsichtlich des Rechtsstreits über *Jan Mayen*. Vergleichskommissionen wurden auch im Rahmen der Vereinten Nationen eingesetzt.[60]
Das Verfahren für die Errichtung einer Kommission ist in den jeweiligen Verträgen unterschiedlich geregelt. Beispielhaft insoweit seien hier Annex V, Abschnitt 2 des VN-Seerechtsübereinkommens und der Annex zum Wiener Vertragsrechtsübereinkommen genannt.[61]

5. Das schiedsgerichtliche Verfahren unterscheidet sich in drei wesentlichen Punkten von den nichtjustitiellen Verfahren. Es ist stärker institutionalisiert, zumindest im Vergleich zu Guten Diensten und Vermittlung. Wesentlicher ist, daß Dritten ein bestimmender Einfluß auf die Entscheidung des Streitfalls eingeräumt wird, da Entscheidungen im schiedsgerichtlichen Verfahren bindend sind und daß diese Entscheidungen allein auf der Basis des Rechts erfolgen.
Die Schiedsgerichte bestehen in aller Regel aus zwei oder vier Schiedsrichtern, die bei Streitigkeiten zwischen zwei Staaten von den Streitparteien je zur Hälfte benannt werden, sowie einem unabhängigen Vorsitzenden, der entweder von den Streitparteien oder den Schiedsrichtern gewählt wird. Grundsätzlich kann zwischen *ad hoc*-Schiedsgerichten und stärker institutionalisierten Schiedsgerichten unterschieden werden. *Ad hoc*-Schiedsgerichte treten nur zur Entscheidung eines Falles zusammen, für andere Schiedsgerichte besteht eine embryonale Infrastruktur, noch bevor sie konkret eingesetzt werden.
Schiedsgerichtliche Verfahren spielen in der völkerrechtlichen Praxis der Streitbeilegung eine wesentliche Rolle.[62]

Die moderne Schiedsgerichtsbarkeit geht auf den Vertrag von *Amity Commerce and Navigation (Jay-Vertrag)* von 1794[63] zwischen Großbritannien und den Vereinigten Staaten zurück,[64] der eine ‚*arbitral commission*' einführte. Eine stärkere Institutionalisierung erfolgte u. a. durch den Vertrag von Washington, 1871, zwischen Großbritannien und den Vereinigten Staaten,[65] durch die die *Alabama claims*[66] entschieden wurden. Die Praxis dieses Schiedsgerichts inspirierte die Haager Friedenskonferenz zur Annahme der *Hague Convention on the Pacific Settlement of International Disputes*, 1907.[67] Dies führte zur Gründung des Ständigen Schiedshofs, der eine Liste möglicher Schiedsrichter bereithält und über eine Infrastruktur verfügt, die als Sekretariat für ein Schiedsverfahren dienen kann.[68] Seither sind eine Vielzahl von Verträgen entwickelt worden, die eine Schiedsgerichtsbarkeit vorsehen.[69]

---

[58] Art. 297 i.V.m. Annex V Seerechtsübereinkommen.

[59] *C. Leben*, La mise en place de la Cour de conciliation et d'arbitrage au sein de l'OSCE, RGDIP 100 (1996), 135 ff.; *N. Vajic*, Diplomatic Settlement or Adjudication: Advantages and Drawbacks, in: *L. Caflisch* (ed.), 17 ff. (19 ff.).

[60] ILM 20 (1980), 797 ff.

[61] BGBl. 1985 II, 927.

[62] Wesentliche Verfahren der jüngeren Zeit zwischen Staaten sind u. a. the *Beagle Channel Arbitration* (ILR 52 (1978), 39), the *Rann of Kutch Arbitration* (ILR 50 (1968), 7), the *Channel Continental Shelf Arbitration* (ILR 54 (1978), 6), the *Air Transport Arbitration* (USA v. France) (ILR 38 (1964), 182), the *Air Transport Services Arbitration* (ILR 54 (1978), 304), the *Rainbow Warrior Arbitration* (ILR 82 (1990), 499), the *Southern Bluefin Tuna Arbitration* (ILM 39 (2000), 1359).

[63] CTS Bd. 52, 243; vgl. dazu *Singh*, 7 f.

[64] Vgl. dazu *Simpson/Fox*, 1 ff.

[65] CTS Bd. 143, 145.

[66] Lapradelle-Politis II, 713 f.

[67] RGBl. 1910, 5, die die frühere Konvention gleichen Namens von 1899 ergänzte; vgl. dazu *Koroma*, 227 f.

[68] Die praktische Bedeutung mit nur 23 Fällen seit 1900 (davon 20 zwischen 1900–1932) ist gering geblieben.

[69] Vgl. dazu im einzelnen Band II/1.

Die Neigung der Staaten, schiedsgerichtliche Verfahren gerichtlichen Verfahren vorzuziehen begründet sich daraus, daß die Staaten einen Einfluß über die Entscheidung behalten, da sie jeweils die Hälfte der Schiedsrichter benennen und über den Schiedsvertrag *(compromis)* bestimmen, worüber das Gericht entscheiden kann. Letzteres kann allerdings auch bei institutionalisierten Gerichten der Fall sein. Die Schiedsrichter sind zwar unabhängig, ihre Benennung u. U. nur für einen Fall erzeugt aber eine deutliche Bindung zu dem ernennenden Staat. Den Vorteilen des schiedsgerichtlichen Verfahrens stehen aber auch wesentliche Nachteile im Vergleich zur ständigen internationalen Gerichtsbarkeit gegenüber. Das schiedsgerichtliche Verfahren ist in aller Regel für die Streitparteien erheblich kostenaufwendiger, da sie und nicht, wie bei der ständigen Gerichtsbarkeit die Staatengemeinschaft, für die Kosten des Gerichts, einschließlich seiner Verwaltung aufzukommen haben.[70] Schließlich ist der Einfluß eines Schiedsgerichts auf die Fortbildung des Völkerrechts geringer, da es in der konkreten Zusammensetzung in aller Regel nur einmal zusammentritt.

Im Rahmen des Streitbeilegungssystems unter dem VN-Seerechtsübereinkommen[71] hat die Schiedsgerichtsbarkeit eine besondere Bedeutung erhalten. Das schiedsgerichtliche Verfahren ist danach nämlich die verbindliche Entscheidungsinstanz, wenn sich die Parteien auf kein anderes Verfahren geeinigt haben. Hinzu kommt, daß das Seerechtsübereinkommen Vorsorge für eine schnelle Einsetzung des Schiedsgerichts geschaffen hat.

6. Die Beilegung von internationalen Streitigkeiten erfolgt in seiner am stärksten formalisierten Form durch den Internationalen Gerichtshof[72] und seit seiner Gründung 1996 durch den Internationalen Seegerichtshof. Die Aufgabe der internationalen Strafgerichtshöfe ist anderer Natur und soll hier ausgeklammert bleiben.[73] Beide Gerichte entscheiden die ihnen unterbreiteten Rechtsstreitigkeiten mit verbindlicher Wirkung. Sie haben aber praktisch keine Möglichkeit, die Befolgung ihrer Urteile zu überwachen. Es besteht lediglich die Möglichkeit eines Rekurses an das Gericht, wenn die Auslegung eines Urteils zwischen den Parteien umstritten ist. Beide Gerichte entscheiden konkrete Rechtsstreitigkeit und nehmen dabei zur Auslegung der relevanten Normen Stellung. Allerdings ist der Internationale Seegerichtshof auf die Entscheidung seerechtlicher Streitigkeiten beschränkt. Die Entscheidungen des Internationalen Gerichtshofs ergehen auf der Basis des Völkerrechts, während Entscheidungen von seerechtlichen Fragen (dies gilt für alle Gerichte, die unter dem System der Streitbeilegung des Seerechtsübereinkommens entscheiden) auf der Basis des Seerechtsübereinkommens erfolgt. Allgemeines Völkerrecht kann in diesen Fällen nur dann herangezogen werden, wenn es nicht im Widerspruch zum Seerechtsübereinkommen steht.[74]

Kein Staat ist der Gerichtsbarkeit des Internationalen Gerichtshofs unterworfen, soweit er dieser nicht zugestimmt hat.[75] Diese Zuständigkeit kann durch ein besonderes Abkommen mit der anderen Streitpartei für einen konkreten Fall oder einseitig, abstrakt und im voraus entweder für Streitigkeiten unter einem bestimmten Vertrag[76] (Art. 36 Abs. 1 IGH-Statut)

---

[70] Vgl. dazu *Tomuschat*, Anm. 4, 408.

[71] Vgl. Art. 287 SRÜ; siehe dazu *Sohn*, 265 ff; *T. Treves*, The Law of the Sea Tribunal: Its Status and Scope of Jurisdiction after November 16, 1994, ZaöRV 55 (1995), 421 ff; *T. Eitel*, The Law of the Sea Tribunal: Its Status and Scope of Jurisdiction after November 16, 1994 – Comment, ZaöRV 55 (1995), 452; *K. Oellers-Frahm*, Arbitration – A Promising Alternative of Dispute Settlement under the Law of the Sea Convention?, ZaöRV 55 (1995), 457 ff; *R. Wolfrum*, Der Internationale Seegerichtshof in Hamburg, VN 1996, 20 ff.

[72] Der IGH ersetzte 1946 den 1921 gegründeten StIGH; zur Entstehungsgeschichte vgl. umfassend *Rosenne*, Bd. I, 41 ff.

[73] Vgl. dazu aber §§ 198, 199.

[74] Art. 293 SRÜ.

[75] *Rosenne*, Bd. II, 563 ausführlich zur *„Consensual basis of jurisdiction"*.

[76] Vgl. z. B. Art. IX der Konvention über die Verhütung und Bestrafung des Völkermords, BGBl. 1954 II, 730.

oder durch eine generelle Unterwerfungserklärung gemäß Art. 36 Abs. 2 des IGH-Statuts erfolgen. Das heißt, die Gerichtsbarkeit des Internationalen Gerichtshofs beruht auf einem Willensakt der betroffenen Staaten. Insofern reflektiert dieses System die Souveränität der Staaten.[77] Diesen Gesichtspunkt hat der Internationale Gerichtshof mehrfach betont.[78] Eine Ausnahme hierzu begründet Art. 66 lit.a WVK in bezug auf Streitigkeiten über *ius cogens* Normen.

7. Das System unter dem Seerechtsübereinkommen[79] weicht hiervon ab, ohne aber die Souveränität der Staaten in dieser Beziehung in Frage zu stellen, d. h. auf die konsensuale Basis für die Ausübung der Gerichtsbarkeit zu verzichten. Für diejenigen Staaten, die Vertragsparteien des Seerechtsübereinkommens sind, besteht eine Verpflichtung, ihre Streitigkeiten vor einem der gemäß Art. 287 SRÜ vorgesehenen Verfahren auszutragen. Da der Beitritt zu diesem Übereinkommen auf einem voluntativen Akt der Staaten beruht, ist sichergestellt, daß die Ausübung der Gerichtsbarkeit in seerechtlichen Streitigkeiten von der vorher erteilten Einwilligung der Staaten getragen wird.
Die Innovation dieses Verfahrens liegt darin, daß der Beitritt zu dem Seerechtsübereinkommen, d. h. die Übernahme der materiellrechtlichen Rechte und Pflichten, zwingend mit der Akzeptanz des entsprechenden Streitbeilegungsmechanismus verbunden wird. Dies ist aber nur möglich, wenn ein Streitbeilegungssystem in einem Vertragsregime regelrecht integriert wird. Andernfalls ist – zumindest vom Grundsatz her – erforderlich, daß sich die Staaten in einem besonderen Akt der Rechtsprechungsgewalt eines internationalen Gerichts unterwerfen, bevor dieses mit einem Streitfall befaßt werden kann. Damit kann es zum Auseinanderfallen materiellrechtlicher Pflichten und der Möglichkeit, diese einzuklagen, kommen. Dies wird unter dem System des Seerechtsübereinkommens vermieden. Allerdings hat dieser Ansatz bislang nicht dazu geführt, daß seerechtliche Streitigkeiten in zunehmendem Umfang den Gerichten bzw. Schiedsgerichten unter dem Seerechtsübereinkommen unterbreitet werden.

V. 1. Für die Beilegung von internationalen Streitigkeiten in bestimmten Sachbereichen sind flexiblere Formen der Streitbeilegung entwickelt worden, die sich in der Praxis als außerordentlich erfolgreich erweisen. Sie verzichten auf institutionalisierte Spruchkörper und übernehmen insoweit Ansätze der Schiedsgerichtsbarkeit. In erster Linie ist hier das Streitbeilegungssystem der WTO zu nennen.

Dieses Verfahren sieht zunächst zwischen konkreten Streitparteien Konsultationen und ein Vermittlungsverfahren vor. Erst nach Ausschöpfung dieser ‚Vorverfahren' kann einem Expertenpanel, das für jeden Rechtsstreit neu zusammengesetzt wird, eine Beschwerde unterbreitet werden. Es erstellt einen *‚Interim Report'*, der von den Parteien kommentiert wird und auf der Basis dieser Kommentierung einen *‚Final Report'*. Dieser Bericht bedarf der Annahme durch den *Dispute Settlement Body*, soweit dieser nicht in Konsens entscheidet, ihn abzulehnen, oder eine Partei Berufung einlegt. In diesem Fall bedarf die Berufungsentscheidung der Annahme durch den *Dispute Settlement Body*. Diese erfolgt, wenn der Bericht nicht in Konsens abgelehnt wird.[80] Die Durchsetzung des Reports liegt in der Hand der Parteien, letztlich können sie den *Dispute Settlement Body* um die Autorisierung von Gegenmaßnahmen ersuchen.[81]

---

77 *Cassese*, 216.

78 Vgl. *Military and Paramilitary Activities* Case, *Nicaragua v. USA*, Merits, ICJ Reports 1986, 14.

79 Art. 279 SRÜ wiederholt die Verpflichtung des Art. 33 VN-Charta, Streitigkeiten mit friedlichen Mitteln zu lösen.

80 Vgl. zu dem Verfahren im einzelnen *P. T. Stoll*, EPIL Vol. IV, 1520; *E. U. Petersmann*, The Dispute Settlement System of the World Trade Organisation and the Evolution of the GATT Dispute Settlement System since 1948, CMLR 31 (1994), 1157 ff.; *ders.* The Gatt/WTO Dispute Settlement System, International Law, International Organization and Dispute Settlement, 1997.

81 Vgl. dazu im einzelnen *P. T. Stoll/A. Steinmann*, WTO Dispute Settlement. The Implementation Stage, Max Planck UNYB Vol. 3 (1999), 407 ff.

2. Das Verfahren zeichnet sich durch eine innovative Mischung von Vermittlungs-, Vergleichs- und Gerichtsverfahren aus. Eine ‚gerichtliche Entscheidung' ist letztlich die *ultima ratio* und auch hier haben die Parteien Einfluß auf die Komposition der *Panels* und deren Bericht (nicht allerdings auf die Komposition der *Appellate Bodies* in Bezug auf einen konkreten Fall). Innovativ ist auch die Gestaltung des Durchsetzungsmechanismus, der den Parteien die Möglichkeit zu einseitigen Durchsetzungsmaßnahmen eröffnet, aber deren Kontrolle vorsieht.
Dieses Verfahren vermeidet mehrere Schwächen des traditionellen Streitbeilegungssystems. Es gibt den Parteien Einfluß auf die Entscheidungsfindung und schwächt dadurch den Eingriff in die staatliche Souveränität ab. Gleichzeitig entwickelt es aber ein gestuftes Durchsetzungsverfahren, das der traditionellen Streitbeilegung fehlt.

VI. 1. Wie eingangs festgestellt, sind Staaten zwar verpflichtet, ihre Streitigkeiten friedlich beizulegen. Das allgemeine Völkerrecht verzichtet aber darauf, bestimmte Formen der Streitbeilegung vorzuschreiben. Insofern ist die Pflicht zur friedlichen Streitbeilegung unvollständig. Neuere Entwicklungen im Völkerrecht – insbesondere im Bereich des Seerechts – schränken die Möglichkeit der Staaten aber ein, sich einer formalisierten Streitbeilegung zu entziehen und gestalten damit das Gebot des Art. 33 VN-Charta effektiver. Daneben sind für das internationale Handelsrecht flexible Formen der Streitbeilegung getreten, die die Gegenpartei verpflichtet sich zu beteiligen. Die Pflicht, sich an einem formalisierten Streitbeilegungsverfahren beteiligen zu müssen, wird durch die Möglichkeit, auf dessen Verlauf Einfluß nehmen zu können, kompensiert, und hat letztlich wesentlich zur Akzeptanz dieses Systems beigetragen. Haben sich die Parteien einem nichtjustiziellen oder einem justiziellen Verfahren unterworfen, sind sie zur gegenseitigen Kooperation in Bezug auf eine Förderung dieses Verfahrens und – im Falle eines justiziellen Verfahrens – zu einer Kooperation mit dem betreffenden Gericht verpflichtet.[82] Allerdings hindert es die Parteien nicht daran, ihre prozeduralen Rechte auszuschöpfen. Den Gerichten fehlen auch weitgehend die Möglichkeiten, fehlende Kooperation unmittelbar zu sanktionieren.

2. Grundsätzlich wird im Völkerrecht die Vereinbarung einer gerichtlichen Beilegung von Streitigkeiten positiv beurteilt. Fraglich ist jedoch, ob dies wirklich in allen Situationen der Fall sein muß. Es gibt durchaus eine Reihe von Rechtsstreitigkeiten zwischen Staaten, durch deren Entscheidung nichts gewonnen würde. Ein klassisches Beispiel ist insoweit der Territorialstreit in Bezug auf die Antarktis. Hier erscheint es angemessen, eher auf Strategien zu bauen, die die Rechtsstreitigkeit irrelevant werden läßt, als den Versuch zu unternehmen, eine derartige Rechtsstreitigkeit zu lösen. Insoweit sollte stärker von einer Pflicht zur Streitbewältigung als zur Beilegung gesprochen werden.

3. Schließlich ist zu berücksichtigen, daß zumindest das traditionelle institutionalisierte Streitbeilegungsverfahren im Grunde genommen auf die Lösung von Streitigkeiten im bilateralen Verhältnis zugeschnitten ist. Es ist weniger geeignet, zum Schutze von Gemeinschaftswerten zu wirken. Insoweit müssen noch neue Mechanismen entwickelt oder existierende adaptiert werden. Eine Verstärkung des Systems der Intervention oder eine intensivere Berücksichtigung von ‚*amicus curiae briefs*' würde in diese Richtung zielen.[83]

---

[82] Vgl. dazu *Peters*, 133 ff.

[83] Vgl. dazu im einzelnen Bd. II/1.

§ 171 Die Erfüllung völkerrechtlicher Verpflichtungen nach Treu und Glauben

Schrifttum: *J. Santa Cruz*, La fides, 1949; *A. Verdross*, Die bona fides als Grundlage des Völkerrechts, in: *D. S. Constantopolos/H. Wehberg* (Hrsg.), Festschrift für *Laun*, 1953, 29 ff; *G. Schwarzenberger*, Fundamental Principles of International Law, RdC 87 (1955 I), 290 ff; *F. A. von der Heydte*, Die bona fides und die einzelnen Rechtsnormen, ÖZöR 11 (1961), 364 ff; *L. Cavaré*, La notion de bonne foi et quelques-unes de ses applications en droit international public, 1963/1964; *J. P. Cot*, La bonne foi en droit international public, 1968/1969; *J. P. Müller*, Vertrauensschutz im Völkerrecht, 1971; *A. Verdross*, Die Quellen des universellen Völkerrechts, 1973; *M. Lachs*, Some Thoughts on the Role of Good Faith in International Law, in: *R. J. Akkermann/P. J. van Kriken/C. O. Pannenborg* (Hrsg.), Festschrift für *Röling* (1977), 47 ff; *V. Paul*, The Abuse of Rights and Bona Fides in International Law, ÖRöR 28 (1977), 107 ff; *E. Zoller*, La bonne foi en droit international public, 1977; *G. White*, The Principle of Good Faith, *V. Lowe/C. Warbrick*, The United Nations and the Principles of International Law, in: Mélanges für *Akehurst*, 1994, 230 ff; *P. Widmer/B. Cottier* (eds.), Abus de droit et bonne foi, 1994; *A. d'Amato*, Good Faith, EPIL II (1995), 599 ff; *H. Mosler*, General Principles of Law, EPIL II (1995), 511 ff; *M. Lachs*, Pacta sunt servanda, EPIL III (1997) 847 ff; *S. Rosenne*, Developments in the Law of Treaties 1945–1986, 1989; *R. Kolb*, La bonne foi en droit international public, Revue belge de droit international 31 (1998), 661 ff; *R. Yakemtchouk*, La „bonne foi" et le désarmement, Rivista di studi politici internazionali 68 (2001), 451 ff.

I. Der Grundsatz, wonach völkerrechtliche Prinzipien und Regeln nach Treu und Glauben zu erfüllen sind, ist im Völkerrecht strukturell von grundlegender Bedeutung.[1] Es ist deswegen nicht überraschend, daß, wie *E. Zoller* belegt,[2] er bereits 1659 in Art. 1 des Pyrenäen-Vertrages[3] Erwähnung findet. Angesprochen wurde dieser Grundsatz in Art. XVIII des I. Haager Abkommens von 1899 über die friedliche Beilegung von Streitigkeiten[4] und in Art. XXXVII des I. Haager Abkommens von 1907[5] wiederholt. Art. 13 der Satzung des Völkerbundes schließlich verpflichtet die Staaten, Urteile bzw. Schiedsentscheidungen nach Treu und Glauben zu erfüllen. Art. 2 Ziff. 2 der Charta der VN ist dann der erste allgemeine universelle Vertrag, der den Grundsatz von Treu und Glauben als Richtschnur für die Erfüllung völkerrechtlicher Pflichten formuliert. Dieser Grundsatz hat danach Aufnahme in einer Reihe völkerrechtlicher Abkommen gefunden, so der Wiener Vertragsrechtskonvention[6] und dem Seerechtsübereinkommen von 1982.[7]

In allen diesen Abkommen zielt der Grundsatz von Treu und Glauben auf eine Verhaltensregelung der Staaten. Trotz seiner inhaltlichen Unbestimmtheit konstituiert dieser Grundsatz eine rechtliche verbindliche Verhaltenspflicht, deren Verletzung eine Staatenverantwortlichkeit auslösen kann.[8]

Im Völkerrecht erfüllt der Grundsatz, verstanden als Rechtsgrundsatz, völkerrechtliche Verpflichtungen nach Treu und Glauben zu erfüllen, eine wesentliche Funktion. Völkerrecht in den Formen des Gewohnheitsrechts und des Vertragsrechts zielt auf eine Steuerung des Verhaltens von Staaten; als solches ist es positivistisch. Durch die Hineinnahme des Grundsatzes, daß völkerrechtliche Verpflichtungen nach Treu und Glauben zu erfüllen sind, wird in diese Rechtsordnung ein außerrechtliches Element hineingetragen, das eine ausgleichende und die Auslegung der völkerrechtlichen Normen modifizierende Funktion hat. Dieses außerrechtliche Element rekurriert auf eine internationale Moral, deren Bestand und Aussagegehalt nicht statisch ist; sie muß sich vielmehr in einem internationalen Diskurs entwickeln und bestätigen.[9] Es ist bereits darauf hingewiesen

---

[1] *Lachs*, 50; *von der Heydte*, 365; *Verdross*, Die bona fides, 29; *Oppenheim/Jennings/Watts*, 38.

[2] *Zoller*, 5.

[3] Text in: *C. Parry* (ed.), Consolidated Treaty Series 5, 325.

[4] RGBl. 1901, 393.

[5] RGBl. 1910, 5.

[6] BGBl. 1985 II, 926.

[7] BGBl. 1994 II, 1799.

[8] *Rosenne*, 135.

[9] *T. Nardin*, Law, Morality and the Relations of States, 1983, 305.

worden[10] – und es ist erforderlich dieses an dieser Stelle noch einmal hervorzuheben – daß sich Völkerrechtsordnung und Werteordnung nicht unabhängig voneinander entwickeln. Vielmehr übt die Entwicklung der Völkerrechtsordnung, indem sie Gemeinschaftsinteressen formuliert und schützt, einen maßgeblichen Einfluß auf den Inhalt der Werteordnung der Staatengemeinschaft aus. Diese Wertvorstellungen der internationalen Staatengemeinschaft[11] sind konstituierendes Element dieser Gemeinschaft schlechthin. Insofern erfüllt der Grundsatz, daß völkerrechtliche Verpflichtungen nach Treu und Glauben zu erfüllen sind, eine zentrale Aufgabe in der Völkerrechtsordnung; über ihn wird sichergestellt, daß die Verpflichtungen nach dem positiven Recht nicht die Rückkoppelung an die Wertegemeinschaft der Staatengemeinschaft verlieren. Insofern ist der Grundsatz von Treu und Glauben eine der Existenzgrundlagen des Völkerrechts.[12]

Ein weiterer Gesichtspunkt, der die Bedeutung des Grundsatzes erhellt, wonach völkerrechtliche Verpflichtungen nach Treu und Glauben zu erfüllen sind, wird von *Verdross/Simma*[13] betont. Sie weisen darauf hin, daß das Völkerrecht kein Herrschaftsverbund ist und deshalb auch weniger Mechanismen als das innerstaatliche Recht bereitstellt, um nach einem Rechtsbruch den Rechtsfrieden wieder herzustellen. Aus diesem Grund könne das Völkerrecht als Rechtsordnung nur bestehen, wenn die Mitglieder der Völkerrechtsgemeinschaft die übernommenen Verpflichtungen nach Treu und Glauben, also unter Achtung der Gemeinschaftswerte und der Interessen der anderen Mitglieder, erfüllten.

Eine genaue juristische Definition dessen, was nach Treu und Glauben im Einzelfall geboten ist, ist von diesem Verständnis des Grundsatzes her ausgeschlossen.[14] Entscheidend ist die Anwendung dieses Grundsatzes nicht nur in Bezug auf die Interpretation einer Norm, sondern auch in der Bewertung einer Situation unter Berücksichtigung dessen, wie sie von denjenigen Völkerrechtssubjekten gesehen wird, die möglicherweise gegensätzliche Positionen oder andersgelagerte Interessen vertreten haben.

II. Die Präambel zu der Charta der Vereinten Nationen verpflichtet zur Achtung vor den Verpflichtungen aus Verträgen und anderen Quellen des Völkerrechts. Art. 2 Ziff. 2 der VN-Charta verlangt von den Mitgliedern der Vereinten Nationen die Pflichten, die sie mit der Charta übernommen haben, nach Treu und Glauben zu erfüllen. Damit übernimmt und bestätigt die Charta dieses Grundprinzip des Völkerrechts. Ein Verweis auf die Verpflichtung, die Pflichten nach Treu und Glauben zu erfüllen, findet sich bereits in den Vorschlägen von *Dumbarton Oaks*;[15] er wurde von den Kommentaren zu diesen Vorschlägen unterstützt.[16]

Der Bezug der Verpflichtung auf die Erfüllung von Verträgen, wie sie die Präambel der Charta formuliert oder auf Pflichten gegenüber der Organisation der Vereinten Nationen verengt deren Aussagewert bis zu einem gewissen Grade oder läßt zumindest diesen Eindruck entstehen.[17] Art. 2 Ziff. 2 VN Charta ist allerdings im Zusammenhang mit dem Obersatz *(„The Organization and its Members, in Pursuit of the Purposes stated in Art. 1, shall act in accordance with the following principles")* zu lesen. Danach wird die Verpflichtung, völkerrechtliche Pflichten nach Treu und Glauben zu erfüllen, nicht nur in dem Sinne der Erfüllung des positiven Rechts gesehen, sondern als allgemeines Prinzip formuliert.[18]

---

10 § 165.

11 Vgl. dazu § 165.

12 *Kolb*, 665; 667 ff.

13 *Verdross/Simma*, 46; *Kolb*, 665.

14 *E. Zoller*, in: *J. P. Cot/A. Pellet* (eds.), La Charte des Nations Unies, 1991, 99 ff.

15 UNICO 3, 5.

16 Vgl. dazu im einzelnen *Rosenne*, 157 f.

17 Kritisch insoweit *H. Kelsen*, The Law of the United Nations, 1950, 88 f. Er spricht dieser Verpflichtung jede über den Grundsatz *pacta sunt servanda* hinausgehende Bedeutung ab.

18 *L. M. Goodrich/E. Hambro/A. P. Simons*, Charter of the United Nations, 1969, 40 f, hätten bevorzugt, dies stärker zu betonen.

Wesentlich ist darüber hinaus, daß die Formulierung eine Begründung für diese Verpflichtung enthält. Sie verweist darauf, daß die Erfüllung dieser Verpflichtung Voraussetzung dafür ist, daß die Staaten die Rechte und Verpflichtungen, die sich aus der Mitgliedschaft in den Vereinten Nationen ergeben, genießen können. Die belegt deutlich die elementare Funktion dieser Pflicht innerhalb einer Rechtsgemeinschaft.
Eine Auslegung und weitere Konkretisierung dieses Grundsatzes erfolgt in der *Declaration of Principles of International Law Concerning Friendly Relations and Cooperation Among States in Accordance with the Charter of the United Nations* (Prinzipiendeklaration).[19] Sie führt diesen Grundsatz weiter aus, wobei zwischen den einzelnen Rechtsquellen unterschieden wird. Danach besteht eine Verpflichtung nach Treu und Glauben, die mit der Charta übernommenen Verpflichtungen sowie diejenigen Verpflichtungen zu erfüllen, die sich aus den allgemein anerkannten Prinzipien und Regeln des Völkerrechts ergeben. Hinsichtlich von Verträgen besteht nach der Prinzipiendeklaration diese Verpflichtung nur, soweit diese Verträge unter den allgemeinen Prinzipien und Regeln des Völkerrechts gültig sind.[20]
Alle gültigen Verpflichtungen sind nach Treu und Glauben zu erfüllen. Diese Formel stellt sicher, daß es nicht auf eine logisch-grammatisch mögliche Auslegung eines Vertragstextes ankommt, sondern die Staaten sind danach verpflichtet, durch den betreffenden völkerrechtlichen Vertrag vorgegebenen Gemeinschaftszielen gerecht zu werden.[21] Auch die *Manila-Declaration on the Peaceful Settlement of Disputes*[22] nimmt hierauf Bezug und zwar als Rechtsprinzip sowie hinsichtlich der Befolgung völkerrechtlicher Pflichten.

III. 1. Der Grundsatz der Verpflichtung zur Erfüllung völkervertraglicher Verpflichtungen nach Treu und Glauben wird in der Wiener Vertragsrechtskonvention mehrfach angesprochen, der Präambel, in Art. 26 zusammen mit dem Grundsatz *pacta sunt servanda*, in Art. 31, der die Regelungen zur Interpretation völkerrechtlicher Verträge enthält, in Art. 46 (Berufung auf fehlende staatsrechtliche Abschlußkompetenz für die Geltendmachung der Nichtigkeit eines Vertrages) und in Art. 69 bei der Rückabwicklung nichtiger völkerrechtlicher Verträge.[23] Schließlich hat der Grundsatz von Treu und Glauben auch Aufnahme in Art. 300 des Seerechtsübereinkommens gefunden, wobei er dort mit dem Verbot des Rechtsmißbrauchs verknüpft wurde. Der Grundsatz von Treu und Glauben hat, vor allem hinsichtlich der Erfüllung völkerrechtlicher Pflichten im GATT *(General Agreement on Tariffs and Trade)*[24] eine spezielle vertragliche Ausformulierung erhalten. Der *chapeau* von Art. XX GATT beschränkt die Anwendung von Ausnahmeregeln von dem Verbot des Art. XI GATT, indem er zur Rücksichtnahme auf die Interessen anderer Staaten oder von Gemeinschaftsinteressen zwingt. Dies stellt letztlich eine Anwendung des Grundsatzes von Treu und Glauben dar.[25]

2. Der Grundsatz von Treu und Glauben bei der Auslegung völkerrechtlicher Pflichten oder hinsichtlich deren Erfüllung ist in der internationalen Rechtsprechung in einzelnen Fällen thematisiert worden.

---

[19] GA Res. 2625 (XXV), 24. 10. 1970.

[20] *Verdross/Simma*, 280.

[21] *Verdross/Simma*, 28 f; Richter am IGH *Azevedo* spricht insoweit von *‚social purpose of the law'* (Fall der *Conditions of Admission of a State to Membership in the United Nations)*, ICJ Reports 1947–48, 80; vgl. dazu *Müller*, Vertrauensschutz im Völkerrecht, 1971, 227 ff.

[22] GA Res. 2625 (XXV), 24th October 1970, Annex.

[23] Zur Entstehungsgeschichte vgl. *Rousseau*, 137 ff.

[24] Abl. Nr. L 336 vom 23. 12. 1994, 11 ff.

[25] So ausdrücklich *United States – Import Prohibition of Certain Shrimp and Shrimp Products*, Appelate Body and Panel Report adopted on 6th November 1998, WT/DS 58, paras 143–145, ähnlich *United States – Standards for Reformulated and Conventional Gasoline*, Appelate Body Report and Panel Report, adopted on 20th May 1996, WT/DS 2/R and WT/DS 2/ABR/DSR 1996, 21.

In dem *Samoan Claims case* von 1902 hat der Schiedsrichter festgestellt, daß die drei beteiligten Staaten (Deutschland, Vereinigtes Königreich und Vereinigte Staaten von Amerika) nach Treu und Glauben verpflichtet sind, keine Fakten zu schaffen, bevor sie sich nicht geeinigt hätten. Unter diesem Gesichtspunkt wurden britische und amerikanische militärische Aktivitäten als unvertretbar qualifiziert.[26]
In dem *Air Service Agreement* Schiedsspruch von 1978 zwischen Frankreich und den Vereinigten Staaten hat das Schiedsgericht keine Verletzung des Grundsatzes nach Treu und Glauben Verhandlungen aufzunehmen darin gesehen, daß eine Seite noch während der Verhandlungen Gegenmaßnahmen ergriffen hatte.[27]
Der Internationale Gerichtshof hat in seinem Urteil von 1969 in den Fällen des *Nordseefestlandsokkels* den Grundsatz von Treu und Glauben als wesentlichen Rechtsgrundsatz bezeichnet.[28] In den *Nuclear Test cases* sprach er von Treu und Glauben als „*One of the basic principles governing the creation and performance of legal obligations, whatever their source, is the principle of good faith.*"[29] Damit wurde der Grundsatz auf die Befolgung aller Rechtsquellen erstreckt. Schließlich hat der Internationale Gerichtshof sowohl in seinem Gutachten im *WHO/Egypt Agreement case*[30] sowie im Fall *Military and Paramilitary Activities in and against Nicaragua (jurisdiction and admissibility)* auf ihn Bezug genommen.[31]

IV. Insgesamt ist festzuhalten: das Prinzip, daß völkerrechtliche Verpflichtungen nach Treu und Glauben zu erfüllen sind, geht in mehrfacher Hinsicht weiter als der Satz *pacta sunt servanda*.[32] Zunächst umfaßt das Prinzip alle völkerrechtlichen und nicht nur die vertraglich vereinbarten Pflichten. Der Verweis auf Treu und Glauben verlangt zudem einen bestimmten Modus der Erfüllung von Pflichten. Es liegt hierin eine Absage an ein zu begriffliches, formalistisches Rechtsverständnis; bei der Bestimmung der zu erbringenden Pflichten bzw. der geltend zu machenden Rechte ist vielmehr auf Sinn und Zweck der betreffenden Norm abzustellen.[33] Das heißt, es ist bei der Erfüllung vertraglicher Verpflichtungen auch das mit dem Vertrag insgesamt verfolgte Ziel und der Zweck im Auge zu behalten. Zu berücksichtigen sind aber auch – neben den Interessen der Vertragspartner – die Interessen der Staatengemeinschaft. Die Erfüllung einer Verpflichtung gegenüber einem begrenzten Kreis von Völkerrechtssubjekten muß sich einbetten in die Interessen der Staatengemeinschaft insgesamt. Der Grundsatz von Treu und Glauben gilt schließlich auch hinsichtlich der Art und Weise, in der Pflichten erfüllt bzw. Rechte geltend gemacht werden.

V. 1. Verwandt mit dem Grundsatz von Treu und Glauben ist das Verbot des Rechtsmißbrauchs.[34] Das Verbot des Rechtsmißbrauchs ist ein allgemeiner Grundsatz des Völkerrechts im Sinne von Art. 38 Abs. 1(c) des IGH-Statuts. Er ergibt sich aus den inhärenten Schranken des subjektiven Rechts eines Staates im Rahmen einer Rechts- und Gemeinschaftsordnung. Ein derartiges subjektives Recht kann nur im Einklang mit dieser ausgeübt werden. Aus der Einbindung in eine Gemeinschaftsrechtsordnung ergibt sich, daß kein Recht unbeschränkt sein kann. Kein Recht darf in gemeinschaftswidriger Weise ausgeübt werden.

2. Soweit das Völkerrecht konkrete, durch Vertrag oder Gewohnheitsrecht im einzelnen definierte Rechte gewährt, ergeben sich deren Grenzen aus der besonderen Norm. Es besteht

---

[26] RIAA 15, 25.
[27] RIAA 18, 415 (445).
[28] ICJ Reports 1969, 3 (47, para. 85).
[29] ICJ Reports 1974, 253 (268, para. 46).
[30] ICJ Reports 1980, 73 (93–98, paras. 48–51).
[31] ICJ Reports 1984, 392 (418, para. 60).
[32] Vgl. dazu im einzelnen ICJ Reports 1986, 1 (125), para. 270 und Anm. 29–31.
[33] *Müller*, Art. 2 Ziff. 2 Rdnr. 5 f, in: *Simma* (ed.), The Charter of the United Nations: A Commentary, 1994.
[34] Vgl. dazu *Verdross/Simma*, 281; *Cheng*, General Principles of Law as applied by international courts and tribunals, 1953, 121 ff; *Kiss*, L'abus de droit international, 1953; *Schwarzenberger*, Uses and Abuses of the „Abuse of Rights" in International Law, Transactions of the Grotius Society 24 (1956), 147 ff; *Roulet*, Le caractère artificiel de la théorie de l'abus de droit international publique, 1958; *Taylor*, The Content of the Rule Against Abuse of Rights in International Law, BYIL 46 (1972), 323 ff.

für die Heranziehung des allgemeinen Mißbrauchsverbots im Regelfall kein Bedürfnis. Eine Ausnahme besteht möglicherweise in Bezug auf Art und Weise der Rechtsausübung. Ein Rückgriff auf das Mißbrauchsverbot ist in erster Linie dann notwendig, wenn das Völkerrecht im übrigen eine unbegrenzte Freiheit gewährt; d. h. das Mißbrauchsverbot zieht Grenzen dort, wo andere Grenzen nicht existieren. Als ein flexibles Element im Völkerrechtssystem hat es damit eine wichtige rechtspolitische Funktion zu erfüllen. Wie eine negative Generalklausel wirkend ermöglicht es, den Inhalt der Rechte in der Richtung auf eine stärkere Gemeinschaftsbindung zu modifizieren. Hierin liegt seine Verwandtschaft zu dem Prinzip von Treu und Glauben. Ungeachtet an der an dem Prinzip geübten Kritik[35] bildet es daher ein notwendiges Gegengewicht gegen die Überspannung staatlicher Hoheitsgewalt.

3. Die internationale Praxis bietet zahlreiche Anwendungsfälle für die Anwendung des Rechtsmißbrauchsverbots. Ein Staat darf etwa die natürlichen Rohstoffe seines Landes nutzen, wie es ihm zweckmäßig erscheint. Die Generalversammlung der Vereinten Nationen hat insoweit von einem souveränen Recht der Staaten gesprochen.[36] Wenn aber die Nutzung z. B. der Wasserkraft seiner Flüsse anderen Anliegerstaaten schweren Schaden zufügt, liegt möglicherweise ein Rechtsmißbrauch vor.[37] Jeder Staat ist zur Teilnahme am Gemeingebrauch des Meeres berechtigt, wenn jedoch die Ausübung der Hochseefischerei den Bestand der Fischressourcen vernichtet oder gefährdet, überschreitet das Nutzungsrecht seine Grenzen.[38] Das Seerecht bringt die inhärente Beschränkung dieses Rechts durch die sog. *‚due regard‘* Klausel zum Ausdruck. Danach sind die legitimen Interessen anderer Nutzer zu achten. Das gleiche gilt auch dann, wenn ein Staat das Meer und den Luftraum über der hohen See zu Kernwaffenversuchen benutzt und damit große Teile für die Schiffahrt oder Fischerei unbrauchbar macht und die biologischen Ressourcen gefährdet. Ein weiteres Beispiel bietet die Regelung der Staatsangehörigkeit. Jeder Staat kann seine Staatsangehörigkeit im Prinzip frei regeln. Jedoch kann die Verleihung oder Entziehung der Staatsangehörigkeit unter Umständen einen Rechtsmißbrauch darstellen und damit im Widerspruch zum Völkerrecht stehen.[39] Jeder Staat entscheidet im Rahmen der völkerrechtlichen Vorgaben nach seinem Ermessen darüber, ob und unter welchen Bedingungen er Ausländern gestattet, auf seinem Gebiet zu verweilen. Dennoch kann die Ausweisung von Ausländern mißbräuchlich sein.[40] Jeder Staat darf bei der Ausübung der Gerichtsbarkeit auf seinem Gebiet sein Recht und seine Justiz auf jene Vorgänge jenseits der Grenzen erstrecken, z. B. in seinem Hoheitsbereich Auslandsverbrechen bestrafen. Die Verfolgung von Taten ohne jede Inlandsbeziehung stellt jedoch möglicherweise eine Überschreitung der nationalen Strafgewalt und damit einen Rechtsmißbrauch dar.[41] Dies gilt zumindest dann, wenn das Weltrechtspflegeprinzip der staatlichen Strafverfolgung zu Grunde liegt und Ermittlungsmaßnahmen gegen Abwesende, d. h. Personen aufgenommen werden, die sich nicht in dem ermittelnden Staat aufhalten. Auf dem Gebiet des Vertragsrechts kann das Festhalten einer Partei an überalterten und gemeinschädlich wirkenden Bestimmungen eines Vertrages, vor allem wenn dieser gewandelten Gemeinschaftsinteressen widerspricht, oder die Verweigerung jedes Verhandelns über die Abänderung des Vertrages einen Mißbrauch der Vertragsstellung darstellen. Grundsätzlich steht jedem Staat die Währungshoheit zu. Ein Staat

---

[35] *Quadri*, 144 f; *Schwarzenberger*, RdC 1955 I, 305 f; *Berber*, Die Rechtsquellen des internationalen Wassernutzungsrechts, 1955, 138 f.

[36] Vgl. die Charter of the Economic Rights and Duties of States vom 12. 12. 1974, GA Res. 3281 (XXIX), abgedruckt in: UNYB 28 (1974), 404 ff.; ausführlich *Schrijver*, Sovereignty over Natural Ressources: Balancing Rights and Duties, 1997.

[37] Vgl. insoweit Band II/1.

[38] Vgl. dazu §§ 119, 124.

[39] Vgl. dazu § 84 f.

[40] Vgl. dazu § 95.

[41] Vgl. dazu § 190.

jedoch, der sich z. B. durch eine nicht gerechtfertigte Abwertung seiner Währung Verpflichtungen seiner Gläubiger entzieht, begeht u. U. einen Rechtsmißbrauch.[42] Auch das Stimmrecht in internationalen Organisationen kann mißbräuchlich ausgeübt werden.[43] Der Gedanke, daß die Ausübung des Stimmrechts einen Rechtsmißbrauch darstellen könnte, ist allerdings weniger in dem Rechtsgutachten des Internationalen Gerichtshofs über die Zulassung neuer Mitglieder zu den Vereinten Nationen als in den Sondervoten bzw. abweichenden Meinungen verschiedener Richter zum Ausdruck gekommen.[44] Der Gedanke des Mißbrauchsverbots hat aber auch in das Vertragsrecht und in die internationale Rechtsprechung Eingang gefunden.[45]

4. Wann ein Mißbrauch im einzelnen vorliegt, kann zweifelhaft sein. Im wissenschaftlichen Schrifttum wird das Prinzip sowohl subjektiv als auch objektiv interpretiert. Im Sinne der subjektiven Auffassung ist ein Rechtsmißbrauch dann anzunehmen, wenn ein Staat ein ihm zustehendes Recht willkürlich,[46] vorsätzlich oder auf jeden Fall schuldhaft pflichtwidrig zu sozialfeindlichen oder schädlichen Zwecken oder sonst zu Zwecken benutzt, zu denen es ihm nicht gewährt worden ist. Dieser Ansatz ist zu eng; völkerrechtswidrig ist schon die Rechtsüberschreitung an sich.[47] Eine unzulässige Rechtsausübung ist auch dann anzunehmen, wenn das Interesse des Staates an der Wahrnehmung seiner Rechte gering wiegt, im Gegensatz zu den Interessen anderer Staaten oder der internationalen Staatengemeinschaft, denen durch die Ausübung des Rechts schwerer Schaden zugefügt wird. Je unwichtiger das Interesse an der Ausübung des Rechts, je lebenswichtiger das dadurch geschädigte Interesse anderer Staaten, desto eher ist ein Rechtsmißbrauch anzunehmen.

5. Je stärker die internationalen Beziehungen verrechtlicht werden und je mehr dadurch der Handlungsfreiheit der Staaten Grenzen gesetzt werden, desto mehr verliert das Mißbrauchsverbot als immanente Grenze von Rechten und Freiheiten der Staaten an Bedeutung. Denn diese immanente und notwendigerweise interpretationsbedürftige Grenze wird durch konkrete Regelungen eingeschränkt. Gleichzeitig gewinnt das Gebot, völkerrechtliche Verpflichtungen nach Treu und Glauben zu erfüllen, an Bedeutung. Dieses Gebot verlangt – wie schon angesprochen – nicht nur die formale Erfüllung einer Pflicht, sondern die Erfüllung unter Berücksichtigung des mit der Begründung dieser Verpflichtung verfolgten allgemeinen Zieles.

---

[42] Vgl. dazu *Mann*, The Legal Aspect of Money, 2. Aufl., 1953, 419f.

[43] Vgl. dazu das Rechtsgutachten des IGH über die Zulassung neuer Mitglieder zu den Vereinten Nationen, ICJ Reports 1948, 57.

[44] Vgl. *Alvarez* und *Azevedo*, 71, 79; *Basdevant*, *Menjarski*, *McNair* und *Reed*, 82f, 93; *Zoriziz*, 103; *Krulov*, 115.

[45] Eine grundsätzliche Anerkennung des Prinzips ist in dem Urteil des StIGH über die deutschen Interessen in Polnisch-Oberschlesien, 1926, PCIJ 7, 30, enthalten. Dort wird die Möglichkeit eines Mißbrauchs einer deutschen Staatsgewalt in Oberschlesien erörtert, aber im Ergebnis verneint. Ebenso das Urteil im Fall *Free Zones of Upper Savoy and the District of Gex*, StIGH A/B 46, 167. Geltung des französischen Finanzrechts auch in den Zonen aber *„reservation must be made as the regards the case of abuse of rights"*. Diese seien aber nicht zu vermuten. Zum Rechtsmißbrauchsverbot vgl. auch die Abweichende Meinung des Richters *Alvarez* im *Korfu-Kanal-Fall*, ICJ Reports 1949, 47. In seiner Abweichenden Meinung zu dem Urteil *Upper Savoy* weist der Richter *Read* darauf hin, daß nur eine *„outrageous and unconscionable"* Ausübung eines Rechts als Rechtsmißbrauch angesehen werden kann, wenn dadurch einem anderen Staat ein Schaden zugefügt wurde.

[46] *Oppenheim/Jennings/Watts*, 407.

[47] *Verdross/Simma*, 281.

§ 172 Die zwischenstaatliche Kooperation und Solidarität

Schrifttum: Wie vor § 165 sowie *K. Loewenstein*, Sovereignty and International Cooperation, AJIL 48 (1954), 222ff; *R. P. Anand*, The Development of the Universal International Law, in: *A. Lepawsky/E. H. Buehrig/H. D. Lasswell* (ed.), The Search for World Order, Studies by Students and Colleagues of Quincy Wright, 1971, 157ff; *B. Bavovic*, The Duty of States to cooperate with one another in accordance with the Charter, in: *M. Sahovic* (ed.), Principles of International Law Concerning Friendly Relations and Cooperation, 1972, 277ff; *U. Scheuner*, Solidarität unter den Vereinten Nationen als Grundsatz der gegenwärtigen internationalen Gemeinschaft, in: Festschrift für *E. Menzel*, 1975, 251ff; *G. Garzón Clariana*, Sobre la noción de cooperación en el derecho internacional, Revista Española de Derecho International 29 (1976), 51ff; *H. Neuhold*, Die Pflicht zur Zusammenarbeit zwischen den Staaten, moralisches Postulat oder völkerrechtliche Norm? in: *H. Miehsler*, Ius Humanitatis Festschrift für *A. Verdross*, 1980, 575ff; *G. Abi-Saab*, La reformulation des principes de la Charte et la transformation des structures juridiques de la communauté internationale, in: Le droit international du service de la paix, de la justice et du développement, in: Mélanges *Michel Virally*, 1991, 1ff; *E. McWhinney*, The Concept of Co-operation, in: *M. Bedjaoui* (ed.), International Law: Achievements and Prospects, 1991, 425ff; *R. Wolfrum*, International Law of Cooperation, EPIL II (1995) 1242ff; *C. Tomuschat*, International Law: Ensuring the Survival on the Eve of a New Century, RdC 281 (1999), 9ff (zit.: International Law); *P.-M. Dupuy*, The Place and Role of Unilateralism in Contemporary International Law, EJIL 11 (2000), 19ff; *S. Hobe* (Hrsg.), Kooperation oder Konkurrenz internationaler Organisationen, 2001; *G. Arangio-Ruiz*, The Normative Role of the General Assembly of the United Nations and the Declaration of Principles of Friendly Relations, RdC 137 (1972), 419ff; *R. Rosenstock*, The Declaration of Principles of International Law Concerning Friendly Relations: A Survey, AJIL 65 (1971), 713ff; *J. Delbrück* (ed.), International Law of Cooperation and State Sovereignity, 2002

I. 1. Gemäß Art. 1 Ziff. 3, 13, 55 lit. b und 56 Charta der VN wird eine Kooperation zwischen den Staaten untereinander und mit den Vereinten Nationen angestrebt, um die dort genannten Ziele zu erreichen. Zwar wird das Ziel der Kooperation anders als die übrigen in Art. 1 VN-Charta genannten Ziele nicht durch Art. 2 VN-Charta näher konkretisiert und damit nicht zur allgemeinen Rechtspflicht erhoben, Art. 55 lit. b und 56 VN-Charta verpflichten aber die Mitglieder zur Zusammenarbeit in bestimmten Bereichen und gegenüber den Vereinten Nationen. Damit hat, von ihrer Zielsetzung her, die zwischenstaatliche Kooperation bzw. die Kooperation mit internationalen Organisationen eine weitgehende Änderung erfahren. In der älteren Struktur der internationalen Gemeinschaft beschränkte sich dagegen die Kooperation der Staaten auf eine Erleichterung des Güteraustausches und des Personenverkehrs, ohne daß die Idee einer strukturellen Veränderung, z. B. der einer Unterstützung der schwächeren Glieder der Staatengemeinschaft hervortrat, wie sie in Art. 55 VN-Charta angelegt ist und sich auf dieser Basis weiter entwickelt hat. Es besteht also unter Art. 55 und 56 VN-Charta eine Pflicht zur Kooperation in wesentlichen, die Staatengemeinschaft berührenden Fragen. Dies stellt eine Fortentwicklung der völkerrechtlichen Grundprinzipien durch die Charta der Vereinten Nationen dar. Neben der Kooperation zwischen den Vereinten Nationen und den Staaten sieht die Charta der Vereinten Nationen eine Kooperation zwischen den Vereinten Nationen und deren Sonderorganisationen sowie zwischen diesen vor.[1]

[1] Der IGH hat hierauf in bezug auf den Antrag auf ein Rechtsgutachten der WHO, *Legality of the Use by a State of Nuclear Weapons in Armed Conflicts (Request of the World Health Organization)* ICJ Reports 1996, 66ff. para. 26 verwiesen: *„... the Charter of the United Nations laid the basis of a ‚system' designed to organize international co-operation in a coherent fashion by bringing the United Nations, invested with powers of general scope, into relationship with various autonomous and complementary organizations, invested with sectorial powers."* Vgl. zu diesem Aspekt, der hier ausgeklammert werden soll, u. a. *Ch. Tietje*, The Duty to Cooperate in International Economic Law and Related Areas, in: *Delbrück*, 45ff. (49).

Inzwischen hat sich die Pflicht zur zwischenstaatlichen Kooperation in Teilbereichen durch spezielle völkerrechtliche Abkommen weiter verfestigt. Wichtig dabei ist, daß – wie Art. 55 VN-Charta formuliert – die zwischenstaatliche Kooperation mit einem bestimmten Ziel verknüpft wird, das letztlich auf strukturelle Veränderungen in der Staatengemeinschaft gerichtet ist. Hierauf wird noch weiter einzugehen sein.
Entscheidend ist nicht die Kooperation an sich, sondern die Kooperation wozu. Die Durchsetzung dieser Kooperationspflicht zu einem bestimmten strukturellen Zweck erweist sich in der Praxis als problematisch.[2] In einzelnen Vertragsregimen werden aber an die Verweigerung derartiger Kooperationspflichten weitreichende Rechtsfolgen geknüpft, und diese damit in ein Durchsetzungssystem eingebettet.

2. Der Begriff „Kooperation" ist bislang weder in einem internationalen Vertrag, noch in internationalen Entscheidungen definiert worden. Selbst die *Declaration on Principles of International Law Concerning Friendly Relations and Co-Operation Among States in Accordance with the Charter of the United Nations* (Prinzipiendeklaration)[3] geht von einer vorgegebenen Terminologie aus. Eine Analyse dieser Deklaration belegt allerdings, daß unter Kooperation bzw. Zusammenarbeit die freiwillige koordinierte Aktion von zwei oder mehr Staaten verstanden wird, die unter einem Rechtsrahmen erfolgt und ein spezifisches Ziel verfolgt. D.h. Zusammenarbeit bezeichnet eine gemeinsame Aktion der Staaten, sie wird in der Regel dort stattfinden, wo das gleiche Ziel nicht durch einen Staat allein in gleichgearteter Form erfüllt werden kann. Soweit eine Rechtsverpflichtung zur Kooperation besteht, so meint sie die Verpflichtung, in eine derartige koordinierte Aktion einzutreten, um ein bestimmtes Ziel zu erreichen. Die Wertigkeit der Kooperation hängt von dem angestrebten Ziel ab. Im übrigen ist der Begriff der Kooperation wertneutral.

Beispiel: Kooperation zur Verfolgung eines Angriffskrieges ist nach dem Völkerrecht unzulässig, wohingegen die Kooperation der Förderung der wirtschaftlichen Entwicklung einer Region oder zur Hebung des Menschenrechtsschutzstandards positiv bewertet ist.

Kooperation ist von Interdependenz und Solidarität zu unterscheiden. Mit dem Begriff der Interdependenz wird eine faktische Situation, nämlich das Aufeinanderangewiesensein der Staaten untereinander beschrieben.[4] Hieraus ergeben sich unmittelbar keine Rechtspflichten; die Interdependenz der Staaten führt aber zwangsläufig zu einer Verstärkung der Kooperation, da faktisch die Bereiche zunehmen, die von einem Staat nicht mehr allein geregelt werden können.[5] Von Solidarität[6] ist dann zu sprechen, wenn eine Verpflichtung für Staaten besteht, die Interessen anderer Staaten oder der Staatengemeinschaft – auch auf Kosten der eigenen – zu berücksichtigen. Die Pflicht zur Solidarität führt zu einer Intensivierung der Kooperation und zielt auf einen Ausgleich zwischen den Staaten; als solche führt sie einen sozialen Ansatz in die zwischenstaatlichen Beziehungen ein. *Tomuschat*[7] weist darauf hin, daß idealtypisch zwischen der Pflicht zur Kooperation und dem Grundsatz der Souveränität ein Spannungsverhältnis besteht. Dieses kann nicht dadurch aufgelöst werden, daß der Verpflichtung zur Kooperation inhaltliche Konturen abgesprochen werden.[8] Die Auflösung dieses Spannungsverhältnisses erfolgt vielmehr durch Aktivierung der inhärenten Grenzen für die Ausübung einzelstaatlicher Souveränität. Jede Ausübung von Souveränität hat die Rechte anderer Staaten sowie Staatengemeinschaftswerte zu achten. Der Ausgleich

---

[2] *Ch.Tomuschat*, International Law, 262.
[3] GA Res. 2625 (XXV) vom 24. 10. 1970, Annex.
[4] C. *Tomuschat*, Der Verfassungsstaat im Geflecht der internationalen Beziehungen, VVDStRL 36 (1978), 7 (16 ff).
[5] *Wolfrum*, 1242.
[6] Vgl. dazu unten IV.
[7] *Tomuschat*, International Law, 261.
[8] *Arangio-Ruiz*, 573; *Rosenstock*, 729; *Graf zu Dohna*, 189.

zwischen Souveränität und Gemeinschaftswerten erfolgt also im Wege praktischer Konkordanz.

3. Das Ziel der Kooperation kann doppelter Natur sein. Es kann die Förderung aller der daran beteiligten Staaten bezwecken; dies gilt insbesondere für die Fälle, wo das Ziel für alle günstig, aber nicht von einem einzelnen Staat allein erreicht werden kann. Kooperation kann aber auch erfolgen, um einseitig die Interessen eines bestimmten Staates oder einer bestimmten Staatengruppe, wie der Entwicklungsländer, zu fördern. In diesen Fällen können die Staaten entweder freiwillig oder im Rahmen völkerrechtlicher Verpflichtungen handeln, wobei letztere aus bilateralen oder multilateralen Verträgen resultieren.
Die Verpflichtung zur zwischenstaatlichen Kooperation wird intensiviert, wenn sie institutionalisiert ist, d. h. im Rahmen einer internationalen Organisation erfolgt. Dabei ergibt sich aus dem jeweiligen Gründungsvertrag das mit der Kooperation angestrebte Ziel und z. T. auch die Form der Kooperation. Typisch ist insoweit Art. 56 VN-Charta,[9] wonach eine Kooperationspflicht zwischen den Mitgliedstaaten der Vereinten Nationen und der Organisation und zwischen den Mitgliedstaaten selbst begründet wird. Andere internationale Organisationen, wie die Internationale Meeresbodenbehörde stellen insoweit eine Fortentwicklung dar. Hier dient die Kooperation darüber hinaus der Strukturveränderung[10] in der Staatengemeinschaft.

4. Ihren besonderen Ausdruck hat die Notwendigkeit einer zwischenstaatlichen Kooperation in Art. 1 Ziff. 3 der Charta der VN gefunden. Sie ist eine der Grundlagen der Vereinten Nationen; die Vereinten Nationen sind Ausdruck dieser zwischenstaatlichen Kooperation. Die Prinzipiendeklaration[11] formuliert eine Verpflichtung der Staaten zur Zusammenarbeit[12] in genereller Form; darüber hinaus identifiziert sie einzelne Kooperationsgebiete: Zusammenarbeit zur Sicherung des Friedens, Zusammenarbeit hinsichtlich der Verwirklichung der Menschenrechte und der Beseitigung der Rassendiskriminierung und Zusammenarbeit mit den Vereinten Nationen entsprechend der Charta der VN. Auffallend an der Prinzipiendeklaration ist, daß die Zusammenarbeitspflicht in wirtschaftlichen, sozialen und kulturellen Bereichen weniger strikt formuliert ist als in den vorher genannten.[13]
Die Entwicklung des Völkerrechts seit dem Ende des Zweiten Weltkriegs belegt eine intensivierte Zusammenarbeit zwischen den Staaten,[14] die in einzelnen Bereichen als Rechtspflicht formuliert wird. Dies gilt insbesondere für die Bereiche Friedenssicherung, Menschenrechtsschutz, internationales Wirtschaftsrecht und Umweltschutz.[15] Dies ist in der Deklaration von Rio de Janeiro (1992)[16] für den Bereich Umweltschutz und wirtschaftliche Entwicklung besonders betont worden. Seinen Ausdruck findet die Pflicht zur Zusammenarbeit in der Pflicht zur ‚*common but differentiated responsibility*'.[17]

---

[9] *Wolfrum*, zu Art. 56, in: *B. Simma* (ed.), The Charter of the United Nations: A Commentary, 1994.

[10] Vgl. dazu § 128.

[11] Anm. 3.

[12] „*States have the duty to cooperate with one another, irrespective of the differences in their political, economic and social systems, in the various spheres of international relations, in order to maintain international peace and security and to promote international economic stability and progress, the general welfare of nations and international cooperation free from discrimination based on such differences ...*".

[13] „*States should cooperate in the economic, social and cultural fields as well as in the field of science and technology and for the promotion of international cultural and educational progress. States should cooperate in the promotion of economic growth throughout the world, especially that of developing countries.*"

[14] *P.-M. Dupuy*, 22 f, stellt zu Recht fest, daß Kooperation eine lebende Realität der internationalen Beziehungen sei; ebenso *Tomuschat*, International Law, 262.

[15] Vgl. dazu *McWhinney*, 425 ff.

[16] ILM 30 (1992), 876; Principle 7: „*States shall cooperate in a spirit of global partnerships to conserve, protect and restore the health and integrity of the Earth's ecosystem.*"

[17] *P. Sands*, Principles of international environmental law, Vol. I, 1995, 217 ff; *R. Wolfrum*, International

Die Zusammenarbeit zwischen den Staaten realisiert sich aber nicht nur in und über normative Verpflichtungen in völkerrechtlichen Verträgen, sondern mündet auch zunehmend in eine institutionalisierte Zusammenarbeit, selbst wenn es nicht zu der Gründung einer internationalen Organisation kommt. Die Versammlungen der Vertragsparteien *(Meetings oder Conferences of the Parties)* stellen eine solche Form der Zusammenarbeit dar, deren Aufgabe die Kontrolle der Vertragserfüllung sein kann, aber deren Aufgabe es vor allem ist, das entsprechende Vertragswerk dynamisch fortzuentwickeln.[18]
Die Möglichkeit einer praktischen Realisierbarkeit der Kooperationspflicht, wie sie in der Prinzipiendeklaration formuliert wird, ist bezweifelt worden,[19] und zwar ohne Rücksicht darauf, daß diese Pflicht bereits in der Charta der Vereinten Nationen enthalten ist, also gleiche Bedenken auch gegen die Charta der Vereinten Nationen vorgetragen werden könnten.[20] Die Vorbehalte beruhen auf Zweifeln an der Möglichkeit, die Kooperationspflicht durchzusetzen. Dabei sind im Grunde genommen zwei Problembereiche zu unterscheiden, die mangelnde Konkretisierung und Konkretisierbarkeit der Kooperationspflicht und die der Durchsetzung selbst. Beide hängen eng zusammen. Die Konkretisierbarkeit der Kooperationspflicht wächst in dem Maße, in dem das Ziel der Kooperationspflicht bestimmt ist. Zum Beispiel bestehen im Bereich des Menschenrechtsschutzes und in Bereichen des internationalen Umweltschutzes keine Zweifel an den konkreten Verhaltensanforderungen an die Staaten, die sich aus der Kooperationspflicht ergeben.[21] Hinsichtlich der Durchsetzung stehen die Wege zur Verfügung, die das allgemeine Völkerrecht zur Sicherung der Erfüllung völkerrechtlicher Pflichten bereithält bzw. die Mechanismen der betreffenden Verträge.[22] Neuere Entwicklungen gehen noch einen entscheidenden Schritt weiter.

II. 1. Die entscheidende Frage ist aber, ob es – abgesehen von der Verpflichtung zur Kooperation in Einzelbereichen – eine generelle Pflicht zur Kooperation gibt. Würde dies bejaht, so würde dies weitreichende strukturelle Veränderungen des Völkerrechts, nämlich eine deutliche Einschränkung der einzelstaatlichen Souveränität bedingen.[23] Im einzelnen würde das geltende Völkerrecht in drei Punkten geändert: Wenn davon auszugehen ist, daß die zwischenstaatliche Kooperation der Verwirklichung von Gemeinschaftszielen dient, so würde dies nicht nur die Anerkennung von Staatengemeinschaftszielen bedeuten, sondern diesen einen Vorrang vor einzelstaatlichen Zielsetzungen einräumen.[24] Zur verbindlichen Fixierung derartiger Staatengemeinschaftsziele fehlt es allerdings dem Völkerrecht in aller Regel an Mechanismen für die Normsetzung. Darüber hinaus würde die Anerkennung einer Pflicht zur Kooperation die Rechte und Pflichten der Staaten insoweit grundlegend ändern, als es die Interessen anderer Staaten und vor allem die Staatengemeinschaftsinteressen zum Maßstab einzelstaatlichen Verhaltens macht. Schließlich würde die Pflicht zur Kooperation die Position internationaler Organisationen als Formen institutionalisierter Zusammenarbeit deutlich aufwerten.

Environmental Law: Purposes, Principles and Means of Ensuring Compliance, in: *F. L. Morrison/R. Wolfrum* (eds), International, Regional and National Environmental Law, 2000, 3 ff (24 ff) m.w.Nachw.

[18] Vgl. dazu *V. Röben*, Institutional Developments under Modern International Environmental Agreements, Max Planck UNYB 4 (2000), 363 ff; *R. R. Churchill/G. Ulfstein*, Autonomous Institutional Arrangements in Multilateral Environmental Agreements: A Little-Noticed Phenomenon in International Law, AJIL 94 (2000), 623 ff.

[19] *Arangio-Ruiz*, 573; *Rosenstock*, 729; *Graf zu Dohna*, 189.

[20] Hierauf verweist *Tomuschat*, 262.

[21] Die Pflichten, die sich z. B. hinsichtlich des Schutzes der Ozonschicht ergeben, sind: Reduktion bestimmter Emissionen bis zu ihrem völligen Abbau, Nichtverwendung bestimmter Substanzen, Berichtspflichten und Pflicht zur finanziellen und technischen Hilfe.

[22] Siehe § 154.

[23] Hierauf verweist *Tomuschat*, 262 f.

[24] *Wolfrum*, 1243.

2. Eine generelle gewohnheitsrechtlich verankerte Pflicht zur zwischenstaatlichen Zusammenarbeit kann, angesichts der strukturell wesentlichen Einschnitte, die sie mit sich bringen würde, nicht angenommen werden. Es ist bislang nicht davon auszugehen, daß sich eine entsprechende generelle Pflicht aus den vorliegenden völkerrechtlichen Verträgen ergibt, die eine zwischenstaatliche Kooperation verlangen oder voraussetzen. Denn die entsprechenden Verpflichtungen sind die Mitgliedstaaten freiwillig und beschränkt auf den entsprechenden Kooperationsbereich eingegangen. Ebensowenig kann eine Pflicht zur Kooperation auf wirtschaftlichem Gebiet aus Deklarationen und Resolutionen der Generalversammlung[25] gefolgert werden. Die Resolutionen – unabhängig von der Frage, inwieweit sie für den Nachweis von Gewohnheitsrecht überhaupt herangezogen werden können – zielen auf eine Veränderung der Rechtslage, nicht auf eine deklaratorische Wiedergabe existierenden Völkerrechts.[26] Schließlich ist es auch nicht möglich, eine generelle Pflicht zur Kooperation auf wirtschaftlichem Gebiet aus einem Recht auf Entwicklung herzuleiten.[27] Es ist zwar zutreffend, daß die Anerkennung eines Rechts auf Entwicklung eine Pflicht zur Zusammenarbeit bedingen würde. Eine positivrechtliche Verankerung dieses Rechts in einer Form, die seine direkte Verwirklichung erlaubte, ist bisher nicht gegeben.

III. 1. Dennoch bleibt als Faktum festzuhalten, daß die Bereiche, in denen eine zwischenstaatliche Kooperationspflicht vertraglich statuiert wird, an Umfang und Bedeutung zunehmen. In wachsendem Umfang werden auch institutionelle Vorkehrungen für die Verwirklichung einer derartigen Kooperation geschaffen. Dieser letztgenannte Ansatz hat den Vorteil, daß er eine effektive Verwirklichung der Kooperation verspricht und vor allem sicherstellt, daß sie auf Dauer anhält.

2. Abgesehen von Bereichen, in denen eine zwischenstaatliche Kooperation vereinbart ist, schälen sich zudem im Völkerrecht Sachkomplexe heraus, in denen Staaten in besonderer Weise zur Rücksichtnahme, wenn auch noch nicht zu einer aktiven Kooperation verpflichtet sind. Es gilt dies für die Fälle, in denen sich eine Gruppe von Staaten auf die Verwirklichung eines gemeinschaftlichen, dem Völkerrecht nicht widersprechenden Ziels festgelegt hat, dessen positive Effekte über den Kreis der Teilnehmer hinausreichen, und die Mitglieder dieser Gruppe, um dieses Ziel zu erreichen, Restriktionen ihrer Handlungsfreiheit vereinbaren. In derartigen Fällen sind dritte Staaten grundsätzlich zwar nicht verpflichtet, durch aktive Kooperation zur Erfüllung dieses Ziels einen Beitrag zu leisten. Ihre Verpflichtung besteht aber darin, die Verwirklichung des Gemeinschaftsziels nicht durch aktives Tun zu verhindern. Darin liegt keine Anerkennung dieser Regime als objektiv noch soll ihnen damit Drittwirkung zuerkannt werden. Verlangt wird lediglich die Anerkennung derartiger Vertragssysteme als zu respektierendes Faktum.

Ein Beispiel hierfür bildet das antarktische Rechtsregime.[28] Die Mitgliedstaaten dieses Regimes haben sich zur strikten Demilitarisierung dieses Gebiets und seinem ökologischen Schutz verpflichtet. Dieses Ziel dient der Staatengemeinschaft insgesamt; hieraus ist die Pflicht, sich negativer

---

[25] *Declaration on the Establishment of a New Economic Order*, GA Res. (S-VI) vom 1. 5. 1974; *Programme of Action on the Establishment of a New International Economic Order*, GA Res. (S-VI) vom 1. 5. 1974; *Charter of Economic Rights and Duties of States*, GA Res. 3281 (XXIX) vom 12. 12. 1974; *Resolution on Development and International Economic Cooperation*, GA Res. 3362 (S-VII) vom 16. 9. 1975; *Declaration on International Economic Cooperation, in Particular the Revitalization of Economic Growth and Development of the Developing Countries*, Annex, (S-18/3) vom 1. 5. 1990.

[26] *Wolfrum*, 1244 f.

[27] Vgl. O. *Schachter*, Implementing the Right to Development: Programme of Action, in: *S. R. Chowdhury/E. M. G. Deuters/P. J. I. M. de Waart* (eds), The Right to Development in International Law, 1992, 27 ff; zumindest zurückhaltend in bezug auf die Möglichkeit einer praktischen Umsetzung, *Tomuschat*, 265 f.

[28] Vgl. dazu § 138.

Eingriffe zu enthalten, herzuleiten.[29] Die Entwicklung geht aber in einzelnen Bereichen noch einen Schritt weiter. Hier führt die Verweigerung der Kooperation zum Ausschluß von der Teilhabe an Nutzungen, die an sich allen Mitgliedern der Staatengemeinschaft offen stehen. Das Abkommen über Schutz und Verwaltung grenzüberschreitender und weitschwimmender Fischarten[30] schließt Staaten, die sich nicht an regionalen Abkommen zum Schutz von grenzüberschreitenden oder weitschwimmenden Fischarten beteiligen wollen, von dem Fang dieser Arten auf hoher See aus. Das Abkommen konkretisiert das Kooperationsgebot der Art. 117, 118 SRÜ. Im Endeffekt wird die in dem Seerechtsübereinkommen normierte Pflicht dadurch verwirklicht, daß die Nutzung der genannten Ressourcen nur im Rahmen der kooperierenden Staatengemeinschaft oder überhaupt nicht erfolgen kann.

IV. 1. Zwischen internationaler Solidarität und Kooperation besteht eine enge Beziehung. Zwischenstaatliche Solidarität setzt eine entsprechende Kooperation voraus, geht aber von der Zielsetzung her weiter. Bei den Klassikern des Völkerrechts ist vereinzelt eine zwischenstaatliche Solidarität als moralische oder rechtliche Pflicht der Staaten postuliert worden. Dieser Ansatz erlebt inzwischen eine Renaissance, wobei er teils explizit angesprochen wird, teilweise aber auch die Grundstruktur einzelner Vertragsregime bildet. So heißt es in Art. 3 des VN-Übereinkommens gegen die Wüstenbildung:[31] „*In order to achieve the objective of the Convention to implement its provisions ... the Parties should, in a spirit of international solidarity and partnership, improve cooperation and coordination at subregional, regional and international levels, and better focus financial, human, organizational and technical resources where they are needed ...*". D. h., es wird durch diese Konvention eine internationale Solidarität zwischen den Staaten eingefordert.

2. Solidarität bedeutet in dem hier behandelten Zusammenhang, ganz allgemein gesprochen, Verantwortung und Pflichten einzelner für alle Glieder der internationalen Gemeinschaft. Damit können unterschiedliche Ziele verbunden werden. Zum einen kann die Solidargemeinschaft darauf angelegt sein, ein von allen angestrebtes Ziel (z. B. Schutz des Weltklimas) zu erreichen. Die Solidargemeinschaft kann aber auch darauf abzielen, daß in bestimmten Fällen alle für ein Mitglied der Gemeinschaft einstehen. Beides kann kombiniert werden. Solidarität ist dabei nicht als einseitige Pflicht zu verstehen; vor allem erschöpft sie sich nicht in der Pflicht, durch einseitig gewährte Hilfe Probleme zu lösen. Sie setzt vielmehr die Bereitschaft aller beteiligter Staaten voraus, ihrerseits Verantwortung und Pflichten zu übernehmen, oder – abstrakter formuliert – sie verlangt das Vorliegen einer Werte- und Verantwortungsgemeinschaft.

3. So verstanden bestimmt das Prinzip der Solidarität die völkerrechtlichen Regeln zur Friedenssicherung und zum Umweltschutz, und die Regelungen hinsichtlich der Nutzung staatsfreier Räume. Dabei ist das Prinzip der zwischenstaatlichen Solidarität darauf angelegt und wird dazu instrumentalisiert, Defizite auszugleichen, die sich aus dem Prinzip der einzelstaatlichen und damit notwendigerweise territorial beschränkten Souveränität für eine Welt ergeben, die auf eine weltumspannende Friedenssicherung, einen internationalen Umweltschutz und einen internationalen Austausch von Waren und Gütern, d. h. auf einen Abbau territorialer Schranken angewiesen ist. Konkreter formuliert, die zunehmende Globalisierung bestimmter Problembereiche – internationales Wirtschaftsrecht, internationaler Umweltschutz und die Sicherung von Menschenrechten – und die durch diese

[29] *Sir A. Watts*, International Law and the Antarctic Treaty System, 1992, 294 ff.

[30] *UN Agreement for the Implementation of the Provisions of the United Nations Convention on the Law of the Sea of 10 December 1982 Relating to the Conservation and Management of Straddling Fish Stocks and Highly Migratory Fish Stocks*, Doc. A/CONF.164/37 of 8 September 1995, ILM 34 (1995), 1542 ff.

[31] *Convention to Combat Desertification in Countries Experiencing Serious Drought and/or Desertification*, ILM 33 (1994), 1328.

Globalisierung bedingte Interdependenz der Staaten verringern die Bereiche, in denen Staaten durch individuelle Anstrengungen Veränderungen erzielen können.

4. Die Berufung auf das Prinzip der Solidarität als ein prägendes Element bestimmter Bereiche internationaler Beziehungen ist nicht neu. Denn damit kehrt das Völkerrecht zu Gedankenführungen zurück, die bis an seine Anfänge zurückreichen.
Die Entwicklung der Staatengemeinschaft vom 16. bis in das 19. Jahrhundert erfolgte auf der Basis einer Gemeinschaft christlicher Staaten – der *universitas christiana* –, wobei die Elemente innerer Verbundenheit dieser Staaten in der gemeinsamen Religionszugehörigkeit bzw. in der gemeinsamen Anerkennung religiöser Werte wurzelten.[32] Die Aufklärung löste die Verbindung zur Religion und rückte demgegenüber die Notwendigkeit in den Vordergrund, auf einer anderen, naturrechtlichen Basis Regelungen für die gesamte Menschheit zu schaffen. So entwickelte sich im 18. Jahrhundert die neue und bedeutsame Vorstellung einer Verbundenheit innerhalb der Gemeinschaft auf der Basis eines gemeinsamen Menschenbildes. *S. Pufendorf*[33] spricht über die Pflichten aller gegen alle und entwickelt hieraus Pflichten der Staaten untereinander. Ihre eigentliche Grundlage finden diese Pflichten in den Pflichten der Menschen gegen sich selbst. Weiter entwickelt wurde dieser Ansatz durch *Christian Wolff*. In Anlehnung an die allgemeine Anschauung des Naturrechts von den Grundlagen menschlichen Zusammenlebens entwickelte er neben Pflichten gegen sich selbst die Pflicht gegen den nächsten und hieraus folgend die Pflichten der Staaten.[34] Auch eine religiöse Argumentation wäre möglich gewesen, ist doch die Nächstenliebe ein zentrales Gebot zumindest aller monotheistischen Weltreligionen. Eine religiöse Argumentation wollten *Pufendorf* und *Wolff*, mit denen das theologisch begründete Naturrecht auf eine vernunftrechtliche und damit säkulare Basis gestellt wurde, aber gerade vermeiden. *Wolff* sprach von der *charitas gentium*, der Pflicht eines Volkes, das Wohl anderer Nationen zu befördern. Konkret forderte er „... *genti unicuique constans et perpetua esse debet voluntas felicitatem aliarum gentium promovendi* ...“.[35] Daraus leitete er eine Naturalpflicht, d. h. eine moralische und nicht aber eine rechtliche Verpflichtung für ein Volk ab, zur Erhaltung und Fortentwicklung *(perfectio)* eines anderen Volkes beizutragen. Diese Pflicht wurde insbesondere den *„Gentes doctae et cultae“*[36] gegenüber den *„Gentes barbarae et incultae“*[37] auferlegt. Hier klang – wenn auch in zeitgebundener Form – der Gedanke einer Hilfe der – nach heutiger Terminologie – Industriestaaten für Entwicklungsländer an. *Wolff* hatte durchaus die wirtschaftliche Interdependenz der Staaten im Auge, wenn er den Völkern aufgab, Güter und Kenntnisse den anderen Nationen für ihren Bedarf und ihren Lebenskomfort mitzuteilen.
Von der gleichen Basis ging auch *E. de Vattel* aus. Aus seiner Sicht bestand eine internationale Gesellschaft, die durch das Prinzip der Solidarität verbunden war. *Vattel* formulierte, die Nationen seien von Natur aus gehalten, die menschliche Gemeinschaft zu pflegen und sich Unterstützung, die *„office de l'humanité“*, zu gewähren, die die Gemeinschaft fordere.[38] Dies bedeute Beistand zur Erhaltung der Existenz und eines angenehmen Lebens. *„Un Etat doit à tous autres Etats ce qu'il se doit à soi-même, autant que cet autre a un véritable besoin de son secours et qu'il peut le lui accorder sans négliger ses devoirs envers soi-même.“* (§ 4). Er sprach in diesem Zusammenhang von der *Société Civile* (§ 6), aus deren Existenz sich logisch die Verpflichtung zur Hilfestellung ergibt. *Vattel* nannte verschiedene Beispiele für eine Hilfestellung, neben der Hilfe gegen einen Angriff, die Lieferung von Lebensmitteln im Falle

---

[32] *W. G. Grewe*, The Epochs of International Law, 2000, 51 ff; *Scheuner*, 256 f.

[33] De officio hominis et civilis, 1673.

[34] Jus Gentium Methodo Scientifica Pertractatum, 1749.

[35] Jedem Volk soll der beständige und stetige Wille das Glück der anderen Völker zu fördern, zu eigen sein.

[36] Gelehrte und gebildete (Kultur-)Völker.

[37] Wilde und ungebildete Völker.

[38] Droit des Gens, 1758, Lib. II, §§ 24, 25.

einer Hungersnot. Außerdem verwies er beispielhaft auf die internationale Hilfsaktion für Lissabon nach einem Erdbeben. Von ihm wurde ferner eine von den entwickelten Staaten *(nations savantes)* geforderte Ausbildungshilfe angesprochen.[39]
Zweifelsohne sollte man diese von der Lehre entwickelten Gedanken einer auf gegenseitige Ergänzung abgestellten Solidarität der Nationen nicht überschätzen. Wie schon gesagt, sprachen *Vattel* und *Wolff* nicht von rechtlichen, sondern von moralischen, (in ihren Worten) natürlichen Pflichten. *Vattel* setzte hinzu, hierbei handele es sich lediglich um einen *„bon songe"*.[40]

5. Der Rechtspositivismus des 19. Jahrhunderts hat das Postulat nach Solidarität beiseite geschoben. An die Stelle der Staatengemeinschaft trat ein Nebeneinander unabhängiger Staaten, das durch den Souveränitätsgedanken geprägt war. Es ist selbstverständlich, daß in einem System voneinander unabhängiger Staaten, das auf dem Prinzip der Individualität der Staaten beruht, der Gedanke einer internationalen, d. h. staatenübergreifenden Wertvorstellungen bzw. Zivilgesellschaft keinen Platz haben konnte. Ebensowenig wie der Gedanke einer Solidarpflicht innerhalb einer Gemeinschaft der Staaten.

VI. 1. Wie eingangs angedeutet, bildet das Prinzip der zwischenstaatlichen Solidarität die Grundlage einzelner völkerrechtlicher Regime. Dies gilt unter anderem für das Friedenssicherungssystem der Vereinten Nationen. Dieses beruht auf zwei Säulen, dem Verbot militärischer Gewalt,[41] mit der wichtigsten Ausnahme der individuellen oder kollektiven Selbstverteidigung, die durch Art. 51 VN-Charta als „naturgegebenes Recht" bestätigt wird. Diese Vorschrift wurde in die Charta der Vereinten Nationen vor allem mit dem Ziel aufgenommen, bestehende Verteidigungsbündnisse zu legitimieren, doch ist es allen Staaten auch ohne vorherige Bindung gestattet, einem angegriffenen Staat auf dessen Ersuchen hin beizustehen. Nicht notwendig ist dabei der Schutz eigener Interessen, ausreichend ist, wenn das Einschreiten ausschließlich im Interesse des angegriffenen Staates erfolgt. D. h. diejenigen Staaten, die einem angegriffenen Staat zur Hilfe kommen, machen sich sein Recht auf Selbsterhaltung zu eigen bzw. behandeln die Verletzung des Rechts auf Selbsterhaltung eines anderen Staates auch als eine Verletzung eigener Anliegen. Art. 5 des NATO-Vertrages begründet in diesem Sinne eine vertragliche Fiktion, indem er formuliert: „Die Parteien vereinbaren, daß ein bewaffneter Angriff gegen eine oder mehrere von ihnen in Europa oder in Nordamerika als ein Angriff gegen sie alle angesehen wird; ...". Es handelt sich bei der NATO somit um eine gekorene Solidargemeinschaft. Ihr Ziel ist die individuelle Sicherheit der einzelnen Mitglieder sowie die Sicherung des Friedens in der Region, auf die sich der NATO-Vertrag erstreckt.
Ein anderer Ansatz ist mit dem Prinzip kollektiver Sicherheit verbunden. Überwiegend wird unter kollektiver Sicherheit ein System verstanden, in dem sich die Mitgliedstaaten dazu verpflichtet haben, gemeinsam gegen ein Mitglied vorzugehen, das gegen ein anderes einen Akt der Aggression begeht.[42] Derartige Systeme dienen – wie übrigens die Systeme kollektiver Selbstverteidigung auch – der Friedenssicherung. Die Gefahr einer kollektiven Reaktion soll einen potentiellen Aggressor vom Bruch des Friedens abschrecken. Das Element der Solidargemeinschaft liegt darin, daß die Mitglieder in derartigen Systemen gemeinsam die Lasten zur Erreichung eines konsentierten Zieles – der Friedensbewahrung – tragen und zwar vor allem auch dann, wenn der einzelne Staat durch den Friedensbruch faktisch nicht unmittelbar selbst betroffen ist.

---

39 Lib. II, §§ 6, 7; vgl. dazu *Scheuner*, 266 f.
40 Lib. II, § 15.
41 Vgl. dazu § 169, sowie Bd. II/1.
42 *R. Wolfrum*, on Art. 1 note 7, in: *B. Simma* (ed.), The United Nations Charter: A Commentary, 1994, sowie ausführlich Bd. II/1.

Von wesentlicher Bedeutung ist in diesem Zusammenhang, daß der Friedensbegriff der Charta der Vereinten Nationen eine wesentliche Ausweitung erfahren hat. Es ist heute nicht mehr ausreichend, den Begriff des Weltfriedens mit der Einhaltung des umfassenden Gewaltverbots gleichzusetzen, wie der sog. negative Friedensbegriff dies tut. Es ist legitim, in den Friedensbegriff die Achtung anderer elementarer Werte, insbesondere den Schutz der Menschenrechte aufzunehmen (sog. positiver Friedensbegriff). Dem trägt die Praxis des Sicherheitsrates – wenn auch nur in unvollkommener Weise – Rechnung. Bereits während des Kalten Krieges hatte er in den Fällen Südafrika und Südrhodesien Zwangsmaßnahmen zur Beendigung schwerwiegender Menschenrechtsverletzungen getroffen.[43] Nach Ende des Kalten Krieges haben die Einsätze im Irak zum Schutz der Kurden und der Schiiten, in Bosnien-Herzegowina sowie die humanitären Aktionen in Somalia und Ruanda deutlich werden lassen, daß der Sicherheitsrat es auch als eine seiner Aufgaben zur Sicherung des Weltfriedens ansieht, gegen schwerwiegende Menschenrechtsverletzungen einzuschreiten. Besonders evident ist dies in der Intervention in Haiti geworden. Diese Tendenz wird auch nicht dadurch in Frage gestellt, daß der Sicherheitsrat nicht aktiver im Falle des Kosovo tätig geworden ist, er den Völkermord in Ruanda nicht verhindert und seine Intervention in Ost-Timor zu spät eingesetzt hat. Die genannten Maßnahmen – unabhängig von ihrem Erfolg – lassen zumindest eines erkennen, nämlich daß der Schutz der Menschenrechte gegen schwerwiegende Verletzungen als ein Anliegen der Gemeinschaft der Staaten nicht mehr nachdrücklich in Frage gestellt wird. Damit findet das Völkerrecht im Grunde genommen zu einem Ansatz zurück, wie er von *Wolff*, *Vattel* und *Bluntschli* vertreten wurde. Allerdings ist das Prinzip der Solidarität in dem System der kollektiven Sicherheit nicht vollständig verwirklicht, denn es besteht derzeit keine Pflicht des Sicherheitsrates als Organ bzw. seiner Mitglieder, bei einem Bruch des Friedens oder sogar bei einer Angriffshandlung Maßnahmen nach Kapitel VII der Charta der Vereinten Nationen zu ergreifen. Hierin kann man eine wesentliche Schwäche dieses Systems, wenn nicht gar einen Systembruch, sehen.

2. Den bislang behandelten Beispielen ist gemeinsam, daß es sich um vertragliche Werte- bzw. Zielgemeinschaften handelt, in denen in bestimmten Situationen von allen Staaten gleiche Lasten übernommen werden, um das gemeinsame Ziel zu erreichen. Fremd sind allerdings diesen Beispielen noch Distributionsmechanismen, wie sie für innerstaatliche Solidargemeinschaften typisch sind. Diese Entwicklung findet sich erst in den modernen Rechtsregimen für die Verwaltung staatsfreier Räume, insbesondere des Weltraums[44] und der Tiefsee.[45] Die hierfür entwickelten Solidargemeinschaften sind zwar ebenfalls gewillkürt, beruhen aber auf einer von den Fakten vorgegebenen solidarischen Verbundenheit.
Gemäß Art. I des Weltraumvertrages von 1967[46] erfolgt die Erforschung und Nutzung des Weltraums einschließlich des Mondes und anderer Himmelskörper zum Vorteil und im Interesse aller Länder ohne Ansehen ihres wirtschaftlichen und wissenschaftlichen Entwicklungsstandes und ist Sache der gesamten Menschheit. Hieran knüpft der Weltraumvertrag eine Reihe von Konsequenzen. Diese Regelungen sind in der Folgezeit weiter ausgebaut worden. Sie erreichten ihre Vollendung in dem Regime zur Verteilung von Parkstationen für Satelliten auf dem geostationären Orbit und deren Frequenzen. Diese Regelungen stellen sicher, daß jeder Staat, unabhängig von seinem Entwicklungsstand, über die Sendekapazität verfügt, die für den Aufbau eines nationalen Kommunikationsnetzes erforderlich ist. Insofern erfolgte hier ein Ausgleich zwischen Staaten unterschiedlichen Entwicklungsstandes hinsichtlich der Nutzung eines gemeinsamen Gutes.[47]

---

[43] Vgl. dazu sowie zum folgenden ausführlich *H. Gading*, Der Schutz grundlegender Menschenrechte durch militärische Maßnahmen des Sicherheitsrates: das Ende staatlicher Souveränität?, 1996, 98 ff.

[44] Vgl. dazu §§ 133–135.

[45] Vgl. dazu § 128.

[46] BGBl. 1969 II, 1969.

[47] Vgl. dazu im einzelnen § 136.

3. Ein vergleichbares Rechtsregime wurde durch die 3. Seerechtskonferenz der Vereinten Nationen für die Nutzung der Tiefsee entwickelt, wobei dieses allerdings deutlich stärker ausdifferenziert ist. Gemäß Art. 136 SRÜ, 1982[48] sind der Tiefseeboden und seine Ressourcen das gemeinsame Erbe der Menschheit. Hieraus ergeben sich eine Reihe von Konsequenzen. Der Tiefseeboden wird durch eine internationale Organisation für die Menschheit – nicht die Vertragsstaaten – verwaltet, die Gewinne sind zu verteilen, alle Staaten haben das Recht, gleichberechtigt an der Nutzung des Tiefseebodens teilzuhaben. Um diese Gleichheit – gemeint ist eine Gleichheit im materiellen Sinne – herzustellen, sind die Industriestaaten verpflichtet, den Entwicklungsländern durch den Transfer von Technologie und Finanzen die Teilnahme zu ermöglichen. In diesem Regime kommt der Verteilungsaspekt deutlich zum Ausdruck. Die Verteilung findet ihre Rechtfertigung darin, daß nur hierüber die Entwicklungsländer materiell gleichberechtigt an der Nutzung der Tiefsee teilhaben können.[49] Hinsichtlich des Prinzips des gemeinsamen Erbes der Menschheit ist zu berücksichtigen, daß durch den Verweis auf die Interessen der Menschheit nicht nur die derzeitigen Generationen, sondern auch zukünftige Generationen Berücksichtigung finden. Insofern entsteht eine Verantwortungsgemeinschaft der zur Zeit lebenden Generation in bezug auf zukünftige Generationen. Vor allem für den Komplex des Umweltschutzes kommt diesem Gesichtspunkt besondere Bedeutung zu.

4. Ausgehend von dem Ansatz einer Verantwortungsgemeinschaft ist es nicht erstaunlich, daß der Grundsatz der zwischenstaatlichen Solidarität sowie der Solidarität zwischen den Generationen seinen besonderen Niederschlag in modernen internationalen Abkommen zum Schutze der Umwelt gefunden hat. Der insoweit relevante Schlüsselbegriff ist der Begriff der *„common, but differentiated responsibility“*, wie ihn die Klimarahmenkonvention von 1992,[50] die Rechtsregime zum Schutze der Ozonschicht von 1985 und 1987[51] sowie die Konvention zum Schutze der biologischen Vielfalt von 1992[52] formulieren. Seine allgemeinste Formulierung findet sich als Prinzip 7 der Deklaration von Rio de Janeiro: *„States shall cooperate in a spirit of global partnership to conserve, protect and restore the health and integrity of the Earth's ecosystem. In view of the different contributions to global environment degradation, States have common, but differentiated responsibilities.“* Prinzip 7 der Deklaration von Rio enthält zwei Komponenten, die aufeinander bezogen sind, die Kooperation und die gemeinsame Verantwortung. Die Notwendigkeit zur Kooperation ergibt sich aus der Unteilbarkeit der ökologischen Grundlagen, auf denen das Leben auf dem Planeten Erde beruht; hieraus folgt konsequent die Bildung der angesprochenen globalen Partnerschaft.

Das Konzept der Verantwortung umfaßt zwei Elemente, dasjenige der gemeinsamen Verantwortlichkeit und das der unterschiedlichen Verantwortlichkeit, wobei diese beiden Seiten des Konzeptes nicht trennbar sind. Die gemeinsame Eigenverantwortlichkeit steht mit dem Begriff der gemeinsamen Güter, des gemeinsamen Interesses und der gemeinsamen Belange der Menschheit in Zusammenhang und bringt zu Ausdruck, daß alle Staaten an Aktivitäten zur Erhaltung der Erde teilnehmen müssen, von der die menschliche Existenz abhängt. Es ist insofern zutreffend, von einer Solidargemeinschaft zu sprechen, wobei in dieser auch eine Umverteilung bewirkt wird. Auch hier rechtfertigt sich die Umverteilung daraus, daß andernfalls die Entwicklungsländer ihre Verpflichtungen im Interesse eines gemeinsamen Zieles nicht würden wahrnehmen können. Insofern ist es konsequent, daß die daraus resultierenden Pflichten unterschiedlichen Umfang haben und eine Pflicht bestimmter

---

[48] BGBl. 1994 II, 1799.
[49] Vgl. dazu § 128.
[50] BGBl. 1993 II, 1784.
[51] BGBl. 1988 II, 902, 1014.
[52] BGBl. 1993 II, 1742.

Staaten zur Hilfestellung für andere Staaten besteht. Diese Unterschiedlichkeit von Pflichten bzw. die Pflicht zur Unterstützung resultiert aus den unterschiedlichen technischen und wirtschaftlichen Möglichkeiten, insbesondere aber aus dem unterschiedlichen Stand der Entwicklung der Entwicklungsländer und der Staaten, deren Wirtschaftssystem sich im Umbruch befindet. Das heißt, für die Entwicklungsländer und die *„states in transition"* gelten gestufte oder reduzierte Umweltschutzziele, verlängerte Erfüllungszeiträume und ähnliches. Dies bedeutet auf seiten der Industriestaaten gesteigerte Verpflichtungen, nämlich Technologietransfer und Finanztransfer, also allgemein formuliert Erfüllungshilfe. Dies wiederum ist ein Solidarbeitrag der Industriestaaten, der von dem Entwicklungsbedarf der Entwicklungsländer bestimmt ist.

5. Zusammenfassend ist festzustellen, daß es im Bereich des internationalen Seerechts und des internationalen Umweltrechts zur Herausbildung von Solidargemeinschaften gekommen ist, mit wechselseitigen Rechten und Pflichten der Beteiligten und Mechanismen zum Ausgleich der Entwicklungsunterschiede. Diese Solidargemeinschaften stehen im Dienst eines bestimmten Zieles – der Erhaltung von wesentlichen Komponenten der Umwelt für diese und kommende Generationen.

VII. 1. Der Nachweis, daß wesentliche Ordnungssysteme des Völkerrechts auf dem Prinzip der Solidarität aufbauen, besagt nicht, daß das Prinzip der Solidarität außerhalb derartiger Regime Gültigkeit beansprucht oder gar hieraus generell Rechte und Pflichten von Staaten entwickelt werden können. Innerhalb dieser Regime dient das Prinzip der Solidarität aber als Auslegungshilfe hinsichtlich der vertraglich vereinbarten Rechte und Pflichten.

2. Grundsätzlich ist festzuhalten, daß das Prinzip der Solidarität einen Beitrag zur Herausbildung einer Werteordnung leistet, die auf das menschliche Individuum, die Sicherung seiner Rechte und die Verbesserung seiner Entwicklungsmöglichkeiten ausgerichtet ist. Hinzu tritt die Entstehung von sektoralen Werteordnungen, mit denen auf die zunehmende Interdependenz nicht nur der Staaten, sondern der Völker reagiert wird.

2. ABSCHNITT
Die Verletzung des Völkerrechts

1. KAPITEL
Elemente internationaler Verantwortlichkeit

Schrifttum: *H. Triepel*, Völkerrecht und Landesrecht, 1899; *D. Anzilotti*, Teoria generale della responsabilità dello stato nel diritto internazionale, 1902; *D. Anzilotti*, La responsabilité Internationale des Etats à raison des dommages subis par des étrangers, RGDIP 13 (1906), 5 ff und 285 ff; *P. Schoen*, Die völkerrechtliche Haftung der Staaten aus unerlaubten Handlungen, Zeitschrift für Völkerrecht, Anhang 2, 1917; *K. Strupp*, Das völkerrechtliche Delikt, 1920; *H. Kelsen*, Unrecht und Unrechtsfolge im Völkerrecht, 1923; *P. Ruegger/W. Burckhardt*, Die völkerrechtliche Verantwortlichkeit des Staates für die auf seinem Gebiete begangenen Verbrechen, 1924; *C. de Visscher*, La responsabilité des États, Bibl. Viss. 2 (1924), 87 ff; *N. Politis*, Le problème des limitations de la souveraineté et la théorie de l'abus des droits dans les rapports internationaux, RdC 6 (1925 I), 5 ff; *K. Strupp*, Die völkerrechtliche Haftung des Staates, insbesondere bei Handlungen Privater, 1927; *C. Eagleton*, The Responsibility of States in International Law, 1928; *E. M. Borchard*, Theoretical Aspects of the International Responsibility of States, ZaöRV 1 (1929), 223 ff; *G. Salvioli*, La responsabilité des Etats et la fixation des dommages et intérets par les tribunaux internationaux, RdC 28 (1929 III), 231 ff; *F. J. Dumas*, De la résponsabilité internationale des Etats à raison de crimes ou de délits, etc., 1930; *O. Hoijer*, La responsabilité international des Etats, 1930; *V. M. Maurtua/F. J. Scott*, Responsibility of States for Damage Caused in their Territory to the Person or Property of Foreigners, 1930; *A. Roth*, Das völkerrechtliche Delikt, 1932; *A. Soldati*, La responsabilité des Etat dans le droit international, 1934; *S. Arató*, Die völkerrechtliche Haftung, 1937; *M. M. Whiteman*, Damages in International Law, 3 Vols. 1937–1943; *J. G. Starke*, Imputability in International Delinquincies, BYIL 19 (1938), 104 ff; *L. Reitzer*, La Réparation comme conséquence de l'acte illicite en Droit international, 1938; *R. Ago*, Le délit international, RdC 68 (1939 II), 415 ff; *M. G. Cohn*, La théorie de la responsabilité internationale, RdC 68 (1939 II), 207 ff; *J. Personnaz*, La réparation du préjudice en droit international public, 1939; *Ph. C. Jessup*, ColLR 46 (1946), 903 ff; *K. Furgler*, Grundprobleme der völkerrechtlichen Verantwortlichkeit der Staaten, 1949; *G. Berlia* (éd.), Etudes en l'honneur de G. Scelle, II (1950), 875 ff; *W. Wengler*, Der Begriff des Völkerrechtssubjekts im Lichte der politischen Gegenwart, Friedenswarte 1952, 113 ff; *B. Cheng*, General Principles of Law as Applied by International Courts and Tribunals, 1953; C. *Eustathiades*, Les sujects du droit international et la responsabilité internationale – Nouvelles tendances, RdC 84 (1953 III), 397 ff; *E. Vitta*, La responsabilità international dello stato per attiegislativi, 1953; *A. V. Freeman*, Responsibility of States for Unlawful Acts of their Armed Forces, RdC 88 (1955 II), 263 ff; *F. V. Garcia Amador*, State Responsibility in the light of the new trends of International Law, AJIL 49 (1955), 339 ff; *F. V. Garcia Amador*, Nature juridique et Fonction de la responsabilité internationale d'après la doctrine et la jurisprudence, RDI (Genf) 35 (1957), 148 ff; *F. V. García Amador*, State Responsibility: Some New Problems, RdC 94 (1958 II), 365 ff; *H. Accioly*, Principes géneraux de la responsabilité internationale d'après la Doctrine et la Jurisprudence, RdC 96 (1959 I), 349 ff; *A. Schüle*, Das völkerrechtliche Delikt, Wörterbuch des Völkerrechts Bd. I, 1960, 326 ff; *I. von Münch*, Das völkerrechtliche Delikt in der modernen Entwicklung der Völkerrechtsgemeinschaft, 1963; *J. P. Queneudec*, La responsabilité Internationale de l'Etat pour les fautes personelles de ses agents, 1966; *E. Jiménez de Aréchaga*, International Responsibility, in: *Sörensen (ed.)*, Manual of Public International Law, 1968, 531 ff; *G. Ténékidès*, Responsabilité internationale, Répertoire de droit international, Bd. I u. II, 1969; *F. V. Garcia Amador/L. B. Sohn/R. R. Baxter*, Recent Codification of the Law of State Responsibility for Injuries to Aliens, 1974; *H. J. Schlochauer*, Die Entwicklung des völkerrechtlichen Deliktsrechts, AVR 16 (1974/75), 239 ff; *P.-M. Dupuy*, La responsabilité internationale des Etats pour les dommages d'origine technologique et industrielle, 1976; *I. Brownlie*, State Responsibility, System of the Law of Nations, Part I, 1983; *F. Lattanzi*, Ganzie dei diritti dell' nomo nel diritto internazionale generale, 1983; *W. Riphagen*, State Responsibility: New Theories of Obligation in Interstate Relations, in: *R. St.J. Macdonald/D. M. Johnston* (eds.), The Structure and Process of International Law, 1983, 581 ff; *P.-M. Dupuy*, Le fait générateur de la responsabilité internationale des Etats, RdC 188 (1984 V), 9 ff; *B. Graefrath*, Responsibility and Damages Caused: Relationship between Responsibility and Damages, RdC 185 (1984 II), 9 ff; *J. Dehaussy*, Travaux de la Commission du droit international, AFDI 31 (1985), 592 ff; *J. Cardona Llorins*, La responsabilidad internacional por violación grave de obligaciones escenciales para la salvaguarda de intereses fundamentales de la comunidad internacional (el ‚crimen internacional'), Anuario de derecho internacional 8 (1985), 265 ff; *J. Charpentier*, L'affaire du Rainbow Warrior, AFDI 31 (1985), 210 ff; *J. Combacau/D. Alland*, „Primary" and „secondary" rules in the law of state responsibility: categorizing international obligations, NYIL 16 (1985), 81 ff; *R. A. Friedlander*, The enforcement of international criminal law: fact or fiction?, Case Western Reserve Journal of International Law 17 (1) (1985), 79 ff; *B. Graefrath*, Völkerrechtliche Verantwortlichkeit für internationale Verbrechen, Probleme des Völkerrechts (1985), 89 ff; *B. Simma*, Self-Contained Regimes, NYIL 16 (1985),111 ff; *J. Charpentier*, L'affaire du Rainbow Warrior: le réglement interétatique, AFDI 32 (1986), 873 ff; *B. Simma*, Grundfragen der Staatenverantwortlichkeit in der Arbeit der International Law Commission, AVR 24 (1986), 357 ff; *D. Alland*, International responsibility and sanctions: self-defence and countermeasures in the ILC codification of rules governing international responsibility, in: *M. Spinedi/B. Simma* (eds.), United Nations codification of State responsibility, 1987, 143 ff; *B. Conforti*, Il tema di responsabilità degli stati per crimini internazionali, in: Le droit international à l'heure de sa codification, 1987, 99 ff; *W. Conze*, Die völkerrechtliche Haftung der Europäischen Gemeinschaft, 1987; *M. Pugh*, Legal aspects of the Rainbow Warrior affair, ICLQ 36(3) (1987), 655 ff; *W. Karl*, The time factor in the law of State responsibility, in: *M. Spinedi/B. Simma* (eds.), United Nations codification of State responsibility, 1987, 95 ff; *M. Spinedi/B. Simma* (eds.), United Nations codification of State responsibility, 1987; *P. A. Allot*, State Responsibility and the unmaking of International Law, HarvILJ 29 (1988), 1 ff; *A. D'Amato*, State responsibility for the exportation of nuclear power technology, Virginia Law Review, 74(6) (1988), 1011 ff; *J. Barboza*, La responsabilité „causale" à la Commission du droit international, AFDI 34 (1988), 513 ff; *J. W. Dellapenna*, Suing foreign governments and their corporations, 1988; *C. B. Jiménez Piernas*, La conducta arriesgada y la responsabilidad internacional del estado, 1988; *H. G. Schermers* (ed.), Non-contractual liability of the European Communities, 1988; *J. E. Noyes*, State responsibility and the principle of joint and several liability, Yale Journal of International Law, 13(2) (1988), 225 ff; *M. Pérez Gonzáles*, Les organisations internationales et le droit de la responsabilité, RGDIP 92(1) (1988), 63 ff; *P. Rocafort*, Responsabilidad del estado y derechos humanos: el aporte del derecho administrativo, del derecho internacional y del derecho de los derechos humanos, 1988; *L. Condorelli*, The imputability to States of acts of international terrorism, IYHR 19 (1989), 233 ff; *P. Peters/N. Schrijver/P. de Waart*, Responsibility of States in respect of the exercise of permanent sovereignty over natural resources: an analysis of some principles of the Seoul Declaration (1986) by the International Law Association, NILR 36(3) (1989), 285 ff; *M. T. Ponte Iglesias*, El crimen ecológico internacional: problemas y perspectivas de futuro, 1989, 423 ff; *B. Simma*, International Crimes: Injury and Countermeasures. Comments on Part 2 of the ILC work on State Responsibility, in: *P. Weiler/A. Cassese/M. Spinedi* (eds.), International Crimes of States – A Critical Analysis of the ILC's Draft Article 19 on State Responsibility, 1989, 283 ff; *J. Wolf*, Gibt es im Völkerrecht einen einheitlichen Schadensbegriff?, ZaöRV 49 (1989), 403 ff; *A. E. Boyle*, State Responsibility for Breach of Obligations to Protect the Global Environment, in: *W. E. Butler* (ed.), Control and Compliance with International Law, 1991, 69 ff; *S. Rosenne*, The International Law Commission's Draft Articles on International Law, 1991; *A. Epiney*, Die völkerrechtliche Verantwortlichkeit von Staaten für rechtswidriges Verhalten im Zusammenhang mit Aktionen Privater, 1992; *C. Tomuschat*, Völkerrechtliche Schadensersatzansprüche vor dem EuGH, in: *J. F. Baur/P.-C. Müller-Graff/M. Zuleeg* (Hrsg.), Festschrift für *B. Börner*, 1992, 441; *B. Stern*, Un système hybride: la procédure de règelement pour la réparation des dommages résultant del'occupation illicite du Koweit par l'Irak, McGill Law Journal 37 (1992), 625; *R. Harndt*, Völkerrechtliche Haftung für die schädlichen Folgen nicht verbotenen Verhaltens, 1993; *C. Tomuschat*, Obligations Arising for States without or against their Will, RdC 241 (1993 IV), 199 ff; *C. Annacker*, Part Two of the International Law Commission's Draft Articles on State Responsibility, German

Yearbook of International Law 37 (1994), 206 ff; *I. Brownlie*, State Responsibility: The Problem of Delegation, in: *K. Ginther* (Hrsg.), Festschrift für *Karl Zemanek* zum 65. Geburtstag, 1994, 299 ff; *B. Simma*, Counter-measures and Dispute Settlement: A Plea for a Different Balance, European Journal of International Law 5 (1994) 102 ff; *B. Simma*, From Bilateralism to Community Interest in International Law, RdC 250 (1994 VI), 219 ff; *N. Ando*, Some Critical Observations on the International Law Commission's Draft Articles on State Responsibility, Asian Yearbook of International Law 5 (1995), 125 ff; *A. Pellet*, Remarque sur une revolution inachevée – Le projet d'articles de la CDI sur la responsabilité des Etats, AFDI 42 (1996), 7 ff; *S. Sucharitkul*, State Responsibility and International Liability in Transnational Relations, in: *J. Makarczyk* (Hrsg.), Theory of International Law at the Threshold of the 21st Century, 1996, 283 ff; *S. Sucharitkul*, State Responsibility and International Liability under International Law, Loyola of Los Angeles International and Comparative Law Journal 18 (1996), 821 ff; *S. Rosenne*, State Responsibility and International Crimes: Further Reflections on Article 19 of the Draft Articles on State Responsibility, New York University Journal of International Law and Politics 30 (1997/1998), 145 ff; *M. H. Arsanjani/W. M. Reisman*, The Quest for an International Liability Regime for the Protection of the Global Commons, in: *K. Wellens* (ed.), International Law: Theory and Practice, 1998, 469 ff; *C. N. Brower/J. D. Brueschke*, The Iran-United States Claims Tribunal, 1998; *R. Lefeber*, The Gabčíkovo-Nagymaros Project and the Law of State Responsibility, Leiden Journal of International Law 11 (1998), 609 ff; *J. Crawford*, Revising the Draft Articles on State Responsibility, European Journal of International Law 10 (1999), 435 ff; *C. Dominicé*, The International Responsibility of States for Breach of Multilateral Obligations, European Journal of International Law 10 (1999), 353 ff; *G. Arangio-Ruiz*, Article 39 of the ILC First-reading Draft Articles on State Responsibility, Rivista di diritto internazionale 83 (2000), 747 ff; *J. Crawford*, The ILC's Draft-Articles on State Responsibility: Toward Completion of a Second Reading, AJIL 94 (2000), 660 ff; *J. Crawford/P. Bodeau*, Second Reading of the ILC Draft Articles on State Responsibility: Further Progress, Intenrational Law Forum 2 (2000), 45 ff; *K. Kawasaki*, The „Injured State" in the International Law of State Responsibility, Hitotsubashi Journal of Law and Politics 28 (2000), 17 ff, *J. Crawford/J. Peel/S. Olleson*, The ILC's Articles on Responsibility of States for Internationally wrongful Acts: Completition of the Second Reading, European Journal of International Law, 12 (2001), 963 ff.

§ 173 Grundlagen der internationalen Verantwortlichkeit

Schrifttum: wie vor § 173.

I. 1. In Staatenpraxis, internationaler Rechtsprechung und Völkerrechtslehre herrscht seit langem Einigkeit über den Grundsatz, daß eine Verletzung des Völkerrechts durch ein Völkerrechtssubjekt[1] dessen völkerrechtliche Verantwortlichkeit begründet.[2]

„*It is a principle of international law, and even a general conception of law that any breach of an engagement involves an obligation to make reparation*", hat der Ständige Internationale Gerichtshof in seinem Urteil über die Entschädigung im *Chorzów Factory*-Fall (1928) ausgeführt.[3] In dem

---

1 Die völkerrechtliche Verantwortlichkeit von internationalen Organisationen wird in Band II/2 behandelt.

2 *Verdross/Simma*, § 1262; *Ipsen*, in: *Ipsen* (Hrsg.), 4. Aufl., 490; *Oppenheim/Watts/Jennings*, Bd. I/1, 502. Die dogmatische Begründung dieses Grundsatzes erfolgt in der Literatur durchaus unterschiedlich. Nach *Anzilotti*, 1902, Bd. 1, 25 und 62 ergibt sich die Verantwortlichkeit aus der Existenz der internationalen Rechtsordnung und den daraus resultierenden Verpflichtungen für die Völkerrechtssubjekte, so auch *Schoen*, 1917, 18 und *Strupp*, 1920, 4. Andere stellen stärker darauf ab, daß sich die Völkerrechtssubjekte als Gleichberechtigte gegenüberstehen und Rechtsverletzungen ausgeglichen werden müssen, um die Gleichheit wieder herzustellen, so *de Visscher*, 1924, 90; *Eagleton*, 5 f.

3 PCIJ, Series A 17 (1928), 29; ebenso im *Wimbledon*-Fall, PCIJ, Series A 1, 15; *Phosphates in Morocco*-Fall (Preliminary Objections) 14 June 1938, PCIJ, Series A/B, 74, 28; in dem *Spanish Zone of Morocco*-Fall, RIAA II, 615 (641), führte Richter *Huber* aus: „*... responsibility is the necessary corollary of a right. All rights of an international character involve international responsibility. Responsibility results in the duty to make reparation if the obligation in question is met...*"; ebenso der Internationale Ge-

Entwurf der Völkerrechtskommission (ILC) wird dieser Grundsatz wie folgt formuliert: Art. 1, *„Every internationally wrongful act of a State entails the international responsibility of that State.“*[4]

2. Die Kodifikationskonferenz des Völkerbundes sowie die Völkerrechtskommission der Vereinten Nationen (ILC) haben sich über Jahre der Aufgabe gewidmet, die Regeln zur Staatenverantwortlichkeit zu kodifizieren. Diese Arbeiten der ILC sind erst im Jahr 2001 zum Abschluß gelangt.[5]

Der Völkerbund identifizierte bereits 1927 die Staatenverantwortlichkeit als eine der kodifikationsreifen Materien, beschränkte den Kodifikationsversuch allerdings – mit Blick auf die vorliegende Staatenpraxis – auf die „Verantwortlichkeit der Staaten für die Schädigung von Person und Vermögen fremder Staatsangehöriger auf ihrem Gebiet“.[6] Eine Einigung scheiterte an der Frage der anzuwendenden Standards.

Die Generalversammlung der Vereinten Nationen beschloß 1949[7] die Staatenverantwortlichkeit in die Liste der von der ILC zu behandelnden Materien aufzunehmen, und forderte 1953[8] die ILC formell auf, eine Kodifikation der Prinzipien vorzunehmen, die die Staatenverantwortlichkeit regeln. In den Jahren 1956 bis 1961 legte deren Berichterstatter, *F. V. Garcìa Amador*, sechs Berichte und Kodifikationsentwürfe zur *„Responsibility of the State for injuries caused in its territory to the person or property of aliens“* vor.[9] Sein Ansatz fand allerdings nicht die erforderliche Zustimmung.[10] 1963 beschloß die ILC auf der Basis der Vorschläge eines *ad hoc* berufenen Unterausschusses die allgemeinen Regeln über Staatenverantwortlichkeit zu kodifizieren und dies auf die Normen zu beschränken, die die Voraussetzungen des Eintritts der Staatenverantwortlichkeit, ihren Inhalt sowie Form und Ausmaß (dies sind die sog. Sekundärnormen) unabhängig von den jeweils verletzten konkreten Verhaltenspflichten der Staaten, den Primärnormen, zu regeln. Von 1969 bis 1980 legte der Berichterstatter *R. Ago* acht Berichte mit Artikelentwürfen über die Voraussetzungen des Eintritts der Staatenverantwortlichkeit vor;[11] 1980 hat die ILC in erster Lesung den fünf Kapitel umfassenden ersten Teil des Kodifikationsentwurfs über *„origin of state responsibility“*[12] verabschiedet und sowohl der Generalversammlung der Vereinten Nationen als auch den Staaten zur

---

richtshof im *Corfu Channel*-Fall, ICJ Reports 1949, 23; Advisory Opinion of 11 April 1949 on *Reparation for Injuries Suffered in the Service of the United Nations*, ICJ Reports 1949, 184; Advisory Opinion of 18 July on the *Interpretation of peace treaties with Bulgaria, Hungary and Romania* (Second Phase), ICJ Reports 1950, 228; *Teheran Hostages case,* ICJ Reports 1980; *Nicaragua*-Fall, ICJ Reports 1986; Judgment in the Case Concerning the *Gabčíkovo-Nagymaros Project*, ICJ Reports 1997, 5 (56); Judgment in the *LaGrand* case (27 June 2001), über www.icj-cij.org/, paras. 117–127; International Tribunal for the Law of the Sea, The M/V Saiga (No. 2) Case *(St. Vincent and the Grenadines v. Guinea)*, 1 July 1999, ILM 38 (1999) 1323 (paras. 170, 171) unter Verweis auf das Urteil des StIGH im *Chorzów case* (vgl. oben, 47) und die Entwürfe der ILC.

4 Report of the International Law Commission, Fifty-third session, 23 April – 1 June and 2 July – 10 August 2001, GAOR, 56th session, Suppl. No. 10 (A/56/10), 43 ff; Kommentierung zu Art. 1, 63 ff. Vgl. auch die Kommentierungen von Sonderberichterstatter *Crawford* in seinem ersten Bericht (A/CN.4/490/ Add. 4, 5).

5 Vgl. Report of the ILC (Anm. 4).

6 Vgl. dazu Conférence pour la codification du droit international, Bases de discussion, Tome III, 1929; der Kodifikationskonferenz lagen Studien und Vorschläge verschiedener wissenschaftlicher Gremien vor: International Law Association of Japan, ILA, Report of the Thirty-Fourth Conference, 1926, 382 ff; Institut de droit international, Annuaire 33 (1927), Bd. III, 330 ff; Harvard Law School, AJIL 23 (1929), Special Suppl., 133; Deutsche Gesellschaft für Völkerrecht (Zeitschrift für Völkerrecht 1930, 359–367). Vgl. auch UN Committee on the Progressive Development of International Law and its Codification. Historical Survey of Development of International Law and its Codification by International Conferences, Memorandum of the Secretariat, Doc. A/AC.10/8 (1947), reproduced AJIL 41 (1947) Suppl. 29; vgl. hierzu *Rosenne*, 2 ff.

7 Resolution 375 vom 6. 12. 1949.

8 GA Res. 799 (VII) vom 7. 12. 1953.

9 Yearbook ILC 1956 II, 173 ff; ebd. 1957 II, 104 ff; ebd. 1958 II, 47 ff; ebd. 1959 II, 1 ff; ebd. 1960 II, 41 ff; 1961 II, 1 ff; die Berichte sind abgedruckt in: *Garcia Amador/Sohn/Baxter*, 1974.

10 Vgl. dazu im einzelnen *Brownlie*, 13 ff.

11 Yearbook ILC 1969 II, 125–156; ebd., 1970 II, 177–198; ebd. 1971 II/1, 199–274; ebd. 1972 II, 71–160; ebd. 1976 II/1, 3–55; ebd. 1977 II/1, 3–43; ebd. 1978 II/1, 31–60; ebd. 1979 II/1, 3–66; ebd. 1980 II/1, 13–70.

12 Yearbook ILC 1980 II/2, 30–34.

Stellungnahme zugeleitet. Der *Ago* folgende Berichterstatter, *Riphagen,* hat bis 1985 sieben Berichte[13] mit kommentierten Artikelentwürfen für den zweiten Teil des Entwurfes über Inhalt, Formen und Abstufungen (d.h. über Rechtsfolgen) der Staatenverantwortlichkeit vorgelegt. 1985 hat die ILC fünf Artikelentwürfe über den Inhalt der Staatenverantwortlichkeit in erster Lesung verabschiedet.[14] Der siebte von *Riphagen* erarbeitete Bericht[15] über Staatenverantwortlichkeit enthielt erste Entwürfe über den geplanten dritten Teil, der sich mit der Streitbeilegung und der Durchsetzung der völkerrechtlichen Verantwortlichkeit befaßt. Nachfolger von *Riphagen* als Berichterstatter wurde 1986 *Arangio-Ruiz;* er unterbreitete acht Berichte.[16,17] Auf ihrer 48. Sitzung (1996) beendete die Völkerrechtskommission die erste Lesung der Teile II und III und legte diese den Regierungen zur Kommentierung vor. Für die 2. Lesung wählte die ILC *Crawford* als Sonderberichterstatter. Von ihm wurden vier Berichte vorgelegt.[18]

Zwischen der 1. und der 2. Lesung wurden wesentliche Änderungen am Text vorgenommen. So verzichtet der endgültige Entwurf auf die Nennung von internationalen Verbrechen *(„international crimes of States")* und einige Elemente der Sonderbehandlung[19] von schwerwiegenden Verletzungen von Verpflichtungen gegenüber der Staatengemeinschaft (stattdessen wurde auf zwingende Normen des Völkerrechts verwiesen). Hintergrund hierfür ist der Wunsch, im Rahmen der Staatenverantwortlichkeit keine Regelungen im Bereich der Primärnormen zu kodifizieren.[20]

Insgesamt vermeidet der jetzt vorliegende Entwurf einzelne kontroverse Fragen, indem die entsprechenden Regelungen offen gehalten werden. Dies erhöht zwar deren Akzeptanz, nicht aber ihren Beitrag zur Rechtssicherheit in Bezug auf die Staatenverantwortlichkeit. Dabei läßt der Entwurf der ILC aber auch Raum für eine weitere gewohnheitsrechtliche oder richterliche Rechtsfortbildung. Zudem ist der Beitrag des Projekts zur Fortentwicklung des Völkerrechts weniger ambitiös als ursprünglich geplant; inzwischen wurde der Entwurf, wie von der Kommission empfohlen,[21] in eine Resolution der Generalversammlung[22] aufgenommen, und nicht, wie ursprünglich angestrebt als völkerrechtlicher Vertrag ausgestaltet.

3. Den Entwürfen der ILC wurde – noch vor ihrer endgültigen Annahme in der ILC selbst – in der internationalen Rechtsprechung große Bedeutung beigemessen. Der Internationale Gerichtshof[23] und der Internationale Seegerichtshof[24] haben sie *de facto* bereits wie eine Rechtsquelle behandelt. Diese Tendenz wird sich in Zukunft weiter verfestigen.

---

13 Yearbook ILC 1980 II/1, 107–129; ebd. 1981 II/1, 79–101; ebd. 1982 II/1, 22–50; ebd. 1983 II/1, 3–24; ebd. 1984 II/1, 1–4; ebd. 1985 II/1, 3–19; ebd. 1986 II/1, 1–19.

14 Art. 1–5 Abs. 1, Yearbook ILC 1985, II/2, 24 f.; Art. 5, Yearbook ILC 1985, II/2, 25 f.; Art. 5 Abs. 2, Art. 6, 6 bis, 7, 8, 10, 10 bis mit Kommentaren s. GAOR 48th session, Suppl. 10 (A/48/10), 132 f.

15 Yearbook ILC 1986 II/1, 1, A/CN.4/397 and Add. 1.

16 Yearbook ILC 1988 II, Part I, 6, A/CN 4/416 und Corr. 1 und 2 und Add. 1; Yearbook ILC 1989 II, Part I, A/CN.4/425/und Corr. 1 und Add. 1; Yearbook ILC 1991 II, Part I, A/CN.4/440 und Add. 1; Yearbook ILC 1992 II, Part I, Doc. A/CN.4/444 und Add. 1 und Corr. 2, 3; ILC Report, A/48/10 (1993) chp. IV (B) (3) paras. 205–333, Doc. A/CN.4/453 und Add. 1 und Corr. 1, 2 und 3 und Add. 2 und 3; ILC Report, A/49/10 (1994), chp. IV (B), paras. 229–353, Doc. A/CN.4/461, Add. 1-3; ILC Report, A/50/10 (1995), chp. IV (B), paras. 239–339; ILC Report, A/51/10 (1996), chp. III (B), para. 61.

17 Zu der Beratungsgeschichte in der ILC vgl. *M. Spinedi,* Synopsis of the Proceeding of the ILC in: *Spinedi/Simma* (eds.), 348 ff; *Allot,* HarvILJ 29 (1988), 1 ff.

18 ILC Report, Art. 53/10 (1998), chp. VII (B), paras. 215, 219–224, 241–259, 332–347, 359–378, 409–420, Doc. A/CN.4/490, and Add. 1-7; ILC Report, A/54/10 (1999) and Add. 1–4, Ch. V, paras. 67–69, 70–77, 81–94, 117–124, 132–144, 187–203, 220–222, 244–247, 253–255, 268–269, 277, 279–292; 306–308; 319–321, 332–339, 348–351, 363–367, 374–379, 392–394, 402–404, and 426–437; A/CN.4/507 (2001) and Add. 1–4; A/CN.4/517 (2001) and Add. 1.

19 Kapitel III des ILC-Entwurfs (Anm. 4) legt in Art. 41 besondere Rechtsfolgen für *„serious breaches of obligations under peremptory norms of general international law"*, die in Art. 40 definiert werden, fest.

20 Vgl. hierzu auch § 174.

21 Vgl. Report of the ILC (Anm. 4), 41.

22 GA Res. 56/83 vom 12. Dezember 2001.

23 Vgl. insoweit *Judgment Case Concerning the Gabčíkovo Nagymaros Project,* ICJ Reports 1997, 5 (38 f, 55); *Differences Relating to Immunity from Legal Process of a Special Rapporteur of the Commission on Human Rights,* ICJ Reports1999, 62 (87, para. 62).

24 International Tribunal for the Law of the Sea, *The M/V Saiga (No. 2) Case (St. Vincent and the Grenadines v. Guinea),* 1. 7. 1999; ILM 38 (1999) 1323.

II. 1. Die Regeln über die völkerrechtliche Verantwortlichkeit unterscheiden sich grundsätzlich vom übrigen Völkerrecht. Während das Völkerrecht Verhaltensregeln für Völkerrechtssubjekte umschreibt, indem es Rechte sowie Handlungs- bzw. Unterlassungspflichten begründet (Primärnormen), regeln die Normen über die völkerrechtliche Verantwortlichkeit, welche Konsequenzen von Völkerrechtssubjekten als Reaktionen auf einen Verstoß gegen völkerrechtliche Primärnormen zur Verfügung stehen.[25] Insofern stellen die Normen über die völkerrechtliche Verantwortlichkeit Sekundärnormen dar, d. h. Normen, die auf einen Verstoß gegen primäre völkerrechtliche Verhaltenspflichten reagieren. Die Bezeichnung als Sekundär- bzw. Primärnorm impliziert allerdings keinerlei Normenhierarchie.[26]

2. Die Verletzung von völkerrechtlichen Primärnormen läßt zwischen dem verletzenden und dem verletzten Völkerrechtssubjekt neue Rechtsbeziehungen entstehen.[27] Diese begründen Ansprüche des Verletzten und entsprechende Pflichten des Staates, der gegen das Primärrecht verstoßen hat. Ansprüche der Verletzten können idealtypisch sein der Anspruch auf rechtmäßiges Verhalten in der Zukunft und daneben oder statt dessen der Anspruch auf Wiederherstellung *(restitution)* des *status quo ante*[28] bzw. auf Entschädigung des Verletzten, sei es in der Form des Schadensersatzes in Natur oder Geld, der den materiellen, oder der Genugtuung, die den immateriellen Schaden ausgleichen soll.[29] Einen Sonderfall im Bereich der immateriellen Schäden kann der Umweltschaden darstellen,[30] soweit von der Schädigung nicht Rechtsgüter betroffen worden sind, die einem Rechtssubjekt im Sinne von *property rights* zuzuordnen sind. Insgesamt stellt sich bei Umweltschäden vor allem die Frage der Schadensbemessung.[31]

3. Die Völkerrechtswidrigkeit des Handelns oder Unterlassens läßt Ansprüche und Pflichten entstehen, verleiht dem Verletzten aber auch das Recht, sofern dafür die faktischen Voraussetzungen vorliegen, seine Ansprüche mit Hilfe von einseitigen Gegenmaßnahmen[32] zu wahren. Die Geltendmachung von Schadensersatz dient einem doppelten Zweck. Sie ist auf Schadensausgleich – Wiederherstellung der Situation *quo ante* – gerichtet. Gleichzeitig ist aber auch der Anspruch auf Schadensersatz ein Element der Rechtsdurchsetzung. Daneben tritt das Recht, Gegenmaßnahmen ergreifen zu können; dieses dient der Rechtsdurchsetzung und damit der Rechtswahrung.
Beide Zielsetzungen der völkerrechtlichen Verantwortlichkeit, die Wiederherstellung oder die Herbeiführung des rechtmäßigen Zustandes und der Ausgleich von materiellen oder immateriellen Schäden, sind untrennbar miteinander verknüpft. Es kann die eine Zielsetzung wie auch die andere im Vordergrund stehen. Etwas ganz anderes gilt für die Gegenmaßnahmen.[33] Sie dienen ausschließlich der Wiederherstellung des rechtmäßigen

---

[25] Ausführlich dazu *Combacau/Alland*, NYIL 16 (1985), 81 ff. Sowie Special Rapporteur *Ago* in seinem zweiten Bericht, Yearbook ILC 1970, II, 178.

[26] *Crawford* weist in seinem ersten Bericht (A/CN.4/490, 4) darauf hin, daß die Unterscheidung zwischen *'primary'* und *'secondary' rules* kritisiert worden sei, ohne aber vorzuschlagen, diesen Ansatz zu verlassen.

[27] So z. B. Yearbook ILC 1973 II, 174: „*The fact that the legal relations ... established as a result of an internationally wrongful act are new relations has been pointed out both by jurists whose writings are now legal classics and by authors of recent works*"; vgl. dazu *Anzilotti*, Corso, Bd. I, 385; *Wengler*, Bd. I, 499; *Jiménez de Aréchaga*, in: *Sørensen* (ed.), 533; *Rousseau*, Bd. V, 9.

[28] Dies gilt vor allem für völkerrechtswidrige Akte, deren Konsequenzen noch andauern; vgl. zu den Dauerdelikten Art. 14, Abs. 2 des ILC-Entwurfs (Anm. 4), 46 sowie das Urteil des Internationalen Gerichtshofes im Fall *Concerning United States Diplomatic and Consular Staff in Teheran*, ICJ Reports 1980, 3 (41 f); über die Rechtsnatur der Beziehungen zwischen Verletzten und Verletzenden besteht keine Einigkeit im Schrifttum, vgl. dazu *R. Ago*, Third Report on State Responsibility, Yearbook ILC 1971 II 1, 199 (206 ff).

[29] Zu dem Begriff der Verantwortlichkeit und über den Unterschied zwischen Verantwortlichkeit und Verpflichtung zum Schadensersatz vgl. auch *Kelsen*, Principle 9 f.

[30] Vgl. dazu § 187.

[31] Vgl. dazu § 184.

[32] Vgl. dazu § 188.

[33] Vgl. dazu § 186/§ 187.

Zustandes, bzw. der Nichtfortsetzung eines rechtswidrigen Handelns, nicht aber dem Schadensausgleich. Die Sanktionspraxis des Sicherheitsrates der Vereinten Nationen gegenüber dem Irak weicht allerdings von diesem Grundsatz ab. Mit den auf Kapitel VII der Charta der Vereinten Nationen gestützten Resolutionen 674 (1990), 686 (1991), 687 (1991), 692 (1991) und 705 (1991) wurden nämlich dem Irak Schadensersatzverpflichtungen auferlegt,[34] d. h. es wird eine Gegenmaßnahme zum Schadensausgleich eingesetzt. Sanktionen unter Kapitel VII fallen nicht *stricto sensu* unter „Gegenmaßnahmen", die von Natur aus dezentralisiert, d. h. von einem geschädigten Völkerrechtssubjekt, getroffen werden. Insofern stellen die Sanktionen unter Kapitel VII einen Sonderfall von Gegenmaßnahmen, institutionalisierte Gegenmaßnahmen, dar.[35]

4. Die völkerrechtliche Praxis neigt dazu, dem Wiederherstellungsverlangen Priorität gegenüber der Befugnis zu Gegenmaßnahmen einzuräumen, selbst wenn diese im übrigen zulässig sind.[36] Das Verlangen zur Wiederherstellung der völkerrechtsgemäßen Lage, ohne dabei wie im nationalen Recht zwischen strafrechtlichem und zivilrechtlichem Unrecht zu unterscheiden, ist kennzeichnend für das System der internationalen Verantwortlichkeit, das insoweit nur begrenzt Parallelen zum innerstaatlichen Schadensersatz- bzw. Strafrecht aufweist. Die verbreitete Entlehnung von Begriffen aus dem Recht der unerlaubten Handlung vermittelt daher einen falschen Eindruck. Derartige Assoziationen können dazu führen, daß in unzulässiger Weise innerstaatliche Normzwecke (Schadensausgleich, vorbeugende Sühne) als Bemessungsgrundlage für die Rechtsfolgen von Völkerrechtsverletzungen herangezogen werden. Die völkerrechtliche Verantwortlichkeit weist jedoch nur insoweit einen Bezug zum innerstaatlichen Recht auf, als das Einstehenmüssen des Rechtsbrechers für eine Rechtsverletzung als allgemeiner Rechtsgrundsatz im Sinne des Art. 38 Abs. 1 (c) IGH-Statut eingeordnet werden kann.[37] Somit ist die völkerrechtliche Verantwortlichkeit eine eigenständige Kategorie des Völkerrechts, die nur eingeschränkt mit den Begriffen der zivilrechtlichen oder strafrechtlichen Haftung des innerstaatlichen Rechtes zu erfassen ist.

III. 1. Die Regeln des allgemeinen Völkerrechts über die internationale Verantwortlichkeit haben Auffangcharakter. Sie gelten nur, soweit die Parteien eines völkerrechtlichen Rechtsverhältnisses nicht Sonderregelungen für den Fall von dessen Verletzung festgelegt haben.[38] Dies kann ausdrücklich geschehen, indem beispielsweise eine strengere oder eine weniger strenge Form der Haftung vereinbart wird.

Zu verweisen wäre insoweit auf das Übereinkommen über die völkerrechtliche Haftung für Schäden durch Weltraumgegenstände, 1972[39] sowie das Seerechtsübereinkommen.[40] Derartige, die internationale Verantwortlichkeit einschränkende oder erweiternde Vereinbarungen können multilateraler wie auch bilateraler Art sein.[41]

---

[34] Kritisch hierzu *B. Graefrath*, Iraqi Reparations and the Security Council, ZaöRV 55 (1995), 1 ff; zum Sanktionensystem siehe auch *M. Frigessi DiRattalma*, Le régime de responsabilité internationale institué par le Conseil d'administration de la Commission de compensation des Nations Unies, Revue générale de droit international public 101 (1997), 1 (45 ff). Ausführlicher: *A. Kolliopoulos*, La Commission d'indemnisation des Nations Unies et le Droit de la Responsabilité internationale, 2001.

[35] Vgl. dazu *D. Alland*, Justice privée et ordre juridique international, 1994.

[36] Vgl. dazu den *Chorzów Factory* Fall, PCIJ, Series A, 17 (1928), 47; des weiteren *R. Ago*, Yearbook ILC 1971 II 1, 210; *W. Riphagen*, Preliminary Report on the Content, Forms and Degrees of International Responsibility, Yearbook ILC 1980, II/1, 107 ff (112 ff); Art. 49 Abs. 3 ILC-Entwurf (Anm. 4), 328 ff (mit Kommentierung); anders die US-amerikanische Praxis unter sec. 301 des *Trade Act*.

[37] Vgl. dazu *Noyes*, 249 ff.

[38] Vgl. dazu Art. 55 des ILC-Entwurfs (Anm. 4), 58.

[39] BGBl. 1972 II, 120.

[40] Art. 139 i.V.m. Art. 22 Anlage III SRÜ (BGBl. 1994 II, 1799).

[41] Vgl. – wenn auch thematisch beschränkt – die Zusammenstellung von Haftungsnormen und deren Bewertung mit Blick auf Umweltschäden von *R. Wolfrum*/*C. Langenfeld*, Environmental Protection by Means of International Liability Law, Bericht des Umweltbundesamtes 6/1999.

Eine Haftungseinschränkung kann sich möglicherweise auch aus der Vereinbarung sog. *self-contained regimes* ergeben. Unter *self-contained regimes* werden Normenkomplexe verstanden, die substantielle Verpflichtungen enthalten und gleichzeitig Regelungen, allerdings nicht notwendigerweise Haftungsregelungen, für den Fall ihrer Verletzung vorsehen.[42] In der Regel stellen sie ein Verfahren zur Verfügung, in dem die Verletzung der betreffenden Normen geltend gemacht werden kann.

Als ein derartiges *self-contained regime* hat der Internationale Gerichtshof in dem *Teheraner Geiselfall*[43] das Diplomatenrecht bezeichnet. Dazu wird vor allem aber das Recht der Europäischen Gemeinschaften gezählt; ebenfalls genannt werden das internationale Menschenrechtsschutzsystem und das GATT.[44]

Inwieweit die Errichtung eines *self-contained regime* wirklich zu einer Nichtanwendung des Rechts der Staatenverantwortlichkeit führt, kann im Einzelfall streitig sein. Sieht allerdings ein Regime spezifische Regeln vor, wie auf eine Vertragsverletzung reagiert werden kann, so liegt darin eine Verpflichtung der Vertragspartner, zunächst die spezifisch bereit gestellten Verfahrensmechanismen anzuwenden, bevor auf die Regeln der Staatenverantwortlichkeit zurückgegriffen werden kann. Dies gilt außer für die genannten Bereiche auch für umweltrechtliche Verträge aus der jüngeren Zeit, soweit sie ausdrücklich ein *non-compliance* System kennen.

2. Die Befugnis, Sonderregelungen zu schaffen, die die Staatenverantwortlichkeit nach allgemeinem Völkerrecht erweitert oder einengt, ist nicht unbegrenzt. Sie findet ihre Grenze in den Rechten dritter Staaten, in den Vorschriften der Charta der Vereinten Nationen zur Aufrechterhaltung des internationalen Friedens und der Sicherheit sowie im *ius cogens*.[45] Schließlich ist bei der Vereinbarung derartiger Regelungen zu berücksichtigen, daß das System der Staatenverantwortlichkeit ein wesentliches Element der Instrumentarien zur Durchsetzung von Völkerrecht ist. Daher ergeben sich auch die Grenzen der Vereinbarungen aus dem Grundsatz der Effektivität des Völkerrechts.

3. Schließlich sehen verschiedene Normen des allgemeinen Völkerrechts besondere Rechtsfolgen für ganz bestimmte Völkerrechtsverletzungen vor, wie z. B. die Nichtigkeit von Verträgen bei einem Verstoß gegen zwingendes Völkerrecht oder das Rücktrittsrecht wegen Vertragsverletzung.[46] Sie treten neben die im folgenden behandelten Regeln über die Staatenverantwortlichkeit, gehören aber dem Vertragrecht an.

---

[42] Enger *Simma*, NYIL 16 (1985), 115 f; wonach es sich um Sub-Systeme handelt, die einen abschließenden Katalog von Sekundärnormen enthalten, der dazu bestimmt ist, ganz oder teilweise die Anwendung der Sekundärregeln des allgemeinen Völkerrechts auszuschließen.

[43] ICJ Reports 1980, 38; vgl. dazu *Ch. Dominicé*, Represaille et droit diplomatique, in: Festschrift für Hans Huber, 1981, 541–552; *Simma*, NYIL 16 (1985), 120–122.

[44] Siehe zur WTO Art. 23 des *Understanding on Rules and Procedures Governing the Settlement of Disputes* (DSU), das Bestandteil des WTO-Übereinkommens von 1994 (UNTS 1995, Vol. 1876–1869, I-31874) ist, und die Ergreifung von unilateralen Sanktionsmaßnahmen bei Vertragsverletzungen außerhalb des WTO-Streitschlichtungssystems ausschließt. Dazu näher *P.-T. Stoll*, Die WTO: Neue Welthandelsorganisation, neue Welthandelsordnung. Ergebnisse der Uruguay-Runde des GATT, ZaöRV Band 54 (1994), 241 ff (276). Zur Europäischen Union und den insoweit vorrangigen Vertragsverletzungsverfahren gem. 226 und 227 EGV siehe *P.-U. Karpenstein*, in: *Grabitz/Hilf*, Das Recht der Europäischen Union, Kommentar, Art. 226 Rn. 5; im internationalen Umweltrecht entwickeln sich in zunehmendem Umfang *non-compliance procedures*, vgl. dazu *U. Beyerlin*, Umweltvölkerrecht, 2000, 241 ff.

[45] *Verdross/Simma*, § 1309; Fifth Report on the Content, Forms and Degrees of International Responsibility; *W. Riphagen*, Yearbook ILC 1984 II/1, 1.

[46] Vgl. dazu Art. 3 des 5. Berichts von *Riphagen*, Yearbook ILC 1984 II/1, 1 i.V. mit dessen Art. 4 und 12. Vgl. § 157/§ 159.

IV. 1. Grundsätzlich entsteht und besteht die internationale Verantwortlichkeit nur zwischen dem sich pflichtwidrig verhaltenden Völkerrechtssubjekt und jedem anderen Völkerrechtssubjekt, das dadurch unmittelbar in seinen Rechten verletzt worden ist.
Besonderheiten wirft in dieser Beziehung die Verletzung von *erga omnes* Normen auf.[47] In diesem Fall kann jedes Völkerrechtssubjekt die internationale Verantwortlichkeit gegenüber demjenigen geltend machen, der die völkerrechtlichen Normen verletzt hat. Grundsätzlich sind hierbei zwei Gesichtspunkte zu unterscheiden, nämlich die Frage nach dem verletzten Völkerrechtssubjekt und nach demjenigen, der eine derartige Verletzung geltend machen kann. Gegebenenfalls bestehen bestimmte verfahrensrechtliche Vorgaben für die Geltendmachung. Hierauf wird näher einzugehen sein.[48]

2. Normative Voraussetzung für das Vorliegen einer internationalen Verantwortlichkeit ist grundsätzlich eine Rechtsverletzung, nicht jedoch ein Schaden.
Auch wenn ein Schaden nicht normative Voraussetzung für eine internationale Verantwortlichkeit ist, ist er von Bedeutung für Art und Höhe des Schadensersatzes.[49]

3. Bei der Verletzung völkerrechtlicher Pflichten unterschied die Völkerrechtskommission zunächst zwischen völkerrechtlichen Delikten *(delicts)* und völkerrechtlichen Verbrechen *(crimes)*.[50] Diese Unterscheidung hätte, wenn sie sich durchgesetzt hätte, weitreichende Konsequenzen auch auf der Ebene der Sekundärnormen gehabt. Der Entwurf der Völkerrechtskommission enthielt Regelungen, wie bei Vorliegen eines internationalen Verbrechens zu verfahren war. Auch die Höhe des Schadenersatzes war von den Sonderregelungen betroffen.[51] Den rechtstreuen Staaten wurden indessen noch zusätzliche Handlungspflichten auferlegt.[52]

4. Die bislang behandelten, Völkerrechtssubjekten zugerechneten Unrechtstatbestände müssen von denjenigen Verbrechen unterschieden werden, für die einzelne Menschen völkerrechtlich zur Verantwortung gezogen werden können.[53] Allerdings kann derselbe Tatbestand mit Unrechtsfolgen sowohl zu Lasten des verantwortlichen Staates als auch eines Individuums verknüpft werden. Staatenverantwortlichkeit und Individualverantwortlichkeit laufen nebeneinander her; beide Mechanismen dienen unter anderem dazu, völkerrechtlichen Normen zur Durchsetzung zu verhelfen.

V. 1. Auch für das Völkerrecht stellt sich die Frage der aktiven Deliktsfähigkeit,[54] d. h. wer rechtswidrig zu handeln vermag, und zum anderen, wer Träger der völkerrechtlichen Verantwortung ist, d. h. wen die Rechtsfolgen treffen, die sich aus dem völkerrechtswidrigen Handeln ergeben.

---

[47] Vgl. dazu *Tomuschat*, RdC 241 (1993 IV), 199 ff.

[48] Vgl. dazu § 181.

[49] Vgl. dazu § 186/§ 187.

[50] Die Definition in Art. 19 des damaligen Entwurfs lautete: *„an internationally wrongful act which results from a breach by a State of an international obligation so essential for the protection of fundamental interests, of the international community that its breach is recognized as a crime by that Community as a whole."* Allerdings war die Unterscheidung nicht unumstritten; vgl. dazu Report of the International Law Commission on the work of its 46th session, GAOR 49th session, Suppl. No. 10 (A/49/10), 327 ff.

[51] Vgl. Artikel 52 in der Fassung von 1996, ILC Entwurf, Yearbook ILC, 1996, vol. II Part Two, 64.

[52] Vgl. dazu Kapitel II des 5. (A/CN.4/453/Add. 2 and 3) und Kapitel III des 6. Berichts (A/CN.4/461/Add.1) des Sonderberichterstatters *Arangio-Ruiz* sowie die Zusammenfassung von Sonderberichterstatter *Crawford* (A/CN.4/490/Add.1, para. 51).

[53] Vgl. dazu §§ 189 ff.

[54] Begriff, der von der ILC verworfen wird, vgl. *Ago* (Anm. 26), 224, sowie Sonderberichterstatter *Crawford* (Doc. A/CN.4/490/Add.4, para. 133). Es wurde darauf verzichtet, die Formulierung *„Every State is subject to the possibility of being held to have committed an internationally wrongful act entailing its international responsibility"* in den Text aufzunehmen, vgl. dazu *Crawford* (Doc. A/CN.4/490/Add.4, para. 131–134).

Grundsätzlich sind alle Völkerrechtssubjekte zu deliktischem Handeln imstande, und für sie können sich die Rechtsfolgen aus deliktischem Handeln ergeben: d. h. Staaten – souveräne Staaten und solche mit beschränkter Souveränität –; internationale Organisationen;[55] Verbände von Aufständischen, soweit sie vom Völkerrecht anerkannt sind, sie können namentlich die Regeln des Kriegsrechts verletzen und dafür verantwortlich gemacht werden. Deliktsfähig sind im gewissen Umfang aber auch einzelne Menschen. Für die erstgenannte Gruppe gilt der Grundsatz, daß internationale Rechtsfähigkeit die Vorbedingung für die Fähigkeit des rechtswidrigen Handelns und entsprechend die internationale Verantwortlichkeit ist.[56] Fehlt die Handlungsfähigkeit, so entfällt auch die Deliktsfähigkeit. Von einer Deliktsfähigkeit einzelner Menschen ist auszugehen – unabhängig von der Frage, ob Individuen Völkerrechtssubjektivität zukommt –, wenn diese völkerrechtlich unmittelbar bestimmten Pflichten unterworfen werden.

2. Träger der internationalen Verantwortlichkeit sind – abgesehen von dem Sonderfall der Individualverantwortlichkeit – soziale Verbände. Die Verantwortlichkeit trifft faktisch die einem Verband angehörenden Menschen in ihrer Gesamtheit.[57]
Damit unterscheiden sich die Regeln über die internationale Verantwortlichkeit von dem innerstaatlichen Deliktsrecht. Nach dem nationalen Strafrecht oder dem nationalen Recht der unerlaubten Handlung trifft im allgemeinen die Unrechtsfolge, etwa die Strafe oder die Schadensersatzpflicht, denjenigen, der persönlich Unrecht getan hat und dafür verantwortlich ist. Rechtswidriges Handeln und Haftung decken sich in der Regel in einer Person. Im Völkerrecht trifft die Unrechtsfolge jedoch in der Regel nicht nur die rechtswidrig handelnden Einzelpersonen, z. B. die politischen und militärischen Repräsentanten eines Staates, sondern als kollektive Haftung den sozialen Verband, z. B. den Staat oder eine internationale Organisation.

VI. 1. Der Frage nach der aktiven Deliktsfähigkeit entspricht korrespondierend die Frage nach der passiven Verletzbarkeit, d. h. wer Objekt und Opfer eines völkerrechtswidrigen Aktes sein und daraus Rechte herleiten kann.[58] So wie im Prinzip alle Völkerrechtssubjekte aktiv deliktsfähig sind, so sind sie passiv verletzbar. Dies gilt gleichfalls für internationale Organisationen. Sie können als Träger eigener Rechte verletzt werden und vermögen in der Regel ihre Rechte durch eigene Organe geltend zu machen.[59]

2. Daß die Vereinten Nationen durch völkerrechtswidriges Verhalten gegenüber ihren Organen verletzt werden und das ihnen zugefügte Unrecht als eigenes Unrecht geltend machen können, ist in dem Rechtsgutachten des Internationalen Gerichtshofs über die Wiedergutmachung im Dienst der Vereinten Nationen erlittener Schäden ausdrücklich anerkannt worden.[60] Ebensowenig ist zweifelhaft, daß z. B. der Heilige Stuhl,[61] oder daß anerkannte Aufständische[62] oder de facto-Regime als solche in ihren Rechten verletzt werden können.

---

55 Perez Gonzalez, 75 ff.

56 Dazu *Strupp*, 1920, 21 f; *von Münch*, Delikt, 130 f; Ago, RdC 1939 II, 453; *Ross*, 259 f; *Cheng*, 181 f.

57 *Case of certain questions relating to settlers of German origin in the territory ceded by Germany to Poland*, Advisory Opinion, No. 6, PCIJ, Series B, No. 6, 22.

58 Die Fähigkeit, Träger materieller Rechte auf Grund einer Rechtsverletzung zu sein und die Fähigkeit zur Geltendmachung der daraus resultierenden Rechte ist zu unterscheiden. Vgl dazu auch Internationaler Gerichtshof, 27. 6. 2001, *LaGrand*-Fall (Anm. 3), § 77.

59 *Perez Gonzalez*, 73 ff.

60 ICJ Reports 1949, 180.

61 Zur Völkerrechtssubjektivität des Heiligen Stuhls vgl. § 113.

62 Zur Völkerrechtssubjektivität von Aufständischen vgl. § 111.

3. Dagegen ist umstritten, ob und inwieweit Einzelpersonen als solche ein mögliches Deliktsobjekt sind. Nach der bislang wohl noch überwiegenden Ansicht wird in dem Einzelnen grundsätzlich nur sein Heimatstaat verletzt.[63] So wie als Subjekt der Rechtsverletzung nicht der Einzelne, sondern nur der Sozialverband verantwortlich ist, so läßt das traditionelle Völkerrecht als Objekt der Rechtsverletzung nicht den Einzelnen, sondern nur den Sozialverband gelten. Dieser Ansatz läßt sich jedoch nicht mehr aufrechterhalten. Wenn das Völkerrecht dazu übergeht, eine völkerrechtliche Verantwortlichkeit des Einzelnen zu statuieren, so ist es nur konsequent, den Einzelnen auch als mögliches Objekt einer Völkerrechtsverletzung anzuerkennen.
Davon zu unterscheiden ist die Möglichkeit des Einzelnen, seinen Anspruch gegen einen Staat auch völkerrechtlich zu verfolgen und durchzusetzen. Daß dem Einzelnen ein völkerrechtlicher Anspruch zustehen und er diesen durchsetzen kann, ist für den Bereich des Menschenrechtsschutzes, aber auch für andere, vertraglich speziell geregelte Fälle anerkannt.[64]
Eine solche Sonderregelung für die Haftung von Privaten findet sich z. B. in Art. 22 Annex III des Seerechtsübereinkommens.

VII. 1. Dem internationalen Haftungsrecht ist in der völkerrechtlichen Literatur stets große Aufmerksamkeit gewidmet worden. Diese steht nicht ganz im Einklang mit der praktischen Bedeutung des internationalen Haftungsrechts. Es gibt zwar durchaus eine Vielzahl von internationalen Entscheidungen zu diesem Komplex, ihre Zahl ist aber – gemessen an der Bedeutung, die das internationale Haftungsrecht als Mittel zur Durchsetzung des Völkerrechts haben sollte – gering. Die Gründe hierfür sind unterschiedlicher Natur. Eine Reihe von Rechtsstreitigkeiten, die Fragen einer internationalen Haftung eines Staates aufwerfen, sind durch Vertrag geregelt worden bzw. speziellen Gerichten zur Entscheidung zugewiesen, wie z. B. dem *Iran-U.S. Claims Tribunal* oder der *Claims Commission* für die Schadensersatzforderungen gegenüber Irak. Ein darüber hinausgehender wesentlicher Gesichtspunkt ist, daß sich nicht alle Sachverhalte einer Verletzung völkerrechtlicher Pflichten für einen finanziellen Ausgleich über das internationale Haftungsrecht eignen. Dies gilt für wesentliche Bereiche des Umweltschadens und für immaterielle Schäden. Mit dem Aspekt des finanziellen Ausgleichs wird die Staatenverantwortlichkeit aber – fälschlicherweise – häufig assoziiert. Schließlich ist von wesentlicher Bedeutung die Erkenntnis, daß ein völkerrechtsgemäßes Verhalten eher durch andere Durchsetzungsmechanismen, vor allem Anreizmechanismen erreicht wird, als durch Androhung von finanziellen Ausgleichsleistungen. Zu verweisen ist insoweit auf die *non-compliance* Systeme moderner Umweltabkommen.

2. Für das Völkerrecht allgemein kommt den Regelungen zur Staatenverantwortlichkeit aber große praktische Bedeutung zu. Dies gilt insbesondere für die Frage der Zurechenbarkeit, die Genugtuung und vor allem für die Gegenmaßnahmen. Die Frage der Zurechenbarkeit ist auch in anderen Bereichen als demjenigen der Staatenverantwortlichkeit von

---

[63] *Oppenheim/Jennings/Watts*, II/1, 512; nach dem Urteil des Ständigen Internationalen Gerichtshofs in Sachen *Mavromatis Palestine Concessions*, PCIJ, Series A, 2 (1924), 12 *„by taking up the case of one of its subjects and by resorting to diplomatic action or international judicial proceedings on his behalf, a state is in reality asserting its own rights – its rights to ensure, in the person of its subjects, respect for the rules of international law"*; ebenso in Sachen *Panevezys-Saldutiskis Railway*, PCIJ Series A/B, 76 (1939), 4 (17). Kritisch hierzu Abweichende Meinung von Richter *Eysinga* (35), der auf die Probleme bei einem Souveränitätswechsel verweist. Hinsichtlich des Verhältnisses von privaten und staatlichen Ansprüchen siehe *Greece (on behalf of Apostolidis) v. Federal Republic of Germany* (1960), ILR 34, 219; im *LaGrand case* (Anm. 3) machte Deutschland vor dem Internationalen Gerichtshof sowohl eine Verletzung eigenen Rechts als auch eine solche der Brüder *LaGrand* geltend (paras. 65 ff bzw. 75 ff).

[64] Vgl. dazu Band II.

Belang; das gleiche gilt für Gegenmaßnahmen. Zumindest in bezug auf diese beiden Komplexe hat der Entwurf der ILC zur Staatenverantwortlichkeit über den speziellen Fachbezug hinaus allgemeinvölkerrechtliche Relevanz. Dies gilt unabhängig von der Frage, ob die Regelung von Gegenmaßnahmen insgesamt Völkergewohnheitsrecht entspricht.

3. Problematisch ist der Vorschlag der ILC, den Entwurf zur Staatenverantwortlichkeit lediglich als Empfehlung der Generalversammlung verabschieden zu lassen, dem die Generalversammlung gefolgt ist.[65] Dies wird der Bedeutung der Rechtsmaterie nicht gerecht. Allerdings ist durchaus die Ansicht zu vertreten, daß für eine Feststellung des geltenden Völkergewohnheitsrechts eine Resolution der Generalversammlung adäquat sein kann. Konzentriert man sich auf die gewohnheitsrechtliche Verankerung der Staatenverantwortlichkeit, stellt sich anders als bei einem Übereinkommen nicht die Frage des Verhältnisses zu Nichtvertragsstaaten und damit eines möglichen Auseinanderfallens von Vertrags- und Gewohnheitsrecht. Die inzwischen verabschiedete Resolution der Generalversammlung ist insofern als eine Bestätigung bestehenden Völkergewohnheitsrechts zu verstehen; sie dient gleichzeitig der Konsolidierung der völkergewohnheitsrechtlich verankerten Staatenverantwortlichkeit. Letztlich bleibt auch Raum für eine weitere gewohnheitsrechtliche Entwicklung sowie für spezielle vertragliche Regelungen.

§ 174 Die Völkerrechtswidrigkeit des Handelns oder Unterlassens

Schrifttum: vor § 173.

I. 1. Nach der in Praxis und Schrifttum anerkannten Definition der Völkerrechtskommission liegt ein Völkerrechtsverstoß eines Staates nur dann vor, wenn das Handeln oder Unterlassen diesem Staat zuzurechnen ist und den Bruch einer völkerrechtlichen Verpflichtung *(breach of international law)* darstellt.[1] Entsprechend dem dogmatischen Ansatz der Völkerrechtskommission handelt es sich bei der Völkerrechtsverletzung um ein Qualifikationselement für die Begründung internationaler Verantwortlichkeit,[2] das neben die Zurechenbarkeit des Organverhaltens zu einem Völkerrechtssubjekt tritt.[3]

2. Ein Völkerrechtsbruch ist dann gegeben, wenn das konkrete Verhalten eines Staates nicht mit seiner völkerrechtlichen Sollensverpflichtung in Einklang steht.[4] Dieser Grundsatz des Völkergewohnheitsrechts, den Art. 12 des ILC-Entwurfs wiedergibt,[5] wirft eine Reihe von Problemen auf. Es geht dabei im wesentlichen um drei Punkte: wann von einem Bruch einer völkerrechtlichen Verpflichtung zu sprechen ist, das Verhältnis des inkriminierten Verhal-

[65] GA Res. 56/83 vom 12. Dezember 2001.

[1] Art. 2 ILC-Entwurf, Report of the International Law Commission, Fifty-third session (23 April – 1 June and 2 July – 10 August 2001), GAOR, 56th session, Suppl. No. 10, 29 (68 mit Kommentierung), vgl. auch die Erläuterungen von Sonderberichterstatter *Crawford* (A/CN.4/490/Add.4/para. 136); Yearbook ILC 1973 II 179, Art. 3 (mit Kommentierung); Erläuterungen von Sonderberichterstatter *Crawford* (A/CN.4/490/Add.4 para. 136) zu Art. 2; Yearbook ILC 1976 II/2, 69 (78 f) Art. 16 und 17 mit Kommentierung; *Sereni*, Bd. III, 1505; *Jiménez de Aréchaga*, in: *Sørensen* (ed.), 534; Restatement of the Law, Third, Foreign Relations of the United States, § 207; *de Visscher*, Théories 1924, 90 f; *Ago*, RdC 1939 II, 441; *Guggenheim*, Bd. II, 516; *Cheng*, 170; *Ténékidès*, Bd. II, 783; *Rousseau*, V, 11 f; *Goldie*, 177 f.

[2] Vgl. Article 2 (Elements of an internationally wrongful act of State).

[3] Vgl. dazu § 175.

[4] Sogenanntes *„objective element of the internationally wrongful act"*, Yearbook ILC 1973 vol. II, 181; die Kommentierung des in Art. 16 ILC Entwurf, ebd., 1976 II/2 69 (78) formulierte diesen Punkt wie folgt: *„The breach of the obligation in question lies in the fact that the conduct required of the State by the international ogbliation and the conduct in which it actually engages do not coincide."*

[5] Anm. 1.

tens zur völkerrechtlichen Verpflichtung *ratione temporis* und Gründe, die die Rechtswidrigkeit eines völkerrechtswidrigen Verhaltens ausschließen.
Entscheidend ist es daher, in erster Linie die normative Verpflichtungen des Staates zu bestimmen. Diese können komplexer Natur sein. Dem ist das Verhalten des Staates gegenüberzustellen. Art. 12 des ILC-Entwurfs beschreibt dies zutreffend mit „*... when an act of that State is not in conformity with what is required of it by that obligation ...*".
Die angesprochene Verpflichtung kann allgemeiner Natur sein, d. h. es kann sich um eine völkerrechtliche Pflicht aller Staaten handeln, oder sie kann spezieller Natur, also eine Verpflichtung nur eines Staates oder einer Gruppe von Staaten, sein. Als Rechtsgrundlage derartiger Pflichten kommen alle völkerrechtlichen Rechtsquellen in Betracht.[6] Es kann sich um Vertragsrecht, Völkergewohnheitsrecht, allgemeine Rechtsgrundsätze, einseitige Erklärungen,[7] Beschlüsse internationaler Organisationen[8] und um Gerichtsurteile[9] handeln. Insofern kann jede Verletzung internationaler Verpflichtungen eine Grundlage der internationalen Verantwortlichkeit bilden.[10]

Ein Verstoß gegen das Gewaltverbot gem. Art. 2 Ziff. 4 VN-Charta, Verstöße gegen die Regeln der Kriegführung und des Neutralitätsrechts im Kriege, die Verletzung fremder Gebietshoheit und die gewaltsame Annexion fremden Gebiets,[11] der Angriff auf die staatliche Ordnung anderer Staaten z. B. durch die Unterstützung von Aufständischen und die völkerrechtswidrige Intervention in anderen Formen, die Beleidigung fremder Staaten, ihrer Symbole und Repräsentanten,[12] die Verletzung des internationalen Fremdenrechts durch die Mißhandlung von Ausländern, durch unzulässige Diskriminierung oder eine Behandlung, die hinter dem internationalen Mindeststandard zurückbleibt,[13] die Mißachtung der völkerrechtlich anerkannten Menschenrechte, können, um nur einige Beispiele zu nennen, ein Völkerrechtssubjekt völkerrechtlich verantwortlich machen.

Eine besondere Gruppe bilden diejenigen Fälle, in denen ein Völkerrechtssubjekt Pflichten verletzt, die ihm im Rahmen besonderer Rechtsverhältnisse auferlegt sind. Dahin gehört namentlich die Verletzung der Vertragspflichten durch Nichterfüllung, durch Verletzung des Vertragszwecks, durch Verzug oder auf sonstige Weise.[14]
Nicht zu den völkerrechtlichen Pflichten gehören diejenigen, die sich aus vertraglichen Abmachungen eines Staates mit fremden Staatsangehörigen ergeben. Hierbei handelt es sich zwar um rechtliche, aber nicht um völkerrechtliche Verpflichtungen. Das gleiche gilt auch für vertragliche Verpflichtungen zwischen Staaten, die privatrechtlicher Natur sind. Diese Verträge begründen keine völkerrechtlichen Rechte und Pflichten, auch wenn sie rechtlich verbindlich sind.
Wann ein Völkerrechtsverstoß vorliegt, bestimmt sich ausschließlich nach Völkerrecht.[15]

---

[6] Vgl. dazu Art. 3 und 12 ILC Entwurf (Anm. 1, 74 ff bzw. 124 ff (jeweils mit Kommentierung). Vgl. dazu auch die Kommentierung im Yearbook ILC 1976 II/2, 69 (79 f).

[7] So hatte sich beispielsweise Frankreich durch einseitige Erklärung dazu verpflichtet, keine Atomwaffentests in der Atmosphäre durchzuführen, Nuclear Tests *(Australia v. France)*, ICJ Reports 1974, 253; Nuclear Tests *(New Zealand v. France)*, ICJ Reports 1974, 457. Der Gehalt dieser Verpflichtung wurde in dem *Request for an Examination of the Situation in Accordance with paragraph 63 of the Court's Judgment of 20 December 1974 in the Nuclear Tests (New Zealand v. France)* Case, ICJ Reports 1995, 288, näher bestimmt.

[8] Z. B. Verstoß gegen Beschlüsse des Sicherheitsrats nach Kap. VII Charta der VN.

[9] So kann z. B. ein Verstoß gegen durch Urteil des Internationalen Gerichtshofs auferlegte Verpflichtungen die völkerrechtliche Verantwortlichkeit begründen.

[10] So ausdrücklich der Internationale Gerichtshof in seinem Urteil im *Case Concerning the Gabčíkovo-Nagymaros Project* (§ 173, Anm. 3), 38 (para. 47).

[11] Vgl. bspw. SC Res. 298 vom 25. 9. 1971 zu Jerusalem, in der die Völkerrechtswidrigkeit der gewaltsamen Annexion eines Teils von Jerusalem sowie die daraus abzuleitende Unwirksamkeit aller gesetzgeberischen und administrativen Maßnahmen, die den Status von Jerusalem ändern sollen, bestätigt wird.

[12] *Partsch*, Selbstbestimmung, in: *Wolfrum* (Hrsg.), Handbuch Vereinte Nationen, 745–762 (749).

[13] Vgl. § 95 ff.

[14] Vgl. § 159.

[15] Art. 3 des ILC-Entwurfs (Anm. 1, 74 ff (mit Kommentierung)); vgl. auch Kommentierung zu Art. 4,

Weder kann die internationale Verantwortlichkeit auf die Verletzung von innerstaatlichem Recht des Anspruchsgegners gestützt werden, noch kann der Anspruchsgegner geltend machen, die gerügte Handlung oder Unterlassung entspreche seinem innerstaatlichen Recht und stelle daher keine Verletzung des Völkerrechts dar. Das gilt selbst dann, wenn der Anspruchsgegner sich darauf berufen kann, er sei gemäß seinem innerstaatlichen Recht zu der Handlung oder Unterlassung verpflichtet gewesen.

Ein Staat kann beispielsweise nicht geltend machen, daß die Ausländerbehandlung nicht hinter derjenigen Behandlung der eigenen Staatsbürger zurückbleibe, wenn die Ausländerbehandlung nicht im Einklang mit dem völkerrechtlichen Mindeststandard steht,[16] oder daß seine bundesstaatliche Verfassung ihm keine Mittel zur Verfügung stelle, um die Gliedstaaten zur Erfüllung eines internationalen Vertrages zu zwingen.

Abweichende Vereinbarungen sind, soweit sie nicht gegen *ius cogens* verstoßen, möglich. Wenn beispielsweise die Vertragserfüllung nur nach Maßgabe der Verfassung zugesagt war, oder ein Vertrag eine Bundesstaatsklausel enthält, so schränkt dies die internationale Verantwortlichkeit entsprechend ein. Entsprechende Vorbehalte in internationalen Verträgen, vor allem in Verträgen zum Schutz von Menschenrechten, können allerdings Ziel und Zweck des betreffenden Vertrages im Sinne von Art. 19 lit. c der Wiener Vertragsrechtskonvention widersprechen.[17]

Es sind also zwei miteinander korrespondierende Grundsätze festzustellen. Ein Völkerrechtsverstoß kann grundsätzlich nicht auf einen Verstoß gegen nationales Recht gestützt werden, und ein Staat kann sich nicht darauf berufen, ein bestimmtes Verhalten sei nach seinem nationalen Recht erlaubt.

Beide Grundsätze werden durch die internationale Spruchpraxis belegt. In dem Rechtsgutachten des Ständigen Internationalen Gerichtshofs (StIGH) vom 4.2.1932 zum *Case concerning the Treatment of Polish Nationals and Other Persons of Polish Origin or Speech in the Danzig Territory*[18] hat der Gerichtshof darauf hingewiesen, daß Polen seine Vorwürfe gegen Danzig nicht auf eine Verletzung der Verfassung von Danzig stützen konnte. Das gleiche gilt auch für den zweiten der angesprochenen Grundsätze, wonach ein Staat gegen den Vorwurf, eine Völkerrechtsverletzung begangen zu haben, nicht erfolgreich den Einwand geltend machen kann, durch sein innerstaatliches Recht gebunden gewesen zu sein. Dieser Grundsatz wurde von dem Ständigen Internationalen Gerichtshof u. a. im *Wimbledon*-Fall[19] betont und später mehrfach bestätigt.[20] Im Schrifttum wird dieser Grundsatz, der im übrigen mit Art. 46 Wiener Vertragsrechtskonvention[21] korrespondiert, einhellig vertreten.[22]

Yearbook ILC 1976 II, 185 f, sowie Kommentierung des Special Rapporteurs *Crawford* (Doc. A/CN.4/490/Add.4/para. 141).

16 Dazu 15. Kapitel.

17 Vgl. dazu § 148; z.B. die Vorbehalte der Vereinigten Staaten bei der Ratifikation des Internationalen Übereinkommens zur Beseitigung jeder Form von Rassendiskriminierung.

18 PCIJ Series A/B, No. 44, 24 f; ebenso die Kammer des Internationalen Gerichtshofs im Falle *Elettronica Sicula S.p.A.* (ELSI), ICJ Reports 1989, 15 (51).

19 PCIJ Series A, No. 1, 29–30, zustimmend *Sir G. Fitzmaurice*, The general principles of international law considered from the standpoint of law, RdC 92 (1957 II) 1 ff(85); *Schwarzenberger*, Bd. I, 69.

20 *Case of the Greek and Bulgarian „Communities"*, Advisory Opinion of 31 July 1930, PCIJ Series B, No. 17, (32); *Case of the Free Zones of Upper Savoy and the District of Gex* (second phase), Order of 6 December 1930, PCIJ, Series A, No. 24, (12); Urteil im gleichen Fall vom 7. Juni 1932, PCIJ, Series A/B, No. 46, 167; *Treatment of Polish Nationals and Other Persons of Polish Origin or Speech in the Danzig Territory*, Advisory Opinion (Anm. 18) 24; so auch die schiedsgerichtliche Praxis, vgl. z. B. Arbitral Award (1922), *Norwegian Shipowners' Claims*, RIAA I, (311); Award im Fall *Aguilar-Amory and the Royal Bank of Canada Claims* [*Tinoco Case*] *(Great Britain v. Costa Rica)*, RIAA I, (386); *Schufeldt Claims* (1930), RIAA II, (1098); *Wollenborg Claim* (1956), RIAA XIV, (289); *Flegenheimer Claim* (1956), RIAA XIV (360); die Kammer des Internationalen Gerichtshofs im *ELSI case* (Anm. 18), ICJ Reports 1989, 15 (74).

21 Vgl. dazu § 151.

22 Sir *G. Fitzmaurice* (Anm. 19), 85; *C. Eagleton*, The Responsibility of States on International Law, 1928, 63 f; *Verdross/Simma*, § 1271; *Brownlie*, 35 f.

II. 1. Die zur internationalen Verantwortlichkeit führende Völkerrechtsverletzung kann unterschiedlicher Natur sein. Sie ist abhängig von der jeweiligen völkerrechtlichen Verpflichtung, gegen die verstoßen wird. So kann die völkerrechtliche Verpflichtung einem Staat ein bestimmtes Verhalten, ein Tun oder Unterlassen vorschreiben (Verhaltenspflichten), die völkerrechtliche Verpflichtung kann sich aber gleichfalls auf einen bestimmten Erfolg beziehen (Erfolgspflichten).[23] Eine derartige Erfolgspflicht zwingt den Staat zu einem entsprechenden Verhalten, mag der betroffene Staat auch eine gewisse Entscheidungsfreiheit darüber besitzen, wie er den Erfolg erreicht. Im Einzelfall ist die Abgrenzung dieser beiden Verpflichtungstypen möglicherweise problematisch, da eine Verhaltensverpflichtung in der Regel einem bestimmten Ziel dient. Als dritte Kategorie sind diejenigen Pflichten zu nennen, die den Staaten sowohl hinsichtlich des Erfolgs als auch hinsichtlich der Form ein Ermessen einräumen.[24] Diese Unterscheidung ist im Zusammenhang mit Dauerdelikten von Bedeutung sowie für die Entscheidung, ob und vor allem wann ein Verstoß gegen das Völkerrecht stattgefunden hat.

Ein völkerrechtlicher Verstoß liegt bei Verhaltenspflichten dann vor, wenn das aktuelle Verhalten nicht dem geforderten entspricht.[25] Dabei kann das geforderte Verhalten sowohl ein Tun wie ein Unterlassen darstellen. Irrelevant ist in diesen Fällen, ob die Verletzung der Verhaltenspflicht zu einem von der betreffenden Konvention unerwünschten Ergebnis geführt hat.

Im zweiten Fall, bei den Erfolgspflichten, ist Voraussetzung für das Vorliegen eines Völkerrechtsverstoßes, daß ein anderer als der vorgesehene Erfolg eintritt. Völkerrechtliche Verträge verpflichten Staaten auch dazu, das Eintreten eines bestimmten Erfolges zu verhindern. Ein Völkerrechtsverstoß ist in diesen Fällen gegeben, wenn das normativ unerwünschte Ereignis eintritt.[26] Dabei ist es irrelevant, ob und welche gesetzgeberische Maßnahme ein Staat ergriffen hat. Dies wird teilweise in internationalen Abkommen abbedungen. Typisch für einen Haftungsausschluß bei Erfüllung bestimmter Verhaltenspflichten, obwohl ein nicht erwünschter Erfolg eingetreten ist, ist Art. 4 Abs. 2 Annex III SRÜ. Danach haftet ein Staat dann nicht für das Handeln von Privatpersonen und daraus resultierende Schäden, wenn er ausreichende legislatorische Maßnahmen getroffen hat. Die Notwendigkeit für die Formulierung dieser Haftungsbeschränkungsklausel belegt, daß dieser Einwand generell nicht greift, soweit er nicht – die Regeln zur Staatenverantwortlichkeit modifizierend – speziell vereinbart wurde.[27] Entscheidend ist in diesen Fällen für eine Staatenver-

---

[23] Diese Unterschiedung wurde von *D. Donati*, I trattati internazionali nel diritto costituzionale, 1906, Bd. I, 343 f vorgenommen und ist der Tradition des französischen und italienischen Zivilrechts entliehen, vgl. hierzu: *P.-M. Dupuy*, Reviewing the Difficulties of Codification: On Ago's Classification of Obligations of Means and of Result in Relation to State Responsibility, EJIL (1999), 371 ff, *J. Combacau*, Obligations de résultat et obligations de comportement, quelque questions et pas de réponse, in: *D. Bardonnet* (éd.), Mélanges offerts à *P. Reuter*, 1981, 181 ff.

[24] R. *Wolfrum*, Means of Ensuring Compliance with and Enforcement of International Environmental Law, RdC 272 (1998), 9 (32 f).

[25] Art. 21 und 23 ILC-Entwurf, Yearbook ILC1977 II/2, 5 (18 f) bzw. *ibidem* 1978 II/2, 74 (81 f); der letzte Entwurf der ILC hat auf diese Unterscheidung verzichtet (vgl. dazu Second Report of the Special Rapporteur *Crawford* (Doc. A/CN.4/498, paras. 88–92)). Dies ist zu bedauern, da in internationalen Gerichten diese Unterscheidung durchaus angesprochen wurde; vgl. insoweit *Diss. Opinion* von *Judge Schwebel* in *ELSI case*, ICJ Reports 1989, 72 (75–77, paras. 126–130); *Iran-United States Claims Tribunal, Case Islamic Republic of Iran v. United States of America*, Cases No. A 15 (IV) A 24 FT, 28 December 1998, para. 95; *P. Daillier/A. Pellet*, Droit international public (Nguyen Quoc Dinh), 6ième ed., 1999, paras. 139, 473; C. *Tomuschat*, What is a Breach of the European Convention on Human Rights, in: Essays in Honour of *H. Schermers*, vol. 3, 1994, 315.

[26] Vgl. z. B. *Trail Smelter Case* (Verbot grenzüberschreitender Luftverunreinigung), RIAA III, 1905 f; *de Visscher*, 1924, 97; *Vitta*, 87 f.

[27] Damit nicht übereinstimmend die Aussage in Art. 139 Abs. 2 SRÜ, daß die Staatenverantwortlichkeit nach allgemeinem Völkerrecht durch die Regeln des Seerechtsübereinkommens nicht eingeschränkt werden.

antwortlichkeit nach allgemeinem Völkerrecht allein, daß der geforderte Erfolg nicht eingetreten bzw. der von der völkerrechtlichen Norm ausgeschlossene Erfolg eingetreten ist. Eine völkerrechtliche Verantwortlichkeit wird dementsprechend in diesen Fällen auch noch nicht dadurch ausgelöst, daß der Staat gesetzgeberische Maßnahmen erlassen hat, die die Erreichung des normativ vorgesehenen Erfolgs in Frage stellen.[28]

2. Für beide Arten der völkerrechtlichen Verpflichtung gibt es zahlreiche Beispiele. Ein typisches Beispiel für eine Verhaltenspflicht findet sich in Art. 49 I. Genfer Abkommen vom 12. 8. 1949 zur Verbesserung des Loses der Verwundeten und Kranken der Streitkräfte im Felde,[29] wonach die Mitgliedstaaten sich dazu verpflichten, „alle notwendigen gesetzgeberischen Maßnahmen zur Festsetzung von angemessenen Strafbestimmungen ... zu treffen ..." Ebenfalls um eine Verhaltenspflicht handelt es sich bei Art. 2 Abs. 1 (c) und 4 Internationales Übereinkommen zur Beseitigung jeder Form von Rassendiskriminierung, 1966.[30] Danach verpflichten sich die Vertragsstaaten, wirksame Maßnahmen zu treffen, „... um das Vorgehen seiner staatlichen und örtlichen Behörden zu überprüfen und alle Gesetze und Vorschriften zu ändern, aufzuheben ...".[31] Verhaltenspflichten dieser Art können sich sowohl an die Legislative wie auch an Exekutive[32] und Judikative[33] richten. Art. 4 Internationales Übereinkommen zur Beseitigung jeder Form von Rassendiskriminierung, 1966, verpflichtet die Vertragsstaaten u. a. jede Verbreitung von Ideen, die sich auf die Überlegenheit einer Rasse oder den Rassenhaß gründen, jedes Aufreizen zur Rassendiskriminierung und jede Gewalttätigkeit oder Aufreizung dazu zu einer strafbaren Handlung zu erklären. Ein Verstoß gegen diese Pflicht stellt eine Völkerrechtsverletzung dar, unabhängig davon, ob es in diesem Vertragsstaat derartige rassistische Tendenzen gibt oder ob sie durch das Fehlen der Strafvorschrift gefördert wurden. Zu den Verträgen, die Verhaltenspflichten der Vertragsstaaten normieren, gehören u. a. auch alle diejenigen Abkommen, die eine Rechtsharmonisierung anstreben.
Eine typische Erfolgspflicht enthält Art. 22 Wiener Übereinkommen über diplomatische Beziehungen, 1961,[34] wonach die Räumlichkeiten einer Mission unverletzlich sind und es den Vertragsstaaten obliegt, entsprechende Maßnahmen zu treffen. Ebenso zählt hierzu Art. 33 VN-Charta, der die Vertragsstaaten verpflichtet, ihre Streitigkeiten auf friedlichem Wege beizulegen, ihnen aber die Wahl der Mittel offenläßt.[35]

Erfolgs- und Verhaltenspflichten können allerdings in dem Sinne kombiniert[36] werden, daß eine internationale Verantwortlichkeit eines Staates bei Vorliegen eines an sich zur Haftung führenden Ereignisses nur dann eintritt, wenn der betreffende Staat auch seine Verhaltenspflichten verletzt hat.

3. Im Einzelfall kann problematisch sein, ob der Erlaß eines völkerrechtswidrigen Gesetzes bereits einen Völkerrechtsverstoß darstellt oder ob dieses zunächst angewandt werden muß. Entscheidend ist die Verpflichtung aus der Primärnorm. Ist diese auf eine Verhaltenspflicht

[28] So hat die *United States-Panama General Claims Commission* im *Mariposa Development Company Case*, 1933 (RIAA VI, 340 f) festgestellt, daß nicht ein Enteignungsgesetz, sondern erst die Enteignung einen Eigentumseingriff darstellt; dem gleichen Ansatz folgend Europäische Menschenrechtskommission in den Individualbeschwerden 290/57 (gegen Irland) und 867/60 (gegen Norwegen), Yearbook of the European Convention on Human Rights, Bd. III (1961), 221; ebd., Bd. IV (1962), 276; *PLO-Büro New York*, ICJ Reports (1988), 31.

[29] BGBl. 1954 II, 783.

[30] BGBl. 1969 II, 962.

[31] Beide Beispiele in YBILC 1977 II/2, 5 (14 f).

[32] Vgl. z. B. Art. 4 Montrealer Protokoll über die Stoffe, die zu einem Abbau der Ozonschicht führen, 1987, BGBl. 1988 II, 1015 – Verpflichtung Aus- bzw. Einfuhrverbote einzuführen.

[33] Vgl. z. B. Art. 31 Wiener Übereinkommen über diplomatische Beziehungen, 1961, BGBl. 1964 II, 958 – Verpflichtung, die Immunität des Diplomaten außer in den dort genannten Fällen zu respektieren.

[34] GBl. 1964 II 958.

[35] Im *Colozza* -Fall *(Colozza and Rubinat v. Italy)* hat der Europäische Menschenrechtsgerichtshof (ECHR Series A No. 89, 20) darauf verwiesen, daß gesetzgeberische Maßnahmen darauf geprüft werden könnten, ob sie den von dem betreffenden Vertrag angestrebten Erfolg sicherstellen.

[36] Im *Gabčíkovo Nagymaros Project*, Judgment, ICJ Reports 1997, 7 (77, para. 135) sprach der Gerichtshof davon, daß die Parteien „... *obligations of conduct, obligations of performance, and obligations of result* ..." übernommen hätten.

gerichtet, verlangt sie insbesondere den Erlaß einer bestimmten Gesetzgebung, so stellt eine damit in Widerspruch stehende Gesetzgebung einen Völkerrechtsverstoß dar. Wird aber ein bestimmtes Ergebnis geschuldet oder steht das Ergebnis im Vordergrund der Verpflichtung, so ist der Erlaß eines Gesetzes für sich gesehen noch kein Völkerrechtsverstoß.[37] Entscheidend ist insoweit stets der Inhalt der völkerrechtlichen Verpflichtung.[38] Richtet sich aber die völkerrechtliche Verpflichtung explizit oder auch nur implizit an den Gesetzgeber bzw. auf die Ausgestaltung des nationalen Rechts, so ist der Erlaß eines gegen völkerrechtliche Verpflichtungen verstoßendes Gesetz ein Bruch des Völkerrechts. Dies gilt grundsätzlich für den Erlaß von Gesetzen, die gegen Verpflichtungen aus Verträgen zum Schutz von Menschenrechten verstoßen.[39] Es gibt aber auch in diesem Bereich Fälle, wo der Erlaß eines Gesetzes noch keinen Völkerrechtsverstoß darstellt und dieser erst in der völkerrechtswidrigen Anwendung des Gesetzes liegt.[40]

4. Möglich ist eine Verletzung des Völkerrechts durch einen Verstoß gegen das Verbot des Rechtsmißbrauchs. Auf das Prinzip des Rechtsmißbrauchs wird in der völkerrechtlichen Praxis dann zurückgegriffen, wenn zwar keine konkrete völkerrechtliche Pflicht verletzt wurde, das Verhalten eines Völkerrechtssubjekts aber dennoch rechtlich zu mißbilligen ist. Damit ist den Autoren zu widersprechen, die dem Verbot des Rechtsmißbrauchs eine eigenständige Bedeutung neben den völkerrechtlichen Pflichten absprechen wollen.[41] Bei dem Verbot des Rechtsmißbrauchs handelt es sich vielmehr um ein allgemeines Rechtsprinzip im Sinne von Art. 38 Abs. 1 (c) IGH-Statut,[42] dessen Anerkennung auch in der gerichtlichen Praxis erfolgt ist.

Der Ständige Internationale Gerichtshof hat das Prinzip im Fall *Certain German Interests in Polish Upper Silesia* behandelt (1926).[43] Im Fall *Free Zones of Upper Savoy and the District of Gex* (1932)[44] hat er entschieden, daß die Umgehung vertraglicher Pflichten mit einem Effekt, der durch den völkerrechtlichen Vertrag verhindert werden sollte, einen Mißbrauch von Rechten darstellt. Der Internationale Gerichtshof hat im *Anglo-Norwegian Fisheries* Fall[45] den Rechtsmißbrauch im Zusammenhang mit dem Recht der Küstenstaaten, Basislinien zu ziehen, angesprochen. Das Verbot des Rechtsmißbrauchs wurde weiterhin in den schiedsgerichtlichen Entscheidungen angewandt *(the General Claims Commission (United States – Mexico) (Opinions of Commissioners*, 1927, 27)). Seine entscheidende Bedeutung hat das Prinzip allerdings für den Nachbarschutz zwischen Staaten gewonnen. Es verpflichtet die Staaten zu einer auch die Interessen der Nachbarn schonenden Nutzung des Staatsgebietes (so beispielsweise im amerikanisch-kanadischen Schiedsverfahren *Trail*

---

[37] Vgl. Internationaler Gerichtshof im *LaGrand case (Germany v. United States of America)*, Judgment of 27 June 2001, über http://www.icj-cij.org, paras. 90–91.

[38] Vgl. dazu *B. Conforti*, Obblighi di mezzi e obblighi di risultato nelle convenzione di diritto uniforme, Rivista di diritto internazionale privato e processuale 24 (1988), 233.

[39] So die Rechtsprechung des Europäischen Gerichtshofs für Menschenrechte: *Norris v. Ireland*, ECHR, Series A, No. 142 (1988), para. 31; *Klass v. Germany*, ECHR, Series A, No. 28 (1978), para. 33; *Marcks v. Belgium*, ECHR, Series A, No. 31 (1979), para. 27; *Modinos v. Cyprus*, ECHR, Series A, No. 259 (1993), para. 24. Siehe vor allem das Gutachten OC-14/94, International responsibility for the promulgation and enforcement of laws in violation of the Convention (Arts. 1 and 2 of the American Convention on Human Rights), Inter-American Court of Human Rights, Series A, No. 14 (1994).

[40] ICJ/*LaGrand case (Germany v. United States of America)*, über http://www.icj-cij.org, Merits, Judgment 27 June 2001, paras. 90–91.

[41] *J. D. Roulet*, Le caractère artificiel de la théorie de l'abus de droit en droit international public, 1958, 150 unter Hinweis auf die Unbestimmtheit des Verbots des Rechtsmißbrauchs; *Cheng*, 121, 136; *M. Scerni*, L'Abuso di diritto nei rapporti internazionali, 1930, 80; *Ipsen*, in: *Ipsen* 4. Aufl., § 39, Rdn. 44 f; nur zum Teil einschränkend *G. Schwarzenberger*, International Law and Order, 1971, 99 f, wie hier *A.-C. Kiss*, L'Abus de droit en droit international, 1953, 193 ff; *F. V. Garcìa Amador*, Yearbook ILC 1960 II, 41–68 (58 ff); *ders.* noch weitergehend in RdC 94 (1958 I), 365 ff (381); *Politis*, RdC 6 (1925 I), 5 ff (108).

[42] So auch *Oppenheim/Jennings/Watts*, 409; a.A. offenbar *Ipsen*, in: *Ipsen*, 4. Aufl., § 39, Rdn. 46.

[43] PCIJ, Series A, No. 7, 30.

[44] PCIJ, Series A/B, No. 46, 167.

[45] ICJ Reports 1951, 142.

Smelter).[46] Insoweit weist das Prinzip eine gewisse Nähe zu den Versuchen auf, Staaten auch für vom Völkerrecht nicht verbotene Handlungen verantwortlich sein zu lassen. Allerdings geht der letztgenannte Ansatz weiter und resultiert außer in Haftungspflichten in der Pflicht zu Vorsorgemaßnahmen.[47]

Aus der mißbräuchlichen Nutzung einer an sich völkerrechtlich gegebenen Rechtsposition ergibt sich also die Völkerrechtswidrigkeit des entsprechenden staatlichen Verhaltens.

5. Ein Bruch des Völkerrechts kann, außer in einem völkerrechtswidrigen Verhalten auch in der Unterstützung einer völkerrechtswidrigen Handlung eines anderen Völkerrechtssubjekts liegen.[48] Die Völkerrechtswidrigkeit der Unterstützung ergibt sich aus der Hilfe zu der völkerrechtswidrigen Handlung unter Kenntnis der Völkerrechtswidrigkeit. Dabei brauchen keine vertraglichen Beziehungen zwischen dem Geschädigten und dem, der eine Unterstützung für die Schädigung geleistet hat, zu bestehen.

6. Ebenfalls denkbar ist eine mediatisierte Verantwortlichkeit,[49] d. h. eine Verantwortlichkeit des Staates, der einen Staat kontrolliert und von dem das aktuelle völkerrechtswidrige Verhalten ausgeht. Die hierzu existierenden Entscheidungen sind historischer Natur,[50] dennoch besteht auch unter den gewandelten völkerrechtlichen Beziehungen die Möglichkeit einer Kontrolle eines Staates über einen anderen.

7. Ein Verstoß gegen das Völkerrecht ist allerdings nur dann gegeben, wenn die völkerrechtliche Verpflichtung, gegen die verstoßen worden sein soll, zum Zeitpunkt des Handelns oder Unterlassens für den betreffenden Staat in Kraft war.[51] Diese Aussage ist an sich eine Selbstverständlichkeit und in der internationalen Rechtsprechung anerkannt.[52] Sie stellt auch einen allgemeinen Rechtsgrundsatz dar. Bei Verletzungen mit Dauercharakter[53] liegt

---

46 RIAA III, 1905.

47 *Oppenheim/Jennings/Watts*, Bd. I/1, 409; vgl. dazu auch § 175.

48 Vgl. ILC-Entwurf Art. 16: „A State which aids or assists another State in the commission of an internationally wrongful act by the latter is internationally responsible for doing so if that State does so with knowledge of the circumstances of the internationally wrongful act; and the act would be internationally wrongful if commiteed by that State."

49 Vgl. ILC-Entwurf Art. 28, Yearbook ILC 1979 II/2, 87 (94 f) mit Kommentierung; *A. Verdross*, Theorie der mittelbaren Staatenhaftung, ÖZöR 1 (1948), 388 ff (405 ff).

50 Vgl. *Robert E. Brown claim*, RIAA 6 (1923), 120 (130 f), wo festgestellt wurde, daß das Interventionsrecht des Vereinigten Königreichs in bezug auf Südafrika nicht dessen Haftung für völkerrechtswidrige Akte begründen könne. Im *Duc de Guise claim*, ILR 18, 423 wurde eine mediatisierte Haftung abgelehnt, ebenso im Fall *Drodz & Janousek v. France and Spain*, ECHR Ser. A, vol. 240 (1992).

51 Vgl. dazu Art. 13 ILC-Entwurf; vgl. dazu Art. 18 Abs. 1 und 2 der vorherigen Fassung, Yearbook ILC 1976 1 II/2, 69 (87 f) mit Kommentierung sowie die Kommentierung von Sonderberichterstatter *Crawford*, Doc. A/CN.4/498, para. 35 ff.

52 Judge *Huber, Island of Palmas case*, RIAA 2, 829 (845); vgl. dazu auch Internationaler Gerichtshof, *Case concerning Certain Phosphate Lands in Nauru*, ICJ Reports 1992, 240 (253–255); vgl. zum intertemporalen Recht die Resolution des Institut de Droit International, Annuaire 56 (1975), 536; *W. Karl*, The Time Factor in the Law of State Responsibility, in: *M. Spinedi/B. Simma* (eds.), United Nations Codification of State Responsibility, 1987, 95.

53 Von Verletzungen mit Dauercharakter sind Völkerrechtsverletzungen zu unterschieden, deren Wirkungen andauern (vgl. dazu Art. 24 bis 26 ILC-Entwurf, Yearbook ILC 1978 II/2, 74 (86 f) mit Kommentierung). Grundsätzlich sind zu unterscheiden einerseits Handlungen, die keine zeitliche Auswirkung haben und in denen die Völkerrechtsverletzung sich in einem einmaligen Handlungsakt erschöpft (z. B. Abschuß eines Flugzeugs), andererseits das Verhalten, welches einen völkerrechtswidrigen Zustand begründet, der andauert, und drittens ein andauerndes Verhalten (Dauerdelikt). Bei einem Völkerrechtsverstoß mit andauernder Wirkung erfolgt die Völkerrechtsverletzung zum Zeitpunkt der Handlung bzw. Unterlassung, bei Dauerdelikten hingegen geschieht sie zwar ebenfalls mit der Handlung bzw. Unterlassung, diese halten aber über die Dauer des rechtswidrigen Zustandes an. Die entsprechende Formulierung in Art. 14 des Entwurfs lautet: (1) The breach of an international obligation by an act of State not having a continuing character occurs at the moment when the act is performed, even if its effects continue. (2) The breach on an international obligation by an act of a State having a continuing character extends over the entire period during which the act continues and remains not in conformity with the international ob-

ein Völkerrechtsverstoß nur dann und nur für den Zeitraum vor, in dem die völkerrechtliche Verpflichtung für den betreffenden Staat bestand.[54] Das gleiche gilt, wenn die als völkerrechtswidrig angegriffene Handlung bzw. Unterlassung aus einer Kette von Unterlassungen bzw. Handlungen besteht.

8. Die Völkerrechtswidrigkeit entfällt nicht nachträglich dadurch, daß die Norm, gegen die verstoßen worden ist, später in Wegfall gerät bzw. modifiziert wird.[55] Ebensowenig entsteht sie nachträglich durch Schaffung entsprechender völkerrechtlicher Pflichten (Grundsatz des intertemporalen Völkerrechts).[56] Entscheidend ist grundsätzlich die völkerrechtliche Situation zum Zeitpunkt der fraglichen Handlung oder Unterlassung.

II. Im Völkerrecht korrespondiert, anders als im innerstaatlichen Recht, eine Völkerrechtsverletzung mit der Verletzung von Rechten eines anderen Völkerrechtssubjekts.[57] Dies ergibt sich aus der Struktur der Völkerrechtsordnung als einer Rechtsordnung für Rechtssubjekte, wobei die Rechtsordnung von den Rechtsunterworfenen selbst geschaffen wird. Dies besagt allerdings nicht, daß das Völkerrecht nicht auch Gemeinschaftsinteressen formuliert und über die Staatenverantwortlichkeit absichert.[58]
Die verletzten Rechte können sowohl materiellen als auch immateriellen Interessen dienen. So wird auch das allgemeine Interesse an der Beachtung einer von einem anderen Staat übernommenen vertraglichen Verpflichtung geschützt, auch wenn die Vertragsverletzung weder die materiellen Interessen des Anspruchsstaates noch seiner Staatsangehöriger unmittelbar negativ berührt. Von daher ist die völkerrechtliche Verantwortlichkeit nicht auf die Verletzung von Verpflichtung aus Verträgen mit Austauschcharakter beschränkt, sondern erfaßt ebenfalls die Verletzung von Verpflichtungen aus multilateralen Verträgen und Normen mit *erga omnes* Charakter.[59] Welche Staaten in diesen Fällen durch die Verletzung einer völkerrechtlichen Pflicht einen Anspruch gegen das verletzende Völkerrechtssubjekt geltend machen können, kann erst nach einer genaueren Bestimmung des Schadens deutlich werden.[60]

III. 1. Es wurde eingangs festgestellt, daß die Verletzung von völkerrechtlichen Pflichten zur Staatenverantwortlichkeit führen kann, ohne Rücksicht darauf, aus welcher Quelle diese Pflichten entstammen. Ohne diesen Grundsatz in Frage zu stellen, knüpft aber der ILC-

---

ligation (z. B. rechtswidriges Besetzthalten eines Gebietes); vgl. dazu auch die Kommentierung von Sonderberichterstatter *Crawford* zu Art. 24–26, Doc. A/CN.4/498, para. 102 ff. Das Schiedsgericht im *Rainbow Warrior*-Fall hat hierzu intensiv Stellung genommen. Es hat den Verbleib der französischen Agenten in Paris statt auf Hao als *continuous breach* qualifiziert (RIAA 20, 217 (264 ff). Im Fall *Loizidou v. France*, hatte der Europäische Gerichtshof für Menschenrechte den Anlaß, sich mit dieser Frage auseinander zu setzen (ECHR, Judgment of 18 December 1996, paras. 41–47, 63–64, ebenso der Menschenrechtsausschuß im *Lovelace case* (OR of the General Assembly, Thirty-sixth Session, Supplement No. 40 (A/36/40 (1981), 166, paras. 10–11). Bei Dauerdelikten liegt ein Völkerrechtsverstoß nur für den Zeitraum vor, in dem die völkerrechtliche Verpflichtung bestand (Art. 14 Abs. 3, Doc. A/CN.4/L. 602/Rev.1).

[54] European Commission of Human Rights, *de Beeker case*, Yearbook of the European Convention on Human Rights, 1958–1959, Bd. II (1960), 232 ff.

[55] Schiedsspruch im *Hamilton Lewis*-Fall (1902), RIAA IX, 69; Urteil des Internationalen Gerichtshofs vom 2. 12. 1963 im *Northern Cameroon*-Fall, ICJ Reports 1963, 35; so auch im *Rainbow Warrior* Schiedsverfahren *(New Zealand v. France)*, RIAA XX, 217 (265/6); Internationaler Gerichtshof im Verfahren *Certain Phosphate Lands in Nauru (Nauru v. Australia)*, Preliminary Objections, ICJ Reports 1992, 240 (253 ff).

[56] *H. W. Baade*, Intertemporales Völkerrecht, JIR 7 (1958), R 229 f; *M. Sörensen*, Le problème intertemporel dans l'application de la Convention européenne des droits de l'homme, in: Mélanges offerts à *Polys Modinos*, 1968, 304 f.

[57] *R. Ago*, Yearbook ILC 1971 II 1, 199–274 (220 f.) (m.w.N.).

[58] Vgl. dazu im einzelnen § 181.

[59] Vgl.hierzu auch Art. 42 b ILC Entwurf 2001 (Anm. 1).

[60] Vgl. dazu speziell § 184.

Entwurf über Staatenverantwortlichkeit besondere Rechtsfolgen an schwerwiegende Verletzungen von Normen des *ius cogens*.[61]

2. Dieser Komplex war außerordentlich umstritten. Ausgangspunkt der Überlegungen in der ILC war die Überzeugung, daß es völkerrechtliche Normen gibt, deren Beachtung im Staatengemeinschaftsinteresse liegt.[62] Es bestand Einigkeit darüber, daß dies Auswirkungen auf die Regeln zur Staatenverantwortlichkeit haben müsse. Zunächst wurde der Versuch unternommen, den Begriff des internationalen Verbrechens *„international crimes of states"* einzuführen.[63] Das Resultat dieses Ansatzes war eine Zweiteilung der Staatenverantwortlichkeit, die zwischen gewöhnlichen Verletzungen des Völkerrechts und Verletzungen von Verhaltensnormen unterschied, deren Einhaltung im Interesse der Staatengemeinschaft lag. Dies fand aber bei den Staaten keine Zustimmung;[64] negativ wirkte sich dabei der Begriff *„international crimes"* aus, weil damit eine Assoziation zum internationalen Strafrecht entstand.[65]
Auch *Special Rapporteur Crawford* befürwortete schon in seinem Ersten Bericht an die Kommission die Aufgabe des Begriffs des völkerrechtlichen Verbrechens,[66] insbesondere verwies er darauf, daß eine Behandlung des völkerrechtlichen Verbrechens durch die Kodifikationsarbeit der ILC gesondert, also nicht im Rahmen der allgemeinen Staatenverantwortung, vorgenommen werden könnte.[67] Die Streichung des Begriffs *„international crimes of States"* war aber nicht nur semantisch bedingt. Denn es wurden auch diejenigen speziellen Rechtsfolgen internationaler Verbrechen,[68] denen Sanktionscharakter zukam, aus dem Entwurf gestrichen. Nicht gestrichen wurden hingegen die Pflichten dritter Staaten hinsichtlich eines Verstoßes gegen Regeln des zwingenden Völkerrechts. Sie finden sich jetzt in Art. 41 des Entwurfes. Letztlich befand es die ILC für unzeitgemäß in der Ära der Stärkung des Internationalen Strafrechts, der Staatenhaftung einen punitiven Charakter beizumessen, der zudem gewohnheitsrechtlich nicht anerkannt ist.[69]
Dennoch hat die Kommission an dem grundsätzlichen Gedanken einer qualitativen Abstufung völkerrechtswidrigen Handelns festgehalten.[70] Kapitel III des endgültigen Entwurfs behandelt die Rechtsfolgen „schwerer Verstöße gegen Pflichten des zwingenden Völkerrechts".[71] Diese speziellen Rechtsfolgen, die sich in Reaktionspflichten dritter Staaten

---

[61] Vgl. Art. 40 und 41 ILC – Entwurf (Anm. 1, 277 ff).

[62] Vgl dazu Art. 19 Abs. 2 ILC Entwurf 1996, Yeabook ILC, 1996 vol II, Part Two, 60. Art. 19 Abs. 2 lautete in seiner ursprünglichen Fassung: „2. *An act of a State which results from a breach of an international obligation so essential for the protection of fundamental interests of the international community that its breach is recognized as a crime by the community as a whole constitutes an international crime.*"

[63] Vgl. dazu Yearbook ILC 1976 II/2, 95 ff (paras. 6–34). *K. Marek*, Criminalizing State responsibility, R. B. D.I, 14 (1978/79), 460 ff; Es gibt eine reichhaltige Literatur zu diesem Komplex: vgl. dazu vor allem *A. J. J. de Hoogh*, The relationship between Jus Cogens, Obligation Erga Omnes and International Crimes: Peremptory Norms in Perspective, Austrian Journal of Public and International Law 42 (1991), 183 ff; *ders.*, Obligations Erga Omnes and International Crimes: A Theoretical Inquiry into the Implementation and Enforcement of the International Responsibility of States, 1996; Dieser Ansatz wurde bereits früher von *R. Ago*, Le délit international, RdC 68 (1939 II), 419 ff in der ILC bei der Staatenverantwortlichkeit vertreten.

[64] Vgl. dazu die Kommentierung zum ILC-Entwurf (Anm. 1), 279 ff; Comments and Observations of the Governments (A/CN.4/488); Vgl. dazu insbesonders *M. Spinedi*, International Crimes of State: The Legislative History, in: *J. Weiler/A. Cassese/M. Ipinedi*, International Crimes of State, 1989, 1 ff (44–54).

[65] *M. Rosenstock*, An International Criminal Responsibility of States? in: International Law on the Eve of the Twenty- First Century, 265 ff (273 f); *B. Simma*, AVR, 278 f; *K. Marek*, Criminalizing State Responsibility, Revue Belge de Droit International 14 (1978–1979), 460 ff.

[66] Erster Bericht *Crawford* (A/CN. 4/490/Add. 1), paras 52 ff.

[67] A/CN. 4/490/Add. 3, paras 100 f.

[68] Vgl. ursprüngliche Fassung von Artikel 52, Yearbook ILC, 1996, vol II, Part Two, 64.

[69] Vgl. Report of the ILC (Anm. 1), 279: *„There has been however, no development of penal consequences for States of breaches of... fundamental norms."*

[70] Vgl. ILC Bericht (Anm.1), Kommentierung zu Kapitel III, Artikel 40–41, 279 ff.

[71] Vgl. ILC-Entwurf im Annex der GA Res. 56/83 vom 12. Dezember 2001. Chapter III: *„Serious breaches*

niederschlagen, sind auch gewohnheitsrechtlich anerkannt. Zusammenfassend gesagt bestehen die Pflichten dritter Staaten darin, daß sie die durch den Bruch zwingenden Völkerrechts bewirkte Rechtssituation nicht als rechtmäßig akzeptieren dürfen. So haben dritte Staaten die Pflicht der Nichtanerkennung der durch die Verletzung von *ius cogens* entstandenen Rechtslage, das Verbot der Unterstützung oder Hilfeleistung gegenüber dem Verletzerstaat[72] und das Gebot zur gegenseitigen Unterstützung bei der Erfüllung der durch die neuen Rechtsverhältnisse entstandenen Pflichten.[73] Diesem Ansatz folgte bereits die *Stimson*-Doktrin. Sie verpflichtet die Staaten dazu, eine Gebietsannexion seitens des Aggressors nicht anzuerkennen.[74] Auf der gleichen Linie liegt Art. 138 SRÜ. Er verpflichtet die Vertragsstaaten, einer wirtschaftlichen Ausbeutung des Tiefseebodens entgegen von Teil XI SRÜ die Anerkennung zu versagen.[75]

3. a. Die Sonderbehandlung von Normen des *ius cogens* auf der Ebene des Haftungsrechts ist konsequent. Die Beachtung und Einhaltung dieser Rechtsnormen liegt im Interesse der Staatengemeinschaft. Dieser Gesichtspunkt ist von dem Internationalen Gerichtshof aus verschiedenen Anlässen angesprochen worden, ohne daß hieraus allerdings konkret Konsequenzen für die Verantwortlichkeit gezogen worden wären. In dem Urteil zum *Barcelona Traction case*[76] hat der Internationale Gerichtshof in einem bekannten *obiter dictum* auf die Möglichkeit verwiesen, daß es Verpflichtungen gegenüber der Staatengemeinschaft gibt und es sich um Verpflichtungen *erga omnes* handele.[77] Im *East Timor* Fall hat der Internationale Gerichtshof die Meinung Portugals bestätigt, daß dem Recht auf Selbstbestimmung *erga omnes* Charakter zukomme.[78] Die gleiche Aussage hat der Internationale Gerichtshof in bezug auf die Verpflichtungen aus der Konvention gegen Völkermord gemacht.[79] Bei den von dem Internationalen Gerichtshof angesprochenen Normen handelt es sich um solche des zwingenden Rechts.[80] Der Grund, warum bestimmte Normen des Völkerrechts zwingender Natur sind, liegt darin, daß sie Werte reflektieren, und zwar Werte der Staatengemeinschaft, die nicht zur Disposition eines Staates stehen.[81] Hier besteht eine unmittelbare Beziehung zu den Normen *erga omnes*. Alle Normen des Völkerrechts zwingenden Charakters gelten *erga omnes*, d. h. ihre Erfüllung wird nicht einzelnen Staaten, sondern der Staatengemeinschaft geschuldet.[82] Der Unterschied zwischen beiden Ansätzen besteht darin, daß nur Normen des *ius cogens* die Ungültigkeit ihnen widersprechender Normen des Völkerrechts bewirken. Dieser Unterschied ist aber im Kontext der Staatenverantwortlichkeit nicht von Bedeutung. Entscheidend ist für die besonderen Rechtsfolgen, die an den Verstoß gegen *ius cogens* Normen geknüpft werden, daß diese gegenüber der Staatengemeinschaft geschuldet werden, diese also ein entsprechendes Vollzugsinteresse hat. Insoweit sind Art. 40, 41 ILC- Entwurf inkonsequent. Wenn entscheidend das Vollzugsinteresse der Staatengemeinschaft sein soll, so wäre es nur folgerichtig gewesen, die besonderen Verantwortlichkeitsfolgen auf alle Regeln im Staatengemeinschaftsinteresse und deshalb mit *erga omnes* Wirkung zu erstrekken und nicht nur auf ius cogens-Normen zu konzentrieren.

---

of obligations under peremptory norms of general international law."

[72] Art. 41 Abs. 2 des ILC-Entwurfs (Anm. 1).

[73] Vgl. Art. 41 Abs. 1 des ILC-Entwurfs (Anm. 1).

[74] Vgl. dazu Bd. I/1 § 55.

[75] Vgl. dazu § 128.

[76] *Barcelona Traction, Light and Power Company, Limited, Second Phase*, ICJ Reports 1970. 3.

[77] Id. 32, para. 33.

[78] *East Timor (Portugal v. Australia)*, ICJ Reports 1995, 90 (102, para. 29).

[79] Application of the Convention on the Prevention and Punishment of the Crime of Genocide, Preliminary Objections, ICJ Reports 1996, 595 (616, para. 31).

[80] Vgl. dazu die Kommentierung vor Art. 40 des ILC-Entwurfs über Staatenverantwortlichkeit (Anm. 1), 281; kritisch zu dieser Rechtsprechung *de Hoogh*, Obligations *Erga Omnes*, 55, der die Herleitung des *erga omnes* Charakters vermißt.

[81] *B. Simma*, From Bilateralism to Community Interest in International Law, RdC 250 (1994 VI), 216 ff (292).

[82] *Simma* aaO 300 f.

b. Dem Ausgangspunkt des ILC- Entwurfs ist allerdings zuzustimmen. Die Durchsetzung von völkerrechtlichen Normen über das Recht der Staatenverantwortlichkeit muß der Tatsache Rechnung tragen, daß bestimmte Normen Ordnungscharakter haben und die Wertigkeit des Völkerrechts mitbestimmen und daß an ihrer Achtung alle Mitglieder der Staatengemeinschaft interessiert sind. Das heißt, daß Maßnahmen gegen Verletzungen dieser Normen nicht auf der Basis des Reziprozitätsprinzips erfolgen können, sondern daß jeder Staat das Recht haben muß, gegen ihre Verletzungen Maßnahmen zu ergreifen.[83]

c. Der ILC-Entwurf greift aber noch in einem weiteren Punkt zu kurz. Weder benennt er die *ius cogens* Normen noch lösen Verletzungen dieser Normen *per se* die speziellen Folgen der Staatenverantwortlichkeit aus. Vielmehr müssen diese schwerwiegend *(„serious")* sein. Dieser Begriff wird in Art. 40 Abs. 2 ILC-Entwurf definiert.[84]

d. Bei aller Kritik im einzelnen kommt den von der ILC verabschiedeten Regeln zur Staatenverantwortlichkeit das Verdienst zu, erkannt zu haben, daß für Normen des Völkerrechts, deren Einhaltung im Interesse der Staatengemeinschaft liegen, andere Durchsetzungsregeln zu gelten haben, als für die Verletzung beispielsweise bilateral eingegangener Verpflichtungen. Diese dürfen nicht von der Reziprozität von Rechten und Pflichten her determiniert werden, wie sich die Reziprozität aus dem Bilateralismus völkerrechtlicher Beziehungen entwickelt hat. Allerdings wird der Ansatz nicht konsequent durchgeführt, so daß von ihm nur begrenzt Anregungen für die Fortentwicklung des Völkerrechts ausgehen können. Dies gilt auch hinsichtlich der hier noch nicht behandelten Frage, welche Staaten unter welchen Voraussetzungen eine Verletzung von Normen mit Wirkung *erga omnes* geltend machen können.

§ 175 Verantwortlichkeit für Konsequenzen aus völkerrechtsgemäßen Aktivitäten

Schrifttum: *C. W. Jenks*, The Scope and Nature of Ultra Hazardous Liability in International Law, RdC 117 (1966 I), 99 ff; *L. F. E. Goldie*, International Principles of Responsibility for Pollution, CJTL 9 (1970), 283 ff; *P. -M. Dupuy*, La Responsabilité des Etats pour les dommages d'origine technologique et industrielle, 1976; *A. Randelzhofer*, Probleme der völkerrechtlichen Gefährdungshaftung, in: *D. Rauschning/A. Randelzhofer*, Staatenverantwortlichkeit, Berichte der Deutschen Gesellschaft für Völkerrecht, 1984, 35 ff; *M. B. Akehurst*, International Liability for Injurious Consequences out of Acts not Prohibited by International Law, NYIL 16 (1985), 3 ff; *L. Gündling*, Verantwortlichkeit der Staaten für grenzüberschreitende Umweltbeeinträchtigungen, ZaöRV 45 (1985), 265 ff; *M. C. W. Pinto*, Reflections on International Liability for Injurious Consequences out of Acts not Prohibited by International Law, NYIL 16 (1985), 17 ff; *G. Handl*, Liability as an Obligation Established by a Primary Rule of International Law, NYIL 16 (1985), 49 ff; *L. F. E. Goldie*, Concepts of Strict and Absolute Liability and the Ranking of Liability in Terms of Relative Exposure to Risk, NYIL 16 (1985), 175 ff; *D. B. Magraw*, Transboundary Harm: The International Law Commission's Study of „International Liability", AJIL 80 (1986), 305 ff; *I. R. Pinto-Dobernig*, Liability for the Harmful Consequences of Instances of Transfrontier Pollution Not Prohibited by International Law, ÖZöR 38 (1987), 79 ff; *T. Gehring/M. Jachtenfuchs*, Haftung für grenzüberschreitende Umweltschäden: Allgemeine Regelung des internationalen Umwelthaftungsrechts, ZfU 3 (1990), 233 ff; *A. E. Boyle*, State Responsibility and International Liability for Injurious Consequences of Acts not Prohibited by International Law: A Necessary Distinction?, ICLQ 39 (1990), 1 ff; *S. Erichsen*, Das Liability-Projekt der ILC: Fortentwicklung des

[83] Verlangt wird eine massive oder systematische Verletzung. Vgl. Art. 40 ILC-Entwurf (Anm. 1).

[84] Art. 40 ILC- Entwurf, wie übrigens auch der Begriff *„international crimes"*, ist also enger als die Normen des *ius cogens*, *Simma*, 309.

allgemeinen Umweltrechts oder Kodifizierung einer Haftung für besonders gefährliche Aktivitäten, ZaöRV 51 (1991), 94 ff; *G. Handl*, Grenzüberschreitendes nukleares Risiko und völkerrechtlicher Schutzanspruch, 1992; *C. Tomuschat*, International Liability for Injurous Consequences Arising out of Acts not Prohibited by International Law: The Work of the International Law Commission, in: *F. Francioni/T. Scovazzi* (eds.), International Responsibility for Environmental Harm, 1993, 37 ff; *R. Harndt*, Völkerrechtliche Haftung für die schädlichen Folgen nicht verbotenen Verhaltens: Schadensprävention und Wiedergutmachung, 1993; *J. Barboza*, International liability for the injurious consequences of acts not prohibited by international law and protection of the environment, RdC 247 (1994 III), 301 ff; *F. Francioni*, Liability for Damage to the Antarctic Environment, in: *ders.*, International Law for Antarctica, 1996, 581 ff; *R. Pisillo Mazzeschi*, Le Nazioni Unite e la Codificazione della Responsabilità per Danno Ambientale, Rivista Giuridica dell' Ambiente 11 (1996), 371 ff; *S. Sucharitkul*, State Responsibility and International Liability under International Law, Loyola of Los Angeles International and Comparative Law Review 18 (1996), 821 ff; *ders.*, State Responsibility and the International Liability in Transnational Relations, in: *J. Makarczyk*, Theory of International Law at the Threshold of the 21st Century, 1996, 283 ff; *A. Rengifo*, The International Convention on Liability and Compensation for Damage in Connection with the Carriage of Hazardous and Noxious Substances by Sea, Review of European Community & International Environmental Law 6 (1997), 191 ff, *M. Sersič*, International Liability for Injurous Consequences Arising out of Acts not Prohibited by International Law, Zbornik Pravnog Fakulteta u Zagrebu 47 (1997), 475 ff; *E. Bartsch*, Liability for Environmental Damages, 1998; *L. De La Fayette*, The ILC and International Liability, Review of European Community & international environmental law, 6 (1997), 322 ff; *F. Orrego Vicuña*, Responsibility and Liability for Environmental Damage under International Law: Issues and Trends, Georgetown International Environmental Law Review 10 (1998), 279 ff; *V. Soljan*, Modernization of the international regime of Civil Liability for Nuclear Damage, ZaöRV 58 (1998), 733 ff; *M. Fitzmaurice*, International Liability for Injurous Consequences of Acts not Prohibited by International Law (the „Liability Draft"), The Polish Yearbook of International Law 24 (1999/2000), 47 ff; *P. Sharp*, Prospects for Environmental Liability in the International Criminal Court, Virginia Environmental Law Review 18 (1999), 217 ff; *A.K-J. Tan*, Forest Fires of Indonesia: State Responsibility and International Liability, The International and Comparative Law Quarterly 48 (1999), 826 ff; *R. Wolfrum/C. Langenfeld*, Environmental Protection by Means of International Liability Law, 1999.

I. 1. Die Regeln, wonach ein Staat nur für ein ihm zurechenbares, völkerrechtswidriges Verhalten international verantwortlich ist, haben im Völkervertragsrecht und auch – in begrenztem Umfang – im Völkergewohnheitsrecht eine Erweiterung erfahren.[1]

2. Ein Beispiel für eine nach Völkergewohnheitsrecht geltende Haftung für erlaubte Eingriffe ergibt sich aus dem Institut des völkerrechtlichen Notstands. Wenn diesem rechtfertigende Wirkung zukommt,[2] so entfällt zwar ein Völkerrechtsverstoß; der in die Rechte eines anderen Staates eingreifende Staat ist jedoch zum Ersatz der entstandenen Schäden verpflichtet.

3. Eine in der Praxis größere Bedeutung kommt hingegen einer Haftung für völkerrechtsgemäße Handlungen zu, die ein besonders hohes Gefahrenpotential haben *(ultrahazardous activities)*. Nach diesem Ansatz ist der Staat für Schäden aus technisch gefährlichen Anlagen verantwortlich, auch wenn deren Betrieb nicht gegen Völkerrecht verstößt und ihm hinsichtlich der Schadensverursachung kein Verstoß gegen seine Sorgfaltspflichten vorgeworfen werden kann bzw. die negative Einwirkung nicht als signifikant zu bezeichnen ist.[3] Die Funktion dieser Haftung unterscheidet sich allerdings grundsätzlich von derjenigen für völkerrechtswidriges Verhalten. Die Haftung für gefährliche, aber völkerrechtlich zulässige Aktivitäten hat zwangsläufig nicht die Funktion, Völkerrecht durchzusetzen, sondern dient

[1] *Barboza*, RdC 247 (1994 III), 301 ff.

[2] Vgl. dazu § 180.

[3] Vgl. dazu *Jenks*, 99; *Handl*, 57 mwN; *Brownlie*, State Responsibility, 29. Kritisch zu diesem Ansatz *Randelzhofer*, 57 ff.

der Risikoverteilung.[4] Mit dieser Risikoverteilung, die dem Verantwortlichen eine Schadensausgleichspflicht auferlegt, soll verhindert werden, daß dieser die Kosten seines gefährlichen Verhaltens auf unbeteiligte Dritte verlagert (Externalisierung der Kosten). Schadensausgleich ist also nicht die Konsequenz eines völkerrechtswidrigen Verhaltens, sondern entspringt einer selbständigen völkerrechtlichen Pflicht. Ein entsprechendes Völkergewohnheitsrecht hat sich allerdings bislang nicht entwickelt; eine entsprechende Haftung ergibt sich allenfalls aus völkerrechtlichen Verträgen.

II. Als völkerrechtliche Verträge, die eine derartige Risikoverteilung vorsehen, sind möglicherweise die Atom- und Ölhaftungsverträge[5] sowie das Übereinkommen über die völkerrechtliche Haftung für Schäden durch Weltraumgegenstände, 1972[6] anzusehen. Die in diesen Verträgen vorgesehene Gefährdungshaftung kann nämlich als der Ausgleich für das mit den betroffenen Aktivitäten verbundene Risiko verstanden werden,[7] wobei dem Risiko bereits eine „enteignende Wirkung" gegenüber dem betroffenen Staat zugemessen wird.[8] Diesem Ansatz kann allerdings entgegengehalten werden, daß die Verwirklichung des Risikos im Ergebnis einen Völkerrechtsbruch darstellt und von daher die Konsequenzen mit den Mechanismen der internationalen Verantwortlichkeit zu bewältigen sind. Dennoch bleibt als Vorteil des erstgenannten Ansatzes festzuhalten, daß er eine Legitimation dafür bereitstellt, warum dem potentiell betroffenen Staat prozedurale Mitwirkungsrechte vor dem Beginn mit hochriskanten Aktivitäten eingeräumt werden.

III. Die Völkerrechtskommission hat nach mehrfacher Aufforderung durch die Generalversammlung der Vereinten Nationen 1978 eine Arbeitsgruppe eingesetzt und widmet sich seitdem einer Kodifikation bzw. Entwicklung völkerrechtlicher Regeln über die Haftung für schädigende Folgen von Handlungen, die vom Völkerrecht nicht untersagt sind.

Der erste Hinweis auf diesen Problembereich findet sich in einem Bericht des Unterausschusses der Völkerrechtskommission von 1963 zu dem Arbeitsprogramm über Staatenverantwortlichkeit.[9] Bereits zu Beginn der Diskussion um die Staatenverantwortlichkeit stellte der Berichterstatter *Ago* fest, daß die Verantwortlichkeit aus völkerrechtswidrigem Tun bzw. Unterlassen von derjenigen Verantwortlichkeit zu trennen sei, die sich aus völkerrechtsgemäßem Tun ergebe.[10] Um die sich hieraus ergebende Haftungslücke im Völkerrecht zu schließen, forderte die Generalversammlung die Völkerrechtskommission auf, sich mit diesem Komplex zu befassen und eine Studie vorzulegen.[11] Gegen eine solche Trennung der Staatenhaftung spricht zunächst, daß die Unterscheidung zwischen *„responsibility"* und *„liability"* klassischerweise dem angelsächsischen Rechtskreis entspringt, in den übrigen Rechtskreisen jedoch nur die „Haftung", *„responsabilité"* oder *„responsabilidad"*

---

4 *Goldie*, NYIL 16 (1985), 183; kritisch dazu *Randelzhofer*, 60 f.

5 *Vienna Convention on Civil Liability for Nuclear Damage*, UNTS 1063, 265 ff; Übereinkommen über die Haftung gegenüber Dritten auf dem Gebiet der Kernenergie (Pariser Übereinkommen) 1960, BGBl. 1975 II, 959 ff; Brüsseler Zusatzabkommen zum Pariser Übereinkommen 1960, BGBl. 1975 II, 992 ff; Übereinkommen über die zivilrechtliche Haftung für Ölverschmutzungsschäden 1969, BGBl. 1975 II, 305 ff; Übereinkommen über die Errichtung eines Internationalen Fonds zur Entschädigung für Ölverschmutzungsschäden, 1971, BGBl. 1975 II, 320 ff. Vgl. dazu *Randelzhofer*, 50 ff.

6 BGBl. 1975 II, 1210 vgl. dazu oben § 132 sowie *Randelzhofer*, 53 f.

7 Vgl. dazu vor allem *Goldie*, NYIL 16 (1985) 204 ff, unter Berufung auf *Jenks*, 99.

8 *Goldie*, NYIL 16 (1985) 206 ff.

9 Yearbook ILC 1963 II, 42, dort heißt es: *„The question of possible responsibility based on ‚risk', in cases where a state's conduct does not constitute a breach of an international obligation, may be studied in this connection"*.

10 Yearbook ILC 1970 II, 178, § 6; diese Sicht wurde von der ILC insgesamt geteilt, Yearbook ILC 1970 II, 306, para. 66; vgl. dazu *Simma*, Grundfragen der Staatenverantwortlichkeit, 361 ff; *Akehurst*, 3; kritisch zu diesem Ansatz, 4 ff, sowie *de la Fayette*, 322 ff; positiv hingegen *Handl*, 64 ff.

11 GA Res. 3071 (XXVIII) vom 30. 11. 1973, para. 3 (c); weitere drängendere Aufforderungen dieser Art formulierten GA Res. 3197 vom 15. 12. 1976, para. 4 (b); 32/151 vom 19. 12. 1977, para. 7.

bekannt ist.[12] Zudem ist in der Praxis eine saubere Trennung zwischen Sorgfalts- und Vorsorgepflicht kaum möglich. Letztlich ist außerdem zu berücksichtigen, daß eine Schuld *(culpa)* auch in der Staatenverantwortlichkeit für völkerrechtswidriges Tun nicht vorausgesetzt wird.
Die Völkerrechtskommission setzte jedoch eine Arbeitsgruppe ein, die feststellte, daß der Komplex für eine Kodifikation und eine Entwicklung des Völkerrechts geeignet sei.[13]
Von dem ersten Sonderberichterstatter *Quentin-Baxter* liegen fünf[14] und von *Barboza*[15] bis 1996 zwölf Berichte vor. Bis 2001 erschienen drei weitere Berichte von *Pemmaraju Sreenivasa Rao*.[16] Außerdem lagen der ILC Kommentare der Regierungen vor.

IV. 1. Ausgangspunkt des Projekts der Völkerrechtskommission waren zunächst Situationen und Aktivitäten innerhalb eines Staatsgebiets[17] soweit sie grenzüberschreitende Auswirkungen haben können.[18] In der Folgezeit wurde dieser Ansatz räumlich erweitert, um schließlich wieder eingeschränkt zu werden.[19]

2. Der nunmehr vorliegende Entwurf, der von der ILC am 3. August 2001 angenommen worden ist, geht von dem Grundsatz aus, daß die Souveränität der Staaten aus dem Gesichtspunkt des Nebeneinanders von Staaten Einschränkungen unterliegt. Danach kann kein Staat unter Berufung auf seine Souveränität Aktivitäten auf seinem Staatsgebiet vornehmen, ohne jede Rücksicht auf die Interessen anderer Staaten; ebensowenig kann ein Staat für sich den absoluten Schutz gegen negative Einwirkungen beanspruchen.[20] Sinn des von der Völkerrechtskommission verfolgten Projektes ist es, generell gesagt, ein Regelwerk zur Verfügung zu stellen, das es erlaubt, in diesen Situationen einen Interessenausgleich[21] zwischen den Staaten herzustellen.[22] Wesentlicher Mechanismus zur Erreichung dieses Interessenausgleichs ist die zwischenstaatliche Kooperation.[23]

3. Nach dem Ansatz von *Quentin-Baxter* bestand eine *„compound primary obligation"*, die folgende Elemente enthielt:[24] Schäden für andere Staaten durch geeignete Maßnahmen zu vermeiden;[25] Informationspflichten gegenüber möglicherweise betroffenen Staaten; Pflicht zur Einrichtung

[12] *Barboza*, RdC 247 (1994 III), 305.

[13] Yearbook ILC 1978 II, para. 4 (b), 151, para. 25; *Gehring/Jachtenfuchs*, 212.

[14] Yearbook ILC 1980 II/1, 247; 1981 II/1, 103; 1982 II/1, 51; 1983 II/1, 201; 1983 II/1, 155.

[15] Yearbook ILC 1985 II/1, 10; 1986 II/2, 145; 1987 II/1, 47; UN Doc. A/CN.4/413; UN Doc. A/CN.4/423; UN Doc. A/CN.4/428 und Add. 1; UN Doc. A/CN.4/437; UN Doc. A/CN.4/443; UN Doc. 450; UN Doc. A/CN.4/459; UN Doc. A/CN.4/468; UN Doc. A/CN.4/475; zu der Beratungsgeschichte vgl. *Tomuschat*, 38 ff; *Harndt*, 55 ff, der darauf verweist, daß *Barboza* den ursprünglichen Ansatz von *Quentin-Baxter* nicht weiterverfolgt und auch seinen Ansatz, der auf der Risikohaftung basierte, 1990 aufgegeben hat.

[16] Vgl. dazu Report of the International Law Commission, Fifty-third session (23 April – 1 June and 2 July – 10 August 2001, GAOR 56th session, Suppl. No. 10, 366 ff (368 f).

[17] Quentin-Baxter Schematic Outline, ILC YB 1982 II, 83, section 1 (1); draft article 1, Yearbook ILC 1984 II/1, 155; dazu *Randelzhofer*, 70 f.

[18] Yearbook ILC 1980 II/1, 248, para. 4; *ibidem*, 1987 II/1, 43, para. 145.

[19] 1988 schlug *Barboza* einen weitergehenden Ansatz vor *(„activities carried out under the jurisdiction of a State as vested in it by international law")*, 4. Bericht, UN Doc. A/CN. 4/413; 6. April 1988, 6, para. 17. 1990 faßte er den Ansatz enger und stellte den Bezug zum Territorialitätsprinzip wieder her *(„activities carried out in territory of a State or in other places under its jurisdiction as recognized by international law or, in the absence of such jurisdiction, under its control...")*, 6. Bericht, UN Doc. A/CN.4/428, 15. 3. 1990, 39; vgl. dazu kritisch *Tomuschat*, 41.

[20] Siehe Bd. I/1; in dem 6. Bericht UN Doc. A/CN.4/428, 43 in Art. 6 wurde dieser Grundsatz wie folgt definiert: *„The sovereign freedom of States to carry out or to permit human activities in their territory or in other places under their jurisdiction or control must be compatible with the protection of the rights emanating from the sovereignty of other States"*.

[21] Hinsichtlich des Interessenausgleichs zwischen den Staaten s. vor allem Art. 17, 6. Bericht (UN Doc. A/CN.4/428, 47 f) sowie Art. 10 des Entwurfs (Anm. 16), 412 (mit Kommentar).

[22] Siehe dazu auch *Magraw*, 307.

[23] Art. 4 des Entwurfs (Anm. 16), 396 ff (mit Kommentierung); s. dazu *Pinto*, NYIL 16 (1985) 36 ff.

[24] Vgl. dazu 7. Bericht, UN Doc. A/CN.4/437, 11; s. dazu *Pinto*, NYIL 16 (1985), 36 ff.

[25] In Art. 8 (6. Bericht, UN Doc. A/CN.4/428, 44) wurde die allgemeine Präventionspflicht wie folgt definiert: „States of origin shall take appropriate measures to prevent or minimize the risk of transboundary harm or, where necessary, to contain or

einer *fact-finding-machinery* hinsichtlich der Maßnahmen zur Schadensverhinderung, wenn der möglicherweise betroffene Staat mit den Maßnahmen des Ursprungsstaates nicht zufrieden war, und es nicht zu einer nachbarlichen Einigung, Abschluß eines Vertrages über die betreffende Aktivität, die auch eine Regelung für den Schadensausgleich erhalten sollte, gekommen war.[26] Fehlte es an einer entsprechenden Regelung und kam es zu einem Schaden, so wäre dieser nach den Vorstellungen des Entwurfs von seiten des Ursprungsstaates auszugleichen gewesen, wobei allerdings nicht notwendigerweise ein voller Schadensausgleich vorgesehen war.[27] Der Haftungstatbestand war erst dann erfüllt, wenn die Schädigung grenzüberschreitend erfolgte.
Mit seinem Ansatz griff *Quentin-Baxter* zumindest teilweise auf das gewohnheitsrechtlich entwikkelte internationale Umweltrecht zurück. Dies galt vor allem für die Informations- und Präventionspflichten.[28]

4. Erfaßt wurden nach den Entwürfen lediglich physische Konsequenzen staatlichen oder privaten Handelns, obwohl eine Reihe von Mitgliedern der Völkerrechtskommission auch Auswirkungen in wirtschaftlichen oder in politischen Bereichen geregelt sehen wollten.[29] Eine weitere Einschränkung lag darin, daß nur diejenigen physischen Konsequenzen erfaßt wurden, die das direkte Ergebnis einer bestimmten, einem Staate zugeordneten Aktivität waren.[30] Dabei konnte das Ergebnis durchaus entfernt von dem Ausgangsstaat eintreten.[31] Allerdings wurde in dem 10. Entwurf von *Barboza* nicht an einem strikten Kausalitätsnachweis festgehalten. Vielmehr wurde, in Anlehnung an Art. 10 der Konvention des Europarates *on Civil Liability for Damage Resulting from Activities Dangerous to the Environment, 1993*[32] von einer Kausalitätsvermutung ausgegangen, die letztlich zu einer Umkehr der Beweislast zugunsten des Geschädigten führen konnte.[33] Die Haftung sollte nicht auf das unmittelbare Nachbarschaftsverhältnis beschränkt sein.

5. Von besonderer Bedeutung war, daß bereits die Entwürfe auch die Haftung für ökologische Schäden vorsahen.[34]

6. Außerordentlich umstritten war, ob nur die Konsequenzen aus staatlichem Verhalten oder auch diejenigen aus privatem eine Haftung des Ursprungsstaates auslösen konnten. Die Beratungen der Völkerrechtskommission neigten der weiteren Auffassung zu. Dies galt allerdings nur, wenn der betreffende Staat eine Aufsichtspflicht und diese verletzt hatte. Problematisch war, ob eine derartige Aufsichtspflicht generell oder zumindest bei gefährlichen privaten Aktivitäten bestand oder nur durch spezielle internationale Übereinkommen begründet werden konnte.

---

minimize the harmful transboundary effects of such activities. To that end they shall, insofar as they are able, use the best practicable, available means with regard to activities referred to in article 1". Daneben sollte noch eine weitere Präventionspflicht (sog. *unilateral preventive measures)* treten, die die Staaten verpflichtete, bestimmte innerstaatliche Maßnahmen im Hinblick auf private Aktivitäten zu ergreifen (vgl. dazu UN Doc. A/CN.4/437/11), 18. Bericht von *Barboza* (UN Doc. A/CN.4/443, 7).

26 Vgl. dazu Art. 7, 9 und 17, 6. Bericht, UN Doc. A/CN.4/428, 43 ff; kritisch *Handl*, 54 ff; *Brownlie*, State Responsibility, 50, sprach von einer Konfusion von Primär- und Sekundärregeln, vgl. auch *de la Fayette*, 323.

27 Kritisch hierzu *Handl*, 72; s. auch *Magraw*, 327.

28 Vgl. dazu *A. L. Springer*, The International Law of Pollution, 1983, 147 ff; *Gündling*, 283; *Erichsen*, 104.

29 Vgl. insoweit *Tomuschat*, 41 f.

30 Vgl. dazu den Bericht von *Quentin-Baxter* in seinem 5. Bericht, Yearbook ILC 1984 II/1, 160–162.

31 So auch Communication from the European Commission to the Council and Parliament and the Economic and Social Committee: Green paper on remedying environmental damage, item 2. 1. 8 (Document COM (93) 47 final, Brüssel, 14. 5. 1993), 10.

32 ILM 32 (1993), 1228.

33 In einem der Konvention beigefügt erklärenden Bericht hieß es dazu: „This Article encourages the Court, when it considers the evidence concerning the causal link between the incident and the damage or, in the context of a site for permanent deposit of waste, between the activity and the damage, to take account of the increased risk of damage from a specific dangerous activity. (In order to assist the person suffering damage to obtain compensation, account is to be taken of the specific risks created by certain dangerous activities of causing a given type of damage. The Convention does not create a true presumption of a causal link. The provision operates as a complement to the system of strict liability. It therefore forms part of all the rules which are designed to assist the person who has suffered damage to prove the causal link which may, in practice, be difficult."

34 6. Bericht, UN Doc. A/CN.4/428/16 f; Siehe auch die Ausführungen im 10. Bericht von *Barboza* (UN Doc. A/CN.4/459), 38.

V. 1. Der von der ILC verabschiedete Entwurf *„Draft Articles on Prevention of Transboundary Harm from Hazardous Activities“*[35] soll – laut Empfehlung an die VN Generalversammlung – die Basis für ein internationales Abkommen bilden. Damit unterscheidet sich der Ansatz von dem für die Staatenverantwortlichkeit. Die Begründung hierfür ist, daß dieses Regelwerk im wesentlichen eine Prozedur für den Interessenausgleich zwischen Staaten entwickelt. Dem wird nur ein völkerrechtlicher Vertrag gerecht: ein derartiger Interessenausgleich, vor allem aber die entsprechenden Verfahren können nicht durch Gewohnheitsrecht geschaffen werden.
Der Textentwurf versteht sich als ein Beitrag zur Fortentwicklung des Völkerrechts, obwohl auf Regelungen in speziellen völkerrechtlichen Abkommen zurückgegriffen worden ist. Diese werden im Grunde genommen verallgemeinert und hieraus ein eigenständiges Rechtsregime entwickelt.

2. Als Grundansatz geht der Entwurf von der Prävention von grenzüberschreitenden Schäden aus. Nicht nur Nachbarstaaten sind von dem Schutzbereich erfaßt; vielmehr bezieht sich der Entwurf auf alle Risiken *„causing significant transboundary harm“*. Dabei sind als mögliche Schäden Körper- oder Sachschäden sowie Schäden an der Umwelt erfaßt.[36] Auffallend ist, daß – anders als nach einzelnen Vorentwürfen – lediglich das Staatsgebiet eines anderen Staates vor wesentlichen Schäden bewahrt werden soll, ein Schutz der Hohen See fällt nicht unter den Anwendungsbereich des Entwurfs. Ebensowenig fällt hierunter der Schutz der Umwelt des Ausgangsstaates. Damit bleibt der Entwurf deutlich hinter dem geltenden Umweltvölkerrecht zurück.[37]
Eine weitere Einschränkung liegt in der Definition der Risiken.[38] Nur die hohe Wahrscheinlichkeit einer schwerwiegenden[39] grenzüberschreitenden Schädigung bzw. die im Vergeich dazu geringere Wahrscheinlichkeit einer katastrophalen Schädigung *(disastrous)* lösen die Verpflichtungen des Ursprungsstaates aus.[40] In den Begriffen „hohe Wahrscheinlichkeit einer schwerwiegenden“ bzw. „geringe Wahrscheinlichkeit katastrophaler Schäden“ liegt die Risikoverteilung zwischen Emissions- und Immissionsstaat. Diese Begriffe sind zwar ausfüllungsbedürftig; sie belegen aber vor allem zwei Gesichtspunkte. Ein Emissionsstaat hat bei seiner Planung auch die grenzüberschreitenden Auswirkungen zu berücksichtigen. Der Grundsatz der absoluten territorialen Souveränität ist eingeschränkt. Ebenso deutlich wird aber auch, daß sich der Immissionsstaat nicht gegen jede grenzüberschreitende Einwirkung zu wehren vermag. Der Grundsatz der absoluten territorialen Integrität unterliegt aus dem Nachbarschaftsverhältnis ebenfalls Einschränkungen. Der Ursprungs- oder Emissionsstaat ist demgegenüber weit definiert. Erfaßt werden alle Aktivitäten innerhalb eines Staatsgebietes, aber auch diejenigen unter der Jurisdiktion oder Kontrolle eines Staates.[41] Dabei ist irrelevant, von wem die risikobehaftete Aktivität[42] unternommen wird.
Schließlich bezieht sich der Entwurf lediglich auf Aktivitäten, die im Einklang mit geltendem Völkerrecht stehen. Hierbei handelt es sich lediglich um ein Kriterium zur Abgrenzung dieses Regelungskomplexes von der Staatenverantwortlichkeit. Allerdings schließt die Inanspruchnahme der Rechte unter den Regeln für Schädigungen aus Aktivitäten, die nicht dem Völkerrecht widersprechen, einen Rückgriff auf die Regeln zur Staatenverantwort-

[35] Anm. 14, 370 ff.
[36] Art. 1 und 2 lit.a und c.
[37] Vgl. dazu Bd. II/1.
[38] Art. 17a.
[39] Art. 17a.
[40] Je größer der potentielle Schaden, desto geringer kann die Wahrscheinlichkeit sein.
[41] Hierunter fallen z. B. Flugzeuge und Schiffe, die unter der Jurisdiktion des Flaggenstaates stehen, aber auch Weltraumgegenstände, die von einem Staat registriert sein müssen; vgl. dazu § 133.
[42] Der Begriff des Risikos wird nicht näher definiert; hier ist aber ein Rückgriff auf den *Code of Conduct der Economic Commission for Europe on Accidental Pollution of Transboundary Inland Waters* möglich (E/ECE/1225-ECE/ENVWA/16); vgl. dazu *Handl*, 15 ff.

lichkeit nicht aus. Dies wird bei realisierten grenzüberschreitenden Schäden[43] von Bedeutung die Regel sein, wenn diese – wegen der Schädigung – als völkerrechtswidrig einzustufen sind. Auf der anderen Seite führt die Nichtbeachtung der Pflichten in bezug auf völkerrechtsgemäße Aktivitäten mit dem Potential schwerwiegender grenzüberschreitender Aktivitäten nicht dazu, daß diese völkerrechtswidrig werden.[44]

3. Der Ursprungsstaat ist unter einer doppelten substantiellen Verpflichtung; er muß die erforderlichen Maßnahmen ergreifen, um eine erhebliche grenzüberschreitende Schädigung zu verbieten bzw. wenn diese eingetreten ist, diese minimieren. Diese Verpflichtung entspricht dem gewohnheitsrechtlich anerkannten Grundsatz *sic utere tuo ut alienum non laedas*. Die erstgenannte Verpflichtung ist in der Form einer Verhaltenspflicht formuliert, wobei die von dem Ursprungsstaat geforderten Maßnahmen näher spezifiziert werden. Kommt es zu einer erheblichen grenzüberschreitenden Schädigung, muß der Ursprungsstaat darlegen, alles Erforderliche getan zu haben.

Bei der zweiten Verpflichtung handelt es sich um eine Erfolgspflicht. Allerdings liegt hierin nicht ein Verbot der Schädigung überhaupt bzw. das Gebot der völligen Schadensbeseitigung. Der Ursprungsstaat kann sich aber nicht damit entlasten, die erforderlichen administrativen Maßnahmen zur Schadensminderung vorbereitet zu haben.[45]

Der Entwurf der ILC schafft keine neuen Haftungsstandards. Nur die erhebliche grenzüberschreitende Schädigung risikobehafteter Aktivitäten löst die angesprochenen Pflichten aus, nicht hingegen unvorhersehbare Schäden aus Aktivitäten, die als nicht risikobehaftet eingestuft werden konnten. Von einer Aufzählung der risikobehafteten Aktivitäten wurde jedoch abgesehen.

Nach dem Entwurf der ILC bestehen folgende prozedurale Pflichten für den Ursprungsstaat einer Aktivität, die das Risiko einer erheblichen grenzüberschreitenden Schädigung in sich birgt: zur zwischenstaatlichen Kooperation, zur Einführung eines Genehmigungsverfahrens, zur Einführung eines Verfahrens zur Risikoabschätzung, zur Information des möglicherweise gefährdeten Staates über risikobelastete Aktivitäten und zur Konsultation über Präventivmaßnahmen. Diese Verpflichtungen gehen nicht über das hinaus, was bereits in einer Reihe von internationalen Umweltabkommen vorgesehen ist.[46] Entscheidend ist, daß bei der Erarbeitung von Präventivmaßnahmen sowohl die Interessen des Ursprungsstaates als auch diejenigen der möglicherweise gefährdeten Staaten zu berücksichtigen sind.

VI. Das Projekt der Völkerrechtskommission stellt den Versuch dar, das internationale Umweltrecht durch die Formulierung von Verfahrens- und Verhaltensvorschriften weiterzuentwickeln und damit einen Ausgleich zwischen Staaten bei grenzüberschreitenden Immissionen zu schaffen. Dabei ist der ursprüngliche Haftungsansatz gegenüber einer stärkeren Konzentration auf präventive Pflichten gewichen. Obwohl sich das internationale Umweltrecht in einem Entwicklungsprozeß befindet und daher teilweise auf bereits sektoral vereinbarte Verfahren und Lösungen zurückgegriffen werden kann, ist für einen derartigen globalen Ansatz die Zeit möglicherweise noch nicht reif. Eine sektorale Entwicklung erscheint eher erfolgversprechend; innovative Anstöße gehen von dem Entwurf der ILC insoweit nicht aus.

---

[43] Dieser Begriff ist ausfüllungsbedürftig; aufgegriffen wird von ihm die Rechtsprechung im Falle *Lac Lanoux (France v. Spain)*, RIAA XII, 281 und im Fall *Trail Smelter*, RIAA III, 1965. Die meisten internationalen Umweltabkommen beschränken ihren Anwendungsbereich in dieser oder vergleichbarer Weise. Ausschlaggebend ist eine Bewertung der objektiv eingetretenen tatsächlichen Schäden, wobei der Sicht des Geschädigten besondere Bedeutung zukommt. In bezug auf die Prävention ist eine entsprechende Prognose notwendig.

[44] *Akehurst*, 3; *Boyle*, 1; *Zemanek*, 197.

[45] Insofern ist der Begriff der Vorsorgepflicht im Gegensatz zu dem des 1996 verabschiedeten Entwurfs eine *„hard law obligation"*. Vgl. *Fitzmaurice*, 60.

[46] Vgl. dazu Bd. II/1.

§ 176 Verantwortung für das Handeln von Organen

Schrifttum: wie vor § 173; ferner: C. *de Visscher*, Le déni de justice en droit international, RdC 52 (1935 II), 365 ff; C. *Eustathiades*, La responsabilité internationale de l'Etat pour les actes des organes judiciaires etc., 2 Bde. 1936; *A. V. Freeman*, The International Responsibility of States for the Denial of Justice, 1938; *F. Klein*, Die mittelbare Haftung im Völkerrecht, 1941; *A. Verdross*, Theorie der mittelbaren Staatenhaftung, ÖstZÖRV 1 (1948), 388 ff; *G. Pau*, Responsabilità international dello stato per atti di giurisdizione, 1950; *T. Meron*, International Responsibility of States for unauthorized acts of their officials, BYIL 33 (1957), 85 ff; *L. Condorelli*, L'imputation à l'Etat d'un fait internationalement illicite: solutions classiques et nouvelles tendances, RdC 189 (1984 VI), 9 ff; *Ch. Philipp*, Das Judicial Committee of the Privy Council und seine Gerichtsbarkeit für das Commonwealth, 1990; *Ch. Fischer*, La responsabilité internationale de l'Etat pour les comportements *ultra vires* de ses organes, 1993; *T. W. Wälde*, State responsibility in a liberalised world economy: „state, privileged and subnational authorities" under the 1994 Energy Charter Treaty: an analysis of Articles 22 and 23, NYIL, 27 (1996), 143 ff; *G. Townsend*, State responsibility for acts of De Facto Agents, Arizona journal of international and comparative law, 14 (1997), 635 ff; American Society of International Law, State responsibility in a multi-actor world, 92 (1998), 291 ff; *R. I. R. Abeyratne*, Air carrier liability and state responsibility for the carriage of inadmissible persons and refugees, Air and Space law 24 (1999), 3 ff; *C. M. Chinkin*, A critique of the public/private dimension, EJIL 10 (1999), 387 ff.

I. In erster Linie wird dem Staat das Handeln seiner Organe zugerechnet; ihr Handeln gilt als Handeln des Staates, für das dieser verantwortlich ist.[1] Hierin liegt zunächst eine Einschränkung; denn aus dieser Regel ergibt sich im Umkehrschluß, daß das Handeln anderer Wirkungseinheiten dem Staat nicht zugerechnet wird, es sei denn, dies wird explizit geregelt. Dies ist von besonderer Bedeutung für die Verantwortlichkeit eines Staates für das Verhalten Privater.[2]

Die in der Zurechenbarkeit liegende Einschränkung der völkerrechtlichen Verantwortlichkeit von Staaten wird dadurch zum Teil relativiert, daß dem Staat nicht nur das Handeln seiner Organe, sondern auch deren Unterlassen zugerechnet wird, soweit eine Rechtspflicht zum Handeln besteht. Dies kann – mittelbar – zu einer internationalen Verantwortlichkeit von Staaten für das Verhalten Privater führen, soweit die Pflicht und die Möglichkeit bestand, dieses Verhalten zu verhindern. Dies ist allerdings keine Frage der Zurechnung. Mit

[1] In diesem Sinne bereits die Resolution des Institute of International Law, Annuaire 1927, 330: *„Article Premier – L'État est responsable des dommages qu'il cause aux étrangers par tout action ou omission contraire à ses obligations internationales, quelle que soit l'autorisé de l'État dont elle procède: constituante, législative, gouvernementale ou judiciaire,...“*
Der Entwurf der ILC zur Staatenverantwortlichkeit, Report of the International Law Commission, Fifty-third session (23 April – 1 June and 2 July – 10 August 2001), GAOR 56th session, Suppl. No. 10 (A/56/10), 29. Kommentar von Special Rapporteur *Crawford*, First report on State responsibility (Doc. A/CN.4/490/Add.5/paras. 160 ff; vgl. dazu auch die früheren Fassungen (Art. 5); Yearbook of the ILC 1980 II/ 2, 26 (31); Yearbook of the ILC 1973 II, 161, (191 f) mit Kommentar. Sie folgen, trotz Unterschieden im Wortlaut, dem gleichen Ansatz. Art. 4 des ILC-Entwurfs von 2001 lautet: „The conduct of any State organ shall be considered an act of that State under international law, whether the organ exercises legislative, executive, judicial or other functions, whatever position it holds in the organization of the State and whatever its character as an organ of the central government or of a territorial unit of the State. (2) An organ includes any person or entity which has that status in accordance with the internal law of the State." (84 ff mit Kommentierung).
Vgl. dazu aus der schiedsgerichtlichen Praxis *Mexico – United States Mixed Claims Commission*, Schiedsspruch im Falle *Moses* vom 14. 4. 1971, *Moore* Bd. III, 3129; sowie Schiedssprüche in den Fällen *Affaire des réclamations des sujets italiens résidant au Pérou* vom 30. 09. 1901 RIAA XV, 399 (*Chiena Claim*); 401 (*Sessarego Claim*); 404 (*Sanguinetti Claim*); 407 (*Vercelli Claim*); 408 (*Queirolo Claim*); *Finnish Shipowners case* (*Great Britain v. Finland*) vom 5. 5. 1934, RIAA III, 1501; *Mossé Claim*, ILR 20 (1953), 217; *Schappe Spinning Mill Claim*, ILR 21 (1954), 141; *Ousset Claim*, ILR 22 (1955), 312; *Texaco v. Libyan Arabic Republic*, ILR 53 (1978), 415 f.

[2] Vgl hierzu § 177.

dem Verweis auf Aufsichts- oder Verhinderungspflichten wird nämlich eine parallele Zurechnungskette eröffnet, die auf anderen Primärnormen beruht.

Ein Beispiel hierfür bildet Art. 139 Abs. 2 SRÜ in Verbindung mit Art. 4 Abs. 4 Annex III SRÜ. Danach haften die Vertragsstaaten auch für die durch private Bergbauunternehmen verursachten Schäden, soweit diese Unternehmen von ihnen befürwortet worden waren. Hierin liegt allerdings nicht eine Übernahme der Haftung für das Verhalten privater Unternehmen, sondern diese Haftung ergibt sich aus der Verpflichtung der Vertragsstaaten, dafür zu sorgen, daß Tiefseebergbauaktivitäten in Übereinstimmung mit Teil XI des Seerechtsübereinkommens durchgeführt werden (Art. 139 Abs. 1 SRÜ i.V.m. Art. 4 Abs. 4 Annex III SRÜ). Genügend für einen Haftungsausschluß ist allerdings der Erlaß entsprechender nationaler Normen (Art. 4 Abs. 4 Annex III SRÜ). Diese Einschränkung ist nicht zwingend. Weiter ging die Haftung der Vertragsstaaten nach Art. 8 Abs. 3 CRAMRA,[3] da insoweit die Staaten verpflichtet waren, die Bergbauaktivitäten Privater in der Antarktis zu kontrollieren. Eine darüber hinausgehende Garantie für privates Verhalten statuierte Art. 37 Abs. 3 CRAMRA.

II. 1. Der Organbegriff, auf den Art. 4 des ILC-Entwurfs abhebt, ist im Recht der Staatenverantwortlichkeit weit zu verstehen. Er erfaßt, ohne hierauf beschränkt zu sein,[4] staatliche Organe nach dem innerstaatlichen Recht. Dabei ist irrelevant, ob diesen Organen ein Vertretungsrecht nach außen zukommt oder nicht.[5] Einem Völkerrechtssubjekt ist darüber hinaus das Handeln natürlicher oder juristischer Personen ohne staatliche Organeigenschaft zuzurechnen, soweit diese öffentliche Funktionen ausüben.[6] Des weiteren fällt das Handeln des Staates durch Organe eines anderen Völkerrechtssubjektes (Organleihe),[7] sowie unter gewissen Voraussetzungen das Handeln von Privatpersonen in nichtöffentlicher Funktion unter den Begriff des Organhandelns.[8]

2. In erster Linie ist einem Völkerrechtssubjekt das Verhalten (Handeln oder Unterlassen) seiner Organe zuzurechnen. Dabei werden die Organe, ihre Zuständigkeiten und Befugnisse grundsätzlich durch die Rechtsordnung des jeweiligen Völkerrechtssubjekts bestimmt. In gleicher Weise wird festgelegt, welche natürlichen Personen Organwalter sind. Das Völkerrecht übernimmt die innerstaatlich geregelte Organeigenschaft nur als eine tatsächliche Voraussetzung der Zurechenbarkeit; diese selbst bestimmt sich ausschließlich nach Völkerrecht.[9] Daher vermag das innerstaatliche Recht auch nur in eingeschränktem Umfang die internationale Verantwortlichkeit einzuschränken. Dieser Gesichtspunkt kommt in Art. 4 Abs. 1 des ILC Entwurfs[10] deutlich zum Ausdruck. Damit ist allerdings Art. 4 Abs. 2 des ILC Entwurfs nicht völlig vereinbar. Dieser Teil der Vorschrift muß dahin ausgelegt werden, daß zumindest jede innerstaatlich als Organ bezeichnete Institution Organcharakter im Sinne der Staatenverantwortlichkeit hat, aber das innerstaatliche Recht Organe in diesem Sinne nicht abschließend zu bestimmen vermag.
Auch *ultra vires* Handlungen seiner Organe sind einem Völkerrechtssubjekt, wenn auch mit

---

[3] Vgl. dazu *R. Wolfrum*, The Convention on the Regulation of Antarctic Mineral Resource Activities, 1988, 62 ff mwN.

[4] Dies kommt in dem Entwurf der ILC (Anm. 1) im Vergleich zur früheren Fassung deutlicher zum Ausdruck. Vgl. dazu auch First Report of the Special Rapporteur *Crawford* (Anm. 1), para. 168.

[5] Yearbook of the ILC 1973 II, 161 (194).

[6] Art. 5 ILC-Entwurf (Anm. 1), 92 ff (mit Kommentierung); vgl. auch Art. 8 des früheren Entwurfs, Yearbook ILC 1980 II/2, 26 (31).

[7] Art. 6 ILC-Entwurf (Anm. 1), 95 ff (mit Kommentierung); vgl. auch Art. 9 des früheren Entwurfs, Yearbook ILC 1980 II/2, 26 (31).

[8] Art. 8 ILC-Entwurf (Anm. 1), 103 ff (mit Kommentierung); vgl. auch Art. 11 des früheren Entwurfs, Yearbook ILC 1980 II/2, 26 (31).

[9] *Ipsen*, in: *Ipsen* (Hrsg.), 4. Aufl., 553; *Oppenheim/Jennings/Watts*, Bd. I/1, 540 Anm. 2.

[10] Siehe Anm. 1.

Einschränkungen, zuzurechnen.[11] Insoweit dürfen die handelnden Organe nicht offensichtlich außerhalb ihrer Kompetenzen gehandelt haben.[12]

3. Ist die Organeigenschaft gegeben, so ist *prima facie* das Organverhalten dem betreffenden Völkerrechtssubjekt zuzurechnen. Für Ausnahmen von dieser gewohnheitsrechtlich anerkannten Regel ist das in Anspruch genommene Völkerrechtssubjekt beweispflichtig.
Unter Organen werden nicht nur Beamte, sondern alle Personen verstanden, die im Auftrage oder mit der Ermächtigung der Staatsgewalt handeln, deren Tätigkeit also aus der Staatsgewalt abgeleitet und dadurch legitimiert ist.

4. Die Organe, die nach dem geltenden innerstaatlichen Recht bestellt worden sind, repräsentieren den Staat in seiner Gesamtheit.[13] Hieraus ergeben sich eine Reihe von Konsequenzen. Akte der Organe sind dem Staat in seiner Gesamtheit zuzurechnen. Ein Staat hat nicht die Möglichkeit, auf eine Verantwortlichkeit z. B. eines Landes oder Kantons zu verweisen. Ebensowenig kann ein Staat innerstaatlich regeln, daß er nicht für ein Tun oder Unterlassen bestimmter Organe verantwortlich ist. Im Sinne der internationalen Verantwortlichkeit sind Gliedstaaten als Untergliederungen des Bundesstaates anzusehen; dieser ist nach außen wie ein Einheitsstaat zu behandeln. Nicht entscheidend ist es, ob der Bundesstaat verfassungsrechtlich den Gliedstaat zu einem völkerrechtsgemäßen Verhalten anhalten konnte; er kann sich seiner völkerrechtlichen Verantwortlichkeit nicht durch Berufung auf seine Verfassung entziehen.[14] Internationale Spruchpraxis und Staatenpraxis belegen, daß dieser Grundsatz Bestandteil des geltenden Völkergewohnheitsrechts ist.[15]
Besondere Probleme ergeben sich allerdings dann, wenn der Gliedstaat, und sei es auch nur in eng gezogenen Grenzen, als ein von dem Bundesstaat verschiedenes Völkerrechtssubjekt anerkannt ist und als solches handelt. Grundsätzlich bestand die Tendenz von einer Haftung des Zentralstaates auszugehen und zwar auch dann, wenn das Land oder der Kanton eigene völkerrechtliche Pfichten übernommen hatte und hierzu auch berechtigt war. Begründet wurde dies damit, daß eine derartige Verantwortlichkeit sich jedoch in der Regel nicht ohne Mitwirkung des Bundesstaates realisieren ließe.

---

[11] Vgl. dazu *Shaw*, 4. Aufl, 549; *Brownlie*, 5. Aufl. 452 ff.; *Ch. Fischer*, La Responsabilité internationale de l'Etat pour les comportements ultra vires de ses organes, 1993.

[12] *Ch. Fischer*, 235.

[13] Vgl. dazu bereits *Lieber* in der *Mexico-United States Claims Commission* im Falle *Moses*, *Moore*, International Arbitrations, vol. III, 3127 (3129); vgl. dazu auch *Finnish Shipowners* (*Great Britain v. Finland*) RIAA vol. III, 1479 (1501); dieser Grundsatz war bereits in den Beratungen des Völkerbundes unumstritten.

[14] *Ipsen*, in: *Ipsen*, 4. Aufl., 559, 511; *Brownlie*, State responsibility, 141; *Oppenheim/Jennings/Watts*, Bd. I/1, 503 f; *Sereni*, Bd. II, 310; *Quéneudec*, 69 ff; *Graefrath/Oeser/Steiniger*, 447.

[15] Vgl. z. B. die Entscheidung der britisch-venezolanischen Schiedskommission im Falle *Davy* bei *Ralston*, 410 (Haftung Venezuelas für Verfehlungen von Organen des Staates Bolivar), der amerikanisch-mexikanische *General Claims Commission* im Falle *Janes* (1925), RIAA IV, 82 (Haftung Mexikos für den Staat Sonora), und die französisch-mexikanische Schiedskommission im Falle *Pellat* (1929), RIAA V, 534; Haftung Deutschlands dafür, daß der Freistaat Bayern im Oktober und November 1922 nicht Angriffe auf die Interalliierte Kontrollkommission verhindert hat, vgl. dazu *Strupp*, Wörterbuch des Völkerrechts, Bd. II, 247; *Franco-Italian Conciliation Commission* im Falle *Heirs of the Duc de Guise*, RIAA XIII, 161. Weitere Belege bei *Ralston*, The Law and Procedure of International Tribunals (rev. ed. 1926), 337 f. Zu der Praxis der USA vgl. *Klein*, 200 f, sowie die Botschaft des Präsidenten *Harrison* von 1891 bei *Moore*, Arbitrations, Bd. VI, 840, wonach man die an den Ausschreitungen gegen Italiener mitschuldigen Organe der Einzelstaaten im Sinne des Völkerrechts als *„Federal agents"* ansehen müsse. Letzteres wird von dem *Special Rapporteur on State responsibility* als Konstruktion zu Recht abgelehnt, First report (§ 173 Anm. 1) para. 190. Die hier vertretene Auffassung wurde auch von der Mehrzahl der Staaten in ihren Antworten an das *Preparatory Committee of the Hague Codification Conference of* 1930 vertreten (League of Nations, Bases of Discussion for the Conference drawn up by the Preparatory Committee, vol. III, 90 ff); so auch *Oppenheim/Jennings/Watts*, Bd. I/1, 502 f, Anm. 1.

5. Neuere Entwicklungen im Bundesstaatsrecht gebieten es allerdings, diese Aussage zu modifizieren. Dies gilt insbesondere für diejenigen Bundesstaaten wie die Bundesrepublik Deutschland, Belgien und Kanada, wo diese Entwicklung zu einer Verstärkung der einzelstaatlichen Kompetenzen und vor allem zur Kompetenz, völkerrechtliche Verpflichtungen einzugehen, geführt hat.

Für die Bundesrepublik Deutschland stellt sich z. B. die Frage, ob der Bund für die Verletzung von Landesverträgen nach Art. 32 GG einstehen muß. In dem Konkordatsurteil[16] hat das Bundesverfassungsgericht es dahingestellt sein lassen, ob die Bundesrepublik Deutschland dem Heiligen Stuhl für die Verletzung des Konkordats durch die Länder verantwortlich wäre. Angesichts der gestiegenen Anerkennung der Länder als Handelnde im internationalen Rechtsverkehr[17] wird man dies verneinen müssen. Die unmittelbare Haftung von Ländern gilt in verstärktem Umfang für die Regionen Flandern, Wallonien und Brüssel-Stadt in Belgien, die in der belgischen Verfassung in der konsolidierten Fassung vom 17. 2. 1994 (nach der vierten Dezentralisierungs-Staatsreform) gem. Art. 127 und 128 mit weitreichenden Rechten, internationale Abkommen abzuschließen, ausgestattet wurden.

Grundsätzlich gilt, in den Fällen, in denen Länder eines Bundesstaates das Recht haben, völkerrechtliche Verpflichtungen einzugehen, und andere Völkerrechtssubjekte mit ihnen völkerrechtliche Beziehungen aufgenommen haben, beschränkt sich die Verantwortlichkeit auf diese. In der Aufnahme völkerrechtlicher Beziehungen zu einem Glied eines Bundesstaates liegt der stillschweigende Verzicht auf die Inanspruchnahme der Staatenverantwortlichkeit gegenüber dem betreffenden Bundesstaat.

6. Eine ähnliche Problematik hinsichtlich der Verteilung der internationalen Verantwortlichkeit kann aus einem Protektoratsverhältnis entstehen.

Das Protektorat ist ein von dem Protektor verschiedenes Rechtssubjekt.[18] Soweit der Protektor das Protektorat völkerrechtlich vertritt, tritt das letztgenannte im internationalen Verkehr nicht in Erscheinung. Dementsprechend haftet daher der Protektor auch für Verfehlungen der Protektoratsorgane sowie für solche seiner Organe.[19]
Problematischer ist die Rechtslage dann, wenn dem Protektorat eine gewisse Handlungsfähigkeit im internationalen Rechtsverkehr bleibt und seine Organe das Völkerrecht innerhalb des dadurch gezogenen Rahmens verletzen.[20] Entscheidend ist insoweit die Ausgestaltung des Protektoratsverhältnisses. War das Protektorat in der Ausübung der ihm verbleibenden Zuständigkeit der Kontrolle des Protektors unterworfen, so kann dieser schon wegen Verletzung seiner Aufsichtspflicht unmittelbar verantwortlich gemacht werden. Daneben aber käme eine Verantwortlichkeit des Protektorats in Betracht, da es zumindest partiell deliktsfähig ist. Allerdings ist in diesen Fällen eine Inanspruchnahme des Protektorats nur über den Protektorstaat möglich. Insoweit ist auf die Ausführungen zum Bundesstaat zurückzugreifen. Ist allerdings das Verhältnis zwischen Protektorat und Protektor so locker, daß dem Protektorat nicht nur ein genügender Spielraum für eigenes

[16] BVerfGE 6, 309 (366 f).

[17] Vgl. dazu die Sammlung der von den Ländern geschlossenen internationalen Abkommen von *Beyerlin/Lejeune*, 1994.

[18] Vgl. dazu Bd. I/1.

[19] Daher wurde z. B. Spanien in dem Bericht von *M. Huber* über die britischen Vermögensinteressen in Spanisch Marokko (1925) für gewisse Schäden verantwortlich gemacht, die britischen Staatsangehörigen in dem unter spanischem Protektorat stehenden Teil von Marokko zugefügt worden waren (RIAA II, 648 f). Das wird vor allem damit begründet, daß die Hoheitsgewalt in Marokko von Spanien und Frankreich ausgeübt werde, die Marokko auch gegenüber dem Ausland repräsentieren. Denn: „*La responsabilité pour les évènements de nature à affecter le droit international, se passant dans un territoire déterminé, va de pair avec le droit d'exercer à l'exclusion d'autres Etats les prérogatives de la souveraineté*"; so auch im Falle *Adolph G. Studer v. Great Britain*, AJIL 19 (1925), 790. Zustimmend *Schwarzenberger*, Bd. I, 625 sowie *A. Verdross*, Theorie der mittelbaren Staatenhaftung, ÖZöR 1 (1948), 388 (402).

[20] *Verdross* (aaO.), 403, spricht insoweit von einem abgeschwächten Protektorat.

Handeln verbleibt, sondern es auch ohne Eingriff in die Rechte des Protektors zur Verantwortung gezogen werden kann, so kann das Protektorat selbst in Anspruch genommen werden.[21]

7. Die Erwägungen, die im Vorstehenden angestellt wurden, sind auf ähnliche Rechtsverhältnisse entsprechend anwendbar.[22] Der ILC-Entwurf enthält in Art. 17[23] besondere Regelungen hinsichtlich der internationalen Verantwortlichkeit bei abhängigen Staaten. Diese liegt grundsätzlich bei dem dominierenden Staat, soweit er von der Handlung oder Unterlassung gewußt hat. Verbleibt dem abhängigen Staat ein wesentlicher Rest von Handlungsfreiheit, so sind beide Staaten gemeinschaftlich verantwortlich.[24]

8. Ein Staat ist weiterhin verantwortlich für das Verhalten seiner Organe, gleichgültig ob sie exekutive, richterliche oder gesetzgeberische Funktionen ausüben. Dies ist in der internationalen Rechtsprechung anerkannt.[25]
Der Wortlaut von Art. 4 des ILC-Entwurfs macht deutlich – auch dies entspricht Gewohnheitsrecht –, daß die staatlichen Funktionen nicht notwendigerweise den Bereichen Gesetzgebung, Exekutive oder Rechtsprechung zugeordnet werden müssen. Auch wirtschaftliche Tätigkeiten von Staatsorganen können eine Staatenverantwortlichkeit auslösen.
Die Regelungen zur Staatenverantwortlichkeit unterscheiden nicht zwischen „höheren" Organen und untergeordneten Organen. Auch Handlungen gemeindlicher Organe können eine Verantwortlichkeit des Staates auslösen.[26] Die im Schrifttum von früher vertretene Beschränkung auf Beamte bzw. Bedienstete höheren Ranges[27] würde angesichts der Tat-

---

[21] In dem Streit um den *Brown Claim* (1923), AJIL 19 (1925), 193, kam die britisch-amerikanische *Claims Commission* zu dem Ergebnis, daß Großbritannien für das völkerrechtswidrige Handeln der damals in einem Protektoratsverhältnis zu Großbritannien stehenden Republik Transvaal nicht verantwortlich sei. Es handelte sich hier um ein recht schwaches „Protektorat", das Großbritannien zwar gegenüber den von der Republik geschlossenen Verträgen ein Vetorecht gab, aber ihre Unabhängigkeit im übrigen unberührt ließ.

[22] Vgl. dazu *Verdross* (Anm. 19), 403 ff; etwas anderes gilt für den Staatenbund. Bei ihm fehlt es an dem für die Annahme der mittelbaren Haftung wesentlichen Erfordernis der rechtlichen Abhängigkeit zwischen Bund und Einzelstaaten.

[23] Anm. 1; siehe dazu auch die Kommentierung des Special Rapporteur *Crawford*, Second report on State responsibility (Doc. A/CN.4/498/Add.1), paras. 195, 196 sowie in der früheren weiteren Fassung von Art. 28, Yearbook ILC 1979 II/2, 94; siehe auch Bericht von *Ago*, ebd., Teil I, 4–27.

[24] *Brownlie*, State Responsibility, 188; eine Regelung hierzu enthält der ILC-Entwurf (Anm. 1) nicht.

[25] *Salvador, Commercial Company case*, RIAA XV, 455 (477); *Chattin case*, RIAA vol. IV, 282 (285 f); Dispute concerning the interpretation of article 79 of the Treaty of Peace, RIAA XIII, 389 (438). *German Settlers in Poland*, 1923, PCIJ Series B, No. 6, 35 f; *Phosphates in Morocco*, Preliminary Objections, 1938, PCIJ Series A/B, No. 74, 10 (25 f), *Commission of the European Communities v. Belgium* (1970) ECR 237; *Commission of the European Communities v. Italy* (1970) ECR 961; *Rousseau*, V, 4 ff; so nunmehr auch *Oppenheim/Jennings/Watts*, Bd. I/1, 542. Hinweise of die Rechtsprechungspraxis findet sich in: Yearbook ILC 1973 II, 195 ff (gesetzgeberische Akte); Diese Rechtsprechung ist von dem Internationalen Gerichtshof nachdrücklich bestätigt worden, Difference Relating to Immunity from Legal Process of a Special Rapporteur of the Commission of Human Rights, ICJ Reports 1999, 62 (87, para. 62) (gerichtliche Entscheidung).

[26] Im Falle *Massey* (1927), RIAA IV, 155, wurde Mexiko von der *General Claims Commission* für verantwortlich erklärt, weil ein Gefangenenwärter den Mörder eines amerikanischen Staatsbürgers hatte entkommen lassen. Der Schiedsspruch weist auf die Ungeklärtheit der Haftung für untere Beamte und die Schwierigkeit der Unterscheidung zwischen höheren und niederen Dienstgraden hin und stützt seine Entscheidung im wesentlichen auf den Schiedsvertrag, nach dem Mexiko auch für solche Amtsträger einstehen müsse (157); *Anglo-Italian Conciliation Commission, Currie case* (1954), RIAA XIV, 24, so auch in: *Différend concernant l'interprétation de l'article 79 du Traité de Paix avec l'Italie* (1955), RIAA XIII, 431 f und *Différend Mossé Claim*, ILR 20, 217; Schiedsspruch im Fall *Heirs of Duc de Guise*, 1951, RIAA XIII, 161 (Verantwortlichkeit Italiens für die Region Sizilien); der Internationale Gerichtshof hat im Fall *Elettronica Sicula* SpA (ELSI), ICJ Reports 1989, 15, para. 75 ff, kein Problem darin gesehen, daß die angegriffenen staatlichen Akte durch lokale Behörden erfolgten. So auch *France/Mexico Claims Commission* im Falle *Pellat*, RIAA V, 534 (536); betont von dem Internationalen Gerichtshof im *LaGrand case* (*Germany v. United States of America*), Provisional Measures, ICJ Reports 1999, 9 (16) sowie Judgment of 27 June 2001, para. 81 (www.icj-cij.org).

[27] So z. B. *E. M. Borchard*, The Diplomatic Protection

sache, daß Übergriffe gerade von untergeordneten Organe ausgehen können, zu rechtspolitisch unbefriedigenden Ergebnissen führen; sie findet in der internationalen Praxis keine Stütze. Die Verantwortlichkeit für untergeordnete Organe von Untergliederungen ist von besonderer Bedeutung bei Bundesstaaten.

9. Schließlich ergibt sich aus der völkerrechtlichen Verantwortlichkeit, daß der Staat für das völkerrechtswidrige Handeln nicht nur seiner Regierung oder eines bestimmten Regimes verantwortlich ist. Der Wechsel der Regierung oder ein revolutionärer Umsturz berühren die einmal begründete Verantwortlichkeit eines Staates nicht. Der Staat haftet somit auch für das Handeln einer revolutionären Gewalt, die unter Verletzung der Verfassung die staatliche Gewalt übernommen hat, sofern sie nur effektive Trägerin der gesamten Staatsgewalt ist.[28] Dies gilt selbst dann, wenn sie nachträglich wieder gestürzt und die alte Verfassungsordnung wiederhergestellt wird. Das ergibt sich daraus, daß der revolutionäre Umsturz die Identität des Staates im Sinne des Völkerrechts nicht berührt.[29] Ein Staat haftet jedoch nicht unmittelbar für die Handlungen von Aufständischen auf seinem Gebiet, soweit diese über das Gebiet eine effektive Kontrolle ausgeübt haben.[30] Haben diese eine etablierte *de facto*-Herrschaft errichtet, so sind sie selbst Haftungssubjekt.

III. 1. Die Zurechenbarkeit[31] ist nicht als Kausalität oder Vorwerfbarkeit zu verstehen, sondern als Fiktion mit der das Handeln von natürlichen Personen einem Völkerrechtssubjekt zugeordnet wird.[32] Diese Fiktion ist Voraussetzung für die völkerrechtliche Verantwortlichkeit, da nur Völkerrechtssubjekte deliktsfähig sind.

2. Die Frage der Zurechenbarkeit ist dann unproblematisch, wenn staatliche Organe im Rahmen ihrer Zuständigkeit handeln, sie wird jedoch problematisch, wenn diese ihre Kompetenzen überschreiten bzw. eine Verantwortung wegen eines Unterlassens begründet werden soll. Unterlassen führt nur dann zu einer internationalen Verantwortlichkeit, wenn eine Rechtspflicht zum Handeln bestand und das nicht pflichtgemäß handelnde Völkerrechtssubjekt eine Handlungsalternative hatte.[33]

3. Das Verhalten seiner Organe wird einem Staat allerdings nur insoweit zugerechnet, als diese in amtlicher Eigenschaft handeln. Insoweit zurechenbare Handlungen sind nur diejenigen, die ein Organ entweder im Auftrag oder mit der Ermächtigung des Staates oder im Zusammenhang mit seiner amtlichen Tätigkeit vornimmt. Ein Verhalten, das außerhalb dieser Sphäre betätigt wird, ist privates Handeln der das Organ bildenden Individuen, welches dem Staat nicht unmittelbar zuzurechnen ist. Nicht entscheidend ist dagegen, ob das Verhalten aus innerstaatlicher Sicht rechtmäßig oder rechtswidrig war.[34]

---

of Citizens Abroad (1915), 189, *Hoijer*, 111 f; *von Glahn*, 227; *Fenwick*, 280 f. Die Unterscheidung wird auch im Harvard-Entwurf zugrundegelegt. Nach Art. 7 soll der Staat nur für seine höheren Beamten unmittelbar, für die der niederen Grade nur bei Rechtsverweigerung oder nur dann verantwortlich sein, wenn er eine Maßregelung unterläßt.

28 Vgl. dazu *Brownlie*, 5. Aufl., 452 f sowie im einzelnen dazu § 178.

29 Dazu Bd. I/1 § 13.

30 Vgl. dazu § 178.

31 Art. 2 Buchst. a des ILC-Entwurfs (Anm. 1); vgl. zur Zurechenbarkeit *Condorelli*, RdC 189 (1984 VI) 49 ff.

32 Dies kommt in der Formulierung von Art. 4 Abs. 1 des Entwurfs (Anm. 1) in den Worten zum Ausdruck: „*... shall be considered an act of that State ...*"; *Starke*, BYIL 19 (1938), 105; *ders.*, Studies in International Law, 1965, 51 ff; *Wengler*, Bd. I, 39; *Eustathiades*, RdC 84 (1953 III), 422.

33 *Corfu Channel* Case, ICJ Reports 1949, 3 (23); Case *Concerning United States Diplomatic and Consular Staff in Teheran*, ICJ Reports 1980, 3 (31 f).

34 Art. 7 des ILC Entwurfs (Anm. 1), 99 ff (mit Kommentierung) lautet: „The conduct of an organ of a State or of a person or entity empowered to exercise elements of governmental authority shall be considered an act of the State under international law if the organ, person or entity acts in that capacity, even if it exceeds its authority or contravenes instructions." Vgl. dazu auch First report of the Special Rapporteur (Doc. A/CN.4/490/Add.5), paras. 238–243.

4. Die Grenzziehung zwischen privatem und dienstlichem Handeln von Organen ist problematisch.

Nach einer früher vertretenen Lehre, die schon auf *Grotius* zurückgeht, soll der Staat nicht verantwortlich sein, wenn das Staatsorgan die Grenzen seiner Zuständigkeit überschreitet, denn dann sei sein Handeln nicht mehr Handeln des Staates, sondern privates Verhalten.[35] Dieser Ansatz ging von der Prämisse aus, daß das Verhältnis der Organe zum Staat nach Art des privatrechtlichen Mandats aufzufassen sei. Von diesem Standpunkt vermag der Staat sich der Haftung für das unzulässige Handeln seiner Organe unter Berufung auf sein inneres Recht auch dann zu entziehen, wenn das von ihm bestellte Organ sich unter dem Schein des dienstlichen Auftrags betätigt. Damit würden wesentliche Verletzungen des Völkerrechts der internationalen Verantwortlichkeit entzogen. Es wird durchaus häufig der Fall eintreten, daß die Völkerrechtsverletzung gleichzeitig eine innerstaatliche Rechtsverletzung darstellt. Insofern sprechen bereits rechtspolitische Erwägungen gegen diesen Ansatz.

Die schiedsgerichtliche Praxis sowie die völkerrechtliche Literatur belegen, daß nicht die innerstaatliche Rechtmäßigkeit bzw. Rechtswidrigkeit der Handlung oder Unterlassung für die Beantwortung der Frage entscheidend ist, ob ein Handeln eines Organs einem Völkerrechtssubjekt zuzurechnen ist oder nicht. Entscheidend ist vielmehr das Verhältnis dieser Handlung zu den normalen Funktionen des betreffenden Organs. Einem Staat zurechenbar sind die Akte staatlicher Organe, die zwar im Einzelfall dem innerstaatlichen Recht widersprechen, aber noch in den allgemeinen Bereich der dem Organ eingeräumten Zuständigkeiten fallen oder vom Standpunkt des unbefangenen Betrachters mit der dienstlichen Betätigung der Organe im Zusammenhang stehen. Auch ein solches Handeln des Organs ist dem betreffenden Völkerrechtssubjekt zuzuordnen,[36] und es ist für dieses verantwortlich.[37] Seine Haftung entfällt erst dann, wenn der Bedienstete, sei es auch bei Gelegenheit seiner Amtsausübung, ein rein privates Handeln betätigt oder Handlungen vornimmt, die zwar im staatlichen Interesse erfolgen, aber keine Beziehung zu seinem eigentlichen Dienstbereich mehr haben. Im Zweifel kommt es darauf an, ob der Akt für den vernünftig urteilenden Außenstehenden erkennbar aus dem dienstlichen Rahmen herausfällt. Wenn dies nicht der Fall ist, muß der Staat sich den Eindruck zurechnen lassen, den das Verhalten seiner Organe im internationalen Rechtsverkehr macht. Derjenige, der darauf vertraut, daß staatliche Organe in Wahrnehmung ihrer Funktionen handeln, kann im Falle der Rechtsververletzung den Staat verantwortlich machen (Vertrauenstheorie).[38]

---

[35] So z. B. *Guerrero* als Berichterstatter des Unterausschusses des Sachverständigenausschusses des Völkerbundes für die Haager Kodifikationskonferenz, abgedruckt bei *Eagleton*, 245 f. In Rechtsprechung und Lehre wird auch der Gedanke vertreten, daß der Staat verantwortlich sei, wenn seine Organe die Befugnisse und Mittel mißbrauchen, die ihnen vom Staat eingeräumt worden sind. So wollten die Vorschläge des *Institute of International Law* der Lausanner Tagung von 1927, Annuaire 137 f, den Staat verantwortlich machen, wenn seine Organe zwar außerhalb ihrer Zuständigkeit, aber doch unter dem Deckmantel ihrer Organeigenschaft handeln und von den Mitteln Gebrauch machen, die ihnen in dieser Eigenschaft eingeräumt sind (Art. 1 (39). In diesem Sinne auch *Triepel*, 349, es seien auch Handlungen der Organe unter Überschreitung der Zuständigkeit dem Staat zuzurechnen, „der durch Anstellung oder Amtsübertragung die Möglichkeit geschaffen hatte, daß jene Akte unter staatlicher Deckung vorzunehmen waren". Dies führt letztlich zu einer vollständigen Haftung des Staates für jegliche von Organen begangenen Handlung bzw. deren Unterlassungen.

[36] Anders *Verdross*, 309; wie hier *Condorelli*, 81; *Shaw*, 4. Aufl., 549.

[37] Die Formulierung in Art. 10 ILC Entwurf, Yearbook ILC 1980 II/2, 26 (31); Yearbook ILC 1975 II, 61 mit Kommentierung, war weniger eindeutig als Art. 7 des letzten ILC Entwurfs (Anm. 1).

[38] Zur schiedsgerichtlichen Praxis vgl. u. a. die *note doctrinale* zum Fall *Lacaze* bei *Lapr.-Pol.* II, 300 f. Im gleichen Sinne die bei *Moore* VI, 743 wiedergegebene Äußerung des amerikanischen Staatssekretärs *Bayard* aus dem Jahre 1885, im Zusammenhang mit dem *American Bible Society case*. Die entscheidende Aussage lautete: „... *it is a rule of international law that sovereigns are not liable, in diplomatic procedure, for damages to a foreigner when arising from the misconduct of agents acting out of the range not only of their real but of their apparent authority*...". Diese Aussage wurde kurz darauf auch hin-

5. Zur Illustration der bisherigen Ausführungen ist auf die Entscheidung der amerikanisch-mexikanischen Schiedskommission im Falle *Mallén* (1927) zu verweisen. Sie lassen die Trennungslinie zwischen einem Verhalten, welches die Kompetenzen überschreitet und privatem Verhalten besonders deutlich werden.

Mallén, der mexikanische Konsul in El Paso, war schweren Übergriffen eines mit ihm persönlich verfeindeten Amerikaners ausgesetzt, der das Amt eines *Deputy Constable* bekleidete. Der erste Angriff bestand darin, daß der Amerikaner *Mallén* öffentlich ohrfeigte und ihm den Hut vom Kopf schlug. Diesen Vorgang kennzeichnete die Kommission als *„a malevolent and unlawful act of a private individual who happened to be an official"* und verneinte insoweit eine Haftung der Vereinigten Staaten. Beim zweiten Mal aber wurde *Mallén* von seinem Gegner ohne Grund, unter schweren Mißhandlungen in das Gefängnis geschleppt. Obwohl der Beamte hier aus persönlicher Rachsucht und unter Überschreitung seiner Befugnisse handelte, betrachtete die Kommission das Gefangensetzen gleichwohl als dienstliches Handeln und verurteilte die Vereinigten Staaten von Amerika zum Schadensersatz.[39] Hintergrund hierfür war, daß das Gefangensetzen als typisch staatliche Handlung gesehen wurde.

IV. Im einzelnen wird einem Staat zunächst das Handeln der Organe zugerechnet, die ihn in den internationalen Beziehungen repräsentieren. Ein Staat ist verantwortlich für sein

---

sichtlich eines untergeordneten Staatsorgans wiederholt. Daß der Staat gerade auch für das rechtswidrige Handeln seiner Organe einstehen müsse, hat z. B. die amerikanisch-mexikanische gemischte Schiedskommission im Fall *Youmans* (1926), RIAA IV, 115 f (unter 13), betont. Die Kommission stellte fest: „Soldiers inflicting personal injuries or commiting wanton destruction or looting always act in disobedience to some rules laid down by superior authority. There could be no liability whatever for such misdeeds if the view were taken that any acts committed by soldiers in contravention of instructions must always be considered as personal acts". Ebenso die Entscheidung der französisch-italienischen Ausgleichskommission im Falle *Mossé*, ILR 1953, 221 (Haftung Italiens ungeachtet der Tatsache, daß die Beamten ihre Zuständigkeit überschritten). Besonders deutlich auch die Entscheidung der französisch-mexikanischen *Commission mixte des réclamations* im Falle *J. B. Caire* (1929), RIAA V, 516 f, die Mexiko auf Grund von Ausschreitungen von Offizieren verantwortlich macht. Dort heißt es (530): „pour pouvoir admettre cette responsabilité ... de l'État pour les actes commis par ses fonctionnaires ou organes en dehors des limites de leur compétence, il faut qu'ils aient agi au moins apparemment comme des fonctionnaires ou organes compétents, ou que, en agissant, ils aient usé de pouvoirs ou de moyens propres à leur qualité officielle"; so auch die Entscheidung des *United States Court of Claims* im Falle *Royal Holland Lloyd v. the United States*, AJIL 26 (1932), 410; Schiedsspruch im Falle *La Masica* vom 7. 12. 1916, RIAA XI, 560; auch die überwiegende Ansicht im Schrifttum. Vgl. *Eagleton*, 54 f; *R. Monaco*, La responsabilità internazionale dello Strato per fatti degli individui, Revista di diritto internazionale 31 (1939) 22 ff; *Cheng*, 201 f; *Meron*, BYIL 33 (1957) 88 ff, 93 f, 113, 114; *Guggenheim*, Traité II, 5 f (Ausschluß der Haftung nur bei *„incompétence manifeste"*); *Schwarzenberger*, Bd. I, 615 f; *Sibert*, Bd. I, 315 f; *A. Schüle*, Delikt, völkerrechtliches, in: *Strupp-Schlochauer*, Bd. I, (1960), 326 ff (332); *Quéneudec*, 119 f; *Brownlie*, 4. Aufl., 451 ff; *Condorelli*, 81; *Ipsen*, in: *Ipsen* (Hrsg.), 4. Aufl., 573 f. Im Sinne der Haftung des Staates für das Verhalten seines Organs *„within the general scope of his employment or function"* auch der Harvard-Entwurf (AJIL) 23 (1929), Special Supplement, 162 f und überwiegend auch die Antworten der Regierungen auf den Fragebogen des Völkerbundes für die Haager Kodifikationskonferenz 1930, AJIL 24 (1930), Supp. 57. Auf der Konferenz entschied sich die Mehrheit der mit der Frage befaßten Kommissionen für eine Haftung des Staates, wenn seine Amtsträger ihre Befugnisse überschritten, aber doch handelten *„sous le couvert de leur qualité officielle"* (League of Nations, Conference for the Codification of International Law, Bases of Discussion for the Conference drawn up by the Preparatory Committee, Vol. III; Responsibility of States for Damage caused in their Territory to the Person or Property of Foreigners (doc. C.75.M.69. 1929 V), 75 f und Supplement to Vol. III (doc. C.75(a), M.69(a). 1929, V), 3 und 16 f.

Vgl. auf der anderen Seite etwa die bei *Moore*, Arb. III, 3018 wiedergegebene Entscheidung einer amerikanisch-mexikanischen Schiedskommission im Fall *Bensley* (1850), die eine Verantwortlichkeit Mexikos für einen rein privaten Willkürakt eines Gouverneurs (*„a wanton trespass committed by the governor, under no color of official proceedings, and without any connection with his official duties"*) verneinte. Nicht ganz auf der Linie des ILC-Entwurfs (Anm. 1) liegt die Rechtsprechung des *Iran-United States Claims Tribunal* im Falle *Yeager v. Islamic Republic of Iran*, Iran-United States Claims Tribunal 17 (1987), 92; *Petrolane Inc. v. Islamic Republic of Iran*, Iran-United States Claims Tribunal, 27 (1991), 64 (92).

[39] RIAA IV, 173 ff.

Staatsoberhaupt,[40] für seine diplomatischen und konsularischen Vertreter im Ausland und für die Mitglieder seiner Regierung, die ihn gegenüber dem Ausland vertreten. Diese Verantwortlichkeit erstreckt sich auch auf Handlungen, die der Repräsentant zwar nicht mit dem Willen seiner Regierung, möglicherweise sogar unter Verletzung der ihm erteilten Weisungen, aber doch im allgemeinen Rahmen seines amtlichen Auftrags oder im inneren Zusammenhang mit seiner dienstlichen Stellung begeht.

Wenn z. B. ein Regierungsvertreter sich bei dem Abschluß eines Vertrages einer Täuschung der Gegenpartei schuldig macht oder ein Militärattaché seine Stellung zur Spionage mißbraucht, so ist sein Staat verantwortlich, auch wenn das Organ eigenmächtig verfährt.

Die Verantwortung eines Staates für privates Handeln seiner Organe kann auch dadurch begründet werden, daß sich der Staat nachträglich mit dem völkerrechtswidrigen Handeln identifiziert, z. B. den Schuldigen nicht verfolgt oder bestraft, obwohl dies zu erwarten und zumutbar war.

V. **1.** Wie bereits gesagt, gehören zu den Organen, für die der Staat einstehen muß, auch die Organe seiner Legislative. Der Staat ist verantwortlich für ihr Handeln und Unterlassen und dafür, daß seine gesetzgebende Körperschaften die Gesetze erlassen, die zur Erfüllung seiner völkerrechtlichen Verpflichtungen notwendig sind, bzw. daß sie keine erlassen, die seinen Verpflichtungen widersprechen.[41]
Ein völkerrechtswidriges Verhalten bzw. Unterlassen des Gesetzgebers ist häufig die Basis einer Schadensersatzverpflichtung auf der Grundlage der Europäischen Menschenrechtskonvention.[42]

Im ‚*Closed shop-case*' führte der Europäische Menschenrechtsgerichtshof dazu aus: „The Government conceded that should the Court find that the termination of the applicants' contracts of employment constituted a relevant interference with their rights under Article 11 and that the interference could properly regarded as a direct consequence [relevant legislation] the responsibility of the respondent State would be engaged by virtue of the enactment of that legislation."[43]

2. Zum Schadensersatz ist der Staat allerdings erst dann verpflichtet, wenn dem fremden Staat oder seinen Angehörigen durch den Erlaß eines Gesetzes bzw. dessen Nichterlaß ein konkreter Schaden zugefügt worden ist.[44] Die drohende Verletzung von Völkerrecht durch ein Gesetz, z. B. die Einbringung eines Gesetzesentwurfs oder der Erlaß des völkerrechtswidrigen Gesetzes als solcher berechtigt den betroffenen Staat aber bereits zu protestieren oder die Zurückziehung des Gesetzes zu fordern.[45] Der Staat, der ein solches Gesetz erläßt oder plant, kann den Protest nicht als unzulässige Intervention in seine inneren Angelegenheiten behandeln.[46]

---

[40] *Oppenheim/Jennings/Watts*, Bd. I/1, 541, geht von einer „stellvertretenden" Verantwortlichkeit des Staates für das private Handeln seines Staatsoberhauptes aus, da dieser im Ausland persönlich nicht belangt werden könne; a. A. *Brownlie*, 5. Aufl., 435 f.

[41] So ausdrücklich z. B. Art. 4 Abs. 4 Annex III SRÜ.

[42] BGBl. 1952 II, 685.

[43] Publications of the European Court of Human Rights, Series A, Vol. 44, Judgment of 13 August 1981, 20; entsprechend *Klass and Others*, Judgment of 6 September 1978, ebd. Vol. 28; *Marckx case*, Judgement of 13 June 1979, ebd. Vol. 31; *Winterwerp case*, Judgment of 24 October 1979, ebd., Vol. 33; *Winterwerp case*, Judgment 27 October 1981, ebd., Vol. 47.

[44] *Oppenheim/Jennings/Watts*, Bd. I/1, 542; *Wolfrum*, EPIL II, 1998 (1400).

[45] So erhob die britische Regierung 1913 sofort nach Erlaß eines amerikanischen Kongreßakts, der auf eine Diskriminierung bei der Erhebung von Abgaben für die Durchfahrt durch den Panamakanal hinauslief, Vorstellungen bei der amerikanischen Regierung, ohne erst auf die tatsächliche Erhebung der Abgaben zu warten. Vgl. die Note der britischen Regierung bei *McNair*, The Law of Treaties (1938), 35 f. Etwas unbestimmt *Guggenheim*, Traité II, 8: *„La promulgation d'une norme contraire au droit international donne... lieu à des sanctions"*.

[46] Fall des *PLO-Büros* in New York, ICJ-Reports (1988), 31 f.

3. Problematisch ist, ob der Staat auch für das Handeln einzelner Abgeordneter verantwortlich ist. Dies ist der Fall, soweit dieses Handeln für einen Außenstehenden noch generell in den Rahmen der parlamentarischen Tätigkeit fällt.[47]

Parlamentsbeschlüsse oder Reden von Abgeordneten, die fremde Staaten oder ihre Oberhäupter beschimpfen, zum Kriege hetzen oder die Billigung eines völkerrechtswidrigen Handelns enthalten, können z. B. Grundlage für einen Protest, die Kündigung eines Vertrages, möglicherweise auch das Verlangen für eine Entschuldigung sein.

VI. 1. Der Staat haftet außer für das Staatsoberhaupt und die Vertreter des diplomatischen und konsularischen Dienstes allgemein für das Verhalten der Organe seiner Exekutive, und zwar auch für die Organe einer im tatsächlichen Besitz der Macht über das ganze Staatsgebiet befindlichen *de facto*-Regierung.[48] Selbst wenn das Handeln dieser Organe aus dem Rahmen ihrer dienstlichen Betätigung herausfällt, kann sich die Haftung daraus ergeben, daß der Staat es ausdrücklich oder stillschweigend duldet,[49] es durch fehlerhafte Organisation oder mangelnde Aufsicht ermöglicht, es nachträglich billigt oder ein späteres Einschreiten unterläßt.

2. Soweit bei der Inanspruchnahme wegen eines Verhaltens von Verwaltungsorganen der untersten Stufen geltend gemacht wird, das handelnde Organ könne sich auf Befehle einer vorgesetzten Stelle berufen, greift dieser Einwand nicht durch. In diesen Fällen ergibt sich die Verantwortlichkeit eines Staates aus den Mängeln seiner Organisation, etwa bei Beaufsichtigung der unteren Beamten, oder dem Verhalten der höheren Organe, auf die sich das Handeln der untergeordneten Beamten stützt.
Allerdings kann die Inanspruchnahme auf Grund des Handelns der Exekutive daran scheitern, daß der Verletzte es versäumt hat, die nationalen Rechtsbehelfe auszuschöpfen. Denn es muß den übergeordneten Instanzen oder den Gerichten des in Anspruch genommenen Staates die Gelegenheit gegeben werden, ihr völkerrechtswidriges Verhalten zu revidieren.

VII. 1. Eine der Hauptursachen, aus denen sich die internationale Verantwortlichkeit von Staaten ergeben kann, ist das Handeln militärischer Organe. Auch insoweit haftet der Staat für das dienstliche Verhalten seiner Organe unter Einschluß von Handlungen, die diese unter Verletzung des innerstaatlichen Rechts, z. B. dienstlicher Befehle, begehen vorausgesetzt, daß das Handeln mit der Erfüllung der dienstlichen Obliegenheiten in einem gewissen Zusammenhang steht. Die Abgrenzung der dienstlichen Sphäre und der Außenzone des mit dem Dienstbereich noch im Zusammenhang stehenden Handelns gegenüber dem rein privaten Verhalten wirft besondere Schwierigkeiten auf. Die Frage hat seit dem Zweiten Weltkrieg mit der Stationierung militärischer Verbände auf dem Gebiet anderer Staaten erhöhte Bedeutung erlangt.[50] In vielen der abgeschlossenen Stationierungsverträge wurde die materiellrechtliche Haftung und ihre Begrenzung sowie das Verfahren geregelt, in dem sie geltend gemacht werden konnte.[51] Auch in diesen Verträgen bildet die Unterscheidung

---

[47] A. A. *Oppenheim/Jennings/Watts*, Bd. I/1, 543.

[48] Dazu *J. A. Frowein*, Das de facto-Regime im Völkerrecht, 1968, 70 f. Vgl. dazu die Entscheidung der amerikanischen-mexikanischen Schiedskommission im Fall *Jansen* (1868) bei *Moore*, Arb. III, 2902, die dem Regime des Kaisers Maximilian die Eigenschaft einer *de facto*-Regierung bestreitet und die Haftung Mexikos daher verneint.

[49] Unter diesem Gesichtspunkt wurden die Vereinigten Staaten von der amerikanisch-mexikanischen *General Claims Commission* im Falle *Mallén* (1927), RIAA IV, 173 f, verantwortlich gemacht. Hier war der Polizeibeamte, der den mexikanischen Konsul mißhandelt hatte, nach vorübergehender Entlassung alsbald wieder eingestellt worden.

[50] Dazu *J. Delbrück*, International Law and Military Forces Abroad: U.S. Military Presence in Europe, 1945–1965, in: *S. W. Duke/W. Krieger*, U.S. Military Forces in Europe, The Early Years, 1945–1970, 1993, 83 ff.

[51] Näheres bei *Freeman*, RdC 88 (1955 II).

zwischen dienstlichem und außerdienstlichem Handeln den Ausgangspunkt der Betrachtung.[52]

Die Völkerrechtspraxis enthält zahlreiche Beispiele für die Haftung für militärische Organe. So veranlaßte die von deutschen Marineangehörigen in Uniform vorgenommene Suche nach einem verlorengegangenen Besatzungsmitglied, die der Kommandant des deutschen Kanonenboots Panther im Jahre 1905 auf brasilianischen Boden vornehmen ließ, die deutsche Regierung dazu, sich zu entschuldigen und den Kommandanten von seinem Posten abzuberufen.[53] Als im Jahre 1904 die russische Ostseeflotte auf der Fahrt zum asiatischen Kriegsschauplatz in Höhe der Doggerbank versehentlich englische Fischerboote beschoß in der Meinung, japanische Torpedoboote vor sich zu haben, sah Rußland sich nach Feststellung des Sachverhalts durch eine internationale Untersuchungskommission (Doggerbank-Zwischenfall) dazu veranlaßt, eine Entschädigung an das Vereinigte Königreich zu zahlen.[54] Bis in die jüngste Vergangenheit haben die Staaten das ungerechtfertigte Abschießen von Flugzeugen als Haftungsgrund angesehen und in diesen Fällen Entschädigung geleistet.[55] Aus der internationalen Schiedsgerichtspraxis sei etwa der von der amerikanisch-mexikanischen *General Claims Commission* entschiedene Fall *Youmans* (1926) erwähnt. Hier wurde die Verantwortlichkeit Mexikos darauf gestützt, daß zur Unterdrückung von Unruhen und zum Schutze der Ausländer entsandte Soldaten mit dem Mob gemeinsame Sache gemacht und bei der Tötung von Amerikanern mitgewirkt hätten.[56] Im Fall *J. B. Caire* (1929) wurde Mexiko von der französisch-mexikanischen Gemischten Kommission für verantwortlich erklärt, weil zwei mexikanische Offiziere zunächst versucht hatten, *Caire*, einen französischen Staatsangehörigen, zu erpressen und ihn dann hatten erschießen lassen.[57]
Andererseits können etwa Diebstähle und sonstige Straftaten, begangen durch Soldaten, den Staat nicht ohne weiteres verantwortlich machen.[58] Ebensowenig haftet der Staat für Verkehrsunfälle, die die Angehörigen seiner Streitkräfte nicht bei dienstlichen, sondern bei privaten Fahrten herbeiführen oder für den Unterhalt unehelicher Kinder, die eine Besatzungstruppe in dem vormals besetzten Gebiet hinterläßt.[59] Der Staat kann aber freiwillig *(ex gratia)* weitergehende Verpflichtungen übernehmen, wie es denn auch nicht selten geschieht.[60]

2. In Grenzfällen stellen die internationalen Gerichte u. a. darauf ab, ob die Soldaten ihre Taten im Rahmen ihres militärischen Verbandes und in Gegenwart oder mit Wissen von Offizieren begangen

[52] Vgl. auch Bd. I, S. 382 f. Weiteres Material z. B. bei *Hackworth*, Bd. V, 682 f. Vgl. auch den bei *Moore*, Bd. VI, 758 f, erörterten Fall *Young* (Haftung Perus für eigenmächtige Ausschreitungen eines peruanischen Soldaten gegen einen Amerikaner im Zusammenhang mit Kampfhandlungen gegen Aufständische). Nicht selten sind Zwischenfälle, die sich aus der Unvorsichtigkeit wachhabender Soldaten ergeben. Vgl. etwa den bei *Freeman*, RdC 88 (1955 II), 318 f, behandelten Fall (Erschießung eines Ausländers infolge unvorsichtiger Handhabung eines Gewehrs) und den bei *Moore*, Arbitrations, Bd. VI, 762 f, erörterten Fall *Pears*, der die offenbar grob fahrlässige Tötung eines Amerikaners durch eine honduranische Waffe betrifft.

[53] Dazu *I. v. Münch*, *Panther*-Fall, in: *Strupp/Schlochauer*, Bd. II, 735 f.

[54] *P. Schneider*, *Dogger Bank* Incident, EPIL 10 (1987), 131; *Dogger Bank*-Fall (*Great Britain v. Russia*) bei *Scott* Bd. I, 403 ff.

[55] Vgl. zum Abschuß einer südkoreanischen Verkehrsmaschine 1983 *Verdross/Simma*, § 458, Anm. 26; ILM 22 (1983), 1109 ff; RGDIP 88 (1984), 435 ff; insb. zur Reaktion der USA, AJIL 78 (1984), 244 f und 213 ff. Zum Abschuß einer iranischen Passagiermaschine vgl. *D. K. Linnan*, Iran Air Flight 655 and beyond, AJIL 16 (1991), 245 ff.

[56] RIAA IV, 110.

[57] RIAA V, 516. Es handelte sich um Offiziere eines Aufständischenverbandes. Mexiko hatte sich jedoch ausdrücklich verpflichtet, auch für Verfehlungen von Aufständischen, wie für die von Regierungsorganen, Genugtuung zu leisten.

[58] So z. B. der Bericht über die *Spanish Zone of Morocco Claims* (1925), RIAA II, 657 und die Entscheidungen der amerikanisch-mexikanischen *General Claims Commission* im Fall *Cibich* (1926), RIAA V, 57. Dem widerspricht allerdings die Entscheidung der amerikanischen-panamaischen Schiedskommission im Fall *Diaz*, AD 1933–34, C. 100, die die Vereinigten Staaten auf Grund der Entwendung von Kokosnüssen durch bei Gelegenheit von Flottenübungen herumvagabundierenden amerikanischen Matrosen verantwortlich macht.

[59] Über Meinungsverschiedenheiten, die sich aus diesem Anlaß zwischen den Regierungen von Island und der Vereinigten Staaten ergeben haben, *Freeman*, RdC 88 (1955 II), 358 f.

[60] Über die liberale Gesetzgebung der USA während des Zweiten Weltkrieges *Freeman*, RdC 88 (1955 II), 349 f.

haben oder nicht.[61] Die Erheblichkeit dieses Kriteriums erscheint jedoch zweifelhaft.[62] Selbst wenn kein Offizier anwesend ist, kann ein Staat auf Grund von Ausschreitungen seiner Soldaten verantwortlich werden, wenn sich der dienstliche Charakter ihres Handelns auf andere Weise ergibt.[63] Dies gilt nicht für Soldaten, die sich auf Urlaub befinden[64] oder sich sonst außerdienstlich betätigen und dabei Exzesse begehen. Aber selbst für diese Fälle bietet die Praxis der internationalen Gerichte kein eindeutiges Bild. Es besteht zwar eine Tendenz, dem Staat ein solches Handeln nicht zuzurechnen,[65] entscheidend ist aber letztlich stets die Konstellation des Einzelfalles. Als allgemeine Regel wird man in diesen Fällen formulieren können, daß es nicht entscheidend ist, welche Kontrolle ausgeübt worden ist, sondern welche Kontrolle über die Soldaten unter den gegebenen Umständen hätte ausgeübt werden müssen.[66]

3. Eine weitergehende Verantwortlichkeit des Staates für Völkerrechtsverstöße ihrer Streitkräfte ist in Art. 3 des IV. Haager Abkommens von 1907 für den Kriegsfall vorgesehen. Danach sind die Vertragsstaaten für alle von Angehörigen ihrer Streitkräfte begangenen Verstöße gegen das Abkommen ersatzpflichtig. Dies schließt diejenigen Fälle mit ein, in denen das Militärpersonal die Grenzen seiner Zuständigkeiten überschreitet bzw. völlig außerhalb derselben handelt.[67] Im Krieg kann also ein Staat auf Grund von Plünderungen, Notzuchtverbrechen und anderen Exzessen seiner Truppen verantwortlich werden. Durch diese Ausdehnung der Haftung soll den Verletzten eine weit gespannte Entschädigung garantiert und erreicht werden, daß die Staaten ihre Streitkräfte im Kriege einer strengen Disziplin unterwerfen.[68] Art. 91 des Ersten Zusatzprotokolls zu den Genfer Abkommen vom 12. August 1949 über den Schutz der Opfer internationaler bewaffneter Konflikte[69] greift den gleichen Gedanken auf. Danach sind alle an einem Konflikt beteiligten Parteien für

---

[61] So z. B. die amerikanisch-mexikanische Schiedskommission in den Fällen *Vesseron* (1875) bei *Moore*, Arbitrations Bd. III, 2975 und *Jeannaud* (1880), ebd. 3001, amerikanisch-venezianische Schiedskommission im Fall *Roberts* bei *J. H. Ralston*, The Law and Procedure of International Tribunals (Rev. ed. 1926), 142 f. Dieser Gesichtspunkt wird auch in einer Reihe von Entscheidungen der amerikanisch-mexikanischen *General Claims Commission*, z. B. in den Fällen *Youmans*, RIAA IV, 110, *Solis*, ebd., 358, *Stephens*, ebd., 265, *Russel*, ebd., 875, zugrunde gelegt. Vgl. auch im AJIL 9 (1915), 858 f wiedergegebenen Bericht über die Tätigkeit der amerikanisch-nicaraguanischen *Mixed Claims Commission* über deren Tätigkeit von 1911–15, 866. Weitere Hinweise bei *Ralston*, 395 f, und *Freeman*, RdC 88 (1955 II), 330.

[62] So auch *Brownlie*, 5. Aufl., 452 ff.

[63] So auch *Freeman*, RdC 88 (1955 II), 324.

[64] Über die zwiespältige Praxis der internationalen Schiedsgerichte *Freeman*, RdC 88 (1955 II), 320 f.

[65] Dafür sprechen die bei *Hackworth*, Bd. V, 578 f angeführten Belege aus der amerikanischen Praxis.

[66] Einer der klassischen Fälle ist der 1925 von der britisch-amerikanischen *Claims Commission* auf Grund des Vertrages von 1910 entschiedene Fall *Zafiro*. Als die *Zafiro*, ein Hilfsschiff der amerikanischen Flotte, während des spanisch-amerikanischen Krieges von 1898 in einem philippinischen Hafen Kohlen übernahm, erhielt eine Gruppe der zum Teil aus Chinesen bestehenden Besatzung Landurlaub, den sie zu Plünderungen in den von ihren Eigentümern geräumten Wohnungen benutzte. Hier wurde die Haftung der Vereinigten Staaten nicht mit dem außerdienstlichen Verhalten der Besatzungsmitglieder an sich, sondern damit begründet, daß der Urlaub ohne die Gewährleistung der erforderlichen Aufsicht überhaupt erteilt worden sei. Grundlage der Haftung war also die mangelhafte Organisation; in die gleiche Richtung gehend: Case of *Ireland against the United Kingdom*, European Court of Human Rights, Series A, vol. 25, Judgment of 18 Januar 1978; *Gordon Claim* (1930), RIAA IV, 586; *Morton Claim* ibidem, 428; *Mallén Claim* (1927), RIAA IV, 173 (175); *Henriquez Claim*, RIAA X, 727; *Ousset Claim*, ILR 22, 312 (314).

[67] So z. B. auch *Freeman*, RdC 88 (1955 II), 332 f, 335 f; *Verdross*, 316.

[68] Bezweifelt worden ist, ob diese Regeln auch auf den Bürgerkrieg oder sonst auf militärische Auseinandersetzungen ausgedehnt werden können, die keinen internationalen Konflikt darstellen. Die Frage wird in der Entscheidung der französisch-mexikanischen Kommission im Fall *Caire* (Anm. 45), 528 verneint. Anders, mit Recht, *M. Huber* in seinem Bericht über die britischen Vermögensinteressen in Spanisch Marokko (1925), RIAA 2, 645, der das Prinzip auf den Kampf mit Aufständischen entsprechend anwenden will. Umstritten ist die Frage, ob die erweiterte Haftung des Art. 3 auch auf andere Verletzungen des Kriegsrechts als solche der IV. Konvention ausgedehnt werden darf, dafür z. B. *E. M. Borchard*, The Protection of Citizens Abroad (1915), 248, dagegen – im Hinblick auf den eindeutigen Wortlaut und den Ausnahmecharakter der Vorschrift wohl richtig – *Freeman*, RdC 88 (1955 II), 338 f.

[69] BGBl. 1990 II, 1551.

Handlungen verantwortlich, die von den zu ihren Streitkräften gehörenden Personen begangen werden. Es wird demnach weder zwischen Sieger und Besiegten, noch zwischen dienstlichen und privaten Handlungen der Soldaten unterschieden. Einzelheiten über das Verfahren der Geltendmachung enthält diese Vorschrift nicht.[70]

4. Die Haftung der Staaten erstreckt sich ebenfalls auf irreguläre Truppen, auf Freiwilligenverbände und ähnliche Einheiten, soweit der Staat sie organisiert, beaufsichtigt, unterstützt oder zumindest kontrolliert.[71] Selbst wenn dies nicht der Fall ist, kann er dadurch für sie verantwortlich werden, daß er die Aufstellung oder die Organisation solcher Verbände gestattet[72] oder ihre Verfehlungen nicht mit dem gebotenen Nachdruck verfolgt.

Als Beispiel ist der Einsatz von sog. Freiwilligen in bewaffneten Konflikten zu nennen, um nicht selbst als kriegsführende Partei zu gelten. Dazu gehört beispielsweise die von den Vereinigten Staaten geförderte Landung von Exilkubanern in der Schweinebucht (1961); die Teilnahme von Pakistan auf Seiten der Muchahedin im Afghanistan-Konflikt; der Einsatz kubanischer Streitkräfte im Angola-Konflikt. Unter diesem Gesichtspunkt wurde auch die Unterstützung der Contras durch die Vereinigten Staaten im *Nicaragua*-Fall diskutiert. Der Internationale Gerichtshof[73] hat hierzu ausgeführt: „It [the Court] takes the view... that the United States is not responsible for the acts of the Contras, but for its own conduct *vis-à-vis* Nicaragua, including conduct related to the acts of the Contras. What the Court has to investigate is not the complaints relating to alleged violations of humanitarian law by the Contras, regarded by Nicaragua as imputable to the United States, but rather unlawful acts for which the United States may be responsible directly in connection with the activities of the Contras". Das Berufungsurteil des Internationalen Strafgerichtshofs für das ehemalige Jugoslawien im Fall *Tadić*[74] hält den „Nicaragua-Test" nicht passend für die Zurechnungsfrage bei der Staatenverantwortlichkeit. Für die Zurechnung der Aktivitäten bewaffneter Gruppen wie Rebellen, Banden und irreguläre Einheiten zum Staat genüge es, daß die Gruppe als solche unter der generellen Kontrolle des Staates stehe, ob einzelne Handlungen kontrolliert werden konnten bzw. angeordnet wurden, sei irrelevant. *„Consequently, for the attribution to a State of acts of these groups it is sufficient to require that the group as a whole be under the overall control of the State.*"

5. Der Staat haftet für das Verhalten seiner Streitkräfte, wenn diese im Ausland als Geheimagenten rechtswidrige Akte begehen.

Auf dieser Basis war Frankreich für die Versenkung des Bootes Rainbow Warrior (*Rainbow Warrior*-Fall) im Hafen von Auckland durch französisches Militärpersonal verantwortlich. Es wurde verpflichtet, eine förmliche und bedingungslose Entschuldigung gegenüber Neuseeland zu leisten und Schadensersatz in Höhe von 7 Mio. US-Dollar zu zahlen.[75] Die beiden in Neuseeland verurteilen

[70] Vgl. zur Entstehungsgeschichte: *M. Bothe/K. J. Partsch/W. Solf*, New Rules for Victims of Armed Conflicts, 1982, 547.

[71] Während des Palästinakonflikts im Jahre 1948 faßte der Sicherheitsrat eine Entschließung des Inhalts, daß die Parteien für Aktionen auch ihrer irregulären Streitkräfte unter Verletzung des Waffenstillstands verantwortlich seien. Vgl. United Nations Yearbook 1947–48, 444.

[72] Mit dieser Begründung wurde der Staat Israel nach der Ermordung des Grafen *Bernadotte* durch irreguläre Truppen auf israelischem Gebiet im Jahre 1948 von den Vereinten Nationen haftbar gemacht, er hat seine Verantwortlichkeit nicht bestritten. Dazu *E. M. Sohn*, Cases on United Nations Law (1956), 265 f.

[73] ICJ Reports 1986, 65, para. 9; vgl. dazu *F. A. Boyle*, Determining U.S. Responsibility for Contra Operations under International Law, AJIL 81 (1987), 86 ff.

[74] Case No. IT-94-1-A, 15. July 1999, zur Staatenverantwortlichkeit für Handlungen bewaffneter Gruppen S. 35–72.

[75] ILR 74, 241, ILM 26 (1987) 1346 ff; vgl. dazu *Charpentier*, AFDI 31 (1985), 210 ff; *ders.*, L'affaire Rainbow-Warrior et la responsabilité internationale des Etats, 1991; *M. Pugh*, Legal Aspects of the Rainbow Warrior Affair, ICLQ 36 (1987) 655 ff; weitere Schiedssprüche beziehen sich auf die vorzeitige Rückführung der beiden französischen Täter nach Frankreich (*Rainbow Warrior* (*New Zealand v. France*)), 1990, ILR 82, 500; vgl. dazu *S. Marks*, Treaties, State Responsibility and Remedies, Cambridge Law Journal 49 (1990), 387 ff; *S. Davidson*, ICLQ 40 (1991), 446 ff. Andere Fälle dieser Art betreffend die Haftung für Handlungen von Geheimagenten sind *López v. Uruguay* (1981) ILR 68, 29; *Celiberti de Casariego v. Uruguay* (1981) ILR 68, 41.

Militärpersonen wurden von Neuseeland an Frankreich überstellt, sollten aber drei Jahre auf einer Militärbasis in Französisch Polynesien verbleiben.[76] Frankreich verpflichtete sich, dem Import bestimmter landwirtschaftlicher Produkte in die EWG nicht zu widersprechen.

VIII. 1. Ein Staat kann, worauf bereits verwiesen wurde, für die Unzulänglichkeit oder das Versagen seiner Rechtspflege international verantwortlich gemacht werden.[77] Er haftet zunächst für Mängel seiner Justizorganisation. Beispielsweise liegt eine völkerrechtswidrige Rechtsverweigerung vor, wenn es keine Gerichte gibt, die Ausländer anrufen können *(denial of justice)*,[78] oder wenn er seine Rechte im Verfahren nicht in vollem Umfang und nicht auf dem Boden der völligen Gleichberechtigung mit Inländern geltend zu machen vermag.[79] Zudem müssen die Gerichte den Mindestanforderungen an eine geordnete und unparteiische Rechtsfindung genügen.[80]
Sodann kann der Staat für Fehlentscheidungen oder sonstigen Verfehlungen seiner Justizorgane verantwortlich gemacht werden.[81] Dies ist der Fall, wenn Völkerrecht von einem Gericht unrichtig angewandt wird. Eine Verletzung des Völkerrechts stellt aber auch die vom Standpunkt des innerstaatlichen Rechts richtige Anwendung völkerrechtswidrigen Landesrechts dar. Die völkerrechtliche Verantwortlichkeit beruht zum einen darauf, daß der Staat seine Gesetzgebung nicht dem Völkerrecht angepaßt hat, und zum anderen, daß er für seine Rechtspflegeorgane verantwortlich ist.

2. Die Rechtspflegeorgane können eine Völkerrechtsverletzung auch dadurch begehen, daß sie Ausländern nicht die Behandlung und den Schutz zuteil werden lassen, die diese nach den

---

[76] Sie wurden allerdings vor Ablauf dieser Frist nach Frankreich zurückgeführt. Zu dem sich hieraus ergebenden Schiedsverfahren vgl. u. a. *R. Pinto*, L'affaire due Rainbow Warrior: A propos de la sentence arbitrale du 30 avril 1990, JDI 4 (1990), 841.

[77] Rechtsgutachten des Ständigen Internationalen Gerichtshofs im *Concerning the Jurisdiction of the Courts of Danzig*-Fall, PCIJ Series B, No. 15, 1928 (24); Urteil des Ständigen Internationalen Gerichtshofs im *Phosphates in Morocco*-Fall, PCIJ Series A/B No. 74, 1938 (28); Urteil des Internationalen Gerichtshofs vom im *Ambatielos*-Fall, ICJ Reports 1953 (10 und 21); *Rousseau*, Bd.V, 67 f.
Nicht immer gehören Rechtsprechungsorgane zu dem Staat, auf dessen Territorium sie tätig werden, vgl. insoweit *X v. German Federal Republic*, ILR 24 (1957), 401; *Mr X and Mrs. X v. German Federal Republic*, ILR 25 (1958 I) 190 (205–210). Das gleiche gilt hinsichtlich von privaten Schiedsgerichten vgl. *Nordsee Deutsche Hochseefischerei GmbH v. Reederei Mond Hochseefischerei Nordstern* AG & Co. KG (1985), ECR 1095. Hinsichtlich des *Judicial Committee* des *Privy Council* ist zu berücksichtigen, daß dieses auch als Berufungsgericht für Mitglieder des British Commonwealth fungiert. In diesen Fällen, handelt es als Gericht des Staates, aus dem die Berufung eingelegt wurde. Vgl. *Philipp*; *Oppenheim/Jennings/Watts*, Bd. I/1, 543.

[78] *De Visscher*, RdC 88 (1955 II), 384 ff; über einen solchen Fall, der u. a. die Haftung des Staates für Verfehlungen eines von einem Gericht eingesetzten Vermögensverwalters zum Gegenstand hat, vgl. die Entscheidung der amerikanisch-mexikanischen Gemischten *Claims Commission* im Fall *Venable* (1927), RIAA IV, 219. Hier gingen die Meinungen der Kommissionsmitglieder weit auseinander. Die Verletzung des Verbots des *denial of justice* kann auch darin bestehen, daß die Errichtung eines Schiedsgerichts behindert wird.

[79] *Freeman*, 215 ff, dazu auch den Vortrag von Belgien in dem *Barcelona Traction*-Fall (Second Phase), ICJ Reports 1970, 3 (18–22). Das Gericht mußte auf diesen Teil des Vortrags nicht im einzelnen eingehen. Das Gericht stellte aber fest, daß „*... human rights ... include protection against denial of justice ...*" (47); siehe aber Separate Opinion von Richter Tanaka, ICJ Reports 1970, 156.

[80] So wurde Mexiko in der Entscheidung der britisch-mexikanischen Schiedskommission im Fall der *El Oro Mining and Railway Company* (1931), RIAA V, 191 f auf Grund der Tatsache verantwortlich gemacht, daß die britische Gesellschaft neun Jahre lang vergeblich auf eine Entscheidung ihres Rechtsstreits hatte warten müssen. Auch die Überarbeitung des Gerichts erkannte die Schiedskommission nicht als Entschuldigung an, da Mexiko dann eben für die Unzulänglichkeit seines Justizapparats verantwortlich sei (198). Vgl. auch *Moore*, Arbitration, Bd. II, 2053; so auf der Basis von Art. 6 EMRK der Europäische Menschenrechtsgerichtshof im *Guincho*-Fall (1984), ILR 78, 355 sowie im Fall *Eckle*, EuGRZ 1983, 371 ff und 553 ff, in dem die Bundesrepublik Deutschland verantwortlich gemacht wurde für eine überlange Verfahrensdauer in einer Strafsache.

[81] *Brownlie*, 5. Aufl., 452 f; *Eustathiades*, 2 Bd, 1936; a.A. *Rousseau*, Bd. V, 71 f.

Regeln des internationalen Fremdenrechts beanspruchen können.[82] In Betracht kommt in erster Linie ein Verstoß gegen das Verbot der Ausländerdiskriminierung im Verfahren sowie die Verweigerung, Behinderung oder die Verzögerung der aktiven Rechtsverfolgung.

Die fehlerhafte Anwendung oder Nichtanwendung des innerstaatlichen Rechts zum Nachteil eines Ausländers für sich allein begründet allerdings noch keine internationale Verantwortlichkeit. Wird ein Ausländer zu Unrecht mit einer Zivilklage abgewiesen, oder wird der Mörder eines Ausländers zu Unrecht freigesprochen, so reicht dies allein nicht aus, um den Staat völkerrechtlich verantwortlich zu machen.[83] Die internationale Praxis berücksichtigt die Unabhängigkeit der Gerichte[84] und scheut davor zurück, die Entscheidungen nationaler Gerichte einer allgemeinen Irrtumskontrolle durch internationale Instanzen zu unterwerfen und damit internationalen Gerichten *de facto* die Rolle einer Berufungsinstanz zukommen zu lassen. Die internationale Verantwortlichkeit des Staates auf Grund von Fehlentscheidungen, die sich gegen Ausländer richten, bleibt daher auf die Fälle beschränkt, in denen die fehlerhafte Anwendung oder Nichtanwendung des innerstaatlichen Rechts einen groben Mißbrauch der Rechtspflege darstellt.[85] Der grobe Fehler kann dem Verfahren[86] anhaften, er kann aber auch in der fehlerhaften Anwendung oder Nichtanwendung von materiellem Recht liegen. Neben bewußter Rechtsbeugung, -verweigerung oder -verzögerung können auch offensichtlich fehlerhafte Entscheidungen den Staat verantwortlich machen, deren Unrichtigkeit für jeden unvoreingenommenen Beurteiler klar auf der Hand liegt, auch wenn die Rechtsverletzung nicht vorsätzlich begangen wurde. In diesen Fällen stellt die Mißachtung des innerstaatlichen Rechts zugleich auch eine solche des Völkerrechts dar und löst die internationale Verantwortlichkeit aus.[87]

---

[82] Vgl. dazu §§ 95 ff.

[83] So etwa das Urteil des StIGH im *Lotus*-Fall, PCIJ, Series A 10, 24: „The fact that the judicial authorities may have committed an error in their choice of the legal provision applicable to the particular case and compatible with international law only concerns municipal law and can only affect international law in so far as a treaty provision enters into account, or the possibility of a denial of justice arises".

[84] Dies gilt allerdings nicht uneingeschränkt. In den 20er Jahren veranlaßte die Freisprechung des Angeklagten durch ein schweizerisches Gericht nach der Ermordung des sowjetischen Beobachters auf der Konferenz in Lausanne die Sowjetunion zum Abbruch der diplomatischen Beziehungen mit der Schweiz. Dazu *Hurst*, RdC 12 (1926 II), 126 f. – 1952 protestierte die chinesische Volksregierung gegen eine Entscheidung des britischen *Privy Council*, die einer Berufung gegen der Volksregierung günstige Urteile der Vorinstanzen betreffend das Eigentum an früher der chinesischen Regierung gehörenden Flugzeugen stattgegeben hatte und nahm diesen Vorgang zum Anlaß, um britisches Eigentum in China zu beschlagnahmen. Dazu *Calvocoressi*, Survey 1952, 348.

[85] So schon *Vattel*, 1.II, ch. XVIII § 350: *„il faut que l'injustice soit bien évidente et palpable"*.

[86] Vgl. Nachweise in Anm. 66 f.

[87] So heißt es z. B. im Schiedsspruch des britisch-amerikanischen Schiedsgerichts im Fall der *Interocean Transportation Company of America* (AD 1935–37, C. 115), der den Vorwurf der Rechtsverweigerung, erhoben gegen ein britisches Prisengericht, zum Gegenstand hatte: „The heaviest sort of burden rests upon the claiming government to overcome the presumption of verity which attaches to the solemn decisions of municipal tribunals having jurisdiction ... a denial of justice as to findings of fact in prize proceedings will not be found unless the findings are wholly without evidence to support them; that is, unless they are such that reasonable and impartial minds could not draw them upon the record ..." (276). Der gleiche strenge Maßstab wurde von der amerikanisch-mexikanischen *General Claims Commission* 1926 im Falle *Garcia* (RIAA IV, 119 f) bei der Beurteilung der Frage angelegt, ob der Präsident der USA in seiner Eigenschaft als oberster Gerichtsherr sich durch die Aufhebung eines kriegsgerichtlichen Urteils gegen einen Offizier einer Rechtsverweigerung schuldig gemacht haben könnte. Ein solcher Akt könne den Staat nur verantwortlich machen, wenn er „... amounted to an outrage, to bad faith, to wilful neglect of duty, or to an insufficiency of governmental action so far short of international standards that every reasonable and impartial man would readily recognise its insufficiency ..." (123). Ebenso die Entscheidung der *Mexican-United States General Claims Commission* in bezug auf den *Neer* Claim. Dort heißt es (RIAA IV, 60 para. 4): „... it is possible ... to hold (first) that the propriety of governmental acts should be put to the test of international standards, and (second) that the treatment of an alien, in order to constitute an international delinquency, should amount to an outrage, to bad faith, to wilful neglect of duty, or to an insufficiency of governmental action so far short of international standards that every reasonable and impartial man would readily recognize its insufficiency". Vgl. auch den Schiedsspruch des Hamburger Senats in den Fällen *Croft* (1856) bei *Lapr.-Pol.* II, 23 f mit kritischer *note doctrinale*, ebd., 33, und *Quille* (1861), ebd., 101 f mit *note doctrinale*, ebd., 113. In gleichem Sinne der

Zu den Rechtspflegeorganen gehören neben den Gerichten auch die Strafverfolgungsbehörden, die Justizverwaltungsorgane und Vollstreckungsorgane.[88]
Generell ist allerdings zu berücksichtigen, daß ein Anspruch auf Schadensersatz erst nach Ausschöpfung der innerstaatlichen Rechtswege geltend gemacht werden kann.[89]

§ 177 Die Verantwortung des Staates für oder aus Anlaß des Handelns von Privatpersonen

Schrifttum: vor § 173; ferner: *A. Jess*, Politische Handlungen Privater gegen das Ausland und das Völkerrecht, 1923; *E. Roth*, Schadensersatz für Verletzungen Privater bei völkerrechtlichen Delikten, 1934; *F. Klein*, Die mittelbare Haftung im Völkerrecht, 1941; *E. Zellweger*, Die völkerrechtliche Verantwortlichkeit des Staates für die Presse, 1949; *J. M. Mössner*, Privatpersonen als Verursacher völkerrechtlicher Delikte, GYIL 24 (1981), 63 ff; *G. A. Christensen*, The Doctrine of Attribution in State responsibility, in: *R. B. Lillich* (Hrsg.), International Law of State responsibility for injuries to aliens, 1983, 321 ff; *O. Kimminich*, Völkerrechtliche Haftung für das Handeln Privater im Bereich des internationalen Umweltrechts, AVR 22 (1984), 241 ff; *J. Wolf*, Zurechnungsfragen bei Handlungen von Privatpersonen, ZaöRV 45 (1985), 232 ff; *F. von der Dunk*, Commercial space activities: an inventory of liability – an inventory of problems, in: Proceedings of the Thirty-Seventh Colloquium on the Law of Outer Space, 1995, 161 ff; *S. Sucharitkul*, State responsibility and international liability in transnational relations, in: *J. Makarczyk*, Theory of international law at the threshold of the 21st century, 1996, 283 ff; *G. Townsend*, State responsibility for acts of De Facto Agents, Arizona journal of international and comparative law 14 (1997), 635 ff; State Responsibility in a Multiactor World, ASIL Proceedings of the 92nd Annual Meeting, 92 (1998) 291 ff; *R. Abeyratne*, Air carrier liability and state responsibility for the carriage of inadmissible persons and refugees, Air and space law 24 (1999), 3 ff; *C. Chinkin*, A

amerikanische *Commissioner* im Falle *Trubull* bei *Moore*, Arbitrations, Bd. IV, 3259 f (Haftung nur bei „palpable injustice", bei „malice and want of probable cause"), Entscheidung der amerikanisch-mexikanischen *General Claims Commission* in den Fällen *Putnam*, RIAA IV, 151, *Chattin*, RIAA IV, 282, *Parrish*, RIAA IV, 314, *Morton*, RIAA IV, 428, Schiedsspruch der italienisch-venezolarischen Schiedskommission im Fall *Martini* bei *J. H. Ralston*, The Law and Procedure of International Tribunals (Rev. ed. 1926), 975 (986 f), des amerikanisch-ägyptischen Schiedsgerichts im Falle *Salem* (1931), RIAA II, 1202 (Rechtsverweigerung nicht schon bei einfachem Rechtsirrtum, sondern nur in *„exorbitant cases of judicial injustice"*); *H. v. United Kingdom* (1983), ILR 75, 369 (377 f).
Kaum im Einklang mit dieser Rechtsprechung steht aber die Entscheidung der amerikanisch-panamesischen Schiedskommission im Falle *Solomon*, AD 1933–34, C. 93: Haftung Panamas auf Grund der ungerechtfertigten Bestrafung eines Amerikaners, weil das Gericht „was unconsciously influenced by strong popular feeling". Weiteres Material bei *Hackworth*, Digest Bd. V, 534 f und *Schwarzenberger*, Bd. I, 619 f. Vgl. auch *Moore*, Arbitration, Bd. VI, 848 f über den Protest des italienischen Botschafters gegen die wiederholte Freisprechung von Angeklagten nach der Ermordung von Italienern in den USA, z. B. die amerikanisch-mexikanische *General Claims Commission* im Fall *Roper* (1927), RIAA IV, 145 (Haftung schon für gewöhnliche Nachlässigkeit eines Richters, der mit der Anstellung gewisser Ermittlungen beauftragt war). – Im Gegensatz zu der sonst allgemeine vertretenen Lehre steht der Schiedsspruch des Schiedsrichters von Martens im Falle *Costa Rica Packet* (1897), NRG XXIII, 808 f, der die Niederlande für die angeblich dem Völkerrecht widersprechende Strafverfolgung eines britischen Kapitäns nach einer auf hoher See begangenen Straftat ersatzpflichtig machte. Die Entscheidungs ist häufig kritisiert worden. Vgl. dazu die Materialien bei *Martens* NRG, 2ème serie 23 (1898), 48, 715, 808.

[88] Vgl. dazu *F. A. Mann*, State Contracts and International Arbitrations, BYIL 42 (1967), 26 ff; *S. M. Schwebel*, International Arbitrations: Three Salient Problems, 1987, 61 ff; Petition of Petrol Problems (1966), ILR 42, 172 ff; s. aber die Entscheidung in dem *Ambatielos* Schiedsverfahren (1956), wonach die mit Mitteln des innerstaatlichen Rechts erreichte Nichtvorlage von Dokumenten an ein Schiedsgericht kein *denial of justice* darstellt. Vgl. dazu auch *Ambatielos Arbitration* (1956), RIAA XII, 83; ILR 23 (1956) 306; 24 (1957), 291 sowie *Ambatielos* Case *(Greece v. UK)*, ICJ Reports 1953, 10, insbesondere Gemeinsamen Abweichenden Meinungen der Richter *McNair*, *Basdevant*, *Klaestad* und *Read*, 31 ff.

[89] Vgl. dazu im einzelnen *Brownlie*, 5. Aufl., 496 ff, *Shaw*, 4. Aufl., 567 ff.

critique of the public/private dimension, European journal of international law 10 (1999), 387 ff; *G. Sperduti*, Responsibility of States for Activities of Private Law Persons, EPIL IV (2000), 216 ff.

I. Auch wenn der Staat grundsätzlich nur für das Verhalten seiner Organe haftet, so schließt dies eine Verantwortlichkeit für das Verhalten von Privatpersonen in seinem Hoheitsbereich oder selbst jenseits seiner Grenzen[1] nicht aus. Hierfür gibt es in der völkerrechtlichen Praxis eine Reihe von Beispielen, deren systematische Einordnung allerdings umstritten ist.[2]
Wann ein Staat für das Verhalten von Privatpersonen international verantwortlich ist, ist eine Frage der Zurechenbarkeit. Entscheidend ist demgemäß das Verhältnis des Staates zu diesen Privatpersonen, bzw. die Pflichten des Staates gegenüber dem verletzten Personenkreis bzw. den verletzten Sachgütern. Die völkerrechtliche Verantwortlichkeit eines Staates für das Verhalten von Privatpersonen kann sich daraus ergeben, daß diese, obwohl es sich nicht um Organe handelt, staatliche Funktionen wahrnehmen. Darüber hinaus kann eine Verantwortlichkeit darauf beruhen, daß ein Staat die Verantwortlichkeit speziell übernommen hat, oder generellen Verhaltenspflichten unterliegt, diesen aber anläßlich des privaten Verhaltens nicht nachgekommen ist, oder er sich mit dem privaten Verhalten identifiziert hat.[3]
Die entsprechenden Vorschriften in dem ILC Entwurf[4] erfassen die wesentlichen Fallgruppen, in denen eine Haftung des Staates für das Handeln Privater in Betracht kommt. Verfolgt wird von dem Entwurf ein eher pragmatischer Ansatz, ohne Anspruch auf eine systematische Durchdringung dieses Komplexes.[5]

II. 1. Der moderne Staat bedient sich zur Erfüllung seiner Zwecke in weitem Umfang bürgerlich-rechtlicher Handlungsformen. Auch wenn die handelnden Personen nicht in Ausübung staatlicher Hoheitsgewalt tätig werden, kann doch eine internationale Verantwortlichkeit für diese bestehen.[6]
Insoweit gilt, daß der Staat nach außen als eine haftungsrechtliche Einheit anzusehen ist. Wenn ein Staat innerstaatlich die Voraussetzungen schafft, daß auch in bürgerlich-rechtlichen Formen Staatsfunktionen erfüllt werden, so kann er sich damit einer internationalen Verantwortlichkeit nicht entziehen. Die Rechtsformen, in denen das staatliche Tätigwerden erfolgt, ist für die völkerrechtliche Verantwortlichkeit irrelevant.[7]

2. Eine Verantwortlichkeit des Staates für das Handeln von Privatpersonen kann sich dann ergeben, wenn diese öffentliche Funktionen unter staatlicher Kontrolle oder anstelle hand-

[1] Daher soll z. B. Spanien nach dem Bericht von *Huber* über die britischen Vermögensinteressen in Span. Marokko (1925), RIAA II, 615 (636), für das Auftreten seiner Staatsangehörigen in der internationalen Zone in Tanger nicht verantwortlich sein. „... *Responsabilité et souveraineté territoriale se conditionnent réciproquement* ...“; ebenso *Janes' Case* (1925) RIAA IV, 86 ff; *Kennedy Case* (1927), RIAA IV, 194; *Venable Case* (1927), RIAA IV, 219 (227–230); *Noyes Case*, RIAA VI, 311.

[2] *Chinkin*, EJIL 1999 (10), 387 ff.

[3] Vgl. *Ipsen*, in: *Ipsen* (Hrsg.), 4. Aufl., 560.

[4] Art. 8, 9 und 11 des ILC-Entwurfs zur Staatenverantwortlichkeit, Report of the International Law Commission, Fifty-third session, 23 April – 1 June and 2 July – 10 August 2001 (GAOR 56th session, Suppl. 10 (A/56/10), 103 ff, 109 ff, 118 ff jeweils mit Kommentierung; vgl. dazu auch die früheren Entwürfe, Yearbook ILC 1980 II/2, 26 (31); ebd. 1975 II 51 (70 f) mit Kommentar.

[5] Kritisch zu dem vorherigen Text (Yearbook ILC 1975 II, 61 ff mit Kommentierung) *Brownlie*, State Responsibility, *Wolf*, 256; *Mössner*, 90; *Christensen*, 323; positiver *Epiney*, 117 f; vgl. insoweit Kommentierung des Special Rapporteur *Crawford*, First Report on State responsibility (Doc. A/CN.4/490/Add.5), paras. 195–221; 244–248; 281–286.

[6] A. A. *Dahm*, 1. Aufl., 194, wie hier *Oppenheim/Jennings/Watts*, 9. Aufl., Bd. I/1, 550; durch die Delegation von Hoheitsbefugnissen an Privatpersonen kann ein Staat sich nicht der internationalen Verantwortlichkeit entziehen; vgl dazu *van der Mussele*-Fall (1983), ILR 73, 459 (470 f); in dem Fall *Wintershall AG v. Government of Qatar*, ILM 28 (1989), 795 (811 f) stellte das Schiedsgericht entscheidend darauf ab, daß der Vorstand der Gesellschaft von dem Emir von Qatar ernannt war und im wesentlichen aus Vertretern des Erdölministeriums bestand.

[7] Wie hier *Ipsen*, in: *Ipsen* (Hrsg.), 4. Aufl., 560.

lungsunfähiger Staatsorgane übernommen haben. Zu denken ist im letztgenannten Fall an Katastrophenfälle oder den Widerstand der Zivilbevölkerung in besetzten Gebieten im Rahmen der kriegsrechtlichen Regeln.[8] Die Völkerrechtskommission hat diesen Grundsätzen in Art. 8 und 9 ihres Entwurfes Ausdruck verliehen.[9]

Der ILC-Entwurf identifiziert die beiden angesprochenen Fallgruppen. In der erstgenannten Fallkonstellation üben Privatpersonen öffentliche Funktionen aus, ohne in die Staatsverwaltung eingegliedert zu sein. Zu denken ist dabei z. B. an eine Unterstützung der Polizei durch Private. Die Rechtfertigung für eine Staatenverantwortlichkeit ergibt sich aus der Inanspruchnahme dieser Privatpersonen durch staatliche Organe. Diskutiert wird in diesem Zusammenhang gelegentlich eine Verantwortlichkeit des Staates für Massenmedien. Mit Rücksicht auf die auch institutionell gesicherte Unabhängigkeit der Massenmedien in einem demokratisch verfaßten Staat ist eine derartige Haftung allerdings abzulehnen.[10]
Hiervon zu unterscheiden ist die Ausübung öffentlicher Funktionen durch Private ohne Beauftragung staatlicher Organe und an deren Stelle. Auch wenn keine Verbindung zwischen den Privatpersonen und Staatspersonen besteht, rechtfertigt es doch die Natur der von den Privaten ausgeführten Funktionen, ihre Handlungen dem betreffenden Staat zuzurechnen. Dies gilt auch für das Handeln von *de facto*-Regimen.[11] Diese Frage wurde intensiv im *Nicaragua*-Fall behandelt.[12] Der Internationale Gerichtshof stellte sich die Frage, ob das Verhalten der Contras generell den Vereinigten Staaten von Amerika zuzurechnen sei. Dies wurde letztlich verneint,[13] wenn auch den Vereinigten Staaten von Amerika einzelne Angriffe zugerechnet wurden. Ähnlich war die Argumentation des *International Criminal Tribunal for the Former Yugoslavia* im *Tadić*-Fall.[14] Die Berufungskammer im Falle *Tadić*[15] hat sich intensiv mit dieser Frage auseinandergesetzt[16] und dabei auch zustimmend auf die Arbeiten der ILC zur Staatenverantwortlichkeit verwiesen.[17] Letztlich weicht die Berufungskammer von der Rechtsprechung des Internationalen Gerichtshofs im *Nicaragua*-Fall ausdrücklich ab. Das *Iran-United States Claims Tribunal* hatte sich mit dieser Frage ebenfalls auseinanderzusetzen. Die Situation ist aber mit der anderer internationaler Gerichte insoweit nicht vergleichbar, als sich seine Jurisdiktion ausdrücklich auf *„entities controlled by"* erstreckt.[18] Der Europäische Menschenrechtsgerichtshof hat im Falle *Loizidou*

---

[8] *Ipsen*, in: *Ipsen* (Hrsg.), 4. Aufl., 560; *v. Glahn*, 263; *Brownlie*, State Responsibility, 160/161; *Quéneudec*, 45.

[9] Art. 8: The conduct of a person or a group of persons shall be considered an act of a State under international law if the person or group of persons is in fact acting on the instructions of, or under the direction or control of, that State in carrying out the conduct.
Art. 9: The conduct of a person or group of persons shall be an act of a State under international law if the person is in fact exercising elements of the governmental authority in the absence or default of the official authorities and in circumstances such as to call for the exercise of those elements of authority (Anm. 2).

[10] Vgl. hierzu *E. Zellweyer*, Die völkerrechtliche Verantwortlichkeit des Staates für die Presse, 1949.

[11] Vgl. dazu *J. Spiropoulos*, Die de facto-Regierung im Völkerrecht, 1926, 172 f; *J. A. Frowein*, Das de facto-Regime im Völkerrecht, 1968, 70 f.

[12] ICJ Reports 1986, 14.

[13] „Despite the heavy subsidies and other support provided to them by the United States, there is no clear evidence of the United States having actually exercised such a degree of control in all fields as to justify treating the contras as acting on its behalf ... All the forms of united States participation mentioned above, and even the general control by the respondent State over a force with a high degree of dependency on it, would not in themselves mean, without further evidence, that the United States directed or enforced the perpetration of the acts contrary to human rights and humanitarian law alleged by the applicant State. Such acts could well be committed by members of the contras without the control of the United States. For this conduct to give rise to legal responsibility of the United States, it would have to be proved that that State had effective control of the military or paramilitary operations in the course of which the alleged violations were committed." (ICJ Reports 1986, 14 (62, 64 f); vgl. dazu auch Richter *Ago* in seiner *Separate Opinion*, ICJ Reports 1986, 188 f).

[14] *Prosecutor v. Tadić*, ILR 112 (1997), 1 (190, para. 585).

[15] Judgment of 15 July 1999, Case No. IT-94-1-A.

[16] Paras. 98–144.

[17] Para. 117.

[18] Vgl. insoweit die Entscheidung im Falle *Starrett Housing Corp. v. Government of the Islamic Republic of Iran*, Iran-United States Claims Tribunal 4 (1983) 122 (143); vgl. auch Entscheidung im Falle *Yeager v. Islamic Republic of Iran*, Iran-United States Claims Tribunal 17 (1987), 92 (103): „While there is some doubt as to whether revolutionary ‚Komitehs' or ‚Guards' can be considered ‚organs' of the Government of Iran since they were not formally recognized

v. Turkey eine Verantwortlichkeit der Türkei für Akte der Regierung in Nord-Zypern festgestellt.[19]

Problematisch ist der Fall, wenn, wie in Somalia, die Staatsgewalt zerfällt[20] und durch rivalisierende private Gruppen ausgeübt wird. Auch in derartigen Fällen ist das Verhalten dieser Gruppen dem betreffenden Staat zuzurechnen. Dies ergibt sich aus der Natur der von diesen Gruppen wahrgenommenen Funktionen, die für sich in Anspruch nehmen, die oberste Gewalt in dem betreffenden Staat zu repräsentieren. Schließlich wird diese Frage auch in bezug auf staatseigene Betriebe, die in privatrechtlicher Form geführt werden, relevant. Grundsätzlich gilt hier, daß Staaten Handlungen oder Unterlassungen derartiger Betriebe im Sinne der Staatenverantwortlichkeit nur dann zuzurechnen sind, wenn diese Betriebe staatliche Funktionen wahrnehmen[21] bzw. errichtet wurden, um der internationalen Staatenverantwortlichkeit zu entgehen.

3. Eine staatliche Verantwortlichkeit ist schließlich auch in den Fällen gegeben, in denen der Staat die Wahrnehmung staatlicher Funktionen durch Private nachträglich gebilligt hat.[22] Insoweit ist vor allem auf das Urteil des Internationalen Gerichtshofs im Fall *United States Diplomatic and Consular Staff in Tehran*[23] zu verweisen. Die folgende Passage aus dem Urteil befaßte sich mit der zweiten Phase der Botschaftsbesetzung.

„The seal of official governmental approval was finally set on this situation by a decree of 17 November 1979 by the Ayatollah Khomeni... The Iranian authorities' decision to continue the subjection of the premises of the United States Embassy to occupation by militants and of the Embassy staff to detention as hostages, clearly gave rise to repeated and multiple breaches of the applicable provisions of the Vienna Convention even more serious which arose from their failure to take any steps to prevent the attacks on the inviolability of these premises and staff".

Der Gesichtspunkt einer nachträglich staatlichen Genehmigung oder der Unterstützung von privatem Handeln durch den Staat ist mehrfach als Begründung für eine staatliche Verantwortlichkeit herangezogen worden.

So hat die Schweizer Regierung Spanien für Handlungen von bestimmten anerkannten Organisationen verantwortlich gemacht, die auf seiten der Republikaner kämpften.[24] Im Jahre 1896 machten

---

during the period relevant to this Case, attributability of acts to the State is not limited to acts of organs formally recognized under internal law. Otherwise a State could avoid responsibility under international law merely by invoking its internal law. It is generally accepted in international law that a State is also responsible for acts of persons, if it is established that those persons were in fact acting on behalf of the State. See ILC-draft article 8 (a)...".

[19] ECHR Ser. A, vol. 707 (1996 VI Nr. 26) 2216 ff, para. 52: „Of particular significance to the present case the Court held, in conformity with the relevant principles of international law governing State responsibility, that the responsibility of a Contracting Party could also arise when as a consequence of military action – whether lawful or unlawful – it exercises effective control of an area outside its national territory. The obligation to secure, in such an area, the rights and freedoms set out in the Convention, derives from the fact of such control whether it be exercised directly, through its armed forces, or through a subordinate local administration." Kritisch: Dissenting Opinion Judge *Bernhardt*, ECHR Ser. A, vol. 707 (1996), para. 3.

[20] Vgl. dazu umfassend: *D. Thürer/M. Herdegen*, Der Wegfall effektiver Staatsgewalt: „The failed State", 1996, 9 ff (49 ff). Zur Verantwortlichkeit vgl. insbes. *Thürer*, 31 ff.

[21] *Phillips Petroleum Co. v. Islamic Republic of Iran*, Iran-United States Claims Tribunal 21 (1989), 79; *Petrolane Inc. v. Government of the Islamic Republic of Iran*, Iran-United States Claims Tribunal 27 (1991), 64.

[22] Vgl. dazu Art. 11 des ILC Entwurfs (Anm. 2); *Brownlie*, State Responsibility, 160; *Reuter*, 185; aus der Praxis: *Zafiro case*, RIAA IV, 160; *Stephens case*, RIAA IV, 267. Hierzu gehören auch die Fälle, in denen sich die Sicherheitskräfte eines Staates Privatpersonen bedienen, um Personen aus anderen Staaten zu entführen; vgl. hierzu den Fall *Rossi*, siehe dazu *U. Scheuner*, Der Notenwechsel zwischen der Schweiz und Italien in der Angelegenheit Cesare Rossi, ZaöRV 1 (1929), 280 ff; den Fall *Jacob*, siehe dazu *Quéneudec*, 49; den Fall *Eichmann*, siehe dazu *H. Silving*, In re Eichmann: A dilemma of law and morality, AJIL 55 (1961) 311 und den Fall *Argoud*, siehe dazu *A. Cocarte-Zilgien*, L'Affaire Argoud – Considérations sur les arrestations internationalement irrégulières, 1965.

[23] Ebd.

[24] Repertoire suisse III, 1698–1701.

sich die britischen Behörden in Südafrika einer Verletzung des Völkerrechts schuldig, indem sie einen Einfall von Banden unter Führung des *Dr. Jameson* in das Gebiet der Burenrepubliken zuließen und unterstützten.[25] – Österreich-Ungarn stützte 1914 sein Ultimatum an Serbien, die Aktion also, die den letzten Anstoß zum Ausbruch des Ersten Weltkrieges gab, auf die Tatsache, daß sich eine für den Mord an dem österreichisch-ungarischen Thronfolger verantwortliche Organisation in Serbien mit Duldung der dortigen Behörden habe bilden und ihre Aktionen von serbischem Gebiet hätten ausgehen können. Im *Alabama*-Fall zwischen Großbritannien und den Vereinigten Staaten wurde Großbritannien 1872 von dem Schiedsgericht auf Grund der Tatsache für verantwortlich gehalten, daß es die britischen Behörden während des amerikanischen Bürgerkrieges unterlassen hatten, die Ausrüstung des Rebellenschiffs Alabama durch Anhänger der Konföderierten auf britischem Boden und seinen Einsatz im Kampf gegen die Regierung der Vereinigten Staaten zu verhindern.[26] Im Fall der *Home Frontier and Foreign Missionary Society of the United Brethren in Christ* (1920) hatte die britisch-amerikanische *Claims Commission* die Frage zu prüfen, ob Großbritannien für die amerikanischen Missionaren bei einem Eingeborenenaufstand in Afrika zugefügten Schäden verantwortlich sei. Diese Frage wurde verneint, weil die britischen Behörden an dem Ausbruch der Unruhen nicht schuld gewesen seien und nach seinem Ausbruch alles getan hätten, um den Aufstand zu unterdrücken.[27] Im *Lockerbie*-Fall haben die Vereinigten Staaten und das Vereinigte Königreich von Libyen verlangt, die für den Flugzeugabsturz Verantwortlichen auszuliefern und die internationale Verantwortlichkeit für die als *‚Libyan officials'* bezeichneten Personen anzuerkennen.[28] Neue Fragen wirft insoweit die Situation in Afghanistan auf. Die Unterstützung terroristischer Akte wäre den Taliban zuzurechnen. Diese repräsentieren zwar nicht Afghanistan, kontrollieren aber einen wesentlichen Teil von dessen Staatsgebiet. Nachdem auch der Sicherheitsrat sie mehrfach zum Adressaten seiner Resolutionen gemacht hat[29] sind sie insoweit als Völkerrechtssubjekt und damit auch als Verantwortliche im Sinne der Staatenverantwortlichkeit anzusehen.

Dagegen wird die bloße Unterstützung einer staatlichen Politik durch Privatpersonen, ohne daß diese dazu autorisiert worden wären, bzw. die Unterstützungshandlungen später gebilligt wurden, dem Staat nicht zugerechnet.[30]

4. Schließlich besteht noch die Möglichkeit, daß die Staaten, um bestimmte internationale Belange national durchzusetzen, vertraglich eine Kontrolle für Aktivitäten ihrer Staatsangehörigen zusichern. Eine Verletzung derartiger Kontrollpflichten, die möglicherweise durch das Fehlverhalten Privater indiziert wird, führt dann zu einer internationalen Verantwortlichkeit.[31]

III. 1. Auch wenn der Staat nicht für Verfehlungen Einzelner unmittelbar haftet, so kann er doch für das Handeln oder Unterlassen seiner Organe im Zusammenhang mit dem Handeln Privater verantwortlich sein.[32]

---

25 Die Abwehr des Überfalls gab dem Deutschen Kaiser Anlaß zu der für die Entwicklung der deutsch-englischen Beziehungen verhängnisvollen *Krüger*-Depesche.

26 Lapr.-Pol. II 713 f. Vgl. auch die damals vereinbarten „Regeln von Washington" in der ihnen 1875 durch das *Institute of International Law* verliehenen Gestalt, sowie Art. 8 des XIII. Haager Abkommen von 1907.

27 RIAA VI, 42.

28 Statement of the Government of the United States on 27. 11. 1991 regarding the bombing of Pan Am 103 (ILM 31 (1992), 723); diese Forderungen wurden durch die Resolution des Sicherheitsrates vom 21. 1. 1992 (SC Res. 731) unterstützt.

29 SC Res. 1267 vom 15. 10. 1999, SC Res. 1333 vom 19. 12. 2000, SC Res. 1363 vom 30. 7. 2001 und SC Res. 1378 vom 14. 11. 2001.

30 Vgl. dazu *Short v. Islamic Republic of Iran*, AJIL 82 (1988), 140 ff (142); *Rankin v. Islamic Republic of Iran*, AJIL 82 (1988), 353 ff (357); *Otis Elevator Company v. Islamic Republic of Iran*, ILR 84, 622 ff (632). Das *Iran-United States Claim Tribunal* hätte allerdings feststellen müssen, ob entsprechende Handlungs- oder Schutzpflichten seitens des Iran verletzt wurden. Im einzelnen dazu *Aldrich* in seiner abweichenden Meinung im Falle *Otis Elevator Company v. Islamic Republic of Iran*, ILR 84, 622 (642 ff).

31 Vgl. dazu Art. 37 Abs. 3 a *Draft Convention on the Regulation of Antarctic Mineral Resource Activities* (Handbook of the Antarctic Treaty System, 8th ed., 1994), wobei der Vertragsentwurf eine Garantiepflicht des betreffenden Staates statuierte. Weniger weitgehend Art. 139 SRÜ i.V.m. Art. 4 Abs. 4 Annex III.

32 Diese – heute völlig herrschende – Lehre hat in voller

2. So kann sich ein Staat dadurch verantwortlich machen, daß seine Organe das rechtswidrige Handeln von Privatpersonen pflichtwidrig nicht verhindern, obwohl sie dazu in der Lage gewesen wären. Entscheidend ist dabei nicht die Frage, ob das private Handeln staatlichen Organen zuzurechnen ist,[33] sondern ob das Unterlassen des Staates seine internationale Verantwortlichkeit begründet. Dies ist dann der Fall, wenn nach allgemeinem Völkerrecht eine Pflicht zum Handeln bestand.[34]

Das Gewaltverbot (Art. 2 Ziff. 4 UN-Charta) verbietet beispielsweise, es zu gestatten, daß das Staatsgebiet als Ausgangsbasis für grenzüberschreitende Terroraktionen oder Aufständische gegen Staaten mißbraucht wird. Aus dem Grundsatz der Zusammenarbeit zwischen den Staaten[35] ergibt sich u. a. eine Pflicht, das Vermögen eines fremden Staates gegen verbrecherische Angriffe zu schützen.[36] Wo die Organe es versäumen, die Abwehr- oder Schutzpflichten zu erfüllen, ist der handlungspflichtige Staat international verantwortlich.[37]

Der in dieser Hinsicht inzwischen klassische Fall ist der *Case Concerning United States Diplomatic and Consular Staff in Tehran.*[38] Der Internationale Gerichtshof gliederte das Verhalten der iranischen Behörden in zwei Abschnitte. Hinsichtlich des ersten Abschnitts argumentierte der Internationale Gerichtshof folgendermaßen:

> „The conclusion just reached by the Court that the initiation of the attack ... cannot be considered as in itself imputable to the Iranian State does not mean that Iran is, in consequence, free of any responsibility in regard to those attacks; for its own conduct was in conflict with international obligations ... Iran was placed under the most categorical obligations as a receiving State, to take appropriate steps to ensure the protection of the United States Embassy and Consulates ... This inaction of the Iranian Government by itself constituted clear and serious violations of Iran's obligations to the United States under the ... Vienna Convention on Diplomatic Relations ...".[39]

IV. 1. Problematisch ist, inwieweit eine internationale Verantwortung der Staaten bei der Verletzung von Gesundheit, Leben und Eigentum von Ausländern durch Handlungen von Privatpersonen besteht, wenn diese Handlungen von Privatpersonen dem Staat nicht un-

---

Klarheit *Anzilotti* entwickelt. Vgl. z. B. *Corso*, 432 ff (437).

[33] So aber *Ipsen*, in: *Ipsen* (Hrsg.), 4. Aufl., 561 f.

[34] *Huber* hat im *Palmas*-Fall diesen Grundsatz wie folgt formuliert: *„Territorial sovereignty... involves the exclusive right to display the activities of a State. This right has as corollary a duty: the obligation to protect within the territory the rights of other States, in particular their right to integrity and inviolability in peace and in war, together with the rights which each State may claim for its nationals in foreign territory...*" (RIAA II, 839).

[35] Vgl. dazu § 172.

[36] Nach der Entscheidung des *US Supreme Court* in *U. S. v. Arjona (1887)*, 120 U.S. 479, ist jeder Staat verpflichtet, die Fälschung von Münzen anderer Staaten auf seinem Gebiet zu verhindern. Das zugrundeliegende Prinzip wird dahin formuliert, daß *„the law of nations requires every national government to use due diligence to prevent wrong being done within its own dominion to an other nation with which it is a peace or to the people thereof"*.

[37] Vgl. auch Harvard-Entwurf Art. 10 und 11. Inst. dr.i. 1927, TGR 137 f., Art. 3, 7 (1). Das war auch die überwiegende Meinung, die sich in den im Endergebnis freilich erfolglosen Beratungen auf der Haager Kodifikationskonferenz von 1930 ergab. Dazu *J. H. Guerrero*, La codification du droit international (1930), 136 f. Vgl. aus der älteren internationalen Rechtsprechung z. B. die Schiedssprüche der italienisch-venezianischen Schiedskommission im Fall *Poggioli* bei *Ralston*, 869 (Haftung auf Grund der Duldung von Verbrechen an den Brüdern P.), der amerikanisch-salvadorianischen *Claims Commission* im Fall *Gelbtrunk*, U.S. For.Rel. 1902, 877 (Duldung von Pöbelexzessen), der amerikanisch-mexikanischen *General Claims Commission* z. B. in den Fällen *Youmans* (1926), RIAA IV, 110 (Beteiligung mexikanischer Soldaten an Pöbelausschreitungen gegen Amerikaner) und *Venable* (1927), RIAA IV, 219 (Diebstähle unter Duldung mexikanischer Behörden), amerikanisch-panamesischen Schiedskommission in den Fällen *Richeson* und *Baldwin* (1933), RIAA VI, 325 und 328. Vgl. auch die Angaben bei *Hackworth*, Bd. V, §§ 531, 532.

[38] ICJ Reports 1980, 3; vgl. dazu *J. Wolf*, Die gegenwärtige Entwicklung der Lehre über die völkerrechtliche Verantwortlichkeit der Staaten, ZaöRV 43 (1983), 481 ff; *O. Kimminich/S. Hobe*, Einführung in das Völkerrecht, 7. Aufl., Tübingen, 2000, 231 ff.

[39] Ebd., 29 f.

mittelbar zugerechnet werden können. Zu diesem Komplex existiert eine reiche schiedsgerichtliche Praxis,[40] deren dogmatische Bewertung problematisch ist. In der Regel handelt es sich um Angriffe von Plünderern oder von fanatisierten Gruppen gegen Ausländer. Herkömmlicherweise wird auf die mangelnde staatliche Zurechenbarkeit derartiger Handlungen abgestellt.[41] Zu berücksichtigen ist aber, daß sich das Völkerrecht in bezug auf den Schutz von Menschenrechten und die Rechtsstellung der Ausländer gewandelt hat.[42] Aus den einschlägigen völkerrechtlichen Instrumenten, insbesondere dem Internationalen Pakt für Bürgerliche und Politische Rechte,[43] der Internationalen Konvention über die Beseitigung jeder Form von Rassendiskriminierung[44] und der Genfer Flüchtlingskonvention[45] ergibt sich neben dem an die staatlichen Organe gerichteten Verbot, sich an Rechtsverletzungen gegenüber Ausländern zu beteiligen, die allgemeine Pflicht der Staaten, Ausschreitungen gegen Ausländer zu verhindern, soweit diese sich gezielt gegen diese richten und Ausdruck einer ausländerfeindlichen oder rassistischen Haltung sind. Die Staaten sind ebenfalls verpflichtet, entsprechende Handlungen zu verfolgen und zu ahnden. Ein Verstoß gegen diese Pflichten resultiert in einer internationalen Verantwortlichkeit, ohne daß sich der betreffende Staat darauf berufen kann, er habe die gebotene Sorgfalt hinsichtlich des Schutzes von Ausländern walten lassen.[46]

Abgesehen von den besonderen vertraglichen Verpflichtungen zum Schutz von Ausländern besteht eine Schutzpflicht gegenüber Ausländern nur in dem Rahmen, in dem der Staat auch die Rechtsgüter seiner eigenen Staatsangehörigen schützt, soweit er damit nicht internationale Menschenrechte verletzt. Seine Verantwortung ist in den Fällen, in denen sich die Angriffe nicht gezielt gegen Ausländer richten, davon abhängig, daß er die bei der betreffenden Gelegenheit gebotene Sorgfalt *(due diligence)* außer Betracht gelassen hat.[47]

In dem *Youmans Claim* hat die amerikanisch-mexikanische *General Claims Commission* festgestellt, daß die Verantwortung darauf beruhte, den Vater von *Youmans* nicht hinreichend gegen Pöbelexzesse geschützt zu haben.[48] Einen weiteren Fall dieser Art stellen die Ausschreitungen gegen Italiener in New Orleans 1891 dar. Die amerikanische Regierung hat die Ermordung der Italiener nach lebhaften Auseinandersetzungen mit der italienischen Regierung nicht nur bedauert, sondern sich auch zur Entschädigung bereit gefunden, da der Gouverneur es offenbar versäumt hatte, die zur Verhütung der Ausschreitungen erforderlichen Maßregeln zu treffen.[49]

In dem Fall *Gould Marketing Inc. v. Ministry of National Defence of Iran* hat das *Iran-United States Claims Tribunal*[50] festgestellt, daß die Unruhen im Iran höhere Gewalt dargestellt hätten („*... social and economic forces beyond the power of the state to control through the exercise of due diligence ...*"). Die Handlungen seien daher dem Staat nicht zuzurechnen. Das Gericht hat des weiteren festgestellt, daß die wirtschaftlichen und sozialen Unruhen von dem Staat nicht ausgelöst

---

40 *Hackworth*, Digest, Bd.V, 654–665; *Whiteman*, Digest, Bd. VIII, 815–819, 830–835; *Kiss*, Répertoire, Bd. III, 590–636; Répertoire suisse III, 1737–1743; *A. Cohen* (ed.), China's Practice of International Law: Some Cases Studies, 1972, 268ff; Algerien hat mehrfach die Sicherheit von in Frankreich arbeitenden Algeriern angemahnt, *C. Rousseau*, Chronique de faits internationaux, RGDIP 78 (1974), 1096ff; ebd., 80 (1976), 1189ff.

41 Vgl. z. B. *Oppenheim/Jennings/Watts*, 9. Aufl., Vol. I/1, 551, die darauf verweisen, daß jeder, der in ein fremdes Land reist, mit Aufständischen und Plünderungen rechnen muß und auf die Rechtshilfe im Aufenthaltsstaat angewiesen ist.

42 Vgl. dazu §§ 95ff.

43 BGBl. 1973 II, 1534.

44 BGBl. 1969 II, 961; vgl. insbesondere Art. 5.

45 BGBl. 1953 II, 560 sowie Protokoll über die Rechtsstellung der Flüchtlinge, BGBl. 1969 II, 1294.

46 So bereits Schiedsspruch im Falle *Sarropoulos v. Bulgarian State* durch das *Graeco-Bulgarian Mixed Arbitral Tribunal* AD 4 (1927–28) No. 162; zu undifferenziert *Epiney*, 207f, sie unterscheidet nicht zwischen nur gegen Ausländer gerichteten Angriffen und Angriffen, die auch Ausländer erfassen.

47 So auch allerdings ohne die differenzierte Behandlung von gezielten und nicht gezielten Angriffen auf Ausländer, *Brownlie*, State Responsibility, 161f; *Oppenheim/Jennings/Watts*, Bd. I/1, 551. Zu dem Begriff *„due diligence"* vgl. *E. Suy*, La protection des diplomates, in: *J. Tittel* (Hrsg.), FS W. Wengler, Bd. I, 1973, 591ff (609).

48 RIAA IV, 110.

49 *Moore*, Arbitrations, Bd. VI, 837f.

50 AJIL 77 (1983), 893f.

worden seien. Damit hat das Gericht allerdings eine weitere Argumentationslinie eröffnet. Danach haftet ein Staat für Schäden aus Unruhen möglicherweise auch dann, wenn sie von ihm selbst provoziert wurden.

2. Ein Staat ist schließlich verpflichtet, nach der Begehung des Unrechts die nach den Umständen erforderlichen juristischen oder administrativen Schritte zu ergreifen; er muß etwa geschädigten Ausländern zivilrechtlichen, verwaltungsrechtlichen und strafrechtlichen Rechtsschutz gewähren und die Schuldigen angemessen bestrafen.[51] Werden die Schuldigen nicht energisch verfolgt, nicht oder zu milde bestraft bzw. die Täter begnadigt[52] oder die Strafe nicht vollstreckt, so liegt hierin möglicherweise eine Verfehlung des Staates, die ihn unmittelbar verantwortlich macht.[53]
Aus der Tatsache, daß der Staat in diesen Fällen für eine eigene Rechtsverletzung verantwortlich ist, folgt, daß er nicht für alle Folgen des Unrechts, sondern nur für die Folgen einstehen muß, die sich aus dem Verhalten seiner Organe nach der Begehung des Unrechts ergeben.[54] Unter Umständen kann der Staat auch voll verantwortlich werden, so etwa dann, wenn seine Organe durch Entkommenlassen des Schuldigen oder durch gesetzgeberische Maßnahmen die aussichtsreiche Rechtsverfolgung gegen den ursprünglichen Täter verhindern.

V. Der früher allgemein vertretene Grundsatz, daß ein Staat für das Verhalten seiner Staatsangehörigen im Ausland, soweit sie in privater Eigenschaft tätig werden, nicht verantwortlich gemacht werden kann, unterliegt zunehmend vertraglich vereinbarten Einschränkungen. Diese ergeben sich insbesondere auf dem Gebiet des internationalen Umweltrechts[55] und für die staatsfreien Räume.[56]
Nach dem Schiedsspruch im *Trail Smelter*-Fall[57] haftete Kanada für die Schäden, die durch einen Unternehmer im U.S.-Bundesstaat Washington verursacht worden waren. Gemäß Art. 6 Weltraumvertrag[58] haften die Mitgliedstaaten für Aktivitäten im Weltraum, auch wenn sie von privaten Unternehmen durchgeführt werden. Das gleiche gilt für den Tiefseeboden gem. Art. 139 SRÜ.[59] Besonders weitgehend war in dieser Hinsicht Art. 37 Abs. 3 (a) *Draft Convention on the Regulation of Antarctic Mineral Resource Activities.*[60] Danach

---

[51] So z. B. die Entscheidung der amerikanisch-panamesischen Schiedskommission über den *Gust Adams Claim* AD 1933–34, C. 94 (Haftung, weil der Raubüberfall auf den amerikanischen Staatsangehörigen nicht streng genug bestraft worden sei).

[52] In der Entscheidung der amerikanisch-mexikanischen *General Claims Commission* im Fall *West* (1927), RIAA IV, 270, z. B. wurde die Haftung Mexikos auf die Amnestierung von Verbrechern gestützt. Ähnlich die Entscheidung der amerikanisch-panamesische Schiedskommission im Falle *Denham* (1933), RIAA VI, 312. – In den Antworten der Regierungen auf den von dem Sachverständigenausschusses des Völkerbunds übersandten Fragebogen für die Kodifikationskonferenz von 1930 wird aber mehrfach darauf hingewiesen, daß den Staaten das Recht der Begnadigung und Amnestierung nach ihrem Ermessen nicht verkürzt werden dürfe. Vgl. AJIL 23 (1929), Spec. Supp., Anhang 2 zum Harvard-Entwurf.

[53] Das ist heute im Prinzip unbestritten. Vgl. auch den Bericht von *M. Huber* über die britischen Vermögensinteressen in Spanisch Marokko (1925), RIAA II, 645 f. *Scelle*, Manuel, 932, glaubt hier zu Unrecht nur von einer *„responsabilité indirecte"* sprechen zu können.

[54] Vgl. aus der internationalen Rechtsprechung z. B. die Entscheidung der amerikanisch-mexikanisch *General Claims Commission* in den Fällen *Kennedy* (1927), RIAA IV, 194 (Haftung Mexikos wegen unzureichender Bestrafung eines an einem Amerikaner begangenen Verbrechens, aber Berücksichtigung des Umstandes, daß Mexiko sich nur „indirekt" verantwortlich gemacht habe, bei der Berechnung des Schadens) und *L. M. B. Janes* (1926), RIAA IV, 82 f unter Z 19 f. So auch *Sperduti*, RdC 90 (1956 II), 767; *Eagleton*, 195 f; *Klein*, 50 f.; *Verdross*, 323; *Guggenheim*, Traité Bd. II, 73 f.

[55] Band I/1.

[56] §§ 116 ff.

[57] RIAA III, 1905.

[58] BGBl. 1969 II, 1969.

[59] Vgl. dazu § 128.

[60] Vgl. dazu *H. C. Burmester*, Liability for Damage from Antarctic Mineral Resource Activities, VJIL 29 (1989) 621 ff; *R. Wolfrum*, The Convention on the Regulation of Antarctic Mineral Resource Activities, 1991, 62 ff.

hatte der Staat eine Garantenstellung hinsichtlich der wirtschaftlichen Aktivitäten in der Antarktis. Dieser Ansatz ging deutlich über das geltende Recht hinsichtlich der internationalen Verantwortlichkeit hinaus.

§ 178 Verantwortung des Staates im Zusammenhang mit Aufständen oder Bürgerkriegen

Schrifttum: vor § 173; ferner: *G. I. A. D. Draper*, The Status of Combatants and the Question of Guerilla Warfare, BYIL 45 (1971), 173 ff; *A. P. Rubin*, The Status of Rebels under the Geneva Conventions of 1949, ICLQ 21 (1972), 472 ff; *D. Malone*, Sharon vs Time: the criminal responsibility under international law for civilian massacres, PYIL 3 (1986), 41 ff; *R. Clark*, The 1985 United Nations Declaration of Basic Principles of Justice for Victims of Crime and Abuse of Power, in: *Gudmundur Alfredsson* (ed.), The living law of nations, 1996, 355 ff; *J. Quigley*, State responsibility for ethnic cleansing, UC Davis law review 32 (1999), 341 ff; *G.-H. Gornig*, „Ethnische Säuberungen" – Recht auf die Heimat und die Verantwortlichkeit der Vertreiber, AWR bulletin/Association for the Study of the World Refugee Problem; 38–47 (2000), 19 ff.

I. 1. Zu der Verantwortlichkeit eines Staates für Akte von Aufständischen gegenüber Ausländern gibt es eine reichhaltige Literatur und eine Vielzahl von schiedsgerichtlichen Entscheidungen.[1] Im Grunde genommen gelten jedoch – abgesehen von dem erfolgreichen Verlauf eines Aufstandes – dafür die gleichen Grundsätze wie für die Schädigung von Ausländern durch Private. Das heißt, ein Staat ist für das Verhalten von Aufständischen in seinem Territorium grundsätzlich nicht verantwortlich, er muß jedoch die gebotene Sorgfalt aufwenden, Aufstände bzw. Bürgerkriege zu verhindern oder niederzuschlagen; zudem sind diejenigen strafrechtlich zu verfolgen, die für Angriffe auf Ausländer verantwortlich sind.[2] Seine Verantwortlichkeit kann sich daher aus dem Verhalten seiner Organe aus Anlaß von Aufständen und Bürgerkriegen ergeben. Innere Unruhen, die ein Staat nicht mehr zu kontrollieren vermag, sind als höhere Gewalt anzusehen. Damit entfällt eine Verantwortlichkeit des Staates.[3] Auch eine Revolution löst als solche noch keine Verantwortlichkeit aus.[4]

2. Die Völkerrechtskommission hat diese Grundsätze, die durch schiedsgerichtliche Entscheidungen und die Staatenpraxis bestätigt werden, in Art. 10 ihres Entwurfs nur zum Teil kodifiziert.[5] Nicht ausdrücklich angesprochen wird allerdings die Haftung des bestehenden Staates; aus Art. 10 Abs. 1 und 2 ist lediglich indirekt zu schließen, daß der bestehende Staat nicht haftet. Unklar bleibt aber nach dem Wortlaut des ILC- Entwurfs, ob die Aufständischenbewegung als solche verantwortlich gemacht werden kann. Zu unterscheiden sind letztlich folgende Fragen: die Verantwortlichkeit des bestehenden Staates für Handlungen von Aufständischen, die Verantwortlichkeit der Aufständischen und die Verantwortlichkeit, wenn die Aufständischenbewegung Erfolg hatte.

---

[1] Vgl. dazu allgemein *Brownlie*, State Responsibility, 167 ff.

[2] Speziell zur Verletzung der Pflichten aus den vier Genfer Konventionen von 1949, *Rubin*, 495 f.

[3] *Gould Marketing Inc. v. Ministry of National Defence of Iran*, AJIL 77 (1983) 893; *Mutasa v. Attorney-General, England High Court*, ILR 78, 490 (494 ff).

[4] *Starret Housing Corporation v. Government of Islamic Republic of Iran*, ILM 23 (1984) 1090 (1117).

[5] Report of the International Law Commission, Fifty-third session, (23 April – 1 June and 2 July – 10 August 2001), General Assembly, Official Records, Fifty-sixth session, Supplement No. 10 (A/56/10), 29 (111 ff mit Kommentierung); vgl. zur früheren Fassung (Art. 14 und 15), Yearbook of the ILC 1975 II, 51 (91 f bzw. 99 f) und die Kommentare des Special Rapporteurs *Crawford* hierzu, First report on State responsibility (Doc. A/CN.4/490/Add.5), 37 ff.

II. 1. Maßgeblich sind für die schiedsgerichtliche Praxis vor allem die Entscheidungen der britisch-amerikanischen *Claims Commission*, die, beginnend mit der führenden Entscheidung im Falle *Hanna* (1871),[6] eine Haftung der Vereinigten Staaten für die Kriegführung der Konföderierten im amerikanischen Bürgerkrieg in ständiger Rechtsprechung verneint haben.[7] Dem stimmt das völkerrechtliche Schrifttum fast einhellig zu.[8] Die Begründung hierfür ist letztlich darin zu suchen, daß Handlungen von Aufständischen dem bekämpften Staat nicht als dessen Organhandeln zugerechnet werden können.

2. Für die staatliche Verantwortlichkeit ohne unmittelbare Relevanz ist, ob die Aufständischenbewegung anerkannt wurde, denn der Staat haftet nicht für deren Verhalten, sondern allenfalls für das Fehlverhalten seiner Organe anläßlich der Aktivitäten einer Aufständischenbewegung.[9]

3. Durch Anerkennung einer Aufständischenbewegung wird diese jedoch zu einem partiellen Völkerrechtssubjekt[10] und erhält damit Deliktsfähigkeit. Sie ist damit selbständig für das Verhalten ihrer Mitglieder, soweit sie sich dieses zurechnen lassen muß, international verantwortlich.[11]

4. Hat der Aufstand Erfolg, so haftet die siegreiche revolutionäre Staatsgewalt für das von ihren Anhängern, sei es auch vor dem Umsturz,[12] wie für das von der alten Regierung begangene Unrecht.[13] Das erstere ergibt sich aus der Identität der früheren Aufständischenbewegung mit der neuen Regierung, aber auch daraus, daß das neue Regime aus den Aktionen ihrer Anhänger Vorteile zieht und für eine Kriegführung einstehen muß, der sie ihre Entstehung verdankt. Das letztere ergibt sich daraus, daß der revolutionäre Umsturz die

---

[6] *Moore*, Arbitration, III, 2982 f.

[7] In gleichem Sinne zahlreiche Entscheidungen der amerikanisch-mexikanischen Schiedskommission bei *Moore*, Arbitrations Bd. III, z. B. in den Fällen *Cummings*, 2976; *Wyman*, 2978, *Hugh Divine*, 2980 und *Silva*, 2979; Entscheidung des amerikanisch-salvadorianischen Schiedsgerichts im Fall *Gelbtrunk* (1902), U.S. For. Rel. 1902, 877, des italienisch-venezolanischen Schiedsgerichts im Fall *Sambiaggio* (1903), bei: *Ralston*, 679 f; die Entscheidung des Schiedsrichters *Plumley* im Fall *Aroa Mines (Limited) Case* (1903) (Großbritannien-Venezuela) RIAA IX, 402 (439); Bericht von *Huber* über die *britischen Vermögensinteressen in Spanisch Marokko* (1925), RIAA II, 642; Entscheidung der amerikanisch-mexikanischen *General Claims Commission* in den Fällen der *Home Insurance Company* (1926), RIAA IV, 48, *Solis* (1928) ebd. 358, *Coleman* (1928) ebd. 364. Entscheidung der französisch-mexikanischen Schiedskommission im Falle *Pinson* (1928), RIAA V, 327 f. Über die amerikanische Praxis vgl. *Hackworth*, Digest, Bd. V, 666 f. Zur folgenden, damit übereinstimmenden Praxis vgl. *Whiteman*, Digest, Bd. VIII, 819 ff; ICLQ 7 (1958), 552; Canadian Yearbook 6 (1968), 264 f; ebd. Vol. 8 (1970), 356–357; Italian Yearbook of International Law 2 (1976), 431 ff; Revue belge de droit international public, 8 (1972), 369 ff.

[8] *M. Akehurst*, State Responsibility for the Wrongful Acts of Rebels – An Aspect of the Southern Rhodesian Problem, BYIL 43 (1969), 49 ff; *von Münch*, 232; *Ténékides*, Bd. II, 788; *Brownlie*, (4. Aufl.), 453; *Cavaré*, Bd. I, 548; *von Glahn*, 274.

[9] So im Ergebnis mit weiteren Nachweisen *Brownlie*, State Responsibility, 177; a.A. noch *Dahm*, 1. Aufl., Bd. III, 200 f.

[10] Dazu allgemein *Draper*, 173 ff; *Rubin*, 472 ff sowie Special Rapporteur *Crawford* (Anm. 5), 39 f, paras. 273, 274.

[11] Es gelten insoweit die Ausführungen zur Verantwortlichkeit für das Verhalten von Militärpersonal § 175.

[12] Vgl. z. B. die Entscheidung der britisch-venezolanischen Schiedskommission im Fall der *Bolivar Railway Company* (1903) RIAA IX, 453 („... *The nation is responsible for the obligations of a successful revolution from its beginning, because in theory, it represented ab initio a changing national will, crystallizing in the finally successful result*..."); der amerikanisch-venezolanischen Schiedskommission in den Fällen *Dix* (1903), RIAA IX, 120 und *Heny*, ebd. 133; *French Company of Venezuelan Railroads* Case (1905), RIAA X, 285 (354) und die der französisch-mexikanischen Schiedskommission im Falle *Pinson* (1928), RIAA V, 353. *Eagleton*, 147; *Schwarzenberger*, Bd. I, 627 f; *Brownlie*, State Responsibility, 178; Art. 15 Abs. 1 ILC Entwurf (Anm. 5).

[13] Im Sinne einer Doppelhaftung der siegreichen Aufständischen auch die französisch-mexikanischen Kommission im Falle *Pinson* (1928), RIAA V, 353; vgl. auch *Hackworth*, Bd. V, 681 f und die dort angeführten Belege. So auch Art. 10 Abs. 1 ILC-Entwurf (Anm. 5).

Identität des Staates nicht ändert und die spätere Regierung für die von früheren Regierungen begangenen Handlung verantwortlich ist.[14]

Mit einer besonders gelagerten Situation hatte sich der *Supreme Court of Namibia* im Falle *Minister of Defence, Namibia v. Mwandinghi*[15] zu befassen. Hier handelte es sich um die Haftung des neu gegründeten Staates Namibia für Akte der vorherigen für die Verwaltung Namibias zuständigen südafrikanischen Regierung. Es ging also um einen Fall der Staatennachfolge aufgrund des Erfolgs einer nationalen Befreiungsbewegung und nicht um Aufständische, die später die Regierung übernahmen. Der *Supreme Court* stellte unter Berufung auf Art. 15 Absatz 1 des Entwurfs der ILC, der nicht zwischen Aufständischen und Befreiungsbewegungen unterscheidet, fest, daß Namibia auch für das Fehlverhalten südafrikanischer Truppen, also des rassistischen Regimes, von dem sich Namibia nunmehr befreit hatte, hafte. Grundlage der Haftung war allerdings ein Haftungsüberleitungsartikel der namibischen Verfassung, dessen Anwendbarkeit für staatliches Unrecht unter Berufung auf das Völkerrecht anerkannt wurde.[16] Abweichend von der völkerrechtlichen Praxis und ohne Diskussion des Völkerrechts oder Art. 15 ILC-Entwurf verneinte der *High Court of Uganda* im Falle *Ontario Ltd. v. Crispus Kiyonga*[17] eine Verantwortlichkeit von Uganda für vor der Regierungsübernahme eingegangene vertragliche Verpflichtungen der Aufständischenbewegung, die zum Zeitpunkt der Entscheidung die Regierungsgewalt übernommen hatte. Als Argument führte das Gericht aus, daß Uganda zur Zeit des Vertragsschlusses eine anerkannte Regierung hatte und *„therefore there cannot have been two governments contending for power whose acts must be recognized as valid.“*[18]

Allerdings haftet die Aufständischenbewegung – ebenso wie die Regierung – nicht für die Schäden, die den Ausländern im Zuge der allgemeinen militärischen Operationen zugefügt werden, soweit sie nicht dem Völkerrecht widersprechen. Die Haftung bleibt auf Schäden beschränkt, die den Ausländern durch individuelle, gegen sie gerichtete Aktionen oder durch eine völkerrechtswidrige Kriegführung zugefügt werden.

§ 179 Verantwortung für das Handeln fremder Organe

Schrifttum: vor § 173; ferner: *R. Ago*, La risponsabilità indiretta nel diritto internazionale, Archivio di Diritto Publico I (1936), 12 ff; *F. Klein*, Die mittelbare Haftung im Völkerrecht, 1941; *A. Verdross*, Theorie der mittelbaren Staatenhaftung, ÖstZÖRV 1 (1948), 388 ff; *A. di Blase*, Sulla Responsabilità internazionale per attività dell'ONU, Rivistà di Diritto Internazionale 1974, 250 ff; *B. Amarallah*, The International Responsibility of United Nations for Activities Carried out by U.N. Peace-Keeping Forces, Revue égytienne de droit international 1976, 57 ff; *M. Herdegen*, Bemerkungen zur Zwangsliquidation und zum Haftungsdurchgriff bei internationalen Organisationen, ZaöRV 47 (1987), 537; *I. Seidl-Hohenveldern*, Responsibility of Member States of an International Organization for Acts of that Organization, in: Etudes en L'honneur de Roberto Ago, Bd. III, 1987, 415 ff; *P. Sands*, The Tin Council Litigation in English Courts, NILR 34 (1987), 367 ff; *G. Hoffmann*, Der Durchgriff auf die Mitgliedstaaten internationaler Organisationen für deren Schulden, NJW 1988, 585 ff; *I. Seidl-Hohen-*

[14] Zustimmend die überwiegend in der Literatur vertretene Meinung *Frowein*, 85; *Schwarzenberger*, 627 f; *Wengler*, Bd. II, 1020; *Brownlie*, (4. Aufl.), 455 ff; *O'Connell*, 388 f; *von Glahn*, 277 f. Abweichend von der völkerrechtlichen Praxis *High*-Fall 44123 vom 7. Dezember 1992, ILR 103, 259.

[15] Urteil vom 25. 10. 1991; 1992 (2) SA 355 (359 f); ILR 91 (1993), 341 (361); der *Supreme Court* bestätigte das Urteil des *High Court* von Namibia vom 14. 12. 1990, 1991 (1) SA 851, ILR 91 (1993), 341.

[16] Kritisch zur Anwendung von Art. 15 des ILC-Entwurfs in dieser Entscheidung *Special Rapporteur Crawford* im First Report on State Repsonsibility UN Doc. A/CN.4/490/Add. 5 vom 22. 7. 99 at 277. Die Entscheidung verwechsle die Absätze 1 und 2 des Art. 15 ILC-Entwurf, der eine Haftung des von der anerkannten Befreiungsbewegung neu gegründeten Staates Namibia gerade nicht verlange.

[17] 103 ILR 259, Fall Nr. 44123 vom 7. 12. 1992.

[18] 103 ILR 259, S. 361. Kritisch zu dieser Entscheidung ebenfalls *Crawford* im First Report on State responsibility, UN Doc A/CN.4/490/Add.5, § 278.

veldern, Piercing the Corporate Veil of International Organizations: The International Tin Council Case in the English Court of Appeals, GYIL 32 (1989), 43 ff; *M. Hartwig*, Die Haftung der Mitgliedstaaten für Internationale Organisationen, 1991; *C. F. Amerasinghe*, Liability to Third Parties of Member States of International Organizations: Practice, Principle and Judicial Precedent, AJIL 85 (1991), 259 ff; *T. Heller*, Der Haftungsdurchgriff im Völkerrecht – Am Beispiel der Zinnkrise, 1993; *I. Brownlie*, State Responsibility, The Problem of Delegation, in: *K. Ginther* (Hrsg.), Festschrift für *Karl Zemanek* zum 65. Geburtstag, 1994, 299 ff.

I. 1. Die verstärkte internationale Verflechtung, vor allem aber internationale humanitäre Aktionen, bringen es mit sich, daß Organe eines Staates oder einer internationalen Organisation auf dem Gebiet eines anderen Staates tätig werden. Für diese Fallkonstellationen stellen sich spezielle Fragen hinsichtlich der Verteilung der Verantwortlichkeit. Diese werden von dem ILC-Entwurf zur Staatenverantwortlichkeit nur zum Teil angesprochen. Nach Art. 6 des ILC-Entwurfs[1] ist das Verhalten eines Organs, das einem Staat von einem anderen Staat oder von einer Internationalen Organisation zur Verfügung gestellt wurde, völkerrechtlich als Handeln des erstgenannten Staates zu betrachten, falls das betreffende Organ in Ausübung von öffentlicher Gewalt des Staates gehandelt hat, dem es zur Verfügung gestellt war (Organleihe). Gleichzeitig gilt, daß unter diesen Umständen der überlassende Staat aus der internationalen Verantwortlichkeit entlassen ist. Drei Voraussetzungen müssen erfüllt sein, damit die internationale Verantwortlichkeit von dem überlassenden auf das entleihende Völkerrechtssubjekt übergeht. Das ausgeliehene Organ muß hinsichtlich des entleihenden Völkerrechtssubjekts Organqualität erlangen[2], der entleihende Staat muß das Organ zum Zeitpunkt der möglicherweise völkerrechtswidrigen Handlung tatsächlich übernommen haben und die Handlung muß in Ausübung der Funktionen des entleihenden Völkerrechtssubjekts erfolgt sein.[3]

2. Das Prinzip der Organleihe ist der älteren schiedsgerichtlichen Praxis bekannt.[4] In der Praxis tritt die Organleihe allerdings weniger zwischen Staaten als zwischen Staaten und Internationalen Organisationen auf. Vor allem hat sich das Zurechenbarkeitsproblem im Zusammenhang mit der Entsendung von Friedenstruppen gestellt. In Vereinbarungen mit Belgien,[5] Griechenland,[6] Italien[7] und Luxemburg[8] und der Schweiz[9] haben die Vereinten Nationen anerkannt, daß das Verhalten der Friedenstruppen im Kongo den Vereinten Nationen zuzurechnen sei und diese die entsprechende völkerrechtliche Verantwortlichkeit für Schäden übernähme, „*... as a result of harmful acts committed by UNOC personnel, and not arising from military necessity...*“.[10] Die Organleihe zwischen Staaten und internationalen Organisationen wird aber durch den ILC-Entwurf nicht erfaßt.

---

1 Report of the International Law Commission, 53rd session, GAOR, Fifty-sixth session, Supplement No. 10 (UN Doc. A/56/10); zur Kommentierung des Art. 9 des früheren ILC-Entwurfs vgl. Yearbook ILC 1974 II/1, mit Kommentierung 286–290. Art. 6 des ILC-Entwurfs lautet: „*The conduct of an organ placed at the disposal of a State by another State shall be considered an act of the former State under international law if the organ is acting in the exercise of elements of the governmental authority of the State at whose disposal it is placed.*“

2 Technische Experten, die im Rahmen von Entwicklungshilfeprogrammen arbeiten, haben in der Regel keine Organqualität hinsichtlich des begünstigten Staates.

3 Der Hauptanwendungsfall dieser Art der Organleihe ist das *Judicial Committee of the Privy Council*.

4 Vgl. *Chevreau*-Fall, RIAA II, 1195 (1141); *Prince Sliman Bey v. Minister for Foreign Affairs*, ILR 28, 79.

5 UNTS 535, 197.

6 UNTS 565, 3.

7 UNTS 588, 197.

8 UNTS 585, 147.

9 UNTS 654, 193.

10 Vgl. auch die Erklärung des UN Generalsekretärs zu diesem Komplex, United Nations Juridical Yearbook 1965, 41; in diesem Sinne auch *I. Seidl-Hohenveldern*, Die völkerrechtliche Haftung für Handlungen internationaler Organisationen im Verhältnis zu Nichtmitgliedstaaten, ÖZöR 11 (1961), 497 ff; *J. J. A. Salmon*, Les accords Spaak – U Thant du 20 février 1965, AFDI 1965, 468 ff (477 f); *M. Bothe*, Streitkräfte internationaler Organisationen, 1968, 166 f; *A. Di Blase*, Sulla responsabilità internazionale

3. Auch wenn insoweit noch keine ausreichende Praxis vorliegt, dürften die von der Völkerrechtskommission vorgesehenen Regelungen zur Organleihe zwischen Staaten Bestandteil des Völkergewohnheitsrechts sein,[11] denn sie entsprechen der völkerrechtlichen Verantwortlichkeit im allgemeinen. Durch die – in der Regel vertraglich vereinbarte – Herausnahme von Organen aus dem Kontrollbereich eines Staates bei gleichzeitiger Überführung in die Kontrolle eines anderen findet ein Wechsel des international verantwortlichen Völkerrechtssubjektes statt.[12] Das überlassene Organ ist nicht mehr Organ des Herkunftstaates, sondern des Völkerrechtssubjekts, in dessen Verband es eingegliedert ist. Ein klassischer Fall der Organleihe ist das *Judicial Committee* des *Privy Council*, der als letztinstanzliches Gericht für einzelne Staaten des Commonwealth fungiert. Derartige Entscheidungen sind dem Staat zuzurechnen, für den sie ergehen.[13]
Dies gilt allerdings nur soweit, als mit der Organleihe sämtliche Weisungs- und Kontrollbefugnisse übergehen. Deswegen trifft Art. 6 des ILC-Entwurfs nicht auf Fälle der Kooperation zwischen Staaten zu, da in diesen Fällen Organe nicht auf Weisung eines anderen Staates handeln.[14] Entscheidend ist dann im Einzelfall, in wessen Weisungs- bzw. Kontrollbereich eine internationale Verantwortung fällt.[15] Gegebenenfalls besteht eine internationale Verantwortlichkeit beider Völkerrechtssubjekte (Gesamtschuldnerschaft).

4. Diese Grundsätze sind auch auf die Organleihe zwischen Staaten und internationalen Organisationen anwendbar. Auch insoweit ist entscheidend, bei wem die Weisungsbefugnisse liegen. Bei Friedenstruppen ist dies nicht der Staat, in den die Friedenstruppen entsandt wurden, die Verantwortlichkeit liegt also bei den Vereinten Nationen.

II. 1. Eine von der Organleihe deutlich zu unterscheidende Situation ergibt sich hinsichtlich von Organen, die auf dem Territorium eines anderen Staates tätig sind, aber nicht der Kontrolle und Weisung des Territorialstaates unterliegen.

Gemäß einer Feststellung des Vorsitzenden der Gemischten Deutsch-Amerikanischen *Claims Commission* im Falle *Mandel* (1926): *„It is fundamental that in the absence of an express stipulation to the contrary a state or person can be held liable only for its own acts or those for whom it is responsible"*.[16] Ein Staat ist also nicht für die Organe anderer Staaten verantwortlich, und zwar auch dann nicht, wenn sie auf seinem Hoheitsgebiet handeln.

---

per attività dell'ONU, Rivista di diritto internazionale LVII (1974), 338 ff (350 f); *B. Amrallah*, The International Responsibility of the United Nations for Activities Carried out by U. N. Peace-Keeping Forces, RevEgy DJ 32 (1976), 57 ff; *R. Siekmann*, National Contingents in United Peacekeeping Forces, 1991; a.A. noch *P. de Visscher*, Le Fondement du Principe de la Responsabilité de l'ONU, Annales de Droit et de Sciences Politiques, XXIII (1963), 134 (136), der von einer gemeinsamen Haftung von VN und Entsendestaat ausging.

11 Zurückhaltend *Ipsen*, in: *Ipsen* (Hrsg.), 4. Aufl., 557.

12 *Ipsen*, in: *Ipsen* (Hrsg.), 4. Aufl., 557 f.

13 Vgl. dazu *Shaw*, 4. Aufl., 549; derartige Regelungen sind auch in anderen Fällen bekannt. So ist nach einem Vertrag zwischen Australien und Nauru vom 6. September 1976 *(Agreement between the Government of Australia and the Government of the Republic of Nauru relating to appeals to the High Court of Australia from the Supreme Court of Nauru*, UNTS 1216, 151) eine Berufung an den *High Court of Australia* von dem *Supreme Court of Nauru* vorgesehen.

14 Die Maßnahmen Italiens gegenüber Einwanderern aus Albanien war daher Italien, und nicht Albanien zuzurechnen, auch wenn die italienischen Maßnahmen auf der Basis eines albanisch-italienischen Vertrages erfolgten *(Xhavara & others v. Italy & Albania*, Application Nos. 39473–98, ECHR, decision of 11 January 2001; siehe auch Panel Report, WT/DS 34/R, 31. 5. 1999, paras. 9.33–9.44 *(Turkey – Restrictions on Imports of Textile and Clothing Products)*, wonach Maßnahmen der Türkei auf der Basis eines Vertrages mit der EG allein der Türkei zuzurechnen waren.

15 So United States Court of Appeals, Second Circuit, 14 April 1975 *(United States v. Lira)*, ILR 90, 642 (646).

16 RIAA VII, 385, damit wurde begründet, daß Deutschland auf Grund von Maßnahmen der australischen Besatzungsmacht in seinen Kolonien während des Ersten Weltkrieges nicht verantwortlich gemacht werden konnte.

Die entsprechende Verantwortlichkeit liegt bei dem Völkerrechtssubjekt, dem das Weisungsrecht hinsichtlich des handelnden Organs zusteht bzw. dieses kontrolliert.[17] Vertragliche „Modifikationen“ dieses Grundsatzes sind möglich. So sieht beispielsweise das Übereinkommen über die völkerrechtliche Haftung für Schäden durch Weltraumgegenstände, 1972[18] eine Haftung desjenigen Staates vor, von dessen Hoheitsgebiet oder Anlagen ein Weltraumgegenstand gestartet wird. Er haftet neben dem Staat, der den Weltraumgegenstand gestartet hat.[19] Es entsteht insoweit eine gesamtschuldnerische Haftung.[20]

2. In der Praxis sind im wesentlichen drei Anwendungsfälle für diese Situation zu unterscheiden, in der nicht der Territorialstaat, sondern auf seinem Gebiet handelnde fremde Organe völkerrechtlich verantwortlich sind: Stationierungsstreitkräfte bzw. militärische Stützpunkte; Organe internationaler Organisationen, die in dem betreffenden Staat ihren Sitz haben oder in einem Staat tätig werden, wobei sie nur von ihrer Organisation her gesteuert werden; Aufständische, die Völkerrechtssubjektivität erlangt haben.[21] Eine völkerrechtliche Verantwortlichkeit des Territorialstaats kann sich, abgesehen von entsprechenden Vereinbarungen, allerdings dann ergeben, wenn die Überlassung des Territoriums an fremde Organe ihrerseits eine Völkerrechtsverletzung darstellt.[22]

3. Eine besondere Haftungskonstellation ergibt sich zwischen internationalen Organisationen und ihren Mitgliedern.[23] Dieses Problem ist komplex, in der völkerrechtlichen Literatur und Praxis ist keine einheitliche Linie erkennbar. Entscheidend für die Haftung der Mitgliedstaaten neben der mit eigener Rechtspersönlichkeit ausgestatteten internationalen Organisation ist zunächst die Regelung des betreffenden Gründungsvertrages, in dem eine konkurrierende Haftung der Mitgliedstaaten ausdrücklich ausgeschlossen werden kann.[24] In der schiedsgerichtlichen Praxis ist zum Teil gefordert worden, daß die Gründungsmitglieder als verpflichtet anzusehen seien, die Reichweite, in der eine von ihnen geschaffene Rechtspersönlichkeit haftet, klarzustellen, wenn sie sich von der Haftung freizeichnen wollen.[25] Dagegen spricht jedoch, daß internationale Organisationen mit eigener Rechtspersönlichkeit ausgestattet und sie somit auch international verantwortlich sind.[26] In diesem Sinne entschied das britische *House of Lords* im Fall betreffend die Haftung Großbritanniens aufgrund der Insolvenz des *International Tin Council* bezüglich der Frage, ob die Mitgliedstaaten einer internationalen Organisation für die Schulden der Organisation haften, wenn kein ausdrücklicher Haftungsausschluß vorliegt, daß *„no plausible evidence was produced of the existence of such a rule of international law“*.[27] Dieser Ansicht ist mit der Mehrheit der völkerrechtlichen Literatur zu folgen. Die Gründung einer internationalen Organisation kann nicht dahin verstanden werden, daß damit die Gründungsstaaten ihre internationale Verantwortlichkeit verdoppeln wollen. Außerdem ist das Vorliegen von solchen Freizeichnungsklauseln in einer Reihe von Gründungsverträgen internationaler Organisationen kein Beweis für oder gegen das Vorliegen einer völkergewohnheitsrechtli-

[17] European Commission of Human Rights, Decision as to the Admissibility of Application No. 8007/77 *Cyprus v. Turkey*. Der ILC-Entwurf erfaßt diese Konstellation, anders als der Vorentwurf (Art. 12 und 13 Yearbook ILC 1975 II, 51 (83) bzw. 87) nicht mehr. Vgl. dazu *Seidl-Hohenveldern*, 1987, 415 ff. Dies ergibt sich bereits aus Art. 4 des ILC-Entwurfs.

[18] BGBl. 1975 II 1210.

[19] Art. I (c) i.V.m. Art. II, III, IV.

[20] Art. V.

[21] Vgl. dazu oben.

[22] Vgl. *Ipsen*, in: *Ipsen* (Hrsg.), 4. Aufl., 563.

[23] Ausführlich zu diesem Problemkreis siehe *T. Heller*, Der Haftungsdurchgriff im Völkerrecht – Am Beispiel der Zinnkrise, 1993.

[24] Vgl. dazu *Hartwig*, 246 ff.

[25] So Entscheidung der ICC im Falle *Westland Helicopters Ltd. v. Arab Organization for Industrialization*, ILM 1984, 1071.

[26] *Shihata*, 125; *Seidl-Hohenveldern*, GYIL 32 (1989), 47; *Herdegen*, 549, 554; *Hartwig*, 294; a.A. *Hoffmann*, 585 f.

[27] *Maclaine Watson V. Department of Trade and Industry*, Court of Appeal (1988) 3 WLR 1033; 80 ILR, 191; House of Lords (1989), 3 All ER 523; 81 ILR, 677; zu diesem Fall siehe auch *Shaw*, 4. Aufl., 921 ff.

chen Regel im Sinne der Klausel.[28] Ein weiterer Lösungsansatz wäre die Untersuchung allgemeiner nationaler Rechtsprinzipien des Gesellschaftsrechts, die eine (Durchgriffs-) Haftung auf die Gesellschafter trotz Rechtspersönlichkeit der Gesellschaft betrifft. Auch diesbezüglich ist aber kein allgemeiner Grundsatz der konkurrierenden Haftung erkennbar.[29]

§ 180 Ausschluß der Völkerrechtswidrigkeit, Unrechtsausschließungsgründe

Schrifttum: wie vor § 173 sowie *A. Schüle*, Rechtswidrigkeit, Ausschluß der, WVR III, 84 f; *A. M. Badr*, The Exculpatory Effect of Self-Defence in State Responsibility, Georgia Journal of International and Comparative Law, 10 (1980), 1 ff; *S. P. Jagota*, State responsibility: circumstances precluding wrongfulness, NYIL 16 (1985), 249 ff; *P. Malanczuk*, Countermeasures and self-defence as circumstances precluding wrongfulness in the International Law Commission's draft articles on State responsibility, in: *M. Spinedi/B. Simma* (Hrsg.), United Nations Codification of State Responsibility, 1987, 197 ff; *V. Lowe*, Precluding wrongfulness or responsibility: A plea for excuses, EJIL 10 (1999), 405 ff.

I. **1.** Die völkerrechtliche Verantwortlichkeit ist nicht gegeben, wenn sich der in Anspruch genommene Staat auf das Vorliegen von „Unrechtsausschließungsgründen“[1] zu berufen vermag. Als Unrechtsausschließungsgründe sind zu nennen: die Einwilligung des geschädigten Staates, die Gegenmaßnahme, die Sanktionen gemäß Kapitel VII der Charta der Vereinten Nationen, die Selbstverteidigung, höhere Gewalt, der Staatsnotstand und der Notstand der handelnden Person.[2] Terminologisch stellt sich die Frage, ob die unter den „Unrechtsausschließungsgründen“ geführten Umstände und Tatbestände nicht eher als „Haftungsausschließungsgründe“ oder *excuses*[3] hätten aufgeführt werden müssen. Dies wird insbesondere am Beispiel der Repressalien[4] deutlich, die als „rechtswidrige“ Gegenmaßnahmen definiert werden und insofern auch eher einen Haftungs- als einen Unrechtsausschließungsgrund darstellen. Da aber auch die sog. „Unrechtsausschließungsgründe“ im ILC Entwurf[5] ein Recht auf Wiedergutmachung begründen können, hat sich die ILC auf die terminologische Wahl der „Unrechtsausschließungsgründe“ festgelegt.

2. Das Vorliegen eines Unrechtsausschließungsgrundes läßt die Rechtswidrigkeit des Völkerrechtsverstoßes entfallen, wie sich bereits aus der Kapitelüberschrift des ILC-Entwurfs *„Circumstances precluding wrongfulness“* ergibt.
Dies wurde von dem Internationalen Gerichtshof im *Gabčíkovo-Nagymaros Project* case betont.[6]

Ungarn hatte sich auf Staatsnotstand *(necessity)* berufen und argumentiert, es habe deshalb nicht im Widerspruch zu seinen völkerrechtlichen Verpflichtungen gehandelt bzw. diese hätten aufgehört zu existieren. Demgegenüber verwies der Internationale Gerichtshof darauf, daß, falls ein Staatsnotstand vorgelegen habe, dies lediglich die Haftung Ungarns ausschließe.

---

[28] So auch *Seidl-Hohenveldern*, GYIL 32 (1989), 45.

[29] Vgl. auch *Seidl-Hohenveldern*, GYIL 32 (1989), 46.

[1] Für das Vorliegen eines Unrechtsausschließungsgrundes ist derjenige beweispflichtig, der sich darauf beruft.

[2] Der ILC-Entwurf (§ 179, Anm. 1) nennt in Kapitel V einen Katalog von Unrechtsausschließungsgründen *(circumstances precluding wrongfulness)*: Einwilligung (Art. 20), Selbstverteidigung (Art. 21), die Gegenmaßnahme (Art. 22), höhere Gewalt (Art. 23), Notstand der handelnden Person (Art. 24) und Staatsnotstand (Art. 25); vgl. dazu *Malanczuk*, 199 ff; *Schüle*, 85; *Jagota*, 255 ff.

[3] Vgl. dazu *V. Lowe*, Precluding wrongfulness or responsibility: A plea for excuses, EJIL 10 (1999), 405 ff.

[4] Vgl. § 188.

[5] Vgl. Art. 27 lit. b : *The invocation of a circumstance precluding wrongfulness in accordance with this chapter is without prjudice to: (...).*

[6] ICJ Reports 1997, 7 (39).

Letztlich sind mit Blick auf die Berufung auf Staatsnotstand bei vertraglich begründeten Pflichten zwei Dinge zu prüfen. Erstens, ob der Vertrag noch gültig war[7] und, soweit er gültig war, ob ein Verstoß gegen ihn eine internationale Verantwortlichkeit auslöst.[8] Dagegen führt die Berufung auf nachträgliche Unmöglichkeit bedingt durch höhere Gewalt nach dem Vertragsrecht zum Wegfall der vertraglichen Verpflichtung. Beide Berufungsgründe können aber auf den gleichen Fakten beruhen. Die Berufung auf nachträgliche Unmöglichkeit führt jedoch nur unter den Bedingungen des Art. 61 WVK zur Vertragsbeendigung.[9] Aber selbst wenn keine Vertragsbeendigung erfolgt ist, kann die nachträgliche Unmöglichkeit im Rahmen der internationalen Verantwortlichkeit als Unrechtsausschließungsgrund von Bedeutung sein.

II. 1. Ein Völkerrechtsverstoß liegt nicht vor, soweit eine ausdrückliche oder stillschweigende Einwilligung oder Duldung des betroffenen Staates gegeben ist.[10] Wenn ein Staat sich etwa mit dem Durchmarsch oder der Stationierung fremder Truppen oder mit dem Überfliegen seines Territoriums einverstanden erklärt, so fehlt es an der Völkerrechtswidrigkeit dieses Verhaltens. Letztlich liegt hierin die Anwendung des Grundsatzes *volenti non fit injuria.* Diese Einwilligung kann ausdrücklich oder stillschweigend erfolgen. Voraussetzung ist allerdings, daß der verfügende Staat seine Einwilligung in rechtsgültiger Form gewährt hat, über das betreffende Rechtsgut zu verfügen vermag und das Verhalten des durch die Einwilligung begünstigten Staates sich noch im Rahmen der Einwilligung bewegt.
Allerdings beseitigt eine Einwilligung die Tatbestandsmäßigkeit eines Völkerrechtsverstoßes nicht, wenn ein Verstoß gegen *ius cogens* oder gegen eine *erga omnes* Norm vorliegt.[11]
Die Einwilligung muß von dem dafür zuständigen Organ bzw. der zuständigen Person erteilt werden. Grundsätzlich ergibt sich die Antwort auf diese Frage aus dem nationalen Recht, soweit nicht völkerrechtliche Regelungen eingreifen.

Art. 22 Abs. 1 des Wiener Übereinkommens über diplomatische Beziehungen[12] sieht z. B. vor, daß die Räumlichkeiten einer Mission nur mit der Zustimmung des Missionschefs betreten werden dürfen. Sitzstaatabkommen für internationale Organisationen enthalten entsprechende Regelungen. Das zustimmende Organ muß immer dann als zuständig angesehen werden, wenn es generell nach Völkerrecht berufen ist, den Staat nach außen zu vertreten. Insofern bietet sich eine analoge Anwendung von Art. 7 Abs. 2 des Wiener Übereinkommens über das Recht der Verträge an.[13]
2. Schließlich ist auch eine nachträgliche Genehmigung möglich.[14] Nach der zunächst einseitigen Kündigung der das Schwarze Meer betreffenden Klauseln des Pariser Vertrages von 1856 haben die anderen Großmächte die neue Situation im Londoner Vertrag mit Rußland von 1871 gebilligt und damit endgültig legitimiert. Nach der zunächst völkerrechtswidrigen Annexion von Bosnien und der Herzegowina durch Österreich-Ungarn im Jahre 1908 hat die Türkei nachträglich mit Österreich-Ungarn Verträge geschlossen, in denen die Änderung der Verhältnisse anerkannt wurde.
In Fällen dieser Art wird der zunächst rechtswidrige Zustand mit rückwirkender Kraft in einen rechtmäßigen Zustand verwandelt.

---

[7] Vgl. dazu § 157 ff.

[8] So ausdrücklich das Schiedsgericht im *Rainbow Warrior case* (*New Zealand v. France*), RIAA XX, 217, 251 f; Internationaler Gerichtshof im *Gabčíkovo-Nagymaros Project case* (Anm. 3), 38 (para. 47); 63 (para. 101); ILC Commentary, Report of the ILC (§ 179, Anm. 1), 170.

[9] Vgl. § 161.

[10] ILC-Entwurf Art. 20: *(Consent) Valid consent by a State to the commission of a given act by another State precludes the wrongfulness of that act in relation to the former State to the extent that the act remains within the limits of that consent*; vgl. dazu *Schüle*, 85; *Jagota*, 255 f. Dies entspricht dem von Rechtsprechung und Schrifttum einhellig verfolgten Ansatz, *Ross*, 243 f; *Balladore Pallieri*, 246; *Ténékidès*, 785.

[11] Vgl. dazu unten VII.

[12] BGBl. 1964 II, 958.

[13] BGBl. 1985 II, 927.

[14] A. A. offenbar ILC Commentary (§ 179, Anm 1), 174 (zu Art. 20 des Entwurfs), in dem in der nachträglichen Genehmigung nur ein Verlust der Ansprüche aus der Verantwortlichkeit gesehen wird, der unter Artikel 45 des Entwurfs behandelt wird.

Etwas anderes gilt, wenn der Zustimmung keine nachträgliche Wirkung beigemessen wird. Dann ist die nachträgliche Einwilligung als Verzicht auf die Geltendmachung von Ansprüchen aus der Staatenverantwortlichkeit zu verstehen.[15]
Vertritt dagegen ein Völkerrechtssubjekt die Interessen eines anderen, weil ein sofortiges Handeln angezeigt war, ohne allerdings vorher oder nachher dessen Zustimmung einzuholen, so ist dieses Tätigwerden nicht dem Völkerrechtssubjekt zuzuordnen, für das gehandelt wurde. Das Rechtsinstitut der Geschäftsführung ohne Auftrag ist dem Völkerrecht fremd.[16] Die entsprechende internationale Verantwortlichkeit liegt folglich bei dem handelnden Völkerrechtssubjekt.

III. Kein Völkerrechtsverstoß ist gegeben, wenn ein Fall individueller oder kollektiver Selbstverteidigung gegeben ist. Die Selbstverteidigung ist, wie sich aus Art. 51[17] VN-Charta ergibt, ein (naturgegebenes) Recht des angegriffenen Staates.[18] Seine Ausübung setzt einen vorherigen bewaffneten Angriff des Staates voraus, gegen den sich die Selbstverteidigung richtet.[19] Selbstverteidigung rechtfertigt nicht nur die Verteidigungshandlungen selbst, sondern auch damit in Zusammenhang stehende Handlungen, wie z. B. die Beendigung oder Suspendierung völkerrechtlicher Abkommen.[20] Allerdings sind die Grenzen des humanitären Völkerrechts zu beachten.[21] Deren Verletzung kann eine Verantwortlichkeit auslösen, auch wenn die militärische Maßnahme grundsätzlich völkerrechtsgemäß ist.

IV. Staatliche Maßnahmen, die Völkerrechtsnormen widersprechen, begründen dann keinen Völkerrechtsverstoß, wenn sie zulässige Gegenmaßnahmen darstellen *(counter-measures)*. Die Rechtfertigung für dieses völkerrechtswidrige Verhalten liegt darin, daß sie darauf angelegt sind, ein anderes Völkerrechtssubjekt zu völkerrechtskonformen Verhalten zu veranlassen. Die Zulässigkeit von Gegenmaßnahmen ist in der internationalen Rechtsprechung anerkannt.[22] Aus der Tatsache, daß Gegenmaßnahmen auf vorheriges völkerrechtswidriges Handeln reagieren, ergeben sich für diese wesentliche Einschränkungen.[23]
Das gleiche gilt für Sanktionen des Sicherheitsrats gemäß Kap. VII Charta der Vereinten Nationen. Soweit die Mitgliedstaaten mit der Durchführung der Sanktionen völkerrechtliche Pflichten gegenüber dem betroffenen Staat verletzen, findet dieses seine Rechtfertigung in den dem Sicherheitsrat durch Art. 25 und 41 VN-Charta übertragenen Befugnissen der kollektiven Sicherheit, die Vorrang vor anderen völkerrechtlichen Pflichten beanspruchen (Art. 103 VN-Charta).[24]

V. 1. Höhere Gewalt, die *force majeure*[25], macht es als unvorhersehbares Ereignis dem

---

15 Vgl. dazu Art. 45 des ILC-Entwurfs (§ 179, Anm 1).

16 *Ago*, 535 f; *Schüle*, 85; a. A. *Dahm*, Bd. III, 1. Aufl., 215.

17 *A. Randelzhofer*, Art. 51, in: *B. Simma* (ed.), The Charter of the United Nations: A Commentary, 1994, 661 ff.

18 *Advisory Opinion of the ICJ on the Legality of the Threat or Use of Nuclear Weapons*, ICJ Reports 1996, 226 ff (244), verweist ausdrücklich auf die Rechtmäßigkeit von Maßnahmen im Rahmen des Selbstverteidigungsrechts.

19 Art. 21 des Entwurfs der Völkerrechtskommission beschränkt sich hinsichtlich der Voraussetzungen des Selbstverteidigungsrechts darauf, auf Art. 51 Charta der VN zu verweisen.

20 Vgl. dazu §§ 157 ff.

21 Vgl. zur Beachtung von Grundsätzen des Umweltschutzes *Advisory Opinion of the ICJ on the Legality of the Threat or Use of Nuclear Weapons* (Anm. 18), 242 (para. 10); sowie allgemein *S. Vöneky*, Die Fortgeltung des Umweltvölkerrechts in internationalen bewaffneten Konflikten, 2001.

22 Vgl. dazu IGH im Urteil zu dem *Gabčíkovo-Nagymaros Project case*, ICJ Reports 1997, 7 (55, para. 83); Schiedsgerichtsurteile im *Naulilaa case*, RIAA II, 1011 (1025 f); im *Cysne case*, RIAA II, 1035 (1052); im *Air Services Agreement of 27 March 1946 case*, RIAA XVIII, 416.

23 Vgl. dazu allgemein Bd. I/1 sowie im einzelnen § 188.

24 Die Nichtbefolgung einer bindenden Resolution des Sicherheitsrats würde ihrerseits eine Verletzung der Verpflichtungen aus der Charta der VN darstellen. Dazu siehe *Doehring*, Völkerrecht, 1999, Rn. 381.

25 Der Entwurf besagt:
„1. The wrongfulness of an act of a State not in conformity with an international obligation of that State is precluded if the act is due to force majeure, that is the occurrence of an irresistible force or of an unforeseen event, beyond the control of the State, making it materially impossible in the circumstances to perform the obligation.

Völkerrechtssubjekt unmöglich, sich rechtskonform zu verhalten. Damit entfällt die Völkerrechtswidrigkeit des Verhaltens oder Unterlassens.[26] Vier Bedingungen sind zu erfüllen, damit *force majeure* gegeben ist: Es muß ein Ereignis eingetreten sein, das es dem betreffenden Staat unmöglich macht, sich rechtskonform zu verhalten. Dieses Ereignis muß unvorhergesehen oder von zwingender Natur sein *(irresistible)* und zwischen ihm und der Nichtbefolgung der völkerrechtlichen Verpflichtung muß eine kausale Verbindung bestehen. Das Ereignis darf schließlich von dem Staat, der sich auf *force majeure* beruft, nicht kontrolliert werden und auch nicht kontrollierbar sein.
Höhere Gewalt wird häufig als Argument für die Nichterfüllung einer völkerrechtlichen Verpflichtung geltend gemacht. Vor allem haben Staaten auf Aktionen von Aufständischen verwiesen. Der Einwand höherer Gewalt wird zudem auch in Streitigkeiten mit wirtschaftlichem Hintergrund vorgetragen.[27] Frankreich hat diesen Einwand im *Rainbow Warrior case* geltend gemacht, er wurde aber vom Schiedsgericht zurückgewiesen.[28]

2. Vereinzelte Verträge haben die Berufung auf höhere Gewalt ausgeschlossen oder doch zumindest wesentlich eingeschränkt. Zu nennen sind insoweit das Weltraumhaftungsabkommen hinsichtlich der von Weltraumgegenständen auf der Erde verursachten Schäden[29] sowie der Konventionsentwurf über die Nutzung mineralischer Ressourcen in der Antarktis,[30] der allerdings nicht in Kraft getreten ist. Weitere Beispiele für einen Ausschluß der höheren Gewalt finden sich z. B. in dem Übereinkommen über die Haftung der Inhaber von Reaktorschiffen, 1962 (Art. II)[31] und dem Übereinkommen über die zivilrechtliche Haftung für Nuklearschäden, 1963 (Art. IV).[32] Die Konvention des Europarates über die zivilrechtliche Haftung für Schäden aus für die Umwelt gefährlichen Aktivitäten, 1993[33] schließt zwar ebenfalls die Berufung auf höhere Gewalt aus, läßt aber immerhin einige die Rechtswidrigkeit ausschließende Gründe zu.[34]

VI. 1. Grundsätzlich stellt ein Staatsnotstand *(necessity/état de nécessité)* gemäß Art. 25 des ILC-Entwurfs[35] keinen Unrechtsausschließungsgrund dar.[36] Ein Staat kann sich jedoch in

---

2. Paragraph 1 does not apply if:
a) The situation of force majeure is due, either alone or in combination with other factors, to the conduct of the State invoking it; or
b) The State has assumed the risk of that situation occurring."

[26] Vgl. Force majeure and Fortuitous Event as Circumstances Precluding Wrongfulness: Survey and State Practice, International Judicial Decisions and Doctrine ST/Leg 13/1977; dazu *Jagota*, 261 ff.

[27] *G. H. Aldrich*, The Jurisprudence of the Iran-United States Claims Tribunal, 1996, 306 ff; anerkannt wurde der Einwand als allgemeines Rechtsprinzip.

[28] Es ging um die Frage, ob es Frankreich möglich war, die zur medizinischen Behandlung nach Frankreich verbrachten Geheimagenten nach Hao zurückzubringen; *Rainbow Warrior* (*New Zealand v. France*), RIAA XX, 217 (253).

[29] Art. II schließt die Berufung auf höhere Gewalt aus, BGBl. 1975 II, 1209; vgl. zu dem Abkommen § 132.

[30] Art. 8 Abs. 4 schränkt die Berufung auf höhere Gewalt wesentlich ein: „... *an event constituting in the circumstances of Antarctica a natural disaster of an exceptional character which could not reasonably have been foreseen* ..." sowie ein bewaffneter Konflikt; vgl. zu dem Abkommen § 141.

[31] AJIL 57 (1963), 268.

[32] UNTS Bd. 1063, 265.

[33] ETS Nr. 150.

[34] Es gibt auch Beispiele für eine Vereinbarung, daß die Nichterfüllung einer vertraglichen Verpflichtung nicht als Vertragsverstoß anzusehen ist, wenn dies aus Gründen höherer Gewalt geschah, vgl. das *Iran-Unites States Claims Tribunal*, Fall *Amoco International Finance Corporation v. Iran*, 15. 6. 1990, ILR 83, 500 (531).

[35] (§ 179, Anm. 1) Die Vorschrift lautet:
„1. Necessity may not be invoked by a State as a ground for precluding the wrongfulness of an act not in conformity with an international obligation of that State unless the act:
(a) Is the only way for the State to safeguard an essential interest against a grave and imminent peril; and
(b) Does not seriously impair an essential interest of the State or States towards which the obligation exists, or of the international community as a whole.
2. In any case, necessity may not be invoked by a State as a ground for precluding wrongfulness if:
(a) The international obligation in question excludes the possibility of invoking necessity; or
(b) The State has contributed to the situation of necessity.".

[36] *de Visscher*, Bd. II, 111 f; *B. C. Rodick*, The Doctrine

Ausnahmefällen auf den Staatsnotstand dann berufen, wenn dies die einzige Möglichkeit ist, bedeutende Interessen vor einer schweren und unmittelbar bevorstehenden Gefahr zu schützen und gleichzeitig weniger bedeutende Interessen eines anderen Staates oder der Staatengemeinschaft insgesamt verletzt werden. Selbst wenn diese beiden Bedingungen erfüllt sind, scheidet eine Berufung auf Staatsnotstand aus, wenn die Berufung auf Staatsnotstand vertraglich ausgeschlossen war oder der betreffende Staat die Notstandssituation selbst herbeigeführt hat.

2. Die Staatenpraxis[37] kennt zwar einzelne Fälle, in denen sich ein Staat auf Staatsnotstand berufen hat, eine völkergewohnheitsrechtliche Anerkennung dieses Rechtsinstituts liegt jedoch noch nicht vor.[38]

Der Begriff des Notstandes wurde in der völkerrechtlichen Praxis vor allem in dem *Caroline*-Fall[39] bzw. dem *McLoed*-Fall definiert. Danach liegt ein Notstand nur dann vor, wenn die Situation *„instant, overwhelming, leaving no choice of means, and no moment for deliberation"* ist. Die Notstandshandlung muß *„limited by that necessity, and kept clearly within it"* sein.[40] Eine Berufung auf Staatsnotstand erfolgte 1914 zur Rechtfertigung des Einmarschs deutscher Truppen zu Beginn des 1. Weltkrieges in Luxemburg und Belgien.[41] Im *Rainbow Warrior* case[42] ist das Schiedsgericht auf den Staatsnotstand eingegangen, die Zulässigkeit dieser Einrede wurde nicht grundsätzlich zurückgewiesen

Staatsnotstand kann, dies ergibt sich aus der Staatspraxis, nur in Sonderfällen als Unrechtsausschließungsgrund für Staatenverantwortlichkeit dienen. Die wesentlichen Einschränkungen werden in Art. 25 des ILC-Entwurfs genannt. Besondere Bedeutung kommt dabei Art. 25 Abs. 2a des ILC-Entwurfs zu. Dadurch wird die Berufung auf Staatsnotstand in all denjenigen Fällen ausgeschlossen, wo bestimmte Verhaltensstandards notstandsfest formuliert sind. Die gilt u.a. für diejenigen Regeln des humanitären Völkerrechts, die eine Berufung auf militärische Notwendigkeit ausschließen. Art. 25 Abs. 2a des ILC-Entwurfs verweist aber auch auf Regelungen wie Art. 15 Abs. 2 EMRK.
Von Bedeutung ist auch, daß eine Berufung auf Staatsnotstand ausgeschlossen ist, wenn die Handlung wesentliche Interessen der Staatengemeinschaft verletzt. Damit wird deutlich, daß die Abwägung, die eine Berufung auf Staatsnotstand beinhaltet, nicht nur die individuellen – meist vertraglich gesicherten – Interessen bestimmter Staaten berücksichtigen muß, sondern auch die kollektiven Interessen der nicht in ihren unmittelbaren Interessen betroffenen Staaten. Diesen kommt im Zweifelsfall Vorrang zu.

---

of Necessity in International Law, 1928, 46 ff; *Guggenheim*, Bd. II, 60 f; Bowett, Self-Defence, 10; a. A. *Strupp*, Haftung, 122 f; *Ross*, 247 f; *von der Heydte*, Bd. I, 297 f; *Wengler*, Bd. I, 387 f; *Graefrath/Oeser/Steiniger*, 74 f.

[37] Vgl. dazu die Kommentierung der Völkerrechtskommission (§ 179, Anm. 1), 194 ff; *Soerensen*, 543 sowie im *Rainbow Warrior*-Fall, ILR 82, 499 (553 f).

[38] So auch *Ipsen*, in: *Ipsen* (Hrsg.), 4. Aufl., 527; weitergehend ILC (§ 179, Anm. 1).

[39] Vgl. Correspondence between Great Britain and the United States, respecting the Destruction of the Caroline, British and Foreign State Papers, Vol. 26 (1837–1838), 1372–1377, Vol. 29 (1840–1841), 1126–1142; Vol. 30 (1841–1842), 193–202; siehe dazu auch *Anglo Portuguese Dispute (requisition of property in breach of a treaty for the suppression of a revolution)* in: *A. D. Lord McNair*, International Law Opinions, 2 (1956) 231 f; vgl. *R. Y. Jennings*, The *Caroline* and *McLoed* Cases, AJIL 32 (1938), 92; *W. Meng*, Caroline, EPIL 3, 81; *Oppenheim/Jennings/Watts*, Bd. I/2, 1158.

[40] *R. Higgins*, Problems & Process, International Law and How We Use It?, 1994, sieht hierin auch die Elemente, die einen Akt vorbeugender Selbstverteidigung rechtfertigen. Nach *O. Schachter*, The Rights of States to Use Armed Force, Michigan Law Review 82 (1984), 1620 ff (1635) vertritt die Ansicht, daß diese Kriterien nicht der Staatenpraxis entsprechen.

[41] Diplomatic Documents Relating to the Outbreak of the European War, 1916, Part I, 749, mit der am 2. 8. 1914 von dem deutschen Gesandten in Brüssel übergebenen Note. Siehe auch die Rede des Reichskanzlers *Bethmann-Hollweg* im Reichstag vom 4. 8. 1914, Jahrbuch des Völkerrechts, Bd. III/1916, 728.

[42] RIAA XX, 217 (254); das Schiedsgericht bezeichnete die Zulässigkeit der Einrede als strittig.

3. Unter Notstand versteht der Entwurf der ILC[43] eine Situation, in der eine Person, um ihr Leben oder das Leben von ihr anvertrauten Personen zu retten, völkerrechtswidrig handeln mußte. Allerdings ist die Berufung auf Notstand ausgeschlossen, wenn die Gefahrensituation selbst herbeigeführt war. Geltend gemacht wurde Notstand in der Praxis von Flugzeugführern oder Kapitänen, wenn sie zum Schutz von Flugzeug bzw. Schiff die Lufthoheit bzw. die Territorialhoheit eines Staates verletzt hatten.[44] Angesichts der völkervertraglichen Absicherung dieses Rechtsinstituts kann man von seiner gewohnheitsrechtlichen Anerkennung ausgehen.

VII. Eine Berufung auf Unrechtsausschließungsgründe scheidet aus, wenn die Verletzung der völkerrechtlichen Verpflichtung einen Verstoß gegen eine zwingende Norm des Völkerrechts beinhaltet hat.[45] Diese Frage hat in der bisherigen internationalen gerichtlichen Praxis keine Rolle gespielt. Allerdings hat der Internationale Gerichtshof in seiner Entscheidung *Application of the Convention on the Prevention and Punishment of the Crime of Genocide Counter-Claims* festgestellt,[46] daß ein Bruch der Völkermordkonvention durch einen Staat nicht einen Bruch dieser Konvention durch einen anderen Staat rechtfertigen könne. Dieser Ansatz entspricht der Dogmatik des Wiener Übereinkommens über das Recht der Verträge (Art. 53).[47] Das gleiche hat für Normen zu gelten, die *erga omnes* Wirkung haben. Diese Normen sichern Werte der Staatengemeinschaft und genießen deswegen einen erhöhten Schutz. Unrechtsausschließungsgründe resultieren aus einer Abwägung des Interesses des verletzten Völkerrechtssubjektes mit den Interessen – u. U. der Notlage des Verletzers. *Erga omnes* Normen, dem Schutz von Gemeinschaftsinteressen dienend, stehen insoweit auf einer anderen Ebene und sind einer derartigen Abwägung nicht zugänglich.

VIII. Kein Unrechtsausschließungsgrund kann dem nationalen Recht des Staates entnommen werden, der seine völkerrechtlichen Verpflichtungen verletzt hat. Art. 32 des ILC-Entwurfs,[48] der diesen Grundsatz formuliert, entspricht Art. 27 des Wiener Übereinkommens über das Recht der Verträge. Beide Normen reflektieren den Grundsatz, daß das nationale Recht zur Disposition des betreffenden Staates steht. Würde es möglich sein, Unrechtsausschließungsgründe auf das nationale Recht zu stützen, könnte der betreffenden Staat Unrechtsausschließungsgründe – oder im Falle von Art. 27 Wiener Vertragsrechtskonvention Ungültigkeitsgründe – fabrizieren.

---

[43] Art. 24 ILC-Entwurf (§ 179, Anm. 1).

[44] Die entsprechende Regelung in Art. 24 des ILC-Entwurfs lautet:
„1. The wrongfulness of an act of a State not in conformity with an international obligation of that State is precluded if the author of the act in question has not other reasonable way, in a situation of distress, of saving the author's life or the lives of other persons entrusted to the author's care.
2. Paragraph 1 does not apply if:
(a) The situation of distress is due, either alone or in combination with other factors, to the conduct of the State invoking it; or
(b) The act in question is likely to create a comparable or greater peril."
Dieses Prinzip wird in einzelnen völkerrechtlichen Abkommen kodifiziert (z. B. Art. V Internationales Übereinkommen vom 29. 12. 1972 über die Verhütung der Meeresverschmutzung durch das Einbringen von Abfällen und anderen Stoffen (BGBl. 1977, 165) sowie Art. 8 Internationales Übereinkommen über die Verhinderung der Verschmutzung der See durch Schiffe, 1973, in der Fassung des Protokolls von 1978, BGBl 1982 II, S. 4 ff, Verträge Bd. 61, A 802, S. 312 ff (UNTS Nr. 22484, Vol. 1340/1341, 184 ff).

[45] Vgl. dazu Art. 26 des ILC-Entwurfs (§ 179, Anm. 1), 206 ff (mit Kommentierung).

[46] ICJ Reports 1997, 243 (258, para. 35).

[47] BGBl. 1985 II, 927.

[48] (§ 179, Anm. 1), 231 f (mit Kommentierung).

2. KAPITEL
Rechtsbeeinträchtigung/-schädigung

§ 181 Geschädigtes Völkerrechtssubjekt

Schrifttum: vor § 173, ferner: *C. Dominicé*, Die internationalen Verbrechen und deren rechtliches Regime, in: *P. Fischer* (Hrsg.), Festschrift für *S. Verosta*, 1980, 227 ff; *J. A. Frowein*, Die Verpflichtungen *erga omnes* im Völkerrecht und ihre Durchsetzung, in: *R. Bernhardt* (Hrsg.), Festschrift für *H. Mosler*, 1983, 241 ff; *C. Lloréns*, La responsibilidad internacional par violación grave de obligaciones esenciales para la salvaguarda de intereses fundamentales de la comunidad internacional (el „crimen internacional"), Anuario de derecho internacional, 8 (1985), 265 ff; *R. Hofmann*, Zur Unterscheidung Verbrechen und Delikt im Bereich der Staatenverantwortlichkeit, ZaöRV 45 (1985), 195 ff; *R. Ramcharan*, State responsibility in respect of violation of treaty rules in general, and of those creating an „objective regime" in particular: specific features with regard to the „first, second and third parameters", IJIL 26 (1/2) (1986), 1 ff; *K. Sachariew*, Die Rechtsstellung der betroffenen Staaten bei Verletzungen multilateraler Verträge: Fragen der Aktivlegitimation und der völkerrechtlich zugelassenen Rechtsfolgen, 1986; *M. Mohr*, The ILC's distinction between „international crimes" and „international delicts" and its implications, in: *M. Spinedi/B. Simma* (eds.), United Nations codification of State responsibility, 1987, 115 ff; *F. Rigaux*, Le crime d'Etat: réflexions sur l'article 19 du project d'articles sur la responsabilité des Etats, in: Le droit international à l'heure de sa codification, 1987, 301 ff; *M. Sahovic*, Le concept du crime international de l'état et le développement du droit international, in: Le droit international à l'heure de sa codification, 1987, 363 ff; *D. N. Hutchinson*, Solidarity and Breaches of Multilateral Treaties, BYIL 59 (1988), 151 ff; *J. Quigley*, The International Law Commission's crime-delict distinction: a toothless tiger?, Revue de droit international, de sciences diplomatiques et politques, 66 (2) (1988), 117 ff; *J. I. Charney*, Third State remedies in International Law, MJIL 1989, 57 ff; *K. Sachariew*, State responsibility for multilateral treaty violations: identifying the ‚injured State'; and its legal status, NILR 35(3) (1988), 273 ff; *ders.* (ed.), International crimes of state: a critical analysis of the ILC's draft article 19 on state responsibility, Bd. XII (1989); *B. Simma*, International crimes: injury and countermeasures: comments on part 2 of the ILC work on state responsibility, in: *K. Sachariew* (ed.), International crimes of state: a critical analysis of the ILC's draft article 19 on state responsibility, 1989, 283 ff; *ders.*, Bilateralism and community interest in the law of state responsibility, in: *Y. Dinstein* (ed.), Essays Rosenne, International law at a time of perplexity, 1989, 821 ff; *P.-M. Dupuy*, Implications of the institutionalization of international crimes of state, in: *K. Sachariew* (ed.), International crimes of state: a critical analysis of the ILC's draft article 19 on state responsibility, 1989, 170 ff; *B. Graefrath*, International crimes – a specific regime of international responsibility of states and its legal consequences, in: *K. Sachariew* (ed.), International crimes of state: a critical analysis of the ILC's draft article 19 on state responsibility, 1989, 161 ff; *M. Spinedi*, Les conséquences juridiques d'un fait internationalement illicite causant un dommage à l'environnement, in: *Francioni/Scovazzi* (Hrsg.), 75 ff; *G. Gilbert*, The criminal responsibility of States, ICLQ 39 (2) (1990), 345 ff; *C. Annacker*, The Legal Regime of Erga Omnes Obligations, Austrian Journal of Public International Law 46 (1993–94), 131 ff; *K. Kawasaki*, The „injured State" in the international law of State responsibility, Hitotsubashi journal of law & politics 28 (2000), 17 ff.

I. 1. Ebenso wie die Frage, welchem Völkerrechtssubjekt ein rechtswidriges Handeln zuzuordnen ist, wirft auch diejenige nach dem geschädigten Völkerrechtssubjekt Probleme auf. Ausschlaggebend hierfür ist die Natur der verletzten Primärnorm, und wer die Partner der durch sie begründeten Rechtsbeziehungen sind. Grundsätzlich gilt, daß diejenigen Staaten als geschädigt gelten, deren Rechte durch ein völkerrechtswidriges Handeln oder Unterlassen verletzt wurden.[1]

Anders als frühere Entwürfe[2] spricht Art. 42 des ILC-Entwurfs zur Staatenverantwortlichkeit nur zwei Fallgruppen an. Danach sind verletzte Staaten entweder diejenigen, deren individuelle Rechte verletzt wurden, oder einzelne Staaten oder eine Staatengruppe, deren Rechtsposition durch die Völkerrechtsverletzung berührt wurde.[3] Nur diese letztgenannte Fallvariante wirft Probleme auf. Diese Differenzierung entspricht derjenigen von Art. 60 Wiener Vertragsrechtskonvention.[4] Diese Parallelität von Suspendierung bzw. Beendigung völkerrechtlicher Verträge mit der Staatenverantwortlichkeit ist aus dem Gesichtspunkt der Systematik des Völkerrechts zu begrüßen. Denn Vertragsbeendigung bzw. Suspendierung wegen Vertragsverletzung können in der Praxis parallel zur Staatenverantwortlichkeit gegeben sein, wenn diese aus einer Verletzung eines völkerrechtlichen Vertrages resultiert.

2. Verletzt sind Staaten, denen gegenüber eine existierende völkerrechtliche Verpflichtung verletzt wurde. Besondere Probleme hinsichtlich der Identifikation des verletzten Völkerrechtssubjekts entstehen bei der Verletzung einer völkerrechtlichen Norm, die mehrere Völkerrechtssubjekte berechtigt und verpflichtet, wie multilaterale Verträge oder allgemeines Völkergewohnheitsrecht.

Im Prinzip könnte man davon ausgehen, daß bei einer Verletzung entsprechender Pflichten alle diejenigen Staaten, die durch die verletzte Norm berechtigt werden, als Geschädigte

---

[1] ILC-Entwurf zur Staatenverantwortlichkeit, Report of the International Law Commission, Fifty-third session (23 April – 1 June and 2 July – 10 August 2001, GAOR Fifty-sixth session, Supplement No. 10 (A/56/10), 29 (294 ff mit Kommentierung). Die entsprechende Vorschrift lautet:
„A State is entitled as an injured State to invoke the responsibility of another State if the obligation breached is owed to:
(a) That State individually; or
(b) A group of States including that State, or the international community as a whole, and the breach of the obligation:
(i) Specially affects that State; or
(ii) Is of such a character as radically to change the position of all the other States to which the obligation is owed with respect to the further performance of the obligation."

[2] Vgl. Report of the ILC, Yearbook ILC 1996, vol II, Part Two, 62 Art. 40:
„1.) For the purposes of the present articles, „injured State" means any State a right of which is infringed by the act of another State, if that act constitutes, in accordance with Part One, an internationally wrongful act of that State.
2.) In particular, „injured State" means:
(a) if the right infringed by the act of a State arises from a bilateral treaty, the other State party to the treaty;
(b) if the right infringed by the act of a State arises from a judgement or other binding dispute settlement decision of an international court or tribunal, the other State or States parties to the dispute and entitled to the benefit of that right;
(c) if the right infringed by the act of a State arises from a binding decision of an international organ other than an international court or tribunal, the State or States which, in accordance with the constituent instrument of the international organization concerned, are entitled to the benefit of that right,
(d) if the right infringed by the act of a State arises from a treaty provision for a third State, that third State;
(e) if the right infringed by the act of a State arises from a multilateral treaty or from a rule of customary international law, any other State party to the multilateral treaty or bound by the relevant rule of customary international law, if it is established that:
(i) the right has been created or is established in its favour;
(ii) the infringement of the right by the act of a State necessarily affects the enjoyment of the rights or the performance of the obligations of the other States parties to the multilateral treaty or bound by the rule of customary international law; or
(iii) the right has been created or is established for the protection of human rights and fundamental freedoms;
(f) if the right infringed by the act of a State arises from a multilateral treaty, any other State party to the multilateral treaty, if it is established that the right has been expressly stipulated in that treaty for the protection of the collective interests of the States parties thereto.
3.) In addition, „injured State" means, if the internationally wrongful act constitutes an international crime, all other States."

[3] Diese Fallgruppe läßt sich wieder in zwei Untergruppen teilen.

[4] Vgl. dazu § 158 zur Beendigung und § 163 zur Suspensierung völkerrechtlicher Verträge.

anzusehen sind und ihnen gegenüber eine internationale Verantwortlichkeit besteht. Damit würde die Bedeutung des Instituts der Staatenverantwortlichkeit als Instrument der Durchsetzung von Völkerrecht betont. Allerdings verlangt dieser Ansatz eine wesentliche Ausweitung des Schadensbegriffs, d. h. das allgemeine Interesse an der Beachtung der Norm *(intérêt juridique)* aller durch diese Norm Begünstigten oder Berechtigten müßte als hinreichendes Schutzobjekt, d. h. als Schaden im Sinne der internationalen Staatenverantwortlichkeit ausreichen.[5]

3. Insoweit sind zwei Gesichtspunkte zu trennen, die Frage nach dem Geschädigten im Sinne der Staatenverantwortlichkeit und demjenigen, der eine Schädigung geltend machen kann. Theoretisch muß beides nicht zusammenfallen. Es wäre durchaus denkbar, von einer Schädigung eines bestimmten Völkerrechtssubjektes auszugehen und diesem dennoch das Recht abzusprechen, den Schaden geltend zu machen. In diesem Fall wäre die Rechtsposition des Geschädigten unvollständig. Denkbar ist aber auch die Möglichkeit, einem Völkerrechtssubjekt das Recht zuzusprechen, einen Schaden für eine Gemeinschaft, der er angehört, geltend zu machen. Es wäre dies ein Fall der „Prozeßstandschaft".
Der Entwurf der ILC zur Staatenverantwortlichkeit vermischt diese beiden Gesichtspunkte. Art. 42 des Entwurfs spricht sowohl die Position des verletzten Staates als auch dessen Recht an, die Verletzung geltend zu machen. Letzteres steht im Vordergrund. Art. 48 des Entwurfs regelt die Geltendmachung eines Rechts einer Staatengemeinschaft durch einen Staat, im Wege der Prozeßstandschaft allerdings ist diese Variante in mehrfacher Hinsicht eingeschränkt.

II. 1. Im einzelnen sind folgende Fallvarianten zu unterscheiden: Verletzung einer Pflicht gegenüber einem Völkerrechtssubjekt, die sich aus dem bilateralen Verhältnis zwischen dem verletzenden und dem verletzten Völkerrechtssubjekt ergibt. Dieses bilaterale Verhältnis kann auf Vertrag beruhen, kann aber seine Grundlage auch in einer einseitigen Erklärung, einem Urteil eines internationalen Gerichts oder der Entscheidung einer internationalen Organisation haben. Schließlich kann auch das Völkergewohnheitsrecht oder ein multilateraler Vertrag die Grundlage für ein derartiges bilaterales Verhältnis bilden.
Vor allem umweltrechtliche Nachbarschaftspflichten zwischen Staaten beruhen zum wesentlichen Teil auf Gewohnheitsrecht; deren Verletzung begründet eine internationale Verantwortlichkeit. Diese ist bilateraler Natur. Wie schon angedeutet, können sich bilaterale Beziehungen auch aus multilateralen Verträgen ergeben;[6] typisch sind insoweit Verträge wie das Wiener Übereinkommen über diplomatische Beziehungen,[7] denn hier besteht – auf der Basis dieser Verträge – eine konkrete bilaterale Rechtsbeziehung zwischen zwei Staaten.
Die Verletzung von Verpflichtungen aus einem derartigen bilateralen Verhältnis berechtigt das Völkerrechtssubjekt, dessen Rechte unmittelbar verletzt wurden, Rechte aus der Staatenverantwortlichkeit geltend zu machen. Die Identifikation des verletzten Staates ist insoweit unproblematisch. Es besteht insoweit eine Parallelität zu Art. 60 Abs. 1 des Wiener Übereinkommens über das Recht der Verträge[8] zur Beendigung eines Vertragsverhältnisses wegen einer Vertragsverletzung durch die Gegenseite.[9] Der *LaGrand case*[10] ist illustrativ für diese Situation. Die Vereinigten Staaten von Amerika hatten hier ihre Verpflichtungen aus dem Wiener Übereinkommen über konsularische Beziehungen gegenüber

---

[5] Vgl. hierzu grundlegend *B. Bollecker-Stern*, Le préjudice dans la théorie de la responsabilité internationale, 1973, bes. 29 ff.
[6] Vgl. dazu *Sachariew*, 277 f.
[7] BGBl. 1964 II, 958.
[8] BGBl. 1985 II, 927.
[9] Vgl. dazu § 159.
[10] *LaGrand case (Germany v. United States)*, 27. Juni 2001, (www. icj-cij.org), ebenso ist auf den Fall *United States Diplomatic and Consular Staff*, ICJ Reports 1980, 3 (43, para. 92) zu verweisen.

der Bundesrepublik Deutschland verletzt. Hieraus resultierte ihre Verantwortlichkeit gegenüber Deutschland. Dennoch ist es nicht unproblematisch, von derartigen Verträgen als einem Bündel bilateraler Beziehungen zu sprechen.[11] Dieses Bild kann irreführend sein. Denn bei derartigen Verträgen handelt es sich möglicherweise auch um Ordnungsverträge. Die Besonderheit liegt bei dieser Vertragskonstellation darin, daß sich aufgrund der besonderen Faktenlage besondere Beziehungen zwischen zwei Staaten ergeben, so daß eine Verletzung des Vertrages in einer konkreten Rechtsverletzung für ein Völkerrechtssubjekt resultiert. Davon abgesehen besteht aber ein rechtliches Interesse auch aller anderen Vertragspartner an der Einhaltung dieses Vertrages. Nach der Systematik des Wiener Übereinkommens über das Recht der Verträge in bezug auf die Beendigung völkerrechtlicher Verträge wäre dies der Fall eines Bruchs eines multilateralen Vertrages.[12] Nach der Systematik des Entwurfs der ILC zur Staatenverantwortlichkeit handelt es sich vielmehr um die Verletzung einer Pflicht, die einem anderen Staat individuell geschuldet ist.

Davon zu unterscheiden sind nach Art. 42 Abs. 2b des ILC-Entwurfs die Fälle, in denen die Verletzung eines multilateralen Vertrages eine Partei dieses Vertrages besonders betrifft *(„specially affects that State")*.[13] Als Beispiel nennt die Kommentierung[14] von Art. 42 Abs. 2 b des ILC-Entwurfs eine Verletzung von Art. 194 SRÜ.[15] Danach sind Staaten verpflichtet, Maßnahmen gegen eine Verschmutzung der See zu treffen. Nach dem ILC-Entwurf kann ein Staat eine internationale Verantwortlichkeit dann geltend machen, wenn ihn die Verschmutzungsfolgen besonders treffen.[16] Der entscheidende Unterschied zu Fällen wie dem *LaGrand case* oder dem *Teheran Hostages case* liegt darin, daß hier auf der Basis eines Ordnungsabkommens rechtliche Verpflichtungen gegenüber jedem einzelnen Vertragspartner begründet werden. Diese Verträge sind, obwohl als Ordnungsverträge zu verstehen, als Individualpflichten formuliert.[17] Die individuelle Verpflichtung wird durch das Eintreten bestimmter Voraussetzungen ausgelöst. Es ist eine andere Fallsituation, wenn lediglich eine Verpflichtung gegenüber einer Gemeinschaft von Staaten besteht, die Verletzung dieser Pflicht sich aber in bezug auf ein oder eine bestimmte Zahl von Völkerrechtssubjekten besonders auswirkt. Wann dies der Fall ist, ist eine Frage der Faktizität. Diese bewirkt, daß trotz Fehlens eines bilateralen Rechtsverhältnisses auf der Ebene der Primärnormen ein bilaterales Rechtsverhältnis auf der Ebene der Staatenverantwortlichkeit entsteht.

Ebenso wie unter Art. 60 Abs. 2(c) WVK ist von Fall zu Fall zu unterscheiden, ob eine derartige Situation eingetreten ist, d. h. eine besondere Beeinträchtigung vorliegt. Die Abgrenzung zwischen der Verletzung bilateraler Rechtsbeziehungen aus einem multilateralen Vertrag und der Feststellung, daß ein Völkerrechtssubjekt oder eine bestimmte Gruppe besonders beeinträchtigt ist, bestimmt sich danach, wie die Primärnormen formuliert sind. In beiden Fällen kann das betroffene Völkerrechtssubjekt Rechte aus der Staatenverantwortlichkeit geltend machen.

---

[11] *Sachariew*, 277 f; *Simma*, 337; *Hutchinson*, 154 f; *Annacker*, 136. Dies ist insofern zutreffend, als unmittelbare konsularische Beziehungen nur zwischen zwei Staaten bestehen. Daher wurde insbesondere vertreten, daß schwere Verstöße gegen diplomatische und konsularische Rechte erfolgt sein müssen, bevor ein „Gemeinschaftsinteresse" angeführt werden kann. Vgl. *Simma*, gestützt auf den Teheraner Geiselfall, 338. Im *LaGrand*-Fall wurde demgemäß auch nur auf die bilaterale Rechtsbeziehung zwischen der Bundesrepublik und den Vereinigten Staaten eingegangen. Vgl. *LaGrand case*, paras. 65 ff.

[12] Art. 60 Abs. 2(b).

[13] Diese Formulierung entspricht Art. 60 Abs. 2b WVK.

[14] Anm. 1, 299/300; vgl. dazu auch den dritten Bericht des Sonderberichterstatters *Crawford*, UN Doc. A/CN.4/507, 10. 3. 2000, paras. 106 ff.

[15] Verpflichtung zur Verhütung und Verringerung der Verschmutzung der See.

[16] Art. 42 lit.b(i) des ILC-Entwurfs (Anm. 1), 294.

[17] Vgl. insoweit Art. 36 Abs. 1(b) Wiener Übereinkommen über Konsularische Beziehungen „... die zuständigen Behörden des Empfangsstaates ... zu unterrichten, wenn ... ein Angehöriger dieses Staates festgenommen, inhaftiert ... wird."

2. Mit diesem Ansatz wird erreicht, daß auch Völkerrechtssubjekte als Verletzte eines völkerrechtswidrigen Verhaltens angesehen werden, die nicht in ihren bilateralen Rechten im Verhältnis zu dem verletzenden Völkerrechtssubjekt tangiert wurden, indem das besondere Betroffensein einer Rechtsverletzung gleichgestellt wird. Damit besteht für diese Völkerrechtssubjekte die Möglichkeit, Rechte aus der Staatenverantwortlichkeit geltend zu machen und insoweit auf die Einhaltung der betreffenden völkerrechtlichen Normen hinzuwirken. Es ist allerdings zu berücksichtigen, daß eine zunehmende Anzahl von völkerrechtlichen Verträgen Verpflichtungen begründet, deren Befolgung primär im kollektiven Interesse der Vertragsparteien dieses Vertrages oder sogar der Staatengemeinschaft liegt. Ein typisches Beispiel ist das Montrealer Protokoll über Stoffe, die zu einem Abbau der Ozonschicht führen, 1987.[18] Es ist die Frage, ob derartige Verträge, die den Interessen der Staatengemeinschaft dienen und *erga omnes* Wirkung beanspruchen,[19] etwa durch eine teilweise Freistellung von den Durchsetzungsmechanismen der Staatenverantwortlichkeit, wie sie sich daraus ergibt, daß von keinem Völkerrechtssubjekt gesprochen werden kann, das besonders betroffen ist, zu unvollständigen Normen werden.[20]

3. Der ILC-Entwurf zu Staatenverantwortlichkeit versucht dies in Art. 42 lit.b(ii) sowie in Art. 48, der die Möglichkeit auch für nichtverletzte Staaten eröffnet, eine Staatenverantwortlichkeit geltend zu machen, aufzufangen. Die Lösung ist nicht gelungen; sie kommt dem Wunsch der Staaten entgegen, den Kreis der Staaten, die als verletzt gelten können, nicht zu weit auszudehnen.
Nach Art. 42 lit.b(ii) kann ein Staat Rechte aus der Staatenverantwortlichkeit geltend machen, wenn der Bruch des Völkerrechts derart ist, daß er die Position aller anderen Vertragspartner in bezug auf die Vertragserfüllung grundsätzlich verändert. Diese Vorschrift richtet sich an Art. 60 Abs. 2(c) WVK aus.[21] Gedacht ist, wie bei den Beratungen der Wiener Vertragsrechtskonvention, an Abrüstungsverträge bzw. Verträge zur Erklärung von atomwaffenfreien Zonen.[22] Hierunter fallen – generell gesprochen – alle Rechtsbeziehungen, die darauf angelegt sind, daß sie von allen Vertragsparteien in wirklich gleicher Weise erfüllt werden.[23] Auch in diesen Fällen läßt sich nicht von einer Verletzung eines bilateral zu verstehenden Rechts sprechen; es besteht ein gleichgelagertes Interesse der anderen Parteien dieser Rechtsbeziehung, die Rechte aus der Staatenverantwortlichkeit in Anspruch zu nehmen, um die Einhaltung der eingegangenen Verpflichtungen sicherzustellen. Dennoch werden diese Staaten – wenn auch nur eingeschränkt – verletzten Staaten gleichgestellt.
Die Eingrenzung dieser Fallsituation in der Praxis ist problematisch; dies gilt um so mehr als sich die Staatenverantwortlichkeit nicht nur auf Pflichten aus Vertrag, sondern auch auf solche aus anderen Rechtsquellen bezieht. Im Grunde genommen ist nämlich jede multilaterale Rechtsbeziehung darauf angelegt, daß sie von allen Verpflichteten erfüllt wird. Gemeint sind von dem ILC-Entwurf jedoch lediglich diejenigen Rechtsbeziehungen, deren Sinn und Zweck entfällt, wenn die daraus resultierenden Verpflichtungen auch nur von einer Partei nicht erfüllt werden. Dies gilt beispielsweise für einen Abrüstungsvertrag, nicht aber beispielsweise für die Abkommen zum Schutz diplomatischer oder konsularischer Beziehungen. Denn bei den letztgenannten wird Sinn und Zweck weiter erfüllt, wenn auch nur ein Teil der Vertragsparteien die übernommenen Verpflichtungen einhalten.

---

[18] BGBl. 1988 II, 1015.

[19] Vgl. dazu dritter Bericht des Sonderberichterstatters *Crawford* (Anm. 7), paras. 106 ff.

[20] *Hutchinson*, 214 f; *Charney*, 92; *Spinedi*, 121–124; *Arangio-Ruiz*, Fourth Report, Yearbook ILC 1959, vol. II, 30.

[21] Vgl. dazu § 152.

[22] Vgl. Kommentar zu Art. 42 des ILC-Entwurfs, 300.

[23] So ausdrücklich die Kommentierung zu Art. 42 des ILC-Entwurfs.

4. Nur für wenige multilaterale Verträge mit Ordnungscharakter wird zu sagen sein, daß die Nichterfüllung durch eine Vertragspartei diesen Vertrag seines Sinns und Zwecks beraubt. Das heißt, bei einer Vielzahl von multilateralen Verträgen – das gleiche gilt für andere multilaterale Rechtsbeziehungen auf der Basis einer anderen Völkerrechtsquelle – führt eine Rechtsverletzung durch eine Partei nicht notwendigerweise dazu, daß eine andere Partei verletzt wird und über die Mechanismen der Staatenverantwortlichkeit auf die Einhaltung der betreffenden Normen hinwirken kann. Das Problem des Systems der Staatenverantwortlichkeit, wie es sich gewohnheitsrechtlich entwickelt hat und dem auch die ILC folgt, liegt darin, daß es sich auf der Verletztenseite an einer Rechtsverletzung orientiert und dabei eine Rechtsverletzung aus einem bilateralen Rechtsverhältnis zum Modell nimmt. Dabei bleibt ausgeklammert, daß eine zunehmende Anzahl von internationalen Abkommen Verpflichtungen gegenüber einer größeren Gemeinschaft formuliert, mit diesen Verpflichtungen aber keine einzelstaatlichen Rechte korrespondieren. Dadurch entsteht eine Lücke hinsichtlich der Staatenverantwortlichkeit.

III. Eine dogmatisch stringentere Lösung ergäbe sich von dem Ansatzpunkt her, daß das Vorliegen eines Schadens eben nicht zu den konstitutiven Elementen einer Völkerrechtsverletzung gezählt würde.[24] Ob ein Schaden gegeben ist und ob er wirtschaftlich bemessen werden kann, ist lediglich für den Schadensausgleich von Relevanz. Dies berührt aber die grundsätzliche Anwendung der Regeln über die Staatenverantwortlichkeit nicht. Darüber hinaus ist festzuhalten, daß die Verletzung von mutlilateralen Verträgen – bzw. von anders begründeten multilateralen Rechtsbeziehungen – die rechtlichen Interessen aller Vertragsstaaten negativ berührt. Das heißt, ein derartiger Verstoß führt zu einer Verletzung einer Vielzahl von Staaten,[25] die grundsätzlich eine internationale Verantwortlichkeit geltend machen können.

Problematisch ist allerdings, ob diese internationale Verantwortlichkeit nur gemeinsam oder auch individuell geltend gemacht werden kann.[26] Soweit, um die erstgenannte Ansicht zu stützen, darauf verwiesen wird, daß die betreffende Primärnorm ein Kollektiv und nicht individuell Staaten begünstigt,[27] ist dem entgegen zu halten, daß dann beim Fehlen eines entsprechenden Gemeinschaftsorgans die Durchsetzbarkeit der betreffenden Norm in Frage gestellt ist. Dies kann nicht die Konsequenz einer fehlenden Institutionalisierung sein. Insoweit stünde die Tatsache, daß ein multilateraler Vertrag bzw. eine entsprechende Norm mit *erga omnes* Wirkung verletzt wurde, und damit eine Vielzahl von Verletzten existiert, nicht der Möglichkeit entgegen, daß die Verletzten einzeln die internationale Verantwortlichkeit des gegen die Norm Verstoßenden geltend machen. Diese nähmen dann nur die Funktionen wahr, die die nichtexistente Institution nicht wahrnehmen kann.

Welche Maßnahmen von den einzelnen Verletzten geltend gemacht werden, ergäbe sich aus der Art der Verletzung und ob möglicherweise eine materielle Schädigung auf Seiten eines Verletzten eingetreten ist. Im Regelfall kann, würde diesem Ansatz gefolgt, verlangt werden, daß die Völkerrechtsverletzung abgebrochen und zugesichert wird, diese nicht zu wiederholen.[28] Ebenso verlangt werden kann die Wiederherstellung des ursprünglichen Zustandes[29] und möglicherweise der Ersatz von Schäden. Voraussetzung dafür wäre allerdings, daß eine Restitution möglich bzw. ein finanziell ausgleichbarer Schaden bei dem verletzten Völkerrechtssubjekt entstanden ist. Letzteres würde nur in Ausnahmen der Fall sein, so daß sich die Forderung der Staaten auf Beendigung der Völkerrechtsverletzung und die Zu-

---

[24] Vgl. oben.

[25] Ausdrücklich *Arangio-Ruiz*, Fourth Report, Yearbook ILC, 1959, vol. II, 28.

[26] Ablehnend *Hutchinson*, 214; *Sachariew*, NILR 35 (1988), 282 ff; *Charney*, 88 ff.

[27] *Sachariew*, NILR 35 (1988), 282 ff.

[28] Vgl Entwurf der ILC 2001 (Anm.1), Art. 30 lit. c.

[29] Ablehnend *Sachariew*, NILR 35 (1988), 282; wie hier *Ramcharan*, 28; *Spinedi*, 100 f; *Arangio-Ruiz*, Fourth report, 31 ff.

sicherung, die Verletzung nicht zu wiederholen, zu beschränken hätte. Insofern wäre das Risiko, das die Staaten bezüglich einer Ausweitung des Verletztenbegriffes zu tragen hätten, begrenzt.

IV. Der Entwurf der ILC zur Staatenverantwortlichkeit beschreitet einen anderen Weg, indem sein Art. 48[30] auch Staaten die Möglichkeit einräumt, im begrenzten Umfang eine Staatenverantwortlichkeit geltend zu machen, auch wenn es sich bei ihnen nicht um „verletzte Staaten" handelt. Erfaßt wird hiervon der Bruch einer völkerrechtlichen Verpflichtung eines Staates, die dieser der betreffenden Staatengemeinschaft als Kollektiv schuldet. Dabei kann es sich auch um Verpflichtungen handeln, die der Staatengemeinschaft insgesamt geschuldet werden.[31] Auf der primärrechtlichen Ebene sind danach drei Kriterien zu erfüllen: Es muß sich um eine völkerrechtliche Verpflichtung handeln – gleichgültig auf welcher Basis –, die einer Staatengruppe geschuldet wird und die der Zielsetzung, kollektive Interessen zu schützen, oder die dem Schutz von Staatengemeinschaftsinteressen dient. Diese Verpflichtung muß verletzt worden sein und zwar, wenn es sich um eine Verpflichtung gegenüber einer Staatengruppe handelt, von einem Mitglied dieser Gruppe.
In diesem Fall darf ein Staat der betreffenden Gruppe oder, bei Verletzung von Pflichten gegenüber der Staatengemeinschaft, jeder Staat eingeschränkte Rechte aus der Staatenverantwortlichkeit geltend machen. Allerdings kann lediglich die Einstellung des völkerrechtswidrigen Verhaltens und die Zusicherung der Nichtwiederholung verlangt werden. Darüber hinaus kann Restitution und Schadensausgleich zugunsten eines etwaig geschädigten Staates verlangt werden.[32]
Diese Einschränkungen in der Geltendmachung von Rechten aus der Staatenverantwortlichkeit werden dadurch gerechtfertigt, daß diesen Staaten aus der Verletzung der völkerrechtlichen Verpflichtung kein wirtschaftlicher Schaden entstanden ist.[33] Dies würde einen finanziellen Schadensausgleich ausschließen; allerdings kann auch bei nicht wirtschaftlich geschädigten Staaten ein Interesse daran bestehen, eine rechtswidrig geschaffene Situation zu revidieren. Das heißt, eine Restitution müßte möglich sein. Insoweit greift der ILC-Entwurf zur Staatenverantwortlichkeit zu kurz.
Aber auch der völlige Ausschluß eines finanziellen Ausgleichs erscheint nicht sachgerecht. Es besteht durchaus die Möglichkeit eines wirtschaftlichen Schadens. Entscheidend dürfte nicht das Vorliegen eines wirtschaftlichen Schadens sein, um verletzte und nicht verletzte

---

30 Anm. 1, 318 ff (mit Kommentar). Der Text lautet: „1. Any State other than an injured State is entitled to invoke the responsibility of another State in accordance with paragraph 2 if:
(a) The obligation breached is owed to a group of States including that State, and is established for the protection of a collective interest of the group; or
(b) The obligation breached is owed to the international community as a whole.
2. Any State entitled to invoke responsibility under paragraph 1 may claim from the responsible State:
(a) Cessation of the internationally wrongful act, and assurances and guarantees of non-repetition in accordance with article 30; and
(b) Performance of the obligation of preparation in accordance with the preceding articles, in the interest of the injured State or of the beneficiaries of the obligation breached.
3. The requirements for the invocation of responsibility by an injured State under articles 43, 44 and 45 apply to an invocation of responsibility by a State entitled to do so under paragraph 1".

31 Hier verweist die Kommentierung zu Art. 48 des ILC-Entwurfs auf das Urteil des IGH *Barcelona Traction, Light and Power Company, Limited, Second Phase*, ICJ Reports 1970, 3 (32, para. 33), ohne aber zu dem Prinzip der *erga omnes* Wirkung explizit Stellung zu nehmen.

32 Art. 48 des ILC-Entwurfs bezieht sich ausschließlich auf Staaten; die gleichen Grundsätze würden aber auch für andere Völkerrechtssubjekte gelten.

33 Kommentierung zu Art. 48 des ILC-Entwurfs zur Staatenverantwortlichkeit, 322 f. Sie verweist darauf, daß Japan als Vertragspartei im *Wimbledon*-Fall lediglich eine Zusicherung der Nichtwiederholung verlangte, während Frankreich materielle Schäden geltend machte (PCIJ, Series A, No. 1, 30).

Völkerrechtssubjekte zu unterscheiden, die aber beide Rechte aus Staatenverantwortlichkeit geltend machen können, sondern ob die Pflichten einzelnen Staaten oder einer Gemeinschaft geschuldet wurden.

V. Insgesamt bleibt festzuhalten, daß nach dem Entwurf der ILC zur Staatenverantwortlichkeit auch Staaten Rechte aus der Staatenverantwortlichkeit geltend machen können, wenn sie nicht unmittelbar in ihren individuellen Rechten durch einen Völkerrechtsverstoß betroffen wurden. Damit ist das System der Staatenverantwortlichkeit – wenn auch nur begrenzt – auf eine Verletzung von multilateralen Abkommen einsetzbar, die Pflichten gegenüber der Staatengemeinschaft formulieren. Ob dies bereits Völkergewohnheitsrecht entspricht, erscheint fraglich. Dieser Ansatz ist jedoch konsequent. Er ergibt sich zwangsläufig aus der Zunahme von völkerrechtlichen Verpflichtungen zugunsten einer Gruppe von Staaten oder der Staatengemeinschaft. Diese Verpflichtungen können auf die Durchsetzung auch mit Hilfe der Staatenverpflichtung nicht verzichten. Insoweit muß sich das System der Staatenverantwortlichkeit konsequent fortentwickeln, um den Entwicklungen auf der Ebene des Primärrechts zu entsprechen.

§ 182 Die Geltendmachung des gegenüber den Staatsangehörigen begangenen Unrechts

Schrifttum: vor § 95; ferner: *A. V. Freeman*, Recent Aspects of the Calvo Doctrine and the Challenge to International Law, AJIL 40 (1946), 121 ff; *P. Reuter*, Études en l'honneur de G. Scelle II (1950), 535 ff; *A. V. Sinclair*, Nationality of Claims: British Practice, BYIL 27 (1950), 125 ff; *C. P. Panayotacos*, La règle de l'èpuisement des voies de recours internes, 1952; *J. E. S. Fawcett*, The Exhaustion of Local Remedies: Substance or Procedure?, BYIL 31 (1954), 452 ff; *Shea*, The Calvo Clause, 1955; *H. W. Briggs*, The Local Remedies Rule: A Drafting Suggestion, AJIL 50 (1956), 921 ff; *F. Durante*, Doppa a Plurisma Citta dinanza nella Protezione Diplomatica, RDI 39 (1956), 170 ff; *F. V. Garcia Amador*, RDI (Genf), 34 (1956), 266 ff und 353 ff; *C. Parry*, Some considerations upon the protection of individuals in International Law, RdC 90 (1956 II), 653 ff; *W. K. Geck*, Der Anspruch des Staatsbürgers auf Schutz gegenüber dem Ausland nach deutschem Recht, ZaöRV 17 (1956–57), 476 ff; *G. Battaglini*, La protezione diplomatica delle società, 1957; *K. Katzarov*, Hat der Bürger ein Recht auf dipolmatischen Schutz?, ÖZÖR 8 (1957–58), 434 ff; *A. Bagge*, Intervention on the Ground of Damage Caused to Nationals, with Particular Reference to the Exhaustion of Local Remedies and Rights of Shareholders, BYIL 34 (1958), 162 ff; *H. Urbanek*, Das völkerrechtsverletzende nationale Urteil, ÖZöR 9 (1958–59), 213 ff; *K. Doehring*, Die Pflicht des Staates zur Gewährung diplomatischen Schutzes, 1959; *H. F. Meron*, The incidence of the rule of exhaustion of local remedies, BYIL 35 (1959), 83 ff; *H. F. Panhuys*, The Role of Nationality in International Law, 1959; *M. Katz/K. Brewster*, The Law of International Transactions and Relations, 1960; *C. F. Amerasinghe*, The Formal Character of the Rule of Local Remedies, ZaöRV 25 (1965), 445 ff; *T. Hoesler*, The Exhaustion of Local Remedies in the Case Law of International Courts and Tribunals, 1968; *R. R. Baxter*, Recent Codification of the Law of State Responsibility for Injuries to Aliens, 1974; *M. Sornarajah*, State responsibility and bilateral investment treaties, Journal of world trade law 20 (1986), 79 ff; *G. Panico*, Responsabilità internazionale degli stati per violazione di obbligazioni assunte verso soggetti privati stranieri in contratti di investimento „denazionalizzati", Etudes en l'honneur de Roberto Ago, 1987, 249 ff; *P. Klein*, La protection diplomatique des doubles nationaux: reconsidération des fondements de la règle de non-responsabilité, Revue belge de droit international 21 (1988), 184 ff; *J. Delbrück*, The Exhaustion of Local Remedies Rule and the International Protection of Human Rights – A Plea for a Contestional Approach, in: *J. Jekewitz* (Hrsg.), Festschrift für *K. J. Partsch*, 1989, 213 ff; *C. F. Amerasinghe*, Local remedies in international law, 1990; *R. J. Zedalis*, Protection of Nationals Abroad: Is Consent the Basis of Legal Obligation? Texas International Law Journal 25 (1990), 209 ff; *A. Aguiar*, La responsabilidad internacional del estado por violación de Derechos Humanos: apreciaciones sobre el Pacto de San José/ Asdrúbal, Estudios basicos de derechos humanos 1 (1994), 117 ff; *R. J. Cook*, State responsibility for violations of women's human rights, Harvard human rights journal 7 (1994), 125 ff; *K. Doehring*, Diplomatic protection of non-governmental organizations, in: *M. Rama-Montaldo*, El derecho internacional en un mundo en transformación, 1994, 571 ff; *T. Renoux/A. Roux*, The rights of victims and liability of the State; in: *R. Higgins*, Terrorism and international law, 1997, 251 ff; *M. T. Kamminga/L. A. D. Keus*; Staatsaansprakelijkheid jegens individuen: beginselen en procedures, 1997; *Y. Dinstein*, Diplomatic protection of companies under international law, in: *K. Wellens*, International law, 1998, 505 ff; *G. M. Ziman*, Holding foreign governments accountable for their human rights abuses: a proposed amendment to the Foreign Sovereign Immunities Act of 1976, Loyola of Los Angeles international and comparative law journal 21 (1999), 185 ff; *A. Sanjosé Gil*, La responsabilité internationale des États pour les violations des droits de l'homme, in: Les droits de l'homme à l'aube du XXIe siècle, 1999, 783 ff.

I. Durch ein völkerrechtswidriges Verhalten von Staaten kann ausländischen Privatpersonen Schaden zugefügt werden. Nicht immer steht ihnen der Rechtsweg vor den Gerichten des schädigenden Staates offen; einer Verfolgung seiner Ansprüche vor den Gerichten oder Behörden des eigenen Staates ist in aller Regel ausgeschlossen, da der schädigende Staat insoweit Immunität genießt.[1] Der Zugang zu internationalen Gerichten ist dem Einzelnen normalerweise versperrt. Die Lücke, die sich damit ergibt, füllt bis zu einem gewissen Grade die Regel des Völkergewohnheitsrechts, wonach der Heimatstaat des Verletzten sich dessen Sache zu eigen machen und seinerseits gegen den völkerrechtswidrig handelnden Staat vorgehen kann.[2] Ob der Staat von diesem Recht Gebrauch machen und sich für seinen Angehörigen einsetzen will, steht in seinem Ermessen und richtet sich nach seinem eigenen Recht.[3] Auf diese Weise kann der Staat nach seinem Ermessen Person und Vermögen seiner Angehörigen im Auslande schützen; er kann etwa diplomatische Vorstellungen bei dem anderen Staat unternehmen, gegen ihn Klage vor internationalen Gerichten erheben[4] oder u. U. gegen diesen Staat Gegenmaßnahmen einleiten. Dabei kann ein Staat zum Schutz der internationalen Menschenrechte seiner Staatsangehörigen sowie geschützter immaterieller und materieller Rechtspositionen tätig werden.[5]

---

[1] Es ist allerdings die Entwicklung zu beobachten, daß wegen Einschränkung der Staatenimmunität zunehmend Klagen Privater vor nationalen Gerichten gegen ausländische Staaten wegen Ansprüchen aus Staatenverantwortlichkeit möglich sind. In den Vereinigten Staaten können Ausländer nach dem *Alien Tort Claims Act* (ATCA) von 1789 und dem *Torture Victim Protection Act* (TVPA) von 1992 wegen *„torts committed in violation of the law of nations or treaties of the United States"* vor US-Gerichten klagen. Der TVPA erlaubt nur Klagen gegen natürliche Personen, die ausländische Hoheitsgewalt ausgeübt haben. Aufgrund des ATCA kann auch gegen ausländische Staaten, deren Organe sowie private Organisationen und Firmen geklagt werden. Zwar hindert in der Regel der *Foreign Sovereign Immunities Act* die Klagen gegen fremde Staaten und ihre Organe, doch gilt seit 1996 eine Ausnahme für *„states sponsors of terrorism"* (28 USC § 1605 (a) (7)). Siehe zum Ganzen *B. Stephens/M. Ratner*, International Human Rights Litigation in U.S. Courts, 1996; The Enforcement of Human Rights and Humanitarian Law by Civil Suits in Municipal Courts: The Civil Dimension of Universal Jurisdiction, in: The American Society of International Law/Nederlandse Vereniging voor Internationaal Recht, Contemporary International Law Issues: New Forms, New Applications, Proceedings of the Fourth Hague Joint Conference held in The Hague, The Netherlands, 2–5 July 1997, 156 ff.

[2] Grundlegend hierzu sind die Ausführungen in *Mavrommatis Jerusalem Concession Case* (1924), PCIJ, Series A, No. 2, 12: „... It is an elementary principle of international law that a State is entitled to protect its subjects, when injured by acts contrary to international law committed by another State, from whom they have been unable to obtain satisfaction through the ordinary channels ...".

[3] Siehe dazu Bd. I/1.

[4] Vgl. dazu den *Bread Case (Case concerning the Vienna Convention on Consular Relations, Paraguay v. United States of America)*, Order of 9 April 1998, ILM 37 (1998) 810; *La Grand Case* (§ 173, Anm. 3).

[5] Das System des diplomatischen Schutzes erfährt z. Zt. Eine Ausweitung. So beantragte Kroatien im Verfahren gegen Jugoslawien (http://www.lawschool.cornell.edu/library/cijwww/icjwww/idocket/icry/icry°rders/icry_iapplication_19990702.PDF, para 36) wegen Verletzung der Völkermordkonvention *„... that Yugoslavia has breached its legal obligations.."* und *„... that it has an obligation to pay to Croatia, in its own right and as a parens patriae for its citizens."*

Die erfolgreiche Geltendmachung von Rechten seiner Staatsangehörigen durch deren Heimatstaat ist an drei Voraussetzungen geknüpft. Es muß eine Verletzung von Rechten der eigenen Staatsangehörigen vorliegen, der in Anspruch genommene Staat muß völkerrechtswidrig gehandelt haben und der innerstaatliche Rechtsweg in dem Staat, in dem die Schädigung stattgefunden hat, muß ausgeschöpft worden sein.

II. 1. Der Staat darf in der Regel nur Unrecht geltend machen, das seinen eigenen Staatsangehörigen unter Verletzung völkerrechtlicher Verpflichtungen zugefügt worden ist, und zwar muß ein Staatsangehöriger des den Anspruch geltend machenden Staates unmittelbar in seiner Person verletzt worden sein. Ein Nachteil, der ihm nur mittelbar, z. B. durch die Schädigung anderer zugefügt worden ist, gibt seinem Heimatstaat noch kein Recht, das Schutzrecht geltend zu machen.[6]

Bei der Feststellung der Staatsangehörigkeit ist, da das Völkerrecht die Regelung der Staatsangehörigkeit dem nationalen Recht überläßt,[7] zunächst von dem innerstaatlichen Recht auszugehen. Nur wenn dessen Regeln dem Völkerrecht widersprechen, ist unmittelbar auf das Völkerrecht abzuheben.[8]

Nach der schiedsgerichtlichen Praxis kann ein Staat nur solche Ansprüche geltend machen, die von der Zeit ihrer Entstehung[9] bis zur Geltendmachung des Anspruchs im gerichtlichen Verfahren, bis zur Einsetzung des Gerichts, nach manchen Entscheidungen sogar bis zum Erlaß der Entscheidung[10] oder bis zur sonstigen Regelung der Sache, Staatsangehörigen des Staates zustehen, der den Anspruch verfolgt. Dies ist nicht mehr unbestritten. Dies hängt wesentlich davon ab, wie das Recht, das ein Staat geltend macht, einzuordnen ist. Wird der traditionellen Lehre gefolgt, wonach ein Staat eine eigene Rechtsverletzung geltend macht, so ist entscheidend, welche Staatsangehörigkeit der Betroffene zum Zeitpunkt der Verletzung hatte. Diese Staatsangehörigkeit muß der Betroffene dann auch zum Zeitpunkt der gerichtlichen oder schiedsgerichtlichen Entscheidung besitzen. Wird der Anspruch hingegen als derjenige des betroffenen Individuums verstanden, so kann der Wechsel der Staatsangehörigkeit nicht problematisch sein. Die Tendenz scheint in diese Richtung zu gehen.[11]

---

[6] Sehr klar etwa der *Commissioner MacGregor* für die amerikanisch-mexikanische *General Claims Commission* im Fall der *Dickson Car Wheel Company* (1931), RIAA IV, 681; U.S. Claims Trib. 12: 284 ff.

[7] Dazu §§ 84 ff.

[8] *Nottebohm*-Fall, ICJ Reports 1955, 4 (22 f).

[9] Im Fall *The Property Compensation Law* hat das Österreichische Bundesverfassungsgericht in seinem Urteil vom 13. 10. 1978 auf den Zeitpunkt abgestellt, an dem der Anspruch entstanden ist, ILR 78, 458 (465), VfSlg. Nr. 8422, 290. Dabei wurde jedoch auf den Wortlaut des Vertrages abgehoben.

[10] In diesem Sinne z. B. die Entscheidung der britisch-mexikanischen Schiedskommission im Fall *Eschauzier* (1931), RIAA V, 207; ebenso nach der Entscheidung der *U.S. International Claims Commission* über den *Bogovic Claim* (ILR 1954, 156) die amerikanische Praxis. Nach den Entscheidungen der britisch-venezolanischen Schiedskommission im Fall *Stevenson* bei *Ralston*, 455, oder der britisch-amerikanischen *Claims Commission* in den Fällen *Gleadell* (1929), RIAA V, 45 und *Flack* (1929), RIAA V, 62, muß dagegen der Anspruch seinen nationalen Charakter nur bis zur Geltendmachung des Anspruchs bewahren. Vgl. dazu *Sinclair*, 141. Art. VII der *Declaration of the Government of the Democratic and Popular Republic of Algeria Concerning the Settlement of Claims by the Government of the United States of America and the Government of the Islamic Republic of Iran*, 19. 1. 1981, die die Grundlage für die Entscheidungen des *Iran-United States Claims Tribunal* bildet, lautet zu diesem Komplex: „*Claims of nationals*" *of Iran or the United States, ..., means claims owned continuously, from the date on which the claim arose to the date on which this Agreement enters into force, by nationals of that state...*"; vgl. dazu die Urteile *Phelps Dodge Corp. v. Iran*, 19. 3. 1986, C. L. T. R. 10, 121 (126); *Sola Tiles Inc. v. Iran*, 22. 4. 1987, ILR 83, 460 (465 ff); *Saghi v. Iran*, 12. 1. 1987, ILR 84, 609 (613 ff) und *General Petrochemicals Corp. v. Iran*, 21. 10. 1991 Iran-U. S. C. T. R. 27, 196 (216–217).

[11] Nach dem US *Helms-Burton Act*, 1996, *(Cuban Liberty and Democratic Solidarity* LIBERTAD) Act of 1991, (Publ.L. 104–114), 110 Stat. 785 (35 ILM 373 [1996])) sind nicht nur Ersatzansprüche von US-Bürgern, sondern auch von Personen zulässig, die zur Zeit der Enteignungen Kubaner waren. Dies ist eine Durchbrechung des Kontinuitätsansatzes.

Unschädlich ist der Wechsel in der Person des Anspruchsberechtigten, wenn dies nicht einen Wechsel in der Staatsangehörigkeit zur Folge hat.[12]

2. Der Staat kann gleichfalls Unrecht geltend machen, das seinen Gesellschaften und juristischen Personen zugefügt ist.[13] Auch deren Staatszugehörigkeit[14] richtet sich wiederum nach dem innerstaatlichen Recht, das dem Völkerrecht allerdings nicht widersprechen darf.
Bei der Beurteilung der Staatszugehörigkeit von Unternehmen als Voraussetzung für die Ausübung des Schutzrechts werden in der internationalen Praxis verschiedene Maßstäbe zugrunde gelegt,[15] wobei problematisch ist, welche dieser Maßstäbe sich gewohnheitsrechtlich durchgesetzt haben.[16] Unzweifelhaft ist nur der Fall, wo ein Unternehmen unter

---

[12] Vgl. die Entscheidung des *U.S. International Claims Commission* im Fall *Perle*, ILR 21 (1954), 161; *Koen claim*, ILR 20 (1953), 233; *Bogovic claim*, ILR 21 (1954), 156; *Hanover Bank claim*, ILR 26 (1958 II), 334; *Friede claim*, ILR 26 (1958 II), 352; *Ruchwarger claim*, ILR 30, 215; *Herman Allan claim*, ILR 30, 158; *Einhorn Fielstein v. Netherlands*, Claims Commission (Czechoslovakia), ILR 73, 378; *Iran – US.-Claims Tribunal* im Fall *Harza v. Iran*, CT Reports 11, 76 (84) Das Gericht führt in diesem Fall, in dem die Kläger Aktionäre der Harza Aktiengesellschaft waren, aus, daß *„while the assignment of claims by some US shareholders to other US shareholders has apparently not yet been before the Tribunal in any other decided case, the Tribunal sees no basis in the Claims Settlement Declaration to reject such assignment. Article VII, paragraph 2 requires continuity of Claimants' nationality, not continuity of claimants' identity"*. ICSID: Fedax. N. V.v. Republic of Venezuela, 11 July 1997, ILM 37 (1998), 1378.

[13] Dazu auch die Entscheidung der amerikanisch-mexikanischen *General Claims Commission* im Fall der *Dickson Car Wheel Comp.* (Anm. 6, 35), 678; *Barcelona Traction* Case, ICJ Reports 1970, 4; vgl. dazu *Katzaiov*, 444; *C. de Visscher*, Observations sur le Fondement de la Protection Diplomatique des Actionnaires de Societes anonymes, RevBelge 6 (1970), i-iv und La Notion de Referce (Renvoi) au Droit interne dans la Protection diplomatique des Actionnaires de Societes annonymes und 7 (1971) 1 ff; *J. Charpentier*, Cour International de Justice. Affaire de la *Barcelona Traction* arrêt du 5 Févier 1970, AFDI 16 (1970), 307 ff; *H. W. Briggs*, Barcelona Traction: The Jus Standi of Belgium, AJIL 65 (1971), 327 ff; *R. B. Lillich*, Two perspectives on the Barcelona Traction Case, AJIL 65 (1971), 522 ff; *I. Seidl-Hohenveldern*, Der Barcelona-Traction-Fall, ÖZöR 22 (1971–72), 255 ff; *F. A. Mann*, The Protection of shareholders' interests in the light of the Barcelona Traction Case, AJIL 67 (1973), 259 ff. *Electronica Sicula*, SpA (ELSI), ICJ Reports 1989, 15; *Phelps Dodge Corp. v. Iran*; *Sola Tiles Inc. v. Iran*; Iran-U.S. Claims Tribunal, *American International Group v. Iran*, 19. 12. 1983, ILR 84, 645 (652 f); Iran – U.S. Claims Tribunal, *Sedco Inc. v. Iran*, 24. 10. 1985, 27. 3. 1986, 2. 7. 1987, ILR 84, 483 (490 ff).

[14] Es sollte vermieden werden, in diesen Fällen von einer Staatsangehörigkeit zu sprechen.

[15] Vgl. dazu Internationaler Gerichtshof in *Barcelona Traction*-Fall, ICJ Reports 1970, 4 (42): „In allocating corporate entities to States for purposes of diplomatic protection, international law is based, but only to a limited extent, on an analogy with the rules governing the nationality of individuals. The traditional rule attributes the right of diplomatic protection of a corporate entity to the State under the laws of which it is in corporated and in whose territory it has its registered office. Those two criteria have been confirmed by long practice and numerous international instruments. This notwithstanding, further or different links are at times said to be required in order that a right of diplomatic protection should exist. Indeed, it has been the practice of some State to give a company incorporated under their law diplomatic protection solely when it has its seat (siège social) or management or center of control in their territory, or when a majority or a substantial proportion of the shares has been owned by nationals of the State concerned. Only then, it has been held, does there exist between the corporation and the State in question a genuine connection of the kind familiar from other branches of international law. However, in the particular field of the diplomatic protection of corporate entities, no absolute test of the „genuine connection" has found general acceptance. Such tests as have been applied are of a relative nature, and sometimes links with one State have to be weighed against those with another."

[16] Einen Überblick gibt *M. Herdegen*, Internationales Wirtschaftsrecht, 1995, 144 ff; *Iran-U.S. Claims Tribunal* 2, 156 ff (161–165). In diesem Fall *Esphahanian v. Bank Tejarat* entschied das Gericht, daß bei doppelter Staatsangehörigkeit die *„real and effective nationality"* vorgeht, es sei denn Mißbrauch der Staatsangehörigkeit liegt vor. Siehe allerdings die *Dissenting Opinion* zu diesem Thema von *Shafeiei*, CTR 2, 178–182, 185–191, 223–225. Im Fall *Malek v. Iran* war die *„dominant and effective nationality"* entscheidend, CTR 19, 51–61; dasselbe Kriterium wurde im Fall *Danielpour (M.) v. Iran*, CTR 22, 118 ff (120–122), sowie im Fall *Danielpour (Sj.) v. Iran*, CTR 22, 123 ff (125 f) verwendet. Siehe jedoch zu letzterem Fall die *Dissenting Opinion Ansari*,

dem Recht eines bestimmten Staates errichtet wurde und alle seine Anteilseigner oder deren Mehrheit die Staatesangehörigkeit dieses Staates besitzen. Darüber hinaus werden Gesichtspunkte wie Zentrum der wirtschaftlichen Tätigkeit, Sitz der Verwaltung etc. als Rechtfertigungsgründe nicht für die Staatszugehörigkeit, sondern für die Wahrnehmung des Schutzrechts herangezogen.
Von dem Schutz, den der Staat der juristischen Person oder Gesellschaft gewährt, ist der Schutz zu unterscheiden, der den Gesellschaftern zusteht.[17]

Gegen den Schutz der persönlichen Anteile in einer OHG oder dergleichen bestehen keine Bedenken.[18]
Handelt es sich um eine juristische Person, so begegnet die Geltendmachung des den Gesellschaftern persönlich erwachsenen Schadens dem Einwand, daß das Völkerrecht es nur in Ausnahmefällen erlaubt, durch die Rechtspersönlichkeit der Gesellschaft auf die Staatsangehörigkeit der Gesellschafter abzustellen.[19] Im Fall *Elettronica Sicula* (ELSI) hat der Internationale Gerichtshof den Vereinigten Staaten allerdings das Recht zugesprochen, amerikanische Aktieninhaber eines italienischen Unternehmens gegen Italien zu schützen.[20] Die Deklaration von Algier[21] über die Beilegung der Ansprüche zwischen den Vereinigten Staaten und dem Iran geht davon aus, daß ein Schutzinteresse besteht, wenn 50% eines Unternehmens von Bürgern dieses Staates kontrolliert wird.[22] Aufgrund dieser Entwicklung kann die Entscheidung des Internationalen Gerichtshofs im Falle *Barcelona Traction* nicht mehr als autoritativ angesehen werden.

3. Der Schutz von Ausländern oder Staatenlosen ist einem Staat nur in Ausnahmefällen (auf Grund von Verträgen,[23] er ist im Einverständnis aller beteiligten Staaten mit der Wahrnehmung der Interessen eines anderen Staates im Ausland betraut) gestattet.[24] Soweit ein völkerrechtlich anerkanntes Schutz- oder Treuhandverhältnis besteht, umfaßt das Recht zur Vertretung im internationalen Rechtsverkehr auch das Recht, die den Angehörigen dieser

---

127 f. Auf dieses Kriterium verweist das Gericht in st. Rspr. CTR 22, 129 (132 ff), *Dissenting Opinion Ansari* 135 ff, CTR 22, 138 (142–145), CTR 22, 155 (158–160), *Dissenting Opinion Ansari* 163–168, CTR 22, 194 (197–199), *Dissenting Opinion* von *Allison* 200–203; CTR 23, 256 (261–263), 268 (271–273), 282–284, 285–289, 307 (308 ff); CTR 25, 153 (158 ff., *Separate Opinion Ansari* 162 ff), CTR 25, 190; CTR 25, 196 (*Separate Opinion Holtzmann* 201 ff); CTR 25, 264; CTR 25, 278; CTR 25, 289; CTR 26, 44 ff, siehe *Separate Opinion Aldrich*, 58 f).

[17] Vgl. auch *Hyde*, Bd. II, 900 f.

[18] Dazu etwa *Bagge*, 169 f, und die Belege bei *Hackworth*, Digest, Bd. V, 841 f und *Rousseau* (Anm. 29), 532 f; *Morrison-Knudsen Pacific Ltd. v. Ministry of Roads and Transports*, AJIL 79 (1985), 146.

[19] Vgl. dazu Internationaler Gerichtshof im *Barcelona Traction-Fall*, ICJ Reports 1970, 3 ff (42); Rechtsvergleichend allgemein zum „Durchgriff" auf die Gesellschafter trotz eigener Rechtspersönlichkeit der Gesellschaft siehe *E. J. Cohn/C. Simitis*, „Lifting the Veil" in the Company Laws of the European Continent, ICLQ 12 (1963), 189 ff; *Seidl-Hohenveldern*, Corporations in and under International Law, 1987, 6 ff.

[20] ICJ Reports 1989, 15.

[21] ILM 20 (1981), 230.

[22] Im Falle *Sedco Inc v. National Iranian Oil Company, Iran-US Claims Tribunal*, 8, (1985), 28 hat das Gericht 49,8 % im Besitz amerikanischer Bürger als ausreichend angesehen, damit die Vereinigten Staaten Schutzrechte geltend machen konnten.
Zur Praxis von ICSID vgl. *C. Schreuer*, Commentary on the ICSID Convention, ICSID Review Foreign Investment Law Journal 11(1996), 316.

[23] Vgl. insoweit Art. 78. 9 (a) des Friedensvertrages mit Italien, 1947 (UNTS, Bd. 49, 3 ff) bzw. Art. 24. 9 (a) des Friedensvertrages mit Rumänien 1947 (UNTS, Bd. 42, 3 ff) sowie die hierzu ergangenen Schiedsentscheidungen *Menkes, Bartha, Feldman Ansprüche*, 1955, ILR 22 (1955), 389, 391, 642; *Fubini Anspruch*, ILR 29 (1966), 34; *De Leon-Anspruch*, ILR 40 (1970), 117; *Hofman-Anspruch*, ILR 26 (1958 II), 333. Möglich ist auch die vertragliche Genehmigung eines Staatsangehörigkeitswechsels, *Stankovic-Anspruch*, ILR 40 (1970), 153. Steht einem Staat eine Klagebefugnis zu, so kann er sie zusätzlich auch hinsichtlich von Nichtstaatsangehörigen übernehmen, vgl. insoweit den *Rainbow Warrior*-Fall, 1986, ILR 74 (1987), 241, 259.

[24] Ein solcher Ausnahmefall war der von der amerikanisch-panamesischen Schiedskommission 1933 entschiedene Fall *Caselli*, RIAA VI, 378. Hier war die Kommission vertraglich zur Entscheidung über den Entschädigungsanspruch eines schweizerischen Staatsangehörigen berufen.

Gebiete zugefügten Rechtsverletzungen geltend zu machen.[25] Die bekundete Einbürgerungsabsicht ersetzt die fehlende Staatsangehörigkeit noch nicht.[26]
Neben den Staatsangehörigen gibt es eine weitere Personengruppe, die der Staat zu schützen befugt ist.[27] Zu ihr gehören die Personen, die in seinem Dienst oder Interesse völkerrechtlich anerkannte Funktionen ausüben (z. B. als Amtsträger, als Angehörige seiner Streitkräfte).[28]

4. Besondere Schwierigkeiten ergeben sich hinsichtlich des Schutzes von Doppel- und Mehrstaatern im Ausland. In diesen Fällen ist nur der dem Mehrstaater näher stehende Staat (Grundsatz der effektiven oder aktiven Staatsangehörigkeit) berechtigt, für den Geschädigten einzutreten.[29] Dieser Grundsatz wurde in Art. 4 und 5 der *Convention on Certain Questions Relating to the Conflict of Nationality Laws*, 1930[30] kodifiziert; er ist als Bestandteil des Völkergewohnheitsrechts anzusehen.
Wird ein Mehrstaater von einem der Staaten verletzt, dessen Staatsangehörigkeit er besitzt, so ist der andere Staat nicht befugt, ihn zu schützen. Der Verletzte kann insoweit aber den Rechtsschutz als Inländer in Anspruch nehmen. Eine Ausnahme ist dann zu machen, wenn der Staat, der belangt werden soll, dem Verletzten seine Staatsangehörigkeit aufzwingt, um sich der Geltendmachung des Rechts durch einen anderen Staat zu entziehen. Eine weitere Ausnahme wird auch dann gemacht, wenn die „effektive" Staatsangehörigkeit bei dem den Anspruch stellenden Staat eindeutig belegbar ist.[31] Grundsätzlich ist der entscheidende Gesichtspunkt für die Beantwortung der Frage, welcher Staat Rechte geltend machen kann, wo das betreffende Individuum effektiv seinen Lebensmittelpunkt hat. Insoweit wird von effektiver Staatsangehörigkeit gesprochen.

III. 1. Die Befugnis des Staates, das seinem Angehörigen zugefügte Unrecht gegenüber einem dritten Staat geltend zu machen, ist unterschiedlich interpretierbar. Es ist die Ansicht vertreten worden, der Staat handele insoweit als Vertreter seines Angehörigen (Vertretungstheorie).[32] Dies entsprach bislang nicht der internationalen Praxis und Lehre. Diese gingen davon aus, daß der Staat bei der Geltendmachung des Anspruchs ein eigenes Recht im eigenen Namen verfolgt (Eigenrechtstheorie).[33]

---

25 So im Hinblick auf die Angehörigen der Völkerbundmandate (Frankreich im Verhältnis zu Libanon) die französisch-mexikanische *Commission des réclamations* im Falle *Nájera* (1928), RIAA V, 466 f.

26 Vgl. dazu etwa die Schiedssprüche in den Fällen *Morrison* (Mexiko-USA 1850) bei *Moore*, Arbitrations, Bd. III, 2325 und *Santangelo* (Mexiko-USA, 1839) ebd., 2549 sowie die Entscheidung der deutsch-amerikanischen *Mixed Claims Commission* in den Fällen *Hilson* (1925), RIAA VII, 176 und *Harrison* (1925) ebd. 280; Fall *Szunyogh*, ILR 26 (1958 II), 331; auf einzelne anders entschiedene Fälle verweist *Oppenheim/Jennings/Watts*, Bd. I/1, 513, Anm. 8.

27 Zutreffend also *Parry*, RdC 90 (1956 II), 708: *„the spheres of nationality and protection are not in practice, and never have been, identical"*.

28 Über diese *„functional protection"* auch *Garcia Amador*, RdC 94 (1958 II), 442 f.

29 A. A. *Dahm*, Bd. 3, 1. Aufl., 252; wie hier *Bindschedler*, RdC 90 (1956 II), 230 f; *Reuter*, 163; *Nottebohm*-Fall, ICJ Reports 1955, 22; *Rousseau* Bd. I, 125; *Oppenheim/Jennings/Watts*, Bd. I/1, 516 f; *Klein*, 184 ff; *Z. R. Rode*, Dual nationals and the doctrine of dominant naturiality, AJIL 53 (1959), 139 ff; *Vereano*-Anspruch, ILR 24 (1957), 464; *Stankovic*-Anspruch, ILR 40, 153; Iran – U.S. Claims Tribunal, *Saghiv-Iran*, 12. 1. 1984, ILR 84, 609 (614); aus dem nationalen Recht *Sadat v. Mertes*, AJIL 74 (1980), 937; Fall *Canevaro*, RGDIP 1913, 328 ff; Fall *Stronsky-Mergé*, RGDIP 1959, 125, mit einer ausführlichen Stellungnahme zum Prinzip der effektiven Staatsangehörigkeit (132 ff).

30 LNTS, Bd. CLXXIX, 89.

31 Fall *Ruspoli*-Anspruch *claim*, ILR 24 (1957), 457; *Ganapini*-Anspruch, ILR 30, 366; *Turri*-Anspruch, ILR 30, 371; Anspruch *Espahanian v. Bank Tejarat*, AJIL 77 (1983), 646; *Iran v. United States Case* A/18, ILR 75, 175; *Golpira v. Iran*, ILR 72, 493; vgl. dazu *Oppenheim/Jennings/Watts*, 516 f.

32 So *Garcia Amador*, RdC 94 (1958 II), 472; *Kodzaiov*, 444 f.

33 So der Ständige Internationale Gerichtshof im *Mavromatis Jerusalem Concession Case*, PCIJ, Series A 2 (1926), 12: „By taking up the case of one of its subjects and by resorting to diplomatic action or international judicial proceedings on his behalf, a State is in reality asserting its own rights – its right to ensure in the person of its subject, respect for the rules of international law". Ebenso z. B. PCIJ Series A 20/

2. Die Eigenrechtstheorie läßt wiederum verschiedene Deutungen zu. Die überwiegende, wohl auf *Vattel*[34] zurückführende Lehre geht dahin, daß der Staat in der Person seiner Angehörigen selbst verletzt worden ist. Der Anspruch des Staates knüpft allerdings nach Art und Höhe an den Anspruch der Privatpersonen an. Er ist ihm inhaltsgleich und teilt sein Schicksal, ist mit diesem jedoch nicht identisch. Nur der Anspruch des Staates, nicht der des Einzelnen wird im Wege der diplomatischen Vorstellungen und vor internationalen Gerichten verfolgt.[35]

3. Da – nach der Eigenrechtstheorie – der Heimatstaat mit dem diplomatischen Schutz seiner Angehörigen eine eigene völkerrechtliche Befugnis ausübt, können seine Staatsangehörigen nicht rechtswirksam hierauf verzichten.[36]

a. Allerdings haben vor allem lateinamerikanische Staaten Ausländer verpflichtet, bei einer etwaigen Verletzung ihrer Rechte auf diplomatisches Einschreiten ihres Heimatstaates und eine Rechtsverfolgung vor anderen Instanzen als den Gerichten und Behörden des Aufenthaltsstaates zu verzichten (sog. *Calvo*-Klausel). Vor allem wird die Erlaubnis zur Niederlassung im Inland oder die Erteilung von Konzessionen von Verzichtserklärungen dieser Art abhängig gemacht. Entsprechende Vorschriften finden sich ebenfalls in den Verfassungen lateinamerikanischer Staaten. Diese Praxis entspricht dem Gedanken der Inländerbehandlung als des Höchststandards, den Ausländer beanspruchen können.[37]

b. Möglich ist allerdings, gegen das zwischenstaatlich vereinbarte Verbot zugunsten eigener Staatsangehöriger ein Verfahren vor internationalen Gerichten oder Schiedsgerichten anzustrengen. Zu verweisen ist insoweit auf Art. 27 *Convention on the Settlement of Investment Disputes between States and Nationals of Other States, 1965*.[38]

21, S. 17 f und Series A/B 76, 16; ICJ Reports 1955, 24; amerikanisch-mexikanische *General Claims Commission* im Fall der *Dickson Car Wheel Company*, RIAA 4, 678, *Administrative Decision* Nr. 2 der deutsch-amerikanischen *Mixed Claims Commission* (1923), RIAA VII, 26, Schiedsrichter *Undén* in dem Rechtsstreit zwischen Griechenland und Bulgarien bei *Whiteman*, Damages, Bd. II, 1474. Aus der nationalen Rechtsprechung vgl. etwa (schweiz.) BGE 52, Bd. II, 259 f. im Fall *Oswald gegen Eidgenossen.*

[34] Vgl. *E. de Vattel*, Le Droit des gens ou principes de la loi naturelle, 1758, 1. II, ch. VI § 71: „*Quiconque maltraite un citoyen offense indirectement l'État, qui doit protéger ce citoyen*".

[35] So z. B. das Urteil des Ständigen Internationalen Gerichtshof im *Chorzów*-Fall, PCIJ, Series A 17 (1927), 28: „The reparation due by one State to another does not ... change its character by reason of the fact that it takes the form of an indemnity for the calculation of which the damage suffered by a private person is taken as the measure. The rules of law governing the reparation are the rules of international law in force between the two States concerned, and not the law governing relations between the State which has committed a wrongful act and the individual who has suffered damage. Rights and interests of an individual the violation of which rights causes damage are always in a different plane to rights belonging to a State, which rights may also be infringed by the same act. The damage suffered by an individual is never therefore identical in kind with that which will be suffered by a State; it can only afford a convenient scale for the calculation of the reparation due to the State". So auch *Huber* im Bericht über die britischen Vermögensinteressen in Spanisch Marokko, 633. „*Cette réclamation* (gemeint ist die Forderung des Staates), *bien qu'elle se rattache matériellement à la réclamation du particulier, a un caractère entièrement différent de celle-ci*". Vgl. auch die Entscheidung der amerikanisch-mexikanischen *General Claim Commission* im Fall der *Dickson Car Wheel Company* (1931), RIAA 4, 678: „The relation of rights and obligations created between two States upon the commission by one of them of an act in violation of international law, arises only among those States subject to the international juridicial system. There does not exist, in that system, any relation of responsibility between the transgressing State and the injured individual for the reason that the latter is not subject to international law"; mwN *Amerasinghe* (1990), 108 ff.

[36] *Ipsen*, in: *Ipsen* (Hrsg.), 4. Aufl., 1999, 566 f; *Lillich*, in: *Lillich* (Hrsg.), 4; *A. V. Freeman*, Recent Aspects of the Calvo Doctrine and the Challenge to International Law, AJIL 40 (1946) 121; anderer Ansicht *F. V. García Amador*, Calvo Doctrine, Calvo Clause, EPIL I (1992), 521.

[37] Dazu § 96; negativ gegenüber diesem Ansatz *Lillich*, in: *Lillich* (Hrsg.), 5; Ständiger Internationaler Gerichtshof im Falle *Mavrommatis Palestine Concessions* Fall, PCIJ, Series A 2 (1924), 12 und im Fall *Concerning Certain German Interests in Polish Upper Silesia*, PCIJ, Series A 7; vgl. dazu *Freeman*, 126.

[38] ILM 4 (1965), 532.

c. In der Schiedsgerichtspraxis wird die *Calvo*-Klausel unterschiedlich beurteilt.[39] Insgesamt ist der *Calvo*-Klausel die gewohnheitsrechtliche Anerkennung versagt geblieben, soweit sie das Schutzrecht des Heimatstaates ganz oder teilweise ausschließen will.[40] Soweit sie besagen will, daß die dem Ausländer zugefügte Rechtsverletzung nur nach Erschöpfung der durch das Recht des Aufenthaltsstaates gewährten Rechtsbehelfe den Schutz des Heimatstaates auslösen könne, entspricht sie dem geltenden Gewohnheitsrecht.[41]

4. Während nach der Eigenrechtstheorie der Einzelne nicht darüber zu verfügen vermag, ob der Staat für ihn tätig wird, kann umgekehrt der Staat über den Anspruch der Privatperson verfügen. Er entscheidet nach seinem Ermessen, ob er sein Schutzrecht ausüben will; er kann den Anspruch später zurückziehen, ohne Rücksicht auf die Zustimmung des unmittelbar Verletzten, auf den Anspruch verzichten oder sich mit dem in Anspruch genommenen Völkerrechtssubjekt vergleichen. Grenzen bildet der Schutz der internationalen Menschenrechte.[42]

5. Die bereits angesprochene Vertretungstheorie geht davon aus, daß es sich bei dem staatlich vertretenen Anspruch um den Entschädigungs- und Wiedergutmachungsanspruch des Einzelnen handelt, den der Staat gegenüber einem anderen Staat in eigenem Namen vertritt, wobei er in Ausübung eines eigenen Rechts, nämlich der international anerkannten Befugnis, seine Staatsangehörigen zu schützen, handelt. In Verfahren vor internationalen Gerichten, die solche Ansprüche zum Gegenstand haben, wäre der Staat also nur im formalen Sinne Partei.[43] Diese Ansicht würde die staatliche Verfolgung eines Anspruchs von dem Willen der betroffenen Personen abhängig machen und hat sich bislang nicht in dieser allgemeinen Form durchgesetzt.[44]

---

[39] Die Mehrzahl der Entscheidungen spricht sich dahin aus, daß der damit ausgesprochene Verzicht des Einzelnen seinen Staat nicht daran hindern könne, ihn vor dem Ausland zu schützen. Es gibt jedoch auch Schiedssprüche, nach denen die Klausel die Zuständigkeit der internationalen Gerichte ausschließt. Eine gewisse Rechtswirksamkeit wird ihr namentlich in dem oft zitierten Schiedsspruch der amerikanisch-mexikanischen *General Claims Commission* im Falle der *North American Dredging Company of Texas* (1926) zugesprochen (RIAA IV, 26). Wie der Schiedsspruch im *Dredging*-Fall auch die britisch-mexikanische *Claims Commission* im Fall der *Mexican Union Railway Ltd.* (1930), RIAA V, 115 und amerikanisch-mexikanische *General Claims Commission.* im Fall der *International Fisheries Company* (1931), RIAA IV, 691. In seiner abweichenden Meinung zu diesem Schiedsspruch (ebd. 703 f) hat der amerikanische *Commissioner Nielsen* eine vernichtende Kritik an dem Schiedsspruch im *Dredging*-Fall geübt und darzulegen versucht, daß das Rechtsprinzip der *Calvo*-Klausel sich gegenüber dem traditionellen Grundsatz des diplomatischen Schutzes bisher nicht habe durchsetzen können; kritisch auch *D. R. Shea*, The Calvo clause, 1956, 194 ff sowie *Freeman*, 145 ff.

[40] In diesem Sinne die ganz überwiegende Lehre und Praxis. Vgl. z. B. Schiedsrichter *Taft* im *Tinoco*-Fall (1923), RIAA I, 385 f. Schiedsrichter *Ralston* für die italienisch-venezolanische Schiedskommission im Fall *Martini* bei *Ralston*, 840 f, aus dem Schrifttum z. B. *Oppenheim/Jennings/Watts*, Bd. I, § 155 a; *Guggenheim*, Traité II, 26. So auch in ihrer Mehrzahl die Antworten der Regierungen auf den Fragebogen des Sachverständigenausschusses des Völkerbundes für die Haager Kodifikationskonferenz von 1930, AJIL 24 (1930), Suppl., 68 f, Harvard-Entwurf Art. 17, Hs. 2; *Starke*, 302; *Lillich*, in: *Lillich* (Hrsg.), 4.

[41] Grundsatz der *exhaustion of local remedies*.

[42] So z. B. die *Administrative Decision* Nr. 5 der deutsch-amerikanischen *Mixed Claims Commission* (1924), RIAA VII, 152 f sowie die abweichende Meinung des Richters *Moore*, StIGH A 2, 63: *„It is an elementary principle that, when a government officially intervenes on behalf of its citizen, it makes his claims its own, and may settle the claim on such terms as it may conceive to be proper"*. Zu den Rechtsbehelfen des Einzelnen gegen Entscheidungen des Staates vgl. *Geck*, 508 ff; *Doehring*, 89 ff.

[43] Vgl. *M. Koessler*, The University of Chicago Law Review 13 (1945–46), 189: *„While the right to the remedy or the Rechtsschutzanspruch is exclusively vested in the espousing state, the substantive right belongs to the private person"*. Daß in Fällen dieser Art aber der Staat wirklich Partei sei, wird richtig in der *Administrative Decision* Nr. 2 der deutsch-amerikanischen *Mixed Claims Commission* (1923), RIAA 7, 26, zum Ausdruck gebracht: *„Governments are the real parties to international arbitrations"*.

[44] Dieser Standpunkt wird von *Koessler*, 180 f und ihm folgend von *Dahm*, 1. Aufl., Bd. III, 253 ff, vertreten. Vgl. auch die Entscheidungen der amerikanisch-mexikanischen *General Claims Commission* im Falle

In einzelnen Verträgen wird diesem Ansatz jedoch Rechnung getragen. So wird in Einzelfällen Privatpersonen gestattet, ihre Ansprüche gegen Staaten vor internationalen Gerichten zu verfolgen, wobei allerdings der beklagte Staat verlangen kann, daß der Heimatstaat des Klägers sich an dem Prozeß beteiligt. Ein Beispiel hierfür liefert Art. 187 (c), (d), (e) i.V.m. Art. 190 SRÜ. Die Weigerung des Heimatstaates, seine Privatperson bzw. Gesellschaft zu vertreten, führt jedoch nicht zur Klageabweisung, sondern nur dazu, daß der beklagte Staat seinerseits eine Privatperson mit der Prozeßführung beauftragt.
Insgesamt nimmt, vor allem in Investitionsstreitigkeiten, die Tendenz zu, daß Privatpersonen ihre Rechte vor internationalen Schiedsgerichten selbst einklagen. In diesen Fällen ist für einen diplomatischen Schutz kein Raum mehr. Dies wird letztlich auch zu einer Veränderung des diplomatischen Schutzes führen. Staatliche Interventionen werden sich auf die Fälle beschränken, in denen wirtschaftliche Interessen des Staates auf dem Spiel stehen. Dagegen werden Staaten zunehmend Unternehmen oder Personen ihrer Staatsangehörigkeit auf die innerstaatlichen Rechtsmittel, vor allem aber die Formen internationaler Schiedsgerichtsbarkeit, verweisen. Dies liegt auch im außenpolitischen Interesse der Staaten. Denn sie werden in jedem Fall, wo sie aufgerufen sind, tätig zu werden, abwägen müssen, ob die Einzelinteressen des Unternehmers oder die außenwirtschaftlichen Interessen des Staates überwiegen.

IV. 1. Wenn ein Staat unmittelbar einen anderen Staat verletzt, so kann der verletzte Staat seine Rechte sofort geltend machen. Er kann diplomatische Schritte unternehmen oder internationale Gerichte anrufen, ohne sich erst an die Gerichte und Behörden des verantwortlichen Staates wenden zu müssen.[45]

2. Die Abgrenzung einer unmittelbaren von einer nur mittelbaren Verletzung des Staates bereitet in der Praxis Schwierigkeiten. Eine unmittelbare Verletzung liegt dann vor, wenn der Rechtsstreit im wesentlichen die Verletzung eines völkerrechtlichen Vertrages betrifft. Die Unmittelbarkeit einer Verletzung entfällt in diesen Fällen nicht dadurch, daß durch die Vertragsverletzung Privatinteressen geschädigt werden. In diesen Fällen ist die Regel über die Ausschöpfung des innerstaatlichen Rechtsweges nicht anzuwenden,[46] denn damit würde sich der geschädigte Staat, was die Verfolgung eigener Rechte anbelangt, der Jurisdiktion des schädigenden Staates unterwerfen. Entscheidend ist damit letztlich, ob der Staat eigene Rechte aus Vertrag oder Rechte seines Staatsangehörigen im Wege diplomatischen Schutzes geltend macht.[47]

Parker (1926), RIAA IV, 37: Auch wenn der Staat sich des Anspruchs annehme, so ändere das nichts daran, daß *„the private nature of the claim inheres in it and is not lost or destroyed so as to make it the property of the nation, although it becomes a national claim in the sense that it is subject to the absolute control of the nation espousing it."* Ebenso die italienisch-venezolanische Schiedskommission im Fall *Miliani* bei *Ralston*, 762, britisch-venezolanische Schiedskommission im Fall *Stevenson*, ibidem 450 (Unparteiischer *Plumley*), die Regierung handle in solchen Fällen *„as an international representative on behalf of the private interests of its subjects"*. In der *Administrative Decision* Nr. 5 der deutsch-amerikanischen *Mixed Claims Commission* (1924), RIAA VII, 152, ist die Rede von der verletzten Privatperson *„on whose behalf the claim was asserted ... and who is the real owner thereof"*. Die Entscheidung nimmt zwar mit der herrschenden Lehre einen materiellrechtlichen Anspruch des Staates an, meint dann aber doch, das dürfe nicht *„obscure the realities or blind us to the fact that the ultimate object of asserting the claim is to provide reparation for the private claimant"* (aaO 153).

[45] Vgl. z. B. *Guggenheim*, Traité Bd. II 21, *Meron*, BYIL 35 (1959), 83 f; ebenso das Urteil des IGH im *Interhandel*-Fall, ICJ Reports 1959, 6 (28 f).

[46] *Swiss Confederation v. German Federal Republic* (No. 1), ILR 25 (1958 I), 33 (42 ff), vgl. dazu Kommentierung von *Johnson*, BYIL 34 (1958), 363 ff; *Greece v. United Kingdom*, ILR 25 (1958 I), 168 (170); USA-France Air Services Arbitration, ILR 54, 304 (322 ff); *Ireland v. United Kingdom*, ILR 58, 190 (263).

[47] Im *Interhandel*-Fall, ICJ Reports 1959, 28 f wurde letzteres angenommen und die Regel angewandt. Der Fall *Elettronica Sicula*, ICJ Reports 1989, 42 f zeigt, wie schwierig es ist, eine unmittelbare Verletzung des

3. Etwas anderes gilt, wenn dem Staat nicht unmittelbar, sondern nur in der Person eines Angehörigen ein Schaden zugefügt wird. In diesen Fällen darf sich der Heimatstaat der Sache erst dann annehmen, wenn die verletzte Person vorher erfolglos den innerstaatlichen Rechtsweg des verletzenden Staates ausgeschöpft hat *(„exhaustion of local remedies")*. Dieser Grundsatz ist Bestandteil des Völkergewohnheitsrechts.[48] Umstritten ist, ob die Nichtausschöpfung des innerstaatlichen Rechtswegs das Vorliegen einer Völkerrechtsverletzung entfallen läßt oder ob sie nur eine verfahrensmäßige Einrede gegen diplomatische oder juristische Schritte des Heimatstaates darstellt.[49] In der Praxis kommt diesem Theorienstreit eine geringe Bedeutung zu.

Die *exhaustion of local remedies* Regel wird ausdrücklich in einzelnen Schiedsverträgen und anderen internationalen Abkommen statuiert.[50]

Staates zu belegen. Vgl. dazu auch *Separate Opinion* Vice-President *Wolfrum* im Fall *The M/V „Saiga" (No. 2) Case* des Internationalen Gerichtshofs, Urteil vom 1. Juli 1991, para 48, ILM 38 (1999), 1323.

[48] *Oppenheim/Jennings/Watts*, Bd. I/1, 522 ff; *Schwarzenberger*, Bd. I, 602 f. *H. Urbanek*, Das völkerrechtsverletzende nationale Urteil, ÖZöR 9 (1958–59), 213 f; *C. H. P. Law*, The Local Remedies Rule in International Law, 1961, 32 f, 131 f; *C. F. Amerasinghe*, The Formal Character of the Rule of Local Remedies, ZaöRV 25 (1965), 445 ff; *Borchard*, 233 ff; *Ténékides*, 514 ff; *S. M. F. Schwebel/J. G. Wetter*, Arbitration and the exhaustion of local remedies, AJIL 60 (1966), 484 ff; *Mann*, BYIL 42 (1967), 31 ff; *F. G. Dawson*, International Law and the procedural rights of aliens before national tribunals, ICLQ 17 (1968), 404 ff; *E. McGovern*, The local remedies rule and administrative practices in the European Convention on Human Rights, ICLQ 24 (1975), 119 ff; *C. Warbrick*, Protection of nationals abroad, ICLQ 37 (1988), 1002 ff; *M. H. Adler*, The exhaustion of the Local Remedies Rule after the International Court of Justice's decision at ELSI, ICLQ 39 (1990), 641 ff; hinsichtlich der Beweislastverteilung, vgl. *B. Robertson*, Exhaustion of Local Remedies in International Human Rights Ligitation – The Burden of Proof reconsidered, ICLQ 39 (1990), 191 ff.
Aus der internationalen Rechtsprechung in diesem Sinne etwa das Urteil des Ständigen Internationalen Gerichtshofs im Fall *Mavrommatis Palestine Concessions*, PCIJ, Series A 2 (1924), 12 sowie im Fall der *Panevezys-Saldutiskis Eisenbahn*, PCIJ, Series A/B 76 (1939), 18 f des Internationalen Gerichshofs im *Interhandel*-Fall, ICJ Reports 1959, 27 (*„a well established rule of customary international law"*); *British Property in Spanish Morocco case*, Schiedsspruch von *Huber*, RIAA II, 731; Entscheidung in *Mexican Union Railway Case* (1930), RIAA II, 731; Entscheidung in *Mexican Union Railway Case* (1930), RIAA V, 122; amerikanisch-ägyptisches Schiedsgericht im Fall *Salem* (1932), RIAA II, 1189; britisch-amerikanische *Claims Commission* im Fall *Adams* (1921), RIAA VI, 89 f.; Schiedsspruch im Fall der *Interocean Transportation Company*, AD 1935–37, C. 115; Schiedsspruch im Falle *Agreement on German External Debts* (1958), ILR 25 (1963) 42. Schiedsspruch in dem Streit zwischen Großbritannien und Griechenland im Fall *Ambatielos*, ILR 1956, 334 f., AFDI 2 (1956), 402 f (412 f). Urteil des Internationalen Gerichtshofs im Fall *Elettronica Sicula* SpA (ELSI) vom 20. 7. 1989, ICJ Reports 1989, 15, para. 49 ff. Danach ist der Zugang zu den internationalen Gerichten versperrt, wenn im Rechtsstreit vor den nationalen Gerichten ein wichtiger Zeuge nicht benannt worden ist. Dies bedeutet, daß das internationale Gericht die Prozeßführung vor dem nationalen Gericht in gewissen Grenzen nachprüfen kann. Dagegen wendet sich die abweichende Meinung des Schiedsrichters *Alfaro* zu diesem Schiedsspruch. Dennoch ist dieser Entscheidung zuzustimmen.

[49] *Guggenheim*, Traité Bd.II, 24 f; *Urbanek*, 213 f; *Amerasinghe*, 445 f; *ders.* (1990), 338 ff; *Law*, 32 f, 131 f; *Fawcett*, 456 ff; *Briggs*, 921 f; Schiedsrichter *Bagge* im Streit zwischen Großbritannien und Finnland über die Ansprüche der finnischen Reeder (1934), RIAA 3, 1501; das Urteil des Ständigen Internationalen Gerichtshofs über die *Panevezys-Saldutiskis Eisenbahn* (1939), PCIJ Series A/B 76 (1939), 18, wenn es bemerkt: *„The existence of this rule... in principle subordinates the presentation of an international claim to such an exhaustion"*. Es wird also angenommen, daß der internationale Anspruch bereits existent sei, bevor der Kläger die örtlichen Gerichte mit der Sache befaßt. Die Erfolglosigkeit der Klage kann also nicht Bestandteil des materiellrechtlichen Tatbestands sein. A. A. aber *Hudson* in seiner abweichenden Meinung, ebd. 47. – Natürlich ist denkbar, daß eine Rechtsverweigerung im Prozeß zu dem ersten Unrecht als zweite Völkerrechtsverletzung hinzutritt.

[50] Nach Art. 7 des interamerikanischen Pakts von Bogotá vom 30. 4. 1948 verpflichten sich die Parteien, keine diplomatischen Schritte zum Schutze ihrer Staatsangehörigen zu unternehmen und keine internationalen Gerichte anzurufen, solange ihre Angehörigen die Gerichte des Aufenthaltsstaates anrufen können. Nach Art. 26 der Europäischen Menschenrechtskonvention vom 4. 11. 1950 kann sich die Europäische Kommission für Menschenrechte mit einer Angelegenheit erst nach Erschöpfung des innerstaatlichen Rechtswegs befassen; nach Art. 29 des Europäischen Abkommens zur friedlichen Beilegung von Streitigkeiten vom 29. 4. 1957 kann jede Partei dem

Diese Regel hat praktische Gründe. Der Aufenthaltsstaat soll zunächst Gelegenheit haben, seine Entscheidung selbst zu revidieren. Der Ausländer hat sich der Jurisdiktion der Rechtsprechungsorgane in dem Aufenthaltsstaat unterworfen, und sein Heimatstaat muß die Rechtspflege des Aufenthaltsstaats respektieren. Zugleich wird durch die Vorschaltung der nationalen Rechtspflege die Geltendmachung internationaler Ansprüche und damit die Entstehung internationaler Konflikte eingeschränkt. Erst wenn dem Ausländer das Recht von den nationalen Gerichten vorenthalten wird, zu der ursprünglichen Rechtsverletzung also noch eine Rechtsversagung hinzutritt, darf das Schutzrecht ausgeübt werden. Der internationale Rechtsschutz füllt also bis zu einem gewissen Grade die Lücken des nationalen Rechtsschutzes. Dieser gewinnt umso mehr an Bedeutung, je schwächer der innerstaatliche Rechtsschutz ausgebaut ist, umgekehrt läßt die Ausdehnung des nationalen Rechtsschutzes, z. B. der Ausbau der Verwaltungsgerichtsbarkeit, den internationalen Rechtsschutz in den Hintergrund treten.

4. Hinsichtlich der Ausschöpfung des innerstaatlichen Rechtswegs sind zwei Fallgruppen zu unterscheiden. Wenn ein Staat einem Ausländer schon vor der Anrufung der örtlichen Gerichte unter Verletzung des Völkerrechts Schaden zugefügt hat, so setzt die Rechtsverfolgung durch den Heimatstaat immer voraus, daß der unmittelbar Verletzte vor den Gerichten des Aufenthaltsstaats keinen Erfolg gehabt hat.
Davon ist der Fall zu unterscheiden, daß dem nationalen Verfahren keine Völkerrechtsverletzung vorausgegangen ist, aber dem Ausländer durch ein Versagen der nationalen Gerichte Schaden zugefügt wird.

Beispiel: Ein Ausländer klagt gegen den Aufenthaltsstaat vor dessen Gerichten wegen Nichterfüllung eines privatrechtlichen Vertrages, den der Aufenthaltsstaat mit ihm abgeschlossen hat. Die Nichterfüllung des Vertrages stellt eine Verletzung des nationalen Rechts, aber keine solche des Völkerrechts dar;[51] auch wenn der Ausländer mit seiner Klage abgewiesen wird, hat der Heimatstaat nicht das Recht, seinen Anspruch auf internationaler Ebene geltend zu machen. Etwas anderes gilt dann, wenn das Gericht gegen den Ausländer parteiisch verfährt, etwa das Recht beugt oder dem Ausländer prozessuale Rechte verweigert, die Inländer genießen und die er nach dem Gesetz beanspruchen darf.

In Fällen dieser Art wirkt die Rechtsverweigerung konstitutiv. Sie selbst stellt den alleinigen Tatbestand dar, auf den die Ausübung des Schutzrechts gestützt werden kann. Allerdings sind internationale Instanzen nicht Revisionsgerichte, sondern vermögen nur massive Verstöße gegen die Rechte des Ausländers bzw. eine Rechtsverweigerung zu behandeln.[52]

5. Die Regel, daß die Rechtsverfolgung durch den Heimatstaat erst nach Anrufung der nationalen Gerichte und nach Erschöpfung des Rechtsmittelzuges zulässig ist, gilt nicht uneingeschränkt. Ausnahmen können sich zunächst aus völkerrechtlichen Verträgen ergeben; dabei kann ausdrücklich auf die Beachtung der Rechtswegerschöpfung verzichtet werden. Ein derartiger Verzicht liegt darüber hinaus in der vorbehaltlosen Unterwerfung unter die internationale Gerichtsbarkeit.
Die Anwendung des Prinzips der Rechtswegerschöpfung setzt voraus, daß der Aufenthaltsstaat über ein geordnetes System von Gerichten und Rechtsbehelfen verfügt. Ist dies nicht der

---

Verfahren vor einem internationalen Gericht widersprechen, solange eine endgültige Entscheidung der zuständigen nationalen Behörde nicht vorliegt. Weitere Beispiele enthalten Art. 46 der Amerikanischen Menschenrechtskonvention (AMRK), 1969, Art. 11 Abs. 3 und 14 Abs. 7 (a) des Übereinkommens zur Beseitigung jeder Form von Rassendiskriminierung, und Art. 41 Abs. 1 (e) des Internationalen Paktes für Bürgerliche und Politische Rechte, 1966.

[51] So *Eagleton*, 162 f: *„Mere breach of contract does not of itself constitute internationally illegal conduct"*; ebenso *P. C. Jessup*, A Modern Law of Nations, 1949, 109.

[52] Dazu *B. Cheng*, General Principles of Law, 1953, 178 f. Vgl. auch *Eagleton*, 95: *„local remedies serve both as a means of reparation, and, in their failure, as a source of responsibility"*, vgl. auch dort 23 f, 112 f; IGH im Fall *Elettronica Sicula* (ELSI), ICJ Reports 1989, 15.

Fall, kann die Anrufung der nationalen Instanzen nicht verlangt werden.[53] Das Prinzip der Rechtswegerschöpfung verlangt ebenfalls nicht, daß in keiner Weise Erfolg versprechende Rechtsbehelfe eingelegt werden.[54]

Dieses Problem wurde von dem Schiedsrichter *Bagge* in dem Rechtsstreit zwischen Großbritannien und Finnland um die Ansprüche der finnischen Reeder im ersten Weltkrieg (1934) geprüft.[55] In diesem Fall bestritt Großbritannien Finnland das Recht, Ansprüche auf Grund der Fortnahme der Schiffe geltend zu machen, da die finnischen Reeder zwar vor den britischen Gerichten geklagt, aber gegen die Entscheidung der Vorinstanz keine Berufung beim *Court of Appeal* eingelegt hätten. Der Schiedsrichter schloß sich diesem Argument nicht an, weil der *Court of Appeal* nur Rechtsfragen nachprüfen könne, die Reeder aber gerade durch die Feststellung des erstinstanzlichen Richters beschwert seien, daß die Schiffe nicht von dem Vereinigten Königreich, sondern von Rußland beschlagnahmt worden seien. Eine Tatsachenfeststellung dieser Art entziehe sich der Nachprüfung durch den *Court of Appeal*. Unter diesen Umständen wäre die Berufung offensichtlich nutzlos gewesen.[56] Ist allerdings nur zweifelhaft, ob ein nationales Rechtsmittel effektiv ist, muß es eingelegt werden, bevor ein internationales Gericht befaßt werden kann.[57]
Wenn sich die Rechtsverfolgung vor den nationalen Gerichten übermäßig verzögert, darf der aktiv legitimierte Staat das internationale Gericht schon vor dem Abschluß des nationalen Verfahrens anrufen.[58]

V. Ein Ersatzanspruch kann verjährt sein; auch das Recht der internationalen Verantwortlichkeit kennt die Einrede der Verjährung.[59] Diese kann als allgemeines Rechtsprinzip im Sinne von Art. 38 Abs. 1 (c) IGH- Statut angesehen werden.
Allerdings hat das Institut in der gerichtlichen und schiedsgerichtlichen Praxis keine scharfen Konturen entwickelt. Vor allem besteht keine Einigkeit über die Länge der Verjährungsfrist. In der Praxis verschwimmen die Konturen zum stillschweigenden Verzicht.[60]

VI. Ein individueller Schadensersatzanspruch kann nicht mehr geltend gemacht werden, wenn der schädigende und der in der Person seiner Staatsangehörigen geschädigte Staat ein

---

[53] Siehe dazu die bei *Moore*, Arbitrations, Bd. VI, 677, wiedergegebene Äußerung des amerikanischen Staatssekretärs *Fish* gegenüber dem amerikanischen Minister in Venezuela, 1873: *„A claimant in a foreign state is not required to exhaust justice in such state when there is no justice to exhaust"*. Vgl. auch Sondervotum von *Lauterpacht* zu dem Urteil des Internationale Gerichtshof im Falle der *Norwegischen Anleihen*, ICJ Reports 1957, 39 f mit dem Bemerken, daß schon die entfernte Möglichkeit einer günstigen Entscheidung zur Anrufung der nationalen Rechtsmittelinstanz nötigen würde; Fall *Estrella v. Uruguay*, Menschenrechtsausschuß, 1983, ILR 78, 40 (52).

[54] Sondervotum *Schwebel* im Fall *ELSI*, ICJ Reports 1989, 15.

[55] RIAA III, 1479, 1494 ff; *Cyprus v. Turkey*, ILR 62, 4 (76 f); *Inter-Ocean Transportation Company of America v. The United States of America*, AD 8 (1935–1937), No. 115, 272–274; Fall *Altesor v. Uruguay*, ILR 70, 248 (253); Gutachten OC-11/90 des Amerikanischen Menschenrechtsgerichtshofs, Exceptions to the Exhaustion of Domestic Remedies, 1990, HRLJ 12 (1991), 20.

[56] *Velasquez Rodriguez*-Fall, ILM 28 (1989), 291 ff (304 ff); im Fall *Godinez Cruz*, 240 hielt der Inter-Amerikanische Menschenrechtsgerichtshof die Aussage für ausreichend, daß *„... during the period under consideration, although there may have been legal remedies in Honduras that theoretically allowed a person detained by the authorities to be found, those remedies were ineffective because the imprisonment was clandestine ..."*.

[57] *Panevezys-Saldutiskis Railway*-Fall, PCIJ, Series A/B 76 (1939), 19; *Reimag SA v. Federal Republic of Germany*, YBEC, HR 4 (1961), 384 (400); *Levey Co. v. Federal Republic of Germany*, 1961, ILR 42, 380. *X v. Federal Republic of Germany*, Decisions and Reports of the European Commission on Human Rights 6 (1977), 62, 63.

[58] Vgl. die Verfügung des Ständigen Internationalen Gerichtshofs betreffend die *Verwaltung des Fürsten Pless* (1933), StIGH A/B 52, 16, es müsse der Antragsteller Gelegenheit haben, zu zeigen, daß *„there has been an unwarrentable delay by the Polish ... Tribunal in rendering these decisions"*.

[59] *Gentini*-Fall, 1903, RIAA X, 552 f; *Wiliams*-Fall, *Moore*, International Arbitrations, Bd. 4, 4179–4203; *Cayuga Indians*-Fall, 1926, RIAA VI, 173 (189); *Ambatielos*-Schiedsentscheidung, ILR 23 (1956), 309 (314 ff); *Kahane v. Secretary General of the United Nations*, 1968, ILR 43, 290 (299 f); anders allerdings Schiedsentscheidung im *Pions*-Fall, 1902, *Scott*, Reports of the Hague Court of Arbitration, 1916, 3 ff.

[60] Vgl. dazu *Oppenheim/Jennings/Watts*, Bd. I/1, 527.

lump sum agreement[61] abgeschlossen haben. Auf der Basis derartiger Verträge zahlt der schädigende Staat an den geschädigten Staat eine fixe Summe, mit der alle Ersatzansprüche der Staatsangehärigen des geschädigten Staates ausgeglichen werden. Die Verteilung dieser Summe obliegt dem geschädigten Staat, der hierfür in der Regel eine Kommission einsetzt.[62] *Lump Sum agreements* brauchen sich nicht notwendigerweise auf Geldleistungen zu beziehen. Der Vorteil derartiger Abkommen liegt in einer schnellen Abwicklung einer größeren Zahl von Fällen; problematisch ist jedoch, je nach dem Verteilungssystem des geschädigten Staates, ob damit den Einzelansprüchen in adäquater Weise Genüge getan wird.[63]

§ 183 Haftungsrahmen (Gefährdungshaftung, *due diligence*, Verschuldenshaftung)

Schrifttum: *P. A. Zannas*, La responsabilité international des Etats pour les actes de négligence, 1952; *G. Sperduti*, Communicazioni e studi, 3 (1950), 79 ff; *C. Parry*, Some considerations upon the protection of individuals on International Law, RdC 90 (1956 II), 653 ff; *H. Accioly*, Principes généraux de la responsabilité internationale d'apres la Doctrine et la Jurisprudence, RdC 96 (1959 I), 349 ff; *A. Carlebach*, Le problème de la faute et sa place dans la norme du droit international, 1962; *R. L. Perret*, De la faute et du devoir en droit international, 1962; *R. Quadri*, Cours général de Droit international public, RdC 113 (1964 III), 235 ff; *L. F. E. Goldie*, Liability for damage and the progressive development of International Law, ICLQ 14 (1965), 1189 ff; *P.-M. Dupuy*, Due Diligence in International Law of Liability, in: *OECD* (Hrsg.), Legal Aspects of Transfrontier Pollution, 1977; *J. Goldschmidt*, Das Problem der völkerrechtlichen Gefährdungshaftung unter Berücksichtigung des Atom- und Weltraumrechts, 1978; C. *Q. Christol*, International Liability for Damages Caused by Space Objects, AJIL 74 (1980), 346 ff; *G. Handl*, State Liability for Accidental Transnational Environmental Damage by Private Persons, AJIL 74 (1980), 525 ff; *W. Lang*, Haftung und Verantwortlichkeit im internationalen Umweltschutz, in: *H. Miehsler* (Hrsg.), Festschrift für *A. Verdross*, 1980, 517 ff; *K. Zemanek*, Schuld- und Erfolgshaftung im Entwurf der Völkerrechtskommission über Staatenverantwortlichkeit, in: *E. Diez* (Hrsg.), Festschrift *R. Bindschedler*, 1980, 322 ff; *M. D. Forkosch*, Outer Space and Legal Liability, 1982; *I. Brownlie*, System of the Law of Nations, State Responsibility, Part I (1983); C. *F. Goldie*, Concepts of strict and absolute liability and the ranking of liability in terms of relative explosure to risk, NYIL 16 (1985), 175 ff; *C. Gray*, Judicial Remedies in International Law, 1987; *J. Salmon*, La place de la faute de la victime dans le droit de la responsabilité internationale, in: Le droit international à l'heure de sa codification, 1987, 371 ff; *K. Zemanek*, La responsabilité des Etats pour faits internationalement licites, in: *K. Zemanek/J. A. Salmon*, Responsabilité internationale, 1987; *J. Barboza*, La responsabilité „causale" à la Commission du Droit International, AFDI 34 (1988), 513 ff; *A. Boyle*, Nuclear Energy and International Law: An Environmental Perspective, BYIL 60 (1989), 257 ff; *R. Pisillo Mazzeschi*, „Due diligence" e responsabilità internazionale degli stati, 1989; *G. Arangio-Ruiz*, State Fault and the Forms and Degrees on International Responsibility: Question of Attribution and Relevance, in: Mélanges *M. Virally*, 1991, 25 ff; *A. Gattini*, La notion de fautes à la lumière du projet de Convention de la Commission du Droit International sur la responsabilité internationale, European Journal of International Law 3 (1992), 253 ff; *R. Pisillo-Mazzeschi*, The Due Diligence Rule and the Nature of the International Responsibility of States, GYIL 35 (1992), 9 ff.

---

[61] Vgl. dazu *R. B. Lillich*, Lump Sum Agreements, EPIL 8, 364; *R. B. Lillich/B. Weston*, International Claims: Their Settlement by Lump Sum Agreements, 2 Bde, 1975.

[62] *E. D. Re*, Domestic Adjudication and Lum-Sum Settlement as an Enforcement Techniques, ProcASIL 58 (1964), 39 ff.

[63] *Lillich*, 371 betont demgegenüber, daß *lump sum agreements* nicht gegen die völkerrechtlichen Prinzipien über die Kompensation von Eingriffen in das Eigentum verstoßen.

I. 1. Die Frage, ob die völkerrechtliche Verantwortung nur ein rechtswidriges oder auch ein subjektiv vorwerfbares, d. h. schuldhaftes Verhalten voraussetzt, war im Schrifttum lebhaft umstritten. Eine vor allem in der älteren Literatur weit verbreitete Meinung machte die völkerrechtliche Verantwortlichkeit des Staates davon abhängig, daß seine Organe vorwerfbar, also zumindest fahrlässig gehandelt haben.[1] Eine Gegenmeinung knüpft hingegen die Staatenverantwortlichkeit bereits an den objektiven Rechtsverstoß an.[2] Möglich ist es auch die Zurechenbarkeit[3] als subjektives Element einzustufen.[4] Diese ist aber strikt von Verschulden zu unterscheiden.

2. Die schiedsgerichtliche Praxis ist in keiner Weise einheitlich. Es gibt einige schiedsgerichtliche Entscheidungen, die auch das Verschulden als verantwortlichkeitsbegründendes Element nennen.[5]

Ein Beispiel hierfür ist der *Home Missionary Society Case* (1920).[6] Während einer Rebellion in dem Protektorat Sierra Leone, erlitt die *Home Frontier and Foreign Missionary Society* Schaden. Die Vereinigten Staaten als Kläger behaupteten, daß der Gouverneur des Vereinigten Königreichs nicht die notwendigen Gegenmaßnahmen getroffen habe und die Personen- und Sachschäden auf seine Fahrlässigkeit zurückzuführen seien. Der Anspruch wurde mit der Begründung zurückgewiesen, eine schuldhafte Pflichtverletzung habe nicht vorgelegen. Namentlich auch bei der Zurechnung militärischer Übergriffe, etwa des Gebrauchs von Schußwaffen durch Soldaten gegenüber Zivilpersonen, dominiert das Erfordernis des Verschuldens.[7]
In der internationalen Schiedsgerichtspraxis fehlt es aber ebenfalls nicht an Belegen dafür, daß der Nachweis eines Verschuldens nicht für erforderlich gehalten wird. So haben die britisch-amerikanische *Claims Commission* in den 20er Jahren die Vereinigten Staaten mehrfach auf Grund der bloßen Tatsache für verantwortlich erklärt, daß amerikanische Küstenfahrzeuge britische Fischereiboote auf hoher See aufgebracht hätten, auch wenn sich die Gutgläubigkeit der amerikanischen Beamten und der Verdacht eines Verstoßes gegen die Bestimmungen, die die Aufbringung gerechtfertigt hätten, nicht von der Hand weisen ließ. So heißt es z. B. in der Entscheidung im Fall *The Jessie,*

---

1 Sie war teilweise namentlich von *Grotius*, De iure belli ac pracis 1. II, c. XVII §§ XX 2 und XXI beeinflußt und stand noch unter dem Einfluß des römischen Rechts oder glaubte den Völkerrechtsquellen eine Rechtsüberzeugung im Sinne des Verschuldensprinzips entnehmen zu können. Vgl. z. B. *C. de Visscher*, La responsabilité des Etats, 93; *Eagleton*, 28 f, 77 f, 88 f; *Hoijer*, 187 f; *Ago*, RdC 68 (1939 II), 476 f, *Freeman*, RdC 88 (1955 II), 277 f; *Vitta*, 41 f; *Lauterpacht*, Analogies, §§ 58–62; *Verdross*, 298 f; *Fauchille*, Bd. I, 1, 516 (vgl. aber 521 f); *Sibert*, Bd. I, 311, 334; *Pallieri*, 216; *R. Luzzato*, Responsibilità e colpa in diritto internazionale, Rivista di Diritto Internazionale 51 (1968), 53 ff; *Ross*, 241 f; *G. Morelli*, Nozioni di diritto internazionale, 1967, 344 ff. Dabei weist der Ansatz der einzelnen Autoren durchaus Unterschiede auf.

2 *H. Triepel*, Völkerrecht und Landesrecht, 1899, 334 f; *K. Strupp*, Das völkerrechtliche Delikt, 1920, 45 f, 51 f (aber Verschuldenshaftung bei Unterlassung); *Basdevant*, RdC 58 (1936 IV), 670 f; *Guggenheim*, Traité, Bd. II, 49 f; *C. Rousseau*, Droit international public, 1953, 360 f; *Garcia Amador*, RdC 94 (1958 II), 382 f, 392 und vor allem *Anzilotti*; vgl. etwa Teoria generale della responsabilità etc., 1902, 153, 172: „Il stato è responsabile non per il concorso diretto o indiretto della sua volontà al fatto dell'individuo, o per un' intenzione dolosa o colposa che gli si possa rimproverare, ma per non avere tenuto il contenuto che gli era imposto dal diritto internazionale... non la culpa ma il fatto contrario al diritto internazionale lo obbliga". Ebenso *Anzilotti*, Corso, 441 f und RGDIP 13 (1906), 287 f; *Brownlie*, State Responsibility, 38 ff (und 5. Aufl., 437 f); *Ipsen*, in: *Ipsen* (Hrsg.), 544; *Schwarzenberger*, Bd. I, 632 ff; *Cheng*, 218–232; *E. Jiménez de Aréchaga*, International Law in the Past Third of Century, RdC 159 (1978 I), 1 ff (269 f); *M. N. Shaw*, 4. Aufl., 545 ff (547); *J. Combacau*, La responsibilité internationale, in: *J. Combacau/S. Sur*, Droit International Public, 4. Aufl., 1999, 539 f; *Bedjaoui*, 213; *Arangio-Ruiz*, 27, für den allerdings das Ausmaß des Verschuldens das Ausmaß des Schadensersatzes mitbestimmt.

3 Vgl. dazu §§ 176–179.

4 *Bedjaoui*, 213.

5 *Casablanca Case* (1909), RIAA XI, 119; *Iloilo Claim* (1925), RIAA VI, 158; *Pugh Claim* (1933), RIAA III, 1439 (1451); Schiedspruch im *Wal-Wal* Zwischenfall (1935) RIAA III, 1657 (1666); *Davis Case* RIAA IX, 460, 463; *Salas Case*, RIAA X, 720.

6 RIAA VI, 42 (44).

7 Vgl. auch die Entscheidung der amerikanisch-mexikanischen *General Claims Commission* im Falle *Kling* (1930), RIAA IV, 579: „*The international precedents reveal the application of principles as to the very strict accountability for mistaken action*".

The Thomas F. Bayard and The Prescawha (1921): *„any Government is responsible to other Governments for errors in judgment of its officials purporting to act within the scope of their duties"*.[8]

3. Von aktuellerer Bedeutung sind zwei Entscheidungen des Internationalen Gerichtshofs. Das Urteil im *Corfu Channel case*[9] kann nicht als eine Bestätigung der Schuldtheorie herangezogen werden;[10] denn der Internationale Gerichtshof stützte sein Verdikt gegen Albanien nicht auf ein Verschulden, sondern darauf, daß es von dem Verlegen der Seeminen gewußt und unterlassen habe, das Vereinigte Königreich vor der Gefahr zu warnen. Das Wissen ist in diesem Fall kein Element der Schuld.[11] Im Falle *U.S. Diplomatic and Consular Staff in Teheran*[12] hat der Gerichtshof lediglich die Zurechenbarkeit der Botschaftsbesetzung, nicht hingegen ein Verschulden der iranischen Behörden untersucht. Auch die abweichenden Meinungen der Richter *Morozow*[13] und *Tarazi*[14] sowie das Sondervotum des Richters *Lachs*[15] verlangten keinen Nachweis der Schuld.[16]

4. Der ILC-Entwurf zur Staatenverantwortlichkeit[17] zählt die Schuld nicht zum Begründungstatbestand der völkerrechtlichen Verantwortlichkeit.[18] Allerdings gleicht der ILC-Entwurf das Fehlen der Schuld als verantwortungsbegründendes Element dadurch aus, daß er eine Berufung auf höhere Gewalt[19] zuläßt. Werden die angesprochenen Entscheidungen des Internationalen Gerichtshofs als Maßstab genommen, so entspricht es geltendem Völkergewohnheitsrecht, einen Nachweis der Schuld nicht zum Begründungstatbestand der völkerrechtlichen Verantwortlichkeit zu machen.

II. 1. Die Frage, ob nach den Regeln zur Staatenverantwortlichkeit auf Seiten des Schädigers Verschulden vorliegen muß, verstellt im übrigen zum Teil den Blick auf eine differenzierende Lösung.[20] Entscheidend ist primär nicht, ob von einer Verschuldens- oder einer Gefährdungshaftung zwischen den Staaten auszugehen ist, sondern welche zwischenstaatliche Pflichten im Einzelfall bestehen. Der Haftungsmaßstab bestimmt sich also nicht nach dem Sekundärrecht, sondern nach dem Primärrecht.[21] Nur so kann der Tatsache Rechnung

---

[8] RIAA VI, 59. So die gleiche Kommission in den Fällen *The Wanderer*, ibidem 68, *The Favourite*, ibidem 82 and the *Coquitlam*, ibidem 45.

[9] ICJ Reports 1949, 4 (18 ff).

[10] So aber *Dahm*, 1. Aufl.; *Oppenheim/Jennings/Watts*, 9. Aufl., Bd. I/1, 509; kritisch auch *Boyle*, 292.

[11] Diese Interpretation wird durch die Sondervoten von den Richtern *Badawi* (ICJ Reports 1949, 65), *Krylow* (ibidem, 72) und *Azeredo* (ibidem, 82 ff) gestützt, die ausdrücklich die objektive Verantwortlichkeit ablehnen und auf die Schuldtheorie verweisen.

[12] ICJ Reports 1980, 69 ff.

[13] Ibidem, 51 ff.

[14] Ibidem, 58 ff.

[15] Ibidem, 47: *„It is not that there can be any doubt as to the principle involved, for that the breach of an undertaking, resulting in injury, entails an obligation to make reparation..."*

[16] Vgl. die Zusammenfassung der Diskussion im fünften Bericht von *Garcia-Amador* (Yearbook ILC 1960 II, 61 ff).

[17] Report of the International Law Commission, Fifty-third session (23 April – 1 June and 2 July – 10 August, 2001), General Assembly, Official Records, Fifty-sixth session, Supplement No. 10 (A/56/10), 29 ff. In der Kommentierung zu Art. 2 heißt es hierzu lakonisch: *„In the absence of any specific requirement of a mental element in terms of the primary obligation, it is only the act of a State that matters, independent of any intention"* (73).

[18] S. dazu *K. Zemanek*, Schuld- und Erfolgshaftung im Entwurf der Völkerrechtskommission über Staatenverantwortlichkeit, in: *E. Diez* (Hrsg.), Festschrift für R. Bindschedler, 1980, 315 ff; *ders.*, in: *Zemanek/Salmon*, 38 ff; *Pisillo-Mazzeschi*, Due Diligence, 116–121; kritisch zu dem Entwurf *Higgins*, 156.

[19] Vgl. dazu § 180.

[20] Die Terminologie ist in dem Schrifttum nicht einheitlich. Von *„strict liability"* wird in aller Regel gesprochen, wenn Unrechtsausschließungsgründe vorgebracht werden können (eingeschränkte Gefährdungshaftung) und von *„absolute liability"*, wenn derartige Unrechtsausschließungsgründe nicht vorgetragen werden können (uneingeschränkte Gefährdungshaftung). Insofern ist das korrekte Gegensatzpaar *„fault based liability"* und *„objective liability"*, so auch *Oppenheim/Jennings/Watts*, 9. Aufl., Bd. I/1, 509.

[21] *R. Higgins*, Terrorism and International Law, 1997, 157; *C. Tomuschat*, International Law: Ensuring the Survival of Mankind in the Eve of a New Century, RdC 281 (1999), 9 ff (281 f).

getragen werden, daß zwischen den Staaten für die unterschiedlichen Fallkategorien unterschiedliche Haftungsmaßstäbe bestehen bzw. unterschiedliche Maßstäbe vereinbart werden.

So haftet beispielsweise ein Staat für Völkerrechtsverstöße Privater grundsätzlich nur, soweit er hinsichtlich der ihm obliegenden Kontroll- und Überwachungspflicht die gebotene Sorgfalt *(due diligence)* außer acht gelassen hat. Ebenso schuldet ein Staat einem Nachbarstaat nach internationalem Nachbarrecht nur die gebührende Berücksichtigung nachbarlicher Belange. In beiden Fallkonstellationen wird der Haftungsmaßstab eingeschränkt, ohne daß man allerdings von der Anwendung des Verschuldensprinzips sprechen könnte.

2. Die Staaten können den Grad der völkerrechtlichen Verantwortlichkeit für jeden Einzelfall konkret regeln.[22] Sie vereinbaren damit eine Risikoverteilung in bezug auf ein bestimmtes Verhalten. Diese Risikoverteilung kann bei der Vereinbarung der Pflichten, also auf der Ebene des Primärrechts, erfolgen, denkbar ist aber auch der Abschluß einer speziellen Regelung über die Verantwortlichkeit. So verpflichtet beispielsweise Art. 22 Abs. 2 der Wiener Konvention über diplomatische Beziehungen[23] die Vertragsparteien, alle angemessenen *(„appropriate")* Maßnahmen zu ergreifen, um einen Schutz der Missionen sicherzustellen. Hierin liegt eine Einschränkung des Haftungsmaßstabes, die in ihrer Auswirkung der Anwendung des Verschuldensprinzips nahekommt. Konkreter in der Bestimmung des Haftungsmaßstabes ist insoweit die Regelung des Weltraumhaftungsabkommens,[24] das für Schäden von Weltraumgegenständen auf der Erde eine Gefährdungshaftung, für Schäden im Weltraum aber eine Verschuldenshaftung vorsieht. In dieser differenzierten Regelung wird das Element der Risikoverteilung besonders evident.

3. Das Prinzip der Gefährdungshaftung ist in einer Reihe weiterer internationaler Abkommen verankert, die Regelungen für besonders gefährliche Aktivitäten *(„ultra hazardous activities")* enthalten. Hierzu gehören die *Paris Convention on Third Party Liability in the Field of Nuclear Energy*, 1960;[25] die *Brussels Convention on the Liability of Operators of Nuclear Ships*, 1962;[26] die *Vienna Convention on Civil Liability for Nuclear Damage* 1963,[27] die *Convention on International Liability for Damage Caused by Space Objects*, 1972;[28] die *International Convention on Civil Liability for Oil Pollution Damage*, 1969[29] sowie die *Draft Convention for the Regulation on Antarctic Mineral Resource Activities*, 1988.[30]

4. Auch wenn diese Übereinkommen generell von einer Gefährdungshaftung ausgehen, unterscheidet sich doch deren Haftungsrahmen durchaus. So erlauben sie in unterschiedlichem Umfang, Unrechtsausschließungsgründe geltend zu machen. Die Gefährdungshaftung ist in aller Regel mit einer Haftungsbegrenzung verknüpft. Insgesamt lassen aber alle diese Abkommen eine gemeinsame Tendenz erkennen, wonach bei besonders gefährlichen

---

[22] *Ago*, 450 ff; *Handl*, 5141; kritisch *Zemanek*, 3.

[23] Vgl. dazu Band I/1.

[24] Siehe dazu § 132.

[25] BGBl. 1976 II, 310; vgl. dazu das Memorandum in European Yearbook 8 (1960) 25 ff; vgl. dazu ebenfalls *Convention Supplementary to the Paris Convention of 29th July 1960 on Third Party Liability in the Field of Nuclear Energy*, 1963 (BGBl. 1975 II, 992 ff) und das *Additional Protocol to the Convention of 31 January 1963 Supplementary to the Paris Convention of 29 July 1960 on Third Party Liability in the Field of Nuclear Energy* 1964, BGBl. 1975, 957.

[26] BGBl. 1975, 977, vgl. außerdem *Convention Relating to Civil Liability in the Field of Maritime Transport of Nuclear Material*, 1971, vgl. dazu *P. Strohl*, Domaine, Mer, Air, AFDI 18 (1972), 753 ff. Generell zu diesem Problemkomplex *Handl/Lutz*, HarvILJ 30 (1989), 351 ff; *T. Gadowski*, International Liability of State for Nuclear Damage, 1989, 80 f.

[27] 1063 UNTS, 265, 266; ILM 2 (1963), 727; vgl. dazu *S. Cigoj*, International regulation of civil liability for nuclear risk, ICLQ 14 (1965), 809 ff.

[28] Vgl. Anm. 24; dazu *Christol*, 346 ff; *Goldschmidt*, 154 ff; die *Rome Convention on Damage caused by Foreign Aircraft to Third Parties on the Surface* beruht ebenfalls auf Gefährdungshaftung.

[29] BGBl. 1975 II, 301, 230; AJIL 64 (1970), 481.

[30] ILM 27 (1988), 859; vgl. dazu § 138.

Aktivitäten der betreibende Staat nach den Grundsätzen der Gefährdungshaftung verantwortlich ist.[31] Dieser Ansatz dürfte bereits in Völkergewohnheitsrecht erstarkt sein.[32]

III. 1. Soweit das Völkerrecht keinen konkreten Haftungsrahmen fixiert, wird in den zwischenstaatlichen Beziehungen die Erfüllung völkerrechtlicher Verpflichtungen mit einer nach den Umständen anzuwendenden Sorgfalt *(due diligence)* geschuldet. Dieser Ansatz, wonach *„due diligence"* nicht ein Element der Schuld, sondern ein Bestandteil der völkerrechtlichen Pflicht ist, wird von einem wesentlichen Teil des Schrifttums vertreten.[33]

2. Die Entwicklung und Präzisierung des *due diligence* Grundsatzes erfolgte erstmalig in dem *Alabama*-Fall.[34] Die Schiedskommission umschrieb den Gehalt des *due diligence*-Prinzips mit den Worten „... *the ‚due diligence', referred to in the first and third of the said rules, ought to be exercised by neutral governments in exact proportion to the risks to which either of the belligerents may be exposed, from a failure to fulfil the obligations of neutrality on their part*". Damit wurde bei der näheren Bestimmung des Maßstabes der im Einzelfall anzuwendenden Sorgfalt der objektiv bei ihrer Nichtbeachtung zu erwartende Schaden herangezogen. Offen blieb allerdings, welcher Zeitpunkt für die Schadenseinschätzung maßgeblich sein sollte.[35]

3. Dieser Ansatz ist in der Folgezeit modifiziert und verfeinert worden. Grundlage hierfür ist, daß die Staaten verpflichtet sind, innerstaatlich einen völkerrechtlichen Mindeststandard zu verwirklichen[36] und diesen auch einzusetzen.[37] Der Inhalt dieses innerstaatlich zu verwirklichenden Mindeststandards bestimmt sich nach dem für diesen Komplex geltenden Völkervertrags- oder Gewohnheitsrecht.[38] Dabei richtet sich seine Höhe nach dem Gewicht der zu schützenden Interessen oder Rechtsgüter. Eine Verletzung von *due diligence* liegt dann vor, wenn entweder das innerstaatliche Recht, sei es in materiell-rechtlicher, prozeduraler oder organisatorischer Hinsicht, nicht dem völkerrechtlichen Mindeststandard entspricht[39] oder wenn das innerstaatliche Recht nicht oder nur unvollständig angewandt wird.[40] Eine entsprechende Verletzung ist nicht gegeben, wenn der Staat oder ein anderes Völkerrechtssubjekt den völkerrechtlichen Mindeststandard national normativ und organisatorisch umgesetzt und sein nationales Recht entsprechend angewandt hat.[41]

4. Eine Verletzung von *due diligence* liegt nicht vor, wenn der in Anspruch genommene Staat sich darauf berufen kann, daß die im Völkerrecht anerkannten Unrechtsausschließungsgründe vorliegen.[42]

---

[31] Ebenso auch die Tendenz im neueren Schrifttum *Handl*, 564; *Goldschmidt*, 57; *Boyle*, 240.

[32] Vgl. dazu *Handl*, 553.

[33] So *H. Kelsen*, General Theory of Law and State, 1949; *Eagleton*, 76 ff; *Pisillo-Mazzeschi*, 42 f; *H. Blomeyer-Bartenstein*, Due Diligence, EPIL I (1992), 1110; *Boyle*, 272 f; *Venable*-Fall, RIAA IV, 229; *Neer*-Fall, RIAA IV, 61 (62); *Noyes*-Fall, RIAA IV, 311. Dagegen ist nach *Zemanek*, 1980, 322 ff *due diligence* eine objektivierte Form des Verschuldens. Ebenso *Verdross/Simma*, 850, 855, 863; *Rousseau*, Bd. V, 16 f.

[34] Vgl. dazu *Blomeyer-Bartenstein*, 138.

[35] Kritisch hierzu *Epiney*, 215.

[36] So stellte beispielsweise das Schiedsgericht im *Trail-Smelter*-Fall fest, daß eine völkerrechtliche Verpflichtung der Staaten bestehe, angemessene Vorkehrungen zur Verhinderung von einen anderen Staat schädigenden Rauchentwicklungen auf eigenem Gebiet zu treffen (RIAA III, 1963 ff). Insofern ist Staaten der Einwand verwehrt, sie hätten *diligentia quam in suis* angewandt; vgl. dazu *Pisillo-Mazzeschi*, 41.

[37] Zur *due diligence* Verpflichtung siehe *Screenivasa Rao*, Third report on international liability for injurious consequences arising out of acts not prohibited by international law, UN doc. A/CN.4/510, para 21–24.

[38] *Boyle*, 272 f.

[39] *Noyes*-Fall, RIAA VI, 311; *Venable*-Fall, RIAA IV, 229; vgl. dazu im einzelnen *Pisilla-Mazzeschi*, in: *Spinedi/Simma* (eds.), 28 f.

[40] So ging der Internationale Gerichtshof im *Teheraner Geiselfall* bei der Erörterung der ersten Phase, ob die Behörden ihre Schutzpflichten verletzt hatten, von diesem Ansatz aus. Der Internationale Gerichtshof stellte fest: „... *the Iranian authorities ... had the means at their disposal to perform their obligations ... completely failed to comply with these obligations*"(ICJ Reports 1980, 33).

[41] Restriktiver offenbar *Ipsen*, 546.

[42] Vgl. zu den Unrechtsausschließungsgründen § 180, aus der völkerrechtlichen Schiedspraxis sind hierfür heranzuziehen die Fälle *Salvador Prats (Moore*

§ 184 Schadensbegriff

Schrifttum: vor § 181, sowie *G. Salvioli*, La responsabilité des Etats et la fixation des dommages et intérêts par les tribunaux internationaux, RdC 28 (1929 III), 231 ff; *L. Reitzer*, La réparation comme conséquence de l'acte illicite en droit international, 1938; *L. F. E. Goldie*, Liability for Damage and the Progressive Development of International Law, ICLQ 14 (1965), 1189; *B. Bollecker-Stern*, Le préjudice dans la theorie de la responsabilité internationale, 1973; *B. Graefrath*, Responsibility and Damages Caused: Relationship between Responsibility and Damages, RdC 185 (1984 II), 9; *R. A. Malviya*, State responsibility for environmental damage beyond territorial limits: a legal analysis, IJIL 27(1) (1987), 30 ff; *A. Tanzi*, Is Damage a Distinct Condition for the Existence of a Wrongful Act?, *M. Spinedi/ B. Simma* (eds.), United Nations Codification of State Responsibility, 1987, 1 ff; *E. Riedel*, Damages, EPIL I (1992), 929; *Ch. Dominicé*, De la réparation constructive du préjudice immatériel souffert par un Etat, in: *M. Rama-Montaldo* (ed.), El derecho internacional en un mundo en transformación, 1994, 505.

I. Der dem Recht der völkerrechtlichen Verantwortlichkeit zugrunde liegende Schadensbegriff ist außerordentlich weit. Er erfaßt neben der Kompensation des Schadens im eigentlichen Sinn auch Fälle des immateriellen Ausgleichs. Dies ergibt sich zwangsläufig daraus, daß die internationale Verantwortlichkeit nicht nur dem wirtschaftlichen Schadensausgleich, sondern auch der Durchsetzung des Völkerrechts dient;[1] eine Begrenzung auf den materiell ausgleichbaren Schaden stünde einer Nutzung des Systems der internationalen Verantwortlichkeit als Mittel zur Durchsetzung von Völkerrecht entgegen. Jede Beeinträchtigung einer völkerrechtlich begründeten Rechtsposition stellt vielmehr zugleich einen materiellen oder immateriellen Schaden des betroffenen Völkerrechtssubjekts dar.[2] Damit fehlt dem Schadensbegriff die haftungsbegrenzende Funktion, die er im innerstaatlichen Recht aufweist.[3] Der Schaden tritt *uno actu* mit der Rechtsverletzung ein; er stellt kein besonderes Element im Begründungstatbestand der internationalen Verantwortlichkeit dar.[4]

II.1. Wenn der Schaden einen Ersatzanspruch auslösen soll, so muß er sich auf ein völkerrechtswidriges Verhalten des Völkerrechtssubjekts zurückführen lassen,[5] das für die Rechtsverletzung in Anspruch genommen wird. Über den Kausalzusammenhang erfolgt eine Steuerung der Risikoverteilung zwischen Schädiger und Geschädigtem. Zudem ist, angesichts des weiten Schadensbegriffs, der Kausalzusammenhang auch für die Schadenshöhe von Relevanz.

Die Frage nach dem Kausalzusammenhang wirft aber eine Reihe von praktisch relevanten Problemen auf und zwar das Problem paralleler Kausalverläufe, der überholenden Kausalität und des mittelbar verursachten Schadens.

(Hrsg.), Arbitrations, Bd. III, 2893 f); *Spanish Zone of Morocco* (RIAA II, 642); *Negrete* (*Moore*, A Digest, VI) 963 f; *Home Insurance Company* (RIAA IV, 48); *Home Missionary Society* (RIAA VI, 42).

1 Siehe dazu §§ 173, 181.

2 *Ago* „... *that under international law an injury, material or moral, is necessarily inherent in every violation of an international subjective right of a State*" (YBILC 1971 II, 1 ff, 223); *Riedel*, 68 f; a. A. *Dahm*, 1. Aufl., Bd. II, 233.

3 *Ipsen*, in: *Ipsen* (Hrsg.), 4. Aufl. 1999, 546.

4 So bereits *Anzilotti*, Teoria, 102; *ders.*, Corso, 439 f; *Strupp*, 19 f; vgl. *Tanzi*, in: *Spinedi/Simma* (Hrsg.), 1 ff; *Graefrath*, RdC 185 (1984 II), 34; *C. Tomuschat*, International Law: Ensuring the Survival of Mankind on the Eve of a New Century, RdC 281 (1999), 9 ff (284 f).

5 Dieser Gesichtspunkt kommt in Art. 31 des ILC-Entwurfs (Report of the International Law Commission, Fifty-third session (23 April – 1 June and 2 July – 10 August 2001), General Assembly, Official Records, Fifty-sixth session, Supplement No. 10 (A/ 56/10), 29 ff (223 ff mit Kommentierung)) zum Ausdruck:

„1. The responsible State is under an obligation to make full reparation for the injury c a u s e d by the internationally wrongful act.

2. Injury includes any damage, whether material or moral, c a u s e d by the internationally wrongful act of a State." (Hervorhebung durch den Verfasser).

2. Der Ursachenzusammenhang zwischen dem haftungsauslösenden Handeln und dem konkreten Schaden wird nicht dadurch in Frage gestellt, daß der gleiche Erfolg etwa kurze Zeit später durch ein anderes Ereignis herbeigeführt worden wäre (parallele Kausalverläufe).[6]

Ein Staat enteignet z. B. während eines Krieges unter Verletzung des Völkerrechts Vermögenswerte, die im Eigentum von Ausländern stehen. Die enteigneten Häuser werden kurze Zeit später durch einen feindlichen Luftangriff völlig vernichtet. Die rechtswidrig enteigneten ausländischen Vermögenswerte wären ohnehin kurze Zeit später durch eine Inflation gänzlich entwertet worden.

In Fällen dieser Art gilt grundsätzlich, daß die einmal entstandene Entschädigungspflicht nicht deshalb entfällt, weil der gleiche Schaden auch durch eine zweite hypothetische Ursache herbeigeführt worden wäre. Ist der Schaden entstanden, so kann der Schädiger sich nicht damit entlasten, daß der Schaden auch auf andere Weise herbeigeführt worden wäre.[7] Parallele Kausalverläufe, die einen unterschiedlichen Ausgangspunkt haben, schließen daher eine Haftung nicht aus, wenn der Schaden einmal eingetreten ist.

Etwas anderes gilt im Fall überholender Kausalität, d. h. bevor der Schaden durch den ersten Handlungsstrang konkretisiert ist, tritt dieser auf Grund eines anderen, unabhängigen Kausalverlaufs ein. In diesem Fall haftet das Völkerrechtssubjekt, das den ersten, dann unterbrochenen Kausalverlauf in Gang gesetzt hat, nicht.

3. Der Kausalzusammenhang schließt die mittelbare Verursachung ein. Die Ersatzpflicht entfällt nicht schon deshalb, weil das Handeln den Schaden im Zusammenwirken mit anderen Bedingungen ausgelöst hat. Unmittelbare und mittelbare Schäden sind nicht völlig gegeneinander abgrenzbar; wo die Herbeiführung des mittelbaren Schadens der Lebenserfahrung entspricht, haftet der verantwortliche Staat auch für diesen. Dies wird in der internationalen Praxis mit gewissen Schwankungen und mit den Vorbehalten, die sich aus der Ausschaltung der Haftung für Schäden aufgrund eines weit entfernt liegenden Ereignisses – *causa remota* – ergeben, überwiegend als geltendes Recht angesehen.[8]

---

[6] In der Kommentierung des ILC-Entwurfs, 227 wird zutreffend darauf verwiesen, daß der Begriff *„injury"* den Schaden mit erfaßt, der unmittelbar mit der völkerrechtswidrigen Handlung entstand.

[7] Allerdings hat das *Iran-U.S. Claims Tribunal* im Falle *Queens Office Tower Associates v. Iran National Airlines* einen Abbruch des Kausalverlauf angenommen 2, 247 (253); kritisch *dissenting opinion Holtzmann* 2, 254 (257).

[8] So z. B. die *Administrative Decision* Nr. 2 der deutsch-amerikanischen *Mixed Claims Commission* (1923), RIAA VII, 29: *„It matters not whether the loss be directly or indirectly sustained so long as there is a clear, unbroken connection between Germany's act and the loss complained of"*. So auch das Urteil des Ständigen Internationalen Gerichtshofs im *Chorzów Factory*-Fall (1928), PCIJ Series A 17, 48 f. (Pflicht zum Ersatz nicht nur des Wertes des rechtswidrig enteigneten Unternehmens, sondern auch des weiteren Schadens, der den Enteigneten durch die Enteignung zugefügt worden ist). So auch *Anzilotti*, Corso, 472, *Ross*, 252 f; *Oppenheim/Jennings/Watts*, Bd. I/1, 530 mit zahlreichen Nachweisen; *H. Lauterpacht*, The Development of international law by the International Court, 1958, 315 f; *Hoijer*, 243 f; *C. Eagleton*, Measures of damages in International Law, YLJ 39 (1929–30), 52 ff (66 f), der die Schiedsgerichtspraxis eingehend prüft mit dem Ergebnis, daß *„... it is very rare that an international tribunal has denied in principle the right to award indirect damages ..."* (73); so nunmehr auch *Hoffland Honey Co. v. National Iranian Oil Co., Iran-U.S. Claims Tribunal* 2, 41 (42); *Queens Office Tower Associates v. Iran National Airlines Corp.*, Iran-U.S. CTR 2, 247 (253), vgl. allerdings *dissenting opinion* von Richter *Holtzmann* 254 (257). Die Aussagen in dem ILC-Kommentar hierzu sind, obwohl sie diesen Ansatz zu unterstützen scheinen, vage. Sie verweisen auf die Praxis der *United Nations Compensation Commission*, die über die Ersatzpflichten des Irak wegen des Golfkriegs zu entscheiden hat, vgl. dazu *Claims Against Iraq* (Category „B" Claims), Report of 14 April 1994 (S/AC.26/1994/1), in ILR 109, 127; approved by Governing Council Decision 20, 26 May 1994 (S/AC.26/Dec.20), in ILR 109, 622; *Well Blowout Control Claim*, Report of 15 November 1996 (S/AC.26/1996/5), in ILR 109, 480, at 506–511, paras. 66–86; approved by Governing Council Decision 40, 17 December 1996 (S/AC.26/Dec.40), in ILR 109, 669.
Für den gegenteiligen Standpunkt, nämlich eine Beschränkung auf den unmittelbaren Schaden kann der Schiedsspruch im Streit zwischen Argentinien und Frankreich im Fall *Lacaze* (1864) bei Lapr. Pol, Bd. II, 298, angeführt werden (Beschränkung auf Schäden); in diese Richtung tendierten auch der Bericht von

Die Frage des Ersatzes für mittelbar zugefügten Schaden beschäftigte das nach dem ersten Weltkrieg eingesetze deutsch-portugiesische Schiedsgericht im *Naulilaa*-Fall (1928).[9] Während des ersten Weltkrieges in einer Zeit, in der Portugal noch nicht in den Krieg eingetreten war, rückten deutsche Schutztruppenverbände aus Südwest-Afrika in das Gebiet von Portugiesisch-Angola ein. Die Aktion wurde als Repressalie gegenüber angeblichen Rechtsverletzungen der portugiesischen Behörden gegenüber Deutschland begründet, aber von dem Schiedsgericht als völkerrechtswidrig betrachtet. Daher wurde Deutschland auch für den Schaden haftbar gemacht, der Portugal durch den Ausbruch von Aufständen in den unter deutschem Druck geräumten Gebieten entstanden war. Nach Ansicht des Gerichts war es die natürliche Folge der Ereignisse, daß die Eingeborenen die durch den deutschen Angriff entstandene Lage und die damit verbundene Auflösung der Ordnung für ihre Zwecke benutzten. Obwohl die deutschen Stellen diese Schäden nicht im einzelnen hätten voraussehen können, müsse Deutschland den Schaden auch insoweit ersetzen. Es wurde allerdings in Erwägung gezogen, daß der Schaden nicht ausschließlich auf die deutsche Aktion, sondern daneben auch auf andere Ursachen zurückgeführt werden konnte. Das *Iran – U.S. Claims Tribunal* stellt darauf ab, ob ein „*... uninterrupted causal link between... and the loss...*" bestand.[10]

4. Auch der dem Einzelnen zugefügte indirekte Schaden wird in der Regel ersetzt. Diese Grundregel ist jedoch durch die schiedsgerichtliche Praxis ausdifferenziert worden.

In dem von dem Hamburger Senat als Schiedsrichter 1861 entschiedenen Fall *Yuille* wurde Portugal zum Ersatz eines Schadens verurteilt, der britischen Staatsangehörigen durch ihre dem Völkerrecht widersprechende gerichtliche Verurteilung in Portugal an ihrem geschäftlichen Kredit zugefügt worden war.[11]

III. 1. In bezug auf den mittelbaren Schaden gelten allerdings Einschränkungen, die von der internationalen gerichtlichen Praxis entwickelt wurden. Der ILC-Entwurf[12] reflektiert diese nicht. Anerkannt ist, daß die Ersatzpflicht auf die Haftung für Schäden beschränkt ist, die mit dem rechtswidrigen Akt in einem sinnvollen und der Lebenserfahrung entsprechenden Zusammenhang stehen oder, negativ ausgedrückt, deren Eintritt vom Standpunkt vernünftiger, objektiver Prognose im Hinblick auf die konkrete Situation der Erfahrung nicht geradezu widerspricht. Untypische Schäden oder Schäden, die sich aus einem ungewöhnlichen Zusammentreffen von Umständen ergeben, bleiben außer Betracht.[13] Diese Grund-

---

Huber über die *britischen Vermögensinteressen in Spanisch Marokko* (1925), RIAA II, 2, 658, 697, 729 f oder die Entscheidung der amerikanisch-mexikanischen *General Claims Commission* in den Fällen *Mallén* (1927), RIAA 4, 179 und *Venable* (1927), RIAA IV, 225. Diese Rechtsprechung erscheint inzwischen überholt.

[9] RIAA II, 1011.

[10] *Woodward-Clyde Consultants and the Government of The Islamic Republic of Iran, et al., Iran-U. S. Claims Tribunal*, 2, 239 (249); in dieser Entscheidung wurde der Wortlaut von *China Navigation Co.,Ltd. (Great Britain v.United States)*, RIAA 6, 64 (68) übernommen. Eine Modifikation dieser Rechtsprechung findet sich in *Eastman Kodak Company, et al. and the Government of Iran, et al., Iran-U.S. Claims Tribunal* 27, 3 (17). Danach sah die Kammer das Vorliegen eines Kausalverlaufs in einem Fall als gegeben an, wo der Eingriff gegenüber einer Tochtergesellschaft mit dazu geführt hatte, daß die Muttergesellschaft *(Eastman Kodak)* Verbindlichkeiten nicht mehr realisieren konnte, siehe auch Entscheidung des *Iran-U. S. Claims Tribunal* im Falle *Queens Office Tower Associates v. Iran National Airlines* (Anm. 8).

[11] Vgl. *Lapradelle/Politis*, Bd. II, 109, und die zustimmende *note doctrin*, ebd. 117 f sowie den Schiedsspruch des schweizerischen Bundesrats in dem zwischen Frankreich und Venezuela streitigen Fall *Fabiani* (1896), NRG XXVII 700, 704 f, wonach auch der dem Gläubiger durch die jahrelange Nichtausführung eines Schiedsspruchs entstandene Schaden ersetzt werden muß.

[12] Die ILC-Kommentierung verweist auf Art. 31 – den kausalen Zusammenhang. Hieraus ergeben sich aber keine Kriterien, die für die Lösung eines Einzelfalls herangezogen werden könnten.

[13] So z. B. der Schiedsspruch des Ständige Schiedsgerichtshof in dem zwischen Frankreich und Griechenland streitigen *Leuchtturm*-Fall (*Claims* Nr. 19 und 21), ILR 1956, 352 f (keine Haftung für die Zerstörung der Leuchtturmverwaltung gehörender Ausrüstungen und Vorräte durch Feuer in den nach der rechtswidrigen Wegnahme der vorher benutzen Gebäude bezogenen Räumen, da „*the damage was neither a forseeable nor a normal consequence of the evacuation*"; unrichtig allerdings die Bemerkung: „*all causal connection is lacking*"). Den Gedanken der adäquaten Verursachung hat offenbar auch *Hurst* in seiner abweichenden Meinung zu

aussage spiegelt sich in der internationalen Rechtsprechung wieder, wonach nur eine dem Schaden relativ nahe Bedingung *(causa proxima)*, nicht jedoch ein weit entferntes Ereignis *(causa remota)*, eine Haftung auslöst.[14] Außer Betracht bleibt nicht nur der ungewöhnliche Ursachenzusammenhang, der der Lebenserfahrung geradezu widerspricht, sondern es besteht auch dann keine Entschädigungspflicht, wenn das völkerrechtswidrige Handeln nur als die ganz entfernte, durch eine Vielzahl von selbständigen Mitursachen vermittelte Bedingung des Schadens erscheint,[15] selbst dann, wenn der Eintritt der „Fernwirkung" der Lebenserfahrung nicht geradezu widerspricht.

Die internationalen Gerichte sehen nunmehr vor, daß die den Geschädigten – ob Staaten oder Privatpersonen – durch die Rechtsverfolgung entstandenen Auslagen und Unkosten erstattet werden.[16] Das *Iran-U.S. Claims Tribunal* hat als Bestandteil des Schadens anerkannt: Bankgebüh-

---

dem Urteil im *Oscar Chinn*-Fall (1934), StIGH A/B 63, 129 f im Auge, wenn er meint, Belgien habe keinen Schaden zu tragen *„beyond the loss which would reasonably be foreseen as the direct or necessary consequence of the violation of the Convention"*. Allzu entfernte Schäden dagegen seien nicht zu ersetzen. Vgl. auch *Sibert*, Bd. I, 318 f und *Salvioli*, RdC 46 (1933 IV), 128: *„l'acte illicite doit être considéré comme ayant un dommage pour conséquence lorsqu'il est dans l'ordre normal des choses que la réalisation de l'acte illicite entraîne réalisation du dommage"*.

[14] So die Entscheidung des britisch-amerikanischen Schiedsgerichts in *Interocean Transportation Comp. of America*, AD 1935–37, C. 115: *„it is as necessary between nations as it is between individuals, where damages are claimed, that the claimed losses be traced not remotely, but proximately to the specific acts complained of"* (276). Ein anderes Beispiel wäre etwa die Entscheidung der amerikanisch-venezolanischen Schiedskommission im Fall *Dix* (1903), RIAA IX, 119 f, 121, die eine Haftung Venezuelas für Schäden verneint, die dem Verletzten durch den unvorteilhaften Verkauf von Vieh und dadurch entstanden sind, daß er anderen Firmen für die durch die Unruhen bedingte Nichterfüllung seiner Verträge hat einstehen müssen. Vgl. auch aaO,136, die Entscheidung des gleichen Gerichts im Fall *Heny* (keine Haftung für die Lähmung des Geschäftsverkehrs und die damit verbundenen Schäden). Die Unterscheidung zwischen *causa proxima* und *causa remota* ist auch in zahlreichen Entscheidungen der nach dem ersten Weltkrieg eingesetzten deutsch-amerikanischen gemischten Schiedskommission zugrundegelegt. Vgl. z. B. die *Administrative Decision Nr. 2* (1923), RIAA VII, 29 f; vgl. dazu ferner die Rechtsprechung des *Iran-U.S. Claims Tribunals*. Ferner *J. H. Ralston*, The Law and Procedure of International Tribunals, Rev. ed. 1926, 241 f und *Eagleton*, YLJ 39 (1929–30), 68 f und die dort angeführten Belege sowie *Riedel*, 70. Vgl. dazu auch die zivilrechtsvergleichenden Ausführungen von *A. M. Honoré*, Causation in the Law, 1985.

[15] Darauf kommt es an, nicht auf den zeitlichen Abstand. Vgl. etwa die Entscheidung der deutsch-amerikanischen *Mixed Claims Commission* im Fall *Eisenbach Brothers & Co.* (1925), RIAA VII, 199 f. Darin wird die Beschädigung eines Schiffs durch eine erst ein Jahr nach dem Waffenstillstand explodierende Mine auf die deutsche Kriegführung als *cause proxima* zurückgeführt und Deutschland für haftbar erklärt. Auch der Spätschaden ist also zu ersetzen.

[16] Vgl. auch *Schwarzenberger*, Bd. I, 670 f So z. B. die britisch-amerikanische *Claims Commission* im Fall der *China Navigation Co.* (1921), RIAA VI, 68: *„It is true that such expenses are damages indirectly consequent to the collision; but it is a well known principle of the law of damages that causa proxima non remota inspicitur"*. Daher keine Erstattung der Großbritannien durch die Rechtsverfolgung vor den Gerichten in Shanghai entstandenen Kosten. Dagegen sprach z. B. der Hamburger Senat in seinem 1861 erlassenen Schiedsspruch im Fall *Yuille Shortridge and Co.* bei *Lapradelle/Politis*, Bd. II, 109, der geschädigten Partei den Ersatz der ihr hier aber als unmittelbare Folge der fehlerhaften Prozeßführung durch die portugiesischen Gerichte entstandenen Prozeßkosten zu. Dem folgt das *Iran-U.S. Claims Tribunal*; diese Rechtsprechung ist nunmehr als maßgebend anzusehen. Das *Iran-U. S. Claims Tribunal* sprach im Falle *Aeronutronic Overseas Services, Inc. v. The Government of the Islamic Republic of Iran, et al.* dem Kläger einen Anspruch auf Erstattung von Prozeßkosten zu, die diesem bei einem Steuerverfahren im Iran entstanden waren, Bd. 11 (223, 238–245); eine vergleichbare Entscheidung erfolgte im Falle *Harris International Telecommunications, Inc. v. The Islamic Republic of Iran*, et al., 17, 31 (76/77) sowie im Fall *Miterwyk Corporation, et al. v. The Government of the Islamic Republic of Iran, et al.*, Bd. 19, 107 (125/6). Diesen Fällen ist gemeinsam, daß es sich um Kosten der Rechtsverfolgung vor der internationalen Entscheidung gehandelt hat. Dagegen sind die Kosten des Rechtsstreits vor den internationalen Foren nicht Gegenstand des Schadens. Nach dem Schiedsspruch des Hamburger Senats ist für den mit den Unzuträglichkeiten und dem Zeitverlust infolge des Verfahrens verbundenen Schaden ein Ersatz nicht zu leisten. Diese Kosten sind wie die eigentlichen Verfahrenskosten nicht Bestandteil des Schadens.

ren,[17] Beratergebühren,[18] *overhead* Kosten,[19] Kosten, die auf der durch das rechtswidrige Verhalten bedingten Verzögerung beruhen,[20] nicht aber Eintreibungsgebühren.[21] Die Aufwendungen, die auf Grund von Versicherungsverträgen geleistet werden, sowohl die Zahlung der Prämien wie die der Versicherungssumme nach dem Eintritt des Schadens, werden dagegen in der schiedsgerichtlichen Praxis als nicht erstattungspflichtig betrachtet, da sie nicht auf die den Schaden verursachende Völkerrechtsverletzung als *causa proxima* zurückgeführt werden können.[22] Dasselbe trifft für Aufwendungen zu, die sich als Folge einer völkerrechtswidrigen Kriegführung etwa durch die Steigerung der allgemeinen Lebenskosten, der Preise, Transportkosten, Steuern, Soziallasten, Pensionierungspflichten und dergleichen ergeben.[23] Selbst wenn die legitime Regierung für den Ausbruch von Unruhen verantwortlich ist, so haftet sie doch nicht für Schäden, die ausländischen Firmen durch den Vermögensverfall ihrer Kunden und den Rückgang der Geschäfte entstehen.[24] Ein weiteres Beispiel bieten die Schiedssprüche des kanadisch-amerikanischen Schiedsgerichts im *Trail Smelter*-Fall, die in den Jahren 1938 und 1941 ergingen.[25] In diesem Fall verlangten die Vereinigten Staaten den Ersatz der Schäden, die ihren Staatsangehörigen durch von kanadischen Fabrikanlagen über die Grenze hinüberwirkende Schwefeldünste zugefügt worden waren. Das Gericht erklärte Kanada für ersatzpflichtig, fügte aber die Einschränkung hinzu, daß allzu entfernte, indirekte und ungewisse Schäden nicht ersetzt werden müßten, auch nicht der Schaden, der amerikanischen Geschäftsleuten durch den Ausfall infolge des Schadensereignisses verarmter Kunden zugefügt worden sei.[26]

Namentlich der Schaden, der einem Völkerrechtssubjekt erst auf dem Umweg über die Schädigung eines anderen Völkerrechtssubjekts zugefügt wird, ist in der Haftung nicht mit zu berücksichtigen, sofern nicht gleichzeitig auch gegenüber diesem eine Völkerrechtsverletzung vorliegt. Dies gilt selbst dann, wenn ein Schadenseintritt bei einem dritten Staat der Lebenserfahrung nicht widerspricht.

Die Grenzen zwischen näher und ferner liegenden Ursachen sind allerdings fließend. Die Begriffe *causa proxima* und *causa remota* sind normative Begriffe, ihre Anwendung setzt eine Wertung voraus. Sie hat die tatsächliche Lebenssituation sowie Sinn und Zweck der verletzten Rechtsnormen zu berücksichtigen. Bei der Haftung für entfernt liegende Schäden muß man sich die Frage stellen, ob die Inanspruchnahme des Staates, der gegen seine völkerrechtlichen Pflichten verstoßen hat, noch von dem Schutzzweck der verletzten Norm her geboten ist.[27] Dabei ist nicht eine Einzelfallgerechtigkeit maßgebend, sondern eine typisierende Betrachtung. Bei der Qualifikation des Schutzzwecks der verletzten Norm ist

---

[17] *Wathins-Johnson Company et al v. Islamic Republic of Iran*, CTR 22, 218 (250/1), siehe aber *dissenting opinion* von Richter *Noori* 257 (334/5).

[18] *Development and Resources Cooperation v. The Government of the Islamic Republic of Iran*, Bd. 25, 20 (50 f).

[19] *William J. Levitt v. The Government of the Islamic Republic of Iran*, Bd. 14, 191 (205/6).

[20] *Houston Contracting Company v. National Iranian Oil Company*, Bd. 20, 3 (57 ff).

[21] *Woodward-Clyde Consultants v. The Government of the Islamic Republic of Iran*, Bd. 3, 239 (249) unter Verweis auf die schiedsgerichtliche Entscheidung *China Navigation Co., Ltd.*, RIAA VI, 64 (68).

[22] So die deutsch-amerikanische *Mixed Claims Commission* u. a. in den *Lusitania*-Fällen (1923), RIAA VII, 37 f, im Fall der *U.S. Steel Products Comp.* (1923) aaO 44 f, 55 und der *Eastern Steamship Lines* (1924) aaO 71 f („*the procuring of this insurance was not Germany's act, but that of the claimant*") und der *Provident Mutual Life Insurance Comp.* (1924) ibidem 91 f.

[23] Im *Alabama*-Fall (Vereinigtes Königreich – Vereinigte Staaten von Amerika, 1872) war lebhaft umstritten, ob Großbritannien auch für die Fernwirkungen seines neutralitätswidrigen Verhaltens, etwa die Schädigung von Handel und Gewerbe durch die möglicherweise daraus resultierende Verlängerung des Krieges, verantwortlich gemacht werden könne. Das Schiedsgericht hat die Haftung durch eine Zwischenentscheidung verneint. Vgl. *Lapradelle/Politis*, Bd. II, 839 f.

[24] Vgl. *Hackworth*, Digest Bd. V, 727, über die Einstellung des amerikanischen *State Department* während der chinesischen Revolution von 1911–12.

[25] RIAA III, 1911 f.

[26] ibidem 1931, 1933, vgl. dazu auch Schiedsspruch in *Portuguese Colonies case*, RIAA II, 1032 f; *Samoan claims*, RIAA IX, 15.

[27] So ausdrücklich Entscheidung des *Iran-United States Claims Tribunal* in *Islamic Republic of Iran v. United States of America*, Cases Nos. A 15 (IV) und A 24 No. 590 – A15 (IV)/A24 – FT, 28 December 1998.

vor allem zu berücksichtigen, ob diese lediglich das bilaterale Verhältnis von Verletzten und Geschädigten betrifft, oder ob die Normverletzung auch die Rechte eines größeren Kreises von Völkerrechtssubjekten berührt.

Wenn ein Staat einen Staat annektiert oder diesen völkerrechtswidrig wirtschaftlich schädigt mit dem Ergebnis, daß dieser Staat und dessen Staatsangehörige ihren Verpflichtungen gegenüber einem dritten Staat und dessen Angehörigen nicht mehr nachkommen können, so entsteht ein Schadensersatzanspruch für den direkt geschädigten, aber in der Regel nicht für einen weiteren Staat.[28] – Auf Grund der völkerrechtswidrigen britisch-französischen militärischen Aktion im Gebiet des Suezkanals im Jahre 1956 konnte das unmittelbar geschädigte Ägypten, nicht aber andere Staaten, Schadensersatz fordern, deren Schiffahrt durch die Sperrung des Kanals zum Teil erheblicher Schaden zugefügt wurde. Reiches Material ergibt sich zu diesem Komplex aus der Abwicklung der Schadensersatzansprüche gegenüber Irak als Konsequenz der Aggression gegenüber Kuwait.[29]

2. Durch die Beschränkung der Haftung auf Fälle, in denen das rechtswidrige Handeln als *causa proxima* des Schadens erscheint, wird der Ersatz des indirekten Schadens zwar nicht ausgeschlossen, aber doch eingeschränkt. Den Grenzfall bildet die Haftung für indirekten, durch den Eintritt von Zwischenursachen vermittelten Schaden, der aber doch dem die Haftung auslösenden Handeln noch so nahe ist, daß es sich nicht als *causa remota* ansehen läßt. Namentlich die Haftung für entgangenen Gewinn gehört in diesen Bereich.[30]

IV. Problematisch ist die Schadensberechnung, wenn mehrere Völkerrechtssubjekte durch völkerrechtswidrige Handlungen für den Schaden kausal waren. Dies war z. B. der Fall im *Corfu Channel case*.[31] Der Schaden an den britischen Schiffen war durch den Staat bedingt, der die Minen gelegt hatte, sowie durch Albanien, das von der Existenz dieser Minen wußte, sie aber nicht bekannt gemacht hatte. Dies führte aber nicht zu einer Schadensminderung. Es ist das Recht des geschädigten Staates einen oder alle Schädiger als Gesamtschuldner für den vollen Betrag in Anspruch zu nehmen.[32] Etwas anderes gilt dann, wenn ein Teil des Schadens nur einem Schädiger zuzurechnen ist und sich der andere Schädiger hierauf beruft. Die Beweislast liegt bei diesem.[33]

V. 1. Schadensmindernd ist grundsätzlich ein Mitverschulden des Geschädigten. Dies entspricht einem allgemeinen Rechtsprinzip[34] und ist in der internationalen Rechtsprechung[35] und Literatur[36] anerkannt. Das Institut des Mitverschuldens gilt sowohl für materielle[37] als auch immaterielle Schäden.

2. Umstritten ist, inwieweit eine Verpflichtung des geschädigten Staates besteht, den Schaden zu mindern. Der Internationale Gerichtshof hat in seinem Urteil im *Gabčíkovo-Nagymaros-Project case (Hungary v. Slovakia)*[38] festgestellt, daß eine „Schadensminderungspflicht“ nicht völkerrechtswidrige Handlungen rechtfertige.

---

[28] Vgl. auch den Bericht von *Huber* über die britischen Vermögensinteressen in Spanisch Marokko (1925), RIAA II, 729 f: Entschädigung nur für den Schaden, der den unmittelbar geschädigten Personen, nicht aber den, der ihren Gläubigern entstanden ist.

[29] Vgl. Dazu *J. R. Crook*, The United Nations Compensation Commission – A New Structure to Enforce State Responsibility, AJIL 83 (1993), 144 ff.

[30] Vgl. dazu im einzelnen § 186.

[31] ICJ Reports 1949, 4.

[32] Kommentar zu Art. 31 des ILC-Entwurfs (Anm. 5), 229 f; so auch die Argumentation der Vereinigten Staaten in den *Aerial Incident cases (United States of America v. Bulgaria)*, ICJ Reports, Pleadings, Aerial Indicent of 27 July 1955, 229.

[33] *The Zafiro case*, RIAA IV, 160 (164 f).

[34] Vgl. insoweit Art. 39 des ILC-Entwurfs, 275 ff (mit Kommentierung).

[35] IGH im *LaGrand case (Germany v. United States of America)*, Judgment of 27 June 2001, paras. 57, 101.

[36] *Graefrath*, 95; *Bollecker-Stern*, 265 ff.

[37] Vgl. dazu im einzelnen und unter Rückgriff auf die Praxis den *Delagoa Bay Railway*-Fall *(Great Britain, USA v. Portugal)*, in: *J. P. Moore*, International Arbitrations, Vols. II, 1865 (1900) sowie den Fall *The S. S. „Wimbledon“*, PCIJ, Series A 1 (1923), 31.

[38] ICJ Reports 1997, 7 (55).

Er hat offengelassen, inwieweit eine Verletzung der Pflicht zur Schadensminderung dazu führt, daß der Anspruch auf Ersatz reduziert wird. Die Pflicht zur Schadensminderung ist ein allgemeines Rechtsprinzip im Sinne von Art. 38 Abs. 1 (c) IGH- Statut; ihre Verletzung führt zu einer entsprechenden Reduktion des Schadens, der geltend gemacht werden kann. In einem Streitverfahren muß der Gesichtspunkt der mangelnden Schadensminderung vorgetragen und belegt werden. Die Entscheidung, inwieweit der Anspruch zu mindern ist, richtet sich aber nach einer hypothetischen Betrachtungsweise. Der Inanspruchgenommene wird dartun müssen, wie hoch der Schaden gewesen wäre, hätte der Geschädigte seiner Schadensminderungspflicht genügt. Dabei wird auch zu berücksichtigen sein, inwieweit diese Handlung zur Schadensminderung dem Geschädigten zumutbar war.

3. KAPITEL
Beendigung des völkerrechtswidrigen Verhaltens/Ausgleich

§ 185 Beendigung des völkerrechtswidrigen Verhaltens und Wiederherstellung des *status quo ante* (Restitutionspflicht)

Schrifttum: Vor § 173; *K. S. Carlston*, Concession Agreement and Nationalization AJIL 52 (1958), 260 ff; C. *Vasarhelji*, Restitution in International Law, 1964; *H. Urbanek*, Die Unrechtsfolgen bei einem völkerrechtsverletzenden nationalen Urteil, ÖZöR, 11 (1961), 70 ff; *M. B. Alvarez de Eulate*, La „restitutio in integrum" en la práctica y en la jurisprudencia internacionales, Temis, Revista de Ciencia y Técnica Juridicas, 1971–72, 11 ff; *S. D. Thomsen*, Restitution, EPIL IV (2000), 229 ff.

I. Wie bereits angesprochen, ergeben sich aus der Verletzung von Völkerrecht für den verletzenden Staat bestimmte sekundäre Pflichten, die alle letztlich darauf gerichtet sind, den *status quo ante* wieder herzustellen. Dabei läßt sich prinzipiell zwischen der Wiederherstellung des ursprünglichen Zustands im eigentlichen Sinne *(restitutio in integrum)*[1] und dem wirtschaftlichen[2] oder immateriellen Ausgleich unterscheiden.[3] Bei Dauerdelikten tritt der Anspruch hinzu, daß das rechtswidrige Verhalten eingestellt wird.[4] Eine primäre Pflicht ist es zunächst, das völkerrechtswidrige Verhalten einzustellen und diese nicht zu wiederholen.[5]

II. 1. Das Völkerrechtssubjekt, dessen Verhalten gegen eine völkerrechtliche Verpflichtung verstoßen hat, muß sein völkerrechtswidriges Handeln beenden und den völkerrechtlich gebotenen Rechtszustand wieder herstellen.[6] Daher hat ein Staat, der ein Gebiet annektiert

---

[1] Thomsen, 376, verweist darauf, daß der Begriff der Restitution völkerrechtlich gelegentlich auch den finanziellen Ausgleich mit umfaßt; die hier gegebene Interpretation des Begriffs vertreten C. de Visscher, La responsabilité des Etats, Biblioteca Visseriana, 1924, vol. II, 118; P. A. Bissonnette, La satisfaction comme mode de réparation en droit international, 1952, 20; K. Zemanek, 68; weitergehend E. Jimenez de Arechaga, International Responsibility, Manual of Public International Law, Max Sørensen (ed.), 1968, 565; Graefrath, 77, wonach Restitution auch ein Element des Schadensersatzes erfaßt.

[2] Vgl. dazu § 184.

[3] In seinem *„Preliminary report on State responsibility"* hat der Sonderberichterstatter der ILC *Arrangio-Ruiz* im einzelnen belegt, daß nicht immer scharf zwischen der Restituion und dem Ausgleich wirtschaftlicher oder immaterieller Folgeschäden unterschieden wird (Doc. A/CN.4/416 and Add. 1; Yearbook ILC 1988 II/1, 6 (21 f). Entsprechend wurden in Art. 6bis des zweiten Teils des ILC-Entwurfs zur Staatenverantwortlichkeit, Report of the ILC on the work of its 45th session, GAOR 48th session, suppl. No. 10 (A/48/10), 128 auch beide Formen des Ausgleichs nebeneinandergestellt.

[4] Vgl. hierzu die detaillierten Ausführungen von Sonderberichterstatter *Arangio-Ruiz* in dem Preliminary report on State responsibility, Yearbook ILC 1988 II/1, 6 (11 f) sowie Art. 30 *(cessation and non-repetition)* und 35 *(restitution)* des ILC-Entwurfs (§ 173 Anm. 4), 216 bzw. 237 (jeweils mit Kommentierung).

[5] Art. 30 des ILC-Entwurfs 2001, 216 ff (mit Kommentierung). Art. 30 des Entwurfs lautet:
„The State responsible for the internationally wrongful act is under an obligation:
(a) *To cease that act, if it is continuing*;
(b) *To offer appropriate assurances and guarantees of non-repetition, if circumstances so require.*".

[6] *W. Riphagen* hatte zwar darauf hingewiesen, daß die Beendigung eines völkerrechtswidrigen Verhaltens nicht immer klar von der *restitutio in integrum* unterschieden wird (Yearbook ILC 1981 II/1), 79–101 des ILC-Entwurf nimmt aber eine entsprechende Unterscheidung vor. Vgl. dazu auch *C. Dominicé*, Observations sur les droits de l'Etat victime d'un fait internationalement illicite, Droit International 2, 1982, 1 (27). Der Internationale Gerichtshof hat hervorgehoben, daß eine Einstellung rechtswidrigen Verhaltens nur verlangt werden kann, wenn die Völkerrechtsverletzung zum Zeitpunkt der gerichtlichen

hat, dieses zu räumen; er muß rechtswidrig verhaftete Personen freilassen, zu Unrecht konfiszierte Vermögenswerte wieder herausgeben und völkerrechtswidrige Gesetze, Urteile oder Verwaltungsmaßnahmen aufheben.[7] Diese Restitutionspflicht kann auch die Pflicht enthalten, nationales Recht entsprechend zu ändern.[8]
Im Einklang mit diesen Grundsätzen hat der Sicherheitsrat der Vereinten Nationen den Irak nach dessen versuchter Annexion von Kuwait verpflichtet, die verschleppten Personen zurückzuführen, die geraubten Kunst- und Wertgegenstände zurückzugeben und die innerstaatlichen Rechtsakte zu revidieren, die Kuwait zur 19. Provinz des Irak gemacht hatten.[9]

2. Auf die Verpflichtung zur Beendigung des völkerrechtswidrigen Verhaltens zielen eine Vielzahl der internationalen Rechtsstreitigkeiten zur Staatenverantwortlichkeit hin. Dieser Anspruch ist – soweit sich die völkerrechtswidrige Handlung in einem Akt erschöpft und keine Folgewirkungen zeigt – vorrangig vor dem Anspruch auf materiellen und immateriellen Schadensausgleich.[10] Denn nur durch die Beendigung des völkerrechtswidrigen Verhaltens wird der normativen Funktion der verletzten Rechtsnorm Rechnung getragen.

3. Von der Beendigung des völkerrechtswidrigen Verhaltens oder Zustands unterscheidet der ILC-Entwurf die Wiederherstellung des ursprünglichen Zustands.[11] In der Praxis ist diese Unterscheidung nicht leicht zu treffen aber von Bedeutung. Diese Unterscheidung ist vor allem deshalb problematisch, weil eine Restitution nur bis zur Grenze der Proportionalität verlangt werden kann;[12] die Pflicht zur Beendigung eines völkerrechtswidrigen Zustands diese Grenze aber nicht kennt.
Die völkerrechtliche Praxis gibt keine Anhaltspunkte für die Unterscheidung zwischen Beendigung eines rechtswidrigen Zustands und Restitution; auch aus den Formulierungen des ILC-Entwurfs lassen sich nur begrenzt Differenzierungskriterien entnehmen. Man wird verschiedene Fallgruppen zu unterscheiden haben, wobei Art. 35 lit.a und b des ILC-Entwurfs als Anhaltspunkt dient. Die Rückgabe widerrechtlich besetzten Gebietes oder die Rückführung von widerrechtlich festgehaltenen Personen sind Handlungen zur Beendi-

Entscheidung noch andauert *(United States Dipolomatic and Consular Staff in Tehran Case)*, ICJ Reports 1979, 21 para. 38–41; 1980 para. 95 No. 1; *Military and Paramilitary Activities Case*, ICJ Reports 1984, 187; 1986 para. 292.

7 Verschiedentlich wird in der Literatur zwischen *‚material‘* und *‚legal restitutio‘* unterschieden, vgl. insoweit *Personnaz*, 77 u. 86; *Graefrath*, RdC 185, 1984 II, 77 f; *K. Nagy*, The problem of reperation in international law, in: *H. Bokor-Szegó* (Hrsg.), Questions of International Law: Hungarian Perspective, Bd. 3, 1986, 173–190.

8 Vgl. beispielsweise die Entscheidung im *Trail Smelter case*, RIAA III, 1905 (1934), wo Kanada verpflichtet wird, weitere Abgaseinwirkungen zu vermindern.

9 SC Res. 664 (1990) and 687 (1991), 3. April 1991. Teil E dieser Resolution beschäftigt sich in den Artikeln 16–19 mit dem von Irak zu leistenden Schadensersatz; Teil D, Arikel 15 regelt die Rückerstattung. *„Requests the Secretary General to report to the Council on the steps taken to facilitate the return of all Kuwaiti property seized by Irak, including a list of any property that Kuwait claims has not been returned or which has not been returned intact.“*; Vgl. dazu *G. Cottereau*, De la Responsabilité de l'Iraq selon la résolution 687 du Conseil de Sécurité, AFDI 37 (1991), 99 ff; *E. Brans*, Aansprakelijkheid van Irak voor de milieuschade veroorzaakt in de Golfoorlog, in: Nederlands juristenblad; 76 (1997) 26, 1165–1171; *Jegede/Dharmananda*, The triumph of expediency: Decisions by the UN Compensation Commission on dates for the accrual of interest; in: Journal of international arbitration; 17 (2000) 2, 31–39; *Wassgren*, The UN Compensation Commission: lessons of legitimacy, state responsibility, and war reparations; in: Leiden journal of international law; 11 (1998) 3, 473–492; *Cottereau*, Responsabilité de l'Iraq: aperçu sur les indemnisations urgentes des personnes physiqes; in: AFDI 41 (1995), 151 ff; *Bouony*, Regard sur la Commission d'indemnisation des Nations Unies, AFDI 43 (1997), 116 ff.

10 Der WTO Dispute Settlement Mechanism, Agreement establishing the World Trade Organization, 15 April 1994, Annex 2, Understanding on Rules and Procedures governing the Settlement of Disputes (s. Art. 3 Abs. 7); ILC-Kommentar (Anm. 4), 217.

11 Vgl. dazu Art. 35, 237 ff (mit Kommentierung). Der Text von Art. 35 des ILC-Entwurfs lautet:.

12 Vgl. dazu Art. 35 lit.b des ILC-Entwurfs.

gung eines völkerrechtswidrigen Zustands. Sie können nicht an Proportionalitätserwägungen scheitern. Etwas anderes gilt für die Rückerstattung von Gegenständen.

Im *Tempel von Preah Vihear*-Fall[13] entschied der Internationale Gerichtshof, daß Kambodscha den rechtswidrig okkupierten Tempelbereich an Thailand zurückzugeben habe ebenso wie alle religiösen Gegenstände oder Kunstgegenstände, die entfernt worden waren. Dabei wird nicht deutlich, ob der Internationale Gerichtshof insoweit unterschiedliche Rechtsinstitute angewandt hat.

III. Die Verpflichtung eine Zusicherung abzugeben, ein völkerrechtswidriges Verhalten nicht zu wiederholen, ist im *LaGrand* Fall[14] diskutiert worden.

Der Internationale Gerichtshof führte in diesem Zusammenhang aus, daß die schon ergriffenen Maßnahmen der Vereinigten Staaten von Amerika der von der Bundesrepublik Deutschland beantragten allgemeinen Zusicherung der Nicht-Wiederholung genügen würden. In ähnlich gelagerten Fällen, wie dem der *LaGrand* Brüder haben die Vereinigten Staaten von Amerika jedoch dafür Sorge zu tragen, daß die *procedural default* Doktrin keine Anwendung fände.[15]

Belege für derartige Anträge bietet die völkerrechtliche Praxis. Zusicherungen dieser Art können mündlich, insbesondere in der Gerichtsverhandlung aber auch schriftlich gegeben werden. In der Regel werden sie in den Urteilsgründen wiederholt und zur Begründung dafür herangezogen, daß entsprechenden Anträgen nicht stattgegeben wird.[16]

IV. 1. Als Beispiele für die reichhaltige völkerrechtliche Judikatur zur Restitution sind aus älterer Zeit grundlegend die Entscheidung des Ständigen Internationalen Gerichtshofs im *Chorzów-Factory*-Fall,[17] der *Walter Fletcher Smith claim*,[18] der *Martini claim*,[19] der *Rhodope Forest claim*,[20] sowie der *Mavrommatis Palestine Concessions*-Fall[21] beispielhaft zu erwähnen. Aus neuerer Zeit weiter könnte das *Aminoil* Verfahren angesprochen werden.[22]

Eine Restitution sahen auch die Friedensverträge nach dem Ersten Weltkrieg vor, indem sie die besiegten Staaten verpflichteten, bestimmte Objekte zurückzuerstatten. Vergleichbares galt nach dem Zweiten Weltkrieg.[23]

2. Auf der Basis der vorliegenden Praxis entsprechen die in der ILC vorgeschlagenen Grundsätze geltendem Völkergewohnheitsrecht. Sie sehen vor, daß ein Anspruch des geschädigten Staates auf Restitution besteht.
Eine Restitution scheidet danach allerdings aus, wenn diese sachlich unmöglich ist. Sie scheidet des weiteren aus, wenn der Aufwand des restituierenden Staates unverhältnismäßig ist gemessen am Gewinn auf Seiten des anderen Staates im Vergleich zu Schadensersatz. Belege für die Anwendung des Verhältnismäßigkeitsgrundsatzes gibt es in der Praxis wenige.[24]

---

[13] ICJ Reports 1962, 6 (36–37).

[14] *Germany v. United States of America*, Judgment of 27 June 2001 (www.icj-cij icj.-cij.org).

[15] Vgl. dazu das Urteil vom 27. Juni 2001 para. 123, 124, 125, dispositiv para. 128 (6, 7).

[16] *Germany v. United States of America*, Judgment of 27 June 2001, para. 121.

[17] PCIJ Series A, No. 17 (1928) 3 (47).

[18] RIAA II, 913.

[19] RIAA II, 975 f.

[20] RIAA III, 1406.

[21] PCIJ 1924, Série A, No. 2.

[22] *Government of Kuwait v. American Independent Oil Company*, ILR 66 (1982), 529 (533).

[23] Im einzelnen dazu *Vasarhelji*, 76 ff; siehe insofern auch *Convention on the Settlement of Matters Arising out of the War and the Occupation*, 1954, UNTS 332, 219.

[24] Im Falle *Forests in Central Rhodopia*, RIAA III, 1432 werden durch die Richter Erwägungen angestellt, ob eine Restitution praktisch ist. Im Falle *Greek Telephone Company*, RIAA vol. II (1929), 915 (918) ordnete das Schiedsgericht Restitution an, erlaubte aber auch Schadensersatz, soweit wichtige Staatsinteressen dies verlangten. Im Falle *Mélanie Lachenal*, RIAA vol. XIII (1956), 116 (130/131) wurde Schadensersatz vom Geschädigten akzeptiert, obwohl die Vermittlungskommission auf Restitution erkannt hatte.

3. Erst wenn kein Anspruch auf Restitution besteht, kann der Schädiger Schadensersatz leisten.[25] Ein Wahlrecht besteht auf seiten des Schädigers allerdings nicht; dagegen steht dem geschädigten Staat ein Wahlrecht zu.[26] Umstritten war in der völkerrechtlichen Literatur[27] wie auch in der Judikatur,[28] inwieweit der Schädiger statt der Restitution befreiend Schadensersatz zu leisten vermag.

Einigkeit besteht, daß bei physischem Untergang der betroffenen Sache, bzw. deren weitgehender Zerstörung eine Restitution nicht verlangt werden kann. Das gleiche gilt, wenn die Wiederherstellung einer ursprünglichen Situation nicht möglich ist. Ebensowenig kann eine Restitution verlangt werden, wenn diese ihrerseits in einer Verletzung von zwingendem Völkerrecht resultieren würde. Der letztgenannte Gesichtspunkt wurde in Art. 43 des ILC-Entwurfs[29] nach der 1. Lesung noch reflektiert, findet sich aber nicht in dem endgültigen Text. Dies bedeutet jedoch keine Änderung in der Substanz.

Dagegen ist es umstritten, ob eine Restitution verlangt werden kann, wenn dem das nationale Recht des in Anspruch genommenen Staates entgegensteht. Nach der wohl von der Mehrheit der Autoren vertretenen Ansicht, sind einer Restitution entgegenstehende Gründe des nationalen Rechts nicht von Relevanz,[30] da sie auch eine völkerrechtliche Verantwortlichkeit nicht ausschließen. Die völkerrechtliche Judikatur stützt diesen Ansatz,[31] wenn auch nicht ohne Einschränkung.[32] Dieser Aspekt wird von dem ILC-Entwurf nicht angesprochen.[33]

III. Etwas anderes gilt auch nicht für Sach- und Vermögensschäden von Ausländern. Auch insoweit hat der in Anspruch genommene Staat nicht die freie Wahl, ob er den ursprünglichen Rechtszustand wiederherstellen oder Schadensersatz leisten will.[34] Insoweit ist allerdings zwischen rechtmäßigen und rechtswidrigen Eingriffen in Vermögenswerte zu unterscheiden. Nur im zweitgenannten Fall besteht ein grundsätzlicher Anspruch auf Restitution, wohingegen im ersten Fall der Geschädigte auf Geldersatz beschränkt bleibt.[35]

Verwiesen sei hinsichtlich der völkerrechtlichen Judikatur auf den *Chorzów-Factory*-Fall.[36] Mit diesem Komplex hat sich auch Schiedsrichter *Lagergren* in dem Fall *British-Petroleum v. Libyen* auseinandergesetzt.[37] *Lagergren* ging zwar von der Rechtswidrigkeit der staatlichen Enteignungsmaßnahmen sowohl nach libyschen Recht als auch nach Völkerrecht aus, wies aber den Restitutionsanspruch auf Wiedereinsetzung in die ursprüngliche Rechtsposition ab.[38]

---

25 Vgl. Art. 36 Abs. 1 ILC-Entwurf, 243 (mit Kommentierung).

26 Vgl. insoweit *Zuzich*-Fall, 194, *Whiteman*, Digest Bd. 8, 1201. Voraussetzung ist allerdings, daß hierin keine Benachteiligung des schädigenden Staates liegt.

27 *Nagy*, 177; *Personnaz*, 89 f; *Berber*, Bd. 3, 25; *Mann*, The Legal Aspect of Money (1953), 4 f.

28 *Forests in Central Rhodopia-Fall*, RIAA III, 1432.

29 Entwurf von 1996, ILM 37 (1998), 440 (455).

30 *Anzilotti*, Cours de Droit, 526; *Personnaz*, 83; *Ténékidès*, 790; *Strupp*, 209 f; *Wengler*, 511; *Berber*, Bd. III, 25; *Graefrath*, RdC 1984 II, 78; *Graefrath/Oeser/Steiniger*, 174; *Nagy*, 177 f; so auch Art. 6 (bis) Abs. 3 ILC-Entwurf; a. A. *Zemanek*, 378; *Urbanek*, 118.

31 So die Entscheidungen im *Martini*-Fall, RIAA II, 1002; Legal Status of East Greenland-Fall, PCIJ, Series A/B, No. 53, 22; *Peter Pázmány University*-Fall, PCIJ, Series A/B, No. 61, 208.

32 *Greek Telephone Company case*, 1935, zitiert bei: *Wetter/Schwebel*, Some little known cases on concessions, BYIL 40 (1964), 216 (221).

33 Siehe aber ILC – Kommentierung zu Art. 35, 242, para. 8.

34 Preliminary Report von *Arangio-Ruiz*, Yearbook ILC 1988 II/1, 6 (36) anders *Riphagen*, Sechster Bericht, Yearbook ILC 1985 II/1, 10. Die *separate opinion* von Richter *Brower* im Falle *Sedco, Inc. v. National Iranian Oilcompany*, et al., Iran-U. S. CRT 10, 189 (204/5) läßt es bereits ausreichend sein, daß eine Restitution unpraktisch ist. A. A. möglicherweise die Kommentierung von Art. 35 des ILC-Entwurfs (Anm. 4), 242 (para. 8). Allerdings sind die Aussagen hierzu wenig differenziert.

35 § 186.

36 PCIJ Series A, No. 17 (1928), 47.

37 ILR 53, 297; ILM 17 (1978), 1.

38 Nicht damit in Widerspruch steht die Entscheidung von *Dupuy* im Falle *Texaco v. Libyen* (EPIL II, 168–171), da die den beiden Firmen von Libyen eingeräumte Rechtstellung unterschiedlicher Natur war. Während die Rechtstellung von Texaco einem einseitigen Eingriff durch Libyen entzogen war, unterfiel British Petroleum libyschem Recht; vgl. dazu *Wolf*, 424 f; a.A. *Thomsen*, 377.

IV. Die Verpflichtung, die völkerrechtswidrige Handlung ein- und den völkerrechtsgemäßen *status quo ante* wieder herzustellen wird in einzelnen völkerrechtlichen Normen durch die an alle Staaten gerichtete Pflicht ergänzt, eine rechtswidrig geschaffene Situation nicht als rechtmäßig anzuerkennen.

Eine derartige Pflicht ergibt sich beispielsweise aus der *Stimson*-Doktrin,[39] wonach ein Gebietserwerb, der aus der Anwendung militärischer Gewalt resultiert, nicht anerkannt wird. Dieser Grundsatz hat Eingang in die Deklaration über freundschaftliche Beziehungen und Zusammenarbeit der Staaten[40] und die Aggressionsdefinition[41] gefunden. Einem ähnlichen Ansatz folgt Art. 137 Abs. 1 SRÜ;[42] auch danach ist einer völkerrechtswidrigen Aneignung des Tiefseebodens die Anerkennung zu versagen. Im Falle von Irak und im Falle von Jugoslawien wurden die Staaten durch den Sicherheitsrat verpflichtet, den Gebietserwerb dieser Staaten nicht anzuerkennen.

Dieser Grundsatz war in dem ILC-Entwurf nach der 1. Lesung in allgemeiner Form als Reaktion auf internationale Verbrechen formuliert worden.[43] Der endgültige Entwurf der ILC[44] hat diesen Gesichtspunkt übernommen für *„serious breaches of obligations under peremptory norms"*, die an die Stelle von *„crimes"* getreten sind.[45] In Artikel 41 Abs. 2 des Entwurfs werde alle Staaten dazu verpflichtet, eine durch *„serious breaches"* entstandene Situation nicht als rechtmäßig anzuerkennen. Zumindest in diesem Teil ist das Konzept des internationalen Verbrechens im Wesen beibehalten worden, da er positives Völkerrecht widerspiegelt.[46]

V. 1. Von der Wiederherstellungs(Restitutions-)pflicht ist die Pflicht zur Herausgabe des ohne Rechtsgrundlage Erlangten zu unterscheiden. Erfaßt die Restitutionspflicht die Rückgabe von Vorteilen, die ein Staat durch sein völkerrechtswidriges Verhalten auf Kosten eines anderen erlangte, so besteht eine Pflicht zur Herausgabe des ohne Rechtsgrundlage Erlangten dann, wenn ein Völkerrechtssubjekt auf andere Weise, z. B. durch Aktionen fremder Staaten, Vorteile auf Kosten eines anderen erhält. Grundsätzlich greift dieses Rückabwicklungsinstitut dann ein, wenn die Bereicherung weder durch eine rechtswidrige Handlung noch auf vertraglicher Basis erfolgte.[47] Die Pflicht zur Herausgabe des ohne Rechtsgrundlage Erlangten ist ein allgemeiner Rechtsgrundsatz im Sinne von Art. 38 Abs. 1 (c) IGH-Statut.[48]

Neben dem angesprochenen kommen weitere Sachverhalte für die Anwendung dieses

---

[39] Bd. I/1 § 55.

[40] GA Res. 2625 (XXV) vom 24. Oktober 1970.

[41] GA Res. 3314 (XXIX) vom 14. Dezember 1974.

[42] Vgl. dazu § 128.

[43] ILC Entwurf von 1996, Art. 19 i.V.m. Art. 53 Vgl. Yearbook ILC 1996 vol. II.

[44] Art. 41 Abs. 2.

[45] Vgl. dazu § 174.

[46] Vgl. ILC Report 2001, 287 ff.

[47] *Iran-U.S. Claims Tribunal*, Fall *Sea Land Service, Inc. v. Iran*, 22. 6. 1984, CTR 6, 149.

[48] So auch *K. S. Carlston*, Concession Agreement and Nationalization, AJIL 52 (1958), 266 f; *G. Ripert*, RdC 1933 II, 570 (631); zurückhaltender *Schwarzenberger*, I, 577 f; *Iran-U.S. Claims Tribunal* im Falle *Benjamin R. Isaiah v. Bank Mellat*, 30. 3. 1983 CTR 2, 223 (235 ff); abweichende Meinung von Richter *Mosk* im Falle *Dames and Moore v. Iran*, 20. 12. 1983, CTR 4, 212 (229); *Ultrasystem Incorporated v. Iran*, 7. 12. 1983, CTR 4, 77; *Sea-Land Service, Inc. v. The Government of the Islamic Republic of Iran*, et al., 22. 6. 1984, CTR 6, 149 (Entschädigung aufgrund ungerechtfertigter Bereicherung wird vom CTR in ständiger Rechtsprechung zugesprochen unter der Voraussetzung, daß „there must have been an enrichment of one party to the detriment of the other, and both must arise as a consequence of the same act or event. There must be no justification for the enrichment, and no contractual or other remedy available to the injured party whereby he might seek compensation from the party enriched".); *Morrison-Knudsen Pacific Ltd. v. Ministry of Roads and Transportation and the Islamic Republic of Iran*, 13. 7. 1984, CTR 7, 54; *Lockheed Corporation v. The Government of Iran*, et a., 6. 6. 1988, CTR 18, 292, 309 f, 169 (In diesem Fall wurde keine Entschädigung aus Gründen ungerechtfertigter Bereicherung gewährt, da der Dienstleister in Kenntnis der Tatsache, daß der Vertrag abgelaufen war, weiter geleistet hatte, ohne sich vor oder während der Leistungen um Zahlung(smodalitäten) zu kümmern.); ablehnend *G. Balladore Pallieri*, 339; *Dickson Car Wheel Comp. Fall*, 1931, RIAA IV, 647; *Seaco, Inc. v. Iran*, 25. 6. 1992, 28 CTR, 198, 205 ff.

Rechtsinstituts in Betracht.[49] Wenn z. B. ein ausländisches Unternehmen auf Grund eines Konzessionsvertrages im Inland Kapital investiert und nutzbringende Anlagen errichtet, ist der Staat, auf dessen Gebiet dies geschieht, unter dem Gesichtspunkt der ungerechtfertigten Bereicherung zur Rückgabe der investierten Werte oder Wertersatz verpflichtet, auch wenn sich der Konzessionsvertrag später als hinfällig erweist, der Inlandstaat das Unternehmen enteignet oder z. B. der Nachfolgestaat des die Konzession gewährenden Staates der Konzession die Anerkennung versagt.

Ein Beispiel für diese Fallvariante bietet der Schiedsspruch im Fall *Lena Goldfields Arbitration*.[50] In diesem Fall hatte die Regierung der UdSSR einer britischen Gesellschaft eine Konzession eingeräumt und diese hatte mit der Ausbeutung begonnen. Später wurde die Fortführung der Arbeiten unmöglich gemacht, und das Vermögen der Gesellschaft enteignet. Das Schiedsgericht sprach eine Entschädigung aus ungerechtfertigter Bereicherung zu. In die gleiche Richtung weist die Entscheidung des Schiedsgerichts im Falle *Landreau*, 1922.[51] Auch das Verwaltungsgericht des Völkerbundes hat diesen Grundsatz am 7. 3. 1934 im Falle *Schumann v. Secretariat of the League of Nations* gebilligt.[52]

Fällen dieser Art sind diejenigen Sachverhalte gleichzustellen, in denen die Leistung zwar mit Rechtsgrund erlangt wurde, aber der mit der Gewährung der Vorteile verfolgte Zweck später nicht erreicht werden konnte *(conditio causa data causa non secuta)*.

Ein Beispiel hierfür bietet die Schiedsgerichtsentscheidung im Falle *Home Insurance Comp.*, 1926.[53] In diesem Fall hatte die mexikanische Regierung als Frachtführer gewisse Transporte angenommen, die dann aber nicht durchgeführt werden konnten.

2. Voraussetzung für einen Anspruch aus ungerechtfertigter Bereicherung ist das Vorliegen von fünf Bedingungen, Bereicherung auf der einen Seite, die mit der Entreicherung auf der anderen Seite korrespondiert, Be- und Entreicherung ergeben sich aus dem gleichen Umstand, fehlende Rechtfertigung und fehlende Restitutionsmöglichkeit aus einer anderen Rechtsgrundlage.[54]

3. Die praktische Bedeutung des Rechtsinstituts der ungerechtfertigten Bereicherung ist bislang gering geblieben, da vorrangig die Regeln der internationalen Verantwortlichkeit geltend gemacht wurden. Angesichts dessen, daß das System der internationalen Verantwortlichkeit stärker strukturiert ist, ist nicht zu erwarten, daß das Rechtsinstitut der ungerechtfertigten Bereicherung an Bedeutung gewinnen wird.

§ 186 Ersatz materieller Schäden

Schrifttum: vor § 173; *R. Lais*, Die Rechtsfolgen völkerrechtlicher Delikte, 1932; *B. Bollecker-Stern*, Le préjudice dans la théorie de la responsabilité internationale, 1973; *D. Bowett*, State Contracts with Aliens: Contemporary Developments on Compensation for Termination or Breach, BYIL 1988, 48 ff; *D. J. Bederman*, Contributory fault and State responsibility, VJIL 30 (2) (1990), 335–369; *W. Heintschel von Heinegg*, Kriegsentschädigung, Reparation oder Schadensersatz, Zeitschrift für vergleichende Rechtswissenschaft 90 (1991), 113 ff; *R. Wolfrum*, Die Bewertung von internationalen Enteignungsansprüchen unter besonderer Berücksichtigung der Rechtsprechung des Iran/US Claims

---

[49] Diskutiert im Falle der Entschädigung für Enteignung, *Jiménéz de Arechaga*, International Law in the Past Third of a Century, RdC 1978 I, 4–343 (299); ablehnend *Iran U.S. Claims Tribunal* im Fall *Amoco International Finance Corp. v. Iran*, 15. 6. 1990, ILR 83, 500 (587/8); *Phibro Corp. v. Iran*, 18. 1. 1991, CTR26, 14. 26 f; ablehnend für eine Entschädigung aus ungerechtfertigter Bereicherung, wenn ein durchsetzbarer, gültiger Vertrag besteht das CTR im Fall *Consortium for International Development v. Iran*, 15. 5. 91. CTR 26, 244, 251.

[50] AD 1929/30, No. 1.

[51] RIAA I, 364.

[52] AD 1933/34, No. 203.

[53] RIAA IV, 52.

[54] *Iran – U.S. Claims Tribunal* im Falle *Sea Land-Services v. Iran* (Anm. 47), 150–179.

Tribunals, in: *G. Hafner*, Liber Amicorum, I. Seidl-Hohenveldern, 1998, 823 ff; *G. Aldrich*, The jurisprudence of the Iran-United States Claims Tribunal, 1996; *R. B. Lillich* (eds.), The Iran-United States Claims Tribunal, 1998, *D. Caron (eds.)*, The Iran-United States Claims Tribunal and the process of international claims, 2000; *C. von Bar*, The Common European Law of Torts, vol. II., 2000.

I. Im Recht der internationalen Verantwortlichkeit wird – wie auch im nationalen Recht – zwischen dem Ausgleich materieller und dem Ausgleich immaterieller Schäden unterschieden. Der Begriff „Schadensersatz" *(compensation)* bezieht sich auf den Ausgleich materieller, der Begriff „Genugtuung" *(satisfaction)*[1] auf den Ausgleich immaterieller Schäden.[2] Dabei kann eine Genugtuung aber auch durch Geldleistung erfolgen; in der Regel erfolgt sie allerdings auf andere Weise.
Darüber hinaus ist zwischen immateriellen Schäden von Staaten und Privatpersonen zu unterscheiden; bei ersteren steht die Genugtuung im Vordergrund bei letzteren die Ausgleichszahlung in Geld.[3] Die Prinzipien zum Ersatz materieller Schäden sind in der internationalen Rechtsprechung entwickelt worden. Entscheidungen zum Schadensersatz haben der Internationale Seegerichtshof,[4] die ICSID Schiedsgerichte[5] und vor allem das *Iran-United States Claims Tribunal*[6] gefällt.[7] Der Entwurf der ILC zur Staatenverantwortlichkeit greift hierauf zurück.

II. 1. Nach Art. 36 Abs. 2 des ILC-Entwurfs erfaßt der Schadensersatz alle finanziell bewertbaren Schäden. Insoweit verweist Art. 36 Abs. 2 des ILC-Entwurfs auf die Definition des Schadensbegriffs, der sowohl materielle als auch immaterielle Schäden erfaßt.[8] Durch die Beschränkung des Schadensersatzes auf *„financially assessable damage"* bleibt der immaterielle Schaden von der Ersatzpflicht ausgeklammert, soweit er nicht finanziell bestimmbar ist. Das heißt also nicht, daß finanzieller Schadensersatz für immaterielle Schäden generell ausgeschlossen wäre.[9] Dabei werden sowohl Schäden eines Staates und solche von Privatpersonen erfaßt. Im einzelnen können sich durchaus aber Unterschiede ergeben.

---

[1] Vgl. dazu § 187.

[2] Dieser Terminologie folgt auch die ILC, vgl. Kommentar zu Art. 36 des ILC-Entwurfs on State Responsibility, Report of the International Law Commission, Fifty-third session, GAOR, Fifty-sixth session, Supplement No. 10 (UN Doc. A/56/10), 29 ff. 243 ff; der Text lautet insgesamt:
„A State responsible for an internationally wrongful act is under an obligation to make restitution, that is, to re-establish the situation which existed before the wrongful act was committed, provided and to the extent that restitution:
(a) Is not materially impossible;
(b) Does not involve a burden out of all proportion to the benefit deriving from restitution instead of compensation."
„*1.* The State responsible for an internationally wrongful act is under an obligation to compensate for the damage caused thereby, insofar as such damage is not made good by restitution.
2. The compensation shall cover any financially assessable damage including loss of profits insofar as it is established.".

[3] So der Internationale Gerichtshof in seinem Urteil im *Gabčíkovo-Nagymaros Project (Hungary v. Slovakia)*, ICJ Reports 7 (81); Ständiger Internationaler Gerichtshof im *Chorzów Factory* Case, PCIJ, Series A, No. 17, 27.

[4] The M/V Saiga (No. 2) *(Saint Vincent and the Grenadines v. Guinea)*, Judgment of 1 July 1999, paras. 170–177.

[5] S. *Asian Agricultural Products Ltd. v. Republic of Sri Lanka* (1990), I. C. S. I. D. Reports 4, 245.

[6] Siehe vor allem hierzu *G. H. Aldrich*, chapters 5, 6 and 12; *C. N. Brower/J. D. Brueschke*, The Iran-United States Claims Tribunal, 1998, chapters 14–18; *M. Pellonpää*, Compensable Claims Before the Tribunal: Expropriation Claims, in: *R. B. Lillich/D. B. McGraw* (eds.), 185 ff; *Wolfrum*, 823 ff.

[7] Es scheint zweifelhaft, ob Ausgleichszahlungen, die Menschenrechtsgerichtshöfe oder Menschenrechtsgremien verfügen unter den Begriff Schadensersatz in diesem Sinne zu subsumieren sind, so aber der Kommentar der ILC (Anm. 2) zum *Draft on State Responsibility*, 247.

[8] Siehe Art. 31 Abs. 2 des ILC-Entwurfs.

[9] Damit übereinstimmend, wenn auch mit unterschiedlichen Formulierungen Ständiger Internationaler Gerichtshof, *Chorzów Factory* Case, Judgment, PCIJ, Series A, No. 17, 47/8; Urteil des Internationalen Seegerichtshof, *The M/V Saiga* (No. 2) *(Saint Vincent and the Grenadines v. Guinea*, Judgment of 1 July 1999, para. 170, ILM 38 (1999) 1323; *Lusitania* case, RIAA VII (1923), 32 (39).

Die Schadensersatzpflicht ist nicht, wie in der Literatur vereinzelt vorgetragen,[10] auf vom Völkerrecht geschützte Rechtsgüter beschränkt.[11] Die Verletzung von Völkerrecht ist Voraussetzung für die Staatenhaftung; sie ist hingegen nicht von Relevanz hinsichtlich der Schadensberechnung.

Die Leistung von Schadensersatz wird in Fällen in denen Staatenverantwortlichkeit geltend gemacht wird, häufig angestrebt. Man kann sich aber die Frage stellen, ob dies rechtspolitisch stets die angemessene Form des Schadensausgleichs ist. Die ILC hat dies erkannt; die Beendigung eines völkerrechtswidrigen Verhaltens und die Wiederherstellung des ursprünglichen Zustands stehen daher für ihren Entwurf im Vordergrund. Letzteres wird in Art. 36 Abs. 2 des Entwurfs deutlich, wobei die Grenzziehung zwischen Restitution und wirtschaftlichem Schadensausgleich im Einzelfall schwer zu ziehen sein kann.

2. Grundsätzlich besteht die Frage, ob die in Friedensverträgen enthaltene Verpflichtung des Verlierers,[12] an den Gewinner eines Krieges Schadensersatz zu leisten, unter das Institut der Staatenverantwortlichkeit zu subsumieren ist. Dies wird für alle diejenigen Fällen zu bejahen sein, in denen es um den Ausgleich konkret nachgewiesener Schäden geht[13], dabei sind dann auch die Schranken für die Staatenverantwortlichkeit zu beachten.

III. 1. Der Schadensausgleich in Form von Geldersatz ist darauf angelegt, den Geschädigten wirtschaftlich so zu stellen, als ob das schädigende Ereignis nicht eingetreten wäre.[14] Es gibt auch Fälle, wo im Rahmen einer Genugtuung finanzielle Leistungen erfolgen. Der Unterschied liegt dann in dem mit der Leistung verfolgten Zweck.

Art. 36 des ILC-Entwurfs ist als Verpflichtung des schädigenden Staates formuliert. Dieser Verpflichtung entspricht ein Recht des Geschädigten.[15] Das entscheidende Problem liegt darin, die

---

[10] *Schüle*, Völkerrechtliches Delikt, Wörterbuch des Völkerrechts I (1960), 326; *Bollecker-Stern*, 18.

[11] Wie hier *Wolf*, ZaöRV 49 (1989), 414.

[12] Vgl. dazu oben.

[13] A. A. *Oppenheim/Jennings/Watts*, 530, Anm. 9; wie hier mit Blick auf die gegen den Irak erhobenen Schadensersatzansprüche *Heintschel von Heinegg*, 128 f. Von der Anwendung des Instituts der internationalen Staatenverantwortlichkeit geht auch der Sicherheitsrat aus. In Teil E der Resolution des Sicherheitsrats 687 (1991) vom 3. 4. 1991 heißt es: „... that Iraq ... is liable under international law for any direct loss, damage, including environmental damage and the depletion of narural resources, injuries to foreign Governments, nationals and corporations, as a result of Iraq's unlawful invasion and occupation of Kuwait ...". Gemäß Entscheidung des Governing Council der United Nations Compensation Commission vom 16. 3. 1992 (Doc. S/AC.26/1991/7/Rev. 1) werden Embargoschäden oder vergleichbare mittelbare Schäden nicht von der Regelung erfaßt. So auch Entscheidung Nr. 15 vom 18. 12. 1992 (S/AC.26/1992/15); danach muß Irak für folgende Schäden Ersatz leisten: „(a) Military operations or threat of military action by either side during the period of 2 August 1990 to 2 March 1991; (b) Departure from or inability to leave Iraq or Kuwait (or a decision not to return) during that period; Actions by officials, employees or agents of the Government of Iraq or its controlled entities during that period in connection with the invasion or occupation; (d) The breakdown of civil oder in Kuwait or Iraq during that period; or (e) Hostage taking or other legal detention; kritisch hierzu *Graefrath*, 5; weitere Nachweise zur neueren Literatur in Bezug auf die *UN Compensation Commission*/Verantwortlichkeit des Irak unter § 185, Anm. 9.

[14] Art. 36 Abs. 2 des ILC-Entwurfs gibt diesen Grundsatz wieder.

[15] Die für die Bestimmung des Schadensersatzes maßgebenden Grundsätze werden in dem Urteil des Ständigen Internationalen Gerichtshofs im *Chorzów case* (1928), PCIJ Series A, No. 17, 47, wie folgt zusammengefaßt: „The essential principle contained in the actual notion of an illegal act ... is that reparation must, as far as possible, wipe out all the consequences of the illegal act and reestablish the situation which would, in all probability, have existed if that act had not been committed. Restitution in kind, or, if this is not possible, payment of a sum corresponding to the value which a restitution in kind would bear; the award, if need be, of damages for loss sustained which would not be covered by restitution in kind or payment in place of it – such are the principles which should serve to determine the amount of compensation due for an act contrary to international law". Es sei daher nicht nur der Wert des enteigneten Unternehmens zu ersetzen, sondern es müsse der Gesamtzustand wiederhergestellt werden, wie er ohne das schädigende Ereignis bestanden hätte. Daher sei festzustellen, welchen Wert das rechtswidrig enteignete Unternehmen in der Gegenwart gehabt hätte, wenn es sich noch in den Händen der rechtmäßigen Eigentümer befände. Im *Lusitania*-Fall (RIAA VII (1923), 32 (39) heißt es: „The fundamental concept of ‚damage' is ... repara-

Grenze zwischen den Einbußen durch das Schadensereignis und anderen Einbußen zu ziehen. Die internationale Rechtsprechung hierzu hat sich in erster Linie an Fällen entwickelt, die die Schädigung von Privaten betrafen. Der ILC-Entwurf gibt für diese in der Praxis wesentliche Abgrenzung keine Hilfestellung.

2. Materielle Schädigungen von Staaten werden in der Praxis häufig nicht gerichtlich, sondern über diplomatische Verhandlungen entschieden. Die Zahlung erfolgt gelegentlich ohne Anerkennung einer entsprechenden Rechtspflicht.[16] Ihr fehlt dann die Genugtuungswirkung, die in der Anerkennung der Zahlungspflicht zu sehen ist.

3. Im folgenden sollen einzelne Problemkomplexe und die Rechtsprechung hierzu angesprochen werden.

a. Erfolgt der Schadensersatz in Geld für Sachgüter, so ist der Marktwert des entzogenen oder zerstörten Eigentums zu ersetzen.[17] Allerdings ist das Abstellen auf den Marktwert nur in den Fällen möglich, wo es für die entsprechenden Güter einen Markt gibt. Fehlt dieser, ist von einem Schätzwert auszugehen.[18]
Im einzelnen hat sich eine gewisse Kasuistik entwickelt. Materielle Schädigungen eines anderen Staates, wie der Abschuß eines Flugzeugs, die Beschädigung von Botschafts- oder Konsulatsgebäuden, die Verschmutzung des Staatsgebietes führen zu einem finanziellen Ausgleich, der sich nach den Reparaturkosten, den Heilungskosten bei Gesundheitsschäden, den Pensionskosten etc. berechnet.[19] Das gleiche gilt bei der Verletzung von Einzelpersonen.[20]

---

tion for a loss suffered, a judicially ascertained compensation for wrong. The remedy should be commensurate with the loss, so that the injured party may be made whole. The superimposing of a penalty in addition to full compensation and naming it damages, with the qualifying word exemplary, vindictive, or punitive, is a hopeless confusion of terms, inevitably leading to confusion of thought...".

[16] Vgl. dazu z. B. die Vereinbarung zwischen dem Vereinigten Königreich und Indonesien vom 1. 12. 1966 über die Entschädigung für die Zerstörung der britischen Botschaft (RGDIP 1981, 540); die Zahlung Israels für einen Angriff auf die USS Liberty (RGDIP 1981, 880); die Zahlung des Irak für einen Angriff auf die USS Stark im Mai 1987 (ILM 28 (1989), 644 ff; für den Abschuß einer iranischen Verkehrsmaschine in 1988 (ILM 28 (1989), 896 f; vgl. dazu Report of the ICAO Fact-Finding Investigation, November 1988, ICAO Council Decision of 7 December 1988 sowie Resolution of 17 March 1989 (ILM 28 (1989) 898 ff hatten die USA lediglich eine *ex gratia*-Entschädigung für die Familien der Opfer angeboten (AJIL 83 (1989), 912).

[17] So z. B. der Schiedsspruch, im *Norwegian Sipowners' Claim* (1921), RIAA I, 339 f. Ebenso die Administrative Decision Nr. 3 (1923) der deutsch-amerikanischen Mixed Claims Commission, RIAA VII, 66 und Schiedsspruch des Schiedsrichters *Undén* in dem Rechtsstreit zwischen Griechenland und Bulgarien über die Auslegung des Vertrages von Neuilly (1933) *(Interpretation of Article 181 of the Treaty of Neuilly)*, wiedergegeben bei *M. M. Whiteman*, Damages in International Law (1937), Bd. II, 1460 f (1483 f): Entschädigung in Geld, da der rechtswidrig enteignete und später abgeholzte Wald nicht mehr in seinem alten Zustand wiederhergestellt werden könne. Von *„fair market value"* sprechen ausdrücklich die Entscheidungen *American International Group Inc. v. Government of the Islamic Republic of Iran*, Iran-United States of America Claims Tribunal 4, 96 (106); in der Entscheidung *Starrett Housing Corp. v. Government of the Islamic Republic of Iran* wurde dieses Konzept konkretisiert und auf einen informierten Käufer abgehoben, Iran-United States of America Claims Tribunal 16, 112 (201).

[18] Vgl. Report and Recommendations made by the Panel of Commissioners concerning Part Two of the First Instalment of Individual Claims for Damage above US $ 100,000; 12 March 1998, S/AC.26/1998/3, paras. 48–49.

[19] *Im Corfu Channel case* forderte das Vereinigte Königreich Ersatz für den Zerstörer Saumarez, die Kosten für die Reparatur des Zerstörers Volage. Dem hat der Internationale Gerichtshof im wesentlichen entsprochen. Hinsichtlich des Totalverlusts des Zerstörers Saumarez stellte der Internationale Gerichtshof fest, daß *„the true measure of compensation"* sei *„the replacement cost of the [destroyer] at the time of its loss"*. Vgl. zur sog. Differenzierungsmethode unten III.5.
Außerdem gab der Internationale Gerichtshof der Klage des Vereinigten Königreichs hinsichtlich der Erstattung von Pensionen an die Opfer bzw. deren Hinterbliebenen statt. Schließlich verurteilte er Albanien dazu, dem Vereinigten Königreich in diesem Zusammenhang entstandene Kosten zu ersetzen. *Corfu Channel* case (*Assessment of Compensation*) ICJ Reports 1949, 244 (249); vgl. dazu den Kommentar der ILC zum Entwurf State Responsibility, 248.

[20] Hier hat der Internationale Seegerichtshof im Falle

Besondere Probleme wirft der Ersatz von Kosten auf, die durch eine Umweltverschmutzung entstanden sind. Aufschlußreich ist insoweit die Forderung Kanadas gegen die UdSSR nach dem Absturz von COSMOS-945.[21] Kanada forderte die Erstattung der Kosten, die durch die Suche nach den Satellitenteilen entstanden waren sowie der Kosten für die Beseitigung des radioaktiven Materials.[22] Aufschlußreicher sind die Entscheidungen der *Compensation Commission*, die über den von Irak zu leistenden Schadensersatz nach der Invasion in Kuwait zu entscheiden hat.[23] Grundsätzlich bemißt sich der zu leistende Schadensersatz nach den Kosten für die Beseitigung der eingetretenen Umweltschäden.[24]
Andere Probleme wirft die Bewertung von Gewerbebetrieben auf. Dabei werden im Wert mit berücksichtigt die Einführung in den Markt, Gewinnzulage und Verbindlichkeiten.[25] Eine andere Berechnungsmethode stellt auf den Buchwert der Aktiva und der Passiva ab. Sie hat den Vorteil, mit objektiv verifizierbaren Werten zu arbeiten, wird aber wirtschaftlichen Gegebenheiten nicht gerecht.[26] Ein weiterer Maßstab, der für nicht mehr arbeitende Betriebe angewandt wird, ist der Liquidationswert.[27] Schließlich ist vom *Iran-US Claims Tribunal* die *discounted cash flow* Methode angewandt worden.[28] Der Nachteil dieser Methode ist die Verwendung einer Reihe von Kriterien, die notwendigerweise auf Schätzungen beruhen.[29]

b. Wenn zweifelhaft ist, in welcher Währung der Verpflichtete Ersatz zu leisten hat, so wird in der Regel dem Grundsatz der Vollentschädigung am besten dadurch entsprochen, daß der Berechtigte die Währung erhält, in der er normalerweise bezahlt, und in der er seine Geschäfte abzuwickeln gewohnt ist. Denn es kommt darauf an, welche Bedeutung das schadenbringende Ereignis gerade für den Geschädigten hat.

So wurde Deutschland durch das Urteil des Ständigen Internationalen Gerichtshofs im *Wimbledon*-Fall (1923) dazu verurteilt, auf Grund der Zurückhaltung des von einer französischen Gesellschaft gecharterten Dampfers Frankreich eine Entschädigung in französischen Francs zu gewähren.[30] Das

---

M/V Saiga (No. 2) (Saint Vincent and the Grenadines v. Guinea) Judgment of 1 July 1999, para. 176 neue Maßstäbe gesetzt. Er verurteilte Guinea zum Ersatz der Schäden an dem Schiff, aus dem Verlust von Chartergebühren, den Kosten, die sich aus der langen Liegezeit ergaben sowie den materiellen Schäden, die die Besatzung erlitten hatte. Diese Schäden waren im einzelnen dokumentarisch belegt worden. Gleichzeitig setzte der Gerichtshof einen Zinssatz für diese Summen sowie den Beginn der Verzinsungsfrist fest. Dagegen wies der Gerichtshof die Klage von Saint Vincent and the Grenadines auf Erstattung administrativer Kosten zurück und erklärte die geschädigten Personen und Unternehmen als Berechtigte.

21 ILM 18 (1979), 899 (905).

22 Der Schadensausgleich erfolgte vertraglich und erfaßte ca. 50% der ursprünglich geforderten Summe (Protokoll vom 2.4.1981, ILM 20 (1981), 689).

23 Grundlage ist die Resolution des Sicherheitsrats SC Res. 687 (1991), para. 16; siehe auch Decision 7 of March 1992, Criteria for Additional Categories of Claims, UN Doc. S/AC.26/1991/7/Rev.1.

24 Ausgangspunkt ist insoweit das Schiedsurteil im Falle *Trail Smelter*, RIAA III, 1907. Vgl. hiezu Kommentierung der ILC (ANm.2), 251 f.

25 *Wolfrum*, 831.

26 Kritisch die Kommentierung zum ILC-Entwurf, (Anm. 2) 256 f.

27 Urteil im Falle *Phelps Dodge Corp. v. Islamic Republic of Iran*, Iran-United States of America Claims Tribunal 10, 121.

28 Siehe vor allem *Amoco International Finance Corp. v. Islamic Republic of Iran*, Iran-United States of America Claims Tribunal 15, 189; *Starret Housing Corp. v. Islamic Republic of Iran*, 112; *Ebrahimi (Shahin Shaine) v. Islamic Republic of Iran*, Iran-United States of America Claims Tribunal 30, 170.

29 Kritisch ILC-Kommentar, 258.

30 StIGH A 1, S. 32. Zustimmend *F. A. Mann*, 449, der den Grundsatz aber nicht für allgemein anwendbar hält, und *A. Nussbaum*, Money in the Law, Rev. Ed. (1950), 412 f. (*„The theory is in accord with the majority of cases"*). Doch scheint die internationale Rechtsprechung nicht eindeutig zu sein. Im *Pious Fund*-Fall (1902) z. B. hatte der Schuldnerstaat Mexiko in seiner eigenen Währung, nämlich mexikanische Silberdollars zu zahlen, vgl. *Scott*, Bd. I, 6. Zum Ganzen auch *Schwarzenberger*, Bd. I, 679 f, der eine Entscheidung von Fall zu Fall nach den Grundsätzen der Billigkeit für das richtige hält. Besondere Probleme ergeben sich dann, wenn die Währung, in der gezahlt werden soll, in der Zeit zwischen dem Schadensereignis und der Entscheidung des Gerichts eine Entwertung durchgemacht hat. Dann ist darauf zu sehen, daß die Folgen der Entwertung nicht auf den Gläubiger abgewälzt werden. In dem zwischen Griechenland und Frankreich streitigen *Leuchtturm* Fall *(Lighthouse Arbitration between France and Greece)* etwa war die Entschädigung für die rechtswidrige

Iran-U.S. Claims Tribunal hat in seinen Entscheidungen im wesentlichen auf die Bedürfnisse des Geschädigten abgestellt. Dabei wird diese Frage jedoch nicht gesondert angesprochen, sondern es werden lediglich die jeweiligen Umrechnungen zwischen den Währungen vorgenommen.[31] Selbst Kläger mit doppelter Staatsangehörigkeit (US, Iran), die als US-Bürger klagen, erhalten vom *Claims Tribunal* einen Betrag in Dollars zugesprochen[32] .

c. Bei der Berechnung des Schadensersatzes ist im Zweifel der Wert des Vermögensobjekts nicht zur Zeit des Schadensereignisses, sondern der Ersatzleistung oder des Erlasses der gerichtlichen Entscheidung zugrundezulegen. Es ist also in Rechnung zu stellen, wie der Wert sich entwickelt hätte, wenn es nicht zu dem Ereignis gekommen wäre, das den Ersatzanspruch ausgelöst hat.[33] Die Schadensfeststellung erfolgt insoweit nach der Methode der Differenzhypothese (Ausgleich der Differenz zwischen dem Status, wie er sich ohne das Schadensereignis dargestellt hätte und dem Zustand, den das schadenbringende Ereignis herbeigeführt hat).[34] Die von der gerichtlichen und schiedsgerichtlichen Praxis entwickelte Schadensberechnungsmethode ist durch das *Iran- United States of America Claims Tribunal* weiter ausdifferenziert worden.
Die Differenzhypothese ist auf jeden denkbaren Schadensfall und Schadensfaktor anwendbar.

So wird beispielsweise bei einer Beschädigung und Zerstörung von fremden Botschaftsgebäuden und -einrichtungen der von dem Aufenthaltsstaat aufgrund mangelnder Schutzvorkehrungen dem Entsendestaat zu leistende Schadensersatz in derselben Weise bestimmt.[35] Beispiele aus der gerichtlichen Praxis sind: Schadensersatz für die faktische Entziehung privaten Nießbrauchs an einer Farm,[36] Verlust der Möglichkeit, Milch abzuliefern.[37] Ersatz für fünf Jahre ohne Vertrag geleistete Postdienste,[38] Schadensersatz für den vergeblichen Versuch, ein gesunkenes Schiff zu heben,[39] Ersatz für ärztliche Hilfeleistungen,[40] für Rechtsbeistand[41] und Rechtsberatung.[42] Auch in dem *Letelier* und *Moffitt*-Fall, der die Ermordung von zwei Personen zum Gegenstand hatte, ging die Schieds-

---

Mißachtung der Konzession in französischen Francs zu gewähren. Das Schiedsgericht zog aber in Betracht, daß der französische Franc wie die Drachme seit dem Schadensereignis entwertet war, berechnete daher den Schaden in Dollar und sprach Frankreich denjenigen Betrag in französischen Francs zu, der dem in Dollars berechneten Schaden nach dem Kurs des Francs zur Zeit des Schiedsspruch entsprach. Vgl. ILR 1956, 302 (Claim Nr. 27).

31 *TME International, Inc. v. Iran*, Iran-U. S.CTR 24, 121 (155), s. allerdings *dissenting and concurring opinion Noori*, 187–190, wonach auf die Währung der usprünglichen Schuld abzustellen gewesen wäre. Die Währungsfrage wird im Urteil allerdings nicht diskutiert.

32 *Ghaffari (F.) v. Iran*, 7. 7. 1995, CTR 31, 60; *Protiva v. Iran*, 14. 7. 95, CTR 31, 89.

33 Dazu auch das bereits angeführte Urteil im *Chorzów*-Fall. Anders *Lord Finlay* in seiner abweichenden Meinung, 71, derzufolge der Wert zur Zeit der rechtswidrigen Enteignung maßgebend ist. Wie hier *Schwarzenberger*, Bd. I, 660, 665 f. Vgl. auch die Entscheidungen der britisch-italienischen Vergleichskommission im Fall *Currie*, ILR 1955, 301 (306) und der amerikanisch-italienischen Vergleichskommission im Falle *MacAndrews* ibidem 307 (311): Erstattung des Betrages, den der Berechtigte zur Zeit der Entscheidung aufwenden müßte, um einen gleichwertigen Gegenstand zu erwerben. – Zur Frage des Ersatzwerts auch *Mann*, The Legal Aspect of Money (1953), 456 f, der allerdings das Bestehen einer allgemeinen Regel bezweifelt: *„no rule of general validity exists"*.

34 Vgl. dazu und zu früheren Entwürfen der ILC *Bollekker-Stern*, 10; *Brownlie*, State Responsibility, 210 f; *Rousseau*, Bd. V, 215, 232 ff; *Lais*, 29 f; *Wolf*, ZaöRV 49 (1989), 409 f. Der ILC-Entwurf und die Kommentierung hierzu enthält keine vertiefenden Aussagen zu diesem Punkt. Insofern bleibt der Rückgriff auf die internationale Judikatur weiterhin erforderlich.

35 Der Internationale Gerichtshof hat den Iran im *United States Diplomatic and Consular Staff in Teheran case* u. a. zum Ersatz des an den amerikanischen Botschaftsgebäuden und Einrichtungen entstandenen Sachschäden verurteilt (ICJ Reports 1980, 3).

36 *Karel de Haseth Evertsz v. Venezuela*, 1904, *Whiteman*, Digest Bd. III, 1746.

37 *Mulder/Brinkhoff et al.*, Urteil des EuGH vom 19. 5. 1992, NVwZ 1992, 1077 (1079).

38 *Boulton, Bliss and Dallet v. Venezuela*, 1904, *Whiteman*, Digest Bd. III, 1751.

39 *United Dredging Company v. Mexico*, 1927, *Whiteman*, Bd. III, 1752.

40 *Mackenzie Memorial Hospital and German American Hospital v. U. S.*, 1930, *Whiteman* III, 1752.

41 *Hemming v. U. S.*, 1926, *Whiteman*, III, 1753.

42 *Joseph E. Davies v. Mexico*, 1927, *Whiteman*, Bd. III, 1753.

kommission ausdrücklich von der Anwendung der Differentialhypothese unter Berufung auf den *Chorzów*-Fall aus.[43] Im Falle *General Dynamics Telephone Systems Center, Inc. v. The Government of the Islamic Republic of Iran*[44] wurden folgende Gesichtspunkte zur Berechnung des Schadens berücksichtigt: Unbezahlte Waren und Dienstleistungen (einschließlich für bereitgestellte und nicht abgerufene Dienste), Kosten der Zahlungsverzögerung, abzüglich der Vorauszahlung und des vertraglich vereinbarten Steuerabzugs. Hinsichtlich der Bestimmung des Wertes von Rückzahlungen ging das Gericht von folgender Prämisse aus: „... *The quantum of damage suffered as the result of the loss of potential of repayment is not necessarily the same as the quantum of the advances themselves. In oder to assess the quantum of such damage the Tribunal must consider the likelihood of repayment of those advances*...“.[45] Das Gericht stellte also die Differenz auf der Basis einer Hypothese über die wirtschaftliche Entwicklung eines Unternehmens und deren Konsequenzen für die Rückzahlung her. Im Falle *SA Rothmans International France et SA Philip Morris France et al.*[46] verglich der *Conseil d'Etat* die Einnahmen, die die Firmen auf der Basis des rechtswidrig festgesetzten Preislimits hatten mit denjenigen, die sie auf der Grundlage eines rechtmäßigen Limits gehabt hätten.

d. Insgesamt ist festzuhalten, daß die von dem Ständigen Internationalen Gerichtshof ursprünglich im *Chorzów*-Fall entwickelte Methode für die Schadensberechnung inzwischen geltendem Völkergewohnheitsrecht entspricht aber stärker ausdifferenziert wurde.

IV. Ist durch die Veränderung des früheren Zustandes ein Folgeschaden *(consequential damages)* entstanden, so ist die Wiederherstellung des früheren Zustandes allein nicht ausreichend, sondern der Schädiger ist verpflichtet, auch den weiteren Schaden zu ersetzen. Beispiele für derartige Folgeschäden sind vermehrte Bedürfnisse oder Aufwendungen, die ohne das schadenstiftende Ereignis nicht entstanden wären.[47] Was letztlich von der Schadensersatzpflicht mit erfaßt wird, bestimmt sich nach den zur *causa proxima* entwickelten Kriterien.[48]

V. In vielen Fällen wird der Schadensersatz vertraglich geregelt. Dies ist typisch für Abschüsse von Flugzeugen bzw. Versenkung oder Beschädigung von Schiffen,[49] aber auch für Angriffe auf Botschafts- und Konsulatsgebäude.[50]

VI. 1. Neben dem tatsächlich entstandenen Verlust ist der entgangene Gewinn *(lucrum cessans)* bzw. der des entgangenen Nutzens zu ersetzen,[51] der Verlust nämlich, der darin

---

[43] Chile-United States Commission, ILM 31 (1992), 3 (9).

[44] Iran-U. S. CTR 2, 153 (16374).

[45] *Eastman Kodak Company v. The Government of Iran*, Iran-U. S. CTR 27, 3 (20).

[46] ILR 93, 308 (335 f).

[47] Offenlassend *Oppenheim/Jennings/Watts*, Bd. I/1, 530 Anm. 10, wobei jedoch auf eine entsprechende Schiedspraxis verwiesen wird. Wie hier *AG Spa v. Government of the Republic of The Congo*, 1979, ILR 67, 319 (340–342).

[48] Vgl. dazu oben § 184.

[49] Vgl. z. B. Vertrag zwischen Kuba und den Bahamas über die Versenkung eines Schiffes (RGDIP 85 (1981), 540); die Leistung von Israel für Schäden an der USS Liberty (RGDIP 85 (1981), 562), die Zahlung von Irak für die Personen- und Sachschäden an der USS Starck (AJIL 83 (1989), 561); Zahlung für den Abschuß eines iranischen Verkehrsflugzeugs *(General Agreement between Iran and the United States on the Settlement of Certain ICJ and Tribunal Cases of 9 February 1996*, Iran-US CTR 326, 207 (213).

[50] Zahlungen von Pakistan an die Vereinigten Staaten RGDIP 85 (1981), 880; für weitere Belege s. Kommentar zu Art. 36 des ILC-Entwurfs (Anm.2), 250.

[51] Dieser Gesichtspunkt kommt im Art. 36 Abs. 2 des ILC-Entwurfs nicht mit hinreichender Deutlichkeit zum Ausdruck. *Bowett*, BYIL 1988, 49 (63 ff). *J. M. Mulder/W. H. Brinkhoff, et al.*, Urteil des EuGH vom 19. 5. 1992, NVwZ 1992, 1077 (1079); *AGIP Spa v. Government of the Republic of The Congo*, 1979, ILR 67, 319 (340–342); zweifelnd *Oppenheim/Jennings/Watts*, Bd. I/1, 530, Anm. 10. Für den Ausgleich des entgangenen Gewinns *(lucrum cessans)* inzwischen die ständige Rechtsprechung des Iran-U.S. Claim Tribunals, s. *R. N. Pomeroy et al. v. The Government of the Islamic Republic of Iran*, Iran-U. S. CTR 2, 372, concurring opinion Mosk, 386, 387 Anm. 1 unter Berufung auf den *Shufeldt* claim, RIAA 2, 1083 (1099). *Dic of Delaware, Inc v. TRC*, Iran- U. S. CTR 8, 169- 171; *International Technical Products Corp. v. Iran*, CTR 9: 23–26, *Questech, Inc. v. Iran*, CTR 9, 127–128; *FMC CORP. v. Iran*, CTR 14: 122–123;

besteht, daß eine Vermögensvermehrung unterbleibt, die vom Standpunkt vernünftiger, nachträglicher Beurteilung im Hinblick auf die getroffenen Vorbereitungen und Anstalten mit Wahrscheinlichkeit erhofft werden konnte und nun infolge des haftungsbegründenden Ereignisses ausgeblieben ist. Hierbei handelt es sich um einen allgemeinen Rechtsgrundsatz im Sinne von Art. 38 Abs. 1 (c) IGH-Statut. In Fällen dieser Art stützt sich die Ersatzpflicht auf eine hypothetische Beurteilung eines Geschehensablaufs. Unbestimmte Möglichkeiten und spekulative Chancen bleiben dabei außer Betracht.[52] Aus der schiedsgerichtlichen Ablehnung eines Ersatzes spekulativer Gewinne kann nicht geschlossen werden, daß ein entgangener Gewinn grundsätzlich abgelehnt wird.[53]

Wenn Fischereifahrzeuge auf hoher See völkerrechtswidrig aufgebracht wurden, haben die internationalen Gerichte den verantwortlichen Staat regelmäßig zum Ersatz des Schadens verurteilt, der den Fischern durch den Ausfall der zu erwartenden Fänge entstand.[54] Wurden Frachtschiffe vernichtet, so muß der Verpflichtete auch nachweislich entgangene Frachten, den entgangenen Gewinn aus laufenden Charterpartien usw. ersetzen.[55] In der *Lighthouse* Arbitration zwischen Frankreich und Griechenland, Claim No. 27[56] (vorzeitige Beendigung eines Lizenzvertrages) wurde der verlorene jährlich zu erwarten gewesene Gewinn für die Berechnung des Schadensersatzes herangezogen. Diese Rechtsprechung hat bei Eingriffen in das Vermögen als etabliert zu gelten.[57] – Hatte die Rechtswidrigkeit den Tod eines Menschen zur Folge, so wurde darauf abgestellt, welche materiellen und persönlichen Leistungen von dem Verstorbenen ohne das schädigende Ereignis aller Wahrscheinlichkeit nach erbracht worden wären. Dabei wurde die wahrscheinliche Lebensdauer des Verstorbenen (ohne das seinen Tod herbeiführende Ereignis) die Lebenserwartung der Angehörigen, und Einkommensverhältnisse berücksichtigt.[58] Zu ersetzen sind alle Schäden, die vom Standpunkt

---

unter Berufung auf iranisches Recht, dem sich der Vertragspartner unterworfen hatte, grenzt die *dissenting opinion* Bahrami den Begriff jedoch ein, 142–143; *Levitt v. Iran*, CTR 14, 209–210; *Amoco Int'l Finance Corp. v. Iran, concurring opinion* Brower, CTR 15, 299–304, *Mobil Oil Iran Inc., et al. v. Iran*, CTR 16: 55–58; *Seismograph Service Corporation v. NIOC*, CTR 22, 40–42; 80–81.

[52] So z. B. französisch-venezolanische Schiedskommission im Falle *Baiani* (1896), NRG XXVII 700, 704 f, Schiedsspruch in dem zwischen den Vereinigten Staaten, Großbritannien und Portugal streitigen Fall der *Delagoa-Eisenbahn* (1900), NRG XXX 408 f, italienisch-venezolanisches Schiedsgericht in den Fällen *Oliva*, bei *Ralston*, 771; *Martini*, ibidem 843 f (Verlust sicherer Gewinne durch die Stillegung von Minen) und *Poggioli*, ibidem, 870 f (Verlust von Ernteerträgen als Folge der Aufgabe von Pflanzungen), Schiedsspruch im *Norwegian Shipowners' claim* (1922), RIAA I, 339, Schiedsspruch im *Shufeldt claim (Vereinigte Staaten v. Guatemala*, 1930), RIAA II, 1099 (Haftung Guatemalas auf Grund der Verletzung eines Konzessionsvertrages für entgangenen Gewinn, soweit er ist *„the direct fruit of the contract and not too remote or speculative")*, Urteil des Ständigen Internationalen Gerichtshofs im *Chorzów Factory case*, 52 f, 56 f; U.S. International Claims Commission im *Dorner* claim, ILR 1954, 164 und Schiedsspruch des Ständigen Schiedsgerichtshofs in der *Lighthouse Arbitration*, ILR 1956, 299 f (Verurteilung Griechenlands zur Nachzahlung der Reingewinne, die bei einer Fortdauer der rechtswidrig beendigten Konzession erzielt worden wären); *Cape Horn Pigeon* claim, RIAA IX, 65; *Amoco Asia Corp. and Others v. Republic of Indonesia*, ICSID Reports 1, 569 (612), ebenso Report and Recommendations made by the Panel of Commissioners concerning the First Instalment of „E3" Claims, 17 December 1998 (S/AC.26/1998/13, para. 147); Report and Recommendations made by the Panel of Commissioners concerning the Fourth Instalment of „E3" Claims, 30 September 1999 (S/AC.26/1999/14, para. 126). Dort wird auch festgestellt, daß die Risiken des Klägers zu berücksichtigen seien.

[53] Zu undifferenziert daher *Rousseau* Bd. V, 224/5.

[54] So z. B. die britisch-amerikanische *Claims Commission* in den Fällen *The Wanderer*, RIAA VI, 76, *The Kate*, ibidem 81, *The Favourite*, ibidem 85 und *The Jessie* etc. ibidem 59 f (hier vermißte die Kommission aber den erforderlichen Nachweis). Vgl. auch den Schiedsspruch in dem zwischen den Vereinigten Staaten und Peru streitigen Fall *William Lee* (1863) bei *Lapr.-Pol.*, Bd. II, 282 f mit lehrreicher *note doctrin* im Anschluß daran. Weitere Fälle bei *Ralston*, The Law and Procedure, etc. 250 f und *Whiteman*, Bd. II, 1251 f.

[55] Vgl. die deutsch-amerikanische *Mixed Claims Commission* in der *Administrative Decision* Nr. 7 (1925), RIAA VII, 247 f.

[56] RIAA XII, 155–269.

[57] *Sapphire International Petroleum Ltd. v. National Iranian Oil Company*, ILR 35, 136 (187 u. 189); *LIAMCO v. Government of Libya*, ILR 62, 141 (202–203); *AMINOIL v. Kuwait*, ILM 21 (1982), 976 (1034–1035); *AMCO Asia Corporation v. Indonesia*, ILM 24 (1985) 1022 (1037); *International Finance Corporation v. Iran*, ILM 27 (1988), 1314.

[58] Vgl. u. a. die Entscheidung der deutsch-amerikani-

objektiver Beurteilung als das wahrscheinliche, der Lebenserfahrung entsprechende Ergebnis des haftungbegründenden Vorgangs erscheinen.

2. Von dem entgangenen Gewinn zu unterscheiden sind die wirtschaftlichen Zukunftsaussichten eines Unternehmens. Sie sind Bestandteil des Unternehmenswertes und gehen insoweit bereits in die Berechnung der Schadenshöhe ein (Prinzip des ‚*going concern*').[59]

VII. In der internationalen Praxis wird oft bei der Berechnung der Entschädigung eine Verzinsung berücksichtigt. Dies wird damit begründet, daß neben der Substanz der entzogenen Vermögenswerte auch ihre Nutzung ersetzt werden muß. Es spricht eine Vermutung dafür, daß der Anspruchsberechtigte die entzogenen Vermögenswerte genutzt hätte. Die Erstattung von Zinsen ist daher als eine pauschalisierte Entschädigung für entgangenen Gewinn anzusehen. Die Gewährung von Zinsen entspricht der überwiegenden Praxis.[60] Soweit Zinsen gewährt werden, stellt sich die weitere Frage, von welchem Zeitpunkt an sie gezahlt werden sollen, ob von dem Zeitpunkt an, an dem das Völkerrechtsverstoß begangen, der Anspruch fällig oder geltend gemacht wird oder die Entscheidung ergeht.

In der internationalen Rechtsprechung wird häufig unterschieden, ob der fragliche Anspruch auf Verträgen beruht oder auf Grund eines Völkerrechtsverstoßes zur Entstehung gelangt.[61] Wo die Leistungspflicht auf Verträgen beruht, werden Zinsen in der Regel von dem Zeitpunkt an gewährt, zu dem die Leistung nach dem Vertrag hätte erbracht werden müssen.[62] In anderen Fällen sind sie von dem Zeitpunkt an zu gewähren, in dem der Anspruch geltend gemacht wird, da erst dann eine entsprechende Kenntnis des verantwortlichen Staates besteht.[63] Es ist aber angesichts der unter-

---

schen *Mixed Claims Commission* in den *Lusitania*-Fällen (1923), RIAA VII, 35 f. In diesem Sinne auch zahlreiche Entscheidungen der amerikanisch-mexikanischen *General and Special Claims Commissions* in den 20er und 30er Jahren, ferner die der französisch-mexikanischen *Commission des réclamations* im Fall *Caire* (1929), RIAA V, 532 f. Vgl. auch die Belege bei *Whiteman*, Damages, Bd. I, 660 f, 695 f, 793 f; detailliert hierzu die Entscheidung im *Letelier-and Moffitt*-Fall, ILM 31 (1992) 3 (11).

59 So bereits der Ständige Internationale Gerichtshof im *Chorzów Factory* Fall, 51; so auch das Iran-U.S. Claims Tribunal im Fall *Amoco International Finance Corporation v. The Government of the Islamic Republic of Iran et al*, CTR 15, 189 (248 ff) unter Hinweis auf die schiedsgerichtliche Praxis zur Enteignung.

60 So Art. 8 Abs. 2 ILC-Entwurf, wenn auch nur als Möglichkeit formuliert; *Oppenheim/Jennings/Watts*, Bd. I/1, 531; *Schwarzenberger*, Bd. I, 674 f *(„international courts and tribunals have a free hand in the matter")*; *Rousseau* Bd. V, 239 f; *Graefrath*, 98; *Nagy*, 182; *Hackworth*, Bd. V., 735 f, mit Belegen aus der Praxis der internationalen Gerichte. Vgl. auch den Schiedsspruch des Ständigen Schiedsgerichtshofs im Fall der türkischen Kriegsentschädigung (1912) bei *Scott*, Bd. I, 532 f; Urteil des Ständigen Internationalen Gerichtshofs im *Wimbledon*-Fall (1923), Series A 1, 32, britisch-amerikanische Commission im Fall *Bethune* (1914), RIAA VI, 34 und U.S. International Claims Commission im Fall *Senser*, ILR 1953, 240. Dort wurde ein allgemeines Rechtsprinzip angenommen. Die Praxis wird durch das Iran-U.S. Claims Tribunal fortgeführt und bestätigt. Vgl. z. B. *Granite State Machine Co., Inc. v. Iran*, 15. 12. 1982, CTR 1, 442 (445 ff); in der Entscheidung im Fall *Intrend International, Inc. v. Iranian Air Force*, vom 27. 7. 1983, CTR 3, 110 (116 f); *Ram International Industries, Inc. v. Iranian Air Force*, 19. 8. 1983, CTR 3, 203 (206); *Blount Brothers Corpo. v. Ministry of Housing*, 2. 9. 1983, CTR 3, 225 (236); *Woodward-Clyde Consultants v. Iran*, 2. 9. 1983, CTR 3, 239 (250). So auch der *Conseil d'Etat* im Falle *SA Rothmans International France et al.*, (Anm. 46), 336. Die Frage, ob das Gericht zur Zahlung von Zinsen verurteilen könne, war zwischen den Parteien zunächst umstritten. Das Gericht entschied im Plenum, daß *„... it is customary for arbitral tribunals to award interest as part of an award for damages, notwithstanding the absence of any express reference to interest in the compromis. Given that the power to award interest is inherent in the Tribunal's authority to decide claims ...“*, CTR 16, 287 (289 f); *Bowett*, BYIL 1988, 49 (62 f). Bestritten wird das Bestehen einer allgemein anerkannten Regel hingegen von der französisch-mexikanischen *Commission des réclamations* im Fall *Pinson* (1928), RIAA V, 452 und im Schrifttum von *Strupp*, 212 f. – Zinseszinsen werden in der internationalen Praxis überwiegend verweigert.

61 Dazu etwa Entscheidung der französisch-mexikanischen *Commission des réclamations* im Fall *Pinson*, 451 f.

62 Übereinstimmend z. B. *Schwarzenberger*, Bd. I, 677.

63 So der 2. Bericht von Sonderberichterstatter *Arangio-Ruiz*, UN Doc. A/CN. 4/106, Yearbook ILC, 1957, vol II; Fall *Christern* (1903), RIAA X, 424; Fall *Cevvetti* (1903), RIAA X, 497. Im *Wimbledon*-Fall, 17. 8. 1923, PCIJ Reports series A, 1, 32 f wurde auf das Datum des Urteils abgestellt; a. A. *Dahm*, 1. Aufl., Bd. III, 237.

schiedlichen Praxis problematisch, ob eine sichere Rechtsüberzeugung in dieser Frage besteht.[64] Auch hinsichtlich der Höhe der Zinsen lassen sich dem allgemeinen Völkerrecht keine eindeutigen Regeln entnehmen.[65] Im Zweifel ist nach Billigkeit zu entscheiden. – Nicht einmal der *dies ad quem* der Zinszahlung stand in der schiedsgerichtlichen Praxis ganz außer Zweifel. Sachgerecht ist allein, daß Zinsen bis zum Zeitpunkt der endgültigen Zahlung gewährt werden müssen.[66] Aber die Praxis der Schiedsgerichte ergibt kein eindeutiges Bild.[67]

Der ILC-Entwurf[68] gibt insoweit eine gewisse Klärung für die internationale Rechtsprechung und Praxis. Entscheidend ist, daß Zinsen als unselbständiger Teil der Entschädigung[69] dann gezahlt werden müssen, wenn dies notwendig ist, um einen vollständigen Schadensausgleich zu erreichen.

---

[64] So auch *Hackworth*, Digest, Bd. V, 738: *„There is no settled rule as to the date from which interest shall be allowed"*. Vgl. auch die dort und bei *Schwarzenberger*, Bd. I, 677, angeführten Belege sowie die *notes doctrinales* von *Rolin* zum Schiedsspruch im Fall der *Macedonian* bei *Lap.-Pol*, Bd. II, 222 f sowie zur *Alabama Arbitration*, ibidem, 981 f. Es gewähren etwa Zinsen von dem Zeitpunkt an, zu dem der Schaden zugefügt worden ist, der Schiedsspruch im Fall der *Delagoa-Eisenbahn* (1900), NRG XXX 419, 421 (Zinsen vom Widerruf der Konzession an), Entscheidung der britisch-amerikanischen *Claims Commission* im Fall *Bethune* (1914), RIAA VI, 34, im *Norwegian Shipowners' claim* (1921), RIAA I, 341, *Administrative Decision* Nr. 3 (1923) der deutsch-amerikanischen *Mixed Claims Commission*, RIAA VII, 66. Zinsen von dem Zeitpunkt an, zu dem der Anspruch geltend gemacht worden ist gewähren, z. B. die Entscheidung des Ständigen Schiedsgerichtshofs über die *türkische Kriegsentschädigung* (1912) bei *Scott*, Bd. I, 550, britisch-amerikanische *Claims Commission* im Fall der *China Navigation Co.* (1921), RIAA VI, 68 (aber hier kein Beweis für den Zeitpunkt der Geltendmachung, so daß die Kommission nicht in der Lage sei zu entscheiden). Von Zinsen vom Zeitpunkt der Entscheidung an gehen aus z. B. Schiedsspruch des französisch-venezolanischen Schiedsgericht im Fall *Fabiani* (1896), NRG XXVII 706, Entscheidung der amerikanisch-mexikanischen *General Claims Commission* im Fall *Solis* (1928), RIAA IV, 364, der französisch-mexikanischen *Commission des réclamations* im Fall *Pinson* (1928), RIAA V, 453 (aber bei Vertragsschulden soll der Zeitpunkt der Geltendmachung der Ansprüche maßgebend sein), Schiedsspruch *Undén* im Streit zwischen Griechenland und Bulgarien über die Auslegung des Vertrages von Neuilly bei *Whiteman*, Damages, Bd. II, 1488 und das Urteil des Ständigen Internationalen Gerichtshofs im *Wimbledon*-Fall, 33.

[65] Nach der Entscheidung der *U.S. International Claims Commission* im Fall *Senser*, ILR 1953, 240, soll sich der Zinssatz im Zweifel nach dem Recht des Schuldnerstaates bestimmen. Wenn der Anspruch auf das Einzelpersonen zugefügte Unrecht gestützt wurde, wird man im Zweifel davon ausgehen müssen, daß sie das Geld, wenn rechtzeitig gezahlt, in ihrem Heimatland, also in der Regel dem Gläubigerstaat, hätten anlegen können. So schon die *note doctrinale* von *Rolin* zum Schiedsspruch im Fall der *Macdonian* bei *Lapr.-Pol.*, Bd. II, 226 f. Im *Wimbledon*-Fall, PCIJ Series A 1, 32, wurde der damals für öffentliche Anleihen übliche Zinssatz zugrunde gelegt. Vgl. dazu auch *Libyan American Oil Co. v. Libya*, ILR 62 (1977) 141; *Benvenuti and Bonfant Svl v. Government of the Congo*, ILR 67 (1980), 345 (379). Auf die Investitionssituation im Empfängerstaat stellt die Entscheidung im Fall *Sylvania Technical System Inc. v. Iran*, AJIL 80 (1986), 365 (Iran-U.S. C. T. R. 8, 298 (320)) ab, diskutiert wurde aber auch, den Zinssatz nach den Kreditzinsen für die geschuldete Summe zu bemessen (*„investment rate/borrowing rate"*). Im Fall *McCollough and Co., Inc. v. The Ministry of Post, Telegraph*, Telephone, 22. 4. 1986, C. T. R. 11, 3 wurde jedoch festgestellt, eine einheitliche Praxis existiere nicht und somit könne nur gesagt werden, der Zinssatz müsse *„reasonable"* und *„fair"* sein.

[66] So z. B. Schiedsspruch im Fall der *Delagoa-Eisenbahn*, 421 und Schiedsspruch über die französischen Ansprüche gegen Peru (1920), RIAA I, 221; so auch überwiegend die Rechtsprechung des Iran – U.S. Claims Tribunal, vgl. dazu *J. A. Westberg*, International Transactions and Claims Involving Government Parties and Case Law of the Iran-United States Claims Tribunal, 1991, 261 ff.

[67] Vgl. z. B. den Schiedsspruch im dem zwischen Chile und den USA streitigen Fall der *Macedonian* (1863) bei *Lapr.-Pol*, Bd. II, 203 f (Zinsen nur bis zur Vereinbarung der Schiedsordnung) mit kritischer *note doctrinale* von *Rolin*, 225 f. Ablehnend auch die oben angeführte *note doctrinale* in der *Alabama-Arbitration*.

[68] ILC-Report 2001, 268 mit Kommentierung (Anm. 2); vgl. dazu auch *Decision 16 of the Governing Council of the United Nations Compensation Commission of 4 January 1993* (S/AC.26/1992/16).

[69] Im *Islamic Republic of Iran v. United States of America* case (Case 1–19) hat das Iran-USA CTR 16 (1987), 285 (289 f) entschieden, es habe auch die Jurisdiktion um über Zinsen zu entscheiden. Dies war eine Entscheidung des gesamten Gerichts. Vgl. dazu *Aldrich*, 1996, 475 f.

Zinsen sind vom Zeitpunkt der Fälligkeit[70] bis zum Zeitpunkt der Zahlung der Schuld zu erbringen. Die Höhe der Zinsen bestimmt sich nach den Besonderheiten des Einzelfalls.[71]

VIII. 1. Wie bereits angesprochen ist bei der konkreten Schadensberechnung die mitwirkende Verursachung durch den Geschädigten (Staat oder Privatperson) zu berücksichtigen.[72] Dabei handelt es sich um einen allgemeinen Rechtsgrundsatz i.S. des Art. 38 Abs. 1 (c) des IGH-Statuts. Dieser Grundsatz ist im Schrifttum[73] sowie in der internationalen Praxis anerkannt.[74] Gemäß Art. 39 des ILC-Entwurfs[75] setzt das Mitverschulden auf Seiten des Geschädigten aber Vorsatz oder Fahrlässigkeit voraus. Dies ist dogmatisch nicht überzeugend, da für die Verantwortlichkeit des Staates Verschulden kein konstitutives Element ist.
Im *LaGrand* Fall hat der Internationale Gerichtshof zumindest indirekt anerkannt, daß das Verhalten des geschädigten Staates relevant für die Bestimmung von Ausmaß und Form der Ausgleichspflicht sein könnte.[76] Das *Iran-U.S. Claims Tribunals* hat festgestellt, daß der Kläger eine Pflicht habe, den eingetretenen Schaden zu begrenzen,[77] Erlöse aus dem Verkauf nicht abgenommener Güter seien anzurechnen.[78]

2. Eine Minderung des Schadensersatzanspruchs kann sich auch aus dem Gesichtspunkt eines Handelns auf eigene Gefahr ergeben. Es ist denkbar, daß der Geschädigte bewußt ein Risiko eingegangen ist, das sich dann in Gestalt des Schadens realisiert hat.[79]

---

70 Im Urteil *The M/V Saiga (No. 2) (Saint Vincent and the Grenadines v. Guinea)*, 1 July 1999, para. 175 hat der Internationale Seegerichtshof die Fälligkeit für die einzelnen Ansprüche unterschiedlich fixiert (ILM 38 (1999) 1323).

71 Vgl. zur Praxis des *Iran-United States Claims Tribunal*: C. N. Brower/J. D. Brueschke, The Iran-United States Claims Tribunal, 1998, 626 f; der Internationale Seegerichtshof hat im Fall *The M/V Saiga (No. 2) (Saint Vincent and the Grenadines v. Guinea)* unterschiedliche Zinshöhen für verschiedene Ansprüche angenommen, Judgment of 1 July 1999, para. 173 (ILM 38 (1999) 1323).

72 Vgl. dazu § 184.

73 *Salvioli*, 265 f; *Graefrath*, 95; *Bollecker-Stern*, 265–300; *C. von Bar*, The Common European Law of Torts, vol. II, 2000, 517–540.

74 Vgl. die Entscheidung der amerikanisch-mexikanischen Schiedskommission im Falle *Cummins* (1875) bei *Moore*, Arbitrations, Bd. III, 2977 (keine Haftung, u. a., weil die später geschädigten Amerikaner die ihnen durch einen Waffenstillstand gebotene Gelegenheit, sich mit ihrem Eigentum zu entfernen, nicht genutzt hätten), des britisch-portugiesische Schiedsgericht im Fall der *Delagoa*-Eisenbahn, NRG XXX 329 (407), der amerikanisch-mexikanische *General Claims Commission* im Fall *Kennedy* (1927), RIAA 4, 199 und die amerikanisch-panamesische Schiedskommission im Fall *Colunje* (1933), RIAA 6, 342. Im Falle der *Manouba* (1913) zog der Ständige Schiedsgerichtshof bei der Berechnung des Schadens in Betracht, daß der Kapitän des an sich rechtswidrig aufgebrachten französischen Dampfers nicht befugt gewesen sei, die Auslieferung der an Bord befindlichen türkischen Staatsangehörigen zu verweigern und damit die Reaktion der italienischen Behörden selbst herbeigeführt habe. Daher wurde Italien nur zum Ersatz eines Teils des Schadens verurteilt (*Scott* Bd. I, 570). – In dem 1929 entschiedenen Fall *Maurén* wurde der von Frankreich geltend gemachte Anspruch seines Staatsangehörigen von der französisch-mexikanischen Schiedskommission u. a. deshalb abgewiesen, weil der von Mexikanern erschossene Franzose sich durch die unvorsichtige Wahl seines Weges selbst der Gefahr ausgesetzt hatte (RIAA V, 545). Bei der Regelung des Streits zwischen Griechenland und Bulgarien im Jahre 1925, der durch den völkerrechtswidrigen griechischen Einmarsch ausgelöst wurde, stellte die vom Völkerbundrat eingesetzte Kommission bei der Fixierung des Schadens in Rechnung, daß Bulgarien an dem Ausbruch des Konflikts durch die Tötung eines griechischen Offiziers eine gewisse Mitverantwortung trage (*Whiteman*, Damages, Bd. II, 1373). Weitere Belege bei *Whiteman*, Damages, Bd. I, 199 f, 216 f und *Hackworth*, Digest Bd. V, 584 f. Vgl. dazu auch *Bedermann*, 337 ff.

75 ILC Report 2001 (Anm. 2), 275 mit Kommentierung.

76 *LaGrand* (Germany v. United States of America), paras. 57, 116. Der Internationale Gerichtshof hat in diesem Zusammenhang kritisch angemerkt, daß Deutschland zu spät tätig geworden sei, da der Antrag auf Anordnung einstweiliger Maßnahmen gegen die Hinrichtung erst einen Tag vor der Hinrichtung von Walter LaGrand am Internationalen Gerichtshof eingegangen war.

77 *Alan Craig v. Ministry of Energy of Iran*, CTR 3, 280 (289), so auch *concurring opinion* von *Mosk*, 293.

78 *Harnischfeger Corp. v. Ministry of Roads and Transportation*, CTR 7, 90 (111).

79 Vgl. dazu *Bedermann*, 354 ff.

So wurde 1920 die Abweisung des amerikanischen Anspruchs im Falle der *Home Frontier and Foreign Missionary Society* von der britisch-amerikanischen *Claims Commission* u. a. damit begründet, es habe die Gesellschaft mit der Aufnahme ihre Missionstätigkeit die damit verbundene Gefahr einer Schädigung durch Unruhen von Eingeborenen bewußt auf sich genommen.[80] – Auch dann besteht im allgemeinen kein Anspruch auf Schadensersatz, wenn sich Angehörige eines Staates freiwillig in die Streitkräfte eines anderen Staates aufnehmen lassen und dort Schäden erleiden.[81]

Dieser Grundsatz unterliegt allerdings wiederum Einschränkungen. Wer sich z. B. in ein Land begibt, in dem die international geschützten Menschenrechte verletzt werden, willigt nicht in die Verletzung seiner Menschenrechte ein. Auf die Beachtung internationaler Standards kann vielmehr vertraut werden. Bei einem anderen Ansatz bliebe der in der internationalen Verantwortlichkeit liegende Durchsetzungsmechanismus unberücksichtigt.

IX. Eine Begrenzung der Schadensersatzpflicht kann sich schließlich daraus ergeben, daß der Verletzte aus dem Ereignis, das den Schaden hervorruft, unmittelbar Vorteile zieht. Hierbei handelt es sich um ein allgemeines Rechtsprinzip im Sinne von Art. 38 Abs. 1 (c) IGH-Statut. Das haftungsbegründende Ereignis darf im Endergebnis nicht zu einer Bereicherung des zunächst Geschädigten führen.

Dieser Grundsatz ist auch dann zu beachten, wenn der Staat seinen Ersatzanspruch auf eine Schädigung seiner Angehörigen zu stützen versucht. Wird z. B. eine Person völkerrechtswidrig enteignet, so kann sich der dadurch hervorgerufene Schaden durch den Fortfall von Abgaben oder von sonst notwendigen Aufwendungen auf das enteignete Vermögen vermindern.[82] Vorteile dagegen, die auf selbständige, von dem Schadensereignis unabhängige Umstände zurückgeführt werden können, bleiben außer Betracht. Der Ersatzpflichtige ist z. B. nicht berechtigt, die den Angehörigen getöteter Personen auf Grund selbständig abgeschlossener Versicherungsverträge ausgezahlten Versicherungsbeträge in Abzug zu bringen.

§ 187 Ersatz immaterieller Schäden

Schrifttum: vor § 173. Sowie *P. A. Bissonnette*, La satisfaction comme mode de réparation en droit international, 1952; *G. T. Yates*, State Responsibility for Non Wealth Injuries to Aliens in the Postwar Era, in: *R. B. Lillich* (ed.), International Law of State Responsibility for Injuries to Aliens, 1983, 213 ff; *Ch. Dominicé*, La satisfaction en droit des gens, in: *B. Dutoit* (éd.), Mélanges en l'honneur de G. Perrin, 1984, 91 ff *P. Thomas* (ed.), Environmental Liability, 1991; *J. Charpentier*, L'affaire Rainbow-Warrior et la responsabilité internationale des Etats, in: *G. Ress* (Hrsg.), Vorträge Reden und Berichte aus dem Europa-Institut, Nr. 245, 1991; *L. Migliorino*, Sur la déclaration de l'illicite comme forme de satisfaction, A propos de la sentence arbitrale du 30 avril dans l'affaire du Rainbow Warrior, RGDIP, 1992, 61 ff; *M. C. Maffei*, The Compensation for Ecological Damage in the „Patmos" Case, in: *F. Francioni/ T. Scovazzi* (eds.), International Responsibility for Environmental Harm, 1992, 381 ff; *Ch. Dominicé*, De la réparation constructive du préjudice immatériel souffert par un Etat, in: Le droit international dans un monde en mutation, Liber amicorum E. Jimenez de Arrechaga, 1995, 505 ff; *P. Wetterstein*

[80] RIAA VI, 44.

[81] Vgl. aus der amerikanischen Praxis *Hackworth*, Bd. V, 711.

[82] Vgl. auch das Urteil im *Chorzów*-Fall, PCIJ Series A 17, S. 53. Danach ist bei der Berechnung des entgangenen Gewinns in Rechnung zu stellen, daß die Aufwendungen für die Erhaltung des Unternehmens und die Erhaltung und Verbesserung der Installationen erfahrungsgemäß einen Teil des Gewinns absorbieren. Nach dem Schiedsspruch des Ständige Schiedsgerichtshof in dem *Lighthouse* Fall konnte Frankreich nur den entgangenen Reingewinn der durch die rechtswidrige Unterbrechung der Konzession geschädigten Firmen verlangen. Es waren daher von den entgangenen Einnahmen die Ausgaben in Abzug zu bringen, die von den Konzessionsinhabern für die Erhaltung der Leuchttürme und ähnliche Zwecke gemacht worden wären und die eingespart wurden. Vgl. ILR 1956, 99 f (Counter Claims Nr. 3–6, 303 f (Claim Nr. 27) und 348 (Claim Nr. 26).

(ed.), Harm to the Environment: The Right to Compensation and the Assessment of Damages, 1997; *S. Wittich*, Awe of the gods and fears of the priests: Punitive damages and the Law of State responsibility, Austrian Review of international and European Law, (3) 1998, 101 ff., *R. Wolfrum/C. Langenfeld* (eds.), Environmental Protection by Means of International Liability Law, 1999

I. 1. Es ist in der völkerrechtlichen Praxis wie auch in der Literatur anerkannt, daß nicht nur materielle, sondern auch immaterielle Schäden *(moral or legal damage)* auszugleichen sind.[1] Hauptanwendungsgebiet sind hierfür Personenschäden;[2] neuerdings gewinnen Umweltschäden in dieser Hinsicht eine Bedeutung. Letzter findet allerdings erst in jüngster Zeit vermehrte Aufmerksamkeit.

2. So haben die nach dem ersten Weltkrieg errichtete deutsch-amerikanische *Mixed Claims Commission* und die in den 20er Jahren eingesetzte amerikanisch-mexikanische *General Claims Commission* immer wieder entschieden, daß eine Entschädigung auch für die Verletzung der Ehre, die Beeinträchtigung der sozialen Stellung, die Verletzung anderer Persönlichkeitsrechte und die Zufügung seelischer Leiden, etwa bei Tötung von Angehörigen, eine angemessene Entschädigung auch für die damit verbundenen Schmerzen und Sorgen gewährt werden müsse.[3] Dies gilt auch für sonstige nicht-materielle Schäden, die Einzelpersonen zugefügt worden sind.[4]

Im Fall der *I'm Alone* (1935), eines von amerikanischen Küstenbooten auf die hohe See verfolgten und dort versenkten kanadischen Fischerboots, wurde den Vereinigten Staaten die Pflicht auferlegt, außer dem Ersatz des materiellen Schadens einen Sonderbetrag zu gewähren, der eine Vergütung für die dem Kapitän und der Mannschaft des versenkten Schiffes zugefügten Leiden darstellen sollte.[5] In

---

1 Von dieser Basis geht auch der ILC-Entwurf aus (vgl. die Kommentierung zu Art. 36 (253 ff). Allerdings gibt der ILC-Entwurf insoweit keine Richtlinien für die Schadensberechnung. Vor allem aber fehlt eine Aussage dazu, was *„financially assessable"* ist.

2 Gemäß Entscheidung des *Governing Council der United Nations Compensation Commission* (Doc. S/AC.26/1991/3) vom 18. 10. 1991 fallen unter den Begriff *„serious personal injury"*: (a) Dismemberment; (b) Permanent or temporary disfigurement, such as substantial change in one's outward appearance; (c) Permanent or temporary significant loss of use or limitation of use of a body organ, member, function or system; (d) Any injury which, if left untreated, is unlikely to prolong such full recovery. Ebenfalls entschädigt werden *„mental pain and anguish."* Es werden entschädigt neben den Behandlungskosten auch die daraus erwachsenen immateriellen Schäden. Zu den Ereignissen, für die eine derartige Entschädigung verlangt werden kann, gehören der Tod eines Ehepartners, eines Kindes oder eines Elternteils, eine schwere Körperverletzung, ein sexueller Angriff, Folter oder ein vergleichbarer schwerer Angriff auf Gesundheit oder Persönlichkeit. Eine Schadensersatzpflicht wird ebenfalls dadurch ausgelöst, daß der Anspruchsberechtigte Zeuge derartiger Angriffe auf den Ehepartner, ein Kind oder ein Elternteil war. Schließlich begründen eine Geiselnahme für mehr als drei Tage, die Notwendigkeit sich mehr als drei Tage zu verbergen und eine extreme wirtschaftliche Notlage die Grundlage für einen Schadensersatzanspruch. Einzelheiten ergeben sich aus den *Recommendations made by the Panel of Commissioners concerning individual claims for serious personal injury or death* (Doc. S/AC.26/1994/1, 26. 5. 1994).

3 Vgl. etwa die Entscheidung der italienisch-venezolanischen Schiedskommission im Fall *di Caro* bei *Ralston*, 769, die Administrative Decision Nr. 1 (1923) der deutsch-amerikanischen *Mixed Claims Commission*, RIAA VII, 21 und die Entscheidung derselben Kommission in den *Lusitania*-Fällen (1923), RIAA VII, 35 f *(„reasonable compensation for such mental suffering or shock, if any, caused by the violent severing of family ties, as claimant may actually have sustained by reason of such death")*. Im Falle *Janes* (1926) gewährte die amerikanisch-mexikanische *General Claims Commission* der Familie des ermordeten Amerikaners einen Betrag von 12 000 US-$ als Ersatz für den seelischen Kummer und die Kränkung, die der Familie durch das Entkommen des Mörders zugefügt war. Vgl. RIAA IV, 82 f, unter Z. 19 f. Vgl. das gleiche Gericht in den Fällen *Stephens* (1927) ibidem 265 f und *Turner* (1927) ibidem 281; nach dem Abschuß eines El Al Flugzeugs durch Bulgarien am 27. 7. 1955 beanspruchte Kanada für den Tod von Staatsangehörigen unter den Opfern 102 322 Dollars (vgl. dazu *C. V. Cole*, A Generation of Canadian Experience with International Claims, BYIL 41 (1965–66), 368 (385); *G. T. Yates* III, State Responsibility for Nonwealth Injuries to Aliens in the Postwar Era, in: *R. B. Lillich* (Hrsg.), 213 (216 ff) mit weiteren Beispielen.

4 Vgl. auch den Schiedsspruch des britisch-französischen Schiedsgerichts im Falle *Chevreau* (1931), RIAA II, 1139.

5 RIAA III, 1618. Weitere Nachweise bei *Yates*, 216 ff.

dem Rechtsstreit *Responsibility for the Deaths of Letelier and Moffit* erkannte die Kommission den hinterbliebenen Ehepartnern der Ermordeten, den Kindern des Ehepaares Letelier und den Eltern von Frau *Moffit* einen Schadensersatzanspruch für den erlittenen immateriellen Schaden *(moral damage)* zu.[6] Ebenfalls ersetzt wurden Arztkosten des Vaters von Frau *Moffit*, da die Kommission davon ausging, die ärztliche Behandlung sei wegen der Ermordung der Tochter notwendig geworden. Material über den Ersatz für immaterielle Schäden findet sich sowohl in der Rechtsprechung des Inter-Amerikanischen Menschengerichtshofs als auch derjenigen des Europäischen Gerichtshofs für Menschenrechte. In den Fällen *Velásquez Rodríguez*, vom 29. 7. 1988[7] und *Godinez Cruz* vom 20. 1. 1989[8] handelte es sich um Personen, die verschleppt worden waren und seither vermißt sind. Der Inter-Amerikanische Menschenrechtsgerichtshof hatte über die hieraus resultierenden immateriellen Schäden zu entscheiden. Der Europäische Gerichtshof für Menschenrechte hat, gestützt auf Art. 50 EMRK, u. a. Entschädigungen gewährt, für eine rechtswidrige Haftzeit,[9] überlange Verfahrensdauer,[10] rechtswidrige Entlassung,[11] Einschränkung der Verteidigungsmöglichkeiten in Strafverfahren,[12] Verschlechterung der Bildungschancen,[13] Entzug des Sorgerechts.[14]

II. Davon zu unterscheiden sind die Beispiele aus der internationalen Praxis, in denen nicht nur die ideelle Schädigung von Einzelpersonen, sondern auch die Kränkung und Demütigung des verletzten Staates bzw. eine Rechtsverletzung ohne negative materielle Folgen durch Geldersatz ausgeglichen wurde. Hierbei handelte es sich in der Regel um die Verletzung staatlicher Symbole, Angriffe auf oder Kränkungen von Staatsoberhäuptern, Regierungsmitgliedern sowie diplomatischem oder konsularischem Personal.

Anläßlich des griechisch-bulgarischen Konflikts im Jahre 1925, der durch den Einmarsch griechischer Truppen in Bulgarien entstand, empfahl der vom Völkerbundrat eingesetzte Ausschuß, nachdem er die Rechtswidrigkeit des griechischen Vorgehens festgestellt hatte, es solle Griechenland Bulgarien eine Entschädigung nicht nur für den materiellen Schaden, sondern auch für die ihm und seinen Angehörigen zugefügte immaterielle Schädigung zahlen. Diese Empfehlung wurde vom Völkerbundrat und den Parteien angenommen.[15] In dem zwischen Frankreich und Venezuela streitigen Fall *Fabiani* (1896) sprach der Schweizer Bundespräsident Frankreich den Ersatz auch des immateriellen Schadens zu, der Frankreich durch den Zusammenbruch seiner Firma und in seinen persönlichen Verhältnissen entstanden war.[16] Im Falle *Mallén* (1927) sprach die amerikanisch-mexikanische *General Claims Commission* Mexiko einen besonders hohen Schadensersatz auf Grund der Mißhandlung seines Konsuls durch einen amerikanischen Beamten zu, wobei die Mexiko zugefügte Entehrung *(„indignity")* und die Verletzung der Würde des Konsuls besonders berücksichtigt wurde.[17] In den Fällen *Carthage*[18] und *Manouba*[19] und in der von den Parteien im vorhinein als bindend anerkannten Entscheidung des VN-Generalsekretärs im Streit zwischen

---

[6] ILM 31 (1992), 3 (12 f); die Kommission gibt keine Anhaltspunkte für die Art der Berechnung des immateriellen Schadens, sondern verweist lediglich auf *„... amounts granted for moral damages by jurisdictional organs of the inter-American system and those ordered, also in recent years, by arbitration or judicial tribunals."*

[7] HRLJ 12 (1991), 14 ff; EuGRZ 1989, 157.

[8] *T. Buergenthal/R. Norris*, Human Rights, The Inter-American System, Bd. V, 25. 5., Case 11, 283.

[9] Fall *Artico*, Urteil vom 13. 5. 1980, EuGRZ 1980, 662 (666 f); Fall *van Droogenbroeck*, Urteil vom 5. 4. 1983, EuGRZ 1984, 14; Fälle *de Jong, Baljet, van den Brink*, Urteil vom 22. 5. 84, EuGRZ 1985, 700 (708); Fall *Unterpertinger*, Urteil vom 24. 11. 1986, EuRGZ 1987, 147 (150 f).

[10] Fall *Eckle*, Urteil vom 26. 6. 1983, EuGRZ 1983, 553; Fall *Guincho*, ILR 78, 355.

[11] *Closed Shop*-Fälle, Urteil vom 18. 10. 1982, EuGRZ 1984, 158 (159).

[12] Fall *Goddi*, Urteil vom 9. 4. 1984, EuGRZ 1985, 234 (237).

[13] Fälle *Campbell* und *Cosans*, Urteil vom 22. 3. 1983, EuGRZ 1985, 575 (577).

[14] *Olson*-Fall, ILR 92, 257 (297); *Erikson*-Fall, ILR 92, 320 (349 f).

[15] Darüber auch *Macartney*, Survey 1925, Bd. II, 299 f.

[16] NRG XXVII 700, 703 f.

[17] RIAA IV, 179 (unter Z. 14). Der amerikanische Commissioner *Nielsen*, ibidem, 180 f war im Ergebnis einverstanden, legte aber Wert darauf, daß sich der Schadensersatz nicht zu einem poenalen Ersatz *(„punitive damages")* und zu einer Wiedergutmachung für den der Ehre der verletzten Nation zugefügten Schaden ausweiten sollte.

[18] RIAA XI, 449.

[19] RIAA XI, 463.

Frankreich und Neuseeland zum Falle *Rainbow Warrior*[20] ist ebenfalls Schadensersatz für immaterielle Schäden gewährt worden. In dieser Entscheidung wurde Frankreich dazu verpflichtet, an Neuseeland eine Summe von 7 Mio $ für *„all the damage which it has suffered"* zu zahlen[21]. Diese umfaßte nicht nur materielle Schäden, womit Neuseeland für immaterielle Schäden sowohl eine Entschuldigung als auch zusätzlich Schadensersatz in Geld zugesprochen wurde.[22] Eine besondere Form des finanziellen Ausgleichs wählte das Schiedsgericht im zweiten, auf der Verletzung der Entscheidung des VN-Generalsekretärs beruhenden *Rainbow Warrior*-Fall. Es stellte zunächst fest, *„... an order for the payment of monetary compensation can be made in respect of the breach of international obligations involving... serious moral and legal damage, even though there is no material damage.*[23] Davon wurde nur abgesehen, da Neuseeland keinen entsprechenden Antrag gestellt hatte. Das Schiedsgericht empfahl aber als Ausgleich für die Rechtsverletzung, die darin bestand, daß Frankreich seine beiden Geheimagenten vor Ablauf der mit Neuseeland vereinbarten Frist von Hao nach Frankreich ausgeflogen bzw. nach medizinischer Untersuchung nicht wieder nach Hao zurückgebracht hatte, die Errichtung eines von Frankreich und Neuseeland verwalteten und von Frankreich ausgestatteten Fonds zur Verbesserung der französisch-neuseeländischen Beziehungen.[24] Auch hierin kann der Ersatz eines immateriellen Schadens gesehen werden.

III. 1. Die mit einer Völkerrechtsverletzung möglicherweise verbundene Kränkung oder Demütigung des verletzten Staates wird häufig nicht durch Entschädigung in Geld, sondern in anderer Form, der Genugtuung[25], ausgeglichen. Die internationale Praxis bietet zahlreiche Beispiele dafür, daß der für eine Rechtsverletzung verantwortliche Staat dem verletzten Völkerrechtssubjekt durch die Anerkennung der Völkerrechtswidrigkeit des Verhaltens, durch den Ausdruck des Bedauerns, durch eine förmliche Entschuldigung oder in sonstiger Weise Genugtuung leistet.[26] Im Schiedsspruch im zweiten *Rainbow Warrior* Fall wurde auf

---

20 Entsprechend dem Schiedsspruch des Generalsekretärs im *Rainbow-Warrior*-Fall, ILM 26 (1987), 1346 (1373). Der Fall *Rainbow-Warrior* umfaßte zwei Etappen: Die ursprüngliche Völkerrechtsverletzung Frankreichs, die die Staatenverantwortlichkeit auslöste, lag in der Zerstörung des in einem Hafen Neuseelands befindlichen Schiffes *„Rainbow-Warrior"* durch zwei Geheimagenten. Das Schiff gehörte Greenpeace, einer niederländischen Vereinigung, fuhr aber unter der Flagge der Caiman-Inseln. Für Neuseeland ging es also lediglich um die Verletzung seiner territorialen Hoheitsrechte bzw. staatlichen Souveränität und damit nicht um einen materiellen Schaden. Die Parteien suchten eine Verhandlungslösung und ernannten nach deren Scheitern den VN-Generalsekretär zu Vermittler, verpflichteten sich aber zur Anerkennung seiner Entscheidung. In seiner Entscheidung (1986) wurde Frankreich zur Entschuldigung gegenüber Neuseeland, zur Zahlung von $ 7 Mio sowie die Verbringung der Agenten auf die Pazifikinsel Hoa für eine Zeit von drei Jahren verpflichtet. Auslegungsstreitigkeiten dieser Entscheidung sollten durch ein Schiedsgericht entschieden werden. Der entsprechende *Compromis* wurde von Frankreich und Neuseeland nach der Entscheidung des Generalsekretärs im Juli 1986 geschlossen. – Frankreich flog die Agenten früher als erlaubt nach Frankreich zurück und verletzte damit seine Pflichten aus der Entscheidung des Generalsekretärs. Ein Schiedsgericht wurde eingerichtet, um den Streit um diese zweite Verletzung des Völkerrechts durch Frankreich zu entscheiden. Diese Entscheidung erging 1990 (ILR 82, 499). Zum Fall insgesamt siehe *Charpentier,* L'affaire Rainbow-Warrior et la responsabilité internationale des Etats, 1991.

21 Neuseeland hatte $ 9 Mio für den Ersatz materieller und immaterieller Schäden gefordert. Frankreich war der Ansicht, daß immaterielle Schäden mit einer förmlichen Entschuldigung abgegolten seien und war bereit, für materielle Schäden $ 4 Mio zu zahlen. Der Generalsekretär, der als Mediator nicht nur rechtliche, sondern auch politische Erwägungen zur Basis der Entscheidungsfindung machen konnte, entschied sich für eine dazwischenliegende Summe.

22 So auch das Schiedsgericht im zweiten *Rainbow-Warrior* Fall in Beurteilung der diesbezüglichen Entscheidung des Generalsekretärs, ILR 82, 499 (574).

23 ILR 82, 499 (575).

24 ILR 82, 499.

25 Vgl. dazu Art. 37 des ILC-Entwurfs, 263 ff (mit Kommentierung). Die Vorschrift lautet:
„*1.* The State responsible for an internationally wrongful act is under an obligation to give satisfaction for the injury caused by that act insofar as it cannot be made good by restitution or compensation. 2. Satisfaction may consist in an acknowledgement of the breach, an expression of regret, a formal apology or another appropriate modality." Vgl. dazu Art. 10 ILC-Entwurf; vgl. dazu die Entscheidung im *Brower*-Fall RIAA VI, 109 ff.

26 Im Fall *Borchgrave*, der 1937 vor dem Ständigen Internationalen Gerichtshof anhängig war, verlangte Belgien von Spanien, das es für die Tötung dieses Mitarbeiters der belgischen Botschaft in Madrid verantwortlich machte, eine förmliche Entschuldigung, die Überführung der Leiche mit militärischen Ehren,

die etablierte Praxis der Genugtuung als Form des Schadensausgleichs („... *satisfaction as a remedy or form of reparation (in the wide sense) for the breach of an international obligation*...") verwiesen.[27] In der Tat konnte diese Rechtsprechung auf die internationale schiedsgerichtliche Praxis zurückgreifen.

Der Schiedsspruch in dem zwischen Großbritannien und den Vereinigten Staaten streitigen *Alabama*-Fall (1871) sah u. a. vor, daß Großbritannien sich für die von ihm begangene Völkerrechtsverletzung bei den Vereinigten Staaten entschuldigen solle. Die Vereinten Nationen haben anläßlich der Ermordung des Grafen *Bernadotte* durch israelische Täter von Israel u. a. eine förmliche Entschuldigung verlangt und erhalten.[28] Im Zusammenhang mit der Freigabe der *USS Pueblo* haben die Vereinigten Staaten ein Dokument unterzeichnet, in dem sie sich für einzelne dort benannte Handlungen entschuldigten.[29] Im ersten *Rainbow Warrior* Fall mußte Frankreich gegenüber Neuseeland eine formelle und uneingeschränkte Entschuldigung abgeben.[30] Die weitergehende Staatenpraxis[31] bis zum Beginn des 20. Jahrhundert, die in einer Demütigung des Verletzerstaates resultierte, erscheint nicht mehr relevant; eine entsprechende Forderung wäre aus heutiger Sicht rechtsmißbräuchlich.

2. Der gerichtlichen Praxis läßt sich die Tendenz entnehmen, das Institut der Genugtuung insofern einzuschränken, als eine Verurteilung[32] bereits als ausreichende Satisfaktion angesehen wird.[33]

So hat der Ständige Schiedsgerichtshof es in den Streitigkeiten zwischen Frankreich und Italien in den Fällen der *Carthage* und *Manouba* (1913) abgelehnt, Frankreich einen den materiellen Schaden übersteigenden Betrag zuzusprechen, da die Feststellung der von Italien begangenen Rechtsverletzung als Sanktion ausreichend sei.[34] Im *Corfu Channel* Fall kam das Urteil des Internationalen Gerichsthof zu dem Ergebnis, daß die britische Flottenaktion in den albanischen Gewässern rechtswidrig war, aber die Feststellung dieser Verantwortlichkeit Albanien hinreichende Genugtuung biete.[35] Zu dem gleichen Ergebnis kam auch das Schiedsgericht im zweiten *Rainbow Warrior*-Fall.[36] Im Fall *Northern Cameroons* hat der Internationale Gerichtshof zwar ausdrücklich hervor-

---

die Gewährung einer Entschädigung für die Hinterbliebenen und eine angemessene Bestrafung der Schuldigen. Vgl. PCIJ Series A/B 72, 165. – Weitere Fälle *Carthage*, RIAA II, 475; *Manouba*, RIAA II, 458; *Corfu Channel*, ICJ Reports 1949, 12; *I'm Alone*, RIAA III, 1618. Dazu im einzelnen *Przetacznik*, 946 ff m.w.N.

27 *Rainbow Warrior (New Zealand/France)*, RIAA XX, 217 (272–273).

28 Dazu *Sohn*, Cases on United Nations Law (1956), 265 f.

29 AJIL 63 (1969) 682–685; ASIL Proceedings 1969, 1–30.

30 AFDI 33 (1987) 922 f; 34 (1988), 869–898; ILM 26 (1987) 1346–73.

31 Vgl. zu einzelnen Fällen *E. C. Stowell*, International Cases, 1916, § 6; *Moore*, Arbitrations, Bd. V, 515 f; *Eagleton*, 187; *A. J. Toynbee*, 1920–23, 348 f; ibidem 1927, 231 f.

32 Auch die Feststellungen und Ehrenerklärungen anderer internationaler Instanzen können dem Verletzten möglicherweise Genugtuung bieten. Nach der Entführung von *Eichmann* durch israelische Agenten aus Argentinien im Jahre 1960 hat sich nicht nur die israelische Regierung entschuldigt, sondern es hat auch der Sicherheitsrat der Vereinten Nationen eine Entschließung gefaßt, in der Israel aufgefordert wurde, eine angemessene Wiedergutmachung zu leisten. Vgl. S/Res. 138 (1960) vom 23. 6. 1960. Entschließungen dieser Art stellen selbst schon eine gewisse Wiedergutmachung, wenn auch nicht durch den Schuldigen, dar.

33 Kommentierung zu Art. 37 ILC-Entwurf, 266.

34 RIAA XI, 449, 463. In diesen Fällen hatte Frankreich einen Geldbetrag als Ersatz für den materiellen und ideellen Schaden und ferner einen Betrag von einem Franc *„à trite de réparation morale"* für die Verletzung der durch die Aufbringung der französischen Schiffe beleidigten französischen Flagge verlangt. Das Schiedsgericht stellte fest: „... *in the case in which a Power has failed to meet its obligation... to another Power, the statement of that fact, especially in an arbitral award, constitutes in itself a serious sanction.*" Vgl. auch die Entscheidung der britisch-amerikanischen Claims Commission im Fall *Brower* (1923), RIAA VI, 109. Hier wurde Großbritannien wegen Verletzung der Rechte eines amerikanischen Staatsbürgers in einer wertlosen Insel im Pazifik eine nur symbolische Entschädigungspflicht in Höhe von einem Shilling auferlegt (112).

35 ICJ Reports 1949, 4 (36).

36 ILR 82, 499 (577). In diesem Fall wurde allerdings nur wegen des fehlenden Antrags auf die Zuerkennung von Schadensersatz für die immateriellen Schäden verzichtet und eine den Schadensersatz ersetzende Empfehlung der Einzahlung in einen Fonds gege-

gehoben, daß er eine solche Erklärung abgeben könne, sich ab er dennoch geweigert, ein derartiges deklaratorisches Urteil auszusprechen.[37]

3. Eine Form der Genugtuung kann auch in der formellen Versicherung liegen, daß sich entsprechende Rechtsbrüche nicht wiederholen werden,[38] der Verpflichtung die verantwortlichen Personen strafrechtlich zu verfolgen[39] sowie in einer Entschuldigung.
Der Entwurf der ILC ist entsprechend offen formuliert, so kann die Genugtuung je nach Lagerung des Falles in jeder *„appropriate modality"* bestehen.[40] Grundsätzlich bietet die Genugtuung eine Fülle von Möglichkeiten, die in der Praxis noch nicht voll ausgereift sind.[41] Durch die Anwendung des Verhältnismäßigkeitsgundsatzes werden die Formen der Genugtuung jedoch eingeschränkt.[42]

IV. Umstritten ist, inwieweit die Verpflichtung zum Schadensersatz Strafcharakter annehmen kann *(punitive damage)*.[43] Dabei ist zu berücksichtigen, daß der Forderung nach Schadensersatz für immaterielle Schäden ein Strafelement immanent ist, das mit der Genugtuungsfunktion des Schadensersatzes korrespondiert. Dagegen besteht bislang nicht die Möglichkeit, einen Schadensersatzanspruch rein unter dem Gesichtspunkt der Bestrafung des betroffenen Staates geltend zu machen.

Die für die Gegenansicht zitierten vereinzelten Fälle[44] belegen keine gefestigte Praxis. Einem völkerrechtswidrigen Verhalten eines Staates, ohne entsprechende materielle oder immaterielle Schadenskonsequenzen kann mit Gegenmaßnahmen und – soweit hierfür die Voraussetzungen vorliegen – mit Maßnahmen des Kapitel VII der VN-Charta entgegengetreten werden. Eines Rückgriffs auf das Instrumentarium der internationalen Verantwortlichkeit bedarf es dafür nicht. Allgemein kann jedoch danach gefragt werden, inwieweit die „Beleidigung" eines Staates als völkerrechtlich relevanter Schaden noch zeitgemäß ist. In diesem Zusammenhang ist hervorzuheben, daß das Selbstverständnis der Staaten sich in den letzten Jahrzehnten gewandelt hat. Waren die Staaten früher noch durch den Souverän verkörpert und durch diesen personifiziert, so läßt sich heutzutage anhand der Staatenpraxis und internationalen Rechtsprechung erkennen, daß die Staaten ihre Empfindlichkeit auf „Beleidigungen" weitgehend abgelegt haben.[45]

V. 1. Im Rahmen der verstärkten Bemühungen um einen internationalen Umweltschutz stellt sich die Frage, ob der sogenannte ökologische Schaden als Sonderfall des immateriellen Schadens bereits Anerkennung in der völkerrechtlichen Praxis erfahren hat.[46] Verstanden

---

ben. Die Anerkennung der Völkerrechtsverletzung durch das Gericht ist also nicht die einzige Genugtuung.

[37] ICJ-Reports (1963), 15 ff.

[38] *Przetacznik*, 966 f.

[39] Vgl. dazu *Oppenheim/Jennings/Watts*, Bd. I/1, 532; *Przetacznik*, 962 ff.

[40] Vgl. Art. 37 Abs. 2 ILC Entwurf 2001.

[41] ILC Kommentierung zu Art. 37 Abs. 2, 265 ff.

[42] So verweist die ILC in ihrer Kommentierung zu Artikel 37. Abs. 3 ausdrücklich darauf, daß die Genugtuung keinen pönalen Zweck verfolge und in keinem Falle beleidigende Züge annehmen dürfe. vgl. ILC Kommentierung, S. 268.

[43] Vgl. dazu positiv *Oppenheim/Jennings/Watts*, 533; negativ hingegen *Vicuña*, Sondervoten zu der Kommissionsentscheidung for the Deaths of *Letelier* and *Moffitt*, ILM 31 (1992) 16 (21 f); *Eagleton*, 190–191; *Jiménez de Aréchaga*, Bd. IV, 64–65; positiv hinsichtlich *punitive damages* U.S. Court of Appeals, Second Circuit, im Fall *Filartiga v. Pena-Irala*, 30. 6. 1980, ILR 77, 169 (188 f) unter u. a. Verweis auf den Schiedsspruch im Fall *I'm Alone*, RIAA III, 1609. Kritisch auch *Wittich*, Awe of the Gods and fear of the Priests: Punitive damages in the Law of State responsibility, Austrian Journal of international and European Law, 3 (1998), 101 ff.

[44] Entscheidung des Völkerbundrats vom 14. 12. 1925 mit der Bulgarien gegenüber Griechenland Schadensersatzansprüche über materielle und immaterielle Schäden hinaus zugebilligt wurden, JO 7 (1926), 171; ebenso wurde Kanada im *I'm Alone*-Fall ein Ersatzanspruch über die aktuellen Schäden hinaus zugebilligt (RIAA III, 1609).

[45] Vgl. auch *Dominicé*, La satisfaction en droit des gens, in: FS G. Perrin, 1984, 98.

[46] Ablehnend *Wolf*, 429; vgl. dazu eingehender *Ladeur*, Schadensersatzansprüche des Bundes für die durch den *Sandoz*-Unfall entstandenen „ökologischen Schäden", NJW 1987, 1236–1241; *E. Rehbinder*, Ersatz ökologischer Schäden – Begriff, Anspruchsberechtigung und Umfang des Ersatzes unter Berücksichtigung rechtsvergleichender Erfahrungen, Natur und Recht 1988, 109; *Gassner*, Der Ersatz des öko-

wird darunter die Haftung für Schäden an den Umweltkomponenten, wie Wasser, Luft, Boden, Flora und Fauna, um ihrer selbst willen, ohne daß mit dieser Schädigung unmittelbar in Wirtschaftsgüter von Staaten oder Privatpersonen eingriffen worden wäre.[47] Gemeint ist der Ersatz des Schadens, der über den rein wirtschaftlich meßbaren Wert der geschädigten Ressource hinausgeht. Haben z. B. ökologisch wichtige Landstriche lediglich einen geringen Verkaufswert, kann bei Zerstörung bzw. Verschmutzung dieser Grundstücke z. B. durch Öl nicht nur deren wirschaftlicher Wert als Schadensersatz verlangt werden, sondern – zumindest bei entsprechender Gesetzeslage – die weit darüber hinausgehenden Kosten der Reinigung bzw. Wiederherstellung. Die Umwelt wird also aus eigenem Wert heraus geschützt. Insoweit ist es berechtigt, den Umweltschaden, soweit er nicht mit wirtschaftlichen Kriterien meßbar ist, als Sonderfall des immateriellen Schadens einzustufen.

Um einen Ersatz für Umweltschäden, für ölverseuchte Landstriche, ging es im US-amerikanischen Fall *Commonwealth of Puerto Rico v. SS Colocotroni*. Es handelt sich hier allerdings nicht um einen Fall der völkerrechtlichen Staatenhaftung, sondern – wie häufig bei Umweltverschmutzung durch Private, z. B. Öltanker hier – eine zivilrechtliche Klage des geschädigten Staates gegen das Unternehmen bzw. dessen Versicherung. Die Staatenhaftung würde in diesem Fall lediglich zusätzliches Fehlverhalten oder Unterlassen des Staates, dessen Staatsangehörige gehandelt haben, z. B. mangelnde Kontrolle, betreffen, nicht jedoch die Verschmutzung als solche.[48] Das Berufungsgericht führte aus: „The EQB [Environmental Quality Board] is not concerned with any loss in the market or other commercial value of the Commonwealth's land. In point of fact, the EQB concedes the land has no significant commercial or market value. The claim, rather, is for the injury – broadly conceived – that has been caused to the natural environment by the spilled oil ... Implicit in this choice of language [„the total value of the damages caused to the environment and/or natural resources“, [12 L. P. R. A. § 1131 (29)], we think, is a determination not to restrict the state to ordinary market damages. Many unspoiled natural areas of considerable ecological value have little or no commercial or market value.“[49] Das Gericht stellt jedoch klar, daß dieser spezielle Umweltschaden nicht generell, sondern nur bei entsprechender gesetzlicher Regelung ersetzt wird. Mit einer Anerkennung des Umweltschadens wird die alte Abgrenzung zwischen materiellen und immateriellen Schäden bis zu einem gewissen Grade verwischt. Denn es ist nicht so, daß der ökologische Schaden überhaupt nicht wirtschaftlich berechnet werden könnte. Es ist vielmehr zweifelhaft, ob diese Form der Berechnung angemessen wäre. Eine ausdrückliche Kodifizierung des Umweltschadens fand sich in der *Convention on the Regulation of Antarctic Mineral Resource Activities*, die allerdings nicht in Kraft getreten ist.[50] Eine Pflicht zum Ersatz ökologischer Schäden wird u. a. Art. II des Internationalen Übereinkommens über die zivilrechtliche Haftung für

---

logischen Schadens nach geltendem Recht, Umwelt- und-Planungsrecht 1987, 370; *Schneider/Stoll*, Ersatz von Vermögensschäden in der Bundesrepublik Deutschland aufgrund des Unfalls in *Tschernobyl*, BB 1986, 1233.

[47] Vgl. Urteil im Falle *Commonwealth of Puerto Rico v. SS Colocotroni*, 628 Federal Reporter, 2d Series, 652; vgl. dazu im einzelnen: *Larsson*, The Law of Environmental Damage: Liability and Reparation, 1999, 122 ff; *Boyle*, Remedying Harm to International Common Spaces and Resources: A Compensation and Other Approaches, in: *Wetterstein* (ed.), 83 ff; eine Bewertung des existierenden Vertragsrechts findet sich bei *Wolfrum/Langenfeld* (eds.), 1999.

[48] Zu dieser Fragestellung siehe ausführlich *Langenfeld* in: *Wolfrum/Langenfeld* (eds.), 112 ff.

[49] 628 Federal Reporter, 2d Series, 652 (673); zum Fall siehe auch *Röben* in: *Wolfrum/Langenfeld* (eds.), 329 ff.

[50] *IHenry*, How Much Environmental Protection on the 1988 Wellington Convention, in: *Verhoeven, Sands, Bruce* (eds.), The Antarctic Environment and International Law, 63–83; *R. Wolfrum*, The Convention on the Regulation of Antarctic Mineral Resource Activities, 1991, 62 ff.

Ölverschmutzungsschäden, 1969[51] entnommen,[52] der generell auf *„pollution damage"* verweist.

2. Letztlich ist aber nicht entscheidend, ob einzelne völkerrechtliche Verträge eine Haftung für Umweltschäden anerkennen. Maßgeblich ist vor allem, ob Primärnormen einen generellen Schutz der Umweltkomponenten anerkennen, gleichgültig, ob diese wirtschaftlich bewertbar und einem bestimmten Rechtssubjekt zuzuordnen sind. Ein Beispiel für eine entsprechende Primärnorm ist Art. IX des Weltraumvertrages,[53] wonach Staaten die Untersuchung und Erforschung des Weltraums, einschließlich des Mondes und anderer Himmelskörper, nur so durchführen können, daß deren Kontamination vermieden wird. Hierbei handelt es sich um eine Primärnorm, die den Staaten im Interesse des Umweltschutzes bestimmte Verhaltenspflichten auferlegt. Deren Verletzung führt nach allgemeinem Völkerrecht zu einer internationalen Verantwortlichkeit.[54] Von daher können gegen die Anerkennung des ökologischen Schadens keine grundsätzlichen Bedenken erhoben werden. Eine vergleichbare Primärnorm der angesprochenen Art findet sich beispielsweise auch in Art. II *Convention on Civil Liability for Oil Pollution Damage resulting from Exploration for and Exploitation of Seabed Mineral Resources*, 1977.[55] Das Umweltprotokoll zum Antarktisvertrag[56] sieht die Haftung für Umweltschäden in der Antarktis vor; ihm fehlt allerdings noch die vertragliche Umsetzung. Dagegen ist 1999 ein *Protocol on Liability and Compensation*[57] zur *Basel Convention on Hazardous Wastes* von 1989[58] verabschiedet worden, das bislang jedoch noch nicht in Kraft getreten ist. Der Begriff des Umweltschadens in dem Protokoll ist weit und umfaßt neben der Zerstörung menschlichen Lebens unter anderem den Verlust von Eigentum sowie die Kosten von Vorsorgemaßnahmen.[59]

3. Die Anerkennung eines ökologischen Schadens wirft eine Reihe komplexer Probleme auf. In erster Linie stellt sich die Frage nach der Art der Schadensbemessung. Anders als bei Gütern, denen ein unmittelbarer wirtschaftlicher Wert beigemessen wird, kann eine Schadensbemessung nicht dadurch erfolgen, daß der wirtschaftliche Wert des geschädigten Objekts vor und nach dem schädigenden Ereignis verglichen wird. Damit unterscheidet

---

[51] BGBl. 1975 II, 301; ILM 9 (1970) 45; nach der Legaldefinition von Art. I Ziff. 6 bedeuten „Verschmutzungsschäden"... Verluste oder Schäden, die außerhalb des das Öl befördernden Schiffes durch eine auf das Ausfließen oder Ablassen von Öl aus dem Schiff zurückzuführende Verunreinigung hervorgerufen werden, gleichviel wo das Ausfließen oder Ablassen erfolgt; sie umfassen auch die Kosten von Schutzmaßnahmen und weitere durch Schutzmaßnahmen verursachte Verluste oder Schäden.

[52] *Patmos*-Fall, zit. nach *M. C. Maffei*, in: *Francioni/Scovazzi* (eds.), 381, 386 f.

[53] BGBl. 1969 II, 1969.

[54] *A. Bianchi*, Environmental Harm Resulting from the Use of Nuclear Power Sources in Outer Space: Some Remarks on State Responsibility and Liability, in: *Francioni/Scovazzi* (eds.), 231 ff (259 f).

[55] *W. E. Burhenne*, Internationales Umweltrecht, 977:33/1, allerdings beschränkt auf ein bestimmtes Staatsgebiet. Das heißt, es wird nur die Umwelt unter staatlicher Jurisdiktion geschützt.

[56] *Protocol on Environmental Protection to the Antarctic Treaty* (The Madrid Protocol), 1991, ILM Vol. 39 (1991), 1460–1486; BGBl 1994 II, 2479–2531, Berichtigung BGBl. 1997 II, 708; vgl. dazu § 138.

[57] Protokoll vom 10. 12. 1999, Doc. UNEP/CHW.1/WG/1/9/2.

[58] UNTS No. 28911, Vol. 1673, 57–336.

[59] Vgl. *Protocol on Liability and Compensation* vom 10. 12. 1999, Art. 2 lit. c: „Damage means: (i) Loss of Life or personal injury; (ii) Loss of or damage to property other than property held by the person liable in accordance with the present Protocol; (iii) Loss of income directly deriving from an economic interest in any use of the environment, incurred as a result of impairment of the environment; taking into account savings and costs; (iv) The costs of measures of reinstatement of the impaired environment, limited to the costs of measures actually taken or to be undertaken; and.
(v) The costs of preventive measures, including any loss or damage caused by such measures, to the extend that the damage arises out or results from hazardous properties of the wastes involved in the transboundary movement and disposal of hazardous wastes and other wastes subject to the Convention;"

sich aber die Bemessung von ökologischen Schäden nicht qualitativ von derjenigen immaterieller Schäden im allgemeinen.

Obwohl es sich bei den durch die Haftung für Umweltschäden geschützten Gütern nicht um Wirtschaftsgüter handelt, ist es dennoch möglich wirtschaftliche Kriterien zur Schadensberechnung heranzuziehen. Entscheidend sind danach grundsätzlich die Kosten zur Wiederherstellung des ursprünglichen Zustandes. Hierbei ist zwischen Maßnahmen zur Beseitigung der Schäden (beispielsweise einer Ölverschmutzung) und Maßnahmen zur Wiederherstellung des ursprünglichen Zustandes (beispielsweise Wiederansiedlung einer vernichteten Tierart) zu unterscheiden. Es besteht eine Tendenz, daß zumindest die Kosten für unmittelbare Schadensbeseitigungsmaßnahmen bzw. Eindämmungsmaßnahmen in Ansatz gebracht werden können *(response action)*.[60] Insoweit bestehen keine Unterschiede zum materiellen Schaden. In diese Richtung zielten zeitweise die Beratungen über die Fortentwicklung des Umweltregimes für die Antarktis, von diesem Ansatz ging auch die *Draft Convention for the Regulation of Antarctic Mineral Resource Activities*[61] aus. Der Ansatz hat seine Grundlage im nationalen Recht einzelner Staaten. Ein Beispiel hierfür bietet die Berufungsentscheidung im Falle *Commonwealth of Puerto Rico v. SS Colocotroni*,[62] die insoweit auf den *U.S. Clean Water Act*, 1972[63] verweist. Dessen *Amendment* von 1977 gibt dem geschädigten Staat das Recht, *„costs or expenses incurred... in the restoration or replacement of natural resources damages or destroyed as a result of a discharge of oil or a hazardous substance"* zu verlangen.[64] Die Höhe des Schadensersatzes muß angemessen sein. „.the cost reasonably to be incurred by the sovereign or its designated agency to restore or rehabilitate the environment in the affected area to is pre-existing contition, or as close thereto as is feasible withourt grossly disproportionate expenditures. The focus in determining such a remedy shoud be on the steps a reasonable and prudent sovereign or agency wuld take to mitigate the harm done by the pollution, with attention to such factors as tehnical feasibility, harmful side effects, compatibility with or duplication of such regeneration as is naturally to be expected and the extent to which efforts beyond a certain point would become either redundant or disproportionatey expensive."[65] Es kommt also nach dieser – später vielfach zitierten und aufgegriffenen – Entscheidung für den Umfang des Schadensersatzes auf eine Berücksichtigung der tatsächlichen Umstände des Einzelfalles auf der Basis dieser Kriterien an. Sofern es nicht unmöglich oder unverhältnismäßig teuer ist, können alle für die Herstellung des früheren Umstands nötigen Maßnahmen getroffen werden, also nicht beispielsweise nur Entfernung des Öls, sondern auch Aufforstung, Wiederansiedelung von Tieren etc. Bei Unmöglichkeit bzw. zu hohen Kosten können jedoch stattdessen Maßnahmen an anderer Stelle, z. B. Aufforstung eines anderen Grundstücks oder Ankauf von Land für einen neuen Park ersetzt werden *(concept of alternative site restauration)*. Der Geschädigte muß einen wissenschaftlich fundierten Wiederherstellungsplan vorlegen. Nur in diesem Rahmen kann Ersatz zugesprochen werden. Wenn durch Öl vernichtete Mikroorganismen, für die ein Marktwert besteht, wegen der noch immer bestehenden Verschmutzung nicht erfolgreich angesiedelt werden können und sich durch die autonome Regenerierung der Natur später wieder vermehren können, besteht kein Recht auf Ersatz des Wertes dieser Tiere. Schadensersatz zum Auffüllen der Tierbestände gibt es nur im Rahmen eines Wiederherstellungsplans.

Diese Form der Schadensberechnung scheidet allerdings aus, wenn die Wiederherstellung des ursprünglichen Zustandes nicht möglich ist. In derartigen Fällen ist entweder mit fiktiven Wiederherstellungskosten zu arbeiten oder es ist notwendig, die Schadenssumme nach der Schwere der Rechtsverletzung und des Eingriffs in die Umwelt zu bemessen. Damit würde man sich dem Institut der *punitive damage* nähern.

Problematisch kann des weiteren die Bestimmung des Geschädigten sein. Wurden Umwelt-

---

[60] Vgl. dazu *European Council Convention on Civil Liability for Damage Resulting from Activities Dangerous to the Environment*, 1993, article 2 paragraph 7, ETS 150; ILM Vol. 32 (1993), 1230–1246; article 1 *Convention on Civil Liability and for Damage Caused During Carriage of Dangerous Goods by Road, Rail, and Inland Navigation Vessels*, 1989, Doc. ECE/Trans/79; article 2, *Draft Protocol to the Basel Convention: Basel Protocol on Liability and Compensation for Damage Resulting from Transboundary Movements of Hazardous Wastes and their Disposal*, 1999, Doc. UNEP/CHW.1/WG/1/9/2.

[61] Vgl. dazu § 138.

[62] 628 Federal Reporter, 2d Series, 652.

[63] As amended 1977, 33 U.S. C. § 1321 (8) (4).

[64] 33 U.S. C. § 1321(f)(4).

[65] 628 Federal Reporter, 2d Series, 652 (675).

komponenten verletzt, die unter staatlicher Jurisdiktion stehen, so ist der Geschädigte allein der betreffende Staat. Insofern ist zwischen Umweltschäden und Personal- und Sachschäden zu unterscheiden, die durch Umweltschäden ausgelöst wurden.

4. Wurde in Umweltkomponenten außerhalb staatlicher Jurisdiktion eingegriffen, so ist die Staatengemeinschaft die Geschädigte und es ist fraglich, inwieweit diese, vertreten durch einzelne Staaten oder ihre Gesamtheit, eine internationale Verantwortlichkeit geltend machen kann. Ein Beispiel hierfür wäre der *U.S. Comprehensive Environmental Response, Compensation and Liability Act* (CERCLA)[66]. Eine vollständige Einbeziehung der Umwelt außerhalb staatlicher Jurisdiktion in das Schutzsystem der internationalen Verantwortlichkeit kann letztlich nur *de lege ferenda* erfolgen.

§ 188 Gegenmaßnahmen

Schrifttum: § 173; ferner: *H. von Bardeleben*, Die zwangsweise Durchsetzung im Völkerrecht, 1930; *É.Haumant*, Les Représailles, 1934; *F. Klein*, Die mittelbare Haftung im Völkerrecht, 1941; *E. S. Colbert*, Retaliation in International Law, 1948; *H. A. Schütze*, Die Repressalie, 1950; *Chr. Tomuschat*, Repressalie und Retorsion, zu einigen Aspekten ihrer innerstaatlichen Durchführung, ZaöRV 33 (1973), 179; *R. Fisher*, Improving Compliance with International Law, 1981; *D. Bowett*, Economic Coercion and Reprisals by States, in: VJIL 13 (1972/73), 1 ff; *L. Fisler-Damrosch*, Retaliation or Arbitration – or both? The 1978 United States France Aviation Dispute, AJIL 74 (1980), 785; *Ch. Dominice*, Représailles et droit diplomatique, in: Festschrift Hans Huber, 1981, 541 ff; *Ch. Leben*, Les contre-mésures inter-étatiques et les réactions à l'illicite dans la société internationale, AFDI 28 (1982), 9 ff; *J. A. Frowein*, Die Verpflichtung *erga omnes* im Völkerrecht und ihre Durchsetzung, in: Festschrift *Mosler*, 1983, 241 ff; *E. Zoller*, Peacetime Unilateral Remedies: An Analysis of Countermeasures, 1984; *P. Malanczuk*, Zur Repressalie im Entwurf der International Law Commission zur Staatenverantwortlichkeit, ZaöRV 45 (1985), 293 ff; *K. Doehring*, Die Selbstdurchsetzung völkerrechtlicher Verpflichtungen – Einige Einzelprobleme der Repressalie, ZaöRV 47 (1987), 44; *K. Zemanek*, The Unilateral Enforcement of International Obligations, ZaöRV 47 (1987), 32; O. *Y. Elagab*, The Legality of Non-Forcible Counter-Measures in International Law, 1988; *L.- A. Sicilianos*, Les réactions décentralisées à l'illicite, 1990, 501 ff; *D. Alland*, Justice privée et ordre juridique international: Etude théorique des contre-mesures en droit international public, 1994; *C. Focarelli*, Le contro misure nel diritto internazionale, 1994; *W. Fiedler/E. Klein/A. K. Snyder*, Gegenmaßnahmen, Berichte der Deutschen Gesellschaft für Völkerrecht, 1998; *K. Zemanek*, New trends in the enforcement of *erga omnes* obligations, in: Max Planck Yearbook of United Nations Law, 4 (2000), 1 ff.

I. 1. Es wurde bereits darauf hingewiesen, daß dem Völkerrecht übergreifende Verfahren zu seiner Durchsetzung fehlen.[1] Die Durchsetzung völkerrechtlicher Verpflichtungen erfolgt letztlich in dezentralisierter Form, nämlich auf der internationalen Ebene, wenn eine entsprechende Initiative des verletzten Völkerrechtssubjektes vorliegt, durch Verfahren der internationalen Streitbeilegung, durch Sanktionen des Sicherheitsrates oder durch Maßnahmen regionaler Organisationen. Möglich sind aber auch Gegenmaßnahmen des verletzten Völkerrechtssubjekts selbst, das damit die Durchsetzung seiner Rechte selbst in die Hand nimmt, ohne internationale Foren einzuschalten. Nur dieser Ansatz soll Gegenstand der folgenden Ausführungen sein. Maßnahmen der Vereinten Nationen bzw. von Regionalorganisationen, die man unter dem Begriff der Sanktionen zusammenfassen kann,[2] bzw. Verfahren der Streitbeilegung bleiben Band II vorbehalten.

---

[66] Pub.L.96–510, Dec. 11, 1980, 94 Stat. 2767, as amended, codified in 42 U.S.C §§ 9601 ff. Zur US-Gesetzgebung bezüglich der Umwelthaftung siehe ausführlich *Röben* in: *Wolfrum/Langenfeld* (eds.), 261 ff.

[1] Band I/1, 89.

[2] *Fiedler*, 12.

Die Möglichkeit eines Staates einseitig Gegenmaßnahmen[3] gegen eine völkerrechtswidrige Handlung zu ergreifen, ist sowohl in der internationalen Rechtsprechung wie auch in der Literatur grundsätzlich anerkannt. Bei Gegenmaßnahmen handelt es sich um vom Grundsatz her völkerrechtswidrige Maßnahmen. Sie werden dahingehend gerechtfertigt, daß das Völkerrechtssubjekt, gegen welches sie gerichtet sind, seinerseits einen Völkerrechtsverstoß begangen hat, und daß die ergriffenen Maßnahmen darauf abzielen, die primäre völkerrechtswidrige Handlung oder den durch sie erzeugten Zustand zu beendigen. Insofern ist es konsequent, daß der Entwurf der ILC zur Staatenverantwortlichkeit Gegenmaßnahmen als gerechtfertigt ansieht.[4]
Letztlich sind Gegenmaßnahmen ein Mittel, mit deren Hilfe der Verletzte sich gegen ein ihm zugefügtes Unrecht zu Wehr setzt, also eine Maßnahme, besser gesagt eine gewählte Rechtsfolge, mit der ein vorangehendes völkerrechtliches Unrecht beantwortet wird.[5] Dabei schränkt das Völkerrecht die Ziele ein, die mit einer Gegenmaßnahme verfolgt werden können; ebenso enthält es Einschränkungen für den möglichen Gehalt von Gegenmaßnahmen.

2. Gegenmaßnahmen sind von der Retorsion zu unterscheiden.[6] Bei Gegenmaßnahmen handelt es sich um völkerrechtswidrige Akte, während Retorsionen lediglich unfreundliche Akte sind. Diese verstoßen, für sich gesehen, nicht gegen die völkerrechtlichen Verpflichtungen desjenigen Völkerrechtssubjekts, das die Maßnahme ergriffen hat.[7] Gegenmaßnahmen unterscheiden sich auch von einer Beendigung eines völkerrechtlichen Vertrags oder dessen Suspendierung in Reaktion auf einen Vertragsbruch.[8] Erstere lassen die völkerrechtliche Verpflichtung, nämlich den völkerrechtlichen Vertrag, unberührt, während letztere sie außer Kraft setzen oder zumindest temporär außer Kraft setzen.

[3] Traditionell wurde in diesem Zusammenhang von Repressalie gesprochen (so auch Voraufl. Bd. II, 426 ff). Neuerdings wird dieser Begriff auf die Kriegsrepressalie beschränkt, die hier nicht behandelt werden soll. Statt dessen hat sich der Begriff Gegenmaßnahme *(countermeasure)* eingebürgert; vgl. dazu *Fiedler*, 12 f. Dieser Begriff ist in der internationalen Rechtsprechung bereits verwandt worden. Siehe vor allem die Schiedsentscheidung im Falle *Air Services Agreement of 27 March 1946 (United States v. France)*, RIAA, vol. XVIII, 416, (para. 80); Urteil des Internationalen Gerichtshofs im Fall *United States Diplomatic and Consular Staff in Teheran*, ICJ Reports 1980, 3 (27, para 53); Urteil des Internationalen Gerichtshofs im Fall *Military and Paramilitary Activities in and against Nicaragua (Nicaragua v. United States of America*, ICJ Reports 1986, 14, (102, para. 201); Urteil des Internationalen Gerichtshofs im Fall *Gabčíkovo-Nagymaros Project (Hungary/Slovakia)*, ICJ Reports 1997, 7 (55, para 82).

[4] Vgl. dazu Art. 22 ILC-Entwurf zur Staatenverantwortlichkeit, Report of the International Law Commission, 53rd Session (23 April – 1 June and 2 April – 10 August 2001), General Assembly Official Records 56th Session, Supplement No. 10 (A/56/10), 29 (180 ff. mit Kommentierung).

[5] Siehe insoweit Art. 49 des ILC-Entwurfs zur Staatenverantwortlichkeit, (Anm. 4), 328 ff. (mit Kommentierung). Der Text von Art. 49 lautet:
„*1.* An injured state may only take countermeasures against a State which is responsible for an internationally wrongful act in order to induce that State to comply with its obligations under Part Two.
2. Countermeasures are limited to the non-performance for the time being of international obligations of the State taking the measures towards the responsible State.
3. Countermeasures shall, as far as possible, be taken in such a way as to permit the resumption of performance of the obligations in question."
Vgl. dazu auch die Entschließung des Institut de Droit International 1934, Art. I: „Les représailles sont des mesures de contrainte ..... prises par un Etat à la suite d'actes illicites commis à son préjudice par un autre Etat et ayant pour but d'imposer à cellui-ci, au moyen d'un hommage, le respect du droit", 1934, 168.

[6] Die Terminologie ist allerdings nicht immer einheitlich. Gelegentlich wird Gegenmaßnahme auch als Oberbegriff verstanden, der Retorsion und Repressalie erfaßt.

[7] Hierunter fallen vor allem Einschränkungen des diplomatischen Verkehrs, Kürzung eines Hilfsprogramms, soweit es nicht rechtsverbindlich vereinbart wurde.

[8] Vgl. dazu §§ 159, 163.

Es besteht die Pflicht, Gegenmaßnahmen zu beenden, wenn ihr Zweck erfüllt ist. Dies geschieht einseitig. Demgegenüber erfordert die Wiederherstellung der vertraglichen Beziehungen nach Vertragsbeendigung eine Mitwirkung der anderen Vertragspartei.

3. Gegenmaßnahmen spielen eine zentrale Rolle bei der Durchsetzung von Berichten der GATT-*Panels* bzw. der GATT *Appellate Bodies*.[9] Unter dem Streitbeilegungssystem der WTO sind die Staaten verpflichtet, die Empfehlungen der Berichte umzusetzen. Als Durchsetzungsmechanismus ist letztlich das Ergreifen von Gegenmaßnahmen möglich; die Verpflichtung, sich dem Streitbeilegungsverfahren der WTO zu unterwerfen, erfolgt allerdings freiwillig. Wenn keine Einigung zwischen den Streitparteien über die Umsetzung des Spruchs eines *Panels* oder *Appelate Body's* erfolgt, kann nach Ablauf einer bestimmten Frist der Antragsteller die Genehmigung beantragen, bestimmte von ihm gemachte Zusagen oder andere Verpflichtungen auszusetzen. Letztlich handelt es sich insoweit um ein strikt formalisiertes und institutionell kontrolliertes System von Gegenmaßnahmen zur Durchsetzung des Rechts. Dieses System liegt auf der Grenze zwischen dem System der Gegenmaßnahmen nach allgemeinem Völkerrecht und einer zentralisierten Form der Rechtsdurchsetzung.

II. Das Institut der Gegenmaßnahme (früher: Repressalie) geht auf das Selbsthilfe- und Faustrecht zurück, wie es in Gesellschaften ohne staatliches bzw. zentrales Gewaltmonopol existierte oder noch existiert. Vor Durchsetzung des Gewaltmonopols galt in Europa die Regel, daß jeder, dem ein Ausländer ein Unrecht zugefügt hatte, seinerseits gegen ihn oder seine Landsleute Gewalt üben dürfe, um sich auf diese Weise schadlos zu halten. Verglichen mit diesem Zustand eines kaum eingeschränkten Selbsthilferechts bedeutete es einen Fortschritt, daß der Staat die Ausübung des Repressalienrechts – zunächst im Mittelalter – mehr und mehr in die Hand nahm. Es setzte sich die Auffassung durch, daß der einzelne zur Ausübung des Repressalienrechts gegenüber Ausländern der Genehmigung seines Staates bedürfe. Die Staaten pflegten dem geschädigten Privatmann Repressalienbriefe, Kaperbriefe, *lettres de marque* auszustellen, in dem sie den Inhaber derartiger Briefe dazu ermächtigten, sich notfalls mit Gewalt an den Angehörigen des schuldigen Staates schadlos zu halten. Ein solches Repressalienrecht mit landesrechtlicher Ermächtigung ist zum Teil noch bis in die zweite Hälfte des 18. Jahrhunderts ausgeübt worden.[10] Erst nach einer Übergangszeit hat sich auch auf diesem Gebiet das staatliche Monopol der Gewaltausübung durchgesetzt.[11]

III. In der Gegenwart sind nur noch Staaten und andere Völkerrechtssubjekte in den Grenzen ihrer Rechts- und Handlungsfähigkeit zur Verhängung bzw. zur Ergreifung von Gegenmaßnahmen befugt. Gegenmaßnahmen können eingeleitet werden, um Verstöße gegen das Völkerrecht zu beenden und den durch das völkerrechtswidrige Verhalten entstandenen Zustand zu revidieren. Voraussetzung ist, daß die Rechte desjenigen Völkerrechtssubjekts verletzt worden sind, welches diese Maßnahme ergreift. In eingeschränktem Umfang können Gegenmaßnahmen auch zum Schutz von Rechten der internationalen Staatengemeinschaft ergriffen werden.[12] Als Gegner einer Gegenmaßnahme kommt nur ein Völkerrechtssubjekt in Betracht und zwar ausschließlich das, dem die völkerrechtswidrige Handlung zuzurechnen ist.[13]

In erster Linie können Gegenmaßnahmen durch das Verhalten von Staaten oder durch

---

[9] Vgl. dazu *Stoll*, World Trade, Dispute Settlement, EPIL vol. IV, 1520 ff. (1526).

[10] Art. 1, sec. 8, clause 11 der US-amerikanischen Verfassung erwähnt noch die Möglichkeit von *lettres de marque*.

[11] Zur Geschichte *Clark*, AJIL, 1933, 694 f.

[12] Anders Vorauflage, Band II, 427; vgl. dazu unter VI.

[13] Vgl. zur Zurechenbarkeit §§ 176 f.

völkerrechtlich anerkannte Aufständische oder internationale Organisationen ausgelöst werden. Dagegen begründet das Handeln von Privatpersonen für sich keinen Anlaß, Gegenmaßnahmen zu ergreifen, es sei denn, dieses Handeln ist einem Völkerrechtssubjekt zuzurechnen[14] oder es bestand eine Pflicht des betreffenden Völkerrechtssubjekts, gegen das Handeln der Privatpersonen einzuschreiten. Liegt der letztgenannte Fall vor, handelt es sich nicht um eine Frage der Zurechnung. Vielmehr stellt das Nichthandeln für sich gesehen einen Völkerrechtsverstoß dar, gegen den Gegenmaßnahmen möglich sind.

Gegenmaßnahmen können unmittelbar gegen den Staat sowie gegenüber seinen Angehörigen ergriffen werden. Allerdings ist sowohl nach dem Entwurf der ILC zur Staatenverantwortlichkeit wie auch nach Völkergewohnheitsrecht die Ausübung von Gegenmaßnahmen an das Vorliegen bestimmter Tatbestände gebunden, die Gegenmaßnahmen einschränken. Diese Einschränkungen beziehen sich auf das „ob", insbesondere aber auf Ausmaß und Form von Gegenmaßnahmen.

IV. 1. Eine Gegenmaßnahme ist nur zulässig, wenn ihr ein völkerrechtswidriges Handeln desjenigen Völkerrechtssubjektes vorausgeht, gegen das die Gegenmaßnahme ergriffen werden soll. Diese Regel war bereits im Völkergewohnheitsrecht anerkannt[15] und wird durch Art. 49 Abs. 1 des ILC-Entwurfs zur Staatenverantwortlichkeit[16] lediglich bestätigt.

Die zweite Bedingung für die Rechtmäßigkeit von Gegenmaßnahmen liegt darin, daß sie gegen dasjenige Völkerrechtssubjekt ergriffen wird, dem das völkerrechtswidrige Verhalten zuzurechnen ist,[17] gegen das sich die Gegenmaßnahme wendet und sie von dem Völkerrechtssubjekt ergriffen wird, dessen Rechte verletzt wurden.[18] Diese Aussage enthält ein subjektives sowie ein objektives Element. Sie bezieht sich auf das Ziel der betreffenden Gegenmaßnahme sowie auch auf deren unmittelbare Auswirkungen. Das heißt, Gegenmaßnahmen müssen von ihrer Intention her sich gegen das Völkerrechtssubjekt wenden, dem das völkerrechtswidrige Verhalten zuzurechnen ist und dürfen auch nur dort unmittelbare Wirkung entfalten. Dies schließt allerdings nicht aus, daß die gegen ein Völkerrechtssubjekt gerichteten Gegenmaßnahmen nicht auch mittelbare Wirkungen für einen dritten Staat haben. Ob diese mittelbaren Auswirkungen völkerrechtsgemäß sind, hängt davon ab, ob dem dritten Staat Rechte gegenüber dem Völkerrechtssubjekt zustehen, das die Gegenmaßnahmen erlassen hat.[19]

Handelsrestriktionen gegenüber einem Staat können zur Folge haben, daß dieser seine Verpflichtungen gegenüber einem dritten Staat nicht erfüllen kann. Dies macht die Gegenmaßnahmen im Verhältnis zwischen dem die Gegenmaßnahmen erlassenden Staat und dem dritten Staat allerdings nicht rechtswidrig, wenn nicht zwischen beiden Staaten besondere

---

[14] *Klein*, 52 f. *Ipsen*, in: *Ipsen* (Hrsg.), 4. Aufl., 560.

[15] Vgl. dazu das Urteil des Internationalen Gerichtshofs im *Gabčíkovo-Nagymaros- Project* case *(Hungary v. Slovakia)*, ICJ Reports 1997, 7 (55): „In order to be justifiable, a counter-measure must meet certain conditions... In the first place it must be taken in response to a previous international wrongful act of another state and must be directed against that state." Ebenso auch die Schiedsentscheidung im Falle *Naulilaa (Responsibility of Germany for damages caused in the Portuguese colonies in the South of Africa)*, RIAA II, 1013 (1027); im Falle *Cysne (Responsibility of Germany for Acts committed subsequent to 31 July 1914 before Portugal entered into the war*, RIAA II, 1035 (1057). In der Kodifikationskonferenz von 1930 betonten alle Staaten, die zu diesem Punkt Stellung nahmen, daß das Vorliegen eines völkerrechtswidrigen Aktes eine zwingende Voraussetzung für das Ergreifen von Gegenmaßnahmen sei. (League of Nations, Conference for the Codification of International Law, Basis of Discussion for the Conference drawn up the Preparatory Committee, Vol. III: Responsibility of States for Damage caused in their Territory to the Person or Property of Foreigners (Doc. C. 75. M. 69. 1929. V., 128).

[16] ILC-Report 2001 (Anm.4).

[17] *Fiedler/Klein/Snyder*, 52 ff.

[18] *Klein*, 49 f.

[19] Stärker einschränkend wohl *Cassese*, 237. Auf jeden Fall verstoßen der *Helms-Burton Act* vom 12. März 1996 und der *D'Amato-Kennedy-Act* vom 5. August 1996 gegen diesen Grundsatz und sind insoweit völkerrechtswidrig.

vertragliche Beziehungen bestehen, die ein derartiges Vorgehen ausschließen. Anderseits ist es völkerrechtswidrig, Maßnahmen gegen einen dritten Staat zu ergreifen mit dem Ziel, daß diese sich in dem Staat mittelbar auswirken, der sich ursprünglich völkerrechtswidrig verhalten hat. Hierbei handelt es sich dann gerade nicht um Gegenmaßnahmen, die sich gegen den Staat richten, der sich völkerrechtswidrig verhalten hat. Eine derartige Maßnahme ist daher nicht als Gegenmaßnahme völkerrechtlich zu rechtfertigen.

2. Notwendig, aber nicht ausreichend für das Ergreifen von Gegenmaßnahmen ist, daß eine völkerrechtswidrige Handlung vorangegangen ist. Erforderlich ist als dritte Vorbedingung, daß die Handlung oder deren Wirkung noch andauert. Gegenmaßnahmen sind keine Strafe und kein Vergeltungsakt, sondern nach ihrer gesamten Konzeption Selbsthilfeakte zur Durchsetzung des Rechts. Sie sind nicht auf die Vergangenheit, sondern auf die Zukunft gerichtet; ihr Zweck ist es, einem rechtswidrigen Handeln oder Zustand ein Ende zu bereiten. Dieser Gesichtspunkt wird in der Praxis nicht immer hinreichend berücksichtigt. Vor allem wird nicht berücksichtigt, daß Gegenmaßnahmen dann zu beenden sind, wenn der Staat, gegen den Gegenmaßnahmen gerichtet sind, sein rechtswidriges Verhalten eingestellt hat, und keine Folgewirkungen mehr erlitten werden.
Möglich sind Gegenmaßnahmen auch, um das Völkerrechtssubjekt, das die rechtswidrige Maßnahme ergriffen hat, zur Leistung von Schadensersatz anzuhalten. Dies folgt konsequent aus der Konzeption der Verpflichtung zum Schadensersatz als Maßnahme zur Wiederherstellung des *status quo ante*, wenn auch nur in finanzieller Hinsicht. Letztlich kann also durch Gegenmaßnahmen die Erfüllung aller sekundären Pflichten eines Völkerrechtssubjekts erzwungen werden, die Folge einer völkerrechtswidrigen Handlung sind (Beendigung eines völkerrechtswidrigen Verhaltens, Verbot der Wiederholung, Ausgleich materieller Schäden, Ausgleich immaterieller Schäden).[20] Zulässig ist auch eine Gegenmaßnahme gegen eine unmittelbar bevorstehende Wiederholung einer völkerrechtlichen Handlung. Die Rechtfertigung, diese Fallkonstellation im Rahmen der staatlichen Verantwortlichkeit zu berücksichtigen, liegt in der vorherigen völkerrechtswidrigen Handlung. Die unmittelbar bevorstehende Wiederholung kann insoweit dem Andauern eines völkerrechtswidrigen Zustands gleichgestellt werden.

3. Das Ergreifen von Gegenmaßnahmen ist nicht zeitlich unbegrenzt möglich. Auch dieser Grundsatz ist völkergewohnheitsrechtlich anerkannt; er wird durch den Entwurf der ILC zur Staatenverantwortlichkeit bestätigt.[21] Ist nämlich die Völkerrechtsverletzung abgeschlossen und hat sie auch in der Gegenwart keine weiteren Folgen, bzw. ist eine Wiederholung in naher Zukunft nicht zu erwarten, dann ist für Gegenmaßnahmen kein Raum. Der gleiche Grundsatz gilt für den Fall, daß Gegenmaßnahmen zunächst gerechtfertigt waren, aber die Gegenseite die völkerrechtswidrige Maßnahme bzw. den völkerrechtswidrigen Zustand beendet oder Wiedergutmachung geleistet hat. In diesem Fall müssen Gegenmaßnahmen eingestellt werden. Deren Fortsetzung stellt ihrerseits einen Völkerrechtsverstoß dar, der mit Gegenmaßnahmen beantwortet werden kann bzw. löst die Konsequenzen der Staatenverantwortlichkeit aus.

V. Besondere Probleme werfen Gegenmaßnahmen von Staaten auf, die durch das völkerrechtswidrige Verhalten nicht unmittelbar betroffen sind. Grundsätzlich geht das System der Gegenmaßnahmen von einer strengen Reziprozität aus, wonach Gegenmaßnahmen nur ergreifen kann, wer in seinen völkerrechtlich geschützten Rechten verletzt worden ist. Dies

---

20 Vgl. dazu Art. 49 Abs. 1 des ILC-Entwurfs (Anm. 4), der auf die Pflichten am Teil II des ILC-Entwurfes verweist; so auch *Fischer, in: Ipsen* (Hrsg.), Völkerrecht, 4. Aufl., 953.

21 Art. 49 Abs. 2 ILC-Entwurf (Anm. 4), 328 ff (mit Kommentierung).

wird allerdings der Tatsache nicht gerecht, daß die völkerrechtlichen Verpflichtungen nicht mehr völlig als solche bilateraler Natur qualifiziert werden können.[22] Würde der Grundsatz der Reziprozität zwischen Rechtsverletzung und Gegenmaßnahme strikt angewandt, wären Gegenmaßnahmen im Falle einer Verletzung von menschenrechtlichen Verträgen, ausgenommen im Fall der Verletzung eigener Staatsangehöriger, ausgeschlossen. Das heißt, eines der traditionellen Durchsetzungsmechanismen wäre auf Ordnungsverträge nicht oder nur mit Schwierigkeiten anwendbar.

Entscheidend für die Beantwortung der hier aufgeworfenen Frage ist die Bestimmung der Rechte, in denen ein Völkerrechssubjekt verletzt sein kann, mit der Konsequenz, daß es Gegenmaßnahmen ergreifen kann. Ein solches verletzbares Recht kann auch das Interesse an der Befolgung der im Rahmen eines Ordnungsvertrages übernommenen Verpflichtung sein.[23] Es ist schwer nachvollziehbar, warum dieses Recht nicht durch Gegenmaßnahmen verteidigt werden können soll. Der ILC-Entwurf zur Staatenverantwortlichkeit erkennt zwar an, daß nicht unmittelbar in ihren Rechten verletzte Staaten eine Rechtsverletzung geltend machen können, und zwar wenn sie zum Schutze von Interessen einer Staatengruppe oder zum Schutze von Staatengemeinschaftsinteressen tätig werden.[24] Allerdings schließt er die Möglichkeit von Gegenmaßnahmen aus. Diese Staaten sind auf Maßnahmen unterhalb der Schwelle von Gegenmaßnahmen beschränkt.[25] Dies erscheint nicht konsequent. Denn bei Anwendung dieses Grundsatzes könnte z. B. zwar ein Staat wegen der Behinderung seiner Schiffe auf hoher See Gegenmaßnahmen ergreifen, nicht aber zur Verteidigung der Freiheit der Schiffahrt auf hoher See gegen weitreichende Einschränkungen, wenn aktuell die Schiffe unter seiner Flagge zufällig nicht betroffen sind. Entscheidender ist aber ein grundsätzliches Argument. Der Ausschluß von Gegenmaßnahmen zur Verteidigung von Ordnungsverträgen würde bei dem von der ILC verfolgten Ansatz entscheidend geschwächt.[26]

Die völkerrechtliche Praxis steht Gegenmaßnahmen zum Schutze von Ordnungsverträgen nicht mehr völlig ablehnend gegenüber. So haben die Staaten der Europäischen Union Maßnahmen gegen Jugoslawien in Reaktion auf die Menschenrechtsverletzungen unter Präsident Milosevic ergriffen.[27] Nach einem Sturz der demokratisch gewählten Regierung in Surinam 1982 hat die Regierung der Niederlande die Zahlung von Entwicklungshilfe, auf die Surinam einen vertraglichen Anspruch hatte, ausgesetzt.[28] Auch im Kommentar des Entwurfs der ILC zur Staatenverantwortlichkeit zu diesem Punkt wird angedeutet, daß sich die völkerrechtliche Praxis in die Richtung entwickeln könnte, wonach Gegenmaßnahmen auch zum Schutz von Ordnungsverträgen eingesetzt werden können.

---

[22] Siehe dazu §§ 173–174. Vgl. *Zemanek*, Max Planck UNYB 4 (2000), 28 ff.

[23] Vgl. dazu § 181.

[24] Art. 48: „ Any State other than the injured State is intitled to invoke the responsibility of another State in accordance with paragraph 2 if

a) The obligation breached is owed to a group of States including that State, and is established for the protection of a collective interest of the group; or

b) The obligation breached is owed to the international community as a whole.

2. Any State entitled to invoke responsibility under paragraph 1 may claim from the responsible State:

a) Cessation of the internationally wrongful act, and assurances and guarantees of non-repetition. In accordance with article 30: and

b) Performance of the obligation of reparation in accordance with preceding articles, in the interest of the injured Stateor of the beneficiaries of the obligation breached."

[25] Art. 54 ILC-Entwurf zur Staatenverantwortlichkeit (Anm. 3, 349 ff mit Kommentierung): „This chapter does not prejudice the right of any State, entitled under article 48, paragraph 1 to invoke the responsibility of another State, to take lawful measures against that State to ensure ensure cessation of the breach and reparation in the interest of the injured State or of the beneficiaries of the obligation breached."

[26] Eher zurückhaltend wohl *Fiedler/Klein/Snyder*, 51 f.

[27] Common positions of 7 May and 29 June 1998, O. J. E.C 1998, L 143 (p. 1) und L. 190 (p. 3); EG Verordnung 1295/98 (L 178, p. 33) und 1901/98 (L 248, p. 1).

[28] *Siekmann*, Netherlands State Practice for the Parliamentary Year 1982–1983, NYIL 15 (1984), 321.

VI. Im allgemeinen Völkerrecht haben sich Grenzen für das Ergreifen von Gegenmaßnahmen entwickelt, die auch in den Regelungen der ILC zur Staatenverantwortlichkeit ihren Niederschlag gefunden haben. Bei diesen Grenzen handelt es sich teilweise um verfahrensrechtliche, teilweise um materiellrechtliche Grenzen.

1. Bevor Gegenmaßnahmen ergriffen werden können, muß der Staat, der plant, Gegenmaßnahmen zu ergreifen, den Staat, gegen den Gegenmaßnahmen gerichtet werden sollen, auffordern, seine völkerrechtlichen Verpflichtungen zu erfüllen. Außerdem müssen die Gegenmaßnahmen angekündigt werden. Beides ist mit dem Anbieten von Verhandlungen zu verbinden.[29] Hintergrund für diese verfahrensrechtlichen Regelungen ist, daß Gegenmaßnahmen die *ultima ratio* darstellen und Verhandlungen die bevorzugte Lösungen für derartige Konflikte sind. Aus diesem Grund sind Gegenmaßnahmen unzulässig, wenn zu dem konkreten Rechtssverstoß ein Streitbeilegungsverfahren begonnen hat.

Es ist umstritten, ob eine vorherige Androhung von Gegenmaßnahmen dann entfallen kann, wenn dies deren Effektivität beeinträchtigt. Die praktische Relevanz dieser Frage ist möglicherweise gering[30] bzw. kann in engen Grenzen gehalten werden.[31] Da der Sinn der Verhandlungspflicht darin besteht, eine einvernehmliche Lösung des Rechtsstreits zu erreichen, kommt ihr ein großes Gewicht zu. Ein Außerachtlassen der Ankündigungs- und Verhandlungspflicht stellt daher in der Praxis die absolute Ausnahme dar.

2. Außerordentlich umstritten ist, ob und unter welchen Umständen Gegenmaßnahmen ergriffen werden können, wenn der betreffende völkerrechtliche Vertrag, gegen den verstoßen worden ist, ein Verfahren zur Reaktion auf Völkerrechtsverstöße vorsieht (sog. *self-contained regimes)*. Wieder ausgehend davon, daß Gegenmaßnahmen das letzte Mittel zur Durchsetzung des Rechts sind, ist der betreffende Staat dazu verpflichtet, zunächst die Mechanismen auszuschöpfen, die der betreffende völkerrechtliche Vertrag als Reaktion auf eine Rechtsverletzung zur Verfügung stellt. Hiergegen werden in der Literatur Bedenken vorgebracht. Zum einen wird darauf verwiesen, daß die Identifikation von *self-contained regimes* nicht unproblematisch ist.[32] Darüber hinaus wird argumentiert, daß dies zu einer Schwächung der Durchsetzung dieser Vertragsregime führen muß, insbesondere dann, wenn systematische und andauernde Rechtsverstöße im Widerspruch zu Gerichts- und Streitbeilegungsentscheidungen vorliegen, und der Gegenpartei Gegenmaßnahmen nach allgemeinem Völkerrecht abgeschnitten sind, weil derartige Verfahren zur Verfügung stehen.[33] Der ILC-Entwurf zur Staatenverantwortlichkeit erfaßt und entkräftet diese Vorbehalte nur zum Teil, indem er die Verpflichtung des verletzten Staates betont, die Streitbeilegungsmechanismen in Anspruch zu nehmen[34] und die Gegenmaßnahme zu beenden, wenn ein Steitbeilegungsverfahren anhängig ist, das bindende Entscheidungen fällen kann[35]. Letzteres kommt allerdings dann nicht zur Anwendung, wenn die Partei, die völkerrechtswidrig gehandelt hat, die Verpflichtung zur friedlichen Streitbeilegung nicht erfüllt[36]. Diese Regelungen sind sachgerecht und betonen die Priorität der friedlichen Streitbeilegung vor dem

[29] Vgl. dazu Art. 52 des ILC-Entwurfs zur Staatenverantwortlichkeit (Anm. 4), 345 ff. (mit Kommentierung).

[30] Vgl. dazu *Doehring*, ZaöRV 1987, 50 ff.

[31] Zu denken ist an den Fall, daß ein Staat beabsichtigt, bei ihm belegenes Vermögen (Bankkonten) einzufrieren. Hier könnten die Konten mit der Ankündigung vorläufig eingefroren werden.

[32] Vgl. dazu *Simma*, Self-contained Regimes, NYIL 16 (1985), 111 ff; *Fischer*, in: *Ipsen* (Hrsg.), 4. Aufl., 954.

[33] *Zemanek*, ZaöRV 1987, 32–43 (40 f); *Fischer*, in: *Ipsen*, Völkerrecht, 4. Aufl., 954 f.

[34] Art. 50 Abs. 2a ILC-Entwurf zur Staatenverantwortlichkeit (Anm. 4).

[35] Art. 52 Abs. 3b ILC-Entwurf zur Staatenverantwortlichkeit.

[36] Art. 52 Abs. 4 ILC-Entwurf zur Staatenverantwortlichkeit.

Ergreifen von Gegenmaßnahmen. Ob sie aber bereits als Völkergewohnheitsrecht anzusehen sind, ist fraglich.
Von besonderer Bedeutung ist die Frage nach der Zulässigkeit von Gegenmaßnahmen für Vertragssysteme, in denen regelrechte *‚non-compliance procedures‘* vorgesehen werden, wie dies für eine zunehmende Zahl von internationalen Umweltabkommen der Fall ist.[37] Die entsprechenden Regelungen sind als Sonderregelungen zu den Regeln des allgemeinen Völkerrechts zur Staatenverantwortlichkeit und zu Gegenmaßnahmen zu verstehen, die gegenüber letzteren Priorität genießen. Dies gilt schon deshalb, weil diese besonderen Verfahren versuchen, einen nicht-konfrontativen Ausgleich zwischen den Vertragsstaaten bei Nichterfüllung der vertraglichen Pflichten durch eine Partei zu erreichen.

3. a. Art. 50 Abs. 1 des ILC-Entwurfs[38] verbietet Gegenmaßnahmen, soweit diese zu einer Verletzung des Gewaltverbots führen, die Verpflichtung zum Schutz von fundamentalen Menschenrechten verletzen, gegen Regelungen des humanitären Kriegsrechts verstoßen, wonach Repressalien ausgeschlossen sind, und wenn das Ergreifen von Gegenmaßnahmen seinerseits ein Verstoß gegen zwingende Regeln des Völkerrechts darstellen würde. Die genannten Einschränkungen reflektieren zwar Völkergewohnheitsrecht, sind aber unglücklich formuliert.
Das Verbot von Gegenmaßnahmen in der Form von militärischer Gewalt ist auch völkergewohnheitsrechtlich anerkannt.[39] Insoweit kann auf die Deklaration der Generalversammlung der Vereinten Nationen über die Prinzipien des Völkerrechts über freundschaftliche Beziehung und die Zusammenarbeit zwischen Staaten zurückgegriffen werden.[40] Diese Grenze für Gegenmaßnahmen ist in der internationalen Rechtsprechung anerkannt.[41] Sie beruht auf der Verpflichtung aus der Charta der Vereinten Nationen, militärische Gewalt einzuschränken und auf wenige, eng begrenzte Fälle zu reduzieren (Selbstverteidigung, militärische Sanktionen nach Kapitel VII der VN-Charta).

b. Auch für das Verbot, gegen fundamentale Menschenrechte zu verstoßen, gibt es Belege aus der internationalen Rechtsprechung. Im Verfahren *„Naulilaa"* hat das Schiedsgericht festgestellt, daß Gegenmaßnahmen begrenzt seien *„by the requirements of humanity and the rules of good faith applicable in relations between states"*.[42] Dieser Gedanke ist ebenfalls in dem *General Comment No. 8* (1997) des *Committee on Economic Social and Cultural Rights* formuliert worden, als sich der Ausschuß mit den Konsequenzen der Sanktionen gegen den Irak beschäftigte.[43] Auch diese Schranke findet ihre Rechtfertigung letztlich in der

[37] Vgl. dazu u. a. *Wolfrum*, Means of Ensuring Compliance with and Enforcement of International Environmental Law, RdC 272 (1998), 11 (110 ff).

[38] „1. Countermeasures shall not affect:
Vgl. dazu oben § 181.
a) The obligation to refrain from the threat or use of force as embodied in the charter of the United Nations;
b) Obligations for the protection of fundamental human rights;
c) Obligations of a humanitarian character prohibiting reprisals;
d) Other obligations under peremptory norms of general international law.
2. A State taking countermeasures is not relieved from fulfilling its obligations:
a) Under any dispute settlement procedure applicable between it and the responsible State;
b) to respect the inviolability of diplomatic or consular agents, premises, archives and documents.".

[39] *Cassese*, 236.

[40] GA Res. 2625 (XXV), 24. October 1970, 1.

[41] Im Urteil des Internationalen Gerichtshofs im *Corfu-Channel Case*, ICJ Reports 1949, 4 (35); Urteil des Internationalen Gerichtshofs im Falle *Military and Paramilitary Activities in and against Nicaragua*, ICJ Reports 1986, 16 (127, para. 249); Urteil des Internationalen Gerichtshofs im Falle *Legality of the Threat or Use of Nuclear Weapons*, ICJ Reports, 1996, paras. 42 and 46. Vgl. dazu *Fischer*, in: *Ipsen* (Hrsg.), 4. Aufl., 955.

[42] *Naulilaa (Responsibility of Germany for damage caused in the Portuguese colonies in the South of Africa)*, RIAA, II, 1013 (1026).

[43] Der Ausschuß verwies darauf, daß die Rechte außer dem *International Covenant on Economic Social and Cultural Rights* (BGBl. 1973 II, 1570) auch bei

Charta der Vereinten Nationen. Diese mißt der Beachtung der Menschenrechte besondere Bedeutung zu. Allerdings bereitet der Verweis auf *„fundamental human rights"* interpretatorische Schwierigkeiten. Ausgeschlossen als Gegenmaßnahmen sind zweifellos alle Handlungen, die im Rahmen des internationalen Strafrechts geahndet werden können (Völkermord, Verbrechen gegen die Menschlichkeit etc.).[44] Dies aber wäre ein zu enger Ansatz, der letztlich doch Menschenrechte zur Disposition desjenigen Völkerrechtssubjekts stellen würde, das Gegenmaßnahmen ergreift. Gerade hierin liegt aber die Problematik. Verhindert werden soll, daß Einzelpersonen bzw. die Einschränkung von deren Rechten als Druckmittel dazu benutzt werden, um einen Staat zu bestimmten Handlungen zu zwingen. Von diesem Ansatz her läßt sich die Schranke für Gegenmaßnahmen eher bestimmen. Ausgeschlossen sind alle Einschränkungen von Menschenrechten, die einen unmittelbaren Persönlichkeitsbezug haben, (körperliche Integrität, Freiheit etc.) nicht dagegen z. B. Einschränkungen in wirtschaftlichen Bereichen (Eigentum), solange dadurch nicht eine Existenznot eintritt.

c. Keiner weiteren Begründung bedarf das Verbot von Gegenmaßnahmen, die gegen das Repressalienverbot des humanitären Völkerrechts[45] bzw. gegen eine Regel des zwingenden Völkerrechts verstoßen. Letzteres ergibt sich aus der Rechtsnatur der Regeln des zwingenden Völkerrechts. Deren Sinn und Zweck liegt darin, daß von ihnen – auch vertraglich – nicht abgewichen werden kann. Dann ist ein derartiges Abweichen aber auch nicht als Reaktion auf ein völkerrechtswidriges Verhalten eines anderen Völkerrechtssubjektes möglich. Das Verbot von Gegenmaßnahmen gilt nicht nur für das Repressalienverbot des humanitären Völkerrechts, sondern es gilt für alle vertraglich vereinbarten Repressalienverbote schlechthin.

4. a. Schließlich entbinden Gegenmaßnahmen einen Staat nicht von seinen Verpflichtungen, eingegangene Streitbeilegungsverfahren einzuhalten und anzuwenden. Dieser Grundsatz ist in der internationalen Rechtsprechung anerkannt. Er ergibt sich daraus, daß die Regelungen zur friedlichen Streitbeilegung primäre Mittel zur Beilegung von Rechtsstreitigkeiten sind, und Gegenmaßnahmen erst dann ergriffen werden können, wenn diese Möglichkeiten ausgeschöpft wurden.[46]

b. Ausgeschlossen sind nach dem ILC-Entwurf schließlich auch Maßnahmen, die den Grundsatz der Unverletzlichkeit von diplomatischen und konsularischen Personal, Gebäuden, Archiven und Dokumenten verletzten.[47] Dieser Grundsatz wurde von dem Internationalen Gerichtshof in dem Fall *United States Diplomatic Consular Staff in Teheran* entwickelt.[48] Der Entscheidung des Internationalen Gerichtshofs lag allerdings die Erwägung zu Grunde, daß Gegenmaßnahmen nach allgemeinem Völkerrecht in all denjenigen Fällen nicht ergriffen werden sollen, in denen das entsprechende Vertragsregime eine

---

Sanktionen gegen einen Staat zu berücksichtigen seien: „... It is essential to distinguish between the basic objective of applying political and economic pressure upon the governing elite of a country to persuade them to conform to international law, and the collateral infliction of suffering upon the most vulnerable groups within the targeted country." (Doc. E/C. 12/1997/8, 5. December 1997, para. 1).

44 Vgl. dazu §§ 192 f.

45 Z.B Art. 20 des I. Zusatzprotokolls von 1977 zu den Genfer Konventionen vom 12. August 1949; vgl. dazu *Partsch*, Reprisals, EPIL, Vol. 4, 2000, 200–205; *Oeter*, Methods and Means of Combat, in: *D. Fleck*, The Handbook of Humanitarian Law in Armed Conflict, 1995, 105 (204 ff).

46 IGH, *Appeal Relating to the Jurisdiction of the ICAO Council*, ICJ Reports 1972, 46 (53). Siehe auch *Schwebel*, International Arbitration: Three Salient Problems, 1987, 13 ff.

47 Vgl. dazu *Zoller*, 84 ff.; *Sicilianos*, 344 ff; *Dominicé*, Représailles et droit diplomatique, FS Hans Huber, 1981, 541 f.

48 ICJ Reports 1980, 3 (28): *„In any event any alleged violation of the Treaty [of Amity] by either party could not have the effect of precluding that party from invoking the provisions of the Treaty concerning pacific settlements of disputes.*

Regelung für die Reaktion auf Vertragsverletzungen bereit hält, z. B. ein Steitbeilegungsverfahren. Diese generelle Erwägung des Internationalen Gerichtshofs wird in dem ILC-Entwurf zur Staatenverantwortlichkeit nur teilweise reflektiert.
Allerdings ist es durchaus sachgerecht, diplomatisches und konsularisches Personal und die entsprechenden Gebäude und Dokumente von Gegenmaßnahmen auszunehmen, soweit dadurch ihre Unverletzlichkeit gefährdet würde. Denn deren Funktion ist es, auf eine Beilegung der Streitigkeit zwischen den betroffenen Völkerrechtssubjekten hinzuwirken. Maßnahmen gegen diesen Personenkreis und deren Arbeitsgrundlagen sind somit – aus der Sicht der friedlichen Streitbeilegung – kontraproduktiv. Allerdings gibt es durchaus die Praxis, in Reaktion auf entsprechende Verletzungen durch die Gegenpartei, Eingriffe in die Immunität von Diplomaten vorzunehmen.[49] Hier rechtfertigt sich dieser Eingriff durch die Identität des verletzten Rechtsguts.

5. Repressalien sind in ihren Ausmaßen und Intensität auf das Mindestmaß zu beschränken. Unter mehreren Zwangsmaßnahmen, mit denen der legitime Zweck erreicht werden könnte, hat der Verletzte das Mittel zu wählen, das für den Adressaten der Gegenmaßnahme das kleinere Übel enthält. Die Auswahl der Mittel muß in erster Linie der Intensität der Rechtsverletzung angepaßt sein. Was darüber hinausgeht, stellt ein völkerrechtswidriges Übermaß dar und ist seinerseits ein Verstoß gegen Völkerrecht.
Aber auch die Art der Reaktion wird nicht nur durch die Intensität der Rechtsverletzung bestimmt, sondern es sind auch die Nachteile in Erwägung zu ziehen, die sich einerseits aus der Verletzung des Rechts, andererseits aus der Gegenmaßnahme ergeben. Es bedarf also einer Güterabwägung, d. h. einer Proportionalität von Rechtsverletzungen und Gegenmaßnahmen.[50] Dieser Gesichtspunkt ist in der internationalen Rechtsprechungspraxis anerkannt.[51]
Proportionalität heißt allerdings nicht, daß ein Staat nur diejenigen Maßnahmen ergreifen kann, die mit der Völkerrechtsverletzung identisch sind. So dürfen z. B. völkerrechtswidrige Maßnahmen im Bereich des Luftverkehrs durch Gegenmaßnahmen im Bereich der Schifffahrt oder des Kapitalverkehrs beantwortet werden. Entscheidend ist, daß die Reaktion auf das völkerrechtswidrige Unrecht nicht außer Verhältnis zu der vorhergehenden Rechtsverletzung steht, gegen die sie sich wendet. Dies bedeutet im Ergebnis, daß ein Völkerrechtssubjekt unbedeutende Rechtsverletzungen hinnehmen muß, wenn sich die Herstellung des Rechts nur mit der massiven, außer Verhältnis zum bezweckten Erfolg stehenden Mittel, durchsetzen ließe.
Wird die Verhältnismäßigkeit überschritten, so ist die Gegenmaßnahme ihrerseits völkerrechtswidrig. Ein Exzeß kann seinerseits mit Gegenmaßnahmen beantwortet werden.

---

[49] Vgl. dazu *Focarelli*, 516 ff.

[50] Vgl. dazu Art. 51 des ILC-Entwurfs zur Staatenverantwortlichkeit (Anm. 3), „*Countermeasures must be commensurate with the injury suffered, taking into account the gravity of the international wrongful act and the rights in question.*" 341 (mit Kommentierung); vgl. dazu *Fiedler/Klein/Snyder*, 61 ff.

[51] Im *Naulilaa*-Fall führte (Anm. 14, 41) das Schiedsgericht aus: „Even if one were to admit that the law of nations does not require that a reprisal should be approximately in keeping with the offence, one should certainly consider as excessive and therefore unlawful reprisals out of all proportion to the act motivating them ..." (Anm., 1028). In dem Schiedsspruch zum *Air Services Agreement of 27 March 1946 (United States v. France)*, RIAA XVIII, 417 wurde dieser Gesichtspunkt ebenfalls angesprochen: „... it is essential, in a dispute between States, to take account not only the injuries suffered by the companies concerned but also the importance of the questions of principle arising from the alleged breach ..." (para. 83). Besondere Bedeutung kamen dem Grundsatz der Proportionalität in dem Verfahren *Gabčíkovo-Nagymaros-Projekt* zu: „... *the effects of a countermeasure must be commensurate with the injury suffered, taking account of the rights in question.*" (Anm. 56 para. 85, 87). Vgl. auch die Entscheidung des Ständigen Internationalen Gerichtshofs im Fall *Territorial Jurisdiction of the International Commission of the River Oder*, 1929 PCIJ, Series A, Nr. 23, 27; Vgl. dazu *Delbrück*, Proportionality, EPIL III, 1140.

5. TEIL

3. ABSCHNITT

Internationales Strafrecht

Schrifttum: *A. Verdross*, Die völkerrechtswidrige Kriegshandlung und der Strafanspruch der Staaten, 1920; *Q. Saldana*, La justice pénale internationale, RdC 10 (1925), 227 ff; *A. Wegner*, Kriminelles Unrecht, Staatsunrecht und Völkerrecht, 1925; *H. Donnedieu de Vabres*, Les principes modernes du droit pénal international, 1928; *H. Wehberg*, Le problème de la mise de la guerre hors la loi, RdC 29 (1928), 151 ff; *V. Stimson*, The Pact of Paris, Three Years of Development, 1932; *S. Glueck*, By what Tribunal shall war offenders be tried?, Harvard Law Review 56 (1943), 1059 ff; *G. Manner*, The Legal Nature and Punishment of Criminial Acts of Violence Contrary to the Laws of War, AJIL 37 (1943), 407 ff; *S. Glueck*, War Criminals. Their Prosecution and Punishment, 1944; *H. Kelsen*, Peace through Law, 1944; *H. Lauterpacht*, Law of Nations and Punishment of War Crimes, BYIL 21 (1944), 58 ff; *R. Jackson*, Report to the President, AJIL 39 (1945), Supp. 178 ff; *M. Lachs*, War Crimes, 1945; *Q. Wright*, War Criminals, AJIL 39 (1945), 257 ff; *S. Glueck*, The Nuremberg Trial and Aggressive War, 1946; *V. Pella*, La guerre-crime et les criminels de guerre, 1946; *E. Schwelb*, Crimes against Humanity, BYIL 23 (1946), 178 ff; *G. Finch*, The Nuremberg Trial and International Law, AJIL 41 (1947), 20 ff; *Q. Wright*, The Law of the Nuremberg Trial, AJIL 41 (1947), 38 ff; *W. Grewe*, Nürnberg als Rechtsfrage, 1947; *C. Haensel*, Das Organisationsverbrechen, 1947; *R. Jackson*, The Nürnberg Case. As Presented by R. Jackson, 1947; *F. B. Schick*, The Nuremberg Trial and the International Law of the Future, AJIL 41 (1947), 770 ff; *H. L. Stimson*, The Nuremberg Trial: Landmark in Law, Foreign Affairs 25 (1947) 179 ff; *H. Feldmann*, Das Verbrechen gegen die Menschlichkeit, 1948; *G. Schwarzenberger*, The Judgment of Nuremberg, YBWA 2 (1948), 94 ff; *H. v. Mangoldt*, Das Kriegsverbrechen und seine Verfolgung in Vergangenheit und Gegenwart, JIAÖR, II/III (1948), 283 ff; *H. Mosler*, Die Kriegshandlung im rechtswidrigen Krieg, JIAÖR II/III (1948), 335 ff; *E. v. Puttkamer*, Die Haftung der politischen und militärischen Führung des Ersten Weltkrieges für Kriegsurheberschaft und Kriegsverbrechen, AVR 1 (1948–49), 424 ff; *G. Brand*, The War Crimes Trials and the Law of War, BYIL 26 (1949), 414 ff; *A. McNair*, Aspects of State Sovereignty, BYIL 26 (1949), 6 ff; *R. Alfaro*, Le problème de la juridiction criminelle internationale, RDI 28 (1950), 121 ff; *J. Graven*, Les crimes contre l'humanité, RdC 76 (1950), 427 ff; *J. Graven* Principes fondamentaux d'un Code répressif des Crimes contre la paix et la securité de l'humanité, RDI 28 (1950), 173 ff und 361 ff; *J. B. Keenan/B. F. Brown*, Crimes Against International Law, 1950; *O. Kranzbühler*, Nürnberg als Rechtsproblem, 1949, in: Um Recht und Gerechtigkeit, Festgabe für Erich Kaufmann, 1950, 219 ff; *G. Schwarzenberger*, The Problem of an International Criminal Law, CLP 3 (1950), 263 ff; *Lord Hankey*, War Crimes Trials. Lessons for the Future, Int'l Aff. 27 (1951), 132 ff; *J. Spiropoulos*, Formulation of the Nürnberg Principles, RHellDI 4 (1951), 129 ff; *H. H. Jescheck*, Die Verantwortlichkeit der Staatsorgane nach Völkerstrafrecht, 1952; *P. M. Carjeu*, Projet d'une juridiction pénale internationale, 1953; *C. Eustathiades*, Les sujets du droit international et la responsabilité internationale, RdC 84 (1953), 367 ff; *ders.*, Quelques aspects de la jurisprudence concernant les criminels des guerre: L'exception des ordres reçues et autres moyens de défense similaires, in: Gegenwartsprobleme des Internationalen Rechts und der Rechtsphilosophie, FS Rudolf Laun, 1953, 395 ff; *S. Glaser*, La guerre d'agression à la lumière des sources du droit international, RGDIP 57 (1953), 398 ff; *A. v. Knieriem*, Nürnberg, 1953; *R. B. Pal*, International Military Tribunal for the Far East (Dissentient Judgment), 1953; *C. A. Pompe*, Aggressive War and International Crime, 1953; *E. Reut-Nicolussi*, Zum Problem der Friedenssicherung durch Strafgerichtsbarkeit, in: Gegenwartsprobleme des Internationalen Rechts und der Rechtsphilosophie, FS Rudolf Laun, 1953, 367 ff; *H. Wehberg*, Die völkerrechtliche Verantwortlichkeit von Individuen wegen Friedensbruch, in: Gegenwartsprobleme des Internationalen Rechts und der Rechtsphilosophie, Festschrift für Rudolf

Laun, 1953, 379 ff; *H. Strebel*, Die strafrechtliche Sicherung humanitärer Abkommen, ZaöRV 15 (1953/54) 31 ff; *J. Appleman*, Military Tribunals and International Crimes, 1954; *L. Gross*, The Punishment of War Criminals: The Nuremberg Trial, NILR 2 (1955) 1 ff; *B. V. A. Röling*, On Aggression, on International Criminal law, on International Criminal Jurisdiction, NILR 2 (1955), 167 ff und 279 ff; *T. Taylor*, The Nuremberg Trials, Colum.L. Rev. 55 (1955), 488 ff; *G. Dahm*, Zur Problematik des Völkerstrafrechts, 1956; *G. Sperduti*, L'individu et le droit international, RdC 90 (1956), 727 ff; *B. V. A. Röling*, The United Nations and the Development of International Criminal Law, in: The United Nations, Ten Years' Legal Progress, 1956, 61 ff; *J. Graven*, Le nouveau droit pénal international, RDI 35 (1957), 261 ff; *P. Drost*, The Crime of State, Vol. 2, 1959; *M. Greenspan*, The Modern Law of Land-Warfare, 1959; *B. V. A. Röling*, The Tokyo Trial in Retrospect in: Buddhism and Culture, dedicated to Dr. D. T. Suzuki, 1960, 247 ff; *G. Hoffmann*, Strafrechtliche Verantwortung im Völkerrecht, 1962; *R. Woetzel*, Nuremberg Trials in International Law, 1962; *O. Triffterer*, Dogmatische Untersuchungen zur Entwicklung des materiellen Völkerstrafrechts nach Nürnberg, 1966; *S. Glaser*, Droit pénal international conventionnel, 2 Vols., 1970 und 1978; *T. Taylor*, Nuremberg and Vietnam: an American Tragedy, 1970; *R. Minear*, Victor's Justice, The Tokyo War Crimes Trial, 1971; *M. Akehurst*, Jurisdiction in International Law, BYIL 46 (1972/73), 145 ff; *Ch. Bassiouni/ V. P. Nanda* (eds.), A Treatise on International Criminal Law, 2 Vol., 1973; *Y. Dinstein*, International Criminal Law, Isr. Y. B. Hum.Rts. 5 (1975), 55 ff; *C. Lombois*, Droit pénal international, 2. Aufl., 1979; *P. Piccigallo*, The Japanese on Trial: Allied War Crimes Operations in the East, 1979; *L. C. Green*, New Trends in International Criminal Law, Isr. Y. B. Hum. Rts. 11 (1981) 9 ff; *M. Bothe/K. J. Partsch/W. Solf*, New Rules for Victims of Armed Conflicts, 1982; *N. Lael*, The Yamashita Precedent, 1982; *B. V. A.-Röling*, Crimes against Peace, in: *R. Bernhard* (Hrsg.), Encyclopedia of Public International Law, 3 (1982), 132 ff; *D. W. Bowett*, Jurisdiction: Changing Patterns of Authority over Activities and Resources, BYIL 53 (1982), 1 ff; *D. Oehler*, Internationales Strafrecht, 2. Aufl. 1983; *D. A. Wells*, War Crimes and Laws of War, 2. Aufl., 1984; *Ch. Bassiouni*, Nuremberg Forty Years After, in: ASIL Proceedings of the 80th Annual Meeting (1985), 59 ff; *R. Friedlander*, The enforcement of international criminal law: Fact or Fiction?, Case W. Res.J. Int'l L. 17 (1985), 79 ff; *K. Ipsen*, Das „Tokyo Trial" im Lichte des seinerzeit geltenden Völkerrecht, in: FS D. Oehler, 1985, 505 ff; *C. M. Bassiouni* (ed.), International Criminal Law, 3 Vol. 1986; *Ch. Bassiouni*, Nuremberg Forty Years After: An Introduction, Case W. Res.J. Int'l L. 18 (1986), 261 ff; *C. Hosoya/N. Ando/Y. Onuma/R. Minear* (eds.), The Tokyo War Crimes Trial, 1986; *B. V. A. Röling*, Crimes against Peace, in: The current legal regulation of the use of force, 1986, 385 ff; *Ch. Bassiouni*, A Draft International Criminal Code and Draft Statute for an International Criminal Tribunal, 1987; *G. Donovan*, The History and Possible Future of International Criminal Law, Brook J. Int'l L. 13 (1987), 83 ff; *J. Verhaegen*, Legal obstacles to prosecution of breaches of humanitarian law, International Review of the Red Cross 27 (1987), 607 ff; *International Committee of the Red Cross*, Commentary on the Additional Protocols of June 1977 to the Geneva Conventions of 12 August 1949, 1987; *J.-L. Clergerie*, La notion de crime contre l'humanité, R. D. P. 5 (1988), 1251 ff; *W. Grewe*, Rückblick auf Nürnberg, in: Autorität des Rechts, FS Karl Doehring, 1989, 229 ff; *J. M. Wagner*, U.S. Prosecution of Past and Future War Criminals and Criminals Against Humanity: Proposals for Reform Based on the Canadian and Australian Experience, VJIL 29 (1989), 887 ff; *M. Bennouna*, La création d'une jurisdiction pénale internationale et la souveraineté des Etats, AFDI 36 (1990), 299 ff; *G. Ginsburgs/V. N. Kudviavtsev* (eds.), The Nuremberg Trial and International Law, 1990; *Commission for International Due Process of Law* (1990), Draft Indictment of Saddam Hussein, Den.J. Int'l L.& Pol'y 20 (1991), 91 ff; *M. C. Bassiouni*, Crimes against Humanity in International Criminal Law, 1992; *S. Jung*, Rechtsprobleme der Nürnberger Prozesse, 1992; *H. McCorbey*, War Crimes: The Criminal Jurisprudence of Armed Conflict, Rev.Dr. Mil.Dr.Guerre, 25 (1992), 167 ff; *L. Sunga*, Individual Responsibility in International Law for Serious Human Rights Violations (1992); *P. M. Dupuy*, Sécurité collective et organisation de la paix, RGDIP 97 (1993), 617 ff; *T. Taylor*, The Anatomy of the Nuremberg Trials: A Personal Memoir, 1993; *Y. Dinstein* The distinction between War Crimes and Crimes Against Peace, Isr. Y. B. Hum.Rts. 24 (1994), 1 ff; *R. Wolfrum*, The Decentralized Prosecution of International Offences through National Courts, Isr. Y. B. Hum.Rts. 24 (1994/1995), 183 ff; *M. Bothe*, War Crimes in Non-international Armed Conflicts, Isr. Y. B. Hum.Rts. 24 (1994/ 1995), 241 ff; *G. Hankel/G. Stuby* (Hrsg.), Strafgerichte gegen Menschheitsverbrechen. Zum Völkerstrafrecht 50 Jahre nach den Nürnberger Prozessen (1995); *Ch. Bassiouni*, The International Criminal Law Conventions and Their Penal Provisions, 1997; *L. S. Sunga*, The Emerging System of International

Criminal Law: Developments in Codification and Implementation, 1997; *J. Barboza*, International Criminal Law, RdC 278 (1999), 13 ff; *K. Bremer*, Nationale Strafverfolgung internationaler Verbrechen gegen das humanitäre Völkerrecht, 1999; *M. Lippman*, Prosecutions of nazi war criminals before post-World War II domestic tribunals, Int. & Comp. L. R. 8 (1999/2000), 1 ff; *K. Ambos/C. Steiner*, Vom Sinn des Strafens auf innerstaatlicher und supranationaler Ebene, JuS 2001, 9 ff; *I. Bantekas*, International Criminal Law, 2001; *K. Kittichaisaree*, International Criminal Law, 2001; *J. Hasse/E. Müller/P. Schneider* (Hrsg.), Humanitäres Völkerrecht, Politische, rechtliche und strafgerichtliche Dimensionen, 2001; *ICRC*, Punishing Violations of International Humanitarian Law at the National Level (2001); *M. P. Scharf/T. C. Fischer et al.*, Symposium: Universal Jurisdiction: Myths, Realities, and Prospects, New England Law Review 35 (2001), 227 ff; *C. Tomuschat*, The Duty to Prosecute International Crimes Committed by Individuals, in *H.-J. Cremer/T. Giegerich/D. Richter/A. Zimmermann*, Tradition und Weltoffenheit des Rechts, FS Steinberger, 2002, 315 ff.

Materialien: *United Nations War Crimes Commission*, Law Reports of Trials of War Criminals, 15 Vol., 1947–1949; ders., History of the United Nations War Crimes Commission and the Development of the Laws of War, 1948; The Charter and Judgement of the Nuremberg Tribunal, History and Analyses, Memorandum by the Secretary-General of the United Nations, General Assembly, UN Doc. A/CN.4/5, 1949; *L. D. Egbert/P. A. Joosten* (Hrsg.), Nürnberger Prozeß, Der Prozeß gegen die Hauptkriegsverbrecher vor dem Internationalen Militärgerichtshof. Amtlicher Text. Deutsche Ausgabe, 42 Bde., 1947–1949; Trials of War Criminals before the Nürnberg Military Tribunals under Control Council Law No. 10, 15 Vol., 1950–1953; *K. Heinze/K. Schilling*, Die Rechtsprechung der Nürnberger Militärtribunale, 1951; *J. Pritchard/S. M. Zaide* (eds.), The Tokyo War Crimes Trial, 22 Vol., 1981; *V.A. Röling/C. T. Rüter* (eds.), The Tokyo Judgment, 3 Vol., 1977–1981; *Ch. Bassiouni*, International Crimes: Digest/Index of International Instruments, 1815–1985, 1986; *J. J. Paust* (ed.), International Criminal Law: Cases and Materials, 1996; *C. van den Wyngaert* (ed.), International Criminal Law: A Collection of International and European Instruments, 2nd ed., 2000.

§ 189 Funktion und Begriff

I. 1. Der Begriff „Internationales Strafrecht“ *(International Criminal Law, Droit International Pénal)* wird im Schrifttum unterschiedlich verwandt. Vorwiegend werden mit diesem Begriff diejenigen Normen des nationalen Rechts umschrieben, die den Anwendungsbereich der staatlichen strafrechtlichen Bestimmungen festlegen. Nach diesem Verständnis handelt es sich bei den Normen des internationalen Strafrechts um Strafanwendungsrecht und nicht um materielles Strafrecht.[1] Unter den Begriff des internationalen Strafrechts werden aber auch diejenigen völkerrechtlichen Regeln gefaßt, die materielle Straftatbestände formulieren. Wenn das internationale Strafrecht in diesem Sinne materiellrechtlich verstanden wird, steht es neben dem staatlichen Strafrecht. Allerdings ist seine ursprüngliche Rechtsquelle das Völkerrecht und nicht das nationale Recht. Um im Folgenden eine Differenzierung sicherzustellen, soll daher hier für im Völkerrecht verankerte Straftatbestände der Begriff des materiellen internationalen Strafrechts verwandt werden.[2] Dieser Begriff läßt deutlich

[1] *Donnedieu de Vabres*, Les principes, 3; *Lombois*, 10; *O. Triffterer*, Universeller Menschenrechtsschutz, 38 f. Zur Abgrenzung des materiellen internationalen Strafrechts bzw. des Völkerstrafrechts, (diesen Begriff verwenden beispielsweise *Triffterer*, 29 ff und *Ipsen*, in: *Ipsen* (Hrsg.), Völkerrecht, 4. Aufl., 576 ff) von dem internationalen Strafrecht der jeweiligen Staaten vgl. *Graven*, RDI 35 (1957), 265 ff.

[2] So auch *Oehler*, Rn. 2; *G. O. W. Mueller/D. Besharov*, The Existence of International Criminal Law and its Evolution to the Point of its Enforcement Crisis, in: *Bassiouni/Nanda* (eds.), 5 (8), unterscheiden Strafanwendungsrecht und materielles Strafrecht. Sie definieren materielles internationales Strafrecht als „deviant conduct regulation which sovereigns ceded to higher authority or general international supervision“. Ebenso *P. K. Ryu/H. Silving*, International Criminal Law – A Search for Meaning, in: *Bassiouni/Nanda*, 25, und *H. Jescheck*, International Crimes, EPIL II (1995), 1119 f. *G. Hoffmann*, 19 f, vermeidet den Begriff „internationales Strafrecht“ und spricht stattdessen von „völkerrechtlichem Straf-

werden, daß die so umschriebenen Normen im System des Völkerrechts dessen strafrechtlichen Rechtsgüterschutz übernehmen.

Unerheblich ist dabei, ob die individuelle strafrechtliche Verantwortlichkeit des Einzelnen unmittelbar aus dem Völkerrecht resultiert oder erst im Wege der Vermittlung durch nationales Recht begründet wird. Da es den Tatbeständen des materiellen internationalen Strafrechts nämlich in aller Regel an einer konkreten Strafbewährung mangelt und sie insofern nicht *self executing* sind, sind sie hinsichtlich ihrer Operationalisierbarkeit in jedem Fall auf eine Ergänzung durch nationales Recht angewiesen. Lediglich im Hinblick auf die rechtsdogmatische Frage der Völkerrechtsunmittelbarkeit des Individuums kommt der Unterscheidung zwischen den staatengerichteten Verpflichtungen im Bereich des materiellen internationalen Strafrechts und der individuellen völkerrechtlichen Verantwortlichkeit des Einzelnen damit eine Bedeutung zu.

Unter den Begriff des materiellen internationalen Strafrechts fallen somit diejenigen Normen des Völkerrechts, die die Strafbarkeit natürlicher Personen wegen der Verletzung international geschützter Rechtsgüter begründen.[3] Hierunter zählen u.a. die Normen zur Bestrafung der Piraterie, der Verbrechen gegen den Frieden, Kriegsverbrechen, Völkermord, Verbrechen gegen die Menschlichkeit, Verbrechen der Apartheid und Folter. Dies gilt unabhängig davon, ob die entsprechenden völkerrechtlichen Normen universelle oder lediglich regionale Gültigkeit haben.

2. Das internationale Strafrecht, verstanden als Strafanwendungsrecht, und das materielle internationale Strafrecht dienen unterschiedlichen Zielen. Während das Strafanwendungsrecht eine effektive Durchsetzung nationaler Strafrechtsnormen anstrebt, ist es Zweck des materiellen internationalen Strafrechts, Völkerrecht durchzusetzen.[4] Allerdings kann – und in aller Regel wird – eine Verbindung zwischen beiden bestehen bzw. hergestellt werden. Denn um das materielle internationale Strafrecht durch nationale Gerichte durchsetzen zu können, ist das nationale Strafrecht gezwungen, seinen Anwendungsbereich weit zu definieren.

II. 1. Das materielle internationale Strafrecht dient der Durchsetzung des Völkerrechts, indem es die Verletzung bestimmter internationaler Rechtsgüter unter Strafe stellt. Historisch erste Beispielsfälle für diesen Ansatz waren die strafrechtliche Verfolgung der Piraterie und von Kriegsverbrechen. Die Liste von Völkerrechtsverletzungen, die dem materiellen internationalen Strafrecht unterfallen, hat sich inzwischen erweitert.[5]

2. Die Wirkung des materiellen internationalen Strafrechts ist primär präventiver Natur.[6] Sie liegt in der Qualifikation bestimmter Verhaltensweisen als kriminell und in der entsprechenden Strafandrohung auf der internationalen Ebene. Dagegen tritt der Gesichtspunkt der Sühne zurück. Dies ergibt sich aus der Art, wie materielles internationales Strafrecht durchgesetzt wird. Im Regelfall erfolgt die Durchsetzung über nationales Recht und nationale Gerichte. In diesen Fällen liegt die Bedeutung des materiellen internationalen Strafrechts darin, daß es eine möglichst große Zahl von Staaten dazu veranlaßt, den Verstoß gegen bestimmte völkerrechtliche Werte zu ahnden. Dadurch daß sich das Völkerrecht des

recht" („Inbegriff der dem Völkerrecht angehörenden Normen strafrechtlichen Inhalts").

[3] *Oehler*, Rn. 995; enger *Ipsen*, in: *Ipsen* (Hrsg.), Völkerrecht, 576 ff, der darunter nur die Normen verstanden wissen will, die „unmittelbar (d.h. ohne Vermittlung durch staatliches Gesetz) die Strafbarkeit natürlicher Personen wegen Verletzung international geschützter Rechtsgüter begründen".

[4] *Dahm*, 14 f.

[5] Vgl. dazu unter §§ 191–196.

[6] Vgl. näher *Ambos/Steiner*, 12 f., die den positiv-generalpräventiven (bzw. integrativen) Zweck des materiellen internationalen Strafrechts in den Vordergrund rücken, ohne dabei allerdings den Gedanken einer negativen Generalprävention (verstanden als allgemeine Abschreckung) gänzlich aus dem Blick zu verlieren.

Schutzes dieser Werte mit den Mitteln des Strafrechts annimmt und ihn nicht der individuellen Entscheidung jedes einzelnen nationalen Normgebers überläßt, wird die in dem Verstoß liegende Kriminalität betont. Hierin liegt eine deutliche Signalwirkung an potentielle Täter, auf die sich die Präventivfunktion des materiellen internationalen Strafrechts stützt. Neben diese Signalwirkung tritt aber ein weiteres Element. Das jeweils handelnde Individuum muß sich dessen bewußt sein, daß unter materiellem internationalem Strafrecht eine Verfolgung auch dann möglich ist, wenn von Organen des Heimatstaates das verbotene Verhalten befohlen oder toleriert wurde bzw. dieser Staat von einer strafrechtlichen Verfolgung absieht. Dieses Bewußtsein soll im Idealfall dazu führen, daß der Einzelne aus Furcht vor internationaler Verfolgung von der Ausführung von Befehlen zurückschreckt, die gegen das Völkerrecht verstoßen.[7] Der Wirkungsmechanismus des materiellen internationalen Strafrechts liegt insofern darin, daß es den Schutz von Individuen abbaut, die eine staatliche verfolgte Politik ausführen, welche gegen das Völkerrecht verstößt.

3. Es besteht eine Parallelität zwischen dem internationalen materiellen Strafrecht und dem Recht der Staatenverantwortlichkeit, die beide der Durchsetzung des Völkerrechts dienen. Allerdings sind Rückschlüsse von einem auf das andere Regime problematisch. Der Wirkungsansatz beider Regime ist unterschiedlicher Natur. Das materielle internationale Strafrecht ahndet bestimmte, als solche vom Völkerrecht identifizierte Verstöße von Individuen gegen das Völkerrecht Individuen gegenüber. Demgegenüber ist die Staatenverantwortlichkeit die Konsequenz eines Verstoßes gegen das Völkerrecht generell, die nur von dem geschädigten Völkerrechtssubjekt gegenüber einem anderen Völkerrechtssubjekt geltend gemacht werden kann.[8] Das heißt, für die Staatenverantwortlichkeit steht neben den Reaktionen, die ein Völkerrechtssubjekt auf eine Verletzung seiner völkerrechtlichen Rechte ergreifen kann, der Schadensausgleich im Vordergrund. Erst hierüber erfolgt eine Durchsetzung des Völkerrechts. Demgegenüber zielt das materielle internationale Strafrecht auf eine Ahndung eines Völkerrechtsverstoßes; die Ausgleichsfunktion, wie sie dem Schadensausgleich innewohnt, fehlt. Ein weiterer wesentlicher Unterschied liegt darin, daß sich Ansprüche aus dem Recht der Staatenverantwortlichkeit gegen Staaten, das materielle internationale Strafrecht aber gegen Individuen richtet. Dieser Ansatz reflektiert, daß Aktivitäten von Staaten stets von Individuen ausgehen.[9] Das materielle internationale Strafrecht erkennt also nicht an, daß in den internationalen Beziehungen Aktivitäten von Individuen grundsätzlich nur als Staaten zuzurechnende Akte zu behandeln sind. Voraussetzung für die Entstehung eines materiellen internationalen Strafrechts ist daher, daß die zu verfolgenden Akte individualisiert werden, d. h. von der Zurechnung zu Staaten insoweit gelöst werden, daß sie weiterhin zumindest auch als Akte bestimmter Individuen zu behandeln sind.[10]

4. Die Entwicklung zu einer völkerrechtlichen Verantwortlichkeit von Individuen ist konsequent. Eine alleinige völkerrechtliche Verantwortlichkeit des Staates für das Verhalten des Einzelmenschen entspräche nicht mehr dem durch den internationalen Menschenrechtsschutz geprägten Bild von der menschlichen Persönlichkeit.[11] Daher ist es folgerichtig, daß

---

[7] *Triffterer*, 33.

[8] Vgl. zu der Frage, wer das geschädigte Rechtssubjekt ist, § 176.

[9] *Lombois*, 35; *Dahm*, 8 ff, weist darauf hin, daß Sanktionen, Schadensersatzverpflichtungen, der Ausschluß aus internationalen Organisationen bzw. die Verweigerung oder das Erschweren einer Aufnahme pönale Elemente enthalten können, aber das Völkerrecht keinen gegen Staaten gerichteten Strafausspruch kennt; anders *Hoffmann*, 34 ff, der in Sanktionen bzw. dem Ausschluß eines Staates aus einer internationalen Organisation eine Bestrafung sieht. *Hoffmann*, 35, weist allerdings darauf hin, daß derartige Maßnahmen keine echte Sühne für begangenes Unrecht bedeuten, sondern präventiven Charakter haben.

[10] *Lombois*, 38; *Hoffmann*, 31 ff.

[11] Vgl. Question of a Draft Declaration on the Rights

sich zusammen mit dem internationalen Schutz der Menschenrechte auch eine internationale Verantwortlichkeit des Einzelnen herausbildet hat.[12] Abgesehen davon war nicht einzusehen, warum die strafrechtliche Verantwortlichkeit des Einzelnen auf das Kriegsrecht beschränkt sein sollte.[13]
Das internationale Strafrecht ist in der nun vorliegenden Form eine Entwicklung der jüngeren Zeit; seine Bedeutung für die Realität der internationalen Beziehungen ist noch nicht absehbar. Dabei ist zu berücksichtigen, daß trotz der Errichtung internationaler Strafgerichtshöfe die Anwendung des materiellen internationalen Strafrechts im Wesentlichen bei nationalen Gerichten liegt. Bislang gibt es jedoch kein hinreichendes effektives internationales System, deren Tätigkeit zu überprüfen.[14]

III. 1. Charakteristisch für die vom materiellen internationalen Strafrecht erfaßten Handlungen ist der von ihnen ausgehende schwere Verstoß gegen fundamentale Wertüberzeugungen der internationalen Gemeinschaft. Entscheidend, ob eine Tat dem materiellen internationalen Strafrecht unterfällt, ist jedoch nicht ihre entsprechende Bewertung *ex post*, sondern daß die internationale Gemeinschaft diese Tat dem materiellen internationalen Strafrecht unterworfen hat. D. h., es muß in einer völkerrechtlichen Norm der Wille der Staatengemeinschaft oder der Wille der diese Norm tragenden Staaten zum Ausdruck kommen, daß ein bestimmtes Verhalten nach dem materiellen internationalen Strafrecht zu ahnden ist. Eine international strafbare Handlung ist demnach ein Verhalten, das gegen eine Norm des Völkerrechts verstößt, wobei das Völkerrecht selbst eine strafrechtliche Ahndung des Völkerrechtsverstoßes vorsieht.[15] *De lege ferenda* kann die internationale Staatengemeinschaft zum Schutz des Wertbestandes der Völkergemeinschaft jedes wertverletzende Verhalten für völkerrechtlich strafbar erklären.[16]

2. Die völkerrechtliche Terminologie in bezug auf die Form, in der sie Verhaltensformen als völkerrechtlich strafbare Handlungen qualifiziert, ist allerdings nicht immer ganz einheitlich.[17] In der völkerrechtlichen Praxis existieren insofern zumindest fünf unterschiedliche Ansätze. Einzelne völkerrechtliche Verträge bezeichnen nach dem Völkerrecht strafbare Handlungen als „völkerrechtliche Verbrechen" und sehen deren internationale Ahndung vor. Ein Beispiel hierfür ist das Statut für das Internationale Militärtribunal von Nürnberg.[18] Eine andere Formulierung wählt demgegenüber die Konvention über die Verhütung und Bestrafung des Völkermordes,[19] die zwar bestätigt, daß „Völkermord im Frieden oder im Krieg begangen, ein Verbrechen gemäß internationalem Recht ist", die Bestrafung aber nicht selbst vorsieht, sondern die Staaten hierzu ver-

---

and Responsablity of Individuals, Groups and Organs of Society to Promote and Protect Universally Recognized Human Rights and Fundamental Freedoms, Bericht der Working Group, UN Doc. E/CN.4/ 1992/53 and Corr.1 pursuant to Commission Res. 1991/63 vom 6. 3. 1991 sowie *Oppenheim/Jennings/ Watts*, § 148, 505, mit Hinweis auf eine entsprechende Äußerung des Internationalen Militärtribunals von Nürnberg.

[12] Nach *Röling*, The United Nations, 63, wurde dieser Gesichtspunkt von dem Internationalen Militärtribunal in Nürnberg durchaus erkannt; diesen Gesichtspunkt spricht auch *Dahm*, 15, an; vgl. zur Völkerrechtssubjektivität des Einzelnen im Völkerstrafrecht ferner *Sperduti*, RdC 90 (1956), 765 ff; a.A. zum Kriegsrecht *Manner*, AJIL 37 (1943), 407 ff.

[13] *W. Wengler*, Der Begriff des Völkerrechtssubjekts im Lichte der politischen Gegenwart, Friedens-Warte 51 (1951/52), 13 (134), zweifelt allerdings an dem strafrechtspolitischen Nutzen eines internationalen Strafrechts.

[14] Ein Beispiel für eine derartige Kontrolle sind allerdings die mit Resolution des Sicherheitsrates SC Res. 748 (1992) vom 31. 5. 1992 unter Bezugnahme auf SC Res. 731 (1992) vom 21. 1. 1992 gegenüber Libyen ausgesprochenen Sanktionen. Der Vorwurf war die fehlende Verfolgung von denjenigen Personen, die einen Anschlag auf eine Pan Am-Maschine (Attentat von Lokerbie) verübt hatten und damit der Montreal Konvention von 1971 (Anm.21) unterfielen.

[15] *Glaser*, 49, der allerdings fordert, daß dieses Verhalten die Interessen oder Güter der Staatengemeinschaft schädigt.

[16] *Triffterer*, 197.

[17] Hierauf weist *Dinstein*, 67 f, zutreffend hin.

[18] Abkommen über die Verfolgung und Bestrafung der Hauptkriegsverbrecher der europäischen Achsenmächte vom 8. 8. 1945, AJIL 39 (1945), Suppl., 257.

[19] 78 UNTS, 277; BGBl. 1954 II, 729.

pflichtet[20]. Andere Abkommen, wie beispielsweise die Konvention von Montreal,[21] stellen zwar fest, daß es sich bei den entsprechenden Delikten um strafbare Handlungen handelt, ohne aber zu sagen, daß internationale Verbrechen vorliegen. Das I. Genfer Abkommen zur Verbesserung des Loses der Verwundeten und Kranken der Streitkräfte im Felde von 1949[22] enthält lediglich eine Verpflichtung der Staaten, bestimmte Handlungen als „schwere Verletzungen" strafrechtlich zu verfolgen (Art. 49). Die Konvention über international geschützte Personen[23] legt schließlich nur fest, daß bestimmte Handlungen nach nationalem Recht zu verfolgen und zu bestrafen sind.

IV. 1. Materielles internationales Strafrecht wird durch völkerrechtliche Verträge,[24] durch Völkergewohnheitsrecht oder durch von der Völkerrechtsgemeinschaft anerkannte allgemeine Rechtsgrundsätze geschaffen.[25] Typisch für die Schaffung von materiellem internationalem Strafrecht ist beispielsweise die Konvention über die Verhütung und Bestrafung des Völkermordes von 1948[26], sowie das Statut des Internationalen Strafgerichtshofs von Rom.[27] Die Schaffung von materiellem internationalen Strafrecht durch völkerrechtliche Verträge wirft das Problem auf, daß an diese nur die Vertragsstaaten gebunden sind. Damit entstehen Lücken hinsichtlich des völkerstrafrechtlichen Schutzes von Staatengemeinschaftsgütern.[28] Hier zeigen sich die Konsequenzen eines fehlenden internationalen Gesetzgebungsverfahrens. Diese Lücken könnten bis zu einem gewissen Grade durch den Sicherheitsrat gefüllt werden,[29] obwohl er in seiner Resolution 827 (1993) vom 25. 5. 1993, mit der der Jugoslawien-Gerichtshof eingerichtet wurde, auf eine eigenständige Schaffung von Normen des internationalen materiellen Strafrechts verzichtet hat.[30] Allerdings sind die Kompetenzen des Sicherheitsrats nach Kapitel VII der Charta der Vereinten Nationen auf die Bewältigung von konkreten Krisensituationen angelegt. Dies schließt nicht die Funktion eines internationalen Gesetzgebers ein,[31] auch nicht zur Verhütung von internationalen Verbrechen.

Für die Entwicklung eines internationalen materiellen Strafrechts kommt insoweit der Entwicklung allgemeiner Rechtsprinzipien und von Völkergewohnheitsrecht eine besondere

---

[20] Vgl. Art. V der Völkermordkonvention. Es ist daher trotz des Wortlautes des Art. I der Völkermordkonvention umstritten, ob die Konvention eine unmittelbare völkerrechtliche Verantwortlichkeit des Individuums begründet; bejahend O. *Triffterer*, Bestandsaufnahme zum Völkerstrafrecht, in: *Hankel/Stuby*, 188 f; verneinend *J. L. Kunz*, The United Nations Convention on Genocide, AJIL 43 (1949), 738 (745), und ihm folgend *H.-H. Jescheck*, Die internationale Genocidium-Konvention vom 9. Dezember 1948 und die Lehre vom Völkerstrafrecht, ZStW 66 (1954), 193 (208 f.); zweifelnd ferner auch C. *Tomuschat*, Grundpflichten des Individuums nach Völkerrecht, ArchVR 21 (1983), 289 (293).

[21] Übereinkommen zur Bekämpfung widerrechtlicher Handlungen gegen die Sicherheit der Zivilluftfahrt, 974 UNTS, 177; BGBl. 1977 II, 1229.

[22] BGBl. 1954 II, 783.

[23] Convention on the Prevention and Punishment of Crimes Against Internationally Protected Persons, including Diplomatic Agents, 1973, 1035 UNTS, 167; BGBl. 1976 II, 1745; vgl. dazu unten § 196.

[24] *Dinstein*, 67.

[25] Skeptisch in bezug auf Völkergewohnheitsrecht und allgemeine Rechtsgrundsätze *Triffterer*, 38 f, unter Verweis auf den Grundsatz *nullum crimen, nulla poena sine lege*, dessen Legalitätsfunktion die Schaffung ungeschriebener Tatbestände verbiete. Es ist allerdings die Frage, inwieweit dieser Grundsatz für das materielle internationale Strafrecht Gültigkeit beanspruchen kann. Nach *Triffterer*, 127 f, kann eine Bestrafung nur erfolgen, wenn durch eine völkerrechtliche Norm die Strafbarkeit der Handlung festgelegt ist, ungeschriebene Normen seien aber zulässig. Danach können, neben völkerrechtlichen Verträgen, auch allgemeine Rechtsgrundsätze und Völkergewohnheitsrecht materielles internationales Strafrecht formulieren. Hinsichtlich der allgemeinen Rechtsgrundsätze ist auf Art. 15 Abs. 2 des Internationalen Paktes über Bürgerliche und Politische Rechte von 1966, 999 UNTS, 172; BGBl. 1973 II, 1534, zu verweisen, der eine Verfolgung auf dieser Basis vorsieht.

[26] Siehe allerdings Anm. 20.

[27] UN Doc. A/CONF. 183/9; ILM 37 (1998), 1002; BGBl. 2000 II, 1394; vgl. dazu § 199.

[28] *Bennouna*, 304 f; C. *Tomuschat*, Crimes Against the Peace and Security of Mankind and the Recalcitrant Third State, Isr. Y. B. Hum. Rts. 24 (1994), 41, 42; *ders.*, Ein internationaler Strafgerichtshof als Element einer Weltfriedensordnung, EA 49 (1994), 61, 65.

[29] Skeptisch *Tomuschat* (Anm. 28), 44.

[30] Vgl. dazu unten § 198.

[31] *Tomuschat* (Anm. 28), 66.

Bedeutung zu. Es ist davon auszugehen, daß die vertragsrechtlich fixierten Kriegsverbrechen inzwischen Bestandteil geltenden Völkergewohnheitsrechts geworden sind[32] und daß die Bestrafung von Völkermord sowohl Völkergewohnheitsrecht als auch allgemeinen Rechtsprinzipien entspricht.[33]

2. Umstritten ist, ob eine völkerrechtliche Norm Art und Ausmaß der zu verhängenden Strafe in einer Weise selbst vorsehen muß, daß auf dieser Basis eine Bestrafung erfolgen kann, um als eine Norm des materiellen internationalen Strafrechts qualifiziert werden zu können.[34] Ein derartiges Verständnis des materiellen internationalen Strafrechts würde der völkerrechtlichen Praxis nicht gerecht. Nur in den wenigsten Fällen wenden sich derartige völkerrechtliche Normen unmittelbar an diejenigen, deren Handlung mit Strafe bedroht sind, sondern an Staaten. Diese werden zur strafrechtlichen Verfolgung bestimmter Handlungen entweder verpflichtet oder ermächtigt. Entscheidend für die Beantwortung der Frage, welche völkerrechtliche Normen dem materiellen internationalen Strafrecht zuzuordnen sind, ist das mit ihr verfolgte Ziel unter Berücksichtigung der zur Verfügung stehenden Mechanismen zur Durchsetzung des Völkerrechts. Die bereits angesprochene präventive Wirkung des materiellen internationalen Strafrechts beruht auf der internationalen Kriminalisierung bestimmter Verhaltensweisen. Demgegenüber tritt die Bedeutung der Frage, bei wem dann die Vollzugskompetenz liegt, zurück.

3. Völkerrecht kann sowohl zentral, d. h. durch internationale Institutionen, als auch dezentral, durch die Organe von Staaten, durchgesetzt werden, ohne dadurch seine völkerrechtliche Qualität zu verlieren.[35] Dem entspricht die Völkerrechtspraxis für das materielle internationale Strafrecht. Soweit völkerrechtliche Normen die Strafbarkeit natürlicher Personen vorsehen, erfolgt die Strafverfolgung, d. h. die Anwendung des materiellen internationalen Strafrechts, entweder unmittelbar über ein internationales Strafgericht oder – wie bereits angesprochen – über nationale Gerichte.[36] Die Einrichtung eines internationalen Strafgerichts – sei es generell oder für spezielle Fälle[37] – ist die Ausnahme. Soweit dies geschehen ist, stellen die entsprechenden Straftatbestände eine Besonderheit des materiellen internationalen Strafrechts dar, denn hier erfolgen die Qualifikation eines Verhaltens als strafwürdig und die Durchsetzung dieser Norm auf der gleichen Ebene, der des Völkerrechts. Dieser Ansatz hat durch die im Jugoslawien-Konflikt begangenen Kriegsverbrechen bzw. gravierenden Menschenrechtsverletzungen erneuten Auftrieb erhalten. Beispiele für eine zentrale Anwendung und Durchsetzung von Normen des materiellen internationalen Strafrechts sind die internationalen Militärgerichtshöfe von Nürnberg[38] und Tokio[39] sowie das

---

[32] Vgl. dazu unten § 192.

[33] ICJ Reports 1951, 15 (23) (Gutachten zu Vorbehalten zur Konvention über die Verhütung und Bestrafung des Völkermordes); vgl. dazu unten § 193.

[34] So *Hoffmann*, 24; entscheidend ist seiner Meinung nach, daß „in Normen des Völkerrechts an einen Tatbestand Strafen oder Maßnahmen der Sicherung und Besserung in der Weise geknüpft sind, daß jemand unmittelbar aufgrund dieser völkerrechtlichen Norm zu einem bestimmten Verhalten die Sanktionen zu dulden verpflichtet ist." Entscheidend ist demnach, daß sich die Norm nicht an die Staaten, sondern unmittelbar an die Individuen wendet. Anders *Glaser*, 49.

[35] Vgl. Band I/1, § 8.

[36] Vgl. *Glueck*, Harv. L. Rev. 56 (1943), 1059 ff.

[37] Vgl. *Draft Indictment of Saddam Hussein*, vorgeschlagen von Commission for International Due Process of Law (1990), Den. J. Int'l L. & Pol'y 20 (1991), 91 ff. Es regte die Errichtung eines *Ad Hoc United Nations Criminal Tribunal* als Hilfsorgan von Sicherheitsrat oder Generalversammlung, gestützt auf Artikel 10, 11, 20 und 29 Charta der VN, an.

[38] Vgl. oben Anm. 18. Zu dessen Völkerrechtswidrigkeit zur Zeit der Errichtung, vgl. *H. Ahlbrecht*, Das Internationale Militärtribunal Nürnberg, in: *J. Hasse/E. Müller/P. Schneider* (Hrsg.), Humanitäres Völkerrecht, 2001, 365 ff; einschränkend *Ipsen*, in: *Ipsen* (Hrsg.) Völkerrecht, 582 f; näher dazu § 191.

[39] International Military Tribunal for the Far East, 3. 5. 1946–12. 11. 1948; vgl. ferner *M. Hirsch/N. Paech/G. Stuby*, Politik als Verbrechen – 40 Jahre „Nürnberger Prozesse", 1986.

Jugoslawien-[40] und das Ruanda-Tribunal[41] in Den Haag bzw. Arusha und der Internationale Strafgerichtshof.[42]

4. Die entsprechenden völkerrechtlichen Normen können die Staaten aber auch nur verpflichten oder ermächtigen, die strafrechtliche Ahndung bestimmter Taten vorzusehen.[43] In diesen Fällen erweitern die betreffenden völkerrechtlichen Normen die staatlichen Kompetenzen zur strafrechtlichen Ahndung im Hinblick auf die Tat, die Täter oder beides.[44] Es handelt sich insoweit um eine den Staaten übertragene und nicht eine originäre staatliche Strafkompetenz (Universalitäts- oder Weltrechts(pflege)prinzip).[45] Das mit ihnen verfolgte Ziel, die weltweite Poenalisierung bestimmter Straftaten, rechtfertigt es, auch diese völkerrechtlichen Normen dem internationalen Strafrecht zuzurechnen.[46]
Das Weltrechtsprinzip stellt daher einen Grundsatz dar, dem Staaten nach dem Völkerrecht ihrem hoheitlichen Strafanspruch zu Grunde legen dürfen.[47] Doch im Gegensatz zu anderen Strafanwendungsgrundsätzen, die den staatlichen Strafanspruch an das Territorium des Staates bzw. an die Staatsangehörigkeit des Täters oder des Opfers der Tat knüpfen[48] oder aber an ein besonders mit dem Staat verknüpftes Rechtsgut[49], also an ein *„genuine link"*[50] zwischen dem strafrechtsanwendenden Staat und dem Täter oder der Tat, ist beim Weltrechtsprinzip ein Staat völkerrechtlich verpflichtet oder berechtigt, nur deshalb eine Tat strafrechtlich zu ahnden, weil bei dieser Tat ein Rechtsgut verletzt wurde, das von der Staatengemeinschaft als besonders schutzwürdig angesehen wird und dessen Verletzung als *delictum iuris gentium* daher von allen – in der entsprechenden Völkerrechtsnorm berechtigten – Staaten strafrechtlich verfolgt werden darf.[51]

---

[40] SC Res. 827 (1993) vom 25. 5. 1993.

[41] SC Res. 955 (1994) vom 8. 11. 1994.

[42] Vgl. oben Anm. 27, sowie §§ 198, 199.

[43] *Wolfrum*, 184.

[44] Zu dem Umfang der staatlichen Kompetenzen zur strafrechtlichen Ahndung nach dem Völkerrecht vgl. Bd. I/1, § 47.

[45] Vgl. dazu *Oehler*, Rn. 844; allgemein *Scharf/Fischer et al.*, 227 ff; *Wolfrum*, Isr.YIL 25 (1995), 185; *Brownlie*, Principles, 303 ff; *Bowett*, BYIL 53 (1982), 11 ff; *Akehurst*, BYIL 46 (1972/1973), 159 ff. So auch im Falle Demjanjuk v. Petrovsky, 776 F.2d.571, 583 (6th Cir. 1985), *cert denied*, 475 U.S. 1016 (1986). Das Berufungsgericht führte aus: „The underlying assumption is that crimes are offences against the law of nations or against humanity and that the prosecuting nation is acting for all nations." Die Abgrenzung zur stellvertretenden Strafrechtspflege ist fließend. Die Staaten können von der ihnen völkerrechtlich eingeräumten Jurisdiktion mit unterschiedlichem Nachdruck Gebrauch machen, vgl. insoweit die Verfolgung von Kriegsverbrechen oder Verbrechen gegen die Menschlichkeit durch Kanada. Die entsprechende Strafrechtsänderung sieht die Bestrafung von Kriegsverbrechen und Verbrechen gegen die Menschlichkeit vor: „if committed in Canada, would constitute an offense against the laws of Canada in force at the time of the act ... [and] Canada could, in conformity with international law, excercise jurisdiction over the [offender] with respect to the act" (Act to amend the Criminal Code, Chapter 37, § 1. 91, 1987 Can. Stat. 1107, 1107–8); siehe dazu *Wagner*, Va.J. Int'l L. 29 (1989), 887 ff (889); *S. Williams*, The Criminal Law Amendment Act 1985: Implications for International Criminal Law, Can.Yb.Int'lL.23 (1985), 226 ff.

[46] A. A. *Dahm* III, 1. Aufl., der von dem völkerrechtlich vorgeschriebenen staatlichen Strafrecht spricht; im Ergebnis wie er *Ipsen*, in: *Ipsen* (Hrsg.), Völkerrecht, 577 ff; anders *Kelsen*, 80, 102 f (Poenalisierung durch das Völkerrecht selbst).

[47] *Ipsen*, in: *Ipsen*, Völkerrecht, 577.

[48] Nach dem Territorialitätsprinzip gilt das nationale Strafrecht unabhängig von der Nationalität des Täters für alle Straftaten, die innerhalb seines Territoriums begangen werden, sei es, daß dort der Ort des Erfolgs des Straftat oder der Tatausführung lag; vgl. *Oehler*, 241 ff; *Bowett*, BYIL 53 (1982), 4 ff; *Akehurst*, BYIL 46 (1972/1973), 153 ff; nach dem aktiven Personalitätsprinzip ist der Staat berechtigt, seine Staatsangehörigen auch wegen im Ausland begangener Taten zur Rechenschaft zu ziehen; nach dem passiven Personalitätsprinzip – dessen völkerrechtliche Rechtfertigung allerdings umstritten ist –, ist ein Staat berechtigt, Straftaten zu bestrafen, die im Ausland gegen eigene Staatsangehörige von Ausländern begangen wurden; vgl. *Oehler*, 632 ff, 702 ff; *Bowett*, BYIL 53 (1982), 7 ff; *Akehurst*, BYIL 46 (1972/1973), 156 f; *Brownlie*, 306 f.

[49] Nach dem Schutzprinzip kann der nationale Strafschutz zur Anwendung kommen, wenn innerstaatliche Rechtsgüter damit geschützt werden; vgl. *Brownlie*, 307; *Bowett*, BYIL 53 (1982), 10 f; *Akehurst*, BYIL 46 (1972/1973), 157 ff.

[50] Vgl. dazu *Bremer*, 120.

[51] Vgl. *Verdross/Simma*, 779; *Oehler*, 147 ff.

Hiervon zu trennen ist die Frage, ob das Weltrechtsprinzip auch die Verfahrenseinleitung *in absentia* ermöglicht bzw. fordert oder ob – als minimaler Anknüpfungspunkt – für die Zuständigkeitsbegründung unter funktionalen Gesichtspunkten nicht zumindest die Anwesenheit des Täters im Gerichtsstaat zu verlangen ist. In letzterem Falle stünde das Weltrechtsprinzip in einer gewissen Nähe zum Gerichtsstand des Ergreifungsortes *(iudex deprehensionis)*. Auf diese Frage, die im Mittelpunkt des Rechtsstreites zwischen Belgien und dem Kongo vor dem Internationalen Gerichtshof stand, wird noch zurückzukommen sein.[52]

Beim Weltrechtsprinzip besteht daher eine völkerrechtliche Pflicht[53] bzw. ein völkerrechtliches Recht[54] für die davon gebundenen Staaten, nationale Strafrechtsvorschriften zu erlassen, die eine Verletzung des geschützten Rechtsgutes unabhängig von anderen, „nationalen" Gründen – wie der Staatsangehörigkeit des Täters oder des Begehungsortes – unter Strafe stellen. Dies verkennt der BGH, wenn er für die Anwendung des deutschen Strafrechts und die Begründung der deutschen Gerichtsbarkeit über den Wortlaut des das Weltrechtsprinzip im deutschen Strafgesetzbuch (StGB) verankernden § 6 fordert, daß es „eines legitimierenden Anknüpfungspunktes im Einzelfall, der einen unmittelbaren Bezug der Strafverfolgung zum Inland herstellt" bedarf.[55] Der einzelne Staat wird durch dieses Prinzip legitimiert, seine Strafgewalt auch auf Taten auszudehnen, die keinen besonderen innerstaatlichen Bezug aufweisen. Der Grund dafür ist, daß die so zu verfolgenden Delikte die Interessen der Weltgemeinschaft als Ganzes berühren, sei es wegen ihrer besonderen Verwerflichkeit oder weil kein Einzelstaat ein *genuine link* zu diesen Delikten aufweist.[56] Daß die besondere Verwerflichkeit von Delikten auch ein Interesse der gesamten Staatengemeinschaft begründen kann, gilt heute unbestritten, obwohl sich historisch das Weltrechtsprinzip nicht im Hinblick auf die Schwere mancher Rechtsgutsverletzung entwickelt hat, sondern – wie bei der Bekämpfung der Piraterie und Sklaverei – weil diese Verbrechen nicht auf dem Territorium eines Einzelstaates stattfanden.[57]

Das Argument, daß ohne einen besonderen Anknüpfungspunkt, der einen unmittelbaren Bezug der Strafverfolgung zum Inland herstellt, die Strafverfolgung der Auslandstat eines Ausländers gegen das Prinzip der Nichteinmischung verstößt und die Souveränität des Täter- und Tatortstaates beschränkt, ist dabei nicht überzeugend.[58] Das Weltrechtsprinzip legt die Grenzen des Grundsatzes der Nichteinmischung fest: Liegen die Voraussetzungen des Weltrechtsprinzips vor, gilt die Einmischung in die Souveränität der Staaten, die ein *genuine link* zu der Tat oder dem Täter aufweisen, daher jedenfalls als gerechtfertigt,[59] wenn man nicht schon das Vorliegen einer Einmischung selbst verneinen möchte.[60]

---

[52] Siehe unten § 190.

[53] Pflichten für die Staaten zur Bestrafung nach dem Weltrechtsprinzip ergeben sich vor allem aus völkerrechtlichen Verträgen; vgl. *Bremer*, 121; dazu auch *A. Kadelbach*, Anmerkung zu BVerfG, Kammerbeschluß vom 12. 12. 2000, JZ 2001, 975, 983.

[54] Liegt das Weltrechtsprinzip der nationalen Ahndung von Verletzungen völkergewohnheitsrechtlich geschützter Rechtsgüter zu Grunde, ergibt sich in der Regel daraus nur eine Strafverfolgungsberechtigung aber keine Strafverfolgungspflicht; vgl. *Dahm*, Bd. III, 288; *Bremer*, ibid.

[55] Vgl. BGHSt 45, 64, Urteil vom 30. 4. 1999; abgedruckt in NStZ 1999, 396, 397. Offengelassen in BVerfG, Kammerbeschluß vom 12. 12. 2000; abgedruckt in JZ 2001, 980. Wie hier *A. Kadelbach*, JZ 2001, 983. In seinem Urteil vom 21. 2. 2001 (abgedruckt in NStZ 2001, 658 ff.) hat der BGH nun eine Änderung seiner Rechtsprechung angedeutet. In dem Urteil heißt es: „Der Senat neigt ... dazu, jedenfalls bei § 6 Nr. 9 StGB solche zusätzlichen legitimierenden Anknüpfungstatsachen für nicht erforderlich zu halten. Wenn nämlich die Bundesrepublik in Erfüllung einer völkerrechtlich bindenden, aufgrund eines zwischenstaatlichen Abkommens übernommenen Verfolgungspflicht die Auslandstat eines Ausländers an Ausländern verfolgt und nach deutschem Strafrecht ahndet, kann schwerlich von einem Verstoß gegen das Nichteinmischungsprinzip die Rede sein." Vgl. dazu *K. Ambos*, Immer mehr Fragen im internationalen Strafrecht, NStZ 2001, 628 (630).

[56] So in dem seltenen Fall von Delikten staatenloser Personen in Gebieten, die nicht der Jurisdiktion einzelner Staaten unterliegen; dazu *Brownlie*, 308.

[57] *Green*, ICLQ 29 (1980), 568.

[58] So aber BGHSt, oben Anm. 55.

[59] Vgl. auch *Ambos*, Anmerkung zu BGHSt vom 30. 4. 1999, oben Anm. 55, NStZ 1999, 404, 405.

[60] So *A. Kadelbach*, JZ 2001, 983.

Keine völlig einheitliche Praxis der Staaten und *opinio iuris*,[61] aber auch keine einheitliche Ansicht in der Literatur findet sich jedoch zu der Frage, unter welchen Voraussetzungen von der Geltung des Weltrechtsprinzips ausgegangen werden kann. Unbestritten ist jedoch, daß die Anwendung des Weltrechtsprinzips nicht rechtmäßig ist, wenn die betreffenden Verträge ein anderes Strafanwendungsprinzip – wie das Prinzip der stellvertretenden Strafrechtspflege –[62] ausdrücklich oder konkludent festschreiben. Nicht erforderlich ist es dagegen für die Völkerrechtsmäßigkeit einer nationalen Norm des Weltrechtsprinzips, daß die entsprechende Norm des Völkergewohnheits- oder Vertragsrechts die Anwendung diese Prinzips zwingend vorsieht.[63] Materiellrechtlich wird darüber hinaus überwiegend gefordert, daß die zu sanktionierenden Verbrechen die Staatengemeinschaft als Ganzes berühren müssen, sie sich also gegen internationale Rechtsgüter richten müssen, die für alle Staaten in gleichem Maße eine besondere Gefährlichkeit und Verwerflichkeit aufweisen, so daß der Ergreiferstaat im Sinne und im Interesse der Staatengemeinschaft unabhängig von Tatort und Nationalität des Täters die Strafverfolgung aufnehmen kann.[64] Dies ist insbesondere für schwere Menschenrechtsverletzungen, wie Völkermord oder schwere Verletzungen der Genfer Konventionen, anerkannt.[65]

Ein eindeutiges Beispiel des Weltrechtsprinzips ist die Piraterie. Täter können gemäß Art. 14–22 der Konvention über die Hohe See, 1958[66] bzw. Art. 100–107 SRÜ[67] durch die Gerichte desjenigen Staates bestraft werden, der sie aufgebracht hat, und zwar unabhängig von ihrer Staatsangehörigkeit.[68] Auf dem gleichen Ansatz beruhen das Internationale Abkommen zur Bekämpfung der Falschmünzerei, 1929,[69] die vier Genfer Abkommen über den Schutz der Opfer internationaler Konflikte, 1949,[70] das Erste Zusatzprotokoll zu den Genfer Abkommen, 1977,[71] das Übereinkommen zur Bekämpfung der widerrechtlichen Inbesitznahme von Luftfahrzeugen, 1970,[72] die International Convention on the Suppression and Punishment of the Crime of Apartheid, 1973,[73] das Übereinkommen zur Bekämpfung von widerrechtlichen Handlungen gegen die Sicherheit der Zivilluftfahrt, 1971,[74] das Übereinkommen über die Verhütung und Bestrafung von Straftaten gegen völkerrechtlich geschützte Personen, einschließlich Diplomaten,[75] das Internationale Übereinkommen gegen Geiselnahme, 1979,[76] sowie das Übereinkommen gegen Folter und andere grausame, unmenschliche oder erniedrigende Behandlung oder Strafe.[77] Ein typisches Beispiel für die dezentrale Durchsetzung des internationalen Strafrechts durch die Einzelstaaten – nicht ausdrücklich allerdings für das Weltrechtsprinzip[78] – ist die Konvention über die Verhütung und

---

[61] Vgl. nur *Brownlie*, 307 f.

[62] Dazu oben bei Anm. 45.

[63] Vgl. BVerfG, Kammerbeschluß vom 12. 12. 2000; oben Anm. 55, 980, mit im Ergebnis zustimmender Anmerkung *Kadelbach*, ibid., 981. *C. Hoß/ R. A. Miller*, German Federal Constitutional Court and Bosnian War Crimes: Liberalizing Germany's Genocide Jurisprudence, GYIL 44 (2001), 576 ff; vgl. auch die Verurteilung eines Niederländers wegen Verkauf von Betäubungsmitteln an Deutsche in den Niederlanden in BGHSt 27, 30 ff; dazu *Oehler* JR 1977, 424 ff.; ders. NStZ 1994, 485.

[64] *Oehler*, 895; *Bremer*, 129.

[65] Vgl. *Bowett*, BYIL 53 (1982), 11 ff; *Akehurst*, BYIL 46 (1972/1973), 160; *Ambos*, NStZ 1999, 405.

[66] BGBl. 1972 II, 1089; UNTS 450, 82.

[67] ILM 21 (1982), 1261; BGBl. 1994 II, 1799.

[68] Vgl. dazu im einzelnen §§ 84 ff.

[69] RGBl. 1933 II, 913; LNTS 112, 371, Art. 9 Abs. 1.

[70] Vgl. Art. 49 I. Genfer Abkommen; Art. 50 II. Genfer Abkommen; Art. 129 III. Genfer Abkommen; Art. 146 IV. Genfer Abkommen; BGBl. 1954 II, 781; UNTS 75, 31, 85, 135, 287; vgl. dazu *Wolfrum*, in: *D. Fleck* (Hrsg.), Handbuch des humanitären Völkerrechts in bewaffneten Konflikten, Rn. 1208 f. Zur Verfolgung sind nicht nur die kriegführenden Staaten, sondern alle Vertragsstaaten, auch die neutralen, verpflichtet.

[71] BGBl. 1990 II, 1551; 1125 UNTS, 3, Art. 85.

[72] BGBl. 1972 II, 1505; UNTS, 105, Art. 4 Abs. 2.

[73] GA Res. 3068 (XXVIII) vom 30. 11. 1973; 1015 UNTS 243; ILM 13 (1974) 51.

[74] Oben Anm. 21.

[75] Oben Anm. 23, Art. 6 f.

[76] BGBl. 1980 II, 1361; ILM 18 (1979), 1456.

[77] BGBl. 1990 II, 246; 1465 UNTS, 85. Weitere Beispiele bei *Oehler*, Rn. 845 ff; *Jescheck*, International Criminal Law: Its Object and Recent Developments, in: *Bassiouni/Nanda*, 67 f; vgl. dazu im einzelnen unten §§ 190 ff.

[78] Vgl. zu dem Streit, ob die Völkermordkonvention das Weltrechtsprinzip beinhaltet, den Kammerbeschluß des BVerfG vom 12. 12. 2000 (oben Anm. 55).

Bestrafung des Völkermordes, 1948.[79] Gemäß ihrer Präambel und Art. I ist der Völkermord ein „Verbrechen gemäß internationalem Recht", das der Staat des Begehungsortes zu verfolgen verpflichtet ist. Täter dieses Verbrechens können alternativ von einem internationalen Strafgericht oder einem Gericht des Staates verurteilt werden, in dessen Gebiet die Handlung begangen worden ist.

Findet das Weltrechtsprinzip Anwendung, ist nach ihm die Bestrafung durch nationale Gesetze erlaubt,[80] unabhängig davon, ob die Auslieferung des Täters möglich ist.[81] Damit bestimmt das Weltrechtsprinzip zusammen mit dem oben genannten Prinzip des *genuine link* auch die Grenzen, die das Völkerrecht der Ausdehnung der nationalen Rechtsetzungsbefugnis setzt: Sofern kein *genuine link* zwischen dem Staat und dem Täter oder der Tat besteht, kann das Recht zur Ausübung der Strafgewalt nur auf dem Weltrechtsprinzip beruhen.[82] Doch während die anderen Grundsätze, die dem Strafanspruch einzelner Staaten zu Grunde liegen, d. h. das Territorialitäts-, das Personalitäts- und das Schutzprinzip,[83] in der Regel ohne völkerrechtliche Grundlage, die Anwendung oder Nichtanwendung der nationalen Straftrechtsordnung bestimmen, beruht die Strafbarkeit einer Tat nach nationalem Recht aufgrund des Weltrechtsprinzip notwendig auf einer völkerrechtlichen Grundlage, sei es ein völkerrechtliches Recht oder eine solche Pflicht des Einzelstaates, diese Tat unter Strafe zu stellen.[84]

§ 190 Das Verhältnis von Völkerrecht und nationalem Recht hinsichtlich der Verfolgung internationaler Straftaten

Schrifttum: wie für § 189 sowie *Y. Dinstein*, International Criminal Law, Isr. Y. B. Hum. Rts. 5 (1975), 55 ff; *K. Drzewicki*, National Legislation as a Measure for Implementation of International Humanitarian Law, in: *F. Kalshoven/Y. Sandoz* (eds.), International Humanitarian Law 1989, 109 ff; *W. Graefrath*, Universal Jurisdiction and an International Court, EJIL 1 (1990), 67 ff; *J. Meyer*, The Vicarious Administration of Justice: An Overlooked Basis of Jurisdiction, Hrv.ILJ 31 (1990), 108 ff; *L. Hannikainen*, Implementation of International Humanitarian Law in Finnish Law, in: *L. Hannikainen* (ed.), Implementing Humanitarian Law applicable in armed conflict, 1992, 114 ff; *M. C. Bassiouni/E. M. Wise*, Aut Dedere Aut Judicare: The Duty to Extradite or Prosecute in International Law, 1995; *F. Domb*, Treatment of War Crimes in Peace Settlements – Prosecution or Amnesty?, in: *Y. Dinstein/M. Tabory* (eds.), War Crimes in International Law, 1996, 305 ff; *R. Wolfrum*, The Decentralized Prosecution of International Offences through National Courts, in: *Y. Dinstein/M. Tabory* (eds.), War Crimes in International Law, 1996, 233 ff; *C. Enache-Brown/A. Fried*, Universal Crime, Jurisdiction and Duty: the obligation of aut dedere aut judicare in international law, McGill Law Journal 43 (1998), 613 ff; *J. D. van der Vyver*, Universal Jurisdiction in International Criminal Law, South African Yearbook of International Law 24 (1999), 107 ff; *G. Meintjes/J. E. Méndez*, Reconciling Amnesties with Universal Jurisdiction, International Law Forum 2 (2000), 76 ff; *S. Boelaert-Suominen*, Grave Breaches, Universal Jurisdiction and Internal Armed Conflict, Journal of Conflict and Security

[79] Oben Anm. 19; dazu *Wolfrum*, Isr. Y. B. Hum.Rts. 24 (1994/1995), 183.

[80] Allerdings ist eine Bestrafung nicht notwendig, da auch bei einer Auslieferung an einen anderen den Strafanspruch durchsetzenden Staat der Ergreiferstaat seine Strafverfolgungs*pflicht*, soweit sie überhaupt besteht, nachkommt; vgl. *Bremer*, 125. Zur Pflicht zur Bestrafung allgemein, vgl. *Tomuschat*, FS Steinberger, 326 ff.

[81] Anders dagegen das Prinzip der stellvertretenden Strafrechtspflege, nach dem die Strafverfolgung grundsätzlich von der Nichtauslieferung des Täters abhängt; *Oehler*, 147; vgl. zu diesem Prinzip, oben Anm. 49. Zum Teil wird in nationalen Rechtsordnungen aber auch die Strafverfolgung nach dem Universalitätsprinzip von der Nichtauslieferung des Täters abhängig gemacht; vgl. *Brownlie*, 308; *Bremer*, 131.

[82] Zur Anwendung des Weltrechtsprinzips nach deutschem Strafrecht vgl. § 6 StGB.

[83] Siehe oben IV 4.

[84] Zu der Streitfrage, ob für die Strafverfolgung eine innerstaatliche Rechtsvorschrift notwendig vorausgesetzt wird, vgl. einerseits verneinend *Bowett*, BYIL 53 (1982), 12; bejahend aber *Ipsen*, in: *Ipsen* (Hrsg.), Völkerrecht, 4. Aufl., 578.

Law 5 (2000), 63 ff; *B. Broomhall*, Towards the Development of an Effective System of Universal Jurisdiction for Crimes Under International Law, New England Law Review 35 (2000/2001), 399 ff; *B. S. Brown*, The Evolving Concept of Universal Jurisdiction, New England Law Review 35 (2000/2001), 383 ff; *M. P. Scharf*, Application of Treaty-Based Universal Jurisdiction to Nationals of Non-Party States, New England Law Review 35 (2000/2001), 363 ff; *L. Benvenides*, The Universal Jurisdiction Principle: Nature and Scope, Anuario Mexicano de Derecho Internacional 1 (2001), 58 ff; *D. P. Stroh*, Die nationale Zusammenarbeit mit den Internationalen Straftribunalen für das ehemalige Jugoslawien und für Ruanda, 2002.

I. 1. Bedingt durch die im folgenden noch zu behandelnde Ausweitung des internationalen Strafrechts, insbesondere durch die Errichtung von internationalen Strafgerichtshöfen, kommt es zu verschiedenartigen Berührungen zwischen dem internationalen Strafrecht; gegenüber internationalen Strafgerichten zu Kompetenzüberschneidungen bzw. zur Entwicklung von Kooperationspflichten für nationale Organe (Strafverfolgungsorgane sowie Strafgerichte).

Völkerrechtlichen Vorgaben für das nationale Strafrecht beschränken einerseits, erweitern aber andererseits auch die nationale Strafverfolgungskompetenz. Das Völkerrecht hat Einfluß auf das nationale Strafverfahrensrecht sowie das nationale materielle Strafrecht; es richtet sich insoweit an den Gesetzgeber und die nationalen Gerichte.

Im Folgenden sollen folgende Problemkreise angesprochen werden: Inwieweit gibt es eine Verpflichtung der Staaten, die Verfolgung bestimmter Handlungen vorzusehen bzw. gibt es völkerrechtliche Grenzen für die Ausübung der nationalen Strafgewalt;[1] inwieweit verbieten das internationale Strafrecht oder die internationalen Normen zum Menschenrechtsschutz, daß bestimmte Personen bzw. Taten außer Verfolgung gestellt werden;[2] und welche Vorgaben enthalten das internationale Strafrecht und die internationalen Normen zum Menschenrechtsschutz für die Ausgestaltung des nationalen Strafverfahrens?[3] Schließlich ist das Verhältnis zwischen nationalen Strafgerichten und den internationalen Strafgerichtshöfen zu problematisieren.[4]

2. Herkömmlicherweise werden diese Fragen isoliert bzw. bezogen auf bestimmte Komplexe des internationalen materiellen Strafrechts behandelt. Dadurch wird nicht nur die Fragestellung verengt, sondern es bleibt das Ineinandergreifen von nationalem und internationalem Strafrecht und das Verhältnis von nationaler und internationaler Strafgerichtsbarkeit unklar.

II. 1. a. Die Ausübung von nationaler Strafgewalt beruht in erster Linie auf dem Prinzip der Territorialität. Danach unterfallen alle strafrechtlichen Verstöße, die im Staatsgebiet eines bestimmten Staates begangen worden sind, dessen nationaler Strafgewalt.[5] Das Territorialitätsprinzip wird durch den Grundsatz ergänzt, daß für den Ort der Tat nicht allein auf die Tathandlung, sondern auch auf deren Erfolg abgestellt werden kann (sog. Ubiquitätsgrundsatz).[6] Das heißt, zuständig für die Verfolgung von Straftaten ist die Staatsgewalt für das Gebiet, auf dem die Tat bzw. die Unterlassung stattgefunden hat bzw. der Erfolg eingetreten ist oder nach der Vorstellung des Täters eintreten sollte. Daneben besteht nach dem aktiven Personalitätsprinzip die Möglichkeit der Ausübung nationaler Strafgewalt

---

1 Vgl. dazu unter II.
2 Vgl. dazu unter III.
3 Vgl. dazu unter IV.
4 Vgl. dazu unter V.
5 Vgl. dazu Bd. I/1, § 47; das Territorialitätsprinzip findet eine geradezu klassische Definition in § 3 StGB: „Das deutsche Strafrecht gilt für Taten, die im Inland begangen wurden." Eng mit dem Territorialitätsprinzip verwandt ist das Flaggenprinzip, das sicher stellt, daß jeder, der sich einem deutschen Schiff oder Luftfahrzeug anvertraut, den Strafrechtsschutz des Flaggenstaats beanspruchen kann; vgl. § 4 StGB sowie hierzu *T. Fischer*, in: *H. Tröndle/T. Fischer*, Strafgesetzbuch und Nebengesetze, 50. Auflage 2001, § 4 Rn. 2.
6 Vgl. die deutsche Regelung in § 9 StGB.

gegenüber den eigenen Staatsangehörigen selbst dann, wenn ihre Taten außerhalb des Staatsgebiets begangen worden sind. Dieses Prinzip geht letztlich von einer Treuepflicht des Täters gegenüber den Gesetzen seines Heimatstaates aus. Dem Staat steht damit die Möglichkeit zu, inländische Rechtsgüter gegenüber einem Verhalten seiner Staatsangehörigen zu schützen. Von dieser Möglichkeit ist beispielsweise zur Bekämpfung der Kinderpornographie Gebrauch gemacht worden.[7] Als weiterer Anknüpfungspunkt ist das passive Personalitätsprinzip zu nennen. Danach übt ein Staat nationale Strafgewalt über einen Täter aus, dessen Taten zwar im Ausland begangen wurden, sich aber entweder gegen eigene Angehörige oder gegen Einrichtungen des betreffenden Staates, der die Strafverfolgung betreibt, gerichtet haben.[8] Die Anerkennung dieses Ansatzes für die Ausübung nationaler Strafgewalt im Völkerrecht war ursprünglich nicht ganz unumstritten.[9] Sie nimmt aber deutlich an Bedeutung zu, insbesondere in bezug auf die Verfolgung von Terroristen. Nach deutschem Recht ist sowohl die Strafverfolgung nach dem aktiven als auch nach dem passiven Personalitätsprinzip von der Strafbarkeit der Tat im Ausland abhängig;[10] völkerrechtlich geboten ist diese Einschränkung nicht.

b. Grundsätzlich ist ein Staat, soweit nicht das Völkerrecht etwas anderes vorsieht, nicht verpflichtet, eine Strafverfolgung auf der Basis der genannten Strafverfolgungsgewalt einzuleiten oder vorzunehmen. Etwas anderes gilt allerdings für die sog. stellvertretende Strafrechtspflege. Aus ihr ergeben sich konkrete Verpflichtungen in bezug auf Maßnahmen der Gesetzgebung und der Strafverfolgung gegen bestimmte Straftäter. Nach dem Grundsatz der stellvertretenden Strafrechtspflege verfügt ein Staat über Strafverfolgungsgewalt in Fällen, wo eine derartige Verfolgung im Ausland vorgenommen werden könnte, aber wo die Auslieferung des Straftäters aus rechtlichen oder faktischen Gründen unmöglich ist *(aut dedere aut judicare)*.[11] Diese Verpflichtung ist in völkerrechtlichen Verträgen unterschiedlich formuliert. Letztlich verpflichtet sie den Staat, alternativ eine der Handlungen vorzunehmen, nämlich entweder selbst eine Strafverfolgung durchzuführen oder auszuliefern. Sinn dieser Form der Strafverfolgungsgewalt ist es, die Möglichkeit für Straftäter zu reduzieren, sich der Strafverfolgung eines Staates durch Flucht zu entziehen. Der Begriff der stellvertretenden Strafrechtspflege wird in dieser Form insbesondere von den europäischen Strafrechtssystemen anerkannt, während das angloamerikanische Rechtssystem nicht zwischen stellvertretender Strafrechtspflege und dem Weltrechtsprinzip unterscheidet.[12]

Nach dem Weltrechtsprinzip verfolgen Staaten Taten, deren Verfolgung die internationale Gemeinschaft als verfolgungswürdig qualifiziert hat.[13] Das Weltrechtsprinzip definiert sich zunächst negativ. Danach werden Straftaten verfolgt, für welche die üblichen Anknüpfungskriterien für eine nationale strafrechtliche Verfolgung fehlen. Die Strafverfolgung ist international bezogen. Die Tat wird geahndet, weil das geschützte Rechtsgut gewohnheitsrechtlich oder vertraglich als besonders schutzwürdig anerkannt ist. Soweit völkerrechtliche Verträge eine Verfolgung nach dem Weltrechtsprinzip vorsehen, ergibt sich hieraus eine doppelte Verpflichtung für die nationalen Rechtssysteme. Staaten, die den betreffenden völkerrechtlichen Verträgen beigetreten sind, sind verpflichtet, das entsprechende Delikt in ihren nationalen Strafrechtsnormen zu verankern und Verstöße hiergegen zu verfolgen.

---

[7] Vgl. dazu *K. Kühl* in: *K. Lackner/K. Kühl*, Strafgesetzbuch mit Erläuterungen, 24. Auflage 2001, § 5 Rn. 3; die Strafandrohung gegenüber Deutschen, auch wenn sie ihren Lebensmittelpunkt nicht in Deutschland haben, ist völkerrechtlich zulässig; a.A. *Oehler*, Internationales Strafrecht, Rn. 139.

[8] Vgl. z.B. die deutsche Regelung in § 7 Abs. 1 StGB.

[9] Vgl. Restatement (3rd), The Foreign Relations Law of the United States, 1987, § 422.

[10] Vgl. § 7 Abs. 1, Abs. 2 Nr. 1 StGB.

[11] Vgl. dazu umfassend *Bassiouni/Wise*, 3 ff.

[12] *Meyer*, Hrv.ILJ 31 (1990), 108 (115 f); Restatement (3rd) of the Foreign Relations Law of the United States (Anm. 9), § 404 Reporters' notes.

[13] *Ipsen*, in: *Ipsen* (Hrsg.), 4. Aufl., 578; *Wolfrum*, in: *Dinstein/Tabory* (eds.), 233 (235); vgl. dazu auch oben § 189 mwN.

Wenn Staaten dieser Verpflichtung nicht nachkommen, sei es gesetzgeberisch oder durch einen fehlenden Vollzug der Norm, begründen sie eine völkerrechtliche Verantwortlichkeit.

Soweit die Pflicht zur Strafverfolgung in völkerrechtlichen Verträgen verankert ist, ist die Frage aufgeworfen worden, ob sie gegenüber Angehörigen solcher Staaten angewendet werden kann, die diesen Verträgen nicht beigetreten sind.[14] Dies ist zu bejahen. Die Möglichkeit zur strafrechtlichen Verfolgung von Tätern – einschließlich der Entscheidung darüber, welche Täter verfolgt werden – liegt in der souveränen Entscheidung der Staaten, vorausgesetzt, diese Verfolgung resultiert nicht in eine Intervention in die Souveränität anderer Staaten bzw. wird nicht speziell durch das Völkerrecht ausgeschlossen. Insoweit kann bereits auf die *Lotus*-Entscheidung des Ständigen Internationalen Gerichtshofs zurückgegriffen werden.[15] Danach haben die Staaten hinsichtlich der Definition ihrer Strafverfolgungskompetenz in bezug auf Delikte außerhalb ihres Staatsgebiets einen weiten Entscheidungsspielraum, der nur durch konkrete völkerrechtliche Regelungen eingeschränkt werden kann. Das heißt, völkerrechtliche Abkommen, die eine Verfolgungspflicht begründen, enthalten nicht nur eine Ermächtigung der Staaten zur strafrechtlichen Verfolgung von Delikten nach dem Weltrechtsprinzip bzw. dem Prinzip stellvertretender Strafrechtspflege, sondern eine Verpflichtung hierzu. Sie richten sich an die Staaten, die den Beschuldigten in Gewahrsam haben, so daß die Mitgliedschaft in diesen Verträgen nicht dafür von Relevanz ist, Personen welcher Nationalität strafrechtlich verfolgt werden können.[16]

Wie noch im einzelnen zu zeigen sein wird, geht allerdings die Strafverfolgungsgewalt des Internationalen Strafgerichtshofs nicht so weit. Sie ist grundsätzlich auf die Verfolgung von Straftaten beschränkt, die von Angehörigen solcher Staaten begangen wurden, die dem Statut des Internationalen Strafgerichtshofs beigetreten sind oder auf dem Territorium der Vertragsstaaten erfolgten. Das Zurückbleiben der Strafverfolgungskompetenz des Internationalen Strafgerichtshofes hinter derjenigen der Staaten ist völkerrechtsdogmatisch nicht überzeugend zu begründen. Eine Ausnahme gilt allerdings für Fälle, die durch den Sicherheitsrat an den Internationalen Strafgerichtshof verwiesen wurden.[17]

2. Das Prinzip der stellvertretenden Strafrechtspflege und das Weltrechtsprinzip sind von ihrem Grundansatz her zu unterscheiden. Das Prinzip der stellvertretenden Strafrechtspflege übernimmt praktisch die Strafverfolgungsgewalt eines anderen Staates, so daß sich das nationale Strafrecht die Wertvorstellungen dieses Staates zu eigen macht. Hingegen verfolgt ein Staat unter dem Weltrechtsprinzip international als solche qualifizierte Delikte. Während die Strafverfolgungsbehörden nach der stellvertretenden Strafrechtspflege im Interesse eines anderen Staates handeln, handeln sie, wenn sie nach dem Weltrechtsprinzip tätig werden, im Interesse der internationalen Gemeinschaft. So gesehen ist von einer dezentralen Durchsetzung internationalen Strafrechts zu sprechen.[18]

Ein typisches Beispiel für eine dezentrale Form der Verfolgung internationaler Delikte findet sich in der Konvention über die Verhütung und Bestrafung des Völkermordes, 1948.[19] Gemäß Art. I dieses Vertrages ist der Völkermord, gleichgültig ob er im Frieden oder im Krieg begangen worden ist, „ein Verbrechen gemäß internationalem Recht". Die Staaten sind zur Verhütung und Bestrafung dieses Verbrechens verpflichtet. Sie sind (Art. V) dazu verpflichtet, die notwendigen gesetzgeberischen

---

[14] Vgl. hierzu *Scharf*, New England Law Review 35 (2000/2001), 363 ff.

[15] *J. S. Lotus (France v. Turkey)*, PCIJ 1927 Ser. A, No. 10, 1 (18).

[16] Vgl. dazu *Scharf*, New England Law Review 35 (2000/2001), 363 (366 f).

[17] Vgl. dazu unten § 199.

[18] *Wolfrum*, in: *Dinstein/Tabory* (eds.), 233 (236); *Brown*, New England Law Review 25 (2000/2001), 383 (384).

[19] BGBl. 1954 II, 729; UNTS 78, 277; vgl. dazu § 193.

Maßnahmen zu ergreifen, um die Anwendung der Bestimmungen dieser Konvention sicherzustellen, und sie müssen insbesondere wirksame Strafen für Personen vorsehen, die sich des Völkermordes oder einer anderen der in Art. III der Konvention genannten Handlungen schuldig gemacht haben.[20] Ein weiteres Beispiel für die Anwendung des Weltrechtsprinzips ist die Verfolgung der Piraterie. Gemäß Art. 100–107 SRÜ[21] können Piraten durch die Gerichte desjenigen Staates verfolgt werden, durch den sie aufgebracht worden sind.

3. Die völkerrechtlichen Verträge, die eine Strafbarkeit bestimmter Handlungen vorsehen, lassen nicht immer deutlich erkennen, inwieweit sie dem Weltrechtsprinzip bzw. dem Prinzip der stellvertretenden Strafrechtspflege folgen. Einen ausdrücklichen Verweis auf das Weltrechtsprinzip findet sich in der Internationalen Konvention über die Unterdrückung und Bestrafung des Verbrechens der Apartheid, 1974.[22] Dagegen basieren vor allem die verschiedenen Konventionen gegen Terrorismus oder vergleichbare Verbrechen[23] primär auf dem Grundsatz der stellvertretenden Strafrechtspflege. Im wesentlichen haben sie alle die Formulierung von Art. 7 der Haager Konvention über die Unterdrückung der widerrechtlichen Inbesitznahme von Flugzeugen, 1970[24] übernommen. Danach ist ein Staat, auf dessen Staatsgebiet sich eine Person aufhält, die eines entsprechenden Verbrechens verdächtig ist, verpflichtet, diese entweder an den Staat auszuliefern, in dem das Flugzeug registriert war, das die betreffende Person in ihre Gewalt gebracht hat oder diesen Fall seinen Strafverfolgungsbehörden zu übergeben, mit dem Ziel, ein Verfahren einzuleiten.[25] Bedeutung für die Auslieferung, ohne aber den Grundsatz *aut dedere aut judicare* explizit zu formulieren, enthält auch die Konvention über die Verhütung und Bestrafung des Völkermords. In Art. VII dieser Konvention wird statuiert, daß die in der Konvention pönalisierten Handlungen für Auslieferungszwecke nicht als politische Straftaten gelten. Die Vertragsparteien sind, wenn auch eine entsprechende ausdrückliche Formulierung fehlt, verpflichtet, in derartigen Fällen die Auslieferung zu bewilligen.[26]

3. a. Der Grundsatz *aut dedere aut judicare* paraphrasiert den von *Hugo Grotius* eingeführten Begriff *aut dedere aut punire*. Dabei verband *Grotius* damit einen anderen Ansatz. Er forderte, daß ein Straftäter, der einen anderen Staat verletzt habe, an diesen Staat ausgeliefert werden müsse. Allerdings war der Staat, in dem sich dieser Straftäter befand, nicht zur Auslieferung verpflichtet, sondern konnte die Verfolgung und Verurteilung selbst durchführen.[27] Im Grunde genommen ging *Grotius* von einer gewohnheitsrechtlichen Geltung dieses Grundsatzes aus, wohingegen dieser in seiner modernen Form sowohl eine andere Zielrichtung hat als auch auf bestimmten völkerrechtlichen Verträgen beruht.[28]

b. Die Aufnahme des Grundsatzes in einer Vielzahl unterschiedlicher völkerrechtlicher Verträge hat naturgemäß die Frage aufgeworfen, ob dieser Grundsatz auch eine gewohnheitsrechtliche Geltung beanspruchen kann. Dies könnte für die internationalen Delikte gelten, die völkervertraglich kodifiziert sind. Einhelligkeit besteht darüber, daß für Delikte des nationalen Strafrechts dieser Grundsatz keine Anwendung finden kann. Die Existenz von Auslieferungsverträgen und die in diesen statuierten Ausnahmen spricht gegen eine derartige weitreichende Annahme. Aber auch gegen eine gewohn-

---

[20] Vgl. dazu § 193.

[21] Vgl. dazu § 195.

[22] 1015 UNTS, 243; ILM 13 (1974), 51.

[23] Vgl. dazu § 196.

[24] 860 UNTS 105; BGBl. 1972 II, 1505.

[25] „... *to submit the case to its competent authorities for the purpose of prosecution* ...".

[26] Insoweit unpräzise *Oppenheim/Jennings/Watts*, 953; vgl. hierzu auch § 193.

[27] *Hugo Grotius*, Die jure belli ac pacis, Liber II Ch XXI, §§ III und IV.

[28] So vor allem *M. C. Bassiouni*, Crimes Against Humanity, 499 ff; *ders.* The Penal Characteristics of Conventional International Criminal Law, Case W. Res.J. Int'l 15 (1983), 27 (34 ff); Dissenting Opinion, Judge *Weeramantry*, *Case Concerning Questions of Interpretation and Application of the 1971 Montreal Convention Arising from the Aerial Incident at Lockerbie (Libyan Arab Jamahiriya v. United Kingdom)*, Provisional Measures, Order of 14 April 1991, ICJ Reports 1992, 69 (179).

heitsrechtliche Geltung für internationale Straftaten bestehen Bedenken. Gerade die unterschiedliche Anwendung und Formulierung des Grundsatzes in den angesprochenen Verträgen belegt, daß über Anwendungsbereich und Aussagegehalt des Grundsatzes keine vollständige Einigkeit existiert.

c. Der Grundsatz *aut dedere aut judicare* hat in unterschiedlicher Form Eingang in die verschiedenen Verträge gefunden. Folgende internationale Übereinkommen sprechen u. a. den Grundsatz *aut dedere aut judicare* ausdrücklich an: die Konvention von Tokio *(Convention on Offences and Certain other Acts Committed on Board Aircraft)*, 1963;[29] das Übereinkommen von Den Haag *(Convention on the Suppression of Unlawful Seizure of Aircraft)*, 1970;[30] die Konvention von Montreal *(Convention for the Suppression of Unlawful Acts Against the Safety of Civil Aviation)*, 1971;[31] *Single Convention on Narcotic Drugs*, 1961;[32] *Convention on Psychotropic Substances*, 1971[33] und die Europäische Konvention zur Unterdrückung des Terrorismus, 1977.[34] Diese lassen sich in verschiedene Gruppen einteilen. Die unterschiedlichen Formulierungen sind nicht lediglich semantischer Natur, sondern modifizieren diesen Grundsatz inhaltlich mit Konsequenzen für die sich hieraus ergebenden staatlichen Verpflichtungen.

Erstmals wurde der Grundsatz *aut dedere aut judicare* in der Konvention über die Unterdrückung von Geldfälschung[35] aufgenommen. Die entsprechenden Formulierungen prägten die Regelung in einer Reihe von ihr folgenden Verträgen. Die Konvention verlangt – anders als später die Haager Konvention über die Unterdrückung der widerrechtlichen Inbesitznahme von Flugzeugen von 1970 – von den Staaten nicht, Personen selbst zu verfolgen und zu verurteilen, wenn sie nicht ausgeliefert werden. Statt dessen erkennt die Konvention an, daß die einzelnen Staaten unterschiedliche Ansätze für die Strafverfolgung kennen. Deswegen ist die Verpflichtung zur Verfolgung anstelle von Auslieferung an die Bedingung geknüpft, daß in diesem Staat eine extraterritoriale Strafgewalt ausgeübt werden kann. Insoweit wird zwischen Staatsangehörigen und Nichtstaatsangehörigen in bezug auch auf den die Auslieferung verlangenden Staat unterschieden.[36] Vergleichbare Regelungen finden sich in der *Convention for the Suppression of the Illicit Traffic in Dangerous Drugs*, 1936[37] und in der Konvention zur Verhütung und Bekämpfung des Terrorismus von 1937.[38] Zur gleichen Kategorie gehören die *Convention for the Suppression of Traffic in Persons and the Exploitation of the Prostitution of Others*, 1950[39] sowie die *Single Convention on Narcotic Drugs*, 1961[40] und die *Convention on Psychotropic Substances*, 1971.[41]

Die Besonderheit dieser Konventionen liegt darin, daß sie den Staaten, die um Auslieferung ersucht werden, ein verhältnismäßig weites Ermessen einräumen, ob dieser stattgegeben werden soll und die dennoch, wenn sie nicht zur Auslieferung bereit sind, nicht unbedingt eine Strafverfolgung aufnehmen müssen. Es ist also insoweit nur bedingt von einer Verpflichtung zur Ausübung der stellvertretenden Strafrechtspflege zu sprechen. Diese steht unter dem Vorbehalt der Kompatibilität der beiden involvierten Strafrechtssysteme.

Eine andere Gruppe von Verträgen weicht insoweit von der vorgenannten Gruppe ab, als hier eine Verpflichtung zur Auslieferung besteht. Zu verweisen ist insoweit auf die vier

---

[29] UNTS 704, 219; BGBl. 1969 II, 121.

[30] UNTS 860, 105; BGBl. 1972 II, 1505.

[31] UNTS 974, 177; BGBl. 1977 II, 1229; sie wird ergänzt durch das *Protocol for the Suppression of Unlawful Acts of Violence at Airports Serving International Civil Aviation*, 1988 (ILM 27 (1988), 627.

[32] UNTS 520, 204; BGBl. 1973 II, 1353; *Protocol Amending the Single Convention on Narcotic Drugs*, 1972 (UNTS 976, 3).

[33] UNTS 1019, 175; BGBl. 1976 II, 1478.

[34] *European Convention on the Suppression of Terrorism*, 1977; ETS No. 90; BGBl. 1978 II, 321; ILM 15 (1976), 1272.

[35] *International Convention for the Supression of Counterfeiting Currency*, 1929. LNTS 112, 371; RGBl. 1934 II, 207.

[36] Vgl. im einzelnen *Bassiouni/Wise*, 13.

[37] LNTS 198, 299.

[38] League of Nations Official Journal, 19 (1938), 23.

[39] UNTS 96, 271.

[40] Anm. 32.

[41] Anm. 33.

Genfer Rotkreuzkonventionen.[42] Sie alle enthalten eine Vorschrift über die Verfolgung sogenannter schwerer Verletzungen der Abkommen.[43] Die Formulierung in den Rotkreuzkonventionen bringt den Grundsatz *aut dedere aut judicare* bereits in seiner vollständigen Form zum Ausdruck, indem die doppelte Verpflichtung benannt wird: zum einen die Verpflichtung, die betreffenden Personen zu verfolgen und zum zweiten, diese einem anderen Staat auszuliefern, soweit dieser *prima facie* genügendes Beweismaterial gegen die Personen vorlegt, deren Auslieferung verlangt wird. Insofern enthält diese Formulierung auch eine materiellrechtliche Verpflichtung der Staaten, nämlich die Verpflichtung, die Strafverfolgung vor den eigenen Gerichten zu ermöglichen.[44] Daneben steht die verfahrensrechtliche Verpflichtung, die Auslieferungen an einen anderen Staat zu regeln. Dabei ist der andere Staat, der die Auslieferung begehren kann, in keiner Weise qualifiziert. Ausreichend ist, daß es sich um eine Vertragspartei handelt, die ein Interesse an der Aburteilung des betreffenden Täters bzw. der betreffenden Tat hat. Dieses Interesse kann sowohl egoistischer als auch altruistischer Natur sein. D.h. der um die Auslieferung ersuchende Staat kann eine Verurteilung anstreben, weil seine Staatsangehörigen Opfer des Verstoßes waren. Möglich ist aber auch ein Auslieferungsbegehren mit dem Ziel, dem humanitären Völkerrecht zur Geltung zu verhelfen. Da kein Zwang zur Auslieferung besteht, kann der Staat, der einen wegen Kriegsverbrechen Beschuldigten in Gewahrsam hält, das Auslieferungsersuchen inhaltlich auf die Vereinbarkeit mit eigenen Rechtsvorstellungen zu prüfen. Möglich ist, worauf die Regelung in den Genfer Rotkreuzabkommen verweist, daß im nationalen Recht Bedingungen für eine Auslieferung formuliert werden.[45]

Auch wenn hier der Grundsatz *aut dedere aut judicare* angewandt wird, ist es dennoch fraglich von der Anwendung des Systems stellvertretender Strafrechtspflege zu sprechen. Denn die Verpflichtung zur Strafverfolgung besteht unabhängig von einem Auslieferungsbegehren. Diese wird lediglich als Alternative zur eigenen Strafverfolgung genannt. Insofern unterliegen diese Delikte dem Weltrechtsprinzip, und der Grundsatz *aut dedere aut judicare* stellt lediglich einen Mechanismus dar, der auch anderen Staaten als dem Staat, der eine beschuldigte Person in Gewahrsam hält, eine Strafverfolgung ermöglicht.[46]

Eine etwas andere Formulierung findet der Grundsatz *aut dedere aut judicare* in denjenigen Konventionen, die dem Beispiel der Haager Konvention über die Unterdrückung der

---

[42] I. Genfer Abkommen zur Verbesserung des Loses der Verwundeten und Kranken der Streitkräfte im Felde, 1949 (BGBl. 1954 II, 783); II. Genfer Abkommen zur Verbesserung des Loses der Verwundeten, Kranken und Schiffbrüchigen der Streitkräfte zur See, 1949 (BGBl. 1954 II, 813); III. Genfer Abkommen über die Behandlung der Kriegsgefangenen, 1949 (BGBl. 1954 II, 838); IV. Genfer Abkommen zum Schutze von Zivilpersonen in Kriegszeiten, 1949 (BGBl. 1954 II, 917, ber. BGBl. 1956 II, 1586).

[43] Die entsprechende Vorschrift, die in allen vier Abkommen den gleichen Wortlaut hat, lautet: „Jede Vertragspartei ist zur Ermittlung der Personen verpflichtet, die der Begehung oder Erteilung eines Befehls zur Begehung einer dieser schweren Verletzungen beschuldigt sind; sie stellt sie ungeachtet ihrer Nationalität vor ihre eigenen Gerichte. Wenn sie es vorzieht, kann sie sie auch gemäß den in ihrem eigenen Recht vorgesehenen Bedingungen einer anderen an der gerichtlichen Verfolgung interessierten Vertragspartei zur Aburteilung übergeben, sofern diese gegen die erwähnten Personen eine ausreichendes Belastungsmaterial vorbringt." (vgl. Art. 49 des I. Genfer Abkommens; Art. 50 des II. Genfer Abkommens, Art. 129 des III. Genfer Abkommens und Art. 146 des IV. Genfer Abkommens).

[44] Dies bringt der erste Abschnitt dieses Artikels deutlich zum Ausdruck, wonach die Vertragsparteien sich verpflichten, alle notwendigen gesetzgeberischen Maßnahmen zur Festsetzung von angemessenen Strafbestimmungen für solche Personen zu treffen, die irgendeine der schweren Verletzungen begangen haben oder einen Befehl zu deren Begehung erteilt haben.

[45] Vgl. zur Auslieferung generell §§ 102, 103.

[46] Staaten, die national die Verfolgung von Kriegsverbrechen auch für die Vergangenheit speziell vorsehen, lassen deutlich werden, daß dies ein Fall der Anwendung des Weltrechtsprinzips ist. Vgl. dazu *P. Arnell*, War Crimes a Comparative Opportunity, International Relations 13 (1996), 29 ff; *R. van der Elst*, Implementing universal jurisdiction over grave breaches of the Geneva Conventions, Leiden Journal of International Law 13 (2000), 815 ff. Teilweise kommt es nicht auf den internationalen Charakter des bewaffneten Konfliktes an, vgl. *Boelaert-Suominen*, Journal of Conflict & Security Law 5 (2000), 63 (89 ff).

widerrechtlichen Inbesitznahme von Flugzeugen von 1970 folgen.[47] Hier ist, anders als unter dem Genfer Rotkreuzrecht, Ausgangspunkt nicht die Pflicht eines Staates zu verfolgen, sondern die Pflicht eines Staates auszuliefern. Die eigene Verfolgungspflicht tritt an die Stelle der Auslieferung.[48] Auffallend an der Formulierung von Art. 7 der Haager Konvention ist, daß hier ebenfalls nicht qualifiziert wird, welcher Staat eine Auslieferung verlangen kann. Dies wird aber dadurch kompensiert, daß der Staat, der den Straftäter in Gewahrsam hält, die Auslieferung verweigern kann. Allerdings kann er dies nur, wenn er selbst eine Verfolgung vornimmt und durchführt. Das setzt voraus, daß materiellrechtlich die Verfolgung derartiger Straftaten nach dem Recht des betreffenden Staates vom Territorialitätsprinzip bzw. aktiven oder passiven Personalitätsprinzip gelöst wird. Diese Verpflichtung der Staaten ist ausdrücklich als solche formuliert.
Diese Klausel ist in eine Reihe von Abkommen übernommen worden, die im wesentlichen den Schutz der Kommunikation bzw. von bestimmten Personen bezwecken. Hierzu gehören die Konvention von Montreal über rechtswidrige Maßnahmen gegen die Sicherheit der zivilen Luftfahrt, 1971,[49] die Konvention über Verbrechen gegen international geschützte Personen, 1972,[50] die Konvention gegen Geiselnahme, 1979,[51] die Konvention über den Schutz von nuklearem Material, 1980,[52] die Konvention gegen Folter, 1984,[53] die Konvention von Rom über die Sicherheit der Meeresschiffahrt, 1988,[54] sowie die Konvention gegen Söldner.[55] Mit in diese Gruppe gehört auch die Europäische Konvention gegen Terrorismus, 1990.[56]
Die Verfolgung der Straftaten, auf der Basis der in dieser Gruppe genannten Abkommen und weiterer ihnen nachgebildeter internationaler Übereinkommen beruht auf dem Ansatz der stellvertretenden Strafrechtspflege. Eine Verpflichtung zur Strafverfolgung besteht nur dann, wenn eine Auslieferung begehrt wird. Allerdings ist der Staat schon vorher verpflichtet, eine Person festzunehmen, die verdächtig ist, eine der Straftaten unter diesem Abkommen begangen zu haben.

d. Der Grundsatz *aut dedere aut judicare* enthält eine Reihe von verfahrensrechtlichen und materiellrechtlichen Verpflichtungen. Wenn ein Staat sich gegen eine Auslieferung entschieden hat – und die entsprechenden Konventionen geben nur teilweise einen Hinweis darauf, unter welchen Bedingungen eine Auslieferung verweigert werden kann – dann muß der Gewahrsamsstaat eine strafrechtliche Verfolgung gegen die betreffenden Tatverdächtigen einleiten. Problematisch ist, ob primär eine Verfolgungspflicht oder ob primär eine Auslieferungspflicht besteht und ob dies generell für Straftaten gilt, deren Verfolgung von dem Grundsatz *aut dedere aut judicare* bestimmt wird.

---

[47] Anm. 24.

[48] Art. 7 der Haager Konvention lautet: „The Contracting State in the territory of which the alleged offender is found shall, if it does not extradite him, be obliged, without exception whatsoever and whether or not the offence was committed in its territory, to submit the case to its competent authorities for the purpose of prosecution. Those authorities shall take their decision in the same manner as in the case of any ordinary offence of a serious nature under the law of that State."

[49] Anm. 31.

[50] *Convention on the Prevention and Punishment of Crimes Against Internationally Protected Persons, Including Diplomatic Agents*, 1972; ILM 13 (1974), 41; 1035 UNTS, 167; BGBl. 1976 II, 1745.

[51] *International Convention Against the Taking of Hostages*, 1979; BGBl. 1980 II, 1361; ILM 18 (1979), 1456.

[52] *Convention on the Physical Protection of Nuclear Material*, 1980; ILM 18 (1979), 1519.

[53] *Convention Against Torture and other Cruel, Inhuman or Degrading Treatment or Punishment*, 1984; ILM 23 (1984), 1027; 1465 UNTS, 85; BGBl. 1990 II, 246.

[54] *Convention for the Suppression of Unlawful Acts Against the Safety of Maritime Navigation*, 1988; ILM 27 (1988), 672.

[55] *International Convention Against the Recruitment, Use, Financing and Training of Mercenaries*, 1990; ILM 29 (1990), 89.

[56] Anm. 34. Die genannten Abkommen enthalten in der Regel die Klausel „*This Convention does not include any criminal jurisdiction exercised in accordance with national law*" (vgl. Art. 4 Abs. 3 Haager Konvention).

Diese Frage schien für den *Lockerbie*-Fall[57] von Bedeutung. Libyen argumentierte, daß die Konvention von Montreal die Wahl lasse zwischen einer eigenen strafrechtlichen Verfolgung und der Auslieferung. Wenn es sich zu einer eigenen strafrechtlichen Verfolgung entschlossen habe, könne es nicht mehr zu einer Auslieferung gezwungen werden. Demgegenüber machten das Vereinigte Königreich und die Vereinigten Staaten geltend, die Situation sei dann anders zu beurteilen, wenn der Verdacht bestünde, der terroristische Angriff könne von dem Staat selbst gesteuert sein. Letztlich hat der Internationale Gerichtshof weder zur Frage der Auslegung der Konvention noch zu der Frage Stellung genommen, ob die Pflicht zur Auslieferung Vorrang habe. Der Internationale Gerichtshof hat nämlich unter Verweis auf SC Res. 748 (1992) vom 31. 3. 1992, die die Weigerung Libyens, die Beschuldigten auszuliefern, als Bedrohung des internationalen Friedens bezeichnete, den Antrag auf Erlaß einer einstweiligen Anordnung zurückgewiesen.[58]

Die internationalen Übereinkommen, die auf dem Grundsatz *aut dedere aut judicare* für die Verfolgung von Straftaten beruhen, geben keinen Hinweis auf eine mögliche Priorität der Verpflichtung zur Auslieferung. Die Formulierung in Art. 7 der Konvention von Montreal[59] „*... The Contracting State ... shall, if it does not extradite him* [*the alleged offender*], *be obliged, ... to submit the case to its competent authorities for the purpose of prosecution ...*“, scheint von der Auslieferung als Normalfall auszugehen. Dies deutet aber noch nicht in Richtung auf eine entsprechende Verpflichtung. Anhaltspunkte dafür, daß sich eine entsprechende primäre Pflicht zur Auslieferung gewohnheitsrechtlich entwickelt hätte, gibt es nicht. Wenig hilfreich sind insoweit die Stellungnahmen von neun Richtern des Internationalen Gerichtshofs,[60] die das freie Entscheidungsrecht des um Auslieferung ersuchten Staates teils auf allgemeine Erwägungen, teils auf Völkergewohnheitsrecht stützten. Dies ist nicht entscheidend. Entscheidend ist vielmehr, daß ein Staat nicht zu einer Auslieferung verpflichtet ist, solange er nicht einer vertraglichen Verpflichtung (Auslieferungsvertrag) oder einer solchen Verpflichtung nach allgemeinem Völkerrecht unterliegt. Anders stellt sich die Situation dann dar, wenn der um Auslieferung ersuchte Staat in Wirklichkeit keine Strafverfolgung betreibt (Verbot des Rechtsmißbrauchs) oder er selbst in die Straftat involviert war. Im letztgenannten Fall ließe sich eine Auslieferungspflicht, verstanden als primäre Pflicht, auf die Regeln der Staatenverantwortlichkeit stützen.
Entschließt sich der Gewahrsamsstaat zu einer eigenen Verfolgung, so ist er verpflichtet, diese zügig und effektiv durchzuführen. Geschieht die Verfolgung lediglich, um den Verdächtigen vor Verfolgung in anderen Staaten zu schützen, d. h. wird der Prozeß verschleppt, letztlich nicht durchgeführt oder endet er mit einer Strafe, die nicht angemessen ist, handelt es sich um den Mißbrauch des Rechts auf eine eigene Strafverfolgung. Unter diesen Umständen lebt der Auslieferungsanspruch wieder auf.

e. Diejenigen internationalen Übereinkommen des internationalen materiellen Strafrechts, die auf dem Ansatz der stellvertretenden Strafrechtspflege beruhen, definieren international geächtete und für strafrechtlich verfolgungswürdig gehaltene Verhaltensformen von Individuen. Dies dokumentiert sich darin, daß mit den betreffenden internationalen Abkommen die Staaten die Pflicht übernehmen, eine innerstaatliche strafrechtliche Verfolgung zu ermöglichen. Dies verlangt die Einführung entsprechender Strafrechtsnormen, das Abgehen

---

[57] Case *Concerning Questions of Interpretation and Application of the 1971 Montreal Convention Arising from the Aerial Incident at Lockerbie (Libyan Arab Jamahiriya v. United Kingdom), Provisional Measures*, Order of 14 April 1991, ICJ Reports 1992, 3 ff.

[58] Umfassend zu der Regelung, die schließlich zu einer Überstellung der Beschuldigten an ein schottisches Gericht führte, das in den Niederlanden verhandelte, *M. Plachta*, The Lockerbie Case: The Role of the Security Council in Enforcing the Principle Aut Dedere Aut Judicare, EJIL 12 (2001), 125 ff.

[59] Anm. 49.

[60] *Lockerbie* case, (Anm. 57), ICJ Reports 1992, 3 ff: Declaration der Richter *Evensen, Tarassov, Guillaume, Aguilar Mawdsley* (24/25); Dissenting Opinions der Richter *El-Kosheri* (109), *Bedjaoui* (82), *Ranjeva* (72), *Ajibola* (82), *Weeramantry* (51).

vom Territorialitätsprinzip bzw. die Schaffung entsprechender Ausnahmetatbestände und möglicherweise die Erarbeitung von Kriterien und Verfahren, nach denen entschieden wird, ob eine Auslieferung oder eine eigenständige Strafverfolgung stattfinden soll. Insofern haben sich diese Verträge von dem ursprünglichen Ziel der stellvertretenden Strafrechtspflege entfernt, das dem Strafverfolgungsinteresse anderer Staaten, nicht aber dem der Staatengemeinschaft Rechnung trug. Ein Vergleich der Regelungen der Konvention gegen Geldfälschung von 1929[61] mit der Haager Konvention über die Unterdrückung der widerrechtlichen Inbesitznahme von Flugzeugen von 1970[62] machen dies deutlich.

f. Nicht unter allen genannten internationalen Abkommen, die den Grundsatz *aut dedere aut judicare* enthalten, besteht eine absolute Pflicht zur Strafverfolgung bzw. die Pflicht, einen Verdächtigen festzunehmen, um ein späteres Straf- oder Auslieferungsverfahren zu ermöglichen.[63] Die Staaten sind lediglich verpflichtet, ihre Strafgewalt so zu regeln, daß ihnen eine Verfolgung möglich ist, wenn sie nicht ausliefern. Abgesehen davon besteht keine Pflicht zur Strafverfolgung.[64]
Diejenigen internationalen Abkommen, wie die Genfer Rotkreuzabkommen, die eine Pflicht zur Strafverfolgung unabhängig von einem Auslieferungsbegehren statuieren, beruhen letzlich auf dem Weltrechtsprinzip und nicht auf dem der stellvertretenden Strafrechtspflege. Der Grundsatz *aut dedere aut judicare* hat insoweit auch eine andere Bedeutung in diesem Kontext. Über ihn wird – worauf schon verwiesen wurde – sichergestellt, daß gegen ein Auslieferungsbegehren nicht geltend gemacht werden kann, daß kein Auslieferungsvertrag besteht bzw. dieser Restriktionen enthält. Dadurch wird letztlich der Kreis der Staaten vergrößert, die potentiell eine Strafverfolgung vornehmen können.

g. Etwas anderes gilt für die Abkommen, die auf dem Ansatz der stellvertretenden Strafrechtspflege beruhen, wie das Haager[65] und die ihm nachgebildeten Abkommen. Aber auch sie sind Ausdruck eines Verfolgungsinteresses der Staatengemeinschaft, als sie die Staaten verpflichten, gesetzgeberisch die Voraussetzungen für eine mögliche Strafverfolgung zu schaffen.
Mit Rücksicht auf diese Zielsetzung ist festzustellen, daß diese Abkommen eine strukturelle Schwäche aufweisen. Denn es bestehen letztlich nur in Ausnahmefällen effektive Möglichkeiten, eine strafrechtliche Verfolgung zu erzwingen bzw. eine Auslieferung zu erreichen, wenn eine entsprechende Verfolgungsbereitschaft bei dem Staat fehlt, auf dessen Territorium sich der Beschuldigte aufhält. Insofern ist der Ansatz der stellvertretenden Strafrechtspflege nur begrenzt geeignet, eine Ahndung von Straftaten, deren Verfolgung im Interesse der Staatengemeinschaft liegt, sicherzustellen. Dafür ist dieser Ansatz – sieht man ihn in seiner historischen Entwicklung – auch nicht geschaffen. Ursprünglich diente er nur dazu, einen Ausgleich zwischen dem Verfolgungsinteresse eines und dem Schutzinteresse eines anderen Staates sicherzustellen. Soll der Ansatz der stellvertretenden Strafrechtspflege zu einem wirklich effektiven Mechanismus für die Verfolgung von Handlungen werden, deren Ahndung im Interesse der Staatengemeinschaft liegt, so wird es notwendig sein – *de lege ferenda* – die Pflichten des Staates, auf dessen Gebiet sich der Beschuldigte aufhält, zu verschärfen. Entscheidend wäre die Einführung einer Verpflichtung zur Strafverfolgung unabhängig von

[61] Anm. 35.

[62] Anm. 30.

[63] So z. B. Art. 6 Abs. 1 und 2 Konvention von Montreal (Anm. 31); Art. 6 Abs. 1 Konvention gegen Geiselnahme (Anm. 51); Art. 6 Abs. 1 der *Convention on the Prevention and Punishment of Crimes Against Internationally Protected Persons, Including Diplomatic Agents*, 1973 (Anm. 50).

[64] So auch Joint Separate Opinion *Higgins, Kooijmans, Buergenthal*, ICJ, Judgment of 14 February 2002, Case *Concerning the Arrest Warrant of 11 April 2000 (Democratic Republic of the Congo v. Belgium)*, para. 36 (http://www.icj-cij.org/icjwww/idocket/iCOBE/icobejudgment/icobe_ijudgment_2002-0214_higgins-kooijmans-buergenthal.PDF).

[65] Anm. 24.

dem Verlangen einer Auslieferung – womit die entsprechenden Straftaten dem Weltrechtsprinzip unterstellt würden – und die Einführung von Verfahren bei Nichtbeachtung dieser Verpflichtung, die über die gängigen Formen der Streitbeilegung hinausgehen.

4. a. Bei der Verfolgung von Straftaten nach dem Weltrechtsprinzip besteht, soweit diese völkerrechtlich verankert ist, eine Verpflichtung des betreffenden Staates, tätig zu werden, und zwar muß der Gewahrsamsstaat entsprechende Strafermittlungen aufnehmen und ein Strafverfahren durchführen. In der Regel wird aber nur ein entsprechendes Recht formuliert. Soweit eine entsprechende Pflicht besteht, richtet sich diese zunächst an die Gesetzgebung[66] und – soweit es um die konkrete Verfolgung eines Straftäters geht – an die Exekutive. Ein Staat, der dieser Verpflichtung nicht nachkommt, verletzt die vertraglich übernommenen Verpflichtungen und setzt sich einer internationalen Verantwortlichkeit aus. Dies reicht aber als Mittel zur Erzwingung einer Beachtung der vertraglich eingegangenen Pflichten nicht aus. Insoweit wären die Streitbeilegungsregelungen auszubauen.
Soweit der Grundsatz *aut dedere aut judicare* keine Anwendung findet, besteht an sich keine Auslieferungsverpflichtung. Allerdings können auch in diesen Fällen einem Auslieferungsbegehren nicht die Einschränkungen aus Auslieferungsverträgen (z. B. politisches Delikt) entgegengehalten werden.
Mit der Errichtung der internationalen Strafgerichtshöfe stellt sich diese Frage der Auslieferung allerdings neu. Deren Statuten begründen eine Verpflichtung, Straftäter an den zuständigen internationalen Strafgerichtshof zu überstellen. Hierauf wird gesondert einzugehen sein.[67]

b. In bezug auf das Weltrechtsprinzip stellen sich Fragen unter dem Gesichtspunkt, welche Pflichten und Rechte der Staaten bzw. welche Anforderungen und Schranken sich für die Ausübung der nationalen Strafgewalt hieraus ergeben. Es wurde bereits darauf verwiesen, daß internationale Übereinkommen, die auf dem Ansatz des Weltrechtsprinzips beruhen, die Staaten verpflichten, die entsprechenden Straftaten zu verfolgen. Insoweit enthalten die betreffenden Abkommen verpflichtende Vorgaben für die Ausgestaltung des nationalen Strafrechts.

c. Davon zu unterscheiden ist allerdings die Frage, ob und inwieweit Staaten national auf das Weltrechtsprinzip uneingeschränkt zurückgreifen können. Diese Frage stand im Mittelpunkt des Verfahrens vor dem Internationalen Gerichtshof *Concerning the Arrest Warrant of 11 April 2000 (Democratic Republic of the Congo v. Belgium)*. In dem Urteil vom 14. 2. 2002[68] wurde sie allerdings letztlich nicht beantwortet.[69]

Dem Urteil lag folgender Sachverhalt zu Grunde. Ein belgisches Gesetz vom 16. 6. 1993, geändert

[66] Deutschland kommt dieser Verpflichtung durch Erlaß eines Gesetzes zur Einführung des Völkerstrafgesetzbuches nach. In der Begründung wird ausdrücklich auf die Regelungen des Statuts des Internationalen Strafgerichtshofs verwiesen. Darüber hinaus finden hierin Straftatbestände des humanitären Völkerrechts Anwendung. Vgl. den Entwurf der Bundesregierung für ein Gesetz zur Einführung des Völkerstrafgesetzbuchs vom 18. Januar 2002 (BR-Drucks. 29/02) und *A. Zimmermann*, Auf dem Weg zu einem deutschen Völkerstrafgesetzbuch – Entstehung, völkerrechtlicher Rahmen und wesentliche Inhalte, ZRP 2002, 97 ff; *G. Werle*, Konturen eines deutschen Völkerstrafrechts – zum Arbeitsentwurf eines Völkerstrafgesetzbuchs, JZ 56 (2001), 885 ff; *C. Kreß*, Vom Nutzen eines deutschen Völkerstrafgesetzbuchs, 2000.

[67] Vgl. dazu § 198.

[68] ICJ, Judgment of 14 February 2002, Case *Concerning the Arrest Warrant of 11 April 2000 (Democratic Republic of the Congo v. Belgium)* (http://www.icj-cij.org/icjwww/idocket/iCOBE/icobejudgment/icobe_ijudgment_20020214.PDF).

[69] Siehe aber Separate Opinion of President *Guillaume*, ICJ, Judgment of 14 February 2002, Case *Concerning the Arrest Warrant of 11 April 2000 (Democratic Republic of the Congo v. Belgium)*, (http://www.icj-cij.org/icjwww/idocket/iCOBE/icobejudgment/icobe_ijudgment_20020214_guillaume.PDF); Joint Separate Opinion Judges *Higgins, Kooijmans, Buergenthal* (Anm. 64).

am 10. 2. 1999,[70] sieht die strafrechtliche Verfolgung von Verletzungen des humanitären Völkerrechts sowie von Völkermord unabhängig von Tatort und Staatsangehörigkeit des Täters vor. Auf dieser Basis wurde ein internationaler Haftbefehl gegen den damaligen Außenminister der Demokratischen Republik Kongo erlassen.

Die Verfolgung von Verbrechen des Völkermords geschieht nach dem Weltrechtsprinzip.[71] Insoweit bestand also durchaus ein Ansatz für die belgischen Verfolgungsmaßnahmen. Das entscheidende Problem lag hier aber darin, ob auf der Basis des Weltrechtsprinzips Strafverfolgungsmaßnahmen, einschließlich Haftbefehlen, auch gegen Abwesende[72] erlassen werden können. Vom Ziel und Zweck des Weltrechtsprinzips her gesehen ist diese Frage zu verneinen. Wird das Weltrechtsprinzip als eine dezentrale Form der Durchsetzung von internationalem Strafrecht verstanden, so verbietet sich die Verfolgung von Abwesenden aus dem Grundsatz der Effektivität. Die Strafverfolgung nach dem Weltrechtsprinzip soll vornehmen, wer faktisch in der Lage ist, sie vornehmen zu können. Es weist insofern zwei Komponenten auf, Verzicht auf die übliche Anknüpfung für eine strafrechtliche Verfolgung und Verpflichtung zur Strafverfolgung. Damit ist primär der Staat zur Strafverfolgung verpflichtet, auf dessen Gebiet sich der Straftäter befindet. Insofern bestand eine entsprechende Verfolgungspflicht – im Falle *Concerning the Arrest Warrant of 11 August 2000* –[73] der Demokratischen Republik Kongo. Für Belgien, wie für alle anderen Vertragsstaaten, hätte die Möglichkeit bestanden, die Demokratische Republik Kongo zum Handeln zu zwingen, insbesondere über ein entsprechendes Auslieferungsbegehren.

Demgegenüber geht die Argumentation in den Separate Opinions der Richter des IGH im Falle *Concerning the Arrest Warrant of 11 August 2000*[74] an der eigentlichen Problematik teilweise vorbei. Der Versuch, die Notwendigkeit einer Verbindung zwischen verfolgendem Staat und Täter bzw. Tat herzustellen, vermag sich nicht auf Abkommen zu stützen, die anders als die Genfer Rotkreuzabkommen oder das Völkergewohnheitsrecht für den Völkermord keine generelle Verfolgungspflicht begründen, sondern diese nur für den Fall der Nichtauslieferung vorsehen.[75] Wie schon gesagt, sind Verfolgung auf der Basis des Weltrechtsprinzips und die stellvertretende Strafrechtspflege zu trennen.

Ebensowenig zielführend ist die Analyse der nationalen Gesetze zur Verfolgung von Kriegsverbrechen[76] sowie der von nationalen Gerichten erlassenen Urteilen zum Völkermord oder zum Verbrechen gegen die Menschlichkeit.[77]

---

[70] Vgl. Loi du 16 juin 1993 relative à la répression des infractions graves au droit international humanitaire, Moniteur belge, 5 Aout 1993, 17751, modifiée par la loi du 10 février 1999, Moniteur belge, 23 mars 1999, 9286 bzw. die englische Übersetzung Act Concerning the Punishment of Grave Breaches of International Humanitarian Law, February 10, 1999, ILM 38 (1999), 918. Die Änderung vom 10. 2. 1999 nahm Völkermord als weiteren Straftatbestand auf.

[71] Vgl. bereits oben § 189.

[72] Hierauf verweist President *Guillaume*, Separate Opinion (Anm. 69), para. 9; so auch Joint Separate Opinion Judges *Higgins, Kooijmans, Buergenthal* (Anm. 64), para. 53.

[73] Anm. 68.

[74] Anm. 68.

[75] So aber Judges *Higgins, Koijmans, Buergenthal* (Anm. 64), para. 41.

[76] Wenig aussagekräftig sind der *Australian War Crimes Act, as amended in* 1988 (im Internet unter der Adresse http://scaleplus.law.gov.au/html/pasteact/1/895/top.htm abrufbar), sowie der *United Kingdom War Crimes Act* 1991 (c. 13), da sie nur Kriegsverbrechen gegenüber eigenen Staatsangehörigen, soweit sie während des NS-Regimes begangen worden sind, betreffen. Denn derartige Gesetze erheben nicht den Anspruch auf Verwirklichung des Weltrechtsprinzips. Ein eindeutiger Hinweis auf Praxis und Rechtsüberzeugung ergibt sich demgegenüber aus Gesetzen, wie der deutsche Entwurf zu einem internationalen Strafgesetz. Die Joint Separate Opinion (Anm. 64) formuliert den Befund wie folgt: „... National legislation may be illuminating as to the issue of universal jurisdiction, but not conclusive as to its legality. Moreover, while none of the national case law... happens to be based on the exercise of a universal jurisdiction properly so called, there is nothing in this case law which evidences an *opinio juris* on the illegality of such a jurisdiction. In short, national legislation and case law – that is, State practice – is neutral as to the exercise of universal jurisdiction."

[77] Wie hier *Benvenides*, Anuario Mexicano de Derecho Internacional 1 (2001), 58 ff.

d. Zusammenfassend ist festzustellen, daß internationale Abkommen, die das Weltrechtsprinzip kodifizieren, Staaten zur strafrechtlichen Verfolgung von Delikten wie Völkermord[78] oder Kriegsverbrechen[79] unter Verzicht auf Anknüpfungskriterien, wie Territorialitätsprinzip und aktives oder passives Personalitätsprinzip, verpflichten. Diese Verpflichtung besteht unabhängig von einem Auslieferungsbegehren; insoweit unterscheiden sich die aus dem Weltrechtsprinzip resultierenden Pflichten von denen, die sich aus dem Grundsatz der stellvertretenden Strafrechtspflege ergeben. Allerdings schließt das Weltrechtsprinzip nicht die Befugnis ein, Verfolgungsmaßnahmen gegen Abwesende einzuleiten.[80]

III. 1. Die Frage nach der Verpflichtung zur Ahndung internationaler Verbrechen ist eng verknüpft mit der Frage, inwieweit der internationale Menschenrechtsschutz oder das internationale materielle Strafrecht einer nationalen Amnestie bestimmter Straftaten entgegenstehen. Amnestien gehen von dem Bruch des Rechts aus und gewähren den Tätern Schutz vor einer Strafverfolgung. Historisch sind Amnestien mit der Verletzung des Kriegsrechts verbunden; sie werden aber auch nach nationalen Umstürzen erlassen, um eine Befriedung nach einem internen Konflikt zu erleichtern. Amnestien stehen möglicherweise aber im Gegensatz zu Entwicklungen des internationalen Menschenrechtsschutzes und im humanitären Völkerrecht. Die Staatenpraxis ist uneinheitlich.

Eine Amnestieregelung haben die Alliierten und die Türkei für die türkischen Massaker an den Armeniern 1915 im Vertrag von Lausanne[81] vereinbart, obwohl die Alliierten zuvor diese Massaker als Verbrechen gegen die Menschlichkeit bezeichnet hatten. Nach dem Algerienkrieg wurde zwischen Frankreich und Algerien im Vertrag von Evian eine strafrechtliche Verfolgung ausgeschlossen.[82] Indien und Bangladesch einigten sich 1973 auf eine Amnestie für pakistanische Soldaten, während des Unabhängigkeitskriegs von Bangladesch.[83] Vor allem in südamerikanischen Staaten haben sich Unrechtsregime durch Straffreistellungsregelungen oder Amnestievereinbarungen in einer Vielzahl von Fällen vor der Strafverfolgung oder Strafvollstreckung gesichert. Darüber hinaus finden sich Vereinbarungen über eine Straffreistellung in Friedensverträgen zur Beendigung von Bürgerkriegen. Das Schlußpunktgesetz von Argentinien[84] sicherte die Angehörigen der Sicherheitskräfte im Dezember 1986 generell vor Strafverfolgung, soweit nicht innerhalb von 60 Tagen nach Erlaß des Gesetzes ein Strafverfahren eingeleitet worden war. Außerdem schloß das Gesetz über den pflichtgemäßen Gehorsam aus dem Jahre 1987[85] die Tatbestandsmäßigkeit eines an sich strafbaren Verhaltens aus. Es wurde die unwiderlegbare Vermutung aufgestellt, daß das Verhalten auf Grund eines pflichtgemäßen Gehorsams erfolgt war. Von der Militärregierung unter General Pinochet wurde in Chile 1978 eine generelle Straffreistellungs- und Amnestieregelung getroffen.[86] Lediglich Vergewaltigungen blieben strafbar. Amnestieregelungen ergingen auch von Honduras,[87] Peru[88] und Uruguay[89]. Zur Förderung des Friedensprozesses zwischen der Guerilla und der Regierung von Kolumbien wurden zahlreiche Amnestieregelungen erlassen.[90] Anläßlich der Beendigung des Bürgerkriegs in El Salvador wurde den Parteien 1993 eine generelle Amnestie und Straffreistellung garantiert.[91] Eine umfassende Amnestie war schließlich Voraussetzung für eine Befriedung

---

[78] Vgl. dazu § 193.

[79] Vgl. dazu § 192.

[80] Die Statuten der Strafgerichtshöfe für das ehemalige Jugoslawien und für Ruanda sowie das Statut für den Internationalen Strafgerichtshof schließen Verfahren gegen Abwesende aus.

[81] Declaration of Amnesty, Treaty of Peace between the Allied Powers and Turkey, 1923, AJIL (Supp.) 1924, 1; 28 LNTS, 11.

[82] C. *Edelenbos*, Human Right Violations: A Duty to Prosecute? Leiden Journal of International Law 7 (1994), 5 (13).

[83] M. *Lüke*, Die Immunität staatlicher Funktionsträger, 1999, 262.

[84] Ley de Punto tinal, Legislación Argentina, 1986 – B, 1100.

[85] Ley de Obediencia Debida, Boletin Official, 1987.

[86] Decrito Ley 2. 191, Diario Official, 19. 4. 1978.

[87] Decreto No. 199–87.

[88] Ley 26. 479, Normas Legales, Nr. 229, 143.

[89] Ley 15. 848.

[90] Ley 49 vom 4. 6. 1985. Ley 77 vom 22. 12. 1989; Ley 104 vom 30. 12. 1993.

[91] Inter-American Commission on Human Rights, Report on the Situation of Human Rights in El Salvador, OAS doc. OEA/Jer. L/V/II.85 (1994), 74 ff.

der Situation in Haiti.[92] Die Errichtung einer *Truth and Reconciliation Commission*, bestehend aus einem *Committee on Human Rights Violations*, einem *Committee on Amnesty* und einem *Committee on Reparation and Rehabilitation*, in Südafrika war Voraussetzung für einen Übergang von dem Apartheidsystem zu einer demokratischen Staatsform.[93] Dagegen verpflichtete das Friedensabkommen von Dayton die Parteien dazu, mit dem Internationalen Strafgerichtshof für das ehemalige Jugoslawien zusammenzuarbeiten.

Amnestie ist nicht ohne weiteres mit Straflosigkeit gleichsetzbar. Wie das Beispiel von Südafrika belegt, kann eine Amnestie auch Sanktionen vorsehen, wenn es sich auch um Sanktionen handelt, die anderer Art sind als Kriminalstrafen. Vor allem die südamerikanischen Amnestieregelungen sind der Kritik internationaler und regionaler Menschenrechtsinstitutionen ausgesetzt gewesen.

2. Zunächst bestand im Kontext des internationalen Menschenrechtsschutzes eine gewisse Tendenz, Amnestien als eine rein interne Angelegenheit des betreffenden Staates anzusehen. Allerdings wurde vorausgesetzt, daß diese nicht einseitig von den neuen Machthabern, sondern durch Gesetz erlassen wurden und sich auf alle Beteiligten erstreckten. Typisch war insoweit der Bericht von 1985/86 der *Inter-American Commission of Human Rights*.[94] Allerdings folgte der Interamerikanische Menschenrechtsgerichtshof diesem Ansatz bereits im Falle *Velasques Rodriguez* nicht.[95] In diesem Fall stellte der Interamerikanische Menschenrechtsgerichtshof fest, daß Art. 1 Abs. 1 der Amerikanischen Menschenrechtskonvention eine Verpflichtung der Vertragsstaaten enthalte, Menschenrechtsverletzungen zu verhindern, zu untersuchen und zu bestrafen.[96] In drei weiteren Fällen folgte die Interamerikanische Menschenrechtskommission dem gleichen Ansatz.[97] In allen drei angesprochenen Fällen stellte die Kommission fest, daß die jeweiligen Amnestiegesetze von Argentinien, El Salvador und Uruguay gegen Art. 1, 8 und 25 der Interamerikanischen Menschenrechtskonvention verstoßen hätten. Die Kommission erkannte zwar an, daß die argentinische Wahrheitskommission eine wesentliche Rolle bei der Aufarbeitung der Menschenrechtsverletzungen gespielt habe, aber sie hielt an der Ansicht fest, daß die Opfer bzw. die nächsten Verwandten von Opfern vertragsrechtlichen Anspruch auf eine unabhängige juristische Untersuchung zur Erarbeitung der Fakten hätten und auf Identifikation der strafrechtlichen Verantwortlichen. Sie hätten zudem einen Anspruch darauf, daß die Verantwortlichen einer strafrechtlichen Verfolgung zugeführt würden. Insoweit stimmte die Position der Kommission mit derjenigen des Gerichtshofs im Falle *Velasques Rodriguez* überein.

---

92 Vgl. dazu *M. P. Scharf*, The Amnesty Exception to the Jurisdiction of the International Criminal Court, Cornell International Law Journal 32 (1999), 507 (509).

93 *M. Minow*, Between the Vengeance and Forgiveness, 1998, 52 ff; *Meintjes/Méndez*, International Law Forum 2 (2000), 76 (88 ff); der Verfassungsgerichtshof von Südafrika hat diese Regelung für verfassungsgemäß gehalten, vgl. *Azanian Peoples Organization v. President of the Republic of South Africa*, Case CCt 17.96, Constitutional Court of South Africa, 25 July 1996 (Zusammenfassung in AJIL 91 (1997), 360 ff).

94 Annual Report, 1986, 191 ff.

95 *Velasques Rodriguez* case, Inter-American Court of Human Rights (Series C) Nr. 4.

96 Der Gerichtshof formulierte wie folgt: „if the State apparatus acts in such a way that the violation goes unpunished and the victims full enjoyment of such rights is not restored as soon as possible, the State has failed to comply with its duty to guarantee the free and full exercise of those rights to the persons within its jurisdiction“ (Anm. 95, para. 176).

97 *Alicia Consuela Herrera et al.*, case No. 10. 147 et al., Annual Report Inter-American Commission on Human Rights, 1992/93, 41; *Las Hojas Massacre* case, Nr. 10. 287, Annual Report Inter-American Commission on Human Rights, 1992/93, 83; *Hugo Leonardo de los Santos Mendoza et al.* case, Nr. 10. 29, Annual Report Inter-American Commission on Human Rights, 1992/93, 154; vgl. dazu *D. F. Orentlicher*, Settling Accounts: The Duty to Prosecute Human Rights Violations of a Previous Regime, Yale Law Journal 100 (1991), 2539 (2540).

Der Menschenrechtsausschuß unter dem Internationalen Pakt für bürgerliche und politische Rechte ging von einem vergleichbaren Ansatz aus. Er stellte fest, daß schwerwiegende Menschenrechtsverletzungen den Staat dazu zwängen, die Straftäter zu verfolgen. Allerdings behandelte diese Stellungnahme nicht die Frage von Amnestiegesetzen, sondern nur die Verpflichtung des Staates zur Verhinderung schwerwiegender Menschenrechtsverletzungen. Im *General Comment Nr. 20* in bezug auf Folter gemäß Art. 7 des Paktes stellte der Menschenrechtsausschuß wie folgt fest:

> *„Amnesties are generally incompatible with the duty of States to investigate such acts; to guarantee freedom from such acts within their jurisdiction; and to insure that they do not occur in the future. States may not deprive individuals of the right to an effective remedy, including compensation and such full rehabilitation as may be possible.“*[98]

Diese Stellungnahme läßt eine Reihe von Optionen offen. Sie spricht von der Verpflichtung der Staaten, Untersuchungen anzustellen und der Verpflichtung, gegen schwerwiegende Menschenrechtsverletzungen Sicherheiten zu schaffen. Wie ein Staat diese beiden Verpflichtungen erfüllt, liegt in seinem Ermessen. Allerdings fehlt ein Hinweis in *Comment Nr. 20* auf die Verpflichtung, schwerwiegende Verstöße gegen die Menschenrechte strafrechtlich zu verfolgen. Ebenso fehlt die Formulierung eines Anspruchs des einzelnen auf Verfolgung von derartigen Straftätern. Schließlich verurteilt dieser *Comment* auch nicht die Straflosigkeit von derartigen Straftätern. Letztlich bleibt daher die Möglichkeit für Staaten offen, Amnestiegesetze zu erlassen.

Der Fall *Hugo Rodriguez v. Uruguay*[99] markierte eine gewisse Verschärfung der Position des Menschenrechtsausschusses. Hier wird die Amnestie für schwerwiegende Menschenrechtsverletzungen als unvereinbar mit den Verpflichtungen des Staates unter dem Pakt erklärt. Der Ausschuß stellte fest, daß damit eine ordnungsgemäße Untersuchung der vergangenen Menschenrechtsverletzung unterbunden würde und die Opfer keinen effektiven Rechtsschutz erhielten. Schließlich wird formuliert, eine derartige Freistellung von Strafe könne die demokratische Ordnung unterminieren und Anlaß für weitere Menschenrechtsverletzungen sein.

Allerdings wird auch in dieser Empfehlung Uruguay nicht aufgegeben, die Täter strafrechtlich zu verfolgen.[100]

Die Versuche, aus den internationalen Abkommen zum Schutze der Menschenrechte ein Verbot von Amnestien herzuleiten, argumentieren auf der Basis der generellen Verpflichtung der Staaten, Menschenrechtsverletzungen zu verhindern, oder sie stützen sich auf die Verpflichtung zum effektiven Rechtsschutz. Zumindest bei dem erstgenannten Ansatz bleibt teilweise unberücksichtigt, daß den Staaten hinsichtlich der Erfüllung dieser Verpflichtung ein weiter Ermessensspielraum offensteht. Ein ausdrückliches Verbot von Amnestien enthalten die Abkommen über Schutz der Menschenrechte nicht. Auch die Menschenrechtsgremien, die sich kritisch zu Amnestien geäußert haben, haben keine ausdrückliche Pflicht zur Strafverfolgung formuliert.

---

[98] UN Doc. HRI/Gen/1/Rev.1 at 30 (1994).

[99] Communication Nr. 322/1998, view of 19 July 1994, UN Doc. CCPR/C/51/D/322/1988 (1994).

[100] Vgl. zu diesem Komplex *Orentlicher*, Yale Law Journal 100 (1991), 2539 ff; *N. Roht-Arriaza*, State Responsibility to Investigate and Punish Grave Human Rights Violations in International Law, California Law Review 78 (1990), 449 ff; *M. P. Scharf*, The Letter of the Law: the Scope of the International Legal Obligation to Prosecute Human Rights Crime, Law and Contemporary Problems 59 (1996), 41 ff; *A. Cassese*, On the Current Trends Towards Criminal Prosecution and Punishment of Breaches of International Humanitarian Law, EJIL 9 (1998), 5 ff; *J. Gavraon*, Amnesty in the Light of the Developments in International Law in the Establishment of the International Criminal Court, ICLQ 51 (2002), 91 ff.

3. a. Es liegt daher nahe, eine Antwort auf die Frage, ob und inwieweit Amnestieregelungen für schwerwiegende Menschenrechtsverletzungen möglich sind, in den Normen des internationalen materiellen Strafrechts zu suchen. Zunächst ist aber auf die Regelung von Art. 6 Abs. 2 II. Zusatzprotokoll zu den Genfer Konventionen einzugehen.
Art. 6 Abs. 2 des II. Zusatzprotokolls zu den Genfer Konventionen läßt nicht nur eine Amnestie nach Beendigung eines nicht internationalen Konflikts zu, sondern enthält eine ausdrückliche Bemühensverpflichtung in diese Richtung.[101] Damit geht diese Vorschrift nicht nur davon aus, daß Amnestien in die Kompetenz der betreffenden Staaten fallen, sondern daß sie einen positiven Beitrag zur Befriedung der Situation nach einem Bürgerkrieg oder internen Konflikt leisten können.[102] Gemünzt ist diese Vorschrift allerdings auf eine Sondersituation, nämlich den Schutz derer, die sich aktiv an den militärischen Auseinandersetzungen in einem nicht internationalen Konflikt beteiligt haben und die anderenfalls als normale Straftäter verfolgt werden könnten. Im Grunde genommen zielte diese Vorschrift auf eine Gleichstellung der Teilnahme an den militärischen Auseinandersetzungen mit den Kombattanten in einem internationalen Konflikt.[103] Das heißt jedoch nicht, daß Kriegsverbrechen, Verbrechen gegen die Menschlichkeit und Völkermord von Amnestien abgedeckt werden sollten oder sogar könnten. Deswegen können weitergehende Schlüsse aus dieser Vorschrift nicht gezogen werden.

b. Entscheidend für die Frage nach der Zulässigkeit von nationalen Amnestieregelungen nach dem Völkerrecht ist, ob das internationale materielle Strafrecht eine Strafverfolgungspflicht der Staaten begründet.
Wie bereits aufgeführt, gilt dies für das Verbrechen des Völkermords sowie die schweren Verstöße nach den Genfer Rotkreuzabkommen. Diese völkerrechtlich begründete Verfolgungspflicht kann nicht durch eine nationale Amnestieregelung außer Kraft gesetzt werden. Aber auch eine Reihe von Abkommen, die auf dem Grundsatz der stellvertretenden Strafrechtspflege beruhen, begründen eine Verfolgungspflicht, wenn auch nur im Falle einer Auslieferungsverweigerung. Auch diese Verfolgungspflicht kann nicht durch eine internationale Amnestieregelung außer Kraft gesetzt werden.

4. Eine andere Frage ist, ob der Internationale Strafgerichtshof von nationalen Gesetzgebern ausgesprochene Amnestien wird achten müssen bzw. ob ihm eine Prüfungskompetenz hinsichtlich der Vereinbarkeit mit dem Völkerrecht zusteht. Das Statut des Internationalen Strafgerichtshofs gibt keinen deutlichen Aufschluß darüber, inwieweit Amnestien in bezug auf diejenigen Delikte möglich sind, die unter die Strafverfolgungsgewalt des Internationalen Strafgerichtshofs fallen. Die Frage nach der Möglichkeit von Amnestien ist auf der Konferenz von Rom diskutiert worden; eine Einigung zu diesem Punkt war allerdings nicht zu erzielen.[104] Wenn auch eine entsprechende Regelung in dem Statut des Internationalen Strafgerichtshofs fehlt, wird dennoch argumentiert, eine Amnestie für Delikte nach dem Statut verletze die im Statut begründete Pflicht zur Strafverfolgung.[105] Es erscheint außer-

---

101 BGBl. 1990 II, 1637. Art. 6 Abs. 5 lautet: „Bei Beendigung der Feindseligkeiten bemühen sich die an der Macht befindlichen Stellen, denjenigen Personen eine möglichst weitgehende Amnestie zu gewähren, die am bewaffneten Konflikt teilgenommen haben oder denen aus Gründen im Zusammenhang mit dem Konflikt die Freiheit entzogen wurde, gleichviel ob sie interniert oder in Haft gehalten sind."

102 Vgl. dazu *Gavraon*, ICLQ 51 (2002), 91 (102).

103 Vgl. insoweit *Domb*, in: *Dinstein/Tabory* (eds.), 305 (319).

104 Vgl. *J. T. Holmes*, The principle of complementarity, in: *R. S. Lee* (ed.), The International Criminal Court: The Making of the Rome Statute, 1999, 6 ff; auf der Konferenz ist offenbar deswegen darauf verzichtet worden, eine Klausel über die Unzulässigkeit von Amnestien aufzunehmen, weil dies wieder die Frage der Komplementarität des Internationalen Strafgerichtshofs gegenüber den nationalen Strafgerichten aufgeworfen hätte.

105 *Hafner/Boon/Rubesame/Huston*, Response to the American view as presented by *Ruth Richwood*, EJIL 10 (1999), 108 (111).

ordentlich fragwürdig, ob diese Argumentation wirklich aufrecht erhalten werden kann. Denn das Statut des Internationalen Strafgerichtshofs begründet keine nationalen Strafrechtsverfolgungspflichten der Staaten, die über diejenigen des internationalen materiellen Strafrechts hinausgehen. Nur aus diesen, nicht aus dem ICC-Statut, ergibt sich ein Amnestieverbot, soweit eine Strafverfolgungspflicht völkerrechtlich verankert ist.

5. Eine Freistellung von der Strafverfolgung kann, außer durch eine Amnestie, auch durch eine Immunitätsregelung erfolgen. Auch insoweit stellt sich die Frage, inwieweit dies eine internationale Strafverfolgung ausschließt. Dabei ist zwischen einer Verfolgung durch internationale Strafgerichte, d. h. zentral, und durch andere Staaten, d. h. dezentral, zu unterscheiden.
Eine Besonderheit der zentralen Strafverfolgung durch internationale Gerichte liegt darin, daß insoweit gerade keine Rücksicht auf den Status des Täters genommen wird. Dies ergibt sich aus der Grundlage des Immunitätsschutzes, danach ist es, in Konkretisierung des Prinzips der souveränen Gleichheit der Staaten, Staaten untersagt, Hoheitsakte mit Wirkung gegenüber anderen Staaten oder deren Funktionsträgern zu setzen.[106] Dieser Grundsatz greift nicht in Bezug auf internationale Strafgerichte, die Vollzugsorgane der Staatengemeinschaft sind.
Hingegen sind die Statuten der internationalen Strafgerichtshöfe für sich gesehen allein noch nicht geeignet, Anhaltspunkte für die immunitätsrechtliche Lage in innerstaatlichen Strafverfahren zu liefern. Hier ist ein Rückgriff auf das materielle internationale Strafrecht notwendig.[107]
Soweit es um das Verbrechen des Völkermordes geht, legt Art. IV Völkermordkonvention die Strafbarkeit für Amtsträger ausdrücklich fest. Damit scheidet ein Immunitätsschutz für Täter dieses Verbrechens bei einer Strafverfolgung durch Gerichte eines dritten Staates aus.[108] Problematischer ist dagegen die Situation hinsichtlich von Verbrechen gegen die Menschlichkeit. Lediglich Art. II der Internationalen Konvention über die Bestrafung des Verbrechens der Apartheid[109] sieht eine Bestrafung ohne Rücksicht auf Funktion und Status des Täters vor. Grundsätzlich gilt für Völkermord und Verbrechen gegen die Menschlichkeit in gleicher Weise, daß sie vor allem von staatlichen Funktionsträgern begangen werden. Eine Anerkennung von Immunität im Strafverfahren würde letztlich diese Straftatbestände weitgehend ihrer Wirkung berauben.[110] Im Hinblick auf das Folterverbot schließlich spricht einiges für die vom House of Lords in der *Pinochet*-Entscheidung befürwortete Ansicht, daß die VN-Folterkonvention[111] aufgrund des in ihr enthaltenen Systems der universellen Strafgerichtsbarkeit über Folter – die *per definitionem* nur von staatlichen Funktionsträgern begangen werden kann – von einem impliziten Immunitätsverzicht ausgeht.[112]
Abgesehen von den soeben behandelten Sonderfällen, bei denen sich der Ausschluß der Immunität explizit oder implizit aus einem internationalen Übereinkommen ergibt, entspricht ein grundsätzlicher Immunitätsausschluß bei Verstößen gegen das materielle inter-

---

106 Bd. I/1, § 26.

107 Zu einer Analyse der Praxis nationaler Gerichte vgl. *P. de Sena*, Immunity of State Organs and Defence of Superior Orders as an Obstace to the Domestie Enforcement of International Human Rights, in: *B. Conforti/F. Francioni*, Enforcing International Human Rights in Domestic Courts, 1997, 367 (382 ff).

108 So auch *C. Tomuschat*, Das Strafgesetzbuch der Verbrechen gegen den Frieden und die Sicherheit der Menschheit, EuGRZ 1998, 1 (3); vgl. ferner *Lüke* (Anm. 83), 240 ff.

109 UNTS 1015, 243; ILM 13 (1974), 51.

110 Im Ergebnis ebenso *Lüke* (Anm. 83), 271 ff.

111 1465 UNTS, 85; BGBl. 1990 II, 246.

112 Vgl. *Regina v. Bow Street Metropolitan Stipendiary Magistrate*, ex parte *Pinochet Ugarte*, House of Lords, [1999] 2 W. L. R. 827, 847 f *(per* Lord Browne-Wilkinson); 899 *(per* Lord Hutton); 9034 *(per* Lord Saville); 913 f *(per* Lord Millet); dazu *T. Rensmann*, Internationale Verbrechen und Befreiung von staatlicher Gerichtsbarkeit, IPRax 1999, 268 (271 f).

nationale Strafrecht auch dem Sinn und Zweck dieses Rechtsgebietes. Das materielle internationale Strafrecht verpflichtet Staaten, die entsprechenden Taten strafrechtlich zu verfolgen bzw. Täter auszuliefern.[113] Damit in diametralem Widerspruch stünde, wenn Personen, nur weil sie bestimmte Funktionen ausüben, von der Strafverfolgung ausgenommen würden. Hierauf beruht letztlich die Aussage der Prinzipien von Nürnberg, wie sie die Generalversammlung der Vereinten Nationen formuliert hat.[114]
Gleichzeitig ist zu berücksichtigen, daß Staaten, wenn sie die Strafverfolgung dieser Taten gegenüber Staatsangehörigen anderer Staaten aufnehmen, dies nicht im Eigeninteresse, sondern für die Staatengemeinschaft insgesamt tun. D.h. sie stehen insoweit stellvertretend für eine zentrale Strafverfolgung und von daher kann der Einwand *par in parem non habet jurisdictionem* nicht geltend gemacht werden.

Wie der Internationale Gerichtshof allerdings im *Case Concerning the Arrest Warrant of 11 April 2000 (Democratic Republic of the Congo v. Belgium)* dargelegt hat,[115] kann es durchaus einen Unterschied für die Gewährung von Immunität machen, ob der betreffende staatliche Funktionsträger sein Amt noch inne hat. Die Immunität staatlicher Funktionsträger hat den Zweck, den zwischenstaatlichen Verkehr zu fördern. Dieser Zweck kann es erforderlich machen, den Funktionsträger während der Ausübung seines Amtes vor Strafverfahren in fremden Staaten auch bei schwerwiegenden Menschenrechtsverletzungen zu bewahren. Zu Recht hat der Internationale Gerichtshof darauf hingewiesen, daß Immunität nicht mit Straflosigkeit gleichzusetzen ist und als rein prozessuales Institut keineswegs an der materiellrechtlich zu beurteilenden strafrechtlichen Verantwortlichkeit des Funktionsträgers rüttelt. So kann der Heimatstaat des Funktionsträgers auf die Immunität verzichten und damit ein Strafverfahren gegebenenfalls auch während der Amtszeit des Funktionsträgers ermöglichen; ferner kann die Immunität nach Beendigung der Amtszeit fortfallen.[116]

IV. 1. Bislang wurden die sich aus dem internationalen Strafrecht ergebenden Pflichten und Rechte für die Staaten hinsichtlich der Begründung und Beschränkung der nationalen Strafverfolgungskompetenz angesprochen. Aus dem Völkerrecht ergeben sich aber auch Vorgaben für das nationale Strafverfahrensrecht. Diese beruhen weniger auf dem internationalen Strafrecht als auf den universellen und regionalen Abkommen zum Schutz der Menschenrechte.

2. Für die Vertragsstaaten verbindliche verfahrensrechtliche Garantien enthalten Art. 75 Abs. 4 I. Zusatzprotokoll zu den Genfer Abkommen[117] sowie Art. 6 Abs. 2 II. Zusatzprotokoll zu den Genfer Abkommen.[118] Danach darf eine strafrechtliche Verurteilung nur durch ein gerichtliches Urteil erfolgen und nur auf dieser Basis vollstreckt werden. Das Gericht muß die wesentlichen Garantien der Unabhängigkeit und Unparteilichkeit aufweisen. Strafprozessuale Vorschriften, die für die Vertragsstaaten verbindlich sind, enthalten auch Art. 82 ff des III. Genfer Abkommens, 1949[119] sowie Art. 64 des IV. Genfer Abkommens, 1949.[120] Detailliertere Regeln finden sich in Art. 14 und 15 des Internationalen Paktes über bürgerliche und politische Rechte.[121] Hiermit korrespondieren Art. 6, 7 und 13 der Euro-

[113] Weniger überzeugend ist das von der Mehrheit der Law Lords im *Pinochet*-Fall zu Recht nicht akzeptierte Argument, daß internationale Verbrechen keine offiziellen Handlungen seien bzw. nicht zu den Funktionen eines Staatsoberhauptes gehörten; vgl. *J. R. W. D. Jones*, International Law in the Post-Cold War World, in: *Jienko Yee/Wang Tieya* (eds.), Essays in Memory of Li Haopei, 254 (261), sowie *Rensmann* (Anm. 112), 269 f.

[114] GA Res. 95 (I), 11. 12. 1946 „*Persons committing genocide or any of the other acts enumerated in article III shall be punished, whether they are constitutionally responsible rulers, public officials or private individuals.*"

[115] Vgl. ICJ (Anm. 68), paras. 58 ff.

[116] *Id.*, paras. 60 f.

[117] 1125 UNTS, 151; BGBl. 1990 II, 1551.

[118] 1125 UNTS, 609; BGBl. 1990 II, 1637.

[119] Anm. 42.

[120] Anm. 42.

[121] 999 UNTS, 172; BGBl. 1973 II, 1534.

päischen Menschenrechtskonvention,[122] Art. 8, 9 und 10 der Amerikanischen Menschenrechtskonvention,[123] sowie Art. 7 und 26 der Afrikanischen Charta der Menschenrechte und der Rechte der Völker.[124] Auch spezielle Konventionen enthalten verfahrensrechtliche Garantien, wie Art. 6 des Internationalen Übereinkommens zur Beseitigung jeder Form von Rassendiskriminierung, 1966,[125] Art. 2c des Übereinkommens zur Beseitigung jeder Diskriminierung der Frau, 1979,[126] Art. 9, 11, 14 und 16 des Europäischen Auslieferungsabkommens, 1957,[127] Art. 6 des Haager Abkommens, 1970[128] sowie Art. 6 des Abkommens von Montreal, 1971.[129] Daneben haben die Vereinten Nationen, die OSZE und der Europarat Grundsätze und Empfehlungen zum Schutz des Einzelnen in gerichtlichen Verfahren entwickelt.[130] Die genannten Regeln gehen auf Art. 10 der Allgemeinen Erklärung der Menschenrechte der Vereinten Nationen zurück. Nach den genannten Regeln hat jedermann einen Anspruch auf ein faires Verfahren. Dieser auf alle Gerichtsverfahren bezogene Grundsatz wird durch eine Unschuldsvermutung im strafrechtlichen Verfahren und durch Mindestverfahrensgarantien ergänzt. In der Regel gehen die in dem nationalen Recht den Verfahrensbeteiligten und insbesondere den Angeklagten gewährten Garantien über die entsprechenden internationalen Verbürgungen hinaus. Dennoch ist es ist ein Faktum, daß eine Verletzung von Art. 6 EMRK vor dem Europäischen Menschenrechtsgerichtshof häufig gerügt und auch festgestellt worden ist.

Die Regeln des Genfer Rotkreuzrechts sind im Verhältnis zu denjenigen der Abkommen zum Schutze der Menschenrechte die spezielleren Normen. Sie fixieren Mindeststandards, die beispielsweise im Falle des nicht internationalen Konflikts auch nicht unter Berufung auf die Notstandsklauseln des Art. 15 EMRK bzw. Art. 4 IPBürg außer Kraft gesetzt werden können. Das gleiche gilt in Bezug auf Art. 75 Abs. 4 des I. Zusatzprotokolls zu den Genfer Abkommen. Grundsätzlich gilt für das Verhältnis von humanitärem Völkerrecht zu dem Internationalen Pakt für bürgerliche und politische Rechte (IPBürg), daß eine Abweichung von Art. 75 Abs. 4 I. Zusatzprotokoll bzw. Art. 6 II. Zusatzprotokoll rechtlich auch dann ausgeschlossen ist, wenn Art. 4 IPBürg eine derartige Abweichung gestatten würde. Andererseits gelten die Regelungen des Internationalen Paktes für bürgerliche und politische Rechte, soweit dessen Art. 4 eine Abweichung hiervon auch im Notstandsfall verbietet, selbst wenn die jeweiligen Regelungen in den beiden Zusatzprotokollen zu den Genfer Abkommen keine entsprechende Staatenverpflichtung enthalten.[131]

Sinn der folgenden Ausführungen ist es nicht, das Recht auf ein faires Verfahren mit allen seinen Konsequenzen für das nationale Strafprozeßrecht bzw. das Strafvollzugsrecht aufzuzeigen. Es soll vielmehr lediglich dargetan werden, in welchem Umfang das nationale Strafprozeßrecht und Strafvollzugsrecht vom Völkerrecht her Bindungen unterliegt.

---

122 213 UNTS, 221; BGBl. 1952 II, 686; in der aktuellen Fassung vgl. C. *Tomuschat* (Hrsg.), Völkerrecht, 2001, 115 ff.

123 Eine deutsche Übersetzung der Amerikanischen Konvention über Menschenrechte vom 22. November 1969 ist abgedruckt in: *Bundeszentrale für politische Bildung* (Hrsg.), Menschenrechte: Dokumente und Deklarationen, 3. Auflage 1999, 564 ff.

124 1520 UNTS, 217; ILM 21 (1982), 59.

125 660 UNTS, 195; BGBl. 1969 II, 961.

126 BGBl. 1985 II, 648.

127 BGBl. 1964 II, 1369.

128 Anm. 24.

129 Anm. 31.

130 Vgl. dazu C. *Bassiouni*, Protection of Human Rights in Criminal Process under International Instruments and National Constitutions, 1981; *P. van Dijk*, Universal Legal Principles of Fair Trial in Criminal Proceedings, in: *A. Rosas/J. Helgesen* (ed.), Human Rights in a Changing East-Western Perspective, 1990, 89 ff; *R. de Gouttes*, Enchevêtrement des normes internationales relatives au procès équitable, Comment les concilier? AFDI 1992, 139 ff; *B. Mac Sweeney*, International Standards of Fairness in Criminal Procedure and the International Criminal Court, RIDP 68 (1997), 233 ff.

131 Vgl. dazu *M. Bothe/K. J. Partsch/W. A. Solf*, New Rules for Victims of Armed Conflicts, 1982, Art. 6, para. 2. 10.

3. Die internationalen Verfahrensgarantien beziehen sich sowohl auf das Ermittlungsverfahren vor dem eigentlichen Strafverfahren,[132] das Verfahren selbst sowie den Strafvollzug. Besondere Probleme wirft das Recht auf ein faires Verfahren in Notstandsfällen auf. Eines der Rechte, das dem Beschuldigten während des gesamten Verfahrens einschließlich in dem Stadium vor der Verhandlung zusteht, ist das der Unschuldsvermutung. Im Zeitraum vor der Verurteilung ergibt sich hieraus, daß freiheitsbeschränkende Maßnahmen im Verhältnis zu der Schwere der Anschuldigung stehen müssen. Hieraus resultieren Konsequenzen für die Anordnung der Untersuchungshaft, ihre Dauer und ihren Vollzug.
Eine der wesentlichen Gesichtspunkte für diesen verfahrensrechtlichen Schutz im Zeitraum der Voruntersuchung ist der Anspruch eines Beschuldigten, bei Festnahme über die Gründe seiner Verhaftung und die gegen ihn erhobenen Beschuldigungen informiert zu werden. Nach der Festnahme ist er in möglichst kurzer Frist einem Richter zur Haftprüfung vorzuführen. Diese Grundsätze sind mit fast identischem Wortlaut sowohl in Art. 9 Abs. 2 und 3 des IPBürg, Art. 7 Abs. 4 und 5 der Amerikanischen Menschenrechtskonvention und Art. 5 Abs. 2, 3 und 4 EMRK kodifiziert worden. Art. 6 Abs. 2a des II. Zusatzprotokolls zu dem Genfer Abkommen statuiert zwar keine richterliche Haftprüfung, aber zumindest den Anspruch auf unverzügliche Unterrichtung über die Beschuldigung.
Nach Ansicht des Menschenrechtsausschusses darf der Zeitraum, bis eine Haftprüfung erfolgt, nur wenige Tage betragen, und bereits eine Vorführung nach acht Tagen verletzt Art. 9 Abs. 3 IPBürg.[133] Beschränkt ist nach Art. 9 Abs. 3 IPBürg auch die mögliche Dauer der Untersuchungshaft.[134] Ebenso eingeschränkt sind hiernach die Gründe, unter denen eine Untersuchungshaft angeordnet werden kann.
Personen, die in Untersuchungshaft gehalten werden, haben Anspruch darauf, außer unter außergewöhnlichen Umständen von verurteilten Strafgefangenen getrennt in Haft gehalten zu werden (Art. 10 Abs. 2 IPBürg sowie Art. 5 Abs. 4 Amerikanische Menschenrechtskonvention). Grundsätzlich gilt im Strafverfahren das Recht auf Waffengleichheit, aus dem u. a. das Recht auf Akteneinsicht, das Recht auf Informationen, die für die Verteidigung wesentlich sind, das Recht auf die Einreichung von Beweismitteln und zur Befragung von Belastungszeugen hergeleitet wird.
Eine entscheidende Verfahrensgarantie stellt das Recht auf eine öffentliche Verhandlung dar. Dies ist im Grundsatz anerkannt, wenn auch aus verschiedenen Gründen Ausnahmen möglich sind. Auf jeden Fall hat die Urteilsverkündung öffentlich zu erfolgen. Dies gilt auch nach den Regelungen des humanitären Völkerrechts.[135]
Ein wesentliches Recht besteht darin, daß kein Angeklagter gezwungen werden kann, gegen sich selbst auszusagen (Art. 14 Abs. 3 g IPBürg). Eine ähnliche Regelung enthält Art. 8 Abs. 2 der Amerikanischen Menschenrechtskonvention. Der Europäische Menschenrechtsgerichtshof hat festgestellt, daß das Recht zu Schweigen eines der zentralen Rechte des Anspruchs auf faires Verfahren sei.[136]
Nach Art. 14 Abs. 3 IPBürg hat jeder Angeklagte den Anspruch auf genügend Zeit und die Möglichkeiten auf Verteidigungsvorbereitungen. Er muß auch die Möglichkeit haben, mit einem Anwalt seiner Wahl Kontakt aufnehmen zu können. Darüber hinaus hat er das Recht,

---

[132] Vgl. dazu *R. Grote*, Protection of Individuals in the Pre-Trial Procedure, in: *D. Weissbrodt*/*R. Wolfrum* (eds.), The Right to a Fair Trial, 1997, 699 ff.

[133] *A. de Zayas*, The Right to a Fair Trial under UN Human Rights Treaties, in: *Weissbrodt*/*Wolfrum* (eds.), 681 ff. In die gleiche Richtung geht die Rechtsprechung des Europäischen Menschenrechtsgerichtshofs, *Rogan and others*, Judgment of 29 November 1988, Series A Nr. 145-B, 32, para. 62.

[134] Vgl. dazu General Comment Nr. 8, Art. 9 Human Rights Committee, abgedruckt in: *M. C. Bassiouni*, The Protection of Human Rights in the Administration of Criminal Justice: A Compendium of United Nations Norms and Standards, 1994, 63.

[135] Art. 75 Abs. 4 lit. i des I. Zusatzprotokolls zu den Genfer Rotkreuzkonventionen.

[136] Vgl. z. B. *Saunders v. United Kingdom*, Judgment of 17 December 1996, 20, para. 68.

frei entscheiden zu können, sich selbst durch einen Anwalt seiner Wahl verteidigen zu lassen, und er muß über dieses Recht ausdrücklich informiert werden. Die Amerikanische Menschenrechtskonvention gewährt ähnliche Rechte. Das gleiche gilt für die Afrikanische Menschenrechtskonvention sowie die Europäische Menschenrechtskonvention. Ist ein Angeklagter nicht in der Lage, einen Anwalt selbst zu bezahlen, hat er Anspruch auf einen vom Staat bezahlten Anwalt. Dies ist sowohl vom Menschenrechtsausschuß wie von dem Europäischen Menschenrechtsgerichtshof bestätigt worden.

In allen genannten Menschenrechtskonventionen wird anerkannt, daß Anspruch auf die Unabhängigkeit und Unparteilichkeit der Richter besteht. Es sind dies wesentliche Elemente des Anspruchs auf ein faires Verfahren. Der Sonderberichterstatter der Menschenrechtskommission hat diese als allgemeine Rechtsprinzipien gemäß Art. 38 Abs. 1 lit. c des IGH-Statuts bezeichnet.[137] Hierüber soll die Objektivität und die Fairneß des Strafverfahrens sichergestellt werden. Dabei wird vom Menschenrechtsausschuß der Begriff der Unparteilichkeit wie folgt definiert:

> *„... it implies that judges must not harbour any preconceptions about the matter put before them. They must not act in ways that promotes the interest of one of the parties"*.[138]

Demgegenüber sichert die richterliche Unabhängigkeit den Richter vor Einflußnahme von außen. Die Unabhängigkeit der Richter bezieht sich nicht nur auf ihre Funktion, sondern auch auf ihre Organisation, erfaßt also auch deren Ernennung, die Möglichkeit der Entlassung sowie die Organisation des Gerichts.[139]

Ein wesentlicher Gesichtspunkt des Rechts auf ein faires Verfahren ist, daß der Angeklagte nur in Anwesenheit verurteilt werden darf.[140] Allerdings wird dieses Recht nur von dem internationalen Pakt für bürgerliche und politische Rechte in dieser Form garantiert. Wohingegen die Amerikanische Menschenrechtskonvention in Art. 8 Abs. 2 lit. d lediglich verlangt, daß der Angeklagte sich persönlich verteidigen darf. Letzteres entspricht Art. 6 Abs. 3 lit. c EMRK. Allerdings hat der Menschenrechtsausschuß festgestellt, daß das Recht nach Art. 14 Abs. 3 d IPBürg nicht grundsätzlich eine Verurteilung *in absentia* ausschließt.[141] Die Möglichkeit eines Verfahrens *in absentia* war auch für die Statuten der Internationalen Strafgerichtshöfe außerordentlich umstritten. Grundsätzlich gilt, daß durchaus die Möglichkeit besteht, gegen einen Angeklagten wegen Störung des Verfahrens auch *in absentia* zu verhandeln. Dies ist vom Europäischen Menschenrechtsgerichtshof bestätigt worden.[142] Der Menschenrechtsausschuß hat festgestellt, daß ein Verfahren *in absentia* nur dann zulässig ist, wenn der Angeklagte zu dem Verfahren ordnungsgemäß geladen war und über das Verfahren gegen ihn informiert war.[143] Sobald ein Verfahren gegen eine Person *in absentia* durchgeführt wird, ist besonderer Wert auf dessen rechtliche Vertretung zu legen.

Von besonderer Bedeutung ist das Recht auf ein faires Verfahren in Notstandsfällen. Grundsätzlich ist festzuhalten, daß sowohl der Internationale Pakt für bürgerliche und politische Rechte als auch die Konvention über die Rechte des Kindes, die Konvention gegen Folter und die Konventionen zum Schutz humanitären Völkerrechts die Grundsätze des

---

[137] Report of the Special Rapporteur *Param Cumaraswamy*, Independence and Impartiality of the Judiciary, Jurors and Assessors and the Independence of Lawyers, UN Doc. E/CN.4/1995/39, para. 34.

[138] Human Rights Committee, Communication no. 387/1989 *(Karttunen v. Finland)*, UN Doc. CCPR/C/46/D/387/1989, para. 7.2.

[139] Vgl. dazu *P. Rädler*, Independence and Impartiality of Judges, in: *Weissbrodt/Wolfrum* (eds.), 727 ff, der auch auf das Verhältnis beider Prinzipien zueinander eingeht.

[140] Vgl. *T. Marauhn*, The Right of the Accused to be Tried in His or Her Presence, in: *Weissbrodt/Wolfrum* (eds.), 763 ff.

[141] *Mbenge v. Zaire*, UN Doc. A/38/40, 134.

[142] Urteil vom 12. 2. 1985, *Colozza v. Italy*, ECHR Series A No. 89, para. 27; Urteil vom 13. 12. 2001, *Krombach v. France* (bislang nur im Internet unter der Adresse http://hudoc.echr.coe.int/hudoc abrufbar).

[143] *FCB v. Italy*, 28. 8. 1991, Series A No. 208.

fairen Verfahrens auch in Notstandssituationen garantieren. Diesen Gesichtspunkt unterstreicht die Amerikanische Menschenrechtskonvention in Art. 27 Abs. 2. Der Inter-Amerikanische Menschenrechtsgerichtshof hat in einem Rechtsgutachten 1987 festgestellt, daß die Rechtsmittel des *amparo* und *habeas corpus* zu den Rechtsmitteln gehören, die auch im Notstandsfall Anwendung finden.[144] Der Gerichtshof hat diese Ansicht vor allem auf den Schutz des Lebens und den Anspruch auf menschliche Behandlung gestützt und argumentiert, diese würden inhaltslos, wenn das Verfahrensrecht des *habeas corpus* in Notstandssituationen keine Anwendung finden könnte. Die Interamerikanische Menschenrechtskommission hat häufig bei verschiedenen Gelegenheiten festgestellt, daß die Errichtung von Gerichten, die unter der Kontrolle des Verteidigungsministeriums stünden, eine Verletzung der Rechte unter Art. 8 der Konvention darstelle.[145] Die Notstandsklausel in Art. 15 der Europäischen Menschenrechtskonvention erfaßt zwar den Anspruch auf ein faires Verfahren nicht, allerdings hat Art. 4 des 7. Zusatzprotokolls zumindest den Grundsatz des *ne bis in idem* notstandsfest gemacht.

V. 1. Die Errichtung der Internationalen Strafgerichtshöfe, nämlich für das frühere Jugoslawien und Ruanda, der Sondergerichtshof für Sierra Leone sowie der Internationale Strafgerichtshof eröffnen die Frage nach dem Verhältnis zwischen diesen Gerichtshöfen und der nationalen Strafgerichtsbarkeit. Die Regelungen, die die jeweiligen Statuten insoweit getroffen haben, unterscheiden sich in ganz wesentlichen Punkten. Die Pflichten der Staaten gegenüber den internationalen Gerichtshöfen sind durchaus unterschiedlich. Hierauf wird im Zusammenhang mit diesen Gerichtshöfen eingegangen.

§ 191 Die Entwicklung des internationalen materiellen Strafrechts nach dem Zweiten Weltkrieg

Schrifttum: wie vor § 189, außerdem: *H. v. Weber*, Internationale Strafgerichtsbarkeit, 1934; *G. A. Finch*, The Nuremberg Trial and International Law, AJIL 41 (1947), 20 ff; *J. Graven*, Principes fondamentaux d'un Code répressif des crimes contre la paix et la sécurité humanine, RDI 28 (1950), 173 ff und 361 ff; *C. Parry*, Some Considerations upon the Content of a Draft Code of Offences Against the Peace and Security of Mankind, ICLQ 3 (1950), 208 ff; *J. Spiropoulos*, Draft Code of Offences against the Peace and Security of Mankind, Revue Hellenique de Droit International 3 (1950), 141 ff; *O. Trifterer*, Dogmatische Untersuchungen zur Entwicklung des materiellen Völkerstrafrechts seit Nürnberg, 1966; *B. F. Ferencz*, An International Criminal Court, 2 Vols., 1980; *L. Gross*, Draft Code of Offences Against the Peace and Security of Mankind, Isr. Y. B. Hum.Rts. 13 (1983), 9 ff und 224 ff; *L. Gross*, Some Observations on the United Nations Draft Code of Offences Against the Peace and Security of Mankind, Isr. Y. B. Hum.Rts. 15 (1985), 224 ff; *P. Razafindralambo*, The Codification of Crimes against the Peace and Security of Mankind, International Review of Contemporary Law 1 (1986), 33 ff; *B. Graefrath*, Formen der Durchsetzung eines Kodex der Verbrechen gegen den Frieden und die Sicherheit der Menschheit, Neue Justiz 44 (1990), 53 ff; *B. Graefrath*, Universal Jurisdiction and an International Court, EJIL 1 (1990), 67 ff; *T. Taylor*, Die Nürnberger Prozesse, 3. Aufl., 1992; *C. Bassiouni* (ed.), Commentaries on the International Law Commission's 1991 Draft Code of Crimes against the Peace and Security of Mankind, 1993; *B. Broms*, The Establishment of an International Criminal Court, Isr. Y. B. Hum.Rts. 24 (1994), 135 ff; *J. Crawford*, The ILC's Draft Statute for an International Criminal Tribunal, AJIL 88 (1994), 140 ff; *C. Tomuschat*, Ein internationaler Strafgerichtshof als Element einer Weltfriedensordnung, EA (1994), 61 ff.; *C. Tomuschat*, Crimes Against the Peace and Security of Mankind and the Recalcitrant Third State, Isr. Y. B. Hum.Rts. 24 (1994), 41 ff;

---

[144] Advisory Opinion, OC-8/87, Series A, No. 8 „Habeas corpus in emergency situations (arts. 27 [2], 25 [1] and 7 [6] American Convention on Human Rights)".

[145] Vgl. Annual Report 1994, 125 mwN.

H. S. Levie, Violations of Human Rights in Times of War as War Crimes, Isr.Y. B. Hum.Rts. 24 (1994), 119 ff; *G. Henkel/G. Stuby* (Hrsg.), Strafgerichte gegen Menschheitsverbrechen, 1995; *T. Meron*, International Criminalization of Internal Conflicts, AJIL 89 (1995), 554 ff; *J. Allain/J. R. W. D. Jones*, A Patchwork of Norms: A Commentary on the 1996 Draft Code of Crimes against the Peace and Security of Mankind, EJIL 1 (1997), 100 ff; *H. Ahlbrecht*, Die Geschichte der völkerrechtlichen Strafgerichtsbarkeit im 20. Jahrhundert, 1999; *J. Barboza*, International Criminal Law, RdC 278 (1999), 9 ff; *M. Henzelin*, Le principe de l'universalité en droit pénal international: Droit et obligation pour les Etats de poursuivre et juger selon le principe de l'universalité, 2000; *W. A. Schabas*, Introduction to the International Criminal Court, 2001.

I. 1. Die Entwicklung völkerrechtlicher Normen, die die Strafbarkeit natürlicher Personen wegen der Verletzung international geschützter Rechtsgüter unmittelbar begründen, geht zwar schon in das 19. Jahrhundert zurück, fand aber erst Ende des 20. Jahrhunderts Eingang in die völkerrechtliche Praxis. Der gesamte Komplex hat die Völkerrechtswissenschaft intensiv beschäftigt;[1] auch die internationalen wissenschaftlichen Vereinigungen haben sich seit den 20er Jahren des 20. Jahrhunderts wiederholt und intensiv mit den Problemen des Völkerstrafrechts und der internationalen Strafgerichtsbarkeit auseinandergesetzt und eine Reihe von Vorschlägen und Entwürfen vorgelegt.[2] Mit den beiden Internationalen Militärgerichtshöfen[3] nach dem Zweiten Weltkrieg war ein erster entscheidender Schnitt hin auf die Entwicklung einer internationalen Strafgerichtsbarkeit getan. Aber erst mit der Errichtung der beiden Strafgerichtshöfe für das ehemalige Jugoslawien und für Ruanda[4] stand fest, daß die Internationalen Militärgerichtshöfe nach dem Zweiten Weltkrieg keine isolierte Angelegenheit waren, sondern eine Fortsetzung fanden. Elemente der Entwicklung in Richtung auf eine internationale Strafgerichtsbarkeit manifestieren sich schließlich in der Errichtung des Internationalen Strafgerichtshofes.
Der Aufbau einer internationalen Strafgerichtsbarkeit setzt zwangsläufig eine Kodifizierung der von ihnen verfolgten internationalen Verbrechen voraus. In der Realität erfolgte die Entwicklung parallel. Allerdings beschreibt der Kanon der von internationalen Strafgerichtshöfen verfolgten internationalen Verbrechen nicht das gesamte materielle internationale Strafrecht. Es gibt über die von internationalen Strafgerichten hinaus verfolgten Verbrechen hinaus auch weitere Delikte, deren Verfolgung im Interesse der Staatengemeinschaft liegt. Diese unterfallen dem Weltrechtsprinzip und werden von nationalen Gerichten unabhängig vom Tatort und der Staatsangehörigkeit von Täter oder Opfer verfolgt.[5]

2. Einige internationale Straftatbestände sind allerdings seit langem anerkannt; zu ihnen gehörten vor allem die Piraterie,[6] sowie Kriegsverbrechen, d. h. Verstöße gegen die Kriegs-

---

[1] Vgl. das Memorandum des VN-Generalsekretärs, Historical Survey of the Question of International Criminal Jurisdiction vom 27. 5. 1949, UN Doc. A/CN. 4/7; *Pella*, 24, Ausgangspunkt und Ziel der Arbeit ist der strafrechtliche Schutz des Weltfriedens gegen den Angriffskrieg. Einem anderen Ansatz folgte *Donnedieu de Vabres*, 1928, 417. Er leugnete die individuelle Verantwortlichkeit von Staatsorganen sowie eine mögliche generalpräventive Wirkung des internationalen Strafrechts. Er hielt lediglich ein internationales Revisionsgericht in Strafsachen von erheblicher internationaler Bedeutung für erwünscht; positiv dagegen *C. Bassiouni*, A Draft International Criminal Code, 22 f. Zu den ersten Ansätzen eines materiellen internationalen Strafrechts vgl. *Green*, Isr. Y. B. Hum. Rts. 11 (1981), 19 ff.

[2] Vgl. z. B. Entschließung zum Internationalen Strafrecht der Konferenz über die Vereinheitlichung des Strafrechts, Warschau 1927, AJIL 29 (1935), Supp., 435 ff (636); Institute of International Law, Resolution on the Conflict of Penal Laws with Respect to Competence, adopted 31 July 1931, AJIL 29 (1935), Supp., 435 ff (644); Recommendation of the Fourth Section of the International Congress of Comparative Law, 2–6 August 1929, AJIL 29 (1935), Supp. 435 ff (645).

[3] International Military Tribunal (Nürnberg), International Military Tribunal for the Far East (Tokio). Im folgenden Internationaler Militärgerichtshof Nürnberg und Internationales Militärtribunal für den Fernen Osten.

[4] International Criminal Tribunal for the Former Yugoslavia, International Criminal Tribunal for Rwanda.

[5] Siehe § 190.

[6] Vgl. dazu § 195.

führungsregeln.[7] Die Verfolgung der Verstöße gegen die Kriegsführungsregeln erfolgte in aller Regel durch nationale Gerichte.[8] Nach dem Zweiten Weltkrieg sind hinzugetreten die Verbrechen des Völkermords, gegen den Frieden, gegen die Menschlichkeit, Apartheid und Terrorismus.

II. 1. Das Völkerrecht bis zum Ersten Weltkrieg ließ den Einzelnen nicht als Rechtssubjekt des Völkerrechts gelten. Es gewährte ihm keine Rechte, erlegte ihm aber auch keine Verpflichtungen auf.[9] Eine Verletzung des Völkerrechts durch Privatpersonen schied daher logischerweise aus; die Folgen ihres Handelns trafen nach dieser Auffassung nicht den Einzelnen, sondern allenfalls den Staat, dem er angehörte. Nach dieser Ansicht war für eine individuelle Verantwortlichkeit des Einzelnen auf der Grundlage des Völkerrechts kein Raum.[10] Etwas anderes galt allerdings für die Verletzung der Regeln über die Kriegsführung, wobei die Verfolgung entsprechender Verstöße häufig durch Amnestieklauseln in den Friedensverträgen abbedungen wurden.[11]

2. Für die Entwicklung des internationalen materiellen Strafrechts ist bereits die Behandlung Napoleons im Jahre 1815 von Interesse.[12] Nach seiner Rückkehr von Elba wurde in einer in Wien unterzeichneten Erklärung der Mächte vom 13. 3. 1815 festgestellt, Napoleon habe sich außerhalb des Gesetzes gestellt und sich als Feind und Störer der Ruhe der Welt der öffentlichen Vergeltung ausgesetzt. Nach seiner endgültigen militärischen Niederlage wurde jedoch kein Strafverfahren gegen ihn eingeleitet, sondern er wurde von den Großmächten auf Grund eines Abkommens zwischen ihnen vom 2. 8. 1815 als Kriegs- und Sicherungsgefangener behandelt und auf St. Helena interniert.[13]

3. Nach dem Ersten Weltkrieg wurde in dem Vertrag von Versailles die Einsetzung eines internationalen Tribunals gegen Kaiser Wilhelm II. in Aussicht genommen. Gegen ihn sollte wegen der Verletzung des internationalen Sittengesetzes und der Heiligkeit der Verträge Anklage erhoben werden und bestimmt, daß das Gericht nach den „erhabensten Grundsätzen der internationalen Politik" urteilen solle (Art. 227).[14] Die Durchführung des Ver-

---

[7] Vgl. dazu § 192; nach *G. J. A. D. Draper*, The Modern Pattern of War Criminality, Isr. Y. B. Hum. Rts. 6 (1976), 9 (10 ff), geht die Möglichkeit einer internationalen Verfolgung von Kriegsverbrechen bereits auf das 14. Jh. zurück.

[8] In diesem Zusammenhang wird in der Regel die Verurteilung von *Peter von Hagenbach* erwähnt, der wegen Vergehen gegen die Bürger von Breisach zum Tode verurteilt worden ist. Dies war aber ein isolierter Fall.

[9] Vgl. dazu oben.

[10] Vgl. etwa *Triepel*, Völkerrecht und Landesrecht, 1899, 329, es sei „undenkbar, daß eine Norm des Völkerrechts von Einzelnen übertreten werde. Delikte des Individuums, Verbrechen gegen das Völkerrecht, gibt es nicht". Aus der internationalen Rechtsprechung z. B. *Nielsen* in seiner abweichenden Meinung zur Entscheidung der amerikanisch-mexikanischen *General Claims Commission* im Fall der *International Fisheries Company* (1931), RIAA 4, 728: *„International law contains no penal provisions forbidding acts on the part of either individuals or corporations, and no rules of any kind imposing any obligations except obligations binding on states."* Die anerkannte Strafbarkeit von Kriegsverbrechen (Verstöße gegen die Regeln über die Kriegsführung, vgl. *H. Lauterpacht*, Law of Nations and Punishment of War Crimes, BYIL 21 (1944), 64 f) als internationale Verbrechen bildete daher früher eine schwer zu begründende Ausnahme im Völkerrechtssystem. Zu der Verfolgung von Kriegsverbrechern vgl. *Triffterer*, 6 ff mwN.

[11] *Glaser*, Droit International Penal, Tome 1, 74 f; *Jescheck*, 1952, 33 f; *Gross*, NILR 2 (1955), 3 ff.

[12] Dazu auch *Glueck*, War Criminals, 399; *McNair*, BYIL 26 (1949), 6 ff (15 f); *Wright*, War Criminals, AJIL 39 (1945), 257 ff (258); *Green*, 26.

[13] Vgl. *Martens*, NRG, 1er Sér., Bd. II (No. 54), 605. Dieses Vorgehen wurde später durch einen britischen Act of Parliament 1816 legalisiert und durch ein zweites Gesetz allen dabei beteiligten Personen Indemnität erteilt.

[14] Art. 227 Versailler Vertrag (Friedensvertrag mit dem deutschen Reich), RGBl. 1919, 687; *W. Grewe* (Hrsg.), Fontes Historiae Gentium, Bd. III/1, 1992, 683, lautet in seinen wesentlichen Teilen: „Die alliierten und assoziierten Mächte stellen Wilhelm II. von Hohenzollern, vormaligen Kaiser von Deutschland, wegen schwerster Verletzung des internationalen Sittengesetzes und der Heiligkeit der Verträge unter öffentliche Anklage... Ein besonderer Gerichtshof wird eingesetzt... Der Gerichtshof urteilt

fahrens ist an der Verweigerung der Auslieferung durch die Niederlande gescheitert und nicht weil sich die Meinung der Siegermächte geändert hätte.[15] Art. 228 des Versailler Vertrages sah des weiteren die Verfolgung von Kriegsverbrechen durch Militärgerichte der Alliierten und Assoziierten Mächte vor. Dies ist am Widerstand des Deutschen Reiches gescheitert.[16] Statt dessen erfolgte eine Verfolgung durch das Reichsgericht.[17] In Art. 230 des Vertrages von Sèvres, 1919[18] war eine Verfolgung und Bestrafung der Personen durch ein interalliiertes oder ein Gericht des Völkerbundes vorgesehen, die während des Ersten Weltkrieges für die in der Türkei an Armeniern begangenen Verbrechen verantwortlich waren. Der Vertrag wurde jedoch nicht ratifiziert, und in dem Vertrag von Lausanne, 1923[19] waren Bestimmungen dieser Art nicht mehr enthalten; am Tag des Inkrafttretens dieses Vertrages vereinbarten die Unterzeichner eine umfassende Amnestie.

4. Nach der Errichtung des Völkerbundes unternahm das mit der Vorbereitung der Satzung des Ständigen Internationalen Gerichtshofs betraute Juristenkomitee einen Vorstoß in Richtung auf die Entwicklung eines internationalen Strafrechtssystems. Die sog. Resolution Descamps von 1920 enthielt Vorschläge für eine Bestrafung von Verbrechen gegen das Völkerrecht durch ein internationales Gericht, eine Haute Cour de Justice Internationale, die dem Ständigen Internationalen Gerichtshof als eine Sonderkammer eingegliedert werden sollte. Der Vorschlag wurde vom Völkerbundsrat an die Versammlung weitergeleitet, die aber ein weiteres Vorgehen in dieser Sache nicht für angezeigt hielt.[20] Ab 1922 beschäftigte sich die International Law Association mit der Kodifikation des internationalen materiellen Strafrechts.[21]

5. Nach längerer Unterbrechung gab die Ermordung des Königs von Jugoslawien in Marseille im Jahre 1934 Anlaß zu einem neuen Versuch. Am 16. 11. 1937 wurden in Genf zwei Konventionen zur Verhütung und Bestrafung des Terrorismus und über die Errichtung eines internationalen Strafgerichts zur Bestrafung solcher Verbrechen beschlossen.[22] Darin verpflichten sich die Parteien, die in den Abkommen bezeichneten Verbrechen nach ihrem Recht zu bestrafen. Nach dem zweiten dieser Abkommen sollten in erster Linie die nationalen Strafgerichte und nur auf Grund freiwilliger Unterwerfung der Parteien eine Strafverfolgung durch ein internationales Gericht zulässig sein. Auch dieser Versuch ist

---

auf der Grundlage der erhabensten Grundsätze der Politik; Richtschnur ist für ihn, den feierlichen Verpflichtungen und internationalen Verbindlichkeiten ebenso wie dem internationalen Sittengesetze Achtung zu verschaffen...". Vgl. dazu *v. Puttkamer*, AVR 1 (1948–49), 424 ff (429 ff); sie weist nach, daß hinsichtlich der Rechtsgrundlage für eine Verurteilung von Wilhelm II. – nicht über die Verurteilung als solche – zwischen den Alliierten Uneinigkeit bestand. Vor allem die Vereinigten Staaten sahen sich durch den Grundsatz *nulla poena sine lege* an einer strafrechtlichen Verfolgung von Wilhelm II. gehindert. Die Verhandlungsgeschichte der Strafnormen des Versailler Vertrages beschreibt *Carjeu*, 11 f; vgl. dazu auch *Barboza*, 33.

15 *Green*, 27.

16 Vgl. dazu *R. Bierzanek*, The Prosecution of War Crimes, in: *Bassiouni/Nanda* (eds.), 559 (566 ff); *Röling*, 3 (1982), 132 ff (133); *Jescheck*, 64 f; *Taylor*, The Anatomy of the Nuremberg Trials, 16 ff.

17 Insgesamt waren beim Reichsgericht 907 Verfahren anhängig; vgl. dazu *C. Mullins*, The Leipzig Trials, 1921; *G. Schwarzenberger*, International Law and Totalitarian Lawlessness, 1943, 113 ff.

18 *Martens*, NRG, 3e Sér, Bd. XII, 720; vgl. dazu *Pella*, 24, Anm. 1.

19 Friedensvertrag mit der Türkei vom 24. 7. 1923; LNTS 28, 11; *Grewe* (Anm. 14), Bd. III/2, 719.

20 Einzelheiten bei *Jescheck*, 90 f, und *M. O. Hudson*, The Permanent Court of International Justice, 1943, 85 f. In den 1920er-Jahren hat man erwogen, ob nicht der StIGH bei Streitigkeiten zwischen mehreren Staaten über die strafrechtliche Zuständigkeit mit den Aufgaben eines Kompetenzkonfliktshofs betraut werden solle. Dazu etwa *Donnedieu de Vabres*, 405 f, 431 f.

21 Vgl. dazu *Jescheck*, 92 f; *Carjeu*, 43 f; vgl. ferner *Saldana*, RdC 10 (1925), 227 ff.

22 LN Doc. C. 546 (1). M. 383 (1). 1937. Vgl. dazu *Carjeu*, 71 f; *Glaser*, Droit pénal international, 70 f; *Green*, Isr. Y. B. Hum. Rts. 11 (1981), 18.

erfolglos geblieben. Die erste Konvention ist von 24 Staaten, die zweite von 13 Staaten unterzeichnet worden. Ratifiziert wurden sie nicht.

III. 1. Die Lage änderte sich während des Zweiten Weltkriegs. Bereits zu Beginn waren die Alliierten entschlossen, die Führung der Achsenmächte strafrechtlich zur Verantwortung zu ziehen. In Reden und offiziellen Erklärungen wurde betont, die Verbrechen der deutschen Führung würden nicht ungesühnt bleiben, und die gerichtliche Bestrafung der Kriegsverbrecher sei eines der Hauptziele des Krieges.[23] 1942 erging die *Inter-Allied Declaration (St. James' Declaration)*,[24] im gleichen Jahr wurde, an die Stelle älterer Institutionen tretend,[25] eine *United Nations War Crimes Commission* eingesetzt und mit der vorbereitenden Arbeit betraut.[26] Am 1. 11. 1943 wurde auf der Moskauer Konferenz zwischen den Großmächten, den Vereinigten Staaten von Amerika, dem Vereinigten Königreich und der Sowjetunion, ein Programm für die Strafverfolgung von Kriegsverbrechern vereinbart und die deutsche Reichsregierung formell gewarnt.[27] Nach dem Kriege schlossen das Vereinigte Königreich, die Vereinigten Staaten von Amerika, die Sowjetunion und Frankreich am 8. 8. 1945 in London das Abkommen über die Verfolgung und Bestrafung der Hauptkriegsverbrecher der europäischen Achsenmächte,[28] dem noch vor Abschluß der Nürnberger Prozesse weitere 19 Staaten beitraten. Bestandteil dieses Vertrages war das als Anhang beigefügte Statut des Internationalen Militärgerichtshofs *(Charter of the International Military Tribunal)*.[29] Die Verhandlungen des Gerichtshofes gegen die Hauptkriegsverbre-

---

[23] *Triffterer*, 13; *Jung*, 14. So z. B. Interalliierte Erklärung der Londoner Exilregierungen vom 13. 1. 1942 über die Bestrafung wegen Kriegsverbrechen; interalliierte Erklärung vom 13. 12. 1942 über die von den deutschen Organen durchgeführte Vernichtung der jüdischen Bevölkerung Europas; Moskauer Dreimächteerklärung über Grausamkeiten vom 30. 10. 1943; Offizielle Verlautbarung über die Yalta-Konferenz vom 11. 2. 1945. Die Dokumente sind ganz oder teilweise abgedruckt in: *K. Heinze/K. Schilling*, Die Rechtsprechung der Nürnberger Militärtribunale, 1952, 309 ff.

[24] Die *Inter-Allied Commission* war von neun europäischen Exilregierungen in London gebildet worden. Sie forderte die gerichtliche Bestrafung der Kriegsverbrecher („handed over to justice and judge"). Vgl. dazu *T. Taylor*, Nuremberg and Vietnam, 12; *ders.*, The Anatomy of the Nuremberg Trials, 25; *Jung*, 96. Die *Declaration* verwies auf das geltende Völkerrecht der damaligen Zeit, insbesondere das Haager Abkommen betreffend die Gesetze und Gebräuche des Landkriegs vom 18. 10. 1907 mit Haager Landkreigsordnung (RGBl. 1910, 107).

[25] Vgl. dazu *Jescheck*, 126 ff.

[26] Vgl. *History of the United Nations War Crimes Commission and the Development of the Laws of War* (1948) sowie *Schwelb*, BYIL 23 (1946), 363 f; *Taylor*, Nuremberg and Vietnam, 13 ff; *Bierzanek*, War Crimes – History and Definition, in: *Bassiouni/Nanda* (eds.), 559 ff (573 ff); *Wright*, AJIL 41 (1947), 39 ff.

[27] Vgl. die von *Roosevelt*, *Churchill* und *Stalin* unterzeichnete Erklärung, Jahrbuch für internationales und ausländisches öffentliches Recht II/III, 387 f: *„Those German officers and men and Members of the Nazi party who have been responsible for, or have taken a consenting part in the above atrocities, massacres and executions will be sent back to the countries in which their... deeds were done in order that they may be judged and punished according to the laws of these liberated countries and of the free governments which will be created therein... without prejudice to the case of the major criminals, whose offences have no particular geographical localization and who will be punished by the joint decision of the Governments of Allies."* Der erste Teil dieser Deklaration bestätigt die Anwendung des Territorialitätsprinzips bei der Verfolgung von Kriegsverbrechen. Weitere Dokumente aus der Zeit des 2. Weltkrieges bei *G. Schwarzenberger*, International and Totalitarian Lawlessness, 1943, Annex, der allerdings die Existenz eines allgemeinen Völkerstrafrechts leugnet und eine Verantwortlichkeit nur der Machthaber totalitärer Regime anerkennen will, s. *G. Schwarzenberger*, The Judgment of Nuremberg, YBWA 2 (1948), 112 f; *Taylor*, The Anatomy of the Nuremberg Trials, 27.

[28] Zu den Verhandlungen hierüber vgl. *Taylor*, Anatomy of the Nuremberg Trials, 56 ff.

[29] Text: AJIL 1945, Supp. 257; vgl. zu der Qualifikation der Delikte *Jackson*, AJIL 39 (1945), Supp., 186; zur Entstehungsgeschichte der Nürnberger Prinzipien vgl. noch *Spiropoulos*, Formulation of the Nürnberg Principles, Revue Hellénique de Droit International 4 (1951), 129 ff; *Taylor*, The Anatomy of the Nuremberg Trials, 4. Das wesentliche Element für ihn war die Entscheidung für ein internationales Gericht als der Rekurs auf nationale Militärgerichte; siehe auch *Y. Li Liang*, The Establishment of an International Jurisdiction: The first Phase, AJIL 46 (1952), 73 ff. Ausführlich zu den Urteilen Anm. 41.

cher begannen am 20. 11. 1945 in Nürnberg. Dieser bestand aus je einem Richter der vier Siegermächte (Art. 2 des Statuts). Die Urteile ergingen am 30. 9. und 1. 10. 1946 (12 Todesurteile, 2 lebenslange, 5 zeitliche Freiheitsstrafen, 3 Freisprüche).

2. Gemäß Art. 6 des Statuts war der Gerichtshof zuständig zur Aburteilung von Verbrechen gegen den Frieden, von Kriegsverbrechen und Verbrechen gegen die Menschlichkeit.[30]
Unter Verbrechen gegen den Frieden fielen das „Planen, Vorbereiten, Einleiten oder Durchführen eines Angriffskrieges oder eines Krieges unter Verletzung internationaler Verträge, Abkommen oder Zusicherungen oder Beteiligung an einem gemeinsamen Plan oder an einer Verschwörung zur Ausführung einer der vorgenannten Handlungen".[31]
Der Begriff Kriegsverbrechen wurde definiert als „Verletzungen der Kriegsgesetze oder -gebräuche". Solche Verletzungen umfaßten, ohne jedoch darauf beschränkt zu sein, Mord, Mißhandlungen, oder Deportation zur Sklavenarbeit oder für irgendeinen anderen Zweck, von Angehörigen der Zivilbevölkerung von oder in besetzten Gebieten, Mord oder Mißhandlungen von Kriegsgefangenen oder Personen auf Hoher See, Töten von Geiseln, Plünderung öffentlichen oder privaten Eigentums, die mutwillige Zerstörung von Städten, Märkten oder Dörfern oder jede durch militärische Notwendigkeit nicht gerechtfertigte Verwüstung.[32]
Der Begriff Verbrechen gegen die Menschlichkeit – Mord, Ausrottung, Versklavung, Deportation oder andere unmenschliche Behandlung begangen an „irgendeiner" Zivilbevölkerung vor oder während des Krieges.[33] Unter Hinweis darauf, daß der Internationale Militärgerichtshof von Nürnberg nur Verbrechen gegen die Menschlichkeit verfolgen konnte, die mit den sonst unter Strafe gestellten Verbrechen, nämlich mit Kriegsverbrechen oder dem Verbrechen des Krieges, in unmittelbarem Zusammenhang standen *(„in execution of or in connection with any crime within the jurisdiction of the Tribunal")*, hat dieser den Straftatbestand eng ausgelegt. Er hat durch die Beschränkung auf seit Kriegsbeginn begangene Verbrechen diesen eine zeitliche Grenze gezogen.[34]

---

[30] Diese drei Grundtatbestände waren schon in den Vorschlägen der von der Pariser Vorfriedenskonferenz 1919 eingesetzten Kommission für die Feststellung der Verantwortlichkeit der deutschen politischen und militärischen Führung in Aussicht genommen. Vgl. AJIL 14 (1920), 95 f. Es handelt sich hier um drei unterschiedliche Tatbestände. Nicht überzeugend die Gliederung etwa bei *Greenspan*, 419 f, der den Begriff der *„war crimes"* als Oberbegriff verwendet und die *„conventional war crimes"* zusammen mit den übrigen Tatbeständen unter Einschluß auch der Verbrechen gegen die Menschlichkeit und des Völkermords als Unterart der *„war crimes"* behandelt.

[31] Art. II 1 a des Kontrollratsgesetzes Nr. 10 vom 20. 12. 1945; Official Gazette of the Control Council for Germany, wiederholt fast wörtlich diese Begriffsbestimmung, erweitert den Tatbestand aber durch eine dritte Form des rechtswidrigen Krieges: Das Unternehmen des Einfalls in andere Länder. Zu den aufgrund des Gesetzes ergangenen Urteilen *H. Feldmann*, Das Verbrechen gegen die Menschlichkeit, 1948. Vgl. im einzelnen § 192.

[32] Vgl. zur Definition des Begriffs u. a. *Hoffmann*, 61; *v. Mangoldt*, JIAÖR (1948), 284 f; *Mosler*, Die Kriegshandlung im rechtswidrigen Krieg, JIAÖR (1948), 344 f, legt überzeugend dar, daß ein rechtswidriger Krieg die dem Kriegsrecht und -gebräuchen nicht entsprechenden Handlungen nicht zu Kriegsverbrechen macht. Die vier Genfer Konventionen vom 12. 8. 1949 (vgl. z. B Art. 49 ff I. Genfer Abkommen) (BGBl. 1954 II 783.) sowie das I. Zusatzprotokoll (vgl. z. B. Art. 85 ff, aber auch Art. 85 Abs. 5 des Protokolls) (BGBl. 1990 II, 1551) vermeiden den Ausdruck „Kriegsverbrechen" und sprechen von „schweren Verletzungen". Vgl. im einzelnen § 192.

[33] Zur genaueren Bestimmung dieses Straftatbestands vgl. § 194. Einen Vorschlag, Verbrechen gegen die Menschlichkeit zu verfolgen, hatte schon die nach dem Ersten Weltkrieg von den Alliierten eingesetzte 15er-Kommission zur Prüfung der Verantwortlichkeit der im Ersten Weltkrieg Schuldigen der Pariser Vorfriedenskonferenz unterbreitet, ohne aber damit durchdringen zu können (zur Geschichte vgl. *Schwelb*, BYIL 23 (1946), 179 ff); *Röling*, The Nuremberg and the Tokyo Trials in Retrospect, in: *Bassiouni/Nanda* (eds.), 591 ff, ist der Meinung, die Verbrechen gegen die Menschlichkeit hätten über die Kriegsverbrechen geahndet werden können. Dies trifft nur für die Rechtsprechung der beiden Militärtribunale zu; zur Auslegung des Begriffs s. *Jescheck*, 362 f.

[34] Nürnberg I, 285 f. Auf diese Weise blieben schwere Verbrechen, insbesondere, die an Juden vor dem Krie-

3. Neben der deutschen wurde nach dem Zweiten Weltkrieg auch die japanische politische und militärische Führung strafrechtlich verfolgt. Die Absicht dazu hatten die Alliierten schon in der Potsdamer Erklärung vom 26. 7. 1945 zum Ausdruck gebracht, als sie erklärten, daß japanische Kriegsverbrecher bestraft werden sollten.[35] Die in der Erklärung niedergelegten Bedingungen für die Übergabe wurden von Japan in den Erklärungen vom 10. und 14. 8. 1945 und in der Kapitulationsurkunde vom 1. 9. 1945 angenommen. In diesem Falle erfolgte die Strafverfolgung also mit dem Einverständnis des betroffenen Staates. General McArthur, in seiner Eigenschaft als Oberster Befehlshaber der Alliierten Streitkräfte, hat dann durch Proklamation vom 19. 1. 1946 das Internationale Militärtribunal für den Fernen Osten errichtet und im Anhang dazu das Statut des Gerichtshofs verkündet. Japan hat die von dem Internationalen Militärtribunal erlassenen Urteile im Friedensvertrag von San Francisco ausdrücklich angenommen (Art. 11).[36]
Das Internationale Militärtribunal für den Fernen Osten war als ein internationales Gericht konzipiert.[37] Rechtsgrundlage war die Kapitulationsurkunde Japans und die Akzeptierung der Erklärung von Potsdam. Die Regelung in der Kapitulationsurkunde entsprach Art. 43 der Haager Landkriegsordnung.[38] Das Gericht selbst wurde durch eine *Special Proclamation* vom 19. 1. 1946 durch den Oberbefehlshaber der Alliierten Streitkräfte eingesetzt. Diese enthielt das Statut für das Internationale Militärtribunal.[39] Angeklagt waren in Tokio 28 Personen von hohem militärischen und politischen Rang. Die in Art. 5 des Statuts genannten Straftaten waren inhaltlich mit den in Art. 6 des Internationalen Militärtribunals von Nürnberg identisch.

4. Die Internationalen Militärtribunale in Nürnberg und Tokio haben Verfahren gegen eine Reihe von deutschen und japanischen Persönlichkeiten[40] durchgeführt und Strafen verhängt.[41] Dazu kamen eine Reihe von Prozessen, insgesamt 12, gegen deutsche Personen-

---

ge begangenen Unmenschlichkeiten, außerhalb der Zuständigkeit des Gerichts. Kritisch etwa *Graven*, RdC 76 (1950), 466 f; *G. Scelle*, Manuel élémentaire de droit international, 1943, 987. Im Gegensatz zur Anklage (Nürnberg I, 70 f) hat das Gericht auch die Planung solcher Verbrechen und die darauf gerichtete Verschwörung nicht für strafbar erachtet (Nürnberg I, 253). Das *Nazi and Nazi Collaborators (Punishment) Law*, 1950, von Israel enthält diese Einschränkung nicht. Dennoch stützte sich die Verurteilung von *Eichmann* nicht auf vor 1939 begangene Taten, vgl. dazu *Q. Baxter*, The Municipal and International Law Basis of Jurisdiction over War Crimes, in: *Bassiouni/Nanda* (eds.), 84; *R. K. Woetzel*, The Nuremberg Trials in International Law, 1960, 167 ff.

[35] Vgl. dazu *Keenan/Brown*, 14 ff.

[36] Über die Prozesse in Tokio vgl. auch *Jones*, Survey 1947–48, 333 f, sowie *Schwarzenberger*, CLP 3 (1950), 289 f, beide mit Vorbehalten. Vgl. dazu auch *Piccigallo*, 1979 ff; *Minear*, 20 ff.

[37] Vgl. *K. Ipsen*, A Review of the Main Legal Aspects of the Tokyo Trial and Their Influence on the Development of International Law, in: *C. Hosoya/N. Ando/Y. Onuma/R. Minear* (eds.), The Tokyo War Crimes Trial, 1986, 37–45, 38.

[38] Japan hatte die Haager Landkriegsordnung allerdings vorher nicht ratifiziert.

[39] *Charter of the International Military Tribunal for the Far East*, abgedruckt bei *Pritchard/Zaid*, Bd. 1, Pretrial documents.

[40] Zur Auswahl vgl. *Taylor*, The Anatomy of the Nuremberg Trials, 85 ff.

[41] In Nürnberg angeklagt waren: *H. Göring* (Reichsmarschall), *M. Bormann* (Leiter der Parteikanzlei), *R. Ley* (Führer der Deutschen Arbeitsfront), *K. Dönitz* (Oberbefehlshaber der Kriegsmarine und Nachfolger Hitlers im Amt des Staatsoberhaupts), *H. Frank* (Generalgouverneur von Polen), *W. Frick* (Reichsinnenminister), *H. Fritzsche* (Chefkommentator des Rundfunks), *W. Funk* (Reichswirtschaftsminister und Reichsbankpräsident), *R. Hess* (bis zu seinem Flug nach Großbritannien im Mai 1941 Stellvertreter Hitlers als Parteivorsitzender), *A. Jodl* (Chef des Wehrmacht-Führungsstabes), *E. Kaltenbrunner* (Chef des Reichssicherheitshauptamtes seit 1942), *W. Keitel* (Chef des Oberkommandos der Wehrmacht), *K. von Neurath* (Reichsaußenminister bis 1938, später Reichsprotektor von Böhmen und Mähren), *F. von Papen* (Vizekanzler bis 1934), *E. Raeder* (Oberbefehlshaber der Kriegsmarine bis 1943), *J. von Ribbentrop* (Reichsaußenminister 1938–1945), *A. Rosenberg* (Parteiideologe, Reichsminister für die besetzten Ostgebiete), *F. Sauckel* (Generalbevollmächtigter für den Arbeitseinsatz), *H. Schacht* (Reichswirtschaftsminister bis 1937, Reichsbankpräsident bis 1939), *B. von Schirach* (Reichsjugendführer und Gauleiter von Wien), *A. Seyss-Inquart* (Reichskommissar der Niederlande), *A. Speer* (Rüstungsminister) und *J. Streicher* (Gauleiter von Franken und Herausgeber des Hetzblattes „Der Stür-

gruppen, die von amerikanischen Militärgerichten auf Grund des Kontrollratsgesetzes Nr. 10 durchgeführt wurden, das die Bestimmungen des Nürnberger Statuts mit gewissen Abweichungen übernahm.[42]

Ebenso erfolgten Verurteilungen durch französische, britische,[43] australische, niederländische, polnische, norwegische, kanadische, chinesische, griechische und sowjetische[44] Gerichte. Das Internationale Militärtribunal war außerdem befugt, eine Gruppe oder eine Organisation im Zusammenhang mit einem Verfahren gegen eines ihrer Mitglieder zur „verbrecherischen Organisation" zu erklären. Erfolgte eine solche Erklärung, so waren die Unterzeichnerstaaten des Vertrags von London befugt, die Mitglieder einer derartigen Organisation, deren verbrecherischer Charakter rechtskräftig festgestellt war, allein wegen ihrer Mitgliedschaft in dieser Organisation durch eigene Gerichte abzuurteilen (Art. 10 des Statuts). Desgleichen wurden Kriegsverbrecherprozesse gegen Angehörige des japanischen Militärs durch Gerichte der Vereinigten Staaten,[45] des Vereinigten Königreichs,[46] Australiens, Kanadas[47] und der Niederlande durchgeführt.[48]

IV. 1. Die Natur der beiden internationalen Militärtribunale, insbesondere des Internationalen Militärtribunals von Nürnberg und die Rechtsgrundlage, auf der sie beruhten, war und ist bis heute umstritten;[49] gegen die Errichtung der Gerichte, sowie gegen das ihrer

mer"). Ursprünglich mitangeklagt war auch *G. Krupp von Bohlen und Halbach*, der ehemalige Chef des Krupp-Konzerns. Er wurde jedoch im Hinblick auf eine Lähmung infolge eines 1942 erlittenen Schlaganfalls für vernehmungs- und verhandlungsunfähig befunden. *Göring* entzog sich der Strafe durch Selbstmord in der Nacht vor der geplanten Hinrichtung. *Bormann* konnte nur *in absentia* zum Tode verurteilt werden. *Ley* verübte am 25. 10. 1945, noch vor Prozeßbeginn, Selbstmord. Todesurteile wurden an *Frank, Frick, Jodl, Kaltenbrunner, Keitel, Ribbentrop, Rosenberg, Sauckel, Seyss-Inquart* und *Streicher* vollstreckt. Zu lebenslänglicher Freiheitsstrafe wurden *Hess, Funk* und *Raeder* verurteilt; *Raeder* durfte 1955 und *Funk* 1957 aus gesundheitlichen Gründen das Spandauer Gefängnis verlassen. Zu 20 Jahren Gefängnis wurden *Schirach* und *Speer* verurteilt, zu 15 Jahre *v. Neurath*, zu 10 Jahren *Dönitz*. Freigesprochen wurden *Fritzsche, von Papen* und *Schacht*. Nicht nur Einzelpersonen, sondern auch Gruppen und Organisationen wurden angeklagt: die Reichsregierung, d. h. das Reichskabinett, das Korps der politischen Leiter der Nationalsozialistischen Deutschen Arbeiterpartei (NSDAP), die Schutzstaffel (SS) der NSDAP, einschließlich des Sicherheitsdienstes (SD), die Geheime Staatspolizei (Gestapo), die Sturmabteilungen (SA) der NSDAP sowie der Generalstab und das Oberkommando der Deutschen Wehrmacht (OKW). Nach dem Urteilsspruch wurden die SS, SD, die Gestapo und das Korps der politischen Leiter der NSDAP zu verbrecherischen Organisationen erklärt; vgl. dazu *Jescheck;* zum Verfahren insgesamt *Taylor*, The Anatomy of the Nuremberg Trials, 165 ff.

42 Diese waren: der „Ärzte-Prozeß" gegen *K. Brandt* und 22 andere; gegen Generalfeldmarschall *E. Milch*; der „Juristen-Prozeß" gegen *J. Alstötter* und 13 andere; der „Wirtschafts- und Verwaltungshauptamt der SS"-Prozeß gegen *O. Pohl* und 17 andere; gegen *F. Flick* und 5 andere; der „IG-Farben-Prozeß" gegen *C. Krauch* und 22 andere; der „Südost-Generäle-Prozeß" gegen *L. Rendulic* und 9 andere; der „Rasse- und Siedlungsamt der SS-Prozeß" gegen *U. Griefelt* und 13 andere; der „Einsatzgruppen-Prozeß" gegen *O. Ohlendorf* und 21 andere; gegen *A. Krupp von Bohlen und Halbach* und 11 andere; der „Wilhelmstraßen-Prozeß" gegen *E. von Weizsäcker* und 20 andere; der „OKW-Prozeß" gegen *W. Warlimont* und 12 andere. Vgl. dazu im einzelnen *Taylor*, Nuremberg and Vietnam, 50 ff; *v. Knieriem*, 12 ff; *I. A. Lediakh*, The Application of the Nuremberg Principles by other Military Tribunals and National Courts, in: *Ginsburgs/Kudriavtsev* (eds.), 263–283, 265 f.

43 Die britischen Verfahren beruhten nicht auf Kontrollratsgesetz Nr. 10, sondern dem *Special Crown Act* vom 14. 1. 1946 *(Act Respecting War Crimes)*; 10 Geo. VI, c. 73.

44 Auf der Basis des Erlasses vom 13. 8. 1990 über die Wiederherstellung der Rechte aller Opfer der politischen Repressalien der zwanziger bis fünfziger Jahre besteht die Möglichkeit der Rehabilitation von Opfern willkürlicher Verfahren. Erlaß vom 15. 12. 1992. Siehe dazu im einzelnen *W. Seiffert*, Das russische Rehabilitierungsgesetz und seine Auswirkungen auf deutsche Staatsangehörige, Recht in Ost und West, 1998, 26 ff.

45 Vgl. dazu im einzelnen *Piccigallo*, 49 ff.

46 *Piccigallo*, 96 ff.

47 *Piccigallo*, 121 ff.

48 *Piccigallo*, 179 ff.

49 Dazu eingehend *Jescheck*, 149 f, und *Pompe*, 1935, 176 ff, der auch die umfangreiche Literatur wiedergibt, sowie *Schwelb*, BYIL 23 (1946), 208 f; *Wright* (Nuremberg Trial), 43; *Kranzbühler*, Nürnberg als Rechtsproblem, 1949, in: Festschrift Kaufmann, 1950, 219.

Rechtsprechung zugrunde liegende Statut sind in der Literatur verschiedene Einwände erhoben worden.[50]

2. Bedenken richteten sich sowohl gegen die Zusammensetzung der Militärtribunale als auch gegen deren Zuständigkeit. Der äußeren Form nach waren diese Militärtribunale als internationale Gerichtshöfe konzipiert. Es wird jedoch argumentiert, ihre Besetzung ausschließlich mit Richtern der Siegermächte, ohne die Hinzuziehung von Richtern aus neutralen Staaten, habe ihnen die Eigenschaft eines internationalen Gerichts im Sinne eines unparteiischen Spruchkörpers verwehrt.[51] Zumindest völkerrechtspolitisch hat dieses Argument Gewicht. Art. 13 des Statuts des Internationalen Jugoslawien-Tribunals sieht dementsprechend auch eine Wahl der Richter durch die Generalversammlung der Vereinten Nationen vor.[52]
Auch bei dem Internationalen Militärtribunal in Nürnberg selbst hat offenbar Unsicherheit darüber bestanden, wie die Rechtsstellung des Gerichts einzuschätzen war.[53] In der Urteilsbegründung scheint es sich als ein Besatzungsgericht der beteiligten Staaten angesehen zu haben, die gemeinsam eine Zuständigkeit ausübten, die jeder der Staaten in seiner Eigenschaft als Besatzungsmacht allein hätte ausüben dürfen.[54] Verwiesen wird auch auf die bedingungslose Kapitulation des Deutschen Reiches und die Übernahme der vollen Hoheitsgewalt durch die Siegermächte.[55] Die auf Grund des Alliierten Kontrollratsgesetzes Nr. 10 handelnden Militärgerichte, sind sich über ihre Rechtsnatur ebenfalls nicht einig gewesen; es handelte sich bei ihnen der Sache nach um nationale Militärgerichte.[56]

V. 1. Bedenken wurden auch gegen die von den Gerichten angewandten Straftatbestände vorgebracht. Hinsichtlich der Einwände gegen die im Statut von Nürnberg genannten Straf- tatbestände ist grundsätzlich festzuhalten, daß bereits nach dem zur Zeit des Zweiten Weltkrieges geltenden Recht bestimmte Taten gegen die Zivilbevölkerung bzw. Kriegsgefangene, Schiffbrüchige und Verwundete verboten waren, und ein Staat befugt war, die in seinem Gewahrsam befindlichen Kriegsgefangenen oder Internierten für derartige Kriegsverbrechen strafrechtlich zu verfolgen.[57] Bei der Bestrafung von Kriegsverbrechen bewegte sich das Internationale Militärtribunal insoweit auf gesichertem Grund. Es existieren gewohnheitsrechtliche und völkervertragliche Regeln, nach denen bestimmte Verstöße gegen die Regeln des Kriegsrechts, von Angehörigen der Streitkräfte oder von anderen Personen begangen,[58] von den Militärgerichten des verletz-

---

[50] Siehe dazu u. a.. *Ipsen*, in: *Ipsen*, Völkerrecht, 581 ff.

[51] Ibid.

[52] Vgl. UN Doc. S 25704.

[53] Vgl. *Schwarzenberger*, CLP 3 (1950), 291, es seien die IMT in Nürnberg und Tokio „in substance more akin to municipal war crime courts than to truly international tribunals." *Greenspan*, 429 f; nach *Wright*, ergibt sich die Jurisdiktion des Internationalen Militärtribunals möglicherweise auch aus der Übernahme deutscher Staatsgewalt *durch* die Siegermächte; ähnlich *Schick*, AJIL 41 (1947), 780.

[54] Nürnberg I, 244 (IMT XXII, 524). Das Gericht stellte fest: „Die Signatarmächte (des Londoner Abkommens vom 8. 8. 1945) errichteten diesen Gerichtshof, setzten das Recht fest, das er anzuwenden hat und erließen Bestimmungen für die ordentliche Führung des Prozesses. Damit haben sie gemeinsam das getan, was jeder einzelne von ihnen hätte tun können; denn es kann nicht bezweifelt werden, daß jede Nation das Recht hat, besondere Gerichtshöfe zur Anwendung des Gesetzes zu errichten; zustimmend *Hoffmann*, 151.

[55] *Barboza*, 115.

[56] *Kranzbühler*, 220.

[57] *Taylor*, The Anatomy of the Nuremberg Trials, 8 ff, weist u. a. auf die Kodifikation der kriegsrechtlichen Regelungen in den Vereinigten Staaten hin. Diese gehen auf eine General Order Nr. 100 aus dem Jahre 1863 zurück („Instructions for the Government of Armies of the United States in the field"). Diese Regeln versuchten, die internationale Praxis zu erfassen; vgl. dazu auch *Glaser*, 74.

[58] Über dem Personenkreis, der nach dem Zweiten Weltkrieg auf Grund von Kriegsverbrechen verfolgt worden ist, näheres bei *Eustathiades*, RdC 84 (1953), 367 ff (465 f). So können etwa die Verwaltungs- oder Justizorgane eines Staates, aber auch seine Wirtschaftsführer und andere Privatpersonen Kriegsverbrechen begehen. Vgl. dazu auch die Urteile der amerikanischen Besatzungsgerichte in den Fällen

ten Staates[59] und des Heimatstaates,[60] und zwar ohne Rücksicht auf den Ort der Begehung,[61] bestraft werden können. Auch der Verfolgung und Bestrafung solcher Verbrechen durch internationale Gerichte steht im Prinzip nichts entgegen. Die Regeln des Kriegsrechts sind völkerrechtliche Normen, die den Einzelnen als solchen, nicht nur die Staaten verpflichten.[62] Sie sind zu einem wesentlichen Teil in multilateralen Verträgen, so in den Haager Abkommen von 1899 und 1907 und in den vier Genfer Abkommen vom 12. 8. 1949, niedergelegt. Diese Regelungen stellen im wesentlichen eine Konkretisierung des schon geltenden Gewohnheitsrechts dar.[63] Sie gelten für Angreifer und Verteidiger in gleicher Weise.

2. Keinen rechtlichen Bedenken begegnet auch die Verfolgung von Straftaten gegen die Menschlichkeit.[64] Die Verbrechen gegen die Menschlichkeit unterscheiden sich von Kriegsverbrechen in mehrfacher Hinsicht. Dieses Delikt erfaßt vom Grundsatz her auch im Frieden begangene Handlungen, sowie solche während des Krieges begangene, die sich gegen die eigenen Staatsangehörigen richten.[65] Trotz der Unterschiede zu den Kriegsverbrechen hätten die als Verbrechen gegen die Menschlichkeit qualifizierten Delikte zum Teil als Kriegsverbrechen geahndet werden können. Vor allem aber sind die hierunter gefaßten Einzeldelikte in allen nationalen Strafordnungen unter Strafe gestellt, so daß sie für die Aburteilung keiner vorherigen völkerrechtlichen Kodifikation bedurften. Ihre Qualifikation als Straftaten ergibt sich daher für Verbrechen gegen die Menschlichkeit letztlich aus den allgemeinen Rechtsgrundsätzen gem. Art. 38 Abs. 1 lit. (c) IGH-Statut.[66]

Flick und *Krupp*, TWC VI und IX und Urteil der belgischen Cour de Cassation im Fall *Köppelmann*, Pas. belge 1951, I 185. Zu eng *Eustathiades*, aaO, 479 und 502, der als Täter solcher Straftaten nur Staatsorgane, wenn auch im weitesten Sinne, in Betracht ziehen will.

59 So schon die 1880 beschlossenen *Lois de la Guerre sur Terre* des Institut de Droit International, TGR 197, Teil II in der Einleitung und *Eustathiades*, RdC 84 (1953), 367 ff (507 f). In diesem Sinne auch die oft zitierten Urteile des Supreme Court der Vereinigten Staaten in den Fällen *Quirin* (1942), 317 U.S. 1 und *Yamashita* (1946), 327 U.S. 1, 14; vgl. *Finch*, AJIL 41 (1947), 20 ff (21) und *N. Lael*, The Yamashita Precedent, 1982, 53. Auf Kriegsverbrechen im überlieferten Sinne beziehen sich auch die Art. 228–230 Versailler Vertrag, in denen eine Verfolgung von Deutschen begangener Kriegsverbrechen durch die Alliierten in Aussicht genommen war. Die Zuständigkeit des verletzten Staates wird nur ganz vereinzelt bestritten. Vgl. *Wegner*, 1925, 28 f. – Nach manchen soll die militärgerichtliche Zuständigkeit des verletzten Staates für die Bestrafung bisher noch nicht abgeurteilter Kriegsgefangener allerdings mit der Beendigung des Krieges erlöschen, vgl. z. B. *Manner*, AJIL 37 (1943), 407 ff (421). Dies trifft nicht zu; wenn nicht der Friedensvertrag Amnestieklauseln enthält, bleibt die Zuständigkeit des verletzten Staates nach den allgemeinen Regeln des internationalen Strafrechts erhalten.

60 Der Heimatstaat ist zur Bestrafung verpflichtet. In Fällen dieser Art ergibt sich eine konkurrierende Jurisdiktion des verletzten Staates und des Staates, zu dessen Streitkräften der Angeklagte gehört, vgl. *Strebel*, ZaöRV 15 (1953/54), 31 (34 ff).

61 Anders z.B. *v. Mangoldt*, JIAÖR II/III (1948), 283 ff (305), der eine Strafkompetenz des verletzten Staates nur in den Grenzen des Territorialitätsprinzips zulassen will. Zutreffend dagegen die Entscheidung des niederländischen Sonder-Kass. Gerichts in den Fällen *Rohrig*, *Brunner* und *Heinze*, Naa-oorlogse Rechtspraak, V, Nr. 1705, ILR 17 (1950), 393, Neue Justiz 4 (1950) Nr. 504.

62 Anders im Hinblick auf die Haager Landkriegsordnung *v. Knieriem*, 68 f, und wohl auch *F. Berber*, Lehrbuch des Völkerrechts, Bd. I, 1975, 173; so wie hier *M. Lachs*, War Crimes, 1945, 5 f; *I. A. Reshetov*, International Law and Crimes against the Laws and Customs of War, in: *G. Ginburgs/V. N. Kudriatsev* (eds.), The Nuremberg Trial and International Law, 1990, 167 f, beide mwN.

63 Daher hat das Nürnberger Urteil die Berufung der Angeklagten auf die der Anwendung der Haager Abkommen angeblich entgegenstehende Allbeteiligungsklausel mit Recht zurückgewiesen. Vgl. Nürnberg I, 284 f.

64 A. A. *Hoffmann*, aus völkerrechtlicher Sicht (98), der allerdings eine Verfolgung auf der Basis des nationalen Rechts bejaht (116 f). Das Internationale Militärtribunal hat lediglich Verbrechen gegen die Menschlichkeit verfolgt, die mit dem Zweiten Weltkrieg in Verbindung standen. Daher blieben vor 1939 begangene Verbrechen ungesühnt, vgl. dazu *Finch*, 23. Vor dem Internationalen Militärtribunal wurden nur *Streicher* und *v. Schirach* wegen Verbrechen gegen die Menschlichkeit verurteilt, ohne gleichzeitig wegen Kriegsverbrechen angeklagt zu sein, vgl. IMGH, Bd. I, 340 f und 359 f.

65 Letzteres betont *Brand*, BYIL 26 (1949), 414.

66 *Wagner*, 906 f.; weniger klar die Argumentation im Einsatzgruppenfall (Trial of War Criminals, 4 (1949–

3. Dem Statut des Internationalen Militärtribunals wurde vor allem vorgeworfen, es habe, indem es den Straftatbestand „Verbrechen gegen den Frieden" geschaffen und diesen auf vorher begangene Taten angewandt habe, den Grundsatz *nulla poena sine lege* verletzt.[67] Mit diesem Einwand haben sich das Internationale Militärtribunal, wie auch das Schrifttum intensiv auseinandergesetzt. Dabei lassen sich verschiedene Argumentationsansätze unterscheiden. Es wurde entweder die Anwendbarkeit des Grundsatzes *nulla poena sine lege* auf die Verfahren vor dem Internationalen Militärtribunal unter Berufung auf das mit den Urteilen verfolgte Ziel verneint; es wurde die Anwendung des Grundsatzes aus systematischen Erwägungen, die sich aus der Natur des Völkerrechts ergeben, bezweifelt, oder es wurde die Meinung vertreten, eine Verletzung des Grundsatzes liege nicht vor.

Nach *Woetzel*[68] kann der Grundsatz *nulla poena* als Gerechtigkeitspostulat nicht dem als solchen gerechten Strafanspruch der Alliierten entgegen gehalten werden. Diesem Ansatz entsprechen die inhaltlich gleichen Formulierungen in Art. 7 Abs. 2 EMRK und Art. 15 Abs. 2 IPBürg, wonach die Anwendung des Grundsatzes *nulla poena sine lege* nicht dazu führen darf, daß jemand strafrechtlich zur Verantwortung gezogen wird, wenn die Handlung oder Unterlassung zum Zeitpunkt der Begehung nach den von der Völkergemeinschaft anerkannten allgemeinen Rechtsgrundsätzen strafbar war.[69]

Einer anderen Ansicht zufolge kann dieser Grundsatz nur für Rechtsordnungen gelten, die ein kodifiziertes Strafrecht enthalten. Das Völkerrecht bis 1945, das noch weitgehend auf Gewohnheitsrecht beruht habe, erfülle diese Bedingung nicht. Insofern sei der in den nationalen Rechtsordnungen entwickelte Grundsatz schon von seinem Ansatz her nicht anwendbar.[70]

Entscheidend ist jedoch, daß die Strafbarkeit des Angriffskrieges nicht erst durch das Londoner Abkommen von 1945 und durch die Statuten der nach dem Kriege errichteten Internationalen Militärtribunale von Nürnberg (Art. 6 (a)) und Tokio (Art. 5 (a)) als Tatbestand eingeführt worden ist. Bereits Art. 227 Versailler Vertrag sah eine Verfolgung von Wilhelm II. wegen Entfesselung eines Angriffskrieges vor.[71] Zwar statuiert Art. 227 Ver-

53), 499): „Although the Nuremberg trials represent the first time that international tribunals have adjucated crimes against humanity as an international offence, this does not . mean that a new offence has been added to the list of transgressions of man. Nuremberg has only demonstrated how humanity can be defended in court, and it is inconceivable that with this precedent extant, the law of humanity should ever lack for a tribunal." Siehe auch Verfahren *H. Rauter*, Dutch Special Court of Cassation, A. D. 16, 533; *H. S. Levie*, Violations of Human Rights in Times of War as War Crimes, Isr.Y. B. Hum.Rts. 24 (1994), 119 ff (121), weist darauf hin, daß die deutsche Reichsregierung die Verpflichtung ausländischer Zivilisten zur Zwangsarbeit in Deutschland, ein Tatbestand der unter Verbrechen gegen die Menschlichkeit zu subsumieren ist, auf Proteste neutraler Mächte eingestellt, aber im Zweiten Weltkrieg in weitaus größerem Umfang wieder aufgenommen habe. Vgl. dazu § 194.

[67] Vgl. *Grewe*, 1947, 32 ff; *Wehberg*, in: FS Laun, 379 ff. Der Wunsch nach einer Poenalisierung des Angriffskrieges war aus US-amerikanischer Sicht konsequent. Sie hatte ihr Eingreifen in das Kriegsgeschehen stets als Reaktion auf einen völkerrechtswidrigen Angriffskrieg verstanden, vgl. dazu *Jackson*, AJIL 39 (1945), 178 ff (186 ff); *A. Verdross/B. Simma*, 265; *Röling*, EPIL 3 (1982), 132 ff, (134 ff); *Minear*, 47 ff; *Pal*, 44–45, 48, 59, 103. Von dem Internationalen Militärtribunal sind außer Kabinettsmitgliedern nur die beiden Oberbefehlshaber der Marine und der Generaloberst *Jodl* wegen Verbrechens gegen den Frieden verurteilt worden. Die nachfolgenden amerikanischen Prozesse haben keine Verurteilung wegen Verbrechens gegen den Frieden mehr ausgesprochen, mit Ausnahme des Urteils im Wilhelmstraßenprozeß.

[68] *Woetzel*, 171; hierauf verweist auch *Barboza*, 116.

[69] Vgl. zu Art. 7 Abs. 2 EMRK *J. A. Frowein*, in: *Frowein/Peukert*, Europäische Menschenrechtskonvention, 2. Aufl., 1996, Rn. 8, der darauf hinweist, daß hierdurch das Verfahren vor dem Internationalen Militärtribunal von Nürnberg gerechtfertigt werden sollte. Zur Bedeutung von Art. 7 Abs. 2 EMRK im Zusammenhang mit der Verfolgung der sog. „Mauerschützen" und der für das Grenzregime verantwortlichen Entscheidungsträger in der DDR vgl. *M. Rau*, Deutsche Vergangenheitsbewältigung vor dem EGMR – Hat der Rechtsstaat gesiegt?, NJW 2001, 3008 (3013 f).

[70] Vgl. dazu eingehend *Hoffmann*, 139 f; *Kranzbühler*, in: FS Kaufmann, 219.

[71] A. A. *Dahm* III 304; *ders.*, Völkerstrafrecht, 48, sowie *Jescheck*, 60, wonach es sich hierbei nicht um eine Strafvorschrift handelte; wie hier aber *V. N. Kudriavtsev*, The Nuremberg Trial and Pro-

sailler Vertrag nicht ausdrücklich eine strafrechtliche Verantwortlichkeit des ehemaligen Kaisers; der Wortlaut dieser Vorschrift[72] spricht gleichermaßen von Rechtsverletzungen wie von einer Verletzung des „Sittengesetzes". Auf jeden Fall ergibt sich aus dieser Vorschrift aber eine Verantwortung von Wilhelm II. als Staatsoberhaupt und Oberbefehlshaber der Wehrmacht. Der bereits 1918 erfolgten Ächtung des Angriffskrieges entspricht die Präambel des Genfer Protokolls von 1924,[73] die den Angriffskrieg als ein internationales Verbrechen bezeichnet. Diese Aussage ist deklaratorisch zu verstehen, sie geht von einem bereits existierenden Verbot des Angriffskrieges und seiner Poenalisierung aus.[74] Dem gleichen Ansatz folgte die achte Tagung der Bundesversammlung des Völkerbundes, die am 24. 9. 1927 einstimmig eine Deklaration verabschiedete,[75] die den Angriffskrieg verurteilte und ihn in der Präambel als ein internationales Verbrechen bezeichnete. Ebenso erklärte die Resolution der 6. Panamerikanischen Konferenz in Havanna vom 18. 6. 1928 den Angriffskrieg zu einem internationalen Verbrechen.[76] Keinen unmittelbaren Ansatz für eine Poenalisierung enthält hingegen der Kellog-Briand-Pakt (Kriegsächtungspakt) vom 27. 8. 1928, auch wenn er den Krieg „als Mittel für die Lösung internationaler Streitfälle verurteilt".[77] Insgesamt belegen die Gesamtheit der Abkommen, Resolutionen und Vertragsentwürfe in der Völkerbundära, daß der Angriffskrieg bereits vor Beginn des Zweiten Weltkrieg von der Staatengemeinschaft als Völkerrechtsbruch angesehen wurde, wobei die genannten völkerrechtlichen Instrumente die entsprechenden Vorbereitungs- und Ausführungshandlungen schon teilweise als Verbrechen bezeichneten.[78] Hierauf stützt sich die Argumentation des Internationalen Militärtribunals[79] zu diesem Punkt. Es führte aus:

> *„The maxim nullum crimen sine lege, nullum poena sine lege (no crime and no punishment without law) is a principle of justice above all; where there can be no doubt that the defendants knew that they were committing a wrong condemned by the international community, it is not unjust to punish them despite the lack of highly specified international law."*

---

blems of Strengthening the International Legal Order, in: *Ginburgs/Kudriavtsev* (eds.), 2 f.

[72] Siehe Anm. 14.

[73] Text: AJIL 19 (1925) Supp., 9.

[74] A. A. *Dahm* III, 304, Anm. 45, und *Ipsen*, in: *Ipsen* (Hrsg.), Völkerrecht, 4. Aufl., 581 f, der, bei ausführlicher Darstellung der Kritikpunkte zu dem Ergebnis gelangt, daß „... ein vor deutschen Richtern nach zur Tatzeit geltendem deutschen Recht durchgeführtes Verfahren aller Voraussicht nach ebenfalls zu ähnlich schweren Verurteilungen geführt hätte.

[75] Dies schloß die Stimmen der deutschen und der japanischen Delegation mit ein; vgl. Procès verbal de la huitième session de l'Assemblée, J. O., supplément spécial no. 54 (1927), 155; vgl. dazu *Wehberg*, RdC 29 (1928), 151 ff (208 f); *Pella*, 40 f; *Glaser*, RGDIP 57 (1953), 398 ff (407); *I. Lukashuk*, International Illegality and Criminality of Aggression, in: *Ginsburgs/Kudriavtsev* (eds.), 126 f.

[76] Text: AJIL 22 (1928), Supp., 356.

[77] RGBl. 1929 II, 97; das Nürnberger Militärtribunal hat die Strafbarkeit des Angriffskrieges nicht nur auf den Kriegsächtungspakt von 1928, sondern auch auf das nicht ratifizierte Genfer Protokoll von 1924 zu stützen versucht. Vgl. Nürnberg I 245 f. Der Versuch der Einführung einer solchen Strafbarkeit hätte das Zustandekommen etwa des Kriegsverzichtspakts von 1928 wohl verhindert. Vgl. etwa *Lord Hankey*, War Crimes Trials. Lessons for the future, Int'l Aff. 27 (1951), 133: „Those like myself, who were in touch with the Kellog Pact negotiations, could have assured the London Conference that their sinister interpretation was completely outside the intention of the signatories, and that before 1945 no political or military leader of any country had the slightest reason to suspect that this or any other pact had made him liable to prosecution on a criminal charge". *Wehberg*, RdC 29 (1928),151 ff (255); *Glueck*, The Nuremberg Trial, 24 f; zum Kellogg-Briand-Pakt *G. Schwarzenberger*, Power Politics. A Study of International Society, 1964, 95; *v. Knieriem*, 64 f; *Pompe*, 163; *Röling*, The Tokyo Trial in Retrospect, 252. Vgl. auch *Dahm*, Völkerstrafrecht, 7, 48 f, der den genannten völkerrechtlichen Akten eine „unmittelbare strafrechtliche Bedeutung" deswegen abspricht, weil sie die Frage offen lassen, welche Rechtsfolgen sich an das Verbrechen des Angriffskrieges knüpfen; so auch *Hoffmann*, 90, 112 f; bejaht wird allerdings eine Bestrafung auf der Basis des nationalen Rechts (119). Anders etwa *Oppenheim/Lauterpacht*, Bd. II, § 52 h; *J. Zourek*, La définition de l'agression et le droit international, RdC 92 (1957), 768.

[78] *H. L. Stimson*, The Nuremberg Trial: Landmark in Law, Foreign Aff. 25 (1947), 180 ff, geht von einem entsprechenden Unrechtsbewußtsein bei den Einzelnen aus.

[79] Trial of the Major War Criminals Before the International Military Tribunal, 1 (1947), 218 ff.

Die strafrechtliche Verfolgung des Angriffskrieges ist letztlich die logische Konsequenz aus der Ächtung des Krieges. Wenn z. B. der Kellog-Briand-Pakt den Krieg als Mittel für die Lösung internationaler Streitfälle verurteilt, so spricht er nicht nur ein rechtliches Unwerturteil über den Angriffskrieg aus, sondern auch über alle Handlungen, die diesen vorbereiten und durchführen. Das hier mit einem Unwerturteil belegte Handeln der Staatsorgane ist jedoch im Grunde genommen nur eine Fiktion, da der Staat nur durch Organe, gebildet durch Personen, handeln kann. Die Vorbereitung und Führung eines Angriffskrieges ist daher letztlich stets die Handlung von Einzelpersonen.[80] Damit trifft das gegen den Staat und das Handeln seiner Organe gerichtete Unwerturteil auch das Handeln der Einzelpersonen.[81] Die strafrechtliche Ahndung von Verstößen gegenüber Einzelpersonen ist demgemäß lediglich ein Mittel, um die Ächtung des Krieges durchzusetzen.[82]

4. Kritisiert wurde des weiteren unter dem Gesichtspunkt von *nulla poena sine lege* die Bestrafung von Organisationsverbrechen.[83] Wie bereits angesprochen, wurde durch Art. 9 des Statuts des Internationalen Militärtribunals von Nürnberg das Gericht auch dazu ermächtigt, Gruppen oder Organisationen für verbrecherisch zu erklären. Auch dabei aber hatte man die individuelle Verantwortlichkeit einzelner Personen im Auge.[84] Das Gericht konnte und wollte nicht etwa Organisationen als solche bestrafen. Die von ihm für verbrecherisch erklärten Organisationen hatten zur Zeit der Urteilsfällung schon aufgehört zu bestehen. Die Brandmarkung der Gruppe als verbrecherisch sollte nur der Verfolgung der einzelnen Mitglieder durch die staatlichen Behörden eine Grundlage bieten (Art. 10 des Statuts). Im Verfahren vor den nationalen staatlichen Gerichten sollte die Entscheidung des Gerichts über den verbrecherischen Charakter der Organisation nicht mehr in Frage gestellt werden dürfen, also als rechtskräftige Entscheidung der Vorfrage gelten. Daher glaubte das Internationale Militärtribunal auch insoweit den Grundsatz gewahrt, „daß strafrechtliche Schuld eine persönliche ist“[85] und suchte, die staatlichen Gerichte durch die Aufstellung gewisser Richtlinien dahin zu lenken, daß nur das im Einzelfall wirklich vorwerfbare Verhalten bestraft werden könne.[86] Durch die Einbeziehung der Organisationen in das Verfahren wurde also nicht eigentlich der Grundsatz der individuellen Schuld preisgegeben. Vielmehr wurde ein Indiz für den verbrecherischen Charakter individuellen Verhaltens geschaffen.

VI. Kritik fand schließlich die Behandlung von Rechtfertigungs- und Entschuldigungsgründen.[87] Denn nach Art. 8 des Statuts des Internationalen Militärtribunals von Nürnberg

---

80 *Ipsen*, in: *Ipsen* (Hrsg.), Völkerrecht, 4. Aufl., 581 f.

81 A. A. *Dahm*, Völkerstrafrecht, 12 f; zweifelnd *Ipsen*, in: FS Oehler, 512 f.

82 *Kranzbühler*, in: FS Kaufmann, 219 (228 f), zweifelt, ob die Poenalisierung des Angriffskrieges letztlich einen Beitrag zur Kriegsächtung leistet; *v. Knieriem*, 65, erkennt zwar an, daß der Angriffskrieg rechtswidrig sei, lehnt aber die Gleichsetzung von völkerrechtlicher Rechtswidrigkeit mit Strafbarkeit ab; wie hier *Glaser*, Droit international pénal, Tome 1, 415; vgl. hierzu auch die Ausführungen des polnischen Delegierten im 6. Ausschuß bei der Diskussion eines Code of Crimes against the Peace and Security of Mankind „when a ‚State‘ means an anonymous collective and under the contemporary international law the scope of its responsibility is limited to compensation and satisfaction, then the awareness of direct and penal responsibility of individuals guilty of such offences might to a greater extent be conducive to their prevention.“ (Secretary-General, Analytical Paper pursuant to para. 2 of GA Res. 35/49, UN Doc. A/36/535 vom 16. 10. 1991, Rz. 49).

83 Vgl. hierzu *Jackson*, The Nürnberg Case, 95 ff.

84 Vgl. Art. 10 des Statuts: „*The competent national authority of any signatory shall have the right to bring individuals to trial for membership therein before national, military or occupation courts. In any such case the criminal nature of the group or organization is considered proved and shall not be questioned.*“ (Hervorhebung hinzugefügt).

85 Nürnberg I, 287. In gleichem Zusammenhang ist allerdings von der „strafrechtlichen Schuld der Organisation oder Gruppe“ die Rede.

86 Nürnberg I, 287 f. Daher suchte das Gericht auch innerhalb der an sich für verbrecherisch erklärten Organisationen gewisse Gruppen als nichtkriminell auszuscheiden.

87 Vgl. dazu *Oehler*, Rz. 1038 ff.; *T. Vogler*, The Defense

wurde die strafrechtliche Verantwortlichkeit nicht dadurch beseitigt, daß auf Befehl gehandelt worden war. Diese Kritik dürfte, bedingt durch die Regelungen, die die Internationalen Strafgerichtshöfe für das ehemalige Jugoslawien und Ruanda anwenden, überholt sein.[88]

Ebenfalls kritisiert wurde, daß den Tätern keine Immunität zugebilligt wurde, da sie als Staatsorgane gehandelt hätten.[89] Es ist, insbesondere auch nach der Entscheidung des *House of Lords* im Falle *Pinochet*[90], anerkannt, daß eine Berufung auf Immunität bzw. die *Act of State Doctrin* ausscheidet.[91] Bereits zur Zeit des Internationalen Militärgerichtshofs von Nürnberg galt, daß bestimmte Delikte so ablehnungs- und verfolgungswürdig sind, daß allein eine Verfolgung der Person, die sie angeordnet hat, ihrer Schwere entspricht. Nicht anerkannt wurde die Berufung auf einen Befehl als Rechtfertigungs- oder Entschuldigungsgrund. Allerdings kann er zu einer Strafmilderung führen. Nur dies entspricht der persönlichen Verpflichtung des Einzelnen auf die Achtung der Gesetze und Gebräuche des Krieges, wie sie dem Recht über die Kriegsführung zur Zeit des Zweiten Weltkriegs bereits bekannt war.

VII. Aber selbst wenn über die Bewertung der Rechtsgrundlagen über diese Prozesse wie für diejenigen nach dem Kontrollratsgesetz Nr. 10 keine vollständige Einigkeit bestehen sollte, so haben doch diese Prozesse dazu beigetragen, die Grundsätze des internationalen materiellen Strafrechts weiter zu entwickeln und diese vor allem zu verfestigen. Unbestritten ist, daß die in Nürnberg und Tokio sowie nach dem Kontrollratsgesetz Nr. 10 abgeurteilten Kriegsverbrechen und darüber hinaus ein wesentlicher Teil der unter dem Begriff der Verbrechen gegen die Menschlichkeit zusammengefaßten Tatbestände, insbesondere Völkermord, bereits nach allgemeinen Rechtsgrundsätzen bzw. nach Völkergewohnheitsrecht strafbar waren. Insofern lag eine der Bedeutungen der Statuten der beiden Internationalen Militärtribunale darin, typische Straftaten des internationalen materiellen Strafrechts herausgestellt, schriftlich fixiert und in die Praxis umgesetzt zu haben.[92]

Es besteht inzwischen des weiteren eine gefestigte Rechtsüberzeugung, daß Verstöße gegen das Völkerrecht gegenüber dem Einzelnen strafrechtlich geahndet werden können.[93] Dies ist spätestens sowohl von dem Sicherheitsrat als auch der Generalversammlung anläßlich der Errichtung der Tribunale für Jugoslawien und Ruanda nochmals bestätigt worden.[94]

VIII. Das Recht, auf das sich die Rechtsprechung der Internationalen Militärtribunale von Nürnberg und Tokio gestützt hat, ist lange Zeit ohne Präzedenzwirkung in der Praxis

---

of „Superior Orders" in International Criminal Law, in: *Bassiouni/Nanda*, (eds.), 619 ff; *Eustathiades*, in: FS Laun, 395 ff.

[88] Vgl. dazu im einzelnen § 197.

[89] Vgl. dazu § 190.

[90] Vgl. *B. Chigara*, Pinochet and the Administration of International Criminal Justice, in: *D. Woodhouse* (ed.), The *Pinochet* Case, 2000, 115 ff.

[91] Vgl. dazu *Barboza*, 181 ff.

[92] *Triffterer*, Bestandsaufnahme; *ders.*, 40 ff mwN; *Jescheck*, Die Verantwortlichkeit der Staatsorgane, 371, 416; *ders.*, Die Entwicklung des Völkerstrafrechts, 226 f; *H. Quaritsch*, Nachwort zu Carl Schmitt, in: *Carl Schmitt/H. Quaritsch* (Hrsg.), Das internationale Verbrechen des Angriffskrieges und der Grundsatz „Nullum crimen, nulla poena sine lege", 1994, 125 (202 ff). So auch Report of the UN Secretary-General on Aspects Establishing an International Tribunal for the Prosecution of Persons Responsible for Serious Violations of International Humanitarian Law Committed in the Territory of the former Yugoslavia, 3 May 1993, ILM 32 (1993), 1159 (1170, para. 35).

[93] Vgl. *Eustathiades*, RdC 92 (1953), 403: „on pouvait dire avec raison que bien peu de principes de droit international existent à un tel degré de certitude que la responsabilité des États; aujourd'hui, avec la même certitude, on peut constater l'existence en droit international de la responsabilité individuelle"; *Triffterer*, Bestandsaufnahme, 174; vgl. auch die Stellungnahmen folgender Staatenvertreter im 6. Ausschuß der Generalversammlung der 9. Sitzungsperiode 1954: *Röling* (Niederlande), UN Doc. A/C.6/SR.421, 125; *Alfaro* (Panama), 127; zweifelnd *Hsu* (China), 129 f.

[94] Vgl. dazu § 198.

geblieben.[95] Es wurde z. B. nicht dazu genutzt, um Straftaten im Vietnam-Krieg zu ahnden, zurückgegriffen wurde statt dessen, soweit es überhaupt zur Verurteilung von Kriegsverbrechen kam, auf das nationale Strafrecht.[96]

So wurden 1971 in dem militärgerichtlichen Verfahren gegen Oberleutnant *Calley* und Hauptmann *Medina*, die wegen der Tötung von über hundert vietnamesischen Zivilpersonen einschließlich Kindern in dem Ort My Lai angeklagt waren, lediglich der *Uniform Code of Military Justice*[97] herangezogen. Ein Hinweis auf den völkerrechtlichen Tatbestand des Kriegsverbrechens erfolgte nicht.[98] Wären z. B. die Grundsätze des *Yamashita*-Urteils angewandt worden, hätten auch die militärischen Befehlshaber zur Verantwortung gezogen werden müssen.[99] Angestrengt wurde nach der Beendigung des Regimes der Roten Khmer die strafrechtliche Verfolgung der hierunter begangenen Verbrechen. 1994 nahm der US-amerikanische Kongreß den sog. *Cambodian Genocide Justice Act* an;[100] danach sollten Dokumente und Beweismaterial gesammelt werden, um *Pol Pot* vor einem internationalen Strafgerichtshof verfolgen zu können.[101] Diese Bemühungen mündeten im Jahre 2001 in der Verabschiedung eines Gesetzes durch das kambodschanische Parlament, durch das dieses ein zusammen mit den VN ausgearbeiteten Gesetzesentwurf zur Errichtung eines Internationalen Strafgerichtshofes verabschiedete. Der Gerichtshof soll für die Aburteilung der unter Pol Pot verübten Taten verantwortlich sein. Gemäß Art. 8 soll das Gericht zu der Aburteilung u.a der folgenden Delikte ermächtigt sein, *„genocide, crimes against humanity and war crimes as defined in international instruments"*. Eine endgültige Annahme durch die VN stand noch aus.[102] Am 8. 2. 2002 erklärten die Vereinten Nationen dann, daß sie die Zusammenarbeit mit Kambodscha diesbezüglich beendeten. Die im Gesetzesentwurf vorgesehenen Extraordinary Chambers *„would not guarantee the international standards of justice required for the United Nations to continue to work towards their establishment"*, hieß es in der Presseerklärung.[103]
Die Strafgerichtshöfe für Jugoslawien und Ruanda, sowie der Internationale Strafgerichtshof und der Gerichtshof für Sierra Leone, sind weitere Beispiele dafür, daß die Rechtsprechung der Internationalen Militärtribunale von Nürnberg und Tokio doch Früchte trägt.
Eine Entwicklung, die sich allerdings leider nicht im Irak-Konflikt durchgesetzt hat. Während der Besetzung Kuwaits durch die Truppen des Irak war es zu schweren menschenrechtlichen Verletzungen und Verletzungen des Kriegsrechts gekommen. Dennoch ist die politisch geforderte strafrechtliche Verfolgung von *Saddam Hussein* für die Aggression gegenüber Kuwait und die begangenen Verletzungen internationalen materiellen Strafrechts unterblieben.

IX. 1. Da die Errichtung derartiger spezieller internationaler Strafgerichte aber lediglich zu einer Zersplitterung des internationalen materiellen Strafrechtes führten, hat es in den Vereinten Nationen intensive Bemühungen gegeben, ein umfassendes materielles internationales Strafrecht nach dem Vorbild des Londoner Abkommens vom 8. 8. 1945 zu schaffen.[104]

---

95 Positiver *Bassiouni*, ASIL Proceedings of the 80th Annual Meeting (1985), 59 ff (63).

96 Ein Beispiel bietet das allein mit dem australischen *War Crimes Act* von 1945 und dem *War Crimes Amendment Act* von 1988 (No. 3 of 1989) befaßte Urteil des australischen High Court in der Rechtssache *Polyokuvich v. Commonwealth of Australia* betreffend angeblich von *Polyokuvich* zwischen September 1942 und May 1943 in der Ukraine verübte Kriegsverbrechen. Die genannten australischen Gesetze lehnen sich eng an den Tatbestand des Kriegsverbrechens iSd Statuts des Nürnberger Tribunals an, vgl. Sect. 6 und 9 Act 1988.

97 10 U.S. C. §§ 801–940 (1983). Art. 18 des Gesetzes ermöglicht übrigens U.S. Militärgerichten auch die Verurteilung von Straftätern, die nicht die amerikanische Staatsangehörigkeit besitzen. Der entscheidende Wortlaut dieser Vorschrift ist: „... general courts-martial also have jurisdiction to try any person who by the law of war is subject to trial by a military tribunal and may adjudge any punishment permitted by the law of war."

98 *L. Friedmann* (ed.), The Law of War, Vol. II, 1972, 1708 ff; *Ipsen*, in: *Ipsen* (Hrsg.), Völkerrecht, 4. Aufl., 583 f; *Taylor*, Vietnam, 160 ff.

99 *Friedmann*, 1599; *Ipsen*, in: *Ipsen* (Hrsg.), Völkerrecht, 4. Aufl., 583 f, 540; *Ahlbrecht*, 177; *Taylor*, Vietnam, 181 f.

100 22 U.S. C. 2566, Part D, Sections 571–574.

101 Vgl. dazu *Ahlbrecht*, 200.

102 Siehe http://www.globalpolicy.org.

103 UN News service 8. 2. 2002, Statement by Hans Corell.

104 Vgl. dazu *Röling*, The United Nations, 68 f; *Graven*, RDI 28 (1950), 173 f; *Green*, Isr.Y. B. Hum.Rts. 11 (1981), 9 (28 f).

2. Die Generalversammlung hat in einer Resolution vom 11. 12. 1946[105] die in dem Statut und den Urteilen von Nürnberg anerkannten Prinzipien „bestätigt". Die von der Generalversammlung gewählte Formulierung belegt, daß sie das Strafrecht des Nürnberger Militärtribunals als Ausdruck allgemeiner Rechtsprinzipien betrachtete.[106]

Mit Resolution vom 21. 11. 1947[107] wurde die ILC mit der Aufgabe betraut, „to (a) formulate the principles of international law recognized in the Charter of the Nuremberg tribunal and in the judgment of the Tribunal, and

(b) prepare a draft code of offences against the peace and security of mankind, indicating clearly the place accorded to the principle mentioned in sub-paragraph (a) above."[108]

Die ILC hat sich in ihrem ersten Entwurf ihres Auftrages in enger Anlehnung an das Nürnberger Recht entledigt.[109]

X. Parallel zu den Beratungen über einen Kodex der Verbrechen gegen den Frieden und die Sicherheit der Menschheit liefen die Beratungen über ein Statut für einen internationalen Strafgerichtshof. Bereits in dem ersten vorgelegten Bericht der ILC[110] wurde darauf hingewiesen, daß der Kodex der Verbrechen gegen den Frieden und die Sicherheit der Menschheit sowie das Statut für einen internationalen Strafgerichtshof einander ergänzen. Allerdings bestand Unsicherheit darüber, ob die Zeit für die Schaffung eines internationalen Strafgerichtshofs reif sei.[111]

1. 1951 setzte die Generalversammlung einen Sonderausschuß für die Entwicklung des Statuts für einen internationalen Strafgerichtshof ein, dessen Bericht im gleichen Jahr vorgelegt wurde.[112] Der Vorschlag orientierte sich im wesentlichen an dem Vorbild des Internationalen Gerichtshofs. Der vorgeschlagene internationale Strafgerichtshof sollte danach lediglich eine eingeschränkte Kompetenz haben und nur zur Verfolgung von Staatsoberhäuptern, nicht aber von sonstigen Staatsbeamten befugt sein. Trotz dieser eingeschränkten Kompetenz des geplanten internationalen Strafgerichtshofs war die Reaktion einzelner Staaten auf den ersten Entwurf negativ.[113] 1952 wurde ein zweiter Ausschuß für die Formulierung eines Statuts für einen internationalen Strafgerichtshof eingerichtet;[114] seine Aufgabe sollte es sein, ein Statut zu entwerfen, das die von den Staaten vorgetragenen Einwände berücksichtigte.[115]

2. Die ILC legte 1951 der Generalversammlung den Entwurf eines Kodexes der Verbrechen gegen den Frieden und die Sicherheit der Menschheit vor, der 1954 revidiert wurde.[116] Die ILC formulierte sieben Prinzipien:[117] 1. Das Prinzip der persönlichen Haftung; 2. Der Vorrang des Völkerrechts gegenüber dem nationalen Recht; 3. Keine Immunität auf Grund der Act of State Doctrine; 4. Keine

---

[105] GA Res. 95 (I) vom 11. 12. 1946.

[106] *Gross*, Isr.YB. Hum.Rts. 13 (1983), 10.

[107] GA Res. 177 (II) vom 21. 11. 1947.

[108] GA Res. 95 (I) vom 11. 12. 1946 ging zunächst noch von drei Kodifikationen aus, nämlich der Kodifikation der Nürnberger Prinzipien, der Schaffung eines Code of Offences against the Peace and Security of Mankind und eines internationalen Strafgesetzbuches; letzteres wurde 1947 nicht mehr erwähnt, vgl. *Parry*, ICLQ 3 (1950), 209 ff.

[109] Text: Yearbook ILC 1950 II, 374; vgl. zur Entstehungsgeschichte *Röling*, The United Nations, 79 f; vgl. zum Entwurf auch den Special Rapporteur der Völkerrechtskommision *Spiropoulos* (Draft Code), Revue Hellénique (1950), 141 ff, insb. 158 ff.

[110] U. N. Doc. A/CN.4/15 (1950); die Arbeiten der ILC beruhten auf einer Initiative der Generalversammlung der Vereinten Nationen; vgl. dazu *Broms*, Isr. Y. B. Hum. Rts. 24 (1994), 135.

[111] U. N. Doc. A/CN.4/20; Report of the International Law Commission, 2nd Session, GAOR Supp. 12; Report of the Sixth Committee to the General Assembly, UN Doc. A/1639, 1950.

[112] Report of the Committee on International Criminal Court Jurisdiction, Annex, Draft Statute for an International Court, GAOR 7th session (1952) Supp. 11, 23.

[113] *Bassiouni*, Commentaries, 1 (11).

[114] GA Res. 687 (VII) of 5 December 1952.

[115] Report of the Committee on International Criminal Jurisdiction, Annex, Revised Draft Statute for an International Criminal Court, GAOR 9th Sess. 1954, Supp. 12, 21.

[116] Vgl. *Gross*, Isr.Y. B. Hum. Rts. 13 (1983), 17.

[117] Draft Code of Offences against the Peace and Security of Mankind, Yearbook ILC 1954 II, 150.

Immunität auf Grund höheren Befehls; 5. Anspruch auf ein gerechtes Verfahren; 6. Definition des Verbrechens gegen den Frieden, des Kriegsverbrechens und des Verbrechens gegen die Menschlichkeit; 7. Strafbarkeit der Beihilfe. Dieser Entwurf, der in seinem Art. 2 einen umfassenden Katalog strafbarer Handlungen enthält,[118] stieß im 6. Ausschuß der Generalversammlung auf beachtlichen Widerspruch.[119] Es wurde teilweise in Frage gestellt, ob der Einzelne wirklich völkerrechtlich verantwortlich sein könne. Hauptdiskussionspunkt war aber die Frage einer Definition des Begriffes Aggression, des wesentlichen Verbrechens gegen Frieden und Sicherheit der Menschheit. Letztlich erhielt der Entwurf keine Bestätigung in der Generalversammlung. Man hielt es für vorrangig, zunächst den Begriff der Aggression zu definieren.[120] Die Arbeiten an dem Kodex der Verbrechen gegen den Frieden und die Sicherheit der Menschheit wurden erst nach Verabschiedung der Aggressionsdefinition[121] wieder aufgenommen.[122]

3. Da die Beratungen über den Kodex der Verbrechen gegen den Frieden und die Sicherheit der Menschheit bis zu dem Abschluß der Beratungen über die Definition der Aggression ausgesetzt worden waren, wurden auch die weiteren Beratungen über ein Statut für einen internationalen Strafgerichtshof vertagt. Der Entwurf von 1953 wurde nicht mehr erörtert.[123]

XI. 1. Die Beratungen eines Kodexes über Verbrechen gegen den Frieden und die Sicherheit der Menschheit wurden von der ILC erst 1981 wieder aufgenommen;[124] 1996 lag der Entwurf endgültig vor.[125]

2. Auf der Basis der Resolution der Generalversammlung GA Res. 45/41 vom 28. 11. 1990 setzte die ILC ihre Beratungen über die Errichtung eines internationalen Strafgerichtshofs fort.

Die Arbeiten wurden auf Wunsch der Generalversammlung durch die Einsetzung einer Arbeitsgruppe intensiviert, die 1993 einen Entwurf unterbreitete.[126] Die Arbeitsgruppe wurde 1994 erneut einberufen; ihre Aufgabe war es, die Stellungnahmen der Staaten in den Entwurf von 1993 einzuarbeiten. 1995 setzte die VN-Generalversammlung eine Vorbereitungskommission ein, deren Aufgabe es war, ein Statut auf der Basis der vorliegenden Entwürfe zu erarbeiten. Dies war die Basis für die Konferenz von Rom für die Erarbeitung eines Statuts für einen Internationalen Strafgerichtshof. Dieses weicht allerdings in einigen wesentlichen Punkten von dem Entwurf ab.[127]

XII. 1. Der *Draft Code of Crimes against the Peace and Security of Mankind* gliedert sich in zwei Teile; der erste enthält eine Einführung in die allgemeinen rechtlichen Grundsätze und

---

[118] Die Kommission nahm den Entwurf mit sechs Stimmen, ohne Gegenstimme, bei fünf Enthaltungen und vier abwesenden Mitgliedern an, Yearbook ILC 1954 I, 195.

[119] S. z.B. *Colliard* (Frankreich), UN Doc. A/C.6/SR.422, 130 f (1954); *Petren* (Schweden), 131; *Morozov*, 132; vgl. dazu *Green*, 28/29 .

[120] Vgl. GA Res. 897 (IX) vom 4. 12. 1954 und die Ausführungen des britischen Delegierten *Sir R. Jennings*, UN Doc. A/C.6/SR.420, 124 (1954).

[121] GA Res. 3314 (XXIX) vom 14. 12. 1974.

[122] GA Res. 33/97 vom 16. 12. 1978; GA Res. 36/106 vom 10. 12. 1981; mit GA Res. 42/151 vom 7. 12. 1987 stimmte die Generalversammlung der Empfehlung der ILC zu und änderte den Titel in „Draft Code of Crimes against the Peace and Security of Mankind". Die ILC ernannte *Doudou Thiam* (Senegal) zu ihrem Special Rapporteur, UN Doc. A/37/10 vom 3. 5. 1982.

[123] GA Res. 898 (IX)vom 14. 12. 1954.

[124] Die Beratungen über die Aggressionsdefinition waren bereits 1974 abgeschlossen worden. Dennoch griff die Generalversammlung den Gedanken eines Kodexes der Verbrechen gegen den Frieden und die Sicherheit der Menschheit erst 1978 wieder auf (U. N. Doc. A/CN.4/377 (1978)). Dagegen wurde der Gedanke eines internationalen Strafgerichtshofs nicht erneut angesprochen.

[125] Report of the International Law Commission, Yearbook ILC 1996, vol II, Part Two, 15 ff.

[126] Revised Report of the Working Group on the Draft Statute for an International Criminal Court, U.N Doc. A/CN.4/L. 490 and Add.1, 19 July 1993.

[127] Vgl. zu dem Entwurf im einzelnen: *K. Ambos*, Establishing an International Criminal Court and an International Criminal Code: Observations from an International Criminal Law Viewpoint, EJIL 7 (1996), 519 ff; *B. Stern*, La Cour criminelle internationale dans le projet de la Commission du Droit International, in: International Legal Issues Arising under the United Nations Decade of International Law, 1995, 739 ff; *C. Tomuschat*, From Nuremberg to The Hague, Law and State, vol. 53/54 (1996), 113 ff; *Bardoza*, 136 ff. Vgl. näher dazu § 199.

die Verfahrensgarantien und der zweite eine Auflistung der Verbrechen. Wesentlich ist, daß in diesem Abschnitt die individuelle Verantwortlichkeit des Einzelnen, ohne Rücksicht auf seinen Status in der Regierungshierarchie, erneut bestätigt wird.[128] Gleichzeitig wird die Berufung auf einen Befehl als Rechtfertigungsgrund ausgeschlossen.[129] Der Kodex unterscheidet Rechtfertigungsgründe (wie Selbstverteidigung) und Entschuldigungsgründe. Hierin liegt eine Abweichung von dem Statut des Internationalen Militärgerichtshofs von Nürnberg, das weder Rechtfertigungs- noch Entschuldigungsgründe vorsah.

2. Teil II des *Draft Code of Crimes against the Peace and the Security of Mankind* regelt, welche Taten[130] als Verbrechen gegen den Frieden und die Sicherheit der Menschheit angesehen werden.[131] Dabei geht der *Draft Code* davon aus, daß die Verbrechen ein gewisses Ausmaß angenommen haben müssen, um von dem *Code* erfaßt zu werden.[132]
Der Straftatbestand des Angriffskriegs (Art. 16) enthielt folgende Elemente: die Planung, Vorbereitung, den Beginn und die Durchführung eines Angriffskriegs. Der Begriff des Angriffskriegs wurde in dem Draft Code nicht näher definiert. Strafbar waren nach der Gesamtkonzeption in erster Linie Personen in leitenden Positionen. Insoweit folgte der *Code* der Rechtsprechung des Internationalen Militärtribunals in Nürnberg. Die Problematik des *Draft Code* lag darin, daß der Angriffskrieg zwar in Bezug auf Individuen poenalisiert wurde, aber von Staaten begangen wurde. Art. 16 spricht von *„committed by a State"*. Der Begriff Völkermord (Art. 17) wurde von dem Code unter Übernahme der Definition der Konvention gegen den Völkermord[133] (Art. II) definiert.[134] Allerdings blieben die Straftaten nach Art. III der Völkermordkonvention teilweise unberücksichtigt. Hinsichtlich der Verbrechen gegen die Menschlichkeit (Art. 18) lehnte sich der *Code* an das Statut des Internationalen Militärtribunals in Nürnberg an, schloß aber – wenn auch nicht unter ausdrücklicher Benennung – Apartheid ein.[135] Kriegsverbrechen (Art. 20) definierte der *Code* unter Übernahme der entsprechenden Straftatbestände aus dem Haager und dem Genfer Recht.[136] Der *Draft Code* ließ eine Reihe von Fragen offen.[137] Vor allem war das Verhältnis zu dem gleichzeitig beratenden Statut für einen Internationalen Strafgerichtshof unklar. Unklar blieb auch seine Bedeutung für die nationale Strafgerichtsbarkeit.

XIII. Der Entwurf des Statuts für einen internationalen Strafgerichtshof[138] enthielt neben organisatorischen und verfahrensrechtlichen Regelungen Aussagen zu der Kompetenz des Gerichtshofs. Diese wurde über die Straftaten bestimmt, die er verfolgen kann. Dabei war grundsätzlich zu unterscheiden zwischen Straftaten nach allgemeinem Völkerrecht und nach

---

[128] *Tomuschat*, Das Strafgesetzbuch, 3.

[129] Vgl. dazu im einzelnen *Barboza*, 45 f.

[130] Vgl. dazu Art. 2. Special Rapporteur *Doudou Thiam* definiert International Crimes als Straftaten, „... that are international by their very nature, which fall directly under international law irrespective of the will of the state", Yearbook ILC 1982 I, 9.

[131] Vgl. dazu *T. L. H. McCormack/G. J. Simpson*, The International Law Commission's Draft Code of Crimes Against the Peace and Security of Mankind: An Appraisal of the Substantive Provisions, Criminal Law Forum 5 (1994), 1; *J. Allain/J. R. W. D. Jones*, A Patchwork of Norms: A Commentary on the 1996 Draft Code of Crimes Against the Peace and Security of Mankind, EJIL 8 (1997), 100.

[132] Commentary, Yearbook ILC, 1996, vol. II, part 2, 43 ff.

[133] 78 UNTS, 277; BGBl. 1954 II, 729.

[134] Vgl. dazu § 193.

[135] Vgl. dazu § 194.

[136] Abkommen betreffend die Gesetze und Gebräuche des Landkrieges; Genfer Abkommen zur Verbesserung des Loses der Verwundeten und Kranken der Streitkräfte im Felde; zur Verbesserung des Loses der Verwundeten, Kranken und Schiffbrüchigen der Streitkräfte zur See; über die Behandlung der Kriegsgefangenen und zum Schutze von Zivilpersonen in Kriegszeiten; sowie die Zusatzprotokolle von 1977 über den Schutz der Opfer internationaler bewaffneter Konflikte und über den Schutz der Opfer nicht internationaler bewaffneter Konflikte; vgl. dazu in einzelnen § 192.

[137] Kritisch *Allain/Jones*, 102.

[138] *J. Crawford*, The ILC's Draft Statute for an International Criminal Tribunal, AJIL 88 (1994), 140; zur Entstehungsgeschichte vgl. Report of the International Law Commission on the Work of its Forty-Sixth Session, UN Doc. A/49/10, Chapter II, paras. 23–41.

bestimmten völkerrechtlichen Verträgen, die in einem Annex genannt wurden.[139] Der sachliche Zuständigkeitsbereich des Gerichtshofs sollte erfassen: Völkermord, Aggression, schwere Verletzungen der Gesetze und Gebräuche des Krieges im bewaffneten Konflikt (Kriegsverbrechen), Verbrechen gegen die Menschlichkeit und völkervertragliche Verbrechen, aufgelistet in einem Annex des Statuts, deren Begehung schwere Verbrechen von völkerrechtlicher Bedeutung sein sollten.[140] Auf eine Definition der Delikte wurde verzichtet.[141]

Letztere waren: Schwere Verstöße gemäß der vier Genfer Abkommen vom 12. 8. 1949 zur Verbesserung des Loses der Verwundeten und Kranken der Streitkräfte im Felde (I. Genfer Abkommen), zur Verbesserung des Loses der Verwundeten, Kranken und Schiffbrüchigen der Streitkräfte zur See (II. Genfer Abkommen), über die Behandlung der Kriegsgefangenen (III. Genfer Abkommen) und zum Schutze von Zivilpersonen in Kriegszeiten (IV. Genfer Abkommen) bzw. gemäß dem I. Zusatzprotokoll zu den Genfer Abkommen, 1977; die widerrechtliche Inbesitznahme von Flugzeugen gemäß Art. 1 des Übereinkommens zur Bekämpfung der widerrechtlichen Inbesitznahme von Flugzeugen vom 16. 12. 1970; Verbrechen gemäß Art. 1 des Übereinkommens zur Bekämpfung widerrechtlicher Handlungen gegen die Sicherheit der Zivilluftfahrt vom 23. 9. 1971; Apartheid und damit zusammenhängende Verbrechen gemäß Art. 2 des Internationalen Übereinkommens über die Beendigung und Bestrafung des Verbrechen der Apartheid vom 30. 11. 1973; Verbrechen gemäß Art. 2 des Übereinkommens über die Verfolgung, Verhütung und Bestrafung von Straftaten gegen völkerrechtlich geschützte Personen, einschließlich Diplomaten vom 14. 12. 1973; Geiselnahme und damit zusammenhängende Verbrechen gemäß Art. 1 des Internationalen Übereinkommens gegen Geiselnahme vom 18. 12. 1979; das Verbrechen der Folter gemäß Art. 4 des Übereinkommens gegen Folter und andere grausame, unmenschliche oder erniedrigende Behandlung oder Strafe vom 10. 12. 1984; Verbrechen gemäß Art. 3 des Übereinkommens zur Bekämpfung widerrechtlicher Handlungen gegen die Sicherheit der Seeschiffahrt sowie das Protokoll zur Bekämpfung widerrechtlicher Handlungen gegen die Sicherheit fester Plattformen, die sich auf dem Festlandsockel befinden; beide vom 10. 3. 1988; Verbrechen des Drogenhandels gemäß Art. 3 Abs. 1 des Übereinkommens der UN gegen den unerlaubten Verkehr mit Suchtstoffen und psychotropen Stoffen vom 20. 12. 1988. Allerdings sollten diese Delikte nur dann zur Anwendung kommen, wenn der Staat des Täters zugleich Vertragsstaat des betreffenden Abkommens war. Damit sollte dem Grundsatz *nullum crimen sine lege* Rechnung getragen werden.

Diese Liste enthält zwar wesentliche international geächtete strafbare Handlungen; dennoch fehlen einige. Dies gilt für strafbare Handlungen nach dem II. Zusatzprotokoll zu den Genfer Abkommen von 1949 und nach der Konvention gegen die Anwerbung, den Einsatz, die Finanzierung und die Ausbildung von Söldnern vom 4. 12. 1989.

Der Entwurf ermöglichte sachliche Zuständigkeitserweiterungen sowohl durch den Sicherheitsrat, als auch durch eine Selbstbindung der Vertragsparteien durch Bindung an andere völkerrechtliche Abkommen mit strafrechtlichen Regelungen. Außerdem wurde die Möglichkeit eröffnet, daß Vertragsstaaten eine Verfolgungskompetenz des Gerichtshofs in Bezug auf Aggression und Drogenhandel eröffneten.

Soweit es sich um einen Fall des Völkermordes handelte, war Voraussetzung für ein Tätigwerden des Gerichtshofes, daß ein entsprechender Antrag eines Vertragsstaates der Konvention über Verhütung und Bestrafung des Völkermordes gestellt wurde.[142] Die Sonderregelung für Völkermord beruhte darauf, daß dieses Delikt nicht dem Grundsatz *aut dedere aut punire* unterliegt und daher der Antrag eines Vertragsstaates ausreicht.[143] In allen anderen Fällen mußte ein entsprechender Antrag des Staates vorliegen, der den Beschuldigten in Gewahrsam hat, sowie des Staates, auf dessen Staatsgebiet die Handlung bzw. das Unterlassen erfolgte.[144] Hat ein Staat vorher, gestützt auf einen völkerrechtlichen Vertrag, einen Auslieferungsantrag gestellt, so war auch dessen Einwilligung erforderlich.[145]

---

[139] Art. 20 lit. e.
[140] Art. 20 lit. a-e.
[141] Yearbook ILC 1994, vol. II (Part Two), 38.
[142] Art. 21 Abs. 1 lit a iVm Art. 25 Abs. 1.
[143] Vgl. dazu *Broms*, 143.
[144] Art. 21 Abs. 1 lit b iVm Art. 25 Abs. 2.
[145] Art. 21 Abs. 2.

Neben Staaten sollte auch der Sicherheitsrat die Möglichkeit haben, eine Verfolgungskompetenz des Gerichtshofs zu begründen.[146]

XIV. 1. Nach der Vorlage des Berichts der ILC und des von der ILC erarbeiteten Statuts hat die Generalversammlung einen *ad hoc*-Ausschuß eingesetzt mit der Aufgabe, auf der Basis des Entwurfs für ein Statut des Internationalen Strafgerichtshofs einen Themen- und Problemkatalog für eine Staatenkonferenz vorzulegen.[147]

2. In der Vorbereitungskommission wurden folgende Fragen behandelt. Tatbestandsumschreibungen, allgemeine Strafrechtsprinzipien, Verhältnis der internationalen zur nationalen Strafgerichtsbarkeit und die Rolle des Anklägers.

Es bestand von Anfang an weitgehende Einigkeit darüber, daß Völkermord, (andere) Verbrechen gegen die Menschlichkeit und Verletzungen der Gesetze und Bräuche des Krieges (Kriegsverbrechen) als Kernverbrechen der Zuständigkeit des Internationales Strafgerichtshofes unterliegen sollten. Die Übernahme der Legaldefinition für Völkermord aus Art. II der Konvention gegen Völkermord war unproblematisch. Umstritten war der Umfang der Tatbestandsgruppe der Kriegsverbrechen. Problematisch war dabei insbesondere, ob Strafbestimmungen für innerstaatliche Konflikte aufgenommen werden sollten. Es bestand die Befürchtung, daß eine solche Regelung weitgehende Eingriffsmöglichkeiten in die staatliche Souveränität ermöglichen würde. Dies wurde letztlich akzeptiert. Vergleichbare Bedenken gab es in Bezug auf die Tatbestandsgruppe der Verbrechen gegen die Menschlichkeit, deren Begehung auch in Friedenszeiten – wie der Tatbestand des Völkermordes – völkerrechtlich verfolgt werden können sollte. Bis auf die bereits in den Statuten der Strafgerichtshöfe für Ruanda und das frühere Jugoslawien konnte aber keine weitergehende Einigung erzielt werden. Keine Einigung kam in Bezug auf die Verbrechen gegen den Frieden zustande. Die Einbeziehung völkervertraglicher Bestimmungen sollte nach Auffassung einiger Mitglieder nur hinsichtlich solcher Straftatbestände möglich sein, die völkergewohnheitsrechtlich anerkannt sind. Auch diese sollten in das Statut ausdrücklich aufgenommen und kodifiziert werden wie alle Strafbestimmungen des Statuts. Fortschritte wurden für den allgemeinen Teil des materiellen Strafrechts erzielt. Zwar waren Einzelfragen des Handelns auf Befehl und der Reichweite der „Führerverantwortlichkeit" sowie die Behandlung von Irrtümern nicht abschließend geklärt, dennoch konnte der Katalog der Alternativvorschläge in diesem Bereich erheblich reduziert werden. Intensiv verhandelt wurde die Frage der Zuständigkeitsverhältnisse zwischen dem Internationalen Strafgerichtshof und den nationalen Gerichten, auch wenn grundsätzlich eine konkurrierende Zuständigkeit angenommen wurde.

Die mit dieser Problematik zusammenhängende Frage erstreckte sich zudem auf die grundsätzliche Frage, ob bestimmte Verfahren oder – um die Tätigkeit des Chefanklägers nicht zu beschränken – lediglich bestimmte Vorfälle und Sachverhalte dem Internationalen Strafgerichtshof zugewiesen werden sollten und wie dies geschehen sollte. Dies betraf wiederum die bisher ungelöste Frage, ob die Aggression überhaupt in den Straftatbestandskatalog aufgenommen werden sollte.

Obwohl die Vorbereitungskommission nicht in der Lage war, alle Probleme zu lösen, empfahl sie doch auf der Basis der von ihr erarbeiteten Resultate eine Staatenkonferenz zur Verabschiedung des Statuts einzuberufen.

Der Bericht,[148] der wesentliche Modifikationen für das Statut anregte, um dessen Akzeptanz zu verbessern, war Grundlage für die weiteren Beratungen in einem Vorbereitungsausschuß *(Preparatory Committee)* für die Staatenkonferenz, die schließlich das Statut für den Internationalen Strafgerichtshof verabschiedete.[149]

XV. Der ILC Entwurf für ein Statut eines Internationalen Strafgerichtshofs und der *Draft Code of Crimes Against the Peace and Security of Mankind* sind als Einheit zu sehen. Sie haben die Beratungen zum Statut des Internationalen Strafgerichtshofs maßgeblich be-

---

146 Siehe insoweit Art. 26 in Verbindung mit Art. 23.

147 GA Res. 49/53 vom 9. 12. 1994.

148 Report of the Ad Hoc Committee on the Establishment of an International Criminal Court, General Assembly, Official Records, 50th session, Supplement No. 22 (UN Doc. A/50/22).

149 Vgl. dazu § 199.

stimmt; vor allem haben sie bereits Vorwirkungen auf die Rechtsprechung der Strafgerichtshöfe für das ehemalige Jugoslawien und Ruanda gehabt.[150]

§ 192 Verbrechen gegen den Frieden und Kriegsverbrechen

Schrifttum: Wie vor §§ 189, 191 außerdem: C. *Haensel*, Die Auslegung des Kontrollratsgesetzes Nr. 10, NJW 1947/48, 55 ff; *H. Erhard*, The Nuremberg Trial against Major War Criminals and International Law, AJIL 43 (1949), 223 ff; *T. Taylor*, Final Report to the Secretary of the Army on the Nuremberg War Crimes Trials under Control Law No. 10, 1949; *K. Heinze/K. Schilling*, Die Rechtsprechung der Nürnberger Militärtribunale, 1952; *J. Heidecker/J. Leb*, Der Nürnberger Prozeß, 2. Aufl., 1979; *E. Schlepple*, Das Verbrechen gegen den Frieden und seine Bestrafung: Unter besonderer Berücksichtigung des Grundsatzes „nulla poena sine lege", 1983; *Ch. Hosoya et al.* (eds.), The Tokyo War Crimes Trial: An International Symposium, 1986; *F. Kalshoven/Y. Sandoz* (eds.), The Implementation of International Humanitarian Law, 1989; *D. A. Wells*, War Crimes and Laws of the War, 2nd ed., 1991; *H. S. Levie*, Terrorism in War: The Law of War Crimes, 1993; *A. Kapende*, The International Criminal Court and the Crime of Aggression, Nordic Journal of International Law (1995), 223; *M. Lippman*, War Crimes: American Prosecutions of Nazi Military Officers, Touro International Law Review 6 (1995), 261; *J. Pejic/L. Egan*, Prosecuting War Crimes in Former Yugoslavia: The Two Tiers and the Linkage, East European Human Rights Review 1/1995, 11 ff; *C. Tomuschat*, Crimes against the Peace and Security of Mankind and the Recalcitrant Third State, Isr. Y. B. Hum. Rts. 24, (1995), 41 ff; *Y. Dinstein*, War Crimes in International Law, published under the auspices of the Buchmann Faculty of Law, Tel Aviv University, 1996; *J. Hogan-Doran/B. van Ginkel*, Aggression as a Crime under International Law and the Prosecution of Individuals by the Proposed International Criminal Court, NILR (1996), 321; *T. L. H. McCornack*, The Law of War Crimes, 1996; *M. von Sternberg*, A Comparison of Yugoslavian and Rwandan War Crimes Tribunals: Universal Jurisdiction and the Elementary Dictates of Humanity, Brooklyn Journal of International Law 22 (1996), 111 ff; *R. Wolfrum*, The decentralized prosecution of international offences through national courts, in: *Dinstein* (ed.), War crimes in international law, 1996, 233 ff; *O. Triffterer*, Gewalt unf Völkerstrafrecht – ein neues Gewaltmonopol zur Bekämpfung von Gewalt?, in: *J. J. Hagen* (Hrsg.), Gewalt und Recht, 1997, 147 ff; *N. Boister*, Exclusion of Treaty Crimes from the Jurisdiction of the Proposed International Criminal Court: Law, Pragmatism, Politics, Journal of Armed Conflicts Law 3 (1998), 27 ff; *M. Bothe*, International Humanitarian Law and War Crimes Tribunals: Recent Developments and Perspectives, in: *K. Wellens* (ed.), International Law 1998, 581 ff; *M. Cottier*, Völkerrechtliche Verantwortlichkeit für Kriegsverbrechen in internen Konflikten, in: *I. Erberich* u. a. (Hrsg.), Frieden und Recht, 1998, 201; *T. Graditiky*, Individual Criminal Responsibility for Violations of International Humanitarian Law Committed in Non-International Armed Conflicts, Revue Internationale de la Croix Rouge 80 (1998), 29; *G. J. Tanja*, International Adjudication of War Crimes, Reflections on International Law from the Low Countries in Honour of Paul de Waart, 1998, 216; *J. M. Koran*, An Analysis of the Jurisdiction of the International Criminal Tribunal for War Crimes in the Former Yugoslavia, ILSA Journal of International and Comparative Law 5 (1998), 43 ff; *C. Zeilessen*, War Crimes under the Jurisdiction of the Tribunal on the Former Yugoslavia, Austrian Review of International and European Law 3 (1998), 17; *A. Zimmermann*, The Creation of a Permanent Criminal Court, in: Max Planck Yearbook of United Nations Law 2 (1998), 169 ff; *H. Ahlbrecht*, Geschichte der völkerrechtlichen Strafgerichtsbarkeit im 20. Jahrhundert, 1999; *P. Arnold*, Der UNO-Sicherheitsrat und die strafrechtliche Verfolgung von Individuen: Die ad hoc Tribunale zur Verfolgung von Kriegsverbrechen im ehemaligen Jugoslawien und in Ruanda sowie das Statut des Internationalen Strafgerichtshofs, 1999; *H. Ball*, Prosecuting War Crimes and Genocide: The Twentieth-Century Experience, 1999; *K. Bremer*, Nationale Strafverfolgung Internationaler Verbrechen gegen das humanitäres Völkerrecht, 1999; *O. Hoel*, War Crimes and their Prosecution, Revue de Droit Militaire et de Droit de la Guerre 38 (1999), 432;

[150] Der Internationale Strafgerichtshof für das ehemalige Jugoslawien maß dem *Code of Crimes* eine besondere Bedeutung für die Entwicklung des Völkergewohnheitsrechts zu, siehe *Prosecutor v. Furundzija* (Case No. IT-95-17/1-T), Judgment 10 December 1998, para. 227.

B.-B. Jia, The Differing Concepts of War Crimes and Crimes against Humanity in International Criminal Law, in: *G. S. Goodwin-Gill*, The Reality of International Law, 1999; *N. Keijzer*, War Crimes and their Prosecution in National Legal Systems, Revue de Droit Militaire et de Droit de la Guerre 38 (1999), 411; *D. Momtaz*, War Crimes in Non International Armed Conflicts under the Statute of the International Criminal Court, Yearbook of International Humanitarian Law 2 (1999), 177 ff; *D. Robinson/H. v. Hebel*, War Crimes in Internal Conflicts: Article 8 of the ICC Statute, Yearbook of International Humanitarian Law 2 (1999), S. 193; *D. Scheffer*, War Crimes and Crimes against Humanity, Pace International Law Review 11 (1999), 319 ff; *O. Triffterer* (ed.), Commentary on the Rome Statute of the International Criminal Court: Observers notes article by article, 1999; *J. Colwill*, War Crimes, International Relations and Law, 2000; *K. Dörmann*, Preparatory Commission for the International Criminal Court: The Elements of War Crimes: Grave Breaches and Violations of Article 3 Common to the Geneva Conventions of 12 August 1949, Revue Internationale de la Croix Rouge 82 (2000), 771 ff; *R. J. Goldstone*, For Humanity: Reflections of a War Crime Investigator, 2000; *N. M. P. Steijnen*, The First Experience with Legal Action against NATO War Crimes before Domestic Courts in the Netherlands, Review of International Affairs 51 (2000), 45 ff; *C. Kress*, War Crimes Committed in Non-International Armed Conflict and the Emerging System of Criminal Justice, Isr. Y. B. Hum. Rts. 30 (2001),103 ff; *D. Blumenwitz*, Das Verbrechen gegen den Frieden aus völkerrechtlicher Sicht, Festschrift Berber, 79 ff; *A. Zimmermann*, Auf dem Weg zu einem deutschen Völkerstrafgesetzbuch, Zeitschrift für Rechtspolitik 3 (2002), 97 ff

I. 1. a. Verbrechen gegen den Frieden wurden erstmalig durch Art. 6. lit. a des Statuts des Internationalen Militärtribunals (IMT) von Nürnberg[1] in einem völkerrechtlichen Vertrag formuliert und unter Strafe gestellt. Nach Art. 6 lit. a des IMT-Statuts umfassen Verbrechen gegen den Frieden „Planen, Vorbereitung, Einleitung oder Durchführung eines Angriffskrieges oder eines Krieges unter Verletzung internationaler Verträge, Abkommen oder Zusicherungen oder Beteiligung an einem gemeinsamen Plan oder einer Verschwörung zur Ausführung einer der vorgenannten Handlungen".[2] Dem entspricht die Formulierung in Art. 5 lit. a des Statuts des Internationalen Militärtribunals von Tokio inhaltlich.[3] Die Formulierung von Art. II lit. a des Alliierten Kontrollratsgesetzes Nr. 10 vom 20. 12. 1945 über die Verfolgung des „Verbrechens gegen den Frieden" wich von diesen Formulierungen allerdings ab.[4] Die textlichen Unterschiede enthalten aber keine Unterschiede in der Substanz.

b. Bereits nach dem Ersten Weltkrieg hatte es den Versuch gegeben, den deutschen Kaiser dafür strafrechtlich zur Verantwortung zu ziehen, daß das Deutsche Reich durch den Kriegsbeginn internationale vertragliche Verpflichtungen verletzt hatte.[5] Seine Flucht in

[1] Abkommen über die Verfolgung und Bestrafung der Hauptkriegsverbrecher der europäischen Achsenmächte vom 8. 8. 1945, AJIL 39 (1945), Suppl., 257.

[2] Ibid: „... namely, planning, preparation, initiation or waging of a war of aggression, or a war in violation of international treaties, agreements or assurances, or participation in a common plan or conspiracy for the accomplishment of any of the foregoing."

[3] International Military Tribunal for the Far East, 1. 1. 1946, abgedruckt in: *McDonald/Swaak-Goldman* (eds.), International Criminal Law, 2000, Vol. II/1, 73: „... namely, the planning, preparation, initiation or waging of a declared or undeclared war of aggression, or a war in violation of international treaties, agreements or assurances, or participation in a common plan or conspiracy for the accomplishment of any of the foregoing."

[4] Kontrollratsgesetz Nr. 10 vom 20. 12. 1945, vgl. AblKR Nr. 3 (1946), 50 ff; US-GPO, Trials (1950–53), Vol. I, 23; *McDonald/Swaak-Goldman* (eds.), International Criminal Law, 2000, Vol. II/1, 69 ff: „... initiation of invasions of other countries and wars of aggression in violation of international laws and treaties, including but not limited to planning, preparation, initiation or waging a war of aggression, or a war in violation of international treaties, agreements or assurances, or participation in a common plan or conspiracy for the accomplishment of any of the foregoing."

[5] Art. 227 Vertrag von Versailles vom 28. Juni 1919, RGBl. 1919, 687: „Die alliierten und assoziierten Mächte stellen Wilhelm II. von Hohenzollern, vormaligen Kaiser von Deutschland, wegen schwerster Verletzung des internationalen Sittengesetzes und der Heiligkeit der Verträge unter öffentliche Anklage. (...)"; siehe dazu *F. Larnande/A. de Lapradelle*, Examen de la responsabilité pénale de l'empereur Guillaume II d'Allemagne, Journal de droit international 46 (1919), 131 ff.

die Niederlande verhinderte jedoch die Durchsetzung einer Bestrafung.[6] War nach dem Ersten Weltkrieg möglicherweise noch zweifelhaft, ob eine strafrechtliche Verfolgung des Verbrechens gegen den Frieden eine völkergewohnheitsrechtliche Grundlage hatte, und war somit unklar, ob nicht dem Vertrag von Versailles eine Verletzung des Grundsatzes *nulla poena sine lege* vorgeworfen werden konnte,[7] so war die Situation nach dem Zweiten Weltkrieg eine andere. Die Schöpfer der Statuten der Internationalen Militärtribunale von Nürnberg und Tokio konnten davon ausgehen, daß der Angriffskrieg völkergewohnheitsrechtlich verboten und die strafrechtliche Verfolgung seiner Begehung und Planung gegenüber Mitgliedern der politischen oder militärischen Führung nur die logische Konsequenz dieses Verbots war.[8]

c. Die Anklage vor dem Internationalen Militärtribunal von Nürnberg formulierte auf der Basis von Art. 6 lit. a des Statuts zwei Anklagepunkte[9] nämlich den gemeinsamen Plan bzw. die Verschwörung[10] zum Angriffskrieg sowie dessen Beginn und Führung[11]. Die Anklage vor dem Internationalen Militärtribunal von Tokio formulierte 36 Anklagepunkte zu den Verbrechen gegen den Frieden. Das Militärtribunal konzentrierte sich allerdings auf Planung und Verschwörung[12] sowie den Beginn und Durchführung eines Angriffskriegs gegen bestimmte Staaten.[13] Nach dem Urteil durch das Internationalen Militärtribunal von Nürnberg ist die Anklage wegen Verbrechen gegen den Frieden außerdem im sog. „Prozeß gegen die Wilhelmstraße“ gemäß des Kontrollratsgesetz Nr. 10 erfolgreich gewesen.[14] Von dem Internationalen Militärtribunal in Tokio wurden alle 25 Angeklagten wegen Verbrechen gegen den Frieden verurteilt.[15]
In seinem Urteil gegen die Hauptkriegsverbrecher hat das Internationale Militärtribunal von Nürnberg Art. 6 lit. a des Statuts als Ausdruck existierenden Völkergewohnheitsrechts interpretiert.[16] Damit wies es das Argument zurück, daß das Statut gegen den Grundsatz *nulla poena sine lege* verstoßen habe. Das Internationale Militärtribunal begründete dies im wesentlichen unter Verweis auf das Kriegsverbot nach dem Kellog-Briand Pakt.[17] Es akzeptierte zwar, daß dieser Pakt weder ausdrücklich formulierte, daß Krieg ein Verbrechen sei, noch daß Verstöße gegen dieses Verbrechen individuell zu bestrafen seien. Es wies allerdings darauf hin, daß das gleiche in bezug auf die Verstöße nach der Haager Konvention von 1907

---

6 Zur Verfolgung deutscher Kriegsverbrechen nach dem Ersten Weltkrieg vgl. unten bei II., sowie § 191.

7 In diese Richtung argumentiert *Tomuschat*, Isr. Y. B. Hum. Rts. 24 (1995), 50, in bezug auf Verbrechen gegen den Frieden.

8 Vgl. dazu § 191.

9 Die Anklageschrift enthielt vier Teile, von denen sich die ersten zwei auf Verbrechen gegen den Frieden bezogen. Anklage erhoben wurde wegen Planung, Vorbereitung, Beginn und Führung eines Angriffskriegs gegen Polen, Großbritannien und Nordirland, Frankreich, Dänemark, Norwegen, Belgien, Holland und Luxemburg, Jugoslawien, Griechenland, UdSSR und die Vereinigten Staaten. Österreich und die Tschechoslowakei sind nicht eingeschlossen; Trials of the Major War Criminals before the International Military Tribunal, Nuremberg, 14 November 1945–1 October 1946, Bd. I, 1947–1949; vgl. dazu *Taylor*, Final Report, 28 ff.

10 Der Gerichtshof entschied allerdings, daß der Anklagepunkt der Verschwörung fallen gelassen werden sollte. Er erklärte, daß die Verschwörung mit ihrem verbrecherischen Zweck klar ersichtlich sein müßte. Sie dürfte nicht zu weit vom Zeitpunkt der Entscheidung und Handlung entfernt sein.

11 Punkt I, Verschwörung zur Planung und Führung von Angriffskriegen richtete sich gegen alle Angeklagten; Punkt II, Planung und Führung eines Angriffskriegs, nur gegen 18 Personen. Die Anklage hatte offenbar Punkt I als umfassender angesehen. Dem ist das Internationale Militärtribunal nicht gefolgt. Vgl. dazu *Taylor*, Final Report, 40 f.

12 Anklagepunkt 1.

13 China (Anklagepunkt 27), USA (Anklagepunkt 29), Britischer Commonwealth (Anklagepunkt 31), Niederlande (Anklagepunkt 32), Frankreich (Anklagepunkt 33), Sowjetunion und Mongolei (Anklagepunkte 35 und 36).

14 Auch *Ministries Case* genannt: *United States v. Ernst v. Weizsäcker* et al., 6. 1. 1948–13. 4. 1949, in: Trials of war criminals before the Nürnberg military tribunals, Case 11, Vol. XIII, 1950.

15 Vgl. dazu *Ipsen*, in: *Hosoya et al.* (eds.), Tokyo War Crimes, 39 f.

16 International Military Tribunal, Judgment (1946) IMT 1, 171 (219 ff).

17 RGBl. 1929 II, 97.

in bezug auf Kriegsverbrechen zu gelten habe, dennoch diese Verstöße als individuell verfolgbar angesehen würden.[18] Dieser Argumentation ist zuzustimmen.[19]

2. a. Es wurde bereits darauf hingewiesen, daß die Frage einer Bestrafung wegen Verbrechen gegen den Frieden die Arbeiten der Völkerrechtskommission (*International Law Commission*, ILC) an einem *Code of Crimes against the Peace and Security of Mankind* aufgehalten haben.[20] Der schließlich von der Völkerrechtskommission angenommene Text verzichtet, abweichend von früheren Entwürfen,[21] auf eine eigenständige Definition des zentralen

---

[18] Die entscheidende Aussage findet sich in folgendem Satz: „Crimes against international law are committed by men, not by abstract entities, and only by punishing individuals who commit such crimes can the provisions of international law be enforced", vgl. International Military Tribunal, Judgment (1946), IMT 1, 171 (223).

[19] A. A. C. *Tomuschat*, Das Strafgesetzbuch der Verbrechen gegen den Frieden und die Sicherheit der Menschheit, EuGRZ 1998, 1 (5); *ders.*, Von Nürnberg nach Den Haag, Friedenswarte 70 (1995), 143 (154). Weniger kritisch, wenn auch zweifelnd, ob das Verbrechen gegen den Frieden seinerzeit bereits bei Erlaß des Urteils des Internationalen Militärtribunals von Nürnberg Bestand des Völkergewohnheitsrechts war, *Dinstein*, War Crimes, 109.

[20] Vgl. § 191.

[21] Vgl. noch die Formulierung von Art. 15, wie er in der ersten Lesung angenommen wurde:
„1....
2. Aggression is the use of armed force by a State against the sovereignty, territorial integrity or political independence of another State, or in any other manner inconsistent with the Charter of the United Nations.
3. The first use of armed force by a State in contravention of the Charter shall constitute *prima facie* evidence of an act of aggression, although the Security Council may, in conformity with the Charter, conclude that a determination that an act of aggression has been committed would not be justified in the light of other relevant circumstances, including the fact that the acts concerned or their consequences are not of sufficient gravity.
4. Any of the following acts, regardless of a declaration of war, constitutes an act of aggression, due regard being paid to paragraphs 2 and 3:
1....
2. Aggression is the use of armed force by a State against the sovereignty, territorial integrity or political independence of another State, or in any other manner inconsistent with the Charter of the United Nations.
3. The first use of armed force by a State in contravention of the Charter shall constitute *prima facie* evidence of an act of aggression, although the Security Council may, in conformity with the Charter, conclude that a determination that an act of aggression has been committed would not be justified in the light of other relevant circumstances, including the fact that the acts concerned or their consequences are not of sufficient gravity.
4. Any of the following acts, regardless of a declaration of war, constitutes an act of aggression, due regard being paid to paragraphs 2 and 3:
(a) the invasion or attack by the armed forces of a State of the territory of another State, or any military occupation, however temporary, resulting from such invasion or attack, or any annexation by the use of force of the territory of another State or part thereof;
(b) bombardment by the armed forces of a State against the territory of another State or the use of any weapons by a State against the territory of another State;
(c) the blockade of the ports or coasts of a State by the armed forces of another State;
(d) an attack by the armed forces of a State on the land, sea or air forces, or marine and air fleets of another State;
(e) the use of armed forces of one State which are within the territory of another State with the agreement of the receiving State, in contravention of the conditions provided for in the agreement, or any extension of their presence in such territory beyond the termination of the agreement;
(f) the action of a State in allowing its territory, which it has placed at the disposal of another State, to be used by that other State for perpetrating an act of aggression against a third State;
(g) the sending by or on behalf of a State of armed bands, groups, irregulars or mercenaries, which carry out acts of armed force against another State of such gravity as to amount to the acts listed above, or its substantial involvement therein;
(h) any other acts determined by the Security Council as constituting acts of aggression under the provisions of the Charter.
[5. Any determination by the Security Council as to the existence of an act of aggression is binding on national courts.]
6. Nothing in this article shall be interpreted as in any way enlarging or diminishing the scope of the Charter of the United Nations including its provisions concerning cases in which the use of force is lawful.
7. Nothing in this article could in any way prejudice the right to self-determination, freedom and independence, as derived from the Charter, of peoples forcebly deprived of that right and referred to in the Declaration on Principles of International Law concerning Friendly Relations and Cooperation among States in accordance with the Charter of the United Nations, particularly peoples under colonial and racist regimes or other forms of alien domination;

Begriffs Aggression.[22] In dem Kommentar zu ihrem Entwurf weist die Kommission darauf hin, daß die Qualifikation von Aggression als Verbrechen sich auf das Statut des Internationalen Militärtribunals, wie es von diesem in seinem Urteil interpretiert worden sei, stütze.[23] Gegen eine Definition der Aggression wurde geltend gemacht, diese sei ein Begriff der Charta der Vereinten Nationen, für dessen nähere inhaltliche Ausgestaltung in erster Linie der Sicherheitsrat zuständig sei. Die Völkerrechtskommission wollte vermeiden, daß durch separate Definitionsbemühungen statt Rechtsklarheit eher Rechtsunsicherheit geschaffen würde. Abgesehen davon hat die Völkerrechtskommission darauf hingewiesen, daß es bei der Schaffung eines *Codes of Crimes against Peace and Security of Mankind* nicht darum gehe, die Aggression als Delikt im zwischenstaatlichen Verhältnis zu definieren, sondern eine individuelle Strafbarkeit der persönlich Beteiligten festzulegen.
Dem ist zuzustimmen, da zu trennen ist zwischen der Aggression und der strafrechtlichen Verfolgung von Personen, die für diese verantwortlich sind. Die Frage, ob eine Aggression vorlag, ist für letzteres eine Vorfrage. Erst wenn diese positiv beantwortet ist, kann eine individuelle Verantwortlichkeit geprüft werden. Gerade dies spricht aber für eine strafrechtliche Definition der Aggression und nicht dagegen.

b. Der Kreis der potentiellen Täter oder Teilnehmer eines Verbrechens gegen den Frieden wurde durch den Entwurf der ILC eng gefaßt. Als potentielle Täter bzw. Teilnehmer wurden lediglich diejenigen Personen genannt, die als politische oder militärische Anführer oder Organisatoren an einer Aggression aktiv teilnehmen oder entsprechende Befehle erteilt haben. Dies entspricht dem Ansatz des Internationalen Militärtribunals von Nürnberg. Nur dieser Ansatz wird dem Ziel und Zweck einer Personalisierung des Angriffskriegs gerecht. Auffallend war, daß der Entwurf der Völkerrechtskommission sich nicht an die Deklaration über die freundschaftliche Beziehung und Zusammenarbeit der Staaten aus dem Jahre 1970 anschloß und die Beteiligung an einem Aggressions*krieg* poenalisierte, sondern generell von Aggression sprach.

Dieser Nuancierung kommt eine wesentliche Bedeutung zu. Mit Verwendung des Wortes *„aggression“* oder *„act of aggression“* wird jede aggressive militärische Maßnahme unter eine potentielle Strafdrohung gestellt, wohingegen der Begriff *„war of aggression“* voraussetzt, daß die Aggression ein bestimmtes militärisches Ausmaß erreicht. *„War of aggression“* orientiert sich an dem Kellog-Briand-Pakt, *„aggression“* oder *„act of aggression“* hingegen an Art. 2 Ziff. 4 VN-Charta.

3. a. Es wurde darauf verzichtet, in die Statuten für die Internationalen Strafgerichtshöfe für das ehemalige Jugoslawien und Ruanda Verbrechen gegen den Frieden aufzunehmen.[24] Dagegen sieht das Statut für den Internationalen Strafgerichtshof (ICC-Statut) eine Verfolgung des Verbrechens der Aggression vor (Art. 5 Abs. 2). Während der Entwurf der Völkerrechtskommission[25] auf die Resolution der VN-Generalversammlung A/RES 3314 vom

nor the right of these peoples to struggle to that end and to seek and receive support, in accordance with the principles of the Charter and in conformity with the above mentioned Declaration.“

22 „An individual who, as leader or organizer, actively participates in or orders the planning, preparation, initiation or waging of aggression committed by a State shall be responsible for criminal crime of aggression“, Report of the International Law Commission, Yearbook ILC 1996 II (2), 1 (42 f).

23 In einem Entwurf zur Staatenverantwortlichkeit hat die Völkerrechtskommission bereits Aggression als ein primäres Beispiel für ein internationales Verbrechen qualifiziert (ILC, Draft Articles on State Responsibility, ILM 37, 1998, 440 (447), Art. 19 Abs. 3). Allerdings verzichtete die Völkerrechtskommission später darauf, den Terminus internationaler Verbrechen in ihrem Entwurf über Staatenverantwortlichkeit aufzunehmen (vgl. dazu § 173). Auch in der Deklaration über freundschaftliche Beziehung und Zusammenarbeit zwischen den Staaten von 1970 (GA Res. 2625 [XXV] vom 24. 10. 1970) hatte die Generalversammlung den Aggressionskrieg (nicht die Aggression) als ein Verbrechen gegen den Frieden qualifiziert.

24 Vgl. dazu § 198.

25 Anm. 21.

14. 12. 1974 zur Definition des Begriffs Aggression verwies, geht Art. 5 Abs. 2 des ICC-Statuts von einer zukünftigen eigenständigen Definition der Aggression aus.[26] Der Verweis auf eine eigenständige Interpretation macht deutlich, daß diese möglicherweise von der Definition in der Aggressionsresolution abweichen wird mit der Konsequenz, daß von dem Internationalen Strafgerichtshof nur einzelne der dort dann genannten Handlungsformen verfolgt werden können. Dies reflektiert, daß Unsicherheit darüber besteht, ob und inwieweit die Normierung der Aggressionsdefinition inzwischen Bestandteil des Völkergewohnheitsrechts geworden ist.[27] Davon ist zudem die hier entscheidende Frage zu trennen, inwieweit die strafrechtliche Verfolgung von Verbrechen gegen den Frieden völkergewohnheitsrechtlich verankert ist.

b. In bezug auf die letztgenannte Frage ist zu erwägen, welche Bedeutung die Nichtaufnahme eines Straftatbestandes eines Verbrechens gegen den Frieden in das Statut des Internationalen Strafgerichtshof für die gewohnheitsrechtliche Geltung bzw. Fortgeltung dieses Delikts hat. Man kann nicht argumentieren, daß mit Art. 5 Abs. 2 des ICC-Statuts das Verbrechen der Aggression *de facto* nicht in das Statut des Gerichtshofs aufgenommen sei.[28] Art. 5 Abs. 2 des Statuts läßt keine Zweifel daran, daß das Verbrechen gegen den Frieden als solches anerkannt und völkergewohnheitsrechtlich verankert ist. Fraglich ist lediglich die genauere tatbestandsmäßige Abgrenzung und die damit zusammenhängende Frage, ob und inwieweit der Sicherheitsrat in die Verfolgung dieses Verbrechens einzuschalten ist, worauf Art. 5 Abs. 2 des Statuts hindeutet.[29]

c. Auch wenn davon auszugehen ist, daß generell die Rechtsüberzeugung besteht, daß Verbrechen gegen den Frieden individuell strafrechtlich geahndet werden können, besteht doch Unklarheit darüber, was im Sinne des internationalen Strafrechts als Verbrechen gegen den Frieden zu bezeichnen ist. Hinweise ergeben sich sowohl aus den Statuten der beiden internationalen Militärtribunale von Nürnberg bzw. Tokio sowie aus den Arbeiten der Völkerrechtskommission. Zweifelsohne erfüllt den Straftatbestand des Verbrechens gegen

---

[26] „The Court shall exercise jurisdiction over the crime of aggression once a provision is adopted in accordance with art. 121 and 123 defining the crime and setting out the conditions under which the Court shall exercise jurisdiction with respect to this crime. Such a provision shall be consistent with a relevant provision of the Charter of the United Nations". Zur Entstehungsgeschichte vor allem der Diskussion auf der Staatenkonferenz, vgl. *A. Zimmermann*, in: *O. Triffterer* (ed.), Commentary on the Rome Statute of the International Criminal Court: Observers notes article by article, 1999, art. 5 Rn. 16 ff; vgl. hierzu des weiteren *Boister*, Journal of Armed Conflicts Law, (1998), 27 ff; *Kapende*, Nordic JIL 1995, 223 ff; *Hogan-Doran/van Ginkel*, NILR (1996), 321; *Zimmermann*, Max Planck UNYB 2 (1998), 169 (171 ff).

[27] In dem Fall *Concerning Military and Paramilitary Activities in and against Nicaragua, Merits* hat der Internationale Gerichtshof zumindest den Tatbestand in Art. 3 lit. g der Aggressionsdefinition als Bestandteil von Völkergewohnheitsrecht identifiziert: „The sending by or on behalf of a State of armed bands, groups, irregulars or mercenaries which carry out acts of armed force against another State of such gravity as to amount to acts listed above, or its substantial involvement therein", vgl. ICJ Reports 1986, 14 (103).

[28] So aber *Zimmermann*, Commentary on Art. 8, in: *Triffterer* (Anm. 26), Rn. 16.

[29] *Dinstein*, War Crimes, 112; anderer Ansicht aber *Tomuschat*, (Anm. 19), 5; er formuliert wie folgt: „Wenn aber keine Bereitschaft besteht, Aggressionshandlungen vor das einzige Gericht bringen zu lassen, das als geeignete justizielle Instanz in Frage kommt, so wird damit unvermeidlich auch die Ebene des materiellen Rechts berührt. Aggressionshandlungen nur *ad hoc* zu bestrafen und etwa in diesem Sinne ein Ausnahmegericht für den irakischen Diktator Saddam Hussein zu errichten, würde dem Postulat der Gleichheit vor dem Recht Hohn sprechen. Sehr nüchtern wird man daher feststellen müssen, daß es in bezug auf die individuelle Strafbarkeit der Aggression gegenwärtig jedenfalls sowohl an der Praxis als auch an der Rechtsüberzeugung fehlt, die als Grundlage für die Annahme einer gewohnheitsrechtlichen Regelung unerläßlich sind. Nürnberg und Tokio, die der ILC bei ihrem Vorschlag Modell gestanden haben, haben sich offenbar erschöpft. Ein eventuell noch in Restbeständen vorhandenes Rechtsbewußtsein müßte sich erst in konkreten Handlungen manifestieren, ehe man mit Bestimmtheit die Existenz einer Norm über die individuelle Strafbarkeit von Aggression zu Akten behaupten könnte."

den Frieden nicht bereits jeder Verstoß gegen Art. 2 Ziff. 4 der Charta der Vereinten Nationen. Das Verbot der Gewalt ist deutlich weiter zu verstehen als das Verbot der Aggression.[30]

d. Bei einer Bestimmung des Begriffs des Verbrechens gegen den Frieden ist in erster Linie zu berücksichtigen, daß Art. 5 Abs. 2 des ICC-Statuts gewisse Vorgaben für eine spätere Regelung enthält. Die Norm spricht von *„a crime of aggression"*, wählt also einen weiteren Ansatz als Art. 5 lit. a des IMT-Statuts der von *„a war of aggression"* sprach und damit ein massives Ausmaß kriegerischer Tätigkeit voaussetzte. Ebenso weicht die für Art. 5 Abs. 2 des IMT-Statuts gewählte Formulierung von dem Wortlaut des *Friendly Relations Declaration*[31] ab, die ebenfalls nur den Angriffskrieg erfaßt, nicht aber jeden, selbst aggressiven Akt, der nicht das Ausmaß eines Krieges erreicht. Schließlich hat zwar die Aggressionsdefinition[32] Aggression als solche definiert, aber nur den *„war of aggression"* als *„crime against international peace"* definiert.[33] Daß diese Formulierung bewußt gewählt wurde, belegt Art. 5 Abs. 2, 2. Satz der Aggressionsdefinition. Denn dort heißt es, daß bereits die Aggression, also nicht erst der Aggressionskrieg, eine internationale Staatenverantwortlichkeit bedingt. Diese Differenzierung ist folgerichtig; internationale Staatenverantwortlichkeit und internationale strafrechtliche Verantwortlichkeit sind nicht notwendigerweise dekkungsgleich. Die internationale strafrechtliche Verantwortlichkeit bezieht sich auf enger gefaßte Tatbestände. Allerdings heißt dies nicht, daß nicht auch Aggressionsakte unterhalb der Schwelle des Angriffskriegs individuell verfolgt werden könnten. Durch die gewählte Formulierung läßt Art. 5 Abs. 2 des ICC-Statuts diese Option offen.

e. Die Differenzierung in der Resolution zur Aggressionsdefinition (Art. 3 und 5) ist aber von Bedeutung für die Frage, wie weit die gewohnheitsrechtliche Geltung des Verbrechens gegen den Frieden reicht. Die Statuten der Internationalen Militärgerichtshöfe von Nürnberg und Tokio sowie das Kontrollratsgesetz Nr. 10 haben lediglich eine Bestrafung der Vorbereitung des Beginns und der Durchführung eines Angriffskriegs vorgesehen. Die Diskussionen zur Aggressionsdefinition in der Resolution A/RES 3314 und zur *Friendly Relations Declaration* belegen, daß insoweit von der Existenz Völkergewohnheitsrechts ausgegangen wurde[34] und auch ausgegangen werden kann[35]. Etwas anderes gilt für die strafrechtliche Verfolgung von Aggressionsakten unterhalb der Schwelle des Angriffskriegs. Das heißt für die Auslegung von Art. 5 Abs. 2 des ICC-Statuts, daß sie, sollten die in Art. 5 Abs. 2 des Statuts vorgesehenen Änderungen zustande kommen, soweit sie eine strafrechtliche Verfolgung des Angriffskriegs vorsehen, letztlich geltendes Gewohnheitsrecht kodifizieren. Soweit dagegen auch eine strafrechtliche Verfolgung von Aggressionsakten unterhalb der Schwelle des Krieges statuiert wird, wird dadurch ein neuer Straftatbestand geschaffen. Der Grundsatz *nulla poena sine lege* wäre bei einer späteren Anwendung zu beachten.

f. Nach Art. 5 Abs. 2 letzter Satz des ICC-Statuts muß die Definition des Aggressions-Verbrechens *(crime of aggression)* mit der Charta der Vereinten Nationen kompatibel sein. Diese Klausel enthält einen Verweis auf Art. 103 VN-Charta. Aus der Sicht des materiellen Rechts muß eine zukünftige Definition des Aggressionsverbrechens Art. 51 VN-Charta, das Recht auf individuelle und kollektive Selbstverteidigung, achten. Hierin kann aber auch ein Verweis auf die Funktionen des Sicherheitsrates gemäß Kapitel VII der VN-Charta liegen.

---

30 *Dinstein*, War Crimes, 116.

31 Anm. 23.

32 GA Res. 3314 (XXIX) vom 14. 12. 1974.

33 Ibid., Art. 5 Abs. 2.

34 Vgl. dazu vor allem *B. Ferencz*, Defining International Aggression, The Search for World Peace, A Documentary History and Analysis, Vol. II, 1975, 43 ff; insbesondere Anm. 222 ff, Anm. 236; *Triffterer*, Bestandsaufnahme zum Völkerstrafrecht, in: *Hankel/Stuby*, 188 f.

35 Zweifelnd *Triffterer* (Anm. 34), 207, unter Hinweis auf die fehlende Übung.

Auf diesen Punkt verweist auch die Formulierung in Art. 5 Abs. 2 Satz 1 des ICC-Statuts, wonach die Bedingungen angesprochen werden, unter denen der Internationale Strafgerichtshof seine Jurisdiktion ausüben kann. Dies ist als Verweis auf die Funktionen des Sicherheitsrats zu verstehen.[36]

g. Eine weitere Konkretisierung des Straftatbestands des Verbrechens gegen den Frieden ergibt sich – wie bereits angesprochen – aus den Statuten der Internationalen Militärtribunale von Nürnberg und Tokio sowie aus deren Judikatur.

4. Es ist davon auszugehen, daß nicht nur der konkret durchgeführte Angriffskrieg, sondern auch seine Androhung bzw. die Planung den Straftatbestand des Verbrechens gegen den Frieden erfüllt. Insofern ist die Nennung der einzelnen Handlungsformen in Art. 6 lit. a des IMT-Statuts für die Auslegung des Straftatbestands heranzuziehen, wonach sowohl die Planung, Vorbereitung oder der Beginn eines Aggressionskriegs ausreichend sind. Die hier verwandten Begriffe gehen ineinander über. Von einer Planung ist zu sprechen, wenn der Angriffskrieg theoretisch vorbereitet wird, wohingegen die Vorbereitung schon praktische Maßnahmen erfaßt, auch wenn damit noch nicht die Feindseligkeiten begonnen werden.[37]
Das Statut des Internationalen Militärtribunals von Nürnberg benutzte auch den Begriff der Verschwörung zum Krieg. Es hat diesen Begriff eng ausgelegt und gefordert, daß die Verschwörung einen engen Bezug zum Ausbruch des Krieges haben und der Beweis erbracht werden müsse, daß der Beschuldigte an dieser vorbereitenden Planung konkret mitgewirkt hat. Nicht ausreichend sei es, daß Beschuldigte ein politisches Programm, auch wenn es in Richtung auf die Kriegführung zielte, unterstützten.
Es erscheint außerordentlich fraglich, ob die Handlungsform der Verschwörung zum Angriffskrieg wirklich Bestandteil des Völkergewohnheitsrechts ist. Dagegen spricht, daß, während der Entwurf der Völkerrechtskommission von 1954 auf diesen Punkt noch abhob, sich der Entwurf von 1996 auf die Planung, Vorbereitung, Beginn und Durchführung einer Aggression beschränkte.

5. a. Aus der Konstruktion des Tatbestandes des Verbrechens gegen den Frieden ergibt sich, daß nicht jede Mitwirkung an einem kriegerischen Geschehen diesen Tatbestand erfüllt. Vielmehr können diesen Tatbestand nur Personen erfüllen, die entweder auf der politischen oder militärischen Ebene wesentlichen zentralen Einfluß ausüben.[38] Dies wird sowohl durch die frühen Entwürfe der Völkerrechtskommission wie auch durch den Entwurf der Völkerrechtskommission von 1996 bestätigt, in denen die Verbrechen gegen den Frieden auf die politische oder militärische Führung bzw. Organisation beschränkt wurden. Entscheidend ist danach die politische oder militärische Position und der auf dieser Basis ausgeübte Einfluß.[39]

b. Die Tatsache, daß ein Verbrechen gegen den Frieden begangen worden ist, wird nicht dadurch wieder rückgängig gemacht, daß der Aggressor im Verlaufe des Krieges in eine Verteidigerposition gelangt.[40] Insoweit ist das Kriegsgeschehen als Einheit zu sehen. Es kann aber durchaus die Situation eintreten, daß ein ursprünglicher Verteidigungskrieg in einen Aggressionskrieg umschlägt, indem er z. B. auf territoriale Gebietsgewinne abzielt. Die

---

[36] Vgl. dazu *Zimmermann*, Max Planck UNYB 2 (1998), 201 ff; zu dem Verhältnis des Internationalen Strafgerichtshofs und dem Sicherheitsrat vgl. § 199.

[37] *Greenspan*, The Modern Law of Land Warfare, 1959, 455.

[38] Dies hat der amerikanische Militärgerichtshof im *High Command Case* (USA v. von Leeb et al.), NMT 11 (1948), 462 (486), bestätigt, ebenso in dem *IG Farben Case* (USA v. Krauch et al.), NMT 8 (1948), 1081 (1124 f).

[39] Weitergehend *Dinstein*, War Crimes, 122 f, wobei er allerdings einräumt, daß Industrielle und die Finanzwelt im Verbrechen gegen den Frieden in Nürnberg freigesprochen worden sind.

[40] *Dinstein*, War Crimes, 123 f.

betreffende politische oder militärische Führung ist dann nicht wegen der Einleitung eines Angriffskriegs, sondern möglicherweise nur wegen dessen Führung strafrechtlich verfolgbar.

c. Voraussetzungen für eine strafrechtliche Verfolgung wegen Verbrechen gegen den Frieden setzen neben der Erfüllung des objektiven auch die Erfüllung des subjektiven Tatbestandes voraus. Zu fordern ist, daß ein entsprechender Vorsatz bestand. Dies hatte der Militärgerichtshof gemäß des Kontrollratsgesetzes Nr. 10 im *High Command Case* bestätigt[41]. Nur so ist es möglich, zwischen einer Aufrüstung zur Verteidigung und einer solchen zum Beginn eines Angriffskrieges zu unterscheiden. Auch der Internationale Militärgerichtshof hat diesen Gesichtspunkt angesprochen und im Fall *Schacht* bestätigt, daß die Förderung eines Wiederaufrüstungsprogramms für sich gesehen noch kein Verbrechen gegen den Frieden darstellt.[42] Das gleiche gilt für entsprechende Planspiele.

d. Das Statut des Internationalen Strafgerichtshofs enthält eine Reihe von Entschuldigungsgründen, die auch für das Verbrechen gegen den Frieden Gültigkeit haben und die, wenn nicht von Völkergewohnheitsrecht gedeckt sind, so doch allgemeine Rechtsprinzipien darstellen. Dies gilt insbesondere für einen Irrtum hinsichtlich der Sachlage. Ist von einem Angeklagten angenommen worden, daß der Krieg als Selbstverteidigungskrieg geführt wurde, so fehlt der Vorsatz des Angriffskrieges und ein individuelles Verschulden ist zu verneinen. Etwas anderes gilt für den Irrtum hinsichtlich der Rechtslage. Entschuldigungsgründe stellen außerdem der Notstand, wie in Art. 31 Abs. 1 lit. d durch das Statut des Internationalen Strafgerichtshofs definiert, so wie die Unzurechnungsfähigkeit dar. Dagegen, und hierin liegt eine wesentliche Bedeutung, führt die Berufung auf einen Befehl nicht zur Exkulpation. Dies ist vom Internationalen Militärtribunal in Nürnberg bestätigt worden.[43] Der Entwurf der Völkerrechtskommission von 1996 greift diesen Gedanken in Art. 5 auf. Art. 33 Abs. 1 des Statuts des Internationalen Strafgerichtshofs ist stärker ausdifferenziert, enthält aber letztlich die gleiche Aussage.[44]

6. Die Regelung von Art. 5 Abs. 2 des ICC-Statuts ist in mehrfacher Hinsicht völkerrechtspolitisch zu bedauern.
Wenn es zu einer Ergänzung des Statuts im Sinne von Art. 5 Abs. 2 kommt, so gilt diese Ergänzung nur für diejenigen Staaten, für die diese Ergänzung in Kraft getreten ist.[45] Damit könnten Staatsangehörige der Staaten, die diese Ergänzung nicht ratifiziert haben, nicht von dem Internationalen Strafgerichtshof wegen eines Verbrechens gegen den Frieden verfolgt werden. Das gleiche gilt für Straftaten, die auf dem Staatsgebiet des Staates begangen worden sind, der diese Ergänzung nicht ratifiziert hat.[46] Diese Regelung modifiziert zudem die in Art. 13 lit. b i.V.m. Art. 12 Abs. 2 des Statuts vorgesehene Möglichkeit,[47] daß der Sicherheitsrat den Internationalen Strafgerichtshof mit einer Situation befaßt, in der weder der Staat, auf dessen Staatsgebiet die Verbrechen stattgefunden haben, noch der Staat, dem die Beschuldigten als Staatsangehörige angehören, Vertragsstaat des Statuts ist. Damit können sich Staaten durch Nichtratifikation der Ergänzung zum Statut davor sichern, daß ihre Staatsangehörigen von dem Internationalen Strafgericht wegen Verbrechen gegen den Frieden angeklagt werden.
Der zweite Einwand ist mehr grundsätzlicher Natur. Es ist zwar dargetan worden, daß die Nichtaufnahme des Verbrechens gegen den Frieden in das Statut des Internationalen Strafgerichtshofs dessen völkergewohnheitsrechtlichen Charakter nicht in Frage stellt.

---

[41] Anm. 38, 486.
[42] Anm. 38, 309.
[43] Anm. 38, 224.
[44] Vgl. dazu im einzelnen § 199.
[45] Vgl. Art. 121 Abs. 5 ICC-Statut.
[46] Art. 121 Abs. 5, ICC-Statut.
[47] Vgl. dazu § 198.

Sollten allerdings in Zukunft keine Versuche unternommen werden, das Statut in dieser Hinsicht zu ändern, so ist nicht auszuschließen, daß hieraus auf den Wegfall einer entsprechenden Rechtsüberzeugung geschlossen werden kann.

II. 1. Die strafrechtliche Verfolgung von Kriegsverbrechen, d. h. von Verstößen gegen die geschriebenen und ungeschriebenen Regeln zur Kriegführung, können auf eine lange Tradition zurückblicken.[48] Die entsprechenden Regeln haben sich parallel zu den Regeln über die Kriegführung entwickelt und verstehen sich als Mechanismen, um diesen Kriegführungsregeln zur Beachtung zu verhelfen. Es handelt sich bei den Strafvorschriften um Durchsetzungsmechanismen; insofern unterscheiden sie sich von ihrer Zielsetzung her nicht von den übrigen Regeln des internationalen materiellen Strafrechts. Allerdings geschah die Kriminalisierung der Verletzung von Regeln der Kriegführung deutlich langsamer als die Entwicklung des Kriegführungsrechts selbst. Eine strafrechtliche Ahndung erfolgte daher entweder auf der Basis von Völkergewohnheitsrecht[49] oder des nationalen Strafrechts. Dem hat die Präambel des Abkommens betreffend die Gesetze und Gebräuche des Landkriegs (IV. Haager Abkommen von 1907)[50] Ausdruck verliehen.[51] Die Haager Regeln von 1899 und 1907[52] enthielten keine ausdrückliche Regelung für eine individuelle strafrechtliche Verfolgung von Verstößen noch schränken sie – auf der anderen Seite – eine strafrechtliche Verfolgung seitens des verletzten Staates ein. Gewisse Ansätze finden sich allerdings in Art. 41 und 56 Abs. 2 Haager Landkriegsordnung. Art. 41 spricht die Verletzung eines Waffenstillstands durch Privatpersonen an. Die Reaktionsmöglichkeiten des verletzten Staates werden auf die Forderung von Schadensersatz und die Bestrafung der Schuldigen beschränkt. Das heißt, die Möglichkeit einer Bestrafung wird stillschweigend vorausgesetzt. Art. 56 der Haager Landkriegsordnung enthält demgegenüber die Verpflichtung zur strafrechtlichen Ahndung einer Zerstörung des Eigentums von bestimmten Institutionen. Eine vergleichbare Norm findet sich in Art. 28 der Genfer Konvention von 1906 zur Verbesserung des Loses der Verwundeten und Kranken im Felde.[53] Danach waren die Vertragsparteien in Kriegszeiten verpflichtet, Raub sowie die Mißhandlung von Kranken und Verwundeten zu verhindern und zu bestrafen, ebenso wie den Mißbrauch militärischer Abzeichen oder von Flagge und Emblem des Roten Kreuzes. Diese Vorschrift enthielt nicht nur eine Erlaubnis zur Bestrafung für den Staat, dessen Streitkräften der Täter angehörte, sondern auch für den Staat, der die betreffende Person in Gewahrsam hatte, z. B. als Kriegsgefangenen.[54]
Den genannten Regelungen ist gemeinsam, daß sie zwar die strafrechtliche Verfolgung von Verstößen gegen die Regeln der Kriegführung vorsahen bzw. von ihnen ausgingen, aber detaillierte Regelungen zu diesem Komplex für überflüssig hielten.
Eine wesentliche Wende erfolgte insoweit durch die vier Genfer Konventionen vom 12. 8. 1949, die die strafrechtliche Ahndung schwerer Verstöße regeln.[55] Sie sehen die

---

[48] Zur Verfolgung von Kriegsverbrechen im Mittelalter vgl. *M. H. Keen*, The Law of Wars in the Late Middle Ages, 1965, 23 ff.

[49] *H. H. Jescheck*, War Crimes, EPIL IV, 2000, 1349 ff; *M. Lachs*, War Crimes, 1945, 7.

[50] BGBl. 1910, 107; *Martens*, NRG, Série III, Tome 3, 461.

[51] Ibid.: „... Solange, bis ein vollständigeres Kriegsgesetzbuch festgestellt werden kann, halten es die hohen vertragsschließenden Teile für zweckmäßig, festzusetzen, daß in den Fällen, die in den Bestimmungen der von ihnen angenommenen Ordnung nicht einbegriffen sind, die Bevölkerung und die Kriegführenden unter dem Schutz und der Herrschaft der Grundsätze des Völkerrechts bleiben, wie sie sich ergeben aus den unter gesitteten Völkern feststehenden Gebräuchen, aus den Gesetzen der Menschlichkeit und aus den Forderungen des öffentlichen Gewissens."

[52] Die Haager Landkriegsordnungen sind Anhänge der Konventionen von 1899 (II. Haager Konvention) bzw. von 1907 betreffend die Gesetze und Gebräuche des Landkriegs.

[53] RGBl. 1907, 279.

[54] Vgl. dazu *G. J. A. D. Draper*, The Modern Pattern of War Criminality, Isr. Y. B. Hum. Rts. 6, (1976), 9 ff (15).

[55] Art. 50 I. Genfer Abkommen (Abkommen zur Verbesserung des Loses der Verwundeten und Kranken der Streitkräfte im Felde, BGBl. 1954 II, 783); Art. 51 II. Genfer Abkommen (Abkommen zur Verbesserung

strafrechtliche Ahndung von Verstößen gegen Verhaltensgebote der Abkommen vor: Die Vertragsparteien verpflichten sich „... alle notwendigen gesetzgeberischen Maßnahmen zur Festsetzung von angemessenen Strafbestimmungen für solche Personen zu treffen, die irgendeine der im folgenden Artikel umschriebene Verletzung der vorliegenden Abkommen begehen oder zu einer solchen Verletzung den Befehl erteilen ...“. Gemeinsames Ziel dieser Strafbestimmungen ist es, unter diesem Abkommen geschützte Personen oder Sachen vor einer Verletzung ihrer Rechte zu sichern.

Das Zusatzprotokoll zu den Genfer Abkommen vom 12. August 1949 über den Schutz der Opfer internationaler bewaffneter Konflikte (I. Zusatzprotokoll) von 1977[56] sowie das Zusatzprotokoll zu den Genfer Abkommen vom 12. August 1949 über den Schutz der Opfer nicht internationaler bewaffneter Konflikte (II. Zusatzprotokoll) von 1977[57] benennen weitere Verstöße. Allerdings erweitert nur das I. Zusatzprotokoll den Kreis schwerer Verstöße, indem es neue identifiziert[58] und feststellt, daß schwere Verstöße auch durch Unterlassen begangen werden können.[59]

Das II. Zusatzprotokoll verwendet den Begriff der schweren Verstöße nicht, regelt allerdings die strafrechtliche Verfolgung von Verstößen in seinem Art. 6. Diese Norm geht von der Anwendung des nationalen Strafrechts aus, wobei dessen Anwendung allerdings Schranken unterliegt.

Die genannten Normen umschreiben zwar den Tatbestand, ohne allerdings die Präzision nationaler strafrechtlicher Normen zu erreichen. Vor allem fehlen aber Regeln über die Strafzumessung. Eine Ausnahme bilden insoweit Art. 82 ff. des III. Genfer Abkommens. Diese Regelungen dienen jedoch dem Schutz der Kriegsgefangenen gegenüber der Gewahrsamsmacht. Ihre vergleichsweise ausgeprägte Präzision dient also einem spezifischen Zweck; sie ist nicht typisch für das internationale materielle Strafrecht. Generell ist festzustellen, daß die genannten Strafnormen nicht unmittelbar anwendbar sind. Dies ist nicht nur eine Konsequenz fehlender Präzision; vom Sinn und Zweck dieser Normen wird vielmehr eine innerstaatliche Umsetzung vorausgesetzt.[60] Dazu sind die Staaten nach den vier Genfer Abkommen sowie dem I. Zusatzprotokoll ausdrücklich verpflichtet. Insofern folgt das Genfer Recht für die strafrechtliche Verfolgung von Kriegsverbrechen einem dezentralen Ansatz; Normkonkretisierung und Anwendung des internationalen Strafrechts liegen bei den Vertragsstaaten.[61]

Es gibt verschiedene Möglichkeiten für die Staaten, ihre Verpflichtung, eine Bestrafung von Kriegsverbrechen vorzusehen, zu verwirklichen. Entweder können sie spezielle nationale gesetzliche Regelungen erlassen; sie können in ihren nationalen Strafgesetzbüchern auf die entsprechenden internationalen Regelungen verweisen und nur den Strafrahmen fixieren,[62] oder sie können sicherstellen, daß das nationale Strafrecht Kriegsverbrechen tatbestandlich erfaßt.[63] Das Statut des Internationalen Strafgerichtshofs und die sich daraus ergebende

---

des Loses der Verwundeten, Kranken und Schiffbrüchigen der Streitkräfte zur See, BGBl. 1954 II, 813); Art. 130 III. Genfer Abkommen (Abkommen über die Behandlung der Kriegsgefangenen, BGBl. 1954 II, 838); Art. 147 IV. Genfer Abkommen (Abkommen zum Schutze von Zivilpersonen in Kriegszeiten, BGBl. 1954 II, 917; 1956 III, 1586).

56 1125 UNTS, 3; BGBl. 1990 II, 1551.

57 1125 UNTS, 151; BGBl. 1990 II, 1637.

58 Art. 11 Abs. 4, Art. 85 Abs. 3.

59 Art. 86.

60 *M. Bothe*, The Role of International Law in the Implementation of International Humanitarian Law, in: *C. Swinarski* (ed.), Studies and Essays on International Humanitarian Law and Red Cross Principles in Honour of Jean Pictet, 1984, 301 (305).

61 *Wolfrum*, The Dezentralized Prosecution, 242.

62 Diesem Ansatz folgt der U.S. amerikanische *War Crimes Act of 1996* (ILM 35 (1996), 1539), der der nationalen Umsetzung der vier Genfer Konventionen dient.

63 Vgl. dazu *K. Drzwicki*, National Legislation as a Measure for Implementation of International Humanitarian Law, in: *F. Kalshoven*/*Y. Sandoz* (eds.), International Humanitarian Law, 1989, 109 ff (112); *J. M. Wagner*, U.S. Prosecution of Past and Future War Criminals and Criminals against Humanity: Proposals for Reform Based on the Canadian and

Verpflichtung, im nationalen Strafverfahrensrecht für eine Kooperation mit dem Internationalen Strafgerichtshof Sorge zu tragen und dabei das materielle Strafrecht mit dem Statut des Internationalen Strafgerichtshof abzustimmen, machen die Ausarbeitung entsprechender nationaler Regelungen wahrscheinlich.[64]

2. Art. 8 Abs. 2 des Statuts des Internationalen Strafgerichtshofs definiert den Begriff der Kriegsverbrechen unter Rückgriff auf die vier Genfer Konventionen vom 12. 8. 1949 sowie auf das entsprechende Haager Recht. Unterschieden wird in dieser Norm zwischen Kriegsverbrechen in internationalen und solchen in nicht internationalen Konflikten.[65]
In den Statuten der Internationalen Militärtribunale von Nürnberg[66] und Tokio[67] war ausdrücklich keine abschließende Aufzählung von Kriegsverbrechen vorgenommen worden. Dies beruhte darauf, daß Kriegsverbrechen vor allem in der Haager Landkriegsordnung kodifiziert waren;[68] im übrigen mußte auf Völkergewohnheitsrecht zurückgegriffen werden. Auch die Aufzählung der Verstöße gegen die Gesetze oder Gebräuche des Krieges in Art. 3 des Statuts für den Internationalen Strafgerichtshof für das ehemalige Jugoslawien (ICTY) ist nicht abschließend, enthält allerdings im Vergleich zu den Regelungen der Satzungen der beiden Internationalen Strafgerichtshöfe von Nürnberg und Tokio Konkretisierungen.
Art. 8 des ICC-Statuts umschreibt den Tatbestand des Kriegsverbrechens für den Internationalen Strafgerichtshof abschließend. Dabei wird Art. 3 ICTY-Statut inkorporiert.
Die Tatsache, daß Art. 8 ICC-Statut abschließend formuliert ist, besagt nicht, daß es nicht weitere Kriegsverbrechen geben kann, die völkergewohnheitsrechtlich anerkannt sind. Auch die nationale Strafgesetzgebung kann über den Katalog von Art. 8 ICC-Statut hinausgehen. Durch die ausdrückliche bzw. inhaltliche Bezugnahme auf die verschiedenen Rechtsnormen in Art. 8 Abs. 2 ICC-Statut finden sich in dem Tatbestand für Kriegsverbrechen, wie in Art. 8 ICC-Statut definiert, eine Vielzahl von Überschneidungen. Insofern kann von einer alternativen Strafbarkeit, also der Stützung der Anklage auf beide Normen ausgegangen werden. Dies gilt auch für das Statut des Internationalen Strafgerichtshofs für das frühere Jugoslawien gemäß dessen Art. 2 und 3.[69]
Im folgenden wird bei der Erläuterung der einzelnen Kriegsverbrechen von Art. 8 ICC-Statut ausgegangen, dabei soll aber auch die Entwicklung aufgezeigt werden, die zu der Formulierung der betreffenden Norm geführt hat.

3. a. Art. 8 Abs. 2 lit. a ICC Statut erfaßt zunächst als Kriegsverbrechen die schweren Verletzungen der Genfer Abkommern vom 12. August 1949. Zuerst genannt wird die vorsätzliche Tötung von geschützten Personen.[70] Sie stellt nach allen vier Genfer Konventionen einen schweren Verstoß dar. Auf der subjektiven Tatbestandsseite wird Vorsatz bzw.

Australian Experience, VJIL 29 (1989), 887 ff; *L. Hannikainen*, Implementation of International Humanitarian Law in Finnish Law, in: *L. Hannikainen* et al. (eds.), Implementing Humanitarian Law Applicable in Armed Conflict, 1992, 114 ff.

[64] Vgl. dazu den Regierungsentwurf für ein Völkerstrafgesetzbuch für Deutschland (http://www.bmj.bund.-de/images/11222.pdf.).

[65] Vgl. Art. 8 Abs. 2 lit. a und b einerseits und Art. 8 Abs. 2 lit. c, d, e und f andererseits. Der Regierungsentwurf zur Einführung des Völkerstrafgesetzbuches (Anm. 64) unterscheidet zwischen Kriegsverbrechen gegen Personen, Kriegsverbrechen gegen Eigentum und sonstige Rechte, Kriegsverbrechen gegen humanitäre Operationen und Embleme, Kriegsverbrechen des Einsatzes verbotener Methoden der Kriegführung und Kriegsverbrechen des Einsatzes verbotener Mittel der Kriegführung. Diese Unterscheidung hat aber im Vergleich zu dem Statut des Internationalen Strafgerichtshofs keine substantielle Bedeutung.

[66] Art. 6 lit. b.

[67] Art. 6 lit. c.

[68] Das Giftgasprotokoll von 1925 (94 LNTS, 65; RGBl. 1929 II, 173) enthielt zwar Strafbestimmungen blieb aber, da Giftgas nicht eingesetzt worden war, außer Betracht.

[69] A. A. *Ahlbrecht*, 377.

[70] Art. 8 Abs. 2 a: „Grave breaches of the Geneva Conventions of 12 August 1949, namely any of the following acts against persons or property protected under the provisions of the relevant Geneva Convention: (i) Wilfull killing…"

grobe Fahrlässigkeit verlangt. Diese Formulierung entspricht Art. 2 lit. a ICTY-Statut. Art. 6 lit. b IMT-Statut erwähnt als Kriegsverbrechen – wie auch als Verbrechen gegen die Menschlichkeit in Art. 6 lit. c IMT – Mord, ohne Mord und Totschlag voneinander abzugrenzen. Art. 8 Abs. 2 a (i) ICC-Statut bzw. Art. 2 lit. a ICTY-Statut geben den Tatbestand in seiner inzwischen auch völkergewohnheitsrechtlich verankerten Form wieder, nämlich als vorsätzliche Tötung einer unter dem Genfer Recht geschützten Person (z. B. Kriegsgefangene, Verletzte). Dabei muß sich der Vorsatz bzw. die grobe Fahrlässigkeit auch darauf beziehen, daß es sich um geschützte Personen handelt. Nach dem IV. Genfer Abkommen sind auch Zivilpersonen geschützt, insoweit besteht eine Berührung mit Verbrechen gegen die Menschlichkeit. Allerdings wird insoweit nur Mord bestraft, und nur wenn dieser Teil eines groß angelegten systematischen Plans gegen die Zivilbevölkerung ist. Wenn dieses subjektive Tatbestandselement nicht nachweisbar ist, ist ein Ausweichen auf Kriegsverbrechen möglich.
Die Tat muß im Rahmen eines internationalen Konflikts begangen worden sein.[71] Auch hiervon muß der Täter Kenntnis gehabt haben.

b. Eine schwere Verletzung stellt auch die Folter bzw. unmenschliche Behandlung dar. Dies schließt biologische Versuche mit ein.[72] Auch dieser Verstoß findet sich in allen vier Genfer Konventionen. Die Problematik dieses Tatbestandes liegt daran, daß Folter auch als Verbrechen gegen die Menschlichkeit qualifiziert ist.[73] Der Internationale Strafgerichtshof für das ehemalige Jugoslawien hat sich mehrfach mit der Frage auseinanderzusetzen gehabt, wann von Folter zu sprechen ist.[74] Was unter Folter zu subsumieren ist, bestimmt sich nach dem Übereinkommen gegen Folter und andere grausame, unmenschliche oder erniedrigende Behandlung oder Strafe von 1984,[75] auf das auch der Internationale Strafgerichtshof für das ehemalige Jugoslawien in ständiger Rechtsprechung zurückgreift. Dabei wird allerdings betont, daß diese Liste nicht abschließend ist.[76] Danach liegt Folter unter drei Voraussetzungen vor: Die Zufügung von großen körperlichen oder seelischen Schmerzen oder

---

[71] Der Internationale Strafgerichtshof für das ehemalige Jugoslawien hat betont, daß schwere Verstöße nur innerhalb eines international bewaffneten Konflikts begangen werden können (vgl. *The Prosecutor v. Dusco Tadic*, IT-94-1-A, para. 80; ICTY, Decision on the defence motion for interlocutory appeal on jurisdiction, *The Prosecutor v. Tadic*, IT-94-1-AR72, para. 84, 48 sowie ICTY, Judgment, *The Prosecutor v. Tihomir Blaskic*, IT-95-14-T, para. 74). Allerdings wird in dem *Delalic*-Fall angedeutet, daß schwere Vergehen auch im Rahmen von nicht internationalen Konflikten begangen werden könnten (ICTY, Judgment, *The Procecutor v. Zejnil Delalic* et al., IT-96-21-T, para. 202).

[72] „(ii) Torture or inhuman treatment, including biological experiments;"

[73] Siehe § 194. Allerdings muß hier noch hinzutreten, daß Folter Teil eines gegen die Zivilbevölkerung gerichteten Plans ist.

[74] Siehe *Prosecutor v. Zejnil Delalic* et al. („Celebici Camp"), IT-96-21-T, para. 494: „There must be an act or omission that causes severe pain or suffering, whether mental or physical which is inflicted intentionally and for such purpose as obtaining information or a confession from the victim or a third person, punishing the victim for an act he or she or a third person has committed, intimidating or (...) the victim or a third person, or for any reason on the discrimination of any kind and such act or mission being committed by (...) or at the instigation of, always a consent or a (...) of, an official or other person acting in an official capacity." In einem späteren Urteil wurde die Folter stärker mit Blick auf einen bewaffneten Konflikt definiert, Judgment, *The Prosecutor v. Furundzija*, IT-95-17/1-T, para. 162: „... consists of the infliction by act or mission of severe pain or suffering, whether physical or mental; in addition this act or mission must be intentional; it must (...) obtaining information or a confession, or a punishing, intimidating, humiliating or (...) the victim or a third person; or discriminating, on any ground, on any victim or a third person; it must be linked to an armed conflict; at least one of the persons involved in the torture process must be a public official or must at any rate act in a non-private capacity, namely, as a de facto organ of a State or any other authority (...) entity."

[75] 1465 UNTS, 85; BGBl. 1990 II, 246.

[76] *Celebici Camp*, Appeals Chamber Judgment, 20 February 2000, para. 470, Case No. IT-96-21-A, Appeals Chamber; so auch *The Prosecutor v. Miroslav Kvocka* et al., Case No. IT-98-30/1-T, 2 November 2001, para. 140.

Leiden und zwar durch Handlung oder Unterlassung; diese Handlung oder Unterlassung muß vorsätzlich erfolgt sein und sie muß einem verbotenen Ziel gedient haben, wie z. B. um von der gefolterten Person oder einer dritten eine Aussage oder ein Geständnis zu erlangen. Dem steht gleich die Intention der Einschüchterung, der Demütigung,[77] der Nötigung dieser oder einer dritten Person oder der Diskriminierung.[78]

Problematisch ist, ob Folter nur durch staatlich autorisierte Personen begangen werden kann oder eine staatlich autorisierte Person bei den Handlungen anwesend sein muß. Diese, ursprünglich von dem Internationalen Strafgerichtshof für das ehemalige Jugoslawien vertretene Ansicht,[79] ist inzwischen von ihm aufgegeben worden.[80] Es wurde zum einen darauf verwiesen, daß diese Einschränkung im Kontext eines bewaffneten Konfliktes unangemessen sei. Außerdem wurde auf Art. 7 Abs. 2 (e) ICC-Statut verwiesen, wonach Folter, als Verbrechen gegen die Menschlichkeit, nicht in dieser Weise beschränkt sei.[81] Diese Argumentation, vor allem der Verweis auf Art. 7 Abs. 2 (e) des ICC-Statuts ist nicht überzeugend. Denn der Tatbestand des Folterverbots ist auf der subjektiven Tatbestandsseite begrenzt, und diese Begrenzung findet für Kriegsverbrechen keine Anwendung.

c. Ebenfalls ein schwerer Verstoß nach den vier Genfer Konventionen ist die vorsätzliche Verursachung großer Leiden oder schwerer Beeinträchtigungen der körperlichen Unversehrtheit oder der Gesundheit.[82] Dieser Straftatbestand ergänzt den der Folter. Dabei müssen die Schäden nicht notwendigerweise anhaltender Natur sein, vor allem müssen sie nicht notwendigerweise fortdauern, wenn die Handlungen oder Unterlassungen abgestellt werden.[83]

Der Tatbestand wird beispielsweise durch unwürdige Unterbringung in Gefangenenlagern und eine entwürdigende Behandlung in diesen erfüllt.[84]

d. Kriegsverbrechen nach der I., der II. und der IV. Genfer Konvention sind die Zerstörung und Aneignung von Eigentum in großem Ausmaß.[85] Entscheidend ist, daß das Eigentum nach dem I., II. oder IV. Genfer Abkommen geschützt ist. Dies gilt nach dem I. und II. Genfer Abkommen für Einrichtungen zur Versorgung von Kranken und Verwundeten bzw. für Privateigentum in besetzten Gebieten (z. B. Art. 53 IV. Genfer Konvention).[86] Darüber hinaus darf diese Zerstörung nicht durch militärische Notwendigkeit gerechtfertigt sein. Dabei ist Voraussetzung, daß die militärische Notwendigkeit nur dasjenige Verhalten erfaßt, das nach Kriegsrecht zulässig ist. Insofern sind die Worte „*... and carried out unlawfully and wantonly ..*“ teilweise tautologisch.[87] Die inhärente Begrenzung des Tatbestands kann möglicherweise durch Rückgriff auf das Haager Recht ausgeglichen werden.[88]

e. Zwang gegenüber einem Kriegsgefangenen oder einer anderen geschützten Person in den

---

[77] So ausdrücklich im Urteil, *The Prosecutor v. Furundzija* (Anm. 74), para. 140.

[78] Ibid., para. 140.

[79] Vgl. *The Prosecutor v. Furundzija*, ibid., para. 162.

[80] Vgl. *The Prosecutor v. Drogoljub Kunarac* et al. („Foca“), Case No. IT-96–23 T und IT-96–23/1-T, Trial Chamber II, Judgment 22 February 2001, para. 139; so auch Judgment, 2 November 2001, *The Prosecutor v. Miroslav Kvocka* et al., para. 137 ff.

[81] *The Prosecutor v. Miroslav Kvocka* (Anm. 76), para. 138.

[82] „... (iii) Wilfully causing great suffering, or serious injury to body or health;“.

[83] So *Foca* Case (Anm. 80), para. 507; *Kvocka, The Prosecutor v. Miroslav Kvocka* (Anm. 76), para. 1141.

[84] *The Prosecutor v. Miroslav Kvocka* (Anm. 76), para. 151.

[85] „(iv) Extensive destruction and appropriation of property, not justified by military necessity and carried out unlawfully and wantonly.“

[86] Hierauf hat das Urteil des Internationalen Strafgerichtshofs für das ehemalige Jugoslawien vom 26. Februar 2001, *The Prosecutor v. Dario Kordic and Mario Cerkez* (Case No. IT-95–14–2-T), ausdrücklich verwiesen (vgl. paras. 808, 809).

[87] *W. J. Fenrick*, Commentary to article 8, in: *Triffterer* (Anm. 26), Rn. 14.

[88] Vgl. Art. 8 Abs. 2 b (iii) und (iv) bzw. Art. 3 lit. b und c ICTY-Statut.

Streitkräften der feindlichen Macht zu dienen, ist sowohl nach den Genfer Abkommen wie dem Haager Recht verboten und stellt nach dem IV. Genfer Abkommen einen schweren Verstoß dar.[89] Dabei ist gleichgültig, ob diese Person gegen ihr Heimatland oder in anderer Weise eingesetzt wird. Ausreichend ist, daß eine geschützte Person gegen ihren Willen gezwungen wird, in den Streitkräften eines gegnerischen Landes zu dienen.[90]
Insoweit ist ein Rückgriff auf das IV. und das III. Genfer Abkommen notwendig. Art. 147 des IV. Genfer Abkommens bezieht sich auf Zivilpersonen; die Rekrutierung von Zivilpersonen erfüllt demgemäß den Tatbestand von Art. 8 Abs. 2 a (v) ICC-Statut.[91] Das gleiche gilt für eine Rekrutierung von Kriegsgefangenen, die gesondert genannt wird. Dies ist ein Verweis auf Art. 130 III. Genfer Abkommen. Keine Aussage machen das III. und IV. Genfer Abkommen was unter *„hostile forces"* im Sinne von Art. 8 Abs. 2 a (v) ICC-Statut zu verstehen ist. Es bietet sich an, Art. 43 des I. Zusatzprotokolls heranzuziehen, wonach *„armed forces"* als *„all organised armed forces, groups and units which are under a command responsible to that party for the conduct of its subordinates...*" zu verstehen ist.

f. Das III. und das IV. Genfer Abkommen formulieren als schweren Verstoß den vorsätzlichen Entzug des Rechts eines Kriegsgefangenen oder einer anderen geschützten Person auf ein unparteiisches ordentliches Gerichtsverfahren. Entsprechend ist Art. 8 Abs. 2 a (vi) ICC-Statut formuliert. Geschützter Personenkreis sind erneut, wie unter Art. 8 Abs. 2 a (v) ICC-Statut, Kriegsgefangene nach dem III. Genfer Abkommen und Zivilpersonen nach dem IV. Genfer Abkommen. In beiden Fällen sollen ihre Rechte gesichert werden, wenn gegen sie von der Gewahrsamsmacht ein strafrechtliches oder ein disziplinares Verfahren eingeleitet wird. Weder das Genfer Recht, noch die Statuten des Internationalen Strafgerichtshofs bzw. des Internationalen Strafgerichtshofs spezifizieren, was unter *„rights of fair and regular trial"* zu verstehen ist. Insoweit bietet sich ein Rückgriff auf Art. 75 Abs. 3 und 4 des I. Zusatzprotokolls an.[92]

g. Das Verbot der widerrechtlichen Vertreibung oder Überführung[93] beruht auf Art. 147 des IV. Genfer Abkommens und muß in Zusammenhang mit dessen Art. 49 gelesen werden. Verboten ist danach der gewaltsame Bevölkerungstransfer innerhalb eines besetzten Gebietes oder aus diesem heraus. Dabei gilt dies sowohl für Massendeportation als auch Einzeldeportationen. Erlaubt ist allerdings nach Art. 49 IV Genfer Konvention der Bevölkerungstransfer, um die Bevölkerung von den Auswirkungen der kriegerischen Auseinandersetzung zu schützen.

h. Einen schweren Verstoß stellt auch die rechtswidrige Gefangenhaltung bzw. Gefangennahme dar. Umfaßt werden beiden Fälle. Die Widerrechtlichkeit ergibt sich aus Art. 27, 42 und 78 des IV. Genfer Abkommens. In dem *Delalic*-Fall hat der Internationale Strafgerichtshof für das ehemalige Jugoslawien festgestellt, daß ein Gefangenhalten nur dann rechtmäßig ist, wenn die verfahrensrechtlichen Garantien gemäß Art. 43 des IV. Genfer Abkommens eingehalten sind.[94] Eine ursprüngliche rechtmäßige Gefangennahme wird widerrechtlich, wenn die Gewahrsamsmacht nicht den Gefangenen die ihnen zustehenden Verfahrensrechte gewährt. Problematisch ist, wer wegen dieses Verbrechens verfolgt werden

[89] Art. 147 IV. Genfer Abkommen; Art. 8 Abs. 2 lit. a (v) ICC-Statut lautet: *„Compelling a prisoner of war or other protected person to serve in the forces of a hostile power"*.

[90] Vgl. dazu *Gasser*, in: *Fleck* (ed.), Humanitarian Law in Armed Conflict, 1995, 263 f.

[91] Art. 2 lit. e ICTY-Statut spricht insoweit auch prägnanter von *„compelling a prisoner of war or a civilian to serve in the forces of a hostile power."*

[92] So auch *Fenrick* (Anm. 87), Rn. 16.

[93] Art. 8 Abs. 2 a (vii) ICC-Statut.

[94] ICTY, *The Prosecutor v. Zejnil Delalic et al.*, IT-96-21-T, para. 580; bestätigt durch Berufungsurteil vom 20. 2. 2001 *(Celebici Camp* Case), (Anm. 74), paras. 315 ff.

kann. In Frage kommen alle Personen, die geschützte Personen gefangen nehmen. Dabei ist gleichgültig, ob sie hierzu befugt sind. Allerdings können nur diejenigen wegen dieses Verbrechens verfolgt werden, die Personen, die rechtswidrig gefangen gehalten werden, nicht freisetzen, obwohl sie dafür die Kompetenz hätten. Dagegen kann von Gefangenenwärtern nicht verlangt werden, Gefangene frei zu lassen, ohne dazu autorisiert zu sein.[95]

i. Das Verbot, Geiseln zu nehmen, beruht auf der IV. Genfer Konvention. Geiselnahme ist danach die Gefangennahme einer Zivilperson mit dem Ziel, durch die Gefangennahme oder das Gefangenhalten dieser Person von dritter Seite Zugeständnisse dadurch zu erzielen, indem explizit oder implizit mit der Tötung dieser Geisel oder Gefährdung von deren Wohlergehen gedroht wird.[96]

4. a. Die Strafbestimmungen des Art. 8 Abs. 2 lit b ICC-Statut lassen sich im wesentlichen auf die völkergewohnheitsrechtlich geltenden Verbote der Haager Landkriegsordnung und des Giftgasprotokolls von 1925 zurückführen. Außerdem sind die Bestimmungen des I. Zusatzprotokolls zu berücksichtigen. Der Einsatz bestimmter Waffen, Projektile, Materialien und Methoden der Kriegführung bedarf noch der weiteren vertragsrechtlichen Ergänzung.[97]
Die Tatbestandsgruppe der völkergewohnheitsrechtlich anerkannten Verletzung der Gesetze und Gebräuche des Krieges nach Art. 8 Abs. 2 lit. b ICC-Statut stellt einen umfassenden und erstmals abschließenden Bestandskatalog auf. Sie sind im wesentlichen völkergewohnheitsrechtlich anerkannt.

b. Kriegsverbrechen stellen vorsätzliche Angriffe gegen die Zivilbevölkerung als solche oder gegen einzelne Zivilpersonen, die nicht unmittelbar an den Feindseligkeiten teilnehmen, dar.[98] Die vertragliche Grundlage für diesen Verbrechenstatbestand bildet Art. 51 Abs. 2 des I. Zusatzprotokolls.[99] Art. 85 Abs. 3 des I. Zusatzprotokolls qualifiziert einen derartigen Angriff als schweren Verstoß, wenn er vorsätzlich geschehen ist und Tod oder schwere Verletzungen verursacht hat. Für die Definition des Begriffs Zivilbevölkerung muß auf Art. 50 des I. Zusatzprotokolls zurückgegriffen werden. Danach stellt die Zivilbevölkerung die Summe aller Personen dar, die nicht den bewaffneten Streitkräften eines Staates angehören. Auch wenn einzelne Mitglieder der Zivilbevölkerung den bewaffneten Kräften angehören, nimmt das doch der Zivilbevölkerung nicht ihren Charakter.
Art. 8 Abs. 2 b (i) ICC-Statut entspricht inhaltlich Art. 85 Abs. 3 des I. Zusatzprotokolls. Auf der subjektiven Tatbestandsseite wird sowohl nach dem I. Zusatzprotokoll als auch nach Art. 8 Abs. 2 b (i) Vorsatz gefordert.

c. Strafrechtlich verfolgt werden können nach dem ICC-Statut auch vorsätzliche Angriffe gegen zivile Objekte, d. h. Objekte, die keine militärischen Ziele darstellen.[100] Auch dieser Tatbestand beruht auf dem I. Zusatzprotokoll (Art. 52 Abs. 1). Problematisch ist die Definition des „zivilen Objekts". Eine Definition des Begriffs ergibt sich – *e contrario* – aus Art. 52 Abs. 2 I. Zusatzprotokol. Danach handelt es sich bei militärischen – d. h. nicht zivilen – Objekten, um Objekte, die aufgrund ihrer Beschaffenheit, ihres Standorts, ihrer Zweckbestimmung oder ihrer Verwendung wirksam zu militärischen Handlungen beitragen und deren gänzliche oder teilweise Zerstörung, deren Inbesitznahme oder Neutralisierung unter

[95] Berufungsurteil vom 20. 2. 2001 in *Celebici Camp* Case (Anm. 74), paras. 186 ff.

[96] So ICTY, *The Prosecutor v. Dario Kordic and Mario Cerkez*, 26 February 2001 (Case No. IT-95-14-2T), para. 314.

[97] Vgl. dazu Art. 8 Abs. 2 lit. b (xx) ICC-Statut.

[98] Art. 8 Abs. 2 b (i) ICC-Statut.

[99] Der Text dieser Vorschrift lautet: *„The civilian population as such, as well as individual civilians, shall not be object of attack."*

[100] Art. 8 Abs. 2 b (ii) ICC-Statut.

den in dem betreffenden Zeitpunkt gegebenen Umständen einen eindeutigen militärischen Vorteil darstellt. Entscheidend ist also die Sicht vom Zeitpunkt des Angriffs her. Insofern bestimmt sich der Begriff des zivilen Objekts nach objektiven sowie nach subjektiven Gesichtspunkten. Eine Auslegungshilfe ergibt sich aus Art. 52 Abs. 3 I. Zusatzprotokoll. Es ist nämlich davon auszugehen, daß typische zivile Objekte wie Kulturgüter, ein privates Gebäude oder eine Schule nicht dazu verwendet werden, wirksam zu militärischen Handlungen beizutragen.[101] Aus der Zerstörung von zivilen Objekten allein kann nicht automatisch geschlossen werden, daß Art. 8 Abs. 2 b (ii) ICC-Statut verletzt wurde. Es muß vorher der Nachweis erbracht werden, daß der Waffeneinsatz auf zivile Objekte gerichtet war.

d. Unter Strafe gestellt werden gemäß Art. 8 Abs. 2 b (iii) vorsätzliche Angriffe auf Personal, Einrichtungen, Material, Einheiten oder Fahrzeuge, die an einer humanitären Hilfsmission oder friedenserhaltenden Mission in Übereinstimmung mit der Charta der Vereinten Nationen beteiligt sind, solange sie Anspruch auf den Schutz haben, der Zivilpersonen oder zivilen Objekten nach dem internationalen Recht des bewaffneten Konflikts gewährt wird. Dieser Tatbestand hat keine Grundlage im geltenden Völkervertragsrecht. Er ist auf der Vertragsstaatenkonferenz in Rom entwickelt worden.[102] Dieser Straftatbestand wirft eine Reihe von Problemen auf. Es gibt keine allgemein gültige Definition für den Begriff „humanitäre Hilfsmission" *(humanitarian assistance mission)*. Eine gewisse Eingrenzung dieses Begriffs erfolgt durch den Verweis auf die VN-Charta. Gemeint sind damit rechtstaatliche Organisationen, deren Ziel es ist, im Rahmen eines bewaffneten Konfliktes den Opfern dieses Konfliktes Hilfe zu gewähren. Dies schließt die Hilfe für Verwundete, Kriegsgefangene sowie die Zivilbevölkerung ein.[103] Der Verweis auf friedenserhaltende Missionen bezieht sich auf die Entsendung von Friedenstruppen durch die Vereinten Nationen. Hierunter fallen diejenigen Missionen, deren Aufgabe es ist, die Einhaltung von Waffenstillständen zu überwachen, die Streitparteien zu trennen bzw. generell die Ausbreitung des Konflikts zu verhindern.[104]

Die Formulierung von Art. 8 Abs. 2 b (iii) macht deutlich, daß Friedenstruppen und humanitäre Missionen ihre Sonderstellung verlieren, wenn sie nicht mehr wie Zivilpersonen, sondern als Konfliktpartei agieren, also sich für eine Seite an den bewaffneten Auseinandersetzungen beteiligen. Dagegen verlieren sie ihren Status nicht, wenn sie lediglich in Selbstverteidigung handeln.

Die Rechtfertigung für die Aufnahme dieses Straftatbestandes ergibt sich daraus, daß es unter anderem die Aufgabe der humanitären Einsätze oder friedenserhaltender Missionen ist, die Zivilbevölkerung zu schützen. Insofern ist es nur konsequent, wenn diese Einsätze oder Missionen den gleichen Schutz wie die Zivilbevölkerung genießen. Dennoch kann nicht davon ausgegangen werden, daß dieser Straftatbestand bereits Bestandteil von Völkergewohnheitsrecht ist.

e. Auf Art. 85 Abs. 3 b des I. Zusatzprotokolls beruht der Straftatbestand von Art. 8 Abs. 2 b (iv) ICC-Statut. Danach ist das vorsätzliche Führen eines Angriffs in der Kenntnis, daß dieser auch Verluste an Menschenleben, die Verwundung von Zivilpersonen, die Beschädigung ziviler Objekte oder weit reichende, langfristige und schwere Schäden an der natürlichen Umwelt verursachen wird, die eindeutig in keinem Verhältnis zu dem insgesamt erwarteten konkreten und unmittelbaren militärischen Vorteil stehen, ein Kriegsverbrechen. Allerdings

---

[101] Vgl. dazu *Fenrick* (Anm. 87), Rn. 23 ff.

[102] Vgl. dazu *M. Cottier*, Kommentar zu Art. 8 Abs. 2 b (iii) ICC-Statut in: *Triffterer* (Anm. 26), Rn. 28 ff.

[103] Vgl. *P. J. I. M. de Waart*, Long-term Aspects of Humanitarian Assistance in Armed Conflicts, in: *F. Kalshoven* (ed.), Assisting the Victims of Armed Conflict and Other Disasters, 1989, 71 f.

[104] Vgl. dazu im einzelnen *M. Bothe*, Peace-keeping, in: *Simma* (ed.), The Charter of the United Nations: A Commentary, 1994, 565 ff.

decken sich diese beiden Regelungen nicht. Art. 8 Abs. 2 b (iv) stellt auch weitreichende und lang anhaltende schwere Schäden an der Umwelt unter Strafe, wohingegen Art. 85 Abs. 3 b des I. Zusatzprotokolls diesen Tatbestand nicht kennt. Insofern geht Art. 8 Abs. 2 b (iv) ICC-Statut weiter als Art. 85 Abs. 3 b des I. Zusatzprotokolls. In einem weiteren Punkt ist die Strafnorm des ICC-Statuts enger. Danach muß das Mißverhältnis zwischen Schäden und angestrebten militärischen Zielen offensichtlich kraß sein *(clearly excessive)*. Diese Einschränkung kennt Art. 85 Abs. 3 b I. Zusatzprotokoll nicht. Art. 85 Abs. 3 des I. Zusatzprotokolls stellt eine Konkretisierung des Verhältnismäßigkeitsprinzips dar. Insofern ist eine Verschärfung der Proportionalitätsanforderung *zugunsten* des Täters nicht problematisch. Es ist nicht zwingend, daß alles, was nach dem humanitären Kriegsrecht verboten ist, unter Strafe gestellt werden muß.
Problematisch ist dagegen die Aufnahme von Schäden an der Umwelt als ein Kriegsverbrechen. Rechtspolitisch besteht hierin ohne Zweifel ein Bedürfnis. Es ist allerdings fraglich, ob insoweit bereits von geltendem Völkergewohnheitsrecht gesprochen werden kann.

f. Als Kriegsverbrechen stellt Art. 8 Abs. 2 b (v) ICC-Statut Angriffe und Bombardements auf unverteidigte Städte, Dörfer, Wohnstätten oder Gebäude, und auch deren Beschuß, gleichviel mit welchen Mitteln, unter Strafe. Voraussetzung ist allerdings, daß es sich dabei nicht um militärische Objekte handelt. Die Gründe, weswegen diese unverteidigten Städte oder Siedlungen angegriffen werden, sind nicht relevant. Diese Vorschrift geht auf Art. 25 der Haager Landkriegsordnung zurück. Eine ähnliche Vorschrift findet sich in Art. 3 lit. c des ICTY-Statuts. Der Begriff „unverteidigt" entspricht im Sprachgebrauch dem Haager Recht; durch die Hinzufügung, daß es sich dabei um keine militärischen Objekte handeln darf, wird diese Regelung dem modernen Sprachgebrauch angepaßt.

g. Art. 23 der Haager Landkriegsordnung verbot bereits die Tötung oder Verwundung eines die Waffen streckenden oder wehrlosen Kombattanten, der sich auf Gnade oder Ungnade ergeben hat. Diese Formulierung ist wörtlich in Art. 8 Abs. 2 b (vi) ICC-Statut aufgenommen worden. Es handelt sich hierbei um einen der fundamentalen Grundsätze des humanitären Völkerrechts. Der gleiche Gedanke findet sich in Art. 41 des I. Zusatzprotokolls, allerdings erklärt dieser nicht nur ein Verbot eine Person *hors de combat* zu töten, sondern er verlangt aktive Maßnahmen zu deren Schutz und Sicherung.
Der Begriff der „Person *hors de combat*" erfaßt alle Personen, die ihre Waffen niedergelegt haben oder sich wegen Verwundung oder aus anderen Gründen nicht mehr zu verteidigen vermögen oder sich ergeben haben. Dazu gehören auch Kriegsgefangene. Insofern überschneidet sich dieser Straftatbestand mit denjenigen, die einen Schutz von Verwundeten oder Kriegsgefangenen anstreben.
Auf der subjektiven Tatbestandsseite wird Vorsatz vorausgesetzt.

h. Als Kriegsverbrechen gilt der Mißbrauch der Parlamentärflagge, der Flagge oder der militärischen Abzeichen oder der Uniform des Feindes oder der Vereinten Nationen sowie der Schutzzeichen der Genfer Abkommen, soweit hieraus der Tod oder schwere körperliche Verletzungen resultieren (Art. 8 Abs. 2 b (vii) ICC-Statut). Dieser Straftatbestand beruht auf verschiedenen völkerrechtlichen Verträgen. Die VN-Flagge bzw. die Abzeichen der Vereinten Nationen zu benutzen, ist nach Art. 37 des I. Zusatzprotokolls verboten und wird unter Art. 85 Abs. 2 d des I. Zusatzprotokolls unter Strafe gestellt. Im übrigen beruht Art. 8 Abs. 2 b (vii) auf Art. 23 lit. f der Haager Landkriegsordnung, der die Nutzung der Friedensflagge, der Flagge des Gegners oder der militärischen Abzeichen des Gegners sowie der Abzeichen unter den Genfer Konventionen verbietet. Daß diese unberechtigte Nutzung von Flaggen oder Emblemen zu Tod oder schweren körperlichen Verletzungen geführt haben muß, um ein Kriegsverbrechen darzustellen, ergibt sich aus Art. 85 Abs. 3 f des I. Zusatzprotokolls.

Art. 8 Abs. 2 b (vii) ICC-Statut steht mit Art. 8 Abs. 2 b (xi) ICC-Statut – dem Verbot der Perfidie – in inhaltlicher Verbindung. In aller Regel wird die heimtückische Benutzung von Flaggen oder Emblemen auch den Tatbestand der Perfidie erfüllen.
Das Verbot, die Waffenstillstandsflagge oder die Abzeichen des Roten Kreuzes zu mißbrauchen, hat eine alte Geschichte. Das Verbot, die Rot Kreuz-Abzeichen zu nutzen, war bereits in dem sogenannten *Lieber Code* enthalten.[105]. Während die mißbräuchliche Benutzung der Waffenstillstandsflagge, der Flagge der Vereinten Nationen oder der Rot Kreuz-Abzeichen als schwere Verstöße anerkannt sind, qualifiziert Art. 39 Abs. 2 des I. Zusatzprotokolls die Benutzung der feindlichen Flagge oder Abzeichen nicht als schweren Verstoß.
Sinn und Zweck der Vorschrift sind für die einzelnen Flaggen und Abzeichen unterschiedlich zu beurteilen. Die mißbräuchliche Benutzung der Flaggen der VN bzw. der Waffenstillstandsflagge oder der Abzeichen des Roten Kreuzes liegt darin, daß aufgrund einer mißbräuchlichen Benutzung das Vertrauen in diese Flaggen verringert wird. Diese Zielsetzung gilt für die mißbräuchliche Verwendung der Flaggen oder Abzeichen der Gegenseite nicht. Hier handelt es sich lediglich um ein besonderes Perfidieverbot.[106]

i. Gemäß Art. 8 Abs. 2 b (viii) stellt die direkte oder indirekte Überführung der eigenen Zivilbevölkerung durch die Besatzungsmacht in das von ihr besetzte Gebiet, oder die Vertreibung oder Überführung der Gesamtheit oder eines Teils der Bevölkerung des besetzten Gebiets innerhalb oder aus diesem Gebiet, ein Kriegsverbrechen dar. Dieser Straftatbestand überschneidet sich mit Art. 8 Abs. 2 a (vii) ICC-Statut. Letzterer geht auf Art. 49 Abs. 1 der IV. Genfer Konvention zurück und stellt nach Art. 147 dieser Konvention sowie nach Art. 85 Abs. 4 a des I. Zusatzprotokolls einen schweren Verstoß dar.
Das Verbot der Deportation der zivilen Bevölkerung eines besetzten Gebietes war bereits Bestandteil des Völkergewohnheitsrechts. Schon der *Lieber Code* regelte, daß Zivilpersonen nicht deportiert werden dürfen *„carried off to distant parts"*. Demgegenüber enthält das Haager Recht kein ausdrückliches Verbot der Deportation, allerdings wurde bereits damals vertreten, daß eine derartige Deportation Völkergewohnheitsrecht widersprach. Hieraus ergibt sich, daß nach Ende des Ersten Weltkrieges die von der Deutschen Wehrmacht durchgeführten Deportationen von Zivilpersonen als Kriegsverbrechen bezeichnet wurden. Auch nach dem Statut des Internationalen Militärtribunals von Nürnberg wurde die Deportation als Verbrechen angesehen, und es erfolgten Verurteilungen auf der Basis dieses Straftatbestands.[107]
Art. 49 Abs. 6 der IV. Genfer Konvention verbietet die Deportation oder den Transfer von Bevölkerungsteilen der Besatzungsmacht auf das Territorium, das besetzt gehalten wurde. Dies wurde durch Art. 85 Abs. 4 a des I. Zusatzprotokolls ausgeweitet. Es ist aber davon auszugehen, daß Art. 49 Abs. 6 des IV. Genfer Abkommens Völkergewohnheitsrecht darstellt.[108] Art. 8 Abs. 2 b (viii) ICC-Statut ist mit Art. 85 Abs. 4 a des I. Zusatzprotokolls weitgehend identisch. Neu ist lediglich die Einfügung der Worte „direkt oder indirekt".

---

[105] *F. Lieber*, Instructions for the Government of the Armies of the United States in the Field; urspünglich veröffentlicht als General Orders No. 100 vom 24. April 1863; abgedruckt in *D. Schindler/J. Toman* (eds.), The Law of Armed Conflicts, 10.

[106] Zu den Einzelheiten vgl. *Cottier* (Anm. 102), Rn. 76 ff.

[107] Vgl. den Fall *United States v. E. Milch*, 2. 1. 1947–16. 4. 1947, in: Trials of war criminals before the Nürnberg military tribunals, Case 2, Vol. II, 1950, 773 ff.

[108] *T. Meron*, Human Rights and Humanitarian Norms as Customary Law, 1989, 48 f; vgl. zum Verbot des Bevölkerungstransfers auch die Draft Declaration on Population Transfer and the Implantation of Settlers, Annex II to the Final Report of the Special Rapporteur *Shawkat Al-Khasawneh*, UN Doc. E/CN.4/Sub.2/1997/23 (27 June 1997), der auf frühere Berichte verweist.

Der Straftatbestand erfaßt verschiedene Alternativen: Verboten ist zunächst die Deportation bzw. der Transfer von Personen nach außerhalb des besetzten Gebietes. Ausnahmen sind nur möglich gemäß Art. 49 Abs. 2 der IV. Genfer Konvention. Verboten ist auch der Bevölkerungstransfer innerhalb des besetzten Gebietes. Auch insoweit gilt allerdings die Ausnahme von Art. 49 Abs. 2 des IV. Genfer Abkommens.[109] Verboten ist des weiteren der Bevölkerungstransfer in das besetzte Gebiet hinein. Hintergrund dieses Verbotes ist, daß dadurch die demographische Situation in den besetzten Gebieten geändert wird und die Lebensbedingungen der dortigen Bevölkerung verschlechtert werden. Letztlich verstößt damit die Besatzungsmacht gegen den Grundgedanken des Besatzungssystems, wonach sie lediglich dieses Gebiet verwaltet, aber es nicht in ihre Hoheitsgebiete einverleiben darf.
Der Bevölkerungstransfer kann direkt oder indirekt erfolgen. Damit genügen für die Erfüllung des Straftatbestandes auch wirtschaftliche Maßnahmen, die einen derartigen Transfer fördern.

j. Strafbar als Kriegsverbrechen sind vorsätzliche Angriffe auf Gebäude, die dem Gottesdienst, der Erziehung, der Kunst, der Wissenschaft oder der Wohltätigkeit gewidmet sind, auf geschichtliche Denkmäler, Krankenhäuser und Sammelplätze für Kranke und Verwundete, sofern es nicht militärische Ziele sind (Art. 8 Abs. 2 lit. b (ix) ICC-Statut). Dieser Straftatbestand überschneidet sich weitgehend mit Art. 8 Abs. 2 b (ii) des ICC-Statuts und beruht inhaltlich auf Art. 27 der Haager Landkriegsordnung; allerdings verlangt die Haager Landkriegsordnung, daß derartige Gebäude identifiziert und dem Gegner mitgeteilt werden mußten. Die Formulierung von Art. 3 d ICTY-Statut ist inhaltlich identisch.

k. Es ist ein Kriegsverbrechen, Personen, die sich in der Gewalt einer gegnerischen Partei befinden, körperliche Verstümmelungen zuzufügen oder medizinische oder wissenschaftliche Versuche an ihnen vorzunehmen, die nicht durch deren ärztliche, zahnärztliche oder Krankenhausbehandlung gerechtfertigt sind oder im Interesse der betroffenen Person ausgeführt werden. Voraussetzung ist allerdings, daß diese Versuche den Tod oder ernsthafte Gesundheitsgefährdungen der betroffenen Person zur Folge haben. Dieser Straftatbestand enthält eine Konkretisierung von Art. 8 Abs. 2 a (ii) ICC-Statut. Die Regelung in Art. 8 Abs. 2 b (x) des ICC-Statuts beruht im wesentlichen auf Art. 11 des I. und Art. 5 Abs. 2 e des II. Zusatzprotokolls. Ähnliche Vorschriften finden sich in Art. 12 Abs. 2 der I. und II. Genfer Konvention, sowie auch in Art. 13 Abs. 1 der III. Genfer Konvention und Art. 32 der IV. Genfer Konvention. Art. 8 Abs. 2 b (x) ICC Statut entspricht im übrigen Art. 8 Abs. 2 e (xi) ICC-Statut, der sich allerdings auf den nicht internationalen Konflikt bezieht.
Bei Personen, die sich in der Macht eines Staates befinden, handelt es sich um Kriegsgefangene oder um die Zivilbevölkerung in einem besetzten Gebiet. Darunter fallen aber auch alle anderen Personen, die der betreffende Staat in Konsequenz des bewaffneten Konflikts in Gewahrsam hält. Hierzu gehören also auch unter Umständen Strafgefangene oder Internierte. Nicht unter den Straftatbestand zu subsumieren sind dagegen entsprechende Versuche und Verstümmelungen bei Mitgliedern der eigenen Bevölkerung.
Durch die Verwendung des Begriffes „körperliche Verstümmelung" wird klargestellt, daß nicht jeder medizinische Eingriff als Kriegsverbrechen zu bestrafen ist. Insoweit ist der Straftatbestand enger gefaßt als unter Art. 11 des I. Zusatzprotokolls. Soweit medizinische Eingriffe an einer Person vorgenommen werden, sind diese nur dann gerechtfertigt, wenn sie therapeutischen oder medizinischen Zielen im Interesse des Betroffenen dienen. Voraussetzung für eine körperliche Verstümmelung ist, daß entweder der Tod der betreffenden Person verursacht wurde oder daß deren Gesundheit ernsthaft gefährdet worden ist; Nicht

---

[109] So *Zimmermann*, Article 48, Additional Protocol, ICRC-Commentary Margin No. 3502, Fn. 28.

erforderlich ist daher für die Erfüllung des Tatbestandes, daß die Gesundheit – überhaupt oder sogar längerfristig – geschädigt wurde. Der Begriff Gesundheit erfaßt dabei sowohl die physische als auch die psychische Gesundheit.

l. Nach Art. 8 Abs. 2 b (xi) ICC-Statut stellt das meuchlerische Töten oder Verwunden von Personen, die der gegnerischen Nation oder Armee angehören, ein Kriegsverbrechen dar. Es handelt sich hierbei um das Perfidieverbot, das bereits in Art. 23 lit. b der Haager Landkriegsordnung kodifiziert war. Das Perfidieverbot gehört zu den überkommenen Grundsätzen des humanitären Völkerrechts. Art. 23 lit. c und f, 24, 33 Abs. 3, 34, 35, 40 und 41 Haager Landkriegsordnung enthalten Ausprägungen des Perfidieverbots ebenso wie Art. 37, 38, 39, 44 Abs. 3, 46 Abs. 3 und 85 Abs. 3 f des I. Zusatzprotokolls.[110]
Eine Definition, worin ein Verstoß gegen das Perfidieverbot liegt, d. h. bezogen auf Art. 8 Abs. 2 b (xi) ICC-Statut was eine meuchlerische Tötung ist, ergibt sich aus dem Statut nicht. Art. 37 Abs. 1 des I. Zusatzprotokolls definiert Perfidie als „acts inviting the confidence of an adversary to lead him to believe that he is entitled to, or is obliged to accord, protection under the rules of international law applicable in non-international armed conflicts, with intent to betray that confidence". Letztlich liegt das Unwerturteil von Art. 8 Abs. 2 b (xi) ICC-Statut darin, daß eine andere Erwartungshaltung des Gegners erzeugt und dann enttäuscht wird. Es schließt aber die Anwendung bestimmter Kriegslisten nicht aus. Kriegslisten werden gemäß Art. 37 Abs. 2 des I. Zusatzprotokolls definiert als „acts which are intended to mislead an adversary or to induce him to act recklessly but which infringe no rule of international law applicable in armed conflict and which are not perfidious because they do not invite the confidence of an adversary with respect to protection under that law". Der entscheidende Gesichtspunkt ist also, daß durch Kriegslisten nicht ein fälschliches Vertrauensverhältnis zum Gegner hergestellt werden soll.

m. Ein Kriegsverbrechen ist gemäß Art. 8 Abs. 2 b (xii) die Erklärung, daß kein Pardon gegeben wird. Dieser Straftatbestand beruht auf Art. 23 lit. d der Haager Landkriegsordnung. Er ist gewohnheitsrechtlich anerkannt. Verstöße hiergegen sind nach dem Zweiten Weltkrieg strafrechtlich verfolgt worden. Dieser Straftatbestand überschneidet sich wesentlich mit Art. 8 Abs. 2 b (vi) der verbietet, Personen *hors de combat* zu töten, eine Vorschrift, die auf Art. 23 lit. c der Haager Landkriegsordnung beruht und die auch in Art. 41 des I. Zusatzprotokolls enthalten ist.

n. Art. 8 Abs. 2 b (xiii) ICC-Statut, der die Zerstörung oder Beschlagnahme feindlichen Eigentums als Kriegsverbrechen unter Strafe stellt, sofern eine solche Zerstörung oder Beschlagnahme nicht durch die Erfordernisse des Krieges zwingend erforderlich ist, beruht auf Art. 23 lit. g der Haager Landkriegsordnung. Dies überschneidet sich inhaltlich mit Art. 8 Abs. 2 a (iv) ICC-Statut. Eine ähnliche Vorschrift findet sich in Art. 8 Abs. 2 e (xii) ICC-Statut für den nicht internationalen Konflikt.
Dieser Straftatbestand bezieht sich sowohl auf die Kampfhandlungen, wie auch auf Handlungen durch die Besatzungsmacht nach Beendigung der Kampfhandlungen.[111] Nicht erfaßt wird von diesem Straftatbestand die Beschlagnahme von Vermögen in dem Staatsgebiet des kriegführenden Staates selbst. Diese Sachverhaltskonstellation wird weder in der Haager Landkriegsordnung noch in den Genfer Konventionen geregelt.
Art. 8 Abs. 2 b (xiii) ICC-Statut läßt nicht erkennen, welches Eigentum geschützt ist. Insoweit ist ein Rückgriff auf die Haager Landkriegsordnung geboten, die zwischen Privat-

---

[110] In der *Tadic*-Entscheidung (Anm. 71) para. 125, hat die Berufungskammer des Internationalen Strafgerichtshofs für das ehemalige Jugoslawien das Verbot der Perfidie als ein Beispiel eines Kriegsverbrechens bezeichnet, das völkergewohnheitsrechtlich anerkannt sei.

[111] Vgl. dazu *Zimmermann*, Commentary on Art. 8, in: *Triffterer* (Anm. 26), Rn. 143.

eigentum und öffentlichem Eigentum unterscheidet. Hier wird das Eigentum von Gemeinden und religiösen oder sozialen Einrichtungen als Privateigentum verstanden. Verboten ist sowohl die Zerstörung wie die Beschlagnahme oder Wegnahme von Eigentum. Soweit allerdings die militärische Notwendigkeit eine derartige Zerstörung gebietet, ist sie zulässig. Unter Berücksichtigung dessen, daß Art. 8 Abs. 2 a (iv) ICC-Statut lediglich die Zerstörung und Aneignung in großem Umfang als Kriegsverbrechen qualifiziert, ist es geboten, Art. 8 Abs. 2 b (xiii) ICC-Statut entsprechend auszulegen.[112]

o. Ein Kriegsverbrechen ist die Erklärung, daß Rechte und Forderungen von Staatsangehörigen der Gegenpartei aufgehoben, zeitweilig ausgesetzt oder vor Gericht nicht einklagbar sind (Art. 8 Abs. 2 b (xiv) ICC-Statut). Diese Vorschrift beruht auf Art. 23 lit. h der Haager Landkriegsordnung. Es ist davon auszugehen, daß dieses Kriegsverbrechen völkergewohnheitsrechtlich anerkannt ist.

p. Gemäß Art. 8 Abs. 2 b (xv) ICC-Statut ist der Zwang gegen Angehörige der Gegenpartei, an den Kriegshandlungen gegen ihr eigenes Land teilzunehmen, ein Kriegsverbrechen. Dies gilt selbst dann, wenn diese Person schon vor Kriegsbeginn in Diensten der kriegführenden Partei stand. Dieser Straftatbestand entspricht Art. 23 der Haager Landkriegsordnung; er überschneidet sich mit Art. 8 Abs. 2 a (v). Art. 8 Abs. 2 b (xv) ist teilweise enger und teilweise weiter als Art. 8 Abs. 2 a (v) ICC-Statut. Die Nötigung, an Kriegshandlungen teilzunehmen, erfaßt nicht nur die Teilnahme in der Armee oder deren Hilfseinrichtungen sondern überhaupt die Unterstützung des Krieges. Das US-amerikanische Militärtribunal von Nürnberg hat beispielsweise festgestellt, daß durch die Beschäftigung von Ausländern in der Kriegswirtschaft, insbesondere bei der Herstellung von Munition, gegen Art. 52 und 23 der Haager Landkriegsordnung verstoßen wurde.[113] Das Tribunal stellte außerdem fest: *„it is apparent that the compulsory labour of the civilian population for the purpose of carrying out military operations against their own country is illegal“*.[114]

q. Ein Kriegsverbrechen stellt gemäß Art. 8 Abs. 2 b (xvi) die Plünderung einer Stadt oder einer Ansiedlung dar, auch wenn sie im Sturm genommen wurde. Die Formulierung dieses Straftatbestandes beruht auf Art. 28 der Haager Landkriegsordnung; auch das Statut des Internationalen Militärtribunals von Nürnberg enthielt diesen Straftatbestand ebenso wie das Kontrollratsgesetz Nr. 10. Das Verbot der Plünderung findet sich auch in Art. 33 der IV. Genfer Konvention. Eine ähnliche Vorschrift gilt für den nicht internationalen Konflikt gemäß Art. 4 Abs. 2 g des II. Zusatzprotokolls. Auch Art. 3 des Statuts des Internationalen Strafgerichtshofs für das ehemalige Jugoslawien enthält als Straftatbestand die Plünderung von öffentlichem wie privatem Eigentum als Kriegsverbrechen.
Eine Definition von Plünderung enthält das Statut für den Internationalen Strafgerichtshof nicht. Man wird darunter jede nicht autorisierte Aneignung von Eigentum zu verstehen haben. Dabei kommt es nicht darauf an, ob es sich um privates oder öffentliches Eigentum handelt. Begangen werden kann dieses Kriegsverbrechen sowohl von Mitgliedern der kämpfenden Truppe als auch von Privatpersonen.
Das Verbot der Plünderung gilt sowohl für die Zeit des militärischen Einsatzes, wie auch für die Zeit der Besetzung danach.[115]

r. Ein Kriegsverbrechen stellt die Verwendung von vergifteten Waffen oder von Gift dar (Art. 8 Abs. 2 b (xvii) ICC-Statut). Die Formulierung dieses Straftatbestandes entspricht Art. 23 lit. a der Haager Landkriegsordnung.

---

[112] Vgl. insoweit *Zimmermann*, ibid., Rn. 153.

[113] *Krupp* Case, Law Reports vol. X, 167.

[114] *Wilhelm von Leeb* and thirteen others, Law Reports, vol. XII, 92–93. Vgl. dazu insgesamt *Cottier* (Anm. 102), Fn. 65.

[115] Vgl. dazu Art. 33 der IV. Genfer Konvention.

s. Gemäß Art. 8 Abs. 2 b (xvii) ICC-Statut stellt der Einsatz von erstickenden, giftigen oder anderen, gleichartigen Gasen oder ähnlichen Flüssigkeiten, Stoffen oder Substanzen ein Kriegsverbrechen dar. Inhaltlich beruht diese Vorschrift auf dem Genfer Giftgasprotokoll von 1925, das den Einsatz derartiger Gifte verbietet. Art. 8 Abs. 2 b (xviii) ICC-Statut erfaßt daher weder biologische Waffen noch Atomwaffen.[116]

t. Verboten ist die Benutzung von sogenannten Dumdum-Geschossen; ihre Benutzung stellt gemäß Art. 8 Abs. 2 b (xix) ICC-Statut ein Kriegsverbrechen dar. Dieses Verbot beruht auf der Haager Erklärung Nr. 3 von 1899 und ist Bestandteil von Völkergewohnheitsrecht.
Gemäß Art. 8 Abs. 2 b (xx) ICC-Statut kann der Einsatz bestimmter Waffenprojektile oder Material zu Kriegsverbrechen erklärt werden, soweit diese unverhältnismäßige Verletzungen oder unnötige Leiden verursachen. Eine Einigung über diesen Straftatbestand erfolgte auf der Vertragsstaatenkonferenz nicht, obwohl eine Basis hierfür in Art. 51 Abs. 4 des I. Zusatzprotokolls zu finden ist.

u. Angriffe gegen die persönliche Würde, entwürdigende und erniedrigende Behandlung sind Kriegsverbrechen (Art. 8 Abs. 2 b (xxi) ICC-Statut). Grundlage für diese Norm findet sich in dem gemeinsamen Art. 3 Abs. 1 c der vier Genfer Konventionen. Dieser bezieht sich auf den Bürgerkrieg, nicht den internationalen Konflikt. Ein ähnliches Verbot findet sich in den beiden Zusatzprotokollen zu den Genfer Konventionen, so in Art. 4 Abs. 2 des II. Zusatzprotokolls und in Art. 75 Abs. 2 des I. Zusatzprotokolls. Insofern ist davon auszugehen, daß dieser Straftatbestand trotz seiner Weite völkergewohnheitsrechtlich verankert ist. Art. 4 lit. e des Statuts des Internationalen Strafgerichtshofs für Ruanda enthält eine ähnliche Strafnorm, sie fehlt jedoch für den Internationalen Strafgerichtshof für das ehemalige Jugoslawien. Allerdings hat die Berufungskammer im Fall *Tadic* ausgeführt, daß Art. 3 des ICTY-Statuts, das auch Kriegsverbrechen erfaßt, dem Gerichtshof erlaube, den gemeinsamen Art. 3 der vier Genfer Konventionen als Straftatbestand heranzuziehen.[117]

v. Art. 8 Abs. 2 b (xxii) ICC-Statut qualifiziert als ein Kriegsverbrechen die Vergewaltigung, sexuelle Sklaverei, Nötigung zur Prostitution, erzwungene Schwangerschaft, wie sie in Art. 7 Abs. 2 (f) ICC-Statut beschrieben ist, außerdem Zwangssterilisation oder jede andere Form sexueller Gewalt, die eine schwere Verletzung der Genfer Konventionen darstellt. Weder das Statut des Internationalen Militärtribunals von Nürnberg noch dasjenige für Tokio enthielten diesen Straftatbestand. Allerdings findet er eine Grundlage in Art. 27 Abs. 2 des IV. Genfer Abkommens sowie in Art. 75 Abs. 2 b und 76 Abs. 1 des I. Zusatzprotokolls sowie Art. 4 Abs. 2 e des II. Zusatzprotokolls. Dort werden diese Handlungen jedoch nicht als schwerwiegende Verstöße qualifiziert.
Vergewaltigung, sexuelle Sklaverei, Prostitution, Zwangssterilisation oder Zwangsschwangerschaft sind zweifelsohne auch unter Verbrechen gegen die Menschlichkeit zu subsumieren; ebenso sind sie auch unter Folter zu fassen. Art. 4 e des Statuts für den Internationalen Strafgerichtshof für Ruanda erfaßt diesen Gesichtspunkt, während das Statut des Internationalen Strafgerichtshofs für das ehemalige Jugoslawien Vergewaltigung oder sexuelle Gewalt nicht als Kriegsverbrechen qualifiziert. Dennoch hatte der Internationale Strafgerichtshof für das ehemalige Jugoslawien in einer Reihe von Fällen Vergewaltigung und andere Formen der sexuellen Gewalt als Kriegsverbrechen unter dem Statut qualifiziert.[118]

---

[116] Das Genfer Giftgasprotokoll verbietet zwar bakteriologische Waffen, ist allerdings schwächer formuliert.

[117] Vgl. *Tadic*, IT-94-1-AR72, Decision on the Defence Motion for Interlocutory Appeal on Jurisdiction, 2. 10. 1995, und Anm. 71.

[118] Siehe *Furundzija*-Urteil (Anm. 74), para. 172; *Celebici*-Urteil (Anm. 74), para. 496; Urteil im *Foca*-Fall (Anm. 80), para. 436 ff.

w. Gemäß Art. 8 Abs. 2 b (xxiii) ICC-Statut stellt das Ausnutzen der Anwesenheit einer Zivilperson oder einer anderen geschützten Person, um Kampfhandlungen von gewissen Punkten, Gebieten oder Streitkräften fernzuhalten, ein Kriegsverbrechen dar. Dieser Straftatbestand geht inhaltlich bis zu einem gewissen Grade auf Art. 51 Abs. 7 des I. Zusatzprotokolls zurück, der es verbietet, daß Zivilpersonen als Schutzschilder benutzt werden. Allerdings ist dieses Verbot weiter gefaßt.

x. Ein Kriegsverbrechen ist gemäß Art. 8 Abs. 2 b (xxiv) der vorsätzliche Angriff gegen Gebäude, Material, medizinische Transporteinheiten, sowie gegen Personal, das die entsprechenden Abzeichen der Genfer Konventionen in Übereinstimmung mit dem Völkerrecht trägt. Bei diesem Straftatbestand handelt es sich um eine Spezifizierung und Wiederholung des Straftatbestandes unter Art. 8 Abs. 2 b (iii) ICC-Statut.

y. Verboten und zum Kriegsverbrechen erklärt wird das vorsätzliche Aushungern von Zivilpersonen als Methode der Kriegführung durch das Vorenthalten der für sie lebensnotwendigen Gegenstände. Dazu gehört auch die vorsätzliche Behinderung von Hilfslieferungen, wie sie nach den Genfer Abkommen vorgesehen sind (Art. 8 Abs. 2 b (xxv)). Im Grunde genommen handelt es sich hierbei um eine Präzision des Verbots, Angriffe gegen die Zivilbevölkerung zu richten.
Inhaltlich geht diese Strafnorm auf Art. 54 des I. Zusatzprotokolls zurück, der das Aushungern als eine Methode der Kriegführung verbietet. Art. 55 der IV. Genfer Konvention enthält die Verpflichtung der Besatzungsmacht, die Zivilbevölkerung im besetzten Gebiet mit den notwendigen Nahrungsmitteln und der medizinischen Versorgung auszustatten. Diese Pflicht ist in Art. 69 des I. Zusatzprotokolls ausgeweitet worden. Darüber hinaus enthalten Art. 23 und 59–62 der IV. Genfer Konvention sowie Art. 70 und 71 des I. Zusatzprotokolls eine Verpflichtung, den freien Zugang für Hilfseinrichtungen zu gewähren.
Auf der subjektiven Tatbestandsseite ist Vorsatz erforderlich in dem Sinne, daß Aushungern als ein Mittel der Kriegführung eingesetzt wird.

z. Die Zwangsverpflichtung oder Eingliederung von Kindern unter 15 Jahren in die nationalen bewaffneten Streitkräfte oder ihre Verwendung zur aktiven Teilnahme an Feindseligkeiten stellt gemäß Art. 8 Abs. 2 b (xxvi) ICC-Statut ein Kriegsverbrechen dar. Dieser Strafnorm geht auf Art. 77 Abs. 2 des I. Zusatzprotokolls und Art. 38 der Konvention zum Schutze der Rechte des Kindes zurück, wonach es verboten ist, Kinder unter 15 Jahren zu rekrutieren. Allerdings ist die Frage des Alters außerordentlich umstritten gewesen.[119] Verboten ist die Verpflichtung oder Aufnahme von Kindern in die Streitkräfte. Damit wird sowohl die Zwangsverpflichtung verboten, wie auch der freiwillige Eintritt der Kinder. Verboten ist neben der Aufnahme in die regulären Einheiten auch der anderweitige Einsatz von Kindern im Konflikt.

III. 1. In Art. 8 Abs. 2 lit. c ICC-Statut sind die schweren Verletzungen des gemeinsamen Art. 3 der vier Genfer Abkommen aufgenommen. Sie beziehen sich ausschließlich auf Verletzungen des humanitären Völkerrechts in einem nicht internationalen Konflikt. Schutzobjekt sind Personen, die nicht länger an den Feindseligkeiten teilnehmen, einschließlich Mitglieder der bewaffneten Streitkräfte, die ihre Waffen niedergelegt haben, und solche Personen, die wegen Verletzung, Krankheit, Gefangennahme oder aus anderen Gründen am Kampfgeschehen nicht mehr teilhaben. Die Strafbestimmungen der schweren Verletzung des gemeinsamen Art. 3 der Genfer Konventionen waren erstmals in Art. 4 des Statuts des Internationalen Strafgerichtshofs für Ruanda (ICTR) enthalten. Sie überschneiden sich

[119] Art. 1 der Konvention zum Schutze der Rechte des Kindes bezeichnet als Kind jedes menschliche Wesen unter 18 Jahren, soweit es nicht vorher Volljährigkeit erwirbt.

weitgehend mit den Verbrechen gegen die Menschlichkeit. Das Verhältnis zueinander ist teilweise unklar. Die Verbote der Verbrechen auf der Basis des gemeinsamen Art. 3 der Genfer Konvention schützen ausschließlich Personen des Gegners, wohingegen die Verbote der Verbrechen gegen die Menschlichkeit sowohl Staatsangehörige des Gegners als auch alle anderen Personen, einschließlich der eigenen Staatsangehörigen, schützen. In bezug auf die erstgenannte Gruppe haben die Verbrechen gegen die Menschlichkeit alternative oder Auffangfunktion.

Art. 8 Abs. 2 lit. e ICC-Statut enthält des weiteren einen Katalog von schwerwiegenden Verstößen gegen die Regeln und Gebräuche im nicht internationalen Konflikt. Sie beruhen auf dem II. Zusatzprotokoll zu den Genfer Konventionen, vor allem dessen Art. 4. Von einer gewohnheitsrechtlichen Geltung dieser Vorschriften kann bislang nicht ausgegangen werden. Für bestimmte Bereiche wird allerdings eine gewohnheitsrechtliche Geltung dieser Regelung auch für den nicht internationalen Konflikt angenommen[120].

2. Die Entwicklung eines Strafkatalogs wegen Verstößen gegen die in nicht internationalen Konflikten geltenden Regeln und Grundsätze ist erst neueren Datums. Weder der gemeinsame Art. 3 der vier Genfer Konventionen, noch das II. Zusatzprotokoll enthalten den Hinweis auf eine individuelle Verfolgung derartiger Verstöße. Die Entwicklung in diese Richtung wurde durch die Rechtsprechung des Internationalen Strafgerichtshofs für das ehemalige Jugoslawien, das Statut für den Internationalen Strafgerichtshof für Ruanda sowie dessen Rechtsprechung angestoßen. Sie kulminierte in der Formulierung von Art. 8 Abs. 2 lit. c und e ICC-Statut. Von der Literaturmehrheit war bereits frühzeitig die Einführung eines entsprechenden Strafkatalogs gefordert worden.[121] Hauptargument war, daß die Unterscheidung von internationalen und nicht internationalen Konflikten unberücksichtigt ließe, daß die Taten, die in diesen beiden Konflikten begangen würden, gleichermaßen von der Staatengemeinschaft abgelehnt würden. Eine Differenzierung der Konfliktform ändere nichts an der individuellen Verantwortlichkeit der Täter. Das Urteil der Berufungskammer des Internationalen Strafgerichtshofs für das ehemalige Jugoslawien vom 2. Oktober 1995 im Falle *Prosecutor v. Dusko Tadic*[122] hat eine Annäherung zwischen dem Recht im internationalen und dem im nicht internationalen Konflikt konstatiert.[123] Allerdings hat die Berufungskammer nach dieser Entscheidung den Konflikt zwischen Jugoslawien und Bosnien-Herzegowina im wesentlichen als internationalen Konflikt eingestuft und damit der Entscheidung im Fall *Tadic* von 1995 wesentlich an Relevanz genommen.[124] Die Berufungskammer hat sorgfältig die völkergewohnheitsrechtlichen Regelungen für den nicht internationalen Konflikt herausgearbeitet.[125] Allerdings ist der Nachweis für eine internationale strafrechtliche Verantwortlichkeit wegen Verstößen gegen dieses humanitäre Recht nicht mit gleicher Intensität geführt worden.[126] Letztlich hat aber

---

[120] So die Berufungskammer des Internationalen Strafgerichtshofs für das ehemalige Jugoslawien im Fall *Tadic* (Anm. 117), paras. 124 ff; zustimmend *Zimmermann*, ZaöRV 58 (1998), 47 (73).

[121] *T. Meron*, International Criminalization of Internal Atrocities, AJIL 89 (1995), 554.

[122] Anm. 117; siehe auch Annotated Leading Cases of International Criminal Tribunals (International Criminal Tribunal for the Former Yugoslavia 1993–1998), in: *A. Klip/G. Sluiter* (eds.), 1999, 33.

[123] In dem Urteil wurde stark darauf abgestellt, daß durch die Entwicklung des Menschenrechtsschutzes und des humanitären Völkerrechts die Souveränität der Staaten eingeschränkt worden sei. Der entscheidende Satz lautet: *„The State-sovereignty-oriented approach ... has been gradually supplemented by a human-being-oriented approach"*.

[124] *Prosecutor v. Tadic*, IT-94-1-A Judgment, 15. 7. 1999, paras. 80 ff.

[125] Ibid., paras. 96–127.

[126] Ibid., paras. 128–136; hierzu *M. Sassòli*, La première décision de la Chambre d'appel du Tribunal penal international pour l'ex-Yougoslavie: Tadic (compétence), RGDIP 100 (1996), 129; *T. Meron*, The continuing role of custom in the formation of international humanitarian law, AJIL 90 (1996), 242; *C. Kress*, Friedenssicherung- und Konfliktvölkerrecht auf der Schwelle zur Postmoderne, EuGRZ 23 (1996), 638 ff; *C. Greenwood*, Current issues in the law of armed conflict: weapons, targets and

die Assimilationstheorie des Internationalen Strafgerichtshofs für das ehemalige Jugoslawien seinen Niederschlag in Art. 8 Abs. 2 c und e ICC-Statut gefunden; auf der Konferenz von Rom ist dem nur von wenigen Staaten widersprochen worden.[127]

Gestützt wird die Aussage, daß insoweit bereits Völkergewohnheitsrecht entstanden ist, auch durch die wiederholten Aussagen des Sicherheitsrats der Vereinten Nationen, daß auch die Verletzungen der Regeln und Gebräuche im nicht internationalen Konflikt ein individuelle Verantwortlichkeit nach sich ziehen. Letztlich kann man sagen, daß die Annahme des Statuts für den Internationalen Strafgerichtshof von Rom, seine spätere Zeichnung und Ratifikation sowohl Staatenpraxis wie auch Rechtsüberzeugung belegen, daß Verstöße gegen die Regeln und Gebräuche im nicht internationalen Konflikt strafrechtlich verfolgt werden können.

Bevor festgestellt werden kann, ob ein Verstoß gegen die internationalen Regeln und Gebräuche für den nicht internationalen Konflikt gegeben ist, ist es notwendig, als Vorfrage zu klären, inwieweit ein nicht internationaler bewaffneter Konflikt gegeben ist. Dieser ist gegenüber dem internationalen bewaffneten Konflikt, aber auch gegen den Begriff der inneren Unruhen und Spannungen abzugrenzen. Da Kriegsverbrechen sowohl in internationalen als auch in nicht internationalen bewaffneten Konflikten strafbar sind, hat die Abgrenzung zum internationalen Konflikt an Bedeutung verloren. Sie ist jedoch wesentlich in bezug auf die Abgrenzung gegenüber den Fällen bloßer innerer Unruhe. Handlungen, die den Tatbestand eines der Kriegsverbrechen erfüllen würden, sind bei inneren Unruhen nicht nach dem ICC-Staut strafbar.

Die Formulierungen von Art. 8 Abs. 2 lit. d und f ICC-Statut haben ihre Grundlage in Art. 1 Abs. 2 des II. Zusatzprotokolls. Sowohl der Internationale Strafgerichtshof für das ehemalige Jugoslawien wie auch der Internationale Strafgerichtshof für Ruanda haben den Versuch unternommen, eine derartige Abgrenzung durchzuführen. Nach der Entscheidung der Berufungskammer im Fall *Tadic* von 1995, ist insoweit entscheidend die Intensität des Konflikts und die Form der Organisation der Konfliktparteien. Auf der Basis dessen ist entscheidend *„the protected armed violence between governmental authorities and organized armed groups or between such groups within a state"*.[128] Im Falle *Akayesu* hatte der Internationale Strafgerichtshof für Ruanda diese Definition für die Anwendung des gemeinsamen Art. 3 der vier Genfer Konventionen akzeptiert.[129] Art. 8 Abs. 2 d ICC-Statut, der die Verletzung des gemeinsamen Art. 3 der vier Genfer Konventionen regelt, enthält keinen Verweis auf den internen Konflikt. Etwas anderes gilt hingegen für Art. 8 Abs. 2 f ICC-Statut. Hier heißt es: „Paragraph 2 (e) applies to armed conflicts not of an international character and thus does not apply to situations of internal disturbances and tensions, such as riots, isolated and sporadic acts of violence or other acts of a similar nature. It applies to armed conflicts that take place in the territory of a State when there is protracted armed conflict between governmental authorities and organized armed groups or between such groups." Die Nähe zu der Entscheidung der Berufungskammer im Fall *Tadic* ist offenkundig. Allerdings wird diese Entscheidung nicht vollständig reflektiert. Dies ergibt sich zum einen daraus, daß der rein interne Konflikt praktisch doppelt definiert wird. Einmal durch den Hinweis auf Unruhen und isolierte und sporadische Gewaltakte, und zum anderen durch die

---

international criminal liability, Singapore Journal of International and Comparative Law 1 (1997), 465; *M. Cottier*, Völkerstrafrechtliche Verantwortlichkeit, 201.

[127] Auf diesen Punkt, der auch für die Gewohnheitsrechtbildung von Bedeutung ist, weist *Kress*, Isr. Y. B. Hum. Rts. 30 (2001), 107, hin.

[128] Anm. 117, para. 70; vgl. dazu *C. Greenwood*, The development of international humanitarian law by the International Criminal Tribunal for the former Yugoslavia, Max Planck UNYB 2 (1998), 114.

[129] *The Prosecutor v. Jean-Paul Akayesu*, ICTR-96-4, 2. 9. 1998.

Definition des nicht internationalen Konflikts im 2. Satzteil. Letztlich ist aber davon auszugehen, daß Art. 8 Abs. 2 f ICC-Statut die *Tadic*-Entscheidung aufnehmen wollte.

Eine weitere Problematik ergibt sich daraus, daß Art. 8 Abs. 2 f ICC-Statut den nicht internationalen bewaffneten Konflikt definiert, nicht jedoch hingegen Art. 8 Abs. 2 d ICC-Statut. Es ist um so mehr erstaunlich, als die Entscheidung im Fall *Tadic* für die Verletzungen der Regeln unter dem gemeinsamen Art. 3 der vier Genfer Konventionen entwickelt wurden. Es wäre allerdings eine Überinterpretation des unterschiedlichen Wortlauts und Art. 8 Abs. 2 b bzw. f ICC-Statut, wenn man davon ausgehen wollte, daß der nicht internationale Konflikt unter Art. 8 Abs. 2 d ICC-Statut nicht über seine Dauer definiert werden kann. Der Begriff des nicht internationalen bewaffneten Konflikts ist für beide Fälle gleich zu definieren.[130]

Noch eine interpretatorische Schwierigkeit ergibt sich daraus, daß Art. 8 Abs. 2 f ICC-Statut nicht auf die Schwelle des Art. 1 Abs. 1 des II. Zusatzprotokolls verweist, obwohl eine Reihe der Straftaten die in Buchstabe e aufgelistet werden, auf diesem Protokoll beruhen. In dieser Hinsicht geht die Formulierung von Art. 8 Abs. 2 f des ICC-Statuts weiter als die Rechtsprechung des Internationalen Strafgerichtshofs für Ruanda.[131] Die Konsequenz dieser Abweichung vom II. Zusatzprotokoll ist, daß die Poenalisierung der Verstöße gegen den gemeinsamen Art. 3 der vier Genfer Konventionen auch die Fälle erfaßt, wo es nicht zu Auseinandersetzungen zwischen Einheiten der Regierung und Rebelleneinheiten kommt, sondern nur zu Auseinandersetzungen zwischen rebellierenden Gruppen. Dies würde es erlauben, auch Bürgerkriege in zerfallenen Staaten in den Blick zu nehmen.[132] Allerdings hat der Internationale Strafgerichtshof für Ruanda im Falle *Akayesu* festgestellt, daß es wichtig ist, daß die Streitparteien in der Kontrolle eines bestimmten Teils des nationalen Staatsgebiets sind.[133]

Aus der Formulierung von Art. 8 Abs. 2 c bzw. e ICC-Statut ergibt sich nicht unmittelbar, daß die unter Strafe gestellten Verletzungen im Zusammenhang mit der militärischen Auseinandersetzung stehen müssen. Im *Celebici*-Urteil hat die Strafkammer des Internationalen Gerichtshofs für das ehemalige Jugoslawien diese Verbindung als axiomatisch bezeichnet.[134] Dies wird in den Verbrechenselementen *(Elements of Crime)*[135] des Rom-Statuts bestätigt.[136] Insgesamt reflektieren die *Elements of Crime* die Rechtsprechung der beiden Internationalen Strafgerichtshöfe für das ehemalige Jugoslawien und für Ruanda. Noch vor ihrer endgültigen Verabschiedung hat der Internationale Strafgerichtshof für Ruanda auf diese zustimmend verwiesen und damit den Anwendungsbereich des Statuts präzisiert.[137]

In dem *Tadic*-Urteil von 1995 wird dagegen lediglich festgestellt, daß die dem Beschuldigten vorgeworfenen Taten in engem Zusammenhang stehen müßten mit den kriegerischen Auseinandersetzungen in anderen Teilen des Landes.[138] In dem *Tadic*-Urteil von 1999 wurde allerdings präzisierend eingeschränkt, daß es nicht notwendig sei, daß diese Verbrechen Teil

---

130 Anderer Ansicht *Zimmermann*, Commentary on Article 8, in: *Triffterer* (ed.), Rn. 249 f; wie hier *Kress* (Anm. 127), 118.

131 Im Fall *Akayesu* (Anm. 129), paras. 622 ff, hat der Strafgerichtshof diese Schwelle berücksichtigt.

132 Dies war beabsichtigt. So *D. Robinson/H. von Hebel*, War crimes in internal conflicts: Art. 8 of the ICC Statute, Yearbook of International Humanitarian Law 2 (1999), 193.

133 Anm. 129, para. 619.

134 Anm. 74, para. 193.

135 Nach Art. 9 ICC-Statut helfen die Verbrechenselemente dem Gerichtshof bei der Auslegung und Anwendung der Artikel 6, 7 und 8. Sie werden von den Mitgliedern der Versammlung der Vertragsstaaten mit Zweidrittelmehrheit angenommen und müssen mit dem Statut selbst vereinbar sein.

136 PCNICC/2000/1/Add. 2, United Nations, Preparatory Commission for the International Criminal Court, 2. 11. 2000, Report, Part II, Finalized draft text of the Elements of Crimes, Art. 8 War Crimes, Introduction.

137 *The Prosecutor v. Clement Kayishema and Obed Ruzindana*, ICTR-95-1-T, 21. 5. 1999, para. 85.

138 Anm. 117, para. 70.

eines größeren Planes gewesen sein müßten.[139] Nicht unter Art. 8 Abs. 2 c bzw. e ICC-Statut fallen demnach alle Taten, die rein aus privater Motivation begangen worden sind.
Täter der Verbrechen im nicht internationalen Konflikt können alle Personen sein, die in den sich bekämpfenden Gruppierungen integriert sind. Die Formulierung des Internationalen Strafgerichtshofs für Ruanda zieht den Kreis allerdings enger,[140] wobei die enge Verbindung zum Recht der Staatenverantwortlichkeit deutlich wird. Denn der Internationale Strafgerichtshof für Ruanda verlangt, daß es sich um *„public officials or agents or persons otherwise holding public authority or de facto representing the government to support or to fulfil the war efforts"* handelt. Dies würde der Struktur eines nicht internationalen Konflikts nicht gerecht. Vor allem erfaßt es nicht diejenigen Fälle, wo die bewaffneten Streitigkeiten zwischen rivalisierenden Gruppen stattfinden.
Opfer der Verbrechen können gemäß Art. 4 Abs. 2 des II. Zusatzprotokolls alle Personen sein, die sich an den bewaffneten Auseinandersetzungen nicht beteiligt haben. Die Formulierung in dem gemeinsamen Art. 3 der vier Genfer Konventionen bzw. Art. 4 Abs. 2 des II. Zusatzprotokolls unterscheiden sich insoweit. Nach Art. 3 sind potentielle Opfer Personen, die sich nicht aktiv an den Streitigkeiten beteiligen und nach Art. 4 Abs. 2 des II. Zusatzprotokolls alle Personen, die sich nicht direkt an den Streitigkeiten beteiligen oder aufgehört haben, sich daran zu beteiligen. Der Internationale Strafgerichtshof für Ruanda sieht allerdings die Unterschiede als nicht signifikant an.[141]
Grundsätzlich stellt sich die Frage, wie für den nicht internationalen Konflikt der Begriff der geschützten Person bzw. geschützten Sachen entwickelt werden kann.[142] Insgesamt ist eine derartige Eingrenzung über die Formulierung von Art. 4 Abs. 2 des II. Zusatzprotokolls zu suchen.
Wie bereits eingangs angemerkt, überschneiden sich die Verstöße gemäß Art. 8 Abs. 2 c bzw. e ICC-Statut zum Teil mit den Verbrechen gegen die Menschlichkeit. Es ist umstritten, ob insofern von einer Hierarchie der Strafnormen zu sprechen ist. Der Internationale Strafgerichtshof für das ehemalige Jugoslawien, Berufungskammer, hat im Fall *Tadic*, Urteil vom 26. Januar 2000, festgestellt, daß keine solche Hierarchie bestehe.[143] Allerdings ist festzuhalten, daß die Besonderheit von Verbrechen gegen die Menschlichkeit darin liegt, daß diese Verbrechen stets Teil eines größer angelegten Plans bzw. einer systematischen Verfolgung sein müssen und insoweit über sie ein schärferes Unwerturteil zu fällen ist.

3. a. Gemäß Art. 8 Abs. 2 lit. c (i) sind Angriffe auf Leib und Leben, insbesondere vorsätzliche Tötung jeder Art, Verstümmelung, grausame Behandlung und Folter Kriegsverbrechen. Diese Formulierung übernimmt inhaltlich Art. 3 Abs. 1 lit. a der vier Genfer Konventionen. Zur Auslegung der jeweiligen Begriffe kann auf die Straftatbestände unter den Verbrechen gegen die Menschlichkeit bzw. die Kriegsverbrechen im internationalen Konflikt zurückgegriffen werden.

b. Kriegsverbrechen sind auch gemäß Art. 8 Abs. 3 c (ii) ICC-Statut Beeinträchtigung der persönlichen Würde, insbesondere entwürdigende und erniedrigende Behandlungen. Dies übernimmt Art. 3 Abs. 1 c der vier Genfer Abkommen. Auch insoweit ist ein Rückgriff auf die – oben aufgeführten – schweren Verstöße gegen die Genfer Abkommen in einem internationalen Konflikt zur Interpretation möglich.

c. Ein Kriegsverbrechen im nationalen Konflikt ist analog zum internationalen Konflikt Geiselnahme (Art. 8 Abs. 2 lit. c (iii) ICC-Statut).

---

[139] Anm. 124, para. 573.

[140] Vgl. das Urteil im Fall *Akayesu* (Anm. 129) para. 631.

[141] Vgl. ibid., para. 629.

[142] Diese Frage wirft *Kress* (Anm. 127), 124 f auf.

[143] Judgment in sentencing appeals, IT-94-1-A, para. 69. Anderer Ansicht Judge *Cassese*, ibid., para. 16.

d. Schließlich wird als Kriegsverbrechen die Verurteilung und Hinrichtung von Personen ohne vorhergehendes Urteil eines ordentlich bestellten Gerichts, das die allgemein als unerlässlich anerkannten Rechtsgarantien bietet, qualifiziert. Auch insoweit kann für die Auslegung dieses Tatbestandes auf die Interpretation der entsprechenden schweren Verstöße gegen das Genfer Recht im internationalen Konflikt zurückgegriffen werden.

e. Art. 8 Abs. 2 lit. e ICC-Statut stellt einen Katalog von Strafbestimmungen für schwere Verletzungen der Gesetze und Gebräuche des nicht internationalen Konflikts auf. Hierunter fallen der vorsätzliche Angriff auf die Zivilbevölkerung als solche oder auf einzelne Zivilpersonen, die nicht unmittelbar an den Feindseligkeiten teilnehmen. Dieses Verbot ist bereits in Art. 13 Abs. 2 des II. Zusatzprotokolls enthalten. Abgesehen davon entspricht Art. 8 Abs. 2 lit. e (i) ICC-Statut dem Art. 8 Abs. 2 lit. b (i) ICC-Statut. Auffallend ist, daß das damit korrespondierende Verbot, Angriffe gegen zivile Objekte zu richten, wie es im internationalen Konflikt gilt, keine Anwendung für die nicht internationalen Konflikt findet. Es ist darauf zurückzuführen, daß eine korrespondierende Norm zu Art. 52 Abs. 1 des I. Zusatzprotokolls im II. Zusatzprotokoll fehlt.

f. Ein Kriegsverbrechen stellen vorsätzliche Angriffe auf Gebäude, Material, Sanitätseinheiten, Sanitätstransportmittel und Personal, die in Übereinstimmung mit dem Völkerrecht mit den Schutzzeichen der Genfer Abkommen versehen sind, dar. Dieser Straftatbestand entspricht Art. 11 Abs. 1 des II. Zusatzprotokolls bzw. Art. 12 des II. Zusatzprotokolls. Art. 8 Abs. 2 e (ii) ICC-Statut ist im Wortlaut identisch mit Art. 8 Abs. 2 b (xxiv) ICC-Statut.

g. Ein Kriegsverbrechen sind vorsätzliche Angriffe auf Personal, Einrichtungen, Material, Einheiten oder Fahrzeuge, die an einer humanitären Hilfsmission oder friedenserhaltenden Mission in Übereinstimmung mit der Charta der Vereinten Nationen beteiligt sind, solange sie Anspruch auf den Schutz haben, der Zivilpersonen oder zivilen Objekten nach dem internationalen Recht des bewaffneten Konflikts gewährt wird (Art. 8 Abs. 2 lit. e (iii) ICC-Statut). Diese Strafnorm weist keine substantiellen Unterschiede zu der entsprechenden Strafnorm im internationalen Konflikt auf.

h. Dies gilt auch für das Verbot von vorsätzlichen Angriffen auf Gebäude, die der Religion, der Erziehung, der Kunst, der Wissenschaft oder der Wohltätigkeit gewidmet sind, auf geschichtliche Denkmäler, Krankenhäuser und Sammelplätze für Kranke und Verwundete, sofern es nicht militärische Ziele sind, sowie für das Verbot der Plünderung (Art. 8 Abs. 2 lit. e (iv) (v) ICC-Statut).

i. Verboten ist die Vergewaltigung bzw. sexuelle Sklaverei und andere Form sexueller Gewalt, Nötigung zur Prostitution; substantielle Unterschiede im Vergleich zum Straftatbestand im Rahmen des internationalen Konflikts ergeben sich nicht. Das gleiche gilt für das Verbot der Rekrutierung von Kindern (Art. 8 Abs. 2 lit. e (vi) (vii).

j. Ähnlich, wenn auch nicht im Wortlaut identisch, ist das Verbot der Anordnung der Verlegung der Zivilbevölkerung aus Gründen im Zusammenhang mit dem Konflikt, sofern nicht die Sicherheit der beteiligten Zivilisten oder zwingende militärische Gründe dies erfordern (Art. 8 Abs. 2 e (viii) ICC-Statut). Die Zielsetzung ist identisch mit der Verbotsnorm, die für den internationalen Konflikt Gültigkeit beansprucht. Es soll Vorsorge gegen Bevölkerungsverschiebungen zu Lasten von bestimmten Bevölkerungsgruppen getroffen werden.

k. Im Vergleich zu den Straftatbeständen, die für den internationalen Konflikt gültig sind, weist das Verbot der Perfidie (Art. 8 Abs. 2 e (ix) ICC-Statut) und das Verbot der Erklärung, daß kein Pardon gegeben wird (Art. 8 Abs. 2 e (x) ICC-Statut) keine Besonderheiten auf. Das gilt auch für das Verbot von physischer Verstümmelung bzw. von medizinischen Versuchen (Art. 8 Abs. 2 lit. e (xi) ICC-Statut).

l. Das Verbot der Zerstörung oder Beschlagnahme des Eigentums der Gegenseite (Art. 8 Abs. 2 e (xii) ICC-Statut) ist sprachlich lediglich an die anderen Gegebenheiten des nicht internationalen Konfliktes angepaßt.

m. In Art. 8 Abs. 3 ICC-Statut wird festgestellt, daß die Kriegsverbrechen, die nach Art. 8 Abs. 2 lit. c und e ICC-Statut in nicht internationalen bewaffneten Konflikten strafbar sind, nicht die Verantwortung einer Regierung berühren, die öffentliche Ordnung im Staat aufrechtzuerhalten oder wiederherzustellen, oder die Einheit und territoriale Unversehrtheit des Staates mit allen rechtmäßigen Mitteln zu verteidigen. Dies bedeutet, daß grundsätzlich in die Souveränität der Staaten nicht durch Art. 8 ICC-Statut eingegriffen wird; dies gilt jedoch nur solange, wie die Anwendung der bewaffneten Gewalt völkerrechtsgemäß ist.

n. Die Liste der völkergewohnheitsrechtlich anerkannten Verletzungen der Gesetze und Bräuche in nicht internationalen Konflikten in Art. 8 Abs. 2 e ICC-Statut ist nicht ganz komplett. Das gilt vor allem für das Verbot des Aushungerns der Bevölkerung, welches nach Art. 14 des II. Zusatzprotokolls verboten ist. Es ist davon auszugehen, daß dieses Verbot gewohnheitsrechtlichen Charakter hat.[144] Art. 4 Abs. 2 des II. Zusatzprotokolls verbietet darüber hinaus Kollektivstrafen, Akte des Terrorismus, Sklaverei und Sklavenhandel. Dennoch sind diese Delikte nicht in Art. 8 Abs. 2 e des ICC-Statuts aufgenommen worden. Dagegen haben sie Eingang in das Statut des Sondergerichtshofs für Sierra Leone gefunden.[145] Allerdings ist die Nichtberücksichtigung dieser Delikte in der Praxis von geringerer Relevanz, denn sie werden durch die in der Liste von Art. 8 Abs. 2 e ICC-Statut enthaltenen Straftatbestände mit erfaßt.[146] Im übrigen fehlt ein Verbot der Angriffe auf zivile Objekte, bzw. das Verbot von Angriffen, welche disproportionale zivile Schäden verursachen. Der Internationale Strafgerichtshof für das ehemalige Jugoslawien scheint geneigt zu sein, die Verfolgung derartiger Verbrechen als gewohnheitsrechtlich anerkannt anzusehen.[147]

§ 193 Völkermord

Schrifttum: vor § 189; ferner *R. Lemkin*, Axis Rule in Occupied Europe, 1944; *K. Stillschweig*, Das Abkommen zur Bekämpfung von Genocide, Friedenswarte 48/49 (1948/49), 93 ff; *J. L. Kunz*, The United Nations Convention on Genocide, AJIL 43 (1949), 738 ff; *B. Mosheim*, Die Arbeiten der Vereinten Nationen zur Frage der Rechte des Individuums und des Verbrechens des Genocide, AVR 2 (1950) 180 ff; *N. Robinson*, The Genocide Convention, A Commentary, 1960; *B. Graefrath*, Apartheid – ein internationales Verbrechen, NJ 28 (1974), 192 ff; *K. Ruhashyankiko*, Study on the Question of the Prevention and Punishment of the Crime of Genocide, UN Doc. E/CN.4/Sub. 2/416 vom 4. 7. 1978; *W. Shawcross*, Cambodia, Holocaust and Modern Conscience, 1984; *L. Kuper*, The Prevention of Genocide, 1985; *T. Taylor*, in: ASIL, Proceedings of the 80th Annual Meeting (1985), 59 ff; *R. S. Clark*, Offences of International Concern: Multilateral State Treaty Practice in the Forty Years Since Nuremberg, Nord.J. Int'l L. 57 (1988), 49 ff; *J. H. Burgers/H. Danelius*, The United Nations Convention against Torture, 1988; *B. Dadrian*, Genocide as a problem of national and international law: the World War I Armenian Case and its contemporary legal ramifications, Yale J. Int'l L. 14 (1989), 221 ff; *H.-H. Jescheck*, Genocide, EPIL II (1995), 541 ff; *M. Lippman*, The Convention on the Prevention and

[144] Siehe insoweit die Ausführung in dem Urteil *Tadic* von 1995 (Anm. 117), para. 114.

[145] Art. 3 Statute of the Special Court for Sierra Leone, SC Res. 1315 (2000), 14. 8. 2000.

[146] Hierauf verweist *Kress* (Anm. 127), 134.

[147] Vgl. dazu Urteil von 1995 im Fall *Tadic* (Anm. 117), para. 127, sowie Urteil im Fall *Kuprescic*, Judgment of 14 January 2000, IT-95-16-P, paras. 521, 522.

Punishment of the Crime of Genocide: Fifty Years Later, Arizona Journal of International and Comparative Law 15 (1998), 415 ff; *J. D. van der Vyver*, Prosecution and Punishment of the Crime of Genocide, Fordham International Law Journal 23 (1999), 286 ff; *H.-J. Heintze*, Zur Durchsetzung der UN-Völkermordkonvention, HuV-I 2000, 225 ff; *G. Verdirame*, The Genocide Convention in the Jurisprudence of the *ad hoc* Tribunals, International and Comparative Law Quarterly 49 (2000), 578 ff; *W. A. Schabas*, Genocide in International Law, 2000; *E. Fronza*, Genocide in the Rome Statute, in: *F. Lattanzi/W. A. Schabas* (eds.), Essays on the Rome Statute of the International Criminal Court, Vol. I, 2000, 105 ff; *M. Lippman*, Genocide: The Crime of the Century. The Jurisprudence of Death at the Dawn of the New Millenium, Houston Journal of International Law 23 (2001), 467 ff; *O. Triffterer*, Genocide, Its Particular Intent to Destroy in Whole or in Part the Group as Such, Leiden Journal of International Law 14 (2001), 399 ff; *C. Hoß/R. A. Miller*, German Federal Constitutional Court and Bosnian Was Crimes: Liberalizing Germany's Genocide Jurisprudence, GYIL 44 (2001), 576 ff; *W. A. Schabas*, Was Genocide Committed in Bosnia and Herzegovina? First Judgments of the International Criminal Tribunal for the former Yugoslavia, Fordham International Law Journal 25 (2001), 23 ff; *G. Mettraux*, Crimes against humanity in the Jurisprudence of the International Criminal Tribunals for former Yugoslavia, HILJ 43 (2002), 237 ff.

I. Den Begriff des Völkermordes hat unter dem Eindruck der Verbrechen des Nationalsozialismus wohl zuerst *Lemkin* ins Bewußtsein gehoben.[1]

Der von *Lemkin* vorgeschlagene Neologismus *genocide* setzte sich zusammen aus dem altgriechischen *genos* (= Rasse, Stamm) und dem lateinischen *cide* (= töten). Die deutsche Übersetzung von „genocide" als Völkermord rührt von einem Gesetzentwurf der polnischen Exilregierung zur Bestrafung der deutschen Verbrechen, in dem Lemkin den Begriff *ludobójstwo* von *lud* (= Volk) und *zabójstwo* (= Mord) geprägt hatte.[2]

Mehr noch als bei den Verbrechen gegen die Menschlichkeit ist der Völkermord ein Verbrechen überindividuellen Charakters. Sein Unrechtsgehalt wird dadurch bestimmt, daß die Täter eine soziale Gruppe als solche zu vernichten versuchen. Die Tat, auch soweit sie Einzelne trifft, verletzt diese nicht nur als Individuen, sondern in erster Linie in ihrer Eigenschaft als Angehörige einer Gruppe.[3] In subjektiver Hinsicht ist es der abstrakte Gruppenhaß, der sich in diesem Verbrechen manifestiert.[4] Je nachdem, wie die Tatbestände im einzelnen definiert werden, stellt der Völkermord einen Sonderfall der Verbrechen gegen die Menschlichkeit dar oder es verhalten sich beide Tatbestände wie zwei sich schneidende Kreise.

II. 1. Durch Resolution der Generalversammlung 96 (I) vom 11. 12. 1946 wurde der Völkermord zum internationalen Verbrechen erklärt, den die zivilisierte Welt verdammt. Entscheidend an der Resolution der Generalversammlung ist, daß sie die Verbindung zwischen Völkermord und bewaffnetem Konflikt auflöste, die die Rechtsprechung des Internationalen Militärtribunals von Nürnberg eingeschränkt hatte.[5]

Im Gegensatz zu Kriegsverbrechen und Verbrechen gegen die Menschlichkeit wurde Völkermord in Art. 6 des Statuts des Internationalen Militärtribunals nicht als eigener Straftatbestand aufgeführt. Aus diesem Grund wurde die Verfolgung und Vernichtung von Juden und anderen Bevölkerungsgruppen unter der Herrschaft des Nationalsozialismus in der Anklageschrift und in dem Urteil des

---

1 *Lemkin*, 12 ff.

2 *G. Heinsohn*, Lexikon der Völkermorde, 1998, 236.

3 *Lemkin*, 79, definierte Völkermord wie folgt: „A coordinated plan of different actions aiming at the destruction of essential foundations of the life of national groups, with the aim of annihilating the group themselves. The objective of such a plan would be the disintegration of the political and social institutions of culture, language, national feelings, religion, and the economic existence of national groups and the destruction of the personal security, liberty, health, dignity and even the lives of the individuals belonging to such groups. Genocide is directed against the national group as an entity, and the actions involved are directed against individuals, not in their individual capacity, but as members of the national group".

4 Vgl. zu den verschiedenen Formen *Lemkin*, 82 ff.

5 Vgl. dazu § 191.

Internationalen Militärtribunals unter die Straftatbestände der Kriegsverbrechen (Art. 6 lit. b) des Statuts) und der Verbrechen gegen die Menschlichkeit (Art. 6 lit. c) des Statuts) subsumiert. Der Begriff des Völkermords wurde weder in der Anklageschrift noch in dem Urteil des Internationalen Militärtribunals erwähnt. Lediglich in den Plädoyers der Anklage wurde kurz auf ihn eingegangen.[6]
In der Rechtsprechung des Internationalen Militärtribunals wurde der Straftatbestand der Verbrechen gegen die Menschlichkeit eng ausgelegt.[7] Verfolgt wurden nur Taten, wenn sie während oder in Verbindung mit dem Krieg begangen worden waren.[8] Erst der *Einsatzgruppenprozeß*, einer der Folgeprozesse gemäß Kontrollratsgesetz Nr. 10 vom 20. Dezember 1945, führte zur Ausdehnung der Strafbarkeit der Verbrechen gegen die Menschlichkeit auf Friedenszeiten.[9]
Im späteren Juristenprozeß wurden Oberreichsanwalt Lautz und Reichsanwalt beim Volksgerichtshof Rothaug wegen ihrer aktiven Teilnahme am nationalen Programm der Rassenverfolgung, mit dem sie sich identifiziert und dem sie Geltung verschafft hatten, erstmals ausdrücklich wegen Völkermordes verurteilt.[10] Das maßgebliche Abgrenzungskriterium des Völkermordes zu (anderen) Verbrechen gegen die Menschlichkeit, nämlich die Absicht, einen bestimmten Teil der Bevölkerung auszurotten, wurde hier bereits angesprochen.[11]

Mit der Resolution der Generalversammlung wurde Völkermord zu einem internationalen Verbrechen, auch wenn die Taten in dem betreffenden Staat nicht gegen dessen nationales Recht verstießen. Wesentlich war desweiteren, daß die Resolution sowohl eine Bestrafung von Privatpersonen als auch von staatlichen Funktionsträgern vorsah. Unklar blieb dagegen die Frage, wer die Strafgewalt ausüben würde; auf das Weltrechtsprinzip wurde nicht Bezug genommen.[12] Die Resolution begnügte sich damit, zu einer entsprechenden Kooperation zwischen den Staaten aufzurufen.
Der Sicherheitsrat und von diesem wiederum der Generalsekretär der Vereinten Nationen wurden mit der Vorbereitung eines Entwurfs für ein Abkommen zur Verhütung und Bestrafung des Völkermords betraut. Der erste Entwurf wurde von einem Sonderausschuß des Sicherheitsrats beraten und der Generalversammlung zugeleitet. Am 9. 12. 1948 hat die Generalversammlung die Konvention über die Verhütung und Bestrafung des Völkermordes beschlossen.[13] Dieses Abkommen ist damit eine unmittelbare Reaktion auf die von Deutschland vor und während des Zweiten Weltkrieges begangenen Greueltaten.[14]

---

[6] In den Plädoyers der Anklage bemerkte der britische Hauptankläger *H. Shawcross*, der nationalsozialistische „Völkermord beschränk[e] sich nicht auf die Ausrottung des jüdischen Volkes oder der Zigeuner" *(Internationaler Militär-Gerichtshof Nürnberg* (Hrsg.), Der Prozeß gegen die Hauptkriegsverbrecher vor dem Internationalen Militärgerichtshof, 1947, Bd. XIX, 556), und der französiche Hauptankläger *A. Champetier de Ribes* wies darauf hin, daß die Angeklagten sich eines „so ungeheuerliche[n], bis zur Entstehung des Hitlerismus in der Geschichte unerkannte[n] Verbrechen[s]" schuldig gemacht hätten, „daß das neue Wort ‚Genocidum' geschaffen werden" mußte (ibid, 596).

[7] Siehe § 191.

[8] Nach Ansicht des Internationalen Militärgerichtshofs müssen zur Begründung von Verbrechen gegen die Menschlichkeit „die vor dem Ausbruch des Krieges begangenen und hier herangezogenen Handlungen in Ausführung eines Angriffskriegs oder in Verbindung mit einem der Zuständigkeit dieses Gerichtshofs unterstellten Verbrechen verübt worden sein. Der Gerichtshof ist der Meinung, daß, so empörend und entsetzlich viele dieser Verbrechen waren, doch nicht hinreichend nachgewiesen wurde, daß sie in Ausführung eines Angriffskrieges oder in Verbindung mit einem derartigen Verbrechen verübt worden sind. Der Gerichtshof kann deshalb keine allgemeine Erklärung dahingehend abgeben, daß die vor 1939 ausgeführten Handlungen Verbrechen gegen die Menschlichkeit waren" *(Internationaler Militär-Gerichtshof Nürnberg* (Hrsg.), Prozeß gegen die Hauptkriegsverbrecher, Bd. I, 206).

[9] Vgl. die Darstellung bei *Lippman*, Arizona Journal of International and Comparative Law 15 (1998), 415 (425 ff) mwN.

[10] *L. M. Peschel-Gutzeit* (Hrsg.), Das Nürnberger Juristen-Urteil von 1947, 1996, 181 und 204.

[11] *Lippman*, Arizona Journal of International and Comparative Law 15 (1998), 415 (444 f.).

[12] Vgl. zur Entstehungsgeschichte *Schabas*, 46; a.A. *Robinson*, Convention, 31.

[13] BGBl. 1954 II, 730. Zur Entstehungsgeschichte vgl. UNYB 1946–47, 255 f, 1947–48, 595 f, und *Drost*, Bd. II, 5 ff; *Robinson*, Convention, 17 ff; *Kuper*, 19 ff; *Mosheim* AVR 2 (1950), 188 f; *Schabas*, 52 ff; *Lippman*, Houston Journal of International Law 23 (2001), 467 (470 ff).

[14] *Kuper*, 21 ff; *Stillschweig*, Friedenswarte 48 (1948/49), 93 f.

Die ersten Entwürfe zu einem *Draft Code of Offences against the Peace and Security of Mankind* der ILC[15] enthielten zunächst den Begriff *genocide* nicht.[16] Sie orientierten sich aber an dem Statut des Internationalen Militärtribunals von Nürnberg; später wurde dieser Straftatbestand berücksichtigt und teilweise anders als in der Völkermordkonvention definiert. Schließlich übernahm aber die ILC die Definition der Völkermordkonvention.
Art. 4 des Statuts für den Jugoslawien-Gerichtshof[17] hat die Formulierungen der Konvention über die Verhütung und Bestrafung des Völkermordes wörtlich übernommen. Das gleiche gilt für Art. 2 des Statuts des Ruanda-Gerichtshofs[18] und Art. 6 des Statuts von Rom.[19]
Die Konvention über die Verhütung und Bestrafung des Völkermordes ist zwar vereinzelt von nationalen Gerichten angewandt worden; sie ist letztlich dennoch von geringer praktischer Bedeutung geblieben.

Die Verurteilung *Eichmanns* durch ein israelisches Gericht hat sich auf die Völkermordkonvention gestützt. Die eigentliche rechtliche Grundlage war allerdings ein Gesetz von Israel aus dem Jahre 1950, wonach *Eichmann* in drei Punkten angeklagt war: Verbrechen gegen das jüdische Volk, Kriegsverbrechen und Verbrechen gegen die Menschlichkeit.[20] Dabei wurden Art. I und II der Konvention als Völkergewohnheitsrecht bezeichnet und in Art. VI der Konvention kein Verfahrenshindernis gesehen.[21]
Die Verurteilung des ehemaligen Präsidenten von Äquatorial Guinea stützte sich ebenfalls auf die Völkermordkonvention.[22] Das gleiche gilt für die Verurteilung von *Pol Pot*[23] sowie für die Auslieferung von *Demjanjuk* an Israel durch ein amerikanisches Gericht.[24] Weitere Fälle sind die Verurteilung von *Barbie* in Frankreich[25], die Verurteilung von *Nicolae Andruta Ceausescu*, des

[15] Vgl. dazu § 191.

[16] Bericht des Sonderberichterstatters *Spiropoulos*, UN Doc. A/CN.4/25, Appendix; sowie den Bericht des Sonderberichterstatters *Thiam* UN Doc. A/CN.4/398; erst 1991 kehrte die ILC zu dem Text der Konvention zurück; dies wurde 1996 bestätigt; vgl. dazu *C. Tomuschat*, Das Strafgesetzbuch der Verbrechen gegen den Frieden und die Sicherheit der Menschheit: Code of Crimes against the Peace and Security of Mankind, Entwurf der Internationalen Law Commission, EuGRZ 25 (1998), 1 ff; *M. C. Ortega*, The ILC Adopts the Draft Code of Crimes Against the Peace and Security of Mankind, Max Planck UNYB 1 (1997), 283 ff. In dem *Furundzija* Urteil des Strafgerichtshofs für das frühere Jugoslawien wird festgestellt, daß der Draft Code den Nachweis für existierendes Gewohnheitsrecht oder dessen Interpretation liefern könne (IT-95-17/1, Urteil vom 10. 12. 1998, para. 227).

[17] SC Res. 827 (1993) vom 25. 5. 1998, geändert durch SC Res. 1166 (1998) vom 25. 5. 1993 und SC Res. 1329 (2000) vom 30. 11. 2000.

[18] SC Res. 955 (1994) vom 8. 11. 1994, geändert durch SC Res. 978 (1995) vom 27. 2. 1995, SC Res. 1165 (1998) vom 30. 4. 1998 und SC Res. 1329 (2000) vom 30. 11. 2000.

[19] UN Doc. A/CONF.183/9 vom 17. 7. 1998.

[20] Kritisch in bezug auf den ersten Anklagepunkt *Taylor*, ASIL Proceedings, 59. Vgl. zu der Verurteilung Eichmanns näher *Jescheck*, EPIL II (1995), 541 (543); *A. W. Less* (Hrsg.), Der Staat Israel gegen Adolf Eichmann, 1995; *C. Große*, Der Eichmann-Prozess zwischen Recht und Politik, 1995; *P. A. Papadatos*, Le procès Eichmann, 1964; *F. K. Kaul*, Der Fall Eichmann, 1963; *N. Cohen*, Rechtliche Gesichtspunkte zum Eichmann-Prozeß, 1963.

[21] District Court of Jerusalem, Urteil vom 12. 12. 1961, ILR 36 (1968), 18 (35 ff); im Ergebnis zustimmend; *Kobrick*, Colum.L. Rev. 87 (1987), 1523.

[22] *Report International Commission of Jurists*, The Trial of *Macias* in Equatorial Guinea, The Story of Dictatorship, Dec. 1979.

[23] Die Verurteilung erfolgte in Abwesenheit durch das *„People's Revolutionary Tribunal to judge the genocide crimes committed by the Pol Pot-Ieng Sary clique"*, das durch das Dekret Nr. 1 des Revolutionären Volksrats von Kambodscha vom 15. 7. 1979 errichtet worden war, UN Doc. A/C.3/34/1, vgl. dazu *Schabas*, 391 f; *B. Kiernan*, The Pol Pot regime: race, power, and genocide in Cambodia under the Khmer Rouge, 1975–79, 1996; *Shawcross*. Allerdings wurde der Tatbestand des Völkermordes im Recht von Kambodscha weiter gefaßt: *„the planned mass killing of innocent people, the forced evacuation of the inhabitants of towns and villages, the rounding up of the population and forcing them to labour in physically and exhausting conditions, the banning of religious practices, the destruction of economic and cultural institutions and social relations"*, UN Doc. A/34/491, 34.

[24] *Demjanjuk v. Petrovsky*, U.S. 6th Cir. 1985. 776 F.2d, 571 ff. Vgl. hierzu *M. Kremnitzer*, The Demjanjuk Case, in: *Y. Dinstein/M. Tabory* (eds.), War Crimes in International Law, 1996, 351 ff und *C. Hoß/R. A. Miller*, Liberalizing Germany's Genocide Jurisprudence, GYIL 44 (2001), 594, die darauf hinweisen, daß der *United States Sixth Circuit Court of Appeals* keinen Bezug auf Völkermord, sondern nur auf Kriegsverbrechen und Verbrechen gegen die Menschlichkeit nimmt.

[25] Vgl. dazu *S. Chalandon*, Crimes contre l'humanité: Barbie, Touvier, Bousquet, Papon, 1998; *L. S. Wex-*

Bruders des Diktators, und vier weiteren einflußreichen Personen des Ceausescu-Regimes in Rumänien[26], der *Fall Cvjetkovic*[27] in Österreich, der deutsche Haftbefehl für *Tadic*[28] sowie der spanische Haftbefehl für *Augusto Pinochet*[29] und die Verurteilung eines bosnischen Serben in der Bundesrepublik Deutschland.[30]

Zur Präzisierung des Straftatbestands des Völkermordes gemäß Art. 6 des Rom-Statuts sind fünf *Elements of Crimes* von der Vertragsstaatenkonferenz verabschiedet worden.[31] Ihre Aufgabe ist es, den Gerichtshof hinsichtlich Auslegung und Anwendung der Straftatbestände unter dem Rom-Statut zu unterstützen. Letztlich soll über sie eine einheitliche Rechtsprechung sichergestellt und sollen die interpretativen Möglichkeiten der Richter eingeschränkt werden. Für den Straftatbestand des Völkermords stellen die *Elements of Crime* allerdings nur in begrenztem Umfang Präzisierungen dar.

2. Die bisherige Rechtsprechung der Strafgerichtshöfe für Jugoslawien und Ruanda zum Völkermord[32] hat dazu beigetragen, den Straftatbestand des Völkermords zu präzisieren.[33] Alle Verfahren vor dem Strafgerichtshof für Ruanda hatten bisher den Völkermord zum Gegenstand; dagegen sind auf die Anklage des Völkermordes gestützte Verfahren vor dem Gerichtshof für Jugoslawien seltener. Angesichts der Besonderheiten des Bürgerkrieges in Ruanda ist diese Diskrepanz verständlich.[34]

---

ler, The interpretation of the Nuremberg principles by the French Court of Cassation: from Touvier to Barbie and back again, Columbia Journal of Transnational Law 32 (1994), 289 ff.

[26] *Schabas*, 392 mwN.

[27] Vgl. dazu O. *Triffterer*, Grundlagen, Möglichkeiten und Grenzen des internationalen Tribunals zur Verfolgung der Humanitätsverbrechen im ehemaligen Jugoslawien, ÖJZ 49 (1994), 825 ff (828).

[28] NStZ 1994, 232. Tadic wurde später an den Strafgerichtshof für das ehemalige Jugoslawien auf dessen Ersuchen ausgeliefert (vgl. hierzu *B. Schöbener/ W. Bausback*, Verfassungs- und völkerrechtliche Grenzen der „Überstellung" mutmaßlicher Kriegsverbrecher an den Jugoslawien-Strafgerichtshof, DÖV 49 (1996), 621 ff), dort aber nicht wegen Völkermordes angeklagt *(Prosecutor v. Tadic*, IT-94–1, Initial Indictment vom 13. 2. 1995).

[29] Die relevanten Dokumente im Fall *Pinochet* sind in *H. Ahlbrecht/K. Ambos*, Der Fall *Pinochet*(s), 1999, zusammengestellt und übersetzt worden. Siehe hierzu auch VI.

[30] BGH, Urteil vom 30. April 1999, Az. 3 StR 215/98, BGHSt 45, 65 ff = NStZ 1999, 296 ff; vgl. in diesem Zusammenhang auch BVerfG, Nichtannahmebeschluß vom 12. Dezember 2000, Az. 2 BvR 1290/ 99, JZ 2001, 981 ff.

[31] PCNICC/2000/1/Add. 2. Zu dem Konzept der *Elements of Crimes* unter dem Rom-Statut vgl. *W. Rükkert/G. Witschel*, Genocide and Crimes Against Humanity in the Elements of Crimes, in: *H. Fischer/ C. Kreß/S. R. Lüder* (eds.), International and National Prosecution of Crimes Under International Law, 2001, 59 (61 ff); *D. Pfirter*, The position of Switzerland with respect to the ICC Statute and in particular the elements of crimes, Cornell International Law Journal 32 (1999), 499 ff.

[32] Bislang wurden 16 Verdächtige wegen Völkermords vor dem Internationalen Strafgerichtshof für das frühere Jugoslawien angeklagt *(Prosecutor v. Meakic*, IT-95–4, Amended Indictment vom 2. 6. 1998; *Prosecutor v. Jelisic*, IT-95–10, Second Amended Indictment vom 19. 10. 1998; *Prosecutor v. Karadzic and Mladic*, IT-95–5 und IT-95–18, Initial Indictments vom 24. 7. 1995 bzw. 16. 11. 1995; *Prosecutor v. Sikirica et al.*, IT-95–8, Second Amended Indictment vom 3. 1. 2001; *Prosecutor v. Kovacevic and Drljaca*, IT-97–24, First Amended Indictment vom 23. 6. 1998; *Prosecutor v. Krstic*, IT-98–33-I, Amended Indictment vom 27. 10. 1999; *Prosecutor v. Brdjanin, Talic and Zupljanin*, IT-99–36, Fourth Amended Indictment vom 10. 12. 2001 bzw. Amended Indictment vom 17. 12. 1999; *Prosecutor v. Krajisnik and Plavsik*, IT-00–39&40, Consolidated Indictment vom 28. 2. 2001; *Prosecutor v. Obrenovic and Blagojevic*, IT-02–53, Amended Indictment vom 27. 10. 1999; *Prosecutor v. Milosevic*, IT-02–54, Initial Indictment (Bosnia) vom 22. 11. 2001). Aus diesem Kreis wurde bislang nur *Krstic* mit Urteil vom 2. 8. 2001 wegen Völkermords verurteilt. Vor dem Internationalen Strafgerichtshof für Ruanda sind die Verurteilungen wegen Völkermords vergleichsweise häufiger *(Prosecutor v. Kambanda*, ICTR-97–23, Urteil vom 4. 9. 1998; *Prosecutor v. Akayesu*, ICTR-96–4, Urteil vom 2. 12. 1998; *Prosecutor v. Serushago*, ICTR-98–39, Urteil vom 14. 12. 1998; *Prosecutor v. Kayishema and Ruzindana*, ICTR-95–1, Urteil vom 21. 5. 1999; *Prosecutor v. Rutaganda*, ICTR-96–3, Urteil vom 6. 12. 1999; *Prosecutor v. Musema*, ICTR-96–13, Urteile vom 27. 1. 2000 und vom 16. 11. 2001; *Prosecutor v. Ruggiu*, ICTR-97–32, Urteil vom 1. 6. 2000).

[33] Vgl. hierzu *Lippman*, Houston Journal of International Law 23 (2001), 467 (497 ff).

[34] Dies wurde im Urteil des Strafgerichtshofs für Ruanda im Fall *Prosecutor v. Akayesu* (Anm. 32), para. 126 generell festgehalten. Die Kammer stellte fest: „Consequently the Chamber concludes from all the foregoing that genocide was, indeed, committed in

III. 1. In dem Abkommen gegen den Völkermord wird dieser zu einem „Verbrechen nach internationalem Recht" erklärt (Präambel und Art. I). Die Vertragsstaaten verpflichten sich, Völkermord zu verhüten und unter Strafe zu stellen.[35]

Die einstweiligen Anordnungen, die der Internationale Gerichtshof am 8. April 1993 gegen die Bundesrepublik Jugoslawien und Bosnien-Herzegowina erließ, stützten sich auf die in Art. I der Konvention enthaltene allgemeine Verpflichtung, Völkermord zu verhüten.[36] Es kam dem Internationalen Gerichtshof nicht darauf an, ob mögliche frühere Völkermordhandlungen einem der beiden Staaten zugeschrieben werden konnten.

Der Straftatbestand des Völkermords wird in Art. II und III der Konvention definiert. Diese Definition erfaßt einen objektiven und einen subjektiven Tatbestand; beide werfen für sich, aber vor allem im Verhältnis zueinander interpretatorische Probleme auf, die sowohl in der Literatur als auch in der einschlägigen internationalen oder nationalen Judikatur unterschiedlich beantwortet worden sind.

2. a. Die Konvention über die Verhütung und Bestrafung des Völkermordes hat dem objektiven Tatbestand *(actus reus)* eine verhältnismäßig enge Fassung gegeben. Völkermord ist gegeben, wenn die biologisch-physische Integrität der Mitglieder nationaler, ethnischer, rassischer oder religiöser Gruppen durch eine der in Art. II aufgezählten Tathandlungen zumindest gefährdet wird. Eine lediglich kulturelle Unterdrückung reicht im Gegensatz zu den ersten Entwürfen der Völkermordkonvention nicht aus.[37] Die zumindest teilweise Zerstörung der Integrität der geschützten Gruppe muß zwar subjektives Ziel der Tathandlungen sein,[38] nicht aber tatsächlich eintreten. Der Entwurf des *ad hoc*-Komitees des Sicherheitsrats wollte seinerzeit noch politische,[39] soziale,[40] wirtschaftliche und kulturelle Gruppen in den Schutz der Konvention mit einschließen. Das Völkermordabkommen ist diesem Ansatz jedoch nicht gefolgt.[41] Die vier Kriterien zur Qualifikation der geschützten

---

Rwanda in 1994 against the Tutsi as a group. Furthermore, in the opinion of the Chamber, this genocide appears to have been meticulously organized." Demgegenüber wurde im Fall *Prosecutor v. Jelisic* (Anm. 32), Urteil vom 14. 12. 1999, para. 98 durch die Kammer des Strafgerichtshofs für das frühere Jugoslawien festgestellt: „It is not therefore possible to conclude beyond all reasonable doubt that the choice of victims arose from a precise logic to destroy the most representative figures of the Muslim community in Brcko to the point of threatening the survival of that community".

[35] Zur Umsetzung dieser Verpflichtung vgl. die Note des Generalsekretärs; UN Doc. E/CN.4/Sub.2/303 und Add. 1–3 pursuant to ECOSOC Res. 1420 (XLVI) vom 6. 6. 1969; vgl. weiter *Ruhashyankiko*, 140 ff, Rz. 498 ff.

[36] Application of the Convention on the Punishment of the Crime of Genocide *(Bosnia and Herzegovina v. Yugoslavia)*, ICJ Reports 1993, 3 (22). Diese einstweiligen Anordnungen wurden am 13. 9. 1993 vom IGH bestätigt (ICJ Reports 1993, 325 (349 f)).

[37] Vgl. AJIL 49 (1955), Supp., 20; ferner *Graven*, RDI 28 (1950), 497 f; *I. L. Claude*, National Minorities, An International Problem, 1955, 154 f. Die Einschränkung wird gebilligt etwa von *Drost*, Bd. II, 58 f, der auf den Wesensunterschied von biologischem und kulturellem Genozid aufmerksam macht. Gleiches gilt für die neueren Begriffe des wirtschaftlichen und kolonialen Völkermords, vgl. dazu *K. A. Acheampong*, Combating grand corruption: the potential impact of a United Nations Convention on the Prevention and Punishment of the Crime of Economic Genocide, Review of the African Commission on Human and Peoples' Rights 7 (1998), 38 ff; *A. Palmer*, Colonial Genocide, 2001. Kritisch insoweit *Lippmann*, Houston Journal of International Law 23 (2001), 486 f.

[38] Vgl. zum subjektiven Tatbestand des Völkermordes III. 5.

[39] Vgl. zur Entstehungsgeschichte der Konvention insoweit *Schabas*, 134 ff; *Kuper*, 28 ff; es hat in der Folgezeit Versuche gegeben, die Völkermordkonvention insoweit zu modifizieren. In einzelnen nationalen Strafgesetzen sind politische Gruppen in den Schutzbereich der Konvention mit einbezogen worden; vgl. dazu *J. V. Mayfield*, The Prosecution of War Crimes and Respect for Human Rights: Ethiopia's Balancing Act, Emory International Law Review (1995), 553. Neben Äthiopien qualifizieren die Strafgesetze von Panama, Costa Rica, Peru, Slowenien und Litauen die Verfolgung von politischen Gruppen als Völkermord; für eine Modifikation; *Lippmann*, Houston Journal of International Law 23 (2001), 484 f.

[40] Vgl. dazu *Schabas*, 145 f.

[41] Dazu UNYB 1947–48, 595 f; kritisch *Graven*, RDI 28 (1950), 495 f; *Bassiouni/Nanda* (eds.), International Criminal Law, Vol. 1, 295; *Kuper*, 126; *Wagner*,

Gruppen sind abschließend. Vor allem in der nationalen Strafjustiz sind aber Versuche unternommen worden, die Verfolgung von Mitgliedern jedweder Gruppe als Völkermord zu bestrafen.[42]
Artikel III der Völkermordkonvention benennt fünf Handlungen, die nach Artikel IV zu bestrafen sind: der Völkermord als solcher, die Verschwörung zur Begehung von Völkermord, das unmittelbare und öffentliche Anreizen zur Begehung von Völkermord, der Versuch des Völkermords und die Teilnahme am Völkermord. Die Verschwörung, das Anreizen und der Versuch setzen keine vollendete Haupttat voraus.[43]

b. Der Verweis auf nationale, ethnische, rassische oder religiöse Gruppen gegen deren Mitglieder die in Art. III der Völkermordkonvention genannten Handlungen gerichtet sein müssen, enthält eine deutliche Parallelität – bis auf religiöse Gruppierungen – zu dem Übereinkommen zur Beseitigung jeder Form von Rassendiskriminierung[44].

Letzteres ist als Ergänzung zur Völkermordkonvention zu verstehen. Während die Völkermordkonvention Handlungen, die sich gegen die biologisch-physische Integrität von Mitgliedern dieser Gruppen richten, unter Strafe stellt, verpflichtet Art. 2 des Übereinkommens zur Beseitigung jeder Form von Rassendiskriminierung die Vertragsstaaten, Entwicklungen und Initiativen entgegenzuwirken, die zum Angriff gegen Mitglieder dieser Gruppen und damit letztlich zum Völkermord führen können. Art. 4 dieses Übereinkommens verpflichtet schließlich die Vertragsstaaten, das Aufreizen zum Rassenhaß unter Strafe zu stellen. Diese Abkommen sind – als Einheit gesehen – darauf ausgerichtet, Gewalttaten oder Zwangsmaßnahmen gegen Personen bestimmter Gruppenzugehörigkeit bereits im Vorfeld auszuschließen und gegebenenfalls zu bestrafen. Dies belegt deutlich das Unwerturteil der internationalen Staatengemeinschaft über Rassendiskriminierung und von dieser Motivation getragene Straftaten.

Die vier genannten Kriterien zur Qualifikation der Gruppen, deren Mitglieder besonders geschützt sind, überschneiden sich. Sie sind jedoch als Einheit konzipiert und als solche zu interpretieren.[45]

c. Die Qualifikation der Gruppen wirft verschiedene Fragen auf, die in der Praxis von Relevanz sind und auch unterschiedlich beantwortet werden. Wesentlich ist zunächst, ob sich die Gruppen subjektiv oder nach objektiven Kriterien definieren,[46] und zwar entweder aus der Sicht der Gruppe bzw. der Gruppenmitglieder oder von außen. Ebenso stellt sich die Frage hinsichtlich der Gruppenzugehörigkeit. Auch hier kann die Bestimmung der Gruppenzugehörigkeit eine eigene Entscheidung sein, aber auch auf eine Entscheidung Dritter zurückgehen.[47] Die Beantwortung dieser Frage muß sich von dem Gesichtspunkt leiten lassen, daß es sich bei der Völkermordkonvention um eine Strafnorm handelt. Entscheidend ist daher, ob aus der Sicht des Täters eine Gruppe vorliegt, die unter die in Art. II Völkermordkonvention genannten Kriterien fällt.
In dem Urteil des Internationalen Strafgerichtshofs für Ruanda *Prosecutor v. Akayesu*[48] wird von einem objektiven Verständnis der Gruppe und der Gruppenzugehörigkeit ausgegangen.

VJIL 29 (1989), 909; *Clergerie*, R.D.P. 5 (1988), 1256; *L. R. Beres*, Genocide and Genocide-Like Crimes, in: *Bassiouni/Nanda* (eds.), International Criminal Law, Vol. I, 271 (271), vertritt die Meinung, daß durch diese enge Definition bedingt Massenvernichtungen, wie sie aus politischen Gründen 1965 in Indonesien oder 1975–1979 in Kambodscha geschehen sind, nicht unter den Straftatbestand fallen (vgl. aber die Verurteilung von *Pol Pot*, Anm. 23).

[42] Dies gilt z. B. für das Urteil der Audiencia Nacional Sala de lo Penal Plena, 5. 11. 1998, Rollo de Apelacion 173/98, und für den Auslieferungsantrag des Richters Baltasar Garzón, El Pais (Madrid), 4. 11. 1998, 6 f.

[43] Vgl. dazu im einzelnen *Schabas*, 257 ff.

[44] BGBl. 1969 II, 961.

[45] Anders der U.S. Genocide Convention Implementation Act, 1987 (Proxmire Act), sec. 1851, 1093.

[46] *Fronza*, in: *Lattanzi/Schabas* (eds.), 105 (132 f).

[47] Zu eng *Fronza*, in: *Lattanzi/Schabas* (eds.), 105 (133).

[48] Anm. 32, para. 513 ff: „An ethnic group is generally defined as a group whose members share a common language or culture. 514. The conventional defini-

Allerdings ist diese Rechtsprechung inzwischen modifiziert worden. In dem Urteil *Prosecutor v. Kayishema* wird das subjektive Element betont, wonach eine Gruppe entweder auf einer Selbstidentifikation oder einer Fremdidentifikation beruht.[49] Auch in dem Urteil *Prosecutor v. Krstic* des Internationalen Strafgerichtshofs für das frühere Jugoslawien wird die Gruppe aus der Sicht des Täters bestimmt.[50]
Allerdings geht der Internationale Strafgerichtshof für Ruanda in dem Urteil *Prosecutor v. Rutaganda*[51] davon aus, daß diese subjektive Definition der Gruppe sowie der Gruppenzugehörigkeit durch die Einführung objektiver Kriterien modifiziert werden müsse. Ein derartiges objektives Kriterium wird in der Stabilität der betreffenden Gruppe gesehen.[52] In dem Urteil des Internationalen Strafgerichtshofs für Ruanda *Prosecutor v. Musema*[53] wird zwar ebenfalls formuliert, daß die Mitgliedschaft in einer Gruppe ein eher subjektives als ein objektives Konzept sei. Entscheidend sei die Sicht des Täters.[54] Dieser subjektive Ansatz wird aber unter Berufung auf die Entstehungsgeschichte der Völkermordkonvention modifiziert. Dabei wird argumentiert, der Ausschluß politischer und wirtschaftlicher Gruppen sei mit Rücksicht darauf erfolgt, daß diese nicht hinreichend stabil seien. Dieser Gedanke wird verallgemeinert und generell verlangt, daß die unter Art. 2 des Statuts des Internationalen Strafgerichtshofs für Ruanda fallenden Gruppen eine gewisse Stabilität aufweisen müßten. Dieser Ansatz, der auch in dem Urteil *Prosecutor v. Akayesu* vertreten wird, stellt eine unzulässige Verengung des Straftatbestandes Völkermord dar.[55]
Die bisher genannten Urteile des Internationalen Strafgerichtshofs für Ruanda wurden von der I. Kammer entschieden; die II. Kammer kennt diese Beschränkung auf „stabile" Gruppen nicht.[56]

d. Eine weitere Problematik ist von dem Internationalen Strafgerichtshof für das ehemalige Jugoslawien hinsichtlich der Verfolgung der Muslime in Bosnien-Herzegowina aufgeworfen worden. Zwar erkennt das Urteil *Prosecutor v. Krstic* an, daß es sich bei den Muslimen Bosniens um eine Gruppe handelt, die Ziel eines Völkermords sein könne.[57] Die Kammer stellt aber fest, daß die bosnischen Muslime Srebrenicas oder Ost-Bosniens nur einen Teil dieser Gruppe bildeten. Das Gericht mußte sich daher die Frage stellen, ob die Zerstörung dieser Gruppe bereits als teilweise Zerstörung der Gruppe der Muslimen Bosniens anzusehen sei. Dies wurde letztlich bejaht.[58]

3. a. Im einzelnen fallen unter den objektiven Tatbestand des Völkermordes nach Art. II der Konvention die Tötung von Mitgliedern der Gruppe, die Verursachung von schweren körperlichen oder seelischen Schäden an Mitgliedern der Gruppe, die vorsätzliche Auferlegung von Lebensbedingungen für die Gruppe, die geeignet sind, ihre körperliche Zerstörung ganz oder teilweise herbeizuführen, die Verhängung von Maßnahmen, die auf eine

---

tion of a racial group is based on the hereditary physical traits often identified with a geographical region, irrespective of linguistic, cultural, national or religious factors. 515. The religious group is one whose members share the same religion, denomination or mode of worship."

[49] Anm. 32, para. 98. So auch *Prosecutor v. Jelisic* (Anm. 32), para. 72; a.A. aber *Prosecutor v. Rutaganda* (Anm. 32), para. 57.

[50] Anm. 32, Urteil vom 2. 8. 2001, para. 557: „... the Chamber identifies the relevant group by using as a criterion the stigmatisation of the group notably by the perpetrators of the crime on the basis of its perceived national ethnical, racial or religious characteristics."

[51] Anm. 32.

[52] Anm. 32, para. 57.

[53] Urteil vom 27. 1. 2000 (Anm. 32).

[54] Anm. 32, para. 161.

[55] Kritisch insoweit *Schabas*, 450 f.

[56] Vgl. Urteil *Prosecutor v. Kayishema* (Anm. 32), para. 98.

[57] Anm. 32, para. 559.

[58] Anm. 32, para. 598. Dabei ging die Kammer davon aus, daß ihr insoweit ein gewisser Entscheidungsspielraum zukomme (so *Robinson*, 63 und *Drost*, Bd. II, 65). Mit Rücksicht auf den dem Völkermord inhärenten Gruppenschutz geht die Kammer allerdings davon aus, daß das Ziel die Zerstörung eines signifikanten Teils der Gruppe sein muß (para. 590).

Geburtenverhinderung innerhalb der Gruppe gerichtet sind, sowie die gewaltsame Überführung von Kindern der Gruppe in eine andere Gruppe. Auch diese Liste ist abschließend. Die genannten Tathandlungen werfen unterschiedliche interpretatorische Probleme auf.

b. Hinsichtlich der Ermordung von Mitgliedern einer Gruppe ist problematisch, bei der Tötung von wievielen Mitgliedern der Tatbestand des Völkermords erfüllt wird. Diese Frage ist nicht abstrakt zu beantworten. Entscheidend ist der Einfluß auf den Fortbestand der Gruppe und die mit der Tötung verfolgte Intention. Theoretisch kann auch nur die Tötung eines Gruppenmitglieds den Tatbestand des Völkermords erfüllen.[59] Entscheidend ist, daß die Getöteten Mitglieder der Gruppe sind, die zerstört werden soll.[60]

c. Als Völkermord ist strafbar die Verursachung von schweren körperlichen Schäden an Mitgliedern der Gruppe. Schwere körperliche Schäden beziehen sich auf Verstümmlungen und über ein bestimmtes Maß hinausgehende Gesundheitsschäden. Außerordentlich umstritten war der Begriff der schweren seelischen Schäden.[61] Der *District Court of Jerusalem* stellte in seinem *Urteil gegen Eichmann* vom 12. Dezember 1961 fest, daß schwere körperliche und seelische Schäden erzeugt würden könnten durch „enslavement, starvation, deportation and persecution... and by their detention in ghettos, transit camps and concentration camps in conditions which were designed to cause their degradation, deprivation of their rights of human beings, and to suppress them and cause them inhumane suffering and torture".[62] In *Prosecutor v. Akayesu* entschied eine Kammer des Internationalen Strafgerichtshofs für Ruanda, daß schwere körperliche oder seelische Schäden „acts of torture, be they bodily or mental, inhumane or degrading treatment" erfaßten.[63] Im Fall *Prosecutor v. Kayishema and Ruzindana* subsumierte eine andere Kammer darunter „harm that seriously injures the health, causes disfigurement, or causes any serious injury to the external, internal organs or senses".[64] Bei dieser Auslegung überschneiden sich diese Tathandlungen mit denen, die als Verbrechen gegen die Menschlichkeit qualifiziert werden; allerdings ist das subjektive Element bei Verbrechen gegen die Menschlichkeit unterschiedlich.[65]

Umstritten war zunächst, ob die physischen und seelischen Schäden permanent sein müssen und ob hinsichtlich dieses Punktes sowie hinsichtlich des Schweregrades zwischen physischen und seelischen Schäden zu unterscheiden ist. Es ist anerkannt, daß die physischen oder seelischen Schäden nicht permanenter Natur sein müssen.[66] Problematisch ist jedoch, wann in diesem Rahmen von schweren seelischen Schäden gesprochen werden kann.

Anerkannt ist, daß unmenschliche Behandlungen, Folterungen, Vergewaltigungen und Sexualtaten sowie Deportationen als schwere körperliche und seelische Schäden zu qualifizieren sind.[67] Entscheidend ist, daß die seelischen Schäden über ein rein temporäres

---

[59] So in den *Elements of Crimes* des Internationalen Strafgerichtshofs (Anm. 31).

[60] *Prosecutor v. Akayesu* (Anm. 32), para. 710.

[61] Vgl. dazu *Schabas*, 159 ff.

[62] *A-G v. Eichmann*, (Anm. 21), S. 340.

[63] Anm. 32, para. 503.

[64] Anm. 32, para. 109; so auch Urteil *Prosecutor v. Krstic* (Anm. 32), para. 510 ff.

[65] Die ILC favorisierte hinsichtlich des Draft Codes of Offences against the Peace and Security of Mankind einen deutlich engeren Ansatz: *„The bodily harm or the mental harm inflicted on members of a group must be of such a serious nature as to threaten its destruction in whole or in part"*, Report of the International Law Commission on the Work of Its Forty-Eighth Session, 6 May–26 July 1996, UN Doc. A/51/10 (91); enger auch *Robinson*, 63: *„„Serious harm' [...] is already a matter of interpretation to be decided in each instance on the basis of the intent and the possibility of implementing this intent by the harm done"*.

[66] Urteile des Internationalen Strafgerichtshofs für Ruanda *Prosecutor v. Akayesu* (Anm. 32), para. 502 sowie *Prosecutor v. Kayishema* (Anm. 32), para. 94; anders einzelne nationale Gesetze, vgl. *Schabas*, 162.

[67] *Prosecutor v. Akayesu* (Anm. 32), para. 731; vgl. dazu *K. D. Askin*, War Crimes Against Women, Prosecution in International War Crimes Tribunals, 1997.

Unglücklichsein oder eine einmalige Entwürdigung hinausgehen.[68] Traumatische Erlebnisse werden diesen Tatbestand immer erfüllen.

d. Das Tatbestandsmerkmal der Auferlegung von Lebensbedingungen für die Gruppe, die geeignet sind, ihre körperliche Zerstörung herbeizuführen, erfaßt den Fall einer unmittelbaren Vernichtung dieser Gruppe.[69] Hierunter fallen u.a. das Abschneiden der Lebensmittelzufuhr bzw. der medizinischen Versorgung unter das notwendige Minimum, Vernichtung von Wohnraum, Vernichtung des Landes zum Ackerbau bzw. zur Gewinnung von Nahrung.[70] Weil das Problem dieses Tatbestandes in seiner mangelnden Präzision hinsichtlich der begangenen Handlungen liegt, ist nicht die faktische Zerstörung der Gruppe entscheidend, sondern die mit derartigen Maßnahmen verfolgte Intention.[71]

e. Das Tatbestandsmerkmal „Maßnahmen zur Verhinderung von Geburten" erfaßt, dies belegt die Entstehungsgeschichte, Zwangssterilisation bzw. -kastration, Zwangsabtreibung, Trennung von Männern und Frauen sowie Verbot der Heirat bzw. des Geschlechtsverkehrs.[72] Der Tatbestand ist allerdings weit zu verstehen. Unter ihn fallen alle Maßnahmen, die zur Verhinderungen von Geburten führen sollen, also auch Vergewaltigungen und sexuelle Mißhandlungen.[73] Auch insoweit ist nicht ausschlaggebend, daß eine Geburtenverhinderung eintritt, maßgeblich ist – und hierdurch erhält dieses Tatbestandsmerkmal seine Konturen – die Intention, die diese Maßnahmen leitet.

f. Die gewaltsame Überführung von Kindern von einer Gruppe in eine andere schwächt zweifelsohne die Chancen der erstgenannten Gruppe in ihrer Fortexistenz.[74] Mit Kindern sind Personen unter 18 Jahren gemeint. Es gibt allerdings nur wenige belegbare Beispiele für einen derartigen Transfer.

Zwar hat die *Australian Human Rights and Equal Opportunities Commission* die Trennung von Kindern der Aboriginies von ihren Familien mit dem Ziel, sie mit der Mehrheitsbevölkerung zu assimilieren, als Völkermord im Sinne von Art. II lit. e) der Konvention qualifiziert.[75] Diese Ansicht wurde aber vom Federal Court of Australia in seinem Urteil vom 1.9.1999 im Fall *Nulyarimma v. Thomson* nicht geteilt.[76]

4. a. Durch die Auflistung dieser Tathandlungen erfaßt zwar das Abkommen die Kerntatbestände des Völkermordes, es bleiben aber Handlungen unberücksichtigt, die ebenfalls geeignet sind, eine der in Art. II des Völkermordabkommens genannten Gruppen aufzulösen. So fällt beispielsweise die Deportation nicht unter das Abkommen, solange diese nicht zu Lebensbedingungen führt, die eine ganze oder teilweise körperliche Zerstörung der

---

68 *Prosecutor v. Krstic* (Anm. 32), para. 513.

69 Vgl. zur Entstehungsgeschichte *Schabas*, 166 f.

70 *Robinson*, 64; *Prosecutor v. Akayesu* (Anm. 32), para. 505.

71 Vgl. dazu *Schabas*, 172 f.

72 Vgl. dazu *Schabas*, 172 f.

73 So ausdrücklich unter Hinweis auf die soziokulturelle Situation in Ruanda *Prosecutor v. Akayesu* (Anm. 32), para. 507; so auch *Prosecutor v. Kayishema and Ruzindana* (Anm. 32), para. 117; *Bassiouni/Manikas*, International Criminal Courts, 588.

74 Zur Entstehungsgeschichte vgl. *Schabas*, 175 f.

75 Bringing Them Home, Report of the National Inquiry into the Separation of Aboriginal and Torres Strait Islander Children from Their Families (April 1997). Darin wird die Absicht, eine der in Art. II der Konvention geschützten Gruppen zumindest teilweise zu zerstören, wie folgt begründet: *„a general intent can be established from proof of reasonable foreseeability and that such a general intent, as contrasted with the specific intent when the objective was to absorb Indigenous people, is sufficient to establish the Convention's intent element"*.

76 *Nulyarimma v. Thomson* [1999] FCA 1192, paras. 5–11. Zwar ist er wie die *Australian Human Rights and Equal Opportunities Commission* der Ansicht, daß diese Handlungen den objektiven Tatbestand des Völkermordes erfüllen. Eine spezifische Absicht wird aber abgelehnt. Vgl. zu diesem Urteil *K. Daglish*, The crime of genocide: Nulyarimma v. Thompson, The International and Comparative Law Quarterly 50 (2001), 404 ff; *A. D. Mitchell*, Genocide, human rights implementation and the relationship between international and domestic law: *Nulyarimma v. Thompson*, Melbourne University Law Review 24 (2000), 15 ff.

Gruppenmitglieder zur Folge hat. Das humanitäre Kriegsrecht gewährleistet insoweit einen weitergehenden Schutz.

b. Die entscheidende Lücke der Konvention liegt darin, daß sie keinen Schutz gegen den „kulturellen Völkermord" gewährt.[77] Die Vernichtung von Sprache, Kultur, Heiligtümern etc. werden nicht als Völkermord unter Strafe gestellt. Der wesentliche Gesichtspunkt bei den Beratungen der Völkermordkonvention war, daß dies ein Anliegen des Minderheitenschutzes sei;[78] dem ist zuzustimmen, widerspricht aber nicht einer Kriminalisierung bestimmter Handlungen. Die Grenzziehung zwischen einer schleichenden Assimilierung und einer aggressiven Assimilierung, die Sinn und Zweck der Völkermordkonvention widerspricht, wird im Einzelfall schwer zu ziehen sein. Zumindest läßt sich aber aus der Vernichtung von Stätten, die der kulturellen Selbstidentifikation einer Gruppe dienen, schließen, daß mit dem Vorgehen gegen diese Gruppe deren Vernichtung als Gruppe angestrebt wird.[79]

c. Umstritten ist, ob die „ethnischen Säuberungen" *(ethnic cleansing)* unter die Völkermordkonvention zu subsumieren sind. Die ethnischen Säuberungen in Jugoslawien zielten darauf ab, die Bewohner aus ihren angestammten Gebieten durch Terror, Massaker oder Massendeportation zu vertreiben.[80] Die Generalversammlung der Vereinten Nationen hat sie als Akt des Völkermords qualifiziert.[81] Hier sind zwei Fragen zu unterscheiden: Können die ethnischen Säuberungen einer der Tathandlungen nach Art. II der Völkermordkonvention unterstellt werden, und ist der Nachweis einer beabsichtigten Zerstörung der Gruppe führbar?
Es ist durchaus möglich, daß die Vertreibung aus der Heimat unter die Tathandlung einer Verursachung von schweren seelischen Schäden im Sinne von Art. II lit. b) der Völkermordkonvention zu subsumieren ist. Es ist aber ebenso denkbar, daß eine Vertreibung im Sinne von Art. II lit. c) der Völkermordkonvention eine Auferlegung von Lebensumständen bedeutet, die geeignet ist, zu einer physischen Zerstörung der Gruppe zu führen, sei es ganz oder teilweise. Letzteres wird dann der Fall sein, wenn durch die Vertreibung oder Deportation die Gruppe die Möglichkeit verliert, sich physisch zu erhalten. Die Deportation in Wüstengebiete oder unbewohnte Regionen wäre ein derartiger Fall, aber auch die Deportation oder Vertreibung von Ureinwohnern, die eng mit dem von ihnen bewohnten Lebensraum verwurzelt sind, durch die Deportation diese Wurzeln verlieren und deshalb ganz oder teilweise untergehen. Die ethnischen Säuberungen in Bosnien-Herzegowina und im Kosovo lassen sich eher unter Art. II lit. b) Völkermordkonvention (Verursachung von

---

[77] Vgl. zur kontroversen Diskussion *B. Whitaker*, Special Rapporteur, Review of Further Developments in Fields with Which the Sub-Commission has been Concerned, Revised and Updated Report on the Question of the Prevention and Punishment of the Crime of Genocide, UN Doc. E/CN.4/Sub.2/1985/6 (1985), para. 29.

[78] Vgl. dazu ausführlich *Schabas*, 181 ff, und in diesem Zusammenhang auch *J. Morsink*, Cultural genocide, the Universal Declaration, and minority rights, Human Rights Quarterly 21 (1999), 1009 ff; *D. M. Smolin*, Will international human rights be used as a tool of cultural genocide? The interaction of human rights norms, religion, culture and gender, The Journal of Law and Religion 12 (1995/96), 143 ff.

[79] *Prosecutor v. Krstic* (Anm. 32), para. 576; es wird darauf verwiesen, daß die Aufnahme des „kulturellen Genocids" mit 25 gegen 6 Stimmen bei 4 Enthaltungen im 6. Ausschuß der Generalversammlung abgelehnt wurde.

[80] Vgl. dazu UN Doc. S/25274 (1993), para. 56; vgl. hierzu auch *C. Booth Walling*, The history and politics of ethnic cleansing, International Journal of Human Rights 4 (2000), 47 ff; *N. Cigar*, Genocide in Bosnia: the policy of „ethnic cleansing", 1995.

[81] A/Res.47/121 vom 18. 12. 1992; Judge ad hoc *E. Lauterpacht*, Separate Opinion, *Application of the Convention on the Prevention and Punishment of the Crime of Genocide (Bosnia and Herzegovina v. Yugoslavia)*, ICJ Reports 1993, 325 (431 f), paras. 68–70); BGH, Urteil vom 30. 4. 1999, Az. 3 StR 215/98, BGHSt 45, 65 ff = NStZ 1999, 296 ff; BVerfG, Nichtannahmebeschluß vom 12. 12. 2000, Az. 2 BvR 1290/99, JZ 2001, 981 ff; a.A. *Schabas*, 199 f.

schweren seelischen Schäden) fassen, vorausgesetzt, diese ethnischen Säuberungen zielten auf eine völlige oder teilweise Vernichtung der Gruppe.[82]

5. a. In subjektiver Hinsicht *(mens rea)* setzt die Strafbarkeit wegen Völkermords zunächst voraus, daß die in Art. II der Völkermordkonvention genannten Tathandlungen vorsätzlich begangen werden. Bedingter Vorsatz *(dolus eventualis)*, wonach der Täter die Verwirklichung einer der genannten Tathandlungen ernstlich für möglich halten und sich mit ihr abfinden muß,[83] genügt.[84]

b. Darüber hinaus verlangt der subjektive Tatbestand des Völkermords in „überschießender Innentendenz" die Absicht, nationale, ethnische, rassische oder religiöse Gruppen als solche durch eine der in Art. II genannten Tathandlungen ganz oder teilweise zu zerstören *(dolus specialis)*. Absicht *(dolus directus 1. Grades* oder einfach *dolus directus)* bedeutet in diesem Zusammenhang, daß der Täter die ganze oder teilweise Zerstörung der geschützten Gruppe als Zwischen- oder Endziel seiner Handlungen anstrebt.[85] Ist hingegen die Zerstörung einer Gruppe bloße, wenn auch unvermeidbare Nebenfolge seiner Handlung, die auf andere Ziele gerichtet war, liegt kein Völkermord vor. Hierin liegt eine wesentliche Einschränkung[86] der Konvention. Eine Bestrafung und Verfolgung wegen Verbrechen gegen die Menschlichkeit bzw. wegen Kriegsverbrechen bleibt jedoch möglich.

In seinem Gutachten vom 8. Juli 1996 stellte der Internationale Gerichtshof fest, daß der Einsatz von Atomwaffen als solcher keinen Völkermord darstelle.[87] Zu einem solchen Schluß könnte man lediglich im Einzelfall kommen, wenn der Einsatz von Atomwaffen von der Absicht getragen wäre, eine der in der Konvention geschützten Gruppen zumindest teilweise zu zerstören.

Eine andere Frage ist, ob ein von übergeordneter Stelle erlassener Plan vorgelegen haben muß und der Täter in Kenntnis von diesem Plan gehandelt hat. Dies ist im Verfahren *Prosecutor v. Jelisic* von dem International Strafgerichtshof für das ehemalige Jugoslawien verneint worden.[88] Es wurde dargetan, daß ein derartiger Plan auch allein bei dem Täter vorgelegen haben könnte. Dies ist von der Berufungskammer bestätigt worden.[89]

---

[82] A. A. *Schabas*, 229; *Hoß/Miller*, GYIL 44 (2001), 607.

[83] Vgl. nur *H.-H. Jescheck*, Lehrbuch des Strafrechts, Allgemeiner Teil, 4. Auflage 1988, 268 f.

[84] *H. Tröndle/T. Fischer*, Strafgesetzbuch und Nebengesetze, 50. Auflage 2001, Art. 220a StGB, Rn. 5. Allerdings geht Art. 30 Abs. 2 des Status von Rom davon aus, daß die darin geregelten Straftatbestände, soweit nicht anderes bestimmt ist, mit *„intent and knowledge"* begangen werden müssen. Dieser Wortlaut läßt keinen Raum für eine Auslegung, die auch den *„dolus eventualis"* umfaßt; kritisch dazu *K. Ambos*, General Principles of Criminal Law in the Rome Statute, Criminal Law Forum 10 (1999), 1 (21 f); vgl. dazu *Prosecutor v. Sikirica* (Anm. 32), Urteil vom 3. 9. 2001, in dem sich der Internationale Strafgerichtshof gegen die Hineinnahme von Vorsatztheorien aus dem nationalen Recht aussprach (para. 60): „The first rule of interpretation is to give words their ordinary meaning where the text is clear. Here, the meaning of intent is made plain in the chapeau to Article 4(2). Beyond saying that the very specific intent required must be established, particularly in the light of the potential for confusion between genocide and persecution, the Chamber does not consider it necessary to indulge in the exercise of choosing one of the three standards identified by the Prosecution. In the light, therefore, of the explanation that the provision itself gives as to the specific meaning of intent, it is unnecessary to have recourse to theories of intent."

[85] So der Internationale Strafgerichtshof für Ruanda in *Prosecutor v. Akayesu* (Anm. 32), para. 497 und in *Prosecutor v. Kambanda* (Anm. 32), para. 16; *A-G Israel v. Eichmann* (Anm. 21), para. 25.

[86] Diese Einschränkung ist von erheblicher praktischer Relevanz; z. B. haben sich Paraguay und Brasilien, als ihnen Völkermord an Indianern vorgeworfen wurde, darauf berufen, die Verbrechen gegen die Indianer seien wirtschaftlich motiviert gewesen und nicht von der Absicht getragen, diese Gruppe nur ihrer selbst wegen zu vernichten, vgl. dazu *Kuper*, 151.

[87] *Legality of the Threat or Use of Nuclear Weapons*, ICJ Reports 1996, 226 ff.

[88] Anm. 32, para. 44, 98.

[89] Urteil vom 5. 7. 2001, para. 48; so auch in *Prosecutor v. Sikirica* (Anm. 32), para. 62; *Prosecutor v. Akayesu* (Anm. 32), para. 477, 579, 651.

Dem ist zuzustimmen. Nichts in dem Tatbestand deutet darauf hin, daß ein übergeordneter Plan vorliegen muß. Es ist zwar zutreffend, daß die ganze oder teilweise Vernichtung einer Gruppe eine entsprechende Planung voraussetzt; allerdings kann diese sowohl übergeordnet als auch durch eine einzelne Person oder eine Gruppe von Personen erfolgen. Dem widersprechen auch nicht die *Elements of Crime*, wonach „... the conduct took place in the context of a manifest pattern of similar conduct directed against that group or that conduct that could itself effect such destruction."[90] Denn *„pattern of similar conduct"* ist nicht gleichzusetzen mit einem übergeordneten Plan. Aus dem Tatbestand ergibt sich allerdings naturgemäß, daß isolierte Akte von Tötungen nicht ausreichen, sondern der Nachweis für die Absicht zu erbringen ist, eine Gruppe ganz oder teilweise zu zerstören.[91] An den Nachweis für einen entsprechenden Vorsatz werden zutreffend geringe Anforderungen gestellt. Für den Internationalen Strafgerichtshof für Ruanda war sie im Fall *Akayesu* bereits mit der Feststellung, „[t]he offender is culpable because he knew or should have known that the act committed would destroy, in whole or in part, a group"[92] belegt.
Schließlich ist für die Beurteilung ethnischer Säuberungen noch problematisch, auf welche Form die Zerstörung der Gruppe zielen muß. Die Verwendung des Begriffes *„physical destruction"* ist irreführend.[93] Bereits die Alternativen „Verursachung von schweren körperlichen Leiden" und die „gewaltsame Überführung von Kindern" zielen nicht auf eine Zerstörung der Gruppe in dem Sinn, daß die Gruppe wegen Vernichtung ihrer Mitglieder nicht mehr existent ist. Es ist zwar anerkannt, daß die Veränderung oder Vernichtung einer kulturellen Identität den Tatbestand des Völkermords nicht erfüllt. Das heißt aber nicht, daß die völlige Zerstreuung einer Gruppe und die Verhinderung jeglicher Interaktion der Gruppenmitglieder nicht den Tatbestand des Völkermords erfüllen kann.[94] Entscheidend ist dabei nicht der Erfolg, sondern das erstrebte Ziel. Insofern können ethnische Säuberungen durchaus den Tatbestand des Völkermords erfüllen.

6. Anders als die Verbrechen gegen den Frieden können die Taten des Völkermordes nach Art. IV der Konvention von allen Personen, regierenden Personen, öffentlichen Bediensteten, aber auch Privatpersonen, begangen werden.
Umstritten ist, ob auch Staaten nach der Konvention Völkermord begehen können.[95] Zwar verweist Art. IX, der die Zuständigkeit des Internationalen Gerichtshofs für die Auslegung, Anwendung oder Durchführung der aus der Konvention resultierenden Verpflichtungen begründet, ausdrücklich auf die „Verantwortlichkeit eines Staates für Völkermord oder eine der sonstigen in Artikel III aufgeführen Handlungen". Unter Berufung auf die Entstehungsgeschichte dieser Vorschrift vertrat Jugoslawien jedoch in dem Fall *Application of the*

---

[90] UN Doc. PCNICC/2000/1/Add. 2.

[91] A. A. *Schabas*, Fordham International Law Journal 25 (2001), 23 (34 f); wie hier *Triffterer*, Leiden Journal of International Law 14 (2001), 399 (407).

[92] Anm. 32, para. 519; so auch *Verdirame*, International and Comparative Law Quarterly 49 (2000), 578 (585).

[93] So aber *Schabas*, Fordham International Law Journal 25 (2001), 23 (47); ihm folgend *Hoß/Miller*, GYIL 44 (2001), 609. Der Internationale Strafgerichtshof für das frühere Jugoslawien verwendet diesen Begriff in *Prosecutor v. Krstic* (Anm. 32) ebenfalls (para. 580) und nimmt dabei kritisch zu der weiten Auslegung des Bundesverfassungsgerichts (BVerfG, 2 BvR 1290/99 vom 12. 12. 2000) Stellung. Allerdings wird lediglich festgestellt, die Vernichtung der kulturellen Identität erfülle den Tatbestand des Völkermords nicht.

[94] Unscharf *Schabas*, 229, wenn er die Zerstörung der politischen Strukturen der Wirtschaft mit der Zerstörung der kulturellen Identität gleichstellt und einer physischen Zerstörung entgegensetzt.

[95] Vgl. hierzu *Schabas*, 434 ff; *N. Jorgensen*, State responsibility and the 1948 Genocide Convention, in: *G. S. Goodwin-Gill*, The Reality of International Law, 1999, 273 ff. Eine andere Frage ist, ob Staaten überhaupt Völkermord begehen können. Der frühere Artikel 19 lit. c der Draft Articles on State Responsibility (ILC Yearbook 1976, Vol. II, 95–122), die 1996 in der ersten Lesung angenommen wurden, sah eine Staatenverantwortlichkeit wegen Völkermordes ausdrücklich vor. Allerdings wurde Art. 19 lit. c in der zweiten Lesung gestrichen.

Convention on the Prevention and Punishment of the Crime of Genocide (Bosnia-Herzegovina v. Yugoslavia) die Ansicht, daß mit diesem Verweis nur die Verantwortlichkeit eines Staates angesprochen sei, die sich aus der Verletzung seiner aus den Artikeln V, VI und VII folgenden Verpflichtungen ergebe. Der Anwendungsbereich der Konvention beziehe sich nicht auf die Verantwortlichkeit eines Staates für den Völkermord selbst. Dagegen wandte sich der Internationale Gerichtshof in seinem Urteil vom 11. Juli 1996 und ging in einer wörtlichen Auslegung der Konvention davon aus, daß weder Art. IX noch Art. IV die Verantwortlichkeit eines Staates für den Völkermord selbst ausschließe.[96] Letztlich traf der Internationale Gerichtshof nur eine Aussage darüber, daß er nach Art. IX zuständig ist, beantwortete damit aber nicht zwangsläufig die Frage, ob auch Staaten nach der Konvention Völkermord begehen können. Eine davon zu unterscheidende Frage ist die nach der Möglichkeit von Strafsanktionen gegen Staaten.

IV. Art. V der Konvention verpflichtet die Vertragsstaaten, wirksame Strafen für Personen vorzusehen, die sich des Völkermordes oder einer anderen nach Art. III strafbaren Handlung schuldig gemacht haben. Im allgemeinen sehen die Vertragsstaaten vor, daß Völkermord mit der höchsten Strafe zu ahnden ist, die ihr Rechtssystem kennt, entweder mit einer längeren Freiheitsstrafe oder mit der Todesstrafe.[97] In der Bundesrepublik Deutschland wird Völkermord nach Art. 220a StGB mit lebenslanger Freiheitsstrafe bestraft; in minder schweren Fällen kommt eine Freiheitsstrafe von fünf bis fünfzehn Jahren in Betracht, wobei die Tathandlungen nach Art. II lit. a) der Völkermordkonvention von der Strafmilderung ausgenommen sind.

V. Eine wesentliche Einschränkung für die Anwendung der Völkermordkonvention enthält dessen Art. VI. Die strafrechtliche Verfolgung von Völkermord liegt bei den Gerichten des Staates, in denen die Handlungen begangen wurden oder bei einem internationalen Gericht. Dagegen sieht der Wortlaut der Völkermordkonvention keine Verfolgung nach dem Weltrechtsprinzip vor; es wurde indessen bereits darauf hingewiesen, daß sich das Weltrechtsprinzip – wie es das BVerfG in seinem Völkermord-Beschluß vom 12. 12. 2000 getan hat – implizit in die Völkermordkonvention hineinlesen läßt.[98] Im übrigen kann auch von einer gewohnheitsrechtlichen Anerkennung der Zulässigkeit einer Verfolgung nach dem Weltrechtsprinzip ausgegangen werden.[99]

Art. VI der Völkermordkonvention ist nicht als eine Einschränkung der nationalen Strafgewalt, sondern als eine Mindestanforderung an das nationale Recht anzusehen.[100] Dieser Ansatz wird von dem Internationalen Gerichtshof in seinem Rechtsgutachten über Vorbehalte zum Völkermordabkommen[101] gestützt. Darin werden die dem Abkommen zugrunde-

[96] ICJ Reports 1996, 595 ff, para 32 f (Preliminary Objections). Vgl. zu diesem Urteil *G. S. DeWeese*, The Failure of the International Court of Justice to Effectively Enforce the Genocide Convention, Denv. J. Int'l L. & Pol'y 26 (1998), 625 ff; *W. L. Hurlock*, The International Court of Justice: Effectively Providing a Long Overdue Remedy for Ending State-Sponsored Genocide *(Bosnia-Herzegovina v. Yugoslavia)*, Am. U. J. Int'l L. & Pol'y 12 (1997), 299 ff; *P. C. Szasz*, Comment on the Genocide Case, LJIL 10 (1997), 163 ff; *S. Maljean-Dubois*, L'affaire relative à l'application de la convention pour la prévention et la répression du crime de génocide *(Bosnie-Herzégovine c. Yougoslavie)*, Annuaire Francais de Droit International 42 (1996), 357 ff.

[97] Vgl. zu den unterschiedlichen nationalen Regelungen *Schabas, 398 f mwN.*

[98] Siehe oben § 189.

[99] *Kobrick*, Colum.L. Rev. 87 (1987), 1522 f; a.A. jüngst aber *Bassiouni*, Universal Jurisdiction for International Crimes: Historical Perspectives and Contemporary Practice, Virginia Journal of International Law 42 (2001), 81 (121). Vgl. dazu auch §§ 189, 190.

[100] *Clark*, Nord.J. Int'l L. 57 (1988), 49 ff, 53 unter Bezugnahme auf die Entstehungsgeschichte; Das *American Law Institute*, Restatement of the Law (Third). Foreign Relations of the United States, Vol. I, 1987, § 404, para. 1, geht von einer gewohnheitsrechtlichen Geltung des Weltrechtsprinzips beim Völkermord aus.

[101] Reservation to the Convention on the Prevention and Punishment of the Crime of Genocide, ICJ Reports 1951, 15 (23).

liegenden Prinzipien als *„principles which are recognized by the civilized nations as binding on States even without conventional obligation"* bezeichnet. Außerdem hat der Internationale Gerichtshof darauf hingewiesen, daß die Befolgung dieser Konvention nicht im einzelstaatlichen, sondern im Staatengemeinschaftsinteresse liege. Die sich hieraus ergebenden Konsequenzen wurden im *Fall Eichmann* von dem israelischen Strafgericht gezogen.[102]

VI. Dem Wortlaut der Völkermordkonvention ist keine unmittelbare Pflicht der Vertragsstaaten zu entnehmen, solche Personen auf Gesuch eines anderen Vertragsstaates auszuliefern. Art. VII Abs. 1 regelt allerdings, daß die Auslieferung von einem Vertragsstaat nicht mit dem Hinweis darauf verweigert werden kann, daß es sich bei Völkermord um eine politische Straftat handle. Daneben enthält Art. VII Abs. 2 die allgemeine Verpflichtung der Vertragsstaaten, bestehenden Gesetzen und völkerrechtlichen Verträgen auch bei der Auslieferung Rechnung zu tragen. Teile des Schrifttums sind der Auffassung, daß die Artikel I, IV, V, VI und VII zusammengelesen eine Pflicht der Vertragsstaaten zur Auslieferung implizieren.[103] Dem ist zuzustimmen; das Verfahren gegen *Pinochet* deutet in diese Richtung.

Auf der Grundlage eines spanischen Haftbefehls wurde *Augusto Pinochet* im Oktober 1998 von britischen Behörden unter Hausarrest gestellt. Unter anderem wurde *Pinochet* wegen der Übergriffe auf politische Gegner Völkermord vorgeworfen. Diese politischen Gegner wurden wegen der gemeinsamen Überzeugungen, die sie vertraten, als nationale Gruppe angesehen. Obwohl diese weite Auslegung des Straftatbestandes des Völkermords von Großbritannien nicht geteilt wurde, billigte das House of Lords die Auslieferung an Spanien im März 1999 wegen anderer Verbrechen *Pinochets*. Letztlich kam es wegen der Verhandlungsunfähigkeit von *Pinochet* aber nicht zu einer Auslieferung an Spanien.[104]

VII. Die Besonderheit des Verbrechens Völkermord liegt darin, daß es sich gegen Einzelpersonen richtet, aber eine Gruppe meint. Dies entwürdigt die Opfer zusätzlich, denn sie spricht ihnen ihre Individualität ab, indem sie diese lediglich als Teil einer Gruppe sieht. Als der Straftatbestand geschaffen wurde, hatte er die Verbrechen während des Nationalsozialismus vor Augen. Dies hat die Ausformulierung des Tatbestands beeinflußt. Die Übernahme dieses über 50 Jahre alten Straftatbestands in das Statut des Internationalen Strafgerichtshofs war unter dem Gesichtspunkt der Rechtssicherheit zwar geboten, macht aber eine interpretatorische Auseinandersetzung mit den einzelnen Tatbestandselementen erforderlich, wie vor allem das Urteil des Internationalen Strafgerichtshofs für das frühere Jugoslawien in *Prosecutor v. Krstic*[105] belegt.
Modifikationen für die Verfolgung von Verbrechen des Völkermords ergeben sich aus Völkergewohnheitsrecht. Dies gilt für die Verfolgung nach dem Weltrechtsprinzip und die Verpflichtung zur Auslieferung. Insofern kann gesagt werden, daß die Verfolgung von Völkermord sowohl durch das Gewohnheitsrecht als auch die Rechtsprechung der internationalen Strafgerichte den Erfordernissen, wie sie für das internationale Strafrecht jetzt gelten, angepaßt wurde.

---

[102] AJIL 56 (1962), 805; vgl. dazu *Clark*, Nord. J. Int'l L. 57 (1988), 49 (54).

[103] Siehe *Schabas*, 404 f; *L. A. Steven*, Genocide and the Duty to Extradite or Prosecute: Why the United States is in Breach of its International Obligations, Virginia Journal of International Law 39 (1999), 425 (460 f); *Oppenheim/Jennings/Watts*, 953.

[104] Vgl. hierzu *Lippman*, Houston Journal of International Law 23 (2001), 467 (517 ff); *A. C. Johnson*, The Extradition Proceedings Against General Augusto Pinochet: Is Justice Being Met Under International Law, Georgia Journal of International and Comparative Law 29 (2000), 203 ff; *R. J. Wilson*, Prosecuting Pinochet: International Crimes in Spanish Domestic Law, Human Rights Quarterly 21 (1999), 927 (929 f); *M. Marquez Carrasco/J. Alcaide Fernandez*, In re Pinochet: Initiation of Criminal Proceedings Against Former President of Chile for Offenses While in Office, American Journal of International Law 93 (1999), 690 ff. Die interessantere Frage, die im Fall *Pinochet* aufgeworfen wurde, betraf die Immunität von Staatsoberhäuptern (vgl. hierzu § 190).

[105] Anm. 32.

§ 194 Verbrechen gegen die Menschlichkeit, Apartheid, Menschenhandel, Folter

Schrifttum: *E. Schwelb*, Crimes against Humanity, BYIL 23 (1946), 178 ff; *R. S. Clark*, Crimes against Humanity at Nuremberg, in: *G. Ginsburgs/V. N. Kudriavtsev* (eds.), The Nuremberg Trial and International Law, 1990, 190 ff; *M. C. Bassiouni*, „Crimes Against Humanity": The Need for a Specialized Convention, Colum. J. Transnat'l L. 31 (1994), 457 ff; *L. Mansfield*, Crimes Against Humanity: Reflections on the Fiftieth Anniversary of Nuremberg and a Forgotten Legacy, Nordic Journal of International Law 64 (1995), 293 ff; *T. Meron*, International Criminalization of Internal Atrocities, AJIL 89 (1995), 554 ff; *Y. Dinstein*, Crimes against humanity, in: *J. Makarczyk*, Theory of international law at the threshold of the 21st century, 1996, 891 ff; *J. Rikhof*, Crimes Against Humanity, Customary International Law and the International Tribunals for Bosnia and Rwanda, National Journal of Constitutional Law 6 (1996), 233; *M. Lippman*, Crimes Against Humanity, B. C. Third World L. J. 17 (1997), 171 ff; *P. Hwang*, Defining Crimes against Humanity in the Rome Statute of the International Criminal Court, Fordham Int'l L. J. 22 (1998), 457 ff; *S. Marchisio*, The Priebke Case Before the Italian Military Tribunals: A Reaffirmation of the Principle of Non-Applicability of Statutory Limitations to War Crimes and Crimes Against Humanity, Yearbook of International Humanitarian Law 1 (1998), 344 ff; *M. C. Bassiouni* (ed.), Crimes against humanity in international criminal law, 1999; *P. Benvenuti*, The Repression of Crimes against Humanity, War Crimes, Genocide through National Courts, Rivista di scienze giuridiche 46 (1999) 145 ff; *G. Robertson*, Crimes against humanity: the struggle for global justice, 1999; *B. van Schaack*, The Definition of Crimes against Humanity: Resolving the Incoherence, Colum. J. Transnat'l L. 37 (1999), 787 ff; *M. McAuliffe de Guzman*, The Road from Rome: The Developing Law of Crimes against Humanity, HRQ 22 (2000), 335 ff; *Y. Dinstein*, Crimes Against Humanity After Tadić, LJIL 13 (2000), 373 ff; *M. Bettati*, Le crime contre l'humanité, in: *H. Ascensio/E. Decaux/A. Pellet* (eds.), Droit international pénal, 2000, 293 ff.

I. 1. Verbrechen gegen die Menschlichkeit wurden normativ erstmalig in Art. 6 lit. c des Statuts des Internationalen Militärgerichtshofs von Nürnberg[1] verankert. Obwohl an den Verhandlungen zu diesem Statut nur die vier Alliierten beteiligt waren, hat sich dieser Verbrechenstatbestand in der Folgezeit durchgesetzt und ist heute allgemein anerkannt. Dies zeigt sich auch daran, daß er häufig rezipiert wurde, so in den Statuten für den Internationalen Strafgerichtshof für das ehemalige Jugoslawien,[2] für Ruanda,[3] für das Sondergericht für Sierra Leone[4] und für den Internationalen Strafgerichtshof.[5] Ihre Wurzeln hat die internationale Poenalisierung von Verbrechen gegen die Menschlichkeit aber schon in der Zeit vor dem Zweiten Weltkrieg.[6]

Das Haager Abkommen von 1899 betreffend die Gesetze und Gebräuche des Landkriegs,[7] sowie das dieses ablösende Haager Abkommen von 1907[8] sprechen bereits in ihrer Präambel das Ziel an, auch während eines Konflikts den „Interessen der Menschlichkeit ... zu dienen." Ebenfalls wird in ihnen darauf hingewiesen, daß „die Bevölkerung und die Kriegführenden unter dem Schutz und der Herrschaft der Grundsätze des Völkerrechts bleiben, wie sie sich ergeben aus den unter gesitteten Völkern feststehenden Gebräuchen, aus den Gesetzen der Menschlichkeit und aus den Forderungen des öffentlichen Gewissens." Diese sog. Martens'sche Klausel[9] ist eine Auffangregelung mit der die Handlungs- und Entscheidungsfreiheit der militärisch Verantwortlichen auch in den Fällen eingeschränkt werden soll, in denen keine expliziten Schutzregeln bestehen. Nach dem Ersten Weltkrieg

---

1 Text: AJIL 1945, Supp. 257.

2 ILM 34 (1993), 1170.

3 ILM 33 (1994), 1598.

4 Report of the Secretary-General on the establishment of a Special Court for Sierra Leone (UN Doc. S/2000/915, Enclosure).

5 ILM 37 (1998), 999.

6 Auch der Begriff selber wurde vor dem zweiten Weltkrieg geprägt. So haben am 24. Mai 1915 Frankreich, das Vereinigte Königreich und Rußland die in der Türkei an den Armeniern begangenen Massaker als „Verbrechen gegen die Menschlichkeit und Zivilisation" verurteilt; abgedruckt bei *Schwelb*, BYIL 23 (1946), 178 (181); vgl. dazu *Lippman*, B. C. Third World L. J. 17 (1997), 171 (174 ff), *de Guzman*, HRQ 22 (2000), 335 (343 f).

7 RGBl. 1901, 423.

8 RGBl. 1910, 107.

9 Vgl. dazu *van Schaack*, Colum. J. Transnat'l L. 37 (1999), 787 (795 f); *Lippman*, Anm. 6, 173 ff.

wurde zwar erwogen, Verbrechen gegen die Zivilisation und die Menschlichkeit zu verfolgen.[10] Letztlich wurde aber nur eine internationale strafrechtliche Verfolgung von Kriegsverbrechen im traditionellen Sinne eröffnet.[11]

Dem Straftatbestand des Verbrechens gegen die Menschlichkeit wird immer wieder vorgeworfen, er weise keine scharfen Konturen auf.[12] Seine historische Entwicklung zeigt jedoch, daß sich ein Kerntatbestand herausgebildet hat, der nunmehr auch gewohnheitsrechtliche Geltung beanspruchen kann, auch wenn in Randbereichen heute noch Definitionsschwierigkeiten bestehen.

2. Die einzelnen Tatbestandsmerkmale des Verbrechens gegen die Menschlichkeit haben im Laufe der Zeit wesentliche Veränderungen erfahren. Als Grundlage läßt sich aber folgendes festhalten. Das Verbrechen gegen die Menschlichkeit besteht zunächst aus einem Verbrechen, das meist auch im gewöhnlichen Strafrecht normiert ist. Dabei unterscheidet man zwischen Mord, Ausrottung, Versklavung etc. einerseits und Verfolgung aus z. B. politischen Gründen (Verfolgungstat) andererseits. Dieses Verbrechen unterliegt nun aufgrund weiterer Tatbestandsmerkmale, die die besondere Schwere zum Ausdruck bringen und die internationale Gemeinschaft tangieren, dem internationalen Strafrecht. Diese weiteren Tatbestandsmerkmale genau zu bestimmen, ist von besonderer Bedeutung.[13] Gerade in ihnen spiegelt sich auch die Entwicklung wieder, die der Tatbestand durchlaufen hat. Neben der Voraussetzung, daß die Zivilbevölkerung Opfer des kriminellen Aktes ist, wurden als solche Tatbestandsmerkmale eine Verbindung mit einem Krieg oder einer bewaffneten Handlung, eine Diskriminierungsabsicht, eine staatliche Handlung und die besondere Tragweite oder Systematik des Vorgehens diskutiert.[14]
Gemäß Art. 6 lit. c des Statuts des Internationalen Militärgerichtshofs von Nürnberg umfaßte der Begriff „Verbrechen gegen die Menschlichkeit" Mord, Ausrottung, Versklavung, Deportation oder andere unmenschliche Handlungen, begangen an irgendeiner Zivilbevölkerung vor oder während des Krieges, Verfolgung aus politischen, rassischen oder religiösen Gründen in Ausführung eines Verbrechens oder in Verbindung mit einem Verbrechen, für das der Gerichtshof zuständig ist, und zwar unabhängig davon, ob die Handlung gegen das Recht des Landes verstieß, in dem sie begangen wurde, oder nicht.[15]
Dieser Text war deutlich von der Präambel der Haager Abkommen von 1899 und 1907 betreffend die Gesetze und Gebräuche des Landkrieges und den Empfehlungen der *Commission on the Responsibilities of the Authors of War and on Enforcement of Penalties for*

---

[10] Vgl. dazu im einzelnen *Bassiouni*, Crimes Against Humanity, 62 ff; *van Schaack*, Colum. J. Transnat'l L. 37 (1999), 787 (789 ff); *Dinstein*, in: *Makarczyk*, 891.

[11] Vgl. § 192.

[12] Kritisch unter diesem Gesichtspunkt z. B. *Donnedieu de Vabres,* Le procès de Nuremberg devant les principes modernes du droit pénal international, RdC 70 (1947), 477 (522), *Dinstein*, Crimes Against Humanity after Tadić, LJIL 13 (2000), 373 (392). Auf Grund der Unbestimmtheit des Begriffs hatte die amerikanische Delegation in der 15er Kommission der Pariser Vorfriedenskonferenz 1919 gegen die von den französischen Professoren Larnaude und Lapradelle befürwortete Einführung dieses Tatbestandes Bedenken geäußert; vgl. auch AJIL 14 (1920), 127 f (134).

[13] Vgl. *de Guzman*, HRQ 22 (2000), 335 ff.

[14] Vgl. *de Guzman*, HRQ 22 (2000), 335 ff, *Bettati*, in: *Ascesio/Decaux/Pellet* (ed.), 293 ff.

[15] Der Text lautet: „Crimes Against Humanity: namely, murder, extermination, enslavement, deportation, and other inhumane acts committed against any civilian population, before or during the war, or persecutions on political, racial, or religious grounds in execution of or in connection with any crime within the jurisdiction of the Tribunal, whether or not in violation of domestic law of the country where perpetrated." Zur Entstehungsgeschichte vgl. *Bassiouni*, Crimes Against Humanity, 20 ff; Jackson's Report, v-vi: in Report of *Robert H. Jackson*, United States Representative to the International Conference on Military Trials to the President of the United States of America, 1945; *van Schaack*, Colum. J. Transnat'l L. 37 (1999), 787 (798 ff), *Lippman*, B. C. Third World L. J. 17 (1997), 171 (177 ff).

Violations of the Laws and Customs of War von 1919[16] über Verbrechen gegen die Menschlichkeit inspiriert. Die Besonderheit der Verbrechen gegen die Menschlichkeit wurde bereits damals darin gesehen, daß sie Tatbestände erfaßten, die nach dem humanitären Völkerrecht zu bestrafen waren, wobei allerdings der Kreis der Opfer ausgeweitet wurde. Während die Poenalisierung von Verstößen gegen das humanitäre Völkerrecht Opfer der Gegenseite bzw. Kriegsgefangene schützt, sollten durch die Verfolgung von Verbrechen gegen die Menschlichkeit auch Staatsangehörige des Staates geschützt werden, von dem diese Verbrechen ausgingen. Die Zuständigkeit des Gerichtshofs wurde jedoch wesentlich dadurch eingeschränkt, daß die Tat im Zusammenhang oder in Ausführung eines Verbrechens, für das der Gerichtshof zuständig war, begangen werden mußte. Da der Gerichtshof ansonsten für Kriegsverbrechen und Verbrechen gegen den Frieden zuständig war, mußte damit ein Nexus mit dem Krieg bestehen.[17] Umstritten war allerdings – angesichts unterschiedlicher Textfassungen in den einzelnen Sprachen – ob alle genannten Taten oder nur die Verfolgungstaten dieses Nexus bedurften, um von dem Internationalen Militärgerichtshof verfolgt werden zu können. Durch das Protokoll von Potsdam wurde diese Unklarheit beseitigt und klargestellt, daß die Voraussetzung für alle Varianten des Tatbestandes galt.[18] Damit war eine Verfolgung von gegen die jüdische Bevölkerung gerichteten Straftaten ausgeschlossen – zumindest soweit diese vor 1939 stattfanden.[19] Schon 1945 wurde diese Beschränkung des Straftatbestandes Verbrechen gegen die Menschlichkeit durch Kontrollratsgesetz Nr. 10 aufgehoben.[20] Art. 5 lit. c des Statuts für den Internationalen Militärgerichtshof für Tokio folgte allerdings in dem vergleichbaren Teil dem Wortlaut von Art. 6 lit. c des Statuts für den Internationalen Militärgerichtshof.[21]

3. 1947 wurde die ILC beauftragt, die Prinzipien des Nürnberger Gerichtshofes zusammenzufassen und einen Kodex der Verbrechen gegen den Frieden und die Sicherheit der Menschheit zu Entwerfen. Trotz dieses erklärten Ausgangspunktes[22] schwankten die Formulierungsvorschläge zur Definition der Verbrechen gegen die Menschlichkeit bei der Entwicklung des Kodexes außerordentlich.[23]

In dem ersten von dem Sonderberichterstatter *Spiropoulos* vorgelegten Entwurf[24] wurde die Verbindung der Begehungstatbestände Mord, Ausrottung, Versklavung, Deportation und andere unmenschliche Akte mit Kriegsverbrechen und Verbrechen gegen den Frieden aufgegeben; nicht

16 Vgl. dazu *Bassiouni*, Crimes Against Humanity, 63 f.

17 Vgl. *de Guzman*, HRQ 22 (2000), 335 (357).

18 Vgl. dazu im Detail *Schwelb*, BYIL 23 (1946), 178; *Clark*, in: *Ginsburgs/Kudriavtsev* (eds.), 190 ff; *Bassiouni*, Crimes Against Humanity, 27 ff; *Dinstein*, in: *Makarczyk* 892.

19 Vgl. *de Guzman*, HRQ 22 (2000), 335 (356).

20 Art. II Abs. 1 lit. c lautet: „Crimes against Humanity: Atrocities and offences, including but not limited to murder, extermination, enslavement, deportation, imprisonment, torture, rape, or other inhumane acts committed against any civilian population, or persecutions on political, racial or religious grounds whether or not in violation of the domestic laws of the country where perpetrated." Diese Formulierung unterscheidet sich von Art. 6 lit. c des Statuts des Internationalen Militärtribunals auch dadurch, daß die Aufzählung der Begehungstatbestände nicht abschließend ist. Vgl. dazu *van Schaack*, Colum. J. Transnat'l L. 37 (1999), 787 (807 ff). Es ist strittig, ob die Nexus-Voraussetzung im Statut des Internationalen Militärgerichtshofs von Nürnberg Teil des Straftatbestandes ist, oder lediglich eine Voraussetzung für die Zuständigkeit des Gerichtshofs, vgl. dazu *de Guzman*, HRQ 22 (2000), 335 (356) mwN. Es spricht alles dafür, sie als Einschränkung der gerichtlichen Zuständigkeit anzusehen.

21 „Crimes against Humanity: namely, murder, extermination, enslavement, deportation, and other inhumane acts committed before or during the war, or persecutions on political or racial grounds in execution of or in connection with any crimes within the jurisdiction of the Tribunal, whether or not in violation of the domestic law of the country where perpetrated..."

22 Vgl. *de Guzman*, HRQ 22 (2000), 335 (349).

23 Vgl. zu der Entstehungsgeschichte allgemein § 191.

24 Yearbook ILC 1950, 1 (282); vgl. dazu *Bassiouni*, The History of the Draft Code of Crimes Against the Peace and Security of Mankind, Israel Law Review 27 (1993), 1.

aufgegeben wurde dieser Konnex für den Verfolgungstatbestand.[25] Davon abgesehen beseitigte dieser erste Entwurf die Begehungstatbestände, wie sie für das Verbrechen gegen die Menschlichkeit in den Statuten für die Internationalen Strafgerichtshöfe von Nürnberg und Tokio formuliert worden waren. Demgegenüber war der 1954 vorgelegte Textentwurf deutlich weiter gefaßt; weiterhin bestand keine Verbindung zu Kriegsverbrechen oder Verbrechen gegen den Frieden und es wurden neue Begehungstatbestände eingeführt.[26] Der mehr als zwanzig Jahre später folgende Textentwurf[27] wich deutlich von den historischen Vorbildern ab, indem u. a. Apartheid und schwere Umweltschäden als Verbrechen gegen die Menschlichkeit definiert wurden; auch der Völkermord wurde als Verbrechen gegen die Menschlichkeit angesehen. Auf diesem Ansatz beruhte auch der Entwurf der ILC von 1991.[28] Art. 21 des Entwurfs der ILC für einen Kodex der Verbrechen gegen Frieden und Sicherheit der Menschheit von 1991 vermeidet in der Überschrift den Begriff Verbrechen gegen die Menschlichkeit und spricht statt dessen von „systematic and mass violations of human rights". In der Sache selbst ist die Nähe zu Art. 6 Statut des Internationalen Militärgerichtshofs unübersehbar. Es fehlt lediglich der Hinweis darauf, daß sich die Angriffe gegen die Zivilbevölkerung richten müssen. Dies ist aber folgerichtig; in dem Kodex besteht nämlich nicht die Notwendigkeit einer Abgrenzung zwischen Kriegsverbrechen und Verbrechen gegen die Menschlichkeit. In dem Entwurf für ein Statut eines Internationalen Strafgerichtshofs von 1994[29] kehrte die ILC wieder stärker zu den historischen Vorbildern zurück; dies gilt auch und insbesondere für Art. 18 des Entwurfs der ILC für einen *Code of Crimes Against the Peace and Security of Mankind* von 1996.[30]

4. Art. 5 des Statuts für den Internationalen Strafgerichtshof für das ehemalige Jugoslawien[31] definiert die Verbrechen gegen die Menschlichkeit in deutlicher Anlehnung an das Statut des Internationalen Militärgerichtshofs von Nürnberg. Danach können folgende Handlungen den Tatbestand eines Verbrechens gegen die Menschlichkeit erfüllen: Mord, Ausrottung, Versklavung, Deportation, Freiheitsentziehung, Folter, Vergewaltigung, Verfolgung aus politischen, rassistischen oder religiösen Gründen und andere unmenschliche Handlungen.[32] Die Tat muß gegen eine Zivilbevölkerung gerichtet und während eines bewaffneten Konflikts begangen worden sein, wobei unerheblich ist, ob dieser einen internationalen Charakter hatte oder nicht. Trotz der deutlichen Anlehnung an Art. 6 lit. c des Statuts für das Internationale Militärtribunal von Nürnberg bestehen wesentliche Unterschiede zwischen den beiden Normen.

Neu ist die Aufnahme der Vergewaltigung; gleichfalls sind Freiheitsentziehung und Folter als eigenständige Begehungstatbestände in das Statut aufgenommen worden. Die in Art. 6 lit. c des Statuts für das Internationale Militärtribunal von Nürnberg bzw. in Art. 5 lit. c des Statuts für das Internationale Militärtribunal von Tokio normierte Verknüpfung der Verbrechen gegen die Menschlichkeit mit Kriegsverbrechen oder Verbrechen gegen den Frieden enthält Art. 5 des Statuts für den Internationalen Strafgerichtshof für das ehemalige Jugoslawien nicht mehr und dieses Element entfällt damit – wie unter Kontrollratsgesetz Nr. 10 – als Verfolgunsgvoraussetzung. Dafür wurde als Voraussetzung eingeführt, daß die

[25] Der vorgeschlagene Text lautete: „... Crimes against humanity: namely murder, extermination, enslavement, deportation and other inhuman acts done against a civilian population, or persecutions on political, racial or religious grounds, when such acts are done or such persecutions are carried on in execution of or in connection with any crime against peace or any war crime."

[26] Yearbook ILC, 1954 II, 112 ff; kritisch hierzu *D. H. N. Johnson*, The Draft Code of Offences Against Peace and Security of Mankind, ICLQ 4 (1955), 445.

[27] Yearbook ILC, 1986, 53, Bericht von Sonderberichterstatter *Thiam*; vgl. zu den Gründen für diese Verzögerung § 191.

[28] Yearbook ILC, 1991, Vol. II (2), 94 ff.

[29] Yearbook ILC, 1994, Vol. II (2), 18 ff.

[30] Yearbook ILC, 1996, Vol. II (2), para. 50 ff.

[31] ILM 34 (1993), 1170. Vgl. § 198.

[32] Zur Entstehungsgeschichte *van Schaack*, Colum. J. Transnat'l L. 37 (1999), 787 (826 ff). Der Text lautet: „The International Tribunal shall have the power to prosecute persons responsible for the following crimes when committed in armed conflict, whether international or national in character, and directed against any civilian population: (a) murder; (b) extermination; (c) enslavement; (d) deportation; (e) imprisonment; (f) torture; (g) rape; (h) persecution on political, racial and religious grounds; (i) other inhumane acts."

Verbrechen im Rahmen eines bewaffneten Konfliktes begangen worden sind, wobei dieser sowohl einen internationalen als auch einen nicht-internationalen Charakter haben kann. Diese Voraussetzung engt den Anwendungsbereich des Verbrechens gegen die Menschlichkeit deutlich ein, und insofern weicht die Formulierung des Statuts von Vorschlägen der ILC ab. Ein weiterer neuer Tatbestand findet sich in Art. 5 lit. i, wonach „jeder andere unmenschliche Akt“ als Verbrechen gegen die Menschlichkeit anzusehen ist. Dieser Tatbestand ist jedoch wegen seiner Unbestimmtheit problematisch. Er widerspricht dem Grundsatz *nulla poena sine lege*. Er läßt sich lediglich dann mit diesem Grundsatz vereinbaren, wenn er in dem Lichte der übrigen Tatbestandmerkmale interpretiert wird. D.h. dieser unmenschliche Akt muß von seinem Unwertgehalt Mord, Versklavung, Ausrottung etc. gleichzusetzen sein. Schließlich fehlt in Art. 5 des Statuts für den Internationalen Strafgerichtshof für das ehemalige Jugoslawien der Hinweis, daß es unschädlich sei, wenn die betreffende Tat nicht nach dem Rechts des Staates, in dem sie begangen wurde, strafbar ist. Dies bedeutet keinen Unterschied in der Substanz. Die Unabhängigkeit von dem nationalen Recht ergibt sich bereits aus Art. 7 des Statuts.

5. Art. 3 des Statuts für den Internationalen Strafgerichtshof für Ruanda[33] folgt im wesentlichen dem Vorbild von Art. 5 des Statuts für den Internationalen Strafgerichtshof für das ehemalige Jugoslawien. Es fehlt allerdings der Verweis auf das Vorliegen eines bewaffneten Konflikts, gleich welchen Charakters. Voraussetzung ist dagegen, daß die Taten wie Mord, Vernichtung oder Versklavung Teil eines Plans sind und auf bestimmten Gründen beruhen.[34] Damit wird die Verfolgung in anderer Form eingeschränkt als unter Art. 5 des Statuts für den Internationalen Strafgerichtshof für das ehemalige Jugoslawien.

6. Der Unterschied zwischen den beiden Normen liegt darin, daß nach Art. 5 des Statuts für den Internationalen Strafgerichtshof für das ehemalige Jugoslawien Verbrechen gegen die Menschlichkeit nur dann von dem Gerichtshof verfolgt werden können, wenn sie im Rahmen eines bewaffneten Konflikts begangen wurden, wobei gleichgültig ist, ob dieser Konflikt einen internationalen oder nationalen Charakter hatte. Die Formulierung von Art. 5 des Statuts des Internationalen Strafgerichtshofs für das ehemalige Jugoslawien belegt, daß es sich nicht um eine tatbestandliche Einschränkung, sondern eine Einschränkung der gerichtlichen Verfolgungskompetenz handelt. Dies bestätigt auch das Urteil im Falle *Tadic* vom 15. 7. 1999: „The Prosecution is, moreover, correct in asserting that the armed conflict requirement is a jurisdictional element, not ‚a substantive element of the mens rea of crimes against humanity‘.“ Diese Zuständigkeitsvoraussetzung fehlt für den Internationalen Strafgerichtshof für Ruanda. Auf der anderen Seite kann der Strafgerichtshof für Ruanda Verbrechen gegen die Menschlichkeit nur verfolgen, wenn diese Teil eines breit angelegten oder systematischen Angriffs gegen die Zivilbevölkerung sind und dieser Angriff aus nationalen, politischen, ethnischen, rassischen oder religiösen Gründen begangen worden ist. Dies ist sowohl eine objektive als auch eine subjektive Tatbestandsvoraussetzung, die als letztere neben den im übrigen notwendigen Vorsatz tritt, obwohl sie auch als Kompetenzbeschränkung für den Gerichtshof formuliert ist. Daß insoweit von einer objektiven wie auch subjektiven Strafbarkeitsbedingung zu sprechen ist und nicht nur von einer Beschränkung der gerichtlichen Kompetenz, ergibt sich aus der Entstehungsgeschichte dieser Norm. Der Zusatz in Art. 3 des Statuts für den Internationalen Strafgerichtshof für Ruanda, daß die Taten Teil eines breit angelegten oder systematischen Angriffs sein

---

33 ILM 33 (1994), 1598; zur Rechtsprechung des Gerichtshofs vgl. § 198.

34 Die Vorschrift lautet: „The International Tribunal for Rwanda shall have the power to prosecute persons responsible for the following crimes when committed as part of a widespread or systematic attack against any civilian population on national, political, ethnic, racial or religious grounds.“

müssen, greift, wenn auch in modifizierter Form, ein Element auf, das Verbrechen gegen die Menschlichkeit stets inhärent war. Entscheidend ist nicht die Einzeltat, sondern daß diese Bestandteil eines Planes oder – wie für Ruanda – eines umfassenderen Geschehens ist. Da es stets erforderlich war, von dem Einzelakt Rückschlüsse auf einen umfassenderen Zusammenhang zu ziehen, ist die Modifikation für das Statut des Internationalen Strafgerichtshofs für Ruanda im Vergleich zum Statut des Internationalen Strafgerichtshofs für das ehemalige Jugoslawien gering. Problematisch ist dagegen das zusätzliche subjektive Tatbestandselement, das das Verbrechen gegen die Menschlichkeit in die Nähe des Völkermordes rückt.

Über die Gründe, warum die beiden Strafrechtsnormen, das Statut für den Internationalen Strafgerichtshof für das ehemalige Jugoslawien und das Statut des Internationalen Gerichtshofs für Ruanda, die innerhalb von ca. eineinhalb Jahren durch den Sicherheitsrat entwickelt wurden, voneinander abweichen und ebenfalls im Verhältnis zu ihren historischen Vorbildern, Art. 6 lit. c des Statuts des Internationalen Militärtribunals von Nürnberg bzw. Art. 5 lit. c des Internationalen Militärtribunals von Tokio, Unterschiede aufweisen, herrscht Unklarheit. Der Grund für die Beibehaltung der Verfolgungsvoraussetzung, daß die entsprechenden Handlungen in Zusammenhang mit einem bewaffneten Konflikt begangen sein müssen, liegt möglicherweise in dem Bestreben des Sicherheitsrates, sich an den historischen Vorbildern zu orientieren. Dann hätte aber alles dafür gesprochen, dieses Kriterium auch für den Internationalen Strafgerichtshof für Ruanda beizubehalten. Die Unterschiede zwischen den einzelnen Normen schwächen die Ansicht, daß die Poenalisierung der Verbrechen gegen die Menschlichkeit Bestandteil geltenden Gewohnheitsrechts sind.

II. 1. Art. 7 des Statuts für den Internationalen Strafgerichtshof[35] enthält eine detaillierte Normierung des Verbrechens gegen die Menschlichkeit. Er kann, vor allem da er Definitionen für die einzelnen Tathandlungen formuliert, als Auslegungshilfe für die anderen Statuten herangezogen werden, auch wenn er, da es sich um einen völkerrechtlichen Vertrag handelt, nur die Vertragsparteien bindet.

Art. 7 des Statuts des Internationalen Strafgerichtshofs orientiert sich an Art. 6 lit. c bzw. 5 lit. c des Internationalen Militärtribunals von Nürnberg bzw. von Tokio. Er weist aber auch wesentliche Unterschiede auf.

Wichtig ist, daß Art. 7 des Statuts des Internationalen Strafgerichtshofs nicht die Strafkompetenz des Gerichtshofs bestimmt, sondern den Straftatbestand abstrakt umschreibt. Insofern sollte die Vorschrift für die Auseinandersetzung mit dem Straftatbestand des Verbrechens gegen die Menschlichkeit der Ausgangspunkt sein. Denn die Strafkompetenz

[35] „1. For the purpose of this Statute, ‚crime against humanity' means any of the following acts when committed as part of a widespread or systematic attack directed against any civilian population, with knowledge of the attack:
(a) Murder;
(b) Extermination;
(c) Enslavement;
(d) Deportation or forcible transfer of population;
(e) Imprisonment or other severe deprivation of physical liberty in violation of fundamental rules of international law;
(f) Torture;
(g) Rape, sexual slavery, enforced prostitution, forced pregnancy, enforced sterilization, or any other form of sexual violence of comparable gravity;
(h) Persecution against any identifiable group or collectivity on political, racial, national, ethnic, cultural, religious, gender as defined in paragraph 3, or other grounds that are universally recognized as impermissible under international law, in connection with any act referred to in this paragraph or any crime within the jurisdiction of the Court;
(i) Enforced disappearance of persons;
(j) The crime of apartheid;
(k) Other inhumane acts of a similar character intentionally causing great suffering, or serious injury to body or to mental or physical health.
2. For the purpose of paragraph 1:
(a) ‚Attack directed against any civilian population' means a course of conduct involving the multiple commission of acts referred to in paragraph 1 against any civilian population, pursuant to or in furtherance of a State or organizational policy to commit such attack; ..."; ILM 37 (1998), 999.

eines konkreten Internationalen Strafgerichtshofs muß nicht notwendigerweise den Tatbestand in seinem vollen Umfang erfassen.

2. Das Verbrechen gegen die Menschlichkeit, wie es Art. 7 des Statuts für den Internationalen Strafgerichtshof definiert, kann auch außerhalb eines kriegerischen Konflikts – international oder nicht-international – begangen werden. Dies unterscheidet den Tatbestand zentral von der Fassung, die er in den Statuten der beiden Internationalen Militärtribunale nach dem Zweiten Weltkrieg und dem Statut für den Internationalen Strafgerichtshof für das ehemalige Jugoslawien gefunden hat. Dagegen setzt Art. 7 voraus, daß die Tat als Teil eines breit angelegten oder systematischen Angriffs und in Kenntnis des Angriffs erfolgte, wie es auch Art. 3 des Statuts für den Internationalen Strafgerichtshof für Ruanda fordert.
Weitere Unterschiede zu den Statuten für die Internationalen Strafgerichtshöfe für das ehemalige Jugoslawien bzw. Ruanda finden sich hinsichtlich der einzelnen Tathandlungen. Zusätzlich genannt werden als mögliche Tathandlungen Vertreibung oder eine zwangsweise Überführung der Bevölkerung, die völkerrechtswidrige Freiheitsberaubung, sexuelle Sklaverei, Zwangsprostitution, erzwungene Schwangerschaft, Zwangssterilisation und andere Formen sexueller Gewalt von vergleichbarer Schwere und zwangsweiser Verschleppung. Ausgeweitet wurde auch der Verfolgungstatbestand; hinzugekommen sind kulturelle und geschlechtsspezifische Verfolgungen. Ebenfalls bemerkenswert ist, daß wiederum eine offene Tathandlung aufgenommen wurde, diese aber im Gegensatz zu Art. 5 lit. i des Statuts für den Internationalen Strafgerichtshof für das ehemalige Jugoslawien nun näher bestimmt ist: „andere unmenschliche Akte ähnlicher Art, mit denen vorsätzlich große Leiden oder eine schwere Beeinträchtigung der körperlichen Unversehrtheit oder der geistigen oder körperlichen Gesundheit verursacht werden". Die nähere Bestimmung dieses offenen Tatbestandsmerkmals ist im Sinne des Bestimmtheitsgebots zu begrüßen. In der Sache selbst ergibt sich kein Unterschied.

3. Schließlich enthält auch das Statut eines Sondergerichts für Sierra Leone[36] eine Regelung für die Verfolgung von Verbrechen gegen die Menschlichkeit, die sich, bei Abweichungen im Detail, an dem Vorbild des Statuts für den Strafgerichtshof von Ruanda orientiert. Wesentlich ist das Fehlen der subjektiven Tatbestandsvoraussetzung, die Art. 3 des Statuts für den Internationalen Strafgerichtshof für Ruanda enthält.

4. Auch nationale Gerichte und Gesetzgeber haben sich mit dem Straftatbestand des Verbrechens gegen die Menschlichkeit auseinandergesetzt. Obwohl auf diese nationalen Akte für eine Definition des völkerrechtlichen Verbrechens gegen die Menschlichkeit nicht zurückgegriffen wird, sollen zwei der Akte im folgenden erwähnt werden.
Im Falle *Klaus Barbie* schränkte die *Cour de Cassation* den Straftatbestand über Art. 6 lit. c des Statuts des Internationalen Militärtribunals hinaus ein, indem es eine systematische Begehungsweise und ein diskriminierendes Motiv verlangte. Darüber hinaus forderte sie, daß die Taten im Namen eines Staates begangen wurden, der eine hegemoniale politische Ideologie verfolgt.[37] Ähnlich entschied das Gericht bei der Verurteilung von *Paul Touvier*.[38] Eine diskriminierende Motivation verlangte schließlich auch der kanadische *Supreme Court*

[36] UN Doc. S. 2000/915, Enclosure; Text: „The Special Court shall have the power to prosecute persons who committed the following crimes as part of a widespread or systematic attack against any civilian population: (a) Murder; (b) Extermination; (c) Enslavement; (d) Deportation; (e) Imprisonment; (f) Torture; (g) Rape, sexual slavery, enforced prostitution; forced pregnancy and any other form of sexual violence; (h) Persecution on political, racial, ethnic or religious grounds; (i) Other inhumane acts."

[37] ILR 78, 125 (128).

[38] ILR 100, 337 (340).

im Falle *Imre Finta.*[39] Der deutsche Regierungsentwurf eines Völkerstrafgesetzbuchs[40] vom 16. 1. 2002 sieht in § 7 als Besonderheit vor allem neben dem Grundtatbestand des Verbrechens gegen die Menschlichkeit auch eine Qualifikation sowie einen minder schweren Fall vor.[41]

III. 1. a. Die Regeln zu einer internationalen Strafverfolgung des Verbrechens gegen die Menschlichkeit sind im Grundsatz Bestandteil des Völkergewohnheitsrechts und waren es bereits zur Zeit der Internationalen Militärgerichtshöfe von Nürnberg und Tokio.[42] Zu berücksichtigen ist, daß die Begehungsformen der Verbrechen gegen die Menschlichkeit von Mord bis Verschleppung nach dem Recht aller Staaten strafrechtlich verfolgt werden, insofern also auch auf allgemeine Rechtsgrundsätze im Sinne von Art. 38 Abs. 1 c IGH-Statut zurückgegriffen werden kann. Dies galt auch schon zur Zeit des Nürnberger Prozesses. Es sollte nicht verkannt werden, daß das Verbrechen gegen die Menschlichkeit Verbrechen erfaßt, deren Verfolgbarkeit außer Zweifel stand und steht. Auf die Ebene des internationalen Strafrechts werden sie dadurch gehoben, daß sie ausgedehnt oder systematisch begangen werden.

b. Hinsichtlich der völkergewohnheitsrechtlichen Geltung besteht – angesichts der Statuten der Internationalen Strafgerichtshöfe – kein Zweifel an dem Vorliegen einer auf eine internationale Strafverfolgung zielenden *opinio iuris*. Auch eine entsprechende Praxis liegt vor. Diese zeigt sich sowohl bei den vorliegenden nationalen Strafgesetzen, den Statuten der Internationalen Gerichtshöfe, der nationalen Implementierungsgesetzgebung sowie bei den hierzu ergangenen Urteilen.[43] Wenig beachtet wird, daß sowohl die Genfer Flüchtlingskonvention von 1951 (Art. 1 F) als auch das Übereinkommen über die Rechtsstellung der Staatenlosen vom 28. 9. 1954 (Art. 1 (iii)) Personen, bei denen der Verdacht besteht, Verbrechen gegen die Menschlichkeit begangen zu haben, von dem Schutz dieser Abkommen ausschließen.[44] Auch dies belegt die Existenz einer *opinio iuris* sowie einer entsprechenden Staatenpraxis.

c. Problematisch ist nicht so sehr die völkergewohnheitsrechtliche Verankerung der Bestrafung von Verbrechen gegen die Menschlichkeit vom Grundsatz her, sondern welches die Elemente eines solchen Verbrechens gegen die Menschlichkeit sind.

Die Problematik hat sich etwa gezeigt bei der Frage, ob es sich bei den Tötungen an der innerdeutschen Grenze um Verbrechen gegen die Menschlichkeit gehandelt hat. In der Literatur ist dies vereinzelt bejaht worden.[45] Der Europäische Gerichtshof für Menschenrechte hat die Frage in seinen Entscheidungen zu den sog. „Mauerschützen" und zu den für das Grenzregime der DDR verantwortlichen politischen Entscheidungsträgern allerdings offen gelassen.[46]

---

[39] *R. v. Finta* [1994] S. C. R. 701, 812; Kritisch zu diesen Urteilen *Hwang*, Fordham Int'l L. J. 22 (1998), 457 (473 ff).

[40] Der Entwurf ist zur Anpassung des materiellen Strafrechts an das Römische Statut gedacht (http://www.bmj.bund.de/images/11222.pdf).

[41] Vgl. *G. Werle*, Konturen eines deutschen Völkerstrafrechts, JZ 2001, 885 (892 f).

[42] A. A. *G. Schwarzenberger*, International Law as Applied by International Courts and Tribunals, vol. 2, Armed Conflict, 1968, 497; *Ahlbrecht*, in Bezug auf Art. 3 des Statuts des Internationalen Strafgerichtshofs für Ruanda; Geschichte der völkerrechtlichen Strafgerichtsbarkeit im 20. Jahrhundert, 1999, 313; *Dinstein*, LJIL 13 (2000), 373 (375) hält diese Argumentation für möglich; Supreme Court of Canada, *R. v. Finta* [1994] 1 S. C. R. 701, 112 D. L. R. (4th) 513, 638 dem widersprechend aber das Votum der Minderheit, 556. So aber *Bassiouni*, Crimes Against Humanity, 189–191; 529–531; *Rikhof*, National Journal of Constitutional Law 6 (1996), 233 (247); High Court of Australia im Fall *Polyukhovich v. Commonwealth of Australia* (1991), 101 A. L. R. 545, 91 I. L. R. 1 (H. C.).

[43] *Rikhof*, National Journal of Constitutional Law 6 (1996), 233 (250 f).

[44] Vgl. zur nationalen Judikatur *Rikhof*, National Journal of Constitutional Law 6 (1996), 233 (253).

[45] Vgl. etwa *G. Werle*, Rückwirkungsverbot und Staatskriminalität, NJW 2001, 3003 (3005).

[46] EGMR, Urteil vom 22. 3. 2001, *K. H. W. v. Deutschland*, abgedruckt in NJW 2001, 3042; EGMR, Urteil

2. a. Das Verbrechen gegen die Menschlichkeit ist dadurch gekennzeichnet, daß es nicht Einzelpersonen als solche, sondern diese als Mitglieder einer bestimmten sozialen oder ethnischen Gruppe verletzt.[47] Das Unmenschliche des Verbrechens liegt insbesondere darin, daß im Opfer nicht mehr der Mensch, sondern nur noch das Mitglied der verfolgten und bekämpften Gruppe gesehen wird. Dies ist bereits von dem Internationalen Militärgerichtshof in Nürnberg bzw. von den Militärgerichten auf der Basis von Kontrollratsgesetz Nr. 10 herausgearbeitet worden.[48] Das heißt allerdings nicht, daß der Täter generell einen Diskriminierungswillen haben müßte, andernfalls wäre Art. 5 lit. h des Statuts für den Internationalen Strafgerichtshof für das ehemalige Jugoslawien teilweise überflüssig.[49] Zwar hielt das *Trial Chamber* des Internationalen Strafgerichtshofs für das ehemalige Jugoslawien im Fall *Tadić* den Diskriminierungswillen bei allen Alternativen des Verbrechens gegen die Menschlichkeit für nötig, diese Entscheidung wurde jedoch in der Berufung aufgehoben.[50]
Nach Art. 7 ICC-Statut setzt eine Bestrafung wegen Verbrechen gegen die Menschlichkeit voraus, daß die betreffenden Handlungen „... im Rahmen eines ausgedehnten oder systematischen Angriffs gegen die Zivilbevölkerung und in Kenntnis dieses Angriffs begangen wird. ..." Dies enthält sowohl eine objektive als auch eine subjektive Tatbestandskomponente. Beides ist zu trennen. Die Interpretation der Klausel wird durch den Hinweis in Art. 7 Abs. 2 lit. a ICC-Statut erschwert, wonach ein Angriff gegen die Zivilbevölkerung als eine Verhaltensweise zu verstehen ist, die „... in Ausführung oder Unterstützung der Politik eines Staates ..." erfolgt.[51]
Letztere Tatbestandsumschreibung weicht von derjenigen in dem Statut des Internationalen Strafgerichtshofs für das ehemalige Jugoslawien ab.[52] Die Aufnahme dieses einschränkenden Tatbestandsmerkmals war auf der Staatenkonferenz von Rom umstritten.[53] Das Resultat trägt Kompromißcharakter.
Es bestand Einigkeit darüber, daß isolierte Handlungen nach Art. 7 ICC-Statut den Tatbestand des Verbrechens nicht erfüllen. Umstritten war allerdings, ob die Taten systematisch und verbreitet sein müssen, oder ob es ausreicht, daß sie systematisch oder ausgedehnt sind.

---

vom 22.3.2001, *Streletz, Keßler und Krenz v. Deutschland*, abgedruckt in NJW 2001, 3035; siehe dazu die Entscheidungsbesprechung von *M. Rau*, Deutsche Vergangenheitsbewältigung vor dem EGMR – Hat der Rechtsstaat gesiegt?, NJW 2001, 3008 ff.

[47] So *J. Graven*, Les crimes contre l'humanité, RdC 76 (1950 I), 545 f. Der nur einmalige, in sich abgeschlossene Vorgang kann also kein Verbrechen gegen die Menschlichkeit sein. Vgl. das Urteil des niederländischen Kassationsgerichts im Fall *Ahlbrecht* (1949); Na-oorlogsche Rechtspraak, Tribunalen in Nederland, III, Nr. 747; der Internationale Strafgerichtshof für das ehemalige Jugoslawien hat dieses Element im *Tadić*-Fall, ausgehend von dem Wort „population", betont (vgl. *Prosecutor v. Tadić*, Case No. IT-94-1-T, Opinion and Judgment, 244, para. 644 bzw. para. 645, 656 und 659). Letztlich hebt der Gerichtshof darauf ab, ob die Handlung Teil eines breit angelegten oder systematischen Angriffs ist (252, para. 656) vgl. auch *Prosecutor v. Tadić*, Case No. IT-94-1 Appeals Chamber, Judgement in Sentencing Appeals, para. 255; so auch im Falle *Prosecutor v. Msksic*, Case No. IT-95-13-R61, Review of Indictment Pursuant to Rule 61 of the Rules of Procedure and Evidence, 13, para. 30, sowie Supreme Court of Canada im Falle *R. v. Finta* [1994] 1 S. C. R. 701, 813.

[48] Verfahren gegen Flick, *United States v. Flick*, Trials of War Criminals Before the Nuremberg Military Tribunals under Control Law No. 10, VI, 1187; Verfahren gegen *Josef Altstötter u. a.* Trials of War Criminals Before the Nuremberg Military Tribunals III, 954.

[49] So auch *van Schaack*, Colum. J. Transnat'l L. 37 (1999), 787 (838 f).

[50] Vgl. dazu *Dinstein*, LJIL 13 (2000), 373 (391).

[51] Diese Einschränkung wurde in der Literatur bereits vor Verabschiedung des ICC-Statuts gefordert; vgl. dazu *Bassiouni*, Crimes Against Humanity, 248 f.

[52] Allerdings wird dieser Test in der Rechtsprechung des Internationalen Strafgerichtshofs für das ehemalige Jugoslawien angewandt; vgl. dazu *Dinstein*, Crimes Against Humanity After Tadić, LJIL 13 (2000), 373 (390). Die Rechtsprechung des Internationalen Strafgerichtshofs orientiert sich u. a. auch an Art. 7 des ICC-Statuts; vgl. *Prosecutor v. Rutaganda*, ICTR-96-3, para. 65; vgl. die ausführliche Entwicklung der Verbrechen gegen die Menschlichkeit in: *Prosecutor v. Akayesu*, ICTR-96-4-T, 2. 9. 1998, paras. 563–582.

[53] *Robinson*, 62.

Die Einigung auf die letztgenannte Formulierung erfolgte mit Blick darauf, daß Art. 7 ICC-Statut einen Angriff auf die Zivilbevölkerung voraussetzt. Dieser Angriff wird in Art. 7 Abs. 2 lit. a ICC-Statut näher konkretisiert. Vorausgesetzt wird eine entsprechende Politik; der Angriff braucht dabei nicht militärischer Natur sein.

Die Rechtsprechung der beiden Strafgerichtshöfe geht an diesem Punkt auseinander. Nach der Rechtsprechung des Internationalen Strafgerichtshofs für das ehemalige Jugoslawien sind die Merkmale *„widespread or systematic"* erfüllt *„... by either a finding of widespreadness which refers to the number of victims or systematicity, indicating that a pattern of methodical plan is evident ..."*[54] D.h. es wird eine Verbindung zwischen systematisch und „Politik" hergestellt. Auf das Statut des Internationalen Strafgerichtshofs übertragen würde dies heißen, daß Art. 7 Abs. 2 lit. a ICC-Statut den Begriff „systematischer Angriff" interpretiert. Klarer ist insoweit das Urteil des Internationalen Strafgerichtshofs für Ruanda im Falle *Prosecutor v. Akayesu.*[55] Diese Interpretation entspricht der Entstehungsgeschichte der Norm.

Im übrigen ist darauf zu verweisen, daß die Kriterien „ausgedehnt" oder „systematisch" zum gewohnheitsrechtlichen Tatbestand der Verbrechen gegen die Menschlichkeit gehören.[56] Dem entspricht das Statut des Internationalen Strafgerichtshofs für Ruanda wie das Statut für den Internationalen Strafgerichtshof.

Das objektive Tatbestandsmerkmal „ausgedehnt" oder „systematisch" hat eine subjektive Seite, die in den *Elements of Crimes* für den Internationalen Strafgerichtshof weiter spezifiziert worden sind.

Das zweite der *common elements of crimes* führt einen subjektiven Aspekt ein.[57] Seine Formulierung entspricht Art. 30 des ICC-Statuts. Allerdings muß dem Täter nicht nachgewiesen werden, daß er alle Einzelheiten des Angriffs bzw. einer dahinter stehenden staatlichen Politik kannte.[58] Damit wenden sich die *elements of crimes* letztlich gegen eine das Verbrechen gegen die Menschlichkeit stark einschränkende Auslegung des Internationalen Strafgerichtshofs für das ehemalige Jugoslawien im Falle *Prosecutor v. Kupreskic et al.*,[59] wonach die Politik, auf deren Basis die Verbrechen geschehen, *„approved of or at least condoned or countenanced by a governmental body"* sein mußten.

Zusammenfassend ist folgendes festzuhalten: Verbrechen gegen die Menschlichkeit können nach dem Statut des Internationalen Strafgerichtshofs sowohl im Frieden als auch im Rahmen eines bewaffneten Konflikts begangen werden. Hierunter fallen nicht Einzeltaten. Die einzelnen Taten müssen vielmehr Teil eines Angriffs gegen die Zivilbevölkerung – nicht notwendigerweise eine fremde – sein und ausgedehnt oder systematisch sein. Letzteres liegt vor, wenn eine entsprechende Politik staatlicher Organe gegeben ist. Die Tatsache, daß ein Angriff gegen die Zivilbevölkerung erfolgt und auf einer zumindest von der Regierung unterstützten Politik beruht, muß dem Täter bewußt sein.

Im Vergleich zum Völkermord fehlt Verbrechen gegen die Menschlichkeit die diskriminierende Motivation.

b. Die Unterscheidung zu Kriegsverbrechen liegt darin, daß bei Verbrechen gegen die Menschlichkeit nicht Straftaten gegen geschützte Staatsangehörige anderer Staaten, sondern

---

[54] *Prosecutor v. Tadić*, Case No. IT-94-1-T, 655.

[55] Case No. ICTR-96-4-T, 2. 9. 1998, 580: „The concept of widespread' may be defined as massive, frequent, large scale action, carried out collectively with considerable seriousness and directed against a multiplicity of victims. The concept of ‚systematic' may be defined as thoroughly organised and following a regular pattern on the basis of a common policy involving substantial public or private resources."

[56] *de Guzman*, HRQ 22 (2000), 335 (375).

[57] „The perpetrator knew that the conduct was part of or intended the conduct to be part of a widespread or systematic attack directed against a civilian population."

[58] Vgl. *Elements of Crimes* No. 2, hierzu, vor allem zur Entstehungsgeschichte, *Robinson*, 72/73.

[59] Judgment of 14 January 2000, paras. 551–555.

auch Straftaten gegen Personen geahndet werden, die die Staatsangehörigkeit des Staates haben, von dem diese Straftaten ausgehen. Hierin liegt die wesentliche völkerrechtspolitische Innovation einer internationalen Strafverfolgung von Verbrechen gegen die Menschlichkeit. Verbrechen gegen die Menschlichkeit können, wie das Statut des Ruanda-Gerichtshofs belegt, im Krieg wie im Frieden begangen werden.[60] Die Einschränkung in dem Statut des Jugoslawien-Gerichtshofs steht dem nicht entgegen; sie schränkt lediglich die entsprechende Kompetenz des Gerichtshofs ein, ohne aber damit auch den Tatbestand des Verbrechens gegen die Menschlichkeit selbst zu begrenzen.[61] Bereits bei der Beratung des Statuts haben verschiedene Staaten betont, daß Verbrechen gegen die Menschlichkeit auch in Friedenszeiten begangen werden können und daß die Kompetenz des Internationalen Strafgerichtshofs für das ehemalige Jugoslawien enger sei als der gewohnheitsrechtlich anerkannte Straftatbestand für Verbrechen gegen die Menschlichkeit.[62] Der Internationale Strafgerichtshof für das ehemalige Jugoslawien hatte sich mit dieser Frage im Fall *Tadić* auseinanderzusetzen.[63] Er stellte fest, daß die Formulierung des Verbrechens gegen die Menschlichkeit sowohl in dem Statut des Internationalen Militärtribunals als auch in dem Statut des Internationalen Strafgerichtshofs für das ehemalige Jugoslawien enger sei als nach Völkergewohnheitsrecht. Ein Konnex der Taten mit einem bewaffneten Konflikt sei nicht erforderlich.[64] Dies wurde von der Berufungskammer bestätigt.[65]

c. Die Formulierung des Verbrechens gegen die Menschlichkeit in dem Statut des Internationalen Strafgerichtshofs erfolgte nicht nur in Kenntnis der vorliegenden Statuten der beiden Internationalen *ad hoc* Strafgerichtshöfe, sondern auch der existierenden nationalen und internationalen Entscheidungen. Es ist davon auszugehen, daß diese Fassung Völkergewohnheitsrecht entspricht.

IV. 1. Ebenfalls als ein Verbrechen gegen die Menschlichkeit konzipiert ist das „Verbrechen der Apartheid" in dem Internationalen Übereinkommen über die Bekämpfung und Ahndung des Verbrechens der Apartheid.[66] Das Übereinkommen weist deutliche Parallelen zur

---

[60] Nach *Clergerie* 1259, muß die Verfolgung zudem planmäßig geschehen; dies ist zu sehr an dem Beispiel der Judenverfolgung orientiert und engt den Tatbestand unverhältnismäßig ein. Auch das Statut des Ruanda-Gerichtshofs zwingt nicht zu dieser Sicht. Es definiert lediglich die Zuständigkeit des Gerichtshofs, schränkt jedoch nicht den Tatbestand ein.

[61] *Morris/Scharf*, An Insider's Guide to the International Criminal Tribunal for the former Yugoslavia, 1995, 239; a.A. möglicherweise *Dinstein*, in: *Makarczyk*, 891 (900).

[62] Briefe Kanadas UN Doc. S/25594, 14.4.1994, 3; Italiens UN Doc. S/25300, 17.2.1993, 3; der Vereinigten Staaten UN Doc. S/25575, 12.4.1993, 6; anders hingegen die Schreiben von Ägypten, Iran, Malaysia, Pakistan, Saudi Arabien, Senegal und Türkei, UN Doc. A/47/920; S/25512, 5.4.1993). Der Generalsekretär der Vereinten Nationen wies in seinem Bericht darauf hin, daß Art. 5 des Statuts für den Internationalen Strafgerichtshof nur dessen Kompetenz bestimme, nicht aber eine Definition des Verbrechens gegen die Menschlichkeit darstellte (Report of the Secretary General Pursuant to Paragraph 2 of Security Council Resolution 808, para. 47 (UN Doc. S/25704, 3.5.1993).

[63] *Tadić* hatte argumentiert, Art. 5 des Statuts für den Internationalen Strafgerichtshof für das ehemalige Jugoslawien gehe über Art. 6 lit. c des Statuts des Internationalen Militärtribunals hinaus und entspreche daher nicht Völkergewohnheitsrecht. Der Konflikt in Bosnien-Herzegowina sei nicht-internationaler Natur. Das Verbrechen gegen die Menschlichkeit erfasse aber nur im internationalen Konflikt begangene Taten *(Prosecutor v. Tadić*, Case No. IT-94-1-T, Defence Motion on Jurisdiction, 23 June 1995, 4 (13).

[64] *Prosecutor v. Tadić* (Anm. 58), 32.

[65] *Prosecutor v. Tadić*, Case No. IT-94-1-AR72, Decision on the Defence Motion for Interlocutory Appeal in Jurisdiction, 2 October 1995: „It is by now a settled rule of customary international law that crimes against humanity do not require a connection to international armed conflict. Indeed, ... customary international law may not require a connection between crimes against humanity and any conflict at all. Thus, by requiring that crimes against humanity be committed in either internal or international armed conflict, the Security Council may have defined the crime in Article 5 more narrowly than necessary under customary international law."

[66] Von der Bundesrepublik nicht ratifiziert, UNTS 1015, 243 (in Kraft seit 18.6.1976), Art. I; zur Entstehungsgeschichte vgl. *R. S. Clark*, The Crime of Apartheid, in: *Bassiouni* (ed.), International Criminal Law, Bd. I, 1986, 299 f.

Völkermordkonvention auf. Es definiert Verbrechen der Apartheid als im einzelnen aufgezählte Handlungen zum Zwecke der Errichtung und Aufrechterhaltung der Herrschaft einer ethnischen Gruppe über eine andere, die diese systematisch unterdrückt. Die Aufzählung der einzelnen Handlungen ist erkennbar an der Völkermordkonvention ausgerichtet, wenn auch detaillierter. Personen, denen in dem Übereinkommen aufgezählte Handlungen zur Last gelegt werden, können von jedem Staat strafrechtlich verfolgt werden.[67] Die Staaten übernehmen gem. Art. IV die Verpflichtung, alle notwendigen legislativen oder sonstigen Maßnahmen zu ergreifen, um das Verbrechen der Apartheid oder vergleichbare Formen einer Segregationspolitik oder die Manifestation solcher Politiken zu unterdrücken bzw. zu verhüten. Dabei ist die Verfolgung der Taten unabhängig vom Tatort und der Staatsangehörigkeit des Täters. Möglich ist auch die Verfolgung durch ein internationales Gericht (Art. V).

2. Durch den völligen Wegfall der im Völkerrecht anerkannten Anknüpfungskriterien für die Ausübung der Strafgewalt wird deutlich, daß die nationalen Gerichte bei der strafrechtlichen Verfolgung von Apartheid im Interesse der Staatengemeinschaft zur Ahndung eines internationalen Delikts herangezogen werden.[68] Anders wäre auch nicht die Möglichkeit zu erklären, daß diese Verbrechen von einem internationalen Strafgerichtshof verfolgt werden können.
In den Beratungen der ILC ist das Verbrechen der Apartheid teilweise in die Straftatbestände für Verbrechen gegen die Menschlichkeit inkorporiert worden; Art. 7 Abs. 1 lit. j des Statuts für den Internationalen Strafgerichtshof hat dies aufgegriffen. Die Definition des Begriffes „Apartheid" in Art. 7 Abs. 2 lit. h des Statuts für den Internationalen Strafgerichtshof lehnt sich dabei an Art. 2 des Übereinkommens über die Bekämpfung und Ahndung des Verbrechens der Apartheid an.

V. 1. Den Verbrechen gegen die Menschlichkeit verwandt sind die verschiedenen Formen des Menschenhandels.[69] Ihre Poenalisierung nach dem Weltrechtsprinzip geht teilweise auf die Zeit vor dem Völkerbund zurück.

2. Die nach Aufhebung der Brüsseler Generalakte vom 2. 7. 1890[70] geschlossene Genfer Sklaverei-Konvention vom 26. 9. 1926[71] sowie das Zusatzübereinkommen über die Abschaffung der Sklaverei, des Sklavenhandels sowie von vergleichbaren Instituten und Praktiken vom 7. 9. 1956[72] verpflichten die an den Verträgen beteiligten Staaten, alle zur Beseitigung der Sklaverei erforderlichen gesetzgeberischen und sonstigen Maßnahmen zu treffen, insbesondere auch innerstaatliche Strafbestimmungen zu erlassen.
Allerdings enthält erst die Konvention von 1956 eine eindeutige Verpflichtung, die Sklaverei sowie den Sklaventransport unter Strafe zu stellen. Eine Beschränkung der strafgerichtlichen Jurisdiktion fehlt dem Abkommen. Sinn und Zweck des Abkommens, vor allem der Grundsatz, daß ein völkerrechtlicher Vertrag im Sinne größtmöglicher Effektivität auszulegen ist,[73] deuten auf die Anwendung des Weltrechtsprinzips hin.[74]

---

[67] Diesen Unterschied zur Völkermordkonvention betont auch *Graefrath*, NJ 28 (1974), 193.

[68] Vgl. dazu *Clark*, Offenses of International Concern: Multilateral State Treaty Practice in the Fourty Years since Nuremberg, Nordic JIL 57 (1988), 49 (53).

[69] Vgl. zu dem faktischen Hintergrund, Report of *B. Whittaker*, U. N. Commission on Human Rights, UN Doc. E/CN.4/Sub.2/1982/20/Rev. 1, Contemporary Manifestations of Slavery and Slavery-Like Practices.

[70] RGBl. 1892, 605.

[71] LNTS 60, 253.

[72] UNTS 226, 3; Eine Aufzählung der seit 1815 geschlossenen Abkommen zur Bekämpfung des Sklavenhandels gibt *O. de Ferron*, Le droit international de la mer, Bd. I/2, 1958, 215 f; vgl. dazu auch *Bassiouni/Nanda* (eds.), Treatise, Bd. I, 325 f.

[73] Vgl. dazu ICJ Reports 1949 (*Reparation for Injuries Suffered in the Service of the United Nations*), 174 (183).

[74] *Clark*, Nordic JIL 57 (1988), 57.

3. Dem gleichen System folgen die Abkommen über das Verbot des Mädchenhandels. Auch das Pariser Übereinkommen vom 4. 5. 1910 zur Bekämpfung des Mädchenhandels[75] enthält die Verpflichtung der Vertragsstaaten, dem Vertragszweck entsprechende Strafgesetze zu entlassen. Das den Schutz gegen Menschenhandel erweiternde Internationale Abkommen von 1921 zur Unterdrückung des Frauen- und Kinderhandels,[76] das Abkommen von 1933 über die Bekämpfung des Handels mit volljährigen Frauen[77] sowie das Abkommen über die Unterdrückung des Menschenhandels und der Ausbeutung der Prostitution von 1950[78] folgen dem gleichen Muster.[79] Nach dem Abkommen über die Unterdrückung des Menschenhandels verpflichten sich die Staaten, die Verführung von Prostitution, deren Ausnutzung sowie die Unterhaltung von Bordellen unter Strafe zu stellen. Art. 9 dieses Abkommens geht primär von einer Verfolgung nach dem Territorialitätsprinzip oder dem Personalitätsprinzip aus. Die Anwendung des Weltrechtsprinzips ist jedoch nicht ausgeschlossen.[80]

VI. 1. Das ausdrückliche Verbot der Folter findet sich in einer Reihe von internationalen Abkommen wie z. B. dem gemeinsamen Art. 3 der vier Genfer Abkommen vom 12. August 1949,[81] Art. 7 Pakt für Bürgerliche und Politische Recht 1966,[82] Art. 3 Europäische Konvention zum Schutze der Menschenrechte, 1950,[83] und Art. 5 Amerikanische Konvention zum Schutz der Menschenrechte.[84] Ihm kommt heute nicht nur gewohnheitsrechtliche Geltung zu, sondern es wird gemeinhin auch als Bestandteil des völkerrechtlichen *jus cogens* angesehen.[85] Diese Ansicht hat jüngst in zwei Entscheidungen des Jugoslawien-Tribunals[86] und des Europäischen Gerichtshofes für Menschenrechte[87] eine Stütze gefunden.

2. Mit der Anerkennung des Folterverbotes als Menschenrecht war indessen noch keine Poenalisierung der Folter verbunden. Eine derartige Poenalisierung enthält erst das Übereinkommen gegen Folter und andere grausame, unmenschliche oder erniedrigende Behandlung oder Strafe von 1984.[88] Gemäß Art. 4 dieses Abkommens sind die Vertragsstaaten verpflichtet, ihr Strafrecht dergestalt zu ändern, daß alle Folterhandlungen sowie eine Teilnahme hieran als Straftaten gelten. Dabei muß die Strafandrohung der Schwere der Tat entsprechen. Die Verpflichtung des Art. 4 Folterkonvention beläßt den Vertragsstaaten die Freiheit, ob sie eine gesonderte Strafnorm für die Folter schaffen, oder ob sie eine Verfolgung mit Hilfe anderer strafrechtlicher Regelungen für ausreichend erachten. Entscheidend jedoch ist, daß das nationale Strafrecht Folterhandlungen in der gesamten Breite abdeckt.

---

[75] RGBl. 1913, 31 (Wiederanwendung laut BGBl. 1955 II, 1134); *M. J. Bowman/D. J. Harris*, Multilateral Treaties, Vol. 1, 1984, 32; (in Kraft seit 15. September 1911).

[76] RGBl. 1924 II, 180 (Wiederanwendung laut BGBl. 1956 II, 225); LNTS 9, 416 (in Kraft seit 28. 6. 1922).

[77] BGBl. 1972 II, 1074, 1081 (in der Fassung des Protokolls vom 12. 11. 1947); LNTS 150, 413 (in Kraft seit 24. 8. 1943).

[78] Nicht von der Bundesrepublik ratifiziert (deutsche Fassung im Gesetzbl. d. DDR 1975 II, 2; UNTS 96, 271 (in Kraft seit 25. 7. 1951).

[79] Gemäß dem 27. Strafrechtsänderungsgesetz vom 23. 7. 1993 wird in Deutschland auch der sexuelle Mißbrauch von Kindern im Ausland verfolgt. Diese Maßnahme erfolgte auf nationaler Basis, ein entsprechender völkerrechtlicher Vertrag lag nicht vor.

[80] A. A. *Clark*, Offences, Nordic JIL 57 (1988), 54.

[81] BGBl. 1954 II, 781, 783, 813, 838, 917.

[82] BGBl. 1973 II, 1534.

[83] BGBl. 1952 II, 686, i.d.F. der Protokolle Nr. 3 vom 6. 5. 1963 (BGBl. 1968 II, 1116), Nr. 5 vom 20. 1. 1966 (BGBl. 1968 II, 1120) und Nr. 8 vom 19. 3. 1985 (BGBl. 1989 II, 547); UNTS 213, 221 (Konvention), ETS No. 45 (Protokoll Nr. 3), ETS No. 55 (Protokoll Nr. 5) und ETS No. 11(Protokoll Nr. 8).

[84] OAS Treaty Ser. No. 36; ILM 9 (1970), 673 (in Kraft seit 18. 7. 1978).

[85] Vgl. ausführlich *L. Hannikainen*, Peremptory Norms (Jus Cogens) in International Law. Historical Development, Criteria, Present Status 1998, 499 ff; *St. Kadelbach*, Zwingendes Völkerrecht 1992, 291 ff.

[86] ICTY, *Prosecutor v. Furundzija*, Judgment of 10 December 1998, Case No. IT-95-17/1-T, para. 153 ff.

[87] ECHR, *Al-Adsani v. United Kingdom*, Judgment of 21 November 2001, para. 61.

[88] BGBl. 1990 II, 246.

3. Art. 1 Folterkonvention definiert Folter als jede Handlung, durch die einer Person vorsätzlich große körperliche oder seelische Schmerzen oder Leiden zugefügt werden, soweit diese Schmerzen oder Leiden von einem Angehörigen des öffentlichen Dienstes oder von einer anderen in amtlicher Eigenschaft handelnden Person, auf deren Veranlassung oder mit deren ausdrücklichem oder stillschweigendem Einverständnis verursacht werden.

4. Die Jurisdiktion für die Verfolgung ergibt sich aus dem Territorialitätsprinzip[89] sowie dem aktiven und passiven Personalitätsprinzip. Falls jedoch die Auslieferung eines Verdächtigen, der sich im Hoheitsgebiet eines Vertragsstaates befindet, an einen Vertragsstaat, der nach dem Territorialitätsprinzip oder dem Personalitätsprinzip zuständig ist, abgelehnt wird, muß das nationale Strafrecht auch eine Verfolgung von Taten darüber hinaus vorsehen.[90] Diese Formulierung entspricht nicht vollständig dem Weltrechtsprinzip,[91] denn sie läßt offen, ob Personen für Folterhandlungen verfolgt werden müssen, für die die Voraussetzungen zur Ausübung der Strafgewalt gemäß Art. 5 Abs. 1 Folterkonvention nicht vorliegen, für die aber kein konkretes Auslieferungsbegehren gestellt worden ist.[92] Man kann daher nicht von einer grundsätzlichen Verfolgungspflicht unabhängig vom Tatort, der Person des Täters bzw. der Person des Opfers sprechen. Insbesondere Art. 5 Abs. 3 Folterkonvention, der eine Verfolgung auf der Basis des nationalen Rechts auch ohne Vorliegen der Anknüpfungskriterien erlaubt aber eben nicht vorschreibt, spricht dagegen. Da aber über ein Auslieferungsbegehren eine derartige Verfolgung letztlich doch erzwungen werden kann, ist es berechtigt, die Poenalisierung der Folter zum internationalen Strafrecht zu zählen.

§ 195 Verbrechen gegen die Kommunikation über See (Piraterie, Terrorismus auf See, Beschädigung von überseeischen Kabeln)

Schrifttum: vor § 119.

I. 1. Die Versuche, die Kommunikation über See zu schützen, haben eine lange Tradition[1] in der völkerrechtlichen Praxis und haben bereits im 17. Jahrhundert zu einer allgemeinen Ächtung der Piraterie[2] geführt. *Sir Jenkins* erklärte z. B. 1668: „alle Piraten und Seeräuber sind nach dem Recht aller Nationen... vogelfrei, d. h. bar jeden Schutzes irgendeines Fürsten und durch irgendwelche Rechte. Jedermann ist gegen sie aufzurufen und zu bewaffnen wie gegen Rebellen und Verräter, um sie zu unterwerfen und auszurotten".[3] In die gleiche Richtung geht die Äußerung von *Lord Stowell* im Falle *Le Louis*,[4] wonach es mit „notorischen Seeräubern keinen Friedenszustand gibt. Sie sind zu allen Zeiten Feinde aller Länder und daher allgemein dem strengsten Kriegsrecht unterworfen". Diese Äußerungen sind vor dem Hintergrund einer generellen Ablehnung der Piraterie durch die Völkergemeinschaft zu verstehen. Es bestand ein vitales Interesse, den Handel über See

---

[89] Art. 5 Abs. 1 Folterkonvention; das Territorialitätsprinzip ist allerdings etwas erweitert. Erfaßt werden Taten, die in einem der Hoheitsgewalt des betreffenden Staates unterstehenden Gebiet oder an Bord eines Luftfahrzeugs bzw. eines Schiffes begangen wurden. Dies schließt beispielsweise besetzte Gebiete und ausschließliche Wirtschaftszonen mit ein.

[90] Vgl. Art. 5 Abs. 2 und Art. 7 Folterkonvention.

[91] A.A. *J. Burgers/H. Danelius*, The United Nations Convention against torture, 1988, 132.

[92] Unklar insoweit *Burgers/Danelius*, The United Nations Convention against torture, 1988, 133.

[1] Zur Seeräuberei in Antike und Mittelalter siehe *R. Lagoni*, Piraterie und widerrechtliche Handlungen gegen die Sicherheit der Seeschiffahrt, in: Recht, Staat, Gemeinwohl, FS Rauschning, 2001, 501 ff.

[2] Zu den verschiedenen Bedeutungen des Begriffes „Piraterie" im englischen Sprachgebrauch siehe *A. P. Rubin*, The Law of Piracy, 1998, 1 ff.

[3] *W. Wynn*, Life of *Sir Leoline Jenkins*, Vol. 1, XXXVI; *E. D. Dickinson*, Is the crime of piracy obsolete?, Harv. L. Rev. 38 (1924–25), 334 ff.

[4] Dods. 2 (1817), 210 (244).

vor Eingriffen dieser Art zu schützen.[5] Die Einigung der Staatengemeinschaft auf eine allgemeine Verfolgbarkeit von Piraten ist u. a. auch dadurch erleichtert worden, daß sie Piratenakte außerhalb des territorialen Jurisdiktionsbereichs eines Staates erfaßt und daher die internationale Verfolgung nicht die Territorialhoheit eines bestimmten Staates berührt. Insofern unterscheidet sich die Piraterie in diesem Punkt wesentlich von anderen internationalen Delikten wie z. B. Völkermord.

2. Unter Piraten werden im Völkerrecht Personen verstanden, die von Schiff zu Schiff[6] aus Eigennutz (d.h. mit sog. *animus furandi)* Gewalttaten gegen Personen oder Eigentum begehen, ohne zu ihrem Vorgehen von einer anerkannten Regierung oder einer sonst anerkannten Gewalt ermächtigt worden zu sein.[7] Nach der völkerrechtlichen Definition des Begriffes Piraterie fällt hierunter jede rechtswidrige Gewalttat, Freiheitsberaubung oder Plünderung auf See.[8] Jedoch erfaßt die völkerrechtliche Übertragung von Verfolgungsgewalt auf die Staaten nur Piraterieakte, die auf Hoher See oder in sonstigen hoheitsfreien Räumen begangen wurden; ergänzend sieht das VN-Seerechtsübereinkommen (SRÜ)[9] jetzt vor, daß die Vorschriften über die Seeräuberei auf Hoher See – und damit auch das in Art. 105 SRÜ vorgesehene Weltrechtsprinzip – auch in der Ausschließlichen Wirtschaftszone Anwendung finden.[10] In allen anderen Fällen bleibt die Verfolgungsgewalt abhängig von der territorialen Jurisdiktion des betreffenden Staates.[11] Piraterieakte, die innerhalb der maritimen Binnen-, Archipel- und Küstengewässer begangen werden, unterfallen daher allein der Jurisdiktion des betreffenden Küstenstaates.[12]

3. Die Piraterie steht in der Entwicklungskette am Beginn des internationalen Strafrechts. Dies erklärt, warum die Übertragung der Verfolgungsgewalt an die Staaten nur rudimentär ist und weder Regelungen über Jurisdiktionskonflikte noch über eine Verfolgungspflicht enthält. Seine heutige Ausprägung hat der völkerrechtliche Tatbestand der Piraterie insbesondere durch die Entwicklung des Grundsatzes der Freiheit der See[13] erhalten, zu welcher er eine Ausnahmeregelung darstellt.[14]
Bemühungen um die völkerrechtliche Kodifikation der Piraterie wurden vorwiegend aus der Sicht des Seevölkerrechts unternommen. Die Arbeiten im Rahmen des vom Völkerbund eingesetzten Ausschusses zur Kodifikation des Völkerrechts führten 1926 zu einem ersten Entwurf von Bestimmungen zur Beseitigung der Piraterie[15]. Jedoch wurde dieses Kodifika-

---

[5] *W. Abendroth*, Piraterie, in: *K. Strupp/H. J. Schlochauer*, Wörterbuch des Völkerrechts, 1961, 768. Zur Geschichte der Piraterie, *V. Pella*, La repression de la piraterie, RdC 15 (1926 V), 149 (151 ff). Nachdem die Piraterie im 20. Jahrhundert zunächst an Bedeutung verloren hatte, haben Gewalttaten gegen Schiffe seit ca. 1975 wieder stetig zugenommen; zur Aktualität der Piraterie siehe *B. Pelletier*, De la Piraterie maritime, Annu. de Droit Marit. et Aéro-Spatial 1987, 217 ff; *T. H. Goodman*, Leaving the corsair's name to other times: how to enforce the law of sea piracy in the 21st century through regional international agreements, Case Western Reserve Journal of International Law 31 (1999), 139 ff (150), sowie *Lagoni* (Anm. 1), 506 ff.

[6] Vgl. oben § 119 II sowie *Lagoni* (Anm. 1), 517.

[7] Zur Definition von Piraten im Sinne des Völkerrechts siehe auch oben § 119 II. Durch die Ermächtigung fallen die Gewalttaten aus dem Anwendungsbereich der völkerrechtlichen Piraterie heraus; in Betracht kann dann aber die Staatenhaftung des ermächtigenden Staates kommen, vgl. oben § 119 II.2; vom Mittelalter bis ins 19. Jahrhundert kannte man neben der privaten Piraterie die Kaperei, unter der die Vornahme privater seeräuberischer Akte auf der Grundlage hoheitlicher Ermächtigung (in Form sog. *lettres de marque)* als legales Mittel eines Seekriegs verstanden wurde; siehe *G. F. Martens*, Versuch über die Kaper, 1795; *P. Stiel*, Die Piraterie, 1905, 29 ff; sowie *Lagoni* (Anm. 1), 503.

[8] Dazu im einzelnen § 119 II.

[9] BGBl. 1994 II, 1799.

[10] Vgl. Art. 58 Abs. 2 i.V.m. Art. 100 ff. SRK.

[11] Siehe hierzu auch *Lagoni* (Anm. 1), 514 f.

[12] Vgl. oben § 119 II.1.

[13] Vgl. hierzu auch *P. Stiel*, Der Tatbestand der Piraterie nach geltendem Völkerrecht unter vergleichender Berücksichtigung der Landesgesetzgebungen, 1905, 30 f.

[14] Siehe allgemein oben § 119.

[15] *Draft Provisions for the Suppression of Piracy, Sub-Committee of the Committee of Experts for the Progressive Codification of International Law*, AJIL 20 (1926), Spec. Supp., 222 (228).

tionsvorhaben 1927 durch einen Beschluß des Völkerbundsrats mangels hinreichenden Interesses seitens der Mitgliedstaaten wieder aufgegeben.[16] Dennoch befaßte sich kurze Zeit später auch die *Harvard Law School* mit der völkerrechtlichen Behandlung der Piraterie und arbeitete einen Entwurf zur Kodifikation aus.[17] Aus völkerstrafrechtlicher Sicht wurde die Piraterie im Rahmen von Kodifikationsarbeiten nur am Rande behandelt.

Zu Beginn der Arbeiten der *International Law Commission* an einem Entwurf zur Kodifikation von Verbrechen gegen Frieden und Sicherheit[18] im Jahre 1950 wurde auch die Einbeziehung der Piraterie in dieses Kodifikationsvorhaben auf Vorschlag der Vereinigten Staaten von Amerika diskutiert.[19] Jedoch bestand keine Einigkeit darüber, ob die Kodifikation letztlich ein umfassendes Völkerstrafgesetzbuch oder auf Fälle der Verletzung zwischenstaatlicher Völkerrechtspflichten beschränkt sein sollte, so daß im Sinne der zweiten Alternative zunächst auf die Behandlung der Piraterie verzichtet wurde.[20] Diese Diskussion wurde 1983 im Rahmen der neuerlichen Arbeiten an einer Kodifikation des Völkerstrafrechts wiederaufgegriffen, letztlich wurde das Kodifikationsvorhaben aber erneut auf von Individuen begangene Verstöße gegen zwischenstaatliche Pflichten als typischerweise Frieden und Sicherheit bedrohende Akte beschränkt.[21]

Aus dem Blickwinkel des Seerechts und staatlicher Eingriffsrechte auf der See enthielt zunächst das Genfer Übereinkommen über die Hohe See[22]von 1958 in Art. 14 ff Regelungen über die Verfolgung von Piraten, die in Art. 100 ff des Seerechtsübereinkommens[23] weitgehend übernommen wurden.[24] Diese qualifizieren die Piraterie als ein völkerrechtliches Delikt.[25] Allerdings besteht auch nach dem Seerechtsübereinkommen weder eine Verpflichtung der Staaten, Akte von Piraterie zu verfolgen, wie Art. 100 und 105 SRÜ deutlich werden lassen, noch besteht eine Verpflichtung, Piraten bei Nichtverfolgung auszuliefern. Damit unterscheiden sich die Regelungen über die Verfolgung der Piraterie ganz wesentlich von den Verträgen über die Verfolgung terroristischer Akte.[26]

---

[16] LN Doc. C.254.1927.V, abgedruckt in AJIL 22 (1928), Spec. Supp., 216 (222).

[17] *Entwurf der Harvard Law School*, Piracy, AJIL 26 (1932), Spec. Supp., Part IV and V.

[18] *Draft Code of Offenses against Peace and Security*; siehe hierzu auch oben § 192.

[19] UN Doc. A/CN.4/19, Yearbook ILC 2 (1950), Vol. II, 249 (251).

[20] Vgl. die Diskussion in der 61. Sitzung der ILC, Yearbook ILC 2 (1950), Vol. I, 156 (162 f, para. 82b.ff).

[21] Vgl. die Stellungnahme des Sonderberichterstatters *D. Thiam* in seinem ersten Bericht, *First Report on the Draft Code of Offenses against Peace and Security of Mankind*, UN Doc. A/CN.4/364, Yearbook ILC 35 (1983), Vol. II, 137 (142 f); sowie die Stellungnahme der ILC in ihrem Tätigkeitsbericht von 1984, *Report of the International Law Commission on the work of its thirty-sixth session*, UN Doc.A/39/10, Yearbook ILC 36 (1984), Vol. II.2, 1 ff (17, para. 65c.vi), nach welcher die ILC anerkennt, daß die Piraterie ein auf Völkergewohnheitsrecht beruhendes völkerrechtliches Delikt darstellt, sie jedoch bezweifelt, daß die Piraterie auch als Bedrohung für Frieden und Sicherheit der Menschheit angesehen werden kann.

[22] UNTS 450, 82; BGBl. 1972 II, 1089.

[23] UN Doc. A/Conf.62/122; die im Seerechtsübereinkommen verwandte Definition von Piraterie ist verschiedentlich auf Kritik gestoßen, vgl. oben § 119 II.1.

[24] Zu den Funktionen der Regelungen zur Piraterie im Seerechtsübereinkommen vgl. *Lagoni* (Anm. 1), 520 ff.

[25] A. A. die Wissenschaftler der *Harvard Law School* (Anm. 17), 756: „... pirates are not criminals by the law of nations, since there is no international agency to capture them and no international tribunal to punish them and no provision in the laws of many states for punishing foreigners whose piratical offense was committed outside the state's ordinary jurisdiction, it cannot truly be said that piracy is a crime or an offense by the law of nations." Ebenso *G. Dahm*, Zur Problematik des Völkerstrafrechts, 1956, 51 f: „auf völkerrechtlicher Ermächtigung beruhendes nationales Recht", *ders.*, Bd. I/1, 680; wie hier *D. P. O'Connell*, International Law Vol. II, 2nd ed. 1970, 658, sowie *Judge Moore*, Dissenting Opinion, *Case of the S. S. „Lotus"*, PCIJ Ser. A No. 10 (1927), 70: „Piracy by law of nations, in its jurisdictional aspects, is sui generis. Though statutes may provide for its punishment, it is an offense against the law of nations ..."; vgl. dazu auch § 119 II.1.

[26] Vgl. dazu unten § 196.

4. Neben dem völkerrechtlichen gibt es einen nationalen strafrechtlichen Begriff der Piraterie[27], wobei beide Begriffe inhaltlich nicht übereinzustimmen brauchen.[28] Der nationale strafrechtliche Begriff der Piraterie kann in der Praxis sowohl weiter als auch enger sein, beispielsweise faßte ein britisches Gesetz von 1824[29] unter den Begriff Piraterie auch den Sklavenhandel, ohne jedoch dadurch den völkerrechtlichen Pirateriebegriff beeinflussen zu können.[30] Ist der nationale strafrechtliche Begriff der Piraterie weiter als der völkerrechtliche, so ist der über das völkerrechtliche Delikt hinausgehende Teil ein nationales Delikt, auf dessen Basis eine nationale strafrechtliche Verfolgung möglich ist. Allerdings können dafür die besonderen Eingriffsrechte auf Hoher See gegenüber Piraten im Sinne des Völkerrechts nicht in Anspruch genommen werden, sondern es gelten sowohl bezüglich der Eingriffsrechte als auch bezüglich der nationalen Strafkompetenz die allgemeinen Grundsätze zur Ausübung von Jurisdiktion.[31]

II. 1. Die Rechtsfolgen der Piraterie bezeichnet man seit alters her mit der Wendung, der Pirat habe als *hostis humani generis*[32] zu gelten. Auf eigene Faust im staatenlosen Raume handelnd, verwirke das Piratenschiff den Schutz seines eigenen Staates und sei nunmehr als vogelfrei zu betrachten.[33] Diese Vorstellungen sind in dieser Form irreführend. Wesentlich ist, daß ein verfolgender Staat aufgrund der völkerrechtlichen Erweiterung seiner Jurisdiktion zur Verfolgung von Piraten ein Piratenschiff aufbringen und beschlagnahmen sowie die Besatzung ohne Rücksicht auf ihre Staatsangehörigkeit und den Tatort bestrafen kann, obwohl er nicht die Flaggenhoheit über dieses Schiff ausübt (Art. 105 SRÜ, Weltrechtsprinzip),[34]. Das heißt nicht, daß Piraten rechtlos sind. Hat das Piratenschiff seine Flagge beibehalten (Art. 104 SRÜ), so ist der Flaggenstaat zur Ausübung des diplomatischen Schutzrechts befugt.[35]

2. Gemäß Art. 105 SRÜ können die Gerichte des Staates, der ein Piratenschiff aufgebracht hat, über die Maßnahmen entscheiden, die bezüglich des Schiffes oder der Vermögenswerte zu treffen sind. Allerdings sind die Rechte gutgläubiger Dritter zu berücksichtigen. Nach einer überwiegend anerkannten Regel des Völkerrechts sind Schiff und Beute dem recht-

---

[27] Zur Piraterie im deutschen Strafrecht vgl. *Lagoni* (Anm. 1), 529 ff.

[28] Vgl. dazu Art. I Sec. 8 (10) der Verfassung der Vereinigten Staaten, der es dem Kongreß überläßt, Piraterie zu definieren und unter Strafe zu stellen: „The Congress shall have the power... to... grant letters of marque... and make rules concerning captures on land and water." Weitere Beispiele bei *M. K. Malache*, De la piraterie, Rev. Egypt. de Droit Int. 26 (1970) IV, 124 ff.

[29] 5 Geo. 4 (1824), c. 113, s. 9.

[30] Vgl. dazu die Darstellung von *O'Connell* (Anm. 25), 660 f. Weitere Beispiele weit gefaßter nationaler strafrechtlicher Begriffe der Piraterie nennt *Stiel* (Anm. 13), 35, die etwa auch Hehlerei, Begünstigung und den Handel mit Piraten umfaßten.

[31] Zu den Eingriffsrechten auf Hoher See siehe oben §§ 119, 120; zu den anerkannten Anknüpfungspunkten zur Ausübung nationaler Strafgewalt vgl. oben § 190.

[32] Vgl. unten die Stellungnahme von *Judge Moore* im *Lotus*-Fall (Anm. 35).

[33] So auch Privy Council *In re Piracy Iure Gentium* (1934), British House of Lords and Judicial Committee of the Privy Council, Appeals Cases, 586: „A person guilty of such piracy has placed himself beyond the protection of any State. He is no longer a national, but hostis humani generis, and as such he is justiciable by any State anywhere".

[34] Vgl. hierzu *Y. van der Mensbrugghe*, Le pouvoir de police des Etats en Haute Mer, RBDI 11 (1975), 56 (62).

[35] Anderes sah Art. 2 des Entwurfs des *Sub-Committee* des *Committee of Experts for the Progressive Codification of International Law* vor (Anm. 15): „It is not involved in the notion of piracy that the ship should not have the right to fly a recognized flag, but in committing an act of piracy the pirate loses the protection of the State whose flag the ship flies.". Ähnlich auch die Ansicht von *Judge Moore*, Dissenting Opinion, *Case of the S. S. „Lotus"*, PCIJ Ser. A No. 10 (1927), 70: „... as the scene of the pirate's operations is the high seas, which is not the right or duty of any nation to police, he is denied the protection of the flag which he may carry, and is treated as an outlaw, as an enemy of all mankind – hostis humani generis – whom any nation may in the interest of all capture and punish."

mäßigen Eigentümer gegen Zahlung einer Vergütung für Verwahrung und geleistete Dienste zu restituieren *(pirata non mutat dominum)*.[36]

III. 1. Das traditionelle Instrumentarium zur Bekämpfung der Piraterie wird durch die *Convention for the Suppression of Unlawful Acts Against the Safety of Maritime Navigation*[37] der IMO ergänzt sowie unter Rückgriff auf die *International Convention Against the Taking of Hostages* von 1979[38] abgewandelt und fortentwickelt.
Das erstgenannte Übereinkommen erweitert die Jurisdiktion der Staaten in bezug auf die Verfolgung der terroristischen Akte, ohne allerdings das Weltrechtsprinzip, wie es für die Piraterie gilt, einzuführen.[39] Die hieraus entstehende Jurisdiktionslücke wird durch die Verpflichtung zur Auslieferung der Täter an einen Staat, der Jurisdiktion ausüben kann, geschlossen *(aut dedere aut iudicare)*.[40] Andererseits verfügt das Übereinkommen gegenüber der völkerrechtlichen Piraterie über eine deutlich größere geographische Reichweite, da es gemäß seinem Art. 4 Abs. 1 auf jedes Schiff anwendbar ist, das – tatsächlich oder nach seiner geplanten Reiseroute – auch durch Gewässer navigiert, die jenseits der Grenzen der Territorialgewässer eines Staates liegen.[41] Ob dieses Übereinkommen wirklich geeignet ist, dem Terrorismus auf See zu begegnen und die Regeln über die Bekämpfung der Piraterie zu ergänzen, ist jedoch zweifelhaft. Trotz des Auslieferungsgebots kann eine Auslieferung dann verweigert werden, wenn die begangenen Delikte als politisch eingestuft werden. Immerhin besteht dann eine Pflicht zur Bestrafung.
Zweifelhaft ist ebenfalls, ob das Übereinkommen den staatlich getragenen Terrorismus einzudämmen vermag. Art. 3 des Übereinkommens, der mit der Aufzählung der erfaßten Straftaten die Anwendbarkeit des Übereinkommens *ratione materiae* regelt, enthält keine ausdrückliche Einbeziehung des sog. staatlich unterstützten Terrorismus. Fragen der Staatenhaftung für solche indirekten Aggressionen wurden offenbar aufgrund ihrer Komplexität bewußt nicht behandelt. Eine ausdrückliche Regelung der Anwendbarkeit des Übereinkommens gegenüber Individuen bezüglich in staatlichem Auftrag begangenen Individualakten wäre zwar wünschenswert gewesen, fehlt jedoch, so daß unklar geblieben ist, ob die Formulierung im Einleitungssatz von Art. 3 Abs. 1, nach welcher das Übereinkommen auf jede Person Anwendung findet, ausreicht, um auch Personen, die in staatlichem Auftrag handelten, zu erfassen.[42]

2. Ergänzt wird das IMO-Übereinkommen durch ein *Protocol for the Suppression of Unlawful Acts Against the Safety of Fixed Platforms Located on the Continental Shelf*

---

[36] Ebenso *Lauterpacht*, Vol. I, § 279, 616 *O'Connell* (Anm. 25), 978 mit Nachweisen aus der Praxis. Eine Rückerstattung erfolgte im Fall *The Antelope*, Wheaton 10 (1825), 66.

[37] Übereinkommen zur Bekämpfung widerrechtlicher Handlungen gegen die Sicherheit der Seeschiffahrt, BGBl. 1990 II, 494 (496); IMO Doc. SUA/CONF./15 vom 10. 3. 1988, abgedruckt in ILM 27 (1988), 672; siehe hierzu auch *T. Treves*, The Convention for the Suppression of Unlawful Acts against the Safety of Maritime Navigation, Sing. J. Int. & Comp. Law 2 (1998), 541 ff; sowie oben § 120.

[38] GA Res. 34/146 (XXIV) vom 17. 12. 1979 (in Kraft seit 4. 6. 1983); ILM 18 (1979), 1456.

[39] Vgl. Art. 6 Abs. 1 und 2 des Übereinkommens (Anm. 37); danach haben Jurisdiktion der Flaggenstaat, der Staat, in dessen Küstenmeer die Tat begangen wurde, und der Staat, dessen Staatsangehörige die Tat verübt haben. Darüber hinaus können auch die Staaten Jurisdiktion in Anspruch nehmen, in denen ein staatenloser Täter seinen ständige Wohnsitz hat, deren Staatsangehörige verletzt wurden oder auf die Druck ausgeübt werden sollte.

[40] Vgl. dazu Art. 6 Abs. 4 iVm Art. 10 Abs. 1 und Art. 11 des Übereinkommens (Anm. 37); dazu *F. Francioni*, Maritime Terrorism and International Law: The Rome Convention of 1988, GYIL 31 (1988), 263 (279 ff).

[41] Art. 4 para. 1: „... navigating or [...] scheduled to navigate into, through or from waters beyond the outer limit of the territorial sea of a single state, or the lateral limit of its territorial sea with adjacent states".

[42] Art. 3 para. 1: „*Any person* commits an offense if that person unlawfully and intentionally..."; vgl. dazu *Francioni* (Anm. 40), 272 f und 282 ff; *C. C. Joyner*, The 1988 IMO Convention on the Safety of Maritime Navigation: Towards a Legal Remedy for Terrorism at Sea, GYIL 31 (1988), 230 (256 ff).

von 1988.[43] Es verpflichtet Staaten, Angriffe gegen die Sicherheit von Plattformen unter Strafe zu stellen. Sein Inhalt entspricht weitgehend dem o.g. IMO- Übereinkommen.

IV. Neben dem Bedürfnis nach dem Schutz der Kommunikation per Schiff vor Überfällen durch Piraten entstand bereits im 19. Jahrhundert das Bedürfnis, die auf dem Meeresboden liegenden Kabel gegen Zerstörung oder Beschädigung zu schützen.[44] Vor allem durch die Schiffahrt oder die Fischerei drohten den Kabeln Beschädigungen. Als erste Grundlage für den Schutz der Kabel wurde am 14. 3. 1884 das Abkommen zum Schutze der unterseeischen Telegraphenkabel abgeschlossen.[45] Nach diesem Abkommen sind die Vertragsstaaten verpflichtet, die vorsätzliche oder fahrlässige Beschädigung unterseeischer Kabel unter Strafe zu stellen. Die Verletzung unterseeischer Kabel auf der Hohen See trägt danach den Charakter eines internationalen Delikts, das jeder Unterzeichnerstaat in seinem Hoheitsbereich nach dem Weltrechtsprinzip ohne Rücksicht auf den Tatort oder die Staatsangehörigkeit des Täters verfolgt.

Aufgrund des Abkommens steht den Vertragsstaaten gegenüber Schiffen, die Kabel verletzen, allerdings nur eine beschränkte internationale Polizeigewalt zu. Verstöße können durch ihre Kriegs- und Staatsschiffe, die verdächtige Schiffe anhalten und sich über deren Identität und Staatsangehörigkeit informieren dürfen, festgestellt werden. Das weitere Vorgehen unterliegt aber allein der Jurisdiktion des Flaggenstaates.

Diese Regelung ist in Art. 113 bzw. 114 SRÜ teilweise übernommen worden. Die Vertragsstaaten sind verpflichtet, eine Beschädigung oder Zerstörung unterseeischer Kabel oder Rohrleitungen innerstaatlich unter Strafe zu stellen und eine Schadensersatzpflicht vorzusehen. Allerdings gewährt das Seerechtsübereinkommen kein Untersuchungsrecht, so daß ein solches Untersuchungsrecht allein auf der Grundlage des Abkommens von 1884 geltend gemacht werden kann.

§ 196 Terrorismus, Geiselnahme (Bestrafung und alternative Formen der Bekämpfung)

Schrifttum: vor §§ 119, 189, 194; ferner: C. *Eustathiades*, La Cour pénale internationale pour la répression du terrorisme et le problème de la responsabilité des Etats, RGDIP 43 (1936), 385 ff; G. *Guillaume*, Convention de la Haye du 16 Décembre 1970 pour la répression de la capture illicite d'aéronefs, AFDI 16 (1970), 35 ff; R. *Brach*, The Inter-American Convention on the Kidnapping of Diplomats, Colum.J. Transnat'l L. 10 (1971), 392 ff; R. H. *Mankiewicz*, Convention de Montréal (1971) pour la répression d'actes dirigés contre la securité de l'aviation civile, AFDI 17 (1971), 855 ff; N. M. *Poulantzas*, Hague Convention for the Suppression of Unlawful Seizure of Aircraft (December 16, 1970), NILR 18 (1971), 25 ff; Y. *Dinstein*, Criminal Jurisdiction Over Aircraft Hijaking, Is.L. R. 7 (1972), 195 ff; H. J. *Ferand*, Convention de Montréal du 23 Septembre 1971 pour la repression d'actes illicites dirigés contre la securité de l'aviation civile, Revue de sciences criminelles et de droit pénal comparé 27 (1972), 1 ff; S. K. *Agrawala*, Aircraft Hijaking and International Law, 1973; K. *Hailbronner*, Aktuelle Fragen der Luftpiraterie, NJW 26 (1973), 1636 ff; M. J. *Kirby*/ C. S. *Thomas*, Convention for the Suppression of Unlawful Acts Against the Safety and Civil Aviation, ICLQ 22 (1973), 163 ff; S. *Shubber*, Aircraft Hijacking and The Hague Convention 1970 – A new regime, ICLQ 22 (1973), 687 ff; A. *Abramovsky*, Multilateral Conventions for the Suppression of

[43] Protokoll zur Bekämpfung widerrechtlicher Handlungen gegen die Sicherheit fester Plattformen, die sich auf dem Festlandsockel befinden, BGBl. 1990 II, 494 (508); ILM 27 (1988), 685, in Kraft seit 1. 3. 1992; vgl. dazu N. *Ronzitti*, The Prevention and Suppression of Terrorism Against Fixed Platforms on the Continental Shelf, in: N. *Ronzitti* (ed.), Maritime Terrorism and International Law, 1990, 91.

[44] Das Institut de Droit International hat sich seit 1879 mehrfach mit dieser Frage befaßt.

[45] RGBl. 1888, 151; siehe auch ausführlich oben § 119 VII.

Unlawful Seizure and Interference with Aircraft, Colum.J. Transnat'l L. 13 (1974), 381 ff; *T. M. Franck/ B. B. Lockwood*, Preliminary Thoughts towards an International Convention on Terrorism, AJIL 68 (1974), 69 ff; *N. D. Joyner*, Aerial Hijaking as an International Crime, 1974; *M. C. Wood*, The Convention on the Prevention and Punishment of Crimes Against Internationally Protected Persons, Including Diplomatic Agents, ICLQ 23 (1974), 791 ff; *M. C. Bassiouni*, International Terrorism and Political Crimes, 1975; *L. M. Bloomfield/G. F. Fitzgerald*, Crimes Against Internationally Protected Persons, 1975; *D. Costello*, International Terrorism and the Development of the Principle aut dedere aut iudicare, Journal of International Law and Economics 10 (1975), 483 ff; *Y. Alexander*, International Terrorism: National, Regional and Global Perspectives, 1976; *V. Veutro*, La répression de la capture illicite d'aéronefs. Le principe „aut dedere aut punire" et la faculté d'asile politique, Rev. Int'l Dr.Penal 47 (1976), 209 ff; *H.-J. Bartsch*, Das Europäische Übereinkommen zur Bekämpfung des Terrorismus, NJW 30 (1977), 1985 ff; *R. Lagoni*, Die Vereinten Nationen und der Internationale Terrorismus, EA 32 (1977), 171 ff; *T. Stein*, Die Europäische Konvention zur Bekämpfung des Terrorismus, ZaöRV 37 (1977), 668 ff; *H. G. Kausch*, Das internationale Übereinkommen gegen Geiselnahme. Erfolg einer deutschen Initiative, VN 28 (1980), 77 ff; *T. Stein*, Die Bekämpfung des Terrorismus im Rahmen der Mitgliedstaaten der Europäischen Gemeinschaften, ZaöRV 40 (1980), 312 ff; *G. Daetwyler*, Der Terrorismus und das internationale Strafrecht (unter Berücksichtigung des neuen europäischen Übereinkommens zur Bekämpfung des Terrorismus (ETÜ) von 1977), 1981; *T. Oppermann*, Der Beitrag des Internationalen Rechts zur Bekämpfung des internationalen Terrorismus, in: Staatsrecht, Völkerrecht, Europarecht, Festschrift für H.-J. Schlochauer, 1981, 495 ff; *S. Schubber*, The International Convention against the taking of Hostages, BYIL 52 (1981), 205 ff; *W. D. Verwey*, The International Hostages Convention and National Liberation Movements, AJIL 75 (1981), 69 ff; *K. Hailbronner*, International Terrorism and the Law of War, GYIL 25 (1982), 169 ff; *I. Lacoste*, Die Europäische Terrorismuskonvention, 1982; *R. Lillich* (ed.), Transnational Terrorism: Conventions and Commentary, 1982; *T. Stein*, Die Auslieferungsausnahme bei politischen Delikten, 1983; *N. Gal-Or*, International Co-operation to Suppress Terrorism, 1985; *Y. Alexander/A. S. Nanes* (eds.), Legislative Responses to Terrorism, 1986; *S. Sucharitkul*, International Terrorism and the Problem of Jurisdiction, Syracuse Journal of International and Comparative Law 14 (1987), 141 ff; *E. McWhinney*, Aerial Piracy and International Terrorism. The illegal diversion of aircraft and international law, 2. Aufl. 1987; *M. C. Bassiouni* (ed.), Legal Responses to International Terrorism: U.S. Procedural Aspects, 1988; *L. Freedman*, Terrorism and International Order, 1988; *Académie de droit international de La Haye, Centre d'étude et de recherche de droit international et de relations internationales,* Les aspects juridiques du terrorisme international, 1989; *G. Guillaume*, Terrorisme et Droit International, RdC 215 (1989), 287 ff; *J. Yamamoto*, Current Treaty Systems to Combat International Terrorism: Features and Domestic Implementation, Japanese Annual of International Law 32 (1989), 34 ff; *Y. Dinstein*, Terrorism as an International Crime, Isr.Y.B. Hum. Rts.19 (1990), 55 ff; *J. J. Lambert*, Terrorism and Hostages in International Law: A Commentary on the Hostages Convention 1979, 1990; *K. Skubiszewski*, Defintion of Terrorism, Isr. Y. B. Hum. Rts.19 (1990), 39 ff; *T. Herzog*, Terrorismus – Versuch einer Definition und Analyse internationaler Übereinkommen zu seiner Bekämpfung, 1991; *R. A. Friedlander*, Terrorism: Documents of International and Local Control, Vol. 1–6, 1979–1992; *C. P. Hortatos*, International Law and Crimes of Terrorism against the Peace and Security of Mankind, 1992; *V. S. Mani*, Aviation Security, International Terrorism and the Law, The Indian Journal of International Law 32 (1992), 1 ff; *H. Han*, Terrorism and Political Violence: Limits and Possibilities of Legal Control, 1993; *E. Chadwick*, Self-Determination, Terrorism and International Humanitarian Law of Armed Conflict, 1996; *R. Higgins/M. Flory* (eds.), Terrorism and International Law, 1997; *F. Hofmann*, Das Phänomen des interantionalen Terrorismus. Analyse und Bekämpfungsmaßnahmen, in: Vierteljahresschrift für Sicherheit und Frieden 15 (1997) 4, 211 ff; *R. Kolb*, Universal Criminal Jurisdiction in Matters of International Terrorism: Some Reflections on Status and Trends in Contemporary International Law, Revue hellénique de droit international 50 (1997), 43 ff; *L. A. Modzhoryan*, Terrorism and national liberation movements, in: Gosudarstvo i pravo (1998) 3, 82 ff; *V. E. Petrishev*, Legal, social and political problems of the fight against terrorism, in Gosudarstvo i pravo (1998) 3, 88 ff; *S. M. Witten*, The International Convention for the Suppression of Terrorist Bombings, AJIL 92 (1998), 774 ff; *A. Yonah*, Democracy and terrorism: threats and responses, in: Israel Yearbook on Human Rights 26 (1998), 253 ff; *G. Zimmer*, Terrorismus und Völkerrecht: militärische Zwangsanwendung, Selbstverteidigung und Schutz der internationalen Sicherheit, 1998; *G. Cameron*, Nuclear terrorism: a threat assesment for the

21st century, 1999; *L. F. Damrosch*, Sanctions against perpetrators of terrorism, in: Houston Journal of International Law 22 (1999) 1, 63 ff; *C. A. Gearty*, Terrorism and human rights: a case study in impending legal realities, Legal studies 19 (1999) 3, 367 ff; *C. Hunt*, The potential contribution of the Chemical Weapons Convention to combatting terrorism, in: Michigan Jounal of International Law 20 (1999) 3, 523 ff; *T. Raimo*, Winning at the expense of law: the ramifications of expanding counter-terrorism law enforcement jurisdiction overseas, in: American University International Law Review 14 (1999) 5, 1473 ff; *W. M. Reisman*, International Legal Responses to Terrorism, Houston Journal of International Law 22 (1999), 3 ff; *J.-A. Romano*, Combatting Terrorism and Weapons of Mass Destruction: Reviving the Doctrine of a State of Necessity, in: Georgetown Law Journal 87 (1999) 4, 1023 ff; *T. Schofield*, The environment as an ideological weapon: a proposal to criminalize environmental terrorism, in: Boston Environmental Affairs Law Review 26 (1999) 3, 619 ff; *R. Wedgwood*, Responding to terrorism: the strikes against Bin Laden, in: The Yale Journal of International Law 24 (1999) 2, 559 ff; *R. D. Gacinovic*, Terrorism – threat to the 21st century, in: Review of International Affairs 50/51 (1999/2000), 1087/88, 18 ff; *K. E. Sealing*, „State sponsors of terrorism" are entitled to due process too: the amended Foreign Sovereign Immunities Act is unconstitutional, in: American University International Law Review 15 (1999/2000) 2, 395 ff; *R. Lavalle*, The International Convention for the Suppression of the Financing of Terrorism, ZaöRV 60 (2000), 491; *G. M. Travalio*, Terrorism, International Law, and the Use of Military Force, Wisconsin International Law Journal 18 (2000), 145 ff; *K. D. Kent*, Basic rights and anti-terrorism legislation: Can Britain's criminal justice (terrorism and conspiracy) act 1998 be reconcilied with its human rights act?, Vanderbilt journal of transnational law 33 (2000), 221 ff; *J. A. Levy*, Special Feature – Post-Cold War international security threats: terrorism, drugs and organized crime – Symposium Transcript, in: Michigan Journal of International Law 21 (2000) 3, 2527 ff; *P. A. Long*, In the name of God: religious terrorism in the millenium: An analysis of holy terror, government resources and the cooperative efforts of a nation to restrain its global impact, Suffolk Transnational Law Review 24 (2000) 1, 51 ff; *J. P. Zanders*, Risk assesment of terrorism with chemical and biological weapons, SIPRI Yearbook (2000), 537 ff; *T. Aust*, Counter-Terrorism – A New Approach, The International Convention for the Suppression of the Financing of Terrorism, Max Planck UNYB 5 (2001), 285 ff; *M. A. Cattaneo*, Strafrechtstotalitarismus: Terrorismus und Willkür (aus dem Italienischen von T. Vormbaum), 2001; *B. Kellman*, Biological terrorism: legal measures for preventing catastrophe, in: Harvard Journal of Law and Public Policy 24 (2001) 2, 417 ff; *S. Oeter*, Terrorismus – ein völkerrechtliches Verbrechen, Die Friedenswarte 76 (2001), 11; *P. R. Pillar*, Terrorism and US foreign policy, 2001; *United Nations/Codification Division*, International instruments related to the prevention and suppression of international terrorism, 2001

I. 1. a. In den vergangenen Jahren haben die internationalen Anstrengungen zur Bekämpfung der verschiedenen Formen des internationalen Terrorismus zugenommen, wobei das internationale Strafrecht nur eines der Mittel ist, zudem eines, dessen Einsatz in der Praxis weder erprobt noch über dessen potentielle Effektivität gesicherte Erkenntnisse bestehen. Spätestens seit dem 11. September 2001 ist offenkundig, daß der grenzüberschreitende Terrorismus Formen annehmen kann, die denen einer bewaffneten Auseinandersetzung vergleichbar sind. Ob und inwieweit dagegen mit militärischen Maßnahmen gegen die terroristischen Gruppen selbst oder gegen die Staaten, die sie als Ausgangsbasis benutzen, vorgegangen werden kann, ist an anderer Stelle behandelt worden.[1]

b. Die Gründe für den Terrorismus sind vielschichtig. In der Regel werden ethnische, religiöse oder andere Formen der Unterdrückung geltend gemacht. Terrorismus entsteht u. a. auch aus Situationen, in denen die Zugehörigkeit von Gebieten zu bestimmten Staaten umstritten ist. Schließlich sind terroristische Aktivitäten auch Ausdruck von politischen oder wirtschaftlichen Machtkämpfen. Ohne eine entsprechende Ursachenforschung, gefolgt von Maßnahmen gegen die wirklichen Ursachen wird eine Bekämpfung des Terrorismus – auch mit den Mitteln des Strafrechts – wenig erfolgreich bleiben.

[1] Vgl. dazu § 169.

2. Die von der Staatengemeinschaft gegen den internationalen Terrorismus oder Handlungsformen, die diesem gleichgestellt werden können, ergriffenen Maßnahmen sind außerordentlich zersplittert. Ein und dieselbe Handlung wird u. U. von mehr als einem völkerrechtlichen Instrument erfaßt. Zu nennen sind in diesem Zusammenhang insbesondere das Internationale Übereinkommen zur Bekämpfung terroristischer Bombenanschläge, das Internationale Übereinkommen zur Bekämpfung der Finanzierung des Terrorismus, das Abkommen über strafbare und bestimmte andere an Bord von Luftfahrzeugen begangene Handlungen (Abkommen von Tokio), das Übereinkommen zur Bekämpfung der widerrechtlichen Inbesitznahme von Flugzeugen (Haager Abkommen), das Übereinkommen zur Bekämpfung widerrechtlicher Handlungen gegen die Sicherheit der Zivilluftfahrt von Montreal (Abkommen von Montreal), das Protokoll zur Bekämpfung widerrechtlicher gewalttätiger Handlungen auf Flughäfen, die der internationalen Zivilluftfahrt dienen (Protokoll von Montreal), das Übereinkommen über die Verhütung, Verfolgung und Bestrafung von Straftaten gegen völkerrechtlich geschützte Personen einschließlich Diplomaten (Diplomatenschutzkonvention) sowie die Internationale Konvention gegen Geiselnahme (Konvention gegen Geiselnahme).[2] Bereits in anderem Zusammenhang behandelt wurden das Übereinkommen zur Bekämpfung widerrechtlicher Handlungen gegen die Sicherheit der Seeschiffahrt sowie das Protokoll zur Bekämpfung widerrechtlicher Handlungen gegen die Sicherheit fester Plattformen, die sich auf dem Festlandsockel befinden.[3] Mit in den Kontext der Bekämpfung des Terrorismus gehören das Übereinkommen über den physischen Schutz von Kernmaterial[4] sowie das Übereinkommen über die Markierung von Plastiksprengstoffen zum Zweck des Aufspürens.[5] Auf europäischer Ebene ist das Europäische Übereinkommen zur Bekämpfung des Terrorismus zu nennen.[6] Diese Abkommen, die im einzelnen unten behandelt werden, weisen ähnliche Strukturen auf, die letztlich aus den völkerrechtlichen Regelungen zur Poenalisierung der Piraterie entwickelt wurden.[7] Sie greifen einzelne Ausprägungen des Phänomens Terrorismus heraus.[8]
Der 6. Hauptausschuß der Generalversammlung der Vereinten Nationen arbeitet zur Zeit an einem Übereinkommen zur Bekämpfung des nuklearen Terrorismus und an einem umfassenden Übereinkommen zur Beseitigung des Terrorismus. Die Vereinten Nationen haben in der Vergangenheit alle Handlungen und Praktiken des Terrorismus als kriminell und nicht zu rechtfertigen verurteilt und die Staaten aufgefordert, auf nationaler wie internationaler Ebene Maßnahmen zu ergreifen, um den internationalen Terrorismus zu bekämpfen.[9] Die

[2] *International Convention for the Suppression of Terrorist Bombings*, 1997 (ILM 37 (1998), 249 ff); *International Convention for the Suppression of the Financing of Terrorism*, 1999 (ILM 39 (2000), 270 ff); *Tokyo Convention on Offences and Certain Other Acts Committed on Board of Aircraft*, 1963 (UNTS 704, 219; BGBl. 1969 II, 121); *Hague Convention for the Suppression of Unlawful Seizure of Aircraft*, 1970 (UNTS 860, 105; BGBl. 1972 II, 1505); *Montreal Convention for the Suppression of Unlawful Acts against the Safety of Civil Aviation*, 1971 (UNTS 974, 177; BGBl. 1977 II, 1229); *Protocol for the Suppression of Unlawful Acts of Violence at Airports Serving International Civil Aviation, supplementary to the Montreal Convention*, 1988 (ILM 27 (1988), 627 ff; BGBl 1993 II, 867 ff); *Convention on the Prevention and Punishment of Crimes against Internationally Protected Persons, including Diplomatic Agents*, 1973 (UNTS 1035, 167 ff; BGBl. 1976 II, 1745 ff); *International Convention against the Taking of Hostages*, 1979 (UNTS 1316, 206; ILM 18 (1979), 1456; BGBl. 1980 II, 1361 ff).

[3] *Convention for the Suppression of Unlawful Acts Against the Safety of Maritime Navigation*, ILM 27 (1988), 672; *Protocol for the Suppression of Unlawful Acts Against the Safety of Fixed Platforms Located on the Continental Shelf*, 1988, ILM 27 (1988), 685; vgl. dazu § 195.

[4] BGBl. 1990 II, 327; ILM 18 (1979), 1419.

[5] BGBl. 1998, II 2302.

[6] BGBl. 1978 II, 321; ETS Nr. 90 (in Kraft seit 4. 8. 1978).

[7] Vgl. *Joyner*, Hijacking, 119 f.

[8] *Lagoni*, EA 32 (1977), 171; *Yamamoto*, Japanese Annual of International Law 32 (1989), 34.

[9] GA Res. 49/60, vom 9. 12. 1994 *(Declaration on Measures to Eliminate International Terrorism)*; vgl. schon vorher GA Res. 34/145 vom 17. 12. 1979.

Terrorakte vom 11.9.2001 wurden sowohl von der Generalversammlung als auch vom Sicherheitsrat verurteilt.[10]

3. Auch wenn die bereits erwähnten Abkommen jüngeren Datums sind, hat es doch bereits nach dem Ersten Weltkrieg erste, wenn auch letztlich erfolglose Ansätze, für eine Bekämpfung des internationalen Terrorismus gegeben.[11] Zu nennen sind in dieser Hinsicht die Konvention zur Verhütung und Bekämpfung des Terrorismus von 1937[12] und diejenige über die Errichtung eines internationalen Strafgerichts zur Bestrafung solcher Verbrechen von 1937.[13] Zum Regelungsgehalt der erstgenannten Konvention gehörten präventive wie auch repressive Maßnahmen.[14] Danach hatten die Staaten die Pflicht bestimmte terroristische Handlungen gegen Staatsoberhäupter, ihre Nachfolger, ihre Familie oder Funktionsträger eines Staates und Teilnahmehandlungen unter Strafe zu stellen (Art. 3). Diese Taten galten als grundsätzlich auslieferungsfähig (Art. 8); im Fall der Nichtauslieferung eigener Staatsangehöriger bestand eine Pflicht diese strafrechtlich zu verfolgen. Insoweit wurde die Anwendung des aktiven Personalitätsprinzips fingiert. Diese Verfolgungspflicht bestand nicht, wenn im gleichen Fall ein Ausländer nicht ausgeliefert worden wäre. Der Grundsatz *aut dedere aut iudicare* galt also nur für einen beschränkten Teilkomplex. Die zweite der genannten Konventionen sah die Gründung eines internationalen Strafgerichtshofs vor, der zuständig sein sollte, terroristische Handlungen zu verfolgen. Das Verfahren sollte durch eine staatliche Anklage eingeleitet werden. Mit dieser Anklage entledigte sich, so die Konvention, der betreffende Staat seiner Verpflichtung, den Beschuldigten selbst strafgerichtlich zu verfolgen oder auszuliefern. Statt dessen sah sie die Pflicht vor, die Anklage vor dem internationalen Strafgerichtshof selbst zu führen, wenn nicht der Staat, gegen den die Tat gerichtet oder auf dessen Boden sie verübt worden war, die weitere Verfolgung übernehme. Die Vollstreckung sollte durch einen von dem Gericht gewählten Staat, dessen Zustimmung hierzu vorliegen mußte, erfolgen.

4. a. Es gibt bislang kein allgemeines Abkommen zur Bekämpfung von Terrorismus; die einzigen internationalen Abkommen allgemeiner Natur sind die soeben dargestellte Konvention zur Verhütung und Bekämpfung von Terrorismus von 1937[15], die allerdings nicht in Kraft getreten ist, sowie das Internationale Übereinkommen zur Bekämpfung der Finanzierung des Terrorismus.[16] Die Zersplitterung des Völkerrechts hat verschiedene Ursachen; sie sind in der jeweiligen politischen Großwetterlage zu suchen, die seit den ersten Ansätzen für eine internationale Bekämpfung des Terrorismus bestand und die dadurch bedingte unterschiedliche Bewertung von terroristischen Handlungen bzw. der dahinter stehenden Motivation. Ein Grund ist aber auch darin zu suchen, daß sich terroristische Akte, was den Täter-, den Opferkreis, die Motivation und die Handlungen betrifft, außerordentlich unterscheiden.

b. Die frühen Versuche, Terrorismus generell zu bekämpfen, die ihren Niederschlag in der Konvention zur Verhütung und Bekämpfung des Terrorismus von 1937 haben, sind am Zweiten Weltkrieg gescheitert. Der nach Ende des Zweiten Weltkriegs einsetzende Kalte Krieg und die Dekolonialisierungsbemühungen damaliger Kolonien, die sich im Kampf gegen die Kolonialmächte Mittel bedienten und – aus ihrer Unterlegenheit heraus – auch bedienen mußten, die nach ihrer Form heute als terroristisch zu bezeichnen wären, haben die Entwicklung von umfassenden Übereinkommen zur Bekämpfung des Terrorismus verhin-

[10] GA Res. 56/1, vom 18.9.2001; SC Res. 1368 (2001) vom 12.9.2001; SC Res. 1373 (2001) vom 28.9.2001.

[11] Vgl. *Eustathiadis*, RGDIP 43 (1936), 385.

[12] LN Doc. C. 546 (1). M. 383 (1), 1937 V.

[13] *Convention pour la création d'une Cour Pénale Internationale*, LN Doc. C. 547 (1). M. 384 (1), 1937 V.

[14] Vgl. dazu *Herzog*, Terrorismus, 172 f.

[15] Anm. 12.

[16] Anm. 2, Inkrafttreten am 2.4.2002.

dert. Die entsprechenden internationalen Maßnahmen beschränkten sich auf einen punktuellen Ansatz, der darauf hinauslief, als besonders verwerflich und gefährlich angesehene Begehungsformen terroristischer Taten herauszugreifen und einer Einzelregelung zuzuführen. Über die internationale Ächtung dieser spezifischen Begehungsformen konnte man sich leichter einigen als über die Bewertung terroristischer Gewalt im allgemeinen.[17] Die beiden letzten Abkommen in dieser Reihe, das Internationale Übereinkommen zur Bekämpfung terroristischer Bombenanschläge[18] und das Internationale Übereinkommen zur Bekämpfung der Finanzierung des Terrorismus[19] kommen aber dem Bild eines allgemeinen Abkommens zur Bekämpfung des Terrorismus wieder so nahe, daß die Erarbeitung eines allgemeinen Abkommens nunmehr unausweichlich erscheint.[20]

5. Eine effektive Bekämpfung des internationalen Terrorismus setzt voraus, daß über den Terrorismus, sei es über seine Handlungsformen oder seine Motivationen bzw. seine Täter ein allgemeines Unwerturteil gebildet wird. Ebenso wesentlich ist die Frage, inwieweit es Rechtfertigungsgründe geben kann.[21]

a. Eine allgemeine Definition des Begriffs „internationaler Terrorismus" gibt es bisher nicht.[22] Definitionen finden sich allerdings in der nationalen Gesetzgebung.[23] Einen zumindest rudimentärer Definitionsansatz enthält die *Declaration on Measures to Eliminate International Terrorism*[24] sowie das Internationalen Übereinkommen zur Bekämpfung der Finanzierung des Terrorismus.[25]
Auch die Konvention zur Verhütung der Bekämpfung von Terrorismus von 1937 enthielt den Ansatz einer Definition dieses Begriffs.[26] Allerdings wurden von diesem Abkommen, wie bereits erwähnt, nur Angriffe auf Staatsoberhäupter oder deren Nachfolger bzw. deren Familie und staatliche Funktionsträger verstanden[27], d. h. der terroristische Akt wurde im wesentlichen von dessen Angriffsobjekt her definiert. Dieser Ansatz ist unter heutigen Umständen nicht mehr tragfähig. Charakteristisch für das Phänomen des Terrorismus ist die Beliebigkeit der Objekte und Personen, die von terroristischen Aktionen getroffen werden können.[28] Da terroristische Handlungen von den potentiellen Opfern her wahllos und gemeingefährlich sein können, ergibt sich als zwangsläufige Konsequenz, daß die Allgemeinheit als solche von Terrorismus potentiell bedroht ist. Im Gegensatz zum Kriegsrecht kennt der Terrorismus keine Beschränkung bei der Auswahl des Gegners. Neben dem

---

[17] *Oeter*, Die Friedenswarte 76 (2001), 11 (17); *Higgins*, in: *Higgins/Flory* (eds.), 13 (16 f).

[18] Anm. 2.

[19] Anm. 2.

[20] Vgl. den von Indien 1996 eingebrachten Entwurf einer *International Convention on the Suppression of Terrorism*, UN Doc. A/C.6/51/6, 11 November 1996, Annex.

[21] *Skubiszewski*, Isr. Y. B. Hum. Rts. 19 (1990), 39 (41) spricht vier Ebenen an: den mit terroristischen Akten erzielten Effekt, die terroristischen Maßnahmen, die Opfer und die Täter; *Franck/Lockwood*, sprechen an: Täter, Ausmaß der Handlung, internationale Komponente, Motivation und Opfer.

[22] *Lambert*, 29 ff; *Skubiszewski*, Isr. Y. B. Hum. Rts. 19 (1990), 39 f; *Dinstein*, ibid., 55 f. Definitionsvorschläge machen *Skubiszewski*, ibid., 40 ff und *Oppermann*, in: FS *Schlochauer*, 496 ff; zu den Initiativen und Resolutionen der VN Generalversammlung vgl. *Guillaume*, RdC 215 (1989), 287 ff.

[23] *Aust*, Max Planck UNYB 5 (2001), 285 (289 f).

[24] GA Res. 49/60 vom 9. 12. 1994. Dort werden verurteilt „*... criminal acts intended or calculated to provoke a state of terror in the general public, a group of persons or particular persons for political purposes ...*".

[25] Anm. 12.

[26] League of Nations, LN Docs. C.94.M.47.1938.V und C. 222.M.162.1937.V, abgedruckt in UN Doc. A/C.6/418 vom 2. 11. 1972, Annex 1, vgl. zu dieser Konvention *Oppermann*, in: FS *Schlochauer*, 496 f. Die Konvention enthält einen Grundbegriff des Terrorismus (Art. 1, Abs. 2), dem sich eine Aufzählung spezifischer Ausprägungen des Terrorismus anschließt (Art. 2 und 3). Art. 1 Abs. 2 „*... 'acts of terrorism' means criminal acts directed against a State and intended or calculated to create a state of terror in the minds of particular persons, or a group of persons or the general public.*"

[27] Vgl. dazu *Skubiszewski*, Isr. Y. B. Hum. Rts. 19 (1990), 39 (40); *Guillaume*, RdC 215 (1989), 287 (302 ff).

[28] Hierauf weist bereits *Oppermann*, 498 hin.

Opfer wird aber noch ein weiteres wesentliches Element in dem internationalen Abkommen von 1937 angesprochen, nämlich die Zielrichtung, eine Atmosphäre der Angst zu erzeugen (*„intended or calculated to create a state of terror"*). Das Internationale Übereinkommen zur Bekämpfung terroristischer Bombenanschläge[29] kombiniert die Form der Maßnahme[30] und den Gesichtspunkt, daß die Allgemeinheit Opfer sein kann,[31] um so den Begriff *„terrorist bombing"* zu bestimmen.

Noch einen Schritt weiter geht das Internationale Übereinkommen zur Bekämpfung der Finanzierung des Terrorismus.[32] Danach sind die Staaten verpflichtet, bestimmte, in der Konvention definierte Handlungen der Finanzierung oder finanziellen Unterstützung terroristischer Aktivitäten unter Strafe zu stellen und für deren Verfolgung eine strafgerichtliche Zuständigkeit zu begründen.[33] Dies setzte eine Definition des Begriffs Terrorismus voraus. Die von der Konvention entwickelte Definition enthält drei Elemente. Zunächst wird auf Handlungen verwiesen, die nach den im Annex genannten Abkommen strafgerichtlich zu verfolgen sind.[34] Hinzu tritt eine Generalklausel, wonach terroristische Aktivitäten solche sind, die auf die Tötung oder schwere Verletzung von Personen allgemein abzielen und durch die eine Bevölkerung eingeschüchtert oder eine Regierung zu bestimmten Handlungen oder Unterlassungen genötigt werden soll. Ausgenommen sind allerdings Handlungen im Rahmen eines bewaffneten Konflikts. Das Abkommen spricht bewußt von *„a situation of armed conflict"* und bezieht damit militärische Auseinandersetzungen im Sinne des II. Zusatzprotokolls zu den vier Genfer Abkommen mit ein.[35] Selbstverständlich ebensowenig erfaßt wird von dieser Definition des Terrorismus der internationale militärische Konflikt, sowie der ihm gem. Art. 1 des I. Zusatzprotokolls zu den vier Genfer Konventionen gleichgestellte Befreiungskrieg. Damit erstreckt sich das Unwerturteil der Staatengemeinschaft gegenüber dem Terrorismus nicht auf die Kämpfenden in diesen Konflikten, so daß, aus der Sicht des Völkerrechts, beide Konfliktparteien gleich stehen.

Die Terrorismusdefinition in dem Internationalen Übereinkommen zur Bekämpfung der Finanzierung des Terrorismus enthält die entscheidenden Elemente des Begriffs. Es sind dies der Einsatz von gemeingefährlichen Mitteln gegen eine unbestimmte Gruppe von Opfern mit dem Ziel, entweder die Bevölkerung einzuschüchtern oder eine Regierung zu einem Tun oder Unterlassen zu nötigen.[36] Die hier im übrigen angesprochenen internationalen Abkommen

---

29 Anm. 2.

30 *„... discharges or detonates an explosive or other lethal device ..."*.

31 *„... into or against a place of public use, a State or government facility, a public transportation system ... with the intent to cause death or serious bodily injury; or ... to cause intensive destruction of such a place, facility or system ..."*.

32 Anm. 2.

33 Vgl. dazu *Lavalle*, ZaöRV 60 (2000), 491 (493); *Aust*, Max Planck UNYB 5 (2001), 285 (286); *Oeter*, Die Friedenswarte 76 (2001), 11 (18).

34 Genannt werden das Haager Abkommen (Anm. 2), das Abkommen von Montreal (Anm. 2), die Diplomatenschutzkonvention (Anm. 2), die Konvention gegen Geiselnahme (Anm. 2), das Übereinkommen über den physischen Schutz von Kernmaterial (Anm. 4), das Protokoll von Montreal (Anm. 2), das Übereinkommen zur Bekämpfung widerrechtlicher Handlungen gegen die Sicherheit der Schiffahrt und das Protokoll hierzu (Anm. 3), sowie das Internationale Übereinkommen zur Bekämpfung terroristischer Bombenanschläge (Anm. 2).

35 Art. 2 (1) 2. ZP vgl. dazu *S. Oeter*, Civil War, Humanitarian Law and the United Nations, Max Planck UNYB 1 (1997), 195 ff; *L. Lopez*, Uncivil Wars: The Challenge of Applying International Humanitarian Law to Internal Armed Conflicts, New York University Law Review 69 (1994), 916.

36 Von wesentlicher Bedeutung ist vor allem dieses Ziel; so auch *Guillaume*, RdC 215 (1989), 287 (305 f); *Higgins*, in: *Higgins/Flory* (eds.), 15; *Oeter*, Die Friedenswarte (2001), 11 (19). Vgl. hierzu O. *Schachter*, The Lawful Use of Force by a State Against Terrorists in Another Country, in: *Han* (ed.), 243; *L. R. Beres*, International Law and Nuclear Terrorism, Georgia Journal of International and Comparative Law Quarterly 24 (1994), 1 (3); *R. Kleff*, Terrorism: The Trinity Perspective, in: *Han* (ed.), 13 (14); *A. C. Brown*, Hard Cases Make Bad Laws: An Analysis of State-Sponsored Terrorism and its Regulation under International Law, Journal of Armed Conflict Law 2 (1997), 135 (138).

beruhen, wenn auch nicht ausdrücklich, letztlich auf dieser Definition des Begriffes Terrorismus.[37]

b. Es sind immer wieder Versuche unternommen worden, Rechtfertigungen für terroristische Akte zu entwickeln. Ein Beispiel hierfür bietet die Resolution der Generalversammlung der Vereinten Nationen gegen Terrorismus,[38] in der bei gleichzeitiger Verurteilung von Terrorismus[39] betont wird, daß Selbstbestimmung ein unveräußerliches Recht sei und der Kampf zur Befreiung von Kolonialismus, Fremdherrschaft und Rassismus, insbesondere durch Befreiungsbewegungen legitim sei. Das Verhältnis dieser Grundsätze zueinander ist unklar. Die Verurteilung des Terrorismus als kriminell belegt diesen mit einem Unwerturteil der Staatengemeinschaft, das durch keine Rechtfertigung aufgehoben werden kann. Die Betonung des Kampfes der Befreiungsbewegungen als legitim steht dagegen, ist allerdings auch nicht unmittelbar auf Terrorismus bezogen. Insofern ist ein Ausgleich zwischen beiden Grundsätzen herzustellen, wie er in der Definition des Internationalen Übereinkommens zur Bekämpfung der Finanzierung des Terrorismus angelegt ist.[40] Zwar wird in dieser nicht das Recht auf Selbstbestimmung angesprochen, aber es wird der Befreiungskampf und der Bürgerkrieg von dem Verdikt des Terrorismus ausgenommen. Das heißt, Befreiungskampf und Bürgerkrieg können nicht als Terrorismus abqualifiziert werden; aber sie rechtfertigen auch nicht die Abkehr von Verpflichtungen, dem die Beteiligten an einem bewaffneten Konflikt nach dem I. und II. Zusatzprotokoll zu den vier Genfer Konventionen unterliegen.

II. 1. Den Abkommen zur Terrorismusbekämpfung ist gemeinsam, daß sie Straftatbestände mit internationalem Bezug formulieren. Die Internationalität des Bezugs liegt darin, daß über die genannten Straftatbestände Rechtsgüter geschützt werden, deren Bewahrung im Interesse der Staatengemeinschaft liegt (Schutz der internationalen Kommunikationswege, Schutz von Diplomaten).
Der terroristische Angriff vom 11. 9. 2001 hat darüber hinaus gezeigt, daß Terrorismus zu einer unmittelbaren Gefährdung des Weltfriedens werden kann. Schließlich ist zu berücksichtigen, welche Gefährdung von Terrorismus für den Weltfrieden ausgehen kann, wenn Terroristen in den Besitz nuklearer, biologischer[41] oder chemischer Waffen gelangen sollten. Es war daher geboten, durch die Erarbeitung des Übereinkommens über den physischen Schutz von Kernmaterial[42] die Gefahr terroristischer Einsätze mit Kernwaffen zu verringern.
Das Phänomen des Terrorismus liegt zudem darin, daß er – außer wenn es sich um lokale Aktionen handelt – grenzüberschreitend agiert. Seine Bekämpfung setzt insofern eine intensive Zusammenarbeit der Staaten und zwar nicht nur auf dem Gebiet der Strafverfolgung, sondern auch im Bereich der präventiven Bekämpfung terroristischer Vorhaben voraus.[43] Das Internationale Übereinkommen zur Bekämpfung der Finanzierung des Terrorismus[44] ist hierfür ein Beispiel.

---

[37] *Skubiszewski*, Isr. Y. B. Hum. Rts. 19 (1990), 39 (42 ff).

[38] GA Res. 44/29 vom 4. 12. 1989.

[39] *„unequivocally condemns, once again as criminal and not justifiable, all acts, methods and practices of terrorism wherever and by whomever committed . . . .“*

[40] Anm. 2.

[41] Siehe dazu *B. Kellman*, Biological Terrorism: Legal Measures for Preventing Catastrophe, Harvard Journal of Law and Public Policy 24 (2000/2001), 417 ff.

[42] Anm. 4, vgl. umfassend hierzu *Cameron*, Nuclear Terrorism.

[43] *D. Freestone*, International cooperation against terrorism and the development of international law principles of jurisdiction, in: *Higgins/Flory* (eds.), 43 ff konzentriert sich auf den Aspekt der Strafverfolgung.

[44] Anm. 2.

Die im folgenden im einzelnen zu behandelnden internationalen Übereinkommen zu einzelnen Aspekten des Terrorismus dienen also einem mehrfachen Zweck. Sie belegen Terrorismus mit einem Unwerturteil der Staatengemeinschaft und gehören insoweit zu dem Kanon derjenigen völkerrechtlichen Normen, wie der internationale Menschenrechtsschutz, das humanitäre Völkerrecht und die Statuten der internationalen Strafgerichtshöfe, die die Wertordnung der internationalen Staatengemeinschaft ausmachen.[45] Gleichzeitig formulieren sie die Rechte und Pflichten der Staaten in Bezug auf Terrorismus sowie die entsprechenden Verfahren, mittels derer die Durchsetzung des Unwerturteils erfolgt.

2. a. In den genannten Übereinkommen verpflichten sich die Staaten grundsätzlich, sich gegenseitig bei der Strafverfolgung zu unterstützen und zu informieren, diese Delikte national unter Strafe zu stellen und sie in bestehenden oder zukünftigen Auslieferungsverträgen so zu berücksichtigen, daß eine Auslieferung möglich ist. Die Bestrafung erfolgt unter Zugrundelegung des aktiven bzw. passiven Personalitätsprinzips sowie des Territorialitätsprinzips durch nationale Strafgerichte. Diese Abkommen verpflichten die Vertragsstaaten jedoch auch ohne Anknüpfung an das Territorialitätsprinzip bzw. das aktive oder passive Personalitätsprinzip[46] zur Strafverfolgung, wenn der Beschuldigte nicht ausgeliefert wird *(aut dedere aut iudicare)*. Damit wird die nationale Strafrechtsgewalt, wie hinsichtlich der Bekämpfung der Piraterie, im Interesse der Staatengemeinschaft in Anspruch genommen und eingesetzt.[47]

b. Die Abkommen, die für bestimmte terroristische Handlungen eine strafrechtliche Verfolgung vorsehen, sind im Zusammenhang mit den traditionellen bilateralen Auslieferungsabkommen zu sehen.[48] Nach dem Recht vieler Staaten kann einem Auslieferungsersuchen eines anderen Staates nur dann stattgegeben werden, wenn ein bilateraler oder multilateraler Auslieferungsvertrag besteht, das Delikt, das dem Beschuldigten zur Last gelegt wird, nach dem Auslieferungsvertrag zu einer Auslieferung berechtigt und schließlich der Auslieferung keine Auslieferungshindernisse entgegenstehen.[49] Die beiden wesentlichen Hindernisse, die einem Auslieferungsbegehren entgegengehalten werden können, sind: der Beschuldigte hat die Staatsangehörigkeit des Staates, der um Auslieferung ersucht wird[50], oder das Delikt, für das eine Auslieferung begehrt wird, wird als politisches Delikt qualifiziert.[51] Eine Definition des Begriffs „politisches Delikt" enthalten die Auslieferungsverträge nicht; die nationale Praxis variiert in dieser Hinsicht stark.[52] Grundsätzlich wird man aber sagen können, daß terroristische Handlungen, soweit hiermit in irgendeiner Weise politische Ziele verfolgt wurden, theoretisch als politische Delikte einzustufen wären. Dieses Problem für eine effektive strafrechtliche Verfolgung des Terrorismus ist durch besondere, vor allem regionale Abkommen,[53] sowie die hier behandelten Abkommen, die die strafrechtliche Verfolgung bestimmter terroristischer Handlungen vorsehen, teilweise reduziert worden.

3. Die internationalen Übereinkommen zur Bekämpfung des Terrorismus lassen sich grundsätzlich drei Gruppen zuordnen. Der ersten Gruppe sind alle diejenigen internationalen Übereinkommen zuzuordnen, die, wie beispielsweise das Haager Übereinkommen,[54]

---

[45] § 165.

[46] § 190.

[47] *Lambert*, Terrorism, 157.

[48] So ausdrücklich *Freestone* (Anm. 43), 45.

[49] Vgl. insoweit Art. 2 Europäisches Auslieferungsabkommen, Anm. 6. Vgl. hierzu *Stein*, Auslieferungsausnahme, 146 f; *Freestone* (Anm. 44), 46; *I. Shearer*, Extradition in International Law, 1971, 135 mit einer ausführlichen Auswertung der damals existierenden Auslieferungsabkommen.

[50] Art. 6 Europäisches Auslieferungsabkommen; BGBl. 1964 II, 1369; kritisch hierzu *Freestone* (Anm. 43), 45 aus der Perspektive des *common law*.

[51] Vgl. Art. 3 Abs. 1 Europäisches Auslieferungsabkommen (Anm. 50).

[52] Vgl. dazu *Stein*, Auslieferungsausnahme, 180–337.

[53] Vgl. dazu unter IV.

[54] Anm. 2.

eine strafrechtliche Verfolgung bestimmter terroristischer Handlungen vorsehen.[55] Diese Übereinkommen enthalten sowohl Regeln zur strafrechtlichen Verfolgbarkeit wie zur Auslieferung. Demgegenüber konzentrieren sich Übereinkommen, wie das Europäische Übereinkommen zur Bekämpfung des Terrorismus (1977),[56] auf die Fragen der Auslieferung.[57] Nur die Abkommen dieser beiden Gruppen sind dem internationalen materiellen Strafrecht zuzurechnen bzw. stehen mit ihm in einem engen Zusammenhang. Einer dritten Gruppe sind die Abkommen zuzurechnen, die eher der Prävention von terroristischen Aktivitäten dienen, wie das Internationale Übereinkommen zur Bekämpfung der Finanzierung des Terrorismus.[58]

III. 1. Das Abkommen über strafbare und bestimmte andere an Bord von Luftfahrzeugen begangene Handlungen von 1963 (Abkommen von Tokio),[59] das erste der Abkommen zum Schutz der Zivilluftfahrt, gehört nur mit Einschränkungen zu den hier behandelten Verträgen. Gemäß Art. 11 des Abkommen von Tokio verpflichten sich die Vertragsstaaten im Falle einer widerrechtlichen Inbesitznahme eines Luftfahrzeugs (sog. Luftpiraterie), alle geeigneten Maßnahmen zu treffen, um die Kontrolle des rechtmäßigen Kommandanten über das Flugzeug wiederherzustellen und dessen Weiterflug zu gestatten. Eine Pflicht zur Pönalisierung der Luftpiraterie begründet das Übereinkommen dagegen nicht, ebensowenig wie eine Pflicht zur Auslieferung. Es enthält lediglich eine Kooperationspflicht zur Unterdrückung der Luftpiraterie. Im übrigen beschränkt sich das Übereinkommen darauf, die an Bord von Luftfahrzeugen begangenen strafbaren Handlungen so zu regeln, daß in allen Fällen ein für die Strafverfolgung zuständiger Staat zu ermitteln ist. Insofern wird ein Beitrag zur internationalen strafrechtlichen Verfolgung dieser Delikte geleistet.

2. Das Haager Übereinkommen zur Bekämpfung der widerrechtlichen Inbesitznahme von Luftfahrzeugen von 1970 dient der Ergänzung des Abkommens von Tokio; sein Ziel ist es, die Bestrafung von Entführern von Luftfahrzeugen weltweit sicherzustellen.[60] Dieses Abkommen ist prägend für eine Reihe weiterer internationaler Übereinkommen geworden.
Gemäß Art. 2 Haager Übereinkommen verpflichten sich die Vertragsstaaten, die Entführung von Luftfahrzeugen, einschließlich der Teilnahmehandlungen, in einem gesonderten Tatbestand[61] mit schwerer Strafe zu bedrohen. In Art. 1 des Haager Übereinkommens wird die Luftfahrzeugentführung definiert als die Handlung, die an Bord eines im Fluge befindlichen Luftfahrzeugs widerrechtlich durch Gewalt oder Drohung mit Gewalt oder durch eine andere Form der Einschüchterung dieses Luftfahrzeug in Besitz nimmt oder die Herrschaft darüber ausübt.[62]
Die strafgerichtliche Verfolgung erfaßt Taten auf im Inland eingetragene Luftfahrzeuge (Prinzip des Eintragungs- bzw. Flaggenstaats), Taten in einem vermieteten Luftfahrzeug, dessen „Halter“ im Inland seinen Sitz oder ständigen Aufenthalt hat, sowie Taten an Bord von Luftfahrzeugen, die mit dem Verdächtigen im „eigenen“ Hoheitsgebiet landen (Art. 4 Abs. 1 Haager Übereinkommen). Art. 4 Abs. 2 Haager Übereinkommen ergänzt die vorgenannten Prinzipien für Luftfahrzeugentführungen um die Verpflichtung, die Strafgewalt auch auf die Fälle zu erstrecken, in denen sich der Verdächtige im eigenen Staatsgebiet

---

55 Vgl. dazu III.
56 Anm. 6.
57 Vgl. dazu IV.
58 Anm. 2; vgl. dazu V.
59 Anm. 2.
60 *Agrawala*, Hijacking, 40; zum Abkommen im ganzen vgl. *Poulantzas*, NIRL 18 (1971), 25 ff.
61 Dies belegt die Entstehungsgeschichte dieser Norm, vgl. dazu *Herzog*, Terrorismus, 226; zu den nationalen Ausführungsgesetzen s. *Alexander/Nanes* (eds.), Legisaltive Responses, sowie *G. F. Fitzgerald*, Development of International Legal Rules for the Repression of the Unlawful Seizure of Aircraft, CYIL 7 (1969), 269 (286 ff).
62 Vgl. hierzu im einzelnen *Shubber*, ICLQ 22 (1973), 687 (690 ff).

aufhält und nicht ausgeliefert wird.[63] Dementsprechend verpflichtet Art. 7 Haager Übereinkommen den Vertragsstaat, in dessen Hoheitsgebiet ein Verdächtigter aufgefunden wird, zu dessen strafrechtlicher Verfolgung, wenn er ihn nicht ausliefert.

Problematisch ist, ob ein konkretes Auslieferungsbegehren vorliegen muß, oder, ob davon unabhängig, eine generelle Verfolgungspflicht besteht.[64] Der Wortlaut von Art. 7 Haager Übereinkommen deutet nicht auf eine generelle Verfolgungspflicht von Taten, für die die Voraussetzungen für die Ausübung der Strafrechtsgewalt gem. Art. 4 Abs. 1 Haager Übereinkommen nicht vorliegen, und folgt damit nicht dem Weltrechtsprinzip. Das Übereinkommen folgt insoweit dem Prinzip der stellvertretenden Strafrechtspflege.[65]

Die Verpflichtung der Staaten, das nationale Strafrecht so auszugestalten, daß Flugzeugentführungen strafrechtlich verfolgt werden, und zwar unabhängig davon, ob eine Anknüpfung über das Territorialitätsprinzip bzw. das aktive oder passive Personalitätsprinzip besteht, reflektiert das bereits angesprochene Unwerturteil der Staatengemeinschaft zu Flugzeugentführungen.

Art. 8 Haager Übereinkommen enthält zudem Regelungen hinsichtlich des Auslieferungsrechts. Danach werden eine Reihe potentieller Auslieferungshindernisse (Fehlen eines Auslieferungsvertrages, fehlende Nennung des Deliktes in einem bestehenden Auslieferungsvertrag) ausgeräumt.[66] Nicht beseitigt wurden aber innerstaatliche Auslieferungsschranken,[67] wie das Verbot der Auslieferung eigener Staatsangehöriger[68] sowie die Nichtauslieferung wegen drohender Verhängung und Vollstreckung der Todesstrafe.[69] Von größerer Bedeutung ist, daß weiterhin eine Auslieferung mit der Begründung abgelehnt werden kann, die Tat sei politisch motiviert gewesen und insofern liege ein politisches Delikt im Sinne des Auslieferungsrechts vor.[70]

3. Aufgabe des Übereinkommens zur Bekämpfung widerrechtlicher Handlungen gegen die Sicherheit der Zivilluftfahrt von 1971 (Übereinkommen von Montreal) ist es, in Verbindung mit dem Haager Übereinkommen die weltweite strafrechtliche Verfolgung von Gewalttaten gegen den zivilen Luftverkehr sicherzustellen.[71] Der Regelungsbereich dieses Übereinkommens erfaßt, mit Ausnahme der Luftfahrzeugentführungen eine Reihe von Gewalthandlungen gegen Zivilluftfahrzeuge, die geeignet sind, die Sicherheit von Personen und Gütern sowie den Betrieb des internationalen Luftverkehrs zu gefährden.[72]

Die Pflichten der Vertragsstaaten entsprechen denen des Haager Abkommens: Verpflichtung, die in Art. 1 Montrealer Übereinkommen genannten Taten, einschließlich der Teilnahmehandlungen, mit schwerer Strafe zu bedrohen und zur gesetzlichen Erweiterung der Strafgerichtsbarkeit, so daß auch die Taten ohne Inlandsbezug durch die nationalen Strafgerichte verfolgt werden können.[73] Die Verpflichtung zur Strafverfolgung gemäß Art. 7

[63] Die Jurisdiktion der Vertragstaaten ist dabei eine konkurrierende, vgl. *Agrawala*, Hijacking, 40. Zur Jurisdiktionsregelung im einzelnen vgl. *S. Shubber*, The International Convention Against the Taking of Hostages, BYIL 52 (1981), 205 (207 ff).

[64] Für eine generelle Verfolgungspflicht, unabhängig von einem konkreten Auslieferungsbegehren unter Berufung auf die Entstehungsgeschichte *Herzog*, Terrorismus, 235; *Stein*, ZaöRV 37 (1977), 668 (677).

[65] So auch *D. Oehler*, Internationales Strafrecht, 2. Aufl. 1983.

[66] Vgl. *Shubber*, ICLQ 22 (1973), 687 (717 ff).

[67] Gemäß Art. 8 Abs. 2 Haager Übereinkommen steht die Auslieferung unter dem Vorbehalt der „im Recht der ersuchten Staaten vorgesehenen Bedingungen".

[68] Z. B. Art. 16, Abs. 2 GG; § 2 Gesetz über die internationale Rechtshilfe bei Strafsachen.

[69] Art. 102 GG.

[70] *Hailbronner*, NJW 26 (1977), 1637; *Herzog*, Terrorismus, 232 f.

[71] *Mankiewicz*, AFDI 17 (1971), 855 (858).

[72] Hierunter fallen gewalttätige Handlungen gegen Personen an Bord eines Luftfahrzeugs, Zerstörung und Beschädigungen von im Einsatz befindlichen Luftfahrzeugen, das Verbringen von Sachen in das Luftfahrzeug, die geeignet sind, dieses zu zerstören oder zu beschädigen, die Beschädigung oder Betriebsbeeinträchtigung von Flugnavigationseinrichtungen und wissentlich unrichtige Angaben, vgl. dazu *Herzog*, Terrorismus, 244 f.

[73] Die Vertragsstaaten sind verpflichtet, die nationale

Montrealer Übereinkommen ist wortgleich mit Art. 7 Haager Übereinkommen formuliert. Auch dieses Abkommen folgt damit dem Grundsatz der stellvertretenden Strafrechtspflege.[74]

Die Regelungen des Montrealer Übereinkommens wurden durch das Protokoll zur Bekämpfung widerrechtlicher gewalttätiger Handlungen auf Flughäfen, die der internationalen Zivilluftfahrt dienen, von 1988 ergänzt.[75] Eine weitere Ergänzung des Rechts zur Bekämpfung von Luftfahrzeugentführungen findet sich in dem Abkommen zwischen den Vereinigten Staaten und Kuba zur Bekämpfung von Flugzeug- und Schiffsentführungen vom 15. 2. 1973.[76] Im Vergleich zum Haager bzw. dem Montrealer Übereinkommen erweitert es den Grundsatz *aut dedere aut iudicare*.

Ein wesentliches Problem für eine effektive Bekämpfung von Luftfahrzeugentführungen liegt darin, daß nicht alle Staaten dem Haager und dem Montrealer Übereinkommen beigetreten sind.[77] Dies hat die Teilnehmerstaaten des Weltwirtschaftsgipfels von 1978 in Bonn dazu veranlaßt, sich zu verpflichten, ein Land, das sich bei Akten des internationalen Terrorismus völkerrechtswidrig verhält, mit einem Luftfahrtboykott zu belegen (Bonner Erklärung vom 17. 7. 1978).[78] Die Bonner Erklärung wurde 1987 auf einer Sitzung des Weltwirtschaftsgipfels in Venedig erweitert (Erklärung von Venedig vom 9. 6. 1987).[79]

4. Das universelle Übereinkommen zum Schutze von Diplomaten (Übereinkommen über die Verhütung, Verfolgung und Bestrafung von Straftaten gegen völkerrechtlich geschützte Personen einschließlich Diplomaten von 1973 (Diplomatenschutzkonvention))[80] stellt nach den Konventionen zum Schutze des Luftverkehrs einen weiteren Fall eines Abkommens zur Bekämpfung internationalen terroristischen Verhaltens dar. Zwischen beiden Abkommenstypen besteht eine weitgehende Identität.

Von der Diplomatenschutzkonvention werden vorsätzliche Angriffe auf die Person oder Freiheit[81] sowie gewaltsame Angriffe auf die Diensträume, die Privatwohnung oder die Beförderungsmittel dieser Personen erfaßt, die geeignet sind, die Person oder deren Freiheit zu gefährden.[82] Die Bedrohung mit einem solchen Angriff, dessen Versuch und Teilnah-

---

Strafgewalt zu erstrecken auf: Inlandstaten (Territorialitätsprinzip, dies ist eine Erweiterung gegenüber dem Haager Abkommen); Taten auf oder an Bord von im Inland eingetragenen Luftfahrzeugen (Prinzip des Eintragungs- bzw. Flaggenstaates); Taten an Bord von Luftfahrzeugen, die mit dem Verdächtigen im eigenen Hoheitsgebiet landen (Landesstaatsprinzip); Taten auf und in einem vermieteten Luftfahrzeug, dessen Halter im Inland einen ständigen Sitz oder Aufenthalt hat (Halterprinzip). Zum ganzen vgl. *Mankiewicz*, AFDI 17 (1971), 855 (866 ff). Die Strafrechtsgewalt muß auch die Fälle erfassen, wo sich der Verdächtige im eigenen Staatsgebiet aufhält, aber nicht ausgeliefert wird. Hiervon werden jedoch nur die besonders schweren strafbaren Handlungen nach Art. 1 Abs. 1 lit. a, b und c Montrealer Abkommen erfaßt. Die Beschädigung oder Betriebsbeeinträchtigung von Flugnavigationseinrichtungen sowie wissentlich unrichtige Angaben werden damit nicht dem Grundsatz *aut dedere aut iudicare* unterstellt.

[74] So auch *Oehler* (Anm. 66).

[75] ICAO Doc. 9518; vgl. hierzu GA Res. 2551 (XXIV) vom 12. 12. 1969 und GA Res. 2645 (XXV) vom 25. 11. 1970.

[76] Text: ILM 12 (1973), 370 ff; vgl. hierzu *Hailbronner*, NJW 26 (1973), 1636 (1638 ff).

[77] *Kirby/Thomas*, ICLQ 22 (1973), 163 (170 f).

[78] Bulletin der Bundesregierung Nr. 80 vom 19. 7. 1978, 766; ILM 17 (1978), 1285; vgl. dazu *Oppermann*, in: FS Schlochauer, 511 ff.

[79] Bulletin der Bundesregierung Nr. 58 vom 12. 6. 1987, 510.

[80] Anm. 2.

[81] Im einzelnen genannt werden Mord, Geiselnahme oder sonstige Angriffe, wobei diese „sonstigen Angriffe" in ihrer Schwere den vorgenannten Delikten entsprechen müssen, vgl. dazu *Wood*, ICLQ 23 (1974), 791 (802).

[82] Art. 2 Diplomatenschutzkonvention. Art. 1 der Diplomatenschutzkonvention nennt als international geschützte Personen, Staatsoberhäupter, Regierungschefs und Außenminister sowie deren Familienmitglieder, soweit sie sich im Ausland aufhalten, außerdem jeder Repräsentanten einer internationalen Organisation oder eines Staates und deren Familienangehörige, soweit sie nach Völkerrecht Anspruch auf Schutz genießen. Vgl. dazu *Wood*, ICLQ 23 (1974), 791 (799 ff); *Lacoste*, Terrorismuskonvention, 101; *Herzog*, Terrorismus, 321 f; ferner *Bloomfield/Fitzgerald*, Crimes, 58 ff.

mehandlungen gehören ebenfalls zu den Delikten, die unter die Diplomatenschutzkonvention fallen. Der Vorsatz muß die Kenntnis einschließen, daß die angegriffene Person dem geschützten Personenkreis des Übereinkommens angehört.[83]

Gemäß Art. 2 Abs. 1 und 2 Diplomatenschutzkonvention hat jeder Vertragsstaat die genannten Taten nach innerstaatlichem Recht mit angemessenen Strafen zu bedrohen, welche die Schwere der Tat berücksichtigen. Dabei müssen die nationalen Strafgesetze sich auf Taten erstrecken, die auf dem Gebiet des Staates oder an Bord eines Schiffes bzw. Luftfahrzeugs, das in diesem Staat registriert ist, begangen wurden. Weitere vorgesehene Anknüpfungen für die Ausübung der Strafgewalt sind das aktive und passive Personalitätsprinzip sowie der Fall, daß der Verdächtige nicht ausgeliefert wird.[84] Damit folgt die Dipomatenschutzkonvention dem Vorbild der bereits angesprochenen Luftverkehrskonventionen. Das gleiche gilt auch hinsichtlich der Auslieferung. Die VN-Diplomatenschutzkonvention normiert den Grundsatz *aut dedere aut iudicare,*[85] enthält aber über Art. 7 hinaus keine allgemeine Strafverfolgungspflicht. Eine Verweigerung der Auslieferung mit dem Hinweis, es liege ein politisches Delikt vor, ist möglich.[86] Insofern folgt auch dieses Übereinkommen dem Prinzip der stellvertretenden Strafrechtspflege.

Nach Art. 6 des Diplomatenschutzabkommens muß der Staat ähnlich wie in Art. 6 der Abkommen von Den Haag und Montreal bei einem Verdächtigen, der sich auf seinem Staatsgebiet aufhält, sicherstellen, daß dieser für eine Strafverfolgung oder Auslieferung zur Verfügung steht. Diese Maßnahmen müssen dem Staat notifiziert werden, auf dessen Gebiet die Straftat begangen worden ist. Welche Maßnahmen konkret zu ergreifen sind, bestimmt sich nach nationalem Recht; in Betracht käme Untersuchungshaft.

5. a. Die Internationale Konvention gegen Geiselnahme von 1979[87] ist den bereits angesprochenen Abkommen gegen internationalen Terrorismus nachgebildet.

Sie ist auf Initiative der Bundesrepublik Deutschland zustandegekommen. Auslöser waren Anschläge deutscher Terroristen im Jahr 1975, wie z. B. die Geiselnahme in der Deutschen Botschaft in Stockholm am 24. 4. 1975.[88] Auf der Basis eines deutschen Vorentwurfs[89] erzielte der eignes dafür eingesetzte *ad hoc* Ausschuß der Generalversammlung eine Einigung über den Entwurf einer Konvention gegen Geiselnahme.[90] Dieser wurde auf der 34. Generalversammlung der Vereinten Nationen im Konsens angenommen.[91]

Das Delikt der Geiselnahme umfaßt nach der Konvention zwei Elemente, den der Freiheitsberaubung und den der Nötigung. Gemäß Art. 1 begeht die Straftat der Geiselnahme, wer eine andere Person in seine Gewalt bringt oder in seiner Gewalt hält und mit dem Tod, mit Körperverletzung oder mit der Fortdauer der Freiheitsentziehung für diese Person droht, um einen Dritten (Staat, internationale Organisation, natürliche oder juristische Person oder

[83] *Wood*, ICLQ 23 (1974), 791 (803).

[84] Vgl. Art. 3 der Konvention und hierzu *Bloomfield/Fitzgerald,* Crimes, 84 ff.

[85] Art. 7 und 8 VN-Diplomatenschutzkonvention; zu den Unterschieden der Konvention gegenüber den Abkommen von Den Haag und Montreal vgl. *Bloomfield/Fitzgerald*, Crimes, 95 ff.

[86] Die Bedeutung der VN-Diplomatenschutzkonvention wird durch die Resolution der Generalversammlung (GA Res. 3166 (XXVIII) vom 14. 12. 1973 etwas relativiert; danach wird das legitime Recht auf Selbstbestimmung und Unabhängigkeit durch die gegen Kolonialismus, Fremdherrschaft, ausländische Besatzung, rassische Diskriminierung und Apartheid kämpfenden Völker von dieser Konvention nicht berührt.

[87] Anm. 2.

[88] Vgl. Antrag des deutschen Außenministers zur Ergänzung der Tagesordnung der 31. Generalversammlung der Vereinten Nationen um den Tagesordnungspunkt „Entwurf eines Internationalen Abkommens gegen Geiselnahme", UN Doc. A/31/242 Annex, 1.

[89] *Draft Convention Against the Taking of Hostages*, UN Doc. A/AC 188/L.3 (GAOR 32nd Session Supp. 39 (UN Doc.A/32/39) (1977)), 106.

[90] Hinsichtlich des Verlaufs der Beratungen *Shubber*, BYIL 52 (1981), 205 ff (206 ff), sowie vor allem *Lambert*, Terrorism, 57 ff.

[91] GA Res. 34/146 vom 17. 12. 1979.

eine Gruppe von Personen) zu einem Tun oder Unterlassen als ausdrückliche oder stillschweigende Voraussetzung für die Freigabe der Geisel zu nötigen.[92] Auch Versuch und Beihilfe werden erfaßt.[93] Gemäß Art. 13 ist das Abkommen allerdings nicht anwendbar, wenn die Tat innerhalb eines Staates begangen wird, die Geisel und der Verdächtige Angehörige dieses Staates sind und der Verdächtige im Hoheitsgebiet dieses Staates aufgefunden wird. Diesen Fällen fehlt der internationale Bezug, der eine internationale Regelung rechtfertigt.

Art. 2 der Konvention gegen Geiselnahme verpflichtet die Vertragsstaaten, Geiselnahmen „mit angemessenen Strafen, welche die Schwere der Tat berücksichtigen, zu bedrohen". Dies entspricht den sich aus der VN-Diplomatenschutzkonvention und den Haager bzw. Montrealer Übereinkommen ergebenden Pflichten. Notwendig ist die Schaffung eines Straftatbestandes,[94] der sich auf Taten erstreckt, die auf dem Gebiet des Staates oder an Bord eines Schiffes bzw. Luftfahrzeuges, welches in diesem Staat registriert ist, begangen wurden. Weitere vorgesehene Anknüpfungspunkte für die Ausübung der Strafgewalt sind das aktive Personalitätsprinzip, das Schutzprinzip und das passive Personalitätsprinzip.[95] Fast wortgleich mit Art. 7 der Haager und Montrealer Übereinkommen sowie Art. 10 Übereinkommen zur Bekämpfung widerrechtlicher Handlungen gegen die Seeschiffahrt[96] normiert die Konvention gegen Geiselnahme das Prinzip *aut dedere aut iudicare*[97] und verwirklicht damit, wie die vorgenannten Abkommen, den Grundsatz der stellvertretenden Strafrechtspflege. Dieses Übereinkommen folgt Art. 6 des Diplomatenschutzabkommens, indem es die Vertragsstaaten verpflichtet, sicherzustellen, daß Verdächtige für eine Strafverfolgung oder Auslieferung zur Verfügung stehen.

b. Ähnlich wie die bislang behandelten Abkommen enthält die Konvention gegen Geiselnahme Regelungen über die Beseitigung bestimmter Auslieferungshindernisse,[98] beschreibt aber auch Auslieferungsschranken. Gemäß Art. 9 ist die Auslieferung ausgeschlossen, wenn der um die Auslieferung ersuchte Vertragsstaat ernstliche Gründe zu der Annahme hat, daß das Auslieferungsersuchen gestellt worden ist, um die auszuliefernde Person wegen ihrer Rasse, ihrer Religion, ihrer Staatsangehörigkeit, ihrer ethnischen Herkunft oder ihrer politischen Anschauungen zu verfolgen oder zu bestrafen. Das gleiche gilt, wenn durch die Auslieferung die Möglichkeit, diplomatischen Schutz durch seinen Heimatstaat zu erlangen, nicht mehr möglich ist. Diese Bestimmung ist an den Wortlaut von Art. 5 Europäisches Übereinkommen zur Bekämpfung des Terrorismus angelehnt, der seinerseits Art. 3 Abs. 2 Europäisches Auslieferungsübereinkommen nachgebildet ist.[99]

c. Eine Sonderregelung enthält schließlich Art. 12 für den Fall eines bewaffneten Konflikts, sofern die Genfer Konventionen von 1949 oder deren Zusatzprotokolle anwendbar sind. Zur Vermeidung kollidierender Pflichten sieht Art. 12 vor, daß die Anwendung der Internationalen Konvention gegen Geiselnahme ausgeschlossen ist, wenn nach den genannten

---

[92] Vgl. zu der Frage einer möglichen Privilegierung von Befreiungsbewegungen *Lambert*, Terrorism, 78 f; *Herzog*, Terrorismus, 350 f; *Verwey*, AJIL 75 (1981), 69 ff (74 f).

[93] Art. 1 Abs. 2 Übereinkommen gegen Geiselnahme, Anm.2.

[94] Nach *Herzog*, Terrorismus, 357 f ist es zweifelhaft, ob §§ 239 lit. a und b StGB den völkerrechtlichen Tatbestand der Geiselnahme inhaltlich voll erfassen.

[95] Vgl. *Shubber*, BYIL 52 (1981), 205 ff (219)f; *Verwey*, AJIL 75 (1981), 89 f.

[96] BGBl. 1990 II, 494 ff.

[97] Art. 8; vgl. dazu *Lambert*, Terrorism, 193 ff; er vertritt (196 f), mit Rücksicht auf die Entstehungsgeschichte und im Vergleich zu dem Europäischen Übereinkommen zur Bekämpfung von Terrorismus (Anm. 6), den Standpunkt, daß auch ohne konkretes Auslieferungsersuchen eine Verfolgungspflicht besteht.

[98] Art. 10, wonach die Geiselnahme als in den Katalog auslieferungsfähiger Delikte von Auslieferungsverträgen als aufgenommen gilt; vgl. dazu *Lambert*, Terrorism, 229 f.

[99] Vgl. dazu *Herzog*, Terrorismus, 361; *Lambert*, Terrorism, 215 f.

Verträgen des humanitären Kriegsvölkerrechts die Pflicht besteht, eine im Verlaufe des bewaffneten Konflikts erfolgte Geiselnahme strafrechtlich zu verfolgen oder die Geiselnehmer auszuliefern.

6. Schließlich ist das Internationale Übereinkommen zur Bekämpfung terroristischer Bombenanschläge[100] *(Bombing Convention)* zu nennen. Dieses Übereinkommen ist deutlich auf das Internationale Übereinkommen zur Bekämpfung der Finanzierung des Terrorismus[101] abgestimmt. Beide Abkommen enthalten teilweise wortgleiche oder zumindest inhaltsgleiche Verpflichtungen.
Nach der *Bombing Convention* sind die Vertragsstaaten verpflichtet, Bombenanschläge, deren Ziel es ist, Tod oder schwere Körperverletzungen zu verursachen bzw. schwere Sachschäden zu verursachen unter Strafe zu stellen. Ausdrücklich ausgeschlossen wird die politische, religiöse, ideologische, ethnische oder andere Rechtfertigung derartiger Gewalttaten. Als Anknüpfungspunkte für eine nationalstaatliche Strafverfolgung werden das Territorialitätsprinzip und das aktive Personalitätsprinzip genannt.[102] Die Schaffung dieser Anknüpfungspunkte für eine strafrechtliche Verfolgung ist verpflichtend; dies gilt auch für Straftaten, die auf einem Schiff oder in einem Flugzeug begangen wurden, die in diesem Staat registriert sind. Hinsichtlich der Einführung des passiven Personalitätsprinzips sowie des Schutzprinzips haben die Staaten ein Ermessen. Auch für diese Konvention gilt der Grundsatz *aut dedere aut iudicare.*[103] Schließlich verpflichtet die Konvention, im Einklang mit der Diplomatenschutzkonvention, die Staaten, Verdächtige festzuhalten, damit eine strafrechtliche Verfolgung oder Auslieferung bzw. entsprechende Untersuchungen möglich sind.[104] Die in Art. 2 der Konvention genannten Tathandlungen ermöglichen eine Auslieferung des Täters. Insofern nimmt die Konvention für sich in Anspruch, existierende Auslieferungsverträge zu interpretieren. Insgesamt liegt der deutliche Schwerpunkt dieser Konvention in einer Verstärkung der Ausliegerungspflichten.

7. Die Abkommen vom Haager Abkommen bis zur *Bombing Convention* verwirklichen alle den Grundsatz der stellvertretenden Strafrechtspflege. Allerdings führen sie einen neuen Gesichtspunkt gegenüber diesem tradierten Konzept[105] ein, indem sie die Staaten verpflichten, bestimmte Taten unter Strafe zu stellen. Damit steht das Unwerturteil der Staatengemeinschaft über diese Straftaten fest; die Verfolgung liegt allerdings bei der nationalen Strafgewalt. Insofern kann man nicht sagen, daß die Verfolgung der Taten durch einen Staat die Verfolgungsinteressen eines konkreten anderen Staates wahrnimmt. Dies trifft zu, wenn ein Staat verfolgt, weil er nicht ausliefert. Als Ganzes gesehen wird aber mit der strafrechtlichen Verfolgung durch nationale Behörden und Gerichte, ein Strafverfolgungsinteresse der Staatengemeinschaft verwirklicht. Eine Annäherung an das Weltrechtsprinzip ist unübersehbar.[106]

IV. 1. Wie bereits angesprochen folgen Abkommen, wie das Europäische Übereinkommen zur Bekämpfung des Terrorismus zwischen den Mitgliedstaaten des Europarates von 1977,[107] einem anderen Ansatz, indem sie primär nicht die Verpflichtung zur Bestrafung, sondern die Auslieferung behandeln. Damit steht – wenn auch nicht absolut – die Strafverfolgungskompetenz des Staates im Vordergrund, der eine strafrechtliche Verfolgung auf der Basis des Territorialitätsprinzips (bzw. durch den Registerstaat bei Schiffen oder Flugzeugen) oder des aktiven oder passiven Personalitätsprinzips aufnehmen kann. Daneben sind zu nennen die im Rahmen der OAS erarbeitete *Convention to Prevent and Punish the*

---

[100] Anm. 2; vgl. dazu *Witten*, AJIL 92 (1998), 774 ff.
[101] Anm. 2.
[102] Vgl. Art. 6 der Konvention.
[103] Art. 6 Abs. 4 i.V.m. Art. 8 der Konvention.
[104] Art. 7 der Konvention.
[105] § 190.
[106] § 190.
[107] Anm. 6, vgl. dazu *Stein*, ZaöRV 37 (1977), 668 ff.

Acts of Terrorism Taking the Forms of Crimes against Persons and Related Extortion that are of International Significance von 1971[108], das Übereinkommen über die Anwendung des Europäischen Übereinkommens zur Bekämpfung des Terrorismus zwischen den Mitgliedstaaten der Europäischen Gemeinschaften von 1979[109], die *South Asian Association for Regional Cooperation (SAARC) Regional Convention on the Suppression of Terrorism* von 1987[110], die *Arab Convention on the Suppression of Terrorism* von 1998, die *Convention of the Organization of the Islamic Conference on Combating International Terrorism* von 1999, die *OAU Convention on the Prevention and Combating of Terrorism* von 1999 sowie *Treaty on Cooperation among States Members of the Commonwealth of Independent States in Combating Terrorism* von 1999.

2. a. Besondere Bedeutung kommt in diesem Kontext dem im Rahmen des Europarates geschlossenen Europäischen Übereinkommen zur Bekämpfung des Terrorismus von 1977[111] zu, das dazu dient, wirksamere Maßnahmen zum Schutz gegen Terrorismus zu schaffen, als dies auf universeller Ebene möglich war.[112] Es beschränkt sich auf auslieferungs- und rechtshilferechtliche Bestimmungen zur verbesserten Verfolgung terroristischer Akte und enthält keine konkreten inhaltlichen Bestimmungen zur internationalen Bekämpfung des Terrorismus. Ziel des Europäischen Übereinkommens ist es zu verhindern, daß Urheber terroristischer Gewaltakte sich unter Berufung auf politische Beweggründe der Auslieferung und der Strafverfolgung entziehen können.[113] Dementsprechend liegt das Schwergewicht der Konvention auf den auslieferungsrechtlichen Regelungen. Diese modifizieren bereits bestehende Auslieferungsverträge dahingehend, daß bestimmte Straftaten, die terroristische Gewaltakte darstellen, als „nicht-politisch" fingiert und damit als auslieferungsfähig qualifiziert werden.[114] Darunter fallen gemäß Art. 1 Straftaten im Sinne des Haager Übereinkommens zur Bekämpfung der widerrechtlichen Inbesitznahme von Luftfahrzeugen und des Montrealer Übereinkommens zur Bekämpfung widerrechtlicher Handlungen gegen die Sicherheit der Zivilluftfahrt, bestimmte schwerwiegende Straftaten im Sinne der VN-Diplomatenschutzkonvention, Entführungen, Geiselnahmen und schwere widerrechtliche Freiheitsberaubung sowie Straftaten, bei der Sprengstoffe verwendet und Personen gefährdet wurden. Allerdings besteht keine Pflicht zur Auslieferung, wenn die Befürchtung besteht, das Auslieferungsersuchen sei nur gestellt, um die auszuliefernde Person wegen ihrer Rasse, Religion, Staatsangehörigkeit oder politischen Anschauung zu verfolgen oder zu bestrafen bzw. die Lage dieser Person aus diesen Gründen zu erschweren. Für den Fall der Nichtauslieferung verpflichtet Art. 7 die Vertragsstaaten zur Strafverfolgung. Dies gilt auch für den Fall, daß ein Vertragsstaat nicht an sonstige Rechtshilfe- oder Auslieferungsverträge gebunden ist.[115] Ein Defizit liegt darin, daß die Verpflichtung zur Verfolgung ausdrücklich nur dann besteht, wenn ein konkretes Auslieferungsersuchen gestellt wurde.[116]

b. Eine wesentliche Schwäche des Übereinkommen liegt auch darin, daß eine Vielzahl von Vertragsstaaten von der Möglichkeit Gebrauch gemacht haben, gem. Art. 13 Abs. 1 einen

---

[108] ILM 10 (1971), 255.

[109] „Übereinkommen über die Anwendung des Europäischen Übereinkommens zur Bekämpfung des Terrorismus zwischen den Mitgliedstaaten der EG, Dublin, 4. 12. 1979 mit Bezug auf die Terrorismus-Konvention des Europarates von Straßburg, Misc. 5 (1980), Cmnd. 7823; ILM 19 (1980), 325; vgl. dazu *Bartsch*, NJW 30 (1977), 1985 ff sowie *Stein*, ZaöRV 40 (1980), 312 ff.

[110] EA 45 (1990), D 30 ff.

[111] Vgl. Art. 6 und 7.

[112] Vgl. dazu *C. Gueydan*, Cooperation between Member States of the European Community in the Fight against Terrorism, in: *Higgins/Flory* (eds.), 97 (100).

[113] Vgl. dazu *Stein*, Auslieferungsausnahme, 146.

[114] Art. 1 und 2; vgl. dazu *C. H. Pyle*, The Political Offense Exception, in: *Bassiouni* (ed.), Legal Responses, 181–202; *Stein*, Auslieferungsausnahme, 146 f.

[115] Vgl. dazu *Stein*, ZaöRV 37 (1977), 668 (670 und 678 f).

[116] Vgl. dazu Art. 6 Abs. 1; *Herzog*, Terrorismus, 399 f.

Vorbehalt zu der zentralen Vorschrift des Art. 1 zu erklären.[117] Diese haben sich vorbehalten, die Auslieferung für die in Art. 1 genannten Staftaten unter Berufung auf deren politischen Charakter – entgegen der Zielsetzung des Übereinkommens – zu verweigern. Dem ist entgegenzuhalten, daß eine Straftat nicht mehr für sich in Anspruch nehmen kann, politischer Natur zu sein, wenn die ergriffenen Maßnahmen wegen ihrer Gemeingefährlichkeit außer Verhältnis zu dem angestrebten Ziel stehen oder Leben oder Gesundheit Unbeteiligter gezielt gefährdet werden.[118] Gerade auf diesem Grundgedanken beruhen aber alle Abkommen zur Bekämpfung des Terrorismus. Insofern verstoßen diese Vorbehalte gegen Ziel und Zweck der Maßnahmen der internationalen Bekämpfung des Terrorismus.

c. Um dieser Entwicklung entgegenzuwirken und die uneingeschränkte Geltung des Europäische Übereinkommen zur Bekämpfung des Terrorismus zumindest für den Bereich der Europäischen Gemeinschaften zu sichern, unterzeichneten deren Mitgliedstaaten 1979 das Übereinkommen über die Anwendung des Europäischen Übereinkommens zur Bekämpfung des Terrorismus zwischen den Mitgliedstaaten der Europäischen Gemeinschaften.[119] Dieses Übereinkommen enthält keine materiellen Bestimmungen für die Auslieferung oder Strafverfolgung, sondern verweist insoweit auf die Bestimmungen des Europaratsabkommens. Dadurch wurde die Geltung des Europäischen Übereinkommens auch auf Staaten erstreckt, die diesem bisher nicht beigetreten waren. Außerdem wurde den Staaten, die einen Vorbehalt zum Europäischen Übereinkommen erklärt hatten, die Gelegenheit gegeben, auf diesen im Verhältnis zu den EG-Mitgliedstaaten zu verzichten. Allerdings wurden auch unter diesem Abkommen vergleichbare Vorbehalte erklärt.[120] Letztlich ist eine effektive Bekämpfung des Terrorismus in Europa nur durch eine verstärkte institutionell abgesicherte europäische Kooperation möglich.[121]

3. Die OAS-Diplomatenschutzkonvention[122] paßt nicht vollständig in das hier vertretene Schema, aber auch sie konzentriert sich auf eine Vereinfachung der Auslieferung. Die OAS-Diplomatenschutzkonvention erfaßt terroristische Akte, insbesondere Entführungen, Ermordung und andere Angriffe gegen das Leben oder die physische Integrität von völkerrechtlich geschützten Personen ebenso wie im Zusammenhang damit begangene Erpressungen.[123] Die OAS-Diplomatenschutzkonvention enthält keine eigene Definition des geschützten Personenkreises, sondern verweist insoweit auf geltendes Völkerrecht *(„persons to whom the state has the duty according to international law to give special protection“)*.[124] Art. 8 lit. d OAS-Diplomatenschutzkonvention verpflichtet die Vertragsstaaten, die von dem Übereinkommen erfaßten Delikte in das nationale Strafrecht zu inkorporieren, soweit dies nicht bereits geschehen ist. Im übrigen konzentriert sie sich auf den Komplex der Auslieferung. Danach sind Personen, die der genannten Taten angeklagt oder ihretwegen verurteilt worden sind, an andere Staaten auslieferungsfähig, selbst wenn kein entsprechender Auslieferungsvertrag besteht.[125] Auch wenn diese Delikte gemäß Art. 2 OAS-Diplomatenschutzkonvention als *„common crimes of international significance, regardless of motive“*, bezeichnet werden,[126] kann gegenüber einem Auslieferungsbegehren der Ein-

---

[117] Kritisch dazu auch *Gueydan*, Anm. 112, 100 f.

[118] Kritisch *R. de Gouttes*, De l'espace judiciaire pénal européen à l'espace judiciaire pénal pan-européen, Mélanges Lavasseur, 1992, 9; *Gueydan*, Anm. 112, 101.

[119] ILM 19 (1980), 325 f; Bulletin der Europäischen Gemeinschaften, Kommission, 12/1979, 102; vgl. dazu *Stein*, Auslieferungsausnahme, 153.

[120] Text in: *Higgins/Flory* (eds.), 310 ff.

[121] Vgl. dazu im einzelnen *Gueydan* (Anm. 112), 107 ff.

[122] UNTS 1438, 191; ILM 10 (1971), 255; vgl. dazu *Brach*, Colum.J. Transnat'lL.10 (1971), 392 ff.

[123] Der Katalog ist nicht abschließend; er erfaßt nicht Teilnahmehandlungen und unterscheidet sich damit von den Regelungen der Haager und Montrealer Übereinkommen.

[124] Art. 1 OAS-Diplomatenschutzkonvention.

[125] Art. 3 OAS-Diplomatenschutzkonvention.

[126] Art. 2 OAS-Diplomatenschutzkonvention.

wand gemacht werden, es handele sich um eine politische Straftat. Dies ergibt sich daraus, daß das Recht auf Asyl ausdrücklich gewahrt bleibt.[127] Die OAS-Diplomatenschutzkonvention enthält keine Regelung dafür, nach welchen Anknüpfungskriterien ein Vertragsstaat seine Strafgerichtsgewalt einsetzen kann oder einsetzen muß. Für den Fall, daß keine Auslieferung stattfindet, begründet Art. 5 die Pflicht zur Strafverfolgung.

4. Insgesamt haben sich die Übereinkommen, die vor allem die Auslieferung erleichtern sollen, als nur begrenzt effektiv erwiesen. Die Erfahrungen mit dem Europäischen Übereinkommen zur Bekämpfung des Terrorismus belegen dies deutlich.

V. 1. Die im folgenden zu behandelnden internationalen Übereinkommen dienen der Prävention von terroristischen Aktivitäten. Da sie aber auch Straftatbestände formulieren, ist es vertretbar, sie in diesem Kontext zu behandeln.

2. Das Internationale Übereinkommen zur Bekämpfung der Finanzierung des Terrorismus[128] ergänzt die vorgenannten Konventionen, indem sie die Finanzierung von terroristischen Aktivitäten zu einem strafbaren Delikt erklärt.[129] Was als terroristische Aktivität anzusehen ist, bestimmt sich nach den darin im einzelnen benannten universellen (nicht regionalen) Übereinkommen gegen Terrorismus.[130] Dabei wird mit der Finanzierung sowohl die Geldsammlung als auch die Finanzierung selbst verstanden.[131] Die entsprechenden Gelder sind zu beschlagnahmen. Wie diese Gelder identifiziert werden, bestimmt die nationale Rechtsordnung.[132] Die Gelder sollen auch dazu verwandt werden, Opfer zu entschädigen. Eine vergleichbare Regelung wie unter der *Bombing Convention* hat die Verpflichtung der Staaten erfahren, ihre Strafgesetze entsprechend anzupassen. Die Einführung des Territorialitätsprinzips und des aktiven Personalitätsprinzips sind verpflichtend.[133] Dies gilt auch für die Verfolgung von Straftaten an Bord von Schiffen oder Flugzeugen durch den Registrierstaat. Daneben enthält das Übereinkommen umfangreiche Regelungen zur Ermöglichung der Auslieferung.[134] Eine besondere Ausgestaltung erfährt die zwischenstaatliche Kooperation zur Prävention, zu der die Vertragsstaaten sich verpflichten.[135] Das Neue an dieser Konvention liegt darin, daß sie neben den Mitteln des Strafrechts auch das Verwaltungsrecht zum Kampf gegen den Terrorismus einsetzt.

3. Das Übereinkommen über den physischen Schutz von Kernmaterial[136] ist in ihren Grundzügen der Konvention zur Bekämpfung der Finanzierung von Terrorismus nicht unähnlich. Verboten wird die Aneignung, Besitz oder Erwerb nuklearen Materials, wobei die Aneignungstatbestände im einzelnen ausformuliert werden.[137] Die Staaten sind verpflichtet, die Möglichkeit der Strafverfolgung dieser Delikte auf der Basis des Territorialitätsprinzips bzw. des aktiven Personalitätsprinzips sicherzustellen.[138] Verdächtige sollen festgehalten werden,[139] um eine Strafverfolgung oder Auslieferung zu gewährleisten.[140] Dies folgt dem Beispiel des Diplomatenschutzabkommens.

4. Die Besonderheit der beiden hier angesprochenen Abkommen liegt darin, daß sie die Verpflichtungen der Staaten, wie sie die Diplomatenschutzkonvention und die Konvention

[127] *Stein*, Die Auslieferungsausnahme, 145.
[128] Anm. 2, Inkrafttreten am 2. 4. 2002.
[129] Art. 2 i.V.m. Art. 4 des Übereinkommens.
[130] Vgl. Anm. 2.
[131] Vgl. dazu *Lavalle*, ZaöRV 60 (2000), 491 (498).
[132] Art. 8 der Konvention.
[133] Art. 7 des Übereinkommens.
[134] Art. 11–15 des Übereinkommens.
[135] Art. 18 des Übereinkommens.
[136] Anm. 4.
[137] Art. 7 des Abkommens.
[138] Eingeschlossen ist die Verfolgung durch den Registrierstaat.
[139] Art. 9 des Übereinkommens.
[140] Art. 10 des Abkommens.

gegen Geiselnahme formulieren, auf Vorbereitungshandlungen erstrecken. Damit wird die Strafverfolgung im Interesse einer effektiveren Terrorismusbekämpfung vorverlagert.

VI. 1. Insgesamt belegen die über die Jahre erarbeiteten internationalen Übereinkommen, daß die Staatengemeinschaft Terroranschläge als Mittel zur Erreichung von politischen oder anderen Zielen ablehnt. Allerdings haben die Anschläge vom 11. 9. 2001 deutlich werden lassen, daß die bisherigen Anstrengungen nicht ausreichen, um Terroranschläge zu verhindern und die Bildung terroristischer Netzwerke auszuschließen.

Das internationale Strafrecht zur Verfolgung terroristischer Handlungen ist in mehrfacher Hinsicht defizitär. Die bisher vorliegenden Abkommen beschränken sich darauf, bestimmte terroristische Handlungen als kriminell zu verurteilen, dagegen fehlt – vergleichbar dem Gewaltverbot von Art. 2 Ziff. 4 VN-Charta – ein allgemeines Verbot zur Durchsetzung politischer Ziele durch Gewaltakte gegen unbestimmte Personen bzw. unbeteiligte Personen. Aber noch nicht einmal der bisher verfolgte sektorale Ansatz erfaßt alle möglichen territoristischen Handlungsformen. Zwar wird der Versuch unternommen, Terroristen den Zugang zu nuklearem Material zu versperren, vergleichbare Abkommen in bezug auf biologische und chemische Waffen fehlen jedoch.

Als unzureichend hat sich in der Praxis erwiesen, daß die Abkommen zur Bekämpfung des Terrorismus sich auf nationale Strafverfolgung und Auslieferung beschränken. Solange Staaten noch – aus welchen Gründen auch immer – Terroristen als Zuflucht oder Basis für Operationen dienen, ist über das tradierte Mittel des *aut dedere aut iudicare* allein eine effektive Bekämpfung des Terrorismus nicht möglich. Entscheidend wäre es daher, die Verpflichtung der Staaten, Terroristen nicht zu unterstützen, international – nicht unilateral – zu verstärken. Dies gilt ebenso für die Verpflichtung, nicht von staatlicher Seite terroristische Aktivität durchzuführen.[141] Abgesehen von den dem Sicherheitsrat zur Verfügung stehenden Mitteln kann staatlicher Unterstützung terroristischer Aktivitäten nach geltendem Völkerrecht, wenn nicht die Schwelle zur bewaffneten Gewalt überschritten wird,[142] nur mit Mitteln der Staatenverantwortlichkeit und mit politischen Mitteln begegnet werden. Der Nachweis einer entsprechenden Komplizenschaft, so daß die Handlungen von Terroristen dem Staat zugeordnet werden können, von dessen Territorium aus sie operieren, wird im Regelfall schwer zu erbringen sein.[143] Dies ist unabhängig davon, daß bereits die Deklaration der Generalversammlung über freundschaftliche Beziehungen und Zusammenarbeit der Staaten[144] eine Unterstützung von Terroraktivitäten in oder gegen einen anderen Staat als völkerrechtswidrig verbietet. Entscheidend wird es sein, internationalen Terrorismus als Mittel zur Durchsetzung von politischen Zielen völkerrechtlich generell zu verbieten und Staaten zu einer entsprechenden Kooperation zu verpflichten. Nur in einem derartigen Kontext wird das internationale Strafrecht einen substantiellen Beitrag zur Bekämpfung des Terrorismus leisten können. Zu denken ist auch an die bisher gescheiterte Aufnahme von Terrorismus in das Rom Statut zwecks Ausdehnung der Strafkompetenz des Internationalen Strafgerichtshofs auf terroristische Akte.

2. Eine Reihe von Staaten hat inzwischen Antiterrorgesetze verabschiedet.

So hat der Deutsche Bundestag in unmittelbarer Reaktion auf die Anschläge vom 11. September 2001 am 9. November 2001 zunächst das sog. Erste Anti-Terror-Paket verabschiedet, das im

---

[141] Vgl. zum Staatsterrorismus *A. C. Brown* (Anm. 36), 140.

[142] Judgment, *Case Concerning Military and Paramilitary Activities in and Against Nicaragua (Merits) (Nicaragua v. United States)*, ICJ Reports 1986, 14, para. 195.

[143] Vgl. dazu *A. C. Brown* (Anm.36), 145; *Sucharitkul*, Syracuse Journal of International and Comparative Law 14 (1987), 141 (257).

[144] GA Res. 2625 (XXV) vom 24. 10. 1970.

Wesentlichen aus der Aufhebung des Religionsprivileges im Vereinsrecht sowie der Ausweitung der Straftatbestände der Bildung einer kriminellen oder terroristischen Vereinigung (§§ 129, 129a StGB) auf ausländische Organisationen besteht.[145] Umfangreiche Gesetzesänderungen wurden dann mit dem Gesetz zur Bekämpfung des internationalen Terrorismus, dem sog. Zweiten Anti-Terrorpaket, beschlossen, das der Bundestag am 14. Dezember 2001 verabschiedet hat.[146] Die beiden Anti-Terror-Pakete sind in der Öffentlichkeit wie auch im juristischen Schrifttum vielfach auf Kritik gestoßen, was nicht zuletzt mit der Kürze des Gesetzgebungsverfahrens zusammenhängt.[147]

In Bezug auf die nationalen Antiterrorgesetze wird sich die Frage stellen, ob sie in jedem Punkt mit den internationalen Menschenrechtsstandards kompatibel sind.[148] Bei aller denkbarer Kritik an einzelnen ihrer Regelungen sind die Antiterrorgesetze freilich die Konsequenz für die bislang inadäquaten Antworten, die die Staatengemeinschaft gegenüber dem internationalen Terrorismus entwickelt hat. Energisch entgegenzutreten ist indessen der Ansicht, gegenüber dem internationalen Terrorismus sei der völkerrechtliche Menschenrechtsstandard lediglich ein abgeschwächter.

§ 197 Rechtfertigungs- und Entschuldigungsgründe im internationalen Strafrecht

Schrifttum: *H. Jescheck*, Die Verantwortlichkeit der Staatsorgane nach Völkerstrafrecht, 1952; *A. von Knieriem*, Nürnberg, 1953; *P. Fuhrmann*, Der höhere Befehl als Rechtfertigung im Völkerrecht, 1963; *Y. Dinstein*, The Defence of „Obedience to Superior Orders“ in International Law, 1965; *M. C. Bassiouni/C. V. Nanda* (eds.), A Treatise on International Criminal Law, Vol. I: Crimes and Punishment, 1973; *L. C. Green*, Superior Orders in National and International Law, 1976; *B. V. A. Roling*, Criminal Responsibility for Violations of the Laws of War, Revue Belge de Droit International 12 (1976), 8–26 ff; *Y. Dinstein*, International Criminal Law, Israel Law Review 20 (1985), 206 ff; *J. L. Bakker*, The Defence of Obedience to Superior Orders: The Mens Rea Requirement, American Journal of Criminal Law 17 (1989), 55 ff; *J. W. Grayson*, The Defence of Superior Orders in the International Criminal Court, Nordic Journal of International Law 64 (1995), 243 ff; *A. Eser*, „Defences“ in Strafverfahren wegen Kriegsverbrechen, in: *K. Schmoller*, FS Otto Triffterer, 1996, 755 ff; *J. C. Nemitz*, Aggravating and Mitigating Circumstances in International Humanitarian Law – The Erdemovic-case, Humanitäres Völkerrecht 10 (1997), 22 ff; *S. Yee*, The Erdemovic Sentencing Judgment: A Questionable Milestone for the International Criminal Tribunal for the Former Yugoslavia, Georgia Jounal of International and Comparative Law 26 (1997), 263 ff; *K. Ambos*, Zur strafbefreienden Wirkung des „Handelns auf Befehl“ aus deutscher und völkerstrafrechtlicher Sicht, JR 1998, 221 ff; *C. Nill-Theobald*, „Defences“ bei Kriegsverbrechen am Beispiel Deutschlands und der USA, 1998; *K. Oellers-Frahm/B. Specht*, Die Erdemovic-Rechtsprechung des Jugoslawientribunals: Probleme bei der Entwicklung eines internationalen Strafrechts, dargestellt am Beispiel des Notstands, ZaöRV 58 (1998), 389 ff; M. J. Osiel, Obeying Orders, 1998; *K. Ambos*, General Principles of Criminal Law in the Rome Statute, Criminal Law Forum 10 (1999), 1 ff; *P. Gaeta*, The Defence of Superior Orders: The Statute of the International Criminal Court versus Customary International Law, EJIL 10 (1999), 172 ff; *C. Garraway*, Superior orders and the International Criminal Court: Justice delivered or justice denied, Revue Internationale de la Croix-Rouge 81 (1999), 785 ff; *O. Triffterer* (ed.), Commentary on the Rome Statute of the International Criminal Court, 1999; *G. Dufour*, La défense d'ordres supérieurs existe-t-elle vraiment?, Revue Internationale de la Croix-Rouge 82 (2000), 969 ff; *P. Krug*, The Emerging Mental Incapacity Defense in International Criminal Law: Some Initial Questions of Implementation, AJIL 94 (2000), 317 ff; *M. Shahabuddeen*, Duress in International Humanitarian Law, in : *C. A. Armas Barea* (ed.), Liber Amicorum „in Memoriam“ of Judge José Marié Ruda, 2000, 563 ff; *K. Kittichaisaree*, Internatio-

[145] BGBl. 2001 I, 3319; BT-Drs. 14/7025.

[146] BGBl. 2002 I, 361.

[147] Vgl. zum ganzen *M. Nolte*, Die Anti-Terror-Pakete im Lichte des Verfassungsrechts, DVBl. 2002, 573 ff.

[148] Vgl. bereits *C. A. Gearty*, Legal studies 19 (1999) 3, 367 ff; *K. D. Kent*, Vanderbilt Journal of Transnational Law 33 (2000), 221 ff.

nal Criminal Law, 2001; *H. McCoubrey*, From Nuremberg to Rome: Restoring the Defence of Superior Orders, ICLQ 50 (2001), 386 ff; *G. Werle*, Konturen eines deutschen Völkerstrafrechts, JZ 2001, 885 ff.

I. 1. Die der deutschen Strafrechtsterminologie entnommenen Begriffe „Rechtfertigungs- bzw. Entschuldigungsgründe" haben im internationalen Strafrecht kein Äquivalent. Hier wird insoweit summarisch von *„defences"* gesprochen. Dieser Begriff faßt die Gründe für den Ausschluß der individuellen strafrechtlichen Verantwortlichkeit zusammen, ohne daß in allen Fällen dieser Ausschluß individueller strafrechtlicher Verantwortlichkeit von der gleichen Motivation getragen würde. Denn auch der Irrtum wird unter die *„defences"* subsumiert.[1]
Als materielle Strafausschließungsgründe[2] werden im internationalen Strafrecht diskutiert: Handeln auf Befehl, Notstand, Staatsnotstand, Nötigungsnotstand, Notwehr, Irrtum, Schuldunfähigkeit und Rücktritt. In diesem Zusammenhang sind außerdem zu erörtern das Argument *tu quoque*, die Pflichtenkollision, die Einwilligung und die Kriegsnotwendigkeit. Diese sollen im Folgenden auf der Basis der Statuten der internationalen Strafgerichtshöfe skizziert werden, da nur so ein vollständiges Bild des materiellen internationalen Strafrechts entsteht. Die Statuten für die Internationalen Gerichtshöfe für das ehemalige Jugoslawien bzw. für Ruanda enthalten allerdings keine Strafausschließungsgründe; sie schließen das Handeln auf Befehl ausdrücklich als Strafausschließungsgrund aus. Der Beschuldigte hat aber die Möglichkeit, sich auf Strafausschließungsgründe des Völkergewohnheitsrechts zu berufen.[3] Das ICC-Statut[4] enthält dagegen in den Art. 30 bis 33 einen detaillierten Katalog von Strafausschließungsgründen und den ergänzenden Rückgriff nicht nur auf Völkergewohnheitsrecht, sondern auch auf allgemeine Rechtsprinzipien sowie auf spezielles Völkervertragsrecht und auf nationales Strafrecht (Art. 31 Abs. 3).

2. Die Aufnahme von Strafausschließungsgründen in das ICC-Statut reflektiert die *ratio* der Anerkennung von Strafausschließungsgründen im nationalen Recht: Wie für Straftaten nach dem nationalen Strafrecht kann es für Verstöße gegen internationales Strafrecht Situationen geben, wo ein Täter für eine Tat nicht für verantwortlich oder nicht für voll verantwortlich gehalten werden kann, obwohl er den Verbotstatbestand erfüllt.

II. 1. Die Frage, inwieweit eine Berufung auf Handeln auf höheren Befehl eine individuelle Verantwortlichkeit ausschließt oder einschränkt, ist im Kriegsrecht kontrovers behandelt worden.[5] Die Meinungen gingen und gehen teilweise noch heute in diesem Punkt weit auseinander.
Nach der *respondeat superior* Lehre kann eine Person für eine Handlung, die auf einem Befehl eines Vorgesetzten beruht, nicht persönlich strafrechtlich zur Verantwortung gezogen werden. Diese Theorie geht auf *Oppenheim* zurück, demzufolge bei Handeln auf Befehl der Befehlende und nicht der Untergebene, der Befehlsempfänger, strafrechtlich verantwortlich ist.[6] Diese Theorie ging von einer absoluten Gehorsamspflicht des Untergebenen gegenüber seinem militärischen Vorgesetzten aus, einer Vorstellung, die dem heutigen Bild eines modernen Soldaten nicht entspricht.[7] Abgesehen davon hätte die Anerkennung dieses

---

1 Vgl. dazu *Eser*, 755.

2 Von den materiellen Strafausschließungsgründen werden teilweise solche prozeduraler Art unterschieden; vgl. dazu *Ambos*, Criminal Law Forum 10 (1999), 1 (22 f). Diese Begriffsbildung erscheint nicht überzeugend. Davon wiederum abzugrenzen sind solche prozessualer Natur, vgl. *Eser*, 755.

3 Rule 67 (A) (ii) der ICTY und ICTR Rules of Procedure and Evidence eröffnen die Möglichkeit für Angeklagte, sich auf Rechtfertigungsgründe zu berufen. Insoweit entscheidend sind das Völkergewohnheitsrecht und allgemeine Rechtsprinzipien.

4 BGBl. 2000 II, 1394.

5 Vgl. dazu *Eser*, 758 ff; *Bakker*, American Journal of Criminal Law 17 (1989), 55 ff.

6 *Oppenheim*, International Law, vol. II, 1912, 264; vgl. hierzu *Jescheck*, 260.

7 Kritisch *Dinstein*, Defence, 42 f; *Johnson*, The De-

Ansatzes die Konsequenz, daß letztlich nur der strafrechtlich zur Verantwortung gezogen werden kann, der den ursprünglichen Befehl gegeben hat, seine Untergebenen aber keinen Anlaß haben, ihn auf die Rechtswidrigkeit seines Befehls zu verweisen, da sie keine persönliche strafrechtliche Verantwortung treffen kann.

Die Gegenposition zur *respondeat superior* Lehre ist die Theorie von der uneingeschränkten persönlichen strafrechtlichen Verantwortlichkeit des Handelnden.[8] Diese verkennt jedoch, daß ein militärischer Untergebener, wenn er die Befolgung eines für rechtswidrig gehaltenen Befehls verweigert, sich in einer persönlichen Zwangslage befinden kann. Dies gilt zumindest unter diktatorischen Regimen und Armeen, die keinen Raum für eine Befehlsverweigerung geben, um den Befehlenden auf die Rechtswidrigkeit seiner Handlung zu verweisen.

Zwischen diesen beiden Extrempositionen sind vermittelnde Lösungen vorgeschlagen worden. So ist argumentiert worden, eine Berufung auf einen Befehl sei dann unbeachtlich, wenn dieser offensichtlich unrechtmäßig war.[9] In die gleiche Richtung geht die Überlegung, einem Befehl nur dann eine die persönliche strafrechtliche Verantwortung ausschließende Wirkung beizumessen, wenn der Handelnde subjektiv von der Rechtmäßigkeit des Befehls ausging.[10]

Art. 8 des Statuts des Internationalen Militärtribunals von Nürnberg schließt ebenso wie Art. 6 des Internationalen Militärtribunals von Tokio die Berufung auf Handeln auf Befehl als Strafausschlußgrund aus.[11] Einen vergleichbaren Ansatz haben Art. II (4) (b) des Kon-

---

fence of Superior Orders, Australian Yearbook of International Law 1985, 291 (299).

[8] Vgl. dazu *Fuhrmann*, Der höhere Befehl als Rechtfertigung im Völkerrecht, 1993, 43; vgl. dazu auch *Dinstein*, Defence, 68.

[9] *Greenspan*, The Modern Law of Warfare, 1959, 409; *Keijzer*, Military Obedience, 1978, 169; *Vogler*, The defense of „superior order" in international criminal law, *Bassiouni/Nanda* (eds.), A Treatise on International Criminal Law, vol. I, Crimes and Punishment, 1973, 619 (634); *Dahm*, Völkerrecht, Bd. III, 311.

[10] Vgl. dazu *Dinstein*, Defence, 76 ff; 87 ff.

[11] „The fact that the Defendant acted pursuant to order of his Government or of a superior shall not free him from responsibility, but may be considered in mitigation of punishment, if the Tribunal determines that justice so requires."

In dem Urteil des Internationalen Militärgerichtshofs gegen die Hauptkriegsverbrecher heißt es hierzu: „That a soldier was ordered to kill or torture in violation of the international law of war has never been recognized as a defence to such acts of brutality...".

In den militärgerichtlichen Verfahren nach dem Nürnberger Prozeß wurden materielle Anwendungsvoraussetzungen des Handelns auf Befehl als Strafmilderungsgrund entwickelt. So vertrat das Gericht in *U. S. v. Brandt et al.* (TWC II, 227, 291, 296) die Ansicht, daß die Berufung auf ein Handeln auf Befehl ausscheide, wenn der Angeklagte einen Entscheidungsspielraum besessen habe, etwa die Befugnis, die Ausführung des Befehls abzulehnen. Im Juristenprozeß wurde betont, daß auch die Ausführung formeller Gesetze nicht von strafrechtlicher Verantwortlichkeit befreie; vielmehr sei ein Handeln nach Gesetz gerade verwerflich, wenn die Gesetze zur Begehung internationaler Verbrechen aufforderten *(U. S. v. Altstoetter et al.*, TWC III, 983 f). Nach *U. S. v. List et al.* (TWC XI, 1236 f) kann das Handeln auf Befehl nach dem innerstaatlichen Recht der „zivilisierten Nationen" zwar überhaupt keinen Ausschluß strafrechtlicher Verantwortlichkeit begründen, doch komme es auf völkerrechtlicher Ebene grundsätzlich auf die Rechtmäßigkeit des Befehls an. Nur bei einem rechtmäßigen Befehl komme überhaupt ein Unrechtsausschluß in Betracht; andernfalls – beim Handeln auf einen rechtswidrigen Befehl – fehle es schon an einer gültigen Handlungsnorm, so daß die Befehlsausführung lediglich strafmildernd berücksichtigt werden könne. Allerdings komme ein Strafausschluß aufgrund eines Irrtums in Betracht *(U. S. v. Milch*, TWC II, 788).

Die Frage der Kenntnis der Rechtswidrigkeit des Befehls spielte in *U. S. v. Ohlendorf et al.* (TWC IV, 470 ff) eine entscheidende Rolle. Aus der Tatsache, daß ein Soldat kein Automat, sondern ein Vernunftwesen sei, folge, daß ein Unrechtsausschluß überhaupt nur bei solchen Befehlen in Frage komme, die sich auf militärische Pflichten bezögen, zu deren Erlaß der Vorgesetzte befugt sei und die rechtmäßig seien. Im Fall eines rechtswidrigen Befehls komme es auf die Möglichkeit einer „moral choice" und darauf an, ob der Untergebene „eine entschuldbare Unkenntnis seiner Rechtswidrigkeit" *(„excusable ignorance of their illegality")* vorweisen könne. Fehle es daran, könne sich der Untergebene allenfalls auf Nötigungsnotstand *(„duress")* berufen. Die Berufung auf ein Handeln auf Befehl scheide jedenfalls aus, wenn der Untergebene sich zu irgendeinem Zeitpunkt dem „rechtswidrigen Charakter" des Befehls

trollratsgesetzes Nr. 10, Art. 6 Abs. 4 ICTR, Art. 7 Abs. 4 ICTY sowie Art. 2 Abs. 3 des Übereinkommens gegen Folter und andere grausame, unmenschliche oder erniedrigende Behandlung oder Strafe.[12] Die genannten Statuten der internationalen Strafgerichtshöfe sehen allerdings die Möglichkeit der Strafmilderung vor. Ausschlaggebend hierfür ist, ob dem Angeklagten bei der Ausführung des Befehls ein Handlungsspielraum verblieb *(moral choice test)*.[13]

Einem anderen Ansatz folgt Art. 33 ICC-Statut. Danach kann ein Befehl durchaus einen Strafausschließungsgrund darstellen, vorausgesetzt er war nicht offensichtlich rechtswidrig, der Handelnde kannte die Rechtswidrigkeit des Befehls nicht und er war rechtlich verpflichtet, den Anweisungen seines Vorgesetzten nachzukommen. In Bezug auf Völkermord und Verbrechen gegen die Menschlichkeit besteht allerdings die unwiderlegbare Vermutung, daß die Rechtswidrigkeit offenkundig war.[14] Damit knüpft Art. 33 ICC-Statut an die Rechtsprechung des Internationalen Militärtribunals von Nürnberg und die der Militärtribunale,[15] kommt aber zu einem anderen Ergebnis. Wesentlich an Art. 33 ICC-Statut ist, daß es dem Angeklagten obliegt, den Nachweis zu erbringen, er sei von der Rechtmäßigkeit des Befehls ausgegangen.[16]

Insgesamt ist festzuhalten, daß sich die Regelungen zum Handeln auf höheren Befehl als Strafausschließungsgrund unterscheiden. Für die internationalen Strafgerichtshöfe für das ehemalige Jugoslawien bzw. Ruanda handelt es sich hierbei, wenn bestimmte Voraussetzungen vorliegen, um einen Strafmilderungsgrund. Entscheidend ist dabei aber stets die Notsituation des Angeklagten bzw. ein bei ihm bestehender Irrtum. Dies entspricht der Praxis der Militärgerichtshöfe nach dem Verfahren vor dem Internationalen Militärtribunal von Nürnberg. Art. 33 ICC-Statut übernimmt diese in der Praxis entwickelten Voraussetzungen für eine Berufung auf ein Handeln auf Befehl, qualifiziert dieses jedoch, soweit die Voraussetzungen vorliegen, als Strafausschließungsgrund.

2. Es ist im Recht der Staatenverantwortlichkeit[17] anerkannt, daß in bestimmten Notlagen an sich völkerrechtswidrige Handlungen gerechtfertigt sein können. Dabei ist allerdings zwischen dem Staatsnotstand und dem persönlichen Notstand zu unterscheiden. Soweit ein *Staatsnotstand* vorliegt, d. h. die Existenz des Staates bedroht ist und Maßnahmen zur Sicherung seiner Weiterexistenz ergriffen werden, sind diese möglicherweise gerechtfertigt. Dies rechtfertigt aber weder Völkermord noch Verbrechen gegen die Menschlichkeit oder Kriegsverbrechen. Die Ableitung eines persönlichen Strafausschließungsgrundes für diese Delikte aus einem Staatsnotstand scheidet daher schon deswegen- ganz unabhängig davon, welche Bedeutung ihm im System der Staatenverantwortlichkeit zukommt – im internationalen Strafrecht aus.[18] Vom Staatsnotstand zu unterscheiden ist der persönliche Notstand, in dem sich nicht der Staat, sondern der individuell Beschuldigte in einer Notlage befindet. Art. 31 Abs. 1 (d) ICC-Statut erkennt den persönlichen Notstand als Strafausschließungs-

---

füge. Vgl. hierzu die ausführliche Analyse von *Ambos*, JR 1998, 221 (223 f), der auch auf die derzeitige deutsche Rechtslage eingeht.

12 BGBl. 1990 II, 246.

13 Vgl. dazu *Ambos*, Anm. 11 223; *Bakker*, American Journal of Criminal Law 17 (1989), 55 (71 ff); *Dufour*, Revue Internationale de la Croix-Rouge 82 (2000), 969 (983 ff) folgert daraus, daß allein ein Handeln auf Befehl die Strafe weder mildern noch ausschließen kann, sondern nur, wenn gleichzeitig für den Angeklagten ein persönlicher Zwang vorgelegen hat. Damit verliert das Handeln auf Befehl seine eigenständige Bedeutung als Strafausschließungsgrund und wird zu einem Unterfall des Notstands. In diese Richtung weist auch das Urteil des Internationalen Strafgerichtshofs für das Frühere Jugoslawien im Falle *Prosecutor v. Drazen Erdemovic*, IT-96-22-A, 7. 10. 1997, para. 34.

14 Dies argumentierte *Dinstein*, Israel Law Review 20 (1985), 206 (235) bereits 1985.

15 Vgl. dazu oben Anm. 11.

16 Zur Entstehungsgeschichte von Art. 33 ICC-Statut vgl. *Dufour*, Revue Internationale de la Croix-Rouge 82 (2000), 969 (987); *Gaeta*, EJIL 10 (1999), 172 (188 ff).

17 § 180.

18 *Eser*, 765.

grund an.[19] Danach ist von einem persönlichen Notstand für den Angeklagten nur dann auszugehen, wenn er durch eine unmittelbar drohende Gefährdung für sein Leben oder durch die Gefahr schwerer körperlicher Schäden zur Handlung genötigt wurde. Dem steht gleich die Gefahr für Leib oder Leben eines Dritten. Miterfaßt ist dabei auch der Nötigungsnotstand. Entscheidend ist, daß die Gefahr unmittelbar ist und den Angeklagten in eine Zwangssituation versetzt hat. Eine Berufung auf Notstand ist allerdings nur möglich, wenn der Angeklagte in dieser Notstandslage angemessen gehandelt hat. Im Grunde genommen werden also Kriterien angelegt, die dem Verhältnismäßigkeitsgebot bei der Notwehr entsprechen.

3. Art. 31 Abs. 1 (c) ICC-Statut erkennt Notwehr als Grund für den Ausschluß der persönlichen strafrechtlichen Verantwortlichkeit an. Dies entspricht Völkergewohnheitsrecht. Dennoch war diese Regelung auf der Konferenz von Rom umstritten.[20] Entscheidend ist, daß Art. 31 Abs. 1 (c) ICC-Statut sich nur auf die Abwehr einer persönlichen Notlage bezieht – zur Verteidigung vor einer unmittelbar drohenden und rechtswidrigen Anwendung von Gewalt. D.h. in diesem Kontext erfolgt eine Auseinandersetzung mit der rechtlichen Zulässigkeit der Maßnahmen, gegen die die Selbstverteidigung eingesetzt wird. Schließlich muß die Selbstverteidigungshandlung auch angemessen sein. Dabei ist eine doppelte Prüfung geboten. Sowohl die Gegenmaßnahmen als solche als auch die Art der Durchführung müssen dem Grundsatz der Verhältnismäßigkeit entsprechen.

4. Die *Rules of Procedure and Evidence* sowohl des Internationalen Strafgerichtshofes für Ruanda (Art. 67 (A) (ii) (b)) als auch des Internationalen Strafgerichtshofes für das ehemalige Jugoslawien (Art. 67 (A) (ii) (b)) nennen als Grund für den Ausschluß persönlicher strafrechtlicher Verantwortlichkeit die defence of *„diminished or lack of mental responsibility"*. Dieser Strafausschließungsgrund wurde durch den Internationalen Strafgerichtshof für das ehemalige Jugoslawien im Fall *Delaliæ* angewandt.[21] Danach unterliegt dieser Strafausschließungsgrund zwei Voraussetzungen. Der Beschuldigte muß sich im Zeitpunkt der Tat in einem abnormalen Geisteszustand *(„abnormality of mind")* befunden haben und dieser Geisteszustand muß wesentlich die Fähigkeit des Beschuldigten, seine Handlung zu kontrollieren, beeinträchtigt haben *(„substantially impaired")*. Art. 31 (1) (a) des ICC-Statuts enthält ähnliche Voraussetzungen, die einerseits den Geisteszustand des Beschuldigten *(„mental disease or defect")* und andererseits seine Fähigkeit, seine Handlungen zu kontrollieren, betreffen. Nicht ganz eindeutig geregelt ist die Konsequenz einer festgestellten Schuldunfähigkeit: Strafausschließung oder Strafmilderung. Das ICC-Statut geht von einem Strafausschluß aus.[22] Dies ist insofern problematisch, als im internationalen Strafrecht nicht wie im nationalen Recht ein System zum medizinischen Umgang mit schuldunfähigen Tätern existiert, was insbesondere dann zu Schwierigkeiten führt, wenn diese Täter eine Gefahr für die Gesellschaft darstellen.[23]

5. Anerkannt ist im internationalen Strafrecht, daß ein *Tatbestandsirrtum* strafausschließend wirkt, nicht hingegen ein Rechtsirrtum.[24] Art. 32 ICC-Statut greift diese Unterscheidung auf, erkennt aber eine strafausschließende Wirkung des Rechtsirrtums an, wenn dieser dazu führt, daß der subjektive Tatbestand bei dem Täter nicht erfüllt ist.

6. In der Vergangenheit sind weitere Strafausschließungsgründe vor allem für das Kriegsrecht diskutiert worden, wie z. B. das Argument *„tu quoque"*. Dieses besagt, daß bei einem

[19] Kritisch *Eser*, Kommentierung von Art. 31 ICC-Statut, in: *Triffterer* (ed.), article 31, Rdn. 35 ff.

[20] Vgl. *Eser*, Kommentierung von Art. 31 ICC-Statut, in: *Triffterer* (ed.), article 31, Rdn. 28 ff.

[21] *Prosecutor v. Delalić*, IT-96-21-T, 16. 11. 1998.

[22] Vgl. dazu *Krug*, AJIL 94 (2000), 317 (328 ff).

[23] Vgl. dazu *Krug*, AJIL 94 (2000), 317 (333 f).

[24] *Eser*, 769 f.

Täter keine Handlung als strafwürdig behandelt werden kann, die auch von der anderen Seite regelmäßig begangen und für rechtmäßig gehalten wurde. Die dogmatische Einordnung dieses Arguments ist problematisch. Letztlich kann aber ein mit Bestrafung bedrohtes Fehlverhalten einer Kriegspartei nicht ein gleiches Verhalten der anderen Seite rechtfertigen. Die Verbote des internationalen Strafrechts sind Ausdruck einer objektiven Werteordnung und stehen nicht zur Disposition der Parteien des Konflikts bzw. Krieges.

7. Kein Strafausschließungsgrund im eigentlichen Sinne ist die *militärische Notwendigkeit*. Das Kriegsrecht verpflichtet die Konfliktparteien, den Waffeneinsatz auf Kombattanten[25] bzw. militärische Objekte[26] zu begrenzen; nur dann sind die entsprechenden Handlungen mit dem Kriegsrecht vereinbar. Angriffe, die unterschiedslos wirken und die Zivilbevölkerung oder zivile Objekte in Mitleidenschaft ziehen, sind hingegen schwere Verletzungen des I. Zusatzprotokolls zu den Genfer Konventionen und können auch nicht durch den Hinweis auf eine angebliche militärische Notwendigkeit gerechtfertigt werden.[27] Grundsätzlich gibt es für Völkermord, Verbrechen gegen die Menschlichkeit und Kriegsverbrechen außer den diskutierten Rechtfertigungs- oder Entschuldigungsgründen, die in der Person des Täters liegen, keine Rechtfertigung.[28]

8. Vor den internationalen Strafgerichtshöfen ist keine Berufung auf *Immunität* möglich. Die Statuten gehen einhellig davon aus, daß eine strafrechtliche Verfolgung unabhängig von dem Status des Täters erfolgt.[29] Dies entspricht der Funktion dieser Gerichte als Staatengemeinschaftsorgane zur Durchsetzung elementarer Gemeinschaftswerte.

III. Zusammenfassend ist festzuhalten: Das Statut des Internationalen Strafgerichtshofs formuliert einzelne Rechtfertigungs- und Entschuldigungsgründe in Bezug auf die durch den Internationalen Strafgerichtshof verfolgbaren Delikte. Hierbei greift das Statut auf die Rechtsprechungspraxis des Internationalen Militärgerichtshofs von Nürnberg und die Rechtsprechung der Militärgerichtshöfe auf der Basis von Kontrollratsgesetz Nr. 10 zurück. Ihre Basis haben die anerkannten Rechtfertigungs- und Entschuldigungsgründe letztlich in der Unfähigkeit des Täters, sich völkerrechtsgemäß zu verhalten oder in seiner mangelnden Schuldfähigkeit.

§ 198 Die Gerichtshöfe zur Verfolgung von Verbrechen auf dem Gebiet des ehemaligen Jugoslawiens, in Ruanda und in Sierra Leone

Schrifttum: *P. Akhavan*, Punishing War Crimes in Former Jugoslavia: A Critical Juncture for the New World Order, Hum. Rts. Q. 15 (1993), 262 ff; *P. M. Dupuy*, Sécurité collective et organisation de la paix, RGDIP 97 (1993), 617 ff; *B. Graefrath*, Jugoslawientribunal – Präzedenzfall trotz fragwürdiger Rechtsgrundlage, NZ 47 (1993), 433 ff; *C. Greenwood*, The International Tribunal for Former Yugoslavia, Int'l Aff. 69 (1993), 641 ff; *C. Hollweg*, Das internationale Tribunal der UNO und der Jugoslawienkonflikt, JZ 1993, 980 ff; *J. C. O'Brian*, The International Tribunal for Violations of International Humanitarian Law in the Former Yugoslavia, AJIL 87 (1993), 639 ff; *S. Oeter*, Kriegsverbrechen in den Konflikten um das Erbe Jugoslawiens: Ein Beitrag zu den Fragen der kollektiven und individuellen Verantwortlichkeit für Verletzungen des Humanitären Völkerrechts, ZaöRV 53 (1993), 1 ff; *K. Lescure*, Le Tribunal Pénal International pour l'ex-Yougoslavie, 1994; *P. Obmeron*, The

25 Art. 48 I. Zusatzprotokoll zu den Genfer Konventionen, BGBl. 1990 II, 1551.

26 Art. 52 I. Zusatzprotokoll zu den Genfer Konventionen.

27 Dem widersprechen Art. 2 lit. d bzw. Art. 3 lit. b ICTY-Statut nicht. Der Verweis auf militärische Notwendigkeit verweist lediglich auf die einschlägigen Normen des I. Zusatzprotokolls zu den Genfer Konventionen; gleiches gilt für Art. 8 Abs. 2 (a) (iv) ICC-Statut.

28 *Jescheck*, 221.

29 Art. 27 ICC-Statut; vgl. auch § 190.

Normative Impact on International Law of the International Tribunal for Former Yugoslavia, Isr.Y. B. Hum.Rts. 24 (1994), 163 ff; *K. Oellers-Frahm*, Das Statut des Internationalen Strafgerichtshofs zur Verfolgung von Kriegsverbrechen im ehemaligen Jugoslawien, ZaöRV 54 (1994), 416 ff; *A. Pellet*, Le Tribunal Criminel International pour l'ex-Yougoslavie, RGDIP 98 (1994), 7 ff; *V. Morris/M. P. Scharf*, An Insider's Guide to the International Criminal Tribunal for the Former Yugoslavia: A Documentary History and Analysis, 1995; *T. Trautmann*, Das International Yugoslawien-Tribunal und das Völkerrecht, ZRP 1995, 87 ff.; *O. Triffterer*, Universeller Menschenrechtsschutz auch durch das Völkerstrafrecht? Von Nürnberg zum Internationalen „Jugoslawien-Tribunal" in Den Haag, Politische Studien, Sonderheft 1/1995, 32 ff. *M. Bassiouni*, The Law of the International Criminal Tribunal for the Former Yugoslavia, 1996; *Y. Dinstein* (ed.), War Crimes in International Law, Published under the Auspices of the Buchmann Faculty of Law, Tel Aviv University, 1996; *A. Johannsen*, Die Haager Kriegsverbrecherprozesse: Zur bisherigen Arbeit des Ex-Jugoslawien-Tribunals, Humanitäres Völkerrecht 1997, 17 ff; *W. J. Fenrick*, The Development of the Law of Armed Conflict through the Jurisprudence of the International Criminal Tribunal for the Former Yugoslavia, Journal of Armed Conflict Law 3 (1998), 197 ff; *C. Greenwood*, The Development of International Humanitarian Law by the International Criminal Tribunal for the Former Yugoslavia, Max Planck YB UN 2 (1998), 97 ff; *V. Morris/M. P. Scharf*, The International Criminal Tribunal for Rwanda (1998); *K. Nowrot*, The Activities of the International Criminal Tribunal for the Former Yugoslavia in the Years 1997 and 1998, GYIL 41 (1998), 344 ff; *A. Pascal*, Der UNO-Sicherheitsrat und die strafrechtliche Verfolgung von Individuen: die ad hoc Tribunale zur Verfolgung von Kriegsverbrechen im ehemaligen Jugoslawien und in Ruanda sowie das Statut des Internationalen Strafgerichtshofs, 1999; *S. Boelaert-Suominen*, The International Criminal Tribunal for the Former Yugoslavia (ICTY) Anno 1999: Its Place in the International Legal System, Mandate and Most Notable Jurisprudence, The Polish Yearbook of International Law 24 (1999/2000), 95 ff; *H. Fischer/S. R. Lüder* (Hrsg.), Völkerrechtliche Verbrechen vor dem Jugoslawien-Tribunal, nationalen Gerichten und dem Internationalen Strafgerichtshof: Beiträge zur Entwicklung einer effektiven internationalen Strafgerichtsbarkeit, 1999; *N. Kauther/T. Laubner*, The Activities of the International Criminal Tribunal for the Former Yugoslavia, GYIL 42 (1999), 481 ff; *S. D. Murphy*, Progress and Jurisprudence of the International Criminal Tribunal for the Former Yugoslavia, AJIL 93 (1999), 57 ff; *J. E. Ackerman/E. O'Sullivan*, Practice and Procedure of the International Criminal Tribunal for the Former Yugoslavia: With Selected Materials from the International Criminal Tribunal for Rwanda, 2000; *J. R. W. D. Jones*, The Practice of the International Criminal Tribunals for the Former Yugoslavia and Rwanda, 2nd ed., 2000; *S. Wäspi*, Die Arbeit der Internationalen Strafgerichtshöfe für das ehemalige Jugoslawien und Ruanda: Herausforderungen für die Anklage im internationalen Umfeld, NJW 2000, 2449 ff.; *S. Beresford/A. L. Muller*, The Special Court for Sierra Leone: An Initial Comment, Leiden Journal of International Law 14 (2001), 635 ff

I. 1. Die Errichtung des *ad hoc* Strafgerichtshofs zur Verfolgung von Verbrechen auf dem Gebiet des ehemaligen Jugoslawiens weist bei aller Unterschiedlichkeit doch einige Parallelen zur Errichtung des Internationalen Militärtribunals von Nürnberg auf. In beiden Fällen wurde die strafrechtliche Verfolgung der Verbrechen vorher angekündigt. Die Errichtung der Gerichtshöfe war daher jeweils die logische Konsequenz der fortgesetzten Verbrechen.

2. Mit Resolution 764 vom 13. 7. 1992 hatte der Sicherheitsrat bekräftigt, daß alle in dem Konflikt auf dem Gebiet des ehemaligen Jugoslawiens an das humanitäre Völkerrecht gebunden seien, wie es sich insbesondere aus den Genfer Konventionen vom 12. 8. 1949 ergebe, und daß Personen, die schwere Verstöße begingen bzw. diese anordneten, individuell strafrechtlich zur Verantwortung zu ziehen seien. In der Resolution 771 vom 13. 8. 1992 hatte der Sicherheitsrat unter Bestätigung der vorherigen Resolution die Staaten und Menschenrechtsorganisationen dazu aufgefordert, Informationen über Verletzungen des humanitären Völkerrechts zu sammeln und diese dem Sicherheitsrat zur Verfügung zu stellen. Außerdem hatte der Sicherheitsrat in dieser Resolution, gestützt auf Kapitel VII VN Charta, erneut betont, daß alle Konfliktbeteiligten an die Maßgaben dieser Resolution gebunden seien und der Sicherheitsrat bei einer weiteren Verletzung der Grundsätze des humanitären Völkerrechts neue Maßnahmen ergreifen werde.[1] In der Resolution 780 vom 6. 10. 1992 hatte der Sicherheitsrat eine unabhängige Expertengruppe eingesetzt mit der Aufgabe, die gemäß Resolution 771 gesammelten Informationen zu analysieren. Diese legte einen Zwischenbericht[2] vor, in dem sie auf schwerwiegende Verletzungen des humanitären Völkerrechts, insbesondere auf ethnische Säuberungen, hinwies. Gleichzeitig drückte der Sicherheitsrat seine Sorge darüber aus, daß die schweren Verletzungen des humanitären Völkerrechts sich fortsetzten; angesprochen wurden auch Massentötungen und ethnische Säuberungen.

3. Mit Resolution 808 vom 22. 2. 1993 hat der Sicherheitsrat der Vereinten Nationen dann die Einsetzung eines internationalen Strafgerichts zur Verfolgung der Kriegsverbrechen im ehemaligen Jugoslawien beschlossen. Das Statut des Gerichts wurde mit Annahme der Resolution 827 vom 25. 5. 1993 verabschiedet. Es ist Bestandteil eines Berichts des Generalsekretärs,[3] der seinerseits auf dem existierenden humanitären Völkerrecht beruht, wobei eine Reihe von Vorschlägen von Staaten[4] und internationalen Kommissionen[5] vorlagen.

Die einzelnen Vorschläge unterschieden sich teilweise grundlegend. Eine Reihe von ihnen favorisierte die Errichtung des *ad hoc* Strafgerichtshofs durch Vertrag; die Mehrheit der Vorschläge sprach sich allerdings für eine Errichtung durch Resolution des Sicherheitsrats nach Kapitel VII VN-Charta aus. Die Mehrzahl der Vorschläge plädierte für eine Strafverfolgungskompetenz des Gerichtshofes, die sowohl Kriegsverbrechen als auch Verbrechen gegen die Menschlichkeit umfaßte. Besonders weit fielen die Meinungen über das anzuwendende Recht auseinander; sowohl das geltende Völkerrecht, wie auch das nationale Recht Jugoslawiens wurden als Grundlage vorgeschlagen. Aber auch soweit geltendes Völkerrecht als Rechtsgrundlage gewählt wurde, wurden unterschiedliche Ansätze vertreten. Einigkeit bestand in Bezug auf eine Verfolgung von Völkermord, weitgehende Einigkeit bezüglich der Verbrechen gegen die Menschlichkeit und hinsichtlich der schweren Verstöße nach den vier Genfer Abkommen. Dagegen wurden Verstöße gegen das Haager Recht nicht von allen Vorschlägen erfaßt. Uneinigkeit bestand schließlich auch über das Verhältnis zwischen nationalen Gerichten und dem *ad hoc* Strafgerichtshof.

II. 1. a. Bisher einmalig an der Gründung des Internationalen Strafgerichtshofs zur Verfolgung von Kriegsverbrechen im ehemaligen Jugoslawien ist dessen Einsetzung durch einen Beschluß des Sicherheitsrats. Die bisherigen internationalen Strafgerichte, das Internatio-

---

[1] Diese Resolution des Sicherheitsrats weist eine deutliche Parallelität zur Resolution 674 f vom 29. 10. 1990 aus, in der die Staaten aufgefordert wurden, Informationen über die schweren Verstöße gegen das Genfer Recht durch den Irak zu sammeln. Allerdings geht die Resolution 771 bedeutend weiter. Davon abgesehen enthält sie die erste Liste von Verbrechen, die der Sicherheitsrat als *„violations of international humanitarian law"* qualifiziert (s. Zweiter Abschnitt der Präambel). Hierin lag eine entschiedene Warnung an die militärischen und politischen Kräfte in Jugoslawien.

[2] UN Doc. S/25274 vom 10. 2. 93.

[3] Report of the Secretary-General Pursuant to Paragraph 2 of Security Council Resolution 808 (1993), UN Doc. S/25704, Corr.1 und Add.1.

[4] Vorschläge lagen vor u. a. von: Canada (UN Doc. S/25594 (1993)); Ägypten, Iran, Malaysia, Pakistan, Saudi Arabien, Senegal, Türkei (UN Doc. A/47/920-S/25512 (1993)); Mexiko (UN Doc. S/25417 (1993)); Niederlande (UN Doc. S/25716 (1993)); Russische Föderation (UN Doc. S/25537 (1993)); Slowenien (UN Doc. S/25652 (1993)); Brasilien (UN Doc. A/47/922; S/25540 (1993)); Vereinigte Staaten (UN Doc. S 25575 (1993)); eine Zusammenstellung findet sich bei *Morris/Scharf*, Bd. II Abschnitt VII.

[5] In dieser Hinsicht sind zu nennen der Vorschlag des französischen Juristenkomitees (UN Doc. S/25266 vom 10. 2. 1993); der italienischen Kommission (UN Doc. S/25300 vom 17. 2. 1993); des International Center for Criminal Law Reform in Criminal Justice Policy, der anläßlich eines Treffens in Vancouver vom 22.–26. 3. 1993 ausgearbeitet wurde; ein Vorschlag der KSZE, der in dem Bericht der Mission *Corell/Thune/Türk* enthalten ist und das Ergebnis einer Mission nach dem Mechanismus der menschlichen Dienste nach Kroatien ist, sowie die Arbeiten der ILC zur Schaffung eines internationalen Strafgerichts. Vgl. zur Berücksichtigung dieser Vorarbeiten bei der Ausarbeitung des Statuts *K. J. Partsch*, Der Sicherheitsrat als Gerichtsgründer: zur Entstehung des besonderen internationalen Strafgerichts für Jugoslawien, VN 42 (1994), 11 ff.

nale Militärtribunal von Nürnberg und das Tribunal für den Fernen Osten, beruhten auf vertraglicher Basis. Das Problem der Errichtung eines internationalen Strafgerichtshofs durch Vertrag liegt darin, daß er nicht notwendigerweise die Zustimmung bzw. Kooperation aller Staaten erhält. Dies ist zum einen für die Akzeptanz des Gerichts und seiner Urteile von Bedeutung. Es ist aber vor allem auch für die Ermittlungsarbeit des Gerichts von zentraler Wichtigkeit. Da internationale Strafgerichte nicht über eigene Ermittlungs- und Vollzugsorgane verfügen, sind sie auf die Kooperation mit den entsprechenden nationalen Organen angewiesen. In einer derartigen Kooperation besteht eine Rechtspflicht, wenn die Errichtung des *ad hoc* Strafgerichtshofs durch Resolution nach Kapitel VII VN-Charta erfolgt; nicht dagegen besteht eine solche Rechtspflicht für Nicht-Vertragsstaaten, wenn die Errichtung des Gerichts durch völkerrechtlichen Vertrag geschieht. Abgesehen davon hätte die Erarbeitung eines völkerrechtlichen Vertrages auch zuviel Zeit in Anspruch genommen.

b. Die Errichtung des *ad hoc* Gerichtshofs durch Resolution des Sicherheitsrats wurde nicht von Anfang an angestrebt. Die Resolution des Sicherheitsrats 808 enthielt noch keinen Hinweis hierauf. Dennoch verwies der Bericht des Generalsekretärs darauf, daß eine Resolution des Sicherheitsrats „*... would be legally justified, both in terms of the object and purpose of the decision... and past Security Council practice.*“[6]
Die entsprechende Resolution des Sicherheitsrats ist eine Maßnahme gemäß Art. 41 VN-Charta.[7] Die Besonderheit dieser Maßnahme liegt ausschließlich darin, daß sie nicht unter die in Art. 41 VN-Charta explizit genannten Maßnahmen zu subsumieren ist, da sie in der Gründung einer Institution resultiert. Allerdings hat der Sicherheitsrat auch schon in der Vergangenheit Institutionen mit dem Ziel der Friedenssicherung errichtet. Insoweit gab es bei der Errichtung des *ad hoc* Gerichtshofs für das ehemalige Jugoslawien durchaus bereits gewisse Präzedenzfälle.[8] Zu verweisen ist insoweit auf die Errichtung der *Boundary Demarcation Commission*, der *Special Commission* und der *Compensation Commission*, die in Folge des Konflikts zwischen Irak und Kuwait administrative und justizielle Funktionen übertragen bekommen haben.[9] Als Präzedenzfälle können – wenn auch nur in begrenztem Umfang – ferner die *Sanctions Committees* angesehen werden, deren Aufgabe es ist, die Anwendung von Sanktionen des Sicherheitsrats unter Kapitel VII der VN-Charta zu determinieren. Entscheidend ist insoweit, daß die Zielsetzung der Einrichtung der jeweiligen Institution den Prinzipien und Zielen der VN-Charta entspricht, auf die Art. 24 VN-Charta verweist. Die Einsetzung eines Gerichts bedeutet freilich insofern eine Besonderheit, als ein Gericht unabhängig von politischen Weisungen von Staaten und auch des Sicherheitsrates zu agieren hat. Letzterer begibt sich also durch die Einsetzung eines Strafgerichts eines Teils seiner Kompetenzen, wenngleich er die Arbeit des Gerichts im allgemeinen durch den Einsetzungsbeschluß steuert.

Diese Problematik ist auch im Zusammenhang mit der Errichtung des ständigen Internationalen Strafgerichtshofs (IStGH) aufgetaucht.[10] Da der Sicherheitsrat für dessen Arbeit keine generelle Vorgaben machen kann – dieses Gericht beruht auf vertraglicher Basis – wurden ihm Aussetzungs-

---

[6] Vgl. den Nachweis o. in Anm. 3.

[7] Zur Frage der Zulässigkeit der Errichtung von *ad hoc* Strafgerichtshöfen auf der Grundlage von Art. 41 VN-Charta s. noch u. unter II. 1.c.

[8] Vgl. SC Res. 687 vom 3.4.1991.

[9] Während es Aufgabe der *Boundary Commission* war, die Grenze zwischen dem Irak und Kuwait festzulegen, hatte die Special Commission Funktionen betreffend die Abrüstung. Die *Compensation Commission* schließlich regelt die Schadensersatzforderungen gegen den Irak. Siehe hierzu die einschlägigen Dokumente in ILM 30 (1991), 1703 ff, sowie UN-Doc. S/AC.26/19991/7/Rev.1 vom 17.3.1992 über Kategorien von Klagen und die vorläufigen Verfahrensregeln in UN Doc. S/AC.26/1992/10 vom 26.6.1992; dazu *J. R. Crook*, The United Nations Compensation Commission – A New Structure to Enforce State Responsibility, AJIL 87 (1993), 144 ff, *M. Castillo*, La compétence du Tribunal Pénal pour la Yougoslavie, RGDIP 98 (1994), 61 ff.

[10] Vgl. dazu § 199.

rechte für einzelne Verfahren eingeräumt. Insgesamt ist gleichwohl festzuhalten, daß der Sicherheitsrat einen geringeren Einfluß auf die konkrete gerichtliche Tätigkeit des *ad hoc* Strafgerichtshofs für das ehemalige Jugoslawien nehmen kann als auf diejenige des IStGH.

c. Die Errichtung eines internationalen *ad hoc* Strafgerichtshofs dient der Friedenssicherung und hält sich somit an den dem Sicherheitsrat durch die Charta gesteckten Rahmen. Man kann ein derartiges Vorgehen sogar als einen ersten Schritt des Sicherheitsrates ansehen, auf Friedensbrüche nicht nur mit Blick auf die Einstellung des Friedensbruchs zu reagieren, sondern auch die Gründe für diesen Konflikt zu beseitigen. Insofern geht es hier nicht nur um die Aufarbeitung der Vergangenheit, sondern um die Beseitigung des Konfliktpotentials für die Zukunft. Dies ist nach der Formulierung von Art. 39 der Charta der Vereinten Nationen eine friedenssichernde Funktion, die dem Sicherheitsrat zugewiesen ist.[11] Vom Ansatz des Art. 39 ist auch Art. 41 der Charta auszulegen und die Aufzählung der dort genannten möglichen Maßnahmen des Sicherheitsrats entsprechend zu ergänzen.

d. Die Berufungskammer des Jugoslawien-Tribunals hat die Zulässigkeit der Errichtung des Gerichthofs durch den Sicherheitsrat in ihrer *Tadić*-Entscheidung vom 2. 10. 1995 ausdrücklich bejaht.[12] Nach anfänglichem gelegentlichen Zögern ist sie auch im völkerrechtlichen Schrifttum heute weitgehend unbestritten.

e. Auf Grund seiner Funktion und der Art seiner Einrichtung ist der Internationale Strafgerichtshof für das ehemalige Jugoslawien ein Hilfsorgan des Sicherheitsrates in der Form eines Gerichts.[13] Damit ist es, solange es gerichtliche Funktionen ausübt, von dem Sicherheitsrat unabhängig.

2. a. Der Internationale Strafgerichtshof für das ehemalige Jugoslawien hat die Aufgabe, Einzelpersonen, nicht aber Staaten oder Organisationen, wegen schwerer Verletzung des humanitären Völkerrechts zu verfolgen, die seit dem 1. 1. 1991 im ehemaligen Jugoslawien begangen wurden (Art. 1 des Statuts). Hierin liegt eine zeitliche und räumliche Kompetenzbegrenzung für das Tribunal. Allerdings gilt diese Beschränkung nicht für eine strafrechtliche Verfolgung von Taten, die vor dem 1. 1. 1991 begangen worden sind durch andere, vor allem nationale Gerichte.
Die Strafverfolgungskompetenz des Internationalen Strafgerichtshofs bezieht sich ausschließlich auf natürliche Personen,[14] dabei ist deren Staatsangehörigkeit irrelevant. Entscheidend ist dabei – anders als nach dem Statut des Internationalen Militärtribunals von Nürnberg – nicht, daß diese im Interesse eines bestimmten Staates gehandelt haben, sondern ob sie in dem genannten Zeitrahmen auf dem Gebiet des ehemaligen Jugoslawien die von dem Strafgerichtshof verfolgten Verbrechen begangen haben.[15] Dies entspricht dem Weltrechtsprinzip.

---

[11] Vgl. zu diesem Aspekt *Hollweg*, JZ 1993, 980 ff; *Greenwood*, Int'l Aff. 69 (1993), 641 ff; *O'Brian*, AJIL 87 (1993), 639 ff; *Pellet*, RGDIP 98 (1994), 7 ff.

[12] ICTY, *Prosecutor v. Tadić*, Case No. IT-94–1-AR72, Decision on the Defence Motion for Interlocutory Appeal on Jurisdiction, 2 October 1995, paras. 26 ff, abgedruckt in: ILM 35 (1995), 32 ff.; vgl. zu dieser Entscheidung etwa *J. E. Alvarez*, Nuremberg Revisited: The *Tadić* Case, EJIL 7 (1996), 245 ff; *C. Greenwood*, International Humanitarian Law and the *Tadić* Case, EJIL 7 (1996), 265 ff.; *C. Kreß*, Friedenssicherungs- und Konfliktvölkerrecht auf der Schwelle zur Postmoderne: Das Urteil des Internationalen Straftribunals für das ehemalige Jugoslawien *(Appeals Chamber)* im Fall Tadić vom 2. Oktober 1995, EuGRZ 1996, 638 ff.

[13] *Lescure*, 85.

[14] Art. 6 des Statuts; d. h. eine Bestrafung von Organisationen ist für den Internationalen Strafgerichtshof für das ehemalige Jugoslawien, anders als damals für das Internationale Militärtribunal von Nürnberg, ausgeschlossen.

[15] Es gab Berichte über Söldner in den Konflikten auf dem Gebiet des ehemaligen Jugoslawiens. Die Tätigkeit als Söldner ist ein Delikt nach Art. 3 *International Convention against the Recruitment, Use, Financing and Training of Mercenaries*, 1989 (GA Res 44/34 vom 4. 12. 1989); es fällt aber nicht unter die

Verfahren können sowohl gegen diejenigen, die Taten konkret begangen haben, als auch gegen Personen, die sie angeordnet haben, eingeleitet werden.[16] Betont wird die strafrechtliche Verantwortlichkeit auch derjenigen, die völkerrechtswidrige Befehle gegeben haben. In dieser Klarstellung liegt eine Fortentwicklung gegenüber dem Statut des Internationalen Militärtribunals von Nürnberg.

Die weite Fassung des Täterbegriffs – Verzicht auf die Staatsangehörigkeit eines bestimmten Staates und Einschluß der politisch und militärisch Verantwortlichen – entspricht dem generellen Ansatz des internationalen Strafrechts. Die Verfolgung wegen schwerer Verletzungen des humanitären Völkerrechts folgt dem Ansatz des Internationalen Militärtribunals von Nürnberg und reflektiert, daß das Völkerrecht den direkten Zugriff auf Einzelpersonen erlaubt. Dies entspricht auch dem Konzept der Universalität der wichtigsten Normen des humanitären Völkerrechts, die in Art. 7 Abs. 1 des Statuts ausdrücklich betont wird.

b. Ein zentrales Problem bei der Schaffung eines internationalen Strafgerichtshofs – und dies galt bereits für das Internationale Militärtribunal von Nürnberg – ist die Frage nach dem von dem Gericht anzuwendenden Recht. Dabei muß der Grundsatz *nullum crimen, nulla poena sine lege* gewahrt sein. Dem trägt der Bericht des Generalsekretärs Rechnung. Er führt aus, daß das anwendbare Recht aus Regeln des humanitären Rechts bestehen müsse, *„which are beyond any doubt a part of customary law"*; nur so sei eine Verletzung des Prinzips *nullum crimen sine lege* ausgeschlossen.[17]

Art. 1 des Statuts umschreibt generell die strafbaren Handlungen als *„serious violations of international humanitarian law"* und macht damit deutlich, daß darunter mehr zu fassen ist, als die *„grave breaches"* der Genfer Konventionen. Art. 2 bis 5 des Statuts legen in detaillierter Form die einzelnen Straftatbestände unter Berücksichtigung ihrer Geltung als Völkergewohnheitsrecht nieder.[18]

c. Art. 2 des Statuts setzt die Strafbarkeit für schwere Verletzungen *(„grave breaches")* gemäß den vier Genfer Rotkreuz Abkommen vom 12. 8. 1949 fest. Art. 2 enthält eine Liste einzelner Straftaten, die den Abkommen entnommen sind. Obwohl diese Konventionen sich auf Vertragsparteien beziehen, ist ihr Charakter als Gewohnheitsrecht anerkannt. Auch war die ehemalige Republik Jugoslawien sowohl Vertragsstaat der vier Genfer Rotkreuz Konventionen als auch der Zusatzprotokolle von 1977, die jedoch nicht in die Bestimmungen von Art. 2 des Statuts einbezogen worden sind. Zudem liegen ausdrückliche Sukzessionserklärungen von Bosnien, Kroatien und Slowenien in bezug auf die Konvention und deren Zusatzprotokolle vor.[19]

Im einzelnen können auf der Basis von Art. 2 des Statuts strafrechtlich verfolgt werden: vorsätzliche Tötungen,[20] Folter oder unmenschliche Behandlungen, einschließlich biologischer Ver-

---

Jurisdiktion des Internationalen Strafgerichtshofs für das ehemalige Jugoslawien.

[16] Vgl. Art. 7 des Statuts; zu den Einzelheiten s. § 199.

[17] Vgl. UN Doc. S/25704, 9 para. 34. Nach *M. S. Bassouni/C. L. Blacksley*, The Need for an International Criminal Court in the New International World Order, Vand.J. Transnat'l L. 25 (1992), 151 (163, 176) liegen mehr als 22 Kategorien internationaler bzw. transnationaler Straftaten in 315 internationalen Instrumenten vor.

[18] Vgl. zur Definition des Begriffs schwere Verletzungen *(„grave breaches")*, Art. 50 des I. Genfer Abkommens zur Verbesserung des Loses der Verwundeten und Kranken der Streitkräfte im Felde (BGBl. 1954 II, 783). Die Strafbestimmungen in Art. 49 und 50 des I. Genfer Abkommens sind deckungsgleich mit Art. 50, 51 des II. Genfer Abkommens zur Verbesserung des Loses der Verwundeten, Kranken und Schiffbrüchigen der Streitkräfte zur See (BGBl. 1954 II, 813), Art. 129 und 130 des III. Genfer Abkommens über die Behandlung von Kriegsgefangenen (BGBl. 1954 II, 838) und Art. 146, 147 des IV. Genfer Abkommens zum Schutz von Zivilpersonen in Kriegszeiten (BGBl. 1954 II, 917).

[19] Vgl. International Review of the Red Cross 1993, 182. Die Konfliktparteien haben sich außerdem in Sonderabkommen verpflichtet, die Konventionen und die Zusatzprotokolle einzuhalten.

[20] Vgl. auch Art. 50 I. Genfer Abkommen; Art. 147 IV. Genfer Abkommen.

suche;[21] die vorsätzliche Zufügung von großen Leiden bzw. schwere Körper- und Gesundheitsverletzungen;[22] die ausgedehnte Zerstörung oder Aneignung von Eigentum, die nicht von militärischer Notwendigkeit gedeckt ist, ungerechtfertigt ist und wahllos erfolgt;[23] die zwangsweise Rekrutierung von Kriegsgefangenen oder von Zivilpersonen zum Dienst in den Streitkräften des gegnerischen Staates;[24] der Entzug des Anrechts auf ein faires Verfahren für Kriegsgefangene und Zivilisten;[25] rechtswidrige Verschleppung oder Verschickung sowie der rechtswidrige Freiheitsentzug für Zivilpersonen[26] sowie die Geiselnahme von Zivilpersonen.[27]

Nicht angesprochen werden in Art. 2 des Statuts Vergewaltigungen. Dies wäre an sich möglich gewesen, denn Art. 27 Abs. 2 des IV. Genfer Abkommens schützt Frauen vor Vergewaltigungen, und in Verbindung mit Art. 147 des IV. Genfer Abkommens handelt es sich dabei um schwere Verstöße. Auf jeden Fall sind aber Vergewaltigungen als Formen der unmenschlichen Behandlung zu qualifizieren.[28]
Insgesamt ist festzuhalten, daß zwischen dem in Art. 2 des Statuts des Internationalen Strafgerichtshofs für das ehemalige Jugoslawien genannten Straftatbeständen und denjenigen nach den vier Genfer Abkommen kein substantieller Unterschied besteht. Nicht berücksichtigt wurden dagegen die Straftaten nach dem I. Zusatzprotokoll zu den vier Genfer Konventionen,[29] obwohl durchaus davon ausgegangen wird, daß es zumindest in wesentlichen Teilen Völkergewohnheitsrecht kodifiziert.[30] Angesichts des Wortlauts von Art. 2 des Statuts erscheint es aber fraglich, ob die dort definierten Straftatbestände zur Verfolgung herangezogen werden können,[31] wenn es sich nicht lediglich um Interpretationen von schweren Verstößen nach den vier Genfer Konventionen handelt.

d. Kriegsverbrechen sind ebenfalls die Verbrechen nach Haager Recht, auf die sich Art. 3 des Statuts des Internationalen Strafgerichtshofs für das ehemalige Jugoslawien bezieht. Dabei weist diese Norm eine weitgehende Ähnlichkeit zu dem Statut des Internationalen Militärtribunals von Nürnberg auf,[32] das seinerseits auf der Haager Landkriegsordnung von 1907[33] beruhte; in beiden Fällen wird auf die *„laws or customs of war"* als Rechtsgrundlage Bezug genommen.

Im einzelnen können von dem Internationalen Strafgerichtshof für das ehemalige Jugoslawien auf der Grundlage von Art. 3 des Statuts damit verfolgt werden: Einsatz von giftigen Waffen bzw. von Waffen, die unnötige Leiden verursachen;[34] die willkürliche Zerstörung von Ortschaften bzw. militärisch nicht gerechtfertigte Zerstörungen;[35] Angriffe oder Bombardierungen von nichtverteidigten Ortschaften, Wohnbereichen oder Gebäuden;[36] Inbesitznahme, Zerstörung oder willkürliche Beschädigungen von Einrichtungen, die religiösen, fürsorgerischen, künstlerischen, wissenschaftlichen oder Erziehungszwecken dienen, bzw. von historischen Monumenten oder von künstlerischen oder wissenschaftlichen Arbeiten;[37] die Plünderung von öffentlichem oder privatem Eigentum.[38] Die Besonderheit für die Bezugnahme auf die Haager Landkriegsordnung liegt darin, daß sie die genannten Handlungen zwar verbietet, aber nicht deren individuelle Bestrafung vorsieht. Hierin liegt ein Unterschied zu den schweren Verstößen nach den vier Genfer Rotkreuz Konventionen.

---

[21] Vgl. Art. 50 I. Genfer Abkommen; Art. 147 IV. Genfer Abkommen.
[22] Vgl. Art. 50 I. Genfer Abkommen; Art. 147 IV. Genfer Abkommen.
[23] Vgl. Art. 50 I. Genfer Abkommen; Art. 147 IV. Genfer Abkommen.
[24] Vgl. Art. 147 IV. Genfer Abkommen.
[25] Vg. Art. 147 IV. Genfer Abkommen.
[26] Vgl. Art. 147 IV. Genfer Abkommen.
[27] Vgl. Art. 147 IV. Genfer Abkommen.
[28] Dazu u. a. *T. Meron*, Rape as a Crime under International Humanitarian Law, AJIL 87 (1993), 424; s. ferner auch *Morris/Scharf*, 67 f m.w.Nachw.
[29] BGBl. 1990 II, 1551.
[30] Vgl. dazu die Botschaft des U.S. Präsidenten, abgedruckt in: ILM 26 (1987), 561. Die USA sind kein Vertragsstaat.
[31] So aber offenbar *Morris/Scharf*, 61 f (Anm. 208).
[32] Vgl. dazu § 192.
[33] RGBl. 1910, 132.
[34] Art. 23 lit.a und e Haager Landkriegsordnung.
[35] Art. 23 lit.g Haager Landkriegsordnung.
[36] Art. 25 Haager Landkriegsordnung.
[37] Art. 27 Haager Landkriegsordnung.
[38] Art. 28, 47 Haager Landkriegsordnung.

Diese Regeln sind als kodifiziertes Völkergewohnheitsrecht anzusehen. Problematisch ist allerdings die in Art. 3 des Statuts des Internationalen Strafgerichtshofs für das ehemalige Jugoslawien zu findende Formulierung, wonach der Straftatbestand Gesetze und Gebräuche des Krieges umfaßt, wobei auf bestimmte Verstöße verwiesen wird, um dann fortzufahren: *„but not be limited to"*. Damit sollte sichergestellt werden, daß alle allgemein anerkannten Regeln einbezogen sind. Bei der Diskussion von Resolution 827 im VN Sicherheitsrat wurde darauf hingewiesen, daß nach dieser Fassung auch Verstöße nach den vier Genfer Konventionen, die allgemein anerkannt sind, aber keine *„grave breaches"* darstellen, in den Bereich von Art. 3 des Statuts fallen, ebenso wie Bestimmungen des I. Zusatzprotokolls.[39]

In der bereits erwähnten Berufungsentscheidung im Fall *Tadić* hat das Jugoslawien-Tribunal entschieden, daß Art. 3 auch alle nicht schon unter Art. 2 fallende schwerwiegende Verstöße gegen solche völkergewohnheitsrechtlichen oder *in casu* bindenden völkervertraglichen Normen umfasse, die mit individueller strafrechtlicher Verantwortlichkeit bewehrt seien. Auf dieser Grundlage gelangte es zu dem Schluß, daß die Bestimmung auch die Bestrafung von im nicht-internationalen bewaffneten Konflikt begangenen Taten in einem Umfang gestatte, der im wesentlichen den Standards für den internationalen bewaffneten Konflikt entspreche.[40] Dabei setzte das Gericht voraus, daß wesentliche Normen des Rechts des internationalen bewaffneten Konflikts, namentlich diejenigen zum Schutz der Zivilbevölkerung sowie die einschlägigen Kampfführungsbestimmungen, auch im nicht-internationalen Konflikt völkergewohnheitsrechtliche Geltung beanspruchten.[41]

Art. 3 des Statuts für den Internationalen Strafgerichtshof für das ehemalige Jugoslawien greift allerdings nur bei Vorliegen von zwei Voraussetzungen: Der betreffende Verstoß muß als solcher gewohnheitsrechtlich anerkannt und von solcher Schwere sein, daß eine Verfolgung durch einen internationalen Strafgerichtshof gerechtfertigt ist. Insoweit hat also der Internationale Strafgerichtshof für das ehemalige Jugoslawien keine Befugnis, seine Strafgewalt unter Verstoß gegen den Grundsatz *nulla poena sine lege* auszudehnen.

e. Art. 4 des Statuts für den Internationalen Strafgerichtshof für das ehemalige Jugoslawien enthält den Straftatbestand des Völkermords und übernimmt wörtlich Art. II und III der Konvention über die Verhütung und Bestrafung des Völkermordes von 1948.[42]

f. Art. 5 des Statuts betrifft Verbrechen gegen die Menschlichkeit, die im bewaffneten Konflikt, unabhängig von dessen Qualifikation als intern oder international, begangen wurden und gegen die Zivilbevölkerung gerichtet sind. Die Bestimmung folgt damit im Ergebnis weitgehend der Rechtsprechungspraxis des Internationalen Militärtribunals von Nürnberg, wonach die vom Nazi-Regime begangenen Verbrechen gegen die Menschlichkeit nur verfolgt werden konnten, wenn sie im Zusammenhang mit dem Krieg standen,[43] erstreckt die Strafbarkeit allerdings auch auf den nicht-internationalen Konflikt. Im *Tadić*-Urteil hat die Berufungsinstanz des Jugoslawien-Tribunals Zweifel erkennen lassen, ob diese Beschränkung des Tatbestandes des Verbrechens gegen die Menschlichkeit auf den bewaffneten Konflikt völkergewohnheitsrechtlich geboten ist, die Frage letztlich aber offen gelassen.[44] Die Beschränkung dürfte letztlich lediglich die einschränkenden Vorgaben des Sicherheitsrats mit Rücksicht auf seine Funktionen reflektieren, nicht aber eine darüber hinausgehende tatbestandliche Einschränkung der Verbrechen gegen die Menschlichkeit.

Im einzelnen werden in Art. 5 Mord, Vernichtung, Versklavung, Deportation, Gefangenhaltung, Folter, Vergewaltigung, Verfolgung wegen politischer, rassischer und religiöser Gründe und schließlich lapidar andere unmenschliche Akte genannt, wobei – unausgesprochene – Voraussetzung ist,

[39] So zum Beispiel die Auffassung von Frankreich, dem Vereinigten Königreich, und den Vereinigten Staaten, UN Doc. S/PV.3217, 11, 19 und 15.

[40] ICTY, *Prosecutor v. Tadić* (Anm. 12), paras. 71 ff.

[41] Vgl. dazu ausführlich *Kreß* (Anm. 12), 645 ff.

[42] BGBl. 1954 II, 729.

[43] Vgl. dazu § 194.

[44] ICTY, *Prosecutor v. Tadić* (Anm. 12), para. 141.

daß diese Tatbestände einen Verstoß gegen das bestehende nationale und internationale Recht darstellen.[45] Die Vorschläge der einzelnen Staaten faßten den Tatbestand z. T. deutlich weiter. Allerdings handelte es sich hier um eine stärkere Ausdifferenzierung und nicht um eine Ausweitung des Straftatbestandes. Maßgeblich für die schließlich akzeptierte Fassung war weitgehend das Vorbild von Art. 6 lit. c des Statuts des Internationalen Militärtribunals.

Da die Liste in Art. 5 des Statuts des Internationalen Strafgerichtshofs für das ehemalige Jugoslawien nicht abschließend ist, müssen mögliche Begehungstatbestände den allgemeinen Kriterien der Verbrechen gegen die Menschlichkeit entsprechen. Das betreffende Verbrechen muß von seinem Charakter folglich unmenschlich, gegen die Zivilbevölkerung gerichtet und während des Konflikts begangen worden sein.

g. Die Regelung des Strafrahmens schließlich trägt dem Umstand Rechnung, daß weder die vier Genfer Konventionen noch die Haager Landkriegsordnung oder die Völkermordkonvention einen Strafrahmen für die Delikte vorsehen. Insofern greift das Statut auf das nationale jugoslawische Strafrecht zurück.[46] Die Dauer der Gefängnisstrafe wird festgesetzt mit Blick *„to the general practice regarding prison sentences in the courts of the former Yugoslavia"*. Hieraus resultiert keine volle Bindung.[47]

3. a. Eine besondere Regelung enthält das Statut für das Verhältnis zwischen der nationalen Strafgewalt und der des Internationalen Strafgerichtshofs für das ehemalige Jugoslawien.[48] Danach haben das Jugoslawien-Tribunal und die einzelstaatlichen Gerichte konkurrierende Zuständigkeit für die strafrechtliche Verfolgung von Personen, die seit dem 1. 1. 1991 im Hoheitsgebiet des ehemaligen Jugoslawien schwere Verstöße gegen das humanitäre Völkerrecht begangen haben, wobei das Tribunal Vorrang vor den nationalen Gerichten hat und in jedem Stadium eines Verfahrens die nationalen Gerichte ersuchen kann, ihre Zuständigkeit abzutreten.[49] Das Recht der Initiative hierfür liegt beim Ankläger. In diesen Punkten unterscheiden sich die Regelungen ganz wesentlich von denjenigen, die für den Internationalen Strafgerichtshof vorgesehen sind.[50] Grundsätzlich unterliegen die Verbrechen nach dem Statut des Internationalen Strafgerichtshofs für das ehemalige Jugoslawien dem Weltrechtsprinzip, so daß alle Staaten Täter, die sich innerhalb ihrer Jurisdiktion befinden, strafrechtlich verfolgen können.
b. Eine Verurteilung durch den Internationalen Strafgerichtshof für das ehemalige Jugoslawien schließt eine nochmalige Verurteilung durch ein nationales Gericht aus.[51] Andererseits kann aber ein Verfahren eines nationalen Gerichts nochmals vor das Tribunal gebracht werden, wenn die Verurteilung nicht wegen eines schweren Verstoßes gegen das internationale humanitäre Recht erfolgte, das nationale Verfahren nicht unparteiisch war oder nur ein Scheinverfahren darstellte. Die bereits verbüßte Strafe aufgrund einer Verurteilung durch ein nationales Gericht wird aber von dem Internationalen Strafgerichtshof berücksichtigt.

4. Das Statut des Internationalen Strafgerichtshofs für das ehemalige Jugoslawien verpflichtet die Staaten zu einer Kooperation mit dem Gerichtshof in Bezug auf das Auffinden

---

[45] Vgl. hierzu *B. Jakovljevic*, International Tribunal for Violations of International Humanitarian Law in Former Yugoslawia: Applicable Law, Humanitäres Völkerrecht, 1993, 224, 226.

[46] Vgl. Art. 24 des Statuts.

[47] Vgl. dazu *Morris/Scharf*, 273 ff.

[48] Vgl. Art. 9 des Statuts.

[49] Hierbei handelt es sich um eine Ermessensentscheidung des Gerichtshofs. Mitglieder des Sicherheitsrats haben versucht, das Ermessen einzuschränken. Nach Feststellungen von Frankreich (UN Doc. S/PV.3217, para. 11), den Vereinigten Staaten (UN Doc. S/PV.3217, para. 16), dem Vereinigten Königreich (UN Doc. S/PV.3217, para. 18) und Rußland (UN Doc. S/PV.3217, para. 46) besteht eine derartige Möglichkeit dann, wenn kein unparteiisches nationales Verfahren gewährleistet ist. Dies findet weder im Wortlaut des Statuts noch in den Regeln des Gerichtshofs eine Stütze.

[50] Vgl. dazu § 199.

[51] Art. 10 des Statuts.

und die Identifikation von Straftätern, die Zustellung von Dokumenten, die Ermittlungen, die Festnahme von Verdächtigen und die Auslieferung.[52] Eine – gesondert vereinbarte – Kooperation erfolgt für den Strafvollzug.[53] Die entsprechenden Anordnungen des Strafgerichtshofs, die ihre Rechtsgrundlage in Kapitel VII der VN Charta haben, sind verbindlich. Insofern findet zwischen dem Internationalen Strafgerichtshof für das ehemalige Jugoslawien und den nationalen Strafverfolgungsbehörden eine Aufgabenverteilung statt, wonach in den Bereichen Ermittlung und Vollzug der Internationale Strafgerichtshof für das ehemalige Jugoslawien sich der Rechtshilfe nationaler Organe bedient.[54]

III. 1. Mit Resolution 955 vom 8. 11. 1994 hat der Sicherheitsrat einen Internationalen Strafgerichtshof für Ruanda errichtet. Aufgabe dieses Strafgerichtshofs ist es, diejenigen Personen strafrechtlich zu verfolgen, die entweder in Ruanda oder, soweit es sich um Staatsangehörige Ruandas handelt, in den Nachbarstaaten Ruandas, in der Zeit vom 1. 1. 1994 bis zum 31. 12. 1994 für das Verbrechen des Völkermordes oder für andere schwere Verletzungen des humanitären Völkerrechts verantwortlich sind.[55] Diese Entscheidung des Sicherheitsrats beruht sowohl auf Kapitel VII der Charta der Vereinten Nationen – es wird in der Resolution ausdrücklich von einer fortbestehenden Friedensgefährdung gesprochen – als auch auf einer entsprechenden Aufforderung der Regierung von Ruanda an den Sicherheitsrat.[56]

Ähnlich wie das Jugoslawien-Tribunal hat auch das Ruanda-Tribunal sich mit der Frage der völkerrechtlichen Zulässigkeit seiner eigenen Errichtung beschäftigen müssen. In seiner *Kanyabashi*-Entscheidung hat es die Frage mit ähnlichen Erwägungen wie denen der Berufungskammer des Jugoslawien-Tribunals im *Tadić*-Urteil bejaht.[57]

2. Die Gründe, warum für die Gründung des Internationalen Strafgerichtshofs auf eine Entschließung des Sicherheitsrates nach Kapitel VII der VN Charta zurückgegriffen wurde, sind die gleichen, die für die Errichtung des Internationalen Strafgerichtshofs für das ehemalige Jugoslawien galten, ungeachtet der Tatsache, daß Ruanda selbst die Errichtung eines Internationalen Strafgerichtshofs angeregt hatte[58] und daher davon ausgegangen werden konnte, daß es einen entsprechenden Vertrag ratifizieren würde. Der Gerichtshof ist aber nicht nur auf die Zusammenarbeit mit Ruanda, sondern auch auf die der benachbarten Staaten angewiesen.

Die Errichtung des Gerichtshofs und vor allem die Erarbeitung seines Statuts erfolgte auf der Basis des Statuts für den Internationalen Strafgerichtshof für das ehemalige Jugoslawien.[59]

Zunächst war daran gedacht worden, die Kompetenz des Internationalen Strafgerichtshofs für das ehemalige Jugoslawien auch auf die Verbrechen in Ruanda zu erstrecken. Dies entsprach nicht den

---

[52] Art. 29 des Statuts.

[53] Art. 27 des Statuts.

[54] Ausführlich zur Kooperation zwischen den nationalen Strafverfolgungsbehörden und dem Jugoslawien-Tribunal jetzt *D. P. Stroh*, Die nationale Zusammenarbeit mit den Internationalen Straftribunalen für das ehemalige Jugoslawien und für Ruanda, 2002, 64 ff.

[55] Vgl. Art. 1 des Statuts.

[56] UN Doc. S/1994/1115; siehe auch UN Doc. S/PV. 3453, 14. Zu den Gründen für diesen Wunsch Ruandas vgl. C. *Cissé*, The End of a Culture of Impunity in Rwanda?, African Yearbook of International Humanitarian Law 1998, 161 (163 f). Die Resolution 955 enthält als Annex das Statut des Gerichtshofs; *M. Mubiala*, Le Tribunal International pour le Rwanda, African Journal of International and Comparative Law, 1995, 610 ff; *P. Akhavan*, The International Criminal Tribunal for Rwanda: The Politics and Pragmatics of Punishment, AJIL 90 (1996), 501 ff.

[57] ICTR, *Prosecutor v. Joseph Kanyabashi*, Case No. ICTR-96-15-T, Decision on the Defence Motion on Jurisdiction, 18 June 1997.

[58] Ruanda hat letztlich gegen die Errichtung gestimmt, da es mit einzelnen Aspekten des Statuts nicht einverstanden war.

[59] Formelle Grundlage der Entscheidung des Sicherheitsrats war ein von den Vereinigten Staaten und Neuseeland erstellter Entwurf, der allerdings im Sicherheitsrat modifiziert wurde; vgl. dazu *Morris/Scharf*, The International Tribunal for Rwanda, vol. I, 70.

Vorstellungen der Regierung von Ruanda. Umstritten waren bei der Errichtung des Gerichtshofs für Ruanda die Frage der Todesstrafe, der Zeitraum, in dem die von dem Gerichtshof begangenen Verbrechen begangen sein müssen und deren Tatort.

3. Im Hinblick auf die Bestimmung der zeitlichen und räumlichen Zuständigkeit des Ruanda-Tribunals unterscheidet sich das Statut des Tribunals gleich in doppelter Hinsicht von dem Statut des Internationalen Strafgerichtshofs für das ehemalige Jugoslawien. Für dieses wird zum Einen nur der Beginn des Zeitrahmens in dem Statut definiert; zum Anderen werden nur im ehemaligen Jugoslawien begangene Taten erfaßt. Die Unterschiede reflektieren die unterschiedlichen Konfliktsituationen; es war für Ruanda sachgerecht, auch die Straftaten in den Flüchtlingslagern in den benachbarten Staaten mit einzubeziehen.

4. a. Wie der Internationale Strafgerichtshof für das ehemalige Jugoslawien wendet der Internationale Strafgerichtshof für Ruanda materielles internationales Strafrecht an. Das nationale Strafrecht von Ruanda kann lediglich für die Strafzumessung herangezogen werden. Der entscheidende Unterschied zwischen den beiden internationalen Strafgerichtshöfen liegt aber darin, daß es sich bei dem Konflikt in Ruanda um einen Bürgerkrieg gehandelt hat, auf dem Gebiet des ehemaligen Jugoslawien zumindest z. T. um einen internationalen Konflikt. Dies hat Auswirkungen auf die Straftatbestände nach dem materiellen internationalen Strafrecht.
Der Internationale Strafgerichtshof für Ruanda kann drei Kategorien von Verbrechen verfolgen: Völkermord, Verbrechen gegen die Menschlichkeit und die Verletzung des für den Bürgerkrieg geltenden humanitären Völkerrechts. In Bezug auf den letztgenannten Straftatbestand kann wohl noch nicht von einer Verankerung im Völkergewohnheitsrecht ausgegangen werden.[60]

b. Gemäß Art. 2 des Statuts des Internationalen Strafgerichtshofs für Ruanda obliegt dem Gerichtshof die Verfolgung von Verbrechen des Völkermordes. Die Definition des Begriffs Völkermord entspricht derjenigen in Art. 4 des Statuts für den Internationalen Strafgerichtshof für das ehemalige Jugoslawien sowie Art. II und III der Völkermordkonvention.[61]

c. Die Definition der Verbrechen gegen die Menschlichkeit im Statut des Internationalen Strafgerichtshofs für Ruanda übernimmt zwar die Handlungsformen des Art. 5 des Statuts für den Internationalen Strafgerichtshof für das ehemalige Jugoslawien, weicht aber in zwei entscheidenden Punkten von dieser Strafnorm ab. Für das Statut des Strafgerichtshofs für Ruanda wird eine neue Qualifikation eingeführt; die Taten müssen „... *part of a widespread or systematic attack against any civilian population* ..“[62] sein und sie müssen begangen worden sein „... *on national, political, ethnical, racial or religious grounds* ...“. Das erste

[60] Dies wird in dem Bericht des Generalsekretärs der VN (Report of the Secretary-General Pursuant to Paragraph 5 of Security Council Resolution 955 (1994), para. 12) ausdrücklich eingeräumt: „... Article 4 of the Statute, ..., includes violations of Additional Protocol II, which as a whole, has not yet been universally recognized as part of customary international law and for the first time criminalizes common article 3 of the four Geneva Conventions.“ Anderer Ansicht ist allerdings die Berufungskammer des Internationalen Strafgerichtshofs für das ehemalige Jugoslawien: „The Nuremberg Tribunal considered a number of factors relevant to its conclusion that the authors of particular prohibitions incur individual responsibility... Applying the foregoing criteria to the violations at issue here, we have no doubt that they entail individual criminal responsibility regardless of whether they are committed in internal or international armed conflicts. Principles and rules of humanitarian law reflect ‚elementary considerations of humanity‘ widely recognized as the mandatory minimum for conduct in armed conflicts of any kind...“, ICTY, *Prosecutor v. Tadić* (Anm. 12), paras. 128 f.; siehe bereits o. unter II.2.d.

[61] Vgl. dazu § 193.

[62] Dagegen spricht Art. 5 des Statuts für den Internationalen Strafgerichtshof für das ehemalige Jugoslawien lediglich von „... *directed against any civilian population.*“

Qualifikationsmerkmal führt dazu, daß zwar sowohl für den Straftatbestand unter dem Statut des Strafgerichtshofs für Ruanda als auch für das Statut des Strafgerichtshofs für das ehemalige Jugoslawien ein entsprechender Plan vorliegen, daß im Falle für Ruanda dieser aber teilweise schon verwirklicht sein muß. Der Unterschied ist aber in der Praxis gering; der Nachweis eines Planes wird in der Regel dadurch zu führen sein, daß auf Vernichtungsaktionen verwiesen wird, die stattgefunden haben, wie dies für Ruanda verlangt wird.
Von größerer Bedeutung – auch aus rechtspolitischer Sicht – ist der Verweis auf eine bestimmte Motivation. Diese nähert die Verbrechen gegen die Menschlichkeit dem Völkermord an. Damit wird aber der eigentliche Unrechtsgehalt der Verbrechen gegen die Menschlichkeit in Frage gestellt.[63]

d. Der Internationale Strafgerichtshof für Ruanda hat gem. Art. 4 S. 1 des Statuts schließlich die Kompetenz, Verstöße gegen den gemeinsamen Art. 3 der Genfer Konventionen und gegen das II. Zusatzprotokoll zu verfolgen. Welche Tathandlungen hierunter zu subsumieren sind konkretisiert Art. 4 S. 2 des Statuts. Dazu gehören Gewalt gegen das Leben, die Gesundheit und das physische oder geistige Wohlbefinden von Personen, wie z.B: Mord, grausame Behandlung wie Folter, Verstümmelung oder körperliche Bestrafung;[64] Kollektivstrafen;[65] Geiselnahme;[66] terroristische Akte;[67] Maßnahmen die gegen die Menschenwürde verstoßen, wie Demütigung, entwürdigende Behandlung, Vergewaltigung, Zwangsprostitution und vergleichbare Angriffe;[68] Plünderungen;[69] die Verhängung von Strafen oder die Ausführung von Exekutionen ohne Urteil eines korrekt zusammengesetzten Gerichts und unter einem rechtsstaatlichen Gerichtsverfahren,[70] und die Androhung entsprechender Akte.[71] Diese Liste ist nicht abschließend. Entscheidend dabei ist, daß diese Verbrechen gegenüber Personen begangen wurden, die sich entweder nicht an den Feindseligkeiten beteiligt hat, die Waffen niedergelegt haben oder sich nicht mehr am Kampf beteiligen können *(hors de combat)*. Art. 4 des II. Zusatzprotokolls enthält eine inhaltlich gleiche Beschreibung des Kreises der Opfer.
Der wesentliche Unterschied zwischen diesen Verletzungen des humanitären Völkerrechts und Völkermord bzw. den Verbrechen gegen die Menschlichkeit liegt darin, daß sie weder auf einem übergeordneten Plan beruhen müssen, noch einen besonderen Vorsatz verlangen. Auch Einzelakte können hierunter subsumiert werden.[72]

5. Die Verfolgung der Straftaten kann sowohl durch nationale Gerichte als auch den Internationalen Strafgerichtshof für Ruanda erfolgen.[73] Im Fall eines Kompetenzkonfliktes hat die Kompetenz des Internationalen Strafgerichtshofs für Ruanda Vorrang. Dieser Vorrang beruht auf Kapitel VII VN-Charta. Damit kann das Tribunal, ebenso wie der Internationale Strafgerichtshof für das ehemalige Jugoslawien, einen Fall jederzeit an sich ziehen; eine entsprechende Rechtspflicht besteht allerdings nicht. Der Vorrang der Verfolgungskompetenz des Internationalen Strafgerichtshofs für Ruanda wird von Fall zu Fall festgestellt, das generelle Prinzip ist die parallele Verfolgungskompetenz von nationaler und internationaler Strafgerichtsbarkeit. Das Statut und die Verfahrensordnung regeln, wie der

---

[63] Kritisch daher *T. Meron*, Internationalization of Internal Atrocities, AJIL 89 (1995), 554 (557). Vgl. dazu § 194.
[64] Vgl. auch Art. 3 Abs. 1 lit. a Genfer Konventionen; Art. 4 Abs. 2 lit. a II. Zusatzprotokoll.
[65] Vgl. Art. 4 Abs. 2 lit. b II. Zusatzprotokoll.
[66] Vgl. Art. 3 Abs. 1 lit. c Genfer Konventionen; Art. 4 Abs. 2 lit. c II. Zusatzprotokoll.
[67] Vgl. Art. 4 Abs. 2 lit. d II. Zusatzprotokoll.
[68] Vgl. Art. 3 Abs. 1 lit. c Genfer Abkommen; Art. 4 Abs. 2 lit. e II. Zusatzprotokoll, wobei letztere Vorschrift ausführlicher gefaßt ist.
[69] Vgl. Art. 4 Abs. 2 lit. g II. Zusatzprotokoll; diese Norm beruht letztlich auf Art. 33 Abs. 2 IV Genfer Konvention.
[70] Vgl. Art. 3 Abs. 1 lit. d Genfer Abkommen.
[71] Vgl. Art. 4 Abs. 2 lit. h II. Zusatzprotokoll.
[72] *Meron* (Anm. 63), 558.
[73] Vgl. Art. 8 des Statuts, der der Bestimmung des Art. 9 des Jugoslawien-Tribunals entspricht.

Ankläger die ausreichenden Informationen erhält und die Überstellung von Verdächtigen geltend machen kann.

6. Wie der Internationale Strafgerichtshof für das ehemalige Jugoslawien ist der Strafgerichtshof für Ruanda auf eine Kooperation mit den Staaten angewiesen, da er weder über Ermittlungs- noch Vollstreckungsorgane verfügt.[74] Es besteht eine entsprechende Kooperationspflicht.[75] Die Regelung entspricht derjenigen in dem Statut für den Internationalen Gerichtshof für das ehemalige Jugoslawien.

III. Mit Resolution 1315 vom 14. 8. 2000 hat der Sicherheitsrat den Generalsekretär der Vereinten Nationen beauftragt, mit Sierra Leone einen Vertrag über die Errichtung eines Sondergerichts *(Special Court)* für Sierra Leone zu verhandeln.[76] Dieses Sondergericht unterscheidet sich von den Internationalen Strafgerichtshöfen für das ehemalige Jugoslawien und für Ruanda. Dennoch bestätigt er die allgemein zu beobachtende Entwicklung, daß bestimmte Verbrechen nicht allein mehr einer nationalen Aburteilung, sondern einer internationalen Verfolgung und Aburteilung zugeführt werden.

II. 1. Das Sondergericht für Sierra Leone beruht auf einem Vertrag zwischen den Vereinten Nationen und der Regierung von Sierra Leone. Damit unterscheidet es sich in einem zentralen Punkt von den Internationalen Strafgerichtshöfen für das ehemalige Jugoslawien und Ruanda, die beide auf der Autorität des Sicherheitsrats nach Kapitel VII der VN-Charta beruhen. Diese andersartige Rechtsgrundlage hat eine wesentliche Konsequenz: Der Sondergerichtshof für Sierra Leone beansprucht zwar – obschon seine Jurisdiktion grundsätzlich eine konkurrierende ist – einen Vorrang gegenüber Verfolgungen nach dem Recht von Sierra Leone in dessen nationalen Gerichten,[77] und er kann auf der Basis dieses Vertrages auch bindende Anweisungen an die Regierung von Sierra Leone erlassen; das Gericht hat aber nicht die Macht – wie die Internationalen Strafgerichtshöfe für das ehemalige Jugoslawien und für Ruanda – Verfahren vor nationalen Strafgerichten dritter Staaten an sich zu ziehen bzw. von solchen Staaten die Auslieferung von Verdächtigen zu verlangen.

2. Während es die Aufgabe der anderen Internationalen Strafgerichtshöfe ist, Straftaten nach internationalem materiellem Strafrecht zu verfolgen, soll der Sondergerichtshof für Sierra Leone auch Straftaten nach dem Recht von Sierra Leone ahnden. Dies ändert den Charakter des Sondergerichts: Es kann nicht uneingeschränkt als internationales Gericht eingestuft werden.

Ein weiterer wesentlicher Unterschied besteht in der Zusammensetzung des Gerichts. Sowohl internationale Richter wie auch Richter aus Sierra Leone sind Richter des Sondergerichts. Dies entspricht der Aufgabe des Gerichts sowohl internationale als auch nationale Straftaten zu verfolgen.

III. 1. In der Resolution 1315 empfahl der Sicherheitsrat, daß die Jurisdiktion des Gerichtshofs Verbrechen gegen die Menschlichkeit, Kriegsverbrechen und andere schwerwiegende Verletzungen des internationalen humanitären Völkerrechts umfassen sollte. Da nichts darauf hindeutete, daß die massiven Tötungen sich gegen bestimmte nationale, ethnische,

---

[74] Dazu ausführlich *Stroh* (Anm. 54), 64 ff.

[75] Art. 28 des Statuts.

[76] Der Vertrag über die Errichtung des Gerichts ist Bestandteil des Berichts des VN Generalsekretärs (Report of the Secretary-General on the establishment of a Special Court for Sierra Leone) (UN Doc. S/2000/915 vom 4. 10. 2000). Bestandteil des Vertrages ist das Statut des Sondergerichts. Der Vertrag regelt die Errichtung des Gerichts, seine Finanzierung, seine Privilegien sowie die Stellung von Anwälten und Zeugen. Das Statut normiert die Kompetenzen und das Verfahrensrecht. Ausführlich zum Sondergericht für Sierra Leone *S. Beresford*/*A. L. Muller*, Leiden Journal of International Law 14 (2001), 635 ff.

[77] Vgl. Art. 8 des Statuts.

rassische oder religiöse Gruppe richteten, wurde nicht empfohlen, die Kompetenz des Gerichtshofs auch auf den Völkermord zu erstrecken.

2. Die Liste der Straftaten, die unter dem Begriff Straftaten gegen die Menschlichkeit zu subsumieren sind,[78] folgen den Statuten des Internationalen Strafgerichtshofs für das ehemalige Jugoslawien bzw. für Ruanda, die wiederum auf Art. 6 des Statuts für den Internationalen Militärgerichtshof von Nürnberg zurückgehen.[79]

3. Ebenso wie nach dem Statut für den Internationalen Strafgerichtshof für Ruanda besteht für das Sondergericht für Sierra Leone auch die Möglichkeit, Verstöße gegen den gemeinsamen Art. 3 der Genfer Konventionen und gegen Art. 4 des Zweiten Zusatzprotokolls zu diesen Konventionen zu verfolgen.[80] Das Statut des Internationalen Strafgerichtshofs folgt einem anderen, in diesem Bereich stärker restriktiven Ansatz; allerdings sind hierunter solche Delikte als Kriegsverbrechen verfolgbar.[81]
Weitere schwerwiegende Verletzungen des internationalen humanitären Völkerrechts erfassen Angriffe gegen die Zivilbevölkerung als solche oder gegen Mitglieder dieser Zivilbevölkerung, die sich an Feindseligkeiten nicht beteiligt haben, Angriffe gegen das Personal von friedenssichernden Aktivitäten der Vereinten Nationen bzw. gegen das Personal von humanitären Organisationen sowie die Entführung und die zwangsweise Rekrutierung von Kindern unter 15 Jahren in die Streitkräfte der einen oder anderen Gruppe.[82]
Das Verbot des Angriffs auf Zivilisten geht letztlich auf die grundsätzliche Unterscheidung der IV. Genfer Konvention zwischen Zivilbevölkerung und Personen, die an einer bewaffneten Auseinandersetzung aktiv beteiligt sind, zurück. Es ist völkergewohnheitsrechtlich anerkannt, daß ein Waffeneinsatz nur gegen diejenigen Personen möglich ist, die sich an bewaffneten Auseinandersetzungen beteiligen. Im Grunde genommen wäre es durchaus möglich gewesen, auch die Mitglieder von Hilfsorganisationen und Friedenstruppen hierunter zu fassen. Insbesondere bei Mitgliedern von Hilfsorganisationen handelt es sich um Zivilisten. Mitglieder von Friedenstruppen sind zwar in der Regel Militärpersonen, aber nicht Militärpersonen, die sich an einer bewaffneten Auseinandersetzung beteiligen. Das Verbot, Kinder unter 15 Jahren zwangsweise zu rekrutieren, ist ein Grundsatz, der bereits in Art. 4 Abs. 3 des II. Zusatzprotokolls zu den Genfer Konventionen normiert ist. Der gleiche Grundsatz findet sich in Art. 38 Abs. 3 der Konvention zum Schutze der Rechte des Kindes und in dem Statut für den ständigen Internationalen Strafgerichtshof, der derartige Rekrutierungen als Kriegsverbrechen qualifiziert.[83] Der Straftatbestand der zwangsweisen Rekrutierung von Kindern unterscheidet sich von dem nach dem Statut für den Internationalen Strafgerichtshof, da im ersteren die Entführung von Kindern und deren zwangsweise Rekrutierung als Faktum im Vordergrund stehen, während nach dem Statut des Internationalen Strafgerichtshofs ein entsprechender formeller Akt einer staatlichen Macht gefordert wird.

4. Die von dem Sondergericht verfolgbaren Straftaten nach dem Strafrecht von Sierra Leone beziehen sich in erster Linie auf die Mißhandlungen von Mädchen, die nach einem speziellen Gesetz von 1926 unter dem Recht von Sierra Leone Straftatbestände darstellen,[84] sowie auf

---

[78] Art. 2 des Statuts.

[79] Vgl. dazu § 194.

[80] Vgl. Art. 3 des Statuts.

[81] Vgl. dazu § 192.

[82] Vgl. Art. 4 des Statuts.

[83] Nach dem Bericht des Generalsekretärs (Report of the Secretary-General on the establishment of a special code for Sierra Leone) S/2000/915 vom 4. 10. 2000, para. 17, handelt es sich hierbei um einen Bestandteil des Völkergewohnheitsrechts. Allerdings stellte der Generalsekretär in Frage, ob Völkergewohnheitsrecht dieses Delikt als Kriegsverbrechen anerkennt.

[84] Vgl. den *Prevention of Cruelty to Children Act* aus dem Jahre 1926.

Taten nach dem Gesetz von 1861 über die willkürliche Zerstörung von Eigentum,[85] insbesondere das Abbrennen.[86]

5. Der Gerichtshof für Sierra Leone ist zuständig für die Verfolgung von Verbrechen, welche nach dem 30. 11. 1996 begangen worden sind.[87] Dabei soll sich seine Zuständigkeit auf diejenigen Personen beschränken, die insbesondere verantwortlich für die Begehung der Verbrechen waren, die in Sierra Leone stattgefunden haben. Dies erfaßt zweifelsohne die politischen und militärischen Führer bzw. andere Personen mit Befehlsbefugnissen. Darüber hinaus erfaßt es aber auch diejenigen, die im hohen Umfange entsprechende Verbrechen begangen haben. Besondere Probleme wirft die Verurteilung von Personen auf, die noch nicht volljährig sind.

6. Die Kooperationspflicht für die Regierung von Sierra Leone entspricht den Kooperationspflichten, die den Staaten in bezug auf die Internationalen Strafgerichtshöfe für das ehemalige Jugoslawien und für Ruanda obliegen.

§ 199 Der Internationale Strafgerichtshof

Schrifttum: Wie vor §§ 189, 191 und 192; ferner: C. *Tomuschat*, Ein Internationaler Strafgerichtshof als Element einer Weltfriedensordnung, Europa-Archiv 49 (1994), 65 ff; *ders.*, Von Nürnberg nach Den Haag, Die Friedenswarte 70 (1995), 143 ff; C. L. *Blakesley*, Comparing the Ad Hoc Tribunal for Crimes against Humanitarian Law in the former Yugoslavia and the Project for an International Criminal Court, Prepared by the International Law Commission, Revue Internationale de Droit Pénal 67 (1996), 139 ff; B. *Broms*, The Establishment of an International Criminal Court, in: Y. *Dinstein* (ed.), War Crimes in International Law, 1996; T. S. *Warrick*/M. C. *Bassiouni*, Organization of the International Criminal Court: Administrative and Financial Issues, in: M. C. *Bassiouni*, The International Criminal Court: Observations and Issues before the 1997–98 Preparatory Committee (1997), 37 ff; K. *Ambos*, The International Criminal Court and the Traditional Principles of International Cooperation in Criminal Matters, The Finnish Yearbook of International Law 9 (1998), 413; M. C. *Bassiouni* (ed.), International Criminal Court: Compilation of United Nations Documents and Draft ICC Statute before the Diplomatic Conference, 1998; *ders.*, The Statute of the International Criminal Court: A Documentary History, 1998; H.-J. *Behrens*, Investigation, Trial and Appeal in the International Criminal Court Statute (Parts V, VI, VIII), European Journal of Crime, Criminal Law and Criminal Justice 6 (1998), 429 ff; M. *Bergsmo*, The Jurisdictional Régime of the International Criminal Court (Part II, Articles 11–19), European Journal of Crime, Criminal Law and Criminal Justice 6 (1998), 345 ff; B. B. *Ferencz*, International Criminal Courts: The Legacy of Nuremberg, Pace International Law Review 10 (1998), 203 ff; V. *Gowlland-Debbas*, The Relationship between the Security Council and the Projected International Criminal Court, Journal of Armed Conflict Law 3 (1998), 97 ff; F. *Jarasch*, Establishment, Organization and Financing of the International Criminal Court (Parts I, IV, XI-XIII), European Journal of Crime, Criminal Law and Criminal Justice 6 (1998), 325 ff; C. *Kreß*, Penalties, Enforcement and Cooperation in the International Criminal Court Statute (Parts VII, IX, X), European Journal of Crime, Criminal Law and Criminal Justice 6 (1998), 442 ff; F. *Lattanzi* (ed.), The International Criminal Court: Comments on the Draft Statute, 1998; W. A. *Schabas*, General Principles of Criminal Law in the International Criminal Court Statute (Part III), European Journal of Crime, Criminal Law and Criminal Justice 6 (1998), 400 ff; L. S. *Sunga*, The Crimes Within the Jurisdiction of the International Criminal Court (Part II, Articles 5–10), European Journal of Crime, Criminal Law and Criminal Justice 6 (1998), 377 ff; M. C. *Bassiouni*, The Statute of the International Criminal Court: A Documentary History, 1998; A. *Zimmermann*, Die Schaffung eines ständigen Internationalen Strafgerichtshofs – Perspektiven und Probleme vor der Staatenkonferenz in Rom, ZaöRV 58 (1998), 47 ff; *ders.*, The Creation of a Permanent International Criminal

---

[85] Vgl. den Malicious Damage Act von 1861.

[86] Vgl. Art. 5 des Statuts.

[87] Vgl. Art. 1 des Statuts.

Court, Max Planck UNYB 2 (1998), 169 ff; *H. A. M. von Hebel/J. G. Lammers/J. Schukking*, Reflections on the International Criminal Court, 1999; *H.-P. Kaul/C. Kreß*, Jurisdiction and Cooperation in the Statute of the International Criminal Court: Principles and Compromises, Yearbook of International Humanitarian Law 2 (1999), 143 ff; *P. Kirsch/J. T. Holmes*, The Rome Conference on an International Criminal Court, AJIL 93 (1999), 2 ff; *E. LaHaye*, The Jurisdiction of the International Criminal Court, Controversies Over the Preconditioning for Exercising It's Jurisdiction, NILR 46 (1999), 1 ff; *F. Lattanzi* (ed.), Essays on the Rome Statute of the International Criminal Court, 1999; *R. S. Lee* (ed.), The International Criminal Court: The Making of the Rome Statute: Issues, Negotiations, Results, 1999; *G. H. Oosthuizen*, Some preliminary remarks on the relationship between the envisaged International Criminal Court and the United Nations Security Council, NILR 46 (1999), 313 ff; *S. Rosenne*, The Jurisdiction of the International Criminal Court, Yearbook of International Humanitarian Law 2 (1999), 119 ff; *D. Sarooshi*, The Statute of the International Criminal Court, The International and Comparative Law Quarterly 48 (1999), 387 ff; O. *Triffterer* (ed.), Commentary on the Rome Statute of the International Criminal Court: Observers‘ Notes, Article by Article, 1999; *S. W. Andreasen*, The International Criminal Court: Does the Constitution Preclude Its Ratification by the United States, Iowa Law Review 85 (2000), 697 ff; *G. M. Danilenko*, The Statute of the International Criminal Court and Third States, Michigan Journal of International Law 21 (2000), 445 ff; *G. M. Dawson*, Defining Substantive Crimes Within the Subject Matter Jurisdiction of the International Criminal Court: What is the Crime of Aggression?, New York Law School Journal of International and Comparative Law 19 (2000), 413 ff; *B. S. Sewall* (ed.), The United States and the International Criminal Court: National Security and the International Law, 2000; *H. Spieker*, The International Criminal Court and Non-International Armed Conflicts, Leiden Journal of International Law 13 (2000), 395 ff; *H. Blanke/C. Molitor*, Der Internationale Strafgerichtshof, AöR 39 (2001), 142 ff; A. *Bruer-Schäfer*, Der Internationale Strafgerichtshof, 2001; *A. Cassese* (ed.), International Criminal Law: A Commentary on the Rome Statute for an International Criminal Court, 2001; *R. S. Lee* (ed.), The International Criminal Court, Elements of Crimes and Rules of Procedure and Evidence, 2001; *S. R. Lüder*, Zur Rechtsnatur des Internationalen Strafgerichtshofes, Humanitäres Völkerrecht 14 (2001), 136 ff; *M. Politi* (ed.), The Rome Statute of the International Criminal Court: A Challenge to Impunity, 2001; *W. A. Schabas*, An Introduction to the International Criminal Court, 2001; *J. Gavron*, Amnesties in the Light of the Developments in International Law and the Establishment of the International Criminal Court, ICLQ 51 (2002), 91 ff.

I. 1. a. Am 17. Juli 1998 wurde von der dazu von der Generalversammlung der Vereinten Nationen[1] einberufenen Diplomatischen Konferenz das Statut des Internationalen Strafgerichtshofs[2] angenommen. Auf die Entwicklungen, die schließlich in die Verabschiedung des Statuts für den Internationalen Gerichtshof mündeten, wurde bereits eingegangen.[3]

b. Ausgangspunkt für die Diplomatische Konferenz war der Entwurf für ein Statut des Internationalen Strafgerichtshofs, den die International Law Commission im Jahre 1994 vorgelegt hatte. Zur Vorbereitung der späteren Staatenkonferenz hatte die Generalversammlung der Vereinten Nationen zunächst einen *ad hoc* Ausschuß eingesetzt. Dieser wurde dann von einem Vorbereitungsausschuß für die Konferenz abgelöst,[4] der zahlreiche substantielle Änderungen des Entwurfs des Statuts vorschlug.[5] Dieser z. T. mit Alternativvorschlägen versehene Text stellte die Arbeitsgrundlage für die Diplomatische Konferenz dar. Einzelne Fragen waren jedoch offengeblieben und konnten zusammen mit den kontrovers

---

[1] GA Res. 51/207 vom 17. 12. 1996; GA Res. 52/160 vom 15. 12. 1997.

[2] ILM 37 (1998) 999.

[3] § 191.

[4] Zur Entstehungsgeschichte vgl. *M. C. Bassiouni*, Negotiating the Treaty of Rome on the Establishment of an International Criminal Court, Cornell International Law Journal 32 (1999), 443.

[5] Vgl. dazu Report of the Preparatory Committee on the Establishment of an International Criminal Court, UN Doc. A/51/22; Report of the Inter-Sessional Meeting from 19 to 30 January 1998 in Zutphen, The Netherlands, UN Doc. A/AC.249/1998/L.13; Report of the Preparatory Committee on the Establishment of an International Criminal Court, Addendum, UN Doc. A/Conf.183/2/Add.1.

gebliebenen Punkten erst auf der Konferenz selbst gelöst werden. Die Arbeit der Konferenz wurde in hohem Umfang mit durch Nichtregierungsorganisationen bestimmt.[6]

c. Zusammen mit dem Statut nahm die Diplomatische Konferenz die Schlußakte[7] an, mit der eine Vorbereitungskommission errichtet wurde. Deren Aufgabe war es u. a., die Verfahrens- und Beweisregeln sowie die *„Elements of Crimes"* zu erarbeiten. Aufgabe der *„Elements of Crimes"* ist es, die Straftatbestände für Völkermord,[8] Verbrechen gegen die Menschlichkeit[9] und Kriegsverbrechen[10] mit Bindungswirkung für die Richter des Internationalen Strafgerichtshofs zu präzisieren. Die Vorbereitungskommission hat ihre Aufgabe in der ihr gesetzten Frist erfüllt.[11]

Dieser Vorgang ist an sich ungewöhnlich. Denn hiermit wird eine genuine richterliche Aufgabe, nämlich die Interpretation der anzuwendenden Norm in einem wesentlichen Punkt beschnitten, und die Möglichkeit des Internationalen Strafgerichtshofs, eine an den Bedürfnissen der Praxis ausgerichtete Fortentwicklung der Norm zu betreiben, eingeschränkt. Hierin äußert sich nicht nur ein tiefes Mißtrauen gegenüber dem Gerichtshof und seiner Rechtsprechung, sondern diese Regelung ist auch kennzeichnend für den Stellenwert, der diesem Gerichtshof eingeräumt wird.

Für ein Mißtrauen gegenüber dem Internationalen Strafgerichtshof besteht kein Anlaß. Die beiden internationalen Strafgerichtshöfe für das ehemalige Jugoslawien bzw. für Ruanda haben sich bei der Interpretation ihrer Statuten große Zurückhaltung auferlegt. Vor allem wird dies in der Rechtsprechung beider Gerichtshöfe zum Verbrechen des Völkermords deutlich. In bezug auf die *„Elements of Crimes"* ist insoweit noch auf einen weiteren Gesichtspunkt hinzuweisen: Da sie ausschließlich den Internationalen Strafgerichtshof, nicht aber die beiden Strafgerichtshöfe für das ehemalige Jugoslawien bzw. für Ruanda binden, besteht durchaus die Gefahr, daß die Rechtsprechung dieser drei Gerichtshöfe zu identischen Tatbeständen divergieren könnte.

Nachdem in einer historischen Zeremonie am 11. April 2002 nach Hinterlegung der Ratifikationsurkunden von zehn Staaten die nach Art. 126 des ICC-Statuts erforderliche Anzahl von 60 Ratifikationen überschritten wurde – übrigens deutlich schneller, als dies erwartet werden konnte – trat das Statut zum 1. Juli 2002 in Kraft.

2. a. Die Funktion des Internationalen Strafgerichtshofs besteht darin, Personen für bestimmte Verbrechen zur Verantwortung zu ziehen, die wegen ihrer Verwerflichkeit und Schwere nicht nur die Opfer selbst, sondern die internationale Gemeinschaft der Staaten in ihrem Wertebewußtsein verletzen. Insofern ist das Statut des Internationalen Strafgerichtshofes nicht nur ein Beleg für die Existenz eines gemeinsamen Wertesystems, sondern auch für die Bereitschaft der Staatengemeinschaft, dieses zu verteidigen. Dabei ist allerdings zu berücksichtigen, daß der Internationale Strafgerichtshof nach seiner Gesamtkonzeption, aber vor allem auch nach der Ausgestaltung seines Verhältnisses zu den nationalen Gerichten, keine gleichberechtigte, sondern allenfalls eine ergänzende Rolle im Verhältnis zur nationalen Strafgerichtsbarkeit hat. Hierauf wird noch näher einzugehen sein.

---

[6] Zum Konferenzverlauf siehe *P. Kirsch/J. T. Holmes*, 2 ff; *R. Lee*, The Rome Conference and the Contributions to International Law, 21 ff sowie *P. Kirsch*, in: *Lee* (ed.), 451 ff; zur Beteiligung von Nichtregierungsorganisationen vgl. *W. R. Pace/M. Thieroff*, in: *Lee* (ed.), Participation of Non-Governmental Organizations, 391 ff.

[7] UN Doc. A/Conf.183/10.

[8] Art. 6 des Statuts.

[9] Art. 7 des Statuts.

[10] Art. 8 des Statuts.

[11] Report of the Preparatory Commission for the International Criminal Court, Addendum, Finalized Draft Text of the Elements of Crimes, UN Doc. PCNICC/2000/NF/3/Add. 2; Finalized Draft Text of the Rules of Procedure and Evidence, UN Doc. PCNICC/2000/NF/3/Add.3.

b. Das Statut und die Gründung des Internationalen Strafgerichtshofs nehmen, wenn auch verspätet, den Ansatz auf, der unmittelbar nach dem Zweiten Weltkrieg durch die Errichtung der beiden Internationalen Militärstrafgerichtshöfe von Nürnberg und Tokio eingeleitet worden war.[12]
Anders als bei den beiden Militärstrafgerichtshöfen nach dem Zweiten Weltkrieg handelt es sich bei dem Internationalen Strafgerichtshof aber um ein internationales Gericht im eigentlichen Sinne des Wortes. Seine Zusammensetzung, vor allem die Art und Weise der Auswahl der Richter sichern die Internationalität dieses Gerichtshofs. Von den internationalen Strafgerichtshöfen für das ehemalige Jugoslawien bzw. für Ruanda unterscheidet sich der Internationale Strafgerichtshof durch seine völkervertragliche Rechtsgrundlage. Diese hat Konsequenzen in Bezug auf das Verhältnis zu Nichtvertragsstaaten. Während alle Mitgliedstaaten der Vereinten Nationen verpflichtet sind, mit den beiden internationalen Strafgerichtshöfen für das ehemalige Jugoslawien bzw. für Ruanda zusammenzuarbeiten, da diese auf der Grundlage einer Resolution des UN-Sicherheitsrates unter Berufung auf Kapitel VII der VN-Charta geschaffen wurden, besteht eine vergleichbare Kooperationspflicht in Bezug auf den Internationalen Strafgerichtshof nur für die Vertragsstaaten des Statuts.
Der Internationale Strafgerichtshof ist eine Einrichtung mit internationaler Rechtspersönlichkeit. Er hat im Rahmen seiner Kompetenzen das Recht, völkerrechtliche Abkommen, z. B. das Sitzstaatabkommen und Rechtshilfeabkommen, abzuschließen.

c. Das von dem Internationalen Strafgerichtshof anzuwendende Recht ist das Statut, die konkretisierenden Auslegungsregeln für die Tatbestände *(elements of crimes)*[13] sowie die Verfahrens- und Beweisregeln.[14] Ergänzend können anwendbare völkerrechtliche Verträge und Grundsätze und Regeln des Völkerrechts herangezogen werden.[15] Die Terminologie entspricht nicht ganz derjenigen der Rechtsquellenlehre im allgemeinen Völkerrecht, da die Regelung von *„applicable treaties and the principles and rules of international law"* spricht. Gemeint können damit nur die allgemeinen Rechtsprinzipien und das Völkergewohnheitsrecht sein. Besonders wird auf die anerkannten Prinzipien des Völkerrechts für bewaffnete Konflikte verwiesen. Nach dem Statut ist auch möglich der Rückgriff auf allgemeine Grundsätze des nationalen Rechts, sofern diese im Einklang mit dem Statut und dem Völkerrecht stehen.[16] Dabei wird besonders auf das nationale Recht der Staaten verwiesen, die normalerweise die Strafgewalt über das begangene Verbrechen ausüben würden. Ferner kann das Gericht Prinzipien und Rechtsregeln aus seinen früheren Entscheidungen anwenden.[17] Hieraus ergibt sich eine Normenhierarchie, an deren Spitze das ICC-Statut steht.
Eine Art. 21 des ICC-Statuts entsprechende Klausel fehlt in den Statuten für die internationalen Strafgerichtshöfe für das ehemalige Jugoslawien bzw. für Ruanda. Dies hat verschiedene Gründe. Ein Verweis auf entsprechendes Völkervertragsrecht ist im Statut des Internationalen Strafgerichtshofs deswegen geboten, weil die Straftatbestände in Art. 6–8 eigenständig formuliert sind, wohingegen zumindest in Art. 2 des Statuts für den Internationalen Strafgerichtshof für das ehemalige Jugoslawien auf völkerrechtliche Verträge, die vier Genfer Konventionen, verwiesen wird. Der Grund für die fehlende Verweisung auf andere Quellen des Völkerrechts sowie auf das nationale Recht liegt aber letztlich in der anderen Form der Errichtung dieser beiden Gerichtshöfe – nicht durch Vertrag, sondern durch Entscheidung des Sicherheitsrats nach Kapitel VII VN-Charta. Diese Entscheidungen

[12] Vgl. dazu § 191.
[13] Art. 9 des Statuts.
[14] Art. 21 Abs. 1(a) des Statuts.
[15] Art. 21 Abs. 1(b) des Statuts.
[16] Art. 21 Abs. 1(c) des Statuts.
[17] Art. 21 Abs. 2 des Statuts.

sind gegenüber den Mitgliedstaaten verbindlich, ein genereller Verweis auf nationales Recht wäre damit nicht in Einklang zu bringen.[18] Möglich wäre aber ein genereller Verweis in dem Statut für das ehemalige Jugoslawien auf völkerrechtliche Verträge gewesen, wie Art. 2 dieses Statuts belegt.
Der unterschiedliche Ansatz, der in den Statuten der internationalen Gerichtshöfe für die Umschreibung der Straftatbestände gewählt worden ist, ist nicht unproblematisch. Die Rückgriffsmöglichkeit des Internationalen Strafgerichtshofs auf andere Rechtsquellen könnte durchaus zu unterschiedlichen Interpretationen dieser Straftatbestände führen, obwohl diese in weiten Bereichen identisch sind.

d. Das Statut des Internationalen Strafgerichtshofs enthält Regelungen zum materiellen Strafrecht sowie zum Strafprozeß-, Strafvollstreckungs-, Gerichtsverfassungs-, Rechtshilfe und Auslieferungsrecht. Es soll im folgenden nicht in seiner gesamten Breite vorgestellt werden. Sinn der Ausführungen in diesem Abschnitt ist es lediglich zu zeigen, unter welchen Voraussetzungen der Internationale Strafgerichtshof tätig werden kann, also wann das materielle internationale Strafrecht zentral durchgesetzt wird. Ebenfalls angesprochen wird in diesem Abschnitt die Zusammenarbeit, zu der die Staaten gegenüber dem Internationalen Strafgerichtshof verpflichtet sind. Dabei sind wesentliche Unterschiede im Vergleich zu den internationalen Strafgerichtshöfen für das ehemalige Jugoslawien und für Ruanda festzustellen. Die Würdigung des von dem Internationalen Strafgerichtshof anzuwendenden materiellen Rechts[19] sowie die Darstellung seines Verfahrens und seiner Organisation[20] werden in Band II behandelt.

II. 1. a. Der Internationale Strafgerichtshof hat die Strafkompetenz in Bezug auf vier Delikte: Völkermord, Verbrechen gegen die Menschlichkeit, Kriegsverbrechen und Aggression. Diese vier Verbrechen werden in der Präambel des Statuts als die *‚most serious crimes of concern to the international community as a whole‘* bezeichnet. Hiermit werden diese Delikte gegenüber anderen des internationalen Strafrechts herausgehoben und den teilweise in der ILC vertretenen Ansätzen, nach denen alle Straftaten des internationalen Strafrechts von dem Internationalen Gerichtshof verfolgt werden können, eine Absage erteilt. Art. 5 Abs. 1 des Statuts wiederholt diesen Gesichtspunkt, indem betont wird, daß die Strafverfolgungsgewalt des Internationalen Gerichtshofs *„... shall be limited to the most serious crimes of concern to the international community as a whole ...“*.

b) Diese Klausel enthält allerdings nicht nur eine Aussage hinsichtlich der durch den Internationalen Strafgerichtshof verfolgbaren Straftatbestände, sondern weist auch darauf hin, daß die individuelle Tat von einer gewissen Schwere sein muß, um durch den Internationalen Strafgerichtshof abgeurteilt werden zu können. Verfolgt werden sollen nur die schweren Verbrechen, vor allem diejenigen, die andernfalls nicht effektiv geahndet würden.
Dies wird gewährleistet durch die Möglichkeit des Gerichtshofs, die Annahme eines Falles wegen mangelnder Schwere der Tat verweigern.[21] Ebenso kann der Ankläger, dem ein Verfolgungsermessen (Opportunitätsprinzip) zusteht, von einer Anklage mangels Schwere der Tat absehen.[22] Darüber hinaus enthalten die einzelnen Straftatbestände einschränkende objektive und subjektive Tatbestandsmerkmale, die sicherstellen, daß sich der Internationale Strafgerichtshof nur mit besonders schwerwiegenden Einzelfällen befaßt. Bei den Verbre-

---

[18] Etwas anderes gilt für den Verweis auf das nationale Strafzumessungsrecht gemäß Art. 24 des Statuts für den Internationalen Strafgerichtshof für das ehemalige Jugoslawien.

[19] Vgl. §§ 192 ff.

[20] Vgl. dazu Bd. II/1.

[21] Art. 17 Abs. 1(d) des Statuts; vgl. dazu *S. A. Williams*, in: *Triffterer*, 393.

[22] Art. 53 Abs. 2(c) des Statuts; vgl. dazu *M. Bergsmo/ P. Kruger*, in: *Triffterer*, 708 f.

chen des Völkermords und gegen die Menschlichkeit ist allerdings stets von einem schweren Einzelfall auszugehen.[23] In Bezug auf Kriegsverbrechen wird die Konzentration auf schwerwiegende Einzelfälle durch Art. 8 Abs. 1 des Statuts erreicht. Danach ist der Internationale Strafgerichtshof insbesondere zuständig, wenn die Begehung von Kriegsverbrechen Teil eines entsprechenden Planes bzw. eines groß angelegten Verstoßes war. Die besondere Schwere des Einzelfalls ergibt sich dann aus der Tatsache der vorherigen Planung. Damit werden die von dem Internationalen Strafgerichtshof verfolgbaren Kriegsverbrechen in die Nähe von Verbrechen gegen die Menschlichkeit gerückt.
Insofern enthält der Verweis auf die *„most serious crimes of international concern“* einen Verweis auf die subsidiäre Rolle des Internationalen Strafgerichtshofs im Verhältnis zur Verfolgung dieser Straftaten durch die nationalen Strafgewalten. Gleichzeitig liegt hierin aber auch eine Rechtfertigung dafür, daß ein internationales Strafgericht mit der Verfolgung dieser Delikte betraut ist. Denn nur die Tatsache, daß insoweit ein Verfolgungsinteresse der Staatengemeinschaft insgesamt besteht, rechtfertigt die Einsetzung eines zentralen Strafverfolgungsorgans.

c) Die Beschränkung des Internationalen Strafgerichtshofs auf die vier genannten Straftatbestände heißt allerdings nicht, daß andere Straftatbestände des internationalen Strafrechts bedeutungslos würden. Es wird lediglich auf die Möglichkeit einer zentralen internationalen Verfolgung verzichtet; eine dezentrale Verfolgung durch die Strafgerichtsbarkeit der Staaten bleibt in bisherigem Umfang möglich. Insofern ist eine Zweiteilung der Delikte erfolgt in solche, die zentral und dezentral verfolgt werden können (wie z. B. Völkermord) und solche, die nur dezentral verfolgbar sind (wie z. B. Piraterie).
Einige Verbrechenstatbestände sind allerdings noch nicht operabel. Dies gilt in erster Linie für die Aggression, aber auch für bestimmte Formen von Kriegsverbrechen. Vor allem in bezug auf die Verfolgung von Aggression bleibt das Statut des Internationalen Strafgerichtshofs hinter den Statuten der Internationalen Militärtribunale von Nürnberg und Tokio zurück.[24]

2. Die vier Verbrechenstatbestände sind teils aus geltendem Vertragsrecht, teils aus Völkergewohnheitsrecht entwickelt. Sie können, wie das Statut feststellt, nicht dahingehend verstanden werden, daß sie das existierende Gewohnheitsrecht vollständig kodifizieren, noch dahingehend, daß sie einer weiteren Gewohnheitsrechtsbildung entgegen stehen.[25] Insofern behindert das Statut die weitere Entwicklung des internationalen materiellen Strafrechts nicht. Allerdings wird die Bedeutung einer vertrags- oder gewohnheitsrechtlichen Weiterentwicklung des internationalen Strafrechts in dem Statut eingeschränkt. Art. 10 Statut des Internationalen Strafgerichtshofs spricht von dieser Entwicklung *„... for purposes other than this Statute ...“*. Damit wird klargestellt, daß gewohnheitsrechtliche oder vertragsrechtliche Entwicklungen nicht als Grundlage für eine Erweiterung der Strafverfolgungsgewalt des Internationalen Strafgerichtshofs dienen können. Dies ist nicht Ausdruck des Grundsatzes *nullum crimen sine lege*, auf den Art. 22 des Statuts verweist, sondern einer bewußten Beschränkung der Strafverfolgungsgewalt des Internationalen Strafgerichtshofs. Diese Beschränkung hat zur Konsequenz, daß sich die nationale Strafverfolgungsgewalt in Bezug auf internationale Delikte und diejenige des Internationalen Gerichtshofs auseinander entwickeln können. Die Bedeutung des Weltrechtsprinzips und des Prinzips der stellvertretenden Strafrechtspflege, d. h. die dezentrale Verfolgung von internationalen Verbrechen durch nationale Strafgerichte, wird nicht an Bedeutung verlieren, sondern eher zunehmen.

---

[23] Vgl. dazu § 193 und § 194.
[24] Vgl. dazu § 192.
[25] Art. 10 des Statuts; vgl. dazu *Triffterer*, in: *Triffterer*, 315 ff.

Zwangsläufig stellt sich an dieser Stelle die Frage nach der Bedeutung von Art. 21 Abs. 1 (b) des Statuts des Internationalen Strafgerichtshofs. Danach kann der Internationale Strafgerichtshof internationale Verträge, allgemeine Rechtsprinzipien und Gewohnheitsrecht anwenden. Allerdings gilt dies nur innerhalb der durch Art. 5 des Statuts des Internationalen Strafgerichtshofs gesetzten Grenzen. Völkerrechtliche Verträge, Völkergewohnheitsrecht und allgemeine Rechtsprinzipien können nicht dazu herangezogen werden, die Strafverfolgungsgewalt des Internationalen Strafgerichtshofs zu erweitern.

3. a. Der Internationale Strafgerichtshof ist zuständig für die Verfolgung von Verbrechen des Völkermords. In der Formulierung des Straftatbestands folgt das Statut des Internationalen Strafgerichtshofs dem Wortlaut der Konvention über die Verhütung und Bestrafung des Völkermords (Völkermordkonvention).[26] Versuche der Vorbereitungskommission, den Tatbestand einzuschränken, fanden auf der Staatenkonferenz keine Zustimmung.[27] Mit der Übernahme des Wortlauts von Art. II der Völkermordkonvention wird das Statut der Tatsache gerecht, daß diese Definition des Völkermords inzwischen Bestandteil des Völkergewohnheitsrechts ist.[28] Es ist dabei zu berücksichtigen, daß Art. III Völkermordkonvention keine direkte Aufnahme in das Statut des Internationalen Strafgerichtshofs bzw. in Art. 4 des Statuts des Internationalen Strafgerichtshofs für das ehemalige Jugoslawien gefunden hat. Allerdings formuliert Art. 25 des Statuts des Internationalen Strafgerichtshofs Beihilfetatbestände, die Art. III der Völkermordkonvention erfassen;[29] eine Verfolgungslücke entsteht daher im Verhältnis zur Völkermordkonvention nicht.

b. Entspricht der Straftatbestand des Verbrechens des Völkermords in dem Statut des Internationalen Strafgerichtshofs dem geltenden Völkervertrags- und Gewohnheitsrecht, so ist die Lage für Verbrechen gegen die Menschlichkeit komplexer. Art. 7 des ICC-Statuts nennt elf Handlungen, durch die der Tatbestand des Verbrechens gegen die Menschlichkeit verwirklicht werden kann; im Vergleich zu dem Statut des Internationalen Militärstrafgerichtshofs von Nürnberg sind Bevölkerungstransfer, Freiheitsberaubung oder andere schwerwiegende Formen der Freiheitsbeschränkung unter Verletzung der internationalen Menschenrechte, Folter, Vergewaltigung und andere Sexualdelikte, Verfolgung von bestimmten Personengruppen, Zwangsverschleppung von Personen sowie das Verbrechen der Apartheid hinzugekommen. Diese deutlich stärkere Auffächerung des Tatbestandes durch das Statut des Internationalen Strafgerichtshofs bedeutet aber nicht, daß der Tatbestand des Verbrechens gegen die Menschlichkeit erweitert worden wäre. Bereits das Kontrollratsgesetz Nr. 10 zählte einige der im Statut des Internationalen Strafgerichtshofs genannten Handlungen (z. B. Folterung und Zwangsverschleppung) auf und sowohl Art. 6c des Statuts des Internationalen Militärstrafgerichtshofs von Nürnberg als auch Art. II Abs. 1c des Kontrollratsgesetzes Nr. 10 enthielten die Auffangklausel „... oder andere unmenschliche Handlungen ...“, unter die die neu hinzugefügten Handlungsalternativen zu subsumieren wären.[30]

---

26 Vgl. dazu § 193.

27 Siehe dazu *Zimmermann*, 171 f.

28 Vgl. in diesem Sinne die Berufungskammer im Falle *Tadić* über die Frage der Zuständigkeit des Internationalen Strafgerichtshofs für das ehemalige Jugoslawien, 2. 10. 1995, *Prosecutor v. Tadić*, IT-94-1-AR74, 74, para. 143; zum Tatbestand des Völkermords im einzelnen vgl. § 193.

29 Art. 25 Abs. 3 (b) des ICC-Statuts erklärt die Anordnung, Unterstützung und Aufforderung zur Begehung der Verbrechen nach dem ICC-Statut zur strafbaren Handlung. Hierunter fiele auch die in Art. III Völkermordkonvention angesprochene „Verschwörung zum Völkermord“. Art. 25 Abs. 3 (e) ICC-Statut greift Art. III lit. c Völkermordkonvention auf, wonach die private oder öffentliche Aufforderung zum Völkermord strafbar ist.

30 Vgl. dazu im einzelnen § 194.

Dennoch erweitert das Statut des Internationalen Strafgerichtshof den Tatbestand der Verbrechen gegen die Menschlichkeit im Vergleich zu dem Statut des Internationalen Militärstrafgerichtshofs von Nürnberg: Das Statut des Internationalen Strafgerichtshofs löst den Tatbestand von seiner unter dem Statut des Internationalen Militärstrafgerichtshofs bestehenden Konnexität zu einem kriegerischen Konflikt.[31] Der Sicherheitsrat der Vereinten Nationen hatte mit dem Statut des Internationalen Strafgerichtshofs für Ruanda diese Verbindung bereits aufgegeben,[32] aber schon das Kontrollratsgesetz Nr. 10 kannte sie nicht mehr. Art. 5 ICTY-Statut enthält diese Einschränkung allerdings weiterhin. Die Unterschiede zwischen dem Statut für den Internationalen Strafgerichtshof für das ehemalige Jugoslawien und des Statuts für den Internationalen Strafgerichtshof für Ruanda reflektieren die unterschiedliche faktische Situation in beiden Staaten. Dieser Punkt war allerdings auf der Diplomatischen Konferenz zur Erarbeitung des Statuts für den Internationalen Strafgerichtshof umstritten.[33]
Durch die Aufgabe der Beschränkung auf eine Begehung im Rahmen eines bewaffneten Konflikts erfolgt eine Abgrenzung der Verbrechen gegen die Menschlichkeit zu Kriegsverbrechen. Allerdings bleiben wesentliche Überschneidungen, aber auch Lücken, erhalten. Da Verbrechen gegen die Menschlichkeit aber nur vorliegen, wenn sie systematisch oder verbreitet begangen wurden,[34] fallen entsprechende Einzelakte, falls im Rahmen eines bewaffneten Konflikts begangen, unter den Tatbestand des Kriegsverbrechens, nicht aber unter den des Verbrechens gegen die Menschlichkeit. Wegen einer fehlenden systematischen Begehungsweise können derartige Einzelakte aber keinesfalls als Verbrechen gegen die Menschlichkeit geahndet werden, wenn sie z. B. gegen die eigene Zivilbevölkerung gerichtet waren. Eine Ahndung als Kriegsverbrechen scheidet dann aus, wenn diese Einzelakte gegen die eigene Bevölkerung gerichtet sind.

c. Der Tatbestand des Kriegsverbrechens[35] faßt Tatbestände der schweren Verstöße gegen das Genfer Recht einschließlich der beiden Zusatzprotokolle sowie gegen das Haager Recht[36] zusammen. Im einzelnen lassen sich vier Tatbestandsgruppen unterscheiden: Zum einen schwere Verstöße *(grave breaches)* gegen die vier Genfer Konventionen, 1949[37] und andere schwerwiegende Verstöße gegen die Regeln und Gebräuche im Kriege.[38] Bei letzterem wird auf das Haager Recht Bezug genommen, wobei allerdings mit der Berücksichtigung von Angriffen auf Friedenstruppen und von schwerwiegenden Schädigungen der Umwelt neuen Entwicklungen Rechnung getragen wird.[39] Beiden Tatbestandsgruppen ist gemeinsam, daß sie ausschließlich Handlungen in einem internationalen Konflikt erfassen. Die beiden weiteren Tatbestandsgruppen beziehen sich auf Verstöße gegen den gemeinsamen Art. 3 der vier Genfer Abkommen[40]

[31] *Dixon*, in: *Triffterer*, 123; so wohl auch *Schabas*, 35 f, der darauf verweist, daß diese Konnexität, die von der Rechtsprechung des Internationalen Militärtribunals betont worden ist, auf Kritik gestoßen war.

[32] Vgl. dazu § 194.

[33] *Schabas*, 36; *D. Robinson*, in: *R. S. Lee*, The International Criminal Court: Elements of Crimes and Rules of Procedure and Evidence, 2001, 61 (62).

[34] Vgl. hierzu die Ausführungen in § 194.

[35] Art. 8 des ICC-Statuts.

[36] Vgl. dazu im einzelnen § 192.

[37] Art. 8 Abs. 2(a) des ICC-Statuts.

[38] Art. 8 Abs. 2(b) des ICC-Statuts.

[39] *Schabas*, 48 bezweifelt, ob es sich insoweit um die Kodifikation von Gewohnheitsrecht handelt.

[40] „Im Falle eines bewaffneten Konfliktes, der keinen internationalen Charakter hat und auf dem Gebiet einer der Hohen Vertragsparteien entsteht, ist jede der am Konflikt beteiligten Parteien gehalten, mindestens die folgenden Bestimmungen anzuwenden:
1. Personen, die nicht unmittelbar an den Feindseligkeiten teilnehmen, einschließlich der Mitglieder der Streitkräfte, welche die Waffen gestreckt haben, und der Personen, die durch Krankheit, Verwundung, Gefangennahme oder irgendeine andere Ursache außer Kampf gesetzt sind, werden unter allen Umständen mit Menschlichkeit behandelt, ohne jede auf Rasse, Farbe, Religion oder Glauben, Geschlecht, Geburt oder Vermögen oder auf irgendeinem anderen ähnlichen Unterscheidungsmerkmal beruhende Benachteiligung.

sowie gegen das Zweite Zusatzprotokoll. Sie erfassen Handlungen in Bürgerkriegen.[41]

d. Art. 5 Abs. 1(d) des Statuts begründet die Strafkompetenz des Internationalen Strafgerichtshofs in Bezug auf Aggression nur theoretisch. Denn diese ist davon abhängig, daß Aggression definiert und die Bedingungen fixiert werden, unter denen der Internationale Strafgerichtshof seine Strafkompetenz in Bezug auf den Tatbestand der Aggression ausübt.[42] Diese Regelungen müssen in dem Verfahren von Art. 121 und 123 ICC-Statut angenommen werden und treten nur für diejenigen Staaten in Kraft, die sie ratifiziert haben.[43]
Auf die rechtsdogmatische Bedeutung von Art. 5 Abs. 2 ICC-Statut für die Bestrafung von Verbrechen gegen den Frieden wurde an anderer Stelle eingegangen.[44]

III. 1. Die Zuständigkeitsregelung des Internationalen Strafgerichtshofs – dies bezieht den Ankläger mit ein – ist auf verschiedenen Ebenen geregelt[45]: Es sind die Jurisdiktion generell und die Möglichkeit der Befassung mit einem konkreten Fall zu unterscheiden. Gemäß Art. 12 Abs. 1 ICC-Statut akzeptiert jeder Staat, der dem Statut beitritt, die Jurisdiktion des Internationalen Strafgerichtshofs in Bezug auf die Verbrechen nach Art. 5 ICC-Statut *(jurisdiction ratione materiae)*.[46] Die Kompetenz des Gerichtshofs kann aber von einem Staat, der nicht Vertragspartei ist, auch ad hoc akzeptiert werden.[47] Insofern gilt für den Internationalen Strafgerichtshof wie für die internationale Gerichtsbarkeit generell, daß sie auf der Zustimmung der Staaten beruht, die sich dieser unterworfen haben. Bei Kriegsverbrechen kann jedoch eine Vertragspartei bis zu sieben Jahren nach Inkrafttreten des Statuts die Nichtannahme der Zuständigkeit erklären.[48] Damit wird die Zuständigkeit des Internationalen Strafgerichtshofs solange ausgeschlossen.[49] Die Befassung mit einem konkreten Fall setzt allerdings voraus, daß dieser Fall dem Ankläger des Gerichtshofs entweder durch einen Vertragsstaat[50] oder durch den Sicherheitsrat zugewiesen worden ist.[51] Schließlich kann auch der Ankläger den Gerichtshof von Amts wegen mit einem Fall befassen.[52]
Die Kompetenz des Internationalen Strafgerichtshofs bezieht sich ausschließlich auf Verbrechen, die nach Inkrafttreten des Statuts begangen wurden *(jurisdiction ratione temporis)*[53] und auch nur solche, die von natürlichen Personen begangen wurden, die bei Begehung der Tat 18 Jahre alt waren.[54]

Zu diesem Zweck sind und bleiben in bezug auf die oben erwähnten Personen jederzeit und überall verboten:
a) Angriffe auf das Leben und die Person, namentlich Tötung jeder Art, Verstümmelung, grausame Behandlung und Folterung;
b) das Festnehmen von Geiseln;
c) Beeinträchtigung der menschlichen Würde, namentlich erniedrigende und entwürdigende Behandlung;
d) Verurteilungen und Hinrichtungen ohne vorhergehendes Urteil eines ordentlich bestellten Gerichtes, das die von den zivilisierten Völkern als unerläßlich anerkannten Rechtsgarantien bietet.
2. Die Verwundeten und Kranken werden geborgen und gepflegt. ... ".

41 Vgl. dazu im einzelnen § 192.

42 Vgl. dazu im einzelnen § 192, Art. 5 Abs. 2 des ICC-Statuts.

43 Art. 121 Abs. 5 ICC-Statut.

44 Vgl. § 192.

45 *K. Ambos*, Der neue Internationale Strafgerichtshof im Überblick, NJW 1998, 3743 (3744).

46 Zu den verschiedenen Postitionen während der Konferenz von Rom vgl. *M. H. Arsanjani*, Reflections on the Jurisdiction and Trigger Mechanism of the International Criminal Court, in: *von Hebel/Lammers/Schukking*, 57 ff.

47 Art. 12 Abs. 3 des ICC-Statuts.

48 Art. 124 ICC-Statut.

49 *E. Wilmshurst*, Jurisdiction of the Court, in: *R. Lee* (ed.), The International Criminal Court, 1999 127 (140).

50 Art. 13 lit.a i.V.m. Art. 12 Abs. 2 lit. a des ICC-Statuts.

51 Art. 13 lit.b. des ICC-Statuts.

52 Art. 15 i.V.m. Art. 13 lit. c, Art. 12 Abs. 2 des ICC-Statuts.

53 Art. 11 des ICC-Statuts.

54 Der Versuch, auch eine Strafbarkeit von Organisationen zu begründen, ist gescheitert; vgl. dazu *Arsanjani* (Anm. 46), 61 f.

2. Die Regelung der Zuständigkeit des Internationalen Strafgerichtshofs und seiner Möglichkeiten, mit einem konkreten Fall befaßt zu werden, waren auf der diplomatischen Konferenz außerordentlich umstritten.[55] Das Ergebnis ist ein Kompromiß mit den Schwächen eines Kompromisses.

3. a. Jeder Vertragsstaat kann einen Fall an den Internationalen Strafgerichtshof herantragen, wenn der Staat, auf dessen Territorium Straftaten nach Art. 5 des ICC-Statuts begangen worden sind oder der Staat, dessen Staatsangehörigkeit der oder die Täter besitzen, ebenfalls Vertragsstaaten sind. Der betreffende Staat hat den Ankläger mit den notwendigen Informationen zu versorgen.[56] Art. 12 Abs. 3 ICC-Statut sieht die Möglichkeit vor, daß Staaten, auf deren Staatsgebiet verfolgbare Verbrechen begangen worden sind oder deren Staatsangehörigkeit der Täter besitzt begangen wurden, die Strafverfolgungsgewalt des Internationalen Strafgerichtshofs ad hoc akzeptieren. Trotz des nicht glücklichen Wortlauts von Art. 12 Abs. 3 ICC-Statut kann ein Staat seine Erklärung nicht auf bestimmte Verbrechen beschränken.[57] Das Abstellen auf den Staat, auf dessen Territorium eine Straftat begangen wurde, entspricht der Strafkompetenz nach nationalem Recht. Diese ist völkerrechtlich anerkannt. Die zweite Option ist die Zuweisung durch den Staat, dessen Staatsangehörigkeit der oder die Täter besitzen. Auch die Anknüpfung an das aktive Personalitätsprinzip ist völkerrechtlich anerkannt.[58]
Nicht akzeptiert wurde auf der Konferenz der Vorschlag, es für die Zuständigkeit des Strafgerichtshofs für ausreichend zu erachten, wenn nur der Staat, der einen Verdächtigen in Gewahrsam hat oder nur der Staat, dessen Staatsangehörige Opfer von Verbrechen nach Art. 5 des ICC-Statuts geworden sind, Vertragsstaat ist. Damit gehen die Kompetenzen des Internationalen Strafgerichtshofs bei Verbrechen, die dem Weltrechtsprinzip unterfallen, weniger weit als die der Staaten selbst. Zudem wird dem passiven Personalitätsprinzip[59] nicht Rechnung getragen. Dies ist, auch von der Systematik des materiellen internationalen Strafrechts her, ein unbefriedigendes Ergebnis.

b. Auch der Sicherheitsrat kann dem Internationalen Gerichtshof Verbrechen zur Verfolgung zuweisen, die unter Art. 5 des ICC-Statuts fallen.[60] Voraussetzung ist, daß er unter Kapitel VII der UN Charta handelt.[61] Mit der Qualifizierung der Zuweisung zur Strafverfolgung als Maßnahme unter Kapitel VII der VN Charta stellt das ICC-Statut eine Ergänzung der Handlungsoptionen des Sicherheitsrats nach Art. 41 VN Charta dar.[62] Das heißt, die Zuweisung eines oder mehrerer Fälle erfordert einen entsprechenden Beschluß des Sicherheitsrates, für den das Vetorecht nach Art. 27 VN-Charta Anwendung findet. Dies schließt Maßnahmen gegen den Willen der ständigen Mitglieder des Sicherheitsrates aus. Dennoch ist diese Kompetenz des Sicherheitsrates letztlich konsequent. Denn wenn ihm das Recht zukommt, im Rahmen seiner Kompetenzen nach Kapitel VII der VN Charta *ad hoc* Strafgerichte einzurichten, muß er auch die Befugnis haben, einem bestehenden internationalen Strafgerichtshof Fälle zur Verfolgung zuzuweisen.[63] Diese Zuweisung eines oder mehrerer Fälle durch den VN-Sicherheitsrat setzt weder die Zustimmung des Staates voraus,

---

[55] Vgl. dazu die Kritik von *D. Scheffer*, The United States and the International Criminal Court, AJIL 93 (1999), 12 (17 ff); *S. A. Williams*, in: *Triffterer* (ed.), 330 ff zur Entstehungsgeschichte.

[56] Art. 14 Abs. 2 des ICC-Statuts.

[57] Vgl. dazu *R. Wedgwood*, The International Criminal Court: An American View, EJIL 10 (1999), 93 ff; Art. 44 Rules of Procedure and Evidence.

[58] Vgl. dazu § 190.

[59] Vgl. dazu Bd. I/1 § 47.

[60] Zu dieser Kompetenz des Sicherheitsrats und zum Verhältnis zwischen Sicherheitsrat und Internationalem Strafgerichtshof allgemein vgl. *Oosthuizen*, NILR 46 (1999), 313 ff.

[61] Art. 13 lit. b des ICC-Statuts.

[62] Unscharf insoweit *S. A. Williams*, in: *Triffterer*, Art. 13 Rdn. 16.

[63] So auch *Zimmermann*, ZaöRV 58 (1998), 47 (94); *G. Seidel/C. Stahn*, Das Statut des Weltstrafgerichtshofs, Jura 21 (1999), 14 (16).

auf dessen Gebiet die Straftaten begangen wurden noch die des Staates, dessen Staatsangehörigkeit der Beschuldigte besitzt. Insofern ist es dem Sicherheitsrat auch möglich, Straftaten zu verfolgen, die auf dem Gebiet eines Nichtvertragsstaates oder von Personen begangen wurden, die nicht die Staatsangehörigkeit eines Vertragsstaates besitzen und daher weder von einem Vertragsstaat noch von dem Ankläger des Gerichtshofs zur Verfolgung gebracht werden können. Insoweit erfüllt diese Kompetenz des Sicherheitsrats zumindest vom Ansatz her eine wesentliche Funktion in Richtung auf eine weltweite Verfolgung der unter das Statut des Internationalen Strafgerichtshofs fallenden Verbrechen.[64]

c. Schließlich kann auch der Ankläger des Internationalen Strafgerichtshofs von Amts wegen eine Strafverfolgung bestimmter Taten initiieren. Allerdings sind seine Kompetenzen insofern, vor allem im Vergleich zur Position des Anklägers des Internationalen Strafgerichtshofs für das ehemalige Jugoslawien, wesentlich eingeschränkt.[65] Eine Strafverfolgung kann der Ankläger nur bei Taten einleiten, die entweder auf dem Territorium eines Vertragsstaates oder von Personen begangen wurden, die die Staatsangehörigkeit eines Vertragsstaates besitzen.[66] Insofern gelten die gleichen Einschränkungen wie für die von Staaten eingeleitete Verfolgung vor dem Internationalen Strafgerichtshof. Anders als bei einer von den Staaten eingeleiteten Verfolgung besteht die Verfolgungskompetenz *proprio motu* des Anklägers nur bezüglich bestimmter Taten und nicht in Bezug auf eine allgemeine Situation, in der solche Taten möglicherweise begangen worden sind.[67] Damit wird von der Anklage eine höhere Form der Präzisierung der Delikte vorausgesetzt als bei der durch Staaten initiierten Anklage.
Trotz dieser Einschränkung kommt der *ex officio* Anklage eine wesentliche rechtspolitische Bedeutung zu. Denn sie ist die einzige Anklageform, die unabhängig von staatlichem Einfluß eine Verfolgung von Verbrechen nach Art. 5 des ICC-Statuts einleiten kann.[68] Voraussetzung für eine Anklage durch den Ankläger von Amts wegen ist neben einem hohen Anfangsverdacht[69] eine Genehmigung der Anklage durch eine Vorverfahrenskammer.[70] Damit wird der Ankläger einer frühen gerichtlichen Kontrolle unterworfen. Der Ankläger kann jede von ihm als geeignet erachtete Informationsquelle für seine Ermittlungen benutzen, dies schließt auch Informationen von Nichtregierungsorganisationen mit ein.[71] Opfer können in Übereinstimmung mit den Verfahrens- und Beweisregeln bei der Vorverfahrenskammer vorstellig werden.[72]

4. Das Statut für den Internationalen Strafgerichtshof eröffnet dem Sicherheitsrat die Möglichkeit, mit einem Beschluß nach Kapitel VII der VN Charta von dem Internationalen Strafgerichtshof zu verlangen, ein Verfahren für 12 Monate auszusetzen.[73] Dieses Aus-

---

[64] Positiv *S. A. Williams*, in: *Triffterer*, Art. 13, Rdn. 16; *Bruer-Schäfer*, 247.

[65] Die Stellung des Anklägers war eine der wesentlichen umstrittenen Punkte auf der Diplomatischen Konferenz; vgl. hierzu *A. Cassese*, The Statute of the International Criminal Court: Some Preliminary Reflections, EJIL 10 (1999), 144 (161); *F. de Gurmendi*, The Role of the Prosecutor, in: *R. Lee* (ed.), The International Criminal Court, 175 (187 f); *LaHaye*, NILR 46 (1999), 1 (15 f).

[66] Art. 13 lit. a i.V.m. Art. 12 Abs. 2 des Statuts.

[67] „Crimes within the jurisdiction of the Court" in Art. 15 Abs. 1 des ICC-Statuts im Vergleich zu „situation in which one or more of such crimes appears to have been committed" in Art. 13 lit. a des ICC-Statuts, vgl. dazu *Sarooshi*, ICLQ 48 (1999), 387 (403).

[68] Positiv insoweit *H.-P. Kaul*, Durchbruch in Rom – Der Vertrag über den Internationalen Strafgerichtshof, VN 1998, 125 (128); *F. Hoffmeister/S. Knoke*, Das Vorermittlungsverfahren vor dem Internationalen Strafgerichtshof, ZaöRV 59 (1999), 785 (793); *Zimmermann*, ZaöRV 58 (1998), 92.

[69] Art. 13 lit.c, 15 des Statuts; vgl. dazu *Hoffmeister/Knoke*, ZaöRV 59 (1999), 785 (791).

[70] Art. 15 Abs. 3 und 4 i.V.m. Art. 53 des ICC-Statuts; vgl. dazu *Bergsmo/Pejic*, in: *Triffterer*, Art. 15, Rdn. 10.

[71] Art. 15 Abs. 2 des ICC-Statuts.

[72] Art. 15 Abs. 3 des ICC-Statuts.

[73] Art. 16 des ICC-Statuts, vgl. dazu *Bergsmo/Pejic*, in: *Triffterer*, Art. 16, Rdn. 19; *Oosthuizen*, NILR 46 (1999), 313 (330 ff). Vgl. dazu S/RES 1422 (2002)

setzungsbegehren kann aus den gleichen Gründen wiederholt werden.[74] Die Kompetenz des Sicherheitsrats korrespondiert mit seiner oben dargestellten Kompetenz, Verfahren vor den Internationalen Strafgerichtshof zu bringen.
Hintergrund für diese Regelung ist die Befürchtung, daß Verfahren vor dem Internationalen Strafgerichtshof sich negativ auf einen durch den Sicherheitsrat betriebenen Friedensprozeß auswirken könnte. Insofern hat sich das Bestreben nach materieller Gerechtigkeit durch Verurteilung der Verbrechen einem politisch vorrangigen Ziel der Friedenssicherung unterzuordnen. Allerdings liegt ein entscheidendes Defizit der Kompetenz des Sicherheitsrates darin, daß ein Aufschiebungsbegehren nach Art. 16 des ICC-Statuts unabhängig davon gestellt werden kann, ob der Sicherheitsrat Maßnahmen zur Friedenssicherung ergreift oder ergriffen hat.[75]

IV. 1. Auch wenn der Internationale Strafgerichtshof an sich zuständig wäre, kann ihm die Einleitung eines Verfahrens in einem konkreten Fall nach Art. 17 des ICC-Statuts verwehrt sein.[76] Art. 17 des ICC-Statuts setzt das den Charakter des Internationalen Strafgerichtshofs prägende Prinzip der Subsidiarität des Gerichtshofs[77] gegenüber den nationalen Gerichten um. Danach haben die nationalen Strafgerichte und der Internationale Strafgerichtshof eine konkurrierende Zuständigkeit, wobei die primäre Zuständigkeit für die Verfolgung der Verbrechen nach Art. 5 des ICC-Statuts bei den nationalen Gerichten liegt. Vor dem Internationalen Strafgerichtshof ist gemäß Art. 17 Abs. 1 des ICC-Statuts eine Verfolgung nur zulässig, wenn die einzelstaatlichen Strafverfolgungsorgane zur angemessenen Verfolgung der Tat unfähig oder nicht bereit ist. Dies unterscheidet den Internationalen Strafgerichtshof wesentlich von den ad hoc Strafgerichten, deren Verfolgungskompetenz im Verhältnis zu derjenigen der Staaten Vorrang genießt.[78]

2. a. Die Regelung dieses Komplexes weist eine Reihe von Problemen auf; sie ist nicht frei von Unschärfen.
Die Einleitung eines strafrechtlichen Verfahrens ist unzulässig, wenn die Tat von einem Staat, der eine entsprechende Jurisdiktion hat, untersucht oder verfolgt wird, dieser Staat nach Untersuchung entschieden hat, den Fall nicht zu verfolgen oder wenn dieser Staat bereits ein Verfahren gegen den Verdächtigen durchgeführt hat. Die Regelung bezieht sich auf alle Staaten, nicht auf Vertragsstaaten. Das heißt, insoweit verlangt das Statut auch eine Rücksichtnahme auf die Verfolgungskompetenz von Nichtvertragsstaaten.

b. Welche nationalen Maßnahmen eine Strafverfolgung auf nationaler Ebene einleiten und damit die Strafverfolgung durch den Internationalen Strafgerichtshof verdrängen kann, spezifiziert das ICC-Statut nicht. Ausreichend sind demgemäß strafrechtliche Verfolgungsmaßnahmen bzw. eine Entscheidung gegen Verfolgungsmaßnahmen in einem Staat, gleichgültig, ob dessen Strafgewalt auf dem Territorialitätsprinzip, dem aktiven oder passiven Personalitätsprinzip oder dem Weltrechtsprinzip beruht. Entscheidend ist das Recht des betreffenden Staates. Verstößt dieses nationale Recht allerdings gegen Völkerrecht, stellt die staatliche Verfolgung keine Zulässigkeitsschranke für den Internationalen Strafgerichtshof dar. Hier besteht Unsicherheit, wie weit die Entscheidungskompetenz des Internationalen

---

vom 12. 7. 2002 – Freistellung des Personals von Friedenstruppen aus Staaten, die dem Rom-Statut nicht beigetreten sind.

[74] Erforderlich ist also ein konkreter Beschluß; nicht ausreichend ist seine Befassung mit einer Situation.

[75] Kritisch *LaHaye*, NILR 46 (1999), 1 (14).

[76] Vgl. dazu im einzelnen, vor allem zur Entstehungsgeschichte dieser Regelung *S. A. Williams*, in: *Triffterer*, zu Art. 17, Rdn. 3 ff.

[77] Abs. 10 der Präambel des Statuts auf den sich Art. 17 bezieht, lautet: *„Emphasizing that the International Criminal Court … shall be complementary to national jurisdictions …"*; vgl. dazu *Cassese*, 158 f; *LaHaye*, NILR 46 (1999), 1 (8).

[78] Vgl. dazu § 198.

Strafgerichtshofs reicht. Art. 17 Abs. 1 ICC-Statut spricht von einem Staat „... *which has jurisdiction over it* ...“. Man wird dem Internationalen Strafgerichtshof zwar nicht das Recht zubilligen können, die Anwendung des nationalen Rechts zu überprüfen. Zumindest darf aber der Internationale Strafgerichtshof prüfen, ob der betreffende Staat Strafverfolgungsgewalt besitzt. Diese Entscheidung kann nur auf der Basis des Völkergewohnheitsrechts bzw. von Vertragsrecht erfolgen, soweit völkerrechtliche Verträge zur nationalen Strafgewalt Aussagen enthalten.[79]

3. a. Allerdings enthält das Statut eine Reihe von Ausnahmen von diesen Einschränkungen. Die staatliche Strafverfolgung geht dann nicht der Strafverfolgungsgewalt des Internationalen Strafgerichtshofs vor, wenn der betreffende Staat weder bereit noch in der Lage ist, eine sachgerechte Untersuchung bzw. Verfolgung durchzuführen[80] oder wenn die Entscheidung, sie nicht durchzuführen, auf fehlender Bereitschaft oder Möglichkeit beruht.[81] Für die Feststellung einer fehlenden Bereitschaft benennt das ICC-Statut in Art. 17 Abs. 2 einige Indizien, wie Verfahrensverzögerung, fehlende Unabhängigkeit oder Unparteilichkeit oder wenn derartige nationale Strafverfahren allein zu dem Zweck durchgeführt wurden, den Angeklagten zu schützen. Der Internationale Strafgerichtshof prüft das Vorliegen dieser Bedingungen in eigener Kompetenz.[82]

b. Nicht ausdrücklich geregelt ist, welche Bedeutung Amnestiegesetzen bzw. Begnadigungen in diesem Fall zukommt.[83] Hier sind zwei Komplexe zu unterscheiden: Die Zulässigkeit einer Amnestie durch das nationale Recht[84] und die Möglichkeit des Internationalen Strafgerichtshofs, eine Verfolgung aufzunehmen, auch wenn eine nationale Amnestieregelung vorliegen sollte.[85] Sollte eine nationale Amnestieregelung vorliegen, so ist es unrealistisch, davon auszugehen, daß der Staat, der die Amnestieregelung erlassen hat, eine Strafverfolgung durch den Internationalen Strafgerichtshof initiiert. Eine solche Initiative kann aber von der Anklage von Amts wegen ausgehen oder – falls die Amnestie von dem Staat ausgegangen ist, dessen Staatsangehörigkeit der Beschuldigte besitzt – von dem Staat, auf dessen Territorium die Straftaten begangen wurden.

Für den Internationalen Strafgerichtshof wäre in einem derartigen Fall entscheidend, inwieweit eine nationale Amnestieregelung bindend in dem Sinne ist, daß ein entsprechender Fall nicht zur Verfolgung angenommen werden kann. Ausgangspunkt der Überlegungen kann nur Art. 17 Abs. 1 (a) bzw. (b) ICC-Statut sein. Danach wird ein Fall vom Internationalen Strafgerichtshof nicht zur Entscheidung angenommen, wenn ein Staat mit

---

[79] Vgl. dazu § 190.

[80] Art. 17 Abs. 1 lit. a des Statuts.

[81] Art. 17 Abs. 1 lit. b des Statuts; vgl. dazu *LaHaye*, NILR 46 (1999), 1 (8 ff); *Zimmermann*, ZaöRV 58, 97 ff; *K. Ambos*, Zur Rechtsgrundlage des Internationalen Strafgerichtshofs – Eine Analyse des Rom-Statuts, ZStW 1999, 175 (183 f).

[82] *J. T. Holmes*, The Principle of Complementarity, in: *Lee*, 41(75 f) auch zu Fragen der Beweislast.

[83] Zu der Frage nach Zulässigkeitsschranken nach dem ICC-Statut im Falle von nationalen Amnestieregelungen vgl. *J. Gavron*, Amnesties in the Light of Developments in International Law and the Establishment of the International Criminal Court, ICLQ 51 (2002), 91 ff; *M. Scharf*, The Amnesty Exception to the Jurisdiction of the International Criminal Court, Cornell International Law Journal 32 (1999), 507 ff, *M. H. Arsanjani*, The International Criminal Court and National Amnesty Laws; ASIL Proceedings of the 93rd Annual Meeting, ASIL 93 (1999), 65 ff. Vgl. auch die Entscheidung des französischen Conseil Constitutionnel vom 22. 1. 1999 (déc. N°98–408 DC, Journal Officiel 1999, 1317) mit Anmerkung *B. Rudolf*, AJIL 94 (2000), 391 ff, die davon ausgeht, daß nationale Amnestiegesetze keine Schranken für die Zuständigkeit des Internationalen Strafgerichtshofs darstellen. Allerdings scheint die Präambel des ICC-Statuts von einer Verpflichtung zur strafrechtlichen Verfolgung auszugehen; Art. 53 ICC-Statut gibt hingegen der Anklage ein Verfolgungsermessen, das auch Amnestieregelungen berücksichtigen könnte, so Arsanjani (Anm. 83), 75 f; vgl. dazu auch § 190.

[84] Vgl. dazu § 190.

[85] Diese Differenzierung fehlt bei *Scharf* (Anm. 83), 523, der von einer Völkerrechtswidrigkeit der Amnestieregelung auf eine Prüfungskompetenz des Internationalen Strafgerichtshofs schließt.

Strafverfolgungsgewalt eine Ermittlung oder Verfolgung eingeleitet hat, es sei denn, dieser Staat ist nicht willens oder nicht in der Lage, die Ermittlungen oder die Strafverfolgung ernsthaft durchzuführen (Art. 17 Abs. 1 (a) ICC-Statut). Ebenso wird ein Fall von dem Internationalen Strafgerichtshof dann nicht zur Entscheidung angenommen, wenn Ermittlungen durchgeführt worden sind und sich der Staat dazu entschieden hat, die betreffende Person nicht strafrechtlich zu verfolgen (Art. 17 Abs. 1 (b) ICC-Statut). Diese Sperre für ein Tätigwerden des Internationalen Strafgerichtshofs gilt jedoch nicht, wenn die Entscheidung, nicht zu verfolgen, auf mangelndem Willen oder Unvermögen des Staates zur Verfolgung beruht.

Generell wird man festzuhalten haben, daß eine gesetzliche Amnestie nicht mit strafrechtlicher Verfolgung gleichzusetzen ist. Allerdings spricht Art. 17 Abs. 1 (a) ICC-Statut allgemeiner von *„investigation"* or *„prosecution"*, so daß nicht nur eine strafrechtliche, sondern auch jede andere Untersuchung einer Verfolgung durch den Internationalen Strafgerichtshof entgegensteht.[86] Entscheidend ist damit die Ausgestaltung der Amnestieregelung im einzelnen. Beschränkt sie sich darauf, die Straftaten bestimmter Personengruppen von der strafrechtlichen Verfolgung auszunehmen, ohne alternative Untersuchungen und Sanktionen vorzusehen, so hindert dies den Internationalen Strafgerichtshof nicht an einer strafrechtlichen Verfolgung. In diesen Fällen greift auch nicht Art. 17 Abs. 1 (b) ICC-Statut. Denn die Außerverfolgungsetzung i.S.d. Art. 17 Abs. 1 (a) ICC-Statut verlangt gerade, daß der betreffende Staat Ermittlungen oder eine Strafverfolgung durchgeführt hat. Erst auf dieser Basis kann er zu einer Amnestie kommen, die nicht gegen das ICC-Statut verstößt. Dieses Ergebnis gilt unabhängig davon, ob eine nationale Amnestieregelung als völkerrechtswidrig eingestuft wird oder nicht.

Problematischer ist die Beurteilung einer Amnestieregelung, wie sie Südafrika in *dem Truth and Reconciliation Act*[87] vorgesehen hat. Bei einer derartigen Regelung hat eine vorherige Untersuchung stattgefunden, wie dies Art. 17 Abs. 1 (b) ICC-Statut verlangt. Allerdings verbleibt dem Internationalen Strafgerichtshof die Möglichkeit zu untersuchen, ob die Voraussetzungen von Art. 17 Abs. 2 ICC-Statut vorliegen, d. h. ob die Amnestieregelung getroffen wurde, um die betreffende Person vor strafrechtlicher Verantwortlichkeit für die Handlungen nach Art. 5 ICC-Statut zu schützen. Wörtlich genommen ist dies zwar der Fall. Allerdings ist Art. 17 Abs. 2 ICC-Statut nach Sinn und Zweck auszulegen. Dieser besteht darin, daß Straftäter nicht nur um ihrer selbst willen der strafrechtlichen Verantwortlichkeit entzogen werden sollen. Dies ist zumindest dann nicht der Fall, wenn mit der Amnestieregelung andere Ziele, z. B. Aufklärung, nationale Versöhnung oder Beendigung eines Bürgerkriegs verbunden werden. So interpretiert, steht Art. 17 Abs. 1 (b) ICC-Statut einer Strafverfolgung durch den Internationalen Strafgerichtshof in den Fällen entgegen, in denen z. B. die Aufarbeitung eines Bürgerkriegs oder eines Umsturzes im Rahmen einer nationalen Regelung erfolgt, die derjenigen in Südafrika ähnelt.[88]

Zusammenfassend ist festzuhalten: Die Frage, inwieweit der Internationale Strafgerichtshof durch nationale Amnestieregelungen an einer Strafverfolgung gehindert ist, beantwortet sich nicht danach, ob diese Amnestieregelungen mit dem Völkerrecht vereinbar sind, sondern nach Art. 17 Abs. 1 ICC-Statut. Dem Internationalen Strafgerichtshof kommt nicht die Kompetenz zu, nationale Maßnahmen auf ihre Vereinbarkeit mit dem Völkerrecht zu überprüfen. Entscheidend ist danach allein, ob die Amnestieregelungen dem Schutz von

---

[86] Hierauf verweist *Scharf* (Anm. 83), 525.

[87] Vgl. dazu *Gavron* (Anm. 83), 113 f.

[88] Unentschieden *Gavron* (Anm. 83), 115 f; allgemeiner zu den ‚Truth and Reconciliation Commissions', *C. Stahn*, Accomodating Individual Criminal Responsibility and National Reconciliation: The UN Truth Commission for East Timor, AJIL 95 (2001), 952 ff.

Straftätern dienen oder ob mit ihnen übergreifende Ziele verfolgt werden. Im letztgenannten Fall stehen sie einer Strafverfolgung durch den Internationalen Strafgerichtshof entgegen.

c. Rechtlich unproblematischer sind Begnadigungen, die nach Verurteilung ausgesprochen werden. Insoweit wäre Art. 17 Abs. 1 (b) des ICC-Statuts anwendbar. Voraussetzung für die Einstufung einer Begnadigung als Verfahrenshindernis ist demnach, daß diese nicht aus einer generell fehlenden Verfolgungsbereitschaft resultiert. Dies wäre im Einzelfall vor dem Internationalen Strafgerichtshof zu entscheiden.

4. Der Internationale Strafgerichtshof kann schließlich kein Verfahren wegen einer Tat durchführen, für die der Angeklagte bereits rechtskräftig verurteilt wurde.[89] Dies entspricht dem auch im internationalen Strafverfahrensrecht geltenden Grundsatz *ne bis in idem*.[90] Der Internationale Strafgerichtshof kann nationale Urteile nicht überprüfen. Die Zulässigkeit eines Verfahrens vor ihm ist lediglich dann nicht ausgeschlossen, wenn das nationale Strafverfahren nur mit dem Ziel durchgeführt wurde, eine Verurteilung durch den Internationalen Strafgerichtshof zu verhindern oder wenn das nationale Verfahren nicht unabhängig und unparteiisch ausgestaltet war.[91]

5. Art. 18 und 19 des ICC-Statuts sehen ein Verfahren vor, mit Hilfe dessen in Fällen, in denen ein Staat eine Vorlage gemacht hat oder in denen der Ankläger *ex officio* tätig wird, festgestellt werden kann, ob in einem Fall nationale Strafverfolgungsmaßnahmen, die, wie oben dargelegt, die Zuständigkeit des Gerichtshofs ausschließen, eingeleitet oder unternommen worden sind. Art. 18 und 19 ICC-Statut sehen eine doppelte Zuständigkeitsprüfung vor, die es den zuständigen Staaten ermöglicht, ein Verfahren an sich zu ziehen bzw. vor dem Internationalen Strafgerichtshof zu rügen, daß sie selbst Verfolgungsmaßnahmen eingeleitet haben. Dieses Verfahren nach Art. 18 ICC-Statut gilt allerdings nicht für vom Sicherheitsrat vorgelegte Fälle. Jedoch kann auch in diesen Fällen die Zulässigkeit der Verfolgung angegriffen und die Zuständigkeit des Internationalen Strafgerichtshofs verneint werden.[92]

6. Insgesamt schwächt die Regelung des Art. 17 des ICC-Statuts die zukünftige Rolle des Internationalen Strafgerichtshofs im Vergleich zu den *ad hoc*-Strafgerichten. Eine Rechtfertigung für diese Schlechterstellung des Internationalen Strafgerichtshofs läßt sich nicht mit dem Hinweis auf die Souveränität der Staaten begründen. Gerade der fehlende Wille bzw. Bereitschaft der Staaten, in Konflikten begangene Verbrechen einzelner zu ahnden, macht die Einrichtung internationaler Strafgerichtshöfe notwendig. Dies gilt für *ad hoc*-Strafgerichte und den Internationalen Strafgerichtshof in gleicher Weise. Als Folge der Vorrangigkeit der nationalen Strafgerichtsbarkeit vor der des Gerichtshofs ist zu befürchten, daß weiterhin die Notwendigkeit empfunden wird, für besondere Situationen – wie für das ehemalige Jugoslawien, Ruanda und Sierra Leone – *ad hoc*-Strafgerichte neben dem Internationalen Strafgerichtshof einzusetzen. Dies wäre zumindest dann rechtspolitisch problematisch, wenn die Errichtung des Internationalen Strafgerichtshofs die Errichtung weiterer *ad hoc*-Strafgerichte überflüssig machen sollte.
Festzuhalten ist zudem, daß die Strafverfolgungsgewalt des Internationalen Strafgerichtshofs insgesamt weniger stark ist als diejenige der Staaten unter dem Weltrechtsprinzip oder dem Prinzip der stellvertretenden Strafrechtspflege. Der Internationale Strafgerichtshof kann weder auf der Basis des passiven Personalitätsprinzips tätig werden, noch kann er tätig werden, wenn weder der betroffene Territorialstaat noch der Staat, dessen Staatsan-

[89] Art. 20 ICC-Statut.
[90] Vgl. *B. Specht*, Die zwischenstaatliche Geltung des Grundsatzes *ne bis in idem*, 1999, 31 ff.
[91] Art. 20 Abs. 3 ICC-Statut.
[92] Vgl. dazu Art. 19 Abs. 1 ICC-Statut.

gehörigkeit der Täter besitzt, Vertragsstaaten des Statuts sind. Eine Ausnahme bilden allein die Fälle, die durch den Sicherheitsrat an den Internationalen Strafgerichtshof herangetragen wurden. Nur in diesem Fall handelt der Internationale Strafgerichtshof als Organ der Staatengemeinschaft mit Kompetenzen, die seiner Aufgabe angemessen sind. Im übrigen kommt dem Internationalen Strafgerichtshof nur die Funktion zu, einzuschreiten, wenn die dezentrale Verfolgung der Delikte sich als nicht effektiv erweist.

V. 1. Da der Internationale Strafgerichtshof nicht über eigene Ermittlungs- und Vollstreckungsorgane verfügt, ist er auf die Kooperation der Staaten angewiesen.[93] Die entsprechenden Regelungen des Statuts zu diesem Komplex bleiben hinter denjenigen für die *ad hoc*-Strafgerichtshöfe für das ehemalige Jugoslawien bzw. Ruanda deutlich zurück.[94]

2. Die Vertragsstaaten sind verpflichtet, mit dem Internationalen Strafgerichtshof zusammenzuarbeiten.[95] Der Internationale Strafgerichtshof ist befugt, entsprechende Ersuchen an die Vertragsstaaten zu richten.[96] Möglich ist auch ein Ersuchen an Nichtvertragsstaaten auf der Basis einer entsprechenden Rechtsgrundlage, wie einer *ad-hoc*-Vereinbarung.[97] Auch internationale Organisationen werden zu einer Zusammenarbeit verpflichtet. Kommt ein Staat einer Kooperationsverpflichtung nicht nach, so kann dies der Versammlung der Vertragsstaaten, der Generalversammlung oder, falls der Fall durch den Sicherheitsrat an den Internationalen Gerichtshof herangetragen wurde, diesem vorgelegt werden. Über die möglichen Reaktionen, die politischer Natur sein werden, schweigt das ICC-Statut. Die Parteien haben sicherzustellen, daß ihr nationales Recht eine Zusammenarbeit mit dem Internationalen Strafgerichtshof erlaubt.[98]
Besondere Regelungen enthält das Statut in bezug auf die Überstellung von Personen und das entsprechende Ersuchen der Staaten hierzu. Der Gerichtshof kann jeden Vertragsstaat, auf dessen Hoheitsgebiet ein Verdächtiger aufgefunden wurde bzw. auf dessen Gebiet ein Verdächtiger vermutet wird, um Festnahme und Überstellung dieser Person bitten. Diesem Ersuchen müssen die Vertragsstaaten in Einklang mit ihrem innerstaatlichen Recht Folge leisten.[99] Wird die Überstellung einer Person gleichzeitig von einem anderen Vertragsstaat und dem Internationalen Strafgerichtshof verlangt, geht diejenige des Gerichtshofs vor.[100] Grenzen für die Auslieferung können sich aus entgegenstehenden völkerrechtlichen Verpflichtungen des Vertragsstaates ergeben, an den das Zulieferungsersuchen ergeht.[101]

3. Zur Umsetzung ihrer Verpflichtungen aus dem ICC-Statut haben zahlreiche Staaten zwischenzeitlich nationale Gesetze erlassen, die z.T. auch Regelungen des materiellen Rechts und des Strafanwendungsrechts enthalten.[102] Dadurch erfährt das Anliegen der dezentralisierten Durchsetzung des materiellen internationalen Strafrechts, das aufgrund der Subsidiarität des ICC mit Annahme des Römischen Statuts – wie dargelegt – keineswegs überholt ist, eine erfreuliche Aufwertung von Seiten der Mitglieder der Staatengemeinschaft. Auf deutscher Seite wurde das Gesetz

---

[93] Vgl. dazu *Cassese*, EJIL 10 (1999), 144 (164); *P. Mochochoko*, International Cooperation and Judicial Assistance, in: *Lee* (ed.), 305 ff.

[94] Vgl. dazu eingehend *Stroh*, Die nationale Zusammenarbeit mit den internationalen Straftribunalen für das ehemalige Jugoslawien und für Ruanda.

[95] Art. 86 ICC-Statut; vgl. dazu *Oosthuizen*, NILR 46 (1999), 313 (337 ff).

[96] Art. 87 und 88 des ICC-Statuts; vgl. dazu *Kreß/Prost*, in: *Triffterer* (ed.), Art. 87 Rdn. 25.

[97] Art. 87 Abs. 5 ICC-Statut.

[98] Vgl. zu den im Rahmen eines Rechtshilfeersuchens zu treffenden Maßnahmen Art. 93 des Statuts.

[99] Zu den Änderungen im deutschen Recht vgl. Blanke/Molitor, AöR 39 (2001), 142 (162 ff).

[100] Art. 90 ICC-Statut.

[101] Art. 98 ICC-Statut; vgl. dazu Kommentierung von *Prost/Schlunck*, in: *Triffterer* (ed.), Art. 98 Rdn. 1 ff.

[102] Vgl. dazu den Überblick bei C. *Stahn*, Die Umsetzung des Rom-Statuts in nationales Recht – Ein erster rechtsvergleichender Überblick, HuV-I 2000, 200 ff, sowie eingehend *C. Kreß/F. Lattanzi* (Hrsg.), The Rome Statute and the Domestic Legal Orders, Vol. I: General Aspects and Constitutional Issues (2000).

zur Ausführung des Römischen Statuts des Internationalen Strafgerichtshofes verabschiedet,[103] das in einem gewissen Zusammenhang mit dem Gesetz zur Einführung des Völkerstrafgesetzbuches steht.[104] Durch verfassungsänderndes Gesetz vom 29. November 2000 war zuvor bereits die Überstellung deutscher Staatsangehöriger an den ICC, dessen Statut Deutschland nach parlamentarischer Zustimmung gem. Art. 59 Abs. 2 S. 1 GG[105] am 11. Dezember 2000 ratifiziert hat, ermöglicht worden.[106] Art. 1 des Gesetzes zur Ausführung des ICC-Statuts enthält ein Gesetz über die Zusammenarbeit mit dem Internationalen Strafgerichtshof, das insbesondere die Mitwirkung deutscher Stellen an Strafverfahren des ICC regeln soll. Daneben enthält das Gesetz Bestimmungen über die Vollstreckung von Entscheidungen des Strafgerichtshofes in Deutschland sowie über Ersuchen an den ICC zur Förderung eines deutschen Strafverfahrens. Das Gesetz zur Einführung eines deutschen Völkerstrafgesetzbuches normiert im wesentlichen die Straftatbestände des Völkermordes, der Verbrechen gegen die Menschlichkeit und der Kriegsverbrechen und formuliert für diese das Weltrechtsprinzip. Ferner befaßt er sich mit der individuellen strafrechtlichen Verantwortlichkeit bei Handeln auf Befehl und der Verantwortlichkeit militärischer Befehlshaber und anderer Vorgesetzter.

VI. 1. Die Vereinigten Staaten von Amerika haben versucht, auf zwei Wegen sicherzustellen, daß US-Bürger keiner Verfolgung durch den Internationalen Strafgerichtshof ausgesetzt sind. Sie haben mit einzelnen Staaten bilaterale Verträge abgeschlossen, wonach diese US-Bürger nicht an den Internationalen Strafgerichtshof ausliefern. Diese Verträge werden auf Art. 98 ICC-Statut gestützt. Hierin liegt ein Verstoß gegen Sinn und Zweck der Errichtung des Internationalen Strafgerichtshofs. Außerdem hat der Sicherheitsrat mit Resolution 1422 vom 12. 7. 2002 unter Berufung auf Art. 16 ICC-Statut Personal von Friedensmissionen aus Staaten, die wie die Vereinigten Staaten von Amerika dem Rom-Statut nicht beigetreten sind, von einer Verfolgung durch den Strafgerichtshof ausgenommen. Diese Maßnahme gilt für ein Jahr ab dem 1. Juli 2002; eine automatische Verlängerung sieht diese Resolution nicht vor.

2. Diese Maßnahmen der Vereinigten Staaten von Amerika sind durchaus in der Lage, die künftige Wirkungsfähigkeit des Internationalen Strafgerichtshofs einzuschränken. Dabei liegt die Einschränkung weniger in dem Schutz für US-Bürger als in der mit diesen Maßnahmen verbundenen Signalwirkung.

---

[103] BGBl. 2002 I, 2144; vgl. dazu *J. Meißner*, Die Zusammenarbeit Deutschlands mit dem Internationalen Strafgerichtshof. Anmerkungen zum Regierungsentwurf eines IStGH-Gesetzes, HuV-I 2002, 35 ff.

[104] BGBl. 2002 I, 2254; dazu *H. Satzger*, Das neue Völkerstrafgesetzbuch – Eine kritische Würdigung, NStZ 2002, 125 ff; *G. Werle*, Konturen eines deutschen Völkerstrafrechts, JZ 2001, 885 ff; *A. Zimmermann*, Auf dem Weg zu einem deutschen Völkerstrafgesetzbuch. Entstehung, völkerrechtlicher Rahmen und wesentliche Inhalte, ZRP 2002, 97 ff.

[105] BGBl. 2000 II, 1393.

[106] BGBl. 2000 I, 1633; dazu *A. Zimmermann*, Die Auslieferung Deutscher an Staaten der Europäischen Union und internationale Strafgerichtshöfe, JZ 2001, 233 ff.

Sachregister

www.ingramcontent.com/pod-product-compliance
Lightning Source LLC
LaVergne TN
LVHW081354011026
849161LV00013BA/2810